LAROUSSE

DIZIONARIO
Tascabile

ITALIANO
INGLESE

INGLESE
ITALIANO

WITHDRAWN

LAROUSSE

Direzione generale
Publishing manager
Janice McNeillie

Direzione del progetto
Project management
Sinda López

Redazione e traduzione
Editors and translators
Pat Bulhosen, Silvia Dafarra, Valerie Grundy, Elizabeth Potter
Annamaria Rubino, Loredana Riu, Donald Watt

Roberta Colla, Iain Halliday, Helen Hyde, Jill Leatherbarrow
Francesca Logi, Stefano Longo, Roberta Martignon-Burgholte
Debora Mazza, Debra Nicol, Gill Philip
Delia Prosperi, Valentina Turri

Fotocomposizione
Prepress
Sharon McTeir, Kirsteen Wright

ISBN 2-03-540381-2
Larousse, Paris

ISBN 88-525-0041-3
Rizzoli Larousse S.p.A.
Via Mecenate 91 - 20138 Milano

ISBN 2-03-542045-8
Houghton Mifflin Company, Boston

LAROUSSE

Pocket
DICTIONARY

ITALIAN
ENGLISH

ENGLISH
ITALIAN

LAROUSSE

Premessa

Il presente dizionario italiano-inglese costituisce uno strumento ideale per l'apprendimento della lingua inglese. Esso fornisce delle informazioni immediate e precise sull'uso corrente dell'inglese e dell'italiano, nella loro forma scritta e orale, e sui quesiti che possono emergere durante l'acquisizione di tali lingue.

Con più di 55 000 parole ed espressioni e oltre 80 000 traduzioni, e con numerose abbreviazioni e nomi propri questo dizionario permette al lettore italiano di comprendere una molteplicità di testi inglesi.

Grazie alla strutturazione chiara degli articoli e alla presenza di indicatori semantici, i nostri lettori saranno in grado di identificare con facilità la traduzione desiderata. Inoltre, la presenza di costruzioni grammaticali, locuzioni ed espressioni idiomatiche permette di applicare correttamente le diverse formulazioni nella lingua straniera.

l'Editore

Preface

This new dictionary has been designed as a reliable and user-friendly tool for use in all language situations. It provides accurate and up-to-date information on written and spoken Italian and English as they are used today.

Its 55,000 words and phrases and 80,000 translations give you access to Italian texts of all types. The dictionary aims to be as comprehensive as possible in a book of this size, and includes many proper names and abbreviations, as well as a selection of the most common terms from computing, business and current affairs.

Carefully constructed entries and a clear page design help you to find the translation that you are looking for fast. Examples (from basic constructions and common phrases to idioms) have been included to help put a word in context and give a clear picture of how it is used.

The Publisher

Abbreviazioni

Abbreviations

abbreviazione	*abbr*	abbreviation
aeronautica	AERON	aeronautics
aggettivo	*adj*	adjective
amministrazione	ADMIN	administration
avverbio	*adv*	adverb
aggettivo	*agg*	adjective
agricoltura	AGRIC	agriculture
amministrazione	AMMIN	administration
anatomia	ANAT	anatomy
archeologia	ARCHEOL	archeology
architettura	ARCHIT	architecture
articolo determinativo	*art det*	definite article
articolo indeterminativo	*art indet*	indefinite article
astrologia	ASTROL	astrology
astronomia	ASTRON	astronomy
inglese australiano	*Austr*	Australian English
automobilismo	AUTO/AUT	automobiles, cars
verbo ausiliare	*aux vb*	auxiliary verb
avverbio	*avv*	adverb
biologia	BIOL	biology
botanica	BOT	botany
inglese canadese	*Can*	Canadian English
chimica	CHIM/CHEM	chemistry
cinema	CINE/CIN	cinema
commercio	COMM	commerce
composto	*comp*	compound
comparativo	*compar*	comparative
informatica	COMPUT	computing
congiunzione	*conj/cong*	conjunction
continuo	*cont*	continuous
cucina, culinaria	CULIN	cooking
davanti	*dav*	before
dimostrativo	*dim*	demonstrative
diritto	DIR	juridical, legal
economia	ECON	economy
edilizia	EDIL	building trade
elettronica	ELETTRON/ ELECTRON	electronics
esclamazione	*esclam/exclam*	exclamation
eufemistico	*eufem/euph*	euphemism
femminile	*f*	feminine
familiare	*fam*	informal
farmacia	FARM	pharmaceuticals
ferrovia	FERR	railways
figurato	*fig*	figurative
filosofia	FILOS	philosophy
finanza	FIN	finance
fisica	FIS	physics
formale	*form/fml*	formal
fotografia	FOTO	photography
calcio	FTBL	football
generalmente	*gen*	generally
geografia	GEO/GEOG	geography
geologia	GEOL	geology

Abbreviazioni

Abbreviations

geometria	GEOM	geometry
grammatica	GRAM/GRAMM	grammar
storia	HIST	history
scherzoso	*hum*	humorous
industria	INDUST	industry
familiare	*inf*	informal
informatica	INFORM	information technology
inseparabile	*insep*	inseparable
interrogativo	*interr*	interrogative
invariabile	*inv*	invariable
inglese irlandese	*Ir*	Irish English
ironico	*iron/iro*	ironic
diritto	JUR	juridical, legal
letterale	*lett/lit*	literal
letterario	*letter*	literary
letteratura	LETTER	literature
linguistica	LING	linguistics
letteratura	LIT	literature
locuzione	*loc*	phrase
maschile	*m*	masculine
matematica	MAT/MATHS	mathematics
medicina	MED	medicine
meteorologia	METEO/METEOR	meteorology
sostantivo maschile e femminile	*mf*	masculine and feminine noun
militare	MIL	military
mitologia	MITOL/MYTH	mythology
musica	MUS	music
sostantivo	*n*	noun
nautica	NAUT	nautical, maritime
numerale	*num*	numeral
offensivo	*offens*	offensive
	o.s.	oneself
spregiativo	*pej*	pejorative
fotografia	PHOT	photography
locuzione	*phr*	phrase
fisica	PHYS	physics
plurale	*pl*	plural
politica	POLIT/POL	politics
possessivo	*poss*	possessive
participio passato	*pp*	past participle
preposizione	*prep*	preposition
passato	*pt*	past tense
pronome	*pron*	pronoun
letteralmente	*propr*	literally
psicologia	PSICO/PSYCHOL	psychology
qualcosa	*qc*	
qualcuno	*qn*	
marchio registrato	®	registered trademark
religione	RELIG	religion
sostantivo	*s*	noun
	sb	somebody
scherzoso	*scherz*	humorous
scuola	SCOL	school

Abbreviazioni

Abbreviations

inglese scozzese	*Scot*	Scottish English
separabile	*sep*	separable
sostantivo femminile	*sf*	feminine noun
singolare	*sg*	singular
gergo	*sl*	slang
sostantivo maschile	*sm*	masculine noun
sostantivo maschile e femminile	*smf*	masculine and feminine noun
soggetto	*sogg/subj*	subject
spregiativo	*spreg*	pejorative
	sthg	something
superlativo	*superl*	superlative
tecnica, tecnologia	TECNOL/TECH	technology
telecomunicazioni	TELECOM/TELEC	telecommunications
teatro	THEAT	theatre
tipografia	TIPO	typography
non numerabile	*U*	uncountable
televisione	TV	television
università	UNIV	university
inglese americano	*US*	American English
inglese britannico	*UK*	British English
verbo ausiliare	*v aus*	auxiliary verb
verbo intransitivo	*vi*	intransitive verb
verbo impersonale	*v impers*	impersonal verb
verbo intransitivo pronominale	*vip*	intransitive pronominal verb
verbo riflessivo	*vr*	reflexive verb
verbo transitivo	*vt*	transitive verb
volgare	*volg/vulg*	vulgar
zoologia	ZOOL	zoology
equivalenza culturale	≃	cultural equivalent

Trascrizione Fonetica

Phonetic Transcription

Vocali italiane

[a]	pane, casa
[e]	verde, entrare
[ɛ]	letto, pezzo
[i]	vino, isola
[o]	monte, pozzo
[ɔ]	corpo, sciocco
[u]	una, cultura

English vowels

[ɪ]	pit, big
[e]	pet, tend
[æ]	pat, bag, mad
[ʌ]	run, cut
[ɒ]	pot, log
[ʊ]	put, full
[ə]	mother, suppose
[iː]	bean, weed
[ɑː]	barn, car, laugh
[ɔː]	born, lawn
[uː]	loop, loose
[ɜː]	burn, learn, bird

English diphthongs

[eɪ]	bay, late, great
[aɪ]	buy, light, aisle
[ɔɪ]	boy, foil
[əʊ]	no, road, blow
[aʊ]	now, shout, town
[ɪə]	peer, fierce, idea
[eə]	pair, bear, share
[ʊə]	poor, sure, tour

Semivocali

ieri, viola	[j]
fuori, guasto	[w]

Semi-vowels

you, spaniel
wet, why, twin

Consonanti

porta, sapore	[p]
barca, libro	[b]
torre, patata	[t]
dare, odore	[d]
cane, chiesa	[k]
gara, ghiro	[g]
cena, ciao	[tʃ]
gente, gioco	[dʒ]
fine, afa	[f]
vero, ovvio	[v]
	[θ]
	[ð]
stella, casa	[s]
sdraio, rosa	[z]

Consonants

pop, people
bottle, bib
train, tip
dog, did
come, kitchen
gag, great
chain, wretched
jet, fridge
fib, physical
vine, livid
think, fifth
this, with
seal, peace
zip, his

scimmia, ascia	[ʃ]	sheep, machine
	[ʒ]	usual, measure
	[h]	how, perhaps
mamma, amico	[m]	metal, comb
notte, anno	[n]	night, dinner
	[ŋ]	sung, parking
gnocchi, ogni	[ɲ]	
lana, pollo	[l]	little, help
gli, figlio	[ʎ]	
re, dorato	[r]	right, carry

I simboli ['] e [,] indicano rispettivamente un accento primario e uno secondario nella sillaba seguente.

The symbol ['] precedes a syllable carrying primary stress and the symbol [,] precedes a syllable carrying secondary stress.

L'accento nelle voci italiane è signalato da un punto sotto la vocale accentata (camera, valigia), ad eccezione delle parole con l'accento sull'ultima sillaba, per le quali l'ortografia italiana prevede l'accento grafico (città, perché).

The position of the tonic stress in Italian is indicated by a dot immediately beneath the accented vowel on Italian headwords (camera, valigia). No dot is given on those words which end in an accented vowel, as Italian spelling allows for a written accent in these cases (città, perché).

ITALIANO-INGLESE
ITALIAN-ENGLISH

A

a¹, A *sf o m inv* a, A.

a² *(anche* **ad** *dav vocale; dav art diventa* **al, allo, alla, all', ai, agli, alle)** *prep* **-1.** [complemento di termine] to; ~ **chi l'hai prestato?** who did you lend it to?; **dare qc** ~ **qn** to give sthg to sb o to give sb sthg; **dire (qc)** ~ **qn** to say (sthg) to sb o to tell sb (sthg); **l'ha detto** ~ **tutti** he told everyone; **dicevi** ~ **me?** were you talking o speaking to me?; **hanno rubato la bici** ~ **Marina** Marina's had her bike stolen; **chiedere qc** ~ **qn** to ask sb for sthg; **chiederò l'indirizzo alla segretaria** I'll ask the secretary for the address; **puoi chiedere** ~ **Marco di andarci** you can ask Marco to go; **andare al mare** to go to the seaside **-4.** [temporale – riferito a ore, giorni festivi] at; **c'è un volo alle 8.30** there's a flight at 8.30; ~ **Capodanno/Natale/Pasqua** at New Year/Christmas/Easter; ~ **domani!** see you tomorrow!; [– riferito a mesi, parti della giornata] in; **al mattino** in the morning; ~ **settembre** in September **-5.** [modo, mezzo]: **dire qc** ~ **voce alta** to say sthg out loud; **giocare** ~ **calcio** to play football; **battere qc** ~ **macchina** to type sthg; **fare qc alla perfezione** to do sthg perfectly; **fatto** ~ **mano** handmade; **vestire alla moda** to dress fashionably; **andare** ~ **cavallo** to ride; ~ **piedi** on foot; **andare** ~ **piedi** to walk; ~ **caso**

at random **-6.** [genere, caratteristica]: **letti** ~ **castello** bunk beds; **locomotiva** ~ **vapore** steam engine; **carne alla griglia** grilled meat; **cotoletta alla milanese** Milanese veal cutlet; **un vestito** ~ **fiori** a flowery dress; **una camicia** ~ **quadretti** a check o checked shirt; **nasino all'insù** turned-up nose; **pentola** ~ **pressione** pressure cooker; **riscaldamento** ~ **gas** gas central heating **-7.** [con prezzi]: **comprare qc** ~ **metà prezzo** to buy sthg half price; **vendono questi CD** ~ **10 euro** these CDs cost 10 euros **-8.** [valore distributivo]: **50 km all'ora** 50 km per hour; **5 euro al chilo/al metro** 5 euros a kilo/a metre; **due volte al giorno/al mese/all'anno** twice a day/a month/a year; **essere pagato** ~ **ore** to be paid by the hour; ~ **due** ~ **due** two by two **-9.** [davanti a infinito] to, and *fam:* **andiamo** ~ **vedere la mostra** let's go to see the exhibition; **vengo** ~ **trovarti** I'll come to o and see you; **provare** ~ **fare qc** to try to o and do sthg; **stare** ~ **guardare** to stand and watch; **pensare** ~ **fare qc** to see to sthg.

A -1. *(abbr di* **Austria)** A **-2.** *(abbr di* **ampere)** A **-3.** *(abbr di* **autostrada)** ≃ M.

A.A. *n* **-1.** *(abbr di* **Alcolisti Anonimi)** AA **-2.** *(abbr di* **Anno Accademico)** school year.

AA.VV *(abbr di* **Autori Vari)** various authors.

abbagliante *agg* dazzling. ◆ **abbaglianti** *smpl* full beam *UK* o high beam *US.*

abbagliare [21] *vt* to dazzle.

abbaiare [20] *vi* to bark.

abbandonare [6] *vt* **-1.** [persona, luogo] to leave; ~ **la nave** to abandon ship **-2.** [attività] to give up; [gara, gioco] to withdraw from **-3.** [lasciar cadere]: ~ **la testa sul cuscino** to let one's head fall onto the pillow.

abbandonato, a *agg* deserted.

abbandono *sm* **-1.** [di coniuge, famiglia] abandonment **-2.** [di terreno, casa]: **in** ~

deserted -3. [di gara] withdrawal; [di inca-rico] abandonment.

abbassare [6] *vt* -1. [gen] to lower -2. [far scendere – finestrino] to wind down; [– leva] to press down -3. [diminuire – volume, radio, TV] to turn down; [– prezzi] to redu-ce; ~ **i fari (della macchina)** to dip *UK* o dim *US* one's headlights. ◆ **abbassarsi** ◇ *vip* to fall; **con l'età, la vista mi si è ab-bassata** my eyesight has got worse as I've got older. ◇ *vr* -1. [chinarsi] to bend down -2. [umiliarsi]: **abbassarsi a fare qc** to lower o.s. to do sthg.

abbasso *esclam*: ~ **le ingiustizie!** down with injustices!

abbastanza *avv* -1. [a sufficienza] enough; **averne** ~ **di qn/qc** to have had enough of sb/sthg -2. [alquanto] quite, rather.

abbattere [7] *vt* -1. [albero] to cut down; [muro, edificio, ostacolo] to knock down; [aereo] to shoot down -2. [regime, prezzi] to bring down -3. [animale] to put down -4. [deprimere] to depress. ◆ **abbatter-si** *vip* -1. [cadere]: **abbattersi su qn/qc** to strike sb/sthg -2. [deprimersi] to become depressed.

abbazia *sf* abbey.

abbellire [9] *vt* to make beautiful.

abbia *(etc)* ⊳ **avere**.

abbigliamento *sm* clothes *(pl)*, clothing *(U)*.

abbinamento *sm* combination; **l'** ~ **di un vino rosso con l'aragosta è insolito** it's unusual to serve red wine with lobster.

abbinare [6] *vt* [gen] to match; **vorrei comprare una maglia da** ~ **a questi pan-taloni** I want to buy a sweater to go with these trousers; [spettacolo]: ~ **qc a qc** to tie sthg in with sthg. ◆ **ab-boccare** [15] *vi* -1. [pesce] to bite; ~ **al-l'amo** to rise to o swallow the bait -2. [farsi ingannare] to rise to o swallow the bait.

abbonamento *sm* [a rivista, tv, telefono] subscription; [a autobus, stadio, teatro] sea-son ticket.

abbonare [6] *vt* -1. [condonare]: ~ **qc a qn** [cifra, debito] to let sb off sthg; [mancanza, errore] to forgive sb sthg -2. [esame, punto]: ~ **qc a qn** to credit sb with sthg -3. [a rivista, palestra]: ~ **qc a qn** to take out a subscription for sb to sthg. ◆ **ab-bonarsi** *vr*: **abbonarsi (a qc)** to take out a subscription (to sthg); **abbonarsi al tele-fono** to have a telephone put in.

abbonato, a *sm, f* [a rivista, tv, telefono] subscriber; [a autobus, stadio, teatro] sea-son ticket holder.

abbondante *agg* -1. [piogge, nevicata] heavy; [raccolto] good; [porzione] large; **un chilo/un'ora** ~ just over a kilo/an hour -2. [vestito] too big.

abbondanza *sf* abundance; **in** ~ in abundance; **abbiamo cibo in** ~ we have plenty of food.

abbondare [6] *vi* -1. [esserci in quantità] to abound; **i posti di lavoro per gli informa-tici abbondano** there are lots of jobs for computer people -2. [avere in quantità]: ~ **di qc** to have a lot of sthg.

abbordare [6] *vt* -1. [nave] to go alongside -2. [persona] to come up to -3. [argomento] to broach.

abbottonare [6] *vt* to button (up); **abbot-tonarsi la giacca/i pantaloni** to button (up) one's jacket/trousers *UK* o pants *US*. ◆ **abbottonarsi** ◇ *vip* to button (up). ◇ *vr* to do o.s. up, to do one's buttons up.

abbottonatura *sf* buttons *(pl)*; **una giac-ca con l'** ~ **da donna/da uomo** a jacket that does up on the woman's/man's side.

abbozzare [6] *vt* -1. [quadro] to sketch out; [statua] to rough-hew -2. [idea, teoria] to outline -3. [sorriso, saluto] to give a hint of.

abbracciare [17] *vt* -1. [gen] to embrace -2. [includere] to cover. ◆ **abbracciarsi** *vr* to embrace.

abbraccio *sm* hug, embrace; **un** ~ [in let-tera] love.

abbreviare [20] *vt* -1. to abbreviate -2. [percorso, discorso] to shorten.

abbreviazione *sf* abbreviation.

abbronzare [6] *vt* to tan. ◆ **abbron-zarsi** *vip* to get a tan.

abbronzato, a *agg* tanned *UK*, tan *US*.

abbrustolire [9] *vt* [pane] to toast; [noc-ciole] to roast; [polenta] to grill *UK*, to broil *US*.

abbuffarsi [6] *vr*: ~ **(di qc)** to stuff o.s. (with sthg).

abbuonare = **abbonare**.

abdicare [15] *vi* to abdicate.

abete *sm* fir.

ABI ['abi] ◇ *sm inv* (*abbr di* **Associazione Bancaria Italiana**) BANCA *Italian Banking As-sociation bank code*, ≃ sort code. ◇ (*abbr di* **Application Binary Interface**) INFORM ABI.

abile *agg* -1. [bravo – artigiano, operaio] skilled; [– sciatore] skilful *UK* o skillful *US*; **essere** ~ **in qc/nel fare qc** to be skil-led at sthg/at doing sthg -2. [riuscito] cle-ver -3. [idoneo]: ~ **a qc** fit for sthg.

abilità *sf* [bravura] skill; [capacità] ability.

abilitato, a *agg* qualified.

abisso *sm* -1. [voragine] abyss -2. [differenza] huge gulf; **tra le sue idee e le mie c'è un ~** our ideas are poles apart.

abitacolo *sm* passenger compartment.

abitante *smf* inhabitant.

abitare [6] ◇ *vi* to live; **dove abiti?** where do you live? ◇ *vt* [appartamento] to live in; [quartiere] to inhabit.

abitato, a *agg* populated. ◆ **abitato** *sm* built-up area.

abitazione *sf* house.

abito *sm* -1. [da donna] dress; **~ da sera** evening dress; **~ da sposa** wedding dress -2. [da uomo] suit; **~ scuro** formal dress.

abituale *agg* [cortesia] usual; [cliente] regular.

abituare [6] *vt*: **~ qn a qc/a fare qc** to get sb used to sthg/to doing sthg. ◆ **abituarsi** *vr*: abituarsi a qc/a fare qc to get used to sthg/to doing sthg.

abituato, a *agg*: essere ~ a qc/a fare qc to be used to sthg/to doing sthg.

abitudinario, a *agg* set in one's ways.

abitudine *sf* habit; **brutta ~** bad habit; **cambiare le abitudini** to change one's ways; **avere l' ~ di fare qc** to be in the habit of doing sthg; **prendere l' ~ di fare qc** to get into the habit of doing sthg; **per ~** out of habit.

abolire [9] *vt* -1. [annullare] to abolish -2. [rinunciare a] to cut out.

abortire [9] *vi* -1. [donna – volontariamente] to have an abortion; [– involontariamente] to have a miscarriage, to miscarry -2. [fallire] to fail.

aborto *sm* [volontario] abortion; [involontario] miscarriage.

abruzzese ◇ *agg* of o from the Abruzzi. ◇ *smf* person from the Abruzzi.

Abruzzo *sm*: l' ~ the Abruzzi.

ABS [abi'ɛsse] *sm* (abbr di **anti-lock braking system**) ABS.

abside *sf* ARCHIT apse.

abusare [6] *vi*: **~ di qc** [pazienza] to take advantage of sthg; [potere] to abuse sthg; **abusare di alcol/cibo** to drink/eat too much; **~ di qn** [sessualmente] to abuse sb.

abusivo, a *agg* -1. [posteggiatore] unauthorized; [tassista] unlicensed *UK*, unlicenced *US* -2. [attività] illegal. ◇ *sm, f* unauthorized person.

abuso *sm* -1. [di farmaci] abuse; **~ di alcol/ sostanze stupefacenti** alcohol/drug abuse -2. [reato]: **abusi sessuali** sexual abuse (U).

a.c. (abbr di **anno corrente**) current year.

a.C. (abbr di **avanti Cristo**) BC.

acca (pl -che) *sf* h, aitch; **non capire un' ~** not to understand a thing.

accademia *sf* academy; **Accademia di Belle Arti** art school; **Accademia militare** military academy.

accademico, a, ci, che ◇ *agg* -1. [universitario] academic -2. [di accademia] of an academy. ◇ *sm, f* [membro di accademia] academician.

accadere [84] *vi* to happen.

accaduto *sm*: **raccontare l' ~** to tell what happened.

accalappiare [20] *vt* to catch.

accaldato, a *agg* hot.

accampamento *sm* -1. [militare] camp, encampment -2. [di zingari, profughi] camp.

accampare [6] *vt* [diritti] to assert; [pretese] to put forward; [scuse] to make. ◆ **accamparsi** *vr* -1. [truppe] to pitch camp; [campeggiatori] to camp -2. [zingari, profughi] to set up camp -3. [sistemarsi] to camp out.

accanirsi [9] *vip* -1. [infierire]: **~ contro qn/qc** to attack sb/sthg violently -2. [persistere]: **~ (in qc/a fare qc)** to persevere with sthg/in doing sthg.

accanito, a *agg* -1. [rivalità, nemico] bitter; [sostenitore] fervent -2. [difesa] impassioned; [discussione] heated -3. [giocatore] keen; **fumatore ~** chain smoker.

accanto ◇ *avv* near, nearby; **abita qui ~** he lives near here o nearby. ◇ *agg inv* next; **la casa ~** the house next door. ◆ **accanto a** *prep* next to, beside.

accantonare [6] *vt* -1. [abbandonare – progetto, idea] to shelve; [– argomento] to set aside -2. [accumulare] to put aside.

accappatoio *sm* bathrobe, dressing gown.

accarezzare [6] *vt* [persona] to caress; [capelli, animale] to stroke.

accartocciato, a *agg* curled up.

accatastare [6] *vt* to stack.

accattivare [6] *vt*: **accattivarsi qn** to win sb over; **accattivarsi qc** to win sthg.

accavallare [6] *vt*: **~ le gambe** to cross one's legs.

accecare [15] *vt* to blind.

accedere [7] *vi*: **~ a qc** [luogo] to go into sthg; [carriera, studi] to be admitted to sthg.

accelerare [6] ◇ *vt* **-1.** [affrettare]: ∼ **il passo** to quicken one's pace **-2.** [velocizzare] to speed up. ◇ *vi* to accelerate.

acceleratore *sm* accelerator.

accelerazione *sf* acceleration.

accendere [43] *vt* **-1.** [fuoco, sigaretta] to light; **hai da/mi fai** ∼? do you have a light? **-2.** [luce, tv] to switch on, to turn on. ◆ **accendersi** *vip* [apparecchio elettrico] to come on; [motore] to start.

accendino *sm* (cigarette) lighter.

accennare [6] ◇ *vt* **-1.** [sorriso, saluto] to give a hint of **-2.** [canzone – cantare] to sing a few notes of; [– suonare] to play a few notes of. ◇ *vi* **-1.** [far segno]: ∼ **a qn di fare qc** to signal o make a sign to sb to do sthg; ∼ **di sì/no** to nod/shake one's head **-2.** [parlare]: ∼ **a qc** to allude to sthg; **come ti ho già accennato** as I mentioned to you **-3.** [dare segno di]: ∼ **a fare qc** to look like doing sthg.

accenno *sm* **-1.** [allusione] allusion **-2.** [abbozzo] hint **-3.** [indizio] sign.

accensione *sf* **-1.** [di apparecchio] switching on, turning on; **il riscaldamento ha l'** ∼ **automatica** the heating comes on automatically **-2.** [di veicolo] ignition.

accentare [6] *vt* [parlando] to stress; [scrivendo] to put an accent on.

accentato, a *agg* stressed.

accento *sm* **-1.** [pronuncia] accent **-2.** LING stress; ∼ **acuto** acute (accent); ∼ **circonflesso** circumflex (accent); ∼ **grave** grave (accent); **l'** ∼ **cade sulla penultima sillaba** the stress falls on the second-last syllable.

accentrare [6] *vt* to centralize. ◆ **accentrarsi** *vip* to be centralized.

accentuare [6] *vt* **-1.** [gen] to accentuate **-2.** [sottolineare] to stress, to emphasize. ◆ **accentuarsi** *vip* [divario] to become more marked; [crisi] to get worse.

accerchiare [20] *vt* to surround.

accertamento *sm* [gen] check; MED examination.

accertare [6] *vt* to check; ∼ **l'entità dei danni** to ascertain the extent of the damage. ◆ **accertarsi** *vr*: **accertarsi di qc** to make sure of sthg; **accertarsi che** to make sure (that).

accesi *(etc)* ▷ accendere.

acceso, a ◇ *pp* ▷ accendere. ◇ *agg* **-1.** [discussione, dibattito] heated **-2.** [colore] bright.

accessibile *agg* **-1.** [gen] accessible **-2.** [persona] approachable **-3.** [prezzo] affordable.

accesso *sm* **-1.** [azione] access; **di facile** (easily) accessible; **di difficile** ∼ hard to get to; **dare/permettere** ∼ **a qc** to give/allow access to sthg; **divieto d'** ∼ no entry **-2.** [luogo] entrance **-3.** [attacco] fit.

accessorio, a *agg* of secondary importance. ◆ **accessorio** *sm* accessory.

accetta *sf* hatchet.

accettare [6] *vt* **-1.** [gen] to accept; ∼ **di fare qc** to agree to do sthg **-2.** [gradire] to take.

accettazione *sf* **-1.** [di eredità, donazione] acceptance **-2.** [sportello] reception; **(banco)** ∼ **bagagli** check-in.

accezione *sf* meaning.

acchiappare [6] *vt* **-1.** [afferrare] to grab **-2.** [raggiungere] to catch.

acciacco *(pl* **-chi***) sm* ailment; **è pieno di acciacchi** he's got a lot of aches and pains.

acciaio *sm* steel; **d'** ∼ (made of) steel; ∼ **inossidabile** stainless steel.

accidentale *agg* accidental.

accidente *sm* **-1.** [colpo] heart attack; **per poco mi prende un** ∼! I nearly had a heart attack!; **ti venisse** o **prendesse un** ∼ damn you! **-2.** *fam* [niente]: **un** ∼ a damn thing; **non capisco/non vedo/non sento un** ∼ I can't understand/see/hear a damn thing!; **non vale un** ∼ it's not worth a damn!; **non fa un** ∼ she does damn all!

accidenti *esclam* **-1.** [per rabbia] damn **-2.** [per meraviglia] wow.

accingersi [49] *vip*: ∼ **a qc/a fare qc** to get ready for sthg/to do sthg.

acciuffare [76] *vt* **-1.** [afferrare] to catch **-2.** [arrestare] to nab.

acciuga *(pl* **-ghe***) sf* anchovy.

acclamare [6] *vt* **-1.** [applaudire] to cheer **-2.** [eleggere] to acclaim **-3.** [celebrare] to hail.

accludere [31] *vt*: ∼ **qc (a qc)** to enclose sthg (with sthg).

accogliente *agg* welcoming.

accoglienza *sf* welcome.

accogliere [86] *vt* **-1.** [gen] to welcome **-2.** [contenere] to accommodate, to hold.

accollare [6] *vt*: ∼ **qc a qn** to saddle sb with sthg; **accollarsi qc** to shoulder sthg.

accollato, a *agg* **-1.** [maglione, abito] high-necked **-2.** [scarpa] high-fronted.

accoltellare [6] *vt* to stab.

accomiatarsi [6] *vr* to take one's leave.

accomodare [6] *vt* **-1.** [riparare] to repair **-2.** [riordinare] to arrange; ∼ **i libri sullo scaffale** to put the books back on the shelf; ~ **la biancheria nell'armadio** to put the linen away in the cupboard *UK* o closet *US* -3. [risolvere] to settle. ◆ **accomodarsi** *vr* -1. [sedersi] to sit down; **si accomodi!**[si sieda] sit down!; [entri] come in! -2. [accordarsi] to come to an agreement.

accompagnare [23] *vt* -1. [andare] to go with; [venire] to come with; *più formale* to accompany; ~ **a casa/alla stazione/dal medico** to take sb home/to the station/to the doctor's -2. [porta, cancello] to close o shut gently o quietly -3.: ~ **qn con lo sguardo** to follow sb with one's eyes -4. [unire a]: ~ **qc con qc** to accompany sthg with sthg; ~ **un regalo con un biglietto** to enclose a card with a present -5. MUS to accompany.

accompagnatore, trice *sm, f* -1. [compagno] companion; **un ~ per la festa** a date for the party -2. [guida]: ~ **turistico** courier -3. MUS accompanist.

accomunare [6] *vt* to unite.

acconciatura *sf* -1. [pettinatura] hairstyle -2. [ornamento] headdress.

accondiscendere [48] *vi*: ~ **(a qc)** to consent (to sthg).

acconsentire [8] *vi*: ~ **(a qc)** to agree (to sthg).

accontentare [6] *vi* to please. ◆ **accontentarsi** *vip*: **bisogna accontentarsi** you need to be happy with what you've got; **accontentarsi di qc** to be pleased with sthg; **mi accontento di poco** I'm easily pleased.

acconto *sm* deposit; **in** ~ on account.

accoppiare [20] *vt* to breed. ◆ **accoppiarsi** *vr* to mate.

accorciare [17] *vt* -1. [in lunghezza] to shorten, to take up; ~ **(la strada)** to take a short cut; ~ **le distanze** *fig* to narrow the gap -2. [in durata] to cut short. ◆ **accorciarsi** *vip* to get shorter.

accordare [6] *vt* -1. [strumento] to tune -2. [concedere] to grant. ◆ **accordarsi** *vr* to come to an agreement; ~ **(con qn) su qc** to come to an agreement on sthg (with sb).

accordo *sm* -1. [gen] agreement; **andare d'** ~ **(con qn)** to get on (with sb); **essere d'** ~ **(con qn)** to agree o be in agreement (with sb); **mettersi d'** ~ **(con qn)** to come to an agreement (with sb); **d'** ~! OK; **di comune** ~ by mutual consent -2. [consenso] agreement, consent -3. MUS chord.

accorgersi [46] *vip*: ~ **di qn/qc** to notice sb/sthg; ~ **che** to notice (that); **accorgersene: mi ha fatto male senza accorger-**sene he hurt me without realizing (it); **quando sarai vecchio te ne accorgerai!** when you're old, you'll understand!

accorgo *(etc)* ▷ **accorgersi**.

accorrere [65] *vi* to run up.

accorto, a ◇ *pp* ▷ **accorgersi**. ◇ *agg* [prudente] cautious; [perspicace] shrewd; **non sei stato molto accorto a lasciare i bagagli incustoditi** it was rather careless of you to leave the luggage *UK* o baggage *US* unattended.

accostamento *sm* combination.

accostare [6] ◇ *vt* [andare vicino] to come up to; [mettere vicino] to move closer; ~ **qc a qn/qc** to move sthg closer to sb/sthg; ~ **l'orecchio alla parete** to put one's ear to the wall; ~ **l'auto al marciapiede** to pull the car in to the kerb; ~ **la porta** [verso di sé] to pull the door to; [lontano da sé] to push the door to. ◇ *vi* to pull in. ◆ **accostarsi** *vr*: **accostarsi a qn/qc** to come closer to sb/sthg

accovacciarsi [17] *vr* to crouch (down).

accreditare [6] *vt* to credit, ~ **qc su qc** to credit sthg to sthg.

accredito *sm* credit.

accrescere [27] *vt* to increase. ◆ **accrescersi** *vip* [traffico] to increase; [società] to grow.

accudire [9] ◇ *vt* to take care of. ◇ *vi*: ~ **a qc** to look after sthg.

accumulare [6] *vt* [denaro] to accumulate, to amass; [esperienza] to gain; [prove] to gather. ◆ **accumularsi** *vip* to pile up.

accurato, a *agg* -1. [ricerca, indagine] careful -2. [artigiano, lavoratore] meticulous.

accusa *sf* -1. [attribuzione di colpa] accusation -2. [imputazione] charge; **formulare o intentare un'** ~ to bring a charge; **essere in stato d'** ~ to be committed for trial; **capo d'** ~ charge o count -3. [magistrato]: **l'** ~, **la pubblica** ~ the prosecution.

accusare [6] *vt* -1. [criticare]: ~ **qn di qc/di fare qc** to accuse sb of sthg/of doing sthg -2. [incolpare]: ~ **qn di qc/di aver fatto qc** [gen] to accuse sb of sthg/of having done sthg; DIR to charge sb with sthg/with having done sthg -3. [lamentare] to complain of; [lasciar trasparire] to show signs of -4. [notificare]: ~ **ricevuta di qc** to acknowledge receipt of sthg. ◆ **accusarsi** *vr* -1. [se stesso] to accuse o.s. -2. [l'un l'altro] to accuse each other.

accusato, a *sm, f* accused.

acerbo, a *agg* unripe.

aceto *sm* vinegar.

acetone *sm* nail varnish remover *UK*, nail polish remover *US*.

ACI ['atʃi] ◇ *sm* (*abbr di* **Automobile Club d'Italia**) Italian Automobile Club. ◇ *sf* (*abbr di* **Azione Cattolica Italiana**) Italian Catholic Action.

acidità *sf* CHIM acidity; ~ **di stomaco** heartburn.

acido, a *agg* **-1.** [gen] sour **-2.** CHIM acid. ◆ **acido** *sm* acid; **farsi d' ~** *gergo droga* to drop acid.

acino *sm*: ~ **(d'uva)** grape.

acne *sf* acne.

acqua *sf* water; ~ **dolce** fresh water; ~ **salata** o **salmastra** salt water; ~ **alta** high tide, high water; **acque territoriali** territorial waters; ~ **di colonia** (eau de) cologne; ~ **ossigenata** hydrogen peroxide; ~ **tonica** tonic water; **essere con** o **avere l' ~ alla gola** [non avere tempo] to be pressed for time; [essere in difficoltà] to be in a tight corner.

acquaforte (*pl* **acqueforti**) *sf* etching.

acquaio *sm* (kitchen) sink.

acquamarina (*pl* **acquemarine**) ◇ *sf* aquamarine. ◇ *agg inv* aquamarine.

acquaragia *sf* turpentine, white spirit.

acquarello *sm* = acquerello.

acquario *sm* aquarium. ◆ **Acquario** *sm* ASTROL Aquarius; **essere dell'Acquario** to be (an) Aquarius o Aquarian.

acquatico, a, ci, che *agg* **-1.** [animale, pianta] aquatic **-2.** [sport] water (*dav s*).

acquavite *sf* eau-de-vie.

acquazzone *sm* downpour.

acquedotto *sm* aqueduct; ~ **romano** Roman aqueduct.

acqueo, a *agg* ▷vapore.

acquerello *sm* watercolour *UK*, watercolor *US*.

acquirente *smf* buyer.

acquisire [9] *vt* [proprietà, diritto] to acquire; [cittadinanza] to acquire, to obtain.

acquistare [6] *vt* **-1.** [comprare] to purchase **-2.** [ottenere] to gain **-3.** [assumere] to assume.

acquisto *sm* **-1.** [gen] purchase; **fare acquisti** to shop; **vieni, ti faccio vedere i miei acquisti** come here, I'll show you what I bought **-2.** *fig* [persona] acquisition.

acquolina *sf*: **ho l' ~ in bocca** my mouth is watering.

acrilico, a, ci, che *agg* acrylic.

acrobata, i, e *smf* acrobat.

acrobazia *sf* acrobatics (*pl*).

acuire [9] *vt* [odio, disagio, desiderio] to increase; [contrasto, crisi, sintomi] to make worse. ◆ **acuirsi** *vip* to get worse.

aculeo *sm* **-1.** [di riccio, istrice] spine; [di vespa, ape] sting *UK*, stinger *US* **-2.** [di pianta] prickle.

acustica *sf* **-1.** [scienza] acoustics (*U*) **-2.** [qualità] acoustics (*pl*).

acustico, a, ci, che *agg* **-1.** [gen] acoustic; **apparecchio** ~ hearing aid **-2.** ANAT auditory.

acuto, a *agg* **-1.** [gen] sharp **-2.** MED & MAT acute **-3.** [desiderio] strong **-4.** [vista] keen **-5.** [suono, voce] high-pitched **-6.** ▷accento.

ad *prep* ▷a.

adagiare [18] *vt* to lay. ◆ **adagiarsi** *vr*: ~ **sul letto/sul divano/sull'erba** to lie down on the bed/on the sofa/on the grass; ~ **in poltrona** to sink into an armchair.

adagio ◇ *avv* **-1.** [senza fretta] slowly **-2.** [con cautela] carefully. ◇ *sm* MUS adagio.

adattabile *agg* adaptable.

adattamento *sm* **-1.** [gen] adaptation **-2.** [trasformazione] conversion.

adattare [6] *vt* [trasformare – stanza] to convert; [– romanzo] to adapt. ◆ **adattarsi** ◇ *vr*: **adattarsi (a qc)** [adeguarsi] to adapt (to sthg); [rassegnarsi] to make do (with sthg). ◇ *vip* [essere adatto]: **adattarsi a qn/qc** to suit sb/sth.

adattatore *sm* ELETTR adapter, adaptor.

adatto, a *agg*: ~ **(a qn/qc)** [idoneo] suitable (for sb/sthg); [ideale] right (for sb/sthg).

addebitare [6] *vt*: ~ **(qc a qn)** to debit (sb with sthg).

addebito *sm* [azione] debiting; [somma] debit.

addentare [6] *vt* to sink one's teeth into.

addentrarsi [6] *vip*: ~ **in qc** [in foresta, palazzo] to enter sthg; [in particolari, analisi] to go into sthg.

addestramento *sm* training.

addestrare [6] *vt* to train.

addetto, a ◇ *agg*: ~ **(a qc)** responsible (for sthg). ◇ *sm, f* **-1.** [responsabile] person responsible **-2.** [di ambasciata] attaché.

addio ◇ *esclam* goodbye; ~ **vacanze!** bang goes my/your etc holiday *UK* o vacation *US*! ◇ *sm* (*pl* **addii**) goodbye, farewell; **d' ~** farewell.

addirittura *avv* even; ~? really?

addirsi [100] *vip*: ~ **a qn/qc** to become sb/sthg.

additivo *sm* additive.

addizionare [6] *vt*: ~ qc a qc to add sthg to sthg.

addizione *sf* addition; **fare un'** ~ to do a sum.

addobbi *smpl* decorations.

addolcire [9] *vt* -1. [persona, parole] to soften -2. [bibita] to sweeten.

addolorato, a *agg* sorry.

addome *sm* abdomen.

addomesticato, a *agg* domesticated, tame.

addominale *agg* abdominal. ◆ **addominali** *smpl* -1. [muscoli] abdominals, abs *fam* -2. [esercizi] abdominal exercises, abs exercises *fam*.

addormentare [6] *vt* -1. [bambino] to get (off) to sleep -2. [paziente] to put under. ◆ **addormentarsi** *vip* -1. [persona] to go to sleep, to fall asleep -2. [gamba, piede] to go to sleep.

addormentato, a *agg* -1. [assopito] asleep *(non dav s)*, sleeping *(dav s)* -2. [poco intraprendente] slow.

addossare [6] *vt* -1.: ~ qc a qc [appoggiare] to lean sthg against sthg -2. [attribuire]: ~ qc a qn [colpa] to put sthg on sb; [responsabilità, spese] to saddle sb with sthg.

addosso *avv* -1. [indumento, oggetto] on, avere ~ qc to have sthg on; non aveva niente ~ he had nothing on, he wasn't wearing anything; ho ~ tre maglie I'm wearing three sweaters; non ho ~ molti soldi I don't have much money on me; mettersi ~ qc to put sthg on -2. [in corpo]: avere i brividi/la febbre ~ to have the shivers/a temperature; avere ~ una grande tristezza/agitazione to be very sad/upset. ◆ **addosso a** *prep* -1. [sopra a] on -2. [contro]: andare/finire/venire ~ a [persona, animale] to run over; [vettura, palo] to crash into -3. [vicino a] very close to.

addurre [95] *vt* to produce.

adeguare [6] *vt* to adjust; ~ qc a qc to bring sthg into line with sthg. ◆ **adeguarsi** *vr*: adeguarsi (a qc) to adapt (to sthg).

adeguato, a *agg* -1. [proporzionato] adequate -2. [appropriato] suitable, appropriate.

adempiere, **adempire** [110] *vi*: ~ a qc [obbligo] to fulfil *UK* o fulfill *US* sthg; [compito, dovere] to carry out sthg; [promessa] to keep sthg.

adenoidi *sfpl* adenoids.

aderente *agg* -1. [abito] tight-fitting -2. [conforme]: ~ a qc close to sthg.

aderire [9] *vi*: ~ a qc [corpo, superficie] to stick to sthg; l'abito non deve ~ troppo the dress mustn't be too clingy; gli pneumatici larghi aderiscono meglio alla strada wide tyres *UK* o tires *US* hold the road better; [partito] to join sthg; [iniziativa] to support sthg; [richiesta] to comply with sthg.

adesione *sf* -1. [a idea, programma] support; [a partito] membership -2. [contatto] adhesion.

adesivo, a *agg* -1. [etichetta] sticky -2. [sostanza] adhesive. ◆ **adesivo** *sm* -1. [etichetta] sticker -2. [colla] adhesive.

adesso *avv* -1. [in questo istante, enfatico] now; da ~ in poi from now on; per ~ for now, for the moment; e ~ che facciamo? now what do we do?; ~ basta! that's enough!, enough already! *esp US* -2. [in questo periodo] at the moment; i giovani di ~ young people nowadays -3. [poco fa] just now -4. [fra poco] any minute o moment (now). ◆ **adesso che** *cong* now that.

adiacente *agg* adjacent; ~ a qc adjacent to sthg.

adibire [9] *vt*: ~ qc a qc to use sthg as sthg; ~ qn a qc to assign sb to sthg.

adito *sm*. dare ~ a qc to give rise to sthg.

adocchiare [20] *vt* -1. [notare] to spot -2. [con desiderio] to eye.

adolescente ◇ *agg* adolescent; ha due figli adolescenti she has two teenage sons ◇ *smf* adolescent, teenager.

adolescenza *sf* adolescence.

adoperare [6] *vt* to use. ◆ **adoperarsi** *vr* to do one's best.

adorabile *agg* adorable.

adorare [6] *vt* -1. [gen] to adore -2. RELIG to adore, to worship.

adorazione *sf* -1. [per divinità] adoration, worship; l'~ del Sole sun worship; l'~ dei Magi the Adoration of the Magi -2. [amore] adoration.

adornare [6] *vt*: ~ qc di o con qc to adorn sthg with sthg.

adottare [6] *vt* to adopt.

adottivo, a *agg* -1. [figlio, patria] adopted -2. [genitori] adoptive.

adozione *sf* adoption.

adriatico, a, ci, che *agg* Adriatic. ◆ **Adriatico** *sm*: l'Adriatico, il Mar Adriatico the Adriatic (Sea).

adulare [6] *vt* to flatter.

adulterio *sm* adultery.

adulto, a ◇ *agg* adult, grown-up. ◇ *sm, f* adult.

adunata *sf* **1.** MIL muster **-2.** [riunione] meeting.

AEM [ae'ɛmme] (*abbr di* **Azienda Energetica Municipale**) *sf* Public Energy Board.

aerare [6] *vt* to air.

aerazione *sf* airing.

aereo, a *agg* **-1.** [gen] air *(dav s)*; **per via aerea** [lettera] by airmail **-2.** [attacco] air *(dav s)*, aerial **-3.** [cavo] overhead **-4.** [fotografia, veduta] aerial. ◆ **aereo** *sm* plane.

aerobica *sf* aerobics (U).

aeronautica *sf* **-1.** [scienza] aeronautics (U) **-2.** [organismo]: **l'** ~ **civile** civil aviation; **l'** ~ **militare** the air force.

aeronautico, a, ci, che *agg* [accademia, ingegneria] aeronautical; [industria] aeronautics *(dav s)*.

aeroplano *sm* plane, aeroplane UK, airplane US.

aeroporto *sm* airport.

aerosol *sm inv* **-1.** [sospensione] aerosol; [terapia] nebulization **-2.** [contenitore] inhaler.

aerospaziale *agg* aerospace *(dav s)*.

afa *sf* sultriness, closeness.

affabile *agg* amiable.

affaccendato, a *agg* busy.

affacciarsi [17] ◇ *vr* to show o.s., to appear; ~ **alla finestra** to appear at o come to the window; ~ **al balcone** to appear on o come onto the balcony. ◇ *vip*: ~ **su qc** to look onto sth.

affamato, a ◇ *agg* hungry, starving. ◇ *sm, f* hungry person.

affannare [6] *vt*: ~ **il respiro a qn** to leave sb breathless. ◆ **affannarsi** *vr* **-1.** [sforzarsi - fisicamente] to exert o.s.; [- mentalmente] to do one's utmost **-2.** [preoccuparsi] to worry.

affare *sm* **-1.** [operazione economica] deal **-2.** [occasione] bargain **-3.** [questione] affair, matter **-4.** *fam* [faccenda] business, thing; **farsi gli affari propri** to mind one's own business **-5.** *fam* [oggetto] thing. ◆ **affari** *smpl* business (U).

affascinante *agg* [gen] fascinating; [sorriso] charming.

affascinare [6] *vt* to fascinate.

affaticare [15] *vt* to tire; ~ **la vista** to strain one's eyes. ◆ **affaticarsi** *vr* **-1.** [stancarsi] to tire o.s. **-2.** [sforzarsi] to go to a lot of trouble.

affatto *avv* **-1.** [rafforzativo]: **non...** ~ not... at all **-2.** [nelle risposte]: **(niente)** ~ not at all.

affermare [6] *vt* **-1.** [dichiarare] to declare; **ha affermato di aver visto Mario giovedì** she maintained that she'd seen Mario on Thursday **-2.** [dire di sì] to agree; **affermò con un cenno del capo** he nodded in agreement **-3.** [diritto] to assert. ◆ **affermarsi** *vr* **-1.** [persona] to make one's mark **-2.** [moda, idea] to catch on.

affermativo, a *agg* affirmative.

affermazione *sf* **-1.** [dichiarazione, frase affermativa] statement **-2.** [di persona] success **-3.** [di teoria, moda] establishment **-4.** [di diritto] assertion.

afferrare [6] *vt* **-1.** [prendere] to grab **-2.** [cogliere] to seize **-3.** [capire - concetto] to grasp; [- nome] to catch. ◆ **afferrarsi** *vr*: **afferrarsi a qn/qc** to grab hold of sb/sthg.

affettato, a *agg* **-1.** [a fette] sliced **-2.** [ostentato] affected. ◆ **affettato** *sm* cold meat, cold cuts *(pl) esp* US.

affetto, a *agg*: ~ **da qc** suffering from sthg. ◆ **affetto** *sm* affection; **gli affetti familiari** one's loved ones.

affettuoso, a *agg* affectionate; **saluti affettuosi** [in lettera] love (from).

affezionarsi [6] *vip*: ~ **a qn/qc** to become o grow fond of sb/sthg.

affiancare [15] *vt* **-1.** [avvicinare - sedie] to place side by side; [- auto] to draw alongside **-2.** [aiutare] to help.

affiatato, a *agg* close; **una squadra affiatata** a team that works well together.

affidabile *agg* reliable.

affidamento *sm* **-1.** [fiducia]: **dare** ~ to inspire confidence; **fare** ~ **su qn/qc** to rely on sb/sth **-2.** [di minore] fostering.

affidare [6] *vt*: ~ **qn/qc a qn/qc** [bambini, cane] to leave sb/sthg with sb/sthg; **devo trovare qualcuno a cui** ~ **la casa durante le vacanze** I have to find someone to look after the house while I'm on holiday; ~ **una scelta al caso** to leave a choice to chance; ~ **qc a qn** [incarico, compito] to entrust sthg to sb; [ruolo] to assign sthg to sb. ◆ **affidarsi** *vr*: **affidarsi a qn/qc** to rely on sb/sthg.

affiggere [51] *vt* to put up.

affilato, a *agg* **-1.** [coltello, lama] sharp **-2.** [naso, viso] thin.

affinché *cong* (+ *congiuntivo*) so that, in order that.

affine *agg* [sostanza, idea, metodo] similar; [disciplina, scienza] related.

affinità *sf inv* [somiglianza] similarity; [simpatia] affinity.

affiorare [6] *vi* to emerge.

affissi *(etc)* ▷**affiggere**.

affisso, a *pp* ▷**affiggere**.

affittare [6] *vt* -1. [dare in affitto – casa] to rent (out), to let *esp UK*; [– auto, apparecchiatura] to rent (out), to hire (out) *UK*; **affittasi** to let *esp UK*, for rent *US* -2. [prendere in affitto – casa] to rent; [– auto, apparecchiatura] to rent, to hire *UK*.

affitto *sm* -1. [locazione – di casa] rental, letting *esp UK*; [– di auto, apparecchiatura] rental, hire *UK*; **sono in ~ da tanto tempo, ora vorrei comprare** I have been renting for a long time, now I want to buy; **prendere qc in ~** [casa] to rent sthg; [auto, apparecchiatura] to rent sthg, to hire sthg *UK*; **dare qc in ~** [casa] to rent sthg (out), to let sthg *esp UK* ; [auto, apparecchiatura] to rent sthg (out), to hire sthg (out) *UK* -2. [somma] rent.

affluente *sm* tributary.

affluire [9] *vi* [acqua] to flow; **~ a/in qc** to flow into sthg; [sangue]: **~ a qc** to flow to sthg; [gente]: **~ a qc** to flock to sthg; **~ (in qc)** [gente, merce] to pour o flood in(to sthg)

afflusso *sm* -1. [di acqua, sangue] flow -2. [di capitali, merci] influx -3. [di gente] flood.

aff.mo *(abbr di* **affezionatissimo)** [nelle lettere] ≃ Dearest.

affogare [16] ◇ *vi* -1. [annegare] to drown -2. [essere sovraccarico]: **~ in qc** to be up to one's eyes in sthg. ◇ *vt* to drown.

affogato, a *agg* ▷**uovo**. ◆ **affogato** *sm*: **un ~ al caffè/al cognac** an ice cream with coffee/cognac poured over it.

affollato, a *agg* crowded.

affondare [6] ◇ *vt* -1. [mandare a fondo] to sink -2. [far penetrare]: **~ qc in qc** to sink sthg into sthg. ◇ *vi* -1. [colare a picco] to sink -2. [sprofondare]: **~ in qc** to sink into sthg.

affrancare [15] *vt* [lettera, pacco – con francobollo] to stamp; [– meccanicamente] to frank.

affrancatura *sf* -1. [francobolli] postage -2. [atto – con francobollo] stamping; [– meccanica] franking.

affresco *(pl* **-schi)** *sm* fresco.

affrettare [6] *vt* -1. [accelerare] to speed up; **~ il passo** to quicken one's pace -2.

[anticipare] to bring forward. ◆ **affrettarsi** *vr*: affrettarsi (a fare qc) to hurry (to do sthg).

affrontare [6] *vt* -1. [cosa spiacevole – pericolo, rischio, morte] to face; [– malattia, disgrazia, paura] to cope with; [– freddo] to brave -2. [spese, argomento, ostacolo] to deal with -3. [persona] to confront. ◆ **affrontarsi** *vr* to confront each other.

affronto *sm* insult.

affumicato, a *agg* -1. [gen] smoked -2. [lenti, occhiali] tinted.

affusolato, a *agg* tapering.

Afghanistan *sm*: l' ~ Afghanistan.

AFI ['afi] *(abbr di* **Alfabeto Fonetico Internazionale)** *sm* IPA.

afoso, a *agg* sultry.

Africa *sf*: l' ~ Africa.

africano, a *agg & sm, f* African.

afroamericano, a *agg & sm, f* African American.

afta *sf* ulcer.

agata *sf* agate.

agenda *sf* -1. [diario] diary *UK*, appointment book *US*; **~ elettronica** electronic organizer -2. [di riunione] agenda.

agente *smf* -1. [guardia]: **~ (di polizia)** police officer, policeman (*f* policewoman) -2. [di attore, cantante] agent -3. [incaricato]: **~ di cambio** stockbroker; **~ immobiliare** estate agent *UK*, real estate agent *US*, Realtor® *US*; **~ segreto** secret agent. ◆ **agenti** *smpl*: agenti atmosferici elements.

agenzia *sf* -1. [impresa] agency; **~ immobiliare** estate agent's *UK*, real estate agency *US*, **~ di viaggi** travel agency -2. [comunicato] dispatch -3. [succursale] branch.

agevolare [6] *vt* -1. [attività, compito] to make easier -2. [persona]: **~ qn (in qc)** to help sb (with sthg).

agganciare [17] *vt* -1. [collegare]: **~ qc (a qc)** [gen] to hook sthg (onto sthg); [vagone] to couple sthg (to sthg); [rimorchio] to hitch sthg (to sthg) -2. *fam* [entrare in contatto] to pick up; [fermare] to corner.

aggancio *sm* -1. [meccanismo] coupling -2. [relazione] contact.

aggeggio *sm* -1. [oggetto inutile] gadget -2. [oggetto sconosciuto] contraption.

aggettivo *sm* adjective.

agghiacciante *agg* frightening.

aggiornamento *sm* [di testo, libro] updating; [di insegnanti] updating of skills; **corso di** ~ refresher course.

aggiornare [6] *vt* **-1.** [opera, testo] to update **-2.** [mettere al corrente] to bring up to date **-3.** [rinviare] to postpone. ◆ **aggiornarsi** *vr* to keep up to date.

aggiornato, a *agg* **-1.** [revisionato] updated **-2.** [al passo con i tempi] up-to-date; **tenere** ~ **qn (su qc)** to keep sb up-to-date (on o with sthg).

aggirare [6] *vt* **-1.** [evitare – difficoltà, ostacolo] to get round *UK*, to get around *US*; [- argomento] to avoid **-2.** [circondare] to surround. ◆ **aggirarsi** *vip* **-1.** [vagare] to go o wander around **-2.** [valore]: **aggirarsi su qc** to be around sthg.

aggiudicare [15] *vt* [premio] to award; [all'asta] to sell, to knock down; **aggiudicato!** sold!; **aggiudicarsi qc** [premio, posto] to win sthg; [all'asta] to obtain.

aggiungere [49] *vt* to add; ~ **qc (a qc)** to add sthg (to sthg). ◆ **aggiungersi** *vip* to be added.

aggiunta *sf* addition; **in** ~ in addition.

aggiunto, a *pp* ▷ aggiungere.

aggiustare [6] *vt* **-1.** [riparare] to repair, to mend *UK* **-2.** [sistemare – giacca] to alter; [- cravatta, cappello] to straighten; [- capelli] to tidy **-3.** [regolare] to adjust. ◆ **aggiustarsi** ⋄ *vr* to come to an agreement. ⋄ *vip* to sort itself out.

agglomerato *sm* **-1.** [materiale]: ~ **(di legno)** chipboard **-2.** [insieme] conglomeration; ~ **urbano** built-up area.

aggrapparsi [6] *vr*: ~ **a qc** [appiglio] to catch hold of sthg; [speranza, illusione] to cling to sthg.

aggravare [6] *vt* to aggravate, to make worse. ◆ **aggravarsi** *vip* to get worse.

aggraziato, a *agg* [movimenti] graceful; [modi] nice; [corpo, viso] attractive.

aggredire [9] *vt* to attack.

aggregare [16] *vt* **-1.** [unire] to unite **-2.** [annettere] to annex. ◆ **aggregarsi** *vr*: **aggregarsi a qn/qc** to join sb/sthg.

aggressione *sf* attack; ~ **a mano armata** armed attack.

aggressivo, a *agg* aggressive.

aggressore, aggreditrice ⋄ *agg* aggressor *(dav s)*. ⋄ *sm, f* attacker.

aggrinzire [9] *vt* = raggrinzire.

agguantare [6] *vt* to grab.

agguato *sm* **-1.** [imboscata] ambush; **cadere in un** ~ to walk into an ambush; **tendere un** ~ **a qn** to set (up) o lay an ambush

for sb **-2.** [trappola] trap; **cadere in un** ~ to fall into a trap; **tendere un** ~ **a qn** to set o lay a trap for sb **-3.** *loc*: **essere in** ~ [pericolo] to be lurking in the wings; **stare in** ~ [persona] to lie in ambush.

agiato, a *agg* **-1.** [vita] easy **-2.** [persona] well-off.

agile *agg* [persona, corpo] agile; [dita] nimble.

agilità *sf* agility.

agio *sm*: **a proprio** ~ at (one's) ease. ◆ **agi** *smpl* luxury *(U)*.

agire [9] *vi* **-1.** [passare all'atto pratico] to act **-2.** [comportarsi] to behave **-3.** [avere effetto] to have an effect.

agitare [6] *vt* **-1.** [scuotere – bottiglia, medicinale] to shake; [- mano, fazzoletto] to wave; [- coda] to wag **-2.** [turbare – persona] to upset; [- mente] to trouble; [- sonno] to disturb. ◆ **agitarsi** *vr* **-1.** [muoversi – mare] to get rough; [– persona che dorme] to toss and turn **-2.** [preoccuparsi]: **agitarsi (per qc)** to get worked up (about sthg).

agitato, a *agg* **-1.** [inquieto] nervous **-2.** [mare] rough.

agitazione *sf* **-1.** [inquietudine] agitation; **essere** o **stare in** ~ to be upset; **mettere qn in** ~ to upset sb **-2.** [protesta] industrial action *UK*, job action *US*.

agli = a + gli.

aglio *sm* garlic.

agnello *sm* **-1.** [animale, carne] lamb **-2.** [pelle] lambskin.

agnolotti *smpl* type of ravioli.

ago *(pl aghi) sm* **-1.** [gen] needle **-2.** [da maglia] (knitting) needle **-3.** [di bilancia] pointer.

agonia *sf* **-1.** MED death throes; **essere in** ~ to be in one's death throes **-2.** [tormento] agony *(U)*.

agonistico, a, ci, che *agg* competitive.

agopuntura *sf* acupuncture.

agosto *sm* August; *vedi anche* **settembre**.

agraria *sf* agriculture.

agricolo, a *agg* agricultural, farm *(dav s)*.

agricoltore, trice *sm, f* farmer.

agricoltura *sf* agriculture, farming.

agrifoglio *sm* holly.

agriturismo *sm* **-1.** [tipo di vacanza] farm holidays *(pl) UK*, farm vacations *(pl) US* **-2.** [luogo] holiday farm *UK*, vacation farm *US*.

agro, a *agg* sour.

agrodolce ⋄ *agg* [sapore, gusto] bittersweet; [salsa] sweet-and-sour. ◇ *sm*: in ~ sweet-and-sour *(dav s)*.

agrume *sm* -1. [pianta] citrus -2. [frutto] citrus fruit.

aguzzare [6] *vt* -1. [appuntire] to sharpen -2. [stimolare]: ~ **l'ingegno** to sharpen one's wits; ~ **le orecchie** to prick up one's ears; ~ **la vista** to look more closely.

aguzzo, a *agg* [ferro, chiodo] sharp; [mento, naso, viso] pointed.

AI *(abbr di* **Aeronautica Italiana)** Italian Air Force.

ai = a + i.

AIACE [a'jatʃe] *(abbr di* **Associazione Italiana Amici del Cinema d'Essai)** *sf* Italian Association of Friends of Experimental Cinema.

AIDS ['aidsaidi'ɛsse] *(abbr di* **Acquired Immune Deficiency Syndrome)** *sm* AIDS.

aiola *sf* = aiuola.

AIRE ['aire] *(abbr di* **Anagrafe degli Italiani Residenti all'Estero)** *sf* Registry of Italians Resident Abroad.

aiuola, aiola *sf* flowerbed.

aiutante *smf* assistant.

aiutare [6] *vt* -1. [soccorrere] to help; ~ **qn a fare qc** to help sb (to) do sthg -2. [facilitare] to aid. ◆ **aiutarsi** *vr* to help each other.

aiuto ◇ *sm* -1. [soccorso] help; **essere di** ~ **a qn** to be of help to sb; **chiamare in** ~ **qn** to call sb for help; **accorrere/venire in** ~ **di qn** to rush/come to sb's aid -2. [assistente] assistant. ◇ *esclam* help!

al = a + il.

ala *sf* -1. [POLIT & gen] wing -2. [di persone] line -3. [giocatore] winger.

alabastro *sm* alabaster.

alano *sm* Great Dane.

alba *sf* dawn; **all'**~ at dawn.

albanese ◇ *agg & smf* Albanian. ◇ *sm* [lingua] Albanian.

Albania *sf*: l'~ Albania.

alberato, a *agg* [viale, strada] tree-lined; [giardino] planted with trees.

albergo *(pl* **-ghi)** *sm* hotel; ~ **diurno** *public toilets open during the day for people to have a shower, bath, shave etc.*

albero *sm* -1. [gen] tree; ~ **di Natale** Christmas tree; ~ **genealogico** family tree -2. NAUT: ~ **maestro** mainmast.

albicocca *(pl* **-che)** *sf* apricot.

albicocco *(pl* **-chi)** *sm* apricot (tree).

albino, a *agg & sm, f* albino.

albo *sm* -1. [registro] register -2. [tabella] noticeboard *UK*, bulletin board *US*.

album *sm inv* album; ~ **da disegno** sketchbook.

albume *sm* albumen.

alce *sm* elk *UK*, moose *US*.

alcol *sm inv* alcohol; ~ **etilico** ethyl alcohol, ethanol.

alcolico, a, ci, che *agg* [bevanda] alcoholic; [gradazione] alcohol *(dav s)*. ◆ **alcolico** *sm* alcoholic drink; **non bevo alcolici** I don't drink (alcohol).

alcolista, i, e *smf* alcoholic.

alcolizzato, a *agg & sm, f* alcoholic.

alcool *sm* = alcol.

alcuno, a *(alcun dav sm che comincia per vocale, h o consonante;* **alcuno** *dav sm che comincia per s + consonante, gn, ps, x, y, z;* **alcuna** *dav sf che comincia per consonante; può diventare* **alcun'** *dav sf che comincia per vocale o h)* ◇ *agg indef* [in frasi negative]: **non ... ~** no; **non c'è alcun bisogno che tu venga** there's no need for you to come; **senza alcun dubbio** without a doubt. ◇ *pron indef lett* [in frasi negative]: **non ... ~** not ... any. ◆ **alcuni, alcune** ◇ *agg indef pl* some; **ho da sbrigare alcune cose** I have some things to do. ◇ *pron indef pl* -1. [gen] some (of them); **alcuni di noi/voi/loro** some of us/you/them; **dei suoi libri, alcuni mi piacciono, altri no** I like some of his books, but not others -2. [alcune persone] some people.

alfabetico, a, ci, che *agg* alphabetical.

alfabeto *sm* alphabet; ~ **fonetico internazionale** International Phonetic Alphabet; ~ **Morse** Morse code.

alga *(pl* **-ghe)** *sf* [di acqua dolce] weed; [di mare] seaweed.

algebra *sf* -1. [scienza] algebra -2. *fam* [cosa complicata] double dutch.

Algeria *sf*: l'~ Algeria.

algerino, a *agg & sm, f* Algerian.

aliante *sm* glider.

alibi *sm inv* -1. DIR alibi -2. [giustificazione] excuse.

alice *sf* anchovy.

alieno, a *sm, f* alien.

alimentare [6] ◇ *agg* food *(dav s)*; **generi alimentari** foodstuffs; **regime** ~ diet. ◇ *vt* -1. [gen] to feed -2. [macchina] to power. ◆ **alimentari** ◇ *smpl* [alimenti] foodstuffs. ◇ *sm* [negozio] food shops, grocers *UK*, grocery stores *US*. ◆ **alimentarsi** *vr*: alimentarsi di qc to live on sthg.

alimentatore *sm* feeder.

alimentazione *sf* -1. [nutrimento] diet -2. [di energia] supply.

alimento *sm* food. ◆ **alimenti** *smpl* DIR maintenance *(U)* UK, alimony *(U)* US.

aliscafo *sm* hydrofoil.

alito *sm* breath; **avere l'** ~ **cattivo** to have bad breath.

all' = a + l'.

alla = a + la.

allacciare [17] *vt* -1. [cintura, vestito] to fasten; **allacciarsi il cappotto** to fasten one's coat; **allacciarsi le scarpe** to tie one's laces -2. [collegare] to connect -3. [amicizia] to start (up).

allagamento *sm* [atto] flooding *(U)*; [effetto] flood.

allagare [16] *vt* to flood. ◆ **allagarsi** *vip* to flood.

allargare [16] *vt* -1. [ingrandire – stanza] to enlarge; [– strada, entrata] to widen; [– abito, giacca, pantaloni] to let out -2. [divaricare] to spread -3. *fig* [ampliare] to broaden; ~ **la sfera delle amicizie** to widen one's circle of friends; ~ **il diritto di voto** to extend the right to vote. ◆ **allargarsi** *vip* -1. [ingrandirsi – spiaggia, valle, strada] to widen (out); [– foro, buco, passaggio] to get bigger -2. *fig* [ampliarsi] to expand -3. [diffondersi] to spread.

allarmare [6] *vt* to alarm. ◆ **allarmarsi** *vr* to get alarmed.

allarme *sm* alarm; **dare l'** ~ to sound the alarm; ~ **antincendio** fire alarm; **mettere in** ~ **qn** to alarm sb.

allattare [6] *vt* [bambino] to (breast)feed; [animale] to suckle.

alle = a + le.

alleanza *sf* alliance.

allearsi [24] *vr* to form an alliance; ~ **a o con qn** to ally o.s. with sb, to form an alliance with sb; ~ **contro qn** to form an alliance against sb.

alleg. (*abbr di* allegato) encl..

allegare [16] *vt*: ~ **qc (a qc)** to enclose sthg (with sthg).

allegato *sm* enclosure; **in** ~ enclosed.

alleggerire [9] *vt* -1. [rendere leggero – peso, carico] to lighten; [– valigia, pacco] to make lighter; ~ **qn di qc** *scherz* [derubare] to relieve sb of sthg -2. [rendere facile] to make easier -3. [rendere tollerabile] to ease.

allegoria *sf* allegory.

allegria *sf* cheerfulness; **abbiamo trascorso una serata in** ~ we had a really lovely evening.

allegro, a *agg* -1. [persona, carattere] cheerful -2. [colore] bright; [musica] cheerful -3.

eufem [ubriaco] tipsy, merry UK. ◆ **allegro** *sm* MUS allegro.

allenamento *sm* -1. [esercizio] practice; **tenersi in** ~ to keep in practice -2. SPORT training.

allenare [6] *vt* -1. SPORT to train -2. [memoria, mente]: ~ **qc (a qc/a fare qc)** to train sthg (in sthg/to do sthg). ◆ **allenarsi** *vr* -1. SPORT to train -2. [abituarsi]: **allenarsi (in qc)** to practise UK (sthg), to practice US(sthg).

allenatore, trice *sm, f* trainer.

allentare [6] *vt* -1. [corda, presa] to loosen -2. [disciplina] to relax; [tensione] to reduce. ◆ **allentarsi** *vip* to work loose.

allergia *sf* allergy.

allergico, a, ci, che *agg* allergic; **essere** ~ **a qc** to be allergic to sthg.

allerta ⟨⟩ *avv*: **stare** ~ to be on the alert. ⟨⟩ *sf inv* alert; **dare l'** ~ to sound the alert; **in stato di** ~ on alert.

allestimento *sm* mounting; **in** ~ in preparation; **'vetrina in** ~**'** 'window being dressed'.

allestire [9] *vt* [festa] to organize; [mostra] to mount; [spettacolo] to stage; [vetrina] to dress.

allettante *agg* attractive.

allevamento *sm* -1. [di mucche, cavalli] breeding, rearing; [di polli, pesci] farming; **pollo d'** ~ battery hen -2. [impianto] farm.

allevare [6] *vt* -1. [animali] to breed -2. [bambino] to bring up, to raise *esp* US.

allevatore, trice *sm, f* [di bestiame, cavalli] breeder; [di polli] farmer.

allibito, a *agg* stunned.

allievo, a *sm, f* -1. [scolaro] pupil, student -2. MIL: ~ **ufficiale** officer cadet.

alligatore *sm* alligator.

allineare [24] *vt* -1. [schierare] to line up -2. TIPO to justify -3. [adeguare] to adjust. ◆ **allinearsi** *vr* -1. [mettersi in fila] to line up -2. [adeguarsi]: **allinearsi (a qc)** to fall into line (with sthg).

allo = a + lo.

allodola *sf* lark, skylark.

alloggiare [18] ⟨⟩ *vt* -1. [ospitare] to put up -2. MIL [in caserma] to quarter; [in casa privata] to billet. ⟨⟩ *vi* to stay.

alloggio *sm* -1. [ricovero] accommodation UK, accommodations *(pl)* US -2. [appartamento] flat UK, apartment.

allontanamento *sm* removal.

allontanare [6] *vt* -1. [mettere lontano] to

take away; ~ **qn/qc da qn/qc** to take sb/
sthg away from sb/sthg **-2.** [licenziare] to
dismiss **-3.** [da scuola – temporaneamente]
to exclude; [– permanentemente] to expel
-4. [mandare via] to chase away. ◆ **allontanarsi** *vr* **-1.**: allontanarsi (da qc)
[scostarsi] to stand back (from sthg) **-2.** [as-
sentarsi] to go away; **mi allontano solo un
attimo** I'll be back in a minute.

allora ◇ *avv* then; **da ~ (in poi)** since then,
from that moment on; **fin da ~** from that
moment. ◇ *cong* **-1.** [in tal caso] then **-2.**
[dunque] well then, so; **il capo si arrabbierà
– e ~?** the boss will be angry – so what?

alloro *sm* [pianta] laurel, bay tree; [foglia]
bay leaf.

alluce *sm* big toe.

allucinante *agg* [spaventoso] terrible;
[pazzesco] mind-blowing; **fa un caldo ~**
it's incredibly hot.

allucinazione *sf* MED hallucination.

alludere [31] *vi*: ~ **a qn/qc** to allude to
sb/sthg, to refer to sb/sthg.

alluminio *sm* aluminium *UK*, aluminum *US*.

allungare [16] *vt* **-1.** [aumentare la lunghezza di – racconto, articolo, discorso] to make
longer; [– abito, cappotto, pantaloni] to let
down; [– tavolo] to extend; [– sedie]
recline; ~ **il passo** to lengthen one's stride
-2. [aumentare la durata di – vita] to prolong; [– spettacolo, vacanza] to extend; ~
la strada to go the long way round *UK* o
around *US* **-3.** [stendere] to stretch out;
~ **le mani (addosso a qn)** *fig* to feel sb up,
to touch sb up *UK* **-4.** [diluire] to dilute **-5.**
fam [porgere] to pass; **mi allungheresti il
sale?** would you pass (me) the salt? **-6.**
fam [schiaffo] to give; **gli ha allungato un
ceffone** she gave him a slap. ◆ **allun-
garsi** ◇ *vip* **-1.** [gen] to get longer **-2.** [riu-
nione] to overrun. ◇ *vr fam* [stendersi] to
stretch out.

allusione *sf* allusion, hint; **fare ~ a qn/qc**
to allude o refer to sb/sthg.

alluvione *sf* flood.

almeno *avv* **-1.** [come minimo] at least **-2.**
[magari]: **(se) ~** if only.

alogeno, a *agg* ▷**lampada**.

alone *sm* **-1.** [di sole, luna] halo **-2.** [di fiamma, lampada] glow **-3.** *fig* [aureola] aura, air
-4. [su stoffa] ring.

alpeggio *sm* mountain pasture.

Alpi *sfpl*: **le ~** the Alps.

alpinista, i, e *smf* mountaineer, climber.

alpino, a *agg* Alpine. ◆ **alpino** *sm* MIL
member of the Italian Alpine troops.

alquanto *avv* somewhat, rather.

alt ◇ *esclam* [comando] stop; MIL halt.
◇ *sm inv* stop, halt.

altalena *sf* [gioco – con funi] swing; [– asse in bilico] seesaw *UK*, teeter totter *US*;
andare in ~ to go on the swings o seesaw.

altare *sm* altar.

alterare [6] *vt* **-1.** [modificare – cibi] to
spoil; [– colori] to alter **-2.** [contraffare] to
alter. ◆ **alterarsi** *vip* **-1.** [rovinarsi – gen]
to deteriorate; [– latte, burro] to go sour **-2.**
[irritarsi] to get angry.

alternare [6] *vt* to alternate. ◆ **alternarsi** *vr*: alternarsi (a qc) to alternate
(with sthg).

alternativa *sf* alternative.

alternato, a *agg* ▷**corrente**.

alterno, a *agg* **-1.** [movimento, ritmo] alternating **-2.** [mutevole] changeable; **le alter-
ne vicende di qc** the ups and downs of
sthg; **a giorni alterni** on alternate days,
every other day.

altero, a *agg* **-1.** [fiero] proud **-2.** [sprezzan-
te] haughty.

altezza *sf* **-1.** [gen] height **2.** [prossimità].
all' ~ di qc near sthg; **devi svoltare all'**
~ del municipio you have to turn off at the
town hall; **la nave è affondata all' ~ delle
Seychelles** the ship sank off the Seychelles
-3. [livello]: **essere all' ~ di qn** to be the
equal of sb; **essere all' ~ di qc** to be equal
to sthg; **sei sicuro di essere all' ~ del compito?** are you sure you're up to the job?
◆ **Altezza** *sf*. Sua Altezza His/Her
Highness.

altipiano *sm* = **altopiano**.

altitudine *sf* altitude.

alto, a *agg* **-1.** [rispetto a piano] high **-2.**
[persona, albero, edificio] tall **-3.** [profondo]
deep, ~ **mare** [mare aperto] open sea **-4.**
[voce] loud; [volume] high **-5.** [tessuto]
wide; **un pezzo di stoffa lungo 3 metri e
~ 150 cm** a piece of material 3 metres long
and 150 cm wide **-6.** [settentrionale] northern; **l'alta Italia** Northern Italy **-7.** [fiu-
me] upper; **l' ~ Po** the upper reaches of
the Po **-8.** [importante, grande] high; **alta
stagione** high o peak season; **alta tensione** ELETTR high tension o voltage. ◆ **alto**
◇ *sm* top; **guardare in ~** to look up; **puntare verso l' ~** to point upwards *UK* o upward *US*. ◇ *avv* high.

Alto Adige *sm*: **l' ~** the Alto Adige.

altoatesino, a ◇ *agg* of o from the Alto
Adige. ◇ *sm, f* person from the Alto Adige.

altoparlante *sm* [in luoghi pubblici] loud-speaker; [di apparecchio stereo] speaker.

altopiano (*pl* altopiani OR altipiani) *sm* plateau.

altrettanto ◇ *agg indef* as much; [con plurale] as many. ◇ *pron indef* **-1.** [la stessa cosa] the same; **Buon Natale! - (grazie,) ~ !** Merry Christmas! - (thank you), same to you! **-2.** [la stessa quantità] the same (amount), the same (number); **lui ha tre figli e io ~** he has three children and so do I. ◇ *avv* equally; **si sono tutti comportati ~ male** they all behaved equally badly; **è ~ alta quanto la sua amica** she's as tall as her friend; **tu sei convinto, ma io non ne sono ~ sicura** you're convinced, but I'm not so sure.

altri *pron indef* **-1.** [un'altra persona] someone O somebody else; **non c'è ~ che lui di cui mi fidi** I don't trust anyone but him, I trust no-one but him **-2.** [qualcuno] someone O somebody else, other people (*pl*).

altrimenti *avv* **-1.** [in altro modo] otherwise; **non potevamo fare ~** we couldn't do anything else **-2.** [in caso contrario] otherwise, or else.

altro, a ◇ *agg indef* **-1.** [diverso] **un ~, un'altra** another; **ho bisogno di un'altra giacca** I need another jacket; **un ~ giorno** another day; **un'altra volta** [non questa] another time; **ha un ~ modello?** have you got any other styles?; **prova a pettinarti in un ~ modo** try doing your hair another way; **altri, altre** other; **posso farle vedere altre cose** I can show you some other things **-2.** [supplementare] **un ~, un'altra** another; **un ~ caffè?** another coffee?; **altro, altra** some more; **vuoi altra pasta?** do you want some more pasta?; **altri, altre** (some) more; **sono sorti altri problemi** more problems have come up; **altre quattro tazze** four more cups, another four cups; **un'altra volta** [di nuovo] again **-3.** [rimanente] other **-4.** [nel tempo] last; **l'altra settimana** last week; **l'altr'anno** last year; **l' ~ giorno** the other day; **l' ~ ieri** the day before yesterday; **domani l' ~** the day after tomorrow **-5.** *loc*: **d'altra parte** on the other hand. ◇ *pron indef* **-1.** [diverso, rimanente]: **l'altro, l'altra** the other one; **gli altri, le altre** the others; **un ~, un'altra** a different one; **il mio ragazzo si vede con un'altra** my boyfriend is seeing someone else; **altri, altre** others; **ne ha altri/altre?** have you got any others?; **gli altri** [la gente] other people **-2.** [supplementare]: **un ~, un'altra** another one; **altri, altre: ce ne sono altri?** are there any more?; **non pren-**

derne altre! don't take any more! ◆ **altro** *sm*: **(desidera) ~?** do you want anything else?; **non c'è ~ da fare** there's nothing else to be done; **non fa ~ che lamentarsi** he does nothing but complain; **è tutt' ~ che sciocco** he's anything but stupid; **più che ~** more than anything else; **se non ~** at least; **senz' ~** certainly; **tra l' ~** among other things.

altroché *esclam* definitely.

altronde ◆ **d'altronde** *avv* on the other hand.

altrove *avv* somewhere else, elsewhere.

altrui other people's (*dav s*).

altruista, i, e ◇ *smf* altruist. ◇ *agg* altruistic.

altura *sf* height.

alunno, a *sm, f* pupil.

alveare *sm* (bee)hive.

alzacristallo *sm* window winder; **alzacristalli elettrici** electric windows.

alzare [6] *vt* **-1.** [gen] to raise; **~ le spalle** to shrug one's shoulders **-2.** [oggetto] to lift **-3.** [vela] to hoist **-4.** [costruire] to erect. ◆ **alzarsi** ◇ *vr* [persona] to get up. ◇ *vip* **-1.** [fiume, sole] to rise **-2.** [vento] to get up.

a.m. (*abbr di* ante meridiem) am.

AM [a'εmme] **-1.** (*abbr di* **Aeronautica Militare**) (Italian) Air Force **-2.** (*abbr di* **Amplitude Modulation**) AM.

amaca (*pl* **-che**) *sf* hammock.

amalfitano, a *agg* of O from Amalfi; **la costiera amalfitana** the Amalfi coast.

amalgamare [6] *vt* **-1.** [impastare] to mix **-2.** *fig* [mettere insieme] to unite. ◆ **amalgamarsi** *vr* **-1.** [sostanze] to mix **-2.** [persone, culture] to become unified.

amante ◇ *agg*: **~ di qc** fond of sthg; **le persone amanti della buona tavola** lovers of good food. ◇ *smf* lover.

amare [6] *vt* **-1.** [gen] to love **-2.** [essere appassionato di] to like, to love; **sai che non amo le rose** you know I don't like roses; **~ fare qc** to love doing sthg. ◆ **amarsi** *vr* to love each other.

amaretto *sm* **-1.** [biscotto] amaretto (biscuit) *UK* o (cookie) *US* **-2.** [liquore] amaretto (liqueur).

amarezza *sf* bitterness.

amaro, a *agg* **-1.** [gen] bitter **-2.** [senza zucchero] without sugar (*non dav s*); **cioccolato ~** dark o plain *UK* chocolate. ◆ **amaro** *sm* **-1.** [sapore] bitter taste **-2.** [liquore] bitters (*pl*).

Amazzonia *sf*: **l' ~** Amazonia.

ambasciata *sf* -1. [luogo] embassy -2. [messaggio] message.

ambasciatore, trice *sm, f* -1. [persona] ambassador -2. [messaggero] messenger.

ambedue ◇ *agg num inv*: ~ le mani/i figli both hands/children. ◇ both.

ambientale *agg* environmental.

ambientalista, i, e *smf & agg* environmentalist.

ambientare [6] *vt* to set. ➙ **ambientarsi** *vr* to settle in.

ambiente ◇ *sm* -1. [gen] environment -2. [circolo] sphere; **negli ambienti politici** in political circles; **ambienti bene informati** well-informed sources -3. [stanza] room. ◇ *agg inv* ▷ **temperatura.**

ambiguità *sf inv* ambiguity.

ambiguo, a *agg* ambiguous.

ambire [9] ◇ *vt* to aspire to. ◇ *vi*: ~ a qc to aspire to sthg.

ambito *sm* sphere; **l'** ~ **familiare** the family circle.

ambizione *sf* ambition.

ambizioso, a *agg* ambitious.

ambo ◇ *agg num inv*: ~ le mani/i lati both hands/sides. ◇ *sm* double.

ambra *sf* amber.

ambulante *agg* travelling *UK*, traveling *US*.

ambulanza *sf* ambulance.

ambulatorio *sm* MED surgery *UK*, office *US*; ~ **dentistico** dentist's surgery *UK*, dentist's office *US*.

Amburgo *sf* Hamburg.

America *sf*: **l'** ~ America; **l'** ~ **Centrale** Central America; **l'** ~ **del Nord** o **settentrionale** North America; **l'** ~ **del Sud** o **meridionale** South America; **l'** ~ **latina** Latin America; **le Americhe** the Americas.

americano, a *agg & sm, f* American. ➙ **americano** *sm* [lingua] American English.

amfetamina *sf* FARM amphetamine.

amichevole ◇ *agg* friendly. ◇ *sf* friendly.

amicizia *sf* -1. [legame] friendship; **fare** ~ **con qn** to make friends with sb -2. [persona] friend.

amico, a, ci, che ◇ *agg* friendly. ◇ *sm, f* -1. [gen] friend -2. [amante] boyfriend (*f* girlfriend).

amido *sm* starch.

ammaccare [15] *vt* [auto] to dent; [frutta] to bruise. ➙ **ammaccarsi** *vip* [auto] to get dented; [frutta] to get bruised.

ammalarsi [6] *vip*: ~ **(di qc)** to fall o become ill *UK* o sick *US* (with sthg).

ammalato, a ◇ *agg* ill *UK*, sick *US*. ◇ *sm, f* [gen] sick person; [in ospedale] patient.

ammaraggio *sm* [di aereo, idrovolante] landing; [di navicella spaziale] splashdown.

ammassare [6] *vt* -1. [mettere insieme] to pile (up) -2. [accumulare] to amass. ➙ **ammassarsi** *vip* -1. [radunarsi] to crowd together -2. [accumularsi] to pile up.

ammasso *sm* -1. [mucchio] pile, heap -2. *spreg* [accozzaglia] load.

ammattire [9] *vi* to go mad; **fare ammattire qn** to drive sb mad.

ammazzacaffè *sm inv* after-dinner drink.

ammazzare [6] *vt* to kill. ➙ **ammazzarsi** *vr* to kill o.s.; **ammazzarsi di lavoro** to work o.s. to death.

ammenda *sf* fine.

ammesso, a *pp* ▷ **ammettere.** ➙ **ammesso che** *cong (+ congiuntivo)* assuming that.

ammettere [71] *vt* -1. [gen] to admit; **ammetto di aver sbagliato** I admit that I made a mistake -2. [accogliere] to receive -3. [permettere] to allow -4. [supporre] to assume.

amministrare [6] *vt* -1. [patrimonio, beni, sacramento] to administer -2. [POLIT & azienda] to run -3. [dosare] to ration.

amministrativo, a *agg* administrative.

amministratore, trice *sm, f* -1. [di beni, patrimonio] administrator -2. [di condominio] manager -3. [di società]: ~ **delegato** managing director.

amministrazione *sf* -1. [gen] administration; **l'** ~ **pubblica** the civil service -2. [di società] running -3. [uffici] administrative offices.

ammiraglio *sm* MIL admiral.

ammirare [6] *vt* to admire.

ammiratore, trice *sm, f* admirer.

ammirazione *sf* admiration.

ammissione *sf* admission; **esame di** ~ entrance exam.

ammobiliato, a *agg* furnished.

ammodernare [6] *vt* to modernize.

ammollo *sm*: **lasciare/mettere qc in** ~ to leave/put sth to soak.

ammoniaca *sf* ammonia.

ammonire [9] *vt* -1. [mettere in guardia] to warn, DIR to caution -2. [rimproverare] to reprimand **-3.** SPORT to book *UK*, to show a yellow card to.

ammonizione *sf* **-1.** [rimprovero] reprimand **-2.** SPORT booking *UK*, yellow card **-3.** DIR caution; [al lavoro] warning.

ammontare [6] *vi*: ~ **a qc** to amount to sthg.

ammorbidente *sm* fabric softener.

ammorbidire [9] *vt* to soften. ➤ **ammorbidirsi** *vr* to soften.

ammortare [6] *vt* **-1.** [spesa]`to write off; [bene] to write off the cost of **-2.** [debito] to pay off **-3.** FIN to amortize.

ammortizzare [6] *vt* **-1.** [attutire] to cushion **-2.** FIN= ammortare.

ammortizzatore *sm* AUTO shock absorber.

ammucchiare [20] *vt* to pile up. ➤ **ammucchiarsi** *vip* to pile up.

ammuffire [9] *vi* to go mouldy *UK* o moldy *US*.

amnesia *sf* amnesia.

amnistia *sf* amnesty.

amo *sm* hook.

amore *sm* **-1.** [gen] love; **fare l'** ~ **(con qn)** to make love (with sb) **-2.** [persona innamorata] darling; [meraviglia]: **quel vestito è un** ~ that dress is gorgeous. ➤ **amori** *smpl* love affairs.

amorino *sm* ARTE cupid.

amoroso, a *agg* **-1.** [affettuoso] loving **-2.** [sentimentale] love *(dav s)*.

ampere *sm inv* amp, ampere.

ampiamente *avv* **-1.** [abbondantemente] at great length **-2.** [di gran lunga] far, well.

ampiezza *sf* **-1.** [MAT & di stanza, terreno] size **-2.** [di fenomeno, danni] scale.

ampio, a *agg* **-1.** [grande - stanza, campo] large; [- strada] wide; [- vestito] loose **-2.** [numeroso] ample **-3.** *fig* [esteso] wide; **un uomo dalle ampie vedute** a broadminded man.

ampliare [20] *vt* **-1.** [ingrandire - casa] to extend; [- strada] to widen **-2.** *fig* [accrescere — cultura] to increase; [— mente] to broaden; ~ **le proprie conoscenze** to widen one's knowledge.

amplificare [15] *vt* **-1.** [suono] to amplify **-2.** [notizia, fatti] to exaggerate.

amplificatore *sm* amplifier.

amputare [6] *vt* to amputate.

Amsterdam *sf* Amsterdam.

anabbagliante *agg* AUTO dipped *UK*, on low beams *US*. ➤ **anabbaglianti** *smpl* dipped headlights *UK*, (headlights on) low beams *US*.

anagrafe *sf* **-1.** [archivio] register of births, marriages and deaths *UK*, vital records *(pl) US* **-2.** [ufficio] registry o register office *UK*, Division of Vital Records *US*.

anagrafico, a, ci, che *agg*: **dati anagrafici** personal data; **ufficio** ~ registry o register office *UK*, Division of Vital Records *US*.

analcolico, a, ci, che *agg* nonalcoholic; **bibite analcoliche** soft drinks. ➤ **analcolico** *sm* soft drink.

analfabeta, i, e ◇ *agg* illiterate. ◇ *smf* illiterate.

analgesico, a, ci, che *agg* painkilling; MED analgesic. ➤ **analgesico** *sm* painkiller; MED analgesic.

analisi *sf inv* **-1.** [PSICO & studio] analysis; **essere in** ~ to be in analysis **-2.** MED test; ~ **del sangue** blood test.

analista, i, e *smf* analyst.

analizzare [6] *vt* [gen] to analyse *UK*, to analyze *US*; [impronte digitali] to check.

anallergico, a, ci, che *agg* hypoallergenic.

analogia *sf* **-1.** [relazione] analogy; **per** ~ by analogy **-2.** [cosa affine] similarity.

analogico, a, ci, che *agg* TECNOL analogue *UK*, analog.

analogo, a, ghi, ghe *agg* analogous.

ananas *sm inv* pineapple.

anarchico, a, ci, che ◇ *agg* [movimento, idee] anarchist *(dav s)*; [comportamento, spirito] anarchic. ◇ *sm, f* anarchist.

ANAS ['anas] *(abbr di* **Azienda Nazionale Autonoma delle Strade***) sf* national highways agency.

anatomico, a, ci, che *agg* **-1.** [studio] anatomical **-2.** [sedia, plantare] orthopaedic *UK*, orthopedic *US*.

anatra *sf* [gen] duck; [maschio] drake.

anatroccolo *sm* duckling.

anca *(pl* **-che***) sf* ANAT hip.

anche *cong* **-1.** [pure] too, as well; **gli ho telefonato ieri – anch'io** I phoned him yesterday – me too; **vengo anch'io** I'm coming too; **ha** ~ **una casa al mare** he's got a house by the sea as well; **gioca a golf e** ~ **a tennis** he plays golf and tennis too **-2.** [neppure]: ~ **... non** not ... either; ~ **Maria non potrà venire** Maria can't come either; ~ **la misura più grande non mi va bene** the larger size doesn't fit me either **-3.** [persino] even; ~ **se** even if; ~ **volendo/potendo** even if I wanted to/could; **ha lavorato** ~ **troppo** she worked too hard, if anything; **potrebbe** ~ **succedere** you never know, it might happen.

ancora¹ *sf* anchor; **gettare/levare l'** ~ to drop/weigh anchor.

ancora² ⋄ *avv* **-1.** [di nuovo] again; **dai, prova** ~ come on, try again **-2.** [tuttora] still; **ho** ~ **fame** I'm still hungry **-3.** [fino ad ora]: **non...** ~ not... yet, still... not; **non ho** ~ **finito** I haven't finished yet, I still haven't finished; **sei pronto? — Non** ~ are you ready? — Not yet **-4.** [in più] more; **quante volte devo dirtelo** ~? how many more times do I have to tell you?; **ne vuoi** ~? would you like some more?; ~ **due ore e saremo arrivati** another two hours o two more hours and we'll be there. ⋄ *cong* even; **il film è stato** ~ **più interessante di quanto mi aspettassi** the film *UK* o movie *US* was even more interesting than I expected.

ancorato, a *agg* **-1.** [ormeggiato] anchored; **restare** ~ to ride at anchor **-2.** [attaccato]: **essere** ~ **a qc** [palo] to be anchored to sthg; *fig* to cling to sthg.

andamento *sm* **-1.** [progresso – di mercato, affari] trend; [– di malattia] progress, course; [– a scuola] progress (at school); **com'è il suo** ~ **scolastico?** how is he getting on at school? **-2.** [portamento] walk.

andare [11] ⋄ *vi* **-1.** [muoversi] to go; ~ **di fretta/piano** to go quickly/slowly; ~ **a piedi** to walk; ~ **in bici/in macchina/in aereo/in autobus** to go by bike/by car/ by plane/by bus; ~ **a casa** to go home, ~ **a scuola** to go to school; ~ **in vacanza** to go on holiday; ~ **all'estero** to go abroad; ~ **a caccia/a pesca** to go hunting/fishing; ~ **a Napoli/in Francia** to go to Naples/to France; ~ **a sciare/nuotare/ballare** to go skiing/swimming/ dancing; **scusi, per** ~ **alla stazione?** excuse me, which way is the station?; **andarsene** to leave; **se ne sono andati senza pagare** they left without paying; **vattene!** go away! **-2.** [procedere]: **ciao, come va?** hi, how are you?; **come vanno le cose?** how are things? **-3.** [piacere]: **il suo modo di fare non mi va** I don't like the way he behaves; **non mi va che si parli male dei mei amici** I don't like people saying nasty things about my friends **-4.** [aver voglia]: **ti andrebbe un caffè?** do you fancy a coffee?; **non mi va di mangiare** I don't feel like eating **-5.** [essere collocato] to go; **dove va la spazzatura?** where does the rubbish go? **-6.** [con participio passato] should be; **il burro va conservato in frigo** butter should be kept in the fridge; ~ **perso** to get lost **-7.** [con gerundio]: **la malattia va peggiorando** the illness is getting worse; **va dicendo in**

giro che ... he goes around saying (that) ... **-8.** *loc:* ~ **bene (a qn)** [come misura] to fit (sb); **queste scarpe (mi) vanno bene** these shoes fit (me) [accordo, situazione] to be OK (for sb); **(ti) va bene se passo a prenderti alle due?** is it OK if I come and pick you up at two?; ~ **via** [partire] to leave; [macchia] to come out. ⋄ *sm:* **a lungo** ~ in the long run.

andata *sf* **-1.** [percorso] outward journey, journey there; **all'** ~ **ho impiegato due ore** it took me two hours to get there; **di** ~: **viaggio di** ~ outward journey, journey there; **biglietto di** ~ single *UK* o one-way *US* ticket **2.** [biglietto] single (ticket) *UK*, one-way (ticket) *US*; ~ **e ritorno** return (ticket) *UK*, round-trip (ticket) *US*.

andatura *sf* **-1.** [modo di camminare] walk **-2.** [velocità] speed.

andazzo *sm spreg:* **non mi piace l'** ~ **che hai preso** I don't like the way you're behaving; **ha preso l'** ~ **di rientrare alle tre di notte** she's started coming home at three in the morning; **se si continua con questo** ~, **la ditta chiuderà** if things go on like this, the firm will close down.

Ande *sfpl:* **le** ~ the Andes.

Andorra *sf* Andorra.

androne *sm* [entrance] hall.

aneddoto *sm* anecdote.

anello *sm* **-1.** [gioiello, forma] ring; ~ **di fidanzamento** engagement ring; **una pista ad** ~ a circular track **-2.** [di catena] link. ◆ **anelli** *smpl* SPORT rings.

anemia *sf* anaemia *UK*, anemia *US*.

anemico, a, ci, che *agg* MED anaemic *UK*, anemic *US*.

anestesia *sf* anaesthesia *UK*, anesthesia *US*; **sotto** ~ under anaesthetic *UK* o anesthetic *US*; ~ **locale/totale** local/general anaesthetic *UK* o anesthetic *US*.

anestetico, a, ci, che *agg* anaesthetic *UK*, anesthetic *US*.

anfibio, a *agg* amphibious. ◆ **anfibio** *sm* amphibian. ◆ **anfibi** *smpl* waterproof boots.

anfiteatro *sm* **-1.** [edificio] amphitheatre *UK*, amphitheater *US* **-2.** [sala – di teatro] amphitheatre *UK*, amphitheater *US*; [– di università] lecture hall o theatre *UK*.

anfora *sf* amphora.

angelo *sm lit & fig* angel; ~ **custode** guardian angel.

angina *sf* MED tonsillitis; ~ **pectoris** angina.

anglofono, a ◇ *agg* English-speaking. ◇ *sm, f* English-speaker.

anglosassone *agg* Anglo-Saxon.

angolare *agg* corner *(dav s)*.

angolazione *sf* angle.

angolo *sm* -1. [gen] corner; ~ **cottura** kitchen area; **fare** ~ **con qc** [strada] to run into sthg; **all'** ~ **(tra** o **fra)** on the corner (of) -2. MAT angle; ~ **retto/acuto/ottuso** right/acute/obtuse angle.

angora *sf*: **d'** ~ angora; **lana d'** ~ angora (wool).

angoscia *(pl* -sce) *sf* -1. [condizione] worry, anguish; **mettere** o **dare** ~ **a qn** to upset sb -2. [causa di ansia] fear.

angosciare [19] *vt* to distress; **la sua presenza mi angoscia** his being here upsets me; **il terrore/la paura lo angosciava** terror/fear gripped him; **essere angosciato da qn/qc** to be stressed out by sb/sthg. ◆ **angosciarsi** *vip*: **angosciarsi (per qc)** to worry (about sthg).

anguilla *sf* eel.

anguria *sf* watermelon.

angustiare [20] *vt* to distress. ◆ **angustiarsi** *vip* to worry.

anice *sm* -1. [pianta] anise -2. [seme] aniseed -3. [liquore] anisette.

anidride *sf* CHIM anhydride; ~ **carbonica** carbon dioxide.

anima *sf* -1. [gen] soul; ~ **e corpo** [completamente] body and soul; **un'** ~ **buona/gentile** a good/kind soul; **un paesino di cento anime** a village of a hundred people; ~ **gemella** soulmate; **non c'è** ~ **viva** there isn't a soul -2. *fig* [parte interna] inside.

animale ◇ *agg* animal *(dav s)*. ◇ *sm* animal.

animalista, i, e ◇ *agg* animal rights *(dav s)*. ◇ *smf* animal rights activist.

animare [6] *vt* -1. [ravvivare – festa, dibattito, discussione] to liven up; [– sguardo] to light up -2. [stimolare] to motivate. ◆ **animarsi** *vip* -1. [ravvivarsi] to liven up -2. [accalorarsi] to become animated.

animatamente *avv* animatedly.

animato, a *agg* -1. [vivace] lively -2. [vivente]: **essere** ~ living being -3. ⊳ **cartone**.

animatore, trice *sm, f* [intrattenitore – di villaggio turistico, colonia] activities organizer; [– di festa] organizer; [– di gruppo di incontro] leader.

animelle *sfpl* CULIN sweetbreads.

animo *sm* -1. [mente] mind; **mettersi l'** ~ **in pace** to set one's mind at rest -2. [corag-gio] heart, courage; **farsi** ~ to take heart; **perdersi d'** ~ to lose heart -3. [indole] character.

anitra *sf* = anatra.

annacquato, a *agg* watered down.

annaffiare [20] *vt* [piante, giardino] to water; [persona] to soak; [pietanza] to wash down.

annaffiatoio *sm* watering can.

annata *sf* year; **vino d'** ~ vintage wine.

annebbiare [20] *vt* -1. [confondere] to cloud -2. [vista] to blur. ◆ **annebbiarsi** *vip* -1. [vista] to become blurred -2. [mente] to become clouded.

annegamento *sm* drowning.

annegare [16] ◇ *vt* to drown. ◇ *vi* -1. [morire] to drown -2. *fig* [sprofondare]: ~ **nei debiti** to be up to one's eyes in debt; ~ **nell'oro** to be rolling in it.

annerire [9] ◇ *vt* to blacken. ◇ *vi* to become black. ◆ **annerirsi** *vip* to become black.

annesso, a ◇ *pp* ⊳ annettere. ◇ *agg* -1. [a Stato] annexed -2. [a edificio] attached -3. [allegato] enclosed. ◆ **annessi** *smpl* -1. [documenti] supporting documents o documentation *(U)* -2. [di edificio] outbuildings -3. *loc*: **con tutti gli annessi e connessi** with one thing and another.

annettere [67] *vt* -1. [regione, Stato] to annexe *UK*, to annex *US* -2. [documento]: ~ **qc (a qc)** to enclose sthg (with sthg).

annientare [6] *vt* [gen] to destroy; [forze nemiche] to annihilate.

anniversario *sm* anniversary; ~ **di matrimonio** wedding anniversary.

anno *sm* year; **l'** ~ **prossimo/scorso** next/last year; **buon** ~ ! Happy New Year!; **un** ~ **/due anni fa** one year/two years ago; ~ **accademico** academic year; ~ **scolastico** school year; ~ **luce** light year. ◆ **anni** *smpl* years of age; **ho vent'anni** I'm twenty; **si è sposato a cinquant'anni** he got married at fifty; **compiere gli anni: oggi compio gli anni** it's my birthday today; **oggi compio trent'anni** I'm thirty today; **quanti anni hai?** how old are you?

annodare [6] *vt* -1. [corda, filo] to knot -2. [relazione] to establish -3. [cravatta] to tie, to knot; [sciarpa, lacci] to tie.

annoiare [20] *vt* to bore. ◆ **annoiarsi** *vip* to get bored; **ci siamo annoiati tutta la sera** we were bored all evening.

annotare [6] *vt* to note down.

annotazione *sf* note.

annuale *agg* annual, yearly.

annuario *sm* yearbook.

annuire [9] *vi* to nod.

annullare [6] *vt* -1. [gen] to cancel -2. [dichiarare nullo – matrimonio] to annul; [– sentenza] to quash; [– gol] to disallow; [gara, partita] to declare void -3. [vanificare – sforzi] to frustrate; [– effetti] to nullify.

annunciare [17] *vt* -1. [gen] to announce -2. [far presagire] to be a sign of.

annunciatore, trice *sm, f* announcer.

Annunciazione *sf*: l' ~ the Annunciation.

annuncio *sm* -1. [comunicazione] announcement; **dare un** ~ to make an announcement, to announce sthg -2. [notizia] piece of news -3. [inserzione] advertisement; **mettere un** ~ **su qc** to place an advertisement o advert *UK* in sthg.

annuo, a *agg* annual, yearly.

annusare [6] *vt* -1. [fiutare – sogg: persona] to smell; [– sogg: cane] to sniff -2. [intuire] to smell.

ano *sm* anus.

anomalia *sf* [gen] anomaly; MED abnormality.

anomalo, a *agg* anomalous.

anonimato *sm* anonymity; **agire nell'** ~ to act anonymously; **mantenere l'** ~ to remain anonymous.

anonimo, a *agg* -1. [senza nome] anonymous -2. [insignificante] nondescript. ◆ **anonimo** *sm* -1. [autore] anonymous author o composer o artist -2. [opera] anonymous work.

anoressia *sf* anorexia.

anoressico, a, ci, che *agg & sm, f* anorexic.

anormale ◇ *agg* -1. [inconsueto] abnormal -2. [persona] subnormal. ◇ *smf* subnormal person.

anormalità *sf inv* abnormality.

ANSA ['ansa] (*abbr di* **Agenzia Nazionale Stampa Associata**) *sf* Italian News Agency.

ansa *sf* -1. [di fiume] bend -2. [manico] handle.

ansia *sf* -1. [PSICO & preoccupazione] anxiety; **essere** o **stare in** ~ **(per qn/qc)** to be worried (about sb/sthg) -2. [impazienza] impatience.

ansimare [6] *vi* to pant.

ansioso, a *agg* -1. [pieno di ansia] anxious -2. [impaziente]: **essere** ~ **di fare qc** to be eager to do sthg.

anta *sf* [di porta] panel; [di armadio] door; [di finestra] shutter.

antagonista, i, e ◇ *agg* -1. [contrastante] opposing -2. [rivale – squadra] opposing, rival; [– paese] rival. ◇ *smf* opponent.

antartico, a, ci, che *agg* Antarctic; **il circolo polare** ~ the Antarctic Circle. ◆ **Antartico** *sm*: **l'Antartico** [continente] the Antarctic; : **l'(Oceano) Antartico** the Antarctic (Ocean).

Antartide *sf*: l' ~ Antarctica.

antecedente *agg*: ~ **(qc)** preceding (sthg). ◆ **antecedenti** *smpl* antecedents.

antenato, a *sm, f* ancestor.

antenna *sf* -1. [di insetto] antenna -2. [di TV, radio] aerial *UK*, antenna *US*; ~ **parabolica** satellite dish.

anteporre [96] *vt*: ~ **qc a qc** to put sthg before sthg.

anteprima *sf* preview; **dare un film in** ~ to preview a film *UK* o movie *US*; **vedere qc in** ~ to see a preview of sthg; **dare una notizia in** ~ to break a piece of news; **sapere qc in** ~ to have advance knowledge of sthg.

anteriore *agg* -1. [davanti] front *(dav s)* -2. [precedente] previous; ~ **a qc** prior to o before sthg.

antiabbaglianti *smpl* dipped headlights *UK*, (headlights on) low beams *US*.

antiallergico, a, ci, che *agg* antiallergic. ◆ **antiallergico** *sm* antiallergy drug.

antiatomico, a, ci, che *agg* ▷ rifugio.

antibiotico, a, ci, che *agg & sm* antibiotic.

anticamente *avv* in ancient times.

anticamera *sf* anteroom.

antichità *sf inv* -1. [passato] antiquity -2. [oggetto – pezzo d'antiquariato] antique; [– vestigia romane, greche] antiquity.

anticipare [6] ◇ *vt* -1. [precedere]: ~ **qn** to beat sb to it -2. [prevedere] to anticipate -3. [fare prima] to bring forward -4. [somma] to advance; **mi puoi** ~ **50 euro per la traduzione?** can you pay me 50 euros in advance for the translation? -5. [comunicare prima] to give advance notice of. ◇ *vi* to come early.

anticipato, a *agg* early; **tre mesi di affitto** ~ three months' rent in advance.

anticipazione *sf* forecast.

anticipo *sm* -1. [di denaro] advance -2. [di orario]: **il treno è arrivato con un** ~ **di cinque minuti** the train got in five minutes early; **ho finito con un'ora di** ~ I finished an hour early; **in** ~ [partire, arrivare, essere] early; [pagare, riscuotere] in advance.

anticoncezionale *agg & sm* contraceptive.

anticonformista, i, e *smf* nonconformist.

anticorpo *sm* antibody.

antidepressivo, a *agg* antidepressant. ➤ **antidepressivo** *sm* antidepressant.

antidolorifico, a, ci, che *agg* painkilling, analgesic. ➤ **antidolorifico** *sm* painkiller, analgesic.

antidoto *sm* antidote.

antidroga *agg inv* [operazioni] antidrug; [legge] drugs *(dav s)*; **squadra** ~ drug squad; **cane** ~ sniffer dog; **centro** ~ drug rehabilitation centre *UK* o center *US*.

antifascista, i, e *agg & smf* antifascist.

antifurto ◇ *agg inv* antitheft; **allarme** ~ burglar alarm. ◇ *sm* alarm.

antigienico, a, ci, che *agg* unhygienic.

Antille *sfpl*: **le** ~ the Antilles; **le** ~ **olandesi** the Netherlands Antilles.

antilope *sf* antelope.

antimafia *agg inv* anti-Mafia.

antincendio *agg inv* fire *(dav s)*.

antinebbia ◇ *agg inv* fog *(dav s)*. ◇ *smpl* fog lights.

antinfluenzale *agg* flu *(dav s)*.

antinquinamento *agg inv* antipollution *(dav s)*.

antinucleare *agg* antinuclear.

antiorario *agg* ▷senso.

antipasto *sm* hors d'oeuvre, starter *UK*; ~ **di mare** seafood hors d'oeuvres; ~ **di terra** *cold meat and pickle hors d'oeuvres*.

antipatia *sf* dislike, antipathy.

antipatico, a, ci, che ◇ *agg* unpleasant; **essere** ~ **a qn** to be disliked by sb; **se tu sapessi quanto mi è** ~! if you knew how much I dislike him! ◇ *sm, f* unpleasant person; **fare l'** ~ to be unpleasant.

antipodi *smpl*: **essere agli** ~ [sulla Terra] to be on the other side of the world; [idee, personalità] to be diametrically opposed.

antipopolare *agg* antidemocratic.

antiproiettile *agg inv* bulletproof.

antiquariato *sm* **-1.** [attività] antiques trade **-2.** [oggetti] antiques *(pl)*; **d'** ~ antique; **pezzi** o **oggetti d'** ~ antiques.

antiquario, a *sm, f* antique(s) dealer.

antiquato, a *agg* antiquated.

antiruggine ◇ *agg inv* antirust, rustproof. ◇ *sm inv* rustproofing.

antirughe *agg inv* antiwrinkle.

antisemita, i, e ◇ *agg* anti-Semitic. ◇ *smf* anti-Semite.

antisettico, a, ci, che *agg & sm* antiseptic.

antisindacale *agg* antiunion.

antisociale *agg* antisocial.

antistaminico, a, ci, che *agg* antihistamine. ➤ **antistaminico** *sm* antihistamine.

antistante *agg*: ~ **(a) qc** in front of sthg.

antitesi *sf* antithesis; **in** ~ opposite.

antitetanica *sf* tetanus injection.

antitetico, a, ci, che *agg* antithetic(al).

antitrust [anti'trast] *agg inv* antimonopoly *UK*, antitrust *US*.

antivigilia *sf*: **l'** ~ **di qc** (the day) two days before sthg: **l'** ~ **di Natale** the day before Christmas Eve.

antivipera *agg inv* viper *(dav s)*.

antivirale *agg* antiviral.

antivirus ◇ *agg inv* INFORM antivirus *(dav s)*. ◇ *sm inv* INFORM antivirus(software).

antologia *sf* **-1.** [di racconti] anthology **-2.** [di brani musicali] compilation.

antonomasia *sf*: **per** ~ par excellence.

antracite *sf* anthracite.

antropologia *sf* anthropology.

antropologo, a, gi, ghe *sm, f* anthropologist.

anulare *sm* ring.

anzi *cong* **-1.** [o meglio] or rather **-2.** [al contrario] on the contrary.

anzianità *sf inv*: ~ **(di servizio)** length of service, seniority; **per** ~ on the basis of length of service.

anziano, a ◇ *agg* **-1.** [di età] elderly **-2.** [di grado] senior. ◇ *sm, f* elderly person; **gli anziani** the elderly.

anziché *cong* [piuttosto che] rather than; [invece di] instead of.

anzitempo *avv letter* prematurely.

anzitutto *avv* first of all.

aorta *sf* aorta.

Aosta *sf* Aosta.

apache [a'paʃ] *smf inv* Apache.

apartheid [apar'taid] *sm inv* apartheid.

apartitico, a, ci, che *agg* non-party.

apatia *sf* apathy.

apatico, a, ci, che *agg* apathetic.

ape *sf* bee; ~ **regina** queen bee.

aperitivo *sm* aperitif.

apertamente *avv* openly; **diglielo** ~ **che così non va** tell him straight that this is no good.

aperto, a ⬦ *pp* ▷**aprire.** ⬦ *agg* **-1.** [gen] open; ~ **al pubblico** open to the public; **in aperta campagna** in open country; **in mare** ~ in the open sea; **essere** ~ **a qc** to be open to sthg **-2.** [rubinetto] running. ⬦ **aperto** *sm*: **all'** ~ [vivere, mangiare, dormire] outdoors; [spettacolo, cinema] open-air.

apertura *sf* **-1.** [gen] opening **-2.** [di iscrizioni, trattative] start **-3.** [ampiezza]: ~ **mentale** open-mindedness **-4.** FOTO aperture.

APEX ['apeks] (*abbr di* **Advance Purchase Excursion**) *agg inv* APEX.

apice *sm* peak; **essere all'** ~ **di qc** to be at the height of sthg.

apicoltore, trice *sm, f* beekeeper.

apnea *sf* apnoea *UK*, apnea *US*; **andare in** ~ to hold one's breath; **immersione in** ~ diving without breathing apparatus.

apocalisse, apocalissi *sf* **-1.** [disastro] apocalypse **-2.** RELIG: **l'Apocalisse** [fine del mondo] the Apocalypse; [libro della Bibbia] (the Book of) Revelation.

apolide ⬦ *agg* stateless. ⬦ *smf* stateless person.

apologia *sf* praise.

apoplettico, a, ci, che *agg* apoplectic; **colpo** ~ apoplectic fit.

apostolo *sm* **-1.** RELIG apostle **-2.** *fig* [sostenitore] advocate.

apostrofare [6] *vt* **-1.** [interrogare] to address **-2.** GRAMM to write with an apostrophe.

apostrofo *sm* apostrophe.

apoteosi *sf inv* glorification.

appagare [16] *vt* [desiderio, curiosità, fame] to satisfy; [sogno] to fulfil *UK*, to fulfill *US*; [sete] to quench.

appallottolare [6] *vt* [foglio, carta, fazzoletto] to roll up into a ball; [creta, mollica] to roll into a ball.

appaltare [6] *vt* [prendere in appalto] to contract to do; [dare in appalto] to put out to contract.

appalto *sm* contract; **gara di** ~ call for tenders; **dare qc in** ~ to put sthg out to contract; **prendere qc in** ~ to contract to do sthg.

appannaggio *sm* **-1.** [compenso] annuity **-2.** *fig* [privilegio] prerogative.

appannare [6] *vt* to steam up. ⬦ **appannarsi** *vip* **-1.** [vetro, specchio] to steam up **-2.** [vista] to get blurry.

apparato *sm* **-1.** ANAT system; ~ **circolatorio/digerente/respiratorio** circulatory/di-

gestive/respiratory system **-2.** [strutture – burocratico] machinery; [– politico, militare, bellico] machinery; ~ **scenico** set **-3.** [impianto, attrezzatura] equipment.

apparecchiare [20] *vt*: ~ **(la tavola)** to set o lay *UK* the table.

apparecchio *sm* **-1.** [congegno] device, piece of equipment; ~ **fotografico** camera; ~ **(telefonico)** telephone; ~ **televisivo** television o TV (set); ~ **radiofonico** radio (set) **-2.** MED brace *UK*, braces (*pl*) *US*; ~ **acustico** hearing aid **-3.** [aereo] aircraft.

apparente *agg* apparent.

apparentemente *avv* apparently.

apparenza *sf* appearance; **all'** ~ to all appearances; **in** ~ seemingly; **in** ~ **sembrava tutto stabilito** on the face of it everything seemed settled; **si è mantenuto calmo, almeno in** ~ he kept his cool, or at least he seemed to; **l'** ~ **inganna** appearances can be deceptive *UK* o deceiving *US*; **badare/guardare all'** ~ to go by appearances; **salvare le apparenze** to keep up appearances.

apparire [105] *vi* **-1.** [comparire] to appear; ~ **in sogno** to appear in a dream **-2.** [sembrare] to appear, to seem.

appariscente *agg* [abito, colori] loud, garish; [trucco] heavy; [donna] striking.

apparizione *sf* [comparsa] appearance; RELIG vision; [fantasma] apparition.

apparso, a *pp* ▷**apparire.**

appartamento *sm* flat *UK*, apartment.

appartenente *smf*: ~ **(a qc)** member (of sthg).

appartenenza *sf*: ~ **(a qc)** membership (of sthg) *UK* o (in sthg) *US*.

appartenere [93] *vi* : ~ **a qn/qc** to belong to sb/sthg.

appassionare [6] *vt* to enthrall. ⬦ **appassionarsi** *vip*: **appassionarsi a qc** to develop a passion for sthg.

appassionato, a ⬦ *agg* **-1.** [bacio] passionate; [parole, frasi] impassioned; **uno sguardo** ~ a look of passion **-2.** [persona]: **essere** ~ **di qc** to be keen on sthg. ⬦ *sm, f*: **un** ~ **di qc**: **un** ~ **di sport** a sports fan; **un** ~ **di musica** a music lover; **un** ~ **di cucina** a cookery enthusiast.

appassire [9] *vi* **-1.** [fiore] to wither **-2.** [bellezza] to fade.

appellarsi [6] *vip* to appeal; ~ **contro qc** DIR to appeal against sthg; ~ **a qn/qc** *fig* to appeal to sb/sthg.

appellativo *sm* nickname.

appello *sm* **-1.** [DIR & gen] appeal; **fare** ~

(contro qc) to appeal (against sthg); **andare** o **ricorrere in** ~ to appeal; **fare** ~ **a qn/qc** to appeal to sb/sthg; **dovrai fare** ~ **a tutte le tue forze** you'll have to call upon all your strength **-2.** [elenco] roll call; **fare l'** ~ scol to call o take the register UK o roll US **-3.** [sessione d'esame] exam session.

appena ◇ avv **-1.** [a fatica] hardly; ~ **in tempo** just in time **-2.** [soltanto] only **-3.** [da poco] just. ◇ cong: **(non) appena** as soon as.

appendere [43] vt to hang up; ~ **qc a qc** [a parete, gancio] to hang sthg (up) on sthg; [a soffitto] to hang sthg from sthg. ◆ **appendersi** vr: **appendersi a qc** to hang on to sthg.

appendiabiti sm inv [a stelo] coatstand; [a muro] peg.

appendice sf [ANAT & supplemento] appendix.

appendicite sf MED appendicitis.

Appennini smpl: **gli** ~ the Apennines.

appesantire [9] vt **-1.** [borsa] to weigh down; [carico] to make heavier **-2.** [intorpidire] ~ **lo stomaco** to lie heavy on the o sb's stomach; ~ **la testa** to make sb feel sleepy o woolly-headed. ◆ **appesantirsi** vip **-1.** [caricarsi] to weigh o.s. down **-2.** fig [ingrassare] to put on weight.

appeso, a pp ▷appendere.

appestare [6] vt [stanza] to stink out; [aria] to make stink.

appetito sm appetite; **avere/non avere** ~ to have an/no appetite; **perdere l'** ~ to lose one's appetite; **stimolare** o **stuzzicare l'** ~ to whet one's appetite; **essere di buon** ~ to have a good hearty appetite; **mangiare con** ~ to tuck in; **buon** ~ ![detto dal cameriere] enjoy your meal, enjoy US; [detto dal commensale] bon appétit.

appetitoso, a agg appetizing.

appezzamento sm plot.

appianare [6] vt **-1.** [livellare] to level **-2.** fig [eliminare] to smooth over. ◆ **appianarsi** vip to sort itself out.

appiattire [9] vt **-1.** [schiacciare] to flatten **-2.** fig [livellare] to even out. ◆ **appiattirsi** ◇ vr [schiacciarsi] to flatten o.s. ◇ vip fig[livellarsi – salari] to even out; [– grafico, curva] to flatten.

appiccare [15] vt: ~ **il fuoco a qc** to set fire to sthg, to set sthg on fire.

appiccicare [15] vt to stick on; **una sostanza che appiccica** a sticky substance; ~ **qc su** o **a qc** to stick sthg on sthg.

◆ **appiccicarsi** vr **-1.** [incollarsi] to stick; **si sono appiccicate tutte le pagine** all the pages have stuck together; **appiccicarsi a qc** to stick to sthg **-2.** fam [imporsi] to cling.

appiccicoso, a agg **-1.** [attaccaticcio] sticky **-2.** fig [assillante] clinging.

appiedato, a agg without transport.

appieno avv fully.

appigliarsi [21] vr **-1.**: ~ **a qn/qc** to grab hold of sb/sthg **-2.**: ~ **a qc** [pretesto] to seize on sthg.

appiglio sm **-1.** [appoggio] hold **-2.** fig [pretesto] excuse.

appioppare [6] vt fam: ~ **qc a qn** [calcio, ceffone, soprannome] to give sb sthg; [multa] to slap sb on sb; [merce avariata] to palm sthg off on sb.

appisolarsi [6] vr to nod o doze off.

applaudire [10] vt to applaud, to clap.

applauso sm applause; ~ **a scena aperta** applause in the middle of a performance.

applicabile agg applicable; ~ **a qc/qn** applicable to sb/sthg.

applicare [15] vt **-1.** [gen] to apply; [attaccare] to put on **-2.** [attuare] to enforce. ◆ **applicarsi** vr: **applicarsi (a qc)** to apply o.s. (to sthg).

applicazione sf **-1.** [INFORM & gen] application **-2.** [di legge, pena] enforcement **-3.** [decorazione] appliqué.

applique [ap'plik] sf inv wall light.

appoggiare [18] vt **-1.** [accostare] to lean; ~ **qc a qc** to lean sthg against sthg; ~ **qc su qc** [per riposare] to lay sthg on sthg; [posare] to put sthg on sthg **-2.** [sostenere] to support. ◆ **appoggiarsi** vr **-1.** [reggersi]: **appoggiarsi a qn/qc** to lean on sb/sthg **-2.** [ricorrere]: **appoggiarsi a qn** to rely on sb **-3.** [fondarsi]: **appoggiarsi su qc** to rely on sthg.

appoggiatesta sm inv headrest.

appoggio sm **-1.** [fisico] support; **fare da** ~ **a qn/qc** to act as a support for sb/sthg **-2.** [protezione] supporter; **ha appoggi al Ministero** he has connections in the Ministry.

apporre [96] vt form [visto, timbro] to affix; [firma] to affix, to append; ~ **la firma a un documento** to sign a document; ~ **i sigilli ad un appartamento dopo un delitto** to seal off an apartment after a crime.

apportare [6] vt **-1.** [recare] ~ **qc (a qc)** [cambiamento, modifica, miglioramento] to make sthg (to sthg); [danni] to cause sthg (to sthg) **-2.** DIR to adduce.

apporto *sm* contribution; **dare un ~ a qc** to make a contribution to sthg.

appositamente *avv* specially.

apposito, a *agg* appropriate.

apposta <> *avv* -1. [deliberatamente]: **dire/fare qc ~** to do/say sthg deliberately o intentionally o on purpose -2. [espressamente]: **~ per qn/qc** specially for sb/sthg; **~ per fare qc** specially to do sthg; **neanche** o **nemmeno a farlo ~** as luck would have it. <> *agg inv* special.

appostamento *sm* -1. [agguato] ambush; **fare/preparare un ~** to lay/prepare an ambush; **stare in ~** to lie in ambush -2. MIL post.

appostare [6] *vt* to lie in wait for. ◆ **appostarsi** *vr* to lie in wait.

apposto, a *pp* ▷ **apporre**.

apprendere [43] *vt* to learn; **abbiamo appena appreso la notizia della sua morte** we've just heard the news of his death.

apprendimento *sm* learning.

apprendista, i, e *smf* apprentice.

apprendistato *sm* apprenticeship; **fare un ~** to serve o one's apprenticeship.

apprensione *sf* apprehension; **essere** o **stare in ~** to worry o be worried.

apprensivo, a <> *agg* anxious. <> *sm, f* worrier.

appreso, a *pp* ▷ **apprendere**.

appresso <> *agg inv* following. <> *prep* -1. [con sé]: **portarsi ~ qn/qc** to take sb/sthg with one -2. [dietro]: **andare ~ a qn** [seguire] to follow sb; [corteggiare] to chase (after) sb.

apprestarsi [6] *vr*: **~ a fare qc** to get ready to do sthg.

appretto *sm* starch.

apprezzabile *agg* -1. [meritevole] significant -2. [rilevante] appreciable.

apprezzamento *sm* -1. [commento negativo] comment -2. ECON appreciation.

apprezzare [6] *vt* -1. [gradire] to appreciate -2. [stimare] to regard highly.

approccio *sm* approach; **l' ~ con la chimica è stato disastroso** he got off to a disastrous start with chemistry; **ha tentato un primo ~ in discoteca** he first tried to pick her up at the club.

approdare [6] *vi* -1. [raggiungere il porto] to put in -2. [ottenere]: **a qc** [al successo] to achieve sthg; **~ al matrimonio/divorzio** to (finally) get married/divorced; [alla verità] to get to sthg; **non ~ a nulla** [persona] to achieve nothing; [progetto] to come to nothing.

approdo *sm* -1. [atto] landing -2. [luogo] landing place.

approfittare [6] *vi*: **~ di qn/qc** to take advantage of sb/sthg. ◆ **approfittarsi** *vip*: **approfittarsi di qn/qc** to take advantage of sb/sthg.

approfondire [9] *vt*: **~ qc** to go into sthg in depth. ◆ **approfondirsi** *vip* to deepen.

appropriarsi [20] *vip*: **~ di qc** [beni] to appropriate sthg; [denaro] to embezzle sthg; [diritto, titolo] to usurp sthg; [fama, successo] to secure sthg.

appropriato, a *agg* appropriate, suitable; **~ a qc** appropriate o suitable for sthg.

approssimarsi [6] <> *vr*: **~ a qc** to go near sthg. <> *vip* to approach.

approssimativo, a *agg* -1. [quasi esatto – calcolo, conto, misura] rough, approximate; [– risultato, cifra] approximate -2. [impreciso] vague.

approvare [6] *vt* -1. [gradire] to approve of -2. [proposta, progetto] to approve; **~ il bilancio** to adopt a balance sheet; **~ una legge** to pass a bill.

approvazione *sf* -1. [consenso] approval -2. DIR passing; [del bilancio] adoption.

approvvigionamento *sm* supply, provision; **fare ~** to take in supplies; **gli approvvigionamenti scarseggiano** supplies are running out.

approvvigionare [6] *vt* to supply. ◆ **approvvigionarsi** *vip*: **approvvigionarsi di qc** to lay in supplies of sthg.

appuntamento *sm* [di lavoro, affari] appointment; [amoroso] date; **darsi ~** to arrange to meet (each other); **dare (un) ~ a qn** to give sb an appointment; **prendere (un) ~ (da qn)** to make an appointment (with sb); **su ~** by appointment.

appuntare [6] *vt* -1. [fissare – medaglia, spilla] to pin; [– nota] to pin up -2. [prendere appunti] to note down -3. [fare la punta] to sharpen.

appuntato *sm* corporal.

appuntire [9] *vt* to sharpen.

appuntito, a *agg* [matita] sharp; [ramo, naso, mento, viso] pointed.

appunto <> *sm* -1. [annotazione] note; **prendere appunti** to take notes -2. [rimprovero] reproach; **muovere** o **fare un ~ a qn** to reproach sb. <> *avv* -1. [proprio] just; **per l' ~** just -2. [nelle risposte] exactly.

appurare [6] *vt* [fatto, situazione, notizia] to check out; [verità] to ascertain.

aprìbile *agg* that can be opened; **tettuccio** ~ sunroof.

apribottiglie *sm inv* bottle-opener.

aprile *sm* -1. April; *vedi anche* **settembre** -2. ▷**pesce**.

a priòri *agg & avv* a priori.

aprire [98] ◇ *vt* -1. [gen] to open -2. [rubinetto] to turn on -3. [INFORM & iniziare] to start; ~ **il fuoco** to open fire; ~ **una sessione** INFORM to log on. ◇ *vi* to open.
◆ **aprirsi** ◇ *vip* [porta] to open; [rubinetto] to turn on. ◇ *vr*: **aprirsi (con qn)** to open up (to sb).

apriscàtole *sm inv* can-opener, tin-opener *UK*.

àquila *sf* -1. [uccello] eagle; ~ **di mare** [uccello] sea eagle; [pesce] eagle ray -2. [genio]: **non essere un'** ~ to be no Einstein.

aquilòne *sm* kite.

A.R. (*abbr di* **Avviso di Ricevimento o di Riscossione**) Notice of receipt or collection.

A/R (*abbr di* **Andata e Ritorno**) return.

arabèsco, a (*pl* **-schi**) *sm* -1. [decorazione] arabesque -2. *fig* [ghirigoro] flourish.

Aràbia *sf* Arabia; **l'** ~ **Saudita** Saudi Arabia.

àrabo, a ◇ *agg* [paese, popolo] Arab; [lingua, cucina] Arabic. ◇ *sm, f* [persona] Arab. ◆ **àrabo** *sm* [lingua] Arabic; **parlare** ~ [essere incomprensibile] to talk double Dutch; **per me, parlano** ~ it's all Greek to me.

aràchide *sf* peanut.

aragòsta *sf* lobster.

aranceto *sm* orange grove.

arància (*pl* **-ce**) *sf* orange.

aranciàta *sf* orangeade.

arància ◇ *sm* -1. [pianta] orange (tree) -2. [frutto, colore] orange; ~ **amaro** Seville orange. ◇ *agg inv* orange.

arancióne *agg & sm* bright orange.

aràre [6] *vt* to plough *UK*, to plow *US*.

aràtro *sm* plough *UK*, plow *US*.

aràzzo *sm* tapestry.

arbitràre [6] *vt* -1. [incontro – di calcio, pugilato] to referee; [– di tennis] to umpire -2. [controversia] to arbitrate.

arbitràrio, a *agg* arbitrary.

àrbitro *sm* -1. SPORT [nel calcio, pugilato] referee; [nel tennis] umpire -2. DIR arbitrator.

arbùsto *sm* shrub, bush.

arcàico, a, ci, che *agg* archaic.

arcàngelo *sm* archangel.

arcàta *sf* arch.

Arch. (*abbr di* **Architetto**) *title given to an architect.*

archeologìa *sf* archaeology, archeology *US*.

archeològico, a, ci, che *agg* archaeological, archeological *US*.

archeòlogo, a, gi, ghe *sm, f* archaeologist, archeologist *US*.

architètto *sm* architect.

architettònico, a, ci, che *agg* architectural.

architettùra *sf* architecture.

archiviàre [20] *vt* -1. [documento] to file -2. DIR to dismiss; [polizia] to drop -3. *fig* [accantonare] to let drop.

archìvio *sm* archives (*pl*).

ARCI ['artʃi] (*abbr di* **Associazione Ricreativa Culturale Italiana**) *sf* Italian Culture and Recreation Association.

arcipèlago (*pl* **-ghi**) *sm* archipelago.

arcivèscovo *sm* archbishop.

àrco (*pl* **-chi**) *sm* -1. ARCHIT arch; ~ **di trionfo** triumphal arch -2. [MUS & arma] bow -3. [periodo] period; **nell'** ~ **di qc** in the space of sthg -4. MAT arc. ◆ **archi** *smpl* strings; **quintetto d'archi** string quintet.

arcobalèno *sm* rainbow.

arcuàre [6] *vt* [schiena] to arch; [bastone] to bend.

ardènte *agg* [fuoco, sole] blazing; [amore] ardent.

àrdere *vt & vi* to burn.

ardìre [100] ◇ *vi* to dare; ~ **fare qc** to dare to do sthg. ◇ *sm* boldness; **avere l'** ~ **di fare qc** to be bold enough to do sthg.

ardìto, a *agg* -1. [originale] daring -2. [sfrontato] cheeky.

ardòre *sm* ardour *UK*, ardor *US*; **l'** ~ **della passione** the heat of passion; **desiderare qc con** ~ to fervently wish sthg.

àrduo, a *agg* difficult.

àrea *sf* area; ~ **ciclonica/anticiclonica** area of high/low pressure; ~ **sismica** earthquake zone; ~ **di servizio** service area *UK* o plaza *US*, (motorway) services (*pl*) *UK*; ~ **di rigore** penalty area o box *UK*.

arèna *sf* -1. [anfiteatro] arena -2. [per corride] bullring.

arenàrsi [6] *vip* -1. [nave] to run aground -2. *fig* [bloccarsi] to grind to a halt.

argentàto, a *agg* -1. [coperto d'argento] silver-plated -2. [color argento] silver, silvery.

argenterìa *sf* silver, silverware.

Argentìna *sf*: **l'** ~ Argentina, the Argentine.

argentino, a *agg & sm, f* Argentinian *UK,* Argentinean *US.*

argento *sm* silver; **d'** ~ silver.

argilla *sf* clay.

argine *sm* bank; **rompere gli argini** to burst its banks.

argomento *sm* **-1.** [soggetto] subject **-2.** [spiegazione] argument.

arguire [9] *vt:* ~ **qc (da qc)** to deduce sthg (from sthg).

arguto, a *agg* witty.

aria *sf* **-1.** [gen] air; **prendere una boccata d'** ~ to get a breath of (fresh) air; **cambiare l'** ~ **nella stanza** to let some fresh air into the room; **condizionata** air conditioning; **a mezz'** ~ in midair; **all'** ~ **aperta** in the open air; **mandare all'** ~ **qc** [far fallire] to spoil o ruin sthg; **avere un'** ~ **stanca/pensierosa** to look tired/thoughtful; **darsi delle arie** to put on airs **-2.** [melodia] air, tune; [di opera] aria.

arido, a *agg* **-1.** [regione] arid; [clima] dry **-2.** [persona] unfeeling.

arieggiare [18] *vt* to air.

ariete *sm* ram. ➤ **Ariete** *sm* ASTROL Aries; **essere dell'Ariete** to be (an) Aries.

aringa (*pl* **-ghe**) *sf* herring.

aristocratico, a, ci, che ⬥ *agg* aristocratic. ⬥ *sm, f* aristocrat.

aristocrazia *sf* aristocracy.

aritmetica *sf* arithmetic.

aritmetico, a, ci, che *agg* MAT arithmetical.

arma (*pl* **-i**) *sf* **-1.** [gen] weapon; ~ **del delitto** murder weapon; ~ **da fuoco** firearm; ~ **impropria** *object used as a weapon;* ~ **a doppio taglio** double-edged sword; **essere alle prime armi** to be a novice; **un insegnante/medico alle prime armi** a new teacher/doctor **-2.** [esercito] force **-3.** ⊳**porto.**

armadietto *sm* **-1.** [per medicinali] cabinet **-2.** [di spogliatoio] locker.

armadio *sm* [gen] cupboard *UK,* closet *US;* [per abiti] wardrobe; ~ **a muro** fitted/walk-in/built-in wardrobe.

armare [6] *vt* **-1.** [fornire di armi] to arm **-2.** [attrezzare] to fit out. ➤ **armarsi** *vr* to arm; ~ **di qc** to arm o.s. with sthg; ~ **di coraggio** to summon up one's courage; ~ **di pazienza** to be patient.

armato, a *agg* **-1.** armed **-2.** ⊳**cemento -3.** ⊳**rapina.**

armatore *sm* shipowner.

armatura *sf* **-1.** [protezione] armour *(U)*

UK, armor *(U) US,* suit of armour *UK* o armor *US* **-2.** [sostegno] framework.

Armenia *sf:* **l'** ~ Armenia.

armistizio *sm* armistice.

armonia *sf* harmony.

armonica (*pl* **-che**) *sf* harmonica; ~ **a bocca** mouth-organ.

armonico, a, ci, che *agg* **-1.** MUSICA harmonic **-2.** [equilibrato] harmonious.

armonioso, a *agg* **-1.** [gen] harmonious **-2.** [fisico] well-proportioned; [movimenti] graceful.

arnese *sm* **-1.** [attrezzo] tool **-2.** *familiare* [cosa strana] thingy, thingamajig.

Arno *sm:* **l'** ~ the Arno.

aroma (*pl* **-i**) *sm* aroma. ➤ **aromi** *smpl* CULIN herbs and spices; **aromi naturali/artificiali** natural/artificial flavourings *UK* o flavorings *US.*

aromaterapia *sf* aromatherapy.

aromatico, a, ci, che *agg* [sostanza] aromatic; [vino] spiced; **erba aromatica** (aromatic) herb; **pianta aromatica** aromatic (plant).

arpa *sf* harp.

arrabattarsi [6] *vip* to do one's best.

arrabbiare [20] *vi:* **fare** ~ **qn** to make sb angry. ➤ **arrabbiarsi** *vip* to get angry.

arrabbiato, a *agg* **-1.** [in collera] angry; **essere** ~ **con qn** to be angry with sb **-2.** CULIN: **all'arrabbiata** *in a spicy sauce.*

arrampicare [15] *vi* to climb. ➤ **arrampicarsi** *vip* to climb (up); **arrampicarsi su qc** [montagna] to climb sthg; [scala] to climb (up) sthg; [sedia, tavolo] to climb (up) onto sthg.

arrangiamento *sm* arrangement.

arrangiare [18] *vt* **-1.** [MUS & gen] to arrange; ~ **le cose** to sort things out **-2.** [mettere insieme] to rustle up *fam,* to whip up *fam.* ➤ **arrangiarsi** *vip* **-1.** [cavarsela] to get by, to manage **-2.** [accordarsi] to come to an agreement **-3.** [sistemarsi] to make the best of it.

arredamento *sm* **-1.** [attività] furnishing; [arte] interior design **-2.** [mobili] furniture.

arredare [6] *vt* to furnish.

arredatore, trice *sm, f* interior designer.

arrendersi [43] *vip* **-1.** [al nemico] to surrender **-2.** [alla polizia] to give o.s. up, to surrender **-3.** *fig* [cedere] to give in.

arrestare [6] *vt* **-1.** [criminale] to arrest; ~ **qn per qc** to arrest sb for sthg **-2.** [veicolo, emorragia] to stop **-3.** [attività, processo] to halt. ➤ **arrestarsi** *vr* to stop.

arrésto *sm* -1. [gen] stopping -2. DIR & MED arrest; **in ~** under arrest; **dichiarare qn in ~** to put sb under arrest; **~ cardiaco** cardiac arrest.

arretrare [6] *vi* to move back.

arretrato, a *agg* -1. [in ritardo — bolletta, conto, corrispondenza] outstanding; [— pagamento] overdue; [— affitto, numero di rivista] back *(dav s)*; **lavoro ~** backlog of work -2. [sottosviluppato] backward -3. [mentalità, idee] out-of-date. ◆ **arretrato** *sm* back number o issue. ◆ **arretrati** *smpl* [di affitto] arrears; [di stipendio] back pay *(U)*.

arricchire [9] *vt* to enrich; **~ qc di qc** to add sthg to sthg; **abbiamo arricchito la nostra biblioteca di due nuovi libri** we have added two new books to our library. ◆ **arricchirsi** *vr* to get rich; arricchirsi di qc to be enriched with sthg.

arricciare [17] *vt* -1. [capelli] to curl, to make curly -2. [abito] to gather -3. *fig* [corrugare]: **~ il naso** to turn up one's nose. ◆ **arricciarsi** *vip* to curl.

arringa *(pl* -ghe*) sf* DIR address.

arrischiare [20] *vt* to hazard, to venture. ◆ **arrischiarsi** *vip* to dare; arrischiarsi a fare qc to dare (to) do sthg.

arrivare [6] *vi* -1. [giungere] to arrive; **sei pronta? — eccomi, arrivo!** are you ready? — I'm just coming!; **è arrivato il momento di fare qc** the time has come to do sthg; **~ a** o **in qc** [lavoro, teatro, città] to arrive at sthg, to get to sthg; [in paese] to arrive in sthg; **~ a casa** to get home; **~ primo/ultimo** to come in o finish first/last; **le sue terre arrivano fino al fiume** his land extends as far as the river; **~ al traguardo** to reach the finishing *UK* o finish *US* line -2. [raggiungere]: **~ a qc** to reach sthg -3. [spingersi, azzardarsi]: **~ a qc/a fare qc** to go so far as sthg/as to do sthg -4.: **arrivarci** [toccare] to be able to reach it; **non ci arrivo** I can't reach it; [capire] to be able to understand; **ci arriverebbe anche un bambino** even a child could understand it.

arrivederci *esclam* goodbye!

arrivederla *esclam* goodbye!

arrivista, i, e *smf* [sul lavoro] careerist; [nella società] social climber.

arrivo *sm* -1. [venuta] arrival; **abbiamo discusso prima del tuo ~** we had a row before you got here; **essere in ~** [treno] to be arriving o coming in; [aereo] to be arriving o landing -2. [traguardo] finish. ◆ **arrivi** *smpl* -1. [merci] stock *(U) (that has just come in)* -2. [in stazione, aeroporto] arrivals -3. [orari] arrivals board.

arrogante ◇ *agg* arrogant. ◇ *smf* arrogant person.

arroganza *sf* arrogance.

arrogare [16] *vt*: arrogarsi qc [diritto] to assume sthg; [merito] to take o claim sthg; [titolo] to claim sthg.

arrossarsi [6] *vip* to go o turn red.

arrossire [9] *vi* to blush.

arrostire [9] *vt* [al forno, allo spiedo] to roast; [ai ferri] to grill *UK*, to broil *US*; [sulla brace] to barbecue.

arrosto ◇ *agg inv* roast. ◇ *sm* roast.

arrotolare [6] *vt* to roll up.

arrotondare [6] *vt* -1. [numero, somma] to round off; **costerebbe 25,08 euro, ma possiamo ~ a 25** it costs 25.08 euros, but we can call it 25; **~ lo stipendio** *fig* to supplement one's salary -2. [forma, oggetto] to make round; [angolo] to round off.

arroventato, a *agg* red-hot.

arruffato, a *agg* ruffled.

arrugginire [9] ◇ *vi* to rust (up), to get rusty. ◇ *vt* -1. [metallo] to rust -2. *fig* [indebolire – cervello, memoria] to make rusty; [– muscoli] to make stiff. ◆ **arrugginirsi** *vip* -1. [metallo] to rust (up), to get rusty -2. [perdere agilità – cervello, memoria, persona] to get rusty; [– muscoli] to get stiff.

arruolare [6] *vt* [giovani] to conscript, to draft *US*; [volontari] to enlist. ◆ **arruolarsi** *vr* to join up, to enlist.

arsenale *sm* -1. [marittimo] dockyard -2. [militare] arsenal.

arsenico *sm* arsenic.

art. *(abbr di* articolo*)* art.

arte *sf* art; **arti marziali** martial arts; **le belle arti** the fine arts; **~ drammatica** dramatic art, drama; **arti figurative** visual arts; **avere l' ~ di fare qc** to have the knack of doing sthg.

artefatto, a *agg* -1. [non genuino] adulterated -2. [affettato] artificial.

arteria *sf* artery.

arteriosclerosi, arteriosclerosi *sf* hardening of the arteries; MED arteriosclerosis.

artico, a, ci, che *agg* Arctic; **il circolo polare ~** the Arctic Circle; **il Mar Glaciale Artico, l'Oceano Artico** the Arctic Ocean. ◆ **Artico** *sm*: **l'Artico** the Arctic.

articolare [6] *vt* -1. [pronunciare] to articulate -2. [suddividere] to divide. ◆ **articolarsi** *vip*: articolarsi in qc to be divided into sthg.

articolato, a *agg* -1. [in più parti] structured -2. [snodato] articulated.

articolazione *sf* -1. ANAT joint -2. [di meccanismo] articulated joint.

articolo *sm* -1. [LING & gen] article; ~ determinativo/indeterminativo definite/indefinite article -2. [prodotto] item, article; **articoli sportivi/in pelle** sports *UK* o sporting *US*/leather goods; **articoli da regalo** gifts.

Artide *sf*: l' ~ the Arctic.

artificiale *agg* artificial; **fuochi artificiali** fireworks; **allattamento** ~ bottle-feeding.

artificio *sm* -1. [espediente] device -2. [astuzia] trick -3. [affettazione] affectation -4. ▷**fuoco**

artigianale *agg* -1. [non industriale] handmade -2. [alla buona] rough and ready.

artigianato *sm* -1. [attività] craft industry -2. [prodotti] crafts, handicrafts -3. [categoria] craft workers (*pl*).

artigiano, a ◇ *agg* craft (*dav s*). ◇ *sm, f* craftsperson, craftsman craftswoman.

artiglio *sm* claw.

artista, i, e *smf* artist.

artistico, a, ci, che *agg* artistic.

arto *sm* limb.

artrite *sf* arthritis.

artrosi *sf inv* osteoarthritis.

ascella *sf* ANAT armpit.

ascendente ◇ *agg* [MUS & scala] ascending; [movimento] upward; [fase] ascendant. ◇ *sm* -1. ASTROL ascendant -2. [influenza] influence.

ascensione *sf* ascent. ◆ **Ascensione** *sf*: l' ~ the Ascension.

ascensore *sm* lift *UK*, elevator *US*.

ascesso *sm* abscess.

ascia (*pl* **asce**) *sf* [grande] axe *UK*, ax *US*; [piccola] hatchet.

asciugacapelli *sm inv* hairdryer.

asciugamano *sm* towel.

asciugare [16] *vt* -1. [piatti, pavimento] to dry; **asciugarsi le mani/i capelli** to dry one's hands/hair -2. [sudore, lacrime] to wipe away. ◆ **asciugarsi** ◇ *vr* to dry o.s.. ◇ *vip* to dry.

asciugatrice *sf* tumble-dryer.

asciutto, a *agg* -1. [gen] dry -2. [snello] lean.

ascoltare [6] *vt* to listen to.

ascoltatore, trice *sm, f* listener.

ascolto *sm* -1. [di radio]: **mettersi in** ~ to tune in; **essere/stare in** ~ to be listening

-2. [retta]: **dare** ~ **a qn/qc** [consiglio, persona] to listen to sb/sthg; [pettegolezzo] to listen to o to pay attention to sb/sthg.

asfalto *sm* asphalt.

asfissiare [20] ◇ *vt* -1. [uccidere] to asphyxiate -2. [opprimere] to suffocate -3. [ossessionare] to drive mad. ◇ *vi* [morire] to suffocate, to asphyxiate.

Asia *sf*: l' ~ Asia; l' ~ **Minore** Asia Minor.

asiatico, a, ci, che *agg & sm, f* Asian.

asilo *sm* -1. [per bambini]: ~ **(d'infanzia)** nursery (school), pre-school *US*; ~ **nido** crèche *UK*, day nursery *UK*, day care center *US* -2. [rifugio] asylum; ~ **politico** political asylum.

asino *sm* -1. [animale] donkey, ass -2. [persona] ass.

ASL ['azl] (*abbr di* **Azienda Sanitaria Locale**) *sf inv* Local Health Department.

asma *sf* asthma.

asola *sf* buttonhole.

asparago *sm* asparagus.

aspettare [6] ◇ *vt* -1. [attendere] to wait for; **farsi** ~ to keep people waiting; **fare** ~ **qn** to keep sb waiting; ~ **un bambino** to be expecting (a baby) -2. [prevedere] to expect; **aspettarsi qc** to expect sthg. ◇ *vi* [attendere]: **aspetta un momento** wait a moment; **è un'ora che aspetto** I've been waiting for an hour.

aspettativa *sf* -1. [speranza] expectation -2. [congedo] leave (of absence).

aspetto *sm* -1. [apparenza] appearance -2. [punto di vista] aspect.

aspirante ◇ *agg* aspiring. ◇ *smf* applicant.

aspirapolvere *sm inv* vacuum cleaner, Hoover®; **passare l'** ~ to vacuum, to hoover® *UK*.

aspirare [6] ◇ *vi*: ~ **a qc** to aspire to sthg; ~ **a fare qc** to aim to do sthg. ◇ *vt* to breathe in, to inhale.

aspiratore *sm* extractor fan.

aspirina *sf* aspirin.

asportare [6] *vt* -1. [portar via] to take away; **piatti da** ~ dishes to take away *UK* o take out *US* -2. MED to remove.

asporto *sm* removal; **da** ~ takeaway *UK*, takeout *US*.

aspro, a *agg* -1. [sapore – vino] sharp; [– frutta] sour -2. [odore] pungent -3. [clima, risposta] harsh -4. [paesaggio] rugged -5. [superficie] rough.

assaggiare [18] *vt* to taste.

assaggio *sm* -1. [piccola quantità]: **un** ~ **a**

taste -2. [degustazione] tasting -3. [dimostrazione] sample.

assai *avv* [con verbo] much, a lot; [con aggettivo] very.

assalire [104] *vt* -1. [fisicamente] to attack -2. [verbalmente] to lay into -3. [sopraffare] to assail.

assalitore, trice *sm, f* attacker.

assaltare [6] *vt* [banca] to raid; [treno] to hold up.

assaltatore, trice *sm, f* robber.

assalto *sm* [a banca] raid; [a treno] hold-up; **prendere d'~ qc** [banca] to raid sthg; [treno] to hold up sthg; *fig* to storm sthg; **i voli per la Grecia sono stati presi d'~ dai turisti** flights to Greece have been snapped up by tourists; **la folla ha preso d'~ i posti a sedere** the crowd made a mad dash for seats.

assaporare [6] *vt* to savour *UK*, to savor *US*.

assassinare [6] *vt* [gen] to murder; [personaggio famoso] to assassinate.

assassinio *sm* [gen] murder; [di personaggio famoso] assassination.

assassino, a *sm, f* [gen] murderer; [di personaggio famoso] assassin.

asse ◇ *sf* board; **~ da stiro** ironing board. ◇ *sm* -1. [gen] axis -2. TECNOL axle.

assecondare [6] *vt* -1. [persona]: **~ qn (in qc)** to pander to sb (in sthg) -2. [capriccio, richiesta] to indulge.

assediare [20] *vt* -1. [gen] to besiege -2. [circondare – folla] to crowd around; [– acqua, neve] to cut off.

assedio *sm* -1. [di città, fabbrica] siege; **cingere d'~** to besiege -2. *fig* [aggressione]: **usciamo dal retro per evitare l'~ dei giornalisti** let's go out the back way to avoid the mob of reporters.

assegnare [23] *vt* -1. [attribuire]: **~ qc (a qn)** [premio] to present o award sthg (to sb); [compiti, incarico] to assign (sb) sthg; [rendita] to award sthg (to sb) -2. [impiegato]: **~ qn a qc** to assign o transfer sb (to sthg).

assegnazione *sf* -1. [di premio] presentation, awarding -2. [di rendita] awarding -3. [di incarico] assignment -4. [di persona] transfer.

assegno *sm* -1. BANCA: **~ (bancario)** cheque *UK*, check *US*; **~ in bianco** blank cheque; **~ circolare** bank draft; **~ a vuoto** bad cheque -2. [sussidio]: **assegni familiari** child benefit *(U) UK*.

assemblare [6] *vt* to assemble.

assemblea *sf* -1. [riunione] meeting -2. [organo] assembly.

assembrarsi [6] *vip* to gather.

assennato, a *agg* sensible.

assenso *sm* -1. [approvazione] approval, assent -2. DIR consent.

assentarsi [6] *vip* to be away o absent.

assente ◇ *agg* -1. [mancante] absent -2. [distratto – espressione, sguardo] vacant; [– persona] distracted. ◇ *smf* [non presente] absentee.

assentire [8] *vi*: **~ (a qc)** to agree (to sthg).

assenza *sf* absence; **fare molte assenze** to be absent a lot; **in ~ di qn** in the absence of sb.

asserire [9] *vi* to assert.

assessorato *sm* -1. [carica] councillorship *UK*, councilorship *US*; **gli hanno conferito l'~ al trasporto** they put him in charge of local transport on the council -2. [ente] council department.

assessore *sm* councillor *UK*, councilor *US*.

assestamento *sm* -1. [gen] settlement -2. [di situazione]: **la situazione è in via di ~** things are finally settling down.

assestare [6] *vt* -1. [mettere] to plant -2. [dare] to land. ◆ **assestarsi** *vip* -1. [gen] to settle -2. [situazione] to settle down.

assetato, a *agg* -1. [con sete] thirsty -2. [avido]: **~ di qc** longing for sthg; **~ di potere/denaro/vendetta** hungry for power/money/revenge; **~ di sangue** bloodthirsty.

assetto *sm* -1. [organizzazione] structure -2. [disposizione] arrangement.

assicurare [6] *vt* -1. [auto, casa]: **~ qc (contro qc)** to insure sthg (against sthg) -2. [garantire] to secure, to ensure; **~ qc a qn** [garantire] to assure o guarantee sb sthg; [promettere] to assure sb of sthg; **~ a qn che** to assure sb that; **assicurarsi qc** to guarantee o.s. sthg -3. [legare] to secure. ◆ **assicurarsi** ◇ *vr* to insure o.s., to take out insurance. ◇ *vip* to make sure; **assicurarsi di qc** to make sure of sthg; **assicurarsi di fare qc** to make sure (that) one does sthg; **assicurati di chiudere bene la porta** make sure you close the door properly.

assicurata *sf* registered letter.

assicurato, a *agg* -1. [auto, persona] insured -2. [lettera] registered -3. [garantito] assured.

assicuratore, trice <> *agg* insurance *(dav s)*. <> *sm, f* insurance agent.

assicurazione *sf* **-1.** [contratto] insurance; ~ **furto/incendio** theft/fire insurance; ~ **sulla vita** life insurance o assurance *UK* **-2.** [garanzia] assurance **-3.** [compagnia] insurance company.

assiderare [6] *vt & vi* to freeze. ◆ **assiderarsi** *vip* **-1.** MED to die of exposure **-2.** [infreddolirsi] to freeze.

assiduamente *avv* **-1.** [studiare] assiduously **-2.** [frequentare] religiously.

assiduo, a *agg* **-1.** [studente] diligent **-2.** [attività] assiduous **-3.** [visitatore, lettore] regular.

assieme *avv* together. ◆ **assieme a** *prep* with.

assillare [6] *vt* to torment.

assillo *sm* worry.

assimilare [6] *vt* to assimilate.

assise ▷ corte.

assistente *smf* **-1.** [aiutante] assistant; ~ **universitario** assistant lecturer *UK* o professor *US*; ~ **di volo** flight attendant **-2.** [in qualifiche]: ~ **sociale** social worker.

assistenza *sf* **-1.** [aiuto] assistance; **prestare** ~ **ai feriti** to attend to the wounded **-2.** [servizio] service; ~ **sociale** social work **-3.** [consulenza] service; ~ **tecnica** technical service.

assistere [66] <> *vt* **1.** [malato, ferito] to look after, to take care of **-2.** [aiutare] to assist. <> *vi*: ~ **a qc** [spettacolo, manifestazione] to attend sthg; [incidente, crimine] to witness sthg.

asso *sm* **-1.** [gen] ace; **in chimica è un** ~ he's great at Chemistry; **un** ~ **del volante/ciclismo** an ace driver/cyclist **-2.** *loc*: **piantare qn in** ~ to leave sb in the lurch.

associare [17] *vt* **-1.** [mettere in relazione] to associate; ~ **qc a** o **con qc** to associate sthg with sthg **-2.** [rendere membro]: ~ **qn a qc** [club, partito] to make sb a member of sthg; [ditta] to make sb a partner in sthg. ◆ **associarsi** *vr* **-1.** [diventare soci]: **associarsi (con qn)** to go into partnership (with sb) **-2.** [iscriversi]: **associarsi a qc** to become a member of sthg **-3.** [condividere]: **associarsi a qn** to join (with) sb; **associarsi a qc** to support sthg.

associazione *sf* association.

assodare [6] *vt* to establish.

assolto, a *pp* ▷ assolvere.

assolutamente *avv* **-1.** [totalmente] absolutely; ~ **no** certainly not; **ho** ~ **bisogno di una vacanza** I really need a holiday **-2.** [ad ogni costo] simply.

assoluto, a *agg* **-1.** [gen] absolute; **in** ~ without (a) doubt **-2.** [urgente]: **avere un** ~ **bisogno di fare qc** to really need to do sthg **-3.** POLIT [potere, monarchia] absolute; [governo, regime] totalitarian.

assoluzione *sf* **-1.** DIR acquittal **-2.** RELIG absolution.

assolvere [74] *vt* **-1.** [imputato] to acquit **-2.** RELIG to absolve **-3.** [dovere] to perform.

assomigliare [21] *vi*: ~ **a qn/qc** to look like sb/sthg. ◆ **assomigliarsi** *vr* to be alike.

assonnato, a *agg* sleepy.

assorbente <> *agg* absorbent. <> *sm*: ~ **(igienico)** sanitary towel *UK* o napkin *US*; ~ **interno** tampon.

assorbire [10] *vt* **-1.** [liquido] to absorb **-2.** [richiedere] to take up.

assordare [6] *vt* to deafen.

assortimento *sm* assortment.

assortito, a *agg* **-1.** [caramelle, cioccolatini] assorted **-2.** [combinato]: **ben/male assortiti** well/ill matched.

assuefare [13] *vt*: ~ **qc a qc** to get sthg used to sthg, to accustom sthg to sthg. ◆ **assuefarsi** *vr*: **assuefarsi a qc** to build up a tolerance of o to sthg.

assumere [61] *vt* **-1.** [gen] to assume **-2.** [ingaggiare] to take on, to hire **-3.** [accollarsi]: **assumersi qc** [responsabilità, colpa, merito] to take sthg; [incarico] to take on sthg **-4.** [farmaco] to take.

assunto, a *pp* ▷ assumere.

assunzione *sf* employment. ◆ **Assunzione** *sf*: **l'Assunzione** the Assumption.

assurdità *sf inv* absurdity; **non dire** ~! don't talk nonsense!

assurdo, a *agg* absurd.

asta *sf* **-1.** [SPORT & palo] pole **-2.** [degli occhiali] arm **-3.** [vendita] auction; **mettere qc all'** ~ to put sthg up for auction; **vendere qc all'** ~ to sell sthg at auction.

astemio, a <> *agg* teetotal. <> *sm, f* teetotaller *UK*, teetotaler *US*.

astenersi [93] *vr* **-1.** [non votare] to abstain **-2.** [non fare uso]: ~ **da qc** to keep off sthg: ~ **dal fumo** to keep off cigarettes **-3.** [trattenersi]: ~ **da qc/dal fare qc** to refrain from sthg/from doing sthg.

asterisco *(pl* **-schi)** *sm* asterisk.

astice *sm* lobster.

astigmatico, a, ci, che <> *agg* astigmatic. <> *sm, f* person with astigmatism.

astio *sm* resentment.

astratto, a *agg* abstract; **in ~** in the abstract.

astro *sm* star.

astrologia *sf* astrology.

astrologo, a, gi, ghe *sm, f* astrologer.

astronauta, i, e *smf* astronaut.

astronave *sf* spaceship.

astronomia *sf* astronomy.

astronomico, a, ci, che *agg* astronomical.

astuccio *sm* [per gioielli] box, case; [per occhiali, strumento musicale] case; [per matite] pencil case; [per trucco] makeup bag.

astuto, a *agg* **-1.** [persona] shrewd **-2.** [idea, trovata] clever.

astuzia *sf* **-1.** [scaltrezza] cunning **-2.** [trucco] trick.

Atene *sf* Athens.

ateneo *sm* university.

ateo, a *agg & sm, f* atheist.

atipico, a, ci, che *agg* atypical.

atlante *sm* atlas; **~ geografico** atlas.

atlantico, a, ci, che *agg* Atlantic. ◆ **Atlantico** *sm*: **l'(Oceano) Atlantico** the Atlantic (Ocean).

atleta, i, e *smf* athlete.

atletica *sf* athletics *(U)* UK, track and field *(U)* US.

atletico, a, ci, che *agg* athletic.

ATM *(abbr di* Azienda Tranviaria Municipale) *sf inv* Municipal Tram Board.

atmosfera *sf* atmosphere; **~ terrestre** Earth's atmosphere.

atmosferico, a, ci, che *agg* atmospheric.

atollo *sm* atoll.

atomico, a, ci, che *agg* **-1.** [nucleare] nuclear **-2.** FIS & CHIM atomic.

atomizzatore *sm* [di acqua, lacca] spray; [di profumo] atomizer.

atomo *sm* atom.

atrio *sm* [di albergo, palazzo] foyer, lobby; [di stazione, aeroporto] concourse.

atroce *agg* **-1.** [gen] dreadful, terrible; **uno spettacolo ~** an awful sight; **fare una morte ~** to come to a terrible end **-2.** [delitto] heinous.

atrocità *sf inv* [orrore] atrocity; [efferatezza] heinousness.

atrofizzare [6] *vt* **-1.** MED to atrophy **-2.** *fig* [indebolire] to wither. ◆ **atrofizzarsi** *vip* **-1.** *fig* [indebolirsi] to shrivel up **-2.** MED to atrophy.

attaccabrighe *smf inv fam* troublemaker.

attaccante *smf* attacker.

attaccapanni *sm inv* [a muro] hook, peg; [mobile] coat stand, hall stand UK, hall tree US.

attaccare [15] ◇ *vt* **-1.** [far aderire] to attach **-2.** [incollare – francobollo, etichetta] to stick on; [– manifesto] to stick up; **~ qc a qc** to stick sthg onto sthg; **~ qc sull'album** to stick sthg in(to) the album **-3.** [cucire]: **~ qc (a qc)** to sew sth on (sthg) **-4.** [appendere]: **~ qc (a qc)** to hang sthg up (on sthg) **-5.** [malattia]: **~ qc a qn** to give sthg to sb **-6.** [iniziare] to start; **~ discorso con qn** to strike up a conversation with sb **-7.** [criticare, assalire] to attack. ◇ *vi* **-1.** [incollare] to stick **-2.** [squadra, esercito] to attack **-3.** [cominciare]: **~ a fare qc** to start doing sthg. ◆ **attaccarsi** ◇ *vip* to stick. ◇ *vr* **-1.**: **attaccarsi a qc** [ramo, speranza] to cling to sthg; [pretesto, scusa] to seize on sthg **-2.** [affezionarsi]: **~ a qn** to get attached to sb.

attaccatura *sf* **-1.** [punto di unione] join; **~ dei capelli** hairline; **~ della manica** armhole **-2.** [atto] sewing on.

attacco *(pl* **-chi***) sm* **-1.** [gen] attack; **essere in ~** to be attacking **-2.** MED attack, fit; **~ cardiaco** heart attack **-3.** [di sci] binding **-4.** [di lampadina] socket.

attanagliare [21] *vt* **-1.** [stringere] to grip **-2.** [tormentare] to gnaw at.

attardarsi [6] *vip* to stay late; **~ a fare qc** to stay behind to do sthg.

attecchire [9] *vi* **-1.** [pianta] to take root **-2.** [usanza] to catch on.

atteggiamento *sm* attitude.

atteggiarsi [18] *vr*: **~ a vittima/vamp/eroe** to play the victim/vamp/hero.

attempato, a *agg* elderly.

attendere [43] *vt* to wait for; **quanto dobbiamo ~ ancora?** how much longer do we have to wait?; **attenda!** [al telefono] please hold!; **~ che** *(+ congiuntivo)*: **attendiamo che ci diano i risultati della partita** we're waiting for them to give us the results of the game; **~ di fare qc** to wait to do sthg.

attendibile *agg* [notizia, scusa, prova] credible; [fonte, testimone] reliable.

attenersi [93] *vr*: **~ a qc** to stick to sthg.

attentamente *avv* carefully.

attentare [6] *vi*: **~ a qc** to attack sthg; **~ alla vita di qn** to make an attempt on sb's life.

attentato *sm* attack.

attentatore, trice *sm, f* attacker.

attenti ⬦ *esclam* attention. ⬦ *sm*: **stare/ mettersi sull'** ~ to stand at/to attention.

attento, a *agg* -1. [concentrato] attentive; **stare** ~ **(a qc)** to pay attention (to sthg) -2. [all'erta]: **(stai)** ~! (be) careful!; **stare** ~ **a qn** to take care of sb; **stare** ~ **a qc** to watch out for sthg; **stare** ~ **a non fare qc** to be careful not to do sthg; **attenti al cane** beware of the dog -3. [accurato] careful.

attenuante ⬦ *agg* DIR extenuating. ⬦ *sf* -1. [scusa] excuse -2. DIR: **concedere le attenuanti** to make allowances for extenuating circumstances.

attenuare [6] *vt* [suono, odore] to deaden; [dolore] to ease. ➡ **attenuarsi** *vip* to ease.

attenzione ⬦ *sf* -1. [concentrazione] attention; **fare** ~ **(a qn/qc)** [ascoltare] to pay attention (to sb/sthg) -2. [cautela]: **fare** ~ **(a qn/qc)** to be careful (of sb/sthg); **fai** ~ **alle scale** mind the stairs; **fai** ~ **a quel tipo** watch yourself with that guy. ⬦ *esclam* look out! ➡ **attenzioni** *sfpl* kindness (U); **coprire o colmare qn di** ~ to be very kind to sb.

atterraggio *sm* landing; ~ **di fortuna** emergency landing.

atterrare [6] ⬦ *vi* to land. ⬦ *vt* -1. [stendere] to knock down -2. *fig* [prostrare] to floor.

attesa *sf* wait; **essere o rimanere in** ~ **(di qn/qc)** to wait (for sb/sthg), nell' ~ in the meanwhile; **essere in (dolce)** ~ to be expecting.

attesi *(etc)* ⊳ **attendere**.

atteso, a ⬦ *pp* ⊳ **attendere**. ⬦ *agg* [ospite] eagerly awaited; [premio, promozione] long-awaited.

attestare [6] *vt form* to certify.

attestato *sm* certificate; ~ **di frequenza** certificate of attendance.

attico *sm* penthouse.

attiguo, a *agg* adjacent; ~ **a qc** adjacent to sthg.

attillato, a *agg* tailored.

attimo *sm* moment; **(aspetta) un** ~ just a moment; **in un** ~ [in fretta] in an instant; **un** ~ **di qc** [un po']: **un** ~ **di pace** a minute's o a moment's peace; **un** ~ **di pazienza** a little patience.

attinente *agg* pertinent; ~ **a qc** relating to sthg.

attinenza *sf* connection.

attingere [49] *vt* -1. [acqua] to draw -2. [notizie, dati] to obtain.

attinto, a *pp* ⊳ **attingere**.

attirare [6] *vt* -1. [interessare] to appeal to -2. [attrarre a sé] to attract; ~ **lo sguardo di qn** to attract o draw sb's eye; **attirarsi l'antipatia di qn** to make o.s. unpopular with sb; **attirarsi un sacco di problemi** to make a lot of problems for o.s.

attitudine *sf* aptitude; **avere** ~ **a** o **per qc** to have an aptitude for sthg.

attivare [6] *vt* -1. [far funzionare] to activate -2. [iniziare] to initiate.

attivazione *sf* starting-up.

attivista, i, e *smf* activist.

attività *sf inv* -1. [occupazione – lavorativa] occupation; [– sportiva, culturale] activity; [– commerciale] business; **svolgere un'** ~ to have a job; **essere in** ~ [funzionare] to be in operation -2. [in bilancio] asset; ~ **e passività** assets and liabilities -3. GEOL: **in** ~ [vulcano] active.

attivo, a *agg* -1. [GRAMM & gen] active -2. [bilancio] credit *(dav s)*. ➡ **attivo** *sm* [capitale] assets *(pl)*; [guadagni] credit balance; **in** ~ in credit.

attizzare [6] *vt* -1. [fuoco] to poke -2. [odio, gelosia] to stir up.

attizzatoio *sm* poker.

atto *sm* -1. [TEATRO & comportamento] act; **atti osceni** DIR indecent exposure -2. [momento]: **all'** ~ **di qc** at the time of sthg, **all'** ~ **della consegna** on delivery; **nell'** ~ **di fare qc** in the act of doing sthg -3. [cenno]: **fare l'** ~ **di fare qc** to make (as if) to do sthg; **non ho nemmeno fatto l'** ~ **di parlare** I haven't even opened my mouth -4. [realizzazione]: **essere in** ~ to be in progress; **mettere in** ~ **qc** to put sthg into action -5. [documento] deed -6. *loc*: **dare** ~ **(a qn) di qc** to admit sthg (to sb); **prendere** ~ **di qc** to note sthg.

attonito, a *agg* astonished.

attorcigliare [21] *vt* to twist. ➡ **attorcigliarsi** ⬦ *vr*: **attorcigliarsi intorno a qc** to wind o.s. around sthg. ⬦ *vip* to get twisted.

attore, trice *sm, f* actor, actress.

attorniare [20] *vt* to surround. ➡ **attorniarsi** *vr*: **attorniarsi di amici/parenti** to surround o.s. with friends/relatives.

attorno *avv* [intorno] around. ➡ **attorno a** *prep* -1. [intorno a] around; **stare** ~ **a qn** to pester sb -2. [circa] about.

attraccare [15] ⬦ *vt* to dock; ~ **qc a qc** to moor sthg to sthg. ⬦ *vi* to dock; ~ **a qc** to moor to sthg.

attracco *(pl* **-chi)** *sm* -1. [manovra] docking -2. [luogo] dock.

attraente *agg* attractive.

attrarre [97] *vt* -1. [gen] to attract; **un sorriso che attrae** an attractive smile -2. [idea] to appeal to; **la proposta non mi attrae affatto** the suggestion doesn't appeal to me at all.

attrattiva *sf* appeal. ◆ **attrattive** *sfpl* attractions.

attraversamento *sm* -1. [luogo]: ~ pedonale pedestrian crossing -2. [azione] crossing.

attraversare [6] *vt* -1. [percorrere] to cross; ~ **la strada** to cross the road -2. [trascorrere] to go through.

attraverso *prep* -1. [da parte a parte] across -2. [per mezzo di] through.

attrazione *sf* attraction; ~ **magnetica** magnetic attraction; **la sua danza è l'~ del varietà** her dance is the highlight of the show.

attrezzare [6] *vt* to fit out, to equip. ◆ **attrezzarsi** *vr* to prepare o.s.

attrezzatura *sf* equipment (U).

attrezzo *sm* tool; **attrezzi da lavoro** work tools. ◆ **attrezzi** *smpl* SPORT apparatus.

attribuire [9] *vt* -1. [gen]: ~ **qc a qn/qc** to attribute sthg to sb/sthg -2. [assegnare]: ~ **qc a qn/qc** to award sthg to sb/sthg.

attributo *sm* attribute.

attribuzione *sf* -1. [gen] attribution -2. [di premio, punteggio] awarding.

attrice *sf* ⊳ **attore**.

attrito *sm* friction.

attuabile *agg* practicable.

attuale *agg* -1. [presente] current -2. [moderno] topical.

attualità *sf inv* -1. [vicende] current affairs *(pl)*; **d'~** topical -2. [modernità] topicality.

attualizzare [6] *vt* to make topical.

attualmente *avv* at present.

attuare [6] *vt* to put into operation. ◆ **attuarsi** *vip* to come about.

attuazione *sf* carrying out.

attutire [9] *vt* [dolore] to ease; [colpo] to soften; [rumore] to muffle. ◆ **attutirsi** *vip* to die down.

audace *agg* -1. [arrischiato] risky -2. [provocante] daring -3. [coraggioso] fearless.

audacia *sf* -1. [rischio] boldness -2. [coraggio] fearlessness.

audience ['ɔdjens] *sf* audience.

audioleso, a ◇ *agg* hearing impaired. ◇ *sm, f* person with hearing impairment.

audiovisivo, a *agg* audiovisual. ◆ **audiovisivi** *smpl* audiovisual aids.

Auditel (*abbr di* **audience televisiva**) *sm* organization that monitors the size of television audiences.

auditorio *sm* auditorium.

audizione *sf* audition; **fare un'~** to audition.

auge *sf*: **in ~** in fashion; **essere/tornare in ~** to be in/come back into fashion.

augurale *agg*: **una cartolina ~** a greetings card.

augurare [6] *vt*: ~ **qc a qn** to wish sb sthg; **non auguro a nessuno una tale sofferenza** I wouldn't wish such suffering on anyone; **augurarsi di** to hope that; **mi auguro di non essermi sbagliato** I hope (that) I haven't made a mistake.

augurio *sm* -1. [desiderio] wish; **auguri** best wishes; **fare gli auguri a qn** to wish sb happy Christmas/happy birthday etc; **tanti auguri! happy birthday!** -2. [presagio]: **essere di buon/cattivo ~** to be a good/bad omen.

aula *sf* -1. [di scuola] classroom; [dell'università] lecture room; ~ **magna** great hall -2. [di tribunale] courtroom; ~ **bunker** *a courtroom with maximum security where the most important political and criminal trials are held, e.g. of terrorists or members of the mafia* -3. [di Parlamento] hall.

aumentare [6] ◇ *vt* -1. [accrescere – numero, quantità] to increase; [– prezzi, salari] to put up, to increase; [– radio] to turn up -2. [nel lavoro a maglia] to increase. ◇ *vi* -1. [in quantità] to increase -2. [in numero] to increase, to go up -3. [di prezzo] to go up.

aumento *sm* increase; **avere/chiedere/dare un ~** to get/ask for/give sb a rise.

aureola *sf* halo.

auricolare *sm* earpiece.

aurora *sf* dawn; ~ **boreale** aurora borealis.

auscultare [6] *vt* MED to listen to sb's chest.

ausiliare *agg & sm* auxiliary.

ausiliario, a *agg* auxiliary.

auspicare [15] *vt form* to wish; ~ **il successo a qn** to wish sb success.

auspicio *sm*: **essere di buon/cattivo ~** to be good/bad luck.

austerità *sf inv* -1. [gen] austerity -2. [nel parlare] severity; **con ~** severely.

austero, a *agg* austere.

australe *agg* southern.

Australia *sf*: **l'~** Australia.

australiano, a *agg & sm, f* Australian.

Austria *sf*: l' ~ Austria.

austriaco, a, ci, che *agg & sm, f* Austrian.

aut aut *sm inv* ultimatum; **dare l' ~ a qn** to give sb an ultimatum.

autenticare [15] *vt* to authenticate.

autenticazione *sf* authentication.

autenticità *sf* authenticity.

autentico, a, ci, che *agg* **-1.** [quadro, mobile, documento] authentic **-2.** [fatto, notizia] real **-3.** [sentimento] genuine.

autismo *sm* autism.

autista, i, e *smf* **-1.** [di autoveicolo] driver **-2.** PSICO person suffering from autism.

autistico, a, ci, che *agg* autistic.

auto *sf inv* car; **viaggiare in ~** to go by car; **~ blindata** armoured car; **~ blu ≃** official car.

autoabbronzante ◇ *agg* self-tanning. ◇ *sm* self-tanning cream o lotion.

autoadesivo, a *agg* sticky. ➤ **autoadesivo** *sm* sticker.

autoambulanza *sf* ambulance.

autoarticolato *sm* articulated lorry.

autobiografia *sf* autobiography.

autobiografico, a, ci, che *agg* autobiographical.

autobotte *sf* tanker.

autobus *sm inv* bus.

autocarro *sm* lorry *UK*, truck *US*.

autocertificazione *sf* self-certification.

autocisterna *sf* tanker.

autocommiserazione *sf* self-pity.

autocontrollo *sm* self-control.

autocritica (*pl* **-che**) *sf* self-criticism.

autodidatta, i, e *smf* self-taught man, self-taught woman.

autodifesa *sf* self-defence.

autodromo *sm* motor-racing circuit.

autofficina *sf* workshop.

autofocus ◇ *agg inv* with automatic focus. ◇ *sm inv* automatic focus.

autogestione *sf* self-management.

autogol *sm inv* own goal.

autografo, a *agg* autographed. ➤ **autografo** *sm* autograph.

autogrill® *sm inv* motorway service station.

autoinvitarsi [6] *vr* to invite o.s. along.

autolavaggio *sm* car wash.

autolesionismo *sm* self-harm.

autolesionista, i, e *smf* self-destructive person, self-harmer.

automa (*pl* **-i**) *sm* robot.

automaticamente *avv* automatically.

automatico, a, ci, che *agg* automatic. ➤ **automatico** *sm* press stud.

automatizzare [6] *vt* to automate.

automazione *sf* automation.

automezzo *sm* motor vehicle.

automobile *sf* car; **~ da corsa** racing car.

automobilismo *sm* **-1.** SPORT motor racing **-2.** [industria] motor industry.

automobilista, i, e *smf* motorist.

automobilistico, a, ci, che *agg* motor (*dav s*).

automotrice *sf* railcar.

autonoleggio *sm* car hire firm.

autonomia *sf* **-1.** [libertà] independence **-2.** [distanza] operating range; [tempo] operating period; **~ di volo** maximum range **-3.** [amministrativa] autonomy.

autonomo, a *agg* **-1.** [non subordinato – sindacato] independent; [– lavoratore] self-employed **-2.** [amministrazione] autonomous.

autoparco (*pl* **-chi**) *sm* **-1.** [parcheggio] car park **-2.** [automezzi] car pool.

autopsia *sf* autopsy.

autoradio *sf inv* car radio.

autore, trice *sm, f* **-1.** [pittore] painter; [scultore] sculptor; [compositore] composer **-2.** [scrittore] author **-3.** [esecutore] perpetrator.

autorevole *agg* **-1.** [competente] authoritative **-2.** [importante] influential.

autorimessa *sf* garage.

autorità ◇ *sf inv* **-1.** [potere] authority; **agire d' ~** to act with authority **-2.** [persona competente]: **essere un' ~ (in qc)** to be an authority (on sthg). ◇ *sfpl*: **le ~** the authorities.

autoritario, a *agg* authoritarian.

autoritratto *sm* self-portrait.

autorizzare [6] *vt* **-1.** [concedere] to authorize; **~ qn a (fare) qc** to authorize sb to do sthg **-2.** [giustificare]: **~ qn a (fare) qc** to mean that sb can do sthg; **questo non ti autorizza a fare altrettanto** this doesn't mean you can do the same.

autorizzazione *sf* authorization; **~ a procedere** DIR authorization to proceed.

autosalone *sm* car showroom.

autoscatto *sm* self-timer.

autoscontro *sm* dodgems (*pl*).

autoscuola *sf* driving school.

autostop *sm* hitch-hiking; **fare l' ~** to hitch-hike

autostoppista, i, e *smf* hitch-hiker.

autostrada *sf* motorway *UK*, highway *US*, freeway *US*.

autostradale *agg* motorway *(dav s)*.

autosufficiente *agg* self-sufficient.

autotrasporto *sm* road haulage.

autotreno *sm* lorry with trailer.

Autovelox® *sm inv* ≃ speed camera.

autovettura *sf* car.

autrice *sf* ⊳ autore.

autunnale *agg* autumn *(dav s)*.

autunno *sm* autumn.

avallare [6] *vt* -1. [progetto] to back -2. COMM to guarantee.

avambraccio *sm* forearm.

avance [a'vans] *sf inv* advances *(pl)*.

avanguardia *sf* -1. [in arte, letteratura]: **all'** ~ avant-garde; **d'** ~ avant-garde -2. MIL vanguard.

avanscoperta *sf*: mandare qn/andare in ~ to send sb/go to reconnoitre.

avanti ⋄ *avv* -1. [davanti] forward; **guardare** ~ to look ahead; **andare** ~ [precedere] to go ahead; [continuare] to go on; **essere** ~ [orologio] to be fast; **correre** ~ **e indietro** to run around; **essere** ~ **in qc** [in attività] to be making good progress with sthg -2. **farsi** ~ [prendere l'iniziativa] to put o.s. forward; **più** ~ [in spazio] further on; [in tempo] later -2. [poi]: **d'ora** o **da qui in** ~ from now on. ⋄ *esclam* -1. [invito a entrare] come in! -2. [esortazione] come on!

avantieri *avv* the day before yesterday.

avanzare [6] ⋄ *vi* -1. [su territorio] to advance; ~ **negli anni** to be getting on in years -2. [in attività] to progress; ~ **di grado** o **posto** to be promoted -3. [MAT & restare] to be left over. ⋄ *vt* to put forward.

avanzata *sf* advance.

avanzato, a *agg* -1. [gen] advanced -2. [età]: **in età avanzata** elderly o getting on in years.

avanzo *sm* -1. [rimanenza – di cibo] leftovers *(pl)*; [– di stoffa] remnant; **essercene d'** ~ to be more than enough; ~ **di galera** jailbird -2. MAT remainder -3. COMM surplus.

avaria *sf* breakdown; **essere in** ~ to have broken down.

avariato, a *agg* [merce] damaged; [cibo] rotten.

avarizia *sf* avarice.

avaro, a ⋄ *agg* stingy; ~ **di qc** to be stingy with sthg. ⋄ *sm, f* miser.

avena *sf* oats *(pl)*.

avere [2] ⋄ *vt* -1. [cose materiali] to have, to have got; ~ **la macchina/il computer/il cellulare** to have a car/a computer/a mobile; **non ho niente da mangiare/da bere** I haven't got anything to eat/to drink; **non ho soldi** I haven't got any money, I don't have any money; **hai da accendere?** have you got a light? -2. [cose non materiali] to have (got); **ha due fratelli** he has o he's got two brothers; **hanno molte amicizie** they have o they've got a lot of friends -3. [come caratteristica] to have (got); ~ **i capelli scuri/biondi** to have dark/blonde hair; ~ **molta immaginazione** to have a good imagination; **ha la barba** he has o he's got a beard; **ha una bella voce** she has o she's got a lovely voice -4. [tenere] to have; ~ **in mano** to hold -5. [portare addosso] to wear; **aveva una giacca scura** she was wearing a dark jacket -6. [ricevere] to get; ~ **un premio/una promozione** to get a prize/a promotion; ~ **notizie da qn** to hear from sb -7. [sentire, provare]: ~ **l'influenza/la febbre** to have the flu/a temperature; **che cos'hai?** what's the matter?; ~ **caldo/freddo** to be o feel hot/cold; ~ **fame** to be hungry; ~ **sonno** to be sleepy; ~ **mal di testa** to have a headache -8. [età] to be; **ho 18 anni** I'm 18; **ha tre anni più di me** she's three years older than me; **ha la mia età** he's the same age as me; **quanti anni hai?** how old are you? -9. [impegno] to have (got); **domani ho una riunione** I have o I've got a meeting tomorrow; **ho da fare** I have o I've got things to do; ~ **da fare qc** [dovere] to have to do sthg -10. *loc*: ~ **a che fare con qn/qc** to have something to do with sb/sthg; **avercela con qn** to be angry with sb; **ne avrò per mezz'ora** it'll take me another half an hour; **quanti ne abbiamo oggi?** what's the date today? ⋄ *v aus*: **ho finito** I've finished; **ha aspettato due ore** she waited (for) two hours; **ti hanno telefonato?** did they phone you?

◆ **averi** *smpl* wealth *(U)*; **possedere moltissimi** ~ to be very wealthy.

aviazione *sf* aviation; ~ **civile** civil aviation; ~ **militare** air force.

avicoltura *sf* [di pollame] poultry farming; [di uccelli] bird breeding.

avidità *sf*: ~ **(di qc)** [denaro, ricchezza] greed (for sthg); [gloria, successo, conoscenza] thirst (for sthg); **mangiare con** ~ to eat greedily.

avido, a *agg* greedy; ~ **di qc** [denaro] greedy for sthg; [conoscenza] eager for sthg.

AVIS ['avis] *(abbr di* Associazione Volontari

Italiani del Sangue) sf Italian Blood Donors'Association.

avo, a sm, f ancestor.

avocado sm inv **-1.** [pianta] avocado (tree) **-2.** [frutto] avocado (pear).

avorio <> agg inv ivory. <> sm ivory.

avuto, a pp ⊳avere.

Avv. (abbr di **Avvocato**) title given to a lawyer, solicitor, or barrister.

avvalersi [91] vip: ~ **di qn/qc** to avail o.s. of sb/sthg.

avvallamento sm **-1.** [buca] depression; **una strada piena di avvallamenti** a road full of potholes **-2.** [cedimento] subsidence.

avvalorare [6] vt to bear out.

avvampare [6] vi [per il caldo, lo sforzo] to redden; [per la rabbia] to flare up; [per la vergogna] to blush.

avvantaggiare [18] vt to favour UK, to favor US. ◆ **avvantaggiarsi** vr **-1.** [portarsi avanti] to get ahead **-2.** [essere in vantaggio] to be ahead **-3.** [beneficiare]: **avvantaggiarsi di qc** to take advantage of sthg.

avveduto, a agg prudent.

avvelenamento sm poisoning.

avvelenare [6] vt **-1.** [persona, animale] to poison **-2.** [rendere velenoso – cibo, bevanda] to add poison to; [– aria, fiume] to pollute **-3.** fig: ~ **l'esistenza a qn** to make sb's life a misery.

avvenimento sm event.

avvenire <> [109] sm future; **in o per l'** ~ in future. <> vi to happen.

avventato, a agg rash.

avvento sm advent. ◆ **Avvento** sm: **l'Avvento** Advent.

avventura sf **-1.** [gen] adventure; **avere spirito d'** ~ to be adventurous **-2.** [relazione amorosa] fling; **l'** ~ **di una notte** a one-night stand.

avventuroso, a agg adventurous.

avvenuto, a pp ⊳avvenire.

avverarsi [6] vip to come true.

avverbio sm adverb.

avversario, a <> agg opposing. <> sm, f [in un gioco, in politica] opponent; [in guerra, in amore] adversary.

avversione sf aversion; **nutrire un'** ~ **per qc/qn** to harbour a dislike for sthg/sb.

avversità sf inv adversity.

avverso, a agg adverse.

avvertenza sf care (U); **avere l'** ~ **di fare qc** to take care to do sthg. ◆ **avverten-**

ze sfpl: **avvertenze (per l'uso o d'uso)** instructions (for use).

avvertimento sm warning.

avvertire [8] vt **-1.** [informare] to let know, to inform più formale; ~ **qn di qc** to let sb know sthg, to inform sb of sthg più formale **-2.** [mettere in guardia, ammonire] to warn **-3.** [sentire – dolore, disagio] to feel; [– rumore] to hear; [– odore] to smell; [pericolo] to sense.

avviare [22] vt **-1.** [gen] to start (up) **-2.** [indirizzare]: ~ **qn a qc** to direct sb to sthg. ◆ **avviarsi** vip **-1.** [incamminarsi] to set off **-2.** fig [avvicinarsi]: **avviarsi alla fine** to be drawing to an end.

avvicendarsi [6] vr to take (it in) turns.

avvicinamento sm **-1.** [trasferimento – di soldato] posting nearer home; [– in un lavoro] transfer nearer home **-2.** [convergenza] rapprochement **-3.** [di truppe] approach.

avvicinare [6] vt **-1.** [spostare vicino a]: ~ **qc a qn/qc** to bring sthg closer to sb/sthg **-2.** [andare vicino a] to approach; [conoscere] to get to know; **uno sconosciuto mi ha avvicinato per la strada** a stranger came up to me in the street. ◆ **avvicinarsi** vip **-1.** [essere vicino] to approach, to draw near più formale; **avvicinarsi a qc** to get closer to sthg, to approach sthg più formale **-2.** [andare, venire vicino] to come closer; **avvicinarsi a qn/qc** to come/go up to sb/sthg.

avvilito, a agg disheartened.

avvincente agg enthralling.

avvio (pl **-ii**) sm start.

avvisare [6] vt **-1.** [informare] to let know; ~ **qn di qc** to let sb know about sthg **-2.** [mettere in guardia] to warn.

avviso sm **-1.** [comunicazione] notice **-2.** [opinione]: **a mio** ~ in my opinion; **restare del proprio** ~ not to change one's mind.

avvistare [6] vt to sight.

avvitare [6] vt [gen] to screw; [vite, lampadina] to screw in; [tappo] to screw on.

avvocato, essa sm, f [gen] lawyer, attorney US; [nei tribunali di grado inferiore] UK solicitor; [nei tribunali di grado superiore] UK barrister.

avvolgere [48] vt **-1.** [coprire] to wrap **-2.** [circondare] to envelop **-3.** [arrotolare] to wind; ~ **qc su/intorno a qc** to wind sthg around sthg.

avvolgibile sm (roller)blind UK, window shade US.

avvolto, a pp ⊳avvolgere.

avvoltoio sm vulture.

azalea *sf* azalea.

azienda *sf* company; ~ **di soggiorno e turismo** tourist board; ~ **agricola** farm.

aziendale *agg* company *(dav s)*.

azionare [6] *vt* to operate.

azionario, a *agg* share *(dav s)*; **mercato** ~ stock market.

azione *sf* -1. [gen] action; **buona** ~ good deed; **cattiva** ~ wrongful act; **avere il coraggio delle proprie azioni** to have the courage of one's convictions; **entrare in** ~ to come into operation -2. [titolo] share *UK*, stock *US* -3. [iniziativa] campaign -4. [causa] suit; **promuovere un'** ~ **legale** to file a (law)suit -5. [operazione] operation; ~ **di sabotaggio** act of sabotage.

azionista, i, e *smf* shareholder *UK*, stockholder *US*.

azoto *sm* nitrogen.

azzannare [6] *vt* to maul.

azzardare [6] *vt* to hazard, to risk. ➤ **azzardarsi** *vip*: azzardarsi a fare qc to dare (to) do sthg.

azzardo *sm* risk; **gioco d'** ~ game of chance; **giocare d'** ~ to gamble.

azzeccare [15] *vt* to guess.

azzerare [6] *vt* -1. [dispositivo] to reset, to clear -2. *fig* [annullare] to cancel (out).

Azzorre *sfpl*: **le** ~ the Azores.

azzuffarsi [6] *vr* to come to blows.

azzurro, a *agg* blue. ➤ **azzurro** *sm* blue. ➤ **Azzurri** *smpl*: **gli Azzurri** the Italian team.

B

b, B *sm* o *f inv* b, B.

b *(abbr di* **bar)** METEO bar.

B *(abbr di* **Belgio)** B.

babà *sm inv* rum baba.

babbo *sm* dad, daddy; ~ **Natale** Father Christmas *UK*, Santa Claus *US*.

babbuino *sm* baboon.

babordo *sm* port(side).

baby-sitter [bɛbi 'sitter] *smf inv* babysitter; **fare il** o **la baby-sitter** to babysit.

bacato, a *agg* -1. [frutto] worm-eaten -2. *fig* [cervello, mente] twisted.

bacca *(pl* -che) *sf* berry.

baccalà *sm inv* -1. [pesce] salt cod -2. *fig* [persona] dummy.

baccano *sm* racket; **fare** ~ to make a racket.

baccello *sm* pod.

bacchetta *sf* -1. [di direttore d'orchestra] baton -2. [di maestro] cane -3. [di fata]: ~ **magica** magic wand -4. [per batteria] drumstick -5. [per mangiare] chopstick.

bacheca, che *sf* -1. [mobile] display case -2. [per avvisi] notice board *UK*, bulletin board *US*.

baciare [17] *vt* to kiss. ➤ **baciarsi** *vr* to kiss (each other).

bacinella *sf* [gen] bowl; [per negativi, strumenti chirurgici] tray.

bacino *sm* -1. [conca] basin -2. ANAT pelvis -3. [giacimento] field.

bacio *sm* kiss.

baco, chi *sm* -1. [verme] worm; ~ **da seta** silkworm -2. [di computer] virus.

bada *sf*: **tenere a** ~ **qn** to keep an eye on sb.

badare [6] *vi* -1. [accudire]: ~ **a qn/qc** to look after sb/sthg -2. [interessarsi]: ~ **ai fatti propri** to mind one's own business -3. [fare attenzione] to mind; **bada di non sporcarti** mind you don't get dirty -4. [dare importanza]: **non** ~ **a qn/qc** not to care about sb/sthg: non ~ **a quello che dice** don't take any notice of what he says.

badia *sf* = abbazia.

baffo *sm*: **(un paio di) baffi** [di persona] a moustache; [di animale] whiskers *(pl)*.

bagagliaio *sm* [di auto] boot *UK*, trunk *US*; [di treno] luggage van *UK*, baggage car *US*; [di aereo] hold; [deposito bagagli] left-luggage office.

bagaglio *sm* -1. [valigie] luggage *(U)*; **un** ~ a piece of luggage; **fare/disfare i bagagli** to pack/unpack; ~ **a mano** hand luggage; ~ **in eccesso** excess luggage -2. *fig* [patrimonio] store; ~ **culturale** education.

baggianata *sf fam* something stupid; **dire/fare una** ~ to say/do something stupid.

bagliore *sm* [del sole, dei fari] glare; [del fuoco, dello sguardo] glow; [del lampo] flash; **un** ~ **di speranza** a ray of hope.

bagnante *smf* bather.

bagnare [23] *vt* -1. [con acqua, liquido] to wet; [inzuppare] to soak; [inumidire] to moisten; [innaffiare] to water; **il sudore le**

bagnava la fronte her forehead was bathed in sweat **-2.** [lambire – fiume] to flow through; [– mare] to bathe. ➜ **bagnarsi** ⋄ *vr* to swim. ⋄ *vip* [con acqua, liquido] to get wet; [infradiciarsi] to get soaked.

bagnasciuga *sm inv* water's edge.

bagnato, a *agg* [gen] wet; [inzuppato] soaked; ~ **di lacrime/sudore** bathed in tears/sweat.

bagnino, a *sm, f* lifeguard.

bagno *sm* **-1.** [locale – a casa] bathroom; [– al bar, ristorante] toilet *UK*, bathroom *US*; **bagni pubblici** public baths; ~ **turco** Turkish bath **-2.** [per lavarsi] bath; **fare** o **farsi il** ~ to have o take a bath; ~ **di fanghi** mudbath **-3.** [al mare] swim; **fare il** ~ to go for a swim; **costume da** ~ [da donna] swimsuit, swimming costume; [da uomo] swimming trunks *(pl)*; **cuffia da** ~ swimming cap **-4.** [ammollo] **mettere/lasciare a** ~ **qc** to put/leave sthg to soak. ➜ **bagni** *smpl* [stabilimento balneare] bathing establishment; [stabilimento termale] spa.

bagnomaria *sm:* **a** ~ in a bain-marie.

bagnoschiuma *sm inv* bubble bath.

Bahamas *sfpl:* **le** ~ the Bahamas.

baia *sf* bay.

baita *sf* mountain hut.

balaustra *sf* balustrade.

balbettare [6] ⋄ *vi* to stammer. ⋄ *vt* to mumble.

balbuziente ⋄ *agg* stammering. ⋄ *smf* stammerer.

Balcani *smpl:* **i** ~ the Balkans.

balcone *sm* balcony; **al** ~ on the balcony.

baldacchino *sm* canopy; **letto a** ~ fourposter (bed).

Baleari *sfpl:* **le (isole)** ~ the Balearic Islands.

balena *sf* whale.

balenare [114] *vi* to flash.

baleno *sm* **-1.** [lampo] flash of lightning **-2.** [attimo]: **in un** ~ in a flash.

balia[1] *sf dat* wet-nurse.

balia[2] *sf fig:* **in** ~ **di qn/qc** at the mercy of sb/sthg; **essere** o **trovarsi in** ~ **di se stesso** to be left to one's own devices.

balla *sf* **-1.** [frottola] lie, rubbish *(U) UK*; **un sacco di balle** a pack of lies, a load of rubbish *UK* **-2.** [di merce] bale.

ballare [6] ⋄ *vi* **-1.** [danzare] to dance **-2.** [traballare] to wobble. ⋄ *vt* [danzare] to dance.

ballerina *sf* **-1.** [persona] dancer; **prima** ~ prima ballerina; ~ **classica** ballerina; ~ **di fila** chorus girl **-2.** [scarpa] pump.

ballerino *sm* dancer; ~ **classico** ballet dancer.

balletto *sm* ballet.

ballo *sm* dance; **amare il** ~ to love dancing; **essere in** ~ [persona] to be involved; [cosa] to be at stake; **tirare in** ~ **qn** to involve sb; **tirare in** ~ **qc** to bring sthg up.

ballottaggio *sm* **-1.** POLIT second ballot *UK*, runoff (election) *US* **-2.** [nello sport] playoff.

balneare *agg* bathing *(dav s);* **stazione** ~ seaside resort.

balneazione *sf* bathing; **divieto di** ~ 'no bathing'.

balsamico, a, ci, che *agg* **-1.** [aria] balmy; [caramella, pomata] soothing **-2.** ⊳**aceto.**

balsamo *sm* **-1.** [per capelli] (hair) conditioner **-2.** [medicamento] balm.

baltico, a, ci, che *agg* Baltic; **le Repubbliche Baltiche** the Baltic Republics. ➜ **Baltico** *sm:* **il (Mar) Baltico** the Baltic (Sea).

balza *sf* frill; **una gonna a balze** a frilly skirt.

balzare [6] *vi* to jump, to leap; ~ **in piedi** to leap to one's feet; ~ **su qc** to leap onto sthg; ~ **addosso a qn** to attack sb; ~ **a qc** *fig* [salire] to leap to sthg.

balzo *sm* **-1.** [salto] jump, leap; **fare un** ~ to jump o leap **2.** [rimbalzo] bounce **-3.** [progresso] leap.

bambinaia *sf* nanny.

bambinata *sf* **-1.** [azione puerile] childish prank; **fare una** ~ to play a prank **-2.** [discorso puerile] childish nonsense.

bambino *sm, f* [gen] child, (little) boy, (little) girl; [piccolo] baby; **fare il** ~ to be childish.

bambola *sf* doll.

bambù *sm inv* bamboo.

banale *agg* **-1.** [poco originale – commento, film] banal; [– persona] dull **-2.** [futile] trivial **-3.** [non grave] common.

banalità *sf inv* **-1.** [luogo comune] platitude **-2.** [mediocrità] banality.

banana *sf* banana.

banano *sm* banana tree.

banca *(pl* **-che)** *sf* **-1.** [gen] bank; **lavorare in** ~ to work in a bank; **andare in** ~ to go to the bank; **impiegato di** ~ bank clerk; ~ **del sangue** blood bank **-2.** INFORM: ~ **dati** database.

bancarella *sf* stall *UK*, stand *US*.

bancario, a ⋄ *agg* bank *(dav s);* **tecnica bancaria** banking. ⋄ *sm, f* bank employee.

bancarotta *sf* bankruptcy; **andare in** o **fare** ~ to go bankrupt; **dichiarare** ~ to declare bankruptcy.

banchettare [6] *vi* to feast.

banchetto *sm* -1. [pranzo] banquet -2. [bancarella] stall *UK*, stand *US*.

banchiere, a *sm, f* banker.

banchina *sf* -1. [al porto] quay, wharf -2. [di strada – per pedoni] footpath, sidewalk *US*; [– per ciclisti] cycle path.

banco (*pl* -chi) *sm* -1. [a scuola] desk -2. [di negozio] counter; [di bar] bar; **servizio al** ~ **counter service; sotto** ~ under the table o counter -3. [di chiesa] pew -4. [di tribunale]: ~ **degli imputati** dock -5. [tavolo] bench; ~ **da lavoro** workbench -6. [banca, al gioco, di nebbia] bank; ~ **dei pegni** pawnshop; **tener** ~ to hold court -7. [di pesci] shoal.

Bancomat® ⬦ *agg inv* cash-machine *(dav s)*, cashpoint *(dav s)*. ⬦ *sm inv* -1. [tessera] *type of debit card* -2. [sportello] ≃ cashpoint *UK*; ≃ ATM *US*.

bancone *sm* counter.

banconota *sf* banknote.

banda *sf* -1. [musicale] band; RADIO: ~ **di frequenza** frequency band -2. [gruppo] gang; ~ **armata** armed group -3. [striscia] strip.

bandiera *sf* flag; ~ **a mezz'asta** flag at half mast.

bandire [9] *vt* -1. [concorso] to announce -2. [esiliare] to banish.

bandito *sm* bandit.

bando *sm* -1. [annuncio] (public) notice; ~ **di concorso** notice of competition -2. [divieto]: ~ **alle chiacchiere!** (that's) enough talk!; **mettere al** ~ **qc** to ban sthg.

bar *sm inv* bar.

bara *sf* coffin.

baracca (*pl* -che) *sf* hut, shack.

baraccone *sm* booth; **baracconi** funfair *UK*, amusement park *US*.

barare [6] *vi* to cheat.

baratro *sm* abyss.

barattare [6] *vt*: ~ **qc con qc** [dischi, vestiti] to swap sthg for sthg *esp UK*, to trade sthg for sthg *US*; [merce] to barter sthg for sthg.

baratto *sm* [di merce] barter; [di dischi, vestiti] swap, exchange.

barattolo *sm* [di vetro, terracotta] jar; [di plastica] pot; [di latta] tin *UK*, can *US*.

barba *sf* -1. [peli] beard; **farsi la** ~ to shave -2. [cosa noiosa] bore; **che** ~! what a bore! -3.: **farla in** ~ **a qn** [ingannarlo] to fool sb.

barbabietola *sf* beetroot *UK*, beet *US*; ~ **da zucchero** sugar beet.

barbarico, a, ci, che *agg* -1. STORIA barbarian -2. [crudele] barbaric.

barbaro, a ⬦ *agg* -1. STORIA barbarian -2. [crudele] barbaric -3. [rozzo] barbarous. ⬦ *sm, f* STORIA barbarian.

barbecue [barbe'kju'barbekju] *sm inv* barbecue.

barbiere *sm* -1. [persona] barber -2. [negozio] barber's (shop) *UK*, barber shop *US*.

barbiturico *sm* barbiturate.

barboncino *sm* poodle.

barbone, a *sm, f* tramp. ➤ **barbone** *sm* poodle.

barboso, a *agg fam* boring.

barca (*pl* -che) *sf* -1. [imbarcazione] boat; ~ **a vela** sailing boat *UK*, sailboat *US*; **andare in** ~ [per via mare] to go by boat; SPORT [– a vela] to go sailing; [– a remi] to go rowing -2. *fig* [mucchio]: **una** ~ **di soldi** tons of money.

Barcellona *sf* Barcelona.

barcollare [6] *vi* -1. [traballare] to stagger -2. [essere in crisi] to totter.

barcone *sm* barge.

barella *sf* stretcher.

Bari *sf* Bari.

baricentro *sm* FIS centre *UK* o center *US* of gravity.

barile *sm* barrel.

barista, i, e *smf* -1. [proprietario] bar owner -2. [cameriere] barman, barmaid, bar tender.

baritono *sm* baritone.

barman *sm inv* barman.

baro *sm* cardsharp.

barocco, a, chi, che *agg* baroque. ➤ **barocco** *sm*: **il** ~ the Baroque (period).

barolo *sm* Barolo.

barometro *sm* barometer.

barone, essa *sm, f* baron, baroness *f*.

barra *sf* -1. [leva] bar; ~ **spaziatrice** [di tastiera] space bar -2. [del timone] tiller -3. TIPO slash.

barricare [15] *vt* to barricade. ➤ **barricarsi** *vr*: **barricarsi in qc** to shut o.s. up in sthg.

barricata *sf* barricade; **essere dall'altra parte della** ~ *fig* to be on the other side of the fence.

barriera *sf* **-1.** [gen] barrier; ~ **architetto-nica** physical obstacle *(preventing disabled access to a building);* ~ **corallina** coral reef **-2.** [di calciatori] wall.

barrito *sm* trumpeting.

baruffa *sf* row *esp UK,* quarrel; **far** ~ **con qn** to row *UK* o quarrel with sb.

barzelletta *sf* joke.

basare [6] *vt*: ~ **qc su qc** to base sthg on sthg. ◆ **basarsi** *vr*: **basarsi su qc** [argomento, fatti, prove] to be based on sthg; [persona] to base one's arguments on sthg.

basco, a, schi, sche *agg & sm, f* Basque. ◆ **basco** *sm* **-1.** [lingua] Basque **-2.** [berretto] beret.

base ◇ *agg inv* basic; **campo** ~ base camp. ◇ *sf* **-1.** [MIL & gen] base **-2.** [principio, fondamento, elemento principale] basis; **gettare le basi per qc** to lay the basis o foundation for sthg; **alla** ~ **di qc** at the root of sthg; **di** ~ basic; **in** ~ **a/sulla** ~ **di qc** according to sthg; ~ **dell'alimentazione** staple food; **a** ~ **di carne/aglio/frutta** meat-/garlic-/fruit-based.

baseball ['bezbol] *sm* baseball.

basette *sfpl* sideboards *UK,* sideburns *US.*

basilare *agg* fundamental.

basilica (*pl* **-che**) *sf* basilica.

Basilicata *sf*: **la** ~ Basilicata.

basilico *sm* basil.

basket *sm* basketball.

bassifondi *smpl* slums.

basso, a *agg* **-1.** [gen] low; **a voce bassa** in a low voice **-2.** [persona] short. ◆ **basso** ◇ *sm* **-1.** [parte inferiore] bottom; **in** ~ [sul fondo] at the bottom; **quello in** ~ **a destra nella foto è mio padre** the one on the bottom right of the photo is my father; [verso il fondo] down; **guardare in** ~ to look down; **più in** ~ lower o further down **-2.** MUS bass. ◇ *avv* low; **volare** ~ to fly low.

bassorilievo *sm* bas-relief.

bassotto *sm* dachshund.

basta ◇ *esclam* (that's) enough. ◇ *cong* as long as; ~ **aspettare un po'** you only need to wait a while; **venite pure,** ~ **non arriviate alle 5** do come, so long as you don't arrive at 5; ~ **che** (+ *congiuntivo*) provided that; ~ **che tu lo dica** you only have to say so; **domani andremo alla spiaggia,** ~ **che non piova** tomorrow we'll go to the beach, provided it doesn't rain.

bastardo, a ◇ *agg* **-1.** *spreg* [illegittimo] bastard **-2.** [cane] crossbred. ◇ *sm, f* **-1.** *spreg* [persona] bastard **-2.** [cane] mongrel.

bastare [6] ◇ *vi* **-1.** [essere sufficiente] to be enough; ~ **a qn** to be enough for sb **-2.** [durare] to last; ~ **a qn** to last sb. ◇ *vi impers* to be enough; **e come se non bastasse** and as if that weren't enough; **bastava dirmelo e sarei venuto a prenderti in macchina** you only had to say and I'd have come and picked you up in the car.

bastimento *sm* **-1.** [nave] ship **-2.** [contenuto] shipload.

bastione *sm* bastion.

bastonare [6] *vt* to beat *(with a stick).*

bastonata *sf* blow *(with a stick);* **prendere qn a bastonate** to give sb a beating.

bastoncino *sm* **-1.** [bacchettina] stick, rod **-2.** [da sci] ski pole. ◆ **bastoncini di pesce**® *smpl* fish fingers *UK,* fish sticks *US.*

bastone *sm* **-1.** [per appoggiarsi] stick; ~ **da montagna** walking stick *UK,* hiking stick *US;* ~ **da passeggio** walking stick; **mettere i bastoni fra le ruote a qn** to put a spoke in sb's wheel **-2.** [pane] baguette, French stick.

batosta *sf* **-1.** [sconfitta in competizione] beating **-2.** [danno, disgrazia] blow.

battaglia *sf* battle; ~ **navale** [gioco] battleships.

battaglione *sm* battalion.

battello *sm* boat.

battente ◇ *agg*: **pioggia** ~ driving rain. ◇ *sm* shutter; **porta a due battenti** double door; **chiudere i battenti** *fig* [fallire] to shut up shop.

battere [7] ◇ *vt* **-1.** [colpire] to hit; ~ **la testa** to bang one's head; **battevo i denti (per il freddo)** my teeth were chattering (with cold); ~ **le mani** to clap one's hands; **in un batter d'occhio** in the twinkling of an eye **-2.** [dattilografare]: ~ **qc (al computer)** to type sthg **-3.** [percorrere] to scour **-4.** [sconfiggere, superare] to beat **-5.** [nel calcio, rugby] to kick; ~ **un fallo laterale** to take a throw-in. ◇ *vi* **-1.** [pioggia, sole] to beat down **-2.** [cuore, polso] to beat. ◆ **battersi** *vip* to fight; **battersi per qc** to fight for sthg.

batteria *sf* **-1.** [gen] battery **-2.** MUS drums (*pl*) **-3.** SPORT heat. ◆ **batteria da cucina** *sf* pots and pans (*pl*).

batterio *sm* bacterium.

batterista (*pl* **-i, -e**) *smf* drummer.

battesimo *sm* **-1.** RELIG baptism; **tener qn a** ~ to stand (as) godfather/godmother to sb **-2.** [di nave] naming.

battezzare [6] *vt* **-1.** RELIG to baptize **-2.** [soprannominare] to nickname **-3.** [chiamare] to name **-4.** [nave] to christen.

battibaleno *sm*: in un ~ in a flash.

battibecco (*pl* **-chi**) *sm* squabble.

batticuore *sm* **-1.** [palpitazioni] palpitations (*pl*) **-2.** *fig* [ansia] anxiety; **avere il** ~ to be very anxious; **far venire il** ~ **a qn** to make sb very anxious.

battigia (*pl* **-g(i)e**) *sf* shore.

battipanni *sm inv* carpet beater.

battiscopa *sm inv* skirting(board).

battistero *sm* baptistery.

battistrada *sm inv* tread.

battitappeto *sm inv* (upright) vacuum cleaner; **passare il** ~ to vacuum, to hoover® *UK* .

battito *sm* **-1.** [pulsazioni] beat; ~ **(cardiaco)** heartbeat **-2.** [della pioggia] pattering; [dell'orologio] ticking.

battitore, trice *sm, f* [nel baseball] batter; [nel cricket] batsman, batswoman.

battuta *sf* **-1.** [spiritosaggine] witticism; **fare una** ~ to make a witty remark **-2.** TEATRO line; **non perdere una** ~ *fig* not to miss a word **-3.** MUS bar; **subire una** ~ **d'arresto** [affari, progetto] to be in the doldrums; **alle prime battute** [impresa, progetto] in its infancy **-4.** [caccia] beating **-5.** [retata] search **-6.** SPORT [— nel tennis] service; [— nel baseball] strike **-7.** [in dattilografia] key stroke.

battuto, a *agg* beaten; **una strada molto battuta** a well-trodden path. ✦ **battuto** *sm* CULIN *finely chopped vegetables and herbs, used as a base for soups, stews, and other recipes.*

batuffolo *sm* wad.

baule *sm* **-1.** [valigione] trunk **-2.** [bagagliaio] boot *UK*, trunk *US*.

bauxite *sf* bauxite.

bava *sf* **-1.** [saliva — di persona] dribble; [— di animale] slobber; [— di cane idrofobo] foam; [— di lumaca] slime; **avere la** ~ **alla bocca** *fig* to be foaming at the mouth **-2.** [soffio] breath; ~ **di vento** breath of wind.

bavaglino *sm* bib.

bavaglio *sm* gag; **mettere il** ~ **a qn/qc** to gag sb/sthg.

bavero *sm* collar.

bazar *sm inv* bazaar.

bazzecola *sf* trifle.

bazzicare [15] ◇ *vt* to hang about *UK* o around *US*. ◇ *vi* to hang out *fam*.

BCE (*abbr di* **Banca Centrale Europea**) *sf* ECB.

bearsi [24] *vip*: ~ **di qc** to delight in sthg; ~ **a qc/fare qc** to delight in sthg/in doing sthg.

beatificare [15] *vt* to beatify.

beato, a *agg* **-1.** [felice] blissful **-2.** [fortunato] lucky; ~ **te/lui!** lucky you/him!

beauty-case [bjuti'kejs] *sm inv* makeup case.

bebè *sm inv* baby.

beccare [15] *vt* **-1.** [ferire col becco] to peck **-2.** [prendere col becco] to peck at **-3.** *fam*: **beccarsi qc** [un raffreddore, una malattia] to catch; [un ceffone, un giallo] to get **-4.** *fam* [sorprendere] to nab. ✦ **beccarsi** *vr* to peck (at) each other.

becchino, a *sm, f* gravedigger.

becco (*pl* **-chi**) *sm* **-1.** [di uccello] beak **-2.** *fam spreg* [bocca] mouth; **chiudere il** ~ to shut one's trap; **mettere il** ~ **in qc** [interferire] to poke one's nose in sthg **-3.** [caprone] billy-goat **-4.** *loc*: **non aver il** ~ **di un quattrino** to be (flat) broke.

beccuccio *sm* [di teiera] spout; [di caraffa, di lattiera] lip.

beduino, a *agg & sm, f* Bedouin.

Befana *sf*: **la** ~ Epiphany, 6th January, an Italian national holiday. ✦ **befana** *sf* **-1.** [personaggio] an ugly old woman who is believed to come down the chimney during the night of January 5th, filling good children's stockings with presents and sweets and naughty children's stockings with coal **-2.** *spreg* [donna brutta] hag.

beffa *sf* prank; **fare una** ~ **a qn** to play a prank on sb; **farsi beffe di qn/qc** to make fun of sb/sthg.

beffare [6] *vt* to laugh at. ✦ **beffarsi** *vip*: **beffarsi di qn/qc** to laugh at sb/sthg.

bega (*pl* **-ghe**) *sf* [litigio] quarrel; [pasticcio] trouble; ~ **amorosa** lovers' quarrel; **cacciarsi in una** ~ to get into trouble.

begli ▷ **bello**.

begonia *sf* begonia.

bei ▷ **bello**.

beige ['bɛʒ] *agg inv & sm inv* beige.

bel ▷ **bello**.

belare [6] *vi* to bleat.

belga, gi, ghe ◇ *agg* **-1.** [persona] Belgian **-2.** [insalata]: **insalata** ~ chicory *UK*, endive *US*. ◇ *smf* Belgian.

Belgio *sm*: **il** ~ Belgium.

Belgrado *sf* Belgrade.

bella *sf* **-1.** [copia] fair copy **-2.** [spareggio]: **la** ~ decider **-3.** = **bello**.

bellezza *sf* **-1.** [gen] beauty; **che** ~**!** fantastic!; chiudere o finire in ~ to round it all off -2.: la ~ di qc a good sthg; l'ho pagato la ~ di 2000 euro I paid no less than 2000 euros for it. ☛ **bellezze naturali** *sfpl* natural beauty.

bellico, a, ci, che *agg* war *(dav s)*.

bello, a (bel *(pl* bei) *dav sm che comincia per consonante;* bello *(pl* begli) *dav sm che comincia per* s + *consonante, gn, ps, x, y, z;* bell' *(pl m* begli) *dav sm o sf che comincia per vocale o h)* ◇ *agg* -1. [donna, bambino, paesaggio, oggetto] beautiful, lovely; [uomo] handsome, good-looking; **farsi** ~ to beautify o.s., to doll o.s. up *fam;* **belle arti** fine arts; -2. [buono] good; **un bel film** a good film; **un bel lavoro** a good job; **un bel voto** a good o high mark -3. [notevole, grande] considerable; **tremila euro è una bella cifra!** three thousand euros is a considerable sum of money!; **c'è una bella differenza!** there's quite a difference! -4. [rafforzativo]: **un bel niente** absolutely nothing; **nel bel mezzo del concerto** right in the middle of the concert; **un bel giorno** one fine day; **un furto bell'e buono** daylight robbery; **una bugia bell'e buona** an outright lie -5. *iron* [brutto, cattivo]: **bella figura mi hai fatto fare!** you made me look a right idiot!; **bell'amico sei!** a fine friend you are!; **questa è bella!** this is rich! -6. [moralmente] fine, good; **un bel gesto** a fine gesture -7. [tempo, stagione] fine, lovely; **una bella giornata** a fine o lovely day; **bella stagione** spring and summer. ◇ *sm, f* [persona avvenente]. **Mario è il ~ del quartiere** Mario is the best looking boy in the neighbourhood; **Lucia era la bella della scuola** Lucia was the prettiest girl in school. ☛ **bello** *sm* -1. [bellezza] beauty -2. [sereno] **oggi fa ~** the weather's nice o fine today; **il tempo si è rimesso al ~** the weather has improved -3. *loc:* **che ~!** (evviva) great!; **cosa fai di ~?** what have you been doing with yourself?; **il ~ è che** the best thing o the best of it is; **sul più ~** at the crucial moment.

belva *sf* -1. [animale] wild beast -2. [persona feroce] animal.

belvedere *sm inv* viewpoint.

bemolle *sm* MUS flat.

benché *cong* (+ *congiuntivo)* although; **il ~ minimo** the slightest.

benda *sf* -1. [fasciatura] bandage -2. [per gli occhi] blindfold.

bendare [6] *vt* -1. [occhi] to blindfold -2. [ferita, braccio] to bandage.

bendisposto, a *agg* well disposed.

bene ◇ *sm* -1. [concetto morale] good -2. [vantaggio, beneficio] good thing; **è un ~ che se ne siano accorti subito** it's a good thing they realised straight away; **a fin di ~** for the best; **lo dico per il tuo ~** I'm saying it for your own good -3. [amore]: **voler ~ a qn** to love sb; **volersi ~** to love each other -4. DIR property *(U);* ~ **immobile** property *UK,* real estate *US* -5. ECON goods *(pl)* -6.: **beni** [patrimonio] property *(U).* ◇ *avv* -1. [in modo soddisfacente] well; **lo conosco benissimo** I know him very well; **chiudi ~ la porta** shut the door properly -2. [nel modo giusto] well; **faresti ~ ad andarci** you ought to go; **hai fatto ~** you did the right thing -3. [in buona salute]: **stare/sentirsi ~** to be/feel well; **come stai?** – ~, **grazie e tu?** how are you? – well, thanks, and you? -4. [a proprio agio]: **stare** ~ : **oggi in spiaggia si stava benissimo** it was so nice on the beach today -5. [esteticamente]: **stare** ~ to look good; **stare** ~ **a qn** to suit sb -6. [rafforzativo]: **sai** ~ **che** you know very well (that); **lo credo** ~ I'm not surprised; **ben tre volte** no less than three times; **spero** ~ **che** I hope to goodness (that) -7. *loc:* **di** ~ **in meglio** better and better; **ti sta** ~! serves you right!; **va** ~ [d'accordo] OK. ◇ *agg inv* wealthy.

benedettino, a *agg & sm, f* Benedictine.

benedetto, a ◇ *pp* ▷benedire. ◇ *agg* -1. [sacro] holy -2. [dannato] blessed *euf.*

benedire [101] *vt* to bless; **mandare qn a farsi** ~ *fam* to tell sb to go to hell.

benedizione *sf* -1. [rito] blessing -2. [funzione] benediction.

beneducato, a *agg* well-mannered.

beneficenza *sf* charity; **di** ~ charity *(dav s);* **in** ~ to charity; **istituto di** ~ charitable organization.

beneficiare [17] *vi:* ~ **di qc** to benefit from sthg; ~ **di una sovvenzione** to be awarded a grant.

beneficio *sm:* **trarre** ~ **da qc** to derive benefit from sthg; **con** ~ **di inventario** *fig* [con riserva] with reservations.

benefico, a, ci, che *agg* -1. [cura, risultati] beneficial -2. [ente] charitable.

Benelux, BENELUX ['bɛneluks] *(abbr di* **BE**lgique, **NE**derland, **LUX**embourg) *sm:* **il** ~ **Benelux.**

benessere *sm* -1. [salute] well-being -2. [agiatezza] affluence; **la società del** ~ the affluent society.

benestante ◇ *agg* well-to-do, well-off. ◇ *smf:* **essere un** ~ to be well-off; **i benestanti** the well-off.

benevolo, a *agg* benevolent.

benfatto, a *agg* **-1.** [ben eseguito — lavoro] good, well done *(dopo s)*; [— mobile] well made; **un lavoro** ~ a job well done **-2.** [corpo, persona]: **una donna benfatta** a woman with a good figure.

beniamino, a *sm, f* favourite UK, favorite US; **il** ~ **della maestra** the teacher's pet.

benigno, a *agg* **-1.** [tumore] benign **-2.** [critica] favourable UK, favorable US **-3.** [sguardo, sorriso] benevolent.

benintenzionato, a *agg*: **essere** ~ **(verso qn)** to be well-meaning (towards sb); **è benintenzionata** she means well.

beninteso *avv* of course.

benpensante *smf* conformist.

benservito *sm*: **dare il** ~ **a qn** to give sb the sack UK, to fire sb.

bensì *cong* but (rather).

benvenuto, a <> *agg* welcome. <> *sm, f*: **essere il** ~ o **la benvenuta** to be welcome. ◆ **benvenuto** *sm*: **dare il** ~ **a qn** to welcome sb.

benvisto, a *agg* well regarded.

benvolere [119] *vt*: **farsi** ~ **da qn** to win sb's affection; **prendere a** ~ **qn** to take (a liking) to sb.

benvoluto, a <> *pp* ▷benvolere. <> *agg* loved, well-liked.

benzina *sf* petrol UK, gasoline US, gas US *fam*; **fare** ~ to get petrol UK o gas US; **restare** o **rimanere senza** ~ to run out of petrol UK o gas US; ~ **super** 4-star (petrol) UK, premium (gasoline) US; ~ **verde** o **senza piombo** unleaded o lead-free petrol UK o gasoline US.

benzinaio, a *sm, f* petrol– UK o gas– US pump attendant. ◆ **benzinaio** *sm* petrol UK o gas US station.

bere [79] <> *vt* **-1.** [acqua, vino, caffè] to drink; **vuoi qualcosa da** ~? would you like a drink?; **pagare da** ~ **a qn** to buy o to stand UK sb a drink; **pago da** ~ **a tutti!** the drinks are on me! **-2.** [consumare] to guzzle **-3.** *fam* [credere] to swallow; **darla a** ~ **a qn** to take sb in. <> *vi* to drink. <> *sm* drink; **darsi al** ~ to turn to drink.

bergamasco, a, schi, sche <> *agg* of o from Bergamo. <> *sm, f* person from Bergamo.

bergamotto *sm* bergamot.

berlina *sf* **-1.** [automobile] saloon (car) UK, sedan US **-2.** *loc*: **mettere alla** ~ **qn** to make fun of sb.

Berlino *sf* Berlin; ~ **est** East Berlin; ~ **ovest** West Berlin.

Bermuda *sfpl*: **le (isole)** ~ Bermuda; **il triangolo delle** ~ the Bermuda triangle. ◆ **bermuda** *smpl* Bermuda shorts, Bermudas *fam*; **in bermuda** in Bermuda shorts o Bermudas.

bernoccolo *sm* **-1.** [bozza] bump; **farsi un** ~ to get a bump **-2.** [attitudine] flair; **avere il** ~ **di qc** to have a flair o bent for sthg.

berretto *sm* cap.

berrò *(etc)* ▷bere.

bersagliere *sm* bersagliere, *soldier belonging to Italian infantry and wearing a typical plumed hat.*

bersaglio *sm* **-1.** [gen] target **-2.** [di critiche, scherzi] butt.

besciamella *sf* béchamel (sauce).

bestemmiare [20] <> *vi*: ~ **(contro qn)** to swear (at sb). <> *vt* to curse.

bestia *sf* **-1.** [animale] beast; **andare in** ~ [arrabbiarsi] to fly into a rage; ~ **rara** oddball; ~ **nera** bête noire **-2.** *fam* [stupido] fool; **che** ~! what a fool!

bestiale *agg* **-1.** [violenza, ferocia] brutish **-2.** [intensissimo] terrible **-3.** *gergo giovani* [fantastico] awesome.

bestialità *sf inv* idiotic thing.

bestiame *sm* [gen] livestock; [bovino] cattle *(pl)*.

bettola *sf spreg* dive.

betulla *sf* birch.

beva *(etc)* ▷bere.

bevanda *sf* drink, beverage US.

beverone *sm* **-1.** [per animali] bran mash **-2.** [medicina] brew.

bevessi *(etc)* ▷bere.

bevevo *(etc)* ▷bere.

beviamo ▷bere.

bevibile *agg* drinkable.

bevitore, trice *sm, f* drinker; **un gran** ~ a heavy drinker.

bevo *(etc)* ▷bere.

bevuta *sf* drink; **farsi una (bella)** ~ to have a booze-up *fam*.

bevuto, a <> *pp* ▷bere. <> *agg fam* drunk.

bevvi *(etc)* ▷bere.

biada *sf* fodder.

biancheria *sf* linen; ~ **intima** underwear.

bianchetto *sm* **-1.** [liquido correttore] correction fluid, Tippex® UK, whiteout US **-2.** [per scarpe] whitener.

bianco, a, chi, che <> *agg* **-1.** [gen] white **-2.** [non scritto] blank. <> *sm, f* [persona] white. ◆ **bianco** *sm* **-1.** [colore] white; in ~ e nero black-and-white; ~ **dell'uovo** egg white **-2.** [non scritto]: **in** ~ blank; [cibo]: **mangiare in** ~ to be on a plain diet; **riso/pesce/pasta in** ~ plain boiled rice/fish/pasta.

biancospino *sm* hawthorn.

biasimare [6] *vt* [persona] to blame; [condotta, azione] to condemn.

Bibbia *sf* Bible.

biberon *sm inv* (baby's) bottle.

bibita *sf* drink.

biblico, a, ci, che *agg* biblical.

bibliografico, a, ci, che *agg* bibliographical.

biblioteca (*pl* **-che**) *sf* **-1.** [edificio] library **-2.** [mobile] bookcase.

bibliotecario, a *sm, f* librarian.

BIC (*abbr di* **Bank International Code**) *sm inv* BIC.

bicamerale *agg* **-1.** [sistema] bicameral, two-chamber *(dav s)* **-2.** [commissione] bicameral.

bicameralismo *sm* bicameral system.

bicarbonato *sm*: ~ **(di sodio)** bicarbonate (of soda), sodium bicarbonate.

bicchiere *sm* glass; ~ **di latte** glass of milk; ~ **da vino** wine glass.

bicentenario *sm* bicentenary, bicentennial *US*.

bici *sf inv fam* bike.

bicicletta *sf* bicycle, bike; **andare in** ~ [abilità] to ride a bicycle; **davvero non sai andare in** ~? can you really not ride a bike?; [metodo di trasporto] to cycle; ~ **da corsa** racing bike.

bicipite *sm* biceps.

bicolore *agg* two-tone *(dav s)*.

bidè, bidet [bi'dɛ, bi'de] *sm inv* bidet.

bidello, a *sm, f* [di scuola] caretaker *UK*, janitor *US*; [di università] porter.

bidone *sm* **-1.** [recipiente] drum; ~ **della spazzatura** dustbin *UK*, trash can *US*; ~ **del latte** churn **-2.** *fam* [imbroglio] swindle; **prendersi un** ~ to be taken for a ride; **fare** o **tirare un** ~ **a qn** to cheat o do *UK* sb **-3.** *fam* [macchina] banger **-4.** *fam*: **fare il** ~ **a qn** to stand sb up.

bidonville [bidon'vil] *sf inv* shanty town.

biella *sf* connecting rod.

Bielorussia *sf*: la ~ Belarus.

biennale *agg* **-1.** [che dura 2 anni] two-year *(dav s)* **-2.** [ogni 2 anni] two-yearly, biennial *formale;* **la manifestazione è** ~ the event takes place every two years. ◆ **Bienna-**

le *sf*: **la Biennale di Venezia** the Venice Arts Festival.

biennio *sm* **-1.** [periodo] two-year period; **nell'ultimo** ~ over the past two years **-2.** [corso scolastico] *the first two years of secondary school for pupils between 14 and 16 years of age.*

bietola *sf* [foglie] (Swiss) chard; [radice] beetroot *UK*, beet *US*.

bifamiliare *agg* two-family *(dav s)*. *sf* two-family residence.

biforcarsi [15] *vip* to fork.

big [big] *smf inv* [dello spettacolo] star; [dell'industria] big shot.

bigamia *sf* bigamy.

BIGE ['bidʒe] (*abbr di* **Billet Individuel Groupe Étudiant**) *sm inv* FERR Individual Group Student Ticket.

bigiotteria *sf* **-1.** [gioielli] costume jewellery *UK* o jewelry *US* **-2.** [negozio] (costume) jewellery shop *UK*, (costume) jewelry store *US*.

biglia *sf* = bilia.

bigliardo *sm* = biliardo.

bigliettaio, a *sm, f* [in treno] ticket inspector; [in autobus] conductor; [in cinema, teatro] box-office attendant.

biglietteria *sf* [gen] ticket office; [di teatro, cinema] box office.

biglietto *sm* **-1.** [di viaggio, d'ingresso] ticket; **fare il** ~ to get one's ticket; ~ **di sola andata** single (ticket) *UK*, one-way ticket *US*; ~ **di andata e ritorno** return (ticket) *UK*, round-trip ticket *US*; ~ **aperto** open ticket; ~ **della lotteria** lottery ticket; ~ **omaggio** complimentary ticket **-2.** [d'auguri, d'invito] card; ~ **da visita** calling o visiting card **-3.** [banconota] (bank)note, bill *US* **-4.** [nota] note.

bignè *sm inv* cream puff.

bigodino *sm* roller.

bigotto, a *agg* bigoted. *sm, f* bigot.

bikini® *sm inv* bikini.

bilancia (*pl* **-ce**) *sf* **-1.** [elettronica, da cucina] scales *(pl);* [a due piatti] pair of scales; [di precisione] balance; **mettere due cose sulla** ~ to weigh things up **-2.** [in economia]: ~ **commerciale** balance of trade; ~ **dei pagamenti** balance of payments. ◆ **Bilancia** *sf* ASTROL Libra; **essere della Bilancia** to be (a) Libra o Libran.

bilanciare [17] *vt* **-1.** [tenere in equilibrio] to even out **-2.** [pareggiare] to balance. ◆ **bilanciarsi** *vr* to balance.

bilanciere *sm* **-1.** [attrezzo sportivo] bar **2.** [di orologio] balance wheel.

bilancio *sm* -1. [in contabilità – cifre] balance; [– documento] balance sheet; **fare** o **chiudere il** ~ to draw up the balance sheet; **far quadrare il** ~ to balance the books; **chiudere il** ~ **in attivo/passivo** to make a profit/loss; ~ **consuntivo** final balance; ~ **preventivo** budget; ~ **familiare/aziendale/statale** family/company/state budget -2. [valutazione]: **fare il** ~ **di qc** to take stock of sthg.

bilaterale *agg* bilateral.

bilia *sf* -1. [di vetro] marble -2. [da biliardo] billiard ball.

biliardo *sm* -1. [gioco] billiards; **stecca/tavolo da** ~ billiard cue/table; **sala da** ~ pool hall -2. [tavolo] billiard table.

bilico *sm*: **in** ~ in the balance; **essere** o **stare in** ~ to be balanced; **essere in** ~ **tra la vita e la morte** to be hovering between life and death.

bilingue *agg* bilingual.

bilione *sm* [mille milioni] (one o a) thousand million *UK*, (one o a) billion *US*; [milione di milioni] (one o a) billion *UK*, (one o a) trillion *US*.

bilocale *sm* two-room flat *UK* o apartment.

bimbo, a *sm, f* child, little boy, little girl.

bimestrale *agg* -1. [durata] two-month *(dav s)* -2. [ricorrenza] bimonthly.

bimestre *sm* two-month period.

binario, a *agg* binary. ➠ **binario** *sm* [rotaie] (railway) track o line *UK*, (railroad) track o line *US*; [marciapiede] platform; ~ **morto** dead-end track.

bingo *sm* bingo.

binocolo *sm* binoculars *(pl)*.

binomio *sm* -1. MAT binomial -2. [coppia] pair.

bioagricoltura *sf* organic farming.

biochimica *sf* biochemistry.

biodegradabile *agg* biodegradable.

bioetica *sf* bioethics.

biofisica *sf* biophysics.

biografia *sf* -1. [storia] life story -2. [opera] biography.

biografico, a, ci, che *agg* biographical.

biologia *sf* biology.

biologico, a, ci, che *agg* -1. [scienza, ciclo] biological -2. [coltivazione, alimento] organic.

biologo, a, gi, ghe *sm, f* biologist.

biondo, a ◇ *agg* [uomo, ragazzo] blond; [donna, ragazza] blonde. ◇ *sm, f* [uomo, ragazzo] blond man/boy; [donna, ragazza] blonde (woman/girl).

bionico, a, ci, che *agg* bionic.

biopsia *sf* biopsy.

biossido *sm*: ~ **di carbonio** carbon dioxide.

bipede *agg* biped.

biposto *sm* two-seater *(dav s)*.

birbante *smf* scamp.

birbone, a *sm, f* rogue.

birichinata *sf* practical joke.

birichino, a ◇ *agg* naughty. ◇ *sm, f* naughty boygirl.

birillo *sm* skittle *UK*, (bowling) pin *US*. ➠ **birilli** *smpl* skittles.

biro® *sf inv* biro® *UK*, (ballpoint) pen; **scrivere a** ~ to write in biro *UK*.

birra *sf* beer; ~ **analcolica** non-alcoholic beer, near beer *US*; ~ **chiara** lager; ~ **rossa** bitter ~ **scura** stout; ~ **alla spina** draught *UK* o draft *US* beer.

birreria *sf* -1. [locale] ≃ pub -2. [fabbrica] brewery.

bis ◇ *esclam* encore. ◇ *sm inv* encore; **fare il** ~ [in spettacolo] to do an encore; [di cibo] to have seconds.

bisbetico, a, ci, che *agg* grumpy, grouchy *US*.

bisbigliare [21] *vt & vi* to whisper.

bisbiglio[1] *sm* whisper.

bisbiglio[2] *(pl* -ii) *sm* whispering.

bisca *(pl* -sche) *sf*: ~ **(clandestina)** gambling den.

biscia *(pl* -sce) *sf* grass snake.

biscottato, a *agg* ▷ fetta.

biscotto *sm* biscuit *UK*, cookie *US*.

biscroma *sf* MUS demisemiquaver *UK*, thirty-second note.

bisessuale *agg & smf* bisexual.

bisestile *agg* ▷ anno.

bisettimanale *agg* twice-weekly.

bisnonno, a *sm, f* great-grandparent, great-grandfather, great-grandmother.

bisognare [111] *vi impers*: **bisogna stare attenti** you must pay attention; **bisogna che tu venga** you must come; **bisogna partire** we've got to leave; **bisogna dirglielo** he must be told; **bisognava essere lì per crederci** one had to have been there to believe it; **non bisogna dimenticarlo** you shouldn't forget it.

bisogno *sm* -1. [gen] need; **aver** ~ **di qn/qc** to need sb/sthg, to be in need of sb/sthg; **aver** ~ **di fare qc** to need to do sthg; **c'è** ~ **di un certificato di residenza** a certificate of residence is required; **non c'è** ~ **di gri-**

dare! there's no need to shout!; **sentire il ~ di fare qc** to feel the need to do sthg; **in caso di ~** in case of need **-2.** *eufem* [necessità corporale]: **avere un ~** ~ **urgente** to need to go desperately; **fare i bisogni** [animale] to do its business.

bisognoso, a *agg* **-1.:** ~ **di qc** [affetto, consigli] in need of sthg **-2.** [povero] needy.

bisonte *sm* bison.

bistecca (*pl* **-che**) *sf* steak.

bistecchiera *sf* grill pan.

bisticciare [17] *vi* to bicker. ➡ **bisticciarsi** *vr* to bicker.

bisticcio *sm* quarrel.

bisturi *sm inv* scalpel.

bit [bit] *sm inv* INFORM bit.

bitorzolo *sm* bump.

bitter *sm inv* bitters (*pl*).

bitume *sm* bitumen.

bivaccare [15] *vi* to camp out.

bivio *sm* **-1.** [biforcazione] fork (in the road), junction *UK* **-2.** [momento decisivo] crossroads.

bizantino, a *agg* Byzantine.

bizza *sf*: **fare le bizze** to throw a tantrum.

bizzarro, a *agg* odd.

bizzeffe ➡ **a bizzeffe** *avv* in abundance; **locali del genere ce ne sono a ~** places like that are ten a penny *UK* o a dime a dozen *US*.

blackout [blɛk'kawut] *sm inv* blackout.

blando, a *agg* mild, gentle.

blasfemo, a *agg* blasphemous.

blasone *sm* coat of arms.

blaterare [6] *◇ vi spreg* to blather, to blether *UK*. *◇ vt* to blather o blether *UK* (about).

blazer ['blɛzer] *sm inv* blazer.

bleffare [6] *vi* = bluffare.

blindato, a *agg* **-1.** [auto, mezzo] armoured *UK*, armored *US* **-2.** [camera, porta]: **camera blindata** strongroom; **porta blindata** reinforced door **-3.** [vetro] bulletproof.

blitz [blits] *sm inv* **-1.** [militare] blitz **-2.** [di polizia] raid.

bloccare [15] *vt* **-1.** [gen] to block **-2.** [isolare] to cut off; **paesi bloccati dalla neve** snowbound villages; **sono rimasta bloccata in casa dalla neve** I was snowed in at home **-3.** [immobilizzare – porta, freni] to jam; [deliberatamente] to immobilize **-4.** [mantenere inalterato] to freeze **-5.** [carta di credito] to cancel; [assegno] to stop. ➡ **bloccarsi** *vip* **-1.** [fermarsi – motore]

to stall; [– freni, porta] to jam; [– ascensore] to get stuck **-2.** [per emozione] to freeze.

bloccaruota *agg* ⊳ceppo.

bloccasterzo *sm inv* steering lock.

blocchetto *sm* **-1.** [per appunti] notebook **-2.** [per ricevute] book; ~ **delle ricevute** receipt book.

blocco (*pl* **-chi**) *sm* **-1.** [pezzo] block; **in ~** [comprare, vendere] in bulk; [considerare, condannare] en masse; [rileggere] en bloc **-2.** [quaderno] pad; ~ **di carta da lettere** writing-pad **-3.** [limite] freeze **-4.** AUTO: ~ **motore** engine block **-5.** MED: ~ **renale** kidney failure **-6.** ➡**posto.** ➡ **blocchi di partenza** *smpl* SPORT starting blocks.

bloc-notes *sm inv* note pad.

blu *◇ agg inv* dark-blue. *◇ sm inv* dark blue.

blues [bluz] *sm inv* MUS blues (*pl*).

bluffare, bleffare[6] *vi* to bluff.

blue-jeans [blu'dʒins] *smpl* (blue) jeans.

blusa *sf* blouse.

b/n (*abbr di* bianco e nero) b/w.

boa *◇ sm inv* boa (constrictor) *◇ sf* buoy.

boato *sm* [di folla] roar; [di tuono] rumble.

bob [bɔb] *sm inv* **1.** [slitta] bobsled **-2.** [sport] bobsledding.

bobina *sf* reel, spool.

bocca (*pl* **-che**) *sf* mouth; **restare a ~ aperta** to be taken aback; **essere di ~ buona** [mangiare di tutto] to eat anything, to be easily satisfied *fig*; **non aprir ~** not to open one's mouth; **in ~ al lupo!** good luck! ➡ **bocca di leone** *sf* snapdragon.

boccaccia (*pl* **-ce**) *sf* grimace; **fare le boccacce** to pull o make faces.

boccaglio *sm* mouthpiece.

boccale *sm* [recipiente] jug; [da birra] mug.

boccaporto *sm* hatch.

boccata *sf*: **prendere una ~ d'aria** to go out for a breath of (fresh) air.

boccetta *sf* small bottle. ➡ **boccette** *sfpl* a game similar to boules which is played on a billiard table.

boccheggiare [18] *vi* to gasp.

bocchettone *sm* inlet.

bocchino *sm* **-1.** [per sigaretta] cigarette holder **-2.** [di strumento] mouthpiece.

boccia (*pl* **-ce**) *sf* bowl. ➡ **bocce** *sfpl* boules.

bocciare [17] *vt* **-1.** [proposta, candidatura] to reject **-2.** [studente] to fail.

bocciolo *sm* bud.

boccolo *sm* curl.

bocconcino *sm* *small ball of fresh mozzarella.*

boccone *sm* mouthful; **in un ~** in one gulp; **buttar giù** o **mangiare un ~** to have a quick bite.

bocconi *avv* face downwards *UK* o downward *US*; **cadere ~** to fall flat on one's face.

body *sm inv* -1. [intimo] body (stocking) -2. [sportivo] leotard.

boia ◇ *sm inv* executioner. ◇ *agg inv fam* **fa un freddo/caldo ~** it's freezing cold/boiling hot; **avere una fame ~** to be starving to death.

boiata *sf fam* nonsense, rubbish *UK*, garbage *US (U).*

boicottare [6] *vt* to boycott.

boiler *sm inv* water heater.

bolgia (*pl* -ge) *sf* chaos.

Bolivia *sf*: **la ~** Bolivia.

bolla *sf* -1. [d'aria, sapone] bubble; **finire in una ~ di sapone** to come to nothing -2. [vescica] blister -3. [documento]: **~ di accompagnamento** waybill; **~ di consegna** delivery note; **~ di spedizione** consignment note.

bollare [6] *vt* -1. [documento, pacco] to stamp -2. [giudicare] to brand.

bollato, a *agg* ▷**carta.**

bollente *agg* boiling (hot).

bolletta *sf* -1. [fattura] bill; **~ della luce** electricity bill -2. *loc:* **essere** o **trovarsi in ~** to be (flat) broke.

bollettino *sm* -1. [notiziario] report -2. [modulo] form; **~ di versamento** paying-in slip *UK*; **~ di spedizione** consignment note.

bollino *sm* coupon; **~ verde** *certificate confirming that a vehicle conforms to exhaust emission standards.*

bollire [8] *vi & vt* to boil.

bollito *sm* ≃ boiled beef.

bollitore *sm* [per acqua] kettle; [per latte] milk pan; TECNOL boiler.

bollitura *sf* boiling.

bollo *sm* stamp; **~ postale** postmark.

Bologna *sf* Bologna.

Bolzano *sf* Bolzano.

bomba *sf* -1. [ordigno] bomb; **sei stato una ~!** you were sensational!; **~ atomica** atom o atomic bomb; **~ H** H-bomb; **~ a mano** hand grenade; **~ a orologeria** time bomb -2. [argomento]: **tornare a ~** to get back to the point.

bombardamento *sm* bombing, bombardment.

bombardare [6] *vt* -1. [città, postazione nemica] to bombard -2. [subissare]: **~ qn di qc** [domande, accuse] to bombard sb with sthg.

bombato, a *agg* rounded.

bomber *sm inv* -1. [nel calcio] goal scorer -2. [giubbotto]: **~ (jacket)** bomber (jacket).

bombetta *sf* bowler (hat) *UK*, derby *US.*

bombola *sf* cylinder.

bomboletta *sf* spray.

bombolone *sm* -1. [dolce] *doughnut filled with confectioner's custard* -2. [bombola] cylinder.

bomboniera *sf* *box of sugared almonds given at a first communion or wedding.*

bonaccia (*pl* -ce) *sf* dead calm.

bonaccione, a *sm, f* easygoing person.

bonario, a *agg* kindly.

bonifica (*pl* -che) *sf* -1. [di terreno paludoso] reclamation -2. [di campo minato] mine-clearing.

bonificare [15] *vt* -1. [palude] to reclaim -2. [da mine] to clear of mines.

bonifico *sm* BANCA credit transfer; COMM discount.

bonsai *sm inv* bonsai.

bontà *sf inv* -1. [di persona] kindness, goodness -2. [di merce] quality -3. [sapore gradevole]: **che ~!** it's delicious! -4. [cosa buona] treat.

boom [bum] *sm inv* -1. [economico] boom -2. [popolarità] craze.

boomerang ['bumeran(g)] *sm inv* boomerang.

bora *sf* bora, *cold northerly wind of the Adriatic.*

borbottare [6] *vt & vi* to mutter.

borbottio (*pl* -ii) *sm* muttering.

borchia *sf* -1. [per abbigliamento] stud -2. [per tappezzeria] upholsterer's nail.

bordare [6] *vt* to hem.

bordeaux [bor'do, bor'do] ◇ *agg inv* Bordeaux. ◇ *sm inv* [colore] maroon.

bordello *sm* -1. [postribolo] brothel -2. *fam* [fracasso] racket; **fare ~** to make a racket -3. *fam* [disordine] mess.

bordo *sm* -1. [margine] edge -2. [guarnizione] border -3.: **a ~ (di qc)** [mezzo di trasporto] aboard o on board (sthg); **salire a ~ di una nave/un aereo** to (go on) board a ship/plane; **salire a ~ di un'auto** to get in(to) a car.

boreale *agg* northern.

borgata *sf* -1. [in campagna] hamlet -2. [in città] working-class suburb.

borghese ◇ *agg* -1. [classe, famiglia] middle-class; [conformismo, pregiudizio] bourgeois -2. [civile] civilian; **in ~** in civilian clothes, in civvies *fam;* **agente** o **poliziotto in ~** plain-clothes policeman. ◇ *smf* [gen] middle-class person; [conformista] bourgeois.

borghesia *sf* bourgeoisie, middle class; **alta/piccola ~** upper-/lower-middle class.

borgo (*pl* -ghi) *sm* village.

boria *sf* arrogance.

borlotto *sm* borlotti bean.

borotalco® (*pl* -chi) *sm* talcum powder.

borraccia (*pl* -ce) *sf* water bottle.

borsa *sf* -1. [contenitore] bag; **~ dell'acqua calda** hot-water bottle; **~ del ghiaccio** ice pack; **~ frigo** o **termica** coolbag *UK,* coolbox *UK,* cooler *US* -2. [da signora] handbag *UK,* purse *US* -3. [sussidio]: **~ di studio** (student) grant *UK,* scholarship *US* -4. [rigonfiamento]: **avere le borse sotto gli occhi** to have bags under one's eyes. ◆ **Borsa** *sf* FIN Stock Exchange; **Borsa telematica** computerized stock exchange; **Borsa valori** Stock Exchange; **giocare in Borsa** to speculate on the Stock Exchange.

borsaiolo, a *sm, f* pickpocket.

borsellino *sm* purse *UK,* wallet *US.*

borsello *sm* (man's) handbag.

borsetta *sf* handbag *UK,* purse *US;* **~ da sera** evening bag.

borsino *sm* trading desk.

borsista, i, e *smf* grant *UK* o scholarship *US* holder.

boscaglia *sf* brush *(U).*

boschetto *sm* grove.

bosco (*pl* -schi) *sm* wood.

Bosnia *sf*: **la ~ (Erzegovina)** Bosnia (and Herzegovina).

bosniaco, a, ci, che *agg & sm, f* Bosnian.

bosso *sm* [albero] box (tree); [legno] box (wood).

bossolo *sm* cartridge case.

BOT [bɔt] (*abbr di* **Buono Ordinario del Tesoro**) *sm inv* FIN Treasury Bond.

botanica *sf* botany.

botanico, a, ci, che ◇ *agg* -1. botanic, botanical -2. ▷ **giardino**. ◇ *sm, f* botanist.

botola *sf* trapdoor.

botta *sf* -1. *lit & fig* blow -2. [rumore] bang -3. *loc:* **a ~ e risposta** cut-and-thrust.

◆ **botte** *sfpl* blows; **riempire qn di ~** to beat up sb; **dare un sacco di botte a qn** to give sb a good thrashing o hiding; **fare a botte** to come to blows.

botte *sf* barrel; **essere in una ~ di ferro** *fig* to be as safe as houses; **volere la ~ piena e la moglie ubriaca** *fig* to want to have one's cake and eat it (too).

bottega (*pl* -ghe) *sf* -1. [negozio] shop *UK,* store *US;* [laboratorio artigiano] workshop -2. *fam* [patta] fly *esp US,* flies (*pl*) *UK;* **avere la ~ aperta** to have one's fly o flies undone *UK* o open *US.*

botteghino *sm* -1. [di teatro, stadio] box office -2. [del lotto] lottery office.

bottiglia *sf* bottle; **~ di vino** bottle of wine; **~ da vino** wine bottle.

bottiglione *sm* large bottle.

bottino *sm* -1. [di rapina] loot -2. [di guerra] booty -3. [pozzo nero] cesspool.

botto *sm* -1. [fragore] bang -2. *loc:* **di ~** suddenly. ◆ **botti** *smpl* firecrackers.

bottone *sm* button; **~ automatico** press stud *UK,* snap *US;* **attaccare un ~ a qn** *fig* to buttonhole sb.

bouquet [buˈkɛ, buˈke] *sm inv* bouquet.

boutique [buˈtik] *sf inv* boutique.

bovino, a *agg* bovine; **carne bovina** beef; **allevamento ~** cattle rearing. ◆ **bovino** *sm* cow; **bovini** cattle (*pl*).

box [bɔks] *sm inv* -1. [garage] garage -2. [nell'automobilismo] pit -3. [per cavalli] horsebox -4. [per bambini] playpen -5. [loc]: **~ doccia** shower cubicle.

boxe [bɔks] *sf* boxing.

boxer ◇ *sm inv* [cane] boxer. ◇ *smpl* [mutande] boxer shorts, boxers.

boy scout [bɔisˈkaut] *sm inv* Scout *UK,* Boy Scout.

bozza *sf* -1. [abbozzo] draft -2. TIPO proof.

bozzetto *sm* sketch.

BR (*abbr di* **Brigate Rosse**) *sfpl* Red Brigades (*Italian terrorist group*).

braccare [15] *vt lit & fig* to hunt.

braccetto *sm*: **a ~** arm in arm; **prendere a ~ qn** to take sb by the arm.

bracciale *sm* -1. [mònile] bracelet -2. [di riconoscimento] armband -3. [salvagente] waterwing, armband *UK.*

braccialetto *sm* bracelet.

bracciante *smf* (day) labourer *UK* o laborer *US.*

bracciata *sf* stroke.

braccio (*plm* bracci, *plf* braccia) *sm* -1. (*plf* braccia) [arto] arm; **in ~** in one's arms; **il ~**

destro di qn *fig* sb's right-hand man; ~ **di ferro** *lit & fig* trial of strength **-2.** *(pl m bracci)* [di edificio, carcere] wing; **il** ~ **della morte** death row **-3.** *(pl m bracci)* [di gru, leva] arm **-4.** *(pl m bracci)* [stretto]: ~ **di mare** strait; ~ **di terra** isthmus.

bracciolo *sm* **-1.** [di poltrona] arm **-2.** [salvagente] waterwing, armband *UK*.

brace *sf* embers *(pl)*; **alla** ~ CULIN grilled; **cuocere qc alla** ~ to grill sthg.

braciola *sf* CULIN chop.

bradipo *sm* sloth.

brado *agg*: **allo stato** ~ in the wild o natural state.

Braille® ['brail] *agg inv, sm* Braille.

brama *sf* yearning; ~ **di qn/qc** yearning for sb/sthg; ~ **di fare qc** yearning to do sthg.

bramare [6] *vt* to yearn for; ~ **di fare qc** to yearn to do sthg.

branca *(pl* **-che)** *sf* branch.

branchia *sf* ZOOL gill.

branco *(pl* **-chi)** *sm* **-1.** [di cani, lupi] pack **-2.** *spreg* [di persone] bunch; **un** ~ **di imbecilli** a bunch of idiots.

brancolare [6] *vi* to grope; ~ **nel buio** *fig* to grope in the dark.

branda *sf* camp bed *UK*, cot *US*.

brandello *sm* shred; **a brandelli** in shreds; **fare qc a brandelli** to tear sthg to shreds.

brandina *sf* camp bed *UK*, cot *US*.

brandy ['brɛndi] *sm inv* brandy.

brano *sm* passage.

branzino *sm* ZOOL sea bass.

brasato, a *agg* braised. ✦ **brasato** *sm* braised beef.

Brasile *sm*: **il** ~ Brazil.

brasiliano, a *agg & sm f* Brazilian.

bravo, a ◇ *agg* good; **fare il** ~ be a good boy; **da** ~ like a good boy. ◇ *esclam* well done!

bravura *sf* skill; **un pezzo di** ~ a bravura piece.

break [brɛk] ◇ *sm inv* [pausa] break. ◇ *esclam* [nel pugilato] break.

breccia *(pl* **-ce)** *sf* **-1.** [varco] breach; **far** ~ **nel cuore di qn** *fig* to find the way to sb's heart **-2.** *loc*: **essere sulla** ~ *fig* to be going strong.

bresaola *sf* CULIN bresaola, *air-dried, salted beef fillet served in thin slices.*

bretella *sf* **-1.** [strada] slip road *UK*, ramp *US* **-2.** [spallina] strap. ✦ **bretelle** *sfpl* [per pantaloni] braces *UK*, suspenders *US*.

breve *agg* brief; **a** ~ **distanza (da)** not far (from); **sarò** ~ I'll be brief; **per farla** ~ to cut a long story short; **in** ~ in brief; **a** ~ **(termine)** short-term.

brevettare [6] *vt* to patent.

brevetto *sm* **-1.** [di invenzione, scoperta] patent **-2.** [abilitazione]: ~ **da pilota** pilot's licence *UK* o license *US*; ~ **sportivo** sports certificate; ~ **di nuoto** swimming certificate.

brevità *sf* brevity.

brezza *sf* breeze.

bricco, chi *sm* jug; ~ **del latte** milk jug; ~ **del caffè** coffeepot.

briciola *sf* **-1.** [di pane, biscotti] crumb **-2.** *fig* [parte minima]: **le briciole** scraps.

briciolo *sm*: **non avere un** ~ **di qc** not to have an ounce of sthg.

bricolage [briko'laʒ] *sm inv* do-it-yourself, DIY *UK*.

briga *(pl* **-ghe)** *sf* **-1.** [problema] problem; **non voglio brighe** I don't want any trouble; **darsi** o **prendersi la** ~ **di fare qc** to take the trouble to do sthg **-2.** [lite]: **attaccar** ~ to start a quarrel.

brigadiere *sm* ≈ sergeant.

brigante *sm* brigand.

brigata *sf* **-1.** [compagnia] gang **-2.** MIL brigade; **le Brigate Rosse** POLIT the Red Brigades.

brigatista, i, e *smf* POLIT *member of the Red Brigades.*

briglia *sf* rein; **a** ~ **sciolta** *fig* without restraint.

brillante ◇ *agg* **-1.** [luce, colore] bright; [superficie, specchio, moneta] shiny; [gioiello] sparkling **-2.** [persona, conversazione] witty **-3.** [idea, carriera] brilliant **-4.** [attore] comic; **commedia** ~ light comedy. ◇ *sm* [diamante] diamond.

brillantina *sf* brilliantine.

brillare [6] ◇ *vi* **-1.** [splendere] to shine **-2.** *fig* [distinguersi]: ~ **per qc** to be noted for sthg **-3.** [esplodere] to go off. ◇ *vt* to set off.

brillo, a *agg fam* tipsy.

brina *sf* (hoar-)frost.

brindare [6] *vi*: ~ **a qn/qc** to drink to o toast sb/sthg.

brindisi *sm inv* toast; **fare un** ~ **a qn/qc** to drink a toast to sb/sthg.

brioche [bri'ɔʃ] *sf inv* brioche.

briscola *sf* **-1.** [gioco] *type of card game* **-2.** [seme] trumps *(pl)*.

britannico, a, ci, che ◇ *agg* British; **le**

Isole Britanniche the British Isles. ⬦ *sm, f* British person, Briton *form;* **i britannici** the British.

brivido *sm* [di freddo, febbre] shiver; [di ribrezzo] shudder; [di piacere, paura] thrill; **avere i brividi** to have the shivers; **dare** o **far venire i brividi a qn** to give sb the shivers.

brizzolato, a *agg* [barba, capelli] grizzled; [persona] grey– *UK* o gray– *US* haired.

brocca (*pl* **-che**) *sf* jug.

broccato *sm* brocade.

broccolo *sm* broccoli (*U*).

brochure [brɔʃˈʃur] *sf inv* brochure.

brodo *sm* ; ; [pietanza] broth; [per cucinare] stock; **~ ristretto** consommé; **tutto fa ~ fig** it's all grist to the mill; **andare in ~ di giuggiole** *fig* to go into raptures.

broker [ˈbrɔkər] *smf inv* **-1.** FIN broker **-2.** [intermediario]: **~ di assicurazioni** insurance broker.

bromuro *sm* bromide.

bronchite *sf* bronchitis.

broncio *sm*: **fare il ~ (a qn)** to sulk (with sb).

brontolare [6] *vi* **-1.** [lagnarsi] to grumble **-2.** [stomaco] to rumble.

bronzo *sm* bronze.

brossura *sf*: **in ~** paperback.

brucare [15] *vi* to nibble at.

bruciapelo ➡ a bruciapelo *avv* point-blank.

bruciare [17] ⬦ *vt* **-1.** [gen] to burn; [edificio] to burn down; **bruciarsi un dito/una mano/la lingua** to burn one's finger/hand/tongue; **bruciato dal sole** sunburnt *UK*, sunburned *esp US*; **~ le tappe** to forge ahead **-2.** [col ferro da stiro] to scorch. ⬦ *vi* **-1.** [gen] to burn; [foresta, edificio] to be on fire **-2.** [sole, sabbia] to be burning. ➡ **bruciarsi** ⬦ *vr* to burn o.s.. ⬦ *vip* **-1.** [sugo, arrosto, torta] to burn **-2.** [lampadina, fusibile] to blow.

bruciato, a *agg* **-1.** [dal fuoco] burnt *UK*, burned *esp US* **-2.** [dal sole – pelle] (sun)-burnt *UK*, (sun)burned *esp US* ; [– capelli] bleached; [– campagna, campo] parched. ➡ **bruciato** *sm* burning; **odore di ~** smell of burning; **sapore di ~** burnt *UK* o burned *esp US* taste.

bruciatura *sf* burn; **farsi una ~** to burn o.s.

bruciore *sm* burning sensation; **~ di stomaco** heartburn.

bruco (*pl* **-chi**) *sm* [di insetto] grub; [di farfalla] caterpillar.

brufolo *sm* pimple, spot *UK*.

brughiera *sf* moor.

brulicante *agg*: **~ di qc** swarming with sthg.

brulicare [15] *vi*: **~ di qc** to swarm with sthg.

brulichio *sm* swarming.

brullo, a *agg* bare.

bruno, a ⬦ *agg* [occhi] brown; [capelli] brown, dark; [carnagione] dark; [persona] dark(-haired). ⬦ *sm, f* [uomo] dark-haired man; [donna] brunette.

bruscamente *avv* **-1.** [di colpo] suddenly **-2.** [in malo modo] curtly.

bruschetta *sf* CULIN bruschetta, *toasted bread rubbed with garlic and drizzled with olive oil.*

brusco, a, schi, sche *agg* **-1.** [tono, modi] abrupt **-2.** [frenata, movimento] sudden.

brusio (*pl* **-ii**) *sm* [di voci] buzz; [di insetti] buzzing.

brutale *agg* **-1.** [gen] brutal **-2.** [forza, istinto] brute.

brutalità *sf inv* brutality.

brutta *sf* rough copy o draft; **in ~** in rough.

brutto, a ⬦ *agg* **-1.** [persona, lineamenti, oggetto] ugly **-2.** [notizia, esperienza, tempo, stagione] bad **-3.** [malattia, ferita] nasty; **vedersela brutta** to think one's time has come **-4.** [vizio, abitudine] nasty, bad **-5.** [imbroglione, bugiardo] rotten. ⬦ *sm, f* [persona] ugly person. ➡ **brutto** *sm* **-1.** [aspetto negativo]: **il ~ è che** the problem is that **-2.** [maltempo]: **il tempo volge al ~** the weather's taking a turn for the worse; **oggi fa ~** the weather's bad today.

Bruxelles [brukˈsɛl, brusˈsɛl] *sf* Brussels.

BSE (*abbr di* **Bovine Spongiform Encephalopathy**) *sf* BSE.

buca, che *sf* **-1.** [fosso, in golf] hole; [in biliardo] pocket **-2.** *loc*: **~ delle lettere** letterbox *UK*, mail box *US*; **~ del suggeritore** TEATRO prompter's box.

bucaneve *sm inv* snowdrop.

bucare [15] *vt* to make a hole in; **~ il biglietto** [obliterare] to punch the ticket; **~ (una gomma)** to get a puncture (in a tyre) *UK* o (in a tire) *US*. ➡ **bucarsi** ⬦ *vr* **-1.** [pungersi] to prick o.s. **-2.** gergo droga [drogarsi] to mainline. ⬦ *vip* [forarsi] to get a puncture.

Bucarest *sf* Bucharest.

bucatini *smpl* bucatini, *long pasta tubes.*

bucato, a *agg* [scarpa] with a hole in it;

[gomma] punctured. ◆ **bucato** *sm* washing; **fare il** ~ to do the washing.

buccia *(pl* **-ce)** *sf* [di banana, pesca, patata, salame] skin; [di arancia] peel; [di mela] peel, skin; [di noce] shell.

bucherellato, a *agg* full of holes.

buco, chi *sm* **-1.** [gen] hole; ~ **della serratura** keyhole; **fare un** ~ **nell'acqua** to draw a blank; **avere un** ~ **nello stomaco** to be starving; **il** ~ **nell'ozono** the hole in the ozone layer **-2.** *gergo droga* [di eroina] fix **-3.** [casa] cramped little house; [parcheggio] parking space.

bucolico, a, ci, che *agg* bucolic.

Budapest *sf* Budapest.

buddismo *sm* Buddhism.

buddista, i, e *agg & smf* Buddhist.

budella *sfpl fam* intestine; **fare rivoltare le** ~ **a qn** to turn sb's stomach.

budget ['ba'et] *sm inv* budget.

budino *sm* pudding.

bue *(pl* **buoi)** *sm* ox.

bufalo, a *sm, f* **-1.** buffalo **-2.** ▷**mozzarella.** ◆ **bufala** *sf scherz* howler.

bufera *sf* storm.

buffet [buf'fɛ] *sm inv* buffet.

buffetto *sm* pat.

buffo, a *agg* **-1.** [comico] funny **-2.** [strano] funny, strange.

buffone, a *sm, f* **-1.** [persona poco seria] fool **-2.** [giullare] jester.

bugia *sf* **-1.** [menzogna] lie **-2.** [portacandela] candle holder.

bugiardino *sm* instructions *(pl)*.

bugiardo, a ◇ *agg* lying. ◇ *sm, f* liar.

buio, a *agg* dark. ◆ **buio** *sm* dark; **fare** ~ to become/go dark; ~ **pesto** pitch dark; **al** ~ in the dark; **tenere qn al** ~ **di qc** *fig* to keep sb in the dark about sthg.

bulbo *sm* **-1.** BOT bulb **-2.** ANAT: ~ **oculare** eyeball.

Bulgaria *sf*: **la** ~ Bulgaria.

bulimia *sf* bulimia.

bulldog *sm inv* bulldog.

bulldozer *sm inv* bulldozer.

bullo, a *sm, f* bully.

bullone *sm* bolt.

bunker ['bunker] ◇ *sm inv* bunker. ◇ *agg inv*: **aula** ~ high-security court.

buonafede *sf* **-1.** [onestà] good faith **-2.** [fiducia] trust.

buonanotte ◇ *sf* good night; **dare la** ~ **(a qn)** to say good night (to sb). ◇ *esclam* good night!

buonasera *esclam* good evening.

buondì *esclam* [di mattina] good morning!; [di pomeriggio] good afternoon!

buongiorno ◇ *sm* [di mattina] good morning; [di pomeriggio] good afternoon; **dare il** ~ **(a qn)** to say good morning/ good afternoon (to sb). ◇ *esclam* [di mattina] good morning!; [di pomeriggio] good afternoon!

buongrado ◆ **di buongrado** *avv* willingly.

buongustaio, a *sm, f* gourmet.

buongusto *sm* good taste.

buono, a *(buon dav sm che comincia per vocale o consonante + vocale, l o r;* **buono** *dav sm che comincia per s + consonante, z, x, gn, ps)* ◇ *agg* **-1.** [di alta qualità] good; **un buon ristorante/voto/film** a good restaurant/ mark/film; **la buona cucina** good food **-2.** [gradevole] nice; **una buona notizia** good news *(U);* **che** ~**!** lovely; ~ **questo caffè!** lovely coffee! **-3.** [cortese, gentile] good; **buone maniere** good manners; **essere** ~ **con qn** to be kind to sb **-4.** [tranquillo, calmo]: **stare** ~ to be good **-5.** [bravo, abile] good **-6.** [efficace, funzionante] good; **avere una vista buona/un buon udito** to have good eyesight/hearing; **in** ~ **stato** in good condition **-7.** [valido, accettabile – ragione, idea] good; [– biglietto] valid **-8.** [conveniente, vantaggioso]: **il momento** ~ **/l'occasione buona** the right moment/occasion; **fare un buon prezzo a qn** to give sb a good price; **a buon mercato** cheap; ~ **a sapersi** that's good to know **-9.** [rispettabile] good; **la buona società** polite society **-10.** [negli auguri]: **buon appetito!** enjoy your meal!; **buon compleanno!** happy birthday!; **buon Natale!** happy o merry Christmas!; **fate buon viaggio!** have a good trip! **-11.** [rafforzativo] good; **di buon mattino** early in the morning; **ci vorrà un'ora buona** it'll take at least an hour **-12.** *loc*: **alla buona** simple. ◇ *sm, f* [persona] goody; **i buoni e i cattivi** goodies and baddies. ◆ **buono** *sm* **-1.** [aspetto positivo] good stuff *(U);* **ha di** ~ **che ...** the good thing about him/her etc is **-2.** [coupon] coupon; ~ **omaggio** coupon for free gift; ~ **pasto** luncheon voucher; ~ **sconto** money-off coupon **-3.** ECON bond; ~ **del Tesoro** treasury bond.

buonsenso, buon senso *sm* common sense.

buonumore *sm* good mood; **di** ~ in a good mood.

burattino *sm* puppet.

burbero, a *agg* surly.

burlarsi [6] *vip*: ~ **di qn/qc** to make fun of sb/sthg.

burocratico, a, ci, che *agg* bureaucratic.

burocrazia *sf* bureaucracy.

burrasca (*pl* **-sche**) *sf* **-1.** [tempesta] storm **-2.** [litigio] row **-3.** [scompiglio] crisis.

burrascoso, a *agg* **-1.** [mare, tempo, discussione, lite] stormy **-2.** [passato, vita] turbulent.

burro *sm* butter; ~ **di arachidi** peanut butter; ~ **di cacao** cocoa butter.

burrone *sm* ravine.

buscare [15] *vt fam* to get; **buscarsi qc** to get sthg; **buscarle** to get a hiding.

bussare [6] *vi* to knock.

bussola *sf* compass; **perdere la** ~ *fig* to lose one's cool.

busta *sf* envelope; ~ **a finestra** window envelope; ~ **paga** pay packet *UK*, paycheck *US*.

bustarella *sf* bribe.

bustina *sf* sachet; ~ **di tè** teabag.

busto *sm* **-1.** [tronco, statua] bust; **a mezzo** ~ half-length **-2.** [corsetto] corset.

butano *sm* butane.

buttafuori *smf inv* bouncer.

buttare [6] *vt* **-1.** [lanciare] to throw; ~ **fuori qn** to throw sb out; ~ **qc a qn** to throw sb sthg, throw sthg to sb; ~ **la pasta** to put the pasta in (the water); ~ **all'aria qc** [stanza] to turn sthg upside down; [piani, progetti] to ruin sthg **-2.** [eliminare]: ~ **via qc** [stanza] to throw sthg away; **roba da** ~ rubbish *UK*, trash *US*. ◆ **buttare giù** *vt* **-1.** [edificio, muro] to knock down **-2.** [boccone, medicina] to swallow **-3.** [appunti, note] to jot down **-4.** [indebolire] to debilitate **-5.** [avvilire] to get sb down. ◆ **buttarsi** *vr* **-1.** [lanciarsi] to throw o.s.; **buttarsi giù** [demoralizzarsi] to lose heart **-2.** [tentare, rischiare] to give sthg a go.

butterato, a *agg* pockmarked.

c, C *sm o f inv* c, C.

C (*abbr di* **Celsius**) C.

ca. (*abbr di* **circa**) c, ca.

c.a. (*abbr di* **corrente anno**) current year.

CAB [kab] (*abbr di* **Codice di Avviamento Bancario**) *sm inv* BANCA Bank Code.

cabaret [kaba'rɛ, kaba're] *sm inv* cabaret.

cabina *sf* **-1.** [di nave] cabin **-2.** [in spiaggia] beach hut **-3.** [di autocarro, treno] cab. ◆ **cabina telefonica** *sf* telephone box *UK* o booth *US*.

cabinato *sm* cabin cruiser.

cabinovia *sf* cableway.

cablaggio *sm* wiring.

cabriolet [kabrjo'lɛ, kabrjo'le] *sm inv* cabriolet.

cacao *sm* **-1.** [pianta] cacao **-2.** [polvere] cocoa.

cacare [15] *vi* = cagare.

cacca (*pl* **-che**) *mf am sf* shit.

caccia (*pl* **-ce**) *sf* **-1.** [alla volpe, al cinghiale] hunt; [di volatili] shoot; **andare a** ~ to go hunting; ~ **grossa** big-game hunting **-2.** [inseguimento] pursuit; **dare la** ~ **a qn** to hunt sb; ~ **all'uomo** manhunt **-3.** [ricerca] search; **essere a** ~ **di qc** to be looking for sthg; **andare a** ~ **di guai** to look for trouble; ~ **al tesoro** treasure hunt. ◆ **caccia** *sm inv* fighter (plane).

cacciagione *sf* game.

cacciare [15] ◇ *vt* **-1.** [animali] to hunt **-2.** [mandare via] to throw out **-3.** *fam* [mettere] to put **-4.** *fam* [tirar fuori] to get out **-5.** [emettere] to let out. ◇ *vi* [andare a caccia] to go hunting. ◆ **cacciarsi** *vr fam* **-1.** [nascondersi] to hide o.s. **-2.** [mettersi] to end up.

cacciatora *sf*: **pollo/coniglio alla** ~ chicken/rabbit chasseur.

cacciatore, trice *sm, f* hunter; ~ **di frodo** poacher; ~ **di teste** headhunter.

cacciavite *sm* screwdriver; ~ **a stella** Phillips screwdriver®.

cacciucco (*pl* **-chi**) *sm* fish soup.

cachemire ['kaʃmir] *sm inv* cashmere.

cachet [kaʃ'ʃɛ] *sm inv* **-1.** [compressa] tablet **-2.** [compenso] fee **-3.** [tintura] colour *UK* o color *US* rinse.

cachi ◇ *agg inv* [colore] khaki. ◇ *sm inv* **-1.** [colore] khaki **-2.** [pianta, frutto] persimmon.

cacio *sm region* cheese.

cactus *sm inv* cactus.

cad. (*abbr di* **cadauno**) each.

cadavere *sm* corpse.

caddi (*etc*) ▷ cadere.

cadente *agg* crumbling.

cadenza *sf* **-1.** [inflessione] intonation **-2.** [in una frase] pace; MUS cadenza.

cadere [84] *vi* **-1.** [gen] to fall; **far ~ qn/qc** to knock sb/sthg over **-2.** [aereo] to crash **-3.** [crollare] to fall down **-4.** [staccarsi – capelli, denti] to fall out; [~ foglie] to fall **-5.** [abito]: **~ bene** to hang well **-6.** [al telefono]: **è caduta la linea** I/you etc have been cut off **-7.** [capitare]: **~ a proposito** to come at the right time.

cadrò *(etc)* ▷**cadere.**

caduta *sf* **-1.** [gen] fall; **~ massi** falling rocks **-2.** [di capelli] loss.

caduto, a ◇ *pp* = **cadere.** ◇ *agg* fallen. ◆ **caduto** *sm* fallen soldier; **i caduti** the fallen.

caffè *sm inv* **-1.** [grani, bevanda] coffee; **~ macinato** ground coffee; **~ solubile** instant coffee; **~ corretto** liqueur coffee; **~ espresso** espresso (coffee); **~ lungo** weak espresso; **~ macchiato** espresso with a dash of milk; **~ d'orzo** barley coffee; **~ ristretto** strong espresso **-2.** [bar] café.

caffeina *sf* caffeine.

caffelatte, caffellatte *sm inv* white coffee.

caffetteria *sf* coffee bar.

caffettiera *sf* **-1.** [per fare il caffè] coffeemaker **-2.** [bricco] coffeepot.

cafone, a ◇ *spreg* ◇ *agg* boorish. ◇ *sm, f* boor.

cagare, cacare [15] *vi volg* to shit; **cagarsi sotto** o **addosso** [aver paura] to shit o.s.

cagliare [21] *vi & vt* to curdle.

Cagliari *sf* Cagliari.

cagna *sf* ZOOL bitch.

cagnara *sf fam* row.

CAI ['kai] *(abbr di* **Club Alpino Italiano)** *sm* Italian Alpine Club.

CAI-post [kai'post] *(abbr di* **Corriere accelerato internazionale postale)** *sm* ≃ Special Delivery.

Cairo *sm*: **Il ~** Cairo.

cala *sf* inlet.

calabrese *agg & smf* Calabrian.

Calabria *sf*: **la ~** Calabria.

calabrone *sm* hornet.

calamaio *sm* inkpot.

calamaretto *sm* squid.

calamaro *sm* squid.

calamita *sf* magnet.

calamità *sf inv* calamity; **~ naturale** natural disaster.

calare [6] ◇ *vt* **-1.** [gen] to lower **-2.** [nel lavoro a maglia] to decrease. ◇ *vi* **-1.** [gen] to fall; **~ di peso** to lose weight **-2.** [vista] to get worse; [voce] to get lower. ◆ **calarsi** *vr* [scendere] to lower o.s.

calca *sf* crowd.

calcagna *sfpl*: **avere qn alle ~** to have sb at one's heels.

calcagno *sm* heel.

calcare [6] ◇ *sm* **-1.** [roccia] limestone **-2.** [deposito] limescale. ◇ *vt* **-1.** [calpestare]: **~ le scene** [recitare] to tread the boards; **~ le orme di qn** to follow in sb's footsteps **-2.** [premere] to press; **~ la mano** [esagerare] to go too far.

calcareo, a *agg* calcareous.

calce ◇ *sf* lime. ◇ *sm*: **in ~ (a qc)** at the bottom (of sthg).

calcestruzzo *sm* concrete.

calcetto *sm* **-1.** [gioco] table football *UK*, foosball *US* **-2.** [sport] five-a-side football *UK*.

calciare [17] *vt* to kick.

calciatore, trice *sm, f* footballer *UK*, soccer player *US*.

calcificarsi [15] *vip* to calcify.

calcinaccio *sm* **-1.** [intonaco] piece of plaster **-2.** [rovine] rubble.

calcio *sm* **-1.** [pedata] kick; **dare** o **tirare un ~ a qn/qc** to kick sb/sthg, to give sb/sthg a kick; **prendere qn/qc ~ a calci** to kick sb/sthg **-2.** [sport] football *UK*, soccer; **~ d'angolo** corner kick; **~ d'inizio** kick-off; **~ di punizione** free kick; **~ di rigore** penalty (kick) **-3.** [di arma] butt **-4.** CHIM calcium.

calcio-balilla *sm inv* table football *UK*, foosball *US*.

calcistico, a, ci, che *agg* football *(dav s)* *UK*, soccer *US*.

calco *(pl* **-chi)** *sm* **-1.** [gen] cast **-2.** [disegno copiato] tracing **-3.** LING calque.

calcolare [6] *vt* **-1.** [fare un calcolo, prevedere] to calculate **-2.** [valutare] to evaluate **-3.** [includere] to include.

calcolatore, trice *agg* calculating.

calcolatrice *sf* calculator.

calcolo *sm* **-1.** MAT & MED calculus; **~ delle probabilità** probability theory; **~ renale** kidney stone **-2.** [valutazione] calculation; **per ~** out of self-interest.

caldaia *sf* boiler.

caldarrosta *sf* roast chestnut.

caldo, a *agg* [gen] warm; [smodatamente] hot; **piatti freddi e caldi** cold and hot dishes. ◆ **caldo** *sm* **-1.** [calore] heat; **oggi è** o **fa ~** [piacevolmente] it's warm today; [esageratamente] it's hot today; **ho ~** [piacevolmente] I'm warm; [esageratamente] I'm hot; **questo cappotto tiene ~** this coat is warm; **tenere in ~ qc** [cena] to keep sthg warm; **qualcosa di ~** [cibo, bevanda] something hot; **non mi fa né ~ né freddo** I don't care either way **-2.** *loc:* **a ~** in the heat of the moment.

caleidoscopio *sm* kaleidoscope.

calendario *sm* calendar.

calesse *sm* gig.

calibrato, a *agg* **-1.** [risposta, discorso] measured **-2.** [taglia] made-to-measure.

calibro *sm* **-1.** *fig* [di arma] calibre *UK*, caliber *US*; **di grosso ~** [autorevole] leading *(dav s)* **-2.** [strumento] callipers *(pl) UK*, calipers *(pl) US*.

calice *sm* **-1.** [bicchiere] goblet; RELIG chalice **-2.** [del fiore] calyx.

californiano, a *agg, sm, f* Californian.

caligine *sf* [fumo] smog; [nebbia] fog.

calligrafia *sf* handwriting; **avere una bella/brutta ~** to have good/bad handwriting.

callista, i, e *smf* chiropodist *UK*, podiatrist *esp US*.

callo *sm* [sui piedi] corn; [sulle mani] callus; **far il ~ a qc** to get used to sthg; **pestare i calli a qn** to tread on sb's toes.

calma *sf* **-1.** [quiete] quiet **-2.** [serenità] calm; **con ~** at one's own speed.

calmante *agg* soothing. *sm* **-1.** [analgesico] painkiller **-2.** [sedativo] sedative.

calmare [6] *vt* **-1.** [dolore] to lessen **-2.** [persona] to calm sb down. **calmarsi** *vip* **-1.** [persona] to calm down; **calmati!** calm down! **-2.** [dolore] to lessen **-3.** [mare] to become calm; [vento] to drop.

calmo, a *agg* calm; **stare ~** to stay o keep calm.

calo *sm* **-1.** [di prezzi, valore] fall; **essere in ~** to be falling **-2.** [di vista, di udito] loss; **~ di pressione** MED drop in blood pressure.

calore *sm* **-1.** [gen] heat **-2.** [entusiasmo] enthusiasm **-3.** ZOOL: **essere in ~** to be on *UK* o *US* heat; **andare in ~** to come on *UK* o go into *US* heat.

caloria *sf* calorie.

calorico, a, ci, che *agg* calorific.

calorifero *sm* radiator.

caloroso, a *agg* **-1.** [applauso, accoglienza] warm **-2.** [non freddoloso]: **essere ~** not to feel the cold.

calotta *sf* cap.

calpestare [6] *vt* **-1.** [erba] to trample; **vietato ~ le aiuole** keep off the grass **-2.** [diritti] to trample on.

calunnia *sf* slander.

calura *sf* heat.

calvinista, i, e *agg & smf* Calvinist.

calvo, a *agg* bald. *sm, f* bald person.

calza *sf* **-1.** [collant] stocking; **~ della Befana** *a stocking full of presents left by the "Befana", a witch, on January 6th for all good Italian children*; **~ elastica** support stocking **-2.** [calzettone] sock **-3.:** **fare la ~** *scherz* [lavorare a maglia] to knit.

calzamaglia *(pl* **calzemaglie** OR **calzamaglie)** *sf* **-1.** [di ballerini] leotard **-2.** [di lana] tights *(pl)*.

calzante *agg* suitable. *sm* shoehorn.

calzare [6] *vt* [guanti, scarpe] to wear. *vi* [indumento, scarpe] to fit; **~ a pennello** [indumento] to fit like a glove; [esempio, definizione] to be exactly right.

calzascarpe *sm inv* shoehorn.

calzatura *sf* footwear *(U)*.

calzettone *sm* thick sock.

calzino *sm* sock.

calzolaio, a *sm, f* **-1.** [che fa scarpe] shoemaker **-2.** [che ripara scarpe] cobbler.

calzoncini *smpl* shorts *(pl)*.

calzone *sm* **-1.** [gamba dei pantaloni] trouser *UK* o pants *US* leg **-2.** [pizza] calzone, *folded-over pizza*. **calzoni** *smpl* [pantaloni] trousers *UK*, pants *US*.

camaleonte *sm* chameleon.

cambiale *sf* **-1.** [ordine di pagamento] bill of exchange **-2.** [promessa di pagamento] promissory note.

cambiamento *sm* change.

cambiare [20] *vt* **-1.** [gen] to change; **cambiarsi le calze** to change one's socks; **~ casa** to move house; **~ idea** to change one's mind **-2.** [valuta] to exchange. *vi* [modificarsi] to change. **cambiarsi** *vr* [di abito] to change, to get changed.

cambio *sm* **-1.** [sostituzione] change; **dare il ~ a qn** to take over from sb; **fare a ~ (con qn/qc)** to swap (with sb/sthg); **in ~ (di qc)** in exchange (for sthg) **-2.** [di valuta] exchange **-3.** [meccanismo] gears *(pl)*; **~ automatico** automatic transmission *UK* o shift *US*.

Cambogia *sf*: **la ~** Cambodia.

camelia *sf* camellia.

camera *sf* **-1.** [per dormire] bedroom; **~ ammobiliata** furnished room; **~ a due letti** twin-bedded room *UK*; **~ da letto** bedroom; **~ matrimoniale** o **doppia** double room; **~ degli ospiti** guest room; **~**

singola single room **-2.** [stanza]: ~ **ardente** funeral parlour *UK* o parlor *US*; ~ **blindata** strongroom; ~ **di decompressione** decompression chamber; ~ **a gas** gas chamber; ~ **oscura** darkroom **-3.** TECNOL: ~ **d'aria** [di pneumatico] inner tube. ➧ **Camera** *sf* **-1.** [ente] Chamber; **Camera di Commercio** Chamber of Commerce **-2.** POLIT: **Camera dei Deputati** ≃ House of Commons *UK*, ≃ House of Representatives *US*; **le Camere** [del Parlamento] both Houses.

cameraman ['kameramen] *sm inv* cameraman.

camerata *sf* [in colonia] dormitory; [per militari] barracks.

cameriere, a *sm, f* **-1.** [in ristorante, hotel] waiter waitress **-2.** [domestico] servant.

camerino *sm* dressing room.

camice *sm* white coat.

camicetta *sf* blouse.

camicia *sf* shirt; ~ **di forza** straitjacket; ~ **da notte** nightdress; **nascere con la** ~ to be born lucky; **sudare sette camicie** to sweat blood; **Camicie nere** STORIA Black Shirts.

caminetto *sm* fireplace.

camino *sm* **-1.** [in salotto] fireplace **-2.** [ciminiera, canna fumaria] chimney.

camion *sm inv* lorry *UK*, truck *US*.

camionista, i, e *smf* lorry *UK* o truck *US* driver.

cammello ◇ *sm* **-1.** [animale] camel **-2.** [stoffa] camelhair. ◇ *agg inv* [colore] camel.

cammeo *sm* cameo.

camminare [6] *vi* **-1.** [andare a piedi] to walk **-2.** [funzionare] to work.

camminata *sf* walk; **fare una** ~ to go for a walk.

camminatore, trice *sm, f* walker.

cammino *sm* walk; **mettersi in** ~ to set off.

camomilla *sf* **-1.** [pianta] camomile **-2.** [infuso] camomile tea.

camorra *sf* Camorra, *Southern Italian Mafia.*

camoscio *sm* **-1.** [animale] chamois **-2.** [pelle] suede.

campagna *sf* **-1.** [zona rurale] countryside; **andare/vivere in** ~ to go to/live in the country **-2.** [MIL & iniziativa] campaign; ~ **acquisti** CALCIO transfer season; ~ **elettorale** election campaign; ~ **pubblicitaria** advertising campaign; ~ **stampa** press campaign.

campagnolo, a ◇ *agg* rustic. ◇ *sm, f* peasant.

campale *agg* **-1.** [giornata] hard **-2.** [battaglia, scontro] hard-fought.

campana *sf* **-1.** [di chiesa] bell; **sentire l'altra** ~ o **tutte e due le campane** to hear both sides **-2.** [calotta]: ~ **di vetro** [per soprammobili] bell jar; **tenere qn sotto una** ~ **di vetro** to mollycoddle sb **-3.** *loc:* **stare in** ~ to keep an eye open.

campanella *sf* **-1.** [di scuola] bell **-2.** [fiore] bluebell.

campanello *sm* bell; ~ **d'allarme** *fig* warning sign.

Campania *sf:* **la** ~ Campania.

campanile *sm* bell tower.

campanilismo *sm* parochialism.

campano, a ◇ *agg* of/from Campania. ◇ *sm, f* person from Campania.

campanula *sf* campanula.

campare [6] *vi fam* to survive; ~ **d'aria** to live on nothing; **campa cavallo!** don't hold your breath!

campeggiare [18] *vi* **-1.** [in tenda] to camp **-2.** [spiccare] to stand out.

campeggiatore, trice *sm, f* camper.

campeggio *sm* **-1.** [impianto] campsite *UK*, campground *US* **-2.** [attività] camping; **andare in** ~ to go camping.

camper *sm inv* camper, camper van *UK*.

campestre ◇ *agg* country *(dav s)*. ◇ *sf* cross-country race.

Campidoglio *sm:* **il** ~ the Campidoglio.

camping ['kɛmpin(g)] *sm inv* campsite *UK*, campground *US*.

campionario, a *agg:* **fiera campionaria** trade fair. ➧ **campionario** *sm* set of samples.

campionato *sm* championship.

campione, essa *sm, f* **-1.** [atleta] champion **-2.** [genio] ace. ➧ **campione** *sm* [di merce, sondaggio] sample; ~ **gratuito** free sample.

campo *sm* **-1.** [gen] field; ~ **minato** minefield; ~ **magnetico** magnetic field **-2.** [per attività sportive]: ~ **base** [in alpinismo] base camp; ~ **di calcio** football pitch *UK*, soccer field *US*; ~ **da golf** golf course; ~ **sportivo** sports field; ~ **da tennis** tennis court **-3.** [accampamento]: ~ **di concentramento** concentration camp; ~ **profughi** refugee camp.

camposanto *sm* cemetery.

campus *sm inv* campus.

camuffare [6] *vt* to disguise. ➧ **camuf-**

farsi vr: camuffarsi **(da qc)** to disguise o.s. (as sthg).

Canada sm: il ~ Canada.

canadese ◇ agg & smf Canadian. ◇ sf ridge tent.

canaglia sf scherz rascal.

canale sm -1. [gen] channel; **canali di distribuzione** distribution channels -2. [artificiale] canal; **Canal Grande** Grand Canal.

canalizzare [6] vt to channel.

canapa sf -1. [pianta, tessuto] hemp -2. [droga]: ~ **indiana** cannabis.

Canarie sfpl: **le isole** ~ the Canary Islands; **le** ~ the Canaries.

canarino sm canary.

canasta sf canasta.

cancellare [6] vt -1. [togliere - con gomma] to erase, to rub out UK; [- con tratto di penna] to cross out; [- con tasto del computer] to delete -2. [annullare] to cancel -3. fig [far sparire]: ~ qn/qc **(da qc)** to wipe sb/sthg (from sthg). ◆ **cancellarsi** vip [scomparire] to disappear.

cancellata sf railing.

cancellazione sf cancellation.

cancelleria sf -1. [materiale per scrivere] stationery -2. [ufficio] chancellery.

cancelliere sm -1. [di tribunale] clerk -2. [primo ministro] chancellor.

cancellino sm blackboard duster UK o eraser US.

cancello sm gate.

cancerogeno, a agg carcinogenic.

cancrena sf gangrene; **andare in** ~ to become gangrenous.

cancro sm [malattia] cancer. ◆ **Cancro** sm ASTROL Cancer; **essere del Cancro** to be (a) Cancer.

candeggiare [18] vt to bleach.

candeggina sf bleach.

candeggio sm bleaching.

candela sf -1. [per illuminare] candle; **reggere la** ~ fig to be o play gooseberry UK -2. [di motore] spark plug -3. [in ginnastica] shoulder stand.

candelabro sm candelabra.

candelina sf (cake) candle.

candelotto sm: ~ **di dinamite** stick of dynamite; ~ **fumogeno** smoke bomb; ~ **lacrimogeno** tear gas canister.

candidare [6] vt: ~ qn **(a qc)** to to put sb forward as a candidate (for sthg). ◆ **candidarsi** vr to stand; candidarsi **(a qc)** to stand UK o run US (for sthg).

candidato, a sm, f candidate.

candidatura sf candidacy.

candido, a agg -1. [bianco] snow-white -2. [puro] pure -3. [sincero] candid.

candito, a agg candied. ◆ **candito** sm candied fruit.

candore sm -1. [bianco] whiteness -2. [ingenuità] candour UK, candor US.

cane ◇ sm -1. [animale] dog; ~ **da caccia** hunting dog; ~ **per ciechi** guide dog; ~ **da guardia** guard dog; ~ **lupo** German shepherd, alsatian UK; ~ **poliziotto** police dog; ~ **da slitta** husky; **solo come un** ~ all alone; **non c'era un** ~ there wasn't a living soul; **cani e porci** spreg all and sundry; **da cani** terrible; **stare da cani** to be ill; **un lavoro da cani** a terrible mess; **can che abbaia non morde** his/her bark is worse than his/her bite; **menare il can per l'aia** to beat about the bush -2. spreg [persona] dead loss -3. [di pistola] hammer. ◇ agg inv fam [intenso] terrible.

canestro sm basket; **fare** ~ to make o shoot a basket.

canfora sf camphor.

cangiante agg iridescent; **seta** ~ shot silk.

canguro sm kangaroo.

canicola sf intense heat.

canile sm -1. [nicchia per cani] kennel -2. [asilo per cani] kennel, kennels (pl) UK; ~ **municipale** dog pound.

canino, a agg -1. [dente] canine -2. [mostra] dog (dav s). ◆ **canino** sm [dente] canine.

canna sf -1. [pianta] reed; ~ **da zucchero** sugar cane -2. [bastone] stick; ~ **da pesca** fishing rod -3. [di fucile] barrel -4. [di camino]: ~ **fumaria** chimney flue -5. [di bicicletta] crossbar; **portare qn in** ~ to carry sb on the crossbar -6. gergo droga [spinello] joint; **farsi una** ~ to roll o.s. a joint -7. [di organo] pipe.

cannella sf cinnamon.

cannelloni smpl cannelloni (U).

canneto sm reed bed.

cannibale smf cannibal.

cannocchiale sm telescope.

cannolo sm: ~ **siciliano** pastry filled with ricotta, candied fruit, and chocolate chips.

cannonata sf -1. [colpo di cannone] cannon shot -2. [cosa straordinaria] knockout.

cannone sm cannon.

cannuccia (pl **-ce**) sf straw.

canoa sf canoe.

canone *sm* -1. [pagamento] rent; ~ d'abbonamento TV TV licence *UK* -2. [regola] rule -3. MUS canon.

canonica (*pl* -che) *sf* presbytery.

canonico, a, ci, che *agg* canonical.

canoro, a *agg* singing (*dav s*).

canotta *sf* = canottiera.

canottaggio *sm* rowing.

canottiera *sf* vest *UK*, undershirt *US*.

canotto *sm* dinghy; ~ pneumatico rubber dinghy; ~ di salvataggio lifeboat.

canovaccio *sm* -1. [strofinaccio] cloth -2. [trama] plot.

cantante *smf* singer.

cantare [6] <> *vi* [persona, uccello] to sing; [gallo] to crow; [grillo, cicala] to chirp. <> *vt* -1. [canzone] to sing -2. [dichiarare]: ~ vittoria to claim victory.

cantautore, trice *sm, f* singer-songwriter.

canticchiare [20] *vt, vi* to hum.

cantiere *sm* yard; ~ edile building site; ~ navale shipyard, dockyard; in ~ *fig* on the drawing board.

cantilena *sf* -1. [lagna] complaint -2. [filastrocca] lullaby.

cantina *sf* -1. [ripostiglio] cellar -2. [azienda vinicola] vineyard; ~ sociale wine co-operative -3. [osteria] wine bar.

canto *sm* -1. [tecnica, esecuzione] singing -2. [canzone] song -3. [di uccello] song; [di gallo] crowing; [di grillo, cicala] chirping -4. [poesia] poem -5. [parte di poema] canto -6. [parte]: d'altro ~ on the other hand; dal ~ mio as far as I'm concerned.

cantonata *sf fig*: prendere una ~ to slip up.

cantone *sm* -1. [distretto] canton; il Canton Ticino the Ticino canton -2. [angolo] corner.

cantuccio *sm* -1. [angolino] corner; stare in un ~ *fig* to keep to o.s. -2. [biscotto] cantuccio, hard almond biscuit.

canzonare [6] *vt* to make fun of.

canzone *sf* song.

caos *sm* -1. [disordine] chaos -2. [rumore] din.

caotico, a, ci, che *agg* chaotic.

CAP [kap] (*abbr di* Codice di Avviamento Postale) *sm inv* postcode *UK*, zip code *US*.

capace *agg* -1. [gen] capable; ~ di fare qc able to do sthg; essere ~ di (fare) qc *fam* [avere il coraggio] to be capable of (doing) sthg; ~ di intendere e di volere in full possession of one's faculties -2. [capiente] capacious.

capacità *sf inv* -1. [capienza] capacity -2. [abilità] ability.

capacitarsi [6] *vip*: non riuscire a ~ di qc to be unable to understand sthg.

capanna *sf* hut.

capannello *sm* group.

capannone *sm* shed.

caparbio, a *agg* obstinate.

caparra *sf* deposit.

capatina *sf*: fare una ~ in un luogo/da qn to pop somewhere/in on sb.

capellini *smpl* capellini, thin spaghetti.

capello *sm* -1. [pelo in testa] hair; non torcere un ~ a qn not to lay a finger on sb; spaccare il ~ in quattro to split hairs -2. [capigliatura]: capelli hair (*U*); averne fin sopra i capelli to have had it up to here; fare rizzare i capelli to make one's hair stand on end -3. [pasta]: capelli d'angelo angel hair.

capellone *sm dat* hippy.

capelluto, a *agg* ⊳cuoio.

capestro <> *sm* [forca] noose. <> *agg inv spreg* [legge] harsh; [contratto] restrictive.

capezzale *sm* bedside.

capezzolo *sm* nipple.

capiente *agg* capacious.

capigliatura *sf* hair (*U*).

capillare <> *agg* -1. [minuzioso] detailed -2. [diffuso] widespread -3. [vaso] capillary. <> *sm* capillary.

capire [9] *vt* [comprendere] to understand; capirai! big deal!; non capirci niente not to be able to make head or tails of it; si capisce of course. ➡ capirsi *vr* [intendersi] to understand each other.

capitale <> *agg* -1. [importanza, differenza] fundamental -2. [peccato, vizio] deadly; pena ~ capital punishment; sentenza ~ death sentence. <> *sf* [città] capital. <> *sm* -1. [denaro] capital; ~ azionario share capital; ~ circolante fluid assets; ~ di rischio risk capital; ~ sociale (capital) stock -2. [patrimonio] fortune; un ~ *fig* [moltissimo] a fortune.

capitalismo *sm* capitalism.

capitaneria *sf*: ~ di porto harbour *UK* o harbor *US* master's office.

capitano *sm* captain; ~ di lungo corso master mariner.

capitare [6] *vi* -1. [accadere]: ~ (a qn) to happen (to sb); (sono) cose che capitano these things happen -2. [arrivare] to turn up; ~ fra le mani a qn to fall into sb's hands; ~ a proposito/a sproposito to turn up at the right/wrong time; ~ **bene/ male** to be in luck/out of luck.

capitello *sm* capital.

capitolare [6] *vi* to capitulate.

capitolino, a *agg* Capitoline.

capitolo *sm* chapter.

capitombolo *sm* tumble; **fare un** ~ to take a tumble.

capitone *sm* eel.

capo ⬦ *agg inv* [redattore, ispettore] chief. ⬦ *sm* **-1.** [persona – di reparto, organizzazione] head; [– di governo] head, leader; [– di ufficio, impresa] head, boss; [– di partito, movimento, banda] leader; [di tribù] chief; **essere a** ~ **di qc** to be at the head of sthg; **Capo di Stato** Head of State; ~ **storico** founder **-2.** [testa] head; **senza né ~ né coda** nonsensical; **fra** ~ **e collo** out of the blue; **da** ~ **a piedi** from head to foot **-3.** [inizio]: **andare a** ~ to begin a new paragraph; **punto e a** ~ full stop UK o period US, new paragraph; **ricominciare da** ~ to start again **-4.** [fine]· **venire a** ~ **di qc** to get to the end of sthg; **in** ~ **al mondo** to the ends of the earth; **in** ~ **a un mese/ anno** in a month/year **-5.** [indumento] item **-6.** [promontorio] cape. ➔ **capo d'accusa** *sm* DIR charge.

capobanda (*mpl* **capibanda**, *fpl* **capobanda**) *smf* ringleader.

capocchia *sf* head.

Capodanno *sm* New Year.

capofamiglia (*mpl* **capifamiglia**, *fpl* **capofamiglia**) *smf* head of the family.

capofitto ➔ **a capofitto** *avv* headlong.

capogiro *sm* dizzy spell; **da** ~ *fig* [cifre] staggering; [prezzi] exorbitant.

capogruppo (*mpl* **capigruppo**, *fpl* **capogruppo**) *smf* group leader.

capolavoro *sm* masterpiece.

capolinea *sm inv* terminus; **fare** ~ **a qc** to terminate at sthg.

capolino *sm*: **fare** ~ to peep out.

capolista (*mpl* **capilista**, *fpl* **capolista**) ⬦ *smf* [candidato] chief candidate. ⬦ *sf* [squadra] top team.

capoluogo (*pl* **capoluoghi** OR **capiluoghi**) *sm* capital.

caporale *sm* corporal.

caporeparto (*mpl* **capireparto**, *fpl* **caporeparto**) *smf* [in fabbrica] foreman, forewoman; [in azienda, grande magazzino] head of department; [in ospedale] charge UK o head UK nurse.

caposala (*mpl* **capisala**, *fpl* **caposala**) *smf* charge UK o head UK nurse.

caposquadra (*mpl* **capisquadra**, *fpl* **caposquadra**) *smf* [di operai] foreman, forewoman; [di atleti] team captain.

capostazione (*mpl* **capistazione**, *fpl* **capostazione**) *smf* station master.

capostipite *smf* ancestor.

capotavola (*mpl* **capitavola**, *fpl* **capotavola**) *smf* head of the table; **sedere a** ~ to sit at the head of the table.

capote [ka'pɔt] *sf inv* soft top, hood UK.

capoufficio (*mpl* **capiufficio**, *fpl* **capoufficio**) *smf* office manager.

capoverso *sm* **-1.** [inizio] beginning **-2.** [paragrafo] paragraph **-3.** [comma] section.

capovolgere [48] *vt* **-1.** [bicchiere] to knock over; [barca] to capsize **-2.** [situazione] to reverse. ➔ **capovolgersi** *vip* **-1.** [auto] to overturn; [barca] to capsize **-2.** [situazione, classifica, ruoli] to be reversed.

capovolsi (*etc*) ➭ **capovolgere.**

capovolto, a *pp* ➭ **capovolgere.**

cappa ⬦ *sf* **-1.** [di fumo, nebbia] blanket **-2.** [di camino, cucina] chimney **-3.** [mantello] cloak; **di** ~ **e spada** swashbuckling. ⬦ *sm* o *f inv* [lettera] K, k.

cappella *sf* **-1.** [chiesetta] chapel **-2.** *mfam* [errore] cock-up UK, bloop US.

cappellano *sm* chaplain.

cappelliera *sf* hatbox.

cappello *sm* **-1.** [copricapo] hat; **far tanto di** ~ **a qu/qc** to take one's hat off to sb/ sthg **-2.** [di fungo] cap **-3.** [introduzione] introduction.

cappero *sm* [per condimento] caper. ➔ **capperi** *esclam* [con ammirazione] wow.

cappio *sm* noose.

cappone *sm* capon.

cappottare [6] *vi* to overturn.

cappotto *sm* **-1.** [soprabito] coat **-2.** [a carte]: **fare** ~ to win the grand slam.

cappuccino *sm* cappuccino.

cappuccio *sm* **-1.** [copricapo] hood **-2.** [di penna] cap **-3.** [cappuccino] cappuccino.

capra *sf* goat; **salvare** ~ **e cavoli** to have one's cake and eat it.

caprese *sf* salad of mozzarella cheese, tomatoes, and basil.

capretto *sm* kid.

Capri *sf* Capri.

capriccio *sm* **-1.** [bizza] tantrum; **fare i capricci** to have a temper tantrum **-2.** [vo-

glia]: **togliersi** o **levarsi un** ~ to indulge a
whim **-3.** [avventura amorosa] passing fancy **-4.** [bizzaria – della sorte] quirk; [– della
natura, del tempo] freak.

capriccioso, a *agg* **-1.** [persona] capri-
cious **-2.** [tempo] changeable. ► **ca-
pricciosa** *sf* *pizza with ham, artichoke
hearts, mushrooms, and olives.*

Capricorno *sm* ASTROL Capricorn; **essere
del** ~ to be (a) Capricorn.

caprifoglio *sm* honeysuckle.

caprino, a *agg* goat's *(davs)*. ► **caprino**
sm goat's cheese.

capriola *sf* somersault; **fare le capriole** to
turn somersaults.

capriolo *sm* roe deer.

capro *sm*: ~ **espiatorio** scapegoat.

capsula *sf* **-1.** [di medicinale] capsule **-2.** [di
dente] crown **-3.**: ~ **(spaziale)** (space) capsule.

captare [6] *vt* to pick up.

CAR [kar] *(abbr di* **Centro Addestramento
Reclute)** *sm inv* ≃ basic training camp.

carabina *sf* rifle.

carabiniere *sm* carabiniere, *member of the
Italian military police.*

caraffa *sf* carafe.

Caraibi *smpl*: **i** ~ the Caribbean; **il mar
dei** ~ the Caribbean (Sea).

caramella *sf* sweet *UK*, (piece of) candy
US.

caramellato, a *agg* caramelized; **mela ca-
ramellata** toffee o candy *US* apple.

caramello *sm* caramel.

carato *sm* carat.

carattere *sm* character; **in** ~ **corsivo** in
Italic type.

caratteriale ◇ *agg* (psychologically) disturbed. ◇ *smf* (psychologically) disturbed person.

caratteristica *(pl* **-che)** *sf* characteristic.

caratteristico, a, ci, che *agg* characteristic.

caratterizzare [6] *vt* to characterize.

caravan *sm inv* caravan *UK*, trailer *US*.

carboidrato *sm* carbohydrate.

carboncino *sm* charcoal.

carbone *sm* coal; **a** ~ [stufa, riscaldamen-
to] coal *(davs)*; ~ **vegetale** charcoal; **stare
sui carboni ardenti** to be like a cat on hot
bricks *UK* o on a hot tin roof *US*.

carbonio *sm* CHIM carbon.

carbonizzato, a *agg* [corpo, resti] char-
red; [albero, foresta] carbonized.

carburante *sm* fuel.

carburare [6] *vi* **-1.** [motore] to fire **-2.** *fam*
[persona] to be firing on all cylinders.

carburatore *sm* carburettor *UK*, carburetor *US*.

carcassa *sf* **-1.** [di animale] carcass **-2.** [rot-
tame] wreck.

carcerato, a *sm, f* prisoner.

carcerazione *sf* imprisonment; ~ **pre-
ventiva** remand.

carcere *(fpl* **carceri)** *sm* **-1.** [edificio]
prison; ~ **di massima sicurezza** maximum-
security prison **-2.** [pena] imprisonment.

carciofino *sm*: ~ **sott'olio** artichoke in
oil.

carciofo *sm* artichoke.

cardellino *sm* goldfinch.

cardiaco, a, ci, che *agg* cardiac, heart
(davs).

cardinale ◇ *agg* [fondamentale] cardinal.
◇ *sm* [prelato] cardinal.

cardine *sm* **-1.** [di porta, finestra] hinge **-2.**
[di dottrina, tesi] basis.

cardiochirurgo *(pl* **-ghi** OR **-gi)** *sm* heart
surgeon.

cardiologo, a, gi, ghe *sm, f* cardiologist.

cardo *sm* thistle.

carente *agg*: ~ **di qc** lacking in sthg.

carenza *sf* lack; ~ **vitaminica** vitamin deficiency.

carestia *sf* famine.

carezza *sf* caress.

carezzare [6] *vt* = accarezzare.

cariato, a *agg* decayed.

carica *(pl* **-che)** *sf* **-1.** [incarico] position;
essere/entrare/restare in ~ to be in/
come into/remain in office; **il campione
in** ~ the reigning champion; **le più alte
cariche** [posizioni] the top jobs; [persone]
the top people **-2.** [di orologio, giocattolo]
winding up; **dare la** ~ **all'orologio** to
wind up the clock **-3.** [energia] energy **-4.**
[assalto] charge; **tornare alla** ~ to persist
-5. [in calcio, rugby] tackle.

caricabatteria *sm inv* battery charger.

caricare [15] *vt* **-1.** [gen] to load **-2.** [perso-
ne, passeggeri] to pick up **-3.** [orologio] to
wind up **-4.** [oberare]: ~ **qn di qc** to overload sb with sthg **-5.** [assaltare] to charge
-6. [nel calcio, rugby] to tackle. ► **caricarsi** *vr* **-1.**: **caricarsi di qc** [pacchi, borse]
to load o.s. with sthg; [lavoro, impegni] to
overload o.s. with sthg **-2.** [psicologica-
mente] to psych o.s. up.

caricatura *sf* caricature.

carico, a, chi, che *agg* -1. [veicolo]: ~ **(di qn/qc)** loaded (with sb/sthg) -2. [persona]: ~ **di qc** [pacchi, borse] loaded with sthg; [debiti, lavoro] overloaded with sthg -3. [arma] loaded; [orologio] wound up -4. [colore, tè, caffè] strong. ◆ **carico** *sm* -1. [operazione] loading -2. [merce] load -3. [spesa]: **essere a** ~ **di qn** to be at sb's expense.

carie *sf inv*: ~ **(dentaria)** [gen] (tooth) decay; MED (dental) caries.

carillon [kari'jɔnkari'ɔn] *sm inv* musical *UK* o music *US* box.

carino, a *agg* -1. [esteticamente] pretty -2. [divertente] funny -3. [gentile] kind.

carismatico, a, ci, che *agg* charismatic.

carità *sf* -1. [elemosina] charity; **fare la** ~ **a qn** to give sb charity -2.: **per** ~**!** for heaven's sake!

carminio *agg inv* carmine.

carnagione *sf* complexion.

carnale *agg* ⊳**violenza**.

carne *sf* -1. [alimento] meat; ~ **bianca** white meat; ~ **rossa** red meat; **non essere né** ~ **né pesce** to be neither fish nor fowl -2. [muscolatura] flesh; **essere bene in** ~ to be plump; **in** ~ **e ossa** in person.

carneficina *sf* massacre.

carnevale *sm* carnival.

carnivoro, a *agg* -1. [animale] carnivorous -2. ⊳**pianta**.

carnoso, a *agg* -1. [labbra] fleshy -2. [frutto, foglia] succulent.

caro, a *agg* -1. [amato] dear; **essere** ~ **a qn** to be dear to sb; **Cara Marta** [in lettera] Dear Marta; **(tanti) cari saluti** [in lettera] best wishes -2. [articolo, negozio] expensive, dear *UK*. ◆ **caro** *avv* dearly.

carogna *sf* -1. [animale morto] carcass -2. *fam spreg* [persona] swine.

carosello *sm* whirl.

carota *sf* carrot.

carovana *sf* -1. [di beduini] caravan -2. [del circo] caravan *UK*, wagon *US*.

carovita *sm* high cost of living.

carpa *sf* carp.

Carpazi *smpl*: **i** ~ the Carpathians.

carpentiere *sm* carpenter.

carponi *avv* on all fours.

carrabile *agg* ⊳**passo**.

carraio *agg* ⊳**passo**.

carreggiata *sf* carriageway *UK*.

carrello *sm* -1. [per spesa, vivande, bagagli] trolley *UK*, cart *US* -2. [di aereo] undercarriage.

carriera *sf* career; **fare** ~ to become successful.

carriola *sf* -1. [attrezzo] wheelbarrow -2. [contenuto] barrowload.

carro *sm* -1. [veicolo] cart; ~ **armato** tank; ~ **attrezzi** breakdown truck o lorry *UK*, tow truck *US*; ~ **funebre** hearse -2. [contenuto] cartload.

carrozza *sf* -1. [con cavalli] carriage -2. [di treno] carriage *UK*, car *US*.

carrozzella *sf* -1. [per neonati] pram *UK*, baby carriage *US* -2. [per invalidi] wheelchair.

carrozzeria *sf* -1. [di auto] bodywork -2. [officina] body shop.

carrozziere *sm* -1. [persona] panel beater *UK*, auto bodyworker *US* -2. [officina] body shop.

carrozzina *sf* pram *UK*, baby carriage *US*.

carrozzone *sm* caravan *UK*, wagon *US*.

carrucola *sf* pulley.

carta *sf* -1. [gen] paper; ~ **da lettere** writing paper; ~ **bollata** o **da bollo** stamped paper; ~ **libera** unstamped paper; ~ **da regalo** wrapping paper; ~ **da pacchi** brown paper; ~ **da parati** wallpaper; ~ **velina** tissue paper; ~ **di giornale** newsprint; ~ **oleata** greaseproof *UK* o waxed *US* paper; ~ **igienica** toilet paper; ~ **(assorbente) da cucina** kitchen roll o paper *UK*, paper towels *(pl) US*; ~ **vetrata** sandpaper; ~ **di credito** credit card; ~ **di addebito** o **debito** debit card; ~ **assegni** cheque guarantee card; ~ **d'identità** identity card; ~ **d'imbarco** boarding card; ~ **verde** green card *UK*; **avere (tutte) le carte in regola per fare qc** *fig* to have everything necessary for doing sthg; **dare** ~ **bianca a qn** to give sb carte blanche o a free hand; **fare carte false** to go to any lengths -2. [mappa]: ~ **(geografica)** map; ~ **nautica** nautical chart; ~ **stradale** [di regione] road map; [di città] street map -3. [da gioco] card; **giocare a carte** to play cards; **cambiare le carte in tavola** to move the goalposts; **mettere le carte in tavola** to lay one's cards on the table.

cartacarbone *sf* carbon paper.

cartaccia *(pl* **-ce)** *sf* waste paper.

cartapesta *sf* papier mâché.

cartella *sf* -1. [di cartoncino, plastica] folder -2. INFORM file -3. [borsa] briefcase -4. [documentazione]: ~ **clinica** medical records *(pl)*.

cartellino *sm* -1. [del prezzo] price tag -2. [di presenza] time card; **timbrare il** ~ [in entrata] to clock in o on; [in uscita] to clock out o off **-3.** [nel calcio]: ~ **giallo** yellow card; ~ **rosso** red card.

cartello *sm* **-1.** [avviso] notice, sign **-2.** [su strada] sign; ~ **stradale** road sign **-3.** [di protesta] placard **-4.** ECON cartel.

cartellone *sm* **-1.** [pubblicitario] poster **-2.** [teatrale] bill; **in** ~ on the bill.

cartilagine *sf* cartilage.

cartina *sf* **-1.** [geografica] map **-2.** [per sigarette] cigarette paper.

cartoccio *sm* paper cone; **al** ~ wrapped in foil.

cartoleria *sf* stationer's *UK*, stationery store *US*.

cartolibreria *sf* bookshop and stationer's *UK*, book and stationery store *US*.

cartolina *sf* postcard; ~ **postale** stamped postcard; ~ **precetto** o **rosa** call-up papers *(pl) UK*, draft card *US*.

cartoncino *sm* card.

cartone *sm* cardboard. ➡ **cartone animato** *sm* cartoon.

cartuccia *(pl* **-ce)** *sf* cartridge.

casa *sf* **-1.** [costruzione, abitazione] house; **a** ~ **di qn** at sb's house; ~ **popolare** council house *UK*, public housing unit *US*; **la Casa Bianca** the White House **-2.** [con valore emotivo] home; **fatto in** ~ CULIN homemade **-3.** [famiglia] home, family; **metter su** ~ to set up home **-4.** [stirpe] house, family; **la** ~ **Savoia** the House of Savoy; **la** ~ **reale** the Royal Family **-5.** [azienda]: ~ **editrice** publisher, publishing house; ~ **discografica** recording company **-6.** [istituzione]: ~ **di cura** nursing home; ~ **di riposo** rest home, old folks' o people's home **-7.** [ristorante] house; **vino della** ~ house wine.

casacca *(pl* **-che)** *sf* coat.

casaccio ➡ **a casaccio** *avv* [agire] at random; [parlare] without thinking.

casale *sm* farmhouse.

casalinga *(pl* **-ghe)** *sf* housewife, homemaker *esp US*.

casalingo, a, ghi, ghe *agg* **-1.** [pietanza, cucina] homemade **-2.** [persona] stay-at-home. ➡ **casalinghi** *smpl* household appliances.

casato *sm* family.

cascare [15] *vi* **-1.** [cadere] to fall; **cascare dal letto/da una scala** to fall out of bed/off a ladder; ~ **dal sonno** *fig* to be half-asleep; **caschi il mondo** whatever happens; **non casca il mondo** it's not the end of the world; **cascarci** to fall for it **-2.** [capitare]: ~ **bene/male** to be lucky/unlucky.

cascata *sf* waterfall.

cascatore, trice *sm, f* stunt manwoman.

caschetto *sm* bob; **capelli a** ~ bob.

cascina *sf* farmhouse.

casco *(pl* **-schi)** *sm* **-1.** [per motociclista] (crash) helmet; [per ciclista] (bicycle) helmet; [per operaio] hard hat; [per pugile] helmet **-2.** [dal parrucchiere] (hair)dryer **-3.** [di banane] bunch. ➡ **caschi blu** *smpl*: **i caschi blu** the blue berets.

caseggiato *sm* block of flats *UK*, apartment building *US*.

caseificio *sm* dairy *(where cheese is made)*.

casella *sf* **-1.** [quadretto] box **-2.** [di scacchiera] square **-3.** [compartimento] pigeonhole; ~ **postale** P.O. box, post office box **-4.**: ~ **di posta elettronica** mailbox.

casello *sm* **-1.** [in ferrovia] signalman's box **-2.** [in autostrada] tollbooth.

caserma *sf* **-1.** [di soldati] barracks **-2.** [dei carabinieri] police station **-3.** [dei vigili del fuoco] fire station.

casino *sm mfam* **-1.** [disordine] mess **-2.** [chiasso] racket **-3.** [pasticcio] cock-up *UK*, blooper *US* **-4.**: **un** ~ **di** a lot of; **un** ~ lots, a lot **-5.** [bordello] brothel.

casinò *sm inv* casino.

caso *sm* **-1.** [gen] case; **non è il** ~ **di preoccuparsi** there's no need to worry; **fa al** ~ **mio/tuo** it's just what I/you need; ~ **limite** extreme case **-2.** [eventualità] possibility; **in** ~ **contrario** otherwise; **in** ~ **di qc** in case of sthg; **in nessun** ~ under no circumstances; **in ogni** ~ in any case, anyway; **in tal** ~ in that case; **metti** o **mettiamo il** ~ **che** *(+ congiuntivo)* suppose that; **nel** ~ **che** *(+ congiuntivo)* in case; **per** ~ by chance **-3.** [coincidenza, destino] chance; **a** ~ at random; **fare** ~ **a qn/qc** to pay attention to sb/sthg; **guarda** ~ funnily enough; **per (puro)** ~ by (pure) chance.

casolare *sm* cottage.

casomai ⬦ *cong* if (by chance). ⬦ *avv* perhaps.

Caspio *sm*: **il (Mar)** ~ the Caspian (Sea).

caspita *esclam* heavens!

cassa *sf* **-1.** [recipiente] box **-2.** [di orologio] case **-3.** [in banca] window; ~ **automatica prelievi** ATM, cash machine *esp UK*; ~ **continua** night safe *UK* o depository *US* **-4.** [di supermercato] checkout; [di negozio, bar] cash register, till *UK* **-5.** [somma] cash; **piccola** ~ petty cash; **fare** ~ **comune** to keep a kitty **-6.** [banca] bank **-7.** [di stereo]: ~ **(acustica)** speaker. ➡ **cassa integrazione (salari)** *sf* redundancy fund *UK*. ◆ **cassa toracica** *sf* [gen] rib-cage; ANAT thoracic cavity.

cassaforte (*pl* **casseforti**) *sf* safe.

cassapanca (*pl* **cassapanche** OR **casse-panche**) *sf* chest.

cassata *sf*-1. [dolce]: ~ **(alla siciliana)** cassata, *ice-cream gateau* -2. [gelato] cassata, tutti frutti.

casseruola *sf* casserole.

cassetta *sf*-1. [contenitore] box; ~ **delle lettere** letterbox *UK*, mailbox *US*; ~ **postale** postbox *UK*, letterbox *UK*, mailbox *US*; ~ **di sicurezza** safety-deposit box -2. [nastro magnetico] cassette, tape.

cassettiera *sf* chest of drawers *esp UK*, dresser *US*.

cassetto *sm* drawer.

cassiere, a *sm, f* cashier.

cassonetto *sm* -1. [per rifiuti] wheelie bin *UK*, trash can *US* -2. [di finestra] box.

casta *sf* caste.

castagna *sf* (Spanish o sweet) chestnut; ~ **d'India** chestnut, conker; **prendere qn in** ~ to catch sb in the act.

castagnaccio *sm* chestnut cake.

castagno *sm* chestnut.

castano, a *agg* chestnut.

castello *sm* castle; ~ **di carte** *fig* house of cards; ~ **di sabbia** sandcastle; **castelli in aria** castles in the air.

castigo (*pl* **-ghi**) *sm* punishment; **e in** ~ he is being punished; **mettere qn in** ~ to punish sb.

castoro *sm* -1. [animale] beaver -2. [pelliccia] beaver (fur).

castrare [6] *vt* to neuter.

casual ['kɛʒwal, 'kɛʒwal] ◇ *agg inv* casual. ◇ *avv* casually.

casuale *agg* chance.

casualmente *avv* by chance.

cat. (*abbr di* **categoria**) category.

cataclisma (*pl* **-i**) *sm* cataclysm.

catacomba *sf* catacomb.

catalitico, a, ci, che *agg* ▷marmitta.

catalizzatore *sm* -1. AUTO catalytic converter -2. [di idea, evento] catalyst.

catalogare [16] *vt* to catalogue *UK*, to catalog *US*.

catalogo (*pl* **-ghi**) *sm* catalogue *UK*, catalog *US*.

catamarano *sm* catamaran.

catapecchia *sf* hovel.

catarifrangente *sm* reflector.

catarro *sm* catarrh.

catasta *sf* pile.

catasto *sm* -1. [inventario] land register *UK* -2. [ufficio] land registry *UK*, land office *US*.

catastrofe *sf* catastrophe.

catastrofico, a, ci, che *agg* catastrophic.

catechismo *sm* catechism.

categoria *sf* -1. [tipo] type, category -2. [di albergo] class; **di prima/seconda/terza** ~ first/second/third class -3. [professionale] profession; **la** ~ **dei medici** the medical profession -4. [nello sport] category, class.

categorico, a, ci, che *agg* categorical.

catena *sf* chain; **catene (da neve)** snow chains; ~ **alimentare** food chain; ~ **del freddo** cold chain; ~ **di montaggio** assembly line; ~ **montuosa** mountain range.

catenaccio *sm* -1. [chiavistello] bolt -2. SPORT defensive game.

catenina *sf* chain.

cateratta *sf* MED cataract.

catetere *sm* catheter.

catinella *sf* basin; **piovere a catinelle** to bucket down with rain.

catino *sm* bowl.

catorcio *sm fam* old banger.

catrame *sm* tar.

cattedra *sf* -1. [mobile] desk -2. [incarico] chair.

cattedrale *sf* cathedral.

cattiveria *sf* -1. [qualità] nastiness -2. [azione] nasty action -3. [parole] nasty thing.

cattività *sf* captivity.

cattivo, a ◇ *agg* -1. [gen] bad -2. [malvagio] bad, evil; **farsi una cattiva fama** to get a bad reputation -3. [odore, sapore] bad, nasty. ◇ *sm, f* -1. [moralmente] bad person; **fare il** ~ [bambino] to be naughty -2. [nei film] villain.

Cattolica *sf*: **la** ~ la Cattolica university.

cattolicesimo *sm* Catholicism.

cattolico, a, ci, che *agg & sm, f* (Roman) Catholic.

cattura *sf* capture; **mandato** o **ordine di** ~ arrest warrant.

catturare [6] *vt* to capture.

Caucaso, Càucaso *sm*: **il** ~ the Caucasus.

caucciù *sm inv* rubber.

causa *sf* -1. [motivo, ideale] cause; **a** ~ **di qc** because of sthg, **per** ~ **di qn** because of sb;

per cause di forza maggiore for reasons of force majeure -2. [processo] trial; **fare ~ a qn** to take sb to court.

causare [6] *vt* to cause.

caustico, a, ci, che *agg* CHIM caustic.

cautela *sf* -1. [prudenza] caution -2. [accorgimento]: **prendere le dovute cautele** to take the necessary precautions.

cautelare [6] ◇ *agg* precautionary ▷**custodia**. ◇ *vt* to protect. ◆ **cautelarsi** *vr*: **cautelarsi (da qc)** to protect o.s. (from sthg).

cauterizzare [6] *vt* to cauterize.

cauto, a *agg* cautious.

cauzione *sf* deposit.

Cav. (*abbr di* **Cavaliere**) *title given to Italian knight.*

cava *sf* quarry.

cavalcare [15] *vt & vi* to ride.

cavalcavia *sm inv* flyover *UK*, overpass *US*.

cavaliere *sm* -1. [medievale, onorificenza] knight -2. [accompagnatore] escort.

cavalleria *sf* -1. [corpo armato] cavalry -2. [buone maniere] chivalry.

cavalletta *sf* grasshopper.

cavalletto *sm* -1. [per tavola] trestle -2. [di pittore] easel -3. [treppiede] tripod.

cavallo *sm* -1. [animale, attrezzo] horse; **a ~ di qc** astride sthg; **un movimento artistico a ~ di due secoli** an artistic movement straddling two centuries; **essere a ~** *fig* to be home and dry *UK*, to be home free *US* -2. [di motore]: **~ (vapore)** horsepower -3. [negli scacchi] knight -4. [di pantaloni] crotch.

cavalluccio *sm* : **~ marino** seahorse.

cavare [6] *vt* [dente] to pull; [marmo] to quarry; [metallo] to extract; **cavarsela** to manage, to get by; **cavarsi gli occhi sui libri** to read too much.

cavatappi *sm inv* corkscrew.

caverna *sf* cave.

cavia *sf* lit & fig guinea pig.

caviale *sm* caviar.

caviglia *sf* ANAT ankle.

cavità *sf inv* cavity.

cavo, a *agg* [vuoto] hollow. ◆ **cavo** *sm* -1. [gen] cable; **via ~** cable -2. ANAT cavity.

cavolata *sf* fam -1. [idiozia] stupid thing -2. [inezia] unimportant thing.

cavoletto *sm* : **~ di Bruxelles** Brussels sprout.

cavolfiore *sm* cauliflower.

cavolo *sm* -1. [verdura] cabbage -2. *fam* [niente]: **non me ne importa un ~!** I don't give a damn!; **non c'entra un ~ con la discussione** it's got nothing to do with what we're talking about -3. *fam* [idiozia]: **che ~ dici/fai?** what the hell are you saying/doing?

cazzata *sm volg* -1. [idiozia] damn stupid thing; **dire cazzate** to talk crap -2. [inezia] nothing at all.

cazzo *volg sm* -1. [pene] dick -2. [niente]: **non fare/capire un ~** not to do/understand a damn thing -3. [idiozia]: **che ~ dici/fai?** what the fuck are you saying/doing? ◆ **cazzi** *smpl volg* [affari]: **quello che faccio sono cazzi miei** what I do is my (own) fucking business; **perché non ti fai i cazzi tuoi?** why don't you mind your own fucking business?

cazzotto *sm fam* punch.

cc -1. (*abbr di* **centimetro cubo**) cc -2. (*abbr di* **carbon copy**) cc.

c/c (*abbr di* **conto corrente**) current account.

c.c. (*abbr di* **corrente continua**) DC.

CC -1. (*abbr di* **Carabinieri**) *Italian police* -2. (*abbr di* **Corpo Consolare**) Consular Corps.

CD [tʃid'di] ◇ *sm inv* (*abbr di* **Compact Disc**) CD. ◇ (*abbr di* **Corpo Diplomatico**) CD.

CDN (*abbr di* **Canada**) CDN.

CD-ROM [tʃid'di'rɔm] (*abbr di* **Compact Disc-Read Only Memory**) *sm inv* CD-ROM; **è uscito il dizionario in ~** the dictionary has come out on CD-ROM.

ce ▷**ci**.

CE (*abbr di* **Consiglio d'Europa**) *sm* Council of Europe.

cece *sm* chickpea, garbanzo *US*.

ceco, a, chi, che ◇ *agg* Czech; **la Repubblica Ceca** the Czech Republic. ◇ *sm, f* [persona] Czech. ◆ **ceco** *sm* [lingua] Czech.

Cecoslovacchia *sf*: **la ~** Czechoslovakia.

CED [tʃɛd] (*abbr di* **Centro Elaborazione Dati**) *sm inv* INFORM Data Processing Centre.

cedere [7] ◇ *vt*: **~ qc (a qn)** [lasciare] to give (sb) sthg; [trasferire] to transfer sthg (to sb). ◇ *vi* -1. [arrendersi]: **~ (a qn/qc)** to give in (to sb/sthg) -2. [crollare] to collapse.

cediglia *sf* cedilla.

cedro *sm* -1. [legno, albero] cedar -2. [frutto, albero] citron.

CEE ['tʃɛe] (*abbr di* **Comunità Economica Europea**) *sf* EEC.

ceffone *sm* slap.

celare [6] *vt* to conceal.

celebrare [6] *vt* **-1.** [festa] to celebrate **-2.** RELIG [messa] to celebrate; [matrimonio, funerale] to officiate at **-3.** [esaltare] to sing the praises of.

celebrazione *sf* celebration.

celebre *agg* famous.

celebrità *sf inv* celebrity.

celere *agg* quick.

celeste *agg* **-1.** [colore] sky o light blue **-2.** [del cielo] celestial **-3.** [di Dio] heavenly.

celibe *agg* single.

cella *sf* cell.

cellophane® ['tʃɛllofan] *sm* cellophane®.

cellula *sf* **-1.** BIOL cell **-2.** TECNOL: ~ fotoelettrica photoelectric cell.

cellulare ◇ *agg* **-1.** BIOL cell *(dav s)* **-2.** [telefono] cellular, mobile *UK*. ◇ *sm* **-1.** [telefonino] mobile (phone) *UK*, cell(phone) *US* **-2.** [furgone] police van *UK* o wagon *US*.

cellulite *sf* cellulite.

Celsius *agg inv* Celsius.

celtico, a, ci, che *agg & sm* Celtic.

cemento *sm* **-1.** [per costruzioni] cement; ~ armato reinforced concrete **-2.** [per denti] amalgam.

cena *sf* dinner.

cenare [6] *vi* to have dinner.

cencio *sm* rag.

cenere *sf* ash. ◆ **ceneri** *sfpl* ashes.

cenno *sm* **-1.** [gesto - gen] sign, signal; [- con la testa] nod, [- con la mano] wave; [con l'occhio] wink **-2.** [informazione] mention; **non fare** ~ **a** o **di qc** not to mention sthg **-3.** [indizio] sign.

cenone *sm* big meal on Christmas Eve or New Year's Eve.

censimento *sm* census.

censurare [6] *vt* to censor.

centenario, a *agg* **-1.** [albero, edificio] hundred-year-old **-2.** [ricorrenza] centenary *esp UK*, centennial *esp US*. ◆ **centenario** *sm* [anniversario] centenary *esp UK*, centennial *esp US*.

centennale *agg* **-1.** [esistenza, guerra] hundred-year-long **-2.** [ricorrenza] centenary *esp UK*, centennial *esp US*.

centennio *sm* century.

centerbe *sm inv* herb liqueur.

centesimo, a *agg num & sm, f* hundredth. ◆ **centesimo** *sm* **-1.** [frazione] hundredth; *vedi anche* **sesto** **-2.** [di moneta] cent.

centigrado, a *agg* centigrade.

centilitro *sm* centilitre *UK*, centiliter *US*.

centimetro *sm* **-1.** [unità di misura] centimetre *UK*, centimeter *US* **-2.** [nastro] measuring tape.

centinaio *(fpl* centinaia*) sm* **-1.** [cento] hundred **-2.** [circa cento]: **un** ~ **(di qc)** about a hundred (sthg); **centinaia di qc** hundreds of sthg; **a centinaia** by the hundred.

cento ◇ *agg num inv* **-1.** [in numero esatto] a o one hundred; **per** ~ per cent; **al** ~ **per** ~ a o one hundred per cent **-2.** [moltissimi] a hundred. ◇ *sm inv* a o one hundred; *vedi anche* **sei**.

centododici *sm* emergency number for the carbinieri, ≈ 999 *UK*, ≈ 911 *US*.

centomila ◇ *agg num inv* **-1.** [in numero esatto] a o one hundred thousand **-2.** [moltissimi] a thousand. ◇ *sm inv* a o one hundred thousand; *vedi anche* **sei**.

centotredici *sm* emergency telephone number, ≈ 999 *UK*, ≈ 911 *US*.

centrale ◇ *agg* central. ◇ *sf* head office; ~ **di polizia** police headquarters; ~ **telefonica** telephone exchange.

centralinista, i, e *smf* switchboard operator.

centralino *sm* switchboard.

centralizzare [6] *vt* to centralize.

centralizzato, a *agg* centralized; **riscaldamento** ~ central heating.

centrare [6] *vt* **-1.** [colpire] to hit **-2.** [individuare] to identify **-3.** [mettere al centro] to centre *UK*, to center *US*.

centrifugare [16] *vt* to spin, to spin-dry *UK*.

centro *sm* **-1.** [gen] centre *UK*, center *US*; **fare** ~ [in bersaglio] to hit the bull's-eye; [indovinare] to guess right o correctly; ~ **abitato** built-up area; ~ **commerciale** shopping centre; ~ **di gravità** centre of gravity; ~ **storico** old town **-2.** [di problema, questione] heart.

ceppo *sm* **-1.** [di albero] stump **-2.** [pezzo di legno] block of wood **-3.** [stirpe] family. ◆ **ceppi** *smpl*: **ceppi** **(bloccaruote)** wheel clamps *UK*, Denver boots *US*.

CEPU ['tʃɛpu] *(abbr di* Centro Europeo per la Preparazione Universitaria*) sm* organization that helps students study for university exams.

cera *sf* **-1.** [per lucidare] polish **-2.** [di candela] wax **-3.** [aspetto] look.

ceramica *(pl* **-che***) sf* **-1.** [materiale] ceramics *(U)* **-2.** [oggetto] piece of ceramics.

cerato, a *agg* waxed.

cerbiatto, a *sm, f* fawn.

cerca *sf*: essere/andare in ~ di qn/qc to be/go looking for sb/sthg.

cercare [15] ⟨⟩ *vt* to look for. ⟨⟩ *vi*: ~ di fare qc to try to do sthg.

cerchia *sf* circle.

cerchietto *sm*: ~ (per capelli) (hair)band.

cerchio *sm* -1. [gen] circle -2. [di botte, gioco] hoop -3. [di ruota] rim.

cereale *sm* cereal. ◆ **cereali** *smpl* (breakfast) cereal.

cerebrale *agg* cerebral; **emorragia ~** brain haemorrhage *UK* o hemorrhage *US*; **cellula ~** brain cell.

ceretta *sf* wax; farsi la ~ alle gambe to wax one's legs.

cerimonia *sf* ceremony. ◆ **cerimonie** *sfpl* ceremony *(U)*.

cerino *sm* wax match.

cernia *sf* ZOOL grouper.

cerniera *sf* -1. [di porta, sportello] hinge -2. [di vestito, borsa]: ~ (lampo) zip *UK*, zipper *US*.

cerotto *sm* plaster *UK*, Band-Aid® *US*.

certamente *avv* certainly.

certezza *sf* certainty.

certificato *sm* certificate; ~ medico doctor's o medical certificate.

certo, a ⟨⟩ *agg* -1. [indubbio] certain -2. [convinto] sure, certain; **essere ~ di qc** to be sure about sthg. ⟨⟩ *agg indef* -1. [qualche, tale] certain; **certi amici miei** some friends of mine; **un ~ signor Rossi** a (certain) Mr Rossi -2. [così grande] such. ◆ **certo** ⟨⟩ *avv* -1. [sicuramente] certainly; **di ~** of course -2. [in risposta] of course; **no di ~** of course not, certainly not; **sei proprio sicuro? - ~ che sì!** are you really sure? – of course I am!; **non sarai mica ubriaco? - ~ che no!** you're not drunk, are you? – of course I'm not! ⟨⟩ *sm* [cosa sicura] certainty. ◆ **certi** [alcune persone] some (people).

certosa *sf* -1. [monastero] charterhouse -2. [formaggio] *type of soft cheese*.

cerume *sm* (ear) wax.

cervello *sm* -1. ANAT brain -2. [intelligenza] brains *(pl)* -3. [persona] brains.

Cervino *sm*: il ~ the Matterhorn.

cervo, a *sm, f* -1. [mammifero] deer, stag *(f* doe) -2.: ~ **volante** stag beetle.

cesareo, a *agg* caesarean *UK* o cesarean *US*; **taglio ~** caesarean section; **parto ~** caesarean birth.

cesoie *sfpl* shears.

cespuglio *sm* bush.

cessare [6] ⟨⟩ *vt* to stop, to end. ⟨⟩ *vi* to stop; ~ **di fare qc** to stop doing sthg.

cessione *sf* transfer.

cesso *sm* *fam* -1. [gabinetto] bog *UK*, can *US* -2. [cosa orrenda] piece of crap.

cesta *sf* basket.

cestino *sm* -1. [piccolo cesto] basket -2. [per rifiuti] wastepaper basket *UK*, wastebasket *US* -3. INFORM recycle bin.

cesto *sm* basket.

ceto *sm* class.

cetriolino *sm*: ~ (sottaceto) (pickled) gherkin.

cetriolo *sm* cucumber.

cfr. *(abbr di* confronta*)* cf.

CGIL *(abbr di* **Confederazione Generale Italiana del Lavoro**) *sf* left-wing Italian Trade Union federation .

CH *(abbr di* **Svizzera**) CH.

champagne [ʃamˈpaɲ] *sm inv* champagne.

charter [ˈtʃarter] ⟨⟩ *agg inv* charter *(dav s)*. ⟨⟩ *sm inv* charter (plane).

che ⟨⟩ *pron rel* -1. [soggetto] [persona] who; **il dottore ~ mi ha visitato** the doctor who examined me; [cosa, animale] that, which; **la macchina ~ è in garage** the car (that's) in the garage; **il ~** which -2. [oggetto] [persona]: **la ragazza ~ hai conosciuto** the girl (that/who) you met; [cosa, animale] that, which; **il treno ~ abbiamo perso** the train (that/which) we missed; **quello ~** what; **non dire a nessuno quello ~ ti ho detto** don't tell anyone what I told you -3. *fam* [in cui]: **la sera ~ siamo usciti** the evening we went out. ⟨⟩ *pron interr*: ~ **(cosa)** what; ~ **(cosa) ne pensi?** what do you think of it?; **a ~ (cosa) pensi?** what are you thinking about?; ~ **(cosa) ti succede?** what's the matter?; **non so ~ (cosa) fare** I don't know what to do; ~ **cos'è?** what is it? ⟨⟩ *pron esclam*: **ma ~ (cosa) dici!** what are you saying!; **Grazie! – Non c'è di ~!** Thanks! – Don't mention it! o It's a pleasure. ⟨⟩ *pron indef*: **quella donna ha un ~ di strano** there's something funny about that woman; **un ristorante con un ~ di esotico** a restaurant with an exotic touch; **ha un certo non so ~** there's something about him/her/it; **la festa non è stata un gran ~** the party wasn't much good. ⟨⟩ *agg interr* [in generale] what; ~ **ora è?** what's the time?; ~ **giorno è oggi?** what's the date today?; ~ **tipo è il tuo amico?**

what's your friend like?; [di numero limitato] which; in ~ **mese sei nato?** which month were you born (in)?; ~ **libro vuoi, questo o quello?** which book do you want, this one or that one? ⬦ *agg esclam* what; ~ **strana idea!** what a strange idea! ~ **bello!** how lovely!; ~ **tardi!** it's so late! ⬦ *cong* **-1.** [dichiarativa]: **è difficile ~ venga** he/she's unlikely to come; **sai ~ non è vero** you know (that) it's not true **-2.** [causale]: **sono contenta ~ sia partito** I'm glad (that) he's gone **-3.** [consecutiva]: **sono così stanca ~ non mi reggo in piedi** I'm so tired (that) I can hardly stand **-4.** [temporale]: **è già un anno ~ è partito** it's already a year since he left; **è un po' ~ non lo vedo** I haven't seen him for a while; **sono entrata ~ la lezione era già cominciata** when I arrived the lesson had already started **-5.** [concessiva, imperativa]: **~ faccia pure come crede** he can do as he likes **-6.** [in paragoni] than; **c'è più acqua ~ vino** there's more water than wine; **è più bello ~ mai** he's better looking than ever; **preferisco uscire ~ stare in casa** I prefer going out to staying at home **-7.** [in alternative]: **~ tu venga o no, per me è lo stesso** it's all the same to me whether you come or not **-8.** [con valore limitativo]: **~ io sappia** as far as I know; **non fa ~ guardare la tv** he does nothing but watch TV, all he does is watch TV.

chef [ʃɛf] *sm inv* chef.

cherubino *sm* cherub.

chi ⬦ *pron interr* **-1.** [soggetto] who; **~ è?** who is it?; **~ è stato?** who was it?; **non so - sia** I don't know who it is; **~ di loro è il tuo insegnante?** which one (of them) is your teacher? **-2.** [oggetto] who; **~ hai incontrato alla festa?** who did you see at the party?; **dimmi ~ hai visto ieri** tell me who you saw yesterday; **guarda ~ si vede!** look who's here! **-3.** [dopo preposizione]: **su ~ puoi contare?** who can you count on?; **di ~ hai paura?** who are you afraid of?; **di ~ è questo ombrello?** whose is this umbrella?; **scusi, con ~ parlo?** sorry, who's speaking?; **non so a ~ rivolgermi** I don't know who to ask; **a ~ lo dici!** you're telling me! ⬦ *pron rel* **-1.** [colui che]: **~ non vuol venire lo dica subito** if anyone doesn't want to come, they should say so at once; **~ rompe paga** all breakages must be paid for **-2.** [qualcuno che] anyone; **è un problema trovare ~ se ne occupi** it's difficult to find anyone who will deal with it; **non apro la porta a ~ non conosco** I don't open the door to anyone I don't know; **c'è ancora ~ crede**

alle sue storie there are still some people who believe his stories **-3.** [chiunque] anyone; **può venire ~ vuole** anyone who wants to can come; **vado in giro con ~ mi pare** I'll go out with whoever I like. ⬦ *pron indef*: **chi ... chi ...** some ... others ...

chiacchierare [6] *vi* **-1.** [discorrere] to chat; [parlottare] to chatter **-2.** [spettegolare] to gossip.

chiacchiere *sfpl* **-1.** [conversazione] chit-chat; **fare due** o **quattro ~** to have a chat **-2.** [dicerie] gossip.

chiacchierone, a ⬦ *agg* **-1.** [loquace] chatty **-2.** [pettegolo] gossipy. ⬦ *sm, f* **-1.** [persona loquace] chatterbox **-2.** [pettegolo] gossip.

chiamare [6] *vt* **-1.** [far venire] to call **-2.** [telefonare] to call, to phone; **appena arrivo, ti chiamo** I'll call you as soon as I arrive **-3.** [svegliare] to call, to wake **-4.** [metter nome] to call, to name **-5.** [definire] to call; **e chiamalo scemo!** you can hardly call him stupid! **-6.** DIR to summons. ➤ **chiamarsi** *vip* **-1.** [aver nome] ti chiami? what's your name?; **si chiama Roberta** her name's Roberta, she's called Roberta **-2.** [voler dire]: **questa sì che si chiama onestà** that's what you call honesty.

chiamata *sf* call; **fare una ~** to make a call.

chianti *sm inv* Chianti.

chiappe *fam sfpl* buttocks.

chiara *sf fam* (egg) white.

chiaramente *avv* clearly.

chiarezza *sf* clarity.

chiarificare [15] *vt* to clarify.

chiarimento *sm* clarification.

chiarire [9] *vt* **-1.** [spiegare] to clarify; **chiarirsi le idee** to get things clear in one's head **-2.** [risolvere] to solve. ➤ **chiarirsi** *vip* [situazione] to become clear.

Chiar.mo (*abbr di* **Chiarissimo**) *title given to university lecturers*.

chiaro, a *agg* **-1.** [tenue - colore, mobile] light; [- capelli, occhi, pelle] fair **-2.** [luminoso] bright **-3.** [comprensibile] clear; **sono stato ~?** do I make myself clear?; **~ ?** is that clear? **-4.** [deciso] outright **-5.** [limpido] clear. ➤ **chiaro** ⬦ *sm* **-1.**: **far ~** [albeggiare] to get light; **~ di luna** moonlight; **al ~ di luna** [romanticamente] by moonlight **-2.**: **mettere in ~ qc** [chiarire] to make sthg (quite) clear **-3.** [colore]: **vestirsi di ~** to wear light colours. ⬦ *avv* **-1.** [francamente] clearly; **parlarsi ~** to speak frankly **-2.**: **~ e tondo** [dire] straight out.

chiarore *sm* -1. [luce debole] glimmer -2. [luminosità] light.

chiaroscuro (*pl* **chiaroscuri**) *sm* ARTE chiaroscuro.

chiasso *sm* [frastuono] racket; **fare** ~ [rumore] to make a racket; [scalpore] to cause a stir.

chiassoso, a *agg* -1. [rumoroso] noisy -2. [vistoso] gaudy.

chiatta *sf* barge.

chiave ◇ *sf* -1. [serratura] key; **chiudere (qc) a** ~ to lock (sthg); **prezzo chiavi in mano** [di auto] on-the-road price; [di casa, impianto] all-in price; ~ **d'accensione** ignition key -2. [arnese] spanner *UK*, wrench *US*; ~ **inglese** monkey wrench; ~ **a stella** wrench -3. [elemento importante] key -4.: **in** ~ **moderna/marxista etc** [dal punto di vista] in modern/Marxist etc terms -5. MUS: ~ **di basso/di violino** bass/treble clef. ◇ *agg inv* [determinante] key.

chiavetta *sf* [di meccanismo] key; [di orologio] winder.

chiavistello *sm* bolt.

chiazza *sf* -1. [sulla pelle] blotch -2. [macchia] mark, stain.

chic [ʃik] *agg inv* chic.

chicchirichì ◇ *esclam* cock-a-doodle-doo. ◇ *sm inv* crow.

chicco (*pl* **-chi**) *sm* -1. [di cereale] grain; [di caffè] bean -2. [acino]: ~ **d'uva** grape -3. [di grandine] hailstone.

chiedere [29] ◇ *vt* -1. [per avere] to ask for; ~ **qc a qn** to ask sb for sthg; ~ **a qn di fare qc** to ask sb to do sthg; ~ **scusa (a qn)** to apologize (to sb); ~ **il divorzio** to file for divorce -2. [per informarsi] to ask -3. [un compenso] to ask, to charge -4.: **chiedersi qc** to wonder sthg. ◇ *vi*: ~ **di qn** [per informarsi] to ask after sb; [chiamare] to ask for sb.

chierichetto, a *sm, f* altar boy.

chiesa *sf* church.

chiesi (*etc*) ▷ **chiedere**.

chiesto, a *pp* ▷ **chiedere**.

chiglia *sf* keel.

chignon [ʃiɲˈnɔn] *sm inv* bun, chignon.

chilo *sm* kilo.

chilogrammo *sm* kilogram.

chilometraggio *sm* ≃ mileage.

chilometrico, a, ci, che *agg* -1. [percorso, calcolo] in kilometres *UK* o kilometers *US* -2. [lunghissimo] endless.

chilometro *sm* kilometre *UK*, kilometer *US*.

chilowatt *sm inv* = **kilowatt**.

chimica *sf* chemistry.

chimico, a, ci, che ◇ *agg* chemical. ◇ *sm, f* chemist.

chimono *sm inv* = **kimono**.

china *sf* -1. [inchiostro] Indian ink -2. [liquore] *drink made from cinchona bark* -3. [pendio] slope.

chinare [6] *vt* to lower. ◆ **chinarsi** *vr* to bend down.

chincaglieria *sf* trinkets (*pl*).

chino, a *agg* bent, bowed.

chinotto *sm* *bitter orange drink*.

chioccia (*pl* **-ce**) *sf* broody hen.

chiocciola *sf* -1. [animale] snail -2. INFORM at (sign), @.

chiodo *sm* -1. [da piantare] nail; **essere magro come un** ~ to be as thin as a rake -2. [per alpinismo] piton -3. [giaccone] studded leather jacket -4.: ~ **fisso** obsession. ◆ **chiodo di garofano** *sm* CULIN clove.

chioma *sf* -1. [capelli] hair -2. [di albero] foliage -3. [di cometa] tail.

chiosco (*pl* **-schi**) *sm* -1. [edicola] kiosk; [bancarella] stall -2. [gazebo] summerhouse.

chiostro *sm* cloister.

chiromante *smf* [che legge la mano] palm reader, palmist; [che legge le carte] fortune-teller.

chiroterapia *sf* chiropractic.

chirurgia *sf* surgery; ~ **plastica** plastic surgery.

chirurgico, a, ci, che *agg* surgical.

chirurgo (*pl* **-ghi** OR **-gi**) *sm* surgeon.

chissà *avv* who knows; ~ **chi/come** who knows who/how.

chitarra *sf* guitar.

chitarrista, i, e *smf* guitarist.

chiudere [31] ◇ *vt* -1. [gen] to close, to shut; ~ **qc a chiave** to lock sthg; ~ **un occhio (su qc)** to turn a blind eye (to sthg); **non** ~ **occhio** not to sleep a wink; **chiudi il becco!** *fam* shut up! -2. [gas, acqua] to switch o turn off -3. [strada] to close (off) -4. [cessare l'attività di] to close (down) -5. [concludere] to end, to close. ◇ *vi* -1. [gen] to close, to shut -2. [rubinetto] to turn off -3. [cessare l'attività] to close (down) -4.: ~ **con qn/qc** to finish with sb/sthg. ◆ **chiudersi** ◇ *vr* [isolarsi] to shut o.s. away. ◇ *vip* -1. [porta] to close, to shut -2. [valigia, cassetto, ferita] to close.

chiunque ◇ *pron indef* anyone; ~ **altro** anyone else. ◇ *pron rel* (+ congiuntivo) whoever.

chiùsi *(etc)* ⊳chiudere.

chiùso, a ◇*pp* ⊳chiudere. ◇*agg* **-1.** [non aperto] closed, shut; ~ **a chiave** locked **-2.** [bloccato] closed **-3.** [rubinetto, manopola] turned off **-4.** [concluso] closed, ended **-5.** [riservato] reserved. ➡ **chiuso** *sm*: **al** ~ [dentro] indoors.

chiusùra *sf* **-1.** [di cancello – atto] closing; [– congegno] lock; ~ **centralizzata** central locking **-2.** [di attività – temporanea] closing; [– definitiva] closure; ~ **infrasettimanale** midweek closing; **orario di** ~ closing time **-3.** [conclusione] end.

ci (*diventa* **ce** *dav* **lo, la, li, le, ne**) ◇*pron pers* **-1.** [complemento oggetto] us; **eccoci** here we are **-2.** [complemento di termine] us; ~ **presti la macchina?** will you lend us the car?; ~ **sembra che...** we think (that); ~ **piacciono tutti** we like them all; **ce li darà domani** he's going to give them to us tomorrow; **ce ne hanno parlato** they spoke to us about it **-3.** [nei riflessivi, pronominali]: ~ **siamo proprio divertite** we really enjoyed ourselves; ~ **siamo già vestiti** we're already dressed; **fermiamoci un attimo** let's stop for a moment; ~ **amiamo** we love each other. ◇*pron dim* **-1.** [riferito a cosa]: **non** ~ **ho fatto caso** I didn't notice; **non c'entra niente** that's got nothing to do with it; ~ **penso io** I'll do it; **contaci! you bet!; in** ~ **sto** [sono d'accordo] I agree; **non** ~ **credo** I don't believe it; **non** ~ **vedo** I can't see **-2.** [riferito a persona]: **Mario? non** ~ **puoi fare affidamento** Mario? you can't rely on him; ~ **penso io ai bambini** I'll see to the children. ◇*avv* **-1.** [qui] here; ~ **sono già stato** [qui] I've been here before; ~ **vengo spesso** I come here often; [lì] there ; ~ **sono già stato** [lì] I've been there before; ~ **vado spesso** I go there often **-2.**: **c'è nessuno?** is anyone home?; ~ **sono** there are **-3.** [moto per luogo]: ~ **passa l'autostrada** the motorway goes over it; **non** ~ **passa mai nessuno** no one ever comes this way/goes that way **-4.** *loc*: **c'era una volta ...** once upon a time ...

C.I. (*abbr di* **Carta d'Identità**) ID (card).

ciabàtta *sf* **-1.** [pantofola] slipper **-2.** [pane] ciabatta.

ciabattìno *sm region* cobbler.

ciac [tʃak] ◇*esclam* CIN action. ◇*sm inv* CIN clapperboard *UK*.

cialda *sf* wafer.

ciambèlla *sf* **-1.** [dolce] doughnut, donut *US* **-2.** [salvagente] life belt.

ciance *sfpl* chit-chat.

cianfrusàglia ➡ **cianfrusaglie** *sfpl* junk *(U)*.

cianòtico, a, ci, che *agg* **-1.** MED cyanotic **-2.** [livido] livid.

cianùro *sm* cyanide.

ciao *esclam* **-1.** [all'arrivo] hi; [alla partenza] bye **-2.** [in lettera] bye (for now).

ciarlatàno, a *sm, f* charlatan.

ciascùno, a ◇*agg indef* each, every. ◇*pron indef* **-1.** [tutti] everyone **-2.** [partitivo]: ~ **di** each of; ~ **di noi/voi/loro** each of us/you/them **-3.** [distributivo]: **(per)** ~ each.

cibernètica *sf* cybernetics.

ciberspàzio *sm* cyberspace.

cibo *sm* food; ~ **per cani** dog food; ~ **per gatti** cat food.

cicàla *sf* cicada.

cicalìno *sm* pager, beeper.

cicatrìce *sf* scar.

cicatrizzàrsi [6] *vip* to form a scar.

cicca (*pl* **-che**) *sf* **-1.** [mozzicone] (cigarette) butt, cigarette end *UK*; **non valere una** ~ to be useless **-2.** *fam* [sigaretta] smoke, fag *UK* **-3.** *fam* [gomma da masticare] piece of gum.

cicchétto *sm fam* **-1.** [bicchierino] drink **-2.** [sgridata] telling-off, ticking-off *UK*.

ciccia *sf fam* **-1.** [carne] meat **-2.** [grasso] fat.

cicciòne, a *fam* ◇*agg* fat. ◇*sm, f* fatty.

ciceróne *sm* guide; **fare da** ~ **a qn** to show sb around.

ciclàbile *agg* ⊳pista.

Cìcladi *sfpl*: **le (isole)** ~ the Cyclades.

ciclamìno *sm* cyclamen.

cìclico, a, ci, che *agg* cyclic(al).

ciclìsmo *sm* cycling.

ciclìsta, i, e *smf* cyclist.

ciclo *sm* **-1.** [gen] cycle **-2.** [serie] series.

ciclomotòre *sm* moped.

ciclòne *sm* cyclone.

ciclostilàto, a *agg & sm* duplicate.

cicògna *sf* stork; **è arrivata la** ~ the stork has paid a visit.

cicòria *sf* chicory.

CID [tʃid] (*abbr di* **Convenzione di Indennizzo Diretto**) *sm inv* ≃ claims form.

ciecaménte *avv* blindly.

cièco, a, chi, che ◇*agg* blind; **alla cieca** blindly; ~ **come una talpa** as blind as a bat. ◇*sm, f* blind person.

cièlo *sm* **-1.** [gen] sky; **toccare il** ~ **con un dito** to walk on air; **non stare né in** ~ **né**

in terra to be completely absurd **-2.** RELIG heaven.

CIF (*abbr di* **Cost Insurance Freight**) [tʃif] COMM c.i.f., CIF.

cifra *sf* **-1.** [numero] figure; **fare ~ tonda** to make it a round figure **-2.** [somma] amount **-3.** [codice] code, cipher **-4.** *fam* **una ~** a considerable amount. ◆ **cifre** *sfpl* [monogramma] initials.

cifrato, a *agg* **-1.** [messaggio] coded, in cipher *(non dav s)* **-2.** [fazzoletto] monogrammed.

ciglio *sm* **-1.** [di occhi] *(plf* **ciglia**) eyelash; **senza batter ~** without batting an eye (lid) **-2.** [di strada] *(plm* **cigli**) edge.

cigno *sm* swan.

cigolare [6] *vi* to squeak.

cigolio *(pl* **-ii**) *sm* [rumore] squeak; [azione] squeaking.

Cile *sm*: **il ~** Chile.

cilecca *sf*: **fare ~** to misfire.

cileno, a *agg & sm f* Chilean.

ciliegia *(pl* **-gie** OR **-ge**) *sf* cherry.

ciliegina *sf* glacé cherry.

ciliegio *sm* **-1.** [albero] cherry (tree) **-2.** [legno] cherry (wood).

cilindrata *sf* **-1.** [di motore] (cubic) capacity; **auto di grossa/piccola ~** car with a powerful/not very powerful engine **-2.** [macchina] car.

cilindro *sm* **-1.** [gen] cylinder **-2.** [cappello] top hat.

cima *sf* **-1.** [di dificio, albero] top; [vetta] peak; **in ~ (a qc)** at the top (of sthg); **da ~ a fondo** [leggere] from cover to cover, from start to finish; [pulire, perquisire] from top to bottom **-2.** NAUT rope **-3.** *fam* [persona] genius.

cimelio *sm* **-1.** [oggetto storico] relic **-2.** [ricordo] heirloom.

cimentarsi [6] *vr*: **~ con qn** [gareggiare] to compete with sb; **~ in qc** [gara, concorso] to put o.s. to the test in sthg.

cimice *sf* bug.

ciminiera *sf* chimney stack *UK*, smokestack *US*.

cimitero *sm* cemetery; **~ di automobili** scrapyard.

cimurro *sm* distemper.

Cina *sf*: **la ~** China.

cincillà *sm inv* chinchilla.

cincin *esclam* cheers.

cine *sm inv fam* cinema *UK*, movies *(pl)* esp *US*.

cineasta, i, e *smf* **-1.** person in films *UK* o

in the movies *esp US* **-2.** [regista] filmmaker *UK*, moviemaker *US*.

Cinecittà *sf* Cinecittà, *main Italian film and TV studio.*

cinefilo, a *sm, f* film *UK* o movie *esp US* buff.

cinema *sm inv* **-1.** [arte] cinema; **~ d'essai** experimental cinema **-2.** [industria] films *(pl)* *UK*, movies *(pl)* esp *US* **-3.** [sala] cinema *UK*, movie theater *US*; **andare al ~** to go to the cinema *UK* o movies *esp US*.

cinematografico, a, ci, che *agg* film *(dav s)* *UK*, movie *(dav s)* esp *US*.

cinepresa *sf* cine-camera *UK*, movie camera *US*.

cinese ◇ *agg* Chinese; **la Repubblica Popolare Cinese** the People's Republic of China. ◇ *smf* [persona] Chinese man (*f* Chinese woman); **i cinesi** the Chinese. ◇ *sm* [lingua] Chinese.

cingere [49] *vt* **-1.** [città] to surround; **~ qc d'assedio** to besiege sthg **-2.** [vita] to encircle.

cinghia *sf* **-1.** [gen] belt; **~ di trasmissione** drive belt; **tirare la ~** *fig* to tighten one's belt **-2.** [di zaino] strap.

cinghiale *sm* **-1.** [animale, carne] (wild) boar **-2.** [pelle] pigskin.

cingolato, a *agg* Caterpillar® (track) *(dav s)*. ◆ **cingolato** *sm* Caterpillar®.

cinguettare [6] *vi* to chirp.

cinico, a, ci, che ◇ *agg* cynical. ◇ *sm, f* cynic.

ciniglia *sf* chenille.

cinismo *sm* cynicism.

cinofilo, a *sm, f* dog-lover.

cinquanta *agg num inv & sm inv* fifty; **gli anni Cinquanta** the Fifties; *vedi anche* **sei.**

cinquantennale *sm* fiftieth anniversary.

cinquantesimo, a *agg num & sm f* fiftieth. ◆ **cinquantesimo** *sm* [frazione] fiftieth; *vedi anche* **sesto.**

cinquantina *sf* **-1.** [circa cinquanta]: **una ~ (di qc)** about fifty (sthg) **-2.** [età] fifty; **sulla ~** about fifty (years old).

cinque *agg num inv & sm inv* five; *vedi anche* **sei.**

Cinquecento *sm*: **il ~** the sixteenth century.

cinquemila *agg num inv, sm inv* five thousand; *vedi anche* **sei.**

cinta *sf*: **~ (muraria)** city walls *(pl)*.

cinto, a *pp* ▷ **cingere.**

cintola *sf* belt.

cintura sf -1. [accessorio] belt -2.: ~ **(di sicurezza)** seatbelt, safety belt; **allacciare la** ~ to fasten one's seatbelt -3. [nelle arti marziali]: ~ **nera** black belt.

cinturino sm strap.

cinturone sm (gun)belt.

ciò pron dim that; ~ **che** what; **e con** ~? so what?

ciocca (pl -che) sf lock.

cioccolata sf -1. [alimento] chocolate -2. [bevanda] hot chocolate.

cioccolatino sm chocolate.

cioccolato sm chocolate; ~ **amaro** o **fondente** dark o plain UK chocolate; ~ **al latte** milk chocolate.

cioè ⬦ cong -1. [per spiegare] that is, i.e. -2. [per correggere] I/you etc mean; **l'ho visto ieri,** ~ **no, l'altro ieri** I saw him yesterday, no, I mean the day before yesterday. ⬦ avv [per spiegare] that is.

ciondolare [6] vi -1. [bighellonare] to hang out -2. [oscillare] to swing.

ciondolo sm pendant.

ciondoloni avv: **con le braccia/gambe** ~ with one's arms/legs dangling.

ciononostante avv nevertheless.

ciotola sf -1. [contenitore] bowl -2. [contenuto] bowlful.

ciottolo sm pebble.

cipolla sf -1. [commestibile] onion -2. [di fiore] bulb.

cipresso sm -1. [albero] cypress -2. [legno] cypress (wood).

cipria sf face powder.

Cipro sm Cyprus.

circa ⬦ avv [pressapoco] about, around. ⬦ prep [a proposito] regarding.

circo (pl -chi) sm circus.

circolare [6] ⬦ vi -1. [persone, idee, notizie] to go around -2. [automezzi] to go -3. [sangue] to circulate -4. [soldi] to be in circulation. ⬦ agg -1. [rotondo] circular -2. ⬦ sf -1. AMMIN circular -2. [linea di autobus] circle line.

circolazione sf -1. [di auto] traffic; ~ **stradale** (road) traffic -2. [di moneta, merce, sangue] circulation; **mettere qc in** ~ [moneta] to put sthg into circulation; [voci] to spread sthg; **togliere qc dalla** ~ to take sthg out of circulation; **sparire dalla** ~ fig [persona] to disappear from circulation.

circolo sm -1. GEOM circle -2. [associazione] club; ~ **letterario** literary society o circle -3.: **entrare in** ~ ANAT to enter the blood-

stream -4.: ~ **polare artico/antartico** Arctic/Antarctic Circle. ⬦ **circolo vizioso** sm vicious circle. ⬦ **circoli** smpl [ambiente] circles.

circoncisione sf circumcision.

circondare [6] vt to surround. ⬦ **circondarsi** vr: **circondarsi di qn/qc** to surround o.s with sb/sthg.

circonferenza sf circumference.

circonvallazione sf ring road UK, beltway US.

circoscritto, a ⬦ pp ⊳circoscrivere. ⬦ agg -1. [problema, fenomeno] localized -2. [zona] limited -3. GEOM circumscribed.

circoscrivere [73] vt -1. [incendio, epidemia] to contain -2. GEOM to circumscribe.

circoscrizione sf AMMIN district; ~ **elettorale** constituency.

circospetto, a agg circumspect.

circostante agg surrounding.

circostanza sf -1. [gen] circumstance; ~ **aggravante/attenuante** aggravating/mitigating circumstance -2. [occasione] occasion; **parole di** ~ perfunctory words.

circuire [9] vt to take in.

circuito sm circuit; ~ **chiuso** closed circuit; ~ **integrato** integrated circuit; ~ **di prova** test circuit.

circumnavigare [16] vt to circumnavigate.

cirillico, a, ci, che agg Cyrillic.

cirrosi sf inv cirrhosis; ~ **epatica** cirrhosis (of the liver).

Cisgiordania sf: **la** ~ the West Bank.

CISL [tʃizl] (abbr di **Confederazione Italiana Sindacati Lavoratori**) sf centre-right Italian Trade Union federation.

ciste sf = cisti.

cisterna ⬦ sf [in edificio] tank. ⬦ agg inv: **nave** ~ [per petrolio] tanker; [per acqua] water-supply ship; **camion** ~ tanker (lorry) UK o (truck) US.

cisti sf inv cyst.

cistifellea sf gall bladder; **calcolo alla** ~ gallstone.

cistite sf cystitis.

citare [6] vt -1. [autore, testo] to cite -2. [indicare]: ~ **qn/qc a modello** o **ad esempio** to cite sb/sthg as an example -3. [come testimone] to summon -4. [fare causa a] to summon; ~ **qn/qc per danni** to sue sb/sthg for damages.

citazione sf -1. [di testo, autore] quotation -2. [come testimone] summons -3. [per danni] suing.

citofonare [6] *vi* to call on the entry phone.

citofono *sm* [di appartamento] entryphone *UK*, intercom *US*; [in uffici] intercom.

città *sf inv* -**1**. [grande centro abitato] city -**2**. [cittadina] town -**3**. [quartiere] (part of) town; **la ~ santa** the Holy City; **~ mercato** shopping centre *UK* o center *US*, (shopping) mall *esp US*; **~ satellite** satellite town; **~ universitaria** university campus. ➤ **Città del Capo** *sf* Cape Town. ➤ **Città del Messico** *sf* Mexico City. ➤ **Città del Vaticano** *sf* the Vatican City.

cittadinanza *sf* -**1**. [abitanti] citizens (*pl*) -**2**. DIR citizenship.

cittadino, a ⬦ *agg* [di città grande] city (*dav s*); [di città piccola] town (*dav s*). ⬦ *sm, f* -**1**. [di città] inhabitant -**2**. [di Stato] citizen.

ciuccio *sm* dummy *UK*, pacifier *US*.

ciuco (*pl* -**chi**) *sm region* ass.

ciuffo *sm* -**1**. [di capelli] bangs (*pl*) *US*, fringe *UK* -**2**. [di pelo, piume, erba] tuft.

civetta *sf* -**1**. [uccello] owl -**2**. [donna] flirt; **fare la ~ (con qc)** to flirt (with sb).

civico, a, ci, che *agg* -**1**. [di città] municipal; **centro ~** civic centre *UK* o center *US* -**2**. [di cittadino] civic; **educazione civica** civics *esp US*.

civile ⬦ *agg* -**1**. [gen] civil -**2**. [non militare] civilian -**3**. [civilizzato] civilized -**4**. [educato] courteous. ⬦ *sm* [non militare] civilian.

civilizzare [6] *vt* to civilize. ➤ **civilizzarsi** *vr* to become civilized.

civiltà *sf inv* -**1**. [gen] civilization -**2**. [educazione] courtesy; **con ~** in a civilized manner.

cl (*abbr di* **centilitro**) cl.

clacson *sm inv* horn; **suonare il ~** to sound the o one's horn.

clamore *sm* -**1**. [scalpore] uproar; **suscitare** o **destare ~** to cause an uproar -**2**. [frastuono] noise.

clamoroso, a *agg* [sconfitta, successo] resounding; [applausi] thunderous; [notizia, processo] sensational.

clan *sm inv* clan.

clandestinamente *avv* secretly; **imbarcarsi ~** to stow away; **importare ~** [gen] to import illegally; [di contrabbando] to smuggle in.

clandestinità *sf* -**1**. [qualità] secrecy -**2**. [pratica] hiding; **vivere nella ~** to live in hiding; **entrare in ~** to go underground o into hiding.

clandestino, a ⬦ *agg* clandestine, underground (*dav s*); **passeggero ~** stowaway. ⬦ *sm, f* stowaway.

clarinetto *sm* clarinet.

classe *sf* -**1**. [gen] class; **di (gran) ~** with class (*non dav s*), classy; **~ dirigente** ruling class -**2**. SCOL [grado] year *UK*, grade *US*; [alunni] class; [aula] class(room).

classico, a, ci, che *agg* -**1**. [letteratura, autore, arte] classical; **musica classica** classical music -**2**. [tipico, sobrio] classic. ➤ **classico** *sm* -**1**. [opera] classic -**2**.: **è un ~** that's typical.

classifica (*pl* -**che**) *sf* [graduatoria] list; [risultato sportivo] placings (*pl*); [di canzoni] charts (*pl*); **primo in ~** MUS number one (in the charts); CALCIO top of the league; **~ del campionato** CALCIO league table.

classificare [15] *vt* -**1**. [valutare] to mark *UK*, to grade *US* -**2**. [catalogare] to classify. ➤ **classificarsi** *vr* -**1**. [ottenere un piazzamento] to come; **classificarsi primo/secondo** to come first/second -**2**. [qualificarsi] to qualify; **classificarsi per le semifinali** to qualify for the semifinals.

classificatore *sm* -**1**. [cartella] loose-leaf file -**2**. [mobiletto] filing cabinet.

classificazione *sf* -**1**. [catalogazione] classification -**2**. [valutazione] marking *UK*, grading *US*.

clausola *sf* clause.

claustrofobia *sf* claustrophobia.

clausura *sf* -**1**. RELIG enclosure; **suora di ~** nun belonging to an enclosed order -**2**. [solitudine] seclusion; **fare una vita di ~** to lead a cloistered life.

clava *sf* -**1**. [bastone] club -**2**. [attrezzo ginnico] Indian club.

clavicembalo *sm* harpsichord.

clavicola *sf* [gen] collarbone; MED clavicle.

claxon *sm inv* = **clacson**.

clemente *agg* -**1**. [indulgente] lenient; **~ (verso qn)** lenient (with sb) -**2**. [mite] mild.

clementina *sf* clementine.

clemenza *sf* -**1**. [indulgenza] leniency -**2**. [mitezza] mildness.

cleptomane *smf* kleptomaniac.

clero *sm* clergy.

clessidra *sf* [a sabbia] hourglass; [ad acqua] water clock.

clic [klik] ⬦ *esclam* click. ⬦ *sm inv* click; **fare ~ /doppio ~ (su qc)** to click/double-click (on sthg).

cliccare [15] *vi* INFORM: **~ (su qc)** to click (on sthg).

cliché [kliʃˈʃe] *sm inv* cliché.

cliente *smf* [gen] customer; [di albergo] guest; [di professionista] client; **è un ~ fisso di questo bar** he's a regular at this bar.

clientela *sf* [di bar, negozio] customers *(pl);* [di albergo] guests *(pl);* [di professionista, negozio elegante] clientele.

clima *(pl* **-i)** *sm letter & fig* climate.

climatico, a, ci, che *agg* climatic.

climatizzatore *sm* air conditioner.

clinica *(pl* **-che)** *sf* clinic.

clinico, a, ci, che *agg* clinical; **cartella clinica** medical records *(pl).*

clip [klip] ◇ *sf inv* clip; **orecchini con o a ~ clip-on earrings.** ◇ *sm inv* [video] clip.

clistere *sm* **-1.** [operazione] enema **-2.** [strumento] enema (syringe).

clitoride *sm* o *f* clitoris.

clonare [6] *vt* to clone.

clone *sm* clone.

cloro *sm* chlorine.

clorofilla *sf* chlorophyll.

cloroformio *sm* chloroform.

club [klubklɛb] *sm inv* club.

cm *(abbr di* **centimetro)** cm.

c.m. *(abbr di* **corrente mese)** inst.

CM *(abbr di* **Circolare Ministeriale)** *ministerial circular.*

CNR *(abbr di* **Consiglio Nazionale delle Ricerche)** *sm national council for research.*

c/o *(abbr di* **care of)** c/o.

coabitare [6] *vi* to live together; **~ con qn** to live with sb.

coagulare [6] *vt, vi* [sangue] to coagulate, to clot; [latte] to curdle. ◆ **coagularsi** *vip* [sangue] to coagulate, to clot; [latte] to curdle.

coalizione *sf* coalition.

coalizzare [6] *vt:* **~ le forze** to join forces *(in a coalition).* ◆ **coalizzarsi** *vr* to form a coalition; **coalizzarsi contro qn** to unite against sb.

cobalto *sm* cobalt.

COBAS [ˈkɔbas] *(abbr di* **Comitati di base)** *smpl trade-union organizations set up in opposition to traditional unions.*

cobra *sm inv* cobra.

coca *sf* [cocaina] coke. ◆ **coca**® *(pl* **coche)** *sf* Coke®.

Coca-Cola® *sf* Coca Cola®.

cocaina *sf* cocaine.

cocainomane *smf* cocaine addict, cokehead *fam.*

coccarda *sf* cockade.

coccige, coccige *sm* [gen] tailbone; MED coccyx.

coccinella *sf* ladybird *UK,* ladybug *US.*

coccio *sm* **-1.** [terracotta] earthenware *(U)* **-2.** [frammento] piece of broken pottery.

cocciuto, a *agg* stubborn.

cocco *(pl* **-chi)** *sm* coconut palm; **noce di ~** coconut; **latte di ~** coconut milk. ◆ **cocco, a, chi, che** *sm, f fam* [di genitore] darling; [di professore] pet.

coccodrillo *sm* **-1.** [animale] crocodile **-2.** [pelle] crocodile (skin).

coccolare [6] *vt* to cuddle.

coccoloni *avv:* **stare ~** to be squatting.

cocevo *(etc)* ⊳ **cuocere.**

cocker [ˈkɔkər] *sm inv* cocker spaniel.

cocktail [ˈkɔktel] *sm inv* **-1.** [bevanda, miscuglio] cocktail **-2.** [festa] cocktail party. ◆ **cocktail di scampi** *sm inv* prawn *UK* o shrimp *US* cocktail.

cocomero *sm* watermelon.

coda *sf* **-1.** [di animale, aereo, cometa] tail; [di abito da sposa] train; **in ~ a** [treno] at the rear of; **~ di cavallo** [pettinatura] ponytail; **pianoforte a ~** grand piano; **vagone di ~** rear coach *UK* o car *US;* **fanale di ~** rear light; **avere la ~ di paglia** *fig* to have a guilty conscience; **andarsene con la ~ tra le gambe** *fig* to go away with one's tail between one's legs; **(guardare qn/qc) con la ~ dell'occhio** (to look at sb/sthg) out of the corner of one's eye **-2.** [fila – di persone] queue *UK,* line *US;* [– di auto] tailback *UK;* **fare la ~** to queue (up) *UK,* to stand in line *US;* **mettersi in ~** to join a queue *UK,* to get in line *US.* ◆ **coda di rospo** *sf* [pesce] monkfish tail.

codardo, a ◇ *agg* cowardly. ◇ *sm, f* coward.

cod. civ. *(abbr di* **codice civile)** civil code.

codesto, a ◇ *letter & region* [questo] this; [quello] that. ◇ *pron dim* [questo] this one; [quello] that one.

codice *sm* **-1.** [gen] code; **~ a barre** bar code; **~ civile** civil code; **~ fiscale** tax code; **~ genetico** genetic code; **~ penale** penal code; **~ (di avviamento) postale** postcode *UK,* zip code *US;* **~ della strada** highway code *UK* **-2.** [manoscritto] codex.

codificare [15] *vt* **-1.** [messaggi, dati, informazioni] to encode **-2.** [leggi] to codify.

codino *sm* pigtail.

coercitivo, a *agg* coercive.

coerente *agg* coherent; **essere ~ (con se stesso)** to be consistent.

coerenza *sf* -1. [di teoria, ragionamento] coherence -2. [di persona] consistency.

coetaneo, a ⬦ *agg*: **essere ~ (di qn)** to be the same age (as sb). ⬦ *sm, f* contemporary.

cofanetto *sm* -1. [per gioielli] (jewellery) *UK* o (jewelry) *US* box -2. [in editoria]: **in ~ as** a boxed set.

cofano *sm* [di auto] bonnet *UK*, hood *US*.

cogli = con + gli.

cogliere [86] *vt* -1. [frutto, fiore] to pick -2. [opportunità, occasione] to take -3. [significato, importanza] to grasp -4. [sorprendere] to catch; **~ qn sul fatto/in flagrante** to catch sb in the act/red-handed; **~ qn in fallo** to catch sb out; **essere colto da malore** to be taken ill.

coglione, a *sm, f volg* dickhead. ◆ **coglioni** *smpl*: **rompere i coglioni (a qn)** to be a pain in the arse *UK* o ass *esp US* (to sb).

cognac, **cognac** *sm inv* cognac.

cognato, a *sm, f* brother-in-law (*f* sister-in-law).

cognizione *sf* -1. [nozione] knowledge; **perdere la ~ del tempo** to lose all notion of time -2. [competenza]: **con ~ di causa** with full knowledge of the facts.

cognome *sm* surname, last name; **~ da ragazza** maiden name.

coi = con + i.

coincidenza *sf* -1. [caso fortuito] coincidence -2. [corrispondenza, mezzo pubblico] connection; **treno in ~ (per qc)** connection (for sthg), connecting train (for sthg).

coincidere [30] *vi*: **~ (con qc)** to coincide (with sthg).

coinciso, a *pp* ⬩coincidere.

coinquilino, a *sm, f* fellow tenant.

coinvolgere [48] *vt* -1. [far partecipare]: **~ qn in qc** [scandalo, lite] to implicate o involve sb in sthg; [progetto, iniziativa] to involve sb in sthg -2. [emotivamente] to involve.

coinvolgimento *sm*: **~ (in qc)** involvement (in sthg).

coinvolsi *(etc)* ⬩coinvolgere.

coinvolto, a *pp* ⬩coinvolgere.

coito *sm* coitus; **~ interrotto** coitus interruptus.

col = con + il.

colapasta *sm inv* colander.

colare [6] ⬦ *vt* [brodo, olio] to strain; **~ la pasta** to drain. ⬦ *vi* -1. [liquido] to drip -2. [cera, formaggio] to run -3. [contenitore] to

leak -4. [nave]: **~ a picco** to go straight to the bottom.

colata *sf* -1. [di cemento] casting -2. [di lava] flow.

colazione *sf* [prima colazione] breakfast; [seconda colazione] lunch; **fare ~** [prima colazione] to (have) breakfast; [seconda colazione] to (have) lunch; **~ continentale** Continental breakfast; **~ all'inglese** English breakfast.

colei *pron dim lett*: **~ che** the one who, the woman who.

colera *sm* cholera.

colesterolo *sm* cholesterol.

colf (*abbr di* **collaboratrice familiare**) *sf inv* domestic (help).

colgo *(etc)* ⬩cogliere.

colica, che *sf* colic.

colino *sm* strainer.

coll' = con + l'.

colla[1] ['kɔlla] *sf* glue. ◆ **colla di pesce** *sf* isinglass.

colla[2] ['kolla] = con + la.

collaborare [6] *vi* -1. [lavorare together; **~ a qc (con qc)** to contribute to sthg (with sthg) -2. [confessare] to cooperate; **~ con la giustizia** to turn Queen's *UK* o State's *US* evidence -3. POLIT to collaborate.

collaboratore, trice *sm, f* [gen] partner; [di giornale, progetto] contributor; POLIT collaborator; **~ esterno** freelancer; **~ di giustizia** supergrass *UK*; **collaboratrice familiare** maid.

collaborazione *sf* -1. [partecipazione] partnership -2. [lavoro] collaboration; **in ~ con** in collaboration with.

collage [kol'laʒ] *sm inv* collage.

collagene *sm* collagen.

collana *sf* -1. [gioiello] necklace -2. [di libri] series.

collant [kol'lan] *sm inv* tights *UK* (*pl*), panty hose *US* (*pl*).

collare *sm* -1. [per cane, gatto] collar -2. [di prete] dog collar.

collasso *sm* collapse; **~ cardiaco** heart failure.

collaterale *agg* collateral; **effetti collaterali** side effects.

collaudare [6] *vt* to test.

collaudo *sm* [azione] testing (*U*); [controllo] test; **fare il ~ di qc** to test sthg; **volo/giro di ~** test flight/run.

colle ['kɔlle] *sm* hill.

colle ['kolle] = con + le.

collega, ghi, ghe *smf* colleague, coworker.

collegamento *sm* -1. [gen] connection; **mettere qc in ~ con qc** to link sthg with sthg -2. TELECOM link, connection; **in ~ via satellite** via satellite link -3. INFORM[icona] shortcut; [in Internet] link.

collegare [16] *vt* to connect. ✦ **collegarsi** *vt* TELECOM: **collegarsi con Internet** to connect to the Internet; **ci colleghiamo ora con il nostro corrispondente a Washington** now we go over to our Washington correspondent.

collegiale ◇ *agg* [organo, seduta] joint *(dav s)*; **organo ~** corporate body. ◇ *smf* -1. [allievo] boarder -2. [persona timida] schoolboy *(f* schoolgirl).

collegio *sm* -1. [istituzione, edificio] boarding school -2. [organo] association. ✦ **collegio elettorale** *sm* constituency.

collera *sf* anger; **andare in ~** to get angry; **essere in ~ con qn** to be angry with o at sb.

colletta *sf* collection; **fare una ~ per qn** to have a collection for sb.

collettività *sf* community.

collettivo, a *agg* collective; **società in nome ~** partnership.

colletto *sm* collar. ✦ **colletti bianchi** *smpl* white-collar workers.

collezionare [6] *vt* -1. [francobolli, opere d'arte] to collect -2. [successi, sconfitte] to notch up.

collezione *sf* collection; **fare ~ di qc** to collect sthg.

collezionista, i, e *smf* collector.

collie ['kɔlli] *sm inv* collie.

collimare [6] *vi* to coincide.

collina *sf* -1. [altura] hill -2. [zona] hills *(pl)*; **una città di ~** a hill town.

collinoso, a *agg* hilly.

collirio *sm* eyedrops *(pl)*.

collisione *sf* collision; **entrare in ~ (con qc)** to collide (with sthg).

collo¹ ['kɔllo] *sm* -1. [di persona, bottiglia, abito] neck; **a ~ alto** [maglia, maglione] high-necked *(dav s)*; **fino al ~** *fig* up to one's neck -2. [pacco] package, parcel *esp* UK. ✦ **collo del piede** *sm* instep. ✦ **collo dell'utero** *sm* neck of the womb.

collo² ['kɔllo] = **con + lo**.

collocamento *sm* -1. [sistemazione] placing; **~ a riposo** retirement -2. ▷**ufficio**.

collocare [15] *vt* -1. [oggetti, mobili] to place -2.: **~ a riposo qn** to retire sb. ✦ **collocarsi** *vip* to position o.s.

colloquiale *agg* colloquial.

colloquio *sm* -1. [conversazione] talk -2.: **~ (di lavoro)** interview -3. [esame] oral exam. ✦ **colloqui** *smpl* SCOL parent-teacher meetings.

collutorio *sm* mouthwash.

colluttazione *sf* scuffle.

colmare [6] *vt* -1. [recipiente, persona]: **~ qc (di qc)** to fill sthg up (with sthg); **~ qn di qc** to overwhelm sb with sthg -2. [lacuna, divario] to fill.

colmo, a *agg*: **~ (di qc)** full (of sthg). ✦ **colmo** *sm fig* height; **è il ~!** that beats everything!

colomba *sf* -1. [uccello] dove -2. [dolce] **~ (pasquale)** dove-shaped cake eaten at Easter.

Colombia *sf*: **la ~** Colombia.

colombiano, a *agg & sm f* Colombian.

colombo *sm* pigeon.

colonia *sf* -1. [territorio] colony -2. [di vacanza] camp.

coloniale *agg* colonial.

colonna *sf* -1. [gen] column -2. [di persone, automezzi] long line; **stare in ~** to be in a tailback UK. ✦ **colonna sonora** *sf* soundtrack. ✦ **colonna vertebrale** *sf* spinal column.

colonnato *sm* colonnade.

colonnello *sm* colonel.

colorante *sm* colouring UK, coloring US.

colorare [6] *vt* [tessuto,capelli] to colour UK, to color US; [disegno] to colour in UK, to color in US.

colore *sm* -1. [tinta] colour UK, color US; **a colori** [televisione, film] colour *(dav s)*; **di ~** [persona] of colour *(non dav s)*; **dirne di tutti i colori a qn** to lay into sb; **combinarne di tutti i colori** to get up to all sorts of mischief -2. [sostanza] paint; **colori ad olio** oil paints.

colorito *sm* complexion.

coloro *pron dim*: **~ che** [soggetto] those who; [complemento] those who o whom *form*.

colossale *agg* colossal.

Colosseo *sm*: **il ~** the Coliseum.

colosso *sm* -1. [uomo grosso, statua] colossus -2. [persona, azienda importante] giant.

colpa *sf* -1. [responsabilità] fault; **è tutta ~ sua** it's all his fault; **dare la ~ a qn/qc (di qc)** to blame sb/sthg (for sthg); **sentirsi in ~** to feel guilty; **per ~ di qn/qc** because of sb/sthg -2. [peccato] sin.

colpevole ◇ *agg*: ~ **(di qc)** guilty (of sthg). ◇ *smf* culprit.

colpevolezza *sf* guilt.

colpevolizzare [6] *vt*: ~ **qn** to make sb feel guilty. ◆ **colpevolizzarsi** *vr* to blame o.s.

colpire [9] *vt* **-1.** [gen] to hit, to strike; ~ **qn con pugni/schiaffi/calci** to punch/slap/kick sb **-2.** [impressionare] to strike.

colpo *sm* **-1.** [attacco fisico] blow; ~ **basso** *fig* blow below the belt **-2.** [interesse]: **far** ~ **su qn** to be a hit with sb **-3.** [spavento] fright; **far prendere un** ~ **a qn** to give sb a heart attack **-4.** [danno, dolore]: **un duro** ~ **(a qc/per qn)** a (severe) blow (to sthg/for sb) **-5.** [di arma da fuoco] shot; ~ **di grazia** *fig* coup de grâce; **così vai a** ~ **sicuro** this way you can't go wrong **-6.** [evento improvviso]: **morire sul** ~ to die instantly; ~ **di fortuna** stroke of luck; ~ **di fulmine** love at first sight; ~ **di scena** TEATRO coup de théâtre; *fig* sudden turn of events; ~ **di stato** *stato* (d'état); ~ **di testa** CALCIO header; *fig* impulse; **di** ~ suddenly **-7.** *fam* [malore]: ~ **(apoplettico)** (apoplectic) fit; ~ **d'aria** chill; ~ **di sole** sunstroke **-8.** [azione veloce]: **un** ~ **di ferro/di straccio/di scopa** a quick iron/dust/sweep; **dare un** ~ **di spugna al passato** to erase the past completely; ~ **di telefono** (phone) call; ~ **di vento** gust (of wind) **-9.** [rapina] raid. ◆ **colpi di sole** *smpl* highlights.

colposo, a *agg* ⊳ omicidio.

coltellata *sf* **-1.** [colpo] stab wound **-2.** [dolore] painful blow.

coltello *sm* knife; ~ **da cucina** kitchen knife; ~ **a serramanico** flick knife *UK*, switchblade *US*; **avere il** ~ **dalla parte del manico** *fig* to have the whip hand.

coltivare [6] *vt* **-1.** [terreno, amicizia, interessi] to cultivate **-2.** [grano, frutta,] to grow.

coltivato, a *agg* cultivated.

coltivatore, trice *sm, f* farmer; ~ **diretto** small farmer.

coltivazione *sf* **-1.** [attività] farming; ~ **biologica/intensiva** organic/intensive farming **-2.** [raccolto] crop.

colto¹, a ['kolto, a] *pp* ⊳ cogliere.

colto², a ['kolto, a] *agg* cultured.

coltre *sf* blanket.

coltura *sf* cultivation; ~ **intensiva** intensive cultivation.

colui *pron dim lett*: ~ **che** the one who, the man who.

coma *sm inv* coma; **essere/entrare in** ~ to

be in/go into a coma; ~ **irreversibile** irreversible coma; ~ **profondo** deep coma.

comandamento *sm* commandment.

comandante *smf* **-1.** [di esercito] commander; [di reggimento] commanding officer **-2.** [di nave, aereo] captain.

comandare [6] ◇ *vi* [avere autorità] to be in charge. ◇ *vt* **-1.** [avere il comando di] to be in command of; ~ **qn a bacchetta** to rule sb with a rod of iron **-2.** [ordinare] to order.

comando *sm* **-1.** [guida, ordine] command; **essere al** ~ **di qc** [esercito] to be in command of sthg; [industria, compagnia] to be in charge of sthg **-2.** [congegno] control; ~ **a distanza** remote control.

combaciare [17] *vi* **-1.** [oggetti] to fit together **-2.** [idee] to coincide.

combattere [7] ◇ *vt* **-1.** [malattia, corruzione, ignoranza] to combat, to fight **-2.** [guerra, battaglia] to fight. ◇ *vi* to fight.

combattimento *sm* **-1.** [battaglia] combat; **morire in** ~ to die in combat **-2.** [di pugilato] match; **mettere qn fuori** ~ *letter & fig* to knock sb out **-3.** [fra animali] fight; **gallo/cane da** ~ fighting cock/dog.

combattuto, a *agg* **-1.** [indeciso] torn **-2.** [gara, partita] hard-fought; [scelta] difficult.

combinare [6] *vt* **-1.** [unire] to combine **-2.** [fare] to get up to; ~ **un bel guaio** o **pasticcio** to make a mess of things; **combinarne una delle sue** to get up to one's usual tricks; **non ho combinato niente** I've not managed to get anything done **-3.** [incontro, matrimonio] to organize; [affare] to conclude. ◆ **combinarsi** *vip fam* [conciarsi]: **come ti sei combinato?** what do you look like?

combinazione *sf* **-1.** [di cassaforte] combination **-2.** [coincidenza] coincidence; **che** ~**!** what a coincidence!; **per** ~ by chance.

combustibile ◇ *agg* combustible. ◇ *sm* fuel.

combustione *sf* combustion.

come ◇ *avv* **-1.** [comparativo - con aggettivo, avverbio] as; [- davanti a sostantivo, pronome] like; **è alta** ~ **me** she's the same height as me; **è testardo** ~ **un mulo** he's (as) stubborn as a mule; ~ **sempre** as always; **fai** ~ **me** do as I do; **si comporta** ~ **un bambino** he behaves like a child; **mia figlia è** ~ **me** my daughter is like me; **dormire** ~ **un ghiro** to sleep like a log **-2.** [in qualità di] as; **lavora** ~ **guida turistica** she works as a tourist guide; **lo puoi usare** ~

fax o ~ telefono you can use it as a fax or as a phone **-3.** [per esempio] like, such as; **mi piacciono i colori accesi ~ il rosso** I like bright colours such as red **-4.** [interrogativo] how; **~ stai?** how are you?; **mi ha spiegato ~ lo ha conosciuto** she told me how she met him; **non so ~ fare** I don't know what to do; **~ sarebbe a dire?** what do you mean?; **~ mai?** why?, how come?; **~?** pardon?, sorry? **-5.** [in esclamazioni]: **sai ~ mi piace il cioccolato!** you know how (much) I love chocolate!; **com'è bello!** he's so handsome!; **~ mi dispiace!** I'm so sorry! ⬦ *cong* **-1.** [comparativa]: **è meglio di ~ lo immaginavo** it's better than I expected; **vieni vestito così ~ sei** come dressed as you are; **non è caldo ~ pensavo** it's not as hot as I thought **-2.** [modale] as; **devi fare ~ ti ho detto** you have to do as I told you; **tutto è andato ~ avevo previsto** everything went as I expected; **~ se** *(+ congiuntivo)* as if; **~ se niente fosse** as if nothing had happened **-3.** [temporale] as soon as; **~ l'ho saputo, ti ho telefonato** I phoned you as soon as I found out **-4.** [incidentale]: **~ sai** as you know; **~ ti ho detto** as I told you.

COMECON ['komɛkon] *(abbr di* **Council for Mutual Economic Aid)** *sm* COMECON.

cometa *sf* comet.

comico, a, ci, che ⬦ *agg* **1.** [divertente] comical **-2.** [genere] comic. ⬦ *sm, f* [professione] comedian.

cominciare [17] ⬦ *vt* to begin, to start; **~ a fare qc** to begin doing o to do sthg. ⬦ *vi* to begin, to start.

comitato *sm* committee.

comitiva *sf* party; **in ~** in o as a group.

comizio *sm* rally; **~ elettorale** election rally.

Comm. *(abbr di* **Commendatore)** *title given to the holder of an Italian order of chivalry.*

comma *(pl* **-i)** *sm* subsection.

commedia *sf* **-1.** [opera – gen] play; [– comica] comedy **-2.** [genere] comedy; **~ musicale** musical **-3.** [finzione] play-acting; **fare la ~** to play-act.

commemorare [6] *vt* to commemorate.

commentare [6] *vt* **-1.** [esprimere un parere su] to comment on, to give an opinion on; [radio, televisione] to commentate on **-2.** [testo, brano – oralmente] to comment on; [– per iscritto] to annotate, to write a commentary on.

commento *sm* **-1.** [opinione] comment; [radio, TV] commentary **-2.** [spiegazione]: **~ (a qc)** commentary (on sthg).

commerciale *agg* **-1.** [settore, lettera] commercial, business *(dav s)* **-2.** [libro, film, televisione, radio] commercial.

commercialista, i, e *smf* accountant.

commercializzare [6] *vt* to market.

commerciante *smf* **-1.** [negoziante] shopkeeper *esp* UK, storekeeper US **-2.** [mercante] dealer, trader.

commerciare [17] *vi*: **~ in qc** to deal o trade in sthg; **~ con qn** to do business with sb.

commercio *sm* **-1.** [settore] commerce **-2.** [attività] trade; **~ al minuto/all'ingrosso** retail/wholesale trade **-3.** [vendita]: **mettere in/ritirare dal ~** to put on/take off the market; **essere in/fuori ~** to be/not to be on the market.

commessa *sf* **-1.** [ordinazione] order **-2.** ⬦ commesso.

commesso, a ⬦ *pp* ⬦ **committere**. ⬦ *sm, f* **-1.** [in negozio] shop assistant UK, sales clerk US; **~ viaggiatore** travelling UK o traveling US salesman **-2.** [di banca, tribunale] clerk.

commestibile *agg* edible. ◆ **commestibili** *smpl* foodstuffs.

committere [71] *vt* to commit; **~ un errore** to make a mistake.

commiato *sm* farewell; **prendere ~ da qn/qc** to take one's leave of sb/sthg.

commiserare [6] *vt* to feel sorry for.

commiserazione *sf* **-1.** [pietà] sympathy **-2.** [disprezzo] pity.

commissariato *sm*: **~ (di polizia)** police station.

commissario, a *sm, f* **-1.** [funzionario]: **~ (di polizia)** ≃ (police) superintendent UK o captain US **-2.** SCOL: **~ (d'esame)** examiner **-3.** SPORT: **~ tecnico** team manager.

commissionare [6] *vt* to commission.

commissione *sf* **-1.** [gruppo] committee; **~ permanente** standing committee; **~ parlamentare** parliamentary UK o Congressional US commission; **~ d'esame** SCOL examining board; **~ d'inchiesta** committee of enquiry **-2.** [cosa da fare] errand **-3.** [incarico]: **su ~** to order **-4.** [somma] commission; **~ bancaria** bank charge.

commosso, a ⬦ *pp* ⬦ **commuovere**. ⬦ *agg* moved.

commovente *agg* moving.

commozione *sf* emotion. ◆ **commozione cerebrale** *sf* concussion.

commuovere [76] *vt* to move. ◆ **commuoversi** *vip* to be moved.

commutare [6] *vt* to commute.

Como *sf* Como; **il lago di ~** Lake Como.

comò *sm inv* chest of drawers, dresser *US*, bureau *US*.

comodino *sm* bedside table.

comodità *sf inv* -1. [gen] comfort -2. [vantaggio] convenience.

comodo, a *agg* -1. [gen] comfortable; **mettersi ~** to make o.s. comfortable; **stia ~!** don't get up! -2. [vantaggioso] handy -3. [conveniente] convenient -4. [facile] easy -5. [senza fretta]: **prendersela comoda** to take it easy. ◆ **comodo** *sm* -1. [calma]: **con ~** at one's leisure; **fare** o **prendersela con ~** [senza affrettarsi] to take one's time; [senza preoccuparsi] to take it easy -2. [vantaggio]: **far ~ (a qn)** to come in handy (for sb); **far il proprio ~** to do as one pleases; **di ~** convenient *(dav s)*.

compact disc *sm inv* compact disc.

compagnia *sf* -1. [gen] company; **far ~ a qn** to keep sb company; **di ~** sociable; **in ~ (di qn)** in (sb's) company; **~ di bandiera** national airline -2. [gruppo] group; **frequentare delle brutte compagnie** to keep bad company.

compagno, a *sm, f* -1. [amico] companion; **~ di viaggio** travelling *UK* o traveling *US* companion; **~ di scuola** schoolmate; **~ di classe** classmate; **~ di giochi** playmate -2. [convivente] partner -3. [comunista] comrade -4. [di squadra] teammate.

compaio *(etc)* ▷comparire.

comparare [6] *vt* to compare.

comparire [105] *vi* to appear.

comparizione *sf* ▷mandato.

comparsa *sf* -1. [attore] CIN extra; TEATRO walk-on -2. [apparizione] appearance; **fare una breve ~ a qc** to put in a brief appearance at sth.

comparso, a *pp* ▷comparire.

compartimento *sm* -1. [gen] compartment; **~ stagno** watertight compartment -2. [distretto] district.

comparvi *(etc)* ▷comparire.

compassione *sf* [pena] compassion; **provare** o **avere ~ per qn** to feel sorry o pity for sb; **far ~ (a qn)** to arouse (sb's) pity; **mi fa ~** I feel sorry for him.

compasso *sm* (pair of) compasses *(pl)*.

compatibile *agg* compatible.

compatire [9] *vt* -1. [compiangere] to feel sorry for -2. [tollerare] to make allowances for.

compatto, a *agg* -1. [roccia, terreno] solid

-2. [massa, folla] dense; [gruppo] close-knit -3. [solidale] united.

compensare [6] *vt* -1. [bilanciare] to make up for -2. [ripagare] to pay for; **~ qn di qc** *fig* to pay sb back for sthg. ◆ **compensarsi** *vr* to balance each other out.

compensato *sm* plywood.

compenso *sm* -1. [retribuzione] payment -2. [premio] compensation; **in ~** [in cambio] as compensation; [d'altra parte] on the other hand.

comperare [6] *vt* = **comprare**.

compere *sfpl*: **far ~** to do the shopping.

competente *agg* [gen] competent; [esperto] qualified.

competenza *sf* -1. [preparazione] competence -2. [spettanza]: **essere di ~ di qn** to be sb's job o responsibility -3. [autorità] jurisdiction.

competere [123] *vi* -1. [gen] to compete -2. [spettare]: **~ a qn** to be sb's responsibility o job.

competitivo, a *agg* competitive.

competizione *sf* -1. [rivalità] competition -2. [gara] competition, contest.

compiacere [87] *vt* to please. ◆ **compiacersi** *vip*: **compiacersi con qn di** o **per qc** to congratulate sb on sthg.

compiacimento *sm* pleasure.

compiaciuto, a ◇ *pp* ▷compiacere. ◇ *agg* satisfied.

compiangere [49] *vt* to pity.

compiere [110] *vt* -1. [fare] to carry out -2. [finire] to complete; **quando compi gli anni?** when's your birthday?; **ieri ho compiuto 18 anni** I was 18 yesterday. ◆ **compiersi** *vip* [avverarsi] to come true.

compilare [6] *vt* -1. [riempire] to fill in o out -2. [redigere] to compile.

compimento *sm*: **portare a ~ qc** to bring sthg to an end.

compire [110] *vi* = **compiere**.

compito¹ *sm* -1. [dovere] duty -2. [incarico] task -3. SCOL: **~ (in classe)** (class) test. ◆ **compiti** *smpl* SCOL homework *(U)*.

compito², a *agg* well-mannered.

compiuto, a ◇ *pp* ▷compiere. ◇ *agg* completed; **ha 15 anni compiuti** she has turned 15.

compleanno *sm* birthday.

complementare *agg* -1. [angolo, colore] complementary -2. [esame, materia] subsidiary.

complemento *sm* GRAMM complement;

~ **oggetto** o **diretto** direct object; ~ indiretto indirect object.
complessato, a *agg* hung-up.
complessità *sf* complexity.
complessivamente *avv* -1. [in tutto] altogether -2. [nell'insieme] all in all.
complessivo, a *agg* overall.
complesso, a *agg* [complicato] complex.
◆ **complesso** *sm* -1. [fissazione] complex, hang-up; ~ **di inferiorità** inferiority
complex -2. [gruppo musicale] group -3.
[insieme]: **in** o **nel** ~ all in all -4. [ospeda-
liero, industriale] complex; ~ **residenziale**
housing estate *UK* o development *US*.
completamente *avv* completely.
completare [6] *vt* to complete.
completo, a *agg* -1. [tutto esaurito] full
(up) -2. [totale] complete -3. [finito] completed -4. [dettagliato, integrale] full -5.
[corredato]: ~ **di qc** complete with sthg.
◆ **completo** *sm* -1. [formale] suit; [spor-
tivo] outfit -2.: **essere al** ~ [tutto esaurito]
to be full (up); **si è presentata con la famiglia al** ~ she showed up with her whole
family.
complicare [15] *vt* to complicate; ~ **la vita** to make one's life complicated.
◆ **complicarsi** *vip* to get complicated.
complicato, a *agg* complicated.
complicazione *sf* -1. [difficoltà] problem
-2. [peggioramento] complication.
complice ◇ *agg* [sguardo, gesto] knowing. ◇ *smf* [corresponsabile] accomplice.
complicità *sf* -1. [partecipazione] compli-
city -2. [aiuto] help -3. [intesa] understanding.
complimentarsi [6] *vip*: ~ **con qn per
qc** to compliment sb on sthg.
complimento *sm* compliment; complimenti! well done! ◆ **complimenti**
smpl ceremony; **non fare** ~ not to stand
on ceremony; **senza complimenti!** prenda
ancora un po' di formaggio go ahead!
have a little more cheese; **dell'altro vino?
– No, grazie, senza complimenti** some
more wine? – No, really, thanks all the
same.
complottare [6] *vi* -1. [congiurare]: ~
contro qn/qc to plot against sb/sthg -2.
[confabulare] to plot.
complotto *sm* plot.
componente ◇ *smf* [membro] member.
◇ *sm* [ingrediente] component (part).
◇ *sf* [caratteristica] feature.
componibile *agg* modular.

componimento *sm* -1. [tema] composition -2. [poetico] poem.
comporre [96] *vt* -1. [scrivere] to compose
-2. [formare]: **essere composto di** o **da qn/
qc** to be made up of sb/sthg -3. [numero di
telefono] to dial. ◆ **comporsi** *vip* [essere
formato]: ~ **di qc** to be made up of sthg.
comportamento *sm* behaviour *UK*, behavior *US*.
comportare [6] *vt* [implicare] to imply.
◆ **comportarsi** *vip* [agire] to behave.
compositore, trice *sm, f* composer.
composizione *sf* -1. [gen] composition
-2. [insieme]: ~ **floreale** flower arrangement.
composto, a ◇ *pp* ▷ **comporre**. ◇ *agg*
-1. [atteggiamento] composed -2. [posizio-
ne]: **stare/sedersi** ~ to stand/sit properly
-3. GRAMM compound *(dav s)*. ◆ **composto** *sm* [chimico] compound.
comprare [6] *vt* -1. [acquistare] to buy -2.
[corrompere] to buy (off).
compratore, trice *sm, f* buyer.
compravendita *sf* purchase.
comprendere [43] *vt* -1. [capire] to understand -2. [includere] to include.
comprensibile *agg* comprehensible.
comprensione *sf* understanding.
comprensivo, a *agg* -1. [indulgente] understanding -2. [che include]: ~ **di qc** inclusive of sthg.
compreso, a ◇ *pp* ▷ **comprendere**.
◇ *agg* included; **tutto** ~ all-inclusive
(dav s), all included *(non dav s)*.
compressa *sf* tablet, pill; **in compresse** in
tablet form.
comprimere [63] *vt* to compress.
compromesso, a *pp* ▷ **compromettere**. ◆ **compromesso** *sm* -1. [accordo]
compromise -2. [contratto] preliminary
contract *(in house purchase)*.
compromettere [71] *vt* to compromise.
◆ **compromettersi** *vr* to compromise
o.s.
comproprietà *sf inv* co-ownership.
computer [kom'pjuter] *sm inv* computer;
~ **portatile** laptop (computer).
computerizzato, a [kompjuteridz'dzato]
agg computerized.
comunale *agg* -1. [imposta, strada] municipal -2. [impiegato] council employee.
comune ◇ *agg* -1. [usuale] common; **non**
~ unusual -2. [ordinario] ordinary -3. [di
tutti] communal -4. [di gruppo di persone]
mutual -5. GRAMM common. ◇ *sm* -1. [con-

divisione]: **essere in** ~ to be shared; **mettere qc in** ~ to pool sthg; **avere qc in** ~ **(con qn/qc)** to have sthg in common (with sb/sthg) **-2.** [norma]: **fuori del** ~ out of the ordinary **-3.** [ente] town *esp UK* o city council **-4.** [sede] town hall. ⬦ *sf* [comunità] commune.

comunicare [15] ⬦ *vt* to communicate; ~ **qc a qn** to inform sb of o about sthg. ⬦ *vi* to communicate.

comunicato *sm* announcement; ~ **stampa** press release; ~ **ufficiale** communiqué.

comunicazione *sf* **-1.** [collegamento] communication; **mettere in** ~ **qc (con qc)** to connect (sthg with sthg); **mettersi in** ~ **con qn/qc** to get in contact with sb/sthg **-2.** [telefonata] call **-3.** [comunicato] message.

comunione *sf* **-1.** [sacramento] communion; **fare la** ~ to take communion; **la (prima)** ~ First Communion **-2.** DIR community; ~ **dei beni** joint estate *UK*, community property *US*.

comunismo *sm* Communism.

comunista, i, e *agg & smf* Communist.

comunità *sf inv* **-1.** [collettività] community **-2.** [organizzazione] group; ~ **terapeutica** therapeutic community; ~ **per tossicodipendenti** drug rehabilitation centre *UK* o center *US* **-3.** [gruppo] community. ⬥ **Comunità Economica Europea** *sf* European Economic Community.

comunitario, a *agg* EC *(dav s)*.

comunque ⬦ *avv* [in ogni modo, conclusivo] anyway. ⬦ *cong* **-1.** [in qualunque modo] however **-2.** [tuttavia] all the same.

con *(dav art può diventare* **col, collo, colla, coll', coi, cogli, colle***) prep* **-1.** [compagnia, relazione]: **stare** ~ **qn** to be with sb; **vuole stare** ~ **la mamma** he wants to be with his mum; **sta** ~ **Lucia da tre anni** he's been with Lucia for three years; **uscire** ~ **qn** to go out with sb; **essere sposato** ~ **qn** to be married to sb; **parlare** ~ **qn** to talk to sb; **essere gentile/scortese** ~ **qn** to be nice/rude to sb **-2.** [mezzo] with; **attaccalo** ~ **la colla** stick it with glue; **sono venuto** ~ **l'aereo/la macchina/il treno** I came by plane/by car/by train; **ho condito la pasta** ~ **molto sugo** I put a lot of sauce on the pasta; **prendere qc** ~ **le mani** to take hold of sthg **-3.** [modo]: ~ **grande rapidità** very quickly; **studiare** ~ **impegno** to study hard; **fai pure** ~ **calma** take your time; **lo farò** ~ **piacere!** I'll be glad to do it **-4.**

[caratteristica] with; **una ragazza coi capelli biondi** a girl with blonde hair; **una casa** ~ **un grande balcone** a house with a big balcony; **cioccolata** ~ **panna** hot chocolate with cream.

conato *sm*: ~ **(di vomito)** retch.

conca *(pl* **-che)** *sf* valley.

concavo, a *agg* concave.

concedere [40] *vt* to grant; ~ **a qn di fare qc** to allow sb to do sthg; **concedersi qc** to allow o.s. sthg.

concentramento *sm* **-1.** MIL concentration **-2.** ⊳**campo**.

concentrare [6] *vt* [energie, persone, merci] to concentrate. ⬥ **concentrarsi** ⬦ *vr* [mentalmente] to concentrate. ⬦ *vip* [riunirsi] to gather.

concentrato, a *agg* **-1.** [assorto] absorbed **-2.** [condensato] concentrated. ⬥ **concentrato** *sm*: ~ **di pomodoro** tomato puree.

concentrazione *sf* concentration.

concentrico, a, ci, che *agg* concentric.

concepibile *agg* conceivable.

concepire [9] *vt* to conceive.

concernere [123] *vt* to concern.

concerto *sm* **-1.** [spettacolo] concert **-2.** [composizione musicale] concerto.

concessi *(etc)* ⊳**concedere**.

concessionario, a *agg*: **venditore** ~ agent, dealer; **ditta** o **società concessionaria** agency. ⬥ **concessionario** *sm* agent, dealer.

concessione *sf* concession.

concesso, a *pp* ⊳**concedere**.

concetto *sm* **-1.** [nozione] concept **-2.** [opinione] idea.

concezione *sf* **-1.** [concetto] idea **-2.** [ideazione] conception.

conchiglia *sf* ZOOL shell.

conciare [17] *vt* **-1.** [sciupare] to ruin **-2.** [malmenare] to knock around; ~ **qn per le feste** to beat sb black and blue. ⬥ **conciarsi** *vr* **-1.** [sporcarsi] to get filthy **-2.** [vestirsi male] to dress badly.

conciliante *agg* conciliatory.

conciliare [20] *vt* **-1.** [favorire] to induce **-2.** [armonizzare] to reconcile **-3.** [multa] to pay on the spot. ⬥ **conciliarsi** *vip* [andare d'accordo] to be compatible.

concilio *sm* RELIG council.

concime *sm* **-1.** [chimico] fertilizer **-2.** [letame] manure.

concisione *sf* conciseness.

conciso, a *agg* concise.

concitato, a *agg* excited.

concittadino, a *sm, f* fellow townsman (*f* townswoman).

concludere [31] *vt* -1. [finire] to finish -2. [affare] to strike -3. [combinare] to achieve -4. [dedurre] to conclude. ➡ **concludersi** *vip* [finire] to end.

conclusione *sf* conclusion; **in ~** in the end.

concluso, a *pp* ▷concludere.

concordanza *sf* -1. [corrispondenza] concordance -2. GRAMM agreement.

concordare [6] ◇ *vt* -1. [stabilire] to agree upon -2. GRAMM: **~ qc (con qc)** to make sthg agree (with sthg). ◇ *vi* -1. [essere d'accordo] to agree, to be in agreement -2. [coincidere] to tally -3. GRAMM to agree.

concorde *agg* in agreement.

concordia *sf* agreement.

concorrente ◇ *agg* [ditta] competing (*dav s*). ◇ *smf* -1. SPORT & COMM competitor -2. [in concorso] candidate.

concorrenza *sf* competition; **fare ~ (a qn)** to compete (with sb).

concorrere [65] *vi* -1. [competere] to compete; **~ a qc** [cattedra] to apply for sthg; [gara] to compete in sthg; [concorso] to take part in sthg -2. [contribuire] to contribute.

concorso, a *pp* ▷concorrere. ➡ **concorso** *sm* -1. [esame] competitive examination -2. [gara] competition; **~ di bellezza** beauty contest; **~ a premi** prize competition; **fuori ~** out of competition -3. [affluenza] crowd -4. SPORT contest; **~ ippico** horse show -5. DIR: **~ di colpa** contributory negligence.

concretamente *avv* in real terms.

concreto, a *agg* -1. [gen] concrete -2. [persona] practical. ➡ **concreto** *sm*: **in ~** in reality; **venire al ~** to get down to the nitty-gritty.

condanna *sf* -1. DIR sentence; **~ a morte** death sentence -2. [disapprovazione] condemnation.

condannare [6] *vt* -1. DIR: **~ qn (a qc)** to sentence sb (to sthg); **~ qn per qc** to convict sb of sthg -2. [disapprovare] to condemn -3. [costringere] to doom.

condannato, a *sm, f* convict.

condensare [6] *vt* to condense. ➡ **condensarsi** *vip* to condense.

condimento *sm* -1. [per insalata] dressing -2. [sugo] sauce.

condire [9] *vt* -1. [insalata] to dress -2. [pasta] to stir the sauce into.

condiscendente *agg* -1. [arrendevole] indulgent -2. [indulgente] patronizing.

condividere [30] *vt* to share.

condizionale ◇ *agg* GRAMM conditional. ◇ *sm* GRAMM conditional. ◇ *sf* DIR suspended sentence.

condizionamento *sm* -1. [psicologico] conditioning -2.: **~ d'aria** air conditioning.

condizionare [6] *vt* to condition.

condizionatore *sm*: **~ (d'aria)** air conditioner.

condizione *sf* condition; **condizioni di vendita/pagamento** conditions of sale/purchase; **a ~ che** (+ *congiuntivo*) on condition that; **non essere in ~ di fare qc** not to be in any position to do sthg.

condoglianze *sfpl* condolences; **fare le (proprie) ~ a qn** to offer one's condolences to sb.

condominiale *agg* -1. [del condominio] communal -2. [dei condomini] **flat owners'** (*dav s*) UK, **condominium owners'** (*dav s*) US.

condominio *sm* (*jointly owned*) *block of flats* UK, condominium US.

condomino, a *sm, f* flat owner UK, condominium owner US.

condonare [6] *vt* DIR to remit.

condono *sm* -1. [di pena] pardon -2. [di irregolarità]: **~ edilizio** *amnesty for infringement of building regulations*; **~ fiscale** tax amnesty.

condotta *sf* -1. [contegno] conduct -2. [di medico] practice -3. [tubature] pipes (*pl*).

condotto, a *pp* ▷condurre. ➡ **condotto** *sm* -1. [tubatura] pipe -2. ANAT duct.

conducente *smf* driver.

conduco (*etc*) ▷condurre.

condurre [95] ◇ *vt* -1. [dirigere] to run -2. [accompagnare] to take -3. [trasportare] to conduct -4. [effettuare] to carry out -5. [spingere]: **~ qn a qc** [a vittoria] to lead sb to sthg; [a rovina] to bring sb to sthg; [a disperazione, suicidio] to drive sb to sthg -6. [trasmissione] to present UK, to host US -7. [vita] to lead. ◇ *vi* to lead.

condussi (*etc*) ▷condurre.

conduttore, trice *sm, f* -1. [guidatore] driver -2. [presentatore] presenter UK, host US. ➡ **conduttore** *sm* FIS conductor.

conduttura *sf* plumbing.

conduzione *sf* -1. [gestione] management -2. [di trasmissione] presentation UK, hosting US.

confarsi [13] *vip lett*: ~ a qn/qc to suit sb/sthg.

confederazione *sf* confederation.

conferenza *sf* **-1.** [discorso] lecture; **tenere una** ~ **(su qc)** to give a lecture (on sthg) **-2.** [riunione] conference; ~ **stampa** press conference; ~ **al vertice** summit (conference).

conferire [9] <> *vt* **-1.** [incarico, laurea, titolo] to award **-2.** [aspetto] to lend. <> *vi*: ~ **con qn** [parlare] to confer with sb.

conferma *sf* confirmation.

confermare [6] *vt* to confirm.

confessare [6] *vt* **-1.** [delitto] to confess to **-2.** [riconoscere] to confess, to admit **-3.** RELIG [persona] to hear the confession of; [peccato] to confess. ◆ **confessarsi** *vr* RELIG to confess.

confessione *sf* **-1.** [gen] confession **-2.** [fede] denomination.

confessore *sm* confessor.

confetto *sm* sugared almond.

confezionare [6] *vt* **-1.** [incartare] to wrap **-2.** [imballare] to package **-3.** [cucire] to make.

confezionato, a *agg* **-1.** [impacchettato] packaged **-2.** [cucito] made; ~ **a mano** handmade; ~ **su misura** made-to-measure.

confezione *sf* **-1.** [pacco] pack; ~ **omaggio** gift pack; ~ **regalo** gift wrap; ~ **risparmio/famiglia** economy/family pack **-2.** [imballaggio] box **-3.** [di abito] making-up. ◆ **confezioni** *sfpl* [abiti] garments; **confezioni da uomo** menswear; **confezioni per signora** womenswear.

conficcare [15] *vt*: ~ **qc in qc** [chiodo, palo] to drive sthg into sthg; [unghie] to dig sthg into sthg. ◆ **conficcarsi** *vip*: **conficcarsi in qc** to embed itself/themselves in sthg.

confidare [6] <> *vt* to confide; ~ **qc a qn** to tell sb sthg in confidence. <> *vi*: ~ **in qn/qc** to rely on sb/sthg. ◆ **confidarsi** *vip*: **confidarsi con qn** to confide in sb.

confidente *smf* **-1.** [amico] confidant (*f* confidante) **-2.** [informatore] informer.

confidenza *sf* **-1.** [familiarità] intimacy; **dare** ~ **a qn** to be familiar with sb; **prendersi delle** o **troppe confidenze** to take liberties **-2.** [rivelazione] secret; **fare una** ~ **a qn** to let sb in on a secret **-3.** [dimestichezza] knowledge; **prendere** ~ **(con qc)** to get to know sthg.

confidenziale *agg* **-1.** [riservato] confidential **-2.** [cordiale] friendly.

configurare [6] *vt* INFORM to configure. ◆ **configurarsi** *vip* to take shape.

configurazione *sf* **-1.** INFORM configuration **-2.** [di terreno] contour.

confinare [6] <> *vi* : ~ **con qc** to border on sthg; **i nostri terreni non confinano** our lands do not adjoin. <> *vt* to confine.

Confindustria [kɔnfin'dustrja] (*abbr di* **Confederazione generale dell'industria italiana**) *sf Italian industrial employers' confederation.*

confine *sm* **-1.** [tra Stati] border **-2.** *fig* [tra terreni] boundary; **senza confini** without bounds.

confisca (*pl* **-sche**) *sf* confiscation.

confiscare [15] *vt* to confiscate.

conflitto *sm* conflict; **essere in** ~ **(con qn)** to be in dispute (with sb); **essere in** ~ **(con qc)** to clash (with sthg); ~ **a fuoco** battle gun battle.

confluire [9] *vi* **-1.** [fiumi] to meet; **il Tanaro confluisce nel Po** the Tanaro flows into the Po **-2.** [fondersi] to come together.

confondere [44] *vt* **-1.** [scambiare] to confuse; ~ **qn/qc con qn/qc** to mistake sb/sthg for sb/sthg **-2.** [mescolare] to mix o muddle up; ~ **le idee (a qn)** to get (sb) confused **-3.** [turbare] to fluster **-4.** [imbarazzare] to embarrass. ◆ **confondersi** *vip* **-1.** [sbagliarsi] to get confused **-2.** [tra la folla] to mingle **-3.** [turbarsi] to get flustered.

conformarsi [6] *vr*: ~ **(a qn/qc)** to conform (to sb/sthg).

conforme *agg*: ~ **a qc** [simile] similar to sthg; [corrispondente] consistent with sthg.

conformista, i, e *smf* conformist.

conformità *sf* conformity; **in** ~ **a qc** in accordance with sthg.

confortare [6] *vt* to comfort.

confortevole *agg* comfortable.

conforto *sm* comfort; **dare** ~ **a qn** to comfort sb.

confrontare [6] *vt* to compare; ~ **qc con qc** to compare sthg to o with sthg. ◆ **confrontarsi** *vr* **-1.** [scontrarsi] to clash **-2.** [discutere] to confront.

confronto *sm* **-1.** [paragone] comparison; **mettere qn/qc a** ~ **(con qn/qc)** to compare sb/sthg (to o with sb/sthg); **senza** ~ unparalleled; **in** ~ **(a qn/qc)** in comparison (to o with sb/sthg) **-2.** DIR [discussione] confrontation; **mettere a** ~ **qn** [testimoni] to confront sb; ~ **all'americana** identity parade UK, line-up US. ◆ **confronti**

smpl: **nei miei/tuoi etc confronti** towards me/you etc.

confusi *(etc)* ▷confondere.

confusionario, a *sm, f*: **essere un** ~ to be messy.

confusione *sf* **-1.** [gen] confusion; **fare** ~ [confondersi] to get muddled up **-2.** [disordine] mess; **fare** ~ to make a mess **-3.** [chiasso] noise; **fare** ~ to make a noise.

confuso, a ◇ *pp* ▷confondere. ◇ *agg* **-1.** [poco chiaro] confused **-2.** [indistinto] vague **-3.** [imbarazzato] embarrassed.

confutare [6] *vt* to refute.

congedare [6] *vt* **-1.** [salutare] to say goodbye **-2.** [militari] to discharge. ◆ **congedarsi** *vr* **-1.** [salutare] to say goodbye **-2.** [militari] to be discharged.

congedo *sm* **-1.** [gen] leave; **visita di** ~ farewell visit **-2.** MIL discharge.

congegno *sm* **-1.** [meccanismo] mechanism **-2.** [dispositivo] device.

congelamento *sm* **-1.** [raffreddamento] freezing **-2.** [blocco] impasse **-3.** MED frostbite.

congelare [6] *vt* to freeze. ◆ **congelarsi** *vip* **-1.** [liquidi] to freeze **-2.** [prender freddo] to freeze, to get frozen.

congelato, a *agg* frozen.

congelatore *sm* freezer.

congeniale *agg*: **essere** ~ **a qn** to be congenial to sb; **un lavoro che le è** ~ a job she likes.

congenito, a *agg* congenital.

congestionato, a *agg* **-1.** [strada] congested; [linea telefonica] jammed **-2.** [paonazzo] flushed.

congestione *sf* congestion.

congettura *sf* conjecture.

congiungere [49] *vt* **-1.** [collegare] to connect **-2.** [mettere insieme] to join.

congiungimento *sm* union.

congiuntivite *sf* conjunctivitis.

congiuntivo, a *agg & sm* subjunctive.

congiunto, a *pp* ▷congiungere.

congiuntura *sf* slump.

congiunzione *sf* GRAMM conjunction.

congiura *sf* POLIT conspiracy.

conglomerare [6] *vt* to conglomerate. ◆ **conglomerarsi** *vip* to conglomerate.

Congo *sm*: **il** ~ the Congo.

congratularsi [6] *vip*: ~ **con qn (per qc)** to congratulate sb (on sthg).

congratulazioni ◇ *sfpl* congratula-

tions; **fare le** ~ **a qn (per qc)** to congratulate sb (on sthg). ◇ *esclam* congratulations.

congregare [6] *vt* to congregate. ◆ **congregarsi** *vip* to congregate.

congregazione *sf* congregation.

congresso *sm* conference.

congruente *agg* consistent.

congruo, a *agg* fair.

CONI ['kɔni] (*abbr di* **Comitato Olimpico Nazionale Italiano**) *sm* Italian National Olympic Committee.

coniare [20] *vt* **-1.** [moneta] to mint **-2.** [frase] to coin.

conico, a, ci, che *agg* conical.

coniglio *sm* **-1.** [animale] rabbit **-2.** [vigliacco] chicken.

coniugale *agg* **-1.** [vita] married **-2.** [diritti] marital.

coniugare [16] *vt* GRAMM to conjugate. ◆ **coniugarsi** *vip* GRAMM to conjugate.

coniugato, a *agg* married.

coniugazione *sf* GRAMM conjugation.

coniuge *smf* spouse; **i coniugi** husband and wife; **i coniugi Bersani** Mr and Mrs Bersani.

connazionale ◇ *agg* from the same country *(non dav s)*. ◇ *smf* fellow countryman (*f* countrywoman).

connessione *sf* connection.

connesso, a ◇ *pp* ▷connettere. ◇ *agg* connected.

connettere [67] *vt* **-1.** [ELETTR & gen] to connect **-2.** [ragionare] to think straight. ◆ **connettersi** *vr* INFORM to be connected.

connotati *smpl* features; **rispondere ai** ~ to answer the description; **cambiare i** ~ **a qn** *scherz* to smash sb's face in.

cono *sm* cone; ~ **gelato** ice-cream cone.

conobbi *(etc)* ▷conoscere.

conoscente *smf* acquaintance.

conoscenza *sf* **-1.** [gen] knowledge; **venire a** ~ **di qc** to come to hear of sthg; **fare la** ~ **di qn** to make sb's acquaintance **-2.** [amico] acquaintance **-3.** [coscienza] consciousness; **perdere** ~ to lose consciousness.

conoscere [27] *vt* to know; ~ **qn di vista** to know sb by sight; **fare** ~ **qn a qn/qc** to introduce sb to sb/sthg. ◆ **conoscersi** *vr* **-1.** [se stessi] to know o.s. **-2.** [essere amici] to know each other **-3.** [incontrarsi] to meet.

conosciuto, a ◇ *pp* ▷conoscere. ◇ *agg* well-known.

conquista *sf* **-1.** [gen] conquest **-2.** [di diritto, potere] achievement **-3.** [progresso] breakthrough.

conquistare [6] *vt* **-1.** [territorio] to conquer; [castello] to capture **-2.** [ottenere] to win **-3.** [affascinare, far innamorare] to win over.

conquistatore, trice ◇ *agg* conquering. ◇ *sm, f* **-1.** MIL conqueror **-2.** [seduttore] lady-killer.

consacrare [6] *vt* **-1.** [chiesa] to consecrate **-2.** [dedicare]: ~ qc a qn/qc to devote sthg to sb/sthg. ➤ **consacrarsi** *vip*: consacrarsi a qn/qc to devote o.s. to sb/sthg.

consapevole *agg*: ~ **(di qc)** aware (of sthg).

consapevolezza *sf* awareness.

consciamente *avv* consciously.

conscio, a *agg*: ~ **(di qc)** conscious (of sthg).

consecutivo, a *agg* **-1.** [seguente] consecutive **-2.** [ininterrotto] running *(dopo s)*.

consegna *sf* **-1.** [di merce] delivery; ~ a domicilio home delivery **-2.** [custodia]: lasciare in ~ qc a qn to entrust sb with sthg; prendere in ~ qc to be entrusted with sthg **-3.** MIL[ordine] orders *(pl)*; [punizione] confinement to barracks.

consegnare [23] *vt* **-1.**: ~ qc a qn [merce] to deliver sthg to sb **-2.** [in custodia]: ~ qn/qc a qn to hand sb/sthg over to sb **-3.** MIL to confine to barracks.

conseguente *agg* **-1.** [derivante da] conseguent **-2.** [coerente] consistent.

conseguenza *sf* consequence; di ~ as a result.

conseguire [8] ◇ *vt* [vittoria, promozione] to achieve; [diploma, laurea] to get. ◇ *vi*: ne consegue che ... it follows that...

consenso *sm* **-1.** [permesso] consent **-2.** [concordanza] consensus.

consentire [8] *vt* to allow; ~ a qn di fare qc to allow sb to do sthg.

conserto, a *agg*: **(a) braccia conserte** (with) arms folded.

conserva *sf* **-1.** [di pomodoro] purée **-2.** [di frutta] preserve.

conservante *sm* preservative.

conservare [6] *vt* **-1.** [alimento] to preserve **-2.** [custodire] to keep **-3.** [mantenere] to still have. ➤ **conservarsi** *vip* **-1.** [alimento] to keep **-2.** [persona]: conservarsi in buona salute/in forze to keep fit/strong.

conservatore, trice ◇ *agg* [partito] Conservative, Tory; [tendenza] conservative. ◇ *sm, f* [non progressista] conservative.

conservatorio *sm* conservatoire, school of music.

conservazione *sf* **-1.** [di alimenti] preservation; a lunga ~ long-life **-2.** [di monumenti] conservation.

considerare [6] *vt* **-1.** [gen] to consider; considerato che considering (that); lo considero un buon amico I consider him (to be) a good friend **-2.** [stimare]: io considero molto Marco I think a lot of o very highly of Marco; tutta la classe lo considerava poco the whole class didn't think much of him **-3.** [vagliare] to weigh up; tutto considerato all things considered. ➤ **considerarsi** *vr* to consider o.s.

considerazione *sf* **-1.** [gen] consideration; prendere in ~ qc to take sthg into consideration **-2.** [commento] comment.

considerevole *agg* considerable.

consigliare [21] *vt* [gen] to advise; [ristorante, spettacolo] to recommend ~ a qn (di fare qc) to advise sb (to do sthg). ➤ **consigliarsi** *vip*: consigliarsi con qn to consult sb.

consiglio *sm* **-1.** [suggerimento] advice **-2.** [assemblea] council; ~ d'amministrazione board of directors; ~ di classe staff meeting *(involving all the teachers of a given class)*; ~ comunale local council; ~ di fabbrica works committee; il Consiglio dei Ministri Council of Ministers; ~ provinciale county council; ~ regionale regional council; Consiglio Nazionale delle Ricerche National Research Council; Consiglio Superiore della Magistratura *Magistrates' Governing Council*.

consistente *agg* **-1.** [resistente] firm **-2.** [notevole] substantial **-3.** [fondato] well-founded.

consistenza *sf* **-1.** [di stoffa] firmness **-2.** [de cibo, crema] texture **-3.** [di impasto] consistency **-4.** [fondatezza] foundation.

consistere [66] *vi* **-1.** [essere basato]: ~ in qc/nel fare qc to consist of sthg/of doing sthg **-2.** [essere composto]: ~ di qc to be made up of sthg.

consolare [6] ◇ *agg* consular. ◇ *vt* to console. ➤ **consolarsi** *vip* to console o.s.

consolato *sm* consulate.

consolazione *sf* consolation.

console[1] *sm* consul.

console[2] [kon'sɔl] *sf inv* console.

consolidare [6] *vt* **-1.** [struttura, ponte] to

reinforce **-2.** [istituzione, conoscenza] to strengthen. ◆ **consolidarsi** *vip* [rafforzarsi] to consolidate.

consonante *sf* consonant.

consono, a *agg*: ~ **a qc** in keeping with sthg.

consorte ◇ *smf* spouse. ◇ *agg* ▷ **principe.**

consorzio *sm* consortium.

constatare [6] *vt* to ascertain.

constatazione *sf* assertion.

consueto, a *agg* usual. ◆ **consueto** *sm* usual; **di** ~ usually; **come di** ~ as usual.

consuetudine *sf* custom.

consulente *smf* consultant; ~ **aziendale** business consultant.

consulenza *sf* consultancy.

consultare [6] *vt* to consult. ◆ **consultarsi** ◇ *vip*: **consultarsi con qn** to consult sb. ◇ *vr* to confer.

consultazione *sf* consultation; **opera di** ~ reference book.

consultorio *sm* clinic; ~ **(familiare)** ≃ Family Planning Clinic

consumare [6] *vt* **-1.** [scarpe] to wear out; [tacchi] to wear down; [gomiti, ginocchia] to wear through **-2.** [utilizzare] to consume **-3.** [mangiare] to eat; [bere] to drink; **"da consumarsi preferibilmente entro "** "best before..." **-4.** [matrimonio] to consummate. ◆ **consumarsi** *vip* **-1.** [di vestiti] to wear out; [di combustibili] to burn; [di pile] to run out **-2.** [svolgersi] to unfold.

consumatore, trice *sm, f* consumer.

consumazione *sf* [da bere] drink; [da mangiare] snack.

consumismo *sm* consumerism.

consumo *sm* consumption; **beni** o **generi di** ~ consumer goods.

consuntivo, a *agg* [bilancio] final. ◆ **consuntivo** *sm* final balance; **fare il** ~ **di qc** to take stock of sthg.

contabile *smf* accountant.

contabilità *sf inv* **-1.** [conti] accounts *(pl)*; **tenere la** ~ to keep the books o do the accounts **-2.** [disciplina] accountancy **-3.** [ufficio] accounts (department).

contachilometri *sm inv* ≃ mileometer.

contadino, a ◇ *agg* farming *(dav s)*. ◇ *sm, f* farmer.

contagiare [18] *vt* to infect.

contagio *sm* infection.

contagioso, a *agg* **-1.** [gen] contagious **-2.** [infettivo] infectious.

contagocce *sm inv* dropper; **dare qc col** ~ *fig* to give sthg little by little.

container [kon'tɛiner, kon'tainer] *sm inv* container.

contaminare [6] *vt* to contaminate; ~ **qc con qc** to contaminate sthg with sthg.

contante ◇ *agg*: **denaro** ~ cash. ◇ *sm* cash; **in contanti** in cash.

contare [6] ◇ *vt* **-1.** [gen] to count; **senza** ~ ... not counting...; ~ **i giorni/le ore** *fig* to count the days/the hours **-2.** [prevedere]: ~ **di fare qc** to intend to do sthg. ◇ *vi* to count; ~ **su qn/qc** to count on sb/sthg.

contascatti *sm inv* unit counter.

contato, a *agg* limited; **avere il denaro** ~ [poco] to have very little money; [esatto] to have the right money; **avere i minuti contati** not to have a minute to spare.

contatore *sm* meter.

contattare [6] *vt* to contact.

contatto *sm* contact; **mettersi in** ~ **con qn** to get in touch with sb; **mettere qn in** ~ **con qn** to put sb in touch with sb; **prendere** ~ **con qn** to make contact with sb; **a** ~ **(con qc)** in contact (with sthg).

conte, essa *sm, f* count (*f* countess).

conteggio *sm* count; **fare il** ~ **di qc** to calculate sthg.

contegno *sm* composure; **darsi un** ~ to compose o.s.

contemplare [6] *vt* **-1.** [ammirare] to gaze at **-2.** [prevedere] to provide for.

contemplazione *sf* contemplation.

contempo ◆ **nel contempo** *avv* meanwhile.

contemporaneamente *avv* at the same time.

contemporaneo, a ◇ *agg* **-1.** [gen] contemporary **-2.** [simultaneo] simultaneous. ◇ *sm, f* contemporary.

contendere [43] *vt*: ~ **qc a qn** to compete with sb for sthg. ◆ **contendersi** *vr*: ~ **qc** to compete for sthg.

contenere [93] *vt* **-1.** [gen] to contain **-2.** [accogliere] to hold. ◆ **contenersi** *vr* to contain o.s.

contenitore *sm* container.

contentezza *sf* happiness.

contento, a *agg* **-1.** [soddisfatto]: **essere** ~ **di qc** to be pleased with sthg; **fare** ~ **qn** to please sb **-2.** [lieto] happy; **essere** ~ **di fare qc** to be glad to do sthg.

contenuto *sm* **-1.** [di borsa, frigo] contents *(pl)* **-2.** [di lettera, libro] content.

conteso, a ◇ *pp* ⊳ **contendere**. ◇ *agg* sought-after.

contestare [6] *vt* -1. [affermazione, tesi] to contest -2. [società, istituzioni] to challenge.

contestatore, trice *sm, f* protester.

contestazione *sf* -1. [movimento] protest -2. [reclamo – di bolletta] notification; [– di merce] complaint.

contesto *sm* context.

contiguo, a *agg* adjoining; ~ **a qc** adjacent o next to sthg.

continentale ◇ *agg* continental. ◇ *smf* mainlander.

continente *sm* -1. GEOG continent -2. [terraferma] mainland; **vivere in** ~ to live on the mainland.

contingente ◇ *agg* contingent; **fattori contingenti** unforeseen circumstances. ◇ *sm* MIL contingent; ~ **di leva** call-up UK, draft US.

continuamente *avv* -1. [ininterrottamente] continuously -2. [spesso] continually.

continuare [6] ◇ *vt* [studi, progetto, lavoro] to continue (with), to carry on (with); [viaggio] to continue. ◇ *vi* to continue; ~ **a fare qc** to continue doing sthg, to carry on doing sthg.

continuazione *sf* continuation; **la ~ di un romanzo** the sequel to a novel; **in ~** continuously.

continuo, a *agg* [ininterrotto] continuous; [che si ripete] continual.

conto *sm* -1. [calcolo] calculation; **fare il ~ (di qc)** to calculate (sthg); **perdere il ~** to lose count; ~ **alla rovescia** countdown -2. [di ristorante] bill *esp* UK, check US; [di albergo] bill -3. [bancario, postale] account; ~ **corrente** current account UK, checking account US; ~ **corrente postale** post office account -4. [valutazione]: **tener ~ di qc** to take sthg into account o consideration; **a conti fatti** all things considered; **in fin dei conti** after all -5. [affidamento]: **fare ~ su qn/qc** to count on sb/sthg -6. *loc*: **agire per ~ di qn** to act on sb's behalf; **per ~ mio** [secondo me] as far as I'm concerned; **per ~ mio/tuo etc** [senza aiuto] on my/your etc own; **sul ~ di qn** about sb; **fare i conti con qn** [vedersela] to have it out with sb; **rendere ~ di qc (a qn)** to be accountable (to sb) for sthg; **rendersi ~ (di qc)** to realize (sthg).

contorcersi [25] *vr* to contort o.s.; ~ **dalle risa** to double up with laughter; ~ **per il dolore** to writhe in pain.

contorno *sm* -1. [profilo] outline -2. CULIN side dish.

contorto, a *agg* -1. [ramo, tronco] twisted -2. [ragionamento, stile] tortuous; [carattere] twisted, warped.

contrabbandare [6] *vt* to smuggle.

contrabbando *sm* contraband; **di ~** contraband.

contrabbasso *sm* (double) bass.

contraccambiare [20] *vt* to repay; ~ **un favore** to return a favour.

contraccettivo *sm* contraceptive.

contraccezione *sf* contraception.

contraccolpo *sm* -1. [urto] rebound; [di arma da fuoco] recoil -2. [conseguenza] repercussion.

contraddetto, a *pp* ⊳ **contraddire**.

contraddire [102] *vt* to contradict.
◆ **contraddirsi** *vr* -1. [se stesso] to contradict o.s. -2. [l'un l'altro] to contradict each other.

contraddistinguere [72] *vt* to distinguish. ◆ **contraddistinguersi** *vip* to stand out.

contraddistinto, a *pp* ⊳ **contraddistinguere**.

contraddittorio, a *agg* -1. [opposto] contradictory -2. [sentimenti] conflicting; [comportamento] inconsistent.

contraddizione *sf* contradiction; **cadere in ~** to contradict o.s.; **spirito di ~** argumentativeness.

contraffare [13] *vt* [banconote, firma, quadri] to forge; [voce] to disguise; [cibo, vino] to adulterate.

contraffatto, a *pp* ⊳ **contraffare**.

contraggo *(etc)* ⊳ **contrarre**.

contralto *sm* contralto.

contrappeso *sm* counterbalance ; **fare da ~ a qc** to offset sthg.

contrapporre [96] *vt*: ~ **qc a qc** to set sthg against sthg. ◆ **contrapporsi** *vr* to clash; **punti di vista che si contrappongono** opposing o contrasting points of view.

contrariamente *avv*: ~ **a** contrary to; ~ **al solito** just for once.

contrariare [20] *vt* to annoy.

contrarietà *sf inv* -1. [avversità] setback -2. [avversione] aversion.

contrario, a *agg* -1. [discorde] opposing; **essere ~ a qc** to be against sthg; **in caso ~** otherwise -2. [opposto] opposite.
◆ **contrario** *sm* opposite; **al ~** on the contrary; **avere qualcosa in ~** to have an objection; **hai qualcosa in ~ se invito anche lui alla festa**? do you have any objec-

tion if I invite him to the party, too?; **non ho niente in** ~ I have no objection.

contrarre [97] *vt* -1. [gen] to contract -2. [viso] to tense. ◆ **contrarsi** *vip* to contract.

contrassegnare [23] *vt* to mark.

contrassegno *sm* mark; **pagare/spedire in** ~ to pay/send C.O.D.

contrastante *agg* contrasting.

contrastare [6] ◇ *vt* to hinder. ◇ *vi* to clash; ~ **con qc** to clash with sthg.

contrasto *sm* -1. [gen] contrast -2. SPORT tackle.

contrattaccare [15] *vt* to counterattack.

contrattacco (*pl* **-chi**) *sm* counterattack; **passare al** ~ to fight back.

contrattare [6] *vt* to negotiate.

contrattempo *sm* hitch.

contratto, a ◇ *pp* ⊳**contrarre**. ◇ *agg* tense. ◆ **contratto** *sm* contract; ~ **di acquisto** purchase agreement; ~ **di affitto o locazione** lease; ~ **collettivo di lavoro** collective agreement; ~ **di formazione e lavoro** work and training contract.

contrattuale *agg* contractual; **forza** ~ bargaining power.

contravvenzione *sf* -1. [violazione] infringement; **essere in** ~ to have infringed the law -2. [multa] fine; **elevare un** ~**a qn** to fine sb.

contrazione *sf* contraction.

contribuente *smf* taxpayer.

contribuire [9] *vi* ~ **(a qc)** to contribute (to sthg); ~ **a fare qc** to help (to) do sthg.

contributo *sm* contribution; **dare il proprio** ~ **a qc** to make one's contribution to sthg; **contributi previdenziali** ≃ national insurance *UK* o welfare *US* contributions; **contributi sindacali** trade *UK* o labor *US* union dues.

contrito, a *agg* contrite.

contro ◇ *prep* -1. [gen] against; ~ **di me/te etc** against me/you etc; **pasticche** ~ **la tosse** throat lozenges; **assicurazione** ~ **il furto e l'incendio** fire and theft insurance; **voltarsi** ~ **il muro** to turn and face the wall -2. [lanciare, puntare] at; [urtare, sbattere] into. ◇ *avv* against. ◇ *sm inv* ⊳**pro**.

controbattere [7] *vt* to rebut.

controcorrente *avv* [in un fiume] upstream; [nel mare] against the tide; **andare** ~ *fig* to swim against the tide.

controfigura *sf* [gen] double; [acrobatica] stuntman (*f* stuntwoman); **essere la** ~ **di qn** to be sb's double.

controindicato, a *agg* [gen] not recommended *(non dav s)*; MED contraindicated.

controindicazione *sf* contraindication.

controllare [6] *vt* -1. [verificare] to check -2. [sorvegliare] to watch -3. [dominare] to control. ◆ **controllarsi** *vr* to control o.s.

controllo *sm* -1. [gen] control; **la situazione è sotto** ~ the situation is under control; **tenere sotto** ~ **qn/qc** to keep an eye on sb/sthg; ~ **delle nascite** birth control -2. [esame] check; ~ **bagagli** baggage check; ~ **passaporti** passport control; ~ **qualità** quality control.

controllore *sm* -1. [su autobus, treno] ticket inspector -2. AERON: ~ **di volo** air-traffic controller.

controluce *sm*: **(in)** ~ against the light.

contromano *avv*: **guidare** o **circolare** ~ [in corsia sbagliata] to drive on the wrong side of the road; [in un senso unico] to drive the wrong way up a one-way street.

contropiede *sm*: **azione di** ~ sudden counterattack; **prendere qn in** ~ to wrong-foot sb.

controsenso *sm* nonsense.

controvento *avv* against the wind.

controversia *sf* controversy; ~ **sindacale** industrial dispute.

controverso, a *agg* controversial.

controvoglia *avv*: **fare qc** ~ to do sthg reluctantly o unwillingly.

contundente *agg* ⊳**corpo**.

contusione *sf* [gen] bruise; MED contusion.

contuso, a ◇ *agg* bruised. ◇ *sm, f*: **i contusi** the (slightly) injured.

convalescente *agg & smf* convalescent.

convalescenza *sf* convalescence; **essere in** ~ to be convalescing.

convalida *sf* -1. [di nomina, provvedimento] validation -2. [di biglietto] stamping.

convalidare [6] *vt* -1. [nomina, provvedimento] to validate -2. [biglietto] to stamp.

convegno *sm* convention, meeting.

conveniente *agg* -1. [vantaggioso – prezzo] cheap ; [– affare] profitable -2. [adeguato] suitable.

convenienza *sf* -1. [vantaggio] advantage; **fare qc per** ~ to do sthg out of self-interest -2. [di prezzo] cheapness; [di affare] profit.

convenire [109] ◇ *vt* -1. [ammettere] to admit -2. [concordare] to agree (upon). ◇ *vi* -1. [essere consigliabile]: ~ **(a qn fare**

qc) to be advisable (for sb to do sthg); **conviene andarsene** we'd o you'd etc better go; **non ti conviene dirglielo** you shouldn't tell him -2. [essere vantaggioso]: ~ **a qn fare qc** to be worth sb's while doing sthg -3. [costare di meno] to be cheaper -4. [essere d'accordo]: ~ **(con qn) (su qc)** to agree (with sb) (upon sthg) -5. [riunirsi] to gather.

convento sm [di suore] convent; [di frati] monastery.

convenuto, a ◇ pp ▷ convenire. ◇ agg agreed.

convenzionale agg -1. [poco originale] conventional -2. [concordato] agreed.

convenzionato, a agg -1. [medico, ospedale] belonging to the state health care system, ≃ NHS (dav s) UK; [ristorante, negozio] operating under a special agreement with a company or service -2. [prezzo] fixed.

convenzione sf -1. [patto] agreement -2. [norma accettata] convention. ◆ **convenzioni** sfpl conventions.

convergenza sf convergence.

convergere [125] vi to converge.

conversare [6] vi to converse.

conversazione sf conversation; **far ~ to make conversation; ~(telefonica)** (telephone) conversation.

conversione sf conversion; ~ **ad U** U-turn .

convertire [10] vt : ~ **qn (a qc)** to convert sb(to sthg). ◆ **convertirsi** vr: **convertirsi (a qc)** to convert (to sthg).

convesso, a agg convex.

convincente agg convincing.

convincere [26] vt -1. [persuadere] to convince; ~ **qn a fare qc** to convince sb to do sthg; ~ **qn di qc** to convince sb of sthg -2.: **non ~** [lasciare perplesso] to leave unconvinced . ◆ **convincersi** vr: **convincersi a fare qc** to make up one's mind to do sthg; **convincersi di qc** to convince o.s. of sthg.

convinto, a ◇ pp ▷ convincere. ◇ agg -1. [deciso] confirmed -2. [sicuro] sure -3. [persuaso] convinced.

convinzione sf conviction.

convivente smf partner.

convivenza sf cohabitation; **dopo una ~ di 15 anni** after living together for 15 years.

convivere [83] vi -1. [abitare insieme] to cohabit form, to live together -2. [abituarsi a]: ~ **con qc** to live with sthg.

convocare [15] vt -1. [riunione] to call;

[parlamento] to convene -2. [in tribunale] to summon; [ad una riunione] to call in; ~ **un giocatore** to select a player.

convocazione sf -1. [di assemblea] calling; [di parlamento] convening -2. [di giocatori, candidati] selection -3. [riunione]: **assemblea in prima/seconda ~** first/second round of meetings.

convogliare [21] vt to channel.

convoglio sm -1. [di automezzi] convoy -2. [treno]: ~ **(ferroviario)** train.

convulsioni smpl MED convulsions.

COOP ['kɔɔp] (abbr di **Cooperativa di consumo Italia**) sf inv Co-op.

cooperare [6] vi: ~ **(con qn) (a qc)** to cooperate (with sb) (on sthg).

cooperativa sf cooperative.

cooperazione sf cooperation.

coordinamento sm coordination.

coordinare [6] vt to coordinate.

coordinate sfpl coordinates; ~ **bancarie** bank details.

coordinatore, trice sm, f coordinator; ~ **(di classe)** class teacher.

coordinazione sf coordination.

Copenaghen sf Copenhagen.

coperchio sm [gen] cover; [di pentola, barattolo] lid.

coperta sf -1. [di letto] blanket -2. [di nave] deck.

copertina sf cover; **in ~** on the cover.

coperto, a ◇ pp ▷ coprire. ◇ agg -1. [gen]: ~ **(da qc)** covered (by sthg); ~ **di qc** covered in sthg -2. [persona] wrapped up -3. [luogo] indoor (dav s) -4. [cielo, tempo] overcast -5. [assegno] covered. ◆ **coperto** sm -1. [al ristorante] cover charge -2. [posto a tavola] place setting -3. [luogo]: **al ~** under cover; **mettersi al ~** to take cover; **essere al ~** to be safe .

copertone sm tyre UK, tire US.

copertura sf -1. [gen] cover; **fuoco di ~** covering fire; ~ **assicurativa** insurance cover UK o coverage US; ~ **(finanziaria)** (financial) backing -2. [di assegno] sufficient funds (pl) -3. [di tetto] roofing.

copia sf -1. [gen] copy; **brutta/bella ~** rough/fair UK copy -2. [di persona] spitting image.

copiare [20] vt to copy; ~ **qc (da qn/qc)** to copy sthg (from sb/sthg).

copilota, i, e smf copilot.

copione sm -1. [sceneggiatura] script -2. [parte] lines (plurale).

coppa sf -1. [gen] cup -2. [contenitore – per

vino, champagne] glass; [– per gelato, frutta] bowl **-3**. [contenuto – di vino, champagne] glass(ful); [– di gelato, frutta] bowl(ful) **-4**. AUTO: ~ **dell'olio** sump *UK*, oil pan *US*.

coppetta *sf* **-1**. [contenitore] bowl **-2**. [gelato] tub.

coppia *sf* **-1**. [di sposi, fidanzati] couple; ~ **di fatto** couple *(living together, but not married);* **fare** ~ **fissa** to go steady **-2**. [due] pair; **in** ~**, a coppie** in pairs.

coprente *agg* [fondotinta] concealing; [calze] opaque.

coprifuoco (*pl* **-chi**) *sm* curfew.

copriletto *sm* bedspread.

coprire [98] *vt* **-1**. [gen] to cover; ~ **qn/qc (con qc)** to cover sb/sthg (with sthg) **-2**. [riempire]: ~ **qn di qc** to shower sb with sthg; ~ **qc di qc** to cover sthg with sthg **-3**. [tracce, difetti, errori] to cover; [suono, voce] to drown out **-4**. [proteggere] to shield; ~ **le spalle a qn** to cover sb('s back) **-5**. [carica] to hold. ◆ **coprirsi** ◇ *vr* **-1**. [vestirsi] to wrap (o.s.) up; **coprirsi con qc** to wrap o.s. in sthg; **coprirsi di ridicolo** to make a fool of o.s. **-2**. [difendersi] to cover o.s. ◇ *vip* **-1**. [cielo] to cloud over **-2**. [riempirsi]: **coprirsi di qc** to become covered in sthg.

copyright [kɔpi'rait] *sm inv* copyright.

coque [kɔk] ▷ **uovo**.

coraggio *sm* **-1**. [temerarietà] courage; **lottare o combattere con** ~ to fight courageously **2**. [forza] nerve; **–!** [per rincuorare] chin up!; [per incitare] come on!; **farsi** ~ to pluck up courage; **fatti** ~! cheer up!; **avere il** ~ **delle proprie azioni** to have the courage of one's convictions **-3**. [sfacciataggine] cheek *UK*, nerve *US*.

coraggioso, a *agg* brave, courageous.

corallo *sm* coral.

Corano *sm*: **il** ~ the Koran.

corazza *sf* **-1**. [di soldato] armour *UK*, armor *US* **-2**. [di animale] carapace.

corda *sf* **-1**. [gen] rope; **dar** ~ **a qn** *fig* to encourage sb; **tenere qn sulla** ~ [in sospeso] to keep sb on tenterhooks; **tagliare la** ~ *fig* to slip away; **essere giù di** ~ *fig* to be down in the mouth; **mettere qn alle corde** [alle strette] to put sb on the spot; **scarpe di** ~ **espadrilles -2**. [per pacco, di strumento] string **-3**. ANAT. **corde vocali** vocal cords; ~ **dorsale** spinal cord.

cordata *sf* **-1**. [di alpinisti] roped party **-2**. [di politici] consortium; [di imprenditori] cartel.

cordiale ◇ *agg* warm; **cordiali saluti** kind regards. ◇ *sm* cordial.

cordialità *sf* warmth.

cordialmente *avv* warmly.

cordless *sm inv* cordless phone.

cordoglio *sm* grief.

cordone *sm* **-1**. [gen] cord; ~ **ombelicale** umbilical cord **-2**. [sbarramento] cordon; ~ **sanitario** cordon sanitaire.

Corea *sf*: **la** ~ Korea; **la** ~ **del Nord** North Korea; **la** ~ **del Sud** South Korea.

coreano, a *agg & sm, f* Korean. ◆ **coreano** *sm* [lingua] Korean.

coreografia *sf* choreography.

coreografo, a *sm, f* choreographer.

coriaceo, a *agg* hard.

coriandolo *sm* coriander *UK*, cilantro *US*. ◆ **coriandoli** *smpl* confetti.

coricare [15] *vt* to lay. ◆ **coricarsi** *vip* to go to bed.

corista, i, e *smf* [di una chiesa] choir member; [di uno spettacolo] chorus member.

corna *sfpl* ▷ **corno**.

cornamusa *sf* bagpipes *(pl)*.

cornea *sf* cornea.

cornetta *sf* **-1**. [di telefono] receiver **-2**. [strumento] cornet.

cornetto *sm* **-1**. [gelato] cone **-2**. [pasta] croissant.

cornice *sf* **-1**. [telaio] frame; **mettere qc in** ~ to frame sthg **-2**. [sfondo] setting.

cornicione *sm* cornice.

corno *sm* **-1**. (*plf* **corna**) [gen] horn; [di cervo] antler **-2**. (*plm* **corni**) [strumento] horn **-3**. *loc fam*: **non me ne importa un** ~ I don't give a damn; **non vale un** ~! it's worthless!; **un** ~! I no way! ◆ **corna** *sfpl fam* **-1**. [scongiuri]: **facciamo le corna** touch wood **-2**. [tradimento]: **fare o mettere le corna a qn** to be unfaithful to sb **-3**. [gesto]: **fare le corna a qn** ≃ to give sb the finger *esp US* ≃ to put o stick two fingers up at sb *UK*.

cornuto, a ◇ *agg* **-1**. [animale] horned **-2**. *fam offens* [persona – tradito] betrayed; [– maledetto] damned. ◇ *smf fam offens* [tradito] betrayed man (*f* woman); [insulto] bastard.

coro *sm* **-1**. [gen] chorus; **in** ~ all together **-2**. RELIG & ARCHIT choir.

corolla *sf* corolla.

corona *sf* **-1**. [di re, regina] crown **-2**. [ghirlanda] garland; [serto] wreath; ~ **di spine** crown of thorns; ~ **funebre** (funeral) wreath **-3**. [moneta – svedese] krona; [–

danese, norvegese] **krone -4.** [di rosario] rosary.

coronamento *sm* [di sogno] realization; [di carriera] crowning achievement; [di impresa] achievement.

coronare [6] *vt* [premiare] to crown; [realizzare] to realize; [compiere] to achieve.

coronarie *sfpl* coronary arteries.

corpetto *sm* bodice.

corpo *sm* -1. [gen] body; ~ **a** ~ hand to hand; **un** ~ **a** ~ a hand-to-hand fight; **buttarsi a** ~ **morto in qc** to throw o.s. wholeheartedly into sthg; ~ **celeste** heavenly body; ~ **contundente** blunt instrument; ~ **del reato** material evidence -2. [categoria] staff; ~ **di ballo** corps de ballet -3. MIL corps -4. [consistenza]: **prendere** ~ to take shape -5. *fam* [pancia] stomach; **andare di** ~ to have a bowel movement.

corporatura *sf* build.

corporazione *sf* -1. [medievale] guild -2. [categoria] association.

corporeo, a *agg* bodily.

corredare [6] *vt*: ~ **qc di qc** to equip sthg with sthg.

corredo *sm* trousseau.

correggere [50] *vt* -1. [gen] to correct -2. [caffè] to lace.

corrente ◇ *agg* current. ◇ *sm*: (**essere**) **al** ~ **(di qc)** (to be) well-informed (about sthg); **mettere qn al** ~ **(di qc)** to put sb in the picture (about sthg); **tenere qn al** ~ **(di qc)** to keep sb informed (about sthg). ◇ *sf* -1. [gen] current; [fornitura elettrica] power; **prendere la** ~ to get an electric shock -2. [di aria]: ~ **(d'aria)** draught *UK*, draft *US* -3. [moda] trend -4. [movimento] movement.

correntemente *avv* -1. [bene] fluently -2. [di solito] commonly.

correre [65] ◇ *vi* -1. [gen] to run -2. [in auto, moto] to go fast -3. [affrettarsi] to rush; ~ **a fare qc** to hurry and do sthg -4. [con la mente, la fantasia] to fly; ~ **alle conclusioni** to jump to conclusions -5. [circolare] to go around; **corre voce** rumour has it -6. [tempo]: **con i tempi che corrono** in times like these -7. [gareggiare] to race -8. [sorvolare]: **lasciar** ~ to let be -9. [parole, botte] to fly. ◇ *vt* to run.

corressi *(etc)* ▷ **correggere**.

correttamente *avv* correctly.

correttezza *sf* -1. [di comportamento] politeness -2. [precisione] accuracy -3. [linguistica] correctness.

correttivo, a *agg* -1. [ginnastica] remedial -2. [misure, manovre] corrective.

corretto, a ◇ *pp* ▷ **correggere**. ◇ *agg* -1. [gen] correct; **politicamente** ~ politically correct -2. [caffè] laced; **un caffè** ~ **alla grappa** a coffee laced with grappa.

correttore, trice *sm, f*: ~ **di bozze** proofreader. ◆ **correttore** *sm* -1. [cosmetico] concealer -2. [di computer]: ~ **ortografico** spell check -3. [per inchiostro] correction fluid.

correzione *sf* correction; ~ **di bozze** proofreading.

corrida *sf* corrida.

corridoio *sm* corridor.

corridore [automobilista] driver; [a piedi] runner; [ciclista] cyclist; [cavallo] racehorse.

corriera *sf* coach.

corriere *sm* -1. [ditta] courier -2. [persona] messenger; ~ **della droga** drug runner.

corrimano *sm* handrail.

corrispettivo *sm* -1. [equivalente] equivalent -2. [compenso] compensation.

corrispondente ◇ *agg* corresponding. ◇ *smf* correspondent.

corrispondenza *sf* -1. [lettere, posta] correspondence, mail, post *UK*; **essere in** ~ **con qn** to be in correspondence with sb; **ufficio** ~ **e pacchi** post office; **corso per** ~ correspondence course; **vendita per** ~ mail order -2. [correlazione] relation -3. [servizio giornalistico] report.

corrispondere [42] ◇ *vt* -1. [contraccambiare] to return -2. [pagare] to pay. ◇ *vi* -1. [coincidere] to coincide -2. [equivalere]: ~ **a qc** to be the equivalent of sthg -3. [essere all'altezza]: ~ **a qc** to meet sthg -4. [scrivere] to correspond.

corrisposto, a ◇ *pp* ▷ **corrispondere**. ◇ *agg* -1. [contraccambiato] reciprocated -2. [pagato] paid.

corrodere [36] *vt* [metallo] to corrode; [pietra] to erode.

corrompere [64] *vt* -1. [comprare] to bribe -2. [moralmente] to corrupt.

corrosione *sf* [di ferro] corrosion; [di pietra] erosion.

corrosivo, a *agg* -1. [sostanza] corrosive -2. [mordace] biting.

corroso, a ◇ *pp* ▷ **corrodere**. ◇ *agg* corroded.

corrotto, a ◇ *pp* ▷ **corrompere**. ◇ *agg* corrupt.

corrugare [16] *vt* to wrinkle; ~ **la fronte** o **le sopracciglia** to frown.

corruzione *sf* -1. [morale] corruption; ~ di minorenne corruption of a minor -2. [con denaro] bribery; ~ di pubblico ufficiale bribery of a civil servant.

corsa *sf* -1. [andatura] run; **che ~!** what a rush!; **fare una ~** to dash; **di ~** [in fretta] in a rush; **andare di ~** to rush -2. [gara] race -3. [movimento]: **in ~** moving -4. [di mezzo pubblico] journey; **l'ultima ~ è a mezzanotte** the last bus is at midnight.

corsi (etc) ▷correre.

corsia *sf* -1. [gen] lane; ~ d'emergenza hard shoulder *UK*, shoulder *US*; ~ preferenziale bus and taxi lane; ~ di sorpasso overtaking lane -2. [di ospedale] ward.

Corsica *sf*: la ~ Corsica.

corsivo, a *agg* italic. ◆ **corsivo** *sm* italics *(pl)*.

corso¹, a *pp* ▷correre.
◆ **corso** *sm* -1. [gen] course; **essere in ~** to be in progress; **anno/mese in ~** present year/month; **nel ~ di qc** during sthg; **studente fuori ~** student who has not finished his or her course within the prescribed time; ~ d'acqua watercourse -2. [strada principale] main street -3. [classi] class -4. [orientamento] direction -5. [validità]: **fuori ~** no longer in circulation.

corso², a ['korso, a] *agg & sm, f* Corsican.

corte *sf* -1. [gen] court; ~ d'appello court of appeal; ~ d'assise court of assizes; ~ di cassazione court of cassation; ~ dei Conti institution that acts as a public finance watchdog and ensures that the government respects the law; ~ costituzionale constitutional court (which decides the constitutional legitimacy of laws passed by the government); ~ marziale court martial -2. [corteggiamento] courtship; **fare la ~ a qn** to court sb.

corteccia *(pl* -ce) *sf* bark.

corteggiare [18] *vt* to court.

corteo *sm* procession.

cortese *agg* polite.

cortesia *sf* -1. [gentilezza] politeness; **comportarsi con grande ~** to behave very politely; **per ~** please -2. [favore] favour *UK*, favor *US*; **fare o usare una ~ a qn** to do sb a favour.

cortigiano, a *sm, f* courtier.

cortile *sm* [di casa, condominio] courtyard; [di scuola] playground.

cortina *sf* [barriera] screen; [alla finestra] curtain; ~ di ferro *fig* Iron Curtain; ~ fumogena smokescreen.

corto, a *agg* -1. [gen] short -2. [scarso] poor; **avere la vista corta** *letter* to be shortsighted *UK* o nearsighted *US*; *fig* to be shortsighted; **essere a ~ di qc** to be short of sthg. ◆ **corto** ◇ *sm* -1. ; short-circuit; **andare in ~** to short-2. *CIN fam* short. ◇ *avv* ▷tagliare.

cortocircuito *sm* short-circuit.

cortometraggio *sm* short.

corvo *sm* raven, crow.

cosa *sf* -1. [gen] thing; **sono cose che capitano** these things happen; **fra una ~ e l'altra** what with one thing and another; **a cose fatte** after the event -2. [che cosa] what; ~ **c'è?** what is it? -3. [questione, affare] matter; **come vanno le cose?** how are things? -4. [opera] work. ◆ **cose** *sfpl* things.

coscia, sce *sf* -1. [di persona] thigh -2. CULIN leg.

cosciente *agg* -1. [gen] conscious -2. [consapevole]: ~ (di qc) aware (of sthg).

coscienza *sf* -1. [consapevolezza] awareness; **avere ~ di qc** to be aware of sthg -2. [senso morale] conscience; **avere la ~ pulita/sporca** to have a clear/guilty conscience; **secondo ~** according to one's principles -3. [scrupolosità] conscientiousness; **lavorare con ~** to work conscientiously -4. [sincerità] honesty.

coscienzioso, a *agg* -1. [persona] conscientious -2. [lavoro] careful.

così ◇ *avv* -1. [in questo modo] like this/that; ~ **me l'hanno raccontato** that's what they told me, ~ ~ so so; **basta ~!** [è sufficiente] that's enough!; [con insofferenza] that will do!; **proprio ~!** exactly!; **e ~ via** and so forth -2. [talmente] so; **è ~ giovane!** he's so young! ◇ *agg inv* [siffatto] such. ◇ *cong* -1. [perciò, talmente] so -2. [nel modo]: ~ **come as; non è così facile ~ sembra** it isn't as easy as it looks.

cosicché *cong* -1. [perciò] so -2. [affinché] so that.

cosiddetto, a *agg* so-called.

cosmetico, a, ci, che *agg* cosmetic. ◆ **cosmetico** *sm* cosmetic; **cosmetici** makeup *(U)*.

cosmico, a, ci, che *agg* [raggi, energia] cosmic; [leggi] universal.

cosmo *sm* cosmos.

cosmopolita, i, e *agg & smf* cosmopolitan.

cospargere [53] *vt*: ~ **qc di qc** [oggetti] to scatter sthg (all) over sthg; [liquidi, polvere] to sprinkle sthg with sthg.

cosparso, a ◇ *pp* ▷cospargere. ◇ *agg*: ~ di qc covered in sthg.

cospetto *sm*: al ~ di qn in the presence of sb.

cospicuo, a *agg* considerable.

cospirazione *sf* conspiracy.

cossi *(etc)* ⊳cuocere.

costa *sf* coast. ➤ **Costa d'Avorio** *sf*: la Costa d'Avorio the Ivory Coast. ➤ **Costa Azzurra** *sf*: la Costa Azzurra the Côte d'Azur. ➤ **Costa Brava** *sf*: la Costa Brava the Costa Brava. ➤ **Costa Smeralda** *sf*: la Costa Smeralda the Costa Smeralda.

costante ⬦ *agg* **-1.** [valore] constant **-2.** [attività] consistent **-3.** [desiderio, sentimento] enduring **-4.** [persona] steadfast. ⬦ *sf* **-1.** [caratteristica] constant feature **-2.** MAT & FIS constant.

costantemente *avv* constantly.

costanza *sf* perseverance.

costare [6] *vi* **-1.** [avere un prezzo] to cost; ~ un occhio della testa to cost an arm and a leg; ~ caro a qn [essere svantaggioso] to cost sb dearly **-2.** [essere costoso] to be expensive **-3.** [richiedere] to take; ~ la vita a qn to cost sb his/her etc life; costi quel che costi whatever it takes.

Costa Rica *sf*: la ~ Costa Rica.

costata *sf* chop.

costato *sm* chest.

costeggiare [18] *vt* **-1.** [fiancheggiare] to skirt **-2.** [navigare] to sail along.

costellazione *sf* constellation.

costiero, a *agg* coastal.

costina *sf* pork chop.

costipato, a *agg* **-1.** [stitico] constipated **-2.** [raffreddato]: essere ~ to have a cold.

costituire [9] *vt* **-1.** [fondare] to set up **-2.** [formare] to make up **-3.** [rappresentare] to constitute. ➤ **costituirsi** *vr* [criminale]: costituirsi (a qn) to turn o.s. in (to sb). ⬦ *vip* [formarsi] to form.

costituzione *sf* **-1.** [fondazione] establishment; impresa di nuova ~ newly established enterprise **-2.** [fisico] constitution. ➤ **Costituzione** *sf*: la Costituzione the Constitution.

costo *sm* **-1.** [spesa] cost **-2.** [rischio, fatica]: a ~ di qc at the cost of sthg; a ogni o qualunque ~, a tutti i costi at all costs.

costola *sf* ANAT rib.

costoletta *sf* cutlet.

costoso, a *agg* expensive.

costretto, a ⬦ *pp* ⊳costringere. ⬦ *agg*: ~ (a fare qc) obliged (to do sthg).

costringere [57] *vt*: ~ qn (a fare qc) to force sb (to do sthg); ~ qn a qc to force sb into sthg.

costruire [9] *vt* **-1.** [gen] to build **-2.** [assemblare] to assemble, to manufacture.

costruzione *sf* **-1.** [attività] construction, building **-2.** [edilizia] building **-3.** [fabbricazione] manufacture.

costume *sm* **-1.** [abito] costume; ~ (da bagno) [da donna] swimsuit; [da uomo] trunks **-2.** [consuetudine] custom.

cotechino *sm a large pork sausage, generally eaten with lentils at New Year.*

cotoletta *sf* cutlet.

cotone *sm* cotton; ~ (idrofilo) cotton wool UK, cotton US.

cotto, a ⬦ *pp* ⊳cuocere. ⬦ *agg* CULIN cooked; ben cotta[bistecca] well done.

Cotton fioc® *sm inv* cotton bud UK, Q-tip® US.

cottura *sf* CULIN cooking; ~ in umido stewing.

covare [6] *vt* **-1.** [uovo] to sit on **-2.** [malattia] to go down with **-3.** [rancore] to harbour UK, to harbor US.

covo *sm* **-1.** [di formiche, vipere] nest; [di talpa] hole **-2.** [nascondiglio] hideout; [ritrovo] haunt.

cozza *sf* mussel.

cozzare [6] *vi*: ~ contro qc to crash into sthg.

c.p. *(abbr di* casella postale*)* PO Box.

cracker ['krɛkər] *sm inv* cracker.

crampo *sm* [alla gamba, mano] cramp *(U)*; [allo stomaco] cramps *(pl)*.

cranio *sm* **-1.** [gen] skull **-2.** ANAT cranium.

cratere *sm* crater.

cravatta *sf* tie, necktie US.

creare [24] *vt* **-1.** [gen] to create **-2.** [suscitare] to give rise to. ➤ **crearsi** *vip* to arise.

creativo, a ⬦ *agg* creative. ⬦ *sm, f* creative type.

creatore, trice *sm, f* creator; ~ di moda fashion designer.

creatura *sf* **-1.** [essere vivente] creature **-2.** [bambino] little one o thing.

creazione *sf* **-1.** [gen] creation **-2.** [fondazione] setting up.

crebbi *(etc)* ⊳crescere.

credente *smf* RELIG believer.

credenza *sf* **-1.** [leggenda] belief **-2.** [nella cucina] dresser; [nella sala da pranzo] sideboard.

credere [7] ⬦ *vt* **-1.** [ritenere vero] to believe; lo credo (bene)! I can (well) believe it!

-2. [giudicare, supporre] to think; **lo credevo più furbo** I thought he was cleverer; **credevamo che tu fossi già partito** we thought you'd already left. ⋄ *vi* **-1.** [avere fede]: ~ **in qn/qc** to believe in sb/sthg **-2.** [fidarsi]: ~ **a qn/qc** to believe sb/sthg.
◆ **credersi** *vr*: **si crede una persona importante** she thinks she's an important person; **ma chi ti credi di essere?** just who do you think you are?

credibilità *sf* credibility.

credito *sm* **-1.** COMM credit; **fare** ~ **(a qn)** to give(sb) credit; **a** ~ on credit **-2.** [reputazione] reputation; [commerciale] standing.

creditore, trice *sm, f* creditor.

crema *sf* **-1.** [gelato] vanilla **-2.** [in pasticceria] custard; ~ **pasticcera** pastry cream, confectioners' custard *UK* **-3.** [passato] purée **-4.** [pomata] cream; ~ **da barba** shaving cream; ~ **idratante** moisturizing cream.

cremazione *sf* cremation.

crème caramel [krɛmˈkaramel] *sm* o *f inv* crème caramel.

crepa *sf* crack.

crepaccio *sm* **-1.** [in roccia] fissure **-2.** [in ghiacciaio] crevasse.

crepare [6] *vi fam* [morire] to kick the bucket; **sto crepando di fame** I'm starving; ~ **dal ridere** to kill o.s. laughing; ~ **di rabbia/di invidia** to be consumed with anger/jealousy. ◆ **creparsi** *vip* to crack.

crêpe [ˈkrɛp] *sf inv* pancake.

crepuscolo *sm* dusk, twilight.

crescere [27] ⋄ *vt* to bring up, to raise. ⋄ *vi* **-1.** [gen] to grow; **farsi** ~ **la barba/i capelli** to grow a beard/one's hair **-2.** [diventare adulto] to grow up **-3.** [aumentare] to increase.

crescita *sf* **-1.** [sviluppo] growth **-2.** [aumento] increase.

cresciuto, a *pp* ⊳ **crescere**.

cresima *sf* confirmation.

crespo, a *agg* frizzy.

cresta *sf* **-1.** [gen] crest **-2.** [cuffia] cap.

creta *sf* clay. ◆ **Creta** *sf* Crete.

cretinata *sf* **-1.** [stupidaggine] stupid thing; **dire cretinate** to talk nonsense **-2.** *fam* [cosa di poco conto] trifle; [cosa facile] piece of cake.

cretino, a ⋄ *agg* stupid. ⋄ *sm, f* idiot.

CRI (*abbr di* **Croce Rossa Italiana**) Italian Red Cross.

cric *sm inv* AUTO jack.

criceto *sm* hamster.

criminale *agg & smf* criminal.

criminalità *sf* crime.

crimine *sm* crime.

crine *sm* horsehair.

criniera *sf* mane.

cripta *sf* crypt.

crisantemo *sm* chrysanthemum.

crisi *sf inv* **-1.** [fase difficile] crisis; ~ **di governo** government crisis **-2.** [attacco] fit.

cristallino, a *agg* crystal-clear.

cristallo *sm* **-1.** GEOL [gen] crystal; **cristalli liquidi** liquid crystal *(U)* **-2.** [lastra] (plate) glass; [di auto] window.

cristianesimo *sm* Christianity.

cristiano, a *agg & sm, f* Christian.

cristo, a *sm, f fam* poor thing. ◆ **Cristo** *sm* Christ.

criterio *sm* **-1.** [regola] criterion **-2.** [buon senso] common sense.

critica (*pl* **-che**) *sf* **-1.** [gen] criticism **-2.** [esame] critique **-3.** [recensione] review **-4.** [critici] critics (*pl*).

criticare [15] *vt* [biasimare] to criticize.

critico, a, ci, che ⋄ *agg* critical. ⋄ *sm, f* critic.

croato, a ⋄ *agg* Croatian. ⋄ *sm, f* Croat. ◆ **croato** *sm* [lingua] Croatian.

Croazia *sf*: **la** ~ Croatia.

croccante ⋄ *agg* [biscotto] crunchy; [pane] crusty. ⋄ *sm* almond brittle.

crocchetta *sf* **-1.** [di carne, patate] croquette **-2.** [per cani, gatti] biscuit.

croce *sf* **-1.** [gen & RELIG] cross; **Gesù in** ~ Jesus on the cross **-2.** ⊳ **testa**. ◆ **Croce Rossa** *sf*: **la Croce Rossa** the Red Cross.

crocevia *sm inv* crossroads.

crociata *sf fig* STORIA crusade.

crociera *sf* cruise; **velocità/altezza di** ~ cruising speed/altitude.

crocifisso *sm* crucifix.

crollare [6] *vi* **-1.** [edificio, persona] to collapse **-2.** [prezzo, titolo] to crash.

crollo *sm* **-1.** [di edificio] collapse **-2.** [di prezzi] crash **-3.** [rovina] downfall.

cromato, a *agg* chrome-plated.

cromo *sm* chrome.

cromosoma (*pl* **-i**) *sm* chromosome.

cronaca (*pl* **-che**) *sf* **-1.** [di giornale] news *(U)*; ~ **nera** crime news **-2.** [di partita] commentary **-3.** [resoconto] account.

cronico, a, ci, che *agg* chronic.

cronista, i, e *smf* reporter.

cronologico, a, ci, che *agg* chronological.

cronometrare [6] *vt* to time.

cronometro *sm* -1. [orologio] chronometer -2. SPORT stopwatch.

crosta *sf*-1. [strato esterno] crust; ~ di formaggio cheese rind -2. [di ferita] scab -3. *spreg* [quadro] daub.

crostaceo *sm* crustacean.

crostata *sf* tart.

crostino *sm* -1. [antipasto] *small piece of toast with a topping served as a starter* -2. [per minestra] crouton.

croupier [kru'pje] *sm inv* croupier.

cruciale *agg* crucial.

cruciverba *sm inv* crossword.

crudele *agg* cruel.

crudeltà *sf inv*-1. [ferocia] cruelty -2. [azione] act of cruelty.

crudo, a *agg* -1. [non cotto] raw -2. [poco cotto] underdone -3. [linguaggio, parole] crude.

cruna *sf* eye *(of a needle)*.

crusca *sf* bran.

cruscotto *sm* dashboard.

CSM *(abbr di* Consiglio Superiore della Magistratura) *sm* Council of Magistrates.

C.so *(abbr di* corso) ≃ Ave, ≃ Avenue.

CT *(abbr di* Commissario Tecnico) *sm inv* national coach.

CTS *(abbr di* Centro Turistico Studentesco e giovanile) *sm* Student and Young People's Travel Centre.

Cuba *sf* Cuba.

cubano, a *agg & sm, f* Cuban. ➤ **cubano** *sm* Havana (cigar).

cubetto *sm* [di marmo] block; [di verdura] dice; **tagliare qc a cubetti** to dice sthg; ~ **di ghiaccio** ice cube.

cubo ◇ *agg* cubic. ◇ *sm* -1. GEOM cube -2. [oggetto] block -3. [in discoteca] stage -4. MAT: **elevare un numero al** ~ to cube a number.

cuccetta *sf* -1. [di treno] couchette -2. [di nave] bunk.

cucchiaiata *sf* spoonful.

cucchiaino *sm* -1. [posata] teaspoon -2. [quantità] teaspoon(ful).

cucchiaio *sm* -1. [posata] spoon -2. [quantità] spoonful.

cuccia *(pl* -ce) *sf*-1. [giaciglio] dog basket -2. [casotto] mess.

cucciolo, a *sm, f* [di cane] puppy; [di leone, foca] cub; [di gatto] kitten.

cucina *sf* -1. [locale] kitchen -2. [mobili] kitchen units -3. [attività] cooking; [arte] cookery; **libro di** ~ cookbook, cookery book *UK* -4. [vivande] food -5. [elettrodomestico]: ~ **(elettrica/a gas)** (electric/gas) cooker *UK* o stove *US*.

cucinare [6] *vt & vi* to cook.

cucinino *sm* kitchenette.

cucire [99] ◇ *vt* -1. [orlo, tasca] to sew -2. [confezionare] to make -3. [ferita] to put stitches in. ◇ *vi* to sew.

cucito, a *agg* sewn; ~ **a mano** handstitched. ➤ **cucito** *sm* sewing.

cucitrice *sf* stapler.

cucitura *sf* stitching.

cucù *sm inv* cuckoo.

cuculo, cuculo *sm* cuckoo.

cuffia *sf* -1. [da infermiera, commessa] cap -2. [impermeabile]: ~ **(da bagno)** [per piscina] swimming cap; [per doccia] shower cap -3. [auricolare] headphones *(pl)* -4. [per bambini] bonnet.

cugino, a *sm, f* cousin.

cui *pron rel* -1. [con preposizione]: **la persona a** ~ **ho chiesto** the person I asked; **la ragazza con** ~ **esco** the girl I'm going out with; **la città in** ~ **sono nato** the city I was born in o where I was born; **il libro di** ~ **ti ho parlato** the book I told you about; **il motivo per** ~ **ti telefono** the reason I'm phoning you -2. [complemento di termine]: **la persona** ~ **ho chiesto aiuto** the person I asked for help -3. [tra articolo e sostantivo] whose; **la città il** ~ **nome mi sfugge** the city whose name escapes me; **un autore le** ~ **opere sono note ovunque** an author whose books are known everywhere. ➤ **per cui** *cong* so.

culinario, a *agg* culinary.

culla *sf* cradle.

culminante *agg* culminating.

culmine *sm* peak; **al** ~ **di qc** at the height of sthg.

culo *sm volg* -1. [sedere] arse *UK*, ass *esp US* -2. [fortuna] luck.

culto *sm* -1. [religione] religion -2. [rispetto] devotion.

cultura *sf* culture.

culturale *agg* cultural.

culturismo *sm* body building.

cumulativo, a *agg* -1. [biglietto] group *(dav s)* -2. [prezzo] inclusive.

cumulo *sm* -1. [mucchio] pile; **un** ~ **di bugie** a pack of lies -2. METEO cumulus.

cunetta *sf* bump.

cuocere [89] ◇ *vt* -1. [cucinare] to cook; ~ **al forno** [pane] to bake; [carne] to roast; ~ **qc a fuoco lento** to simmer sthg; ~ **qc al vapore** to steam sthg; ~ **qc in padella** to fry sthg -2. [mattone, ceramica] to fire. ◇ *vi* to cook. ◆ **cuocersi** *vip* to cook.

cuocevo *(etc)* ▷cuocere.

cuoco, a, chi, che *sm, f* -1. [in ristorante] chef -2. [non professionista] cook.

cuoio *sm* -1. [pelle conciata] leather -2. ANAT.: ~ **capelluto** scalp.

cuore *sm* heart; **di (tutto)** ~ with all one's heart; **senza** ~ heartless; **avere a** ~ **qc** to want sthg badly; **stare a** ~ **a qn** to be dear to sb's heart; **il** ~ **della notte** the middle of the night. ◆ **cuori** *smpl* [nelle carte] hearts.

cupo, a *agg* -1. [colore] dark; [cielo, giornata] overcast -2. [persona, espressione] gloomy -3. [rumore, suono] deep.

cupola *sf* dome.

cura *sf* -1. [gen] care; **prendersi** o **avere** ~ **di qn/qc** to look after sb/sthg; "**fragile: maneggiare con** ~ " "fragile: handle with care"; **a** ~ **di qn** [libro] edited by sb -2. [trattamento] treatment; ~ **dimagrante** diet -3. [rimedio] cure.

curare [6] *vt* -1. [trattare] to treat -2. [guarire] to cure -3. [occuparsi di] to look after -4. [pubblicazione] to edit. ◆ **curarsi** ◇ *vr* to have medical treatment. ◇ *vip*: **non curarsi di qn/qc** to take no notice of sb/sthg.

curcuma *sf* turmeric.

curdo, a ◇ *agg* Kurdish. ◇ *sm, f* Kurd. ◆ **curdo** *sm* [lingua] Kurdish.

curiosare [6] *vi* -1. [osservare] to browse -2. [frugare] to root around.

curiosità *sf inv* -1. [gen] curiosity; **suscitare** ~ to arouse interest -2. [dubbio] question; **togliere una** ~ **a qn** to clear sthg up for sb -3. [indiscrezione] nosiness.

curioso, a ◇ *agg* -1. [indagatore] inquisitive -2. [indiscreto] nosy -3. [strano] strange. ◇ *sm, f* [ficcanaso] nosy parker; [spettatore] onlooker.

curriculum (vitae) *sm inv* CV UK, curriculum vitae UK, résumé US.

cursore *sm* INFORM cursor.

curva *sf* -1. MAT curve -2. [di strada] bend.

curvare [6] ◇ *vt* to bend. ◇ *vi* -1. [automobile] to turn -2. [strada] to bend. ◆ **curvarsi** ◇ *vr* [piegarsi] to bend down. ◇ *vip* [sbarra, schiena] to bend; [ripiano] to sag.

curvo, a *agg* -1. [linea, superficie] curved -2. [piegato] bent.

cuscino *sm* -1. [per sofà] cushion -2. [guanciale] pillow.

custode *smf* -1. [di museo] keeper -2. [di scuola] caretaker UK, janitor US -3. [di condominio] concierge.

custodia *sf* -1. [cura] protection; **dare** o **affidare qc in** ~ **a qn** to entrust sthg to sb o to sb's care -2. [astuccio] case.

custodire [9] *vt* -1. [conservare] to keep -2. [prigioniero] to guard.

cutaneo, a *agg* skin *(dav s)*.

CV -1. (*abbr di* **Cavallo Vapore**) hp -2. (*abbr di* **Curriculum vitae**) CV UK, résumé US.

cyclette® [si'klɛt] *sf inv* exercise bike.

CZ (*abbr di* **Repubblica Ceca**) CZ.

D

d, D *sf* o *m inv* d, D.

D (*abbr di* **Germania**) D.

da *(dav art diventa* **dal, dallo, dalla, dall' dai, dagli, dalle)** *prep* -1. [moto da luogo] from; ~ **dove vieni?** where are you from?; [provenienza] where have you been? ; **è partito** ~ **Napoli** he left from Naples; **ricevere una lettera** ~ **un amico** to get a letter from a friend; **scendere dall'autobus** to get off the bus; **uscire dall'ufficio** to leave the office -2. [moto a luogo] to; **andare dal medico/parrucchiere** to go to the doctor's/the hairdresser's; **posso venire** ~ **te oggi?** can I come to your house today?; ~ **che parte vai?** which way are you going? -3. [stato in luogo] at; **ho appuntamento dal dentista** I've got an appointment at the dentist's; **sono tutti qui** ~ **me** everyone's here at my house; **abito** ~ **una zia** I live with an aunt; **il treno passa** ~ **nessuna parte** I can't see him/it anywhere -4. [moto per luogo] through; **è entrato dall'ingresso principale** he came in (through) the main entrance; **il treno passa** ~ **Roma** the train goes through o via Rome; **è uscito** ~ **quella parte** he went out that way -5. [con verbi passivi] by; **il**

viaggio è pagato dalla ditta the trip is paid for by the firm **-6.** [separazione] essere lontano ~ casa to be a long way from home; abito a 3 km ~ qui I live 3 km from here; isolarsi ~ tutti to cut o.s. off from everyone **-7.** [tempo - durata] for; [-nel passato] since; [-nel futuro] from; non lo vedo ~ ieri I haven't seen him since yesterday; lavoro dalle otto alle due I work from eight till two; dal mattino alla sera from morning to night; aspetto ~ ore I've been waiting (for) hours; lavoro qui ~ 3 anni I've been working here for 3 years; ~ quant'è che sei qui? how long have you been here?; comincerò ~ domani I'm starting (from) tomorrow; d'ora in poi from now on **-8.** [ruolo, condizione] as; fare ~ guida a qn to act as a guide for sb; ~ bambino ero timido I was shy as a child; fare ~ madre/padre a qn to be (like) a mother/father to sb; ~ grande farò il pompiere when I grow up I'm going to be a firefighter **-9.** [modo] like; trattare qn ~ amico to treat sb like a friend; comportarsi ~ eroe/vigliacco/stupido to behave like a hero/a coward/an idiot; ~ solo alone; far ~ sé to do it o.s. **-10.** [causa] piangere dalla gioia to weep for joy; tremare dal freddo to tremble with cold; morire dal ridere to die of laughter **-11.** [caratteristica]: abiti ~ uomo men's clothing; la ragazza dagli occhi verdi the girl with green eyes **-12.** [con misura, valore]: una bottiglia ~ un litro a one litre bottle; un tesserino ~ 10 corse a ten-journey ticket; una stanza ~ 100 euro a notte a room that costs 100 euros a night; contare ~ uno a cento to count from one to a hundred; ragazzi dai 10 ai 18 anni young people from 10 to 18 **-13.** [fine, scopo]: abito ~ sera evening dress; macchina ~ scrivere typewriter **-14.** [con valore consecutivo] to; qualcosa ~ mangiare/leggere something to eat/read; essere stanco ~ morire to be dead tired.

dà ⊳dare.

daccapo, da capo *avv* from the beginning, over again; siamo ~ con queste storie here we go again!.

dado *sm* **-1.** [da gioco] dice; tirare i dadi to throw the dice **-2.** [da brodo] stock cube **-3.** [pezzetto] dice, cube; tagliare qc a dadi to dice sthg **-4.** [di vite] nut.

daffare *sm inv*: avere un gran ~ to have a lot to do.

dagli = da + gli.

dai[1] = da + i.

dai[2] *esclam* come on (now)!

daino *sm* **-1.** [animale] deer, buck (*f* doe) **-2.** [pelle] deerskin.

dal = da + il.

dalia *sf* dahlia.

dall' = da + l'.

dalla = da + la.

dalle = da + le.

dallo = da + lo.

dalmata, i, e *agg* Dalmation ◆ **dalmata** *sm* [cane] Dalmatian.

daltonico, a, ci, che *agg* colour-blind *UK*, color-blind *US*.

d'altronde *avv* however, on the other hand.

dama *sf* **-1.** [nobildonna] lady; ~ di compagnia lady-in-waiting **-2.** [nel ballo] (dance) partner **-3.** [gioco] draughts (*U*) *UK*, checkers (*U*) *US* **-4.** [pedina vincente] king; fare ~ to crown a piece.

damigella *sf* bridesmaid; ~ d'onore maid of honour *UK* o honor *US*.

damigiana *sf* demijohn.

DAMS [dams] (*abbr di* **Discipline delle Arti, della Musica e dello Spettacolo**) *sm* Disciplines of the Arts, Music and Entertainment ≃ music and drama school.

danaro *sm* = denaro.

dancing ['dɛnsin(g)] *sm inv* dance hall.

danese ◇ *agg* Danish. ◇ *smf* [persona] Dane. ◇ *sm* [lingua] Danish.

Danimarca *sf*: la ~ Denmark.

dannare [6] *vt*: far ~ qn to drive sb mad.

dannato, a ◇ *agg* **-1.** [imprecazione] wretched **-2.** [condannato] damned. ◇ *sm, f*: i dannati the damned; strillare come un ~ to scream like a madman.

danneggiare [18] *vt* to damage. ◆ **danneggiarsi** ◇ *vr* to do o.s. harm. ◇ *vip* to be damaged.

danno ◇ ⊳dare. ◇ *sm* damage; chiedere i danni to claim for damages. ◆ **ai danni di** *prep* against.

dannoso, a *agg* harmful.

Danubio *sm*: il ~ the Danube.

danza *sf* **-1.** [gen] dance; ~ classica ballet; ~ moderna modern dance; ~ del ventre belly dancing **-2.** [il danzare] dancing.

danzante *agg* ⊳serata.

danzare [6] *vi & vt* to dance.

danzatore, trice *sm, f* dancer.

dappertutto *avv* everywhere.

dappoco, da poco *agg inv* **-1.** [senza valore] worthless **-2.** [incapace] incompetent **-3.** [senza importanza] minor.

dapprima *avv* at first.

dare [12] ⟨⟩ *vt* **-1.** [gen] to give; ~ qc a qn to give sb sthg, to give sthg to sb; ~ uno schiaffo/un calcio etc a qn to slap/kick etc sb; ~ fiducia a qn to put one's faith in sb **-2.** [somministrare] to give, to administer **-3.** [produrre] to produce, to yield **-4.** [organizzare] to organize; ~ una festa to throw a party **-5.** [applicare]: ~ qc a qc to apply sthg to sthg; ~ il lucido alle scarpe to polish one's shoes; ~ fuoco a qc to set fire to sthg **-6.** [attribuire]: ~ due mesi di vita a qn to give sb two months to live; quanti anni le dai? how old do you think she is? **-7.** [considerare]: ~ qc per certo to think sthg is a foregone conclusion; ~ qc per scontato to take sthg for granted **-8.** [trasmettere] to show **-9.** [augurare]: ~ il buongiorno/la buonanotte a qn to say good morning/goodnight to sb **-10.** *loc*: darsi da fare to get on with it; ~ inizio a qc to begin sthg. ⟨⟩ *vi* **-1.** [guardare]: ~ su qc to overlook sthg **-2.** [tendere]: ~ a o su qc to be verging on sthg **-3.** *loc*: ~ contro a qn to criticize sb; darci dentro to get down to it. ◆ **darsi** ⟨⟩ *vr* **-1.** [dedicarsi]: darsi a qc to devote o.s. to sthg; darsi all' alcol to take to drinking **-2.** [scambiarsi] to exchange; darsi il cambio to take (it in) turns; darsi del lei/del tu to address each other as "lei"/"tu" **-3.** [considerarsi]: darsi per vinto to give in. ⟨⟩ *vip*: si dà il caso che (+ *congiuntivo*) it (just) so happens that ; può darsi perhaps, maybe; può darsi di sì/di no I/you/he etc might/might not.

darsena *sf* dockyard.

data *sf* date; ~ di nascita date of birth; ~ di scadenza use-by date; di vecchia ~ long-standing.

database [data'beiz] *sm inv* database.

datare [6] ⟨⟩ *vt* to date. ⟨⟩ *vi*: a ~ da as from.

datato, a *agg* dated.

dativo *sm* GRAMM dative.

dato, a ⟨⟩ *pp* ⊳dare. ⟨⟩ *agg* **-1.** [momento] given *(dav s)*; [ordine] set **-2.** [considerato]: date le circostanze given o under the circumstances; ~ che given that. ◆ **dato** *sm* a piece of information; i dati INFORM data; dati anagrafici personal details; essere un ~ di fatto (che) to be a fact (that).

datore, trice *sm, f*: ~ di lavoro employer.

dattero *sm* date.

dattilografo, a *sm, f* typist.

dattiloscritto, a *agg* typed.

davanti ⟨⟩ *avv* [di fronte] in front; [nella parte anteriore] at the front. ⟨⟩ *agg inv* [anteriore] front *(dav s)*. ⟨⟩ *sm inv* [parte anteriore] front. ◆ **davanti a** *prep* **-1.** [di fronte a] opposite **-2.** [in presenza di] in front of.

davanzale *sm* windowsill.

davanzo, **d'avanzo** *avv* more than enough; ce n'è ~ there is plenty.

davvero *avv* really; ~? really?; fare/dire qc per ~ to do/say sthg in earnest.

day hospital [dei'ɔspital] *sm* day hospital.

d.C. (*abbr di* dopo Cristo) AD.

dea *sf* goddess.

debba *(etc)* ⊳dovere.

debellare [6] *vt* to wipe out.

debitamente *avv* properly.

debito, a *agg* (all) due; a tempo ~ in due course. ◆ **debito** *sm* debt; ~ pubblico national debt.

debitore, trice *sm, f* debtor; essere ~ a qn di qc to owe sb sthg.

debole ⟨⟩ *agg* **-1.** [gen] weak; essere ~ di memoria to have a poor memory **-2.** [fioco] faint. ⟨⟩ *smf*: essere un ~ to be weak; i deboli the weak. ⟨⟩ *sm*: avere un ~ per qn/qc to have a weakness for sb/sthg.

debolezza *sf* weakness; avere una ~ per qn/qc to have a weakness for sb/sthg.

debuttante ⟨⟩ *agg* TEATRO novice. ⟨⟩ *smf* TEATRO newcomer.

debuttare [6] *vi* to make one's debut.

debutto *sm* debut.

decadente *agg* decadent.

decadere [84] *vi* **-1.** [andare in declino] to decline **-2.** DIR: ~ da qc to lose sthg.

decaduto, a *agg* **-1.** [civiltà, tradizione] extinct **-2.** [nobile] impoverished.

decaffeinato, a *agg* decaffeinated. ◆ **decaffeinato** *sm* decaffeinated coffee.

decalogo (*pl* -ghi) *sm* handbook.

decantare [6] ⟨⟩ *vt* to extol. ⟨⟩ *vi* to decant.

decapitare [6] *vt* to decapitate.

decapottabile, decappottabile *agg* convertible.

decathlon ['dɛkatlon] *sm* decathlon.

deceduto, a *agg* deceased.

decelerare [6] ⟨⟩ *vt* to slow down. ⟨⟩ *vi* to decelerate.

decennale ⟨⟩ *agg* **-1.** [accordo, contratto] ten-year *(dav s)* **-2.** [ricorrenza] ten-yearly *(dav s)*. ⟨⟩ *sm* tenth anniversary.

decennio *sm* decade.

decente *agg* decent.

decentemente *avv* -1. [dignitosamente] decently -2. [accettabilmente] **satisfactorily.**

decentrare [6] *vt* -1. [allontanare] to move away from the centre *UK* o center *US (of a city/town)* -2. [amministrazione] to decentralize.

decesso *sm form* death.

decibel, decibel *sm inv* decibel.

decidere [30] *vt* -1. [gen] to decide; ~ **di fare qc** to decide to do sthg; ~ **che** to decide that -2. [fissare, scegliere] to decide on. ◆ **decidersi** *vip:* ~ **(a fare qc)** to make up one's mind(to do sthg).

decifrare [6] *vt* -1. [codice] to decode -2. [scrittura] to decipher.

decigrammo *sm* decigram.

decilitro *sm* decilitre *UK*, deciliter *US*.

decimale *agg & sm* decimal.

decimare [6] *vt* to decimate.

decimetro *sm* decimetre *UK*, decimeter *US*.

decimo, a *agg num & sm, f* tenth. ◆ **decimo** *sm* [frazione] tenth; *vedi anche* **sesto.**

decina *sf* -1. [dieci] ten -2. [circa dieci]: **una** ~ **(di qc)** about ten (sthg); **decine di qc** dozens of sthg; **a decine** by the dozen.

decisamente *avv* -1. [indiscutibilmente] definitely -2. [fermamente] firmly -3. [rafforzativo] absolutely.

decisi *(etc)* ⊳ **decidere.**

decisione *sf* -1. [gen] decision; **prendere una** ~ to make o take a decision; **la** ~ **di una tribunale** a court ruling -2. [fermezza] resolve.

decisivo, a *agg* decisive.

deciso, a ◇ *pp* ⊳ **decidere.** ◇ *agg* resolute.

declinare [6] *vt* -1. [invito, offerta] to decline -2. [responsabilità] to disclaim -3. *form* [dichiarare] to declare.

declinazione *sf* GRAMM declension.

declino *sm* decline; **essere in** ~ to be in decline.

decodificatore *sm* TV decoder.

decollare [6] *vi* to take off.

decolleté [dekol'tedekol'tɛ] ◇ *agg inv* low-cut. ◇ *sm inv* -1. [scollatura] low neckline -2. [abito] low-cut dress -3. [parte del corpo] cleavage.

decollo *sm* take-off.

decolorare [6] *vt* to bleach.

decomporsi [96] *vip* to decompose.

decomposizione *sf* decomposition.

decongestionare [6] *vt* -1. MED to decongest -2. [strade] to ease traffic congestion in; ~ **il traffico** to ease traffic congestion.

decorare [6] *vt* to decorate.

decorativo, a *agg* decorative.

decoratore, trice *sm, f* -1. [di interni] decorator -2. [di scena] set designer.

decorazione *sf* decoration.

decoro *sm* decorum.

decoroso, a *agg* [abitazione, stipendio, trattamento] decent; [comportamento, discorso] dignified.

decorrenza *sf form:* **con** ~ **da** with effect from.

decorrere [65] *vi form* to come into effect; **a** ~ **da** with effect from.

decorso, a *pp* ⊳ **decorrere.** ◆ **decorso** *sm* course.

decotto *sm* infusion.

decremento *sm* decline.

decrepito, a *agg* -1. [uomo, vecchio] decrepit -2. [casa, muro] dilapidated.

decrescente *agg* [ordine] descending; [valore] decreasing; **la luna in fase** ~ the waning moon.

decrescere [27] *vi* to go down.

decretare [6] *vt* to decree; ~ **lo stato d'emergenza** to declare a state of emergency.

decreto *sm* DIR decree; ~ **di citazione** summons; ~ **ingiuntivo** injunction; ~ **di nomina** act of appointment; ~ **legge** law by decree.

dedica *(pl* **-che)** *sf* dedication.

dedicare [15] *vt:* ~ **qc a qn** [canzone, tempio] to dedicate sthg to sb; [piazza, edificio] to name sthg after o for *US* sb; ~ **qc a qn/ qc** to devote sthg to sb/sthg. ◆ **dedicarsi** *vr:* **dedicarsi a qn/qc** to devote o.s. to sb/sthg.

dedito, a *agg:* **essere** ~ **a qc** [studio, lavoro] to be dedicated to sthg; [alcol, gioco] to be addicted to sthg.

dedizione *sf* [a studio, lavoro] dedication; [a famiglia, casa] devotion.

dedotto, a *pp* ⊳ **dedurre.**

deduco *(etc)* ⊳ **dedurre.**

dedurre [95] *vt* -1. [concludere]: ~ **qc (da qc)** to deduce sthg (from sthg); ~ **che** to deduce that -2. [detrarre]: ~ **qc (da qc)** to deduct sthg (from sthg).

dedussi *(etc)* ⊳ **dedurre.**

deduzione *sf* deduction.

default [de'fɔlt] *sm inv* INFORM default.

defecare [15] *vi form* to defecate.

defezione *sf* defection.

deficiente *smf* idiot.

deficienza *sf* deficiency.

deficit *sm inv* **-1.** [eccedenza passiva] deficit; **essere in** ~ to be in deficit **-2.** [perdita] loss.

deficitario, a *agg* FIN showing a loss *(non dav s)*.

defilarsi [6] *vr* to slip away.

defilé *sm inv* fashion show.

definire [9] *vt* **-1.** [gen] to define **-2.** [concludere] to conclude.

definitivamente *avv* definitively.

definitivo, a *agg* definitive; **in definitiva** all in all.

definito, a *agg* defined.

definizione *sf* **-1.** [gen] definition; **ad alta** ~ high-definition **-2.** [risoluzione] resolution.

deflagrazione *sf* explosion.

deflettore *sm* [finestrino] quarter-light *UK*.

defluire [9] *vi* **-1.** [liquidi] to subside **-2.** [folla] to stream.

deflusso *sm* **-1.** [di marea] ebb-tide **-2.** [di folla, traffico] flow.

deformante *agg* **-1.** [malattia] deforming **-2.** [lente, specchio] distorting.

deformare [6] *vt* **-1.** [deturpare] to disfigure **-2.** [alterare] to deform **-3.** [distorcere] to distort. ◆ **deformarsi** *vip* to become deformed.

deformazione *sf* **-1.** [alterazione] deformation; ~ **professionale** professional bias **-2.** [travisamento] distortion.

deforme *agg* misshapen.

defraudare [6] *vt*: ~ **qn di qc** [avere] to defraud sb of sthg; [diritto] to deprive sb of sthg.

defunto, a *agg & sm, f* deceased.

degenerare [6] *vi* : ~ **(in qc)** to degenerate (into sthg).

degenerazione *sf* degeneration.

degenere *agg* degenerate.

degenza *sf*: ~ **(ospedaliera)** stay (in hospital).

degli = di + gli.

deglutire [9] *vt* to swallow.

degnare [23] *vt*: **non** ~ **qn di qc** not to think sb worthy of sthg. ◆ **degnarsi** *vip*: **degnarsi di fare qc** to lower o.s. to do sthg.

degno, a *agg* : ~ **di (fare) qc** worthy of

(doing) sthg; ~ **di qn/qc** worthy of sb/sthg.

degradante *agg* degrading.

degradare [6] *vt* **-1.** [moralmente] to degrade **-2.** MIL to demote. ◆ **degradarsi** ◇ *vr* [avvilirsi] to demean o.s. ◇ *vip* [deteriorarsi] to deteriorate.

degrado *sm* deterioration.

degustare [6] *vt* to taste.

degustazione *sf* tasting.

dei¹ [d'ei] = di + i.

dei² ['dɛi] *smpl* ⊳ **dio**.

del = di + il.

delatore, trice *sm, f* informer.

delega (*pl* **-ghe**) *sf* proxy, delegate; **fare** o **dare la** ~ **a qn** to delegate to sb.

delegare [16] *vt* : ~ **qn (a fare qc)** to delegate sb (to do sthg); ~ **qc a qn** to delegate sthg to sb.

delegato, a ◇ *agg*: ~ **(a fare qc)** delegated (to do sthg). ◇ *sm, f* delegate.

delegazione *sf* delegation.

deleterio, a *agg* detrimental.

delfino *sm* **-1.** [animale] dolphin **-2.** [nel nuoto] butterfly (stroke).

delibera *sf* resolution.

deliberare [6] ◇ *vt* to deliberate on. ◇ *vi form*: ~ **(su qc)** to deliberate (on sthg).

deliberatamente *avv* deliberately.

delicatamente *avv* gently.

delicatezza *sf* **-1.** [gen] delicacy **-2.** [tatto] tact; **parlare con** ~ to be tactful.

delicato, a *agg* **-1.** [gen] delicate **-2.** [premuroso] considerate.

delimitare [6] *vt* **-1.** [terreno, territorio] to mark off **-2.** [funzioni] to define.

delineare [24] *vt* **-1.** [definire] to outline **-2.** [disegnare] to sketch. ◆ **delinearsi** *vip* to appear.

delinquente *smf* **-1.** [criminale] criminal **-2.** [persona disonesta] delinquent.

delinquenza *sf* crime; ~ **minorile** juvenile delinquency.

delirare [6] *vi* **-1.** MED to be delirious **-2.** [sragionare] to talk nonsense **-3.** [esaltarsi]: ~ **per qn/qc** to rave about sb/sthg.

delirio *sm* **-1.** MED delirium; **essere/cadere in preda al** ~ to be/to become delirious; ~ **di grandezza** delusions of grandeur; ~ **di persecuzione** persecution complex **-2.** [esaltazione] frenzy; **in** ~ in raptures; **andare in** ~ to go into raptures; **mandare in** ~ **qn** to send sb into raptures.

delitto *sm* -1. [gen] crime -2. [omicidio] murder.

delizia *sf* -1. [leccornia] treat -2. [piacere] delight.

delizioso, a *agg* -1. [squisito] delicious -2. [gentile] lovely -3. [piacevole] delightful.

della = di + la.

delle = di + le.

dello = di + lo.

delta *sm inv* delta.

deltaplano *sm* -1. [velivolo] hang-glider -2. [sport] hang-gliding.

deludere [31] *vt* to disappoint.

delusione *sf* -1. [disappunto] disappointment -2. [persona, cosa] let-down.

deluso, a ◇ *pp* ▷ **deludere**. ◇ *agg* disappointed.

demagogico, a, ci, che *agg* demagogic.

demanio *sm* -1. [beni] state property -2. [amministrazione] state property department.

demarcare [15] *vt* to demarcate.

demarcazione *sf*: **linea di** ~ demarcation line.

demente ◇ *agg* demented. ◇ *smf* lunatic.

demenza *sf* dementia; ~ **senile** senile dementia.

demenziale *agg* -1. PSICO demential -2. [assurdo] crazy.

democratico, a, ci, che ◇ *agg* -1. [regime, partito] democratic -2. [aperto] informal. ◇ *sm, f* democrat.

democrazia *sf* democracy.

demografico, a, ci, che *agg* -1. [studio, indagine] demographic -2. [incremento] population *(dav s)*.

demolire [9] *vt* -1. [gen] to demolish -2. [avversario] to crush.

demolizione *sf* demolition.

demone *sm* -1. [gen] demon -2. *lett* [diavolo] devil.

demonio *sm* devil.

demoralizzare [6] *vt* to demoralize. ◆ **demoralizzarsi** *vip* to get demoralized.

demordere [34] *vi*: **non** ~ **(da qc)** not to give up (on sthg).

demotivato, a *agg* demotivated.

denaro *sm* money. ◆ **denari** *smpl* [nelle carte] diamonds.

denaturato, a *agg* ▷ **alcol**.

denigrare [6] *vt* to denigrate.

denominare [6] *vt* to call.

denominatore *sm* MAT denominator; ~ **comune** *fig* common denominator.

denominazione *sf* -1. [atto] denomination -2. [nome] name; ~ **di origine controllata** [di vino] guarantee of origin.

denotare [6] *vt* to denote.

densità *sf inv* density; ~ **di popolazione** population density.

denso, a *agg* -1. [nebbia, fumo] thick -2. [ricco]: ~ **di qc** rich in sthg.

dentario, a *agg* dental.

dentatura *sf* teeth *(pl)*.

dente *sm* tooth; ~ **del giudizio** wisdom tooth; ~ **di** o **da latte** milk tooth; **mettere i denti** to cut one's teeth; **al** ~ CULIN al dente; **battevo i denti** my teeth were chattering; **mettere qc sotto i denti** to have sthg to eat; **stringere i denti** [tener duro] to grit one's teeth. ◆ **dente di leone** *sm* dandelion.

dentiera *sf* false teeth, dentures.

dentifricio *sm* toothpaste.

dentista, i, e *smf* dentist.

dentro ◇ *avv* -1. [gen] inside; **da** ~ from inside; **qui/lì** ~ in here/there -2. [all'interno] indoors. ◇ *prep*: ~ **(a) qc** [all'interno] in sthg; **darci** ~ *fam* to give everything; ~ **di sé** [nell'intimo] inside o.s.; **pensare** ~ **di sé** to think to o.s.

denuclearizzato, a *agg* denuclearized.

denudare [6] *vt* -1. [persona] to strip -2. [parte del corpo] to expose. ◆ **denudarsi** *vr* to strip off.

denuncia *(pl* **-ce)** *sf* -1. [di reato] charge; **sporgere** ~ **contro qn/qc** to take legal action against sb/sthg -2. [notifica] declaration; ~ **dei redditi** tax return.

denunciare [17] *vt* -1. [reato, criminale] to report; [reddito] to declare -2. [nascita] to register -3. [far conoscere] to denounce.

denutrito, a *agg* malnourished.

deodorante *sm* [per il corpo] deodorant; [per ambienti] air freshener.

deontologia *sf* ethics *(U)*.

deperibile *agg* perishable.

deperire [9] *vi* -1. [alimenti] to perish -2. [persona] to become run down.

depilare [6] *vt* [ascelle, gambe – con cera] to wax; [– con rasoio] to shave; [sopracciglia] to pluck. ◆ **depilarsi** *vr* to shave o.s.

depilazione *sf* [di ascelle, gambe – con cera] waxing; [– con rasoio] shaving; [di sopracciglia] plucking.

depistaggio *sm* sidetracking.

depistare [6] *vt* to sidetrack.

dépliant [depli'an] *sm inv* brochure.

deplorevole *agg* deplorable.

deporre [96] *⬦vt* **-1.** [posare] to put(down); ~ **le armi** *fig* [arrendersi] to lay down one's arms **-2.** [uova] to lay **-3.** [spodestare] to depose **-4.** DIR to testify; ~ **il falso** to commit perjury. *⬦vi* DIR to testify.

deportare [6] *vt* to deport.

deportato, a *sm, f* deportee.

depositare [6] *vt* **-1.** [gen] to deposit **-2.** [marchio] to register. ➡ **depositarsi** *vip* to settle.

deposito *sm* **-1.** [gen] deposit; **dare/ricevere qc in** ~ to deposit/to receive sthg; ~ **bancario** deposit **-2.** [atto] depositing **-3.** [magazzino] warehouse; ~ **bagagli** left-luggage office *UK*, baggage room *UK*; ~ **delle armi/munizioni** arms/munitions depot **-4.** [rimessa] garage.

deposizione *sf* **-1.** DIR statement **-2.** [da una carica] removal; [dal trono] deposition.

deposto, a *pp* ⊳**deporre**.

depravato, a *⬦agg* depraved. *⬦sm, f* depraved person.

deprecabile *agg* disgraceful.

depredare [6] *vt* **-1.** [derubare]: ~ **qn (di qc)** to rob sb(of sthg) **-2.** [saccheggiare] to plunder.

depressione *sf* depression.

depresso, a *⬦pp* ⊳**deprimere**. *⬦agg* depressed.

deprezzamento *sm* depreciation.

deprezzare [6] *vt* **-1.** [merce, proprietà] to depreciate **-2.** [persona, opera] to run down. ➡ **deprezzarsi** *vip* to lose value.

deprimente *agg* depressing.

deprimere [63] *vt* to depress. ➡ **deprimersi** *vip* to get depressed.

depurare [6] *vt* to purify.

depuratore *sm* purification plant.

deputato, a *sm, f* ≃ Member of Parliament *UK*, ≃ Congressman (*f* Congresswoman) *US*.

deragliare [21] *vi* to be derailed.

derapare [6] *vi* **-1.** [nell'automobilismo] to skid **-2.** [nello sci] to sideslip.

derattizzazione *sf* rat extermination.

derby *sm inv* **-1.** [fra squadre] (local) derby *UK* **-2.** [nell'ippica] derby.

deretano *sm eufem & scherz* derrière, behind.

deridere [30] *vt* to make fun of.

deriso, a *pp* ⊳**deridere**.

derisorio, a *agg* derisive.

deriva *sf* **-1.** [spostamento] drift; **andare alla** ~ [imbarcazione] to drift; *fig* [persona, evento] to go to the dogs **-2.** [imbarcazione] dinghy **-3.** [chiglia] keel.

derivare [6] *⬦vi*: ~ **da qc** [conclusione, certezza] to stem from sthg; [acqua, fiume] to rise from sthg; [lingua, termine] to be derived from sthg. *⬦vt*: ~ **qc (da qc)** [conclusione, certezza] to get sthg (from sthg); [acqua] to divert sthg (from sthg).

derivata *sf* MAT derivative.

derivato, a *agg* **-1.** [acque] diverted **-2.** [lingua, vocabolo] derived **-3.** ECON derivative. ➡ **derivato** *sm* **-1.** CHIM derivative, by-product **-2.** LING & ECON derivative.

derivazione *sf* **-1.** [di acque, fiume] diversion **-2.** LING derivation **-3.** TELECOM extension.

dermatologo, a, gi, ghe *sm, f* dermatologist.

deroga (*pl* **-ghe**) *sf* DIR dispensation; **in** ~ **a qc** as an exception to sthg.

derogare [16] *vi* DIR: ~ **a qc** to deviate from sthg.

derrate *sfpl* produce (U); ~ **alimentari** foodstuffs.

derubare [6] *vt* to rob; ~ **qn di qc** to rob sb of sthg.

descrittivo, a *agg* descriptive.

descritto, a *pp* ⊳**descrivere**.

descrivere [73] *vt* to describe.

descrizione *sf* description.

deserto, a *agg* deserted. ➡ **deserto** *sm* desert.

desiderare [6] *vt* **-1.** [gen] to want; **far** ~ **qc a qn** to keep sb waiting for sthg; **lasciare a** ~ to leave a lot to be desired **-2.** [in negozio, ristorante]: **desidera?** what would you like?

desiderio *sm* **-1.** [voglia] desire, longing **-2.** [sessuale] desire **-3.** [sogno] wish.

desideroso, a *agg*: **essere** ~ **di qc/fare qc** to be eager for sthg/to do sthg.

designare [23] *vt* **-1.** [a un incarico] to designate **-2.** [data, termine] to fix.

desinenza *sf* LING ending.

desistere [66] *vi*: ~ **(da qc/dal fare qc)** to give up (on sthg/on doing sthg).

desolato, a *agg* **-1.** [terra, paesaggio] desolate **-2.** [spiacente, afflitto] sorry; **sono** ~ **di averti offeso** I am sorry I offended you; **essere** ~ **per qc** to be sorry for sthg.

desolazione *sf* desolation.

despota, i, e *smf* despot.

dessert [des'sɛr] *sm inv* dessert.

destabilizzare [6] *vt* to destabilize.

destare [6] *vt* -1. [suscitare] to arouse -2. *lett* [svegliare] to awaken.

deste ⊳dare.

destinare [6] *vt* -1. [lettera, critica]: ~ qc a qn to address sthg to sb -2. [mezzi, contributi]: **essere destinato a qc** to be destined for sthg -3.: ~ qn a qc/a fare qc to destine sb for sthg/to do sthg.

destinatario, a *sm, f* recipient.

destinazione *sf* -1. [meta] destination; **arrivare a** ~ to reach one's destination; **con** ~ **Roma/Parigi** destination Rome/Paris -2. [sede] posting -3. [uso] allocation.

destino *sm* destiny, fate.

destituire [9] *vt* to dismiss.

destra *sf* -1. [gen] right; **a** ~ on the right; **alla** ~ **di qn** on sb's right; **tenere la** ~ to keep right -2. POLIT right(-wing); **la** ~ the right.

destreggiarsi [18] *vip* to cope.

destro, a *agg* right.

desumere [61] *vt*: ~ qc da qc to gather sthg from sthg; ~ **informazioni da un giornale** to get information from a newspaper.

desunto, a *pp* ⊳desumere.

detective [de'tɛktiv] *smf inv* detective; ~ **privato** private detective.

deteinato, a *agg* detanninated.

detenere [93] *vt* to hold.

detentore, trice *sm, f* holder.

detenuto, a ⊳*pp* ⊳detenere. ⊳*sm, f* prisoner.

detenzione *sf* -1. [possesso] possession -2. [incarcerazione] imprisonment.

detergente ⊳*agg* cleansing. ⊳*sm* [per la pelle] cleanser; [per piatti, pavimenti] detergent.

deteriorare [6] *vt* to damage. ◆ **deteriorarsi** *vip* to deteriorate.

determinante *agg* determining.

determinare [6] *vt* -1. [causare] to cause -2. [stabilire] to determine.

determinativo, a *agg* GRAMM definite.

determinato, a *agg* -1. [definito] particular -2. [deciso] determined; **essere** ~ **a fare qc** to be determined to do sthg.

determinazione *sf* -1. [volontà] determination -2. [definizione] definition.

detersivo *sm* detergent.

detestare [6] *vt* to detest; ~ **fare qc** to hate doing sthg. ◆ **detestarsi** *vr* to loathe each other.

detrarre [97] *vt* to deduct.

dettagliato, a *agg* detailed.

dettaglio *sm* -1. [particolare] detail -2. [di merce]: **al** ~ retail.

dettare [6] *vt* to dictate.

dettato *sm* dictation.

detto, a ⊳*pp* ⊳dire. ⊳*agg* [già nominato] aforementioned. ◆ **detto** *sm* saying.

deva *(etc)* ⊳dovere.

devastare [6] *vt* -1. [distruggere] to devastate -2. [alterare] to ruin; [deturpare] to ravage.

deviare [22] ⊳*vi* [cambiare direzione] to turn; [per vedere qc] to make a detour; [per evitare qc] to swerve; ~ **da qc** [strada] to turn off sthg; *fig* to deviate from sthg. ⊳*vt* [gen] to divert; [palla] to deflect; ~ **il discorso(su qc)** to change the subject (to sthg).

deviazione *sf* [del traffico] diversion; [percorso alternativa] detour.

devo *(etc)* ⊳dovere.

devoto, a *agg* -1. RELIG devout -2. [affezionato] devoted.

dg *(abbr di* decigrammo) dg.

di *(dav art* diventa **del, dello, della, dell', dei, degli, delle)** *prep* -1. [appartenenza]: **il libro** ~ **Marco** Marco's book; **la porta della camera** the door of the room; **i giorni della settimana** the days of the week -2. [parentela, relazione]: **la zia del bambino** the child's aunt; **l'amico** ~ **Luisa** Luisa's friend -3. [autore]: **un quadro** ~ **Giotto** a painting by Giotto; **le opere** ~ **Dante** the works of Dante -4. [argomento]: **un libro** ~ **storia** a history book; **discutere** ~ **politica** to discuss politics; **parlare** ~ **qn/qc** to tell sb about sb/sthg -5. [contenuto]: of; **una bottiglia** ~ **vino** a bottle of wine; **un chilo** ~ **arance** a kilo of oranges -6. [materiale]: **un vestito** ~ **lana** a wool o woollen dress; **una statua** ~ **marmo** a marble statue -7. [partitivo]: of; **uno** ~ **loro** one of them; **alcuni** ~ **noi** some of us; **qualcosa** ~ **interessante** something interesting -8. [articolo partitivo – affermativo] some; [– negativo, interrogativo] any; **vorrei del pane** I'd like some bread; **non ci sono rimasti dei dollari** there aren't any dollars left over; **ha degli spiccioli?** have you got any change? -9. [dopo comparativo]: **sono più alto** ~ **te** I'm taller than you; **è meno difficile** ~ **quanto pensassi** it's less difficult than I thought; [dopo superlativo]: **il migliore** ~ **tutti** the best of all; **l'uomo più**

ricco del mondo the richest man in the world **-10.** [tempo]: **d' estate/autunno/inverno** in summer/autumn/winter; ~ **mattina** in the morning; ~ **giorno** during the day; ~ **giorno in giorno** from one day to the next; ~ **notte** at night: lavorare ~ **notte** to work nights; ~ **sabato** on Saturdays **-11.** [provenienza] from; ~ **dove sei?** where are you from?; **sono** ~ **Bologna** I'm from Bologna **-12.** [causa]: **urlare** ~ **dolore** to yell with pain; **morire** ~ **fame** to be dying of hunger; **morire** ~ **sonno** to be really tired; **soffrire** ~ **insonnia** to suffer from insomnia; **morire** ~ **vecchiaia** to die of old age **-13.** [caratteristica]: **un ragazzo** ~ **bassa statura** a short boy; **una maglia** ~ **un bel colore** a jumper in a pretty colour **-14.** [con misure, numeri]: **un bambino** ~ **due anni** a two-year-old child; **una torre** ~ **40 metri** a 40-metre tower; **un film** ~ **due ore** a two-hour film; **una multa** ~ **100 euro** a 100-euro fine **-15.** [con valore dichiarativo]: **mi ha detto** ~ **non aspettare** he told me not to wait; **pensavo** ~ **uscire** I thought I might go out; **capita** ~ **sbagliare** anyone can make a mistake; **mi sembra** ~ **conoscerlo** I feel as if I know him **-16.** [dopo aggettivo]: **pieno** ~ **qc** full of sthg; **privo** ~ **qc** without sthg; **ricco** ~ **qc** rich in sthg; **capace** ~ **fare qc** capable of doing sthg **-17.** [con nomi propri] of; **la città di Napoli** the city of Naples.

diabete *sm* diabetes.

diabetico, a, ci, che *agg & sm, f* diabetic.

diadema (*pl* **-i**) *sm* diadem.

diaframma (*pl* **-i**) *sm* diaphragm.

diagnosi *sf inv* diagnosis.

diagnosticare [15] *vt*: ~ **qc (a qn)** to diagnose sthg (in sb).

diagonale *agg & sf* diagonal.

diagramma (*pl* **-i**) *sm* diagram.

dialettale *agg* **-1.** [espressione] dialect *(dav s)* **-2.** [poesia, canzone] in dialect *(non dav s)*.

dialetto *sm* dialect.

dialisi *sf inv* dialysis.

dialogare [16] *vi*: ~ **(con qn)** to talk (to sb).

dialogo (*pl* **-ghi**) *sm* dialogue, dialog *US*.

diamante *sm* diamond.

diametro *sm* diameter.

diamine *esclam* heck; **ti sembra troppo caro?** – ~ **!** does it seem too expensive to you? – you bet!

diapositiva *sf* slide.

diario *sm* **-1.** [quaderno] diary **-2.** [registro]: ~ **di classe** class register; ~ **scolastico** *diary for noting down homework to be done.*

diarrea *sf* diarrhoea *UK*, diarrhea *US*.

diavola *sf*: **alla** ~ CULIN devilled *UK*, deviled *US*.

diavolo *sm* **-1.** [demonio] devil **-2.** *fam* [in domande] devil; **dove** ~ **eri finito?** where the devil did you get to? **-3.** *loc*: **andare al** ~ to go to hell.

dibattere [7] *vt* to debate. ◆ **dibattersi** *vr* to struggle.

dibattito *sm* debate.

dica *(etc)* ▷ **dire.**

dice ▷ **dire.**

dicembre *sm* December; *vedi anche* **settembre.**

dicendo ▷ **dire.**

diceria *sf* rumour *UK*, rumor *US*.

dicessi *(etc)* ▷ **dire.**

diceste ▷ **dire.**

dicevo *(etc)* ▷ **dire.**

dichiarare [6] *vt* **-1.** [annunciare] to declare; **l'accusato ha dichiarato di essere innocente** the accused has declared his innocence; ~ **guerra (a qn/qc)** to declare war (on sb/sthg) **-2.** [asserire] to state **-3.** [giudicare] to pronounce. ◆ **dichiararsi** *vr* **-1.** [dire di essere] to declare o.s.; **dichiararsi contrario a/d'accordo con qc** to come out against/in favour of sthg **-2.** [a persona amata] to propose.

dichiarazione *sf* **-1.** [comunicazione ufficiale] declaration; ~ **dei redditi** tax return **-2.** [asserzione] statement; **una** ~ **alla stampa** a statement to the press.

dici ▷ **dire.**

diciannove *agg num inv & sm inv* nineteen; *vedi anche* **sei.**

diciannovesimo, a *agg num & sm, f* nineteenth. ◆ **diciannovesimo** *sm* [frazione] nineteenth; *vedi anche* **sesto.**

diciassette *agg num inv & sm inv* seventeen; *vedi anche* **sesto.**

diciassettesimo, a *agg num & sm, f* seventeenth. ◆ **diciassettesimo** *sm* [frazione] seventeenth; *vedi anche* **sesto.**

diciottesimo, a *agg & sm, f* eighteenth. ◆ **diciottesimo** *sm* [frazione] eighteenth; *vedi anche* **sesto.**

diciotto *agg num inv & sm inv* eighteen; *vedi anche* **sei.**

dico *(etc)* ▷ **dire.**

didascalia *sf* **-1.** [di illustrazione] caption **-2.** [in film] subtitle.

didattico, a, ci, che *agg* teaching *(dav s)*.

didietro ◇ *sm inv* **-1.** back, rear; **sul** ~ **della casa** at the back of the house **-2.** *fam* [sedere] rear, bottom. ⬦ *agg inv* back *(dav s)*, rear *(dav s)*.

dięci *agg num inv & sm inv* ten; *vedi anche* sei.

diecimila ⬦ *agg num inv* **-1.** [in numero esatto] ten thousand **-2.** [moltissimi] thousands of. ⬦ *sm inv* ten thousand.

diecina = decina.

dięḍi *(etc)* ⊳ dare.

dięresi *sf inv* diaeresis.

diesel ['dizel] ⬦ *agg inv* diesel. ⬦ *sm inv* **-1.** [macchina] diesel **-2.** [motore] diesel engine.

dięsis *sm inv* sharp.

dięta *sf* diet; essere/mettersi a ~ to be/go on a diet.

dietętico, a, ci, che *agg* **-1.** [alimentare] low-calorie **-2.** [dimagrante] low-calorie, diet *(dav s)*.

dietro ⬦ *avv* **-1.** [gen] behind; lì/qui ~ behind there/here **-2.** [nella parte posteriore] at the back; lì/qui ~ back there/here **-3.** [con sé] with one; portarsi ~ qc/qn to take sb/sthg with one. ⬦ *prep* **-1.** [nello spazio]: ~ (a) qn/qc behind sb/sthg; ~ di me/te behind me/you; ridere ~ a qn to laugh at sb; stare ~ a qn [aiutare] to look after sb; *fam* [fare la corte] to be after sb **-2.** [nel tempo] following; uno ~ l'altro one after another; ~ richiesta di qn on sb's request; venduto ~ prescrizione medica sold on prescription. ⬦ *agg inv* back *(dav s)*. ⬦ *sm inv* back.

difatti *cong* in fact.

difęndere [43] *vt* **-1.** [gen] to defend **-2.** [proteggere] to protect; ~ qn/qc da qn/qc to protect sb/sthg from sb/sthg. ➡ **difendersi** *vr* **-1.** [gen] to defend o.s. **-2.** [proteggersi]: ~ (da qn/qc) to protect o.s. (from sb/sthg) **-3.** *fam* [cavarsela] to get by.

difensiva *sf*: stare sulla ~ to be on the defensive.

difensore ⬦ *agg* defending. ⬦ *sm* **-1.** [avvocato] defence *UK* o defense *US* counsel **-2.** SPORT defender.

difęsa *sf* **-1.** [gen] defence *UK*, defense *US*; accorrere in ~ di qn to rush to sb's defence; prendere le difese di qn to side with sb; [avvocato difensore] defence *UK* o defense *US* counsel **-2.** [tutela] protection.

difęsi *(etc)* ⊳ difendere.

difęso, a *pp* ⊳ difendere.

difętto *sm* [imperfezione] defect.

difettoso, a *agg* faulty.

diffamare [6] *vt* [oralmente] to slander; [per iscritto] to libel.

differęnte *agg* different.

differęnza *sf* difference; non fa (nessuna) ~ it's all the same to me/her etc; a ~ di qn/qc unlike sb/sthg.

differire [9] ⬦ *vt* to defer. ⬦ *vi* to differ; ~ da qn/qc (per qc) to differ from sb/sthg (in sthg).

differita *sf*: in ~ recorded.

difficile ⬦ *agg* **-1.** [gen] difficult **-2.** [persona, carattere] fussy **-3.** [improbabile] unlikely. ⬦ *sm* difficult thing.

difficilmente *avv* unlikely; riusciremo ~ a venire it's unlikely we'll be able to come.

difficoltà *sf inv* difficulty; avere (delle) ~ a fare qc to have difficulty doing sthg; in ~ in difficulties.

diffidare [6] ⬦ *vi*: ~ di qn/qc not to trust sb/sthg. ⬦ *vt*: ~ qn dal fare qc to warn sb against doing sthg.

diffidęnte *agg* wary; è ~ con o verso tutti she doesn't trust anyone.

diffidęnza *sf* distrust.

diffondere [44] *vt* [gen] to spread; [luce, calore] to diffuse. ➡ **diffondersi** *vip* [gen] to spread; [abitudine] to become common.

diffusi *(etc)* ⊳ diffondere.

diffusione *sf* **-1.** [di luce, calore] diffusion **-2.** [di notizia] spread; [di moda] popularity.

diffuso, a ⬦ *pp* ⊳ diffondere. ⬦ *agg* **-1.** [abitudine] widespread **-2.** [luce] diffused, soft.

diga *(pl -ghe)* *sf* dam.

digeręnte *agg* digestive.

digerire [9] *vt* **-1.** [alimento] to digest **-2.** [notizia, evento] to take in.

digestione *sf* digestion.

digestivo, a *agg* digestive. ➡ **digestivo** *sm* (digestive) liqueur.

digitale *agg* **-1.** TECNOL digital **-2.** ⊳ impronta.

digitare [6] *vt* to type.

digiuno, a *agg* fasting; sono ~ da ieri sera I haven't eaten since last night. ➡ **digiuno** *sm* fast; a ~ on an empty stomach; essere a ~ to be fasting.

dignità *sf* dignity.

dignitoso, a *agg* **-1.** [nobile] dignified **-2.** [decoroso] respectable.

DIGOS ['digos] *(abbr di* Divisione Investigazioni Generali e Operazioni Speciali) *sf* ≈ Special Branch *UK*.

dilagare [16] *vi* **-1.** [fenomeno] to spread **-2.** [fiume] to overflow.

dilatare [6] *vt* **-1.** [cavità] to dilate **-2.** [sostanza, materiale] to expand. ➡ **dilatar-**

si *vip* **-1.** [cavità] to dilate **-2.** [sostanza, materiale] to expand.

dilazionare [6] *vt* to defer.

dilemma (*pl* **-i**) *sm* dilemma.

dilettante ◇ *agg* **-1.** [non professionista] amateur **-2.** [inesperto] unspecialized. ◇ *smf* amateur.

diligente *agg* **-1.** [persona] diligent **-2.** [lavoro] careful.

diluire [9] *vt* **-1.** [sciogliere] to dissolve **-2.** [liquido] to dilute **-3.** [vernice] to thin.

dilungarsi [16] *vip*: ~ **(in qc)** to go on (about sthg).

diluviare [112] *vi impers* to pour.

diluvio *sm* downpour.

dimagrante *agg* weight-reducing, slimming *UK*.

dimagrire [9] *vi* to lose weight.

dimensione *sf* **-1.** [gen] dimension **-2.** [grandezza] size **-3.** [importanza] proportion.

dimenticanza *sf* oversight.

dimenticare [15] *vt* to forget; **dimenticarsi qc** to forget sthg; ~ **di fare qc** to forget to do sthg. ➤ **dimenticarsi** *vip* to forget; **dimenticarsi di qn/qc** to forget about sb/sthg; **dimenticarsi di fare qc** to forget to do sthg.

dimesso, a *pp* ➤ dimettere.

dimettere [71] *vt* [da ospedale] to discharge. ➤ **dimettersi** *vr* to resign.

diminuire [9] ◇ *vi* to decrease. ◇ *vt* to reduce.

diminutivo *sm* diminutive.

diminuzione *sf* decrease.

dimissioni *sfpl* resignation; **dare** o **rassegnare le** ~ to hand in one's notice.

dimora *sf* abode.

dimostrante *smf* demonstrator.

dimostrare [6] ◇ *vt* **-1.** [gen] to demonstrate **-2.** [esprimere] to show. ◇ *vi* to demonstrate. ➤ **dimostrarsi** *vr* to prove.

dimostrazione *sf* **-1.** [gen] demonstration **-2.** [espressione] show **-3.** [argomentazione] proof.

dinamico, a, ci, che *agg* **-1.** FIS dynamic **-2.** [attivo, energico] active, dynamic.

dinamite *sf* dynamite.

dinanzi *avv* ahead. ➤ **dinanzi a** *prep* in front of.

dinastia *sf* dynasty.

dinnanzi = dinanzi.

dinosauro *sm* dinosaur.

dintorni *smpl*: **Firenze e** ~ Florence and

the surrounding area; **abito nei** ~ **di Milano** I live near Milan; **i** ~ **di Roma** the outskirts of Rome; **nei** ~ nearby.

dio (*pl* **dei**) *sm* god. ➤ **Dio** *sm* God; **Dio mio!** my God!

dipartimento *sm* department.

dipendente ◇ *agg* dependent; **essere** ~ **da qn/qc** to be dependent on sb/sthg; **personale** ~ employees (*pl*); **lavoro** ~ employment. ◇ *smf* employee.

dipendenza *sf* dependence; **alle dipendenze di qn** dependent on sb.

dipendere [43] *vi* **-1.**: ~ **da qn/qc** [essere subordinato a] to depend on sb/sthg; [economicamente] to be dependent on sb/sthg; **dipende!** that depends! **-2.**: ~ **da qc** [derivare da] to be due to sthg **-3.**: ~ **da qn** [essere sotto l'autorità di] to report to sb; [spettare a] to be up to sb; **dipende da te** it's up to you; **non dipende da me** it's nothing to do with me.

dipesi (*etc*) ➤ dipendere.

dipeso, a *pp* ➤ dipendere.

dipingere [49] *vt* **-1.** [gen] to paint **-2.** [descrivere] to portray.

dipinsi (*etc*) ➤ dipingere.

dipinto, a *pp* ➤ dipingere. ➤ **dipinto** *sm* painting.

diploma (*pl* **-i**) *sm* diploma; ~ **di laurea** university degree.

diplomare [6] *vt* to award a diploma to. ➤ **diplomarsi** *vip* to leave school with some basic qualifications, to graduate US.

diplomatico, a, ci, che ◇ *agg* diplomatic. ◇ *sm, f* diplomat.

diplomato, a ◇ *agg* qualified; **un infermiere** ~ a trained nurse. ◇ *sm, f* [gen] qualified person; [università] graduate.

diplomazia *sf* **-1.** POLIT diplomatic service **-2.** [tatto] diplomacy.

dire [100] ◇ *vt* **-1.** [affermare, pronunciare] to say; **ha detto che non ha nessuna intenzione di andarsene** she said she has no intention of leaving; **ha detto di essere innocente** he said he was innocent; ~ **la propria opinione** to say what you think; ~ **di sì/no** to say yes/no; **e** ~ **che...** to think (that)...; **per meglio** ~ or rather; **non ha detto nemmeno grazie** he didn't even say thanks; **non ha detto una parola per tutta la cena** she didn't say a word all through dinner; ~ **parolacce** to swear; ~ **una poesia/le preghiere** to say a poem/one's prayers **-2.** [riferire, ordinare, suggerire]: ~ **qc a qn** to tell sb sthg; ~ **a qn di fare qc** to tell sb to do sthg **-3.** [far capire]: **dire qc** to say sthg; **questo dice molto sul tipo di persona che è** this says a lot about the kind of person he is; **dire qc a qn** to tell sb sthg; **ascolta quello che ti dice il cuore** listen to what your heart tells you; **dirla lunga su qc** to say a lot about sthg; **voler ~** [significare] to mean; **non capisco cosa voglia ~ questa frase** I don't undestand what this sentence means. ⬦ *vi* [parlare] to speak, to talk; **ehi, dico a voi** hey, I'm talking to you; **~ bene/male di qn** to speak well/ill of sb; **~ davvero** o **sul serio** to mean it; **diciamo** [cioè] let's say; **tanto per ~** for the sake of argument. ⬦ *vi impers* -1. [sembrare]: **si dice che...** (+ *congiuntivo*) it seems (that)... -2. [in una lingua]: **come si dice 'casa' in francese?** what's the French for 'house'? ⬦ *sm* saying; **c'è una bella differenza tra il ~ e il fare** there's a big difference between saying and doing; **hai un bel ~ tu, ma chi è nei guai sono io** it's all very well for you to talk, but I'm the one who's in trouble.

directory *sf inv* INFORM directory.

diressi *(etc)* ⊳dirigere.

diretta *sf* liveTV; **in ~** live.

direttamente *avv* -1. [senza soste] straight; **vieni ~ a casa mia** come straight to my house -2. [senza intermediari] directly.

direttiva *sf* [indicazione] instruction; [ordine di governo] directive.

direttivo, a *agg* executive.

diretto, a ⬦ *pp* ⊳dirigere. ⬦ *agg* -1. [gen] direct -2. [in direzione di]: **essere ~ a qc** to be going to sthg -3. [rivolto]: **~ a qn/qc** addressed to sb/sthg -4. [esplicito] specific. ◆ **diretto** *sm* -1. [treno] through train -2. [colpo] jab.

direttore, trice *sm, f* -1. [di filiale] director; [di reparto] manager -2. [di quotidiano, rivista] editor -3. [di scuola elementare] head(teacher) UK, principal US -4. MUS: **~ d'orchestra** conductor.

direzione *sf* -1. [senso] way, direction; **in che ~ vai?** which way are you going?; **abbiamo preso la ~ sbagliata** we went the wrong way -2. [di vento, carriera] direction -3. [di attività] direction, running; **affidare la ~ di qc a qn** to put sb in charge of sthg -4. [organo] management -5. [ufficio del direttore] director's office; [sede centrale] head office.

dirigente ⬦ *agg* ruling *(dav s)*; **classe ~** ruling class. ⬦ *smf* manager.

dirigere [56] *vt* -1. [azienda] to run; [operazione] to be in charge of; [gruppo, partito] to lead; [giornale] to edit; [orchestra] to conduct; [traffico, film] to direct -2. [rivolgere]: **~ l'attenzione su** o **verso qn/qc** to turn one's attention to sb/sthg. ◆ **dirigersi** *vr*: **dirigersi a** o **verso qn/qc** to head for sb/sthg.

diritto, a *agg* -1. [in linea retta] straight -2. [verticale - schiena] straight; [- palo, muro] vertical. ◆ **diritto** ⬦ *avv* straight. ⬦ *sm* -1. [prerogativa] right; **avere il ~ di fare qc** to have the right to do sthg; **avere ~ a qc** to have a right to sthg; **diritti dell'uomo** human rights -2. [leggi] law; **studiare ~** to study law -3. [lato principale] right side -4. SPORT forehand -5. [punto] plain. ◆ **diritti** *smpl* charges; **diritti d'autore** royalties.

diroccato, a *agg* ruined.

dirottare [6] ⬦ *vt* -1. [per terrorismo] to hijack -2. [per guasto, maltempo] to divert. ⬦ *vi* to change course.

disabile ⬦ *agg* disabled. ⬦ *smf* disabled person; **i disabili** people with disabilities.

disabilitare [6] *vt* to disable.

disabitato, a *agg* uninhabited.

disaccordo *sm* disagreement.

disagio *sm* -1. [incomodo] inconvenience; **trovarsi in condizione di ~** to be in an awkward situation -2. [imbarazzo] discomfort; **essere** o **sentirsi a ~** to be o to feel uncomfortable.

disapprovare [6] *vt* to disapprove of.

disappunto *sm* disappointment.

disarcionare [6] *vt* to unseat.

disarmare [6] *vt* to disarm.

disastrato, a ⬦ *agg* devastated; **area** o **zona disastrata** disaster area. ⬦ *sm, f* victim.

disastro *sm* disaster.

disastroso, a *agg* disastrous.

disattenzione *sf* -1. [caratteristica] carelessness; **fare degli errori di ~** to make careless mistakes -2. [errore] mistake.

disattivare [6] *vt* [bomba] to defuse; [linea telefonica, allarme] to disconnect.

discapito *sm*: **a ~ di qn/qc** to sb's/sthg's cost.

discarica *(pl* **-che)** *sf* dump.

discendente *smf* descendant.

discendere [43] *vi* -1. [avere origine]: **~ da qn** to be descended from sb -2. [scendere] to descend.

discesa *sf* -1. [movimento] descent -2. [pendio] slope; **in ~** downhill *(dav s)*.

dischętto *sm* INFORM floppy (disk).

disciplịna *sf* **-1.** [norme] discipline **-2.** [materia] subject **-3.** SPORT event.

disciplinạto, a *agg* **-1.** [obbediente] disciplined **-2.** [ordinato] orderly.

dịsco (*pl* **-schi**) *sm* **-1.** [gen] disc UK, disk US; **avere l'ernia del ~** to have a slipped disc; **~ orario** *parking disc showing the arrival time of a vehicle in areas with parking restrictions* **-2.** INFORM disk **-3.** MUS record **-4.** SPORT discus.

discogrạfico, a, ci, che *agg* recording *(dav s)*, record *(dav s)*; **una casa discografica** a record company. *<>* *sm, f* record producer.

discolpạre [6] *vt*: **~ qn (da qc)** to clear sb (of sthg). **• discolparsi** *vr* to clearone's name.

discontịnuo, a *agg* **-1.** [interrotto] broken; [attività] interrupted; [pioggia] intermittent **-2.** [incostante] erratic.

discọrde *agg* conflicting.

discọrdia *sf* disagreement.

discọrrere [65] *vi*: **~ (di qc)** to talk (about sthg).

discọrso *pp* *⊳* discorrere. **• discorso** *sm* **-1.** [gen] speech; **fare un ~** to give o make a speech; **~ diretto/indiretto** direct/indirect speech **-2.** [conversazione] conversation.

discostạrsi [6] *vip*: **~ da qc** to be different from sthg.

discotęca (*pl* **-che**) *sf* **-1.** [locale] club, disco *dat*; **andiamo in ~?** shall we go clubbing? **-2.** [raccolta] record collection.

discrepạnza *sf* **-1.** [differenza] discrepancy **-2.** [disaccordo] disagreement.

discretamęnte *avv* **-1.** [con discrezione] discreetly **-2.** [abbastanza] fairly **-3.** [abbastanza bene] quite well.

discręto, a *agg* **-1.** [riservato] discreet **-2.** [modesto] modest **-3.** [non importuno] reasonable **-4.** [abbastanza buono] not bad, reasonable; **è un ~ fotografo** he's not a bad photographer; **ho un ~ appetito** I'm quite hungry.

discrezịone *sf* **-1.** [gen] discretion; **a ~ di qn** at sb's discretion **-2.** [moderazione] moderation; **con ~** in moderation.

discriminạre [6] *vt* **-1.** [distinguere] to distinguish **-2.** [penalizzare] to discriminate against.

discriminazịone *sf* **-1.** [penalizzazione] discrimination **-2.** [differenziazione] distinction.

discụssi *(etc)* *⊳* discutere.

discussịone *sf* **-1.** [dibattito] discussion **-2.** [litigio] argument.

discụsso, a *<>* *pp* *⊳* discutere. *<>* *agg* controversial.

discụtere [69] *<>* *vt* **-1.** [dibattere] to discuss **-2.** [contestare] to question. *<>* *vi* **-1.** [dibattere] to talk; **~ di** o **su qc** to discuss sthg; **~ sul prezzo** to haggle **-2.** [litigare] to argue.

disdętta *sf* **-1.** [sfortuna] bad luck **-2.** [annullamento] cancellation.

disdịre [102] *vt* to cancel.

disegnạre [23] *vt* **-1.** [raffigurare] to draw **-2.** [progettare] to design.

disegnatọre, trice *sm, f* [gen] designer; [di fumetti] cartoonist; [tecnico, progettista] draughtsman (*f* draughtswoman) UK, draftsman (*f* draftswoman) US.

disęgno *sm* **-1.** [gen] drawing; **fare un ~** to draw a picture; **essere bravo(a) nel ~** to be good at drawing **-2.** [progetto] design; **~ di legge** bill.

diseredạre [6] *vt* to disinherit.

disertạre [6] *<>* *vt* **-1.** [abbandonare] to abandon **-2.** [non frequentare] to miss. *<>* *vi* [soldato] to desert.

disertọre, trice *sm, f* deserter.

disfạre [13] *vt* [nodo] to undo; [orlo] to unpick; [letto] to strip. **• disfarsi** *<>* *vip* to come undone. *<>* *vr*: **disfarsi di qn/qc** to get rid of sb/sthg.

disfạtta *sf* defeat.

disfạtto, a *<>* *pp* *⊳* disfare. *<>* *agg* **-1.** [nodo, orlo] undone **-2.** [letto] unmade.

disfunzịone *sf* MED dysfunction; **~ cardiaca/epatica** etc heart/liver etc trouble.

disgęlo *sm* thaw.

disgrạzia *sf* **-1.** [sfortuna] misfortune, bad luck; **per mia/tua** etc **~** unluckily for me/you etc **-2.** [sciagura] accident.

disgraziạto, a *<>* *agg* **-1.** [sfortunato] unlucky **-2.** [malvagio] wicked **-3.** [periodo, evento] ill-fated. *<>* *sm, f* **-1.** [persona sfortunata] wretch **-2.** [persona malvagia] pig.

disguịdo *sm* hitch.

disgustạre [6] *vt* to disgust.

disgụsto *sm* disgust.

disgustọso, a *agg* disgusting.

disilludẹre [31] *vt* to disappoint. **• disilludersi** *vip* to become disillusioned.

disillụso, a *pp* *⊳* disilludere.

disinfestazịone *sf* disinfestation.

disinfettạnte *agg & sm* disinfectant.

disinfettạre [6] *vt* to disinfect.

disinibịto, a *agg* uninhibited.

disinnescare [15] *vt* to defuse.

disinnestare [6] *vt* to disengage.

disintegrare [6] *vt* to blow to pieces.
◆ **disintegrarsi** *vip* to disintegrate.

disinteressarsi [6] *vip*: ~ **di qn/qc** to take no interest in sb/sthg.

disinteressato, a *agg* **-1.** [noncurante] uninterested **-2.** [altruista] disinterested.

disintossicare [15] *vt* to detoxify, to detox *fam*. ◆ **disintossicarsi** *vr* to detoxify, to detox *fam*; disintossicarsi dalla droga/dall'alcol to come off drugs/alcohol.

disintossicazione *sf* detoxification, detox *fam*.

disinvolto, a *agg* confident.

dislessico, a, ci, che *agg* dyslexic.

dislivello *sm* **-1.** [differenza di altezza] difference in level **-2.** [diversità] gulf.

dislocare [15] *vt* [ufficio] to open; [personale] to station.

disobbediente *agg* = disubbidiente.

disobbedire [9] *vi* = disubbidire.

disoccupato, a ◇ *agg* unemployed. ◇ *sm, f* unemployed person; **i disoccupati** the unemployed.

disoccupazione *sf* unemployment.

disonestà *sf* dishonesty; **comportarsi con** ~ to behave dishonestly.

disonesto, a *agg* dishonest.

disonore *sm* **-1.** [infamia] dishonour *UK*, dishonor *US* **-2.** [persona] disgrace.

disopra, di sopra ◇ *avv* upstairs. ◇ *agg inv* upstairs *(dav s)*. ◇ *sm inv* top. ◆ **al disopra di** *prep* **-1.** [più in alto di] over **-2.** [superiore a] above.

disordinato, a *agg* **-1.** [gen] untidy **-2.** [idee, racconto] disorganized.

disordine *sm* mess; **in** ~ in a mess. ◆ **disordini** *smpl* disturbances.

disorganizzato, a *agg* disorganized.

disorientato, a *agg* disoriented, disorientated *UK*.

disossato, a *agg* boneless.

disotto, di sotto ◇ *avv* downstairs. ◇ *agg inv* downstairs *(dav s)*; **il piano** ~ the floor below. ◇ *sm inv* [di mobile, auto] underneath. ◆ **al disotto di** *prep* **-1.** [più in basso di] below **-2.** [inferiore a] under; **i bambini al** ~ **dei tre anni** children under 3; **la festa è stata al** ~ **delle mie aspettative** the party didn't live up to my expectations.

disparato, a *agg* varied.

dispari *agg inv* odd; **numero** ~ odd number.

disparità *sf inv* difference; ~ **di età** age difference.

disparte ◆ **in disparte** *avv* on one's own; **starsene/vivere in** ~ to keep o.s. to o.s.

dispendio *sm* waste.

dispensa *sf* **-1.** [stanza] larder **-2.** [mobile] sideboard **-3.** [fascicolo] instalment *UK*, installment *US*; ~ **(universitaria)** set of lecture notes.

dispensare [6] *vt* [esonerare]: ~ **qn da qc/dal fare qc** to exempt sb from sthg/from doing sthg.

disperare [6] *vi* to despair; ~ **di (fare) qc** to give up hope of (doing) sthg. ◆ **disperarsi** *vip* to despair; disperarsi per qc to be in despair about sthg.

disperatamente *avv* **-1.** [sconsolatamente] inconsolably **-2.** [accanitamente] desperately.

disperato, a ◇ *agg* **-1.** [sconsolato]: **essere** ~ **(per qc)** to be in despair (over sthg) **-2.** [senza speranza – tentativo] desperate; [– condizioni] hopeless. ◇ *sm, f* **-1.** [infelice] wretch **-2.** [forsennato] madman (*f* mad woman).

disperazione *sf* **-1.** [sconforto] despair; **per** ~ in desperation **-2.** [persona, cosa]: **essere una** ~ to be the bane of one's life; **sei la mia** ~! I despair of you!

disperdere [33] *vt* **-1.** [spargliare – nemico, rifiuti] to scatter; [– folla] to disperse; [– famiglia] to split up **-2.** [consumare] to waste. ◆ **disperdersi** *vip* **-1.** [spargliarsi] to scatter **-2.** [calore] to escape **-3.** [sprecare energia] to waste one's energy.

dispersivo, a *agg* **-1.** [lavoro] unfocused **-2.** [persona] disorganized.

disperso, a ◇ *pp* ▷ disperdere. ◇ *agg* missing. ◇ *sm, f* missing person; **i dispersi** those missing.

dispetto *sm* : **fare un** ~ /**dei dispetti a qn** to tease sb. ◆ **a dispetto di** *prep* despite.

dispettoso, a *agg* annoying.

dispiacere [7] ◇ *sm* **-1.** [rammarico] regret; **provare** ~ **per qc** to regret sthg **-2.** [cruccio] problem. ◇ *vi* **-1.** [causare rammarico]: **mi dispiace di non poter venire** I'm sorry I can't come; **se ti ho offeso, mi dispiace molto** I'm very sorry if I upset you **-2.** [dare fastidio]: **le dispiace se fumo?** do you mind if I smoke?; **vi dispiace aspettare ancora qualche minuto?** do you mind waiting another few minutes?

dispiaciuto, a ◇ *pp* ▷ dispiacere. ◇ *agg* sorry; **sono molto** ~ **di non poter venire** I'm very sorry I can't come.

disponibile agg -1. [stanza, posto] available -2. [persona] helpful.

disponibilità sf inv -1. [di stanza, denaro] availability; [di persona] helpfulness; **una persona di grande ~** a very helpful person -2. [denaro] cash.

disporre [96] ◇ vt to arrange. ◇ vi -1. [poter utilizzare]: **~ di qn/qc** to have sb/sthg(at one's disposal) -2. [essere dotato]: **~ di qc** to have sthg. ◆ **disporsi** vr: **~ di qc** to have sthg. ◆ **disporsi** vr: **~ in fila/in cerchio** to get into a line/a circle.

dispositivo sm device.

disposizione sf -1. [collocazione] arrangement -2. [stato d'animo] mood -3. [attitudine] aptitude -4. [facoltà di disporre]: **essere a ~ di qn** to be at sb's disposal, **mettere qc a ~ di qn** to make sthg available for sb -5. [istruzione] instruction.

disposto, a ◇ pp ▷disporre. ◇ agg: **essere ~ a fare qc** to be willing to do sthg.

disprezzare [6] vt -1. [detestare] to despise -2. [non curarsi di] to scorn.

disprezzo sm -1. [disdegno] contempt -2. [noncuranza] disregard.

disputa sf argument.

disputare [6] vt [gara] to take part in; **disputarsi qc** to compete for sthg.

disquisizione sf discussion.

dissanguare [6] vt -1. [privare del sangue]: **la ferita lo sta dissanguando** he's losing a lot of blood because of the wound -2. [rovinare]: **~ qn** to bleed sb dry. ◆ **dissanguarsi** vip to bleed o.s. dry.

disseminare [6] vt to scatter; **~ qc di qc** to strew sthg with sthg.

dissenso sm form -1. [disapprovazione] dissent -2. [contrasto] difference.

dissenteria sf dysentery.

dissestato, a agg -1. [strada, terreno] uneven -2. [azienda, economia] in difficulties (non dav s).

dissetare [6] vt to quench the thirst of. ◆ **dissetarsi** vr to quench one's thirst.

dissi (etc) ▷dire.

dissidente agg & smf dissident.

dissidio sm disagreement; **~ di opinioni** difference of opinion.

dissimulare [6] vt to conceal; **non sono capace di ~** I'm no good at pretending.

dissipare [6] vt -1. [nebbia, fumo] to disperse; [dubbio, sospetto] to dispel -2. [patrimonio] to squander. ◆ **dissiparsi** vip [nebbia, fumo] to clear; [dubbio, sospetto] to be dispelled.

dissociare [17] vt [gen] to separate; [componenti] to isolate. ◆ **dissociarsi** vr: **dissociarsi da qc** to dissociate o.s from sthg.

dissolvere [74] vt -1. [sciogliere] to dissolve -2. [disfare] to break up -3. [dissipare – nebbia, fumo] to disperse; [– dubbi, sospetti] to dispel. ◆ **dissolversi** vip [sciogliersi] to melt; [in acqua] to dissolve.

dissuadere [32] vt: **~ qn (dal fare qc)** to dissuade sb(from doing sthg).

dissuaso, a pp ▷dissuadere.

distacco (pl **-chi**) sm -1. [separazione] detachment; [allontanamento] parting, separation -2. [freddezza] aloofness -3. SPORT gap; **un ~ di 15 punti** a 15-point lead.

distante ◇ agg -1. [lontano] far; [distanziato l'uno dall'altro] far apart -2. [tono, maniera] distant. ◇ avv far away.

distanza sf -1. [spazio] distance -2. [tempo] gap -3. [differenza] difference.

distanziare [20] vt -1. [allontanare] to move away; [mettere lontano l'uno dall'altro] to space out -2. [lasciare indietro] to leave behind.

distare [124] vi: **dista un paio di chilometri da qui** it's a couple of kilometres from here; **non dista molto (da casa mia)** it's not very far (from my house).

distendere [43] vt -1. [allentare] to slacken -2. [spiegare – lenzuola] to spread; [– gambe] to stretch(out) -3. [far sdraiare] to lay(out) ◆ **distendersi** vr -1. [sdraiarsi] to lie down -2. [rilassarsi] to relax.

distesa sf expanse.

disteso, a ◇ pp ▷distendere. ◇ agg -1. [allungato] stretched out (non dav s) -2. [sdraiato] lying down (non dav s).

distillato, a agg distilled.

distilleria sf distillery.

distinguere [72] vt -1. [gen]: **~ qn/qc da qn/qc** to distinguish sb/sthg from sb/sthg -2. [percepire] to make out. ◆ **distinguersi** vip: **distinguersi per qc** to stand out because of sthg; **i due gemelli si distinguono per il colore degli occhi** you can tell the twins apart by the colour of their eyes.

distinsi (etc) ▷distinguere.

distinta sf list; **~ di versamento** paying-in UK o deposit US slip.

distintamente avv -1. [chiaramente] distinctly -2. [signorilmente] with distinction -3. [separatamente] individually.

distintivo, a agg distinctive. ◆ **distintivo** sm badge.

distinto, a ◇ pp ▷distinguere. ◇ agg

-1. [nitido, separato] distinct **-2.** [raffinato] distinguished **-3.** *form* [nelle lettere]: **distinti saluti** Yours faithfully *esp UK*, Yours truly *US*.

distinzione *sf* distinction; **fare una ~ to** discriminate.

distogliere [86] *vt* **-1.** [allontanare]: **~ qc da qn/qc** to take sthg away from sb/sthg; **~ lo sguardo da qn/qc** to take one's eyes off sb/sthg; **~ il pensiero da qn/qc** to stop thinking about sb/sthg **-2.** [distrarre]: **~ qn da qc** to put sb off sthg.

distolto, a *pp* ⊳ distogliere.

distorcere [25] *vt* **-1.** [falsare] to twist **-2.** [suono, immagine] to distort **-3.** [slogarsi]: **distorcersi il polso/la caviglia** to sprain one's wrist/ankle.

distorsione *sf* **-1.** [gen] distortion **-2.** MED sprain.

distorto, a *pp* ⊳ distorcere.

distrarre [97] *vt* **-1.** [indirizzare altrove] to divert; **~ lo sguardo di qn** to look away from sb **-2.** [deconcentrare] to distract **-3.** [divertire] to amuse, to entertain. ◆ **distrarsi** *vr* **-1.** [da studio, occupazione] to get distracted **-2.** [svagarsi] to amuse o.s.

distratto, a ⊳ *pp* ⊳ distrarre. ⊳ *agg* **-1.** [disattento] inattentive **-2.** [sbadato] absent-minded.

distrazione *sf* **-1.** [disattenzione] carelessness; **errori di ~** careless mistakes **-2.** [svago] amusement.

distretto *sm* **-1.** [circoscrizione] district **-2.** MIL recruiting office.

distribuire [9] *vt* **-1.** [gen] to distribute; **~ le carte** to deal the cards **-2.** [assegnare] to assign **-3.** [consegnare] to deliver **-4.** [dispensare] to dispense **-5.** [collocare] to arrange **-6.** [stendere] to spread.

distributore *sm* **-1.** [stazione di servizio]: **~ (di benzina)** petrol station *UK*, gas station *US* **-2.** [apparecchio]: **~ automatico** [di banconote] ATM, cashpoint *UK*; [di biglietti] ticket machine; [di bibite, sigarette] vending machine.

distribuzione *sf* **-1.** [gen] distribution; **~ cinematografica** film distribution *UK*, movie o motion-picture distribution *US*; **grande ~** large retail chains *(pl)* **-2.** [ripartizione] allocation.

districare [15] *vt* **-1.** [nodo, groviglio] to disentangle **-2.** [faccenda, problema] to sort out. ◆ **districarsi** *vr*: **districarsi da qc** to extricate o.s from sthg.

distruggere [50] *vt* **-1.** [città, edificio] to destroy **-2.** [persona] to shatter.

distrussi *(etc)* ⊳ distruggere.

distrutto, a ⊳ *pp* ⊳ distruggere. ⊳ *agg* **-1.** [città, edificio] destroyed **-2.** [persona] shattered.

distruzione *sf* destruction.

disturbare [6] *vt* **-1.** [importunare] to disturb, to bother; **disturbo?** am I disturbing you?, is this a bad time?; **si prega di non ~** do not disturb **-2.** [ostacolare] to disturb. ◆ **disturbarsi** *vr* to bother; **non si disturbi!** please don't get up!; **non doveva disturbarsi!** you shouldn't have gone to all that trouble!; **disturbarsi a fare qc** to go to the trouble of doing sthg.

disturbo *sm* **-1.** [incomodo] inconvenience; **scusa il ~** sorry to disturb you; **prendersi il ~ di fare qc** to take the trouble to do sthg; **togliere il ~** to make o.s scarce **-2.** [malessere] disorder **-3.** TELECOM interference.

disubbidiente *agg* disobedient.

disubbidire [9] *vi* to disobey; **~ a qn/qc** to disobey sb/sthg.

disuguale *agg* **-1.** [diverso] different **-2.** MAT unequal.

disumano, a *agg* **-1.** [gen] inhuman **-2.** [grido, urlo] heart-wrenching.

dita *sfpl* ⊳ dito.

ditale *sm* thimble.

ditalini *smpl* ditalini pasta.

ditata *sf* fingermark.

dito *(plf* **dita)** *sm* **-1.** [di mano, guanto] finger; **non alzare un ~** *fig* not to lift a finger; **mettere il ~ sulla piaga** *fig* to touch a sore spot **-2.** [di piede] toe **-3.** [misura] inch; **un ~ di qc** a drop of sthg; **essere a un ~ da qc** *fig* to be within an inch of sthg.

ditta *sf* firm, company.

dittatore, trice *sm, f* dictator.

dittatura *sf* dictatorship.

dittongo, ghi *sm* LING diphthong.

diurno, a *agg* [lavoro, turno] day *(dav s)*; [servizio, programma] daytime *(dav s)*; **spettacolo ~** matinée.

diva *sf* ⊳ divo.

divano *sm* sofa; **~ letto** sofa bed.

divaricare [15] *vt* to open wide.

divario *sm* **-1.** [divergenza] difference **-2.** [distacco] gap.

divenire [109] *vi* to become.

diventare [6] *vi* [grande, magro, vecchio] to become, to get; [rancido, pallido] to turn, to go; **~ madre/donna/medico** etc to become a mother/woman/doctor etc; **fare ~ matto a qn** to drive sb crazy.

divenuto, a *pp* ▷divenire.

divergente *agg* **-1.** [opinioni, idee] differing **-2.** [linee, strade] diverging.

divergenza *sf* **-1.** [di opinioni, idee] difference **-2.** [allontanamento] divergence.

diversamente *avv* differently; ~ **da qc** contrary to sthg.

diversificare [15] *vt* **-1.** [rendere diverso] to make different; [variare] to diversify **-2.** [distinguere] to distinguish between. ➤ **diversificarsi** *vip* [essere diverso] to differ; [variare] to diversify.

diversità *sf inv* **-1.** [differenza] difference **-2.** [molteplicità] diversity.

diversivo, a *agg* diversionary. ➤ **diversivo** *sm* diversion.

diverso, a ◇ *agg* different; ~ **da qn/qc** different from sb/sthg. ◇ *agg indef* several. ➤ **diversi** a number (of people), several (people).

divertente *agg* entertaining.

divertimento *sm* pastime; **buon ~!** enjoy yourself!, have fun!

divertire [8] *vt* [far ridere] to amuse; [intrattenere] to entertain. ➤ **divertirsi** *vr* [svagarsi] to enjoy o.s., to have a good time; **divertirsi a fare qc** to enjoy doing sthg; **divertirsi un mondo** to have a whale of a time.

dividere [30] *vt* **-1.** [gen & MAT] to divide; ~ **una torta a metà** to cut a cake in half; ~ **il pane a fette** to cut the loaf into slices; **6 diviso 3 fa 2** 6 divided by 3 is 2; ~ **qc in qc** to divide sthg into sthg **-2.** [distribuire, condividere] to share; ~ **qc con qn** to share sthg with sb **-3.** [separare] to separate **4.** [porre in contrasto] to split. ➤ **dividersi** ◇ *vr* [coppia] to separate. ◇ *vip*: **dividersi in qc** to be divided into sthg.

divieto *sm* prohibition; " ~ **d'accesso**" "no entry"; " ~ **"di sosta"** "no waiting".

divinità *sf inv* **-1.** [dio] god **-2.** [qualità] divinity.

divino, a *agg* divine.

divisa *sf* **-1.** [militare] uniform **-2.** [nello sport] strip *UK*, uniform *US* **-3.** FIN: ~ **(estera)** (foreign) currency.

divisi *(etc)* ▷dividere.

divisione *sf* division.

diviso, a *pp* ▷dividere.

divo, a *sm, f* star.

divorare [6] *vt* to devour.

divorziare [20] *vi* to get divorced.

divorziato, a ◇ *agg* divorced. ◇ *sm, f* divorcé (*f* divorcée).

divorzio *sm* divorce; **chiedere il ~** to ask for a divorce.

divulgare [16] *vt* **-1.** [notizia, segreto] to divulge, to spread **-2.** [cultura, scienza] to popularize. ➤ **divulgarsi** *vip* to spread.

dizionario *sm* dictionary.

dizione *sf* pronunciation.

DJ [di'ʒidi'ei] (*abbr di* DiskJockey) *smf inv* DJ.

DK (*abbr di* **Danimarca**) DK.

dl (*abbr di* **decilitro**) dl.

D.L. (*abbr di* **decreto legge**) decree with the force of law.

dm (*abbr di* **decimetro**) dm.

DNA (*abbr di* DeoxyriboNucleic Acid) *sm* DNA.

do ◇ ▷dare. ◇ *sm inv* MUS C; [in solfeggio] do, doh *UK*.

dobbiamo ▷dovere.

DOC [dɔk] (*abbr di* **Denominazione di Origine Controllata**) *agg inv* authenticated trademark for quality of wines.

doccia, ce *sf* shower; **fare la ~** to take o have *UK* a shower.

docente ◇ *agg* teaching (*dav s*). ◇ *smf* lecturer *UK*, professor *US*.

DOCG (*abbr di* **Denominazione di Origine Controllata e Garantita**) authenticated trademark for wines of exceptional quality.

docile *agg* docile.

documentare [6] *vt* **-1.** [dimostrare] to back up **-2.** [corredare] to accompany. ➤ **documentarsi** *vr*: **documentarsi su qc** to read up on sthg.

documentario, a *agg & sm* documentary.

documentazione *sf* documentation.

documento *sm* **-1.** [certificato] document **-2.** [testimonianza] testament. ➤ **documenti** *smpl* papers.

dodicesimo, a *agg num & sm, f* twelfth. ➤ **dodicesimo** *sm* [frazione] twelfth; vedi anche **sesto**.

dodici *agg num inv & sm inv* twelve; vedi anche **sei**.

dogana *sf* customs (*pl*).

doganiere *sm* customs officer.

doglie *sfpl* labour *UK*, labor *US*; **avere le ~** to be in labour.

dogma (*pl* **-i**) *sm* dogma.

dolce ◇ *agg* **-1.** [gen] sweet **-2.** [aggraziato] graceful **-3.** [gentile] nice **-4.** [non ripido] gentle **-5.** [temperato] mild **-6.** [gradito] pleasant. ◇ *sm* **-1.** [dessert] dessert **-2.** [torta] cake **-3.** [sapore] sweetness.

dolcemente *avv* gently.

dolcevita *sm* o *f inv* rollneck sweater.

dolcezza *sf* -1. [gen] sweetness -2. [di sguardo, sentimento] pleasantness; [di clima] mildness -3. [gentilezza] kindness.

dolcificante ◇ *agg* sweetening. ◇ *sm* sweetener.

dolciumi *smpl* sweets UK, candy (U) US.

dolente *agg* -1. *form* [spiacente]: **essere ~ di fare qc** to regret to do sthg -2. [dolorante] sore.

dollaro *sm* dollar.

Dolomiti *sfpl*: **le ~** the Dolomites.

dolorante *agg* aching.

dolore *sm* -1. [fisico] pain; **~ di testa/denti/stomaco** headache/toothache/stomachache -2. [morale] sorrow.

doloroso, a *agg* -1. [gen] painful -2. [pianto, lamento] sorrowful.

doloso, a *agg* DIR malicious; **incendio ~** arson.

domanda *sf* -1. [gen] question; **fare una ~ (a qn)** to ask(sb) a question -2. [richiesta scritta] application; **~ di divorzio** divorce petition; **fare ~ per qc** to apply for sthg -3. ECON demand.

domandare [6] ◇ *vt* -1. [per sapere]: **~ qc (a qn)** to ask(sb) sthg; **domandarsi qc** to wonder sthg -2. [per ottenere]: **~ qc (a qn)** to ask (sb) for sthg; **ti domando scusa** I beg your pardon; **~ la parola** to ask for the floor. ◇ *vi*: **~ di qn/qc** [informarsi] to ask after sb/sthg; **mi domanda sempre del tuo lavoro** he's always asking me about your job; **~ di qn** [cercare] to ask for sb.

domani ◇ *avv* tomorrow; **a ~!** see you tomorrow! ◇ *sm inv* future; **un ~** some day.

domare [6] *vt* -1. [belva] to tame -2. [rivolta, incendio, ira] to quell.

domatore, trice *sm, f* tamer.

domattina *avv* tomorrow morning.

domenica (*pl* -che) *sf* Sunday; **la ~ delle Palme** Palm Sunday; *vedi anche* **sabato**.

domestico, a, ci, che ◇ *agg* domestic; **faccende domestiche** housework (U); **animale ~** pet. ◇ *sm, f* servant.

domicilio *sm* -1. [abitazione] place of residence; **consegna a ~** home delivery; **visita a ~** home visit UK, house call US; **lavoro a ~** homeworking -2. DIR domicile.

dominante *agg* dominant.

dominare [6] *vt* -1. [gen] to dominate -2. [soggiogare] to rule; **~ il mercato** to control the market -3. [reprimere] to control.
  ◆ **dominarsi** *vr* to control o.s.

dominazione *sf* domination.

dominio *sm* -1. [supremazia] domination; **essere di ~ pubblico** [notizia] to be common knowledge -2. [controllo] control -3. [territorio] dominion.

domino *sm* dominoes (U).

don *sm* Father.

donare [6] ◇ *vt*: **~ qc (a qn/qc)** to give sthg (to sb/sthg), to give (sb/sthg) sthg; **~ il sangue** to give blood. ◇ *vi*: **~ a qn** to suit sb.

donatore, trice *sm, f* donor.

donazione *sf* donation.

dondolare [6] ◇ *vt* [gen] to swing; [culla, sedia] to rock; [testa] to shake. ◇ *vi* -1. [altalena] to swing; [barca] to rock -2. [dente] to wobble.

dondolo *sm* swing seat UK, glider US.

donna *sf* -1. [gen] woman; **il ruolo della ~ nella società** women's role in society; **da ~** women's (*dav s*) -2. [compagna] girlfriend, woman *fam* -3. [domestica] cleaner; **~ delle pulizie** cleaner; **~ di servizio** maid -4. [nelle carte] queen.

dono *sm* -1. [gen] gift; **fare ~ di qc** to make a gift of sthg; **dare/offrire/ricevere qc in ~** to give/offer/receive sthg as a gift o present -2. [regalo] gift, present.

dopo ◇ *avv* -1. [in seguito] afterwards *esp* UK, afterward US, later; **un'ora/una settimana/un mese** an hour/a week/a month later; **ti richiamo ~** I'll call you back later; **poco ~** shortly afterwards a little later; **subito ~** straight after; **a ~** see you later -2. [più in là] then; **c'è una chiesa e ~ la farmacia** there's a church and then the chemist's UK o drugstore US. ◇ *prep* after; **~ di me/te** after me/you; **uno ~ l'altro** one after the other; **~ cena/pranzo** after dinner/lunch; **abito subito ~ il municipio** I live just past the town hall. ◇ *cong* after; **puoi uscire solo ~ aver fatto i compiti** you can go out after you've done your homework; **~ mangiato, vorrei riposarmi un attimo** after we've eaten, I'd like to have a nap. ◇ *agg inv* after; **il giorno/la settimana ~** the next day/week; the day/week after; **il periodo ~ sarà il più difficile** the period after that will be the most difficult. ◇ *sm inv* future.

dopobarba *sm inv* aftershave.

dopodiché *avv* after which.

dopodomani *avv & sm inv* the day after tomorrow.

dopoguerra *sm inv* post-war years (*pl*).

dopopranzo *avv* after lunch.

doposci *smpl* après-ski boots.

doposcuola *sm inv* after-school club *(providing additional teaching and extracurricular activities)*.

doposole *sm inv* after-sun(lotion).

dopotutto *avv* after all.

doppiato, a *agg* CIN dubbed.

doppio, a *agg* double; **parcheggiare in doppia fila** to double-park; **strada a doppia corsia** dual-carriageway *UK*, divided highway *US* ~ **mento** double chin; **chiudere la porta a doppia mandata** to double-lock the door; **doppia copia** duplicate; ~ **senso** double meaning; **doppia vita** double life. ➡ **doppio** *sm* -1. [misura]: **il** ~ **(di qc)** twice as much (as sthg); **il** ~ **di sei è dodici** two times six is twelve -2. [nel tennis] doubles.

doppiofondo *(pl* **doppifondi)** *sm* false bottom.

doppiopetto ➪ *agg inv* double-breasted. ➪ *sm inv* [giacca] double-breasted jacket; [abito] double-breasted suit.

dorato, a *agg* -1. [rivestito d'oro] gold-plated -2. [colore] golden.

dormire [8] ➪ *vi* -1. [riposare] to sleep; [essere addormentato] to be asleep; **andare a** ~ to go to bed; **non riuscire a** ~ not to be able to get to sleep -2. [essere inattivo] to dawdle. ➪ *vt*: ~ **un sonno tranquillo** to sleep peacefully, ~ **un sonno agitato** to toss and turn in one's sleep.

dorso *sm* -1. [schiena] back -2. [di mano] back; [di piede] top -3. [di libro] spine -4. [nel nuoto] backstroke.

dosare [6] *vt* -1. [medicinale] to measure out a dose of; [ingrediente] to measure out -2. [forze] to husband; [parole] to measure.

dose *sf* -1. [quantità esatta] amount -2. [gen & FARM] dose -3. [quantità generica]: **una buona** ~ **di coraggio/sfacciataggine** a good deal of courage/nerve.

dossier [dos'sje] *sm inv* dossier.

dosso *sm* -1. [stradale] bump -2. [dorso]: **togliersi i vestiti di** ~ to take one's clothes off.

dotato, a *agg* -1. [fornito]: ~ **di qc** [persona] blessed with sthg; [posto] equipped with sthg -2. [capace] gifted, talented.

dote *sf* -1. [di sposa] dowry; **dare qc in** ~ **a qn** to give sb sthg as a dowry -2. [qualità] gift, quality.

Dott. *(abbr di* **Dottore)** Dr.

dottorato *sm* degree; ~ **(di ricerca)** doctorate, PhD.

dottore, essa *sm, f* -1. [medico] doctor -2. [laureato] graduate.

dottrina *sf* doctrine.

Dott.ssa *(abbr di* **Dottoressa)** Dr.

dove ➪ *avv* where; **da** ~ **vieni?** where do you come from?; **da** ~ from where; **da** ~ **abito, si vede il Monte Bianco** you can see Mont Blanc from where I live. ➪ *sm inv* where.

dovere¹ [3] *vt* -1. [avere l'obbligo di]: **dover fare qc** to have(got) to do sthg; **non devi dire niente a nessuno** you mustn't say anything to anyone; **come si deve** properly -2. [avere bisogno di]: **dover fare qc** to need to do sthg -3. [per indicare probabilità]: **deve essere impazzito** he must be mad; **devono essere già le cinque** it must be five o'clock by now; **deve essere successo qualcosa** something must have happened -4.: ~ **qc a qn** [essere debitore di] to owe sb sthg; ~ **qc a qn/qc** [derivare] to owe sthg to sb/sthg.

dovere² *sm* -1. [obbligo] duty; **ho il** ~ **di informare i miei superiori dell'accaduto** it is my duty to inform my superiors of what has happened -2. [cosa opportuna]: **aiutarti per me è un** ~ helping you is the right thing for me to do; **sentirsi in** ~ **(di fare qc)** to feel duty-bound (to do sthg).

dovrò *(etc)* ➡ **dovere**.

dovunque *avv* -1. [in qualsiasi luogo] *(+ congiuntivo)* wherever -2. [dappertutto] everywhere.

dovuto, a ➪ *pp* ➡ **dovere**. ➪ *agg* -1. [gen] due; **con il** ~ **rispetto** with all due respect; ~ **a qn/qc** due to sb/sthg -2. [somma] owing, owed. ➡ **dovuto** *sm*: **il** ~ one's due.

dozzina *sf* dozen; **una** ~ **di rose/uova** a dozen roses/eggs; **una** ~ **(di qn/qc)** about a dozen (sb/sthg).

dracma *sf* drachma.

drago, ghi *sm* dragon.

dramma, i *sm* -1. TEATRO drama -2. [vicenda triste] tragedy.

drammatico, a, ci, che *agg* dramatic; **arte drammatica** dramatic art, drama; **scrittore** o **autore** ~ dramatist; **attore** ~ stage actor; **compagnia drammatica** theatre *UK* o theater *US* company.

drappo *sm* cloth.

drastico, a, ci, che *agg* drastic.

drenare [6] *vt* [gen & MED] to drain.

dritta *sf* -1. *fam* [informazione] tip -2. NAUT starboard.

dritto, a ➪ *agg & avv* = **diritto**. ➪ *sm, f fam* slyboots.

droga, ghe *sf* drug; **la ~** drugs *(U)*; **fare uso di ~** to take drugs, to be on drugs.

drogare [16] *vt* [persona, animale] to drug; [atleta, cavallo] to dope. ◆ **drogarsi** *vr* to take drugs, to be on drugs.

drogato, a *sm, f* drug addict.

drogheria *sf* grocer('s) (shop) *UK*, grocery (store) *US*.

dromedario *sm* dromedary.

DTP (*abbr di* **Desk Top Publishing**) *sm* INFORM DTP.

dubbio, a *agg* **-1.** [indefinibile] uncertain **-2.** [discutibile] dubious **-3.** [equivoco] ambiguous. ◆ **dubbio** *sm* **-1.** [gen] doubt; **essere in ~** to be in doubt; **mettere qc in ~** to doubt o question sthg; **avere il ~ che...** (*+ congiuntivo*) to suspect that... **-2.** [punto oscuro] uncertainty.

dubitare [6] *vi* **-1.** [non credere possibile]: **~ che** (*+ congiuntivo*) to doubt that **-2.** [diffidare]: **~ di qn/qc** to have doubts about sb/sthg; **~ delle proprie forze** not to know one's own strength **-3.** [temere] to worry.

Dublino *sf* Dublin.

duca, duchessa (*mpl* **duchi**, *fpl* **duchesse**) *sm, f* duke (*f* duchess).

due ◇ *agg num inv* **-1.** [in numero esatto] two; **~ volte** twice, two times; **tagliare/ rompere qc in ~ pezzi** to cut/break sthg in two; **mettersi in fila per ~** to line up in twos **-2.** [pochi] a few; **facciamo ~ spaghetti** let's make some spaghetti; **ci siamo fatti ~ risate** we had a bit of a laugh; **essere a ~ passi(da qc)** to be a stone's throw away (from sthg); **fare ~ chiacchiere** to have a chat. ◇ *sm inv* [numero] two; *vedi anche* **sei**.

Duecento *sm*: **il ~** the thirteenth century.

duello *sm* duel.

duemila *agg num inv & sm inv* two thousand. ◆ **Duemila** *sm*: **il ~** the year two thousand.

duepezzi *sm inv* **-1.** [costume] bikini **-2.** [abito] two-piece (suit).

duna *sf* dune.

dunque ◇ *cong* **-1.** [perciò] so, therefore **-2.** [allora] well. ◇ *sm inv*: **venire al ~** to get o come to the point.

duomo *sm* cathedral.

duplicato *sm* **-1.** [di documento] copy **-2.** [di oggetto, chiave] duplicate.

duplice *agg* **-1.** [in due parti] dual, double **-2.** [doppio]: **in ~ copia** in duplicate.

duramente *avv* [rimproverare, punire] severely; [trattare] harshly.

durante *prep* during.

durare [6] ◇ *vi* to last. ◇ *vt*: **~ fatica (a fare qc)** to have trouble (doing sthg).

durata *sf* **-1.** [tempo] duration, length **-2.** [di pila] life; [di stoffa, scarpe] wear; **queste scarpe hanno fatto un'ottima ~** these shoes have worn very well.

duraturo, a *agg* lasting.

durevole *agg* lasting.

durezza *sf* **-1.** [di materiale] hardness **-2.** [di clima, carattere] harshness; **~ d'animo** hard-heartedness.

duro, a ◇ *agg* **-1.** [gen & CHIM] hard **-2.** [persona, carne] tough; [tono, sguardo, parola] harsh. ◇ *sm, f fam* tough guy. ◆ **duro** *avv* hard; **tenere ~** to hang on in there.

durone *sm* [callo – della mano] callus; [– del piede] corn.

duttile *agg* **-1.** [materiale] ductile **-2.** [carattere] flexible.

DVD [divud'di] (*abbr di* **Digital Video Disk**) *sm inv* DVD; **in ~** on DVD; **lettore di ~** DVD player.

e, E *sm* o *f inv* e, E.

e (*anche* **ed** *dav vocale*) *cong* **-1.** [gen] and; **~ allora?** so what? **-2.** [insomma]: **~ stai fermo un attimo!** just keep still a second!; **~ basta!** that's enough! **-3.** [in addizioni] and, plus.

è ⊳ **essere**.

E -1. (*abbr di* **est**) E **-2.** (*abbr di* **Spagna**) E.

ebano *sm* ebony.

ebbe ⊳ **avere**.

ebbene *cong* **-1.** [allora] well (then) **-2.** [dunque] so.

ebbi (*etc*) ⊳ **avere**.

ebete ◇ *agg* idiotic. ◇ *smf* idiot.

ebraico, a, ci, che *agg* [popolo, religione] Jewish; [testo, scrittura, lingua] Hebrew. ◆ **ebraico** *sm* [lingua] Hebrew.

ebreo, a ◇ *agg* Jewish. ◇ *sm, f* Jewish person, Jewish man (*f* Jewish woman).

EC (*abbr di* **eurocity**) FERR Eurocity, *high-speed intercity train*.

ecc. (*abbr di* **eccetera**) etc.

eccedente *agg & sm* excess.

eccedere [7] ⋄ *vt* to exceed. ⋄ *vi* to go too far, to overdo it; ~ **nel bere/nel mangiare/nel parlare** to drink/eat/talk too much.

eccellente *agg* excellent.

eccellenza *sf* excellence; **per** ~ par excellence. ➡ **Eccellenza** *sf*: **Sua** ~ His Excellency.

eccellere [59] *vi*: ~ **in qc** to excel at sthg; ~ **su qn** to be better than sb.

eccelso, a ⋄ *pp* ⊳**eccellere**. ⋄ *agg* exceptional.

eccentrico, a, ci, che *agg* eccentric; **un cappello** ~ a bizarre hat.

eccessivamente *avv* [bere, mangiare, fumare] too much; [severo, permissivo] excessively.

eccessivo, a *agg* excessive; **(ha fatto) un caldo/freddo** ~ (it was) extremely hot/cold.

eccesso *sm* excess; ~ **di velocità** AUTO speeding; **bagaglio in** ~ excess baggage; **alla festa c'erano dolci in** ~ there were too many cakes at the party. ➡ **eccessi** *smpl* extremes; **una gelosia spinta agli eccessi** jealousy carried to extremes.

eccetera *avv* et cetera.

eccetto *prep* except (for). ➡ **eccetto che** *cong* [tranne] except; [a meno che] unless.

eccettuare [6] *vt* to exclude.

eccezionale *agg* -1. [speciale] special -2. [eccellente] exceptional.

eccezione *sf* exception; **fare un'**~ to make an exception; **a** ~ **di qn/qc** with the exception of sb/sthg.

eccitante ⋄ *agg* -1. [stimolante] exciting -2. [sessualmente] sexy -3. [sostanza] stimulating. ⋄ *sm* stimulant.

eccitare [6] *vt* -1. [gen] to excite, to make excited -2. [stimolare, sessualmente] to arouse -3. [agitare - folla] to stir up; [- persona] to make nervous; [- fantasia, sensi] to stimulate. ➡ **eccitarsi** *vip* -1. [agitarsi] to get excited -2. [sessualmente] to become aroused.

eccitazione *sf* -1. [agitazione] excitement -2. [sessuale] arousal.

ecclesiastico, a, ci, che *agg* ecclesiastical. ➡ **ecclesiastico** *sm* clergyman.

ecco ⋄ *avv* -1. [per indicare - qui] here's; [- là] there's; **eccomi!** here I am!; **eccolo** [cosa] here it is; [persona] here he is; ~ **qui** [detto in un negozio] there you are -2. [per

sottolineare] that's; ~ **che arriva** here she comes; ~ **che adesso ricomincia a lamentarsi** there he goes, moaning again. ⋄ *esclam* look.

eccome *avv* and how.

ECG (*abbr di* **elettrocardiogramma**) *sm inv* ECG.

eclissi *sf inv* eclipse.

eco (*mpl* **echi**, *fpl* **eco**) *sf* o *m* -1. [di suono] echo -2. [di fatto, notizia]: **destare una grande** ~ to cause quite a stir.

ecografia *sf* ultrasound.

ecologia *sf* ecology.

ecologico, a, ci, che *agg* -1. [problema, disastro] ecological -2. [detersivo] environmentally friendly; [pelliccia] fake.

ecologista, i, e ⋄ *agg* environmentalist (*dav s*). ⋄ *smf* -1. [esperto] ecologist -2. [sostenitore] environmentalist.

economia *sf* -1. [gen] economy; **vivere con grande** ~ to live very frugally; **spendere senza** ~ to spend freely; **fare** ~ to make economies -2. [scienza] economics (*U*); ~ **politica** political economy. ➡ **economie** *sfpl* savings.

economico, a, ci, che *agg* -1. [dell'economia] economic -2. [poco costoso - prezzo, affitto] low; [- albergo] cheap, inexpensive; [- mezzo] economical.

economizzare [6] ⋄ *vt* to save. ⋄ *vi*: ~ **(su qc)** to economize (on sthg).

ecosistema, i *sm* ecosystem.

ECU [ˈɛku] (*abbr di* **European Currency Unit**) *sm inv* ecu.

Ecuador, Ecuador *sm*: **l'**~ Ecuador.

eczema, i *sm* eczema.

ed *cong* = **e**.

ed. (*abbr di* **edizione**) ed.

edera *sf* ivy.

edicola *sf* newspaper stand o kiosk, newsstand.

edificare [15] *vt* -1. [casa, città, società] to build -2. [teoria] to construct.

edificio *sm* [costruzione] building.

edile *agg* building (*dav s*), construction (*dav s*).

edilizia *sf* building.

edilizio, a *agg* building (*dav s*).

edito, a *agg* published.

editore, trice ⋄ *agg* publishing (*dav s*). ⋄ *sm, f* publisher.

editoriale ⋄ *agg* publishing (*dav s*). ⋄ *sm* editorial, leader *UK*.

edizione *sf* -1. [gen] edition; **curare l'**~ **di un libro** to edit a book; **un'**~ **di duemila**

copie a print run of two thousand copies; ~ **economica** paperback; ~ **tascabile** pocket edition -2. [settore] publishing -3. [di manifestazione]: **l'ultima** ~ **delle Olimpiadi** the last Olympics.

educare [15] vt -1. [allevare] to bring up, to raise; ~ **qn a qc** to bring sb up o raise sb to do sthg -2. [affinare – intelletto, voce] to train; [– palato] to educate; [– gusti] to refine -3. [abituare]: ~ **qc a qc** to accustom sthg to sthg.

educatamente avv politely.

educativo, a agg educational.

educato, a agg -1. [persona] well-mannered, polite -2. [maniere] polite -3. [orecchio, voce] trained.

educazione sf -1. [formazione] education; ~ **fisica** PE, physical education -2. [buone maniere] (good) manners; **comportarsi con** ~ to be well-mannered.

effeminato, a agg effeminate.

effervescente agg effervescent.

effettivamente avv -1. [realmente] really -2. [in verità] actually.

effettivo, a agg -1. [reale] real -2. [docente, socio] permanent. ◆ **effettivo** sm [di esercito] strength; [di azienda] staff.

effetto sm -1. [gen] effect; **effetti collaterali** [di farmaco] side effects; **fare** ~ to take effect -2. [impressione] shock; **che** ~ **vederlo dopo tanti anni!** it was very strange to see him after all those years!; **fare** ~ **(a qn)** to shock (sb).

effettuare [6] vt -1. [eseguire] to carry out -2. [fermata] to make. ◆ **effettuarsi** vip to take place.

efficace agg effective.

efficacia sf -1. [di metodo, farmaco] effectiveness -2. [di legge] effect.

efficiente agg efficient.

efficienza sf efficiency.

effusione sf display of affection; **con** ~ warmly.

Egadi sfpl: **le (isole)** ~ the Egadi islands.

Egeo sm: **l'** ~ the Aegean; **il Mar** ~ the Aegean Sea.

Egitto sm: **l'** ~ Egypt.

egiziano, a agg & sm, f Egyptian.

egli pron pers form & lett he.

egocentrico, a, ci, che ◇ agg egocentric, self-centred UK, self-centered US. ◇ sm, f: **è un** ~ he's so self-centred UK o self-centered US.

egoismo sm [gen] selfishness; PSICOL egoism.

egoista, i, e ◇ agg [gen] selfish; PSICOL egoistic. ◇ smf [gen] selfish person; PSICOL egoist.

Egr. (abbr di **Egregio**) [nelle lettere] Dear; ~ **Sig. Invernizzi** Dear Mr Invernizzi.

eguaglianza sf = uguaglianza.

eguagliare [21] vt = uguagliare.

EI (abbr di **Esercito Italiano**) Italian Army.

eiaculazione sf ejaculation; ~ **precoce** premature ejaculation.

elaborare [6] vt -1. [formulare – legge, riforma] to frame; [– schema, teoria, idea] to work out -2. [dati] to process.

elaborato, a agg elaborate. ◆ **elaborato** sm -1. [compito] (exam) paper UK, exam US -2. [tabulato] printout.

elaboratore sm: ~ **(elettronico)** computer.

elaborazione sf -1. [ideazione] working out -2. INFORM: ~ **(elettronica dei) dati** (electronic) data processing.

elasticità sf inv -1. [proprietà] elasticity -2. [agilità, adattabilità] flexibility.

elastico, a, ci, che agg -1. [materiale, tessuto] elastic; [fascia] elasticated UK, elasticized US -2. [fisico, orario, atteggiamento] flexible -3. [mentalità] agile; [coscienza] easily salved; [morale] lax. ◆ **elastico** sm -1. [per abbigliamento] elastic -2. [di gomma] rubber o elastic UK band.

Elba sf: **l'(isola d')** ~ (the island of) Elba.

elefante sm elephant.

elegante agg -1. [persona, abito] elegant, stylish -2. [gesto, movimento] graceful -3. [risposta] deft.

eleganza sf -1. [di persona, abito] elegance, stylishness -2. [di gesto, movimento] grace.

eleggere [50] vt to elect.

elementare agg -1. [basilare, semplice] basic -2. [corso, livello] elementary; **fisica** ~ elementary physics -3. [istruzione] primary, elementary US; [insegnante, maestro] primary (school) (dav s), elementary school US (dav s); **scuola** ~ primary o elementary US school. ◆ **elementari** sfpl: **le** ~ primary o elementary US school.

elemento sm -1. [gen] element; ~ **(chimico)** chemical element -2. [componente – di macchina, insieme, mobile] part; [– di cucina] unit; [– di espressione composta] part, element -3. [individuo] person; **gli elementi peggiori** the worst elements. ◆ **elementi** smpl elements, rudiments, basic principles.

elemosina sf -1. [a povero] charity, alms

(pl) dat; **chiedere l'** ~ to beg; **fare l'** ~ to give to charity, to give alms *dat* **-2.** [nella messa] collection.

elencare [15] *vt* to list.

elenco, chi *sm* list; ~ **telefonico** telephone directory.

eletto, a ⬦ *pp* ▷**eleggere.** ⬦ *sm, f* elected member.

elettorale *agg* electoral.

elettore, trice *sm, f* voter.

elettrauto *sm inv* **-1.** [persona] electrician *(for car electrics)* **-2.** [officina] *electrical repair shop for cars.*

elettricista, i, e *smf* electrician.

elettricità *sf inv* electricity.

elettrico, a, ci, che *agg* **-1.** FIS electrical **-2.** [apparecchio] electric.

elettrocardiogramma, i *sm* electrocardiogram.

elettrodomestico *sm* electrical appliance.

elettronica *sf* electronics *(U).*

elettronico, a, ci, che *agg* electronic.

elevare [6] *vt* **-1.** [innalzare] to raise **-2.** [migliorare – condizioni sociali] to improve; [– tenore di vita] to raise **-3.** MAT: ~ **un numero al quadrato** to square a number.

elevato, a *agg* **-1.** [gen] high **-2.** [sentimenti] lofty.

elezione *sf* [nomina] election. ➡ **elezioni** *sfpl* POL election; ~ **politiche** general election.

elica, che *sf* **-1.** [di nave, aereo] propeller **-2.** [di ventilatore] blades *(pl).*

elicottero *sm* helicopter.

eliminare [6] *vt* **-1.** [rimuovere – ostacolo, sospetto, macchia] to remove; [– errore, cause] to eliminate, to remove; [– dolore, sintomi] to get rid of **-2.** [escludere] to eliminate **-3.** [cibo, alcol] to cut out **-4.** [uccidere] to eliminate, to get rid of.

eliminazione *sf* **-1.** [gen] elimination **-2.** [di ostacolo] removal.

elitario, a *agg* elitist.

élite [e'lit] *sf inv* elite; **d'** ~ elite.

ella *pron pers form & lett* she.

ellisse *sf* ellipse.

elmo *sm* helmet.

elogio *sm* **-1.** [discorso] eulogy; ~ **funebre** funeral oration **-2.** [lode] praise.

eloquente *agg* eloquent.

elvetico, a, ci, che *agg & sm, f* Swiss.

e-mail [i'mɛil] *sf inv* e-mail; **indirizzo** ~ e-mail address.

emanare [6] ⬦ *vt* **-1.** [profumo, calore] to give off; [luce] to give out **-2.** [legge, decreto] to enact. ⬦ *vi* to come.

emancipato, a *agg* emancipated.

emarginato, a ⬦ *agg* marginalized. ⬦ *sm, f* disadvantaged person.

emarginazione *sf* marginalization.

ematoma *(pl* **-i)** *sm* [gen] bruise; MED haematoma *UK*, hematoma *US.*

embargo *(pl* **-ghi)** *sm* embargo.

emblema *(pl* **-i)** *sm* emblem.

embrione *sm* embryo.

emergenza *sf* emergency.

emergere [52] *vi* **-1.** [venire a galla] to surface **-2.** [risultare, venir fuori]: ~ **(da qc)** to emerge (from sthg) **-3.** [distinguersi] to stand out.

emersi *(etc)* ▷**emergere.**

emerso, a *pp* ▷**emergere.**

emesso, a *pp* ▷**emettere.**

emettere [71] *vt* **-1.** [suono, radiazioni] to emit; [grido] to let out; [fumo, odore] to give off; [segnale] to transmit **-2.** [documento] to issue **-3.** [sentenza] to pass; [parere] to express.

emicrania *sf* migraine.

emigrare [6] *vi* ~ **(in)** to emigrate (to); ~ **dalla campagna verso le città** to migrate from the country to the cities.

emigrato, a *agg & sm, f* emigrant.

Emilia *sf:* **l'** ~ **Romagna** Emilia-Romagna.

emiliano, a ⬦ *agg* Emilian. ⬦ *sm, f* person from Emilia.

eminenza *sf:* ~ **grigia** éminence grise. ➡ **Eminenza** *sf:* **Sua** ~ Your Eminence.

Emirati *smpl:* **gli** ~ **Arabi Uniti** the United Arab Emirates.

emisfero *sm* hemisphere; ~ **australe/ boreale** southern/northern hemisphere.

emisi *(etc)* ▷**emettere.**

emissione *sf* **-1.** [di sostanza, suono] emission **-2.** [di documento] issue **-3.** [di sentenza] passing; [di parere] expression.

emittente *sf:* ~ **(radiofonica/televisiva)** (radio/television) station.

emofilia *sf* haemophilia *UK*, hemophilia *US.*

emorragia *sf* haemorrhage *UK*, hemorrhage *US.*

emorroidi *sfpl* haemorrhoids *UK*, hemorrhoids *US*, piles *fam.*

emotivo, a ⬦ *agg* emotional. ⬦ *sm, f* emotional person.

emozionante *agg* exciting.

emozionare [6] *vt* to make excited.
➡ **emozionarsi** *vip* [agitarsi] to get nervous; [commuoversi] to be moved.

emozione *sf* -1. [gen] emotion -2. [avventura] excitement.

empirico, a, ci, che *agg* empirical.

emporio *sm* general store.

enciclopedia *sf* encyclopedia.

endovena ◇ *sf* intravenous injection. ◇ *avv* intravenously.

ENEL ['ɛnel] (*abbr di* **Ente Nazionale per l'energia ELettrica**) *sm* *national electricity board*.

energetico, a, ci, che *agg* -1. [fonte, consumo] energy (*dav s*) -2. [alimento] energy-giving; **bevanda energica** energy drink.

energia *sf* energy; ~ **elettrica** electrical energy o power.

enfasi *sf inv* -1. [trasporto]: **con** ~ pompously -2. [importanza]: **dare** ~ **a qc** to place emphasis on sthg.

enigma (*pl* -**i**) *sm* -1. [indovinello] riddle -2. [mistero] enigma, mystery.

enigmatico, a, ci, che *agg* enigmatic.

ennesimo, a *agg* umpteenth.

enorme *agg* enormous.

enoteca, che *sf* wine shop.

ENPA ['ɛnpa] (*abbr di* **Ente Nazionale Protezione Animali**) *sm* *national animal protection league*, ≃ RSPCA *UK*.

ente *sm* body; ~ **pubblico** public body.

entrambi, e *agg & pron* both.

entrare [6] *vi* to go o come in; **entra!** come in!; **entri pure** do come in; ~ **in qc** [stato, attività] to move into sthg; [trovare posto] to fit in o into sthg; [essere ammesso] to join sthg; ~ **in casa** to go in/indoors; ~ **in acqua** to go into the water; ~ **in campo/in scena** to come onto the pitch/stage; ~ **in guerra** to go to war; ~ **in politica** to go into politics; ~ **a qn** to fit sb; ~ **a far parte di qc** to join sthg.

entrata *sf* -1. [azione, luogo] entrance; ~ **libera** admission free -2. [ammissione, inizio] entry -3. [incasso] income.

entro *prep* by; **torno** ~ **un'ora** I'll be back in less than an hour.

entroterra *sm inv* hinterland.

entusiasmare [6] *vt* to fill with enthusiasm. ➡ **entusiasmarsi** *vip*: entusiasmarsi (per qc) to get excited (about sthg).

entusiasmo *sm* enthusiasm; **con** ~ enthusiastically.

entusiasta, i, e ◇ *agg*: ~ **(di qc)** enthusiastic (about sthg). ◇ *smf* enthusiast.

enunciare [6] *vt form* to state.

enunciato *sm* utterance.

e/o *cong* and/or.

Eolie *sfpl*: **le (isole)** ~ the Aeolian Islands.

epatite *sf*: ~ **(virale)** (viral) hepatitis.

epico, a, ci, che *agg* epic.

epidemia *sf* epidemic.

Epifania *sf* Epiphany.

epigrafe *sf* epigraph.

epilessia *sf* epilepsy.

epilettico, a, ci, che *agg & sm, f* epileptic.

episodio *sm* episode.

epoca (*pl* -**che**) *sf* -1. [storica] era, period; **d'** ~ [mobile, costume] period (*dav s*); [auto] vintage -2. [di anno, vita] time.

eppure *cong* and yet.

equamente *avv* fairly.

equatore *sm* equator.

equatoriale *agg* equatorial.

equazione *sf* equation.

equestre *agg* equestrian.

equilibrare [6] *vt* to balance.

equilibrato, a *agg* -1. [spartizione, gara] even -2. [persona] well-balanced; [giudizio] balanced.

equilibrio *sm* -1. [nello spazio] balance -2. [proporzione] proportion -3. [di situazione] equilibrium -4. [di persona] (mental) equilibrium.

equino, a *agg & sm* equine.

equipaggiamento *sm* -1. [materiale] equipment -2. [operazione] equipping.

equipaggiare [18] *vt* to equip; ~ **qn/qc di qc** to equip sb/sthg with sthg. ➡ **equipaggiarsi** *vr*: equipaggiarsi (di qc) to equip o.s. (with sthg).

equipaggio *sm* crew.

équipe [e'kip] *sf inv* team; **d'** ~ [lavoro] team (*dav s*).

equità *sf inv* fairness.

equitazione *sf* riding.

equivalente *agg* equivalent; ~ **a qc** equivalent to sthg.

equivalere [91] *vi*: ~ **a qc** to be equivalent to sthg. ➡ **equivalersi** *vr* to be equivalent; **le squadre si equivalgono** the teams are evenly matched.

equivalso, a *pp* ▷ equivalere.

equivocare [15] *vi* to misunderstand.

equivoco, a, ci, che *agg* -1. [ambiguo] ambiguous -2. [sospetto] suspicious. ➡ **equivoco** *sm* misunderstanding.

equo, a *agg* fair.

era ◇ ▷**essere.** ◇ *sf* era.

ERASMUS [e'razmus] (*abbr di* **Eu**Ropean community **A**ction **S**cheme for the **M**obility of **U**niversity **S**tudents) *sm* ERASMUS.

erba *sf* **-1.** [di prato] grass **-2.** [pianta] herb; ~ **aromatica** (culinary) herb; **fare di ogni** ~ **un fascio** to make sweeping generalizations **-3.** *gergo droga* [marijuana] grass.

erbaccia, ce *sf* weed.

erborista, i, e ◇ *smf* herbalist. ◇ *sm* herbalist's *UK*, herbalist shop *US*.

erboristeria *sf* **-1.** [scienza] herbalism **-2.** [negozio] herbalist's *UK*, herbalist shop *US*.

erede *smf* heir (*f* heiress).

eredità *sf inv* inheritance.

ereditare [6] *vt* to inherit.

ereditario, a *agg* hereditary.

eresia *sf* **-1.** [in religione] heresy **-2.** [sproposito] nonsense.

eressi (*etc*) ▷**erigere.**

eretico, a, ci, che ◇ *agg* heretical. ◇ *sm, f* heretic.

eretto, a *pp* ▷**erigere.**

erezione *sf* erection.

ergastolo *sm* life imprisonment.

ergonomico, a, ci, che *agg* ergonomic.

eri ▷**essere.**

erigere [56] *vt* to erect.

eritema (*pl* **-i**) *sm* [gen] rash; MED erythema; ~ **solare** sunburn.

ermetico, a, ci, che *agg* [contenitore] airtight.

ernia *sf* hernia; ~ **del disco** slipped disc *UK* o disk *US*.

ero ▷**essere.**

eroe *sm* hero.

eroico, a, ci, che *agg* **-1.** [impresa, persona] heroic **-2.** [poema] epic.

eroina *sf* **-1.** [gen] heroine **-2.** [droga] heroin.

eroismo *sm* **-1.** [qualità] heroism **-2.** [atto] heroic act, heroics (*pl*).

erosione *sf* erosion.

erotico, a, ci, che *agg* erotic.

erotismo *sm* eroticism.

errare [6] *vi* [sbagliare] to be mistaken; **se non erro** if I'm not mistaken.

errato, a *agg* wrong.

erroneo, a *agg* erroneous.

errore *sm* mistake, error; **per** ~ by mistake.

erta *sf*: **stare all'** ~ to be on the alert.

eruttare [6] ◇ *vt* [lava, fiamme] to pour out. ◇ *vi* [vulcano] to erupt.

eruzione *sf* eruption.

es. (*abbr di* **esempio**) : **ad** o **per** ~ e.g.

esagerare [6] ◇ *vt* to exaggerate. ◇ *vi*: ~ **(con qc)** to go too far (with sthg); ~ **nel bere/mangiare/fumare** to drink/eat/ smoke too much.

esagerato, a *agg* [grandezza, reazione, importanza, stima, precisione] excessive; [prezzo] exorbitant.

esagerazione *sf* **-1.** [gen] exaggeration **-2.** [prezzo eccessivo]: **questo vestito mi è costato un'** ~ this dress cost me a fortune.

esalazione *sf* **-1.** [azione] exhalation **-2.** [di gas, odore] fumes (*pl*).

esaltante *agg* exciting; **poco** ~ terrible.

esaltare [6] *vt* **-1.** [lodare] to praise; [guerra] to glorify **-2.** [entusiasmare] to stir up; **la cucina cinese non mi esalta** Chinese food doesn't do much for me **-3.** [accentuare] to bring out.

esame *sm* **-1.** [valutazione] examination **-2.** [medico] test; ~ **della vista** eye test **-3.** [prova] exam, examination; **dare un** ~ to take o sit *UK* an exam; ~ **di maturità** ≃ A-levels (*pl*) *UK* ≃ high school diploma *US*.

esaminare [6] *vt* **-1.** [questione, prove, testo] to examine; [sangue, vista] to test **-2.** [candidato] to interview.

esasperare [6] *vt* **-1.** [irritare] to exasperate **-2.** [accentuare] to exacerbate. ◆ **esasperarsi** *vip* **-1.** [irritarsi] to get exasperated **-2.** [accentuarsi] to be exacerbated.

esasperazione *sf* **-1.** [irritazione] exasperation **-2.** [eccesso] exacerbation.

esattamente *avv* exactly.

esattezza *sf* accuracy.

esatto, a *agg* **-1.** [preciso] exact **-2.** [corretto, in risposta] correct.

esauriente *agg* exhaustive.

esaurimento *sm* **-1.** [fine] exhaustion **-2.** MED: ~ **(nervoso)** nervous breakdown.

esaurire [9] *vt* **-1.** [terminare] to finish up o off **-2.** [indebolire, trattare a fondo] to exhaust. ◆ **esaurirsi** *vip* **-1.** [finire] to run out **-2.** [miniera] to be worked out; [sorgente] to dry up.

esaurito, a *agg* **-1.** [merce] sold out; [libro] out of print **-2.** [miniera] worked out; [sorgente] dried up **-3.** [persona] exhausted.

esausto, a *agg* exhausted.

esca¹ ['eska] (*pl* **esche**) *sf* bait.

esca² ['ɛska] ▷uscire.

ęsce ▷uscire.

eschimęse *agg & smf* Inuit.

ęsci ▷uscire.

esclamare [6] *vt* to exclaim.

esclamazione *sf* exclamation.

escludere [31] *vt* -1. [persona] to exclude -2. [possibilità] to rule out, to exclude.

esclusi *(etc)* ▷escludere.

esclusione *sf* exclusion; a ~ di qn/qc except (for) o with the exception of sb/sthg.

esclusiva *sf* exclusive o sole rights *(pl)*.

esclusivamente *avv* only.

esclusivo, a *agg* exclusive.

escluso, a ◇ *pp* ▷escludere. ◇ *agg* -1. [lasciato fuori]: **siamo in venti, esclusi i bambini** there are twenty of us, excluding the children; **sentirsi** ~ to feel excluded; **IVA esclusa** exclusive of VAT -2. [impossibile] out of the question.

ęsco *(etc)* ▷uscire.

escogitare [6] *vt* to think up.

escrementi *smpl* excrement *(U)*.

escudo *(pl* **-s)** *sm* escudo.

escursione *sf* -1. [gita] trip -2. [in montagna] expedition. ◆ **escursione termica** *sf* temperature range.

escursionista, i, e *smf* -1. [gitante] tripper -2. [alpinista] climber.

esecutivo, a *agg* -1. [fase] execution *(dav s)* -2. [potere] executive. ◆ **esecutivo** *sm*: **l'**~ [governo] the executive.

esecutore, trice *sm, f* -1. [di ordini]: **è un bravo** ~ he's good at seeing things through -2. [di testamento] executor *(f* executrix) -3. [di brano musicale] performer.

esecuzione *sf* -1. [di lavoro] execution -2. [di idea] putting into practice -3. [di brano musicale, contratto] performance. ◆ **esecuzione capitale** *sf* execution.

eseguire [10] *vt* -1. [lavoro, ordini] to carry out -2. [manovra] to perform, to execute -3. [brano musicale] to perform.

esempio *sm* example; **fare un** ~ to give an example; **ad** o **per** ~ for example; **dare il buon/cattivo** ~ to set a good/bad example.

esemplare ◇ *agg* exemplary; **dare una punizione** ~ **a qn** to make an example of sb. ◇ *sm* -1. [modello] model -2. [campione] specimen -3. [copia] copy.

esentare [6] *vt*: ~ **qn da qc** to exempt sb from sthg, to let sb off sthg.

esentasse *agg inv* tax-free, tax-exempt.

esente *agg*: ~ **da qc** [dispensato da] exempt from sthg; [privo di] free from sthg.

esenzione *sf* exemption; ~ **dalle imposte** tax exemption.

esequie *sfpl form* [funerale] funeral ceremony.

esercitare [6] *vt* -1. [allenare] to exercise; ~ **pressioni su qn** to put o exert pressure on sb -2. [professione] to practise *UK*, to practice *US*. ◆ **esercitarsi** *vr* -1. [gen] to practise *UK*, to practice *US*; ~ **in qc** to practise sthg -2. SPORT to train.

esercitazione *sf* -1. SCOL test -2. MIL exercise.

esercito *sm* army.

esercizio *sm* -1. [gen] exercise -2. [addestramento] practice; **essere fuori** ~ to be out of practice; **tenersi in** ~ to keep in practice -3. [azienda] business -4. [anno]: ~ **(finanziario)** financial year.

esibire [9] *vt* -1. [mostrare] to show -2. [ostentare] to show off. ◆ **esibirsi** *vr* -1. [attore] to perform -2. [farsi notare] to show off.

esibizione *sf* -1. [spettacolo] performance -2. [ostentazione] showing off.

esibizionista, i, e *smf* -1. [vanitoso] show-off -2. [sessuale] exhibitionist, flasher *fam*.

esigente *agg* demanding.

esigenza *sf* need.

esigere [55] *vt* -1. [pretendere] to demand -2. [necessitare di] to need, to require.

esiguo, a *agg* tiny.

esile *agg* -1. [bambino] slight; [braccia, gambe] thin -2. [speranza, voce] faint.

esiliare [20] *vt*: ~ **qn da qc** to exile sb from sthg.

esilio *sm* exile.

esistente *agg* -1. [presente] current -2. [reale] real.

esistenza *sf* -1. [vita] existence, life -2. [realtà] existence -3. [presenza] presence.

esistenziale *agg* existential.

esistere [66] *vi* -1. [esserci] to be; **non esiste!** I don't believe it! -2. [essere reale] to exist.

esistito, a *pp* ▷esistere.

esitante *agg* hesitant.

esitare [6] *vi* to hesitate; ~ **a fare qc** to hesitate to do sthg; **senza** ~ without hesitating.

esitazione *sf* hesitation; **senza** ~ without hesitation.

ęsito *sm* -1. [di iniziativa] outcome -2. [di esame, test] results *(pl)*.

esodo *sm* exodus.

esofago (*pl* -**gi**) *sm* oesophagus *UK*, esophagus *US*.

esonerare [6] *vt*: ~ **qn da qc** to exempt sb from sthg.

esorbitante *agg* exorbitant.

esorcista, i, e *smf* exorcist.

esordiente ◇ *agg* making one's debut (*non dav s*), rookie (*dav s*) *fam*. ◇ *smf* newcomer.

esordio *sm* debut; **essere agli esordi** [attore] to be just starting out; [civiltà, attività] to be in its infancy.

esordire [9] *vi* -**1.** [in discorso] to begin -**2.** [in attività]: ~ **in qc** to start out in sthg.

esortare [6] *vt*: ~ **qn a (fare) qc** to urge sb to (do) sthg.

esortazione *sf* exhortation.

esotico, a, ci, che *agg* exotic.

espandere [41] *vt* [superficie, volume, mercato, industria] to expand; [terreno] to extend. ◆ **espandersi** *vr* to expand.

espansione *sf* expansion.

espansivo, a *agg* expansive.

espanso, a *pp* ⊳**espandere**.

espatriato, a *agg & sm, f* expatriate.

espatrio *sm* expatriation.

espediente *sm* expedient; **vivere di espedienti** to live by one's wits.

espellere [60] *vt* -**1.** [cacciare – alunno, socio] to expel; [– calciatore] to send off -**2.** MED to eliminate.

esperienza *sf* -**1.** [gen] experience; **avere ~ con qn/in qc** to have experience with sb/in sthg; **avere ~ di qn/qc** to have experience of sb/sthg; **fare un' ~** to have an experience -**2.** [esperimento] experiment.

esperimento *sm* experiment.

esperto, a ◇ *agg*: ~ (**in** o **di qc**) expert (in o at sthg). ◇ *sm, f* expert.

espiare [22] *vt* [errore, colpa, delitto] to atone for; [pena] to serve.

espirare [6] *vi* to breathe out, to exhale.

esplicitamente *avv* explicitly.

esplicito, a *agg* explicit.

esplodere [37] ◇ *vi* -**1.** [bomba, persona] to explode -**2.** [temporale] to break; [protesta, rivolta] to break out; [caldo] to hit. ◇ *vt*: ~ **un colpo** to fire a shot.

esplorare [6] *vt* to explore.

esploratore, trice *sm, f* explorer; **giovani esploratori** (boy) scouts.

esplosione *sf* -**1.** [di bomba] explosion; [di tubo] burst -**2.** [di violenza] explosion, outbreak; [di caldo] sudden arrival; [di rissa] outbreak; [di rabbia] explosion, outburst.

esplosivo, a *agg* explosive; **una notizia esplosiva** a bombshell. ◆ **esplosivo** *sm* explosive.

esploso, a *pp* ⊳**esplodere**.

esponente ◇ *smf* [rappresentante – di sindacato, partito] representative; [– di movimento artistico] exponent. ◇ *sm* MAT exponent.

espongo (*etc*) ⊳**esporre**.

esponi (*etc*) ⊳**esporre**.

esporre [96] *vt* -**1.** [mettere in mostra] to exhibit -**2.** FOTO to expose -**3.** [abbandonare]: ~ **qn/qc a qc** [a pericolo, ridicolo] to expose sb/sthg to sthg; [a critiche] to lay sb/sthg open to sthg -**4.** [comunicare – opinione, dubbi, riserve] to express; [– fatti] to state. ◆ **esporsi** *vr* -**1.**: ~ **a qc** [a pericolo] to expose o.s. to sthg; [a critiche] to lay o.s. open to sthg -**2.** [compromettersi] to lay o.s. open to attack.

esportare [6] *vt* to export.

esportatore, trice ◇ *agg* export (*dav s*); **paese ~ di petrolio** oil-exporting country. ◇ *sm, f* exporter.

esportazione *sf* export; **di ~** for export.

esposi (*etc*) ⊳**esporre**.

espositore, trice ◇ *agg* exhibiting (*dav s*). ◇ *sm, f* exhibitor.

esposizione *sf* -**1.** [messa in mostra] display -**2.** [collezione] exhibition, exhibit *US* -**3.** FOTO [a sole, vento] exposure -**4.** [di edificio] aspect -**5.** [narrazione] exposition.

esposto, a ◇ *pp* ⊳**esporre**. ◇ *agg*: ~ **a nord/sud** north/south-facing.

espressamente *avv* -**1.** [chiaramente] expressly -**2.** [apposta] specially.

espressi (*etc*) ⊳**esprimere**.

espressione *sf* expression.

espressionismo *sm* expressionism.

espresso, a ◇ *pp* ⊳**esprimere**. ◇ *agg* [treno] express (*dav s*); [caffè] espresso (*dav s*); [piatto] made to order. ◆ **espresso** *sm* -**1.** [treno] express -**2.** [caffè] espresso -**3.** [lettera] letter sent special delivery.

esprimere [63] *vt* to express. ◆ **esprimersi** *vip* to express o.s.

espropriare [20] *vt* to expropriate; ~ **qn di qc** to dispossess sb of sthg.

espugnare [23] *vt* to take by storm.

espulsi (*etc*) ⊳**espellere**.

espulsione *sf* [di alunno, socio] expulsion; [di giocatore] sending off.

espulso, a *pp* ▷espellere.

esquimese *smf* = eschimese.

essenza *sf* essence.

essenziale ◇*agg* **-1.** [fondamentale] essential **-2.** [scarno] simple. ◇*sm*: **l' ~** [cosa fondamentale] the most important thing; [oggetti indispensabili] the bare necessities *(pl)*.

essenzialmente *avv* basically, essentially.

essere [1] ◇*vi* **-1.** [trovarsi] to be; **~ a scuola/a casa** to be at school/at home; **~ in ufficio** to be at the office; **non sono mai stato a New York** I've never been to New York; **tra dieci minuti sono da te** I'll be with you in ten minutes; **~ in pensione** to be retired; **c'è/ci sono** there is/there are; **c'è ancora tempo** there's still time; **in questo albergo ci sono 20 camere** there are 20 rooms in this hotel; **non c'è** he's not there; **c'è qualcosa che non va?** is something wrong? **-2.** [con aggettivo] to be; **~ alto/basso** to be tall/short; **~ stanco** to be tired; **~ italiano/straniero** to be Italian/foreign; **sei molto gentile** you're very kind **-3.** [con sostantivo] to be; **siamo cugini** we're cousins; **sono sua moglie** I'm his wife; **sono un suo amico** I'm a friend of his; **sono avvocato/insegnante** I'm a lawyer/teacher **-4.** [con preposizione]: **queste cose sono da fare** these things have to be done; **quali sono i libri da leggere?** which books do we have to read?; **questi vestiti sono da portare in lavanderia** these clothes need to be taken to the dry cleaner's; **~ di qn** [appartenere a] to be sb's; **è tua questa giacca?** is this your jacket?; **di dove sei?** where are you from?; **sono di Milano** I'm from Milan; **~ contro qn/qc** to be against sb/sthg; **~ per qn/qc** to be in favour *UK* o favor *US* of sb/sthg; **siamo senza soldi** we've (got) no money **-5.** [con data, ora] to be; **che ora è, che ore sono?** what time is it?, what's the time?; **sono le otto/è l'una e mezza** it's eight o'clock/half past one; **oggi è lunedì/il 5 dicembre** today is Monday/the 5th of December *UK* o December 5th *US* **-6.** *fam* [con misura, prezzo] to be; [con peso] to weigh; **quant'è?** [quanto costa] how much is it?; **sono dieci euro** it's ten euros **-7.** [accadere]: **quel che è stato è stato** what's done is done; **che sarà di lui?** what will become of him?; **come se niente fosse** as if nothing were happening; **siamo alle solite!** here we go again! ◇*v aus* **-1.** [attivo]: **è arrivata una lettera** a letter has arrived; **siamo partiti ora** we've just left;

sono tornati ora they just got back **-2.** [passivo]: **~ venduto** to be sold; **~ considerato qc** to be considered sthg; **siamo stati imbrogliati!** we've been cheated!; **sono già stati informati** they've already been informed **-3.** [in riflessivi]: **ti sei visto allo specchio?** have you seen yourself in the mirror?; **ci siamo parlati stamattina** we spoke (to each other) this morning; **mi sono appena alzato** I've just got up; **ci siamo già conosciuti** we've already met. ◇*vi impers* [con aggettivo, avverbio]: **oggi è caldo/freddo** it's hot/cold today; **è presto/tardi** it's early/late; **non è giusto** it's not fair; **è così** that's the way it is; **è Natale** it's Christmas. ◇*sm* **-1.** [creatura]: **~ umano** human being; **~ vivente** living being **-2.** *fam* [individuo] creature.

esso, essa *(mpl* **essi,** *fpl* **esse)** *pron pers form & lett* [cose-soggetto] it ; **essi, esse** they; [-dopo preposizione] it; **essi, esse** them.

est ◇*sm* east; **a ~** [andare] eastwards *UK*, eastward *US*, towards *UK* o toward *US* the east; [abitare] in the east; **a ~ di qc** east of sthg; **verso ~** eastwards *UK*, eastward *US*, towards *UK* o toward *US* the east. ◇*agg inv* east, eastern. ◆ **Est** *sm*: **l'Est** Eastern Europe.

estasi *sf inv* ecstasy; **andare in ~** to go into ecstasies.

estate *sf* summer; **d'~** in summer.

estendere [43] *vt* **-1.** [ampliare – confini, proprietà] to extend; [- cultura, conoscenza] to broaden **-2.** [applicare a]: **~ qc a qn** to extend sthg to sb. ◆ **estendersi** *vip* **-1.** [ampliarsi] to extend **-2.** [propagarsi] to spread **-3.** [distendersi] to stretch.

estensione *sf* **-1.** [ampliamento – territoriale,commerciale] expansion; [- di conoscenza, cultura] broadening **-2.** [superficie] extent.

estenuante *agg* exhausting.

esteriore *agg* **-1.** [esterno] external **-2.** [apparente] superficial.

esternamente *avv* on the outside, outwardly.

esterno, a *agg* **-1.** [al di fuori – pareti, tubo, scala] external; [- aspetto] outer **-2.** [alunno] day *(dav s).* ◆ **esterno** *sm* outside; **all'~** (on the) outside. ◆ **esterni** *smpl* CINE location shots.

estero, a *agg* foreign. ◆ **estero** *sm*: **l'~** foreign countries *(pl);* **all'~** abroad; **dall'~** from abroad. ◆ **Esteri** *smpl*: **gli ~** Foreign Affairs.

esterrefatto, a *agg* astonished.

estesi *(etc)* ▷estendere.

esteso, a ◇ *pp* ▷**estendere**. ◇ *agg* vast; **per** ~ in full.

estetica *sf* -1. [gen] beauty -2. FILOS aesthetics *(U)*.

esteticamente *avv* aesthetically.

estetico, a, ci, che *agg* -1. [gusto, senso] aesthetic -2. [bello] attractive -3. [trattamento] beauty *(dav s)* -4. [chirurgia] cosmetic.

estetista, i, e *smf* beautician.

estinguere [72] *vt* -1. [fuoco] to put out -2. [sete] to quench -3. [debito] to pay off. ◆ **estinguersi** *vip* -1. [fuoco] to go out -2. [odio, rivolta] to die away -3. [specie] to die out.

estinsi *(etc)* ▷**estinguere**.

estinto, a ◇ *pp* ▷**estinguere**. ◇ *agg* -1. [specie] extinct -2. [debito] paid off.

estintore *sm* extinguisher.

estinzione *sf* -1. [di incendio] putting out -2. [di specie] extinction -3. [di debito] paying off.

estivo, a *agg* summer *(dav s)*.

Estonia *sf*: l' ~ Estonia.

estorcere [25] *vt* -1. [denaro] to extort -2. [promessa, confessione]: ~ qc a qn to extract sthg from sb.

estorto, a *pp* ▷**estorcere**.

estradizione *sf* extradition.

estraggo *(etc)* ▷**estrarre**.

estrai *(etc)* ▷**estrarre**.

estraneo, a ◇ *agg* foreign; **le persone estranee non sono gradite** strangers are not welcome; **questo scrittore mi è del tutto** ~ I don't know this writer at all; **essere** ~ **a qc** to have no bearing on sthg. ◇ *sm, f* stranger.

estrarre [97] *vt* -1. [tirare fuori] to pull out; ~ **qc da qc** to take sthg out of sthg, to extract sthg from sthg; ~ **un dente** to extract a tooth -2. [tirare a sorte] to draw.

estrassi *(etc)* ▷**estrarre**.

estratto, a ◇ *pp* ▷**estrarre**. ◆ **estratto** *sm* -1. [gen] extract; ~ **di carne** meat extract -2. [documento]: ~ **di nascita/di matrimonio** birth/marriage certificate; ~ **conto** (bank) statement.

estrazione *sf* -1. [di dente, minerale] extraction -2. [sorteggio] draw -3. [origine]: ~ **(sociale)** (social) class.

estremamente *avv* extremely.

estremista, i, e *agg & smf* extremist.

estremità ◇ *sf inv* end. ◇ *sfpl* extremities.

estremo, a *agg* extreme; **Estrema Unzio-**ne Extreme Unction. ◆ **estremo** *sm* end; **andare da un** ~ **all'altro** to go from one extreme to the other. ◆ **estremi** *smpl* -1. [di documento] details -2. [di reato] grounds. ◆ **Estremo Oriente** *sm* Far East.

estrogeno *sm* oestrogen *UK*, estrogen *US*.

estromesso, a *pp* ▷**estromettere**.

estromettere [71] *vt*: ~ **qn (da qc)** to exclude sb (from sthg).

estroso, a *agg* creative.

estroverso, a *agg* extrovert.

estuario *sm* estuary.

esuberante *agg* -1. [vivace] exuberant -2. [eccedente] redundant.

esulare [6] *vi*: ~ **da qc** to go beyond sthg.

esule *smf* exile.

esultare [6] *vi* to rejoice.

età *sf inv* -1. [di persona, animale] age; **che** ~ **hai?** how old are you?; **non voglio dire la mia** ~ I don't want to say how old I am; **a che** ~ **hai cominciato a leggere?** how old were you when you learned to read?; **abbiamo la stessa** ~ we are the same age; **avere/non avere l'** ~ **per fare qc** to be/not to be old enough to do sthg; **della mia/tua etc** ~ my/your etc age; **avere una certa** ~ to be getting on; **un bambino in tenera** ~ a very young boy; **la maggiore** ~ legal age; **la terza** ~ the third age; **all'** ~ **di ...** at the age of ... -2. [epoca] Age; **l'** ~ **della pietra** the Stone Age.

etere *sm* -1. [spazio]: **via** ~ on the airwaves -2. [sostanza] ether.

eternamente *avv* -1. [per sempre] eternally -2. [continuamente] always.

eternità *sf* -1. [tempo infinito] eternity -2. [tempo lunghissimo] ages *(pl)*.

eterno, a *agg* -1. [infinito] eternal; **in** ~ forever -2. [interminabile] never-ending -3. [incessante] endless.

eterogeneo, a *agg* heterogeneous.

eterosessuale *agg & smf* heterosexual.

etica *(pl* -**che)** *sf* ethics *(U)*; ~ **professionale** professional ethics *(U)*.

etichetta *sf* -1. [gen] label -2. [buone maniere] etiquette.

etichettare [6] *vt* to label.

etico, a, ci, che *agg* ethical.

etimologia *sf* etymology.

Etiopia *sf*: l' ~ Ethiopia.

Etna *sm*: l' ~ Etna.

etnico, a *agg* ethnic.

etnografia *sf* ethnography.

etnologia *sf* ethnology.

etrusco, a, schi, sche *agg* Etruscan.
➡ **Etruschi** *smpl*: gli ~ the Etruscans.

ettaro *sm* hectare.

etto *sm* hundred grams *(pl)*.

ettogrammo *sm* hectogram.

ettolitro *sm* hectolitre UK, hectoliter US.

EU *(abbr di Europa)* EU.

eucalipto *sm* eucalyptus.

eucarestia, eucaristia *sf* Eucharist.

eufemismo *sm* euphemism.

euforico, a, ci, che *agg* euphoric.

EUR *sm area of Rome with modern buildings.*

euro *sm inv* euro.

eurodeputato, a *sm, f* MEP.

Europa *sf*: l' ~ Europe.

europeo, a *agg & sm, f* European.

eutanasia *sf* euthanasia.

evacuare [6] *vt & vi* to evacuate.

evacuazione *sf* evacuation.

evadere [38] ◇ *vt* -1. [pratica] to deal with -2. [non pagare]: ~ le tasse to evade taxes. ◇ *vi*: ~ **(da qc)** to escape (from sthg).

evaporare [6] *vi* to evaporate.

evaporazione *sf* evaporation.

evasi *(etc)* ▷ evadere.

evasione *sf* -1. [da prigione] escape -2. [da realtà] escapism; **d'** ~ escapist -3. [di pratica]: **occuparsi dell'** ~ **della corrispondenza** to take care of the correspondence.
➡ **evasione fiscale** *sf* tax evasion.

evasivo, a *agg* evasive.

evaso, a ◇ *pp* ▷ evadere. ◇ *agg* -1. [prigioniero] escaped -2. [pratica] completed. ◇ *sm, f* escapee.

evenienza *sf*: **per ogni** ~ for any eventuality; **nell'** ~ **che non ci sia nessuno in casa** in case no one is at home.

evento *sm* event.

eventuale *agg* possible.

eventualità *sf inv* -1. [evento] eventuality; **un'** ~ **imprevista** an unforeseen event; **nell'** ~ **che...** in the (unlikely) event that... -2. [possibilità] possibility.

eventualmente *avv* if necessary.

eversivo, a *agg* subversive.

evidente *agg* -1. [alla vista] obvious -2. [certo] clear; **è** ~ **che...** it is clear that...

evidentemente *avv* obviously.

evidenza *sf*: **l'** ~ **dei fatti non lascia dubbi** there is no possibility of doubt; **mettere qc in** ~ to highlight sthg; **mettersi in** ~ to show off.

evidenziare [20] *vt* to highlight.

evidenziatore *sm* highlighter.

evirare [6] *vt* to castrate.

evitare [6] *vt* to avoid; ~ **qc a qn** to spare sb sthg; ~ **di fare qc** to avoid doing sthg.

evocare [15] *vt* to evoke.

evoluto, a ◇ *pp* ▷ evolvere. ◇ *agg* fully-developed.

evoluzione *sf* -1. [gen] evolution -2. [cambiamento] development -3. [acrobazia] movement.

evolvere [75] *vip* to evolve.

evviva *esclam* hurray!

ex ◇ *agg inv* [marito, moglie] ex *(dav s);* [collega, paese] former *(dav s).* ◇ *smf inv fam* ex.

extra ◇ *agg inv* -1. [supplementare] extra -2. [sopraffino] very good. ◇ *sm inv* extra.

extracomunitario, a ◇ *agg* non-EU. ◇ *sm, f* non-EU citizen.

extrascolastico, a, ci, che *agg* extracurricular.

extraterrestre *agg & smf* extraterrestrial.

extravergine *agg* ▷ olio.

F

f, F *sf o m inv* f, F.

F -1. *(abbr di* **Fahrenheit**) F -2. *(abbr di* **Francia**) F.

fa ◇ ▷ fare. ◇ *avv* ago; **un'ora** ~ an hour ago. ◇ *sm inv* MUS F; [in solfeggio] fa, fah UK.

fabbrica *(pl* -che) *sf* factory.

fabbricante *smf* manufacturer.

fabbricare [15] *vt* -1. [costruire] to build -2. [produrre] to manufacture -3. [inventare] to fabricate.

fabbricato *sm* building.

fabbro *sm* smith; ~ **ferraio** blacksmith.

faccenda *sf* -1. [questione] matter; **una brutta** ~ a nasty business -2. [commissione] job; **ho un paio di faccende da sbrigare** I've got a couple of things to do; **faccende (domestiche o di casa)** housework *(U).*

facchino, a *sm, f* porter.

fante

faccia¹ *(etc)* ⊳fare.

faccia² *(pl* **-ce)** *sf* **-1.** [viso, lato] face; **lavarsi la ~** to wash one's face; **~ a ~** [confronto] face to face(meeting) **-2.** [espressione] expression; **fare una ~** to pull a face **-3.** [reputazione]: **salvare la ~** to save face **-4.** [sfrontatezza] nerve; **~ tosta** nerve, cheek *UK*.

facciata *sf* **-1.** [di casa, negozio] front; [di palazzo, cattedrale] facade, front **-2.** [di foglio] side **-3.** [apparenza] facade.

faccio *(etc)* ⊳fare.

facemmo *(etc)* ⊳fare.

facendo ⊳fare.

facessi *(etc)* ⊳fare.

facile *agg* **-1.** [gen] easy **-2.** [probabile] likely **-3.** [affabile] easygoing.

facilità *sf* **-1.** [semplicità] easiness **-2.** [attitudine] facility.

facilitare [6] *vt* to make easier.

facilitazione *sf*: **~ (di pagamento)** easy terms *(pl)*.

facilmente *avv* **-1.** [gen] easily **-2.** [probabilmente] probably.

facoltà *sf inv* **-1.** [capacità] faculty **-2.** [diritto] right **-3.** [di università – corso di studi] faculty, department; [– luogo] department; **la ~ di Legge** the law faculty o department.

facoltativo, a *agg* [esame, corso] optional; [fermata] request *(dav s)*.

faggio *sm* beech.

fagiano *sm* pheasant.

fagiolino *sm* green bean.

fagiolo *sm* bean.

fagotto *sm* **-1.** [pacco] bundle **-2.** [strumento] bassoon.

fai ⊳fare.

fai da te *sm inv* do-it-yourself, DIY *UK*.

falce *sf* sickle, scythe.

falciatrice *sf* mower.

falco *(pl* **-chi)** *sm* **-1.** [uccello] falcon **-2.** [persona]: **sei proprio un ~!** you clever thing!

falegname *sm* carpenter.

falla *sf* leak.

fallimento *sm* **-1.** [bancarotta] bankruptcy; **andare in ~** to go bankrupt; **mandare qn in ~** to bankrupt sb **-2.** [insuccesso] failure.

fallire [9] *vi* to miss. *vi* to fail; **~ in qc** to fail at sthg.

fallo *sm* **-1.** [errore]: **cogliere qn in ~** to catch sb red-handed **-2.** sport foul **-3.** [in tessuto] flaw **-4.** [pene] phallus.

falò *sm inv* bonfire.

falsare [6] *vt* **-1.** [fatti, dati] to falsify **-2.** [voce, immagine] to distort.

falsificare [15] *vt* to forge.

falsità *sf inv* **-1.** [mancanza di verità] falsity **-2.** [bugia] falsehood **-3.** [ipocrisia] falseness.

falso, a *agg* **-1.** [non vero, ipocrita] false **-2.** [sbagliato] wrong **-3.** [non autentico – denaro, documento, firma] forged; [– quadro, oro, gioielli] fake. ◆ **falso** *sm* **-1.** [informazione] falsehood; **giurare il ~** to commit perjury **-2.** [oggetto, reato] forgery.

fama *sf* **-1.** [celebrità] fame; **di ~ mondiale** world-famous **-2.** [reputazione] reputation; **godere di buona/cattiva ~** to have a good/bad reputation.

fame *sf* hunger; **avere ~** to be hungry.

famiglia *sf* family; **passare il Natale in ~** to spend Christmas with one's family.

familiare *agg* **-1.** [di famiglia] family *(dav s)* **-2.** [noto] familiar **-3.** [linguaggio, tono] informal. *smf* relative. *sf* estate (car) *UK*, station wagon *US*.

familiarità *sf* **-1.** [dimestichezza] familiarity; **avere ~ con qc** to be familiar with sthg **-2.** [confidenza] informality; **trattare qn con ~** to treat sb in a friendly way.

famoso, a *agg* famous.

fanale *sm* light.

fanatico, a, ci, che *agg* fanatical *sm, f* fan, fanatic; **essere un ~ di qc** [sport] to be mad about sthg, [pulizia] to be fanatical about sthg.

fanciullo, a *sm, f lett & dat* child, boy (*f* girl).

fango *sm* mud. ◆ **fanghi** *smpl* mud baths.

fanno ⊳fare.

fannullone, a *sm, f* slacker.

fantascienza *sf* science fiction.

fantasia *sf* **-1.** [immaginazione] imagination; **lavorare di ~** to fantasize **-2.** [capriccio] idea **-3.** [disegno] pattern. *agg inv* patterned.

fantasioso, a *agg* **-1.** [estroso] imaginative **-2.** [inverosimile] fantastic.

fantasma *(pl* **-i)** *sm* ghost.

fantasticare [15] *vt* to imagine. *vi* to daydream.

fantastico, a, ci, che *agg* **-1.** [straordinario] fantastic **-2.** [immaginario] fantastic, fantasy *(dav s)*.

fante *sm* **-1.** [soldato] infantryman **-2.** [nelle carte] jack.

fantino *sm* jockey.

fantoccio, a, ci, ce *sm, f* puppet.

FAO ['fao] (*abbr di* **Food and Agriculture Organization**) *sf* FAO.

farabutto, a *sm, f* crook.

faraglione *sm* GEOL stack.

faraona *sf* guinea fowl.

faraone *sm* Pharaoh.

farcito, a *agg* stuffed.

fard [fard] *sm inv* blusher.

fare¹ [13] ⬦ *vt* -1. [creare, produrre, cucinare] to make; **un'azienda che fa computer** a company that makes computers; ~ **un libro/una poesia** to write a book/poem; ~ **un quadro** to paint a picture -2. [eseguire] to do; ~ **un lavoro/un esperimento** to do a job/experiment; **avere da** ~ to have something to do -3. [compiere] to do; ~ **del bene/male** to do good/evil; ~ **un favore a qn** to do sb a favour; ~ **molto/poco** to do a lot/a little; ~ **un viaggio** to go on a trip -4. [emettere] to produce -5. [in calcoli] to make; **due più due fa quattro** two plus two makes four -6. [dire] *fam* to go -7. [costare]: **quanto fa?** how much is it?; **fanno 20 euro** it's 20 euros -8. [suscitare] to cause; ~ **scalpore/uno scandalo** to cause a sensation/a scandal; ~ **paura a qn** to scare sb; **mi fa proprio pena** I feel really sorry for him -9. [con infinito]: ~ **arrabbiare qn** to make sb angry; ~ **perdere tempo a qn** to waste sb's time; ~ **aspettare qn** to keep sb waiting; ~ **vedere qc a qn** to show sb sthg; **far ridere** [essere divertente] to be funny; [essere ridicolo] to be ridiculous -10. [formare] to form; **le due strade fanno angolo** the two streets run into each other; ~ **una curva** [strada, fiume] to bend -11. [mestiere, incarico] to do; **che lavoro fai?** what do you do?, what's your job?; ~ **il giudice/il traduttore** to be a judge/a translator; ~ **da madre/assistente a qn** to be a mother/an assistant to sb -12. [nominare]: **lo hanno fatto capitano della squadra** he was made team captain -13. [rendere]: **ho fatto di questa stanza il mio studio** I've made this room (into) my office; **hai fatto della mia vita un inferno!** you've made my life hell! -14. [procurarsi] to get; ~ **il biglietto** [di treno, aereo] to get a ticket; **farsi degli amici/dei nemici** to make friends/enemies; ~ **fortuna** to make one's fortune; **farsi qc** *fam* to get o.s. sthg -15. [consumare]: **farsi qc** *fam* to have sthg; **ci facciamo una birra?** shall we have a beer? -16. [giudicare]: **ti facevo più intelligente** I thought you were more intelligent -17. *loc:* **farcela** [riuscire] to do it;

farcela a fare qc to manage to do sthg; ~ **il bagno** [al mare] to go for a swim; **farsi il bagno** [lavarsi] to take o have *UK* a bath; **farsi la barba** to shave; **far festa** to celebrate; ~ **un patto** to make a deal. ⬦ *vi* -1. [agire] to act; **fai come vuoi** do as you like; **darsi da** ~ to get cracking -2. [essere adatto]: ~ **per qn** to suit sb -3. *loc:* **il fumo fa male** smoking is bad for you; **la verdura e la frutta fanno bene** fruit and vegetables are good for you. ⬦ *vi impers* -1. [essere]: **fa caldo/freddo** it's hot/cold; **oggi fa brutto** the weather's horrible today -2. [in espressioni temporali]: **fanno già due anni che...** it's already been 2 years since...; **quanto tempo fa vi siete sposati?** how long ago did you get married? ➤ **farsi** ⬦ *vr* -1. [rendersi] to become; **si è fatto prete/musulmano** he's become a priest/a Muslim; **farsi in quattro** to go out of one's way -2. **gergo droga** [drogarsi] to do drugs. ⬦ *vip* [diventare] to get, to become; **farsi grande** to grow tall; **farsi rosso/pallido in viso** to go red/pale; **si è fatto tardi** it's late.

fare² *sm* -1. [lavoro]: **avere un bel da** ~ to have plenty to do -2. [comportamento] manner.

faretto *sm* spotlight.

farfalla *sf* [insetto, nel nuoto] butterfly. ➤ **farfalle** *sfpl* [pasta] bows.

farfallino *sm* bow tie.

farina *sf* flour; ~ **integrale** wholemeal *UK* o whole-wheat *US* flour; **non è** ~ **del tuo sacco** this isn't your own work.

faringite *sf* [gen] sore throat; MED pharyngitis.

farmaceutico, a, ci, che *agg* pharmaceutical.

farmacia *sf* -1. [scienza] pharmacy -2. [negozio] pharmacy, chemist('s) *UK*.

farmacista, i, e ⬦ *smf* [persona] pharmacist, chemist *UK*. ⬦ *sm* [negozio] pharmacy, chemist('s) *UK*.

farmaco *sm* drug.

faro *sm* -1. [per navi] lighthouse; [per aerei] landing light -2. [riflettore] floodlight -3. [di automobile] headlight.

farsa *sf* farce.

fascia (*pl* -**sce**) *sf* -1. [di stoffa, carta] sash -2. [benda] bandage; ~ **elastica** crêpe *UK* o elastic *esp US* bandage -3. [per capelli] hairband -4. [di territorio] strip -5. [raggruppamento] band; ~ **oraria** time slot.

fasciare [19] ⬦ *vt* [bendare] to bandage. ⬦ *vi* [aderire] to cling.

fascicolo *sm* -1. [pratica] file -2. [di pubblicazione] issue.

fascino *sm* charm; **un uomo di grande ~** a very attractive man.

fascismo *sm* fascism.

fascista, i, e *agg & smf* fascist.

fase *sf* -1. [periodo, momento] phase, stage -2. [di motore] stroke -3. [di astri] phase.

fastidio *sm* -1. [disturbo] bother; **dare ~** to be a nuisance; **dare ~ a qn** to bother sb; **le da ~ se fumo?** do you mind if I smoke? -2. [malessere] discomfort -3. [irritazione]: **dare ~ a qn** to annoy sb; **provare ~** to get annoyed. ◆ **fastidi** *smpl* trouble *(U)*.

fastidioso, a *agg* annoying.

fata *sf* fairy.

fatale *agg* -1. [mortale, gravissimo] fatal -2. [decisivo] decisive -3. [inevitabile] inevitable -4. [sguardo] irresistible; **donna ~** femme fatale.

fatalità *sf inv* -1. [destino] fate -2. [cosa inevitabile] misfortune.

fatica (*pl* **-che**) *sf* -1. [sforzo] effort; **fare ~ (a fare qc)** to make an effort(to do sthg) -2. [difficoltà]: **fare ~ a fare qc** to have trouble doing sthg, **a ~** hardly.

faticare [15] *vi* -1. [sforzarsi] to work hard -2. [avere difficoltà]: **~ a fare qc** to have trouble doing sth.

faticosamente *avv* -1. [lavorare] hard -2. [riuscire] with difficulty.

faticoso, a *agg* tiring.

fato *sm* fate.

fatto, a *pp* ▷ **fare**. ◆ **fatto** *sm* -1. [cosa certa] fact; **alla luce dei fatti** in light of the facts -2. [avvenimento] event; **è accaduto un ~ strano** a strange thing happened; **~ di cronaca** news item -3. [questione]: **sono fatti miei** it's my business; **farsi i fatti propri** to mind one's own business -4. [azione] deed, act; **cogliere qn sul ~** [in flagrante] to catch sb in the act -5. *loc:* **in ~ di qc** when it comes to sthg; **~ sta o è che...** [eppure] the fact is (that)...

fattore *sm* -1. [elemento, in moltiplicazioni] factor -2. [contadino] farmer.

fattoria *sf* -1. [azienda] farm -2. [casa] farmhouse.

fattorino, a *sm, f* courier.

fattura *sf* -1. [ricevuta]: **~ (commerciale)** invoice -2. [lavorazione] workmanship.

fatturato *sm* turnover.

fatturare [6] *vt* -1. [incassare] to have a turnover of -2. [mettere in fattura]: **~ qc a qn** to bill sb for sthg.

fauna *sf* fauna.

fava *sf* broad *UK* o fava *US* bean.

favola *sf* fairy story.

favoloso, a *agg* fabulous.

favore *sm* -1. [cortesia, simpatia] favour *UK*, favor *US*; **fare un ~ a qn** to do sb a favour; **per ~** please; **per ~, mi passi il sale?** please could you pass the salt?; **godere del ~ di qn** to be in favour with sb -2. [aiuto] support; **a ~ di** [terremotati] in aid of; [proposta, candidato] in favour of; **col ~ della notte/delle tenebre** under cover of night/darkness.

favorevole *agg* favourable *UK*, favorable *US*; **essere ~ a qc** to be in favour *UK* o favor *US* of sthg.

favorire [9] ◇ *vt* -1. [dare]: **favorisca il biglietto** please may I see your ticket? -2. [promuovere] to encourage -3. [avvantaggiare] to favour *UK*, to favor *US*. ◇ *vi:* **vuoi ~?** would you like to join us?

favorito, a *agg, sm, f* favourite *UK*, favorite *US*.

fax *sm inv* -1. [documento] fax -2. [apparecchio] fax machine.

faxare [6] *vi* to fax.

fazione *sf* faction.

fazzoletto *sm* -1. [da naso] handkerchief, hankie *fam;* **~ di carta** tissue, paper handkerchief -2. [foulard] headscarf.

febbraio *sm* February; *vedi anche* **settembre**.

febbre *sf* -1. [corporea] temperature; **avere la ~** to have a temperature; **misurare la ~ a qn** to take sb's temperature -2. [malattia, eccitazione] fever; **~ da fieno** hay fever; **~ gialla** yellow fever -3. *fam* [herpes] cold sore.

feccia (*pl* **-ce**) *sf* dregs *(pl)*.

feci[1] *sf* ▷ **fare**.

feci[2] *sfpl* [escrementi] faeces *UK*, feces *US*.

fecola *sf:* **~ (di patate)** potato flour.

fecondare [6] *vt* -1. [ovulo, uovo] to fertilize -2. [rendere fertile] to make fertile.

fecondazione *sf* fertilization.

fede *sf* -1. [gen & RELIG] faith; **perdere/ritrovare la ~** to lose/regain one's faith -2. [fiducia] trust; **degno di ~** trustworthy; **aver ~ (in qn/qc)** to have faith (in sb/sthg) **in buona/cattiva ~** in good/bad faith -3. [anello]: **~ (nuziale)** wedding ring -4. [testimonianza]: **far ~** to be proof -5. [osservanza]: **mantenere ~ a qc** to keep faith with sthg.

fedele ◇ *agg* faithful. ◇ *smf* believer; **i fedeli** the faithful.

fedeltà *sf* [coniugale] fidelity; [verso la patria] loyalty.

fędera *sf* pillowcase.

federale *agg* federal.

federazione *sf* federation.

fedina *sf*: ~ **(penale)** (criminal) record; **avere la** ~ **(penale) sporca** to have a (criminal) record; **avere la** ~ **(penale) pulita** to have a clean record.

feedback ['fidbɛk] *sm inv* INFORM feedback.

feeling ['filin(g)] *sm inv* [armonia] feeling.

fegato *sm* -1. [organo, carne] liver -2. [coraggio] guts *(pl)*.

felce *sf* fern.

felice *agg* -1. [contento] happy; ~ **anno nuovo!** Happy New Year!; ~ **di conoscerla!** pleased to meet you! -2. [adeguato] good; **un'espressione poco** ~ an unfortunate choice of words.

felicemente *avv* happily.

felicità *sf* happiness.

felicitarsi [6] *vip*: ~ **con qn (per qc)** to congratulate sb (on sth).

felino, a *agg & sm* feline.

felpa *sf* -1. [maglia] sweatshirt -2. [tessuto] plush.

feltro *sm* felt.

femmina ◇ *sf* -1. [animale] female; [ragazza] girl -2. *spreg* [donna] female. ◇ *agg* female.

femminile *agg* -1. [genere, sostantivo] feminine; [sesso, comportamento, atteggiamento] female -2. [rivista, abbigliamento, squadra] women's *(dav s)*.

femminista, i, e *agg & smf* feminist.

femore *sm* [gen] thighbone; MED femur.

fenomenale *agg* phenomenal.

fenomeno *sm* -1. [gen] phenomenon -2. *scherz* [persona strana] strange person.

feriale *agg* [orario] weekday; **giorno** ~ working day *esp* UK, workday *esp* US; **settimana** ~ working week UK, workweek US; **periodo** ~ holiday UK o vacation US period.

ferie *sfpl* [vacanze] holiday UK, vacation US; **andare/essere in** ~ to go/be on holiday.

ferire [9] *vt* -1. [colpire] to injure -2. [addolorare] to hurt. ◆ **ferirsi** *vr* to hurt o.s.; **ferirsi ad una gamba** to hurt one's leg.

ferita *sf* [gen] injury; [da arma da fuoco, da taglio] *fig* wound.

ferito, a ◇ *agg* [gen] injured; [da arma da fuoco, da taglio] wounded. ◇ *sm, f* [gen] injured person; [da arma da fuoco, da taglio] wounded person.

fermacapelli *sm inv* hair slide UK, barrette US.

fermaglio *sm* -1. [di braccialetto, collana] clasp -2. [per capelli] hair slide UK, barrette US.

fermamente *avv* firmly.

fermare [6] ◇ *vt* -1. [auto, treno, persona] to stop -2. [registratore, motore] to turn off -3. [processo] to block -4. [bottone] to sew on. ◇ *vi* to stop. ◆ **fermarsi** *vip* -1. [non muoversi] to stop -2. [rimanere] to stay; **fermarsi a fare qc** to stay and do sthg -3. [arrestarsi] to stop; **fermarsi a fare qc** to stop and do sthg.

fermata *sf* [di treno, metropolitana] stop; ~ **(d'autobus)** bus stop.

fermento *sm* -1. [di vino, pane] yeast; **fermenti lattici** lactobacilli -2. [agitazione] ferment.

fermo, a *agg* -1. [immobile] still; **stare** ~ to keep still -2. [bloccato] stuck; **essere** ~ **a letto** to be stuck in bed; **la fabbrica è rimasta ferma per due giorni** the factory has been shut for two days; **ho l'orologio** ~ my watch has stopped -3. [sicuro] firm -4. [stabilito]: ~ **restando che...** as long as it is understood that... ◆ **fermo** *sm* -1. [dispositivo] catch -2. DIR custody.

feroce *agg* fierce, ferocious.

ferragosto *sm* August 15th holiday.

ferramenta ◇ *sf inv* [articoli] hardware. ◇ *sm inv* [negozio] hardware shop UK o store US.

ferrato, a *agg*: **essere** ~ **in qc** to be well up in sth *esp* UK.

ferro *sm* -1. [materiale, minerale] iron; **toccare** ~ to touch wood -2. [da maglia]: ~ **(da calza)** (knitting) needle -3. [per stirare]: ~ **(da stiro)** iron -4. [per animale]: ~ **di cavallo** horseshoe. ◆ **ferri** *smpl* -1. [strumenti] tools; **i ferri del mestiere** the tools of the trade; **essere sotto i ferri del chirurgo** to be under the (surgeon's) knife -2. CULIN: **ai ferri** grilled.

ferrovia *sf* -1. [binari] railway UK, railroad US -2. [mezzo di trasporto] rail; **viaggiare/spedire qc tramite** ~ to go/send sthg by rail. ◆ **Ferrovie** *sfpl*: **le Ferrovie dello Stato** *the Italian state-owned railways*.

ferroviario, a *agg* [rete, orario, stazione] railway UK, railroad US; [biglietto] train.

fertile *agg* fertile.

fervido, a *agg* -1. [immaginazione] vivid; [attività] frantic -2. [affettuoso]: **fervidi auguri** warmest wishes.

fesa *sf* [di vitello, manzo] rump; [di tacchino] thigh.

fesseria *sf fam* stupid thing; **dire fesserie** to talk rubbish *UK* o garbage *US*; **fare una ~** to do something stupid.

fesso, a *fam* ◇ *agg* stupid. ◇ *sm, f* idiot.

fessura *sf* crack.

festa *sf* -1. [ricorrenza] holiday; **le feste** [di Natale] the Christmas holidays; [di Pasqua] the Easter holidays; **buone feste** [a Natale] Merry o Happy Christmas; [a Pasqua] Happy Easter; **~ della donna** International Women's Day; **~ della mamma** Mother's Day; **~ del papà** Father's Day; **~ della Repubblica** *national holiday on June 2nd celebrating the founding of the Italian Republic* -2. [ricevimento] party; **dare una ~** to have a party; **~ di compleanno** birthday party -3. [gioia, esultanza]: **essere in ~** to be celebrating -4. [vacanza] holiday *UK*, vacation *US*.

festeggiamenti *smpl* celebrations.

festeggiare [18] *vt* -1. [avvenimento, ricorrenza] to celebrate -2. [persona] to have a celebration for.

festività *sf inv* public holiday.

festivo, a *agg* festive; **giorno ~** holiday.

festone *sm* festoon.

feticcio *sm* fetish.

feto *sm* foetus *UK*, fetus *US*.

fetore *sm* stink.

fetta *sf* slice; **~ biscottata** cracker, crisp bread *UK*.

fettina *sf* -1. [bistecca] steak -2. [piccola fetta] small slice.

fettuccia (*pl* **-ce**) *sf* binding.

fettuccine *sfpl* [pasta] fettuccine.

feudale *agg* feudal.

feudo *sm* fief.

FF.AA. (*abbr di* **Forze Armate**) Armed Forces.

fiaba *sf* fairy tale.

fiacca (*pl* **-che**) *sf* weariness; **battere la ~** not to pull one's weight.

fiacco, a, chi, che *agg* -1. [persona] listless -2. [giornata] dull.

fiaccola *sf* torch.

fiaccolata *sf* torchlight procession.

fiala *sf* vial.

fiamma ◇ *sf* -1. [fuoco] flame; **andare in fiamme** to go up in flames; **dare qc alle fiamme** to set fire to sthg -2. [innamorato] boyfriend, girlfriend; **ex ~** old flame. ◇ *agg inv*: **rosso ~** flame-red. ◆ **Fiamme gialle** *sfpl* ≃ customs officers.

fiammante *agg* -1. [colore] flaming -2. [nuovissimo]: **nuovo ~** brand new.

fiammata *sf* blaze.

fiammifero *sm* match.

fiammingo, a, ghi, ghe ◇ *agg* Flemish. ◇ *sm, f* [persona] Fleming; **i fiamminghi** the Flemish. ◆ **fiammingo** *sm* [lingua] Flemish.

fiancheggiare [18] *vt* -1. [subj: alberi] to line; [subj: sentiero] to run along -2. [sostenere] to back.

fianco (*pl* **-chi**) *sm* side; **appoggiare le mani sui fianchi** to put one's hands on one's hips; **legarsi un grembiule ai fianchi** to tie an apron around one's waist; **al ~ di qn** [sedersi] next to sb; [solidale] by sb's side; **~ a ~** side by side; **a o di ~** [accanto a] next door; **di ~** [lateralmente] from the side.

fiasco (*pl* **-schi**) *sm* -1. [di vino] bottle -2. [insuccesso] fiasco; **fare ~** [fallire] to fail completely.

FIAT ['fiat] (*abbr di* **Fabbrica Italiana Automobili Torino**) *sf inv* -1. [azienda] FIAT -2. [automobile] Fiat.

fiatare [6] *vi* to say a word; **senza ~** without a murmur.

fiato *sm* breath; **rimanere senza ~** [essere sbalordito] to be speechless; **(ri)prendere ~** to get one's breath back; **(tutto) d'un ~** [bere] all in one gulp; [parlare] without drawing breath; **avere il ~ grosso** to pant.

fibbia *sf* buckle.

fibra *sf* fibre *UK*, fiber *US*; **~ ottica** optic fibre; **~ sintetica** synthetic fibres (*pl*). ◆ **fibre** *sfpl* [alimentari] fibre *UK*, fiber *US*.

ficcanaso *smf inv* nosy parker.

ficcare [15] *vt* -1. [conficcare] to knock -2. [mettere] to put; **ficcarsi in testa qc** to get sthg into one's head; **~ il naso in qc** to stick one's nose into sthg. ◆ **ficcarsi** ◇ *vip* [oggetto] to get to; **dove si sono ficcate le chiavi?** where have the keys got to? ◇ *vr* [persona]: **ficcarsi nei guai** to get o.s. into trouble.

fico (*pl* **-chi**) *sm* -1. [albero] fig (tree) -2. [frutto] fig; **~ d'India** prickly pear; **~ secco** dried fig; **non me ne importa un ~ (secco)** I don't give a damn.

fiction ['fikʃən] *sf inv* TV series.

fidanzamento *sm* engagement.

fidanzarsi [6] *vr*: **~ (con qn)** to get engaged (to sb).

fidanzato, a *sm, f* [promesso sposo] fiancé (*f* fiancée); [ragazzo] boyfriend (*f* girlfriend), partner; **i fidanzati** the engaged couple.

fidarsi [6] *vip*: ~ **di qn/qc** to trust sb/sthg; ~ **è bene, non** ~ **è meglio** better safe than sorry.

fidato, a *agg* trusted.

fiducia *sf* trust; **avere** ~ **in qn/qc** to have faith in sb/sthg; **persona di** ~ trustworthy person; **incarico di** ~ responsible position.

fiducioso, a *agg* confident; **essere** ~ **in qc** to have faith in sthg.

fienile *sm* hayloft.

fieno *sm* hay.

fiera *sf*-1. [esposizione, grande mostra] fair; ~ **di beneficenza** fundraiser; ~ **campionaria** trade fair -2. [belva] wild beast.

fiero, a *agg* : ~ **(di qn/qc)** proud (of sb/sthg).

FIFA ['fifa] *(abbr di* **Fédération Internationale des Football Associations)** *sf* FIFA.

fifa *sf fam* fear; **avere** ~ **(di qc)** to be scared (of sthg).

fifone, a *sm, f fam* wuss.

fig. *(abbr di* **figura)** fig.

figata *sf mfam* beaut.

figliastro, a *sm, f* stepson (*f* stepdaughter).

figlio, a *sm, f* child, son/daughter; **mio/suo** ~ my/his son; ~ **maggiore/minore** elder/younger son; ~ **di papà** *iron* spoiled brat; ~ **di puttana** *volg* son of a bitch; ~ **unico** only child. ➡ **figli** *smpl* [maschi e femmine] children.

figlioccio, a, ci, ce *sm, f* godchild, godson (*f* god-daughter).

figura *sf*-1. [gen] figure -2. [illustrazione] figure, illustration -3. [impressione]: **fare** ~ to look good; **fare bella/brutta** ~ to make a good/bad impression.

figuraccia *(pl* **-ce)** *sf* poor show.

figurare [6] ◇ *vi* [apparire] to appear. ◇ *vt* [immaginare]: **figurarsi qc** to imagine sthg; **si figuri/figurati!** [certo che no] of course not!; [prego] you're welcome!, don't mention it!

figurina *sf*-1. [adesiva] sticker -2. [statuetta] figurine.

figurino *sm* design.

fila *sf*-1. [di cose] line, row; **di** ~ in succession o in a row -2. [di persone] queue *UK*, line *US*; **fare la** ~ to queue *UK*, to stand in line *US*; **in** ~ **indiana** in single file -3. [in cinema, teatro] row; **in prima** ~ in the front row.

filanca® *sf material similar to stretch nylon.*

filante *agg* ▷**stella.**

filantropico, a, ci, che *agg* philanthropic.

filare [6] ◇ *vt* [lana, cotone] to spin. ◇ *vi* -1. [ragionamento, discorso] to hang together -2. [andare] to race along; ~ **diritto** to behave (o.s.); **filarsela** to run away; ~ **via** to dash (off) -3. [formaggio] to go stringy.

filarmonica *(pl* **-che)** *sf* philharmonic.

filastrocca *(pl* **-che)** *sf* nursery rhyme.

filatelia *sf* stamp collecting, philately *form.*

filato, a *agg* non-stop. ➡ **filato** *sm* thread.

file ['fail] *sm inv* INFORM file.

filetto *sm* [di carne, pesce] fillet; **bistecca di** ~ fillet steak.

filiale ◇ *agg* filial. ◇ *sf* [di azienda] branch.

filigrana *sf*-1. [lavorazione] filgree -2. [di banconota] watermark.

Filippine *sfpl*: **le (isole)** ~ the Philippines.

film *sm inv* -1. [pellicola] film -2. [al cinema, in tv] film *esp UK*, movie *esp US* ; ~ **giallo** thriller.

filmare [6] *vt* to film.

filmato *sm* short.

filo *sm* -1. [per cucire] thread -2. [di perle] string; **fil di ferro** wire; ~ **interdentale** dental floss; ~ **spinato** barbed *UK* o barb *US* wire; **essere appeso a un** ~ to be hanging by a thread -3. [cavo] flex *UK*, cord *esp US* -4. [di lama, erba] blade -5. [piccola quantità]: **un** ~ **di speranza** a ray of hope; **parlare con un** ~ **di voce** to speak in a whisper -6. [di discorso]: **perdere il** ~ to lose the thread; ~ **conduttore** thread -7. *loc*: **per** ~ **e per segno** word for word; **fare il** ~ **a qn** to be after sb.

filobus *sm inv* trolley bus.

filologia *sf* philology.

filone *sm* -1. [giacimento] seam -2. [di pane] *type of big long baguette* -3. [tendenza] tradition.

filosofia *sf* philosophy; **prendere qc con** ~ to be philosophical about sthg.

filosofico, a, ci, che *agg* philosophical.

filosofo, a *sm, f* philosopher.

filtrare [6] ◇ *vt* -1. [liquido, aria] to filter -2. [informazioni] to screen. ◇ *vi* -1. [acqua] to come in -2. [informazioni] to leak out.

filtro *sm* -1. [dispositivo] filter; ~ **dell'aria** air filter; ~ **dell'olio** oil filter -2. [di sigaretta] filter tip.

fin ⊳fino.

FIN [fin] ◇ sf (abbr di **Federazione Italiana Nuoto**) Italian swimming federation. ◇ (abbr di **Finlandia**) FIN.

finale ◇ agg final. ◇ sm [di film, storia] ending; [di partita] final moments (pl). ◇ sf final.

finalista, i, e ◇ agg [squadre, concorrenti] in the final (non dav s); [candidati] on the final short list (non dav s). ◇ smf finalist.

finalità sf inv final.

finalmente avv finally.

finanza sf finance; **alta** ∼ high finance. ➡ **Finanza** sf: la (Guardia di) Finanza ≃ Customs and Excise UK ≃ Customs Service US. ➡ **finanze** sfpl finances; **Ministero delle Finanze** ≃ Treasury.

finanziamento sm -1. [appoggio] financing -2. [somma] funds (pl).

finanziare [20] vt to finance.

finanziaria sf -1. [società] investment company -2. [legge] finance act.

finanziario, a agg financial.

finanziatore, trice ◇ agg [ente] financing (dav s). ◇ sm, f financial backer.

finanziere sm -1. [d'alta finanza] financier -2. [guardia] customs officer.

finché cong -1. [fino al momento in cui] until; **rimarrò** ∼ **non avrò finito** I'll stay until I've finished -2. [fintantoché] as long as; ∼ **dura il bel tempo** as long as the good weather lasts.

fine ◇ agg -1. [linea, tessuto, capelli] fine -2. [udito, vista] sharp -3. [persona, gusto] refined -4. [congegno, regolazione] precise. ◇ sf [termine, morte, rovina] end; **mettere** ∼ **a qc** to put an end to sthg; **alla (fin)** ∼ in the end; **che** ∼ **hanno fatto le chiavi?** where have the keys got to?; **fare una brutta** ∼ to come to a bad end. ◇ sm -1. [scopo] end, aim; **il** ∼ **giustifica i mezzi** the end justifies the means; **al** ∼ **di fare qc** in order to do sthg; **secondo** ∼ ulterior motive; **a fin di bene** for the best -2. [esito]: **andare a buon** ∼ to be successful. ➡ **fine settimana** sm inv weekend.

finestra sf window; **buttare i soldi dalla** ∼ fig to throw money down the drain.

finestrino sm [di veicolo] window.

fingere [49] ◇ vt [simulare] to feign form; ∼ **di fare qc** to pretend to do sthg. ◇ vi to act. ➡ **fingersi** vr: **fingersi qc** to pretend to be sthg.

finire [9] ◇ vt -1. [completare] to finish; ∼ **di fare qc** to finish doing sthg -2. [scorte, cibo] to finish (off); [soldi] to use up; **ho**

finito le sigarette I've run out of cigarettes -3. [uccidere] to finish off -4. [smettere]: ∼ **di fare qc** to stop doing sthg; **finirla** to stop (it); **finirla di fare qc** to stop doing sthg. ◇ vi -1. [concludersi] to end; ∼ **per fare qc** to end up doing sthg; ∼ **bene/male** [racconto, situazione] to have a happy/ sad ending; ∼ **male** [persona] to come to a bad end; **com'è andata a** ∼? what happened in the end?; ∼ **in qc** [confusione, tragedia] to end in sthg; ∼ **con qc** to end with sthg -2. [esaurirsi] to run out -3. [andare] to get to; ∼ **in ospedale/prigione** to end up in hospital/prison. ◇ sm end.

finito, a agg finished; **farla finita (con qc)** to stop (sthg); **falla finita!** stop it!

finlandese ◇ agg Finnish. ◇ smf [persona] Finn. ◇ sm [lingua] Finnish.

Finlandia sf: la ∼ Finland.

fino, a agg -1. [intelligenza] quick -2. [oro, seta] pure. ➡ **fino** ◇ prep -1. [nello spazio]: **fin qui** up to here; ∼ **a qc** as far as sthg; ∼ **da qc** from as far away as sthg -2. [nel tempo]: ∼ **a qc** until sthg; ∼ **a quando?** until when?; **ho urlato** ∼ **a restare senza voce** I shouted until I was hoarse; **fin da allora** ever since; **fin dall'inizio** right from the start; **è sempre stato appassionato di musica fin da piccolo** he's been interested in music ever since he was little. ◇ avv: **fin troppo** more than enough.

finocchio sm -1. [verdura] fennel -2. fam offens [omosessuale] queer.

finora avv so far, up to now.

finsi (etc) ⊳fingere.

finta sf -1. [finzione]: **essere una** ∼ to be put on; **far** ∼ **(di fare qc)** to pretend (to do sthg); **far** ∼ **di niente** to pretend not to notice; **fare qc per** ∼ to pretend to do sthg -2. SPORT dummy UK, fake US.

finto, a ◇ pp ⊳fingere. ◇ agg -1. [barba, diamante, pelle] fake; [dente] false; [fiore] artificial -2. [dispiacere, allegria] pretend.

finzione sf pretence UK, pretense US.

fiocco (pl -chi) sm -1. [nodo] bow; **coi fiocchi** [eccellente] first-class -2. [di neve] flake. ➡ **fiocchi d'avena** smpl oat flakes.

fiocina sf harpoon.

fioco, a, chi, che agg weak.

fionda sf [per giocare] catapult UK, slingshot US.

fioraio, a sm, f [persona] florist. ➡ **fioraio** sm [negozio] florist, florist's UK.

fiordaliso sm cornflower.

fiordilatte, fior di latte *sm* -1. [gelato] *type of ice cream made with milk, cream, and sugar* -2. [mozzarella] *type of mozzarella made from cow's milk.*

fiore *sm* -1. [di pianta] flower; **in** ~ [albero, pianta] in flower; **a fiori** [tessuto] flowery -2. [parte migliore]: **nel** ~ **degli anni** in one's prime; **il (fior)** ~ **di qc** the flower of sthg -3. [superficie]: **a fior di qc** on the surface of sthg; **a fior di labbra** in a whisper -4. [grande quantità]: **costare/guadagnare fior di quattrini** to cost/earn a fortune. ◆ **fiori** *smpl* [nelle carte] clubs.

fiorentina *sf* T-bone steak.

fiorentino, a *agg & sm, f* Florentine.

fioretto *sm* SPORT foil.

fiorino *sm* florin.

fiorire [9] *vi* -1. [pianta] to flower; [giardino] to be in flower -2. [economia, arte] to flourish.

fiorista, i, e ◇ *smf* [persona] florist. ◇ *sm* [negozio] florist, florist's UK.

fiotti *smpl*: **scorrere a** o **in** ~ [sangue, acqua] to gush; **precipitarsi** o **accorrere a** ~ [gente] to flock.

Firenze *sf* Florence.

firma *sf* -1. [autografo] signature; ~ **digitale** digital signature -2. [marca] designer label.

firmamento *sm* firmament.

firmare [6] *vt* to sign.

fisarmonica (*pl* **-che**) *sf* accordion.

fiscale *agg* -1. [del fisco] tax (*dav s*) -2. [rigido] strict.

fischiare [20] ◇ *vi* to whistle; **mi fischiano le orecchie** *fig* my ears are burning. ◇ *vt* -1. [artista, spettacolo] to boo -2. SPORT to blow the whistle for -3. [canzone, melodia] to whistle.

fischiettare [6] *vt* to whistle.

fischietto *sm* [strumento] whistle.

fischio (*pl* **-schi**) *sm* [suono, strumento] whistle.

fisco *sm* tax authorities (*pl*).

fisica *sf* physics (U).

fisicamente *avv* physically.

fisico, a, ci, che ◇ *agg* physical. ◇ *sm, f* [studioso] physicist. ◆ **fisico** *sm* [corpo] physique.

fisiologico, a, ci, che *agg* physiological.

fisionomia *sf* features (*pl*).

fisioterapia *sf* physiotherapy.

fisioterapista, i, e *smf* physiotherapist.

fissare [6] *vt* -1. [rendere stabile, stabilire] to fix; ~ **qc su** o **a qc** [attaccare] to fix sthg

onto sthg; ~ **qc su qn/qc** [sguardo, attenzione] to fix sthg on sb/sthg -2. [scrutare] to stare at -3. [prenotare] to book. ◆ **fissarsi** *vip* -1. [stabilizzarsi] to settle -2. [ostinarsi]: **fissarsi che...** to be convinced that...; **fissarsi con qc** to be obsessed with sthg; **fissarsi di fare qc** to set one's heart on doing sthg.

fissato, a ◇ *agg*: **essere** ~ **con qc** to be obsessed with sthg. ◇ *sm, f* freak *fam*.

fisso, a *agg* -1. [attaccato, immutabile] fixed -2. [stabile] regular.

fitness *sf* fitness; **fare** ~ to work out.

fitta *sf* sharp pain.

fittizio, a *agg* fictitious.

fitto, a *agg* -1. [bosco, nebbia] thick, dense; [pioggia] heavy; [pettine] fine; **buio** ~ pitch dark -2. [visite, interruzioni] frequent.

fiume ◇ *sm* -1. [corso d'acqua] river -2. [di parole, lacrime] torrent. ◇ *agg inv* long-drawn-out; **romanzo** ~ roman-fleuve.

fiuto *sm* -1. [odorato] sense of smell -2. [intuito]: **aver** ~ **per qc** to have a nose for sthg.

flaccido, a *agg* flabby.

flacone *sm* bottle.

flagello *sm* scourge.

flagrante *agg* flagrant; **in** ~ red-handed; **cogliere qn in** ~ to catch sb red-handed.

flanella *sf* flannel.

flash [flɛʃ] ◇ *agg inv* newsflash. ◇ *sm inv* FOTO flash.

flashback [flɛʃˈbɛk] *sm inv* flashback.

flautista, i, e *smf* flautist.

flauto *sm* flute; ~ **traverso** transverse flute; ~ **dolce** recorder.

fleboclisi *sf* intravenous drip.

flemma *sf* calm; **con** ~ coolly.

flessibile *agg* flexible.

flessibilità *sf* flexibility.

flessione *sf* -1. [piegamento] bend; ~ **in avanti** forward bend -2. [diminuzione] decrease -3. [di parola, verbo] inflection.

flesso, a ◇ *pp* ▶ **flettere**. ◇ *agg* -1. [gamba, ginocchio] bent -2. [parola, verbo] inflected.

flessuoso, a *agg* -1. [corpo, ramo] flexible -2. [movimento] agile.

flettere [68] *vt* -1. [piegare] to bend -2. [declinare] to inflect. ◆ **flettersi** *vr* to duck (down).

flipper *sm inv* pinball.

flirt [flɛrt, flɪrt] *sm inv* fling.

flirtare [6] [fler'tare] *vi* to flirt.

F.lli (*abbr di* **fratelli**) Bros.

floppy (disk) *sm inv* floppy (disk).

flora *sf* flora.

florido, a *agg* thriving, flourishing.

floscio, a, sci, sce *agg* **-1.** [molle e cascante] floppy **-2.** [fiacco] spineless.

flotta *sf* fleet.

fluente *agg* **-1.** [barba, capelli] flowing **-2.** [lingua] fluent.

fluido, a *agg* **-1.** [liquido] runny **-2.** [discorso, stile] fluid. ➼ **fluido** *sm* [liquido] fluid.

fluire [9] *vi* to flow.

fluorescente *agg* fluorescent.

fluoro *sm* fluoride.

flusso *sm* flow.

fluttuare [6] *vi* **-1.** [ondeggiare] to roll **-2.** [moneta, valore] to fluctuate.

fluviale *agg* river (*dav s*).

FM (*abbr di* **Frequency Modulation**) FM.

FMI (*abbr di* **Fondo Monetario Internazionale**) *sm* IMF.

FOB [fob] (*abbr di* **free on board**) *agg* COMM FOB.

fobia *sf* phobia.

foca (*pl* **-che**) *sf* seal.

focaccia (*pl* **-ce**) *sf* focaccia (*flat salty bread made with olive oil*); ~ **genovese** *sweet bread with sultanas*.

focalizzare [6] *vt* **-1.** [gen] to focus **-2.** [problema, situazione] to focus on. ➼ **focalizzarsi** *vr*: **focalizzarsi su qc** to focus on sthg.

foce *sf* mouth.

focolaio *sm* [di epidemia, infezione] centre UK, center US; [di rivolta] breeding ground.

focolare *sm* **-1.** [di camino] hearth **-2.** [di caldaia] combustion chamber.

focoso, a *agg* fiery.

fodera *sf* [di vestito, valigia] lining; [di libro] (dust) jacket.

foderato, a *agg* [abito, cassetto] lined; [libro] covered.

foga *sf* ardour UK, ardor US.

foglia *sf* leaf; **mangiare la** ~ *fig* to smell a rat; **tremare come una** ~ [di freddo, paura] to shake like a leaf.

fogliame *sm* foliage.

foglietto *sm* slip of paper.

foglio *sm* **-1.** [gen] sheet **-2.** [documento] form; ~ **rosa** provisional licence UK, learner's permit US; ~ **di via** repatriation order. ➼ **foglio elettronico** *sm* INFORM spreadsheet.

fogna *sf* sewer.

fognatura *sf* sewers (*pl*).

föhn [fon] *sm inv* = fon.

folata *sf* gust.

folcloristico, a, ci, che *agg* folk (*dav s*).

folgorante *agg* [cielo, luce] dazzling; [sguardo] withering; [idea, intuizione] brilliant.

folgorare [6] *vt* **-1.** [con fulmine] to strike with a lightning bolt; [con corrente elettrica] to electrocute **-2.** [con sguardo] to glare at.

folla *sf* crowd.

folle ◇ *agg* **-1.** [pazzo] mad **-2.** [sconsiderato] crazy **-3.** AUTO: **in** ~ in neutral. ◇ *smf* madman (*f* madwoman).

follemente *avv* madly.

folletto *sm* elf.

follia *sf* **-1.** [stato mentale] madness; **alla** ~ to distraction **-2.** [cosa assurda] act of madness; **fare follie** to have a good time.

folto, a *agg* **-1.** [capelli] thick **-2.** [schiera] large.

fon [fon] *sm inv* hairdryer.

fondale *sm* seabed.

fondamenta *sfpl* foundations.

fondamentale *agg* fundamental.

fondamentalmente *avv* **-1.** [nei fondamenti] fundamentally **-2.** [essenzialmente] essentially.

fondamento *sm* foundation.

fondare [6] *vt* **-1.** [istituire] to found **-2.** [basare]: ~ **qc su qc** to base sthg on sthg. ➼ **fondarsi** *vip*: **fondarsi su qc** to be based on sthg.

fondato, a *agg* well-founded.

fondatore, trice *sm, f* founder.

fondazione *sf* foundation.

fondente *agg* ⊳ **cioccolato**.

fondere [44] ◇ *vt* **-1.** [rendere liquido – ghiaccio, cera] to melt; [– metallo] to smelt **-2.** [unire] to mix. ◇ *vi* to melt. ➼ **fondersi** ◇ *vip* to melt. ◇ *vr* [società] to merge; [colori] to combine.

fondina *sf* holster.

fondo, a *agg* deep; **a notte fonda** at dead of night. ➼ **fondo** *sm* **-1.** [parte inferiore] bottom; **andare a** ~ [affondare] to sink; [rovinarsi] to go bust; **in** ~ **a qc** [contenitore] at the bottom of sthg **-2.** [rimanenza] drop; ~ **di caffè** coffee grounds (*pl*); ~ **di magazzino** old stock (*U*) **-3.** [estremità] end; **in** ~ **a qc** at the end of sthg **-4.** [terreno] estate **-5.** [parte più interna] depths (*pl*); **a** ~ [conoscere, studiare] in depth **-6.**

[sfondo] background -7. [denaro] fund; ~ di cassa kitty; Fondo Monetario Internazionale International Monetary Fund.

fondotinta *sm inv* foundation.

fonduta *sf* fondue.

fonetico, a, ci, che *agg* phonetic.

fontana *sf* fountain.

fonte ◇ *sf* -1. [d'acqua] spring -2. [di guadagno, informazioni, guai] source; ~ di energia energy source. ◇ *sm*: ~ battesimale font. ◆ **fonti** *sfpl* sources.

fontina *sf* fontina (*full-fat hard cheese*).

footing ['futin(g)] *sm* jogging; fare ~ to go jogging.

forare [6] *vt* -1. [legno, carta] to pierce -2. [pneumatico] to puncture. ◆ **forarsi** *vip* to burst.

forbici *sfpl* scissors.

forbicine *sfpl* nail scissors.

forca (*pl* -che) *sf* -1. [attrezzo] pitchfork -2. [patibolo] gallows.

forchetta *sf* fork; essere una buona ~ *fig* to be a hearty eater.

forchettata *sf* forkful.

forcina *sf* hairpin.

foresta *sf* forest.

forestale *agg* forest (*dav s*).

forestiero, a *sm, f* [straniero] foreigner; [estraneo] outsider.

forfait [for'fɛ] *sm inv* -1. [prezzo fisso] fixed o set price -2. [ritiro da gara]: vincere per ~ to win by default; dare o dichiarare ~ to drop out.

forfora *sf* dandruff.

forma ◇ *agg inv* ▷peso. ◇ *sf* -1. [aspetto, stato fisico] shape; a ~ di qc in the shape of sthg; sotto ~ di qc in the form of sthg; essere in/fuori ~ [atleta] to be in good/bad shape; tenersi in ~ to keep fit -2. [struttura] structure -3. [prassi, etichetta] form -4.: una ~ di formaggio a cheese -5. [per scarpe] last -6. [stampo] mould UK, mold US. ◆ **forme** *sfpl* curves.

formaggino *sm* cheese spread (*U*).

formaggio *sm* cheese.

formale *agg* formal.

formalità *sf inv* formality.

formalizzare [6] *vt* to formalize. ◆ **formalizzarsi** *vip* to be a stickler.

formalmente *avv* formally.

formare [6] *vt* -1. [creare] to form -2. [educare – giovani] to mould UK, to mold US; [– personale] to train. ◆ **formarsi** *vip* -1. [gen] to form -2. [studiare] to study.

formato, a *agg* -1. [costituito]: essere ~ da qn/qc to be made up of sb/sthg -2. [sviluppato] formed. ◆ **formato** *sm* format; ~ famiglia [confezione] family-size; ~ tessera [fotografia] passport-size.

formattare [6] *vt* to format.

formazione *sf* -1. [gen] formation -2. [istruzione] education; ~ professionale vocational training.

formica[1] (*pl* -che) *sf* ant.

formica[2®] *sf* formica.

formicaio *sm* -1. [di formiche] anthill -2. [di gente]: oggi la spiaggia era un vero ~ the beach was heaving today.

formicolare [6] *vi* -1.: ~ di qc to swarm with sthg -2. [piede, gamba] to have pins and needles.

formidabile *agg* -1. [non comune] extraordinary -2. [ottimo] wonderful.

formoso, a *agg* shapely.

formula *sf* formula. ◆ **Formula** *sf*: Formula 1 Formula 1.

formulare [6] *vt* to formulate.

formulario *sm* -1. [raccolta] formulary -2. [modulo] form.

fornaio, a *sm, f* baker. ◆ **fornaio** *sm* bakery.

fornello *sm* ring *esp* UK, burner US.

fornire [9] *vt*: ~ qc a qn/qc, ~ qn/qc di qc to supply sb/sthg with sthg. ◆ **fornirsi** *vr*: fornirsi di qc to stock up with sthg.

fornitore, trice ◇ *agg*: una ditta fornitrice di qc a company supplying sthg. ◇ *sm, f* supplier.

fornitura *sf* -1. [azione] supply; contratto di ~ supply contract -2. [partita] supplies (*pl*).

forno *sm* -1. [per cuocere] oven; al ~ [patate, pasta] baked; ~ a microonde microwave (oven) -2. [panetteria] bakery, baker's UK -3. *fig* [stanza, città] oven.

foro *sm* -1. [buco] hole -2. [tribunale] court -3. ARCHEOL forum.

forse ◇ *avv* -1. [può darsi] perhaps, maybe; ~ sì maybe o perhaps; ~ no maybe o perhaps not -2. [circa] about; avrà ~ quarant'anni he must be about 40 -3. [per caso]: non è ~ vero? isn't it true then?; hai ~ paura? you're not scared, are you? ◇ *sm inv* if; essere in ~ to be doubtful.

forte ◇ *agg* -1. [gen] strong; è più ~ di me [abitudine, mania] I can't help myself; essere ~ di fianchi to have big hips; taglie forti large sizes -2. [dolore] bad -3. [bravo] good; essere ~ in qc to be good at sthg -4. *fam* [simpatico, bello] great. ◇ *avv* -1. [con violenza] strong -2. [ad alto volume] loud -3. [velocemente] fast; **andare** ~ to go fast. ⬦ *sm* -1. [persona]: **la legge del più** ~ the law of the jungle -2. [abilità] forte; **essere il** ~ **di qn** to be sb's strong point -3. [fortezza] fort.

fortezza *sf* fortress.

fortificazione *sf* fortification.

fortino *sm* fort.

fortuito, a *agg* fortuitous.

fortuna *sf* -1. [buona sorte] (good) luck; **avere/non avere** ~ **(in qc)** to be/not to be lucky (in sth); **portare** ~ to bring luck; **per** ~ luckily -2. [ricchezza] fortune; **fare** ~ to make one's fortune -3.: **di** ~ [improvvisato] improvised.

fortunatamente *avv* fortunately.

fortunato, a *agg* lucky, fortunate; **sei** ~ **a non esserti fatto male** you're lucky not to have hurt yourself; **scegliere un momento** ~ to pick a good moment.

foruncolo *sm* boil.

forza *sf* -1. [fisica, psicologica] strength; **forza!** come on!; **farsi** ~ to gather one's strength; ~ **di volontà** strength of will **2.** [violenza, della natura] force; **a** ~ [con violenza] by force; ~ **di gravità** force of gravity -3. [potere] power; ~ **lavoro** workforce -4. DIR: **avere** ~ **di legge** to have the force of law -5. [unità di misura]: **vento** ~ **9** force 9 gale -6. *loc*: **a** ~ **di (fare) qc** by dint of (doing) sthg; **per** ~ [a tutti i costi] at all costs; [ovviamente] obviously; ~ **maggiore** force majeure. ⬦ **forze** *sfpl* -1. [vigore] strength (*U*); **recuperare le forze** to recover one's strength; **essere in forze** to have strength -2. [esercito] forces; **le forze armate** the armed forces; **le forze dell'ordine** the forces of law and order.

forzare [6] ⬦ *vt* -1. [costringere]: ~ **qn / qc (a fare qc)** to force sb/sthg (to do sthg) -2. [voce, concentrazione] to strain; ~ **la mano** to be too much -3. [senso, interpretazione] to twist -4. [passo, porta, serratura] to force -5. [spingere]: ~ **qc su/in qc** to force sthg on/into sthg. ⬦ *vi*: ~ **su qc** to press on sthg.

forzato, a *agg* -1. [gen] forced -2. [assenza, scelta] imposed; **lavori forzati** hard labour (*U*).

foschia *sf* mist.

fosfato *sm* phosphate.

fosforescente *agg* phosphorescent.

fosforo *sm* phosphorus.

fossa *sf* -1. [buco] ditch; ~ **biologica** cesspit, cesspool -2. [tomba] grave; **essere**

con o **avere un piede nella** ~ *fig* to have one foot in the grave; ~ **comune** mass grave.

fossato *sm* moat.

fossetta *sf* dimple.

fossi *(etc)* ▷ essere.

fossile ⬦ *agg* fossil *(dav s)*. ⬦ *sm* fossil.

fossilizzarsi [6] *vip* to fossilize.

fosso *sm* ditch.

foste ▷ essere.

fosti ▷ essere.

foto *sf inv* photo.

fotocellula *sf* light sensor.

fotocopia *sf* photocopy.

fotocopiare [20] *vt* to photocopy.

fotocopiatrice *sf* photocopier.

fotogenico, a, ci, che *agg* photogenic.

fotografare [6] *vt* to photograph.

fotografia *sf* -1. [procedimento, attività] photography -2. [immagine] photograph; **fare** o **scattare una** ~ to take a photograph.

fotografico, a, ci, che *agg* photographic.

fotografo, a *sm, f* photographer.

fotomodello, a *sm, f* model.

fotoromanzo *sm* picture story.

fototessera *sf* passport-sized photograph.

fottere [7] *vt volg* -1. [fare sesso con] to fuck -2. [ingannare] to screw -3. [rubare] to swipe. ⬦ **fottersi** *vip*: **fottersene (di qc/qn)** not to give a fuck (about sthg/sb).

foulard [fu'lar] *sm inv* scarf.

fra *prep* = tra.

frac *sm inv* tails *(pl)*.

fracassare [6] *vt* to smash; **fracassarsi qc** to break sthg. ⬦ **fracassarsi** *vip* to smash.

fracasso *sm* racket; **far** ~ to make a racket.

fradicio, a, ci, ce o **cie** *agg* soaked.

fragile *agg* -1. [materiale, oggetto] fragile -2. [persona, salute] frail.

fragola *sf* strawberry.

fragore *sm* [di applausi, risata] roar; [di tuono] rumble; [di collisione] crash.

fragoroso, a *agg* [urto, applauso] deafening; [risata] loud.

fragrante *agg* fragrant.

fraintendere [43] *vt* to misunderstand.

frainteso, a *pp* ▷ fraintendere.

frammentario, a *agg* -1. [testo, documento] fragmentary **-2.** [discorso, ricordo] sketchy.

frammento *sm* fragment.

frana *sf* **-1.** [di terreno] landslide **-2.** [persona] walking disaster.

franare [6] *vi* **-1.** [terreno] to slide down; [muro] to collapse **-2.** [speranza, convinzione] to come to nothing.

francamente *avv* frankly.

francese ◇ *agg* French. ◇ *smf* [persona] Frenchman, Frenchwoman. ◇ *sm* [lingua] French.

franchezza *sf* frankness, openness; **parlare con** ~ to speak frankly o openly.

Francia *sf*: **la** ~ France.

franco, a, chi, che *agg* **-1.** [sincero] frank **-2.** [esentasse] free; **farla franca** to get away with it **-3.** MIL: ~ **tiratore** [soldato] sniper; *fig* [parlamentare] rebel. ◆ **franco** *sm* franc.

francobollo *sm* stamp.

frangente *sm* situation.

frangia (*pl* **-ge**) *sf* **-1.** [di tenda, sciarpa, organizzazione] fringe **-2.** [di capelli] fringe *UK*, bangs (*pl*) *US*.

frantoio *sm* **-1.** [per le olive] olive press; [di pietra] crusher **-2.** [luogo] olive farm.

frantumare [6] *vt* to shatter. ◆ **frantumarsi** *vip* to shatter.

frantumi *smpl* pieces; **andare in** ~ to break into pieces.

frappè *sm inv* milk shake.

frapporre [96] *vt* to place. ◆ **frapporsi** ◇ *vip* to place o.s. ◇ *vr* to intervene.

frapposto, a *pp* ⊳**frapporre**.

frasario *sm* [compendio di frasi] phrase book; [terminologia] terminology.

frase *sf* **-1.** [espressione] phrase; ~ **fatta** cliché **-2.** GRAM sentence.

frassino *sm* ash(tree).

frastagliato, a *agg* jagged.

frastornato, a *agg* dazed.

frastuono *sm* racket.

frate *sm* [religioso] monk; [laico] brother.

fratellanza *sf* camaraderie.

fratellastro *sm* [con un genitore in comune] half-brother; [figlio di patrigno, matrigna] stepbrother.

fratello *sm* brother. ◆ **fratelli** *smpl* [maschi e femmine] brothers and sisters; **fratelli gemelli** twins; **fratelli siamesi** [gen] Siamese twins; MED conjoined twins.

fraterno, a *agg* brotherly.

frattaglie *sfpl* giblets.

frattanto *avv* in the meantime.

frattempo *sm*: **nel** ~ in the meantime.

frattura *sf* **-1.** MED fracture **-2.** [contrasto] rift.

fratturare [6] *vt* to break; **fratturarsi qc** to break sthg; **mi sono fratturato un polso** I broke my wrist. ◆ **fratturarsi** *vip* to break.

fraudolento, a *agg* **-1.** [individuo] dishonest **-2.** [azione, comportamento] fraudulent.

frazione *sf* **-1.** [paese] hamlet **-2.** MAT fraction **-3.** [parte] part.

freccia (*pl* **-ce**) *sf* **-1.** [gen] arrow **-2.** AUTO: ~ **(di direzione)** indicator *esp UK*, turn signal *US*.

freddamente *avv* [con distacco] coldly; [a sangue freddo] cold-bloodedly.

freddare [6] *vt* **-1.** [entusiasmo] to dampen **-2.** [uccidere] to kill. ◆ **freddarsi** *vip* to get cold.

freddezza *sf* **-1.** [di temperatura, atteggiamento] coldness; **con molta** ~ very coldly **-2.** [calma] level-headedness.

freddo, a *agg* cold; **a mente fredda ho riconsiderato le cose** when I had calmed down I thought about it again. ◆ **freddo** *sm* **-1.** [clima] cold **-2.** [sensazione]: **avere** ~ to be cold **-3.** *loc*: **a** ~ [lavare] in cold water; [agire] calmly; [uccidere] in cold blood.

freddoloso, a *agg*: **essere** ~ to feel the cold easily.

free-climbing [fri'klaimbin(g)] *sm* free climbing.

free-lance [fri'lɛns] *agg inv & smf inv* freelance.

freezer ['frizer] *sm inv* [congelatore] freezer; [scomparto interno] freezer compartment *UK*, freezer *esp US*.

fregare [16] *vt* **-1.** [strofinare, strusciare] to rub; **fregarsi gli occhi/le mani etc** to rub one's eyes/hands etc **-2.** *fam* [imbrogliare]: ~ **qn** to take sb for a ride **-3.** *fam* [rubare]: ~ **qc a qn** to swipe sthg from sb **-4.** *fam* [vincere] to beat. ◆ **fregarsi** *vip fam*: **fregarsene (di qn/qc)** not to care (about sb/sthg).

fregatura *sf fam* **-1.** [imbroglio] rip-off **-2.** [delusione] letdown.

fremito *sm* shudder.

frenare [6] ◇ *vi* to brake. ◇ *vt* **-1.** [veicolo] to brake **-2.** [rabbia, entusiasmo] to curb. ◆ **frenarsi** *vr* to stop o.s.

frenata *sf* **-1.** [con veicolo]: **fare una** ~ to brake **-2.** [rallentamento] slowdown.

frenetico, a, ci, che *agg* hectic.

freno *sm* -1. [dispositivo] brake; ~ **a mano** handbrake *UK*, emergency brake *US* -2. [inibizione] restraint; [autocontrollo] self-control; **mettere un ~ a qc** to curb sthg.

frequentare [6] *vt* -1. [gen] to go to -2. [corso] to go on -3. [persona, ambiente] to go around with. ◆ **frequentarsi** *vr* to go around together.

frequentato, a *agg* busy.

frequentatore, trice *sm, f* [gen] visitor; [abituale] regular; [di teatro] theatregoer *UK*, theatergoer *US*; [di cinema] cinemagoer *UK*, moviegoer *US*.

frequente *agg* frequent; **di ~** frequently.

frequentemente *avv* frequently.

frequenza *sf* -1. [gen] frequency -2. [affluenza] attendance; ~ **obbligatoria** [di corso] compulsory attendance -3. [di polso, cuore] rate.

freschezza *sf* -1. [di temperatura] coolness -2. [di alimento, pelle] freshness.

fresco, a, schi, sche *agg* -1. [per temperatura] cool -2. [alimento, fiore, pelle, mente] fresh -3. [recente] recent; [vernice] wet; ~ **di studi** just finished one's studies -4. *loc:* **stai ~!** you'll catch it! ◆ **fresco** *sm* coolness; **oggi fa ~** it's cool today; **mettere qc in ~** to put sth in a cool place; **al ~** [in luogo fresco] outdoors; [in prigione] in prison.

fretta *sf* -1. [premura]: **avere ~ (di fare qc)** to be in a hurry (to do sthg); **mettere ~ a qn** to hurry sb; **essere** o **andare di ~** to be in a hurry -2. [rapidità] haste; **in ~** hurriedly; **in ~ e furia** in a real hurry.

frettoloso, a *agg* -1. [persona] in a hurry *(non dav s)* -2. [lavoro, passo] hurried.

friabile *agg* crumbly.

fricassea *sf* fricassee.

friggere [50] ◇ *vt* to fry. ◇ *vi* -1. [olio] to sizzle; [cibo] to fry -2. *fam* [essere impaziente] to seethe.

frigidità *sf* frigidity.

frigido, a *agg* frigid.

frignare [23] *vi* to whine.

frignone, a *sm, f* crybaby.

frigo ◇ *agg inv* ▷ **borsa.** ◇ *sm inv* fridge; **mettere qc in ~** to put sthg in the fridge.

frigobar *sm inv* minibar.

frigorifero, a *agg* [impianto] refrigeration *(dav s)*; **cella frigorifera** cold store. ◆ **frigorifero** *sm* refrigerator.

frissi *(etc)* ▷ **friggere.**

frittata *sf* omelette, omelet *US*.

frittella *sf* fritter.

fritto, a ◇ *pp* ▷ **friggere.** ◇ *agg* -1. [patate, pesce] fried -2. [spacciato]: **essere ~** to be dead meat. ◆ **fritto** *sm* fried food; ~ **di pesce** fried fish; ~ **misto** mixed fried fish.

friulano, a ◇ *agg* from Friuli. ◇ *sm, f* person from Friuli.

Friuli *sm*: **il ~ Venezia-Giulia** Friuli Venezia-Giulia.

frivolo, a *agg* frivolous.

frizione *sf* -1. auto clutch -2. [massaggio] massage.

frizzante *agg* [bevanda] fizzy; [vino] sparkling.

frode *sf* fraud.

frollo, a *agg* ▷ **pasta.**

frontale *agg* [osso, attacco] frontal; [lato] front *(dav s)*; [scontro] head-on.

fronte ◇ *sf* -1. [di testa] forehead -2. *loc:* **di ~ (a qn/qc)** opposite o in front (of sb/sthg). ◇ *sm* front; **far ~ a qc** to face up to sthg.

frontiera *sf* -1. [tra nazioni] border -2. [limite] frontier.

frottola *sf* lie; **raccontare frottole** to tell lies.

frugare [16] *vt & vi* to search.

frullare [6] *vt* to whisk.

frullato *sm* shake.

frumento *sm* wheat.

fruscio *(pl* -ii*) sm* [rumore – di gonna, seta, foglie] rustle; [– di registrazione] hiss; [– di telefono] crackling.

frusta *sf* -1. [per colpire] whip -2. [da cucina] whisk.

frustare [6] *vt* to whip.

frustino *sm* riding crop.

frustrante *agg* frustrating.

frustrazione *sf* frustration.

frutta *sf* -1. [frutti] fruit; ~ **candita** candied fruit; ~ **sciroppata** fruit in syrup; ~ **secca** dried fruit -2. [portata] dessert.

fruttare [6] *vt* to yield ; ~ **qc a qn** to earn sb sthg.

fruttivendolo, a *sm, f* [venditore] greengrocer *esp UK*, produce dealer *US*. ◆ **fruttivendolo** *sm* [negozio] greengrocer's *esp UK*, produce store *US*.

frutto *sm* fruit; ~ **tropicale** tropical fruit; **mangiare un ~** to eat a piece of fruit. ◆ **frutti** *smpl* -1. [frutta]: **frutti di bosco** berries -2. [molluschi]: **frutti di mare** seafood *(U)* -3. [utili] return.

FS *(abbr di* **Ferrovie dello Stato***) sfpl* Italian state railways.

f.to (*abbr di* **firmato**) signed.

fu ▷essere.

fucilare [6] *vt* to shoot.

fucilata *sf* shot.

fucile *sm* gun; ~ **subacqueo** harpoon gun.

fucsia *agg inv & sf* fuschia.

fuga, ghe *sf* -1. [allontanamento] escape; **in** ~ on the run -2. [fuoriuscita] leak; ~ **di gas** gas leak; ~ **di notizie** leak.

fuggiasco, a, schi, sche ▷*agg* runaway *(dav s)*. ▷*sm, f* fugitive.

fuggire [8] ▷*vi* to flee; ~ **da qc** to escape from sthg. ▷*vt* to avoid.

fuggitivo, a ▷*agg* runaway. ▷*sm, f* fugitive.

fui ▷essere.

fulcro *sm* [di problema] heart.

fuliggine *sf* soot.

fulminare [6] *vt* -1. [con fulmine] to strike with lightning; **che Dio mi fulmini se ...** may God strike me dead if ... -2. [con scarica elettrica] to electrocute. ◆ **fulminarsi** *vip* to burn out.

fulmine *sm* [di temporale] lightning.

fulvo, a *agg* tawny.

fumare [6] ▷*vt* to smoke. ▷*vi* -1. [persona] to smoke; ~ **come un turco** to smoke like a chimney; **"vietato** ~**!"** "No Smoking!" -2. [minestra] to steam; [legno] to give off smoke.

fumatore, trice *sm, f* smoker; **un** ~ **accanito** a heavy smoker; **scompartimento per fumatori** smoking compartment.

fumetto *sm* -1. [riquadro] speech bubble -2. [racconto, giornale] comic; **a fumetti** cartoon *(dav s)*.

fummo ▷essere.

fumo *sm* -1. [di combustione] smoke -2. [vapore] steam -3. [vizio] smoking -4. [droga] dope. ◆ **fumi** *smpl* effects.

fune *sf* [corda] rope; [di acciaio] cable; **tiro alla** ~ tug-of-war.

funebre *agg* -1. [funerario] funeral *(dav s)* -2. [triste] gloomy.

funerale *sm* funeral; **avere una faccia da** ~ *fig* to have a long face.

fungere [49] *vi*: ~ **da qc** [agire come] to act as sthg; [servire come] to serve as sthg.

fungo, ghi *sm* -1. [vegetale] mushroom; [velenoso] toadstool -2. [forma]: ~ **atomico** mushroom cloud -3. [malattia] fungus.

funivia *sf* cable railway.

funsi *(etc)* ▷fungere.

funto *pp* ▷fungere.

funzionale *agg* -1. [di funzionamento] functional -2. [pratico] practical.

funzionare [6] *vi* to work; ~ **da qc** to act as sthg.

funzionario, a *sm, f* official; ~ **pubblico** government official.

funzione *sf* -1. [gen & MAT] function; **essere in** ~ to be running o on; **mettere in** ~ to start -2. [ruolo] role -3. [religiosa] service -4. *loc*: **in** ~ **di qc** [a seconda di] according to sthg.

fuoco (*pl* -**chi**) *sm* -1. [fiamme] fire; **accendere il** ~ to light the fire; **al** ~**!** fire!; **dare** ~ **a qc** to set fire to sthg; **prendere** ~ to catch fire -2. [fornello]: **mettere qc sul** ~ to put sthg on the gas -3. [spari]: **aprire il** ~ to open fire; **fare** ~ **contro qn** to fire on sb -4. FOTO: **mettere a** ~ **qc** to get sthg in focus; **a** ~ **fisso** automatic-focus *(dav s)*. ◆ **fuochi** *smpl*: **fuochi d'artificio** fireworks.

fuorché ▷*prep* except (for), apart from. ▷*cong* except that.

fuori ▷*avv* -1. [all'esterno] outside, out; **in** ~ [pancia] sticking out; [occhi] protuberant; **tirar** ~ **qc** to produce sthg -2. [in altro luogo] out; **cenare** ~ to eat out; **far** ~ [consumare] to use up; [eliminare] to get rid of . ▷*prep* [all'esterno di] out of; **essere** ~ **casa** to be out (of the house); **finire** ~ **strada** to go off the road; **abitare** ~ **città** to live outside the city; ~ **di** o **da qc** out of sthg; **al di** ~ **di qn/qc** [eccetto] except (for) sb/sthg; ~ **luogo** uncalled for; ~ **uso** out of use; **essere** ~ **di sé** to be beside o.s.

fuoribordo ▷*agg inv* outboard *(dav s)*. ▷*sm inv* -1. [imbarcazione] speedboat -2. [motore] outboard motor.

fuorigioco *sm inv* offside; **essere in** ~ to be offside.

fuorilegge ▷*agg inv* illegal. ▷*smf inv* outlaw.

fuoripista *sm inv* off-piste skiing.

fuoristrada ▷*agg inv* off-road. ▷*sm inv* off-road vehicle.

fuoriuscire [108] *vi*: ~ **(da qc)** to overflow (sthg).

fuorviare [22] *vt* -1. [ingannare] to mislead -2. [traviare] to lead astray.

furbizia *sf* cunning.

furbo, a ▷*agg* smart. ▷*sm, f* cunning person; **fare il** ~ to try to be clever.

furgone *sm* van.

furia *sf* -1. [collera] anger; **andare su tutte le furie** to go mad -2. [violenza] fury; **a** ~

di (fare) qc by (doing) sthg -3. [fretta] hurry; **in fretta e ~ ** in a real hurry.

furibondo, a *agg:* **~ (per qc/con qn)** furious (about sthg/with sb).

furioso, a *agg* **-1.** [arrabbiato]: **~ (contro qn)** furious (with sb) **-2.** [violento] savage.

furono ⊳essere.

furore *sm* **-1.** [rabbia] fury **-2.** [impeto] violence **-3.** [esaltazione] fervour *UK,* fervor *US.*

furtivo, a *agg* furtive.

furto *sm* robbery; **~ con scasso** burglary.

fusa *sfpl:* **fare le ~** to purr.

fuscello *sm* **-1.** [ramoscello] twig **-2.** [persona] rake.

fuseaux [fu'zo] *smpl* leggings.

fusi *(etc)* ⊳fondere.

fusibile *sm* fusc.

fusilli *smpl* fusilli, pasta spirals.

fusione *sf* **-1.** [di metallo, cera] melting **-2.** [di statua, moneta] casting **-3.** [di società, partiti] merger **-4.** [di suoni, colori] blending **-5.** FIS: **~ nucleare** nuclear fusion.

fuso, a ⟨ *pp* ⊳fondere. ⟨ *agg* **-1.** [burro, formaggio] melted **-2.** *fam* [stralunato, stanco] out of it *(non dav s).* ◆ **fuso** *sm* **-1.** [per filare] spindle **-2.** GEOGR: **~ orario** time zone.

fustagno *sm* moleskin.

fustino *sm* box.

fusto *sm* **-1.** [di pianta] stalk; [di albero] trunk **2.** [recipiente – di benzina, olio] drum; [– di birra, whisky] barrel.

futile *agg* futile.

futuro, a *agg* future *(dav s).* ◆ **futuro** *sm* **-1.** [avvenire] future; **in ~ ** in (the) future **-2.** GRAM future (tense); **~ anteriore** future perfect (tense).

G

g, G *sf* o *m inv* [lettera] g, G.

gabbia *sf* **-1.** [per animali] cage **-2.** ANAT: **~ toracica** ribcage.

gabbiano *sm* seagull.

gabina *sf* = cabina.

gabinetto *sm* **-1.** [bagno] toilet *esp UK,* bathroom *US;* **andare al ~ ** to use the toilet **-2.** [sanitario] toilet **-3.** [di medico] consulting room *UK,* office *US* **-4.** POLIT cabinet.

gadget ['gaet] *sm inv* gadget.

gaffe [gaf] *sf inv* gaffe; **fare una ~ ** to put one's foot in it.

gaio, a *agg* cheerful.

gala *sf:* **di ~ ** formal.

galà *sm inv* gala.

galante *agg* **-1.** [uomo] gallant **-2.** [appuntamento] romantic.

galassia *sf* galaxy.

galeotto, a *sm, f* convict.

galera *sf* prison.

galla *sf:* **a ~ ** floating; **stare a ~ ** to float; **venire a ~ ** to come to light.

galleggiante ⟨ *agg* floating; **ponte ~ ** pontoon bridge. ⟨ *sm* **-1.** [boa] buoy **-2.** [di amo, rete] float **-3.** [imbarcazione] barge.

galleggiare [18] *vi* to float.

galleria *sf* **-1.** [traforo, sotterranea] tunnel **-2.** [all'interno di edificio] arcade **-3.** [d'arte] gallery **-4.** [in cinema, teatro] (dress) circle.

Galles *sm:* **il ~ ** Wales.

gallese ⟨ *agg* Welsh. ⟨ *smf* [persona] Welshman (*f* Welshwoman); **i gallesi** the Welsh. ⟨ *sm* [lingua] Welsh.

galletta *sf* cracker.

gallina *sf* hen; **brodo di ~ ** chicken stock.

gallo *sm* cock *UK,* rooster *US.*

galoppare [6] *vi* to gallop.

galoppo *sm* gallop; **andare al ~ ** to gallop.

gamba *sf* **-1.** [gen] leg; **essere in ~ ** [capace] to be on the ball; **prendere qc sotto ~ ** *fig* to make light of sthg **-2.** [di lettera] stem.

gambaletto *sm* knee-high, popsock *UK.*

gamberetto *sm* shrimp.

gambero *sm* [di mare] prawn; [di fiume] crayfish.

gambo *sm* stem.

gamma *sf* range.

gancio *sm* hook; **~ da traino** towbar.

gara *sf* **-1.** [competizione] competition; [di velocità] race; **fare a ~ ** to compete **-2.** COMM: **~ d'appalto** invitation to tender.

garage [ga'raʒ] *sm inv* garage.

garantire [9] *vt* to guarantee; **~ qc a qn** to assure sb of sthg.

garanzia *sf* **-1.** [gen] guarantee, warranty; **in ~ ** under guarantee o warranty **-2.** [di prestito] security.

garbo *sm* good manners *(pl).*

Garda sm: il (lago di) ~ Lake Garda.

gardenia sf gardenia.

gareggiare [18] vi to compete; ~ (con qn) in qc to compete (with sb) for sthg.

garganella sf: bere a ~ to drink from the bottle.

gargarismo sm gargling; fare i gargarismi to gargle.

garofano sm carnation.

garza sf gauze.

gas sm inv gas; a ~ [cucina, riscaldamento] gas.

gasato, a agg -1. [acqua, bibita] fizzy -2. fam [presuntuoso] big-headed.

gasolio sm diesel.

gassato, a agg [acqua, bibita]= gasato.

gassosa sf = gazzosa.

gassoso, a agg gaseous.

gastrico, a, ci, che agg gastric.

gastrite sf gastritis (U).

gastronomia sf -1. [arte] gastronomy -2. [negozio] delicatessen.

gatta sf (female) cat.

gattino, a sm, f kitten.

gatto sm -1. [gen] cat; [maschio] tomcat; essere come cani e gatti to be at each other's throats -2. loc: ~ delle nevi snowmobile.

gattoni avv on all fours.

gattopardo sm leopard.

gazza sf magpie.

gazzella sf gazelle.

gazzetta sf gazette. ◆ **Gazzetta Ufficiale** sf Official Gazette.

gazzosa sf lemonade.

GB (abbr di Gran Bretagna) GB.

gel [ɛl] sm inv gel.

gelare [114] ◇ vt lit to freeze; fig to chill. ◇ vi to freeze (over). ◆ **gelarsi** vip to freeze; mi si sono gelati i piedi my feet are frozen.

gelataio, a sm, f ice-cream seller.

gelateria sf ice-cream shop UK o parlor US.

gelatina sf gelatine; in ~ in jelly; ~ di frutta jelly UK, Jell-O® US.

gelato, a agg -1. [ghiacciato] frozen -2. [freddo] freezing, frozen. ◆ **gelato** ◇ sm inv ice-cream. ◇ agg inv ice cream.

gelido, a agg -1. [mani, temperatura] freezing -2. [sguardo, parole] icy.

gelo sm -1. [temperatura] frost -2. [impressione] chill.

gelone sm chilblain.

gelosia sf -1. [in coppia] jealousy -2. [invidia] envy -3. [persiana] shutter.

geloso, a agg -1. [marito, amante] jealous -2. [collega, amico]: ~ (di qn/qc) envious (of sb/sthg).

gelso sm mulberry.

gelsomino sm jasmine.

gemello, a ◇ agg twin (dav s). ◇ sm, f twin; gemelli omozigoti/eterozigoti identical/fraternal twins; tre gemelli triplets. ◆ **gemelli** smpl cufflinks. ◆ **Gemelli** smpl ASTROL Gemini; essere dei Gemelli to be (a) Gemini.

gemito sm groan.

gemma sf -1. [di pianta] bud -2. [pietra] gem.

gene sm gene.

genealogico, a, ci, che agg genealogical; albero ~ family tree.

generale ◇ agg -1. [gen] general -2. loc: in ~ in general, generally. ◇ sm MIL general.

generalità ◇ sf -1. [caratteristica] universality -2. [maggioranza] majority. ◇ sfpl particulars.

generalmente avv generally.

generare [6] vt -1. [far nascere]: ~ un figlio to have a child -2. [riprodurre] to produce -3. [produrre] to generate -4. [suscitare] to arouse.

generazione sf -1. [gen] generation -2. [procreazione] procreation.

genere sm -1. [tipo] kind; nel suo ~ of its kind -2. [di animali, piante] genus -3. [grammaticale] gender -4. [di arte, letteratura] genre -5. loc: in ~ [abitualmente] generally; [per lo più] by and large. ◆ **generi** smpl goods; generi alimentari foodstuffs.

generico, a, ci, che agg -1. [vago] generic, vague -2.: medico ~ GP, General Practitioner.

genero sm son-in-law.

generosità sf -1. [magnanimità] generosity; con ~ generously -2. [altruismo] unselfishness.

generoso, a agg -1. [gen] generous -2. [altruista] unselfish.

genetica sf genetics (U).

genetico, a, ci, che agg genetic.

gengiva sf gum.

geniale agg brilliant.

genio sm -1. [di fiaba] genie -2. [talento] gift; avere il ~ di qc to have a gift for sthg -3. [persona] genius; un ~ della finanza a

financial genius -4. [organismo] Engineers *(pl)*.

genitale *agg* genital. **→ genitali** *smpl* genitals.

genitore *sm* parent. **→ genitori** *smpl* parents.

gennaio *sm* January; *vedi anche* **settembre**.

Genova *sf* Genoa.

Gent. *(abbr di* **Gentile**) [nelle lettere] Dear.

gente *sf* people *(pl)*; **brava ~** nice people.

gentile *agg* **-1.** [cortese] kind, nice; **sei molto ~ ad accompagnarmi** it's kind of you to come with me **-2.** [in lettera] Dear; **Gentili Signori** Dear Sirs; **~ Signora Rossi** Dear Mrs Rossi.

gentilezza *sf* kindness.

Gentilissimo, a *agg* [in lettera] Dear; **~ Signore Rossi** Dear Mr Rossi.

gentilmente *avv* kindly.

Gent.mo, Gent.ma *(abbr di* **Gentilissimo, Gentilissima**) [nelle lettere] Dear.

genuino, a *agg* **-1.** [cibo, prodotto] natural **-2.** [sincero] genuine.

genziana *sf* gentian.

geografia *sf* geography.

geografico, a, ci, che *agg* geographical.

geologia *sf* geology.

geologo, a, gi, ghe *sm, f* geologist.

Geom. *(abbr di* **Geometra**) *title used for a surveyor*.

geometra i, e *smf* surveyor.

geometria *sf* geometry.

geometrico, a, ci, che *agg* geometrical.

Georgia *sf*: **la ~** Georgia.

geranio *sm* geranium.

gerarchia *sf* hierarchy.

gergale *agg* slang *(dav s)*.

gergo *(pl* **-ghi**) *sm* slang.

Germania *sf*: **la ~** Germany; **l'ex ~ dell'Est** former East Germany.

germanico, a, ci, che *agg* Germanic.

germe *sm* germ.

germogliare [21] *vi* **-1.** [seme] to germinate, to sprout **-2.** [pianta] to bud.

germoglio *sm* **-1.** [piantina] shoot **-2.** [gemma] bud.

geroglifico *sm* hieroglyphic.

gerundio *sm* gerund.

Gerusalemme *sf* Jerusalem.

gesso *sm* **-1.** [gen] chalk **-2.** [ingessatura] plaster cast.

gesticolare [6] *vi* to gesticulate.

gestione *sf* management.

gestire [9] *vt* **-1.** [gen] to manage **-2.** [controllare] to control.

gesto *sm* gesture.

gestore, trice *sm, f* manager.

Gesù *sm* Jesus.

gesuita *(pl* **-i**) *sm* Jesuit.

gettare [6] *vt* **-1.** [lanciare] to throw; **~ l'ancora** to drop anchor **-2.** [emettere] to emit; **~ un urlo** to let out a yell. **→ gettare via** *vt* to throw away. **→ gettarsi** *vr* **-1.** [scagliarsi] to throw o.s.; **gettarsi addosso a qn** to throw o.s. into sb's arms **-2.** [fiume] to flow.

getto *sm* jet.

gettone *sm* token.

geyser ['gaizer] *sm inv* geyser.

ghepardo *sm* cheetah.

ghette *sfpl* **-1.** [per bebé] rompers **-2.** [da montagna] breeches.

ghetto *sm* ghetto.

ghiacciaio *sm* glacier.

ghiacciare [113] <> *vt* to freeze. <> *vi* to freeze (over).

ghiacciato, a *agg* **-1.** [lago, strada] frozen **-2.** [freddo] freezing.

ghiaccio *sm* ice; **di ~** icy.

ghiacciolo *sm* **-1.** [in fontana, grotta] icicle **-2.** [gelato] ice lolly *UK*, Popsicle® *US*.

ghiaia *sf* gravel.

ghianda *sf* acorn.

ghiandola *sf* gland.

ghiotto, a *agg* **-1.** [persona] greedy; **essere ~ di qc** to love sthg **-2.** [cibo] delicious.

ghirlanda *sf* garland.

ghiro *sm* dormouse.

ghisa *sf* cast iron.

già <> *avv* **-1.** [per fatto compiuto] already; **sono ~ andati via** they've already left; **è ~ tanto tempo che ci conosciamo** we've known each other for ages **-2.** [ex] formerly **-3.** *loc*: **~ che** since. <> *esclam* yes(, of course).

giacca *(pl* **-che**) *sf* jacket; **~ a vento** windcheater.

giacché *cong* since.

giaccio *(etc)* ▷ **giacere**.

giaccone *sm* (heavy) jacket.

giacere [87] *vi* to lie; **~ a letto** to lie in bed.

giacimento *sm* deposit.

giacinto *sm* hyacinth.

giaciuto, a *pp* ▷ **giacere**.

giacqui *(etc)* ⊳giacere.

giada *sf* jade.

giaggiolo *sm* iris.

giaguaro *sm* jaguar.

giallo, a *agg* -1. [di colore] yellow -2. [romanzo, film] detective *(dav s)*. ◆ **giallo** *sm* -1. [colore] yellow -2. [romanzo, film] thriller -3.: ~ (dell'uovo) yolk.

Giamaica *sf*: la ~ Jamaica.

Giappone *sm*: il ~ Japan.

giapponese ⬦*agg* & *smf* Japanese. ⬦*sm* [lingua] Japanese.

giardinaggio *sm* gardening.

giardiniere, a *sm, f* gardener.

giardino *sm* -1. [di casa] garden -2. [parco]: ~ botanico botanic(al) garden; **giardini (pubblici)** park.

giarrettiera *sf* suspender *UK*, garter *US*.

giavellotto *sm* javelin; **lancio del** ~ the javelin.

Gibilterra *sf* Gibraltar.

gigante ⬦*agg* -1. [enorme] huge -2. [confezione, formato] jumbo *(dav s)*. ⬦*sm* giant; **fare passi da** ~ to advance by leaps and bounds.

gigantesco, a, schi, sche *agg* huge.

giglio *sm* lily.

gilè, gilet [dʒi'lɛ, dʒi'le] *sm inv* waistcoat *UK*, vest *US*.

gin *sm inv* gin.

ginecologo, a, gi, ghe *sm, f* gynaecologist *UK*, gynecologist *US*.

ginepro *sm* juniper.

Ginevra *sf* Geneva.

gingillarsi [6] *vip* -1. [giocherellare] to fiddle -2. [perdere tempo] to fool around.

ginnasio *sm* first two years of classics-based secondary school.

ginnasta, i, e *smf* gymnast.

ginnastica *sf* -1. [esercizi] exercise; **fare** ~ to do some exercise; ~ **artistica** gymnastics *(pl)* -2. *scol* P.E., Physical Education.

ginocchiata *sf*: **dare una** ~ **contro qc** to bang one's knee against sthg; **dare una** ~ **a qn** to knee sb.

ginocchio *(mpl* **ginocchi,** *fpl* **ginocchia)** *sm* knee; **in** ~ kneeling; **mettersi in** ~ to kneel down.

ginocchioni *avv* on one's knees.

giocare [15] ⬦*vi* [gen] to play; ~ **a carte/calcio** to play cards/football *UK* o soccer *US*; ~ **in/fuori casa** to play at home/away. ⬦*vt* -1. [partita, carta] to play -2. [imbrogliare] to trick -3. [scommettere] to

gamble; **giocarsi qc** [scommettere] to bet sthg; [perdere] to lose sthg.

giocata *sf* -1. [puntata] stakes *(pl)* -2. [partita] game.

giocatore, trice *sm, f* -1. [gen] player -2. [scommettitore] gambler.

giocattolo *sm* toy.

gioco *(pl* -**chi)** *sm* -1. [gen] game; **per** ~ for fun; ~ **di parole** pun; ~ **da tavolo** board game; **fare il** ~ **di qn** to play sb's game; **fare il doppio** ~ **con qn** to double-cross sb -2. [scommessa] gambling; **essere in** ~ to be at stake; ~ **d'azzardo** gambling -3. [di meccanismo] play. ◆ **Giochi** *smpl* Games; **i Giochi Olimpici** the Olympic Games.

giocoliere, a *sm, f* juggler.

gioia *sf* -1. [contentezza] joy -2. [gioiello] jewel -3. [appellativo] darling.

gioielleria *sf* -1. [arte] jewellery making *UK*, jewelry making *US* -2. [negozio] jeweller's *UK*, jeweler *US*.

gioielliere, a *sm, f* jeweller *UK*, jeweler *US*.

gioiello *sm* -1. [ornamento] piece of jewellery *UK* o jewelry *US(U)* -2. [cosa bella] gem -3. [persona] treasure.

gioire [9] *vi*: ~ **di/per qc** to be delighted at/about sthg.

Giordania *sf*: la ~ Jordan.

giornalaio, a *sm, f* [negoziante] newsagent *UK*, newsdealer *US*. ◆ **giornalaio** *sm* [edicola] newsagent's *UK*, newsdealer *US*.

giornale *sm* -1. [quotidiano] paper, newspaper -2. [rivista] magazine -3. [notiziario]: ~ **radio** radio news.

giornaliero, a *agg* -1. [frequenza, volo] daily -2. [biglietto] day *(dav s)*. ◆ **giornaliero** *sm* [per sciare] day pass.

giornalino *sm* comic.

giornalismo *sm* journalism.

giornalista, i, e *smf* journalist.

giornata *sf* day; **in** ~ today; **buona** ~! have a nice day!; ~ **lavorativa** working day *UK*, workday *US*.

giorno *sm* -1. day; **al** ~ a o every day; **un** ~ **o l'altro** one of these days; ~ **feriale** weekday; ~ **festivo** Sunday or a public holiday; **fare** ~ to get light; **di** ~ during the day -2. *loc*: **al** ~ **d'oggi** nowadays.

giostra *sf* [di luna park] merry-go-round.

giovane ⬦*agg* young. ⬦*smf* young person, boy *(f* girl), young man *(f* woman); **i giovani d'oggi** young people today; **da** ~ when I was/you were etc young.

giovanile *agg* youthful.

giovanotto *sm* young man..

giovare [6] ⬦ *vi* [essere utile] to be useful; ~ **a qn/qc** to be good for sb/sthg. ⬦ *vi impers* to be useful; **arrabbiarsi non giova** it's no use getting angry.

giovedì *sm inv* Thursday; ~ **grasso** last Thursday before Lent; ~ **santo** Maundy Thursday; *vedi anche* **sabato**.

gioventù *sf inv* **-1.** [età] youth **-2.** [giovani] young people *(pl)*.

giovinezza *sf* youth.

giraffa *sf* **-1.** [animale] giraffe **-2.** [per microfono] boom.

giramento *sm*: ~ **di testa** dizzy turn.

girandola *sf* **-1.** [di fuochi d'artificio] Catherine-wheel **-2.** [giocattolo] (toy) windmill **-3.** [banderuola] weather vane.

girare [6] ⬦ *vt* **-1.** [far ruotare] to turn; [occhi] to roll **-2.** [percorrere] to go around; **abbiamo girato tutta la città** we went all around the town; **ha girato il mondo** he's been all over the world **-3.** CINE, TV to film **-4.** [assegno] to endorse **-5.** [frase, discorso] to twist the meaning of. ⬦ *vi* **-1.** [ruotare] to turn; ~ **attorno a qc** [fare il giro di] to go (all) around sthg; *fig* to skirt around sthg; **mi gira la testa** I feel dizzy **-2.** [andare in giro - gen] to go around; [- in macchina] to drive around; [- a piedi] to walk around **-3.** [voltare] to turn; ~ **a destra/sinistra** to turn right/left **4.** [circolare] to change hands; **gira la voce che ...** rumour has it that ... ⬦ **girarsi** *vr* [voltarsi] to turn around.

girarrosto *sm* spit.

girasole *sm* sunflower.

girello *sm* **-1.** [per bambini] baby walker **-2.** [carne] topside *UK*, top round *US*.

girino *sm* tadpole.

giro *sm* **-1.** [cerchio – di mura, alberi] ring; [– di corda] turn; [– di disco in vinile] revolution; **prendere in** ~ **qn/qc** to make fun of sb/sthg; ~ **di parole** circumlocution **-2.** [movimento – di chiave] turn; [– di motore, pianeta] revolution; [– di pista] lap **-3.** [percorso] trip; **fare il** ~ **del mondo** to go around the world; [medico] round; **andare in** ~ to go around; **fare il** ~ **di qc** [edificio, piazza] to wander around sthg **-4.** [circolazione] circulation; **essere in** ~ [voce] to go around; **lasciare in** ~ **qc** to leave sthg lying around **-5.** [gara]: **il** ~ **di Francia** the Tour de France; **il** ~ **d'Italia** the Giro d'Italia **-6.** [di persone] circle **-7.** [di carte] hand; [di telefonate] series **-8.** [periodo]: **nel** ~ **di un mese/un giorno** in the space of a month/a day; **rispondere a stretto** ~ **di posta** to answer by return of post *UK* o by return mail *US*. ⬦ **giri** *smpl* [di motore] revolutions.

girocollo ⬦ *agg inv* [maglia] crew-neck. ⬦ *sm inv* **-1.** [scollatura] neck **-2.** [maglia] crew-neck (sweater) **-3.** [collana] choker.

girone *sm* SPORT group; ~ **di andata/ritorno** first/second half of the season.

gironzolare [6] *vi* to wander around.

girotondo *sm* ring-a-ring-o'roses.

girovita *sm inv* waist (measurement).

gita *sf* trip; ~ **scolastica** school trip.

gitano, a ⬦ *agg* gypsy *(dav s)*. ⬦ *sm, f* gypsy.

giù *avv* [in basso] down; **mettere** ~ **qc** to put sthg down; **è** ~ **che ti aspetta** he's downstairs waiting for you; **in** ~ down, downwards; **guardare in** ~ to look down; **dai 30 anni in** ~ aged 30 and under; **di lì** more or less; ~ **per qc** down sthg; **essere/non essere** ~ [di morale] to be/not to be down o low.

giubbotto *sm* jacket; ~ **salvagente** life jacket.

giubileo *sm* jubilee.

giudicare [15] ⬦ *vt* to judge; **giudicare qn colpevole/innocente** to find sb guilty/innocent. ⬦ *vi* to judge.

giudice *sm* **-1.** [gen] judge; ~ **istruttore** investigating judge **-2.** SPORT: ~ **di gara** [nel tennis] umpire; [nel calcio] referee.

giudiziario, a *agg* judicial.

giudizio *sm* **-1.** [parere] opinion **-2.** [buon senso] common sense **-3.** [processo] trial **-4.** [decisione] verdict.

giugno *sm* June; *vedi anche* **settembre**.

giungere [49] *vi* to reach; ~ **a qc** to reach sthg.

giungla *sf* jungle.

giunsi *(etc)* ⊳ **giungere**.

giunto, a *pp* ⊳ **giungere**. ⬦ **giunto** *sm* joint.

giuramento *sm* oath.

giurare [6] *vt* **-1.** [promettere] to swear; ~ **di fare qc** to promise to do sthg **-2.** [sostenere]: ~ **(a qn) che** to swear (to sb) that.

giurato, a *sm, f* **-1.** [di processo] juror, member of the jury **-2.** [di concorso] judge.

giuria *sf* **-1.** [di processo] jury **-2.** [di concorso] panel.

giuridico, a, ci, che *agg* legal.

giurisdizione *sf* jurisdiction.

giustamente *avv* rightly.

giustificare [15] *vt* **-1.** [spiegare, legittimare] to justify **-2.** [scusare] to excuse **-3.** AMMIN to account for **-4.** TIPO to justify. ◆ **giustificarsi** *vr* to justify o.s.; ~ **per il ritardo** to explain why one is late.

giustificazione *sf* **-1.** [spiegazione] excuse **-2.** TIPO justification.

giustizia *sf* justice; **palazzo di** ~ Law Courts *(pl)*.

giustiziare [20] *vt* to execute.

giusto, a *agg* **-1.** [preciso, adeguato, vero] right; **la salsa è giusta di sale** the sauce has the right amount of salt **-2.** [equo] fair; **una giusta causa** a just cause. ◆ **giusto** ◇ *avv* **-1.** [esattamente] correctly **-2.** [per l'appunto, appena] just; **si parlava** ~ **di te** we were just talking about you; **dico bene? –** ~ ! am I right? – of course! ◇ *sm*: **chiedere il** ~ to ask for what is fair; **pagare il** ~ to pay a fair price.

gladiolo *sm* gladiolus.

glande *sm* glans.

glassa *sf* icing *UK*, frosting *US*.

gli ◇ *art det* ▷il. ◇ *pron pers* **-1.** [a lui] him; ~ **ho fatto un regalo** I gave him a present; ~ **parlerò** I'll speak o talk to him; **mandagli un'e-mail** send him an email **-2.** [riferito a una cosa] it **-3.** [riferito ad animale] it, him **-4.** [a loro] them **-5.** *(seguito da* **lo, la, li, le, ne***)*: **glielo, gliela, glieli, gliele, gliene: gliel'avevo detto** I told him/them; **glielo dirò** I'll tell him/them; **glielo/gliela compro** I'll buy it for him; **gliene hai parlato?** have you spoken to him/her/them about it?

gliela ▷gli.

gliele ▷gli.

glieli ▷gli.

glielo ▷gli.

gliene ▷gli.

globale *agg* **-1.** [complessivo] overall **-2.** [mondiale] global.

globalizzazione *sf* globalization.

globo *sm* globe; ~ **oculare** eyeball.

globulo *sm*: ~ **bianco** white blood cell; ~ **rosso** red blood cell.

gloria *sf* **-1.** [fama] glory **-2.** [persona] star; **una** ~ **nazionale** a national treasure. ◆ **Gloria** *sm inv* [preghiera] Gloria.

glorificare [6] *vt* to glorify.

glossario *sm* glossary.

gluteo *sm* buttock.

gnocchi *smpl* gnocchi.

gnomo *sm* gnome.

gnorri *smf inv*: **fare lo** ~ to play dumb.

goal [gɔl] *sm inv* = gol.

gobba *sf* **-1.** [deformazione, di cammello] hump **-2.** [protuberanza] bump.

gobbo, a ◇ *agg* hunchbacked. ◇ *sm, f* hunchback.

goccia (*pl* **-ce**) *sf* drop. ◆ **gocce** *sfpl* **-1.** [pioggia] drops (of rain) **-2.** [medicinale] drops.

goccio *sm* drop.

gocciolare [6] *vi* **-1.** [uscire da] to leak **-2.** [cadere a gocce] to drip.

godere [78] ◇ *vi* **-1.** *fam* [sessualmente] to come **-2.**: ~ **di qc** to enjoy sthg. ◇ *vt* to enjoy; **godersi qc** to enjoy sthg.

goduria *sf scherz* bliss.

goffo, a *agg* **-1.** [persona] clumsy **-2.** [maniera, comportamento] awkward.

gol *sm inv* goal.

gola *sf* **-1.** ANAT throat; **mal di** ~ sore throat; **avere un nodo alla** ~ to have a lump in one's throat **-2.** [golosità] greed **-3.** [valle] gorge.

golf ◇ *sm inv* [maglione] sweater; [con bottoni] cardigan. ◇ *sm* SPORT golf; **giocare a** ~ to play golf.

golfo *sm* gulf. ◆ **Golfo Persico** *sm* Persian Gulf.

golosità *sf inv* **-1.** [caratteristica] greed **-2.** [leccornia] delicacy.

goloso, a ◇ *agg* greedy. ◇ *sm, f*: **è proprio un** ~ ! he's so greedy!

gomitata *sf*: **dare una** ~ **a qn** to elbow sb.

gomito *sm* elbow.

gomitolo *sm* ball.

gomma *sf* **-1.** [materiale] rubber **-2.** [per matita, penna]: ~ **(da cancellare)** rubber *UK*, eraser *esp US* **-3.** [pneumatico] tyre *UK*, tire *US* **-4.** [chewing-gum]: ~ **(da masticare)** chewing gum.

gommapiuma® (*pl* **gommepiume**) *sf* foam rubber.

gommista (*pl* **-i**) *sm* tyre *UK* o tire *US* dealer.

gommone *sm* dinghy.

gondola *sf* gondola.

gonfiare [20] *vt* **-1.** [palloncino, gomma] to inflate, to blow up **-2.** [stomaco]: **i legumi gonfiano lo stomaco** pulses make you feel bloated **-3.** [spesa] to inflate; [notizia] to exaggerate. ◆ **gonfiarsi** *vip* to swell.

gonfio, a *agg* **-1.** [palloncino, pneumatico] inflated **-2.** [occhi] puffy **-3.** [stomaco, pancia] bloated **-4.** [mani, piedi] swollen **-5.** [portafoglio, tasca] full.

gonna *sf* skirt.

gorgonzola *sm inv* Gorgonzola.

gorilla *sm inv* **-1.** [scimmia] gorilla **-2.** [guardia del corpo] bodyguard.

gotico, a, ci, che *agg* Gothic. ◆ **gotico** *sm* Gothic.

gotta *sf* gout.

governare [6] *vt* **-1.** [dirigere] to govern **-2.** [guidare] to steer **-3.** [amministrare] to run.

governatore, trice *sm, f* governor.

governo *sm* government.

GPL (*abbr di* **Gas Propano Liquido**) *sm* LPG.

gr. (*abbr di* **grammo**) gm, g.

GR (*abbr di* **Grecia**) GR.

gracchiare [20] *vi* [corvo] to caw; [rana] to croak.

gracile *agg* [di aspetto] slender; [di salute] delicate.

gradatamente *avv* gradually.

gradazione *sf* **-1.** [per gradi]: **in ~** by degrees **-2.** [di colori] gradation **-3.** [alcolica] strength; **un vino/una birra di bassa ~** a low-alcohol beer/wine.

gradevole *agg* pleasant.

gradinata *sf* **-1.** [scalinata] flight of steps **-2.** [in stadio] terraces *(pl) UK*, bleachers *(pl) US*; [in anfiteatro] tiers *(pl)*.

gradino *sm* step.

gradire [9] *vt* **-1.** [accettare] to accept (with pleasure) **-2.** [desiderare]: **gradite un caffè?** would you like a coffee?; **gradiremmo una vostra risposta al più presto** we would appreciate your prompt reply.

gradito, a *agg* welcome.

grado *sm* **-1.** [gen] degree; **~ centigrado** degree centigrade; **ustioni di terzo ~** third degree burns; **cugini di secondo ~** second cousins **-2.** [di bevanda alcolica] proof; **quanti gradi ha questa birra?** what's the alcohol content of this beer? **-3.** [livello] level **-4.** [rango] rank **-5.** [condizione]: **essere in ~ di fare qc** to be able to do sthg.

graduale *agg* gradual.

graduato, a *agg* [scala, misurino, lente] graduated; [esercizio] graded.

graduatoria *sf* list.

graffetta *sf* **-1.** [per carta – fermaglio] paper clip; [– punto metallico] staple **-2.** [per ferita] clip.

graffiare [20] *vt* to scratch. ◆ **graffiarsi** *vr* **-1.** [sé stesso] to scratch o.s. **-2.** [l'un l'altro] to scratch each other.

graffio *sm* scratch.

graffito *sm* graffiti *(U)*.

grafia *sf* **-1.** [calligrafia] handwriting; **ha una ~ illegibile** her handwriting is illegible **-2.** [ortografia] spelling.

grafica (*pl* **-he**) *sf* graphics *(pl)*.

grafico, a, ci, che ◇ *agg* **-1.** [relativo a scrittura] written **-2.** [relativo all'arte] graphic **-3.** [relativo a diagramma] in graph form. ◇ *sm, f* graphic designer. ◆ **grafico** *sm* graph.

graminacee *sfpl* grasses.

grammatica (*pl* **-che**) *sf* grammar.

grammaticale *agg* grammatical.

grammo *sm* gram.

gran *agg* ▷ **grande**.

grana ◇ *sf* **-1.** [gen] grain **-2.** *fam* [guaio] problem; **avere delle grane con** to be in trouble with **-3.** *fam* [soldi] cash; **uno con la ~** a guy who's loaded. ◇ *sm inv* [formaggio] *a type of cheese similar to Parmesan.*

granatina *sf* **-1.** [sciroppo] grenadine **-2.** [bibita] iced drink.

Gran Bretagna *sf*: **la ~** (Great) Britain.

granché ◇ *pron*: **non essere un ~** not to be much good. ◇ *avv* much; **non mi è piaciuto ~** I didn't like it much.

granchio *sm* [crostaceo] crab.

grandangolo *sm* FOTO wide-angle lens.

grande (*può diventare* **gran** *dav a sm e sf che comincino per consonante*) ◇ *agg* **-1.** [vasto, numeroso] big, large; **quant'è ~ l'appartamento?** how big is the flat *UK* o apartment *esp US* ?; **una taglia più ~** a larger size; **la piscina era meno ~ di quanto pensassi** the pool was smaller than I thought; **una gran folla** a big o large crowd **-2.** [alto] tall; **un tipo ~ e grosso** a tall well-built man **-3.** [intenso, eccellente, importante] great; **con mia ~ sorpresa** to my great surprise; **un ~ poeta** a great poet; **il gran giorno** the great day **-4.** [di età] big, grown-up; **i suoi figli ormai sono grandi** her children are grown-up; **i bambini più grandi** the older children; **sei ~ abbastanza per capirlo da solo** you're big o old enough to understand it on your own; **mia sorella è più ~ di me di nove mesi** my sister is nine months older than me **-5.** [con funzione rafforzativa]: **una gran bella donna** a very beautiful woman; **un gran bugiardo/mangione/chiacchierone** a great (big) liar/a big eater/a terrible chatterbox. ◇ *smf* **-1.** [adulto] adult, grown-up; **da ~** when you/I etc grow up; **cosa farai da ~?** what are you going to do when you grow up? **-2.** [personaggio famoso] great man (*f* woman); **i grandi** the greats.

grandezza *sf* **-1.** [dimensioni] size; **a ~**

naturale life-sized **-2.** [prestigio] grandeur **-3.** FIS & MAT quantity.

grandinare [114] *vi impers* to hail.

grandine *sf* hail.

grandioso *agg* magnificent.

granello *sm* grain; **un ~ di pepe** a peppercorn.

granita *sf* granita, water ice.

granito *sm* granite.

grano *sm* **-1.** [gen] grain; **~ di pepe** peppercorn **-2.** [frutto] wheat; **farina di ~ duro** strong flour.

granoturco *sm* = granturco.

gran premio *sm* Grand Prix.

granturco (*pl* -chi) *sm* maize *UK*, corn *US*.

grappa *sf* grappa.

grappolo *sm* bunch; **un ~ d'uva** a bunch of grapes.

grassetto *sm* TIPO bold.

grasso, a *agg* **-1.** [persona, animale] fat **-2.** [capelli, pelle] greasy **-3.** [pesce] oily; [carne] fatty. ◆ **grasso** *sm* **-1.** [gen] fat **-2.** [sporcizia] grease.

grata *sf* grating.

gratificare [15] *vt*: **un lavoro che gratifica** a rewarding job; **faccio volontariato perché mi gratifica** I do voluntary work because I find it rewarding.

gratinato, a *agg* au gratin.

gratis *avv* [senza pagare] free; [senza guadagnare] for nothing; **siamo entrati ~** we got in free.

gratitudine *sf* gratitude.

grato, a *agg*: **essere ~ a qn (di o per qc)** to be grateful to sb (for sthg).

grattacielo *sm* skyscraper.

gratta e vinci *sm inv* scratch card.

grattare [6] *vt* **-1.** [gen] to scratch; **~ via** [vernice] to scrape off **-2.** [grattugiare] to grate. ◆ **grattarsi** *vr* to scratch.

grattugiare [18] *vt* to grate.

gratuito, a *agg* **-1.** [senza pagamento] free **-2.** [senza motivo] gratuitous.

grave *agg* **-1.** [malattia, pericolo] serious; [malato] seriously ill **-2.** [intenso] severe **-3.** [accento] grave **-4.** MUS low.

gravidanza *sf* pregnancy.

gravità *sf inv* **-1.** [di malattia, situazione] seriousness **-2.** FIS: **(forza di) ~** gravity.

grazia *sf* **-1.** [leggiadria] grace **-2.** [benevolenza]: **entrare/essere nelle grazie di qn** to be in sb's good books **-3.** DIR pardon; **ministero di ~ e giustizia** ministry of justice.

grazie ◇ *esclam* **-1.** [per riconoscenza] thank you, thanks; **mille/molte ~** thank you very much **-2.** [in risposta]: **sì, ~** yes please; **no, ~** no thanks **-3.** *iron* [ovviamente] what do you expect? ◇ *sm* thanks (*pl*). ◆ **grazie a** *prep* thanks to.

grazioso, a *agg* charming.

Grecia *sf*: **la ~** Greece; **la Magna ~** Magna Graecia.

greco, a, ci, che ◇ *agg* Greek. ◇ *sm, f* Greek. ◆ **greco** *sm* Greek.

gregge (*fpl* **greggi**) *sm* herd, flock.

grembiule *sm* **-1.** [da cucina] apron **-2.** [per commesso, scolaro] overall *UK*.

grembo [di persona seduta] lap.

grezzo, a *agg* rough.

gridare [6] ◇ *vi* to shout. ◇ *vt* to shout (out).

grido (*fpl* **grida**, *mpl* **gridi**) *sm* **-1.** [di persona] (*fpl* **grida**) shout **-2.** [di animale] (*mpl* **gridi**) cry.

griffe ['grif] *sf inv* (designer) label.

grigio, a, gi, ge o **gie** *agg* **-1.** [di colore] grey *UK*, gray *US* **-2.** [monotono] boring. ◆ **grigio** *sm* grey *UK*, gray *US*.

griglia *sf* grill; **alla ~** grilled.

grigliata *sf* **-1.** [operazione] barbecue **-2.** [piatto] grill.

grilletto *sm* trigger.

grillo *sm* **-1.** [insetto] cricket **-2.** [ghiribizzo] whim; **gli è saltato il ~ di sposarsi** he's taken it into his head to get married; **avere dei grilli per la testa** to have some strange ideas.

grinta *sf* grit.

grinza *sf* [di abiti] crease.

grinzoso, a *agg* **-1.** [pelle] wrinkled **-2.** [tessuto] creased.

grissino *sm* bread stick.

Groenlandia *sf*: **la ~** Greenland.

grondaia *sf* gutter.

grondare [6] ◇ *vi* **-1.** [colare] to pour **-2.** [essere zuppo]: **~ di qc** to be dripping with sthg. ◇ *vt* to drip with.

groppa *sf* back.

groppo *sm*: **avere un ~ alla gola** *fig* to have a lump in one's throat.

grossista *sm* wholesaler.

grosso, a *agg* **-1.** [dimensioni] big **-2.** [spessore] thick **-3.** [robusto] well-built **-4.** [importante] important; **un ~ affare** an important deal; **un pezzo ~** a big shot; **un ~ impatto** a huge impact **-5.** [grave] serious **-6.** [mare] rough **-7.** [fiato]: **avere il fiato ~** to be short of breath. ◆ **, di**

grosso *avv*: sbagliarsi di ~ to be completely wrong.

grossolano, a *agg* -1. [modi, persona] coarse -2. [errore] huge -3. [lavoro, rifinitura] shoddy.

grossomodo, grosso modo *avv* roughly; sarà alto ~ come te he's roughly the same height as you.

grotta *sf* cave.

groviera *sm* o *f inv* = gruviera.

groviglio *sm* tangle.

gru *sf inv* crane.

gruccia (*pl* -ce) *sf* -1. [stampella] crutch -2. [per abiti] hanger.

grugnire [9] *vi* to grunt.

grumo *sm* -1. [di sangue] clot -2. [in salsa, polenta] lump.

gruppo *sm* group; dividersi in gruppi to divide (up) into groups; un ~ di pressione a pressure group; il ~ FIAT the Fiat group; ~ sanguigno blood group.

gruviera *sm* o *f inv* gruyère.

GSM (*abbr di* Global System for Mobile communications) *sm inv & agg inv* TELECOM GSM.

GT (*abbr di* Gran Turismo) *agg inv* GT.

guadagnare [23] *vt* -1. [con lavoro] to earn -2. [ottenere] to gain; ~ tempo to save time -3. [meritare – medaglia, premio] to win; [- stima] to earn, to win.

guadagno *sm* earnings (*pl*).

guaina *sf* sheath.

guaio *sm* -1. [situazione difficile] trouble; essere/ficcarsi nei guai to be in/get into trouble; mi trovo in un brutto ~ I'm in terrible trouble -2. [danno] problem; combinare un ~ o (dei) guai to get into a mess; che ~! what a nuisance! ◆ **guai** *esclam*: attento al vaso, che se ti cade guai! mind the vase because if it falls you're in trouble!; guai a te! you'll be in trouble!

guaire [9] *vi* to whine.

guancia (*pl* -ce) *sf* cheek.

guanciale *sm* pillow.

guanto *sm* glove; guanti di gomma rubber gloves; guanti da forno oven gloves.

guantone *sm* boxing glove.

guardacaccia, guardiacaccia *sm inv* gamekeeper.

guardacoste, guardiacoste *sm inv* -1. [imbarcazione] coastguard patrol vessel -2. [agente] coastguard.

guardare [6] ◇ *vt* -1. [osservare – oggetto, paesaggio] to look at; [- cosa o persona in movimento] to watch; [- film, spettacolo] to watch; ~ le vetrine to go window-shopping; ~ la tv to watch TV; guarda caso by chance -2. [sorvegliare – prigioniero] to guard; [- posto] to keep watch; [- bagagli] to keep an eye on; [- bambino] to look after. ◇ *vi* -1. [badare]: guarda di chiudere bene la porta make sure you shut the door properly -2. [considerare]: ~ a qn/qc to look at sb/sthg; ho sempre guardato a lui come a un amico I've always looked on him as a friend; ~ al futuro to look to the future -3. [dare su]: ~ verso o su qc to look onto sthg; ~ a o verso ovest/nord to face west/north. ◆ **guardarsi** *vr* -1. [se stesso] to look at o.s.; ~ allo specchio to look at o.s. in the mirror -2. [proteggersi]: guardarsi da qn/qc to beware of sb/sthg; guardarsi (bene) dal fare qc to make sure not to do sthg -3. [l'un l'altro] to look at each other.

guardaroba *sm inv* -1. [gen] wardrobe *UK*, closet *US* -2. [in discoteca, teatro] cloakroom.

guardia *sf* -1. [gen] guard; montare la ~ to keep guard; fare la ~ to be on guard; essere di ~ to be on guard duty; fare la ~ a qc to guard sthg; ~ del corpo bodyguard; cane da ~ guard dog; ~ medica emergency doctor service -2. [corpo armato] *military body responsible for enforcing the law* ~ di finanza Customs and Excise *UK*, Customs Service *US*; ~ svizzera Swiss guard -3. [difesa]: stare in ~ to be careful; mettere qn in ~ contro qn/qc to warn sb about sb/sthg.

guardiacaccia *sm f inv* = guardacaccia.

guardiacoste *sm inv* = guardacoste.

guardiano, a *sm, f* [di villa] caretaker; [di museo] attendant; [di zoo, faro] keeper.

guardrail [gard'reilgward'reil] *sm inv* crash barrier.

guarigione *sf* recovery.

guarire [9] ◇ *vt* [gen] to cure; ~ qn (da qc) to cure sb (of sthg). ◇ *vi* -1. [persona, animale]: ~ (da qc) to recover (from sthg) -2. [malattia] to clear up; [ferita] to heal (up).

guarnizione *sf* -1. [di gomma] washer -2. [per tessuto] trim -3. [di pietanza] garnish.

guastafeste *sm f inv* party pooper.

guastare [6] *vt* -1. [oggetto] to break -2. [sorpresa, atmosfera, cibo] to spoil. ◆ **guastarsi** *vip* -1. [orologio, TV] to break; [macchina, ascensore] to break down -2. [pesce, carne] to go off; [frutta] to go bad -3. [tempo] to break.

guasto, a *agg* -1. [rotto] out of order -2. [frutta, pesce] rotten. ◆ **guasto** *sm* breakdown; ~ **al motore** engine failure.

Guatemala *sm*: il ~ Guatemala.

guerra *sf lit & fig* war; **dichiarare** ~ **a qn** to declare war on sb; **la prima/seconda** ~ **mondiale** World War I/II, the First/Second World War *UK*; ~ **contro la corruzione** war on corruption.

guerriero, a *sm, f* warrior.

guerriglia *sf* guerrilla warfare.

guerrigliero, a *sm, f* guerrilla.

gufo *sm* owl.

guglia *sf* spire.

guida *sf* -1. [libro, persona] guide; ~ **di Londra** guide to London; ~ **telefonica** phone book; ~ **turistica** [libro] guide book; [persona] guide -2. [comando] leadership; **sotto la** ~ **di** under the leadership of -3. AUTO driving; **prendere lezioni di** ~ to have driving lessons -4. [strumentazione] drive; ~ **a destra/sinistra** right-hand/left-hand drive -5. [scanalatura] runner, guide rail.

guidare [6] *vt* -1. [veicolo] to drive -2. [accompagnare] to guide, to take -3. [capeggiare] to lead -4. [consigliare] to guide.

guidatore, trice *sm, f* driver.

Guinea *sf*: la ~ Guinea.

guinzaglio *sm* lead *esp UK*, leash *esp US*.

guscio *sm* -1. [gen] shell -2. [di piselli, fave] pod.

gustare [6] *vt* -1. [assaggiare] to try, to taste -2. [assaporare] to enjoy -3. [apprezzare]: **gustarsi qc** to enjoy sthg.

gusto *sm* -1. [sapore] taste, flavour *UK*, flavor *US* -2. [di gelato] flavour *UK*, flavor *US* -3. [senso, preferenza] taste -4. [piacere]: **non c'è** ~ **a parlare con te** it's no fun talking to you; **che** ~ **ci trovi** o **provi?** what pleasure do you get out of it?; **prenderci** ~ to acquire a taste for it -5. [raffinatezza] (good) taste.

gustoso, a *agg* tasty.

gutturale *agg* guttural.

h, H *sf* o *m inv* h, H.

h -1. (*abbr di* **ora**) h, hr -2. (*abbr di* **altezza**) h, ht.

H (*abbr di* **Ungheria**) H.

ha -1. ▷avere -2. *abbr di* ettaro.

habitat *sm inv* habitat.

hai ▷avere.

handicap *sm inv* -1. [invalidità] disability; **i portatori di** ~ people with disabilities -2. [svantaggio & SPORT] handicap.

handicappato, a ◇ *agg* disabled. ◇ *sm, f* disabled person; **gli handicappati** people with disabilities.

hanno ▷avere.

hard disk [hard'disk] *sm inv* hard disk.

herpes *sm inv* herpes.

hi-fi [ai'fai] *sm inv* hi-fi.

hippy *agg inv & smf inv* hippy.

HIV (*abbr di* **Human Immuno-deficiency Virus**) HIV.

ho ▷avere.

hobby *sm inv* hobby.

hockey *sm inv* hockey *UK*, field hockey *US*; ~ **su ghiaccio** ice hockey *UK*, hockey *US*.

hostess *sf inv* air hostess, (air) stewardess.

hotel *sm inv* hotel.

HTML (*abbr di* **HyperText Markup Language**) *sm* INFORM HTML.

HW (*abbr di* **hardware**) hardware.

idraulico, a, ci, che *agg* hydraulic.
➤ **idraulico** *sm* plumber.

idrico, a, ci, che *agg* water *(dav s)*.

idroelettrico, a, ci, che *agg* hydroelectric.

idrofilo, a *agg* ▷cotone.

idrogeno *sm* hydrogen.

idromassaggio *sm* **-1.** [massaggio] hydromassage **-2.** [impianto] whirlpool.

idrosolubile *agg* water-soluble.

iella *sf fam* bad luck.

iena *sf* hyena.

ieri ◇ *avv* yesterday; **l'altro** ~ the day before yesterday; ~ **mattina/pomeriggio** yesterday morning/afternoon. ◇ *sm* yesterday.

Iesolo *sf* Jesolo.

igiene *sf* **-1.** [pulizia] hygiene, cleanliness; **l'** ~ **del corpo** personal hygiene **-2.** [salute] health.

igienico, a, ci, che *agg* hygienic; **norme igieniche** health regulations; **carta igienica** toilet paper; **impianto** ~ sanitary fittings *(pl)*.

igloo [i'glu] *sm inv* igloo.

ignobile *agg* despicable.

ignorante ◇ *agg* **-1.** [senza istruzione] ignorant **-2.** [senza nozioni]: **essere** ~ **in (fatto di) qc** to know nothing about sthg **-3.** [incompetente] incompetent **-4.** *fam* [maleducato] rude. ◇ *smf* **-1.** [non istruito] ignoramus **-2.** *fam* [maleducato] oaf.

ignoranza *sf* **-1.** [gen] ignorance **-2.** [maleducazione] bad manners *(plural)*.

ignorare [6] *vt* **-1.** [non sapere] not to know; ~ **che** *(+ congiuntivo)* not to know that **-2.** [non curarsi di] to ignore.

ignoto, a ◇ *agg* unknown. ◇ *sm, f* unknown person.

il, la *(mpl* **i,** *fpl* **le)** *(lo pl* **gli** *dav sm che comincia per s + consonante, gn, ps, x, y, z;* **l'** *mpl* **gli,** *fpl* **le** *dav sm o sf che comincia per vocale o h)* **art** *det* **-1.** [con nomi comuni] the; ~ **lago** the lake; **la finestra** the window; **lo studente** the student; **lo yacht** the yacht; **l'arbitro** the referee; **l'hotel** the hotel; **l'isola** the island; **i colori** the colours; **gli amici** the friends; **le ragazze** the girls **-2.** [con nomi astratti o generici]: **adoro la musica** I love music; **l'amore è importante** love is important; ~ **tempo** time; **la vita** life; **preferisco** ~ **caffè** I prefer coffee **-3.** [con titoli e professioni]: ~ **signor/la signora Pollini** Mr/Mrs Pollini; ~ **presidente della Repubblica** the President of the Republic; ~ **dottor Marchi** Dr Marchi; **fare** ~ **medico/**

---

i¹, I *sf* o *m inv* i, I.

i² ▷il.

I *(abbr di* **Italia)** I.

ibrido, a *agg* hybrid.

IC *(abbr di* **Intercity)** FERR intercity.

iceberg ['aizberg] *sm inv* iceberg.

icona *sf* icon.

ictus *sm inv* stroke.

Iddio *sm* God.

idea *sf* **-1.** [gen] idea; **neanche per** ~**!** no chance!; **non avere la più pallida** ~ **di qc** not to have the slightest idea about sthg **-2.** [impressione] feeling; **farsi un'** ~ **di qn/qc** to get an idea of sb/sthg **-3.** [opinione] opinion; **cambiare** ~ to change one's mind.

ideale *agg & sm* ideal.

idealista, i, e *smf* idealist.

ideare [24] *vt* to come up with, to devise.

identico, a, ci, che *agg* identical; ~ **a qn/qc** the same as sb/sthg.

identificare [15] *vt* **-1.** [riconoscere] to identify **-2.** [determinare] to establish.
➤ **identificarsi** *vr*: **identificarsi con qn** to identify with sb.

identificazione *sf* **-1.** [di cadavere] identification **-2.** [determinazione] determination **-3.** [immedesimazione] empathy.

identikit *sm inv* identikit®.

identità *sf inv* identity.

ideologia *sf* ideology.

idioma *(pl* **-i)** *sm* idiom.

idiota, i, e *smf* idiot.

idiozia *sf* **-1.** [stupidità] stupidity **-2.** [cosa stupida] nonsense.

idolo *sm* idol.

idoneo, a *agg*: ~ **(a qc)** suitable (for sthg); **essere** ~ **al servizio militare** to be fit for military service.

idrante *sm* hydrant.

idratante *agg* moisturizing.

idratare [6] *vt* to moisturize.

l'operaio to be a doctor/a manual worker -**4.** [con nomi geografici]: ~ **Po** the Po; **le Dolomiti** the Dolomites; **l'Italia** Italy -**5.** [con parti del corpo]: **si è rotto** ~ **naso** he's broken his nose; **lavarsi le mani** to wash one's hands; **ha i capelli biondi** she has blonde hair -**6.** [indica parentela]: **non va d'accordo con** ~ **padre** he doesn't get on with his father; **vive con la sorella** she lives with her sister -**7.** [indica il tempo cronologico]: **la primavera scorsa** last spring; ~ **1999** 1999; ~ **29 dicembre** the 29th of December; **dopo le tre** after three (o'-clock); ~ **sabato** [tutti i sabati] on Saturdays, on Saturday; [quel sabato] on Saturday; **la sera** in the evening -**8.** [con malattie]: **ho** ~ **raffreddore** I've got a cold; **mi è venuta l'influenza** I've caught (the) flu -**9.** [distributivo] a, an; **100 km/l'ora** 100 km an hour; **costano 3 euro l'uno/** ~ **chilo** they cost 3 euros a chilo -**10.** [con collettivi]: **entrambi i fratelli** both brothers; **tutto** ~ **vino** all the wine; **tutti i giorni** every day; **tutti gli uomini** all men -**11.** [con percentuali e numerali]: **vale** ~ **doppio** it's worth double; **costa la metà** it costs half; ~ **20 per cento** 20 per cent -**12.** [con i possessivi]: **le mie scarpe** my shoes; ~ **loro negozio** their shop; ~ **suo lavoro** his/her job -**13.** [con nomi di personaggi famosi]: **un film con la Loren** a film with Sofia Loren; ~ **Petrarca, l'Ariosto** Petrarch, Ariosto.

ilarità *sf* hilarity.

ill. (*abbr di* **illustrazione**) ill.

illecito, a *agg* [atto, mezzo] illicit; [guadagno, commercio] illegal.

illegale *agg* [azione] illegal; [arresto, procedimento] unlawful.

illegalmente *avv* illegally.

illeggibile *agg* illegible.

illegittimo, a *agg* -**1.** [illegale] illegitimate -**2.** [supposizione] arbitrary; [pretesa] unjustified.

illimitato, a *agg* unlimited.

Ill.mo (*abbr di* **Illustrissimo**) [nelle lettere] *term of respect used in addresses.*

illogico, a, ci, che *agg* illogical.

illudere [31] *vt* to fool. ◆ **illudersi** *vr* to fool o.s.

illuminare [6] *vt* -**1.** [rischiarare] to light -**2.** [sguardo, viso] to light up.

illuminazione *sf* lighting.

Illuminismo *sm* Enlightenment.

illusione *sf* -**1.** [apparenza] illusion -**2.** [speranza] false hope; **farsi illusioni** to fool o.s.

illusionista, i, e *smf* conjurer.

illuso, a ◇ *pp* ▷ **illudere**. ◇ *sm, f* fool; **sei un povero** ~ you're kidding yourself.

illustrare [6] *vt* to illustrate.

illustrazione *sf* illustration.

illustre *agg* eminent.

imballaggio *sm* packing.

imballare [6] *vt* to pack.

imbalsamato, a *agg* stuffed.

imbarazzante *agg* embarrassing.

imbarazzare [6] *vt* to embarrass. ◆ **imbarazzarsi** *vip* to get embarrassed.

imbarazzato, a *agg* embarrassed.

imbarazzo *sm* -**1.** [disagio] embarrassment; **mettere (qn) in** ~ to embarrass (sb) -**2.** [perplessità]: **avere l'** ~ **della scelta** to be spoiled o spoilt *UK* for choice.

imbarcare [15] *vt* -**1.** [passeggeri] to board; [merci] to load -**2.**: ~ **acqua** to ship water. ◆ **imbarcarsi** *vr* -**1.** [salire a bordo]: **imbarcarsi (su qc)** to board (sthg); **imbarcarsi per una crociera** to set off on a cruise -**2.** [avventurarsi]: **imbarcarsi in qc** to embark on sthg.

imbarcazione *sf* boat.

imbarco (*pl* **-chi**) *sm* -**1.** [di merci] loading -**2.** [di passeggeri] boarding.

imbastire [9] *vt* to tack.

imbattersi [7] *vip*: ~ **in qn/qc** to run into sb/sthg.

imbavagliare [21] *vt* to gag.

imbecille *smf* idiot.

imbellire [9] ◇ *vt* to make more beautiful; **questa pettinatura ti imbellisce** this hairstyle makes you look prettier. ◇ *vi* to become prettier. ◆ **imbellirsi** *vip* to become prettier.

imbestialire [9] *vi*: **fare** ~ **qn** to drive sb mad. ◆ **imbestialirsi** *vip* to go mad.

imbevuto, a *agg*: ~ **di qc** soaked in sthg.

imbiancare [15] *vt* -**1.** [verniciare – con pittura] to paint; [– con bianco di calce] to whitewash -**2.** [rendere bianco] to turn white; **la farina gli imbiancava il viso** his face was white with flour.

imbianchino, a *sm, f* painter (and decorator).

imbizzarrirsi [9] *vip* to shy.

imboccare [15] *vt* -**1.** [persona] to feed -**2.** [strada] to get onto; [galleria] to enter.

imboccatura *sf* -**1.** [di contenitore] opening -**2.** [di strumento musicale] mouthpiece.

imbocco (*pl* **-chi**) *sm* entrance.

imboscare [15] *vt* to hide. ➤ **imboscarsi** *vr* to disappear.

imboscata *sf* ambush.

imbottigliare [21] *vt* to bottle.

imbottigliato, a *agg*: rimanere ~ to be stuck (in traffic).

imbottire [9] *vt* -1. [gen] to fill; ~ qc di qc to fill sthg with sthg -2. [materasso] to stuff; [giacca] to pad. ➤ **imbottirsi** *vip* -1. [coprirsi] to cover o.s. up -2. [rimpinzarsi] to stuff o.s.

imbottitura *sf* [gen] stuffing; [giacca] padding.

imbracatura *sf* sling.

imbranato, a ◇ *agg* clumsy. ◇ *sm, f* clumsy person, klutz *US*.

imbrattare [6] *vt* to dirty; ~ qc di qc to get sthg on sthg; ha imbrattato la camicia di sangue he got blood on his shirt. ➤ **imbrattarsi** *vr* to get o.s. dirty; imbrattarsi di fango to get muddy.

imbroccare [15] *vt* to guess.

imbrogliare [21] *vt* -1. [truffare] to swindle, to cheat -2. [mescolare] to mix up; [aggrovigliare] to tangle; ~ le carte to shuffle (the cards) -3. [complicare] to confuse. ➤ **imbrogliarsi** *vip* -1. [mescolarsi] to become tangled -2. [complicarsi] to become confused.

imbroglio *sm* -1. [truffa] swindle -2. [groviglio] tangle -3. [faccenda] mess.

imbroglione, a *sm, f* cheat.

imbronciato, a *agg* sulky.

imbruttire [9] ◇ *vt* to make uglier. ◇ *vi* to become uglier. ➤ **imbruttirsi** *vip* to become uglier.

imbucare [15] *vt* -1. [lettera] to post *UK*, to mail *esp US* -2. [palla – nel golf] to hole; [– nel biliardo] to pot.

imburrare [6] *vt* to butter.

imbuto *sm* funnel.

imitare [6] *vt* -1. [prendere a modello] to imitate -2. [riprodurre] to mimic -3. [contraffare] to fake.

imitatore, trice *sm, f* impersonator.

imitazione *sf* -1. [gen] imitation -2. [di persona] impersonation.

immagazzinare [6] *vt* -1. [merce] to store -2. [nozioni] to store up.

immaginare [6] *vt* -1. [raffigurarsi] to imagine; immaginarsi qc to imagine sthg; s'immagini! don't mention it! -2. [ideare] to conceive -3. [supporre] to think.

immaginario, a *agg* imaginary.

immaginazione *sf* -1. [facoltà] imagination -2. [cosa immaginata] fantasy.

immagine *sf* -1. [gen] image; ~ virtuale virtual image; è l' ~ della salute she's the picture of health -2. [di libro] picture.

immancabile *agg* -1. [solito] usual -2. [inevitabile] inevitable.

immancabilmente *avv* unfailingly.

immane *agg* enormous.

immatricolazione *sf* -1. [di veicolo] registration -2. [di studente] enrolment *UK*, enrollment *US*.

immaturo, a *agg* immature.

immedesimarsi [6] *vr*: ~ (in qc) to identify (with sthg).

immediatamente *avv* immediately.

immediato, a *agg* -1. [reazione, imbarco] immediate; [intervento, pagamento] prompt -2. [diretto] direct; nelle immediate vicinanze in the immediate vicinity. ➤ **immediato** *sm*: nell' ~ in the immediate future.

immensità *sf* -1. [caratteristica] vastness -2. [grande quantità]: un' ~ di qc a huge number of sthg.

immenso, a *agg* -1. [molto grande] huge -2. [molto intenso] intense.

immergere [52] *vt*: ~ qc in qc [tuffare] to immerse sthg in sthg; [conficcare] to drive sthg into sthg; ~ qn in qc *fig* [sprofondare] to plunge sb into sthg ➤ **immergersi** *vr* -1. [in acqua] to dive -2. [dedicarsi completamente]: immergersi in qc to immerse o.s. in sthg.

immeritato, a *agg* undeserved.

immersione *sf* -1. [sottomarino] submersion; linea di ~ water-line -2. [sport] diving.

immerso, a *pp* ▷ immergere.

immettere [71] ◇ *vt* to introduce. ◇ *vi*: ~ in qc to lead into sthg. ➤ **immettersi** *vr* to get into o onto.

immigrato, a *sm, f* immigrant.

immigrazione *sf* immigration.

imminente *agg* imminent.

immischiare [20] *vt*: ~ qn in qc to involve sb in sthg. ➤ **immischiarsi** *vip*: immischiarsi (in qc) to meddle (in sthg).

immissione *sf* introduction; l' ~ dei dati data entry.

immobile *agg* -1. still -2. ▷ bene. ➤ **immobili** *smpl* property *(U)*, real estate *(U) esp US*.

immobiliare ◇ *agg* property *(dav s)*; so-

cietà ~ property company. ◇ *sf* estate agency *UK*, real estate agency *US*.

immobilizzare [6] *vt* to immobilize.

immondizia *sf* rubbish *esp UK*, garbage *esp US*.

immorale *agg* immoral.

immortalare [6] *vt* -1. [perpetuare] to immortalize -2. *scherz* [fotografare] to immortalize on film.

immortale *agg* immortal.

immotivato, a *agg* unjustified.

immune *agg* MED immune.

immunità *sf inv* MED & DIR immunity.

immunizzare [6] *vt* to immunize.
◆ **immunizzarsi** *vr* to become immune.

immutabile *agg* unalterable.

immutato, a *agg* unchanged.

impacchettare [6] *vt* to wrap up.

impacciato, a *agg* -1. [impedito, goffo] awkward -2. [imbarazzato] embarrassed.

impaccio *sm* -1. [imbarazzo] embarrassment; **trarsi d'** ~ to get o.s. out of trouble -2. [ostacolo] problem; **essere d'** ~ **a qn** to hamper sb.

impacco (*pl* -**chi**) *sm* compress.

impadronirsi [9] *vip*: ~ **di qc** [appropriarsi] to seize sthg; [imparare bene] to master sthg.

impaginazione *sf* page layout.

impalcatura *sf* scaffolding.

impallidire [9] *vi* -1. [sbiancare] to turn pale -2. [perdere valore] to fade into insignificance.

impanato, a *agg* in breadcrumbs.

impappinarsi [6] *vip* to get flustered.

imparare [6] *vt* to learn; ~ **a fare qc** to learn (how) to do sthg; ~ **qc a proprie spese** to learn sthg the hard way.

impartire [9] *vt*: ~ **qc (a qn)** to give (sb) sthg.

imparziale *agg* impartial.

impassibile *agg* impassive.

impastare [6] *vt* [colori, ingredienti] to mix; [pane] to knead.

impasto *sm* -1. [azione – di cemento, colori] mixing; [di pane] kneading -2. [amalgama – di cemento, colori] mixture; [–di pane] dough -3. *fig* [miscuglio] mix.

impatto *sm* impact.

impaurire [9] *vt* to frighten. ◆ **impaurirsi** *vip* to become frightened.

impaziente *agg* impatient; **essere** ~ **di fare qc** to be eager to do sthg.

impazienza *sf* -1. [desiderio]: **aspettare qc con** ~ to look forward to sthg -2. [insofferenza] impatience.

impazzire [9] *vi* -1. [diventare pazzo] to go mad -2. [di desiderio, dolore]: **far** ~ **qn** to drive sb mad; ~ **per qn/qc** to be mad about sb/sthg -3. [strumento] to go haywire.

impeccabile *agg* impeccable.

impedimento *sm* problem; **salvo impedimenti** barring obstacles.

impedire [9] *vt* -1. [rendere impossibile] to prevent; ~ **a qn/qc di fare qc** to prevent sb/sthg from doing sthg, to stop sb/sthg (from) doing sthg; ~ **che qn faccia qc** to prevent sb from doing sthg -2. [rendere difficile] to impede.

impegnare [23] *vt* -1. [dare in pegno] to pawn -2. [occupare] to keep busy. ◆ **impegnarsi** *vr* -1. [vincolarsi] to commit o.s.; **impegnarsi a fare qc** to undertake to do sthg -2. [sforzarsi] to make an effort; **impegnarsi in qc** to make an effort with sthg.

impegnativo, a *agg* demanding.

impegnato, a *agg* -1. [occupato] busy -2. [militante] committed.

impegno *sm* -1. [promessa] promise -2. [incombenza, militanza] commitment -3. [dedizione] determination; **studiare/lavorare con** ~ to study/work hard.

impensabile *agg* inconceivable.

impensierire [9] *vt* to worry. ◆ **impensierirsi** *vip* to worry.

imperativo, a *agg & sm* imperative.

imperatore, trice *sm, f* emperor (*f* empress).

impercettibile *agg* slight.

imperdonabile *agg* unforgivable.

imperfetto, a *agg* -1. [difettoso – lavoro] flawed; [– meccanismo] faulty -2. GRAMM imperfect. ◆ **imperfetto** *sm* imperfect.

imperfezione *sf* -1. [caratteristica] imperfection -2. [difetto] flaw.

imperiale *agg* imperial.

impermeabile ◇ *agg* waterproof. ◇ *sm* raincoat.

impero *sm* empire.

impersonale *agg* -1. [gen] impersonal -2. [banale] banal.

impersonare [6] *vt* -1. [interpretare] to play -2. [rappresentare] to represent.

imperterrito, a *agg*: **continuare** ~ **(a fare qc)** to carry on (doing sthg) undaunted.

impertinente ◇ *agg* impertinent. ◇ *smf*: **sei un** ~ ! you've got a cheek!

imperversare [6] *vi* -1. [infuriare] to rage -2. *scherz* [essere diffuso] to be all the rage.

impeto *sm* -1. [violenza] force -2. [slancio] fit; [veemenza] vehemence.

impetuoso, a *agg* -1. [violento – attacco] violent; [– corrente, vento] strong -2. [focoso] impetuous.

impianto *sm* -1. [processo] setting up -2. [attrezzature] equipment; ~ **elettrico** (electrical) wiring; **impianti di risalita** ski-lifts; ~ **di riscaldamento** heating system -3. MED implant.

impiastricciare [17] *vt*: ~ **qc di qc** to smear sthg with sthg.

impiccare [15] *vt* to hang. ➡ **impiccarsi** *vr* to hang o.s.

impicciare [17] *vt* to get in the way. ➡ **impicciarsi** *vip*: **impicciarsi di qc** to meddle in sthg.

impiccione, a *sm, f* nosy parker.

impiegare [16] *vt* -1. [adoperare] to use -2. [metterci] to take -3. [assumere] to take on.

impiegato, a *sm, f* employee; ~ **statale** civil servant.

impiego (*pl* -**ghi**) *sm* -1. [uso] use -2. [occupazione] employment; [posto] job.

impietosire [9] *vt* to move to pity. ➡ **impietosirsi** *vip* to be moved to pity.

impigliare [21] *vt* to catch. ➡ **impigliarsi** *vip* to get caught.

implementare [6] *vt* to implement.

implicare [15] *vt* -1. [comportare] to imply -2. [coinvolgere] to involve.

implicato, a *agg*: **rimanere** ~ **in qc** to be implicated in sthg.

implicazione *sf* -1. [gen] implication -2. [coinvolgimento] involvement.

implicito, a *agg* implicit.

implorare [6] *vt* -1. [chiedere] to ask -2. [supplicare] to beg.

impolverato, a *agg* dusty.

imponente *agg* -1. [persona] big -2. [edificio] imposing.

imporre [96] *vt* -1. [far rispettare, far subire]: ~ **qc a qn** to impose sthg on sb -2. [ordinare]: ~ **a qn di fare qc** to force sb to do sthg -3. [richiedere] to require. ➡ **imporsi** *vr* -1. [farsi valere]: **imporsi (su qn)** to assert o.s. (with sb) -2. [avere successo] to be successful. *vip* [essere necessario] to be called for.

importante *agg* -1. [gen] important -2. [solenne] formal. *sm*: **l'** ~ the (most) important thing.

importanza *sf* -1. [rilevanza] importance;

avere ~ **(per qn)** to matter (to sb) -2. [considerazione]: **dare** ~ **a qn/qc** to pay attention to sb/sthg.

importare [6] *vt* [merce, moda] to import. *vi* [stare a cuore]: ~ **a qn** to matter to sb. *vi impers*: **non importa** it doesn't matter; **non me ne importa (niente)** I don't care (at all).

importazione *sf* importation; **prodotti d'** ~ imported goods. ➡ **Importazioni** *sfpl* imports.

importo *sm* -1. [valore] amount -2. [denaro] sum of money.

importunare [6] *vt* to bother.

imposizione *sf* -1. [azione] imposition -2. [ordine] order -3. [tributo] tax.

impossessarsi [6] *vip*: ~ **di qc** [appropriarsi] to take possession of sthg; [imparare bene] to master sthg.

impossibile *agg* impossible. *sm*: **fare** o **tentare l'** ~ to do one's utmost.

impossibilitato, a *agg*: **essere** ~ **a fare qc** to be unable to do sthg.

imposta *sf* -1. [tassa] tax; ~ **sul valore aggiunto** value added tax -2. [persiana] shutter.

impostare [6] *vt* -1. [gen] to set up; ~ **una pagina** to lay out a page -2. [dati, problema] to formulate.

impostazione *sf* -1. [struttura] structure -2. INFORM setup; **l'** ~ **di una pagina** the layout of a page -3. [di dati, calcolo] formulation.

imposto, a *pp* ⊳ **imporre**.

impostore, a *sm, f* impostor.

impotente *agg* -1. [incapace] powerless -2. MED impotent.

impoverire [9] *vt* -1. [gen] to reduce -2. [persona] to impoverish. ➡ **impoverirsi** *vip* -1. [gen] to decrease; [terreno] to be overworked -2. [persona] to become poor.

impratichirsi [9] *vip* to practise UK, to practice US; ~ **a fare qc** to practise doing sthg.

imprecare [15] *vi*: ~ **(contro qn/qc)** to curse (sb/sthg).

imprecisione *sf* inaccuracy.

impreciso, a *agg* -1. [inaccurato] careless -2. [vago] vague.

impregnato, a *agg*: ~ **di qc** [acqua] soaked in sthg; [fumo, pregiudizi, idee] full of sthg.

imprenditore, trice *sm, f* entrepreneur, businessman (*f* businesswoman); ~ **agricolo** farmer.

impreparato, a *agg*: ~ **(a qc)** unprepared (for sthg).

impresa *sf* -1. [azione] venture -2. [ditta] firm, business; ~ **di pompe funebri** undertaker's.

impresario, a *sm, f* -1. [imprenditore] entrepreneur; ~ **edile** building contractor -2. TEATRO: ~ **teatrale** theatrical impresario.

impressionante *agg* -1. [perturbante] shocking -2. [eccezionale – memoria] impressive; [– bellezza] striking.

impressionare [6] *vt* -1. [turbare] to shock -2. [fare impressione su] to impress. ◆ **impressionarsi** *vip* to be frightened.

impressione *sf* -1. [gen] impression -2. [turbamento] shock; **la vista del sangue mi fa** ~ I can't stand the sight of blood.

impressionismo *sm* Impressionism.

impresso, a *pp* ▷imprimere.

imprevedibile *agg* unpredictable.

imprevisto, a *agg* unforeseen. ◆ **imprevisto** *sm* unforeseen event.

imprigionare [6] *vt* -1. [mettere in prigione] to put in prison -2. [intrappolare] to imprison.

imprimere [63] *vt* -1. [segno, orma] to leave -2. [ricordo] to fix. ◆ **imprimersi** *vip* to remain engraved; ~ **qc in mente** to get sthg into one's head.

improbabile *agg* unlikely.

impronta *sf* -1. [segno] mark; **impronte digitali** fingerprints -2. [calco] mould *UK*, mold *US*.

improprio, a *agg* -1. [inadatto] improper -2. [sbagliato] incorrect.

improvvisamente *avv* suddenly.

improvvisare [6] *vt* to improvise. ◆ **improvvisarsi** *vr* to turn o.s. into.

improvvisazione *sf* improvisation.

improvviso, a *agg* sudden; **all'** ~ suddenly.

imprudente ◇ *agg* rash. ◇ *smf*: **è un** ~ he's so rash.

imprudenza *sf* -1. [caratteristica] rashness; **agire con** ~ to act rashly -2. [azione]: **commettere un'** ~ to do sthg rash.

impugnare [23] *vt* to grip.

impugnatura *sf* handle.

impulsivamente *avv* impulsively.

impulsivo, a *agg* impulsive.

impulso *sm* impulse; **agire d'** ~ to act on impulse; **dare l'** ~ **a qc** COMM to boost sthg.

impuntarsi [6] *vip*: ~ **(a fare qc)** to dig one's heels in (about doing sthg).

impurità *sf inv* impurity.

impuro, a *agg* impure.

imputare [6] *vt* -1. [attribuire]: ~ **qc a qn/qc** to put sthg down to sb/sthg -2. [accusare]: ~ **qn di qc** to charge sb with sthg.

imputato, a *sm, f* accused.

in *(dav art diventa* **nel, nello, nella, nell', nei, negli, nelle)** *prep* -1. [stato in luogo] in; **vivere** ~ **Italia** to live in Italy; **abitare** ~ **campagna/città** to live in the country/in town; **essere** ~ **casa** to be at home; **l'ho lasciato** ~ **macchina/nella borsa** I left it in the car/in my bag; ~ **tutto il mondo** in the whole world -2. [moto a luogo] to; [dentro] into; **andare** ~ **Italia** to go to Italy; **andare** ~ **campagna** to go to the country; **entrare** ~ **casa** to go into the house; **entrare** ~ **macchina** to get into the car -3. [moto per luogo] in; **passeggiare** ~ **giardino** to walk in the garden; **hanno viaggiato** ~ **tutta Europa** they've travelled all over Europe -4. [temporale] in; ~ **primavera/estate/autunno/inverno** in spring/summer/autumn/winter; ~ **maggio** in May; **nel 2005** in 2005; **nel pomeriggio** in the afternoon -5. [durata] in; **l'ho fatto** ~ **cinque minuti** I did it in five minutes; ~ **due giorni/settimane/mesi** in two days/weeks/months; ~ **tutta la vita** in one's whole life; ~ **giornata** today -6. [modo] in; ~ **silenzio** in silence; **sono ancora** ~ **pigiama** I'm still in my pyjamas; **parlare** ~ **italiano** to speak Italian; ~ **vacanza** on holiday -7. [mezzo] in; [con mezzi di trasporto] by; **pagare** ~ **contanti** to pay (in) cash; ~ **macchina/treno/aereo** by car/train/plane -8. [materiale]: **statua** ~ **bronzo** bronze statue -9. [area di competenza] in; **laurearsi** ~ **archeologia** to get a degree in archaeology; **è dottore** ~ **legge** he has a law degree; **essere bravo** ~ **qc** to be good at sthg -10. [fine, scopo]: **ho speso un capitale** ~ **libri** I spent a fortune on books; **correre** ~ **aiuto di qn** to rush to sb's aid; **dare** ~ **omaggio** to give away; **ricevere** ~ **premio** to get as a prize -11. [valore distributivo]: **siamo partiti** ~ **tre** three of us went; ~ **tutto sono 15 euro** that's 15 euros altogether -12. [trasformazione]: **cambiare dollari** ~ **euro** to change dollars into euros; **trasformarsi** ~ **un mostro** to turn into a monster.

inabile *agg*: ~ **a qc** unfit for sthg.

inaccessibile *agg* -1. [luogo] inaccessible -2. [persona] unapproachable -3. [concetto, mistero] incomprehensible.

inaccettabile *agg* unacceptable.

inadatto, a *agg*: ~ **(a qn/qc)** unsuitable (for sb/sthg).

inadeguato, a *agg*: ~ **(a qc)** inadequate (for sthg).

inagibile *agg* [edificio] unfit for use; [casa] uninhabitable.

inalare [6] *vt* to inhale.

inalazione *sf* inhalation. ➡ **inalazioni** *sfpl* MED inhalation.

inammissibile *agg* **-1.** [non valido] inadmissible **-2.** [inaccettabile] unacceptable.

inappagato, a *agg* unfulfilled.

inappetenza *sf* loss of appetite.

inarcare [15] *vt* to bend; ~ **la schiena** to arch one's back; ~ **le sopracciglia** to raise one's eyebrows. ➡ **inarcarsi** *vip* to bend.

inaridire [9] *vt* **-1.** [gen] to dry up **-2.** [persona, mente] to shrivel. ➡ **inaridirsi** *vip* to dry up.

inaspettatamente *avv* unexpectedly.

inaspettato, a *agg* unexpected.

inasprire [9] *vt* **-1.** [accentuare] to exacerbate **-2.** [inacidire] to embitter. ➡ **inasprirsi** *vip* **-1.** [vino] to become bitter **-2.** [conflitto] to worsen **-3.** [carattere, persona] to become embittered.

inattendibile *agg* unreliable.

inatteso, a *agg* unexpected.

inattività *sf* **-1.** [gen] inactivity **-2.** [vulcano] dormancy.

inattivo, a *agg* **-1.** [persona] inactive **-2.** [vulcano] dormant.

inaudito, a *agg* unheard-of.

inaugurare [6] *vt* **-1.** [ospedale, mostra] to open; **una festa per** ~ **la nuova casa** a house-warming (party) **-2.** [iniziare] to inaugurate.

inaugurazione *sf* **-1.** [apertura] opening **-2.** [cerimonia] inauguration.

inavvertenza *sf* **-1.** [mancanza di attenzione]: **per** ~ without thinking **-2.** [atto incauto] oversight; **commettere un'**~ to be careless.

inavvertitamente *avv* accidentally.

incagliarsi [21] *vip* to run aground.

incalcolabile *agg* incalculable.

incallito, a *agg* [fumatore, bevitore] inveterate; [scapolo] confirmed.

incalzare [6] ◇ *vt* to press; ~ **qn** to be hot on sb's heels. ◇ *vi* [pericolo] to be imminent; [tempo, necessità] to press.

incamminarsi [6] *vip* to set off.

incanalare [6] *vt* to channel. ➡ **incanalarsi** *vip* to converge.

incandescente *agg* incandescent.

incantare [6] *vt* to enchant. ➡ **incantarsi** *vip* **-1.** [rimanere ammirato] to be spellbound; [perdere la concentrazione] to go off into a daydream **-2.** [meccanismo] to get stuck.

incantesimo *sm* spell; **fare un** ~ to cast a spell.

incantevole *agg* enchanting, charming.

incanto *sm* **-1.** [magia] spell **-2.** [meraviglia]: **essere un** ~ to be lovely; **d'**~ [a meraviglia] perfectly.

incapace ◇ *agg* incompetent; ~ **di fare qc** incapable of doing sthg. ◇ *smf* incompetent.

incapacità *sf inv* incompetence.

incappare [6] *vi*: ~ **in qn/qc** to run into sb/sthg.

incapsulare [6] *vt* **-1.** [bottiglia] to put a cap on **-2.** [dente] to cap.

incarcerare [6] *vt* to imprison.

incaricare [15] *vt*: ~ **qn di (fare) qc** to entrust sb with (doing) sthg. ➡ **incaricarsi** *vip*: ~ **di (fare) qc** to see to (doing) sthg.

incaricato, a ◇ *agg* responsible. ◇ *sm, f* person responsible.

incarico (*pl* **-chi**) *sm* **-1.** [compito] job **-2.** [di professore] appointment.

incarnirsi [9] *vip* to become ingrowing *UK* o ingrown *US*.

incartare [6] *vt* to wrap (up).

incasinato, a *agg fam* [persona] messed-up; [giornata] awful.

incassare [6] *vt* **-1.** [riscuotere] to cash **-2.** [subire] to take **-3.** [incastrare] to fit in.

incasso *sm* **-1.** [riscossione] cashing; **sportello per l'**~ cash desk **-2.** [somma] takings (*pl*).

incastonare [6] *vt* [gemma] to set.

incastrare [6] *vt* **-1.** [componenti] to fit (together) **-2.** [persona] to set up. ➡ **incastrarsi** *vip* **-1.** [combinarsi] to fit **-2.** [bloccarsi] to get stuck.

incatenare [6] *vt* to chain (up).

incauto, a *agg* reckless.

incavo, incavo *sm* hollow.

incavolarsi [6] *vip fam* to lose one's temper.

incavolato, a *agg fam* annoyed.

incazzarsi [6] *vip volg* to get pissed off.

incazzato, a *agg volg* pissed off.

incendiare [20] *vt* to set fire to. ➡ **incendiarsi** *vip* to catch fire.

incendio *sm* fire; ~ **doloso** arson.

incenerire [9] *vt* **-1.** [bruciare] to incinerate **-2.** *fig* [fulminare]: ~ **qn con uno sguardo** to give sb a withering look. ◆ **incenerirsi** *vip* to be reduced to ashes.

incenso *sm* incense.

incentivare [6] *vt* to stimulate, to boost.

incentivo *sm* incentive.

inceppare [6] *vt* to hamper. ◆ **inceppparsi** *vip* to jam.

incerata *sf* **-1.** [tessuto] oilcloth; [telo] tarpaulin **-2.** [indumento] oilskins *(pl)*.

incertezza *sf* **-1.** [caratteristica] uncertainty **-2.** [dubbio] doubt, uncertainty.

incerto, a *agg* **-1.** [dubbio] uncertain, doubtful **-2.** [dubbioso] doubtful, dubious **-3.** [malsicuro] hesitant **-4.** [vago] indistinct. ◆ **incerti** *smpl* uncertainties; ~ **del mestiere** occupational hazards.

incessante *agg* incessant, constant.

incesto *sm* incest.

incetta *sf*: **fare** ~ **di qc** to stock up on sthg.

inchiesta *sf* **-1.** [statistica, di mercato] survey **-2.** [giudiziaria] inquiry, investigation **-3.** [giornalistica] report.

inchinare [6] *vt* [testa, fronte] to bow. ◆ **inchinarsi** *vip* [chinarsi] to bend down; [fare una riverenza] to bow.

inchino *sm* bow; **fare un** ~ to bow.

inchiodare [6] ◇ *vt* **-1.** [con chiodi] to nail **-2.** [bloccare]: ~ **qn** to keep sb stuck. ◇ *vi fam* [frenare] to slam on the brakes.

inchiostro *sm* ink.

inciampare [6] *vi* to trip (up); ~ **in qc** to trip over sthg.

incidente *sm* **-1.** [infortunio] accident; ~ **d'auto** car accident o crash; ~ **aereo** plane crash **-2.** [fatto spiacevole] incident.

incidenza *sf* effect, impact.

incidere [30] ◇ *vt* **-1.** [tagliare] to cut open; [ascesso, foruncolo] to lance **-2.** [scolpire] to carve; ~ **qc su qc** to engrave sthg on sthg **-3.** [registrare] to record. ◇ *vi* [pesare]: ~ **su qc** to have an effect on sthg, to impact on sthg.

incinta *agg* pregnant; **rimanere** ~ to get pregnant.

incirca ◆ **all'incirca** *avv* about.

incisione *sf* **-1.** [taglio] incision **-2.** [tecnica, quadro] engraving **-3.** [decorazione] intaglio **-4.** [registrazione] recording.

incisivo, a *agg* [discorso, stile] incisive. ◆ **incisivo** *sm* [dente] incisor.

inciso, a *pp* ▷incidere.

incitare [6] *vt*: ~ **qn a fare qc** to urge sb to do sthg; ~ **qn alla calma/allo studio** to urge sb to be calm/to study.

incivile ◇ *agg* **-1.** [popolazione, legge] barbaric **-2.** [maleducato] rude. ◇ *smf* rude person.

inclinare [6] *vt* to tilt. ◆ **inclinarsi** *vip* to tilt.

inclinato, a *agg* sloping.

inclinazione *sf* **-1.** [di piano, superficie] slope, inclination **-2.** [predisposizione] inclination.

incline *agg*: **essere** ~ **a fare qc** to be inclined to do sthg; **essere** ~ **a qc** to be given to sthg.

includere [31] *vt* to include.

inclusivo, a *agg*: ~ **di qc** inclusive of sthg.

incluso, a ◇ *pp* ▷includere. ◇ *agg* included *(non dav s)*, including *(dav s)*.

incoerenza *sf* inconsistency.

incognita *sf* **-1.** MAT uknown (quantity) **-2.** [cosa imprevedibile] unknown quantity.

incognito *sm*: **in** ~ incognito.

incollare [6] *vt* **-1.** [attaccare] to stick **-2.** INFORM to paste. ◆ **incollarsi** *vip* to stick.

incolore *agg* colourless *UK*, colorless *US*.

incolpare [6] *vt*: ~ **qn (di qc)** to blame sb (for sthg).

incolume *agg* unhurt.

incombente *agg* imminent.

incombenza *sf* task.

incominciare [17] ◇ *vt* to begin, to start; ~ **a fare qc** to begin to do sthg. ◇ *vi* to begin, to start.

incomodare [6] *vt* to trouble. ◆ **incomodarsi** *vr* to put o.s. out.

incomparabile *agg* incomparable.

incompatibile *agg* incompatible.

incompetente ◇ *agg* incompetent. ◇ *smf* incompetent.

incompiuto, a *agg* unfinished.

incompleto, a *agg* incomplete.

incomprensibile *agg* incomprehensible.

incomprensione *sf* **-1.** [caratteristica] lack of understanding **-2.** [malinteso] misunderstanding.

incompreso, a *agg* misunderstood.

inconcepibile *agg* inconceivable.

inconfondibile *agg* unmistakable.

inconfutabile *agg* irrefutable.

inconsapevole *agg* unaware.

inconsciamente *avv* without realising (it).

inconscio, a *agg & sm* unconscious.

inconsistente *agg* [accusa, teoria] flimsy; [patrimonio] tiny.

inconsueto, a *agg* unusual.

incontentabile *agg* demanding.

incontestabile *agg* indisputable.

incontinente *agg* incontinent.

incontrare [6] *vt* -1. [persona] to meet -2. [problema, difficoltà, squadra] to come up against -3. [favore] to meet with. ◆ **incontrarsi** ⬦ *vip*: incontrarsi con qn to meet sb. ⬦ *vr* to meet.

incontrario ◆ **all'incontrario** *avv* [in senso inverso] the other way around; [il davanti dietro] back to front; [a rovescio] inside out; [sottosopra] upside down.

incontro *sm* -1. [tra persone] meeting -2. [gara, partita] match *esp UK*, game *esp US*. ◆ **incontro a** *prep* towards *UK*, toward *US*; andare/venire ~ a qn [camminare] to go/come to meet sb; andare ~ a qc [a difficoltà] to meet with sthg; venire ~ a qn [fare un compromesso] to meet sb halfway.

inconveniente *sm* -1. [ostacolo] problem -2. [svantaggio] drawback.

incoraggiante *agg* encouraging.

incoraggiare [18] *vt* to encourage; ~ qn a fare qc to encourage sb to do sthg.

incorniciare [17] *vt* to frame.

incoronazione *sf* coronation.

incorporare [6] *vt* -1. [mescolare] to incorporate -2. [includere] ~ qc in qc to incorporate sthg into sthg -3. [assorbire] to take in.

incorreggibile *agg* [persona, difetto] incorrigible; [romantico, ottimista] incurable.

incorrere [65] *vi*: ~ in qc to run into sthg; ~ in una condanna to incur a sentence.

incorso, a *pp* ⬦incorrere.

incosciente ⬦ *agg* -1. [svenuto] unconscious -2. [irresponsabile] irresponsible; [spericolato] reckless. ⬦ *smf* reckless person.

incostante *agg* inconsistent.

incredibile *agg* incredible.

incredulo, a *agg* incredulous.

incrementare [6] *vt* to increase.

incremento *sm* increase.

incriminare [6] *vt* to charge.

incrinare [6] *vt* -1. [vetro, piatto] to crack -2. [rapporto] to ruin. ◆ **incrinarsi** *vip* -1. [vetro, vaso] to crack -2. [rapporto] to deteriorate.

incrociare [17] *vt* -1. [gen] to cross; [braccia] to fold -2. [persona] to meet. ◆ **incrociarsi** *vr* -1. [strade] to cross -2. [incrontrarsi] to meet -3. [razze] to be crossed.

incrocio *sm* -1. [intersezione] crossroads, junction -2. [accoppiamento] crossing -3. [via di mezzo] cross.

incubatrice *sf* incubator.

incubazione *sf* incubation.

incubo *sm* nightmare.

incurabile *agg* incurable.

incurante *agg*: ~ di qc heedless of sthg.

incuriosire [9] *vt* to intrigue. ◆ **incuriosirsi** *vip* to become curious.

incursione *sf* raid.

incusso, a *pp* ⬦incutere.

incutere [69] *vt* to inspire; ~ qc a qn to inspire sb with sthg.

indaco *agg inv & sm* indigo.

indaffarato, a *agg* busy.

indagare [16] ⬦ *vt* to investigate. ⬦ *vi*. ~ (**su qc**) to investigate (sthg).

indagine *sf* -1. [ricerca] research; ~ di mercato market survey -2. [inchiesta] investigation.

indebitarsi [6] *vr* to get into debt.

indebito, a *agg* undeserved, unjust; appropriazione ~ embezzlement.

indebolire [9] *vt* to weaken. ◆ **indebolirsi** *vip* to get weaker.

indecente *agg* indecent.

indecenza *sf* -1. [caratteristica] indecency -2. [cosa vergognosa] disgrace.

indeciso, a *agg* -1. [esitante] indecisive -2. [irrisolto] undecided.

indefinito, a *agg* -1. [gen] indefinite -2. [irrisolto] unsolved.

indelebile *agg* indelible.

indenne *agg* unscathed.

indennità *sf inv* -1. [compenso] compensation ; ~ di trasferta travel allowance -2. [sussidio] benefit; ~ di disoccupazione unemployment benefit *UK* o benefits *(pl) US*.

indennizzo *sm* compensation.

indesiderato, a *agg* unwelcome.

indeterminativo, a *agg* [articolo] indefinite.

indeterminato, a *agg* unspecified, indefinite.

indetto, a *pp* ⬦indire.

India *sf*: l' ~ India.

indiano, a *agg, sm, f* -1. [dell'India] Indian; l'oceano Indiano the Indian Ocean -2. [d'America] Native American.

indicare [15] *vt* -1. [mostrare] to show; [col dito] to point at -2. [consigliare] to recommend -3. [rivelare] to indicate.

indicativo, a *agg* -1. [gen] indicative -2. [approssimativo] approximate. ◆ **indicativo** *sm* -1. GRAMM indicative -2. [telefonico] code.

indicato, a *agg* suitable.

indicazione *sf* -1. [informazione] information -2. [cartello] sign. ◆ **indicazioni** *sfpl* directions.

indice *sm* -1. [dito] index finger -2. [dispositivo] pointer -3. [segno] sign -4. [di libro, produzione, costo della vita] index -5. BORSA: ~ di Borsa Stock Exchange Index.

indietro *avv* back; **essere** ~ [orologio] to be slow; [con lavoro] to be behind; **all'** ~ backwards *UK*, backward *US*.

indifeso, a *agg* -1. [postazione] undefended -2. [persona] helpless.

indifferente ◇ *agg* -1. [insensibile]: ~ (a qn/qc) indifferent (to sb/sthg) -2. [senza importanza] unimportant; **per me è** ~ it's all the same to me. ◇ *smf*: **fare l'** ~ to behave as if nothing has happened.

indifferenza *sf* indifference.

indigeno, a ◇ *agg* indigenous. ◇ *sm, f* native; **gli indigeni** the indigenous inhabitants.

indigestione *sf* [mal di pancia] indigestion; [scorpacciata] overindulgence.

indigesto, a *agg* indigestible.

indignazione *sf* indignation.

indimenticabile *agg* unforgettable.

indio, a *(mpl* indios) *agg & sm, f* Native Central or South American.

indipendente *agg* -1. [libero]: ~ (da qn/ qc) independent (of sb/sthg) -2. [fatto, evento]: ~ da qn/qc unconnected with sb/sthg.

indipendentemente *avv*: ~ da qn/qc independently of sb/sthg; **partirò** ~ da te/da quello che fai tu I'm going on my own/regardless of what you do.

indipendenza *sf* independence.

indire [102] *vt* to call.

indirettamente *avv* indirectly.

indiretto, a *agg* indirect.

indirizzare [6] *vt* -1. [busta, lettera] to address -2. [dirigere] to direct -3. [mandare]: ~ qc a qn to send sthg to sb.

indirizzo *sm* -1. [di persona] address; ~ e-mail e-mail address -2. [orientamento] trend.

indisciplinato, a *agg* undisciplined.

indiscreto, a *agg* indiscreet.

indiscriminato, a *agg* indiscriminate.

indiscutibile *agg* indisputable.

indispensabile ◇ *agg* indispensable. ◇ *sm*: **guadagno appena l'** ~ **per vivere** I earn just enough to live; **prendere solo lo stretto** ~ to take only the bare essentials.

indispettire [9] *vt* to annoy. ◆ **indispettirsi** *vip* to get annoyed.

indisposto, a *agg* indisposed.

indistintamente *avv* -1. [senza distinzioni] without distinction; **tutti** ~ all and sundry -2. [confusamente] indistinctly.

indisturbato, a *agg* undisturbed.

indivia *sf* endive.

individuale *agg* individual.

individualmente *avv* individually.

individuare [6] *vt* to identify.

individuo *sm* individual.

indiziare [20] *vt*: ~ qn (per qc) to suspect sb (of sthg).

indizio *sm* -1. [gen] clue; **indizi** evidence *(U)* -2. [segno] sign.

indole *sf* nature.

indolenzito, a *agg* aching.

indolore *agg* painless.

indomani *sm*: **l'** ~ the next day.

Indonesia *sf*: **l'** ~ Indonesia.

indossare [6] *vt* -1. [portare] to wear -2. [infilarsi] to put on.

indossatore, trice *sm, f* model.

indotto, a *pp* ▷ indurre.

indovinare [6] *vt* -1. [intuire] to guess; **tirare a** ~ to take a guess -2. [azzeccare] to hit upon.

indovinello *sm* riddle.

indovino, a *sm, f* fortune-teller.

indubbiamente *avv* without doubt.

indubbio, a *agg* undoubted.

induco *(etc)* ▷ indurre.

indulgente *agg* indulgent.

indumento *sm* garment; **indumenti intimi** underwear *(U)*.

indurire [9] *vt* [sostanza] to harden. ◆ **indurirsi** *vip* [sostanza] to go hard.

indurre [95] *vt*: ~ qn a fare qc to persuade sb to do sthg.

indussi *(etc)* ▷ indurre.

industria *sf* -1. [attività] industry -2. [stabilimento] factory.

industriale ◇ *agg* industrial. ◇ *smf* industrialist.

industrializzato, a *agg* industrialized.

inedito, a *agg* -1. [scritto] unpublished -2. [nuovo] new.

inefficiente *agg* inefficient.

ineguaglianza *sf* inequality.

inequivocabile *agg* unequivocal.

inerente *agg*: ~ **(a qc)** inherent (in sthg).

inerme *agg* defenceless *UK*, defenseless *US*.

inerzia *sf* -1. [inattività] inactivity -2. FIS inertia.

inesattezza *sf* inaccuracy.

inesatto, a *agg* -1. [impreciso] inaccurate -2. [sbagliato] incorrect.

inesistente *agg* non-existent.

inesperienza *sf* inexperience.

inesperto, a *agg* inexperienced.

inestimabile *agg* inestimable.

inetto, a *agg* incompetent.

inevitabile ◇ *agg* inevitable; **rischio ~** unavoidable risk. ◇ *sm*: l' ~ the inevitable.

inevitabilmente *avv* inevitably.

inezia *sf* trifle; **costare un' ~** to cost next to nothing.

infallibile *agg* -1. [persona] infallible -2. [metodo, soluzione] foolproof.

infamia *sf* -1. [vergogna] shame; **coprire qn d' ~** to bring shame on sb -2. [cosa vergognosa] shameful thing.

infangare [16] *vt* -1. [sporcare] to cover with mud -2. [disonorare] to drag through the mud. ◆ **infangarsi** *vr* to get muddy.

infantile *agg* -1. [per bambini] children's *(dav s)*; [da bambini] childhood *(dav s)*; [innocente, puro] childlike; **malattie infantili** childhood diseases; **psicologia ~** child psychology; **asilo ~** nursery -2. [immaturo] childish, infantile.

infanzia *sf* childhood; **amici/ricordi di ~** childhood friends/memories.

infarinare [6] *vt* to flour.

infarto *sm* heart attack.

infastidire [9] *vt* -1. [disturbare] to bother -2. [irritare] to annoy. ◆ **infastidirsi** *vip* to get annoyed.

infaticabile *agg* tireless.

infatti *cong* -1. in fact -2. [esclamazione] exactly!

infatuarsi [6] *vip*: ~ **di qn** to become infatuated with sb; ~ **di qc** to get hooked on sthg.

infatuazione *sf* infatuation.

infedele *agg* -1. [adultero] unfaithful -2. [sleale] disloyal -3. [inesatto] inaccurate.

infelice *agg* -1. [triste] unhappy -2. [malriuscito, inopportuno] unfortunate -3. [sfavorevole] unfavourable *UK*, unfavorable *US*.

infelicità *sf* inv unhappiness.

inferiore ◇ *agg* -1. [sottostante, minore] lower; **la parte ~** the lower part; **il piano ~** the floor below; ~ **a** below; ~ **alla media** below average -2. [peggiore]: ~ **(a qn/qc)** inferior (to sb/sthg); ~ **alle aspettative** below expectations. ◇ *smf* inferior.

inferiorità *sf* inv inferiority.

inferire [9] *vt* [perdita] to inflict; ~ **un colpo a qn/qc** to hit sb/sthg.

infermeria *sf* [ambulatorio] infirmary; [di scuola] sickroom.

infermiere, a *sm, f* nurse.

infermità *sf* inv illness; ~ **mentale** mental illness.

infernale *agg* -1. [creatura, tormento] hellish -2. [diabolico] devilish -3. [insopportabile] dreadful.

inferno *sm* -1. RELIG hell; **mandare qn all' ~** to tell sb to go to hell -2. [tormento] (living) hell.

inferriata *sf* grating.

infertilità *sf* infertility.

inferto, a *pp* ▷ **inferire**.

infervorare [6] *vt* to stir up. ◆ **infervorarsi** *vip* to get worked up.

infestare [6] *vt* -1. [danneggiare] to infest -2. [razziare] to overrun.

infettare [6] *vt* -1. [ferita] to infect -2. [acqua, aria] to pollute -3. [società] to afflict. ◆ **infettarsi** *vip* to become infected.

infettivo, a *agg* infectious.

infetto, a *agg* -1. [ferita] infected -2. [acqua, aria] polluted.

infezione *sf* infection; **fare ~** to become infected.

infiammabile *agg* inflammable.

infiammare [6] *vt* -1. MED: ~ **qc** to make sthg inflamed -2. [dar fuoco a] to set fire to. ◆ **infiammarsi** *vip* -1. MED to become inflamed -2. [incendiarsi] to catch fire.

infiammazione *sf* inflammation.

infierire [9] *vi* -1. [accanirsi]: ~ **(su qn)** to attack (sb) -2. [imperversare] to rage.

infiggere [51] *vt*: ~ **qc in qc** [conficcare] to drive sthg into sthg; [nella mente, memoria] to fix sthg in sthg.

infilare [6] *vt* -1. [far passare attraverso] to thread -2. [introdurre]: ~ **qc in qc** to put sthg into sthg -3. [indossare] to put on; in-

infiltrarsi

58

filarsi qc to put sthg on **-4.** [infilzare] to skewer **-5.** [azzeccare]: **non ne ha infilata una!** he didn't get one right!; **ha infilato tre vittorie consecutive** he won three games in a row. ◆ **infilarsi** *vr* [introdursi]: ~ **tra la folla** to mingle with the crowd; ~ **sotto le coperte** to slip into bed; ~ **in qc** [in lista, commissione] to manage to get o.s. onto sthg.

infiltrarsi [6] *vip* **-1.** [umidità, fumo] to seep **-2.** [spia, informatore] to infiltrate.

infilzare [6] *vt* [sullo spiedo] to skewer; [con la spada] to run through. ◆ **infilzarsi** *vr* to stab o.s.

infimo, a *agg* very low; **un locale** ~ a dive.

infine *avv* **-1.** [alla fine] finally **-2.** [insomma] well then.

infinità *sf* **-1.** [qualità] infinity **-2.** [grande quantità]: **un'** ~ **di qc** an infinite number of sthg.

infinitamente *avv* infinitely; **mi dispiace** ~ I'm extremely sorry.

infinito, a *agg* **-1.** [gen] infinite; **grazie infinite** thank you very much; **una quantità infinita** an enormous quantity **-2.** GRAMM infinitive. ◆ **infinito** *sm* **-1.** [immensità]: **l'** ~ the infinite; **all'** ~ forever **-2.** MAT infinity **-3.** GRAMM infinitive.

infischiarsi [20] *vip fam* ~ **di qn/qc** not to give a damn about sb/sthg; **me ne infischio! I** couldn't care less!

infisso, a *pp* ▷**infiggere**. ◆ **infisso** *sm* [di porta, finestra] frame.

inflazione *sf* **-1.** ECON inflation **-2.** [proliferazione] plethora.

inflessibile *agg* [carattere, persona] inflexible.

infliggere [50] *vt* to inflict; ~ **una multa** to impose a fine.

inflitto, a *pp* ▷**infliggere**.

influente *agg* influential.

influenza *sf* **-1.** [influsso, prestigio] influence; **avere** ~ **su qn/qc** to have (an) influence on sb/sthg; **essere/agire sotto l'** ~ **di qc** to be/act under the influence of sthg **-2.** [malattia] flu.

influenzare [6] *vt* to influence.

influire [9] *vi*: ~ **su qc** to affect sthg.

influsso *sm* influence.

infondere [44] *vt*: ~ **qc (in qn)** to inspire sthg (in sb).

inforcare [15] *vt* **-1.** [paglia, fieno] to fork **-2.** [occhiali] to put on **-3.** [bicicletta, motocicletta] to get on.

informale *agg* informal.

informare [6] *vt* [far sapere a]: ~ **qn (di qc)** to tell sb (about sthg); **informateci al più presto** let us know as soon as possible. ◆ **informarsi** *vip* [prendere informazioni]: **informarsi (su qn/qc)** to find out (about sb/sthg); ~ **bene** to do one's research.

informatica *sf* I.T., information technology.

informatico, a, ci, che ◇ *agg* computer *(dav s).* ◇ *sm, f* computer scientist.

informato, a *agg* well-informed; **tenere qn** ~ **(su qc)** to keep sb informed (about sthg); **tenersi** ~ to keep up to date.

informazione *sf* **-1.** [gen] information *(U)*; **un'** ~ a piece of information; **chiedere un'** ~ to ask for information **-2.** INFORM: **scienza dell'** ~ computer science.

infortunarsi [6] *vip* to injure o.s.

infortunio *sm* accident; ~ **sul lavoro** accident at work.

infossato, a *agg* sunken.

infradito *sm* o *f inv* flip-flop, thong *US*.

infrangere [49] *vt* **-1.** [vaso, vetro] to smash **-2.** [legge, promessa] to break.

infrangibile *agg* unbreakable.

infranto, a *pp* ▷**infrangere**.

infrarosso, a *agg* infrared. ◆ **infrarossi** *smpl*: **a** ~ infrared.

infrastruttura *sf* **-1.** [servizi pubblici] facilities *(pl)* **-2.** [impianti] infrastructure.

infrazione *sf* [violazione] offence *UK*, offense *US*; ~ **di una regola** infringement of a rule; ~ **al codice stradale** driving offence.

infreddolito, a *agg* cold.

infuori ◇ *agg inv* **-1.** [denti] protruding **-2.** [occhi] bulging. ◇ *avv* out; **sporgere all'** ~ to stick out. ◆ **all'infuori di** *prep* except.

infuriare [20] *vi* to rage. ◆ **infuriarsi** *vip* to fly into a rage.

infuso, a ◇ *pp* ▷**infondere**. ◇ *agg* ▷**scienza**. ◆ **infuso** *sm* infusion.

Ing. *(abbr di* **Ingegnere)** *title given to an engineer.*

ingaggiare [18] *vt* **-1.** [arruolare] to recruit **-2.** [contrattare] to hire **-3.** [intraprendere] to engage in.

ingaggio *sm* [di attore, manodopera] employment; [di squadra, giocatore] signing.

ingannare [6] *vt* **-1.** [imbrogliare] to cheat **-2.** [indurre in errore] to deceive **-3.** [deludere] to disappoint **-4.** [far passare]: ~ **qc** to make sthg pass; ~ **il tempo** to pass the time. ◆ **ingannarsi** *vip* to be mistaken.

inganno *sm* -1. [imbroglio] deception -2. [errore] illusion; **trarre qn in ~** to deceive sb.

ingarbugliato, a *agg* -1. [fili] tangled -2. [faccenda] complicated -3. [discorso, frase] garbled.

ingegnarsi [23] *vip*: **~ (a fare qc)** to try hard(to do sthg); **~ per vivere** to make do.

ingegnere *sm* engineer.

ingegneria *sf* engineering.

ingegno *sm* -1. [facoltà] intelligence -2. [persona] great mind.

ingegnoso, a *agg* ingenious.

ingente *agg* huge.

ingenuità *sf inv* -1. [innocenza] candour *UK*, candor *US* -2. [sprovvedutezza] naivety -3. [atto]: **dire/commettere un' ~** to say/do sthg naive.

ingenuo, a ⬦ *agg* -1. [candido] candid -2. [semplicissimo, quasi banale] ingenuous -3. [innocente] naive -4. [sprovveduto] gullible. ⬦ *sm, f* naive person; **è un ~!** he's so naive!; **fare l' ~** to play the innocent.

ingerire [9] *vt* to swallow.

ingessare [6] *vt* to put in plaster.

ingessatura *sf* plaster cast.

Inghilterra *sf*: **l' ~** England.

inghiottire [10] *vt* -1. [deglutire, tollerare] to swallow -2. [consumare] to swallow (up).

ingigantire [9] *vt* to exaggerate **➡ ingigantirsi** *vip* to become enormous.

inginocchiarsi [20] *vip* to kneel (down).

ingiù *avv* down; **all' ~** down.

ingiuria *sf* -1. [gen] insult; **recare ~ a qn** to insult sb; **ricevere un' ~** to be insulted -2. [danno] damage.

ingiustamente *avv* unjustly.

ingiustificato, a *agg* unjustified.

ingiustizia *sf* injustice; **è un' ~!** it's not fair!

ingiusto, a *agg* unfair.

inglese ⬦ *agg* English. ⬦ *smf* [persona] Englishman (*f* Englishwoman); **gli inglesi** the English. ⬦ *sm* [lingua] English.

ingoiare [20] *vt* -1. [inghiottire] to swallow -2. [sopportare] to put up with.

ingolfare [6] *vt* to flood. **➡ ingolfarsi** *vip* [motore] to flood.

ingombrante *agg* -1. [oggetto] bulky -2. [ospite, personaggio] intrusive.

ingombro, a *agg*: **~ di qc** crammed with sthg.

ingordo, a ⬦ *agg*: **~ (di qc)** greedy (for sthg). ⬦ *sm, f* glutton.

ingorgo (*pl* **-ghi**) *sm* -1. [di tubo, scarico] blockage -2. [di traffico] traffic jam.

ingozzare [6] *vt* -1. [far mangiare] to stuff -2. [trangugiare] to gobble up. **➡ ingozzarsi** *vr*: **ingozzarsi (di qc)** to stuff o.s. (with sthg).

ingranaggio *sm* -1. [meccanismo] gear -2. [funzionamento] workings (*pl*).

ingranare [6] ⬦ *vt* [marcia] to engage. ⬦ *vi* -1. [marcia] to engage -2. [rendere] to get on; **oggi non ingrano** I can't settle (down) today.

ingrandimento *sm* -1. [di ditta, edificio] expansion -2. [di immagine, fotografia] enlargement -3. [in ottica] magnification; **lente di ~** magnifying glass.

ingrandire [9] *vt* -1. [locale, impresa] to extend -2. [immagine] to enlarge -3. [in ottica] to magnify -4. [esagerare] to exaggerate. **➡ ingrandirsi** *vip* -1. [crescere] to grow -2. [espandersi] to expand.

ingrassare [6] ⬦ *vt* -1. [animali] to fatten up -2. [motore, ingranaggio] to grease. ⬦ *vi* [diventare grasso] to put on weight; **fare ~** to be fattening.

ingratitudine *sf* ingratitude.

ingrato, a *agg* -1. [persona] ungrateful -2. [compito, lavoro] thankless. ⬦ *sm, f* ingrate.

ingraziare [20] *vt*: **ingraziarsi qn** to ingratiate o.s. with sb.

ingrediente *sm* ingredient.

ingresso *sm* -1. [porta] entrance; [vano] (entrance) hall; **~ principale** main entrance; **~ laterale** side entrance; **~ di servizio** tradesmen's entrance -2. [entrata solenne] entry -3. [facoltà di entrare] entry, admission; **vietato l' ~** no entry; **~ a pagamento** paid admission; **~ libero** free admission.

ingrossare [6] ⬦ *vt* -1. [gen] to increase; **~ le file di** to swell the ranks of -2. [corso d'acqua] to swell -3. [fegato, milza] to enlarge -4. [nell'aspetto]: **~ qn** to make sb look fatter. ⬦ *vi* -1. [fiume] to swell -2. [persona] to put on weight. **➡ ingrossarsi** *vip* -1. [fiume] to swell -2. [persona] to put on weight.

ingrosso ➡ all'ingrosso *avv* wholesale; **vendere/comprare all' ~** to sell/buy wholesale.

inguaribile *agg* incurable.

inguine *sm* groin.

inibire [9] *vt* to inhibit.

inibizione *sf* inhibition.

iniettare [6] *vt* to inject; **iniettarsi qc** to inject o.s. with sthg.

iniezione *sf* injection.

inimicare [15] *vt*: inimicarsi qn to fall out with sb.

ininterrottamente *avv* continuously.

ininterrotto, a *agg* unbroken.

iniziale ◇ *agg* initial; stipendio ~ starting salary. ◇ *sf* [di parola] initial. ◆ **iniziali** *sfpl* [di nome] initials.

inizialmente *avv* initially.

iniziare [20] ◇ *vt* -1. [cominciare] to start, to begin; ~ a fare qc to start to do sthg, to start doing sthg -2. [introdurre a]: ~ qn a qc [rito, religione] to initiate sb into sthg; [scrittura, droga] to introduce sb to sthg. ◇ *vi* [cominciare] to start, to begin.

iniziativa *sf* initiative; prendere l'~ (di fare qc) to take the initiative (and do sthg).

inizio *sm* start, beginning; avere ~ to start, to begin; dare ~ a qc to start o begin sthg; all'~ (di qc) at the start o beginning (of sthg).

innaffiare [20] *vt* = annaffiare.

innalzare [6] *vt* -1. [gen] to raise -2. [edificare] to build. ◆ **innalzarsi** *vr & vip* to rise.

innamorarsi [6] ◇ *vr* to fall in love (with each other). ◇ *vip* -1. [provare amore]: ~ (di qn) to fall in love (with sb) -2. [appassionarsi]: ~ di qc to fall in love with sthg.

innamorato, a ◇ *agg* -1. [di uomo, donna] in love *(non dav s)*; essere ~ cotto (di qn) to be madly in love (with sb) -2. [appassionato]: ~ di qc crazy about sthg. ◇ *sm, f* boyfriend (*f* girlfriend).

innanzi *letter* ◇ *avv* -1. [avanti] ahead; farsi ~ to step forward -2. [in seguito]: d'ora ~ from now on. ◇ *agg inv* [precedente] previous. ◇ *prep*: ~ a qn/qc before sb/sthg.

innanzitutto *avv* first of all.

innato, a *agg* innate.

innervosire [9] *vt* [irritare] to annoy; [turbare] to make nervous. ◆ **innervosirsi** *vip* to get annoyed.

innescare [15] *vt* -1. [bomba] to prime -2. [reazione] to trigger off.

inno *sm* hymn; ~ nazionale national anthem.

innocente ◇ *agg* innocent. ◇ *smf* -1. [non colpevole] innocent person -2. [bambino] innocent.

innocenza *sf* innocence.

innocuo, a *agg* harmless.

innovativo, a *agg* innovative.

inodoro, a, inodore *agg* [fiore] scentless; [gas] odourless *UK*, odorless *US*; [pomata] unperfumed.

inoffensivo, a *agg* -1. [domanda, parole] inoffensive -2. [persona, animale] harmless.

inoltrare [6] *vt* -1. *form* [trasmettere – pratica, domanda, richiesta] to submit; [– reclamo] to lodge -2. [spedire] to forward, to send on. ◆ **inoltrarsi** *vip*: inoltrarsi in qc to enter sthg.

inoltrato, a *agg*: a notte/sera/stagione inoltrata late at night/in the evening/in the season.

inoltre *avv* moreover.

inondazione *sf* flood.

inopportuno, a *agg* [intervento, visita] inopportune; [frase, domanda] inappropriate.

inorganico, a, ci, che *agg* -1. CHIM inorganic -2. [disomogeneo – progetto] unsystematic; [– racconto, discorso] disjointed.

inorridire [9] ◇ *vt* to horrify. ◇ *vi* to be horrified.

inosservato, a *agg* -1. [non notato] unobserved, unnoticed; passare ~ to go unnoticed -2. [non rispettato] not observed.

inossidabile *agg* [acciaio] stainless.

INPS [inps] (*abbr di* Istituto Nazionale Previdenza Sociale) *sm Italian national insurance agency*.

inquadrare [6] *vt* -1. [gen] to frame -2. [problema, situazione] to put in context.

inquadratura *sf* shot.

inquietante *agg* disturbing.

inquieto, a *agg* -1. [agitato] restless -2. [preoccupato] worried.

inquietudine *sf* anxiety.

inquilino, a *sm, f* tenant.

inquinamento *sm* [di aria, acqua] pollution.

inquinare [6] *vt* [aria, ambiente] to pollute.

inquisire [9] ◇ *vt* to investigate. ◇ *vi*: ~ su qn/qc to investigate sb/sthg.

insaccati *smpl* sausages.

insalata *sf* -1. [pianta] lettuce -2. CULIN salad; ~ di frutta fruit salad -3. [mescolanza] mess.

insanguinare [6] *vt* to stain with blood.

insaponare [6] *vt* -1. [mani, viso] to soap -2. [bucato, panni] to wash. ◆ **insaponarsi** *vr* to soap o.s.

insapore *agg* tasteless.

insaputa *sf*: all'~ di qn without sb's knowledge.

insecchire [9] *vt & vi* to wither.

insediamento *sm* -1. [in carica] installation -2. GEO settlement.

insediare [20] *vt* [in carica] to install.
➤ **insediarsi** *vip* -1. [sindaco, vescovo] to take up office -2. [stabilirsi] to settle.

insegna *sf* -1. [di locale, negozio] sign; ~ luminosa o al neon neon sign; ~ stradale road sign -2. [stemma – di città, organizzazione] emblem; [di famiglia] coat of arms -3. MIL colours *(pl)* UK, colors *(pl)* US -4. [grado, dignità] insignia *(pl).*

insegnamento *sm* -1. [attività] teaching -2. [precetto] lesson.

insegnante ⬦ *agg* teaching *(dav s).* ⬦ *smf* teacher; ~ **di matematica** maths UK o math US teacher.

insegnare [23] *vt* -1. [gen] to teach; ~ qc a qn to teach sb sthg; ~ a qn a fare qc to teach sb (how) to do sthg; **gli ha insegnato a guidare** she taught him to drive -2. [indicare] to show; ~ **la strada a qn** to show sb the way.

inseguire [8] *vt* -1. [ladro, nemico] to chase -2. [sogno, speranza] to pursue.

inseguitore, trice *sm, f* pursuer.

insenatura *sf* inlet.

insensato, a *agg* silly.

insensibile *agg* -1. [arto, nervo] numb; **essere ~ a qc** [al dolore, freddo] to be insensitive to sthg -2. [indifferente] insensitive; **essere ~ a qc** to be insensitive to sthg -3. [impercettibile] imperceptible.

inseparabile *agg* inseparable.

inserire [9] *vt* -1. [introdurre]: ~ qc in qc [cassetta, spina] to insert sthg in o into sthg, to put sthg in o into sthg; [scheda, documento] to put sthg in o into sthg -2. [includere]: ~ qc in qc to insert sthg in sthg. ➤ **inserirsi** *vip*: inserirsi in qc [congiungersi] to fit into sthg; [introdursi] to get into sthg; ~ **in classe/in ufficio** to fit in well in class/at work.

inserto *sm* -1. [di rivista] supplement -2. [di film] clip -3. [in abito] panel.

inserzione *sf* -1. [atto] insertion -2. [annuncio] advertisement.

insetticida *(pl* -i) *sm* insecticide.

insetto *sm* insect.

insicurezza *sf* -1. [di persona, carattere] lack of confidence -2. [di situazione] insecurity.

insicuro, a ⬦ *agg* -1. [persona] insecure -2. [situazione, risposta] uncertain. ⬦ *sm, f*: **quel ragazzo è un** ~ that boy is so insecure.

insidia *sf* -1. [agguato] trap -2. [pericolo] danger.

insieme ⬦ *avv* -1. [gen] together -2. [congiuntamente]: **mettere** ~ qc [risparmi, idee] to pool sthg; **mettere** ~ **un gruppo/delle persone** to put a group/people together; **tutto** ~ all together -3. [nel contempo] at the same time. ➤ **insieme a** ⬦ *prep* -1. [assieme a] with -2. [contemporaneamente] at the same time as. ⬦ *sm* -1. MAT set -2. [di fattori, ragioni] combination; **nell'** ~ on the whole; **considerare qc nell'** ~ to consider sthg as a whole -3. [completo] outfit.

insignificante *agg* -1. [gen] insignificant -2. [persona] unremarkable.

insinuare [6] *vt* -1. [introdurre]: ~ qc in qc to slip sthg inside sthg -2. [sospetto, dubbio]: ~ qc in qn to instill UK o instill US sthg in sb -3. [sottintendere] to insinuate, to imply. ➤ **insinuarsi** ⬦ *vr* [introdursi] to slip in. ⬦ *vip* -1. [penetrare]: **il mare si insinua nella costa** the sea comes deeper inland -2. [dubbio, sospetto] to creep in.

insinuazione *sf* insinuation.

insipido, a *agg* -1. [cibo] tasteless -2. [insignificante] dull.

insistente *agg* -1. [importuno] insistent -2. [persistente] persistent.

insistere [66] *vi* to insist; ~ **su qc** to insist on sthg; ~ **nel fare qc** to persist in doing sthg.

insoddisfatto, a *agg* -1. [persona] dissatisfied -2. [bisogno, desiderio] unsatisfied.

insofferente *agg* impatient; **è ~ alle critiche** he can't bear criticism.

insolazione *sf* sunstroke; **prendersi un'** ~ to get sunstroke.

insolente *agg* insolent.

insolito, a *agg* unusual.

insolubile *agg* insoluble.

insomma ⬦ *avv* -1. [in conclusione] in short -2. [così così] OK. ⬦ *esclam* come on.

insonne *agg* sleepless; **il caffè mi rende** ~ coffee keeps me awake.

insonnia *sf* insomnia.

insopportabile *agg* unbearable.

insorgere [46] *vi* -1. [complicazioni, difficoltà] to arise; [infezione] to develop -2. [ribellarsi]: ~ **(contro qn/qc)** to rise up (against sb/sthg).

insorto, a ⬦ *pp* ⊳ insorgere. ⬦ *sm, f* insurgent.

insospettabile *agg* -1. [persona] above suspicion *(non dav s)* -2. [impensato] unsuspected.

insospettire [9] *vt* to make suspicious. ◆ **insospettirsi** *vip* to become suspicious.

insperato, a *agg* unhoped-for.

inspiegabile *agg* inexplicable.

inspirare [6] *vt* to breathe in, to inhale.

instabile *agg* -1. [gen] unstable -2. [umore, tempo] changeable.

installare [6] *vt* to install. ◆ **installarsi** *vip* to settle in.

installazione *sf* installation.

instaurare [6] *vt* -1. [regime] to establish, to set up -2. [avviare – processo di riforma] to introduce; [– abitudine] to start; [– rapporto] to establish. ◆ **instaurarsi** *vip* -1. [regime] to be established -2. [avere inizio – moda] to be introduced; [– rapporto] to develop.

insù *avv*: all' ~ up, upwards *UK*, upward *US*; avere il naso all' ~ to have a turned-up nose.

insuccesso *sm* failure.

insufficiente ◇ *agg* -1. [scarso] unsufficient, inadequate -2. SCOL unsatisfactory. ◇ *sm* fail *UK*, failing grade *US*.

insufficienza *sf* -1. [scarsità] shortage -2. [difetto] inadequacy -3. [voto] fail *UK*, failing grade *US* -4. MED insufficiency.

insulina *sf* insulin.

insulso, a *agg* inane.

insultare [6] *vt* to insult.

insulto *sm* -1. [gen] insult -2. [alla decenza] affront.

insuperabile *agg* -1. [insormontabile] insuperable, insurmountable -2. [eccellente – artista, interprete] incomparable; [– prodotto, qualità] unbeatable.

insurrezione *sf* insurrection, uprising.

intaccare [15] *vt* -1. [consumare] to dip into -2. [sogg: acido, ruggine] to eat into; [sogg: infezione, malattia, scandalo] to damage -3. [incidere] to cut into.

intaglio *sm* -1. [arte, oggetto] carving -2. [taglio] notch.

intanto *avv* -1. [nel frattempo] meanwhile, in the meantime -2. [invece] yet -3. [perlomeno] at least. ◆ **intanto che** *cong* while.

intarsiato, a *agg* inlaid.

intasato, a *agg* -1. [scarico] blocked -2. [strada] congested.

intascare [15] *vt* to pocket.

intatto, a *agg* -1. [gen] intact -2. [paesaggio, natura] unspoiled.

integrale ◇ *agg* -1. [intero]: somma ~ full amount; abbronzatura ~ all-over tan; edizione ~ unabridged edition; un film in versione ~ un uncut version of a film *UK* o movie *esp US* -2. [alimento] wholemeal *UK*, whole wheat *US*. ◇ *sm* MAT integral.

integrare [6] *vt* -1. [completare] to bring up to full strength; ~ qc con qc to supplement sthg with sthg -2. [inserire]: ~ qn in qc to integrate sb into sthg. ◆ **integrarsi** *vr* -1. [adattarsi]: integrarsi (in qc) to integrate o become integrated (into sthg) -2. [completarsi] to complement each other.

integro, a *agg* -1. [intatto] intact -2. [onesto] honest.

intelletto *sm* -1. [mente] intellect, mind -2. [intelligenza] intelligence.

intellettuale *agg & smf* intellectual.

intelligente *agg* intelligent.

intelligenza *sf* intelligence.

intemperie *sfpl*: le ~ the elements.

intendere [43] *vt* -1. [capire] to understand -2. [accettare] to listen to -3. [volere]: ~ fare qc to intend o mean to do sthg -4. [udire] to hear; ~ dire che... to hear it said that... -5. [dare un senso a] to mean. ◆ **intendersi** ◇ *vr* [essere d'accordo] to understand each other; non ci siamo intesi we misunderstood each other; intendiamoci bene let's be absolutely clear; si intendono benissimo they get on really well; ~ su qc to agree on o about sthg. ◇ *vip*: intendersi di qc to know all about sthg.

intenditore, trice *sm, f* expert.

intensamente *avv* [desiderare, amare, odiare] intensely; [lavorare, studiare, pensare] hard.

intensificare [15] *vt* to increase. ◆ **intensificarsi** *vip* to increase.

intensità *sf inv* intensity.

intensivo, a *agg* intensive.

intenso, a *agg* -1. [gen] intense; [suono] loud; [pioggia] heavy -2. [giornata, vita] busy.

intento, a *agg* intent; essere ~ a qc to be intent on sthg; essere ~ a fare qc to be busy doing sthg. ◆ **intento** *sm* aim; con l' ~ di fare qc with the aim of doing sthg.

intenzionale *agg* intentional, deliberate.

intenzionato, a *agg*: essere ~ a fare qc to intend to do sthg.

intenzione *sf* intention; aver (l') ~ di fare qc to intend to do sthg, to have the intention of doing sthg.

interamente *avv* entirely, completely.

interattivo, a *agg* interactive.

intercedere [7] *vi*: ~ **presso qn (per qc)** to intercede with sb (for sthg).

intercesso *pp* ▷intercedere.

intercettare [6] *vt* to intercept.

intercontinentale *agg* intercontinental.

intercorrere [65] *vi* -1. [periodo] to elapse -2. [rapporto] to exist.

intercorso, a *pp* ▷intercorrere.

interdentale *agg* ▷filo.

interdetto, a ◇ *pp* ▷interdire. ◇ *agg* dumbfounded, taken aback *(non dav s)*.

interdire [102] *vt* to ban, to prohibit; ~ **qc a qn** to forbid sthg to sb.

interessamento *sm* -1. [interesse] interest -2. [intervento] intervention.

interessante *agg* interesting.

interessare [6] ◇ *vt* -1. [incuriosire] to interest; ~ **qn a qc** to interest sb in sthg -2. [riguardare] to affect, to concern. ◇ *vi* [importare]: ~ **a qn** to interest sb. ◆ **interessarsi** *vip* -1. [provare interesse]: ~ **a qc to show interest in sthg;** ~ **di qc** to be interested in sthg -2. [occuparsi]: ~ **di qn/ qc** to take care of sb/sthg; **interessati degli affari tuoi!** mind your own business!

interessato, a ◇ *agg* -1. [incuriosito]: ~ **(a qc)** interested (in sthg) -2. [avido] self-interested -3. [in causa] concerned. ◇ *sm, f* [parte in causa] person concerned.

interesse *sm* -1. [gen] interest; ~ **per qc** interest in sthg; ~ **semplice/composto** simple/compound interest; **per ~** out of self-interest -2. ▷tasso.

interfaccia *(pl* **-ce)** *sf* interface.

interferenza *sf* interference.

interferire [9] *vi*: ~ **(in qc)** to interfere (in sthg).

interiezione *sf* interjection.

interiora *sfpl* [organi] entrails; CULIN offal.

interiore *agg* -1. [interno] inside *(dav s)* -2. [spirituale] inner *(dav s)*.

interlinea *sf* spacing; ~ **semplice/doppia** single/double spacing.

interlocutore, trice *sm, f* -1. [partecipante] speaker -2. [controparte] person one is talking to.

intermediario, a ◇ *agg* intermediary. ◇ *sm, f* intermediary, go-between.

intermedio, a *agg* intermediate.

intermezzo *sm* -1. [intervallo] interlude -2. MUS intermezzo.

interminabile *agg* interminable, endless.

intermittente *agg* intermittent.

internauta, i, e *smf* Internet user, surfer.

internazionale *agg* international.

Internet ◇ *sm inv* Internet; **navigare in** o **su ~** to surf the Internet. ◇ *agg inv* Internet *(dav s)*.

interno, a *agg* -1. [parte, lato, tasca] inside *(dav s)*; [parete, scala, portone, organo] internal; [cortile] inner *(dav s)* -2.: **membro ~** ≃ internal examiner; **alunno ~** boarder *esp UK* -3. GEO inland -4. [nazionale] domestic -5. [intimo] inner *(dav s)*. ◆ **interno** *sm* -1. [parte dentro] inside; **all'~** inside -2. [di abito] lining -3. GEO interior -4. [di edificio] flat *UK*, apartment *esp US* -5. TELECOM extension. ◆ **Interni** *smpl*: **gli Interni** the Interior; **ministro/ministero degli Interni** Home Secretary/Office *UK*, Secretary/Department of the Interior *US*.

intero, a *agg* -1. [completo – somma, cifra, quantità] whole, entire; [– prezzo] full -2. [intatto] intact. ◆ **intero** *sm*: **per ~** [scrivere] in full.

interpellare [6] *vt* -1. [gen] to ask; [specialista, esperto] to consult -2. POLIT: ~ **il governo** to question the government.

interpretare [6] *vt* -1. [spiegare, intendere] to interpret; **male ~ qc** to misinterpret sthg -2. [rappresentare] to represent -3. [ruolo, personaggio] to play -4. MUS to perform.

interpretariato *sm* interpreting.

interpretazione *sf* -1. [gen] interpretation -2. CIN & TEATRO & MUS performance; [di personaggio] portrayal.

interprete *smf* -1. [commentatore, traduttore] interpreter; **fare da ~ a qn** to act as interpreter for sb -2. [attore, musicista] performer.

interrogare [16] *vt* -1. [sospetto] to interrogate; [testimone] to question -2. SCOL to test.

interrogativo, a *agg* -1. [sguardo, gesto] questioning -2. GRAMM interrogative.

interrogatorio *sm* interrogation; **fare un ~ a qn** to cross-examine sb; **un ~ di terzo grado** the third degree.

interrogazione *sf* -1. SCOL (oral) test -2. INFORM query.

interrompere [64] *vt* -1. [sospendere] to have a break from; ~ **le trattative/i negoziati** to break off talks/negotiations -2. [impedire di parlare a] to interrupt. ◆ **interrompersi** *vip* to stop.

interrotto, a *pp* ▷interrompere.

interruttore sm switch.

interruzione sf -1. [gen] interruption -2. [di trattative, studi] suspension; **fare un'~** to have a break; ~ **della corrente** power cut UK o outage US.

intersecare [15] vt to intersect. ◆ **intersecarsi** vr to intersect.

interurbana sf long-distance call.

interurbano, a agg long-distance.

intervallo sm -1. [pausa] break; TEATRO interval; SPORT half-time -2. [periodo, spazio] gap -3. [di valori] range.

intervenire [109] vi -1. [gen]: ~ **(in qc)** to intervene (in sthg) -2. [partecipare]: ~ **a qc** to take part in sthg -3. [parlare] to speak -4. MED to operate.

intervento sm -1. [intromissione] intervention; ~ **falloso** SPORT foul -2. [partecipazione] presence -3. [discorso] talk -4. MED: ~ **(chirurgico)** operation.

intervenuto, a pp ▷intervenire.

intervista sf interview; **fare un'~ (a qn)** to interview (sb).

intervistare [6] vt to interview.

intesa sf -1. [accordo] agreement -2. [affiatamento] understanding.

intesi (etc) ▷intendere.

inteso, a ◇ pp ▷intendere. ◇ agg : **resta** o **rimane ~ che** it is agreed o understood that; **(siamo) intesi** (that's) agreed.

intestare [6] vt -1. [busta, lettera] to address -2. [bene, conto]: ~ **qc a qn** to put sthg in sb's name; ~ **un assegno (a qn)** to make a cheque UK o check US out (to sb).

intestazione sf -1. [azione] registration -2. [dicitura – di lettera] letterheading; [– di libro] title.

intestinale agg intestinal.

intestino, a agg domestic; **guerra intestina** civil war. ◆ **intestino** sm intestine; ~ **tenue/crasso** small/large intestine.

intimamente avv -1. [conoscere] intimately -2. [nell'intimo] absolutely -3. [strettamente] closely.

intimare [6] vt: ~ **a qn di fare qc** to order sb to do sthg; ~ **l'alt** to order a halt.

intimidazione sf intimidation.

intimidire [9] vt -1. [mettere a disagio]: ~ **qn** to make sb nervous -2. [minacciare] to intimidate.

intimità sf -1. [sfera privata] privacy -2. [confidenza] intimacy; **essere in ~ con qn** to be close to sb.

intimo, a ◇ agg -1. [amico] close -2. [cerimonia] private -3. ANAT: **parti intime** private parts -4. [convinzione, affetti] deep -5. ▷**biancheria**. ◇ sm, f close friend. ◆ **intimo** sm heart.

intingere [49] vt to dip.

intinto, a pp ▷intingere.

intitolare [6] vt -1. [libro, canzone] to call, to title, to entitle -2.: ~ **qc a qn** [strada, monumento] to name sthg after UK o for US sb; [chiesa] to dedicate sthg to sb. ◆ **intitolarsi** vip to be called.

intollerabile agg intolerable, unbearable.

intolleranza sf intolerance.

intonaco sm plaster.

intonare [6] vt -1. [armonizzare] to match -2. [canzone, nota] to sing. ◆ **intonarsi** vip to match, to go together; ~ **con qc** to go with sthg.

intonato, a agg -1. [persona]: **essere ~** to sing in tune -2. [in armonia] matching (dav s); **una cravatta intonata con il vestito** a tie that goes with the suit.

intonazione sf intonation.

intontito, a agg dazed; **sono ancora un po' ~** I'm not quite with it yet.

intoppo sm hitch.

intorno ◇ avv around. ◇ agg inv surrounding (dav s). ◆ **intorno a** prep -1. [gen] around -2. [riguardo a] about.

intorpidire [9] vt -1. [mani, piedi] to numb -2. [mente, cervello] to dull. ◆ **intorpidirsi** vip -1. [persona] to feel dozy -2. [mani, piedi] to go to sleep -3. [mente, cervello] to slow down.

intossicazione sf poisoning.

intralciare [17] vt to hinder.

intramontabile agg [cantante, moda] timeless.

intramuscolare ◇ agg intramuscular. ◇ sf intramuscular injection.

intransigente agg intransigent; **essere ~ con qn** to be hard on sb.

intransitivo, a agg intransitive.

intrappolare [6] vt to trap.

intraprendente agg -1. [ingegnoso] enterprising -2. [audace] forward.

intraprendere [43] vt to start.

intrapreso, a pp ▷intraprendere.

intrattenere [93] vt -1. [persona] to entertain -2. [rapporto] to maintain. ◆ **intrattenersi** vip -1. [divertirsi] to entertain o.s. -2. [parlare] to speak.

intrattenimento sm entertainment.

intravedere [82] vt -1. [scorgere] to catch a glimpse of -2. [presagire] to foresee.

intravisto, a *pp* ⊳intravedere.

intreccio *sm* -1. [di capelli, corde – azione] plaiting; [– risultato] plait -2. [di tessuto] weave -3. [di storia] plot.

intricato, a *agg* -1. [aggrovigliato] tangled -2. [complicato] involved.

intrigo (*pl* -ghi) *sm* -1. [macchinazione] intrigue -2. [brutta situazione] mess.

intrinseco, a, ci, che *agg* intrinsic.

introdurre [95] *vt* -1. [mettere dentro]: ~ qc in qc to put sthg into sthg -2. [presentare, avviare] to introduce; ~ qn a qc to introduce sb to sthg. ◆ **introdursi** *vr*: ~ in to get into.

introduttivo, a *agg* introductory.

introduzione *sf* -1. [gen] introduction -2. [inserimento] insertion.

intromesso, a *pp* ⊳intromettersi.

intromettersi [71] *vr* -1. [mettersi in mezzo] to intervene -2. [immischiarsi]: ~ (in qc) to interfere (in sthg).

introvabile *agg* [irrintracciabile] nowhere to be found *(non dav s)*; [non disponibile] unobtainable.

introverso, a *agg* introverted.

intrusione *sf* interference.

intruso, a *sm, f* [gen] intruder; [a riunione, festa] gatecrasher.

intuire [9] *vt* to guess.

intuito *sm* intuition; **per** ~ intuitively.

intuizione *sf* -1. [intuito] intuition -2. [presentimento] feeling.

inumazione *sf* burial.

inumidire [9] *vt* to moisten, to dampen. ◆ **inumidirsi** *vip* to get damp.

inutile *agg* useless; **è** ~ **(fare qc)** it's pointless (doing sthg).

inutilmente *avv* in vain.

invadente ◇ *agg* intrusive. ◇ *smf* busybody.

invadere [38] *vt* -1. [occupare] to invade -2. [diffondersi in] to spread throughout -3. [sogg: acqua] to flood.

invalidità *sf inv* -1. DIR invalidity -2. MED disability.

invalido, a ◇ *agg* -1. [non valido] invalid -2. [handicappato] disabled. ◇ *sm, f*: **gli invalidi** people with disabilities.

invano *avv* in vain.

invariabilmente *avv* invariably.

invariato, a *agg* unchanged.

invasi *(etc)* ⊳invadere.

invasione *sf* -1. [occupazione] invasion -2. [diffusione] spread.

invaso, a *pp* ⊳invadere.

invasore ◇ *agg* invading. ◇ *sm* invader.

invecchiare [20] ◇ *vi* -1. [diventare vecchio] to get older; [d' aspetto] to look older -2. [stagionarsi] to age. ◇ *vt* [persona] to age.

invece *avv* instead; **vorrei venire con te,** ~ **devo restare qui** I'd love to come with you, but I have to stay here instead. ◆ **Invece di** *prep*: ~ **di qc/di fare qc** instead of sthg/of doing sthg.

inveire [9] *vi*: ~ **(contro qn/qc)** to shout (at sb/sthg).

inventare [6] *vt* -1. [strumento, metodo] to invent -2. [storia, scusa] to make up.

inventario *sm* -1. COMM inventory -2. *fig* [elenco] list.

inventiva *sf* creativity.

inventore, trice *sm, f* inventor.

invenzione *sf* -1. [gen] invention -2. [cosa immaginaria] fiction -3. [bugia] lie.

invernale *agg* winter *(dav s)*.

inverno *sm* winter; **d'** ~ in (the) winter.

inverosimile *agg* unlikely.

inversione *sf* -1. [di direzione] complete change; **fare** ~ to turn back; ~ **a U** U-turn -2. [in sequenza] inversion.

inverso, a *agg* -1. [contrario] opposite; **in ordine** ~ in reverse order -2. MAT inverse. ◆ **inverso** *sm* opposite; **essere all'** ~ [gen] to be the wrong way around; [quadro] to be upside down; [maglia] to be back to front.

invertebrato, a *agg & sm* invertebrate.

invertire [10] *vt* -1. [in direzione] to reverse -2. [in sequenza] to invert.

investigare [16] ◇ *vt* to investigate. ◇ *vi*: ~ **(su qn/qc)** to investigate (sb/sthg).

investigatore, trice *sm, f* investigator; ~ **privato** private detective.

investimento *sm* -1. [gen] investment -2. [incidente] accident.

investire [8] *vt* -1. [persona, animale] to run over, to knock over; [veicolo] to crash into -2. [denaro, mezzi, risorse] to invest.

inviare [22] *vt* to send.

inviato, a *sm, f* -1. [delegato] envoy -2. [giornalista]: ~ **(speciale)** (special) correspondent.

invidia *sf* envy.

invidiare [20] *vt* to envy.

invidioso, a ◇ *agg*: ~ **(di qn/qc)** envious (of sb/sthg). ◇ *sm, f*: **è un** ~ he's just envious.

invincibile *agg* -1. [imbattibile] invincible, unbeatable -2. [incontrollabile] unconquerable.

invio *sm* -1. [di messaggeri, truppe] dispatch -2. [di lettera, pacco] mailing -3. [di merce] shipment -4. INFORM: **(tasto d')invio** return (key).

invisibile *agg* -1. [non visibile] invisible -2. [piccolissimo] tiny.

invitare [6] *vt* -1. [a festa, casa]: ~ qn (a qc) to invite sb (to sthg) -2. [invogliare]: ~ a (fare) qc to be conducive to (doing) sthg -3. [esortare]: ~ qn a fare qc to ask o request sb to do sth.

invitato, a *sm, f* guest.

invito *sm* -1. [a festa, cena] invitation -2. [richiamo] attraction -3. [esortazione] request.

invocare [15] *vt* -1. [chiamare] to call for -2. [chiedere] to beg for -3. [appellarsi a] to invoke.

involontario, a *agg* [errore, offesa] unintentional; [gesto] involuntary.

involtino *sm* *slice of meat rolled up around a filling.*

involucro *sm* wrapping.

inzuppare [6] *vt* -1. [impregnare] to soak -2. [immergere] to dunk. ➭ **inzupparsi** *vip* to get soaked.

io ⬦ *pron pers* -1. [gen] I; **lo faccio** ~ I'll do it; **voglio venire anch'** ~ I want to come too; ~ **stesso** I myself; **l'ho visto** ~ **stesso** I saw it myself -2. [enfatico] me; **sono** ~ it's me; **anch'** ~ me too. ⬦ *sm*: **l'Io** the ego.

iodio *sm* iodine.

iogurt *sm inv* = yogurt.

ionico, a, ci, che *agg* Ionian.

Ionio *sm*: **lo** ~, **il Mar** ~ the Ionian Sea.

ipermercato *sm* hypermarket.

ipertensione *sf* hypertension.

ipnosi *sf* hypnosis.

ipnotizzare [6] *vt* to hypnotize.

ipocrisia *sf* hypocrisy.

ipocrita, i, e ⬦ *agg* hypocritical. ⬦ *smf* hypocrite.

ipoteca (*pl* **-che**) *sf* mortgage.

ipotesi *sf inv* -1. [supposizione] theory -2. [di teorema] hypothesis -3. [eventualità] possibility.

ipotizzare [6] *vt* to assume.

ippico, a, ci, che *agg* horse (*dav s*).

ippodromo *sm* racecourse.

ippopotamo *sm* hippopotamus.

ira *sf* anger; **avere uno scatto** o **un accesso d'ira** to be in a rage.

Irak, Iraq *sm*: **l'** ~ Iraq.

Iran *sm*: **l'** ~ Iran.

irascibile *agg* irascible.

iride *sf* -1. [arcobaleno] rainbow -2. ANAT & BOT iris.

iris *sf inv* iris BOT.

IRL (*abbr di* **Irlanda**) IRL.

Irlanda *sf*: **l'** ~ Ireland; **l'** ~ **del Nord** Northern Ireland.

irlandese ⬦ *agg* Irish. ⬦ *smf* Irishman (*f* Irishwoman); **gli irlandesi** the Irish.

ironia *sf* irony.

ironico, a, ci, che *agg* ironic.

IRPEF ['irpef] (*abbr di* **Imposta sul Reddito delle Persone Fisiche**) *sf* personal income tax.

irrazionale *agg* irrational.

irreale *agg* invented; **un mondo** ~ a fantasy world.

irrealistico, a, ci, che *agg* unrealistic.

irrecuperabile *agg* -1. [perso] irrecoverable -2. [inutilizzabile] beyond repair (*non dav s*).

irregolare *agg* -1. [gen] irregular -2. [superficie] uneven -3. [incostante] intermittent.

irregolarità *sf inv* -1. [gen] irregularity -2. [di superficie] unevenness -3. [incostanza]: **con** ~ intermittently.

irregolarmente *avv* intermittently.

irremovibile *agg* unyielding; **essere** ~ to stick to one's guns.

irreparabile *agg* irreparable; **perdita** ~ irrecoverable loss.

irreperibile *agg* -1. [introvabile] untraceable -2. [non contattabile] uncontactable.

irrequieto, a *agg* -1. [agitato] uneasy, restless -2. [vivace] lively.

irresistibile *agg* irresistible.

irresponsabile ⬦ *agg* irresponsible. ⬦ *smf*: **è un** ~ he's so irresponsible; **agire da** ~ to act irresponsibly.

irreversibile *agg* [gen] irreversible; [malattia] incurable.

irriconoscibile *agg* unrecognizable.

irrigazione *sf* irrigation.

irrigidire [9] *vt* -1. [muscolo, corpo] to stiffen -2. [pena] to make harsher. ➭ **irrigidirsi** *vip* -1. [muscolo, corpo] to stiffen -2. [clima] to grow colder -3. [ostinarsi]: ~ **in qc** to refuse to budge on sthg.

irrilevante *agg* -1. [insignificante] insignificant -2. [non pertinente] irrelevant.

irrimediabile *agg* irreparable.

irripetibile *agg* unrepeatable.

irrisorio, a *agg* -1. [troppo basso] derisory -2. [molto basso] trifling.

irritabile *agg* -1. [persona, temperamento] irritable -2. [pelle] sensitive.

irritante *agg* -1. [persona, comportamento] irritating -2. [sostanza, liquido] irritant.

irritare [6] *vt* to irritate. **irritarsi** *vip* -1. [innervosirsi] to get irritated -2. [infiammarsi] to become irritated.

irritato, a *agg* -1. [stizzito] irritated -2. [infiammato] sore.

irritazione *sf* irritation.

irrobustire [9] *vt* to strengthen. **irrobustirsi** *vip* to become stronger.

irruzione *sf* -1. [entrata]: fare ~ to burst in; fare ~ in qc to burst into sthg -2. [attacco] raid.

irto, a *agg* -1. [ispido] bristly -2.: ~ di qc *letter & fig* bristling with sthg.

iscritto, a ⬦ *pp* ⊳ **iscrivere**. ⬦ *sm, f* [a scuola, corso] student; [a esame, concorso] candidate; [a gara] competitor. **iscritto** *sm*: per ~ in writing.

iscrivere [73] *vt* -1. [registrare]: ~ qn (a qc) to enrol *UK* o enroll *US* sb (at/in/on sthg) -2. [lastra] to engrave; [pietra] to carve. **iscriversi** *vr*: ~ (a qc) [scuola, corso] to enrol *UK* o enroll *US* (at sthg); [partito, associazione] to join (sthg); [gara, concorso] to enter (sthg).

iscrizione *sf* -1. [registrazione] enrolment *UK*, enrollment *US* -2. [scritta] inscription.

ISDN (*abbr di* **Integrated Services Digital Network**) *agg inv* TELECOM ISDN.

ISEF ['izef] (*abbr di* **Istituto Superiore di Educazione Fisica**) *sm* college of physical education.

Islam *sm* Islam.

islamico, a, ci, che *agg* Islamic.

Islanda *sf*: l' ~ Iceland.

islandese ⬦ *agg* Icelandic. ⬦ *smf* [persona] Icelander. ⬦ *sm* [lingua] Icelandic.

ISO ['izo] (*abbr di* **International Standards Organization**) *sm inv* ISO.

isola *sf* -1. [gen] island -2. [isolato]: ~ **pedonale** pedestrian precinct *UK*, pedestrian mall *US* -3. [piattaforma]: ~ **spartitraffico** traffic island.

isolamento *sm* -1. [segregazione] isolation -2. [protezione] insulation.

isolante ⬦ *agg* -1. [materiale, sostanza] insulating *(dav s)* -2. ⊳ **nastro**. ⬦ *sm* insulating tape.

isolare [6] *vt* -1. [gen] to isolate, to cut off; la polizia ha isolato il quartiere the police have cordoned off the area -2. [da freddo, rumore] to insulate. **isolarsi** *vip*: isolarsi (da qn/qc) to isolate o.s. (from sb/sthg), to cut o.s. off (from sb/sthg).

isolato, a *agg* isolated. **isolato** *sm* block.

ispanico, a, ci, che *agg* Hispanic.

ispessire [9] *vt* to thicken. **ispessirsi** *vip* to get thicker.

ispettore, trice *sm, f* inspector; ~ **di polizia** police inspector.

ispezionare [6] *vt* to inspect.

ispezione *sf* -1. [verifica] check -2. [controllo ufficiale] inspection.

ispido, a *agg* bristly.

ispirare [6] *vt* [suscitare] to inspire; è una proposta che mi ispira poco I'm not very keen on the idea. **ispirarsi** *vip*: ispirarsi a qc [trarre spunto] to draw inspiration from sthg; [conformarsi] to follow sthg.

ispirazione *sf* -1. [impulso creativo] inspiration -2. [impulso improvviso] bright idea -3. [orientamento]: di ~ cubista/marxista cubist/Marxist-inspired.

Israele *sm* Israel.

israeliano, a *agg & sm, f* Israeli.

issare [6] *vt* -1. [vela, bandiera] to raise -2. [carico, peso] to lift.

istantanea *sf* snapshot, snap *UK*.

istantaneo, a *agg* -1. [immediato] instantaneous -2. [solubile] instant.

istante *sm* moment, instant; **tra un** ~ in a moment o an instant; **all'** ~ immediately.

ISTAT ['istat] (*abbr di* **Istituto Centrale di Statistica**) *sm* central institute of statistics.

isterico, a, ci, che ⬦ *agg* hysterical; crisi isterica fit of hysterics. ⬦ *sm, f*: è un'isterica! she's crazy!

istigare [16] *vt*: ~ qn a (fare) qc to incite sb to (do) sthg.

istintivamente *avv* instinctively.

istintivo, a *agg* -1. [gesto, reazione] instinctive -2. [persona, carattere] impulsive.

istinto *sm* instinct; d'~ instinctively.

istituire [9] *vt* -1. [gen] to establish -2. [costituire] to set up.

istituto *sm* -1. [gen] institute; ~ **tecnico** technical high school; ~ **di bellezza** beauty parlour *UK* o parlor *US* -2. DIR institution.

istitutore, trice *sm, f* -1. [fondatore] founder -2. [insegnante] tutor.

istituzionale *agg* institutional.

istituzione *sf* -1. [creazione] foundation -2. [organismo] institute -3. [ordinamento] institution. ◆ **istituzioni** *sfpl* institutions.

istmo *sm* isthmus.

istradare [6] *vt* -1. [traffico] to direct -2. *fig* [indirizzare]: ~ **qn** in o **verso qc** to set sb on his/her way to sthg.

istrice *sm* porcupine.

istruire [9] *vt* -1. [educare]: ~ **qn (in qc)** to teach sb (sthg) -2. [dare indicazioni a]: ~ **qn su qc** to help sb with sthg.

istruito, a *agg* educated.

istruttivo, a *agg* educational.

istruttore, trice ⬦ *agg* ▷ **giudice**. ⬦ *sm, f* instructor; ~ **di sci** skiing instructor; ~ **di guida** driving instructor.

istruzione *sf* education. ◆ **istruzioni** *sfpl* instructions, directions; ~ **(per l'uso)** instructions.

ITALGAS [ital'gas] (*abbr di* **Società Italiana per il Gas**) *sf* Italian gas company.

Italia *sf*: l' ~ Italy; l' ~ **centrale** central Italy; l' ~ **del Nord** o **settentrionale** northern Italy; l' ~ **del Sud** o **meridionale** southern Italy.

italiano, a *agg & sm, f* Italian. ◆ **italiano** *sm* [lingua] Italian.

iter *sm inv* procedure.

itinerante *agg* travelling (*dav s*) UK, traveling (*dav s*) US.

itinerario *sm* route, itinerary; ~ **turistico** tourist route.

ITIS ['itis] (*abbr di* **Istituto Tecnico Industriale Statale**) *sm inv* technical and industrial high school .

Iugoslavia *sf*: la ~ Yugoslavia; l'ex ~ ex-Yugoslavia.

iugoslavo, a *agg & sm, f* Yugoslavian.

iuta *sf* jute.

IVA ['iva] (*abbr di* **Imposta sul Valore Aggiunto**) *sf* -1. VAT -2. ▷ **partita**.

J

j, J *sf* o *m inv* j, J.

jack [dʒɛk] *sm inv* jack.

Jacuzzi® [ja'kutstsi] *sf inv* Jacuzzi®.

jazz [dʒɛtsdʒazdʒɛz] *sm inv & agg inv* jazz.

jazzista, i, e [dʒɛts'tsista, i, e] *smf* jazz musician.

jeans [dʒins] ⬦ *smpl* [pantaloni] jeans. ⬦ *sm inv* [tessuto] denim.

Jeep® [dʒip] *sf inv* Jeep®.

jogging ['dʒɔggin(g)] *sm* jogging; **fare** ~ to go jogging.

jolly ['dʒɔlli] *sm inv* joker.

judo ['dʒudɔ] *sm* judo.

Jugoslavia *sf* = **Iugoslavia**.

jugoslavo, a = **iugoslavo**.

jukebox [dʒub'bɔks] *sm inv* jukebox.

juniores [ju'njɔres] ⬦ *agg inv* SPORT junior (*dav s*). ⬦ *smpl* SPORT juniors.

K

k, K *sf* o *m inv* k, K.

karaoke *sm inv* -1. [attività] karaoke -2. [locale] karaoke bar.

karatè, karate *sm* karate.

Kenia *sm*: il ~ Kenya.

kg (*abbr di* **kilogrammo**) kg.

killer *smf inv* killer, hit man.

kilobyte [kilo'bait] *sm inv* kilobyte.

kilowatt ['kilovat] *sm inv* kilowatt.

kimono, chimono *sm inv* -1. [abito] kimono -2. [per judo, karate] suit.

kit [kit] *sm inv* kit.

kiwi ['kiwi] *sm inv* -1. [frutto] kiwi (fruit) -2. [uccello] kiwi.

kleenex® ['klineks] *sm inv* Kleenex®, tissue.

kmq (*abbr di* **kilometro quadrato**) sq km.

k.o. (*abbr di* **knock-out**) *avv* [nel pugilato]: **mettere qn** ~ to KO sb.

koala *sm inv* koala (bear).

Kosovo *sm*: il ~ Kosovo.

krapfen ['kra(p)(f)en] *sm inv* doughnut, donut *esp* US.

Kuwait [ku'vait, ku'wait, ku'wɛit, ku'weit] *sm*: il ~ Kuwait.

K-way® [ki'wɛj, kei'wɛi] *sm inv* anorak.

L

l, L sf o m inv l, L.

l -1. (abbr di **litro**) l -2. (abbr di **legge**) law.

L ⬦ sf inv (abbr di **large**) L. ⬦ (abbr di **Lussemburgo**) L.

la¹ (dav vocale o h **l'**) ⬦ art det ⊳**il**. ⬦ pron pers -1. [persona] her; ~ **conosco bene** I know her well; **salutala** say hello to her -2. [animale] it, her; [cosa] it; **condiscila bene** season it well -3. [forma di cortesia] you; ~ **vedo preoccupata** you seem worried.

la² sm inv MUS A; [in solfeggio] la, lah l/k lama.

là avv there; **il libro è** ~ : **vai a prenderlo** the book's there: go and get it; **eccolo** ~ there it/he is; ~ **dentro/fuori/sopra/sotto** in/out/over/under there; **di** ~ [nella stanza accanto] next door; [moto da luogo] from there; **vai subito via di** ~! get away from there at once!; [moto per luogo] that way; **proviamo a passare di** ~ let's try going that way; **al di** ~ **di qc** the other side of sthg; **quello/quella** ~ that one.

labbro (fpl **labbra**, mpl **labbri**) sm -1. (pl f **labbra**) [di bocca] lip -2. (pl f **labbra**) [di vagina] labium; **labbra labia** -3. (pl m **labbri**) [orlo] edge.

labirinto sm [gen] labyrinth; [di siepi] maze.

laboratorio sm -1. [di ricerca] laboratory, lab fam; ~ **di analisi** test laboratory; ~ **linguistico** language laboratory -2. [di artigiano] workshop.

laborioso, a agg -1. [faticoso] laborious, difficult -2. [giornata, vita] busy -3. [persona, popolo] hard-working.

labrador sm inv Labrador.

lacca (pl -che) sf -1. [per capelli] hairspray -2. [per mobili] varnish.

laccato, a agg [mobile] varnished; [unghie] painted.

laccio sm lace.

lacerare [6] vt -1. [strappare] to tear -2. [straziare] to pierce; **lacerato dai dubbi/rimorsi** tormented with doubt/remorse.
◆ **lacerarsi** vip to tear.

lacero, a agg [veste, abito] torn.

lacrima sf tear; **in lacrime** in tears; **far venire le lacrime agli occhi a qn** to make sb's eyes water.

lacrimare [6] vi [occhi] to water.

lacrimogeno, a agg: **gas** ~ tear gas.
◆ **lacrimogeno** sm tear gas canister.

lacuna sf gap.

ladro, a sm, f thief.

lager ['lager] sm inv concentration camp.

laggiù avv down there.

lagna sf fam -1. [lamento] moaning -2. [persona, discorso] bore.

lagnarsi [23] vip: ~ **(di o per qc)** to moan (about sthg), to complain (about sthg).

lago (pl -ghi) sm -1. GEOG lake; **il** ~ **di Garda** Lake Garda -2. [grande quantità] pool.

laguna sf laguna.

L'Aia sf the Hague.

laico, a, ci, che ⬦ agg secular, lay. ⬦ sm, f layman (f laywoman).

lama ⬦ sf blade. ⬦ sm inv ZOOL llama; RELIG lama.

lamentare [6] vt -1. [male, dolore]: ~ **qc** to complain of o about sthg -2. [compiangere] to lament. ◆ **lamentarsi** vip -1. [emettere lamenti] to moan -2. [protestare]: **lamentarsi (di qn/qc)** to complain (about o of sb/sthg).

lamentela sf complaint.

lamento sm moan.

lametta sf razor-blade.

lamiera sf sheet metal.

lamina sf -1. [lastra sottile] plate -2. [di sci] runner.

laminato, a agg -1. [metallo] laminated -2. [tessuto] lamé. ◆ **laminato** sm laminate.

lampada sf -1. [per illuminare] lamp; ~ **alogena** halogen lamp; ~ **al neon** neon light; ~ **da tavolo** table lamp -2. [per abbronzarsi]: ~ **(abbronzante)** sunlamp.

lampadario sm chandelier.

lampadina sf -1. [di lampada] (light) bulb -2. [torcia]: ~ **(tascabile)** torch UK, flashlight US.

lampante agg clear, obvious.

lampeggiante agg flashing.

lampeggiare [116] ⬦ vi to flash. ⬦ vi impers: **lampeggia** there's lightning.

lampeggiatore sm -1. [di macchina] indicator -2. [di ambulanza] flashing light.

lampione sm street light o lamp.

lampo ⬦ sm -1. [fulmine] flash of lightning -2. [bagliore] flash -3. [breve periodo]: **fare qc in un ~** to do sthg in a flash -4. *loc:* **avere un ~ di genio** to have a stroke of genius. *◇ agg inv* -1. [rapidissimo] lightning *(dav s);* **visita ~** flying visit -2.: **cerniera ~** zip fastener *UK,* zipper *US. ◇ sf inv* zip *UK,* zipper *US.*

lampone *sm* raspberry.

lana *sf* [gen] wool; **pura ~ vergine** pure new wool; **~ di camello/capra** camel/goat hair; **~ d'acciaio** steel o wire *UK* wool; **~ di vetro** fibreglass *UK,* fiberglass *US.*

lancetta *sf* [di orologio] hand; [di strumento] needle.

lancia (*pl* **-ce**) *sf* -1. [arma] spear -2. [imbarcazione] launch.

lanciare [17] *vt* -1. [scagliare] to throw, to hurl -2.: **~ l'auto a tutta velocità** to drive off at high speed -3. [occhiata] to cast; [sfida] to hurl -4. [urlo, grido] to let out -5. [attore, prodotto] to launch -6. INFORM to start up. **◆ lanciarsi** *vr* -1. [saltare] to jump -2. [avventarsi] to hurl o.s. -3. [cimentarsi]: **lanciarsi in qc** to throw o.s. into sthg.

lancinante *agg* [dolore] shooting.

lancio *sm* -1. [di palla, sasso, dadi] throw -2. [in atletica]: **~ del disco** discus -3. [con paracadute, parapendio] jump -4. [di prodotto, attore, siluro, astronave] launch.

languido, a *agg* languid.

languore *sm* hunger pangs *(pl).*

lanterna *sf* lantern.

lapide *sf* -1. [sepolcrale] tombstone, gravestone -2. [commemorativa] plaque.

lapis *sm inv* pencil.

Lapponia *sf*: **la ~** Lapland.

lardo *sm* [di maiale] bacon fat served sliced as a cold meat.

largamente *avv* largely.

larghezza *sf* -1. [misura] width, breadth -2. [abbondanza] wealth.

largo, a, ghi, ghe *agg* -1. [gen] wide -2. [indumenti] big, loose; **essere** o **andare ~ a qn** to be too big for sb -3. [abbondante] ample.

laringe *sf* larynx.

larva *sf* -1. ZOOL larva -2. [persona] skeleton.

lasagne *sfpl* lasagne; **~ al forno** lasagne.

lasciapassare *sm inv* pass, permit.

lasciare [19] *vt* -1. [gen] to leave; **~ la luce accesa** to leave the light on; **~ qc a qn** to leave sthg to sb; **~ in pace qn** to leave sb in peace; **~ qn da solo** to leave sb alone;

lasciar stare qn/qc to leave sb/sthg alone; **~ a desiderare** to leave something to be desired; **~ qc da parte** [non considerare] to leave sth out o aside -2. [mollare] to let go (of); **non lasciarmi la mano!** don't let go (of) my hand! -3. [dare]: **~ qc a qn** to give sb sthg; **~ la scelta a qn** to give sb the choice -4. [permettere]: **~ qn fare qc, ~ che qn faccia qc** to let sb do sthg; **lascia perdere!** forget it! **◆ lasciarsi** *vr* -1. [separarsi] to split up -2. [abbandonarsi]: **lasciarsi andare** to let o.s. go.

lassativo, a *agg & sm* laxative.

lassù *avv* up there; **di ~** from up there.

lastra *sf* -1. [pezzo – di metallo, pietra] slab; [– di vetro, ghiaccio] sheet -2. *fam* [radiografia] X-ray.

laterale *agg* side *(dav s);* **strada** o **via ~** side road o street.

latino, a *◇ agg* -1. [nell'antichità – lingua] Latin; [– civiltà, popolo] Roman -2. [d'oggi] Latin. *◇ sm, f* (ancient) Roman. **◆ latino** *sm* Latin.

latino-americano, a *agg* Latin-American.

latitante *◇ agg* on the run *(non dav s). ◇ smf* fugitive.

latitudine *sf* latitude. **◆ latitudini** *sfpl* latitudes.

lato *sm* -1. [gen] side; **a ~ di qn/qc** next to sb/sthg; **di ~ a qc** next to sthg -2. [aspetto] aspect; **da un ~** from one perspective; **da un ~ ... d'altro ~** on the one hand ... on the other hand.

latrato *sm* barking.

latta *sf* -1. [materiale] tin -2. [recipiente] tin *UK,* can *US.*

lattaio, a *sm, f* milkman. **◆ lattaio** *sm* a *shop that sells milk, butter, cream etc.*

lattante *smf* -1. [neonato] a *baby that's not yet on solids* -2. [persona inesperta] novice.

latte *sm* -1. [gen] milk; **~ intero** whole milk; **~ a lunga conservazione** long-life milk; **~ parzialmente scremato** semi-skimmed milk; **~ scremato** o **magro** skimmed o skim *US* milk; **~ di cocco** coconut milk; **~ di mandorle** almond milk -2. [cosmetico]: **~ detergente** cleanser.

latteria *sf* a *shop that sells milk, butter, cream etc.*

latticini *smpl* dairy products.

lattina *sf* can.

lattuga (*pl* **-ghe**) *sf* lettuce.

laurea *sf* degree.

laureando, a *sm, f* final year student *UK,* senior *US.*

laurearsi [24] *vip* to graduate; ~ **in biologia** to get a degree in biology.

laureato, a ◇ *agg*: **essere ~ (in qc)** to have a degree (in sthg). ◇ *sm, f* graduate.

lava *sf* lava.

lavabile *agg* washable; ~ **in lavatrice** machine washable.

lavabo *sm* washbasin.

lavaggio *sm* washing; **fare il ~ del cervello a qn** to brainwash sb; ~ **a secco** dry cleaning.

lavagna *sf* [nera] blackboard; [bianca] whiteboard.

lavanda *sf* -**1.** [pianta] lavender -**2.** MED: **fare la ~ gastrica a qn** to pump sb's stomach.

lavanderia *sf* laundry; ~ **automatica** o **a gettone** launderette *UK*, Laundromat® *US*.

lavandino *sm* [della cucina] sink; [del bagno] washbasin.

lavare [6] *vt* to wash; ~ **i piatti** to wash the dishes, to do the washing-up *UK*; ~ **a mano** to wash by hand; ~ **a secco** to dry clean; **lavarsi le mani/i capelli** to wash one's hands/hair; **lavarsi i denti** to clean o brush one's teeth. ◆ **lavarsi** *vr* to wash, to have a wash.

lavastoviglie *sf inv* dishwasher.

lavatrice *sf* washing machine.

lavello *sm* sink.

lavorare [6] ◇ *vi* **1.** [persona] to work; ~ **in banca/in fabbrica** to work in a bank/in a factory; ~ **a qc** to work on sthg; ~ **a maglia** o **ai ferri** to knit -**2.** [negozio, ditta] to do business; ~ **molto** to do good business. ◇ *vt* [trattare] to work; ~ **la terra** to work the land.

lavorativo, a *agg* working; **giornata lavorativa** working day *esp UK*, workday *esp US*.

lavorato, a *agg* decorated.

lavoratore, trice *sm, f* worker; ~ **dipendente** employee.

lavorazione *sf* working.

lavoro *sm* -**1.** [gen] work; ~ **manuale** manual work; **mettersi al ~** to start work; ~ **nero** black economy; **tavolo/stanza etc da ~** work table/workroom etc; **lavori di artigianato locale** local handicrafts -**2.** [impiego] job; **che ~ fai?** what do you do?; **vado al ~ in bicicletta** I go to work by bicycle; **è al ~ fino alle sette** he's at work till seven. ◆ **lavori** *smpl* -**1.** [di ristrutturazione] (building) work *(U)*; '**lavori in corso**' 'roadworks ahead' -**2.** [faccende]: **lavori di casa** o **domestici** housework *(U)*.

Lazio *sm*: **il ~** Lazio.

le ◇ *art det* ▷ **il**. ◇ *pron pers* -**1.** [complemento oggetto] them; ~ **conosco bene** I know them well; **salutale** say hello to them; **lavale a mano** wash them by hand -**2.** [complemento di termine – a lei] her; [– a animale] it, her; [– a cosa] it; ~ **parlerò** I'll speak o talk to her -**3.** [forma di cortesia] you; ~ **dà fastidio se fumo, signora?** do you mind if I smoke?

leader ['lider] *smf inv* leader.

leale *agg* loyal.

lealtà *sf* loyalty.

lebbra *sf* leprosy.

lecca lecca *sm inv* lollipop.

leccare [15] *vt* to lick.

lecito, a *agg* permissible; **se mi è ~** if I may.

lega (*pl* **-ghe**) *sf* -**1.** [associazione] league -**2.** [metallo] alloy.

legale ◇ *agg* legal. ◇ *sm, f* lawyer.

legalità *sf* legality.

legalmente *avv* legally.

legame *sm* -**1.** [vincolo] bond -**2.** [nesso] connection.

legamento *sm* ligament.

legare [16] ◇ *vt* to tie (up). ◇ *vi* -**1.** [andare d'accordo] to get on -**2.** [intonarsi] to fit in. ◆ **legarsi** *vip* to commit (o.s.)

legenda *sf* legend.

legge *sf* law; **a norma** o **a termini di ~** in accordance with the law; **essere fuori ~** to be outlawed; **per ~** by law.

leggenda *sf* legend.

leggendario, a *agg* legendary.

leggere [50] *vt* -**1.** [testo] to read -**2.** [intuire] to see.

leggerezza *sf* -**1.** [scarso peso] lightness -**2.** [agilità] agility -**3.** [superficialità] thoughtlessness; **commettere una ~** to be thoughtless.

leggermente *avv* slightly.

leggero, a *agg* -**1.** [gen] light -**2.** [poco concentrato – caffè, tè] weak; [– vino] light -**3.** [piccolo, non forte] light; **una ~ pioggia** light rain -**4.** [frivolo] frivolous; **prendere qc alla leggera** not to take sthg seriously ▷ **atletica**.

leggibile *agg* legible.

legislativo, a *agg* legislative.

legislazione *sf* legislation.

legittimo, a *agg* -**1.** DIR legal; **legittima difesa** self-defence -**2.** [lecito] legitimate.

legna *sf* firewood; **far ~** [raccoglierla] to

gather firewood; [tagliarla] to chop firewood.

legname *sm* lumber, timber *UK*.

legno *sm* wood; **di** o **in** ~ wooden.

legumi *smpl* pulses.

lei ⇔ *pron pers* -**1**. [terza persona – soggetto] she; **è** ~ it's her; ~ **stessa** she herself; [– complemento oggetto, dopo preposizione] her -**2**. [forma di cortesia] you; **io sto bene, e** ~? I'm fine, how are you? ⇔ *sm*: **dare del** ~ **a qn** not to be on first name terms with sb.

lembo *sm* -**1**. [orlo] hem -**2**. [zona]: ~ **di terra** strip of land.

lentamente *avv* slowly.

lente *sf* [in ottica] lens; ~ **d'ingrandimento** magnifying glass; **lenti a contatto** contact lenses. ◆ **lenti** *sfpl* glasses or contact lenses.

lentezza *sf* slowness; **con** ~ slowly.

lenticchia *sf* lentil.

lentiggini *sfpl* freckles.

lento, a *agg* slow; **camminare con passo** ~ to walk slowly; **essere** ~ **in qc/nel fare qc** to be slow at sthg/at doing sthg. ◆ **lento** *sm* slow dance.

lenza *sf* (fishing) line.

lenzuolo (*fpl* lenzuola) *sm* sheet; **un** ~ **a una piazza/a due piazze** a single/double sheet.

leone *sm* lion. ◆ **Leone** *sm* ASTROL Leo; **essere del Leone** to be (a) Leo.

leonessa *sf* lioness.

leopardo *sm* leopard.

lepre *sf* hare.

lesbica (*pl* **-che**) *sf* lesbian.

lesione *sf* -**1**. [fisica] injury -**2**. [morale] damage.

lessare [6] *vt* to boil.

lessi (*etc*) ⇔ leggere.

lessico *sm* vocabulary.

lesso, a *agg* boiled. ◆ **lesso** *sm* boiled meat.

letale *agg* lethal.

letame *sm* manure.

letargo *sm*: **andare in** ~ to go into hibernation; **essere in** ~ to hibernate.

lettera *sf* letter; **tradurre qc alla** ~ to translate sthg word for word; **fare qc alla** ~ to do sthg to the letter; ~ **raccomandata** recorded delivery; **per** ~ by letter. ◆ **lettere** *sfpl* arts; **lettere classiche** classics (*U*); **lettere moderne** arts.

letteralmente *avv* literally.

letterario, a *agg* literary.

letterato, a *sm, f* scholar.

letteratura *sf* literature.

lettino *sm* -**1**. [per bambini] cot *UK*, crib *US* -**2**. [del medico] couch -**3**. [per abbronzarsi]: ~ **(solare)** sunbed.

letto, a *pp* ⇔ leggere. ◆ **letto** ⇔ *sm* bed; **andare a** ~ to go to bed; **andare a** ~ **con qn** to go to bed with sb; ~ **a castello** bunk beds (*pl*); ~ **matrimoniale** o **a due piazze** double bed; ~ **singolo** o **a una piazza** single bed. ⇔ *agg inv* -**1**. ⇔ **divano** -**2**. ⇔ **vagone**.

Lettonia *sf*: **la** ~ Latvia.

lettore, trice *sm, f* -**1**. [di libri, giornali] reader -**2**. [insegnante] assistant. ◆ **lettore** *sm*: ~ **CD** CD player.

lettura *sf* -**1**. [attività] reading -**2**. [testo] book.

leucemia *sf* leukaemia *UK*, leukemia *US*.

leva *sf* -**1**. [in fisica, meccanica] lever; ~ **del cambio** AUTO gear lever o stick *UK*; **fare** ~ **su qc** [sentimento] to play on sthg -**2**. MIL conscription.

levante *sm* east.

levare [6] *vt* -**1**. [gen] to take off; **levarsi i pantaloni** to take off one's trousers *UK* o pants *US* -**2**. [macchia] to remove -**3**. [alzare] to lift; ~ **l'ancora** to weigh anchor. ◆ **levarsi** ⇔ *vip* [sole] to come up; [vento] to get up. ⇔ *vr* [togliersi] to get away.

levatoio *agg* ⇔ **ponte**.

lezione *sf* lesson; **una** ~ **di matematica** a maths *UK* o math *US* lesson; **dare/prendere lezioni** to give/have lessons; **dare una** ~ **a qn** [punire] to teach sb a lesson.

li *pron pers* them; ~ **conosco bene** I know them well; **salutali** say hello to them; ~ **ho già letti** I've already read them.

lì *avv* there; **è** ~ **vicino a te** it's there next to you; ~ **dentro/fuori/sopra/sotto** in/out/over/under there; ~ **l'ancora** there; [moto da luogo] from there; **vieni via di/da** ~ come away from there; [moto per luogo] that way; **di/da** ~ **non si passa** you can't get through that way; **di** ~ **a pochi giorni** a few days later; ~ **per** ~ at first; **essere** ~ ~ **per fare qc** to be about to do sthg; **quello/quella** ~ that one.

libanese *agg & smf* Lebanese.

Libano *sm*: **il** ~ the Lebanon.

libellula *sf* dragonfly.

liberale *agg & smf* liberal.

liberamente *avv* freely.

liberare [6] *vt* -**1**. [gen] to release; ~ **qn/qc da qc** to set sb/sthg free from sthg -**2**. [da oppressione, tormento] to liberate; ~ qn/qc da qn/qc to free sb/sthg from sb/sthg -3. [sgomberare] to empty; libera il tavolo dai libri clear the books off the table.

◆ **liberarsi** ◇ vr to get free; ~ di o da qn/qc to free o.s. of sb/sthg. ◇ vip -1. [luogo] to become available -2. [gas] to escape.

liberatore, trice ◇ agg: una guerra liberatrice a war of liberation; un esercito liberatore an army of liberation. ◇ sm, f liberator.

liberazione sf -1. [di prigionieri] freeing; [di schiavi] emancipation -2. [di paese] liberation. ◆ **Liberazione** sf STORIA: la Liberazione Liberation.

libero, a agg -1. [gen] free; essere ~ di fare qc to be free to do sthg; essere ~ da qc to be free of sthg; ~ professionista freelance -2. [esente]: ~ da qc [imposte] free from sthg -3. [senza legami] unattached -4. [senza attrezzature – spiaggia] public; [– campeggio] free. ◆ **libero** sm [nel calcio] sweeper.

libertà sf inv freedom; ~ di stampa freedom of the press; mettere/rimettere qn in ~ to release sb; prendersi delle ~ con qn to take liberties with sb.

Libia sf: la ~ Libya.

libraio, a sm, f bookseller.

libreria sf -1. [negozio] bookshop esp UK, bookstore esp US -2. [mobile] bookcase.

libretto sm -1. [opuscolo] booklet; ~ d'istruzioni instruction booklet -2. [documento]: ~ di circolazione logbook UK, registration US; ~ di risparmio savings book; ~ universitario record of exam marks -3. [blocchetto]: ~ degli assegni chequebook UK, checkbook US.

libro sm book; ~ di cucina cookbook, cookery book UK; ~ giallo thriller; ~ tascabile paperback; ~ di testo textbook; ~ cassa cash book; libri contabili (account) books.

liceale ◇ agg secondary school esp UK, high school US. ◇ smf secondary esp UK o high US school student.

licenza sf -1. MIL leave; andare in ~ to go on leave -2. [autorizzazione] licence UK, license US -3. [diploma]: ~ media school-leaving certificate given at about 14.

licenziamento sm [gen] dismissal; [per mancanza di lavoro] layoff, redundancy UK.

licenziare [20] vt [dipendente] to lay off, to make redundant UK. ◆ **licenziarsi** vr to resign.

liceo sm -1. [scuola] type of secondary school

for children between 14 and 18 ~ artistico secondary school specializing in art; ~ linguistico language college -2. [edificio] school.

Liechtenstein [likten'stain] sm: il ~ Liechtenstein.

lieto, a agg happy; essere ~ di fare qc to be happy to do sthg; ~ di conoscerla! pleased to meet you!; una lieta notizia good news; a ~ fine with a happy ending.

lieve agg -1. [come peso] light -2. [impercettibile] slight.

lievemente avv slightly.

lievitare [6] vi to rise.

lievito sm yeast; ~ di birra brewer's yeast.

ligure agg & smf Ligurian.

Liguria sf: la ~ Liguria.

lilla agg inv lilac.

lima sf file.

limare [6] vt to file; limarsi le unghie to file one's nails.

limetta sf -1. [per unghie] nailfile -2. [agrume] lime.

limitare [6] vt -1. [ridurre] to restrict -2. [proprietà, terreno] to form o mark the boundary of. ◆ **limitarsi** vr: ~ in qc to cut down on sthg; ~ di fare qc to limit o.s. to doing sthg; si limitò a dire che non era d'accordo he just said he didn't agree.

limitato, a agg limited; persona di mentalità limitata narrow-minded people.

limitazione sf -1. [riduzione] reduction -2. [restrizione] restriction.

limite ◇ sm -1. [confine] edge -2. [termine] limit; essere al ~ della sopportazione to be at the end of one's tether ~ di tempo deadline; ~ di velocità speed limit; al ~ if the worst comes to the worst -3. [difetto] failing. ◇ agg inv ⊳caso.

limonata sf -1. [spremuta] lemon drink -2. [confezionata] lemonade.

limone sm -1. [frutto] lemon -2. [albero] lemon (tree).

limpido, a agg -1. [gen] clear -2. [sincero] straightforward.

linea sf -1. [gen] line; in ~ d'aria as the crow flies; ~ d'arrivo finishing o finish US line; essere in ~ con qc to toe the line regarding sthg; essere in prima ~ [soldato] to be in the front line; volo di ~ scheduled flight; attendere in ~ TELECOM to hold the line; essere in ~ to be on the phone -2. [nei termometri]: avere qualche ~ di febbre to have a slight temperature -3. [corporatura] figure -4. [di prodotti] range

-5. *loc:* **a grandi linee** with broad strokes; **ha illustrato il progetto a grandi linee** he outlined the project; **in ~ di massima** as a rule.

lineamenti *smpl* features.

lineare *agg* **-1.** [rettilineo] linear **-2.** [chiaro] straightforward.

lineetta *sf* hyphen.

linfa *sf* **-1.** BOT sap **-2.** MED lymph.

lingotto *sm* ingot.

lingua *sf* **-1.** ANAT tongue; **avere qc sulla punta della ~** to have sthg on the tip of one's tongue **-2.** [linguaggio] language; **~ madre** mother tongue. ◆ **lingue** *sfpl* (modern) languages.

linguaggio *sm* language.

linguetta *sf* [di scarpa] tongue; [di busta] flap.

linguistico, a, ci, che *agg* linguistic.

lino *sm* **-1.** [pianta] flax **-2.** [stoffa] linen.

liofilizzato, a *agg* freeze-dried.

liquame *sm* liquid sewage.

liquefare [13] *vt* to melt. ◆ **liquefarsi** *vip* to melt.

liquidare [6] *vt* **-1.** [conto, debito] to pay **-2.** [creditore, dipendente] to pay off **-3.** [svendere] to sell off **-4.** [risolvere] to solve **-5.** [sbarazzarsi di] to get rid of **-6.** [uccidere] to kill off **-7.** [vincere] to finish off.

liquidazione *sf* **-1.** [saldo] payment **-2.** [indennità] severance pay **-3.** [svendita] clearance sale.

liquido, a *agg & sm* liquid. ◆ **liquidi** *smpl* [contante] cash.

liquirizia *sf* liquorice *UK*, licorice *US*.

liquore *sm* liqueur.

lira *sf* **-1.** [unità monetaria] lira **-2.** [strumento] lyre.

lirica (*pl* **-che**) *sf* opera.

lirico, a, ci, che *agg* **-1.** [poetico] lyric **-2.** MUS opera (*dav s*).

Lisbona *sf* Lisbon.

lisca (*pl* **-sche**) *sf* **-1.** [di pesce] fishbone **-2.** *fam* [difetto] lisp.

lisciare [19] *vt* **-1.** [levigare] to smooth, to polish **-2.** [pelo, capelli] to stroke. ◆ **lisciarsi** *vr* to clean o.s.

liscio, a, sci, sce *agg* **-1.** [superficie] smooth **-2.** [capelli, whisky] straight **-3.** *loc:* **passarla liscia** to get away with it.

liso, a *agg* worn.

lista *sf* list; **~ d'attesa** waiting list; **~ di nozze** wedding list; **~ della spesa** shopping list.

listino *sm:* **~ (prezzi)** price list.

lite *sf* **-1.** [bisticcio] row **-2.** [causa civile] lawsuit.

litigare [16] *vi* [discutere] to argue, to fight; [rompere i rapporti] to fall out.

litigio *sm* quarrel.

litorale *sm* coast.

litro *sm* litre *UK*, liter *US*.

Lituania *sf:* **la ~** Lithuania.

liturgia *sf* liturgy.

livellare [6] *vt* **-1.** [spianare] to level **-2.** [uniformare] to level off.

livello *sm* **-1.** [gen] level; **sul/sotto il ~ del mare** above/below sea level; **~ di guardia** danger level **-2.** [rango] rank **-3.** [qualità] standard.

livido, a *agg* **-1.** [per contusione] black and blue; [per freddo] blue; **un occhio ~ a** black eye **-2.** [per turbamento] pale **-3.** [cupo] leaden. ◆ **livido** *sm* bruise.

lo (*dav vocale o h* **l'**) ◇ *art det* ▷**il**. ◇ *pron pers* **-1.** [persona] him; **~ conosco bene** I know him well; **salutalo** say hello to him **-2.** [animale] him, it; [cosa] it; **non ~ so** I don't know; **fallo subito** do it at once.

lobo *sm* lobe.

locale ◇ *agg* local. ◇ *sm* **-1.** [bar, ristorante] place; **~ notturno** (night)club **-2.** [stanza] room.

località *sf inv* resort.

localizzare [6] *vt* **-1.** [individuare] to locate **-2.** [circoscrivere] to confine. ◆ **localizzarsi** *vip* to be restricted.

localmente *avv* locally.

locanda *sf* inn.

locandina *sf* poster.

locazione *sf:* **dare (qc) in ~** to rent o let *esp UK* (sthg); **prendere qc in ~** to rent sthg.

locomotiva *sf* engine.

lodare [6] *vt* to praise; **~ qn per qc** to praise sb for sthg.

lode *sf* **-1.** [elogio] praise **-2.** [preghiera] hymn of praise **-3.** [in voto] *the highest possible mark*.

lodevole *agg* praiseworthy.

logaritmo *sm* logarithm.

loggia (*pl* **-ge**) *sf* loggia.

loggione *sm* gallery.

logica (*pl* **-che**) *sf* logic.

logicamente *avv* obviously.

logico, a, ci, che *agg* logical.

logistico, a, ci, che *agg* logistic.

logopedista, i, e *smf* speech therapist.

logorare [6] *vt* **-1.** [gen] to wear out **-2.** [vista, salute] to damage. ➡ **logorarsi** *vip* to wear out.

logoro, a *agg* worn out.

lombaggine *sf* lumbago.

Lombardia *sf*: la ~ Lombardy.

lombardo, a *agg & sm, f* Lombard.

lombata *sf* loin.

lombrico (*pl* -**chi**) *sm* earthworm.

Londra *sf* London.

longevità *sf* longevity.

longilineo, a *agg* long-limbed.

longitudinale *agg* longitudinal.

longitudine *sf* longitude.

lontanamente *avv* vaguely; **non ci penso neanche** ~ I'm not even remotely thinking about it.

lontananza *sf* absence; **in** ~ in the distance.

lontano, a *agg* -**1.** [gen] distant; **la stazione è lontana 200 metri da qui** the station is 200 metres from here; **è lontana casa tua?** is your house far from here?, is it far to your house?; **paesi/tempi lontani** far-off lands/times; **stare** ~ **da qn/qc** to keep away from sb/sthg; **in un** ~ **futuro** in the distant future; **siamo parenti alla lontana** we are distantly related -**2.** [estraneo]: **essere** ~ **dal pensare** o **dall'immaginare qc** to be far from thinking sthg; **tenere qn** ~ **da qc** to keep sb away from sthg -**3.** [vago] remote -**4.** [diverso] different. ➡ **lontano** *avv*: **abita molto** ~ she lives a long way away; **Roma è più** ~ Rome is farther away; **quanto è** ~**?** how far is it?; **da** ~ [da luogo distante] from far away; [in lontananza] from a distance.

lontra *sf* otter.

loquace *agg* chatty.

lordo, a *agg* gross. ➡ **lordo** *sm* -**1.** [peso] gross weight -**2.** [importo] gross amount; **al** ~ **di** including.

loro ⬦ *pron pers* -**1.** [soggetto] they; **sono** ~ it's them; ~ **stessi/stesse** they themselves; ~ **due** those two -**2.** [complemento oggetto] them -**3.** *form* [complemento di termine] them -**4.** [dopo preposizione] them; **di** ~ **non mi fido** I don't trust them; **vengo con** ~ I'll come with them; **se fossi in** ~ if I were o was them. ⬦ *agg poss* their; **la** ~ **auto** their car; **i** ~ **bambini** their children; **un** ~ **amico** a friend of theirs; **a casa** ~ at their house. ⬦ *pron poss*: **il** ~, **la** ~, **i** ~, **le** ~ theirs; **qual è la** ~**?** which one is theirs?; **devono sempre dire la** ~ they always have to have their say; **ne hanno fatta una delle** ~ they've done it again.

losco, a, schi, sche *agg* dubious.

lotta *sf* -**1.** [gen] fight -**2.** [zuffa] struggle -**3.** SPORT: ~ **libera** wrestling.

lottare [6] *vi* -**1.** [gen] to fight -**2.** SPORT to wrestle -**3.** : ~ **con** o **contro qc** [sonno, paura] to fight (against) sthg.

lottatore, trice *sm, f* wrestler.

lotteria *sf* lottery; ~ **di beneficenza** charity lottery.

lotto *sm* -**1.** [gioco] lottery -**2.** [terreno] plot -**3.** [di merce] lot.

lozione *sf* lotion.

LP (*abbr di* **Long Playing**) *sm inv* LP.

lubrificante *sm* lubricant.

lubrificare [15] *vt* to lubricate.

lucchetto *sm* padlock.

luccicare [15] *vi* to sparkle.

luccio *sm* pike.

lucciola *sf* firefly.

luce *sf* light; **fare** ~ **su qc** [illuminare] to shine a light on sthg; [svelare] to shed light on sthg; **riportare alla** ~ to recover; **dare alla** ~ to give birth to; **alla** ~ **di qc** in the light of sthg; **accendere/spegnere la** ~ to turn o switch on/off the light; **a luci rosse** [film] adult; [locale] red-light; **luci di posizione** (dell'auto) sidelights *UK*, parking lights *US*; **mettersi in buona/cattiva** ~ to show o.s. in a good/bad light.

lucente *agg* -**1.** [gen] shining -**2.** [occhi] bright.

lucernario *sm* [finestra] skylight.

lucertola *sf* -**1.** [animale] lizard -**2.** [pelle] lizard skin.

lucidalabbra *sm inv* lipgloss.

lucidare [6] *vt* [lustrare] to polish.

lucidatrice *sf* floor polisher.

lucidità *sf* -**1.** [acutezza] clarity -**2.** [controllo] lucidity.

lucido, a *agg* -**1.** [brillante] shining, shiny -**2.** [consapevole] compos mentis (*non dav s*) -**3.** [acuto] clear. ➡ **lucido** *sm* -**1.** [lucentezza] shine -**2.** [sostanza] polish; ~ **da scarpe** shoe polish -**3.** [foglio] transparency.

lucro *sm*: **fare qc a scopo di** ~ to do sthg for gain.

luglio *sm* July *vedi anche* **settembre**.

lugubre *agg* gloomy.

lui *pron pers* -**1.** [soggetto] he; ~ **chi è?** who's he?; **è** ~ it's him; ~ **stesso** he himself -**2.** [complemento oggetto] him -**3.** [dopo preposizione] him; **chiedi a** ~ ask him; **se fossi in** ~ if I were him.

lumaca (*pl* **-che**) *sf* **-1.** [chiocciola, persona] snail **-2.** [mollusco] slug.

lume *sm* **-1.** [lampada] lamp **-2.** [illuminazione]: **a ~ di candela** by candlelight.

luminare *sm* luminary.

lumino *sm* candle.

luminoso, a *agg* **-1.** [gen] bright **-2.** [che emette luce] luminous.

luna *sf* moon; **~ calante** waning moon; **~ crescente** waxing moon; **~ piena** full moon. ◆ **luna di miele** *sf* honeymoon. ◆ **luna park** *sm inv* fairground.

lunatico, a, ci, che *agg* moody.

lunedì *sm inv* Monday; *vedi anche* sabato.

lunghezza *sf* **-1.** [gen] length **-2.** FIS: **~ d'onda** wavelength.

lungo, a, ghi, ghe *agg* **-1.** [gen] long; **per ~** lengthwise, lengthways; **a ~ for** a long time; **a ~ andare, alla lunga** in the long run; **a lunga conservazione** longlife **-2.** *fam* [lento] slow **-3.** [diluito – caffè] weak; [– brodo] thin. ◆ **lungo** *prep* **-1.** [gen] along **-2.** [durante] during.

lungomare *sm* seafront.

lunotto *sm* rear window.

luogo (*pl* **-ghi**) *sm* **-1.** [gen] place; **~ pubblico** public place; **~ di nascita** place of birth **-2.** [punto preciso] site; **~ del delitto** scene of the crime **-3.** *loc:* **fuori ~** out of place; **aver ~** to take place; **dar ~ a qc** to give rise to sthg; **in primo ~** in the first place; **~ comune** commonplace.

lupo, a *sm, f* wolf; **~ mannaro** werewolf.

luppolo *sm* hop.

lurido, a *agg* filthy.

lusinga (*pl* **-ghe**) *sf* flattery.

lusingare [16] *vt* to flatter.

lussazione *sf* dislocation.

lussemburghese *smf* Luxembourger.

Lussemburgo ⟨⟩ *sm* [stato]: **il ~** Luxembourg. ⟨⟩ *sf* [città] Luxembourg.

lusso *sm* luxury; **di ~** luxury *(dav s)*.

lussuoso, a *agg* luxurious.

lustrare [6] *vt* **-1.** [lucidare] to polish **-2.** [pulire] to clean.

lustrino *sm* sequin.

luterano, a *agg & sm, f* Lutheran.

lutto *sm* **-1.** [gen] mourning; **essere in ~** to be in mourning **-2.** [evento] loss.

m, M *sf* o *m inv* m.

m (*abbr di* **metro**) m.

M (*abbr di* **medium**) *sf inv* M.

ma ⟨⟩ *cong* **-1.** [gen] but; **sembra facile ~ non lo è** it seems easy, but it isn't **-2.** [enfatico]: **~ no!** of course not!; **sei sicuro? – ~ sì!** are you sure? – of course I am!; **~ insomma!** for goodness' sake!; **~ davvero!** really! ⟨⟩ *sm inv* but.

macabro, a *agg* macabre.

macché *esclam* come off it!

maccheroni *smpl* macaroni *(U)*.

macchia *sf* **-1.** [traccia] stain **-2.** [chiazza naturale] patch.

macchiare [20] *vt* **-1.** [sporcare]: **~ qc (di qc)** to stain sthg (with sthg) **-2.** [caffè] to add some milk to **-3.** [disonorare] to tarnish. ◆ **macchiarsi** *vip* **-1.** [sporcarsi]: **macchiarsi (di qc)** to become stained (with sthg) **-2.** [essere colpevole]: **macchiarsi di un delitto** to be guilty of a crime.

macchiato, a *agg* **-1.** [sporco] stained **-2.** ▷ **caffè**. ◆ **macchiato** *sm* [caffè] *espresso with a little milk.*

macchina *sf* **-1.** [congegno] machine; **a ~** machine-made; **~ da cucire** sewing machine; **~ da scrivere** typewriter; **~ fotografica** camera **-2.** [automobile] car **-3.** [idraulica, a vapore] engine; **~ a vapore** steam engine.

macchinare [6] *vt* to plot.

macchinario *sm* machinery.

macchinetta *sf:* **~ del caffè** (espresso) coffee machine.

macchinista (*pl* **-i, e**) *smf* **-1.** [di locomotiva] train driver **-2.** [di nave] engineer.

macedone *agg & smf* Macedonian.

macedonia *sf* fruit salad. ◆ **Macedonia** *sf:* **la Macedonia** Macedonia.

macellaio, a *sm, f* [negoziante] butcher. ◆ **macellaio** *sm* [negozio] butcher's.

macellare [6] *vt* to slaughter, to butcher.

macelleria *sf* butcher's.

macello *sm* **-1.** [mattatoio] slaughter-house, abattoir *UK* **-2.** *fam* [disastro] mess.

macerie *sfpl* rubble *(U)*.

macigno *sm* rock.

macina *sf* millstone.

macinacaffè *sm inv* coffee grinder.

macinapepe *sm inv* peppermill.

macinare [6] *vt* **-1.** [grano, granoturco, pepe] to mill; [caffè] to grind; [olive] to crush **-2.** [carne] to mince *UK*, to grind *US*.

macinino *sm* **-1.** [macinacaffè] coffee grinder **-2.** *scherz* [automobile] heap, (old) banger *UK*, clunker *US*.

macrobiotico, a, ci, che *agg* macrobiotic.

Madagascar *sm*: **il ~** Madagascar.

Madonna *sf* Madonna.

madonnaro, a *sm, f* pavement *UK* o sidewalk *US* artist.

madornale *agg* huge.

madre *sf* mother; **~ natura** mother nature.

madrelingua ◇ *sf* mother tongue; **di ~** mother-tongue. ◇ *agg inv & smf inv* native speaker.

madreperla *sf* mother-of-pearl.

Madrid *sf* Madrid.

madrina *sf* **-1.** [di battesimo] godmother **-2.** [di inaugurazione] patron.

maestà *sf inv* **-1.** [grandezza] majesty **-2.** [appellativo]: **(Sua) Maestà** (His/Her/Your) Majesty.

maestoso, a *agg* majestic.

maestra *sf* ⇨ maestro.

maestrale *sm* mistral.

maestro, a ◇ *sm, f* **-1.** [di scuola] teacher; **~ d'asilo** nursery teacher **-2.** [di disciplina] instructor **-3.** [persona abile, artigiano] master; **da ~** [eccellente] masterly **-4.** [modello] role model **-5.** [musicista] maestro. ◇ *agg* main *(dav s)*.

mafia *sf* Mafia.

mafioso, a ◇ *agg* mafia *(dav s)*. ◇ *sm, f* mafioso.

magari ◇ *cong* if only. ◇ *esclam* I wish! ◇ *avv* **-1.** [forse] perhaps **-2.** [eventualmente] then.

magazziniere, a *sm, f* warehouseman (*f* warehousewoman).

magazzino *sm* warehouse; **grande ~** department store.

maggio *sm* May; **il primo ~** the first of May; *vedi anche* **settembre**.

maggiolino *sm* **-1.** [insetto] beetle **-2.** [autovettura] Beetle®.

maggiorana *sf* marjoram.

maggioranza *sf* **-1.** [gen] majority; **~ assoluta** absolute majority **-2.** [coalizione] majority coalition.

maggiorazione *sf* surcharge.

maggiordomo *sm* butler.

maggiore ◇ *agg* **-1.** [in comparativi – di età] older; [– per grandezza, numero, importanza] greater; **la ~ età** the age of majority **-2.** [in superlativi – di età] eldest; [– per grandezza, numero, importanza] greatest; **la maggior parte di** most of **-3.** MUS major. ◇ *smf* [il più vecchio]: **il/la ~** the eldest. ◇ *sm* MIL major.

maggiorenne *agg & smf* adult.

maggiormente *avv* more.

magi *smpl*: **i (re) ~** the Magi, the three wise men.

magia *sf* **-1.** [arte, fascino] magic; **~ nera** black magic **-2.** [incantesimo] spell.

magico, a, ci, che *agg* **-1.** [di magia] magic **-2.** [straordinario, suggestivo] magical.

magistero *sm* education.

magistrale *agg* masterly ➡ **magistrali** *sfpl* secondary school for training students as primary teachers.

magistrato *sm* magistrate.

magistratura *sf* magistrature.

maglia *sf* **-1.** [golf] pullover **-2.** [canottiera] vest *UK*, undershirt *US* **-3.** [punto] stitch; **lavorare a ~** to knit **-4.** [tessuto] jersey **-5.** [anello – di catena] ring; [– di rete] mesh.

maglieria *sf* knitwear; **~ intima** underwear.

maglietta *sf* T-shirt.

maglione *sm* pullover.

magnesio *sm* magnesium.

magnete *sm* magnet.

magnetico, a, ci, che *agg* magnetic.

magnificamente *avv* magnificently.

magnifico, a, ci, che *agg* magnificent.

magnolia *sf* magnolia.

mago, a, ghi, ghe *sm, f* **-1.** [in fiabe] wizard (*f* witch) **-2.** [indovino] fortune-teller **-3.** [prestigiatore] magician **-4.** [persona abile] wizard.

Magreb *sm*: **il ~** the Maghreb.

magrebino, a *agg & sm, f* Maghrebi.

magrezza *sf* thinness.

magro, a *agg* **-1.** [scarno] thin **-2.** [carne] lean; [formaggio] low-fat **-3.** [scarso] scant.

mah *esclam* well.

maharajàh [mara'(d)ʒa] *sm inv* maharajah.

mai *avv* **-1.** [in nessun tempo, in nessun caso] never; ~ **più** never again; **più che** ~ more than ever; **caso** ~ if necessary **-2.** [come risposta] never! **-3.** [già] ever.

maiale *sm letter & fig* pig; [carne] pork.

maiolica, che *sf* majolica.

maionese *sf* mayonnaise.

Maiorca *sf* Majorca.

mais *sm* maize *UK*, corn *US*.

maiuscola *sf* capital letter.

maiuscolo, a *agg* [carattere] capital.
  ◆ **maiuscolo** *sm* capital letters *(pl)*.

mal = **male**.

malafede *sf* bad faith; **in** ~ in bad faith.

malalingua *(pl* malelingue*)* *sf* gossip.

malamente *avv* badly; **rispondere** ~ to answer back.

malandato, a *agg* [in cattivo stato] shabby; [in cattiva salute] in poor health.

malanno *sm* illness; **prendersi un** ~ to fall ill.

malapena ◆ **a malapena** *avv* barely.

malato, a *agg* **-1.** [persona] ill *UK*, sick *US*; **essere** ~ **di qc** to be ill with sthg; ~ **di mente** mentally ill **-2.** [pianta, parte del corpo] sick. ◇ *sm, f* patient; ~ **terminale** terminally ill patient.

malattia *sf* **-1.** [gen] illness; ~ **mentale** mental illness; ~ **venerea** sexually transmitted disease **-2.** [di animali, piante] disease **-3.** [vizio] addiction.

malavita *sf* **-1.** [delinquenza] crime **-2.** [delinquenti] criminals *(pl)*.

malavoglia *sf* : **di** ~ unwillingly.

Malaysia [mala'izja] *sf* = **Malesia**.

malcapitato, a *agg & sm, f* unfortunate.

malconcio, a, ci, ce *agg* : **essere** ~ to be the worse for wear.

malcontento *sm* discontent.

maldestro, a *agg* clumsy.

maldicenza *sf* **-1.** [abitudine] gossiping **-2.** [pettegolezzo] gossip *(U)*.

maldisposto, a *agg* : **essere** ~ **verso qn/ qc** to be prejudiced against sb/sthg.

Maldive *sfpl* : **le** ~ the Maldives.

male ◇ *sm* **-1.** [concetto morale] bad **-2.** [danno] mistake; **fare del** ~ **a qn** to do sb harm; **che** ~ **c'è?** what harm is there in that?; **non c'è nulla di** ~ there's no harm in it **-3.** [malattia] illness; **mal d'aria** air sickness; **mal d'auto** car sickness; **mal di denti** toothache; **mal di mare** sea sickness; **mal di testa** headache **-4.** [sofferenza] pain; **fare** ~ to hurt **-5.** *loc* : **come va?** — **non c'è** ~ how are you? — not too

bad; **andare a** ~ [alimento] to go off. ◇ *avv* **-1.** [gen] badly; **andare** ~ to go badly; **trattare** ~ **qn** to treat sb badly **-2.** [in modo sbagliato] incorrectly; **capire** ~ to misunderstand; **fare** ~ to do the wrong thing **-3.** [in cattiva salute] : **sentirsi/stare** ~ to feel/be ill **-4.** [in modo sgradevole] : **stare** ~ to feel bad; **rimanerci** o **restarci** ~ to be upset **-5.** [esteticamente] : **stare** ~ **a qn** not to suit sb **-6.** *loc* : **di** ~ **in peggio** from bad to worse; **il film non era** ~ the film wasn't bad.

maledetto, a ◇ *pp* ▷ **maledire**. ◇ *agg* **-1.** [dannato] damned **-2.** [sventurato] awful **-3.** *fam* [insopportabile, come ingiuria] damn, bloody *esp UK*.

maledire [101] *vt* to curse.

maledizione ◇ *sf* curse. ◇ *esclam* damn!

maleducato, a ◇ *agg* rude. ◇ *sm, f* rude person; **comportarsi da** ~ to be rude.

maleducazione *sf* rudeness.

malefico, a, ci, che *agg* evil.

malese ◇ *agg & smf* Malay. ◇ *sm* [lingua] Malay.

Malesia, Malaysia *sf* : **la** ~ Malaysia.

malessere *sm* **-1.** [malore] slight illness; **avere un lieve** ~ to feel slightly unwell **-2.** [disagio] malaise.

malfamato, a *agg* infamous.

malfatto, a *agg* **-1.** [lavoro] badly done; [oggetto] badly made **-2.** [persona, gambe] deformed.

malfermo, a *agg* **-1.** [vacillante] unsteady **-2.** [salute] delicate **-3.** [proposito] shaky.

malformazione *sf* deformity.

malgrado ◇ *cong* even though. ◇ *prep* in spite of, despite; **mio/suo etc** ~ against my/his etc will.

Mali *sm* : **il** ~ Mali.

malignità *sf inv* **-1.** [caratteristica] malice **-2.** [insinuazione] malicious remark.

maligno, a *agg* **-1.** [perfido] malicious **-2.** ▷ **tumore**.

malinconia *sf* gloom, melancholy; **far venire la** ~ **a qn** to make sb feel gloomy.

malinconico, a, ci, che *agg* gloomy, melancholic.

malincuore ◆ **a malincuore** *avv* reluctantly.

malintenzionato, a ◇ *agg* malicious. ◇ *sm, f* person with malicious intentions.

malinteso *sm* misunderstanding.

malizia *sf* **-1.** [cattiveria] malice **-2.** [impertinenza] cheek **-3.** [allusività] suggestiveness; **guardare qn con** ~ to give sb the eye; **è ancora senza** ~ she's still innocent **-4.** [trucco] trick.

maliziosaménte *avv* **-1.** [con cattiveria] maliciously **-2.** [con allusività] flirtatiously.

malizióso, a *agg* **-1.** [sospettoso] suspicious **-2.** [insinuante] mischievous, cheeky **-3.** [allusivo] flirtatious.

malmenàre [6] *vt* to beat up.

màlo, a *agg*: **in** ~ **modo** badly: rispondere **in** ~ **modo** to answer back rudely.

malòra *sf*: **andare in** ~ to fail; **della** ~ *fam* [terribile] awful: fa un freddo della ~ it's damn cold.

malóre *sm* sudden illness.

malridótto, a *agg* [automobile] in a bad state; [vestito] shabby; [persona] run down.

malsàno, a *agg* **-1.** [gen] unhealthy **-2.** [cagionevole] sickly.

maltèmpo *sm* bad weather.

maltése ◇ *agg & smf* Maltese. ◇ *sm* [lingua] Maltese.

màlto *sm* malt.

maltrattàre [6] *vt* **-1.** [persona, animale] to ill-treat **-2.** [oggetto] to mistreat.

malumóre *sm* **-1.** [cattivo umore] bad mood; **di** ~ in a bad mood **-2.** [rancore] bad feeling **-3.** [malcontento] discontent.

malvàgio, a *agg* wicked.

malvisto, a *agg*: **essere** ~ **da qn** to be disliked by sb.

malvivènte *smf* criminal.

malvolentièri *avv* unwillingly.

màmma *sf* [persona] mum *UK*, mom *US*; [animale] mother.

mammèlla *sf* [di donna] breast; [di mucca] udder.

mammífero *sm* mammal.

mammùt *sm inv* mammoth.

Man [man] : **l'isola di** ~ the Isle of Man.

mànager *smf inv* manager.

mancànte *agg* **-1.** [assente] missing **-2.** [privo]: ~ **di qc** lacking in sthg, without sthg.

mancànza *sf* **-1.** [carenza – di soldi, acqua] shortage; [– di rispetto, affetto] lack **-2.** [assenza] absence; **sentire la** ~ **di qn/qc** to miss sb/sthg **-3.** [errore] mistake.

mancàre [15] ◇ *vi* **-1.** [non esserci] to be missing; **manca il tempo per finire** there isn't time to finish; **gli manca il coraggio** he hasn't the courage; **mi manca il fiato** I can't breathe; **ci mancava anche questo** that's all we need **-2.** [essere privo]: ~ **di qc** to lack sthg; **manca un po' di sale** it needs a little salt **-3.** [sentire l'assenza di]: **mi mancano gli amici** I miss my friends **-4.** [distare]: **mancano tre chilometri/due ore** there are three kilometres/ two hours to go ; **manca poco** [tempo] it won't be long; [spazio] it isn't far; **c'è mancato poco che finisse sotto il tram** he almost ended up under the tram **-5.** *euf* [morire] to die **-6.** [venir meno]: ~ **a qc** [a promessa] to break sthg; [a impegno] to fail in sthg; ~ **di rispetto** to be disrespectful **-7.** [svenire]: **sentirsi** ~ to faint. ◇ *vt* to miss.

mancàto, a *agg* [fatto] unsuccessful; ~ **pagamento** non-payment; **un'occasione mancata** a missed opportunity.

manche [manʃ] *sf inv* **-1.** [nello sport] round **-2.** [nei giochi di carte] hand.

mància (*pl* **-ce**) *sf* [a cameriere] tip.

manciàta *sf* handful.

mancíno, a *agg* **-1.** [persona] left-handed **-2.** [sleale]: **colpo** ◇ **tiro** ~ dirty trick.

mànco *avv fam* **-1.** [nemmeno] not even **-2.**: ~ **per idea** ◇ **sogno** not on your life.

mandaràncio *sm* clementine.

mandàre [6] *vt* **-1.** [gen] to send; ~ **qc a qn** to send sthg to sb, to send sb sthg; ~ **qn a fare qc** to send sb to do sthg; ~ **a chiamare qn** to send for sb; ~ **qn al diavolo** ◇ **a quel paese** to tell sb to go to hell **-2.** [emettere – odore] to give off; [– luce] to give out **-3.** *loc*: ~ **qc avanti** [cassetta, pellicola] to fast-foward sthg; ~ **qc indietro** [cassetta, pellicola] to rewind sthg; ~ **giù qc** [cibo] to gulp down sthg; ~ **qc** [offesa] to swallow sthg; ~ **via qn** to send sb away.

mandaríno *sm* mandarin.

mandàto *sm* **-1.** [incarico] task **-2.** DIR: ~ **di arresto** arrest warrant; ~ **di perquisizione** search warrant.

mandíbola *sf* jaw.

mandolíno *sm* mandolin.

màndorla *sf* almond.

màndorlo *sm* almond (tree).

màndria *sf* herd.

maneggévole *agg* easy to use.

maneggiàre [18] *vt* **-1.** [gen] to handle **-2.** [usare] to use.

manéggio *sm* **-1.** [scuola] riding school **-2.** [intrigo] scheming **-3.** [uso] handling.

manésco, a, schi, sche *agg* rough.

manétta *sf* knob; **a** ~ [motore] at full throttle; [radio] (at) full blast. ◆ **manétte** *sfpl* handcuffs; **mettere le** ~ to handcuff.

manganello *sm* baton.

mangereccio, a, ci, ce *agg* edible.

mangiacassette *sm inv* cassette player.

mangianastri *sm inv* cassette player.

mangiare [18] ◇ *vt* **-1.** [ingerire] to eat; fare da ~ to cook; dar da ~ a qn to feed sb; ~ in bianco to eat plain food **-2.** *loc:* mangiarsi le parole to mumble; mangiarsi le unghie to bite one's nails **-3.** [corrodere] to eat away **-4.** [nei giochi] to take. ◇ *sm* food.

mangiata *sf* blowout; farsi una ~ (di qc) to stuff o.s.(with sthg).

mangime *sm* [per bestiame] feed; [per pesci] food.

mango (*pl* **-ghi**) *sm* mango.

mania *sf* **-1.** [ossessione] mania; ~ di grandezza delusions *(pl)* of grandeur; ~ di persecuzione persecution mania **-2.** [passione] passion.

maniaco, a, ci, che *sm, f* **-1.** [bruto] maniac **-2.** [fanatico] fan; essere un ~ di qc to be obsessed with sthg.

manica (*pl* **-che**) *sf* **-1.** [di indumento] sleeve; a maniche corte/lunghe with short/long sleeves; a mezze maniche with three-quarter sleeves; rimboccarsi o tirarsi su le maniche to roll up one's sleeves **-2.** *spreg* [gruppo] gang. ◆ **Manica** *sf*: (il canale del)la Manica the(English) Channel.

manichino *sm* dummy.

manico *sm* handle.

manicomio *sm* **-1.** [ospedale psichiatrico] psychiatric hospital **-2.** [luogo caotico] madhouse.

manicure [mani'kyr] ◇ *sf inv* manicure. ◇ *smf inv* manicurist.

maniera *sf* [modo] way; in ~ che *(+ congiuntivo)* so that; in ~ da fare qc in order to do sthg. ◆ **maniere** *sfpl* manners; belle o buone maniere good manners; cattive maniere bad manners.

manifattura *sf* **-1.** [lavorazione] manufacture **-2.** [stabilimento] factory.

manifestante *smf* demonstrator.

manifestare [6] ◇ *vt* to show. ◇ *vi* to demonstrate. ◆ **manifestarsi** *vip* to appear.

manifestazione *sf* **-1.** [gen] demonstration **-2.** [spettacolo] event.

manifesto, a *agg* obvious. ◆ **manifesto** *sm* **-1.** [programma] poster **-2.** [programma] manifesto.

maniglia *sf* handle.

manipolare [6] *vt* **-1.** [lavorare] to work **-2.** [falsare, influenzare] to manipulate.

mano (*pl* **mani**) *sf* **-1.** [gen] hand; a ~ by hand; fatto a ~ handmade; lavare a ~ to handwash; a ~ armata armed; a ~ libera freehand; dare una ~ a qn to give sb a hand; avere o tenere qc in ~ to be holding sthg; prendere qn per ~ to take sb by the hand; avere qc per le mani *fig* to have sthg in hand; darsi la ~ to shake hands; ~ nella ~ hand in hand; venire alle mani to come to blows; di seconda ~ second-hand **-2.** [di vernice] coat.

manodopera *sf* labour UK, labor US.

manomettere [71] *vt* to tamper with.

manopola *sf* **-1.** [pomello] knob **-2.** [rivestimento] grip **-3.** [su autobus] strap.

manoscritto, a *agg* handwritten. ◆ **manoscritto** *sm* manuscript.

manovale *sm* labourer UK, laborer US.

manovella *sf* handle.

manovra *sf* **-1.** [gen] manoeuvre UK, maneuver US; fare ~ to manoeuvre **-2.** [stratagemma] trick.

manovrare [6] ◇ *vt* **-1.** [gen] to manoeuvre UK, to maneuver US **-2.** [azionare] to operate **-3.** [influenzare] to manipulate. ◇ *vi* **-1.** [fare manovra] to manoeuvre UK, to maneuver US **-2.** [tramare] to scheme.

mansarda *sf* attic.

mansione *sf* duty.

mansueto, a *agg* docile.

mantella *sf* cape.

mantello *sm* **-1.** [indumento] cloak **-2.** [coltre] blanket **-3.** [pelo] coat.

mantenere [93] *vt* **-1.** [conservare, rispettare] to keep **-2.** [provvedere al sostentamento di] to support. ◆ **mantenersi** ◇ *vip* to remain. ◇ *vr* **-1.** [sostentarsi] to support o.s. **-2.** [conservarsi]: ~ in forma to keep in shape.

mantenimento *sm* maintenance.

manto *sm* **-1.** [mantello] cloak **-2.** [strato] layer **-3.** [coltre] blanket.

Mantova *sf* Mantua.

mantovana *sf* **-1.** [del tetto] bargeboard **-2.** [delle tende] pelmet UK, valance US.

mantovano, a *agg & sm, f* Mantuan.

manuale ◇ *agg* manual. ◇ *sm* [d'uso] manual; [di studio] textbook.

manualità *sf inv* dexterity.

manualmente *avv* manually.

manubrio *sm* [di bicicletta] handlebars *(pl)*.

manufacturing [manu'fakturing] *sm inv* manufacturing.

manufatto *sm* handmade article.

manutenzione *sf* maintenance.

manzo *sm* **-1.** [bovino] bullock **-2.** [carne] beef.

mappa *sf* **-1.** [planimetria] map **-2.** [schema] chart.

mappamondo *sm* **-1.** [in piano] map of the world **-2.** [globo] globe.

marachella *sf* trick.

marameo *esclam*: fare ~ a qn to thumb one's nose at sb.

marasma (*pl* **-i**) *sm* **-1.** MED marasmus **-2.** [caos] chaos.

maratona *sf* **-1.** [gen] marathon **-2.** [scarpinata] trek.

marca (*pl* **-che**) *sf* **-1.** [marchio] logo **-2.** [prodotto] brand; **di** ~ branded **-3.** [ricevuta] receipt **-4.** [francobollo]: ~ **da bollo** *stamp needed for official documents.*

marcare [15] *vt* **-1.** [contrassegnare] to mark **-2.** [evidenziare] to highlight **-3.** SPORT [gol] to score; [avversario] to mark.

marcato, a *agg* marked.

Marche *sfpl*: **le** ~ the Marches.

marchese, a *sm, f* marquis (*f* marchioness).

marchiare [20] *vt* to brand.

marchigiano, a ◇ *agg* of o from the Marches. ◇ *sm, f* person from the Marches.

marchingegno *sm* **-1.** [congegno] contraption **-2.** [espediente] ruse.

marchio *sm* mark; ~ **di fabbrica** trademark; ~ **registrato** registered trademark.

marcia (*pl* **-ce**) *sf* **-1.** [gen] march; **mettersi in** ~ to set off **-2.** SPORT walk **-3.** [di vettura] gear; **fare** ~ **indietro** [in auto] to reverse; [ripensamento] to back out.

marciapiede *sm* **-1.** [in strada] pavement *UK*, sidewalk *US* **-2.** [di stazione ferroviaria] platform.

marciare [17] *vi* **-1.** [camminare] to march **-2.** SPORT to walk **-3.** [veicolo] to travel **-4.** [funzionare] to work.

marcio, a, ci, ce *agg* **-1.** [gen] rotten **-2.** [degenerato] corrupt. ◆ **marcio** *sm* **-1.** [sostanza avariata] decay; **sa di** ~ it tastes bad **-2.** [corruzione] corruption.

marcire [9] *vi* to rot.

marco (*pl* **-chi**) *sm* mark.

mare *sm* **-1.** [massa d'acqua] sea; **aria di** ~ sea air; **in alto** ~ far out to sea; ~ **grosso** heavy seas (*pl*) **-2.** [grande quantità]: **un** ~ **di qc** a lot of sthg.

marea *sf* **-1.** [fenomeno] tide; **alta/bassa** ~ high/low tide **-2.** [di fango] sea **-3.** [grande quantità]: **una** ~ **di qc** a lot of sthg.

mareggiata *sf* rough seas (*pl*).

maremoto *sm* seaquake.

maresciallo *sm* warrant officer.

margarina *sf* margarine.

margherita *sf* **-1.** [fiore] daisy **-2.** [pizza] margherita.

marginale *agg* marginal.

margine *sm* **-1.** [bordo] edge; **ai margini della società** on the margins of society **-2.** [di foglio] margin; **a o in** ~ in the margin **-3.** [quantità]: **un** ~ **di spesa giornaliera** a daily spending limit; **un buon** ~ **di tempo** a good amount of time; **un buon** ~ **di denaro** a good sum of money; ~ **di errore** margin of error.

marijuana [marju'wana] *sf* marijuana.

marina *sf* **-1.** [flotta] navy **-2.** [piccolo porto] marina.

marinaio *sm* sailor.

marinare [6] *vt* **-1.** [frollare] to marinate **-2.** *loc*: ~ **(la scuola)** to play truant.

marinaro, a *agg* **-1.** [marino] maritime; **località marinara** seaside town **-2.** [marinaresco] sailor's (*dav s*).

marino, a *agg* **-1.** [fauna, flora] marine; [ambiente] seaside (*dav s*); [acque] sea (*dav s*).

marionetta *sf* puppet.

marito *sm* husband.

marittimo, a *agg* maritime (*dav s*).

marketing *sm inv* marketing; **ricerca di marketing** market research.

marmellata *sf* jam; ~ **di fragole** strawberry jam; ~ **d'arance** marmalade.

marmitta *sf* AUTO silencer; ~ **catalitica** catalytic converter.

marmo *sm* **-1.** [roccia] marble; **di** ~ marble **-2.** [scultura] marble sculpture **-3.** [lastra] marble top.

marmotta *sf* marmot.

marocchino, a *agg & sm, f* Moroccan. ◆ **marocchino** *sm* **-1.** [cuoio] leather **-2.** [bevanda] *type of coffee similar to cappuccino.*

Marocco *sm*: **il** ~ Morocco.

marrone ◇ *agg* [colore] brown. ◇ *sm* **-1.** [colore] brown **-2.** [castagna] chestnut.

marron glacé [mar(r)ongla(s)'se] *sm inv* marron glacé.

marsala *sm inv* Marsala.

marsupio *sm* **-1.** ZOOL pouch **-2.** [per trasportare bebè] (baby) sling **-3.** [borsello] bum bag *UK*, fanny pack *US*.

martedì *sm inv* Tuesday; ~ **grasso** Shrove Tuesday; *vedi anche* **sabato**.

martellare [6] ◇ vt -1. [battere] to hammer -2. [picchiare] to pound -3. [incalzare] to bombard. ◇ vi to throb.

martellata sf hit with a hammer.

martello sm hammer; ~ pneumatico pneumatic drill UK, jackhammer US.

Martinica sf: la ~ Martinique.

martire smf martyr.

marxismo sm Marxism.

marzapane sm marzipan.

marziano, a agg & sm, f [extraterrestre] Martian.

marzo sm March vedi anche **settembre**.

mascalzone, a sm, f [imbroglione] cheat; [persona immorale] pig.

mascara sm inv mascara.

mascarpone sm mascarpone.

mascella sf jaw.

maschera sf -1. [gen] mask -2. [travestimento]: **essere/mettersi in** ~ to be in/put on fancy dress -3. [protezione]: ~ **antigas** gas mask; ~ **subacquea** diving mask -4. [in cinema, teatro] usher (f usherette).

mascherare [6] vt lett & fig to mask.
 ➡ **mascherarsi** vr: ~ **(da qn/qc)** to dress up (as sb/sthg).

mascherato, a agg -1. [viso] masked -2. [travestito] in fancy dress (non dav s) -3. [ballo] fancy dress ball.

maschile ◇ agg -1. [di uomo] male -2. [per uomini] men's (dav s) -3. GRAM masculine. ◇ sm GRAM masculine.

maschilista, i, e agg & smf sexist.

maschio ◇ agg -1. biol male -2. [virile] masculine. ◇ sm male.

mascolinità sf masculinity.

masochista, i, e smf masochist.

massa sf -1. [gen] mass; **di** ~ mass (dav s) -2. [grande quantità] lot; **in** ~ en masse -3. ELETTR earth UK, ground US; **collegare** o **mettere la** ~ to earth UK, to ground US.

massacrare [6] vt -1. [trucidare] to massacre -2. [malmenare] to beat -3. [rovinare] to ruin -4. [stancare] to kill.

massacro sm -1. [strage] massacre -2. [disastro] disaster.

massaggiare [18] vt to massage.

massaggiatore, trice sm, f masseur (f masseuse).

massaggio sm massage; ~ **cardiaco** cardiac massage.

massiccio, a, ci, ce agg -1. [pieno] solid -2. [robusto] stocky -3. [consistente] huge.
 ➡ **massiccio** sm massif.

massima sf -1. [principio] maxim -2. [motto] saying -3. [temperatura] maximum (temperature).

massimo, a agg -1. [il più grande] maximum (dav s) -2. [molto grande] greatest.
 ➡ **massimo** sm: **il** ~ [il grado più alto] the maximum; [il meglio] the greatest; **dare il** ~ to give one's all; **al** ~ [al grado più alto] on maximum; [tutt'al più] at (the) most; **usufruire al** ~ **di qc** to take full advantage of sthg.

mass media [mas'midjamas'mɛdja] smpl mass media.

masso sm boulder.

masticare [15] vt -1. [cibo] to chew -2. [conoscere poco] to have a smattering of.

mastino sm mastiff.

masturbare [6] vt to masturbate.
 ➡ **masturbarsi** vr to masturbate.

matassa sf [di fili] skein.

matematica sf mathematics, maths UK, math US.

matematico, a, ci, che ◇ agg -1. [della matematica] mathematical -2. [sicuro] certain; **la certezza matematica** mathematical certainty. ◇ sm, f mathematician.

materassino sm -1. [tappeto] mat -2. [gonfiabile] air-bed.

materasso sm mattress.

materia sf -1. [sostanza] matter -2. [disciplina, argomento] subject.

materiale ◇ agg -1. [gen] material; **non ho il tempo** ~ I haven't physically got the time -2. [rozzo] rough. ◇ sm material.

materialmente avv: **essere** ~ **impossibile** to be physically impossible.

maternità sf inv -1. [condizione] motherhood -2. [reparto] maternity ward -3. [congedo] maternity leave.

materno, a agg -1. [affetto] motherly, maternal; **latte** ~ mother's milk -2. [parente, eredità] maternal -3. [lingua, paese] mother (dav s) -4. ⊳**scuola**.

matita sf -1. [per scrivere] pencil; **a** ~ in pencil; **matite colorate** coloured pencils -2. [cosmetico]: ~ **per le labbra** lip-liner; ~ **per gli occhi** eye-liner.

matrice sf -1. MAT matrix -2. [originale] original -3. [di assegno, ricevuta] stub.

matricola sf -1. [registro d'iscrizione] enrolment UK, enrollment US -2. [numero] (registration) number -3. [studente] fresher UK, freshman US -4. [militare] new recruit.

matrigna sf stepmother.

matrimoniale agg -1. [di matrimonio]

marriage *(dav s)*; **pubblicazioni matrimo-niali** banns; **anello** ~ wedding ring; **vita** ~ married life **-2.** ⊳**letto**.

matrimonio *sm* **-1.** [gen] marriage **-2.** [cerimonia] wedding; **pranzo di** ~ wedding breakfast.

mattacchione, a *sm, f* joker.

mattarello *sm* = matterello.

mattatoio *sm* slaughterhouse, abattoir *UK*.

matterello *sm* rolling pin.

mattina *sf* morning; **lavoro solo la** ~ I only work mornings; **la o di** ~ in the morning; **di prima** ~ early in the morning.

mattinata *sf* morning; **in** ~ during the morning.

mattiniero, a *agg*: **una persona mattiniera** an early riser.

mattino *sm* morning; **al** ~ in the morning; **di buon** ~ early (in the morning).

matto, a ◇ *agg* **-1.** [gen] mad, crazy; **andare** ~ **per qc** to be mad about sthg; **da matti** [moltissimo] a lot **-2.** [enorme] great; **avere una paura matta di qc** to be terrified of sthg; **avere una voglia matta di qc/di fare qc** to be dying for sthg/to do sthg. ◇ *sm, f* **-1.** [malato] madman (*f* madwoman) **-2.** [tipo stravagante] lunatic.

mattone ◇ *sm* brick. ◇ *agg inv* brick red.

mattonella *sf* **-1.** [piastrella] tile **-2.** [gelato] block of ice cream.

mattutino, a *agg* morning *(dav s)*.

maturare [6] ◇ *vi* **-1.** [frutto] to ripen **-2.** [persona, interessi] to mature **-3.** [foruncolo] to come to a head. ◇ *vt* [proposito, decisione] to reach.

maturità *sf inv* **-1.** [gen] maturity **-2.** [diploma] school leaving exam.

maturo, a *agg* **-1.** [frutto, tempi, epoca] ripe **-2.** [assennato, adulto] mature.

Maurizio *m* Mauritius.

mazza *sf* **-1.** [bastone] club **-2.** [martello] sledgehammer **-3.** SPORT: ~ **da baseball** baseball bat; ~ **da golf** golf club.

mazzo *sm* **-1.** [di fiori, chiavi] bunch **-2.** [di carte] pack *UK*, deck *US* **-3.** *loc*: **farsi il** ~ *mfam* to slog one's guts out.

mc *(abbr di* metro cubo*)* cubic metre.

me *pron pers* me; **parlava a** ~ he was talking to me; **se tu fossi in** ~ if you were me; **secondo** ~ I think ⊳**mi**.

MEC ['mɛk] *(abbr di* Mercato Comune Europeo*) sm* Common Market.

mecca *sf* mecca. ◆ **Mecca** *sf*: **La** ~ Mecca.

meccanica, che *sf* **-1.** [scienza] mechanics *(U)* **-2.** [svolgimento] sequence **-3.** [congegni] mechanism.

meccanicamente *avv* **-1.** [con mezzi meccanici] mechanically **-2.** [senza riflettere] automatically.

meccanico, a, ci, che *agg* mechanical. ◆ **meccanico** *sm* mechanic.

meccanismo *sm* **-1.** [gen] mechanism; ~ **di difesa** defence mechanism **-2.** [procedure] process.

mèche [mɛʃ] *sf inv* highlights *(pl)*.

medaglia *sf* **-1.** [ornamento] medallion **-2.** [premio] medal; ~ **d'oro/d'argento** [oggetto] gold/silver medal; [atleta] gold/silver medallist.

medaglione *sm* **-1.** [gioiello] locket **-2.** CULIN & ARCHIT medallion.

medesimo, a ◇ *agg* **-1.** [gen] same **-2.** [rafforzativo] myself/yourself etc. ◇ *pron dim* [per identità] same one.

media *sf* **-1.** MAT mean; ~ **aritmetica** arithmetic mean **-2.** [valore dominante, voto] average; **in** ~ on average; ~ **oraria** hourly average. ◆ **medie** *sfpl* school for 11 to 13 year olds.

mediale *agg* media *(dav s)*.

mediamente *avv* on average.

mediante *prep* by, via; ~ **Internet** on the Internet.

mediatico, a, ci, che *agg* media *(dav s)*.

mediatore, trice *sm, f* **1.** [intermediario] mediator **-2.** COMM middleman.

medicamento *sm* medication.

medicare [15] *vt* **-1.** [ferita] to dress **-2.** [ferito] to treat. ◆ **medicarsi** *vr* to be treated.

medicina *sf* letter & fig medicine; ~ **legale** forensic medicine.

medicinale ◇ *agg* medicinal. ◇ *sm* medicine.

medico, a, ci, che *agg* medical; **studio** ~ doctor's surgery *UK* o office *US*. ◆ **medico** *sm* doctor; **andare dal** ~ to go to the doctor; **consultare un** ~ to go to see a doctor; **fare il** ~ to be a doctor; ~ **generico** o **di famiglia** family doctor, GP *UK*, general practitioner *UK*; ~ **di guardia** doctor on call.

medievale *agg* medieval.

medio, a *agg* **-1.** [gen] average **-2.** [taglia] medium; **c'è nella taglia media?** have you got this in a medium? **-3.** [centrale] middle *(dav s)* *vedi anche* oriente. ◆ **medio** *sm* middle finger.

mediocre *agg* mediocre.

mediocrità *sf* mediocrity.

medioevale *agg* = medievale.

Medioevo *sm* Middle Ages *(pl)*.

mediorientale *agg* Middle Eastern.

meditare [6] <> *vt* -1. [progettare] to plot -2. [considerare] to consider. <> *vi* to ponder.

meditazione *sf* reflection.

mediterraneo, a *agg* Mediterranean.
◆ **Mediterraneo** *sm*: il (Mar) Mediterraneo the Mediterranean (Sea).

medusa *sf* jellyfish.

meeting ['mitin(g)] *sm inv* meeting.

megafono *sm* megaphone.

megahertz ['mɛgaɛrts] *sm inv* megahertz.

meglio <> *avv* -1. [comparativo] better; andare ~ to be better; stare ~ [di salute] to be o feel better; [di aspetto] to look better; ~ di better than; o per ~ dire or rather -2. [superlativo] best; è la cosa che mi riesce ~ it's the thing I do best; le persone ~ vestite the best dressed people; ~ possibile as best you/he etc can. <> *agg inv* -1. [migliore] better; ~ di qn/qc better than sb/sthg; la tua macchina è ~ della mia your car is better than mine; in mancanza di ~ for want of anything better; niente/qualcosa di ~ nothing/something better; alla bell'e ~ as well as I/he etc could -2. [in costruzioni impersonali] better; è ~ rimanere qui it's better to stay here; è ~ che te lo dica it's better if I tell you. <> *sm* best; ha buttato via il ~ he threw away the best part; fare del proprio ~ to do one's best; agire per il ~ to act for the best; è il ~ che posso fare it's the best I can do. <> *sf*: avere la ~ to come off best; avere la ~ su qn to get the better of sb.

mela *sf* apple.

melagrana *sf* pomegranate.

melanzana *sf* aubergine *UK*, eggplant *US*.

Melbourne ['mɛlburn] *sf* Melbourne.

melma *sf* slime.

melo *sm* apple (tree).

melodia *sf* tune.

melodioso, a *agg* tuneful.

melodramma *(pl* -i) *sm* -1. [situazione esagerata] melodrama -2. MUS opera.

melodrammatico, a, ci, che *agg* -1. [esagerato] melodramatic -2. MUS operatic.

melograno *sm* pomegranate (tree).

melone *sm* melon.

membrana *sf* membrane.

membro *sm* member. ◆ **membra** *sfpl* limbs.

memoria *sf* memory; **perdere la** ~ to lose one's memory; **imparare/sapere qc a** ~ to learn/know sthg by heart; **in** ~ **di qn** in memory of sb; ~ **tampone** buffer.
◆ **memorie** *sfpl* memoirs.

memorizzare [6] *vt* -1. [ricordare] to memorize -2. INFORM to store.

menare [6] *vt* -1. *lett* [condurre] to lead; **menarla per le lunghe** to drag it out -2. [picchiare] to beat up. ◆ **menarsi** *vr* to lay into one another.

mendicante *smf* beggar.

mendicare [15] <> *vt* to beg for. <> *vi* to beg.

menefreghista, i, e *smf person who couldn't care less.*

meningi *sfpl* meninges.

meningite *sf* meningitis.

menisco, schi *sm* meniscus.

meno <> *avv* -1. [in comparativi] less; **di** ~ less; ~ **di** less than -2. [in superlativi] least; **la camera** ~ **cara** the least expensive room; **i lavori** ~ **faticosi** the least tiring jobs; **di** ~ least; **il** ~ **possibile** as little as possible -3. [in correlazione] the less; ~ **lo vedo, meglio sto** the less I see him, the happier I am; **giorno più, giorno** ~ one day more, one day less -4. [no]: **o** ~ or not -5. [nell'ora]: **le nove** ~ **un quarto** a quarter to nine -6. [nelle sottrazioni] minus, take away -7. [nelle temperature, nei voti scolastici] minus -8. *loc*: **mi ha dato dieci euro in** o **di** ~ he gave me ten euros too little; ~ **male** thank goodness; **non essere da** ~ **(di qn)** not to be outdone (by sb); **non vuole essere da** ~ he doesn't want to be outdone by his friends; **fare a** ~ **di qn/qc** to do without sb/sthg; **non poter fare a** ~ **di fare qc** not to be able to help doing sthg; **non potevo fare a** ~ **di urlare** I couldn't help yelling. <> *agg inv* [in comparativi] less; [in correlazioni] fewer; **ho** ~ **tempo del solito** I've got less time than usual; **oggi c'è** ~ **gente** there are fewer people today. <> *prep* except; **c'erano tutti** ~ **lei** everyone was there except her; ~ **che** except. <> *sm inv* -1. [la cosa minore] least; **era il** ~ **che ti potesse succedere** you were asking for it -2. [in matematica] minus sign. ◆ **a meno che** *cong (+ congiuntivo)* unless; **vengo, a** ~ **che non piova** I'll come unless it rains. ◆ **a meno di** *cong* unless; **non credo di andare, a** ~ **di non finire molto prima del previsto** I don't think I'll go, unless I finish much sooner than I expect.

menopausa *sf* menopause.

mensa *sf* canteen.

mensile ⬦ *agg* monthly. ⬦ *sm* monthly (magazine).

mensilmente *avv* monthly.

mensola *sf* -1. [ripiano] shelf -2. ARCHIT bracket.

menta *sf* -1. [gen] mint; ~ **piperita** peppermint -2. [sciroppo] peppermint syrup.

mentale *agg* mental.

mentalità *sf inv* mentality.

mentalmente *avv* mentally.

mente *sf* -1. [gen] mind -2. [memoria]: **venire in** ~ **a qn** to occur to sb; **passare di** ~ **a qn** to slip sb's mind; **tenere a** ~ **qc** to bear sthg in mind -3. [intenzione]: **avere in** ~ **di fare qc** to be thinking of doing sthg.

mentire [10] *vi* to lie.

mento *sm* chin.

mentre ⬦ *cong* -1. [quando] while -2. [invece] whereas. ⬦ *sm*: **in quel** ~ at that moment.

menu *sm inv* menu; ~ **turistico** set menu.

menzionare [6] *vt* to mention.

menzogna *sf* lie.

meraviglia *sf* -1. [stupore] astonishment -2. [cosa, persona] wonder. ⬦ **a meraviglia** *avv* very well.

meravigliare [21] *vt* to amaze. ⬦ **meravigliarsi** *vip* to be amazed; **meravigliarsi di qn** to be surprised at sb.

meraviglioso, a *agg* wonderful.

mercante *sm* merchant; ~ **d'arte** art dealer.

mercantile ⬦ *agg* commercial. ⬦ *sm* merchant ship.

mercatino *sm* street market; ~ **dell'usato** o **delle pulci** flea market.

mercato *sm* market; ~ **coperto** covered market; ~ **nero** black market; **a buon** ~ cheap; **Mercato Comune Europeo** *dat* Common Market.

merce *sf* goods *(pl)*.

mercenario, a, i, ie ⬦ *sm* mercenary. ⬦ *agg* mercenary.

merceria *sf* -1. [articoli] haberdashery -2. [negozio] haberdasher's.

mercoledì *sm inv* Wednesday; ~ **delle Ceneri** Ash Wednesday; *vedi anche* **sabato**.

mercurio *sm* mercury. ⬦ **Mercurio** *sm* Mercury.

merda *volg* ⬦ *sf* shit. ⬦ *esclam* shit!

merenda *sf* afternoon snack.

meridionale ⬦ *agg* southern. ⬦ *smf* southerner.

meridione *sm* South. ⬦ **Meridione** *sm*: **il Meridione** the South of Italy.

meringa (*pl* -ghe) *sf* meringue.

meringata *sf* meringue.

meritare [6] ⬦ *vt* to deserve; **merita di essere trattato bene** he deserves to be treated well; **meritarsi qc** to deserve sthg. ⬦ *vi impers* to be worth it; **non merita che io mi preoccupi di loro** it's not worth my worrying about them.

merito *sm* -1. [responsabilità] credit; **per** ~ **di qn** thanks to sb -2. [virtù] virtue -3. *loc:* **in** ~ **a qc** with regard to sthg.

merletto *sm* lace.

merlo *sm* blackbird.

merluzzo *sm* cod.

meschinità *sf inv* -1. [grettezza] pettiness -2. [cosa gretta] mean thing.

meschino, a *agg* -1. [gen] mean -2. [misero] miserable.

mescolanza *sf* mixture.

mescolare [6] *vt* -1. [gen] to mix -2. [rimestare] to stir -3. [mettere in disordine] to mix up; ~ **le carte** to shuffle. ⬦ **mescolarsi** *vip* -1. [mischiarsi] to mix -2. [disordinarsi] to get mixed up -3. [persone] to mingle.

mese *sm* -1. month -2. [stipendio] month's salary; [affitto] month's rent.

messa *sf*: ~ **a fuoco** focusing; ~ **in piega** set; ~ **a punto** (di progetto) finalization; [di motore] tuning; INFORM debugging. ⬦ **Messa** *sf* Mass.

messaggero, a *sm, f* messenger.

messaggio *sm* message; ~ **pubblicitario** advertisement.

Messia *sm inv*: **il** ~ the Messiah.

messicano, a *agg & sm, f* Mexican.

Messico *sm*: **il** ~ Mexico.

Messina *sf* Messina.

messinscena *sf* -1. TEATRO production -2. [finzione] sham.

messo, a *pp* ⊳**mettere**.

mestiere *sm* -1. [lavoro] job; **che** ~ **fa?** what's his job? -2. [conoscenza] craft; **i trucchi del** ~ the tricks of the trade.

mestolo *sm* ladle.

mestruazione *sf* menstruation; **avere le mestruazioni** to have one's period.

meta *sf* -1. [destinazione] destination -2. [scopo] goal.

metà *sf inv* -1. [parte] half; **fare a** ~ **(con qn)** to go halves (with sb) -2. [punto di mezzo] middle; **a** ~ in two; **a** ~ **strada** halfway.

metabolismo *sm* metabolism.

metafora *sf* metaphor.

metallico, a, ci, che *agg* -1. [fatto di metallo] metal -2. [suono, voce] metallic.

metallo *sm* metal; **di** ~ metal.

metamorfosi *sf inv* metamorphosis.

metano *sm* methane.

meteo *sm inv* (weather) forecast.

meteora *sf* meteor.

meteorologia *sf* meteorology.

meteorologico, a, ci, che *agg* weather *(dav s)*, meteorological.

meticcio, a, ci, ce *sm, f* person of mixed race.

meticoloso, a *agg* meticulous.

metodico, a, ci, che *agg* methodical.

metodo *sm* -1. [gen] method; **con** ~ methodically -2. [manuale] tutor.

metrica, che *sf* prosody.

metro ◇ *sm* -1. [unità di misura] metre *UK*, meter *US*; ~ **cubo** cubic metre; ~ **quadrato** o **quadro** square metre -2. [strumento – di legno, metallo] ruler; [- a nastro] tape-measure -3. [criterio] yardstick -4. [in poesia] metre *UK*, meter *US*. ◇ *sf inv* underground *UK*, tube *UK*, subway *US*.

metropoli *sf inv* metropolis.

metropolitana *sf* underground *UK*, tube *UK*, subway *US*; ~ **leggera** light railway *UK* o rail *US*.

metropolitano, a *agg* metropolitan.

mettere [71] *vt* -1. [collocare, inserire] to put; **guarda dove metti i piedi!** watch where you're putting your feet!; ~ **un bambino a letto** to put a child to bed; **mettersi le mani in tasca** to put one's hands in one's pockets; ~ **un chiodo nel muro** to bang a nail into the wall; **metta una firma qui** sign here; ~ **un annuncio sul giornale** to put an ad in the newspaper; **lo metta sul mio conto, per favore** put it on my bill, please -2. [installare] to connect up -3. [suscitare]: ~ **paura a qn** to frighten sb; ~ **allegria/malinconia a qn** to make sb (feel) happy/sad -4. [indossare] to put on; **non ho niente da** ~! I haven't got a thing to wear!; **mettersi la cravatta/le scarpe** to put one's tie/shoes on -5. [disco] to play -6. [sveglia] to set -7. [impiegare]: ~ **qc in qc** to put sthg into sthg; **ci ho messo tre giorni** [tempo] it took me three days; **mettercela tutta** to do one's best -8. [supporre]: **metti** o **mettiamo (il caso) che...** just suppose that... -9. [avviare]: ~ **su qc** [attività commerciale, famiglia] to start sthg;

[spettacolo teatrale] to put on sthg; [casa] to set sthg up. ◆ **mettersi** ◇ *vr* -1. [in una posizione – in piedi] to stand; [–seduto] to sit; **mettersi a letto** to go to bed; **mettersi a sedere** to sit down; **mettersi a tavola** to sit down (to eat) -2. [vestirsi]: **mettersi in qc** to put sthg on -3. [iniziare]: **mettersi a fare qc** to start doing sthg -4. [unirsi]: **mettersi in società con qn** to set up a company with sb; **mettersi con qn** [fidanzato] to start going out with sb. ◇ *vip* -1. [situazione, faccenda] to turn out; **mettersi bene/male** to turn out well/badly -2. [tempo]: **mettersi al bello/brutto** to turn out nice/nasty; **mettersi a piovere** to start to rain.

mezza *sf fam* half past twelve.

mezzacartuccia (*pl* -ce) *sf* second-rater.

mezzaluna (*pl* **mezzelune**) *sf* -1. [luna] half moon -2. [arnese da cucina] *curved knife with two handles for chopping herbs.*

mezzanotte (*pl* **mezzenotti**) *sf* midnight.

mezz'aria ◆ **a mezz'aria** *avv* in midair.

mezz'asta ◆ **a mezz'asta** *avv* : **a** ~ **at** half mast.

mezzo, a *agg* -1. [metà] half (a); ~ **chilo** half a kilo; **mezza cipolla** half an onion; **mezza giornata** half-day -2. [dopo numerale] a half; **due litri e** ~ two and a half litres; **ha quattro anni e** ~ she's four and a half (years old) -3. [nelle ore]: **l'una e** ~ o **mezza** half-past one -4. [con aggettivo] half; ~ **vuoto** half empty; ~ **addormentato** half asleep -5. [intermedio]: **di mezza età** middle-aged; **di mezza stagione** mid-season -6. *fam* [quasi totale] a bit of a; **ho un** ~ **impegno con Tina** I've sort of arranged to meet Tina. ◆ **mezzo** *sm* -1. [metà] half; **fare a** ~ **(con qn)** to go halves (with sb) -2. [parte centrale]: **in** ~ **a** in the middle of; **andarci di** ~ to suffer for it; **levarsi** o **togliersi di** ~ to get out of the way -3. [strumento, procedimento] means; **tentare ogni** ~ to try every way; **mezzi di ricerca** research methods; **con mezzi leciti e illeciti** by fair means or foul; **a** ~ **di qc** by means of sthg; **per** ~ **di qn/qc** through sb/sthg -4. [veicolo]: ~ **(di trasporto)** means of transport *UK* o transportation *US*. ◆ **mezzi** *smpl* means.

mezzogiorno *sm* -1. [ora] midday -2. [sud] South. ◆ **Mezzogiorno** *sm* : **il Mezzogiorno** Southern Italy.

mezz'ora, mezz'ora *sf* half an hour, half hour.

mg *(abbr di* **milligrammo**) mg.

mi[1] *(diventa* **me** *dav* **lo, la, li, le, ne**) *pron pers* **-1.** [complemento oggetto] me; ~ **capisci?** do you understand me?; ~ **sentite?** can you hear me?; **eccomi** here I am **-2.** [complemento di termine] me; ~ **presti la macchina?** will you lend me the car?; **non** ~ **piace** I don't like him/her/it; ~ **sembra che …** I think …; **me lo presti?** will you lend it to me?; **me ne hanno parlato** they spoke to me about it **-3.** [nei riflessivi, pronominali]: **vado a vestirmi** I'm going to get dressed; **non** ~ **ricordo** I don't remember; ~ **vergogno** I'm embarrassed.

mi[2] *sm inv* [nota] E.

MI *(abbr di* **Milano**) MI.

mia ⊳**mio**.

miagolare [6] *vi* to miaow *UK*, to meow *US*.

mica *avv fam* **-1.** [per negazione] at all; **il libro non mi è** ~ **piaciuto** I didn't like the book at all; ~ **me l'hai detto che saresti arrivato** you didn't tell me you were coming!; ~ **tanto** not much; ~ **male!** not bad at all **-2.** [per caso] by any chance.

miccia *(pl* **-ce**) *sf* fuse.

michetta *sf* (bread) roll.

micidiale *agg* **-1.** [mortale] lethal **-2.** [dannoso] harmful.

micio, a, ci, cle o **ce** *sm, f fam* pussy.

microbo *sm* germ.

microfilm *sm inv* microfilm.

microfono *sm* microphone.

microrganismo *sm* microorganism.

microscopico, a, ci, che *agg* microscopic.

microscopio *sm* microscope.

midolla *sf* soft part *(of loaf)*.

midollo *sm* ANAT marrow; ~ **spinale** spinal cord.

mie ⊳**mio**.

miei ⊳**mio**.

miele *sm* honey.

mietere [7] *vt* **-1.** [tagliare] to harvest **-2.** [uccidere] to claim **-3.** [raccogliere] to reap.

mietitura *sf* **-1.** [gen] harvest **-2.** [periodo] harvest-time.

migliaio *(fpl* **migliaia**) *sm* **-1.** [mille] thousand **-2.** [circa mille]: **un** ~ **(di qc)** about a thousand (sthg); **migliaia di qc** thousands of sthg; **a migliaia** in their thousands.

miglio *sm* **-1.** [unità di misura] *(fpl* **miglia**) mile; ~ **marino** o **nautico** nautical mile **-2.** [pianta] millet.

miglioramento *sm* improvement.

migliorare [6] ⟨⟩ *vt* to improve. ⟨⟩ *vi* **-1.** [diventare migliore] to improve **-2.** [stare meglio] to get better.

migliore ⟨⟩ *agg* **-1.** [comparativo] better; ~ **di qn/qc** better than sb/sthg **-2.** [superlativo] best; **il mio** ~ **amico** my best friend; **è la cosa** ~ it's the best thing (to do); **nel miglior modo possibile** in the best way possible; **nella** ~ **delle ipotesi** if all goes well. ⟨⟩ *smf* best; **vinca il** ~ may the best man win.

mignolo *sm* [di mano] little finger, pinkie *fam;* [di piede] little toe.

migrare [6] *vi* to migrate.

migrazione *sf* migration.

mila ⊳**mille**.

milanese ⟨⟩ *agg* Milanese; **risotto alla** ~ saffron risotto; **cotoletta alla** ~ Wiener schnitzel. ⟨⟩ *smf* Milanese. ⟨⟩ *sf* [cotoletta] Wiener schnitzel.

Milano *sf* Milan.

miliardario, a ⟨⟩ *agg* worth millions *(non dav s)*. ⟨⟩ *sm, f* multimillionaire.

miliardesimo, a ⟨⟩ *agg num* billionth. ⟨⟩ *sm, f* billionth person ➡ **miliardesimo** *sm* billionth.

miliardo *sm* [cifra] billion; **un** ~ **(di qc)** [in numero esatto] a o one billion (sthg); [moltissimi] a billion (sthg).

milionario, a ⟨⟩ *agg* **-1.** [persona] worth a million *(non dav s)* **-2.** [vincita] worth millions *(non dav s)*. ⟨⟩ *sm, f* millionaire.

milione *sm* million; **un** ~ **(di qc)** [in numero esatto] a o one million (sthg); [moltissimi] a million (sthg).

milionesimo, a ⟨⟩ *agg num* millionth. ⟨⟩ *sm, f* millionth person ➡ **milionesimo** *sm* millionth.

militare [6] ⟨⟩ *agg* military. ⟨⟩ *sm* soldier; **fare il** ~ to do one's military service. ⟨⟩ *vi* to be active.

milite *sm lett* soldier; ~ **ignoto** unknown soldier.

mille *(pl* **mila**) ⟨⟩ *agg num* **-1.** [numero esatto] a o one thousand **-2.** [moltissimi] a thousand. ⟨⟩ *sm inv* a o one thousand; *vedi anche* **sei**.

millenario, a *agg* **-1.** [di mille anni] thousand-year-old *(dav s)* **-2.** [ogni mille anni] millennial.

millennio *sm* millennium.

millepiedi *sm inv* millipede.

millesimo, a ⟨⟩ *agg num* thousandth. ⟨⟩ *sm, f* thousandth person ➡ **millesimo** *sm* thousandth.

milligrammo *sm* milligram.

millilitro *sm* millilitre *UK*, milliliter *US*.

millimetro *sm* millimetre *UK*, millimeter *US*.

milza *sf* spleen.

mimare [6] *vt* to mimic.

mimetizzare [6] *vt* to camouflage. ◆ **mimetizzarsi** *vip* **-1.** [soldato] to camouflage o.s. **-2.** [animale] to camouflage itself.

mimo, a *sm, f* mime (artist). ◆ **mimo** *sm* mime.

mimosa *sf* mimosa.

min -1. (*abbr di* **minuto**) min. **-2.** (*abbr di* **minimo, minima**) min.

Min. -1. (*abbr di* **Ministro**) Min. **-2.** (*abbr di* **Ministero**) Min.

mina *sf* **-1.** [esplosiva] mine; ∼ **antiuomo** antipersonnel mine ∼ **vagante** *fig* time bomb **-2.** [di matita] lead.

minaccia (*pl* **-ce**) *sf* threat.

minacciare [17] *vt* to threaten; ∼ **qn di qc** to threaten sb with sthg; ∼ **di fare qc** to threaten to do sthg.

minaccioso, a *agg* threatening.

minare [6] *vt* **-1.** [terreno, roccia] to mine **-2.** [danneggiare] to undermine.

minatore *sm* miner.

minatorio, a *agg* threatening.

minerale ◇ *agg* **-1.** mineral **-2.** ▷ **acqua**. ◇ *sm* mineral. ◇ *sf fam* mineral water.

minestra *sf* soup.

minestrone *sm* minestrone.

mini ◇ *agg inv* mini. ◇ *sf inv* mini.

miniatura *sf* **-1.** [dipinto] miniature **-2.** [proporzione ridotta]: **in** ∼ in miniature; **una casa in** ∼ a miniature house.

minibus *sm inv* minibus.

miniera *sf* mine.

minigolf *sm inv* mini-golf course.

minigonna *sf* miniskirt.

minima *sf* minimum.

minimo, a *agg* **-1.** [il più basso] minimum *(dav s)*, lowest **-2.** [il più piccolo – sforzo, tempo] minimum *(dav s)*; [– dubbio] slightest; **non avere la minima idea di qc** not to have the slightest idea about sthg **-3.** [molto piccolo] very small. ◆ **minimo** *sm* **-1.**: **il** ∼ [il grado più basso] the minimum; [la cosa più piccola] the least; **condannare qn al** ∼ **della pena** to give sb the minimum sentence; **era il** ∼ **che potessi fare!** it was the least I could do!; **al** ∼ [volume, gas] very low; **come** ∼ [almeno] at least; **un** ∼ **di qc** a tiny bit of sthg **-2.** [di motore] idling speed.

ministero *sm* **-1.** [settore del governo] ministry *UK*, department *US*; **Ministero degli Esteri** Ministry for Foreign Affairs, Foreign Office *UK*, State Department *US*; **Ministero dell'Interno** Ministry of the Interior, Home Office *UK*, Department of the Interior *US*; **Ministero dell'Economia e delle Finanze** Ministry of Finance, Treasury *UK*, Treasury Department *US*; **Ministero di Grazia e Giustizia** Ministry of Justice, Lord Chancellor's Department *UK*, Department of Justice *US* **-2.** [governo] government.

ministro *sm* minister; **primo** ∼ prime minister.

minoranza *sf* minority; **essere in** ∼ to be in the minority.

Minorca *sf* Minorca.

minore ◇ *agg* **-1.** [in comparativi – di età] younger; [– per grandezza, numero] smaller; [– per importanza] lesser; **una pena** ∼ a lesser punishment **-2.** [in superlativi – di età] youngest; [– per grandezza, numero] smallest; [– per importanza] least; **le opere minori del Manzoni** Manzoni's minor works; **è il male** ∼ its the lesser of two evils; **nel minor tempo possibile** in the shortest time possible **-3.** MUS minor. ◇ *smf* **-1.** [il più giovane]: **il/la** ∼ [di due] the younger; [di più di due] the youngest **-2.** [minorenne] minor.

minorenne ◇ *agg* under age. ◇ *smf* minor.

minuscola *sf* small letter.

minuscolo, a *agg* **-1.** [carattere] small **-2.** [piccolissimo] tiny.

minuto, a *agg* **-1.** [piccolo] tiny **-2.** [gracile] frail **-3.** [fine] fine **-4.** [particolareggiato – descrizione] detailed; [– dettagli] minute **-5.** COMM: **al** ∼ retail. ◆ **minuto** *sm* minute; ∼ **primo** minute; ∼ **secondo** second; **a minuti** any minute (now); **in** o **tra un** ∼ in a minute.

mio, mia, miei, mie ◇ *agg poss* my; **il** ∼ **lavoro** my job; **i miei occhiali** my glasses; **questo è** ∼ **?** is this one mine?; ∼ **padre** my father; **i miei genitori** my parents; **un** ∼ **amico** friend of mine; **a casa mia** [moto a luogo] to my house; [stato in luogo] at my house. ◇ *pron poss*: **il** ∼, **la mia, i miei, le mie** mine; **qual è il** ∼ **/la mia?** which one's mine?; **i miei** [genitori] my parents; **ho detto la mia** I/I've said my piece; **ne ho fatta una delle mie!** I've done it again!

miope *agg* [gen] short-sighted *UK*, near-sighted *US*; MED myopic.

mira *sf* aim; **avere una buona/un'ottima**

~ to be a good/an excellent shot; **prendere la** ~ to take aim.

miracolo *sm* miracle; **per** ~ miraculously.

miracoloso, a *agg* -1. [inspiegabile] miraculous -2. [efficace] miracle *(dav s)*.

miraggio *sm letter & fig* mirage.

mirare [6] *vi* to aim; ~ **a (fare) qc** to aim at (doing) sthg.

mirino *sm* -1. [di arma] sights *(pl)* -2. [di macchina fotografica] viewfinder; [di cannocchiale] eyepiece.

mirtillo *sm* blueberry, bilberry.

mirto *sm* myrtle.

miscela *sf* -1. [carburante] mixture -2. [di caffè] blend.

mischiare [6] *vt* to mix. ◆ **mischiarsi** *vr* to mingle.

miscuglio *sm* mixture.

mise ⊳mettere.

miserabile ◇ *agg* -1. [povero, scarso] miserable -2. [spregevole] contemptible. ◇ *smf* wretch.

miseria *sf* -1. [povertà] poverty -2. [somma esigua]: **costare/guadagnare una** ~ to cost/earn next to nothing.

misericordia *sf* mercy.

misero, a *agg* -1. [povero] miserable -2. [infelice] wretched -3. [scarso] paltry.

misi ⊳mettere.

missile *sm* missile.

missionario, a *sm, f* missionary.

missione *sf* mission.

misteriosamente *avv* mysteriously.

misterioso, a *agg* -1. [sconosciuto] mysterious -2. [sospetto] suspicious.

mistero *sm* mystery.

mistico, a, ci, che ◇ *agg* mystical. ◇ *sm, f* mystic.

misto, a *agg* mixed. ◆ **misto** *sm* mixture.

misura *sf* -1. [dimensione, taglia] size; **che** ~ **ha** o **porta?** what size are you?, what's your size?; **prendere le misure a qn** [misurare] to take sb's measurements; **su** ~ [non in serie] made to measure -2. [moderazione] moderation; **oltre** ~ excessively -3. [proporzione]: **in ugual** ~ in equal measure; **nella** ~ **in cui** insofar o inasmuch as -4. [grandezza] measurement; **unità di** ~ unit of measurement; ~ **di lunghezza** unit of length -5. [provvedimento] measure; **prendere delle misure** to take steps; **misure di sicurezza** safety measures.

misurare [6] ◇ *vt* -1. [calcolare –lunghez-za] to measure; [– terreno] to survey; - **la temperatura a qn** to take sb's temperature -2. [indossare] to try on. ◇ *vi* to measure.

misurazione *sf* [gen] measuring, measurement; [di terreno] surveying; [di vista] testing.

misurino *sm* measuring cup.

mite *agg* -1. [pacifico] gentle -2. [clemente] lenient -3. [mansueto] tame -4. [temperato] mild.

mitico, a, ci, che *agg* -1. [leggendario] mythical -2. [memorabile] legendary.

mito *sm* myth.

mitologico, a, ci, che *agg* mythological.

mitra ◇ *sm inv* submachine gun. ◇ *sf* mitre *UK*, miter *US*.

mitragliatrice *sf* machine gun.

mittente *smf* sender.

ml *(abbr di* millilitro) ml.

mm *(abbr di* millimetro) mm.

mobile ◇ *agg* movable. ◇ *sm* piece of furniture; **mobili** furniture *(U)*.

mobilia *sf* furniture.

mobilio *sm* furniture.

moca *(pl* -**che)** *sf* espresso machine.

mocassino *sm* moccasin.

moda *sf* fashion; **andare** o **essere di** ~ to be in fashion; **passare di** ~ to go out of fashion; **alla** ~ fashionable: **vestirsi alla** ~ to be fashionably dressed; **all'ultima** ~ in the latest fashion; **fuori** ~ unfashionable; **alta** ~ haute couture.

modalità *sf inv* procedure; ~ **di pagamento** method of payment; ~ **d'uso** directions (for use).

modellare [6] *vt* to model.

modellino *sm* model.

modello ◇ *sm* model; **prendere qn a** ~ to take sb as a model. ◇ *agg inv* model *(dav s)*. ◆ **modello, a** *sm, f* model.

moderare [6] *vt* to moderate. ◆ **moderarsi** *vr*: **moderarsi in qc** to show moderation in sthg.

moderatamente *avv* in moderation.

moderato, a *agg* -1. [prezzo] reasonable -2. [persona] moderate.

moderazione *sf* moderation.

modernizzare [6] *vt* to modernize. ◆ **modernizzarsi** *vr* to modernize.

moderno, a *agg* modern.

modestamente *avv* -1. [in modo modesto] modestly -2. [modestia a parte] in all modesty.

modestia *sf* modesty; ~ **a parte** in all modesty.

modesto, a *agg* modest.

modifica (*pl* **-che**) *sf* modification.

modificare [15] *vt* to modify. ➡ **modificarsi** *vip* to alter.

modificazione *sf* modification.

modo *sm* -1. [maniera] way; **di** o **in ~ che** (+ *congiuntivo*) so that; **in ~ da fare qc** so as to do sthg; **in** o **ad ogni ~** anyway; **~ di dire** expression; **~ di fare** manner -2. [mezzo] means; **avere ~ di fare qc** to have a chance o an opportunity to do sthg; **dare ~ a qn di fare qc** to give sb the chance o opportunity to do sthg -3. GRAM mood. ➡ **modi** *smpl* manners.

modulo *sm* form; **~ di iscrizione** enrolment *UK* o enrollment *US* form.

mogano *sm* mahogany.

moglie (*pl* **mogli**) *sf* wife.

moka *sf* = moca.

molare *sm* molar.

mole *sf* -1. [massa] bulk -2. [quantità] amount.

molecola *sf* molecule.

molestare [6] *vt* [infastidire] to annoy; [sessualmente] to molest.

molestia *sf* annoyance. ➡ **molestie** *sfpl*: **molestie sessuali** sexual harassment *(U)*.

Molise *sm*: **il ~** Molise.

molla *sf* -1. [meccanismo] spring -2. [stimolo] incentive.

mollare [6] ◇ *vt* -1. [allentare - fune] to let go; [- ormeggi] to cast off, to slip; [- ancora] to slip; **~ la presa** to let go -2. *fam* [ceffone, sberla] to give -3. *fam* [abbandonare - marito] to dump; [- lavoro, attività] to pack in *esp UK*. ◇ *vi* to give up.

molle *agg* soft.

molletta *sf* -1. [per bucato] clothes peg *UK*, clothespin *US* -2. [per capelli] hairpin, hair grip *UK*, bobby pin *US*.

mollica (*pl* **-che**) *sf* [di pane] soft part.

mollusco (*pl* **-schi**) *sm* mollusc *UK*, mollusk *US*.

molo *sm* pier, jetty.

molteplice *agg* multiple.

moltiplicare [15] *vt* -1. MAT: **~ qc per qc** to multiply sthg by sthg -2. [aumentare] to increase. ➡ **moltiplicarsi** *vip* -1. [aumentare] to increase -2. [riprodursi] to breed.

moltiplicazione *sf* multiplication.

moltitudine *sf* -1. [folla] crowd -2. [grande quantità]: **una ~ di qc/qn** a large number of sthg/sb.

molto, a ◇ *agg indef* -1. [in grande quantità - in frasi affermative] a lot of, lots of; [- in frasi negative ed interrogative] much, a lot of; **ha molta esperienza** she's got a lot of experience; **c'è molta gente** there's lots of people there; **c'è ~ traffico?** is there a lot of traffic?; **avere molta fame/sete/sonno** to be very hungry/thirsty/sleepy; **da ~ tempo** for a long time; **non ho ~ tempo/denaro** I haven't got much time/money; **-2.** [in gran numero]: **molti, molte** [in frasi affermative] a lot of, lots of; [in frasi negative ed interrogative] many, a lot of; **ho molte amiche** I've got lots of friends; **c'erano molti fiori** there were a lot of flowers; **non c'erano molti treni a quell'ora** there weren't many trains at that time; **hai fatto molti errori** did you make many/a lot of mistakes? ◇ *pron indef* -1. [una grande quantità] much, a lot -2. [un grande numero] a lot, lots, many; **ne ho ancora molti** I've still got lots; **molti di noi/voi/loro** many of us/you/them -3. [tanta gente] many people. ➡ **molto** *avv* -1. [con verbi] a lot, much; **mi piace ~** I like it a lot; **di solito non dormo ~** I don't usually sleep much; **hai viaggiato ~ quest'anno?** have you travelled much this year? -2. [con aggettivi] very; **sono ~ stanco** I'm very tired; **fa ~ caldo** it's very hot; **è ~ simpatica** she's very nice -3. [con avverbi] very; **canta ~ bene** she sings very well; **è ~ presto/tardi** it's very early/late; **~ volentieri** gladly -4. [con comparativo] much; **è ~ meglio così** it's much better like this -5. [temporale] a long time; **il film dura ~** the film lasts a long time; **ci vuole ~?** will it take long?; **è ~ che non lo vedo** I haven't seen him for a long time; **fra non ~** shortly -6. [distanza]: **c'è ancora ~?** is it far?

momentaneamente *avv* at the moment, temporarily.

momentaneo, a *agg* [gioia, malessere] passing; [situazione] temporary.

momento *sm* -1. [attimo] moment; **al ~** at the moment; **all'ultimo ~** at the last minute; **a momenti** [tra poco] in a moment; *fam* [quasi] nearly; **dal ~ che** [dato che] since; **per il ~** for the moment, for now; **sul ~** at the moment, right now -2. [circostanza] time; **attraversare un brutto ~** to go through a bad patch.

monaco, a, ci, che *sm* monk (*f* nun).

Monaco *sf*: **~ (di Baviera)** Munich; **il Principato di ~** (the Principality of) Monaco.

monarchia *sf* monarchy.

monastero *sm* [di monaci] monastery; [di monache] convent.

mondano, a *agg* fashionable.

mondiale *agg* world *(dav s)*. ◆ **mondiali** *smpl* the World Cup.

mondo *sm* -1. [gen] world; **il gran o bel ~** high society -2. [grande quantità]: **un ~** [moltissimo] a great deal; **un ~ di qc** a lot of sthg; **ho un ~ di cose da dirti** I've got a lot to tell you; **ti voglio un ~ di bene!** I love you lots! -3. [vita umana]: **mettere al ~ qn** to bring sb into the world, **venire al ~** to come into the world.

monello, a *sm, f* rascal.

moneta *sf* -1. [di metallo] coin -2. [valuta] currency -3. [spiccioli] change.

mongolfiera *sf* hot-air balloon.

Mongolia *sf*: **la ~** Mongolia.

mongolo, a *agg & sm, f* Mongolian, Mongol. ◆ **mongolo** *sm* [lingua] Mongolian.

monitor *sm inv* monitor.

monolocale *sm* studio (flat) *UK*, studio (apartment) *esp US*.

monologo, ghi *sm* monologue, monolog *US*.

monopattino *sm* scooter.

Monopoli® *sm inv* Monopoly®.

monopolio *sm* monopoly; **~ di Stato** state monopoly.

monossido *sm*: **~ di carbonio** carbon monoxide.

monotonia *sf* monotony.

monotono, a *agg* monotonous.

monouso *agg inv* disposable.

monovolume *sm o f inv* multi-purpose vehicle, MPV.

monsignore *sm* Monsignor.

montaggio *sm* -1. [di macchina] assembly -2. CINE editing.

montagna *sf* -1. [monte] mountain; **montagne russe** roller coaster -2. [regione]: **la ~** the mountains; **di ~** mountain *(dav s)*; **andare in ~** to go to the mountains; **trascorrere le vacanze in ~** to spend one's holidays in the mountains.

montagnoso, a *agg* mountainous.

montano, a *agg* mountain *(dav s)*.

montare [6] ◇ *vt* -1. [cavalcare] to ride -2. [salire] to go up -3. [comporre] to assemble -4. [incastonare] to set, to mount -5. CULIN to beat, to whisk -6. [esagerare] to exaggerate, to blow out of proportion -7. [insuperbire]: **montare la testa a qn** to go to sb's head; **montarsi la testa** to get a big head -8. [fecondare] to mount -9. CINE to edit. ◇ *vi* -1. [salire] to climb; **~ su un albero** to climb up a tree; **~ su una sedia** to climb onto a chair -2.: **~ in treno/autobus** to get on a train/bus; **~ in macchina** to get in a car; **~ a cavallo/in bicicletta** to get on a horse/bicycle -3. [aumentare] to rise.

montatura *sf* -1. [di occhiali] frames *(pl)* -2. [di gioiello] setting, mount -3. [messinscena] set-up.

monte *sm* -1. [montagna] mountain -2. [grande quantità] pile, heap -3. [istituto]: **~ di pietà** pawnbroker's *UK*, pawnshop *esp US* -4. *loc*: **andare a ~** *fig* to fail, to flop; **mandare a ~ qc** *fig* to call sthg off. ◆ **Monte Bianco** *sm*: **il Monte Bianco** Mont Blanc.

Montecatini *sf*: **le terme di ~** the spas at Montecatini.

Montecitorio *sm* ≃ Parliament *UK* ≃ Congress *US*.

Montenegro *sm*: **il ~** Montenegro.

montepremi *sm inv* jackpot.

montgomery [mon'gomeri] *sm inv* duffel coat.

montone *sm* -1. [animale] ram; [carne] mutton -2. [cappotto] sheepskin jacket.

Montreal *sf* Montreal.

montuoso, a *agg* mountainous.

monumento *sm* monument.

moquette [mo'kɛt] *sf inv* (fitted) carpet.

mora *sf* -1. [di rovo] blackberry -2. [di gelso] mulberry -3. [somma] arrears *(pl)*.

morale ◇ *agg* moral; **schiaffo ~** humiliation. ◇ *sf* -1. [scienza] ethics *(U)* -2. [principi] morals *(pl)* -3. [insegnamento] moral. ◇ *sm* spirits *(pl)*, morale; **essere giù di ~** to feel down o depressed.

moralista, i, e *smf spreg* moralist.

moralmente *avv* -1. [onestamente] ethically -2. [secondo la morale] morally -3. [psicologicamente] emotionally.

morbidezza *sf* softness.

morbido, a *agg* soft.

morbillo *sm* measles *(U)*.

morbo *sm* disease.

morboso, a *agg* morbid.

mordere [34] *vt* -1. [gen] to bite -2. [intaccare] to eat into.

morente *agg* -1. [persona] dying -2. [industria, istituzione] moribund.

morfina *sf* morphine.

moribondo, a ◇ *agg* dying. ◇ *sm, f* dying man (*f* woman).

morire [103] *vi* -1. [gen] to die; **~ ammazzato(a)** to be murdered; **~ di cancro/infarto** to die of cancer/a heart attack; **~**

di sete/freddo/noia to be dying of thirst/cold/boredom; ~ **dalle risate** to die laughing; ~ **dalla voglia di fare qc** to be dying to do sthg; **da** ~ incredibly; **fa un caldo da** ~ it's boiling hot; **essere bello(a) da** ~ to be drop-dead gorgeous; **mi piace da** ~ I really love it -2. [svanire] to die (away), to fade.

mormorare [6] ◇ vi -1. [bisbigliare] to whisper -2. [lamentarsi] to murmur, to mutter -3. [sparlare] to gossip. ◇ vt: ~ **qc a qn** to whisper sthg to sb.

moro, a ◇ agg dark. ◇ sm, f dark-haired man (f woman).

morsi ⊳mordere.

morsicare [15] vt to bite.

morso, a ◇ pp ⊳mordere. ◆ **morso** sm -1. [gen] bite; **dare un** ~ **a qn/qc** to bite sb/sthg -2. [sensazione]: **sentiva il** ~ **della gelosia** she was consumed by jealousy; **i morsi della fame** hunger pangs -3. [di briglia] bit.

mortadella sf mortadella.

mortale ◇ agg -1. [gen] mortal -2. [angoscia, noia] dreadful. ◇ smf mortal.

mortalità sf mortality; ~ **infantile** infant mortality.

mortalmente avv -1. [gen] mortally -2.: **annoiarsi** ~ to be bored to death.

mortaretto sm firecracker.

morte sf death; **in punto di** ~ on one's death bed; **ferire qn a** ~ to wound sb fatally; **annoiarsi a** ~ to be bored to death; **odiare qn a** ~ to hate sb's guts fam.

mortificare [15] vt to mortify.

mortificato, a agg mortified.

morto, a ◇ pp ⊳morire. ◇ agg dead; **essere stanco** ~ to be exhausted, to be dead tired; **la stagione morta** the low season. ◇ sm, f [defunto] dead man (f woman); **i morti the dead**.

mosaico sm letter & fig mosaic.

mosca (pl **-sche**) sf fly. ◆ **Mosca** sf Moscow.

moscata agg ⊳noce. ◆ **moscato** sm muscatel.

moscerino sm midge, gnat.

moschea sf mosque.

moscio, a, sci, sce agg -1. [floscio – cappello] floppy; [– pelle, muscoli] flabby -2. [avvilito] low -3. [noioso] dull -4. loc: **avere la erre moscia** to be unable to pronounce one's r's properly.

moscone sm -1. [insetto] bluebottle -2. [imbarcazione] pedal boat, pedalo UK.

moscovita, i, e agg & smf Muscovite.

mossa sf -1. [movimento] movement -2. [iniziativa, nei giochi] move -3. loc: **darsi una** ~ fam [sbrigarsi] to get a move on.

mossi (etc) ⊳muovere.

mosso, a ◇ pp ⊳muovere. ◇ agg -1. [mare] choppy -2. [capelli] wavy -3. [fotografia] blurred.

mostarda sf mustard; ~ **di Cremona** pickled candied fruit with mustard.

mostra sf -1. [sfoggio]: **mettere qc in** ~ to show off sthg; **mettersi in** ~ to show off -2. [d'arte] exhibition; **Mostra del cinema di Venezia** Venice Film Festival -3. [di animali] show.

mostrare [6] vt : ~ **qc a qn** to show sb sthg, to show sthg to sb. ◆ **mostrarsi** vr to show o.s.

mostro sm -1. [gen] monster -2. [persona brutta]: **essere un** ~ to be hideous -3. [persona dotata] whizz; **un** ~ **di intelligenza** a genius.

mostruosamente avv incredibly.

mostruoso, a agg -1. [gen] monstrous -2. [straordinario] incredible.

motel sm inv motel.

motivare [6] vt -1. [spiegare] to explain -2. [causare] to cause -3. [stimolare] to motivate.

motivato, a agg -1. [giustificato] justified -2. [persona] motivated.

motivazione sf -1. [ragione] motive -2. [stimolo] motivation.

motivo sm -1. [ragione] reason; ~ **di scandalo** cause for scandal -2. [musica] tune -3. [tema] theme -4. [decorazione] pattern.

moto ◇ sm -1. [movimento] motion; **mettere qc in** ~ [avviare] to start sthg; [mobilitare] to set sthg in motion; **mettersi in** ~ [partire] to set off O out; [adoperarsi] to get O set to work -2. [esercizio] exercise -3. [gesto] gesture -4. [impulso] impulse. ◇ sf inv motorcycle, motorbike UK.

motocarro sm three-wheel van.

motocicletta sf motorcycle, motorbike UK.

motociclista, i, e smf motorcyclist, biker fam.

motocross sm inv motocross.

motonave sf motor vessel.

motoremo, trice agg -1. [forza] driving (dav s) -2. [nervo, muscolo] motor (dav s). ◆ **motore** sm -1. [macchina] engine; **a** ~ motor (dav s) -2. INFORM: ~ **di ricerca** search engine.

motorino *sm* **-1.** *fam* [ciclomotore] moped **-2.** AUTO: ~ **d'avviamento** starter (motor).

motoscafo *sm* motorboat.

motto *sm* motto.

mountain bike [mauntem'baik] *sf inv* mountain bike.

mouse ['maus] *sm inv* mouse.

movente *sm* motive.

movessi *(etc)* ▷ muovere.

movimentato, a *agg* [festa, serata] lively; [viaggio, vita] eventful; [incontro, discussione] animated.

movimento *sm* **-1.** [gen] movement **-2.** [spostamento] motion; **mettere qc in** ~ to set sthg in motion; **essere in** ~ to be on the go **-3.** [animazione] activity.

mozzafiato *agg inv* breathtaking.

mozzare [6] *vt* to cut off.

mozzarella *sf* mozzarella; ~ **di bufala** buffalo(-milk) mozzarella.

mozzicone *sm* [di sigaretta, candela] stub, end.

mozzo, a *agg* cut-off. ◆ **mozzo** *sm* cabin-boy.

mq *(abbr di* metro quadrato*)* sq. m.

mucca *(pl* **-che***) sf* cow; ~ **pazza** mad cow disease.

mucchio *sm*: **un** ~ **di qc** [cumulo] a pile of sthg. *fig* [grande quantità] a lot of sthg.

muco *(pl* **-chi***) sm* mucus.

muffa *sf* mould *UK*, mold *US*; **fare la** ~ to go mouldy.

muflone *sm* mouflon.

muggire [9] *vi* [vacca, bue] to moo, to low.

mughetto *sm* **-1.** [fiore] lily of the valley **-2.** MED thrush.

mulatto, a *agg* ◇ mixed-race. ◇ *sm, f* person of mixed race.

mulinello *sm* **-1.** [di acqua, vento] eddy **-2.** [di canna da pesca] reel.

mulino *sm* mill; ~ **a vento** windmill.

mulo, a *sm, f* [animale] mule.

multa *sf* fine.

multare [6] *vt* to fine.

multicolore *agg* multicoloured *UK*, multicolored *US*.

multilingue *agg* multilingual.

multimediale *agg* multimedia *(dav s)*.

multinazionale *agg & sf* multinational.

multiplo, a *agg* multiple. ◆ **multiplo** *sm* multiple.

multiproprietà *sf inv* timesharing.

multirazziale *agg* multiracial.

multisala ◇ *agg inv* multiplex *(dav s)*. ◇ *sm inv* multiplex (cinema).

multiuso *agg inv* multipurpose.

mummia *sf* [cadavere] mummy.

mungere [49] *vt* to milk.

municipale *agg* municipal, town *(dav s)*, city *(dav s)*.

municipio *sm* **-1.** [comune] town o city council **2.** [edificio] town *UK* o city *US* hall.

munire [9] *vt*: ~ **qn/qc di qc** to provide sb/sthg with sthg; ~ **un documento di firma** to sign a document. ◆ **munirsi** *vr*: ~ **di qc** to arm o.s. with sthg.

munizioni *sfpl* ammunition *(U)*.

muoia *(etc)* ▷ morire.

muoio *(etc)* ▷ morire.

muovere [76] *vt* **-1.** [spostare] to move **-2.** [rivolgere] to make; ~ **guerra a qn** to wage war on sb. ◆ **muoversi** *vr* **-1.** [gen] to move **-2.** [affrettarsi] to get a move on, to hurry up.

muovessi *(etc)* ▷ muovere.

mura *sfpl* walls.

murale ◇ *agg* wall *(dav s)*. ◇ *sm (pl* **murales***)* mural.

murare [6] *vt* **-1.** [porta, finestra] to brick up **-2.** [gancio] to fix in a wall; [mensola] to fix to a wall **-3.** [persona] to wall up.

muratore *sm* bricklayer.

muratura *sf* masonry.

muro *sm* wall; **un** ~ **di nebbia** a bank of fog.

muschio *sm* **-1.** [pianta] moss **-2.** [essenza] musk.

muscolare *agg* muscle *(dav s)*.

muscolo *sm* muscle. ◆ **muscoli** *smpl* muscles; **è tutto muscoli e niente cervello** he's all brawn and no brains.

muscoloso, a *agg* muscular.

museo *sm* museum; ~ **delle cere** waxworks *UK*, wax museum *US*.

museruola *sf* muzzle.

musica *(pl* **-che***) sf* **-1.** [gen] music; **mettere (un testo) in** ~ to set (a text) to music; ~ **da ballo/da film** dance/film music; ~ **da camera** chamber music; ~ **leggera** easy-listening music **-2.** [cosa ripetitiva]: **ogni sera è sempre la solita** ~ it's the same old story every evening; **cambiare** ~ to change one's tune.

musicale *agg* musical.

musicista, i, e *smf* musician.

muso *sm* **-1.** [di animale] muzzle **-2.** *fam scherz* [faccia] face **-3.** *fam* [broncio]: **fare** o

tenere il ~ (a qn) to be annoyed with sb **-4.** [di aereo, automobile] nose.

mus(s)ulmano, a *agg & sm, f* Muslim.

muta *sf* **-1.** [di uccello] moulting *UK*, molting *US*; [di rettile] shedding **-2.** [di cani] pack **-3.** [tuta] wetsuit.

mutamento *sm* change.

mutande *sfpl* [da uomo] underpants, pants *UK*; [da donna] pants *UK*, knickers *UK*, underpants *US*, panties *esp US*.

mutandine *sfpl* [da donna] pants *UK*, knickers *UK*, underpants *US*, panties *esp US*; [da bambino] pants *UK*, underpants *US*.

mutare [6] *◇ vt* to change; **~ qc in qc** change sthg into sthg. *◇ vi* to change; **~ di qc** to change sthg.

mutazione *sf* **-1.** [cambiamento] change **-2.** BIOL mutation.

mutilato, a *◇ agg* **-1.** [arto, corpo] mutilated **-2.** [testo, romanzo] defaced. *◇ sm, f* disabled person.

mutismo *sm* **-1.** MED mutism **-2.** [silenzio] silence.

muto, a *◇ agg* **-1.** MED unable to speak **-2.** [silenzioso] speechless **-3.** [film] silent **-4.** [consonante] silent; [vocale] mute. *◇ sm, f* person who cannot speak.

mutua *sf ≈* National Health Service *UK ≈* Medicaid *US* **essere/mettersi in ~** to be/go on sick leave.

mutuo, a *agg* mutual. **◆ mutuo** *sm* loan.

N

n, N *sf o m inv* n, N.

N -1. (*abbr di* **nord**) N **-2.** (*abbr di* **Norvegia**) N.

n. -1. (*abbr di* **nota**) n. **-2.** (*abbr di* **numero**) no., No.

NA (*abbr di* **Napoli**) NA.

nacqui (*etc*) ▷ nascere.

nafta *sf* **-1.** [per riscaldamento] oil; [per motori] diesel oil **-2.** CHIM naphtha.

naftalina *sf* mothballs (*pl*).

naif *agg inv* naive.

nanna *sf gergo infantile* bye-byes *UK*, byebye *US*; **fare la ~** to sleep.

nano, a *agg & sm, f* dwarf.

napoletano, a *agg & sm, f* Neapolitan.

Napoli *sf* Naples.

narcisista, i, e *smf* narcissist.

narciso *sm* narcissus.

narcotico, a, ci, che *agg & sm* narcotic.

narice *sf* nostril.

narrare [6] *◇ vt* to narrate, to tell. *◇ vi:* **~ di qn/qc** to tell the story of sb/sthg.

narrativa *sf* narrative.

narratore, trice *sm, f* **-1.** [in romanzo, teatro] narrator **-2.** [scrittore] writer.

narrazione *sf* **-1.** [azione] narration **-2.** [racconto] tale.

nasale *agg* nasal.

nascere [28] *vi* **-1.** [bambino, animale] to be born **-2.** [pianta, fiore] to come up **-3.** [fiume, sole, luna] to rise **-4.** *fig* [avere origine] to arise.

nascita *sf* **-1.** [gen] birth; **dalla ~** from birth; **di ~** birth (*dav s*) **-2.** [di pianta] emergence; [di fiore] budding.

nascondere [42] *vt* to hide. **◆ nascondersi** *◇ vr* to hide. *◇ vip* to hide.

nascondiglio *sm* hiding place.

nascondino *sm* hide-and-seek, hide-and-go-seek *US*.

nascosi (*etc*) ▷ nascondere.

nascosto, a *◇ pp* ▷ nascondere. *◇ agg:* **tenere ~ qc** to keep sthg hidden; **di ~** in secret.

nasello *sm* hake.

naso *sm* **-1.** ANAT nose; **ficcare il ~ in qc** *fig* to stick one's nose into sthg; **storcere il ~** *fig* to turn one's nose up **-2.** [intuito]: **avere ~ per qc** to have an instinct for sthg; **a ~** at a guess **-3.** [di animale] nose, muzzle.

nastro *sm* **-1.** [di tessuto] ribbon **-2.** [di materiale vario] tape; **~ adesivo** sticky tape *UK*, Sellotape® *UK*, Scotch tape® *US*; **~ isolante** insulating tape; **~ magnetico** magnetic tape; **~ trasportatore** conveyor belt.

natale *agg* native, home (*dav s*). **◆ Natale** *sm* Christmas; **il pranzo/l'albero/le vacanze di ~** Christmas dinner/tree/holidays; **buon Natale!** Happy o Merry Christmas!

natalizio, a *agg* Christmas (*dav s*).

natica (*pl* **-che**) *sf* buttock.

Natività *sf inv* **-1.** RELIG nativity **-2.** ARTE nativity (scene).

nativo, a *◇ agg* native; **essere ~ di Roma/della Sicilia** to be a native of Rome/Sicily. *◇ sm, f* native.

nato, a *pp* ▷nascere.

natura *sf* nature; ~ **morta** still life; **di** o **per** ~ by nature; **buono di** ~ good-natured.

naturale *agg* -1. [gen] natural -2. [ovvio] obvious.

naturalmente *avv* -1. [gen] naturally -2. [come risposta] of course.

naufragare [16] *vi* -1. [nave] to be shipwrecked -2. [fallire] to fail, to go under.

naufragio *sm* -1. [di nave] shipwreck -2. [fallimento] failure.

naufrago, a, ghi, ghe *sm, f* shipwreck survivor.

nausea *sf* nausea; **avere la** ~ to feel sick.

nauseare [24] *vt* -1. [cibo] to make sb feel sick -2. [spettacolo, discorso] to make sb feel sick, to nauseate.

nautica *sf* -1. [scienza] navigation -2. [pratica, sport] sailing.

nautico, a, ci, che *agg* nautical.

navale *agg* naval.

navata *sf* [centrale] nave; [laterale] aisle.

nave *sf* ship; ~ **da guerra** warship.

navetta ◇ *sf* shuttle; ~ **spaziale** space shuttle. ◇ *agg inv*: **treno** ~ shuttle train.

navicella *sf*: ~ **spaziale** spaceship.

navigare [16] *vi* -1. [gen] to sail -2. INFORM to surf.

navigatore, trice *sm, f* navigator. ◆ **navigatore** *sm* [ufficiale] navigator.

navigazione *sf* navigation; **società di** ~ shipping company.

nazionale ◇ *agg* national. ◇ *sf* -1. [squadra] national team -2. [strada] main road.

nazionalista, i, e *agg & smf* nationalist.

nazionalità *sf inv* nationality.

nazione *sf* nation. ◆ **Nazioni Unite** *sfpl*: **le Nazioni Unite** the United Nations.

nazismo *sm* Nazism.

nazista, i, e *agg & smf* Nazi *inv*.

ne ◇ *pron* -1. [riferito a persona]: **è un bravo ragazzo,** ~ **apprezzo l'onestà** he's a good lad, I appreciate his honesty; **chi è quest'autrice? Non** ~ **ho mai sentito parlare** who is this author? I've never heard of her; **sono spariti, non** ~ **hanno trovato traccia** they've vanished, no trace of them has been found -2. [riferito a cosa]: **non parliamone più** let's not mention it again; **non** ~ **ho idea** I have no idea; **non** ~ **capisco niente** I don't understand a thing; ~ **deriva che...** it follows that...; **se** ~ **deduce che...** one must conclude that...; **ho appena fatto il caffè,** ~ **vuoi un po'?** I've just made some coffee, do you want some?; ~ **vorrei due** I'd like two. ◇ *avv* [di là] from there; [con valore intensivo]: ~ **veniamo proprio ora** we've just come from there; **se** ~ **stava tutto solo** he was all on his own; **vattene** go away.

né *cong*: **né ... né** neither ... nor; ~ **l'uno** ~ **l'altro sono italiani** neither of them is Italian; **non voglio** ~ **il primo** ~ **il secondo** I don't want either a first or a second course; **non si è fatto** ~ **sentire** ~ **vedere** he hasn't been in touch at all.

neanche, nemmeno, neppure ◇ *avv* not even; ~ **io lo conosco** I don't know him either; **non ho mangiato** — ~ **io I** haven't eaten — neither have I o I haven't either; ~ **per idea** o **sogno** o **scherzo!** not on your life!. ◇ *cong* not even; ~ **se** even if.

nebbia *sf* fog.

necessariamente *avv* necessarily.

necessario, a *agg* necessary. ◆ **necessario** *sm*: **il** ~ **(per fare qc)** what is required (to do sthg); **lo stretto** ~ the bare essentials.

necessità *sf inv* -1. [bisogno] need -2. [cosa necessaria] necessity -3. [povertà]: **in (stato di)** ~ in need.

necrologio *sm* [annuncio breve] death announcement; [articolo] obituary.

negare [16] *vt* -1. [confutare] to deny -2. [non concedere] to refuse.

negativamente *avv* -1. [con un no] in the negative -2. [sfavorevolmente] badly.

negativo, a *agg & sm* negative.

negato, a *agg* hopeless.

negazione *sf* -1. [confutazione] denial -2. [rifiuto] refusal -3. GRAMM negative.

negli = in + gli.

negligenza *sf* negligence.

negoziante *smf* [esercente] shopkeeper *esp UK*, storekeeper *US*; [commerciante] dealer, trader.

negoziato *sm* negotiation.

negozio *sm* shop, store *esp US*.

negro, a *agg & sm, f* negro *offens*.

nei = in + i.

nel = in + il.

nell' = in + l'.

nella = in + la.

nelle = in + le.

nello = in + lo.

nemico, a, ci, che ◇ *agg* -1. [gen] enemy *(dav s)* -2. [dannoso] harmful. ◇ *sm, f* enemy. ◆ **nemico** *sm*: **il** ~ the enemy.

nemmeno = neanche.

neo *sm* -1. [sulla pelle] mole -2. [difetto] flaw.

neoclassico, a, ci, che *agg* neoclassical.

neologismo *sm* neologism.

neon *sm inv* -1. [gas] neon -2. [lampada] neon light -3. [insegna] neon sign.

neonato, a ◇ *sm, f* (newborn) baby. ◇ *agg* [bambino] newborn *(dav s)*, baby *(dav s)*.

neozelandese ◇ *agg* New Zealand *(dav s)*. ◇ *smf* New Zealander.

neppure = neanche.

neretto *sm* bold.

nero, a ◇ *agg* -1. [gen] black -2. [scuro] dark -3. [arrabbiato] livid -4. *loc*: **vedere tutto ~** *fig* to look on the bad side (of things). ◇ *sm, f* black man (*f* black woman). ◆ **nero** *sm* -1. [colore] black; **~ di seppia** sepia -2. [non dichiarato]: **in ~** illegally; **essere pagati in ~** to be paid cash o cash in hand *UK*.

nervo *sm* -1. ANAT nerve; **dare ai** o **sui nervi a qn** to get on sb's nerves -2. *fam* [tendine] tendon.

nervosismo *sm* nervousness.

nervoso, a *agg* -1. [malattia] nervous; [fibra, centri] nerve *(dav s)* -2. [irritabile] irritable; [agitato] nervous. ◆ **nervoso** *sm fam*: **avere il ~** to feel anxious.

nespola *sf* medlar.

nesso *sm* connection.

nessuno, a *(dav sm che comincia per vocale, h o consonante* **nessun**; *dav sm che comincia per s + consonante, gn, ps, x, y, z* **nessuno**; *dav sf che comincia per consonante* **nessuna**; *dav sf che comincia per vocale o h* **nessun')** ◇ *agg indef* -1. [neanche uno] no, not ... any; **non ho nessuna fretta** I'm in no hurry, I'm not in any hurry; **da nessuna parte** nowhere; **in nessun caso** under no circumstances, (there's) no way *fam*; **non ... ~** no, not ... any; **non c'è nessun posto libero** there are no o there aren't any free seats; **non lo vedo da nessuna parte** I can't see him anywhere -2. [qualche]: **nessuna obiezione?** any objections? ◇ *pron indef* -1. [neanche uno – riferito a persona] no one, nobody; [– riferito a cosa] none, not one; **~ è perfetto** no one's perfect; **c'è ~?** is anyone there?; **non ... ~** no one, not ... anyone; **non c'era ~** there was no one there; **non ho visto ~** I didn't see anyone; **~ di noi/voi/loro** none of us/you/them; **~ dei due** neither (of them) -2. [qualcuno – riferito a persona] anyone; [– riferito a cosa] any; **è venuto ~?** did anyone come?

net [nɛt] *sm inv* [tennis] let.

nettare *sm* nectar.

nettezza *sf*: **~ urbana** refuse collection department *UK*, department of sanitation *US*.

netto, a *agg* -1. [gen] clear -2. [deciso] definite; **di ~** [con un colpo deciso] cleanly; **troncare di ~ una conversazione/un rapporto** to break off a conversation/a relationship -3. [peso, guadagno] net; **al ~ di qc** net of sthg.

neurologo, a, gi, ghe *sm, f* neurologist.

neutrale *agg* neutral.

neutro, a *agg* -1. [gen] neutral -2. [non colorato] clear -3. GRAMM neuter. ◆ **neutro** *sm* GRAMM neuter.

neve *sf* -1. [precipitazione] snow; **palla/pupazzo di ~** snowball/snowman; **scarponi/pneumatici da ~** snow boots/tyres -2. CULIN: **montare qc a ~** to beat sthg until stiff.

nevicare [117] *vi impers* to snow; **nevica** it's snowing.

nevischio *sm* sleet.

nevoso, a *agg* -1. [gen] snowy -2. [di neve] snow *(dav s)* -3. [innevato] snow-covered.

nevralgia *sf* neuralgia.

nevrotico, a, ci, che ◇ *agg* -1. [gen] neurotic -2. [caotico] chaotic. ◇ *sm, f* neurotic.

New York [nju'jɔrk] *sf* New York; **lo Stato di ~** New York State.

newyorkese [njujor'kese] ◇ *agg* New York *(dav s)*. ◇ *smf* New Yorker.

Niagara *sm*: **le cascate del ~** Niagara Falls.

Nicaragua *sm*: **il ~** Nicaragua.

nichel *sm* nickel.

nicotina *sf* nicotine.

nido *sm* -1. [gen] nest; **fare il ~** to make a nest -2. [asilo] crèche *UK*, day care center *US*.

niente ◇ *pron* -1. [nessuna cosa] nothing; **senza ~** without anything; **~ può consolarla** nothing can console her; **per ~** [invano] for nothing; **grazie! – di ~!** thanks! — you're welcome!; **una cosa da ~** [regalo] nothing special; [male] nothing -2. [con un'altra negazione]: **non... ~** nothing *(se il verbo inglese è usato in forma affermativa)*, anything *(se il verbo inglese è usato in forma negativa)*; **non ho ~ in contrario** I've nothing against it; **non le piace ~** she doesn't like anything; **non mangia quasi ~** he hardly eats anything; **non faccio ~ la domenica** I don't do anything on

Sundays; ~ **di** ~ nothing at all; **non fa** ~ [non importa] it doesn't matter; **non avere** ~ **a che fare con qn/qc** not to have anything to do with sb/sthg; **non ci posso fare** ~ **se il tempo è brutto** I can't help it if the weather's bad; **non farsi** ~ not to hurt o.s. **-3.** [qualcosa] anything; **hai comprato** ~ **?** did you buy anything?; **le serve** ~ **?** do you need anything?; **non per** ~, **ma** ... not to say I told you so, but ~ ◇ *agg inv fam* **non ha** ~ **voglia di lavorare** he doesn't want to work at all; ~ **paura!** don't worry! ◇ *avv* at all; **non me ne importa** ~ I don't care at all; **questo non c'entra** ~ that's got nothing to do with it; **per** ~ not at all; **nient'affatto** not at all; ~ **male** not bad. ◇ *sm*: **svanire nel** ~ to disappear off the face of the earth; **basta un** ~ **per farlo contento** it doesn't take much to make him happy; **un bel** ~ nothing at all.

nientemeno *avv*: ~ **che** actually.

Nilo *sm*: **il** ~ the Nile.

ninnananna (*pl* **ninnenanne**) *sf* lullaby.

nipote *smf* **-1.** [di nonno] grandchild, grandson (*f* granddaughter) **-2.** [di zio] nephew (*f* niece).

nipponico, a, ci, che *agg* Japanese.

nitido, a *agg* **-1.** [gen] clear **-2.** [a fuoco] sharp.

nitrire [9] *vi* to neigh.

no ◇ *avv* **-1.** [come risposta o esclamazione] no; **ti è piaciuto? – no, affatto** Did you like it? – No, not at all; **verrà? – forse** ~ Is she coming? – Maybe not; **spero di** ~ I hope not; **credo di** ~ I don't think so; **preferisco di** ~ I'd rather not **-2.** [con alternativa] not; **ti piace o** ~ **?** do you like it or not? **-3.** [come richiesta di conferma]: **siamo d'accordo,** ~ **?** we're agreed then, are we?; **è italiano,** ~ **?** he's Italian, isn't he? **-4.** [contrapposto a sì]: **un giorno sì e uno giorno** ~ on alternate days. ◇ *sm inv* no. ◇ *agg inv fam* bad.

nobile ◇ *agg* **-1.** [gen] noble **-2.** [signorile] aristocratic. ◇ *smf* noble; **i nobili** the nobility.

nobiltà *sf* nobility.

nocca (*pl* **-che**) *sf* knuckle.

nocciola ◇ *sf* hazelnut. ◇ *agg inv* [occhi] hazel; [maglione] tan.

nocciolina *sf*: ~ **americana** peanut.

nocciolo¹ *sm* **-1.** [di frutto] stone *UK*, pit *US* **-2.** *fig* [nodo]: ~ **di una questione** the heart of a matter.

nocciolo² *sm* hazel.

noce ◇ *sf* **-1.** [frutto] walnut; ~ **di cocco**

coconut; ~ **moscata** nutmeg **-2.** [pezzetto]: ~ **di burro** knob of butter. ◇ *sm* **-1.** [albero] walnut (tree) **-2.** [legno] walnut.

nocevo *(etc)* ⊳ **nuocere.**

nociuto, a *pp* ⊳ **nuocere.**

nocivo, a *agg* harmful.

nocqui *(etc)* ⊳ **nuocere.**

nodo *sm* **-1.** [gen] knot; **fare/sciogliere un** ~ to tie/untie a knot **-2.** [punto fondamentale] heart.

noia *sf* **-1.** [tedio] boredom **-2.** [persona, cosa noiosa] bore, pain; **che** ~ **questo libro!** what a boring book! **-3.** [fastidio] nuisance; **dare** ~ **a qn** to bother sb.

noioso, a *agg* **-1.** [tedioso] boring **-2.** [fastidioso] annoying.

noi *pron pers* **-1.** [soggetto] we; **siamo** ~ it's us; ~ **stessi/stesse** we ourselves; ~ **due** we two **-2.** [complemento oggetto, dopo preposizione] us; **parla di** ~ he's talking about us; **da** ~ [nel nostro paese] in our country; [a casa nostra] at our house.

noleggiare [18] *vt* **-1.** [prendere a nolo – auto] to hire *UK*, to rent *esp US*; [video cassetta] to rent **-2.** [dare a nolo] to hire (out) *UK*, to rent (out) *esp US*.

noleggio *sm* **-1.** [gen] hire *UK*, rental *esp US*; **un'auto da** ~ a hire *UK* o **rental** *US* car; **prendere a** ~ **qc** to hire sthg *UK*, to rent sthg *esp US*; **dare a** ~ **qc (a qn)** to hire *UK* o rent *esp US* sthg out (to sb) **-2.** [negozio] hire centre *UK*, rental agency *US*; **un** ~ **di auto** a car hire centre *UK*, a car rental agency *US*.

nolo *sm* [gen] hire *UK*, rental *esp US*; **prendere a** ~ **qc** to hire sthg *UK*, to rent sthg *esp US*; **dare a** ~ **qc (a qn)** to hire *UK* o rent *esp US* sthg out (to sb).

nomade ◇ *agg* nomadic. ◇ *smf* nomad.

nome *sm* **-1.** [gen] name; ~ **d'arte** pen name; ~ **di battesimo** Christian name; ~ **commerciale** trademark; **farsi un** ~ to make a name for o.s. **-2.** [anagraficamente] full name **-3.** GRAMM noun. ◆ **a nome di** *prep* on behalf of. ◆ **in nome di** *prep* in the name of.

nomina *sf* appointment.

nominare [6] *vt* **-1.** [citare] to mention **-2.** [incaricare, eleggere] to appoint.

nominativo, a *agg* BANCA registered. ◆ **nominativo** *sm* name.

non *avv* **-1.** [gen] not; ~ **piove** it isn't raining; ~ **ci credo** I don't believe it; ~ **vieni?** aren't you coming?; ~ **c'è nessuno** there's no one there; **ti stai annoiando,** ~ **è vero?** you're getting bored, aren't you?; **che cosa**

~ darei per sapere com'è andata! what wouldn't I give to know how it went! **-2.** [come prefisso] non-; **i ~ credenti** non-believers **-3.** *loc:* **~ appena** as soon as; **~ c'è di che!** don't mention it!

nonché *cong* **-1.** [tanto più] let alone **-2.** [e anche] as well as.

noncurante *agg* indifferent; **~ di qn/qc** heedless of sb/sthg.

nonna *sf* grandmother, granny *fam*.

nonno *sm* grandfather, grandad *UKfam*, granddad *USfam*. ➤ **nonni** *smpl* grandparents.

nono, a *agg num & sm, f* ninth. ➤ **nono** *sm* ninth *vedi anche* **sesto**.

nonostante ⬦ *prep* despite. ⬦ *cong* (+ *congiuntivo*) even though.

non udente *smf eufem* hearing-impaired person.

non vedente *smf eufem* visually-impaired person, vision-impaired person *US*.

nord *sm & agg inv* north; **a ~ di qc** north of sthg; **del ~** northern.

nordafricano, a *agg & sm, f* North African.

nordamericano, a *agg & sm, f* North American.

nord-est *sm* northeast; **a ~ di qc** northeast of sthg.

nordico, a, ci, che *agg* Nordic.

nordoccidentale *agg* [versante, regione] northwestern; [venti, correnti] northwesterly.

nordorientale *agg* [versante, regione] northeastern; [venti, correnti] northeasterly.

nord-ovest *sm* northwest; **a ~ di qc** northwest of sthg.

norma *sf* **-1.** [regola] rule; **a ~ di legge** in accordance with the law **-2.** [istruzione, avvertenza] instruction, direction **-3.** [abitudine] habit; **di ~** as a rule **-4.** [media] norm.

normale ⬦ *agg* **-1.** [gen] normal **-2.** [nella media] average. ⬦ *sm* **-1.** [comune]: **fuori dal ~** out of the ordinary **-2.** [media] average.

normalità *sf* normality.

normalmente *avv* normally.

normanno, a *agg & sm, f* Norman.

norvegese ⬦ *agg & smf* Norwegian. ⬦ *sm* [lingua] Norwegian.

Norvegia *sf*: **la ~** Norway.

nostalgia *sf* nostalgia; **avere ~ di qn/qc** to miss sb/sthg.

nostro, a ⬦ *agg poss* our; **~ zio** our un-

cle; **le nostre macchine** our cars; **un ~ amico** a friend of ours; **a casa nostra** [stato in luogo] at our house; [moto in luogo] to our house. ⬦ *pron poss*: **il ~, la nostra, i nostri, le nostre** ours; **qual è il ~/la nostra?** which one is ours?; **quelli sono nostri** those are ours; **vorremmo dire la nostra** we'd like to have our say; **ne abbiamo fatta una delle nostre!** we've done it again!

nota *sf* **-1.** [gen] note; **prendere ~ (di qc)** to make a note of sthg; **~ tipica** hallmark; **~ a piè di pagina** footnote **-2.** SCOL *a negative comment on the behaviour of a pupil* **-3.** COMM: **~ spese** list of expenses.

notaio *sm* notary.

notare [6] *vt* **-1.** [osservare] to notice **-2.** [annotare] to note down.

notebook ['notbuk] *sm inv* notebook.

notevole *agg* **-1.** [considerevole] considerable **-2.** [pregevole] noteworthy.

notevolmente *avv* considerably.

notizia *sf* **-1.** [informazione] news *(U)*; **dare una ~ a qn** to give sb some news; **le ultime notizie** the latest news; **fare ~** to be news **-2.** [nozione] information *(U)*.

notiziario *sm* news *(U)*.

noto, a *agg* well-known; **è ~ (a tutti)** everyone knows that; **rendere ~ qc (a qn)** to let sb know sthg.

notorietà *sf* [buona fama] fame; [cattiva fama] notoriety.

nottata *sf* night; **fare ~** to stay up all night.

notte *sf* night; **la ~ scorsa** last night; **martedì ~** on Tuesday night; **di ~** at night; **arrivare di ~** to arrive at night; **le tre/ quattro di ~** three/four in the morning; **a ~ fonda** (in) the middle of the night; **camicia da ~** nightshirt; **~ in bianco** sleepless night; **si fa ~** it's getting dark.

notturno, a *agg* night *(dav s)*.

novanta *agg num inv & sm inv* ninety; **gli anni Novanta** the nineties; *vedi anche* **sei**.

novantenne *agg & smf* ninety-year-old.

novantesimo, a *agg num & sm, f* ninetieth. ➤ **novantesimo** *sm* [frazione] ninetieth; *vedi anche* **sei**.

novantina *sf*: **una ~ (di qc)** about ninety (sthg).

nove *agg num inv & sm inv* nine; *vedi anche* **sei**.

Novecento *sm*: **il ~** the twentieth century.

novello, a *agg* **-1.** [giovane]: **patate novelle** new potatoes; **carote novelle** baby carrots; **piselli novelli** early peas **-2.** [recente]: **i novelli sposi** the newlyweds.

novembre *sm* November; *vedi anche* **settembre.**

novemila *agg num inv & sm inv* nine thousand; *vedi anche* **sei.**

novità *sf inv* **-1.** [notizia] news *(U)*; **ci sono ~ ?** is there any news? **-2.** [cosa nuova] innovation; **le ultime ~ della moda** the latest fashions **-3.** [originalità] originality.

nozione *sf* **-1.** [conoscenza] knowledge; **le prime nozioni** the basics **-2.** [concetto] concept.

nozze *sfpl* wedding; **~ d'argento/d'oro** silver/golden wedding.

N.T. (*abbr di* **Non Trasferibile**) BANCA a/c payee only.

nube *sf* cloud.

nubifragio *sm* cloudburst.

nubile *agg* single.

nuca (*pl* **-che**) *sf* nape (of the neck).

nucleare *agg* nuclear.

nucleo *sm* nucleus; **~ familiare** family unit.

nudista, i, e *agg & smf* nudist.

nudo, a *agg* **-1.** [svestito] naked; **mettere a ~ qc** to lay sthg bare **-2.** [parete, braccia, piedi] bare. **◆ nudo** *sm* [disegno] nude.

nulla = niente.

nullo, a *agg* **-1.** [non valido] invalid **-2.** SPORT drawn.

numerale *agg & sm* numeral; **~ cardinale** cardinal number; **~ ordinale** ordinal number.

numerato, a *agg* numbered.

numerazione *sf* **-1.** [sequenza] numbering **-2.** [sistema] numbers *(pl)*.

numerico, a, ci, che *agg* numerical.

numero *sm* **-1.** [gen] number; **~ arabo/romano** Arabic/Roman numeral; **essere il ~ uno** *fig* to be number one; **fare il ~** to dial the number; **sbagliare ~** to get the wrong number; **~ verde** Freefone® number *UK*, toll-free number *US*; **~ civico** house number; **fare ~** to make up the numbers; **dare i numeri** *fam* to lose one's marbles **-2.** [taglia, misura] size **-3.** [esibizione] routine **-4.** [edizione] number, issue. **◆ numeri** *smpl*: **avere tutti i numeri (per fare qc)** to have what it takes (to do sthg).

numeroso, a *agg* [pubblico, famiglia, gruppo] large; [incidenti, proteste] numerous.

nuocere [88] *vi*: **~ a qn** to harm sb; **~ a qc** to damage sthg.

nuociuto, a *pp* ▷ **nuocere.**

nuora *sf* daughter-in-law.

nuotare [6] *vi* to swim.

nuotatore, trice *sm, f* swimmer.

nuoto *sm* swimming; **fare ~** to swim; **~ sincronizzato** synchronized swimming; **attraversare qc a ~** to swim across sthg.

nuovamente *avv* again.

Nuova Zelanda *sf*: **la ~** New Zealand.

nuovo, a *agg* new; **come ~** as good as new; **le nuove generazioni** the youth of today; **quel nome/viso non mi è ~** I know that name/face; **il ~ anno** the new year; **essere ~ di qc** to be new to sthg. **◆ nuovo** *sm*: **il ~** the new; **che c'è di ~?** what's new. **◆ di nuovo** *avv* again.

nutriente *agg* **-1.** [cibo, sostanza] nutritious **-2.** [cosmetico] nourishing.

nutrimento *sm* nourishment.

nutrire [10] **◇** *vt* **-1.** [alimentare] to feed **-2.** [pelle] to nourish **-3.** [sentimenti] to harbour *UK*, to harbor *US*. **◇** *vi* [alimentare] to be nourishing. **◆ nutrirsi** *vr*: **nutrirsi di qc** to eat sthg.

nutrizione *sf* [dieta] diet; [scienza] nutrition.

nuvola *sf* cloud; **cascare** o **cadere dalle nuvole** *fig* to be amazed.

nuvoloso, a *agg* cloudy.

nuziale *agg* wedding *(dav s)*.

nylon® ['nailon] *sm inv* nylon.

o¹, O *sf* o *m inv* o, O.

o² *cong* or; **o... o** either... or.

oasi *sf inv* oasis.

obbediente *agg* = **ubbidiente.**

obbedire [9] *vi* = **ubbidire.**

obbligare [16] *vt* [costringere]: **~ qn (a fare qc)** to force sb (to do sthg).

obbligato, a *agg* **-1.** [gen] obliged; **sentirsi ~ verso qn** to feel obliged to sb **-2.** [fisso] unavoidable.

obbligatorio, a *agg* compulsory.

obbligazione *sf* FIN bond.

obbligo (*pl* **-ghi**) *sm* **-1.** [dovere] duty;

avere l' ~ di fare qc to be obliged to do sthg; essere d' ~ to be required; sentirsi in ~ con o verso qn to feel under an obligation to sb **-2**. ⊳scuola.

obesità *sf* obesity.

obeso, a *agg* obese.

obiettare [6] *vt* to object; non avere nulla da ~ to have no objection(s).

obiettivamente *avv* objectively.

obiettivo, a *agg* objective. ➡ **obiettivo** *sm* **-1**. [ottico] lens **-2**. [bersaglio] target **-3**. [scopo] objective; obiettivi di vendita sales targets.

obiettore *sm*: ~ di coscienza conscientious objector.

obiezione *sf* objection.

obitorio *sm* morgue, mortuary *UK*.

obliquo, a *agg* oblique.

obliterare [6] *vt* to stamp.

oblò *sm inv* porthole.

oboe *sm* oboe.

oca (*pl* oche) *sf* **-1**. [animale] goose **-2**. [ragazza] (silly) goose.

occasionale *agg* **-1**. [bevitore, fumatore] occasional; [rapporti sessuali, lavoro] casual **-2**. [incontro] chance (dav s).

occasione *sf* **-1**. [opportunità] opportunity **-2**. [buon affare] bargain; d' ~ [affare] bargain; [usato] second-hand **-3**. [circostanza] occasion; per l' ~ for the occasion; in ~ di qc on the occasion of sthg **-4**. [motivo] cause.

occhiaie *sfpl* bags under one's eyes.

occhiali *smpl* [gen] glasses, spectacles *form*; [da motociclista, saldatore] goggles; ~ da vista glasses, eyeglasses *US*; ~ da sole sunglasses.

occhiata *sf* look; dare un' ~ a qn/qc [in fretta] to have a look at sb/sthg; [controllare] to keep an eye on sb/sthg.

occhiello *sm* [di giacca] buttonhole; [di scarpa, borsa] eyelet.

occhio ◇ *sm* [gen] eye; a quattr'occhi in private; costare un ~ (della testa) to cost an arm and a leg; a ~ nudo to o with the naked eye; dare nell' ~ to stand out; tenere d' ~ qn/qc to keep an eye on sb/sthg. ◇ *esclam fam* look out!

occhiolino *sm*: fare l' ~ a qn to wink at sb.

occidentale ◇ *agg* [gen] western; [vento] westerly, west (dav s). ◇ *smf* westerner.

occidente *sm* west; a ~ di qc west of sthg. ➡ **Occidente** *sm*: l'Occidente the West.

occlusione *sf* blockage; ~ intestinale intestinal obstruction o blockage.

occorrente *sm*: tutto l' ~ everything one needs.

occorrenza *sf*: all' ~ if need be.

occorrere [65] *vi* to be needed; se ti occorre qualcosa, fammelo sapere if you need anything, let me know; occorre far presto we/he/they etc must act quickly.

occorso, a *pp* ⊳occorrere.

occupare [6] *vt* **-1**. [ingombrare] to take up **-2**. [abitare – legalmente] to live in; [– abusivamente] to squat in **-3**. [paese, fabbrica] to occupy **-4**. [posto a sedere] to occupy, to take **-5**. [carica] to hold **-6**. [impegnare – tempo] to spend; [– persona] to occupy. ➡ **occuparsi** *vip* **-1**. [interessarsi]: occuparsi di qc [per hobby] to be interested in sthg; [per lavoro] to deal with sthg; di cosa ti occupi? – di finanza what line are you in? – finance **-2**. [prendersi cura]: occuparsi di qn/qc to look after sb/sthg **-3**. [impicciarsi]: occuparsi di qc to interfere in sthg.

occupato, a *agg* **-1**. [posto, sedia] taken, occupied; [bagno] engaged; [paese, fabbrica] occupied **-2**. [telefono, fax] engaged *UK*, busy *US* **-3**. [persona] busy.

occupazione *sf* **-1**. [gen] occupation **-2**. [lavoro] employment; ~? – insegnante occupation? – teacher.

Oceania *sf*: l' ~ Oceania.

oceano *sm* ocean.

ocra *agg inv & sm inv* [colore] ochre.

oculare *agg* **-1**. [dell'occhio] eye (dav s), ocular **-2**. ⊳testimone.

oculista, i, e *smf* ophthalmologist.

oda (etc) ⊳udire.

ode ◇ ⊳udire. ◇ *sf* ode.

odi ⊳udire.

odiare [20] *vt* to hate. ➡ **odiarsi** *vr* **-1**. [reciproco] to hate each other **-2**. [se stesso] to hate o.s.

odierno, a *agg form* today's (dav s).

odio *sm* **-1**. [ostilità] hatred, hate **-2**. [insofferenza] hatred.

odioso, a *agg* odious.

odo (etc) ⊳udire.

odontoiatra, i, e *smf* dental surgeon, dentist.

odontotecnico, a, ci, che ◇ *agg* [tecnica] dental. ◇ *sm, f* dental technician.

odorare [6] ◇ *vt* [annusare] to smell. ◇ *vi* [profumare] to smell; ~ di qc to smell of sthg.

odorato *sm* sense of smell.

odore *sm* [col naso] smell; ~ **della preda** scent. ➤ **odori** *smpl* (aromatic) herbs.

offendere [43] *vt* [insultare] to offend, to insult; [ferire] to hurt. ➤ **offendersi** ◇ *vip* [risentirsi] to take offence. ◇ *vr* [ingiuriarsi] to insult each other.

offensivo, a *agg* offensive.

offerta *sf* -1. [gen] offer; **in** ~ **(speciale)** on (special) offer *UK*, on sale *US*; **ricevere un'** ~ **di lavoro** to get a job offer; **offerte di lavoro** [negli annunci economici] (job) vacancies -2. [donazione – in chiesa] offering, collection; [– a un'associazione umanitaria] donation.

offerto, a *pp* ▷**offrire**.

offesa *sf* [ingiuria] offence *UK*, offense *US*, insult.

offeso, a ◇ *pp* ▷**offendere**. ◇ *agg* offended.

officina *sf* -1. [impianto] workshop -2. [auto officina] garage.

offrire [98] *vt* -1. [gen] to offer; ~ **qc a qn** to offer sb sthg, to offer sthg to sb -2. [pagare] to pay for; **offro io** I'm paying, (it's) my treat -3. [donare] to give ➤ **offrirsi** *vr*: **offrirsi di fare qc** to offer to do sthg.

oggettività *sf* objectivity.

oggettivo, a *agg* objective.

oggetto *sm* -1. [gen] object; **oggetti smarriti** [ufficio] lost property (U) *UK*, lost and found (U) *US* -2. [tema] subject; **essere** ~ **di qc** [di sentimento] to be the object of sthg -3. [in lettere] re; ~ : **invio documentazione** re: forwarding of documentation.

oggi ◇ *avv* -1. [nel giorno] today; **quanti ne abbiamo** ~? – **29** what's the date today? – the 29th; ~ **pomeriggio** this afternoon; **da** ~ **in poi** from now on -2. [nel tempo] nowadays. ◇ *sm inv* -1. [giorno] today; **il giornale di** ~ today's newspaper; **dall'** ~ **al domani** from one day to the next -2. [epoca]: **di** ~ of today.

oggigiorno *avv* nowadays.

ogni *agg indef* -1. [tutti] every, each; ~ **cosa** everything; **in** ~ **caso** in any case; **in** o **ad** ~ **modo** anyway; ~ **volta che** every time -2. [qualsiasi] any, all; **ad** ~ **costo** at any price; **persone di** ~ **età** people of all ages -3. [distributivo] every; ~ **tre giorni/ore/settimane** every three days/hours/weeks; ~ **tanto** every so often, now and then.

Ognissanti *sm inv* All Saints' Day.

ognuno, a *pron indef* [tutti] everyone, everybody; [ciascuno] each (one); ~ **di:** ~ **degli insegnanti** each teacher; ~ **di noi/voi/loro** each of us/you/them.

okay [o'kɛiok'kɛi] ◇ *esclam* OK. ◇ *sm inv* OK; **dare l'** ~ **a qc** to okay sthg; **dare l'** ~ **a qn** to give sb the okay; **ricevere l'** ~ to get the okay.

Olanda *sf*: **l'** ~ Holland.

olandese ◇ *agg* Dutch. ◇ *smf* Dutchman (*f* Dutchwoman); **gli olandesi** the Dutch. ◇ *sm* [lingua] Dutch.

oleandro *sm* oleander.

olfatto *sm* sense of smell.

oliare [20] *vt* -1. [teglia] to grease -2. [lubrificare] to oil.

oligarchia *sf* oligarchy.

Olimpiadi *sfpl* Olympics; ~ **invernali** Winter Olympics.

olimpico, a, ci, che *agg* Olympic.

olimpionico, a, ci, che ◇ *agg* Olympic. ◇ *sm, f* Olympic athlete.

olio *sm* oil; ~ **di semi** vegetable oil; ~ **d'oliva** olive oil; ~ **extra vergine d'oliva** extra-virgin olive oil; **sott'** ~ in oil; ~ **solare** suntan oil; ~ **di fegato di merluzzo** cod-liver oil; ~ **santo** holy oil; **a** ~ ARTE in oils.

oliva *sf* olive.

oliveto *sm* olive grove.

olivo *sm* = ulivo.

olmo *sm* elm.

olocausto *sm* holocaust.

ologramma (*pl* -i) *sm* hologram.

oltraggio *sm* insult.

oltre ◇ *avv* -1. [nello spazio] farther -2. [nel tempo] further. ◇ *prep* -1. [al di là di] beyond -2. [più di] more than, over -3. [eccetto]: ~ **a qn/qc** apart from sb/sthg -4. [in aggiunta]: ~ **a qn/qc** as well as sb/sthg; ~ **che** as well as.

oltrepassare [6] *vt* -1. [passare al di là di] to go beyond -2. [eccedere] to exceed; ~ **i limiti** *fig* to go too far.

omaggio ◇ *sm* -1. [dono] gift; [commerciale] free gift; **un** ~ **floreale** a floral tribute; **dare/ricevere qc in** ~ to present sthg/be presented with sthg; **in** ~ as a free gift -2. [ossequio] tribute, homage; **rendere** ~ **a qn** to pay tribute o homage to sb. ◇ *agg inv*: **copia** ~ complimentary copy; **confezione** ~ gift pack.

ombelico (*pl* -chi) *sm* navel.

ombra *sf* -1. [gen] shade; **all'** ~ in the shade; **all'** ~ **di qc** in the shade of sthg; **fare** ~ **a qn** to be in sb's light -2. [sagoma] shadow; **ombre cinesi** shadow theatre; **non c'è** ~ **di dubbio** there isn't a shadow of a doubt.

ombrello *sm* umbrella.

ombrellone *sm* beach umbrella.

ombretto *sm* eyeshadow.

omelette [om'lɛt] *sf inv* omelette UK, omelet US.

omeopatia *sf* homeopathy.

omertà *sf* conspiracy of silence.

omesso, a *pp* ⊳omettere.

omettere [71] *vt* to omit; **~ di fare qc** to omit to do sthg.

omicida, i, e ⋄*smf* murderer. ⋄*agg* [istinto] homicidal; [attacco, sguardo] murderous; **arma ~** murder weapon.

omicidio *sm* murder, homicide US.

omissione *sf* omission.

omogeneizzato, a *agg* homogenized.
➡ **omogeneizzati** *smpl* baby food (U).

omogeneo, a *agg* homogeneous.

omologare [16] *vt* -1. [uniformare] to standardize -2. [rendere valido] to ratify.

omologato, a *agg* tested and validated.

omonimo, a ⋄*agg* of the same name (non dav s). ⋄*sm, f* namesake.

omosessuale *agg & smf* homosexual.

onda *sf* wave; **andare in ~** to go on the air, to be broadcast; **~ verde** synchronized traffic lights (plural); **onde corte/medie/lunghe** short/medium/long wave (U).

ondata *sf* wave; **un'~ di caldo** a heatwave; **un'~ di qc** a wave of sthg.

ondeggiare [18] *vt* -1. [bandiera, erba] to wave; [barca] to rock; [acqua] to ripple -2. [barcollare] to sway.

ondulato, a *agg* [capelli] wavy; [cartone, lamiera] corrugated.

onere *sm* [reponsabilità] burden.

onestà *sf* honesty; **in tutta ~** in all honesty.

onestamente *avv* -1. [giustizia] honestly -2. [sinceramente] in all honesty.

onesto, a *agg* -1. [irreprensibile] honest -2. [equo] fair.

onomastico *sm* name-day.

onorare [6] *vt* -1. [ossequiare] to honour UK, to honor US -2. form [adempiere – impegno] to fulfil UK, to fulfill US; [– promessa] to keep -3. form [nobilitare] to bring honour US o honor US to.

onorario, a *agg* honorary. ➡ **onorario** *sm* fee.

onore *sm* -1. [gen] honour UK, honor US; **rendere ~ a qn/qc** to pay homage to sb/sthg -2. [gloria] glory.

onorevole ⋄*agg* honourable UK, hono-

rable US. ⋄*smf* member of parliament UK, congressman (f congresswoman) US.

onorificenza *sf* -1. [carica, titolo] honour UK, honor US -2. [decorazione] decoration.

ONU ['ɔnu] (abbr di Organizzazione delle Nazioni Unite) *sf* UN.

opaco, a, chi, che *agg* -1. [non trasparente] opaque -2. [non lucido] dull.

opale *sm* o *f* opal.

opera *sf* -1. [gen] work; **~ d'arte** work of art -2. [atto] deed; **opere di beneficenza** charitable works; **essere ~ di qn/qc** to be caused by sb/sthg -3. MUS: **~ (lirica)** opera -4. [teatro] opera (house) -5. [istituzione] body.

operaio, a ⋄*sm, f* worker. ⋄*agg* [movimento, partito] workers'(dav s); [classe] working (dav s).

operare [6] ⋄*vt* -1. [paziente] to operate on -2. [modifica, controllo] to implement. ⋄*vi* [agire] to act. ➡ **operarsi** *vip* -1. [verificarsi] to occur -2. [paziente] to have an operation.

operativo, a *agg* operative.

operatore, trice *sm, f* -1. INFORM operator; [televisivo] cameraman (f camerawoman) -2. [addetto] employee -3. ECON: **~ di borsa** stockbroker.

operazione *sf* operation.

opinione *sf* opinion; **secondo la mia ~** in my opinion; **essere dell'~ che** (+ congiuntivo) to believe that; **l'~ pubblica** [cittadini] public opinion; **avere una buona/cattiva ~ di qn** to have a good/bad opinion of sb.

oppio *sm* opium.

opporre [96] *vt* to put forward; **~ resistenza (a qn/qc)** to offer resistance (to sb/sthg). ➡ **opporsi** *vip* to oppose.

opportunista, i, e *smf* opportunist.

opportunità *sf inv* chance, opportunity.

opportuno, a *agg* appropriate.

opposizione *sf* opposition; **l'~** POLIT the opposition.

opposto, a ⋄*pp* ⊳opporre. ⋄*agg* opposite. ➡ **opposto** *sm*: **l'~** the opposite.

oppressione *sf* oppression.

oppresso, a ⋄*pp* ⊳opprimere. ⋄*agg* -1. [soggiogato] oppressed -2. [afflitto] overwhelmed.

opprimente *agg* -1. [clima] oppressive -2. [persona] overpowering.

opprimere [63] *vt* -1. [assillare] to pester -2. [sopraffare] to oppress -3. [sogg: clima] to suffocate.

oppure *cong* -1. [o] or -2. [altrimenti] otherwise.

optare [6] *vi*: ~ **per qc** to opt for sthg.

opuscolo *sm* [informativo] booklet; [pubblicitario] brochure.

opzione *sf* option.

ora ◇ *sf* -1. [unità di tempo] hour; **a ore by the hour; andare a 80 km all'** ~ to drive at 80 km an hour -2. [tempo della giornata] time; **che** ~ **è, che ore sono?** what time is it?; **a che** ~ **torni?** what time will you be back?; ~ **legale** summer time *UK*, daylight saving time *US*; ~ **locale** local time; ~ **solare** solar time; **è** ~ **di andare a letto** it's time to go to bed; ~ **di pranzo** lunchtime; ~ **di cena** dinnertime; ~ **di punta** rush hour; **era** ~! about time!; **fare le ore piccole** to stay up very late o until the small hours; **non vedere l'** ~ **di fare qc** to be looking forward to doing sthg -3. SCOL period. ◇ *avv* -1. [adesso, poco fa] now; **d'** ~ **in avanti** o **in poi** from now on; ~ **come** ~ right now; **per** ~ for now -2. [tra poco] in a minute. ◇ *cong*: ~ **che** now that.

orafo, a *sm, f* goldsmith.

orale o *agg* oral. ◇ *sm* oral exam.

oramai *avv* = ormai.

orario, a *agg* hourly; **tabella** ~ timetable; **fuso** ~ time zone; **fascia** ~ period. ◆ **orario** *sm* -1. [gen] time; **in** ~ on time; ~ **di apertura/chiusura** opening/closing time; ~ **di lavoro** working hours *(pl)*; ~ **di sportello** opening hours *(pl)*; ~ **d'ufficio** office hours *(pl)* -2. [prospetto] timetable.

orata *sf* sea bream.

oratore, trice *sm, f* speaker.

orazione *sf* -1. [preghiera] prayer -2. [discorso] oration.

orbita *sf* -1. [traiettoria] orbit; **in** ~ in orbit -2. ANAT eye socket.

orbitare [6] *vi* to orbit.

orbo, a *agg* blind.

orchestra *sf* orchestra; ~ **sinfonica** symphony orchestra.

orchidea *sf* orchid.

ordigno *sm* device.

ordinale *agg & sm* ordinal.

ordinamento *sm* -1. [scolastico] rules *(pl)*, [giuridico] system; [militare] code -2. [sequenza] order.

ordinare [6] *vt* -1. [gen] order; ~ **a qn di fare qc** to order sb to do sthg -2. [prescrivere]: ~ **qc a qn** to prescribe sb sthg -3. [mettere in ordine] to tidy (up).

ordinario, a *agg* -1. [comune] ordinary -2. [scadente] mediocre. ◆ **ordinario** *sm* -1. [professore] professor *UK* o tenured professor *US* -2. [normalità]: **fuori dell'** ~ extraordinary.

ordinatamente *avv* [disporre] tidily; [procedere] in an orderly fashion.

ordinato, a *agg* -1. [stanza, persona] tidy -2. [lavoro] neat.

ordinazione *sf* [richiesta] order; **su** ~ to order.

ordine *sm* -1. [gen] order; ~ **pubblico** public order; **delitto contro l'** ~ **pubblico** public order offence, breach of the peace *UK*; **in** ~ [in regola] in order; [stanza, persona] tidy; **mettere in** ~ [fogli] to put in order; [stanza] to tidy up; ~ **del giorno** agenda; **all'** ~ **del giorno** commonplace; ~ **di pagamento** standing order *UK*, automatic withdrawal *US* -2. [professionale] association -3. [tipo] nature; **di prim'/quart'** ~ first-/fourth-rate.

orecchino *sm* earring.

orecchio (*mpl* **orecchi**, *fpl* **orecchie**) *sm* -1. [organo] ear -2. [udito] hearing; **essere duro(a) d'** ~ to be hard of hearing -3. [inclinazione]: **avere** ~ to have an ear for music; **avere/non avere** ~ to have no ear for music, to be tone deaf; **a** ~ by ear.

orecchioni *smpl* mumps *(U)*.

orefice *smf* -1. [venditore] jeweller *UK*, jeweler *US* -2. [artigiano] goldsmith.

oreficeria *sf* -1. [arte] goldsmith's art -2. [negozio] jeweller's *UK*, jewelry store *US*.

orfano, a *agg & sm, f* orphan; **rimanere** ~ to be orphaned; ~ **di madre/padre** motherless/fatherless.

orfanotrofio *sm* orphanage.

organico, a, ci, che *agg* -1. [gen] organic -2. [articolato] coherent. ◆ **organico** *sm* staff.

organismo *sm* -1. [essere vivente] organism -2. [ente, struttura] body.

organizzare [6] *vt* to organize. ◆ **organizzarsi** *vr* to organize o.s.

organizzato, a *agg* organized; **viaggio** ~ package tour.

organizzatore, trice ◇ *agg* organizing. ◇ *sm, f* organizer.

organizzazione *sf* organization; ~ **sindacale** trade *UK* o labor *US* union.

organo *sm* -1. ANAT & MUS organ -2. [meccanismo] part -3. [ente] body.

orgasmo *sm* orgasm.

orgoglio *sm* pride; **con** ~ proudly.

orgoglioso, a *agg*: ~ **(di qn/qc)** proud (of sb/sthg).

orientale ◇ *agg* -1. [a est] eastern -2. [dell'Estremo Oriente] oriental. ◇ *smf* Eastern Asian, Oriental *offens*.

orientamento *sm* -1. [posizione] position; **perdere l'** ~ to lose one's bearings -2. [indirizzo] orientation; ~ **professionale** careers guidance.

orientare [6] *vt* -1. [posizionare] to position -2. [indirizzare] to guide. ➨ **orientarsi** *vr* -1. [non perdersi] to get one's bearings -2. [indirizzarsi]: **orientarsi verso qc** to go for sthg.

oriente *sm* east; **a** ~ **di qc** east of sthg. ➨ **Oriente** *sm*: **l'Oriente** the East; **l'Estremo Oriente** the Far East; **il Medio Oriente** the Middle East.

origano *sm* oregano.

originale *agg & sm* original.

originalità *sf inv* -1. [autenticità] authenticity -2. [novità] originality -3. [eccentricità] eccentricity.

originariamente *avv* originally.

originario, a *agg* -1. [proveniente]: **essere** ~ **di qc** to be from sthg -2. [iniziale] original.

origine *sf* -1. [gen] origin; **avere** ~ **da qc** to originate from sthg; **dare** ~ **a qc** to give rise to sthg; **in** ~ originally -2. [causa] cause.

origliare [21] *vt* to eavesdrop.

orina *sf* = urina.

orinare [6] *vi* = urinare.

oriundo, a ◇ *agg*: **suo padre è** ~ **dell'Inghilterra** his father is of English origin. ◇ *sm, f*: ~ **italiano/francese etc** person of Italian/French etc descent.

orizzontale *agg* horizontal. ➨ **orizzontali** *sfpl* [definizioni] clues across; [soluzioni] across solutions.

orizzonte *sm* horizon.

orlo *sm* -1. [di strada, burrone] edge; **essere sull'** ~ **di qc** [suicidio, pazzia] to be on the verge of sthg -2. [di oggetto circolare] rim; **una tazza piena fino all'** ~ a cup full to the brim -3. [di gonna, pantaloni] hem.

orma *sf* [di animale] track; [di persona] footprint; **seguire** o **calcare le orme di qn** *fig* to follow in sb's footsteps.

ormai *avv* -1. [già] already -2. [quasi] almost -3. [a questo punto – nel presente] now; [– nel passato] by then.

ormeggiare [18] *vt* to moor.

ormeggio *sm* mooring. ➨ **ormeggi** *smpl*: **levare** o **mollare gli ormeggi** to weigh anchor.

ormone *sm* hormone.

ornamento *sm* ornament.

ornare [6] *vt* to decorate.

ornitologia *sf* ornithology.

oro ◇ *sm* gold; **in** o **d'** ~ [oggetto] gold; **d'** ~ [occasione] golden; **un ragazzo/una ragazza d'** ~ a boy/girl in a million. ◇ *agg inv* golden.

orologeria *sf* -1. watchmaker's -2. ▷**bomba**.

orologio *sm* [da muro] clock; [da polso] watch; ~ **al quarzo** quartz watch; ~ **biologico** biological clock.

oroscopo *sm* horoscope.

orrendo, a *agg* awful.

orribile *agg* awful.

orrore *sm* -1. [ripugnanza] horror; **fare** ~ **a qn** to horrify sb -2. [cosa brutta] eyesore.

orsa *sf* -1. [animale] she-bear -2. [costellazione]: ~ **maggiore** Great Bear, Ursa Major; ~ **minore** Little Bear, Ursa Minor.

orsacchiotto *sm* teddy bear.

orso *sm* -1. [animale] bear; ~ **bianco** polar bear; ~ **bruno** brown bear -2. [persona] boor.

ortaggio *sm* vegetable.

ortensia *sf* hydrangea.

ortica (*pl* **-che**) *sf* nettle.

orticaria *sf* nettle rash.

orto *sm* vegetable garden.

ortodosso, a *agg* orthodox.

ortografia *sf* spelling.

ortopedico, a, ci, che *agg* orthopaedic *UK*, orthopedic *US*. ➨ **ortopedico** *sm* -1. [medico] orthopaedic *UK* o orthopedic *US* surgeon -2. [tecnico] orthopaedic *UK* o orthopedic *US* specialist.

orzo *sm* barley.

osare [6] *vt*: ~ **(fare qc)** to dare (to do sthg).

oscenità *sf inv* obscenity.

osceno, a *agg* obscene; **atti osceni** indecent exposure.

oscillare [6] *vi* -1. [pendolo] to swing -2. [valore, grandezza] to vary.

oscillazione *sf* -1. [di pendolo] swinging -2. [di valori] variation.

oscurare [6] *vt* to darken. ➨ **oscurarsi** *vip* -1. [cielo] to grow dark -2. [vista] to grow dim -3. [corrucciarsi] to darken.

oscurità *sf* [buio] darkness.

oscuro, a *agg* -1. [buio] dark -2. [incomprensibile] obscure. ➨ **oscuro** *sm*:

essere all' ~ di qc to know nothing about sthg.

ospedale *sm* hospital.

ospedaliero, a *agg* hospital (*dav s*).

ospitale *agg* **-1.** [persona] hospitable **-2.** [luogo] welcoming.

ospitalità *sf* hospitality.

ospitare [6] *vt* **-1.** [invitare] to put up **-2.** [contenere] to hold **-3.** [custodire] to house.

ospite <> *smf* **-1.** [invitato] guest **-2.** [padrone di casa] host (*f* hostess). <> *agg* **-1.** [ospitato] guest (*dav s*) **-2.** [ospitante] host (*dav s*) **-3.** SPORT visiting (*dav s*).

ospizio *sm* (old people's) home.

ossa ⊳ osso.

ossatura *sf* **-1.** [ossa] bone structure **-2.** [struttura] frame.

osseo, a *agg* [frattura, sistema] bone (*dav s*); [parti] bony.

osservare [6] *vt* **-1.** [esaminare] to look at **-2.** [notare] to notice; **fare ~ qc a qn** to point out sthg to sb **-3.** [silenzio, leggi] to observe.

osservatore, trice *sm, f* observer.

osservatorio *sm* observatory; **~ (astronomico)** observatory; [ornitologia] hide UK, blind US.

osservazione *sf* **-1.** [gen] observation; **tenere qn in ~** [in ospedale] to keep sb under observation **-2.** [rimprovero] criticism.

ossessionare [6] *vt* **-1.** [tormentare] to torment **-2.** [assillare] to harrass.

ossessione *sf* **-1.** [pensiero fisso] obsession; **avere l' ~ di qc** to be obsessed by sthg **-2.** [tormento] pain.

ossia *cong* that is.

ossidare [6] *vt* to oxidize. ◆ **ossidarsi** *vip* to oxidize.

ossidazione *sf* oxidization.

ossido *sm* oxide; **~ di carbonio** carbon monoxide.

ossigenare [6] *vt* **-1.** CHIM to oxygenate **-2.** [decolorare] to bleach. ◆ **ossigenarsi** *vr* **-1.** [schiarirsi] to bleach one's hair **-2.** [respirare aria pura] to get some fresh air.

ossigeno *sm* oxygen.

osso *sm* **-1.** (*fpl* ossa) ANAT bone; **essere un ~ duro** *fig* to be a tough nut to crack **-2.** (*mpl* ossi) [di bistecca, pollo] bone.

ostacolare [6] *vt* to hamper.

ostacolo *sm* **-1.** [intralcio] obstacle, hindrance **-2.** [in atletica] hurdle **-3.** [impedimento] problem; **essere di ~ a qn/qc** to stand in the way of sb/sthg. ◆ **ostacoli** *smpl* hurdles.

ostaggio *sm* hostage; **prendere qn in ~** to take sb hostage.

ostello *sm*: **~ (della gioventù)** youth hostel.

ostentare [6] *vt* **-1.** [sfoggiare] to show off **-2.** [fingere] to feign.

osteria *sf* ≃ bar, ≃ pub UK.

ostetrica (*pl* -che) *sf* midwife.

ostetrico, a, ci, che <> *agg* obstetric. <> *sm, f* obstetrician.

ostia *sf* RELIG host.

ostico, a, ci, che *agg* difficult.

ostile *agg* hostile.

ostilità *sf inv* hostility. ◆ **ostilità** *sfpl*: **le ~** hostilities.

ostinarsi [6] *vip*: **~ a fare qc** to insist on doing sthg.

ostinato, a *agg* **-1.** [persona] stubborn **-2.** [atteggiamento, comportamento] obstinate; [ricerca, resistenza] dogged.

ostinazione *sf* [di carattere] obstinacy; [di atteggiamento] persistence.

ostrica (*pl* -che) *sf* oyster.

ostruire [9] *vt* to block. ◆ **ostruirsi** *vip* to become blocked.

otite *sf* [gen] ear infection; MED otitis.

ottagono *sm* octagon.

ottanta *agg num inv & sm inv* eighty; **gli anni Ottanta** the Eighties; *vedi anche* **sei**.

ottantenne *agg & smf* eighty-year-old.

ottantesimo, a *agg num & sm, f* eightieth ◆ **ottantesimo** *sm* [frazione] eightieth; *vedi anche* **sesto**.

ottantina *sf* **-1.** [quantità]: **un' ~ (di qc)** about eighty (of sthg) **-2.** [età] eighty (years old); **essere sull' ~** to be about eighty (years old).

ottavo, a *agg num & sm, f* eighth. ◆ **ottavo** *sm* [frazione] eighth; *vedi anche* **sesto**.

ottenere [93] *vt* **-1.** [conseguire] to get; **~ che qn faccia qc** to get sb to do sthg; **~ di fare qc** to get to do sthg; **~ la vittoria** to win **-2.** [ricavare] to obtain.

ottica (*pl* -che) *sf* **-1.** [gen] optics (*U*) **-2.** [punto di vista] point of view; **entrare nell' ~ di fare qc** to think about doing sthg.

ottico, a, ci, che <> *agg* **-1.** ANAT optic **-2.** FIS optical. <> *sm, f* [tecnico] optician. ◆ **ottico** *sm* [negozio] optician's.

ottimale *agg* optimum (*dav s*).

ottimismo *sm* optimism.

ottimista, i, e <> *agg* optimistic. <> *smf* optimist.

ottimistico, a, ci, che *agg* optimistic.

ottimizzare [6] *vt* to optimize.

ottimo, a *agg & sm inv* excellent.

otto *agg num inv & sm inv* eight; *vedi anche* **sei**.

ottobre *sm* October; *vedi anche* **settembre**.

ottocentesco, a, schi, sche *agg* nineteenth-century.

Ottocento *sm*: l' ~ the nineteenth century.

ottone *sm* brass. ► **ottoni** *smpl* -1. [oggetti] brasses -2. MUS brass section.

otturare [6] *vt* -1. [condotto] to block (up) -2. [dente] to fill. ► **otturarsi** *vip* to become blocked (up).

otturazione *sf* -1. [azione] blocking -2. [di dente] filling.

ottuso, a *agg* -1. [poco intelligente] slow -2. GEOM obtuse.

ovaia *sf* ovary.

ovale *agg & sm* oval.

ovatta *sf* cotton wool *UK*, cotton *US*.

overdose *sf inv* overdose; farsi un' ~ di qc to overdose on sthg.

ovest *sm & agg inv* west; a ~ di qc west of sthg.

ovile *sm* fold.

ovino, a *agg* sheep *(dav s)*; carne ovina mutton. ► **ovino** *sm* sheep.

ovulazione *sf* ovulation.

ovulo *sm* -1. ANAT ovum -2. FARM pessary.

ovunque *avv* everywhere.

ovvero *cong form* that is.

ovviamente *avv* obviously.

ovviare [22] *vi*: ~ a qc to get around sthg.

ovvio, a *agg* obvious.

oziare [20] *vi* to laze around.

ozio *sm* idleness.

ozioso, a *agg* -1. [persona] idle -2. [periodo] lazy.

ozono *sm* ozone.

P

p, P *sf o m inv* p, P.

P -1. (*abbr di* **parcheggio**) P -2. (*abbr di* **principiante**) *a green plate with a "P" indicating that a driver has only recently got their licence* -3. (*abbr di* **Portogallo**) P.

p. (*abbr di* **pagina**) p.

PA (*abbr di* **Palermo**) PA.

pacca (*pl* -**che**) *sf* slap.

pacchetto *sm* -1. [confezionato] packet *UK*, package *US* -2. [piccolo pacco] package, parcel *esp UK*; fare un ~ to wrap sthg up.

pacchia *sf fam* godsend; che ~! what a godsend!; lavorare così è una vera ~ working here is a real cushy number.

pacchiano, a *agg* tacky.

pacco (*pl* -**chi**) *sm* package, parcel *esp UK*; ~ postale package, parcel *esp UK*; ~ regalo giftwrapped package.

pace *sf* peace; lasciare qn in ~ to leave sb alone; fare la ~ (con qn) to make it up (with sb).

pacemaker [peis'mɛker] *sm inv* pacemaker.

pachiderma (*pl* -**i**) *sm* pachyderm.

pacifico, a, ci, che *agg* -1. [non bellicoso] peaceful -2. [tranquillo] quiet. ► **Pacifico** ◇ *sm*: il Pacifico the Pacific. ◇ *agg*: l'Oceano Pacifico the Pacific Ocean.

pacifista, i, e *smf & agg* pacifist.

padella *sf* frying pan.

padiglione *sm* -1. [edificio] block, wing -2. [tenda] pavilion -3. ANAT: ~ auricolare auricle.

Padova *sf* Padua.

padre *sm* father.

padrenostro *sm inv* Our Father, Lord's Prayer.

padrino *sm* godfather.

padronanza *sf* -1. [controllo] control -2. [conoscenza] command.

padrone, a *sm, f* -1. [proprietario] owner; ~ di casa [ospite] host (*f* hostess); [proprietario] landlord (*f* landlady) **-2.** [in controllo]: **essere ~ di qc** [situazione] to be in control of sthg; [lingua] to have a good command of sthg; **(non) essere ~ di sé** to have(no) self-control.

paesaggio *sm* landscape.

paesano, a ◇ *agg* country (*dav s*). ◇ *sm, f* villager.

paese *sm* **-1.** [nazione] country **-2.** [centro abitato] village **-3.** [territorio] land; **mandare qn a quel ~** *mfam* to tell sb to go to hell. ◆ **Paesi Bassi** *smpl* the Netherlands.

paffuto, a *agg* chubby.

paga (*pl* **-ghe**) *sf* pay.

pagamento *sm* payment; **a ~** subject to a charge.

pagano, a *agg, sm, f* pagan.

pagare [16] *vt* **-1.** [gen] to pay; **quanto l'hai pagato?** how much did you pay for it?; **~ caro qc** to pay a lot for sthg; **farla ~ (cara) a qn** to make sb pay (dearly) **-2.** [offrire] to buy.

pagella *sf* report.

pagina *sf* page. ◆ **Pagine Gialle**® *sfpl* Yellow Pages®.

paglia *sf* straw.

pagliaccio *sm* clown.

pagliaio *sm* haystack.

pagliuzza *sf* speck.

pagnotta *sf* loaf.

paia (*etc*) ▷ **parere**.

paio (*fpl* **paia**) *sm* **-1.** [gen] pair **-2.** [alcuni]: **un ~ di qn/qc** a couple of sb/sthg.

Pakistan *sm*: **il ~** Pakistan.

pala *sf* **-1.** [attrezzo] shovel **-2.** [di elica, mulino] blade.

palata *sf* shovelful; **avere qc a palate** to have lots of sthg.

palato *sm* palate.

palazzetto *sm*: **~ dello sport** indoor sports arena.

palazzina *sf* villa.

palazzo *sm* **-1.** [condominio] block of flats *UK*, apartment building *US* **-2.** [villa] palace; **~ Chigi** *Italian prime minister's offices* **-3.** [centro]: **~ dei congressi** conference centre; **~ dello sport** indoor sports arena **-4.** [corte] court; **~ di giustizia** law courts (*plural*).

palco (*pl* **-chi**) *sm* **-1.** [pedana] platform **-2.** [palcoscenico] stage **-3.** [per spettatori] box.

palcoscenico *sm* stage.

Palermo *sf* Palermo.

palese *agg* obvious.

Palestina *sf*: **la ~** Palestine.

palestinese *agg & smf* Palestinian.

palestra *sf* gym.

paletta *sf* **-1.** [per lavori domestici] dustpan **-2.** [per bambini] spade **-3.** [per segnalare] signal.

paletto *sm* **-1.** [asta] post; [tenda] peg **-2.** [nello sci] post **-3.** [chiavistello] bolt.

palio *sm*: **essere in ~** to be up for grabs.

palizzata *sf* fence.

palla *sf* **-1.** [sfera] ball; **~ di neve** snowball; **prendere la ~ al balzo** [occasione] to grab the chance **-2.** [di cannone] cannonball. ◆ **palle** *sfpl volg* balls; **che palle!** what a pain!

pallacanestro *sf* basketball.

pallamano *sf* handball.

pallanuoto *sf* water polo.

pallavolo *sf* volleyball.

palleggiare [18] *vi* [nel calcio] to practise *UK* o practice *US* with the ball; [nel tennis] to knock up.

pallido, a *agg* **1.** [gen] pale **-2.** *loc*: **non avere la più pallida idea di qc** not to have the faintest idea about sthg.

pallina *sf* **-1.** [nello sport] ball **-2.** [bilia] marble.

pallino *sm* **-1.** [nello sport] ball **-2.** [proiettile] pellet **-3.** [mania]: **avere il ~ di qc** to be mad about sthg.

palloncino *sm* balloon.

pallone *sm* **-1.** [palla] ball; **~ da calcio/rugby/pallacanestro** football/rugby ball/basketball; **essere un ~ gonfiato** to be full of o.s. **-2.** [il calcio] football *UK*, soccer.

pallore *sm* pallor.

palloso, a *agg mfam* deadly.

pallottola *sf* **-1.** [proiettile] bullet **-2.** [di carta] pellet.

palma *sf* palm.

palmo *sm* hand (*as a measure*).

palo *sm* **-1.** [asta] post; **~ della luce** lamppost **-2.** [nel calcio] goalpost.

palpare [6] *vt* **-1.** [gen] to feel **-2.** [accarezzare] to fondle.

palpebra *sf* eyelid.

palpitazione *sf* palpitation.

palude *sf* marsh.

palustre *agg* [area, zona] marshy; [vegetazione, uccello] marsh (*dav s*).

Panama ◇ *sm*: **il ~** Panama. ◇ *sf* Panama City.

panca (*pl* **-che**) *sf* bench.

pancarrè *sm inv* sliced bread.

pancetta *sf* bacon; ~ **affumicata** smoked bacon.

panchina *sf* bench.

pancia (*pl* -ce) *sf* stomach; **mettere su** ~ to develop a paunch.

panciotto *sm* waistcoat *UK*, vest *US*.

pancreas *sm inv* pancreas.

panda *sm inv* panda.

pane *sm* -1. [alimento] bread; ~ **a** o **in cassetta** sliced bread; ~ **azzimo** unleavened bread; ~ **integrale** o **nero** wholemeal *UK* o whole wheat *US* bread; ~ **tostato** toast -2. [pagnotta] loaf -3. [sostentamento] food; **guadagnarsi il** ~ to make a living -4. [di burro] pat; [sapone] cake.

panetteria *sf* bakery.

panettiere, a *sm, f* baker. ◆ **panettiere** *sm* baker's.

panfilo *sm* yacht.

pangrattato *sm* breadcrumbs (*pl*).

panico *sm* panic; **farsi prendere dal** ~ to panic.

paniere *sm* basket.

panificio *sm* baker's.

panino *sm* -1. [pagnottina] roll -2. [imbottito] sandwich; **un** ~ **al prosciutto/formaggio** a ham/cheese sandwich.

paninoteca (*pl* -che) *sf* sandwich bar.

panna *sf* cream; ~ **(da cucina)** cream; ~ **(montata)** whipped cream.

panne *sf*: **essere in** ~ to be broken down; **rimanere in** ~ to break down.

pannello *sm* -1. [per edificio, mobile] panel; ~ **solare** solar panel -2. [di apparecchio]: ~ **di controllo** control panel.

panno *sm* cloth. ◆ **panni** *smpl* clothes; **mettersi nei panni di qn** to put o.s. in sb's shoes.

pannocchia *sf* corn on the cob.

pannolino *sm* -1. [per bambini] nappy *UK*, diaper *US* -2. [per flusso mestruale] sanitary towel *UK* o napkin *US*.

panorama (*pl* -i) *sm* -1. [veduta] view; **godersi/ammirare il** ~ to enjoy/admire the view -2. [quadro d'insieme] panorama.

panoramica (*pl* -che) *sf* -1. [descrizione] survey -2. [strada] scenic road -3. FOTO wide-angle shot.

panoramico, a, ci, che *agg* -1. [vista, paesaggio] panoramic -2. [esauriente] general; **una visione panoramica** an overview.

panpepato *sm* cake made with honey, candied fruit, almonds, and pepper.

pantalone *sm* trousers (*pl*) *UK*, pants (*pl*) *US*; **pantaloni corti** shorts.

pantano *sm* bog.

pantera *sf* panther.

pantofola *sf* slipper.

panzerotti *smpl* large fried ravioli filled with ham, cheese, and egg.

paonazzo, a *agg* purple.

papa (*pl* -i) *sm* Pope.

papà *sm inv fam* dad, daddy.

paparazzo *sm* paparazzo.

papavero *sm* poppy.

papera *sf* -1. [errore] boob -2. [uccello] ▷papero.

papero, a *sm f* gosling.

papilla *sf*: ~ **gustativa** taste bud.

papillon [papi'jon, papi'on] *sm inv* bow-tie.

pappa *sf* -1. [per bambini] baby food -2. [di api]: ~ **reale** royal jelly.

pappagallo *sm* -1. [uccello, persona] parrot -2. [per urinare] urinal.

pappare [6] *vt fam* to scoff *UK*, to scarf *US*.

paprica *sf* paprika.

par. (*abbr di* **paragrafo**) par..

parabola *sf* -1. MAT parabola -2. [di Gesù] parable.

parabrezza *sm inv* windscreen *UK*, windshield *US*.

paracadutare [6] *vt* to parachute. ◆ **paracadutarsi** *vr* to parachute.

paracadute *sm inv* parachute.

paracadutista, i, e *smf* parachutist.

paradiso *sm* paradise; ~ **terrestre** earthly paradise.

paradossale *agg* paradoxical.

paradosso *sm* paradox.

parafango (*pl* -ghi) *sm* mudguard.

paraffina *sf* paraffin, paraffin wax *UK*.

parafulmine *sm* lightning conductor.

paraggi *smpl*: **nei** ~ in the area.

paragonare [6] *vt* to compare; ~ **qn/qc a** o **con qn/qc** to compare sb/sthg to o with sb/sthg. ◆ **paragonarsi** *vr*: **paragonarsi a** o **con qn** to compare o.s. to o with sb.

paragone *sm* comparison; **fare un** ~ to make a comparison; **a** ~ **di qn/qc** in comparison with sb/sthg; **non c'è** ~! there's no comparison!

paragrafo *sm* paragraph.

paralisi *sf inv* [di commercio, traffico] paralysis (*U*).

paralìtico, a, ci, che ◇ *agg* paralysed *UK*, paralyzed *US*. ◇ *sm, f* paralysed *UK* o paralyzed *US* person.

paralizzare [6] *vt* to paralyse *UK*, to paralyze *US*.

parallèla *sf* **-1.** [retta] parallel line **-2.** [strada]: **una ~ di via Manzoni** a street that runs parallel to via Manzoni. ◆ **parallele** *sfpl* parallel bars.

parallèlo, a *agg* parallel. ◆ **parallelo** *sm* parallel, **fare un ~ (tra due cose)** to draw a parallel (between two things).

paramèdico, a, ci, che *agg* paramedical. ◆ **paramedico** *sm* paramedic.

paràmetro *sm* parameter.

paranòico, a, ci, che *agg & sm, f* paranoid.

paranormàle *agg & sm* paranormal.

paraòcchi *smpl* blinkers *UK*, blinders *US*.

parapendìo *sm inv* **-1.** [sport] hang-gliding **-2.** [paracadute] hang-glider.

parapètto *sm* **-1.** [muretto] parapet **-2.** [ringhiera] railing.

paraplègico, a, ci, che *agg & sm, f* paraplegic.

parare [6] ◇ *vt* **-1.** [scansare] to parry; **il colpo** *fig* to take it **-2.** [nel calcio] to save **-3.** [addobbare] to decorate. ◇ *vi*: **dove vuoi andare a ~?** what are you driving at?.

parasòle *sm inv* **-1.** [ombrello] parasol **-2.** [di automobile] visor.

parassìta, i, e ◇ *agg* parasitical. ◇ *smf* *fig* parasite. ◇ *sm* parasite.

parastatàle ◇ *agg* state-controlled. ◇ *smf* *employee of a state-controlled enterprise.*

paràta *sf* **-1.** [nel calcio] save **-2.** [in pugilato, scherma] parry **-3.** Mil parade.

paraùrti *sm inv* bumper.

paravènto *sm* **-1.** [mobile] screen **-2.** *fig* [copertura] cover; **fare/servire da ~ (a qn/qc)** to be a cover (for sb/sthg).

parcèlla *sf* fee.

parcheggiàre [18] *vt* to park; **~ in doppia fila** to double-park.

parcheggiatòre, trice *sm, f* car-park *UK* o parking *US* attendant.

parchèggio *sm* **-1.** [luogo] car park *UK*, parking lot *US*; **~ incustodito** car park *UK* o parking lot *US* with no attendant; **~ a pagamento** paying car park *UK* o parking lot *US* **-2.** [sosta] parking; **vietato il ~** no parking.

parchìmetro *sm* parking meter.

parco (*pl* **-chi**) *sm* **-1.** [gen] park; **~ nazionale** national park; **~ dei divertimenti** funfair *UK*, carnival *US* **-2.** [insieme di veicoli] car pool; **~ vetture** car pool, fleet of cars; **~ macchine** [automobili] car pool, fleet of cars; [macchinari] plant. ◆ **parco, a, chi, che** *agg* **-1.** [sobrio] sober; **essere ~ nel bere/mangiare** to be a moderate drinker/eater; **essere ~ nelle spese** to be thrifty **-2.** [parsimonioso]: **essere ~ di qc** to be sparing with sthg.

parècchio, a ◇ *agg indef* quite a lot of. ◇ *pron indef* quite a lot. ◆ **parecchi, e** ◇ *agg* several. ◇ *pron* [tanti] several; **parecchi di noi/voi etc** several of us/you etc; **eravamo in parecchi** there were quite a lot of us; **sono venuti in parecchi** quite a lot of people came. ◆ **parecchio** *avv* **-1.** [molto] quite a lot; **costare/spendere ~** to cost/spend quite a lot; **manca ancora ~?** is there still far to go?; **~ geloso/stanco** rather jealous/tired **-2.** [a lungo] quite a long time; **da ~** long; **è da ~ che aspettate?** have you been waiting long?

pareggiàre [18] ◇ *vt* **-1.** [livellare] to level; **~ la siepe** to trim the hedge **-2.** [far quadrare] to balance. ◇ *vi* to draw.

parèggio *sm* SPORT draw; **raggiunger il ~** to equalize.

parènte *smf* relative, relation; **~ stretto** close relative.

parentèla *sf* **-1.** [vincolo] relationship **-2.** [familiari] relations *(pl)*.

parèntesi *sf inv* **-1.** [segno grafico] bracket *UK*, parenthesis *US*; **tra ~** in brackets *UK* o parentheses *US*; **~ graffe** curly brackets; **~ quadre** square brackets, brackets *US*; **~ tonde** round brackets *UK*, parentheses *US* **-2.** [digressione] parenthesis; **fare una ~** to digress; **tra ~** by the way **-3.** [intervallo] interlude.

parère [94] ◇ *sm* opinion; **essere del ~ che (+ congiuntivo)** to think that; **cambiare ~** to change one's mind; **a mio/tuo etc ~** in my/your etc opinion. ◇ *vi* [apparire] to seem. ◇ *vi impers* **-1.** [sembrare]: **pare che (+ congiuntivo)** it seems that; **mi pare che (+ congiuntivo)** [credo che] I think that **-2.** [sembrare opportuno]: **lavora solo quando gli pare** he works only when he feels like it.

parète *sf* **-1.** [muro] wall; **una ~ in mattoni** a brick wall **-2.** [di grotta, scatola] side **-3.** [in alpinismo] face.

pari ◇ *agg inv* **-1.** MAT even **-2.** [uguale]: **~ (a qc)** equal (to sthg); **essere ~ di età/altezza etc** to be the same age/height etc; **di ~ passo** [contemporaneamente] at the same rate **-3.** [in giochi, gare] equal; **la partita è finita** ~ the game ended in a draw; **ora siamo** ~ *fig* now we are quits **-4.** [superficie] even. ◇ *sm* **-1.** [uguaglianza]: **in** ~ [superficie] level; [aggiornato] all square **-2.** [in scommesse] evens *(U) UK*, even odds *(U) US*. ◇ *avv* [alla lettera]: ~ ~ word for word. ◆ **alla pari** ◇ *agg*: **ragazza alla** ~ au pair. ◇ *avv*: **stare alla** ~ to work as an au pair.

Parigi *sf* Paris.

parità *sf inv* **-1.** [uguaglianza] equality; **a** ~ **di voti** with equal votes; **a** ~ **di prezzo** at the same price **-2.** [in punteggio] draw; **chiudere/finire in** ~ to end in a draw.

parka *sm inv* parka.

parlamentare [6] ◇ *agg* parliamentary. ◇ *smf* MP *UK*, Member of Parliament *UK*, Congressman (*f* Congresswoman) *US*. ◇ *vi* to negotiate.

parlamento *sm* **-1.** [istituzione] parliament; **il Parlamento Europeo** the European Parliament **-2.** [edificio] parliament (building).

parlare [6] ◇ *vi* **-1.** [articolare] to speak, to talk; **il bambino sta imparando a** ~ the baby is learning to talk; **parla più chiaramente!** speak more clearly **-2.** [comunicare] to speak; **chi parla?** [al telefono] who's speaking?; ~ **a qn/qc** to speak to sb/sthg; ~ **da solo** to talk to o.s. **-3.** [discutere]: ~ **di qn/qc** to talk about sb/sthg; ~ **bene/male di qn/qc** to speak well/badly of sb/sthg; ~ **con qn (di qn/qc)** to talk to sb (about sb/sthg); **non se ne parla neanche!** no way! **-4.** [trattare] ~ **di qc** [persona] to talk about sthg; [poesia, libro] to be about sthg **-5.** [confessare] to talk. ◇ *vt* [lingua] to speak; **scusi, parla italiano?** excuse me, do you speak Italian? ◆ **parlarsi** *vr* to talk to each other; **non si parlano più** they aren't on speaking terms any more.

parlato, a *agg* spoken. ◆ **parlato** *sm* spoken language.

Parma *sf* Parma.

parmigiano, a *agg*: **alla parmigiana** *cooked with tomatoes and Parmesan cheese*. ◆ **parmigiano** *sm*: ~ **(reggiano)** Parmesan.

parodia *sf* **-1.** [caricatura] parody; **fare la** ~ **di qn** to take off sb **-2.** [brutta copia] caricature.

parola *sf* **-1.** [gen] word; **non capire una** ~ **di qc** not to understand a word of sthg; ~ **per** ~ word for word; **mangiarsi le parole** to mumble; **rimangiarsi la** ~ to eat one's

words; **rivolgere la** ~ **a qn** to address sb; **a parole** in theory; **dare la sua** ~ **a qn** to give sb one's word; **l'ultima** ~ the last word; **togliere la** ~ **di bocca a qn** to take the words out of sb's mouth; ~ **d'onore** word of honour; **non sono stato io,** ~ **d'onore!** it wasn't me, honest!; **credere qn sulla** ~ to take sb at his/her word; **parole crociate** crossword **-2.** [espressione]: ~ **d'ordine** password **-3.** [facoltà di parlare] speech; **prendere la** ~ to speak; **dare la** ~ **a qn** to call upon sb to speak; **rimanere senza parole** to be speechless **-4.** *loc*: **è una** ~! it's easier said than done! ◆ **parole** *sfpl* lyrics.

parolaccia (*pl* **-ce**) *sf* swear word; **dire parolacce** to swear.

parotite *sf* mumps *(U)*.

parquet [par'kɛ] *sm inv* parquet.

parrocchia *sf* **-1.** [gen] parish **-2.** [chiesa] parish church.

parrocchiano, a *sm, f* parishioner.

parroco *sm* [cattolico] (parish) priest; [protestante] vicar, minister.

parrucca (*pl* **-che**) *sf* wig.

parrucchiere, a *sm, f* [persona – da donna] hairdresser; [– da uomo] barber; [negozio – da donna] hairdresser's; [– da uomo] barber's.

parsimonia *sf* **-1.** [economia] thrift **-2.** [moderazione] frugality; **con** ~ sparingly.

parsimonioso, a *agg* **-1.** [persona] thrifty **-2.** [vita, uso] economical.

parso, a *pp* ▷ **parere**.

parte *sf* **-1.** [gen] part; **far** ~ **di qc** to be part of sthg; **prendere** ~ **a qc** to take part in sthg; **fare la propria** ~ to do one's bit; **fare la** ~ **di qn** to play the part of sb **-2.** [luogo] area; **da queste parti** in this area; **da nessuna** ~ nowhere; **da qualche** ~ somewhere; **da un'altra** ~ somewhere else **-3.** [lato] side; **d'altra** ~ on the other hand; **da una** ~ **...,** **dall'altra...** on the one hand..., on the other (hand)... **-4.** [direzione] way; **da che** ~ **è andato?** which way did he go?; **da ogni** ~ from all directions **-5.** *loc*: **tanti saluti da** ~ **di Rita** Rita says hello; **molto gentile da** ~ **tua!** it's very kind of you; **da** ~ **mia** for my part; **essere dalla** ~ **di qn** to be on sb's side; **mettere da** ~ **qc** to put sthg aside. ◆ **a parte** ◇ *agg* different. ◇ *avv* separately; **mi può fare un pacco a** ~? could you make me a separate parcel? ◇ *prep* apart from.

partecipante ◇ *agg* [squadra, concorrente] participating. ◇ *smf* participant.

partecipare [6] ◇ *vi*: ~ **a qc** [a un evento] to take part in sthg; [a un sentimento] to share sthg; [a spese, utili] to share in sthg. ◇ *vt* to announce.

partecipazione *sf* -1. [intervento] participation -2. [solidarietà] solidarity -3. [annuncio] announcement; ~ di matrimonio wedding invitation -4. ECON holding.

partecipe *agg*: essere ~ di qc [di segreto, colpa] to share sthg; [di gioia, dolore] to share in sthg.

parteggiare [18] *vi*: ~ per qn/qc to support sb/sthg.

partenza *sf* -1. [per viaggio] departure; in ~ [treno, aereo] departing -2. [in gara] start. ➡ **partenze** *sfpl* departures; partenze nazionali/internazionali domestic/international departures.

particella *sf* particle.

participio *sm* participle.

particolare ◇ *agg* -1. [specifico] particular -2. [speciale] special; in ~ in particular -3. [strano] peculiar. ◇ *sm* particular.

particolareggiato, a *agg* detailed.

particolarità *sf inv* -1. [condizione] peculiarity -2. [dettaglio] particular -3. [caratteristica] characteristic.

particolarmente *avv* particularly.

partigiano, a ◇ *agg* partisan. ◇ *sm, f* supporter.

partire [8] *vi* -1. [gen] to leave; **a che ora parti? what time are you leaving?**; ~ per affari to go away on business; ~ da Roma/da casa etc to leave from Rome/home etc; ~ per Roma/per l'Australia etc to leave for Rome/for Australia etc; ~ in orario/in ritardo to leave on time/late -2. [mettersi in moto] to start -3. [avere origine]: ~ da qc to start from sthg; a ~ da oggi/da agosto/dal 15 marzo (as) from today/August/March 15th -4. [arma da fuoco] to go off -5. *fam* [rompersi] to go -6. *fam* [ubriacarsi] to get drunk.

partita *sf* -1. SPORT match *UK*, game *esp US* -2. [di carte, gioco] game -3. [di merce] consignment.

partito *sm* -1. POL party -2. [decisione] decision -3. [persona]: un buon ~ a good catch.

partitura *sf* MUS score.

parto *sm* birth; ~ cesareo Caesarean *UK*, Cesarean *US*; ~ prematuro premature birth.

partorire [9] *vt*: ~ (qn/qc) to give birth (to sb/sthg).

part-time [par'taim] ◇ *agg inv* part-time.

◇ *sm inv* part-time work. ◇ *avv* part-time.

parure [pa'ryr, pa'rur] *sf inv* set.

parvi *(etc)* ▷ **parere**.

parziale *agg* partial; pagamento ~ part payment.

parzialità *sf inv* partiality.

parzialmente *avv* -1. [in parte] partly; latte ~ scremato semi-skimmed milk -2. [senza obiettività] in a biased way.

pascolare [6] *vt & vi* to graze.

pascolo *sm* -1. [terreno] pasture -2. [attività] grazing.

Pasqua *sf* -1. [festa cristiana] Easter; buona ~! happy Easter; quest'anno la ~ è alta/bassa Easter is late/early this year -2. [festa ebraica] Passover.

pasquale *agg* Easter *(dav s)*.

Pasquetta *sf* -1. [giorno] Easter Monday -2. [gita] *Easter Monday day out*.

pass [pas] *sm inv* pass.

passaggio *sm* -1. [luogo, brano] passage; ~ a livello level *UK* o railroad *US* o grade *US* crossing; ~ pedonale pedestrian crossing -2. [attraversamento] crossing -3. [spostamento] movement; essere di ~ to be passing through -4. [su veicolo] lift; dare un ~ a qn to give sb a lift -5. [transizione] change; ~ di proprietà change of ownership -6. SPORT pass; ~ di testa header.

passamontagna *sm inv* balaclava.

passante ◇ *smf* passer-by. ◇ *sm* [di cintura] loop.

passaparola *sm* -1. [gioco] Chinese whispers *UK*, telephone *US* -2. [trasmissione di informazioni] word of mouth.

passaporto *sm* passport.

passare [6] ◇ *vi* -1. [transitare] to pass, to go past; passiamo di là let's go that way -2. [entrare] to come through -3. [uscire] to go through -4. [fare una sosta – da amico] to call (in); [– in negozio, ufficio] to go over -5. [tempo, stato] to pass -6. [finire] to be over; mi è passato il mal di testa my headache's gone; mi è passata la voglia I've gone off the idea -7. [essere accettato] to be passed; può ~ it'll do -8. [essere considerato]: ~ per o da to be considered (as) -9. *loc*: ~ di mente to slip one's mind; ~ di moda to go out of fashion. ◇ *vt* -1. [trascorrere] to spend; passarsela to be getting on -2. [dare – sale, pane, palla] to pass; [– mantenimento, alimenti] to give -3. [al telefono]: ~ qn a qn to put sb through to sb; le passo subito il direttore I'll put you through to the manager; **mi passi Angela?** can I speak to Angela? **-4.** [attraversare] to cross **-5.** [macinare] to purée **-6.** [strofinare]: ~ **qc su qc** to wipe sthg with sthg; ~ **un panno sui mobili** to wipe the furniture with a cloth **-7.** [vernice] to put; ~ **una mano di vernice sulla parete** to give the wall a coat of paint; ~ **la cera sul pavimento** to wax the floor **-8.** [superare] to pass; ~ **un'esame** to pass an exam; **ha passato la cinquantina** she's in her fifties. <> *sm*: **il** ~ **del tempo** the passage of time.

passata *sf* **-1.** [di pomodoro] tomato sauce **-2.** [lettura]: **dare una** ~ **al giornale** to glance at the newspaper **-3.** [di vernice] coat; **dare una** ~ **(di qc) a qc** to give sthg a coat (of sthg) **-4.: dare una** ~ **a qc** [con straccio] to wipe sthg; [con scopa] to sweep sthg; [con aspirapolvere] to vacuum o hoover *UK* sthg; [con spazzola] to brush sthg; [con ferro da stiro] to iron sthg.

passatempo *sm* pastime.

passato, a *agg* **-1.** [trascorso] past; **il tempo** ~ the past; **sono le tre passate** it's past three (o'clock) **-2.** [precedente] last; **l'anno** ~ last year; **l'estate passata** last summer **-3.** [superato] outdated; ~ **di moda** old-fashioned **-4.** [non fresco] past his/her/its etc best. ➤ **passato** *sm* **-1.** [tempo trascorso] past; **in** ~ in the past **-2.** CULIN soup; ~ **di verdura** vegetable soup **-3.** GRAM past; ~ **prossimo** present perfect; ~ **remoto** past historic.

passaverdura *sm inv* blender.

passeggero, a <> *agg* passing. <> *sm, f* passenger.

passeggiare [18] *vi* to walk.

passeggiata *sf* [giro] walk; **fare una** ~ to go for a walk; **una** ~ **in bicicletta** a bicycle ride; **una** ~ **in macchina** a drive.

passeggino *sm* pushchair *UK*, stroller *US*.

passeggio *sm*: **andare a** ~ to go for a walk.

passe-partout [paspar'tu] *sm inv* **-1.** [chiave] master key **-2.** [di quadro] passepartout.

passerella *sf* **-1.** [ponte] footbridge; [di nave] gangway **-2.** [per sfilata] catwalk, runway *US*.

passero *sm* sparrow.

passionale *agg* passionate.

passione *sf* **-1.** [gen] passion; **avere la** ~ **di qc** to have a passion for sthg **-2.** RELIG: **la Passione** the Passion.

passivo, a *agg* **-1.** [ruolo, atteggiamento] passive **-2.** FIN debit *(dav s)* **-3.** GRAM passive. ➤ **passivo** *sm* GRAM passive.

passo *sm* **-1.** [gen] step; **fare due passi** *fig* to go for a little walk; ~ **(a)** ~ step by step; **essere a un** ~ **da qc** [luogo] to be a stone's throw from sthg; [successo, vittoria] to be close to sthg; **fare un** ~ **falso** [sbagliare] to make a false move; **fare il primo** ~ *fig* to make the first move **-2.** [andatura] pace; **tenere il** ~ to keep pace; **allungare il** ~ [camminare più in fretta] to hurry up; **essere** o **stare al** ~ **con i tempi** to keep abreast of the times; **a** ~ **d'uomo** [in auto] at walking pace; **di questo** ~ [in questo modo] at this rate **-3.** [orma] footprint **-4.** [rumore] footstep **-5.** [passaggio] way; **cedere il** ~ **(a qn)** to give way (to sb); ~ **carraio** driveway **-6.** [valico] pass **-7.** [brano] passage **-8.** TECNOL pitch.

pasta *sf* **-1.** [piatto] pasta; ~ **al burro/al pesto** pasta with butter/with pesto; ~ **al forno** baked pasta dish **-2.** [impasto] dough; ~ **frolla** shortcrust pastry *UK*; ~ **sfoglia** puff pastry **-3.** [pasticcino] cake, pastry; **una** ~ **alla crema** a cream cake **-4.** [sostanza pastosa] paste.

pastasciutta *sf* pasta *(U)*; **ci facciamo una** ~ shall we have some pasta?

pastello <> *agg inv* pastel. <> *sm* pastel; ~ **a cera** wax crayon.

pasticca (*pl* **-che**) *sf* [pastiglia] tablet; **pasticche per la tosse** cough drops o sweets *UK*.

pasticceria *sf* **-1.** [negozio] cake shop, patisserie **-2.** [dolci] cakes **-3.** [arte] patisserie.

pasticciare [17] <> *vt* to make a mess of. <> *vi* to mess around.

pasticciere, a *sm, f* pastry chef.

pasticcino *sm* pastry, cake.

pasticcio *sm* **-1.** [gen] mess; **essere** o **trovarsi nei pasticci** to be in trouble **-2.** [pietanza] pie.

pasticcione, a *sm, f*: **essere un** ~ to be messy.

pastiera *sf* sweet Neapolitan tart filled with ricotta.

pastiglia *sf* **-1.** [pasticca] tablet; **pastiglie per la tosse/la gola** cough/throat pastilles **-2.** AUTO pad.

pasto *sm* meal; **fuori** ~ between meals.

pastore *sm* **-1.** [di greggi] shepherd **-2.** [sacerdote] minister **-3.** ZOOL sheepdog; ~ **tedesco** Alsatian *UK*, German shepherd *esp US*; ~ **belga** Belgian shepherd dog.

pastorizzato, a *agg* pasteurised.

patata *sf* potato; **patate fritte** chips *UK*, fries *esp US*.

patatine *sfpl* -1. [snack] crisps *UK*, chips *US* -2. [patate fritte] chips *UK*, fries *esp US*.

pâté *sm inv* pâté; ~ **di fegato** liver pâté.

patente *sf* licence *UK*, license *US*; ~ **(di guida)** driving licence *UK*, driver's license *US*; **l'esame della** ~ driving test *UK*, driver's test *US*; **prendere la** ~ to pass one's driving test.

paternale *sf* lecture.

paternalista, i, e ◇ *agg* paternalistic. ◇ *smf* paternalist.

paternità *sf inv* -1. [condizione] fatherhood, paternity *form* -2. [di attentato] responsibility.

paterno, a *agg* -1. [gen] paternal -2. [da padre] fatherly.

patetico, a, ci, che *agg* pathetic. ◆ **patetico** *sm*: **cadere nel** ~ to become (too) sentimental.

patina *sf* -1. [su oggetto antico] patina -2. [strato sottile] film.

patire [9] ◇ *vt* to suffer; ~ **il freddo/il caldo** to suffer from the cold/the heat; ~ **la fame/la sete** to suffer from hunger/thirst. ◇ *vi* [subire un danno] to suffer.

patito, a ◇ *agg* sickly. ◇ *sm, f*: **un** ~ **di qc** a fan of sthg.

patologia *sf* pathology.

patologico, a, ci, che *agg* pathological.

patria *sf* -1. [terra natale] (native) country -2. [luogo di origine] birthplace, home.

patriarca (*pl* -**chi**) *sm* patriarch.

patrigno *sm* stepfather.

patrimoniale *agg* patrimonial; **rendita** ~ income from property and investments.

patrimonio *sm* -1. DIR property -2. [capitale] fortune; **costare/spendere un** ~ to cost/spend a fortune -3. [culturale, artistico] heritage -4. BIOL: ~ **genetico** genetic inheritance.

patriota, i, e *smf* patriot.

patriottico, a, ci, che *agg* patriotic.

patrocinare [6] *vt* -1. DIR to defend; ~ **una causa** to plead a case -2. [promuovere] to support.

patrocinio *sm* -1. DIR legal representation -2. [protezione] support.

patrono, a *sm, f* patron (saint).

patta *sf* -1. [di tasca] flap -2. [di pantaloni] flies (*pl*) *UK*, fly *esp US*.

patteggiare [18] ◇ *vt* to negotiate. ◇ *vi* -1. [trattare] to negotiate -2. [scendere a patti] to reach agreement.

pattinaggio *sm* skating; ~ **artistico** figure skating.

pattinare [6] *vi* [gen] to skate; [a rotelle] to roller-skate; [sul ghiaccio] to ice-skate.

pattinatore, trice *sm, f* skater.

pattino[1] *sm* skate; ~ **da ghiaccio** ice skate; ~ **a rotelle** roller skate.

pattino[2] *sm* twin-hulled rowing boat *UK* o rowboat *US*.

patto *sm* -1. [accordo] pact; **scendere/venire a patti (con qn/qc)** to come to terms (with sb/sthg); **stare/non stare ai patti** to keep/not to keep to an agreement -2. [condizione]: **a** ~ **che** (+ *congiuntivo*) on condition that.

pattuglia *sf* patrol; **essere di** ~ to be on patrol; ~ **stradale** traffic patrol.

pattugliare [21] *vt* to patrol.

pattuire [9] *vt* to agree (on).

pattumiera *sf* [rubbish] bin *UK*, garbage can *US*.

paura *sf* -1. [turbamento] fear; **avere** ~ **(di qn/qc)** to be afraid (of sb/sthg); **aver** ~ **di fare qc** to be afraid of doing sthg; **fare** o **mettere** ~ **a qn** to frighten sb -2. [timore]: **ho** ~ **che...** I'm afraid (that),...; **ho** ~ **di sì/no** I'm afraid so/not; **per** ~ **di fare qc** for fear of doing sthg.

pauroso, a *agg* -1. [persona] fearful -2. [spaventoso] frightening -3. *fam* [sbalorditivo] incredible.

pausa *sf* -1. [sosta] break; **fare una** ~ to have a break -2. [in discorso, musica] pause.

pavimentazione *sf* road surface.

pavimento *sm* floor.

pavone *sm* peacock; **fare il** ~ to be full of o.s.

pazientare [6] *vi* to be patient.

paziente ◇ *agg* -1. [persona] patient -2. [lavoro, ricerca] painstaking. ◇ *smf* patient.

pazientemente *avv* patiently.

pazienza ◇ *sf* patience; **avere** ~ to be patient; **perdere la** ~ to lose patience. ◇ *esclam* never mind.

pazzesco, a, chi, che *agg* -1. [assurdo] crazy -2. *fam* [straordinario] incredible; **avere una fame/sete pazzesca** to be incredibly hungry/thirsty; **essere di una bellezza/di una maleducazione pazzesca** to be incredibly beautiful/rude.

pazzia *sf* -1. [malattia] madness -2. [atto sconsiderato] crazy thing.

pazzo, a ◇ *agg* -1. [malato] mad, insane -2. [insensato] crazy; **innamorato** ~ madly in love; **essere** ~ **di qn** to be madly in love with sb; **andare** ~ **per qc** to be crazy about sthg **-3.** [velocità, spese] insane. <> *sm, f* **-1.** [malato] madman (*f* madwoman) **-2.** [scriteriato] lunatic; **cose da pazzi!** it's madness; **da pazzi** [moltissimo] like mad.

PD (*abbr di* Padova) PD.

PE (*abbr di* Pescara) PE.

peccare [15] *vi* **-1.** [nella religione] to sin **-2.** [sbagliare]: ~ **di qc** to be guilty of sthg.

peccato *sm* **-1.** [nella religione] sin **-2.** [come esclamazione] pity; **che** ~**!** what a pity!

peccatore, trice *sm, f* sinner.

pece *sf* pitch.

Pechino *sf* Beijing.

pecora *sf* sheep; ~ **nera** *fig* black sheep.

peculiare *agg* peculiar.

peculiarità *sf inv* peculiarity.

pedaggio *sm* toll.

pedagogia *sf* education.

pedagogico, a, ci, che *agg* educational.

pedalare [6] *vi* to pedal.

pedale *sm* pedal.

pedalò *sm inv* pedal boat, pedalo UK.

pedana *sf* **-1.** [piattaforma] platform; **la** ~ **della cattedra** dais **-2.** [per la ginnastica] springboard.

pedata *sf* kick.

pediatra, i, e *smf* paediatrician UK, pediatrician US.

pediatrico, a, ci, che *agg* paediatric UK, pediatric US.

pedicure [pedi'kyr] <> *smf inv* chiropodist *esp* UK, podiatrist *esp* US . <> *sm inv fam* pedicure.

pedina *sf* [nella dama] piece.

pedinare [6] *vt* to tail.

pedofilia *sf* paedophilia UK, pedophilia US.

pedofilo, a *sm, f* paedophile UK, pedophile US.

pedonale *agg* pedestrian (*dav s*).

pedone *sm* **-1.** [persona] pedestrian **-2.** [negli scacchi] pawn.

peggio <> *avv* **-1.** [comparativo] worse; **stare/sentirsi** ~ to be/feel worse; ~ **di** worse than; **o** ~ **o** worse; ~ **ancora** even worse **-2.** [superlativo] worst; **le star** ~ **vestite** the worst-dressed stars. <> *agg inv* **-1.** [peggiore di]: ~ **di qn/qc** worse than sb/sthg **-2.** [in costruzioni impersonali]: ~ **per te** (it) serves you right; **alla** ~ at worst. <> *sm* worst; **il** ~ **è che** the worst thing is (that); **mettersi al** ~ to take a turn for the worse; **temere il** ~ to fear the worst. <> *sf*: **avere la** ~ to come off worst.

peggioramento *sm* worsening.

peggiorare [6] <> *vt* to make worse. <> *vi* to get worse.

peggiore <> *agg* **-1.** [comparativo] worse; ~ **di qn/qc** worse than sb/sthg **-2.** [superlativo] worst; **il suo peggior nemico** his worst enemy; **è la cosa** ~ it's the worst thing; **nella** ~ **delle ipotesi** if the worst comes to the worst. <> *smf*: **il** ~ **/la** ~ the worst (one).

pegno *sm* **-1.** [garanzia]: **in** ~ as security **-2.** [prova] token **-3.** [nei giochi] forfeit.

pelare [6] *vt* **-1.** [sbucciare] to peel **-2.** [spelare] to skin; [pollo] to pluck **-3.** [privare dei soldi] to fleece.

pelato, a *agg* bald. ◆ **pelati** *smpl* skinned tomatoes.

pelle *sf* **-1.** [gen] skin; ~ **d'oca** goose pimples **-2.** *fam* [vita] life **-3.** [conciata] leather.

pellegrinaggio *sm* pilgrimage.

pellegrino, a *sm, f* pilgrim.

pellerossa *smf inv* Red Indian *offens*.

pelletteria *sf* **-1.** [negozio] leather goods shop **-2.** [assortimento] leather goods (*pl*).

pellicano *sm* pelican.

pelliccia (*pl* **-ce**) *sf* **-1.** [pelo] coat **-2.** [indumento] fur coat; ~ **ecologica** fake fur coat.

pellicola *sf* film; ~ **trasparente** clingfilm UK, plastic wrap US.

pelo *sm* **-1.** [gen] hair **-2.** [manto] coat **-3.** [superficie] surface **-4.** [poco]: **un** ~ a touch; **per un** ~ by the skin of one's teeth.

peloso, a *agg* hairy.

peluche [pe'luʃ] *sm inv* **-1.** [stoffa] felt **-2.** [pupazzo] soft toy.

pena *sf* **-1.** [sofferenza] sorrow **-2.** [preoccupazione]: **essere** o **stare in** ~ (**per qn**) to be anxious (about sb) **-3.** [fatica]: **valere/ non valere la** ~ to be worth/not to be worth the effort; **a mala** ~ barely **-4.** [punizione] punishment; ~ **di morte** death penalty **-5.** [compassione] pity; **fare** ~ to be pitiful; **quel bambino mi fa molta** ~ I feel really sorry for that child.

penale <> *agg* criminal. <> *sf* **-1.** [clausola] penalty clause **-2.** [somma] fine.

penalità *sf inv* **-1.** SPORT penalty **-2.** [sanzione] fine.

penalizzare [6] *vt* to penalize.

pendente *sm* pendant.

pendenza *sf* slope; **in** ~ sloping.

pendere [7] *vi* **-1.** [essere inclinato] to slope; [stoffa] to hang down **-2.** [essere appeso]: ~ **da qc** to hang (down) from sthg **-3.** [propendere] to lean.

pendici *sfpl* slopes.

pendio (*pl* **-ii**) *sm* slope; **in** ~ sloping.

pendola *sf* pendulum clock.

pendolare *smf* commuter; **fare il** ~ to commute.

pendolino® *sm* high-speed train.

pendolo *sm* pendulum.

pene *sm* penis.

penetrare [6] <> *vi* **-1.** [lama, chiodo] to pierce **-2.** [esercito, luce] to penetrate **-3.** [introdursi di nascosto] to steal in. <> *vt* to penetrate.

penisola *sf* peninsula.

penitenza *sf* **-1.** RELIG penance **-2.** [nei giochi] forfeit.

penitenziario *sm* prison, penitentiary US.

penna *sf* **-1.** [per scrivere] pen; ~ **biro**® Biro® UK, ballpoint (pen); ~ **a sfera** ballpoint (pen); ~ **stilografica** fountain pen **-2.** [di uccello] feather.

pennarello *sm* [per disegnare] felt-tip (pen); [per lavagna] marker (pen).

pennello *sm* paintbrush; **a** ~ *fig* perfectly.

penombra *sf* half-light.

penoso, a *agg* **-1.** [doloroso] painful **-2.** [sgradevole] horrible **-3.** [brutto] awful.

pensare [6] <> *vi* **-1.** [gen] to think; ~ **a qn/qc** to think of o about sb/sthg; **pensarci su** to think about it **-2.** [occuparsi]: ~ **a qc** to take care of sthg **-3.** [giudicare]: ~ **bene/male di qn** to think highly/badly of sb. <> *vt* [immaginare] to think; ~ **che...** to think that...; **penso di sì/no** I think so/ I don't think so; ~ **di fare qc** to think of doing sthg.

pensiero *sm* **-1.** [gen] thought **-2.** [preoccupazione] worry **-3.** [opinione] thoughts (*pl*) **-4.** [dono] present.

pensieroso, a *agg* thoughtful, pensive.

pensionante *smf* (paying) guest.

pensionato, a <> *agg* retired. <> *sm, f* pensioner. ◆ **pensionato** *sm* [per anziani] old people's home; [per studenti] hostel.

pensione *sf* **-1.** [sussidio] pension; ~ **di invalidità** disability pension **-2.** [condizione]: **andare in** ~ to retire; **mandare in** ~ to pension off; **essere in** ~ to be retired **-3.** [albergo] guest house **-4.** [vitto e

alloggio]: ~ **completa** full board *esp* UK; **mezza** ~ half board UK.

Pentecoste *sf* Pentecost.

pentimento *sm* **-1.** [rimorso] remorse **-2.** [ripensamento] second thoughts (*pl*).

pentirsi [8] *vip* **-1.** [provare rimorso] to repent **-2.** [rimpiangere]: ~ **di (aver fatto) qc** to regret (doing) sthg.

pentito, a *agg* repentant.

pentola *sf* saucepan; ~ **a pressione** pressure cooker.

penultimo, a <> *agg* second-last, penultimate. <> *sm, f* second-last person.

penuria *sf* shortage.

penzolare [6] *vi*: ~ **da qc** to dangle from sthg.

pepe *sm* pepper.

peperoncino *sm* chilli UK, chili US.

peperone *sm* pepper, capsicum.

pepita *sf* nugget.

per *prep* **-1.** [destinazione, scopo] for; **una lettera** ~ **te** a letter for you; **fare qc** ~ **amore/i soldi** to do sthg for love/money; **lottare** ~ **la libertà** to fight for freedom; **equipaggiarsi** ~ **la montagna** to kit o.s. out for the mountains; **prepararsi** ~ **gli esami** to get ready for the exams; **un francobollo** ~ **l'Europa** a stamp for Europe; ~ **fare qc** to do sthg; **sono venuto** ~ **vederti** I came to see you **-2.** [in favore di] for; ~ **te farei qualsiasi cosa** I'd do anything for you **-3.** [moto per luogo]: **ti ho cercato** ~ **tutta la città** I looked for you all over town; **passeremo** ~ **Roma** we're going via Rome **-4.** [moto a luogo, destinazione] for; **il treno** ~ **Genova** the train for Genoa; **partire** ~ **Napoli** to leave for Naples **-5.** [durata] for; ~ **tutta la vita** for the rest of one's life; **resti** ~ **tanto tempo?** are you staying long?; **ha parlato** ~ **due ore** he spoke for two hours; **dirsi addio** ~ **sempre** to say goodbye for ever **-6.** [scadenza]: **sarò di ritorno** ~ **le cinque** I'll be back by five; **fare qc** ~ **tempo** to do sthg in good time **-7.** [mezzo, modo]: **gli ho parlato** ~ **telefono** I spoke to him on the phone; **comunichiamo** ~ **e-mail** we communicate by email; **viaggiare** ~ **mare** to travel by sea; ~ **scherzo** as a joke; ~ **caso** by chance **-8.** [causa]: **piangere** ~ **la rabbia** to weep with rage; **viaggiare** ~ **lavoro** to travel on business; ~ **aver fatto qc** for having done sthg **-9.** [valore distributivo]: **entrare uno** ~ **volta** to come/go in one at a time; **uno** ~ **uno** one each; **mettersi in fila** ~ **due** to line up in pairs; **il venti** ~ **cento** twenty per cent **-10.** [ruolo, condizione] as;

non lo vorrei ~ **collega** I wouldn't want him as a colleague **-11.** [prezzo] for; **lo ha venduto ~ 150 euro** he sold it for 150 euros **-12.** MAT times, multiplied by; **2 ~ 3 fa 6** 2 times 3 is 6 **-13.** [limitazione]: **~ me, vi sbagliate** in my opinion, you're wrong; **~ questa volta** just this once; **~ ora** for now; **~ poco non perdevo il treno** I almost missed the train **-14.** [con valore consecutivo] to; **è troppo bello per essere vero** it's too good to be true.

pera *sf* pear.

peraltro *avv* [del resto] what's more; [tuttavia] nevertheless.

perbene *◇ agg inv* respectable. *◇ avv* properly.

percento *avv* = cento.

percentuale *sf* **-1.** [rapporto numerico] percentage **-2.** [commissione] commission.

percepire [9] *vt* **-1.** [ricevere] to receive **-2.** [avvertire] to perceive.

percezione *sf* **-1.** [sensoriale] perception **-2.** [intuizione] feeling.

perché *◇ avv* why; **~ non ci andiamo?** why don't we go?; **~ arrabbiarsi?** why get angry?; **~ no?** why not?; **chissà ~** who knows why; **ecco ~** that's why. *◇ cong* **-1.** [per il fatto che] because; **~ sì/ no** (just) because! **-2.** (+congiuntivo) [affinché] so that **-3.** (+congiuntivo) [cosicché]: **è troppo complicato ~ si possa capire** it's too complicated for anyone to understand. *◇ sm inv* [motivo]: **il ~** the reason; **senza un ~** for no reason.

perciò *cong* so.

percorrere [65] *vt* **-1.** [strada] to go along; [distanza] to cover **-2.** [regione] to travel.

percorso, a *pp* ▷**percorrere.** ◆ **percorso** *sm* [tragitto] journey; [di autobus, tram] route.

percossa *sf* blow.

percosso, a *pp* ▷**percuotere.**

percuotere [70] *vt* **-1.** [malmenare] to hit **-2.** [battere] to bang.

percussione *sf* MUS: **strumento a ~** percussion instrument; **le percussioni** the percussion section.

perdente *◇ agg* losing. *◇ smf* loser.

perdere [33] *vt* **-1.** [gen] to lose **~ le tracce di qn/qc** to lose sight of sb/sthg; **~ il filo (di qc)** to lose the thread (of sthg) **-2.** [tempo] to waste **-3.** [acqua] to leak; [sangue] to lose **-4.** [mezzo di trasporto, lezione] to miss **-5.** *loc*: **~ coscienza** o **i sensi** to lose consciousness; **~ di vista qn/qc** to lose

sight of sb/sthg; **~ d'occhio qn/qc** to take one's eyes off sb/sthg; **~ la pazienza** o **le staffe** to lose one's patience; **~ terreno** to lose ground; **~ la vita** to lose one's life.
◆ **perdersi** *vip* **-1.** [smarrirsi] to get lost; **perdersi d'animo** to get downhearted **-2.** [divagare] to get distracted **-3.** [svanire] to fade.

perdita *sf* **-1.** [gen] loss **-2.** [spreco] waste **-3.** [di acqua] leak; [di sangue] loss.

perdonare [6] *vt* **-1.** [assolvere] to forgive; **~ qc a qn** to forgive sb sthg; **~ qn di** o **per qc** to forgive sb for sthg **-2.** [scusare] to excuse.

perdono *sm* **-1.** [gen] forgiveness; **chiedo ~** I beg your pardon; **chiedere ~ di qc** to apologize for sthg **-2.** DIR pardon.

perduto, a *agg* **-1.** [che non si ha più] lost **-2.** [sprecato] wasted **-3.** [spacciato] done for (non dav s).

perenne *agg* **-1.** [eterno] everlasting **-2.** [continuo] continual **-3.** BOT perennial.

perennemente *avv* **-1.** [eternamente] for ever **-2.** [continuamente] always.

perfettamente *avv* **-1.** [molto bene] perfectly **-2.** [assolutamente] completely.

perfetto, a *agg* **-1.** [ineccepibile, ottimo] perfect **-2.** [assoluto, completo] complete.

perfezionare [6] *vt* to improve. ◆ **perfezionarsi** *◇ vip* to improve. *◇ vr* to specialize.

perfezione *sf* **-1.** [eccellenza] perfection; **alla ~** perfectly **-2.** [completamento] completion.

perfezionista, i, e *smf* perfectionist.

perfino *avv* even.

perforare [6] *vt* **-1.** [da parte a parte] to pierce **-2.** [in profondità] to drill.

pergolato *sm* pergola.

pericolante *agg* unsafe.

pericolo *sm* danger; **in ~** in danger; **essere in ~ di vita** to be in grave danger ; **essere fuori ~** to be out of danger.

pericoloso, a *agg* dangerous.

periferia *sf* suburbs (pl).

periferico, a, ci, che *agg* suburban.

perimetro *sm* perimeter.

periodico, a, ci, che *agg* periodic. ◆ **periodico** *sm* periodical.

periodo *sm* **-1.** [gen] period; **~ di prova** trial period **-2.** [stagione] season; **il ~ delle piogge** the rainy season.

perire [9] *vi* to perish.

perito, a *sm, f* **-1.** [esperto] expert **-2.** [tecnico diplomato]: **~ chimico** qualified chemist; ~ **elettronico** electronics engineer; ~ **agrario** agricultural expert.

peritonite *sf* peritonitis.

perizia *sf* examination.

perizoma (*pl* **-i**) *sm* thong.

perla *sf* pearl.

perlato, a *agg* [iridescente] pearly; [trattato]: **orzo** ~ pearl barley.

perlina *sf* bead.

perlomeno *avv* at least.

perlopiù *avv* for the most part.

perlustrare [6] *vt* to search.

perlustrazione *sf* search; **in** ~ on patrol.

permaloso, a *agg* touchy.

permanente ◇ *agg* permanent. ◇ *sf* perm.

permanenza *sf* **-1.** [soggiorno] stay **-2.** [persistenza] persistence.

permesso, a ◇ *pp* ▷ **permettere**. ◇ *agg* **-1.** [consentito] allowed **-2.** [formula di cortesia]: (**è**) ~? may o can I come in? ◆ **permesso** *sm* **-1.** [autorizzazione] permission; **chiedere il** ~ **di fare qc** to ask for permission to do sthg; ◆ **di soggiorno** leave to stay **-2.** [licenza] leave; **essere in** ~ to be on leave **-3.** [documento] permit.

permettere [71] *vt* **-1.** [autorizzare] to permit, to allow; ~ **a qn di fare qc** to permit sb to do sthg; **permettersi (di fare) qc** [osare] to dare (to do) sthg; [concedersi economicamente] to afford (to do) sthg **-2.** [in formule di cortesia]: **permette?** may I? **-3.** [rendere possibile] to permit sthg.

permissivo, a *agg* permissive.

pernice *sf* partridge.

perno *sm* **-1.** [in meccanica] pin **-2.** [elemento fondamentale] linchpin.

pernottamento *sm* overnight stay.

pernottare [6] *vi* to stay the night.

pero *sm* pear tree.

però *cong* **-1.** [avversativo] but **-2.** [esprime sorpresa] well.

perpendicolare *agg & sf* perpendicular.

perpetua *sf* priest's housekeeper.

perpetuo, a *agg* **-1.** [incessante] perpetual **-2.** [eterno] everlasting.

perplessità *sf inv* **-1.** [indecisione] indecision **-2.** [dubbio] doubt.

perplesso, a *agg* puzzled.

perquisire [9] *vt* to search.

perquisizione *sf* search.

persecuzione *sf* persecution.

perseguire [8] *vt* **-1.** [voler conseguire] to pursue **-2.** DIR to prosecute.

perseguitare [6] *vt* to persecute.

perseverante *agg* persevering.

perseveranza *sf* perseverance.

perseverare [6] *vi*: ~ **in qc** to persevere with sthg.

persiana *sf* shutter; ~ **avvolgibile** roller shutter.

persiano, a *agg & sm, f* Persian.

Persico *agg* ▷ **golfo**.

persino *avv* = perfino.

persistente *agg* persistent.

persistere [66] *vi* **-1.** [ostinarsi] to persist **-2.** [durare] to linger.

perso, a ◇ *pp* ▷ **perdere**. ◇ *agg* **-1.** [sprecato] missed; **a tempo** ~ in one's spare time **-2.** [smarrito] lost.

persona *sf* **-1.** [essere umano] person; **a** ~ per person; **di** o **in** ~ in person; ~ **di fiducia** trustworthy person; **in prima** ~ at first hand **-2.** [qualcuno] someone; [nessuno] no one **-3.** [aspetto fisico] appearance.

personaggio *sm* **-1.** [in romanzo, film] character **-2.** [personalità] figure.

personal computer ['personal kom'pjuter] *sm inv* personal computer.

personale ◇ *agg* personal. ◇ *sm* **-1.** [dipendenti] personnel; ~ **di terra/di volo** ground/air crew **-2.** [corpo] figure. ◇ *sf* one-man (*f*-woman) show.

personalità *sf inv* personality.

personalizzare [6] *vt* to personalize.

personalmente *avv* personally.

perspicace *agg* **-1.** [intelligente] sharp **-2.** [lungimirante] far-sighted.

persuadere [32] *vt* **-1.** [convincere] to persuade; ~ **qn di qc** to persuade sb of sthg; ~ **qn a fare qc** to persuade sb to do sthg **-2.** [soddisfare] to convince. ◆ **persuadersi** *vr* **-1.** [convincersi] to convince o.s. **-2.** [decidersi] to decide.

persuasi (*etc*) ▷ **persuadere**.

persuasione *sf* persuasion.

persuasivo, a *agg* persuasive.

persuaso, a ◇ *pp* ▷ **persuadere**. ◇ *agg* convinced.

pertanto *cong* therefore.

pertinente *agg* pertinent.

pertosse *sf* whooping cough.

perturbazione *sf* disturbance.

Perù *sm*: **il** ~ Peru.

Perugia *sf* Perugia.

peruviano, a *agg & sm, f* Peruvian.

pervenire [109] *vi* arrive, **far** ~ **qc a qn** to send sthg to sb.

pervenuto, a *pp* ▷pervenire.

perverso, a *agg* perverse.

pervertito, a *sm, f* pervert.

pesante *agg* -1. [gen] heavy -2. [spesso e caldo] warm -3. [lento] slow -4. [scorretto, violento] rough -5. [volgare] dirty.

pesare [6] ◇ *vt* -1. [con bilancia] to weigh -2. [valutare] to weigh up; ~ **le parole** to measure one's words. ◇ *vi* -1. [pacco, carico] to weigh; ~ **come** o **quanto un masso** to weigh a ton; ~ **come una piuma** to be as light as a feather -2. [essere fastidioso] to be a weight; ~ **a qn** to weigh on sb; **far ~ qc a qn** to make sthg weigh on sb -3. [poggiare] to rest on; ~ **sulle spalle di qn** [dipendere da] to be dependent on sb -4. [influire] to influence. ◆ **pesarsi** *vr* to weigh o.s..

pesca[1]**, sche** ['pɛska] *sf & agg inv* peach.

pesca[2]**, sche** ['peska] *sf* -1. [attività] fishing; **andare a** ~ to go fishing; ~ **subacquea** underwater fishing -2. [pescato] catch.

pescanoce (*pl* **peschenoci**) *sf* nectarine.

pescare [15] *vt* -1. [pesce] to fish -2. [raccogliere] to pick up -3. *fam* [trovare] to come across.

pescatore, trice *sm, f* fisherman (*f* fisherwoman).

pesce *sm* fish; ~ **rosso** goldfish; ~ **spada** swordfish; **prendere qn a pesci in faccia** *fam* to treat sb like dirt. ◆ **pesce d'aprile** *sm* April fool. ◆ **Pesci** *smpl* ASTROL Pisces; **essere dei Pesci** to be (a) Pisces.

pescecane (*pl* **pescicani** o **pescecani**) *sm lit & fig* shark.

peschereccio *sm* fishing boat.

pescheria *sf* fishmonger's.

pescivendolo, a *sm, f* fishmonger.

pesco (*pl* **-schi**) *sm* peach tree.

peseta (*pl* **pesetas**) *sf* peseta.

peso *sm* -1. [gen] weight; ~ **forma** optimum weight; ~ **lordo** gross weight; ~ **netto** net weight; **essere di** ~ **a qn** to be a burden on sb; **togliersi un** ~ **dallo stomaco** *fig* to get a load off one's mind -2. [carico] load; **prendere/sollevare qn di** ~ to lift someone up (bodily); ~ **morto** dead weight -3. [importanza] relevance; **non dare** ~ **a qc** to pay no heed to sthg.

pessimismo *sm* pessimism.

pessimista, i, e ◇ *agg* pessimistic. ◇ *smf* pessimist.

pessimo, a *agg* terrible.

pestare [6] *vt* -1. [calpestare] to tread on, to trample on -2. [frantumare] to crush -3. [picchiare] to beat up.

peste *sf* -1. [malattia] plague -2. [bimbo] pest.

pestello *sm* pestle.

pesto, a *agg* wrecked. ◆ **pesto** *sm* pesto; **al** ~ with pesto.

petalo *sm* petal.

petardo *sm* firecracker, banger *UK*.

petizione *sf* petition.

petroliera *sf* (oil) tanker.

petroliere *sm* oilman.

petrolifero, a *agg* oil (*dav s*).

petrolio *sm* oil; ~ **greggio** o **grezzo** crude oil.

pettegolezzo *sm* gossip (*U*).

pettegolo, a ◇ *agg* gossipy. ◇ *sm, f* gossip.

pettinare [6] *vt* -1. [capelli, pelo] to comb; **pettinarsi i capelli** to comb o brush one's hair -2. [acconciare]: ~ **qn** to do sb's hair. ◆ **pettinarsi** *vr* to comb o brush one's hair.

pettinatrice *sf dat* hairstylist.

pettinatura *sf* hairstyle.

pettine *sm* comb.

pettirosso *sm* robin.

petto *sm* -1. [torace] chest -2. [seno, carne] breast.

pettorale ◇ *agg* [gen] chest (*dav s*); MED pectoral. ◇ *sm* -1. [muscolo] pectoral muscle; **pettorali** pectorals, pecs *fam* -2. [di corridore] number.

petulante *agg* -1. [persona] annoying -2. [domande, atteggiamento] insistent.

pezza *sf* -1. [ritaglio] rag; **bambola di** ~ rag doll -2. [toppa, macchia] patch -3. [documento] voucher.

pezzente *smf* tramp.

pezzo *sm* -1. [gen] piece, bit; **un** ~ **di legno/torta** a piece of wood/cake; **i pezzi degli scacchi** chess pieces; **fare a pezzi qn/qc** to pull sb/sthg to pieces; **cadere a pezzi** to fall to pieces; **essere a pezzi** [sfinito] to be shattered; ~ **grosso** bigwig; **due pezzi** two-piece swimsuit -2. [di motore, congegno] part; ~ **di ricambio** spare part -3. [banconota] note *esp UK*, bill *US* -4. [tratto di strada] way -5. [periodo] while; **è un** ~ **che non ci vediamo** we haven't seen each other for a while.

PG (*abbr di* **Perugia**) PG.

pH *sm inv* pH.

phon [fɔn] *sm inv* = **fon**.

P.I. (*abbr di* **partita IVA**) VAT no.

piacere [87] ◇ *vi* -1. [risultare gradito]: **mi piace il tennis** I like tennis; **gli piace bal-**

lare he likes dancing; **il libro non mi è piaciuto** I didn't like the book; **ti piacerebbe andare al cinema stasera?** would you like to go to the cinema tonight? **-2.** [risultare attraente]: **quel ragazzo mi piace molto** I really like o fancy *UK* that boy. **◆** *sm* **-1.** [gen] pleasure; **che ~!** what a pleasure!; **con ~!** with pleasure!; **fare ~ a qn** to please sb **-2.** [nelle presentazioni]: **~!** pleased to meet you! **-3.** [favore]: **fare un ~ a qn** to do sb a favour *UK* o favor *US*; **chiedere un ~ a qn** to ask a favour of sb; **per ~** please **-4.** [volontà]: **a ~** at will.

piacevole *agg* pleasant.

piacevolmente *avv* pleasantly.

piacimento *sm*: **a ~** at will.

piaciuto, a *pp* ▷piacere.

piacqui *(etc)* ▷piacere.

piaga *(pl* **-ghe)** *sf* **-1.** [ferita] sore **-2.** [flagello] scourge.

piagnucolare [6] *vi* to whinge.

piana *sf* plain.

pianeggiante *agg* flat.

pianerottolo *sm* landing.

pianeta *(pl* **-i)** *sm* planet.

piangere [49] **◇** *vi* to cry; **smettila di ~!** stop crying!; **mi viene da ~** I could weep; **scoppiare a ~** to burst into tears; **~ per qc** to cry for sthg; **~ di gioia** to cry for joy; **~ sul latte versato** *fig* to cry over spilt *UK* o spilled *US* milk. **◇** *vt* **-1.** [lacrime] to cry **-2.** [lamentare] to mourn; **~ miseria** to plead poverty.

pianificare [15] *vt* to plan.

pianificazione *sf* planning; **~ familiare** family planning.

pianista, i, e *smf* pianist.

piano, a *agg* flat. **◆** **piano ◇** *avv* **-1.** [lentamente] slowly; **andarci ~ con qc** *fam* to take it easy with sthg **-2.** [a basso volume] quietly **-3.:** **~ ~** [gradualmente] gradually; [silenziosamente] quietly. **◇** *sm* **-1.** [superficie] surface; **in ~** level; **~ di lavoro** workbench **-2.** GEOM plane **-3.** [livello, ambito] level **-4.** [di torta] tier; [di veicolo] deck; **autobus a due piani** double decker bus **-5.** [di edificio] floor, storey *UK*, story *US*; **abito al primo ~** I live on the first *UK* o second *US* floor; **un grattacielo di venti piani** a twenty-storey skyscraper; **~ rialzato** mezzanine **-6.** [inquadratura]: **primo/primissimo ~** close-up/extreme close-up; **di primo ~** *fig* prominent; **di secondo ~** *fig* secondary **-7.** [progetto] plan; **~ di studi** list of courses to

be taken by a student **-8.** [pianoforte] piano.

piano-bar *sm inv* piano bar.

pianoforte *sm* piano; **~ a coda** grand piano.

pianoterra *sm inv* ground *UK* o first *US* floor.

piansi *(etc)* ▷piangere.

pianta *sf* **-1.** [vegetale] plant; **~ carnivora** carnivorous plant **-2.** [del piede] sole **-3.** [disegno] plan **-4.** *loc*: **in ~ stabile** permanently.

piantagione *sf* plantation.

piantare [6] *vt* **-1.** [coltivare] to plant **-2.** [conficcare]: **~ qc in qc** to drive sthg into sthg **-3.** *fam* [abbandonare – fidanzato, moglie] to dump; [lavoro] to pack in *esp UK*; **~ in asso qn** to leave sb in the lurch **-4.**: **piantala!** cut it out!, stop it! **◆** **piantarsi ◇** *vr* **-1.** [fermarsi] to stand **-2.** [lasciarsi] to split up. **◇** *vip*: **piantarsi in qn/qc** to stick into sb/sthg.

pianterreno *sm* ground *UK* o first *US* floor.

pianto, a *pp* ▷piangere. **◆** **pianto** *sm* crying; **scoppiare in ~** to burst into tears.

pianura *sf* plain.

piastra *sf* **-1.** [lastra, lamina] sheet **-2.** [fornello] hotplate **-3.** [griglia] grill **-4.** [di registrazione] tape deck.

piastrella *sf* tile.

piastrina *sf* **-1.** [di riconoscimento] tag **-2.** [nel sangue] platelet.

piattaforma *sf* platform; **~ di lancio** launch pad; **~ petrolifera** oil platform.

piattino *sm* [di tazza] saucer; [da dessert] (small) plate.

piatto, a *agg* flat. **◆** **piatto** *sm* **-1.** [recipiente] plate, dish; **~ fondo** soup plate o bowl; **~ piano** dinner plate; **~ da dessert** dessert plate; **~ della bilancia** scale pan **-2.** [vivanda] dish; **~ del giorno** today's special; **~ unico** one-course meal. **◆** **piatti** *smpl* cymbals.

piazza *sf* **-1.** [piazzale] square; **fare ~ pulita (di qc)** to make a clean sweep (of sthg); **mettere in ~ qc** *fig* to make sthg public; **Piazza Affari** *the Italian Stock Exchange in Milan*; **~ d'armi** parade ground **-2.** [di letto]: **letto a una ~** single bed; **letto a due piazze** double bed; **letto a una ~ e mezzo** small double bed **-3.** [mercato] market; **rovinare la ~ a qn** *fig* to put a spoke in sb's wheel *UK*, to throw a (monkey) wrench onto the works for sb *US*.

piazzale *sm* **-1.** [con panorama] (large) square **-2.** [di stazione] forecourt.

piazzare [6] *vt* **-1.** [mettere] to position **-2.**

SPORT to land **-3.** [vendere] to sell. ➡ **piazzarsi** *vr* **-1.** [classificarsi] to be placed **-2.** [sistemarsi] to settle o.s.

piazzola *sf* **-1.** [su strada] lay-by *UK* **-2.** [in campeggio] plot.

piccante *agg* **-1.** [sapore – salsa, peperoni] hot; [– formaggio] strong **-2.** [spinto] bawdy.

picche *sfpl* spades.

picchiare [20] ⬦ *vt* to hit. ⬦ *vi* **-1.** [battere – dolcemente] to tap; [– forte] to beat **-2.** *fig* [luce forte] to beat down. ➡ **picchiarsi** *vr* to fight.

picchio *sm* woodpecker.

piccino, a ⬦ *agg* tiny. ⬦ *sm, f* little one.

picciolo *sm* stalk.

piccione *sm* pigeon.

picco (*pl* **-chi**) *sm* **-1.** [cima] peak; **a ~** vertically; **andare** o **colare a ~** to sink **-2.** [valore massimo] peak.

piccolo, a ⬦ *agg* **-1.** [gen] small; **una piccola città** a small town; **un ~ favore** a small favour; **un ~ imprenditore** a small businessman; **c'è stato un ~ malinteso** there was a bit of a misunderstanding **-2.** [pausa] short **-3.** [giovane] little, small. ⬦ *sm, f* young child; **da ~** when I/he etc was little. ➡ **piccolo** *sm* baby.

piccone *sm* pick.

piccozza *sf* ice axe *UK* o ax *US*.

picnic *sm inv* picnic; **fare un ~** to have a picnic.

pidocchio *sm* **-1.** [insetto] louse **-2.** [avaro] skinflint.

piede *sm* foot; **andare a piedi** to go on foot, to walk; **essere/stare in piedi** to be standing; **stare in piedi** *fig* [ragionamento] to stand up; **alzarsi in piedi** [movimento] to stand up; **reggersi in piedi** [posizione] to stand (up); **su due piedi** [sul momento] on the spot; **in punta di piedi** on tiptoe; **mettere ~ in un luogo** to set foot in a place; **mettere in piedi qc** [allestire] to set sthg up; **essere ai piedi di qn** *fig* to be at sb's feet; **prendere ~** to gain ground; **levarsi** o **togliersi dai piedi** to get out of the way. ➡ **piede di porco** *sm* jemmy *UK*, jimmy *US*.

piedistallo *sm* pedestal.

piega (*pl* **-ghe**) *sf* **-1.** [di tessuto, carta – intenzionale] fold; [– grinza] crease **-2.** [di gonna] pleat; [di pantaloni] crease **-3.** [di capelli] set; **mettere i capelli in ~** to set one's hair **-4.** [ruga, grinza] wrinkle; **non fare una ~** [ragionamento] to be faultless **-5.** [andamento]: **prendere una brutta** o **catti-**

va ~ to take a turn for the worse.

piegare [16] *vt* **-1.** [gen] to bend **-2.** [tessuto, carta] to fold (up) **-3.** [domare] to subdue. ➡ **piegarsi** ⬦ *vip* to buckle. ⬦ *vr* **-1.** [flettersi] to bend (down) **-2.** [cedere] to give in; **piegarsi a qc** to yield to sthg.

pieghevole ⬦ *agg* **-1.** [sedia, tavolo] folding **-2.** [flessibile] pliant. ⬦ *sm* leaflet.

Piemonte *sm*: **il ~** Piedmont.

piemontese *agg & smf* Piedmontese.

piena *sf* flood; **essere in ~** to be in spate.

pienamente *avv* completely; **sono ~ d'accordo** I completely agree.

pieno, a ⬦ *agg* full; **l'albergo è ~** the hotel is full; **una strada piena di buchi** a road full of holes; **ottenere una piena guarigione** to make a full recovery; **a pieni voti** with full marks; **essere ~ zeppo** to be completely full; **essere ~ di sé** to be full of o.s.; **in ~ viso** full in the face; **in ~** completely; **una persona piena di difetti/virtù/problemi** a person with a lot of faults/good points/problems. ➡ **pieno** *sm* **-1.** [di carburante] full tank; **fare il ~** to fill up **-2.** [mezzo]: **nel ~ di qc** (right) in the middle of sthg.

piercing ['pirsing] *sm inv* piercing.

pietà *sf inv* pity; **fare ~** *fam* to be awful. ➡ **Pietà** *sf* Pietà.

pietanza *sf* dish.

pietoso, a *agg* **-1.** [gen] pitiful **-2.** *fam* [brutto] awful.

pietra *sf* stone; **~ miliare** *lit & fig* milestone; **~ pomice** pumice stone; **~ dura** semiprecious stone; **~ preziosa** precious stone.

pietroso, a *agg* stony.

piffero *sm* **-1.** [strumento] pipe **-2.** [suonatore] piper.

pigiama (*pl* **-i**) *sm* pyjamas (*pl*) *UK*, pajamas (*pl*) *US*.

pigiare [18] *vt* to press.

pigliare [21] *vt fam* to get; **chi dorme non piglia pesci** the early bird catches the worm.

pigna *sf* pine cone.

pignolo, a ⬦ *agg* fussy. ⬦ *sm, f* fusspot *fam UK*, fussbudget *fam US*.

pigolare [6] *vi* to chirp.

pigrizia *sf* laziness.

pigro, a *agg* lazy; **essere ~ nel lavoro/nello studio** etc to be lazy about work/studying etc.

PIL [pil] (*abbr di* **Prodotto Interno Lordo**) *sm* ECON GDP.

pila *sf* **-1.** [mucchio] pile **-2.** [batteria] battery; **essere alimentato a pile** to run on batteries **-3.** [torcia] torch *UK*, flashlight *US*.

pilastro *sm* pillar; **un ~ della società** a pillar of society.

pile [pail] *sm inv* fleece.

pillola *sf* pill; **~ (anticoncezionale)** (contraceptive) pill; **prendere/smettere la ~** to take/stop taking the pill.

pilone *sm* **-1.** [ponte, volta] pillar **-2.** [per cavi] pylon.

pilota, i, e ◇ *smf* **-1.** [di aereo, nave] pilot **-2.** [di auto, moto] (racing) driver. ◇ *agg inv* pilot *(dav s)*.

pilotaggio *sm*: **cabina di ~** flight deck.

pilotare [6] *vt* **-1.** [guidare – aereo] to pilot; [– macchina] to drive; [– nave] to sail **-2.** *fig* [manovrare] to rig.

piluccare [6] *vt* to pick at.

pinacoteca (*pl* **-che**) *sf* art gallery.

pineta *sf* pine forest.

ping-pong® *sm inv* table tennis; **un tavolo/tavolino da ~** a table-tennis table.

pinguino *sm* penguin.

pinna *sf* **-1.** ZOOL fin **-2.** [calzatura] flipper.

pino *sm* pine.

pinolo *sm* pine nut.

pinzare [6] *vt* to staple.

pinzatrice *sf* stapler.

pinze *sfpl* **-1.** [attrezzo] pliers **-2.** MED forceps.

pinzette *sfpl* tweezers.

pio, a *agg* **-1.** [devoto] pious **-2.** [caritatevole] charitable.

pioggia (*pl* **-ge**) *sf* **-1.** [atmosferica] rain; **~ acida** acid rain **-2.**: **una ~ di qc** [grande quantità – di fiori, riso] a shower of sthg; [– di insulti] a hail of sthg.

piolo *sm* [paletto] peg; [di scala] rung.

piombare [6] ◇ *vi* **-1.** [cadere giù] to plunge **-2.** *fig* [sprofondare]: **~ nel buio** to be plunged into darkness; **~ nella miseria** to be reduced to poverty; **~ nel sonno** to fall fast asleep **-3.** [avventarsi]: **~ su** o **addosso a qn/qc** to swoop on sb/sthg **-4.** [arrivare] to show up. ◇ *vt* **-1.** [sigillare] to seal **-2.** [dente] to fill.

piombo *sm* **-1.** [metallo] lead **-2.** [peso] weight; **a ~** plumb **-3.** [sigillo] seal.

pioppo *sm* poplar.

piovana *agg*: **acqua ~** rainwater.

piovere [118] ◇ *vi impers* to rain; **piove** it's raining; **~ a catinelle** to pour (down). ◇ *vi* **-1.** [gocciolare] to leak **-2.** [cadere] to rain (down).

piovigginare [114] *vi impers* to drizzle.

piovoso, a *agg* rainy.

piovra *sf* octopus.

pipa *sf* pipe.

pipì *sf inv* pee; **fare la ~** to pee; **mi scappa la ~!** I have to pee!

pipistrello *sm* bat.

piramide *sf* pyramid.

pirata (*pl* **-i**) ◇ *sm* [corsaro] pirate; **~ della strada** hit-and-run driver; **~ informatico** hacker. ◇ *agg inv* pirate *(dav s)*.

pirateria *sf* piracy; **~ informatica** hacking.

Pirenei *smpl*: **i ~** the Pyrenees.

pirite *sf* pyrites.

piroetta *sf* **-1.** [nella danza] pirouette **-2.** [capriola] somersault.

pirofila *sf* Pyrex® dish.

piromane *smf* pyromaniac.

piroscafo *sm* steamboat.

Pisa *sf* Pisa.

pisciare [19] *vi mfam* to piss; **pisciarsi addosso** to wet o.s..

piscina *sf* swimming pool.

pisello *sm* pea.

pisolino *sm* nap; **fare un ~** to have a nap.

pista *sf* **-1.** [gen] track; **~ ciclabile** cycle lane **-2.** [da sci] (ski) run **-3.** [spiazzo]: **~ da ballo** dance floor; **~ di pattinaggio** (skating) rink **-4.** [di aereoporto] runway.

pistacchio *sm & agg inv* pistachio.

pistola *sf* **-1.** [arma] pistol; **un colpo di ~** a shot; **~ a tamburo** revolver **-2.** [attrezzo]: **~ a spruzzo** spray gun.

pistone *sm* piston.

pitone *sm* python.

pittore, trice *sm, f* painter.

pittura *sf* painting.

pitturare [6] *vt* to paint.

più ◇ *avv* **-1.** [in comparativi] more; **questo esercizio è ~ difficile** this exercise is more difficult; **parla ~ forte** speak more loudly; **di ~** more; **l'ho pagato di ~** I paid more for it; **~ che mai** more than ever; [con aggettivi corti]: **quell'esercizio è ~ facile** that exercise is easier; **~ di: la mia macchina è ~ vecchia della sua** my car is older than his; **io ho aspettato ~ di te** I waited longer than you **-2.** [in superlativi] most; **questa è la camera ~ cara** this is the most expensive room; **cerca di finire il ~ presto possibile** try to finish as quickly as possible; **di ~** most; **quella è la macchina che costa di ~** that's the car which costs the most; **il ~ possibile** as much as possible; [con aggettivi corti]: **è il ~ bravo della classe** he's the cleverest in the class **-3.** [in correlazione] the more; **~ ci pensi, peggio è** the more you think about it, the worse it gets; **~ ... ~** the more... the more; **~ lo leggo, ~ mi piace** the more I read it, the more I like it; **~ ... meno** the more... the less; **~ ci penso e meno ho voglia di andarci** the more I think about it, the less I want to go; **giorno ~, giorno meno** one day more or less **-4.** [con negazione]: **non ... ~** not... any more; **non si vede ~ niente** you can't see anything any more; **non ha ~ vent'anni** he's not twenty any more; **mai ~** never again; **non lo farò mai ~** I'll never do it again **-5.** [nelle addizioni, nei voti scolastici] plus **-6.** loc: in o **di ~**: **mi ha dato 10 euro in** o **di ~** he gave me 10 euros too much; **ci vorranno tre uova in ~** we'll need three more eggs; **~ o meno** more or less; **né ~ né meno** no more, no less; **per di ~** what's more. ◇ agg inv **-1.** [in quantità, numero maggiore] more **-2.** [diversi] several. ◇ sm inv **-1.** [cose] most; **il ~ delle volte** most of the time; **parlare del ~ e del meno** to chat about this and that **-2.** [persone]: **i ~** most people **-3.** [in matematica] plus sign. ◇ prep plus.

piuma sf feather.

piumino sm **-1.** [giubbotto] padded jacket **-2.** [per cipria] powder puff **-3.** [per spolverare] feather duster.

piumone® sm duvet esp UK, comforter US.

piuttosto avv **-1.** [più] rather; **prenderei ~ un caffè** I'd rather have a coffee **-2.** [abbastanza] quite **-3.** [invece] instead; **prendi ~ quello rosso** take the red one instead; **~ che** rather than; **morirebbe ~ che ammettere di aver torto** he'd rather die than admit he's wrong.

pizza sf **-1.** [vivanda] pizza; **~ al taglio** pizza sold by the slice **-2.** fam [noia] bore.

pizzaiolo, a sm, f pizza chef; **alla pizzaiola** cooked with tomato, garlic, and oregano.

pizzeria sf pizzeria.

pizzicare [15] ◇ vt **-1.** [con le dita] to pinch **-2.** fam [pungere – vespa, ape] to sting; [– zanzara, formica] to bite **-3.** fam [sorprendere] to nab **-4.** MUS to pluck. ◇ vi **-1.** [provare prurito] to itch **-2.** [essere piccante] to burn.

pizzico (pl **-chi**) sm **-1.** [gen] pinch **-2.** fig hint.

pizzicotto sm pinch.

pizzo sm **-1.** [merletto] lace **-2.** [barba] goatee.

PL (abbr di **Polonia**) PL.

placare [15] vt **-1.** [ammansire] to calm down **-2.** [attenuare] to alleviate; **~ la fame di qn** to satisfy sb's hunger; **~ la sete di qn** to quench sb's thirst. ◆ **placarsi** vip **-1.** [ammansirsi – persona] to calm down; [– emozione] to subside **-2.** [attenuarsi] to die down.

placca (pl **-che**) sf **-1.** [piastra] plate **-2.** [targhetta] plaque **-3.** MED: **~ (batterica)** (dental) plaque.

placcare [15] vt **-1.** [rivestire] to plate; **placcato in oro/argento** gold/silver-plated **-2.** [nel rugby] to tackle.

placenta sf placenta.

plagiare [18] vt **-1.** [imitare] to plagiarize **-2.** [soggiogare] to brainwash.

plagio sm **-1.** [imitazione] plagiarism **-2.** [assoggettamento] brainwashing.

planetario, a agg **-1.** [dei pianeti] planetary **-2.** [mondiale] worldwide. ◆ **planetario** sm planetarium.

plantare sm arch support.

plasma (pl **-i**) sm plasma.

plasmare [6] vt to mould UK, to mold US.

plastica (pl **-che**) sf **-1.** [materiale] plastic **-2.** MED plastic surgery.

plastico, a, ci, che agg **-1.** plastic **-2.** ▷chirurgia. ◆ **plastico** sm **-1.** [modello] model **-2.** [esplosivo]: **al ~** plastic.

platano sm plane tree.

platea sf **-1.** [settore] stalls (pl) UK, orchestra US **-2.** [spettatori] audience.

plateale agg theatrical.

platino sm platinum.

platonico, a, ci, che agg platonic.

playboy [plɛiˈbɔi] sm inv playboy.

plebeo, a agg **-1.** [popolano] working-class **-2.** spreg [volgare] crude.

plettro sm plectrum.

plico (pl **-chi**) sm envelope.

plotone sm platoon; **~ di esecuzione** firing squad.

plurale agg & sm plural.

pluralità sf inv plurality.

pluriennale agg over many years (non dav s).

plutonio sm plutonium.

PM (abbr di **Pubblico Ministero**) smf inv Public Prosecutor, ≃ District Attorney US.

pneumatico ◇ sm tyre UK, tire US; **pneumatici da neve** snow tyres. ◇ agg inflatable.

PNL (*abbr di* **Prodotto Nazionale Lordo**) *sm* ECON GNP.

Po *sm*: il ~ the Po.

po' = poco.

poco, a , chi, che <> *agg indef* **-1.** [in piccola quantità] not much; **ho ~ tempo** I haven't got much time; **ho poca fame** I'm not very hungry; **c'era ~ traffico** there wasn't much traffic; **poca gente** not many people **-2**. [in piccolo numero]: **pochi, poche** not many; **ci sono pochi negozi che lo vendono** not many shops sell it; **ho pochi soldi** I haven't got much money. <> *pron indef* **-1.** [una piccola quantità] not much; **ho comprato ~** I didn't buy much; **ci vuole ~ a ...** it doesn't take much to ...; **~ o niente** hardly anything; **per ~** [quasi] almost; **per ~ ti ammazzavi!** you were almost killed!; **per ~ non cadevo** I almost fell **-2.** [un piccolo numero] (a) few; **siamo in pochi oggi** there are only a few of us today; **sono sopravvissuti in pochi** only a few people survived; **pochi di noi/voi/loro** a few of us/you/them. ◆ **poco** *avv* **-1.** [con verbi] not much; **l'hanno pagato ~** they didn't pay much for it; **hai mangiato ~** you haven't eaten much **-2.** [con aggettivi] not very; **~ educato** not very polite; **~ simpatico** not very nice; **la tua scrittura è ~ comprensibile** your writing is not very legible **-3.** [con avverbi]: **~ volentieri** unwillingly; **~ lontano** not far; **stare ~ bene** to be unwell; **~ più che un bambino** not much more than a child; **~ dopo che le sette** not much after seven; **una cosetta da ~** [regalo] a little something; **roba da ~** junk **-4.** [temporale] not long; **la crisi durerà ~** the crisis won't last long; **sono rimasto ~** I didn't stay long; **~ dopo/prima** not long afterwards/before; **da ~** a little while ago; **fra ~** soon **-5.** [distanza] not far; **da casa mia all'ufficio c'è ~** it's not far from my house to the office. ◆ **un po'** <> *pron indef* a little, a bit; **ne vuoi ancora un po'?** do you want a bit o a little more?; **un po' di** a little, a bit; **Luigi fa un po' di tutto** Luigi does a bit of everything. <> *avv* **-1.** [gen] a bit; **mangia ancora un po'** eat o have a bit more; **sono un po' stanco** I'm a bit tired; **sta un po' meglio** she's a bit better **-2.** [temporale] a little while; **per un (bel) po'** for quite a while.

podio *sm* podium.

podista, i, e *smf* walker.

poema (*pl* **-i**) *sm* poem; **~ sinfonico** tone poem.

poesia *sf* **-1.** [componimento] poem; studiare una ~ a memoria to learn a poem by heart **-2.** [arte, produzione] poetry.

poeta, essa *sm, f* **-1.** [autore] poet **-2.** [romantico] dreamer.

poetico, a, ci, che *agg* poetic.

poggiare [18] <> *vt* to put. <> *vi*: **~ su qc** *lit* to rest on sthg; *fig* to be based on sthg.

poi *avv* **-1.** [in seguito] then; **da... in ~** from... onwards; **da oggi in ~** from now on **-2.** [più in là] then **-3.** [inoltre] besides **-4.** [alla fine] in the end; **e ~** and then **-5.** [enfatico]: **questa ~! non me l'aspettavo proprio!** no! I really wasn't expecting that!; **no e ~ no!** absolutely not!; **mai e ~ mai lo farei** I would absolutely never do it.

poiché *cong* as, since.

pois [pwa] *sm inv*: **a ~** polka-dot.

poker *sm inv* **-1.** [gioco] poker **-2.** [combinazione] flush.

polacco, a, chi, che <> *agg* Polish. <> *sm, f* Pole. ◆ **polacco** *sm* [lingua] Polish.

polare *agg* **-1.** GEOGR polar **-2.** [gelido] arctic.

Polaroid [a] *sf inv* **-1.** [macchina fotografica] Polaroid® camera **-2.** [fotografia] Polaroid® (photo).

polemica (*pl* **-che**) *sf* **-1.** [discussione] dispute **-2.** [protesta] argument; **fare polemiche** to be argumentative.

polemico, a, ci, che *agg* **-1.** [discorso, intervento] controversial **-2.** [persona] argumentative.

policlinico *sm* general hospital.

poliglotta, i, e *agg* multilingual.

poligono *sm* **-1.** GEOM polygon **-2.** [edificio]: **~ di tiro** rifle range.

Polinesia *sf*: la ~ Polynesia.

polio *sf* polio.

polipo *sm* **-1.** [animale] octopus **-2.** MED polyp.

polistirolo *sm* polystyrene.

politecnico *sm* *university-level institution offering courses in engineering and architecture.*

politica (*pl* **-che**) *sf* **-1.** [attività] politics (U); **fare ~** to be in politics **-2.** [modo di governare, modo di agire] policy.

politico, a, ci, che <> *agg* political. <> *sm, f* politician.

polizia *sf*: **~ (di Stato)** police; **agente di ~** police officer; **~ stradale** traffic police.

poliziesco, a, schi, sche *agg* detective (*dav s*). ◆ **poliziesco** *sm* detective story.

poliziotto, a *sm, f* police officer.

polizza *sf*: ~ assicurativa o di assicurazione insurance policy.

pollaio *sm* henhouse.

pollame *sm* poultry.

pollice *sm* -1. [dito] thumb; girarsi i pollici to twiddle one's thumbs -2. [misura] inch.

polline *sm* pollen.

pollo *sm* -1. [animale] chicken; ~ ruspante free-range chicken -2. [ingenuo] idiot.

polmone *sm* lung.

polmonite *sf* pneumonia.

polo *sm* -1. [gen] pole; ~ nord/sud North/South Pole; ~ positivo/negativo positivo/negative pole -2. [centro]: ~ di attrazione magnet -3. [coalizione] grouping.

Polonia *sf*: la ~ Poland.

polpa *sf* -1. [di frutto] pulp, flesh -2. [carne] (lean) meat; ~ di granchio crabmeat.

polpaccio *sm* calf.

polpastrello *sm* fingertip.

polpetta *sf* meatball.

polpettone *sm* [vivanda] meatloaf.

polpo *sm* octopus.

polsino *sm* cuff.

polso *sm* -1. ANAT wrist -2. [pulsazioni] pulse -3. [fermezza] firmness.

poltiglia *sf* mush.

poltrona *sf* -1. [sedia] armchair -2. TEATRO seat.

poltrone, a *sm, f* lazybones.

polvere *sf* -1. [gen] dust; fare la ~ to dust -2. [sostanza] powder; in ~ powdered; ~ da sparo gunpowder.

polverizzare [6] *vt* -1. [nebulizzare] to nebulize -2. [frantumare] to crush -3. [annientare] to pulverize.

polverone *sm* cloud of dust.

polveroso, a *agg* dusty.

pomata *sf* ointment.

pomello *sm* -1. [oggetto] knob -2. [di guancia] cheek.

pomeridiano, a *agg* afternoon *(dav s)*.

pomeriggio *sm* afternoon; primo/tardo ~ early/late afternoon.

pomo *sm* -1. [pomello] knob -2.: ~ d'Adamo Adam's apple.

pomodoro *sm* tomato; al ~ tomato *(dav s)*; la pasta al ~ pasta with tomato sauce.

pompa *sf* -1. [gen] pump -2. [distributore]: ~ della benzina petrol *UK* o gas *US* pump -3. [sfarzo] pomp; pompe funebri undertaker's.

pompare [6] *vt* -1. [liquido, aria] to pump

-2. [gonfiare] to pump up -3. [esagerare] to blow up.

pompelmo *sm* -1. [albero] grapefruit (tree) -2. [frutto] grapefruit.

pompiere *sm* fire fighter.

ponente *sm* west.

ponga *(etc)* ⊳porre.

ponte *sm* -1. EDIL & MED bridge -2. [di nave] deck -3. [impalcatura] scaffolding -4. [vacanza] long weekend; fare il ~ to make a long weekend of it.

Pontefice *sm* pontiff.

pontile *sm* pier.

pop [pɔp] *agg inv* pop.

popolare [6] ⬦ *agg* -1. [gen] popular -2. [di ceto basso] working-class -3. [folcloristico] folk *(dav s)*. ⬦ *vt* to populate. ◆ **popolarsi** *vip* -1. [diventare popolato] to become populated -2. [riempirsi] to fill up.

popolato, a *agg* populated.

popolazione *sf* -1. [abitanti] population -2. [cittadini] people *(pl)* -3. STORIA people.

popolo *sm* -1. [cittadini] people *(pl)*; il ~ ha il diritto di... the people have the right to... -2. [comunità] people; i popoli della Terra the peoples of the world.

poppa *sf* -1. [di nave] stern -2. *fam* [mammella] boob.

poppata *sf* feed.

porcellana *sf* -1. [materiale] porcelain, china -2. [oggetto] piece of porcelain o china.

porcellino *sm*: ~ d'India guinea pig.

porcello *sm* pig.

porcheria *sf* -1. [cosa che sporca] dirt -2. [cibo] junk(food) -3. [cosa brutta] trash, rubbish *esp UK* -4. [cosa sconcia] filth -5. [azione sleale] dirty trick.

porchetta *sf* roast pork.

porcile *sm* pigsty.

porcino *sm* cep.

porco *sm* -1. [carne] pork -2. *fam* [maiale] pig -3. *mfam* [persona viziosa] pig, swine. ◆ **porco, a, ci, che** *agg mfam* [in esclamazioni] bloody *UK*, goddamn *esp US*.

porgere [46] *vt* to give.

porno ⬦ *agg inv* porn *(dav s)*. ⬦ *sm* porn.

pornografia *sf* pornography.

pornografico, a, ci, che *agg* pornographic.

poro *sm* pore.

porre [96] *vt* -1. [stabilire, creare – basi] to establish; [– freno, limite] to set; ~ a confronto due tesi to compare two theories; ~ fine o termine a qc to put an end to sthg **-2.** [collocare] to put, to place **-3.** [supporre] to suppose; **poniamo che** *(+ congiuntivo)* let's suppose that **-4.** *loc:* ~ **una domanda a qn** to ask sb a question; ~ **un problema** to pose a problem.

porro *sm* **-1.** [verdura] leek **-2.** *fam* [verruca] wart.

porsi *(etc)* ⊳porgere.

porta *sf* **-1.** [gen] door; **mettere qn alla** ~ to show sb the door; ~ **di servizio** tradesmen's entrance *UK*, service entrance *esp US* **-2.** [di città, nello sci] gate; **Porta Portese** *Roman flea market* **-3.** [nel calcio] goal.

portabagagli *sm inv* **-1.** [struttura] roof *UK* o luggage *US* rack **-2.** [bagagliaio] boot *UK*, trunk *US* **-3.** [ripiano] luggage rack.

portacenere *sm inv* ashtray.

portachiavi *sm inv* keyring.

portadocumenti *sm inv* wallet.

portaerei *sf inv* aircraft carrier.

portafoglio *sm* **-1.** [custodia] wallet **-2.** [ministero] portfolio.

portafortuna ⋄*agg inv* good luck *(davs).* ⋄ *sm inv* lucky charm.

portagioie *sm inv* jewellery *UK* o jewelry *US* box.

portamatite *sm inv* pencil case.

portamento *sm* posture; **avere un bel** ~ to carry o.s. well.

portamonete *sm inv* purse *UK*, change purse *US*.

portaoggetti *agg inv*: **vano** o **scomparto** ~ glove compartment.

portaombrelli *sm inv* umbrella stand.

portapacchi *sm inv* roof *UK* o luggage *US* rack.

portapenne *sm inv* pencil case.

portare [6] *vt* **-1.** [trasportare] to carry; ~ **via qn/qc (a qn)** [togliere] to take sb/sthg away (from sb) **-2.** [dare]: ~ **qc a qn** to take o bring sthg to sb, to take o bring sb sthg **-3.** [prendere con sé]: **portarsi (dietro) qc/qn** to take sb/sthg (with one) **-4.** [accompagnare] to take; ~ **il cane fuori** to take the dog for a walk **-5.** [fare arrivare] to lead; **dove porta questa strada?** where does this road lead?; **dove ci porterà tutto questo?** where will all this lead us?; ~ **avanti qc** *fig* to continue sthg; ~ **a termine qc** to conclude sthg **-6.** [produrre] to bring; ~ **fortuna/sfortuna (a qn)** to bring (sb) good/bad luck **-7.** [addurre] to provide **-8.** [sostenere] to support **-9.** [avere indosso – vestiti, occhiali] to wear **-10.** [avere abitualmente – capelli, baffi] to have.

portariviste *sm inv* magazine rack.

portasci *sm inv* ski rack.

portata *sf* **-1.** [vivanda] course **-2.** [raggio d'azione] range; **a** ~ **di mano** [a disposizione] to hand **-3.** [di veicolo] capacity **-4.** [importanza] significance **-5.**: **alla** ~ **di qn** [concetto] within sb's grasp; [acquisto] within sb's means.

portatile ⋄*agg* portable. ⋄ *sm* **-1.** [computer] laptop **-2.** [cellulare] mobile phone *esp UK*, cellphone *US*.

portato, a *agg* **-1.** [dotato]: **essere** ~ **per qc** to have a talent for sthg **-2.** [propenso]: **essere** ~ **a fare qc** to be inclined to do sthg.

portatore, trice *sm, f* **-1.** BANCA: **al** ~ to the bearer **-2.** *loc:* ~ **di handicap** disabled person.

portatovagliolo *sm inv* napkin ring.

portauovo *sm inv* egg cup.

portavoce *smf inv* spokesperson.

portellone *sm* **-1.** [di nave, aereo] hatch **-2.** [di auto] hatch, tailgate *esp US*.

portento *sm* **-1.** [prodotto] marvel **-2.** [persona] whizz.

porticato *sm* colonnade.

portico *sm* portico. ⧫ **portici** *smpl* arcade.

portiera *sf* **-1.** door **-2.** ⊳portiere.

portiere, a *sm, f* caretaker. ⧫ **portiere** *sm* **-1.** [di albergo] porter **-2.** [nel calcio] goalkeeper.

portinaio, a *sm, f* caretaker.

portineria *sf* caretaker's lodge.

porto, a *pp* ⊳porgere. ⧫ **porto** *sm* **-1.** [struttura, città, vino] port; ~ **franco** COMM free port **-2.** [spesa] postage **-3.** [licenza]: ~ **d'armi** gun licence *UK* o license *US*.

Portogallo *sm*: **il** ~ Portugal.

portoghese ⋄*agg & smf* Portuguese. ⋄ *sm* [lingua] Portuguese.

portone *sm* main door.

porzione *sf* **-1.** [di cibo] portion, helping **-2.** [quota] part.

posa *sf* **-1.** [collocazione] laying **-2.** FOTO exposure **-3.** [posizione] position **-4.** [per foto, ritratto] posing; **mettersi in** ~ to pose **-5.** [atteggiamento] pose.

posacenere *sm inv* ashtray.

posare [6] ⋄ *vt* to put. ⋄ *vi* **-1.**: ~ **su qc** [appoggiarsi] to rest on sthg; [fondarsi] to be based on sthg **-2.** [per ritratto] to pose, to sit. ⧫ **posarsi** *vip* to alight.

posata *sf* cutlery *esp UK*, silverware *US*.

poscritto *sm* postscript.

posi *(etc)* ⊳porre.

positivo, a *agg* positive.

posizione *sf* **-1.** [gen] position; **prendere ~** to take sides **-2.** [condizione economica]: **~ sociale** social status.

posologia *sf* dose.

possa *(etc)* ▷potere.

possedere [77] *vt* **-1.** [avere in proprietà] to own, to possess **-2.** [essere dotato di] to have **-3.** [dominare] to overcome.

possedimento *sm* possession.

possessivo, a *agg* possessive.

possesso *sm* possession; **entrare in ~ di qc** to come into possession of sthg.

possessore *sm* owner.

possiamo, possiate ▷potere.

possibile ◇ *agg* possible; **non è ~!** [con contrarietà] that's impossible!; **prima o il più presto ~** as soon as possible. ◇ *sm* **-1.** [verosimile]: **andare al di là del ~** to go beyond the bounds of possibility **-2.** [fattibile]: **fare (tutto) il ~** to do everything possible.

possibilità ◇ *sf inv* **-1.** [attualità, opzione] possibility **-2.** [opportunità] chance; **avere la ~ di fare qc** to have the chance to do sthg. ◇ *sfpl* means.

possibilmente *avv* if possible.

posso *(etc)* ▷potere.

posta *sf* **-1.** [gen] mail, post *UK*; **~ elettronica** e-mail; **~ prioritaria** first class (mail) **-2.** [ufficio] post office **-3.** [di gioco, scommessa] stake.

postagiro *sm* postal transfer, giro *UK*.

postale *agg* **-1.** [delle Poste] postal, mail *(dav s)*, post *(dav s) UK* **-2.** [spedito per posta] mail *(dav s)*, post *(dav s)*.

postazione *sf* **-1.** MIL position **-2.** TECNOL workstation.

postdatare [6] *vt* to postdate.

posteggiare [18] *vt* to park.

posteggio *sm* **-1.** [parcheggio] car park *UK*, parking lot *US*; **~ custodito** car park *UK* o parking lot *US* with an attendant; **~ taxi** taxi rank *UK* o stand *US* **-2.** [posto macchina] parking place.

poster *sm inv* poster.

posteri *smpl* descendents.

posteriore ◇ *agg* **-1.** [didietro] back *(dav s)* **-2.** [successivo] later; **in una fase ~** at a later stage. ◇ *sm euf* backside, rear.

posticipare [6] *vt* to postpone.

postino, a *sm, f* postman (*f* postwoman).

posto, a *pp* ▷porre. ◆ **posto** *sm* **-1.** [gen] place; **mettere a ~ qc** [riporre] to put sthg back (in its place); [riordinare] to tidy sthg; **fuori ~** [oggetto] not in the right place; [persona] out of place; **al ~ di qn/qc** [invece di] instead of sb/sthg; [nei panni di] in sb's/sthg's place; **a ~** [risolto] fine **-2.** [spazio] space **-3.** [individuale] seat; **prendere ~** [sedersi] to take o one's seat; **tenere il ~ a qn** to keep a seat o place for sb; **~ a sedere** seat; **~ in piedi** standing room; **posti-letto** beds; **~ macchina** parking place **-4.** [postazione]: **~ di blocco** roadblock **-5.** [impiego]: **~ (di lavoro)** job.

postumo, a *agg* posthumous. ◆ **postumi** *smpl* aftereffects; **i postumi di una sbornia** a hangover.

potabile *agg*: **acqua ~** drinking water.

potare [6] *vt* to prune.

potente ◇ *agg* powerful. ◇ *sm* powerful person.

potenza *sf* power; **un motore di grande ~** a very powerful engine; **le grandi potenze** the great powers.

potere¹ [4] *vi* **-1.** [essere capace di] can, to be able to; **non posso venire prima delle cinque** I can't come before five; **Marco non potrà venire** Marco won't be able to come; **ho fatto quello che ho potuto** I did what I could; **mi puoi aprire la porta?** can you open the door for me?; **come hai potuto dire una cosa simile?** how could you say such a thing? **-2.** [essere autorizzato a] can, to be allowed to; **posso entrare?** may o can I come in?; **posso fare quello che mi pare** I can do what I like **-3.** [per esprimere eventualità] can; **tutto può accadere** anything can happen; **non può essere stato lui** it can't have been him; **non possono essere già qui!** they can't be here already!; **mi posso sbagliare** I may be wrong; **può darsi che** *(+ congiuntivo)* maybe, perhaps; **può darsi che io mi sbagli** I may o might o could be wrong; **può darsi che abbia perso il treno** perhaps he's missed the train **-4.** *loc:* **correre a più non posso** to run as fast as one can; **lavorare a più non posso** to work as hard as one can; **non poterne più (di qn/qc)** to have had enough (of sb/sthg).

potere² *sm* **-1.** [gen] power; **impadronirsi del ~** to take power; **arrivare ad ottenere il ~** to come to power; **esercitare** o **detenere il ~** to hold power; **essere** o **stare al ~** to be in power; **~ legislativo** legislative power; **~ di acquisto** purchasing power **-2.** [dominio]: **in mio/tuo ~** in my/your power.

povero, a ◇ *agg* **-1.** [gen] poor; **~ me!** oh dear! **-2.** [disadorno] plain **-3.** [carente]: **~**

di qc [scritto, testo] lacking in sthg; [dieta, cibo] low in sthg. ◇ *sm, f* poor person; **i poveri** the poor.

povertà *sf inv* -1. [miseria] poverty -2. [scarsità] lack.

pozza *sf* -1. [d'acqua] puddle -2. [di sangue, d'olio] pool.

pozzanghera *sf* puddle.

pozzo *sm* well; ~ **petrolifero** oil well.

pp. (*abbr di* **pagine**) pp.

PR ◇ *sm inv* (*abbr di* **Procuratore della Repubblica**) ≃ Public Prosecutor, ≃ district attorney *US*. ◇ *smf inv* (*abbr di* **Public Relations**) PR.

Praga *sf* Prague.

pragmatico, a, ci, che *agg* pragmatic.

pranzare [6] *vi* to have lunch.

pranzo *sm* lunch; ~ **di nozze** wedding reception; **prima di/dopo** ~ before/after lunch.

prassi *sf inv* usual practice.

pratica (*pl* -**che**) *sf* -1. [azioni concrete] practice; **in** ~ in practice -2. [esperienza] experience; **fare** ~ to practise *UK*, to practice *US*; **avere** ~ **di qc** to have experience in o of sthg -3. [tirocinio] (practical) training; **fare** ~ (**presso un avvocato**) to finish one's training(working for a law firm), to do one's articles(at a law firm) *UK* -4. [abitudine] habit -5. [dossier] file.

praticamente *avv* -1. [in sostanza] basically -2. [quasi] practically.

praticante ◇ *agg* practising *UK*, practicing *US*. ◇ *smf* [tirocinante] trainee; [presso un avvocato] trainee, articled clerk *UK*.

praticare [15] *vt* -1. [gen] to practise *UK*, to practice *US* -2. [frequentare] to frequent -3. [fare] to do, to make.

praticità *sf inv* -1. [comodità] practicality -2. [senso pratico] common sense.

pratico, a, ci, che *agg* -1. [gen] practical -2. [esperto]: ~ (**di qc**) experienced (at o in sth).

prato *sm* grass.

preavvisare [6] *vt*: ~ **qn (di qc)** to warn sb (about sthg), to give sb notice (of sthg).

preavviso *sm* -1. [comunicazione] warning -2. [periodo] notice.

precario, a ◇ *agg* -1. [instabile] precarious -2. [lavoratore] temporary. ◇ *sm, f* -1. [impiegato] *worker on a short-term contract* -2. [insegnante] *teacher on a short-term contract*.

precauzione *sf* -1. [cautela] caution -2. [misura] precaution.

precedente ◇ *agg* previous. ◇ *sm* precedent; **senza precedenti** without precedent, unprecedented; **precedenti penali** previous convictions.

precedenza *sf* -1. [passato]: **in** ~ before -2. [priorità] precedence; **dare la** ~ **a qn/qc** to give priority to sb/sthg -3. AUTO right of way; **dare la** ~ (**a qn/qc**) to give way (to sb/sthg).

precedere [7] *vt* **1.** [andare davanti] to go in front -2. [succedere prima] to precede.

precipitare [6] ◇ *vi* -1. [cadere] to fall -2. *fig* [ritrovarsi] to be plunged -3. [evolvere] to come to a head. ◇ *vt* to rush. ◆ **precipitarsi** ◇ *vip* to rush. ◇ *vr* to throw oneself.

precipitazione *sf* -1. METEO: ~ (**atmosferica**) precipitation -2. [fretta] haste; **con** ~ hastily.

precipitoso, a *agg* -1. [rapido] hurried -2. [impaziente] rash -3. [avventato] hasty.

precipizio *sm* precipice.

precisamente *avv* precisely.

precisare [6] *vt* -1. [definire] to clarify -2. [sottolineare] to explain.

precisazione *sf* clarification.

precisione *sf* precision; **di** ~ [strumento, arma] precision (*dav s*).

preciso, a *agg* -1. [esatto] precise -2. [uguale] identical.

precludere [31] *vt* to preclude; ~ **qc a qn** to debar sb from sthg; **precludersi qc** to deprive o.s. of sthg.

precluso, a *pp* ▷ **precludere**.

precoce *agg* premature.

preconcetto, a *agg* preconceived. ◆ **preconcetto** *sm* preconception.

precorrere [65] *vt*: ~ **i tempi** to rush things.

precorso, a *pp* ▷ **precorrere**.

precotto, a *agg* pre-cooked.

preda *sf* -1. [animale] prey -2. [balìa]: **essere in** ~ **all'ira/al rimorso etc** to be overwhelmed by anger/remorse etc; **essere in** ~ **alle fiamme** to be overcome by the flames.

predecessore, a *sm, f* predecessor.

predetto, a ◇ *pp* ▷ **predire**. ◇ *agg* aforesaid.

predica (*pl* -**che**) *sf* -1. RELIG sermon -2. [ramanzina] lecture; **fare la** ~ **a qn** to lecture sb.

predicativo, a *agg* predicative.

predicato *sm* predicate.

prediletto, a ◇ *pp* ▷ **prediligere**. ◇ *agg* favourite *UK*, favorite *US*.

predilezione *sf* preference.

prediligere [56] *vt* to prefer.

predire [102] *vt* to predict.

predisporre [96] *vt* to prepare.

predisposizione *sf* -1. [inclinazione]: avere ~ a o per qc [musica, pittura] to have an aptitude for sthg -2. [preparazione] preparation -3. MED predisposition.

predisposto, a ◇ *pp* ▷ predisporre. ◇ *agg* -1. [apparecchio] compatible; ~ per il collegamento a internet Internet-ready -2. [preparato, propenso] prepared -3. MED predisposed.

predominare [6] *vi* -1. [prevalere]: ~ (su qc) to predominate(over sthg) -2. [imporsi]: ~ (su qn) to dominate (sb).

predominio *sm* -1. [dominio] domination -2. [prevalenza] predominance.

preesistente *agg* pre-existing.

prefabbricato, a *agg* prefabricated. ◆ **prefabbricato** *sm* prefab, prefabricated building.

prefazione *sf* preface.

preferenza *sf* preference; di ~ preferably.

preferibile *agg* preferable.

preferibilmente *avv* preferably.

preferire [9] *vt* to prefer; ~ qn/qc (a qn/qc) to prefer sb/sthg (to sb/sthg); ~ fare qc to prefer to do sthg; ~ che qn faccia qc to prefer sb to do sthg; **preferirei che tu restassi fuori da questa faccenda** I'd prefer you to stay out of this, I'd rather you stayed out of this; ~ qc/fare qc piuttosto che... to prefer sthg/to do sthg rather than...; **preferisco morire piuttosto che dirglielo** I'd rather die than tell him.

preferito, a *agg* favourite *UK*, favorite *US*.

prefettura *sf* prefecture.

prefiggere [51] *vt*: **prefiggersi qc** to set o.s. sthg.

prefisso, a *pp* ▷ prefiggere. ◆ **prefisso** *sm* -1. TELECOMM (dialling) code *UK*, (area) code *US* -2. [di parola] prefix.

pregare [16] *vt* -1. RELIG: ~ (per qn/qc) to pray (for sb/sthg) -2. [scongiurare]: ~ qn (di fare qc) to beg sb (to do sthg); **ti prego, aiutami** please help me -3. [invitare]: ~ qn di fare qc to ask sb to do sthg; **la prego, si accomodi** please, sit down; **vi prego di chiudere la porta quando uscite** please close the door when you leave.

preghiera *sf* -1. [gen] prayer -2. [richiesta] request.

pregiato, a *agg* fine.

pregio *sm* -1. [qualità] quality -2. [valore] value.

pregiudicare [15] *vt* to jeopardize.

pregiudicato, a *sm, f* offender.

pregiudizio *sm* prejudice.

prego *esclam* -1. [come invito] please -2. [come risposta] you're welcome, not at all -3. [come domanda] (I'm) sorry?

preistoria *sf* prehistory.

preistorico, a, ci, che *agg* prehistoric.

prelevamento *sm* withdrawal.

prelevare [6] *vt* -1. [denaro] to withdraw -2. MED to take.

prelibato, a *agg* delicious.

prelievo *sm* -1. [di denaro] withdrawal -2. MED sample.

preliminare *agg* preliminary. ◆ **preliminari** *smpl* preliminaries.

pré-maman® [prema'man] ◇ *agg inv* maternity *(dav s)*. ◇ *sm inv* maternity dress.

prematuro, a *agg* premature.

premeditato, a *agg* premeditated.

premere [7] ◇ *vt* [schiacciare – pedale] to push; [– tasto, pulsante] to press; [– grilletto] to pull. ◇ *vi* -1. [schiacciare]: ~ su qc to press (down on) sthg -2. [insistere]: ~ (su qn) to put pressure on (sb) -3. [stare a cuore]: ~ a qn to matter to sb.

premessa *sf* -1. [introduzione] introduction -2. [presupposto] premise.

premesso, a ◇ *pp* ▷ premettere. ◇ *agg*: ~ che... given that...

premettere [71] *vt* to start off by saying.

premiare [20] *vt* -1. [dare un premio a] to give a prize to -2. *fig* [ricompensare] to reward.

premiazione *sf* -1. [consegna] awarding of prizes -2. [cerimonia] prize-giving o awards ceremony.

premier *sm inv* premier.

preminente *agg* pre-eminent.

premio *sm* -1. [gen] prize; ~ Nobel [premio] Nobel prize; [persona] Nobel prize winner -2. *fig* [riconoscimento] reward -3. [di assicurazione] premium -4. [compenso in denaro] bonus.

premunirsi [9] *vr* -1. [dotarsi]: ~ di qc to obtain sthg in advance -2. [proteggersi]: ~ contro qc to protect o.s. from o against sthg.

premura *sf* -1. [fretta]: aver ~ (di fare qc) to be in a hurry (to do sthg); fare o mettere ~ a qn to hurry sb -2. [cura] care. ◆ **premure** *sfpl* attention *(U)*.

premuroso, a *agg* attentive.

prèndere [43] <> vt -1. [afferrare] to take; ~ qn per mano/a braccetto to take sb by the hand/arm; ~ in braccio un bambino to pick up a child -2. [catturare] to catch -3. [da mangiare, bere] to have; **cosa prendi?** what will you have? -4. [mezzo di trasporto] to take, to go by; **prendiamo la macchina?** shall we take the car? -5. [malattia] to catch, to get -6. [far pagare] to charge -7. [ottenere, ricevere] to get; ~ **lezioni** to have lessons; ~ **in affitto** to rent; ~ **in prèstito** to borrow; ~ **o lasciare** take it or leave it -8. [ritirare, prelevare] to get, to pick up -9. [scambiare]: ~ **qn per qn** to take sb for sb -10. *loc:* **prenderla (bene/male)** [reagire] to take it (well/badly); **prendersela** [risentirsi] to take it personally; **prendersela con qn** [sfogarsi] to take it out on sb. <> vi -1. [colla, cemento] to set -2. [iniziare]: ~ **a fare qc** to begin doing sthg. ➡ **prèndersi** vr: **prendersi a pugni** to start fighting.

prendisóle *sm inv* sundress.

prenotàre [6] vt to book. ➡ **prenotarsi** vr [per una visita] to make an appointment; [per un viaggio] to make a reservation.

prenotàto, a agg [posto, tavolo] reserved; [camera, visita] booked.

prenotazióne *sf* reservation, booking; **fare una** ~ to make a reservation.

preoccupàre [6] vt to worry. ➡ **preoccuparsi** vip -1. [stare in ansia]: preoccuparsi (per qn/qc) to worry (about sb/sthg) -2. [occuparsi]: **preoccuparsi di (fare) qc** to see to (doing) sthg.

preoccupàto, a agg: ~ (per qn/qc) worried (about sb/sth).

preoccupazióne *sf* worry.

preparàre [6] vt -1. [gen] to prepare, to get ready; ~ **la tavola** to set the table; ~ **il letto** to make the bed; ~ **la valigia** to pack a suitcase o bag -2. [cucinare] to make -3. [studiare] to study for -4. [addestrare]: ~ **qn a** o **per qc** to prepare sb for sthg -5. [mentalmente]: ~ **qn a qc** to prepare sb for sthg. ➡ **preparàrsi** vr -1. [vestirsi] to get ready -2. [studiare, allenarsi]: **prepararsi (a** o **per qc)** [a esame, concorso] to study (for sthg); [a gara] to train (for sthg) -3. [predisporsi]: **prepararsi (a qc)** to prepare o.s. (for sthg).

preparatìvi *smpl* preparations.

preparàto, a agg -1. [bravo] competent -2. [pronto]: **essere** ~ **(a qc)** to be ready (for sthg). ➡ **preparàto** *sm* preparation.

preparazióne *sf* -1. [livello]: **avere una** **buona/scadente** ~ to be well/poorly qualified; **la squadra ha un'ottima** ~ **atletica** the team are extremely fit -2. [addestramento] training -3. [allestimento] preparation.

preposizióne *sf* preposition.

prepotènte <> agg -1. [arrogante] arrogant -2. [irresistibile] pressing. <> *smf* bully.

prepotènza *sf* -1. [arroganza] arrogance -2. [azione] bullying.

prerogatìva *sf* -1. [privilegio] prerogative -2. [caratteristica] quality.

prèsa *sf* -1. ELETTR socket, outlet *US* -2. [di tubo, condotto] outlet; ~ **d'aria** air inlet -3. [stretta] grip, hold; **lasciare la** ~ to let go; **allentare la** ~ to loosen one's grip -4.: **far** ~ **(su qc)** [sogg: colla, cemento] to stick (to sthg); **far** ~ **su qn** [impressionare] to make an impression on sb -5. [conquista] capture -6. [pizzico] pinch -7. [nelle carte] trick -8. *loc:* **essere alle prese con qc** to be struggling o grappling with sthg; ~ **in giro** [beffa] joke.

prèsbite <> agg longsighted *UK*, farsighted *US*. <> *smf* longsighted *UK* o farsighted *US* person.

prescèlto, a <> agg chosen. <> *sm, f* chosen person.

prescìndere [45] vi: ~ **da qc** to set sthg aside; **a** ~ **da** regardless of.

prescrìtto, a *pp* ➡ **prescrivere**.

prescrìvere [73] vt to prescribe.

prescrizióne *sf* -1. [indicazioni – del medico] instructions *(pl)*; [– della chiesa] precepts *(pl)* -2. [di farmaco] prescription; ~ **medica** medical prescription.

preselezióne *sf* preselection.

presentàre [6] vt -1. [persona]: ~ **qn a qn** to introduce sb to sb -2. [spettacolo] to host, to present *UK* -3. [inoltrare] to submit -4. [illustrare] to launch -5. [mostrare] to show -6. [comportare] to pose, to present. ➡ **presentàrsi** <> vr -1. [farsi conoscere] to introduce o.s. -2. [recarsi] to turn up -3. [farsi vedere]: **presentarsi bene** to look smart; **presentarsi male** to look a mess. <> vip -1. [capitare] to come up -2. [apparire] to seem.

presentatóre, trice *sm, f* host, presenter *UK*.

presentazióne *sf* -1. [gen] introduction -2. [di domanda, documenti] submission -3. [al pubblico] launch.

presènte <> agg -1. [gen] present; **essere** ~ **(a qc)** to be present (at sthg) -2. *loc:* **aver**

~ qn/qc to know sb/sthg; far ~ qc a qn to point sthg out to sb; tener ~ qn/qc to bear sb/sthg in mind. ◇ smf: i presenti those present. ◇ sm present.

presentimento sm feeling.

presenza sf -1. [gen] presence -2. [cospetto]: in o alla ~ di qn in sb's presence.

presepe, **presepio** sm crib UK, crèche US.

preservare [6] vt -1. [conservare] to keep -2. [proteggere]: ~ qn/qc da qc to protect sb/sthg from sthg.

preservativo sm condom.

presi (etc) ▷prendere.

preside smf head (teacher) UK, principal US.

presidente smf -1. [di comitato] chairman (f chairwoman) -2. [di società, associazione] president. ◆ **Presidente** sm POL: il Presidente della Camera ≃ the Speaker; il Presidente del Consiglio (dei Ministri) the Prime Minister; il Presidente della Repubblica the President of the Republic.

presidenza sf -1. [di Stato] presidency -2. [di ente, società] chairmanship; [di scuola] headship UK, post of principal US -3. [ufficio – scuola] head's o head teacher's office UK, principal's office US.

presiedere [7] ◇ vt to chair. ◇ vi: ~ a qc to be in charge of sthg.

presina sf oven glove UK o mitt US.

preso, a ◇ pp ▷prendere. ◇ agg engrossed.

pressapoco, **pressappoco** avv roughly.

pressare [6] vt -1. [schiacciare] to press -2. [incalzare] to pressurize.

pressione sf -1. [gen] pressure; ~ atmosferica atmospheric pressure; fare ~ su qn to put pressure on sb; essere sotto ~ to be under pressure -2. MED: ~ (sanguigna) blood pressure -3. [spinta] push.

presso prep -1. [ufficio, azienda]: lavorare ~ una ditta to work for a firm; informarsi ~ un ufficio to get information from an office -2. [a casa di] with; abita ~ i genitori he lives with his parents; [indirizzo] c/o; ~ Mucci c/o Mucci -3. [vicino a] near. ◆ **pressi** smpl: nei pressi di near.

pressoché avv almost.

prestabilito, a agg set.

prestampato, a agg pre-printed. ◆ **prestampato** sm (pre-printed) form.

prestante agg good-looking.

prestare [6] vt -1. [oggetto, denaro]: ~ qc (a qn) to lend (sb) sthg, to lend sthg to sb;

farsi ~ qc (da qn) to borrow sthg (from sb) -2. [dare]: ~ attenzione a qn/qc to pay attention to sb/sthg; ~ servizio to work; ~ soccorso to help. ◆ **prestarsi** ◇ vr to volunteer; prestarsi a qc/a fare qc to volunteer for sthg/to do sthg. ◇ vip: prestarsi a qc to be suitable for sthg.

prestazione sf -1. [gen] performance -2. [di servizio] provision.

prestigiatore, trice sm, f conjurer.

prestigio sm -1. [autorevolezza] prestige; di ~ prestigious -2. [illusionismo]: gioco di ~ conjuring trick.

prestigioso, a agg prestigious.

prestito sm -1. [cessione]: prendere qc in ~ (a qn) to borrow sthg (from sb); dare qc in ~ (a qn) to lend (sb) sthg, to lend sthg to sb -2. [denaro] loan.

presto avv -1. [in anticipo, di buon'ora] early -2. [entro breve] soon; a ~ see you soon -3. [in fretta]: far ~ a fare qc [sbrigarsi] to be quick to do sthg; [fare facilmente] to be quick doing sthg; ~! quick!

presumere [61] vt to presume.

presumibile agg likely.

presunto, a ◇ pp ▷presumere. ◇ agg [ritenuto tale] presumed; [per sentito dire] alleged.

presuntuoso, a ◇ agg full of o.s. ◇ sm, f: essere un ~ to be full of o.s.

presupporre [96] vt -1. [immaginare] to suppose -2. [implicare] to suggest.

presupposto, a pp ▷presupporre. ◆ **presupposto** sm supposition.

prete sm priest.

pretendere [43] vt -1. [esigere] to expect; ~ di fare qc to expect to do sthg; ~ che qn faccia qc to expect sb to do sthg -2. [credere a torto]: ~ di aver sempre ragione to think one is always right; ~ di essere qc to consider o.s. (to be) sthg -3. [affermare]: ~ di fare qc to claim to do sthg; ~ che (+ congiuntivo) to claim (that).

pretenzioso, a agg pretentious.

pretesa sf -1. [richiesta, esigenza] demand; avere molte pretese to be demanding -2. [presunzione]: avere la ~ di fare qc to claim to do sthg.

preteso, a pp ▷pretendere.

pretesto sm pretext.

pretura sf -1. [sede] magistrates' UK o county US court -2. [organo] magistracy.

prevalente agg prevalent.

prevalenza sf prevalence; in ~ mainly.

prevalere [91] vi to prevail.

prevalso, a *pp* ▷prevalere.

prevedere [82] *vt* -1. [sapere in anticipo] to predict -2. [immaginare] to expect; ~ di fare qc to expect to do sthg -3. [stabilire] to state/sthg.

prevedibile *agg* predictable.

prevendita *sf* advance sale.

prevenire [109] *vt* -1. [evitare] to prevent -2. [anticipare] to anticipate.

preventivo, a *agg* -1. [per prevenzione] preventative -2. [di previsione] estimated. ◆ **preventivo** *sm* estimate.

prevenuto, a *agg*: essere ~ contro o nei confronti di qn/qc to be prejudiced against sb.

prevenzione *sf* -1. [difesa] prevention -2. [pregiudizio] prejudice.

previdente *agg* prudent.

previsione *sf* prediction; previsioni del tempo weather forecast.

previsto, a *pp* ▷prevedere. ◆ **previsto** *sm*: più/meno del ~ more/less than expected; prima del/dopo il ~ earlier/later than expected.

prezioso, a *agg* -1 [pregiato] precious -2. [utile] valuable. ◆ **preziosi** *smpl* valuables.

prezzemolo *sm* parsley; essere come il ~ to turn up like a bad penny.

prezzo *sm* price; ~ fisso fixed price; ~ unitario unit price; a ~ di qc at the cost of sthg.

prigione *sf* prison.

prigioniero, a ◇ *agg* prisoner; far ~ qn to take sb prisoner. ◇ *sm, f* prisoner.

prima ◇ *sf* -1. [spettacolo] premiere -2. [marcia] first gear -3. SCOL first year -4. [classe] first class -5. [persona] ▷primo. ◇ *avv* -1. [in precedenza] before; l'anno ~ the year before; un'ora/tre giorni ~ an hour/three days before o earlier; ~ o poi sooner or later -2. [in anticipo] earlier, sooner; due ore/giorni ~ two hours/days early; si paga ~ o dopo? do we pay before or afterwards?; informalo ~ tell him beforehand -3. [più in fretta] sooner; fare ~ to finish sooner o earlier -4. [in successione] first. ◆ **prima di** *prep* before. ◆ **prima di** (+ *infinito*) *cong* before; rifletti ~ di parlare think before you speak; devo finire il lavoro ~ di andare in palestra I have to finish my work before I go to the gym. ◆ **prima che** (+ *congiuntivo*) *cong* before.

primario, a *agg* primary. ◆ **primario** *sm* consultant.

primato *sm* -1. SPORT record -2. [artistico, letterario] pre-eminence.

primavera *sf* spring.

primaverile *agg* spring (*dav s*).

primeggiare [18] *vi*: ~ in qc to excel in sthg; ~ su qn to stand out from sb.

primitivo, a *agg* -1. [gen] primitive -2. [originario] original.

primizia *sf* early produce (U).

primo, a ◇ *agg num* -1. [gen] first; arrivare o classificarsi ~ to come first; prima colazione breakfast; per ~ first; un albergo di prima categoria a first-class hotel; viaggiare in prima classe to travel first (class); ~ cittadino first citizen; in un ~ momento at first; nel ~ pomeriggio in the early afternoon; di prima qualità o scelta first o top class -2. [fondamentale] first, main. ◇ *sm, f* first; chi è il ~? who's first?; *vedi anche* sesto. ◆ **primo** ◇ *sm* -1. [giorno] first; il ~ (di) giugno the first of June -2. [portata] first course. ◇ *avv* firstly. ◆ **primi** *smpl*: i ~ del mese/ dell'anno the beginning of the month/ year.

primogenito, a *sm, f* firstborn.

primula *sf* primula.

principale ◇ *agg* main. ◇ *smf* boss.

principalmente *avv* mainly.

principe *sm* prince; ~ azzurro Prince Charming; ~ consorte Prince Consort. ◆ **principe di Galles** *sm* Prince of Wales.

principessa *sf* princess.

principiante *smf* beginner.

principio *sm* -1. [inizio] beginning, start; dal ~ from the beginning o start -2. [fondamento, norma morale] principle.

priori *avv*: a ~ beforehand, a priori *form*.

priorità *sf inv* priority.

prioritario, a *agg* priority (*dav s*).

prisma (*pl* -i) *sm* GEOM prism.

privacy ['praivasi] *sf inv* privacy.

privare [6] *vt*: ~ qn di qc to deprive sb of sthg; ~ qc di qc to remove sthg from sthg. ◆ **privarsi** *vr*: privarsi di qc to deprive o.s. of sthg, to give up sthg.

privatamente *avv* privately.

privatizzare [6] *vt* to privatize.

privato, a *agg* private. ◆ **privato** *sm* [persona] private individual.

privilegiare [18] *vt* to favour UK, to favor US.

privilegiato, a ◇ *agg* privileged. ◇ *sm, f* privileged person.

privilegio *sm* privilege.

privo, a *agg*: ~ **di qc** without sthg, lacking in sthg.

probabile *agg* likely, probable.

probabilità *sf inv* -1. [verosimiglianza] likelihood -2. [chance] chance -3. MAT probability.

probabilmente *avv* probably.

problema (*pl* -i) *sm* problem; **non c'è** ~ no problem.

proboscide *sf* trunk.

procacciare [6] *vt*: **procacciarsi qc** to get sthg, to obtain sthg.

procacciatore, trice *sm, f*: ~ **d'affari** dealer.

procedere [7] *vi* -1. [camminare, continuare] to go on, to proceed -2. [svolgersi] to go -3. [iniziare]: ~ **a qc** to proceed with sthg.

procedimento *sm* -1. [metodo] procedure -2. [processo] proceedings (*pl*).

procedura *sf* procedure.

processare [6] *vt*: ~ **qn (per qc)** to try sb (for sthg).

processione *sf* procession.

processo *sm* -1. DIR trial -2. [svolgimento, metodo] process.

procinto *sm*: **essere in** ~ **di fare qc** to be (just) about to do sthg.

proclamare [6] *vt* -1. [dichiarare] to proclaim, to declare -2. [indire] to announce.
 ◆ **proclamarsi** *vr* to proclaim o.s., to declare o.s.

procura *sf* -1. [delega] proxy -2. [documento] power of attorney -3. [ente]: ~ **(della Repubblica)** prosecuting magistrate's office UK, public prosecutor's office US.

procurare [6] *vt* -1. [ottenere]: ~ **qc a qn** to get sthg for sb, to get sb sthg; **procurarsi qc** to get o.s. sthg -2. [causare]: ~ **dei guai a qn** to cause trouble for sb.

procuratore, trice *sm, f*: ~ **(della Repubblica)** prosecuting magistrate UK, public prosecutor US.

prodigio ◇ *sm* -1. [miracolo] wonder; **fare prodigi** to work wonders -2. [persona] prodigy. ◇ *agg* ▷ **bambino**.

prodotto, a *pp* ▷ **produrre**. ◆ **prodotto** *sm* -1. [gen] product; **prodotti di bellezza** beauty products -2. [agricolo] produce (U).

produrre [95] *vt* -1. [gen] to produce -2. [causare] to cause.

produttivo, a *agg* -1. [di produzione] production (*dav s*) -2. [fruttifero] productive.

produttore, trice ◇ *agg* producing; **un**

paese ~ **di caffè** a coffee-producing country. ◇ *sm, f* producer.

produzione *sf* -1. [attività] production -2. [di artista] output.

Prof. (*abbr di* **Professore**) Prof.

profanare [6] *vt* to desecrate.

professionale *agg* -1. [gen] professional -2. [formazione] vocational.

professione *sf* profession.

professionista, i, e ◇ *agg* professional. ◇ *smf* -1. [gen] professional -2. [avvocato, architetto]: **libero** ~ self-employed professional.

professore, professoressa *sm, f* [insegnante] teacher; [titolare di cattedra universitaria] professor; [professore incaricato all'università] lecturer.

profeta, profetessa *sm, f* prophet.

profezia *sf* prophecy.

profilattico *sm* condom.

profilo *sm* -1. [contorno, descrizione] outline -2. [di viso, psicologico] profile; **di** ~ in profile -3. [bordatura] trim.

profiterole [profite'rɔl] *sm inv* profiterole.

profitto *sm* -1. [vantaggio] advantage; **trarre** ~ **da qc** to profit from sthg -2. ECON profit -3. [buon risultato]: **con** ~ successfully.

profondamente *avv* deeply.

profondità *sf inv* depth; **in** ~ deeply.

profondo, a *agg* -1. [gen] deep -2. [pensiero, discorso] profound -3. [dolore] intense.

Prof.ssa (*abbr di* **Professoressa**) Prof.

profugo, a, ghi, ghe *sm, f* refugee.

profumare [6] ◇ *vt* to make sthg smell nice. ◇ *vi* to smell nice. ◆ **profumarsi** *vr* to put on some perfume.

profumatamente *avv* handsomely.

profumato, a *agg* sweet-smelling.

profumeria *sf* perfumery (*where cosmetics and inexpensive jewellery are also sold*).

profumo *sm* -1. [odore] smell; **che buon** ~ **hai!** you smell nice! -2. [cosmetico] perfume.

progettare [6] *vt* -1. [immaginare] to plan; ~ **di fare qc** to plan to do sthg -2. [disegnare] to design.

progettazione *sf* [elaborazione] design; [di un lavoro] planning.

progetto *sm* -1. [programma, proposito] plan -2. [disegno] design; ~ **di massima** preliminary plan; ~ **esecutivo** in-depth plan.

prognosi *sf inv* MED prognosis (U); ~ **riservata** on the danger list.

programma (*pl* **-i**) *sm* **-1.** [gen] programme; **in** ~ on the programme; **fuori** ~ unscheduled; **un** ~ **televisivo/radiofonico** a TV/radio programme **-2.** [scolastico] syllabus **-3.** [di lavoro] schedule **-4.** [proposito] plan; **avere in** ~ **qc/di fare qc** to be planning sthg/to do sthg; **hai programmi per stasera?** are you doing anything this evening? **-5.** [informatico] program.

programmare [6] *vt* **-1.** [organizzare] to plan **-2.** [congegno] to programme **-3.** INFORM to program.

programmatore, trice *sm, f* programmer.

programmazione *sf* **-1.** [pianificazione] planning **-2.** [proiezione] showing; **in** ~ showing now; **di prossima** ~ coming soon.

progredire [9] *vi* to improve; ~ **in qc** to make progress in sthg.

progredito, a *agg* **-1.** [tecnica, metodo] advanced **-2.** [paese, popolo] civilized.

progressione *sf* progression.

progressivo, a *agg* progressive.

progresso *sm* progress; **fare progressi (in qc)** to make progress (in sthg).

proibire [9] *vt* to ban; ~ **a qn di fare qc** to forbid sb to do sthg.

proibito, a *agg* forbidden.

proibizione *sf* ban.

proiettare [6] *vt* **-1.** [film, diapositiva] to show **-2.** [luce, ombra] to cast **-3.** [scagliare] to throw ◆ **proiettarsi** ◇ *vr* to throw o.s. ◇ *vip* to be cast.

proiettile *sm* bullet.

proiettore *sm* **-1.** [per film, diapositive] projector **-2.** [faro] headlight.

proiezione *sf* **-1.** [di film, diapositive] showing **-2.** [previsione] projection.

proletario, a ◇ *agg* working-class. ◇ *sm, f* proletarian.

proliferare [6] *vi* to proliferate.

pro loco *sf inv* (local) tourist board.

prologo (*pl* **-ghi**) *sm* prologue.

prolunga (*pl* **-ghe**) *sf* **-1.** [cavo] extension cable **-2.** [di tavolo] leaf; [di scala] extension.

prolungamento *sm* extension.

prolungare [16] *vt* **-1.** [nello spazio] to extend **-2.** [nel tempo] to prolong. ◆ **prolungarsi** *vip* to continue.

promemoria *sm inv* note.

promessa *sf* **-1.** [impegno] promise; **fare/ mantenere una** ~ to make/keep a promise; **mancare a una** ~ to break a promise **-2.** [persona] up-and-coming star.

promesso, a *pp* ▷ **promettere**.

promettente *agg* promising.

promettere [71] *vt* **-1.** [garantire]: ~ **qc a qn** to promise sb sthg; ~ **di fare qc** to promise to do sthg **-2.** [preannunciare] to be/ look promising.

promontorio *sm* promontory.

promosso, a ◇ *pp* ▷ **promuovere**. ◇ *agg* successful.

promotore, trice ◇ *agg* organizing. ◇ *sm, f* organizer.

promozionale *agg* promotional.

promozione *sf* **-1.** [a scuola]: **conseguire** o **ottenere la** ~ to move up to the next academic year **-2.** [sul lavoro, nello sport, nel commercio] promotion.

promuovere [76] *vt* **-1.** [a scuola] to move up to the next academic year **-2.** [ad un grado superiore] to promote **-3.** [favorire] to encourage **-4.** [indire] to organize.

pronipote *smf* great-grandson (*f* -granddaughter).

pronome *sm* pronoun.

pronominale *agg* pronominal.

prontezza *sf* [mentale] readiness; [fisica] speed; **con** ~ promptly.

pronto, a ◇ *agg* **-1.** [predisposto, disponibile] ready; **essere** ~ **a qc/a fare qc** to be ready for sthg/to do sthg **-2.** [rapido] quick; ~ **intervento** emergency services; ~ **soccorso** first aid ◇ *esclam* [al telefono] hello!, hallo!

pronuncia (*pl* **-ce**), **pronunzia** *sf* **-1.** [di vocale, parola] pronunciation **-2.** [parlata] accent.

pronunciare, pronunziare [17] *vt* **-1.** [articolare] to pronounce **-2.** [discorso] to give; [giuramento] to swear **-3.** [sentenza, giudizio] to deliver. ◆ **pronunciarsi** *vip*: **pronunciarsi su qc** to state one's opinion about sthg; **pronunciarsi a favore/ contro qc** to declare o.s (to be) in favour of/against sthg.

pronunciato, a *agg* [chin] protruding; [naso] prominent.

propaganda *sf* propaganda.

propagare [16] *vt* to spread. ◆ **propagarsi** *vip* to spread.

propendere [43] *vi*: ~ **per qc/qn** to favour sthg/sb.

proporre [96] *vt* **-1.** [suggerire]: ~ **qc a qn** to propose sthg to sb; ~ **(a qn) di fare qc** to propose doing sthg **-2.** [prefiggersi]: **proporsi qc/di fare qc** to decide sthg/to do sthg. ◆ **proporsi** *vr* to stand.

proporzionale *agg* proportionate; **diret-**

tamente/inversamente ~ directly/inversely proportionate.

proporzione *sf* **-1.** [rapporto] proportion; **in ~ a qc** in relation to sthg **-2.**: **proporzioni** [dimensioni] size **-3.** MAT ratio.

proposito *sm* **-1.** [intenzione] intention; [scopo] aim; **buoni propositi** good intentions; **di ~** [apposta] on purpose; [seriamente] in earnest; **-2.** [argomento] subject; **giungere** o **arrivare a ~** to arrive just in time; **a ~ di qc/qn** regarding sthg/sb; **in ~** on this subject.

proposizione *sf* clause; **~ principale** main clause; **~ subordinata** subordinate clause.

proposta *sf* **-1.** [suggerimento] proposal **-2.** [offerta] offer.

proposto, a *pp* ▻proporre.

proprietà *sf inv* **-1.** [possesso] ownership (U); ' ~ privata' 'private property' **-2.** [case, terreni, caratteristica] property **-3.** [correttezza] propriety.

proprietario, a *sm, f* owner.

proprio, a *agg* **-1.** [tipico] characteristic; **nome ~** proper name **-2.** [esatto] exact; **vero e ~** real. ◇ *agg poss* own. ◇ *pron poss*: **il ~, la propria, i propri, le proprie** one's own. ◆ **proprio** *avv* **-1.** [precisamente] exactly; **~ ora** just now **-2.** [veramente] really **-3.** [rafforzativo]: **non... ~** not... at all; **non mi va ~ di andare al cinema** I really don't feel like going to the cinema; **non ne sapevano ~ niente** they knew absolutely nothing about it. ◇ *sm*: **in ~** for/by oneself.

proroga (*pl* **-ghe**) *sf* extension.

prorogare [16] *vt* to postpone.

prosa *sf* **-1.** [letteratura] prose **-2.** [teatro] theatre; **un attore di ~** a theatre actor.

prosciutto *sm* ham; **~ cotto** cooked ham; **~ crudo** cured ham.

proseguimento *sm* continuation.

proseguire [8] *vt & vi* to continue.

prosperare [6] *vi* to prosper.

prosperoso, a *agg* **-1.** [ricco] prosperous **-2.** [formoso] curvaceous.

prospettiva *sf* **-1.** [in disegno] perspective **-2.** [punto di vista] viewpoint **-3.** [possibilità] prospect.

prospetto *sm* **-1.** [tabella] table **-2.** [facciata] facade; **di ~** from the front.

prossimità *sf inv* proximity; **in ~ di qc** [gen] close to sthg; [in tempo] shortly before sthg.

prossimo, a *agg* **-1.** [seguente] next **-2.** [vicino nel tempo]: **essere ~ a qc** to be close

to sthg **-3.** [parente] close. ◆ **prossimo** *sm*: **il ~** my/your etc neighbour; **si diverte a parlare male del ~** he enjoys speaking ill of other people.

prostituirsi [9] *vr* to prostitute o.s.

prostituta *sf* prostitute.

prostituzione *sf* prostitution.

protagonista, i, e *smf* **-1.** [attore] leading actor (*f* actress) **-2.** [di evento] protagonist.

proteggere [50] *vt* to protect; **~ qc (da qc)** to protect sthg (from sthg). ◆ **proteggersi** *vr*: **proteggersi da qc** to protect o.s. from sthg.

proteina *sf* protein.

protesi *sf inv* prosthesis.

protesta *sf* protest.

protestante *agg & smf* Protestant.

protestare [6] *vi*: **~ contro qc** to protest against sthg.

protettivo, a *agg* protective.

protetto, a ◇ *pp* ▻proteggere. ◇ *agg* protected. ◇ *sm, f* protégé.

protettore, trice ◇ *agg* [santo] patron (*dav s*); [società] for the protection of. ◇ *sm, f* **-1.** [santo] patron saint **-2.** [di prostituta] pimp.

protezione *sf* protection; **di ~** protective.

protocollo *sm* **-1.** [registro] record; **numero di ~** reference number **-2.** [INFORM & cerimoniale] protocol.

protrarre [97] *vt* **-1.** [posticipare] to postpone **-2.** [prolungare] to extend. ◆ **protrarsi** *vip* to go on.

protratto, a *pp* ▻protrarre.

protuberanza *sf* protuberance.

prova *sf* **-1.** [testimonianza] proof (*U*) **-2.** [test, tentativo] try; **mettere alla ~ qn/qc** to put sb/sthg to the test; **in ~** for a trial period **-3.** [di spettacolo] rehearsal **-4.** [esame] exam **-5.** [esperimento] test **-6.** [difficoltà] trial **-7.** [gara] trials (*pl*) **-8.** [d'abito] fitting.

provare [6] *vt* **-1.** [abito, scarpe]: **provarsi qc** to try sthg on **-2.** [testare] to test **-3.** [sentire] to feel **-4.** [dimostrare] to prove **-5.** [sperimentare] to experience **-6.** [spettacolo] to rehearse **-7.** [far soffrire] to affect **-8.** [tentare]: **~ (a fare qc)** to try (doing sthg); **provarci** *fam* [tentare] to give it a go **-9.** [azzardarsi]: **~ a fare qc** to dare to do sthg.

provenienza *sf* origin; **il treno in ~ da Venezia** the train from Venice.

provenire [109] *vi*: **~ da qc** to come from sthg; **il treno proveniente da Bologna** the train from Bologna.

provenuto, a *pp* ⊳provenire.

proverbio *sm* proverb.

provetta *sm* test tube.

provincia (*pl* -ce) *sf* -1. [circoscrizione] province -2. [ente] provincial government -3. [piccoli centri] the provinces (*pl*).

provinciale ◇ *agg* provincial. ◇ *sf* main road.

provino *sm* -1. [di film] screen test; [di spettacolo] audition 2. [fotografia] contact print.

provocante *agg* provocative.

provocare [15] *vt* -1. [causare] to cause -2. [sfidare] to provoke.

provocazione *sf* provocation.

provolone *sm* provolone (cheese).

provvedere [82] *vi*: ~ a qc/a fare qc to see to sthg/to see to it that sthg is done.

provvedimento *sm* measure.

provvidenza *sf* providence.

provvisorio, a *agg* [gen] temporary; [governo] provisional.

provvista *sf* supply; fare ~ di qc to stock up on sthg

provvisto, a ◇ *pp* ⊳provvedere. ◇ *agg*: essere ~ di qc to have sthg.

prudente *agg* -1. [cauto] cautious -2. [assennato] sensible.

prudenza *sf* caution.

prudere [123] *vi*: ~ a qn to itch; mi prude il naso my nose itches.

prugna *sf* plum; ~ secca prune.

prurito *sm* itch

pseudonimo *sm* pseudonym.

psicanalisi *sf inv* psychoanalysis.

psicanalista, i, e *smf* psychoanalyst.

psiche *sf inv* psyche.

psichiatra, i, e *smf* psychiatrist.

psichiatria *sf* psychiatry.

psichiatrico, a, ci, che *agg* psychiatric.

psichico, a, ci, che *agg* mental.

psicofarmaco *sm* psychotropic drug.

psicologia *sf* psychology.

psicologico, a, ci, che *agg* psychological.

psicologo, a, gi, ghe *sm, f* psychologist.

psicosomatico, a, ci, che *agg* psychosomatic.

PT (*abbr di* Poste e Telecomunicazioni) Italian post and telecommunications service.

PTP (*abbr di* Posto Telefonico Pubblico) public telephone.

pubblicamente *avv* publicly, in public.

pulitura

pubblicare [15] *vt* to publish.

pubblicazione *sf* publication. ◆ pubblicazioni *sfpl*: pubblicazioni (di matrimonio) banns (of marriage).

pubblicità *sf inv* -1. [propaganda] publicity; fare ~ a qn/qc to promote sb/sthg -2. [annuncio] advert -3. [attività] advertising.

pubblicitario, a ◇ *agg* advertising. ◇ *sm, f* advertising executive.

pubblico, a, ci, che *agg* -1. [gen] public; rendere ~ qc to make sthg public -2. [statale] state; Pubblico Ministero Public Prosecutor UK, District Attorney US; ~ ufficiale civil servant. ◆ pubblico *sm* -1. [spettatori] audience; in ~ in public -2. [utenti] public (*U*).

pube *sm* pubis.

pudico, a, chi, che *agg* -1. [casto] chaste -2. [riservato] modest.

pudore *sm* decency; senza ~ shamelessly.

puerile *agg spreg* childish.

pugilato *sm* boxing.

pugile *smf* boxer

Puglia *sf*: la ~ Puglia.

pugliese ◇ *agg* [dialetto, costume] Apulian; [persona] from Puglia. ◇ *smf*: i miei vicini sono dei pugliesi my neighbours are from Puglia.

pugnalare [6] *vt* to stab.

pugnalata *sf* stab; essere colpito da una ~ to be stabbed.

pugnale *sm* dagger

pugno *sm* -1. [colpo] punch; fare a pugni [persone] to come to blows; [cosa, colore] to clash; prendere a pugni qn to punch sb -2. [mano chiusa] fist; avere qc in ~ [ottenerla] to have sthg within one's grasp -3. [quantità] handful.

pulce *sf* flea.

pulcino *sm* chick.

puledro, a *sm, f* colt (*f* filly).

pulire [9] *vt* to clean; pulirsi le mani/la faccia to wash one's hands/face; pulirsi i denti to clean o brush one's teeth; pulirsi il naso to blow o wipe one's nose; pulirsi le scarpe to wipe one's feet.

pulito, a *agg* -1. [gen] clean; essere ~ gergo polizia to be clean -2. [onesto] honest. ◆ pulito *sm*: non camminare sul ~! don't walk over the part that's been cleaned!; che profumo di ~! it smells really clean!

pulitura *sf* cleaning; ~ a secco dry cleaning.

pulizia *sf* -1. [operazione – del locale, dei denti] cleaning; [– del viso] cleansing; **fare le pulizie** to do the cleaning -2. [condizione] cleanliness; ~ **personale** personal hygiene -3. [eliminazione]: **far ~ (di qc)** to clear sthg (out).

pullman *sm inv* coach.

pullover *sm inv* jumper *UK*, sweater *US*.

pulmino *sm* minibus.

pulpito *sm* pulpit.

pulsante *sm* button; **il ~ per accendere/spegnere** the on/off switch.

pulsazione *sf* beat.

puma *sm inv* puma.

pungere [49] *vt* -1. [ferire – ape, vespa, ortica] to sting; [– zanzara] to bite; [– spina, ago] to prick -2. [pizzicare] to prickle.
◆ **pungersi** *vr* to prick o.s.

pungiglione *sm* sting.

punire [9] *vt* -1. [gen] to punish -2. [penalizzare] to penalize.

punizione *sf* -1. [castigo] punishment -2. [nel calcio] free kick.

punta *sf* -1. [della lingua, della dita, dell'iceberg] tip; [del coltello, della penna] point; [dei capelli] end; **in ~ di piedi** on tiptoe; **a ~ pointed** -2. [del trapano] drill -3. [piccola quantità]: **una ~ di qc** a touch of sthg; **una ~ di sale** a pinch of salt; **una ~ di amaro** a drop of bitter -4. [livello più alto] peak.

puntare [6] ⬦ *vt* -1. [dito] to point; [arma] to aim -2. [scommettere]: ~ **qc su qn/qc** to bet sthg on sb/sthg -3. [piedi, gomiti] to plant -4. [guardare fisso] to stare. ⬦ *vi* -1. [aspirare] to aim; ~ **a qc** to aim for sthg -2. [dirigersi]: ~ **su qc** to head for sthg.

puntata *sf* -1. [episodio] episode; **a puntate** in instalments -2. [scommessa] bet.

punteggiatura *sf* punctuation.

punteggio *sm* -1. [di gara, gioco] score -2. [di esame] mark.

puntiglioso, a *agg* -1. [pedante] fussy -2. [ostinato] obstinate.

puntina *sf* -1. [chiodino]: ~ **(da disegno)** drawing pin -2. [di giradischi] needle.

puntino *sm* -1. [segno grafico] dot; **puntini di sospensione** (continuation) dots *UK*, suspension points *US*; **puntini puntini** [eccetera] dot dot dot -2. *loc*: **fare qc a ~** to do sthg properly; **arrivare a ~** to arrive at just the right time; **cotto a ~** done to a turn.

punto, a *pp* ⬦ **pungere**. ◆ **punto** *sm* -1. [gen] point; ~ **cardinale** cardinal point; ~ **di riferimento** point of reference; **essere sul ~ di fare qc** to be about to do sthg; **essere a buon ~ (con qc)** to have sthg well in hand; **mezzogiorno/le sette in ~** midday/seven o'clock exactly; ~ **di incontro** meeting point; ~ **vendita** sales outlet; ~ **di vista** point of view; **venire al ~** to come to the point; **fino ad un certo ~** up to a certain point; **a tal ~ che** so much so that -2. [segno grafico] full stop *UK*, period *US*; [in indirizzi e-mail] dot; **due punti** colon; ~ **esclamativo** exclamation mark; ~ **interrogativo** question mark; ~ **e virgola** semicolon; **di ~ in bianco** suddenly -3. [riepilogo]: **fare il ~ di qc** to recap sthg -4. [MED & in cucito] stitch.

puntuale *agg* -1. [in orario] punctual; **arrivare ~** to arrive on time -2. [preciso] exact.

puntualità *sf* punctuality.

puntualmente *avv* -1. [in orario] on time -2. [con precisione] precisely -3. [regolarmente] regularly.

puntura *sf fam* -1. [di zanzara] bite; [di vespa, d'ape] sting -2. [iniezione] injection; **fare una ~ a qn** to give sb an injection.

può ⬦ **potere**.

puoi ⬦ **potere**.

pupazzo *sm* [fantoccio] puppet; [di peluche] soft toy; ~ **di neve** snowman.

pur = pure.

puramente *avv* purely.

purché *cong* (+ *congiuntivo*) provided that.

pure ⬦ *avv* -1. [anche] also -2. [concessivo] please -3. [rafforzativo] nevertheless; **te lo avevo pur detto di non farlo** I told you not to do it. ⬦ *cong* -1. [persino] even if; **pur volendo, non avrei i soldi per farlo** even if I wanted to, I wouldn't have the money to do it -2. [allo scopo]: **pur di fare qc** (just) to do sthg.

purè *sm inv* purée; ~ **di patate** mashed potatoes.

purezza *sf* -1. [di sostanza] purity -2. [di persona, animo] goodness.

purga (*pl* -ghe) *sf* laxative.

purgante *agg & sm* laxative.

purgatorio *sm* purgatory.

purificare [15] *vt* -1. [sostanza, organismo] to purify -2. [da colpa] to cleanse. ◆ **purificarsi** *vip* to become pure.

puritano, a ⬦ *agg* puritanical. ⬦ *sm, f* puritan.

puro, a *agg* -1. [incontaminato] pure; **pura lana vergine** 100% pure wool -2. [senza colpa] innocent -3. [semplice – follia, caso] sheer; [– verità] plain.

purosangue *agg inv & sm inv* thorough-bred.

purtroppo *avv* unfortunately.

pus *sm inv* pus.

putrefarsi [13] *vip* [cadavere] to decompose; [carne, pesce] to rot.

putrefatto, a ◇ *pp* ⊳**putrefarsi**. ◇ *agg* [cadavere] decomposed; [carne, pesce] rotten.

putrefazione *sf* decomposition.

puttana *sf volg* **-1.** *spreg* [prostituta] whore, prostitute **-2.** [in imprecazioni] bloody hell.

puttanata *sf volg*: **sparare puttanate** to talk crap.

puzza *sf* **-1.** [puzzo] stink **-2.** *fig* [sentore] stench.

puzzare [6] *vi* **-1.** [emanare puzzo] to stink; ~ **di qc** to stink of sthg; ~ **di bruciato** to smell of burning **-2.** [sembrare sospetto] to seem odd.

puzzle ['pazol, 'pazel] *sm inv* jigsaw (puzzle).

puzzo *sm* stink.

puzzola *sf* polecat.

puzzolente *agg* smelly.

PZ (*abbr di* **Potenza**) PZ.

P.zza (*abbr di* **piazza**) Sq.

Q

q¹, Q *sf* o *m inv* q, Q.

q² (*abbr di* **quintale**) q.

qua *avv* here; ~ **vicino** near here; ~ **sopra** up here; **da** o **di** ~ [moto da luogo] from here; [moto per luogo] here; [in questa stanza] in here; **al di** ~ **di qc** on this side of sthg.

quaderno *sm* [per scrivere] exercise book; [per appunti] notebook; ~ **a righe/a quadretti** ruled/squared exercise book.

quadrante *sm* **-1.** [di orologio] face **-2.** [di cerchio, bussola] quadrant.

quadrare [6] *vi* **-1.** [corrispondere] to balance **-2.** [essere esatto] to agree **-3.** [sembrare convincente]: **non mi quadra** it doesn't add up.

quadrato, a *agg* square. ◆ **quadrato** *sm* square; **al** ~ squared.

quadretto *sm*: **a quadretti** [foglio] squared; [tessuto] checked.

quadrifoglio *sm* four-leaved clover.

quadrimestre *sm* **-1.** [quattro mesi] four month period **-2.** SCOL term.

quadro, a *agg* **-1.** square **-2.** ⊳**parentesi**. ◆ **quadro** *sm* **-1.** [dipinto] picture **-2.** [descrizione] profile **-3.** [contesto] context **-4.** [tabella] table **-5.** [pannello] panel **-6.** [scena] scene **-7.** [impiegato] manager. ◆ **quadri** *smpl* **-1.** [motivo]: **a quadri** checked **-2.** [nelle carte] diamonds.

quadrupede *sm* quadruped.

quadruplicare [15] *vt* to quadruple.

quadruplo, a *agg* quadruple, four times as big as. ◆ **quadruplo** *sm*: **il** ~ four times as much as.

quaggiù *avv* down here; **da** ~ from down here.

quaglia *sf* quail.

qualche (*sempre sing*) *agg indef* **-1.** [alcuni – in frasi affermative] a few; [– in frasi interrogative] any; **restiamo solo** ~ **giorno** we're only staying a few days; ~ **dubbio/speranza** some doubts/hopes; ~ **volta** sometimes **-2.** [uno] [in frasi affermative] some; [in frasi interrogative] any; **c'è** ~ **albergo da queste parti?** are there any hotels round here?; **da** ~ **parte** somewhere; **in** ~ **modo** somehow, ~ **giorno** one day **-3.** [un certo] some; **per** ~ **tempo** for some time; ~ **cosa** = **qualcosa**.

qualcheduno, a = **qualcuno**.

qualcosa *pron indef* [una o più cose – in frasi affermative] something; [– in frasi interrogative] something, anything; ~ **di** something; ~ **di strano** something strange; ~ **da bere/leggere** (+ *infinito*) something to drink/read; **qualcos'altro** something else; **c'è** ~ **che non va?** is something/anything the matter?

qualcuno, a *pron indef* (*sempre sing*) **-1.** [uno – in frasi affermative] someone, somebody; [– in frasi interrogative] anyone, anybody; **qualcun'altro, qualcun'altra** [persona] someone o somebody else; [cosa] another one ; **c'è** ~ **in casa?** is anyone home? **-2.** [alcuni] some; ~ **di noi** some of us **-3.** (*solo m*) [persona importante] someone, somebody.

quale ◇ *agg interr* which. ◇ *agg rel* **-1.** [ad esempio] such as; **scrittori quali Dante e Boccaccio** writers such as Dante and Boccaccio **-2.** [in qualità di] as. ◇ *pron interr* which; **non so** ~ **scegliere** I don't know which to choose. <> *pron rel*: il ~, la ~, i **quali, le quali** [soggetto – persona] who; [soggetto – cosa] which; [dopo preposizione]: **l'ipotesi sulla quale è costruita la sua teoria** the hypothesis on which his theory is based; **ha tre fratelli, due dei quali sposati** she has three brothers, two of whom are married; **i ragazzi con i quali sono andato in montagna** the people I went to the mountains with o the people with whom I went to the mountains.

qualifica, che *sf* -1. [specializzazione] qualification -2. [mansione] position -3. [attributo] reputation.

qualificare [15] *vt* to describe. ◆ **qualificarsi** *vr* -1. [in gare, concorsi]: **qualificarsi (per qc)** to qualify (for sthg) -2. [presentarsi] to introduce o.s.

qualificato, a *agg* -1. [specializzato] skilled -2. [competente] qualified.

qualificazione *sf* -1. [specializzazione] specialization -2. [in gare, concorsi] qualification -3. [definizione] classification.

qualità *sf inv* -1. [gen] quality; **di prima ~** top quality; **di ~** quality -2. [varietà] type -3. *loc*: **in ~ di** as a.

qualora *cong* (+ *congiuntivo*) form if; **siamo pronti ad aiutarla, ~ ne avesse bisogno** we're here to help you, should you need it.

qualsiasi <> *agg indef inv* -1. [ogni] any -2. [ordinario] ordinary. <> *agg rel inv* whatever.

qualunque = qualsiasi.

quando <> *avv* when; **da ~ sei qui?** how long have you been here?; **da ~ in qua since when**; **di ~ sono queste foto?** when were these photos taken?; **per ~** when for; **per ~ devo fare questa traduzione?** when do I have to do this translation for?; **di ~ in ~** every so often, from time to time. <> *cong* when; **da ~** since; **sono passati tre mesi da ~ li ho visti** it's been three months since I saw them.

quantificare [15] *vt* to quantify, to put a figure on (sthg).

quantità *sf inv* -1. [misura] quantity -2. [abbondanza]: **una ~ di qc** a large amount of sthg.

quanto, a <> *agg interr* -1. [quantità] how much; **~ zucchero vuoi nel caffè?** how much sugar do you want in your coffee?; **~ tempo ci hai messo a fare questo?** how long did it take you to do this? -2. [numero] how many; **quanti giorni ti fermi?** how long are you staying?; **quanti anni hai?** how old are you? <> *agg rel* -1. [quantità] as much; **mettici pure ~ tempo**

ci vuole take as much time o as long as you need -2. [numero] as many; **resta quanti giorni vuoi** stay as many days as you like. <> *agg esclam*: **~ tempo è passato!** it's been such a long time!; **quanta fatica sprecata!** what a waste of energy!; **quanti dubbi ho avuto** I was so doubtful. <> *pron interr* -1. [quantità] how much; **~ costa?** how much does it cost?; **quant'è?** [prezzo] how much is it? -2. [numero] how many; **quanti ne abbiamo oggi?** what's the date today?; **quanti hanno firmato la petizione?** how many people signed the petition? -3. [tempo] how long; **~ ti fermi?** how long are you staying? -4. [distanza] how far; **~ manca per arrivare?** how far is it? <> *pron rel* -1. [quantità] as much as; **~ ti pare** as much as you want; **ti ringrazio di ~ hai fatto per me** thank you for everything you've done for me; **per ~ ne so** as far as I know -2. [numero] as many as; **tutti quanti** everyone. <> *pron esclam*: **~ è noiosa questa conferenza!** this lecture is so boring!; **quante me ne hanno dette** they really had a go at me. ◆ **quanto** *avv* -1. [interrogativo, esclamativo]: **~ sei alto?** how tall are you?; **~ sono stufa!** I'm so fed up!; **~ ci siamo divertiti!** we had such a good time!; **~ fumi?** how many (cigarettes) do you smoke (a day)? -2. [comparativo]: **lui lavora quasi ~ te** he works almost as much o as hard as you; **è alto ~ te** he's the same height as you; **aggiungere acqua ~ basta** add sufficient water -3. *loc*: **~ meno** at least; **~ a qn/qc** as for sb/sthg; **a ~ pare** it seems. ◆ **in quanto** <> *cong* as, since. <> *avv* as. ◆ **per quanto** *cong*: **per ~ tu faccia** whatever you do; **per ~ mi sforzi** however hard I try.

quantomeno *avv* at least.

quaranta *agg num inv & sm inv* forty; **avere la febbre a ~** to have a raging temperature; *vedi anche* **sei**.

quarantenne <> *agg* forty-year-old *(dav s)*. <> *smf* forty-year-old (man/woman).

quarantennio *sm* forty-year period.

quarantesimo, a *agg num & sm, f* fortieth. ◆ **quarantesimo** *sm* fortieth; *vedi anche* **sesto**.

quarantina *sf* -1. [quantità]: **una ~ (di qc)** about forty (sthg) -2. [età] forty; **essere sulla ~** to be about forty.

Quaresima *sf* Lent.

quarta *sf* -1. [classe] fourth year -2. [marcia] fourth (gear).

quartetto *sm* -1. MUS quartet -2. [gruppo] foursome.

quartiere *sm* **-1.** [di città] neighbourhood *UK*, neighborhood *US*; ~ **residenziale** residential area **-2.**: **quartier generale** MIL General Headquarters; [di partito, azienda] headquarters.

quarto, a *agg num & sm, f* fourth. ◆ **quarto** *sm* **-1.** [frazione] quarter; ~ **d'ora** quarter of an hour; **le due e un** ~ (a) quarter past two *UK*, a quarter after two *US*; **le due meno un** ~ (a) quarter to two; **le due e tre quarti** (a) quarter to three; **un** ~ **di vino** two glasses of wine **-2.** SPORT: **quarti di finale** quarter finals; *vedi anche* **sesto**.

quarzo *sm* quartz; **orologio al** ~ quartz watch o clock.

quasi ⬦ *avv* **-1.** [gen] almost, nearly; ~ **mai** almost never **-2.** [forse] perhaps; ~ ~, **oggi me ne sto a casa a riposarmi** I might just stay in today and rest **-3.** [come se fosse] almost. ⬦ *cong* (+ *congiuntivo*) as if.

quassù *avv* up here; **da** ~ from up here.

quattordicenne ⬦ *agg* fourteen year-old *(dav s)*; ⬦ *smf* fourteen-year-old.

quattordicesimo, a *agg num & sm, f* fourteenth. ◆ **quattordicesimo** *sm* [frazione] fourteenth; *vedi anche* **sesto**.

quattordici *agg num inv & sm inv* fourteen; *vedi anche* **sei**.

quattrino *sm*: **non avere un** ~ to be penniless. ◆ **quattrini** *smpl* money (*U*).

quattro ⬦ *agg num inv* **-1.** [in numero esatto] four **-2.** [pochi] little *(con nomi non numerabili)*, a few *(con nomi numerabili)*, **fare** ~ **passi** to go for a stroll; **fare** ~ **chiacchiere** to have a chat. ⬦ *sm inv* four; **dirne** ~ **a qn** to give sb an earful; **farsi in** ~ **per qn/per fare qc** to bend over backwards for sb/to do sthg; *vedi anche* **sei**. ◆ **quattro per quattro** *sm inv* four-by-four.

quattrocchi ◆ **a quattrocchi** *avv* in private.

Quattrocento *sm*: **il** ~ the fifteenth century.

quegli ⊳ **quello**.

quei ⊳ **quello**.

quello, a (**quel** *(pl* **quei)** *dav sm che comincia per consonante;* **quello** *(pl* **quegli)** *dav sm che comincia per s + consonante, gn, ps, x, y, z;* **quell'** *(pl m* **quegli)** *dav sm o sf che comincia per vocale o h)* ⬦ *agg* that, those *(pl)*; **vedi quella casa?** can you see that house?; **guarda quei bambini** look at those children; **non mi piace quella gente** I don't like those people. ⬦ *pron dim* **-1.** [cosa o persona lontana] that one, those ones *(pl)*;

il ristorante dove dobbiamo andare è ~ the restaurant we're going to is that one **-2.** [cosa o persona nota] the one, the ones *(pl)*; **vorrei la camicia bianca, non quella rossa** I'd like the white shirt, not the red one **-3.** [lui, lei, loro] he, she *(f)*, they *(pl)*; **e quella cosa viene a fare qui?** what's he doing here? **-4.** [seguito da pron relat] the one, the ones *(pl)*; ~ **che** [ciò che] what; **faccio** ~ **che posso** I do what I can.

quercia *(pl* **-ce)** *sf* oak.

questionario *sm* questionnaire.

questione *sf* **-1.** [problema] problem; **in** ~ in question; **essere** ~ **di qc** to be a matter of sthg **-2.** [controversia] dispute.

questo, a ⬦ *agg dim* this, these *(pl)*; **in** ~ **momento** at the moment; **di questi tempi** these days. ⬦ *pron dim* **-1.** [cosa o persona vicina o nota] this one *(pl* these ones); ~ **qui** o **qua** this one *(pl* these ones) **-2.** [per riassumere] this; **questa è bella!** oh great!; **ci mancava anche questa!** that's all I/we need!

questura *sf* **-1.** [organo] police headquarters **2.** [ufficio] main police station.

qui *avv* **-1.** [in questo posto, rafforzativo] here; ~ **dietro/davanti/dentro/fuori** behind/in front of/in/out here; **ti aspetto fuori** I'll wait for you out here; **da** o **di** ~ [moto da luogo] from here; [moto per luogo] by here; ~ **vicino** nearby **-2.** [a questo punto] now; **di** ~ **a domani** between now and tomorrow; **di** ~ **a una settimana/un mese** a week/month from now.

quiete *sf* quiet, **trovare** ~ to find peace and quiet.

quieto, a *agg* **-1.** [fermo] still **-2.** [tranquillo] quiet.

quindi ⬦ *cong* so. ⬦ *avv* then.

quindicenne ⬦ *agg* fifteen-year-old *(dav s)*. ⬦ *smf* fifteen-year-old.

quindicesimo, a *agg num & sm, f* fifteenth. ◆ **quindicesimo** *sm* [frazione] fifteenth; *vedi anche* **sesto**.

quindici *agg num inv & sm inv* fifteen; ~ **giorni** a fortnight; *vedi anche* **sei**.

quindicina *sf* **-1.** [circa quindici]: **una** ~ **(di qc)** about fifteen (of sthg) **-2.** *fam* [mezzo mese] fortnight.

quinta *sf* **-1.** [classe] fifth year **-2.** [marcia] fifth (gear). ◆ **quinte** *sfpl*: **dietro le quinte** *lit & fig* behind the scenes.

quintale *sm* 100 kilos.

quinto, a *agg num & sm, f* fifth. ◆ **quinto** *sm* [frazione] fifth; *vedi anche* **sesto**.

Quirinale *sm* Quirinale.

quiz [kwits] *sm inv* **-1.** [questionario] test **-2.** [programma] quiz show.

quota *sf* **-1.** [rata] instalment; [contributo] contribution; **se vuoi partecipare alla colletta, la ~ è di 10 euro a testa** if you want to contribute to the collection, the amount is 10 euros each; **~ annua** annual fee; **~ di iscrizione** registration fee **-2.** [percentuale] percentage **-3.** [altitudine] altitude; **perdere/prendere ~** to lose/gain height.

quotidiano, a *agg* **-1.** [giornaliero] daily **-2.** [ordinario] everyday. ◆ **quotidiano** *sm* daily (newspaper).

quoziente *sm* **-1.** MAT quotient **-2.** [rapporto]: **~ di intelligenza** intelligence quotient.

R

r, R *sf* o *m inv* r, R.

rabbia *sf* **-1.** [collera] anger **-2.** [stizza] frustration; **che ~!** how annoying!; **fare ~ a qn** to annoy sb **-3.** [malattia] rabies.

rabbioso, a *agg* **-1.** [cane] rabid **-2.** [furibondo – persona] angry; [– emozione, reazione] violent.

rabbrividire [9] *vi* to shiver.

raccapricciante *agg* terrifying.

raccattare [6] *vt* **-1.** [raccogliere – carta] to pick up; [– frutta] to gather **-2.** [mettere insieme] to scrape together.

racchetta *sf*: **~ da tennis** tennis racket; **~ da ping pong** table tennis bat; **~ da sci** ski stick.

racchiudere [31] *vt* to hold.

racchiuso, a *pp* ▷racchiudere.

raccogliere [86] *vt* **-1.** [prendere] to pick up **-2.** [cogliere] to pick; **~ le messi** to bring in the harvest **-3.** [mettere insieme] to gather together; **chi si offre per ~ i soldi della colletta?** who's volunteering to do the collection? **-4.** [accettare] to accept; **non ho nessuna intenzione di ~ le tue provocazioni** I have no intention of responding to your taunts **-5.** [ottenere] to get. ◆ **raccogliersi** *vip* **-1.** [radunarsi] to gather together **-2.** [meditare] to meditate.

raccoglitore *sm* file.

raccolta *sf* **-1.** [gen] collection; **fare la ~ di qc** to collect sthg **-2.** [di frutta, verdura] picking, harvest.

raccolto, a ◇ *pp* ▷raccogliere. ◇ *agg* gathered together. ◆ **raccolto** *sm* harvest.

raccomandare [6] *vt* **-1.** [affidare]: **~ qc/qn a qn** to entrust sthg/sb to sb **-2.** [per lavoro] to use influence on behalf of **-3.** [consigliare] to recommend; **~ a qn di fare qc** to advise sb to do sthg. ◆ **raccomandarsi** *vr* to entrust oneself to; **mi raccomando! remember!**

raccomandata *sf* registered letter.

raccomandato, a ◇ *agg* registered. ◇ *sm, f* a person with connections.

raccomandazione *sf* **-1.** [esortazione] advice **-2.** [per lavoro] reference.

raccontare [6] ◇ *vt* to tell; **~ qc (a qn)** to tell (sb) sthg. ◇ *vi*: **~ di qc/qn** to tell of sthg/sb.

racconto *sm* **-1.** [narrazione] story **-2.** [novella] (short) story.

raccordo *sm* connection; **~ anulare** ring road; **~ stradale/autostradale** (road/motorway) junction.

rachitico, a, ci, che *agg* weedy.

racimolare [6] *vt* to scrape together.

radar *sm inv & agg inv* radar.

raddoppiare [20] ◇ *vt* **-1.** [duplicare] to double **-2.** [aumentare] to redouble; **~ l'attenzione** to pay more attention. ◇ *vi* to double.

raddrizzare [6] *vt* **-1.** [rendere dritto] to straighten **-2.** [correggere] to straighten out.

radere [35] *vt* **-1.** [tagliare] to shave off **-2.** [demolire]: **~ al suolo** to raze to the ground. ◆ **radersi** *vr fam* to shave.

radiare [20] *vt* [da scuola] to expel; [dall'albo professionale] to strike off; [dall'esercito] to discharge.

radiatore *sm* radiator.

radiazione *sf* radiation (U); **radiazioni atomiche** atomic radiation.

radica *sf* brier.

radicale *agg & smf* radical.

radicalmente *avv* radically.

radicato, a *agg* deep-rooted.

radice *sf* root; **~ quadrata** square root.

radio ◇ *sf inv* **-1.** [radiofonia] radio; **via ~** by radio **-2.** [stazione] radio station. ◇ *agg inv* radio.

radioamatore, trice *sm, f* radio ham.

radioattività *sf* radioactivity.

radioattivo, a *agg* radioactive.

radiocronaca (*pl* **-che**) *sf* radio commentary.

radiocronista, i, e *smf* radio journalist.

radiofonico, a, ci, che *agg* radio.

radiografia *sf* x-ray.

radiologia *sf* radiology.

radioregistratore *sm* radio cassette recorder.

radioso, a *agg* -1. [luminoso] bright -2. [gioioso] radiant.

radiosveglia *sf* radio alarm clock.

radiotaxi *sm inv* radio taxi.

radiotrasmittente *sf* radio station.

rado, a *agg* -1. [gen] thin; **avere i denti radi** to have gaps between one's teeth -2. [non frequente] infrequent; **di** ~ rarely.

radunare [6] *vt* -1. [riunire] to gather together -2. [accumulare] to collect. ➡ **radunarsi** *vip* to assemble.

raduno *sm* meeting.

radura *sf* clearing.

raffermo, a *agg* stale.

raffica (*pl* **-che**) *sf* -1. [di vento] gust; [di pioggia, neve] squall -2. [di arma] burst -3. [serie]: **una** ~ **di domande** a barrage of questions; **a** ~ one after the other.

raffigurare [6] *vt* -1. [ritrarre] to depict -2. [simboleggiare] to represent.

raffigurazione *sf* representation.

raffinatezza *sf* refinement.

raffinato, a *agg* refined.

rafforzare [6] *vt* -1. [gen] to reinforce -2. [irrobustire] to strengthen. ➡ **rafforzarsi** *vip* -1. [irrobustirsi] to get stronger -2. [intensificarsi] to increase.

raffreddamento *sm* -1. [gen] cooling -2. MED cold.

raffreddare [6] *vt* -1. [freddare] to cool -2. [attenuare] to dampen. ➡ **raffreddarsi** *vip* -1. [freddarsi] to get cold -2. [indebolirsi] to cool off -3. [ammalarsi] to catch a cold.

raffreddato, a *agg*: **essere** ~ to have a cold.

raffreddore *sm* cold; ~ **da fieno** hay fever.

ragazza *sf* -1. [donna giovane] girl; ~ **alla pari** au pair -2. [donna nubile] single woman; **cognome da** ~ maiden name; ~ **madre** single mother -3. [innamorata] girlfriend.

ragazzo *sm* -1. [uomo giovane] boy -2. [garzone] boy, lad -3. [innamorato] boyfriend.

raggiante *agg* radiant; ~ **di felicità** radiant with happiness.

raggio *sm* -1. [di luce] ray -2. GEOM radius -3. [di ruota] spoke -4. [zona] range; **nel** ~ **di un chilometro** within 0 over a one-kilometre radius. ➡ **raggi** *smpl* -1. [radiazioni] rays; **raggi X** x-rays -2. *fam* [radiografia] x-rays.

raggiungere [49] *vt* -1. [affiancarsi a] to catch up with -2. [arrivare a] to reach -3. [ottenere] to achieve.

raggiunto, a *pp* ⊳ **raggiungere**.

raggomitolare [6] *vt* to roll up. ➡ **raggomitolarsi** *vr* to curl up.

raggrinzire [9] *vt* to wrinkle. ➡ **raggrinzirsi** *vip* to shrivel up.

raggruppare [6] *vt* [in un gruppo] to gather together; [in più gruppi] to put into groups. ➡ **raggrupparsi** *vip* to group together.

ragionamento *sm* -1. [processo] reasoning -2. [argomentazione] argument.

ragionare [6] *vi* to think.

ragione *sf* -1. [gen] reason -2. [motivo giusto] right; **avere** ~ to be right; **dare** ~ **a qn** to recognize that sb is right; **a** ~ with good reason.

ragioneria *sf* -1. [disciplina] accountancy -2. [istituto] accounting school.

ragionevole *agg* reasonable.

ragioniere, a *sm, f* accountant.

ragliare [21] *vi* to bray.

ragnatela *sf* -1. [su muri esterni] (spider's) web; [in casa] cobweb -2. *fig* [trama] web.

ragno *sm* spider.

ragù *sm inv* meat sauce.

raion, rayon *sm* rayon.

rallegrare [6] *vt* to cheer up. ➡ **rallegrarsi** *vip* -1. [allietarsi] to cheer up -2. [congratularsi]: **rallegrarsi con qn (per qc)** to congratulate sb (on sthg).

rallentamento *sm* -1. [di velocità] delay -2. [di intensità] slowing down.

rallentare [6] *vt & vi* to slow down.

rallentatore *sm*: **al** ~ in slow motion.

rally ['rɛlli] *sm inv* rally.

ramarro *sm* lizard.

ramato, a *agg* copper.

rame *sm & agg inv* copper.

ramificare [15] *vi* to grow branches. ➡ **ramificarsi** *vip* to branch out.

rammaricarsi [15] *vip*: ~ **di** o **per qc** to be sorry about something.

rammendare [6] *vt* to darn.

rammendo *sm* darning.

rammentare [6] *vt letter* to recall. ◆ **rammentarsi** *vip letter* to recall; **rammentarsi di qc/qn** to recall sthg/sb.

rammollito, a *sm, f* drip.

ramo *sm* -1. [gen] branch -2. [settore] field.

ramoscello *sm* twig.

rampa *sf* -1. [salita] climb; ~ **d'accesso** access ramp -2. [di scala] flight -3. [in aeroporto] apron; ~ **di lancio** launching pad.

rampicante ◇ *agg* climbing. ◇ *sm* climbing plant.

rampone *sm* harpoon. ◆ **ramponi** *smpl* crampons.

rana *sf* -1. [anfibio] frog -2. SPORT breast stroke.

rancido, a *agg* rancid. ◆ **rancido** *sm* rancid taste/smell.

rancore *sm* resentment *(U)*, grudge; **nutriva nei suoi confronti un sordo** ~ she secretly bore a grudge against him.

randagio, a, gi, ge o **gie** *agg* stray.

randello *sm* club.

rango (*pl* **-ghi**) *sm* rank; **personaggio di alto/basso** ~ high-/low-class person.

rannicchiare [20] *vt*: ~ **le gambe** to curl up one's legs. ◆ **rannicchiarsi** *vip* to curl up.

rannuvolare [6] ◇ *vt* -1. [cielo] to cloud over -2. [mente] to disturb. ◇ *vi impers* to cloud over. ◆ **rannuvolarsi** *vip* -1. [cielo] to cloud over -2. [persona, espressione] to darken.

ranocchio *sm* frog.

rantolare [6] *vi* to have the death rattle.

rapa *sf* -1. [pianta] turnip -2. *fam scherz* [testa] nut.

rapace ◇ *agg* predatory; **uccello** ~ bird of prey. ◇ *sm* bird of prey.

rapanello *sm* = ravanello.

rapare [6] *vt fam* to crop. ◆ **raparsi** *vr fam* to have a shave.

rapidamente *avv* quickly.

rapidità *sf* speed.

rapido, a *agg* quick. ◆ **rapido** *sm* express.

rapimento *sm* kidnapping.

rapina *sf* robbery; ~ **a mano armata** armed robbery.

rapinare [6] *vt* -1. [rubare] to steal -2. [derubare]: ~ **qn di qc** to rob sb of sthg.

rapinatore, trice *sm, f* robber.

rapire [9] *vt* to kidnap.

rapitore, trice *sm, f* kidnapper.

rappacificare [15] *vt* to make peace between. ◆ **rappacificarsi** ◇ *vr* to make up. ◇ *vip* to calm down.

rapporto *sm* -1. [resoconto] report; **fare** ~ to report; **mettersi a** ~ **a qn** to ask to be seen by sb -2. [legame] relation; **avere un** ~ **con qn** to have a relationship with sb; ~ **sessuale** sexual intercourse -3. [nesso] relationship -4. [quoziente] ratio.

rappresentante *smf* -1. [delegato] representative -2. [esponente] exponent -3. COMM: ~ **(di commercio)** (sales) rep(resentative).

rappresentanza *sf* delegation.

rappresentare [6] *vt* -1. [gen] to represent -2. [raffigurare] to depict -3. [recitare] to perform.

rappresentativo, a *agg* representative.

rappresentazione *sf* -1. [gen] representation -2. [raffigurazione] depiction -3. [spettacolo] performance.

rappreso, a *agg* congealed.

raptus *sm inv* fit.

raramente *avv* rarely.

rarità *sf inv* -1. [gen] rarity -2. [scarsezza] scarcity.

raro, a *agg* rare.

rasare [6] *vt* to shave; **rasarsi le gambe/la testa etc** to shave one's legs/head etc; ~ **a zero** to shave completely. ◆ **rasarsi** *vr* to shave.

rasato, a *agg* -1. [raso] shaven -2. [tessuto] smooth.

raschiare [20] *vt* -1. [fregare – per ripulire] to rub; [– con carta vetrata] to sand -2. [asportare] to scrape off.

rasente *prep* hugging; **l'aereo volava** ~ **terra** the plane hugged the ground; ~ **a qc** very close to sthg; **passare** ~ **a qn/qc** to skim past sb/sthg.

raso, a ◇ *pp* ⊳ **radere.** ◇ *agg* -1. [rasato] shaven -2. [liscio] smooth -3. [pieno] full to the brim *(non dav s).* ◆ **raso** ◇ *sm* satin. ◇ *prep*: ~ **terra** close to the ground.

rasoio *sm* razor; ~ **elettrico** electric razor.

rassegnare [23] *vt*: ~ **le dimissioni** to hand in one's resignation. ◆ **rassegnarsi** *vip*: **rassegnarsi a qc** to resign o.s. to sthg.

rassegnato, a *agg* resigned.

rassegnazione *sf* resignation.

rasserenare [6] *vt* to cheer up. ◆ **rasserenarsi** *vip* -1. [tempo] to clear up -2. [persona] to cheer up.

rassicurare [6] *vt* to reassure. ◆ **rassi-curarsi** *vip* to be reassured; **rassicurati** don't worry.

rassomiglianza *sf* similarity.

rassomigliare [21] *vi*: ~ **a qn** to look like sb. ◆ **rassomigliarsi** *vr* to look like one another.

rastrellare [6] *vt* **-1.** [con rastrello] to rake **-2.** [controllare] to comb.

rastrello *sm* rake.

rata *sf* instalment; **a rate** in instalments.

ratifica (*pl* **-che**) *sf* confirmation.

ratificare [15] *vt* to confirm.

ratto *sm* [topo] rat.

rattristare [6] *vt* to sadden. ◆ **rattri-starsi** *vip* to become sad.

rauco, a, chi, che *agg* hoarse.

ravanello *sm* radish.

Ravenna *sf* Ravenna.

ravioli *smpl* ravioli.

ravvicinare [6] *vt* **-1.** [accostare] to move together **-2.** [riconciliare] to bring together. ◆ **ravvicinarsi** *vr* [riappacificarsi] to make up.

ravvivare [6] *vt* **-1.** [vivacizzare] to liven up **-2.** [attizzare] to stoke. ◆ **ravvivarsi** *vip* to liven up.

razionale *agg* rational.

razionalmente *avv* rationally.

razione *sf* **1.** [quantità fissa] ration **2.** [porzione] portion.

razza *sf* **-1.** [di animali] breed; **di** ~ [cane] pedigree; [cavallo] thoroughbred **-2.** [umana] race **-3.** *spreg* [specie] kind; **che** ~ **di incosciente!** what a fool!

razzia *sf* raid; **fare** ~ **di qc** [accaparrarsi] to make inroads on sthg.

razziale *agg* racial.

razzismo *sm* racism.

razzista, i, e *agg & smf* racist.

razzo *sm* rocket; ~ **di segnalazione** flare.

re[1] [re] *sm inv* king; **essere il** ~ **di qc** to be the king of sthg; **i Re Magi** the Magi, the Three Wise Men.

re[2] [rɛ] *sm inv* D.

reagire [9] *vi*: ~ **(a qc)** to react (to sthg).

reale ◇ *agg* **-1.** [vero] real **-2.** [del re] royal. ◇ *smpl*: **i Reali** [re e regina] the king and queen.

realismo *sm* realism.

realista, i, e *agg* realistic.

realistico, a, ci, che *agg* realistic.

realizzare [6] *vt* **-1.** [progetto] to carry out; [sogno] to fulfil **-2.** [nello sport] to score **-3.**

[accorgersi] to realize. ◆ **realizzarsi** ◇ *vip* to come true. ◇ *vr* to be fulfilled.

realmente *avv* really.

realtà *sf inv* **-1.** [mondo reale] reality; ~ **virtuale** INFORM virtual reality **-2.** [veridicità] truth; **in** ~ in fact **-3.** [ambiente] situation.

reato *sm* crime.

reazione *sf* **-1.** [gen] reaction; ~ **a catena** *fig* chain reaction **-2.** TECNOL: **aereo/motore a** ~ jet aeroplane/engine.

rebus *sm inv* **-1.** [in enigmistica] puzzle **-2.** [mistero] mystery.

recapito *sm* address; ~ **telefonico** contact number.

recare [15] *vt* **-1.** *letter* [gen] to bear **-2.** [causare] to cause. ◆ **recarsi** *vip* [andare] to go.

recente *agg* recent; **di** ~ recently.

recentemente *avv* recently.

reception [reˈsɛpʃon] *sf inv* reception.

recinto *sm* **-1.** [area] enclosure **-2.** [struttura] fence.

recinzione *sf* fence.

recipiente *sm* container.

reciprocamente *avv* reciprocally; **aiutarsi** ~ to help each other.

reciproco, a, ci, che *agg* reciprocal.

recita *sf* performance.

recitare [6] ◇ *vt* **-1.** [poesia, testo] to recite **-2.** CIN & TEATRO to act. ◇ *vi* to act.

reclamare [6] ◇ *vt* **-1.** [pretendere] to claim **-2.** [aver bisogno di] to call for. ◇ *vi* [lamentarsi] to complain.

reclamo *sm* complaint.

reclinabile *agg* reclining.

reclusione *sf* imprisonment.

recluso, a *agg* closed up.

recluta *sf* recruit.

reclutare [6] *vt* to recruit.

record ◇ *sm inv* record. ◇ *agg inv* record (*dav s*).

recuperare [6] *vt* **-1.** [riacquistare] to get back **-2.** [in mare] to recover **-3.** [svantaggio] to recoup; ~ **il tempo perduto** to make up for lost time **-4.** [riciclare] to recycle.

recupero *sm* recovery; **di** ~ recycled; **tre minuti di** ~ [calcio] three minutes of injury time; **corso** o **lezioni di** ~ lessons to catch up.

redattore, trice *sm, f* **-1.** [di giornale] sub-editor **-2.** [nell'editoria] editor.

redazione *sf* **-1.** [stesura] drafting **-2.** [redattori] editorial staff **-3.** [sede] editorial office.

redditizio, a *agg* lucrative.

reddito *sm* income; **dichiarazione** o **denuncia dei redditi** tax return.

redini *sfpl lit & fig* reins.

reduce ⟷ *agg*: **essere ~ da qc** to have survived sthg. ⟷ *smf* veteran.

referendum *sm inv* referendum.

referenze *sfpl* references.

referto *sm* results.

refurtiva *sf* stolen property.

regalare [6] *vt* **-1.** [donare]: **~ qc a qn** to give sb sthg **-2.** [dare a poco prezzo o gratis] to give away.

regalo ⟷ *sm* present; **~ di nozze/Natale/compleanno** wedding/Christmas/birthday present; **fare un ~ a qn** to give sb a present; **in ~** as a present. ⟷ *agg inv* gift.

reggere [50] ⟷ *vt* **-1.** [gen] to hold **-2.** [tollerare] to stand; **~ l'alcol** to hold one's drink. ⟷ *vi* **-1.** [resistere]: **~ a qc** [fisicamente] to stand sthg; [mentalmente] to bear sthg; **~ al confronto** to bear comparison **-2.** [essere logico] to stand up. ◆ **reggersi** *vr* [in equilibrio] to hold on; **reggersi in piedi** to stand up.

reggia, ge *sf* palace.

reggicalze *sm inv* suspenders.

reggimento *sm* regiment.

Reggio *sf* ◆ **Reggio Calabria** *sf* Reggio Calabria. ◆ **Reggio Emilia** *sf* Reggio Emilia.

reggiseno *sm inv* bra.

regia *sf* direction.

regime *sm* **-1.** POLIT regime **-2.** [dieta] diet **-3.** [andamento] speed.

regina ⟷ *sf* queen; **essere la ~ di qc** to be the queen of sthg. ⟷ *agg* ⊳ **ape**.

regionale *agg* regional.

regione *sf* region; **~ a statuto speciale** special autonomy region.

regista, i, e *smf* director.

registrare [6] *vt* **-1.** [gen] to record **-2.** [annotare – spese, guadagni] to note; [– nascita, contratto] to register.

registratore *sm* **-1.** [per suoni] tape recorder **-2.** [da calcolo]: **~ di cassa** cash register.

registrazione *sf* **-1.** [iscrizione] registration; [in libro contabile] entry **-2.** [gen] recording.

registro *sm* **-1.** [gen] register **-2.** [per annotare] book; **~ di classe** class register.

regnare [23] *vi* to reign.

regno *sm* **-1.** [gen] kingdom; **~ animale/**vegetale animal/plant kingdom **-2.** [periodo] reign. ◆ **Regno Unito** *sm*: **il Regno Unito** United Kingdom.

regola *sf* rule; **essere in ~** to be in order; **sei in ~ con i pagamenti?** are you up to date with your payments?; **di ~** as a rule.

regolabile *agg* adjustable.

regolamento *sm* **-1.** [norme] regulations **-2.** [risoluzione]: **~ di conti** *fig* settling of scores.

regolare [6] ⟷ *agg* regular. ⟷ *vt* to regulate.

regolarità *sf* **-1.** [conformità]: **con ~** in an orderly way **-2.** [periodicità] regularity.

regolarizzare [6] *vt* to regularize.

regolarmente *avv* **-1.** [secondo le regole] properly **-2.** [a intervalli regolari] regularly.

regresso *sm* regression.

reintegrare [6] *vt* **-1.** [ricostituire] to replenish **-2.** [reinserire] to reintegrate. ◆ **reintegrarsi** *vr* [reinserirsi] to reintegrate.

reiterare [6] *vt form* to repeat.

relativamente *avv* relatively; **~ a qc** with regard to sthg.

relatività *sf* relativity.

relativo, a *agg* **-1.** [attinente] relevant; **~ a qc** relating to sthg; **questa bolletta è relativa al mese di agosto** this bill relates to the month of August **-2.** [limitato] relative; **godere di una relativa salute** to be relatively healthy.

relax *sm* relaxation.

relazione *sf* **-1.** [tra fenomeni, eventi] connection; **in ~ a qc** with regard to sthg; **essere in ~** to be connected **-2.** [tra persone] relationship; **avere una ~ con qn** to have an affair with sb **-3.** [resoconto] report.

religione *sf* religion.

religioso, a ⟷ *agg* religious. ⟷ *sm, f* monk (*f* nun).

reliquia *sf* relic.

relitto *sm* wreck.

remare [6] *vi* to row.

remissivo, a *agg* submissive.

remo *sm* oar; **barca a remi** rowing boat *UK*, row boat *US*.

remoto, a *agg* remote.

rendere [43] *vt* **-1.** [restituire]: **~ qc a qn** to give sthg back to sb **-2.** [ricambiare]: **~ qc a qn** to return sthg to sb **-3.** [dare, rappresentare] to render; **~ lode/onore/grazie a qn** to praise/honour/thank sb; **~ un servizio a qn** to do sb a service; **~ testimonianza al processo** to give evidence in

court; ~ **conto (a qn) di qc** to account (to
sb) for sthg; **rendersi conto di qc** to realize
sthg; ~ **l'idea** to make o.s. clear **-4.** [frut-
tare] to yield; **un'attività che rende bene** a
very profitable business **-5.** [far diventare]
to make. **◆ rendersi** ◇ vr [apparire] to
make o.s. ◇ vip [diventare] to become.

rendimento sm **-1.** [di attività] productivity **-2.** [di investimento] yield **-3.** [di persona,
motore] performance.

rendita sf private income; **vivere di** ~
[senza lavorare] to live on private means.

rene sm kidney; ~ **artificiale** artificial
kidney.

reni sfpl small of the back.

renna sf reindeer.

Reno sm: **il** ~ **the Rhine.**

reparto sm **-1.** [di negozio, azienda] department **-2.** [di ospedale] ward **-3.** MIL unit.

repentaglio sm: **mettere a** ~ **qc** to risk
sthg.

reperibile agg [prodotto] available; [per-
sona] contactable.

reperire [9] vt **-1.** [somma, fondi] to raise
-2. [indizi, prove] to trace.

reperto sm find.

repertorio sm **-1.** [teatrale, musicale] repertoire **-2.** [raccolta] directory.

replica (pl **-che**) sf **-1.** [dramma, opera]
performance; [programma televisivo] repeat **-2.** [copia] copy **3.** [risposta] reply.

replicare [15] vt **-1.** [spettacolo, concerto]
to repeat **-2.** [rispondere] to reply.

reporter smf inv reporter.

repressione sf repression.

represso, a pp ▷reprimere.

reprimere [63] vt to repress.

repubblica (pl **-che**) sf republic.

repubblicano, a agg & sm, f republican.

repulsione sf repulsion.

reputare [6] vt to consider. **◆ reputar-
si** vr to consider o.s.

reputazione sf reputation.

requisito sm requirement.

resa sf **-1.** [in guerra] surrender **-2.**
[rendiconto]: ~ **dei conti** fig final analysis
-3. [restituzione] return **-4.** [rendimento –
di un investimento, un prodotto] yield; [–
di una macchina] output.

resi (etc) ▷rendere.

residente agg & smf resident.

residenza sf **-1.** [gen] residence; **cambiare**
~ to change one's address; **avere la** ~ **a** to
be resident in **-2.** [soggiorno] stay.

residenziale agg residential.

residuo, a agg residual. **◆ residuo** sm
remains.

resina sf resin.

resistente agg strong; **colori resistenti**
fast colours; **essere** ~ **a qc** to be resistant
to sthg; ~ **al calore/freddo** heat-/cold-
resistant; ~ **all'acqua/al fuoco** water-
proof/fireproof.

resistenza sf **-1.** [opposizione] resistance;
opporre/fare ~ **(a qn/qc)** to put up resistance (to sb/sthg) **-2.** [all'usura, acqua, alta
temperatura] resistance; [di un colore, una
tintura] fastness; [di una materiale, struttu-
ra] strength **-3.** [di individuo, atleta] stamina **-4.** [elettrica] resistance; [resistore]
resistor; [di un elettrodomestico] element.

resistere [66] vi **-1.** [gen]: ~ **a qn/qc** to resist sb/sthg **-2.** [sopportare] to hold out; ~
a qc to withstand sthg **-3.** [perdurare] to
endure; **una vernice che resiste a lungo**
long-lasting paint.

reso, a pp ▷rendere.

resoconto sm report; **fare il** ~ **di qc** to
give a report on sthg.

respingere [49] vt **-1.** [nemico, attacco] to
repel **-2.** [richiesta, proposta, invito] to turn
down; [accusa, insinuazione] to reject **-3.**
[palla, pallone] to knock back; ~ **di testa**
to head back **-4.** [pretendente, innamorato]
to reject **-5.** [bocciare] to fail.

respinto, a ◇ pp ▷respingere. ◇ sm, f:
i respinti in francese those who failed in
French.

respirare [6] ◇ vi **-1.** [inspirare, espirare]
to breathe; ~ **con la bocca/il naso** to
breathe through one's mouth/nose **-2.**
[stare in pace] to catch one's breath. ◇ vt
-1. [inalare] to breathe (in) **-2.** [percepire]:
si respira aria di festa/guai celebration/
trouble is in the air.

respirazione sf breathing; ~ **artificiale**
artificial respiration; ~ **bocca a bocca**
mouth-to-mouth resuscitation, kiss of life
(fam).

respiro sm **-1.** [fiato] breath; **trattenere il**
~ to hold one's breath **-2.** [tregua] respite.

responsabile ◇ agg **-1.** [gen] responsible; **essere** ~ **di qc** to be responsible for
sthg **-2.** [incaricato]: **essere** ~ **di qc** to be
in charge of sthg. ◇ smf **-1.** [incaricato]
person in charge **-2.** [colpevole] person responsible.

responsabilità sf inv responsibility; **con**
~ responsibly; **prendersi la** ~ **di qc** to take on the responsibility for sthg.

restare [6] vi **-1.** [trattenersi] to stay; ~ **a**

pranzo/cena da qn to stay for lunch/dinner with sb **-2.** [mantenersi] to remain **-3.** [ritrovarsi, avanzare] to be left; ~ **intesi/d'accordo** to agree; ~ **senza parole** to be left speechless; **resta ancora molto?** is it much further o longer?

restaurare [6] *vt* to restore.

restauratore, trice *sm, f* restorer.

restauro *sm* **-1.** [tecnica] restoration **-2.** [lavoro] repair.

restituire [9] *vt* **-1.** [ridare]: ~ **qc a qn/qc** [oggetto, somma] to return sthg to sb/sthg; [libertà, forza] to restore sthg to sb/sthg **-2.** [ricambiare] to return; **mi restituì la visita/il favore** he returned my visit/favour.

restituzione *sf* **-1.** [di un oggetto] return; [di una somma, un prestito] repayment **-2.** [di favore, visita] return.

resto *sm* **-1.** [rimanenza]: **il ~ (di qc)** the rest(of sthg); **del ~** what's more **-2.** [denaro] change **-3.** MAT remainder. ✦ **resti** *smpl* **-1.** [avanzi] leftovers **-2.** [rovine] remains.

restringere [57] *vt* **-1.** [abito] to take in **-2.** [spazio] to narrow **-3.** [limitare] to restrict. ✦ **restringersi** *vip* **-1.** [fiume, strada] to narrow **-2.** [tessuto] to shrink.

resurrezione *sf* = risurrezione.

resuscitare [6] *vi* = risuscitare.

rete *sf* **-1.** [gen] network; ~ **stradale** road network; **essere in ~** to be on-line; ~ **telematica** telematics network **-2.** [intreccio] net; ~ **di recinzione** wire netting; ~ **da pesca** fishing net **-3.** [calcio] goal; **segnare una ~** to score a goal **-4.** [di letto] (sprung)bed base.

reticolato *sm* **-1.** [recinzione] wire netting (U) **-2.** [di filo spinato] barbed wire (fence) **-3.** [tracciato] grid.

retina¹ *sf* retina.

retina² *sf* hairnet.

retino *sm* net.

retorico, a, ci, che *agg* rhetorical. ✦ **retorica** *sf* rhetoric.

retribuire [9] *vt* **-1.** [lavoratore] to pay **-2.** [lavoro] to pay for.

retribuzione *sf* pay; **aumento delle retribuzioni** pay rise *UK*, raise *US*.

retro *sm inv* back; **sul ~ (di qc)** on the back (of sthg); **vedi ~** see overleaf.

retrobottega *sm inv* back of the shop.

retrocedere [40] ◇ *vi* **-1.** [indietreggiare] to move back **-2.** [in classifica] to be relegated. ◇ *vt* **-1.** MIL to demote **-2.** SPORT to relegate.

retrocesso, a *pp* ▷ retrocedere.

retromarcia (*pl* **-ce**) *sf* reverse; **fare ~** to reverse.

retroscena ◇ *sf inv* TEATRO backstage. ◇ *sm inv* [di evento, situazione] behind-the-scenes activity.

retrovisore ◇ *agg* AUTO rear-view. ◇ *sm* [interno] rear-view mirror; [externo] wing mirror *UK*, side mirror *US*.

retta *sf* **-1.** GEOM straight line **-2.** [ascolto]: **dar ~ a qn/qc** to listen to sb/sthg **-3.** [quota] (charge for) board.

rettangolare *agg* rectangular.

rettangolo ◇ *agg* right-angled. ◇ *sm* rectangle.

rettifica (*pl* **-che**) *sf* **-1.** [correzione] correction **-2.** [su giornale] retraction.

rettificare [15] *vt* to correct.

rettile *sm* reptile.

rettilineo, a *agg & sm* straight; ~ **di arrivo** home straight.

retto, a ◇ *pp* ▷ reggere. ◇ *agg* **-1.** [onesto] honest; **abbandonare la retta via** to stray from the straight and narrow **-2.** [diritto] straight. ✦ **retto** *sm* ANAT rectum.

rettore *sm* chancellor.

reumatismo *sm* rheumatism.

revisionare [6] *vt* **-1.** AUTO to service **-2.** [conti, bilancio] to audit **-3.** [testo] to revise.

revisione *sf* **-1.** [di macchina, motore] service **-2.** [di conti, bilancio] auditing **-3.** [di testo] revision; ~ **di bozze** proofreading.

revocare [15] *vt* **-1.** [ordine, contratto] to revoke **-2.** [funzionario] to relieve; ~ **qn di una carica** to relieve sb of a post.

revolver *sm inv* revolver.

riabbracciare [17] *vt* to see again. ✦ **riabbracciarsi** *vr* to meet again.

riabilitazione *sf* rehabilitation.

riabituarsi [6] *vr*: ~ **a qc/a fare qc** to get used to sthg again/to doing sthg again.

riacquistare [6] *vt* **-1.** [recuperare] to recover **-2.** [ricomprare] to buy back.

riadattare [6] *vt* to alter. ✦ **riadattarsi** *vip*: riadattarsi a qc/a fare qc to readjust to sthg/to doing sthg.

riaddormentarsi [6] *vip* to fall asleep again.

riagganciare [17] *vt* **-1.** [telefono] to hang up **-2.** [scarponi, gonna] to refasten.

riallacciare [17] *vt* **-1.** [scarpe] to do up again; riallacciarsi la cintura/camicetta to do up one's belt/blouse **-2.** [linea, cavo] to reconnect **-3.** [rapporto, amicizia] to resume.

rialzare [6] *vt* **-1.** [gen] to raise **-2.** [sollevare] to lift; **~ lo sguardo** to look up. **➡ rialzarsi** ⬦ *vr* [sollevarsi] to get up. ⬦ *vip* [aumentare] to rise.

rialzato, a *agg* ▷**piano.**

rianimare [6] *vt* **-1.** MED to resuscitate **-2.** [ridare vigore a] to revive. **➡ rianimarsi** *vip* **-1.** [riprendere i sensi] to recover consciousness **-2.** [farsi coraggio] to take heart.

rianimazione *sf* **-1.** [pratica] resuscitation **-2.** [reparto] intensive care.

riaperto, a *pp* ▷**riaprire.**

riapertura *sf* reopening.

riaprire [98] *vt & vi* to reopen. **➡ riaprirsi** *vip* to reopen.

riascoltare [6] *vt* to listen to again.

riassumere [61] *vt* **-1.** [brano, racconto] to summarize **-2.** [carica] to resume **-3.** [impiegato] to re-employ.

riassunto, a *pp* ▷**riassumere. ➡ riassunto** *sm* summary; **fare il ~ di qc** to summarize sthg.

riattaccare [15] *vt* **-1.** to reattach; **~ qc a qc** [bottone] to sew sthg back on sthg; [manico] to stick sthg back on sthg; [quadro] to hang sthg back up on sthg **-2.** *fam* [telefono] to hang up **-3.** [ricominciare]: **~ (a fare qc)** to start (doing sthg) again.

riattivare [6] *vt* **-1.** [linea, comunicazioni] to reopen **-2.** MED to stimulate.

riavvicinare [6] *vt* **-1.** [oggetto]: **~ qc a qc** to bring sthg near sthg again **-2.** [persona]: **~ qn a qn/qc** to reconcile sb to sb/sthg. **➡ riavvicinarsi** *vr* **-1.** [tornare vicino]: riavvicinarsi a qn/qc to come back to sb/sthg again **-2.** [riconciliarsi] to make it up (with each other).

ribaltare [6] *vt* **-1.** [oggetto] to overturn; **~ il sedile di un'automobile** to fold down a car seat **-2.** [situazione, risultato] to reverse. **➡ ribaltarsi** *vip* to overturn.

ribasso *sm* reduction; **essere in ~** [prezzi, azioni] to be going down; *fig* [popolarità] to be on the decline.

ribattere [7] ⬦ *vt* **-1.** [confutare] to refute **-2.** [ridigitare] to retype. ⬦ *vi* [replicare] to retort; **~ su qc** to harp on about sthg; **~ (a qc)** to respond (to sthg).

ribellarsi [6] *vip*: **~ (a qn/qc)** to rebel (against sb/sthg).

ribelle ⬦ *agg* **-1.** [persona, carattere] rebellious **-2.** [popolazione, soldato] rebel. ⬦ *smf* rebel.

ribellione *sf* rebellion.

ribes *sm inv* currant; **~ nero** blackcurrant; **~ rosso** redcurrant.

ribrezzo *sm* disgust; **fare ~ a qn** to disgust sb.

ricadere [84] *vi* **-1.** [cadere di nuovo] to fall again; **~ in qc** *fig* to fall back into sthg **-2.** [scendere] to fall back **-3.** [capelli, mantello] to fall **-4.** [colpa, responsabilità]: **~ su qn** to fall on sb.

ricaduta *sf* relapse; **~ radioattiva** (radioactive) fallout.

ricalcare [15] *vt* **-1.** [disegno] to trace **-2.** [imitare] to follow closely.

ricamare [6] *vt* to embroider.

ricambiare [20] *vt* **-1.** [visita, saluto] to return **-2.** [cambiare di nuovo] to change again.

ricambio *sm* change; **una camicia/dei calzini di ~** a spare shirt/socks; **parti** o **pezzi di ~** spare parts. **➡ ricambi** *smpl* spares.

ricamo *sm* embroidery.

ricaricare [15] *vt* **-1.** [batterie] to recharge **-2.** [arma, macchina fotografica] to reload; [orologio] to rewind; [penna] to refill.

ricattare [6] *vt* to blackmail.

ricattatore, trice *sm, f* blackmailer.

ricatto *sm* blackmail *(U).*

ricavare [6] *vt*: **~ qc da qc** [minerale, prodotto] to extract sthg from sthg; [notizia, insegnamento] to obtain sthg from sthg; [utile, profitto] to make sthg from sthg; [beneficio, vantaggio] to get sthg out of sthg.

ricavato *sm* proceeds *(pl).*

ricavo *sm* proceeds *(pl).*

ricchezza *sf* **-1.** [materiale] wealth **-2.** [interiore, stoffa] richness **-3.** [naturale] abundance; **ricchezze artistiche** artistic treasures.

riccio, a, ci, ce *agg* [capelli, pelo] curly; [persona] curly-haired. **➡ riccio** *sm* **-1.** [di capelli] curl **-2.** ZOOL hedgehog; **~ di mare** sea urchin **-3.** [di castagna] chestnut husk.

ricciolo *sm* curl.

ricciuto, a *agg* [testa, barba] curly; [persona] curly-headed.

ricco, a, chi, che ⬦ *agg* **-1.** [facoltoso] rich; **è ~ sfondato** he's rolling in money **-2.** [abbondante] abundant; **~ di qc** rich in sthg **-3.** [lussuoso] sumptuous. ⬦ *sm, f* rich man *(f* rich woman); **i ricchi** the rich.

ricerca *(pl* **-che)** *sf* **-1.** [di persona, cosa] search; **essere alla ~ di qn/qc** to be in search of sb/sthg **-2.** [medica, scientifica] research; **la ~ su qc** research into sthg **-3.** [scolastica] project.

ricercare [15] *vt* to search for.

ricercato, a ◇ *agg* -1. [raffinato] refined - **2.** [richiesto] sought-after -3. [criminale] wanted. ◇ *sm, f* [criminale] wanted man (*f* wanted woman).

ricercatore, trice *sm, f* researcher.

ricetta *sf* -1. CULIN recipe -2. MED prescription -3. [rimedio] remedy.

ricettatore, trice *sm, f* DIR receiver.

ricevere [7] *vt* -1. [regalo, premio, lettera] to get, to receive *più formale* -2. [schiaffo, colpo, impressione] to get -3. [beneficio] to derive -4. [ospite] to welcome -5. [cliente, paziente] to see -6. [segnale, immagine, trasmissione] to receive.

ricevimento *sm* -1. [ammissione] opening -2. [festa] reception.

ricevitore *sm* [di telefono] receiver.

ricevitoria *sf*: ~ del lotto state lottery office.

ricevuta *sf* receipt; ~ fiscale tax receipt; ~ di ritorno advice of delivery; ~ di versamento receipt of payment.

richiamare [6] *vt* -1. [gen] to recall; ~ alla mente qc to remember sthg; ~ qc alla mente di qn to remind sb of sthg -2. [chiamare di nuovo] to call back -3. [attirare] to attract; ~ l'attenzione to attract attention -4. [rimproverare] to reprimand.

richiamo *sm* -1. [gen] recall -2. [suono, gesto, attrazione] call -3. [rimprovero] reprimand -4. [vaccinazione] booster.

richiedere [29] *vt* -1. [ridomandare] to ask again -2. [chiedere] to request -3. [fare domanda] to apply for -4. [necessitare di] to require, to demand -5. [farsi ridare] to return.

richiesta *sf* -1. [domanda] request; a o su ~ on demand, by request; a o su ~ di qn at sb's request; a ~ generale by popular demand; programma/fermata a ~ request programme *UK* o program *US*/stop -2. [domanda scritta] application -3. [prezzo] asking-price.

richiesto, a ◇ *pp* ⊳richiedere. ◇ *agg* [prodotto] in demand *(non dav s)*; molto/poco richiesto in great/little demand.

riciclare [6] *vt* -1. [materiale] to recycle -2. [personale] to redeploy -3. [denaro] to launder.

ricollegare [16] *vt* -1. [cavi, impianti] to reconnect -2. [fatti, idee] to link. ◆ **ricollegarsi** *vr* -1. [riferirsi]: ricollegarsi a qc to refer to sthg -2. [collegarsi di nuovo]: ricollegarsi con qc to link up again with sthg.

ricominciare [17] *vt & vi* to begin again; ~ a fare qc to begin doing sthg again.

ricomparire [105] *vi* to reappear.

ricomparso, a *pp* ⊳ricomparire.

ricompensa *sf* reward.

ricompensare [6] *vt* -1. [persona] to repay -2. [lavoro, azione] to reward.

ricomporre [96] *vt* [rimettere insieme] to put together again. ◆ **ricomporsi** *vr* [calmarsi] to compose o.s.; [risistemarsi] to tidy o.s. up.

ricomposto, a *pp* ⊳ricomporre.

riconciliare [20] *vt* to reconcile. ◆ **riconciliarsi** *vr* to make (it) up.

riconciliazione *sf* reconciliation.

ricondotto, a *pp* ⊳ricondurre.

ricondurre [95] *vt* -1. [condurre di nuovo] [lì] to take back; [qui] to bring back; ~ qn alla ragione to bring sb to his/her senses -2. [attribuire]: ~ qc a qc to trace sthg back to sthg.

riconferma *sf* -1. [rinnovo] reappointment -2. [prova] confirmation.

riconoscente *agg*: essere ~ a o verso qn to be grateful to sb.

riconoscenza *sf* gratitude.

riconoscere [27] *vt* -1. [gen] to recognize -2. [distinguere] to distinguish -3. [ammettere] to admit. ◆ **riconoscersi** *vr* [conoscersi a vicenda] to recognize each other.

riconoscimento *sm* -1. [identificazione] identification; segno di ~ distinguishing mark -2. [ammissione] acknowledgement -3. [apprezzamento] recognition.

riconosciuto, a ◇ *pp* ⊳riconoscere. ◇ *agg* acknowledged.

riconquistare [6] *vt* -1. [territorio, Stato] to reconquer -2. [riottenere] to win back.

riconsegnare [23] *vt* to return.

ricoperto, a ◇ *pp* ⊳ricoprire. ◇ *agg*: ~ di qc covered with o in sthg.

ricoprire [98] *vt* -1. [coprire] to cover -2. *fig* [riempire]: ~ qn di qc to lavish sthg on sb -3. [occupare] to occupy. ◆ **ricoprirsi** *vr*: ricoprirsi di qc to be covered with o in sthg.

ricordare [6] *vt* -1. [rammentare] to remember; ~ qc a qn to remind sb about sthg; ricordarsi qn/qc to remember sb/sthg -2. [commemorare] to mention -3. [far pensare]: ~ qn/qc a qn to remind sb of sb/sthg. ◆ **ricordarsi** *vip* [rammentarsi]: ricordarsi di qn/qc to remember sthg/sb; ricordarsi di fare qc to remember to do sthg.

ricordo *sm* -1. [memoria] memory -2. [oggetto – appartenuto a una persona] memento; [– legato a un luogo] souvenir.

ricorrente *agg* recurrent.

ricorrenza *sf* **-1.** [periodicità] recurrence **-2.** [celebrazione] anniversary.

ricorrere [65] *vi* **-1.** [data, anniversario] to be; **oggi ricorre la festa del papà** today is Father's Day **-2.** [presentarsi] to occur **-3.** [rivolgersi]: ~ **a qn** to turn to sb **-4.** [servirsi]: ~ **a qc** [violenza, minacce] to resort to sthg; [libro] to refer to sthg.

ricorso, a *pp* ▷ricorrere. ◆ **ricorso** *sm* **-1** [aiuto]: **fare** ~ **a qc** to resort to sthg; **fare** ~ **a qn** to turn to sb **-2.** DIR appeal; **fare** ~ **contro una sentenza** to appeal against a sentence.

ricostruire [9] *vt* **-1.** [riedificare] to rebuild **-2.** [immaginare] to reconstruct.

ricoverare [6] *vt* [in ospedale] to admit. ◆ **ricoverarsi** *vip* [in ospedale]: **ricoverarsi in ospedale** to go into hospital *UK* o the hospital *US*.

ricovero *sm* **-1.** [in ospedale] admission **-2.** [rifugio] shelter **-3.** [ospizio – per anziani, bambini] home; [– per senzatetto, profughi] hostel.

ricreazione *sf* [intervallo] break *UK*, recess *US*.

ricucire [99] *vt* **-1.** [rammendare] to sew (up), to mend **-2.** [ferita] to sew (up) **-3.** *fig* [ristabilire] to reestablish.

ricuperare [6] *vt* = recuperare.

ricupero *sm* = recupero.

ridare [12] *vt* **-1** [dare di nuovo] to restore; ~ **fiducia a qn in qc** to restore sb's faith in sthg **-2.** [restituire] to give back.

ridere [30] *vi* **-1.** [mostrare allegria] to laugh; **scoppiare a** ~ to burst out laughing **-2.** [beffarsi]: ~ **di qn/qc** to laugh at sb/sthg.

ridetto, a *pp* ▷ridire.

ridicolo, a *agg* ridiculous. ◆ **ridicolo** *sm* ridiculousness; **cogliere il** ~ **di una situazione** to see the funny side of a situation; **il senso del** ~ a sense of the ridiculous; **mettere qn in** ~ to ridicule sb.

ridimensionare [6] *vt* **-1.** [azienda] to streamline **-2.** [evento, problema] to put into perspective.

ridire [100] *vt* **-1.** [ripetere] to tell again **-2.** [riferire] to repeat **-3.** [obiettare]: **avere** o **trovare da** ~ **(su qc)** to find fault (with sthg).

ridosso ◆ **a ridosso di** *prep* next to.

ridotto, a *pp* ▷ridurre. *agg* **-1.** [esiguo] small **-2.** [scontato] reduced.

ridurre [95] *vt* to reduce. ◆ **ridursi** *vip*

-1. [in uno stato]: **ridursi a qc/a fare qc** [persona] to be reduced to sthg/to doing sthg **-2.** [diminuire] to fall.

riduzione *sf* **-1.** [gen] reduction **-2.** [televisiva, teatrale, cinematografica] adaptation **-3.** [raccordo] connector.

rieducazione *sf* rehabilitation.

rielaborare [6] *vt* to revise.

riemergere [52] *vi lit & fig* to resurface.

riemerso, a *pp* ▷riemergere.

riempire [110] *vt* **-1.** [contenitore]: ~ **qc (di qc)** to fill sthg (with sthg) **-2.** [persona]: ~ **qn di qc** to lavish sthg on sb **-3.** [compilare] to fill in. ◆ **riempirsi** *vip* [colmarsi]: **riempirsi (di qc)** to fill up (with sthg).

rientrare [6] *vi* **-1.** [tornare – qui] to come back; [– lì] to go back **-2.** [costa] to curve inwards *UK* o inward *US*; [parete] to be recessed **-3.** [far parte]: ~ **in qc** to be part of sthg **-4.** [recuperare denaro]: ~ **nelle spese** to recover what one has spent.

rientro *sm* return.

riepilogo (*pl* **-ghi**) *sm* summary.

rifare [13] *vt* **-1.** [fare di nuovo] to redo **-2.** [riparare] to repair; [ricostruire] to rebuild **-3.** [imitare] to imitate. ◆ **rifarsi** *vip* **-1.** [ridiventare] to become again **-2.** [recuperare soldi] to make good; **rifarsi di qc** to recover sthg **-3.** [vendicarsi]: **rifarsi di qc** to get even for sthg; **rifarsi su** o **con qn** to take it out on sb **-4.** [riferirsi]: **rifarsi a qc** to draw on sthg.

rifatto, a *pp* ▷rifare. *agg* redone.

riferimento *sm* reference; **in** o **con** ~ **a qc** with reference to sthg; **fare** ~ **a qc/qn** to refer to sthg/sb.

riferire [9] *vt* to report. ◆ **riferirsi** *vip* **-1.:** **riferirsi a qc/qn** [richiamarsi] to refer to sthg/sb **-2.** [riguardare]: **riferirsi a qc** to relate to sthg.

rifilare [6] *vt fam*: ~ **qc a qn** to palm sthg off on sb; ~ **una sberla a qn** to give sb a slap.

rifinire [9] *vt* to put the finishing touches to.

rifinitura *sf* **-1.** [ritocco] finishing **-2.** [guarnizione] trim.

rifiutare [6] *vt* **-1.** [non accettare] to reject **-2.** [non concedere] to refuse; ~ **di fare qc** to refuse to do sthg. ◆ **rifiutarsi** *vip*: **rifiutarsi di fare qc** to refuse to do sthg.

rifiuto *sm* **-1.** [rinuncia] rejection **-2.** [negazione] refusal. ◆ **rifiuti** *smpl* [spazzatura] rubbish (*U*) *esp UK*, garbage (*U*) *US*, trash (*U*) *US*.

riflesse *(etc)* ▷**riflettere.**

riflessione *sf* -1. [gen] reflection -2. [osservazione] remark.

riflessivo, a *agg* -1. [ponderato] thoughtful -2. GRAMM reflexive.

riflesso, a ◇ *pp* ▷**riflettere** . ◇ *agg* [luce, immagine] reflected. ◆ **riflesso** *sm* -1. [riverbero] reflection -2. [conseguenza] effect -3. [reazione] reflex; **avere dei buoni riflessi** to have good reflexes.

riflettere [68] ◇ *vt* to reflect. ◇ *vi* [pensare]: ~ **(su qc)** to reflect (on sthg). ◆ **riflettersi** *vr* -1. [specchiarsi] to be reflected -2. [ripercuotersi]: **riflettersi su qc** to have an effect on sthg.

riflettore *sm* [gen] spotlight; [in uno stadio] floodlight.

riflettuto *pp* ▷**riflettere** *(vi).*

riforma *sf* reform.

riformare [6] *vt* -1. [ricomporre] to re-form -2. [modificare] to reform -3. MIL to reject. ◆ **riformarsi** *vip* [formarsi di nuovo] to form again.

riformatorio *sm* young offenders' institution *UK*, reform school *US*.

rifornimento *sm* [azione] supplying; **fare** ~ **di qc** [carburante] to fill up with sthg; [viveri, munizioni] to stock up with sthg. ◆ **rifornimenti** *smpl* [provviste] supplies.

rifornire [9] *vt* [provvedere]: ~ **qc/qn di qc** to supply sthg/sb with sthg. ◆ **rifornirsi** *vr* [provvedersi]: **rifornirsi di qc** [cibo] to stock up on o with sthg; [benzina] to fill up with sthg.

rifugiarsi [18] *vip* -1. [in luogo] to take refuge -2. [in attività]: ~ **in qc** to seek refuge in sthg.

rifugiato, a *sm, f* refugee.

rifugio *sm* -1. [riparo] shelter -2. [di montagna] refuge -3. [sollievo] comfort.

riga *(pl* **-ghe)** *sf* -1. [gen] line; **a righe** lined; **scrivere due righe a qn** to drop sb a line -2. [striscia] stripe; **a righe** striped -3. [serie] row; **mettere** o **rimettere qn in** ~ to bring sb into line -4. [dei capelli] parting *UK*, part *US* -5. [per disegno] ruler.

rigare [16] ◇ *vt* -1. [graffiare] to scratch -2. [attraversare] to furrow. ◇ *vi*: ~ **diritto** to toe the line.

rigettare [6] *vt* -1. [gettare indietro] to throw up, to wash up -2. [rifiutare] to reject -3. *fam* [vomitare] to throw up. ◆ **rigettarsi** *vr* [ributtarsi] to throw o.s. again.

rigetto *sm* rejection.

righello *sm* ruler.

rigidità *sf inv* -1. [di materiale, oggetto] stiffness, rigidity *più formale* -2. [di clima, stagione] harshness -3. [severità] severity.

rigido, a *agg* -1. [duro] rigid -2. [irrigidito] stiff -3. [freddissimo] harsh -4. [severo] strict.

rigirare [6] ◇ *vt* -1. [girare di nuovo] to turn (around) again -2. [ripercorrere] to go around. ◇ *vi* [andare in giro] to go around; **gira e rigira** [alla fine] whichever way you look at it. ◆ **rigirarsi** *vr* -1. [girarsi di nuovo] to turn around again -2. [rivoltarsi]: **rigirarsi nel letto** to toss and turn (in bed).

rigoglioso, a *agg* flourishing.

rigonfiamento *sm* swelling.

rigore *sm* -1. [austerità, severità] severity; **essere di** ~ to be de rigueur -2. [scrupolosità] exactitude -3. [freddo] rigours *(pl)* *UK*, rigors *(pl) US* -4. SPORT penalty.

rigorosamente *avv* -1. [severamente] strictly -2. [scrupolosamente] rigorously.

rigoroso, a *agg* -1. [severo] strict -2. [preciso] rigorous.

riguadagnare [23] *vt* -1. [recuperare – rispetto] to win back; [– tempo] to make up -2. [raggiungere] to regain.

riguardare [6] *vt* -1. [riferirsi a] to concern; **per quanto mi/ti riguarda** as far as I am/you are concerned -2. [guardare di nuovo] to look again. ◆ **riguardarsi** *vr* [stare attento] to look after o.s., to take care of o.s.

riguardo *sm* -1. [cura] care; **avere** ~ **di** o **per qc/qn** to take care of sthg/sb -2. [rispetto] respect; **fare qc per** ~ to do sthg out of respect; **di** ~ distinguished. ◆ **riguardo a** *prep* regarding. ◆ **nei riguardi di** *prep*: **nei riguardi di qn/qc** as far as sb/sthg is concerned.

rigurgito *sm* MED regurgitation.

rilanciare [17] *vt* -1. [lanciare di nuovo] to throw back -2. [offrire di più] to raise; ~ **un'offerta** to make a higher bid -3. [recuperare] to relaunch.

rilasciare [19] *vt* -1. [certificato, ricevuta, autorizzazione] to issue; [intervista] to give -2. [prigioniero, ostaggio] to release.

rilascio *sm* -1. [liberazione] release -2. [consegna] issuing.

rilassare [6] *vt* to relax. ◆ **rilassarsi** *vr* to relax.

rilassato, a *agg* relaxed.

rilegare [16] *vt* to bind.

rileggere [50] *vt* -1. [leggere di nuovo] to reread -2. [revisionare] to read through -3. [interpretare] to reinterpret.

riletto, a *pp* ▷rileggere.

rilevante *agg* significant.

rilevare [6] *vt* -1. [evidenziare] to point out -2. [raccogliere] to obtain -3. [ricavare] to learn -4. [azienda] to take over.

rilievo *sm* -1. [importanza] significance; **dare ~ a qc** to give emphasis to sthg; **mettere in ~ qc** to emphasize sthg; **di ~** important -2. [sporgenza] bulge -3. GEO range.

rima *sf* rhyme; **fare ~** to rhyme.

rimandare [6] *vt* -1. [rinviare] to postpone -2. [bocciare]: **~ qn in inglese** to make sb retake o resit UK English -3. [fare riferimento] to refer -4. [restituire] to return -5. [far tornare] to send back.

rimanente ◇ *agg* remaining. ◇ *sm* rest.

rimanere [90] *vi* -1. [restare] to stay, to remain -2. [perdurare] to remain -3. [essere, diventare] to be (left); **~ incinta** to get pregnant; **~ o rimanerci secco** *fam* to drop dead -4. [esserci] to be left ; **rimangono poche settimane a Pasqua** it's only a few weeks to Easter.

rimango *(etc)* ▷rimanere.

rimarchevole *agg* remarkable.

rimarginare [6] *vt* to heal. **◆ rimarginarsi** *vip* to heal.

rimasi *(etc)* ▷rimanere.

rimasto, a *pp* ▷rimanere.

rimbalzare [6] *vi* [palla] to bounce (off); [proiettile] to ricochet.

rimbambito, a ◇ *agg* senile. ◇ *sm, f* cretin.

rimboccare [15] *vt* to tuck in; **rimboccarsi le maniche** *fig* to roll up one's sleeves.

rimbombare [6] *vi* -1. [rumore] to resound -2. [luogo] to echo.

rimborsare [6] *vt* -1.: **~ qc (a qn)** [spesa] to reimburse (sb) with sthg; [biglietto] to refund sthg (to sb) -2. [persona] to pay back.

rimborso *sm* refund; **~ spese** reimbursement of expenses.

rimediare [20] ◇ *vi* [riparare] to repair; **~ a qc** to put sthg right. ◇ *vt fam* [racimolare] to scrape up.

rimedio *sm* -1. [medicina] cure -2. [soluzione] remedy; **porre ~ a qc** to rectify sthg.

rimessa *sf* -1. [macchine] garage; [autobus] depot -2. SPORT: **~ in gioco** throw-in.

rimesso, a *pp* ▷rimettere.

rimettere [71] *vt* -1. [mettere di nuovo] to put back; **~ in discussione qc** to discuss sthg (again); **~ piede in qc** to set foot in sthg again; **~ in piedi qc** *fig* to put sthg

back on its feet -2. *fam* [perdere]: **rimetterci (qc)** to lose (sthg) -3. [affidare]: **~ una decisione a qn** to leave a decision to sb -4. *fam* [vomitare] to throw up; **mi viene da ~** I feel sick. **◆ rimettersi** *vip* -1. [riprendere]: **rimettersi a qc/a fare qc** to start sthg/doing sthg again -2. [ristabilirsi]: **rimettersi da qc** to recover from sthg -3. [affidarsi] to rely on.

Rimini *sf* Rimini

rimmel® *sm* mascara.

rimodernare [6] *vt* [casa] to modernize; [vestito] to remodel.

rimontare [6] *vi* to catch up.

rimorchiare [20] *vt* -1. [trainare] to tow -2. *mfam* [ragazza] to pick up; **hai rimorchiato?** did you pull?

rimorchio *sm* -1. [traino] towing -2. [veicolo] trailer.

rimorso, a *pp* ▷rimordere. **◆ rimorso** *sm* remorse.

rimosso, a *pp* ▷rimuovere.

rimozione *sf* -1. [allontanamento] removal; '**~ forzata**' 'towing away' -2 [destituzione] dismissal.

rimpatriare [20] ◇ *vi* to return to one's own country. ◇ *vt* to repatriate.

rimpiangere [49] *vt* : **~ (qc/di non aver fatto qc)** to regret (sthg/not doing sthg).

rimpianto, a *pp* ▷rimpiangere. **◆ rimpianto** *sm* -1. [nostalgia] nostalgia -2. [pentimento] regret.

rimpiazzare [6] *vt* to replace; **~ qn/qc con qn/qc** to replace sb/sthg with sb/sthg.

rimpicciolire [9] ◇ *vt* to shrink. ◇ *vi* to become smaller. **◆ rimpicciolirsi** *vip* to shrink.

rimpinzare [6] *vt*: **~ qn di qc** to stuff sb with sthg. **◆ rimpinzarsi** *vr*: **rimpinzarsi di qc** to stuff o.s. with sthg.

rimproverare [6] *vt* -1. [ammonire] to tell off; **~ qn per qc/di aver fatto qc** to tell sb off for sthg/for doing sthg -2. [rinfacciare]: **~ qc a qn** to reproach sb for sthg. **◆ rimproverarsi** *vr* to reproach o.s.

rimprovero *sm* [sgridata] telling off; [ufficiale] reprimand.

rimuovere [76] *vt* -1. [portare via] to remove -2. *fig* [eliminare] to eliminate -3. [destituire] to dismiss.

rinascere [28] *vi* to revive.

Rinascimento *sm*: **il ~** the Renaissance.

rinato, a *pp* ▷rinascere.

rincarare [6] ◇ *vt* to raise (the price of sthg). ◇ *vi* to go up.

rincasare [6] *vi* to return home.

rinchiudere [31] *vt* to shut (up). ◆ **rin-chiudersi** *vr* to shut o.s. (up).

rinchiuso, a *pp* ▷rinchiudere.

rincorrere [65] *vt* -1. [inseguire] to chase -2. [perseguire] to pursue. ◆ **rincorrersi** *vr* [l'un l'altro] to chase one another.

rincorsa *sf*: prendere la ~ to take a run-up.

rincorso, a *pp* ▷rincorrere.

rincrescere [27] *vi impers*: ~ a qn [dispiacere] to be sorry; mi rincresce I'm sorry; [dare fastidio] to mind.

rincresciuto *pp* ▷rincrescere.

rincretinire [9] ◇ *vt* to drive sb crazy. ◇ *vi* to go crazy. ◆ **rincretinirsi** *vip* to go crazy.

rinfacciare [17] *vt*: ~ qc a qn [colpa] to throw sthg in sb's face; [favore] to remind sb of sthg.

rinforzare [6] *vt* -1. [struttura] to reinforce -2. [fisico] to strengthen. ◆ **rinforzarsi** *vip* to become stronger.

rinforzo *sm* reinforcement. ◆ **rinforzi** *smpl* reinforcements.

rinfrescare [15] *vt* to cool (down). ◆ **rinfrescarsi** *vr* to freshen o.s. up.

rinfresco (*pl* -schi) *sm* reception.

rinfusa ◆ **alla rinfusa** *avv* any old how.

ringhiare [20] *vi* to growl.

ringhiera *sf* [parapetto] railing; [scale] banister.

ringiovanire [9] ◇ *vt* -1. [nell'aspetto]: ~ qn to make sb look younger -2. [nello spirito]: ~ qn to make sb feel younger. ◇ *vi* [nello spirito] to get younger again; [nell'aspetto] to look younger.

ringraziamento *sm* thanks *(pl)*.

ringraziare [20] *vt* : ~ qn per o di qc to thank sb for sthg; ti/La ringrazio! thank you!

rinnegare [16] *vt* -1. [persona] to disown -2. [principio] to deny.

rinnovamento *sm* [costumi] renewal; [casa, negozio] renovation.

rinnovare [6] *vt* -1. [ripetere] to renew -2. [modernizzare – macchinari, guardaroba] to update; [– casa] to renovate. ◆ **rinnovarsi** *vip* -1. [modernizzarsi] to be updated -2. [ripetersi] to recur.

rinnovo *sm* -1. [riconferma] renewal -2. [aggiornamento] updating.

rinoceronte *sm* rhinoceros.

rinomato, a *agg* famous.

rintocco (*pl* -chi) *sm* chime.

rintracciare [17] *vt* to trace.

rinuncia (*pl* -ce), **rinunzia** *sf* -1. [abbandono] withdrawal -2. [sacrificio] sacrifice.

rinunciare, **rinunziare** [17] *vi*: ~ a qc [rifiutare] to renounce sthg; [desistere] to give sthg up.

rinvenire [109] ◇ *vt* to discover. ◇ *vi* to come round.

rinvenuto, a *pp* ▷rinvenire.

rinviare [22] *vt* -1. [differire] to postpone, to put off -2. [respingere] to return -3. [fare riferimento]: ~ a qc to refer to sthg -4. [mandare di nuovo] to resend.

rinvio (*pl* -ii) *sm* -1. [proroga] postponement -2. [respinta] return; calcio di ~ goal kick -3. [riferimento] cross-reference.

riordinare [6] *vt* -1. [rassettare] to tidy up; ~ le idee to get one's ideas straight -2. [riorganizzare] to reorganize.

riorganizzare [6] *vt* to reorganize. ◆ **riorganizzarsi** *vr* to reorganize o.s.

ripagare [16] *vt* to repay; ~ qn di o per qc to repay sb for sthg.

riparare [6] ◇ *vt* -1. [proteggere] to protect -2. [aggiustare] to repair -3. [rimediare] to make amends for. ◇ *vi* [rimediare]: ~ a qc to make amends for sthg -2. [rifugiarsi] to shelter. ◆ **ripararsi** *vr*: ripararsi da qc [proteggersi] to protect o.s. from sthg; [in un posto] to shelter from sthg.

riparato, a *agg* sheltered.

riparazione *sf* -1. [aggiustatura] repair -2. [rimedio] amends.

riparlare [6] *vi*: ~ di qc to discuss sthg again.

riparo *sm* shelter; mettersi al ~ (da qc)[pioggia] to shelter (from sthg); [rischio] to be covered (for sthg).

ripartire [8] ◇ *vi* [in viaggio] to leave again. ◇ *vt* -1. [suddividere] to divide -2. [assegnare] to share (out).

ripartizione *sf* -1. [suddivisione] division -2. [assegnazione] allocation.

ripassare [6] ◇ *vt* -1. [rivedere] to revise -2. [riattraversare] to recross -3. [passare sopra] to go over again; ~ la vernice su qc to give sthg a second coat of paint. ◇ *vi* [ritornare] to come back; passare e ~ to walk up and down.

ripensamento *sm* thought *(U)*; avere un ~ to have second thoughts *(pl)*; senza ripensamenti with no hesitation.

ripensare [6] *vi* -1. [riflettere]: ~ a qc to think about sthg (again); ripensarci [ricredersi] to change one's mind -2. [ricordare]: ~ a qc/qn to think of sthg/sb.

ripercorrere [65] *vt* [strada, sentiero] to follow; [mentalmente] to go over (again).

ripercorso, a *pp* ▷ripercorrere.

ripercussione *sf* repercussion.

ripetere [7] *vt* to repeat. ◆ **ripetersi** ◇ *vip* [fatto] to happen (again). ◇ *vr* [persona] to repeat o.s.

ripetitivo, a *agg* repetitive.

ripetizione *sf* repetition. ◆ **ripetizioni** *sfpl* private lessons.

ripiano *sm* shelf.

ripido, a *agg* steep.

ripiegare [16] ◇ *vt* to fold up. ◇ *vi*: ~ su qc to make do with sthg.

ripiego (*pl* -ghi) *sm* alternative; **scelta** o **soluzione di** ~ fall-back solution.

ripieno, a *agg* stuffed. ◆ **ripieno** *sm* filling.

riporre [96] *vt* -1. [mettere a posto] to put back -2. [mettere via] to put away -3. [attribuire]: ~ **fiducia/speranza in qn** to place one's trust/hopes in sb.

riportare [6] *vt* -1. [ricondurre] to bring/take back -2. [riferire] to report -3. [riprodurre] to reproduce -4. [conseguire] to achieve; [soffrire] to suffer.

riposare [6] ◇ *vi* -1. [ristorarsi] to rest -2. [dormire] to sleep. ◇ *vt* to rest. ◆ **riposarsi** *vip* to rest.

riposo *sm* rest.

ripostiglio *sm* cupboard.

riposto, a *pp* ▷riporre.

riprendere [43] ◇ *vt* -1. [prendere di nuovo] to take again; [catturare di nuovo] to recapture; [raccogliere di nuovo] to pick up again -2. [prendere indietro] to take back -3. [ricominciare] to start again -4. [riacquistare] to regain; ~ **fiato** [respirare] to get one's breath back; *fig* [riposarsi] to catch one's breath; ~ **i sensi** to come round; ~ **vita** to come back to life -5. [rimproverare] to reprimand -6. [riferirsi a] to re-examine -7. [filmare] to film, to shoot -8. [fotografare] to photograph. ◇ *vi* [ricominciare] to begin again; ~ **a fare qc** to begin to do sthg again. ◆ **riprendersi** *vip* -1. [guarire] to recover; **riprendersi da qc** to recover from sthg -2. [correggersi] to correct o.s.

ripresa *sf* -1. [ripristino] resumption; **a più riprese** on several occasions, many times -2. [rifioritura] recovery -3. CIN [azione] shooting; [inquadratura] shot -4. AUTO acceleration (*U*) -5. SPORT [nella boxe] round; [nel calcio] second half.

ripreso, a *pp* ▷riprendere.

ripristinare [6] *vt* to restore.

riprodotto, a *pp* ▷riprodurre.

riprodurre [95] *vt* -1. [ricreare] to reproduce -2. [ritrarre] to portray. ◆ **riprodursi** *vip* [moltiplicarsi] to reproduce.

riproduzione *sf* reproduction.

ripromesso, a *pp* ▷ripromettere.

ripromettere [71] *vt*: **ripromettersi di fare qc** to promise o resolve to do sthg.

riprovare [6] *vi*: ~ **(a fare qc)** to try (to do sthg) again.

ripugnante *agg* repugnant.

ripulire [9] *vt* to clean (up). ◆ **ripulirsi** *vr* to clean o.s. up.

riquadro *sm* [spazio quadrato] square; [casella di testo] box.

risaia *sf* rice field.

risalire [104] ◇ *vt* -1. [ripercorrere] to go back up -2. [corso d'acqua] to go up; ~ **la corrente** to go upstream. ◇ *vi* -1. [prezzo, valore, livello] to go back up; [in macchina] to get back in; [a cavallo] to get back on -2. [scoprire]: ~ **a qn/qc** to trace sth/sb -3. [avere origine]: ~ **a qc** to date back to sthg.

risaltare [6] *vi* to stand out.

risalto *sm* [visivo]: **mettere in** ~ qc to highlight sthg.

risanare [6] *vt* -1. [terreno] to reclaim -2. [città] to clean up -3. [economicamente - bilancio] to balance; [- economia, industria] to put back in the black.

risaputo, a *agg* well-known.

risarcimento *sm* compensation (*U*).

risarcire [9] *vt* -1. [danno] to repay -2. [persona]: ~ **qn di qc** to pay compensation to sb for sthg.

risata *sf* laugh; **le risate** laughter.

riscaldamento *sm* -1. [azione] heating; ~ **centralizzato** communal central heating -2. [ginnastica] warm-up.

riscaldare [6] *vt* -1. [scaldare di nuovo] to heat up -2. [scaldare] to warm. ◆ **riscaldarsi** ◇ *vip* -1. [diventare caldo] to heat up -2. [infervorarsi - persona] to get excited; [- dibattito] to warm up. ◇ *vr* to warm o.s.

riscatto *sm* -1. [somma] ransom -2. [di prigionieri, ostaggi] release; [di una nazione, di schiavi] liberation.

rischiare [20] *vt* to risk; ~ **di fare qc** to risk doing sthg.

rischio *sm* risk; **a** ~ [rischioso] risky; [in pericolo] at risk.

rischioso, a *agg* [a rischio] risky; [pericoloso] dangerous.

risciacquo *sm* rinse.

riscontrare [6] *vt* to find.

riscontro *sm* -1. [conferma] confirmation *(U)*; **trovare** ~ **in qc** to be confirmed by sthg -2. [confronto] comparison -3. [controllo] check -4. [risposta] reply.

riscossione *sf* collection.

riscosso, a *pp* ⊳riscuotere.

riscuotere [70] *vt* -1. [incassare] to collect -2. [ottenere] to enjoy.

risentimento *sm* resentment *(U)*.

risentire [8] ◇ *vi*: ~ **di qc** [soffrire] to feel the effect of sthg; [subire] to feel sthg. ◇ *vt* [patire] to feel. ◆ **risentirsi** ◇ *vip* [offendersi] to take offense. ◇ *vr* [l'un l'altro] to speak to each other again.

riserbo *sm* -1. [ritegno] self-restraint -2. [segretezza]: **tenere** o **mantenere il** ~ **(su qc)** to remain tight-lipped about sthg.

riserva *sf* -1. [gen] reservation; **con** ~ with reservations -2. [scorta] supply; **di** ~ extra, spare -3. AUTO: **essere in** ~ to be low on petrol -4. [naturalistica]: ~ **naturale** nature reserve -5. [di vino] reserve -6. SPORT reserve, substitute.

riservare [6] *vt* -1. [tenere da parte]: ~ **qc per qn/qc** to keep sthg for sb/sthg -2. [destinare]: ~ **qc a qn** to reserve sthg for sb; **riservarsi di fare qc** to allow o.s. the right to do sthg -3. [prenotare] to book.

riservatezza *sf* -1. [discrezione] discretion; [atteggiamento riservato] reserve -2. [segretezza] confidentiality.

riservato, a *agg* -1. [discreto] discreet; [chiuso] reserved -2. [segreto] confidential -3. [destinato]: **essere** ~ **a qn** to be reserved for sb -4. [prenotato] booked.

risi *(etc)* ⊳ridere.

risiedere [7] *vi* -1. [dimorare] to live -2. [consistere]: ~ **in qc** to lie in sthg.

riso¹ ◇ *pp* ⊳ridere. ◇ *sm* rice *(U)*.

riso² *(fpl* **risa)** *sm* laugh; **le risa** laughter.

risollevare [6] *vt* -1. [confortare] to lift -2. [far rifiorire] to put back on its o their feet -3. [rialzare] to lift up again -4. [riproporre] to bring up again. ◆ **risollevarsi** *vr* -1. [rialzarsi – persona] to get up again; [– aereo] to take off again -2. [migliorare] to get back on one's feet.

risolsi *(etc)* ⊳risolvere.

risolto, a *pp* ⊳risolvere.

risoluto, a *agg* decisive; ~ **a fare qc** determined to do sthg.

risoluzione *sf* -1. [decisione] decision -2. [soluzione] solution.

risolvere [74] *vt* -1. [questione] to resolve; [problema, equazione, mistero] to solve -2. [decidere]: ~ **di fare qc** to resolve to do sthg. ◆ **risolversi** *vip* -1. [decidersi]: **risolversi a fare qc** to decide to do sthg -2. [concludersi] to end; **risolversi in qc** to turn into sthg.

risonanza *sf* -1. [clamore] interest; **avere** o **suscitare** ~ to cause a stir -2. FIS resonance.

risorgere [46] *vi* -1. [ripresentarsi – questione, problema] to come up again; [– dubbi] to return -2. [rifiorire] to revive -3. [risuscitare] to rise again.

Risorgimento *sm*: **il** ~ the Risorgimento.

risorsa *sf* resource; **risorse umane** human resources.

risorto, a *pp* ⊳risorgere.

risotto *sm* risotto.

risparmiare [20] *vt* -1. [gen] to save; ~ **qc a qn** to save sb (doing) sthg -2. [salvare] to spare; ~ **la vita a qn** to spare sb's life.

risparmio *sm* saving. ◆ **risparmi** *smpl* savings.

rispecchiare [20] *vt* to reflect. ◆ **rispecchiarsi** *vr*: **rispecchiarsi in qc** to be reflected in sthg.

rispettabile *agg* -1. [onesto] respectable -2. [considerevole] considerable.

rispettare [6] *vt* to respect. ◆ **rispettarsi** *vr* to respect each other.

rispettivamente *avv* respectively.

rispettivo, a *agg* respective.

rispetto *sm* -1. [gen] respect; **avere** ~ **di** o **per qn** to respect sb; **avere** ~ **di** o **per qc** to have some respect for sthg -2. [osservanza] observance. ◆ **rispetto a** *prep* -1. [relativamente a] with regard to -2. [a paragone di] compared to.

rispettoso, a *agg* respectful.

risplendere [123] *vi* to shine.

rispondere [42] ◇ *vi* -1. [gen]: ~ **a qc/qn** to answer sb/sthg; ~ **di sì/no** to answer yes/no; ~ **(al telefono)** to answer (the phone) -2. [a lettera]: ~ **a qc** to reply to sthg, to answer sthg -3.: ~ **a qc** [a annuncio] to reply to sthg; [a appello] to answer sthg -4. [a saluto, cenno]: ~ **a qc** to return sthg -5. [obbedire]: ~ **a qc** to respond to sthg -6. [rendere conto]: ~ **a qn di qc** to answer to sb for sthg -7. [corrispondere – a bisogni] to meet; [– alla verità] to correspond. ◇ *vt* to answer; **ha risposto di sì!** she said yes!

risposta *sf* -1. [a domanda] answer, reply -2. [reazione] response.

risposto *pp* ▷rispondere.

rissa *sf* brawl.

ristabilire [9] *vt* to restore. ◆ **ristabilirsi** *vip* to recover.

ristampa *sf* -1. [processo] reprinting; il libro è in ~ the book is being reprinted -2. [libro] reprint.

ristorante ◇ *sm* restaurant. ◇ *agg inv* ▷vagone.

ristoratore, trice *sm, f* [professione] restaurateur; [fornitore esterno] caterer.

ristorazione *sf* catering.

ristretto, a ◇ *pp* ▷restringere. ◇ *agg* -1. [gen] limited -2. [caffè] extra strong. ◆ **ristretto** *sm* [caffè] extra strong coffee.

ristrutturare [6] *vt* -1. [azienda] to restructure -2. [edificio] to renovate.

ristrutturazione *sf* -1. [di edificio] renovation -2. [di azienda] restructuring.

risultare [6] *vi* -1. [derivare]: ~ da qc to be the result of sthg -2. [rivelarsi] to turn out -3. [essere noto]: ~ a qn che... to be aware that...; non mi risulta che si sia trasferita I wasn't aware that she had been transferred.

risultato *sm* result.

risuolare [6] *vt* to resole.

risuonare [6] *vi* to echo.

risurrezione *sf* resurrection.

risuscitare [6] ◇ *vi* RELIG to rise again. ◇ *vt* -1. RELIG to raise -2. *fig* [rendere attuale] to revive.

risvegliare [21] *vt* -1. [persona] to awaken -2. [sentimento] to reawaken -3. [interesse, curiosità] to revive. ◆ **risvegliarsi** *vip* to wake up.

risveglio *sm* awakening; al ~ on waking up.

risvolto *sm* -1. [di giacca, cappotto] lapel -2. [di pantaloni] turn-up *UK*, cuff *US* -3. [di libro] inside flap -4. [conseguenza] consequence.

ritagliare [21] *vt* to cut out.

ritaglio *sm* cutting *UK*, clipping *US*; nei ritagli di tempo in one's spare time.

ritardare [6] ◇ *vi* to be late; ~ di dieci minuti to be ten minutes late. ◇ *vt* -1. [rimandare] to postpone -2. [rallentare] to delay.

ritardo *sm* -1. [nel tempo] delay; essere/arrivare in ~ to be/arrive late -2. PSICO: ~ mentale mental deficiency.

ritenere [93] *vt* -1. [considerare] to believe, to think; ritengo di sì/no I believe so/I

don't believe so; ritieni di aver ragione? do you think you're right?; ~ opportuno fare qc to think you/he/they etc had better do sthg; ~ che *(+ congiuntivo)* to believe (that); ritengo che sia sulla cinquantina I believe he's about fifty -2. [detrarre] to deduct.

ritentare [6] *vt* to try again.

ritenuta *sf* deduction.

ritirare [6] *vt* -1. [gen] to withdraw -2. [lanciare] to throw again -3. [tirare indietro] to pull back -4. [prendere — pacco] to pick up; [— soldi] to withdraw; vado in banca a ~ I'm going to the bank to make a withdrawal -5. [ritrattare] to take back. ◆ **ritirarsi** ◇ *vr*: ritirarsi (da qc) to withdraw (from sthg). ◇ *vip* -1. [restringersi] to shrink -2. [defluire] to recede.

ritirata *sf* retreat.

ritiro *sm* -1. [gen] withdrawal -2. [di merce, posta] collection -3. [isolamento] retreat; la squadra di calcio è in ~ the football team are on a training camp.

ritmo *sm* -1. [gen] rhythm -2. [di fenomeno] pace; [frequenza] rate.

rito *sm* -1. RELIG rite -2. [usanza] ritual, custom; di ~ customary.

ritoccare [15] *vt* to touch up.

ritocco, chi *sm* [gen] finishing touch; [variazione] alteration.

ritornare [6] *vi* -1. [gen] to come/go back; ~ da qc to come/go back from sthg; ~ in sé to come round -2. [ridiventare] to become again -3. [ricomparire] to reappear.

ritornello *sm* refrain.

ritorno *sm* return; al ~ on the way back; essere di ~ to be back.

ritrarre [97] *vt* -1. [tirare indietro] to pull back -2. [riprodurre — in dipinto] to paint; [— in foto] to photograph -3. [rappresentare] to portray. ◆ **ritrarsi** *vip* [marea] to recede.

ritrattare [6] *vt* to retract; l'imputato ha ritrattato the accused has made a retraction.

ritratto, a *pp* ▷ritrarre. ◆ **ritratto** *sm* portrait; un ~ a olio a portrait in oils; fare un ~ a qn to do a portrait of sb.

ritroso, a *agg* shy. ◆ **a ritroso** *avv* backwards.

ritrovamento *sm* finding.

ritrovare [6] *vt* -1. [rinvenire] to find -2. [incontrare] to meet -3. [riconquistare] to recover. ◆ **ritrovarsi** ◇ *vr* [incontrarsi] to meet (up). ◇ *vip* -1. [incontrarsi]: ritrovarsi con qn to meet (up with) sb -2. [finire] to end up -3. [raccapezzarsi] to see one's way.

ritrovo *sm* -1. [luogo] meeting place -2. [evento] reunion.

rituale ◇ *agg* -1. RELIG ritual -2. [abituale] customary. ◇ *sm* ritual.

riunione *sf* meeting. ➤ **Riunione** *sf*: l'isola della ~ Réunion.

riunire [9] *vt* -1. [raggruppare] to get together -2. [riconciliare] to reunite. ➤ **riunirsi** ◇ *vr* [ritrovarsi] to be reunited. ◇ *vip* -1. [incontrarsi] to meet -2. [ricongiungersi]: **riunirsi a qn** to rejoin sb.

riuscire [108] *vi* -1. [essere capace]: ~ a fare qc to manage to do sthg; **non ci riesco** I can't do it -2. [avere la possibilità]: ~ **(a fare qc)** to be able to (do sthg) -3. [avere successo]: ~ **(a qn)** to turn out well (for sb); ~ **bene/male** to turn out well/badly; ~ **in qc** to do well in sthg.

riuscita *sf* success.

riva *sf* -1. [di fiume] bank -2. [di lago, mare] shore; **in** ~ **al mare** on the seashore.

rivale *agg & smf* rival.

rivalità *sf inv* rivalry.

rivalutare [6] *vt* -1. ECON[stipendi] to raise; [moneta] to revalue -2. *fig* to give more credit to. ➤ **rivalutarsi** *vip* -1. [moneta, bene] to increase in value -2. [persona]: **rivalutarsi agli occhi di qn** to go up in sb's estimation.

rivedere [81] *vt* -1. [gen] to see again -2. [correggere] to revise -3. [verificare] to check. ➤ **rivedersi** *vr* [incontrarsi] to see each other again.

rivelare [6] *vt* to reveal. ➤ **rivelarsi** *vr*: **rivelarsi (qc)** to show o.s.(to be sthg).

rivelazione *sf* revelation.

rivendere [7] *vt* -1. [prodotti nuovi] to retail -2. [oggetti usati] to resell.

rivendicare [15] *vt* -1. [gen] to claim -2. [riaffermare] to proclaim -3. [attribuirsi] to claim responsibility for sthg.

rivendicazione *sf* claim; **rivendicazioni sindacali** union demands.

rivendita *sf* shop.

rivenditore, trice *sm, f* [persona] retailer. ➤ **rivenditore** *sm* [negozio] retailer; ~ **autorizzato** [concessionario] authorized dealer.

riverire [9] *vt* to respect.

riversare [6] *vt* -1. [versare] to pour -2. [concentrare]: ~ qc su qn/qc [amore, attenzioni] to lavish sthg on sb/sthg; ~ qc su qc [energie] to pour sthg into sthg. ➤ **riversarsi** *vip* [dirigersi] to pour.

rivestimento *sm* covering.

rivestire [8] *vt* -1. [vestire] to dress again -2. [ricoprire]: ~ qc di qc to cover sthg with sthg -3. [carica] to hold. ➤ **rivestirsi** *vr* [vestirsi] to get dressed again.

riviera *sf* coast; **la Riviera (ligure)** the Ligurian riviera; **la Riviera adriatica** the Adriatic riviera.

rivincita *sf* -1. [partita] return match -2. [rivalsa] revenge *(U)*; **prendersi una** ~ to get one's revenge.

rivissuto, a *pp* ▷rivivere.

rivista *sf* -1. [giornale] magazine -2. [spettacolo] revue.

rivisto, a *pp* ▷rivedere.

rivivere [83] ◇ *vt* to relive. ◇ *vi* -1. [vivere di nuovo] to live again -2. [prendere vigore] to come to life again.

rivolgere [48] *vt* -1. [puntare]: ~ qc contro o verso qn/qc to point sthg at sb/sthg -2. [indirizzare]: ~ qc a qn to address sthg to sb; ~ **la parola a qn** to speak to sb -3. [occhi, sguardo] to turn. ➤ **rivolgersi** *vr* [indirizzarsi]: **rivolgersi a qn** [ricorrere] to turn to sb; [parlare] to speak to sb; [per informazioni]: **si prega rivolgersi all'ufficio** please contact the office.

rivolta *sf* revolt.

rivoltante *agg* revolting.

rivoltare [6] *vt* -1. [bistecca, pagina] to turn over; [insalata] to toss -2. [maglione, guanto] to turn inside out -3. [disgustare] to disgust; ~ **lo stomaco a qn** to turn sb's stomach.

rivoltella *sf* revolver.

rivolto, a *pp* ▷rivolgere.

rivoluzionare [6] *vt* [stravolgere] to turn upside down; [trasformare] to revolutionize.

rivoluzionario, a *agg & sm, f* revolutionary.

rivoluzione *sf* -1. [gen] revolution -2. [disordine] chaos *(U)*.

rizzare [6] *vt* -1. [palo, tenda] to put up -2. [pelo] to make stand on end. ➤ **rizzarsi** ◇ *vr* [persona – in piedi] to stand up; [– a sedere] to sit up. ◇ *vip* [capelli, peli] to stand on end; **mi si sono rizzati i capelli in testa** my hair stood on end.

RM *(abbr di* **Roma**) RM.

roast beef ['rɔzbif/] *sm inv* roast beef.

roba *sf* -1. [possedimento] things *(pl)* -2. [cose] stuff *(U)*; **la** ~ **da lavare/stirare** the washing/ironing; ~ **da mangiare/bere** food/drink -3. *loc:* ~ **da matti!** sheer madness!

robot [ro'bo] *sm inv* robot.

robotica *sf* robotics (U).

robusto, a *agg* -1. [persona – sano] sturdy; *eufem* [– grasso] plump -2. [fisico, costituzione] robust -3. [struttura, materiale] strong.

rocca (*pl* -che) *sf* -1. [fortezza] fortress -2. [per filare] distaff.

roccaforte *sf* -1. [fortezza] fortress -2. *fig* [centro] stronghold.

roccia, ce *sf* -1. GEOL rock -2. SPORT: **fare ~** to go rock-climbing.

roccioso, a *agg* rocky; **le Montagne Rocciose** the Rocky Mountains.

rock [rɔk] <> *sm inv* rock (music). <> *agg inv* rock.

roco, a, chi, che *agg* hoarse.

rodaggio *sm* running in; **la macchina è in ~** the car is being run in.

Rodano *sm*: **il ~** the Rhone.

rodeo *sm inv* rodeo.

rodere [36] *vt* to gnaw. **~ rodersi** *vr*: rodersi di rabbia/gelosia to be consumed with rage/jealousy.

roditore *sm* rodent.

rododendro *sm* rhododendron.

rognone *sm* kidney.

rogo (*pl* -ghi) *sm* -1. [supplizio] stake -2. [incendio] blaze.

rollino *sm* = rullino.

Roma *sf* Rome.

romagnolo, a <> *agg* of/from Romagna. <> *sm, f* person from Romagna.

Romania *sf*: **la ~** Romania.

romano, a <> *agg* -1. [gen] Roman -2. RELIG (Roman) Catholic. <> *sm, f* [persona] Roman; **gli antichi romani** the Ancient Romans.

romantico, a, ci, che *agg* -1. [gen] romantic -2. [del romanticismo] Romantic.

romanzo *sm* novel.

rombo *sm* -1. [di motore, cannone] rumble -2. GEOM rhombus -3. [pesce] turbot.

romeno, a = rumeno.

rompere [64] <> *vt* -1. [gen] to break; **rompersi una gamba/un braccio** to break one's leg/arm -2. [stoffa] to tear; [scarpe] to split -3. [rapporti umani] to break off -4. *loc*: **~ il ghiaccio** *fig* to break the ice; **~ le scatole a qn** *fam* to annoy sb. <> *vi* -1. [litigare]: **~ con qn** [fidanzato] to break up with sb -2. [famiglia, amici] to break away from sb -2. *fam* [scocciare] to be a pain. **~ rompersi** *vip* -1. [spaccarsi] to break -2. [guastarsi] to break (down).

rompiscatole *smf inv fam* pain in the neck.

rondine *sf* swallow.

ronzare [6] *vi* [insetto] to buzz; [motore] to hum.

ronzio (*pl* -ii) *sm* -1. [di insetti] buzzing -2. [di motore] hum.

rosa <> *sf* -1. [fiore] rose -2. [gruppo] list. <> *agg inv* [colore] pink. <> *sm inv* [colore] pink.

rosario *sm* rosary.

rosato, a *agg* -1. [colore] rose coloured UK, rose colored US -2. [vino] rosé.

rosi (etc) > rodere.

rosicchiare [20] *vt* to gnaw (at).

rosmarino *sm* rosemary.

roso, a *pp* > rodere.

rosolare [6] *vt* to brown.

rosolia *sf* German measles.

rosone *sm* -1. ARCHIT rose window -2. [su soffitto] ceiling rose.

rospo *sm* -1. ZOOL toad -2. > sputare.

rossetto *sm* lipstick.

rossiccio, a, ci, ce *agg* reddish.

rosso, a <> *agg* red; **diventare ~** [persona] to go red. **~ rosso** *sm* -1. [gen] red; **andare/essere in ~** BANCA to go into/to be in the red -2. [tuorlo]: **il ~ (d'uovo)** (egg) yolk. **~ Rosso** *agg*: **il Mar Rosso** the Red Sea.

rossore *sm* flush.

rosticceria *sf* rotisserie.

rotaia *sf* rail. **~ rotaie** *sfpl* rails.

rotatoria *sf* roundabout.

rotazione *sf* -1. [gen] rotation; **a ~** in turn -2. ASTRON orbit.

roteare [24] <> *vi* [acrobata] to swing; [aquila] to wheel. <> *vt* to swing.

rotella *sf* -1. [di mobili, di pattini] caster -2. [di ingranaggio] wheel.

rotolare [6] *vi* [ruotare] to roll; [cadere] to fall. **~ rotolarsi** *vr* to roll.

rotolo *sm* -1. [gen] roll -2. [di corda, spago] ball -3. *loc*: **andare a rotoli** to fall apart.

rotonda *sf* -1. [terrazza] terrace -2. [rotatoria] roundabout.

rotondità *sf inv* curves.

rotondo, a *agg* -1. [circolare] round -2. [paffuto] plump.

rotta *sf* -1. [di nave, aereo] course; **fare ~ per Calcutta** to be bound for Calcutta -2. *loc*: **essere in ~ con qn** to be on bad terms with sb.

rottame *sm* -1. [gen] wreck -2. [di metallo] scrap (U).

rotto, a ◇ *pp* ▷**rompere.** ◇ *agg* **-1.** [gen] broken; [stoffa, giacca] torn, split **-2.** [auto] broken down.

rottura *sf* **-1.** [spaccatura] break **-2.** [guasto] breakdown **-3.** [di contratto, rapporti] breach **-4.** *fam* [seccatura] pain.

rotula *sf* kneecap.

roulette [ru'lɛt] *sf inv* roulette.

roulotte [ru'lɔt] *sf inv* caravan.

round ['raund] *sm inv* round.

routine [ru'tin] *sf inv* routine; **di** ~ routine.

rovente *agg* **-1.** [caldissimo] red-hot **-2.** *fig* [epoca] fiery.

rovere *sm* **-1.** [pianta] thorn bush **-2.** [legno] oak.

rovescia *sf* **-1.: alla** ~ [davanti di dietro] back to front; [con il dentro fuori] inside out; [con l'alto in basso] upside down **-2.** ▷**conto.**

rovesciare [19] *vt* **-1.** [accidentalmente] to spill **-2.** [capovolgere] to capsize **-3.** [regime, governo] to overturn. ◆ **rovesciarsi** *vip* **-1.** [versarsi] to spill **-2.** [cadere] to fall over **-3.** [capovolgersi] to capsize **-4.** [riversarsi] to pour out.

rovesciata *sf* scissors kick.

rovescio, a, sci, sce *agg* [maglia] purl. ◆ **rovescio** *sm* **-1.** [lato] back; **il** ~ **della medaglia** the other side of the coin **-2.** [temporale] shower **-3.** SPORT backhand **-4.** *loc:* **a** ~ [con l'alto in basso] upside down; [con il dentro fuori] inside out; [davanti di dietro] back to front.

rovina *sf* **-1.** [crollo] collapse; **andare/ essere in** ~ to go to ruin/to be in ruins **-2.** [miseria] ruin; **mandare in** ~ **qn/qc** to ruin sb/sthg. ◆ **rovine** *sfpl* [ruderi] ruins.

rovinare [6] *vt* **-1.** [gen] to ruin **-2.** [festa, sorpresa] to spoil. ◆ **rovinarsi** *vip* **-1.** [sciuparsi] to get ruined **-2.** [finire in miseria] to lose all one's money.

rovinato, a *agg* **-1.** [gen] ruined **-2.** [nei guai] done for *(non dav s).*

rovo *sm* bramble.

rozzo, a *agg* rough.

rubare [6] *vt & vi* to steal; ~ **qc a qn** to steal sthg from sb; ~ **su qc** [imbrogliare] to cheat on sthg.

rubinetto *sm* tap *UK*, faucet *US*.

rubino *sm* ruby.

rubrica (*pl* **-che**) *sf* **-1.** [quaderno] address book; ~ **(telefonica)** telephone number book **-2.** [sezione] section.

rucola, ruchetta *sf* rocket *UK*, arugula *US*.

rudere *sm* **-1.** [di edificio] ruin **-2.** [persona] wreck.

ruffiano, a *sm, f* creep; **fare il** ~ to creep.

ruga (*pl* **-ghe**) *sf* wrinkle.

rugby ['ragbi, 'rɛgbi] *sm* rugby.

ruggine *sf* rust; **fare la** ~ to rust.

ruggire [9] *vi* to roar.

rugiada *sf* dew.

rugoso, a *agg* wrinkled.

rullino *sm:* ~ **(fotografico)** (roll of) film.

rullo *sm* **-1.** [suono] (drum) roll **-2.** [strumento] roller; ~ **compressore** steamroller.

rum *sm inv* rum.

rumeno, a, romeno, a *agg & sm, f* Romanian. ◆ **rumeno** *sm* [lingua] Romanian.

ruminante *sm* ruminant.

rumore *sm* **-1.** [suono] noise; **fare** ~ to make a noise **-2.** [scalpore] fuss; **fare molto** ~ to cause a stir.

rumoroso, a *agg* noisy.

ruolo *sm* **-1.** [gen] role, part **-2.** [posto fisso]: **di** ~ permanent.

ruota *sf* **-1.** [di veicolo] wheel; ~ **di scorta** spare wheel **-2.** [oggetto circolare]: ~ **panoramica** [giostra] Ferris wheel **-3.** [nel lotto] lottery drum.

ruotare [6] ◇ *vt* to turn. ◇ *vi:* ~ **intorno a qc/qn** to revolve around sthg/sb.

rupe *sf* cliff.

ruppi *(etc)* ▷**rompere.**

rurale *agg* rural.

ruscello *sm* stream.

ruspa *sf* bulldozer.

ruspante *agg* free-range.

russare [6] *vi* to snore.

Russia *sf:* **la** ~ Russia.

russo, a *agg & sm, f* Russian. ◆ **russo** *sm* [lingua] Russian.

rustico, a, ci, che *agg* **-1.** [stile] rustic **-2.** [persona, modi] simple. ◆ **rustico** *sm* **-1.** [abitazione] cottage **-2.** [tortino] country-style food.

ruttare [6] *vi* to burp, to belch.

rutto *sm* burp, belch.

ruvido, a *agg* rough.

ruzzolare [6] *vi* to tumble.

S

s¹, S *sm* o *f inv* s, S.

s² (*abbr di* **secondo**) sec.

S ◇ -1. (*abbr di* **sud**) S -2. (*abbr di* **Svezia**) S. ◇ *sf inv* (*abbr di* **small**) S.

S. (*abbr di* **santo, santa**) St.

sa ▷sapere.

sabato *sm* Saturday; **di** o **il** ~ on Saturdays; ~ **prossimo/scorso** next/last Saturday; ~ **mattina/pomeriggio/sera** on Saturday morning/afternoon/evening; **tutti i sabati, ogni** ~ every Saturday; **il giornale di** ~ Saturday's newspaper.

sabbia *sf* sand; **sabbie mobili** quicksand (*U*).

sabbioso, a *agg* sandy.

sabotare [6] *vt* to sabotage.

sacca (*pl* **-che**) *sf* bag.

saccarina *sf* saccharine.

saccheggiare [18] *vt* to plunder.

sacchetto *sm* [gen] bag; [riso, biscotti] packet.

sacco (*pl* **-chi**) *sm* -1. [gen] bag; [di tela] sack; ~ **a pelo** sleeping bag -2. *fam* [gran quantità]: **un** ~ **di qc** lots of sthg; **un** ~ [molto] a lot.

sacerdote, essa *sm, f* priest.

sacramento *sm* sacrament.

sacrestano *sm* = sagrestano.

sacrestia *sf* = sagrestia.

sacrificare [15] *vt* to sacrifice; ~ **qc a qc** to sacrifice sthg for sthg. ◆ **sacrificarsi** *vr* -1. [fare sacrifici] to make sacrifices -2. [immolarsi] to sacrifice o.s.

sacrificio *sm* sacrifice.

sacrilegio *sm* sacrilege.

sacro, a *agg* -1. sacred -2. ▷osso.

sadico, a, ci, che ◇ *agg* sadistic. ◇ *sm, f* sadist.

sadismo *sm* sadism.

sadomasochista, i, e *smf* sadomasochist.

safari *sm inv* safari.

saggezza *sf* wisdom.

saggio, a, gi, ge ◇ *agg* wise. ◇ *sm, f* sage. ◆ **saggio** *sm* -1. [studio] essay -2. [prova] example -3. [spettacolo] display.

saggistica *sf* nonfiction.

Sagittario *sm* Sagittarius; **essere del** ~ to be (a) Sagittarian o Sagittarius.

sagoma *sf* -1. [forma] outline -2. [modello] model -3. *fam* [tipo divertente] character - 4. [bersaglio] target.

sagomato, a *agg* shaped.

sagra *sf* festival.

sagrestano, sacrestano *sm* sacristan.

sagrestia, sacrestia *sf* sacristy.

Sahara *sm*: **il** ~ the Sahara.

sai ▷sapere.

saint-honoré [sɛntono'rɛ] *sf inv* gateau Saint-Honoré.

sala *sf* -1. [in casa] sitting room; ~ **da pranzo** dining room -2. [di luogo pubblico, azienda] room, hall; ~ **d'aspetto** o **d'attesa** waiting room; ~ **(di) lettura** reading room; ~ **riunioni** meeting room; ~ **operatoria** operating theatre; ~ **parto** delivery room; ~ **arrivi** arrivals hall; ~ **partenze** departure lounge; ~ **da ballo** dance hall; ~ **giochi** amusement arcade; ~ **macchine** engine room -3. [di cinema]: ~ **(cinematografica)** cinema; **un cinema con 12 sale** a 12-screen cinema.

salame *sf* -1. [insaccato] salami -2. [persona] thickhead.

salamoia *sf*: **in** ~ in brine.

salare [6] *vt* to salt.

salario *sm* wages (*pl*).

salatino *sm* cracker.

salato, a *agg* -1. [con troppo sale] salty -2. [con sale] salted -3. [non dolce] savoury -4. [caro] pricy; **pagare qc** ~ to pay through the nose for sthg.

saldare [6] *vt* -1. [metalli] to weld -2. [debito, conto] to settle. ◆ **saldarsi** *vip* [osso] to knit.

saldatrice *sf* welder.

saldatura *sf* -1. [operazione] welding -2. [parte saldata] weld.

saldo, a *agg* solid. ◆ **saldo** *sm* -1. [gen] balance -2. [debito residuo] remainder. ◆ **saldi** *smpl* [svendita] sales.

sale *sm* salt; ~ **fino/grosso** table/rock salt; **sotto** ~ salted. ◆ **sali** *smpl*: **sali (ammoniacali)** (smelling) salts; **sali da bagno** bath salts; **sali minerali** mineral salts.

salga (*etc*) ▷salire.

salgo *(etc)* ⊳**salire**.

salice *sm* willow; ~ **piangente** weeping willow.

saliera *sf* salt cellar.

salino, a *agg* saline.

salire [104] ◇ *vi* **-1.** [andare, venire su] to go/come up **-2.** [montare]: ~ **(su qc)** [scala, albero] to climb up (onto sthg); [sull'autobus, sulla nave] to get on (sthg); ~ **in** o **sul treno** to get on the train; ~ **in macchina** to get in the car; ~ **a bordo** to get on board; ~ **al trono** to come to the throne **-3.** [aumentare, alzarsi] to rise. ◇ *vt*: ~ **le scale/i gradini** to go up the stairs/steps.

Salisburgo *sf* Salzburg.

salita *sf* **-1.** [strada] hill **-2.** [azione] ascent; **in** ~ uphill.

saliva *sf* saliva.

salma *sf* corpse.

salmo *sm* psalm.

salmone *sm* salmon; ~ **affumicato** smoked salmon.

salone *sm* **-1.** [sala] hall **-2.** [fiera] show **-3.** [negozio]: ~ **di bellezza** beauty salon.

salopette [salo'pɛt] *sf inv* dungarees.

salotto *sm* **-1.** [stanza] living room, drawing room **-2.** [mobili] living room furniture **-3.** [riunione] salon.

salpare [6] *vi* to set sail; ~ **l'ancora** to weigh anchor.

salsa *sf* **-1.** [condimento] sauce **-2.** [musica] salsa.

salsedine *sf* salt.

salsiccia *(pl* **-ce)** *sf* sausage.

saltare [6] ◇ *vt* **-1.** [oltrepassare] to jump (over) **-2.** [omettere] to skip **-3.** [cuocere] to sauté. ◇ *vi* **-1.** [gen] to jump; ~ **in macchina** to jump into a car; ~ **in moto/bici** to jump on a motorbike/bike; **salta su** [macchina] jump in; [moto, bici] jump on; ~ **addosso a qn** [aggredire] to attack sb; **cosa ti salta in mente?** whatever are you thinking of?; ~ **agli occhi** to hit one in the face **-2.**: ~ **fuori** [oggetto] to turn up; [verità] to come out **-3.** [esplodere]: **far** ~ [mina] to explode; [ponte, macchina] to blow up; [cassaforte, fusibile] to blow; ~ **in aria** to blow up **-4.** [essere annullato] to be cancelled **-5.** [smettere di funzionare] to blow **-6.** [schizzar via] to pop off.

saltellare [6] *vi* to hop.

saltello *sm* hop.

salto *sm* **-1.** [balzo] jump; **fare** o **spiccare un salto** to jump; **un** ~ **nel buio** *fig* a leap in the dark **-2.** [miglioramento]: ~ **di qualità** [gen] improvement; [carriera] step up

the ladder **-3.** [breve visita]: **fare un** ~ to pop in **-4.** SPORT: ~ **in alto** high jump; ~ **con l'asta** pole vault; ~ **in lungo** long jump **-5.** [dislivello] gap.

saltuario, a *agg* occasional.

salubre *agg* healthy, salubrious *form*.

salumeria *sf* delicatessen.

salumi *smpl* cold meats.

salumiere, a *sm, f* [persona] delicatessen owner. ◆ **salumiere** *sm* [negozio] delicatessen.

salumificio *sm* cold meat factory.

salutare [6] ◇ *agg* healthy. ◇ *vt* **-1.** [incontrandosi] to say hello **-2.** [andando via] to say goodbye; ~ **qn (con la mano)** to wave to sb **-3.** [dare i saluti a] to say hello to. ◆ **salutarsi** *vr* [incontrandosi] to greet each other; [andando via] to say goodbye to each other.

salute *sf* health; **avere una** ~ **di ferro** to have a strong constitution; **far bene/male alla** ~ to be good/bad for one's health; ~**!** [per starnuto] bless you!; [in brindisi] your good health!, cheers! *UK*.

saluto *sm* [incontrandosi] greeting; [andando via] farewell; **fare un cenno di** ~ **a qn** to nod/wave to sb; **saluti** best wishes, regards; **distinti saluti** Yours faithfully *UK*, Yours truly *US*.

salva *sf*: **sparare a** ~ o **salve** to fire blanks.

salvadanaio *sm* money box *UK*, piggy bank *US*.

salvagente ◇ *sm* [a ciambella] life buoy; [giubbotto] life jacket *UK*, life preserver *US*. ◇ *agg inv* ⊳**giubbotto**.

salvaguardare [6] *vt* to safeguard, to protect.

salvaguardia *sf* protection; **a** ~ **di qc** to protect sthg.

salvare [6] *vt* to save; ~ **la vita a qn** to save sb's life; ~ **qn da qc** to save sb from sthg; ~ **le apparenze** to keep up appearances. ◆ **salvarsi** *vr* to save o.s.

salvataggio *sm* rescue; **cintura di** ~ life belt.

salvatore, trice *sm, f* saviour *UK*, savior *US*.

salvavita® ◇ *sm inv* circuit breaker. ◇ *agg inv* life-saving drug.

salve *esclam* [arrivando] hello!, hi!; [andando via] bye!

salvezza *sf* salvation.

salvia *sf* sage.

salvietta *sf* **-1.** [fazzoletto] tissue; **salviette**

umidificate wet wipes **-2.** [tovagliolo] napkin, serviette *UK*.

salvo, a *agg* **-1.** [fuori pericolo] safe **-2.** [indenne] undamaged **-3.** [onore, reputazione] unharmed. ◆ **salvo** ◇ *sm*: mettere qn in ~ to lead sb to safety; mettersi in ~ to reach safety. ◇ *prep* **-1.** [a meno di] barring; ~ imprevisti barring any unforeseen circumstances **-2.** [tranne] except (for); ~ che (+ *congiuntivo*): accetto tutto, ~ che si parli alle mie spalle I'll put up with anything except people talking behind my back; sarò a casa per le sette, ~ che il treno sia in ritardo I'll be home by seven, unless the train's late.

samba *sf* o *m inv* samba.

san = santo.

sanare [6] *vt* **-1.** [gen] to heal **-2.** [debito, deficit] to make good.

sandalo *sm* **-1.** [calzatura] sandal **-2.** [albero, essenza] sandalwood.

sangue *sm* **-1.** ANAT blood; picchiare qn a ~ to beat sb up badly; ferrire a ~ qn to make sb bleed; al ~ [bistecca] rare **-2.** *loc*: farsi cattivo ~ [prendersela] to get worked up; a ~ freddo in cold blood; tra loro non corre buon ~ there's bad blood between them.

sanguinare [6] *vi* to bleed.

sanguinoso, a *agg* bloody.

sanguisuga (*pl* **-ghe**) *sf lit & fig* leech.

sanità *sf inv* [salute] health; [sistema sanitario] health service.

sanitario, a ◇ *agg* health (*dav s*) ◇ *sm, f* doctor. ◆ **sanitari** *smpl* sanitary fittings.

San Marino *sf* San Marino.

sanno ▷sapere.

sano, a *agg* **-1.** [gen] healthy; ~ di mente sane; ~ e salvo safe and sound **-2.** [integro] intact; di sana pianta [completamente] afresh, from scratch **-3.** [onesto] wholesome.

santità *sf* sanctity. ◆ **Santità** *sf*: Sua Santità Your Holiness.

santo, a ◇ *agg* **-1.** [appellativo] (**san** *dav a sm che comincia con consonante;* **santo** *dav a sm che comincia con s + consonante, gn, ps, x, y, z;* **sant'** *dav a sm o sf che comincia con vocale*) Saint; il Santo Padre the Holy Father; San Pietro [basilica] Saint Peter's; San Silvestro [giorno] New Year's Eve; San Stefano [giorno] Boxing Day *UK*; San Valentino [festa] (Saint) Valentine's Day **-2.** [buono] sainted **-3.** *fam* [rafforzativo]: tutto il ~ giorno the whole blessed day; lascialo

dormire in santa pace! let him sleep in peace!; picchiare qn di santa ragione to give sb a good hiding **-4.** *fam* [in esclamazioni]: santa pazienza! for heaven's sake!; ~ cielo! good heavens! **-5.** [benedetto - acqua] holy; [- ostia] sacred **-6.** [divino] holy; la Santa Sede the Holy See. ◇ *sm, f* saint; i Santi [festività] All Saints' Day; ~ patrono patron saint.

santuario *sm* sanctuary.

sanzione *sf* sanction.

sapere [80] ◇ *vt* **-1.** [gen] to know; che io sappia as far as I know; far ~ qc a qn to let sb know (about) sthg; non si sa mai you never know; non volerne ~ di qn/qc not to want to have anything to do with sb/sthg **-2.** [scoprire] to find out; [sentire] to hear; hai saputo di Cristina? have you heard about Cristina?; ho saputo che parti domani I heard you're leaving tomorrow **-3.** [essere capace di]: ~ fare qc to be able to do sthg; non so guidare I can't drive; scusi, sa dirmi dov'è la banca più vicina? excuse me, can you tell me where the nearest bank is?; saperci fare con qn to have a way with sb **-4.** [lingua] to speak. ◇ *vi* **-1.** [avere sapore]: ~ di qc to taste of sthg; non saper di niente not to taste of anything **-2.** [avere odore]: ~ di qc to smell of sthg; ~ di pulito to smell clean. ◇ *sm*: il ~ knowledge.

sapiente ◇ *agg* **-1.** [abile] skilful *UK*, skillful *US* **-2.** [dotto] learned. ◇ *smf* [dotto] sage, wise man (*f* wise woman).

sapienza *sf* **-1.** [conoscenza] knowledge **-2.** [saggezza] wisdom. ◆ **Sapienza** *sf*: la Sapienza *University of Rome, la Sapienza*.

sapone *sm* soap; ~ da barba shaving soap.

saponetta *sf* (bar of) soap.

sapore *sm* flavour *UK*, flavor *US*, taste; avere/non avere ~: questa pesca non ha nessun ~ this fish doesn't taste of anything.

saporito, a *agg* **-1.** [gustoso] tasty **-2.** [salato] salty.

sarà ▷essere.

saracinesca (*pl* **-sche**) *sf* shutter.

Sarajevo *sf* Sarajevo.

sarcasmo *sm* sarcasm; parlare con ~ to speak sarcastically.

sarcastico, a, ci, che *agg* sarcastic.

sarcofago (*pl* **-gi** OR **-ghi**) *sm* sarcophagus.

Sardegna *sf*: la ~ Sardinia.

sardina *sf* sardine.

sardo, a *agg & sm, f* Sardinian.

sarebbe *(etc)* ▷**essere**.

sarei ▷**essere**.

saresti *(etc)* ▷**essere**.

sarò ▷**essere**.

sarta *sf* dressmaker.

sarto *sm* -**1**. [chi confeziona] tailor -**2**. [stilista] (fashion) designer.

sartoria *sf* -**1**. [laboratorio – da uomo] tailor's (shop); [– da donna] dressmaker's (shop); [– d'alta moda] fashion house -**2**. [attività – da uomo] tailoring; [– da donna] dressmaking; [– d'alta moda] couture.

sassata *sf*: tirare una ~ contro o a qn/qc to throw a stone at sb/sthg.

sasso *sm* -**1**. [masso] rock -**2**. [frammento] stone.

sassofono *sm* saxophone.

Satana *sm* Satan.

satellite ◇ *sm* satellite; **trasmettere/collegare via** ~ to send/link via satellite; **trasmissione/immagini via** ~ satellite transmission/pictures. ◇ *agg inv* satellite.

satira *sf* satire.

satirico, a, ci, che *agg* satirical.

Saturno *sm* Saturn.

sauna *sf* sauna; **fare la** ~ to have a sauna.

sax *sm inv* sax.

saziare [20] *vt* to satisfy; **la polenta è un cibo che sazia molto** polenta is very filling.

sazio, a *agg* full; **essere** ~ **di qc** [pieno] to have had enough sthg; [stufo] to be fed up with sthg.

sbadato, a *agg* careless.

sbadigliare [21] *vi* to yawn.

sbadiglio *sm* yawn; **fare uno** ~ to yawn.

sbafo *sm fam*: **a** ~ at sb else's expense.

sbagliare [21] ◇ *vt* -**1**. [bersaglio, mira] to miss; [calcoli, risposte] to get wrong -**2**. [confondere]: ~ **qc** to get the wrong sthg; ~ **strada** to take the wrong road; ~ **numero** [al telefono] to have the wrong number. ◇ *vi* -**1**. [in giudizio, comportamento] to be wrong; ~ **di grosso** to be seriously mistaken; **se non sbaglio** if I'm not mistaken; ~ **a fare qc** to be wrong to do sthg -**2**. [operare] to make a mistake.
➤ **sbagliarsi** *vip* to be mistaken; **sbagliarsi di grosso** to be seriously mistaken.

sbagliato, a *agg* wrong.

sbaglio *sm* mistake; **per** ~ by mistake.

sballo *sm gergo giovani* knockout; **che** ~! wicked!

sbalordire [9] *vt* to stun.

sbalordito, a *agg* stunned.

sbalzare [6] *vt* to throw.

sbalzo *sm* sudden change.

sbandare [6] *vi* to skid. ➤ **sbandarsi** *vip* to disband.

sbandato, a *sm, f* drifter, misfit.

sbaraglio *sm*: **andare o buttarsi allo** ~ to go for broke; **mandare qn allo** ~ to throw sb in at the deep end.

sbarazzare [6] *vt*: ~ **una stanza/una tavola (da qc)** to clear a room/a table (of sthg); ~ **qn da qc** to rid sb of sthg.
➤ **sbarazzarsi** *vr*: **sbarazzarsi di qn/qc** to get rid of sb/sthg.

sbarazzino, a *agg* cheeky.

sbarcare [6] ◇ *vt* -**1**. [da imbarcazione – passeggeri] to disembark; [– merci] to unload -**2**. [da mezzo di trasporto] to set down -**3**. *loc*: ~ **il lunario** to make ends meet. ◇ *vi* -**1**. [da imbarcazione] to disembark -**2**. [da mezzo di trasporto] to get off.

sbarco *(pl* -**chi**) *sm* -**1**. [di passeggeri] landing; [di merce] unloading -**2**. [militare] landing.

sbarra *sf* -**1**. [gen] bar; **alla** ~ DIR to the bar -**2**. [per passaggio] barrier -**3**. [nella danza] barre.

sbarrare [6] *vt* -**1**. [sprangare] to bar -**2**. [ostacolare] to block; ~ **la strada a qn** to bar sb's way -**3**. [spalancare]: ~ **gli occhi** to open one's eyes wide.

sbattere [7] ◇ *vt* -**1**. [battere] to beat; ~ **le palpebre** to blink -**2**. [scagliare] to slam -**3**. [mandare]: ~ **in prigione qn** to throw sb into prison; ~ **fuori qn** to throw sb out -**4**. [urtare] to bang. ◇ *vi* -**1**. [urtare] to smash -**2**. [muoversi] to bang.

sbattuto, a *agg* beaten.

sbavare [6] *vi* to dribble *UK*, to drool *US*.

sbavatura *sf* -**1**. [di colore] smudge -**2**. [imperfezione] blemish.

sberla *sf* slap; **dare una** ~ **a qn** to slap sb; **prendere a sberle qn** to give sb a hiding.

sbiadito, a *agg* faded.

sbiancare [15] ◇ *vt* to whiten. ◇ *vi* to go pale.

sbieco, a, chi, che *agg* [linea] slanting; [muro] sloping; [stoffa] bias-cut; **di o per** ~ on the slant; **guardare qn/qc di** ~ to look askance at sb/sthg.

sbigottito, a *agg* stunned.

sbilanciare [17] *vt* to throw off balance.
➤ **sbilanciarsi** *vip* -**1**. [in equilibrio] to

lose one's balance **-2**. [compromettersi] to commit o.s.

sbirciare [17] *vt* to peep (at) *UK*, to peek (at) *US*.

sbloccare [6] *vt* **-1**. [da blocco] to release **-2**. [da impedimento] to start moving again **-3**. [da divieto] to free from controls. ◆ **sbloccarsi** *vip* to get moving again.

sboccare [15] *vi*: ~ **in qc** [fiume] to flow into sthg; [strada] to lead into o to sthg.

sboccato, a *agg* [persona] foul-mouthed; [linguaggio] foul.

sbocciare [17] *vi* to bloom.

sbocco (*pl* **-chi**) *sm* **-1**. [uscita – di fiume] mouth; [– di strada] end; **strada senza ~** dead end, cul-de-sac *UK* **-2**. [possibilità] option **-3**. [commerciale] outlet.

sbornia *sf fam*: **prendersi una ~** to get plastered.

sbottonare [6] *vt* to unbutton; **sbottonarsi la giacca** to unbutton one's jacket.

sbottonato, a *agg* unbuttoned.

sbracciarsi [17] *vip* to wave (one's arms about).

sbraitare [6] *vi* to shout; ~ **contro qn** to shout at sb.

sbranare [6] *vt* to tear to pieces.

sbriciolare [6] *vt* to crumble; ~ **per terra** to get crumbs all over the floor. ◆ **sbriciolarsi** *vip* to crumble.

sbrigare [16] *vt* to deal with. ◆ **sbrigarsi** *vip* to hurry (up).

sbrigativo, a *agg* **-1**. [brusco] brusque **-2**. [superficiale] hasty.

sbrodolare [6] *vt* to dirty. ◆ **sbrodolarsi** *vr* to dirty o.s.; **ti sei tutto sbrodolato** you've spilt food all down yourself.

sbrogliare [21] *vt* **-1**. [disfare] to unravel **-2**. [risolvere] to solve; **sbrogliarsela** to sort o.s. out. ◆ **sbrogliarsi** *vr* to disentangle o.s.

sbronza *sf fam*: **prendersi una ~** to get plastered.

sbronzarsi [6] *vr fam* to get plastered.

sbronzo, a *agg fam* plastered.

sbruffone, a *sm, f* boaster; **fare lo ~** to boast.

sbucare [15] *vi* **-1**. [da tana] to pop out **-2**. [comparire] to spring (out).

sbucciare [6] *vt* **-1**. [pelare – patata, frutto] to peel; [– piselli] to shell **-2**. [ferire]: **sbucciarsi un ginocchio/un gomito** to graze one's knee/one's elbow.

sbuffare [6] *vi* [ansimare] to puff; [con impazienza] to snort.

scabroso, a *agg* risqué, indecent.

scacchiera *sf* [scacchi] chessboard; [dama] draughtboard *UK*, checkerboard *US*; **a ~** checked (*dav s*) *UK*, checkerboard (*dav s*) *US*.

scacciare [20] *vt* **-1**. [mandare via – persona] to throw out; [– animale] to chase away **-2**. [far passare] to dispel.

scacco (*pl* **-chi**) *sm* check; ~ **matto** checkmate; **dare ~ matto a qn** to checkmate sb. ◆ **scacchi** *smpl* **-1**. [gioco] chess (*U*) **-2**. [pezzo] (chess) piece **-3**. [quadri]: **a scacchi** checked (*dav s*).

scadente *agg* **-1**. [difettoso] shoddy **-2**. [alunno, preparazione] poor; [voto] unsatisfactory.

scadenza *sf* **-1**. [validità – di contratto, documento] expiry *UK*, expiration *US*; [– di cibo] use-by date; [– di medicine] expiry date; [termine] deadline **-2**. [pagamento] payment due date.

scadere [78] *vi* **-1**. [pagamento] to fall due **-2**. [validità] to expire **-3**. [in stima] to go down; **quel locale sta scadendo** that place is going downhill.

scaduto, a *agg* [documento] expired; [alimento, farmaco] past its use-by date (*non dav s*).

scaffale *sm* shelves (*pl*).

scafo *sm* hull.

scagionare [6] *vt* to exonerate.

scaglia *sf* **-1**. [di pesce] scale **-2**. [frammento] flake; **scaglie di parmigiano** parmesan shavings.

scagliare [21] *vt* to hurl; ~ **una freccia** to shoot an arrow. ◆ **scagliarsi** *vr*: **scagliarsi su** o **contro qn** to hurl o.s. at sb.

scaglione *sm* echelon; **a scaglioni** in groups.

scala *sf* **-1**. [in architettura] staircase; **cadere per la scala** o **le scale** to fall downstairs; **scendere/salire le scale** to go downstairs/ upstairs; **fare le scale** to go up o down the stairs; ~ **antincendio** fire escape; ~ **mobile** escalator **-2**. [trasportabile] ladder **-3**. [MUS & gradazione] scale; ~ **maggiore/minore** major/minor scale **-4**. [nelle carte] straight **-5**. [proporzione]: **disegno in ~** scale drawing; **questa cartina è in ~ 1 a 100** this map is drawn to a scale of 1 to 100; **su vasta** o **larga ~** on a large scale.

scalare [6] *vt* **-1**. [in alpinismo] to climb, to scale **-2**. [detrarre] to deduct.

scalatore, trice *sm, f* climber.

scaldabagno *sm* boiler, water heater.

scaldare [6] ◇ *vt* [rendere caldo] to heat,

to warm (up). ◇ *vi* [dare calore] to heat.
● **scaldarsi** ◇ *vr* to warm (o.s.) up, to get warm. ◇ *vip* **-1.** [diventare caldo] to warm up, to get warm **-2.** [irritarsi] to get heated.

scaletta *sf* **-1.** [scala] stepladder **-2.** [di programma] schedule; [di punti] list.

scalinata *sf* [all'esterno] (flight of) steps *(plural)*; [all'interno] staircase.

scalino *sm* step.

scalmanarsi [6] *vip* to work up a sweat.

scalogna *sf fam* bad luck.

scaloppina *sf* cutlet, escalope.

scalpello *sm* chisel.

scalpitare [6] *vi* to paw the ground.

scalpore *sm*: fare o suscitare ~ to cause o create a stir.

scaltro, a *agg* [persona, comportamento] shrewd; [risposta] sharp.

scalzo, a *agg* barefoot; camminare ~ to walk barefoot.

scambiare [20] *vt* **-1.** [confondere] to mistake **-2.** [sostituire] to take sthg (by mistake) **-3.** [barattare] to exchange **-4.**: ~ due parole (con qn) [dire] to speak briefly (with sb); [con tono serio] to have a word (with sb). ● **scambiarsi** *vr* [l'un l'altro] to exchange.

scambio *sm* **-1.** [confusione] mix-up **-2.** [cambio] exchange; ~ culturale cultural o language exchange **-3.** ECON trade; il libero ~ free trade.

scamiciato *sm* pinafore (dress) *UK*, jumper *US*.

scampagnata *sf* trip to the country.

scampare [6] ◇ *vt* [evitare] to avoid. ◇ *vi*: ~ da o a qc to escape sthg; scamparla (bella) *fig* to have a narrow escape.

scampo *sm* **-1.** [salvezza] safety; via di ~ way out **-2.** [crostaceo] Dublin Bay prawn.

scampolo *sm* remnant.

scanalatura *sf* groove.

scandalizzare [6] *vt* to shock. ● **scandalizzarsi** *vip* to be shocked.

scandalo *sm* scandal.

scandaloso, a *agg* shocking, scandalous.

Scandinavia *sf*: la ~ Scandinavia.

scandinavo, a, scandìnavo, a *agg, sm, f* Scandinavian.

scandire [9] *vt* **-1.** [tempo] to mark **-2.** [parole] to pronounce (properly), to articulate.

scanner *sm inv* INFORM scanner.

scansafatiche *smf inv* slacker.

scansare [6] *vt* **-1.** [colpo, pugno] to dodge

-2. [difficoltà, fatica, persona] to avoid. ● **scansarsi** *vr* to get out of the way.

scantinato *sm* basement.

scapaccione *sm* slap on the back of the head.

scapito *sm*: a ~ di qn/qc at the expense of sb/sthg, to the detriment of sb/sthg.

scapola *sf* shoulder blade.

scapolo ◇ *agg* [uomo] single, unmarried. ◇ *sm* [non sposato] bachelor.

scappamento *sm* ▷tubo.

scappare [6] *vi* **-1.** [di casa] to run away; [di prigione] to escape **-2.** [essere di fretta] to be off, to dash *UK* **-3.** [non trattenere – parole] to slip out; mi scappa da ridere I can't help laughing; mi scappa la pipì I need a pee; ~ di mano to slip out of one's hand; ~ di mente to slip one's mind.

scappatoia *sf* way out.

scarabocchio *sm* **-1.** [macchia] scribble **-2.** [parola] scrawl.

scarafaggio *sm* cockroach.

scaramanzia *sf*: per ~ (just) to be safe.

scaraventare [6] *vt* to fling, to hurl. ● **scaraventarsi** *vr* to fling o.s., to hurl o.s.

scarcerare [6] *vt* to release (from prison).

scardinare [6] *vt* to take sthg off its hinges.

scarica (*pl* **-che**) *sf* **-1.** [corrente]: ~ elettrica electrical discharge **-2.** [evacuazione]: ~ intestinale bowel movement **-3.** [di colpi] burst **-4.** [grande quantità] hail.

scaricare [15] *vt* **-1.** [posare a terra – oggetti] to deposit; [– rifiuti] to dump **-2.** [merce, bagagli] to unload **-3.** [svuotare] to unload, to empty **-4.** [sfogare] to let off **-5.** [addossare]: ~ qc su qn to dump sthg on sb **-6.** [arma] to fire **-7.** *fam* [lasciare] to dump **-8.** [riversare] to discharge. ● **scaricarsi** *vip* **-1.** [batterie, orologio] to run down **-2.** [persona] to let off steam.

scarico, a, chi, che *agg* **-1.** [batteria, pila] flat **-2.** [sveglia, orologio] run-down **-3.** [veicolo, arma] unloaded. ● **scarico** *sm* **-1.** [attività] unloading **-2.** [di rifiuti] dumping **-3.** [sostanze residue] waste; scarichi industriali industrial waste *(U)* **-4.** [convogliamento] draining **-5.** [dispositivo] waste pipe.

scarlattina *sf* scarlet fever.

scarlatto, a *agg* scarlet.

scarpa *sf* [calzatura] shoe; scarpe col tacco alto/basso high-/low-heeled shoes; scarpe da ginnastica o da tennis gym shoes, trainers.

scarpata *sf* steep slope.

scarpiera *sf* **-1.** [mobile – amadietto] shoe cupboard *UK* o closet *US*; [- aperto] shoe rack **-2.** [custodia] shoe bag.

scarpinata *sf fam* hike.

scarpone *sm* boot; **scarponi da sci** ski boots.

scarseggiare [18] *vi* **-1.** [essere scarso] to run out **-2.** [avere in scarsità]. **• di qc** to be short of sthg.

scarso, a *agg* **-1.** [non completo]: **tre metri scarsi** barely three metres **-2.** [insufficiente] insufficient; **~ di qc** short of sthg **-3.** [poco bravo]: **essere ~ in qc** to be poor at sthg.

scartare [6] *vt* **-1.** [buttare via] to throw away **-2.** [candidato, ipotesi, proposta] to reject **-3.** [pacco, caramella] to unwrap **-4.** [nel calcio] to shake off **-5.** [carta da gioco] to discard, to throw away.

scarto *sm* **-1.** [differenza] gap **-2.** [cosa scartata] reject; **di ~** reject *(dav s)* **-3.** [movimento] swerve.

scartoffie *sfpl* paperwork *(U)*.

scassare [6] *vt fam* to wreck, to bust. **• scassarsi** *vip fam* to get wrecked o bust.

scassato, a *agg* wrecked, bust.

scassinare [6] *vt* to break o force open.

scasso *sm* house-breaking, forced entry.

scatenare [6] *vt* **-1.** [provocare] to cause **-2.** [istigare] to stir up. **• scatenarsi** *vip* **-1.** [persona] to go wild **-2.** [temporale] to rage **-3.** [rivolta] to be sparked off.

scatola *sf* **-1.** [di cartone, plastica, legno] box; [di metallo, latta] can, tin *UK*; **in ~** canned, tinned *UK* **-2.** ANAT: **~ cranica** cranium. **• scatole** *sfpl mfam*: **rompere le scatole a qn** to bother sb.

scattante *agg* **-1.** [agile] nimble **-2.** [auto, motore] fast.

scattare [6] *vt* [fotografia] to take. *vi* **-1.** [saltare] to leap **-2.** [congegno] to go off **-3.** [avere inizio] to start.

scatto *sm* **-1.** [di congegno] click **-2.** [di telefono] unit **-3.** [fotografia] photo **-4.** [di atleta] spurt **-5.** [aumento] increase **-6.** [reazione] jump; **avere uno ~ di nervi** to go mad **-7.** [movimento brusco] jerk; **di ~** suddenly.

scavalcare [6] *vt* **-1.** [superare] to climb over **-2.** [passare davanti a] to overtake.

scavare [6] *vt* **-1.** *lit & fig* to dig **-2.** [resti, città] to excavate **-3.** [legno, roccia] to hollow out.

scavo *sm* excavation. **• scavi** *smpl* dig, excavation.

scegliere [86] *vt* to choose; **~ di fare qc** to choose to do sthg.

sceicco *(pl* **-chi)** *sm* sheik.

scelga *(etc)* ⊳scegliere.

scelgo *(etc)* ⊳scegliere.

scelsi *(etc)* ⊳scegliere.

scelta *sf* **-1.** [gen] choice; **dolce o frutta a ~** choice of sweet or fruit **-2.** [assortimento] selection **-3.** [qualità]: **di prima/seconda ~** first-/second-class **-4.** [raccolta] collection.

scelto, a *pp* ⊳scegliere. *agg* **-1.** [ottimo] first-class **-2.** [selezionato] selected.

scemata *sf* stupid thing.

scemenza *sf* **-1.** [inezia]: **essere una ~** to be nothing **-2.** [sciocchezza] stupid thing.

scemo, a *agg* stupid. *sm, f* fool, idiot.

scena *sf* **-1.** [gen] scene; **fare una ~ madre** to make a scene **-2.** [palcoscenico] stage; **andare in ~** [spettacolo] to be staged; [compagnia] to take to the stage; **le scene** [attività teatrale] the stage **-3.** [finzione] pretence.

scenario *sm* **-1.** TEATRO & GEO scenery **-2.** [prospettiva, contesto] scenario.

scenata *sf* scene; **fare una ~** to make a scene; **mi ha fatto una ~** he gave me a really hard time.

scendere [43] *vt* **~ le scale/i gradini** to go down the stairs/steps. *vi* **-1.** [andare, venire giù] to come/go down; **~ da qc** to come/go down from sthg **-2.**: **~ (da qc)** [da treno, autobus] to get off (sthg); [da macchina] to get out (of sthg) **-3.** [diminuire] to go down, to fall **-4.** [strada] to go down(wards) *UK* o down(ward) *US*.

sceneggiata *sf* **-1.** [messinscena] pretence **-2.** TEATRO: **~ napoletana** Neapolitan melodrama.

sceneggiato, a *agg* dramatized. **• sceneggiato** *sm* dramatization.

sceneggiatura *sf* screenplay.

scenografia *sf* **-1.** [attività] CIN set design; TEATRO stage design **-2.** [scene] sets *(pl)*.

sceriffo *sm* sheriff.

scesi *(etc)* ⊳scendere.

sceso, a *pp* ⊳scendere.

scettico, a, ci, che *agg* sceptical *UK*, skeptical *US*.

scettro *sm* **-1.** [bastone] sceptre *UK*, scepter *US* **-2.** [potere] crown.

scheda *sf* **-1.** [modulo] form **-2.** SCOL: **~ di valutazione** report *UK*, report card *US* **-3.** [per votare]: **~ elettorale** ballot paper **-4.**

INFORM card **-5**. [tessera]: ~ **telefonica** phonecard **-6**. [in giornale, libro] contents page.

schedare [6] *vt* **-1**. [catalogare – documento] to file; [– libro] to catalogue *UK*, to catalog *US* **-2**. [registrare] to keep a record on sb.

schedario *sm* **-1**. [archivio] card index, card catalogue *UK* o catalog *US* **-2**. [mobile] filing cabinet.

schedina *sf* coupon.

scheggia (*pl* **-ge**) *sf* splinter.

scheletro *sm* **-1**. [del corpo] skeleton **-2**. [struttura] framework.

schema (*pl* **-i**) *sm* **-1**. [modello – di lavoro a maglia, a uncinetto] **pattern**; [– nella meccanica, bricolage] **diagram -2**. [bozza] plan, outline.

schematico, a, ci, che *agg* **-1**. [sintetico] schematic **-2**. [rigido] rigid.

scherma *sf* fencing.

schermo *sm* **-1**. [gen] screen **-2**. [protezione] screen, shield; ~ **solare** [crema] sunscreen **-3**. [dispositivo] shield.

scherno *sm* scorn.

scherzare [6] *vi* **-1**. [gen] to joke **-2**. [giocare] to play; ~ **col fuoco** to play with fire.

scherzo *sm* **-1**. [gen] joke; **fare uno ~ a qn** to play a joke on sb; **scherzi a parte** joking aside; **per ~** as o for a joke; **brutto ~** [sorpresa spiacevole] dirty trick **-2**. [cosa facile] child's play (*U*).

scherzoso, a *agg* **-1**. [affermazione, tono] joking **-2**. [persona] fun (*dav s*).

schiaccianoci *sm inv* nutcracker.

schiacciante *agg* overwhelming.

schiacciare [17] *vt* **-1**. [gen] to crush; **schiacciarsi un dito** [nella porta] to crush one's finger; [con un martello] to smash one's finger **-2**. [noci] to crack; [patate] to mash **-3**. [premere] to press **-4**. SPORT to smash **-5**. *loc.*: ~ **un pisolino** to take a nap. ➤ **schiacciarsi** *vip* to get squashed.

schiacciata *sf* **-1**. SPORT smash **-2**. [pane] focaccia.

schiacciato, a *agg* squashed.

schiaffeggiare [18] *vt* to slap.

schiaffo *sm* slap; **prendere a schiaffi qn** to slap sb.

schiamazzo *sm* noise; **schiamazzi notturni** breach of the peace.

schiantare [6] *vt* to smash. ➤ **schiantarsi** *vip* to smash, to crash.

schianto *sm* **-1**. [scontro] smash, crash **-2**. [rumore] crash **-3**. *fam* [meraviglia] stunner.

schiarire [9] *vt* [immagine] to make brighter; [capelli] to bleach, to lighten; **schiarirsi la voce** to clear one's throat. ➤ **schiarirsi** *vip* [cielo, tempo] to brighten (up).

schiavitù *sf* **-1**. *lit & fig* slavery **-2**. [da vizio] addiction.

schiavo, a <> *agg* **-1**. [non libero] enslaved **-2**. [dipendente]: **essere ~ di qn/qc** [famiglia, lavoro] to be tied down by sb/sthg; **essere ~ di qc** [vizio] to be addicted to sthg. <> *sm, f* STORIA slave.

schiena *sf* ANAT back.

schienale *sm* back.

schiera *sf* **-1**. [gran numero] host **-2**. MIL troops (*pl*).

schieramento *sm* **-1**. [raggruppamento] group **-2**. [di truppe] formation **-3**. [formazione] lineup.

schifato, a *agg* disgusted.

schifezza *sf* **-1**. [cosa disgustosa] disgusting thing **-2**. [cibo malsano] junk.

schifo *sm* **-1**. [ribrezzo] disgust; **fare ~** to be disgusting; **mi fa ~** it makes me sick **-2**. [cosa ripugnante] disgusting thing **-3**. [cosa malriuscita] dreadful thing.

schifoso, a *agg* **-1**. [gen] disgusting **-2**. [pessimo] awful.

schioccare [15] *vt* [dita] to snap; [lingua] to click; [bacio] to plant.

schiudersi [31] *vip* to open.

schiuma *sf* **-1**. [della birra, del latte] froth; [dell'acqua di cottura] scum; [del mare] foam **-2**. [di sapone] bubbles (*pl*), foam; **fare ~** to lather; ~ **da barba** shaving foam.

schiuso, a *pp* ⊳ schiudersi.

schivare [6] *vt* to dodge.

schivo, a *agg* shy.

schizofrenico, a, ci, che *agg, sm, f* schizophrenic.

schizzare [6] <> *vt* **-1**. [gettare] to splash **-2**. [sporcare]: ~ **qc/qn di qc** to splash sb/sthg with sthg. <> *vi* **-1**. [spruzzare] to spatter **-2**. [scappare] to dash (off o away); ~ **giù dal letto** to jump out of bed. ➤ **schizzarsi** *vip* [sporcarsi] to splash o.s.

schizzinoso, a *agg* fussy.

schizzo *sm* **-1**. [macchia] stain **-2**. [spruzzo] splash **-3**. [disegno] sketch.

sci *sm inv* **-1**. [sport] skiing; ~ **alpino** downhill o Alpine skiing; ~ **di fondo** cross-country skiing; ~ **nautico** water skiing **-2**. [attrezzo] ski.

scia *sf* **-1**. [traccia] trail **-2**. [di nave, aereo] wake.

sciacallo *sm* **-1**. [animale] jackal **-2**. *spreg* [persona] looter.

sciacquare [6] *vt* **-1.** [pulire] to wash **-2.** [togliere il sapone] to rinse.

sciacquo *sm* mouthwash.

sciacquone *sm* flush.

sciagura *sf* **-1.** [disgrazia] disaster **-2.** [incidente] accident.

scialbo, a *agg* **-1.** [insignificante] dull **-2.** [pallido] pale.

scialle *sm* shawl.

scialuppa *sf* launch; ∼ **di salvataggio** lifeboat.

sciame *sm* swarm.

sciare [22] *vi* to ski.

sciarpa *sf* scarf.

sciatica *sf* sciatica.

sciatore, trice *sm, f* skier.

sciatto, a *agg* slovenly.

scientifico, a, ci, che *agg* scientific.

scienza *sf* **-1.** [attività scientifica] science **-2.** [sapere] knowledge. ◆ **scienze** *sfpl* [materia] science *(U)*; **scienze naturali** natural sciences; **scienze politiche** political science *(U)*.

scienziato, a *sm, f* scientist.

scimmia *sf* [con coda] monkey; [più grande, senza coda] ape.

scimpanzè *sm inv* chimpanzee.

scintilla *sf* spark.

scintillante *agg* [occhi, bicchiere] sparkling; [pavimento, macchina, pentola] shining; [luce, stelle] twinkling.

scioccare [15] *vt* to shock.

sciocchezza *sf* **-1.** [stupidaggine] nonsense **-2.** [cosa facile] doddle *UKfam,* snap *USfam* **-3.** [inezia] nothing.

sciocco, a, chi, che ◇ *agg* silly. ◇ *sm, f* fool.

sciogliere [86] *vt* **-1.** [slegare – nodo, lacci] to untie, to undo; [– capelli] to untie, to let down; [– fibbia] to unfasten **-2.** [liquefare] to melt **-3.** [contratto] to cancel; [società] to dissolve, to wind up **-4.** [cane, cavallo, persona] to untie **-5.** [seduta] to end; [manifestazione, corteo] to break up; [assemblea] to dissolve **-6.** [dubbio] to resolve; [enigma, mistero] to solve **-7.** [muscoli] to loosen up. ◆ **sciogliersi** ◇ *vr* [liberarsi]: **sciogliersi da qc** to slip sthg. ◇ *vip* **-1.** [nodo, lacci] to come untied o undone **-2.** [liquefarsi] to melt **-3.** [gruppo musicale] to split up; [società] to be dissolved, to be wound up.

sciolina *sf* wax *(for skis).*

sciolto, a ◇ *pp* ⊳ **sciogliere**. ◇ *agg* **-1.** [agile] agile **-2.** [disinvolto] relaxed **-3.** [sle-

gato] untied, undone **-4.** [sfuso] loose, by weight.

scioperare [6] *vi* to strike.

sciopero *sm* strike; **fare** ∼ to go on strike; ∼ **della fame** hunger strike; **in** ∼ on strike.

sciovia *sf* ski lift.

sciovinista, i, e *agg & smf* chauvinist.

scippare [6] *vt* [persona] to mug; [borsa] to snatch, to steal.

scippo *sm* mugging.

scirocco *sm* sirocco.

sciroppo *sm* **-1.** [medicinale] medicine, mixture **-2.** [per bevande] syrup.

sciupare [6] *vt* **-1.** [rovinare] to spoil **-2.** [sprecare] to waste. ◆ **sciuparsi** *vip* **-1.** [fisico] to waste (away), to become thin **-2.** [rovinarsi – stoffa] to wear (out); [– mani, labbra] to get chapped.

scivolare [6] *vi* **-1.** [cadere] to fall **-2.** [scappare] to slip **-3.** [muoversi] to slide.

scivolo *sm* slide, chute.

scivolone *sm* **-1.** [caduta] (bad) fall **-2.** [errore] slip-up.

scivoloso, a *agg* slippery.

scoccare [15] ◇ *vt* **-1.** [ora] to strike **-2.** [freccia] to shoot. ◇ *vi* **-1.** [ora] to strike **-2.** [scintilla] to fly.

scocciare [17] *vt fam* [seccare] to annoy, to irritate. ◆ **scocciarsi** *vip fam* **-1.** [stufarsi]. **scocciarsi di qc/di fare qc** to get fed up with sthg/with doing sthg **-2.** [annoiarsi] to get bored **-3.** [seccarsi] to get annoyed.

scocciatura *sf fam* pain (in the neck), bother.

scodella *sf* **-1.** [contenitore] bowl **-2.** [contenuto] bowl, bowlful.

scodinzolare [6] *vi* [cane] to wag its tail.

scogliera *sf* [roccia] rocks *(pl)*; [promontorio] cliff.

scoglio *sm* **-1.** [roccia] rock **-2.** [difficoltà] stumbling block.

scoiattolo *sm* squirrel.

scolapasta *sm inv* colander.

scolapiatti *sm inv* [superficie] draining board *UK,* drainer *UK,* drainboard *US*; [rastrelliera] plate rack *UK,* drainer *UK.*

scolaresca, sche *sf* [gruppo, classe] class; [scolari di una scuola] school.

scolaro, a *sm, f* schoolboy (*f* schoolgirl), schoolchild.

scolastico, a, ci, che *agg* **-1.** [libro, anno, gita, aula] school *(dav s)* **-2.** [programma] educational.

scoliosi *sf inv* scoliosis.

scollare [6] *vt* to unstick. ➤ **scollarsi** *vip* to come unstuck.

scollato, a *agg* -1. [abito, blusa] low-necked -2. [persona] wearing a low-necked top o dress.

scollatura *sf* neck, neckline.

scolorire [9] ◇ *vt* [tessuto] to fade. ◇ *vi* -1. [tessuto] to fade -2. [persona] to go pale. ➤ **scolorirsi** *vip* [tessuto] to fade.

scolpire [9] *vt* -1. [materiale, statua] to sculpt -2. [incidere] to carve -3. *fig* [imprimere] to imprint.

scolpito, a *agg* -1. [legno] carved; [marmo] sculpted -2. *fig* [impresso] imprinted.

scombro *sm* = sgombro.

scombussolare [6] *vt* -1. [piani, vita] to turn upside down -2. [frastornare] to unsettle, to disorient.

scommessa *sf* bet; fare una ~ to make o place a bet.

scommesso, a *pp* ▷scommettere.

scommettere [71] *vt* to bet; scommetto che... I bet (that)...

scomodare [6] *vt* [disturbare] to inconvenience. ➤ **scomodarsi** *vr* -1. [spostarsi] to get up -2. [disturbarsi] to put o.s. out.

scomodo, a *agg* -1. [mobile, posizione] uncomfortable -2. [difficile] awkward.

scomparire [105] *vi* -1. [sparire] to disappear -2. *eufem* [morire] to pass away.

scomparsa *sf eufem* passing away.

scomparso, a *pp* ▷scomparire.

scompartimento *sm* compartment; ~ stagno watertight compartment.

scomparto *sm* section.

scompigliare [21] *vt* to mess up. ➤ **scompigliarsi** *vip* to get messed up.

scompiglio *sm* consternation.

scomporre [96] *vt* -1. [suddividere] to divide -2. [capelli] to mess up; [abiti] to disturb. ➤ **scomporsi** *vip* [agitarsi] to lose one's composure.

scomposto, a ◇ *pp* ▷scomporre. ◇ *agg* -1. [in disordine] in a mess -2. [sconveniente] unseemly.

sconcio, a, ci, ce *agg* obscene. ➤ **sconcio** *sm* disgrace.

sconfiggere [50] *vt* -1. [nemico, avversario] to defeat -2. SPORT to defeat, to beat -3. [paura] to overcome -4. [malattia] to get over.

sconfinare [6] *vi* [oltrepassare i confini – terreno] to cross; [– regola, indicazione] to go too far.

sconfinato, a *agg* boundless.

sconfitta *sf* defeat.

sconfitto, a ◇ *pp* ▷sconfiggere. ◇ *sm, f* [vinto] defeated person.

sconforto *sm* dejection.

scongelare [6] *vt* to defrost. ➤ **scongelarsi** *vip* to defrost.

scongiurare [6] *vt* -1. [supplicare] to implore -2. [evitare] to ward off.

sconnesso, a *agg* -1. [accidentato] uneven -2. [incongruente] disjointed.

sconosciuto, a ◇ *agg* unknown. ◇ *sm, f* stranger.

sconsiderato, a ◇ *agg* -1. [gesto] rash -2. [persona] thoughtless. ◇ *sm, f* [persona avventata] thoughtless person.

sconsigliare [21] *vt*: ~ qc a qn to advise sb against sthg; ~ a qn di fare qc to advise sb not to do sthg.

scontare [6] *vt* -1. [espiare] to serve -2. [prezzo, merce, prodotto] to discount.

scontato, a *agg* -1. [meno caro] discounted -2. [prevedibile] predictable; dare qc per ~ to take sthg for granted.

scontento, a *agg*: ~ (di qc) unhappy (with sthg). ➤ **scontento** *sm* discontent.

sconto *sm* discount; fare o praticare uno ~ to give a discount.

scontrarsi [6] ◇ *vr* -1. [veicoli] to collide -2. [combattersi, litigare] to clash. ◇ *vip* -1. [veicolo]: ~ con qc to collide with sthg -2. [combattere, litigare]: ~ con qn to clash with sb.

scontrino *sm*: ~ (fiscale) (tax) receipt.

scontro *sm* -1. [incidente d'auto] collision, crash -2. [combattimento] clash; ~ a fuoco shoot-out -3. [litigio] quarrel.

scontroso, a ◇ *agg* [asociale] antisocial; [permaloso] touchy. ◇ *sm, f* [asociale] antisocial person; [permaloso] touchy person.

sconvolgente *agg* upsetting.

sconvolgere [48] *vt* -1. [devastare] to devastate -2. [turbare] to upset -3. [mandare all'aria] to upset, to ruin.

sconvolto, a ◇ *pp* ▷sconvolgere. ◇ *agg* upset.

scopa *sf* -1. [per spazzare] broom -2. [gioco di carte] scopa, *Italian card game*.

scopare [6] *vt* -1. [spazzare] to sweep -2. *volg* [fare sesso] to screw, to shag *UK*.

scoperta *sf* discovery.

scoperto, a ◇ *pp* ▷scoprire. ◇ *agg* -1. [pentola] uncovered, without a lid -2. [parte del corpo] bare -3. BANCA [conto] overdrawn; [assegno] uncovered.

scopo *sm* aim; **allo** ~ **di fare qc** in order to do sthg.

scoppiare [20] *vi* -**1.** [spaccarsi] to burst -**2.** [esplodere] to explode, to go off *(inf)* -**3.** [prorompere]: ~ **a piangere** to burst into tears; ~ **a ridere** to burst out laughing -**4.** [iniziare] to break out.

scoppiettare [6] *vi* -**1.** [motore] to sputter -**2.** [legna, castagne] to crackle.

scoppio *sm* -**1.** [di tubatura, pallone] burst -**2.** [di bomba] explosion -**3.** [di guerra, risa, ira] outbreak -**4.** TECNOL: **motore a** ~ internal combustion engine.

scoprire [98] *vt* -**1.** [gen] to discover -**2.** [parte del corpo] to expose. ◆ **scoprirsi** *vr* -**1.** [spogliarsi] to take off one's clothes; [togliere le coperte] to throw off the bedclothes -**2.** [rivelarsi] to show one's hand.

scoraggiare [18] *vt* to discourage. ◆ **scoraggiarsi** *vip* to get discouraged.

scorbutico, a, ci, che *agg* cantankerous.

scorciatoia *sf* short cut.

scorcio *sm* -**1.** [vista] glimpse -**2.** [periodo] close.

scordare [6] *vt* [dimenticare] to forget; [lasciare] to leave *(by mistake)*; **scordarsi qc** to forget sthg; **ho scordato il borsellino in macchina** I've left my bag in the car. ◆ **scordarsi** *vip* [dimenticarsi]: **scordarsi di qc/fare qc** to forget sthg/to do sthg.

scoreggiare [6] *vi mfam* to fart.

scorgere [46] *vt* to glimpse.

scoria *sf* [residuo minerale] slag; [di un volcano] scoria; **scorie radioattive** nuclear waste *(U)*.

scorpacciata *sf* feast; **farsi una** ~ **di qc** to gorge o.s. on sthg.

scorpione *sm* ZOOL scorpion. ◆ **Scorpione** *sm* [segno zodiacale] Scorpio; **essere dello Scorpione** to be (a) Scorpio.

scorrazzare [6] *vi* [a piedi] to run around; [in auto, moto] to drive around.

scorrere [65] ◇ *vi* -**1.** [spostarsi] to run (smoothly) -**2.** [fluido] to run, to flow -**3.** [tempo] to fly. ◇ *vt* [leggere] to run o cast one's eye over sthg.

scorrettezza *sf* -**1.** [atteggiamento] unfairness; **con** ~ unfairly -**2.** [atto scorretto] unfair act.

scorretto, a *agg* unfair.

scorrevole *agg* -**1.** [porta] sliding -**2.** [stile] flowing.

scorso, a ◇ *pp* ▷ **scorrere**. ◇ *agg* last.

scorta *sf* -**1.** [accompagnamento] escort -**2.** [riserva] supply, stock; **fare** ~ **di qc** to stock up on sthg -**3.** ▷ **ruota**.

scortare [6] *vt* to escort.

scortese *agg* rude.

scortesia *sf* -**1.** [atteggiamento] rudeness -**2.** [atto villano] rude action.

scorto, a *pp* ▷ **scorgere**.

scorza *sf* peel.

scosceso, a *agg* steep.

scossa *sf* -**1.** [movimento]: ~ **tellurica** o **di terremoto** earth tremor -**2.** ELETTR: ~ **(elettrica)** electric shock; **prendere la** ~ to get an electric shock -**3.** [emozione] shock.

scossi *(etc)* ▷ **scuotere**.

scosso, a ◇ *pp* ▷ **scuotere**. ◇ *agg* shocked.

scostante *agg* off-putting.

scostare [6] *vt* to move aside. ◆ **scostarsi** *vr* to stand aside.

scotch¹ [skɔtʃ] *sm inv* [whisky] (Scotch) whisky *UK* o whiskey *US*, Scotch.

scotch²® [skɔtʃ] *sm inv* [nastro adesivo] Sellotape® *UK*, Scotch tape® *US*.

scottadito ◆ **a scottadito** *agg* piping hot.

scottare [6] ◇ *vt* [con fuoco, cosa calda] to burn; [con liquido caldo] to scald; **scottarsi la lingua bevendo il caffè** to burn one's tongue drinking coffee; **scottarsi una mano con l'acqua bollente** to scald one's hand with boiling water. ◇ *vi* -**1.** [pentola, bevanda] to be extremely hot -**2.** [sole] to be burning. ◆ **scottarsi** *vip* -**1.** [al sole] to burn -**2.** [con fuoco, oggetto] to burn o.s.; [con liquido] to scald o.s. -**3.** *fig* [con esperienza] to get one's fingers burnt *UK* o burned *US*.

scottatura *sf* -**1.** [bruciatura] burn -**2.** [esperienza negativa]: **prendersi una** ~ to get one's fingers burnt *UK* o burned *US*.

scotto, a *agg* overcooked.

scout [s'kaut] *smf inv* (Boy) Scout, (*f* (Girl) Guide) *UK*, Scout *US*.

scovare [6] *vt* -**1.** [animale, ladro] to flush out -**2.** [novità] to discover.

Scozia *sf*: **la** ~ Scotland.

scozzese ◇ *agg* Scottish. ◇ *smf* Scot, Scotsmann (*f* Scotswoman).

screditare [6] *vt* to discredit. ◆ **screditarsi** *vip* to lose face.

scremato, a *agg* skimmed *UK*, skim *US*.

screpolato, a *agg* chapped.

screziato, a *agg* streaked.

scricchiolare [6] *vi* to creak.

scrissi *(etc)* ▷ **scrivere**.

scritta *sf* (piece of) writing.

scritto, a ◇ *pp* ▷scrivere. ◇ *agg* written. ◆ **scritto** *sm* -1. [opera] (piece of) writing -2. [esame] written exam.

scrittore, trice *sm, f* writer.

scrittura *sf* -1. [gen] writing -2. [contratto] contract. ◆ **Scrittura** *sf*: la Sacra Scrittura the Scriptures *(pl)*.

scrivania *sf* (writing) desk.

scrivere [73] ◇ *vt* [gen] to write ; scriversi qc to write sthg (down); [a macchina, computer] to type. ◇ *vi* [gen] to write; [a macchina, computer] to type.

scroccare [15] *vt fam* to scrounge.

scrofa *sf* -1. [maiale] sow -2. [cinghiale] wild boar.

scrollare [6] *vt* [scuotere] to shake; ~ il capo to shake one's head; ~ le spalle to shrug one's shoulders; scrollarsi un peso di dosso *fig* to lighten one's load. ◆ **scrollarsi** *vip fig* to stir o.s.

scrosciare [19] *vi* to pour.

scroscio *sm* roar.

scrostare [6] *vt* [intonaco] to scrape off. ◆ **scrostarsi** *vip* -1. [intonaco, vernice] to flake off -2. [parete] to peel.

scrupolo *sm* -1. [timore] scruple; senza scrupoli unscrupulous; farsi (degli) scrupoli to hold back -2. [diligenza] great care.

scrupoloso, a *agg* -1. [diligente] diligent -2. [benfatto] meticulous.

scrutinio *sm* -1. [di scheda elettorale] ballot; lo ~ delle schede the counting of the votes -2. SCOL assignment of marks *UK* o grades *US* for the term.

scucire [99] *vt* -1. [disfare] to unpick -2. *fam* [pagare] to fork out. ◆ **scucirsi** *vip* [disfarsi] to come apart.

scuderia *sf* stable.

scudetto *sm* SPORT shield.

scudo *sm lit & fig* shield; fare da ~ a qn to shield sb.

sculacciare [17] *vt* to smack.

scultore, trice *sm, f* sculptor (*f* sculptress).

scultura *sf* sculpture.

scuola *sf* school; ~ elementare primary *esp UK* o elementary *US* school; ~ guida driving school; ~ materna nursery school; ~ media middle school (*for 11-13 year-olds*); ~ superiore secondary school, high school; ~ dell'obbligo compulsory education.

scuotere [70] *vt lit & fig* to shake; ~ la testa to shake one's head; scuotersi qc di dosso *fig* to shake sthg off. ◆ **scuotersi** *vip*

-1. [agitarsi] to jump -2. *fig* [risvegliarsi] to stir o.s.

scure *sf* axe *UK*, ax *US*.

scurire [9] *vt* to darken. ◆ **scurirsi** *vip* -1. [gen] to darken, to get darker -2. [rabbuiarsi]: si scurì in volto his face darkened.

scuro, a *agg* -1. [gen] dark; essere ~ di capelli to be dark-haired; essere ~ di carnagione to have a dark complexion -2. [accigliato] grim. ◆ **scuro** *sm* -1. [tonalità cupa] dark colour *UK* o color *US* -2. [imposta] shutter.

scurrile *agg* vulgar.

scusa *sf* -1. [perdono] apology; fare le proprie scuse to make one's apologies; chiedere ~ a qn (di qc) to apologize to sb (for sthg) -2. [motivazione, pretesto] excuse.

scusare [6] *vt* to excuse; scusate il ritardo! sorry for being late!; (mi) scusi, mi può dire l'ora? excuse me, can you tell me the time?; scusami, non l'ho fatto apposta I'm sorry, I didn't do it on purpose. ◆ **scusarsi** *vr* -1. [chiedere scusa] to apologize; scusarsi (con qn) di o per qc to apologize (to sb) for sthg -2. [giustificarsi] to find an excuse.

sdebitarsi [6] *vr* to repay; ~ con qn per qc to repay sb for sth.

sdegno *sm* [disprezzo] scorn; [indignazione] indignation.

sdoppiarsi [20] *vip*: mi si è sdoppiata la vista I'm seeing double.

sdraiare [20] *vt* to lay down. ◆ **sdraiarsi** *vr* to lie down.

sdraiato, a *agg* lying down (*non dav s*).

sdraio ◇ *sf inv* deckchair. ◇ *agg inv* ▷sedia.

sdrammatizzare [6] *vt* to play down.

sdrucciolevole *agg* slippery.

se ◇ *pron pers* -1. ▷si -2. ▷sé. ◇ *cong* -1. [condizionale] if; ~ fossi in te/lui etc if I were you/him etc -2. [interrogativa indiretta, dubitativa] whether, if -3. *loc*: ~ mai (+ *congiuntivo*) if ever; ~ no otherwise, or else.

sebbene *cong* (+ *congiuntivo*) although, (even) though.

sec. (*abbr di* secolo) c.

secca (*pl* -che) *sf* -1. [rilievo sottomarino] bank -2. [siccità]: essere in ~ to be dry.

seccare [15] ◇ *vt* -1. [asciugare] to dry -2. [infastidire] to annoy; ti seccherebbe abbassare la radio? would you mind turning down the radio? ◇ *vi* [asciugarsi] to dry. ◆ **seccarsi** *vip* -1. [asciugarsi - fiori] to wither; [– terra, fiume] to dry up; [– pelle] to become dry **-2.** [risentirsi] to get annoyed.

seccato, a *agg* annoyed.

seccatore, trice *sm, f* [persona molesta] nuisance.

seccatura *sf* [fastidio] nuisance.

secchiello *sm* **-1.** [piccolo secchio]: ~ **del ghiaccio** ice bucket **-2.** [giocattolo] bucket.

secchio *sm* bucket; ~ **della spazzatura** dustbin *UK*, garbage can *US*, trash can *US*.

secchione, a *sm, f fam* swot *UK*, grind *US*.

secco, a, chi, che *agg* **-1.** [gen] dry; **avere la gola secca** to be thirsty **-2.** [frutta, fiori] dried; [foglia] dead **-3.** [magro] skinny **-4.** [ordine, tono] brusque; [tiro, colpo] sharp; **rispondere con un no** ~ to refuse point-blank. ◆ **secco** *sm* **-1.** [asciutto]: **lavare a** ~ to dry-clean **-2.** [riva]: **tirare in** ~ to beach.

secentesco *agg* = **seicentesco**.

secolo *sm* century; **un** ~ [molto tempo] ages (*pl*).

seconda *sf* **-1.** AUTO second (gear) **-2.** SCOL second year **-3.** [classe viaggiatori] second class. ◆ **a seconda di** *prep* depending on.

secondario, a *agg* [scuola, istruzione] secondary; **scuola secondaria inferiore** o **di primo grado** ≃ middle school (*for 11-13 year-olds*); **scuola secondaria superiore** o **di secondo grado** ≃ secondary school (*for 14-18 year-olds*), ≃ high school; **strada secondaria** B-road *UK*, minor road; **linea secondaria** branch line; **una questione secondaria** a matter of minor importance.

secondo, a ◇ *agg* second; **di seconda mano** secondhand; **merce di seconda scelta** seconds (*pl*). ◇ *sm, f* [in serie] second. ◆ **secondo** ◇ *sm* **-1.** [tempo] second; **un** ~, **arrivo!** just a second, I'm coming! **-2.** [portata] main course. ◇ *prep* **-1.** [conformemente a] in accordance with **-2.** [stando a, in rapporto a] according to; ~ **me/te/lui** in my/your/his opinion **-3.** [in base a] depending on; *vedi anche* **sesto**.

secondogenito, a ◇ *agg* second(-born). ◇ *sm, f* second son, second daughter.

sedano *sm* celery; ~ **rapa** celeriac.

sedativo, a *agg* sedative. ◆ **sedativo** *sm* sedative.

sede *sf* **-1.** [di ente, istituzione – principale] (head) office; [– secondaria] (branch) office; **la** ~ **del governo** the seat of

government; ~ **legale** DIR registered office **-2.** [domicilio] residence **-3.** RELIG see **-4.** [di attività, manifestazione] venue.

sedentario, a *agg* sedentary.

sedere [77] ◇ *sm* [posteriore] bottom. ◇ *vi* [stare seduto] to sit; **mettersi a** ~ to sit down. ◆ **sedersi** *vip* to sit down.

sedia *sf* chair; ~ **a dondolo** rocking-chair; ~ **elettrica** electric chair; ~ **a rotelle** wheelchair; ~ **a sdraio** deckchair.

sedicenne ◇ *agg* sixteen-year-old (*davs*). ◇ *smf* sixteen-year-old boy (*f* sixteen-year-old girl).

sedicesimo, a *agg num, sm f* sixteenth. ◆ **sedicesimo** *sm* sixteenth; *vedi anche* **sesto**.

sedici *agg num inv & sm inv* sixteen; *vedi anche* **sei**.

sedile *sm* seat.

sedotto, a *pp* ⊳ **sedurre**.

seducente *agg* **-1.** [attraente] seductive **-2.** [allettante] tempting.

sedurre [95] *vt* **-1.** [sessualmente] to seduce **-2.** [affascinare] to tempt.

seduta *sf* session; ~ **stante** *fig* at once.

seduttore, trice *sm, f* seducer.

sega (*pl* **-ghe**) *sf* **-1.** [attrezzo] saw; ~ **elettrica** electric saw **-2.** *volg* [masturbazione] wank *UK*, hand job; **farsi una** ~ to have a wank *UK*, to jerk off.

segale *sf* rye.

segare [16] *vt* **-1.** [tagliare] to saw **-2.** [stringere] to cut into.

segatura *sf* sawdust.

seggio *sm* **-1.** [posto, carica] seat **-2.**: ~ **(elettorale)** [locale] polling station; [persone] scrutineers.

seggiola *sf* seat.

seggiolino *sm* **-1.** [gen] seat **-2.** AUTO car seat.

seggiolone *sm* high chair.

seggiovia *sf* chairlift.

segmento *sm* **-1.** GEOM segment **-2.** [parte di oggetto] piece.

segnalare [6] *vt* **-1.** [con segnale] to signal **-2.** [rendere noto] to report **-3.** [raccomandare] to recommend.

segnalazione *sf* **-1.** [segnale] signal; **segnalazioni stradali** road signs **-2.** [comunicazione] report **-3.** [raccomandazione] recommendation.

segnale *sm* **-1.** [segno] signal; ~ **orario** time signal; ~ **stradale** road sign **-2.** [dispositivo]: ~ **d'allarme** alarm (signal) **-3.** [di telefono] tone; ~ **di libero** dialling

UK o dial *US* tone; ~ **di occupato** engaged tone *UK*, busy signal *US*.

segnaletica *(pl* -che) *sf* signs *(pl)*; ~ **luminosa** traffic lights *(pl)*; ~ **verticale** traffic signs *(pl)*; ~ **orizzontale** road markings *(pl)*; ~ **ferroviaria** railway *UK* o railroad *US* signals *(pl)*.

segnalibro *sm* bookmark.

segnare [23] *vt* -1. [gen] to mark -2. [annotare] to note down -3. [indicare – orologio, termometro] to say; [– evento, suono] to mark, to signal -4. SPORT to score.

segno *sm* -1. [gen] sign; **dare segni di qc** to show signs of sthg; **non dare segni di vita** to show no signs of life; **fare ~ a qn di fare qc** to signal to sb to do sthg; **fare ~ con la testa** to nod; **fare ~ di sì/no** to nod/shake one's head; **segni di punteggiatura** punctuation marks; **segni algebrici** algebraic symbols; ~ **zodiacale** sign of the Zodiac -2. [attestazione] token; **in ~ di qc** as a sign of sthg -3. [marchio grafico] mark; **perdere/tenere il ~** to lose/keep one's place -4. [traccia] mark, trace; **lasciare il ~** *fig* to leave his/her/its mark; **segni particolari** distinguishing marks -5. [bersaglio] target; **colpire nel ~** *fig* [indovinare] to make a lucky guess.

segretario, a *sm, f* secretary; ~ **di Stato** Secretary of State.

segreteria *sf* -1. [ufficio] secretary's office -2. [carica] secretariat -3.: ~ **telefonica** [apparecchio] answering machine; [servizio] answering service.

segreto, a *agg* secret; **tenere ~ qc** to keep sthg secret. ◆ **segreto** *sm* -1. [gen] secret; **mantenere un ~** to keep a secret; **in ~** in secret -2. [obbligo] secrecy; ~ **professionale** professional secrecy.

seguace *smf* follower.

seguente *agg* following.

seguire [8] ◇ *vt* -1. [gen] to follow; ~ **la moda** to follow fashion -2. [assistere] to supervise -3. [corso] to take. ◇ *vi* [venire dopo] to follow.

seguitare [6] ◇ *vt* to continue. ◇ *vi*: ~ **a fare qc** to continue doing sthg.

seguito *sm* -1. [scorta] entourage -2. [consenso] following -3. [proseguimento] continuation; **di ~** in a row; **in ~** later (on) -4. [conseguenza]: **avere/non avere (un) ~** to have/have no consequences.

sei ◇ → **essere**. ◇ *agg num inv* six; **il giorno ~** the sixth day; **ha ~ anni** he's six (years old); **a pagina ~** on page six. ◇ *sm inv* -1. [gen] six; **contare fino a ~** to count up to six; ~ **di noi/voi** six of us/

you; **siamo (in) ~** there are six of us; **ce ne sono ~** there are six of them; **il ~ di picche/quadri** the six of spades/diamonds -2. [negli indirizzi] (number) six -3. [nelle date] sixth; **il ~ (di) agosto/febbraio** the sixth of August/February. ◇ *sfpl* [ora]: **le ~** six (o'clock); **sono le ~ (di mattina/sera)** it's six (o'clock) (in the morning/the evening).

seicentesco, a, schi, sche *agg* seventeenth-century.

Seicento *sm*: **il ~** the seventeenth century.

seimila *agg num inv & sm inv* six thousand; *vedi anche* **sei**.

selezionare [6] *vt* to select.

self-service [sɛlf'sɛrvis, sɛl'sɛrvis] *sm inv* self-service (restaurant).

sella *sf* saddle.

sellino *sm* [di bici, moto] saddle.

selvaggina *sf* game.

selvaggio, a, gi, ge ◇ *agg* -1. [animale, luogo, isola] wild -2. [usanze, costumi] uncivilized -3. [assassinio, repressione] savage. ◇ *sm, f* [primitivo] savage.

selvatico, a, ci, che *agg* wild.

semaforo *sm* traffic lights *(pl)*.

sembrare [6] ◇ *vi* [gen] to seem; [apparire] to look; ~ **qn** to look like sb. ◇ *vi impers* [dare l'impressione] to seem; **mi sembra di sognare** I thought I was dreaming; **sembra che** *(+ congiuntivo)* it looks like; **sembra di sì/no** it seems so/not.

seme *sm* -1. [di zucca, sesamo, girasole] seed; [di mela, pera] seed, pip *UK*; **frutta senza semi** seedless fruit -2. [sperma] semen; **banca del ~** sperm bank -3. [nelle carte] suit.

semestrale *agg* -1. [corso] six-month *(dav s)* -2. [pubblicazione, rata] six-monthly *(dav s)*.

semestre *sm* six months *(pl)*, semester; **il primo ~ dell'anno** the first half of the year.

semicerchio *sm* semicircle.

semifinale *sf* semifinal.

semifreddo *sm* semifreddo, *ice-cream dessert*.

seminare [6] *vt* -1. [terreno, grano] to sow -2. [indumenti, oggetti] to scatter -3. [odio, discordia] to spread -4. *fam* [avversario, inseguitore] to shake off.

seminario *sm* -1. [gen] seminar -2. RELIG seminary.

seminterrato *sm* basement flat *UK* o apartment *US*.

semioscurità *sf inv* semi-darkness.

semmai ⟷ *avv* [se necessario] if necessary, if need be; [piuttosto] rather. ⟷ *cong* (+ *congiuntivo*) [nel caso che] if ever; ~ **cambiassi idea** if you (should) ever change your mind.

semola *sf* [farina] semolina.

semolino *sm* semolina.

semplice *agg* **-1.** [gen] simple; **soldato** ~ private; **marinaio** ~ ordinary seaman **-2.** [persona, gente] unaffected **-3.** [nodo, filo] single.

semplicemente *avv* simply.

semplicità *sf inv* simplicity; **con** ~ simply.

semplificare [15] *vt* to simplify.
➡ **semplificarsi** *vip* to be simplified.

sempre *avv* **-1.** [gen] always; **ti ho** ~ **voluto bene** I've always liked you; **per** ~ forever; **è così da** ~ it's always been that way; ~ **che** (+ *congiuntivo*) provided that **-2.** [rafforzativo]: ~ **più bello/caro** more and more beautiful/expensive; ~ **meglio/peggio** better and better/worse and worse **-3.** [ancora] still; **lavori** ~ **in quella ditta?** do you still work at that firm?

senape *sf* mustard.

Senato *sm* Senate.

senatore, trice *sm, f* senator; ~ **a vita** life senator.

Senna *sf* la ~ the Seine

sennò = se no.

seno *sm* **-1.** [mammella, petto] breast; **allatare al** ~ to breastfeed **-2.** [ambito]: **in** ~ **a qc** [familia, chiesa] in the bosom of sthg; [partito, commissione, organizzazione] within sthg **-3.** MAT sine.

sensato, a *agg* sensible.

sensazionale *agg* sensational.

sensazione *sf* **-1.** [mentale] feeling; [fisico] sensation **-2.** [scalpore] sensation, stir; **fare** ~ to cause a sensation.

sensibile *agg* **-1.** [gen] sensitive; **troppo** ~ oversensitive; **essere** ~ **a qc** [musica, rimproveri, caldo, luce] to be sensitive to sthg; [lodi, complimenti] to be susceptible to sthg **-2.** [considerevole] substantial.

sensibilità *sf inv* sensitivity; **perdere la** ~ **di una gamba** to lose the feeling in one's leg; **offendere la** ~ **di qn** to hurt sb's feelings.

sensibilmente *avv* [notevolmente] substantially.

senso *sm* **-1.** [gen] sense; **buon** ~ good sense; **il** ~ **dell'orientamento** a sense of direction; **il** ~ **dell'umorismo** a sense of humour *UK* o humor *US* **-2.** [sensazione] feeling; **far** ~ to be disgusting; **far** ~ **a qn** to disgust sb; ~ **di colpa** sense of guilt **-3.** [significato] meaning; **non avere** ~ not to make sense; **doppio** ~ double entendre; **in** ~ **lato** in broad terms **-4.** [direzione] direction; **strada a doppio** ~ two-way street; **nel** ~ **della lunghezza** lengthways *UK*, lengthwise *US*; ~ **orario** clockwise; ~ **antiorario** anticlockwise *UK*, counterclockwise *US*; ~ **unico** AUTO one-way; ~ **vietato** AUTO no entry **-5.** [modo] way; **in un certo** ~ in a certain sense. ➡ **sensi** *smpl* **-1.** [gen] senses; **perdere i sensi** to lose consciousness; **la pace dei sensi** piece of mind **-2.** AMMIN: **ai sensi di legge** in compliance with the law.

sensuale *agg* **-1.** [uomo, donna] sensual **-2.** [voce] sensuous.

sentenza *sf* DIR sentence.

sentiero *sm* path.

sentimentale *agg* **-1.** [rapporto] romantic; **vita** ~ love life **-2.** [romantico, sdolcinato] sentimental.

sentimento *sm* **-1.** [moto emotivo] feeling **-2.** [affettività] sentiment; **con** ~ sentimentally.

sentinella *sf* sentry; **essere di** ~ to be on sentry duty.

sentire [8] ⟷ *vt* **-1.** [gen] to feel; ~ **freddo/sonno** to feel cold/sleepy; ~ **la mancanza di qn/qc** to miss sb/sthg; **me lo sentivo!** I knew it! **-2.** [udire, venire a sapere] to hear; **sentirci bene/male** to hear well/badly; **sentir dire che** to hear that **-3.** [ascoltare] to listen to; **stare a** ~ **qn** to listen to sb; **senti!/sentiamo!** listen! **-4.** [consultare - dottore, avvocato] to see; [- parere] to get **-5.** [con l'olfatto] to smell **-6.** [con il gusto] to taste. ⟷ *vi*: ~ **di qc** [odorare] to smell of sthg; ~ **di buono** to smell good. ➡ **sentirsi** *vr* to feel; **sentirsi bene/male** to feel well/unwell; **sentirsi svenire** to feel faint; **sentirsela di fare qc** to feel like doing sthg.

senza ⟷ *prep* **-1.** [mancante di] without; ~ **di me/voi etc** without me/you etc; **rimanere** ~ **qc** [pane, benzina, soldi] to run out of sthg; [lavoro, famiglia] to be left without sthg; **rimanere** ~ **casa** to be left homeless; **senz'altro** of course; ~ **dubbio** without a doubt; ~ **speranza** hopeless; ~ **conservanti/rischi** preservative-/risk-free; ~ **scrupoli** unscrupulous; ~ **complicazioni** uncomplicated **-2.** [escludendo] not counting, excluding. ⟷ *cong* without; **è partito** ~ **pagare** he left without paying; ~ **che** (+*congiuntivo*) without; ~ **che nessuno lo sapesse** without anyone knowing.

senzatetto *smf inv* homeless person; **i** senzatetto the homeless.

separare [6] *vt* -1. [disunire] to separate; ~ **qc/qn da qc/qn** to separate sthg/sb from sthg/sb -2. [distinguere]: ~ **qc da qc** to tell sthg from sthg -3. [dividere] to divide; ~ **qc da qc** to divide sthg from sthg. ◆ **separarsi** *vr* -1. [coniugi] to split up; **separarsi da qn** to leave sb -2. [soci, gruppo] to split up; **separarsi da qn** to part from sb.

separatamente *avv* separately.

separato, a *agg* -1. [letti, conti] separate -2. [coniugi] separated.

separazione *sf* separation; **muro di** ~ dividing wall.

sepolto, a ◇ *pp* ▷ **seppellire**. ◇ *agg* [dimenticato]: **una faccenda morta e sepolta** a matter that's dead and buried.

sepoltura *sf* burial; **dare** ~ **a qn** to bury sb.

seppellire [106] *vt lit & fig* to bury; ~ **dei vecchi rancori** to bury the hatchet.

seppi (*etc*) ▷ **sapere**.

seppia ◇ *agg inv* sepia. ◇ *sf* ZOOL cuttlefish.

sequenza *sf* sequence.

sequestrare [6] *vt* -1. [porre sotto sequestro] to impound; [requisire] to confiscate -2. [per riscatto – persona] to kidnap; [– nave, aereo] to hijack.

sequestro *sm* -1. [di individuo]: ~ **(di persona)** kidnapping -2. [di beni] sequestration -3. [di film, pubblicazione] impounding.

sera *sf* -1. [dopo il tramonto] evening, night; **di** ~ in the evening, at night -2. [dopo cena] evening; **la** ~ in the evening; **da** ~ evening (*dav s*).

serale *agg* evening (*dav s*).

serata *sf* -1. [sera] evening -2. [ricevimento] party; ~ **di gala** gala performance; ~ **d'addio** farewell performance.

serbatoio *sm* -1. [cisterna] tank -2. [bacino artificiale] cistern.

Serbia *sf*: **la** ~ Serbia.

serbo, a ◇ *agg* Serbian. ◇ *sm, f* Serb.

serbocroato, a *agg, sm, f* Serbo-Croat. ◆ **serbocroato** *sm* [lingua] Serbo-Croat.

serenata *sf* serenade; **fare la** ~ **a qn** to serenade sb.

serenità *sf inv* -1. [calma] serenity -2. [imparzialità] impartiality.

sereno, a *agg* serene. ◆ **sereno** *sm* [bel tempo] good weather.

sergente *sm* MIL sergeant.

seriamente *avv* -1. [gen] seriously; **parli o dici** ~ **?** are you serious?; ~ **ferito/malato** seriously wounded/ill -2. [comportarsi, agire] in a serious manner.

serie *sf inv* -1. [gen] series (*inv*) -2. [di francobolli, monete] set -3. SPORT division; ~ **A** [gen] first division; [calcio] ≃ Premiership o Premier League (*in England*), ≃ Premier Division (*in Scotland*); ~ **B** [gen] second division; [calcio] ≃ First Division *UK*; **di** ~ **A/B** *fig* first-/second-class.

serio, a *agg* -1. [gen] serious -2. [affidabile] trustworthy. ◆ **serio** *sm*: **sul** ~ seriously; **dire** o **parlare sul** ~ to be serious, to mean it.

serpe *sf* snake.

serpente *sm* -1. ZOOL snake; ~ **a sonagli** rattlesnake -2. [pelle] snakeskin.

serra *sf* [fredda] greenhouse; [riscaldata] hothouse; **effetto** ~ greenhouse effect.

serramanico ▷ **coltello**.

serranda *sf* roller shutter.

serrare [6] *vt* -1. [porte, finestre] to close -2. [pugni] to clench; [labbra] to purse -3. [accelerare] to quicken -4. [nemico] to close in on.

serratura *sf* lock.

servile *agg* servile.

servire [8] ◇ *vt* to serve; ~ **freddo/caldo** to serve cold/hot. ◇ *vi* -1. [gen] to serve -2. [essere utile]: ~ **(a qn)** to be of use (to sb); **a che cosa serve?** what's the use?; **a che cosa serve questo pulsante?** what's this button for?; **a che cosa serve parlarne?** what's the use of talking about it?; ~ **per fare qc** to be used for doing sthg; **non** ~ **a niente** to be no use; **non serve a niente piangere** it's no use crying -3. [fungere]: ~ **da qc** to serve as sthg -4. [occorrere]: **mi serve un cappotto nuovo** I need a new coat; **ti serve la macchina stasera?** do you need the car this evening? ◆ **servirsi** *vip* -1. [a tavola]: **servirsi (di qc)** to help o.s. (to sthg) -2. [fornirsi] to shop -3. [adoperare]: **servirsi di qc** to make use of sthg; **servirsi di qn** [avvalersi di] to make use of sb; [sfruttare] to use sb.

servitù *sf* -1. [condizione] servitude -2. [personale] servants (*pl*).

servizio *sm* -1. [gen] service; **entrare in** ~ to start working; **prendere** ~ to come on duty; **essere di** ~ to be on duty; **essere fuori** ~ [agente] to be off duty; *fig* [telefono, autobus] to be out of order; **andare/essere a** ~ [come domestico] to go into/be in service; ~ **civile** community service; ~ **militare** military service **-2.** [di piatti, posate, bicchieri] set; [da tè, da caffè] set, service **-3.** [reportage] report; ~ **fotografico** photo feature; ~ **in diretta** live coverage **-4.** [reparto] department. ➤ **servizi** *smpl* **-1.** [bagno]: **servizi (igienici)** bathroom; **doppi servizi** two bathrooms **-2.** ECON services; **settore dei servizi** service sector.

servo, a *sm, f datato* servant.

servosterzo *sm* AUTO power(-assisted) steering.

sesamo *sm* sesame.

sessanta ◇ *agg num inv* sixty; **gli anni Sessanta** the Sixties. ◇ *sm inv* sixty; *vedi anche* **sei**.

sessantenne *agg & smf* sixty-year-old.

sessantesimo, a *agg num & sm, f* sixtieth. ➤ **sessantesimo** *sm* [frazione] sixtieth; *vedi anche* **sesto**.

sessantina *sf* **1.** [quantità]: una ~ **(di qc)** about sixty (sthg) **-2.** [età] sixty; **essere sulla** ~ to be about sixty.

sessione *sf* session.

sesso *sm* **-1.** [gen] sex; **fare** ~ to have sex **-2.** [genitali] genitals *(pl)*.

sessuale *agg* [organi, educazione, vita] sex *(dav s)*; [caratteri, rapporto, attività] sexual.

sessuologo, a, gi, ghe *sm, f* sexologist.

sesto, a ◇ *agg num* sixth; **arrivare** ~ to finish sixth; **il** ~ **mese dell'anno** the sixth month of the year; **Enrico** ~ Henry the Sixth. ◇ *sm, f* sixth; **il** ~ **di nove figli** the sixth of nine children. ➤ **sesto** *sm* **-1.** [frazione] sixth; **un** ~ **di ottanta** one-sixth of eighty; **un** ~ **degli intervistati** a sixth of those interviewed; **cinque sesti** five-sixths **-2.** *loc*: **mettere in** ~ **qc** to put sthg in order; **rimettersi in** ~ to get back on one's feet.

set *sm inv* set.

seta *sf* silk; **una camicia di** ~ a silk shirt.

setacciare [17] *vt* **-1.** [farina] to sieve, to sift **-2.** [zona] to comb.

setaccio *sm* sieve; **passare al** ~ **qc** [farina] to sieve o sift sthg; [salsa] to sieve sthg; [proposte, informazioni] to sift through sthg; [zona] to comb sthg.

sete *sf* **-1.** [bisogno] thirst; **avere** ~ to be thirsty **-2.** [desiderio]: ~ **di qc** thirst for sthg.

setola *sf* bristle.

setta *sf* sect.

settanta ◇ *agg num inv* seventy; **gli anni Settanta** the Seventies. ◇ *sm inv* seventy; *vedi anche* **sei**.

settantenne *agg & smf* seventy-year-old.

settantesimo, a *agg num & sm, f* seventieth. ➤ **settantesimo** *sm* [frazione] seventieth; *vedi anche* **sesto**.

settantina *sf* **-1.** [quantità]: una ~ **(di qc)** about seventy (sthg) **-2.** [età] seventy; **essere sulla** ~ to be about seventy.

sette *agg num & sm inv* seven; *vedi anche* **sei**.

settecentesco, a, schi, sche *agg* eighteenth-century.

Settecento *sm*: **il** ~ the eighteenth century.

settembre *sm* September; ~ **prossimo/scorso** next/last September; **il mese di** ~ the month of September; **il primo/il dieci (di)** ~ the first/the tenth of September; **a fine** ~, **alla fine di** ~ in late September; **a inizio** ~, **all'inizio di** ~ in early September; **a** ~ in September; **a metà** ~ in mid-September; **in o di** ~ in September; **per** ~ by September.

settentrionale ◇ *agg* northern; **vento** ~ northerly wind. ◇ *smf* northerner.

settentrione *sm* north. ➤ **Settentrione** *sm*: **il Settentrione** (dell'Italia) Northern Italy.

settimana *sf* week; ~ **bianca** wintersports holiday.

settimanale *agg & sm* weekly.

settimo, a *agg num & sm, f* seventh; **essere al** ~ **cielo** to be in seventh heaven. ➤ **settimo** *sm* [frazione] seventh; *vedi anche* **sesto**.

setto *sm*: ~ **nasale** nasal septum.

settore *sm* **-1.** [ambito] sector **-2.** [spazio] area.

Seul *sf* = Seoul.

severità *sf* severity, strictness; **mio padre è sempre stato di una** ~ **intransigente** my father has always been uncompromisingly strict; **con** ~ severely.

severo, a *agg* **-1.** [intransigente] strict **-2.** [austero] severe.

sexy *agg inv* sexy.

sezione *sf* **-1.** [gen] section **-2.** [di ufficio] department; [a scuola] class *grouping that shares the same team of teachers*.

sfacciato, a ◇ *agg* cheeky *UK*, sassy *US*. ◇ *sm, f* smart alec; **sei veramente una** ~! you've got a real cheek!

sfamare [6] *vt*: ~ **qn** [soddisfare la fame] to satisfy sb's hunger; [nutrire] to feed sb. ◆ **sfamarsi** *vr* to satisfy one's hunger.

sfarzo *sm* splendour *UK*, splendor *US*.

sfasciare [6] *vt* -1. [rompere] to write off *UK*, to wreck *US* -2. [da bende] to unbandage. ◆ **sfasciarsi** *vip* [rompersi] to get smashed.

sfaticato, a *sm, f* idler.

sfavore *sm* disfavour *UK*, disfavor *US*; a ~ di qn against sb.

sfavorevole *agg* unfavourable *UK*, unfavorable *US*; **essere** ~ a qc to be opposed to sthg.

sfera *sf* sphere; ~ **di cristallo** crystal ball; **le alte sfere** the upper echelons.

sferico, a, ci, che *agg* spherical.

sfida *sf* -1. [invito] challenge; **lanciare una** ~ **a qn** to challenge sb -2. [provocazione]: **di** ~ defiant *(dav s)*.

sfidare [6] *vt* -1. [gen]: ~ **qn (a qc)** to challenge sb (to sthg); ~ **qn a carte/scacchi** to challenge sb to a game of cards/chess; ~ **qn a fare qc** to challenge sb to do sthg -2. [affrontare] to brave.

sfiducia *sf* distrust; **avere** ~ **in qn/qc** to distrust sb/sthg; **voto di** ~ vote of no confidence.

sfiduciato, a *agg* discouraged.

sfiga *sf mfam* bad luck; **che** ~, **ho perso di nuovo!** what a bummer, I've lost again!

sfigurare [6] ◇ *vt* [persona] to disfigure; [quadro, statua] to deface. ◇ *vi* to make a poor impression; **fare** ~ **qn** to show sb up.

sfilare [6] ◇ *vt* to take off; **sfilarsi i pantaloni/le scarpe** to slip one's trousers/shoes off. ◇ *vi* [truppe, manifestanti] to march; [carri] to parade; [modelle] to model. ◆ **sfilarsi** *vip* [uscire dal filo] to come unstrung; [calza] to ladder, to run.

sfilata *sf* parade; ~ **(di moda)** fashion show.

sfinito, a *agg* worn out.

sfiorare [6] *vt* -1. [toccare – viso, guancia] to brush (against); [– acqua, cime di alberi] to skim; [– proiettile] to graze -2. [venire in mente a]: **il pensiero non mi ha nemmeno sfiorato** the thought didn't even cross my mind; **essere sfiorato da un sospetto** to feel a twinge of suspicion -3. *fig* [andare vicino a] to be on the verge of.

sfiorire [9] *vi* -1. [fiore] to wither -2. [bellezza] to fade.

sfizio *sm*: **levarsi** o **togliersi uno** ~ to satisfy a whim.

sfocato, a *agg* blurred.

sfociare [17] *vi*: ~ **in qc** [fiume] to flow into sthg; [discussione] to develop into sthg.

sfoderare [6] *vt* -1. [sguainare] to draw -2. *fig* [mostrare] to show off.

sfoderato, a *agg* unlined.

sfogare [16] *vt* to vent, to unleash. ◆ **sfogarsi** *vip*: **sfogarsi (con qn)** to unburden o.s. (to sb); **sfogarsi su qn** to take it out on sb.

sfoggiare [18] *vt & vi* to show off.

sfogliare [21] *vt* to leaf through.

sfogo (*pl* -ghi) *sm* -1. [manifestazione] outlet -2. [apertura] vent -3. *fam* [cutaneo] rash.

sfollare [6] ◇ *vi* -1. [diradarsi – piazza, strada] to empty; [– gente, manifestanti] to disperse -2. [rifugiarsi] to be evacuated. ◇ *vt* [evacuare] to evacuate.

sfoltire [9] *vt* to thin.

sfondare [6] ◇ *vt* -1. [sedia, barca, scatola] to knock the bottom out of; [scarpe] to wear through -2. [passaggio] to break down. ◇ *vi* [avere successo] to make a breakthrough. ◆ **sfondarsi** *vip* to give way.

sfondo *sm* -1. [di raffigurazione] background; **sullo** ~ in the background -2. [di azione] setting.

sformato, a *agg* shapeless. ◆ **sformato** *sm* timbale.

sfornare [6] *vt* -1. [dal forno] to take out of the oven -2. [produrre] to churn out.

sfortuna *sf* bad luck; **portare** ~ to bring bad luck; **avere** ~ to be unlucky.

sfortunatamente *avv* unfortunately.

sfortunato, a *agg* -1. [sventurato] unlucky -2. [senza successo] unsuccessful.

sforzare [6] *vt* to strain. ◆ **sforzarsi** *vip*: **sforzarsi (di** o **a fare qc)** to force o.s. (to do sthg).

sforzo *sm* effort; **essere sotto** ~ to be under stress; **bello** ~! you didn't exactly put yourself out!

sfracellare [6] *vt* to smash. ◆ **sfracellarsi** *vip* to crash.

sfrattare [6] *vt* to evict.

sfratto *sm* eviction; **dare lo** ~ **a qn** to give sb notice to quit.

sfregare [16] ◇ *vt* -1. [strofinare] to rub -2. [graffiare] to scratch. ◇ *vi* [strisciare] to scrape.

sfregio *sm* [taglio] gash; [cicatrice] scar.

sfrenato, a *agg* unbridled.

sfrontato, a ⬦ *agg* impudent. ⬦ *sm, f*: che ~! how cheeky!

sfruttamento *sm* exploitation.

sfruttare [6] *vt* **-1.** [risorse naturali] to work; [risorse personali] to make use of **-2.** [persona] to exploit **-3.** [situazione] to make the most of.

sfuggire [8] ⬦ *vi* **-1.** [gen] to escape; ~ a qn to escape from sb; ~ a qc to escape (from) sthg; non gli sfugge niente he doesn't miss a thing **-2.** [inavvertitamente] ~ **(di bocca)** to slip out; ~ **(di mano)** to slip out of one's hand(s); ~ **(di mente)** to slip one's mind. ⬦ *vt* [evitare] to avoid.

sfuggita *sf*: di ~ in passing; vedere di ~ to catch a glimpse of.

sfumato, a *agg* hazy.

sfumatura *sf* **-1.** [di colore] shade **-2.** [di stato d'animo] hint.

sfuocato *agg* = sfocato.

sfuso, a *agg* [caramelle, cereali] loose; [vino] unbottled; [birra] draught *UK*, draft *US*.

sgabello *sm* stool.

sgabuzzino *sm* cupboard *UK*, closet *US*.

sgambetto *sm*: fare lo ~ a qn to trip sb(up).

sganciare [17] *vt* **-1.** [gancio] to unhook; [chiusura] to unfasten; [treno] to uncouple **-2.** [bomba] to drop **-3.** *fam* [sborsare] to fork out. ➡ **sganciarsi** *vip* **-1.** [gen] to come unhooked; [chiusura] to come unfastened; [treno] to come uncoupled **-2.** [da rapporto]: **sganciarsi da qn/qc** to cut loose from sb/sthg.

sgarbato, a *agg* rude.

sgarbo *sm*: fare uno ~ a qn to be rude to sb; sopportare uno ~ to put up with rudeness.

sghignazzare [6] *vi* to sneer.

sgocciolare [6] ⬦ *vi* [cadere] to drip. ⬦ *vt* **-1.** [far cadere] to drip **-2.** [vuotare] to drain.

sgombrare [6] *vt* to clear.

sgombro, a *agg* clear. ➡ **sgombro** *sm* mackerel.

sgonfiare [6] ⬦ *vt* **-1.** [da aria] to deflate **-2.** [da gonfiore] to reduce the swelling in. ⬦ *vi* [perdere gonfiore] to go down. ➡ **sgonfiarsi** *vip* [perdere gonfiore] to go down.

sgonfio, a *agg* **-1.** [senza aria] flat **-2.** [senza gonfiore] no longer swollen.

sgorgare [16] *vi* to gush out.

sgozzare [6] *vt* to cut the throat of.

sgradevole *agg* unpleasant.

sgranchire [9] *vt*: sgranchirsi le gambe to stretch one's legs.

sgranocchiare [20] *vt fam* to munch(on).

sgraziato, a *agg* clumsy.

sgretolare [6] *vt* to cause to crumble. ➡ **sgretolarsi** *vip* to crumble.

sgridare [6] *vt* to scold.

sgualcito, a *agg* crumpled.

sguardo *sm* **-1.** [occhiata] glance; gettare o lanciare uno ~ a qn to glance at sb; evitare lo ~ di qn to avoid sb's eyes; dare uno ~ a qc to cast a glance over sthg **-2.** [espressione] expression **-3.** [occhi]: abbassare/alzare lo ~ to look down/up; fissare lo ~ su qn to stare at sb.

sguazzare [6] *vi* to splash(about).

sgusciare [19] ⬦ *vt* [da guscio] to shell. ⬦ *vi* [scivolare]: ~ di mano to slip out of one's hand; ~ via to slip away.

shampoo ['ʃampo] *sm inv* shampoo; farsi lo ~ to shampoo one's hair.

shantung ['ʃantung] *sm inv* shantung.

shock [ʃɔk] *sm inv* shock; essere sotto ~ to be in shock.

shockare [15] *vt* = scioccare.

si[1] (*diventa* se *dav* lo, la, li, le, ne) *pron pers* **-1.** [nei riflessivi, pronominali – riferito a lui, lei] himself, herself (*f*); [– forma di cortesia] yourself; [– riferito a loro] themselves; [– riferito a cosa] itself; [– impersonale] oneself; Paolo ~ è divertito Paolo enjoyed himself; Anna ~ sta lavando Anna's getting washed; non ~ ricorda di niente she doesn't remember anything; ~ sbrighi! hurry up! **-2.** [reciproco] each other; ~ amano they love each other; ~ sono conosciuti a Roma they met in Rome **-3.** [impersonale]: ~ può sempre provare you can always try; ~ vede che è stanco you can see he's tired; ~ dice che... they say that...; ~ prega di non fumare please do not smoke; non ~ sa mai you never know; non se ne parla neanche! you must be kidding! **-4.** [con valore passivo]: questo libro ~ legge in fretta this book is quick to read; questi prodotti ~ trovano dappertutto these products can be found everywhere.

si[2] *sm inv* MUS B.

sì ⬦ *avv* **-1.** [gen] yes; vuoi il dolce? — ~, grazie do you want some cake? — yes, please; vi piace la casa nuova? — a me ~ do you like the new house? — yes, I do; verrai con noi? — forse ~ will you come with us? — maybe I will; credo/spero di

~ I think/hope so; **sembra di** ~ it would seem so; **un giorno** ~ **e l'altro no** every other day **-2.** [con valore enfatico]: **questo** ~ **che mi piace!** I do like this one!; **questa** ~ **che è bella!** that's a good one! ◇ *sm inv* **-1.** [assenso] yes **-2.** [voto favorevole] pro; **la legge è passata con centocinquanta** ~ **e trenta no** the law was passed with 150 for and 30 against. ◇ *agg inv* good.

sia ◇ *verbo* ▷**essere.** ◇ *cong:* ~ ...~ both...and; ~ ...che both...and; ~ **che...** ~ **che...** whether ... or...

siamese *agg & smf* Siamese; **fratelli/sorelle siamesi** Siamese twins.

siamo ▷**essere.**

siano ▷**essere.**

siate ▷**essere.**

sicché *cong* (and)so.

siccità *sf* drought.

siccome *cong* as.

Sicilia *sf:* **la** ~ Sicily.

siciliano, a *agg & sm, f* Sicilian.

sicura *sf* [di arma] safety catch; [di portiera] safety lock.

sicuramente *avv* certainly.

sicurezza *sf* **-1.** [gen] security **-2.** [protezione] safety; **congegno/dispositivo di** ~ safety device **-3.** [padronanza] (self-)confidence **-4.** [certezza] certainty.

sicuro, a *agg* **-1.** [tranquillo] secure, safe **-2.** [non rischioso] safe **-3.** [certo] certain; **di** ~ for sure **-4.** [deciso] confident; **con mano sicura** with a steady hand; **essere** ~ **di sé** to be self-confident **-5.** [fondato] reliable.

◆ **sicuro** ◇ *avv* [nelle risposte] of course. ◇ *sm:* **essere/sentirsi al** ~ to be/feel safe; **mettere qc al** ~ to put sthg away (in a safe place).

sidro *sm* cider.

siedo *(etc)* ▷**sedere.**

Siena *sf* Siena.

siepe *sf* hedge.

siero *sm* **-1.** [gen] serum; ~ **antivipera** snakebite serum **-2.** [del latte] whey.

sieropositivo, a ◇ *agg* HIV positive. ◇ *sm, f* person testing positive for HIV.

siete ▷**essere.**

Sig. *(abbr di* **Signore**) Mr.

sigaretta *sf* cigarette.

sigaro *sm* cigar.

Sigg. *(abbr di* **Signori**) Messrs.

sigillare [6] *vt* to seal.

sigla *sf* **-1.** [abbreviazione] acronym **-2.** [firma] initials *(pl)* **-3.** [musicale] signature tune.

Sig.na *(abbr di* **Signorina**) Miss.

significare [15] *vt* to mean.

significativo, a *agg* significant.

significato *sm* **-1.** [gen] meaning **-2.** [importanza] significance; **avere un grande** ~ to be very important; **privo di** ~ meaningless.

signora *sf* **-1.** [donna sposata – davanti al nome] Mrs.; **come sta,** ~ **Rossi?** how are you, Mrs. Rossi?; **ti presento la** ~ **Muti** may I introduce you to Mrs. Muti; **signore e signori** ladies and gentlemen; [– senza nome] Madam; **scusi,** ~ excuse me, Madam *molto formale,* excuse me **-2.** [padrona di casa] mistress **-3.** [moglie] wife **-4.** [donna] lady, woman; **il bagno delle signore** the ladies' (toilet) *UK,* the ladies' room *US* **-5.** [raffinata, ricca] lady.

signore *(signor dav a nomi propri o titoli) sm* **-1.** [uomo – davanti al nome] Mr.; **come sta,** ~ **Bianchi?** how are you, Mr. Bianchi?; **le presento il** ~ **Rossi** may I introduce you to Mr. Rossi; **signor presidente** Mr Chairman; [– quando non si dice il nome] Sir; **scusi,** ~ excuse me, Sir **-2.** [raffinato] gentleman **-3.** [principe, ricco] lord; **il Signore** the Lord **-4.** [padrone di casa] master.

◆ **signori** *smpl* [uomo e donna] Sir, Madam; **prego, signori, accomodatevi** Sir, Madam, please sit down; **i signori Rossi** Mr. and Mrs. Rossi; [uomini e donne] ladies and gentlemen.

signorina *sf* **-1.** [appellativo] Miss **-2.** [giovane donna] young lady **-3.** [nubile] single woman; **sono** ~ I'm single.

Sig.ra *(abbr di* **Signora**) Mrs., Ms.

silenzio *sm* silence; **fare** ~ to be quiet; **ascoltare in** ~ to listen in silence; **stare in** ~ to remain silent.

silenzioso, a *agg* quiet.

silicone *sm* silicone.

sillaba *sf* syllable.

siluro *sm* torpedo.

simboleggiare [18] *vt* to symbolize.

simbolico, a, ci, che *agg* symbolic.

simbolo *sm* symbol.

simile ◇ *agg* **-1.** [analogo, somigliante] similar **-2.** [tale]: **un'occasione** ~ such an opportunity; **un comportamento** ~ such behaviour *UK,* such behavior *US;* **non ho mai visto niente di** ~ I've never seen anything like it. ◇ *sm, f* [il prossimo] fellow being.

simmetrico, a, ci, che *agg* symmetrical.

simpatia *sf* **-1.** [inclinazione] affection **-2.** [intesa] understanding.

simpàtico, a, ci, che *agg* **-1.** [persona] nice; **non mi è** ∼ I don't like him; **sta** o **riesce simpatica a tutti** everybody likes her **-2.** [luogo, serata] pleasant.

simulàre [6] *vt* **-1.** [fingere] to feign **-2.** [riprodurre] to simulate.

simulazióne *sf* **-1.** [finzione] pretence **-2.** [con dispositivi] simulation.

simultàneo, a *agg* simultaneous.

sin *prep* = sino.

sinagòga (*pl* **-ghe**) *sf* synagogue.

sinceramènte *avv* **-1.** [in modo autentico] sincerely **-2.** [francamente] frankly.

sincerità *sf* sincerity; **con** ∼ honestly.

sincèro, a *agg* sincere; **essere** ∼ **con qn** to be honest with sb.

sincronìa *sf* synchronism.

sindacàto *sm* (trade) union.

sìndaco *sm* mayor.

Sìndone *sf*: **la (Sacra)** ∼ the Turin Shroud.

sìndrome *sf* syndrome.

sinfonìa *sf* symphony.

Singapore *sf* Singapore.

singhiozzàre [6] *vi* [piangere] to sob; [avere il singhiozzo] to hiccup.

singhiòzzo *sm* **-1.** [singulto] hiccup; **avere il** ∼ to have (the)hiccups; **a** ∼ by fits and starts; **sciopero a** ∼ on-off strike **-2.** [di pianto] sob; **scoppiare in singhiozzi** to burst into tears.

singolàre ⬦ *agg* **-1.** [unico, eccezionale] remarkable **-2.** [bizzarro, strano] peculiar **-3.** GRAMM singular. ⬦ *sm* **-1.** GRAMM singular **-2.** [nel tennis] singles (match); **i singolari femminili/maschili** the women's/men's singles.

sìngolo, a *agg* **-1.** [da solo] individual **-2.** [individuale] single. ⬥ **singolo** *sm* **-1.** [individuo] individual **-2.** [nel tennis] singles (match).

sinìstra *sf* **-1.** [gen] left; **alla** ∼ **di qn** to sb's left; **di** ∼ left-wing **-2.** [mano] left hand.

sinìstro, a *agg* **-1.** [di sinistra] left **-2.** [minaccioso, inquietante] sinister. ⬥ **sinistro** *sm* [incidente] accident.

sìno *prep* = fino.

sinònimo, a *agg* synonymous. ⬥ **sinonimo** *sm* synonym.

sintàssi *sf inv* syntax.

sìntesi *sf inv* **-1.** [riassunto] summary; **in** ∼ in brief **-2.** [fusione & CHIM] synthesis.

sintètico, a, ci, che *agg* **-1.** [artificiale] synthetic **-2.** [conciso] concise.

sintetizzàre [6] *vt* [riassumere] to summarize.

sìntomo *sm* symptom.

sintonìa *sf* **-1.** RADIO tuning **-2.** [accordo]: **essere in** ∼ **(con qn)** to be on the same wavelength (as sb).

sinusìte *sf* sinusitis.

sipàrio *sm* curtain.

Siracùsa *sf* Syracuse.

sirèna *sf* **-1.** [suono] siren **-2.** [creatura] mermaid.

Sìrla *sf*: **la** ∼ Syria.

siriàno, a *agg & sm, f* Syrian.

sirìnga (*pl* **-ghe**) *sf* **-1.** [per iniezioni] syringe **-2.** [in cucina] piping syringe *UK*, syringe *US*.

sìsma (*pl* **-i**) *sm* earthquake.

sìsmico, a, ci, che *agg* **-1.** [fenomeno, movimento] seismic **-2.** [luogo] earthquake (*dav s*).

sistèma (*pl* **-i**) *sm* **-1.** [gen & INFORM] system; ∼ **immunitario** immune system; ∼ **solare** solar system; ∼ **metrico decimale** metric system **-2.** [metodo] method.

sistemàre [6] *vt* **-1.** [ordinare] to tidy (up); **sistemarsi i capelli/la cravatta** to tidy one's hair/straighten one's tie **-2.** [risolvere] to sort out **-3.** [alloggiare] to put up **-4.** [con lavoro] to find a job for **-5.** [con matrimonio] to fix (up) **-6.** *fam* [punire] to deal with. ⬥ **sistemarsi** ⬦ *vr* **-1.** [installarsi] to settle down; [temporaneamente] to stay **-2.** [con un lavoro] to get o.s. a job **-3.** [sposarsi] to marry. ⬦ *vip* to sort itself out.

sistemàtico, a, ci, che *agg* systematic.

sistemazióne *sf* **-1.** [disposizione, ordine] arrangement **-2.** [alloggio] accommodation **-3.** [impiego] job.

situazióne *sf* situation.

ski-lift *sm inv* ski lift.

skipper *smf inv* skipper.

slacciàre [17] *vt* to undo; **slacciarsi qc** to undo sthg. ⬥ **slacciarsi** *vip* to come undone.

slàlom *sm inv* slalom; ∼ **gigante** giant slalom.

slanciàto, a *agg* slim.

slàncio *sm* **-1.** [balzo] leap; **prendere lo** ∼ to take a run-up **-2.** [impeto] outburst; [passione] passion.

slavìna *sf* snowslide.

slàvo, a *agg & sm, f* Slav.

sleàle *agg* disloyal.

slegàre [16] *vt* to untie. ⬥ **slegarsi** *vip* to come undone.

slip [zlip] *smpl* [da uomo] (under)pants (*pl*);

[da donna] pants *(pl)* UK, knickers *(pl)* UK, panties *(pl)* US; [da bagno maschile] trunks *(pl)*; [da bagno femminile] bikini bottoms *(pl)*.

slitta *sf* sleigh.

slittare [6] *vi* -1. [veicolo, ruote] to skid -2. [data, evento] to be postponed.

slogan *sm inv* slogan.

slogare [16] *vt* [distorcere] to sprain; [lussare] to dislocate; **slogarsi la caviglia** to sprain one's ankle.

slogatura *sf* [distorsione] sprain; [lussazione] dislocation.

sloggiare [6] ◇ *vt* [truppe] to dislodge; [da casa] to evict. ◇ *vi* [andarsene] to clear out.

Slovacchia *sf*: la ~ Slovakia.

slovacco, a, chi, che *agg & sm, f* Slovakian. ◆ **slovacco** *sm* [lingua] Slovakian.

Slovenia *sf*: la ~ Slovenia.

sloveno, a *agg & sm, f* Slovenian. ◆ **sloveno** *sm* [lingua] Slovenian.

smacchiare [20] *vt* to remove stains (from).

smagliante *agg* -1. [sorriso] dazzling -2. [ottimo]: **essere in forma** ~ to be in fine form -3. [colore, tinta] bright.

smagliare [21] *vt* to ladder. ◆ **smagliarsi** *vip* to ladder.

smagliatura *sf* -1. [della pelle] stretch mark -2. [di calze, maglie] ladder.

smaltato, a *agg* [pentola] enamelled; [ceramica] glazed.

smaltimento *sm* [rifiuti] disposal; [merce] sale; [traffico] dispersal.

smaltire [6] *vt* -1. [esaurire] to sell out -2. [eliminare] to dispose of -3. [placare] to get over -4. [digerire] to digest; ~ **la sbornia** to get over one's hangover.

smalto *sm* -1. [gen] enamel -2. [per unghie] nail varnish UK, nail polish US.

smania *sf* -1. [desiderio]: ~ **di qc** craze for sthg -2. [agitazione] restlessness; **avere la** ~ **adosso** to be restless.

smantellare [6] *vt* -1. [distruggere] to demolish -2. [rimuovere] to dismantle.

smarrirsi [9] *vt* to lose. ◆ **smarrirsi** *vip* to get lost.

smascherare [6] *vt* to unmask.

smemorato, a ◇ *agg* absent-minded. ◇ *sm, f* scatterbrain.

smentire [9] *vt* -1. [negare] to deny -2. [ritrattare] to withdraw -3. [rivelare infondato] to contradict. ◆ **smentirsi** *vr* to contradict o.s.

smentita *sf* denial; **dare la** ~ **ufficiale di qc** to officially deny sthg.

smeraldo *sm* emerald.

smesso, a ◇ *pp* ⊳ **smettere**. ◇ *agg* cast-off.

smettere [71] ◇ *vt* -1. [interrompere] to stop; ~ **o smetterla di fare qc** to stop doing sthg -2. [indumento] to stop wearing. ◇ *vi* [cessare] to stop.

sminuire [9] *vt* to play down. ◆ **sminuirsi** *vr* to run o.s. down.

smistare [6] *vt* -1. [distribuire] to sort out -2. MIL to post -3. FERR to shunt.

smisurato, a *agg* inordinate.

smodato, a *agg* excessive.

smog [zmɔg] *sm inv* smog.

smoking *sm inv* dinner jacket UK, tuxedo US.

smontare [6] ◇ *vt* -1. [scomporre – apparecchio] to take apart; [– tenda] to take down -2. *fig* [demolire] to demolish -3. [demoralizzare] to dishearten. ◇ *vi* -1. [scendere – da cavallo, treno] to get off; [– dalla macchina] to get out of -2. [staccare] to knock off. ◆ **smontarsi** *vip* to lose heart.

smorfia *sf* -1. [involontaria] grimace -2. [boccaccia] funny face.

smorto, a *agg* -1. [pallido] pale -2. [sbiadito] dull.

smorzare [6] *vt* -1. [attenuare] to soften -2. [placare] to dampen; ~ **la sete** to quench one's thirst. ◆ **smorzarsi** *vip* -1. [attenuarsi] to grow fainter -2. [placarsi] to die down.

smosso, a *pp* ⊳ **smuovere**.

smuovere [76] *vt* -1. [gen] to move -2. [rimescolare] to turn over -3. [dissuadere] to dissuade -4. [scuotere] to stir. ◆ **smuoversi** *vip* -1. [dissuadersi] to be dissuaded -2. [scuotersi]: **smuoversi da qc** to shake sthg off.

smussare [6] *vt* -1. [arrotondare] to round off -2. [addolcire, mitigare] to tone down.

snello, a *agg* slim.

sniffare [6] *gergo droga vt* to snort.

snob [znɔb] ◇ *agg inv* snobbish. ◇ *smf inv* snob.

snobbare [6] *vt* to avoid.

snodare [6] *vt* to untie. ◆ **snodarsi** *vip* -1. [slegarsi] to come untied -2. [articolarsi] to bend -3. [strada, fiume] to wind.

snodato, a *agg* supple.

so ⊳ **sapere**.

sobbalzare [6] *vi* -1. [traballare] to jolt -2. [trasalire] to jump.

sobborgo *(pl* -**ghi**) *sm* suburb.

sobrio, a *agg* sober.

socchiudere [31] *vt* -1. [porta, finestra] to leave ajar -2. [occhi, labbra] to half-close.

socchiuso, a *pp* ▷socchiudere.

soccombere [123] *vi* to succumb.

soccorrere [65] *vt* to help.

soccorritore, trice *sm, f* rescuer.

soccorso, a *pp* ▷soccorrere. ◆ **soccorso** *sm* -1. [aiuto] help; **venire in ~ di qn** to come to sb's aid; **~ stradale** breakdown service -2. ▷pronto. ◆ **soccorsi** *smpl* aid *(U)*.

sociale *agg* social.

socialista, i, e *agg & smf* Socialist.

società *sf inv* -1. [comunità] society; **~ sportiva** sports club; **~ segreta** secret society -2. [impresa] company; **~ a responsabilità limitata** limited (liability) company; **~ in nome collettivo** collective; **~ per azioni** public limited company.

socievole *agg* sociable.

socio, a *sm, f* -1. [di società, impresa] partner -2. [di associazione, circolo] member.

sociologia *sf* sociology.

sociologo, a, gi, ghe *sm, f* sociologist.

soda® *sf* soda.

soddisfacente *agg* satisfactory.

soddisfare [13] *vt* -1. [gen] to satisfy -2. [adempiere] to fulfil.

soddisfatto, a ◇ *pp* ▷soddisfare. ◇ *agg*: **essere o mostrarsi ~ di qc** to be satisfied with sthg.

soddisfazione *sf* -1. [appagamento] satisfaction -2. [adempimento] fulfilment.

sodio *sm* sodium.

sodo, a *agg* -1. firm -2. ▷uovo. ◆ **sodo** ◇ *sm*: **venire al ~ to** get to the point. ◇ *avv* -1. [gen] hard -2. [profondamente] soundly.

sofà *sm inv* sofa.

sofferenza *sf* suffering.

soffermare [6] *vt* to turn. ◆ **soffermarsi** *vip* to stop; **soffermarsi su qc** to dwell upon sthg.

sofferto, a ◇ *pp* ▷soffrire. ◇ *agg* difficult.

soffiare [20] ◇ *vt* -1. [espellere] to blow; **soffiarsi il naso** to blow one's nose; **~ il vetro** to blow glass -2. *fam* [sottrarre]: **~ qc/qn a qn** to steal sthg/sb from sb. ◇ *vi* to blow.

soffiata *sf* tip-off.

soffice *agg* soft.

soffio *sm* -1. [fiato] puff -2. [di vento – leggero] puff; [– violento] gust -3. MED murmur.

soffitta *sf* attic.

soffitto *sm* ceiling.

soffocamento *sm* suffocation.

soffocare [15] ◇ *vt* -1. [asfissiare] to suffocate -2. [reprimere] to suppress. ◇ *vi* to suffocate.

soffrire [10] ◇ *vt* -1. [patire] to suffer -2. [tollerare] to stand. ◇ *vi* to suffer; **~ di qc** to suffer from sthg.

sofisticato, a *agg* sophisticated.

software ['software] *sm inv* software.

soggettivo, a *agg* subjective.

soggetto, a *agg*: **~ a qc** [a autorità, dominazione] subject to sthg; [a disturbi, malattie] prone to sthg. ◆ **soggetto** *sm* -1. [argomento & GRAMM] subject -2. *fam* [persona] piece of work -3. MED patient.

soggezione *sf* awkwardness; **mettere in ~ qn** to make sb feel awkward.

sogghignare *vi* to sneer.

sogghigno *sm* sneer.

soggiornare [6] *vi* to stay.

soggiorno *sm* -1. [permanenza] stay -2. [stanza] living room.

soggiungere [49] *vt* to add.

soggiunto, a *pp* ▷soggiungere.

soglia *sf* threshold; **essere alle soglie di qc** to be on the threshold of sthg.

sogliola *sf* sole.

sognare [23] ◇ *vt* -1. [nel sonno] to dream about; **questa notte ho sognato di volare** last night I dreamt I was flying -2. [desiderare] to dream of; **~ di fare qc** to dream of doing sthg -3. [supporre] to imagine. ◇ *vi* to dream; **~ a occhi aperti** to daydream.

sognatore, trice *sm, f* dreamer.

sogno *sm* dream; **fare un ~** to have a dream.

soia *sf* soya *UK*, soy *US*.

sol *sm inv* G.

solaio *sm* -1. EDIL floor -2. [sottotetto] attic.

solamente *avv* only.

solare *agg* -1. [gen & TECNOL] solar -2. [crema, lozione] sun *(dav s)*.

solarium [so'larjum] *sm inv* -1. [terrazza] sun terrace -2. [impianto] tanning salon, solarium.

solcare [15] *vt* -1. [terra, acqua] to plough -2. [viso] to furrow.

solco *(pl -chi) sm* -1. [nel terreno, ruga] furrow; [di ruote] track -2. [nell'acqua] wake; [nel cielo] vapour trail.

soldato *sm* soldier.

soldo *sm*: un ~ a penny *UK*, a cent *US*. ◆ **soldi** *smpl* money *(U)*.

sole *sm* sun; prendere il ~ to sunbathe.

solenne *agg* -1. [gen] solemn -2. [clamoroso] incredible.

solidale *agg* united.

solidarietà *sf* solidarity.

solidificare [15] *vt & vi* to solidify. ◆ **solidificarsi** *vip* to solidify.

solido, a *agg* -1. GEOM solid -2. [robusto] sturdy -3. [stabile, sicuro] sound. ◆ **solido** *sm* solid.

solista, i, e *smf* soloist.

solitario, a *agg* -1. [persona] solitary -2. [luogo] lonely. ◆ **solitario** *sm* solitaire.

solito, a *agg* -1. [usuale] usual -2. [persona] same old. ◆ **solito** *sm* usual; al ~ as usual; di ~ usually.

solitudine *sf* solitude.

sollecitare [6] *vt* [interesse] to arouse; [pagamento, risposta]: ~ qc to press for sthg; ~ qn (a fare qc) to press sb (to do sthg).

sollecito, a *agg* prompt. ◆ **sollecito** *sm* reminder.

solletico *sm*: soffrire il ~ to be ticklish; fare il ~ a qn to tickle sb.

sollevamento *sm* lifting; ~ pesi SPORT weightlifting.

sollevare [6] *vt* -1. [gen] to relieve; ~ qn da qc to relieve sb of sthg; ~ il morale a qn to boost sb's morale -2. [alzare] to lift -3. [suscitare] to raise. ◆ **sollevarsi** *vip* -1. [alzarsi] to rise -2. [riprendersi] to recover -3. [insorgere] to rise up.

sollevato, a *agg* relieved.

sollievo *sm* relief.

solo, a ◇ *agg* -1. [gen] alone; da ~ on one's own, by oneself -2. [solamente, nessun altro che] only -3. [unico] just one; una sola volta just once. ◇ *sm, f* only one. ◆ **solo** ◇ *avv* only. ◇ *cong*: ~ che only.

solstizio *sm* solstice.

soltanto ◇ *avv* just. ◇ *cong* but.

solubile *agg* soluble; caffè ~ instant coffee.

soluzione *sf* solution.

solvente *sm* [gen] solvent; [per la vernice] thinner; [per unghie] nail polish remover.

Somalia *sf*: la ~ Somalia.

somiglianza *sf* resemblance.

somigliare [21] *vi*: ~ a qn/qc to look like

sb/sthg. ◆ **somigliarsi** *vr* to look like each other.

somma *sf* sum.

sommare [6] *vt* to add. ◆ **sommarsi** *vip* to be added.

sommario, a *agg* [schematico] brief; [non approfondito] sketchy. ◆ **sommario** *sm* [indice] index; [di notizie] headlines.

sommergere [52] *vt* -1. [ricoprire] to submerge -2. [riempire]: ~ qn/qc di qc to overload sb/sthg with sthg.

sommergibile *sm* submarine.

sommerso, a *pp* ▷ sommergere.

somministrare [6] *vt* to administer.

sommo, a *agg* -1. [grado, cima] highest; [poeta, oratore] great; [sacerdote] high -2. [grandissimo] greatest.

sommossa *sf* revolt.

sommozzatore, trice *sm, f* diver.

sonaglio *sm* -1. [campanellino] bell -2. [per bambini] rattle.

sonata *sf* sonata.

sonda *sf* -1. [per perforare] drill -2. [per esplorare] probe.

sondaggio *sm* survey; ~ d'opinione opinion poll.

sonnambulo, a *sm, f* sleepwalker; essere ~ to sleepwalk.

sonnellino *sm* nap.

sonnifero *sm* sleeping pill.

sonno *sm* -1. [stato fisiologico] sleep; essere nel pieno del ~ to be fast asleep; avere il ~ pesante/leggero to be a heavy/light sleeper -2. [sensazione] sleepiness; avere ~ to be sleepy.

sonnolenza *sf* sleepiness; dare ~ a qc to make sb feel sleepy.

sono ▷ essere.

sonorizzare [6] *vt* to add the soundtrack to.

sonoro, a *agg* -1. [udibile] sonorous; TECNOL sound *(dav s)* -2. [clamoroso] loud; applausi sonori thunderous applause -3. ▷ colonna.

sopportare [6] *vt* -1. [sostenere] to take -2. [subire] to put up with -3. [resistere a] to tolerate -4. [tollerare] to stand; non sopporto la sua maleducazione I can't stand his bad manners; non sopporta di essere messo da parte he can't stand being left out.

sopportazione *sf* -1. [capacità] tolerance -2. [sufficienza] forbearance.

soppressione *sf* -1. [abolizione] abolition -2. [uccisione] liquidation.

soppresso, a *pp* ▷ sopprimere.

sopprimere [63] *vt* **-1.** [abolire] to abolish **-2.** [togliere] to remove **-3.** [uccidere – persona] to eliminate; [– animale] to put down.

sopra ◇ *avv* **-1.** [su] on top; **qui/lì ~** on here/there; **da ~** from above **-2.** [in testo] above; **come ~ illustrato** as shown above; **vedi ~** see above. ◇ *prep* **-1.**: **~ (a)** [a contatto] on; [non a contatto] above; [in cima] on top of **-2.** [altezza] above; **al di ~ di qc** beyond sthg; [età, somma] over. ◆ **di sopra** ◇ *avv* upstairs. ◇ *agg* above.

soprabito *sm* overcoat.

sopracciglio (*fpl* **sopracciglia**) *sm* eyebrow.

sopraffare [13] *vt* **-1.** [vincere] to overwhelm **-2.** [superare] to drown out.

sopraffatto, a *pp* ▷ **sopraffare**.

sopraggiungere [49] *vi* **-1.** [capitare] to come up **-2.** [arrivare] to come.

sopraggiunto, a *pp* ▷ **sopraggiungere**.

sopralluogo (*pl* **-ghi**) *sm* inspection.

soprammobile *sm* ornament.

soprannaturale ◇ *agg* supernatural. ◇ *sm*: **il ~** the supernatural.

soprannome *sm* nickname.

soprannominare [6] *vt* to nickname.

soprano *sm* soprano; **mezzo ~** mezzo soprano.

soprappensiero *avv* [pensosamente] lost in thought; [distrattamente] absent mindedly.

soprassalto ◆ **di soprassalto** *avv* with a start.

soprattutto *avv* [principalmente] above all; [specialmente] especially.

sopravvalutare [6] *vt* to overestimate. ◆ **sopravvalutarsi** *vr* to overrate o.s.

sopravvento *sm*: **avere/prendere il ~ (su qn/qc)** to prevail (over sb/sthg).

sopravvissuto, a ◇ *pp* ▷ **sopravvivere**. ◇ *sm, f* survivor.

sopravvivenza *sf* survival.

sopravvivere [83] *vi* **-1.** [scampare]: **~ (a qc)** to survive (sthg) **-2.** [mantenersi] to get by **-3.** [perdurare] to live on.

soprintendente *smf* [gen] superintendent; [museo] curator.

sopruso *sm* abuse of power.

soqquadro *sm*: **mettere qc a ~** to turn sthg upside down.

sorbetto *sm* sorbet.

sorbire [9] *vt* **-1.** [sorseggiare] to sip **-2.** [sopportare] to put up with.

sorcio *sm fam* mouse.

sordina *sf* mute.

sordo, a ◇ *agg* **-1.** [persona] deaf; **diventare ~** to go deaf; **essere ~ come una campana** to be as deaf as a post; **dopo l'incidente è rimasto ~** the accident left him deaf; **~ a qc** [indifferente] deaf to sthg **-2.** [suono] dull. ◇ *sm, f* deaf person; **i sordi** the deaf.

sordomuto, a ◇ *agg* hearing and speech impaired, deaf and dumb *offens*. ◇ *sm, f* hearing and speech impaired person, deaf mute *offens*.

sorella *sf* sister.

sorellastra *sf* stepsister.

sorgente *sf* **-1.** [gen] source **-2.** [d'acqua] spring.

sorgere [46] *vi* **-1.** [sole, luna] to rise **-2.** [ergersi] to stand **-3.** [presentarsi] to arise **-4.** [originarsi] to begin.

sorpassare [6] *vt* **-1.** [in altezza] to pass **-2.** [in velocità] to overtake **-3.** [in una qualità] to outdo.

sorpassato, a *agg* old-fashioned.

sorpasso *sm* **-1.** [manovra] overtaking; **effettuare un ~** to overtake **-2.** [in una classifica] surge.

sorprendente *agg* surprising.

sorprendere [43] *vt* to surprise. ◆ **sorprendersi** *vip*: **sorprendersi di qc/qn** to be surprised by sthg/sb.

sorpresa *sf* surprise; **a ~** [inaspettatamente] unexpectedly; **vincere a ~** to win unexpectedly; **una festa a ~** a surprise party; **di ~** by surprise.

sorpreso, a *pp* ▷ **sorprendere**.

sorreggere [50] *vt* **-1.** [reggere] to prop up **-2.** [confortare] to sustain.

sorretto, a *pp* ▷ **sorreggere**.

sorridente *agg* smiling.

sorridere [30] *vi* **-1.** [ridere] to smile **-2.** [piacere]: **~ a qn** to appeal to sb.

sorriso *pp* ▷ **sorridere**. ◆ **sorriso** *sm* smile.

sorso *sm* [piccolo] sip; [grande] gulp.

sorta *sf* sort.

sorte *sf* fate; **estrarre** o **tirare a ~** to draw lots.

sorteggio *sm* draw.

sorto, a *pp* ▷ **sorgere**.

sorvegliante *smf* [ispettore] inspector; [guardiano] watchman.

sorveglianza *sf* [gen] supervision; [polizia & MIL] surveillance.

sorvegliare [21] *vt* [controllare] to watch

(over); [vigilare] to guard; [polizia & MIL] to keep under surveillance.

sorvolare [6] ◇ *vt* to fly over. ◇ *vi*: ~ **su qc** to skip sthg.

SOS [ɛsseo'ɛsse] (*abbr di* **Save Our Souls**) *sm inv* SOS.

sosia *smf inv* double.

sospendere [43] *vt* -1. [gen] to suspend -2. [appendere] to hang.

sospensione *sf* [gen] suspension; [riunione] adjournment.

sospeso, a *pp* ▷sospendere.

sospettare [6] ◇ *vt* to suspect; ~ **qn di qc** to suspect sb of sthg. ◇ *vi* : ~ **di qn/qc** to suspect sb/sthg .

sospetto, a ◇ *agg* -1. [equivoco] suspicious -2. [probabile] suspected. ◇ *sm, f* suspect. ◆ **sospetto** *sm* suspicion.

sospingere [49] *vt* to push.

sospinto, a *pp* ▷sospingere.

sospirare [6] ◇ *vi* to sigh. ◇ *vt* to long for.

sospiro *sm* sigh; tirare un ~ **di sollievo** to heave a sigh of relief.

sosta *sf* -1. [fermata] stop -2. [parcheggio] parking; **in** ~ parked; '~ **vietata**' 'no parking' -3. [interruzione] break.

sostantivo *sm* noun.

sostanza *sf* -1. [gen] substance -2. [valore] nourishment. ◆ **sostanze** *sfpl* wealth *(U)*.

sostanzioso, a *agg* substantial.

sostare [6] *vi* to stop.

sostegno *sm* support.

sostenere [93] *vt* -1. [gen] to support -2. [affermare] to maintain -3. [affrontare – colloquio, esame] to undertake; [– attacco] to withstand; [– spese] to bear. ◆ **sostenersi** ◇ *vr* to support o.s. ◇ *vip* [stare dritto] to support o.s.

sostenitore, trice *sm, f* supporter.

sostituire [9] *vt* -1. [gen] to replace -2. [rimpiazzare] to substitute; ~ **il rosso con il verde** to substitute the green for the red -3. [fare le veci] to stand in for. ◆ **sostituirsi** *vip*: sostituirsi a qn (in qc) to replace sb (in sthg).

sostituto, a *sm, f* [vice] deputy; [provvisorio] substitute; [permanente] replacement.

sostituzione *sf* -1. [cambio] replacement -2. [rimpiazzo] substitution.

sottaceto ◇ *avv* in vinegar; **conservare** ~ **qc** to pickle sthg. ◇ *agg inv* pickled. ◆ **sottaceti** *smpl* pickles.

sottana *sf* [gonna] skirt; RELIG cassock.

sotterraneo, a *agg* underground. ◆ **sotterraneo** *sm* cellar.

sottile *agg* -1. [fine] thin -2. [snello] slender -3. [acuto] perceptive -4. [mordace] sharp.

sottilette® *sfpl* cheese slices.

sottintendere [43] *vt* -1. [gen] to imply -2. [omettere] to understand.

sottinteso, a ◇ *pp* ▷sottintendere. ◇ *agg* understood. ◆ **sottinteso** *sm* hint.

sotto ◇ *avv* -1. [in basso] underneath; **qui/lì** ~ under here/there; **da** ~ from below -2. [in testo] below; **vedi** ~ see below. ◇ *prep* -1. [gen] under; ~ **(a)** under -2. [vicino] close to -3. [durante] during; ~ **Natale** at Christmastime -4. [più giù di] below; **al di** ~ **di qc** below sthg. ◆ **di sotto** ◇ *avv* downstairs. ◇ *agg* below.

sottobraccio *avv* [camminare] arm in arm; [prendere] by the arm.

sottocchio *avv* in front of me/you etc; **ho qui** ~ **la tua pratica** I have your file here in front of me.

sottochiave *avv* under lock and key.

sottofondo *sm* -1. [essenza] undercurrent -2. CIN,TEATRO & TV backing.

sottogamba *avv*: **prendere** ~ **qn/qc** to underestimate sb/sthg.

sottolineare [24] *vt* -1. [segnare] to underline -2. [ribadire] to emphasize -3. [accentuare] to accentuate.

sottolio ◇ *avv* in oil. ◇ *agg inv* in oil *(non dav s)*.

sottomano *avv* to hand.

sottomarca (*pl* **-che**) *sf* cheap brand.

sottomarino, a *agg* underwater. ◆ **sottomarino** *sm* submarine.

sottomesso, a *pp* ▷sottomettere.

sottomettere [71] *vt* -1. [assoggettare] to subjugate -2. [presentare]: ~ **qc a qc** to submit sthg to sb. ◆ **sottomettersi** *vip*: sottomettersi a qn/qc to submit to sthg/sb.

sottopassaggio *sm* -1. [strada] underpass -2. [pedonale] subway.

sottopeso *avv* underweight.

sottopiatto *sm* plate *(put under another plate)*.

sottoporre [96] *vt* -1. [costringere]: ~ **qn a qc** to subject sb to sthg -2. [presentare]: ~ **qc a qn** to submit sthg to sb. ◆ **sottoporsi** *vip*: sottoporsi a qc to undergo sthg.

sottoposto, a ◇ *pp* ▷sottoporre. ◇ *agg* exposed. ◇ *sm, f* subordinate.

sottoscala *sm inv* space under the stairs.

sottoscritto, a ◇ *pp* ⊳sottoscrivere. ◇ *agg* signed. ◇ *sm, f*: **il** o **io** ~ AMMIN (I) the undersigned.

sottoscrivere [73] *vt* **-1.** [firmare] to sign **-2.** [appoggiare] to support.

sottosopra *avv* **-1.** [a soqquadro]: **mettere** ~ **qc** to turn sthg upside down **-2.** [in agitazione]: **mettere** ~ **qn** to upset sb; **sentirsi/essere** ~ to feel/be upset.

sottosuolo *sm* subsoil.

sottosviluppo *sm* underdevelopment.

sottoterra *avv* underground.

sottotetto *sm* attic.

sottotitolo *sm* **-1.** CIN subtitle **-2.** [in giornali] subheading.

sottovalutare [6] *vt* to underestimate. ◆ **sottovalutarsi** *vr* to underestimate o.s.

sottoveste *sf* slip.

sottovoce *avv* quietly.

sottovuoto *avv & agg inv* vacuum-packed.

sottrarre [97] *vt* **-1.** [trafugare] to steal **-2.** [salvare]: ~ **qn** a **qc** to save sb from sthg **-3.** MAT to subtract.

sottratto, a *pp* ⊳sottrarre.

sottrazione *sf* **-1.** MAT subtraction **-2.** [trafugamento] theft.

soul ['sɔl] *sm & agg inv* soul.

souvenir [suve'nir] *sm inv* souvenir.

sovente *avv* often.

sovraccarico, a, chi, che *agg* **-1.** [stracarico] overloaded **-2.** *fig* [oberato]: ~ **di qc** up to one's ears in sthg. ◆ **sovraccarico** *sm* [merce, passeggeri] excess load; [lavoro]: **avere un** ~ **di lavoro** to be overloaded with work.

sovrano, a *agg & sm, f* sovereign.

sovrapporre [96] *vt* to place on top.

sovrapposto, a *pp* ⊳sovrapporre.

sovrapprezzo, soprapprezzo *sm* **-1.** [di beni] price increase **-2.** [di azioni] surcharge.

sovrapproduzione, soprapproduzione *sf* overproduction.

sovrastare [6] *vt* **-1.** [nello spazio] to dominate **-2.** [superare] to be better than **-3.** [incombere] to hang over.

sovrastruttura *sf* superstructure.

sovrimpressione *sf*: **in** ~ on the screen.

sovrumano, a *agg* superhuman.

sovvenzione *sf* subsidy.

sovversivo, a *agg & sm, f* subversive.

sozzo, a *agg* dirty.

S.P. (*abbr di* **Strada Provinciale**) provincial road.

S.p.A. (*abbr di* **Società per Azioni**) *sf inv* Joint-Stock Company.

spaccare [15] *vt* [gen] to split; [vetro] to smash. ◆ **spaccarsi** *vip* **-1.** [rompersi] to break **-2.** [dividersi] to split.

spaccatura *sf* **-1.** [fenditura] crack **-2.** [scissione] split.

spacciare [17] *vt* **-1.** [contrabbandare – droga] to push; [– denaro falso] to circulate **-2.** [far passare]: ~ **qc per qc** to pass sthg off as sthg. ◆ **spacciarsi** *vr*: **spacciarsi per qn/qc** to pass o.s. off as sb/sthg.

spacciato, a *agg* done for.

spacciatore, trice *sm, f* [droga] pusher; [denaro falso] dealer.

spaccio *sm* **-1.** [negozio] shop **-2.** [vendita illegale – droga] pushing; [– denaro falso] dealing.

spacco (*pl* **-chi**) *sm* split.

spaccone, a *sm, f* boaster.

spada *sf* sword.

spaghetti *smpl* spaghetti.

Spagna *sf*: **la** ~ Spain.

spagnolo, a ◇ *agg* Spanish ◇ *sm, f* [persona] Spaniard. ◆ **spagnolo** *sm* [lingua] Spanish.

spago (*pl* **-ghi**) *sm* string.

spaiato, a *agg* unmatched; **uno** ~ an odd one.

spalancare [15] *vt* to open wide. ◆ **spalancarsi** *vip* to burst open.

spalancato, a *agg* wide open.

spalare [6] *vt* to shovel.

spalla *sf* **-1.** [gen] shoulder; **dare le spalle a qn/qc** to have one's back to sb/sthg; **voltare le spalle a qn** [girarsi] to turn one's back towards sb; [abbandonare] to turn one's back on sb; **alle spalle (di qn/qc)** [dietro] behind (sb/sthg); [da dietro] from behind (sb/sthg); **alle mie/tue/sue spalle** behind my/your/his back; **di spalle** from the back **-2.** [attore] straightman.

spalliera *sf* **-1.** [schienale] back **-2.** [del letto] headboard **-3.** [per la ginnastica] wall bars (*pl*).

spallina *sf* **-1.** [militare] epaulette **-2.** [imbottitura] shoulder pad **-3.** [bretella] strap.

spalmare [6] *vt* to spread.

spandere [7] *vt* to spread. ◆ **spandersi** *vip* to spread.

spanna *sf* span, a few inches.

spanto, a *pp* ⊳spandere.

spappolare [6] *vt* [gen] to crush; [cuocere troppo] to make mushy. ◆ **spappolarsi** *vip* to become mushy.

sparare [6] ◇ *vi* to shoot; ~ **a qn/qc** to shoot at sb/sthg; ~ **a zero** *fig* to lash out at sb/sthg. ◇ *vt* -1. [esplodere] to fire -2. [scagliare] to shoot. ◆ **spararsi** *vip* to shoot o.s..

sparatoria *sf* shoot-out; **ingaggiare una** ~ **con qn** to exchange shots with sb.

sparecchiare [20] *vt* to clear (away).

spargere [53] *vt* -1. [gen] to spread; ~ **la voce** to spread the word -2. [sparpagliare] to scatter; ~ **qc di qc** to scatter sthg on sthg -3. [versare] to pour; [rovesciare] to spill; ~ **sangue** to shed blood. ◆ **spargersi** *vip* -1. [gen] to spread -2. [sparpagliarsi] to scatter.

sparire [9] *vi* to disappear; ~ **dalla circolazione** to drop out of circulation.

sparizione *sf* disappearance.

sparlare [6] *vi*: ~ **di qn** to run sb down.

sparo *sm* shot.

sparpagliare [21] *vt* to scatter. ◆ **sparpagliarsi** *vip* to scatter.

sparsi *(etc)* ▷ spargere.

sparso, a *pp* ▷ spargere.

spartire [9] *vt* to share(out); ~ **qc con qn** to share sthg with sb.

spartito *sm* MUS score.

spartitraffico *sm inv* central reservation *UK*, median strip *US*.

spartizione *sf* division.

spasimante *sm, f scherz* admirer.

spasmo *sm* MED spasm.

spasso *sm* -1. [divertimento] laugh; **Roberto è uno** ~ Roberto's a real laugh -2. [passeggiata]: **a** ~ **for a walk**.

spatola *sf* spatula.

spaurito, a *agg* frightened.

spavaldo, a *agg* supercilious.

spaventare [6] *vt* to frighten. ◆ **spaventarsi** *vip* to be frightened; **spaventarsi di** o **per qc** to be frightened by sthg.

spaventato, a *agg* frightened.

spavento *sm* fear *(U)*; **brutto/disordinato da fare** ~ horrendously ugly/untidy; **prendersi uno** ~ to get a fright.

spaventoso, a *agg* -1. [pauroso] frightening -2. [tragico] dreadful -3. [enorme] incredible.

spaziale *agg* space *(davs)*.

spazientirsi [9] *vip* to lose(one's) patience.

spazio *sm* -1. [dimensione, cosmo] space -2. [posto] space, room *(U)*; **fare** ~ **a qc/qn** to make room for sthg/sb; **dare** o **lasciare** ~ **a qn** *fig* to give sb some space -3. [area] distance.

spazioso, a *agg* spacious.

spazzaneve *sm inv* snowplough; **sciare** o **scendere a** ~ to snowplough.

spazzare [6] *vt* -1. [scopare] to sweep -2. [eliminare]: ~ **via** to sweep away.

spazzatura *sf* rubbish *UK*, trash *US*.

spazzino, a *sm, f* [pulizia strade] road sweeper; [raccolta immondizie] refuse collector *UK*, garbage collector *US*.

spazzola *sf* -1. [oggetto] brush; **a** ~ **crew cut** -2. [del tergicristallo] blade.

spazzolare [6] *vt* to brush.

spazzolino *sm* brush; ~ **da denti** toothbrush.

specchiarsi [20] *vr* -1. [in specchio] to look at o.s. (in the mirror) -2. [riconoscersi] to see o.s.; ~ **in qc** to identify with sthg.

specchietto *sm* -1. [da borsetta] mirror -2. [in auto]: ~ **(retrovisore)** rear-view mirror -3. [prospetto] table.

specchio *sm* -1. *lit & fig* mirror -2. [sosia] image -3. *loc*: ~ **d'acqua** pond.

speciale *agg* special.

specialista, i, e *smf* specialist.

specialità *sf inv* -1. [abilità] speciality *UK*, specialty *US* -2. [medica] specialization *UK*, specialty *US* -3. [sportiva] discipline.

specializzato, a *agg* skilled.

specializzazione *sf* specialization.

specialmente *avv* especially.

specie ◇ *sf inv* -1. [tipo] kind; **una** ~ **di a kind of** -2. BIOL species. ◇ *avv* especially.

specificare [15] *vt* to specify; ~ **meglio qc** to be more specific about sthg.

specifico, a, ci, che *agg* -1. [peculiare] particular -2. [preciso] specific.

speck [spɛk] *sm inv* *type of smoked ham*.

speculatore, trice *sm, f* speculator.

spedire [9] *vt* to send.

spedizione *sf* -1. [invio] sending; [merce, pacco] dispatch -2. [viaggio] expedition.

spegnere [85] *vt* -1. [fuoco] to put out; ~ **la candela con un soffio** to blow out the candle -2. [luce, TV] to switch/turn off -3. [entusiasmo] to stifle. ◆ **spegnersi** *vip* -1. [fuoco] to go out -2. [luce] to go off -3. [apparecchio] to cut off -4. [entusiasmo] to die out -5. *eufem* [morire] to pass away.

speleologo, a, gi, ghe *sm, f* potholer.

spellare [6] *vt* -1. [animale] to skin -2. [ferire]: **spellarsi la mano/il ginocchio etc** to graze one's hand/knee etc. ◆ **spellarsi** *vip* to peel.

spendere [43] *vt* -1. [pagare] to spend -2. [prodigare] to expend.

spengo, spensi *(etc)* ⊳spegnere.

spensierato, a *agg* carefree.

spento, a ◇ *pp* ⊳spegnere. ◇ *agg* **-1.** [dispositivo] (switched) off *(non dav s)* **-2.** [colore] dull **-3.** [inespressivo] lifeless.

speranza *sf* hope.

sperare [6] ◇ *vt* to hope; **spero di sì/di no** I hope so/not. ◇ *vi*: ~ **in qc** to hope for sthg; ~ **in qn** to count on sb.

sperduto, a *agg* **-1.** [isolato] lonely **-2.** [spaesato] lost.

spericolato, a *agg* reckless.

sperimentale *agg* experimental.

sperimentare [6] *vt* **-1.** [tentare] to try (out) **-2.** [collaudare] to test **-3.** [vivere] to experience.

sperimentazione *sf* trial.

sperma *(pl* -i) *sm* sperm.

sperperare [6] *vt* to fritter away.

spesa *sf* **-1.** [gen] expense; [bancarie] charges *(pl);* [postali, telefoniche] costs *(pl);* **a spese di qn** at the expense of sb; **spese** COMM expenses; **spese di trasferta** travel expenses **-2.** [acquisto] purchase; **fare la** ~ to do the shopping; **fare spese** to go shopping.

spesi *(etc)* ⊳spendere.

speso, a *pp* ⊳spendere.

spesso, a *agg* thick. ◆ **spesso** *avv* often.

spessore *sm* thickness.

spettabile *agg* Messrs.

spettacolo *sm* **-1.** [rappresentazione] show **-2.** [attività] show business **-3.** [vista] sight.

spettare [6] *vi*: ~ **a qn** DIR to be due to sb; [essere responsabilità di] to be up to sb.

spettatore, trice *sm, f* **-1.** [a uno spettacolo] [televisivo] viewer; [del cinema, teatrale] member of the audience; **gli spettatori** the audience *(U)* **-2.** [a un fatto] witness.

spettinato, a *agg* untidy.

spettro *sm* **-1.** [fantasma] ghost **-2.** [minaccia] spectre **-3.** [FIS & diagramma] spectrum.

spezia *sf* spice.

spezzare [6] *vt* to break. ◆ **spezzarsi** *vip* to break.

spezzatino *sm* stew.

spia *sf* **-1.** [gen] spy; **fare la** ~ to tell tales **-2.** [luce] warning light.

spiacente *agg* sorry.

spiacere [87] *vi*: **-1.** [causare rammarico]: **mi spiace** I'm sorry; **gli è molto spiaciuto di non poter venire** he's very sorry he

can't come; **-2.** [dare fastidio]: **le spiace se fumo?** do you mind if I smoke?

spiacevole *agg* unpleasant.

spiaggia *(pl* -ge) *agg* beach.

spiare [22] *vt* **-1.** [di nascosto] to spy on **-2.** [analizzare] to analyze.

spiccare [15] ◇ *vt*: ~ **un salto/balzo** to jump; ~ **il volo** to fly off. ◇ *vi* to stand out.

spiccato, a *agg* strong.

spicchio *sm* **-1.** [di agrume] segment **-2.** [di aglio] clove.

spicciare [17] *vt* to finish off. ◆ **spicciarsi** *vip* to hurry up; **spicciarsi a fare qc** to hurry up and do sthg.

spiccio, a, ci, ce *agg* quick. ◆ **spicci** *smpl* (small) change *(U).*

spicciolo *sm* (small) change *(U).*

spiedino *sm* kebab.

spiedo *sm* spit; **allo** ~ on the spit.

spiegare [16] *vt* **-1.** [chiarire] to explain; ~ **qc a qn** to explain sthg to sb; **mi hanno spiegato come funziona** they explained to me how it works **-2.** [distendere] to unfold **-3.** [schierare] to deploy. ◆ **spiegarsi** ◇ *vr* **-1.** [esprimersi] to explain o.s. **-2.** [l'un l'altro] to clear things up. ◇ *vip* [chiarirsi]: **ora si spiega il suo comportamento** that explains his behaviour.

spiegazione *sf* explanation.

spiegazzare [6] *vt* [foglio] to crumple; [abito] to crease. ◆ **spiegazzarsi** *vip* [foglio] to get crumpled; [abito] to get creased.

spietato, a *agg* **-1.** [crudele] ruthless **-2.** [corte] assiduous; [concorrenza] keen.

spiffero *sm* draught *UK*, draft *US*.

spiga *(pl* -ghe) *sf* ear.

spigliato, a *agg* self-confident.

spigolo *sm* corner.

spilla *sf* brooch; ~ **da balia** o **di sicurezza** safety pin.

spillo *sm* pin.

spina *sf* **-1.** [di fiore] thorn **-2.** [di animale] spine **-3.** [elettrica] plug **-4.** [lisca] bone **-5.** [cannello]: **alla** ~ draught **-6.** ANAT: ~ **dorsale** backbone.

spinaci *smpl* spinach *(U).*

spinello *sm* joint.

spingere [49] ◇ *vt* **-1.** [gen] to push **-2.** [premere] to press **-3.** [indurre] to drive; [costringere] to push; ~ **qn a fare qc** to push sb into doing sthg. ◇ *vi* [premere] to push. ◆ **spingersi** ◇ *vip* [gen] to go. ◇ *vr* [l'un l'altro] to push each other.

spinsi *(etc)* ▷spingere.

spinta *sf* **-1.** [forza] push; [pressione] pressure **-2.** [spintone] shove **-3.** [stimolo] incentive **-4.** ECON boost.

spinto, a ◇ *pp* ▷spingere. ◇ *agg* risqué.

spintone *sm* shove.

spionaggio *sm* espionage; ~ **industriale** industrial espionage.

spioncino *sm* spy-hole.

spiraglio *sm* **-1.** [fessura] crack **-2.** [barlume] glimmer.

spirale *sf* **-1.** [GEOM & gen] spiral **-2.** [anticoncezionale] coil.

spirare [6] *vi* **-1.** [soffiare] to blow **-2.** [morire] to expire.

spirito *sm* **-1.** [mente] mind **-2.** [anima] soul **-3.** [fantasma] spirit **-4.** [morale] spirits *(pl)* **-5.** [umorismo] wit; **fare dello ~ su qc** to be witty about sthg **-6.** [inclinazione] attitude; ~ **d'iniziativa** initiative. ◆ **Spirito Santo** *sm* Holy Spirit.

spiritoso, a *agg* witty.

spirituale *agg* spiritual.

splendere [123] *vi* to shine.

splendido, a *agg* **-1.** [bellissimo] splendid **-2.** [ottimo] excellent.

splendore *sm* **-1.** [bellezza] beauty **-2.** [magnificenza] splendour.

spogliare [21] *vt* **-1.** [svestire] to undress **-2.** [depredare] to strip; ~ **qc di qc** to strip sthg of sthg. ◆ **spogliarsi** *vr* [svestirsi] to get undressed. ◇ *vip* **-1.** [privarsi]: **spogliarsi di qc** to give up sthg **-2.** [alberi] to shed its/their leaves.

spogliarello *sm* striptease.

spogliatoio *sm* changing room.

spoglio, a *agg* bare.

spola *sf* shuttle; **fare la ~** to commute.

spolverare [6] *vt* to dust; ~ **qc con qc** to dust sthg with sthg.

sponda *sf* **-1.** [fiume] bank; [lago] shore **-2.** [bordo] edge; [biliardo] cushion.

sponsor *smf inv* sponsor.

spontaneamente *avv* **-1.** [volontariamente] of one's own free will **-2.** [disinvoltamente] spontaneously **-3.** [naturalmente] naturally.

spontaneo, a *agg* **-1.** [gen] spontaneous **-2.** [fenomeno] natural; [pianta] wild.

spopolare [6] ◇ *vt* to empty. ◇ *vi fam* to be a big hit. ◆ **spopolarsi** *vip* to become deserted.

sporadico, a, ci, che *agg* sporadic.

sporcaccione, a ◇ *aggettivo* scruffy. ◇ *sm, f* **-1.** [sozzone] disgrace **-2.** [depravato] slob.

sporcare [15] *vt* to dirty; **sporcarsi qc** to get sthg dirty. ◆ **sporcarsi** *vr* to get dirty.

sporcizia *sf* **-1.** [condizione] dirtiness **-2.** [sudiciume] dirt.

sporco, a, chi, che *agg* **-1.** [gen] dirty; ~ **di qc** dirty with sthg **-2.** [disonesto, losco – persona, faccenda] shady; [– affare, denaro] dirty.

sporgente *agg* protruding.

sporgere [46] ◇ *vt* **-1.** [protendere] to stick out **-2.** DIR: ~ **denuncia(contro qc/ qn)** to report sthg/sb. ◇ *vi* to jut out. ◆ **sporgersi** *vr* to lean (out).

sport [sport] *sm inv* sport; **fare molto ~** to do a lot of sport; ~ **invernali** winter sports.

sportello *sm* **-1.** [di mobili, veicoli] door **-2.** [in uffici] counter; ~ **automatico** cash machine **-3.** [filiale] branch.

sportivo, a ◇ *agg* sports *(dav s)*. ◇ *sm, f* [praticante] sportsman, sportswoman; [appassionato] (sports) fan.

sposa *sf* bride.

sposare [6] *vt* to marry. ◆ **sposarsi** *vr* to get married.

sposato, a *agg* married.

sposo *sm* (bride)groom. ◆ **sposi** *smpl* bride and groom.

spostamento *sm* **-1.** [rimozione, trasferimento] movement **-2.** [rinvio, anticipazione] change.

spostare *vt* **-1.** [gen] to move **-2.** [rinviare, anticipare] to change. ◆ **spostarsi** *vr & vip* [gen] to move; [viaggiare] to go.

spot [spot] *sm inv* **-1.** [pubblicità] advert, advertisement, commercial *US* **-2.** [riflettore] spotlight.

spranga, ghe *sf* **-1.** [di porta] bolt **-2.** [per colpire] iron bar.

sprangare [16] *vt* to bolt.

spray ◇ *sm inv* spray. ◇ *agg inv* spray *(dav s)*.

sprecare [15] *vt* to waste; ~ **il fiato** to waste one's breath. ◆ **sprecarsi** *vip* **-1.** [buttarsi via] to waste one's time **-2.** *fam iron* [sforzarsi] to go out of one's way.

spreco *(pl* **-chi)** *sm* waste.

spremere [7] *vt* to squeeze.

spremuta *sf*: ~ **d'arancia/di limone/di pompelmo** freshly-squeezed orange/lemon/grapefruit juice.

sprigionare [6] vt to give off. ◆ **sprigionarsi** vip to be released.

sprofondare [6] vi -1. [gen] to sink -2. [crollare – edificio] to collapse; [– terreno] to subside.

sproporzionato, a agg out of proportion (non dav s), disproportionate (dav s).

sproposito sm -1. [gesto, parola] blunder; **a ~ out of turn** -2. fam [citra] mint.

sprovveduto, a ◇ agg naive. ◇ sm, f: **essere uno ~ to be naive**.

sprovvisto, a agg: **~ di qc** out/short of sthg; **prendere** o **cogliere qn alla sprovvista** to catch sb unawares.

spruzzare [6] vt to spray. ◆ **spruzzarsi** vr [profumo] to spray o.s.; [fango, sangue] to get splattered.

spruzzo sm spray.

spugna sf -1. [per pulire] sponge -2. [tessuto] towelling.

spuma sf -1. [schiuma] froth -2. [in cucina] mousse.

spumante sm sparkling wine.

spumone sm a frozen dessert made from beaten egg-whites.

spuntare [6] ◇ vt -1. [smussare] to blunt -2. [accorciare] to trim -3. [vincere]: **spuntarla** to have o get one's own way -4. [controllare] to mark (off). ◇ vi -1. [fiori, denti] to come through; [capelli] to start to grow; [sole] to come up -2. [sbucare] to appear.

spuntino sm snack.

spunto sm starting point; **prendere ~ da qc** to be inspired by sthg.

sputare [6] ◇ vt to spit out; **~ il rospo** fam to spit it out. ◇ vi to spit.

sputo sm spit (U).

squadra sf -1. [sportiva] team, squad -2. [di lavoratori] team -3. [unità militare] squadron -4. [strumento] set square.

squadrare [6] vt -1. [regolare] to square off -2. [osservare] to look up and down.

squagliare [21] vt to melt. ◆ **squagliarsi** vip -1. [sciogliersi] to melt -2. [svignarsela]: **squagliarsela** to clear off.

squalificare [15] vt to disqualify.

squallido, a agg -1. [misero] squalid -2. [spregevole] seedy.

squalo sm shark.

squama sf scale.

squarciagola ◆ **a squarciagola** avv at the top of one's voice.

squarciare [17] vt -1. [strappare] to rip; [lacerare] to rip through -2. [aprire] to rip open; [nuvole] to break through. ◆ **squarciarsi** vip to rip.

squarcio sm -1. [strappo] rip; [ferita, apertura] gash; **provocare uno ~ in qc** to rip a hole in sthg -2. [ritaglio] shred.

squartare [6] vt to butcher.

squilibrato, a ◇ agg -1. [carico, ripartizione] uneven; [dieta] unbalanced -2. [persona] deranged. ◇ sm, f: **essere uno ~** to be deranged.

squillare [6] vi [campanello, telefono] to ring; [tromba] to blare.

squillo ◇ sm [tromba] blare; [campanello, telefono] ring. ◇ sf inv call girl.

squisito, a agg -1. [prelibato] delicious -2. [fine] exquisite.

srotolare [6] vt to unroll.

stabile ◇ agg -1. [gen] stable -2. [abitazione] permanent; [lavoro] steady; [relazione] long-term. ◇ sm building.

stabilimento sm -1. [fabbrica] plant -2. [complesso] complex; **~ balneare** lido.

stabilire [9] vt -1. [decretare, fissare] to set -2. [decidere] to agree -3. [dimora, sede] to establish. ◆ **stabilirsi** vr to settle.

stabilità sf inv stability.

stabilizzare [6] vt to stabilize.

staccare [6] ◇ vt -1. [togliere] to remove; [tirato giù] to take down; [tagliare] to cut off -2. [luce, telefono] to disconnect; [spina] to unplug -3. [distanziare] to leave behind. ◇ vi -1. fam [dal lavoro] to clock off -2. [risaltare] to stand out. ◆ **staccarsi** vip -1. [togliersi] to come off -2. [separarsi]: **staccarsi da qn** to leave sb -3. [scollegarsi] to be cut off.

staccionata sf fence.

stacco (pl -chi) sm -1. [intervallo] break -2. [contrasto] contrast -3. CIN scene change -4. SPORT take-off.

stadio sm -1. [per gare] stadium -2. [fase] stage.

staffa sf -1. [di sella] stirrup -2. [supporto] bracket.

staffetta sf relay (race).

stage [staʒ] sm inv work experience o placement; **fare uno ~** to be on work experience.

stagionale ◇ agg seasonal. ◇ smf seasonal worker.

stagionato, a agg mature.

stagione sf season; **la bella** o **buona ~** spring and summer; **la brutta** o **cattiva ~** autumn and winter.

stagista, i, e *smf person on work placement.*

stagnare [6] *vi* to stagnate.

stagno, a *agg* watertight; **a tenuta stagna** watertight. ◆ **stagno** *sm* -1. [palude] pond -2. CHIM tin.

stagnola *sf* tin foil.

stalagmite *sf* stalagmite.

stalattite *sf* stalactite.

stalla *sf* [per bovini] barn; [per cavalli] stable.

stallone *sm* -1. [cavallo] stallion -2. [uomo] stud.

stamattina, stamani *avv* this morning.

stambecco (*pl* -chi) *sm* ibex.

stampa *sf* -1. [INFORM & tecnica] printing -2. [giornali, giornalisti] press -3. [riproduzione] print.

stampante *sf* printer.

stampare [6] *vt* to print. ◆ **stamparsi** *vip* to imprint.

stampatello *sm* block capitals *(plurale)*.

stampella *sf* crutch.

stampo *sm* -1. [per dolci] mould -2. [modello, matrice] die, mould -3. [genere] type.

stancare [6] *vt* -1. [fiaccare] to tire -2. [annoiare, infastidire] to weary. ◆ **stancarsi** *vip* -1. [affaticarsi] to get tired -2. [annoiarsi, seccarsi]: **stancarsi di qn/qc** to get tired of sb/sthg; **stancarsi di fare qc** to get tired of doing sthg.

stanchezza *sf* tiredness.

stanco, a, chi, che *agg* tired; ~ **morto** dead tired; **essere** ~ **di qn/qc** to be tired of sb/sthg; **essere** ~ **di fare qc** to be tired of doing sthg.

standard *sm inv & agg inv* standard.

stanga (*pl* -ghe) *sf* -1. [per porte, finestre] bar -2. [di carro] shaft.

stanghetta *sf* -1. [di occhiali] leg -2. MUS bar-line.

stanotte *avv* -1. [notte prossima] tonight -2. [notte passata] last night.

stantio, a, ii, ie *agg* stale.

stanza *sf* -1. [camera] room; ~ **da bagno** bathroom; ~ **da letto** bedroom -2. MIL: **essere di** ~ to be stationed.

stappare [6] *vt* to open.

stare [14] *vi* -1. [rimanere in un luogo] to stay -2. [essere] to be; **come stai?** how are you?; ~ **a galla** to float; ~ **a cavalcioni** to straddle -3. [abitare] to live -4. [spettare]: ~ **a qn** to be up to sb -5. [continuativo]: ~ (+ *gerundio*): **cosa state facendo?** what are you doing?; **stava dormendo** he was

sleeping; ~ **a fare qc: stavano a pescare quando sentirono...** they were fishing when they heard... -6. [indica imminenza]: ~ **per fare qc** to be about to do sthg -7.: ~ **bene/male** [esteticamente] to look good/bad; [comportamento] to be right/wrong; ~ **bene/male a qn** to suit sb/not suit sb; ~ **a qn** to fit sb; **questa giacca non mi sta** this jacket doesn't fit (me); **la maglia mi sta grande** the sweater's too big for me -8.: ~ **con qn** [abitare] to live with sb; [essere fidanzato] to be with sb -9.: **starci** [accettare] to be up for sthg; [entrarci] to fit.

starnutire [9] *vi* to sneeze.

starnuto *sm* sneeze.

stasera *avv* [serata] this evening; [dopocena] tonight.

statale ⬦ *agg* [dello Stato – organo, scuola] state; [– impiego] public; [– bilancio] national. ⬦ *smf* civil servant.

statico, a, ci, che *agg* static.

statistica (*pl* -che) *sf* -1. [disciplina] statistics *(U)* -2. [dati] statistic.

statistico, a, ci, che *agg* statistical.

stato, a ◇ *pp* ⊳ **essere, stare**. ◆ **stato** *sm* -1. [gen] state; **essere in** ~ **interessante** *fig* to be expecting; ~ **d'animo** state of mind; ~ **di emergenza** state of emergency -2. DIR: ~ **civile** marital status; ~ **di famiglia** *document certifying the members of one's family* -3. MIL: **Stato Maggiore** Staff. ◆ **Stati Uniti** *smpl*: **gli Stati Uniti (d'America)** the United States (of America).

statua *sf* statue.

statunitense ⬦ *agg* American, United States *(dav s)*. ⬦ *smf* American.

statura *sf* height.

statuto *sm* [atto, legge] statute; [documento] charter.

stavolta *avv fam* this time.

stazionario, a *agg* [fermo] stationary; [invariato] unchanged.

stazione *sf* -1. [gen] station; ~ **degli autobus** bus station; ~ **ferroviaria** railway station; ~ **radio** radio station; ~ **di servizio** service station -2. [località] resort; ~ **balneare** seaside resort; ~ **termale** spa resort; ~ **sciistica** ski resort.

stecca (*pl* -che) *sf* -1. [asticella] stick; [di ombrello, ventaglio] rib; ~ **da biliardo** snooker cue -2. MED splint -3. [stonatura]: **fare** o **prendere una** ~ to hit a wrong note -4. [di sigarette] carton.

steccato *sm* fence.

stella *sf* -1. [gen] star; ~ **cadente** shooting star -2. BOT: ~ **alpina** edelweiss -3. ZOOL: ~ **marina** o **di mare** starfish.

stellato, a *agg* starry.

stelo *sm* -1. [gambo] stem; **uno ~ d'erba** a blade of grass -2. [asta] stand.

stemma (*pl* **-i**) *sm* coat-of-arms, emblem.

stendere [43] *vt* -1. [distendere] to stretch out -2. [sospendere] to hang out -3. [aprire, svolgere] to spread out -4. [spalmare, spianare] to spread; ~ **la pasta** to roll out the dough -5. [coricare] to lay down -6. *fam* [far cadere] to floor -7. [scrivere] to write out. ◆ **stendersi** ◇ *vr* [sdraiarsi] to lie down. ◇ *vip* [estendersi] to stretch out.

stenografare [6] *vt* to write in short-hand.

stentare [6] *vi* -1. [faticare] ~ **a fare qc** to have trouble doing sthg -2. [per vivere] to struggle to make ends meet.

stento *sm* trouble. ◆ **a stento** *avv*: **fare qc a** ~ to be hardly able to do sthg; **riesce a** ~ **a parlare** he can barely speak. ◆ **stenti** *smpl* hardship (U).

stereo *sm inv* & *agg inv* stereo.

stereotipo *sm* stereotype.

sterile *agg* -1. [gen] sterile -2. [terreno, pianta] barren -3. [discorso, iniziativa] fruitless.

sterilizzare [6] *vt* [persone, oggetti] to sterilize; [animali – animale maschile] to neuter; [– animale femminile] to spay.

sterlina *sf* pound.

sterminare [6] *vt* to exterminate.

sterminio *sm* extermination.

sterno *sm* ANAT sternum.

sterzare [6] *vi* to steer.

sterzo *sm* steering.

stesi (*etc*) ▷ stendere.

steso, a *pp* ▷ stendere.

stessi (*etc*) ▷ stare.

stesso, a ◇ *agg* -1. [identico] same; [preciso] very; **lo faccio oggi** ~ I'll do it today -2. [rafforzativo] myself/yourself; **l'ho visto con i miei stessi occhi** I saw it with my own eyes. ◇ *pron*: **lo** ~, **gli stessi** the same one, the same ones; **fa lo** ~ it's all the same, never mind.

stesura *sf* -1. [operazione] drawing up, drafting -2. [versione] draft.

stetoscopio *sm* stethoscope.

stetti (*etc*) ▷ stare.

stile *sm* -1. [ARCHIT, ARTE & gen] style -2. [nel nuoto] stroke; ~ **libero** freestyle, (front) crawl.

stilista, i, e *smf* designer.

stilografica, che *sf* fountain pen.

stima *sf* -1. [valutazione] estimate -2. [rispetto] respect; **avere** ~ **di qn** to respect sb.

stimare [6] *vt* -1. [casa, quadro, gioiello] to estimate, to give an estimate of -2. [rispettare] to think highly of.

stimolante ◇ *agg* stimulating. ◇ *sm* stimulant.

stimolare [6] *vt* to stimulate; ~ **qn a fare qc** to spur sb on to do sthg.

stimolo *sm* stimulus; **lo** ~ **della fame** hunger pangs.

stinco, chi *sm* shin.

stingere [49] *vi* [trasferire colore] to run; [perdere colore] to fade. ◆ **stingersi** *vip* [trasferire colore] to run; [perdere colore] to fade.

stipendio *sm* [pagato ogni mese] salary; [pagato ogni settimana] wage.

stipite *sm* jamb.

stipulare [6] *vt* [patto, contratto, accordo] to draw up; [pace, tregua] to agree upon.

stirare [6] *vt* -1. [biancheria] to iron -2. [muscolo – allungare] to stretch; [– ferire] to pull.

stirpe *sf* family; **di nobile** ~ of noble blood/birth.

stitichezza *sf* constipation.

stitico, a, ci, che *agg* MED constipated.

stiva *sf* hold.

stivale *sm* boot.

stizza *sf* pique; **un gesto di** ~ an angry gesture.

stoccafisso *sm* salted cod.

Stoccolma *sf* Stockholm.

stock [stɔk] *sm inv* stock.

stoffa *sf* material, fabric.

stola *sf* stole.

stomaco (*pl* **-ci** o **chi**) *sm* stomach; **mal di** ~ stomach ache; **dare allo** ~ to turn one's stomach.

stonare [6] *vi* -1. [cantando] to sing out of tune -2. [contrastare] to clash.

stonato, a *agg* -1. [nel canto] tone-deaf -2. [strumento, canto] out-of-tune.

stop [stɔp] ◇ *sm inv* -1. [fanalino] stop light -2. [segnale] stop sign. ◇ *esclam* stop.

stoppino *sm* wick.

storcere [25] *vt* to twist; **si è storto una caviglia** he's twisted an ankle; ~ **il naso** *fig* to turn one's nose up. ◆ **storcersi** *vip* to buckle.

stordire [9] *vt* -1. [gen] to stun -2. [soggetto: rumore] to deafen -3. [soggetto: droga, alcol] to make sb dopey. ◆ **stordirsi** *vr* to dull one's senses.

storia *sf* -1. [era, materia] history; **passare alla ~ to** go down in history -2. [racconto, faccenda] story; **sempre la solita ~** always the same old story -3. [bugia] fib; **raccontare delle storie** to tell fibs -4. [relazione] affair. ◆ **storie** *sfpl* : **fare storie** to make a fuss.

storico, a, ci, che ◇ *agg* -1. [gen] historical -2. [vecchio, memorabile] historic. ◇ *sm, f* historian.

stormo *sm* flock.

storpiare [20] *vt* -1. [persona] to cripple -2. [parola] to mangle.

storta *sf* sprain; **prendere una ~ al piede** to twist one's ankle.

storto, a ◇ *pp* ▷ **storcere.** ◇ *agg* -1. [non dritto – riga, parete] crooked; [– quadro, cravatta] not straight; [– lamiera, chiodo] bent -2. [gambe] bandy -3. [occhi]: **avere gli occhi storti** to have a squint; **fare gli occhi storti** to go cross-eyed. ◆ **storto** *avv*: **guardare ~** to give sb a bad look.

stoviglie *sfpl* crockery *(U)*.

strabico, a, ci, che ◇ *agg* -1. [occhi]: **avere gli occhi strabici** to have a squint; **fare gli occhi strabici** to go cross-eyed -2. [persona] cross-eyed. ◇ *sm, f* person with a squint.

stracciare [17] *vt* to tear; **ha stracciato la lettera** she tore up the letter. ◆ **stracciarsi** *vip* to tear.

stracciatella *sf* -1. [gelato] *vanilla ice-cream with grated chocolate* -2. [minestra] *soup made from hot broth with beaten egg and Parmesan.*

straccio *sm* -1. [gen] rag -2. [per pulire] cloth; **~ per la polvere** duster -3. *fam* [persona]: **essere ridotto uno straccio** to be worn out.

straccione, a *sm, f* beggar.

strada *sf* -1. [in città] street; **per ~** [percorso] on the way; [in giro] around -2. [fuori città] road -3. [percorso] way; **tra qui e Rovigo ci sono 20 km di ~** Rovigo is 20 kms from here -4. [varco]: **farsi ~** to push/elbow one's way.

stradale ◇ *agg* road *(dav s)*; **codice stradale** highway code. ◇ *sf*: **la ~** traffic police.

strafare [13] *vi* to overdo things.

straforo ◆ **di straforo** *avv* on the sly.

strafottente *agg* insolent.

strage *sf* -1. [massacro] massacre; **fare ~ di cuori** to be a heart breaker -2. *fig* [disastro] disaster.

strambo, a *agg* weird.

strampalato, a *agg* -1. [persona] strange -2. [idee] crazy.

stranamente *avv* strangely.

strangolare [6] *vt* to strangle.

straniero, a ◇ *agg* foreign. ◇ *sm, f* foreigner.

strano, a *agg* strange.

straordinario, a *agg* -1. [gen] extraordinary -2. [in più] extra. ◆ **straordinario** *sm* overtime *(U)*; **fare gli straordinari** to work overtime.

strapazzare [6] *vt* -1. [salute, nervi] to neglect -2. [vestiti, scarpe] to mistreat. ◆ **strapazzarsi** *vr* to tire o.s. out.

strapazzo *sm* -1. [affaticamento] strain; **evitare gli strapazzi** to avoid stresses and strains; **essere uno ~** to be a strain -2. *loc:* **da ~** [vecchio] old; [di qualità scarsa] third-rate.

strapieno, a *agg* overflowing.

strapiombo *sm* precipice; **a ~** sheer.

strappare [6] *vt* -1. [togliere – foglie, vestiti] to tear off; [– erbacce] to pull up; [– foglio, pagina] to tear out; **~ qc di mano a qn** to tear sthg out of sb's hands -2. [muscolo, carta] to tear -3. [promessa, concessione] to extract. ◆ **strapparsi** *vip* to get torn.

strappo *sm* -1. [gen] tear, rip; **uno ~ muscolare** a torn muscle -2. [eccezione]: **fare uno ~ alla regola** to make an exception (to the rule) -3. *fam* [passaggio]: **dare uno ~ a qn** to give sb a lift.

straripare [6] *vi* -1. [fiume] to burst its banks -2. [teatro, stadio]: **~ di gente** to overflow (with people).

strascico *(pl* **-chi)** *sm* -1. [di abito] train -2. [conseguenza] aftereffect.

strass *sm inv* paste.

stratagemma *(pl* **-i)** *sm* trick.

strategia *sf* strategy.

strato *sm* -1. [gen] layer -2. [di vernice, colla] coat -3. [di roccia] layer, stratum -4. [di popolazione] (social) class. ◆ **a strati** *avv* in layers.

strattone *sm* yank; **dare uno ~ a qn** to give sb a tug.

stravagante *agg* eccentric.

stravedere [81] *vi*: **~ per qn** to dote on sb.

stravincere [26] *vi* to triumph.

stravinto, a *pp* ▷ **stravincere.**

stravisto *pp* ▷ **stravedere.**

stravolgere [48] *vt* -1. [progetto] to turn upside-down -2. [significato] to twist.

stravolto, a <> *pp* ⊳**stravolgere**. <> *agg*
-1. [turbato] distraught -2. [stanco] exhausted.

strazio *sm* torture *(U)*; **sei uno** ~ ! you're a
pain in the neck!

strega (*pl* -**ghe**) *sf* -1. [maga] witch -2.
[donna cattiva] cow -3. [donna brutta] hag.

stregone *sm* [di tribù] witch doctor; [gua-
ritore] shaman.

stremato, a *agg* worn-out.

stremo *sm*: **essere allo** ~ **delle forze** to
have no strength left.

strepitoso, a *agg* sensational.

stress [strɛs] *sm inv* stress.

stressante *agg* -1. [attività, situazione]
stressful -2. [persona] trying.

stressare [6] *vt* to put under stress.

stressato, a *agg* stressed.

stretta *sf* -1. [azione] grip; **dare una** ~ **a qc**
to tighten sthg; ~ **di mano** handshake;
dare una ~ **di mano a qn** to shake hands
with sb -2. [situazione]: **mettere qn alle
strette** to put pressure on sb.

stretto, a <> *pp* ⊳**stringere**. <> *agg* -1.
[spazio] narrow -2. [abbigliamento, presa]
tight; **andare** ~ to be too small; **tenere
qn/qc** ~ to hold sb/sthg tight -3. [legame,
parente] close -4. [osservanza] strict -5. [vi-
cino] squashed. ◆ **stretto** *sm* strait.

strettoia *sf* bottleneck.

stridere [7] *vi* -1. [freni, civetta] to screech;
[cicale, grilli] chirp; [porta] to squeak;
[maiale] to squeal -2. [colore] to clash.

stridulo, a *agg* shrill.

strigliare [21] *vt* to groom.

strillare [6] <> *vi* -1. [gridare] to scream, to
shriek -2. [parlare forte] to shout. <> *vt* to
shout.

strillo *sm* shriek.

striminzito, a *agg* -1. [abiti] skimpy -2.
[persona] skinny.

stringa (*pl* -**ghe**) *sf* -1. [di scarpa] (shoe-)
lace -2. INFORM string.

stringere [57] <> *vt* -1. [premere] to hold
tight; ~ **la mano a qn** to shake sb's
hand; ~ **qn fra le braccia** to hug sb -2.
[serrare] to squeeze; ~ **il pugno** to clench
one's fist; ~ **le labbra** to purse one's lips;
~ **i denti** *fig* to clench one's teeth -3. [pat-
to] to make; ~ **amicizia (con qn)** to make
friends (with sb) -4. [abiti] to take in -5.
[vite] to tighten. <> *vi* -1. [abiti, scarpe] to
be tight -2. [farla breve] to cut it short -3.
loc: **il tempo stringe** time's running out.
◆ **stringersi** <> *vr* to squeeze up.
<> *vip* to shrink.

strinsi *(etc)* ⊳**stringere**.

striscia (*pl* -**sce**) *sf* -1. [di colore] stripe;
strisce (pedonali) (pedestrian) crossing;
a strisce striped, stripy -2. [di tessuto, di
carta] strip; **una** ~ **di terra** a strip of land
-3. [fumetto] cartoon strip.

strisciare [19] <> *vt* -1. [trascinare] to drag
-2. [sfiorare] to graze. <> *vi* -1. [animale] to
creep; [serpente, verme] to slither -2. *fig*
[persona] to grovel.

striscio *sm* -1. [segno] mark -2. MED smear;
~ **(vaginale)** smear test *UK*, pap smear
US. ◆ **di striscio** *avv*: **colpire** o **prendere di** ~ to graze.

striscione *sm* banner.

stritolare [6] *vt* -1. [persona, piede, mano]
to crush -2. [sassi] to grind.

strizzare [6] *vt* -1. [biancheria] to wring -2.
[chiudere]: ~ **l'occhio a qn** to wink at sb.

strofa *sf* verse.

strofinaccio *sm* teatowel.

strofinare [6] *vt* to rub; **strofinarsi gli occhi** to rub one's eyes. ◆ **strofinarsi** *vr*
to rub (o.s.).

stroncare [15] *vt* -1. [recidere – ramo] to
break off; [– piede] to cut off 2. [reprime-
re] to crush -3. [uccidere]: **essere stroncato
da qc** to be struck down by sthg -4. [rovi-
nare] to cut short -5. [criticare] to slate.

stronzo, a *sm, f volg* bastard, bitch.

stropicciare [17] *vt* to crease; **stropicciarsi gli occhi** to rub one's eyes. ◆ **stropicciarsi** *vip* to get creased.

strozzare [6] *vt* to strangle. ◆ **strozzarsi** *vip* to choke.

strozzino, a *sm, f* -1. [usuraio] loan shark
-2. *fig* [approfittatore] extortionist.

struccare [15] *vt* to remove o to take off
make-up from. ◆ **struccarsi** *vr* to remove o to take off one's make-up.

strumentale *agg* instrumental.

strumentazione *sf* instruments *(pl)*.

strumento *sm* -1. *fig* [gen] tool; **strumenti
di precisione** precision tools -2. MUS instrument.

strusciare [19] *vt* to drag. ◆ **strusciarsi** *vr* [gatto] to rub o.s.; [persona] to press
o.s.

strutto *sm* lard.

struttura *sf* -1. [gen] structure -2. [ente] organization -3. [impianto] facility.

struzzo *sm* ostrich; **fare lo** ~ *fig* to bury
one's head in the sand.

stucco (*pl* -**chi**) *sm* -1. [su parete] plaster;
[per fessure] filler -2. [decorazione] stucco

work *(U)* **-3.** *loc:* **restare di** ~ to be left speechless.

studente, essa *sm, f* student; ~ **(universitario)** (university) student; ~ **di medicina/di legge** medical/law student.

studentesco, a, schi, sche *agg* student *(dav s)*.

studiare [20] ◇ *vt* **-1.** [materia] to study **-2.** [progettare] to work out **-3.** [imparare] to learn **-4.** [gesti, comportamento] to measure **-5.** [osservare] to watch. ◇ *vi* to study.

studio *sm* **-1.** [gen] study **-2.** [ufficio] office; ~ **legale** legal practice; ~ **medico** surgery, medical practice **-3.** CIN studio.
◆ **studi** *smpl* studies.

studioso, a ◇ *agg* studious. ◇ *sm, f* academic; **uno** ~ **di letteratura greca** a Greek literature scholar.

stufa *sf* stove.

stufare [6] *vt* to tire; **mi hai stufato con le tue richieste** I'm fed up with your demands. ◆ **stufarsi** *vip:* **stufarsi (di qn/qc)** to get fed up (with sb/sthg); **stufarsi di fare qc** to get fed up with doing sthg.

stufato *sm* stew.

stufo, a *agg* fed up; **essere** ~ **di qn/qc** to be fed up with sb/sthg; **essere** ~ **di fare qc** to be fed up with doing sthg.

stuoia *sf* mat.

stupefacente ◇ *agg* **-1.** [incredibile] unbelievable **-2.** [sostanza] narcotic. ◇ *sm* drug, narcotic *US*.

stupefatto, a *agg* stupefied.

stupendo, a *agg* stupendous.

stupidaggine *sf* **-1.** [cosa sciocca] rubbish *(U)*, nonsense *(U)* **-2.** [azione] stupid o silly thing; **ho fatto una** ~ I've done something stupid.

stupidità *sf inv* stupidity.

stupido, a ◇ *agg* stupid. ◇ *sm, f* idiot.

stupire [9] *vt* to astonish. ◆ **stupirsi** *vip:* **stupirsi(di qc/qn)** to be astonished by sb/sthg; **mi stupisco di te!** you astonish me!

stupito, a *agg* astonished.

stupore *sm* astonishment.

stuprare [6] *vt* to rape.

stupro *sm* rape.

stuzzicadenti *sm inv* cocktail stick, toothpick.

stuzzicare [15] *vt* **-1.** [infastidire] to tease **-2.** [stimolare – appetito] to whet; [– curiosità] to arouse **-3.** [toccare] to pick.

stuzzichino *sm* nibbles *(pl)*.

su *(dav art* **sul, sullo, sulla, sull', sui, sugli,**

sulle*)* ◇ *prep* **-1.** [stato in luogo] on; **le chiavi sono sul tavolo** the keys are on the table; **a duemila metri sul livello del mare** two thousand metres above sea level; **una casa sul mare** a house by the sea; **sul giornale** in the newspaper; **questa stanza dà sul giardino/sul retro** this room looks onto the garden/the back **-2.** [moto a luogo] on, onto; **vieni sulla terrazza** come onto the terrace; **salire sul treno/sull'autobus** to get on the train/the bus; **saliamo sulla collina** let's climb the hill; **salire** ~ **un albero** to climb a tree **-3.** [argomento] on, about; **un libro sulla vita di Napoleone** a book on o about the life of Napoleon **-4.** [tempo]: **sul tardo pomeriggio** late in the afternoon; **sul momento** at the time; **sul presto** early **-5.** [prezzo, misura] about, around; **costerà sui 200 euro** it should cost about 200 euros; **peserà sui tre chili** it must weigh around 3 kilos; **un uomo sulla quarantina** a man of about forty **-6.** [modo]: ~ **ordinazione** to order; ~ **appuntamento** by appointment; ~ **misura** [scarpe] handmade; [abiti] made to measure; **parlare sul serio** to speak seriously **-7.** [distributivo] out of; **5 studenti** ~ **100** 5 students out of 100; **nove volte** ~ **dieci** nine times out of ten. ◇ *avv* **-1.** [in alto] up; **che tempo fa** ~ **in montagna?** what's the weather like up in the mountains?; **tenere** ~ **le braccia/la testa** to hold one's arms/head up **-2.** [al piano di sopra] upstairs **-3.** [esortazione]: ~, **sbrigatevi!** come on, hurry up!; ~ **con la vita!** cheer up! **-4.** *loc:* **in** ~ [guardare] up; [con numeri] upwards; **dai dieci euro in** ~ from ten euros upwards; ~ **per le scale/la collina** up the stairs/the hill; ~ **per giù** more or less.

sub *smf inv* scuba diver; **fare il** ~ to go scuba diving.

subacqueo, a ◇ *agg* underwater. ◇ *sm, f* scuba diver.

subbuglio *sm* **-1.** [agitazione] stir; **essere in** ~ to be in turmoil **-2.** [disordine] mess; **mettere qc in** ~ to turn sthg upside-down.

subire [9] *vt* **-1.** [sopportare] to suffer; ~ **una condanna** to be condemned **-2.** [essere sottoposto a] to undergo; ~ **un processo** to stand trial.

subito *aw* **-1.** [immediatamente] immediately, straight away; **torno** ~ I won't be a moment; ~ **prima/dopo** just before/straight afterwards; **arrivò** ~ **dopo la mia telefonata** he arrived straight after I called **-2.** [in poco tempo] very quickly.

sublime *agg* sublime.

subordinare [6] *vt*: ~ qc a qc to put sthg before sthg; **subordina i propri interessi a quelli della famiglia** he puts his family's interests before his own.

subordinato, a ⬦ *agg* **-1.** [dipendente]: **essere ~ a qc** to be dependent on sthg **-2.** GRAMM subordinate. ⬦ *sm, f* subordinate.

succedere [40] *vi* **-1.** [accadere] to happen **-2.** [prendere il posto]: ~ a qn/qc to succeed sb/sthg. ➡ **succedersi** *vip* to follow one another.

successione *sf* **-1.** [di beni, proprietà] inheritance **-2.** [in carica] succession **-3.** [sequenza] sequence; **in ~** in sequence.

successivamente *avv* subsequently.

successivo, a *agg* next.

successo, a *pp* ⊳**succedere.** ➡ **successo** *sm* **-1.** [gen] success; **di ~** successful **-2.** [canzone] hit.

successore *sm* successor.

succhiare [20] *vt* to suck.

succhiotto *sm* dummy *UK*, pacifier *US*.

succo, chi *sm* **-1.** [spremuta] juice; ~ **di frutta** fruit juice **-2.** [di storia, discorso] essence.

succube *agg*: **essere ~ di qn** to be dominated by sb.

succursale *sf* [di banca, ufficio postale] branch; [di scuola] annexe *UK*, annex *US*.

sud ⬦ *sm* south; **a ~ di qc** south of sthg. ⬦ *agg inv* south, southern.

Sudafrica *sm*: **il ~** South Africa.

sudafricano, a ⬦ *agg* South African; **la Repubblica Sudafricana** the Republic of South Africa. ⬦ *sm, f* South African.

Sudamerica *sm*: **il ~** South America.

Sudan *sm*: **il ~** (the) Sudan.

sudare [6] *vi* **-1.** [traspirare] to sweat **-2.** [faticare] to work hard.

sudato, a *agg* **-1.** [bagnato] sweaty **-2.** [ottenuto con fatica] hard-earned.

suddetto, a *agg* aforementioned.

suddito, a *sm, f* subject.

suddividere [30] *vt* to divide up, to subdivide.

suddiviso, a *pp* ⊳**suddividere.**

sud-est *sm* south-east; **a ~ di qc** southeast of sthg.

sudicio, a, ci, ce o **cie** *agg* dirty.

sudoccidentale *agg* [versante, regione] south-western; [venti, correnti] south-westerly.

sudore *sm* **-1.** [del corpo] sweat **-2.** [fatica] hard work.

sudorientale *agg* [versante, regione] south-eastern; [venti, correnti] south-easterly.

sud-ovest *sm* south-west; **a ~ di qc** south-west of sthg.

Sudtirolo *sm*: **il ~** the South Tyrol.

sue ⊳**suo.**

Suez *sf* Suez; **il canale di ~** the Suez Canal.

sufficiente *agg* **-1.** [abbastanza, adeguato] sufficient **-2.** SCOL: **voto ~** pass mark *UK*, pass *US*.

sufficientemente *avv* sufficiently.

sufficienza *sf* **-1.** [voto] pass **-2.** [quantità sufficiente]: **a ~** enough **-3.** [presunzione] haughtiness.

suggerimento *sm* suggestion.

suggerire [9] *vt* **-1.** [consigliare] to suggest **-2.** [a scuola, a teatro] to prompt.

suggestivo, a *agg* **-1.** [emozionante] evocative **-2.** [interessante] thought-provoking.

sughero *sm* [materiale, oggetto] cork.

sugli = su + gli.

sugo (*pl* -ghi) *sm* **-1.** [condimento] sauce **-2.** [succo] juice **-3.** [liquido di cottura – di carne] juices *(plurale)*; [– di verdure] (cooking) liquid.

sui = su + i.

suicidarsi [6] *vr* to commit suicide.

suicidio *sm* suicide.

suino, a *agg* pig *(dav s)*; **carne suina** pork. ➡ **suino** *sm* pig.

sul = su + il.

sull' = su + l'.

sulla = su + la.

sulle = su + le.

sullo = su + lo.

sunto *sm* summary, précis.

suo, sua, suoi, sue ⬦ *agg poss* **-1.** [di lui] his; **la sua nuova casa** his new house; **questi sono suoi** these are his; **le sue sorelle** his sisters; **un ~ amico** a friend of his; **a casa sua** [stato in luogo] at his house; [moto a luogo] to his house **-2.** [di lei] her; **la sua nuova casa** her new house; **questi sono suoi** these are hers; **le sue sorelle** her sisters; **un ~ amico** a friend of hers; **a casa sua** [stato in luogo] at her house; [moto a luogo] to her house **-3.** [riferito a cosa] its; **la città e i suoi dintorni** the city and its surroundings **-4.** [riferito ad animale] its, his, her *(f)* **-5.** [forma di cortesia] your; **sua sorella come sta?** how is your sister? **-6.** [uso impersonale] their. ⬦ *pron poss* **-1.** [di lui, lei]: **il** ∼, **la sua, i suoi, le sue** his, hers *(f)*; **qual è il** ∼ **la sua?** which one's his/hers?; **i suoi** [genitori] his/her parents; **deve sempre dire la sua!** he/she always has to have his/her; say!; **ne ha fatta una delle sue!** he's/she's done it again! **-2.** [riferito a cosa]: **il** ∼, **la sua, i suoi, le sue** its own; **il** ∼ **è un sapore tipicamente mediterraneo** it has a typically Mediterranean flavour **-3.** [riferito ad animale]: **il** ∼, **la sua, i suoi, le sue** his, hers *(f)* **-4.** [forma di cortesia]: **il** ∼, **la sua, i suoi, le sue** yours; **qual è il** ∼ **/la sua, signora?** which one's yours?; **i suoi** [genitori] your parents **-5.** [uso impersonale] their own.

suocero, a *sm, f* father-in-law, mother-in-law; **mio** ∼, **mia suocera** my father-in-law, my mother-in-law; **i miei suoceri** my in-laws.

suoi ⊳**suo.**

suola *sf* sole.

suolo *sm* ground.

suonare [6] ◇ *vt* **-1.** [strumento, brano musicale] to play **-2.** [congegno] to ring **-3.** [ora] to chime. ◇ *vi* **-1.** [musicista] to play **-2.** [congegno] to ring **-3.** [campana] to chime.

suonatore, trice *sm, f* player.

suoneria *sf* ringtone.

suono *sm* sound.

suora *sf* nun; **suor Rita** sister Rita.

super *sf inv* four star *UK*, premium *US*.

superalcolico, a, ci, che *agg* alcoholic. ◆ **superalcolico** *sm* spirit.

superare [6] *vt* **-1.** [esame, concorso] to pass **-2.** [ostacolo, difficoltà] to overcome **-3.** [oltrepassare – aspettative] to exceed; [– confine, livello] to go beyond **-4.** [essere superiore a]: **superare qn in altezza/per intelligenza** to be taller/cleverer than sb **-5.** [sorpassare] to overtake.

superato, a *agg* outdated.

superbia *sf* pride.

superbo, a *agg* **-1.** [arrogante, presuntuoso] proud **-2.** [grandioso] magnificent.

superficiale *agg* superficial.

superficialità *sf inv* superficiality.

superficie *sf* **-1.** [gen] surface **-2.** [area] area.

superfluo, a *agg* unnecessary. ◆ **superfluo** *sm* surplus.

superiora *sf* mother superior.

superiore ◇ *agg* **-1.** [gen] superior; ∼ **a qn/qc** better than sb/sthg; **essere** ∼ **a qc** [indifferente] to be above sthg; **scuola** ∼ secondary o high school; **istruzione** ∼ hi-

gher education **-2.** [più in alto] upper **-3.** [maggiore]: ∼ **(a qc)** [prezzo, numero, temperatura] higher (than sthg); [età] greater (than sthg). ◇ *sm, f* superior. ◆ **superiori** *sfpl* secondary o high school.

superiorità *sf* superiority.

superlativo, a *agg & sm* superlative.

supermercato *sm* supermarket.

superpotenza *sf* superpower.

superstite ◇ *agg* surviving. ◇ *smf* survivor.

superstizioso, a *agg* superstitious.

superstrada *sf* motorway *UK*, freeway *US*.

supervisione *sf* supervision.

supino, a *agg* (lying) on one's back *(non dav s)*, supine.

supplementare *agg* extra.

supplemento *sm* supplement.

supplente *smf* supply teacher *UK*, substitute teacher *US*.

supplenza *sf* temporary post.

supplica *(pl* -**che**) *sf* **-1.** [preghiera] prayer **-2.** [richiesta] plea.

supplicare [15] *vt* to beg; ∼ **qn di fare qc** to beg sb to do sthg.

supplizio *sm* torture.

supporre [96] *vt* to suppose.

supporto *sm* support.

supposizione *sf* supposition.

supposta *sf* suppository.

supposto, a *pp* ⊳**supporre.**

supremazia *sf* supremacy.

supremo, a *agg* supreme.

surf ['sɛrf] *sm inv* **-1.** [sport] surfing **-2.** [tavola] surfboard.

surgelato, a *agg* frozen. ◆ **surgelato** *sm* frozen food *(U)*.

suscettibile *agg* **-1.** [permaloso] sensitive **-2.** [soggetto]: ∼ **di qc** prone to sthg.

suscitare [6] *vt* [scandalo, proteste, riso] to cause; [interesse] to spark.

susina *sf* plum.

susino *sm* plum tree.

sussidio *sm* aid.

sussistenza *sf* subsistence.

sussultare [6] *vi* **-1.** [persona] to jump **-2.** [terra, pavimento] to shake.

sussurrare [6] *vt* to whisper.

svago *(pl* -**ghi**) *sm* **-1.** [luogo di divertimento] place of entertainment **-2.** [divertimento] amusement.

svaligiare [18] *vt* [banca, negozio, ufficio,

cassaforte] to rob; [casa] to burgle *UK*, to burglarize *US*.

svalutazione *sf* devaluation.

svanire [9] *vi* to disappear.

svantaggiato, a *agg* disadvantaged.

svantaggio *sm* -1. [gen] disadvantage -2. [distacco]: **avere quattro punti di ~ rispetto a qn/qc, essere in ~ di quattro punti su qn/qc** to be four points behind sb/sthg -3. [danno]: **a ~ di qc** to the detriment of sthg; **tornare a proprio ~** to be to one's disadvantage.

svantaggioso, a *agg* disadvantageous.

svariato, a *agg* various.

svastica (*pl* -che) *sf* swastika.

svedese ⬦ *agg* Swedish. ⬦ *smf* [persona] Swede. ⬦ *sm* [lingua] Swedish.

sveglia *sf* -1. [orologio] alarm (clock) -2. [risveglio] waking-up time -3. MIL reveille.

svegliare [21] *vt* -1. [dal sonno] to wake -2. [scaltrire] to wake up. ➡ **svegliarsi** *vip* -1. [dal sonno] to wake (up) -2. [farsi furbo] to wake up.

sveglio, a *agg* -1. [non addormentato] awake -2. [intelligente] bright.

svelare [6] *vt* [segreto, intenzioni] to reveal; [mistero] to uncover.

svelto, a *agg* quick; **alla svelta** quickly.

svendita *sf* clearance sale; **in ~** in a sale *UK*, on sale *US*.

svenire [109] *vi* to faint.

sventolare [6] *vt & vi* to wave.

sventura *sf* -1. [sfortuna] bad luck -2. [disgrazia] misfortune.

svenuto, a ⬦ *pp* ▷svenire. ⬦ *agg* unconscious.

svestire [8] *vt* [spogliare] to undress. ➡ **svestirsi** *vr* [spogliarsi] to undress, to get undressed.

Svezia *sf*: **la ~** Sweden.

svezzare [6] *vt* to wean.

sviluppare [6] *vt* to develop. ➡ **svilupparsi** *vip* -1. [gen] to develop -2. [incendio, epidemia] to spread.

sviluppo *sm* -1. [gen] development -2. [di negativo] developing.

svincolarsi [6] *vr*: **~ (da qn/qc)** to escape (from) sb/sthg.

svincolo *sm* junction.

svista *sf* oversight.

svitare [6] *vt* to unscrew. ➡ **svitarsi** *vip* to unscrew, to come unscrewed.

svitato, a ⬦ *agg* -1. [allentato] unscrewed

-2. *fam* [strambo] unhinged. ⬦ *sm, f fam* nutcase.

Svizzera *sf*: **la ~** Switzerland.

svizzero, a *agg & sm, f* Swiss.

svogliato, a *agg* -1. [privo d'interesse] lazy -2. [indolente] listless.

svolgere [48] *vt* -1. [lavoro, attività] to carry out -2. [tema, argomento] to develop -3. [matassa] to unravel; [gomitolo] to unwind. ➡ **svolgersi** *vip* -1. [accadere] to occur -2. [essere ambientato] to be set.

svolta *sf* -1. [cambiamento] change -2. [momento] turning-point -3. [curva] turn.

svoltare [6] *vi* to turn.

svolto, a *pp* ▷svolgere.

svuotare [6] *vt* to empty.

t¹, T *sf* o *m inv* t, T.

t² (*abbr di* **tonnellata**) t.

T (*abbr di* **tabaccheria**) tobacconist.

tabaccaio, a *sm, f* [persona] tobacconist. ➡ **tabaccaio** *sm* [negozio] tobacconist's.

tabaccheria *sf* tobacconist's.

tabacco (*pl* -chi) *sm* tobacco.

tabella *sf* -1. [prospetto] table, chart; **~ di marcia** schedule -2. [listino]: **~ dei prezzi** price list -3. [griglia] table.

tabellina *sf* (times) table.

tabellone *sm* -1. [per affissioni] billboard *US*, hoarding *UK* -2. [in stazione] departures and arrivals board -3. [in pallacanestro] backboard.

tabù *agg inv & sm inv* taboo.

tacca (*pl* -che) *sf* -1. [incisione] notch -2. [su display] bar.

taccagno, a ⬦ *agg* stingy. ⬦ *sm, f* skinflint.

tacchino *sm* turkey.

tacco (*pl* -chi) *sm* [di scarpa] heel; **con/senza ~** with/without a heel; **tacchi a spillo** stiletto heels; **portare i tacchi** to wear (high) heels.

taccuino *sm* notebook.

tacere [87] ⬦ *vi* -1. [rimanere zitto, non

esprimersi] to say nothing -2. [smettere di parlare] to be quiet; **mettere qc a ~ to** hush sthg up -3. [non riferire]: ~ **(su qc)** to keep quiet (about sthg). ◇ *vt* to keep quiet about.

tachicardia *sf* tachycardia.

taciturno, a *agg* taciturn *form.*

tacqui *(etc)* ⊳tacere.

tafferuglio *sm* brawl.

taglia *sf* -1. [misura] size -2. [ricompensa] reward.

tagliacarte *sm inv* paper knife *UK*, letter opener *US.*

tagliando *sm* -1. [cedola] coupon -2. [su merce]: ~ **di controllo** *manufacturer and product details.*

tagliare [21] ◇ *vt* -1. [gen] to cut; **tagliarsi i capelli** to get one's hair cut; **tagliarsi le unghie** to cut one's nails; **tagliar corto** to cut it short -2. [albero, foresta] to cut down -3. [braccio, gamba] to cut off, to amputate -4. [ferirsi]: **tagliarsi un dito/un piede** to cut one's finger/foot -5. [acqua, luce, gas, telefono] to cut off -6. [rifornimenti, forniture] to cut off, to stop -7. [escludere]: ~ **fuori qn** to exclude sb -8. [attraversare] to cut through; ~ **la strada a qn** to cut in in front of sb. ◇ *vi* -1. [essere affilato] to cut -2. [prendere una scorciatoia]: ~ **per qc** to cut through sthg. ◆ **tagliarsi** ◇ *vr* [ferirsi] to cut o.s. ◇ *vip* [lacerarsi] to get torn.

tagliatelle *sfpl* tagliatelle *(U).*

tagliente *agg* -1. [affilato] sharp -2. [sarcastico] sharp, cutting.

taglio *sm* -1. [gen] cut; **dare un ~ a qc** to cut sthg short; ~ **cesareo** MED Caesarean section *UK*, Cesarean section *US* -2. [pezzo – di stoffa] length; [– di carne] cut, piece -3. [di banconote]: **di piccolo/grosso ~** small-/large-denomination *(dav s)* -4. [di lama] edge.

tailandese, thailandese *agg, smf & sm* Thai.

Tailandia, Thailandia *sf*: la ~ Thailand.

tailleur [ta'jɛr, ta'jr] *sm inv (woman's)* suit.

talco *(pl* -chi) *sm* talc, talcum powder.

tale ◇ -1. [di questo tipo] such; **in tal caso** in that case -2. [così grande] so; **fa un ~ freddo!** it's so cold!; ~ **... che** so ... that; **è di una ~ gentilezza che ...** she's so kind that ...; ~ **... da so ... that**; **fa un rumore ~ da ...** it's so noisy that ... -3. [in paragoni]: **tale ... tale** like ... like; ~ **madre ~ figlia** like mother like daughter; ~ **quale** just (the same) as. ◇ *agg indef*: **un tal signor Marchi** a Mr Marchi; **il giorno ~ al-**l'ora ~ on such and such a day at such and such a time. ◇ *pron indef* [persona]: **un ~, una ~** someone; **quel/quella ~** that man/woman; **il/la tal dei tali** such and such.

talento *sm* talent; **di ~** talented.

tallone *sm* heel.

talmente *avv* so.

talpa *sf* [animale, spia] mole.

talvolta *avv* sometimes.

tamburello *sm* -1. [strumento] tambourine -2. [gioco] racket *sport played by two teams or the racket used in this sport.*

tamburo *sm* -1. [strumento] drum -2. [di freno] brake drum -3. [di pistola] cylinder.

Tamigi *sm*: il ~ the Thames.

tamponamento *sm* crash; ~ **a catena** pile-up.

tamponare [6] *vt* -1. [urtare] to crash into -2. [ferita] to dab.

tampone *sm* -1. [per timbri] ink-pad -2. [assorbente interno] tampon -3. [per ferita] swab.

tana *sf* [di animale] lair.

tanfo *sm* (bad) smell.

tanga *sm inv* thong.

tangente ◇ *agg* GEOM tangential. ◇ *sf* -1. [mazzetta] bribe -2. GEOM tangent.

tangenziale *sf* [tutto intorno alla città] ring-road *UK*, beltway *US*; [per evitare la città] bypass.

tango *(pl* -ghi) *sm* tango.

tanica *(pl* -che) *sf* -1. [recipiente] tank -2. [contenuto] tank, tankful.

tanto, a ◇ *agg indef* -1. [quantità] such a lot of, so much; **ho ~ lavoro** I've got so much work 0 such a lot of work; **lo conosco da ~ tempo** I've known him for such a long time 0 for ages; **ho tanta fame/tanto sonno** I'm so hungry/sleepy; ~ **... da/che** so much ... that -2. [numero] such a lot of, so many; **ho tanti amici** I've got such a lot of friends; **ci sono tante cose da fare** there are so many things to do; **tanti ... da/che** so many ... that; **tanti auguri!** [a Natale] Merry Christmas!; [per il compleanno] Happy Birthday! -3. [in paragoni]: ~ **... quanto** as 0 so much ... as; **tanti ... quanti** as many ... as. ◇ *pron indef* -1. [quantità] such a lot; **(così) ~ ... da/che** so much ... that -2. [numero] so many (people); **una ragazza come tante** a girl like so many others; **(così) tanti... da/che** so many ... that; **in tanti** a lot of people; **erano in tanti** there were a lot of people -3. [molta gente]: **tanti** many people -4. [in paragoni]: ~

quanto as much as; **tanti quanti** as many as **-5.** [quantità indeterminata] some; **un ~** so much; **un ~ al mese** so much a month **-6.** *loc:* **~ vale** you/he/we etc might as well; : **~ vale che tu stia a casa** you might as well stay at home. ◆ **tanto** *<> avv* **-1.** [con verbi] so much; **ti ringrazio ~** thank you so much; **mi piace ~** I like it/him etc so much **-2.** [con aggettivi o avverbi] so; **parlava ~ lentamente** he spoke so slowly; **~ ... da/che** so ... that; **è ~ grasso che ...** he's so fat that ...; **sono ~ sciocchi da crederci** they're silly enough to believe it; **~ meglio!** all the better!; **~ più che** especially since **-3.** [in paragoni]: **~ ... quanto** as ... as; **non studia ~ quanto potrebbe** she doesn't study as much as she could; **era ~ bella quanto intelligente** she was as beautiful as she was intelligent **-4.** [temporale] for a long time; **non ci possiamo fermare ~** we can't stay long; **hai aspettato ~?** have you been waiting long? **-5.** [soltanto] just; **~ per divertirsi** just for fun; **~ per cambiare** just for a change; **una volta -** once in a while. *<> cong* in any case.

tappa *sf* **-1.** [sosta] stop; **fare ~** to stop off **-2.** [parte di percorso, gara] stage, leg **-3.** [momento importante] milestone.

tappare [6] *vt* [buco, falla] to plug; [bottiglia] to cork; [porta, finestra] to seal; **tapparsi il naso** to hold one's nose; **tapparsi le orecchie** to cover one's ears; **tapparsi gli occhi** to keep one's eyes closed. ◆ **tapparsi** *<> vr* [rinchiudersi]: **~ in casa** to shut o.s. away (in one's house). *<> vip* [otturarsi] to get blocked.

tapparella *sf fam* (roller) shutter.

tappetino *sm* mat.

tappeto *sm* **-1.** [in casa – piccolo] rug; [– grande] carpet **-2.** [di fiori, foglie, neve] carpet **-3.** SPORT mat; **andare al ~** to go down.

tappezzare [6] *vt* [con foto, manifesti] to cover; **~ qc di qc** to cover sthg with sthg; [poltrona, divano] to upholster.

tappezzeria *sf* **-1.** [carta di parati] wallpaper **-2.** [rivestimento] upholstery **-3.** [negozio] upholsterer.

tappo *sm* **-1.** [chiusura – di barattolo] lid; [– di bottiglia di vino] cork; [– di bottiglia d'acqua] stopper; [di lavandino] plug **-2.** [di cerume] buildup **-3.** *scherz* [persona] shorty.

tara *sm* [peso] tare.

tarantola *sf* tarantula.

tardare [6] *vi* to be late; **~ a fare qc** to delay doing sthg.

tardi *avv* late; **a più ~** see you later; **al più ~** at the latest; **fare ~** to be late.

tardo, a *agg* **-1.** [avanzato] late **-2.** [persona] slow.

targa (*pl* **-ghe**) *sf* **-1.** [di veicolo] numberplate *UK*, license plate *US* **-2.** [placca] plaque.

targato, a *agg*: **la mia macchina è targata ...** my car's registration number *UK* o license (plate) number *US* is ...

targhetta *sf* [su porta] nameplate; [su valigia, indumento] name tag.

tariffa *sf* **-1.** [di trasporti] fare; [di telefono, elettricità] rate, tariff **-2.** [di professionista] fee.

tariffario, a *agg* price *(dav s)*.

tarlo *sm* woodworm.

tarma *sf* moth.

tartagliare [21] *vi* to stammer.

tartaro, a *<> agg* **-1.** [popolazione] Tartar **-2.** CULIN tartar; **salsa tartara** tartar sauce. *<> sm, f* [persona] Tartar. ◆ **tartaro** *sm* [dentario] tartar.

tartaruga, ghe *sf* **-1.** [animale] turtle **-2.** [materiale] tortoiseshell.

tartina *sf* canapé.

tartufo *sm* **-1.** [fungo] truffle **-2.** [gelato] *type of ice cream dessert.*

tasca (*pl* **-sche**) *sf* **-1.** [di abito] pocket; **da ~** pocket *(dav s)* **-2.** [di borsa] pocket, compartment.

tascabile *<> agg* pocket *(dav s)*. *<> sm* paperback.

taschino *sm* breast pocket.

tassa *sf* **-1.** [su servizi – tributo] tax, [– scolastica/universitaria] fee; [– postale] postage **-2.** *fam* [imposta] tax.

tassametro *sm* taxi meter.

tassare [6] *vt* to tax.

tassello *sm* **-1.** [per muro, mobile] wedge **-2.** *fig* [componente] strand.

tassì *sm inv* = **taxi.**

tassista, i, e *smf* taxi driver.

tasso *sm* **-1.** [gen] rate; **~ di cambio** exchange rate; **~ d'interesse** interest rate; **a ~ zero** interest-free **-2.** [livello] level **-3.** [animale] badger **-4.** [albero] yew.

tastare [6] *vt* to feel; **~ il polso a qn** MED to take sb's pulse; **~ il terreno** *fig* to test the water.

tastiera *sf* **-1.** [di pianoforte, computer] keyboard **-2.** [di telefono] keypad.

tasto *sm* **-1.** [di strumento, computer] key **-2.** [di telefono, ascensore] button **-3.** [argomento] subject.

tastoni *avv*: andare (a) ~ to grope o feel one's way.

tattica (*pl* -che) *sf* -1. [strategia] tactic -2. SPORT & MIL tactics (*pl*).

tattico, a, ci, che *agg* tactical.

tatto *sm* -1. [senso] touch -2. [delicatezza] tact.

tatuaggio *sm* tattoo.

tav. (*abbr di* tavola) plate, table.

taverna *sf* tavern.

tavola *sf* -1. [mobile] table; essere a ~ to be having a meal; mettersi a ~ to sit down to a meal; ~ calda café -2. [asse] board -3. [tabella] table -4. [illustrazione] table, figure -5. [lastra – di cioccolato] bar; [– di pietra] tablet.

tavoletta *sf* bar; ~ di cioccolato bar of chocolate.

tavolino *sm* [da studio, gioco] (small) table; [da salotto] coffee table.

tavolo *sm* table; ~ operatorio operating table; ~ da ping pong table tennis table.

tavolozza *sf* easel.

taxi *sm inv* taxi, cab.

tazza *sf* -1. [recipiente] cup -2. [contenuto] cup, cupful.

tazzina *sf* -1. [recipiente] coffee cup -2. [contenuto] small cupful.

te *pron pers* -1. you; non parlavo con ~ I wasn't talking to you; se fossi in ~ if I were you; lo ha chiesto a ~ he asked you; secondo ~ che farà? what do you think she'll do? -2. ⊳ti.

tè *sm inv* tea.

teatrale *agg* theatrical.

teatro *sm* -1. [gen] theatre *UK*, theater *US*; ~ tenda marquee -2. [opere] plays (*pl*), dramatic works (*pl*) -3. fig [scenario] scene.

tecnica (*pl* -che) *sf* -1. [norme, metodo] technique -2. [tecnologia] technology.

tecnico, a, ci, che ◇ *agg* technical. ◇ *sm, f* -1. [specialista] technician -2. [allenatore] coach.

tecno *agg inv, sf inv* techno.

tecnologia *sf* technology.

tecnologico, a, ci, che *agg* technological.

tedesco, a, schi, sche *agg & sm, f* German. ◆ **tedesco** *sm* [lingua] German.

tegame *sm* pot.

teglia *sf* [per arrosti] roasting pan o tin *UK*; [per dolci] baking pan o tin *UK*.

tegola *sf* (roof) tile, slate.

teiera *sf* teapot.

tela *sf* -1. [gen] canvas; ~ cerata oilcloth -2. [di ragno] spider's web.

telaio *sm* -1. [per tessere] loom -2. [per ricamare, di porta, finestra] frame -3. [di auto, bicicletta] chassis.

tele *sf fam* TV, telly *UK*.

telecamera *sf* television camera.

telecomandato, a *agg* remote-controlled.

telecomando *sm* remote control.

telecomunicazioni *sfpl* telecommunications.

teleconferenza *sf* teleconference.

telecronaca (*pl* -che) *sf* (TV) report.

telecronista, i, e *smf* commentator.

telefilm *sm inv* telefilm, TV film *UK*.

telefonare [6] ◇ *vi*: ~ (a qn) to phone o telephone(sb). ◇ *vt* to phone, to telephone.

telefonata *sm* phone call, telephone call; ~ a carico del destinatario reverse-charge call *UK*, collect call *US*.

telefonia *sf* telephony; ~ mobile mobile o cellular telephony.

telefonico, a, ci, che *agg* telephone *(dav s)*.

telefonino *sm* mobile (phone) *UK*, cell (phone) *US*.

telefonista, i, e *smf* telephonist.

telefono *sm* [apparecchio] phone, telephone; ~ a moneta coin-operated phone; ~ a scheda card phone *UK*.

telegiornale *sm* (television) news *(U)*.

telegrafo *sm* -1. [ufficio] telegraph office -2. [apparecchio] telegraph.

telegramma (*pl* -i) *sm* telegram.

telelavoro *sm* teleworking.

telematico, a, ci, che *agg* data communications *(dav s)*.

telenovela (*pl* telenovelas OR telenovele) *sf* soap (opera).

teleobiettivo *sm* telephoto lens.

telepatia *sf* telepathy.

telescopio *sm* telescope.

telespettatore, trice *sm, f* viewer.

televendita *sf* home shopping.

Televideo *sm inv* teletext®.

televisione *sf* -1. fam [televisore] television o TV (set) -2. [programmi] television, TV -3. [organizzazione, tecnologia] television.

televisivo, a *agg* television *(dav s)*, TV *(dav s)*.

televisore *sm* television o TV set.

telo *sm*: ~ da mare beach towel.

tema (*pl* -i) *sm* -1. [argomento] theme -2. SCOL essay.

temere [7] <> *vt* -1. [aver paura di] to fear -2. [non sopportare] not to be able to stand. <> *vi* [preoccuparsi]: ~ **per qn/qc** to worry about sb/sthg.

tempera *sf* tempera.

temperamatite *sm inv* pencil sharpener.

temperamento *sm* -1. [carattere] tempera-ment -2. [carattere forte] character.

temperare [6] *vt* [matita] to sharpen.

temperato, a *agg* -1. [clima, zona] tempe-rate -2. [entusiasmo, linguaggio] moderate.

temperatura *sf* temperature; a ~ ambiente at room temperature.

temperino *sm* -1. [coltellino] penknife, pocket knife -2. [temperamatite] pencil sharpener.

tempesta *sf* storm; ~ di neve blizzard, snowstorm; ~ di sabbia sandstorm.

tempestivo, a *agg* -1. [opportuno] timely -2. [rapido] speedy.

tempia *sf* ANAT temple.

tempio (*pl* templi) *sm lit & fig* temple.

tempo *sm* -1. [successione di istanti] time; a ~ perso in one's spare time; **da quanto ~ manchi da Milano?** how long have you been away from Milan?; **da ~ non la ve-devo più** I hadn't seen her for some time; a ~ pieno full time; ~ libero spare time; **non avere ~** not to have time; **perdere** ~ to waste time; ~ **fa** some time ago; **in** o **per** ~ in time; **in** ~ **reale** INFORM in real time; **in** ~ **utile** on time; **un** ~ once upon a time; **al** ~ **stesso** at the same time -2. [atmosferico] weather -3. MUS time -4. [di motore] stroke -5. [di film]: **primo/secon-do** ~ first/second part -6. [di partita]: **pri-mo/secondo** ~ first/second half; **tempi supplementari** extra time (*U*) UK, over-time (*U*) US -7. GRAMM tense.

temporale <> *agg* temporal. <> *sm* storm.

temporaneo, a *agg* temporary.

tempra *sf* constitution.

tenace *agg* [persona, carattere] tenacious; [amicizia, odio] enduring.

tenacia *sf* tenacity.

tenaglie *sfpl* pincers.

tenda *sf* -1. [di finestra] curtain -2. [di ter-razza, negozio] canopy -3. [da campeggio] tent.

tendenza *sf* -1. [inclinazione]: **avere** ~ a o **per qc** to have an aptitude for sthg; **avere** ~ **a fare qc** to have a tendency to do sthg -2. [orientamento] tendency.

tendere [43] <> *vt* -1. [distendere] to stretch; ~ **una trappola a qn** to set a trap for sb -2. [sporgere] to stretch out; ~ **le orecchie** to prick up one's ears. <> *vi*: ~ a qc to tend towards *UK* o toward *US* sthg; ~ **a fare qc** to tend to do sthg.

tendine *sm* tendon.

tenebre *sfpl letter* darkness (*U*).

tenente *sm* lieutenant.

tenere [93] <> *vt* -1. [reggere] to hold -2. [mantenere, prendere, conservare] to keep -3. [fare – conferenza, lezione] to give; [– discorso] to give, to make; [– riunione, assemblea] to hold -4. [segreto] to keep; ~ **fede a una promessa** to keep a promise -5. [strada] to hold; ~ **la destra** to keep to the right; ~ **la rotta** to keep on course. <> *vi* -1. [resistere] to hold; ~ **duro** to hold on -2. [dare importanza]: ~ **a qn/qc** to care about sb/sthg; ~ **a fare qc** to want to do sthg. ◆ **tenersi** *vr* -1. [aggrapparsi]: **te-nersi (a qc)** to hold on (to sthg) -2. [mante-nersi]: **tenersi a disposizione** to make o.s. available; **tenersi aggiornato** to keep up to date; **tenersi pronto** to be ready.

tenerezza *sf* tenderness. ◆ **tenerezze** *sfpl* affection (*U*).

tenero, a *agg* : **in tenera età** of a tender age.

tenga (*etc*) ▷ tenere.

tengo (*etc*) ▷ tenere.

tenni (*etc*) ▷ tenere.

tennis *sm* [gioco] tennis; **da** ~ tennis (*dav s*); ~ **da tavolo** table tennis.

tennista, i, e *smf* tennis player.

tenore *sm* -1. [livello] tone; ~ **di vita** stan-dard of living -2. MUS tenor.

tensione *sf* -1. [gen] tension -2. ELETTR: **al-ta/bassa** ~ high/low voltage.

tentacolo *sm* tentacle.

tentare [6] *vt* -1. [provare] to attempt; ~ **di fare qc** to try to do sthg -2. [allettare] to tempt.

tentativo *sm* attempt.

tentazione *sf* temptation.

tentoni *avv*: **procedere (a)** ~ to grope one's way.

tenue *agg* -1. [chiaro] light -2. [debole] slight -3. ▷ intestino.

tenuta *sf* -1. [di contenitore] capacity -2. [aderenza]: ~ **di strada** road holding -3. [abbigliamento] clothes (*pl*) -4. [podere] estate.

teologia *sf* theology.

teorema (*pl* -i) *sm* theorem.

teoria *sf* theory; **in** ~ in theory.

teorico, a, ci, che *agg* theoretical.

tepore *sm* warmth.

teppismo *sm* hooliganism.

teppista, i, e *smf* hooligan.

terapeutico, a, ci, che *agg* therapeutic.

terapia *sf* therapy, treatment; ~ **intensiva** intensive care.

terapista, i, e *smf* -1. [psicoterapista] therapist -2. [fisioterapista] physiotherapist.

tergicristallo *sm* windscreen wiper *UK*, windshield wiper *US*.

tergiversare [6] *vi* to hum and haw.

termale *agg* -1. [acqua, sorgente] thermal -2. [stabilimento, cura] spa *(dav s)*.

terme *sfpl* -1. [stabilimento] thermal baths -2. [sorgente naturale] springs.

termico, a, ci, che *agg* -1. [energia, variazione, centrale] thermal -2. [impianto] heating.

terminal *sm inv* [di aeroporto] terminal.

terminale ◇ *agg* -1. [finale] final -2. MED terminal; **i malati terminali** the terminally ill. ◇ *sm* terminal.

terminare [6] ◇ *vt* to finish. ◇ *vi* to end.

terminazione *sf* -1. [estremità]: ~ **nervosa** nerve ending -2. GRAMM ending.

termine *sm* -1. [punto estremo] end -2. [scadenza] deadline; **a breve/medio/lungo** ~ in the short/medium/long term -3. [vocabolo, elemento] term. ◆ **termini** *smpl* [modalità] terms; **ai termini di legge** by law; **essere in buoni termini (con qn)** to be on good terms (with sb).

terminologia *sf* terminology.

termite *sf* termite.

termometro *sm* thermometer.

termos *sm inv* = thermos.

termosifone *sm* radiator.

termostato *sm* thermostat.

terno *sm* [nel lotto] set of three winning numbers.

terra *sf* -1. [mondo] earth -2. [suolo] ground; **avere una gomma a** ~ to have a flat tyre *UK* o tire *US*; **per** ~ on the ground; ~ ~ mediocre -3. [sostanza] earth, soil -4. [terreno] land -5. [territorio] territory; **la Terra Santa** the Holy Land -6. [podere] piece of land -7. [terraferma] (dry) land -8. ELETTR earth *UK*, ground *US*. ◆ **Terra** *sf*: **la Terra** the Earth.

terracotta *(pl* **terrecotte)** *sf* terracotta.

terraferma *sf* dry land, terra firma.

terrazza *sf* EDIL & AGRIC terrace.

terrazzo *sm* terrace.

terremotato, a ◇ *agg* hit by an earthquake. ◇ *sm, f* earthquake victim.

terremoto *sm* earthquake.

terreno, a *agg* -1. FILOS earthly -2. [piano] ground *(dav s)* *UK*, first *US*; [livello] ground *(dav s)*. ◆ **terreno** *sm* -1. [suolo] ground, land -2. [area] land -3. SPORT: ~ **di gioco** sports field.

terrestre *agg* -1. [della terra – crosta, superficie, rotazione] Earth's *(dav s)*; [– magnetismo] terrestrial -2. [di terraferma] land *(dav s)*.

terribile *agg* terrible.

terrificante *agg* terrifying.

terrina *sf* -1. [recipiente] bowl -2. [cibo] terrine.

territoriale *agg* territorial.

territorio *sm* territory.

terrore *sm* terror; **incutere** ~ **a qn** to strike terror into sb's heart.

terrorismo *sm* terrorism.

terrorista, i, e *smf* terrorist.

terrorizzare [6] *vt* to terrorize.

terza *sf* -1. AUTO third (gear) -2. SCOL third year.

terzetto *sm* trio.

terziario, a *agg* ECON tertiary, service *(dav s)*. ◆ **terziario** *sm* ECON tertiary o service sector.

terzo, a ◇ *agg num* third; **il Terzo mondo** the Third World; **la terza età** old age; **di terz'ordine** [scadente] third-rate. ◇ *sm, f* third. ◆ **terzo** *sm* -1. [frazione] third -2. [persona diversa] third party; *vedi anche* **sesto**. ◆ **terzi** *smpl* third party.

terzultimo, a *agg, sm, f* third last.

teschio *sm* skull.

tesi *sf inv* -1. [teoria] thesis -2. UNIV: ~ **(di laurea)** degree dissertation.

teso, a ◇ *pp* ▷ **tendere**. ◇ *agg* -1. [tirato] tight -2. [nervoso] tense.

tesoro *sm* -1. [oggetti preziosi, risorsa naturale] treasure -2. [cassa statale] treasury -3. [persona cara] darling.

tessera *sf* -1. [documento] card -2. [di mosaico] tessera.

tessere [7] *vt* to weave.

tesserino *sm* pass.

tessile ◇ *agg* textile *(dav s)*. ◇ *sm* -1. [industria] textile industry -2. [tessuto] textile, fabric.

tessuto *sm* -1. [stoffa] fabric -2. ANAT tissue.

test [tɛst] *sm inv* test.

testa *sf* **-1.** [di persona, animale, fungo, vite] head; **mi gira la** ~ my head is spinning; **dalla** ~ **ai piedi** from head to toe; ~ **d'aglio** head o bulb of garlic **-2.** [persona]: **a** ~ **per head -3.** [mente] brain; **fare di** ~ **propria** to do things one's own way; **mettersi in** ~ **qc** to get sthg into one's head; **mettersi in** ~ **di fare qc** to get it into one's head to do sthg; **montarsi la** ~ to get bigheaded; **perdere la** ~ **(per qn)** to lose one's head (over sb) **-4.** [parte iniziale] [di corteo, processione] front, head; [di treno, missile] head; **essere in** ~ **(a qc)** SPORT to be in the lead (in sthg); **essere in** ~ **alla classifica/alla hit parade** to be top of the league/of the charts; **essere in** ~ **alla lista** to be (at the) top of the list; **essere in** ~ **alla fila** to be at the front of the queue *UK* o line *US* **-5.** [di moneta] heads *(U)*; **fare a** ~ **e croce** to toss a coin.

testamento *sm* DIR will; **fare** ~ to make a will. ◆ **Testamento** *sm* RELIG: **l'Antico/il Nuovo Testamento** the Old/New Testament.

testardo, a ⬦ *agg* stubborn. ⬦ *sm, f* stubborn person.

testare [6] *vt* to test.

testata *sf* **-1.** [colpo]: **dare una** ~ **in/contro qc** to bang one's head on/against sthg; **dare una** ~ **a qn** to headbutt sb **-2.** [titolo] title **-3.** [giornale] newspaper.

teste *smf* witness.

testicolo *sm* testicle.

testimone ⬦ *smf* [persona] witness; ~ **oculare** eye witness. ⬦ *sm* SPORT baton.

testimonianza *sf* **-1.** [deposizione] testimony **-2.** [dimostrazione] demonstration.

testimoniare [20] ⬦ *vt* **-1.** [dichiarare]: ~ **il vero** to tell the truth; ~ **il falso** to commit perjury; ~ **che** to testify that; ~ **di aver fatto qc** to testify to having done sthg **-2.** [dimostrare] to testify to. ⬦ *vi* to testify; ~ **a favore di/contro qn** to testify for/against sb.

testo *sm* text; **far** ~ to be authoritative.

testuggine *sf* [terrestre] tortoise; [acquatica] turtle.

tetano *sm* tetanus.

tête-à-tête [tɛta'tɛt] *sm inv* tête-à-tête.

tetta *sf fam* tit.

tettarella *sf* **-1.** [di biberon] teat *UK*, nipple *US* **-2.** [succhiotto] dummy *UK*, pacifier *US*.

tetto *sm* **-1.** [di edificio, veicolo, casa] roof; **i senza** ~ the homeless **-2.** [limite] ceiling.

tettoia *sf* roof.

Tevere *sm*: **il** ~ the Tiber.

TGV [teʒe've] *(abbr di* Train à Grande Vitesse) *sm inv* TGV, high speed train.

thailandese = tailandese.

Thailandia *sf* = Tailandia.

thermos® *sm inv* Thermos®.

thriller *sm inv* thriller.

ti *(diventa* **te** *dav* **lo, la, li, le, ne)** *pron pers* **-1.** [complemento oggetto] you; **non** ~ **sento** I can't hear you **-2.** [complemento di termine] (to) you; **te l'ho dato** I gave it to you; **te ne parlerò** I'll tell you about it **-3.** [nei riflessivi, pronominali] yourself; ~ **sei divertito?** did you enjoy yourself?; **non** ~ **muovere** don't move; **te ne ricordi?** do you remember it?

Tibet *sm*: **il** ~ Tibet.

tic *sm inv* **-1.** MED tic **-2.** [abitudine] habit.

ticchettio *(pl* **-ii)** *sm* **-1.** [di orologio] ticking **-2.** [di pioggia] drumming **-3.** [dei tacchi] click-clack.

ticket *sm inv* **-1.** AMMIN prescription charge *UK*, prescription cost *US* **-2.** [buono]: ~ **(restaurant)** luncheon voucher *UK*.

tiepido, a *agg* lukewarm.

tifare [6] *vi*: ~ **per qn/qc** to support sb/sthg.

tifo *sm* **-1.** MED typhoid **-2.** SPORT: **fare il** ~ **per qn/qc** to support sb/sthg.

tifone *sm* typhoon.

tifoso, a *sm, f* supporter.

tiglio *sm* lime (tree).

tigre *sf* [gen] tiger; [femmina] tigress.

tilt [tilt] *sm inv*: **andare/essere in** ~ [persona] to get/to have a mental block; [macchina] to go/to be on the blink.

timbrare [6] *vt* to stamp; ~ **(il cartellino)** [a inizio lavoro] to clock on; [a fine lavoro] to clock off.

timbro *sm* **-1.** [strumento] stamp **-2.** [marchio – su atto, passaporto] stamp; [– postale] postmark **-3.** [di voce] timbre.

timidezza *sf* shyness.

timido, a ⬦ *agg* shy. ⬦ *sm, f* shy person.

timo *sm* thyme.

timone *sm* helm.

timore *sm* fear; **avere** ~ **di qn/qc** to be afraid of sb/sthg.

timpano *sm* **-1.** [nell'orecchio] eardrum ANAT tympanum **-2.** MUS kettledrum.

tinello *sm* kitchen-diner.

tingere [49] *vt* to dye; **tingersi i capelli** to dye one's hair.

tino *sm* vat.

tinta *sf* -1. [tonalità] colour *UK*, color *US*; in ~ of the same colour; in o a ~ **unita** plain -2. [colorante] dye.

tintarella *sf* tan, suntan.

tinteggiare [18] *vt* to paint.

tintinnare [6] *vi* to clink.

tintoria *sf* dry cleaner's.

tintura *sf* -1. [operazione] dyeing -2. [colorante]: ~ **per capelli** dye -3. [disinfettante]: ~ **di iodio** tincture of iodine.

tipicamente *avv* typically.

tipico, a, ci, che *agg* -1. [proprio]: ~ **(di qn/qc)** typical (of sb/sthg) -2. [regionale] local.

tipo <> *sm* -1. [genere] type; **scarpe** ~ **mocassino** mocassin-type shoes -2. [modello] type, model -3. [persona originale] character. <> *agg inv* typical. ◆ **tipo, a** *sm, f fam* man, woman.

tipografia *sf* -1. [tecnica] typography -2. [officina] printer's.

tipologia *sf* [categoria] type.

tip tap [tip'tap] *sm inv* tap-dancing.

TIR [tir] (*abbr di* **Transports Internationaux Routiers**) *sm inv* TIR.

Tirana *sf* Tirana.

tiranno *sm* [governante] tyrant. ◆ **tiranno(a)** *sm, f* [prepotente] tyrant.

tirare [6] <> *vt* -1. [trainare, tendere] to pull; ~ **fuori qc** [estrarre] to take sthg out; [menzionare] to come out with sthg; ~ **giù qc da qc** to get sthg down from sthg; ~ **su qn** [incoraggiare] to cheer sb up -2. [lanciare] to throw -3. [sferrare] to let fly with; ~ **un colpo** [sparare] to fire a shot -4. [tracciare] to draw -5. *loc:* ~ **in ballo qn/qc** to drag sb/sthg in; **tirarla per le lunghe** to drag sthg out. <> *vi* -1. [proseguire]: ~ **avanti** to keep going; ~ **dritto** to keep on going -2. [soffiare] to blow -3. [camino, pipa] to draw -4. SPORT: ~ **di scherma** to fence; ~ **in porta** to shoot at goal -5. *loc:* ~ **a indovinare** to guess. ◆ **tirarsi** *vr:* **tirarsi indietro** *fig* to back out; **tirarsi su** [alzarsi] to pick o.s. up; [farsi coraggio] to cheer up.

tirchio, a <> *agg* mean, stingy. <> *sm, f* miser.

tiro *sm* -1. [di arma] shooting; ~ **con l'arco** archery; ~ **a segno** shooting range -2. [lancio] throw; ~ **in porta** shot on goal -3. [trazione] : **da** ~ draught *UK*, draft *US*; ~ **alla fune** tug-of-war -4. *fam* [di sigaretta] drag -5. [azione]: ~ **mancino** dirty trick.

tirocinio *sm* training.

tiroide *sf* thyroid.

Tirolo *sm*: **il** ~ the Tyrol.

Tirreno *sm*: **il (Mar)** ~ the Tyrrhenian Sea.

tisana *sf* herbal tea.

titolare [6] <> *smf* -1. [di diritto, ufficio] holder -2. [proprietario] owner -3. SPORT first-team player. <> *vt* to give a title to.

titolo *sm* -1. [gen] title; **titoli di coda** closing credits; **titoli di testa** opening credits; ~ **di studio** academic qualification -2. FIN [in generale] security; [azione] share.

tivù *sf inv* TV.

tizio, a *sm, f* person.

tizzone *sm* ember.

TN (*abbr di* **Trento**) TN.

TO (*abbr di* **Torino**) TO.

toast [tɔst] *sm inv* toasted sandwich.

toccare [15] <> *vt* -1. [gen] to touch -2. [trattare] to touch on. <> *vi* -1. [capitare]: ~ **a qn** to happen to sb -2. [spettare]: ~ **a qn** to be given to sb; **ora tocca a me parlare** it's my turn to speak now. ◆ **toccarsi** *vr* to touch.

tocco (*pl* **-chi**) *sm* -1. [gen] touch -2. [rintocco] peal.

tofu *sm inv* tofu.

togliere [86] *vt* -1. [rimuovere, eliminare] to remove; **togliersi dalla testa qn/qc** to forget about sb/sthg -2. [sfilare] to take off; **togliersi i vestiti/le scarpe** to take off one's clothes/shoes -3. [privare]: ~ **qc a qn** to take sthg away from sb -4. [dedurre] to deduct -5. [liberare]: ~ **qn da qc** to get sb out of sthg. ◆ **togliersi** *vr* to move away; **togliersi dai piedi** o **di mezzo** to get out of the way.

toilette [twa'lɛt] *sf inv* -1. [bagno] bathroom, toilet *UK* -2. [mobiletto] dressing table.

tolga (*etc*) ➭ **togliere**.

tolgo (*etc*) ➭ **togliere**.

tollerante *agg* : ~ **(con qn)** tolerant (of sb).

tolleranza *sf* -1. [gen] tolerance -2. [scarto] margin.

tollerare [6] *vt* -1. [subire, rispettare] to tolerate -2. [resistere a] to stand.

tolsi (*etc*) ➭ **togliere**.

tolto, a *pp* ➭ **togliere**.

tomaia *sf* upper.

tomba *sf* tomb.

tombino *sm* manhole.

tombola *sf* bingo; **fare** ~ to win at bingo.

tonaca (*pl* -**che**) *sf* habit.

tonalità *sf inv* -**1.** [sfumatura] shade -**2.** MUS tonality.

tondo, a *agg* -**1.** [gen] round; **in cifre tonde** in round figures -**2.** [paffuto] plump. ◆ **tondo** *sm* circle; **in** ~ in a circle.

tonfo *sm* thump.

tonico, a, ci, che *agg* toned. ◆ **tonico** *sm* -**1.** [cosmetico] toner -**2.** [farmaco] tonic.

tonificare [15] *vt* to tone.

tonnellata *sf* ton.

tonno *sm* tuna.

tono *sm* -**1.** [MUS & gen] tone; **rispondere a** ~ to answer back; **essere giù di** ~ to be out of sorts -**2.** [stile] style; **darsi un** ~ to make an impression -**3.** [sfumatura] shade.

tonsille *sfpl* tonsils.

tonto, a *agg* stupid. *sm, f* idiot.

topazio *sm* topaz.

topless *sm inv* topless swimsuit.

topo *sm* mouse.

topografia *sf* topography.

toppa *sf* **1.** [pezza] patch -**2.** [della serratura] keyhole.

torace *sm* chest; ANAT thorax.

torcere [25] *vt* to twist. ◆ **torcersi** *vr* to writhe.

torcia (*pl* -**ce**) *sf* torch; ~ **elettrica** torch UK, flashlight US.

torcicollo *sm* stiff neck.

tordo *sm* thrush.

torero, a *sm* bullfighter, toreador.

Torino *sf* Turin.

tormenta *sf* blizzard.

tormentare [6] *vt* to torment. ◆ **tormentarsi** *vr* to torment o.s.

tormento *sm* -**1.** [gen] torment -**2.** [fastidio] nuisance.

tornado *sm inv* tornado.

tornante *sm* hairpin bend.

tornare [6] *vi* -**1.** [in un luogo]: ~ **(indietro)** [venire di nuovo] to come back, to return; [andare di nuovo] to go back, to return; **torna qui!** come back here!; **quando torni?** when will you be back?; **torno subito** I'll be right back -**2.** [con la mente]: ~ **(indietro)** to go back; ~ **in sé** [riprendere conoscenza] to come to; [rinsavire] to come to one's senses; ~ **su qc** to go over sthg again -**3.** [ripresentarsi] to come back -**4.** [ricominciare]: ~ **a (fare) qc** to go back to (doing) sthg -**5.** [ridiventare] to become again -**6.** [riuscire] to be; **mi tornerebbe**

utile se mi dessi una mano it'd be helpful if you gave me a hand -**7.** [quadrare] to be right.

torneo *sm* tournament.

toro *sm* bull. ◆ **Toro** *sm* ASTROL Taurus; **essere del Toro** to be (a) Taurus.

Toronto *sf* Toronto.

torre *sf* -**1.** [costruzione] tower; ~ **di controllo** AERON control tower; **la** ~ **di Pisa** the Tower of Pisa -**2.** [negli scacchi] rook.

torrente *sm* torrent.

torrido, a *agg* torrid.

torrone *sm* nougat.

torsi (*etc*) ⊳ torcere.

torso *sm* -**1.** [di persona] torso, upper body; [statua] torso; **a** ~ **nudo** bare-chested -**2.** [di frutto] core.

torsolo *sm* core.

torta *sf* cake; ~ **gelato** ice-cream cake; ~ **salata** quiche.

tortellini *smpl* tortellini.

tortino *sm* quiche.

torto, a *pp* ⊳ torcere. ◆ **torto** *sm* -**1.** [ingiustizia] wrong; **fare (un)** ~ **a qn** to wrong sb -**2.** [errore] mistake; **avere** ~ to be wrong; **a** ~ unjustly.

tortora *sf* turtledove.

tortuoso, a *agg* tortuous.

tortura *sf* torture.

torturare [6] *vt* to torture. ◆ **torturarsi** *vr* to torture o.s.

tosare [6] *vt* -**1.** [pecore] to shear -**2.** [erba] to mow.

Toscana *sf*: **la** ~ Tuscany.

toscano, a *agg & sm, f* Tuscan.

tosse *sf* cough.

tossico, a, ci, che *agg* toxic.

tossicodipendente *agg* drug-addicted. *smf* drug addict.

tossicomane *agg* drug-addicted. *smf* drug addict.

tossina *sf* toxin.

tossire [9] *vi* to cough.

tostapane *sm inv* toaster.

tostare [6] *vt* -**1.** [abbrustolire] to toast -**2.** [torrefare] to roast.

totale *agg* -**1.** [complessivo] total -**2.** [assoluto] complete. *sm* total; **in** ~ in total.

totalità *sf inv* -**1.** [interezza] totality -**2.** [insieme] entirety.

totalizzare [6] *vt* to total.

totalmente *avv* totally.

totano *sm* squid.

Totip *sm* *horse racing pools*.

totocalcio *sm* football pools *UK*.

tour [tur] *sm inv* tour.

tournée [tur'netur'nɛ] *sf inv* tour.

tovaglia *sf* tablecloth.

tovagliolo *sm* napkin; ~ **di carta** paper napkin.

tozzo, a *agg* stocky. ◆ **tozzo** *sm*: ~ **di pane** piece of bread.

TR (*abbr di* **Turchia**) TR.

tra *prep* **-1.** [in mezzo a due] between; **quale preferisci** ~ **questi due?** which of these two do you prefer? **-2.** [in mezzo a molti] among; **quale preferisci** ~ **tutti?** which do you prefer out of all of them?; ~ **noi/voi/loro** [due persone] between us/you/them; **che resti** ~ **noi** keep it between ourselves; [più persone] among us/you/them; **detto** ~ **noi** [me e te] between you and me; **parlare** ~ **sé e sé** to talk to oneself; **tenere qn** ~ **le braccia** to hold sb in one's arms **-3.** [tempo] in; **arriveranno** ~ **dieci minuti** we'll be there in ten minutes; **saremo di ritorno** ~ **una settimana** we'll be back in a week; **li aspettavo** ~ **le due e le tre** I expected them between two and three o'clock; ~ **breve/non molto** soon, shortly **-4.** [distanza]: ~ **due chilometri ci siamo** another two kilometres and we'll be there.

traballare [6] *vi* to wobble.

traboccare [15] *vi* to overflow; ~ **di qc** to overflow with sthg.

trabocchetto *sm* trap.

traccia (*pl* **-ce**) *sf* **-1.** [impronta] track **-2.** [macchia] mark **-3.** [indizio, piccola quantità] trace; **essere sulle tracce di qn** to be on sb's track **-4.** [abbozzo] outline.

tracciare [17] *vt* **-1.** [delineare] to trace **-2.** [disegnare] to draw.

tracciato *sm* **-1.** [percorso] route **-2.** [di strumento] graph.

trachea *sf* windpipe; ANAT trachea.

tracolla *sf* **-1.** [striscia] shoulder strap; **a** ~ over one's shoulder **-2.** [borsa] shoulder bag.

tracollo *sm* collapse.

tradimento *sm* betrayal; **a** ~ by surprise.

tradire [9] *vt* **-1.** [ingannare] to betray **-2.** [partner] to be unfaithful to **-3.** [speranze, aspettative] to disappoint **-4.** [mancare] to fail **-5.** [rivelare] to betray, to give away. ◆ **tradirsi** *vr* to give o.s. away.

traditore, trice *sm, f* traitor.

tradizionale *agg* traditional.

tradizione *sf* tradition.

tradotto, a *pp* ⊳**tradurre**.

tradurre [95] *vt* to translate.

traduttore, trice *sm, f* translator; ~ **simultaneo** simultaneous interpreter.

traduzione *sf* translation; ~ **simultanea** simultaneous translation.

trafelato, a *agg* out of breath.

trafficante *smf* dealer.

trafficare [15] ◇ *vi* **-1.**: ~ **in qc** [commerciare – lecitamente] to deal in sthg; [– illecitamente] to traffic in sthg **-2.** [affaccendarsi] to busy o.s. ◇ *vt* to traffic in.

traffico *sm* **-1.** [movimento] traffic **-2.** [commercio – lecito] trade; [– illecito] trafficking.

trafiggere [50] *vt* to run through.

trafitto, a *pp* ⊳**trafiggere**.

traforo *sm* tunnel.

tragedia *sf* tragedy.

tragga (*etc*) ⊳**trarre**.

traggo (*etc*) ⊳**trarre**.

traghetto *sm* ferry.

tragico, a, ci, che *agg* tragic.

tragitto *sm* journey; **lungo il** ~ on the way.

traguardo *sm* **-1.** [in una gara] finishing line **-2.** [obiettivo] goal.

trai (*etc*) ⊳**trarre**.

traiettoria *sf* trajectory.

trainare [6] *vt* [auto] to tow; [carro] to pull.

traino *sm* **-1.** [di auto] towing; [di carro] pulling **-2.** [veicolo] trailer.

tralasciare [19] *vt* to omit; ~ **i particolari** to forget about the details; **raccontami tutto, senza** ~ **i particolari** tell me all about it, without leaving out any details.

tram [tram] *sm inv* tram.

trama *sf* **-1.** [gen] plot **-2.** [di un tessuto] weave.

tramandare [6] *vt* to hand down.

tramare [6] *vt* to plot.

tramezzino *sm* sandwich.

tramite ◇ *sm*: **fare da** ~ to act as an intermediary. ◇ *prep* [persona] through; [cosa] by means of.

tramontare [6] *vi* **-1.** [sole] to set **-2.** [svanire] to fade away.

tramonto *sm* sunset.

trampoli *smpl* stilts.

trampolino *sm* **-1.** [per tuffi] diving board

-2. [per sci] ramp; ~ **di lancio** *fig* launch pad.

tranciare [6] *vt* to chop off.

tranello *sm* trap.

tranne *prep* except; ~ **che** [fuorché] except for; (+ *congiuntivo*) [a meno che] unless; **andremo al mare** ~ **che piova** we'll go to the seaside unless it rains.

tranquillamente *avv* **-1.** [con calma] calmly **-2.** [senza difficoltà] easily.

tranquillante *sm* tranquillizer *UK*, tranquilizer *US*.

tranquillità *sf* [serenità] calm; **con** ~ calmly; [quiete] peace.

tranquillizzare [6] *vt* to reassure. ◆ **tranquillizzarsi** *vip* to calm down.

tranquillo, a *agg* **-1.** [gen] quiet **-2.** [non preoccupato] calm; **sta** ~**!** don't worry! **-3.** [calmo] placid.

transalpino, a *agg* transalpine.

transatlantico, a, ci, che *agg* transatlantic.

transazione *sf* transaction.

transenna *sf* barrier.

transessuale *smf* transsexual.

transitare [6] *vi* to travel.

transitivo, a *agg* GRAMM transitive.

transito *sm* transit; **in** ~ in transit.

transitorio, a *agg* temporary.

transizione *sf* transition; **governo di** ~ caretaker government.

trapanare [6] *vt* to drill.

trapano *sm* drill.

trapassare [6] *vt* to go through.

trapassato *sm* GRAMM: ~ **(prossimo)**, ~ **(remoto)** past perfect.

trapelare [6] *vi lit & fig* to leak out.

trapezio *sm* **-1.** GEOM trapezoid **-2.** [al circo] trapeze.

trapezista, i, e *smf* trapeze artist.

trapiantare [6] *vt* to transplant.

trapianto *sm* MED transplant.

trappola *sf* trap.

trapunta *sf* quilt.

trarre [97] *vt* **-1.** [portare] ~ **qn in salvo** to rescue sb **-2.** [indurre] ~ **qn in inganno** to deceive sb **-3.** [derivare] to derive; ~ **origine da qc** to have its/their origins in sthg.

trasalire [9] *vi* to jump.

trasandato, a *agg* scruffy.

trascinare [6] *vt* **-1.** [gen] to drag **-2.** [entusiasmare] to carry along. ◆ **trascinarsi** ◇ *vr* [persona] to crawl. ◇ *vip* [questione] to drag on.

trascorrere [65] ◇ *vt* to spend. ◇ *vi* to pass.

trascorso, a *pp* ▷ trascorrere. ◆ **trascorsi** *smpl* past (U).

trascritto, a *pp* ▷ trascrivere.

trascrivere [73] *vt* to transcribe.

trascurare [6] *vt* **-1.** [casa, famiglia, lavoro] to neglect **-2.** [omettere] to overlook. ◆ **trascurarsi** *vr* to let o.s. go.

trasferibile *agg* transferable.

trasferimento *sm* transfer.

trasferire [9] *vt* to transfer. ◆ **trasferirsi** *vip* to move.

trasferta *sf* **-1.** [viaggio] transfer; [compenso] travel allowance; **essere in** ~ to be away on business; **spese di** ~ travel expenses **-2.** SPORT away game; **giocare in** ~ to play away.

trasformare [6] *vt* **-1.** [mutare] to transform **-2.** FIS to convert. ◆ **trasformarsi** *vip* **-1.** [persona, paese] to change **-2.** [embrione, larva] to turn into **-3.** FIS to be converted.

trasformazione *sf* **1.** [fis & cambiamento] transformation **-2.** [di prodotto, società] conversion.

trasfusione *sf*: ~ **(di sangue)** (blood) transfusion.

trasgredire [9] ◇ *vt* to transgress; ~ **una legge** to break a law. ◇ *vi*: ~ **(a qc)** to disobey (sthg).

trasgressione *sf* transgression.

trasgressore, trasgreditrice *sm, f* transgressor; **i trasgressori verranno puniti a norma di legge** trespassers will be prosecuted.

traslocare [15] *vi* to move.

trasloco (*pl* **-chi**) *sm* move; **fare (il)** ~ to move.

trasmesso, a *pp* ▷ trasmettere.

trasmettere [71] ◇ *vt* **-1.** [tramandare] to pass on **-2.** [inviare] to transmit **-3.** [diffondere] to broadcast. ◇ *vi* to broadcast. ◆ **trasmettersi** *vip* **-1.** [usanza] to be handed down **-2.** [malattia] to be passed on.

trasmissione *sf* **-1.** [alla radio, tv] programme **-2.** INFORM: ~ **dati** data transfer **-3.** [in meccanica] transmission.

trasmittente *agg* transmitting. ◆ **trasmittente** *sf* RADIO station; TV channel.

trasparente *agg* **-1.** [gen] clear **-2.** [carta] transparent; [abito, tessuto] see-through.

trasparenza *sf* transparency.

trasparire [105] *vi* **-1.** [apparire] to shine through **-2.** [manifestarsi]: **(far)** ~ to betray.

traspirare [6] *vi* to sweat.

trasportare [6] *vt* -1. [merce, persone] to transport, to carry -2. [da emozione]: **lasciarsi ~ da qc** to let o.s. be carried away by sthg.

trasportatore *sm* -1. [azienda] haulier -2. [macchina] conveyer.

trasporto *sm* -1. [di merci, persone] transport, transportation -2. [passione] passion. ◆ **trasporti** *smpl* transport (U).

trasversale ◇ *agg* [sbarra, taglio] transverse, cross *(dav s)*; [linea, retta] oblique. ◇ *sf* side road.

trattamento *sm* -1. [gen] treatment -2. [pagamento] package.

trattare [6] ◇ *vt* -1. [gen] to treat; **~ bene/male qn** to treat sb well/badly -2. [argomento, questione] to deal with -3. [negoziare] to negotiate. ◇ *vi* -1. [libro, film]: **~ di qc** to deal with sthg -2. [negoziare] to deal -3. [essere] to be about. ◆ **trattarsi** *vr* to treat o.s.

trattativa *sf* negotiation. ◆ **trattative** *sfpl* negotiations.

trattato *sm* -1. [accordo] treaty -2. [scritto] treatise.

trattenere [93] *vt* -1. [far rimanere] to keep; [tenere fermo] to hold back; **~ qn dal fare qc** to prevent sb from doing sthg -2. [reprimere] to hold back -3. [detrarre] to deduct. ◆ **trattenersi** ◇ *vip* to stay. ◇ *vr* to restrain o.s.; **trattenersi dal fare qc** to stop o.s. from doing sthg.

trattino *sm* hyphen.

tratto, a *pp* ▷ **trarre**. ◆ **tratto** *sm* -1. [di penna, matita] stroke -2. [aspetto] trait -3. [parte] stretch -4. [periodo]: **ad un ~** [all'improvviso] suddenly; **a tratti** [ad intervalli] at moments. ◆ **tratti** *smpl* features.

trattore *sm* tractor.

trattoria *sf* restaurant.

trauma, i *sm* -1. MED fracture; **~ cranico** skull fracture -2. PSICO trauma.

traumatico, a, ci, che *agg* traumatic.

traumatizzare [6] *vt* to traumatize.

travaglio *sm* -1. [sofferenza] travail -2. MED labour.

travasare [6] *vt* [gen] to pour; [vino] to decant.

trave *sf* beam.

traversa *sf* -1. [trave] crossbar -2. [lenzuolo] draw-sheet -3. [strada] side road.

traversare [6] *vt* to cross.

traversata *sf* crossing.

traverso, a *agg* side; **per vie traverse** indirectly. ◆ **di traverso** *avv* sideways; **guardare qn di ~** to look askance at sb.

travestimento *sm* disguise.

travestire [8] *vt* to disguise. ◆ **travestirsi** *vr* to disguise o.s.; **travestirsi da qc** to dress up as sthg.

travestito *sm* transvestite.

travolgere [48] *vt* -1. [sogg: auto, treno] to run over; [sogg: vento, valanga] to sweep away -2. *fig* [trascinare] to be carried away.

travolto, a *pp* ▷ **travolgere**.

trazione *sf* AUTO traction; **~ anteriore/posteriore** front-wheel/rear-wheel drive.

tre *agg num inv & sm inv* three; *vedi anche* **sei**.

treccia, ce *sf* -1. [gen] plait -2. [motivo] cable.

Trecento *sm*: **il ~** the fourteenth century.

tredicenne ◇ *agg* thirteen-year-old *(dav s)*. ◇ *smf* thirteen-year-old.

tredicesima *sf* Christmas bonus.

tredicesimo, a *agg num & sm, f* thirteenth. ◆ **tredicesimo** *sm* [frazione] thirteenth; *vedi anche* **sesto**.

tredici *agg num inv & sm inv* thirteen; *vedi anche* **sei**.

tregua *sf* -1. [di ostilità] truce -2. [pausa] respite; **senza ~** non-stop.

tremare [6] *vi* -1.: **~ (di qc)** [rabbia, paura] to tremble (with sthg); [freddo, febbre] to shiver (with sthg); **~ come una foglia** to shake like a leaf -2. [temere] to shudder -3. [oscillare] to shake.

tremendo, a *agg* terrible; **fa un caldo ~** it's terribly hot.

tremila *agg num inv & sm inv* three thousand; *vedi anche* **sei**.

Tremiti *sfpl*: **le (isole) ~** the Tremiti Islands.

tremore *sm* tremor.

trenino *sm* model train.

treno *sm* -1. FERR train; **prendere/perdere il ~** to catch/miss the train; **viaggiare in ~** to travel by train; **~ ad alta velocità** high-speed train; **~ intercity** intercity train; **~ locale** local train; **~ merci** goods train; **~ rapido** fast train; **~ straordinario** special train -2. [serie] series.

trenta *agg num inv & sm inv* thirty; **gli anni Trenta** the 1930s; *vedi anche* **sei**.

trentenne ◇ *agg* thirty-year-old *(dav s)*. ◇ *smf* thirty-year-old.

trentesimo, a *agg num & sm, f* thirtieth. ◆ **trentesimo** *sm* [frazione] thirtieth; *vedi anche* **sesto**.

trentina *sf* -1. [quantità]: **una ~ (di qc)**

thirty or so (sthg) **-2.** [età] thirty; **essere sulla** ~ to be about thirty.

Trentino-AltoAdige *sm*: il ~ Trentino Alto Adige.

Trento *sf* Trento.

tresca, sche *sf* **-1.** [intrigo] intrigue **-2.** [amorosa] affair.

triangolare *agg* triangular.

triangolo *sm* triangle.

tribù *sf inv* tribe.

tribuna *sf* stand.

tribunale *sm* court; ~ **dei minori** juvenile court.

tributo *sm* **-1.** tax **-2.** *fig* [prezzo] price **-3.** [omaggio] tribute.

tricheco, chi *sm* walrus.

triciclo *sm* tricycle.

tricolore ⬦ *agg* tricoloured *UK*, tricolored *US*. ⬦ *sm* tricolour *UK*, tricolor *US*; **il Tricolore** the Italian flag.

tridimensionale *agg* three-dimensional.

triennale *agg* triennial.

triennio *sm* three-year period.

Trieste *sf* Trieste.

trifoglio *sm* clover.

triglia *sf* mullet.

trillo *sm* ring.

trimestrale *agg* quarterly.

trimestre *sm* quarter.

trincea *sf* trench.

trinciare [17] *vt* [pollo] to chop; [tabacco] to shred.

trielina *sf* trichloroethylene.

Trinità *sf* Trinity; **la santissima** ~ the Holy Trinity.

trionfale *agg* triumphal.

trionfante *agg* triumphant.

trionfare [6] *vi* to triumph; ~ **su qn/qc** to triumph over sb/sthg.

trionfo *sm* **-1.** [vittoria] victory **-2.** [successo] triumph **-3.** *loc:* **portare qn in** ~ to carry sb on one's shoulders.

triplicare [15] *vt* to treble. ⬦ **triplicarsi** *vip* to treble.

triplice *agg* triple.

triplo, a *agg* triple. ⬦ **triplo** *sm*: **il** ~ the triple.

trippa *sf* tripe.

triste *agg* sad.

tristezza *sf* sadness.

tritare [6] *vt* [carne] to mince; [cipolla, prezzemolo] to chop; [ghiaccio] to crush.

tritatutto *sm inv* food processor.

trito, a *agg* **-1.** [carne] minced **-2.** *loc:* ~ **e ritrito** hackneyed; **è una storia trita e ritrita** it's the same old story. ⬦ **trito** *sm*: **un** ~ **di cipolla** chopped onions.

triturare [6] *vt* [olive] to press; [grano] to grind; [sassi, ghiaccio] to crush.

trivellare [6] *vt* to drill.

trofeo *sm* trophy.

troia *sf volg* whore.

tromba *sf* **-1.** [strumento] trumpet **-2.** [forma]: ~ **delle scale** stairwell; ~ **di Falloppio** Fallopian tube **-3.** METEO: ~ **d'aria** tornado.

trombettista, i, e *smf* trumpeter, trumpet player.

trombone *sm* trombone.

trombosi *sf inv* thrombosis.

troncare [15] *vt* **-1.** [ramo] to cut off; [pianta] to cut down; [cavo, fune] to cut through **-2.** [discorso, carriera] to cut short; [amicizia, relazione] to break off.

tronco, a, chi, che *agg* truncated. ⬦ **tronco** *sm* **-1.** [ANAT & di albero] trunk **-2.** GEOM: ~ **di cono/di piramide** truncated cone/pyramid **-3.** [tratto] section **-4.** *loc:* **licenziare qn in** ~ to fire sb on the spot; **lasciare in** ~ **il discorso** to cut a conversation short.

trono *sm* throne.

tropicale *agg* tropical.

tropico *sm*: ~ **del Cancro/del Capricorno** Tropic of Cancer/Capricorn. ⬦ **tropici** *smpl.* **i tropici** the tropics.

troppo, a ⬦ *agg indef* [quantità] too much; **troppa acqua** too much water; [numero] too many; **troppi biscotti** too many biscuits; **troppa gente** too many people. ⬦ *pron indef* **-1.** [quantità] too much; **fin** ~ far too much **-2.** [numero] too many; **eravamo in troppi** there were too many of us; **fin troppi** far too many. ⬦ **troppo** *avv* **-1.** [con aggettivi e avverbi] too; **non** ... ~ not ... very; **non mi sento** ~ **bene** I don't feel very well **-2.** [con verbi] too much **-3.** [temporale] too long **-4.** *loc:* **di** ~ too much; **ha bevuto un bicchierino di** ~ he's had a bit too much to drink; **essere di** ~ to be in the way.

trota *sf* trout.

trotto *sm* trot.

trottola *sf* (spinning) top.

troupe [trup] *sf inv* crew.

trousse [trus] *sf inv* **-1.** [astuccio] case; [per il trucco] bag **-2.** [borsetta] (evening) bag.

trovare [6] *vt* **-1.** [gen] to find; **non trovo gli occhiali** I can't find my glasses; ~ **mo-**

glie/lavoro to find a wife/a job; ~ **qc per caso** to find sthg by chance; ~ **qn in casa** to find sb in; **sono passata da casa sua, ma non l'ho trovato** I called by his house but he wasn't in; **ha trovato la morte in un incidente aereo** he met his death in a plane crash; ~ **difficoltà** to come up against difficulties **-2.** [visitare]: **andare/venire a** ~ **qn** to go/come and see sb **-3.** [aiuto, conforto] to find, to get **-4.** [sorprendere]: ~ **qn (a fare qc)** o ~ **qn (che...)** to catch sb (doing sthg); **se ti trovo un'altra volta a origliare dietro le porte...** if I find you listening behind the door again...; **l'ho trovato che frugava nella mia borsa** I found him going through my bag **-5.** [individuare] to identify **-6.** [ritenere] to find, to think; **la trovo molto attraente** I think she is very attractive; **come trovi questo vino?** what do you think of this wine?; ~ **qn colpevole/innocente** to find sb guilty/innocent; **trovo che...** I think (that); **trovo che hai sbagliato** I think you're mistaken **-7.** [riscontrare] to find, to discover; **ti trovo bene/dimagrita!** you look well/thinner! **-8.** [avere] to have; ~ **da ridire su tutto** to find fault with everything. ◆ **trovarsi** ◇ *vr* **-1.** [incontrarsi] to meet(up) **-2.** [concordare]: **trovarsi (su/con qc)** to agree (on/with sthg). ◇ *vip* **-1.** [stare] to be; **trovarsi bene/male** to be happy/unhappy; **come ti trovi nella nuova casa?** how are you getting on in the new house? **-2.** [finire per caso] to end up **-3.** [essere collocato] to be(located).

truccare [15] *vt* **-1.** [gen] to make up **-2.** [foto, documento] to tamper with **-3.** [carte] to mark; [dadi] to load **-4.** [risultati] to fix **-5.** [motore] to soup up. ◆ **truccarsi** *vr* to put on (one's) make-up; **truccarsi da qn/qc** to make o.s. up as sb/sthg.

trucco (*pl* -**chi**) *sm* **-1.** [maquillage] make-up *(U)* **-2.** [artificio, inganno] trick; **i trucchi del mestiere** the tricks of the trade.

truciolo *sm* **-1.** [di legno] shaving **-3.** [di carta] strip; [di paglia] wisp.

truffa *sf* **-1.** DIR fraud **-2.** [inganno] swindle; **ma questa è una** ~! this is a rip-off!

truffare [6] *vt* to swindle.

truffatore, trice *sm, f* swindler, cheat.

truppa *sf* troop.

TS (*abbr di* **Trieste**) TS.

tu ◇ *pron pers* you; **sei stato** ~? was it you?; **fallo** ~! you do it!; ~ **stesso/stessa** you yourself. ◇ *sm*: **dare del** ~ **a qn** to address sb informally as "tu"; **trovarsi a** ~ **per** ~ **con qc** [situazione difficile] to come face to face with sb.

tuba *sf* **-1.** MUS tuba **-2.** [cappello] top hat.

tubatura *sf* pipe.

tubercolosi *sf inv* tuberculosis.

tubero *sm* tuber.

tubetto *sm* tube.

tubo *sm* **-1.** [gen] tube; [conduttura] pipe; [per annaffiare] hose; ~ **di scappamento** AUTO exhaust; ~ **di scarico** waste pipe **-2.** ANAT duct; ~ **digerente** alimentary canal **-3.** *fam* [niente]: **un** ~ not a thing; **non ho capito un** ~ I didn't understand a thing.

tue ▷ **tuo.**

tuffare [6] *vt*: ~ **qc in qc** to dip sthg in(to) sthg. ◆ **tuffarsi** *vr* **-1.** [immergersi] to dive **-2.** [lanciarsi] to launch **-3.** [dedicarsi]: **tuffarsi in qc** to throw o.s. into sthg.

tuffo *sm* **-1.** [in acqua] dive **-2.** [nel passato]: **fare un** ~ **nel passato** to revisit the past.

tulipano *sm* tulip.

tulle *sm inv* tulle.

tumore *sm* tumour *UK*, tumor *US*; ~ **benigno/maligno** benign/malignant tumour.

tumulto *sm* **-1.** [sommossa] revolt **-2.** [turbamento] turmoil.

tunica, che *sf* tunic.

Tunisia *sf*: **la** ~ Tunisia.

tunisino, a *agg & sm, f* Tunisian.

tunnel *sm inv* **-1.** [galleria] tunnel **-2.** [controllo] grip.

tuo, tua, tuoi, tue ◇ *agg poss* your; **la tua scuola** your school; **le tue scarpe** your shoes; **i tuoi** ~ **fratelli** your brothers; **un** ~ **amico** a friend of yours; **a casa tua** [moto a luogo] to your house; [stato in luogo] at your house. ◇ *pron poss*: **il** ~, **la tua, i tuoi, le tue** yours; **qual è il** ~? which one's yours?; **i tuoi** [genitori] your parents; **devi sempre dire la tua** you always have to have your say; **ne hai fatta una delle tue!** you've done it again!

tuoi ▷ **tuo.**

tuono *sm* thunder *(U)*; **un** ~ a clap of thunder.

tuorlo *sm* yolk.

turacciolo *sm* [gen] stopper; [di sughero] cork.

turare [6] *vt* **-1.** [bottiglia, fiasco] to put a cork/stopper in **-2.** [buco] to fill; [falla] to stop; **turarsi le orecchie** to close one's ears.

turbamento *sm* [forte] agitation; [leggero] unease.

turbante *sm* turban.

turbare [6] *vt* to disturb. ◆ **turbarsi** *vip* to get upset.

turbina *sf* turbine.

turbine *sm* -1. [di vento] whirlwind; **un ~ di sabbia/neve/polvere** a sand/snow/dust storm -2. [di pensieri, ricordi] whirl.

turbolento, a *agg* -1. [persona, studente] unruly -2. [periodo, anni] turbulent.

turbolenza *sf* -1. [irrequietezza] unruliness -2. METEO turbulence.

turchese *agg & sm* o *f* turquoise.

Turchia *sf*: **la ~** Turkey.

turchino, a *agg* deep blue.

turco, a, chi, che ◇ *agg* Turkish. ◇ *sm, f* [persona] Turk. ◆ **turco** *sm* [lingua] Turkish.

turismo *sm* tourism.

turista, i, e *smf* tourist.

turistico, a, ci, che *agg* tourist *(dav s)*; **operatore/guida ~** tour operator/guide.

turno *sm* -1. [rotazione] turn; **~ dei servizi** shift rota; **fare a ~** to take it in turns; **è il mio/tuo ~ (di fare qc)** it's my/your turn (to do sthg) -2. [lavoro] shift; **fare i turni** to work shifts; **di ~** on duty; **~ di notte** night shift J. SPORT round.

tuta *sf* overalls *(pl)*; **~ da sub** wetsuit; **~ da ginnastica** tracksuit; **~ da lavoro** (work) overalls *(pl)*.

tutela *sf* -1. [di minore, interdetto] guardianship -2. [difesa] protection; **a ~ del verde/del consumatore** nature/consumer protection.

tutelare [6] *vt* to protect. ◆ **tutelarsi** *vr*: **tutelarsi contro qc** to protect o.s. against sthg.

tutina *sf* -1. [per bambini] all-in-one, Babygro® -2. [da ginnastica, danza] leotard.

tuttavia *cong* nevertheless, however.

tutto, a ◇ *agg indef* -1. [la totalità di] all; **~ il vino** all the wine; **~ l'anno** all year; **in ~ il mondo** all over the world; **in tutta Europa** in the whole of Europe; **tutti i presenti** all those present; **tutti e cinque** all five; **tutti e due** both -2. [ogni] every; **tutti gli anni** every year; **in tutti i casi** in any case -3. [completamente]: **è tutta colpa tua** it's all your fault; **è tutta sua madre** she's just like her mother -4. [molto]: **era ~ sudato** he was all sweaty; **era tutta contenta** she was delighted; **sei ~ sporco** you're filthy. ◇ *pron indef* -1. [la totalità] all; **bevilo ~** drink it all up; **in ~** altogether; **tutt** [persone] everyone; **tutti erano d'accordo** everyone agreed; **tutti quanti** all; **tutti voi** all of you -2. [ogni cosa] everything; **di ~** [ogni genere di cosa] everything; **in ~** altogether; **in ~ e per ~** in every way; **~**

compreso all included; **~ esaurito** sold out; **~ sommato** all things considered -3. [qualunque cosa] anything; **è capace di ~** he's capable of anything. ◆ **tutto** ◇ *avv*: **è ~ il contrario** it's just the opposite; **del ~** completely; **tutt'al più** if the worst comes to the worst; **tutt'altro** not at all. ◇ *sm*: **il ~** the whole lot; **tentare il ~ per ~** to try everything.

tuttora *avv* still.

tutù *sm inv* tutu.

TV [ti'vu, tiv'vu] *(abbr di* **televisione)** *sf inv* -1. [mezzo] TV; **cosa c'è alla ~?** what's on TV? -2. [apparecchio] TV; **una ~ a colori** a colour TV -3. [industria] TV; **lavorare alla ~** to work in TV; **le ~ locali** local TV stations.

u, U *sf* o *m inv* u, U.

ubbidiente *agg* obedient.

ubbidire [9] *vi* -1. [adeguarsi] to obey; **ubbidisci!** do as you're told!; **~ a qn/qc** to obey sb/sthg -2. [rispondere] to respond; **~ a qn/qc** to respond to sb/sthg.

ubriacare [15] *vt*: **~ qn** [con vino, liquore] to make sb drunk [frastornare] to make sb dizzy. ◆ **ubriacarsi** *vip* to get drunk.

ubriachezza *sf* drunkenness.

ubriaco, a, chi, che *agg & sm, f* drunk; **~ fradicio** blind drunk.

uccello *sm* bird; **~ rapace** bird of prey.

uccidere [30] *vt* to kill. ◆ **uccidersi** *vr* to kill o.s..

uccisi *(etc)* ▷ uccidere.

uccisione *sf* killing.

ucciso, a *pp* ▷ uccidere.

Ucraina *sf*: **l'~** the Ukraine.

udienza *sf* -1. [colloquio] audience -2. DIR hearing.

udire [107] *vt* to hear.

udito *sm* hearing.

uditorio *sm* audience.

UE *(abbr di* **Unione Europea)** *sf* EU.

uffa *esclam* oof!, phew!; **~ che noia!** oof, how boring!

ufficiale ◇ *agg* official. ◇ *sm* **-1.** [incaricato] official; **pubblico** ~ public official **-2.** MIL officer.

ufficializzare [6] *vt* to make official.

ufficialmente *avv* officially; **siete** ~ **invitati** you are formally invited.

ufficio *sm* **-1.** [gen] office; **andare in** ~ to go to the office; **è ancora in** ~ he's still at the office; ~ **di collocamento** job centre; ~ **informazioni** information office; ~ **postale** post office; **d'** ~ officially **-2.** [reparto] department, office **-3.** RELIG service; ~ **funebre** funeral service.

Uffizi *smpl*: **gli** ~ the Uffizi Gallery.

UFO ['ufo] (*abbr di* **Unidentified Flying Object**) *sm inv* UFO.

ugola *sf* uvula.

uguaglianza *sf* equality; **segno di** ~ equals sign.

uguagliare [21] *vt* **-1.** [raggiungere] to equal, to match; ~ **qn in qc** to match sb for sthg **-2.** SPORT to equal **-3.** [peso, dimensioni] to make equal **-4.** [livellare] to make level. ◆ **uguagliarsi** *vip* to be equal.

uguale ◇ *agg* **-1.** [gen] equal **-2.** [identico] identical, the same; ~ **a qn/qc** the same as sb/sthg; **essere** ~ **per aspetto** to look the same; **per me/noi è** ~ it's all the same to me/us **-3.** [uniforme] even, unvarying. ◇ *sm* equals sign. ◇ *avv fam*: **costano** ~ they cost the same; **è alto** ~ he's the same height.

ugualmente *avv* **-1.** [in modo uguale] equally **-2.** [lo stesso] all the same.

ulcera *sf* ulcer.

ulivo *sm* olive tree.

ulteriore *agg* further.

ultimamente *avv* recently.

ultimare [6] *vt* to complete.

ultimatum *sm inv* ultimatum.

ultimo, a ◇ *agg* **-1.** [gen] last; **l'** ~ **treno** the last train; **l'** ~ **piano** the top floor; **per l'ultima volta** for the last time; **arrivare** o **classificarsi** ~ to come o be last; **all'** ~ **momento/minuto** at the last moment/minute **-2.** [ulteriore] final, (one) last; **un'ultima possibilità** one last chance **-3.** [più recente – moda, notizia] latest; [– guerra] last; **negli ultimi tempi** recently; **negli ultimi giorni** in the last few days **-4.** [estremo] farthest. ◇ *sm, f* **-1.** [persona, cosa] the last; **l'** ~ **del mese/dell' anno** the last day of the month/year **-2.** [momento]: **fino all'** ~ to the last.

ultrasuono *sm* ultrasound.

ultraterreno, a *agg* unearthly.

ultravioletto, a *agg* ultraviolet. ◆ **ultravioletti** *smpl* ultraviolet rays.

ululare [6] *vi* to howl.

ululato *sm* howl.

umanità *sf* **-1.** [qualità] humanity **-2.** [uomini] mankind.

umanitario, a *agg* humanitarian.

umano, a *agg* **-1.** [gen] human **-2.** [comprensivo] humane.

Umbria *sf*: **l'** ~ Umbria.

umbro, a *agg & sm, f* Umbrian.

umidificare [15] *vt* to humidify.

umidità *sf inv* **-1.** [condizione] damp **-2.** [vapore] humidity **-3.** [contenuto idrico] moisture.

umido, a *agg* **-1.** [clima, aria] humid **-2.** [terreno, abito] damp **-3.** [mani, fronte] wet, damp. ◆ **umido** *sm* **-1.** [umidità] damp **-2.** CULIN: **in** ~ stewed.

umile *agg* **-1.** [gen] humble **-2.** [non superbo] humble, modest **-3.** [inferiore] menial.

umiliare [20] *vt* to humiliate. ◆ **umiliarsi** *vr* **-1.** [sottostimarsi] to humiliate o.s. **-2.** [sottomettersi] to demean o.s.

umiliazione *sf* humiliation.

umiltà *sf inv* humility; **confessò con** ~ **di non sentirsi all'altezza del compito** he humbly admitted that he wasn't up to the task.

umore *sm* mood; **essere di buon/cattivo** ~ to be in a good/bad mood.

umorismo *sm* (sense of) humour *UK* o humor *US*.

umoristico, a, ci, che *agg* **-1.** [spirito, vena] humorous, comic **-2.** [battuta, film] funny.

un ▷ **uno**.

un' ▷ **uno**.

una ▷ **uno**.

unanimità *sf inv* unanimity; **all'** ~ unanimously.

uncinetto *sm* [strumento] crochet hook; [lavoro] crochet; **lavorare all'** ~ to crochet.

uncino *sm* hook.

undicenne ◇ *agg* eleven-year-old (*davs*). ◇ *smf* eleven-year-old.

undicesimo, a *agg num & sm, f* eleventh. ◆ **undicesimo** *sm* [frazione] eleventh; *vedi anche* **sesto**.

undici *agg num inv & sm inv* eleven; *vedi anche* **sei**.

ungere [49] *vt* **-1.** [spalmare] to grease **-2.** [macchiare] to get greasy **-3.** [ingranaggio, ruota] to grease/oil. ◆ **ungersi** *vr* **-1.** [macchiarsi] to get o.s. greasy **-2.** [spalmarsi] to oil o.s.

ungherese ◇ *agg & smf* Hungarian. ◇ *sm* [lingua] Hungarian.

unghia *sf* -1. [di persona] nail -2. [di animale][artiglio] claw; [zoccolo] hoof.

unguento *sm* cream.

unicamente *avv* only.

unico, a, ci, che ◇ *agg* -1. [singolo] only, one; **taglia unica** one size; **è l' ~ modo per convincerlo** it's the only way to convince him -2. [di giornale, rivista] single -3. [ineguagliabile] unique. ◇ *sm, f* only one.

unificare [15] *vt* -1. [riunire] to unite -2. TV: **a reti unificate** on all channels -3. [standardizzare] to standardize.

unificazione *sf* -1. [riunione] unification -2. [standardizzazione] standardization.

uniformare [6] *vt* -1. [adeguare]: **~ qc a qc** to make sthg conform to sthg -2. [rendere uguale] to even o level out. **◆ uniformarsi** *vr*: **uniformarsi a qc** to conform to sthg.

uniforme ◇ *agg* -1. [FIS & gen] uniform -2. [stile, paesaggio] unvarying. ◇ *sf* uniform; **alta ~** full-dress uniform.

unione *sf* -1. [gen] union -2. [legame] relationship -3. [concordia, coesione] unity. **◆ Unione Europea** *sf*: **l'Unione Europea** the European Union. **◆ Unione Sovietica** *sf*: **l'ex Unione Sovietica** the ex-Soviet Union.

unire [9] *vt* -1. [pezzi, parti] to join, [ingredienti] to combine; [mettere accanto] to put together; **~ qc a qc** to join sthg to sthg -2. [persone] to unite -3. [collegare] to link. **◆ unirsi** *vip*: **unirsi a qc** to be combined with sthg. ◇ *vr* -1. [associarsi] to unite -2. [congiungersi] to meet.

unità *sf inv* -1. [MAT, INFORM & gen] unit; **~ di misura** unit of measurement; **~ monetaria** monetary unit; **~ (telefonica)** phone; **~ centrale** central processing unit, CPU -2. [coesione] unity.

unitario, a *agg* -1. [tendente all'unità] unitary -2. [unificato] joint -3. [singolo] unit.

unito, a *agg* close.

universale *agg* -1. [MED & gen] universal -2. [attrezzo] multipurpose.

universalmente *avv* universally.

università *sf inv* university.

universitario, a ◇ *agg* university *(dav s)*. ◇ *sm, f* -1. [studente] (university) student -2. [professore] lecturer *UK*, professor *US*.

universo *sm* universe.

uno, a *(un dav sm che comincia per vocale, h o consonante;* **uno** *dav sm che comincia per s +*

consonante, gn, ps, x, y, z; **una** *dav sf che comincia per consonante; generalmente* **un'** *dav sf che comincia per vocale o h)* ◇ *art indet* a *(con consonante),* an *(con vocale);* **~ studente** a student; **un tavolo** a table; **una donna** a woman; **un albero** a tree; **un'arancia** an orange; **un giorno ci andrò** I'll go there one day; **ho avuto una fortuna!** I was so lucky! ◇ *pron indef* -1. [uno qualunque] one; **~ dei miei libri** one of my books; **~ dei migliori** one of the best; **~ di noi/voi/loro** one of us/you/them; **l'un l'altro** each other, one another; **sanno tutto l' ~ dell'altro** they know everything about each other; **l' ~ e l'altro** both of them; **l' ~ o l'altro** one or the other; **né l' ~ né l'altro** neither of them; **gli uni con gli altri** one with another -2. [un tale] someone, somebody -3. [impersonale] you, one *form.* ◇ *agg num* one. **◆ una** *sf* [ora]: **l'una** one o'clock. **◆ uno** *sm* [numero] one; *vedi anche* **sei.**

unto, a ◇ *pp* ▻**ungere.** ◇ *agg* -1. [sporco] greasy -2. [con olio] oiled; [con burro, margarina] greased. **◆ unto** *sm* grease.

unzione *sf*: **l'estrema ~** last rites *(pl).*

uomo *(pl* **uomini)** *sm* -1. [essere umano] man, mankind -2. [maschio, adulto] man; **~ d'affari** businessman; **~ di mondo** man of the world; **da ~** [abiti] men's.

uovo *(fpl* **uova)** *sm* egg; **~ affogato** poached egg; **~ alla coque** soft-boiled egg; **~ al tegame** fried egg; **~ sodo** hard-boiled egg; **~ strapazzato** scrambled egg. **◆ uovo di Pasqua** *sm* Easter egg.

uragano *sm* hurricane.

uranio *sm* uranium.

urbano, a *agg* -1. [della città] urban -2. [dentro alla città] local.

urgente *agg* urgent.

urgentemente *avv* urgently.

urgenza *sf* -1. [caratteristica] urgency; **d' ~** urgently -2. [caso] emergency.

urina *sf* urine *(U).*

urinare [6] ◇ *vi* to urinate. ◇ *vt* to pass.

urlare [6] *vi & vt* to shout.

urlo *sm* -1. *(fpl* **urla)** [grido di persona] cry -2. *(fpl* **urla)** [del vento] howl -3. *(mpl* **urli)** [di animale] howl, cry -4. *(mpl* **urli)** [voce alta] yell.

urna *sf* -1. [vaso] urn; **~ cineraria** (cinerary) urn -2. [per votazioni] ballot box; **andare alle urne** [votare] to go to the polls.

urrà *esclam* hurray!

urtare [6] ◇ *vt* -1. [colpire] to hit -2. [irritare] to annoy. ◇ *vi*: **~ contro qc** to crash into sthg. **◆ urtarsi** *vr* to crash.

urto *sm* -1. [spinta] shove -2. [collisione] crash.

USA ['uza] (*abbr di* United States of America) *smpl* USA, US.

usa e getta *agg inv* disposable.

usanza *sf* custom.

usare [6] <> *vt* -1. [adoperare] to use -2. [agire con]: **occorre ~ molta prudenza/attenzione** you have to be very cautious/careful -3. [essere solito]: **mio nonno usava dire...** my granddad used to say...; **quest'anno si usa molto il rosa** pink is in this year; **a casa mia si usa fare l'albero di Natale il 13 dicembre** at home we always put up the Christmas tree on 13th December. <> *vi* -1. [essere in uso] to be in use -2. [essere di moda] to be in.

usato, a *agg* second-hand. ◆ **usato** *sm* second-hand goods (*pl*).

uscire [108] *vi* -1. [gen] to go o come out; **~ dall'ospedale** to come out of hospital; **la macchina è uscita di strada** the car went off the road; **il treno uscì dai binari** the train came off the track -2. [essere in vendita] to come out -3. [essere sorteggiato] to come up -4. INFORM: **~ da qc** to exit sthg.

uscita *sf* -1. [apertura] exit; [all' aeroporto] gate; **~ di sicurezza** emergency exit -2. [azione]: **l' ~ degli spettatori dal cinema** when the audience come out of the cinema -3. [di prodotto] launch -4. [spesa] expenditure (*U*).

usignolo *sm* nightingale.

uso *sm* -1. [gen] use; **fuori ~** out of order -2. [usanza] usage; **essere d' ~ (fare qc)** to be the custom(to do sthg).

ustionare [6] *vt* to burn. ◆ **ustionarsi** *vip* to get burnt.

ustione *sf* burn.

usuale *agg* usual.

usura *sf* -1. [logoramento] wear (and tear) -2. [strozzinaggio] usury.

utensile *sm* [cucina] utensil; [attrezzo] tool.

utente *smf* user.

utero *sm* womb; MED uterus.

utile *agg* -1. [utilizzabile] useful -2. [persona] helpful; **rendersi ~** to make o.s. useful.

utilità *sf* -1. [efficacia] usefulness -2. [profitto] benefit.

utilizzare [6] *vt* to use.

utilizzo *sm* use.

uva *sf* grapes (*pl*); **~ passa** raisin; **~ spina** gooseberry; **~ sultanina** sultana.

UVA (*abbr di* Ultravioletto prossimo) *agg inv* UV.

uvetta *sf* raisin.

v¹, V *sf* o *m inv* v, V.

v² (*abbr di* velocità) v.

va ⊳ andare.

vacanza *sf* holiday, vacation *US*; **essere/andare in ~** to be on o go on holiday; **le vacanze (estive)** the (summer) holidays.

vacca (*pl* **-che**) *sf* cow.

vaccinare [6] *vt*: **~ qn contro qc** to vaccinate sb against sthg.

vaccinazione *sf* vaccination.

vaccino, a *agg* cow's (*dav s*). ◆ **vaccino** *sm* vaccine.

vacillare [6] *vi* -1. [barcollare] to stagger -2. [venir meno] to fail.

vada ⊳ andare.

vadano ⊳ andare.

vado ⊳ andare.

vagabondo, a *sm, f* tramp.

vagamente *avv* vaguely.

vagare [16] *vi* to wander.

vagina *sf* vagina.

vagito *sm* wail.

vaglia *sm inv* postal order.

vago, a, ghi, ghe *agg* vague. ◆ **vago** *sm*: **restare nel ~** to be non-committal.

vagone *sm* [per gente] carriage; [per merci] wagon *UK*, freight car *US*; **~ letto** sleeping compartment; **~ ristorante** restaurant car.

vai ⊳ andare.

valanga (*pl* **-ghe**) *sf* -1. [massa di neve] avalanche -2. [grande quantità] flood.

valdostano, a <> *agg* from o of the Valle d'Aosta. <> *sm, f* person from the Valle d'Aosta.

valere [91] *vi* -1. [gen] to be worth -2. [essere valido] to be valid -3. [essere abile] to be good; **non ~ niente** to be useless -4. *loc*: **farsi ~** to assert o.s.; **tanto vale** it might as well; **uno vale l'altro** one's as good as the other; **~ la pena** to be worth it.

valersi *vip*: valersi di qc to make use of sthg.

valga *(etc)* ▷valere.

valico *(pl* -**chi**) *sm* -**1.** [azione] passage -**2.** [luogo] pass.

validità *sf inv* -**1.** [gen] validity; avere ~ di o per un anno to be valid for one year -**2.** [di ragionamento, tesi] soundness.

valido, a *agg* -**1.** [gen] valid -**2.** [efficace] useful.

valigia *(pl* -**ge** o -**gie**) *sf* suitcase; fare/disfare le valigie to pack/unpack; fare le valigie *fig* to pack one's bags.

vallata *sf* valley.

valle *sf* valley; a ~ downstream.

valore *sm* -**1.** [FIN, MAT & gen] value -**2.** [di opera, persona] worth, merit; di ~ significant; mettere qc in ~ to make the most of sthg -**3.** [validità]: avere/non avere valore to be/not to be valid -**4.** [coraggio] valour *UK*, valor *US*. ➡ **valori** *smpl* -**1.** [gioielli] valuables -**2.** [titoli] stocks and shares.

valorizzare [6] *vt* -**1.** [accrescere il prezzo di] to increase the value of -**2.** [far apprezzare] to make the most of. ➡ **valorizzarsi** *vip* to increase in value.

valoroso, a *agg* brave.

valso, a *pp* ▷valere.

valuta *sf* -**1.** [moneta] currency; ~ estera foreign currency **2.** [in pagamento] *data of (first) payment*.

valutare [6] *vt* -**1.** [stabilire il prezzo di] to value -**2.** [apprezzare] to appreciate -**3.** [calcolare] to calculate -**4.** [analizzare] to weigh up -**5.** [giudicare] to assess.

valutazione *sf* -**1.** [gen] evaluation -**2.** [giudizio] assessment; scheda di ~ report (card).

valvola *sf* valve; ~ di sicurezza safety valve.

valzer *sm inv* waltz.

vampata *sf* flush.

vampiro *sm* vampire.

vandalismo *sm* vandalism *(U)*.

vandalo, a *sm, f* vandal.

vanga *(pl* -**ghe**) *sf* spade.

vangelo *sm* -**1.** [fondamento] gospel -**2.** [verità] gospel (truth). ➡ **Vangelo** *sm* Gospel.

vanificare [15] *vt* to thwart.

vanità *sf inv* vanity.

vanitoso, a *agg* vain.

vanno ▷andare.

vano, a *agg* vain. ➡ **vano** *sm* -**1.** [stanza]

room -**2.** [apertura] opening -**3.** [cavità – pozzo, ascensore] shaft; [– scale] well; ~ portabagagli boot *UK*, trunk *US*.

vantaggio *sm* -**1.** [gen] advantage -**2.** [in gara, partita] lead; essere in ~ to be in the lead.

vantaggioso, a *agg* favourable *UK*, favorable *US*.

vantare [6] *vt* -**1.** [lodare] to praise -**2.** [contare] to boast. ➡ **vantarsi** *vr* to show off; vantarsi di (fare) qc to boast about (doing) sthg.

vanvera ➡ **a vanvera** *avv* willy-nilly.

vapore ◇ *sm* -**1.** [di liquido] vapour -**2.** [di acqua]: ~ (acqueo) steam; a ~ [macchina] steam *(dav s)*; cuocere al ~ to steam. ◇ *agg inv* ▷cavallo. ➡ **vapori** *smpl* fumes.

vaporetto *sm* steamboat.

vaporoso, a *agg* -**1.** [abito, tessuto] gauzy -**2.** [capelli] fluffy.

varcare [15] *vt*: ~ la soglia to cross the threshold.

varco *(pl* -**chi**) *sm* **: aprirsi un** ~ [tra la folla] to make one's way; [nella foresta] to open a path.

varechina *sf* bleach.

variabile *agg & sf* variable.

variante *sf* -**1.** [modifica] variation -**2.** LING variant.

variare [6] ◇ *vt* -**1.** [modificare] to change -**2.** [diversificare] to vary. ◇ *vi* -**1.** [modificarsi] to change -**2.** [essere diverso] to vary.

variato, a *agg* varied.

variazione *sf* variation; ~ sul tema *fig* variation on a theme.

varicella *sf* chickenpox.

varicosa *agg* ▷vena.

varietà *sf inv* variety.

vario, a *agg* -**1.** [non uniforme] varied -**2.** [incostante] variable. ➡ **vari, varie** -**1.** [diversi] various -**2.** [numerosi] several.

variopinto, a *agg* multicoloured *UK*, multicolored *US*.

Varsavia *sf* Warsaw.

vasca *(pl* -**sche**) *sf* -**1.** [in giardino] pond; [cisterna] tank; [per bucato] tub; ~ da bagno bath tub -**2.** [nel nuoto] length.

vaschetta *sf* tub.

vaselina *sf* vaseline.

vasetto *sm* jar.

vaso *sm* -**1.** [per fiori] vase; [per piante]: ~ (da fiori) (flower)pot; ~ da notte chamber pot -**2.** [barattolo] jar -**3.** ANAT: vasi sanguigni blood vessels.

vassoio *sm* tray.

vasto, a *agg* -1. [superficie] vast -2. [cultura] wide.

vaticano, a *agg* Vatican. ◆ **Vaticano** *sm*: il **Vaticano** the Vatican; la **Città del Vaticano** Vatican City.

ve ⊳**vi**.

VE (*abbr di* **Venezia**) VE.

vecchiaia *sf* old age.

vecchio, a ◇ *agg* -1. [gen] old -2. [stagionato] mature. ◇ *sm, f* old man, old woman; **i vecchi** old ○ elderly people.

veci *sfpl*: **fare le** ~ **di qn** to take sb's place.

vedente *smf*: **non vedenti** the blind, the visually impaired.

vedere [81] *vt* -1. [gen] to see; **vederci** to see -2. [esaminare] to look at; **farsi** ~ **dal medico** to be examined ○ seen by the doctor -3. [incontrare] to meet -4. *loc*: ~ **di fare qc** to try to do sthg; **non avere nulla a che** ~ **con qn/qc** to have nothing to do with sb/sthg; **cos'ha a che** ~ **con te?** what's it got to do with you? ◆ **vedersi** *vr* -1. [se stesso] to look at o.s. -2. [incontrarsi] to meet.

vedetta *sf* -1. [gen] lookout; **essere di** ~ to be on guard -2. [imbarcazione] patrol boat.

vedova *sf* widow; ~ **nera** [ragno] black widow.

vedovo, a *agg* widowed. ◆ **vedovo** *sm* widower.

veduta *sf* view; ~ **aerea** aerial view. ◆ **vedute** *sfpl* views; **di vedute larghe/ristrette** broad-/narrow-minded.

vegetale ◇ *agg* -1. [delle piante] plant -2. [ricavato dalle piante] vegetable *(dav s)*. ◇ *sm* vegetable.

vegetaliano, a *agg & sm, f* vegan.

vegetare [6] *vi* to vegetate.

vegetariano, a *agg & sm, f* vegetarian.

vegetazione *sf* vegetation.

vegeto *agg* ⊳**vivo**.

veglia *sf* -1. [stato]: **essere tra il sonno e la** ~ to be half-asleep -2. [periodo] vigil; ~ **funebre** wake.

vegliare [6] ◇ *vi* -1. [stare sveglio] to stay awake -2. [prendersi cura]: ~ **su qn/qc** to watch over sb/sthg. ◇ *vt* to watch over.

veglione *sm* party; **il** ~ **di Capodanno** New Year's Eve party.

veicolo *sm* -1. [mezzo di trasporto] vehicle -2. [mezzo di diffusione] carrier.

vela *sf* -1. [tela] sail -2. SPORT sailing.

velare [6] *vt* -1. [gen] to veil -2. [celare] to conceal. ◆ **velarsi** *vip* to be veiled.

velato, a *agg* -1. [gen] veiled -2. [trasparente] sheer.

velcro® *sm inv* Velcro®.

veleno *sm* -1. [sostanza] poison -2. [astio] venom.

velenoso, a *agg* -1. [gen] venomous -2. [sostanza] poisonous.

veliero *sm* sailing ship.

velluto *sm* velvet.

velo *sm* -1. [gen] veil; ~ **(da sposa)** (bridal) veil -2. [tessuto] voile -3. [strato] layer.

veloce ◇ *agg* -1. [atleta, veicolo] fast -2. [viaggio, attività] quick; **essere** ~ **nel fare qc** to be quick ○ fast at doing sthg. ◇ *avv* quickly.

velocemente *avv* quickly.

velocità *sf inv* speed.

vena *sf* vein; **vene varicose** varicose veins; ~ **d'acqua** spring; **essere/sentirsi in** ~ **di (fare) qc** to be/to feel in the mood for (doing) sthg.

venale *agg* mercenary.

venato, a *agg* veined.

vendemmia *sf* grape harvest.

vendere [7] ◇ *vt* -1. [smerciare] to sell; ~ **qc a qn** to sell sthg to sb, to sell sb sthg -2. [tradire] to betray. ◇ *vi* to sell; ~ **bene** to sell well.

vendetta *sf* revenge.

vendicare [15] *vt* to avenge. ◆ **vendicarsi** *vr*: **vendicarsi (di** ○ **per qc)** to take one's revenge (for sthg); **vendicarsi di qn** to get revenge on sb.

vendita *sf* sale; ~ **al dettaglio** ○ **al minuto** retail sales; ~ **all'ingrosso** wholesale sales; **essere in** ~ to be up for sale.

venditore, trice *sm, f* salesman, saleswoman; ~ **ambulante** travelling salesman.

venerare [6] *vt* to worship.

venerdì *sm inv* Friday; ~ **Santo** Good Friday; *vedi anche* **sabato**.

Venere *sf* Venus.

venereo *agg* ⊳**malattia**.

veneto, a *agg & sm, f* Venetian. ◆ **Veneto** *sm*: il **Veneto** Veneto.

Venezia *sf* Venice.

veneziana *sf* Venetian blind.

venga *(etc)* ⊳**venire**.

venire [109] ◇ *vi* -1. [gen] to come; **far** ~ **qn** [chiamare] to call sb -2. [riuscire] to turn out; ~ **bene/male** to turn out well/badly -3. [costare] to cost -4. [manifestarsi] to get; ~ **da fare qc** to feel like doing sthg; **mi viene da vomitare** I feel sick -5. [in frasi passive] to be **-6.** *loc:* ~ **meno** [persona] to faint; [forze, coraggio] to fail. ◇ *sm:* **andare e** ~ coming and going.

ventaglio *sm* **-1.** [oggetto] fan **-2.** [gamma] range.

ventennale ◇ *agg* **-1.** [in durata] twenty-year **-2.** [ricorrenza] *happening every twenty years.* ◇ *sm* twentieth anniversary.

ventenne ◇ *agg* twenty-year-old *(dav s).* ◇ *smf* twenty-year-old.

ventennio *sm* twenty-year period.

ventesimo, a *agg num & sm, f* twentieth. ◆ **ventesimo** *sm* **-1.** [frazione] twentieth **-2.** *vedi anche* **sesto.**

venti *agg num inv & sm inv* twenty; **gli anni Venti** the 1920s; *vedi anche* **sei.**

ventilato, a *agg* ventilated.

ventilatore *sm* fan.

ventina *sf* **-1.** [quantità]: **una** ~ **(di qc)** about twenty (sthg) **-2.** [età] twenty; **essere sulla** ~ to be about twenty.

vento *sm* wind; **c'è** ~ it's windy.

ventola *sf* fan.

ventosa *sf* **-1.** [oggetto] plunger **-2.** ZOOL sucker.

ventre *sm* belly, stomach.

ventriloquo, a ◇ *agg:* **essere** ~ to be a ventriloquist. ◇ *sm, f* ventriloquist.

venturo, a *agg* next.

venula *sf* arrival.

venuto, a *pp* ⊳**venire.**

vera *sf* wedding ring.

veramente *avv* really.

veranda *sf* veranda.

verbale ◇ *agg* verbal. ◇ *sm* minutes *(pl);* **mettere a** ~ **qc** to minute sthg.

verbo *sm* verb.

verde ◇ *agg* **-1.** [gen] green **-2.** [acerbo] unripe. ◇ *sm* green; **essere al** ~ [senza soldi] to be broke. ◇ *smf* POLIT green.

verdetto *sm* verdict.

verdura *sf* vegetables.

vergine *agg* virgin. ◆ **Vergine** *sf* **-1.** RE-LIG: **la Vergine** the Virgin **-2.** ASTROL Virgo; **essere della Vergine** to be (a) Virgo.

vergogna *sf* **-1.** [gen] shame **-2.** [imbarazzo] embarrassment.

vergognarsi [23] *vip* **-1.** [essere mortificato]: ~ **di** o **per qc** to be ashamed of sthg; ~ **di aver fatto qc** to be ashamed of having done sthg; ~ **di qn** to be ashamed of sb **-2.** [imbarazzarsi] to be embarrassed; ~ **a fare qc** to be (too) embarrassed to do sthg.

vergognoso, a *agg* **-1.** [deplorevole] shameful **-2.** [imbarazzato] embarrassed.

verifica, che *sf* check.

verificare [15] *vt* to check. ◆ **verificarsi** *vip* to happen.

verità *sf inv* truth.

verme *sm* worm; ~ **solitario** tapeworm.

vermicelli *smpl* vermicelli.

vernice *sf* [pittura] paint; ~ **fresca** wet paint; [per legno] varnish.

verniciare [17] *vt* [pitturare] to paint; [legno] to varnish.

vero, a *agg* **-1.** [gen] true **-2.** [autentico] real; ~ **e proprio** real. ◆ **vero** *sm* **-1.** [verità] truth; **a dire il** ~ to tell the truth **-2.** [realtà]: **dal** ~ from life.

Verona *sf* Verona.

verosimile *agg* probable.

verrò *(etc)* ⊳**venire.**

verruca, che *sf* verruca.

versamento *sm* deposit.

versante *sm* side.

versare [6] *vt* **-1.** [mescere] to pour; [rovesciare] to spill **-2.** [denaro] to pay in. ◆ **versarsi** *vip* to spill.

versatile *agg* versatile.

versione *sf* **-1.** [gen] version **-2.** [traduzione] translation.

verso ◇ *sm* **-1.** [in poesia] line **2.** [grido] call **-3.** [imitazione]: **fare il** ~ **a qn/qc** to imitate sb/sthg **-4.** [direzione] direction **-5.** [modo]: **non c'è** ~ there is no way **-6.** [rovescio] back. ◇ *prep* **-1.** [gen] towards *UK,* toward *US,* ~ **le nove** at about nine **-2.** [nei confronti di] to; ~ **di me/te etc** to me/you etc.

vertebra *sf* vertebra.

vertebrale *agg* ⊳**colonna.**

verticale ◇ *agg* vertical. ◇ *sf* **-1.** [retta] vertical **-2.** [nei cruciverba] down; **3** ~ **3** down **-3.** [in ginnastica] handstand.

vertice *sm* **-1.** [gen] peak; **essere al** ~ to be at the top **-2.** [dirigenza] top management **-3.** [riunione] summit **-4.** GEOM apex.

vertigine *sf* dizziness *(U);* **soffrire di vertigini** to suffer from vertigo.

vescica, che *sf* **-1.** ANAT bladder **-2.** [bolla] blister.

vescovo *sm* bishop.

vespa *sf* wasp. ◆ **Vespa**® *sf* type of scooter.

vestaglia *sm* dressing-gown.

veste *sf* **-1.** [vestito]: **le vesti** clothes **-2.** [aspetto] touch; **dare una bella** ~ **a qc** to give sthg a nice touch; **in ~ (di)** (in one's capacity) as.

vestire [8] ◇ *vt* **-1.** [gen] to dress **-2.** [indossare] to wear. ◇ *vi* to dress. ◆ **vestirsi** *vr* to dress, to get dressed.

vestito *sm* [da donna] dress; [da uomo] suit; **~ da sposa** bridal gown; **vestiti** clothes. ◆ **vestito, a** *agg* dressed.

Vesuvio *sm*: **il ~** Vesuvius.

veterinario, a ◇ *agg* veterinary. ◇ *sm, f* vet.

vetrata *sf* **-1.** [di stanza] window **-2.** [di chiesa] stained-glass window.

vetrina *sf* **-1.** [di negozio] shop window **-2.** [mobile] display cabinet.

vetro *sm* **-1.** [materiale] glass **-2.** [lastra] (window) pane **-3.** [frammento] piece of glass.

vetta *sf* **-1.** [sommità] summit **-2.** *fig* [vertice] top.

vettura *sf* **-1.** [automobile] car **-2.** [ferroviaria] carriage *UK*, car *US*.

vezzeggiativo, a *agg* diminutive. ◆ **vezzeggiativo** *sm* diminutive.

vi (*diventa* **ve** *dav* **lo, la, li, le, ne**) ◇ *pron pers* **-1.** [complemento oggetto] you; **non vi sento** I can't hear you **-2.** [complemento di termine] (to) you; **ve l'ho dato** I gave it to you; **ve ne parlerò** I'll speak o talk to you about it **-3.** [nei riflessivi, pronominali] yourselves; **~ sei divertiti?** did you enjoy yourselves?; **fermatevi!** stop!; **non vi ricordate?** don't you remember? ◇ *avv* ▷**ci**.

via ◇ *sf* **-1.** [strada] street **-2.** [percorso] route; **sulla ~ di casa** on the way home; **~ di comunicazione** communication route **-3.** [passaggio] passage; **~ di scampo** way out; **dare ~ libera a qc** to give the go-ahead to sthg **-4.** [mezzo] means; **per ~ aerea/telefonica/terrestre** by air mail/by phone/by land; **~ fax/satellite** via fax/satellite **-5.** [modo] way; **per vie traverse** *fig*[ottenere] under the counter; [venire a sapere] on the grapevine **-6.** MED: **per ~ orale/endovenosa etc** orally/intravenously etc **-7.** ANAT tract **-8.** *loc:* **in ~ eccezionale** exceptionally; **in ~ di guarigione** on the road to recovery; **paese in ~ di sviluppo** developing country; **per ~ di qc** because of sthg; **~ ~** gradually. ◇ *avv* [lontano] away. ◇ *esclam* **-1.** [per scacciare] go away! **-2.** [suvvia] come on! **-3.** [in gare] go! ◇ *sm inv* start; **dare il ~ a qn/qc** [nelle gare] to start sb/sthg off; **dare il ~ a qc** [iniziare] to set sthg off. ◆ **Via Lattea** *sf* Milky Way.

viabilità *sf inv* **-1.** [transito] circulation; **la ~ è interrotta** the road is closed to traffic **-2.** [strade] road system.

viadotto *sm* viaduct.

viaggiare [18] *vi* to travel; **~ in treno/auto/aereo** to travel by train/car/plane.

viaggiatore, trice *sm, f* passenger.

viaggio *sm* **-1.** [lungo] journey; [breve] trip; **buon ~!** have a good trip!; **mettersi in ~** to set off **-2.** [per mare, nello spazio] voyage.

viale *sm* avenue.

viavai *sm inv* hustle and bustle.

vibrare [6] *vi* **-1.** [in vibrazione] to vibrate **-2.** [fremere] to quiver.

vibrazione *sf* vibration.

vice *smf inv* deputy.

vicedirettore, trice *sm, f* deputy manager.

vicenda *sf* business *(U)*. ◆ **a vicenda** *avv* each other, one another.

vicepresidente *smf* vice-president.

viceversa *avv* **-1.** [gen] vice versa **-2.** [invece] but.

vicinanza *sf* **-1.** [gen] closeness **-2.** [affinità] similarity. ◆ **vicinanze** *sfpl* neighbourhood *UK*, neighborhood *US*; **nelle vicinanze di qc** near sthg.

vicinato *sm* **-1.** [vicini] neighbours *(pl) UK*, neighbors *(pl) US* **-2.** [luoghi] neighbourhood *UK*, neighborhood *US*.

vicino, a ◇ *agg* **-1.** [nello spazio, nel tempo] near, close; **i loro compleanni sono vicini** their birthdays are close together; **~ a qn/qc** near sb/sthg o close to sb/sthg; **siamo vicini a Natale** it's nearly Christmas **-2.** [idealmente]: **essere ~ a qc** to be close to sthg **-3.** [partecipe]: **essere o stare ~ a qn** to stand by sb **-4.** [simile] close. ◇ *sm, f* neighbour *UK*, neighbor *US*. ◆ **vicino** *avv* close; **abito qui ~** I live nearby; **da ~** close up; **~ a qn/qc** next to sb/sthg.

vicolo *sm* alley; **~ cieco** blind alley.

video ◇ *sm inv* **-1.** [dispositivo] screen **-2.** [videoclip] video. ◇ *agg inv* video.

videocamera *sf* video camera, camcorder.

videocassetta *sf* video.

videocitofono *sm* video entryphone.

videogioco (*pl* **-chi**) *sm* video game.

videoregistratore *sm* video (recorder).

videoteca, che *sf* **-1.** [negozio] video shop **-2.** [collezione] video collection.

Videotel® *sm inv* Prestel®.

vidi (*etc*) ▷ vedere.

Vienna *sf* Vienna.

vietare [6] *vt* [gen] to forbid; ~ **a qn qc/di fare qc** to forbid sb to do sthg; [ufficialmente] to ban; ~ **a qn di fare qc** to ban sb from doing sthg.

vietato, a *agg* forbidden; ~ **calpestare le aiuole** keep off the flowerbeds; ~ **l'accesso** no entry; ~ **fumare** no smoking.

Vietnam *sm*: **il** ~ Vietnam.

vigilante *smf* security guard.

vigilanza *sf* [di polizia] surveillance; [di adulto] supervision.

vigilare [6] *vt* to supervise. ◇ *vi*: ~ **su qn/qc** to look after sb/sthg.

vigile ◇ *agg* [persona] vigilant; [sguardo] watchful. ◇ *sm*: ~ **urbano** municipal policeman; **vigili del fuoco** fire brigade.

vigilia *sf* -1. [di festa] eve; [di evento] day before -2. [periodo]: **alla** ~ **di qc** in the run-up to sthg.

vigliacco, a, chi, che ◇ *agg* cowardly. ◇ *sm, f* coward.

vigna *sf* vineyard.

vigneto *sm* vineyard.

vignetta *sf* carroon.

vigore *sm* -1. [fisico] strength -2. [trasporto] vigour; **con** ~ vigorously -3. [validità]: **essere/entrare in** ~ to be/to come into force.

vigoroso, a *agg* vigorous.

vile ◇ *agg* [vigliacco] cowardly; [meschino] contemptible. ◇ *smf* coward.

villa *sf* [in città] house; [al mare] villa.

villaggio *sm* village; ~ **turistico** holiday village.

villano, a ◇ *agg* rude. ◇ *sm, f* lout.

villeggiante *smf* holidaymaker.

villeggiatura *sf* holiday; **andare/essere in** ~ to go/be on holiday.

villetta *sf* [in città] detached house; ~ **a schiera** terraced house; [al mare] villa; [in campagna] cottage.

vimini *smpl* wicker *(U)*.

vinavil® , **vinavil** *sm* vinyl glue.

vincere [26] ◇ *vt* -1. [gara, partita, premio] to win -2. [avversario] to beat -3. [sentimento, istinto] to overcome. ◇ *vi* to win.

vincita *sf* win.

vincitore, trice *sm, f* winner.

vincolo *sm* -1. [giuridico] obligation -2. [legame] tie.

vino *sm* wine; ~ **bianco/rosso** white/red wine; **vin santo** vin santo.

vinsi *(etc)* ⊳ **vincere**.

vinto, a ◇ *pp* ⊳ **vincere**. ◇ *agg*: **darsi per** ~ to give in; **darla vinta a qn** to let sb have his/her way.

viola ◇ *sf* -1. [fiore] violet; ~ **del pensiero** pansy -2. [strumento] viola. ◇ *sm inv & agg inv* violet.

violare [6] *vt* -1. [trasgredire] to contravene -2. [profanare] to violate -3. [invadere] to invade.

violazione *sf* violation.

violentare [6] *vt* to rape.

violentemente *avv* violently.

violento, a *agg* violent.

violenza *sf* violence; ~ **carnale** rape.

violetta *sf* wild violet.

violinista, i, e *smf* violinist.

violino *sm* violin.

violoncello *sm* cello.

viottolo *sm* lane.

vipera *sf* viper.

virale *agg* viral.

virare [6] *vi* to veer.

virgola *sf* -1. [in frase] comma -2. [in matematica] ≃ point.

virgolette *sfpl* inverted commas; **tra** ~ in inverted commas.

virile *agg* virile.

virtù *sf inv* -1. [gen] virtue -2. [potere] power; **in** o **per** ~ **di qc** by virtue of sthg.

virtuale *agg* virtual.

virtuoso, a *agg* virtuous.

virus *sm inv* MED & INFORM virus.

viscere *sfpl* -1. [organi] entrails -2. [profondità] bowels.

vischio *sm* mistletoe.

viscido, a *agg* slimy.

viscosa *sf* viscose.

visibile *agg* -1. [con la vista] visible -2. [evidente] evident.

visibilità *sf* visibility.

visiera *sf* -1. [di berretto] peak -2. [di casco] visor.

visionare [6] *vt* to examine.

visionario, a *sm, f* visionary.

visione *sf* -1. [opinione] view -2. [esame]: **dare/prendere in** ~ **qc** to examine sthg; **prendere** ~ **di qc** to look over sthg -3. [cinematografica] screening; **prima/seconda** ~ new/old release; **prima** ~ **televisiva** TV premiere -4. [allucinazione] vision.

visita *sf* -1. [a amico, parente] visit; **fare** ~ **a qn** to pay sb a visit -2. [in un luogo] tour; ~ **guidata** guided tour -3. [medica] examination; ~ **di controllo** check-up.

visitare [6] *vt* -1. [luogo] to see -2. [da medico] to examine -3. [amico, parente] to visit.

visitatore, trice *sm, f* visitor.

visivo, a *agg* visual.

viso *sm* face.

visone *sm* mink.

vispo, a *agg* lively.

vissi *(etc)* ▷vivere.

vissuto, a *pp* ▷vivere.

vista *sf* -1. [facoltà] sight, eyesight; **in ∼ di qc** [vicino] within sight of sth; [in previsione] in preparation for sth; **a ∼** exposed; **a ∼ d'occhio** [velocemente] before one's eyes; **in ∼** [visibile] visible: non lasciare i bagagli troppo in ∼ **nella vettura** don't leave your luggage where it can be seen in the car; [noto] high-profile -2. [visione] sight; **conoscere qn di ∼** to know sb by sight; **perdere qn di ∼** to lose touch with sb; **a prima ∼** at first sight -3. [panorama] view.

visto, a ◇ *pp* ▷vedere. ◇ *agg* given; ∼ **che** since. ◆ **visto** *sm* visa.

vistoso, a *agg* loud.

visuale *sf* view.

vita *sf* -1. [gen] life; **essere/rimanere in ∼** to be alive/to live; **essere in fin di ∼** to be on the point of death; **togliersi/perdere la ∼** to take/to lose one's life; **a ∼** for life; **in ∼ mia** in my life -2. [necessario per vivere] living; **il costo della ∼** the cost of living -3. [cintura] waist.

vitale *agg* -1. [gen] vital -2. [dinamico] dynamic.

vitamina *sf* vitamin.

vite *sf* -1. [pianta] vine -2. [metallica] screw.

vitello *sm* -1. [animale] calf -2. [carne] veal -3. [pelle] calfskin.

viticoltore, trice *sm, f* wine-grower.

vitigno *sm* vine.

vittima *sf* victim; **essere o rimanere ∼ di qc** to be a victim of sth; **fare la ∼** to act the martyr.

vittimismo *sm* victimization.

vitto *sm* food; ∼ **e alloggio** board and lodging.

vittoria *sf* victory. ◆ **Vittoria**: **il lago Vittoria** Lake Victoria.

vittorioso, a *agg* -1. [trionfatore] victorious -2. [trionfante] triumphant.

viva *esclam* long live...!

vivace *agg* -1. [dinamico] lively -2. [acuto] quick -3. [concitato] animated -4. [intenso] bright.

vivacità *sf* -1. [dinamicità] liveliness -2. [acutezza] sharpness -3. [aggressività] forcefulness -4. [luminosità] brightness.

vivaio *sm* -1. [di piante] nursery -2. [di pesci] farm.

vivanda *sf* food (*U*).

vivavoce *sm inv* [telefono fisso] speaker phone; [cellulare] hands-free facility.

vivente *agg* alive.

vivere [83] ◇ *vi* -1. [gen] to live; ∼ **di qc** to live off sth -2. [mantenersi] to live on -3. [durare] to live (on). ◇ *vt* -1. [condurre] to lead -2. [passare] to go through.

viveri *smpl* provisions.

vivo, a *agg* -1. [in vita] alive; **farsi ∼** to get in touch; ∼ **e vegeto** alive and kicking -2. [brillante] bright -3. [profondo] deep -4. [vivace] lively. ◆ **vivo** *sm* -1. [essenza]: **entrare nel ∼ di qc** to get to the heart of sth; **pungere qn sul ∼** to cut sb to the quick -2. [realtà]: **dal ∼** live.

vivrò *(etc)* ▷vivere.

viziare [20] *vt* to spoil.

viziato, a *agg* -1. [nell'educazione] spoilt -2. [irrespirabile] stuffy.

vizio *sm* -1. [morale] vice -2. [dipendenza] addiction; **avere il ∼ del fumo/dell'alcol etc** to be a heavy smoker/drinker etc -3. [brutta abitudine] bad habit.

vocabolario *sm* -1. [dizionario] dictionary -2. [lessico] vocabulary.

vocabolo *sm* word.

vocale ◇ *agg* vocal. ◇ *sf* vowel.

vocazione *sf* vocation.

voce *sf* -1. [umana] voice; **a ∼ alta/bassa** in a loud/low voice; **essere senza ∼** to have lost one's voice; **fare la ∼ grossa** to raise one's voice; **a ∼** in person -2. [diceria] rumour *UK*, rumor *US* -3. GRAMM part -4. [vocabolo, di lista] entry.

vodka *sf inv* vodka.

voga *sf*: **in ∼** in vogue.

vogare [16] *vi* to row.

voglia[1] *sf* -1. [intenzione]: **avere ∼ di fare qc** to feel like doing sth -2. [desiderio] desire; **è tardi, mi è passata la ∼ di mangiare** it's late, I don't feel like eating any more; **avere ∼ di qc/di fare qc** to want sth/ want to do sth -3. [macchia] birthmark.

voglia[2] *(etc)* ▷volere.

voi *pron pers* you; **siete ∼** it's you; ∼ **stessi/stesse** you yourselves; ∼ **due** you two; **vengo con ∼** I'll come with you; **da ∼** at your house.

volante ◇ *agg* flying. ◇ *sm* steering wheel; **stare/mettersi al ∼** to be at/to take the wheel. ⟨> sf [vettura] police car; [polizia]: **la ~ the** flying squad UK.

volantino sm leaflet.

volare [6] vi to fly.

volatile sm bird.

volatilizzarsi [6] vip to vanish.

volenteroso, a agg diligent.

volontieri avv **-1.** [con piacere] willingly **-2.** [come risposta] gladly.

volere [5] ⟨> vt **-1.** [desiderare]: **se volete restare soli me ne vado** if you would like to be alone, I'll go; **vorrei un chilo di mele** I'd like a kilo of apples; **vorrei che mi ascoltassi, quando ti parlo** I'd like you to listen when I'm talking to you; **come vuoi/volete** as you wish; **senza ~** [involontariamente] unintentionally **-2.** [cercare] to want; **ti voglione al telefono** you're wanted on the phone **-3.** [in richieste]: **volete fare silenzio, per piacere?** would you be quiet, please? **-4.** [esigere, pretendere] to want; **voglio sapere la verità** I want to know the truth; **vogliamo fatti, non parole** we want action, not words, **voglio che vi comportiate bene** I want you to behave yourselves; **come vuoi che finisca il lavoro se continui a disturbarlo?** how do you expect him to finish the work if you keep interrupting him? **-5.** [consentire] to want; **suo padre non vuole che frequenti quei ragazzi** his father doesn't want him going around with those boys; **non ha voluto assolutamente vederlo** she flatly refused to see him **-6.** [richiedere] to require; **la tradizione vuole che...** tradition requires that... **-7.** [occorrere]: **volerci** to be needed, **un bel caffè è proprio quello che ci vuole** a nice coffee is just what I need; **quanto ci vorrà da Siena a Pisa?** how long will it take from Siena to Pisa; **ci vuole poco a farla arrabbiare** it doesn't take much to annoy her **-8.** [significare]: **voler dire** to mean; **voglio/volevo dire** [cioè] I mean/I meant to say. ⟨> sm wishes (pl).

volgare agg **-1.** [scurrile] vulgar **-2.** [banale] common.

volgarità sf inv **-1.** [caratteristica] vulgarity **-2.** [parola] vulgar word.

volgere [48] ⟨> vt to turn. ⟨> vi **-1.** [dirigersi] to turn **-2.** [avvicinarsi]: **~ al termine** to draw to a close **-3.** [tendere]: **il tempo volge al brutto** the weather is taking a turn for the worse; **la situazione volge al peggio** the situation is taking a turn for the worse; **un giallo che volge all'arancio** a yellow that is almost orange. **◆ volgersi** vr to turn.

volli (etc) ⊳volere.

volo sm **-1.** [gen] flight; **~ di andata/di ritorno** outward/return flight; **~ di linea** scheduled flight; **al ~** [nel lancio] in the air; [subito] immediately **-2.** [movimento di veicolo] flying **-3.** [caduta] fall.

volontà sf inv will; **a ~** as much as one likes; **buona/cattiva ~** good/bad will; **le ultime volontà (di qn)** the last will and testament (of sb).

volontariato sm voluntary work.

volontario, a ⟨> agg voluntary. ⟨> sm, f volunteer.

volpe sf **-1.** [animale] fox **-2.** [pelliccia] fox (fur).

volpino sm Pomeranian.

volsi (etc) ⊳volgere.

volta sf **-1.** [gen] time; **una ~ che** once; **una ~ per tutte** once and for all; **una ~ tanto** (just) for once; **c'era una ~** once upon a time; **una ~** [un tempo] once, formerly; [in una occasione] once; **due volte** twice; **tre volte** three times; **a volte** sometimes; **di ~ in ~** bit by bit; **di ~ in ~ ti spiegherò che cosa devi fare** I'll explain what you have to do as we go along **-2.** [turno]: **a mia ~** in my turn; **alla o per ~** at a time **-3.** [direzione]: **alla ~ di** in the direction of **-4.** ARCHIT vault. **◆ Volta** sm: **il Volta** the Volta.

voltare [6] ⟨> vt **-1.** [rivolgere] to turn **-2.** [rivoltare] to turn over; **~ pagina** fig to turn over a new leaf **-3.** [oltrepassare]: **~ l'angolo** to turn the corner. ⟨> vi to turn. **◆ voltarsi** vr to turn.

volto[1], a ['volto, a] pp ⊳volgere.

volto[2] ['volto] sm face.

volubile agg fickle.

volume sm **-1.** [gen] volume; **a tutto ~** at full volume **-2.** ECON: **~ d'affari** turnover.

voluminoso, a agg bulky.

volutamente avv deliberately.

voluto, a agg **-1.** [desiderato] desired **-2.** [fatto apposta] deliberate.

vomitare [6] ⟨> vt to vomit. ⟨> vi to be sick.

vomito sm vomit.

vongola sf clam.

vorace agg voracious.

voragine sf chasm.

vorrò (etc) ⊳volere.

vortice sm whirl.

vostro, a ⟨> agg poss your; **la vostra auto** your car; **sono vostri?** are they yours?; **i vostri bambini** your children; **un ~ amico**

a friend of yours; **a casa vostra** [moto a luogo] to your house; [stato in luogo] at your house. <> *pron poss*: **il ~, la vostra, i vostri, le vostre** yours; **qual è il ~?** which one's yours?; **avete detto la vostra** you've had your say; **ne avete fatta una delle vostre** you've done it again!

votare [6] <> *vt* to vote for. <> *vi* to vote.

votazione *sf* -1. [elettorale] voting -2. [scolastica] mark *UK*, grade *US*.

voto *sm* -1. [elettorale] vote; **mettere ai voti qc** to put sthg to the vote -2. [scolastico] mark *UK*, grade *US* -3. [religioso] vow; **prendere i voti** to take one's vows.

vulcanico, a, ci, che *agg* volcanic.

vulcano *sm* volcano.

vulnerabile *agg* vulnerable.

vuoi ⊳volere.

vuole ⊳volere.

vuotare [6] *vt* to empty; **~ il sacco** *fig* to spill the beans. ◆ **vuotarsi** *vip* to empty.

vuoto, a *agg* empty. ◆ **vuoto** *sm* -1. [gen] void; **~ d'aria** air pocket; **a ~** in vain -2. [spazio libero] space -3. [recipiente] empty; **~ a rendere/perdere** returnable/non-returnable bottle.

würstel ['vurstel, vyrstel] *sm inv* frankfurter.

WWF [vu(v)vu'ɛffe] (*abbr di* **World Wildlife Fund**) *sm* WWF.

WWW [vuv(v)u(v)'vu] (*abbr di* **World Wide Web**) *sm* WWW.

x, X *sf* o *m inv* x, X.

xenofobia *sf* xenophobia.

xilofono *sm* xylophone.

y, Y *sf* o *m inv* y, Y.

yacht [jɔt] *sm inv* yacht.

yoga <> *sm* yoga. <> *agg inv* [maestro, centro] yoga (*dav s*); [respirazione] yogic.

yogurt *sm inv* yoghurt, yogurt.

yo-yo® *sm inv* yo-yo.

w, W *sf* o *m inv* w, W.

wafer ['vafer] *sm inv* wafer.

walkie-talkie [wɔlki'tɔlki] *sm inv* walkie-talkie.

Walkman® ['wɔlkmɛn] *sm inv* Walkman®.

water ['vater] *sm inv* toilet.

watt [vat] *sm inv* watt.

WC [vitʃ'tʃi, vutʃ'tʃi] (*abbr di* **Water closet**) *sm inv* WC.

weekend [wi'kɛnd] *sm inv* weekend.

western ['wɛstern] <> *agg inv* western, cowboy (*dav s*). <> *sm inv* western.

whisky ['wiski] *sm inv* whisky *UK*, whiskey *US*.

windsurf [wind'sɛrf, 'windsɛrf] *sm inv* -1. [tavola] windsurfer, windsurfing board -2. SPORT windsurfing.

z, Z *sf* o *m inv* z, Z.

zabaione, zabaglione *sm* dessert made of eggs, sugar and Marsala.

zafferano *sm* saffron.

zaffiro, zaffiro *sm* sapphire.

Zagabria *sf* Zagreb.

zaino *sm* rucksack, backpack.

zampa *sf* -1. [arto intero] leg; [parte che tocca terra – di cane, gatto] **paw**; [– di cavallo, pecora, bovino] **hoof**; [– di maiale] **trotter**; [– di volatile] **claw -2.** *loc:* **a quattro zampe on all fours.**

zampillare [6] *vi* to gush.

zampillo *sm* gush.

zampirone *sm* mosquito coil.

zampogna *sf* bagpipes *(pl).*

zanna *sf* **-1.** [di elefante, bisonte] **tusk -2.** [di tigre, lupo] **fang.**

zanzara *sf* mosquito.

zanzariera *sf* mosquito net.

zappa *sf* hoe.

zappare [6] *vt* to hoe.

zattera *sf* raft.

zavorra *sf* ballast.

zebra *sf* zebra. ➣ **zebre** *sfpl* zebra crossing *UK*, crosswalk *UK* .

zecca, che *sf* **-1.** [parassita] **tick -2.** [officina] **mint.**

zecchino *sm* *old gold coin.*

zelo *sm* zeal.

zenzero *sm* ginger.

zeppa *sf* **-1.** [cuneo] **wedge -2.** [di scarpa] **platform.**

zeppo, a *agg:* ~ **(di qc)** packed (with sthg).

zerbino *sm* doormat.

zero ⬦ *agg num inv* zero. ⬦ *sm* **-1.** [gen] zero; **sotto** ~ below zero; **ricominciare** o **ripartire da** ~ to start again from scratch **-2.** *loc:* **contare** ~ **/meno di** ~ to count for nothing/less than nothing; **sparare a** ~ **su qn/qc** [criticare] to lay into sb/sthg.

zibellino *sm* sable.

zigano, a ⬦ *agg* gipsy *(dav s).* ⬦ *sm, f* gipsy.

zigomo *sm* cheekbone.

zigzag *sm inv* zigzag; **camminare a** ~ to zigzag.

zimbello *sm* laughing stock.

zinco *sm* zinc.

zingaro, a ⬦ *agg* gipsy *(dav s).* ⬦ *sm, f* gipsy.

zio, zia *(mpl* **zii,** *fpl* **zie)** *sm, f* uncle, aunt. ➣ **zii** *smpl* [zio e zia] uncle and aunt.

zip [ip] *sf inv* zip *UK*, zipper *US.*

zitella *sf spreg* spinster.

zittire [9] ⬦ *vt* to silence. ⬦ *vi* to shut up.

zitto, a *agg* silent; **stare** ~ to keep quiet.

zizzania *sf:* **mettere** o **seminare** ~ to stir up trouble.

zoccolo *sm* **-1.** [calzatura] **clog -2.** [di animale] **hoof -3.** [battiscopa] skirting (board) *UK*, baseboard *US.*

zodiaco *sm* zodiac.

zolfo *sm* sulphur *UK*, sulfur *US.*

zolla *sf* clod.

zolletta *sf:* ~ **(di zucchero)** (sugar) lump.

zona *sf* **-1.** [gen] area **-2.** [di città] area, district; **di** ~ area *(dav s)*, district *(dav s);* ~ **blu** parking meter zone; ~ **disco** *area where cars must display a cardboard clock showing time of arrival;* ~ **industriale** industrial estate *UK* o park *US;* ~ **pedonale** pedestrian precinct *UK* o mall *US.*

zonzo *sm:* **andare a** ~ to wander around.

zoo *sm inv* zoo.

zoologia *sf* zoology.

zoologico, a, ci, che *agg* **-1.** zoological **-2.** ⊳ **giardino.**

zoppicare [15] *vi* to limp.

zoppo, a ⬦ *agg* lame. ⬦ *sm, f* lame person.

zucca, che *sf* **-1.** [ortaggio] **pumpkin -2.** *fam* [testa] **nut.**

zuccherato, a *agg* sweetened

zuccheriera *sf* sugar bowl.

zucchero *sm* sugar; ~ **a velo** icing sugar *UK* , confectioner's o powdered sugar *US;* ~ **di canna** cane sugar; ~ **filato** candyfloss *UK*, cotton candy *US;* ~ **vanigliato** vanilla sugar.

zuccheroso, a *agg* rich in sugar.

zucchina *sf* = zucchino.

zucchino *sm* courgette *UK*, zucchini *US.*

zuffa *sf* fight.

zumare [6] ⬦ *vi:* ~ **(su qn/qc)** to zoom in (on sb/sthg). ⬦ *vt* to zoom in on.

zuppa *sf* soup. ➣ **zuppa inglese** *sf* trifle.

zuppo, a *agg:* ~ **(di qc)** soaked (with sthg).

Zurigo *sf* Zurich.

Cardinals numbers/Cardinali

zero	0	zero	twenty-five	25	venticinque
one	1	uno	twenty-six	26	ventisei
two	2	due	twenty-seven	27	ventisette
three	3	tre	twenty-eight	28	ventotto
four	4	quattro	twenty-nine	29	ventinove
five	5	cinque	thirty	30	trenta
six	6	sei	thirty-one	31	trentuno
seven	7	sette	thirty-two	32	trentadue
eight	8	otto	forty	40	quaranta
nine	9	nove	fifty	50	cinquanta
ten	10	dieci	sixty	60	sessanta
eleven	11	undici	seventy	70	settanta
twelve	12	dodici	eighty	80	ottanta
thirteen	13	tredici	ninety	90	novanta
fourteen	14	quattordici	one hundred	100	cento
fifteen	15	quindici	one hundred and one	101	centouno
sixteen	16	sedici	one hundred and ten	110	centodieci
seventeen	17	diciassette	two hundreds	200	duecento
eighteen	18	diciotto	one thousand	1 000	mille
nineteen	19	diciannove	one thousand and twenty	1 020	milleventi
twenty	20	venti			
twenty-one	21	ventuno	one thousand, five hundred and six	1 506	millecinquecentosei
twenty-two	22	ventidue			
twenty-three	23	ventitré	two thousand	2 000	duemila
twenty-four	24	ventiquattro	one million	1 000 000	un milione

Ordinal numbers/Ordinali

first	1st	1°	primo	fifteenth	15th	15°	quindicesimo
second	2nd	2°	secondo	sixteenth	16th	16°	sedicesimo
third	3rd	3°	terzo	seventeenth	17th	17°	diciassettesimo
fourth	4th	4°	quarto	eighteenth	18th	18°	diciottesimo
fifth	5th	5°	quinto	nineteenth	19th	19°	diciannovesimo
sixth	6th	6°	sesto	twentieth	20th	20°	ventesimo
seventh	7th	7°	settimo	twenty-first	21th	21°	ventunesimo
eighth	8th	8°	ottavo	twenty-second	22th	22°	ventiduesimo
ninth	9th	9°	nono	twenty-third	23th	23°	ventitreesimo
tenth	10th	10°	decimo	thirtieth	30th	30°	trentesimo
eleventh	11th	11°	undicesimo	one hundredth	100th	100°	centesimo
twelfth	12th	12°	dodicesimo	hundred and first	101th	101°	centunesimo
thirteenth	13th	13°	tredicesimo	two hundredth	200th	200°	duecentesimo
fourteenth	14th	14°	quattordicesimo	one thousandth	1 000th	1000°	millesimo

Mathematical values/Valori matematici

one half	**1/2**		un mezzo
two thirds	**2/3**		due terzi
one tenth	**1/10**		un decimo
one hundredth	**1/100**		un centesimo
(zero) point one	**0.1**	**0,1**	zero virgola uno
two point five	**2.5**	**2,5**	due virgola cinque
six point zero three	**6.03**	**6,03**	sei virgola zero tre
minus one		**-1**	meno uno

Mathematical operations/Le operazioni

eight plus two equals five	$8+2=10$	otto più due fa OR uguale dieci
nine minus three equals six	$9-3=6$	nove meno tre fa OR uguale sei
seven times three equals twenty-one/ seven multiplied by three equals twenty-one	$7\times3=21$	sette per tre (fa) ventuno
twenty divided by four equals five	$20\div4=5$	venti diviso quattro (fa) cinque
the square root of nine is three	$\sqrt{9}=3$	la radice quadrata di nove è tre
five squared equals twenty-five	$5^2=25$	cinque al quadrato OR alla seconda fa venticinque

Weights and measures/Pesi e misure

Weight/Peso

milligram	**mg**	milligrammo		ounce	**oz**	oncia
gram	**g**	grammo		pound	**lb**	libra
hectogram	**hg**	etto(grammo)				
kilogram/kilo	**kg**	chilo(grammo)				
	q	quintale				
(metric) ton	**t**	tonnellata				

US: 1lb = 16.01oz = 0.454kg	**GB: 1g** = 0.035oz / 0.032oz
GB: 1lb = 11.99oz = 0.373kg	**GB: 1kg** = 2.202lb /2.680oz

2 pounds of minced meat
2 libre di carne macinata

500 milligram tablets
pillole da 500 milligrammi

Volume

cubic centimetre	**cm³**	centimetro cubo		cubic yard	**yd³**	iarda cubica
cubic metre	**m³**	metro cubo		cubic feet	**ft³**	piede cubico

1m³ = 1,307yd³/35,31ft³	**1ft³** = 0,037yd³/28,32m³

10 cubic metres of oxygen
10 metri cubi di ossigeno

Area/Superficie

square centimetre	**cm²**	centimetro quadrato	square foot	**in²**	pollice quadrato
square metre	**m²**	metro quadrato	square yard	**ft²**	piede quadrato
square kilometre	**km²**	chilometro quadrato	square mile	**yd²**	iarda quadrata
hectare	**ha**	ettaro (=10.000m²)	square mile	**mi²**	miglio quadrato

$$\mathbf{1m^2} = 1{,}196yd^2 \qquad\qquad \mathbf{1yd^2} = 0.836m^2$$
$$\mathbf{1km^2} = 0{,}386mi^2 \qquad\qquad \mathbf{1mi^2} = 2590000km^2$$

300 square metre villa
villa di 300 metri quadrati

a field of 100 square yards
un campo di 100 iarde quadrate

Length/Lunghezza

millimetre	**mm**	millimetro	inch	**in**	pollice
centimetre	**cm**	centimetro	foot	**ft**	piede
metre	**m**	metro	yard	**yd**	iarda
kilometre	**km**	chilometro	mile	**mi**	miglio

$$\mathbf{1cm} = 0{,}393in \qquad\qquad \mathbf{1in} = 2.54cm$$
$$\mathbf{1m} = 1{,}093\ yd/3{,}28ft \qquad \mathbf{1ft} = 0.304m$$
$$\mathbf{1km} = 0{,}621mi \qquad\qquad \mathbf{1m} = 1.609km$$

It's 200 feet high
È alto 200 piedi

2 kilometres of beach
2 chilometri di spiaggia

Capacity/Capacità

décilitre	**dl**	decilitro	ounce	**oz**	oncia
litre	**l**	litro	pint	**pt**	pinta
			gallon	**gal**	gallone

GB: 1l = 1,759pt/0,22 gal
US: 1l = 0,264gal/2.11pt

GB: 1pt = 0.125gal = 0.56l
US: 1pt = 0.124gal = 0.47l

a 10 litre tank
un serbatoio da 10 litri

2 pints of milk
2 pinte di latte

Speed/Velocità

metres per second	**m/s**	metro(-i) al secondo
kilometres per hour	**km/h**	chilometro(-i) all'ora OR orario(-ri)
miles per hour	**mph**	miglia orarie

speed limit of 60 Km/h
limite di 60 chilometri all'ora

The time/Tempo

one second	1"	un secondo
one minute	1'	un minuto
one hour	1h	un'ora

Temperature/Temperatura

water boils at two hundred and twelve degrees	212F	100°	l'acqua bolle a 100 gradi
today it's fifty-five degrees	55F	12°	oggi ci sono dodici gradi
my temperature was one hundred and four	104F	40°	ho avuto la febbre a quaranta
the thermometer marks eighty-three point four degrees	83.4F	25,5°	il termometro segna venticinque gradi e mezzo

The date/La data

sixteenth of October nineteen seventy-five	16/10/1975		sedici ottobre (millenovecento)settantacinque
fourteen ninety-two	1492		millequattrocentonovantadue
two thousand and three	2003		duemilatre

the Seventies	70	'70	gli anni settanta
the sixteenth century	XVIᵉ s.	'500	il cinquecento
the eighteenth century	XVIIIᵉ s.	XVIII sec	il diciottesimo secolo

this morning	stamattina	the day before yesterday	l'altro ieri/ieri l'altro/avantieri
this evening	stasera	the following day	l'indomani
today	oggi	tomorrow afternoon	domani pomeriggio
tomorrow	domani	last night	ieri sera
the day after tomorrow	dopodomani		

What's the date today?
Che giorno è oggi?

It's the fifth of May.
Oggi è il 5 maggio.

In which year?
In che anno?

In nineteen twenty-three.
Nel 1923.

I was born in July.
Sono nato a luglio.

What's your date of birth?
Qual è la tua data di nascita?

The twenty-fifth of December is Christmas day.
Il venticinque dicembre è Natale.

Easter falls on the twentieth of April.
La Pasqua cade il venti aprile.

The time/L'ora

 (05:00)
five o'clock
le cinque

 (12:00)
noon/twelve a.m./midday
le dodici / mezzogiorno

 (07:05)
five past seven
le sette e cinque

 (13:00)
one p.m. (post meridiem)
l'una

 (08:10)
ten past eight
le otto e dieci

 (15:45)
(a) quarter to four/ three forty-five
le quattro meno un quarto / le tre e tre quarti / le quindici e quarantacinque

 (09:15)
a quarter past nine
le nove e un quarto OR *e quindici*

 (17:23)
five twenty-three
le cinque OR *diciassette e ventitré*

 (10:20)
twenty past ten
le dieci e venti

 (24:00)
twelve p.m./midnight
mezzanotte

 (11:30)
half past eleven
le undici e mezzo OR *mezza* OR *e trenta*

 (01:00)
one a.m.
l'una (di notte)

What time is it?/Have you got the time?
Che ore sono?/Sa l'ora?

At three/At tenish (around ten)
Alle tre. Verso le dieci

It's one o'clock/It's ten to five.
È l'una/Sono le cinque meno dieci.

When?
Quando?

At what time?
A che ora?

Half an hour ago.
Mezz'ora fa.

Phonetic alphabets/L'alfabeto telefonico

International / Internazionale	NATO				
Amsterdam	Alpha	[eɪ]	A	[a]	di Ancona
Benjamin	Bravo	[bi:]	B	[bi]	di Bari
Charlie	Charlie	[si:]	C	[tʃi]	di Como
David	Delta	[di:]	D	[di]	di Domodossola
Edward	Echo	[i:]	E	[e]	di Empoli
Frederick	Foxtrot	[ef]	F	[ˈɛffe]	di Firenze
George	Golf	[dʒi:]	G	[dʒi]	di Genova
Harry	Hotel	[eɪtʃ]	H	[ˈakka]	di hotel
Isaac	India	[aɪ]	I	[i]	di Imola
Jack	Juliet	[dʒeɪ]	J	[ilˈlunga]	di jeans
King	Kilo	[keɪ]	K	[ˈkappa]	
Lucy	Lima	[el]	L	[ˈɛlle]	di Lucca
Mary	Mike	[em]	M	[ˈɛmme]	di Mantova
Nellie	November	[en]	N	[ˈɛnne]	di Napoli
Oliver	Oscar	[əʊ]	O	[ɔ]	di Otranto
Peter	Papa	[pi:]	P	[pi]	di Palermo
Queenie	Quebec	[kju:]	Q	[ku]	di quadro
Robert	Romeo	[ɑːʳ]	R	[ˈɛrre]	di Roma
Sugar	Sierra	[es]	S	[ˈɛsse]	di Savona
Tommy	Tango	[ti:]	T	[ti]	di Taranto
Uncle	Uniform	[ju:]	U	[u]	di Udine
Victor	Victor	[vi:]	V	[vi]	di Verona
William	Whiskey	[ˈdʌblju:]	W	[doppjavˈvu]	di Walter
Xmas	X-ray	[eks]	X	[iks]	di Craxi
Yellow	Yankee	[waɪ]	Y	[ˈipsilɔn]	di yacht
Zebra	Zulu	[zed]	Z	[ˈdzɛta]	di zebra

– How do you spell that?
– *Può dirmi come si scrive?*

– N as in November, I as in Italy, T as in Tommy, S as in Sugar, C as in Charlie and H as in House. Nitsch.
– *N di Napoli, I di Imola, T di Taranto, S di Savona, C di Como e H di Hotel. Nitsch.*

– Hello? Is this 0543 32 36 83? (o, five four, three; three, two, three, six, eight three)
– Sorry, you must have the wrong number.
– *Pronto? È lo 0543 32 36 83? (zero, cinque, quattro, tre, trentadue, trentasei, ottantatré)*
– *No, ha sbagliato numero.*

ENGLISH-ITALIAN
INGLESE-ITALIANO

a¹ (*pl* a's OR as), **A** (*pl* A's OR As) [eɪ] *n* [letter] a *f* o *m inv*, A *f* o *m inv*; **to get from A to B** andare da un punto a un altro. ◆ **A** *n* -1. MUS la *m inv* -2. SCH voto *m* massimo.

a² [(*weak form* ə, *strong form* eɪ)] (*before vowel* **an** *weak form* æn, *strong form* æn) -1. [gen] uno (una); ~ **boy/tree** un ragazzo/albero; **a mirror/tyre** uno specchio/pneumatico; ~ **girl/house** una ragazza/casa; ~ **wing/wave** un'ala/onda; ~ **hundred/ thousand pounds** cento/mille sterline -2. [referring to occupation] she's ~ **teacher** è insegnante, fa l'insegnante **3.** [to express prices, ratios etc] a; **£10** ~ **person** 10 sterline a testa; **twice** ~ **week/month** due volte alla settimana/al mese; **50 km an hour** 50 km all'ora.

AA *n* -1. (*abbr of* **Automobile Association**) *Automobile Club britannico*, ≃ ACI *m* -2. (*abbr of* **Alcoholics Anonymous**) AA *f*.

AAA *n* (*abbr of* **American Automobile Association**) *Automobile Club statunitense*, ≃ ACI *m*.

AB *n* US (*abbr of* **Bachelor of Arts**) (*chi possiede una*) *laurea in materie letterarie* .

aback [ə'bæk] *adv*: **to be taken** ~ **(by sthg)** essere colto(a) alla sprovvista (da qc).

abandon [ə'bændən] ◇ *vt* abbandonare. ◇ *n* : **with** ~ con abbandono.

abashed [ə'bæʃt] *adj* imbarazzato(a).

abate [ə'beɪt] *vi fml* [storm, pain] calmarsi; [noise] affievolirsi.

abattoir ['æbətwɑːʳ] *n* mattatoio *m*.

abbey ['æbɪ] *n* abbazia *f*.

abbot ['æbət] *n* abate *m*.

abbreviate [ə'briːvɪeɪt] *vt* abbreviare.

abbreviation [ə,briːvɪ'eɪʃn] *n* abbreviazione *f*.

ABC *n* -1. [alphabet] alfabeto *m* -2. *fig* [basics]: **the** ~ **of** l'abbicì di.

abdicate ['æbdɪkeɪt] ◇ *vi* abdicare. ◇ *vt* [responsibility] rinunciare a.

abdomen ['æbdəmen] *n* addome *m*.

abduct [əb'dʌkt] *vt* rapire.

aberration [,æbə'reɪʃn] *n* aberrazione *f*.

abet [ə'bet] *vt* ▷ **aid**.

abeyance [ə'beɪəns] *n fml*: **in** ~ non vigente.

abhor [əb'hɔːʳ] *vt* aborrire.

abide [ə'baɪd] *vt* sopportare. ◆ **abide by** *vt insep* rispettare.

ability [ə'bɪlətɪ] *n* -1. [level of capability] capacità *f inv* -2. [skill, talent] dote *f*, talento *m*.

abject ['æbdʒekt] *adj* -1. [miserable, depressing] estremo(a) -2. [humble] meschino(a).

ablaze [ə'bleɪz] *adj* [on fire] in fiamme.

able ['eɪbl] *adj* -1. [capable]: **to be** ~ **to do sthg** poter fare qc, essere in grado di fare qc; **I was** ~ **to find it** sono riuscito a trovarlo -2. [accomplished, talented] capace, competente.

ably ['eɪblɪ] *adv* abilmente.

abnormal [æb'nɔːml] *adj* anormale.

aboard [ə'bɔːd] ◇ *adv* [on ship, plane] a bordo. ◇ *prep* [ship, plane] a bordo di; [bus, train] su.

abode [ə'bəʊd] *n fml*: **of no fixed** ~ senza fissa dimora.

abolish [ə'bɒlɪʃ] *vt* abolire.

abolition [,æbə'lɪʃn] *n* abolizione *f*.

abominable [ə'bɒmɪnəbl] *adj* abominevole.

aborigine [,æbə'rɪdʒənɪ] *n* aborigeno *m*, -a *f* australiano(a).

abort [ə'bɔːt] *vt* -1. [pregnancy] interrompere -2. *fig* [plan, mission] abbandonare -3. COMPUT interrompere l'esecuzione di.

abortion [ə'bɔːʃn] *n* aborto *m*; **to have an** ~ abortire.

abortive [ə'bɔːtɪv] *adj* mancato(a).

abound [ə'baʊnd] *vi* -1. [be plentiful] abbondare -2. [be full]: **to** ~ **with** OR **in sthg** abbondare di qc.

about [ə'baʊt] ⊲ *adv* **-1.** [approximately] circa; **~ fifty/a hundred** circa cinquanta/cento; **at ~ five o'clock** intorno alle cinque **-2.** *esp UK* [referring to place] di qua e di là; **to leave things lying ~** lasciare le cose in giro; **to walk ~** fare avanti e indietro; **to jump ~** saltare dappertutto **-3.** [on the point of]: **to be ~ to do sthg** stare per fare qc. ⊲ *prep* **-1.** [relating to, concerning] su; **a film ~ Paris** un film su Parigi; **what is it ~?** [gen] di che cosa si tratta?; [book, film] di cosa parla?; **to talk ~ sthg** parlare di qc **-2.** [referring to place] in giro per; **to wander ~ the streets** andare in giro per le strade.

about-turn *esp UK*, **about-face** *esp US* *n* MIL & *fig* dietro front *m inv.*

above [ə'bʌv] ⊲ *adv* **-1.** [on top, higher up] sopra; **he lives in the flat ~** abita al piano di sopra **-2.** [in text] (qui) sopra **-3.** [more, over] oltre; **children aged five and ~** i bambini dai cinque anni in su. ⊲ *prep* **-1.** [on top of, higher up than] sopra **-2.** [more than] oltre. ➔ **above all** *adv* soprattutto.

aboveboard [ə,bʌv'bɔːd] *adj* onesto(a).

abrasive [ə'breɪsɪv] *adj* **-1.** [for cleaning] abrasivo(a) **-2.** *fig* [rough, curt] brusco(a).

abreast [ə'brest] *adv* fianco a fianco. ➔ **abreast of** *prep*: **to keep ~ of sthg** tenersi al corrente di qc.

abridged [ə'brɪdʒd] *adj* ridotto(a).

abroad [ə'brɔːd] *adv* [overseas] all'estero.

abrupt [ə'brʌpt] *adj* **-1.** [sudden] improvviso(a) **-2.** [brusque, rude] brusco(a).

abscess ['æbsɪs] *n* ascesso *m.*

abscond [əb'skɒnd] *vi* darsi alla latitanza.

abseil ['æbseɪl] *vi* calarsi (a corda doppia).

absence ['æbsəns] *n* **-1.** [of person] assenza *f* **-2.** [lack] mancanza *f.*

absent *adj* ['æbsənt] [not present] assente; **~ from** assente da.

absentee [,æbsən'tiː] *n* assente *m o f.*

absent-minded [,æbsənt-] *adj* distratto(a).

absolute ['æbsəluːt] *adj* **-1.** [complete, utter] totale **-2.** [totalitarian] assoluto(a).

absolutely ['æbsəluːtlɪ] ⊲ *adv* [completely, utterly] assolutamente, completamente; **I'm ~ sure** sono sicurissimo; **you're ~ right** hai perfettamente ragione; **I ~ refuse to believe it** mi rifiuto nel modo più assoluto di crederci. ⊲ *excl* [expressing agreement] altroché!

absolve [əb'zɒlv] *vt* [free, clear]: **to ~ sb (from sthg)** assolvere qn (da qc).

absorb [əb'sɔːb] *vt* **-1.** [soak up, take over] assorbire **-2.** *fig* [learn] assimilare **-3.** [interest]: **to be ~ed in sthg** essere immerso(a) in qc.

absorbent [əb'sɔːbənt] *adj* assorbente.

abstain [əb'steɪn] *vi* astenersi; **to ~ from sthg** astenersi da qc.

abstention [əb'stenʃn] *n* astensione *f.*

abstract ⊲ *adj* ['æbstrækt] astratto(a). ⊲ *n* ['æbstrækt] riassunto *m.*

absurd [əb'sɜːd] *adj* assurdo(a).

abundant [ə'bʌndənt] *adj* abbondante.

abundantly [ə'bʌndəntlɪ] *adv* **-1.** [extremely] abbondantemente **-2.** [in large amounts] in abbondanza.

abuse ⊲ *n* [ə'bjuːs] **-1.** [offensive remarks] insulti *mpl* **-2.** [maltreatment] abusi *mpl* **-3.** [misuse] abuso *m.* ⊲ *vt* [ə'bjuːz] **-1.** [insult] insultare **-2.** [maltreat, misuse] abusare di.

abusive [ə'bjuːsɪv] *adj* [person, behaviour] violento(a); [language] offensivo(a).

abysmal [ə'bɪzml] *adj* terribile.

abyss [ə'bɪs] *n* abisso *m.*

a/c (*abbr of* **account (current)**) c/c.

AC *n* (*abbr of* **alternating current**) c.a.

academic [,ækə'demɪk] ⊲ *adj* **-1.** [of college, university] universitario(a); **~ year** anno *m* accademico **-2.** [studious] studioso(a) **-3.** [hypothetical] teorico(a). ⊲ *n* [teacher, researcher] docente *m o f* universitario(a).

academy [ə'kædəmɪ] *n* accademia *f*; **~ of music** conservatorio *m.*

accede [æk'siːd] *vi* **-1.** *fml* [agree]: **to ~ to sthg** acconsentire a qc **-2.** [monarch]: **to ~ to the throne** salire al trono.

accelerate [ək'seləreɪt] *vt & vi* accelerare.

acceleration [ək,selə'reɪʃn] *n* accelerazione *f.*

accelerator [ək'seləreɪtər] *n* acceleratore *m.*

accent ['æksent] *n* [when speaking, in writing] accento *m.*

accept [ək'sept] *vt* **-1.** [gen] accettare; **the telephone doesn't ~ 5p coins** il telefono non prende monete da 5 penny **-2.** [admit] ammettere; **to ~ that** ammettere che.

acceptable [ək'septəbl] *adj* accettabile.

acceptance [ək'septəns] *n* **-1.** [gen] accettazione *f* **-2.** [recognizing as satisfactory] approvazione *f* **-3.** [of person – as part of group] accettazione *f*; [– as member of club] ammissione *f.*

access ['ækses] *n* accesso *m*; **to have ~ to sthg** avere accesso a qc; **to have ~ to sb** avere il diritto di visitare qn.

accessible [ək'sesəbl] *adj* **-1.** [reachable, understandable] accessibile **-2.** [available] disponibile.

accessory [ək'sesərı] *n* **-1.** [extra part, device] accessorio *m* **-2.** LAW complice *m* o *f*.

accident ['æksıdənt] *n* **-1.** [gen] incidente *m*; **to have an ~** avere un incidente **-2.** [chance]: **by ~** per caso.

accidental [,æksı'dentl] *adj* casuale.

accidentally [,æksı'dentəlı] *adv* **-1.** [drop, break] inavvertitamente **-2.** [meet, find] casualmente.

accident-prone *adj* soggetto(a) agli incidenti.

acclaim [ə'kleım] <> *n* plauso *m*. <> *vt* elogiare.

acclimatize, -ise [ə'klaımətaız], **acclimate** *US* *vi* acclimatarsi; **to ~ to sthg** acclimatarsi a qc.

accommodate [ə'kɒmədeıt] *vt* **-1.** [provide room for] ospitare, contenere **-2.** [oblige] venire incontro a.

accommodating [ə'kɒmədeıtıŋ] *adj* accomodante.

accommodation [ə,kɒmə'deıʃn] *UK*, **accommodations** *US (npl)* *n* alloggio *m*.

accompany [ə'kʌmpənı] *vt* [go with, escort] accompagnare; **to ~ sb (on sthg)** MUS accompagnare qn (a qc)

accomplice [ə'kʌmplıs] *n* complice *m* o *f*.

accomplish [ə'kʌmplıʃ] *vt* compiere, ottenere.

accomplishment [ə'kʌmplıʃmənt] *n* **-1.** [achievement, finishing] realizzazione *f* **2.** [feat, deed] risultato *m*. ◆ **accomplishments** *npl* qualità *fpl*.

accord [ə'kɔːd] *n* **-1.** [settlement] accordo *m* **-2.** [agreement, harmony]: **to do sthg of one's own ~** fare qc spontaneamente.

accordance [ə'kɔːdəns] *n*: **in ~ with sthg** in conformità a qc.

according to *prep* secondo; **to go ~ plan** andare secondo i piani (previsti).

accordingly *adv* di conseguenza.

accordion [ə'kɔːdjən] *n* fisarmonica *f*.

accost [ə'kɒst] *vt* accostare.

account [ə'kaunt] *n* **-1.** [with bank, shop] conto *m* **-2.** [report] resoconto *m* **-3.** *phr*: **to take ~ of sthg, to take sthg into ~** tener conto di qc; **to be of no ~** non avere importanza; **on no ~** in nessun caso. ◆ **accounts** *npl* [of business] contabilità *f*. ◆ **by all accounts** *adv* a dire di tutti. ◆ **on account of** *prep* a causa di. ◆ **account for** *vt insep* **-1.** [explain] giustificare **-2.** [represent] rappresentare **-3.** [establish whereabouts of]: **has everyone been ~ed for?** manca qualcuno all'appello?

accountable [ə'kauntəbl] *adj*: **~ (for sb/sthg)** [responsible] responsabile (per qn/qc).

accountancy [ə'kauntənsı] *n* contabilità *f*.

accountant [ə'kauntənt] *n* contabile *m* o *f*.

accounts department *n* contabilità *f*.

accrue [ə'kruː] *vi* FIN maturare.

accumulate [ə'kjuːmjuleıt] <> *vt* accumulare. <> *vi* accumularsi.

accuracy ['ækjurəsı] *n* **-1.** [truth, correctness] accuratezza *f* **-2.** [precision - of weapon, marksman] precisione *f*; [- of typing, figures, estimate] correttezza *f*.

accurate ['ækjurət] *adj* **-1.** [true, correct] accurato(a) **-2.** [precise - weapon, marksman] preciso(a); [- typist, figures, estimate] corretto(a).

accurately ['ækjurətlı] *adv* **-1.** [truthfully, correctly] accuratamente **-2.** [precisely - aim] con precisione; [- type, estimate] correttamente.

accusation [,ækju:'zeıʃn] *n* accusa *f*.

accuse [ə'kjuːz] *vt*: **to ~ sb of sthg/of doing sthg** accusare qn di qc/di fare qc.

accused [ə'kjuːzd] *n* LAW: **the ~** l'imputato *m*, -a *f*.

accustomed [ə'kʌstəmd] *adj*: **to be ~ to sthg/to doing sthg** essere abituato(a) a qc/a fare qc.

ace [eıs] *n* **-1.** [playing card] asso *m* **-2.** TENNIS ace *m inv*.

ache [eık] <> *n* dolore *m*. <> *vi* **-1.** [be painful] far male **-2.** *fig* [want]: **to be aching for sthg/to do sthg** morire dalla voglia di qc/di fare qc.

achieve [ə'tʃiːv] *vt* [success, fame] raggiungere, ottenere; [goal, ambition] realizzare; [victory] conseguire.

achievement [ə'tʃiːvmənt] *n* risultato *m*, successo *m*.

acid ['æsıd] <> *adj* acido(a). <> *n* **-1.** CHEM acido *m* **-2.** *inf* [LSD] acido *m*.

acid rain *n* pioggia *f* acida.

acknowledge [ək'nɒlıdʒ] *vt* **-1.** [accept, admit] riconoscere **-2.** [recognize]: **to ~ sb as sthg** riconoscere qn come qc **-3.** [letter]: **to ~ (receipt of) sthg** accusare ricevuta di qc **-4.** [greet] salutare.

acknowledg(e)ment *n* **-1.** [acceptance] riconoscimento *m* **-2.** [letter] notifica *f* di ricevimento **-3.** [thanks, gratitude] riconoscenza *f*. ◆ **acknowledg(e)ments** *npl* [in book] ringraziamenti *mpl*.

acne ['ækni] *n* acne *f*.

acorn ['eɪkɔːn] *n* ghianda *f*.

acoustic [ə'kuːstɪk] *adj* acustico(a). ◆ **acoustics** *npl* [of room, auditorium] acustica *f*.

acquaint [ə'kweɪnt] *vt*: **to ~ sb with sthg** [information, method] mettere qn al corrente di qc; **to be ~ed with sb** conoscere qn.

acquaintance [ə'kweɪntəns] *n* conoscenza *f*.

acquire [ə'kwaɪəʳ] *vt* **-1.** [house, company, book, record] acquistare; [information, document] procurarsi **-2.** [skill, knowledge] acquisire; [habit] contrarre, prendere.

acquisitive [ə'kwɪzɪtɪv] *adj* [collector] avido(a); [society] materialista, consumista.

acquit [ə'kwɪt] *vt* **-1.** LAW assolvere, prosciogliere **-2.** [conduct]: **to ~ o.s. well/badly** cavarsela bene/male.

acquittal [ə'kwɪtl] *n* LAW assoluzione *f*, proscioglimento *m*.

acre ['eɪkəʳ] *n* acro *m*.

acrid ['ækrɪd] *adj* **-1.** [smoke, taste, smell] acre **-2.** *fig* [words, remarks] pungente.

acrimonious [ˌækrɪ'məʊnjəs] *adj* acrimonioso(a).

acrobat ['ækrəbæt] *n* acrobata *m o f*.

across [ə'krɒs] ◇ *adv* **-1.** [from one side to the other] dall'altra parte; **she ran ~ to speak to him** attraversò di corsa per parlargli **-2.** [in measurements]: **the river is 2 km ~** il fiume misura 2 km di larghezza **-3.** [in crossword]: **21 ~** 21 orizzontale. ◇ *prep* **-1.** [from one side to the other] da un lato all'altro di; **to run ~ the road** attraversare la strada di corsa; **there is a bridge ~ the river** c'è un ponte sul fiume **-2.** [on the other side of] dall'altra parte di. ◆ **across from** *prep* di fronte a.

acrylic [ə'krɪlɪk] ◇ *adj* acrilico(a). ◇ *n* acrilico *m*.

act [ækt] ◇ *n* **-1.** [action, deed] atto *m*, azione *f*; **to catch sb in the ~ of doing sthg** sorprendere qn nell'atto di fare qc **-2.** LAW legge *f*, decreto *m* **-3.** [of play, opera] atto *m*; [in cabaret etc] numero *m* **-4.** *fig* [pretence] scena *f*; **to put on an ~** fare la commedia **-5.** *phr*: **to get one's ~ together** organizzarsi. ◇ *vi* **-1.** [take action] agire **-2.** [behave] comportarsi; **to ~ like/as if** comportarsi come/come se **-3.** [in play, film] recitare **-4.** *fig* [pretend] far finta **-5.** [take effect] agire, fare effetto **-6.** [fulfil

function]: **to ~ as sthg** fare da qc. ◇ *vt* [role] recitare.

ACT (*abbr of* **American College Test**) *n* esame sostenuto al termine della scuola superiore statunitense.

acting ['æktɪŋ] ◇ *adj*: **she's the ~ director** fa le veci OR funzioni di direttore. ◇ *n* **-1.** [performance] interpretazione, recitazione *f* **-2.** [activity] recitazione *f*; **I enjoy ~** mi piace recitare **-3.** [profession]: **he went into ~ after university** dopo l'università ha intrapreso la carriera dell'attore.

action ['ækʃn] *n* **-1.** [fact of doing sthg] azione *f*; **to take ~** agire, prendere provvedimenti; **to put sthg into ~** mettere in atto qc; **in ~** [person] in azione; [machine] in funzione; **out of ~** [person] fuori combattimento; [machine] fuori uso **-2.** [deed] azione *f*, atto *m* **-3.** [in battle, war] combattimento **-4.** LAW azione *f* legale.

action replay *n* replay *m inv*.

activate ['æktɪveɪt] *vt* attivare.

active ['æktɪv] *adj* **-1.** [gen] attivo(a) **-2.** [support, encouragement] concreto(a).

actively ['æktɪvlɪ] *adv* attivamente.

activity [æk'tɪvətɪ] *n* attività *f inv*. ◆ **activities** *npl* attività *f inv*.

actor ['æktəʳ] *n* attore *m*, -trice *f*.

actress ['æktrɪs] *n* attrice *f*.

actual ['æktʃʊəl] *adj* [real] effettivo(a); [for emphasis] vero(a) e proprio(a).

actually ['æktʃʊəlɪ] *adv* **-1.** [really, in truth] veramente **-2.** [by the way] a proposito.

acumen ['ækjʊmen] *n*: **business ~** senso *m* degli affari.

acupuncture ['ækjʊpʌŋktʃəʳ] *n* agopuntura *f*.

acute [ə'kjuːt] *adj* **-1.** [severe – pain, anxiety] intenso(a); [– shortage, embarrassment] grave **-2.** [perceptive] attento(a) **-3.** [keen – sight] acuto(a); [– hearing, sense of smell] fine **-4.** LING: **e ~** e con l'accento acuto **-5.** MATHS: **~ angle** angolo acuto.

ad [æd] (*abbr of* **advertisement**) *n* inf pubblicità *f inv*.

AD (*abbr of* **Anno Domini**) d.C.

adamant ['ædəmənt] *adj* [determined]: **to be ~ (about sthg/that)** essere risoluto(a) (su qc/sul fatto che).

Adam's apple *n* pomo *m* d'Adamo.

adapt [ə'dæpt] ◇ *vt* adattare. ◇ *vi*: **to ~ to sthg** adattarsi a qc.

adaptable [ə'dæptəbl] *adj* adattabile.

adapter, adaptor [ə'dæptəʳ] *n* [for several

plugs] **presa** f multipla; [for foreign plug] adattatore m.

add [æd] vt **-1.** [gen] aggiungere; **to ~ sthg to sthg** aggiungere qc a qc **-2.** [total] sommare, addizionare. **➜ add on** vt sep: **to ~ sthg on (to sthg)** aggiungere qc (a qc). **➜ add to** vt insep [increase] aumentare. **➜ add up** vt sep [total up] sommare, addizionare. **➜ add up to** vt insep [represent] equivalere.

adder ['ædə'] n vipera f.

addict ['ædɪkt] n **-1.** [taking drugs] tossico-dipendente m o f **-2.** fig [fan] fanatico m, -a f.

addicted [ə'dɪktɪd] adj **-1.** [to drug] tossicodipendente; **~ to cocaine** cocainomane **-2.** fig [to exercise, food, TV]: **~ (to sthg)** fanatico(a) (di qc).

addiction [ə'dɪkʃn] n **-1.** [to drug] tossicodipendenza f; **~ to tobacco** tabagismo m **-2.** fig [to exercise, food, TV]: **~ (to sthg)** passione (per qc).

addictive [ə'dɪktɪv] adj **-1.** [drug, harmful substance] che da dipendenza **-2.** fig [exercise, food, TV]: **TV can be ~** la tv può essere (come) una droga.

addition [ə'dɪʃn] n **-1.** MATHS addizione f **-2.** [extra thing] aggiunta f **-3.**: **in ~** inoltre; **in ~ to** in aggiunta a.

additional [ə'dɪʃənl] adj supplementare.

additive ['ædɪtɪv] n additivo m.

address [ə'dɪes] <> n **-1.** [location] indirizzo m **-2.** [speech] discorso m. <> vt **-1.** [letter, parcel] indirizzare **-2.** [give a speech to] tenere un discorso a **-3.** [speak to]: **to ~ sb as doctor/professor** rivolgersi a qn chiamandolo dottore/professore **-4.** [deal with] occuparsi di.

address book n rubrica f.

adenoids ['ædɪnɔɪdz] npl adenoidi mpl.

adept adj [ə'dept] [expert, highly skilled] abile; **to be ~ at sthg/at doing sthg** essere esperto(a) in qc/nel fare qc.

adequate ['ædɪkwət] adj **-1.** [sufficient] sufficiente **-2.** [good enough] soddisfacente.

adhere [əd'hɪə'] vi **-1.** [stick]: **to ~ (to sthg)** aderire (a qc) **-2.** [observe]: **to ~ to sthg** osservare qc **-3.** [uphold]: **to ~ to sthg** rimanere fedele a.

adhesive [əd'hi:sɪv] <> adj adesivo(a). <> n adesivo m.

adhesive tape n nastro m adesivo.

adjacent [ə'dʒeɪsənt] adj adiacente; **~ to sthg** adiacente a qc.

adjective ['ædʒɪktɪv] n aggettivo m.

adjoining [ə'dʒɔɪnɪŋ] <> adj adiacente. <> prep adiacente a.

adjourn [ə'dʒɜːn] <> vt [postpone] aggiornare. <> vi [stop temporarily] sospendere.

adjudicate [ə'dʒuːdɪkeɪt] vi [serve as judge, arbiter in contest] fare da arbitro; **to ~ on** OR **upon sthg** [dispute] comporre; [punishment] decidere.

adjust [ə'dʒʌɛɪ] <> vt [machine, setting] regolare; [clothing] aggiustare. <> vi: **to ~ (to sthg)** adattarsi (a qc).

adjustable [ə'dʒʌstəbl] adj [machine, chair] regolabile.

adjustment [ə'dʒʌstmənt] n **-1.** [to heat, speed, machine] regolazione f **-2.** [change of attitude] adattamento m; **~ to sthg** adattamento a qc.

ad lib <> adj [improvised] improvvisato(a). <> adv a braccio. <> n [improvised joke, remark] improvvisazione f. **➜ ad-lib** vi improvvisare.

administer [əd'mɪnɪstə'] vt **-1.** [company, business] gestire **-2.** [justice] amministrare; [punishment] infliggere **-3.** [drug, medication] somministrare.

administration [əd,mɪnɪ'streɪʃn] n **-1.** [gen] amministrazione f **-2.** [of company, business] gestione f **-3.** [of punishment] imposizione f.

administrative [əd'mɪnɪstrətɪv] adj [job, work, staff] amministrativo(a).

admirable ['ædmərəbl] adj [work, effort, discipline] ammirevole.

admiral ['ædmərəl] n ammiraglio m.

admiration [,ædmə'reɪʃn] n ammirazione f.

admire [əd'maɪə'] vt ammirare; **~ sb for sthg** ammirare qn per qc.

admirer [əd'maɪərə'] n ammiratore m, -trice f.

admission [əd'mɪʃn] n **-1.** [permission to enter, confession] ammissione f; **to gain admission** essere OR venire ammesso(a) **-2.** [cost of entrance] ingresso m.

admit [əd'mɪt] <> vt **-1.** [acknowledge, confess] ammettere; **to ~ that** ammettere che; **to ~ doing sthg** ammettere di aver fatto qc; **to ~ defeat** fig darsi per vinto(a) **-2.** [allow to enter, join] far entrare, ammettere; **'~s two'** [on ticket] 'valido per due persone'; **to be admitted to hospital** venir ricoverato(a) in ospedale; **to ~ sb to sthg** far entrare qn in qc. <> vi: **to ~ to sthg** ammettere qc.

admittance [əd'mɪtəns] n ammissione f; **'no ~'** 'ingresso vietato'.

admittedly [əd'mɪtɪdlɪ] *adv* a dire il vero.

admonish [əd'mɒnɪʃ] *vt fml* [tell off] ammonire.

ad nauseam [ˌæd'nɔːzɪæm] *adv* [talk] fino alla nausea.

ado [ə'duː] *n*: **without further** OR **more** ~ senza più indugi.

adolescence [ˌædə'lesns] *n* adolescenza *f*.

adolescent [ˌædə'lesnt] <> *adj* -1. [teenage] adolescente -2. *pej* [immature] puerile. <> *n* [teenager] adolescente *mf*.

adopt [ə'dɒpt] *vt* -1. [child, system, attitude] adottare -2. [recommendation, suggestion] approvare.

adoption [ə'dɒpʃn] *n* -1. [of child, system, attitude] adozione *f* -2. [of recommendation, suggestion] approvazione *f*.

adore [ə'dɔːʳ] *vt* adorare.

adorn [ə'dɔːn] *vt* decorare.

adrenalin *n* adrenalina *f*.

Adriatic [ˌeɪdrɪ'ætɪk] *n*: **the** ~ **(Sea)** l'Adriatico *m*, il Mar Adriatico.

adrift [ə'drɪft] <> *adj* [boat, ship] alla deriva. <> *adv*: **to go** ~ *fig* [go wrong] andare storto(a).

adult [ˈædʌlt] <> *adj* -1. [person, attitude] adulto(a) -2. [book, film] per adulti. <> *n* [person, animal] adulto *m*, -a *f*.

adultery [ə'dʌltərɪ] *n* adulterio *m*.

advance [əd'vɑːns] <> *n* -1. [physical movement] avanzamento *m* -2. [improvement, progress] progresso *m* -3. [money] anticipo *m*. <> *comp* [booking, payment] anticipato(a); **to give** ~ **warning** avvisare in anticipo. <> *vt* -1. [improve] migliorare -2. [bring forward in time] anticipare -3. [money]: **to** ~ **sb sthg** anticipare qc a qn. <> *vi* -1. [go forward] avanzare -2. [improve] fare progressi. ◆ **advances** *npl*: **to make** ~ **s to sb** [sexual] fare delle avances a qn; [business] fare delle proposte a qn. ◆ **in advance** *adv* in anticipo.

advanced [əd'vɑːnst] *adj* -1. [plan, stage] avanzato(a) -2. [student, pupil] di livello avanzato.

advantage [əd'vɑːntɪdʒ] *n* vantaggio *m*; **to be to sb's** ~ essere vantaggioso(a) per qn; **to have** OR **hold the** ~ **(over sb)** essere avvantaggiato(a) (rispetto a qn); **to take** ~ **of sb/sthg** approfittare di qc.

advent [ˈædvənt] *n* avvento *m*. ◆ **Advent** *n* RELIG Avvento *m*.

adventure [əd'ventʃəʳ] *n* avventura *f*; **to have no sense of** ~ non avere spirito d'avventura.

adventure playground *n* parco giochi

dotato di strutture e corde per arrampicarsi, tunnel, ponti, ecc..

adventurous [əd'ventʃərəs] *adj* -1. [person, life] avventuroso(a) -2. [project] azzardato(a).

adverb [ˈædvɜːb] *n* avverbio *m*.

adverse [ˈædvɜːs] *adj* [conditions] sfavorevole; [criticism] negativo(a).

advert [ˈædvɜːt] *n UK* = advertisement.

advertise [ˈædvətaɪz] <> *vt* [job] mettere un'inserzione sul giornale per; [car, product] reclamizzare. <> *vi* [in newspaper, on TV, in shop window]: **to** ~ **for sb/sthg** cercare qn/qc tramite annuncio.

advertisement [*UK* əd'vɜːtɪsmənt, *US* ˌædvər'taɪzmənt] *n* -1. [in newspaper, in shop window] annuncio *m*; [on TV] spot *m inv* -2. *fig* [recommendation] pubblicità *f inv*.

advertiser [ˈædvəˌtaɪzəʳ] *n* [company] ditta *f* che fa pubblicità; [person] inserzionista *mf*.

advertising [ˈædvətaɪzɪŋ] *n* pubblicità *f inv*.

advice [əd'vaɪs] *n* consiglio *m*; **a piece of** ~ un consiglio; **to give sb** ~ dare consigli a qn; **to take sb's** ~ ascoltare i consigli di qn.

advisable [əd'vaɪzəbl] *adj* consigliabile.

advise [əd'vaɪz] <> *vt* -1. [give advice to]: **to** ~ **sb to do sthg** consigliare a qn di fare qc; **to** ~ **sb against sthg** sconsigliare qc a qn; **to** ~ **sb against doing sthg** sconsigliare a qn di fare qc -2. [professionally]: **to** ~ **sb on sthg** essere consulente di qn in materia di qc -3. *fml* [inform] informare; **to** ~ **sb of sthg** informare qn di qc. <> *vi* -1. [give advice]: **to** ~ **against sthg** sconsigliare qc; **to** ~ **against doing sthg** sconsigliare a qn di fare qc -2. [act as adviser]: **to** ~ **on sthg** essere consulente in materia di qc.

advisedly [əd'vaɪzɪdlɪ] *adv* con cognizione di causa.

adviser *UK*, **advisor** *US* [əd'vaɪzəʳ] *n* consulente *mf*.

advisory [əd'vaɪzərɪ] *adj* [group, organization] consultivo(a).

advocate <> *n* [ˈædvəkət] -1. *Scot* LAW avvocato *m*, -essa *f* -2. [supporter] fautore *m*, -trice *f*. <> *vt* [ˈædvəkeɪt] [support] perorare.

Aegean [iː'dʒiːən] *n*: **the** ~ **(Sea)** il Mar Egeo.

aeon *UK*, **eon** *US* [ˈiːən] *n* -1. GEOL era *f* -2. *fig* [very long time] eternità *f inv*.

aerial [ˈeərɪəl] <> *adj* aereo(a). <> *n UK* antenna *f*.

aerobics [eə'rəʊbɪks] *n* aerobica *f*.

aerodynamic [ˌeərəʊdaɪ'næmɪk] *adj* aerodinamico(a). ➡ **aerodynamics** ◇ *n* AERON aerodinamica *f*. ◇ *npl* [aerodynamic qualities] aerodinamica *f*.

aeroplane ['eərəpleɪn] *UK*, **airplane** *US* *n* aeroplano *m*.

aerosol ['eərəsɒl] *n* aerosol *m inv*.

aesthetic, esthetic *US* [i:s'θetɪk] *adj* estetico(a).

afar [ə'fɑː] *adv*: **from ~** da lontano.

affable ['æfəbl] *adj* affabile.

affair [ə'feə] *n* **-1.** [gen] cosa *f* **-2.** [extramarital relationship] storia *f*.

affect *vt* [ə'fekt] **-1.** [act upon] incidere su; [influence] influenzare **-2.** [move emotionally] colpire **-3.** [pretend, feign] simulare.

affection [ə'fekʃn] *n* affetto *m*.

affectionate [ə'fekʃənət] *adj* affettuoso(a).

affirm [ə'fɜːm] *vt* **-1.** [declare] affermare **-2.** [confirm] confermare.

affix *vt* [ə'fɪks] [stamp] incollare

afflict [ə'flɪkt] *vt* affliggere; **to be ~ed with sthg** essere afflitto(a) da qc.

affluence ['æfluəns] *n* agiatezza *f*.

affluent ['æfluənt] *adj* agiato(a).

afford [ə'fɔːd] *vt* **-1.** [gen]: **to be able to ~ sthg** potersi permettere qc; **we can't ~ to let this happen** non possiamo lasciare che una cosa del genere succeda **-2.** [time]: **to be able to ~ the time (to do sthg)** avere tempo (di fare qc) **-3.** *fml* [provide, give] fornire.

affront [ə'frʌnt] ◇ *n* affronto *m*. ◇ *vt* fare un affronto a.

Afghanistan [æf'gænɪstæn] *n* Afghanistan *m*.

afield [ə'fiːld] *adv*: **far ~** molto lontano.

afloat [ə'fləʊt] *adj* **-1.** [above water] a galla **-2.** *fig* [out of debt]: **to stay ~** stare a galla.

afoot [ə'fʊt] *adj* [present, happening]: **to be ~** [plan] essere in preparazione; [rumour] essere in circolazione.

afraid [ə'freɪd] *adj* **-1.** [frightened] impaurito(a); **to be ~ (of sb/sthg)** avere paura di qn/qc; **to be ~ of doing** OR **to do sthg** aver paura di fare qc **-2.** [reluctant, apprehensive]: **to be ~ of sthg** temere qc **-3.** [in apologies]: **I'm ~ we can't come** mi spiace ma non possiamo venire; **I'm ~ we've sold out** spiacente ma abbiamo venduto tutto; **I'm ~ so/not** temo di sì/di no.

afresh [ə'freʃ] *adv* [start] da capo; [consider] di nuovo.

Africa ['æfrɪkə] *n* Africa *f*.

African ['æfrɪkən] ◇ *adj* africano(a). ◇ *n* africano *m*, -a *f*.

aft [ɑːft] *adv* a poppa *f*, verso poppa.

AFT (*abbr of* **American Federation of Teachers**) *n* sindacato statunitense degli insegnanti.

after ['ɑːftə] ◇ *prep* **-1.** [gen] dopo; **~ you!** dopo di Lei! **-2.** [in spite of] nonstante **-3.** *inf* [in search of, looking for]: **to be ~ sthg** star cercando qc; **to be ~ sb** ricercare qn **-4.** [with the name of] come **-5.** [directed at sb moving away] dietro **-6.** ART nello stile di **-7.** US [telling the time]: **it's twenty ~ three** sono le tre e venti. ◇ *adv* dopo. ◇ *conj* dopo che; **~ he left university he became a writer** dopo aver lasciato l'università è diventato scrittore. ➡ **afters** *npl UK* dolce *m*. ➡ **after all** *adv* dopotutto.

aftereffects *npl* conseguenze *fpl*.

afterlife ['ɑːftəlaɪf] (*pl* **-lives**) *n* vita *f* nell'aldilà.

aftermath ['ɑːftəmæθ] *n* conseguenze *fpl*.

afternoon [ˌɑːftə'nuːn] *n* pomeriggio *m*; **good ~** buongiorno. ➡ **afternoons** *adv esp US* di pomeriggio.

after-sales service *n* servizio *m* assistenza clienti.

aftershave ['ɑːftəʃeɪv] *n* dopobarba *m inv*.

aftersun (lotion) [ˌɑːftə'sʌn-] *n* lozione *f* doposole.

aftertaste ['ɑːftəteɪst] *n* **-1.** [of food, drink] retrogusto *m* **-2.** *fig* [of unpleasant experience] gusto *m*.

afterthought ['ɑːftəθɔːt] *n* ripensamento *m*.

afterwards ['ɑːftəwədz], **afterward** ['æftərwərd] *esp US adv* dopo.

again [ə'gen] *adv* **-1.** [gen] di nuovo; **not... ~** non... più; **~ and ~** tante volte; **all over ~** un'altra volta daccapo; **time and ~** un mucchio di volte **-2.** [asking for information to be repeated]: **where do you live ~?** dove hai detto che abiti?; **sorry, what was that ~?** scusa, come hai detto? **-3.** *phr*: **half as much ~** una volta e mezzo; **(twice) as much ~** due volte tanto; **come ~?** *inf* come?; **then** OR **there ~** d'altra parte.

against [ə'genst] ◇ *prep* **-1.** [gen] contro; **to be ~ sthg** essere contrario(a) a qc **-2.** [in contrast to]: **as ~** in contrapposizione a. ◇ *adv*: **are you in favour or ~?** sei favorevole o contrario?

age [eɪdʒ] (*cont* **ageing** OR **aging**) ◇ *n* **-1.** [gen] età *f inv*; **what ~ are you?** quanti anni hai?; **to come of** ~ diventare maggiorenne; **to be under** ~ essere minorenne **-2.** [old age] anni *mpl* **-3.** [of history] era *f*; **the Iron Age** l'età del ferro. ◇ *vt* far invecchiare. ◇ *vi* invecchiare. ◆ **ages** *npl* [a long time]: ~**s ago** un mucchio di tempo fa; **I haven't seen her for** ~**s** sono secoli che non la vedo; **I've been waiting for** ~**s** è da un'eternità che aspetto.

aged ◇ *adj* **-1.** [of the stated age]: **to be** ~ **30** avere 30 anni **-2.** [very old] anziano(a). ◇ *npl* [eɪdʒd]: **the** ~ [the elderly] gli anziani.

age group *n* fascia *f* d'età.

agency ['eɪdʒənsɪ] *n* agenzia *f*.

agenda [ə'dʒendə] (*pl* **-s**) *n* ordine *m* del giorno.

agent ['eɪdʒənt] *n* [person] agente *mf*.

aggravate ['ægrəveɪt] *vt* **-1.** [situation, problem] aggravare; [injury] peggiorare **-2.** [annoy] irritare.

aggregate ◇ *adj* ['ægrɪgət] complessivo(a). ◇ *n* ['ægrɪgət] [total] complesso *m*.

aggressive [ə'gresɪv] *adj* **-1.** [person, campaign] aggressivo(a) **-2.** [salesperson] intraprendente.

aggrieved [ə'gri:vd] *adj* risentito(a).

aghast [ə'gɑːst] *adj* [horrified]: ~ **(at sthg)** inorridito(a) (di fronte a qc).

agile *adj* agile.

agitate ['ædʒɪteɪt] ◇ *vt* **-1.** [disturb, worry] mettere in agitazione **-2.** [shake] agitare. ◇ *vi* [campaign actively]: **to** ~ **for/against** **sthg** fare propaganda per/contro qc.

AGM (*abbr of* **annual general meeting**) *n* UK assemblea *f* generale annuale.

agnostic [æg'nɒstɪk] ◇ *adj* agnostico(a). ◇ *n* agnostico *m*, -a *f*.

ago [ə'gəʊ] *adv* fa.

agog [ə'gɒg] *adj* eccitato(a); **to be all** ~ essere in preda all'eccitazione.

agonizing ['ægənaɪzɪŋ] *adj* angosciante.

agony ['ægənɪ] *n* **-1.** [physical pain] dolore *f* atroce; **to be in** ~ soffrire atrocemente **-2.** [mental pain] angoscia *f*; **to be in** ~ essere angosciato(a).

agony aunt *n* UK *inf* persona che risponde alle lettere inviate alla posta del cuore.

agree [ə'gri:] ◇ *vi* **-1.** [concur] essere d'accordo; **to** ~ **with sb/sthg** essere d'accordo con qn/qc; **to** ~ **on sthg** accordarsi su qc; **to** ~ **about sthg** essere d'accordo su qc **-2.** [consent] acconsentire; **to** ~ **to sthg** [price] accettare qc; [divorce] concedere qc **-3.** [statements] coincidere **-4.** [food]: **peppers don't** ~ **with me** non digerisco i

peperoni **-5.** GRAM: **to** ~ **(with)** concordare (con) . ◇ *vt* **-1.** [price, terms] accordarsi su **-2.** [concur]: **to** ~ **that** essere d'accordo che **-3.** [arrange]: **to** ~ **to do** **sthg** accettare di fare qc **-4.** [concede]: **to** ~ **(that)** ammettere che.

agreeable [ə'grɪəbl] *adj* **-1.** [weather, experience] piacevole **-2.** [willing]: **to be** ~ **to** **sthg** essere d'accordo con qc.

agreed [ə'gri:d] *adj*: **to be** ~ **on sthg** essere d'accordo con qc.

agreement [ə'gri:mənt] *n* **-1.** [gen] accordo *m*; **to be in** ~ **with sb/sthg** essere d'accordo con qn/qc **-2.** [consent] consenso *m* **-3.** GRAM concordanza *f*.

agricultural [,ægrɪ'kʌltʃərəl] *adj* agricolo(a); ~ **labourer** bracciante *mf*.

agriculture ['ægrɪkʌltʃəʳ] *n* agricoltura *f*.

aground [ə'graʊnd] *adv*: **to run** ~ arenarsi.

ahead *adv* **-1.** [in front] davanti; **right** OR **straight** ~ avanti diritto **-2.** [forwards] avanti **-3.** [indicating success]: **to get** ~ andare avanti **-4.** [in time] nel futuro; **to** **think** ~ pensare al futuro; **to look** ~ guardare al futuro. ◆ **ahead of** *prep* **-1.** [in front of] davanti a **-2.** [in competition, game] in vantaggio su; **to be five points** ~ **of sb/sthg** avere cinque punti di vantaggio su qn/qc **-3.** [better, more successful than] meglio di **-4.** [in time] in anticipo rispetto a; ~ **of schedule** in anticipo sul programma.

aid [eɪd] *vt* **-1.** [help] aiutare **-2.** LAW: **to** ~ **and abet** rendersi complice di.

AIDS, Aids (*abbr of* **acquired immune deficiency syndrome**) ◇ *n* AIDS *m*. ◇ *comp*: ~ **patient** malato *m*, –a *f* di AIDS.

ailing ['eɪlɪŋ] *adj* **-1.** [ill] malato(a) **-2.** *fig* [economy] in dissesto.

ailment ['eɪlmənt] *n* malanno *m*.

aim [eɪm] ◇ *n* **-1.** [objective] obiettivo *m* **-2.** [in firing gun, arrow] mira *f*; **to take** ~ **at** **sthg** mirare a qc. ◇ *vt* **-1.** [gun, camera]: **to** ~ **sthg at sb/sthg** puntare qc su qn/qc **-2.** [plan, programme]: **to be** ~ **ed at doing** **sthg** essere mirato(a) a fare qc **-3.** [remark, criticism]: **to be** ~ **ed at sb** essere diretto(a) a qn. ◇ *vi* **-1.** [point weapon] mirare; **to** ~ **at sthg** mirare a qc **-2.** [intend]: **to** ~ **at** OR **for sthg** mirare a qc; **to** ~ **to do sthg** mirare a fare qc.

aimless ['eɪmlɪs] *adj* senza scopo.

ain't [eɪnt] *cont inf* = am not; are not; is not; have not; has not.

air [eəʳ] ◇ *n* **-1.** [gen] aria *f*; **to throw sthg** **into the** ~ lanciare qc in aria; **by** ~ [travel] in aereo; **to be (up) in the** ~ *fig* non essere ancora definito(a) **-2.** RADIO & TV: **to be on the** ~ essere in onda. <> *comp* aereo(a). <> *vt* **-1.** [washing] far prendere aria a **-2.** [room, bed] arieggiare **-3.** [feelings, opinions] esternare **-4.** [broadcast] trasmettere. <> *vi* [washing] prendere aria.

air bag *n* AUT airbag *m inv.*

airbase ['eəbeɪs] *n* base *f* aerea.

airbed ['eəbed] *n* UK materassino *m* gonfiabile.

airborne ['eəbɔːn] *adj* **-1.** [troops, regiment] aerotrasportato(a) **-2.** [plane] in volo.

air-conditioned *adj* con l'aria condizionata.

air-conditioning *n* aria *f* condizionata.

aircraft ['eəkrɑːft] (*pl* **aircraft**) *n* velivolo *m.*

aircraft carrier *n* portaerei *f inv.*

airfield ['eəfiːld] *n* campo *m* d'aviazione.

airforce *n* aeronautica *f* militare.

air freshener [-'freʃənə'] *n* deodorante *m* per ambienti.

airgun ['eəgʌn] *n* fucile *m* ad aria compressa.

air hostess ['eə,həʊstɪs] *n dated* assistente *f* di volo.

airlift ['eəlɪft] <> *n* ponte *m* aereo. <> *vt* trasportare con un ponte aereo.

airline ['eəlaɪn] *n* compagnia *f* aerea.

airliner ['eəlaɪnə'] *n* aereo *m* di linea.

airmail ['eəmeɪl] *n* posta *f* aerea, **by** ~ per posta aerea.

airplane ['eəpleɪn] *n* US = **aeroplane.**

airport ['eəpɔːt] *n* aeroporto *m.*

air raid *n* incursione *f* aerea.

air rifle *n* fucile *m* ad aria compressa.

airsick ['eəsɪk] *adj*: **to be** ~ soffrire di mal d'aria.

airspace ['eəspeɪs] *n* spazio *m* aereo.

air steward *n* assistente *mf* di volo.

airstrip ['eəstrɪp] *n* pista *f* d'atterraggio.

air terminal *n* terminal *m inv* (dell'aeroporto).

airtight ['eətaɪt] *adj* ermetico(a).

air-traffic controller *n* controllore *m* di volo.

airy ['eəri] *adj* **-1.** [room] arioso(a) **-2.** [notions, promises] futile **-3.** [nonchalant] noncurante.

aisle [aɪl] *n* **-1.** [in church] navata *f* **-2.** [in plane, theatre] corridoio *m* **-3.** [in supermarket] corsia *f.*

ajar [ə'dʒɑː'] *adj* [door] socchiuso(a).

aka (*abbr of* **also known as**) alias.

akin [ə'kɪn] *adj*: ~ **to sthg/to doing sthg** simile a qc/a fare qc.

à la carte *adj & adv* alla carta.

alacrity [ə'lækrəti] *n fml* alacrità *f.*

alarm [ə'lɑːm] <> *n* [device] allarme *m*; **to raise** OR **sound the** ~ dare OR suonare l'allarme. <> *vt* allarmare.

alarm clock *n* sveglia *f.*

alarming [ə'lɑːmɪŋ] *adj* [situation, problem] allarmante; [person] inquietante.

alas [ə'læs] *excl lit* ahimè.

Albania [æl'beɪnjə] *n* Albania *f.*

Albanian [æl'beɪnjən] <> *adj* albanese. <> *n* **-1.** [person] albanese *mf* **-2.** [language] albanese *m.*

albeit [ɔːl'biːɪt] *conj fml* benché, sebbene.

albino [æl'biːnəʊ] (*pl* **-s**) *n* albino *m*, -a *f.*

album ['ælbəm] *n* album *m inv.*

alcohol ['ælkəhɒl] *n* **-1.** [alcoholic drink] alcolico *m* **-2.** [chemical substance] alcol *m*, alcool *m.*

alcoholic [,ælkə'hɒlɪk] <> *adj* [drink] alcolico(a) <> *n* [person] alcolizzato *m*, -a *f.*

alcove ['ælkəʊv] *n* alcova *f.*

ale [eɪl] *n* birra *f.*

alert [ə'lɜːt] <> *adj* **-1.** [vigilant] vigile **-2.** [perceptive] sveglio(a) **-3.** [aware]: **to be** ~ **to sthg** essere cosciente di qc. <> *n* allerta; **on the** ~ [watchful] in guardia; MIL in stato di allerta. <> *vt* **-1.** [warn] mettere in allerta **-2.** [make aware]. **to** ~ **sb to sthg** avvertire qn di qc.

A level (*abbr of* **Advanced level**) *n* UK SCH *esame sostenuto al termine del ciclo della scuola secondaria superiore britannica*, ≃ esame *m* di maturità.

alfresco [æl'freskəʊ] *adj & adv* all'aperto.

algae ['ældʒiː] *npl* alghe *fpl.*

algebra ['ældʒɪbrə] *n* algebra *f.*

Algeria [æl'dʒɪəriə] *n* Algeria *f.*

alias ['eɪliəs] (*pl* **-es**) <> *adv* alias. <> *n* pseudonimo *m.*

alibi ['ælɪbaɪ] *n* alibi *m inv.*

alien ['eɪljən] <> *adj* **-1.** [foreign] straniero(a) **-2.** [from outer space] extraterrestre **-3.** [unfamiliar] estraneo(a). <> *n* **-1.** [from outer space] alieno *m*, -a **-2.** [LAW & foreigner] straniero *m*, -a *f.*

alienate ['eɪljəneɪt] *vt* alienarsi.

alight [ə'laɪt] (*pt & pp* **-ed** OR **alit**) <> *adj* [on fire] in fiamme. <> *vi fml* **-1.** [land] posarsi **-2.** [from train, bus] scendere; **to** ~ **(from sthg)** scendere (da qc).

align [ə'laɪn] *vt* [line up] allineare.

alike [ə'laık] <> *adj* [two people, things] simile. <> *adv* [in a similar way] allo stesso modo; **to look ~** assomigliarsi.

alimony ['ælımənı] *n* alimenti *mpl*.

alive [ə'laıv] *adj* **-1.** [person, tradition] vivo(a) **-2.** [active, lively] pieno(a) di vita; **to come ~** [story, description] prendere vita; [person, place] animarsi.

alkali ['ælkəlaı] (*pl* **-s** OR **-es**) *n* alcali .

all [ɔ:l] <> *adj* **-1.** [the whole of] (*with sg or uncountable n*) tutto(a); **~ the food** tutto il cibo; **~ day** tutto il giorno; **~ night** tutta la notte; **~ the time** in continuazione **-2.** (*with pl n*) [every one of] tutti(e); **~ the boxes** tutte le scatole; **~ men** tutti gli uomini; **~ three died** sono morti tutti e tre. <> *pron* **-1.** (*sg*) [the whole amount] tutto(a); **she drank it ~**, **she drank ~ of it** lo ha bevuto tutto **-2.** (*pl*) [everybody, everything] tutti(e); **~ of them came**, **they ~ came** sono venuti tutti **-3.** (*with superl*) [he's the cleverest of **~** è il più divertente/intelligente di tutti; **best/worst of ~** più/meno di tutti. <> *adv* **-1.** [entirely] completamente; **I'd forgotten ~ about that** me n'ero completamente dimenticato; **~ alone** tutto(a) solo(a); **~ told** [in total] tutto compreso **-2.** [in sport, competitions]: **the score is two ~** due pari **-3.** (*with compar*): **~ the more** tanto più; **to run ~ the faster** correre ancora più velocemente. **★ above all** *adv* = above. **★ after all** *adv* = after. **★ all but** *adv* quasi; **I had ~** but given up hope avevo quasi perso la speranza. **★ all in all** *adv* tutto sommato. **★ at all** *adv* = at. **★ in all** *adv* in totale.

Allah ['ælə] *n* Allah *m*.

all-around *adj* US = all-round.

allay [ə'leı] *vt fml* placare.

all clear *n* **-1.** [signal] cessato pericolo *m* **-2.** *fig* [go-ahead] via libera *m*.

allegation [,ælı'geıʃn] *n* accusa *f*.

allege [ə'ledʒ] *vt* [claim] asserire; **he is ~d to have stolen the money** si suppone che abbia rubato i soldi.

allegedly [ə'ledʒıdlı] *adv* a quanto si dice.

allergic [ə'lɜ:dʒık] *adj*: **~ (to sthg)** allergico(a) (a qc).

allergy ['ælədʒı] *n* allergia *f*; **to have an ~ to sthg** essere allergico(a) a qc.

alleviate [ə'li:vıeıt] *vt* alleviare.

alley(way) ['ælıweı] *n* vicolo *m*.

alliance [ə'laıəns] *n* alleanza *f*.

allied ['ælaıd] *adj* **-1.** [powers, troops] alleato(a) **-2.** [related] connesso(a), affine.

alligator ['ælıgeıtə'] (*pl* **-s**) *n* alligatore *m*.

all-important *adj* fondamentale, cruciale.

all-in *adj* UK [price] tutto compreso. **★ all in** <> *adj inf* [tired] distrutto(a). <> *adv* UK [inclusive] tutto compreso.

all-night *adj* [shop, chemist's] aperto(a) tutta la notte; **an ~ party** una festa che dura tutta la notte.

allocate ['æləkeıt] *vt*: **to ~ sthg to sb** [money, resources] destinare qc a qn; [task, tickets] assegnare qc a qn.

allot [ə'lɒt] *vt* [allocate - task, time] assegnare; [- money, resources] destinare .

allotment [ə'lɒtmənt] *n* **-1.** UK [garden] *piccolo appezzamento di terreno preso in affitto per coltivarvi un orto* **-2.** [sharing out - tasks, time] assegnazione *f*; [- of money, resources] distribuzione *f*, assegnazione *f* **-3.** [share] parte *f*, porzione *f*.

all-out *adj* totale.

allow [ə'laʊ] *vt* **-1.** [permit] permettere, consentire; **to ~ sb to do sthg** permettere a qn di fare qc **-2.** [SPORT & goal] convalidare **-3.** [allocate] assegnare, concedere **-4.** [admit]: **to ~ (that)** ammettere che. **★ allow for** *vt insep* tenere conto di.

allowance [ə'laʊəns] *n* **-1.** [grant – for travel, clothing] indennità *f*; **maternity ~** assegno *m* di maternità **-2.** US [pocket money] paghetta *f* **-3.** [excuse]: **to make ~s for sb/sthg** scusare qn/qc.

alloy *n* ['ælɔı] lega *f*.

all right <> *adv* **-1.** [healthy]: **to feel ~** sentirsi bene; [unharmed]: **did you get home ~ ?** sei arrivato a casa senza problemi? **-2.** *inf* [acceptably, satisfactorily] abbastanza bene; **to do/manage ~** cavarsela abbastanza bene **-3.** *inf* [indicating agreement] va bene, d'accordo **-4.** *inf* [certainly] proprio **-5.** [do you understand?]: **~ ?** d'accordo? **-6.** [now then] allora. <> *adj* **-1.**: **to be ~** [healthy] stare bene; [unharmed] essere sano(a) e salvo(a) **-2.** *inf* [acceptable, satisfactory] discreto(a); [never mind]: **sorry I'm late – that's ~** scusate il ritardo – non importa **-3.** [permitted]: **is it ~ if I make a phone call?** va bene se faccio una telefonata?

all-round UK, **all-around** US *adj* [athlete, worker] completo(a).

all-terrain vehicle [ɔ:ltə,reın'vi:ıkl] *n* fuoristrada *m inv*.

all-time *adj* [record, best] senza precedenti.

allude [ə'lu:d] *vi*: **to ~ to sthg** alludere a qc.

alluring [ə'ljʊərɪŋ] *adj* attraente.

allusion [ə'luːʒn] *n* allusione *f*.

ally ◇ *n* ['ælaɪ] alleato *m*, -a *f*. ◇ *vt* [ə'laɪ]: **to ~ o.s. with sb** allearsi con qn.

almighty [ɔːl'maɪtɪ] *adj inf* [enormous] pazzesco(a).

almond ['ɑːmənd] *n* mandorla *f*.

almost ['ɔːlməʊst] *adv* quasi; **I ~ missed the bus** per poco non perdevo l'autobus.

alms [ɑːmz] *npl dated* elemosina *f*.

aloft [ə'lɒft] *adv* [in the air] in alto.

alone [ə'ləʊn] ◇ *adj* [without others] solo(a). ◇ *adv* **-1.** [without others] da solo(a) **-2.** [only] soltanto **-3.** [untouched, unchanged]: **to leave sthg ~** lasciar stare qc; **leave me ~!** lasciami in pace! ► **let alone** *conj* per non parlare di, e tanto meno.

along [ə'lɒŋ] ◇ *adv* **-1.** [indicating movement forward or to]: **to go ~** andare; **to stroll ~** passeggiare **-2.** [with others]: **to take sb ~** portare qn con sé; **he insisted on coming ~** ha insistito per venire con noi. ◇ *prep* lungo. ► **all along** *adv* fin dall'inizio ► **along with** *prep* insieme a.

alongside [ə,lɒŋ'saɪd] ◇ *prep* [together with] insieme a; [next to, beside] accanto a. ◇ *adv*: **the car drew ~** l'auto si affiancò.

aloof [ə'luːf] ◇ *adj* distante. ◇ *adv* a distanza; **to remain ~ (from sthg)** mantenere le distanze (da qc).

aloud [ə'laʊd] *adv* ad alta voce.

alphabet ['ælfəbet] *n* alfabeto *m*.

alphabetical *adj* alfabetico(a).

Alps [ælps] *npl*: **the ~** le Alpi.

already [ɔːl'redɪ] *adv* già.

alright [,ɔːl'raɪt] *adj & adv* = **all right**.

Alsatian [æl'seɪʃn] *n* [dog] pastore *m* tedesco.

also ['ɔːlsəʊ] *adv* anche.

altar ['ɔːltə'] *n* altare *m*.

alter ['ɔːltə'] ◇ *vt* [plans] cambiare, modificare; [clothes] modificare. ◇ *vi* cambiare.

alteration [,ɔːltə'reɪʃn] *n* **-1.** [act of changing] modifica *f* **-2.** [change] cambiamento *m*, modifica *f*.

alternate ◇ *adj* [UK ɔːl'tɜːnət, US 'ɔːltərnət] alterno(a). ◇ *vt* ['ɔːltəneɪt] alternare. ◇ *vi* ['ɔːltəneɪt]: **to ~ (with)** alternarsi (con) ; **to ~ between sthg and sthg** oscillare tra qc e qc.

alternately [ɔːl'tɜːnətlɪ] *adv* **-1.** [alternatively] in alternativa **-2.** [by turns] alternamente.

alternating current *n* ELEC corrente *f* alternata.

alternative [ɔːl'tɜːnətɪv] ◇ *adj* alternativo(a). ◇ *n* alternativa *f*; **an ~ to sb/sthg** un'alternativa a qn/qc; **to have no ~ (but to do sthg)** non avere altra scelta (che fare qc).

alternatively [ɔːl'tɜːnətɪvlɪ] *adv* in alternativa.

alternative medicine *n* medicina *f* alternativa.

alternator ['ɔːltəneɪtə'] *n* ELEC alternatore *m*.

although [ɔːl'ðəʊ] *conj* nonostante, anche se.

altitude ['æltɪtjuːd] *n* altitudine *f*, quota *f*.

altogether [,ɔːltə'geðə'] *adv* **-1.** [completely] del tutto **-2.** [in general] nel complesso **-3.** [in total] in tutto.

aluminium [,æljʊ'mɪnɪəm] *UK*, **aluminum** [ə'luːmɪnəm] *US* ◇ *n* alluminio *m*. ◇ *comp* di alluminio.

always ['ɔːlweɪz] *adv* sempre.

am [æm] *vb* ► **be**.

a.m. (*abbr of* **ante meridiem**) a m

amalgamate [ə'mælgəmeɪt] ◇ *vt* fondere. ◇ *vi* fondersi.

amass [ə'mæs] *vt* [fortune, power, information] accumulare.

amateur ['æmətə'] ◇ *adj* dilettante. ◇ *n* dilettante *mf*.

amateurish [,æmə'tɜːrɪʃ] *adj pej* da dilettante.

amaze [ə'meɪz] *vt* stupire.

amazed [ə'meɪzd] *adj* stupito(a).

amazement [ə'meɪzmənt] *n* stupore *m*.

amazing [ə'meɪzɪŋ] *adj* incredibile.

Amazon ['æməzn] *n* **-1.** [river]: **the ~** il Rio delle Amazzoni **-2.** [region]: **the ~ (Basin)** il bacino amazzonico; **the ~ rainforest** la foresta amazzonica **-3.** [woman] amazzone *f*.

ambassador [æm'bæsədə'] *n* ambasciatore *m*, -trice *f*.

amber ['æmbə'] *n* **-1.** [substance] ambra *f* **-2.** *UK* [colour of traffic light] giallo *m*.

ambiguous [æm'bɪgjʊəs] *adj* ambiguo(a).

ambition [æm'bɪʃn] *n* ambizione *f*.

ambitious [æm'bɪʃəs] *adj* ambizioso(a).

amble ['æmbl] *vi* camminare senza fretta.

ambulance ['æmbjʊləns] *n* ambulanza *f*.

ambush ['æmbʊʃ] ◇ *n* imboscata *f*, agguato *m*. ◇ *vt* [attack] tendere un'imboscata OR un agguato.

amenable [ə'mi:nəbl] *adj*: ~ to sthg ri-conducibile a qc.

amend [ə'mend] *vt* [text] correggere; [law] emendare. **amends** *npl*: to make ~s (for sthg) farsi perdonare (per qc).

amendment [ə'mendmənt] *n* [to text] cor-rezione *f*; [to law] emendamento *m*.

amenities *npl* [in town] *strutture ricreative, sportive, culturali ecc. intese a migliorare la qualità della vita;* [in building] comfort *m inv.*

America [ə'merıkə] *n* America *f*.

American [ə'merıkn] <> *adj* america-no(a). <> *n* americano *m*, -a *f*.

American football *n* UK football *m* americano.

American Indian *n* indiano *m*, -a *f* d'America.

amiable ['eımjəbl] *adj* amabile.

amicable ['æmıkəbl] *adj* amichevole.

amid(st) [ə'mıdst] *prep fml* tra, fra.

amiss [ə'mıs] <> *adj* [wrong]: is there any-thing ~? c'è qualcosa che non va? <> *adv* [wrongly]: to take sthg ~ prendersela (a male) per qc.

ammonia [ə'məʊnjə] *n* ammoniaca *f*.

ammunition [ˌæmjʊ'nıʃn] *n* -1. [bombs, bullets] munizioni *fpl* -2. *fig* [information, argument] argomenti *mpl*.

amnesia [æm'ni:zjə] *n* amnesia *f*.

amnesty ['æmnəstı] *n* -1. [pardon for priso-ners] amnistia *f* -2. [period of time] *periodo in cui si possono confessare alle autorità azioni illegali, come la detenzione di armi, senza essere puniti.*

amok [ə'mɒk] *adv*: to run ~ essere in pre-da a una furia omicida.

among(st) *prep* -1. [gen] tra, fra -2. [sur-rounded by, in middle of] in mezzo a, tra, fra.

amoral [ˌeı'mɒrəl] *adj* [person, behaviour] amorale.

amorous ['æmərəs] *adj* amoroso(a).

amount [ə'maʊnt] *n* -1. [quantity] quanti-tà *f* -2. [sum of money] somma *f*. **amount to** *vt insep* -1. [total] ammon-tare a -2. [be equivalent to] equivalere a.

amp [æmp] *n* (*abbr of* ampere) A.

ampere ['æmpeəʳ] *n* ampere *m inv.*

amphibious [æm'fıbıəs] *adj* [animal, vehi-cle] anfibio(a).

ample ['æmpl] *adj* -1. [enough] più che suf-ficiente -2. [large – garment, room] am-pio(a); [– bosom] abbondante.

amplifier ['æmplıfaıəʳ] *n* amplificatore *m*.

amputate ['æmpjʊteıt] *vt & vi* amputare.

Amsterdam [ˌæmstə'dæm] *n* Amsterdam *f*.

amuck [ə'mʌk] *adv* = amok.

amuse [ə'mju:z] *vt* -1. [cause to laugh, smi-le] divertire -2. [entertain] distrarre; to ~ o.s. (by doing sthg) distrarsi (facendo qc).

amused [ə'mju:zd] *adj* -1. [entertained, de-lighted] divertito(a); to be ~ at OR by sthg essere divertito(a) da qc -2. [entertained]: to keep o.s. ~ divertirsi.

amusement [ə'mju:zmənt] *n* divertimen-to *m*.

amusement arcade *n* sala *f* giochi.

amusement park *n* luna park *m inv.*

amusing [ə'mju:zıŋ] *adj* divertente.

an [(*stressed*) æn, (*unstressed*) ən] ⊳ **a²**.

anaemic UK, **anemic** US [ə'ni:mık] *adj* anemico(a).

anaesthetic UK, **anesthetic** [ˌænıs'-θetık] US *n* [substance] anestetico *m*; [ef-fect] anestesia *f*; under ~ sotto anestetico OR anestesia.

analogue UK, **analog** US ['ænəlɒg] *adj* [watch, clock] analogico(a).

analogy [ə'nælədʒı] *n* [similarity] analogia *f*; by ~ per analogia.

analyse UK, **analyze** US ['ænəlaız] *vt* analizzare.

analysis [ə'næləsıs] (*pl* -lyses) *n* analisi *f*.

analyst ['ænəlıst] *n* analista *mf*.

analytic(al) [ˌænə'lıtık(l)] *adj* [person, stu-dy, approach] analitico(a).

analyze *vt* US = analyse.

anarchist ['ænəkıst] *n* POL anarchico *m*, -a *f*.

anarchy ['ænəkı] *n* anarchia *f*.

anathema [ə'næθəmə] *n* anatema *m*.

anatomy [ə'nætəmı] *n* anatomia *f*.

ancestor ['ænsestəʳ] *n* antenato *m*, -a *f*.

anchor ['æŋkəʳ] <> *n* -1. [NAUT anchor] *f*; to drop/weigh ~ gettare/levare l'ancora -2. [TV – man] anchorman *m inv*; [– woman] anchorwoman *f inv.* <> *vt* -1. [secure] assi-curare -2. [TV & programme] presentare. <> *vi* NAUT gettare l'ancora.

anchovy [UK 'æntʃəvı, US 'æntʃəʊvı] (*pl* -ies) *n* acciuga *f*.

ancient ['eınʃənt] *adj* -1. [dating from dis-tant past] antico(a) -2. [very old] vecchissi-mo(a).

ancillary [æn'sılərı] *adj* [staff, workers, de-vice] ausiliario(a).

and [(*strong form* ænd, *weak form* ənd, ən)] *conj* -1. [as well as, in addition to] e -2. [in numbers]: **one hundred ~ eighty** centottanta; **six ~ three-quarters** sei e tre quarti -3. *(with infinitive)* [in order to]: **to come ~ do sthg** venire a fare qc; **try ~ do sthg** cercare di fare qc; **wait ~ see!** aspetta e vedrai! ◆ **and all that** *adv* e tutto il resto. ◆ **and so on, and so forth** *adv* e così via.

Andes ['ændiːz] *n*: **the ~** le Ande.

Andorra [æn'dɔːrə] *n* Andorra *f*.

anecdote ['ænɪkdəʊt] *n* aneddoto *m*.

anemic *adj US* = **anaemic**.

anesthetic *(etc) n US* = **anaesthetic**, etc.

anew [ə'njuː] *adv* da capo.

angel ['eɪndʒəl] *n* angelo *m*.

anger ['æŋgəʳ] ◇ *n* rabbia *f*. ◇ *vt* fare arrabbiare.

angina [æn'dʒaɪnə] *n* angina *f*.

angle ['æŋgl] *n* -1. [corner& MATHS] angolo *m* -2. [point of view] punto *m* di vista -3. [slope] inclinazione *f*; **at an ~** [a slant] inclinato(a).

angler ['æŋgləʳ] *n* pescatore *m*, -trice *f* (con la lenza).

Anglican ['æŋglɪkən] ◇ *adj* anglicano(a). ◇ *n* anglicano *m*, -a *f*.

angling ['æŋglɪŋ] *n* pesca *f* (con la lenza).

angry ['æŋgrɪ] *adj* [person, face] arrabbiato(a); [words] rabbioso(a); [quarrel] furioso(a); **to be ~ (with sb)** essere arrabbiato(a) (con qn); **to get ~ (with sb)** arrabbiarsi (con qn).

anguish ['æŋgwɪʃ] *n* angoscia *f*.

angular ['æŋgjʊləʳ] *adj* [face, jaw, body] spigoloso(a).

animal ['ænɪml] ◇ *adj* animale; **~ lover** amante *mf* degli animali. ◇ *n* -1. [living creature] animale *m* -2. *inf pej* [brutal person] animale *m*, bestia *f*.

animate *adj* ['ænɪmət] animato(a).

animated ['ænɪmeɪtɪd] *adj* animato(a).

aniseed ['ænɪsiːd] *n* anice *m*.

ankle ['æŋkl] ◇ *n* caviglia *f*. ◇ *comp*: **~ socks** calzini *mpl* corti; **~ boots** stivaletti *mpl*.

annex *vt* [æ'neks] annettere.

annexe *n* [building] edificio *m* annesso.

annihilate [ə'naɪəleɪt] *vt* annientare.

anniversary [,ænɪ'vɜːsərɪ] *n* anniversario *m*.

announce [ə'naʊns] *vt* -1. [make public] annunciare -2. [state, declare] annunciare, dichiarare.

announcement [ə'naʊnsmənt] *n* annuncio *m*.

announcer [ə'naʊnsəʳ] *n*: (**television/ radio**) **~** annunciatore *m*, -trice *f* (televisivo/radiofonico).

annoy [ə'nɔɪ] *vt* seccare, dare fastidio a.

annoyance [ə'nɔɪəns] *n* seccatura *f*, fastidio *m*.

annoyed [ə'nɔɪd] *adj* seccato(a), arrabbiato(a); **to be ~ at sthg/with sb** essere seccato(a) per qc/con qn; **to get ~** seccarsi, arrabbiarsi.

annoying [ə'nɔɪɪŋ] *adj* seccante, irritante.

annual ['ænjʊəl] ◇ *adj* annuale. ◇ *n* -1. [plant] pianta *f* annuale -2. [book] annuario *m*.

annual general meeting *n* riunione *f* generale annuale.

annul [ə'nʌl] *vt* annullare.

annulment [ə'nʌlmənt] *n* annullamento *m*.

annum *n*: **per ~** all'anno.

anomaly [ə'nɒməlɪ] *n* anomalia *f*.

anonymous [ə'nɒnɪməs] *adj* anonimo(a).

anorak ['ænəræk] *n esp UK* giacca *f* a vento.

anorexia (nervosa) [,ænə'reksɪə (-nɜː'vəʊsə)] *n* anoressia *f* (nervosa).

anorexic [,ænə'reksɪk] ◇ *adj* anoressico(a). ◇ *n* anoressico *m*, -a *f*.

another [ə'nʌðəʳ] ◇ *adj* un altro, un'altra; **in ~ few minutes** ancora pochi minuti. ◇ *pron* un altro, un'altra; **one after ~** uno dopo l'altro, una dopo l'altra; **one ~** l'un l'altro, l'una l'altra.

answer ['ɑːnsəʳ] ◇ *n* -1. [reply, in test] risposta *f*; **in ~ to sthg** in risposta a qc -2. [solution] risposta *f*, soluzione *f*. ◇ *vt* -1. [question, letter, advertisement] rispondere a -2. [respond to]: **to ~ the door** aprire la porta; **to ~ the phone** rispondere al telefono. ◇ *vi* [reply] rispondere. ◆ **answer back** ◇ *vt sep* rispondere (male) a. ◇ *vi* rispondere (male). ◆ **answer for** *vt insep* rispondere di.

answerable ['ɑːnsərəbl] *adj*: **~ (to sb/ for sthg)** responsabile (verso qn/di OR per qc).

answering machine ['ɑːnsərɪŋ-] *n* segreteria *f* telefonica.

ant [ænt] *n* formica *f*.

antagonism [æn'tægənɪzm] *n* antagonismo *m*.

antagonize, -ise [æn'tægənaɪz] *vt* farsi nemico(a); **don't ~ him!** non provocarlo!

Antarctic [ænt'ɑːktɪk] ◇ *n*: **the ~** l'antartico *m*. ◇ *adj* antartico(a).

antelope ['æntɪləʊp] (pl **-s**) n antilope f.

antenatal [ˌæntɪ'neɪtl] adj prenatale; ~ **exercises** esercizi mpl di preparazione al parto.

antenatal clinic n ambulatorio m prenatale.

antenna [æn'tenə] (pl **-nae**) n -1. [of insect, lobster] antenna f -2. US [aerial] antenna f.

anthem ['ænθəm] n inno m.

anthology [æn'θɒlədʒɪ] n antologia f.

antibiotic [ˌæntɪbaɪ'ɒtɪk] n antibiotico m.

antibody ['æntɪˌbɒdɪ] n anticorpo m.

anticipate [æn'tɪsɪˌpeɪt] vt -1. [question, problem] prevedere -2. [success] pregustare; [profits] aspettarsi -3. [preempt] precedere.

anticipation [ænˌtɪsɪ'peɪʃn] n attesa f, aspettativa f; **in ~ of** in previsione di.

anticlimax [ˌæntɪ'klaɪmæks] n delusione f.

anticlockwise [ˌæntɪ'klɒkwaɪz] UK <> adj [direction] antiorario(a). <> adv in senso antiorario.

antics ['æntɪks] npl buffonerie fpl.

anticyclone [ˌæntɪ'saɪkləʊn] n anticiclone m.

antidepressant [ˌæntɪdə'presnt] n antidepressivo m.

antidote ['æntɪdəʊt] n : ~ **(to sthg)** antidoto m (per qc).

antifreeze ['æntɪfriːz] n antigelo m inv.

antihistamine [ˌæntɪ'hɪstəmɪn] n antistaminico m.

antiperspirant [ˌæntɪ'pɜːspərənt] n antitraspirante m.

antiquated ['æntɪkweɪtɪd] adj antiquato(a).

antique [æn'tiːk] <> adj [furniture, object] antico(a), d'antiquariato. <> n [furniture, object] pezzo m d'antiquariato.

antique shop n negozio m d'antiquariato.

anti-Semitism n antisemitismo m.

antiseptic [ˌæntɪ'septɪk] <> adj antisettico(a). <> n antisettico m.

antisocial [ˌæntɪ'səʊʃl] adj [behaviour, working hours] antisociale; [person] asociale.

antlers npl corna fpl.

anus ['eɪnəs] n ano m.

anvil ['ænvɪl] n incudine f.

anxiety [æŋ'zaɪətɪ] n -1. [worry] ansia f, inquietudine f -2. [cause of worry] preoccupazione f -3. [keenness] ansia f, impazienza f.

anxious ['æŋkʃəs] adj -1. [worried] ansioso(a), preoccupato(a); **to be ~ about sb/sthg** essere preoccupato per qn/qc -2. [keen]: **to be ~ to do sthg** essere impaziente di fare qc; **he was ~ that she shouldn't find out** ci teneva molto che lei non scoprisse nulla.

any ['enɪ] <> adj -1. (with negative): **I don't speak ~ languages other than English** non parlo nessuna lingua se non l'inglese; **I haven't got ~ money** non ho soldi; **there isn't ~ coffee left** non c'è più caffè; **he never does ~ work** non lavora mai; **it won't do ~ good** non servirà a niente -2. [some] (with sg n) del(della); **is there ~ milk?** c'è del latte?; **can I be of ~ help?** posso essere d'aiuto?; (with pl n) dei(delle); **I didn't buy ~ of them** non ne ho comprato nessuno -2. [some] qualcuno(a); **can ~ of you help me?** qualcuno di voi può aiutarmi?; **I need some matches: do you have ~ ?** mi servono dei fiammiferi: ne hai? -3. [no matter which one or ones] uno(a) qualsiasi; **~ of the books on the shelf** uno qualsiasi dei libri nello scaffale; **take ~ you like** prendi quello che vuoi. <> adv -1. (with negative) più; **I can't stand it ~ longer** non lo sopporto più -2. [some, a little] un po'; **do you want ~ more potatoes?** vuoi ancora delle OR un po' di patate?; **is that ~ better/different?** è un po' meglio/diverso?

anybody ['enɪˌbɒdɪ] pron = anyone.

anyhow ['enɪhaʊ] adv -1. [in spite of that] comunque -2. [carelessly] come capita -3. [returning to topic in conversation] ad ogni modo.

anyone ['enɪwʌn] pron -1. (in negative statements) nessuno; **there wasn't ~ there** non c'era nessuno -2. (in questions) qualcuno; **has ~ seen my book?** qualcuno ha visto il mio libro? -3. [any person] chiunque; **~ could do it** lo saprebbe fare chiunque.

anyplace ['enɪpleɪs] adv US = anywhere.

anything ['enɪθɪŋ] pron -1. (in negative statements) niente; **I don't want ~ for supper** non voglio niente per cena -2. (in questions) qualcosa; **did you notice ~ strange?** hai notato qualcosa di strano?; **will there be ~ else?** [in shop] desidera altro? -3. [any object, event] qualunque cosa; **find something to sit on: ~ will do** trova qualcosa per sederti: qualunque cosa va bene.

anyway ['enɪweɪ] adv ad ogni modo.

anywhere ['enɪweə'], **anyplace** US adv -1. (in negative statements) da nessuna parte; **I haven't seen him ~** non l'ho visto da nessuna parte -2. (in questions) da qualche parte; **have you seen my jacket ~ ?** hai visto da qualche parte la mia giacca? -**3.** [any place] dovunque; ~ **would be better than here** dovunque sarebbe meglio che qui; **sit ~ you like** siediti dove ti pare.

apart [ə'pɑːt] *adv* -**1.** [separated in space] in disparte; **we're living ~ now** ora viviamo separati -**2.** [in several pieces] a pezzi; **to take sthg ~** smontare qc -**3.** [aside, excepted] a parte; **joking ~** scherzi a parte.
◆ **apart from** ◇ *prep* [except for] a parte, eccetto. ◇ *conj* [in addition to] oltre a, a parte.

apartheid [ə'pɑːtheɪt] *n* apartheid *f inv.*

apartment [ə'pɑːtmənt] *n esp US* appartamento *m.*

apartment building *n US* condominio *m.*

apathy ['æpəθɪ] *n* apatia *f.*

ape [eɪp] ◇ *n* scimmia *f.* ◇ *vt pej* [imitate] scimmiottare.

aperitif [əperə'tiːf] *n* aperitivo *m.*

aperture ['æpə,tjʊəʳ] *n* apertura *f.*

apex ['eɪpeks] (*pl* **-es** OR **apices**) *n* apice *m.*

APEX ['eɪpeks] (*abbr of* **advance purchase excursion**) *n UK* (tariffa *f*) APEX *f.*

apices ['eɪpɪsiːz] *pl* ▷**apex.**

apiece [ə'piːs] *adv* [each] l'uno, l'una.

apocalypse *n* apocalisse *f.*

apologetic [ə,pɒlə'dʒetɪk] *adj* [letter, tone] di scusa; [person] dispiaciuto(a); **to be ~ about sthg** scusarsi di OR per qc.

apologize, -ise [ə'pɒlədʒaɪz] *vi* [say sorry] chiedere scusa; **to ~ to sb for sthg** scusarsi con qn di OR per qc.

apology [ə'pɒlədʒɪ] *n* scuse *fpl.*

apostle [ə'pɒsl] *n* apostolo *m.*

apostrophe [ə'pɒstrəfɪ] *n* apostrofo *m.*

appal *UK,* **appall** *US* [ə'pɔːl] *vt* inorridire.

appalling [ə'pɔːlɪŋ] *adj* -**1.** [shocking] terrificante -**2.** *inf* [very bad] terribile.

apparatus [,æpə'reɪtəs] (*pl* **-es**) *n* [gen] apparato *m*; [in gym] attrezzatura *f.*

apparel [ə'pærəl] *n US* abbigliamento *m.*

apparent [ə'pærənt] *adj* -**1.** [evident] evidente -**2.** [seeming] apparente.

apparently [ə'pærəntlɪ] *adv* -**1.** [according to rumour] a quanto pare -**2.** [seemingly] apparentemente.

appeal [ə'piːl] ◇ *vi* -**1.** [gen] appellarsi; **to ~ to sb for sthg** appellarsi a qn per qc; **to ~ to sthg** appellarsi a qc; **to ~ against sthg** LAW appellarsi contro qc -**2.** [attract, interest]: **to ~ (to sb)** attirare (qn). ◇ *n* -**1.** [request & LAW] appello *m* -**2.** [charm, interest] fascino *m.*

appealing [ə'piːlɪŋ] *adj* attraente.

appear [ə'pɪəʳ] ◇ *vi* -**1.** [become visible] apparire -**2.** [come into being - book] uscire; [- fashion] comparire -**3.** [in play] recitare -**4.** LAW apparire, comparire. ◇ *vt* [seem]: **they ~ to be fine** sembra che stiano bene; **it would ~ that...** sembrerebbe che... *(+ congiuntivo).*

appearance [ə'pɪərəns] *n* -**1.** [arrival] comparsa *f*; **to make an ~** fare un'apparizione -**2.** [outward aspect] aspetto *m* -**3.** [in play, film, on TV] apparizione *f.*

appease [ə'piːz] *vt* placare.

append [ə'pend] *vt fml*: **to ~ sthg (to sthg)** [gen] aggiungere qc (a qc); [signature] apporre qc (a qc).

appendices [ə'pendɪsiːz] *pl* ▷**appendix.**

appendicitis [ə,pendɪ'saɪtɪs] *n* appendicite *f.*

appendix [ə'pendɪks] (*pl* **-dixes** OR **-dices**) *n* [in body, book] appendice *f*; **to have one's ~ out** OR **removed** farsi operare d'appendice.

appetite ['æpɪtaɪt] *n* -**1.** [for food] appetito *m*; ~ **for sthg** voglia di qc -**2.** *fig* [enthusiasm]: ~ **for sthg** desiderio OR voglia di qc.

appetizer, -iser ['æpɪtaɪzəʳ] *n* [food] antipasto *m*; [drink] aperitivo *m.*

appetizing, -ising ['æpɪtaɪzɪŋ] *adj* appetitoso(a).

applaud [ə'plɔːd] *vt & vi* applaudire.

applause [ə'plɔːz] *n* applauso *m.*

apple ['æpl] *n* mela *f.*

apple tree *n* melo *m.*

appliance [ə'plaɪəns] *n* [device] apparecchio *m*; **household ~** elettrodomestici *mpl.*

applicable ['æplɪkəbl] *adj*: ~ **(to sb/sthg)** applicabile (a qn/qc).

applicant ['æplɪkənt] *n* aspirante *mf*; ~ **for sthg** [job] candidato *m*, -a *f* a qc; [state benefit] aspirante a qc.

application [,æplɪ'keɪʃn] *n* -**1.** [gen] applicazione *f*; ~ **(program)** COMPUT applicazione *f* -**2.** [for job, college, club] domanda *f*; ~ **for sthg** domanda di qc -**3.** [use] impiego *m.*

application form *n* modulo *m* di domanda.

applied [ə'plaɪd] *adj* [science] applicato(a).

apply [ə'plaɪ] ◇ *vt* -**1.** [rule, skill, paint] applicare -**2.** [brakes] azionare. ◇ *vi* -**1.** [for work, grant] fare domanda; **to ~ for sthg** fare domanda di OR per qc; **to ~ to sb for**

sthg fare domanda a qn per qc **-2.** [be relevant] valere; **to ~ to sb/sthg** riguardare qn/qc.

appoint [ə'pɔɪnt] *vt* **-1.** [to job, position] nominare; **to ~ sb to sthg** nominare qn a qc; **to ~ sb (as) sthg** nominare qn (come) qc **-2.** *fml* [time, place] designare.

appointment [ə'pɔɪntmənt] *n* **-1.** [to job, position] nomina *f* **-2.** [job, position] posto *m* **-3.** [with doctor, hairdresser, in business] appuntamento *m*; **to have/make an ~** avere/prendere un appuntamento.

apportion [ə'pɔːʃn] *vt* [money] ripartire; [blame] attribuire.

appraisal [ə'preɪzl] *n* valutazione *f*.

appreciable [ə'priːʃəbl] *adj* apprezzabile.

appreciate [ə'priːʃɪeɪt] ◇ *vt* **-1.** [value, be grateful for] apprezzare **-2.** [recognize, understand] rendersi conto di. ◇ *vi* [increase in value] rivalutarsi.

appreciation [ə,priːʃɪ'eɪʃn] *n* **-1.** [liking] gradimento *m* **-2.** [recognition, understanding] comprensione *f* **-3.** [gratitude] apprezzamento *m*.

appreciative [ə'priːʃjətɪv] *adj* [person] riconoscente; [audience] caloroso(a); [remark] di stima.

apprehensive [,æprɪ'hensɪv] *adj*: **~ (about sthg)** apprensivo(a) (riguardo a qc).

apprentice [ə'prentɪs] *n* apprendista *mf*.

apprenticeship [ə'prentɪʃɪp] *n* apprendistato *m*.

approach [ə'prəʊtʃ] ◇ *n* **-1.** [arrival] arrivo *m* **-2.** [way in, access] accesso *m* **-3.** [method] approccio *m* **-4.** [proposal]: **to make an ~ to sb** fare un passo presso qn. ◇ *vt* **-1.** [come near to] avvicinarsi a **-2.** COMM avvicinare **-3.** [speak to]: **to ~ sb about sthg** rivolgersi a qn riguardo a qc **-4.** [deal with] affrontare **-5.** [approximate, reach] raggiungere. ◇ *vi* [come near] avvicinarsi.

approachable [ə'prəʊtʃəbl] *adj* **-1.** [person] alla mano, disponibile **-2.** [place] accessibile.

appropriate ◇ *adj* [ə'prəʊprɪət] [suitable] adatto(a). ◇ *vt* [ə'prəʊprɪeɪt] **-1.** [LAW & steal] sottrarre **-2.** [allocate] stanziare.

approval [ə'pruːvl] *n* **-1.** [liking, admiration] approvazione *f* **-2.** [official agreement] benestare *m inv* **-3.** COMM: **on ~** in prova.

approve [ə'pruːv] ◇ *vi*: **to ~ (of sb/ sthg)** essere favorevole (a qn/qc). ◇ *vt* [ratify] approvare.

approx. (*abbr of* **approximately**) circa.

approximate *adj* [ə'prɒksɪmət] approssimativo(a).

approximately [ə'prɒksɪmətlɪ] *adv* approssimativamente.

apricot ['eɪprɪkɒt] *n* albicocca *f*.

April ['eɪprəl] *n* aprile *m*; *see also* **September**.

April Fools' Day *n* il primo d'aprile, giorno in cui si fanno i 'pesci d'aprile'.

apron ['eɪprən] *n* [clothing] grembiule *m*.

apt [æpt] *adj* **-1.** [pertinent] appropriato(a) **-2.** [likely]: **to be ~ to do sthg** essere incline a fare qc.

aptitude ['æptɪtjuːd] *n* attitudine *f*; **to have an ~ for sthg** avere attitudine per qc.

aptly ['æptlɪ] *adv* appropriatamente.

aqualung ['ækwəlʌŋ] *n* respiratore *m* subacqueo.

aquarium [ə'kweərɪəm] (*pl* **-riums** OR **-ria**) *n* acquario *m*.

Aquarius [ə'kweərɪəs] *n* Acquario *m*; **to be (an) ~** essere dell'Acquario.

aquatic [ə'kwætɪk] *adj* acquatico(a).

aqueduct ['ækwɪdʌkt] *n* acquedotto *m*.

Arab ['ærəb] ◇ *adj* arabo(a). ◇ *n* [person] arabo *m*, -a *f*.

Arabian [ə'reɪbjən] ◇ *adj* arabico(a). ◇ *n* arabo *m*, -a *f*.

Arabic ['ærəbɪk] ◇ *adj* arabo(a). ◇ *n* [language] arabo *m*.

Arabic numeral *n* numero *m* arabo.

arable ['ærəbl] *adj* arabile.

arbitrary ['ɑːbɪtrərɪ] *adj* arbitrario(a).

arbitration [,ɑːbɪ'treɪʃn] *n* arbitrato *m*; **to go to ~** andare in arbitrato.

arcade [ɑː'keɪd] *n* **-1.** [for shopping] galleria *f* **-2.** [ARCHIT & covered passage] portico *m*.

arch [ɑːtʃ] ◇ *adj* [knowing] malizioso(a). ◇ *n* **-1.** ARCHIT arco *m* **-2.** [of foot] arcata *f*. ◇ *vt* [back] inarcare. ◇ *vi* [roof, sky] formare un arco; [eyebrow] inarcarsi.

archaeologist *n* archeologo *m*, -a *f*.

archaeology *n* archeologia *f*.

archaic [ɑː'keɪɪk] *adj* arcaico(a).

archbishop [,ɑːtʃ'bɪʃəp] *n* arcivescovo *m*.

archenemy [,ɑːtʃ'enɪmɪ] *n* acerrimo(a) nemico *m*, -a *f*.

archeology [,ɑːkɪ'ɒlədʒɪ] (*etc*) *n* = **archaeology** etc.

archer ['ɑːtʃəʳ] *n* arciere *m*.

archery ['ɑːtʃərɪ] *n* tiro *m* all'arco.

archetypal [,ɑːkɪ'taɪpl] *adj* tipico(a).

architect ['ɑːkɪtekt] *n* **-1.** [of buildings] architetto *m* o *f* **-2.** *fig* [of plan, event] artefice *mf*.

architecture ['ɑ:kɪtektʃəʳ] *n* architettura
f.

archives *npl* [of documents] archivi *mpl*.

archway ['ɑ:tʃweɪ] *n* arcata *f*.

Arctic ◇ *adj* -1. GEOG artico(a) -2. *inf* [weather] polare; [room] gelido(a). ◇ *n*: **the ~** l'Artico *m*.

ardent ['ɑ:dənt] *adj* [supporter] fervente; [desire] ardente.

arduous ['ɑ:djʊəs] *adj* arduo(a).

are *vb* ▷be.

area ['eərɪə] *n* -1. [region] area *f*, zona *f* -2. *fig* [approximate size, number]: **in the ~ of** nell'ordine di -3. [surface size, designated space] area *f* -4. [of knowledge, interest, subject] campo *m*.

area code *n* US prefisso *m*.

arena [ə'ri:nə] *n* arena *f*.

aren't [ɑ:nt] *cont* = are not.

Argentina [ˌɑ:dʒən'ti:nə] *n* Argentina *f*.

Argentine ['ɑ:dʒəntaɪn], **Argentinian** [ˌɑ:dʒən'tɪnɪən] ◇ *adj* argentino(a). ◇ *n* [person] argentino *m*, -a *f*.

arguably [ˈɑ:gjʊəblɪ] *adv* probabilmente.

argue ['ɑ:gju:] ◇ *vi* -1. [quarrel]: **to ~ (with sb about sthg)** litigare (con qn per qc) -2. [reason] discutere; **to ~ for/ against sthg** portare argomenti a favore di/contro qc. ◇ *vt* [case, point] sostenere; **to ~ that** sostenere che.

argument ['ɑ:gjʊmənt] *n* -1. [quarrel] discussione *f*, litigio *m*; **to have an ~ (with sb)** litigare (con qn) -2. [reason] argomento *m* -3. [reasoning] ragionamento *m*.

argumentative [ˌɑ:gjʊ'mentətɪv] *adj* polemico(a).

Aries ['eəri:z] *n* Ariete *m*; **to be (an) Aries** essere dell'Ariete.

arise [ə'raɪz] (*pt* **arose**, *pp* **arisen**) *vi* [appear] presentarsi; **to ~ from sthg** derivare da qc; **if the need ~s** in caso di bisogno.

aristocrat [UK 'ærɪstəkræt, US ə'rɪstəkræt] *n* aristocratico *m*, -a *f*.

arithmetic *n* [ə'rɪθmətɪk] aritmetica *f*.

ark [ɑ:k] *n* arca *f*.

arm [ɑ:m] ◇ *n* -1. [of person] braccio *m*; **~ in ~** a braccetto; **to keep sb at ~'s length** *fig* tenere qn a distanza; **to twist sb's ~** *fig* forzare la mano a qn -2. [of garment] manica *f* -3. [of chair] bracciolo *m*. ◇ *vt* [with weapons] armare. ◆ **arms** *npl* [weapons] armi *fpl*; **~s control** controllo *m* degli armamenti; **to take up ~s** prendere le armi; **to be up in ~s (about sthg)** essere sul piede di guerra (per qc).

armaments *npl* armamenti *mpl*.

armband ['ɑ:mbænd] *n* fascia *f* al braccio.

armchair ['ɑ:mtʃeəʳ] *n* poltrona *f*.

armed [ɑ:md] *adj* -1. [police, thieves] armato(a) -2. *fig* [with information]: **~ with** sthg armato(a) di qc.

armed forces *npl* forze *fpl* armate.

armhole ['ɑ:mhəʊl] *n* giromanica *m* *inv*.

armour *UK*, **armor** *US* ['ɑ:məʳ] *n* -1. [for person] armatura *f* -2. [for military vehicle] corazza *f*.

armoured car *n* autoblinda *f*.

armoury *UK*, **armory** *US* ['ɑ:mərɪ] *n* [building] armeria *f*; [weapons, skills] armamentario *m*.

armpit ['ɑ:mpɪt] *n* ascella *f*.

armrest ['ɑ:mrest] *n* bracciolo *m*.

army ['ɑ:mɪ] *n* esercito *m*.

A road *n* UK ≃ strada *f* statale.

aroma [ə'rəʊmə] *n* aroma *m*.

arose [ə'rəʊz] *pt* ▷arise.

around [ə'raʊnd] ◇ *adv* -1. [here and there, nearby] in giro; **to walk ~** andare in giro; **is John ~?** è da queste parti John? -2. [on all sides, in circular movement] intorno; **to turn ~** girarsi; **to look ~** guardarsi intorno -3. [in existence] in circolazione -4. *phr*: **to have been ~** *inf* essersi fatto le ossa. ◇ *prep* -1. [encircling, near] intorno a; **around here** qui intorno, da queste parti -2. [through, throughout] per -3. [approximately] circa, intorno a.

arouse [ə'raʊz] *vt* -1. [excite - feeling] suscitare; [- person] eccitare -2. [wake] svegliare.

arrange [ə'reɪndʒ] *vt* -1. [flowers, books, furniture] sistemare -2. [event, meeting, party] organizzare; **to ~ to do sthg** organizzarsi per fare qc -3. MUS arrangiare.

arrangement [ə'reɪndʒmənt] *n* -1. [agreement] accordo *m*; **to come to an ~** venire ad un accordo -2. [of objects] disposizione *f* -3. MUS arrangiamento *m*. ◆ **arrangements** *npl* [preparations] preparativi *mpl*; [system]: **seating ~s** disposizione *f* dei posti.

array [ə'reɪ] ◇ *n* [of objects, people, ornaments] disposizione *m*. ◇ *vt* [ornaments] disporre.

arrears [ə'rɪəz] *npl* [money owed] arretrati *mpl*; **to be in ~ with the rent** essere in arretrato con l'affitto; **to be paid monthly in ~** essere pagato(a) alla fine di ogni mese di lavoro.

arrest [ə'rest] ◇ *n* [by police] arresto *m*; **under ~** in stato di arresto. ◇ *vt* -1. [subj:

police] arrestare **-2.** *fml* [sb's attention] catturare **-3.** *fml* [stop] arrestare, bloccare.

arrival [ə'raɪvl] *n* [at place] arrivo *m*; **late ~** [of train, bus, mail] ritardo *m*; **new ~** [person] nuovo(a) arrivato *m*, -a ; [baby] nuovo arrivo *m*.

arrive [ə'raɪv] *vi* **-1.** [person, train, letter, moment] arrivare; **to ~ at a conclusion/decision** arrivare a una conclusione/decisione **-2.** [baby] nascere.

arrogant ['ærəgənt] *adj* arrogante.

arrow ['ærəʊ] *n* freccia *f*.

arse [ɑːs] *UK*, **ass** [æs] *US n vulg* culo *m*.

arsenic ['ɑːsnɪk] *n* arsenico *m*.

arson ['ɑːsn] *n* incendio *m* doloso.

art [ɑːt] ⬦ *n* arte *f*. ⬦ *comp* [exhibition] d'arte; **~ college** Accademia *f* di Belle Arti; **~ student** studente *m*, -essa *f* dell'Accademia di Belle Arti. ➔ **arts** *npl* **-1.** [humanities] lettere *fpl* **-2.** [fine arts]: **the ~s** le discipline artistiche.

artefact ['ɑːtɪfækt] *n* = **artifact**.

artery ['ɑːtərɪ] *n* arteria *f*.

art gallery *n* galleria *f* d'arte.

arthritis [ɑː'θraɪtɪs] *n* artrite *f*.

artichoke ['ɑːtɪtʃəʊk] *n* carciofo *m*.

article ['ɑːtɪkl] *n* articolo *m*.

articulate ⬦ *adj* [ɑː'tɪkjʊlət] [speech] chiaro(a); **to be ~** [person] esprimersi bene. ⬦ *vt* [ɑː'tɪkjʊleɪt] formulare, esprimere.

articulated lorry [ɑː'tɪkjʊleɪtɪd-] *n UK* autoarticolato *m*.

artifact ['ɑːtɪfækt] *n* manufatto *m*.

artificial [ˌɑːtɪ'fɪʃl] *adj* artificiale.

artillery [ɑː'tɪlərɪ] *n* [guns] artiglieria *f*.

artist ['ɑːtɪst] *n* artista *m*.

artiste [ɑː'tiːst] *n* artista *mf*.

artistic [ɑː'tɪstɪk] *adj* artistico(a); **to be ~** [person] avere talento artistico.

artistry ['ɑːtɪstrɪ] *n* abilità *f inv* artistica.

as [(weak form əz), (strong form æz)] ⬦ *conj* **-1.** [referring to time] mentre; **she rang (just) ~ I was leaving** ha telefonato (proprio) mentre stavo uscendo; **~ time goes by** con il passare del tempo **-2.** [referring to manner, way] come; **do ~ I say** fai come ti dico **-3.** [introducing a statement] come; **~ you know, ...** come sai, ... **-4.** [because] siccome; **~ you weren't in, I left a message** siccome tu non c'eri, ho lasciato un messaggio. ⬦ *prep* **-1.** [referring to function, characteristic] da; **I'm speaking ~ your friend** ti parlo da amico; **he lived in Africa ~ a boy** da ragazzo, è vissuto in

Africa; **she works ~ a nurse** fa l'infermiera **-2.** [referring to attitude, reaction] come; **she treats it ~ a game** lo prende come un gioco; **it came ~ a shock** è stato uno shock. ⬦ *adv (in comparisons)*: **I can run just ~ fast as him** corro velocemente quanto lui; **mine is twice ~ big** il mio è due volte il tuo; **he's ~ tall ~ I am** è alto quanto me; **I've been studying Italian ~ long ~ she has** ho studiato l'italiano a lungo quanto lei; **~ much ~** tanto(a) quanto(a); **~ many ~** tanti(e) quanti(e); **~ many chocolates ~ you want** quanti cioccolatini vuoi. ➔ **as for, as to** *prep* per quanto riguarda. ➔ **as from, as of** *prep* a partire da. ➔ **as if, as though** *conj* come se; **he looked at me ~ if I were mad** mi ha guardato come se fossi matto; **it looks ~ if it will rain** sembra che stia per piovere. ➔ **as to** *prep UK* riguardo.

a.s.a.p. *(abbr of* **as soon as possible***)* appena possibile.

asbestos [æs'bestəs] *n* amianto *m*.

ascend [ə'send] ⬦ *vt* [hill, staircase, ladder] salire su. ⬦ *vi* salire.

ascendant *n*: **to be in the ~** essere in ascesa.

ascent [ə'sent] *n* **-1.** [climb] ascensione *f*, scalata *f* **-2.** [upward slope] salita *f* **-3.** *fig* [progress] progresso *m*.

ascertain [ˌæsə'teɪn] *vt* appurare.

ascribe [ə'skraɪb] *vt*: **to ~ sthg to sb/sthg** attribuire qc a qn/qc.

ash [æʃ] *n* **-1.** [from cigarette, fire] cenere *f* **-2.** [tree] frassino *m*.

ashamed [ə'ʃeɪmd] *adj* [embarrassed]: **to be ~ of sb/sthg** vergognarsi di qn/qc; **to be ~ to do sthg** vergognarsi a fare qc.

ashore [ə'ʃɔːʳ] *adv* a terra.

ashtray ['æʃtreɪ] *n* portacenere *m inv*.

Ash Wednesday *n* mercoledì *m inv* delle Ceneri.

Asia [*UK* 'eɪʃə, *US* 'eɪʒə] *n* Asia *f*.

Asian [*UK* 'eɪʃn, *US* 'eɪʒn] ⬦ *adj* asiatico(a). ⬦ *n* [person] asiatico *m*, -a *f*.

aside [ə'saɪd] ⬦ *adv* **-1.** [to one side] di lato; **to take sb ~** prendere qn da parte; **to move ~** scansarsi; **to move sthg ~** scansare qc; **to put sthg ~** mettere qc da parte **-2.** [apart] a parte; **~ from** a parte. ⬦ *n* **-1.** [in play] a parte *m inv* **-2.** [whispered remark] commento *m* sottovoce; [digression] osservazione *f* tra parentesi.

ask [ɑːsk] ⬦ *vt* **-1.** [enquire, request, set a price of] chiedere; **to ~ a question** fare una domanda; **to ~ sb sthg** chiedere qc a qn; **to ~ sb for sthg** chiedere qc a qn; **to ~ sb to do sthg** chiedere a qn di fare qc -2. [invite] invitare; **to ~ sb to dinner** invitare qn a cena; **to ~ sb out** chiedere a qn di uscire. ◇ *vi* chiedere. ◆ **ask after** *vt insep* chiedere di. ◆ **ask for** *vt insep* -1. [person] chiedere di -2. [advice, money] chiedere.

askance [ə'skæns] *adv*: **to look ~ at sb/sthg** guardare qn/qc di traverso.

askew [ə'skju:] *adj* storto(a).

asking price ['ɑ:skɪŋ-] *n* prezzo *m* richiesto.

asleep [ə'sli:p] *adj* addormentato(a); **to fall ~** addormentarsi.

AS level (*abbr of* **Advanced Subsidiary level**) *n esame che viene sostenuto a metà del corso di studi della scuola superiore britannica.*

asparagus [ə'spærəgəs] *n* asparago *m*.

aspect ['æspekt] *n* -1. [facet, appearance] aspetto *m* -2. [of building] esposizione *f*.

aspersions [ə'spɜ:ʃnz] *npl*: **to cast ~ (on sthg)** denigrare qc.

asphalt ['æsfælt] *n* asfalto *m*.

asphyxiate [əs'fɪksɪeɪt] *vt* asfissiare.

aspiration [,æspə'reɪʃn] *n* aspirazione *f*.

aspire [ə'spaɪə`] *vi*: **to ~ to sthg/to do sthg** aspirare a qc/a fare qc.

aspirin ['æspərɪn] *n* aspirina *f*.

ass [æs] *n* -1. [donkey] asino *m* -2. *UK inf* [idiot] imbecille *smf* -3. *US vulg* [arse].

assailant [ə'seɪlənt] *n* [attacker] assalitore *m*, -trice *f*.

assassin [ə'sæsɪn] *n* assassino *m*, -a *f*.

assassinate [ə'sæsɪneɪt] *vt* assassinare; **to be ~d** essere assassinato.

assassination [ə,sæsɪ'neɪʃn] *n* assassinio *m*.

assault [ə'sɔ:lt] ◇ *n* -1. MIL assalto *m*; **~ on sthg** assalto a qc -2. [physical attack] aggressione *f*; **~ on sb** aggressione a qn. ◇ *vt* [attack] aggredire.

assemble [ə'sembl] ◇ *vt* -1. [gather] riunire -2. [fit together] montare. ◇ *vi* [gather] riunirsi.

assembly [ə'semblɪ] *n* -1. [meeting] assemblea *f* -2. [law-making body] assemblea *f* parlamentare -3. [fitting together] montaggio *f*.

assembly line *n* catena *f* di montaggio.

assent [ə'sent] ◇ *n* [agreement] assenso *m*. ◇ *vi*: **to ~ (to sthg)** acconsentire (a qc).

assert [ə'sɜ:t] *vt* -1. [fact, belief] sostenere -2. [authority] far valere.

assertive [ə'sɜ:tɪv] *adj*: **to be ~** sapere imporsi.

assess [ə'ses] *vt* valutare.

assessment [ə'sesmənt] *n* valutazione *f*.

asset ['æset] *n* -1. [valuable quality] vantaggio *m* -2. [valuable person]: **to be an ~ to sthg** essere un elemento prezioso per qc. ◆ **assets** *npl* COMM patrimonio *m* (*sing*).

assign [ə'saɪn] *vt* -1. [allot, allocate]: **to ~ sthg (to sb/sthg)** assegnare qc (a qn/qc) -2. [appoint]: **to ~ sb (to sthg/to do sthg)** incaricare qn di qc/di fare qc.

assignment [ə'saɪnmənt] *n* -1. [task] incarico *m* -2. [allocation] assegnazione *f* -3. SCOL compito *m*.

assimilate [ə'sɪmɪleɪt] *vt* -1. [ideas, food] assimilare -2. [people]: **to ~ sb (into sthg)** integrare qn (in qc).

assist [ə'sɪst] *vt* [help – person] assistere; [– thing] aiutare; **to ~ sb with sthg/in doing sthg** aiutare qn in qc/a fare qc.

assistance [ə'sɪstəns] *n* [help] aiuto *m*; **to be of ~ (to sb)** essere d'aiuto a qn.

assistant [ə'sɪstənt] ◇ *n* -1. [helper] assistente *m* o *f* -2. [in shop] commesso *m*, -a *f*. ◇ *comp*: **~ manager** vicedirettore *m*, -trice *f*.

assistant referee *n* guardalinee *m* o *f inv*.

associate ◇ *adj* [ə'səʊʃɪət] [member] associato(a). ◇ *n* [ə'səʊʃɪət] [business partner] socio *m*, -a *f*. ◇ *vt* [ə'səʊʃɪeɪt] [connect] associare; **to ~ sb with sthg** associare qn a qn/qc; **to ~ sb/sthg with sb/sthg** associare qn/qc a qn/qc; **to be ~d with** [person] avere a che fare con; [company, plan, opinion] essere connesso a. ◇ *vi* [ə'səʊʃɪeɪt]: **to ~ with sb** frequentare qn.

association [ə,səʊsɪ'eɪʃn] *n* -1. [organization] associazione *f* -2. [relationship] collaborazione *f*; **in ~ with sb/sthg** in collaborazione con qn/qc.

assorted [ə'sɔ:tɪd] *adj* [of various types] assortito(a); **available in ~ colours** disponibile in colori assortiti.

assortment [ə'sɔ:tmənt] *n* assortimento.

assume [ə'sju:m] *vt* -1. [suppose] presumere -2. [power, attitude] assumere.

assumed name *n* nome *m* falso; **under an ~** sotto falso nome.

assuming [ə'sju:mɪŋ] *conj* ammesso che (+ *congiuntivo*).

assumption [ə'sʌmpʃn] *n* [supposition] supposizione *f*, presupposto *m*.

assurance [ə'ʃʊərəns] *n* -1. [promise, insurance] assicurazione *f*; **he gave me his per-**

sonal ~ that... mi ha assicurato personalmente che ... -2. [confidence] sicurezza f.

assure [ə'ʃʊə'] vt [reassure] assicurare; **to ~ sb of sthg** assicurare qc a qn; **to be ~d of sthg** [be certain] assicurarsi qc.

assured [ə'ʃʊəd] adj [confident] sicuro(a).

asterisk ['æstərɪsk] n asterisco m.

asthma ['æsmə] n asma f.

astonish [ə'stɒnɪʃ] vt stupire.

astonished [ə'stɒnɪʃt] adj stupito(a).

astonishment [ə'stɒnɪʃmənt] n stupore m.

astound [ə'staʊnd] vt allibire.

astray [ə'streɪ] adv: **to go ~** smarrirsi; **to lead sb ~** fig traviare qn.

astride [ə'straɪd] ⬦ adv a cavalcioni. ⬦ prep a cavalcioni di.

astrology [ə'strɒlədʒɪ] n astrologia f.

astronaut ['æstrənɔːt] n astronauta m o f.

astronomical adj astronomico(a).

astronomy [ə'strɒnəmɪ] n astronomia f.

astute [ə'stjuːt] adj astuto(a).

asylum [ə'saɪləm] n -1. [protection] asilo m -2. dated [mental hospital] manicomio m.

at [(weak form) ət, (strong form) æt] prep -1. [indicating place, position] a; **~ my father's** da mio padre, a casa di mio padre; **~ home/school** a casa/scuola; **~ work** al lavoro; **she was standing ~ the window** era in piedi vicino alla finestra; **there was a knock ~ the door** hanno bussato alla porta -2. [indicating direction] verso; **to rush ~ sb/sthg** precipitarsi verso qn/qc; **to throw sthg ~ sb/sthg** tirare qc verso qn/qc; **to shoot ~ sb/sthg** sparare a qn/qc; **to smile ~ sb** sorridere a qn; **to look ~ sb/sthg** guardare qn/qc -3. [indicating a particular time] a; **~ midnight/noon** a mezzanotte/mezzogiorno; **~ eleven o'clock** alle undici; **~ the weekend** durante il fine settimana; **~ Christmas/Easter** a Natale/Pasqua; **~ night** di notte -4. [indicating age, speed, rate] a; **~ 52 (years of age)** a 52 anni; **~ 100 mph** a 100 miglia all'ora -5. [indicating price] a; **we sell them ~ £50 a pair** li vendiamo a 50 sterline il paio -6. [indicating particular state, condition]: **~ peace/war** in pace/guerra; **~ lunch/dinner** a pranzo/cena; **she's here ~ my invitation** è qui su mio invito -7. (after adjectives): **amused/appalled/puzzled ~ sthg** divertito/sconvolto/intrigato da qc; **delighted ~ sthg** molto contento per qc; **to be bad/good ~ sthg** essere/non essere bravo in qc. ➤ **at all** adv -1. (with negative): **not ~ all** [when thanked] non c'è di

che; [when answering a question] niente affatto; **she's not ~ all happy** non è affatto contenta -2. [in the slightest]: **anything ~ all** will do va bene qualsiasi cosa; **do you know her ~ all?** la conosci?

ate [UK et, US eɪt] pt ⊳**eat.**

atheist ['eɪθɪɪst] n ateo m, -a f.

Athens ['æθɪnz] n Atene f.

athlete ['æθliːt] n atleta m o f.

athletic [æθ'letɪk] adj atletico(a). ➤ **athletics** npl atletica f.

Atlantic [ət'læntɪk] ⬦ adj atlantico(a). ⬦ n: **the ~ (Ocean)** l'(oceano) Atlantico m.

atlas ['ætləs] n atlante m.

atmosphere ['ætmə,sfɪə'] n -1. [of planet, mood of place] atmosfera f -2. [in room] aria f.

atmospheric [,ætməs'ferɪk] adj -1. [relating to the atmosphere] atmosferico(a) -2. [music] d'atmosfera; [film, play] ricco(a) di atmosfera.

atom ['ætəm] n atomo m.

atom bomb n bomba f atomica.

atomic [ə'tɒmɪk] adj atomico(a).

atone [ə'təʊn] vi: **to ~ for sthg** espiare qc.

A to Z n mappa f (di città).

atrocious [ə'trəʊʃəs] adj [behaviour, conditions] pessimo(a); [crime, suffering] atroce.

atrocity [ə'trɒsətɪ] n atrocità f inv.

attach [ə'tætʃ] vt -1. [fasten]: **to ~ sthg (to sthg)** attaccare qc (a qc) -2. [importance, blame]: **to ~ sthg (to sthg)** attribuire qc (a qc) -3. [to email]: **to ~ sthg (to sthg)** allegare qc (a qc).

attaché case [ə'tæʃeɪ] n ventiquattrore fpl.

attached [ə'tætʃt] adj [fond]: **~ to sb/sthg** attaccato(a) a qn/qc.

attachment [ə'tætʃmənt] n -1. [device] accessorio m -2. [fondness]: **~ (to sb/sthg)** attaccamento m per qn/qc -3. [to email] allegato m.

attack [ə'tæk] ⬦ n -1. [physical, verbal]: **~ (on sb/sthg)** attacco m a qn/qc -2. [of illness] accesso m. ⬦ vt -1. [physically, verbally] attaccare -2. [disease, infection] colpire -3. [deal with - job] cominciare; [- problem] affrontare. ⬦ vi attaccare.

attacker [ə'tækə'] n -1. [assailant] assalitore m, -trice f -2. sport attaccante m o f.

attain [ə'teɪn] vt raggiungere.

attainment [ə'teɪnmənt] n -1. [act of achieving] raggiungimento m -2. [skill] acquisizione f.

attempt [ə'tempt] <> n: ~ **(at sthg)** tentativo m (di qc); ~ **on sb's life** attentato alla vita di qn. <> vt tentare; ~ **ed murder** tentato omicidio; **to** ~ **to do sthg** tentare di fare qc.

attend [ə'tend] <> vt **-1.** [meeting, party] andare a **-2.** [school, church] frequentare. <> vi **-1.** [be present] essere presente **-2.** [pay attention]: **to** ~ **(to sthg)** prestare attenzione (a qc) . ◆ **attend to** vt insep occuparsi di.

attendance [ə'tendəns] n **-1.** [number of people present] affluenza f **-2.** [presence] presenza f.

attendant [ə'tendənt] <> adj connesso(a). <> n [at museum, swimming pool] sorvegliante m o f; **petrol station** ~ benzinaio m, -a f.

attention [ə'tenʃn] <> n **-1.** [gen] attenzione f; **to attract sb's** ~ attirare l'attenzione di qn; **to bring sthg to sb's** ~, **to draw sb's** ~ **to sthg** attirare l'attenzione di qn su qc; **to pay** ~ **to sb/sthg** fare OR prestare attenzione a qn/qc; **for the** ~ **of** COMM all'attenzione di **-2.** [medical] assistenza f. <> excl MIL attenti.

attentive [ə'tentɪv] adj **-1.** [paying attention] attento(a) **-2.** [politely helpful] premuroso(a).

attic ['ætɪk] n soffitta f, solaio m.

attitude ['ætɪtjuːd] n **-1.** [way of thinking or acting] atteggiamento m; ~ **to(wards) sb/sthg** atteggiamento riguardo qn/qc **-2.** [posture] posa f.

attn (abbr of **for the attention of**) c.a.

attorney [ə'tɜːnɪ] n US avvocato m.

attorney general (pl **attorneys general**) n [in GB] ≃ Procuratore m Generale; [in US] ≃ Ministro m di Grazia e Giustizia.

attract [ə'trækt] vt **-1.** [gen] attirare, attrarre **-2.** [support, criticism] attirare.

attraction [ə'trækʃn] n **-1.** [liking, attractive thing] attrazione f; ~ **to sb** attrazione per qn **-2.** [appeal, charm] attrattiva f.

attractive [ə'træktɪv] adj **-1.** [person, smile] attraente **-2.** [offer, idea] allettante; [investment] interessante.

attribute <> vt [ə'trɪbjuːt] : **to** ~ **sthg to sb/sthg** attribuire qc a qn/qc. <> n ['ætrɪbjuːt] qualità f inv.

aubergine ['əubəʒiːn] n UK melanzana f.

auburn ['ɔːbən] adj [hair] mogano inv.

auction ['ɔːkʃn] <> n asta f; **at** OR **by** ~ all'asta; **to put sthg up for** ~ mettere qc all'asta. <> vt vendere all'asta. ◆ **auction off** vt sep vendere all'asta.

auctioneer [ˌɔːkʃə'nɪər] n banditore m, -trice f.

audacious [ɔː'deɪʃəs] adj [daring] audace; [impudent] sfrontato(a).

audible ['ɔːdəbl] adj udibile.

audience ['ɔːdjəns] n **-1.** [of play, film, TV programme] pubblico m **-2.** [formal meeting] udienza f.

audio-visual adj audiovisivo(a).

audit ['ɔːdɪt] <> n [of accounts] audit m inv. <> vt [accounts] fare un audit di.

audition [ɔː'dɪʃn] n audizione f.

auditor ['ɔːdɪtər] n [of accounts] revisore m dei conti.

auditorium [ˌɔːdɪ'tɔːrɪəm] (pl **-riums** OR **-ria**) n auditorium m inv.

augur ['ɔːgər] vi: **to** ~ **well/badly** far presagire il meglio/il peggio.

August ['ɔːgəst] n agosto m; see also **September**.

aunt [ɑːnt] n zia f.

auntie, aunty ['ɑːntɪ] n inf zia f.

au pair [ˌəu'peər] n ragazza f ragazzo m alla pari

aura ['ɔːrə] n aura f.

aural ['ɔːrəl] adj uditivo(a).

auspices ['ɔːspɪsɪz] npl: **under the** ~ **of** sotto l'egida di.

auspicious [ɔː'spɪʃəs] adj propizio(a).

Aussie ['ɒzɪ] inf <> adj australiano(a). <> n australiano m, -a f.

austere [ɒ'stɪər] adj austero(a).

austerity [ɒ'sterətɪ] n austerità f inv.

Australia [ɒ'streɪljə] n Australia f.

Australian [ɒ'streɪljən] <> adj australiano(a). <> n australiano m, -a f.

Austria ['ɒstrɪə] n Austria f.

Austrian ['ɒstrɪən] <> adj austriaco(a). <> n austriaco m, -a f.

authentic [ɔː'θentɪk] adj **-1.** [genuine] autentico(a) **-2.** [accurate] veritiero(a).

author ['ɔːθər] n autore m, -trice f.

authoritarian [ɔːˌθɒrɪ'teərɪən] adj autoritario(a).

authoritative [ɔː'θɒrɪtətɪv] adj **-1.** [person, voice] autoritario(a) **-2.** [report] autorevole.

authority [ɔː'θɒrətɪ] n **-1.** [official organization] ente m **-2.** [power] autorità f inv **-3.** [permission] autorizzazione f **-4.** [expert]: ~ **(on sthg)** autorità f inv (riguardo qc) **-5.** phr. ◆ **authorities** npl [people in power]: **the authorities** le autorità.

authorize, -ise ['ɔːθəraɪz] vt autorizzare;

autistic

to ~ sb to do sthg autorizzare qn a fare qc.

autistic [ɔː'tɪstɪk] *adj* [child] autista; [behaviour] autistico(a).

auto ['ɔːtəʊ] (*pl* **-s**) *n* US [car] auto *f inv.*

autobiography [ˌɔːtəbaɪ'ɒgrəfɪ] *n* autobiografia *f.*

autocratic [ˌɔːtə'krætɪk] *adj* autocratico(a).

autograph ['ɔːtəgrɑːf] ⬦ *n* autografo *m.* ⬦ *vt* autografare.

automate ['ɔːtəmeɪt] *vt* automatizzare.

automatic [ˌɔːtə'mætɪk] ⬦ *adj* automatico(a). ⬦ *n* **-1.** [car] auto *f inv* con il cambio automatico **-2.** [gun] automatica *f.*

automatically [ˌɔːtə'mætɪklɪ] *adv* automaticamente.

automobile ['ɔːtəməbiːl] *n* US automobile *f.*

autonomy [ɔː'tɒnəmɪ] *n* autonomia *f.*

autopsy ['ɔːtɒpsɪ] *n* autopsia *f.*

autumn ['ɔːtəm] *n* autunno.

auxiliary [ɔːg'zɪljərɪ] ⬦ *adj* **-1.** [gen] ausiliario(a) **-2.** GRAM ausiliare. ⬦ *n* **-1.** [medical worker] ausiliario *m*, -a **-2.** [soldier] ausiliario *m.*

Av. (*abbr of* **avenue**) V.le.

avail [ə'veɪl] ⬦ *n*: **to no ~** senza alcun risultato. ⬦ *vt*: **to ~ o.s. of sthg** servirsi di qc.

available [ə'veɪləbl] *adj* disponbile.

avalanche ['ævəlɑːnʃ] *n* **-1.** [of snow] valanga *f* **-2.** *fig* [of complaints, phone calls, requests] montagna *f.*

avarice ['ævərɪs] *n* avarizia *f.*

Ave. (*abbr of* **avenue**) V.le.

avenge [ə'vendʒ] *vt* vendicare.

avenue ['ævənjuː] *n* [wide road] viale *m.*

average ['ævərɪdʒ] ⬦ *adj* **-1.** [gen] medio(a) **-2.** *pej* [mediocre] mediocre. ⬦ *n* **-1.** [mean] media *f*; **on ~** in media **-2.** [normal amount] norma *f.* ⬦ *vt* fare una media di.
　➩ **average out** *vi*: **to ~ out at** essere in media di.

aversion [ə'vɜːʃn] *n* [dislike]: **~ (to sthg)** avversione verso qc.

avert [ə'vɜːt] *vt* **-1.** [accident, disaster] evitare **-2.** [eyes, glance] distogliere.

aviary ['eɪvjərɪ] *n* voliera *f.*

avid ['ævɪd] *adj* [keen] accanito(a); **~ for** sthg avido di qc.

avocado [ˌævə'kɑːdəʊ] (*pl* **-s** OR **-es**) *n*: **~ (pear)** avocado *m.*

avoid [ə'vɔɪd] *vt* evitare; **to ~ doing sthg** evitare di fare qc.

await [ə'weɪt] *vt* attendere.

awake [ə'weɪk] (*pt* **awoke** OR **awaked**, *pp* **awoken**) ⬦ *adj* [not sleeping] sveglio(a). ⬦ *vt* **-1.** [wake up] svegliare **-2.** *fig* [provoke – curiosity, suspicions] destare; [– memories, hope] risvegliare. ⬦ *vi* [wake up] svegliarsi.

awakening [ə'weɪknɪŋ] *n* risveglio *m.*

award [ə'wɔːd] ⬦ *n* [prize] premio *m.* ⬦ *vt*: **to ~ sb sthg, to ~ sthg to sb** [prize] assegnare qc a qn; [free kick, penalty] concedere qc a qn; [compensation, mark] dare qc a qn.

aware [ə'weər] *adj* **-1.** [conscious]: **~ of** sthg/that conscio(a) di qc/del fatto che **-2.** [informed, sensitive] sensibilizzato(a); **to be ~ of sthg** essere al corrente di qc.

awareness [ə'weənɪs] *n* coscienza *f inv.*

awash [ə'wɒʃ] *adj* **-1.** [with water] allagato(a); **~ with sthg** coperto(a) di qc **-2.** *fig* [with letters, tourists]: **~ with sthg** pieno(a) di qc.

away [ə'weɪ] ⬦ *adv* **-1.** [gen] via; **~ from** via da; **to be ~ on business** essere via per lavoro; **to drive ~** allontanarsi in macchina; **to give sthg ~** dar via qc; **to look ~** volgere lo sguardo altrove; **to put sthg ~** metter via qc; **to take sthg ~** portar via qc; **to turn ~** girarsi; **to walk ~** andar via **-2.** [at a distance] lontano; **~ from** lontano da; **we live 4 miles ~ from the city** abitiamo a 4 miglia dalla città **-3.** [in time]: **the exams are only two days ~ now** mancano solo due giorni agli esami **-4.** [continuously]: **he was singing/working ~** cantava/lavorava senza sosta. ⬦ *adj* SPORT ospite; **~ game** partita *f* in trasferta.

awe [ɔː] *n* profondo rispetto *m*; **to be in ~ of sb** nutrire profondo rispetto per qn.

awesome ['ɔːsəm] *adj* [task, responsibility] enorme; [achievement] grandioso(a).

awful ['ɔːfʊl] *adj* **-1.** [terrible] terribile; **I feel ~** mi sento malissimo **-2.** *inf* [very great]: **an ~ lot of** un mucchio di.

awfully ['ɔːflɪ] *adv inf* [very] tremendamente; **I'm ~ sorry** mi spiace enormemente; **that's ~ nice of you** è molto gentile da parte tua.

awkward ['ɔːkwəd] *adj* **-1.** [clumsy] impacciato(a) **-2.** [embarrassed – person] imbarazzato(a); [– situation] imbarazzante **-3.** [uncooperative] difficile **-4.** [inconvenient] scomodo(a) **-5.** [difficult, delicate] delicato(a).

awning ['ɔːnɪŋ] *n* **-1.** [of tent] veranda *f* **-2.** [of shop] tenda *f.*

awoke [ə'wəʊk] *pt* ▷ **awake.**

awoken [ə'wəʊkn] *pp* ▷**awake**.

awry [ə'raɪ] ◇ *adj* [twisted] di traverso. ◇ *adv*: **to go** ~ [wrong] andare storto(a).

axe *UK*, **ax** *US* [æks] ◇ *n* ascia *f*. ◇ *vt* [project] bloccare; [jobs] tagliare.

axes ['æksi:z] *pl* ▷**axis**.

axis ['æksɪs] (*pl* **axes**) *n* asse *m*.

axle ['æksl] *n* semiasse *m*.

aye ◇ *adv* [eɪ] **-1.** *Scot* sì **-2.** NAUT signorsì. ◇ *n* [aɪ] voto *m* favorevole.

Azores [ə'zɔ:z] *npl*: **the** ~ le Azzorre.

B

b (*pl* **b's** OR **bs**), **B** (*pl* **B's** OR **Bs**) [bi:] *n* [letter] b *m* o *f*, B *m* o *f*. ◆ **B** *n* MUS si *m* bemolle.

BA *n* (*abbr of* **Bachelor of Arts**) (*chi possiede una*) *laurea in materie letterarie presso un'università britannica.*

babble ['bæbl] ◇ *n* [noise] chiacchiericcio *m*. ◇ *vi* [person] chiacchierare.

baboon [bə'bu:n] *n* babbuino *m*.

baby ['beɪbɪ] *n* **-1.** [child] bebè *m* inv **-2.** *pej* [feeble person] bambino *m*, -a *f* **-3.** *US inf* [term of affection] caro *m*, -a *f*.

baby buggy *n* **-1.** *UK* [foldable pushchair] passeggino *m* **-2.** *US* = **baby carriage**.

baby food *n* alimenti *m pl* per bambini.

baby carriage *n US* carrozzina *f*.

baby-sit *vi* guardare i bambini.

baby-sitter *n* babysitter *m o f inv*.

bachelor ['bætʃələ'] *n* scapolo *m*.

Bachelor of Arts *n* [person] *persona che ha ottenuto il diploma di laurea breve in materie umanistiche;* [degree] *titolo accademico che si consegue al termine di un corso in materie umanistiche,* ≃ laurea breve.

Bachelor of Science *n* [person] *persona che ha ottenuto il diploma di laurea breve in materie scientifiche;* [degree] *titolo accademico che si consegue al termine di un corso in materie scientifiche,* ≃ laurea breve.

back [bæk] ◇ *adj (in compounds)* **-1.** [at the back - door, legs] di dietro; [seat] posteriore; ~ **page** ultima pagina; ~ **garden** giardino sul retro **-2.** [overdue] arretrato(a). ◇ *adv* **-1.** [backwards, to former position or state] indietro; **stand** ~ ! state indietro!; **to send sthg** ~ rimandare qc; **I'll be** ~ **in an hour** torno tra un'ora; **I want my money** ~ rivoglio i miei soldi **-2.** [earlier]: **a few weeks** ~ qualche settimana fa; **I found out** ~ **in January** sono venuto a saperlo a gennaio; **to think** ~ **to sthg** ripensare a qc **-3.** [in reply, in return]: **phone sb** ~ richiamare qn; **pay sb** ~ restituire i soldi a qn **-4.** [in fashion again]: **to be** ~ (**in fashion**) essere di nuovo di moda. ◇ *n* **-1.** [part of body - of person] schiena *f*; [of animal] dorso *m*; **to do sthg behind sb's** ~ fare qc alle spalle di qn **-2.** [opposite or reverse side] retro *m*; **the** ~ **of the neck** la nuca; **the** ~ **of the hand** il dorso della mano **-3.** [furthest point away from front - of room, refrigerator, book] fondo *m*; [of chair] schienale *m*; [of car] dietro *m*; **at the** ~ **of, in** ~ **of** *US* dietro **-4.** [SPORT & player] difensore *m*. ◇ *vt* **-1.** [reverse] spostare a marcia indietro **-2.** [support] dare il proprio appoggio a **-3.** [bet on] puntare su. ◇ *vi* [person] camminare all'indietro; [car] andare a marcia indietro. ◆ **back to back** *adv* [with backs touching] schiena contro schiena. ◆ **back to front** *adv* [the wrong way round] all'incontrario. ◆ **back down** *vi* cedere. ◆ **back out** *vi* [of promise, arrangement] ritirarsi. ◆ **back up** ◇ *vt sep* **-1.** [person] appoggiare; [story] confermare; [claim] difendere **-2.** [reverse] spostare a marcia indietro **-3.** COMPUT fare il backup di. ◇ *vi* [reverse] fare marcia indietro.

backache ['bækeɪk] *n* mal *m* di schiena.

backbencher [,bæk'bentʃə'] *n UK* POL *membro del parlamento che non ha nessuna carica ufficiale.*

backbone ['bækbəʊn] *n* **-1.** [spine] spina *f* dorsale **-2.** *fig* [courage, force] fegato *m*; **he's got no** ~ è uno smidollato.

backcloth ['bækklɒθ] *n UK* = **backdrop**.

backdate [,bæk'deɪt] *vt* retrodatare; **a** ~**d increase in salary** un aumento di stipendio retroattivo.

back door *n* porta *f* di dietro.

backdrop ['bækdrɒp] *n* **-1.** THEAT fondale *m* **-2.** *fig* [background] sfondo *m*.

backfire [,bæk'faɪə'] *vi* **-1.** [motor vehicle] avere un ritorno di fiamma **-2.** [go wrong] avere effetto contrario; **to** ~ **on sb** ripercuotersi su qn.

backgammon ['bæk,gæmən] *n* backgammon *m inv*.

background ['bækgraʊnd] *n* **-1.** [in picture, view] sfondo *m*; **in the** ~ [music] in sottofondo; [figure] in secondo piano **-2.** [of event, situation] scenario *m* **-3.** [upbringing] estrazione *f.*

backhand ['bækhænd] *n* rovescio *m.*

backhanded ['bækhændɪd] *adj fig* [equivocal] a doppio senso.

backhander ['bækhændə^r] *n UK inf* [bribe] mazzetta *f.*

backing ['bækɪŋ] *n* **-1.** [support] supporto *m* **-2.** [lining] rivestimento *m.*

backing group *n* MUS coro *m.*

backlash ['bæklæʃ] *n* [adverse reaction] reazione *f* violenta.

backlog ['bæklɒg] *n*: ~ **of work** mole *f* di lavoro arretrato.

back number *n* numero *m* arretrato.

backpack ['bækpæk] *n* zaino *m.*

back pay *n* arretrati *m pl.*

back seat *n* [in car] sedile *m* posteriore; **to take a** ~ *fig* assumere una posizione di secondo piano.

backside ['bæksaɪd] *n inf* deretano *m.*

backstage [ˌbæk'steɪdʒ] *adv* dietro le quinte.

back street *n UK* vicolo.

backstroke ['bækstrəʊk] *n* [in swimming] dorso *m.*

backup ['bækʌp] <> *adj* [reserve] di riserva. <> *n* **-1.** [support] supporto *m* **-2.** COMPUT backup *m inv.*

backward ['bækwəd] <> *adj* **-1.** [directed towards the rear] all'indietro **-2.** *pej* [child] ritardato(a); [society] arretrato(a). <> *adv US* = **backwards.**

backwards ['bækwədz], **backward** *US adv* all'incontrario; ~ **and forwards** avanti e indietro.

backwater ['bækˌwɔːtə^r] *n fig* [place behind the times] area *f* arretrata; **a cultural** ~ un luogo culturalmente arretrato.

backyard *n* **-1.** *UK* [yard] cortile *m* sul retro di una casa **-2.** *US* [garden] giardino *m* sul retro di una casa.

bacon ['beɪkən] *n* pancetta *f.*

bacteria [bæk'tɪərɪə] *npl* batteri *mpl.*

bad [bæd] (*compar* **worse,** *superl* **worst**) <> *adj* **-1.** [unpleasant] cattivo(a); ~ **weather** brutto tempo; **it's too** ~ **he couldn't come** è un peccato che non sia potuto venire; **to be** ~ **at sthg** capirci poco di qc **-2.** [unfavourable] negativo(a) **-3.** [unhealthy] malato(a) **-4.** [harmful] nocivo(a) **-5.** [severe] brutto(a) **-6.** [inadequate] [light, actor, pay] scarso(a); [work] scadente; **how are you?** − **not** ~ come stai? − non c'è male;

that painting's not ~ at all quel quadro non è niente male **-7.** [guilty]: **I feel** ~ **about letting her down** mi dispiace averle dato una delusione **-8.** [naughty – child] biricchino(a); [– behaviour] scortese **-9.** [food, milk, meat] andato(a) a male; **to go** ~ andare a male; **to smell** ~ puzzare. <> *adv US* = **badly.**

baddy (*pl* **-ies**) *n inf* cattivo *m*, **-a** *f.*

badge [bædʒ] *n* **-1.** [metal, plastic, fabric] distintivo *m* **-2.** [on car] stemma *m.*

badger ['bædʒə^r] <> *n* tasso *m.* <> *vt*: **to** ~ **sb (to do sthg)** convincere qn a fare qc non dandogli pace.

badly ['bædlɪ] (*compar* **worse,** *superl* **worst**) *adv* **-1.** [gen] male; **behave/sing** ~ comportarsi/cantare male; ~ **made clothes** abiti mal confezionati; ~ **lit** mal illuminato **-2.** [severely] gravemente; **to be** ~ **affected by sthg** venire colpito da qc in modo serio **-3.** [very much]: **to be** ~ **in need of sthg** avere assoluto bisogno di qc.

badly-off *adj* [poor] sul lastrico.

badminton ['bædmɪntən] *n* badminton *m inv.*

bad-tempered *adj* **-1.** [by nature] collerico(a) **-2.** [in a bad mood] di malumore.

baffle ['bæfl] *vt* lasciare perplesso(a).

bag [bæg] <> *n* **-1.** [container] borsa *f*; **paper/plastic** ~ sacchetto di carta/di plastica; **to pack one's** ~**s** *fig* [leave] levare le tende **-2.** [handbag] borsetta *f*; [when travelling] sacca *f* **-3.** [bagful] sacchetto *m.* <> *vt UK inf* accaparrarsi. ◆ **bags** *npl* **-1.** [under eyes] borse *fpl* **-2.** [lots]: ~**s of sthg** *inf* un mucchio di qc.

bagel ['beɪgəl] *n* ciambella di pane.

baggage ['bægɪdʒ] *n* bagaglio *m*, bagagli *mpl.*

baggage reclaim *n* ritiro *m* bagagli.

baggy ['bægɪ] *adj* abbondante.

bagpipes ['bægpaɪps] *npl* cornamusa *f.*

baguette *n* filone *m* di pane francese.

Bahamas [bə'hɑːməz] *npl*: **the** ~ le Bahamas.

bail [beɪl] *n* LAW cauzione *f*; **on** ~ su cauzione. ◆ **bail out** <> *vt sep* **-1.** [LAW & pay bail for] fare rilasciare pagando la cauzione **-2.** [rescue] togliere dai guai **-3.** [boat] sgottare. <> *vi* [from plane] lanciarsi col paracadute.

bailiff ['beɪlɪf] *n* ufficiale *m* giudiziario.

bait [beɪt] <> *n* [food] esca *f.* <> *vt* **-1.** [put bait on – hook] mettere l'esca su; [– mousetrap] mettere l'esca in **-2.** [tease, torment] stuzzicare.

bake [beɪk] *vt & vi* cuocere al forno.

baked beans ['beɪkt-] *npl fagioli secchi cotti in salsa di pomodoro.*

baked potato ['beɪkt-] *n patata cotta al forno con la buccia.*

baker ['beɪkə'] *n* panettiere *m*, -a *f*; ~'s (shop) panettiere *m*.

bakery ['beɪkərɪ] *n* panetteria *f*.

baking ['beɪkɪŋ] *n* cottura *f* al forno.

balaclava (helmet) *n UK* passamontagna *m inv.*

balance ['bæləns] <> *n* **-1.** [equilibrium] equilibrio *m*; **to keep one's ~** tenersi in equilibrio; **to lose one's ~** perdere l'equilibrio; **to throw** OR **knock sb off ~** far perdere l'equilibrio a qn **-2.** *fig* [counterweight] contrappeso *m* **-3.** *fig* [weight, force] peso *m*; **~ of evidence** peso *m* delle prove **-4.** [scales] bilancia *f* **-5.** [remainder] saldo *m* **-6.** [of bank account] estratto *m* conto. <> *vt* **-1.** [keep in balance] tenere in equilibrio **-2.** [compare]: **to ~ sthg against sthg** compensare qc con qc **-3.** [in accounting]: **to ~ the books/a budget** far quadrare i conti/il bilancio <> *vi* **-1.** [maintain equilibrium] tenersi in equilibrio **-2.** [in accounting] quadrare. **◆ on balance** *adv* tutto considerato.

balanced diet *n* dieta *f* equilibrata.

balance of payments *n* bilancia *f* dei pagamenti.

balance of trade *n* bilancia *f* commerciale.

balance sheet *n* bilancio *m*.

balcony ['bælkənɪ] *n* **-1.** [on building] balcone *m* **-2.** [in theatre] galleria *f*.

bald [bɔːld] *adj* **-1.** [head, man] calvo(a) **-2.** [tyre] liscio(a) **-3.** *fig* [unadorned] chiaro(a).

bale [beɪl] *n* balla *f*. **◆ bale out** *UK* <> *vt sep* [remove water from] sgottare. <> *vi* [from plane] lanciarsi col paracadute.

Balearic Islands [ˌbælɪ'ærɪk-], **Balearics** *npl*: **the ~** le Baleari.

baleful ['beɪlfʊl] *adj* torvo(a).

balk [bɔːk] *vi* [recoil]: **to ~ (at sthg)** [person] esitare (davanti a qc).

Balkans ['bɔːlkənz], **Balkan States** *npl*: **the ~** i Balcani.

ball [bɔːl] *n* **-1.** [in game] palla *f*; [football] pallone *m*; **she's really on the ~** sa davvero il fatto suo; **to play ~ with sb** *fig* collaborare con qn **-2.** [sphere] gomitolo *m* **-3.** [of foot] *parte anteriore della pianta del piede* **-4.** [dance] ballo *m*. **◆ balls** *vulg* <> *n* [nonsense] palle *f pl*. <> *npl* [testicles] palle *f pl*.

<> *excl* merda!

ballad ['bæləd] *n* ballata *f*.

ballast ['bæləst] *n* zavorra *f*.

ball bearing *n* cuscinetto *m* a sfera.

ball boy *n* raccattapalle *m inv.*

ballerina [ˌbælə'riːnə] *n* ballerina *f*.

ballet ['bæleɪ] *n* **-1.** [art of dance] danza *f* classica **-2.** [dance] balletto *m*.

ballet dancer *n* ballerino *m*, -a *(di danza classica).*

ball game *n* **-1.** *US* [baseball match] partita *f* di baseball **-2.** *fig* [situation]: **it's a whole new ~** *inf* è una situazione completamente nuova.

balloon [bə'luːn] *n* **-1.** [toy] palloncino *m* **-2.** [hot-air balloon] mongolfiera *f* **-3.** [in comic strip] nuvoletta *f*.

ballot ['bælət] <> *n* **-1.** [voting paper] scheda *f* elettorale **-2.** [voting process] votazione *f* a scrutinio segreto; **second ~** ballottaggio *m*. <> *vt* interpellare con votazione a scrutinio segreto.

ballot box *n* **-1.** [container] urna *f* elettorale **-2.** [voting process] votazioni *f pl.*

ballot paper *n* scheda *f* elettorale.

ball park *n US* stadio *m* di baseball.

ballpoint (pen) ['bɔːlpɔɪnt-] *n* penna *f* a sfera.

ballroom ['bɔːlrʊm] *n* sala *f* da ballo.

ballroom dancing *n* ballo *m* liscio.

balmy ['bɑːmɪ] *adj* balsamico(a).

balsawood ['bɒlsəwʊd] *n* balsa *f*.

Baltic ['bɔːltɪk] <> *adj* [port, coast] del Baltico. <> *n*: **the ~ (Sea)** il (Mar) Baltico.

Baltic State *n* Repubblica *f* Baltica; **the ~ s** le Repubbliche baltiche.

bamboo [bæm'buː] *n* bambù *m inv.*

bamboozle [bæm'buːzl] *vt inf* abbindolare.

ban [bæn] <> *n* divieto *m*; **~ on sthg** divieto *m* di qc. <> *vt* vietare; **to ~ sb from doing sthg** proibire a qn di fare qc.

banal [bə'nɑːl] *adj pej* banale.

banana [bə'nɑːnə] *n* banana *f*.

band [bænd] *n* **-1.** [musical group] gruppo *m*; **military ~** banda *f* militare; **rock ~** gruppo *m* rock **-2.** [gang] banda *f* **-3.** [strip, stripe] striscia *f* **-4.** [range] fascia *f*. **◆ band together** *vi* mettersi insieme.

bandage ['bændɪdʒ] <> *n* benda *f*. <> *vt* bendare.

Band-Aid® ['bændeɪd] *n* cerotto *m*.

bandit ['bændɪt] *n* bandito *m*, -a *f*.

bandstand ['bændstænd] *n* nei giardini pubblici, padiglione coperto per l'orchestra.

bandwagon ['bændwægən] *n*: to jump on the ~ seguire la corrente.

bandy ['bændi] *adj* [bandy-legged] storto(a). ◆ **bandy about**, **bandy around** *vt sep* mettere in giro.

bang [bæŋ] ⬦ *adv* [right]: ~ **in the middle** proprio nel mezzo; **to be ~ on** essere centrato(a); **to be ~ on time** spaccare il secondo. ⬦ *n* -1. [blow] colpo *m* -2. [loud noise] botto *m*. ⬦ *vt* -1. [hit – knee, head, hand] sbattere, urtare; [– drum, desk, wall] picchiare -2. [move noisily] sbattere. ⬦ *vi* -1. [knock]: **to ~ on sthg** picchiare su qc -2. [make a loud noise] fare rumore -3. [crash]: **to ~ into sb/sthg** sbattere contro qc. ⬦ *excl* bang. ◆ **bangs** *npl US* frangia *f*.

banger ['bæŋər] *n UK* -1. *inf* [sausage] salsiccia *f* -2. *inf* [old car] carretta *f* -3. [firework] petardo *m*.

bangle ['bæŋgl] *n* braccialetto *m* (rigido).

banish ['bænɪʃ] *vt* [exile] esiliare.

banister(s) ['bænɪstə(z)] *n(pl)* ringhiera *f*.

bank [bæŋk] ⬦ *n* -1. [for money, blood, data] banca *f* -2. [of river, lake] sponda *f* -3. [of railway] massicciata *f* -4. [mass] banco *m*. ⬦ *vt* FIN versare. ⬦ *vi* -1. FIN: **to ~ with sb** avere il conto presso qn -2. [plane] virare. ◆ **bank on** *vt insep* scommettere su.

bank account *n* conto *m* bancario.

bank balance *n* estratto *m* conto.

bank card *n* = banker's card.

bank charges *npl* spese *fpl* bancarie.

bank draft *n* tratta *f*.

banker ['bæŋkər] *n* FIN banchiere *m*, -a *f*.

banker's card *n UK* bancomat *m inv.*

bank holiday *n UK* giornata di festa nazionale in cui le banche e la maggior parte dei negozi tengono chiuso.

banking ['bæŋkɪŋ] *n* attività *fpl* bancarie.

bank manager *n* direttore *m*, -trice *f* di banca.

bank note *n* banconota *f*.

bank rate *n* tasso *m* d'interesse.

bankrupt ['bæŋkrʌpt] *adj* [financially] fallito(a); **to go ~** fallire.

bankruptcy ['bæŋkrəptsɪ] *n* fallimento *m*.

bank statement *n* estratto *m* conto.

banner ['bænər] *n* striscione *m*.

bannister(s) ['bænɪstə(z)] *n(pl)* = banister.

banquet ['bæŋkwɪt] *n* banchetto *m*.

banter ['bæntər] *n* battute *fpl* bonarie.

bap [bæp] *n UK* panino morbido.

baptism ['bæptɪzm] *n* battesimo *m*.

Baptist ['bæptɪst] *n* battista *m* o *f*.

baptize, -ise [*UK* bæp'taɪz, *US* 'bæptaɪz] *vt* battezzare.

bar [bɑː] ⬦ *n* -1. [block, slab] [of chocolate] tavoletta *f*; [of gold] lingotto *m*; **a ~ of soap** una saponetta -2. [length of wood, metal] sbarra *f*; **to be behind ~s** essere dietro le sbarre -3. *fig* [obstacle] barriera *f* -4. [drinking place] bar *m inv* -5. [counter] bancone *m* -6. MUS battuta *f* -2. ⬦ *vt* -1. [close with a bar] sprangare -2. [block] transennare; **to ~ sb's way** bloccare la strada a qn -3. [ban] allontanare. ⬦ *prep* [except] ad eccezione di; **she's the best singer around, ~ none** è la cantante migliore, in assoluto. ◆ **Bar** *n* -1. *UK* **the Bar** *l'ordine degli avvocati che possono rappresentare i clienti presso tutti i tribunali* -2. *US* **the Bar** [lawyers] l'ordine *m* degli avvocati; [profession] l'avvocatura *f*.

barbaric [bɑː'bærɪk] *adj pej* -1. [cruel] barbarico(a) -2. [uncivilized] barbaro(a).

barbecue ['bɑːbɪkjuː] *n* -1. [grill] griglia *f* -2. [party] grigliata *f*.

barbed wire *n* filo *m* spinato.

barber ['bɑːbər] *n* barbiere *m*; **~'s (shop)** barbiere *m*; **to go to the ~'s** andare dal barbiere.

barbiturate [bɑː'bɪtjʊrət] *n* barbiturico *m*.

bar code *n* codice *m* a barre.

bare [beər] ⬦ *adj* -1. [feet, legs, body] nudo(a); [trees] spoglio(a); [landscape] brullo(a) -2. [facts, minimum] essenziale; **the ~ necessities** lo stretto necessario; **the ~ facts** i fatti nudi e crudi -3. [room, cupboard] vuoto(a). ⬦ *vt* [reveal] scoprire; **to ~ one's teeth** digrignare i denti.

barefaced ['beəfeɪst] *adj* spudorato(a).

barefoot(ed) [,beə'fʊt(ɪd)] ⬦ *adj* scalzo(a). ⬦ *adv* a piedi nudi.

barely ['beəlɪ] *adv* [scarcely] appena, a malapena.

bargain ['bɑːgɪn] ⬦ *n* affare *m*; **into the ~** per giunta. ⬦ *vi* trattare; **to ~ with sb for sthg** contrattare qc con qn. ◆ **bargain for**, **bargain on** *vt insep* aspettarsi.

barge [bɑːdʒ] ⬦ *n* chiatta *f*. ⬦ *vi inf* **to ~ past sb/sthg** farsi strada a gomitate superando qn/qc. ◆ **barge in** *vi*: **to ~ in (on sthg)** intromettersi in qc; **to ~ in (on sb)** entrare impetuosamente da qn.

baritone ['bærɪtəʊn] *n* baritono *m*.

bark [bɑːk] ⬦ *n* -1. [of dog] latrato *m* -2.

[on tree] corteccia f. ⬦ vi: **to ~ (at sb/ sthg)** abbaiare (a qn/qc).

barley ['bɑːlɪ] n orzo m.

barley sugar n UK zucchero m d'orzo.

barley water n UK bevanda a base d'orzo e succhi di frutta.

barmaid ['bɑːmeɪd] n barista f.

barman ['bɑːmən] (pl **-men**) n barista m.

barn [bɑːn] n fienile m.

barometer [bə'rɒmɪtəʳ] n barometro m.

baron ['bærən] n barone m; oil ~ magnate m del petrolio; **press ~** barone m della stampa.

baroness ['bærənɪs] n baronessa f.

barrack ['bærək] vt UK fischiare. ◆ **barracks** npl caserma f.

barrage ['bærɑːʒ] n **-1.** [of firing] fuoco f di sbarramento **-2.** [of questions] raffica f **-3.** UK [dam] diga f di sbarramento.

barrel ['bærəl] n **-1.** [for beer, wine] botte f **-2.** [for oil] barile m **-3.** [of gun] canna f.

barren ['bærən] adj **-1.** [unable to have children] sterile **-2.** [unable to produce crops] arido(a).

barricade [ˌbærɪ'keɪd] n barricata f.

barrier ['bærɪəʳ] n fig [fence, wall] barriera f; [at car park, level crossing] sbarra f.

barring ['bɑːrɪŋ] prep salvo.

barrister ['bærɪstəʳ] n UK avvocato m (che può rappresentare i clienti presso tutti i tribunali).

barrow ['bærəʊ] n [market stall] bancarella f.

bartender ['bɑːtendəʳ] n US barista m.

barter ['bɑːtəʳ] ⬦ n baratto m. ⬦ vi barattare; **to ~ sthg for sthg** barattare qc con qc. ⬦ vi vendere barattando.

base [beɪs] ⬦ n **-1.** [gen] base f; [of box, crate] fondo m; [of mountain] piedi mpl **-2.** [centre of activities] sede f. ⬦ vt **-1.** [locate]: **to be ~ d in Paris** essere di stanza a Parigi; **a New York-~ d company** una società con sede a New York **-2.** [use as starting point]: **to ~ sthg (up)on sthg** [gen] basare qc su qc; [novel, play] imperniare qc su qc. ⬦ adj lit [dishonourable] ignobile.

baseball ['beɪsbɔːl] n baseball m inv.

baseball cap n berretto m (da baseball).

basement ['beɪsmənt] n scantinato m.

base rate n tasso m ufficiale di sconto.

bases ['beɪsiːz] pl ▷**basis**.

bash [bæʃ] inf ⬦ n **-1.** [painful blow] botta f **-2.** UK [attempt]: **to have a ~ (at sthg)** provare a fare (qc). ⬦ vt [car] sbattere; [person] picchiare; **to ~ sb on the head**

dare una botta in testa a qn; **to ~ one's head** prendere un colpo in testa.

bashful ['bæʃfʊl] adj timido(a).

basic ['beɪsɪk] adj [principles] fondamentale; [problems] di fondo; [vocabulary, salary] di base; [meal, accommodation] alla buona. ◆ **basics** npl [rudiments] nozioni fpl fondamentali.

BASIC ['beɪsɪk] (abbr of **Beginner's All-purpose Symbolic Instruction Code**) n BASIC m.

basically ['beɪsɪklɪ] adv [essentially] sostanzialmente.

basil ['beɪzl] n basilico m.

basin ['beɪsn] n **-1.** UK [bowl, container] ciotola f; [for washing-up] bacinella f **-2.** [sink] lavandino m **-3.** GEOG bacino m.

basis ['beɪsɪs] (pl **-ses**) n base f; **on the ~ that** partendo dal presupposto che; **on the ~ of** sulla base di; **on a weekly/ monthly ~** a settimana/al mese; **on a regular ~** regolarmente.

bask [bɑːsk] vi **-1.** [sunbathe]: **to ~ in the sun** crogiolarsi al sole **-2.** fig [take pleasure]: **to ~ in sthg** bearsi di qc.

basket ['bɑːskɪt] n cestino m.

basketball ['bɑːskɪtbɔːl] n pallacanestro f.

bass drum [beɪs-] n grancassa f.

bass guitar [beɪs-] n chitarra f basso.

bassoon [bə'suːn] n fagotto m.

bastard ['bɑːstəd] n **-1.** [illegitimate child] bastardo m, -a f **-2.** vulg pej [unpleasant person] bastardo m, -a f, figlio m, -a f di puttana **-3.** inf [person] poveretto m, -a f.

bastion ['bæstɪən] n fig roccaforte f.

bat [bæt] n **-1.** [animal] pipistrello m **-2.** SPORT [for cricket, baseball] mazza f; [for table tennis] racchetta f **-3.** phr: **to do sthg off one's own ~** UK inf di testa propria.

batch [bætʃ] n **-1.** [of papers, letters] pila f **-2.** [of work] lotto m **-3.** [of products] partita f **-4.** [of people] gruppo m.

bated ['beɪtɪd] adj: **with ~ breath** con il fiato sospeso.

bath [bɑːθ] ⬦ n **-1.** [bathtub] bagno m, vasca f (da bagno) **-2.** [act of washing] bagno m; **to have** UK **or take a bath** fare il bagno. ⬦ vt fare il bagno a. ◆ **baths** npl UK dated piscina f comunale.

bathe [beɪð] ⬦ vt **-1.** [wound] lavare **-2.** fig: **to be ~ d in sthg** [tears] essere coperto di; [sweat] essere grondante di; [light] essere inondato di. ⬦ vi **-1.** [swim] fare il bagno, bagnarsi **-2.** US [take a bath] fare il bagno.

bathing ['beɪðɪŋ] *n* balneazione *f*.

bathing cap *n* cuffia *f* da bagno.

bathing costume, **bathing suit** *n* costume *m* da bagno.

bathrobe ['bɑ:rəʊb] *n* -1. [made of towelling] accappatoio *m* -2. [dressing gown] vestaglia *f*.

bathroom ['bɑ:θrʊm] *n* -1. UK [room with bath] bagno *m* -2. [toilet] gabinetto *m*.

bath towel *n* telo *m* da bagno.

bathtub ['bɑ:θtʌb] *n* vasca *f* (da bagno).

baton ['bætən] *n* -1. [of conductor] bacchetta *f* -2. [in relay race] testimone *m* -3. UK [of policeman] manganello *m*.

batsman ['bætsmən] (*pl* **-men**) *n* CRICKET battitore *m*.

battalion [bə'tæljən] *n* battaglione *m*.

batter ['bætər] ⟨> *n* CULIN pastella *f*. ⟨> *vt* [child, woman] picchiare. ⟨> *vi* [beat] dare colpi.

battered ['bætəd] *adj* -1. [child, woman] maltrattato(a) -2. [car] sgangherato(a) -3. CULIN fritto(a) in pastella.

battery ['bætəri] *n* -1. ELEC pila *f* -2. [of guns] batteria *f*.

battle ['bætl] ⟨> *n* -1. [in war] battaglia *f* -2. [struggle] lotta *f*; ~ for/against/with sthg lotta per/contro/con qc. ⟨> *vi* [fight] lottare; to ~ for/against/with sthg lottare per/contro/con qc.

battlefield ['bætlfi:ld], **battleground** ['bætlgrand] *n* MIL campo *m* di battaglia.

battlements *npl* [of castle] merli *mpl*.

battleship ['bætlʃɪp] *n* nave *f* da guerra.

bauble ['bɔ:bl] *n* decorazione natalizia o gioiello di scarso valore.

baulk [bɔ:k] *vi* = **balk**.

bawdy ['bɔ:dɪ] *adj* salace.

bawl [bɔ:l] ⟨> *vt* [shout] urlare. ⟨> *vi* -1. [shout] urlare -2. [weep] piangere strillando.

bay [beɪ] *n* -1. GEOG baia *f* -2. [for loading] piazzola *f* di carico e scarico -3. [for parking] piazzola *f* -4. *phr*: to keep sb at ~ tenere a bada qn; to keep sthg at ~ tenere a bada qc.

bay leaf *n* foglia *f* d'alloro.

Bay of Biscay *n*: the ~ il Golfo di Biscaglia.

bay window *n* bovindo *m*.

bazaar [bə'zɑ:r] *n* -1. [market] bazar *m inv* -2. UK [charity sale] vendita *f* di beneficenza.

B & B *n* = bed and breakfast.

BBC (*abbr of* British Broadcasting Corporation) *n* BBC *f*.

BC (*abbr of* before Christ) a.C.

be [bi:] (*pt* was OR were, *pp* been) ⟨> *aux vb* -1. (*in combination with present participle: to form cont tense*) stare; what is he doing? cosa sta facendo?; it's snowing nevica; I'm leaving tomorrow parto domani; they've been promising reform for years sono anni che promettono delle riforme -2. (*in combination with pp: to form passive*) essere; to ~ loved essere amato(a); ten people have been killed dieci persone sono state uccise; there was no one to ~ seen non c'era nessuno -3. (*in question tags*): it was fun, wasn't it? è stato divertente, vero?; she's pretty, isn't she? è carina, non trovi?; the meal was delicious, wasn't it? il pranzo era squisito, no? -4. (*followed by* to + *infin*): I'm to ~ promoted avrò una promozione; you're not to tell anyone non lo devi dire a nessuno. ⟨> *copulative vb* -1. (*with adj, n*) essere; to ~ a doctor/lawyer/plumber essere medico/avvocato/idraulico; she's intelligent/attractive è intelligente/attraente; I'm hot/cold ho caldo/freddo; ~ quiet/careful! stai zitto/attento!; 1 and 1 are 2 1 più 1 fa 2 -2. (*referring to health*) stare; how are you? come stai?; I'm fine sto benissimo; she's better now sta meglio ora -3. (*referring to age*): how old are you? quanti anni hai?; I'm 20 (years old) ho 20 anni -4. [cost] costare; how much was it? quanto è costato?; that will ~ £10, please fanno 10 sterline, per favore. ⟨> *vi* -1. [exist] esserci; ~ that as it may ciononostante -2. [referring to place] essere; where is the book? – it's on the table dov'è il libro? – è sul tavolo; Salerno is in Italy Salerno è in Italia; he will ~ here tomorrow sarà qui domani -3. [referring to movement] essere; where have you been? dove sei stato?; I've been to the cinema/to France/to the butcher's sono stato al cinema/in Francia/dal macellaio. ⟨> *impers vb* -1. [referring to time, dates] essere; it's two o'clock sono le due; it's 17 February è il 17 febbraio -2. [referring to distance] essere; it's 5 km from here è a 5 km da qui; it's 3 km to the next town la città più vicina è a 3 km -3. [referring to the weather]: it's hot/cold fa caldo/freddo; it's windy c'è vento -4. [for emphasis] essere; it's me sono io; it's the milkman è il lattaio.

beach [bi:tʃ] ⟨> *n* spiaggia *f*. ⟨> *vt* [boat] portare in secca; [whale] tirare a riva.

beacon ['bi:kən] *n* -1. [warning fire] falò *m inv* -2. [lighthouse] faro *m* -3. [radio beacon] radiofaro *m*.

bead [biːd] *n* -1. [of wood, glass] perla *f* -2. [of sweat] goccia *f*.

beak [biːk] *n* [of bird] becco *m*.

beaker ['biːkə^r] *n* bicchiere *m* di plastica.

beam [biːm] ◇ *n* -1. [of wood, concrete] trave *f* -2. [of light] fascio *m* -3. *US* AUT: **high/low** ~**s** abbaglianti *mpl*/anabbaglianti *mpl*. ◇ *vt* [signal] trasmettere via radio; [news] mandare in onda. ◇ *vi* [smile] sorridere radiosamente.

bean [biːn] *n* CULIN fagiolo *m*; **to be full of** ~ **s** *inf* essere pieno(a) d'energia; **to spill the** ~ **s** *inf* vuotare il sacco.

beanbag ['biːnbæg] *n* [seat] poltrona *f* sacco.

beanshoot ['biːnʃuːt], **beansprout** ['biːnsprat] *n* germoglio *m* di soia.

bear [beə^r] (*pt* **bore**, *pp* **borne**) ◇ *n* [animal] orso *m*, -a *f*. ◇ *vt* -1. [gen] portare -2. [sustain] reggere -3. [accept] assumersi -4. [tolerate] sopportare -5. [resentment, ill will] nutrire; [love] provare. ◇ *vi* -1. [turn]: **bear right/left** prendere a destra/sinistra -2. [have effect]: **to bring pressure/influence to** ~ **on sb** esercitare pressioni/influenza su qn. ◆ **bear down** *vi*: **to** ~ **down on sb/sthg** dirigersi verso qn/qc. ◆ **bear out** *vt sep* [story, alibi] confermare. ◆ **bear up** *vi* reggere bene. ◆ **bear with** *vt insep* avere pazienza con; **can you** ~ **with me for a moment?** se non le dispiace aspettare un attimo...

beard [biəd] *n* [of man] barba *f*.

bearer ['beərə^r] *n* [gen & FIN] portatore *m*, -trice *f*; [of stretcher] lettighiere *m*, -a *f*; [of news] latore *m*, -trice *f*; [of passport] titolare *mf*; [of title] detentore *m*, -trice *f*.

bearing ['beərɪŋ] *n* -1. [connection]: ~ **(on sthg)** attinenza *f* (con qc) -2. [deportment] portamento *m* -3. TECH cuscinetto *m* -4. [on compass] direzione *f*; **to get/lose one's** ~ **s** *fig* perdere l'orientamento.

beast [biːst] *n* -1. [animal] bestia *f* -2. *inf pej* [person] bruto *m*.

beat [biːt] (*pt* **beat**, *pp* **beaten**) ◇ *n* -1. [of drum] colpo *m* -2. [of heart, pulse, wings] battito *m* -3. MUS ritmo *m*; [measure] tempo -4. [of policeman] ronda *f*. ◇ *vt* -1. [thing] dare colpi a; [person] picchiare; [drum] suonare; **to** ~ **time** MUS battere il tempo -2. [defeat] battere, sconfiggere; **it** ~ **s me** *inf* non ho la più pallida idea -3. [be better than] essere meglio di -4. CULIN sbattere -5. [wings] battere -6. *phr:* ~ **it!** *inf* [go away] smamma! ◇ *vi* [rain, heart] battere. ◆ **beat off** *vt sep* [resist] respingere. ◆ **beat up** *vt sep inf* [person] malmenare.

beating ['biːtɪŋ] *n* -1. [punishment] botte *fpl* -2. [defeat] sconfitta *f*.

beautiful ['bjuːtɪfʊl] *adj* bello(a).

beautifully ['bjuːtəflɪ] *adv* -1. [attractively – dressed] con molta eleganza; [– decorated] magnificamente -2. *inf* [very well] molto ben.

beauty ['bjuːtɪ] *n* [quality, woman] bellezza *f*.

beauty parlour, **beauty salon** *n* istituto *m* di bellezza.

beauty spot *n* -1. [place] luogo *m* pittoresco -2. [on skin] neo *m*.

beaver ['biːvə^r] *n* castoro *m*.

became [bɪ'keɪm] *pt* ▷ **become**.

because [bɪ'kɒz] *conj* perché. ◆ **because of** *prep* a causa di.

beck [bek] *n*: **to be at sb's** ~ **and call** essere a completa disposizione di qn.

beckon ['bekən] ◇ *vt* [make a signal to] fare cenno a. ◇ *vi* [signal]: **to** ~ **to sb** fare cenno a qn.

become [bɪ'kʌm] (*pt* **became**, *pp* **become**) *vt* [grow] diventare; **to** ~ **clear** farsi chiaro; **to** ~ **quiet(er)** calmarsi; **to** ~ **irritated** arrabbiarsi.

becoming [bɪ'kʌmɪŋ] *adj* -1. [attractive] attraente; **a very** ~ **hat** un cappello che dona molto -2. [appropriate] decoroso(a).

bed [bed] *n* -1. [for sleeping, of sea, river] letto *m*; **to go to** ~ andare a letto; **to go to** ~ **with sb** *euph* andare a letto con qn -2. [flowerbed] aiola *f*.

bed and breakfast *n* -1. [service] pernottamento *m* e prima colazione -2. [hotel] bed and breakfast *m inv*.

bedclothes ['bedkləʊðz] *npl* biancheria *f* da letto.

bedlam ['bedləm] *n* [chaos] pandemonio *m*.

bed linen *n* biancheria *f* da letto.

bedraggled [bɪ'drægld] *adj* [person, appearance] in disordine; [hair] arruffato(a).

bedridden ['bed,rɪdn] *adj* costretto(a) a letto.

bedroom ['bedrʊm] *n* stanza *f* da letto.

bedside ['bedsaɪd] *n* capezzale *m*; ~ **light** lampada *f* da comodino.

bedside table *n* comodino *m*.

bed-sit(ter) *n UK* monolocale *m*.

bedsore ['bedsɔː^r] *n* piaga *f* da decubito.

bedspread ['bedspred] *n* copriletto *m*.

bedtime ['bedtaɪm] *n* ora *f* di andare a letto.

bee [biː] *n* ape *f*.

beech [biːtʃ] *n* faggio *m*.

beef [biːf] *n* manzo *m*.

beefburger ['biːf,bɜːgəʳ] *n UK* hamburger *m inv.*

beefsteak ['biːf,steɪk] *n* bistecca *f* di manzo.

beehive ['biːhaɪv] *n* [for bees] alveare *m*.

beeline ['biːlaɪn] *n*: to make a ~ for sb/ sthg *inf* andare diretto da qn/a qc.

been [biːn] *pp* ⊳be.

beer [bɪəʳ] *n* birra *f*.

beer garden *n* giardino *m* di pub.

beer mat *n* sottobicchiere *m*.

beet [biːt] *n* **-1.** [sugar beet] barbabietola *f* da zucchero **-2.** *US* [beetroot] barbabietola *f* (rossa) .

beetle ['biːtl] *n* coleottero *m*.

beetroot ['biːtruːt] *n UK* barbabietola *f* (rossa).

before [bɪ'fɔːʳ] ◇ *adv* [previously] prima; **do you want to watch the film? – no, I've seen it** ~ vuoi vedere il film? — no, l'ho già visto.. ◇ *prep* **-1.** [preceding in time] prima di **-2.** [in front of, in the presence of] davanti a; **we've a difficult task** ~ **us** ci aspetta un compito difficile. ◇ *conj* prima di.

beforehand [bɪ'fɔːhænd] *adv* in anticipo.

befriend [bɪ'frend] *vt* prendere per amico.

beg [beg] ◇ *vt* **-1.** [money, food] mendicare **-2.** [favour, forgiveness, mercy] chiedere; **to** ~ **sb for sthg** chiedere qc a qn; **to** ~ **sb to do sthg** chiedere a qn di fare qc. ◇ *vi* **-1.** [for money, food] mendicare; **to** ~ **for sthg** mendicare qc **-2.** [for favour, forgiveness, mercy] chiedere; **to** ~ **for sthg** chiedere qc.

began [bɪ'gæn] *pt* ⊳begin.

beggar ['begəʳ] *n* accattone *m*, -a *f*.

begin [bɪ'gɪn] (*pt* began, *pp* begun, *cont* -ning) ◇ *vt* iniziare, cominciare; **to** ~ **doing** OR **to do sthg** iniziare a fare qc. ◇ *vi* iniziare, cominciare; **to** ~ **with,** ... [at first] all'inizio, ...; [as a preamble] tanto per cominciare, ...

beginner [bɪ'gɪnəʳ] *n* principiante *mf*.

beginning [bɪ'gɪnɪŋ] *n* **-1.** [start] inizio *m*; **from the** ~ fin dall'inizio **-2.** [origin] origine *f*.

begrudge [bɪ'grʌdʒ] *vt* **-1.** [envy]: **to** ~ **sb sthg** invidiare qc a qn **-2.** [give, do unwillingly]: **to** ~ **doing sthg** fare qc controvoglia.

begun [bɪ'gʌn] *pp* ⊳begin.

behalf [bɪ'hɑːf] *n*: **on** ~ **of sb** *UK* OR **in** ~ **of sb** *US* per conto di qn.

behave [bɪ'heɪv] *vt & vi*: **to** ~ **(o.s.)** [in a particular way] comportarsi; [in an acceptable way] comportarsi bene.

behaviour *UK*, **behavior** *US* [bɪ'heɪvjəʳ] *n* comportamento *m*.

behead [bɪ'hed] *vt* decapitare.

beheld [bɪ'held] *pt & pp* ⊳behold.

behind [bɪ'haɪnd] ◇ *prep* dietro; **the reason** ~ **his strange behaviour** il motivo del suo comportamento anomalo; **the man** ~ **the operation** l'uomo che tirava le fila dell'operazione; **we're** ~ **you** hai il nostro appoggio; **we're running two months** ~ **schedule** siamo in ritardo di due mesi rispetto ai piani; **the horse finished last, well** ~ **the rest** il cavallo è arrivato ultimo, con un netto distacco rispetto agli altri. ◇ *adv* **-1.** [at, in the back] dietro; **I'll follow on** ~ ti seguo; **leave sthg** ~ dimenticare qc **-2.** [late]: **to remain** ~ rimanere; ~ **with sthg** essere indietro con qc, essere in ritardo con qc. ◇ *n inf* [buttocks] deretano *m*.

behold [bɪ'həʊld] (*pt & pp* **beheld** [bɪ'held]) *vt lit* vedere.

beige [beɪʒ] ◇ *adj* beige (*inv*). ◇ *n* beige *m inv.*

being ['biːɪŋ] *n* **-1.** [creature] essere *m* **-2.** [state of existing]: **in** ~ esistente; **to come into** ~ nascere.

belated [bɪ'leɪtɪd] *adj* in ritardo.

belch [beltʃ] ◇ *n* rutto *m*. ◇ *vt* [smoke, fire] eruttare. ◇ *vi* [person] ruttare.

beleaguered [bɪ'liːgəd] *adj* **-1.** MIL assediato(a) **-2.** *fig* [harassed] assillato(a).

Belgian ['beldʒən] ◇ *adj* belga. ◇ *n* belga *mf*.

Belgium ['beldʒəm] *n* Belgio *m*.

Belgrade [,bel'greɪd] *n* Belgrado *f*.

belief [bɪ'liːf] *n* **-1.** [faith, certainty]: ~ **(in sb/sthg)** fede *f* (in qn/qc) ; [in corporal punishment, in a person] fiducia *f* (in qn/qc) **-2.** [principle, opinion] convinzione *f*.

believe [bɪ'liːv] ◇ *vt* **-1.** [think] credere, pensare **-2.** [person, statement] credere a; ~ **it or not** sembrerà strano. ◇ *vi* **-1.** [be religious] credere **-2.** [know to exist]: **to** ~ **in sb/sthg** [in God] credere in qn/qc; [in Father Christmas, fairies] credere a qn/qc **-3.** [know to be good]: **to** ~ **in sb/sthg** [in person, policy] avere fiducia in qn/qc; [in freedom of speech, justice] credere a qn/qc.

believer [bɪ'liːvəʳ] *n* **-1.** RELIG fedele *mf* **-2.** [supporter]: ~ **in sthg** sostenitore *m*, -trice *f* di qc.

belittle [bɪ'lɪtl] *vt* sminuire.

bell [bel] *n* [of church] campana *f*; [handbell, on door, on bike] campanello *m*.

belligerent [bɪˈlɪdʒərənt] *adj* -1. [at war] belligerante -2. [aggressive] bellicoso(a).

bellows [ˈbeləʊz] *npl* mantice *m*.

belly [ˈbelɪ] *n* pancia *f*.

bellyache [ˈbelɪeɪk] *n* [stomachache] mal *m* di pancia.

belly button *n inf* ombelico *m*.

belong [bɪˈlɒŋ] *vi* -1. [be property]: **to ~ to sb** appartenere a qn -2. [be a member]: **to ~ to sthg** far parte di qc -3. [be in right place] [object]: **that chair ~ s here** quella sedia va qui; [person]: **I don't ~ here** qui mi sento fuori posto.

belongings *npl* effetti *mpl* personali.

beloved [bɪˈlʌvd] *adj* adorato(a).

below [bɪˈləʊ] *◇ adv* -1. [gen] sotto; **they live on the floor ~** abitano al piano di sotto; **children of five and ~** bambini dai cinque anni in giù -2. [in text] (qui) sotto -3. NAUT sottocoperta. *◇ prep* -1. [at, to a lower position than] sotto -2. [in rank, status]: **to be ~ sb in rank** essere di grado inferiore a qn -3. [less than] al di sotto di.

belt [belt] *◇ n* -1. [for clothing] cintura *f* -2. TECH cinghia *f*. *◇ vt inf* [hit] menare.

beltway [ˈbeltˌweɪ] *n US* circonvallazione *f*.

bemused [bɪˈmjuːzd] *adj* perplesso(a).

bench [bentʃ] *n* -1. [seat] panchina *f*, panca *f* -2. [in laboratory, workshop] banco *m* di lavoro -3. *UK* POL seggio *m*.

benchmark [ˈbentʃˌmɑːk] *n* [standard] punto *m* di riferimento; COMPUT benchmark *m inv*.

bend [bend] (*pt & pp* bent [bent]) *◇ n* -1. [in road] curva *f* -2. [in river] ansa *f* -3. [in pipe] gomito *m* -4. *phr*: **round the ~** *inf* fuori di testa. *◇ vt* piegare. *◇ vi* -1. [arm, leg] piegarsi, flettersi; [branch, tree] piegarsi -2. [person] chinarsi -3. [river, road] fare una curva. ➡ **bend down** *vi* chinarsi. ➡ **bend over** *vi* piegarsi; **to ~ over backwards for sb** farsi in quattro per qn.

beneath [bɪˈniːθ] *◇ adv* [below] sotto. *◇ prep* -1. [under] sotto -2. [unworthy of]: **to be ~ sb** essere indegno(a) di qn.

benefactor [ˈbenɪfæktəʳ] *n* benefattore *m*, -trice *f*.

beneficial [ˌbenɪˈfɪʃl] *adj* benefico(a); **~ to sb/sthg** vantaggioso(a) per qn/qc.

beneficiary [ˌbenɪˈfɪʃərɪ] *n* beneficiario *m*, -a *f*.

benefit [ˈbenɪfɪt] *◇ n* -1. [advantage] vantaggio *m*; **to be to sb's ~**, **to be of ~ to sb** andare a vantaggio di qn; **for the ~ of a**

beneficio di -2. [good point] beneficio *m*, vantaggio *m* -3. [ADMIN & allowance of money] sussidio *m*, indennità *f inv*. *◇ vt* giovare a. *◇ vi*: **to ~ from sthg** trarre beneficio da qc.

Benelux [ˈbenɪlʌks] *n* Benelux *m*.

benevolent [bɪˈnevələnt] *adj* [government] benefico(a); [grandparent] benevolo(a).

benign [bɪˈnaɪn] *adj* -1. [person, tumour] benigno(a) -2. [influence] benefico(a) -3. [climate] salubre.

bent [bent] *◇ pt & pp* ➡ bend. *◇ adj* -1. [wire, bar] piegato(a) -2. [person, body] curvo(a) -3. *UK inf* [dishonest] corrotto(a) -4. [determined]: **to be ~ on sthg/on doing sthg** essere determinato(a) a qc/a fare qc. *◇ n* inclinazione *f*, disposizione *f*; **~ for sthg** inclinazione per qc.

bequeath [bɪˈkwiːð] *vt* lasciare in eredità.

bequest [bɪˈkwest] *n* lascito *m*.

berate [bɪˈreɪt] *vt* redarguire.

bereaved [bɪˈriːvd] (*pl* bereaved) *◇ adj* in lutto. *◇ npl*: **the ~** i familiari del defunto.

beret [ˈbereɪ] *n* berretto *m*.

berk [bɜːk] *n UK inf* fesso *m*, -a *f*.

Berlin [bɜːˈlɪn] *n* Berlino *f*.

berm *n US* berma *f*.

Bermuda [bəˈmjuːdə] *n* Bermuda *f*.

Bern [bɜːn] *n* Berna *f*.

berry [ˈberɪ] *n* bacca *f*.

berserk [bəˈzɜːk] *adj*: **to go ~** diventare una furia.

berth [bɜːθ] *◇ n* -1. [in harbour] ormeggio *m* -2. [in ship, train] cuccetta *f*. *◇ vi* [ship] entrare in porto.

beseech [bɪˈsiːtʃ] (*pt & pp* besought [-ˈsɔːt] OR beseeched) *vt lit* supplicare; **to ~ sb to do sthg** supplicare qn di fare qc.

beset [bɪˈset] (*pt & pp* beset) *◇ adj*: **~ with** OR **by sthg** [doubts] assillato(a) da qc; [difficulties, risks] irto(a) di qc. *◇ vt* affliggere.

beside [bɪˈsaɪd] *prep* -1. [next to] vicino a -2. [compared with] in confronto a -3. *phr*: **to be ~ o.s. with sthg** [with anger] essere fuori di sé da qc; [with excitement, joy] non stare nella pelle da qc.

besides [bɪˈsaɪdz] *◇ adv* -1. [moreover] per di più -2. [in addition] inoltre; **and a lot more ~** e molto altro ancora. *◇ prep* [in addition to] oltre a.

besiege [bɪˈsiːdʒ] *vt* -1. [town, fortress] assediare -2. *fig* [trouble, annoy] assillare.

besotted [bɪ'sɒtɪd] *adj*: ~ **(with sb)** infatuato(a) (di qn).

besought [-'sɔːt] *pt & pp* ⊳**beseech.**

best [best] ◇ *adj* [in quality] migliore. ◇ *adv* meglio; **which one did you like ~?** quale ti è piaciuto di più? ◇ *n* -1. [greatest effort or degree, most outstanding thing] meglio *m*; **to do one's ~** fare del proprio meglio; **it's the ~ there is** è ciò che di meglio c'è -2. [most outstanding person] migliore *mf*; **even the ~ of us make mistakes** anche i migliori tra noi commettono errori -3. *phr*: **to make the ~ of sthg** accontentarsi di qc; **it would be for the ~ if** sarebbe meglio se *(+ congiuntivo)*; **all the ~!** cari saluti. ➤ **at best** *adv* nel migliore dei casi.

best man *n* testimone *m* dello sposo.

bestow [bɪ'stəʊ] *vt fml*: **to ~ sthg on sb** [gift, praise] concedere qc a qn; [title] conferire qc a qn.

best-seller *n* best seller *m inv.*

bet [bet] *(pt & pp* **bet** OR **-ted)** ◇ *n* -1. [wager] scommessa *f* -2. *fig* [prediction]: **it's a safe ~ that** è facile che. ◇ *vt* scommettere. ◇ *vi* -1. [gamble]: **to ~ (on sthg)** scommettere (su qc) -2. *fig* [predict]: **to ~ on sthg** giurare su qc.

betray [bɪ'treɪ] *vt* tradire.

betrayal [bɪ'treɪəl] *n* [of person, country, trust] tradimento *m*.

better ['betəʳ] ◇ *adj* -1. *(compar of good)* [in quality] migliore; **to get ~** migliorare; **to get ~ and ~** migliorare continuamente -2. *(compar of well)* [in health]: **to be/feel ~** [improved] stare/sentirsi meglio; [recovered] essere/sentirsi guarito(a). ◇ *adv* -1. *(compar of well)* [more proficiently, skilfully etc] meglio -2. [indicating preference]: **I like it ~** mi piace di più -3. [indicating best course to take]: **I'd ~ leave** è meglio che vada. ◇ *n* [best one] migliore *mf*; **which is the ~ of the two?** qual è il migliore tra i due?; **to get the ~ of sb** avere la meglio su qn. ◇ *vt* migliorare; **to ~ o.s.** migliorare la propria condizione.

better off *adj* -1. [financially]: **to be ~** stare meglio finanziariamente -2. [in a better situation]: **you'd be ~ going by bus** faresti meglio ad andarci in autobus.

betting ['betɪŋ] *n* -1. [bets] scommesse *fpl* -2. [odds] probabilità *fpl.*

betting shop *n UK* sala *f* corse.

between [bɪ'twiːn] ◇ *prep* tra, fra. ◇ *adv* -1. [in space]: **(in) ~** in mezzo -2. [in time]: **(in) ~** nell'intervallo.

beverage ['bevərɪdʒ] *n fml* bevanda *f.*

beware [bɪ'weəʳ] *vi* stare attento(a); **to ~ of sthg** guardarsi da qc; **~ of the dog** attenti al cane.

bewildered [bɪ'wɪldəd] *adj* sconcertato(a).

beyond [bɪ'jɒnd] ◇ *prep* -1. [in space] al di là di, oltre -2. [in time] oltre, dopo -3. [outside the range of] al di là di; **it is ~ my responsibility** esula dalle mie responsabilità. ◇ *adv* -1. [in space] più avanti -2. [in time] oltre.

bias ['baɪəs] *n* -1. [prejudice] pregiudizio *m* -2. [tendency] taglio *m*.

biased *adj* [prejudiced] parziale; **to be ~ towards sb/sthg** favorire qn/qc; **to be ~ against sb/sthg** sfavorire qn/qc.

bib [bɪb] *n* [for baby] bavaglino *m*.

Bible ['baɪbl] *n*: **the ~** la Bibbia.

bicarbonate of soda *n* bicarbonato *m* (di sodio).

biceps ['baɪseps] *(pl* **biceps)** *n* bicipite *m*.

bicker ['bɪkəʳ] *vi* bisticciare.

bicycle ['baɪsɪkl] ◇ *n* bicicletta *f*. ◇ *vi* andare in bicicletta.

bicycle path *n* percorso *m* ciclabile.

bicycle pump *n* pompa *f* della bicicletta.

bid [bɪd] ◇ *n* -1. [attempt] tentativo *m* -2. [at auction] offerta *f* -3. COMM offerta *f* (d'appalto). ◇ *vt (pt & pp (sense 1)* **bid)** [at auction] offrire. ◇ *vi (pt & pp* **bid) -1.** [at auction]: **to ~ (for sthg)** fare un'offerta (per qc) -2. [tender]: **to ~ for sthg** [contract] cercare di aggiudicarsi qc.

bidder ['bɪdəʳ] *n* [at auction] offerente *mf.*

bidding ['bɪdɪŋ] *n* [at auction] offerta *f.*

bide [baɪd] *vt*: **to ~ one's time** aspettare il momento giusto.

bifocals *npl* occhiali *mpl* con lenti bifocali.

big [bɪg] *adj* -1. [in size, importance, generosity] grande -2. [in amount, bulk] grande, grosso(a) -3. [older] più grande -4. [successful] famoso(a).

bigamy ['bɪgəmɪ] *n* bigamia *f.*

big deal *inf* ◇ *n*: **it's no ~** non è importante; **what's the ~?** qual è il problema? ◇ *excl* capirai!

Big Dipper *n* -1. *UK* [rollercoaster] montagne *fpl* russe -2. *US* ASTRON: **the ~** l'Orsa *f* maggiore.

bigheaded [,bɪg'hedɪd] *adj inf* pieno(a) di sé.

bigot ['bɪgət] *n* intollerante *mf.*

bigoted ['bɪgətɪd] *adj* intollerante.

bigotry ['bɪgətrɪ] *n* intolleranza *f.*

big time *n inf*: to make the ~ sfondare.

big toe *n* alluce *m*.

big top *n* -1. [circus] circo *m* -2. [tent] tendone *m* da circo.

big wheel *n UK* [at fairground] ruota *f* panoramica.

bike [baɪk] *n inf* -1. [cycle] bici *f* -2. [motorcycle] moto *f*.

bikeway ['baɪkweɪ] *n US* pista *f* ciclabile.

bikini [bɪ'ki:nɪ] *n* bikini *m inv.*

bile [baɪl] *n* bile *f*.

bilingual [baɪ'lɪŋgwəl] *adj* bilingue.

bill [bɪl] <> *n* -1. [in restaurant, hotel] conto *m* -2. [for electricity, gas] bolletta *f*; ~ **for sthg** fattura *f* per qc -3. [in parliament] disegno *m* di legge -4. [of show, concert] cartellone *m* -5. *US* [bank note] banconota *f* -6. [poster]: **'post** OR **stick no ~ s'** 'divieto *m* d'affissione' -7. [beak] becco *m*. <> *vt* [send a bill to]: **to ~ sb (for sthg)** mandare a qn la fattura (per qc).

billboard ['bɪlbɔ:d] *n* cartellone *m* pubblicitario.

billet ['bɪlɪt] *n* acquartieramento *m*.

billfold ['bɪlfəʊld] *n US* portafoglio *m*.

billiards *n* biliardo *m (singolare)*.

billion ['bɪljən] *num* -1. [thousand million] miliardo *m* -2. *UK dated* [million million] trilione *m*.

bimbo ['bɪmbəʊ] (*pl* -s OR -es) *n inf pej* oca *f*.

bin [bɪn] *n* -1. *UK* [for rubbish] bidone *m* (della spazzatura) -2. [for grain] silo *m*.

bind [baɪnd] (*pt & pp* **bound** [baʊnd]) *vt* -1. [tie up] legare -2. [unite] legare, unire -3. [bandage] fasciare -4. [book] rilegare -5. [constrain] vincolare.

binder ['baɪndə^r] *n* [cover] classificatore *m*.

binding ['baɪndɪŋ] <> *adj* vincolante. <> *n* [of book] rilegatura *f*.

binge [bɪndʒ] *inf* <> *n*: to go on a ~ darsi ai bagordi. <> *vi*: to ~ on sthg rimpinzarsi di qc.

bingo ['bɪŋgəʊ] *n* bingo *m*.

binoculars *npl* binocolo *m*; a pair of ~ un binocolo.

biochemistry [,baɪəʊ'kemɪstrɪ] *n* biochimica *f*.

biodegradable [,baɪəʊdɪ'greɪdəbl] *adj* biodegradabile.

bioethics [,baɪəʊ'eθɪks] *n* bioetica *f*.

biofuel ['baɪəfjʊəl] *n* biocarburante *m*.

biography [baɪ'ɒgrəfɪ] *n* biografia *f*.

biological [,baɪə'lɒdʒɪkl] *adj* biologico(a).

biology [baɪ'ɒlədʒɪ] *n* biologia *f*.

biosphere ['baɪəʊ,sfɪə^r] *n* biosfera *f*.

biotech company ['baɪətek-] *n* azienda *f* biotecnologica.

biotechnology [,baɪəʊtek'nɒlədʒɪ] *n* biotecnologia *f*.

bioterrorism [,baɪəʊ'terərɪzm] *n* bioterrorismo *m*.

birch [bɜ:tʃ] *n* [tree] betulla *f*.

bird [bɜ:d] *n* -1. [creature] uccello *m* -2. *inf* [woman] ragazza *f*.

birdie ['bɜ:dɪ] *n* -1. [bird] uccellino *m* -2. [in golf] birdie *m inv.*

bird's-eye view *n* vista *f* dall'alto.

bird-watcher *n* bird watcher *mf*.

Biro® ['baɪərəʊ] *n* biro® *f*.

birth [bɜ:θ] *n* [of baby, country, system] nascita *f*; to give ~ (to sb) partorire; to give ~ to sthg *fig* dare inizio a qc.

birth certificate *n* certificato *m* di nascita.

birth control *n* controllo *m* delle nascite.

birthday ['bɜ:θdeɪ] *n* compleanno *m*.

birthmark ['bɜ:θmɑ:k] *n* [on the skin] voglia *f*.

birthrate ['bɜ:θreɪt] *n* tasso *m* di natalità.

biscuit ['bɪskɪt] *n* -1. *UK* [thin dry cake] biscotto *m* -2. *US* [bread-like cake] panino *m* morbido.

bisect [baɪ'sekt] *vt* -1. GEOM bisecare -2. [cut in two] dividere in due.

bishop ['bɪʃəp] *n* -1. [in church] vescovo *m* -2. [in chess] alfiere *m*.

bison ['baɪsn] (*pl* -s) *n* bisonte *m*.

bit [bɪt] <> *pt* ▷**bite**. <> *n* -1. [small piece] pezzo *m*; ~ **s and pieces** *UK* cose *fpl*; to ~ **s** a pezzi -2. [unspecified amount]: **a ~** of un po' di; **quite a ~** of un bel po' di -3. [short time]: **for a ~** per un po' -4. [of drill] punta *f* del trapano -5. [of bridle] morso *m* -6. COMPUT bit *m inv.* ◆ **a bit** *adv* un po'. ◆ **bit by bit** *adv* poco a poco.

bitch [bɪtʃ] *n* -1. [female dog] cagna *f* -2. *v inf pej* [unpleasant woman] stronza *f*.

bitchy ['bɪtʃɪ] *adj inf* maligno(a).

bite [baɪt] (*pt* **bit**, *pp* **bitten**) <> *n* -1. [act of biting] morso *m* -2. *inf* [food]: **a ~ (to eat)** un boccone -3. [of insect] puntura *f*. <> *vt* -1. [subj: person, animal] mordere; **to ~ one's nails** mangiarsi le unghie -2. [subj: insect] pungere. <> *vi* -1. [animal, person] mordere; **to ~ into sthg** addentare qc; **to ~ off sthg** staccare con un morso qc -2.

[insect] pungere -3. [grip] fare presa -4. *fig* [sanction, law] farsi sentire.

biting ['baɪtɪŋ] *adj* -1. [very cold] pungente -2. [caustic] mordace.

bitmap ['bɪtmæp] *n* COMPUT bitmap *m inv.*

bitten ['bɪtn] *pp* ⊳ **bite**.

bitter ['bɪtə'] ◇ *adj* -1. [taste, coffee, disappointment] amaro(a) -2. [lemon, argument] aspro(a) -3. [icy] gelido(a) -4. [painful] amaro(a) -5. [resentful] amareggiato(a). ◇ *n* UK [beer] birra *f* rossa.

bitter lemon *n* limonata *f* amara.

bitterness ['bɪtənɪs] *n* -1. [of taste] amaro *m* -2. [of wind, weather] rigidezza *f* -3. [resentment] amarezza *f.*

bizarre [bɪ'zɑː'] *adj* bizzarro(a).

blab [blæb] *vi inf* spiattellare.

black [blæk] ◇ *adj* -1. [gen] nero(a) -2. [person] di colore -3. [without milk]: ~ **coffee** caffè (nero) ; ~ **tea** tè senza latte. ◇ *n* -1. [colour] nero *m*; **in ~ and white** [in writing] nero su bianco; **in the ~** [solvent] in attivo -2. [person] nero *m*, -a *f*. ◇ *vt* UK [boycott] boicottare. ◆ **black out** *vi* [faint] svenire.

blackberry ['blækbərɪ] *n* mora *f* (di rovo).

blackbird ['blækbɜːd] *n* merlo *m.*

blackboard ['blækbɔːd] *n* lavagna *f.*

blackcurrant [ˌblæk'kʌrənt] *n* ribes *m inv* nero.

blacken ['blækn] ◇ *vt* [with colour, dirt] annerire. ◇ *vi* [sky] incupirsi.

black eye *n* occhio *m* nero.

Black Forest *n*: **the ~** la Foresta Nera.

blackhead ['blækhed] *n* punto *m* nero, comedone *m.*

black ice *n* vetrato *m.*

blacklist ['blæklɪst] ◇ *n* lista *f* nera. ◇ *vt* mettere sulla lista nera.

blackmail ['blækmeɪl] ◇ *n* ricatto *m*. ◇ *vt* ricattare.

black market *n* mercato *m* nero.

blackout ['blækaʊt] *n* -1. [in wartime] oscuramento *m* -2. [power cut] blackout *m inv* -3. [suppression of news] silenzio *m* stampa -4. [fainting fit] svenimento *m.*

black pudding *n* UK sanguinaccio *m.*

Black Sea *n*: **the ~** il Mar *m* Nero.

black sheep *n* pecora *f* nera.

blacksmith ['blæksmɪθ] *n* fabbro *m* ferraio.

black spot *n* [for road accidents] *tratto di strada dove accadono molti incidenti.*

bladder ['blædə'] *n* vescica *f.*

blade [bleɪd] *n* -1. [of knife, saw] lama *f* -2. [of propeller] pala *f* -3. [of grass] filo *m.*

blame [bleɪm] ◇ *n* [responsibility] colpa *f*, responsabilità *f inv*; **to take the ~ for sthg** assumersi la colpa di qc. ◇ *vt* dare la colpa a; **to ~ sthg on sb/sthg, ~ sb/sthg for sthg** dare la colpa di qc a qn/qc; **to be to ~ for sthg** essere responsabile di qc.

bland [blænd] *adj* -1. [person, style] insulso(a) -2. [food] insipido(a).

blank [blæŋk] ◇ *adj* -1. [sheet of paper] bianco(a) -2. [wall] nudo(a) -3. [cassette] vergine -4. *fig* [look] assente; **my mind went ~** ho avuto un vuoto mentale. ◇ *n* -1. [empty space] spazio *m* vuoto -2. [MIL & cartridge] cartuccia *f* a salve.

blank cheque *n* -1. [money order] assegno *m* in bianco -2. *fig* [free hand] carta *f* bianca.

blanket ['blæŋkɪt] *n* -1. [bed cover] coperta *f* -2. [of snow] coltre *f*, manto *m* -3. [of fog] cappa *f.*

blare [bleə'] *vi* -1. [siren] ululare -2. [radio] strepitare -3. [horn] strombazzare.

blasphemy ['blæsfəmɪ] *n* -1. [blasphemous utterance] bestemmia *f* -2. [disrespect for God] atteggiamento *m* blasfemo.

blast [blɑːst] ◇ *n* -1. [of bomb] esplosione *f* -2. [of air] raffica *f* -3. US *inf*: **to have a ~** divertirsi un sacco. ◇ *vt* [hole, tunnel] scavare con esplosivi. ◇ *excl* UK *inf* maledizione. ◆ **(at) full blast** *adv* -1. [at maximum volume] a tutto volume -2. [at maximum effort, speed] a tutto spiano.

blasted ['blɑːstɪd] *adj inf* [for emphasis] maledetto(a).

blast-off *n* lancio *m.*

blatant ['bleɪtənt] *adj* spudorato(a).

blaze [bleɪz] ◇ *n* -1. [fire] incendio *m* -2. *fig* [of colour, light] sfolgorio *m*. ◇ *vi* -1. [fire] divampare -2. *fig* [with colour] risplendere; [with emotion] ardere.

blazer ['bleɪzə'] *n* [jacket] blazer *m inv.*

bleach [bliːtʃ] ◇ *n* [chemical] candeggina *f*. ◇ *vt* -1. [hair] decolorare -2. [clothes] candeggiare.

bleachers ['bliːtʃəz] *npl* US gradinate *fpl.*

bleak [bliːk] *adj* -1. [future] poco promettente -2. [place] desolato(a) -3. [weather] tetro(a).

bleary-eyed [-'aɪd] *adj* con gli occhi appannati.

bleat [bliːt] ◇ *n* [of sheep, goat] belato *m*. ◇ *vi* -1. [sheep, goat] belare -2. *fig* [person – speak] dire con voce petulante; [– complain] lagnarsi.

bleed [bli:d] (*pt & pp* **bled** [bled]) ◇ *vt* [drain] spurgare. ◇ *vi* sanguinare.

bleeper ['bli:pə^r] *n* cercapersone *m inv.*

blemish ['blemɪʃ] *n* **-1.** [flaw – on skin, surface, china] imperfezione *f*; [- on fruit] ammaccatura *f* **-2.** *fig* [on name, reputation] macchia *f*.

blend [blend] ◇ *n* **-1.** [of substances] miscela *f* **-2.** *fig* [of ideas, qualities] combinazione *f*. ◇ *vt* [mix] mescolare; **to ~ sthg with sthg** mescolare qc con qc. ◇ *vi* [colours, sounds] mescolarsi; **to ~ with sthg** mescolarsi con qc.

blender ['blendə^r] *n* [food mixer] frullatore *m.*

bless [bles] (*pt & pp* **-ed** OR **blest**) *vt* **-1.** RELIG benedire **-2.** [endow] **-3.** *phr:* **~ you!** [after sneezing] salute!; [thank you] grazie mille!

blessing ['blesɪŋ] *n* benedizione *f.*

blest *pt & pp* ▷ **bless.**

blew [blu:] *pt* ▷ **blow.**

blight [blaɪt] *vt* danneggiare.

blimey ['blaɪmɪ] *excl UK inf* accidenti.

blind [blaɪnd] ◇ *adj* **-1.** [unsighted, unthinking] cieco(a) **2.** *fig* [unaware] **to be ~ to sthg** non vedere qc. ◇ *n* [for window] avvolgibile *f.* ◇ *npl:* **the ~** i ciechi. ◇ *vt* **-1.** [make sightless – permanently] accecare, rendere cieco(a); [- temporarily] abbagliare, accecare **-2.** *fig* [make unobservant] accecare; **to ~ sb to sthg** non far vedere qc a qn.

blind alley *n lit & fig* vicolo *m* cieco.

blind date *n* appuntamento *m* al buio.

blinders ['blaɪndə^rz] *npl US* paraocchi *m.*

blindfold ['blaɪndfəʊld] ◇ *adv* a occhi chiusi. ◇ *n* benda *f* (sugli occhi). ◇ *vt* bendare (gli occhi a).

blindingly ['blaɪndɪŋlɪ] *adv* [clearly]: **~ obvious** lampante.

blindly ['blaɪndlɪ] *adv* **-1.** [unable to see] a tentoni **-2.** *fig* [without information] alla cieca.

blindness ['blaɪndnɪs] *n lit & fig* cecità *f*; **~ to sthg** *fig* cecità *f* davanti a qc.

blind spot *n* **-1.** [when driving] angolo *m* morto **-2.** *fig* [inability to understand] blocco *m* mentale.

blink [blɪŋk] ◇ *n phr:* **on the ~** *inf* [machine] scassato(a). ◇ *vt:* **to ~ one's eyes** battere le palpebre. ◇ *vi* **-1.** [eyes] battere le palpebre **-2.** [light] lampeggiare.

blinkered ['blɪŋkəd] *adj* **-1.** [horse] col paraocchi **-2.** *fig* [view, attitude] gretto(a).

blinkers ['blɪŋkəz] *npl UK* [for horse] paraocchi *m.*

bliss [blɪs] *n* beatitudine *f.*

blissful ['blɪsfʊl] *adj* [day, experience] stupendo(a); **in ~ ignorance** in beata ignoranza.

blister ['blɪstə^r] ◇ *n* [on skin] vescica *f.* ◇ *vi* **-1.** [skin] coprirsi di vesciche **-2.** [paint] formare delle bolle.

blithely ['blaɪðlɪ] *adv* spensieratamente, con noncuranza.

blitz [blɪts] *n* MIL blitz *m inv.*

blizzard ['blɪzəd] *n* bufera *f* di neve.

bloated ['bləʊtɪd] *adj* gonfio(a).

blob [blɒb] *n* **-1.** [drop] goccia *f* **-2.** [shapeless thing] forma *f* indistinta.

block [blɒk] ◇ *n* **-1.** [building]: **office ~** palazzo *m* di uffici; **~ of flats** *UK* caseggiato *m* **-2.** [of ice, wood, stone] blocco *m* **-3.** *US* [of buildings] isolato *m* **-4.** [obstruction]: **mental ~** blocco *m* mentale. ◇ *vt* **-1.** [road, pipe] bloccare **-2.** [view] impedire **-3.** [hinder] ostacolare.

blockade [blɒ'keɪd] ◇ *n* blocco *m* (navale). ◇ *vt* bloccare.

blockage ['blɒkɪdʒ] *n* ostruzione *f.*

blockbuster ['blɒkbʌstə^r] *n inf* [film] kolossal *m.*

block capitals, block letters *npl* stampatello *m.*

bloke [bləʊk] *n UK inf* tipo *m*, tizio *m.*

blond [blɒnd] *adj* [hair, man] biondo(a).

blonde [blɒnd] ◇ *adj* [hair, woman] biondo(a). ◇ *n* [woman] bionda *f.*

blood [blʌd] *n* sangue *m*; **in cold ~** a sangue freddo.

bloodbath ['blʌdbɑ:θ] *n* bagno *m* di sangue.

blood cell *n* globulo *m.*

blood donor *n* donatore *m*, -trice *f* di sangue.

blood group *n* gruppo *m* sanguigno.

bloodhound ['blʌdhaʊnd] *n* segugio *m.*

blood poisoning *n* setticemia *f.*

blood pressure *n* pressione *f* arteriosa; **to have high/low ~** soffrire di ipertensione/ipotensione.

bloodshed ['blʌdʃed] *n* spargimento *m* di sangue.

bloodshot ['blʌdʃɒt] *adj* [eyes] iniettato(a) di sangue.

bloodstream ['blʌdstri:m] *n* sangue *m.*

blood test *n* analisi *f inv* del sangue.

bloodthirsty ['blʌd,θɜ:stɪ] *adj* assetato(a) di sangue.

blood transfusion *n* trasfusione *f* (di sangue).

bloody ['blʌdɪ] ◇ adj -1. [war, conflict] cruento(a) -2. [face, hands] insanguinato(a) -3. UK v inf [for emphasis] maledetto(a); ~ hell! porca miseria! ◇ adv UK v inf: he's ~ useless è assolutamente incapace; it's a ~ good film è un ottimo film.

bloody-minded adj UK inf: don't be so ~ non fare il bastian contrario.

bloom [blu:m] ◇ n [flower] fiore n. ◇ vi [plant, tree] fiorire.

blooming ['blu:mɪŋ] ◇ adj UK inf [for emphasis] maledetto(a). ◇ adv UK inf: that's just ~ marvellous! fantastico!

blossom ['blɒsəm] ◇ n [of tree] fiori mpl; in ~ in fiore. ◇ vi -1. [tree] fiorire -2. fig [person] sbocciare.

blot [blɒt] ◇ n [of ink etc] fig macchia f; to be a ~ on the landscape rovinare il paesaggio. ◇ vt -1. [dry] asciugare(con carta assorbente) -2. [spot with ink] macchiare. ◆ **blot out** vt sep -1. [obscure] offuscare -2. [erase] cancellare.

blotchy ['blɒtʃɪ] adj coperto(a) di macchie.

blotting paper n carta f assorbente.

blouse [blaʊz] n camicetta f.

blow [bləʊ] (pt blew, pp blown) ◇ vi -1. [wind, person] soffiare -2. [move with wind]: to ~ away OR off volare via; the door blew open/shut il vento spalancò/chiuse la porta -3. [fuse] saltare -4. [whistle]: didn't you hear the whistle ~? non hai sentito il fischietto? ◇ vt -1. [subj: wind] far volare -2. [clear]: to ~ one's nose soffiarsi il naso -3. [horn, trumpet] suonare; to ~ the whistle fischiare. ◇ n -1. [hit] colpo m -2. [shock] colpo m, batosta f. ◆ **blow away** vi [in wind] volare via. ◆ **blow out** ◇ vt sep spegnere (soffiando). ◇ vi -1. [candle] spegnersi -2. [tyre] scoppiare. ◆ **blow over** vi [storm, argument] calmarsi. ◆ **blow up** ◇ vt sep -1. [inflate] gonfiare -2. [with bomb] far saltare -3. [enlarge] fare un ingrandimento di. ◇ vi [explode] esplodere.

blow-dry ◇ n piega f a fon. ◇ vt asciugare con il fon.

blowlamp ['bləʊlæmp] UK, **blowtorch** esp US n cannello m per saldare.

blown [bləʊn] pp ▷blow.

blowout ['bləʊaʊt] n [of tyre] scoppio m.

blowtorch ['bləʊtɔ:tʃ] n esp US = blowlamp.

blubber ['blʌbər] ◇ n [of whale] grasso m. ◇ vi pej [weep] frignare.

bludgeon ['blʌdʒən] vt bastonare.

blue [blu:] ◇ adj -1. [in colour – light-blue] azzurro(a); [– dark-blue] blu inv -2. inf [sad] triste -3. [pornographic] porno inv; a ~ joke una barzelletta spinta. ◇ n [light blue] azzurro m; [dark blue] blu m inv; out of the ~ all'improvviso. ◆ **blues** npl: the ~s MUS il blues; inf [sad feeling] la malinconia.

bluebell ['blu:bel] n giacinto m di bosco.

blueberry ['blu:bərɪ] n mirtillo m.

blue channel n: the ~ all'aeroporto, uscita per chi arriva dalla Comunità Europea.

blue cheese n formaggio m venato.

blue-collar adj: ~ worker tuta f blu.

blue jeans npl US blue jeans mpl.

blueprint ['blu:prɪnt] n -1. CONSTR cianografia f -2. fig [plan, programme] progetto m.

bluff [blʌf] ◇ adj [person, manner] franco(a). ◇ n -1. [deception] bluff m inv; to call sb's ~ far mettere le carte in tavola a qn -2. [cliff] promontorio m a picco. ◇ vt: to ~ one's way out of sthg riuscire con un bluff a districarsi da qc. ◇ vi bluffare.

blunder ['blʌndər] ◇ n gaffe f inv. ◇ vi [make mistake] fare una gaffe.

blunt [blʌnt] ◇ adj -1. [not sharp – knife] non affilato(a); ~ instrument corpo m contundente -2. [forthright – person] schietto(a); [– manner, question] brusco(a). ◇ vt -1. [knife] smussare -2. fig [weaken] smorzare.

blur [blɜ:r] ◇ n massa f confusa. ◇ vt -1. [outline, photograph] sfocare -2. [memory, vision] offuscare.

blurb [blɜ:b] n inf [on book] risvolto m di copertina.

blurt [blɜ:t] ◆ **blurt out** vt sep lasciarsi sfuggire.

blush [blʌʃ] ◇ n rossore m. ◇ vi arrossire.

blusher ['blʌʃər] n fard m inv.

blustery ['blʌstərɪ] adj ventoso(a).

BO (abbr of body odour) n puzzo m di sudore.

boar [bɔ:r] n -1. [male pig] maiale m -2. [wild pig] cinghiale m.

board [bɔ:d] ◇ n -1. [plank] asse f -2. [for notices] bacheca f -3. [for games] tavolo m; [for chess] scacchiera f -4. [blackboard] lavagna f -5. [of company] consiglio m; [of enquiry, examiners] commissione f; [of school] comitato m; ~ of directors consiglio m d'amministrazione -6. UK [at hotel, guesthouse] vitto m; ~ and lodging vitto e alloggio m; full ~ pensione completa f;

half ~ mezza pensione *f* -7. *phr:* above ~ regolare. ◇ *vt* [get onto] salire a bordo di. ✦ **across the board** ◇ *adj* generale. ◇ *adv* in modo generale. ✦ **on board** ◇ *adj* a bordo. ◇ *adv* a bordo di; **to take sthg on** ~ [knowledge] assimilare qc; [advice] accettare qc. ✦ **board up** *vt sep* chiudere con assi.

boarder ['bɔːdə^r] *n* -1. [lodger] pensionante *mf* -2. [at school] interno *m*, -a *f*

boarding card *n* carta *f* d'imbarco.

boarding house *n* pensione *f*.

boarding school *n* collegio *m*.

Board of Trade *n UK*: **the** ~ il ministero del Commercio.

boardroom ['bɔːdrʊm] *n* sala *f* di consiglio.

boast [bəʊst] ◇ *n* vanto *m*. ◇ *vi* [show off]: **to** ~ **(about sthg)** vantarsi (di qc).

boastful ['bəʊstfʊl] *adj* vanaglorioso(a).

boat [bəʊt] *n* [ship] imbarcazione *f*; [for rowing] barca *f* (a remi); [for sailing] barca *f* a vela; **by** ~ in barca.

boater ['bəʊtə^r] *n* [hat] paglietta *f*.

boatswain ['bəʊsn] *n* NAUT nostromo *m*.

bob [bɒb] ◇ *n* -1. [hairstyle] caschetto *m* -2. *UK inf dated* [shilling] scellino *m* -3. − **bobsleigh**. ◇ *vi* [boat, ship] ondeggiare.

bobbin ['bɒbɪn] *n* bobina *f*.

bobby ['bɒbɪ] *n UK inf* poliziotto *m*.

bobsleigh ['bɒbsleɪ] *n* bob *m inv.*

bode [bəʊd] *vi lit:* **to** ~ **well/ill (for sb/ sthg)** essere di buon/cattivo augurio (per qn/qc).

bodily ['bɒdɪlɪ] ◇ *adj* [needs] corporale. ◇ *adv* [carry, lift] di peso.

body ['bɒdɪ] *n* -1. [of human, animal] corpo *m* -2. [corpse] cadavere *m* -3. [organization] organismo *m* -4. [of car] scocca *f* -5. [of plane] fusoliera *f* -6. [group] massa *f* -7. [of wine] corposità *f* -8. [of hair] volume *f* -9. [garment] body *m inv.*

body building *n* body building *m*, culturismo *m*.

bodyguard ['bɒdɪgɑːd] *n* guardia *f* del corpo.

body odour *n* odore *m* del corpo.

bodywork ['bɒdɪwɜːk] *n* [of car] carrozzeria *f*.

bog [bɒg] *n* -1. [marsh] pantano *m* -2. *UK v inf* [toilet] cesso *m*.

bogged down ['bɒgd] *adj* -1.: ~ **in sthg** [in problem, details, work] sommerso(a) da qc -2. [in mud, snow]: ~ **(in sthg)** impantanato(a) (in qc)

boggle ['bɒgl] *vi*: **the mind** ~ **s!** è pazzesco!

bog-standard *adj inf* ordinario(a).

bogus ['bəʊgəs] *adj* falso(a).

boil [bɔɪl] ◇ *n* -1. [on skin] foruncolo *m* -2. [boiling point]: **to bring sthg to the** ~ portare a bollore qc; **to come to the** ~ cominciare a bollire. ◇ *vt & vi* far bollire. ✦ **boil down to** *vt insep fig* ridursi a. ✦ **boil over** *vi* -1. [liquid] traboccare durante l'ebollizione -2. *fig* [feelings] traboccare.

boiled ['bɔɪld] *adj* [rice] bollito(a); [potatoes, fish, chicken] lesso(a); ~ **egg** uovo *m* alla coque; ~ **sweet** caramella *f*.

boiler ['bɔɪlə^r] *n* caldaia *f*.

boiler suit *n UK* tuta *f* da lavoro.

boiling ['bɔɪlɪŋ] *adj* -1. [liquid] bollente -2. *inf* [weather] torrido(a); **it's** ~ **in here!** qua si muore dal caldo!; [person]: **I'm** ~ **(hot)!** sto scoppiando dal caldo!

boiling point *n* punto *m* di ebollizione.

boisterous ['bɔɪstərəs] *adj* [child, behaviour] turbolento(a).

bold [bəʊld] *adj* -1. [confident] audace -2. ART deciso(a) -3. [colour] vistoso(a) -4. TYPO: ~ **type** OR **print** grassetto *m*.

bollard ['bɒlɑːd] *n* [on road] colonnina *f* spartitraffico.

bollocks ['bɒləks] *UK vulg* ◇ *npl* palle *fpl*. ◇ *excl* cazzate!

bolster ['bəʊlstə^r] ◇ *n* [pillow] cuscino *m* cilindrico. ◇ *vt* [encourage] sostenere.

bolt [bəʊlt] ◇ *n* -1. [on door] chiavistello *m* -2. [type of screw] bullone *m*. ◇ *adv*: **to sit** ~ **upright** essere seduto(a) dritto(a) come un fuso. ◇ *vt* -1. [fasten together] imbullonare -2. [close] chiudere col chiavistello -3. [food] ingoiare. ◇ *vi* [run] scappare.

bomb [bɒm] ◇ *n* [explosive device] bomba *f*. ◇ *vt* [town] bombardare; [building] far saltare (in aria).

bombard [bɒm'bɑːd] *vt* MIL & *fig:* **to** ~ **(with sthg)** bombardare (di qc).

bombastic [bɒm'bæstɪk] *adj* ampolloso(a).

bomb disposal squad *n* squadra *f* artificieri.

bomber ['bɒmə^r] *n* -1. [plane] bombardiere *m* -2. [person] attentatore *m*, -trice *f*, dinamitardo *m*, -a *f*

bombing ['bɒmɪŋ] *n* attentato *m*.

bombshell ['bɒmʃel] *n fig* [unpleasant surprise] bomba *f*.

bona fide [,bəʊnə'faɪdɪ] *adj* [genuine] onesto(a).

bond [bɒnd] ◇ *n* -1. [emotional link] legame *m* -2. [binding promise] impegno *m* -3.

FIN obbligazione *f.* ◇ *vt* -1. [glue]: **to ~ sthg to sthg** incollare qc a qc -2. *fig* [people] **unire**.

bone [bəʊn] ◇ *n* [gen] osso *m*; [of fish] lisca *f*, spina *f*. ◇ *vt* [fish] spinare; [meat] disossare.

bone-dry *adj* perfettamente asciutto(a).

bone-idle *adj inf* sfaticato(a).

bonfire ['bɒn,faɪəʳ] *n* falò *m inv.*

bonfire night *n UK* la notte del 5 novembre, durante la quale, con fuochi d'artificio e falò, si commemora la sventata Congiura delle polveri del 1605.

bonk [bɒŋk] *vt & vi UK v inf* scopare.

Bonn *n* Bonn *f.*

bonnet ['bɒnɪt] *n* -1. *UK* [of car] cofano *m* -2. [hat] cuffia *f.*

bonny ['bɒnɪ] *adj Scot* carino(a).

bonus ['bəʊnəs] (*pl* -es) *n* -1. [extra money] gratifica *f* -2. *fig* [added treat] sovrappiù *m inv.*

bony ['bəʊnɪ] *adj* -1. [person, hand, face] ossuto(a) -2. [fish] pieno(a) di spine; [meat] pieno(a) di ossa.

boo [buː] (*pl* -s) ◇ *excl* buuh! ◇ *n* grida *fpl* (di scherno). ◇ *vt & vi* fischiare.

boob [buːb] *n inf* [mistake] gaffe *f inv.* ◆ **boobs** *npl UK v inf* [woman's breasts] tette *fpl.*

booby trap *n* -1. [bomb] trappola *f* esplosiva -2. [prank] scherzo *m.*

book [bʊk] ◇ *n* -1. [for reading] libro *m* -2. [of stamps, tickets, cheques] carnet *m inv.* ◇ *vt* -1. [reserve] prenotare; **to be fully ~ed** essere al completo -2. *inf* [subj: police] multare -3. *UK* FTBL ammonire. ◇ *vi* prenotare. ◆ **books** *npl* COMM libri *mpl* contabili. ◆ **book up** *vt sep* [reserve] prenotare.

bookcase ['bʊkkeɪs] *n* libreria *f.*

bookie ['bʊkɪ] *n inf* allibratore *m*, -trice *f*, bookmaker *mf inv.*

booking ['bʊkɪŋ] *n* -1. *esp UK* [reservation] prenotazione *f* -2. FTBL ammonizione *f.*

booking office *n esp UK* biglietteria *f.*

bookkeeping ['bʊk,kiːpɪŋ] *n* COMM contabilità *f.*

booklet ['bʊklɪt] *n* opuscolo *m.*

bookmaker ['bʊk,meɪkəʳ] *n* allibratore *m*, -trice *f*, bookmaker *mf inv.*

bookmark ['bʊkmɑːk] *n* segnalibro *m inv.*

bookseller ['bʊk,seləʳ] *n* libraio *m*, -a *f.*

bookshelf ['bʊkʃelf] (*pl* -shelves) *n* mensola *f* per libri.

bookshop ['bʊkʃɒp] *UK*, **bookstore** ['bʊkstɔːʳ] *US n* libreria *f.*

book token *n esp UK* buono omaggio utilizzabile presso una libreria.

boom [buːm] ◇ *n* -1. [loud noise] rimbombo *m* -2. [increase] boom *m inv* -3. NAUT boma *f* -4. [for TV camera, microphone] giraffa *f.* ◇ *vi* -1. [make noise] rimbombare -2. ECON & grow] essere in pieno boom.

boon [buːn] *n* benedizione *f.*

boost [buːst] ◇ *n* -1. [increase] incremento *m* -2. [improvement] spinta *f.* ◇ *vt* -1. [increase] incrementare -2. [popularity] aumentare; [spirits, morale] sollevare -3. *US inf* [steal] fregare.

booster ['buːstəʳ] *n* MED richiamo *m.*

boot [buːt] ◇ *n* -1. [footwear – knee-length] stivale *m*; [– ankle-length] stivaletto *m*; [– for hiker, soldier] scarpone *m*; [for sport] scarpa *f* -2. *UK* [of car] bagagliaio *m*, portabagagli *m inv.* ◇ *vt* -1. *inf* [kick – person] dare un calcio a; [– ball] dare un calcio a, calciare -2. COMPUT inizializzare. ◆ **to boot** *adv* per giunta. ◆ **boot up** *vt* COMPUT inizializzare.

booth [buːð] *n* -1. [at fair] baraccone *m* -2. [for phoning, voting] cabina *f.*

booty ['buːtɪ] *n lit* bottino *m.*

booze [buːz] *inf* ◇ *n* alcol *m.* ◇ *vi* bere alcolici.

bop [bɒp] *inf* ◇ *n UK* [disco, dance] ballo *m.* ◇ *vi UK* [dance] ballare.

border ['bɔːdəʳ] ◇ *n* -1. [between countries] confine *m* -2. [of fabric, plate, field] bordo *m*; [of lake] riva *f* -3. [in garden] aiuola *f (di bordura).* ◇ *vt* -1. [country] confinare con -2. [edge] circondare. ◆ **border on** *vt insep* [verge on] essere ai limiti di.

borderline ['bɔːdəlaɪn] ◇ *adj* limite. ◇ *n fig* [uncertain division] limite *m.*

bore [bɔːʳ] ◇ *pt* ▷bear. ◇ *n* -1. *pej* [tedious person, event] noia *f* -2. [of gun] calibro *m.* ◇ *vt* -1. [not interest] annoiare; **to ~ sb stiff** OR **to tears** OR **to death** annoiare qn a morte -2. [drill] perforare.

bored [bɔːd] *adj* annoiato(a); **to be ~ with sthg** essere stufo(a) di qc.

boredom ['bɔːdəm] *n* noia *f.*

boring ['bɔːrɪŋ] *adj* noioso(a).

born [bɔːn] *adj* -1. [given life] nato(a); **to be ~** nascere -2. [for emphasis]: **to be a ~ leader** essere un leader nato.

borne [bɔːn] *pp* ▷bear.

borough ['bʌrəʊ] *n* comune *m.*

borrow ['bɒrəʊ] *vt* [property, money] prendere in prestito; **to ~ sthg from sb** prendere qc in prestito da qn.

Bosnia ['bɒznɪə] *n* Bosnia *f.*

Bosnian ['bɒznɪən] ◇ adj bosniaco(a). ◇ n bosniaco m, -a f.

bosom ['bʊzəm] n [of woman] seno m; **in the ~ of the family** in seno alla famiglia; **~ friend** amico m, -a f del cuore.

boss [bɒs] ◇ n [of company, department, gang] capo m; [of mafia] boss m inv. ◇ vt pej tiranneggiare. ◆ **boss about**, **boss around** vt sep pej tiranneggiare.

bossy ['bɒsɪ] adj prepotente.

bosun ['bəʊsn] n = boatswain.

botany ['bɒtənɪ] n botanica f.

botch [bɒtʃ] ◆ **botch up** vt sep inf fare un pasticcio con.

both ◇ adj entrambi(e). ◇ adv: **~ ... and ...** sia ... che ... ◇ pron entrambi(e); **~ of us/you/them** entrambi(e), tutti(e) e due.

bother ['bɒðə'] ◇ vt -1. [worry] preoccupare; **I/she etc can't be ~ed to do it** non ho/ha etc nessuna voglia di farlo -2. [hurt, annoy] dare fastidio a. ◇ vi [trouble o.s.] disturbarsi; **to ~ about sthg** preoccuparsi di qc; **to ~ doing** OR **to do sthg** darsi la pena di fare qc. ◇ n problema m; **it's no ~** non c'è problema; **I don't want to put you to any ~** non voglio crearti problemi. ◇ excl accidenti.

bothered ['bɒðəd] adj [worried] preoccupato(a); [annoyed] seccato(a).

bottle ['bɒtl] ◇ n -1. [container, quantity of milk, wine] bottiglia f; [- of shampoo, medicine] flacone m; [- of perfume] bottiglietta f, boccetta f -2. [for baby] biberon m inv -3. UK inf [courage] coraggio m. ◇ vt -1. [wine] imbottigliare -2. [fruit] mettere in barattolo. ◆ **bottle up** vt sep [feelings] reprimere.

bottle bank n contenitore m per la raccolta del vetro.

bottleneck ['bɒtlnek] n -1. [in traffic] ingorgo m -2. [in production] collo m di bottiglia.

bottle-opener n apribottiglie m inv.

bottom ['bɒtəm] ◇ adj -1. [lowest] in basso -2. [least successful] peggiore; **I was always ~ in physics** in fisica ero sempre l'ultimo della classe. ◇ n -1. [gen] fondo m; **at the ~** in fondo; **at the ~ of** [sea, street, league] in fondo a; [mountain, hill] ai piedi di; **to start at the ~** [in organization] cominciare dal basso -2. [buttocks] sedere m -3. [root, cause]: **to get to the ~ of sthg** scoprire cosa c'è sotto qc. ◆ **bottom out** vi [prices, recession] raggiungere il minimo.

bottom line n fig: **the ~** il nocciolo della questione.

bough [baʊ] n ramo m (principale).

bought [bɔːt] pt & pp ▷ buy.

boulder ['bəʊldə'] n masso m.

bounce [baʊns] ◇ vi -1. [ball] rimbalzare -2. [person] [with energy, enthusiasm] entrare di slancio; [jump up and down]: **to ~ on** sthg saltare su qc -3. inf [cheque] essere scoperto. ◇ vt [ball] far rimbalzare. ◇ n [of ball] rimbalzo m.

bouncer ['baʊnsə'] n inf [at club etc] buttafuori m inv.

bound [baʊnd] ◇ pt & pp ▷ **bind**. ◇ adj -1. [certain]: **to be ~ to do sthg**: **he's ~ to win** vincerà di sicuro; **she's ~ to see it** non può non vederlo -2. [forced, morally obliged]: **to be/feel ~ by sthg** essere/sentirsi vincolato da qc; **to be/feel ~ to do** sth essere/sentirsi tenuto a fare qc; **I'm ~ to say** OR **admit** devo dire OR riconoscere -3. [en route]: **to be ~ for** essere diretto a. ◇ n [leap] salto m. ◇ vt [border]. ◆ **bounds** npl [limits] limiti mpl; **the area is out of ~s to visitors** nella zona non sono ammessi visitatori.

boundary ['baʊndərɪ] n confine m.

bourbon ['bɜːbən] n bourbon m inv.

bout [baʊt] n -1. [attack] attacco m -2. [session] periodo m -3. [boxing match] combattimento m.

bow¹ [baʊ] ◇ n -1. [action] inchino m -2. [front of ship] prua f. ◇ vt [lower] chinare. ◇ vi -1. [bend] fare un inchino -2. [defer]: **to ~ to sthg** [pressure, sb's wishes] piegarsi a qc; [sb's knowledge] inchinarsi davanti a qc.

bow² [bəʊ] n -1. [weapon, for musical instrument] arco m -2. [knot] fiocco m.

bowels ['baʊəlz] npl -1. [intestines] intestino m -2. fig [deepest part] viscere fpl.

bowl [bəʊl] ◇ n -1. [container – for fruit, ice-cream] coppetta f; [- for washing-up] bacinella f; [- for soup] scodella f; [- for salad] insalatiera f -2. [bowl-shaped part – of toilet] vaso m; [- of sink] vasca f; [- of pipe] fornello m. ◇ vi & vt [in cricket] lanciare. ◆ **bowls** n bocce fpl. ◆ **bowl over** vt sep -1. [knock over] stendere -2. fig [surprise, impress] lasciare a bocca aperta.

bow-legged [bəʊ-] adj dalle gambe storte.

bowler ['bəʊlə'] n -1. [in cricket] lanciatore m, -trice f -2. [headgear]: **~ (hat)** bombetta f.

bowling ['bəʊlɪŋ] n: **(tenpin) ~** bowling m.

bowling alley n -1. [building] bowling m

inv **-2.** [alley] pista *f* da bowling.

bowling green *n* campo *m* da bocce *(su erba)*.

bow tie [bəʊ-] *n* farfallino *m*, papillon *m inv.*

box [bɒks] ⬦ *n* **-1.** [container, contents] scatola *f* **-2.** [in theatre] palco *m* **-3.** [on form] casella *f* **-4.** *UK inf* [television]: **the ~** la tivù. ⬦ *vi* [fight] fare pugilato.

boxer ['bɒksə^r] *n* **-1.** [fighter] pugile *m* **-2.** [dog] boxer *m inv.*

boxer shorts *npl* boxer *mpl.*

boxing ['bɒksɪŋ] *n* pugilato *m*, boxe *f.*

Boxing Day *n il 26 dicembre, giorno festivo in Gran Bretagna.*

boxing glove *n* guanto *m* da pugile.

box office *n* biglietteria *f.*

boy [bɔɪ] ⬦ *n* **-1.** [young male] bambino *m* **-2.** [adult male] ragazzo *m* **-3.** [son] figlio *m.* ⬦ *excl*: **(oh) ~!** *inf* caspita!

boycott ['bɔɪkɒt] ⬦ *n* boicottaggio *m.* ⬦ *vt* boicottare.

boyfriend ['bɔɪfrend] *n* ragazzo *m.*

boyish ['bɔɪɪʃ] *adj* **-1.** [man] da ragazzino **-2.** [woman] androgino(a).

bra [brɑː] *n* reggiseno *m.*

brace [breɪs] ⬦ *n* **-1.** [on teeth] apparecchio *m* **-2.** [on leg] apparecchio *m* ortopedico. ⬦ *vt* **-1.** [steady, support]: **to ~ o.s.** tenersi forte **-2.** *fig* [mentally prepare]: **to ~ o.s. (for sthg)** prepararsi (a qc). ⬦ **braces** *npl UK* [for trousers] bretelle *fpl.*

bracelet ['breɪslɪt] *n* braccialetto *m.*

bracken ['brækn] *n* felce *f.*

bracket ['brækɪt] ⬦ *n* **-1.** [support] staffa *f* **-2.** [parenthesis] parentesi *f inv*; **in ~s** tra parentesi **-3.** [group] fascia *f.* ⬦ *vt* [enclose in brackets] mettere tra parentesi.

brag [bræg] *vi* vantarsi.

braid [breɪd] ⬦ *n* **-1.** [on uniform] gallone *m* **-2.** *esp US* [hairstyle] treccia *f.* ⬦ *vt esp US* intrecciare.

brain [breɪn] *n* cervello *m.* ⬦ **brains** *npl* [intelligence] cervello *m.*

brainchild ['breɪn.tʃaɪld] *n* creatura *f.*

brainwash ['breɪnwɒʃ] *vt* fare il lavaggio del cervello a.

brainwave ['breɪnweɪv] *n* lampo *m* di genio.

brainy ['breɪnɪ] *adj inf* intelligente.

brake [breɪk] ⬦ *n* freno *m.* ⬦ *vi* frenare.

brake light *n* luce *f* dei freni.

bramble ['bræmbl] *n* [bush] rovo *m*; [fruit] mora *f.*

bran [bræn] *n* crusca *f.*

branch [brɑːntʃ] ⬦ *n* **-1.** [of tree, river, railway, subject] ramo *m* **-2.** [of company, organization] filiale *f*; [of bank] agenzia *f.* ⬦ *vi* [road] biforcarsi. ⬦ **branch out** *vi* [person, company] diversificarsi; **to ~ out into sthg** lanciarsi in qc.

brand [brænd] ⬦ *n* **-1.** [COMM & make] marca *f* **-2.** *fig* [type, style] genere *m.* ⬦ *vt* **-1.** [cattle] marchiare **-2.** *fig* [classify]: **to ~ sb (as) sthg** bollare qn come qc.

brandish ['brændɪʃ] *vt* brandire.

brand name *n* marca *f.*

brand-new *adj* nuovo(a) di zecca.

brandy ['brændɪ] *n* brandy *m inv.*

brash [bræʃ] *adj pej* sguaiato(a).

brass [brɑːs] *n* **-1.** [type of metal] ottone *m* **-2.** MUS: **the ~** gli ottoni. ⬦ **brasses** *npl* [ornaments] ottoni *mpl.*

brass band *n* banda *f.*

brat [bræt] *n inf pej* moccioso *m*, -a *f.*

bravado [brə'vɑːdəʊ] *n* spacconate *fpl.*

brave [breɪv] ⬦ *adj* coraggioso(a). ⬦ *n* [warrior] guerriero *m* indiano *(d'America).* ⬦ *vt* sfidare.

bravery ['breɪvərɪ] *n* coraggio *m.*

brawl [brɔːl] *n* rissa *f.*

brawn [brɔːn] *n* **-1.** [muscle] muscoli *mpl* **-2.** *UK* [meat] ≃ soppressata *f.*

bray [breɪ] *vi* [donkey] ragliare.

brazen ['breɪzn] *adj* sfacciato(a). ⬦ **brazen out** *vt sep*: **to ~ it out** fare come se niente fosse.

brazier ['breɪzjə^r] *n* braciere *m.*

Brazil [brə'zɪl] *n* Brasile *m.*

Brazilian [brə'zɪljən] ⬦ *adj* brasiliano(a). ⬦ *n* brasiliano *m*, -a *f.*

brazil nut *n* noce *f* del Brasile.

breach [briːtʃ] ⬦ *n* **-1.** [of agreement, law] violazione *f*; [of confidence, trust] abuso *m*; **to be in ~ of sthg** aver violato qc; **~ of contract** inadempienza *f* contrattuale **-2.** [opening, gap] breccia *f.* ⬦ *vt* **-1.** [agreement, rules] violare; [contract] non adempiere a **-2.** [make hole in] aprire una breccia in.

breach of the peace *n* violazione *f* dell'ordine pubblico.

bread [bred] *n* [food] pane *m*; **~ and butter** [food] pane e burro; *fig* [main income] attività *m* che dà da campare.

bread bin *UK*, **bread box** *US n* cassetta *f* del pane.

breadcrumbs *npl* pangrattato *m.*

breadline ['bredlaɪn] *n*: **to be on the ~** essere al limite della sopravvivenza.

breadth [bredθ] *n* -1. [in measurements] larghezza *f* -2. *fig* [scope] portata *f*.

breadwinner ['bred,wɪnə^r] *n*: **to be the ~** mantenere la famiglia, portare a casa i soldi.

break [breɪk] (*pt* broke, *pp* broken) ⬦ *n* - 1. [gap, interruption]: **~ in sthg** [clouds] squarcio *m*; [transmission] interruzione *f*; [traffic] buco *m* -2. [fracture] frattura *f* -3. [pause, rest] pausa *f*; **to have a ~** fare una pausa; **to have a ~ from sthg/from doing sthg** interrompere un attimo qc/di fare qc; **without a ~** senza interruzione -4. SCOL intervallo *m* -5. *inf* [luck, chance] opportunità *f*. ⬦ *vt* -1. [gen] rompere; **to ~ one's leg** rompersi una gamba -2. [interrupt] interrompere -3. [fail to keep - rule, law] infrangere; [- promise] non mantenere; [- appointment] mancare a -4. [beat] [record] battere -5. [tell]: **to ~ the news (of sthg to sb)** annunciare la notizia (di qc a qn). ⬦ *vi* -1. [come to pieces, stop working] rompersi -2. [pause] fare una pausa -3. [weather] cambiare di colpo -4. [escape]: **to ~ loose** OR **free** liberarsi -5. [voice - with emotion] spezzarsi; [- at puberty] cambiare -6. [become known] diffondersi -7. *phr*: **to ~ even** chiudere in pareggio. ◆ **break away** *vi* [escape] scappare. ◆ **break down** ⬦ *vt sep* -1. [destroy, demolish] buttare giù -2. [analyse] scomporre. ⬦ *vi* -1. [stop working] rompersi -2. [end unsuccessfully] fallire -3. [collapse, disintegrate] crollare -4. [lose emotional control] crollare; **to ~ down in tears** sciogliersi in lacrime. ◆ **break in** ⬦ *vi* -1. [enter by force] entrare con effrazione -2. [interrupt] interrompere; **to ~ in on sb/sthg** interrompere qn/qc. ⬦ *vt sep* -1. [horse] addestrare -2. [person] insegnare a. ◆ **break into** *vt insep* -1. [enter by force] entrare con effrazione in -2. [begin suddenly]: **to ~ into song/applause/a run** mettersi di colpo a cantare/applaudire/correre. ◆ **break off** ⬦ *vt sep* -1. [detach] staccare -2. [put an end to] interrompere. ⬦ *vi* -1. [become detached] staccarsi -2. [stop talking] interrompersi. ◆ **break out** *vi* -1. [begin suddenly] scoppiare -2. [escape]: **to ~ out (of)** evadere (da). ◆ **break up** ⬦ *vt sep* -1. [separate into smaller pieces] fare a pezzi -2. [bring to an end] metter fine a. ⬦ *vi* -1. [separate into smaller pieces] andare in pezzi -2. [come to an end] finire; **the meeting broke up at 10 o'clock** la riunione è terminata alle 10; **John and I have broken up** io e John ci siamo lasciati -3. [disperse] disperdersi; **when do you ~ up for Christmas?** quando cominciano le vacanze di Natale?

breakage ['breɪkɪdʒ] *n* danni *mpl*.

breakdown ['breɪkdaʊn] *n* -1. [of car, train] guasto *m*; [of negotiations, talks] fallimento *m*; **a ~ in communication** un'interruzione delle comunicazioni -2. [analysis] descrizione *f* dettagliata.

breakfast ['brekfəst] *n* (prima) colazione *f*.

break-in *n* furto *m* con scasso.

breakneck ['breɪknek] *adj*: **at ~ speed** a manetta.

breakthrough ['breɪkθruː] *n* svolta *f*, progresso *m*.

breakup ['breɪkʌp] *n* [of marriage] fine *f*; [of partnership] scioglimento *m*.

breast [brest] *n* [of woman] seno *m*; [of man, bird] petto *m*.

breast-feed ⬦ *vt* allattare. ⬦ *vi* -1. [woman] allattare -2. [baby] poppare.

breaststroke ['breststrəʊk] *n* rana *f*; **to do the ~** nuotare a rana.

breath [breθ] *n* -1. [air taken into lungs] fiato *m*; **bad ~** alito cattivo; **out of ~** senza fiato; **to get one's ~ back** riprendere fiato -2. [act of breathing] respiro *m*.

breathalyse UK, **-yze** US ['breθəlaɪz] *vt* fare l'alcoltest a.

breathe [briːð] ⬦ *vi* respirare. ⬦ *vt* [inhale] respirare. ◆ **breathe in** ⬦ *vi* [inhale] inspirare. ⬦ *vt sep* [inhale] respirare. ◆ **breathe out** *vi* [exhale] espirare.

breather ['briːðə^r] *n* *inf* attimo *m* di respiro.

breathing ['briːðɪŋ] *n* respirazione *f*.

breathless ['breθlɪs] *adj* -1. [physically] senza fiato -2. [with excitement] con il fiato sospeso.

breathtaking ['breθ,teɪkɪŋ] *adj* mozzafiato *inv*.

breed [briːd] (*pt* & *pp* bred [bred]) ⬦ *n* -1. [of animal] razza *f* -2. *fig* [sort, style] specie *f* *inv*. ⬦ *vt* -1. [animals] allevare; [plants] coltivare -2. *fig* [suspicion, contempt] generare. ⬦ *vi* [produce young] riprodursi.

breeding ['briːdɪŋ] *n* -1. [raising animals] allevamento *m*; [raising plants] coltivazione *f* -2. [manners] educazione *f*.

breeze [briːz] *n* [light wind] brezza *f*.

breezy ['briːzɪ] *adj* -1. [windy] ventilato(a) -2. [cheerful] gioviale.

brevity ['brevɪtɪ] *n* brevità *f*.

brew [bruː] ⬦ *vt* [make - beer] fare; [- tea] lasciare in infusione. ⬦ *vi* -1. [tea] essere in infusione. *fig* [trouble, crisis, war] essere latente; [storm] prepararsi.

brewery ['bruərɪ] *n* fabbrica *f* di birra.

bribe [braɪb] ◇ *n* tangente *f*, bustarella *f*. ◇ *vt* corrompere; **to ~ sb to do sthg** corrompere qn perché faccia qc.

bribery ['braɪbərɪ] *n* corruzione *f*.

brick [brɪk] *n* mattone *m*.

bricklayer ['brɪkˌleɪər] *n* muratore *m*.

bridal ['braɪdl] *adj* nuziale.

bride [braɪd] *n* sposa *f*.

bridegroom ['braɪdgrom] *n* sposo *m*.

bridesmaid ['braɪdzmeɪd] *n* damigella *f* d'onore.

bridge [brɪdʒ] ◇ *n* -1. [gen] ponte *m* -2. [on ship] ponte *m* di comando -3. [of nose] dorso *m* -4. [card game] bridge *m*. ◇ *vt fig* [gap] ridurre.

bridle ['braɪdl] *n* briglia *f*.

bridle path *n* sentiero *m* per cavalli.

brief [bri:f] ◇ *adj* -1. [short] breve -2. [revealing, skimpy] corto(a) -3. [concise, to the point] breve, conciso(a); **in ~** in breve, in poche parole. ◇ *n* -1. [LAW & statement] memoria *f* -2. UK [instructions] disposizioni *fpl*. ◇ *vt*: **to ~ sb on sthg** [bring up to date] aggiornare qn su qc; [instruct] dare disposizioni a qn su qc.

◆ **briefs** *npl* [underwear] slip *m*.

briefcase ['bri:fkeɪs] *n* ventiquattrore *f inv*.

briefing ['bri:fɪŋ] *n* briefing *m inv*.

briefly ['bri:flɪ] *adv* -1. [for a short time – stop, pause] brevemente; [– look] di sfuggita -2. [concisely] in poche parole.

brigade [brɪ'geɪd] *n* -1. MIL brigata *f* -2. [organization] associazione *f*.

brigadier [ˌbrɪgə'dɪər] *n* generale *m* di brigata.

bright [braɪt] *adj* [light, sunlight] intenso(a); [room, smile] luminoso(a); [colour, eyes] vivace; [person, idea, future] brillante.

◆ **brights** *npl* US *inf* AUT abbaglianti *mpl*.

brighten ['braɪtn] *vi* -1. [become lighter] rasserenarsi -2. [become more cheerful – face, eyes] illuminarsi; [– mood] rasserenare. ◆ **brighten up** ◇ *vt sep* ravvivare. ◇ *vi* rasserenarsi.

brilliance ['brɪljəns] *n* -1. [cleverness] genialità *f* -2. [of colour] vivacità *f* -3. [of light] splendore *m*.

brilliant ['brɪljənt] *adj* -1. [clever] geniale -2. [colour] vivace -3. [light] splendente -4. [very successful] brillante -5. *inf* [wonderful, enjoyable] fantastico(a).

brim [brɪm] ◇ *n* [of bowl, glass] orlo *m*; [of pool] bordo *m*; [of hat] tesa *f*. ◇ *vi*: **to ~ with sthg** essere pieno(a) di qc.

brine [braɪn] *n* salamoia *f*.

bring [brɪŋ] (*pt & pp* **brought** [brɔːt]) *vt* -1. [gen] portare -2. [cause] portare, causare; **to ~ sthg to an end** mettere fine a qc.

◆ **bring about** *vt sep* causare.
◆ **bring around** *vt sep* [make conscious] rianimare. ◆ **bring back** *vt sep* -1. [come back with – library book] restituire; [– faulty goods] riportare indietro; [– souvenir, shopping] portare; [person] riaccompagnare -2. [reinstate] reintrodurre. ◆ **bring down** *vt sep* -1. [cause to fall – plane, bird] abbattere; [– government] far cadere -2. [reduce] abbassare. ◆ **bring forward** *vt sep* -1. [in time] anticipare -2. [in bookkeeping] riportare. ◆ **bring in** *vt sep* -1. [introduce – law, legislation] introdurre; [– bill] presentare -2. [earn – person] guadagnare; [– company] fatturare.

◆ **bring off** *vt sep* portare a termine.
◆ **bring out** *vt sep* -1. [produce and sell] lanciare -2. [reveal] tirar fuori. ◆ **bring round, bring to** *vt sep* = bring around.
◆ **bring up** *vt sep* -1. [educate] allevare -2. [mention] menzionare -3. [vomit] vomitare.

brink [brɪŋk] *n*: **on the ~ of** sull'orlo *m* di.

brisk [brɪsk] *adj* -1. [walk, swim] rapido(a) -2. [manner, tone] energico(a).

bristle ['brɪsl] ◇ *n* -1. [hair – of person] pelo *m*; [– of animal] setola *f* -2. [on brush] setola *f*. ◇ *vi* -1. [stand up] rizzarsi -2. [react angrily]: **to ~ (at sthg)** adombrarsi (per qc).

Britain ['brɪtn] *n* Gran Bretagna *f*.

British ['brɪtɪʃ] ◇ *adj* britannico(a). ◇ *npl*: **the ~** il popolo britannico, gli inglesi.

British Isles *npl*: **the ~** le isole *fpl* britanniche.

Briton ['brɪtn] *n* cittadino *m*, -a *f* della Gran Bretagna.

Brittany ['brɪtənɪ] *n* Bretagna *f*.

brittle ['brɪtl] *adj* fragile.

broach [brəʊtʃ] *vt* [subject] affrontare.

broad [brɔːd] ◇ *adj* -1. [physically wide] largo(a); **a ~ grin** un ampio sorriso -2. [wide-ranging, extensive] ampio(a), vasto(a) -3. [general, unspecific] generale -4. [hint] chiaro(a), esplicito(a) -5. [accent] marcato(a). ◇ *n* US *inf offens* [woman] donna *f*. ◆ **in broad daylight** *adv* in pieno giorno.

B road *n* UK strada *f* provinciale.

broad bean *n* fava *f*.

broadcast ['brɔːdkɑːst] (*pt & pp* **broadcast**) RADIO & TV ◇ *n* trasmissione *f*. ◇ *vt* trasmettere.

broaden ['brɔ:dn] ◇ vt -1. [make physically wider] allargare -2. [make more general, wide-ranging] estendere. ◇ vi [become physically wider] allargarsi.

broadly ['brɔ:dlɪ] adv [generally] generalmente.

broadminded ['brɔ:dmaɪndɪd] adj aperto(a).

broccoli ['brɒkəlɪ] n broccolo m.

brochure [UK 'brəʊʃə', US brəʊ'ʃʊr] n dépliant m inv, opuscolo m.

broil [brɔɪl] vt US cuocere alla griglia.

broke [brəʊk] ◇ pt ▷break. ◇ adj inf [penniless] al verde.

broken ['brəʊkn] ◇ pp ▷break. ◇ adj -1. [damaged, not working] rotto(a) -2. [fractured] rotto(a), spezzato(a) -3. [interrupted - sleep] interrotto(a); [- journey] discontinuo(a); [- line,curve] spezzato(a) -4. [marriage] fallito(a); she comes from a ~ home i suoi sono separati -5. [hesitant, inaccurate] stentato(a) , maccheronico(a).

broker ['brəʊkə'] n agente m o f.

brolly ['brɒlɪ] n UK inf ombrello m.

bronchitis [brɒŋ'kaɪtɪs] n bronchite f.

bronze [brɒnz] ◇ n [metal, sculpture] bronzo m. ◇ adj [bronze-coloured] color bronzo.

brooch [brəʊtʃ] n spilla f.

brood [bru:d] ◇ n [of animals] covata f. ◇ vi: to ~ (over OR about sthg) rimuginare (qc).

brook [brʊk] n ruscello m.

broom [bru:m] n [brush] scopa f.

broomstick ['bru:mstɪk] n manico m di scopa.

Bros, bros (abbr of brothers) F.lli.

broth [brɒθ] n brodo m.

brothel ['brɒθl] n bordello m.

brother ['brʌðə'] n -1. [relative] fratello m -2. fig [associate, comrade] collega m -3. [monk] fratello m.

brother-in-law (pl brothers-in-law) n cognato m.

brought [brɔ:t] pt & pp ▷bring.

brow [braʊ] n -1. [forehead] fronte f -2. [eyebrow] sopracciglio m -3. [of hill] cima f.

brown [braʊn] ◇ adj -1. [colour] marrone; [hair,eyes] castano(a); ~ bread pane m integrale -2. [tanned] abbronzato(a). ◇ n [colour] marrone m inv. ◇ vt [food] rosolare.

Brownie (Guide) ['braʊnɪ] n coccinella f.

brown paper n carta f da pacchi.

brown rice n riso m integrale.

brown sugar n zucchero m greggio.

browse [braʊz] ◇ vt COMPUT navigare. ◇ vi -1. [in shop] dare un'occhiata -2. [read]: to ~ through sthg sfogliare qc -3. [graze] pascolare.

browser ['braʊzə'] n COMPUT browser m inv.

bruise [bru:z] ◇ n [on person] livido m; [on fruit] ammaccatura f. ◇ vt -1. [leave a bruise on - knee,arms] farsi un livido a; [- fruit] ammaccare -2. fig [hurt, offend] ferire.

brunch [brʌntʃ] n brunch m inv.

brunette [bru:'net] n bruna f.

brunt [brʌnt] n: to bear OR take the ~ of sthg subire il peggio di qc.

brush [brʌʃ] ◇ n -1. [for hair] spazzola f; [for tooth] spazzolino m; [for painting] pennello m -2. [encounter]: to have a ~ with the law OR the police avere delle noie con la polizia. ◇ vt -1. [clean with brush] spazzolare -2. [touch lightly] sfiorare.
◆ **brush aside** vt sep non tener conto di. ◆ **brush off** vt sep [dismiss] ignorare.
◆ **brush up** ◇ vt sep [revise] ripassare. ◇ vi: to ~ up on sthg dare una ripassata a qc.

brush-off n inf: to give sb the ~ snobbare qn.

brusque [bru:sk] adj brusco(a).

Brussels ['brʌslz] n Bruxelles f.

brussels sprout n cavoletto m di Bruxelles.

brutal ['bru:tl] adj brutale.

brute [bru:t] ◇ adj bruto(a). ◇ n -1. [large animal] bestia f -2. [bully] bruto m.

BSc (abbr of Bachelor of Science) n (chi possiede una) laurea in scienze.

bubble ['bʌbl] ◇ n bolla f. ◇ vi -1. [produce bubbles] fare le bolle -2. [make a bubbling sound] gorgogliare -3. fig [person]: to ~ with sthg traboccare di qc.

bubble bath n bagnoschiuma m inv.

bubble gum n gomma f da masticare, chewing gum m inv.

bubblejet printer ['bʌbldʒet-] n stampante f a getto di inchiostro.

Bucharest n Bucarest f.

buck [bʌk] (pl -s) ◇ n -1. [male animal] maschio m -2. esp US inf [dollar] dollaro m -3. inf [responsibility]: to pass the ~ scaricare la responsabilità. ◇ vt [horse] scalciare. ◆ **buck up** inf vi -1. [hurry up] darsi una mossa -2. [cheer up] tirarsi su.

bucket ['bʌkɪt] n secchio m.

buckle ['bʌkl] ⇔ n fibbia f. ⇔ vt **-1.** [fasten] allacciare **-2.** [bend] piegare. ⇔ vi [bend] piegarsi.

bud [bʌd] ⇔ n bocciolo m, gemma f; **to be in** ~ essere in boccio. ⇔ vi sbocciare, germogliare.

Budapest n Budapest f.

Buddha [UK 'bʊdə, US buː'də] n Budda m.

Buddhism [UK 'bʊdɪzm, US buː'dɪzm] n buddismo m.

budding ['bʌdɪŋ] adj [aspiring] in erba.

buddy ['bʌdɪ] n esp US inf [friend] amico m, -a f.

budge [bʌdʒ] ⇔ vt **-1.** [move] spostare **-2.** [change mind of] smuovere. ⇔ vi **-1.** [move] spostarsi **-2.** [change mind] smuoversi.

budgerigar ['bʌdʒərɪgɑːʳ] n pappagallino m.

budget ['bʌdʒɪt] ⇔ adj economico(a). ⇔ n budget m inv. ◆ **budget for** vt insep preventivare.

budgie ['bʌdʒɪ] n inf pappagallino m.

buff [bʌf] ⇔ adj [envelope] giallognolo. ⇔ n inf [expert] patito m, -a di.

buffalo ['bʌfələʊ] (pl **-es** OR **-s**) n [wild ox] bufalo m; [bison] bisonte m.

buffer ['bʌfəʳ] n **-1.** [for trains] respingente m **-2.** [protection] protezione f **-3.** COMPUT buffer m inv, memoria f di transito.

buffet¹ [UK 'bʊfeɪ, US bə'feɪ] n buffet m inv.

buffet² ['bʌfɪt] vt [physically] sferzare.

buffet car ['bʊfeɪ-] n vagone m ristorante.

bug [bʌg] ⇔ n **-1.** esp US [small insect] insetto m **-2.** inf [germ] virus m, infezione f **-3.** inf [listening device] cimice f **-4.** COMPUT bug m inv. ⇔ vt inf **-1.** [spy on – room] piazzare delle microspie; [– telephone] mettere sotto controllo **-2.** esp US [annoy] scocciare.

bugger ['bʌgəʳ] UK v inf ⇔ n [person] stronzo m, -a f. ⇔ excl merda! ◆ **bugger off** vi: ~ off! vaffanculo!

buggy ['bʌgɪ] n **-1.** [pushchair] passeggino m **-2.** US [pram] carrozzina f.

bugle ['bjuːgl] n tromba f.

build [bɪld] (pt & pp **built** [bɪlt]) ⇔ vt **-1.** [construct] costruire **-2.** fig [form, create] formare. ⇔ n corporatura f. ◆ **build on** ⇔ vt insep [further] sviluppare. ⇔ vt sep [base on] basarsi su. ◆ **build up** ⇔ vt sep [strengthen] rafforzare. ⇔ vi [increase] aumentare. ◆ **build upon** vt insep & vt sep = **build on.**

builder ['bɪldəʳ] n costruttore m.

building ['bɪldɪŋ] n **-1.** [structure] costruzione f, edificio m **-2.** [profession] edilizia f.

building and loan association n US istituto m di credito immobiliare.

building site n cantiere m edilizio.

building society n UK istituto m di credito immobiliare.

buildup ['bɪldʌp] n incremento m.

built [bɪlt] pt & pp ▷**build.**

built-in adj **-1.** [wardrobe, cupboard] a muro; [oven, dishwasher] a incasso **-2.** [inherent] incorporato(a).

built-up adj: ~ **area** centro m abitato.

bulb [bʌlb] n **-1.** [for lamp] lampadina f **-2.** [of plant] bulbo m.

Bulgaria [bʌl'geərɪə] n Bulgaria f.

Bulgarian [bʌl'geərɪən] ⇔ adj bulgaro(a). ⇔ n **-1.** [person] bulgaro m, -a f **-2.** [language] bulgaro m.

bulge [bʌldʒ] ⇔ n [lump] rigonfiamento m. ⇔ vi: **to** ~ **(with sthg)** straripare di qc.

bulk [bʌlk] ⇔ n **-1.** [mass] volume m, mole f **-2.** [of person] mole f **-3.** COMM: **in** ~ all'ingrosso **-4.** [majority, most of]: **the** ~ **of** il grosso di. ⇔ adj all'ingrosso.

bulky ['bʌlkɪ] adj voluminoso(a).

bull [bʊl] n **-1.** [male cow] toro m **-2.** [male animal] maschio m.

bulldog ['bʊldɒg] n bulldog m inv.

bulldozer ['bʊldəʊzəʳ] n bulldozer m inv.

bullet ['bʊlɪt] n [for gun] proiettile m.

bulletin ['bʊlətɪn] n bollettino m; **news** ~ notiziario m.

bullet-proof adj antiproiettile inv.

bullfight ['bʊlfaɪt] n corrida f.

bullfighter ['bʊl,faɪtəʳ] n torero m, -a f.

bullfighting ['bʊl,faɪtɪŋ] n tauromachia f, corrida f.

bullion ['bʊljən] n: **gold/silver** ~ oro m/argento m in lingotti.

bullock ['bʊlək] n manzo m.

bullring ['bʊlrɪŋ] n arena f.

bull's-eye n **-1.** [target] centro m (del bersaglio) **-2.** [shot] centro m; **to hit** OR **score a bull's-eye** far centro.

bully ['bʊlɪ] ⇔ n prepotente m o f, bullo m. ⇔ vt tiranneggiare; **to** ~ **sb into doing sthg** forzare qn a fare qc.

bum [bʌm] n **-1.** esp UK v inf [bottom] culo m **-2.** US inf pej [tramp] barbone m, -a f.

bum bag n inf marsupio m.

bumblebee ['bʌmblbiː] n bombo m.

bump [bʌmp] ◇ n -1. [lump – on head] bernoccolo m; [– in road] dosso m -2. [knock, blow] colpo m -3. [noise] tonfo m. ◇ vt [head, knee] sbattere; [car] andare a sbattere con. ◆ **bump into** vt insep [meet by chance]: to ~ into sb imbattersi in qn.

bumper ['bʌmpəʳ] ◇ adj eccezionale. ◇ n -1. [on car] paraurti m inv -2. US RAIL respingente m.

bumpy ['bʌmpɪ] adj -1. [surface] accidentato(a) -2. [ride, journey] pieno(a) di scossoni.

bun [bʌn] n -1. [cake] panino m dolce -2. [bread roll] panino m -3. [hairstyle] chignon m inv.

bunch [bʌntʃ] ◇ n [of people] gruppo m; [of flowers, keys] mazzo m; [of grapes] grappolo m; [of bananas] casco m. ◇ vi raggrupparsi. ◆ **bunches** npl [hairstyle] codini mpl.

bundle ['bʌndl] ◇ n [of clothes] fagotto m; [of papers] fascio m; [of wood] fascina f. ◇ vt spingere a forza.

bung [bʌŋ] ◇ n tappo m ◇ vt UK inf [put, pass] buttare.

bungalow ['bʌŋgələʊ] n bungalow m inv.

bungle ['bʌŋgl] vt compromettere.

bunion ['bʌnjən] n durone m.

bunk [bʌŋk] n -1. [bed] cuccetta f -2. = bunk bed.

bunk bed n letto m a castello.

bunker ['bʌŋkəʳ] n -1. [MIL & in golf] bunker m inv -2. [for coal] carbonaia f.

bunny ['bʌnɪ] n: ~ (rabbit) coniglio m.

bunting ['bʌntɪŋ] n [flags] bandierine f pl.

buoy [UK bɔɪ, US 'buːɪ] n boa f. ◆ **buoy up** vt sep incoraggiare.

buoyant ['bɔɪənt] adj -1. [able to float] galleggiante -2. [optimistic – person] esuberante; [– economy] fiorente.

burden ['bɜːdn] ◇ n -1. [physical load] carico m -2. fig [heavy responsibility] peso m; ~ on sb un peso per qn. ◇ vt: to ~ sb with sthg caricare qn di qc.

bureau ['bjʊərəʊ] (pl -x) n -1. [office, branch] agenzia f -2. UK [desk] scrittoio m -3. US [chest of drawers] cassettone m.

bureaucracy [bjʊə'rɒkrəsɪ] n burocrazia f.

bureau de change [,bjʊərəʊdə'ʃɒndʒ] (pl **bureaux de change**) n agenzia f di cambio.

bureaux pl ▷bureau.

burger ['bɜːgəʳ] n [hamburger] hamburger m inv.

burglar ['bɜːgləʳ] n ladro m, -a f.

burglar alarm n antifurto m.

burglarize ['bɜːgləraɪz] vt US = burgle.

burglary ['bɜːglərɪ] n furto m con scasso (in edificio).

burgle ['bɜːgl], **burglarize** US vt svaligiare.

Burgundy ['bɜːgəndɪ] n Borgogna f.

burial ['berɪəl] n sepoltura f.

burly ['bɜːlɪ] adj robusto(a).

Burma ['bɜːmə] n Birmania f.

burn [bɜːn] (pt & pp -ed OR pt & pp **burnt** [bɜːnt]) ◇ vt -1. [destroy by fire] bruciare, incendiare -2. [overcook, use as fuel] bruciare -3. [injure] [by heat, fire, sun] scottare; I burnt my hand mi sono scottato una mano. ◇ vi -1. [gen] bruciare -2. [give out light, heat] essere acceso(a) -3. [become sunburned] scottarsi. ◇ n -1. [wound, injury] scottatura f, ustione f -2. [mark] bruciatura f. ◆ **burn down** ◇ vt sep & vi bruciare completamente.

burner ['bɜːnəʳ] n [on cooker] fornello m.

burnt [bɜːnt] pt & pp ▷burn.

burp [bɜːp] inf ◇ n [gen] rutto m; [baby] ruttino m. ◇ vi [gen] ruttare, [baby] fare il ruttino.

burrow ['bʌrəʊ] ◇ n tana f. ◇ vi -1. [dig] scavare -2. fig [search] frugare.

bursar ['bɜːsəʳ] n economo m, -a f.

bursary ['bɜːsərɪ] n UK [scholarship, grant] borsa f di studio.

burst [bɜːst] (pt & pp burst) ◇ vi -1. [tyre, balloon] scoppiare; [bag, dam] rompersi -2. [explode] esplodere -3. [go suddenly]: they ~ into the room hanno fatto irruzione nella stanza; he ~ out of the study si è precipitato fuori dallo studio. ◇ vt [tyre, balloon, abscess] far scoppiare; [dam] far cedere. ◇ n [of enthusiasm, energy] esplosione f; [of gunfire] raffica f; [of applause] scroscio m. ◆ **burst into** vt insep -1. [tears] scoppiare in; [song]: he suddenly ~ into song di colpo si è messo a cantare -2. [flames] prendere fuoco. ◆ **burst out** vt insep -1. [say suddenly] esclamare -2. [begin suddenly]: to ~ out laughing/crying scoppiare a ridere/piangere.

bursting ['bɜːstɪŋ] adj -1. [full] pieno(a) -2. [with emotion]: to be ~ with sthg scoppiare di qc -3. [eager]: to be ~ to do sthg morire dalla voglia di fare qc.

bury ['berɪ] vt -1. [in ground] seppellire -2. [hide – face, hands] nascondere, immergere; [– fact, feeling] nascondere; [– memory] seppellire; she buried her face in her hands ha nascosto il viso tra le mani.

bus [bʌs] *n* autobus *m inv*; **by ~** in autobus.

bush [buʃ] *n* -1. [plant] cespuglio *m* -2. [open country]: **the ~** la macchia *f* -3. *phr*: **to beat about the ~** menare il can per l'aia.

bushy ['buʃɪ] *adj* folto(a).

business ['bɪznɪs] *n* -1. [commerce] affari *m(pl)*; **on ~** per affari; **to mean ~** *inf* fare sul serio; **to go out of ~** fallire -2. [company] impresa *f*, ditta *f* -3. [concern, duty] compito *m*; **mind your own ~!** *inf* fatti i fatti tuoi! -4. [affair, matter] faccenda *f*, fatto *m*.

businesslike ['bɪznɪslaɪk] *adj* professionale.

businessman ['bɪznɪsmæn] *(pl* **-men)** *n* [occupation] imprenditore *m*, uomo *m* d'affari.

business trip *n* viaggio *m* d'affari.

businesswoman ['bɪznɪsˌwʊmən] *(pl* **-women)** *n* [occupation] imprenditrice *f*, donna *f* d'affari.

busker ['bʌskə^r] *n* UK suonatore *m*, -trice *f* ambulante.

bus shelter *n* pensilina *f*.

bus station *n* stazione *f* degli autobus.

bus stop *n* fermata *f* dell'autobus.

bust [bʌst] *(pt & pp* **bust** OR **-ed)** ⋄ *adj inf* -1. [broken] scassato(a) -2. [bankrupt]: **to go ~** fallire. ⋄ *n* -1. [bosom] petto *m*, busto *m* -2. [statue] busto *m*. ⋄ *vt inf* [break] scassare. ⋄ *vi inf* scassarsi.

bustle ['bʌsl] ⋄ *n* [activity] viavai *m*. ⋄ *vi* [move quickly] affaccendarsi.

busy ['bɪzɪ] ⋄ *adj* -1. [active] occupato(a), indaffarato(a) -2. [hectic - time] intenso(a); [- place] animato(a) -3. [working, concentrating] impegnato(a), occupato(a); **to be ~ doing sthg** essere occupato a fare qc -4. *esp US* [engaged] occupato(a). ⋄ *vt*: **to ~ o.s. (doing sthg)** tenersi occupato (facendo qc).

busybody ['bɪzɪˌbɒdɪ] *n pej* ficcanaso *mf inv*.

busy signal *n US* TELEC segnale *m* di occupato.

but [bʌt] ⋄ *conj* [introducing a contrasting statement] ma; **I'm sorry, ~ I don't agree** mi dispiace, ma non sono d'accordo; **that's wonderful news!** ma questa è un'ottima notizia!; **we were poor ~ happy** eravamo poveri ma felici; **she owns not one ~ two houses** possiede non una, ma due case. ⋄ *prep* tranne; **everyone was there ~ Jane** c'erano tutti tranne Jane; **we've**

had nothing **~ bad weather** abbiamo avuto sempre tempo cattivo; **he has no one ~ himself to blame** può prendersela solo con se stesso. ⋄ *adv fml* solo; **had I ~ known!** se solo l'avessi saputo; **we can ~ try** possiamo sempre provare. ◆ **but for** *prep* se non fosse per.

butcher ['bʊtʃə^r] ⋄ *n lit & fig* macellaio *m*, -a *f*; **~'s (shop)** macelleria *f*. ⋄ *vt* -1. [kill for meat] macellare -2. *fig* [kill indiscriminately] massacrare.

butler ['bʌtlə^r] *n* maggiordomo *m*.

butt [bʌt] ⋄ *n* -1. [of cigarette, cigar] mozzicone *m* -2. [of rifle] calcio *m* -3. [for water] cisterna *f* -4. [target] bersaglio *m* -5. *esp US inf* [bottom] sedere *m*. ⋄ *vt* [hit with head] dare una testata a. ◆ **butt in** *vi* [interrupt]: **to ~ in on** [person] interrompere; [discussion] interferire in.

butter ['bʌtə^r] ⋄ *n* burro *m*. ⋄ *vt* imburrare.

buttercup ['bʌtəkʌp] *n* ranuncolo *m*.

butter dish *n* burriera *f*, portaburro *m*.

butterfly ['bʌtəflaɪ] *n* [insect, swimming style] farfalla *f*.

buttocks *npl* natiche *fpl*.

button ['bʌtn] ⋄ *n* -1. [on clothes] bottone *m* -2. [on machine] pulsante *m* -3. *US* [badge] distintivo *m*. ⋄ *vt* = **button up**. ◆ **button up** *vt sep* [fasten] abbottonare.

button mushroom *n* champignon *m inv*.

buttress ['bʌtrɪs] *n* contrafforte *m*.

buxom ['bʌksəm] *adj* [woman] formosa.

buy [baɪ] *(pt & pp* **bought** [bɔːt]) ⋄ *vt* -1. [purchase] comprare, acquistare; **I'll ~ you a drink** ti offro da bere; **to ~ sthg from sb** comprare qc da qn -2. *fig* [bribe] comprare. ⋄ *n* acquisto *m*. ◆ **buy out** *vt sep* -1. [in business] rilevare la quota di -2. [from army] comprare l'esonero di; **to ~ o.s. out** comprarsi l'esonero. ◆ **buy up** *vt sep* accaparrare.

buyer ['baɪə^r] *n* -1. [purchaser] acquirente *mf* -2. [profession] responsabile *mf* dell'ufficio acquisti.

buyout ['baɪaʊt] *n* buyout *m inv*.

buzz [bʌz] ⋄ *n* [of insect, machinery] ronzio *m*; [of conversation] brusio *m*; **to give sb a ~** *inf* dare un colpo di telefono a qn. ⋄ *vi* -1. [bee, plane, head] ronzare -2. *fig* [place]: **to ~ (with sthg)** fervere (di qc). ⋄ *vt* [on intercom] chiamare *(con un cicalino)*.

buzzer ['bʌzə^r] *n* [on clock] suoneria *f*; [on intercom] cicalino *m*.

buzzword ['bʌzwɜːd] *n inf* termine *m* in voga.

by [baɪ] ⇔ *prep* **-1.** [indicating cause, agent] da; **caused/written/killed** ~ causato/scritto/ucciso da; **a book** ~ **Dickens** un libro di Dickens **-2.** [indicating means, method, manner] per; **to take sb** ~ **the hand** prendere qn per mano; **to book** ~ **phone** prenotare per telefono; **to pay** ~ **credit card** pagare tramite carta di credito; **to travel** ~ **bus/train/plane/ship** viaggiare in autobus/treno/aereo/nave; ~ **doing sthg** facendo qc; **he got rich** ~ **buying property** è diventato ricco acquistando beni immobili **-3.** [to explain a word or expression] con; **what do you mean** ~ **"all right"?** cosa vuoi dire con "va bene"? **-4.** [beside, close to] vicino a; **she was sitting** ~ **the window** era seduta vicino alla finestra; **a holiday** ~ **the sea** una vacanza al mare **-5.** [past] davanti a; **to walk/pass/ drive** ~ **sb/sthg** passare davanti a qn/qc **-6.** [via, through] da; **come in** ~ **the back door** entra dalla porta sul retro; **we came** ~ **Oxford** siamo passati da Oxford per venire **-7.** [at or before a particular time] entro; **I'll be there** ~ **eight** sarò lì entro le otto; ~ **2002 it was all over** nel 2002 era tutto finito; ~ **now** ormai **-8.** [during]: ~ **day/ night** di giorno/notte **-9.** [according to] secondo; **to play** ~ **the rules** giocare secondo le regole; ~ **law** per legge **-10.** [in arithmetic, measurements] per; **to divide/ multiply 20** ~ **2** dividere/moltiplicare 20 per 2, **6 divided** ~ **3 is 2** 6 diviso 3 fa 2 **-11.** [in quantities, amounts] a; **you can buy it** ~ **the metre** puoi comprarlo al metro; **we make them** ~ **the thousand(s)** li facciamo a migliaia; **to be paid** ~ **the day/ week/month** essere pagato alla giornata/ alla settimana/al mese; **prices were cut** ~ **50%** i prezzi sono stati ridotti del 50% **-12.** [indicating gradual change]: **day** ~ **day** giorno dopo giorno; **one** ~ **one** uno ad uno; **little** ~ **little** poco a poco **-13.** [indicating nature or profession]: ~ **nature** di natura; ~ **profession/trade** di professione/mestiere. ⇔ *adv* = **go, pass,** etc. ◆ **by and large** *adv* per lo più. ◆ **(all) by one- self** ⇔ *adv* da solo(a). ⇔ *adj* tutto(a) solo(a); **I'm all** ~ **myself today** oggi sono tutto solo.

bye(-bye) *excl inf* ciao!, arrivederci!

byelaw ['baɪlɔː] *n* = bylaw.

by-election *n* elezioni *fpl* suppletive.

bygone ['baɪgɒn] *adj* passato(a). ◆ **by- gones** *npl*: **to let** ~ **s be** ~ **s** quel che è stato è stato.

bylaw ['baɪlɔː] *n* ordinanza *f* locale.

bypass ['baɪpɑːs] ⇔ *n* **-1.** [road] circonvallazione *f* **-2.** MED bypass *m inv*; ~ **(operation)** intervento *m* di bypass. ⇔ *vt* **-1.** [place, issue, difficulty] evitare **-2.** [person] scavalcare.

by-product *n* **-1.** [product] sottoprodotto *m* **-2.** fig [consequence] conseguenza *f*.

bystander ['baɪˌstændə^r] *n* spettatore *m*, -trice *f*.

byte [baɪt] *n* COMPUT byte *m inv*.

byword ['baɪwɜːd] *n* [symbol]: **to be a** ~ **for sthg** essere sinonimo *m* di qc.

c (*pl* **c's** OR **cs**), **C** (*pl* **C's** OR **Cs**) [siː] *n c* fo *m inv*, C fo *m inv*.

c., ca. (*abbr of* **circa**) ca.

cab [kæb] *n* **-1.** [taxi] taxi *m inv* **-2.** [of lorry] cabina *f*.

cabaret ['kæbəreɪ] *n* cabaret *m inv*.

cabbage ['kæbɪdʒ] *n* [vegetable] cavolo *m*.

cabin ['kæbɪn] *n* **-1.** [on ship, in aircraft] cabina *f* **-2.** [house] capanna *f*.

cabin crew *n* personale *m* di bordo.

cabinet ['kæbɪnɪt] *n* **-1.** [cupboard] armadietto *m*; **drinks** ~ mobile *m* bar; **glass** ~ vetrinetta *f* **-2.** POL gabinetto *m*, governo *m*.

cable ['keɪbl] ⇔ *n* **-1.** [rope, electric] cavo *m* **-2.** [telegram] cablogramma *m* **-3.** TV = **cable television.** ⇔ *vt* [telegraph – person] inviare un cablogramma a; [– news, money] inviare per cablogramma.

cable car *n* funivia *f*.

cable television, cable TV *n* televisione *f* via cavo.

cache [kæʃ] *n* **-1.** [store] deposito *m* nascosto **-2.** COMPUT memoria *f* cache.

cackle ['kækl] *vi* [hen, person] schiamazzare.

cactus ['kæktəs] (*pl* **-tuses** OR **-ti**) *n* cactus *m inv*.

cadet [kə'det] *n* [in police] cadetto *m*.

cadge [kædʒ] *UK inf* ⇔ *vt*: **to** ~ **sthg (off** OR **from sb)** scroccare qc (a qn). ⇔ *vi*: **to** ~ **off** OR **from sb** vivere sulle spalle di qn.

caesarean (section) UK, **cesarean (section)** US [si'zeəriən-] n cesareo m, taglio m cesareo.

cafe, café ['kæfeɪ] n bar m inv, caffè m inv.

cafeteria [,kæfɪ'tɪəriə] n ristorante mf self-service.

caffeine ['kæfiːn] n caffeina f.

cage [keɪdʒ] n [for animal] gabbia f.

cagey ['keɪdʒɪ] (compar -ier, superl -iest) adj inf evasivo(a).

cagoule [kə'guːl] n UK K-way® m inv.

cajole [kə'dʒəʊl] vt persuadere; **to ~ sb into doing sthg** persuadere qn a fare qc.

cake [keɪk] n -1. [type of sweet food] dolce m, torta f; **a piece of ~** inf fig un gioco da ragazzi -2. [of fish, potato] crocchetta f -3. [of soap] pezzo m.

caked adj: **~ with sthg** incrostato(a) di qc.

calcium ['kælsɪəm] n calcio m.

calculate ['kælkjʊleɪt] vt -1. [work out] calcolare -2. [plan, intend]: **to be ~d to do sthg** essere studiato(a) per fare qc.

calculating ['kælkjʊleɪtɪŋ] adj pej calcolatore(trice).

calculation [,kælkjʊ'leɪʃn] n [MATHS & sum] calcolo m.

calculator ['kælkjʊleɪtə'] n calcolatrice f.

calendar ['kælɪndə'] n calendario m.

calf [kɑːf] (pl calves) n -1. [young animal – cow] vitello m; [– elephant, whale] cucciolo m -2. [of leg] polpaccio m.

calibre, caliber ['kælɪbə'] US n calibro m.

California [,kælɪ'fɔːnjə] n California f.

calipers npl US = callipers.

call [kɔːl] ⬦ n -1. [cry – of person] grido m; [– of animal, bird] richiamo m -2. [visit] visita f; **to pay a ~ on sb** fare visita a qn -3. [demand] richiesta f; **~ for sthg** richiesta per qc; **there's no ~ for them** nessuno ne ha fatto richiesta -4. [summons] chiamata f; **on ~** di guardia -5. [telephone call] chiamata f, telefonata f ⬦ vt -1. [name] chiamare; **I'm ~ed Joan** mi chiamo Joan; **what's this thing ~ed?** come si chiama questa cosa? -2. [describe as] definire; **he ~ed me a liar** mi ha dato del bugiardo; **let's ~ it a round £10** diciamo 10 sterline -3. [shout] chiamare, gridare -4. [telephone] chiamare, telefonare a -5. [summon] chiamare -6. [announce – flight] chiamare; [– meeting, strike, election] indire. ⬦ vi -1. [shout] chiamare, gridare -2. [animal, bird] emettere gridi -3. [telephone] chiamare; **who's ~ing?** chi parla? -4. [visit] passare. ⬥ **call back** ⬦ vt sep richia-

mare. ⬦ vi -1. [on phone] richiamare -2. [visit again] ripassare. ⬥ **call for** vt insep -1. [collect] passare a prendere -2. [demand] richiedere; **this ~s for a drink** qui ci vuole un brindisi. ⬥ **call in** ⬦ vt sep -1. [send for] chiamare -2. [COMM & goods, bank notes] ritirare; [overdraft, loan] esigere il pagamento di. ⬦ vi passare. ⬥ **call off** vt sep -1. [cancel] disdire, revocare -2. [order not to attack] richiamare. ⬥ **call on** vt insep -1. [visit] passare a trovare -2. [ask]: **to ~ on sb to do sthg** domandare a qn di fare qc. ⬥ **call out** ⬦ vt sep -1. [order to help] fare intervenire -2. [cry out] gridare. ⬦ vi [cry out] gridare. ⬥ **call round** vi passare. ⬥ **call up** vt sep -1. MIL chiamare alle armi -2. [on telephone] chiamare -3. COMPUT richiamare.

call box n UK cabina f telefonica.

caller ['kɔːlə'] n -1. [visitor] visitatore m, -trice f -2. [on telephone] persona f che chiama; **I'm sorry, ~, but that number is engaged** mi dispiace, signore OR signora, il numero è occupato.

caller (ID) display n [on telephone] visualizzazione f del numero chiamante.

calling ['kɔːlɪŋ] n vocazione f.

calling card n US biglietto m da visita.

callipers UK, **calipers** US ['kælɪpəz] npl -1. MATHS calibro m -2. MED apparecchio m ortopedico.

callous ['kæləs] adj [unkind] crudele, duro(a).

callus ['kæləs] (pl -es) n callo m.

calm [kɑːm] ⬦ adj -1. [person, voice] calmo(a), tranquillo(a) -2. [weather, day, water] calmo(a). ⬦ n [peaceful state] calma f. ⬦ vt calmare. ⬥ **calm down** ⬦ vt sep calmare. ⬦ vi calmarsi.

Calor gas® ['kælə'-] n UK butano m.

calorie ['kælərɪ] n [in food] caloria f.

calves [kɑːvz] pl ⊳ calf.

Cambodia [kæm'bəʊdjə] n Cambogia f.

camcorder ['kæm,kɔːdə'] n videocamera f.

came [keɪm] pt ⊳ come.

camel ['kæml] n [animal] cammello m.

cameo ['kæmɪəʊ] (pl -s) n cammeo m.

camera ['kæmərə] n macchina f fotografica; **television ~** telecamera f. ⬥ **in camera** adv fml a porte chiuse.

cameraman ['kæmərəmæn] (pl -men) n cameraman m inv.

Cameroon [,kæmə'ruːn] n Cameroon m.

camouflage ['kæməflɑːʒ] ⬦ n mimetizzazione f. ⬦ vt MIL mimetizzare.

camp [kæmp] ◇ n -1. [site for tents] accampamento m; **we pitched ~ near the beach** abbiamo piantato le tende vicino alla spiaggia -2. [refugee, prison, army] campo m -3. [faction] campo m, fazione f. ◇ vi accamparsi. ◆ **camp out** vi accamparsi.

campaign [kæmˈpeɪn] ◇ n campagna f. ◇ vi: **to ~ (for/against sthg)** fare una campagna (a favore di qc/contro qc).

camp bed n brandina f.

camper [ˈkæmpəʳ] n -1. [person] campeggiatore m, -trice f -2. [vehicle]: **~ (van)** camper m inv.

campground [ˈkæmpgraʊnd] n US campeggio m.

camping [ˈkæmpɪŋ] n campeggio m; **to go ~** andare in campeggio.

camping site, **campsite** n campeggio m.

campus [ˈkæmpəs] (pl -es) n campus m inv, città f inv universitaria.

can¹ [kæn] (pt & pp -ned, cont -ning) ◇ n [container - for drink] lattina f; [- for food] scatola f; [- for oil] tanica f; [for paint] barattolo m. ◇ vt inscatolare.

can² [weak form kən, strong form kæn] (pt & conditional could, negative cannot OR can't) modal vb -1. [be able to] potere; **~ you come to lunch?** puoi venire a pranzo?; **I can't** OR **cannot afford it** non me lo posso permettere; **~ you see/hear something?** vedi/senti qualcosa? -2. [know how to] sapere; **I ~ play the piano** suono il piano; **I ~ speak French** parlo francese; **I can't cook** non so cucinare; **~ you drive?** guidi?; **~ you swim?** sai nuotare? -3. [indicating permission] potere; **you ~ use my car if you like** puoi usare la mia macchina se vuoi; **we can't wear jeans to work** non possiamo andare a lavorare in jeans -4. [in polite requests] potere; **~ I speak to John, please? posso parlare con John, per favore? -5. [indicating disbelief, puzzlement] potere; **what ~ she have done with it?** cosa può averne fatto?; **we can't just leave him here** non possiamo mica lasciarlo qui; **you can't be serious!** non puoi parlare sul serio! -6. [indicating possibility] potere; **I could see you tomorrow** potrei riceverla domani; **the flight could have been cancelled** il volo potrebbe essere stato annullato.

Canada [ˈkænədə] n Canada m.

Canadian [kəˈneɪdjən] ◇ adj canadese. ◇ n canadese mf.

canal [kəˈnæl] n [waterway] canale m.

Canaries [kəˈneərɪz] npl: **the ~** le Canarie fpl.

canary [kəˈneərɪ] n canarino m.

cancel [ˈkænsl] (pt & pp -ed, cont -ing) vt -1. [call off - party, meeting, order] annullare, cancellare; [- contract] disdire; [- train] sopprimere -2. [invalidate - stamp, cheque] annullare; [- debt] cancellare. ◆ **cancel out** vt sep annullare; **they tend to ~ each other out** tendono ad annullarsi a vicenda.

cancellation [ˌkænsəˈleɪʃn] n -1. [instance of cancelling] cancellazione f -2. [act of cancelling] annullamento m.

cancer [ˈkænsəʳ] n [disease] cancro m. ◆ **Cancer** n Cancro m; **to be (a) Cancer** essere del Cancro.

candelabra [ˌkændɪˈlɑːbrə] n candelabro m.

candid [ˈkændɪd] adj [frank] franco(a).

candidate [ˈkændɪdət] n -1. [for job]: **~ (for sthg)** candidato m, (a)f.

candle [ˈkændl] n candela f.

candlelight [ˈkændllaɪt] n lume m di candela.

candlelit [ˈkændllɪt] adj: **a ~ dinner** una cena a lume di candela.

candlestick [ˈkændlstɪk] n portacandele m inv.

candour UK, **candor** US [ˈkændəʳ] n franchezza f.

candy [ˈkændɪ] n esp US -1. [confectionery] dolciumi mpl -2. [sweet] caramella f.

candy bar n US barretta mf di cioccolata.

candy box n US scatola f di caramelle.

candyfloss [ˈkændɪflɒs] UK, **cotton candy** US n zucchero m filato.

cane [keɪn] ◇ n -1. [for making furniture] canna f (di bambù) -2. [walking stick] bastone m -3. [for supporting plant] canna f -4. dated [for punishment]: **to give someone the ~** punire qn con la bacchetta. ◇ vt picchiare con la bacchetta.

canine [ˈkeɪnaɪn] ◇ adj canino(a). ◇ n: **~ (tooth)** canino m.

canister [ˈkænɪstəʳ] n [for tea, coffee] barattolo m; [film] custodia f; [for gas] bombola f; [for tear gas] candelotto m.

cannabis [ˈkænəbɪs] n hashish m inv.

canned [kænd] adj [food] in scatola; [drink] in lattina.

cannibal [ˈkænɪbl] n cannibale mf.

cannon [ˈkænən] (pl -s) n -1. [on ground] cannone m -2. [on aircraft] cannoncino m.

cannonball [ˈkænənbɔːl] n palla f da cannone.

cannot ['kænɒt] *vb fml=* **can²**.

canny ['kænɪ] *adj* [shrewd] abile.

canoe [kə'nu:] *n* canoa *f*.

canoeing [kə'nu:ɪŋ] *n* canottaggio *m*.

canon ['kænən] *n* **-1**. [clergyman] canonico *m* **-2**. [general principle] canone *m*.

can opener *n* apriscatole *m inv.*

canopy ['kænəpɪ] *n* **-1**. [over bed, seat] baldacchino *m* **-2**. [of trees, branches] tetto *m* di fronde.

can't [kɑ:nt] *cont* = **cannot**.

cantaloup ['kæntəlu:p] *n* meloncino *m*.

cantankerous [kæn'tæŋkərəs] *adj* scontroso(a).

canteen [kæn'ti:n] *n* **-1**. [restaurant] mensa *f* **-2**. [box of cutlery] servizio *m* di posate.

canter ['kæntə'] <> *n* piccolo galoppo *m*. <> *vi* andare al piccolo galoppo.

canvas ['kænvəs] *n* tela *f*.

canvass ['kænvəs] *vt* **-1**. POL fare propaganda elettorale presso **-2**. [investigate] sondare.

canyon ['kænjən] *n* canyon *m inv.*

cap [kæp] *vt* **-1**. [cover top of] coprire **-2**. [improve on]: **to ~ it all** per coronare il tutto.

capability [ˌkeɪpə'bɪlətɪ] *n* **-1**. [ability] capacità *f inv* **-2**. MIL potenziale *m*.

capable ['keɪpəbl] *adj* **-1**. [able, having capacity]: **to be ~ of sthg/of doing sthg** essere in grado di fare qc; **is he ~ of murder?** è capace di uccidere? **-2**. [competent, skilful] capace.

capacity [kə'pæsɪtɪ] *n* **-1**. [gen] capacità *f inv*; **~ for sthg** predisposizione per qc; **~ for doing** OR **to do sthg** capacità di fare qc; **seating ~** numero *m* di posti a sedere **-2**. [position] qualità *f*; **in an advisory ~** come consulente.

cape [keɪp] *n* **-1**. GEOG capo *m* **-2**. [cloak] cappa *f*.

caper ['keɪpə'] *n* **-1**. [food] cappero *m* **-2**. *inf* [silly action] stupidata *f*; [dishonest action] intrallazzo *m*.

capita = **per capita**.

capital ['kæpɪtl] <> *adj* **-1**. [letter] maiuscolo(a) **-2**. [punishable by death] soggetto(a) alla pena di morte. <> *n* **-1**. [of country, centre] capitale *f* **-2**. [city] capitale *f* **-2**. TYPO: **~ (letter)** maiuscola *f* **-3**. [money] capitale *m*; **to make ~ (out) of sthg** *fig* trarre vantaggio da qc.

capital expenditure *n* spese *fpl* in conto capitale.

capital gains tax *n* imposta *f* sulla plusvalenza.

capitalism ['kæpɪtəlɪzm] *n* capitalismo *m*.

capitalist ['kæpɪtəlɪst] <> *adj* [based on capitalism] capitalista. <> *n* capitalista *mf*.

capitalize, -ise ['kæpɪtəlaɪz] *vi*: **to ~ on sthg** [make most of] trarre vantaggio da qc.

capital punishment *n* pena *f* capitale OR di morte.

capitulate [kə'pɪtjʊleɪt] *vi* MIL capitolare; **to ~ (to sthg)** cedere (a qc).

Capricorn ['kæprɪkɔ:n] *n* Capricorno *m*; **to be (a) Capricorn** essere del Capricorno.

capsize [kæp'saɪz] <> *vt* ribaltare. <> *vi* ribaltarsi.

capsule ['kæpsju:l] *n* capsula *f*.

captain ['kæptɪn] *n* **-1**. [in army, navy] capitano *m* **-2**. [of ship, airliner] comandante *m* **-3**. [of sports team] capitano *m*, -a *f*.

caption ['kæpʃn] *n* didascalia *f*.

captivate ['kæptɪveɪt] *vt* accattivare.

captive ['kæptɪv] <> *adj* **-1**. [person] prigioniero(a); [animal] in cattività **-2**. *fig*: **~ audience** *persone costrette ad assistere a qualcosa anche se non sono interessate*; **~ market** *mercato m senza concorrenza*. <> *n* prigioniero *m*, -a *f*.

captor ['kæptə'] *n persona che tiene qn prigioniero.*

capture ['kæptʃə'] <> *vt* **-1**. [take prisoner] catturare **-2**. [market, votes] conquistare; [city] prendere; [interest, imagination] stimolare **-3**. COMPUT inserire. <> *n* [of person] cattura *f*; [of city] presa *f*.

car [kɑ:'] <> *n* **-1**. [motor car] macchina *f*, auto *f inv* **-2**. [on train] vagone *m*, carrozza *f*. <> *comp* [industry] automobilistico(a); [accident, tyre] d'auto.

carafe [kə'ræf] *n* caraffa *f*.

car alarm *n* antifurto *m* d'auto.

caramel ['kærəmel] *n* caramello *m*.

carat ['kærət] *n* UK carato *m*.

caravan ['kærəvæn] *n* **-1**. *UK* [vehicle – towed by car] roulotte *f inv*; [– towed by horse] carro *m* **-2**. [travelling group] carovana *f*.

caravan site *n* UK campeggio *m* per roulotte.

carbohydrate [ˌkɑ:bəʊ'haɪdreɪt] *n* [chemical substance] carboidrato *m*.

carbon ['kɑ:bən] *n* [element] carbonio *m*.

carbonated ['kɑ:bəneɪtɪd] *adj* gasato(a).

carbon copy *n* **-1**. [document] copia *f* carbone *inv* **-2**. *fig* [exact copy] fotocopia *f*.

carbon dioxide *n* diossido *m* di carbonio.

carbon monoxide *n* monossido *m* di carbonio.

carbon paper *n* carta *f* carbone *inv.*

car-boot sale *n* *UK* vendita all'aperto di articoli usati, che vengono esposti da privati nei bagagliai delle loro auto.

carburettor *UK*, **carburetor** [ˌkɑːbəˈretə^r] *US* *n* carburatore *m*.

carcass *n* [of animal] carcassa *f*.

card [kɑːd] *n* **-1.** [playing card] carta *f* **-2.** [for membership, library, identity] tessera *f*; **business** ~ biglietto *m* da visita **-3.** [greetings card] biglietto *m* d'auguri **-4.** [postcard] cartolina *f* **-5.** COMPUT scheda *f* **-6.** [cardboard] cartone *m.* ◆ **cards** *npl* [game] carte *fpl.* ◆ **on the cards** *UK*, **in the cards** *US* *adv inf* probabile.

cardboard [ˈkɑːdbɔːd] ◇ *n* cartone *m.* ◇ *comp* [made of cardboard] di cartone.

cardboard box *n* scatola *f* di cartone.

cardphone [ˈkɑːdfəʊn] *n* telefono *m* a scheda.

cardiac [ˈkɑːdiæk] *adj* cardiaco(a).

cardigan *n* cardigan *m inv.*

cardinal [ˈkɑːdɪnl] ◇ *adj* [virtue, rule] cardinale; [sin] capitale. ◇ *n* RELIG cardinale *m.*

card index *n* *UK* schedario *m.*

card table *n* tavolino *m* da gioco.

care [keə^r] *vi* **-1.** [be concerned] I really ~ ci tengo davvero; all he ~ s about is work gli importa solo del lavoro **-2.** [mind] shall we take the car or walk? – I don't really ~ prendiamo la macchina o andiamo a piedi? — per me è lo stesso; I don't ~ what I look like non me ne importa del mio aspetto. ◆ **care of** *prep* presso. ◆ **care for** *vt insep*: does she still ~ for him? tiene ancora a lui?; would you ~ for a drink? ti andrebbe di bere qualcosa?; I don't much ~ for opera? non mi piace un granché l'opera.

career [kəˈrɪə^r] ◇ *n* carriera *f.* ◇ *vi* andare a tutta velocità.

careers adviser *n* consulente *mf* di orientamento professionale.

carefree [ˈkeəfriː] *adj* spensierato(a).

careful [ˈkeəfʊl] *adj* **-1.** [cautious] attento(a); be ~! stai attento!; to be ~ with sthg essere attento(a) con qc; to be ~ to do sthg fare attenzione a fare qc **-2.** [thorough] accurato(a).

carefully [ˈkeəflɪ] *adv* con attenzione.

careless [ˈkeəlɪs] *adj* **-1.** [inattentive] sbadato(a) **-2.** [unconcerned] noncurante.

caress [kəˈres] ◇ *n* carezza *f.* ◇ *vt* accarezzare.

caretaker [ˈkeəˌteɪkə^r] *n* *UK* custode *mf.*

car ferry *n* traghetto *m.*

cargo [ˈkɑːgəʊ] (*pl* **-es** OR **-s**) *n* carico *m.*

car hire *n* *UK* noleggio *m* d'auto.

Caribbean [*UK* ˌkærɪˈbiːən, *US* kəˈrɪbɪən] *n* **-1.** [sea]: the ~ (Sea) il Mar dei Caraibi **-2.** [region]: the ~ i Caraibi.

caring [ˈkeərɪŋ] *adj* premuroso(a).

carnage [ˈkɑːnɪdʒ] *n* carneficina *f.*

carnal [ˈkɑːnl] *adj lit* carnale.

carnation [kɑːˈneɪʃn] *n* garofano *m.*

carnival [ˈkɑːnɪvl] *n* **-1.** [festive occasion] carnevale *m* **-2.** *US* [fair] luna park *m inv.*

carnivorous [kɑːˈnɪvərəs] *adj* carnivoro(a).

carol [ˈkærəl] *n*: (Christmas) ~ canto *m* natalizio.

carousel [ˌkærəˈsel] *n* **-1.** *esp US* [at fair] giostra *f* **-2.** [at airport] nastro *m* trasportatore.

carp [kɑːp] (*pl* **-s**) ◇ *n* carpa *f.* ◇ *vi*: to ~ (about sthg) trovare da ridire (su qc).

car park *n* *UK* parcheggio *m.*

carpenter [ˈkɑːpəntə^r] *n* [making wooden structures] carpentiere *m*, -a *f*; [making wooden objects] falegname *mf.*

carpentry [ˈkɑːpəntrɪ] *n* [making wooden structures] carpenteria *f*; [making wooden objects] falegnameria *f.*

carpet [ˈkɑːpɪt] ◇ *n* [rug] tappeto *m*; [fitted] moquette *f inv.* ◇ *vt* [room, house] mettere la moquette in; [stairs] mettere la moquette su.

carpet sweeper *n* battitappeto *m* meccanico.

car phone *n* telefono *m* in auto.

car radio *n* autoradio *f inv.*

car rental *n* *US* noleggio *m* d'auto.

carriage [ˈkærɪdʒ] *n* **-1.** [horsedrawn vehicle] carrozza *f* **-2.** *UK* [railway coach] vagone *m*, carrozza *f* **-3.** [transport of goods] trasporto *m*; ~ **paid** OR **free** *UK* porto franco.

carriageway [ˈkærɪdʒweɪ] *n* *UK* carreggiata *f.*

carrier [ˈkærɪə^r] *n* **-1.** COMM corriere *m* **-2.** [of disease] portatore *m*, -trice *f* **-3.** = **carrier bag.**

carrier bag *n* sacchetto *m* (di plastica).

carrot [ˈkærət] *n* **-1.** [vegetable] carota *f* **-2.** *inf* [incentive] carota *f.*

carry [ˈkærɪ] ◇ *vt* **-1.** [gen] portare **-2.** [transport] trasportare **-3.** [be equipped with] avere **-4.** [involve] comportare **-5.** [approve]: **the motion was carried by 56 votes to 43** la mozione è passata con 56 voti a favore e 43 contro **-6.** MATHS riporta-re. ◇ *vi* [sound] arrivare. ➤ **carry away** *vt insep*: **to get carried away** farsi prendere la mano. ➤ **carry forward** *vt sep* riportare. ➤ **carry off** *vt sep* **-1.** [make a success of] riuscire in; **to ~ it off** riuscire, cavarsela **-2.** [win] portarsi a casa. ➤ **carry on** ◇ *vt insep* [continue]: **to ~ on (doing) sthg** continuare (a fare) qc. ◇ *vi* **-1.** [continue]: **to ~ on (with sthg)** continuare (con qc) **-2.** *inf* [make a fuss] fare scene. ➤ **carry out** *vt insep* **-1.** [order, plan, experiment] eseguire; [investigation] compiere **-2.** [promise] mantenere; [threat] attuare. ➤ **carry through** *vt sep* [accomplish] realizzare.

carryall ['kærɪɔːl] *n US* borsone *m*.

carrycot ['kærɪkɒt] *n esp UK* culla *f* portatile.

carry-out *n US & Scot* piatto *m* da asporto.

carsick ['kɑːˌsɪk] *adj*: **to be ~** avere il mal d'auto.

cart [kɑːt] ◇ *n* **-1.** [vehicle] carro *m* **-2.** *US* [for shopping]: **(shopping OR grocery) ~** carrello *m* della spesa. ◇ *vt inf* portare; **to ~ sthg around** portarsi dietro qc.

carton ['kɑːtn] *n* **-1.** [strong cardboard box] scatolone *m* **-2.** [for liquids] cartone *m*.

cartoon [kɑːˈtuːn] *n* **-1.** [satirical drawing] vignetta *f* **-2.** [comic strip] fumetto *m* **-3.** [film] cartone *m* animato.

cartridge ['kɑːtrɪdʒ] *n* **-1.** [for gun, pen] cartuccia *f* **-2.** [for camera] caricatore *m*.

cartwheel ['kɑːtwiːl] *n* [movement] ruota *f*.

carve [kɑːv] ◇ *vt* **-1.** [shape, sculpt] scolpire **-2.** [slice] tagliare **-3.** [cut in surface] incidere. ◇ *vi* [slice meat] fare le porzioni. ➤ **carve out** *vt sep* [create, obtain] crearsi. ➤ **carve up** *vt sep* [divide] ripartire.

carving ['kɑːvɪŋ] *n* scultura *f*.

carving knife *n* trinciante *m*.

car wash *n* **-1.** [process] lavaggio *m* d'auto **-2.** [place] autolavaggio *m*.

case [keɪs] *n* **-1.** [gen] caso *m*; **this is the ~** le cose stanno così; **in that ~** in questo caso; **in which ~** nel qual caso; **as OR whatever the ~ may be** a seconda dei casi; **in ~ of** in caso di **-2.** [argument] argomenti *mpl*; **~ for/against sthg** argomenti a favore/contro qc **-3.** [trial, inquiry] causa *f* **-4.** [for glasses, violin, binoculars] custodia *f*; [for pencils, jewellery] astuccio *m* **-5.** *UK* [suitcase] valigia *f*. ➤ **in any case** *adv* in ogni caso. ➤ **in case** ◇ *conj* casomai (+ congiuntivo). ◇ *adv*: **(just) in ~** per ogni evenienza.

cash [kæʃ] ◇ *n* **-1.** [notes and coins] contanti *mpl*; **to pay (in) ~** pagare in contanti **-2.** *inf* [money] soldi *mpl* **-3.** [payment]: **~ in advance** pagamento *m* anticipato; **~ on delivery** pagamento *m* alla consegna. ◇ *vt* incassare.

cash and carry *n* cash-and-carry *m inv*.

cash box *n* cassetta *f* per contanti.

cash card *n* carta *f* per prelievo.

cash desk *n UK* cassa *f*.

cash dispenser *n UK* distributore *f* automatico (di soldi), bancomat® *m*.

cashew (nut) [kæˈʃuː-] *n* anacardio *m*.

cashier [kæˈʃɪəʳ] *n* cassiere *m*, -a *f*.

cash machine *n UK* = cash dispenser.

cashmere [kæʃˈmɪəʳ] *n* cachemire *m*.

cashpoint ['kæʃpɔɪnt] *n UK* = cash dispenser.

cash register *n* registratore *m* di cassa.

casing ['keɪsɪŋ] *n* rivestimento *m*.

casino [kəˈsiːnəʊ] (*pl* **-s**) *n* casinò *m inv*.

cask [kɑːsk] *n* botte *f*.

casket ['kɑːskɪt] *n* **-1.** [for jewels] cofanetto *m* **-2.** *US* [coffin] bara *f*.

casserole ['kæsərəʊl] *n* **-1.** [stew] vegetable/chicken ~ verdure *fpl*/pollo *m* in casseruola **-2.** [pan] casseruola *f*.

cassette [kæˈset] *n* cassetta *f*.

cassette player *n* lettore *m* di cassette.

cassette recorder *n* registratore *m* a cassetta.

cast [kɑːst] (*pt & pp* **cast**) ◇ *n* **-1.** [of play, film] cast *m inv* **-2.** MED ingessatura *f*; **to have one's leg in a ~** avere una gamba ingessata OR il gesso ad una gamba. ◇ *vt* **-1.** [eyes, glance] gettare; **to ~ doubt on sthg** sollevare dei dubbi su qc **-2.** [light, shadow] proiettare **-3.** [throw] gettare **-4.** [choose for play, film]: **to ~ an actor as sb** OR **in the role of sb** dare un attore la parte di qn **-5.** POL: **to ~ one's vote** votare **-6.** [metal] fondere. ➤ **cast aside** *vt sep* mettere da parte. ➤ **cast off** *vi* **-1.** NAUT mollare gli ormeggi **-2.** [in knitting] diminuire. ➤ **cast on** *vi* [in knitting] avvolgere.

castaway ['kɑːstəweɪ] *n* naufrago *m*, -a *f*.

caster ['kɑːstəʳ] *n* [wheel] rotella *f*.

caster sugar *n UK* zucchero *m* semolato.

casting vote ['kɑːstɪŋ-] *n* voto *m* decisivo.

cast iron *n* ghisa *f*.

castle ['kɑːsl] *n* **-1.** [building] castello *m* **-2.** [in chess] torre *f*.

castor ['kɑːstəʳ] *n* = caster.

castrate [kæˈstreɪt] *vt* castrare.

casual ['kæʒʊəl] *adj* -1. [relaxed, uninteres-ted] noncurante -2. *pej* [offhand] irrespon-sabile -3. [visitor, work] occasionale; [remark] incidentale -4. [clothes] sporti-vo(a), casual *inv.*

casually ['kæʒʊəlɪ] *adv* -1. [in a relaxed manner, without interest] con nonchalance -2. [dress] in modo sportivo, casual.

casualty ['kæʒjʊəltɪ] *n* -1. [dead person] morto *m*, a *f*; [injured person] ferito *m*, -a *f* -2. *UK* = casualty department.

casualty department *n UK* pronto soccorso *m*.

cat [kæt] *n* -1. [domestic animal] gatto *m* -2. [wild animal] felino *m*.

catalogue *UK*, **catalog** *US* ['kætəlɒg] ◇ *n* catalogo *m*. ◇ *vt* [make official list of] catalogare.

catalyst ['kætəlɪst] *n* catalizzatore *m*.

catalytic converter *n* marmitta *f* catalitica.

catapult ['kætəpʌlt] ◇ *n* -1. *UK* [hand-held] fionda *f* -2. [HIST & machine] catapulta *f*, ◇ *vt* catapultare.

cataract ['kætərækt] *n* cataratta *f*.

catarrh [kə'tɑːʳ] *n* catarro *m*.

catastrophe [kə'tæstrəfɪ] *n* catastrofe *f*.

catch [kætʃ] (*pt & pp* **caught** [kɔːt]) ◇ *vt* -1. [ball etc] afferrare -2. [person, animal, train, disease] prendere; to ~ **the post** *UK* imbucare prima della raccolta della posta -3. [discover, surprise] sorprendere; **to ~ sb doing sthg** sorprendere qn a fare qc -4. [hear clearly] sentire -5. [interest, imagina-tion] risvegliare; [attention] attirare -6. [sight]: to ~ **sight of sb/sthg, to ~ a glim-pse of sb/sthg** scorgere qn/qc -7. [hook, trap]: **I caught my finger in the door** mi so-no chiuso un dito nella porta; **I caught my shirt in a hook** mi si è impigliata la cami-cia a un gancio -8. [light] essere illumina-to(a) da -9. [strike] colpire. ◇ *vi* -1. [become hooked] impigliarsi; [get stuck] in-castrarsi -2. [start to burn] prendere. ◇ *n* -1. [of ball etc] presa *f* -2. [of fish] pesca *f* -3. [fastener] chiusura *f* -4. [snag] trucco *m*. ◆ **catch on** *vi* -1. [become popular] pren-dere piede -2. *inf* [understand] imparare; to ~ **on to sthg** rendersi conto di qc. ◆ **catch out** *vt sep* [trick] cogliere in fal-lo. ◆ **catch up** ◇ *vt sep* -1. [come level with] raggiungere -2. [involve]: **to get caught up in sthg** farsi coinvolgere in qc. ◇ *vi* recuperare; **to ~ up on sthg** recupe-rare qc. ◆ **catch up with** *vt insep* -1. [get to same standard as] mettersi in pari con; [get to same place as] raggiungere -2. [catch, find] prendere.

catching ['kætʃɪŋ] *adj* [infectious] conta-gioso(a).

catchment area ['kætʃmənt-] *n* bacino *m* d'utenza.

catchphrase ['kætʃfreɪz] *n* espressione *f* tipica.

catchy ['kætʃɪ] *adj* orecchiabile.

categorically [,kætɪ'gɒrɪklɪ] *adv* categori-camente.

category ['kætəgɒrɪ] *n* categoria *f*.

cater ['keɪtəʳ] *vi* [provide food] provvedere alla ristorazione. ◆ **cater for** *vt insep* *UK* -1. [provide for – tastes, needs] soddi-sfare; [– people] rispondere alle esigenze di -2. [anticipate] prevedere. ◆ **cater to** *vt insep* soddisfare.

caterer ['keɪtərəʳ] *n* organizzatore *m*, -trice *f* di banchetti.

catering ['keɪtərɪŋ] *n* buffet *m inv.*

caterpillar ['kætəpɪləʳ] *n* [insect] bruco *m*.

cathedral [kə'θiːdrəl] *n* cattedrale *f*.

Catholic ◇ *adj* cattolico(a). ◇ *n* cattoli-co *m*, (a)*f*.

cat litter *n* lettiera *f* del gatto.

Catseyes® ['kætsaɪz] *npl UK* catarifran-genti *mpl*.

cattle ['kætl] *npl* bestiame *m* (bovino).

catty ['kætɪ] *adj inf pej* [spiteful] mali-gno(a).

catwalk ['kætwɔːk] *n* passerella *f*.

caucus ['kɔːkəs] *n* **1.** *US* POL vertice *m* di partito -2. *UK* POL fazione *f*.

caught [kɔːt] *pt & pp* ▷ **catch**.

cauliflower ['kɒlɪflaʊəʳ] *n* cavolfiore *m*.

cause [kɔːz] ◇ *n* -1. [gen] causa *f* -2. [grounds] motivo *m*; ~ **for sthg** motivo di fare qc; **have ~ to do sthg** avere moti-vo di fare qc. ◇ *vt* causare, provocare; **to ~ sb to do sthg** far fare qc a qn; **to ~ sthg to be done** far sì che qc sia fatto.

caustic ['kɔːstɪk] *adj* caustico(a).

caution ['kɔːʃn] ◇ *n* -1. [care] cautela *f*, prudenza *f* -2. [warning] avvertimento *f* -3. *UK* LAW diffida *f*. ◇ *vt* -1. [warn]: **to ~ sb against doing sthg** ammonire qn a non fare qc -2. *UK* LAW: **to ~ sb** leggere a qn i suoi diritti; **to ~ sb for sthg** ricevere una diffida per qc.

cautious ['kɔːʃəs] *adj* cauto(a), prudente.

cavalry ['kævlrɪ] *n* cavalleria *f*.

cave [keɪv] *n* caverna *f*, grotta *f*. ◆ **cave in** *vi* [physically collapse] cedere.

caveman ['keɪvmæn] (*pl* **-men**) *n* uomo *m* delle caverne.

cavernous ['kævənəs] *adj* immenso(a).

caviar(e) ['kævɪɑːʳ] *n* caviale *m*.

cavity ['kævətɪ] *n* -1. [in object, structure, body] cavità *f inv* -2. [in tooth] carie *f inv.*

cavort [kə'vɔːt] *vi* saltellare.

CB *n* (*abbr of* **Citizens' Band**) banda *f* cittadina, *radiofrequenze assegnate ad uso pubblico per comunicazioni private.*

CBI (*abbr of* **Confederation of British Industry**) *n* confederazione britannica degli industriali, ≃ Confindustria *f.*

cc ◇ *n* (*abbr of* **cubic centimetre**) cc. ◇ (*abbr of* **carbon copy**) cc.

CD *n* (*abbr of* **compact disc**).

CD player *n* lettore *m* CD.

CD-R drive [ˌsiːdiːˈɑːˌdraɪv] *n* unità *f inv* CD-R.

CD rewriter = **CD-RW drive** .

CD-ROM [ˌsiːdiːˈrɒm] (*abbr of* **compact disc read-only memory**) *n* CD-ROM *m inv.*

CD-RW [ˌsiːdiːɑːˈdʌbljuː] (*abbr of* **compact disc rewritable**) *n* CD-RW *m inv.*

CD-RW drive *n* unità *f inv* CD-RW.

CD tower *n* CD tower *f inv.*

cease [siːs] *fml vt & vi* cessare; **to ~ doing** OR **to do sthg** cessare di fare qc.

cease-fire *n* cessate il fuoco *m inv.*

ceaseless ['siːslɪs] *adj fml* incessante.

cedar (tree) ['siːdəʳ-] *n* cedro *m*.

cedilla [sɪ'dɪlə] *n* cediglia *f*.

ceiling ['siːlɪŋ] *n* -1. [of room] soffitto *m* -2. [limit] tetto *m* (massimo) .

celebrate ['selɪbreɪt] ◇ *vt* [mark with a celebration] festeggiare. ◇ *vi* festeggiare.

celebrated ['selɪbreɪtɪd] *adj* celebre.

celebration [ˌselɪ'breɪʃn] *n* festeggiamento *m*.

celebrity [sɪ'lebrɪtɪ] *n* [star] celebrità *f inv.*

celery ['selərɪ] *n* sedano *m*.

celibate ['selɪbət] *adj* [man] celibe; [woman] nubile.

cell [sel] *n* -1. BIOL cellula *f* -2. [COMPUT & room] cella *f* -3. [secret group] nucleo *m*.

cellar ['seləʳ] *n* -1. [basement] cantina *f* -2. [stock of wine] riserva *f* di vini.

cello ['tʃeləʊ] (*pl* -s) *n* [instrument] violoncello *m*.

Cellophane® ['seləfeɪn] *n* cellophane® *m*.

Celsius ['selsɪəs] *adj* Celsius *inv.*

Celt [kelt] *n* celta *mf*.

Celtic ['keltɪk] ◇ *adj* celtico(a). ◇ *n* [language] celtico *m*.

cement [sɪ'ment] ◇ *n* [for concrete] cemento *m*. ◇ *vt fig* [cover with cement] cementare.

cement mixer *n* betoniera *f*.

cemetery ['semɪtrɪ] *n* cimitero *m*.

censor ['sensəʳ] ◇ *n* [of films, books, letters] censore *m*. ◇ *vt* [film, book, letter] censurare.

censorship ['sensəʃɪp] *n* censura *f*.

censure ['senʃəʳ] ◇ *n* censura *f*. ◇ *vt* censurare.

census ['sensəs] (*pl* **censuses**) *n* [population survey] censimento *m*.

cent [sent] *n* centesimo *m*.

centenary [sen'tiːnərɪ] UK, **centennial** US [sen'tenjəl] *n* centenario *m*.

center *n & adj & vt* US = **centre**.

centigrade ['sentɪgreɪd] *adj* centigrado(a).

centilitre UK, **centiliter** US ['sentɪˌliːtəʳ] *n* centilitro *m*.

centimetre UK, **centimeter** US ['sentɪˌmiːtəʳ] *n* centimetro *m*.

centipede ['sentɪpiːd] *n* millepiedi *m inv.*

central ['sentrəl] *adj* -1. [gen] centrale; **~ London** il centro di Londra -2. [easily reached] vicino(a) al centro; **~ for the station/the shops** vicino alla stazione/ai negozi.

Central America *n* l'America *f* centrale; **in ~** in America centrale.

central heating *n* [for block of flats] riscaldamento *m* centralizzato; [for single flat] riscaldamento *m* autonomo.

centralize, -ise ['sentrəlaɪz] *vt* centralizzare.

central locking *n* chiusura *f* centralizzata.

central reservation *n* UK spartitraffico *m inv.*

centre UK, **center** US ['sentəʳ] ◇ *n* -1. [gen] centro *m*; **to be the ~ of attention** essere al centro dell'attenzione; **~ of gravity** centro di gravità; **the ~** [POL il centro - 2. SPORT & player] centro *m*. ◇ *adj* -1. [middle] centrale -2. POL di centro. ◇ *vt* [place centrally] centrare.

centre forward *n* centravanti *mf inv.*

century ['sentʃʊrɪ] *n* -1. [gen] secolo *m* -2. CRICKET *punteggio di 100 run nel cricket.*

ceramic [sɪ'ræmɪk] *adj* di ceramica.
  ➔ **ceramics** *npl* ceramiche *fpl*.

cereal ['sɪərɪəl] *n* -1. [crop] cereale *m* -2. [breakfast food] cereali *mpl*.

ceremonial [ˌserɪ'məʊnjəl] ◇ *adj* [dress] da cerimonia; [occasion] solenne. ◇ *n* -1. [event] cerimonia *f* -2. [pomp, formality] cerimoniale *m*.

ceremony [*UK* 'serɪmənɪ, *US* 'serəməʊnɪ] *n* -1. [event] cerimonia *f* -2. [pomp, formality] cerimonie *fpl*; **to stand on ~** fare complimenti.

certain ['sɜːtn] *adj* -1. [gen] certo(a); **to be ~ of sthg/of doing sthg** essere certo di qc/di fare qc; **he is ~ to be late** arriverà sicuramente in ritardo; **to make ~ (that)** assicurarsi (che); **to make ~ of sthg/of doing sthg** assicurarsi di qc/di fare qc; **that's for ~** è cosa certa, è certo; **to know sthg for ~, to know for ~ that...** essere certo di qc, essere certo che...; **to a ~ extent** fino a un certo punto -2. [known, established] accertato(a).

certainly ['sɜːtnlɪ] *adv* [gen] certamente; [as reply] certo; **~ not!** certo che no!.

certainty ['sɜːtntɪ] *n* -1. [lack of doubt] certezza *f* -2. [definite event] certezza *f*; **it's a ~ that...** è certo che....

certificate [səˈtɪfɪkət] *n* certificato *m*.

certified ['sɜːtɪfaɪd] *adj* -1. [teacher] abilitato(a) -2. [document] autenticato(a).

certified mail *n US* lettera *f* raccomandata.

certified public accountant *n US* ≈ commercialista *mf*.

certify ['sɜːtɪfaɪ] *vt* -1. [declare true]: **to ~ that** certificare che -2. [declare insane]: **you should be certified!** ti dovrebbero rinchiudere!

cervical [*UK* səˈvaɪkl, *US* 'sɜːvɪkl] *adj*: **~ cancer** tumore *m* del collo dell'utero.

cervical smear *n* pap-test *m*.

cervix ['sɜːvɪks] (*pl* **-ices**) *n* collo *m* dell'utero.

cesarean (section) *n US* = caesarean (section).

cesspit ['sespɪt], **cesspool** ['sespuːl] *n* pozzo *m* nero.

cf. (*abbr of* confer) cfr.

CFC (*abbr of* chlorofluorocarbon) *n* CFC *m*.

CGI (*abbr of* computer-generated images) *n* CGI, immagini generate al computer.

ch. (*abbr of* chapter) cap.

chafe [tʃeɪf] *vt* [rub] irritare.

chaffinch ['tʃæfɪntʃ] *n* fringuello *m*.

chain [tʃeɪn] ◇ *n* catena *f*; **~ of events** concatenazione *f* di eventi. ◇ *vt* [person, object] legare con la catena.

chain reaction *n* reazione *f* a catena.

chain saw *n* motosega *f*.

chain-smoke *vi* fumare una sigaretta dopo l'altra.

chain smoker *n* fumatore *m* incallito, fumatrice *f* incallita.

chain store *n* negozio *m* (che fa parte di una catena).

chair [tʃeəʳ] ◇ *n* -1. [for sitting in] sedia *f* -2. [university post] cattedra *f* -3. [of meeting] presidenza *f*. ◇ *vt* [meeting, discussion] presiedere.

chair lift *n* seggiovia *f*.

chairman ['tʃeəmən] (*pl* **-men**) *n* presidente *m*.

chairperson ['tʃeə,pɜːsn] (*pl* **-s**) *n* presidente *mf*.

chalet ['ʃæleɪ] *n* chalet *m inv*.

chalk [tʃɔːk] *n* -1. [type of rock] gesso *m* -2. [for drawing] gesso *m*, gessetto *m*.

chalkboard ['tʃɔːkbɔːd] *n US* lavagna *f*.

challenge ['tʃælɪndʒ] ◇ *n* -1. [invitation to compete, difficulty] sfida *f* -2. [questioning] contestazione *f*. ◇ *vt* -1. [to fight, competition]: **to ~ sb (to sthg)** sfidare qn (a qc); **to ~ sb to do sthg** sfidare qn a fare qc -2. [question] mettere in dubbio.

challenging ['tʃælɪndʒɪŋ] *adj* -1. [difficult] impegnativo(a); [stimulating] stimolante -2. [aggressive] provocatorio(a).

chamber ['tʃeɪmbəʳ] *n* -1. [room] sala *f*; **the upper/lower ~** la camera alta/bassa -2. TECH camera *f*.

chambermaid ['tʃeɪmbəmeɪd] *n* cameriera *f*.

chamber music *n* musica *f* da camera.

chamber of commerce *n* camera *f* di commercio.

chameleon [kəˈmiːljən] *n* camaleonte *m*.

champagne [,ʃæm'peɪn] *n* champagne *m*.

champion ['tʃæmpjən] *n* -1. [of competition] campione *m*, -essa *f* -2. [of cause] paladino *m*, -a *f*.

championship ['tʃæmpjənʃɪp] *n* -1. [competition] campionato *m* -2. [title] titolo *m* di campione.

chance [tʃɑːns] ◇ *n* -1. [luck] fortuna *f*; **by (any) ~** per caso -2. [likelihood] possibilità *f inv*; **not to stand a ~ (of doing sthg)** non avere alcuna possibilità di fare qc; **on the off ~** non si sa mai; **we went along on the off ~ that they'd still be there** siamo andati lo stesso, casomai fossero ancora lì -3. [opportunity] occasione *f* -4. [risk] rischio *m*; **to take a ~ (on sthg)** rischiare (qc) ; **the burglar took a ~ on there being no one in the house** il ladro ha rischiato, sperando che non ci fosse nessuno in casa. ◇ *adj* casuale. ◇ *vt* [risk] rischiare; **to ~ one's luck** tentare la sorte.

chancellor ['tʃɑːnsələʳ] *n* -1. [chief minister] cancelliere *m*, -a *f* -2. UNIV rettore *m*.

Chancellor of the Exchequer *n* UK Cancelliere *m* dello Scacchiere ≃ ministro *m* di Economia e Finanze.

chandelier [ˌʃændə'lɪəʳ] *n* lampadario *m* (di cristallo).

change [tʃeɪndʒ] ◇ *n* -1. [alteration, difference] cambiamento *m*; ~ **in sb/sthg** cambiamento in qn/qc -2. [contrast] novità *f inv*; **for a** ~ (tanto) per cambiare -3. [switch, replacement] cambio *m*; ~ **of clothes** cambio *m* di vestiti -4. [money returned after payment] resto *m* -5. [coins] spiccioli *mpl* -6. [smaller units of money]: **have you got** ~ **for a £5 note?** hai da cambiare (una banconota da) 5 sterline? ◇ *vt* -1. [gen] cambiare; **to** ~ **sthg into sthg** cambiare qc in qc; **to** ~ **one's mind** cambiare idea; **to get** ~**d** [person] cambiarsi; **a lot of money** ~**d hands** c'è stato un grosso movimento di denaro -2. [provide with clean linen] cambiare le lenzuola di; [provide with clean nappy] cambiare. ◇ *vi* -1. [appearance, train] cambiare; **to** ~ **into sthg** trasformarsi in -2. [put on different clothes] cambiarsi. ➠ **change over** *vi*: **to** ~ **over to sthg** passare a qc.

changeable ['tʃeɪndʒəbl] *adj* -1. [mood] incostante -2. [weather] variabile.

change machine *n* distributore *m* di monete.

changeover ['tʃeɪndʒˌəʊvəʳ] *n*: ~ **(to sthg)** transizione verso qc.

changing ['tʃeɪndʒɪŋ] *adj* in piena trasformazione.

changing room *n* spogliatoio *m*.

channel ['tʃænl] ◇ *n* -1. TV canale *m*; RADIO stazione *f* -2. [for irrigation, drainage] canale *m* -3. [route] letto *m*, alveo *m*. ◇ *vt* canalizzare. ➠ **Channel** *n*: **the (English) Channel** la Manica. ➠ **channels** *npl*: **to go through the proper** ~**s** seguire le vie ufficiali.

Channel Islands *npl*: **the** ~ le Isole Normanne OR del Canale.

Channel Tunnel *n*: **the** ~ il tunnel della Manica.

chant [tʃɑːnt] *n* -1. [RELIG & song] canto *m* -2. [repeated words] coro *m*.

chaos ['keɪɒs] *n* caos *m*.

chaotic [keɪ'ɒtɪk] *adj* caotico(a).

chap [tʃæp] *n* UK *inf* tipo *m*.

chapel ['tʃæpl] *n* cappella *f*.

chaplain ['tʃæplɪn] *n* cappellano *m*.

chapped [tʃæpt] *adj* screpolato(a).

chapter ['tʃæptəʳ] *n* lit & fig capitolo *m*.

char [tʃɑːʳ] *vt* [burn] carbonizzare.

character ['kærəktəʳ] *n* -1. [nature, symbol, letter] carattere *m*; **her behaviour is quite out of** ~ comportarsi così non è da lei -2. [unusual quality, style] carattere *m* -3. [in film, book, play] personaggio *m* -4. *inf* [unusual person] elemento *m*.

characteristic [ˌkærəktə'rɪstɪk] ◇ *adj* [typical] caratteristico(a). ◇ *n* [attribute] caratteristica *f*.

characterize, -ise ['kærəktəraɪz] *vt* -1. [typify] caratterizzare -2. [portray]: **to** ~ **sthg as** descrivere qc come.

charade [ʃə'rɑːd] *n* farsa *f*. ➠ **charades** *n*: **a game of** ~**s** gioco *m* del mimo.

charcoal ['tʃɑːkəʊl] *n* [for drawing] carboncino *m*; [for barbecue] carbonella *f*.

charge [tʃɑːdʒ] ◇ *n* -1. [cost] spese *fpl*; **there is no** ~ **for delivery** la consegna è gratuita; **free of** ~ gratuito(a) -2. LAW accusa *f* -3. [command, control]: **to be in** ~ **of sthg** OR **to have** ~ **of sthg** essere a capo di qc; **to take** ~ **(of sthg)** assumere la responsabilità di qc; **to be in** ~ essere responsabile -4. ELEC & MIL carica *f*. ◇ *vt* -1. [customer] far pagare a; [sum of money] far pagare; **to** ~ **sthg to sb/sthg** addebitare qc a qn/qc -2. [suspect, criminal] accusare; **to** ~ **sb with sthg** accusare qn di qc -3. ELEC & MIL caricare. ◇ *vi* -1. [rush] precipitarsi -2. [attack] caricare.

charge card *n* carta *f* di addebito.

chargé d'affaires [ˌʃɑːʒeɪdæ'feəʳ] (*pl* **chargés d'affaires**) *n* incaricato *m* d'affari.

charger ['tʃɑːdʒəʳ] *n* [for batteries] caricabatteria *m inv*.

chariot ['tʃærɪət] *n* carro *m*.

charisma [kə'rɪzmə] *n* carisma *m*.

charity ['tʃærətɪ] *n* -1. [gen] carità *f* -2. [organization] istituto *m* di beneficenza.

charm [tʃɑːm] ◇ *n* -1. [appeal, attractiveness] fascino *m* -2. [spell] incantesimo *m* -3. [on bracelet] ciondolo *m*. ◇ *vt* conquistare.

charming ['tʃɑːmɪŋ] *adj* delizioso(a).

chart [tʃɑːt] ◇ *n* -1. [diagram] grafico *m* -2. [map] mappa *f*. ◇ *vt* -1. [map] fare una mappa di; [diagram] fare un grafico di; [movements] tracciare -2. *fig* [record] ripercorrere. ➠ **charts** *npl*: **the** ~**s** la hitparade.

charter ['tʃɑːtəʳ] ◇ *n* [document] carta *f*. ◇ *vt* [plane, boat] noleggiare.

chartered accountant ['tʃɑːtəd] *n* UK ≃ commercialista *mf*.

charter flight *n* volo *m* charter *inv.*

charter plane *n* charter *m inv.*

chase [tʃeɪs] ⬦ *n* [pursuit] inseguimento *m*; [hunt] caccia *f.* ⬦ *vt* **-1.** [pursue] inseguire **-2.** [drive away] cacciare. ⬦ *vi*: **to ~ after sb/sthg** correre dietro a qn/qc.

chasm ['kæzm] *n* **-1.** [deep crack] burrone *m* **-2.** *fig* [divide] abisso *m.*

chassis ['ʃæsɪ] (*pl* **chassis**) *n* [of vehicle] telaio *m.*

chat [tʃæt] ⬦ *n* chiacchiera *f*; **to have a ~** fare due chiacchiere. ⬦ *vi* chiacchierare. ➤ **chat up** *vt sep UK inf* abbordare.

chatiquette ['tʃætɪket] *n* COMPUT chatiquette *f*, galateo *m* di chat.

chat room *n* COMPUT stanza *f* di chat.

chat show *n UK* talk show *m inv.*

chatter ['tʃætə^r] ⬦ *n* **-1.** [of person] chiacchiere *fpl* **-2.** [of bird] cinguettio *m*; [of monkey] schiamazzi *mpl.* ⬦ *vi* **-1.** [person] chiacchierare **-2.** [bird] cinguettare; [monkey] schiamazzare **-3.** [teeth]: **my teeth are ~ ing** mi battono i denti.

chatterbox ['tʃætəbɒks] *n inf* chiacchierone *m*, -a *f.*

chatty ['tʃætɪ] *adj* **-1.** [person] loquace **-2.** [letter] informale.

chauffeur ['ʃəʊfə^r] *n* autista *mf.*

chauvinist ['ʃəʊvɪnɪst] *n* **-1.** [sexist] maschilista *m* **-2.** [nationalist] sciovinista *mf.*

cheap [tʃiːp] ⬦ *adj* **-1.** [inexpensive, cut price] economico(a) **-2.** [poor-quality] da poco **-3.** [despicable, vulgar] facile. ⬦ *adv* a buon mercato.

cheapen ['tʃiːpn] *vt* [degrade] avvilire.

cheaply ['tʃiːplɪ] *adv* [at a low price] a buon mercato.

cheat [tʃiːt] ⬦ *n* imbroglione *m*, -a *f.* ⬦ *vt* imbrogliare; **to ~ sb out of sthg** defraudare qn di qc. ⬦ *vi* [in exam] copiare; [at cards] barare. ➤ **cheat on** *vt insep inf* tradire.

check [tʃek] ⬦ *n* **-1.** [inspection, test]: **(on sthg)** controllo *m* (su qc) ; **to keep a ~ on sthg** controllare qc **-2.** [restraint]: **(on sthg)** freno *m* (a qc); **in ~** sotto controllo **-3.** *US* [bill] conto *m* **-4.** [pattern] scacchi *mpl*, quadretti *mpl*; **~ trousers/tablecloth** pantaloni/tovaglia a scacchi **-5.** *US* = **cheque.** ⬦ *vt* **-1.** [test, verify] controllare **-2.** [restrain] contenere; [stop] fermare. ⬦ *vi* verificare; **to ~ for** OR **on sthg** verificare qc. ➤ **check in** ⬦ *vt sep* [luggage] registrare; [coat] consegnare. ⬦ *vi* **-1.** [at hotel] registrarsi **-2.** [at airport] andare al check-in. ➤ **check out** ⬦ *vt sep* **-1.** [luggage, coat] ritirare **-2.** [investigate] verifica-

re. ⬦ *vi* [from hotel] pagare il conto. ➤ **check up** *vi*: **to ~ up on sb/sthg** informarsi su qn/qc.

checkbook *n US* = **chequebook.**

checked [tʃekt] *adj* a scacchi, quadretti.

checkered *adj US* = **chequered.**

checkers ['tʃekəz] *n US* dama *f.*

check-in *n* check-in *m.*

checking account ['tʃekɪŋ-] *n US* conto *m* corrente.

checkmate ['tʃekmeɪt] *n* scacco matto *m.*

checkout ['tʃekaʊt] *n* [in supermarket] cassa *f.*

checkpoint ['tʃekpɔɪnt] *n* posto *m* di controllo.

checkup ['tʃekʌp] *n* visita *f* di controllo.

Cheddar (cheese) ['tʃedə^r-] *n* formaggio tipico inglese.

cheek [tʃiːk] *n* **-1.** [of face] guancia *f* **-2.** *inf* [impudence] faccia tosta *f.*

cheekbone ['tʃiːkbəʊn] *n* zigomo *m.*

cheeky ['tʃiːkɪ] *adj* sfacciato(a).

cheer [tʃɪə^r] ⬦ *n* [shout] acclamazione *f.* ⬦ *vt* **-1.** [shout approval, encouragement at] acclamare **-2.** [gladden] sollevare. ⬦ *vi* acclamare. ➤ **cheers** *excl* **-1.** [said before drinking] salute **-2.** *UK inf* [goodbye] ciao **-3.** *UK inf* [thank you] grazie. ➤ **cheer up** *vt sep* tirare su. ⬦ *vi* tirarsi su.

cheerful ['tʃɪəfʊl] *adj* allegro(a).

cheerio [,tʃɪərɪ'əʊ] *excl UK inf* ciao.

cheese [tʃiːz] *n* formaggio *m.*

cheeseboard ['tʃiːzbɔːd] *n* **-1.** [board] piatto *m* per il formaggio **-2.** [on menu] vassoio *m* dei formaggi.

cheeseburger ['tʃiːz,bɜːgə^r] *n* cheeseburger *m inv.*

cheesecake ['tʃiːzkeɪk] *n* CULIN dolce *m* al formaggio.

cheetah ['tʃiːtə] *n* ghepardo *m.*

chef [ʃef] *n* chef *m inv.*

chemical ['kemɪkl] ⬦ *adj* chimico(a). ⬦ *n* sostanza *f* chimica.

chemist ['kemɪst] *n* **-1.** *UK* [pharmacist] farmacista *mf*; **~'s (shop)** farmacia *f* **-2.** [scientist] chimico *m*, -a *f.*

chemistry ['kemɪstrɪ] *n* [science] chimica *f.*

cheque *UK*, **check** *US* [tʃek] *n* assegno *m.*

chequebook *UK*, **checkbook** *US* ['tʃekbʊk] *n* libretto *m* degli assegni.

cheque (guarantee) card *n UK* carta *f* assegni.

chequered *UK,* **checkered** *US* ['tʃekəd] *adj* [varied] movimentato(a).

cherish ['tʃerɪʃ] *vt* [memory] conservare; [hope] nutrire; [privilege, person, thing] tenere molto a.

cherry ['tʃerɪ] *n* -1. [fruit] ciliegia *f* -2.: ~ **(tree)** ciliegio *m.*

chess [tʃes] *n* scacchi *mpl.*

chessboard ['tʃesbɔːd] *n* scacchiera *f.*

chest [tʃest] *n* -1. ANAT petto *m*, torace *m* -2. [box, trunk] baule *m.*

chestnut ['tʃesnʌt] <> *adj* castano(a). <> *n* -1. [nut] castagna *f* -2.: ~ **(tree)** castagno *m.*

chest of drawers (*pl* **chests of drawers**) *n* cassettone *m.*

chew [tʃuː] <> *n* [sweet] caramella *f.* <> *vt* -1. [food] masticare -2. [carpet] rosicchiare. ➤ **chew up** *vt sep* [food] masticare; [slippers] maciullare.

chewing gum ['tʃuːɪŋ-] *n* chewing gum *m inv*, gomma *f* (da masticare).

chic [ʃiːk] *adj* elegante.

chick [tʃɪk] *n* pulcino *m.*

chicken ['tʃɪkɪn] *n* -1. [bird] pollo *m* -2. [food] pollo *m* -3. *inf* [coward] fifone *m,* -a *f,* coniglio *m.* ➤ **chicken out** *vi inf:* to ~ out (of sthg/of doing sthg) tirarsi indietro (da qc/dal fare qc).

chickenpox ['tʃɪkɪnpɒks] *n* varicella *f.*

chickpea ['tʃɪkpiː] *n* cece *m.*

chicory ['tʃɪkərɪ] *n* [vegetable] indivia *f,* insalata *f* belga.

chief [tʃiːf] <> *adj* -1. [most important] principale -2. [head] capo *inv* <> *n* capo *m.*

chief executive *n* direttore *m,* -trice generale.

chiefly ['tʃiːflɪ] *adv* [mainly] principalmente; [above all] soprattutto.

chiffon ['ʃɪfɒn] *n* chiffon *m inv.*

chilblain ['tʃɪlbleɪn] *n* gelone *m.*

child [tʃaɪld] (*pl* **children**) *n* -1. [boy, girl] bambino *m,* -a *f* -2. [son, daughter] figlio *m,* -a *f.*

child benefit *n UK* ≃ assegni *mpl* familiari.

childhood ['tʃaɪldhʊd] *n* infanzia *f.*

childish ['tʃaɪldɪʃ] *adj pej* infantile.

childlike ['tʃaɪldlaɪk] *adj* da bambino, innocente.

childminder ['tʃaɪldˌmaɪndə'] *n UK* bambinaia *f.*

childproof ['tʃaɪldpruːf] *adj* a prova di bambino.

children ['tʃɪldrən] *pl* ⊳ child.

children's home *n* istituto *m* per l'infanzia.

Chile ['tʃɪlɪ] *n* Cile.

chili ['tʃɪlɪ] *n* = chilli.

chill [tʃɪl] <> *adj* gelido(a). <> *n* -1. [illness] infreddatura *f,* colpo *m* di freddo -2. [in temperature]: **a** ~ **in the air** un'aria fredda -3. [feeling of fear] brivido *m.* <> *vt* -1. [drink, food] mettere in fresco, raffreddare -2. [person] gelare. <> *vi* [drink, food] raffreddarsi.

chilli ['tʃɪlɪ] (*pl* **-ies**) *n* peperoncino *m.*

chilling ['tʃɪlɪŋ] *adj* -1. [very cold] gelido(a) -2. [frightening] agghiacciante.

chilly ['tʃɪlɪ] *adj* freddo(a).

chime [tʃaɪm] <> *n* rintocco *m.* <> *vt & vi* suonare. ➤ **chime in** *vi* intervenire.

chimney ['tʃɪmnɪ] *n* [of factory] ciminiera *f;* [of house] camino *m.*

chimneypot ['tʃɪmnɪpɒt] *n* comignolo *m.*

chimneysweep ['tʃɪmnɪswiːp] *n* spazzacamino *m.*

chimp [ˌtʃɪmp] *n inf* scimpanzè *m inv.*

chimpanzee [ˌtʃɪmpən'ziː] *n* scimpanzè *m inv.*

chin [tʃɪn] *n* mento *m.*

china ['tʃaɪnə] *n* -1. [substance] porcellana *f* -2. [crockery] porcellane *fpl.*

China ['tʃaɪnə] *n* Cina.

Chinese [ˌtʃaɪ'niːz] <> *adj* cinese. <> *n* [language] cinese *m.* <> *npl:* **the** ~ i cinesi.

chink [tʃɪŋk] *n* -1. [narrow opening] fessura *f;* **a** ~ **of light** uno spiraglio di luce -2. [sound] tintinnio *m.*

chip [tʃɪp] <> *n* -1. *UK* [hot fried potato strip] patatina *f* fritta -2. *US* [potato crisp] patatina *f* fritta -3. [fragment – of wood] truciolo *m;* [– of stone, metal] scheggia *f* -4. [flaw] sbeccatura *f,* scheggiatura *f* -5. [microchip] chip *m inv* -6. [token] fiche *f inv.* <> *vt* [damage] sbeccare, scheggiare. ➤ **chip in** *inf vi* -1. [contribute] contribuire -2. [interrupt] intervenire. ➤ **chip off** *vt sep* staccare.

chipboard ['tʃɪpbɔːd] *n* truciolato *m.*

chip shop *n UK* friggitoria *f.*

chiropodist [kɪ'rɒpədɪst] *n* pedicure *mf inv.*

chirp [tʃɜːp] *vi* [bird] cinguettare; [cricket] cantare.

chirpy ['tʃɜːpɪ] *adj esp UK inf* pimpante.

chisel ['tʃɪzl] <> *n* scalpello *m,* cesello *m.* <> *vt* cesellare.

chit [tʃɪt] *n* nota *f.*

chitchat ['tʃɪttʃæt] *n inf* chiacchiere *f(pl).*

chivalry ['ʃɪvlrɪ] *n lit* cavalleria *f.*

chives [tʃaɪvz] *npl* erba *f* cipollina.

chlorine ['klɔːriːn] *n* cloro *m.*

chock [tʃɒk] *n* cuneo *m.*

chock-a-block, **chock-full** *adj inf:* ~ **(with)** pieno(a) zeppo(a) (di).

chocolate ['tʃɒkələt] <> *n* -1. [food] cioccolato *m* -2. [sweet] cioccolatino *m* -3. [drink] cioccolata *f*, <> *comp* [made of chocolate] al cioccolato.

choice [tʃɔɪs] <> *n* -1. [act of choosing, decision, variety] scelta *f* -2. [thing chosen] scelta *f*; [person chosen] prescelto *m*, -a *f* -3. [option] possibilità *f*. <> *adj* di prima scelta.

choir ['kwaɪəʳ] *n* coro *m.*

choirboy ['kwaɪəbɔɪ] *n* corista *m.*

choke [tʃəʊk] <> *n* AUT starter *m inv.* <> *vt* -1. [strangle] soffocare -2. [block] bloccare, intasare. <> *vi* strozzarsi, soffocare.

cholera ['kɒlərə] *n* colera *m.*

choose [tʃuːz] (*pt* chose, *pp* chosen) *vt & vi* scegliere; **to** ~ **to do sthg** scegliere di fare qc; **to** ~ **(from sthg)** scegliere (tra qc).

choos(e)y ['tʃuːzɪ] (*compar* **-ier**, *superl* **-iest**) *adj* difficile.

chop [tʃɒp] <> *n* [meat] braciola *f*, costoletta *f*. <> *vt* -1. [wood] spaccare; [vegetables] tagliare -2. *inf* [reduce] tagliare -3. *phr:* **to** ~ **and change** continuare a cambiare, passare da una cosa all'altra. ◆ **chop down** *vt sep* abbattere. ◆ **chop up** *vt sep* tagliare a pezzi.

chopper ['tʃɒpəʳ] *n* -1. [axe] ascia *f*, scure *f* -2. *inf* [helicopter] elicottero *m.*

choppy ['tʃɒpɪ] *adj* mosso(a), agitato(a).

chopsticks *npl* bacchette *fpl* cinesi.

chord [kɔːd] *n* MUS accordo *m.*

chore [tʃɔːʳ] *n* lavoro *m*; **household** ~ **s** faccende *fpl* domestiche.

chorus ['kɔːrəs] *n* -1. [part of song] ritornello *m* -2. [choir, non-soloists, refrain] coro *m.*

chose [tʃəʊz] *pt* ⊳ **choose**.

chosen ['tʃəʊzn] *pp* ⊳ **choose**.

Christ [kraɪst] <> *n* Cristo *m.* <> *excl* oddio!

christen ['krɪsn] *vt* battezzare.

christening ['krɪsnɪŋ] *n* battesimo *m.*

Christian ['krɪstʃən] <> *adj* cristiano(a). <> *n* cristiano *m*, -a *f.*

Christianity [ˌkrɪstɪˈænətɪ] *n* cristianesimo *m.*

Christian name *n* nome *m* di battesimo.

Christmas ['krɪsməs] *n* Natale *m*; **Happy** OR **Merry** ~ **!** Buon Natale!

Christmas card *n* biglietto *m* di Natale.

Christmas Day *n* giorno *m* di Natale.

Christmas Eve *n* vigilia *f* di Natale.

Christmas pudding *n UK* dolce a base di frutta secca e spezie che viene servito caldo al termine del pranzo natalizio.

Christmas tree *n* albero *m* di Natale.

chrome [krəʊm], **chromium** ['krəʊmiəm] <> *n* cromo *m.* <> *comp* cromato(a).

chronic ['krɒnɪk] *adj* -1. [long-lasting] cronico(a) -2. [habitual] incallito(a).

chronicle ['krɒnɪkl] *n* cronaca *f.*

chronological [ˌkrɒnəˈlɒdʒɪkl] *adj* cronologico(a).

chrysanthemum [krɪˈsænθəməm] (*pl* **-s**) *n* crisantemo *m.*

chubby ['tʃʌbɪ] *adj* paffuto(a).

chuck [tʃʌk] *vt inf* -1. [throw] tirare, buttare; **we got** ~ **ed out of the pub** ci hanno buttato fuori dal pub -2. [give up] mollare, piantare. ◆ **chuck away**, **chuck out** *vt sep inf* buttare via.

chuckle ['tʃʌkl] *vi* ridacchiare.

chug [tʃʌg] *vi* sbuffare.

chum [tʃʌm] *n inf* amicone *m*, -a *f.*

chunk [tʃʌŋk] *n* -1. [piece] pezzo *m* -2. *inf* [large amount] grossa porzione *f*; **taxes take a big** ~ **out of her salary** le tasse si mangiano una bella fetta del suo stipendio.

church [tʃɜːtʃ] *n* chiesa *f*; **to go to** ~ andare in chiesa.

Church of England *n*: **the** ~ la Chiesa anglicana.

churchyard ['tʃɜːtʃjɑːd] *n* cimitero *m (nei pressi di una chiesa).*

churlish ['tʃɜːlɪʃ] *adj* sgarbato(a).

churn [tʃɜːn] <> *n* -1. [for making butter] zangola *f* -2. [for transporting milk] bidone *m.* <> *vt* [stir up] agitare, sconvolgere. ◆ **churn out** *vt sep inf* sfornare.

chute [ʃuːt] *n* [for water] scivolo *m*; [for rubbish] canale *m* di scarico.

chutney ['tʃʌtnɪ] *n* salsa piccante e agrodolce a base di frutta e spezie che si usa come accompagnamento alla carne o al formaggio.

CIA (*abbr of* **Central Intelligence Agency**) *n* CIA *f.*

CID (*abbr of* **Criminal Investigation Department**) *n reparto britannico di polizia investigativa.*

cider ['saɪdəʳ] *n* sidro *m.*

cigar [sɪ'gɑː'] *n* sigaro *m*.

cigarette [ˌsɪgə'ret] *n* sigaretta *f*.

cinder ['sɪndə'] *n* cenere *f*.

Cinderella [ˌsɪndə'relə] *n* Cenerentola *f*.

cinecamera ['sɪnɪˌkæmərə] *n* cinepresa *f*.

cinefilm *n* pellicola *f*.

cinema ['sɪnəmə] *n* **-1.** [place] cinema *m inv* **-2.** [art] cinema *m inv*.

cinnamon ['sɪnəmən] *n* cannella *f*.

cipher ['saɪfə'] *n* codice *m*.

circa ['sɜːkə] *prep* intorno al.

circle ['sɜːkl] ⟨> *n* **-1.** [figure, shape] cerchio; **to go round in** ~**s** girare a vuoto **-2.** [group] cerchia *f*; **we move in different** ~**s** frequentiamo ambienti diversi **-3.** [seats in theatre, cinema] galleria *f*. ⟨> *vt* **-1.** [draw a circle round] cerchiare **-2.** [move round] sorvolare. ⟨> *vi* volteggiare.

circuit ['sɜːkɪt] *n* **-1.** [ELEC & series of venues] circuito *m* **-2.** [lap] giro *m*; [of moon, earth] rivoluzione *f* **-3.** [path, track] pista *f*, circuito *m*.

circuitous [sə'kjuːɪtəs] *adj* tortuoso(a).

circular ['sɜːkjʊlə'] ⟨> *adj* [gen] circolare. ⟨> *n* circolare *f*.

circulate ['sɜːkjʊleɪt] ⟨> *vi* **-1.** [gen] circolare **-2.** [socialize] girare tra gli invitati. ⟨> *vt* far circolare.

circulation [ˌsɜːkjʊ'leɪʃn] *n* **-1.** [gen] circolazione *f*; **in** ~ in circolazione **-2.** [of magazine, newspaper] tiratura *f*.

circumcision [ˌsɜːkəm'sɪʒn] *n* circoncisione *f*.

circumference [sə'kʌmfərəns] *n* circonferenza *f*.

circumflex ['sɜːkəmfleks] *n*: ~ **(accent)** accento *m* circonflesso.

circumspect ['sɜːkəmspekt] *adj* circospetto(a).

circumstances ['sɜːkəmstənsɪz] *npl* circostanze *fpl*; **they are living in reduced** ~ si trovano in difficoltà economiche; **under** OR **in no** ~ in nessun caso, per nessuna ragione; **under** OR **in the** ~ date le circostanze.

circumvent [ˌsɜːkəm'vent] *vt formal* aggirare.

circus ['sɜːkəs] *n* **-1.** [for entertainment] circo *m* **-2.** [in place names] piazza *f* di forma circolare.

CIS (*abbr of* **Commonwealth of Independent States**) *n* CSI *f*.

cistern ['sɪstən] *n* **-1.** *UK* [in roof] cisterna *f* **-2.** [in toilet] vaschetta *f*.

cite [saɪt] *vt* citare.

citizen ['sɪtɪzn] *n* cittadino *m*, -a *f*.

Citizens' Advice Bureau *n* organizzazione che fornisce gratuitamente consigli in materia legale, finanziaria e sociale.

Citizens' Band *n* banda *f* cittadina.

citizenship ['sɪtɪznʃɪp] *n* cittadinanza *f*.

citrus fruit ['sɪtrəs-] *n* agrume *m*.

city ['sɪtɪ] *n* città *f inv*. ◆ **City** *n UK*: **the City** la City.

city centre *n* centro *m*.

city hall *n US* ≃ Comune *m*.

city technology college *n UK* istituto a indirizzo tecnico finanziato dall'industria.

civic ['sɪvɪk] *adj* **-1.** [leader, event] comunale **-2.** [duty, pride] civico(a).

civil ['sɪvl] *adj* **-1.** [ceremony, aviation] civile; [strife, disorder] sociale **-2.** [polite] civile, educato(a).

civil engineering *n* ingegneria *f* civile.

civilian [sɪ'vɪljən] ⟨> *n* civile *mf*. ⟨> *comp* civile.

civilization [ˌsɪvɪlaɪ'zeɪʃn] *n* civiltà *f inv*.

civilized ['sɪvɪlaɪzd] *adj* **-1.** [highly developed] civilizzato(a) **-2.** [polite, reasonable] civile.

civil law *n* diritto *m inv* civile.

civil liberties *npl* libertà *fpl* civili.

civil rights *npl* diritti *mpl* civili.

civil servant *n* impiegato *m*, -a statale.

civil service *n* amministrazione *f* pubblica.

civil war *n* guerra *f* civile.

CJD (*abbr of* **Creutzfeldt-Jakob disease**) *n* CJD, malattia di Creutzfeldt-Jakob.

cl (*abbr of* **centilitre**) *n* cl.

clad [klæd] *adj lit*: ~ **in sthg** vestito(a) di qc.

claim [kleɪm] ⟨> *n* **-1.** [demand] rivendicazione *f*; **to lay** ~ **to sthg** rivendicare qc **-2.** [financial] richiesta *f* **-3.** [assertion] affermazione *f*. ⟨> *vt* **-1.** [apply for] reclamare **-2.** [assert one's right to] rivendicare **-3.** [assert, maintain] sostenere, affermare; **to** ~ **(that)** sostenere che **-4.** [take]: **the earthquake** ~**ed 50 lives** il terremoto ha fatto 50 vittime. ⟨> *vi*: **to** ~ **on one's insurance** fare richiesta di risarcimento alla propria assicurazione; **to** ~ **for sthg** [expenses, postage] chiedere il rimborso di qc; [damage] chiedere il risarcimento di qc.

claimant ['kleɪmənt] *n* [of benefit] richiedente *mf*; [to throne] pretendente *mf* al trono.

clairvoyant [kleə'vɔɪənt] *n* chiaroveggente *mf*.

clam [klæm] *n* vongola *f*.

clamber ['klæmbə^r] *vi* arrampicarsi.

clammy ['klæmɪ] *adj inf* appiccicoso(a).

clamour UK, **clamor** US ['klæmə^r] ⬥ *n* [noise] clamore *m*. ⬥ *vi*: **to ~ for sthg** chiedere a gran voce qc.

clamp [klæmp] ⬥ *n* -1. [fastener] morsetto *m* -2. MED clamp *f inv* -3. TECH bloccaruote *m inv.* ⬥ *vt* -1. [with fastener] stringere con un morsetto -2. [parked car] mettere i bloccaruote. ◆ **clamp down** *vi*: **to ~ down (on sthg)** mettere freno a qc.

clan [klæn] *n* clan *m inv.*

clandestine [klæn'destɪn] *adj* clandestino(a).

clang [klæŋ] *n* fragore *m*.

clap [klæp] ⬥ *vt* [hands] applaudire, battere le mani. ⬥ *vi* applaudire.

clapping ['klæpɪŋ] *n* applausi *mpl*.

claret ['klærət] *n* -1. [wine] Bordeaux *m inv* -2. [colour] bordò *m*.

clarify ['klærɪfaɪ] *vt* chiarire.

clarinet [ˌklærə'net] *n* clarinetto *m*.

clarity ['klærətɪ] *n* chiarezza *f*.

clash [klæʃ] ⬥ *n* -1. [incompatibility] conflitto *m* -2. [fight] scontro *m* -3. [disagreement] scontro *m*, conflitto *m* -4. [noise] fragore *m*. ⬥ *vi* -1. [be incompatible] [ideas, beliefs] contrastare, essere in conflitto; [colours]: **orange ~es with red** il arancione fa a pugni con il rosso -2. [fight, disagree] scontrarsi -3. [coincide] sovrapporsi, coincidere.

clasp [klɑːsp] ⬥ *n* [on necklace] fermaglio *m*; [on belt] fibbia *f*; [on bra] gancio *m*. ⬥ *vt* [hold tight] stringere.

class [klɑːs] ⬥ *n* -1. [of students, social group, category] classe *f* -2. [lesson] corso *m*, lezione *f* -3. *inf* [style] classe *f*, stile *m*. ⬥ *vt* classificare; **to ~ sb as sthg** considerare qn (come) qc.

classic ['klæsɪk] ⬥ *adj* classico(a). ⬥ *n* classico *m*.

classical ['klæsɪkl] *adj* classico(a).

classified ['klæsɪfaɪd] *adj* segreto(a), riservato(a).

classified ad *n* inserzione *f*.

classify ['klæsɪfaɪ] *vt* classificare.

classmate ['klɑːsmeɪt] *n* compagno *m*, -a di classe.

classroom ['klɑːsrʊm] *n* aula *f*.

classy ['klɑːsɪ] *adj inf* di classe.

clatter ['klætə^r] *n* [of dishes, pans] tintinnio *m*; [of typewriter] ticchettio *m*; [of hooves] scalpitare *m*.

clause [klɔːz] *n* -1. [in legal document] clausola *f* -2. GRAM proposizione *f*.

claw [klɔː] ⬥ *n* -1. [of bird of prey] artiglio *m*; [of cat, dog] unghia *f* -2. [of insect, sea creature] chela *f*. ⬥ *vt* graffiare. ⬥ *vi*: **to ~ at sthg** aggrapparsi a qc.

clay [kleɪ] *n* argilla *f*.

clean [kliːn] ⬥ *adj* -1. [not dirty, honourable] pulito(a) -2. [blank]: **a ~ sheet of paper** un foglio bianco -3. [inoffensive] pulito(a), innocente -4. [outline] nitido(a); [movement] armonioso(a) -5. [cut, break] netto(a). ⬥ *vt* pulire; **to ~ one's teeth** UK lavarsi i denti. ⬥ *vi* fare le pulizie. ◆ **clean out** *vt sep* [clear out] ripulire. ◆ **clean up** *vt sep* [clear up] pulire.

cleaner ['kliːnə^r] *n* -1. [person] uomo *m*/ donna *f* delle pulizie -2. [substance] detersivo *m*; **oven ~** prodotto *m* per la pulizia del forno.

cleaning ['kliːnɪŋ] *n* pulizia *f*.

cleanliness ['klenlɪnɪs] *n* pulizia *f*.

cleanse [klenz] *vt* -1. [make clean] pulire a fondo -2. [make pure] purificare.

cleanser ['klenzə^r] *n* -1. [for skin] detergente *m* -2. [detergent] detersivo *m*.

clean-shaven *adj* sbarbato(a).

clear [klɪə^r] ⬥ *adj* -1. [eyes, colour, light] chiaro(a), luminoso(a); [sky, day] sereno(a) -2. [easy to understand, audible, free from doubt] chiaro(a); **to make sthg ~ (to sb)** chiarire bene qc (a qn); **to make it ~ that** precisare che; **to make o.s. ~** spiegarsi bene; **I'm not ~ about your reasons** i tuoi motivi non mi sono chiari; **a ~ head** una mente lucida -3. [obvious, unmistakable] chiaro(a), evidente -4. [transparent] trasparente -5. [skin] puro(a) -6. [day, view] libero(a); **a ~ view** una vista aperta; **we have two ~ days to do the work** abbiamo due giorni interi per questo lavoro. ⬥ *adv* [out of the way] lontano, distante; **to stay ~ of sb/sthg** OR **to steer ~ of sb/sthg** stare/tenersi alla larga da qn/qc. ⬥ *vt* -1. [pipe] sbloccare; [table] sparecchiare; [way, path] sgombrare -2. [remove] rimuovere -3. [jump] saltare -4. [pay] liquidare, pagare -5. [authorize] approvare -6. [prove not guilty] scagionare; **to ~ sb's name** riabilitare qn; **to be ~ed of sthg** assolvere qn da qc. ⬥ *vi* -1. [disperse, diminish] diradarsi; **my headache's starting to ~** mi sta passando il mal di testa -2. [brighten up] rasserenarsi. ◆ **clear away** *vt sep* [plates] sparecchiare; [books] mettere via. ◆ **clear off** *vi* UK *inf*: **~ off!** togliti dai piedi! ◆ **clear out** ⬥ *vt sep* [tidy up] ri-

pulire. ◇ *vi inf* [leave] andarsene.
◆ **clear up** ◇ *vt sep* **-1.** [tidy] mettere a posto **-2.** [solve, settle] chiarire. ◇ *vi* **-1.** [weather] rasserenarsi **-2.** [tidy up] mettere a posto.

clearance [ˈklɪərəns] *n* **-1.** [removal] sgombero *m*, rimozione *f* **-2.** [permission] autorizzazione *f*.

clear-cut *adj* ben definito(a).

clearing [ˈklɪərɪŋ] *n* [in forest] radura *f*.

clearing bank *n UK banca associata alla stanza di compensazione.*

clearly [ˈklɪəlɪ] *adv* **-1.** [distinctly, lucidly] chiaramente **-2.** [obviously] chiaramente, ovviamente.

clearway [ˈklɪəweɪ] *n UK* AUT *strada dove è consentita la sosta dei veicoli solo in caso di emergenza.*

cleavage [ˈkliːvɪdʒ] *n* [between breasts] seno *m*, scollatura *f*.

cleaver [ˈkliːvəʳ] *n* mannaia *f*.

clef [klef] *n* MUSIC chiave *f*.

cleft [kleft] *n* fenditura *f*.

clench [klentʃ] *vt* stringere.

clergy [ˈklɜːdʒɪ] *npl*: the ~ il clero.

clergyman [ˈklɜːdʒɪmən] (*pl* **-men**) *n* ecclesiastico *m*.

clerical [ˈklerɪkl] *adj* **-1.** [in office] d'ufficio; the ~ **staff** il personale amministrativo **-2.** [in church] clericale.

clerk [*UK* klɑːk, *US* klɜːrk] *n* **-1.** [in office] impiegato *m*, -a *f* **-2.** [in court] cancelliere *m* **-3.** *US* [shop assistant] commesso *m*, -a *f*.

clever [ˈklevəʳ] *adj* **-1.** [intelligent] intelligente **-2.** [ingenious] geniale **-3.** [skilful] abile.

click [klɪk] ◇ *n* [of lock, heels] scatto *m*; [of tongue] schiocco *m*. ◇ *vt* far schioccare. ◇ *vi* **-1.** [heels] battere; [camera] scattare, fare clic; the door ~ed shut la porta si è chiusa con uno scatto **-2.** COMPUT cliccare.

client [ˈklaɪənt] *n* [of business, solicitor] cliente *mf*; [of psychiatrist] paziente *mf*; [of social worker] assistito *m*, -a *f*.

cliff [klɪf] *n* [by sea] scogliera *f*; [of mountain] precipizio *m*.

climate [ˈklaɪmɪt] *n lit & fig* clima *m*.

climate change *n* mutamento *m* climatico.

climax [ˈklaɪmæks] *n* [culmination] punto *m* culminante.

climb [klaɪm] ◇ *n* salita *f*, scalata *f*. ◇ *vt* [stairs] salire; [mountain, wall] scalare; [tree] arrampicarsi su. ◇ *vi* **-1.** [person]: she ~ed into the car è salita in macchina;

they ~ed over the fence hanno scavalcato la palizzata **-2.** [plant] arrampicarsi **-3.** [road, plane, prices] salire.

climb-down *n* marcia *f* indietro.

climber [ˈklaɪməʳ] *n* [person] alpinista *mf*.

climbing [ˈklaɪmɪŋ] *n* alpinismo *m*.

clinch [klɪntʃ] *vt* [deal] concludere.

cling [klɪŋ] (*pt & pp* **clung** [klʌŋ]) *vi* **-1.** [hold tightly]: **to** ~ **to sb/sthg** aggrapparsi a qn/qc **-2.** [clothes]: **to** ~ **(to sb)** aderire a qn.

clingfilm [ˈklɪŋfɪlm] *n UK* pellicola *f (trasparente)*.

clinic [ˈklɪnɪk] *n* [building] ambulatorio *m*.

clinical [ˈklɪnɪkl] *adj* **-1.** MED clinico(a) **-2.** [coldly rational] distaccato(a) **-3.** [functional] freddo(a).

clink [klɪŋk] *vi* tintinnare.

clip [klɪp] ◇ *n* **-1.** [for paper] graffetta *f*; [for hair] fermaglio *m*; [on earring] clip *f inv* **-2.** [excerpt] clip *f inv*, scena *f*. ◇ *vt* **-1.** [fasten] fissare *m* **-2.** [lawn, nails] tagliare; [newspaper] ritagliare.

clipboard [ˈklɪpbɔːd] *n* blocco *m* a molla.

clippers *npl* **-1.** [for hair] macchinetta *f* per i capelli **-2.** [for nails] tagliaunghie *m inv* **-3.** [for plants, hedges] cesoie *fpl*.

clipping [ˈklɪpɪŋ] *n* [newspaper cutting] ritaglio *m*.

cloak [kləʊk] *n* [garment] mantello *m*.

cloakroom [ˈkləʊkrʊm] *n* **-1.** [for clothes] guardaroba *m inv* **-2.** *UK* [toilets] toilette *f inv*.

clock [klɒk] *n* **-1.** [timepiece] orologio *m*; **around the** ~ ventiquattr'ore su ventiquattro **-2.** [mileometer] contachilometri *m inv* **-3.** [timing device] timer *m inv*. ◆ **clock in, clock on, clock out** *vi UK* [at work] timbrare il cartellino d'entrata. ◆ **clock off** *vi UK* [at work] timbrare il cartellino d'uscita.

clockwise [ˈklɒkwaɪz] *adj & adv* in senso orario.

clockwork [ˈklɒkwɜːk] ◇ *n*: **to go like** ~ andare liscio(a) come l'olio. ◇ *comp* a molla.

clog [klɒg] *vt* otturare, intasare. ◆ **clogs** *npl* zoccoli *mpl*. ◆ **clog up** ◇ *vt sep* otturare, intasare. ◇ *vi* intasarsi.

close¹ [kləʊs] ◇ *adj* **-1.** [near] vicino(a); ~ **to sb/sthg** vicino(a) a qn/qc; we had a ~ **shave** OR **thing** OR **call** l'abbiamo proprio scampata bella; ~ **up,** ~ **to** da vicino; ~ **by,** ~ **at hand** molto vicino **-2.** [relationship, friend] intimo(a); ~ **to sb** unito(a) a qn **-3.** [resemblance] forte; [link, relative, cooperation] stretto(a) **-4.** [careful] accurato(a); **to keep a ~ watch on sb/ sthg** tenere sotto stretta sorveglianza qn/ qc; **to pay ~ attention to sthg** fare molta attenzione a qc; **to have a ~ look at sthg** esaminare qc da vicino **-5.** [weather] afoso(a); [air in room] pesante **-6.** [contest, election, race] serrato(a). ◇ *adv* vicino. ◆ **close on, close to** *prep* [almost] quasi.

close² [kləʊz] ◇ *vt* chiudere. ◇ *vi* **-1.** [shut, shut down] chiudere **-2.** [end] chiudersi. ◇ *n* [end] termine *m*, fine *f*. ◆ **close down** *vt sep & vi* [shut, shut down] chiudere.

closed [kləʊzd] *adj* chiuso(a).

close-knit [kləʊs-] *adj* molto unito(a).

closely ['kləʊslɪ] *adv* **-1.** [in degree of connection] da vicino; [resemble] fortemente; **to be ~ related to sb** essere parente stretto di qn; **to work ~ with sb** lavorare in stretta collaborazione con qn **-2.** [carefully] attentamente.

closet ['klɒzɪt] ◇ *adj inf* segreto(a). ◇ *n* US armadio *m*.

close up [kləʊs] *n* primo piano *m*.

closure ['kləʊʒəʳ] *n* chiusura *f*.

clot [klɒt] ◇ *n* **-1.** [mass, lump] grumo *m* **-2.** UK inf [fool] scemo *m*, -a *f*. ◇ *vi* [blood] coagularsi.

cloth [klɒθ] *n* **-1.** [material] stoffa *f* **-2.** [for cleaning] panno *m* **-3.** [tablecloth] tovaglia *f*.

clothe [kləʊð] *vt fml* vestire.

clothes [kləʊðz] *npl* vestiti *mpl*, indumenti *mpl*, abiti *mpl*; **to put one's ~ on** vestirsi; **to take one's ~ off** spogliarsi.

clothes brush *n* spazzola *f* per abiti.

clothesline ['kləʊðzlaɪn] *n* corda *f* per il bucato.

clothes peg UK, **clothespin** US ['kləʊðzpɪn] *n* molletta *f* per il bucato.

clothing ['kləʊðɪŋ] *n* abbigliamento *m*.

cloud [klaʊd] *n* nuvola *f*. ◆ **cloud over** *vi* [sky] rannuvolarsi.

cloudy ['klaʊdɪ] *adj* **-1.** [overcast] nuvoloso(a) **-2.** [murky] torbido(a).

clout [klaʊt] *inf* ◇ *n* [influence] influenza *f*. ◇ *vt* [hit] dare una botta a.

clove [kləʊv] *n*: **a ~ of garlic** uno spicchio *m* d'aglio. ◆ **cloves** *npl* [spice] chiodi *mpl* di garofano.

clover ['kləʊvəʳ] *n* trifoglio *m*.

clown [klaʊn] ◇ *n* clown *m inv*, pagliaccio *m*. ◇ *vi* fare il pagliaccio.

cloying ['klɔɪɪŋ] *adj* stucchevole.

club [klʌb] ◇ *n* **-1.** [association] club *m inv*, circolo *m* **-2.** [nightclub] locale *m* notturno **-3.** [weapon] randello *m* **-4.** [SPORT & equipment]: **(golf) ~** mazza *f* da golf. ◇ *vt* [hit] bastonare. ◆ **clubs** *npl* [playing cards] fiori *mpl*. ◆ **club together** *vi* UK mettersi insieme *(per raccogliere fondi, soldi)*.

clubhouse ['klʌbhaʊs] *n* sede *f* del club.

cluck [klʌk] *vi* **-1.** [hen] chiocciare **-2.** [person] emettere un suono di disapprovazione.

clue [kluː] *n* **-1.** [in crime] indizio *m*; **not to have (got) a ~ (about sthg)** non averne la più pallida idea **-2.** [hint] indicazione *f* **-3.** [in crossword] definizione *f*.

clued-up [kluːd-] *adj* UK *inf* ben informato(a).

clump [klʌmp] *n* [of trees, bushes] gruppo *m*; [of flowers] cespo *m*.

clumsy ['klʌmzɪ] *adj* **-1.** [awkward] maldestro(a), goffo(a) **-2.** [tactless] privo(a) di tatto.

clung [klʌŋ] *pt & pp* ⊳ **cling**.

cluster ['klʌstəʳ] ◇ *n* [group - of people, houses, trees] gruppo *m*; [- of grapes] grappolo *m*; [- of flowers] cespo *m*. ◇ *vi* **-1.** [people] raggrupparsi **-2.** [things] essere raggruppato(a).

clutch [klʌtʃ] ◇ *n* AUT frizione *f*. ◇ *vt* stringere forte, tenere stretto(a). ◇ *vi*: **to ~ at sb/sthg** stringersi a qn/qc.

clutter ['klʌtəʳ] ◇ *n* disordine *m*. ◇ *vt* ingombrare.

cm *(abbr of* **centimetre***)* cm.

c/o *(abbr of* **care of***)* c/o.

Co. [kəʊ] **-1.** *(abbr of* **Company***)* C.ia **-2.** *(abbr of* **County***)* contea *f*.

coach [kəʊtʃ] ◇ *n* **-1.** [bus] pullman *m inv* **-2.** RAIL UK carrozza *f*, vettura *f* **-3.** [horse-drawn] carrozza *f* **-4.** SPORT [in football] allenatore *m*, -trice *f*; [in tennis, skiing] istruttore *m*, -trice *f* **-5.** [tutor] insegnante *mf*. ◇ *vt* **-1.** SPORT allenare **-2.** [tutor] dare lezioni a.

coach station *n* stazione *f* dei pullman.

coal [kəʊl] *n* [mineral] carbone *m*.

coalfield ['kəʊlfiːld] *n* bacino *m* carbonifero.

coalition [ˌkəʊə'lɪʃn] *n* coalizione *f*.

coalmine ['kəʊlmaɪn] *n* miniera *f* di carbone.

coarse [kɔːs] *adj* **-1.** [skin, fabric] ruvido(a); [salt] grosso(a) **-2.** [vulgar] volgare.

coast [kəust] ⬦ n costa f. ⬦ vi [car] andare a motore spento.

coastal ['kəustl] adj costiero(a).

coaster ['kəustə] n [small mat] sottobicchiere m.

coastguard ['kəustgɑːd] n -1. [person] guardacoste m inv -2. [organization]: the ~ guardia f costiera.

coastline ['kəustlaɪn] n litorale m.

coat [kəut] ⬦ n -1. [garment] cappotto m -2. [of animal] pelo m, manto m -3. [layer] strato m. ⬦ vt: to ~ sthg (with sthg) ricoprire qc (di qc).

coat hanger n gruccia f.

coating ['kəutɪŋ] n strato m.

coat of arms (pl coats of arms) n stemma m, blasone m.

coax [kəuks] vt: to ~ sb (to do OR into doing sthg) convincere qn con le buone (a fare qc).

cob [kɒb] n = corn on the cob.

cobbles [kɒblz], **cobblestones** ['kɒblstəunz] npl ciottolo m.

cobweb ['kɒbweb] n ragnatela f.

cocaine [kəu'keɪn] n cocaina f.

cock [kɒk] ⬦ n -1. [male chicken] gallo m -2. [male bird] maschio m -3. vulgar [penis] cazzo m. ⬦ vt -1. [gun] armare -2. [head] inclinare. ➜ **cock up** vt sep UK inf incasinare.

cockerel ['kɒkrəl] n galletto m.

cockle ['kɒkl] n [shellfish] cardio m.

Cockney ['kɒknɪ] (pl Cockneys) n -1. [person] Cockney mf inv, persona nata nell'East End di Londra -2. [dialect, accent] Cockney m inv, dialetto e accento tipico dell'East End di Londra.

cockpit ['kɒkpɪt] n cabina f di pilotaggio.

cockroach ['kɒkrəutʃ] n blatta f, scarafaggio m.

cocktail ['kɒkteɪl] n cocktail m inv.

cocktail party n cocktail m inv.

cock-up n inf casino m.

cocky ['kɒkɪ] adj inf impertinente.

cocoa ['kəukəu] n -1. [powder] cacao m -2. [drink] cioccolata f calda.

coconut ['kəukənʌt] n -1. [nut] noce f di cocco -2. [flesh] cocco m.

cod [kɒd] (pl -s) n merluzzo m.

COD -1. (abbr of cash on delivery) pagamento m alla consegna -2. (abbr of collect on delivery) pagamento m alla consegna.

code [kəud] ⬦ n -1. [gen] codice m -2. TELEC prefisso m. ⬦ vt codificare.

cod-liver oil n olio m di fegato di merluzzo.

coerce [kəu'ɜːs] vt: to ~ sb (into doing sthg) costringere qn (a fare qc).

C of E (abbr of Church of England) n Chiesa f d'Inghilterra.

coffee ['kɒfɪ] n caffè m.

coffee bar n UK caffè m inv, bar m inv.

coffee break n pausa f caffè.

coffee morning n UK riunione a scopo di beneficenza durante la quale viene servito del caffè.

coffeepot ['kɒfɪpɒt] n caffettiera f.

coffee shop n -1. UK [café] caffè m inv, bar m inv -2. US [restaurant] tavola f calda -3. [shop selling coffee] negozio m di caffè.

coffee table n tavolino m.

coffin ['kɒfɪn] n bara f.

cog [kɒg] n [tooth on wheel] dente m; [wheel] ruota f dentata, rotella f.

coherent [kəu'hɪərənt] adj coerente.

cohesive [kəu'hiːsɪv] adj [group] unito(a), compatto(a).

coil [kɔɪl] ⬦ n -1. [of rope, wire] rotolo m; [of hair] crocchia f; [of smoke] voluta f -2. ELEC bobina f -3. [contraceptive device] spirale f. ⬦ vt attorcigliare, avvolgere. ⬦ vi attorcigliarsi. ➜ **coil up** vt sep arrotolare, avvolgere.

coin [kɔɪn] ⬦ n moneta f. ⬦ vt [invent] coniare.

coincide [ˌkəuɪn'saɪd] vi: to ~ (with sthg) coincidere (con qc).

coincidence [kəu'ɪnsɪdəns] n coincidenza f.

coincidental [kəuˌɪnsɪ'dentl] adj casuale.

coke [kəuk] n -1. [fuel] carbone m coke, coke m inv -2. drug sl [cocaine] coca f.

cola ['kəulə] n coca® f.

colander ['kʌləndə] n colapasta m inv.

cold [kəuld] ⬦ adj freddo(a); it's so ~ in here fa così freddo qui; I'm ~ ho freddo; to get ~ [person] infreddolirsi; [hot food] freddarsi. ⬦ n -1. [illness] raffreddore m; to catch (a) ~ prendere il raffreddore, raffreddarsi -2. [low temperature] freddo m.

cold-blooded adj fig spietato(a).

cold sore n herpes m inv, febbre f.

cold war n: the ~ la guerra fredda.

coleslaw ['kəulslɔː] n insalata di cavolo bianco e maionese.

collaborate [kə'læbəreɪt] vi: to ~ (with sb) collaborare (con qn).

collapse [kə'læps] ◇ *n* -1. [gen] crollo *m* -2. [of marriage] fallimento *m*; [of government] caduta *f* -3. MED collasso *m*. ◇ *vi* -1. [house, bridge] crollare; [lung] collassare -2. [marriage, company] fallire; [government] cadere -3. MED avere un collasso -4. [folding table, chair] piegarsi.

collapsible [kə'læpsəbl] *adj* pieghevole.

collar ['kɒlə^r] ◇ *n* -1. [on clothes] colletto *m* -2. [for dog, on pipe, machine part] collare *m*. ◇ *vt inf* [detain] acchiappare.

collarbone ['kɒləbəʊn] *n* clavicola *f*.

collate [kə'leɪt] *vt* -1. [compare] collazionare, confrontare -2. [put in order] ordinare.

collateral [kɒ'lætərəl] *n* garanzia *f*.

colleague ['kɒli:g] *n* collega *mf*.

collect [kə'lekt] ◇ *vt* -1. [gen] raccogliere; **to ~ o.s.** riprendersi -2. [as a hobby] collezionare -3. [go to get – person] andare a prendere; [– parcel] ritirare -4. [taxes] riscuotere. ◇ *vi* -1. [crowd, people] raccogliersi, radunarsi -2. [dust, dirt] accumularsi -3. [for charity, gift] fare una colletta. ◇ *adv* US TELEC: **to call (sb) ~** fare una chiamata a carico del destinatario.

collection [kə'lekʃn] *n* -1. [of objects] collezione *f* -2. [anthology] raccolta *f* -3. [act of collecting – of tax] riscossione *f*; [– of rubbish] raccolta *f*, rimozione *f*; [– of mail] levata *f* -4. [of money] colletta *f*.

collective [kə'lektɪv] ◇ *adj* collettivo(a) ◇ *n* cooperativa *f*.

collector [kə'lektə^r] *n* -1. [as a hobby] collezionista *mf* -2. [of taxes, debts, rent] esattore *m*.

college ['kɒlɪdʒ] *n* -1. [for further education] ≃ istituto *m* superiore -2. [of university] college *m inv* -3. [organized body] collegio *m*.

college of education *n* istituto superiore che si occupa della formazione professionale degli insegnanti.

collide [kə'laɪd] *vi*: **to ~ (with sb/sthg)** scontrarsi (con qn/qc).

colliery ['kɒljərɪ] *n* miniera *f* di carbone.

collision [kə'lɪʒn] *n* [crash]: **~ (with/between)** scontro *m* (con/tra), collisione *f* (con/tra); **to be on a ~ course (with sb/sthg)** *fig* essere in rotta di collisione (con qn/qc).

colloquial [kə'ləʊkwɪəl] *adj* colloquiale, familiare.

collude [kə'lu:d] *vi*: **to ~ with sb** accordarsi segretamente con qn.

Colombia [kə'lɒmbɪə] *n* Colombia.

colon ['kəʊlən] *n* -1. ANAT colon *m* -2. [punctuation mark] due punti *mpl*.

colonel ['kɜ:nl] *n* colonnello *m*.

colonial [kə'ləʊnjəl] *adj* coloniale.

colonize, -ise ['kɒlənaɪz] *vt* colonizzare.

colony ['kɒlənɪ] *n* colonia *f*.

color *etc US* = **colour**, etc.

colossal [kə'lɒsl] *adj* colossale.

colour UK, **color** US ['kʌlə^r] ◇ *n* colore *m*; **in ~** a colori ◇ *adj* [not black and white] a colori. ◇ *vt* -1. [gen] colorare -2. [dye] tingere -3. *fig* [affect] influenzare. ◇ *vi* [blush] arrossire.

colour bar *n* discriminazione *f* razziale.

colour-blind *adj* daltonico(a).

coloured UK, **colored** US ['kʌləd] *adj* -1. [gen] colorato(a); **maroon-~ curtains** tende color granata; **a brightly-~ shirt** una camicia dai colori vivaci -2. [person]*offens* di colore.

colourful UK, **colorful** US ['kʌləfʊl] *adj* -1. [brightly coloured] dal colore vivace, dai colori vivaci -2. [story] colorito(a) -3. [person] interessante.

colouring UK, **coloring** US ['kʌlərɪŋ] *n* -1. [dye] colorante *m* -2. [complexion] colorito *m*; [hair, eye] colore *m* -3. [colours] colorazione *f*.

colour scheme *n* combinazione *f* di colori.

colt [kəʊlt] *n* [young horse] puledro *m*.

column ['kɒləm] *n* -1. [gen] colonna *f* -2. [of people, vehicles] colonna *f*, fila *f* -3. [journalistic article] rubrica *f*.

columnist ['kɒləmnɪst] *n* giornalista *mf* (che cura una rubrica).

coma ['kəʊmə] *n* coma *m*.

comb [kəʊm] ◇ *n* [for hair] pettine *m*. ◇ *vt* -1. [hair] pettinare -2. [area] setacciare.

combat ['kɒmbæt] ◇ *n* combattimento *m*. ◇ *vt* combattere.

combination [,kɒmbɪ'neɪʃn] *n* combinazione *f*.

combine ◇ *vt* [kəm'baɪn] [join together] mettere insieme; **to ~ sthg with sthg** [two substances] mescolare qc con qc; [two qualities, activities] combinare, unire. ◇ *vi* [kəm'baɪn] [businesses, political parties]: **to ~ (with sb/sthg)** unirsi (con qn/qc), fondersi (con qn/qc). ◇ *n* ['kɒmbaɪn] [group] gruppo *m*.

combined [kəm'baɪnd] *adj*: **~ (with sb/sthg)** combinato(a) (con qn/qc).

come [kʌm] (*pt* **came**, *pp* **come**) *vi* -1. [move] venire; ~ **with me!** vieni con me!; **some friends came to dinner** sono venuti alcuni amici a cena **-2.** [arrive] arrivare; **when summer comes** quando arriva l'estate; **coming!** arrivo!; **the news came as a shock** la notizia è stata uno shock **-3.** [reach]: **to ~ up to/down to** arrivare a; **her hair comes down to her shoulders** i capelli le arrivano alle spalle **-4.** [happen]: **~ what may** qualunque cosa capiti **-5.** [become]: **to ~ true** realizzarsi; **to ~ undone** sciogliersi; **to ~ unstuck** staccarsi **-6.** [be placed in order] arrivare; **he came last/first in the race** è arrivato primo/ultimo nella gara; **P ~ s before Q** la P viene prima della Q **-7.** phr: **~ to think of it** ora che ci penso. ◆ **to come** adv a venire; **in (the) days/years to ~** nei giorni/anni a venire. ◆ **come about** vi [happen] accadere; **how did the idea ~ about?** da dove viene l'idea?; **how did it ~ about that... ?** com'è che ... ? ◆ **come across** vt insep [letter, fact] trovare; **to ~ across sb** imbattersi in qn. ◆ **come along** vi **-1.** [arrive by chance - opportunity] capitare; [- bus] arrivare **-2.** [improve - student] fare progressi; [- work] andare. ◆ **come apart** vi **-1.** [fall to pieces] andare in pezzi **-2.** [come off] staccarsi. ◆ **come around** vi [regain consciousness] rinvenire. ◆ **come at** vt insep [attack] aggredire. ◆ **come back** vi **-1.** [in talk, writing]: **to ~ back to sthg** tornare su qc **-2.** [memory]: **to ~ back (to sb)** tornare in mente (a qn). ◆ **come by** vt insep [tickets] procurarsi; [idea] pescare. ◆ **come down** vi **-1.** [decrease] scendere **-2.** [descend] venir giù. ◆ **come down to** vt insep ridursi a. ◆ **come down with** vt insep [cold, flu] prendersi. ◆ **come forward** vi farsi avanti. ◆ **come from** vt insep venire da; **where do you ~ from?** da dove vieni? ◆ **come in** vi [enter] entrare. ◆ **come in for** vt insep [criticism] ricevere. ◆ **come into** vt insep **-1.** [inherit] ereditare **-2.** [begin to be]: **to ~ into being** nascere. ◆ **come off** ◇ vi **-1.** [button, label, lid, stain] venir via **-2.** [attempt, joke] riuscire. ◇ vt phr: **~ off it!** inf ma va! ◆ **come on** vi **-1.** [winter] arrivare; **I feel a headache coming on** mi sta venendo il mal di testa **-2.** [light, heating] accendersi **-3.** [student] fare progressi; [work] andare **-4.** phr: **~ on!** [expressing encouragement] dai!; [hurry up] sbrigati!; [expressing disbelief] ma va!. ◆ **come out** vi **-1.** [become known] venir fuori **-2.** [be launched] uscire **-3.** [go on strike] mettersi in sciopero **-4.** [declare publicly]: **to ~ out for/against**

sthg dichiararsi a favore di/contro qc **-5.** [appear in sky] spuntare. ◆ **come out with** vt insep [remark] venir fuori con. ◆ **come round** vi UK = come around. ◆ **come through** vt insep [survive] sopravvivere a. ◆ **come to** ◇ vt insep **-1.** [reach]: **to ~ to an end** avere fine; **to ~ to a decision** arrivare a una decisione **-2.** [amount to] ammontare a. ◇ vi [regain consciousness] rinvenire. ◆ **come under** vt insep **-1.** [be governed by] essere soggetto(a) a **-2.** [suffer]: **to ~ under attack (from)** essere oggetto di attacchi (da parte di) . ◆ **come up** vi **-1.** [be mentioned] venir fuori **-2.** [be imminent] avvicinarsi **-3.** [happen unexpectedly] capitare **-4.** [sun, moon] sorgere. ◆ **come up against** vt insep incontrare. ◆ **come up to** vt insep [in space] avvicinarsi a. ◆ **come up with** vt insep [answer, idea, solution] venir fuori con.

comeback ['kʌmbæk] n [return] ritorno m; **to make a ~** tornare alla ribalta.

comedian [kə'miːdjən] n [comic] comico m.

comedown ['kʌmdaʊn] n inf [anticlimax] passo m indietro.

comedy ['kɒmədɪ] n commedia f.

comet ['kɒmɪt] n cometa f.

come-uppance [ˌkʌm'ʌpəns] n inf: **to get one's ~** avere quello che ci si merita.

comfort ['kʌmfət] ◇ n **-1.** [ease] benessere m **-2.** [luxury] lusso m **-3.** [solace] conforto m. ◇ vt confortare.

comfortable ['kʌmftəbl] adj **-1.** [chair, room] comodo(a) **-2.** [at ease]: **I'm not ~** [physically] non sono comodo; [emotionally] non sono a mio agio **-3.** [financially secure] senza problemi economici **-4.** [after operation, accident] senza dolori **-5.** [ample - lead] rassicurante; [- win, margin] largo(a).

comfortably ['kʌmftəblɪ] adv **-1.** [sit, sleep] comodamente **-2.** [without financial difficulty] confortevolmente **-3.** [win] agevolmente.

comfort station n US euph gabinetti mpl pubblici.

comic ['kɒmɪk] ◇ adj [amusing] comico(a). ◇ n **-1.** [comedian] comico m, -a f **-2.** [magazine] giornaletto m (a fumetti) .

comical ['kɒmɪkl] adj divertente.

comic strip n striscia f (a fumetti).

coming ['kʌmɪŋ] ◇ adj [future] prossimo(a). ◇ n: **~ s and goings** viavai m inv.

comma ['kɒmə] n virgola f.

command [kə'mɑ:nd] <> n -1. [order] ordine m -2. COMPUT comando m -3. [mastery] padronanza f; **at one's** ~ a propria disposizione f. <> vt -1. [order] ordinare, comandare; **to** ~ **sb to do sthg** ordinare a qn di fare qc -2. MIL comandare -3. [respect, attention] suscitare; [price] raggiungere.

commandeer [,kɒmən'dɪəʳ] vt MIL requisire.

commander [kə'mɑ:ndəʳ] n comandante m.

commando [kə'mɑ:ndəʊ] (pl -s OR -es) n -1. [soldier] membro m di un commando -2. [unit] commando m inv.

commemorate [kə'meməreɪt] vt commemorare.

commemoration [kə,memə'reɪʃn] n commemorazione f; **in** ~ **of** in commemorazione di.

commence [kə'mens] fml <> vt iniziare, cominciare; **to** ~ **doing sthg** iniziare a fare qc. <> vi iniziare, cominciare.

commend [kə'mend] vt -1. [praise] **to** ~ **sb** OR **for sthg** elogiare qn per qc -2. [recommend] **to** ~ **sthg** (**to sb**) raccomandare qc (a qn).

commensurate [kə'menʃərət] adj fml: ~ **with sthg** commisurato(a) a qc.

comment ['kɒment] <> n commento m; **no** ~ nessun commento. <> vt: **to** ~ **that** commentare che. <> vi fare commenti; **to** ~ **on sthg** fare commenti su qc.

commentary ['kɒməntrɪ] n -1. RADIO & TV cronaca f -2. [written explanation, comment] commento m.

commentator ['kɒmənteɪtəʳ] n -1. RADIO & TV cronista mf -2. [expert] commentatore m, -trice f.

commerce ['kɒmɜ:s] n commercio m.

commercial [kə'mɜ:ʃl] <> adj commerciale. <> n pubblicità f inv, spot m inv.

commercial break n interruzione f pubblicitaria.

commiserate [kə'mɪzəreɪt] vi: **to** ~ (**with sb**) offrire tutta la propria comprensione (a qn).

commission [kə'mɪʃn] <> n -1. [money, investigative body] commissione f -2. [piece of work] incarico m. <> vt [work] commissionare; **to** ~ **sb** (**to do sthg**) dare incarico a qn (di fare qc).

commissionaire [kə,mɪʃə'neəʳ] n UK portiere m (in livrea).

commissioner [kə'mɪʃnəʳ] n [of police] commissario m.

commit [kə'mɪt] vt -1. [carry out] commet-

tere -2. [promise] impegnare; **to** ~ **o.s.** (**to sthg/to doing sthg**) impegnarsi (in qc/a fare qc) -3. [consign] mandare; **to** ~ **sthg to memory** mandare qc a memoria.

commitment [kə'mɪtmənt] n impegno m.

committee [kə'mɪtɪ] n comitato m.

commodity [kə'mɒdətɪ] n prodotto m, merce f.

common ['kɒmən] <> adj -1. [gen] comune; ~ **to** comune a -2. UK pej [vulgar] ordinario(a). <> n [land] parco m pubblico. **→ in common** adv in comune.

commonly ['kɒmənlɪ] adv [generally] comunemente.

commonplace ['kɒmənpleɪs] adj comune.

common room n [for students] sala f di ritrovo; [for teachers] sala f professori.

Commons npl UK: **the** ~ la Camera dei Comuni.

common sense n buonsenso m.

Commonwealth n: **the** ~ il Commonwealth.

Commonwealth of Independent States n: **the** ~ la Comunità degli Stati Indipendenti.

commotion [kə'məʊʃn] n trambusto m.

communal ['kɒmjʊnl] adj [shared] comune.

commune <> n ['kɒmju:n] [group of people] comune f. <> vi [kə'mju:n]: **to** ~ **with** essere in comunione con.

communicate [kə'mju:nɪkeɪt] <> vt comunicare. <> vi: **to** ~ (**with**) comunicare (con).

communication [kə,mju:nɪ'keɪʃn] n -1. [contact] contatto m -2. [letter, phone call] comunicazione f.

communication cord n UK segnale m d'allarme.

communications technology n tecnologia f delle comunicazioni.

Communism ['kɒmjʊnɪzm] n comunismo m.

Communist ['kɒmjʊnɪst] <> adj comunista. <> n comunista mf.

community [kə'mju:nətɪ] n comunità f inv.

community centre n centro m sociale.

commutation ticket [,kɒmju:'teɪʃn-] n US abbonamento m.

commute [kə'mju:t] <> vt LAW commutare. <> vi [to work] fare il pendolare.

commuter [kə'mju:təʳ] n pendolare mf.

compact <> adj [kəm'pækt] compatto(a).

◇ *n* ['kɒmpækt] **-1.** [for face powder] portacipria *m inv* **-2.** *US* AUT: ~ **(car)** utilitaria *f*.

compact disc [ˌkɒmpækt-] *n* compact disc *m inv*.

compact disc player *n* lettore *m* di compact disc.

companion [kəm'pænjən] *n* **-1.** [gen] compagno *m*, -a *f* **-2.** [book] manuale *m*.

companionship [kəm'pænjənʃɪp] *n* compagnia *f*.

company ['kʌmpənɪ] *n* **-1.** [business] compagnia *f*, società *f inv* **-2.** [of actors, soldiers, friend] compagnia *f*; **to keep sb** ~ fare compagnia a qn **-3.** [of sailors] equipaggio *m* **-4.** [guests] ospiti *mpl*.

comparable ['kɒmprəbl] *adj*: ~ **(to** OR **with)** paragonabile (a).

comparative [kəm'pærətɪv] *adj* **-1.** [relative] relativo(a) **-2.** [study, literature] comparato(a) **-3.** GRAM comparativo(a).

comparatively [kəm'pærətɪvlɪ] *adv* [relatively] relativamente.

compare [kəm'peəʳ] ◇ *vt* paragonare; **to** ~ **sb/sthg with/to** paragonare qn/qc con/a; ~**d with** OR **to** paragonato(a) a, in confronto a. ◇ *vi*: **to** ~ **(with sb/sthg)** essere paragonato(a) (a qn/qc).

comparison [kəm'pærɪsn] *n* paragone *m*, confronto *m*; **in** ~ **(with** OR **to)** in confronto a, rispetto a.

compartment [kəm'pɑ:tmənt] *n* **-1.** [in fridge, desk, drawer] scomparto *m* **-2.** RAIL scompartimento *m*, compartimento *m*.

compass ['kʌmpəs] *n* [for finding direction] bussola *f*. ◆ **compasses** *npl* compasso *m*.

compassion [kəm'pæʃn] *n* compassione *f*.

compassionate [kəm'pæʃənət] *adj* compassionevole.

compatible [kəm'pætəbl] *adj*: ~ **(with sb/sthg)** compatibile (con qn/qc).

compel [kəm'pel] *vt* [force] costringere; **to** ~ **sb to do sthg** costringere qn a fare qc.

compelling [kəm'pelɪŋ] *adj* convincente.

compensate ['kɒmpenseɪt] ◇ *vt*: **to** ~ **sb for sthg** risarcire qn per qc. ◇ *vi*: **to** ~ **for sthg** compensare qc.

compensation [ˌkɒmpen'seɪʃn] *n* **-1.** [payment]: ~ **(for sthg)** risarcimento *m* (per qc) **-2.** [recompense]: ~ **(for sthg)** contropartita *f* (per qc) .

compete [kəm'pi:t] *vi* **-1.** [vie]: **to** ~ **(for sthg)** competere (per qc) ; **to** ~ **with** OR **against sb (for sthg)** fare a gara con OR contro qn (per qc) **-2.** COMM: **to** ~ **(with sb/sthg)** competere (con qn/qc) ; **to** ~ **for sthg** contendersi qc **-3.** [take part] concorrere.

competence ['kɒmpɪtəns] *n* competenza *f*.

competent ['kɒmpɪtənt] *adj* competente.

competition [ˌkɒmpɪ'tɪʃn] *n* **-1.** [rivalry] rivalità *f inv* **-2.** COMM concorrenza *f* **-3.** [race, contest] competizione *f*, gara *f*.

competitive [kəm'petətɪv] *adj* competitivo(a); ~ **exam** concorso *m*.

competitor [kəm'petɪtəʳ] *n* concorrente *mf*.

compile [kəm'paɪl] *vt* compilare.

complacency *n* compiacimento *m*.

complain [kəm'pleɪn] *vi* **-1.** [moan]: **to** ~ **(about sthg)** lamentarsi (di qc) **-2.** MED: **to** ~ **of sthg** lamentarsi di qc.

complaint [kəm'pleɪnt] *n* **-1.** [gen] lamentela *f* **-2.** MED disturbo *m*.

complement ◇ *vt* ['kɒmplɪˌment] [gen] fare da complemento a; [food] accompagnarsi bene a. ◇ *n* ['kɒmplɪmənt] **-1.** [accompaniment] accompagnamento *m* **-2.** [number] organico *m* **-3.** GRAM complemento *m*.

complementary [ˌkɒmplɪ'mentərɪ] *adj* [colour] complementare; ~ **medicine** medicina *f* alternativa.

complete [kəm'pli:t] ◇ *adj* **-1.** [total, entire] completo(a) ◇ *vt* **-1.** [make whole, finish] completare **-2.** [fill in] completare, riempire.

completely [kəm'pli:tlɪ] *adv* completamente.

completion [kəm'pli:ʃn] *n* [of work] completamento *m*.

complex ['kɒmpleks] ◇ *adj* [complicated] complesso(a). ◇ *n* complesso *m*.

complexion [kəm'plekʃn] *n* **-1.** [of face] carnagione *f* **-2.** [aspect] aspetto *m*.

compliance [kəm'plaɪəns] *n*: ~ **(with sthg)** osservanza (di qc).

complicate ['kɒmplɪkeɪt] *vt* complicare.

complicated ['kɒmplɪkeɪtɪd] *adj* complicato(a).

complication [ˌkɒmplɪ'keɪʃn] *n* complicazione *f*.

compliment ◇ *n* ['kɒmplɪmənt] complimento *m*. ◇ *vt* ['kɒmplɪment]: **to** ~ **sb (on sthg)** complimentarsi con qn (per qc). ◆ **compliments** *npl fml* rispetti *mpl*.

complimentary [ˌkɒmplɪ'mentərɪ] *adj* **-1.** [admiring] pieno(a) di ammirazione **-2.** [free] in omaggio.

69 conclude

complimentary ticket *n* biglietto *m* omaggio.

comply [kəm'plaɪ] *vi*: **to ~ with sthg** attenersi a qc.

component [kəm'pəʊnənt] *n* componente *m*.

compose [kəm'pəʊz] *vt* **-1.** [gen] comporre; **to be ~d of sthg** essere composto(a) di OR da qc **-2.** [make calm]: **to ~ o.s.** ricomporsi.

composed [kəm'pəʊzd] *adj* [calm] calmo(a).

composer [kəm'pəʊzə^r] *n* compositore *m*, -trice *f*.

composition [ˌkɒmpə'zɪʃn] *n* **-1.** [gen] composizione *f* **-2.** [essay] composizione *f*, componimento *m*.

compost [UK'kɒmpɒst, US'kɒmpəʊst] *n* concime *m*.

composure [kəm'pəʊʒə^r] *n* calma *f*.

compound *n* ['kɒmpaʊnd] **-1.** CHEM & GRAM composto *m* **-2.** [mixture] miscela *f* **-3.** [enclosed area] area *f* (cintata).

comprehend [ˌkɒmprɪ'hend] *vt* comprendere.

comprehension [ˌkɒmprɪ'henʃn] *n* comprensione *f*.

comprehensive [ˌkɒmprɪ'hensɪv] *adj* **-1.** [wide-ranging] ampio(a) **-2.** [insurance] kasko *(inv)*, onnicomprensivo(a). *n* UK [school] = comprehensive school.

comprehensive school *n* in UK, scuola secondaria a cui possono accedere, senza selezione, studenti di varia abilità.

compress *n* ['kɒmpres] MED impacco *m*. *vt* [kəm'pres] **-1.** [squeeze, press] comprimere **-2.** [condense] condensare.

comprise [kəm'praɪz] *vt* **-1.** [consist of]: **to be ~d of** essere costituito(a) da **-2.** [constitute] costituire.

compromise ['kɒmprəmaɪz] *n* compromesso *m*. *vt* [undermine integrity of] compromettere. *vi* [make concessions] venire a un compromesso.

compulsion [kəm'pʌlʃn] *n* **-1.** [strong desire] forte impulso *m* **-2.** [force] costrizione *f*.

compulsive [kəm'pʌlsɪv] *adj* **-1.** [behaviour] incontrollabile; [gambler, liar] inguaribile **-2.** [book, programme] avvincente.

compulsory [kəm'pʌlsərɪ] *adj* obbligatorio(a).

computer [kəm'pjuːtə^r] *n* computer *m inv*. *comp* di computer; **~ program** programma *m* per computer.

computer game *n* gioco *m* per computer, computer game *m inv*.

computer graphics *npl* grafica *f* su computer.

computerized [kəm'pjuːtəraɪzd] *adj*. computerizzato(a).

computer science *n* informatica *f*.

computing [kəm'pjuːtɪŋ] *n* informatica *f*.

comrade ['kɒmreɪd] *n* **-1.** POL compagno *m*, -a *f* **-2.** [companion] compagno *m*, -a *f*, camerata *mf*.

con [kɒn] *inf* *n* [trick] truffa *f*. *vt* [trick] truffare; **to ~ sb out of sthg** sottrarre qc a qn con l'inganno; **to ~ sb into doing sthg** spingere qn con l'inganno a fare qc.

concave [ˌkɒn'keɪv] *adj* concavo(a).

conceal [kən'siːl] *vt* nascondere; **to ~ sthg from sb** nascondere qc a qn.

concede [kən'siːd] *vt* riconoscere. *vi* arrendersi.

conceit [kən'siːt] *n* presunzione *f*.

conceited [kən'siːtɪd] *adj* presuntuoso(a).

conceive [kən'siːv] *vt* [plan, child] concepire. *vi* **-1.** MED rimanere incinta **-2.** [imagine]: **to ~ of sthg** concepire qc.

concentrate ['kɒnsəntreɪt] *vt* concentrare. *vi*: **to ~ (on sthg)** concentrarsi (su qc).

concentration [ˌkɒnsən'treɪʃn] *n* concentrazione *f*.

concentration camp *n* campo *m* di concentramento.

concept ['kɒnsept] *n* concetto *m*.

concern [kən'sɜːn] *n* **-1.** [worry, anxiety] preoccupazione *f* **-2.** [COMM & company] azienda *f*. *vt* **-1.** [worry]: **to be ~ed (about sb/sthg)** essere preoccupato(a) per qn/qc **-2.** [involve] riguardare; **to be ~ed with sthg** avere a che fare con qc; **to ~ o.s. with sthg** occuparsi di qc; **as far as ... is ~ed** per quanto riguarda... **-3.** [subj: book, report, film] trattare di.

concerning [kən'sɜːnɪŋ] *prep* riguardo a.

concert ['kɒnsət] *n* concerto *m*.

concerted [kən'sɜːtɪd] *adj* [effort] concertato(a).

concert hall *n* sala *f* da concerti.

concertina [ˌkɒnsə'tiːnə] *n* concertina *f*.

concerto [kən'tʃeətəʊ] *(pl* **-s)** *n* concerto *m*.

concession [kən'seʃn] *n* **-1.** [gen] concessione *f* **-2.** [special price] riduzione *f*.

conciliatory [kən'sɪlɪətrɪ] *adj* conciliante.

concise [kən'saɪs] *adj* conciso(a).

conclude [kən'kluːd] *vt* concludere; **to ~ (that)** concludere (che). *vi* terminare.

conclusion [kən'klu:ʒn] *n* conclusione *f*.

conclusive [kən'klu:sɪv] *adj* conclusivo(a).

concoct [kən'kɒkt] *vt* **-1.** [story, excuse, alibi] escogitare **-2.** [mixture, drink] confezionare.

concoction [kən'kɒkʃn] *n* miscuglio *m*.

concourse ['kɒŋkɔ:s] *n* atrio *m*.

concrete ['kɒŋkri:t] ◇ *adj* concreto(a). ◇ *n* calcestruzzo *m*, cemento *m*. ◇ *comp* di cemento.

concur [kən'kɜ:ʳ] *vi*: **to ~ (with sthg)** concordare (con qc).

concurrently [kən'kʌrəntlɪ] *adv* in concomitanza.

concussion [kən'kʌʃn] *n* commozione *f* cerebrale.

condemn [kən'dem] *vt* **-1.** [gen] condannare; **to ~ sb for sthg** condannare qn per qc; **to ~ sb to sthg/to do sthg** condannare qn a qc/a fare qc; **to ~ sb to sthg** LAW condannare qn a qc **-2.** [building] dichiarare inagibile.

condensation [ˌkɒnden'seɪʃn] *n* condensazione *f*.

condense [kən'dens] ◇ *vt* condensare. ◇ *vi* condensarsi.

condensed milk *n* latte *m* condensato.

condescending [ˌkɒndɪ'sendɪŋ] *adj* con un'aria di condiscendenza.

condition [kən'dɪʃn] ◇ *n* **-1.** [gen] condizione *f*; **out of ~** fuori forma **-2.** [MED & disease, complaint] disturbo *m*. ◇ *vt* **-1.** [determine & PSYCHOL] condizionare **-2.** [hair] mettere un balsamo su.

conditional [kən'dɪʃənl] ◇ *adj* condizionato(a). ◇ *n* GRAM condizionale *m*.

conditioner [kən'dɪʃnəʳ] *n* **-1.** [for hair] balsamo *m* **-2.** [for clothes] ammorbidente *m*.

condolences *npl* condoglianze *fpl*.

condom ['kɒndəm] *n* preservativo *m*.

condominium [ˌkɒndə'mɪnɪəm] *n* US **-1.** [apartment] appartamento *m* **-2.** [apartment building] condominio *m*.

condone [kən'dəʊn] *vt* giustificare.

conducive [kən'dju:sɪv] *adj*: **~ to sthg/to doing sthg** favorevole a qc/a fare qc.

conduct ◇ *n* ['kɒndʌkt] **-1.** [behaviour] condotta *f* **-2.** [carrying out] conduzione *f*. ◇ *vt* [kən'dʌkt] **-1.** [carry out & PHYSICS] condurre **-2.** [behave]: **to ~ o.s. well/badly** comportarsi bene/male **-3.** [MUS & orchestra, choir] dirigere.

conducted tour [kən'dʌktɪd-] *n* visita *f* guidata.

conductor [kən'dʌktəʳ] *n* **-1.** [of orchestra, choir] direttore *m* **-2.** [on bus] bigliettaio *m*, -a *f* **-3.** US [on train] controllore *m*.

cone [kəʊn] *n* **-1.** [shape, for ice cream] cono *m* **-2.** [from tree] pigna *f* **-3.** [on roads] birillo *m* spartitraffico.

confectioner [kən'fekʃnəʳ] *n* confettiere *m*, -a *f*; **~'s (shop)** confetteria *f*.

confectionery [kən'fekʃnərɪ] *n* confetteria *f*.

confederation [kənˌfedə'reɪʃn] *n* confederazione *f*.

confer [kən'fɜ:ʳ] ◇ *vt fml*: **to ~ sthg (on sb)** conferire qc (a qn). ◇ *vi*: **to ~ (with sb on** OR **about sthg)** conferire (con qn su qc).

conference ['kɒnfərəns] *n* conferenza *f*.

confess [kən'fes] ◇ *vt* confessare; **to ~ (that)** confessare che. ◇ *vi* confessare; **to ~ to sthg** confessare qc, ammettere qc.

confession [kən'feʃn] *n* confessione *f*.

confetti [kən'fetɪ] *n* coriandoli *mpl*.

confide [kən'faɪd] *vi*: **to ~ in sb** confidarsi con qn.

confidence ['kɒnfɪdəns] *n* **-1.** [self-assurance] sicurezza *f* (di sé) **-2.** [trust] fiducia *f*; **to have ~ in sb** avere fiducia in qn **-3.** [secret, secrecy] confidenza *f*; **in ~** in confidenza.

confidence trick *n* truffa *f*.

confident ['kɒnfɪdənt] *adj* **-1.** [self-assured] sicuro(a) di sé; **a ~ smile** un sorriso sicuro **-2.** [sure] fiducioso(a); **~ of sthg** fiducioso in qc.

confidential [ˌkɒnfɪ'denʃl] *adj* confidenziale.

confine [kən'faɪn] *vt* **-1.** [limit, restrict] limitare; **to be ~d to** essere limitato(a) a; **to ~ o.s. to sthg/to doing sthg** limitarsi a qc/a fare qc **-2.** [shut up] confinare, rinchiudere. ◆ **confines** *npl* confini *mpl*.

confined [kən'faɪnd] *adj* [space, area] limitato(a).

confinement [kən'faɪnmənt] *n* [imprisonment] reclusione *f*.

confirm [kən'fɜ:m] *vt* **-1.** [appointment, report] confermare; [desire] rafforzare **-2.** RELIG cresimare.

confirmation [ˌkɒnfə'meɪʃn] *n* **-1.** [ratification] conferma *f* **-2.** RELIG cresima *f*.

confirmed [kən'fɜ:md] *adj* convinto(a).

confiscate ['kɒnfɪskeɪt] *vt* confiscare.

conflict ◇ *n* ['kɒnflɪkt] conflitto *m*. ◇ *vi* [kən'flɪkt] essere in conflitto; **to ~ with sb/sthg** essere in contraddizione con qn/qc.

conflicting [kən'flɪktɪŋ] *adj* contraddittorio(a).

conform [kən'fɔːm] *vi* **-1.** [behave as expected] conformarsi **-2.** [be in accordance]: **to ~ to** OR **with sthg** essere conforme a qc.

confound [kən'faʊnd] *vt* sconcertare.

confront [kən'frʌnt] *vt* **-1.** [face] affrontare **-2.** [challenge]: **the magnitude of the task ~ing us** la portata del compito da affrontare **-3.** [present]: **to ~ sb with sthg** mettere qn di fronte a qc.

confrontation [ˌkɒnfrʌn'teɪʃn] *n* scontro *m*, prova *f* di forza.

confuse [kən'fjuːz] *vt* confondere; **to ~ sb/sthg (with)** confondere qn/qc (con).

confused [kən'fjuːzd] *adj* confuso(a).

confusing [kən'fjuːzɪŋ] *adj* poco chiaro(a).

confusion [kən'fjuːʒn] *n* confusione *f*.

congeal [kən'dʒiːl] *vi* congelarsi.

congenial [kən'dʒiːnjəl] *adj* piacevole.

congested [kən'dʒestɪd] *adj* congestionato(a).

congestion [kən'dʒestʃn] *n* congestione *f*.

conglomerate [kən'glɒmərət] *n* COMM conglomerato *m*.

congratulate [kən'grætʃʊleɪt] *vt*: **to ~ sb (on sthg/on doing sthg)** congratularsi con qn (per qc/per aver fatto qc).

congratulations *npl & excl* congratulazioni *fpl*.

congregate ['kɒngrɪgeɪt] *vi* radunarsi.

congregation [ˌkɒngrɪ'geɪʃn] *n* RELIG congregazione *f*.

congress ['kɒngres] *n* congresso *m*.
◆ **Congress** *n* US POL Congresso *m*.

congressman ['kɒngresmən] (*pl* **-men**) *n* US POL membro *m* del Congresso.

congresswoman ['kɒngreswʊmən] (*pl* **-women**) *n* US POL membro *mf* del Congresso.

conifer ['kɒnɪfəʳ] *n* conifera *f*.

conjugation [ˌkɒndʒʊ'geɪʃn] *n* GRAM coniugazione *f*.

conjunction [kən'dʒʌŋkʃn] *n* **-1.** GRAM congiunzione *f* **-2.** [combination] combinazione *f*.

conjunctivitis [kənˌdʒʌŋktɪ'vaɪtɪs] *n* congiuntivite *f*.

conjure ['kʌndʒəʳ] *vi* fare giochi di prestigio. ◆ **conjure up** *vt sep* evocare.

conjurer ['kʌndʒərəʳ] *n* prestigiatore *m*, -trice *f*.

conjuror ['kʌndʒərəʳ] *n* = **conjurer**.

conker ['kɒŋkəʳ] *n* UK castagna *f* (*d'ippocastano*).

conman ['kɒnmæn] (*pl* **-men**) *n* truffatore *m*.

connect [kə'nekt] ◇ *vt* **-1.** [gen] collegare; **to ~ sthg (to sthg)** collegare qc (a qc) ; **to ~ sb/sthg to/with sthg** collegare qn/qc a/con qc; **to ~ sthg to sthg** ELEC collegare qc a qc **-2.** [on telephone] passare la comunicazione a. ◇ *vi* [train, plane, bus]: **to ~ (with sthg)** fare coincidenza (con qc).

connected [kə'nektɪd] *adj* connesso(a); **~ with** connesso con.

connection [kə'nekʃn] *n* **-1.** [relationship] connessione *f*, rapporto *m*; **~ between/with sthg** rapporto tra/con qc; **in ~ with** in rapporto a **-2.** [ELEC & telephone] collegamento *m* **-3.** [plane, train, bus] coincidenza *f*. ◆ **connections** *npl* conoscenze *fpl*.

connive [kə'naɪv] *vi*: **to ~ at sthg** essere connivente con qc.

connoisseur [ˌkɒnə'sɜːʳ] *n* conoscitore *m*, -trice *f*.

conquer ['kɒŋkəʳ] *vt* **-1.** [take by force] conquistare **-2.** *fig* [overcome] sconfiggere.

conqueror ['kɒŋkərəʳ] *n* conquistatore *m*, -trice *f*.

conquest ['kɒŋkwest] *n* conquista *f*.

cons [kɒns] *npl* **-1.** UK *inf* (*abbr of* **conveniences**): **all mod ~** tutti i comfort moderni **-2.** ☞ **pro.**

conscience ['kɒnʃəns] *n* coscienza *f*.

conscientious [ˌkɒnʃɪ'enʃəs] *adj* coscienzioso(a).

conscious ['kɒnʃəs] *adj* **-1.** [awake, capable of thought] cosciente **-2.** [aware]: **~ of sthg** consapevole di qc, conscio di qc; **fashion-~** attento(a) alla moda **-3.** [intentional] consapevole.

consciousness ['kɒnʃəsnɪs] *n* **-1.** [state of being awake] conoscenza *f*, coscienza *f* **-2.** [awareness] coscienza *f*.

conscript ['kɒnskrɪpt] *n* MIL recluta *f*.

conscription [kən'skrɪpʃn] *n* coscrizione *f*.

consecutive [kən'sekjʊtɪv] *adj* consecutivo(a).

consent [kən'sent] ◇ *n* [permission] consenso *m*. ◇ *vi*: **to ~ (to sthg)** acconsentire (a qc).

consequence ['kɒnsɪkwəns] *n* **-1.** [result] conseguenza *f*; **in ~** di conseguenza **-2.** [importance] rilievo *m*.

consequently ['kɒnsɪkwəntlɪ] *adv* conseguentemente.

conservation [ˌkɒnsə'veɪʃn] *n* [energy] conservazione *f*; [historic buildings] tutela *f*; [nature] difesa *f*, protezione *f*.

conservative [kən'sɜːvətɪv] *adj* **-1.** [traditional] conservatore(trice) **-2.** [cautious] prudente. ➡ **Conservative** POL ◇ *adj* conservatore(trice). ◇ *n* conservatore *m*, -trice *f*.

Conservative Party *n*: the ~ il partito conservatore.

conservatory [kən'sɜ:vətrɪ] *n* veranda *f(con tetto e pareti di vetro)*.

conserve ◇ *n* ['kɒnsɜ:v, kən'sɜ:v] conserva *f* di frutta. ◇ *vt* [kən'sɜ:v] [energy] conservare; [nature] proteggere.

consider [kən'sɪdə^r] *vt* considerare; **all things** ~ **ed** tutto considerato.

considerable [kən'sɪdrəbl] *adj* considerevole.

considerably [kən'sɪdrəblɪ] *adv* considerevolmente.

considerate [kən'sɪdərət] *adj* sensibile.

consideration [kən,sɪdə'reɪʃn] *n* **-1.** [thought] considerazione *f*; **to take sthg into** ~ prendere in considerazione qc **-2.** [thoughtfulness] riguardo *m* **-3.** [factor] fattore *m* **-4.** [discussion]: **under** ~ in esame.

considering [kən'sɪdərɪŋ] ◇ *prep* considerando. ◇ *conj* considerando che. ◇ *adv* tutto considerato.

consign [kən'saɪn] *vt*: **to** ~ **sb to sthg** ridurre qn a qc; **to** ~ **sthg to sthg** destinare qc a qc.

consignment [kən'saɪnmənt] *n* carico *m*.

consist [kən'sɪst] ➡ **consist in** *vt insep*: **to** ~ **in sthg/in doing sthg** consistere in qc/nel fare qc. ➡ **consist of** *vt insep* consistere di.

consistency [kən'sɪstənsɪ] *n* **-1.** [coherence] coerenza *f* **-2.** [texture] consistenza *f*.

consistent [kən'sɪstənt] *adj* **-1.** [constant, steady] costante **-2.** [coherent]: ~ **(with)** corrispondente (a).

consolation [,kɒnsə'leɪʃn] *n* consolazione *f*.

console ◇ *n* ['kɒnsəʊl] console *f inv.* ◇ *vt* [kən'səʊl] consolare.

consonant ['kɒnsənənt] *n* consonante *f*.

consortium [kən'sɔ:tjəm] *(pl* **-tiums** OR **-tia)** *n* consorzio *m*.

conspicuous [kən'spɪkjʊəs] *adj* vistoso(a).

conspiracy [kən'spɪrəsɪ] *n* complotto *m*.

conspire [kən'spaɪə^r] *vt*: **to** ~ **to do sthg** tramare di fare qc.

constable ['kʌnstəbl] *n UK* agente *mf* di polizia.

constant ['kɒnstənt] *adj* costante.

constantly ['kɒnstəntlɪ] *adv* costantemente.

consternation [,kɒnstə'neɪʃn] *n* costernazione *f*.

constipated ['kɒnstɪpeɪtɪd] *adj* stitico(a).

constipation [,kɒnstɪ'peɪʃn] *n* stitichezza *f*.

constituency [kən'stɪtjʊənsɪ] *n* collegio *m* elettorale.

constituent [kən'stɪtjʊənt] *n* **-1.** [voter] elettore *m*, -trice *f* **-2.** [element] elemento *m* costitutivo.

constitute ['kɒnstɪtju:t] *vt* costituire.

constitution [,kɒnstɪ'tju:ʃn] *n* costituzione *f*.

constraint [kən'streɪnt] *n* **-1.** [restriction] restrizione *f*; ~ **on sthg** restrizione su qc **-2.** [uneasiness] imbarazzo *m* **-3.** [coercion] coercizione *f*.

construct [kən'strʌkt] *vt* costruire.

construction [kən'strʌkʃn] *n* **-1.** [act of building, structure] costruzione *f* **-2.** [building industry] edilizia *f*.

constructive [kən'strʌktɪv] *adj* costruttivo(a).

construe [kən'stru:] *vt fml*: **to** ~ **sthg as** interpretare qc come.

consul ['kɒnsl] *n* console *m*.

consulate ['kɒnsjʊlət] *n* consolato *m*.

consult [kən'sʌlt] ◇ *vt* consultare. ◇ *vi*: **to** ~ **with sb** consultarsi con qn.

consultant [kən'sʌltənt] *n* **-1.** [expert] consulente *mf* **-2.** *UK* [hospital doctor] specialista *mf*.

consultation [,kɒnsəl'teɪʃn] *n* **-1.** [meeting] incontro *m* **-2.** [discussion, reference] consultazione *f*.

consulting room *n* ambulatorio *m*.

consume [kən'sju:m] *vt* consumare.

consumer [kən'sju:mə^r] *n* consumatore *m*, -trice *f*.

consumer goods *npl* beni *m (pl)* di consumo.

consumer society *n* società *f inv* dei consumi.

consummate ['kɒnsəmeɪt] *vt* **-1.** [marriage] consumare **-2.** [complete] completare.

consumption [kən'sʌmpʃn] *n* consumo *m*.

cont. *(abbr of* **continued)** continua.

contact ['kɒntækt] ◇ *n* contatto *m*; **to lose** ~ **with sb** perdere contatto con qn; **to make** ~ **with sb** prendere contatto con qn; **in** ~ in contatto; **in** ~ **with sb** in contatto con qn. ◇ *vt* contattare.

contact lens *n* lente *f* a contatto.

contagious [kən'teɪdʒəs] *adj lit & fig* contagioso(a).

contain [kən'teɪn] *vt* contenere.

container [kən'teɪnəʳ] *n* -1. [box, bottle etc] contenitore *m* -2. [COMM & for transporting goods] container *m inv.*

contaminate [kən'tæmɪneɪt] *vt* contaminare.

cont'd (*abbr of* continued) continua.

contemplate ['kɒntempleɪt] ⬦ *vt* -1. [consider] prendere in considerazione -2. *lit* [look at] contemplare. ⬦ *vi* [meditate] meditare.

contemporary [kən'tempərərɪ] ⬦ *adj* contemporaneo(a). ⬦ *n* contemporaneo *m*, -a *f.*

contempt [kən'tempt] *n* -1. [scorn] disprezzo *m*; ~ **for sb/sthg** disprezzo per qn/qc -2. LAW: ~ **(of court)** oltraggio *m* alla corte.

contemptuous [kən'temptʃʊəs] *adj* sprezzante; ~ **of sthg** sprezzante verso OR nei confronti di qc.

contend [kən'tend] ⬦ *vi* -1. [deal]: **to ~ with sthg** lottare con qc -2. [compete]: **to ~ for sthg** contendere per qc; **to ~ against sb** lottare contro qn. ⬦ *vt fml* [claim]: **to ~ that** asserire che.

contender [kən'tendəʳ] *n* contendente *mf.*

content ⬦ *adj* [kən'tent] contento(a); ~ **with sthg** soddisfatto(a) di qc; **to be ~ to do sthg**: he is ~ **to play a minor role** non chiede di meglio che occupare un ruolo secondario. ⬦ *n* ['kɒntent] contenuto *m*. ⬦ *vt* [kən'tent]: **to ~ o.s. with sthg/with doing sthg** accontentarsi di qc/di fare qc. ◆ **contents** *npl* -1. [of container, document] contenuto *m* -2. [at front of book] indice *m.*

contented [kən'tentɪd] *adj* soddisfatto(a).

contention [kən'tenʃn] *n* -1. [argument, assertion] tesi *f* -2. [disagreement] disaccordo *m.*

contest ⬦ *n* ['kɒntest] -1. [competition] contesa *f*, gara *f* -2. [for power, control] contesa *f.* ⬦ *vt* [kən'test] -1. [compete for] contendere per; **to ~ a seat** candidarsi per un seggio -2. [dispute] contestare.

contestant [kən'testənt] *n* [race, quiz show] concorrente *mf*; [match, election] contendente *mf.*

context ['kɒntekst] *n* contesto *m.*

continent ['kɒntɪnənt] *n* GEOG continente *m.* ◆ **Continent** *n* UK: **the Continent** l'Europa continentale.

continental [ˌkɒntɪ'nentl] *adj* GEOG continentale.

continental breakfast *n* colazione *f* leggera.

continental quilt *n* UK piumino *m.*

contingency [kən'tɪndʒənsɪ] *n* eventualità *f inv.*

contingency plan *n* piano *m* d'emergenza.

continual [kən'tɪnjʊəl] *adj* continuo(a).

continually [kən'tɪnjʊəlɪ] *adv* continuamente.

continuation [kənˌtɪnjʊ'eɪʃn] *n* -1. [act of extending] prolungamento *m* -2. [sequel] continuazione *f.*

continue [kən'tɪnjuː] ⬦ *vt* continuare; **to ~ doing** OR **to do sthg** continuare a fare qc. ⬦ *vi* continuare; **to ~ with sthg** continuare qc.

continuous [kən'tɪnjʊəs] *adj* continuo(a).

continuously [kən'tɪnjʊəslɪ] *adv* continuamente.

contort [kən'tɔːt] *vt* contorcere.

contortion [kən'tɔːʃn] *n* contorsione *f.*

contour ['kɒnˌtʊəʳ] *n* -1. [outline] profilo *m* -2. [on map] curva di livello.

contraband ['kɒntrəbænd] ⬦ *adj* di contrabbando. ⬦ *n* contrabbando *m.*

contraception [ˌkɒntrə'sepʃn] *n* contraccezione *f.*

contraceptive [ˌkɒntrə'septɪv] ⬦ *adj* contraccettivo(a). ⬦ *n* contraccettivo *m.*

contract ⬦ *n* ['kɒntrækt] contratto *m.* ⬦ *vt* [kən'trækt] -1. [LAW & illness, size] contrarre -2.: **to ~ sb (to do sthg)** dare a qn l'appalto (per fare qc). ⬦ *vi* [decrease in size, length] contrarsi.

contraction [kən'trækʃn] *n* contrazione *f.*

contractor [kən'træktəʳ] *n* appaltatore *m*, -trice *f.*

contradict [ˌkɒntrə'dɪkt] *vt* contraddire.

contradiction [ˌkɒntrə'dɪkʃn] *n* contraddizione *f.*

contraflow ['kɒntrəfləʊ] *n* circolazione *f* a senso unico alternato.

contraption [kən'træpʃn] *n* marchingegno *m.*

contrary ['kɒntrərɪ, *adj sense 2* kən'treərɪ] ⬦ *adj* -1. [opposing] contrario(a); ~ **to sthg** contrario a qc -2. [stubborn] ostinato(a). ⬦ *n* contrario *m*; **on the ~** al contrario. ◆ **contrary to** *prep* contrariamente a.

contrast ⬦ *n* ['kɒntrɑːst] -1. [difference]: ~ **(between/with)** contrasto *m* (tra/con); **by** OR **in ~** al contrario; **in ~ with** OR **to sthg** in contrasto con qc -2. [something different]: **to be a ~ to sb/sthg** essere diametralmente opposto(a) a qn/qc. <> *vt* [kɒnˈtrɑːst]: **to ~ sthg with sthg** contrapporre qc con qc. <> *vi* [kɒnˈtrɑːst]: **to ~ (with sthg)** fare contrasto (con qc).

contravene [ˌkɒntrəˈviːn] *vt* violare.

contribute [kənˈtrɪbjuːt] <> *vt* [give] dare. <> *vi* **-1.** [give money]: **to ~ (to sthg)** contribuire (a qc) **-2.** [be part of cause]: **to ~ to sthg** contribuire a qc **-3.** [write material]: **to ~ to sthg** collaborare con qc.

contribution [ˌkɒntrɪˈbjuːʃn] *n* **-1.** [of money, help, service]: **~ (to sthg)** contributo (a qc) **-2.** [written article] articolo *m*.

contributor [kənˈtrɪbjʊtəʳ] *n* **-1.** [of money] donatore *m*, -trice *f* **-2.** [to magazine, newspaper] collaboratore *m*, -trice *f*.

contrive [kənˈtraɪv] *fml vt* **-1.** [plan] architettare; [meeting] organizzare **-2.** [manage]: **to ~ to do sthg** fare in modo di fare qc.

contrived [kənˈtraɪvd] *adj* artificioso(a).

control [kənˈtrəʊl] <> *n* **-1.** [gen] controllo *m*; **to be in ~ of sthg** avere qc sotto controllo; **to lose ~** [of emotions] perdere il controllo (di sé); **under ~** sotto controllo **-2.** COMPUT tasto *m* control. <> *vt* **-1.** [company, country] avere il controllo su; [crowds, rioters] tenere sotto controllo; [traffic] regolare **-2.** [machine, car] controllare; [heating] regolare **-3.** [disease, inflation] tenere sotto controllo **-4.** [emotions] controllare, dominare; **to ~ o.s.** controllarsi, dominarsi. ➝ **controls** *npl* [of machine, vehicle] comandi *mpl*.

control panel *n* plancia *f* di comando.

control tower *n* torre *f* di controllo.

controversial [ˌkɒntrəˈvɜːʃl] *adj* controverso(a).

controversy [ˈkɒntrəvɜːsɪ, UK kənˈtrɒvəsɪ] *n* controversia *f*.

convalesce [ˌkɒnvəˈles] *vi* rimettersi in salute.

convene [kənˈviːn] <> *vt* convocare. <> *vi* riunirsi.

convenience [kənˈviːnjəns] *n* [ease of use, benefit] comodità *f inv*; **do it at your ~** fallo quando ti è più comodo; **a telephone is provided for your ~** c'è un telefono a vostra disposizione; **please reply at your earliest ~** vi preghiamo di rispondere non appena possibile.

convenient [kənˈviːnjənt] *adj* **-1.** [date, place] comodo(a); **is Monday ~?** va bene lunedì? **-2.** [size, position] comodo(a), pratico(a); **~ for sthg** [well-situated] a poca distanza da qc.

convent [ˈkɒnvənt] *n* convento *m*.

convention [kənˈvenʃn] *n* **-1.** [practice, agreement] convenzione *f* **-2.** [assembly] congresso *m*.

conventional [kənˈvenʃənl] *adj* **-1.** [methods, education] tradizionale; [weapons] convenzionale **-2.** *pej* [dull, boring] convenzionale.

converge [kənˈvɜːdʒ] *vi* **-1.** [come together]: **to ~ (on sb/sthg)** convergere (su qn/qc) **-2.** [become similar] convergere.

convergence [kənˈvɜːdʒəns] *n* [in EU] convergenza *f*; **~ criteria** criteri *mpl* di convergenza.

conversant [kənˈvɜːsənt] *adj fml*: **~ with sthg** pratico(a) di qc.

conversation [ˌkɒnvəˈseɪʃn] *n* conversazione *f*.

converse <> *n* [ˈkɒnvɜːs] [opposite]: **the ~** il contrario. <> *vi* [kənˈvɜːs] *fml* [talk]: **to ~ (with sb)** conversare (con qn).

conversely [kənˈvɜːslɪ] *adv fml* per contro.

conversion [kənˈvɜːʃn] *n* **-1.** [gen] conversione *f* **-2.** [building] edificio *m* ristrutturato; **loft ~** loft *m* ristrutturato **-3.** [in rugby] trasformazione *f*.

convert <> *vt* [kənˈvɜːt] **-1.** [change]: **to ~ sthg (in)to sthg** convertire qc in qc **-2.** RELIG & *fig*: **to ~ sb (to sthg)** convertire qn (a qc) **-3.** [building, room, ship]: **to ~ sthg (in)to sthg** ristrutturare qc in qc. <> *vi* [kənˈvɜːt] [change]: **to ~ from sthg to sthg** passare da qc a qc. <> *n* [ˈkɒnvɜːt] convertito *m*, -a *f*.

convertible [kənˈvɜːtəbl] *n* [car] cabriolet *f inv*.

convex [kɒnˈveks] *adj* convesso(a).

convey [kənˈveɪ] *vt* **-1.** *fml* [people, cargo] trasportare **-2.** [feelings, ideas] comunicare; **to ~ sthg to sb** comunicare qc a qn.

conveyer belt, conveyor belt [kənˈveɪəʳ-] *n* nastro *m* trasportatore.

convict <> *n* [ˈkɒnvɪkt] detenuto *m*, -a *f*. <> *vt* [kənˈvɪkt]: **to ~ sb of sthg** riconoscere qn colpevole di qc.

conviction [kənˈvɪkʃn] *n* **-1.** [belief] convinzione *f* **-2.** [LAW & of criminal] condanna *f*.

convince [kənˈvɪns] *vt* [persuade] convincere; **to ~ sb of sthg** convincere qn di qc; **to ~ sb to do sthg** convincere qn a fare qc.

convincing [kənˈvɪnsɪŋ] *adj* **-1.** [argument, speech] convincente; [person] persuasivo(a) **-2.** [resounding] netto(a).

convoluted [ˈkɒnvəluːtɪd] *adj* contorto(a).

convoy ['kɒnvɔɪ] *n* convoglio *m*.

convulse [kən'vʌls] *vt*: **to be** ~**d with laughter/pain** contorcersi dalle risa/per il dolore.

convulsion [kən'vʌlʃn] *n* MED convulsione *f*.

cook [kʊk] ◇ *n* cuoco *m*, -a *f*. ◇ *vt* **-1.** [food, meal] cucinare; **to** ~ **dinner** preparare la cena **-2.** *inf* [books, accounts] ritoccare. ◇ *vi* **-1.** [person] cucinare **-2.** [food] cuocere.

cookbook ['kʊk,bʊk] *n* = **cookery book.**

cooker ['kʊkə^r] *n esp UK* [stove] cucina *f*.

cookery ['kʊkəri] *n* cucina *f*.

cookery book *n* libro *m* di cucina.

cookie ['kʊkɪ] *n* **-1.** *US* [biscuit] biscotto *m* **-2.** COMPUT cookie *m inv.*

cooking ['kʊkɪŋ] *n* **-1.** [activity]: **do you like** ~**?** ti piace cucinare? **-2.** [food] cucina *f*.

cool [kuːl] ◇ *adj* **-1.** [not warm] fresco(a) **-2.** [calm] calmo(a) **-3.** [unfriendly] freddo(a) **-4.** *inf* [excellent] fantastico(a) **-5.** *inf* [trendy] fico(a) ◇ *vt* raffreddare, ◇ *vi* [become less warm] raffreddarsi. ◇ *n inf* [calm]: **to keep one's** ~ mantenere la calma; **to lose one's** ~ perdere la testa. ◆ **cool down** *vi* [person, weather] rinfrescarsi; [food] raffreddarsi.

cool bag *n* borsa *f* termica.

cool box *UK*, **cooler** ['kuːlə^r] *US n* borsa *f* termica.

coop [kuːp] *n* stia *f*. ◆ **coop up** *vt sep inf* rinchiudere.

co-op ['kəʊ,ɒp] *(abbr of* **cooperative***) n inf* cooperativa *f*.

cooperate [kəʊ'ɒpəreɪt] *vi*: **to** ~ **(with sb/sthg)** cooperare (con qn/qc), collaborare (con qn/qc).

cooperation [kəʊ,ɒpə'reɪʃn] *n* **-1.** [collaboration] cooperazione *f*, collaborazione *f* **-2.** [assistance] collaborazione *f*.

cooperative [kəʊ'ɒpərətɪv] ◇ *adj* cooperativo(a). ◇ *n* cooperativa *f*.

coordinate ◇ *n* [kəʊ'ɔːdɪnət] [on map, graph] coordinata *f*. ◇ *vt* [kəʊ'ɔːdɪneɪt] coordinare. ◆ **coordinates** *npl* [clothes] coordinati *mpl*.

coordination [kəʊ,ɔːdɪ'neɪʃn] *n* coordinazione *f*.

cop [kɒp] *n inf* sbirro *m*, -a *f*.

cope [kəʊp] *vi* farcela; **to** ~ **with sthg** farcela con qc.

Copenhagen [,kəʊpən'heɪgən] *n* Copenhagen *f*.

copier ['kɒpɪə^r] *n* [photocopier] fotocopiatrice *f*.

cop-out *n inf* fuga *f* dalle responsabilità.

copper ['kɒpə^r] *n* **-1.** [metal] rame *m* **-2.** *UK inf* [police officer] sbirro *m*, -a *f*.

coppice ['kɒpɪs], **copse** [kɒps] *n* bosco *m* ceduo.

copy ['kɒpɪ] ◇ *n* copia *f*. ◇ *vt & vi* copiare.

copyright ['kɒpɪraɪt] *n* copyright *m inv*, diritti *mpl* d'autore.

coral ['kɒrəl] *n* corallo *m*.

cord [kɔːd] *n* **-1.** [string] corda *f*; [for clothes] cordoncino *m* **-2.** [wire] filo *m* **-3.** [fabric] velluto *m* a coste. ◆ **cords** *npl inf* pantaloni *mpl* di velluto a coste.

cordial ['kɔːdjəl] ◇ *adj* cordiale. ◇ *n UK* bevanda *f* a base di succo di frutta.

cordon ['kɔːdn] *n* [barrier] cordone *m*. ◆ **cordon off** *vt sep* fare cordone intorno a.

corduroy ['kɔːdərɔɪ] *n* velluto *m* a coste.

core [kɔː^r] *vt* privare del torsolo.

Corfu [kɔː'fuː] *n* Corfù *f*.

coriander [,kɒrɪ'ændə^r] *n* coriandolo *m*.

cork [kɔːk] *n* **-1.** [material] sughero *m* **-2.** [stopper] tappo *m* (di sughero).

corkscrew ['kɔːkskruː] *n* cavatappi *m inv.*

corn [kɔːn] *n* **-1.** *UK* [wheat, barley, oats] cereale *m* **-2.** *esp US* [maize] granturco *m* **-3.** [callus] callo *m*.

corned beef [kɔːnd-] *n* carne *f* in scatola.

corner ['kɔːnə^r] ◇ *n* **-1.** [gen] angolo *m*; **to cut** ~**s** fare le cose alla buona *(per guadagnare tempo)*; **from all** ~**s of the earth** da ogni parte del mondo **-2.** FTBL calcio *m* d'angolo. ◇ *vt* **-1.** [trap – animal] intrappolare; [– person] bloccare **-2.** [monopolize] monopolizzare, accaparrare.

corner shop *n* piccolo negozio di alimentari e prodotti per la casa.

cornerstone ['kɔːnəstəʊn] *n fig* pietra *f* angolare.

cornet ['kɔːnɪt] *n* **-1.** [instrument] cornetta *f* **-2.** *UK* [ice-cream cone] cono *m (per il gelato).*

cornflakes ['kɔːnfleɪks] *npl* cornflakes *mpl*, fiocchi *mpl* di granturco.

cornflour ['kɔːnflaʊə^r] *UK*, **cornstarch** *US* ['kɔːnstɑːtʃ] *n* maizena® *f*, fecola *f* di mais.

corn on the cob *n* pannocchia *f*.

Cornwall ['kɔːnwɔːl] *n* Cornovaglia *f*.

corny ['kɔːnɪ] *adj inf* poco originale.

coronary ['kɒrənrɪ] *n* infarto *m* cardiaco.

coronary thrombosis (*pl* **coronary thromboses**) *n* trombosi *f inv* coronaria.

coronation [ˌkɒrəˈneɪʃn] *n* incoronazione *f*.

coroner [ˈkɒrənə^r] *n* ufficiale incaricato delle indagini in casi di morte non naturale.

corporal [ˈkɔːpərəl] *n* caporale *m*.

corporal punishment *n* punizione *f* corporale.

corporate [ˈkɔːpərət] *adj* -1. [business] corporativo(a) -2. [collective] collettivo(a).

corporation [ˌkɔːpəˈreɪʃn] *n* -1. UK [council] amministrazione *f* comunale -2. [large company] gruppo *m* industriale.

corps [kɔː^r] (*pl* **corps**) *n* corpo *m*.

corpse [kɔːps] *n* cadavere *m*.

correct [kəˈrekt] <> *adj* -1. [answer, time, amount] giusto(a), esatto(a); **you're ~** hai ragione -2. [behaviour, strategy] corretto(a); [dress] adatto(a). <> *vt* [rectify – mistake, proofs, homework, eyesight] correggere; [– imbalance, injustice] rimediare a.

correction [kəˈrekʃn] *n* correzione *f*.

correlation [ˌkɒrəˈleɪʃn] *n*: **~ (between)** correlazione *f* (tra).

correspond [ˌkɒrɪˈspɒnd] *vi* -1. [be equivalent]: **to ~ (with OR to sthg)** corrispondere (a qc) -2. [tally]: **to ~ (with OR to sthg)** corrispondere (con qc) -3. [write letters]: **to ~ (with sb)** essere in corrispondenza (con qn).

correspondence [ˌkɒrɪˈspɒndəns] *n* -1. [letters] corrispondenza *f* -2. [letter-writing]: **~ with/between sb** rapporto *m* epistolare con/tra qn -3. [relationship, similarity]: **~ with sthg** corrispondenza *f* con qc.

correspondence course *n* corso *m* per corrispondenza.

correspondent [ˌkɒrɪˈspɒndənt] *n* [reporter] corrispondente *mf*.

corridor [ˈkɒrɪdɔː^r] *n* corridoio *m*.

corroborate [kəˈrɒbəreɪt] *vt* confermare.

corrode [kəˈrəʊd] <> *vt* corrodere. <> *vi* corrodersi.

corrosion [kəˈrəʊʒn] *n* corrosione *f*.

corrupt [kəˈrʌpt] <> *adj* -1. [gen & COMPUT] corrotto(a) -2. [depraved] degenere. <> *vt* [gen & COMPUT] corrompere.

corruption [kəˈrʌpʃn] *n* corruzione *f*.

corset [ˈkɔːsɪt] *n* corsetto *m*.

Corsica [ˈkɔːsɪkə] *n* Corsica *f*.

cosh [kɒʃ] <> *n* randello *m*. <> *vt* randellare.

cosmetic [kɒzˈmetɪk] <> *n* cosmetico *m*. <> *adj fig* [superficial] superficiale.

cosmopolitan [ˌkɒzməˈpɒlɪtn] *adj* [city, person, place] cosmopolita.

cosset [ˈkɒsɪt] *vt* coccolare.

cost [kɒst] <> *n lit & fig* costo *m*; **at all ~s** a tutti i costi. <> *vt* -1. [gen] costare; **how much does it ~?** quanto costa?; **it ~ him £10** gli è costato 10 sterline; **it ~ us a lot of effort** c'è costato molti sforzi -2. [COMM & estimate] calcolare il costo di. ◆ **costs** *npl* LAW spese *fpl* legali.

co-star *n* coprotagonista *mf*.

cost-effective *adj* redditizio(a).

costing [ˈkɒstɪŋ] *n* stima *f* dei costi.

costly [ˈkɒstlɪ] *adj* costoso(a), caro(a).

cost of living *n*: **the ~** il costo della vita.

cost price *n* prezzo *m* di costo.

costume [ˈkɒstjuːm] *n* -1. [gen] costume *m* -2. [swimming costume] costume *m* (da bagno).

costume jewellery *n* bigiotteria *f*.

cosy UK, **cozy** US [ˈkəʊzɪ] *adj* [house, room, flat] accogliente; **to be ~** [person] stare al calduccio.

cot [kɒt] *n* -1. UK [for child] culla *f* -2. US [folding bed] branda *f*.

cottage [ˈkɒtɪdʒ] *n* casetta *f* di campagna.

cottage cheese *n* fiocchi *mpl* di formaggio.

cottage pie *n* UK sformato di carne macinata ricoperta di purè di patate.

cotton [ˈkɒtn] <> *n* -1. [fabric, plant] cotone *m* -2. [thread] filo *m*. <> *comp* [fabric, dress, shirt] di cotone; [industry] del cotone; **~ mill** cotonificio *m*. ◆ **cotton on** *vi inf*: **to ~ on (to sthg)** afferrare (qc).

cotton candy *n* US = candyfloss.

cotton wool *n* UK cotone *m* idrofilo.

couch [kaʊtʃ] *n* -1. [sofa] divano *m* -2. [in doctor's surgery] lettino *m*.

cough [kɒf] <> *n* -1. [noise] colpo *m* di tosse -2. [illness] tosse *f*. <> *vi* tossire.

cough mixture *n* UK sciroppo *m* per la tosse.

cough sweet *n* UK caramella *f* per la tosse.

cough syrup *n* = cough mixture.

could [kʊd] *pt* ⊳ **can²**.

couldn't [ˈkʊdnt] *cont* = could not.

could've [ˈkʊdəv] *cont* = could have.

council [ˈkaʊnsl] *n* -1. [local authority] amministrazione *f* comunale -2. [group, organization] ente *m* -3. [meeting] consiglio *m*.

council estate *n UK* complesso *m* di case popolari.

council house *n UK* casa *f* popolare.

councillor *n* consigliere *m*, -a *f*.

council tax *n UK* tasse *fpl* comunali.

counsel ['kaʊnsəl] *n* **-1.** *fml* [advice] consiglio *m* **-2.** [lawyer] avvocato *m*, -essa *f*; ~ **for the defence** difensore *m*, la difesa; ~ **for the prosecution** pubblico *m* ministero, la pubblica accusa.

counsellor *UK*, **counselor** *US* ['kaʊnsələʳ] *n* **-1.** [for student, couple] consulente *mf*; [for alcoholic, drug addict] terapeuta *mf* **-2.** *US* [lawyer] avvocato *m*, -essa *f*.

count [kaʊnt] ⬦ *n* **-1.** [total] conto *m*; to **keep/lose** ~ **of sthg** tenere/perdere il conto di qc **-2.** [aristocrat] conte *m*. ⬦ *vt* **-1.** [add up] contare **-2.** [consider, include]: to ~ **sb/sthg as sthg** considerare qn/qc qc. ⬦ *vi*: to ~ **(up)** to contare fino a; to ~ **as sthg** valere come qc. ◆ **count against** *vt insep* essere a sfavore di. ◆ **count on** *vt insep* **-1.** [rely on] contare su **-2.** [expect] aspettarsi. ◆ **count up** *vt insep* sommare. ◆ **count upon** *vt insep* = count on.

countdown ['kaʊntdaʊn] *n* conto *m* alla rovescia.

counter ['kaʊntəʳ] ⬦ *n* **-1.** [in shop] banco *m* **-2.** [in board game] gettone *m* **-3.** *US* [in kitchen] piano *m* di lavoro. ⬦ *vt*: to ~ **sthg with sthg** [respond to] controbattere a qc con qc. ⬦ *vi*: to ~ **with sthg/by doing sthg** rispondere con qc/facendo qc. ◆ **counter to** *adv* contrariamente a; to **run** ~ **to sthg** andare contro a qc.

counteract [ˌkaʊntə'rækt] *vt* neutralizzare.

counterattack [ˌkaʊntərə'tæk] *vt & vi* contrattaccare.

counterclockwise [ˌkaʊntə'klɒkwaɪz] *US* ⬦ *adj* antiorario(a). ⬦ *adv* in senso antiorario.

counterfeit ['kaʊntəfɪt] ⬦ *adj* falsificato(a). ⬦ *vt* falsificare.

counterfoil ['kaʊntəfɔɪl] *n* matrice *f*.

counterpart ['kaʊntəpaːt] *n* omologo *m*, -a *f*.

counterproductive [ˌkaʊntəprə'dʌktɪv] *adj* controproducente.

countess ['kaʊntɪs] *n* contessa *f*.

countless ['kaʊntlɪs] *adj* innumerevole.

country ['kʌntrɪ] *n* **-1.** [nation] paese *m* **-2.** [countryside]: **the** ~ la campagna; **we're going to the** ~ andiamo in campagna **-3.** [area of land, region] terreno *m*.

country house *n* casa *f* di campagna.

countryman ['kʌntrɪmən] *(pl* **-men)** *n* [from same country] compaesano *m*.

countryside ['kʌntrɪsaɪd] *n* campagna *f*.

county ['kaʊntɪ] *n* contea *f*.

county council *n UK* amministrazione locale di una contea.

coup [kuː] *n* **-1.** [rebellion]: ~ **(d'état)** colpo *m* di stato **-2.** [masterstroke] bel colpo *m*.

couple ['kʌpl] ⬦ *n* **-1.** [in relationship] coppia *f* **-2.** [small number]: **a** ~ **due; a** ~ **of** un paio di. ⬦ *vt* [join]: to ~ **sthg (to sthg)** attaccare qc (a qc).

coupon ['kuːpɒn] *n* **-1.** [voucher] buono *m* **-2.** [form] tagliando *m*.

courage ['kʌrɪdʒ] *n* coraggio *m*; to **take** ~ **(from sthg)** farsi forza (prendendo spunto da qc).

courgette [kɔː'ʒet] *n UK* zucchino *m*.

courier ['kʊrɪəʳ] *n* **-1.** [on holiday tour] accompagnatore *m*, -trice *f* **-2.** [to deliver letters, packages] corriere *m*.

course [kɔːs] *n* **-1.** [gen] corso *m* **-2.** [of lectures] serie *f* **-3.** MED cura *f* **-4.** [path, route] rotta *f*; to **be on** ~ [ship, plane] seguire la rotta; **off** ~ fuori rotta **-5.** [plan]: ~ **(of action)** linea *f* (d'azione) **-6.** [of time]: in **due** ~ a tempo debito; **in the** ~ **of** nel corso di **-7.** [in meal] portata *f* **-8.** SPORT campo *m*. ◆ **of course** *adv* **-1.** [inevitably, not surprisingly] naturalmente **-2.** [certainly] certo; **of** ~ **not** chiaro che no.

coursebook ['kɔːsbʊk] *n* libro *m* di testo.

coursework ['kɔːswɜːk] *n* esercitazioni *fpl*.

court [kɔːt] ⬦ *n* **-1.** [place of trial] tribunale *m*; to **take sb to** ~ citare qn in giudizio **-2.** [judge, jury etc]: **the** ~ la corte **-3.** SPORT campo *m* **-4.** [courtyard] cortile *m* **-5.** [of king, queen etc] corte *f*. ⬦ *vi dated* [go out together] stare insieme; ~ **ing couples** coppie *fpl* di innamorati.

courteous ['kɜːtjəs] *adj* cortese.

courtesy ['kɜːtɪsɪ] *n* [polite behaviour] cortesia *f*. ◆ **(by) courtesy of** *prep* [thanks to] per gentile concessione di.

courthouse ['kɔːthaʊs] *n US* tribunale *m*.

court-martial *(pl* **court-martials** OR **courts-martial)** *n* corte *f* marziale.

courtroom ['kɔːtrʊm] *n* aula *f* (del tribunale).

courtyard ['kɔːtjaːd] *n* cortile *m*.

cousin ['kʌzn] *n* cugino *m*, -a *f*.

cove [kəʊv] *n* [bay] insenatura *f*.

covenant ['kʌvənənt] *n* [promise of money] impegno *m* legale a pagare.

cover ['kʌvəʳ] ◇ n -1. [of seat, cushion, typewriter] fodera f; [of machine] telone m -2. [of pan] coperchio m -3. [of book, magazine] copertina f -4. [blanket] coperta f -5. [protection, insurance] copertura f -6. [disguise, front]: **to be a ~ for sthg** essere una copertura per qc -7. [shelter] riparo m; **to take ~** [from weather] cercare riparo; [from gunfire] mettersi al riparo; **under ~** [from weather] al riparo; **under ~ of darkness** col favore delle tenebre. ◇ vt -1. [gen] coprire; **to ~ one's face** coprirsi; **to ~ sthg with sthg** coprire qc con qc; **we ~ ed 20 miles a day** abbiamo percorso 20 miglia al giorno; **£50 should ~ expenses** 50 sterline dovrebbero coprire le spese -2. [cushion, chair] rivestire -3. [include, apply to] includere -4. [insure]: **to ~ sb against sthg** assicurare qn contro qc -5. [report on] fare un reportage su -6. [deal with] riguardare. ◆ **cover up** vt sep fig [in order to conceal] mascherare.

coverage ['kʌvərɪdʒ] n [of news] servizio m.

cover charge n (prezzo m del) coperto m.

covering ['kʌvərɪŋ] n [of floor] rivestimento m; [of snow, dust] strato m.

covering letter UK, **cover letter** US n lettera f di accompagnamento.

cover note n UK polizza f provvisoria.

covert ['kʌvət] adj [operation] segreto(a); [look] furtivo(a).

cover-up n occultamento m.

covet ['kʌvɪt] vt fml agognare.

cow [kaʊ] ◇ n -1. [female type of cattle] mucca f, vacca f -2. [female elephant, whale, seal] femmina f. ◇ vt intimidire.

coward ['kaʊəd] n vigliacco m, -a f.

cowardly ['kaʊədlɪ] adj vigliacco(a).

cowboy ['kaʊbɔɪ] n [cattlehand] cowboy m inv.

cower ['kaʊəʳ] vi acquattarsi(per paura).

cox [kɒks], **coxswain** ['kɒksən] n timoniere m, -a f.

coy [kɔɪ] adj finto(a) timido(a).

cozy adj & n US = cosy.

crab [kræb] n granchio m.

crack [kræk] ◇ n -1. [fault – in cup, glass, mirror] incrinatura f; [– in wall, ceiling, ground] crepa f; [– in varnish, enamel] scheggiatura f; [in skin] spaccatura f -2. [small opening, gap] fessura f -3. [sharp noise] schiocco m -4. inf [attempt]: **to have a ~ at sthg** tentare (di fare) qc -5. drug sl [cocaine] crac m. ◇ adj eccellente. ◇ vt

-1. [damage – glass, wall, ground] incrinare; [– varnish, enamel] scheggiare; [– skin] spaccare -2. [cause to make sharp noise] schioccare -3. [bang, hit] sbattere -4. [solve] trovare la chiave di -5. inf [make]: **to ~ a joke** raccontare una barzelletta. ◇ vi -1. [split – cup, glass, mirror] spaccarsi, incrinarsi; [– wall, ceiling, ground] spaccarsi, creparsi; [– varnish, enamel] scheggiarsi; [– skin] spaccarsi -2. [give way, collapse] crollare. ◆ **crack down** vi: **to ~ down (on sb/sthg)** prendere severe misure (contro qn/qc). ◆ **crack up** vi crollare.

cracker ['krækəʳ] n -1. [biscuit] cracker m inv -2. UK [for Christmas] mortaretto m con sorpresa.

crackers ['krækəz] adj UK inf [mad] toccato(a).

crackle ['krækl] vi [fire] crepitare; [microphone, radio] gracchiare; [food cooking] sfrigolare.

cradle ['kreɪdl] ◇ n culla f. ◇ vt tenere (tra le braccia).

craft [krɑːft] n -1. [trade, skill] mestiere m -2. [boat] imbarcazione f.

craftsman ['krɑːftsmən] (pl -men) n artigiano m.

craftsmanship ['krɑːftsmənʃɪp] n maestria f.

crafty ['krɑːftɪ] adj astuto(a).

crag [kræg] n rupe f.

cram [kræm] ◇ vt [stuff] stipare; **to ~ sthg into sthg** stipare qc in qc; **to ~ sthg with sthg** stipare qc di qc; **to be crammed (with sthg)** essere pieno(a) zeppo(a) (di qc). ◇ vi [study hard] sgobbare.

cramp [kræmp] ◇ n crampo m. ◇ vt [restrict, hinder] ostacolare.

cranberry ['krænbərɪ] n mirtillo m rosso.

crane [kreɪn] n [machine, bird] gru f inv.

crank [kræŋk] ◇ n -1. TECH manovella f -2. inf [eccentric] fissato m, -a f. ◇ vt [handle] girare; [engine] mettere in moto a manovella.

crankshaft ['kræŋkʃɑːft] n albero m a gomito.

cranny ['krænɪ] n ▷**nook**.

crap [kræp] n vulg -1. [excrement] merda f -2. [rubbish] cagata f; **it's a load of ~** sono stronzate.

crash [kræʃ] ◇ n -1. [accident] incidente m -2. [loud noise] fracasso m. ◇ vt [plane] fare precipitare; **to ~ one's car** avere un incidente con la macchina. ◇ vi -1. [collide] scontrarsi; **to ~ into sthg** schiantarsi contro qc **-2**. [FIN & collapse] crollare **-3**. COMPUT piantarsi.

crash course *n* corso *m* intensivo.

crash helmet *n* casco *m* (da motociclista o pilota).

crash-land *vi* fare un atterraggio di fortuna.

crass [kræs] *adj* grossolano(a).

crate [kreɪt] *n* cassa *f*, cassetta *f*.

crater ['kreɪtə'] *n* cratere *m*.

cravat [krə'væt] *n* fazzoletto *m* da collo.

crave [kreɪv] <> *vt* [affection] desiderare ardentemente; [chocolate] avere una gran voglia di. <> *vi*: **to ~ for sthg** [affection] desiderare ardentemente; [chocolate] avere una gran voglia di.

crawl [krɔːl] <> *vi* **-1**. [on hands and knees] andare carponi **-2**. [move slowly] avanzare lentamente **-3**. *inf* [be covered]: **to be ~ing with sthg** pullulare di qc. <> *n* [swimming stroke]: **the ~** lo stile libero.

crayfish ['kreɪfɪʃ] (*pl* **-es**) *n* gambero *m* (d'acqua dolce).

crayon ['kreɪɒn] *n* pastello *m*.

craze [kreɪz] *n* [fashion] mania *f*.

crazy ['kreɪzi] *adj inf* **-1**. [mad] pazzo(a); **to drive sb ~** far impazzire qn; **to go ~** impazzire **-2**. [enthusiastic]: **to be ~ about sb/sthg** andare matto(a) per qn/qc.

creak [kriːk] *vi* cigolare.

cream [kriːm] <> *adj* [in colour] color panna *inv*, color crema *inv*. <> *n* **-1**. [gen] crema *f*; **chocolate ~s** cioccolatini *mpl* ripieni **-2**. [dairy product] panna *f*.

cream cake *n* UK torta o pasta alla panna.

cream cheese *n* formaggio *m* fresco cremoso.

cream cracker *n* UK biscotto *m* salato (da mangiare col formaggio).

cream tea *n* UK merenda a base di tè e pasticcini serviti con panna e marmellata.

crease [kriːs] <> *n* [in fabric - deliberate] piega *f*; [- accidental] grinza *f*. <> *vt* [deliberately] fare la piega in; [accidentally] sgualcire. <> *vi* [fabric] raggrinzire.

create [kriː'eɪt] *vt* creare.

creation [kriː'eɪʃn] *n* creazione *f*.

creative [kriː'eɪtɪv] *adj* creativo(a).

creature ['kriːtʃə'] *n* [animal] organismo *m*.

crèche [kreʃ] *n* UK asilo *m* nido (spesso sul posto di lavoro dei genitori).

credence ['kriːdns] *n*: **to give ~ to sthg** prestar fede a qc; **to lend ~ to sthg** dare credito a qc.

credentials [krɪ'denʃlz] *npl* credenziali *fpl*.

credibility [ˌkredə'bɪlətɪ] *n* credibilità *f*.

credit ['kredɪt] <> *n* **-1**. [financial aid] credito *m*; **to be in ~** essere in attivo; **to be £250 in ~** essere in attivo di 250 sterline; **on ~** a credito **-2**. [praise] merito *m*; **to give sb ~ for sthg** riconoscere a qn il merito di qc **-3**. SCH & UNIV punteggio per parte di un corso scolastico o universitario completato **-4**. FIN accredito *m*. <> *vt* **-1**. FIN accreditare **-2**. *inf* [believe] credere a **-3**. [attribute]: **to ~ sb with sthg** riconoscere qc a qn. **◆ credits** *npl* CIN [at beginning] titoli *mpl* di testa; [at end] titoli *mpl* di coda.

credit card *n* carta *f* di credito.

credit note *n* UK COMM nota *f* di accredito.

creditor ['kredɪtə'] *n* creditore *m*, -trice *f*.

creed [kriːd] *n* credo *m*.

creek [kriːk] *n* **-1**. [inlet] insenatura *f* **-2**. US [stream] ruscello *m*.

creep [kriːp] (*pt & pp* crept [krept]) <> *vi* **-1**. [move slowly] avanzare lentamente **-2**. [move stealthily] avanzare furtivamente. <> *n* *inf* [person] essere *m* viscido. **◆ creeps** *npl*: **to give sb the ~s** *inf* far venire la pelle d'oca a qn.

creeper ['kriːpə'] *n* [plant] rampicante *m*.

creeping ['kriːpɪŋ] *adj* strisciante.

creepy ['kriːpɪ] *adj inf* [story, place] raccapricciante; [person] viscido(a).

creepy-crawly [ˌkriːpɪ'krɔːlɪ] (*pl* creepy-crawlies) *n* *inf* insetto *m* (raccapricciante).

cremate [krɪ'meɪt] *vt* cremare.

cremation [krɪ'meɪʃn] *n* cremazione *f*.

crematorium [ˌkremə'tɔːrɪəm] UK (*pl* -riums OR -ria), **crematory** ['kremətrɪ] US *n* crematorio *m*.

crepe [kreɪp] *n* **-1**. [cloth] crespo *m* **-2**. [rubber] para *f* **-3**. [thin pancake] crêpe *f* inv.

crepe bandage *n* UK fascia *f* elastica.

crepe paper *n* carta *f* crespa.

crept [krept] *pt & pp* ▷ **creep**.

crescent ['kresnt] *n* **-1**. [shape] mezzaluna *f* **-2**. [street] strada *f* a semicerchio.

cress [kres] *n* crescione *m*.

crest [krest] *n* **-1**. [of bird, hill, wave] cresta *f* **-2**. [on coat of arms] cimiero *m*.

crestfallen ['krestˌfɔːln] *adj* avvilito(a).

Crete [kriːt] *n* Creta *f*.

cretin ['kretɪn] *n* *inf offens* [idiot] cretino *m*, -a *f*.

crevice ['krevɪs] *n* fessura *f*.

crew [kruː] *n* **-1**. [of ship, plane, ambulance]

equipaggio *m* -2. CIN & TV troupe *f inv* -3. *inf* [gang] ghenga *f*.

crew cut *n* taglio *m* a spazzola.

crew-neck *n* [sweater] girocollo *m inv.*

crew-neck(ed) *adj* a girocollo.

crib [krɪb] ◇ *n* -1. [cradle] culla *f* -2. *US* [cot] lettino *m.* ◇ *vt inf* [copy]: **to ~ sthg off** OR **from sb** scopiazzare qc a OR da qn.

crick [krɪk] *n* [in neck] torcicollo *m*.

cricket ['krɪkɪt] *n* -1. [game] cricket *m* -2. [insect] grillo *m*.

crime [kraɪm] *n* -1. [criminal behaviour] criminalità *f* -2. [illegal act] reato *m*, crimine *m* -3. *fig* [shameful act] crimine *m*.

criminal ['krɪmɪnl] ◇ *adj* -1. [crime, offence, behaviour] criminale; [law] penale; **~ lawyer** penalista *mf* -2. *inf* [shameful] vergognoso(a). ◇ *n* criminale *mf*.

crimson ['krɪmzn] ◇ *adj* -1. [in colour] cremisi *inv* -2. [with embarrassment] paonazzo(a). ◇ *n* cremisi *m inv.*

cringe [krɪndʒ] *vi* -1. [out of fear] rannicchiarsi -2. *inf* [with embarrassment]: **to ~ (at sthg)** farsi piccolo(a) (davanti a qc).

crinkle ['krɪŋkl] *vt* [clothes] spiegazzare; [nose] arricciare.

cripple ['krɪpl] ◇ *n offens* zoppo *m*, -a *f.* ◇ *vt* -1. MED menomare -2. [put out of action] mettere fuori uso -3. *fig* [bring to a halt] paralizzare.

crisis ['kraɪsɪs] (*pl* **crises**) *n* crisi *f inv.*

crisp [krɪsp] *adj* -1. [pastry, bacon, apple] croccante; [banknote] frusciante; [snow] friabile -2. [weather, day] tonificante -3. [manner, tone] brusco(a). ◆ **crisps** *npl* UK patatine *fpl* (confezionate).

crisscross ['krɪskrɒs] ◇ *adj* [pattern] a linee incrociate. ◇ *vt* [subj: roads] tagliare in tutte le direzioni.

criterion [kraɪ'tɪərɪən] (*pl* **-rions** OR **-ria**) *n* criterio *m*.

critic ['krɪtɪk] *n* critico *m*, -a *f.*

critical ['krɪtɪkl] *adj* critico(a); **to be ~ of sb/sthg** criticare qn/qc.

critically ['krɪtɪklɪ] *adv* -1. [ill] gravemente -2. [important]: **~ important** di importanza capitale -3. [study, assess, speak, write] in modo critico.

criticism ['krɪtɪsɪzm] *n* -1. [analysis, unfavourable comment] critica *f* -2. [negative judgment] critiche *fpl*.

criticize, -ise ['krɪtɪsaɪz] *vt & vi* criticare.

croak [krəʊk] *vi* -1. [raven] gracchiare; [frog] gracidare -2. [person] parlare con voce rauca.

Croat ['krəʊæt] ◇ *adj* croato(a). ◇ *n* -1. [person] croato *m*, -a *f* -2. [language] croato *m*.

Croatia [krəʊ'eɪʃə] *n* Croazia *f.*

Croatian [krəʊ'eɪʃn] *adj & n* = **Croat**.

crochet ['krəʊʃeɪ] *n* (lavoro *m* all')uncinetto *m*.

crockery ['krɒkərɪ] *n* stoviglie *fpl*.

crocodile ['krɒkədaɪl] (*pl* **-s**) *n* [animal] coccodrillo *m*.

crocus ['krəʊkəs] (*pl* **-cuses**) *n* croco *m*.

crony ['krəʊnɪ] *n inf* amico *m*, -a intimo(a).

crook [krʊk] *n* -1. [criminal] delinquente *mf* -2. [angle] angolo *m* -3. [shepherd's staff] bastone *m*.

crooked ['krʊkɪd] *adj* -1. [not straight – path, teeth] storto(a); [– smile] sbilenco(a) -2. *inf* [dishonest] disonesto(a).

crop [krɒp] *n* -1. [kind of plant] coltura *f* -2. [harvested produce] raccolto *m* -3. [whip] frustino *m* -4. [of bird] gozzo *m* -5. [haircut] taglio *m* cortissimo. ◆ **crop up** *vi* saltar fuori.

croquette [krɒ'ket] *n* crocchetta *f.*

cross [krɒs] ◇ *adj* [angry] arrabbiato(a). ◇ *n* -1. [X-shape] croce *f* -2. RELIG crocifisso *m*, croce *f* -3. [hybrid]: **~ (between)** incrocio *m* (tra). ◇ *vt* -1. [gen] incrociare -2. [move across] attraversare -3. *UK* [cheque] barrare. ◇ *vi* [intersect] incrociarsi. ◆ **cross off** *vt sep* depennare. ◆ **cross out** *vt sep* cancellare.

crossbar ['krɒsbɑːʳ] *n* -1. [of goal] traversa *m* -2. [of bicycle] canna *f.*

cross-Channel *adj* attraverso la Manica.

cross-country ◇ *adj* [run] campestre; [route] attraverso la campagna; **~ skiing** sci *m* di fondo. ◇ *n* corsa *f* campestre.

cross-examine *vt* -1. LAW fare il controinterrogatorio a -2. *fig* [question closely] fare il terzo grado a.

cross-eyed *adj* strabico(a).

crossfire ['krɒs,faɪəʳ] *n* fuoco *m* incrociato.

crossing ['krɒsɪŋ] *n* -1. [safe place to cross — on road] passaggio *m* pedonale; [on railway] passaggio *m* a livello -2. [sea journey] traversata *f.*

cross-legged [krɒs'legɪd] *adv* a gambe incrociate.

cross-purposes *npl*: **to talk at ~** fraintendersi.

cross-reference *n* rimando *m*.

crossroads ['krɒsrəʊdz] (*pl* **crossroads**) *n* incrocio *m*.

cross-section *n* **-1.** [drawing] sezione *f* trasversale **-2.** [of population] campione *m*.

crosswalk ['krɒswɔːk] *n US* passaggio *m* pedonale.

crossways ['krɒsweɪz] *adv* = crosswise.

crosswise ['krɒswaɪz] *adv* di traverso.

crossword (puzzle) ['krɒswɜːd-] *n* cruciverba *m*.

crotch [krɒtʃ] *n* **-1.** [of person] inforcatura *f* **-2.** [of clothes] cavallo *m*.

crotchet ['krɒtʃɪt] *n UK* semiminima *f*.

crotchety ['krɒtʃɪtɪ] *adj UK inf* irritabile.

crouch [kraʊtʃ] *vi* accovacciarsi.

crow [krəʊ] <> *n* [bird] cornacchia *f*; **as the ~ flies** in linea d'aria. <> *vi* **-1.** [cock] cantare **-2.** *inf* [gloat] vantarsi.

crowbar ['krəʊbɑː'] *n* palanchino *m*.

crowd [kraʊd] <> *n* [mass of people] folla *f*. <> *vi* ammassarsi. <> *vt* **-1.** [fill] affollare **-2.** [force into small space] ammassare.

crowded ['kraʊdɪd] *adj* [street, bar] affollato(a); **~ with** pieno(a) zeppo(a) di; [timetable] fitto(a).

crown [kraʊn] <> *n* **-1.** [worn by royalty] corona *f* **-2.** [top] cima *f* **-3.** [on tooth] capsula *f*. <> *vt* **-1.** [king, queen] incoronare **-2.** [tooth] incapsulare **-3.** [cover top of] ricoprire la cima di. ◆ **Crown** *n*: **the Crown** [monarchy] la Corona.

crown jewels *npl* gioielli *mpl* della Corona.

crow's feet *npl* zampe *fpl* di gallina.

crucial ['kruːʃl] *adj* cruciale.

crucifix ['kruːsɪfɪks] *n* crocifisso *m*.

Crucifixion [ˌkruːsɪ'fɪkʃn] *n*: **the ~** la Crocifissione.

crude [kruːd] *adj* **-1.** [raw] grezzo(a) **-2.** [vulgar] volgare **-3.** [imprecise] approssimativo(a).

crude oil *n* greggio *m*.

cruel [krʊəl] *adj* **-1.** [sadistic] crudele **-2.** [painful, harsh] tremendo(a); [winter, wind] rigido(a).

cruelty ['krʊəltɪ] *n* crudeltà *f*.

cruet ['kruːɪt] *n* ampolliera *f*.

cruise [kruːz] <> *n* crociera *f*. <> *vi* **-1.** [sail] fare una crociera **-2.** [drive, fly] viaggiare.

cruiser ['kruːzə'] *n* **-1.** [warship] incrociatore *m* **-2.** [cabin cruiser] cabinato *m*.

crumb [krʌm] *n* [of food] briciola *f*.

crumble ['krʌmbl] <> *n* dolce a base di frutta ricoperta da un impasto sbriciolato di farina, burro e zucchero cotto in forno. <> *vt* sbriciolare. <> *vi* [bread] sbriciolarsi; [building, relationship, hopes] sgretolarsi.

crumbly ['krʌmblɪ] *adj* friabile.

crumpet ['krʌmpɪt] *n* focaccina da tostare e imburrare.

crumple ['krʌmpl] *vt* [clothes] spiegazzare; [paper] accartocciare.

crunch [krʌntʃ] <> *n* [sound] scricchiolio *m*; **if/when it comes to the ~** *inf* quando si arriva al dunque. <> *vt* **-1.** [food] sgranocchiare; [bone] rosicchiare **-2.** [snow, gravel] far scricchiolare.

crunchy ['krʌntʃɪ] *adj* [food] croccante.

crusade [kruː'seɪd] *n lit & fig* crociata *f*.

crush [krʌʃ] <> *n* **-1.** [crowd] calca *f* **-2.** *inf* [infatuation]: **to have a ~ on sb** avere una cotta per qn. <> *vt* schiacciare.

crust [krʌst] *n* crosta *f*.

crutch [krʌtʃ] *n* **-1.** [stick] stampella *f* **-2.** *fig* [support] sostegno *m*.

crux [krʌks] *n* nocciolo *m* (di questione).

cry [kraɪ] <> *n* **-1.** [shout] grido *m* **-2.** [of bird] verso *m*. <> *vi* **-1.** [weep] piangere **-2.** [shout] gridare; **to ~ for help** gridare aiuto. ◆ **cry off** *vi* tirarsi indietro. ◆ **cry out** *vt & vi* gridare.

cryptic ['krɪptɪk] *adj* ermetico(a).

crystal ['krɪstl] *n* cristallo *m*.

CTC (*abbr of* **city technology college**) *n* istituto britannico di formazione professionale finanziato dall'industria.

cub [kʌb] *n* **-1.** [young animal] cucciolo *m* **-2.** [boy scout] lupetto *m*.

Cuba ['kjuːbə] *n* Cuba *f*.

Cuban ['kjuːbən] <> *adj* cubano(a). <> *n* cubano *m*, -a *f*.

cubbyhole ['kʌbɪhəʊl] *n* sgabuzzino *m*.

cube [kjuːb] <> *n* cubo *m*. <> *vt* MATHS elevare al cubo.

cubic ['kjuːbɪk] *adj* cubico(a); **~ metre/centimetre etc** metro/centimetro etc cubo; **~ capacity** cilindrata *f*.

cubicle ['kjuːbɪkl] *n* cabina *f*.

Cub Scout *n* lupetto *m*.

cuckoo ['kʊkuː] *n* cuculo *m*.

cuckoo clock *n* orologio *m* a cucù.

cucumber ['kjuːkʌmbə'] *n* cetriolo *m*.

cuddle ['kʌdl] <> *n* abbraccio *m*. <> *vt* abbracciare. <> *vi* abbracciarsi.

cuddly toy *n* peluche *m inv*.

cue [kjuː] *n* **-1.** RADIO & THEAT & TV battuta *f* d'entrata; **on ~** al momento giusto **-2.** [in snooker, pool] stecca *f*.

cuff [kʌf] *n* **-1.** [of sleeve] polsino *m* **-2.** *US* [of trouser] risvolto *m* **-3.** [blow] scappellotto *m*.

cuff link *n* gemello *m (da polso)*.

cul-de-sac ['kʌldəsæk] *n* vicolo *m* cieco.

cull [kʌl] ◇ *n* [kill] decimazione *f (per tenere sotto controllo la popolazione di certe specie animali)*. ◇ *vt* -1. [kill] decimare *(per tenere sotto controllo la popolazione di certe specie animali)* -2. *fml* [gather] raccogliere.

culminate ['kʌlmɪneɪt] *vi*: **to ~ in sthg** culminare in qc.

culmination [,kʌlmɪ'neɪʃn] *n* culmine *m*.

culottes [kju:'lɒts] *npl* gonna pantalone *f*.

culpable ['kʌlpəbl] *adj fml* [person] colpevole; LAW colposo(a).

culprit ['kʌlprɪt] *n* colpevole *mf*.

cult [kʌlt] ◇ *n* -1. RELIG culto *m* -2.: **a ~ book/film** un libro/film culto *inv*. ◇ *comp* culto *inv*.

cultivate ['kʌltɪveɪt] *vt* -1. [gen] coltivare -2. [get to know] coltivarsi.

cultural ['kʌltʃərəl] *adj* culturale.

culture ['kʌltʃəʳ] *n* -1. [gen] cultura *f* -2. [of bacteria] coltura *f*.

cultured ['kʌltʃəd] *adj* colto(a).

cumbersome ['kʌmbəsəm] *adj* [object] ingombrante.

cunning ['kʌnɪŋ] ◇ *adj* astuto(a). ◇ *n* astuzia *f*.

cup [kʌp] *n* -1. [container, cupful, measurement] tazza *f* -2. [prize, of bra] coppa *f*.

cupboard ['kʌbəd] *n* armadio *m*.

Cup Final *n*: **the ~** la finale di Coppa.

cup tie *n UK* partita *f* eliminatoria.

curate ['kjʊərət] *n* curato *m*.

curator [,kjʊə'reɪtəʳ] *n* direttore *m*, -trice *f*.

curb [kɜ:b] ◇ *n* -1. [control]: **~ (on sthg)** freno *m* a qc -2. *US* [of road] bordo *m* del marciapiede. ◇ *vt* contenere.

curdle ['kɜ:dl] *vi* cagliare.

cure [kjʊəʳ] ◇ *n* -1. MED: **~ (for sthg)** cura *f (per qc)* -2. [solution]: **~ (for sthg)** rimedio *m (a qc)*. ◇ *vt* -1. MED curare, guarire -2. [solve] eliminare -3. [rid]: **to ~ sb of sthg** *fig* guarire qn da qc -4. [meat, fish – by salting] salare; [– by smoking] affumicare; [– by drying] essiccare; [tobacco] conciare.

cure-all *n* panacea *f*.

curfew ['kɜ:fju:] *n* coprifuoco *m*.

curio ['kjʊərɪəʊ] *(pl* -s*) n* curiosità *f inv*.

curiosity [,kjʊərɪ'ɒsətɪ] *n* curiosità *f*.

curious ['kjʊərɪəs] *adj* curioso(a); **~ about sb/sthg** curioso riguardo a qn/qc.

curl [kɜ:l] ◇ *n* [of hair] ricciolo *m*. ◇ *vt* -1. [hair] arricciare -2. [tail, ribbon] arrotolare.

◇ *vi* -1. [gen] arricciarsi -2. [road, smoke, snake] avvolgersi. ◆ **curl up** *vi* [person, animal] raggomitolarsi.

curler ['kɜ:ləʳ] *n* bigodino *m*.

curly ['kɜ:lɪ] *adj* riccio(a).

currant ['kʌrənt] *n* uvetta *f*.

currency ['kʌrənsɪ] *n* -1. [type of money] moneta *f* -2. [money] valuta *f* -3. *fml* [acceptability]: **to gain ~** diffondersi.

current ['kʌrənt] ◇ *adj* attuale. ◇ *n* [flow & ELEC] corrente *f*.

current account *n UK* conto *m* corrente.

current affairs *npl* attualità *f*.

currently ['kʌrəntlɪ] *adv* attualmente.

curriculum [kə'rɪkjələm] *(pl* -lums OR -la*) n* programma *m*.

curriculum vitae [-'vi:taɪ] *(pl* curricula vitae*) n* curriculum vitae *m inv*.

curry ['kʌrɪ] *n* piatto *m* al curry.

curse [kɜ:s] ◇ *n* -1. [gen]: **~ (on sb/sthg)** maledizione *f (su qn/qc)* -2. [swearword] imprecazione *f*. ◇ *vt* maledire. ◇ *vi* [swear] imprecare.

cursor ['kɜ:səʳ] *n* COMPUT cursore *m*.

cursory ['kɜ:sərɪ] *adj* superficiale.

curt [kɜ:t] *adj* brusco(a).

curtail [kɜ:'teɪl] *vt* [cut short] abbreviare.

curtain ['kɜ:tn] *n* -1. [at window] tenda *f* -2. [in theatre] sipario *m*.

curts(e)y ['kɜ:tsɪ] ◇ *n* riverenza *f*. ◇ *vi* fare una riverenza.

curve [kɜ:v] ◇ *n* [bend] curva *f*. ◇ *vi* [road, river] fare una curva.

cushion ['kʊʃn] ◇ *n* cuscino *m*; **~ of air** cuscino d'aria. ◇ *vt* attutire.

cushy ['kʊʃɪ] *adj inf* comodo(a).

custard ['kʌstəd] *n* crema *f (pasticciera)*.

custody ['kʌstədɪ] *n* -1. [of child] affidamento *m* -2. [of suspect]: **in ~** in arresto.

custom ['kʌstəm] *n* -1. [tradition] usanza *f*; [habit] consuetudine *f* -2. [COMM & trade] clientela *f*. ◆ **customs** *n* dogana *f*.

customary ['kʌstəmrɪ] *adj* abituale.

customer ['kʌstəməʳ] *n* -1. [client] cliente *mf* -2. *inf* [person] tipo *m*.

customize, -ise ['kʌstəmaɪz] *vt* -1. [make] fare su misura -2. [modify] personalizzare.

Customs and Excise *n UK* ≃ Agenzia *f* delle Dogane.

customs duty *n* dazio *m* doganale.

customs officer *n* doganiere *m*.

cut [kʌt] *(pt & pp* cut*)* ◇ *n* -1. [gen] taglio *m* -2. [reduction]: **~ (in sthg)** [salary, tax] riduzione f (di qc); [article, film] taglio m (in qc). ◇ vt -1. [gen] tagliare; I ~ my finger mi sono tagliato un dito -2. [reduce] ridurre -3. inf [miss] saltare. ◇ vi -1. [knife, scissors] tagliare; [fabric, meat]: silk ~ s easily la seta si taglia facilmente -2. [intersect] incrociarsi -3. [edit] tagliare. ◆ cut back ◇ vt sep -1. [prune] potare -2. [reduce] ridurre. ◇ vi: to ~ back (on sthg) [spending] ridurre le spese (per qc); [staff, production] ridurre qc. ◆ cut down ◇ vt sep -1. [chop down] abbattere -2. [reduce] ridurre. ◇ vi: to ~ down on smoking/eating/spending etc fumare/mangiare/spendere etc di meno. ◆ cut in vi: to ~ in (on sb) [interrupt] interrompere (qn); [in car] tagliare la strada (a qn) . ◆ cut off vt sep -1. [crust, piece] tagliare; [finger, leg, arm] amputare -2. [disconnect] [electricity, gas] staccare; [on phone]: I got ~ off è caduta la linea -3. [isolate]. to be ~ off (from sb/sthg) rimanere isolato (da qn/qc); he's quite ~ off in his house in the country in quella casa in campagna vive isolato dal mondo -4. [discontinue] tagliare. ◆ cut out vt sep -1. [photo, review] ritagliare 2. [sew] tagliare -3. [stop] eliminare; ~ it out! piantala! -4. [exclude - light] non far passare; [- from will] escludere. ◆ cut up vt sep tagliare.

cutback ['kʌtbæk] n: ~ (in sthg) taglio m (a qc).

cute [kjuːt] adj esp US [appealing] carino(a).

cuticle ['kjuːtɪkl] n cuticola f.

cutlery ['kʌtlərɪ] n posate fpl.

cutlet ['kʌtlɪt] n cotoletta f.

cutout ['kʌtaʊt] n -1. [on machine] interruttore m automatico -2. [shape] ritaglio m.

cut-price, cut-rate US adj a prezzo ridotto.

cut-throat adj accanito(a).

cutting ['kʌtɪŋ] ◇ adj mordace. ◇ n -1. [of plant] talea f -2. [from newspaper] ritaglio m -3. UK [for road, railway] trincea f.

CV (abbr of curriculum vitae) n cv m.

cwt. = hundredweight.

cyanide ['saɪənaɪd] n cianuro m.

cybercafé ['saɪbəˌkæfeɪ] n COMPUT Internet café m inv.

cyberspace ['saɪbəspeɪs] n COMPUT ciberspazio m.

cycle ['saɪkl] ◇ n -1. [series] ciclo m -2. [bicycle] bicicletta f. ◇ comp [path, track] ciclabile; [race] ciclistico(a); [shop] di biciclette. ◇ vi andare in bici.

cycling ['saɪklɪŋ] n ciclismo m; to go ~ andare in bicicletta.

cyclist ['saɪklɪst] n ciclista mf.

cylinder ['sɪlɪndə'] n -1. [shape] cilindro m -2. [gas container] bombola f -3. [in engine] cilindro m.

cymbals npl piatti mpl.

cynic ['sɪnɪk] n cinico m, -a f.

cynical ['sɪnɪkl] adj cinico(a).

cynicism ['sɪnɪsɪzm] n cinismo m.

Cypriot ['sɪprɪət] ◇ adj cipriota. ◇ n cipriota mf.

Cyprus ['saɪprəs] n Cipro f.

cyst [sɪst] n cisti f inv.

czar [zɑː'] n zar m inv.

Czech [tʃek] ◇ adj ceco(a). ◇ n -1. [person] ceco m, -a f -2. [language] ceco m.

Czech Republic n: the ~ la Repubblica Ceca.

D

d (pl **d's** OR **ds**), **D** (pl **D's** OR **Ds**) [diː] n [letter] d f o m inv, D f o m inv.

DA (abbr of district attorney) n magistrato preposto alla pubblica accusa in un distretto statunitense, ~ PG m.

dab [dæb] ◇ n: a ~ (of sthg) un po' (di qc). ◇ vt -1. [skin, wound] tamponare -2. [cream, ointment]: to ~ sthg on(to) sthg applicare qc su qc con tocchi leggeri.

dabble ['dæbl] vi: to ~ (in sthg) dilettarsi di qc.

dachshund ['dækshʊnd] n bassotto m.

dad [dæd], **daddy** ['dædɪ] n inf papà m inv.

daddy longlegs [-'lɒŋlegz] (pl **daddy longlegs**) n zanzarone m.

daffodil ['dæfədɪl] n giunchiglia f.

daft [dɑːft] adj UK inf sciocco(a).

dagger ['dægə'] n pugnale m.

daily ['deɪlɪ] ◇ adj -1. [newspaper, occurrence] quotidiano(a) -2. [rate, output] giornaliero(a). ◇ adv quotidianamente. ◇ n [newspaper] quotidiano m.

dainty ['deɪntɪ] adj delicato(a).

dairy ['deərɪ] n -1. [on farm] caseificio m -2. [shop] latteria f.

dairy products *npl* latticini *mpl*.

dais ['deɪs] *n* pedana *f*.

daisy ['deɪzɪ] *n* margherita *f*.

daisy-wheel printer *n* stampante *f* a margherita.

dam [dæm] ⬦ *n* diga *f*. ⬦ *vt* costruire una diga su.

damage ['dæmɪdʒ] ⬦ *n*: ~ (to sthg) danno *m* (a qc). ⬦ *vt* danneggiare.
➡ **damages** *npl* LAW danni *mpl*.

damn [dæm] ⬦ *adj inf* maledetto(a); it's a ~ nuisance è una bella rottura. ⬦ *adv inf* you know ~ well that... sai perfettamente che.... ⬦ *n inf*: not to give OR care a ~ (about sthg) fregarsene (di qc) ; I don't give a ~ about it non me ne importa un accidente. ⬦ *vt* [RELIG & condemn] maledire. ⬦ *excl inf* accidenti.

damned [dæmd] *inf* ⬦ *adj* maledetto(a); well I'll be OR I'm ~! questa, poi! ⬦ *adv* = **damn** *(adv)*.

damning ['dæmɪŋ] *adj* [evidence] schiacciante; [criticism] spietato(a).

damp [dæmp] ⬦ *adj* umido(a). ⬦ *n* umidità *f*. ⬦ *vt* inumidire.

dampen ['dæmpən] *vt* **-1.** [make wet] inumidire **-2.** *fig* [emotion] smorzare.

damson ['dæmzn] *n* **-1.** [fruit] susina *f* selvatica **-2.** [tree] susino *m* selvatico.

dance [dɑːns] ⬦ *n* **-1.** [gen] ballo *m* **-2.** [art form] danza *f*. ⬦ *vi* **-1.** [person] ballare **-2.** [shadows, light, flames] ondeggiare.

dancer ['dɑːnsə'] *n* ballerino *m*, -a *f*.

dancing ['dɑːnsɪŋ] *n* ballo *m*; to go ~ andare a ballare; ~ **lessons** lezioni *fpl* di ballo.

dandelion ['dændɪlaɪən] *n* dente di leone *m*.

dandruff ['dændrʌf] *n* forfora *f*.

Dane [deɪn] *n* danese *mf*.

danger ['deɪndʒə'] *n* pericolo *m*; in ~ in pericolo; out of ~ fuori pericolo; ~ to sb/sthg pericolo per qn/qc; to be in ~ of doing sthg rischiare di fare qc.

dangerous ['deɪndʒərəs] *adj* pericoloso(a).

dangle ['dæŋgl] ⬦ *vt* dondolare. ⬦ *vi* [object, part of body] penzolare.

Danish ['deɪnɪʃ] ⬦ *adj* danese. ⬦ *n* **-1.** [language] danese *m* **-2.** *US* = **Danish pastry**. ⬦ *npl*: the ~ i danesi.

Danish pastry, Danish *US n* dolce di pasta sfoglia con noci, frutta e cannella.

dank [dæŋk] *adj* freddo(a) e umido(a).

dapper ['dæpə'] *adj* agghindato(a).

dappled ['dæpld] *adj* **-1.** [animal] con il pelo chiazzato **-2.** [shade] a chiazze.

dare [deə'] ⬦ *vt* **-1.** [be brave enough]: to ~ to do sthg osare fare qc **-2.** [challenge]: to ~ sb to do sthg sfidare qn a fare qc **-3.** *phr*: I ~ say suppongo. ⬦ *vi* osare; how ~ you! come ti permetti!; how ~ you treat me like that! come ti permetti di trattarmi così! ⬦ *n* sfida *f*; he did it for a ~ l'ha fatto per sfida.

daredevil ['deə,devl] *n* scavezzacollo *mf inv*.

daring ['deərɪŋ] ⬦ *adj* audace. ⬦ *n* audacia *f*.

dark [dɑːk] ⬦ *adj* **-1.** [lacking light] buio(a); to get ~ farsi buio **-2.** [in colour] scuro(a) **-3.** [dark-haired] dai capelli scuri; [dark-skinned] di carnagione scura. ⬦ *n* **-1.** [darkness]: the ~ il buio; to be in the ~ about sthg essere all'oscuro di qc **-2.** [night]: before ~ prima che faccia notte; after ~ a notte fatta.

darken ['dɑːkn] ⬦ *vt* **-1.** [sky, colour] scurire **-2.** [room] rendere buio. ⬦ *vi* **-1.** [sky] scurirsi **-2.** [room] diventare buio.

dark glasses *npl* occhiali *mpl* scuri.

darkness ['dɑːknɪs] *n* buio *m*.

darkroom ['dɑːkrʊm] *n* camera *f* oscura.

darling ['dɑːlɪŋ] ⬦ *adj* [dear] adorato(a). ⬦ *n* **-1.** [gen] tesoro *m* **-2.** [favourite] beniamino *m*, -a *f*.

darn [dɑːn] ⬦ *adj inf* maledetto(a). ⬦ *adv inf*: we came ~ close to an accident per un pelo non abbiamo avuto un incidente. ⬦ *vt* [repair] rammendare.

dart [dɑːt] ⬦ *n* [arrow] freccetta *f*. ⬦ *vi* [move quickly] scagliarsi. ➡ **darts** *n* [game] freccette *fpl*.

dartboard ['dɑːtbɔːd] *n* bersaglio *m* (per le freccette).

dash [dæʃ] ⬦ *n* **-1.** [of milk, wine] goccio *m*; [of paint, colour] tocco *m* **-2.** [in punctuation] barra *f* **-3.** [rush]: to make a ~ for sthg precipitarsi verso qc; it started to rain so we had to make a ~ for it è cominciato a piovere così siamo dovuti scappare di corsa. ⬦ *vt* **-1.** [throw] scagliare **-2.** [hopes] infrangere. ⬦ *vi* precipitarsi.

dashboard ['dæʃbɔːd] *n* cruscotto *m*.

dashing ['dæʃɪŋ] *adj* prestante.

data ['deɪtə] *n* dati *mpl*.

database ['deɪtəbeɪs] *n* database *m inv*, banca *f* dati.

data management *n* COMPUT gestione *f* dati.

data processing *n* elaborazione *f* (elettronica dei) dati.

data protection *n* COMPUT protezione *f* dati (personali).

data recovery *n* COMPUT recupero *m* dati.

date [deɪt] ⋄ *n* -1. [in time] data *f*; **what's today's ~?** quanti ne abbiamo oggi?; **to bring sb up to ~** aggiornare qn; **to bring sthg up to ~** [dictionary, database] aggiornare qc; [dress] rendere più attuale qc; **to go out of ~** [fashion] diventare datato; [passport] scadere; **to keep sb/sthg up to tenere qn/qc aggiornato; to ~** fino ad oggi -2. [appointment] appuntamento *m(galante)* -3. [person] la persona con cui si ha un appuntamento galante -4. [fruit] dattero *m*. ⋄ *vt* -1. [gen] datare -2. [go out with] uscire con. ⋄ *vi* [go out of fashion] diventare datato(a).

datebook ['deɪtbʊk] *n* US agenda *f*.

dated ['deɪtɪd] *adj* datato(a).

date of birth *n* data *f* di nascita.

daub [dɔːb] *vt*: **to ~ sthg with sthg** ricoprire qc di qc; **to ~ sthg on sthg** passare qc su qc.

daughter ['dɔːtər] *n* figlia *f*.

daughter-in-law (*pl* **daughters-in-law**) *n* nuora *f*.

daunting ['dɔːntɪŋ] *adj* scoraggiante.

dawdle ['dɔːdl] *vi* gingillarsi.

dawn [dɔːn] ⋄ *n* -1. [of day] alba *f* -2. *fig* [of era, period] albori *mpl*. ⋄ *vi* -1. [day] spuntare -2. *fig* [era, period] nascere. ➣ **dawn (up)on** *vt insep* apparire chiaro a.

day [deɪ] *n* -1. [gen] giorno *m*; **the ~ before/after** il giorno prima/dopo; **the ~ before yesterday** l'altro ieri; **the ~ after tomorrow** dopodomani; **any ~ now** da un giorno all'altro; **we're expecting him home any ~ now** dovrebbe tornare da un giorno all'altro; **to make sb's ~** far felice qn; **we spent a lovely ~ together** abbiamo passato una bella giornata insieme -2. [period in past]: **in my ~** ai miei tempi; **one ~** OR **some ~** OR **one of these ~s** un giorno OR un giorno o l'altro OR uno di questi giorni. ➣ **days** *adv* di giorno.

daybreak ['deɪbreɪk] *n* alba *f*; **at ~** all'alba.

daycentre ['deɪsentər] *n* UK centro diurno di accoglienza per bambini o anziani.

daydream ['deɪdriːm] *vi* sognare ad occhi aperti.

daylight ['deɪlaɪt] *n* -1. [light] luce *f* del giorno -2. [dawn] alba *f*.

day off (*pl* **days off**) *n* giorno *m* libero.

day return *n* UK biglietto *m* di andata e ritorno(in giornata).

daytime ['deɪtaɪm] ⋄ *n* giorno *m*. ⋄ *comp* di giorno, diurno(a).

day-to-day *adj* -1. [routine, life] quotidiano(a) -2. [taking one day at a time] giorno per giorno.

daytrader ['deɪtreɪdər] *n* FIN daytrader *m inv(chi compra e vende azioni nello stesso giorno)*.

day trip *n* gita *f(di un giorno)*.

daze [deɪz] ⋄ *n*: **to be in a ~** essere stordito(a). ⋄ *vt* stordire.

dazzle ['dæzl] *vt* -1. [blind] abbagliare -2. [impress] fare colpo su.

DC *n* (*abbr of* **direct current**) c.c.

D-day *fig n* giorno *m* x.

deacon ['diːkn] *n* diacono *m*.

deactivate [diːˈæktɪˌveɪt] *vt* disinnescare.

dead [ded] ⋄ *adj* -1. [not alive] morto(a); **to shoot sb ~** colpire qn a morte -2. [numb] intorpidito(a) -3. ELEC fuori uso; [battery] scarico(a); [telephone line]: **the line went ~** la linea è caduta -4. [complete – stop] completo(a) -5. [not lively] privo(a) di vita. ⋄ *adv* -1. [directly, precisely] proprio -2. *inf* [completely, very] assolutamente -3. [suddenly]: **to stop ~** fermarsi di colpo. ⋄ *npl*: **the ~** i morti.

deaden ['dedn] *vt* attenuare.

dead end *n* lit & fig vicolo *m* cieco.

dead heat *n* assoluta parità *f inv.*

deadline ['dedlaɪn] *n* termine *m* ultimo.

deadlock ['dedlɒk] *n* punto *m* morto.

dead loss *n inf*: **to be a ~** [person] essere un peso *m* morto; [thing] non valere niente.

deadly ['dedlɪ] ⋄ *adj* -1. [gen] mortale -2. [precise] perfetto(a); **~ aim** mira *f* infallibile. ⋄ *adv* mortalmente.

deadpan ['dedpæn] ⋄ *adj* imperturbabile; **~ humour** umorismo all'inglese. ⋄ *adv* in modo imperturbabile.

deaf [def] ⋄ *adj* sordo(a); **to be ~ to sthg** essere sordo a qc. ⋄ *npl*: **the ~** i sordi.

deaf-aid *n* UK apparecchio *m* acustico.

deaf-and-dumb *adj* sordomuto(a).

deafen ['defn] *vt* assordare.

deafness ['defnɪs] *n* sordità *f inv.*

deal [diːl] (*pt & pp* **dealt** [delt]) ⋄ *n* -1. [quantity]: **a good** OR **great ~** molto; **a good** OR **great ~ of** un bel po' di -2. [business agreement] affare *m*; **to do** OR **strike a ~ with sb** stringere un accordo *m* con qn -3. *inf* [treatment] trattamento *m*. ⋄ *vt* -1. [strike]: **to ~ sb/sthg a blow** OR **to ~ a blow to sb/sthg** assestare un colpo a qn/qc **-2.** [cards] dare, fare. ◇ *vi* **-1.** [in cards] dare OR fare le carte **-2.** [trade] trafficare. ➡ **deal in** *vt insep* COMM commerciare. ➡ **deal out** *vt sep* distribuire. ➡ **deal with** *vt insep* **-1.** [handle, cope with] affrontare **-2.** [be concerned with] trattare di **-3.** [be faced with] avere a che fare con.

dealer ['di:lə^r] *n* **-1.** [trader] commerciante *mf*; **drug** ~ trafficante *mf* di droga **-2.** [in cards] *chi fa le carte.*

dealing ['di:lɪŋ] *n* commercio *m*. ➡ **dealings** *npl* rapporti *mpl* (d'affari) ; ~ **s with** sb rapporti con qn.

dealt [delt] *pt & pp* ⊳**deal.**

dean [di:n] *n* **-1.** [of university] preside *m* di facoltà **-2.** [of church, cathedral] decano *m*.

dear [dɪə^r] ◇ *adj* **-1.** [loved] caro(a); ~ **to** sb caro a qn **-2.** *esp UK* [expensive] caro(a) **-3.** [in letter]: **Dear Sir/Madam** Gentile Signore/Signora. ◇ *n* [beloved]: **my** ~ mio caro *m* (mia cara). ◇ *excl*: **oh** ~! oddìo.

dearly ['dɪəlɪ] *adv* ardentemente.

death [deθ] *n* morte *f*; **to frighten/worry** sb **to** ~ spaventare/preoccupare qn a morte; **to be sick to** ~ **of sthg/of doing sthg** non poterne più di qc/di fare qc.

death certificate *n* certificato *m* di morte.

death duty UK, **death tax** US *n* tassa *f* di successione.

deathly ['deθlɪ] *adj* mortale.

death penalty *n* pena *f* di morte.

death rate *n* tasso *m* di mortalità.

death tax *n* US = **death duty.**

death trap *n inf* trappola *f* mortale.

debar [di:'bɑ:^r] *vt*: **to** ~ sb **(from a place)** escludere qn (da un luogo); **to** ~ sb **from doing sthg** impedire a qn di fare qc.

debase [dɪ'beɪs] *vt* degradare; **to** ~ **o.s.** umiliarsi.

debate [dɪ'beɪt] ◇ *n* **-1.** [gen] discussione *f*; **open to** ~ discutibile **-2.** [meeting] dibattito *m*. ◇ *vt* **-1.** [issue] dibattere **-2.** [what to do] considerare; **to** ~ **whether to do sthg** considerare se fare qc. ◇ *vi* discutere.

debauchery [dɪ'bɔ:tʃərɪ] *n* dissolutezza *f*.

debit ['debɪt] ◇ *n* debito *m*. ◇ *vt* addebitare.

debit note *n* nota *f* di addebito.

debris ['deɪbri:] *n* **-1.** [of building] macerie *fpl*; [of vehicle, machinery] rottami *mpl* **-2.** GEOL detriti *mpl*.

debt [det] *n* **-1.** [gen] debito *m*; **to be in sb's** ~ essere in debito con qn **-2.** [state of owing money]: **to be in** ~ avere debiti; **to get into** ~ indebitarsi.

debt collector *n* agente *mf* di recupero crediti.

debtor ['detə^r] *n* debitore *m*, -trice *f*.

debug [ˌdi:'bʌg] *vt* [COMPUT & program] eliminare errori *(in un programma).*

debunk [ˌdi:'bʌŋk] *vt* ridimensionare.

debut ['deɪbju:] *n* debutto *m*.

decade ['dekeɪd] *n* decennio *m*.

decadence ['dekədəns] *n* decadenza *f*.

decadent ['dekədənt] *adj* decadente.

decaffeinated [dɪ'kæfɪneɪtɪd] *adj* decaffeinato(a).

decanter [dɪ'kæntə^r] *n* caraffa *f*.

decathlon [dɪ'kæθlɒn] *n* decathlon *m*.

decay [dɪ'keɪ] ◇ *n* **-1.** [of body, plant, wood] decomposizione *f*; **tooth** ~ carie *f* **-2.** *fig* [of building, society] stato *m* di rovina. ◇ *vi* **-1.** [body] decomporsi; [plant, wood] marcire; [tooth] cariarsi **-2.** *fig* [building, society] andare in rovina.

deceased [dɪ'si:st] *fml* ◇ *adj* deceduto(a). ◇ *n*: **the** ~ i defunti.

deceit [dɪ'si:t] *n* inganno *m*.

deceitful [dɪ'si:tful] *adj* [thing] ingannevole; [person] falso(a), subdolo(a).

deceive [dɪ'si:v] *vt* ingannare; **to** ~ **o.s.** illudersi.

December [dɪ'sembə^r] *n* dicembre *m see also* **September.**

decency ['di:snsɪ] *n* decenza *f*; **to have the** ~ **to do sthg** avere la decenza di fare qc.

decent ['di:snt] *adj* **-1.** [gen] decente; ~ **people** persone ammodo; **are you** ~? sei presentabile? **-2.** [honest, kind] gentile.

deception [dɪ'sepʃn] *n* inganno *m*.

deceptive [dɪ'septɪv] *adj* ingannevole.

decide [dɪ'saɪd] *vt & vi* decidere; **to** ~ **to do sthg** decidere di fare qc; **to** ~ **that** decidere che. ➡ **decide on** *vt insep* scegliere.

decided [dɪ'saɪdɪd] *adj* **-1.** [distinct] netto(a) **-2.** [resolute] deciso(a).

decidedly [dɪ'saɪdɪdlɪ] *adv* **-1.** [distinctly] decisamente **-2.** [resolutely] risolutamente.

deciduous [dɪ'sɪdjʊəs] *adj* deciduo(a).

decimal ['desɪml] ◇ *adj* decimale. ◇ *n* decimale *m*.

decimal point *n* virgola *f (per i decimali)*.

decimate ['desɪmeɪt] *vt* decimare.

decipher [dɪ'saɪfə^r] *vt* decifrare.

decision [dɪˈsɪʒn] *n* decisione *f*.

decisive [dɪˈsaɪsɪv] *adj* -1. [character] decisio(a) -2. [factor, event] decisivo(a).

deck [dek] *n* -1. [of ship] ponte *m* -2. [of bus] piano *m* -3. [of cards] mazzo *m* -4. *US* [of house] *piattaforma rialzata, generalmente in legno, di accesso ad una casa*.

deckchair [ˈdektʃeəʳ] *n* sedia *f* a sdraio, sdraio *f inv*.

declaration [ˌdekləˈreɪʃn] *n* dichiarazione *f*.

Declaration of Independence *n*: the ~ la Dichiarazione d'Indipendenza.

declare [dɪˈkleəʳ] *vt* dichiarare.

decline [dɪˈklaɪn] <> *n* declino *m*; to be in ~ essere in declino; on the ~ in declino. <> *vt* [refuse] declinare; to ~ to do sthg declinare di fare qc. <> *vi* -1. [deteriorate] peggiorare -2. [reduce] diminuire -3. [refuse] declinare.

decode [ˌdiːˈkəʊd] *vt* [message] decifrare; COMPUT decodificare.

decompose [ˌdiːkəmˈpəʊz] *vi* decomporsi.

decongestant [ˌdiːkənˈdʒestənt] *n* decongestionante *m*.

decorate [ˈdekəreɪt] *vt* -1. [make pretty – cake, dessert] decorare; [– with balloons, streamers, flags] addobbare -2. [with paint] dipingere, tinteggiare; [with wallpaper] tappezzare -3. [with medal] decorare.

decoration [ˌdekəˈreɪʃn] *n* decorazione *f*.

decorator [ˈdekəreɪtəʳ] *n* [with paint] pittore *m*, -trice *f*; [with wallpaper] tappezziere *m*, -a *f*.

decoy <> *n* [ˈdiːkɔɪ] -1. [for hunting] richiamo *m* -2. [person] esca *f*. <> *vt* [dɪˈkɔɪ] adescare.

decrease <> *n* [ˈdiːkriːs] calo *m*, diminuzione *f*; ~ in sthg calo di qc. <> *vt & vi* [dɪˈkriːs] diminuire.

decree [dɪˈkriː] <> *n* -1. [order, decision] decreto *m* -2. *US* [judgment] sentenza *f*. <> *vt* decretare; to ~ that decretare che.

decree nisi [-ˈnaɪsaɪ] (*pl* **decrees nisi**) *n* *UK* LAW sentenza *f* interlocutoria di divorzio.

decrepit [dɪˈkrepɪt] *adj* [person] decrepito(a); [house] fatiscente.

dedicate [ˈdedɪkeɪt] *vt* dedicare; to ~ sthg to sb dedicare qc a qn.

dedication [ˌdedɪˈkeɪʃn] *n* -1. [commitment] dedizione *f* -2. [in book] dedica *f*.

deduce [dɪˈdjuːs] *vt* dedurre; to ~ sthg from sthg dedurre qc da qc.

deduct [dɪˈdʌkt] *vt* detrarre; to ~ sthg from sthg detrarre qc da qc.

deduction [dɪˈdʌkʃn] *n* deduzione *f*.

deed [diːd] *n* -1. [action] azione *f* -2. LAW atto *m*.

deem [diːm] *vt fml* giudicare; to ~ it wise to do sthg giudicare saggio fare qc.

deep [diːp] <> *adj* -1. [gen] profondo(a) -2. [colour] intenso(a). <> *adv* in profondità; ~ **down** *fig* nel profondo dell'animo.

deepen [ˈdiːpn] *vi* farsi più profondo(a).

deep freeze *n* surgelatore *m*.

deep-fry *vt* friggere(*in olio abbondante*).

deeply [ˈdiːplɪ] *adv* -1. [gen] profondamente -2. [dig] in profondità.

deep-sea *adj* d'alto mare.

deer [dɪəʳ] (*pl* **deer**) *n* cervo *m*.

deface [dɪˈfeɪs] *vt* deturpare.

defamatory [dɪˈfæmətrɪ] *adj fml* diffamatorio(a).

default [dɪˈfɔːlt] <> *n* -1. [failure – to appear in court] contumacia *f*; [– to pay] inadempienza *f* (*di pagamento*); judgment by ~ sentenza in contumacia -2. COMPUT default *m inv*. <> *vi* essere inadempiente.

defeat [dɪˈfiːt] <> *n* sconfitta *f*; to admit ~ ammettere la sconfitta. <> *vt* sconfiggere.

defeatist [dɪˈfiːtɪst] <> *adj* disfattista. <> *n* disfattista *mf*.

defect <> *n* [ˈdiːfekt] difetto *m*. <> *vi* [dɪˈfekt] POL: to ~ (from sthg) (to sthg) defezionare (da qc) (passando a qc).

defective [dɪˈfektɪv] *adj* difettoso(a).

defence *UK*, **defense** *US* [ˈdiːfens] *n* difesa *f*; ~ **against sb/sthg** difesa contro qn/qc; the ~ LAW & SPORT la difesa.

defenceless *UK*, **defenseless** *US* [dɪˈfenslɪs] *adj* indifeso(a).

defend [dɪˈfend] *vt* difendere; to ~ sb/sthg against sb/sthg difendere qn/qc contro qn/qc.

defendant [dɪˈfendənt] *n* imputato *m*, -a *f*.

defender [dɪˈfendəʳ] *n* -1. [gen] difensore *m*, sostenitore *m*, -trice *f* -2. SPORT [defending player] difensore *m*; [of title] detentore *m*, -trice *f* del titolo.

defense *n US* = defence.

defenseless *adj US* = defenceless.

defensive [dɪˈfensɪv] <> *adj* -1. [weapons, tactics] difensivo(a) -2. [person] pronto(a) a difendersi. <> *n*: on the ~ sulla difensiva.

defer [dɪˈfɜːʳ] <> *vt* rinviare. <> *vi*: to ~ to sb rimettersi a qn.

deferential [ˌdefəˈrenʃl] *adj* deferente.

defiance [dɪ'faɪəns] *n* sfida *f*; **in ~ of sb/ sthg** a dispetto di qn/qc.

defiant [dɪ'faɪənt] *adj* [action, gesture] di sfida; [person] bellicoso(a).

deficiency [dɪ'fɪʃnsɪ] *n* carenza *f*.

deficient [dɪ'fɪʃnt] *adj* -1. [lacking]: **~ in sthg** carente di qc -2. [inadequate] inadeguato(a).

deficit ['defɪsɪt] *n* deficit *m inv.*

defile [dɪ'faɪl] *vt* deturpare.

define [dɪ'faɪn] *vt* definire.

definite ['defɪnɪt] *adj* -1. [fixed] fissato(a) -2. [noticeable, decided] deciso(a) -3. [unambiguous] chiaro(a).

definitely ['defɪnɪtlɪ] *adv* -1. [precisely] in modo definitivo -2. [certainly] certamente.

definition [defɪ'nɪʃn] *n* definizione *f.*

deflate [dɪ'fleɪt] *vt* [balloon, tyre] sgonfiare. *vi* [balloon, tyre] sgonfiarsi.

deflation [dɪ'fleɪʃn] *n* ECON deflazione *f.*

deflect [dɪ'flekt] *vt* deviare.

defogger [di:'fɒgəʳ] *n* US AUT sbrinatore *m.*

deformed [dɪ'fɔ:md] *adj* deforme.

defraud [dɪ'frɔ:d] *vt* frodare.

defrost [di:'frɒst] *vt* -1. [fridge] sbrinare -2. [frozen food] scongelare -3. US [AUT — de-ice] liberare dal ghiaccio; [— demist] sbrinare. *vi* -1. [fridge] sbrinarsi -2. [frozen food] scongelarsi.

deft [deft] *adj* -1. [nimble] agile -2. [skilful, adept] abile.

defunct [dɪ'fʌŋkt] *adj* -1. [person] defunto(a) -2. [authority, organization] soppresso(a).

defuse [di:'fju:z] *vt UK* disinnescare.

defy [dɪ'faɪ] *vt* -1. [disobey] rifiutarsi di obbedire a -2. [challenge]: **to ~ sb to do sthg** sfidare qn a fare qc -3. *fig*: **to ~ efforts** eludere gli sforzi; **to ~ description** essere impossibile da descrivere.

degenerate *adj* [dɪ'dʒenərət] degenere. *vi* [dɪ'dʒenəreɪt] degenerare; **to ~ into sthg** degenerare in qc.

degrading [dɪ'greɪdɪŋ] *adj* degradante.

degree [dɪ'gri:] *n* -1. [unit of measurement, amount] grado *m*; **to a certain ~** OR **to some ~** in una certa misura; **by ~s** per gradi -2. [qualification] laurea *f*; **to have/take a ~ (in sthg)** avere/prendere una laurea (in qc).

dehydrated *adj* disidratare.

de-ice [di:'aɪs] *vt* liberare dal ghiaccio.

deign [deɪn] *vi*: **to ~ to do sthg** degnarsi di fare qc.

deity ['di:ɪtɪ] *n* divinità *f inv.*

dejected [dɪ'dʒektɪd] *adj* avvilito(a).

delay [dɪ'leɪ] *n* ritardo *m*. *vt* -1. [cause to be late] ritardare -2. [postpone] rimandare, rinviare; **to ~ doing sthg** aspettare a fare qc. *vi* indugiare; **to ~ in doing sthg** indugiare a fare qc.

delayed [dɪ'leɪd] *adj*: **to be ~** [plane, train] essere in ritardo; [person] essere trattenuto(a).

delectable [dɪ'lektəbl] *adj* -1. [food] delizioso(a) -2. [person] attraente.

delegate *n* ['delɪgət] delegato *m*, -a *f.* *vt* ['delɪgeɪt] delegare; **to ~ sb to do sthg** delegare qn a fare qc; **to ~ sthg to sb** delegare qc a qn.

delegation [delɪ'geɪʃn] *n* -1. [group of people] delegazione *f* -2. [act of delegating] delega *f.*

delete [dɪ'li:t] *vt* cancellare.

deli ['delɪ] *(abbr of* delicatessen*) n inf* negozio *m* di specialità alimentari.

deliberate *adj* [dɪ'lɪbərət] -1. [intentional] deliberato(a) -2. [slow] misurato(a). *vi* [dɪ'lɪbəreɪt] *fml* deliberare.

deliberately [dɪ'lɪbərətlɪ] *adv* [on purpose] di proposito.

delicacy ['delɪkəsɪ] *n* delicatezza *f.*

delicate ['delɪkət] *adj* delicato(a).

delicatessen [delɪkə'tesn] *n* negozio *m* di specialità alimentari.

delicious [dɪ'lɪʃəs] *adj* delizioso(a).

delight [dɪ'laɪt] *n* piacere *m*; **to take ~ in doing sthg** provare piacere nel fare qc. *vt* deliziare. *vi*: **to ~ in sthg/in doing sthg** divertirsi a qc/a fare qc.

delighted [dɪ'laɪtɪd] *adj* felice; **~ by** OR **with sthg** felice per qc; **to be ~ to do sthg** essere felice di fare qc.

delightful [dɪ'laɪtful] *adj* incantevole.

delinquent [dɪ'lɪŋkwənt] *adj* criminale. *n* delinquente *mf.*

delirious [dɪ'lɪrɪəs] *adj* delirante.

deliver [dɪ'lɪvəʳ] *vt* -1. [distribute]: **to ~ sthg (to sb)** consegnare qc (a qn) -2. [give – speech, lecture] tenere; [– message, warning] mandare -3. [strike] assestare -4. [baby – mother] partorire; [– doctor] far nascere -5. *fml* [liberate]: **to ~ sb (from sthg)** liberare qn (da qc) -6. *US* [POL & votes] procurare.

delivery [dɪ'lɪvərɪ] *n* -1. [gen] consegna *f* -2. [way of speaking] presentazione *f (di un discorso, di battute)* -3. [birth] parto *m.*

delude [dɪ'lu:d] *vt* illudere; **to ~ o.s.** illudersi.

delusion [dɪ'luːʒn] *n* illusione *f*.

delve [delv] *vi* **-1.** [into mystery]: **to ~ (into sthg)** scavare a fondo (in qc) **-2.** [in bag, cupboard]: **to ~ (into** OR **inside sthg)** frugare (in OR dentro qc).

demand [dɪ'mɑːnd] ◇ *n* **-1.** [claim, firm request] richiesta *f*; **it makes great ~s on my time** mi richiede molto tempo; **on ~** su richiesta **-2.** [need & COMM]: **~ for sthg** richiesta *f* di qc; **in ~** : this product is very much in **~** è un articolo molto richiesto. ◇ *vt* **-1.** [gen] chiedere; **to ~ to do sthg** chiedere di fare qc **-2.** [necessitate, require] richiedere.

demanding [dɪ'mɑːndɪŋ] *adj* **-1.** [exhausting] impegnativo(a) **-2.** [not easily satisfied] esigente.

demean [dɪ'miːn] *vt* sminuire.

demeaning [dɪ'miːnɪŋ] *adj* umiliante, degradante.

demeanour UK, **demeanor** US [dɪ'miːnəʳ] *n fml* contegno *m*.

demented [dɪ'mentɪd] *adj* demente.

demise [dɪ'maɪz] *n fml* **-1.** [death] decesso *m* **-2.** *fig* [end] fine *f*.

demister [ˌdiː'mɪstəʳ] *n* UK AUT sbrinatore *m*.

demo ['deməʊ] (*pl* **-s**) (*abbr of* **demonstration**) *n inf* manifestazione *f*.

democracy [dɪ'mɒkrəsɪ] *n* democrazia *f*.

democrat ['deməkræt] *n* democratico *m*, -a *f*. ➡ **Democrat** *n* US democratico *m*, -a *f*.

democratic [ˌdemə'krætɪk] *adj* democratico(a). ➡ **Democratic** *adj* US democratico(a).

Democratic Party *n* US: **the ~** il partito *m* democratico.

demolish [dɪ'mɒlɪʃ] *vt* [gen] demolire.

demonstrate ['demənstreɪt] ◇ *vt* **-1.** [prove] dimostrare **-2.** [appliance, machine] fare una dimostrazione di **-3.** [ability, talent] mostrare. ◇ *vi* manifestare; **to ~ for/against sthg** manifestare a favore/contro qc.

demonstration [ˌdemən'streɪʃn] *n* [public meeting] manifestazione *f*.

demonstrator ['demənstreɪtəʳ] *n* **-1.** [protester] manifestante *mf*, dimostrante *mf* **-2.** [of machine, product] dimostratore *m*, -trice *f*.

demoralized [dɪ'mɒrəlaɪzd] *adj* demoralizzato(a).

demote [ˌdiː'məʊt] *vt* far retrocedere.

demure [dɪ'mjʊəʳ] *adj* schivo(a).

den [den] *n* tana *f*.

denial [dɪ'naɪəl] *n* **-1.** [refutation] smentita *f* **-2.** [refusal] negazione *f*.

denier ['denɪəʳ, də'nɪəʳ] *n* denari *mpl*.

denigrate ['denɪgreɪt] *vt fml* [person] denigrare; [efforts, attempts] svilire.

denim ['denɪm] *n* tela *f* jeans. ➡ **denims** *npl* jeans *mpl*.

denim jacket *n* giubbotto *m* di jeans.

Denmark ['denmɑːk] *n* Danimarca *f*.

denomination [dɪˌnɒmɪ'neɪʃn] *n* **-1.** RELIG setta *f* **-2.** FIN taglio *m*.

denounce [dɪ'naʊns] *vt* denunciare.

dense [dens] *adj* **-1.** [thick] fitto(a) **-2.** *inf* [stupid] ottuso(a).

dent [dent] ◇ *n* ammaccatura *f*. ◇ *vt* ammaccare.

dental ['dentl] *adj* dentario(a); **a ~ appointment** un appuntamento dal dentista.

dental floss *n* filo *m* interdentale.

dental surgeon *n* dentista *mf*.

dentist ['dentɪst] *n* dentista *mf*; **~'s** dal dentista.

dentures ['dentʃəz] *npl* dentiera *f*.

deny [dɪ'naɪ] *vt* [refute] negare; **she denies writing the letter** nega di avere scritto la lettera; **to ~ sb sthg** negare a qn il diritto di fare qc.

deodorant [diː'əʊdərənt] *n* deodorante *m*.

depart [dɪ'pɑːt] *vi fml* **-1.** [leave] partire; **to ~ from** partire da **-2.** [differ]: **to ~ from sthg** allontanarsi da qc.

department [dɪ'pɑːtmənt] *n* **-1.** [in organization] reparto *m*, ufficio *m* **-2.** [in shop] reparto *m* **-3.** SCH & UNIV dipartimento *m* **-4.** [in government] ministero *m*.

department store *n* grande magazzino *m*.

departure [dɪ'pɑːtʃəʳ] *n* **-1.** [leaving] partenza *f* **-2.** [variation]: **~ (from sthg)** abbandono *m* (di qc) **-3.** [orientation] nuovo inizio *m*.

departure lounge *n* sala *f* d'imbarco.

depend [dɪ'pend] *vi* **-1.** [rely]: **to ~ on sb/sthg** [financially] dipendere da qn/qc; [emotionally] contare su qn/qc **-2.** [be determined]: **it ~s** dipende; **it ~s on** dipende da; **~ing on** a seconda di.

dependable [dɪ'pendəbl] *adj* affidabile.

dependant [dɪ'pendənt] *n* persona *f* a carico.

dependent [dɪ'pendənt] *adj* **-1.** [gen] poco autonomo(a); **~ children** figli *mpl* a carico; **to be ~ on sb/sthg** dipendere da qn/qc **-2.** [addicted] dipendente.

depict [dɪ'pɪkt] vt -1. [show in picture] rappresentare -2. [describe]: to ~ sb/sthg as sthg descrivere qn/qc come qc.

deplete [dɪ'pliːt] vt esaurire.

deplorable [dɪ'plɔːrəbl] adj deplorevole.

deplore [dɪ'plɔːʳ] vt deplorare.

deploy [dɪ'plɔɪ] vt impiegare.

deport [dɪ'pɔːt] vt deportare.

depose [dɪ'pəʊz] vt deporre.

deposit [dɪ'pɒzɪt] ⧓ n -1. [GEOL & of gold, oil] giacimento m -2. [sediment, returnable payment] deposito m -3. [payment into bank] deposito m, versamento m; to make a ~ eseguire un versamento -4. [down payment] acconto m. ⧓ vt depositare.

deposit account n UK conto m di risparmio.

depot n ['depəʊ] -1. [storage facility] deposito m -2. US [bus or train terminus] deposito m, rimessa f.

depreciate [dɪ'priːʃɪeɪt] vi svalutare.

depress [dɪ'pres] vt -1. [sadden] deprimere -2. [economy] indebolire; [prices] fare abbassare -3. [slow down] rallentare.

depressed [dɪ'prest] adj depresso(a).

depressing [dɪ'presɪŋ] adj deprimente.

depression [dɪ'preʃn] n -1. [gen] depressione f -2. fml [hollow] depressione f, avvallamento m.

deprivation [,deprɪ'veɪʃn] n privazione f.

deprive [dɪ'praɪv] vt: to ~ sb of sthg privare qn di qc.

depth [depθ] n profondità f inv; to be out of one's ~ [in water] essere dove non si tocca; fig [unable to cope] non essere all'altezza della situazione; in ~ a fondo.
➡ **depths** npl: the ~ s [of sea] gli abissi; in the ~ of winter nel cuore dell'inverno; to be in the ~ s of despair essere nella più profonda disperazione.

deputize, -ise ['depjʊtaɪz] vi: to ~ (for sb) fare le veci (di qn).

deputy ['depjʊtɪ] ⧓ adj: ~ chairman vicepresidente; ~ head vicepreside. ⧓ n -1. [second-in-command] vice mf -2. US [deputy sheriff] vicesceriffo m.

derail [dɪ'reɪl] vt far deragliare.

deranged [dɪ'reɪndʒd] adj squilibrato(a).

derby [UK 'dɑːbɪ, US 'dɜːbɪ] n -1. [sports event] derby m inv -2. US [hat] bombetta f.

derelict ['derəlɪkt] adj abbandonato(a).

deride [dɪ'raɪd] vt ridicolizzare.

derisory [də'raɪzərɪ] adj -1. [ridiculous] irrisorio(a) -2. [scornful] sprezzante.

derivative [dɪ'rɪvətɪv] ⧓ adj pej privo(a) di originalità. ⧓ n derivato m.

derive [dɪ'raɪv] ⧓ vt -1. [pleasure]: to ~ sthg from sthg trarre qc da qc -2. [word, expression]: to be ~d from sthg derivare da qc. ⧓ vi [word, expression]: to ~ from sthg derivare da qc.

derogatory [dɪ'rɒgətrɪ] adj spregiativo(a).

derv [dɜːv] n UK gasolio m.

descend [dɪ'send] ⧓ vi -1. fml [go down] scendere -2. [fall, invade]: to ~ (on sb/sthg) calare (su qn/qc) -3. [stoop, lower o.s.]: to ~ to sthg/to doing sthg abbassarsi a qc/a fare qc. ⧓ vt fml [go down] scendere.

descendant [dɪ'sendənt] n discendente mf.

descended [dɪ'sendɪd] adj: to be ~ from sb discendere da qn.

descent [dɪ'sent] n -1. [downwards movement] discesa f -2. [origin] origine f, provenienza f.

describe [dɪ'skraɪb] vt descrivere.

description [dɪ'skrɪpʃn] n -1. [account] descrizione f -2. [type] genere m, tipo m.

desecrate ['desɪkreɪt] vt profanare.

desert ⧓ n ['dezət] deserto m. ⧓ vt [abandon] abbandonare. ⧓ vi MIL disertare.
➡ **deserts** npl: to get one's just ~ s avere ciò che ci si merita.

deserted [dɪ'zɜːtɪd] adj deserto(a).

deserter [dɪ'zɜːtəʳ] n disertore m.

desert island ['dezət-] n isola f deserta.

deserve [dɪ'zɜːv] vt meritare; to ~ to do sthg meritare di fare qc.

deserving [dɪ'zɜːvɪŋ] adj meritevole.

design [dɪ'zaɪn] ⧓ n -1. [plan, drawing] piano m, progetto m -2. [art] design m inv -3. [pattern, motif] motivo m -4. [structure, shape] modello m , design m inv -5. fml [intention] proposito m; by ~ di proposito; to have ~ s on sb/sthg avere delle mire su qn/qc. ⧓ vt -1. [building, car] progettare; [dress] disegnare -2. [plan] ideare; to be ~ ed for sthg/to do sthg essere concepito(a) per qc/per fare qc.

designate ⧓ adj ['dezɪgnət] designato(a). ⧓ vt ['dezɪgneɪt] designare.

designer [dɪ'zaɪnəʳ] ⧓ adj [jeans, glasses] firmato(a). ⧓ n [of building, machine] progettista mf; [in theatre] scenografo m, -a f; [of clothes] stilista mf.

desirable [dɪ'zaɪərəbl] adj -1. fml [appropriate] auspicabile -2. [attractive] attraente -3. [sexually attractive] desiderabile.

desire [dɪ'zaɪə^r] ⟷ n -1. [wish] desiderio m, voglia f; ~ **for sthg/to do sthg** voglia di qc/di fare qc -2. [sexual longing] desiderio m. ⟷ vt desiderare.

desist [dɪ'zɪst] vi fml: **to** ~ **(from sthg/ from doing sthg)** desistere (da qc/dal fare qc).

desk [desk] n -1. [office] scrivania f; [pupil's] banco m; [teacher's] cattedra f -2. [service point] banco m; **information** ~ banco m informazioni; **reception** ~ reception f inv.

desk diary n agenda f da tavolo.

desktop publishing n desktop publishing m inv.

desolate adj ['desələt] -1. [place] desolato(a) -2. [person] sconsolato(a).

despair [dɪ'speə^r] ⟷ n disperazione f. ⟷ vi disperare; **to** ~ **of sb/sthg** disperare di qn/qc; **to** ~ **of doing sthg** disperare di riuscire a fare qc.

despairing [dɪ'speərɪŋ] adj disperato(a).

despatch [dɪ'spætʃ] n & vt = dispatch.

desperate ['despərət] adj -1. [attempt, measures] estremo(a); [criminal] pronto(a) a tutto -2. [hopeless, despairing] disperato(a) -3. [in great need]: **to be** ~ **for sthg** avere assolutamente bisogno di qc.

desperately ['despərətlɪ] adv -1. [poor] terribilmente; [ill] gravemente -2. [busy, sorry] terribilmente; [love, want] disperatamente.

desperation [,despə'reɪʃn] n disperazione f; **in** ~ in preda alla disperazione.

despicable [dɪ'spɪkəbl] adj ignobile.

despise [dɪ'spaɪz] vt disprezzare.

despite [dɪ'spaɪt] prep nonostante, malgrado.

despondent [dɪ'spɒndənt] adj sconsolato(a), avvilito(a).

dessert [dɪ'zɜːt] n dessert m inv.

dessertspoon [dɪ'zɜːtspuːn] n [spoon] cucchiaio m da dessert.

destination [,destɪ'neɪʃn] n destinazione f.

destined ['destɪnd] adj -1. [intended]: ~ **for sthg/to do sthg** destinato(a) a qc/a fare qc -2. [bound]: ~ **for** diretto(a) a.

destiny ['destɪnɪ] n destino m.

destitute ['destɪtjuːt] adj indigente.

destroy [dɪ'strɔɪ] vt [ruin] distruggere.

destruction [dɪ'strʌkʃn] n distruzione f.

detach [dɪ'tætʃ] vt -1. [remove] staccare; **to** ~ **sthg from sthg** staccare qc da qc -2. [dissociate]: **to** ~ **o.s. from sthg** [proceedings, discussions] dissociarsi da qc; [reality] prendere le distanze da qc.

detached [dɪ'tætʃt] adj distaccato(a).

detached house n villa f unifamiliare.

detachment [dɪ'tætʃmənt] n -1. [aloofness] distacco m -2. MIL distaccamento m.

detail [UK 'diːteɪl, US dɪ'teɪl] ⟷ n -1. [gen] dettaglio m; **to go into** ~ entrare nei dettagli; **in** ~ dettagliatamente, nei particolari -2. MIL distaccamento m. ⟷ vt [list] specificare. ➔ **details** npl -1. [information] dettagli mpl -2. [personal information] dati mpl.

detailed [UK 'diːteɪld, US dɪ'teɪld] adj dettagliato(a).

detain [dɪ'teɪn] vt trattenere.

detect [dɪ'tekt] vt percepire.

detection [dɪ'tekʃn] n -1. [discovery – of crime, drug] scoperta f; [– of aircraft, submarine] individuazione f -2. [investigation] indagine f.

detective [dɪ'tektɪv] n detective mf inv, investigatore m, -trice f.

detective novel n romanzo m poliziesco.

detention [dɪ'tenʃn] n -1. [of suspect, criminal] detenzione f -2. [at school] castigo che consiste nel doversi trattenere a scuola oltre la fine delle lezioni.

deter [dɪ'tɜː^r] vt dissuadere; **to** ~ **sb from doing sthg** dissuadere qn dal fare qc.

detergent [dɪ'tɜːdʒənt] n detersivo m.

deteriorate [dɪ'tɪərɪəreɪt] vi deteriorarsi, peggiorare.

determination [dɪ,tɜːmɪ'neɪʃn] n determinazione f.

determine [dɪ'tɜːmɪn] vt -1. [establish, find out, control] determinare -2. fml [resolve]: **to** ~ **to do sthg** decidere di fare qc -3. [fix, settle] stabilire.

determined [dɪ'tɜːmɪnd] adj -1. [person]: ~ **(to do sthg)** determinato(a) (a fare qc) -2. [effort] deciso(a).

deterrent [dɪ'terənt] n deterrente m.

detest [dɪ'test] vt detestare.

detonate ['detəneɪt] ⟷ vt far esplodere. ⟷ vi esplodere.

detour ['diː,tʊə^r] n deviazione f.

detract [dɪ'trækt] vi: **to** ~ **from sthg** sminuire qc.

detriment ['detrɪmənt] n: **to the** ~ **of sb/ sthg** a detrimento di qn/qc.

detrimental [,detrɪ'mentl] adj dannoso(a).

deuce [djuːs] n TENNIS parità f (a quaranta punti).

devaluation [,diːvæljʊ'eɪʃn] n FIN svalutazione f.

devastated ['devəsteɪtɪd] *adj* -1. [area, city] devastato(a) -2. *fig* [person] sconvolto(a).

devastating ['devəsteɪtɪŋ] *adj* -1. [disastrous] devastante, sconvolgente -2. [very effective] di grande effetto -3. [stunningly attractive] irresistibile.

develop [dɪ'veləp] ⋄ *vt* -1. [gen] sviluppare -2. [acquire] contrarre. ⋄ *vi* -1. [evolve] svilupparsi -2. [appear] manifestarsi.

developing country *n* paese *m* in via di sviluppo.

development [dɪ'veləpmənt] *n* -1. [gen] sviluppo -2. [developed land]: **property ~** area *f* di sviluppo edilizio.

deviate ['di:vɪeɪt] *vi*: **to ~ (from sthg)** deviare da qc.

device [dɪ'vaɪs] *n* -1. [apparatus] congegno *m* -2. [plan, method] stratagemma *m* -3. [bomb]: **(incendiary) ~** bomba *f* incendiaria.

devil ['devl] *n* -1. [evil spirit] diavolo *m*, demonio *m* -2. *inf* [person]: **you poor ~!** povero diavolo!; **you lucky ~!** che fortuna! -3. [for emphasis]: **who/where/why etc the ~ ...?** chi/dove/perché etc diavolo...? ➤ **Devil** *n*: **the Devil** il Diavolo.

devious ['di:vjəs] *adj* -1. [dishonest] subdolo(a) -2. [tortuous] tortuoso(a).

devise [dɪ'vaɪz] *vt* escogitare, architettare.

devoid [dɪ'vɔɪd] *adj fml*: **~ of sthg** privo(a) di qc.

devolution [ˌdi:və'lu:ʃn] *n* POL decentramento *m*, devolution *f inv.*

devote [dɪ'vəʊt] *vt*: **to ~ sthg to sthg** [time, energy] dedicare qc a qc; [money] destinare qc a qc.

devoted [dɪ'vəʊtɪd] *adj* [faithful] devoto(a); [dedicated] impegnato(a); **~ to sb/sthg** dedito(a) a qn/qc.

devotion [dɪ'vəʊʃn] *n*: **~ (to sb/sthg)** devozione *f* (a qn/qc).

devour [dɪ'vaʊəʳ] *vt* divorare.

devout [dɪ'vaʊt] *adj* RELIG devoto(a).

dew [dju:] *n* rugiada *f.*

diabetes [ˌdaɪə'bi:ti:z] *n* diabete *m.*

diabetic [ˌdaɪə'betɪk] ⋄ *adj* [person] diabetico(a). ⋄ *n* diabetico *m*, -a *f.*

diabolic(al) [ˌdaɪə'bɒlɪk(l)] *adj* -1. [evil] diabolico(a) -2. *inf* [very bad] pessimo(a).

diagnose ['daɪəgnəʊz] *vt* diagnosticare.

diagnosis [ˌdaɪəg'nəʊsɪs] (*pl* -oses) *n* diagnosi *f inv.*

diagonal [daɪ'ægənl] ⋄ *adj* diagonale. ⋄ *n* diagonale *f.*

diagram ['daɪəgræm] *n* diagramma *m.*

dial ['daɪəl] ⋄ *n* -1. [of watch, clock, meter] quadrante *m* -2. [of radio] scala *f* delle frequenze -3. [of telephone] disco *m* (combinatore). ⋄ *vt* [number] chiamare, digitare.

dialect ['daɪəlekt] *n* dialetto *m.*

dialling code ['daɪəlɪŋ-] *n UK* prefisso *m* (telefonico).

dialling tone ['daɪəlɪŋ-] *UK*, **dial tone** *US* *n* segnale *m* di libero.

dialogue *UK*, **dialog** *US* ['daɪəlɒg] *n* dialogo *m.*

dial tone *n US* = dialling tone.

dialysis [daɪ'ælɪsɪs] *n* dialisi *f inv.*

diameter [daɪ'æmɪtəʳ] *n* diametro *m.*

diamond ['daɪəmənd] *n* -1. [gem] diamante *m* -2. [shape] rombo *m.* ➤ **diamonds** *npl* quadri *mpl.*

diaper ['daɪəpəʳ] *n US* pannolino *m.*

diaphragm ['daɪəfræm] *n* diaframma *m.*

diarrh(o)ea [ˌdaɪə'rɪə] *n* diarrea *f.*

diary ['daɪərɪ] *n* -1. [appointment book] agenda *f* -2. [personal record] diario *m.*

dice [daɪs] (*pl* **dice**) ⋄ *n* [for games] dado *m.* ⋄ *vt* tagliare a dadini.

dictate ⋄ *vt* [dɪk'teɪt] dettare. ⋄ *n* ['dɪkteɪt] dettame *m.*

dictation [dɪk'teɪʃn] *n* -1. [to secretary] dettatura *f*; **to take** OR **do ~** scrivere sotto dettatura -2. [at school] dettato *m.*

dictator [dɪk'teɪtəʳ] *n* POL dittatore *m.*

dictatorship [dɪk'teɪtəʃɪp] *n* dittatura *f.*

dictionary ['dɪkʃənrɪ] *n* dizionario *m.*

did [dɪd] *pt* ⊳ do.

diddle ['dɪdl] *vt inf* fregare.

didn't ['dɪdnt] *cont* = did not.

die [daɪ] (*pt & pp* died, *cont* dying, *pl* dice) ⋄ *vi* -1. [person, animal, plant] morire; **he's dying** sta morendo; **to be dying for sthg/ to do sthg** *inf* morire dalla voglia di qc/di fare qc -2. *fig* [love, memory] morire; [anger] estinguersi. ⋄ *n* ⊳ dice. ➤ **die away** *vi* [sound] smorzarsi; [wind] calmarsi. ➤ **die down** *vi* [wind] affievolirsi; [sound, fire] smorzarsi. ➤ **die out** *vi* estinguersi, scomparire.

diehard ['daɪhɑ:d] *n* reazionario *m*, -a *f.*

diesel ['di:zl] *n* diesel *m inv.*

diesel engine *n* -1. AUT motore *m* diesel -2. RAIL locomotiva *f* diesel.

diesel fuel, **diesel oil** *n* gasolio *m.*

diet ['daɪət] ⋄ *n* -1. [eating pattern] alimentazione *f* -2. [gen] dieta *f*; **to be/go on a ~** essere/mettersi a dieta. ⋄ *comp* [low-calorie] **dietetico(a)**. ⬦ *vi* [in order to lose weight] **essere a dieta**.

differ ['dıfə^r] *vi* **-1.** [be different] **differire, essere diverso(a)**; **to ~ from sb/sthg** differire da qn/qc **-2.** [disagree]: **to ~ with sb (about sthg)** dissentire da qn (su qc).

difference ['dıfrəns] *n* **-1.** [gen] **differenza** *f*; **it doesn't make any ~** non fa differenza **-2.** [disagreement] **divergenza** *f*.

different ['dıfrənt] *adj* **diverso(a)**; **~ from** diverso(a) da.

differentiate [,dıfə'renʃıeıt] ⬦ *vt*: **to ~ (sthg from sthg)** differenziare (qc da qc). ⬦ *vi*: **to ~ (between)** fare differenza ⸗ (tra).

difficult ['dıfıkəlt] *adj* **difficile**.

difficulty ['dıfıkəltı] *n* **difficoltà** *f inv*; **to have ~ in doing sthg** avere difficoltà a fare qc.

diffident ['dıfıdənt] *adj* **diffidente**.

diffuse *vt* [dı'fju:z] **diffondere**.

dig [dıg] (*pt & pp* **dug**) ⬦ *n* **-1.** *fig* [unkind remark] **frecciata** *f* **-2.** ARCHEOL **scavo** *m*. ⬦ *vt* [hole] **scavare**; [garden] **vangare**. ⬦ *vi* **-1.** [in ground] **scavare -2.** [press]: **to ~ into sthg** conficcarsi in qc; **my strap's digging into me** la bretella mi sta segando la spalla. ⬦ **dig up** *vt sep* **-1.** [tree] **sradicare**; [potatoes] **cavare**; [coal] **estrarre -2.** *inf* [information] **scovare**.

digest ⬦ *n* ['daıdʒest] [book] *raccolta di testi in versione ridotta*. ⬦ *vt* [dı'dʒest] **-1.** [food] **digerire -2.** *fig* [information] **assimilare**.

digestion [dı'dʒestʃn] *n* **digestione** *f*.

digestive biscuit *n* UK *biscotto di farina integrale*.

digestive system *n* **apparato** *m* **digerente**.

digger ['dıgə^r] *n* **escavatore** *m*.

digit ['dıdʒıt] *n* **-1.** [figure] **cifra** *f* **-2.** [finger, toe] **dito** *m*.

digital ['dıdʒıtl] *adj* **digitale**.

digital camera *n* **macchina** *f* **fotografica digitale**.

digital television, digital TV *n* **televisione** *f* **digitale**.

digital watch *n* **orologio** *m* **digitale**.

dignified ['dıgnıfaıd] *adj* **dignitoso(a)**.

dignity ['dıgnətı] *n* **dignità** *f*.

digress [daı'gres] *vi*: **to ~ (from sthg)** **divagare** (da qc).

digs [dıgz] *npl* UK *dated* **alloggio** *m*.

dike [daık] *n* **-1.** [wall] **diga** *f*; [bank] **argine** *m* **-2.** *inf pej* [lesbian] **lesbica** *f*.

dilapidated [dı'læpıdeıtıd] *adj* [house, castle] **fatiscente**; [sofa, bicycle] **decrepito(a)**.

dilemma [dı'lemə] *n* **dilemma** *m*.

diligent ['dılıdʒənt] *adj* **meticoloso(a)**.

dilute [daı'lu:t] ⬦ *adj* **diluito(a)**. ⬦ *vt*: **to ~ sthg (with sthg)** **diluire qc** (con qc); **to ~ wine with water** **annacquare il vino**.

dim [dım] ⬦ *adj* **-1.** [light] **fioco(a)**; [room] **semibuio(a) -2.** [indistinct] **vago(a) -3.** [weak] **debole -4.** *inf* [stupid] **tonto(a)**. ⬦ *vt* **abbassare**. ⬦ *vi* [light] **affievolirsi**; [beauty] **sbiadire**; [memory, hope] **svanire**.

dime [daım] *n* US *moneta da dieci centesimi*.

dimension [daı'menʃn] *n* **-1.** [measurement] **dimensione** *f* **-2.** [aspect] **aspetto** *m*. ⬦ **dimensions** *npl* **dimensioni** *fpl*.

diminish [dı'mınıʃ] ⬦ *vt* [make less important] **sminuire**. ⬦ *vi* **diminuire**.

diminutive [dı'mınjʊtıv] ⬦ *adj fml* **minuscolo(a)**. ⬦ *n* GRAM **diminutivo** *m*.

dimmer ['dımə^r] *n* [switch] **dimmer** *m inv*. ⬦ **dimmers** *npl* US **-1.** [dipped headlights] **anabbaglianti** *mpl* **-2.** [parking lights] **luci** *fpl* **di posizione**.

dimmer switch *n* = **dimmer**.

dimple ['dımpl] *n* **fossetta** *f*.

din [dın] *n inf* **baccano** *m*.

dine [daın] *vi fml* **cenare**. ⬦ **dine out** *vi* **cenare fuori**.

diner ['daınə^r] *n* **-1.** [person] **cliente** *mf* (di ristorante) **-2.** US [restaurant] *negli Stati Uniti, ristorantino a buon mercato simile a una tavola calda*.

dinghy ['dıŋgı] *n* [for sailing] **dinghy** *m*; [for rowing] **canotto** *m*.

dingy ['dındʒı] *adj* **squallido(a)**.

dining car ['daınıŋ-] *n* **vagone** *m* **ristorante**.

dining room ['daınıŋ-] *n* **sala** *f* **da pranzo**.

dinner ['dınə^r] *n* **cena** *f*.

dinner jacket *n* **smoking** *m inv*.

dinner party *n* **cena** *f* **tra amici**.

dinnertime ['dınətaım] *n* **ora** *f* **di cena**.

dinosaur ['daınəsɔ:^{r}] *n* **dinosauro** *m*.

dint [dınt] *n fml*: **by ~ of** **grazie a**.

dip [dıp] ⬦ *n* **-1.** [in road, ground] **avvallamento** *m* **-2.** [sauce] **salsa** *f* **-3.** [swim] **tuffo** *m*; **to go for a ~** **fare un tuffo**. ⬦ *vt* **-1.** [into liquid]: **to ~ sthg in(to) sthg** **immergere qc in qc -2.** UK [headlights] **abbassare**. ⬦ *vi* **-1.** [sun] **calare**; [wing] **abbassarsi -2.** [road, ground] **digradare**.

diploma [dı'pləʊmə] (*pl* **-s**) *n* **diploma** *m*.

diplomacy [dı'pləʊməsı] *n* **diplomazia** *f*.

diplomat ['dɪpləmæt] *n* diplomatico *m*, -a *f*.

diplomatic [,dɪplə'mætɪk] *adj* diplomatico(a).

dipstick ['dɪpstɪk] *n* AUT astina *f* dell'olio.

dire ['daɪə'] *adj* [warning] serio(a); [consequences] disastroso(a).

direct [dɪ'rekt] <> *adj* -1. [route, answer, consequence] diretto(a) -2. [opposite] esatto(a); [quotation] pari pari. <> *vt* -1. [aim]: **to ~ sthg at sb** [attention, question, remark] rivolgere qc a qn; [money, aid] destinare qc a qn; **the campaign is ~ed at teenagers** la campagna è mirata agli adolescenti -2. [person to place] indicare la strada a -3. [manage, be in charge of] dirigere -4. [film, play, TV programme] curare la regia di -5. [order]: **to ~ sb to do sthg** ordinare a qn di fare qc. <> *adv* direttamente.

direct current *n* corrente *f* continua.

direct debit *n* UK addebito *m* diretto sul conto.

direction [dɪ'rekʃn] *n* -1. *lit & fig* direzione *f*; **under the ~ of** sotto la direzione di -2. [of play, film, TV programme] regia *f*.
♦ **directions** *npl* -1. [instructions to place] indicazioni *mpl* -2. [instructions for use] istruzioni *fpl*.

directly [dɪ'rektlɪ] *adv* -1. [in straight line] direttamente; **he's ~ descended from Nelson** discende in linea diretta da Nelson -2. [frankly, openly] francamente -3. [exactly] esattamente -4. [immediately, very soon] subito.

director [dɪ'rektə'] *n* -1. [of company] direttore *m*, -trice *f* -2. [of film, play, TV programme] regista *mf*.

directory [dɪ'rektərɪ] *n* -1. [book, list] elenco *m* -2. COMPUT directory *f inv*.

directory enquiries *n* UK servizio *m* informazioni elenco abbonati.

dire straits *npl*: **to be in ~** avere grosse difficoltà.

dirt [dɜːt] *n* -1. [mud, dust] sporco *m* -2. [earth] terra *f*.

dirt cheap *inf* <> *adj* a prezzi stracciati. <> *adv* per quattro soldi.

dirty ['dɜːtɪ] <> *adj* -1. [gen] sporco(a) -2. [unfair] sleale. <> *vt* sporcare.

disability [,dɪsə'bɪlətɪ] *n* handicap *m inv*.

disabled [dɪs'eɪbld] <> *adj* portatore(trice) di handicap. <> *npl*: **the ~** i portatori di handicap.

disadvantage [,dɪsəd'vɑːntɪdʒ] *n* svantaggio *m*; **to be at a ~** essere svantaggiato(a).

disagree [,dɪsə'griː] *vi* -1. [have different opinions] non essere d'accordo; **to ~ with sb/sthg** non essere d'accordo con qn/qc -2. [differ] non coincidere; **the accounts ~** i conti non tornano -3. [subj: food, drink]: **to ~ with sb** far star male qn; **that ice cream ~d with me** non ho digerito il gelato.

disagreeable [,dɪsə'griəbl] *adj* -1. [smell] sgradevole; [job] odioso(a) -2. [person] antipatico(a).

disagreement [,dɪsə'griːmənt] *n* -1. [of opinions] disaccordo *m* -2. [argument] diverbio *m*.

disallow [,dɪsə'laʊ] *vt* -1. *fml* [appeal, claim] respingere -2. [goal] annullare.

disappear [,dɪsə'pɪə'] *vi* sparire.

disappearance [,dɪsə'pɪərəns] *n* -1. [of person, object] scomparsa *f* -2. [of species, civilization] estinzione *f*.

disappoint [,dɪsə'pɔɪnt] *vt* deludere.

disappointed [,dɪsə'pɔɪntɪd] *adj* deluso(a); **I'm ~ with this job** questo lavoro mi ha deluso.

disappointing [,dɪsə'pɔɪntɪŋ] *adj* deludente.

disappointment [,dɪsə'pɔɪntmənt] *n* delusione *f*.

disapproval [,dɪsə'pruːvl] *n* disapprovazione *f*.

disapprove [,dɪsə'pruːv] *vi*: **to ~ (of sb/sthg)** disapprovare (qn/qc).

disarm [dɪs'ɑːm] <> *vt* disarmare. <> *vi* ridurre gli armamenti.

disarmament [dɪs'ɑːməmənt] *n* disarmo *m*.

disarray [,dɪsə'reɪ] *n*: **in ~** *fml* [clothes, room, hair] in disordine; [government, organization] nel caos.

disaster [dɪ'zɑːstə'] *n* -1. [catastrophic event] catastrofe *f* -2. [misfortune] disastro *m* -3. *inf* [failure] disastro *m*.

disastrous [dɪ'zɑːstrəs] *adj* disastroso(a).

disband [dɪs'bænd] <> *vt* sciogliere. <> *vi* sciogliersi.

disbelief [,dɪsbɪ'liːf] *n*: **in OR with ~** con incredulità.

disc UK, **disk** US [dɪsk] *n* -1. [gen] disco *m* -2. MED vertebra *f*.

discard [dɪ'skɑːd] *vt* scartare.

discern [dɪ'sɜːn] *vt* -1. [see] distinguere -2. [detect] percepire.

discerning [dɪ'sɜːnɪŋ] *adj* [person, eye, taste] raffinato(a); **a ~ reader** un lettore attento.

discharge ⬦ *n* [dɪs'tʃɑːdʒ] **-1.** [of patient] autorizzazione *f* a lasciare l'ospedale; [of prisoner, defendant] rilascio *m*; [from armed forces] congedo *m* **-2.** [of smoke] emissione *f*; [of sewage] scarico *m* **-3.** MED secrezione *f*. ⬦ *vt* ['dɪstʃɑːdʒ] **-1.** [patient] dimettere; [prisoner, defendant] rilasciare; [from armed forces] congedare **-2.** *fml* [duty] adempiere a **-3.** [smoke] emettere; [sewage] scaricare.

disciplo [dɪ'ɑɪpl] *n* **1.** RELIG discepolo *m*, a *f* **-2.** *fig* [follower] seguace *mf*.

discipline ['dɪsɪplɪn] ⬦ *n* **-1.** [control] disciplina *f*; **it's a very good ~ to take some exercise every day** è un'ottima abitudine fare un po' di ginnastica ogni giorno **-2.** [subject] materia *f*. ⬦ *vt* **-1.** [train] educare **-2.** [punish] punire.

disc jockey *n* disc jockey *m* o *f inv.*

disclose [dɪs'kləʊz] *vt* rivelare.

disclosure [dɪs'kləʊʒə] *n* rivelazione *f*.

disco ['dɪskəʊ] (*pl* **-s**) (*abbr of* **discotheque**) *n* discoteca *f*.

discomfort [dɪs'kʌmfət] *n* **-1.** [physical pain] malessere *m* **-2.** [uncomfortable condition, embarrassment] disagio *m*.

disconcert [ˌdɪskən'sɜːt] *vt* disorientare.

disconnect [ˌdɪskə'nekt] *vt* staccare; **we've been disconnected** [gas, electricity] ci hanno staccato il gas; [phone] è caduta la linea.

disconsolate [dɪs'kɒnsələt] *adj* sconsolato(a).

discontent [ˌdɪskən'tent] *n*: ~ **(with sthg)** malcontento *m* (per qc).

discontented [ˌdɪskən'tentɪd] *adj*: ~ **(with sthg)** scontento(a) (per qc).

discontinue [ˌdɪskən'tɪnjuː] *vt* sospendere.

discord ['dɪskɔːd] *n* **-1.** *fml* [conflict] discordia *f* **-2.** MUS dissonanza *f*.

discotheque ['dɪskəʊtek] *n* discoteca *f*.

discount ⬦ *n* ['dɪskaʊnt] sconto *m*. ⬦ *vt* ['dɪskaʊnt, dɪs'kaʊnt] **-1.** [disregard] non tener conto di **-2.** [goods] fare uno sconto su; [prices] abbassare.

discourage [dɪs'kʌrɪdʒ] *vt* scoraggiare; **to ~ sb from doing sthg** dissuadere qn dal fare qc.

discover [dɪs'kʌvə] *vt* scoprire.

discovery [dɪs'kʌvərɪ] *n* scoperta *f*.

discredit [dɪs'kredɪt] ⬦ *n* [shame] disonore *m*. ⬦ *vt* **-1.** [person] screditare **-2.** [idea, belief, theory] confutare.

discreet [dɪ'skriːt] *adj* discreto(a).

discrepancy [dɪ'skrepənsɪ] *n*: ~ **(in OR between)** discrepanza (tra).

discretion [dɪ'skreʃn] *n* **-1.** [tact] discrezione *f* **-2.** [judgment] giudizio *m*; **at the ~ of** a discrezione di.

discriminate [dɪ'skrɪmɪneɪt] *vi* **-1.** [distinguish] distinguere; **to ~ between** distinguere tra **-2.** [treat unfairly]: **to ~ against sb** discriminare qn.

discriminating [dɪ'skrɪmɪneɪtɪŋ] *adj* esigente.

discrimination [dɪˌskrɪmɪ'neɪʃn] *n* **-1.** [prejudice] discriminazione *f* **-2.** [good judgment] capacità *f inv* di giudizio.

discus ['dɪskəs] (*pl* **-es**) *n* disco *m*.

discuss [dɪ'skʌs] *vt* discutere; **to ~ sthg with sb** discutere qc con qn.

discussion [dɪ'skʌʃn] *n* discussione *f*; **under ~** all'esame.

disdain [dɪs'deɪn] *fml n* disprezzo *m*; ~ **for sb/sthg** disdegno *m* per qn/qc.

disease [dɪ'ziːz] *n* [illness] malattia *f*.

disembark [ˌdɪsɪm'bɑːk] *vi* sbarcare.

disenchanted [ˌdɪsɪn'tʃɑːntɪd] *adj*: ~ **with sthg** deluso(a) da qc.

disengage [ˌdɪsɪn'geɪdʒ] *vt* **-1.** [release]: **to ~ sthg (from sthg)** staccare qc (da qc) **-2.** TECH disinnestare.

disfigure [dɪs'fɪgə] *vt* sfigurare.

disgrace [dɪs'greɪs] ⬦ *n* **-1.** [shame] disonore *m*; **to fall into ~** cadere in disgrazia **-2.** [cause of shame] vergogna *f*. ⬦ *vt* disonorare; **to ~ o.s.** rovinarsi la reputazione.

disgraceful [dɪs'greɪsfʊl] *adj* vergognoso(a).

disgruntled [dɪs'grʌntld] *adj* scontento(a).

disguise [dɪs'gaɪz] ⬦ *n* travestimento *m*; **in ~** travestito(a). ⬦ *vt* **-1.** [dress up] travestire **-2.** [voice, handwriting] contraffare **-3.** [feelings, unpleasant taste] mascherare.

disgust [dɪs'gʌst] ⬦ *n* disgusto *m*; ~ **at sthg** disgusto per qc. ⬦ *vt* disgustare.

disgusting [dɪs'gʌstɪŋ] *adj* disgustoso(a).

dish [dɪʃ] *n* **-1.** [bowl] ciotola *f* **-2.** *US* [plate] piatto *m* **-3.** [food] piatto *m*. **◆ dishes** *npl* piatti *mpl*; **to do** OR **wash the ~es** lavare i piatti. **◆ dish out** *vt sep inf* distribuire. **◆ dish up** *vt sep inf* servire.

dish aerial *UK*, **dish antenna** *US n* antenna *f* parabolica.

dishcloth ['dɪʃklɒθ] *n* strofinaccio *m*.

disheartened [dɪs'hɑːtnd] *adj* scoraggiato(a).

dishevelled *UK*, **disheveled** *US* [dɪˈʃevld] *adj* scompigliato(a).

dishonest [dɪsˈɒnɪst] *adj* disonesto(a).

dishonor *n & vt US* = **dishonour**.

dishonorable *adj US* = **dishonourable**.

dishonour *UK*, **dishonor** *US* [dɪsˈɒnəʳ] ⬦ *n* disonore *m*. ⬦ *vt* disonorare.

dishonourable *UK*, **dishonorable** *US* [dɪsˈɒnrəbl] *adj* [person] indegno(a); [behaviour] disonorevole.

dish towel *n US* strofinaccio *m*.

dishwasher [ˈdɪʃˌwɒʃəʳ] *n* lavastoviglie *f inv*.

disillusioned [ˌdɪsɪˈluːʒnd] *adj* disilluso(a); **to be ~ with sb/sthg** non farsi illusioni su qn/qc.

disincentive [ˌdɪsɪnˈsentɪv] *n* deterrente *m*.

disinclined [ˌdɪsɪnˈklaɪnd] *adj*: **to be ~ to do sthg** essere poco incline a fare qc.

disinfect [ˌdɪsɪnˈfekt] *vt* disinfettare.

disinfectant [ˌdɪsɪnˈfektənt] *n* disinfettante *m*.

disintegrate [dɪsˈɪntɪgreɪt] *vi* [object] disintegrarsi.

disinterested [ˌdɪsˈɪntrəstɪd] *adj* -1. [objective] disinteressato(a) -2. *inf* [uninterested]: **~ (in sb/sthg)** indifferente (a qn/qc).

disjointed [dɪsˈdʒɔɪntɪd] *adj* sconnesso(a).

disk [dɪsk] *n* -1. [COMPUT – hard] disco *m*; [– floppy] dischetto *m* -2. *US* = **disc**.

disk drive *UK*, **diskette drive** *US* *n* COMPUT disk drive *m inv*.

diskette [dɪsˈket] *n* COMPUT dischetto *m*.

diskette drive *n US* = **disk drive**.

dislike [dɪsˈlaɪk] ⬦ *n* antipatia *f*; **to take a ~ to sb** prendere in antipatia qn; **~ of sb/sthg** avversione *f* per qn/qc. ⬦ *vt* detestare.

dislocate [ˈdɪsləkeɪt] *vt* -1. MED slogarsi -2. *fml* [disrupt] intralciare.

dislodge [dɪsˈlɒdʒ] *vt*: **to ~ sb/sthg (from sthg)** rimuovere qn/qc (da qc).

disloyal [ˌdɪsˈlɔɪəl] *adj*: **~ (to sb)** sleale (nei confronti di qn).

dismal [ˈdɪzml] *adj* -1. [gloomy, depressing] deprimente -2. [attempt, failure] misero(a).

dismantle [dɪsˈmæntl] *vt* [machine, structure] smontare; [power plant, nuclear weapons] smantellare.

dismay [dɪsˈmeɪ] ⬦ *n* costernazione *f*. ⬦ *vt* costernare.

dismiss [dɪsˈmɪs] *vt* -1. [from job] licenziare; **to ~ sb (from sthg)** mandar via qn

(da qc) -2. [idea, plan] scartare -3. [troops] congedare -4. LAW archiviare; [jury] sciogliere.

dismissal [dɪsˈmɪsl] *n* -1. [from job] licenziamento *m* -2. [refusal to take seriously] rifiuto *m* -3. LAW non luogo *m* a procedere.

dismount [ˌdɪsˈmaʊnt] *vi*: **to ~ (from sthg)** smontare (da qc).

disobedience [ˌdɪsəˈbiːdjəns] *n* disubbidienza *f*.

disobedient [ˌdɪsəˈbiːdjənt] *adj* disubbidiente.

disobey [ˌdɪsəˈbeɪ] *vt* disubbidire a.

disorder [dɪsˈɔːdəʳ] *n* -1. [gen] disordine *m*; **in ~** in disordine -2. MED disturbo *m*.

disorderly [dɪsˈɔːdəlɪ] *adj* -1. [untidy] disordinato(a) -2. [unruly] indisciplinato(a).

disorganized, -ised [dɪsˈɔːgənaɪzd] *adj* [person] disorganizzato(a); [system] caotico(a).

disorientated [dɪsˈɔːrɪənteɪtɪd] *UK*, **disoriented** *US* [dɪsˈɔːrɪəntɪd] *adj* disorientato(a).

disown [dɪsˈəʊn] *vt* rinnegare.

disparaging [dɪˈspærɪdʒɪŋ] *adj* sprezzante.

dispassionate [dɪˈspæʃnət] *adj* imparziale.

dispatch [dɪˈspætʃ] ⬦ *n* messaggio *m*. ⬦ *vt* inviare.

dispel [dɪˈspel] *vt* allontanare.

dispense [dɪˈspens] *vt* [justice, advice] amministrare. ◆ **dispense with** *vt insep* -1. [do without] fare a meno di -2. [make unnecessary] rendere superfluo (a).

dispensing chemist *UK*, **dispensing pharmacist** [dɪˈspensɪŋ-] *US* *n* farmacista *mf*.

disperse [dɪˈspɜːs] ⬦ *vt* -1. [crowd] disperdere -2. [knowledge, news] diffondere -3. [substance, gas, oil slick] spargere. ⬦ *vi* [crowd] disperdersi.

dispirited [dɪˈspɪrɪtɪd] *adj* scoraggiato(a).

displace [dɪsˈpleɪs] *vt* -1. [supplant] rimpiazzare -2. PHYS spostare.

display [dɪˈspleɪ] ⬦ *n* -1. [of goods, merchandise, ornaments] esposizione *f*; **window ~** merce *f* in vetrina -2. [of feeling, courage, skill] dimostrazione *f* -3. [performance] spettacolo *m* -4. COMPUT display *m inv*. ⬦ *vt* -1. [goods, merchandise, ornaments] esporre -2. [feeling, courage, skill] dimostrare.

displease [dɪsˈpliːz] *vt* contrariare.

displeasure [dɪsˈpleʒəʳ] *n* dispiacere *m*.

disposable [dɪ'spəʊzəbl] *adj* -1. [to be thrown away after use] usa e getta; ~ **nappy** *UK*, ~ **diaper** *US* pannolino *m* usa e getta -2. [available] liquido(a).

disposal [dɪ'spəʊzl] *n* -1. [removal] smaltimento *m* -2. [availability]: **at sb's** ~ a disposizione di qn.

dispose [dɪ'spəʊz] ➡ **dispose of** *vt insep* [rubbish] smaltire; [problem] risolvere.

disposed [dɪ'spəʊzd] *adj* -1. [willing]: **to be** ~ **to do sthg** essere disposto(a) a fare qc -2. [friendly]: **to be well** ~ **to** OR **towards sb** essere ben disposto(a) verso qn.

disposition [,dɪspə'zɪʃn] *n* -1. [temperament] carattere *m* -2. [willingness, tendency]: ~ **to do sthg** disponibilità *f* a fare qc.

disprove [,dɪs'pruːv] *vt* confutare.

dispute [dɪ'spjuːt] ◇ *n* -1. [quarrel] disputa *f* -2. [disagreement] diverbio *m* -3. INDUST vertenza *f*. ◇ *vt* -1. [question, challenge] contestare -2. [fight for] contendere.

disqualify [,dɪs'kwɒlɪfaɪ] *vt* -1. [subj: authority, illness, criminal record]: **to** ~ **sb (from doing sthg)** vietare a qn (di fare qc) -2. SPORT squalificare -3. *UK* [from driving] ritirare la patente a.

disquiet [dɪs'kwaɪət] *n* inquietudine *f*.

disregard [,dɪsrɪ'gɑːd] ◇ *n*: ~ **(for sthg)** indifferenza (a qc). ◇ *vt* ignorare.

disrepair [,dɪsrɪ'peər] *n* sfacelo *m*; **to fall into** ~ andare in rovina.

disreputable [dɪs'repjʊtəbl] *adj* poco raccomandabile.

disrepute [,dɪsrɪ'pjuːt] *n*: **to bring sthg into** ~ screditare qc; **to fall into** ~ rovinarsi la reputazione.

disrupt [dɪs'rʌpt] *vt* interrompere.

dissatisfaction ['dɪs,sætɪs'fækʃn] *n* insoddisfazione *f*.

dissatisfied [,dɪs'sætɪsfaɪd] *adj* scontento(a); ~ **with sthg** scontento di qc.

dissect [dɪ'sekt] *vt* -1. MED sezionare -2. *fig* [poem, novel, idea, argument] analizzare minuziosamente.

dissent [dɪ'sent] ◇ *n* dissenso *m*. ◇ *vi*: **to** ~ **(from sthg)** dissentire (da qc).

dissertation [,dɪsə'teɪʃn] *n* dissertazione *f*.

disservice [,dɪs'sɜːvɪs] *n*: **to do sb a** ~ non fare un favore a qn.

dissimilar [,dɪ'sɪmɪlər] *adj* dissimile; ~ **to** dissimile da.

dissipate ['dɪsɪpeɪt] *vt* -1. [heat] disperdere -2. [money] dissipare; [efforts] sprecare.

dissociate [dɪ'səʊʃɪeɪt] *vt* dissociare; **to** ~ **o.s. from sthg** dissociarsi da qc.

dissolute ['dɪsəluːt] *adj* dissoluto(a).

dissolve [dɪ'zɒlv] ◇ *vt* -1. [substance] sciogliere -2. *fml* [organization] smantellare. ◇ *vi* -1. [substance] sciogliersi -2. *fig* [disappear] dissolversi.

dissuade [dɪ'sweɪd] *vt*: **to** ~ **sb (from doing sthg)** dissuadere qn (dal fare qc).

distance ['dɪstəns] *n* -1. [between two places] distanza *f* -2. [distant point]: **at a** ~ molto lontano; **from a** ~ da lontano; **in the** ~ in lontananza.

distant ['dɪstənt] *adj* -1. [place] distante; ~ **from** distante da -2. [time, relative] lontano(a) -3. [manner] freddo(a).

distaste [dɪs'teɪst] *n* avversione *f*; ~ **for sthg** avversione per qc.

distasteful [dɪs'teɪstfʊl] *adj* odioso(a).

distended [dɪ'stendɪd] *adj* dilatato(a).

distil *UK*, **distill** *US* [dɪ'stɪl] *vt* -1. [liquid] distillare -2. *fig* [information] estrarre.

distillery [dɪ'stɪlərɪ] *n* distilleria *f*.

distinct [dɪ'stɪŋkt] *adj* -1. [different] diverso(a); ~ **from** diverso da; **as** ~ **from** a differenza di -2. [clear] netto(a).

distinction [dɪ'stɪŋkʃn] *n* -1. [difference] differenza *f*; **to draw** OR **make a** ~ **between** distinguere tra -2. [excellence] classe *f*; **wines of** ~ vini di gran classe -3. [in exam result] lode *f*.

distinctive [dɪ'stɪŋktɪv] *adj* inconfondibile.

distinguish [dɪ'stɪŋgwɪʃ] ◇ *vt* -1. [gen] distinguere; **to** ~ **sthg from sthg** distinguere qc da qc -2. [discern, perceive] riconoscere. ◇ *vi*: **to** ~ **between** distinguere tra.

distinguished [dɪ'stɪŋgwɪʃt] *adj* illustre.

distinguishing [dɪ'stɪŋgwɪʃɪŋ] *adj* [feature, mark] distintivo(a); ~ **marks** [on passport] segni *mpl* particolari.

distort [dɪ'stɔːt] *vt* -1. [shape] deformare; [sound] distorcere -2. [truth, facts] travisare.

distract [dɪ'strækt] *vt*: **to** ~ **sb/sthg from sthg** distogliere qn/qc da qc.

distracted [dɪ'stræktɪd] *adj* assente.

distraction [dɪ'strækʃn] *n* [gen] distrazione *f*.

distraught [dɪ'strɔːt] *adj* disperato(a).

distress [dɪ'stres] ◇ *n* [suffering - mental] angoscia *f*; [- physical] sofferenza *f*. ◇ *vt* [upset] turbare.

distressing [dɪ'stresɪŋ] *adj* angosciante.

distribute [dɪˈstrɪbjuːt] *vt* **-1.** [gen] distribuire **-2.** [share out] ripartire.

distribution [ˌdɪstrɪˈbjuːʃn] *n* **-1.** [gen] distribuzione *f* **-2.** [of wealth, money] ripartizione *f*.

distributor [dɪˈstrɪbjʊtəʳ] *n* **-1.** COMM distributore *m*, -trice *f* **-2.** AUT spinterogeno *m*.

district [ˈdɪstrɪkt] *n* **-1.** [of country] regione *f*; [of city] quartiere *m* **-2.** [administrative area – of country] distretto *m*; [– of city] circoscrizione *f*.

district nurse *n* UK *infermiera che esegue visite a domicilio ai malati di un quartiere.*

distrust [dɪsˈtrʌst] ◇ *n* diffidenza *f*. ◇ *vt* diffidare di.

disturb [dɪˈstɜːb] *vt* **-1.** [interrupt] disturbare **-2.** [upset, worry] turbare **-3.** [cause to change] spostare.

disturbance [dɪˈstɜːbəns] *n* **-1.** [fight] disordini *mpl* **-2.** [interruption, disruption]: ~ **of the peace** LAW disturbo *m* della quiete pubblica **-3.** [distress] disturbo *m*.

disturbed [dɪˈstɜːbd] *adj* **-1.** [upset, ill] affetto(a) da turbe psichiche; **emotionally** ~ con disturbi psichici **-2.** [worried] preoccupato(a).

disturbing [dɪˈstɜːbɪŋ] *adj* allarmante.

disuse [ˌdɪsˈjuːs] *n*: **to fall into** ~ [building, mine] essere abbandonato(a); [regulation] cadere in disuso.

disused [ˌdɪsˈjuːzd] *adj* abbandonato(a).

ditch [dɪtʃ] ◇ *n* fosso *m*. ◇ *vt inf* **-1.** [boyfriend, girlfriend] mollare **-2.** [plan, old car] abbandonare **-3.** [clothes] buttar via.

dither [ˈdɪðəʳ] *vi* tentennare.

ditto [ˈdɪtəʊ] *adv* idem.

dive [daɪv] (UK *pt & pp* **-d**, US *pt* **-d** OR **dove**, *pp* **-d**) ◇ *vi* **-1.**: **to** ~ **(into sthg)** [person] tuffarsi (in qc); [submarine] immergersi (in qc); [bird, aircraft] scendere in picchiata (in qc) **-2.** [as sport – from board] tuffarsi; [– underwater] immergersi **-3.** [rush] farsi largo; **he** ~ **d for his camera** si è precipitato a prendere la macchina fotografica **-4.** [into pocket, bag]: **to** ~ **into sthg** cacciare la mano in qc . ◇ *n* **-1.** [of person] tuffo *m* **-2.** [of bird, aircraft] picchiata *f* **-3.** *inf pej* [bar, restaurant] bettola *f*.

diver [ˈdaɪvəʳ] *n* [from board] tuffatore *m*, -trice *f*; [underwater] subacqueo *m*, -a *f*.

diverge [daɪˈvɜːdʒ] *vi* divergere; **to** ~ **from sthg** essere differente da qc.

diversify [daɪˈvɜːsɪfaɪ] ◇ *vt* [products] diversificare. ◇ *vi* [in industry] diversificarsi.

diversion [daɪˈvɜːʃn] *n* **-1.** [distraction] diversivo *m*, distrazione *f* **-2.** [of traffic] deviazione *f*.

diversity [daɪˈvɜːsətɪ] *n* diversità *f*.

divert [daɪˈvɜːt] *vt* **-1.** [person, forces]: **to** ~ **sb/sthg from sthg** distogliere qn/qc da qc **-2.** [traffic] deviare **-3.** [attention] sviare.

divide [dɪˈvaɪd] *vt* **-1.** [gen] dividere; **to** ~ **sthg into sthg** dividere qc in qc; **to** ~ **sthg by sthg** dividere qc per qc; **to** ~ **sthg into sthg**: ~ **3 into 89** dividi 89 per 3 **-2.** [share out, distribute] ripartire. ◇ *vi* **-1.** [class] dividersi; [road] biforcarsi **-2.** [disagree, split up] dividersi.

dividend [ˈdɪvɪdend] *n* dividendo *m*.

divine [dɪˈvaɪn] *adj* **-1.** [holy] divino(a) **-2.** *inf* [wonderful] splendido(a).

diving [ˈdaɪvɪŋ] *n* [from board] tuffi *mpl*; [underwater] immersioni *fpl*.

diving board *n* trampolino *m*.

divinity [dɪˈvɪnətɪ] *n* **-1.** [godliness] santità *f inv* **-2.** [study] teologia *f* **-3.** [god, goddess] divinità *f inv*.

division [dɪˈvɪʒn] *n* **-1.** [gen] divisione *f* **-2.** [sharing out, distribution] ripartizione *f* **-3.** [disagreement] frattura *f* **-4.** UK [in football league] serie *f*.

divorce [dɪˈvɔːs] ◇ *n* LAW divorzio *m*. ◇ *vt* [LAW & husband, wife] divorziare da.

divorced [dɪˈvɔːst] *adj* **-1.** LAW divorziato(a) **-2.** *fig* [separated]: **to be** ~ **from sthg** essere avulso(a) da qc.

divorcee *n* divorziato *m*, -a *f*.

divulge [daɪˈvʌldʒ] *vt* divulgare.

DIY (*abbr of* **do-it-yourself**) *n* UK fai da te *m inv*.

dizzy [ˈdɪzɪ] *adj*: **I feel** ~ mi gira la testa.

DJ *n* (*abbr of* **disc jockey**) D.J. *m o f*.

DNA (*abbr of* **deoxyribonucleic acid**) *n* DNA *m*.

DNS [ˌdiːenˈes] (*abbr of* **Domain Name System**) *n* COMPUT DNS *m*.

do [duː] (*pt* **did**, *pp* **done**, *pl* **dos** OR **do's**) ◇ *aux vb* **-1.** (*in negatives*): **don't leave it there** non lasciarlo lì; **I didn't want to see him** non volevo vederlo **-2.** (*in questions*): **what did he want?** che cosa voleva?; ~ **you think she'll come?** pensi che verrà? **-3.** (*referring back to previous verb*): **she reads more than I** ~ legge più di me; **I like reading — so** ~ **I** mi piace leggere — anch'io **-4.** (*in question tags*): **you know her, don't you?** la conosci, non è vero?; **he told you, didn't he?** te lo ha detto, no?; **so you think you can dance,** ~ **you?** così, credi di saper ballare, vero? **-5.** (*for emphasis*): **I did tell you but you've forgotten** te l'ho detto, ma te ne sei dimenticato; ~ **come in** entra pure. ⬦ *vt* **-1.** [perform an activity] fare; **to ~ aerobics/gymnastics** fare aerobica/ginnastica; **to ~ the housework/cleaning** fare i lavori di casa/le pulizie; **to ~ the cooking** cucinare; **to ~ one's hair** pettinarsi; **to ~ one's teeth** lavarsi i denti; **to ~ one's duty** fare il proprio dovere **-2.** [take action] fare; **what are you doing here?** cosa ci fai qui?; **there's nothing I can ⋅ about it** non ci posso fare niente; **we'll have to ~ something about that tree** dovremo fare qualcosa per quell'albero; **to ~ one's best (to do sthg)** fare del proprio meglio (per fare qc); **I'll ~ my best to help** farò del mio meglio per aiutare **-3.** [have particular effect] fare; **to ~ more harm than good** fare più danno che altro **-4.** [referring to job]. **what ~ you ~?** cosa fai nella vita?; **what ~ you want to ~ when you leave school?** cosa vuoi fare quando finisci la scuola? **-5.** [perform a service] fare; **what can I ~ for you?** cosa posso fare per lei?; **we ~ trips to Ireland** organizziamo viaggi per l'Irlanda; **we're not doing hot food today** oggi non serviamo pasti caldi **-6.** [study] fare; **I did physics at school** ho fatto fisica a scuola; **she's doing Spanish/Law at Oxford** studia spagnolo/fa legge a Oxford **-7.** [travel at a particular speed] fare; **the car can ~ 110 mph** la macchina può fare fino a 110 miglia all'ora **-8.** [be good enough for] andare bene; **that'll ~ me nicely** mi va benissimo. ⬦ *vi* **-1.** [act] fare; **~ as I tell you** fai come ti dico; **you would ~ well to reconsider** faresti bene a ripensarci **-2.** [perform in a particular way]: **they're doing really well** [in business] le cose gli stanno andando molto bene; [at school] vanno molto bene; **he could ~ better** potrebbe fare meglio; **how did you ~ in the exam?** come ti è andato l'esame? **-3.** [be good enough, be sufficient] andare bene; **will £6 ~ ?** vanno bene 6 sterline?; **that will ~ (nicely)** andrà benone; **that will ~ !** basta così! ⬦ *n* [party] festa *f*. ◆ **dos** *npl*: **~s and don'ts** cose da fare e da non fare. ◆ **do away with** *vt insep* abolire. ◆ **do out of** *vt sep*: **to ~ sb out of sthg** portare via qc a qn. ◆ **do up** *vt sep* **-1.** [shoelaces, dress] allacciare; [shirt, coat] abbottonare; [tie] fare il nodo a; **to ~ one's shoes up** allacciarsi le scarpe; **to ~ one's jacket up** abbottonarsi la giacca; **your shirt's not done up** hai la camicia sbottonata **-2.** [building, room, area] rifare **-3.** [parcel, package] avvolgere. ◆ **do with** *vt insep* **-1.** [need] aver bisogno di; **the house could ~ with a spring-**

clean la casa avrebbe bisogno di una bella ripulita; **I could ~ with a new car** mi ci vorrebbe una macchina nuova **-2.** [have connection with]: **I had nothing to ~ with it** io non c'entravo niente; **that has nothing to ~ with it** questo non c'entra niente; **it's something to ~ with the way he speaks** si tratta del suo modo parlare. ◆ **do without** ⬦ *vt insep* fare a meno di. ⬦ *vi* farne a meno.

docile [*UK* 'dəʊsaɪl, *US* 'dɒsəl] *adj* docile.

dock [dɒk] ⬦ *n* **-1.** [in harbour] bacino *m* inv, bacino *m*; [wharf] molo *m*, banchina *f* **-2.** [in court] banco *m* degli imputati. ⬦ *vi* [ship] attraccare.

docker ['dɒkə²] *n* portuale *m*.

dockyard ['dɒkjɑːd] *n* cantiere *m* navale.

doctor ['dɒktə²] ⬦ *n* **-1.** [of medicine] medico *m*; **to go to the ~'s** andare dal medico **-2.** [holder of PhD] dottore *(titolo che si ottiene al termine di un dottorato di ricerca)*. ⬦ *vt* [results] manipolare; [text] rimaneggiare; [food, wine] adulterare.

doctorate ['dɒktərət], **doctor's degree** *n* dottorato *m* di ricerca.

doctrine ['dɒktrɪn] *n* dottrina *f*.

document ['dɒkjʊmənt] *n* documento *m*.

documentary [,dɒkjʊ'mentərɪ] ⬦ *adj* documentario(a). ⬦ *n* documentario *m*.

dodge [dɒdʒ] ⬦ *n inf* stratagemma *m*. ⬦ *vt* [car] schivare; [question, responsibility] scansare. ⬦ *vi* scansarsi.

dodgy ['dɒdʒɪ] *adj UK inf* poco raccomandabile.

doe [dəʊ] *n* **-1.** [female deer] cerva *f* **-2.** [female rabbit] coniglia *f*.

does [dʌz] *vb* ⊳ **do.**

doesn't ['dʌznt] *cont* = **does not.**

dog [dɒg] ⬦ *n* [animal] cane *m*. ⬦ *vt* **-1.** [follow closely] stare alle calcagna di qn **-2.** [subj: problems, bad luck] perseguitare.

dog collar *n* **-1.** [of dog] collare *m* per cani **-2.** [of clergyman] colletto *m* da prete.

dog-eared *adj* con le orecchie.

dog food *n* cibo *m* per cani.

dogged ['dɒgɪd] *adj* tenace.

dogsbody ['dɒgz,bɒdɪ] *n UK inf* factotum *m o f inv.*

doing ['duːɪŋ] *n*: **is this your ~ ?** è opera tua? ◆ **doings** *npl* azioni *fpl.*

do-it-yourself *n* fai da te *m inv.*

doldrums ['dɒldrəmz] *npl*: **to be in the ~** *fig* [industry] essere in stagnazione; [person] essere depresso(a).

dole [dəʊl] *n UK* indennità *f inv* di disoccupazione; **to be on the ~** percepire l'indennità di disoccupazione. **► dole out** *vt sep* distribuire.

doll [dɒl] *n* bambola *f*.

dollar ['dɒlə'] *n* dollaro *m*.

dollop ['dɒləp] *n inf* cucchiaiata *f*.

dolphin ['dɒlfɪn] *n* delfino *m*.

domain [də'meɪn] *n* **-1.** [sphere of interest] settore *m* **-2.** [land] possedimenti *mpl*.

domain name *n* COMPUT nome *m* di dominio.

dome [dəʊm] *n* ARCHIT cupola *f*.

domestic [də'mestɪk] <> *adj* **-1.** [internal, not foreign – policy] interno(a); [– flight] nazionale **-2.** [animal, chores, duty] domestico(a) **-3.** [home-loving] casalingo(a). <> *n* domestico *m*, -a *f*.

domestic science *n* economia *f* domestica.

dominant ['dɒmɪnənt] *adj* dominante.

dominate ['dɒmɪneɪt] *vt* dominare.

domineering [,dɒmɪ'nɪərɪŋ] *adj* prepotente.

domino ['dɒmɪnəʊ] (*pl* **-es**) *n* tessera *f* del domino. **► dominoes** *npl* domino *m*.

don [dɒn] *n UK* UNIV docente *mf* universitario(a).

donate [də'neɪt] *vt* donare.

done [dʌn] <> *pp* ▷ **do**. <> *adj* **-1.** [finished] finito(a); **I'm nearly ~** ho quasi finito **-2.** [cooked] cotto(a). <> *excl* affare fatto!

donkey ['dɒŋkɪ] (*pl* **donkeys**) *n* asino *m*.

donor ['dəʊnə'] *n* donatore *m*, -trice *f*.

donor card *n* tessera *f* di donatore (di organi).

don't [dəʊnt] *cont* = **do not**.

doodle ['du:dl] <> *n* scarabocchio *m*. <> *vi* fare scarabocchi.

doom [du:m] *n* destino *m*.

doomed [du:md] *adj*: **to be ~ to sthg/to do sthg** essere destinato(a) a qc/a fare qc.

door [dɔ:'] *n* **-1.** [of building, room, train] porta *f* **-2.** [of car] portiera *f*; [of cupboard] sportello *m*.

doorbell ['dɔ:bel] *n* campanello *m* (della porta).

doorknob ['dɔ:nɒb] *n* maniglia *f*.

doorman ['dɔ:mən] (*pl* **-men**) *n* portiere *m*.

doormat ['dɔ:mæt] *n* **-1.** [mat] zerbino *m* **-2.** *fig* [person] pezza *f* da piedi.

doorstep ['dɔ:step] *n* soglia *f*.

doorway ['dɔ:weɪ] *n* vano *m* della porta.

dope [dəʊp] <> *n* **-1.** *drug sl* [cannabis] fumo *m* **-2.** [for athlete, horse] sostanza *f* dopante **-3.** *inf* [fool] imbecille *mf*. <> *vt* [drug] dopare.

dopey ['dəʊpɪ] (*compar* **-ier**, *superl* **-iest**) *adj inf* **-1.** [groggy] intontito(a) **-2.** [stupid] stupido(a).

dormant ['dɔ:mənt] *adj* **-1.** [volcano] quiescente **-2.** [law] in quiescenza.

dormitory ['dɔ:mətrɪ] *n* **-1.** [room] dormitorio *m* **-2.** *US* [in university] ≃ casa *f* dello studente.

DOS [dɒs] (*abbr of* **disk operating system**) *n* DOS *m*.

dose [dəʊs] *n* **-1.** [of medicine, drug] dose *f* **-2.** [of illness] attacco *m*.

dot [dɒt] <> *n* **-1.** [on material] pois *m inv* **-2.** [in punctuation] puntino *m*. <> *vt* [scatter] sparpagliare. **► on the dot** *adv* [arrive] all'ora precisa; [pay] puntualmente; **at ten o'clock ~** alle dieci in punto.

dotcom ['dɒtkɒm] *adj usato per riferirsi alle aziende che operano in Internet.*

dote ['dəʊt] **► dote upon** *vt insep* stravedere per.

dot-matrix printer *n* stampante *f* ad aghi.

dotted line *n* linea *f* tratteggiata.

double ['dʌbl] <> *adj* doppio(a). <> *adv* **-1.** [gen] due volte tanto, il doppio; **to see ~** vederci doppio **-2.** [in two] in due; **to bend ~** piegarsi in due. <> *n* **-1.** [gen] doppio *m*; **I earn ~ what he does** guadagno il doppio di lui **-2.** [look-alike] sosia *m* **-3.** CIN controfigura *f*. <> *vt & vi* raddoppiare. **► doubles** *npl* TENNIS doppio *m*.

double-barrelled *UK*, **double-barreled** *US* [-'bærəld] *adj* **-1.** [shotgun] a due canne **-2.** [name] doppio(a).

double bass [-beɪs] *n* contrabbasso *m*.

double bed *n* letto *m* matrimoniale, letto *m* a due piazze.

double-breasted [-'brestɪd] *adj* a doppio petto.

double-check *vt & vi* ricontrollare.

double chin *n* doppio mento *m*.

double-click COMPUT <> *n* doppio clic *m inv*. <> *vt* fare doppio clic su. <> *vi* fare doppio clic.

double cream *n UK* doppia panna *f*.

double-cross *vt* fare il doppio gioco con.

double-decker [-'dekə'] *n* autobus *m inv* a due piani.

double-dutch *n UK inf* arabo; **to talk ~** parlare arabo.

double fault *n* TENNIS doppio fallo *m*.

double-glazing n doppi vetri mpl.

double-park vi AUT parcheggiare in doppia fila.

double room n camera f doppia.

double vision n: **to suffer from ~** vederci doppio.

doubly ['dʌblɪ] adv doppiamente.

doubt [daʊt] <> n dubbio m; **there is no ~** that non ci sono dubbi che; **to cast ~ on** sthg mettere in dubbio qc; **no ~** senza dubbio; **without (a) ~** senza alcun dubbio; **in ~** in dubbio, in forse. <> vt **-1.** [distrust] dubitare di **-2.** [consider unlikely] dubitare; **to ~ whether** OR **if** dubitare che; **I ~ whether he even noticed it** dubito che se ne sia accorto.

doubtful ['daʊtfʊl] adj **-1.** [unlikely] poco probabile **-2.** [uncertain] incerto(a) **-3.** [dubious] dubbio(a).

doubtless ['daʊtlɪs] adv senza dubbio.

dough [d] n **-1.** [for baking] pasta f **-2.** inf [money] grana f.

doughnut ['daʊnʌt] n krapfen m inv.

douse [daʊs] vt **-1.** [put out] spegnere **-2.** [drench] bagnare.

dove[1] [dʌv] n colomba f.

dove[2] [dəʊv] pt US ↪ **dive.**

Dover ['dəʊvə'] n Dover f.

dowdy ['daʊdɪ] adj dimesso(a).

down [daʊn] <> adv **-1.** [downwards] giù **-2.** [along]: **we went ~ to the park** siamo andati giù al parco **-3.** [southwards] giù **-4.** [reduced, lower]: **prices are coming ~** i prezzi stanno andando giù; **~ to the last detail** fin nei minimi particolari. <> prep **-1.** [downwards] giù per **-2.** [along] lungo; **we walked ~ the street** siamo venuti giù per la strada. <> adj **-1.** inf [depressed] giù **-2.** [not in operation] fuori uso; **the computer is ~** il computer si è impallato. <> n [feathers, hair] piumino m d'oca. <> vt **-1.** [knock over] abbattere **-2.** [swallow] ingollare. ↪ **downs** npl UK colline fpl. ↪ **down with** excl abbasso!

down-and-out <> adj spiantato(a). <> n barbone m, -a f.

down-at-heel adj esp UK malconcio(a).

downbeat ['daʊnbiːt] adj inf [gloomy] deprimente.

downcast ['daʊnkɑːst] adj fml [sad] sconsolato(a).

downfall ['daʊnfɔːl] n **-1.** [ruin – of dictator] caduta f; [– of business] tracollo m **-2.** [cause of ruin] rovina f.

downhearted [,daʊn'hɑːtɪd] adj scoraggiato(a).

downhill [,daʊn'hɪl] <> adj [path] in discesa. <> adv **-1.** [downwards] verso il basso; **to walk ~** scendere **-2.** fig [from bad to worse]: **to go ~** andare peggiorando. <> n SKI discesa f libera.

Downing Street ['daʊnɪŋ-] n Downing Street, il governo britannico.

down payment n caparra f.

downpour ['daʊnpɔː'] n acquazzone m.

downright ['daʊnraɪt] <> adj [lie] bello(a) e buono(a), [fool] vero(a). <> adv veramente.

downstairs [,daʊn'steəz] <> adj al piano di sotto. <> adv giù; **they live ~** abitano al piano di sotto.

downstream [,daʊn'striːm] adv verso valle.

down-to-earth adj pratico(a).

downtown [,daʊn'taʊn] esp US <> adj del centro. <> adv in centro.

downturn ['daʊntɜːn] n calo m; **~ in** sthg calo di qc.

down under adv in Australia o Nuova Zelanda.

downward ['daʊnwəd] <> adj **-1.** [towards ground – movement] verso il basso; [glance] in basso **-2.** [decreasing] al ribasso. <> adv US = **downwards.**

downwards ['daʊnwədz] adv [move] verso il basso; [look] in basso.

dowry ['daʊərɪ] n dote f.

doz. (abbr of **dozen**) dozzina f.

doze [dəʊz] <> n pisolino m. <> vi dormicchiare. ↪ **doze off** vi appisolarsi.

dozen ['dʌzn] <> num: **a ~ eggs** una dozzina di uova. <> n dozzina f. ↪ **dozens** npl inf: **~ s of** centinaia fpl di.

dozy ['dəʊzɪ] adj **-1.** [sleepy] assonnato(a) **-2.** UK inf [stupid] tardo(a).

Dr. -1. (abbr of **Drive**) viale d'accesso **-2.** (abbr of **Doctor**) dott. m, -essa f.

drab [dræb] adj **-1.** [colour] smorto(a); [building] grigio(a) **-2.** [life] monotono(a).

draft [drɑːft] <> n **-1.** [early version] bozza f **-2.** [money order] assegno m circolare **-3.** US MIL: **the ~** la chiamata alle armi **-4.** US = **draught.** <> vt **-1.** [write] scrivere la bozza di **-2.** US MIL chiamare alle armi. ↪ **draft in** vi distaccare.

draftsman n US = **draughtsman.**

drafty adj US = **draughty.**

drag [dræg] <> vt **-1.** [pull] trascinare **-2.** [search] dragare. <> vi **-1.** [trail] strascicare **-2.** [pass slowly] scorrere lentamente. <> n **-1.** inf [bore] noia f **-2.** inf [on cigarette] tiro *m* -3. [cross-dressing]: **to be in ~** indossare abiti da donna. ✦ **drag on** *vi* andare per le lunghe.

dragon ['drægən] *n* -1. [beast] drago *m* -2. *inf* [woman] megera *f*.

dragonfly ['drægənflaɪ] *n* libellula *f*.

drain [dreɪn] ⬥ *n* -1. [for waste] tubo *m* di scarico; [grating in street] tombino *m* -2. [depletion]: **~ on sthg** dispendio *m* di qc. ⬥ *vt* -1. [oil] sgocciolare; [vegetables] scolare; [marsh, field] bonificare -2. [deplete] esaurire; **to feel ~ed** essere esausto(a) -3. [drink, glass] scolarsi. ⬥ *vi* [dry] scolare.

drainage ['dreɪnɪdʒ] *n* drenaggio *m*.

draining board *UK* ['dreɪnɪŋ-], **drainboard** *US* ['dreɪnbɔːd] *n* scolapiatti *m inv.*

drainpipe ['dreɪnpaɪp] *n* pluviale *m*.

drama ['drɑːmə] *n* -1. [gen] dramma *m* -2. [art] arte *f* drammatica.

dramatic [drə'mætɪk] *adj* -1. [concerned with theatre] teatrale -2. [exciting] drammatico(a) -3. [sudden, noticeable] straordinario(a).

dramatist ['dræmətɪst] *n* drammaturgo *m*, -a *f*.

dramatize, -ise ['dræmətaɪz] *vt* -1. [rewrite as play] fare l'adattamento teatrale di -2. *pej* [make exciting] drammatizzare.

drank [dræŋk] *pt* ▷**drink**.

drape [dreɪp] *vt* drappeggiare; **to be ~d with** OR **in sthg** essere drappeggiato(a) di qc. ✦ **drapes** *npl US* tende *fpl.*

drastic ['dræstɪk] *adj* drastico(a).

draught *UK*, **draft** *US* [drɑːft] *n* -1. [air current] corrente *f* d'aria -2. [from barrel]: **on ~** [beer] alla spina. ✦ **draughts** *n UK* dama *f.*

draught beer *n UK* birra *f* alla spina.

draughtsman *UK* (*pl* **-men**), **draftsman** *US* ['drɑːftsmən] (*pl* **-men**) *n* disegnatore *m* tecnico, disegnatrice *f* tecnica.

draughty *UK*, **drafty** *US* ['drɑːftɪ] *adj* pieno(a) di correnti d'aria.

draw [drɔː] (*pt* **drew**, *pp* **drawn**) ⬥ *vt* -1. [sketch] disegnare -2. [pull] tirare -3. [breath]: **to ~ breath** inspirare -4. [pull out] estrarre -5. [arrive at, form] trarre -6. [formulate] fare -7. [attract] attirare; **to ~ sb's attention to sthg** richiamare l'attenzione di qn su qc. ⬥ *vi* -1. [sketch] disegnare -2. [move]: **to ~ near** avvicinarsi; **to ~ away** allontanarsi -3. SPORT pareggiare; **to ~ with sb** pareggiare con qn. ⬥ *n* -1. SPORT pareggio *m* -2. [lottery] lotteria *f* -3. [attraction] attrazione *f.* ✦ **draw out** *vt sep* -1.

m -3. [cross-dressing]

[encourage] far uscire dal guscio -2. [prolong] prolungare -3. [withdraw] prelevare. ✦ **draw up** ⬥ *vt sep* preparare la bozza di. ⬥ *vi* fermarsi.

drawback ['drɔːbæk] *n* inconveniente *m.*

drawbridge ['drɔːbrɪdʒ] *n* ponte *m* levatoio.

drawer *n* cassetto *m.*

drawing ['drɔːɪŋ] *n* -1. [picture] disegno *m* -2. [skill, act]: **he loves ~** gli piace disegnare.

drawing pin *n UK* puntina *f* da disegno.

drawing room *n* salotto *m.*

drawl [drɔːl] ⬥ *n* cadenza *f* strascicata. ⬥ *vi* strascicare le parole.

drawn [drɔːn] *pp* ▷**draw**.

dread [dred] ⬥ *n* terrore *m.* ⬥ *vt* aver terrore di; **to ~ doing sthg** aver terrore di fare qc.

dreadful ['dredfʊl] *adj* -1. [terrible] terribile -2. [unpleasant] orrendo(a) -3. [ill]: **I feel ~** mi sento malissimo -4. [embarrassed]: **to feel ~ about sthg/ doing sthg** vergognarsi di qc/di aver fatto qc -5. [poor] penoso(a) -6. [for emphasis] spaventoso(a).

dreadfully ['dredfʊlɪ] *adv* -1. [badly] malissimo -2. [extremely] incredibilmente.

dream [driːm] (*pt & pp* **-ed** OR **dreamt** [dremt]) ⬥ *n* sogno *m*; **to have a ~** sognare; **I had a bad ~** ho fatto un brutto sogno. ⬥ *adj* [holiday, car] da sogno; **my ~ job/house** il lavoro/la casa dei miei sogni. ⬥ *vt & vi*: **to ~ (that)** sognare (che) ; **to ~ (of** OR **about sthg)** sognare (qc) ; **to ~ of sthg/of doing sthg** sognare qc/di fare qc; **I wouldn't ~ of it** *fig* non ci penso neppure lontanamente. ✦ **dream up** *vt sep* inventare.

dreamt [dremt] *pt & pp* ▷**dream**.

dreamy ['driːmɪ] *adj* -1. [distracted] sognante -2. [languorous] struggente.

dreary ['drɪərɪ] *adj* -1. [gloomy, depressing] uggioso(a) -2. [dull, boring] monotono(a).

dredge [dredʒ] *vt* dragare. ✦ **dredge up** *vt sep* -1. [with dredger] riportare in superficie -2. *fig* [past, scandals] rivangare.

dregs [dregz] *npl* -1. [of coffee] fondi *m*; [of tea] deposito *m* -2. *fig* [of society] feccia *f.*

drench [drentʃ] *vt* infradiciare; **to be ~ed in** OR **with sthg** essere madido(a) di qc.

dress [dres] ⬥ *n* -1. [frock] abito *m* -2. [type of clothing] costume *m.* ⬥ *vt* -1. [clothe] vestire; **to be ~ed (in)** essere vestito(a) (di) ; **to get ~ed** vestirsi -2. [bandage] fasciare -3. CULIN condire. ⬥ *vi* vestirsi. ✦ **dress up** *vi* -1. [in costume] travestirsi -2. [in best clothes] vestirsi a festa.

dress circle *n* THEAT prima galleria *f*.

dresser ['dresə'] *n* **-1.** [for dishes] credenza *f* **-2.** *US* [chest of drawers] toilette *f* inv **-3.** THEAT costumista *f*.

dressing ['dresɪŋ] *n* **-1.** [bandage] fasciatura *f* **-2.** [for salad] condimento *m (per l'insalata)* **-3.** *US* [for turkey etc] ripieno *m*.

dressing gown *n* vestaglia *f*.

dressing room *n* **-1.** SPORT spogliatoio *m* **-2.** THEAT camerino *m*.

dressing table *n* toilette *f* inv.

dressmaker ['dres,meɪkə'] *n* sarta *f*.

dress rehearsal *n* prova *f* generale.

dressy ['dresɪ] *adj* elegante.

drew [druː] *pt* ▷ **draw**.

dribble ['drɪbl] ◇ *n* **-1.** [saliva] bava *f* **-2.** [trickle] filo *m*. ◇ *vt* SPORT dribblare. ◇ *vi* **-1.** [drool] sbavare **-2.** [spill] sgocciolare.

dried [draɪd] ◇ *pt & pp* ▷ **dry**. ◇ *adj* [food, flowers] secco(a); [milk, eggs] in polvere.

drier ['draɪə'] *n* = **dryer**.

drift [drɪft] ◇ *n* **-1.** [of current] moto *m*; [of people] flusso *m*; **a ~ back to sthg** un lento ritorno a qc; **continental ~** deriva del continenti **-2.** [of snow, leaves, sand] cumulo *m* **-3.** [meaning] senso *m*. ◇ *vi* **-1.** [boat] andare alla deriva **-2.** [snow, sand, leaves] accumularsi.

drill [drɪl] ◇ *n* **-1.** [for wood, metal, dentist's] trapano *m*; [in oilfield] trivella *f*; [in mine, quarry] perforatrice *f* **-2.** [exercise, training] esercitazione *f*. ◇ *vt* **-1.** [metal, wood, tooth] trapanare; [oil well] trivellare **-2.** [instruct] addestrare. ◇ *vi* trapanare.

drink [drɪŋk] (*pt* **drank**, *pp* **drunk**) ◇ *n* **-1.** [non-alcoholic beverage] bibita *f*; **a ~ of water** un sorso d'acqua **-2.** [alcoholic beverage] bevanda *f* alcolica; **to have a ~** andare a bere qualcosa **-3.** [alcohol] alcolici *mpl*; **to smell of ~** puzzare d'alcol. ◇ *vt* bere. ◇ *vi* **-1.** [take non-alcoholic liquid] bere **-2.** [take alcohol] bere *(alcolici)*.

drink-driving *UK*, **drunk-driving** *US n* guida *f* in stato di ebbrezza.

drinker ['drɪŋkə'] *n* bevitore *m*, -trice *f*.

drinking water *n* acqua *f* potabile.

drip [drɪp] ◇ *n* **-1.** [drop] goccia *f* **-2.** MED flebo *f*. ◇ *vi* **-1.** [liquid] sgocciolare **-2.** [tap, nose] gocciolare.

drip-dry *adj*: **~ shirt** camicia che non si stira.

drive [draɪv] (*pt* **drove**, *pp* **driven**) ◇ *n* **-1.** [journey] giro *m* in macchina; **it's a 60 km ~** è a 60 km da qui; **an hour's ~** un'ora di macchina **-2.** [urge] impulso *m* **-3.** [cam-paign] campagna *f* **-4.** [energy] grinta *f* **-5.** [road to house] vialetto *m* d'accesso *(ad una casa)* **-6.** SPORT & COMPUT drive *m* inv **-7.** *US* [AUT & in automatic car] marcia *f* avanti. ◇ *vt* **-1.** [gen] spingere; **to ~ sb to sthg/to do sthg** spingere qn a qc/a fare qc; **to ~ sb mad** OR **crazy** far impazzire qn **-2.** [vehicle] guidare; [passenger] portare **-3.** TECH azionare **-4.** [hammer] conficcare a martellate. ◇ *vi* AUT **-1.** [be driver] guidare **-2.** [travel by car] andare in macchina.

drivel ['drɪvl] *n* inf scemenze *fpl*.

driven ['drɪvn] *pp* ▷ **drive**.

driver ['draɪvə'] *n* [of vehicle] conducente *mf*.

driver's license *n US* = **driving licence**.

driveway ['draɪvweɪ] *n* vialetto *m* d'accesso *(ad una casa)*.

driving ['draɪvɪŋ] ◇ *adj* [rain] torrenziale; [wind] impetuoso(a). ◇ *n* guida *f*; **~ is a great pleasure to him** guidare gli piace molto.

driving instructor *n* istruttore *m*, -trice *f* di guida.

driving lesson *n* lezione *f* di guida.

driving licence *UK*, **driver's license** *US n* patente *f* di guida.

driving school *n* scuola *f* guida.

driving test *n* esame *m* per la patente di guida.

drizzle ['drɪzl] ◇ *n* pioggerella *f*. ◇ *impers vb* piovigginare.

drone [drəʊn] *n* **-1.** [of plane] rombo *m*; [of insect] ronzio *m* **-2.** [male bee] fuco *m*.

drool [druːl] *vi* **-1.** [dribble] sbavare **-2.** *fig* [admire]: **to ~ over sb/sthg** sbavare per qn/qc.

droop [druːp] *vi* [head] penzolare; [shoulders] curvarsi; [flower] avvizzire; [eyelids] chiudersi.

drop [drɒp] ◇ *n* **-1.** [of water, blood, rain] goccia *f*; [of coffee, whisky, milk] goccio *m* **-2.** [sweet] caramella *f* **-3.** [decrease] diminuzione *f*; **~ in sthg** [in price, salary] diminuzione di qc; [in temperature, demand] calo di qc **-4.** [vertical distance]: **a sheer ~** uno strapiombo; **a 200 m ~** un dislivello di 200 m. ◇ *vt* **-1.** [ball, glass, stitch] lasciar cadere; **let's ~ the subject** lasciamo cadere l'argomento **-2.** [bomb] sganciare **-3.** [decrease, lower] ridurre **-4.** [voice] abbassare **-5.** [abandon – course] abbandonare; [– charges] ritirare; [– lover] mollare **-6.** [leave out] escludere **-7.** [let out of car] far scendere **-8.** [hint, remark]: **to ~ a hint** fare un'allusione **-9.** [write]: **to ~ sb a line** OR

note scrivere due righe a qn. ◇ *vi* -1. [fall] cadere; ~ **dead!** crepa!; **we walked until we dropped** camminammo fino a crollare dalla stanchezza -2. [ground, seabed] scendere a strapiombo -3. [decrease] diminuire -4. [voice] abbassarsi. ◆ **drops** *npl* MED gocce *fpl*. ◆ **drop in** *vi inf* passare; **to** ~ **in on sb** passare da qn. ◆ **drop off** ◇ *vt sep* [person] lasciare; [package] portare. ◇ *vi* -1. [fall asleep] addormentarsi -2. [grow less] diminuire. ◆ **drop out** *vi* [withdraw]; **to** ~ **out of** OR **from sthg** [school] ritirarsi da qc; [society] emarginarsi da qc.

dropout ['drɒpaʊt] *n* -1. [from society] emarginato(a) -2. [from university] studente *m*, -essa *f* che ha abbandonato gli studi.

droppings ['drɒpɪŋz] *npl* escrementi *m*.

drought [draʊt] *n* siccità *f*.

drove [drəʊv] *pt* ▷**drive**.

drown [draʊn] ◇ *vt* [animal] annegare; [person] far annegare. ◇ *vi* annegare.

drowsy ['draʊzɪ] *adj* [person] insonnolito(a); **this drug may make you** ~ questo farmaco può indurre sonnolenza.

drudgery ['drʌdʒərɪ] *n* sgobbata *f*.

drug [drʌg] ◇ *n* -1. [medication] medicinale *m* -2. [illegal substance] droga *f*. ◇ *vt* drogare.

drug abuse *n* abuso *m* di stupefacenti.

drug addict *n* drogato *m*, -a *f*.

druggist ['drʌgɪst] *n US* farmacista *mf*.

drugstore ['drʌgstɔːʳ] *n US* drugstore *m inv*.

drum [drʌm] ◇ *n* -1. [instrument] tamburo *m* -2. [container, cylinder] bidone *m*. ◇ *vt* [fingers]; **to** ~ **one's fingers** tamburellare con le dita. ◇ *vi* -1. [on drums] suonare il tamburo -2. [rain, fingers] tamburellare. ◆ **drums** *npl* batteria *f*. ◆ **drum up** *vt sep* procurarsi.

drummer ['drʌməʳ] *n* batterista *mf*.

drumstick ['drʌmstɪk] *n* -1. [for drum] bacchetta *f* -2. [food] coscia *f*.

drunk [drʌŋk] ◇ *pp* ▷**drink**. ◇ *adj* [on alcohol] ubriaco(a); **to get** ~ ubriacarsi. ◇ *n* ubriacone *m*, -a *f*.

drunkard ['drʌŋkəd] *n* ubriacone *m*, -a *f*.

drunk-driving *n US* = drink-driving.

drunken ['drʌŋkn] *adj* [person] ubriaco(a); [talk, steps] da ubriachi.

dry [draɪ] ◇ *adj* -1. [paint, clothing] asciutto(a) -2. [gen] secco(a) -3. [river, lake, well] prosciugato(a); [earth, soil] arido(a) -4. [sense of humour] cinico(a). ◇ *vt* asciugare; **to** ~ **o. s.** asciugarsi. ◇ *vi* asciugarsi.

◆ **dry up** ◇ *vt sep* [dishes] asciugare. ◇ *vi* -1. [river, lake, well] prosciugarsi -2. [supplies, inspiration] esaurirsi -3. [actor, speaker] impaperarsi -4. [dry dishes] asciugare i piatti.

dry cleaner *n*: ~'**s** tintoria *f*.

dryer ['draɪəʳ] *n* asciugabiancheria *m inv*.

dry land *n* terraferma *f*.

dry rot *n* muffa *f* del legno.

dry ski slope *n* pista *f* artificiale.

DSS (*abbr of* **Department of Social Security**) *n in Gran Bretagna, ufficio governativo preposto all'assistenza sociale*.

DTI (*abbr of* **Department of Trade and Industry**) *n ministero britannico per l'industria e il commercio*.

DTP (*abbr of* **desktop publishing**) *n* DTP *m*.

dual ['djuːəl] *adj* doppio(a).

dual carriageway *n UK* strada *f* a due carreggiate.

dubbed *adj* -1. CIN doppiato(a) -2. [nicknamed] detto(a).

dubious ['djuːbjəs] *adj* -1. [suspect, questionable] sospetto(a) -2. [uncertain, undecided]: **to be** ~ **about doing sthg** essere in dubbio sul fare qc.

Dublin ['dʌblɪn] *n* Dublino *f*.

duchess ['dʌtʃɪs] *n* duchessa *f*.

duck [dʌk] ◇ *n* [bird] anatra *f*. ◇ *vt* -1. [lower] abbassare -2. [try to avoid] evitare. ◇ *vi* [lower head] abbassare la testa.

duckling ['dʌklɪŋ] *n* anatroccolo *m*.

duct [dʌkt] *n* -1. [pipe] tubatura *f* -2. ANAT canale *m*.

dud [dʌd] ◇ *adj* -1. [coin, note] falso(a); [cheque] a vuoto -2. [machine, video] scassato(a); [idea] che non vale nulla -3. [bomb, shell, bullet] inesploso(a).

dude [djuːd] *n US inf* [man] tipo *m*.

due [djuː] ◇ *adj* -1. [expected] previsto(a); **the book's** ~ **out in May** il libro dovrebbe uscire a maggio -2. [proper] dovuto(a); **with all** ~ **respect** con tutto il rispetto; **in** ~ **course** a tempo debito -3. [owed, owing]: **to be** ~ [rent] scadere; **she's** ~ **a pay rise** le spetta un aumento di stipendio. ◇ *n* [deserts]. ◇ *adv*: ~ **north/south etc** diretto(a) a nord/sud etc. ◆ **dues** *npl* quota *f* associativa. ◆ **due to** *prep* [owing to] dovuto(a) a; [because of] a causa di.

duel ['djuːəl] *n* duello *m*.

duet [djuː'et] *n* duetto *m*.

duffel bag ['dʌfl-] *n* sacca *f* da marinaio.

duffel coat ['dʌfl-] *n* montgomery *m inv*.

dug [dʌg] *pt & pp* ⊳**dig.**

duke [dju:k] *n* duca *m*.

dull [dʌl] ◇ *adj* **-1.** [boring] noioso(a) **-2.** [colour, light] spento(a) **-3.** [day, weather] uggioso(a) **-4.** [noise, ache] sordo(a). ◇ *vt* **-1.** [memory] offuscare; [pain] allevia-re **-2.** [make less bright] opacizzare.

duly ['dju:lɪ] *adv* **-1.** [properly] debitamente **-2.** [as expected] come previsto.

dumb [dʌm] *adj* **-1.** [unable to speak] mu-to(a) **-2.** *esp US inf* [stupid] stupido(a).

dumbfound [dʌm'faʊnd] *vt* sbalordire; **to be ~ed** essere sbalordito(a).

dummy ['dʌmɪ] ◇ *adj* [fake] finto(a). ◇ *n* **-1.** [model of human figure] manichino *m* **-2.** [copy, fake object] facsimile *m* **-3.** *UK* [for baby] ciuccio *m* **-4.** SPORT finta *f*.

dump [dʌmp] ◇ *n* **-1.** [for rubbish] discari-ca *f* **-2.** [for ammunition] deposito *m* muni-zioni. ◇ *vt* **-1.** [put down & COMPUT] scaricare **-2.** [dispose of - rubbish] gettar via; [- old car] abbandonare **-3.** *inf* [jilt] mollare.

dumper (truck) ['dʌmpə-] *UK*, **dump truck** *US n* camion *m inv* con cassone ri-baltabile.

dumping ['dʌmpɪŋ] *n* scarico *m*, 'no ~' 'divieto di discarica'.

dumpling ['dʌmplɪŋ] *n* CULIN *specie di gnocco bollito che viene servito con stufati e verdure.*

dump truck *n US* = **dumper (truck).**

dumpy ['dʌmpɪ] *adj inf* tarchiato(a).

dunce [dʌns] *n* [stupid person] somaro *m*, -a *f*.

dune [dju:n] *n* duna *f*.

dung [dʌŋ] *n* sterco *m*.

dungarees [ˌdʌŋɡə'ri:z] *npl UK* salopette *f inv*.

dungeon ['dʌndʒən] *n* prigione *f* sotterra-nea.

duo ['dju:əʊ] *n* **-1.** MUS & THEAT duo *m* **-2.** [couple] coppia *f*.

duplex ['dju:pleks] *n US* **-1.** [apartment] appartamento *m* su due piani **-2.** [house] casa *f* bifamiliare.

duplicate ◇ *adj* ['dju:plɪkət]: **a ~ docu-ment** una copia del documento; **a ~ key** un doppione della chiave. ◇ *n* ['dju:plɪkət] copia *f*; **in ~** in duplice copia. ◇ *vt* ['dju:plɪkeɪt] copiare.

durable ['djʊərəbl] *adj* resistente.

duration [djʊ'reɪʃn] *n* durata *f*; **for the ~ of** per la durata di.

duress [djʊ'res] *n* : **under ~** sotto coerci-zione.

during ['djʊərɪŋ] *prep* **-1.** [all through] du-rante **-2.** [at some point in] nel corso di.

dusk [dʌsk] *n* crepuscolo *m*.

dust [dʌst] ◇ *n* polvere *f*. ◇ *vt* **-1.** [clean] spolverare **-2.** [cover]: **to ~ sthg with sthg** spolverizzare qc di qc.

dustbin ['dʌstbɪn] *n UK* pattumiera *f*.

dustcart ['dʌstkɑ:t] *n UK* camion *m inv* della nettezza urbana.

duster ['dʌstə^r] *n* straccio *m* per spolvera-re.

dust jacket *n* foderina *f*.

dustman ['dʌstmən] (*pl* **-men**) *n UK* net-turbino *m*.

dustpan ['dʌstpæn] *n* paletta *f*.

dusty ['dʌstɪ] *adj* impolverato(a).

Dutch [dʌtʃ] ◇ *adj* olandese. ◇ *n* [langua-ge] olandese *m*. ◇ *npl*: **the ~** gli olandesi. ◇ *adv*: **to go ~** fare alla romana.

dutiful ['dju:tɪfʊl] *adj* devoto(a).

duty ['dju:tɪ] *n* **-1.** [moral, legal responsibili-ty] dovere *m*; **to do one's ~** fare il proprio dovere **-2.** [work] servizio *m*; **to be on/off ~** [soldier] essere/non essere di servizio; [doctor] essere/non essere di guardia **-3.** [tax] tassa *f*; **customs ~** dazio *m* dogana-le. ◆ **duties** *npl* [tasks, part of job] compi-ti *m*.

duty-free ◇ *n* [goods] articolo *m* duty free. ◇ *adj* [whisky, cigarettes] duty free.

duvet ['du:veɪ] *n UK* piumino *m*.

duvet cover *n UK* copripiumino *m*.

DVD (*abbr of* **Digital Versatile Disk**) *n* DVD *m inv*.

DVD player *n* lettore *m* di DVD.

DVD ROM (*abbr of* **Digital Versatile Disk read only memory**) *n* DVD ROM *m inv*.

dwarf [dwɔ:f] ◇ *n* nano *m*, -a *f*. ◇ *vt* [to-wer over] far scomparire.

dwell [dwel] (*pt & pp* **-ed** [dwelt]) *vi lit* [live] abitare. ◆ **dwell on** *vt insep* [past, pro-blem] rimuginare su.

dwelling ['dwelɪŋ] *n lit* abitazione *f*.

dwelt [dwelt] *pt & pp* ⊳**dwell.**

dwindle ['dwɪndl] *vi* diminuire.

DWP (*abbr of* **Department for Work and Pensions**) *n* *ministero britannico per la previ-denza sociale.*

dye [daɪ] ◇ *n* colorante *m*. ◇ *vt* tingere.

dying ['daɪɪŋ] ◇ *cont* ⊳**die.** ◇ *adj* **-1.** [about to die] moribondo(a) **-2.** *fig* [decli-ning] morente.

dyke [daɪk] *n* = **dike.**

dynamic [daɪ'næmɪk] *adj* [energetic] dina-mico(a).

dynamite ['daɪnəmaɪt] *n* **-1.** [explosive] dinamite *f* **-2.** *inf fig* [person, story, news] bomba *f* **-3.** *inf fig* [excellent] cannonata *f*.

dynamo ['daɪnəməʊ] (*pl* **-s**) *n* TECH dinamo *f inv.*

dynasty [*UK* 'dɪnəstɪ, *US* 'daɪnəstɪ] *n* dinastia *f*.

dyslexia [dɪs'leksɪə] *n* dislessia *f*.

dyslexic [dɪs'leksɪk] *adj* dislessico(a).

E

e (*pl* **e's** OR **es**), **E** (*pl* **E's** OR **Es**) [iː] *n* [letter] e *f* o *m inv*, E *f* o *m inv.* ◆ **E** *n* **-1.** MUS mi *m inv* **-2.** (*abbr of* **east**) E **-3.** (*abbr of* **ecstasy**) ecstasy *f inv.*

each [iːtʃ] ◇ *adj* [every] ogni, ciascuno(a). ◇ *pron* [every one] ciascuno(a); ~ **of them/us** ciascuno di loro/noi; ~ **other** l'un(a) l'altro(a); **they love** ~ **other** si amano; **they've known** ~ **other for years** si conoscono da anni; **they kissed** ~ **other on the cheek** si sono dati un bacio sulla guancia.

eager ['iːgər] *adj* [keen, enthusiastic] appassionato(a); **to be** ~ **for sthg** essere avido(a) di qc; **to be** ~ **to do sthg** non vedere l'ora di fare qc.

eagle ['iːgl] *n* [bird] aquila *f*.

ear [ɪər] *n* **-1.** [of person, animal] orecchio *m*; **to play it by** ~ *fig* decidere lì per lì **-2.** [of corn] spiga *f*.

earache ['ɪəreɪk] *n* mal *m* d'orecchi.

eardrum ['ɪədrʌm] *n* timpano *m*.

earl [ɜːl] *n* conte *m*.

earlier ['ɜːlɪə] ◇ *adj* **-1.** [occasion] precedente **-2.**: **an** ~ **train/flight** un treno/un aereo che parte prima. ◇ *adv* [previously] in precedenza; ~ **that day** quel giorno qualche ora prima; ~ **on** prima.

earliest ['ɜːlɪəst] ◇ *adj* primo(a). ◇ *adv*: **at the** ~ al più presto.

earlobe ['ɪələʊb] *n* lobo *m* dell'orecchio.

early ['ɜːlɪ] ◇ *adj* **-1.** [before expected time] in anticipo **-2.** [in the morning]: **at an** ~ **hour** di buon'ora; **to have an** ~ **breakfast** far colazione presto; **to take the** ~ **train** prendere il treno del mattino presto; **to make an** ~ **start** iniziare presto **-3.** [film, chapter] primo(a); **in the** ~ **morning** di primo mattino; **in the** ~ **fifties** all'inizio degli anni cinquanta. ◇ *adv* **-1.** [before expected time] **in anticipo -2.** [in the morning] **presto -3.** [of the beginning of a period of time]: ~ **in the year** all'inizio dell'anno; **as** ~ **as** già da; ~ **on** dall'inizio.

early closing day *n* giorno *m* di chiusura pomeridiana.

early retirement *n* prepensionamento *m*.

earmark ['ɪəmɑːk] *vt*: **to be** ~**ed for sthg** essere destinato(a) a qc.

earn [ɜːn] *vt* **-1.** [as salary] guadagnare **-2.** COMM fruttare **-3.** *fig* [respect, praise] guadagnarsi.

earnest ['ɜːnɪst] *adj* [serious, sincere] serio(a). ◆ **in earnest** ◇ *adj* sul serio; **to be in** ~ dire sul serio. ◇ *adv*: **to begin in** ~ cominciare per davvero.

earnings ['ɜːnɪŋz] *npl* [of person] guadagni *f*; [of business] utili *m*.

earphones ['ɪəfəʊnz] *npl* cuffie *f*.

earpiece ['ɪəpiːs] *n* auricolare *m*.

earplugs ['ɪəplʌgz] *npl* tappi *m* per le orecchie.

earring ['ɪərɪŋ] *n* orecchino *m*.

earshot ['ɪəʃɒt] *n*: **within/out of** ~ a portata/non a portata di voce.

earth [ɜːθ] ◇ *n* **-1.** [gen] terra *f*; **how/what/where/why on** ~ **...?** come/cosa/dove/perché diavolo ...?; **to cost the** ~ *UK* costare un occhio della testa **-2.** *UK* [in electric plug, appliance] terra *f*. ◇ *vt UK* **to be** ~**ed** avere la messa a terra.

earthenware ['ɜːθnweər] *n* vasellame *m* di terracotta.

earthquake ['ɜːθkweɪk] *n* terremoto *m*.

earthy ['ɜːθɪ] *adj* **-1.** [humour, person] grossolano(a) **-2.** [taste, smell] di terra.

ease [iːz] ◇ *n* **-1.** [lack of difficulty] facilità *f*; **to do sthg with** ~ fare qc con facilità **-2.** [comfort] comodità *f*; **at** ~ a proprio agio; **ill at** ~ non a proprio agio. ◇ *vt* **-1.** [make less severe – pain] alleviare; [– restrictions, problem] ridurre **-2.** [move carefully]: **to** ~ **sthg in/out** far entrare/far uscire qc con cautela; **to** ~ **o.s. out of sthg** sollevarsi da qc con cautela; **to** ~ **o.s. into sthg** entrare con cautela in qc. ◇ *vi* [become less severe] diminuire. ◆ **ease off** *vi* diminuire. ◆ **ease up** *vi* **-1.** [rain] diminuire **-2.** [relax] prendersela con calma.

easel ['iːzl] *n* cavalletto *m*.

easily ['iːzɪlɪ] *adv* **-1.** [without difficulty] facilmente **-2.** [undoubtedly] senza dubbio **-3.** [in a relaxed manner] con disinvoltura.

east [i:st] ◇ adj **-1.** [in the east] est; [facing the east] orientale **-2.** [from the east] dell'est. ◇ adv a est; ~ of a est di. ◇ n **-1.** [direction] est m **-2.** [region]: **the** ~ l'est m. ➤ **East** n: **the East** [Asia] l'Oriente m; POL l'Est m.

East End n: **the** ~ i quartieri nella zona est di Londra.

Easter ['i:stə'] n Pasqua f.

Easter egg n uovo m di Pasqua.

easterly ['i:stəlɪ] adj **-1.** [in the east] a est **-2.** [towards the east] verso est **-3.** [from the east] dell'est.

eastern ['i:stən] adj **-1.** [part of country, continent] orientale **-2.** [town, customs] dell'est. ➤ **Eastern** adj **-1.** [from Asia] orientale **-2.** [from Eastern Europe and the former USSR] dell'Europa orientale.

eastward ['i:stwəd] ◇ adj [direction] est. ◇ adv = eastwards.

eastwards ['i:stwədz] adv a est.

easy ['i:zɪ] ◇ adj **-1.** [gen] facile **-2.** [relaxed] disinvolto(a). ◇ adv: **to take it** OR **things** ~ inf prendere le cose con calma.

easy chair n poltrona f.

easygoing [i:zɪgəʊɪŋ] adj [person] accomodante; [manner] tollerante.

eat [i:t] (pt **ate**, pp **eaten**) vt & vi mangiare. ➤ **eat away, eat into** vt sep **-1.** [corrode] corrodere **-2.** [deplete] intaccare.

eaten ['i:tn] pp ▷ **eat**.

eaves ['i:vz] npl [of house] gronda f.

eavesdrop ['i:vzdrɒp] vi origliare, **to** ~ **on sb** ascoltare di nascosto qn.

ebb [eb] ◇ n riflusso m. ◇ vi [tide] rifluire; [sea] ritirarsi.

ebony ['ebənɪ] ◇ adj lit [colour] d'ebano. ◇ n [wood] ebano m.

e-business n **-1.** [company] azienda f che opera in Internet **-2.** [electronic commerce] e-business.

EC (abbr of **European Community**) n CE f.

e-cash ['i:-] n COMPUT denaro m elettronico.

ECB (abbr of **European Central Bank**) n BCE f.

eccentric [ɪk'sentrɪk] ◇ adj eccentrico(a). ◇ n eccentrico m, -a f.

echo ['ekəʊ] (pl **-es**) ◇ n **-1.** [sound] eco f o m **-2.** [reminder] reminiscenza f. ◇ vt [repeat – words] ripetere; [– opinion] riferire. ◇ vi echeggiare.

eclipse [ɪ'klɪps] ◇ n **-1.** [of sun, moon] eclissi f inv **-2.** fig [decline] declino m. ◇ vt fig [overshadow] eclissare.

eco-friendly [ˌi:kəʊ-] adj [washing powder] che rispetta l'ambiente; [tourism] ecologico(a).

ecological [ˌi:kə'lɒdʒɪkl] adj [balance] ecologico(a); [impact] ambientale; [damage] all'ambiente; [group, movement] di ecologisti.

ecology [ɪ'kɒlədʒɪ] n **-1.** [study of environment] ecologia f **-2.** [balance of environment] equilibrio m ambientale.

e commerce [ˌi:-] n e-commerce m inv.

economic [ˌi:kə'nɒmɪk] adj **-1.** [growth, system, policy] economico(a) **-2.** [business] redditizio(a).

economical [ˌi:kə'nɒmɪkl] adj **-1.** [product, machine] economico(a); [method] vantaggioso(a) **-2.** [person] parsimonioso(a).

economics [ˌi:kə'nɒmɪks] ◇ n [study] economia f. ◇ npl [of plan, business, trade] aspetto m economico.

Economic and Monetary Union n Unione f Monetaria ed Economica.

economize, -ise [ɪ'kɒnəmaɪz] vi economizzare; **to** ~ **on sthg** economizzare su qc.

economy [ɪ'kɒnəmɪ] n **-1.** [system] economia f **-2.** [saving] risparmio m; **economies of scale** economie di scala.

economy class n classe f turistica.

ecotourism [ˌi:kəʊ'tʊərɪzm] n ecoturismo m.

ecstasy ['ekstəsɪ] n **-1.** [great happiness] estasi f inv **-2.** [drug] ecstasy f inv.

ecstatic [ek'stætɪk] adj estatico(a).

ECU, Ecu ['ekju:] (abbr of **European Currency Unit**) n ecu m inv.

eczema [ɪg'zi:mə] n eczema m.

edge [edʒ] ◇ n **-1.** [of cliff] orlo m; [of table, coin] bordo m; [of blade] filo m; [of book, forest] margine m; **to be on the** ~ **of sthg** [disaster, madness] essere sull'orlo di qc **-2.** [advantage]: **to have an** ~ **over sb/sth, to have the** ~ **on sb/sthg** essere in vantaggio rispetto a qn/qc. ◇ vi avanzare lentamente. ➤ **on edge** adj teso(a).

edgeways ['edʒweɪz], **edgewise** ['edʒwaɪz] adv di fianco.

edgy ['edʒɪ] adj teso(a).

edible ['edɪbl] adj commestibile.

edict ['i:dɪkt] n editto m.

Edinburgh ['edɪnbrə] n Edimburgo f.

edit ['edɪt] vt **-1.** [correct] correggere **-2.** RADIO & TV realizzare; CIN montare **-3.** [newspaper, magazine] dirigere **-4.** COMPUT fare l'editing di.

edition [ɪ'dɪʃn] n edizione f.

editor ['edɪtə'] n -1. [in charge of newspaper, magazine] direttore m, -trice f -2. [of section of newspaper, programme] caporedattore m, -trice f -3. [RADIO & TV & copy editor] redattore m, -trice f -4. CIN montatore m, -trice f -5. COMPUT editor m inv.

editorial [,edɪ'tɔːrɪəl] <> adj [content, policy] editoriale; [style] della redazione; ~ staff/department redazione f; ~ manager caporedattore m, -trice f. <> n editoriale m.

educate ['edʒʊkeɪt] vt -1. SCH & UNIV istruire -2. [inform] informare.

education [,edʒʊ'keɪʃn] n -1. [activity, sector] istruzione f -2. [result of teaching] cultura f.

educational [,edʒʊ'keɪʃənl] adj -1. [establishment] educativo(a); what's her ~ background? che istruzione ha?; [policy] in materia d'istruzione; [experience] istruttivo(a) -2. [toy] pedagogico(a).

EEC (abbr of **European Economic Community**) n CEE f.

eel [iːl] n anguilla f.

eerie ['ɪərɪ] adj sinistro(a).

efface [ɪ'feɪs] vt cancellare.

effect [ɪ'fekt] <> n [gen] effetto m; to have an ~ on sb/sthg fare effetto su qn/qc; to take ~ [law, rule] entrare in vigore; [drug] fare effetto; to put sthg into ~ [policy] mettere in atto qc; [law, rule] applicare qc; she just did it for ~ l'ha fatto solo per far colpo. <> vt [comeback, repairs, recovery] effettuare; [change] operare; [reconciliation] portare a. ◆ **effects** npl -1.: (special) ~s effetti mpl speciali -2. [property] effetti mpl personali. ◆ **in effect** adv effettivamente.

effective [ɪ'fektɪv] adj -1. [successful] efficace -2. [actual, real] effettivo(a) -3. [in operation] in vigore.

effectively [ɪ'fektɪvlɪ] adv -1. [well, successfully] efficacemente -2. [in fact] in effetti.

effectiveness [ɪ'fektɪvnɪs] n efficacia f.

effeminate [ɪ'femɪnət] adj pej effemminato(a).

effervescent [,efə'vesənt] adj effervescente.

efficiency [ɪ'fɪʃənsɪ] n efficienza f.

efficient [ɪ'fɪʃənt] adj efficiente.

effluent ['efluənt] n effluente m.

effort ['efət] n -1. [physical or mental exertion] sforzo m; to be worth the ~ valere la pena; to make the ~ to do sthg sforzarsi di fare qc; with ~ a fatica -2. [attempt]

tentativo m; your test was a very poor ~ il tuo compito non è un buon lavoro; to make an/no ~ to do sthg fare/non fare il tentativo di fare qc.

effortless ['efətlɪs] adj facile.

effusive [ɪ'fjuːsɪv] adj [person] espansivo(a); [welcome] caloroso(a).

e.g. (abbr of **exempli gratia**) adv es.

egg [eg] n -1. [of bird, reptile] uovo m -2. [of woman] ovulo m. ◆ **egg on** vt sep incitare.

eggcup ['egkʌp] n portauovo m.

eggplant ['egplɑːnt] n US melanzana f.

eggshell ['egʃel] n guscio m d'uovo.

egg white n albume m.

egg yolk n tuorlo m.

ego ['iːgəʊ] (pl -s) n ego m.

egoism ['iːgəʊɪzm] n egoismo m.

egoistic [,iːgəʊ'ɪstɪk] adj [person] egoista; [behaviour] da egoista.

egotistic(al) [,iːgə'tɪstɪk(l)] adj [person] egotista; [behaviour] da egotista.

Egypt ['iːdʒɪpt] n Egitto m.

Egyptian [ɪ'dʒɪpʃn] <> adj egiziano(a). <> n egiziano m, -a f.

eiderdown ['aɪdədaʊn] n esp UK [bed cover] trapunta f.

eight [eɪt] num otto; see also six.

eighteen [,eɪ'tiːn] num diciotto; see also six.

eighth [eɪtθ] num ottavo(a); see also sixth.

eighty ['eɪtɪ] num ottanta; see also sixty.

Eire ['eərə] n Eire f.

either [esp UK 'aɪðə', esp US 'iːðə'] <> adj -1. [one or the other] l'uno(a) o l'altro(a); she couldn't find ~ sweater non riusciva a trovare nessuno dei due maglioni; ~ way in ogni caso -2. [each] tutti(e) e due, entrambi(e); on ~ side su tutti e due i lati. <> pron: ~ (of them) l'uno(a) o l'altro(a); I don't like ~ (of them) non mi piace nessuno dei due. <> adv (in negatives) nemmeno; he can't speak French and I can't ~ non parla francese e nemmeno io. <> conj: ~ ... or ... o ... o ...; [after a negative] né ... né ...; ~ he leaves or I do o va via lui o vado via io; I don't like ~ him or his wife non mi piacciono né lui né la moglie.

eject [ɪ'dʒekt] vt [object, person] buttar fuori; to ~ sb from a club espellere qn da un club.

eke [iːk] ◆ **eke out** vt sep far bastare.

elaborate <> adj elaborato(a). <> vi: to ~ (on sthg) fornire dettagli su qc.

elapse [ɪ'læps] vi trascorrere.

elastic [ɪ'læstɪk] ◇ *adj* elastico(a). ◇ *n* elastico *m*.

elasticated [ɪ'læstɪkeɪtɪd] *adj* elastico(a).

elastic band *n UK* elastico *m*.

elated [ɪ'leɪtɪd] *adj* esultante.

elbow ['elbəʊ] *n* gomito *m*.

elder ['eldə'] ◇ *adj* [older] maggiore. ◇ *n* **-1.** [older person] anziano *m*, -a *f*; **the ~s of the tribe** gli anziani della tribù **-2.** BOT: **~ (tree)** sambuco *m*.

elderly ['eldəlɪ] ◇ *adj* [person] anziano(a); [car] vecchio(a). ◇ *npl*: **the ~** gli anziani.

eldest ['eldɪst] *adj* [oldest] maggiore; **his ~ brother** il maggiore dei suoi fratelli.

elect [ɪ'lekt] ◇ *adj* designato(a). ◇ *vt* **-1.** [by voting] eleggere; **to ~ sb (as) sthg** eleggere qn qc **-2.** *fml* [choose]: **to ~ to do sthg** decidere di fare qc.

election [ɪ'lekʃn] *n* elezione *f*; **to have** OR **hold an ~** indire un'elezione.

elector [ɪ'lektə'] *n* elettore *m*, -trice *f*.

electorate [ɪ'lektərət] *n* elettorato *m*.

electric [ɪ'lektrɪk] *adj* lit & fig elettrico(a). ◆ **electrics** *npl UK inf* [in car, machine] impianto *m* elettrico.

electrical [ɪ'lektrɪkl] *adj* elettrico(a)

electrical shock *n US* = electric shock.

electric blanket *n* termocoperta *f*.

electric cooker *n* cucina *f* elettrica.

electric fire *n* stufa *f* elettrica.

electrician [ˌɪlek'trɪʃn] *n* elettricista *mf*.

electricity [ˌɪlek'trɪsətɪ] *n* elettricità *f*.

electric shock *UK*, **electrical shock** *US n* scossa *f* elettrica.

electrify [ɪ'lektrɪfaɪ] *vt* **-1.** *lit* elettrificare **-2.** *fig* elettrizzare.

electrocute [ɪ'lektrəkjuːt] *vt*: **to ~ o.s.** prendere la scossa; **to be ~d** [by accident] rimanere folgorato(a); [as official punishment] essere giustiziato(a) sulla sedia elettrica.

electrolysis [ˌɪlek'trɒləsɪs] *n* depilazione *f* con l'elettrolisi.

electron [ɪ'lektrɒn] *n* elettrone *m*.

electronic [ˌɪlek'trɒnɪk] *adj* elettronico(a). ◆ **electronics** ◇ *n* elettronica *f*. ◇ *npl* equipaggiamento *m* elettronico.

electronic banking *n* banca *f* online.

electronic data processing *n* elaborazione *f* dati elettronica.

electronic organizer *n* agenda *f* elettronica.

elegant ['elɪgənt] *adj* **-1.** [stylish, beautiful] elegante **-2.** [clever, neat] raffinato(a).

element ['elɪmənt] *n* **-1.** [gen] elemento *m* **-2.** [in heater, kettle] resistenza *f*. ◆ **elements** *npl* **-1.** [basics] nozioni *fpl* **-2.** [weather]: **the ~s** gli elementi.

elementary [ˌelɪ'mentərɪ] *adj* elementare.

elementary school *n US* scuola *f* elementare.

elephant ['elɪfənt] (*pl* **-s**) *n* elefante *m*, -essa *f*.

elevate ['elɪveɪt] *vt* **1.** [give importance to, promote]: **to ~ sb/sthg to sthg, to ~ sb/sthg into sthg** elevare qn/qc al rango di qc **-2.** [raise physically] sollevare.

elevator ['elɪveɪtə'] *n US* ascensore *m*.

eleven [ɪ'levn] *num* undici; *see also* **six.**

eleventh [ɪ'levnθ] *num* undicesimo(a); *see also* **sixth.**

elicit [ɪ'lɪsɪt] *vt fml*: **to ~ sthg from sb** [reaction] suscitare qc in qn; [response, information] ottenere qc da qn.

eligible ['elɪdʒəbl] *adj* idoneo(a); **to be ~ for sthg/to do sthg** avere diritto a qc/a fare qc.

eliminate [ɪ'lɪmɪneɪt] *vt* **-1.** [gen] eliminare; **to ~ sb/sthg (from)** [disease, hunger, poverty] eliminare qn/qc (da) **-2.** [in sport, competition]: **to be ~d from sthg** essere eliminato(a) da qc.

elite [ɪ'liːt] ◇ *adj* d'elite. ◇ *n* elite *f inv.*

elitist [ɪ'liːtɪst] *pej* ◇ *adj* elitario(a). ◇ *n* elitista *mf.*

elk [elk] (*pl* **-s**) *n* alce *m*.

elm [elm] *n*: **~ (tree)** olmo *m*.

elongated ['iːlɒŋgeɪtɪd] *adj* allungato(a).

elope [ɪ'ləʊp] *vi*: **to ~ (with sb)** fare una fuga d'amore (con qn).

eloquent ['eləkwənt] *adj* eloquente.

else [els] *adv*: **anything ~?** altro?; **he doesn't need anything ~** non ha bisogno d'altro; **everyone ~** tutti gli altri; **nothing ~** nient'altro; **someone ~** qualcun altro; **something ~** qualcos'altro; **somewhere ~** da un'altra parte; **who/what ~?** chi/cos'altro?; **where ~ ?** in quale altro posto? ◆ **or else** *conj* [or if not] altrimenti.

elsewhere [els'weə'] *adv* altrove.

elude [ɪ'luːd] *vt* sfuggire a.

elusive [ɪ'luːsɪv] *adj* [quality] indefinibile; [success] irraggiungibile; [person] inafferrabile.

emaciated [ɪ'meɪʃɪeɪtɪd] *adj* emaciato(a).

e-mail *n* e-mail *f inv.*

e-mail address *n* indirizzo *m* e-mail.

emanate ['emǝneɪt]*fml vi*: to ~ from emanare da.

emancipate [ɪ'mænsɪpeɪt] *vt*: to ~ sb (from sthg) emancipare qn (da qc).

embankment [ɪm'bæŋkmǝnt] *n* -1. [along railway, road] massicciata *f* -2. [along river] argine *m*.

embark [ɪm'bɑ:k] *vi* -1. [board ship]: to ~ (on) imbarcarsi (su) -2. [start]: to ~ (up) on sthg [journey, career] intraprendere qc; [project] imbarcarsi in qc.

embarrass [ɪm'bærǝs] *vt* [person] mettere in imbarazzo; [government] essere causa di imbarazzo per.

embarrassed [ɪm'bærǝst] *adj* imbarazzato(a).

embarrassing [ɪm'bærǝsɪŋ] *adj* imbarazzante.

embarrassment [ɪm'bærǝsmǝnt] *n* -1. [feeling] imbarazzo *m* -2.: to be an ~ essere motivo d'imbarazzo; [embarrassing person] persona *f* imbarazzante.

embassy ['embǝsɪ] *n* ambasciata *f*.

embedded [ɪm'bedɪd] *adj* -1. [buried]: ~ in sthg piantato(a) in qc -2. *fig* [ingrained] radicato(a).

embellish [ɪm'belɪʃ] *vt* -1. [decorate]: to ~ sthg with sthg decorare qc con qc -2. *fig* [add detail to] abbellire.

embers *npl* braci *fpl*.

embezzle [ɪm'bezl] *vt* appropriarsi indebitamente di.

embittered [ɪm'bɪtǝd] *adj* amareggiato(a).

emblem ['emblǝm] *n* emblema *m*.

embody [ɪm'bɒdɪ] *vt*-1. [epitomize] impersonare -2. [include]: to be embodied in sthg essere racchiuso(a) in qc.

embossed [ɪm'bɒst] *adj* -1. [material] goffrato(a) -2. [design, lettering]: ~ (on sthg) in rilievo (su qc).

embrace [ɪm'breɪs] <> *n* abbraccio *m*. <> *vt* abbracciare. <> *vi* abbracciarsi.

embroider [ɪm'brɔɪdǝʳ] <> *vt* -1. SEW ricamare -2. *pej* [embellish] abbellire. <> *vi* SEW ricamare.

embroidery [ɪm'brɔɪdǝrɪ] *n* ricamo *m*.

embroil [ɪm'brɔɪl] *vt*: to get/be ~ed (in sthg) invischiarsi/restare invischiato(a) (in qc).

embryo ['embrɪǝʊ] (*pl* -s) *n* embrione *m*.

emerald ['emǝrǝld] <> *adj* [colour] smeraldo *inv*. <> *n* [stone] smeraldo *m*.

emerge [ɪ'mɜːdʒ] <> *vi* -1. [come out]: to ~ (from sthg) spuntare (fuori da qc) -2. [from experience, situation]: to ~ from sthg venir fuori da qc -3. [become known – facts, truth] emergere; [– poet, writer] affermarsi -4. [movement, organization] nascere. <> *vt*: it ~ s that è venuto fuori che.

emergency [ɪ'mɜːdʒǝnsɪ] <> *adj* [action] d'emergenza; [supplies] di riserva; [accommodation] di fortuna. <> *n* emergenza *f*.

emergency brake *n* US freno *m* a mano.

emergency exit *n* uscita *f* di sicurezza.

emergency landing *n* atterraggio *m* di fortuna.

emergency number *n* numero *m* d'emergenza.

emergency room *n* US pronto soccorso *m*.

emergency services *npl* servizi *mpl* di pronto intervento.

emigrant ['emɪgrǝnt] *n* emigrante *mf*.

emigrate ['emɪgreɪt] *vi*: to ~ (to/from) emigrare (in/da).

eminent ['emɪnǝnt] *adj* eminente.

emit [ɪ'mɪt] *vt fml* emettere.

emotion [ɪ'mǝʊʃn] *n* -1. [particular feeling] sentimento *m* -2. [strength of feeling] emozione *f*.

emotional [ɪ'mǝʊʃǝnl] *adj* -1. [charged with emotion] commovente -2. [appealing to the emotions] sentimentale -3. [governed by the emotions] emotivo(a); to get ~ commuoversi.

emperor ['empǝrǝʳ] *n* imperatore *m*.

emphasis ['emfǝsɪs] (*pl* -ases) *n*: ~ (on sthg) accento *m* (su qc) ; with great ~ con grande enfasi; to lay OR place ~ on sthg dare importanza a qc.

emphasize, -ise ['emfǝsaɪz] *vt* sottolineare.

emphatic [ɪm'fætɪk] *adj* categorico(a).

emphatically [ɪm'fætɪklɪ] *adv* -1. [with emphasis] in modo categorico -2. [definitely] in modo assoluto.

empire ['empaɪǝʳ] *n* impero *m*.

employ [ɪm'plɔɪ] *vt*-1. [give work to] impiegare; to be ~ ed as sthg lavorare come qc -2. *fml* [use] fare ricorso a; to ~ sthg as sthg/to do sthg utilizzare qc per qc/per fare qc.

employee [ɪm'plɔɪiː] *n* impiegato *m*, -a *f*.

employer [ɪm'plɔɪǝʳ] *n* datore *m*, -trice *f* di lavoro.

employment [ɪm'plɔɪmǝnt] *n* impiego *m*; to be in ~ avere un impiego.

employment agency *n* agenzia *f* di collocamento.

empower [ɪm'paʊə^r] *vt fml:* to be ~ ed to do sthg essere autorizzato(a) a fare qc.

empress ['emprɪs] *n* imperatrice *f.*

empty ['emptɪ] <> *adj* -1. [containing nothing] vuoto(a) -2. *pej* [words] vuoto(a); [threat, promise] vano(a). <> *vt* -1. [make empty] svuotare -2. [remove from container] togliere; to ~ sthg into sthg vuotare qc in qc; to ~ sthg out of sthg svuotare qc da qc. <> *vi* [become empty] svuotarsi. <> *n inf* vuoto *m.*

empty-handed [-'hændɪd] *adv* a mani vuote.

EMS (*abbr of* European Monetary System) *n* SME *m.*

EMU (*abbr of* Economic and Monetary Union) *n* UEM *f.*

emulate ['emjʊleɪt] *vt* emulare.

emulsion [ɪ'mʌlʃn] *n* : ~ (paint) pittura *f* a emulsione.

enable [ɪ'neɪbl] *vt:* to ~ sb to do sthg permettere a qn di fare qc.

enact [ɪ'nækt] *vt* -1. LAW promulgare -2. [act] rappresentare.

enamel [ɪ'næml] *n* smalto *m.*

encapsulate [ɪn'kæpsjʊleɪt] *vt fig:* to ~ sthg (in) riassumere qc (in).

enchanting [ɪn'tʃɑːntɪŋ] *adj* incantevole.

encircle [ɪn'sɜːkl] *vt* circondare.

enclose [ɪn'kləʊz] *vt* -1. [surround, contain] circondare; ~ d by OR with sthg circondato(a) da qc -2. [put in envelope] allegare; please find ~ d ... Le invio in allegato ...

enclosure [ɪn'kləʊʒə^r] *n* -1. [place] recinto *m* -2. [in letter] allegato *m.*

encompass [ɪn'kʌmpəs] *vt fml* -1. [include] comprendere -2. [surround] circondare.

encore ['ɒŋkɔː^r] <> *n* [by singer, performer] bis *m inv.* <> *excl* bis!

encounter [ɪn'kaʊntə^r] <> *n* -1. [meeting] incontro *m* -2. [experience] contatto *m* -3. [battle] scontro *m.* <> *vt fml* -1. [meet] incontrare -2. [experience] scontrarsi con.

encourage [ɪn'kʌrɪdʒ] *vt* -1. [give confidence to]: to ~ sb (to do sthg) incoraggiare qn (a fare qc) -2. [activity, fraternization] promuovere; [racism, prejudice] alimentare.

encouragement [ɪn'kʌrɪdʒmənt] *n* incoraggiamento *m.*

encroach [ɪn'krəʊtʃ] *vi:* to ~ (up)on sthg [territory, land] invadere qc; [on time] abusare di qc.

encrypt [en'krɪpt] *vt* COMPUT criptare.

encyclopedia [ɪn,saɪklə'piːdjə] *n* enciclopedia *f.*

encyclop(a)edic [ɪn'saɪklə'piːdɪk] *adj* enciclopedico(a).

end [end] <> *n* -1. [last part, finish] fine *f;* to be at an ~ essere concluso(a); to come to an ~ finire; to put an ~ to sthg porre fine a qc; at the ~ of the day *fig* alla fin fine; in the ~ [finally] alla fine -2. [of stick, table] estremità *f inv;* [of rope] capo *m;* [of street] parte *f;* to make ~ s meet sbarcare il lunario -3. [leftover part] avanzo *m;* a cigarette ~ un mozzicone di sigaretta -4. *fml* [purpose] fine *m,* scopo *m* -5. *lit* [death] fine *f.* <> *vt* [war, strike] porre fine a; [journey, day] concludere; to ~ sthg with sthg concludere qc con qc. <> *vi* [finish] finire; to ~ in sthg finire con qc; to ~ with sthg chiudersi con qc. ◆ **on end** *adv* -1. [upright] in posizione verticale -2. [continuously]: for days on ~ per giorni e giorni. ◆ **end up** *vi* finire; to ~ up doing sthg finire col fare qc.

endanger [ɪn'deɪndʒə^r] *vt* mettere a repentaglio.

endearing [ɪn'dɪərɪŋ] *adj* simpatico(a).

endeavour UK, **endeavor** US [ɪn'devə^r] *fml* <> *n* tentativo *m.* <> *vt:* to ~ to do sthg cercare di fare qc.

ending ['endɪŋ] *n* -1. [of story, film, play] finale *m* -2. GRAM desinenza *f.*

endive ['endaɪv] *n* -1. [salad vegetable] indivia *f* riccia -2. US [chicory] indivia *f* belga.

endless ['endlɪs] *adj* -1. [journey] interminabile, [possibilities] illimitato(a); [patience] infinito(a); [complaining] eterno(a) -2. [desert, wastes] sconfinato(a).

endorse [ɪn'dɔːs] *vt* -1. [approve] approvare -2. [cheque] girare.

endorsement [ɪn'dɔːsmənt] *n* -1. [approval] approvazione *f* -2. UK [on driving licence] infrazione *f* annotata.

endow [ɪn'daʊ] *vt* -1. [equip]: to be ~ ed with sthg essere dotato(a) di qc -2. [donate money to] fare una donazione a.

endurance [ɪn'djʊərəns] *n* resistenza *f.*

endure [ɪn'djʊə^r] <> *vt* sopportare. <> *vi fml* resistere.

endways ['endweɪz] UK, **endwise** ['endwaɪz] US *adv* -1. [lengthways] per il lungo -2. [end to end] un'estremità contro l'altra.

enemy ['enɪmɪ] <> *n* -1. [person] nemico *m,* a *f.*

energetic [,enə'dʒetɪk] *adj* -1. [lively] pieno(a) -2. [physically taxing] vigoroso(a) -3. [enthusiastic] energico(a).

energy ['enədʒɪ] *n* energia *f;* to put one's energies into sthg impegnarsi in qc.

enforce [ɪnˈfɔːs] vt far osservare.

enforced [ɪnˈfɔːst] adj forzato(a).

engage [ɪnˈgeɪdʒ] ◇ vt -1. [attention, interest] attirare -2. [wheel, clutch, gear] ingranare -3. fml [staff] impiegare; **to be ~d in** OR **on sthg** essere impegnato(a) in qc. ◇ vi [be involved]: **to ~ in** occuparsi di.

engaged [ɪnˈgeɪdʒd] adj -1. [couple] fidanzato(a); **~ to sb** fidanzato con qn; **to get ~** fidanzarsi -2. [busy, occupied] impegnato(a); **~ in sthg** impegnato in qc -3. UK [phone line, phone number, toilet] occupato(a).

engaged tone n UK segnale m di occupato.

engagement [ɪnˈgeɪdʒmənt] n -1. [of couple] fidanzamento m -2. [appointment] impegno m.

engagement ring n anello m di fidanzamento.

engaging [ɪnˈgeɪdʒɪŋ] adj [smile, manner] accattivante; [personality] piacevole.

engender [ɪnˈdʒendər] vt fml generare.

engine [ˈendʒɪn] n -1. [of car, plane, ship] motore m -2. RAIL locomotiva f.

engine driver n UK macchinista mf.

engineer [ˌendʒɪˈnɪər] n -1. [of roads, machines, bridges] ingegnere m -2. [on ship] macchinista mf -3. US [engine driver] macchinista mf.

engineering [ˌendʒɪˈnɪərɪŋ] n ingegneria f.

England [ˈɪŋglənd] n Inghilterra f.

English [ˈɪŋglɪʃ] ◇ adj [gen] inglese; [class, teacher] d'inglese. ◇ n [language] inglese m. ◇ npl: **the ~** gli inglesi.

English breakfast n colazione f all'inglese.

English Channel n: **the ~** la Manica, il canale della Manica.

Englishman [ˈɪŋglɪʃmən] (pl **-men**) n inglese m.

Englishwoman [ˈɪŋglɪʃˌwʊmən] (pl **-women**) n inglese f.

engrave [ɪnˈgreɪv] vt -1. [metal, glass] incidere -2. [design]: **to ~ sthg (on sthg)** incidere qc (su qc) -3. fig [on memory] imprimere.

engraving [ɪnˈgreɪvɪŋ] n incisione f.

engrossed [ɪnˈgrəʊst] adj: **to be ~ (in sthg)** essere assorto(a) in qc.

engulf [ɪnˈgʌlf] vt -1. [cover, surround] inghiottire -2. fig [overwhelm] assalire.

enhance [ɪnˈhɑːns] vt [chances, value] aumentare; [beauty] accentuare.

enjoy [ɪnˈdʒɔɪ] vt -1. [like]: **he ~ed the film/trip** ti piace il film/il viaggio gli è piaciuto; **I/you ~ doing sthg** mi/ti piace fare qc; **to ~ o.s.** divertirsi -2. fml [possess] godere di.

enjoyable [ɪnˈdʒɔɪəbl] adj piacevole.

enjoyment [ɪnˈdʒɔɪmənt] n -1. [pleasure] piacere m -2. [pleasurable activity, object] divertimento m.

enlarge [ɪnˈlɑːdʒ] vt -1. [make bigger] ampliare -2. PHOT ingrandire. ◆ **enlarge (up)on** vt insep dilungarsi su.

enlargement [ɪnˈlɑːdʒmənt] n -1. [expansion] ampliamento m -2. PHOT ingrandimento m.

enlighten [ɪnˈlaɪtn] vt fml illuminare.

enlightened [ɪnˈlaɪtnd] adj illuminato(a).

enlist [ɪnˈlɪst] ◇ vt -1. MIL arruolare -2. [support, help] ricorrere a. ◇ vi MIL: **to ~ (in)** arruolarsi (in).

enmity [ˈenmətɪ] n -1. [feeling] inimicizia f -2. [conflict] conflitto m.

enormity [ɪˈnɔːmətɪ] n [extent] gravità f.

enormous [ɪˈnɔːməs] adj -1. [very large] enorme -2. [for emphasis] immenso(a).

enough [ɪˈnʌf] ◇ adj abbastanza. ◇ pron abbastanza; **that's ~, thanks** basta così, grazie; **to have had ~ (of sthg)** [expressing annoyance] averne avuto abbastanza (di qc); **more than ~** più che abbastanza. ◇ adv abbastanza; **to be good ~ to do sthg** fml essere così gentile da fare qc; **strangely ~** stranamente.

enquire [ɪnˈkwaɪər] vt & vi = **inquire**.

enquiry [ɪnˈkwaɪərɪ] n = **inquiry**.

enraged [ɪnˈreɪdʒd] adj furioso(a).

enrol, enroll US [ɪnˈrəʊl] ◇ vt iscrivere a. ◇ vi: **to ~ (on** OR **in sthg)** iscriversi (a qc).

ensue [ɪnˈsjuː] vi fml seguire.

ensure [ɪnˈʃʊər] vt garantire; **to ~ (that)** assicurarsi che.

ENT (abbr of **Ear, Nose & Throat**) n ORL.

entail [ɪnˈteɪl] vt [involve] comportare.

enter [ˈentər] ◇ vt -1. [come or go into] entrare in -2. [competition] partecipare a; [university] iscriversi a; [navy, army] arruolarsi in; [politics] darsi a; [profession] intraprendere; **to ~ the church** prendere i voti -3. [register]: **to ~ sb/sthg for sthg** iscrivere qn/qc a qc -4. [write down] scrivere -5. COMPUT inserire. ◇ vi -1. [come or go in] entrare -2. [register]: **to ~ (for sthg)** iscriversi (a qc). ◆ **enter into** vt insep -1. [negotiations] dare l'avvio a; **~ into corre-**

spondence with sb iniziare a corrispondere con qn **-2.** [agreement] concludere.

enter key n COMPUT invio m.

enterprise ['entəpraɪz] n **-1.** [company,
venture] impresa f **-2.** [initiative] iniziativa
f **-3.** [business] imprenditoria f.

enterprise zone n UK zona depressa oggetto di agevolazioni statali per incentivare gli
investimenti.

enterprising ['entəpraɪzɪŋ] adj intraprendente.

entertain [,entə'teɪn] vt **-1.** [amuse] intrattenere **-2.** [invite] invitare **-3.** fml [harbour]
nutrire; [consider] prendere in considerazione.

entertainer [,entə'teɪnər] n intrattenitore
m, -trice f.

entertaining [,entə'teɪnɪŋ] adj divertente.

entertainment [,entə'teɪnmənt] n **-1.**
[amusement] divertimento m **-2.** [show]
spettacolo m.

enthral, enthrall [ɪn'θrɔːl] US vt affascinare.

enthusiasm [ɪn'θjuːzɪæzm] n **-1.** [passion,
eagerness] entusiasmo m; ~ for sthg entusiasmo per qc **-2.** [interest, hobby] passione
f.

enthusiast [ɪn'θjuːzɪæst] n [fan] appassionato m, -a f.

enthusiastic [ɪn,θjuːzɪ'æstɪk] adj [respon-
se, reception] entusiastico(a); [person] entusiasta.

entice [ɪn'taɪs] vt allettare; to ~ sb away
from sthg/into sthg persuadere qn a lasciare qc/a fare qc.

entire [ɪn'taɪər] adj tutto(a).

entirely [ɪn'taɪəlɪ] adv completamente; I
agree ~ sono assolutamente d'accordo.

entirety [ɪn'taɪrətɪ] n fml: in its ~ nella
sua interezza.

entitle [ɪn'taɪtl] vt [allow]: to ~ sb to sthg
dare a qn il diritto di qc; to ~ sb to do
sthg autorizzare qn a fare qc.

entitled adj **-1.** [allowed]: to be ~ to sthg/
to do sthg avere diritto a qc/a fare qc **-2.**
[called] intitolato(a).

entitlement [ɪn'taɪtlmənt] n **-1.** [eligibili-
ty] diritto m **-2.** [money or thing due] beneficio m.

entrance ['entrəns] <> n **-1.** [way in]: ~
(to sthg) ingresso m (di qc), entrata f (di
qc) **-2.** [arrival] ingresso m **-3.** [entry]: to
gain ~ to sthg fml [building] riuscire ad
entrare in qc; [society, university] essere
ammesso(a) a qc. <> vt incantare.

entrance examination n esame m
d'ammissione.

entrance fee n ingresso m.

entrant ['entrənt] n [in competition, race]
concorrente mf; [in exam] iscritto m, -a f.

entreat [ɪn'triːt] vt: to ~ sb (to do sthg)
supplicare qn (di fare qc).

entrenched [ɪn'trentʃt] adj radicato(a).

entrepreneur [,ɒntrəprə'nɜːr] n imprenditore m, -trice f.

entrust [ɪn'trʌst] vt: to ~ sthg to sb, to ~
sb with sthg affidare qc a qn.

entry ['entrɪ] n **-1.** [gen] ingresso m; ~ into
ingresso in; ~ to access a; to gain ~ to
riuscire ad entrare in; 'no ~ ' [to room,
building] 'ingresso vietato'; [for vehicles]
'senso vietato' **-2.** [to competition] iscrizione f **-3.** [in diary, ledger] annotazione f.

entry form n modulo m d'iscrizione.

entry phone n citofono m.

envelop [ɪn'veləp] vt: to ~ sb/sthg in
sthg avvolgere qn/qc in qc.

envelope ['envələʊp] n [for letter] busta f.

envious ['envɪəs] adj invidioso(a); ~ (of
sb/sthg) invidioso (di qn/qc).

environment [ɪn'vaɪərənmənt] n ambiente m.

environmental [ɪn,vaɪərən'mentl] adj
ambientale.

environmentally [ɪn,vaɪərən'mentəlɪ]
adv: ~ friendly [product] biologico(a).

envisage [ɪn'vɪzɪdʒ], **envision** [ɪn'vɪʒn]
US vt prevedere.

envoy ['envɔɪ] n inviato m, -a f.

envy ['envɪ] <> n invidia f. <> vt invidiare;
to ~ sb sthg invidiare qc a qn.

eon ['iːən] n US = aeon.

epic ['epɪk] <> adj epico(a). <> n epopea f.

epidemic [,epɪ'demɪk] n epidemia f.

epileptic [,epɪ'leptɪk] <> adj [person] epi-
lettico(a); [fit] d'epilessia. <> n epilettico
m, -a f.

episode ['epɪsəʊd] n episodio m.

epitaph ['epɪtɑːf] n epitaffio m.

epitome [ɪ'pɪtəmɪ] n: to be the ~ of sb/
sthg essere la personificazione di qn/qc.

epitomize, -ise [ɪ'pɪtəmaɪz] vt simboleggiare.

epoch ['iːpɒk] n epoca f.

equal ['iːkwəl] <> adj **-1.** [in size, amount,
degree] uguale; ~ to sthg [sum] pari a qc
-2. [in status] pari; on ~ terms da pari a
pari **-3.** [capable]: ~ to sthg all'altezza di
qc. <> n [person] pari mf inv. <> vt **-1.** MATHS

fare **-2.** [in standard] uguagliare.

equality [iːˈkwɒlətɪ] *n* parità *f*.

equalize, -ise [ˈiːkwəlaɪz] ◇ *vt* livellare. ◇ *vi* SPORT pareggiare.

equalizer [ˈiːkwəlaɪzəʳ] *n* SPORT gol *m inv* del pareggio.

equally [ˈiːkwəlɪ] *adv* **-1.** [to the same extent] allo stesso modo **-2.** [in equal amounts] in parti uguali **-3.** [by the same token] ugualmente.

equal opportunities *npl* parità *f* di diritti.

equate [ɪˈkweɪt] *vt*: to ~ sthg with sthg far corrispondere qc a qc.

equation [ɪˈkweɪʒn] *n* MATHS equazione *f*.

equator [ɪˈkweɪtəʳ] *n*: the ~ l'equatore *m*.

equilibrium [ˌiːkwɪˈlɪbrɪəm] *n* equilibrio *m*.

equip [ɪˈkwɪp] *vt* **-1.** [provide with equipment] attrezzare; to ~ sb with sthg equipaggiare qn di qc; to ~ sthg with sthg attrezzare qc con qc **-2.** [prepare mentally]: to ~ sb for sthg preparare qc a qc.

equipment [ɪˈkwɪpmənt] *n* equipaggiamento *m*.

equity [ˈekwətɪ] *n* FIN *valore di mercato di un immobile rispetto al mutuo fondiario acceso per acquistarlo.* ◆ **equities** *npl* FIN azioni *fpl* ordinarie.

equivalent [ɪˈkwɪvələnt] ◇ *adj* equivalente; to be ~ to sthg equivalere a qc. ◇ *n* equivalente *m*.

equivocal [ɪˈkwɪvəkl] *adj* **-1.** [statement, remark] equivoco(a) **-2.** [behaviour, event] ambiguo(a).

er [ɜːʳ] *excl* **-1.** [hesitation] mmm! **-2.** [to attract attention] ehi!

era [ˈɪərə] (*pl* **-s**) *n* era *f*.

eradicate [ɪˈrædɪkeɪt] *vt* sradicare.

erase [ɪˈreɪz] *vt* **-1.** [rub out] cancellare **-2.** *fig* [memory] cancellare; [hunger, poverty] eliminare.

eraser [ɪˈreɪzəʳ] *n esp US* gomma *f* (per cancellare).

erect [ɪˈrekt] ◇ *adj* **-1.** [person, posture] diritto(a) **-2.** [penis] in erezione. ◇ *vt* **-1.** [statue] erigere; [building] costruire **-2.** [tent] drizzare; [roadblock] impiantare.

erection [ɪˈrekʃn] *n* **-1.** [gen] erezione *f* **-2.** [of building] costruzione *f*.

ERM (*abbr of* **Exchange Rate Mechanism**) *n* *meccanismo del tasso di cambio nello SME.*

erode [ɪˈrəʊd] ◇ *vt* **-1.** GEOL erodere **-2.** *fig* [destroy] minare. ◇ *vi lit & fig* [be destroyed] sgretolarsi.

erosion [ɪˈrəʊʒn] *n* **-1.** GEOL erosione *f* **-2.** *fig* [distruction] sgretolamento *m*.

erotic [ɪˈrɒtɪk] *adj* erotico(a).

err [ɜːʳ] *vi* errare.

errand [ˈerənd] *n* commissione *f*; to go on OR run an ~ (for sb) fare una commissione (per qn).

erratic [ɪˈrætɪk] *adj* [movement] irregolare; [performance] discontinuo(a).

error [ˈerəʳ] *n* errore *m*; ~ of judgment errore di valutazione; in ~ per errore.

erupt [ɪˈrʌpt] *vi* **-1.** [volcano] euttare **-2.** *fig* [war] scoppiare; [violence] esplodere.

eruption [ɪˈrʌpʃn] *n* **-1.** [of volcano] eruzione *f* **-2.** [of war] scoppio *m*; [of violence] esplosione *f*.

escalate [ˈeskəleɪt] *vi* **-1.** [conflict, violence] escalare **-2.** [costs] aumentare.

escalator [ˈeskəleɪtəʳ] *n* scala *f* mobile.

escapade [ˌeskəˈpeɪd] *n* scappatella *f*.

escape [ɪˈskeɪp] ◇ *n* **-1.** [from person, place, situation]: ~ (from sb/sthg) fuga *f* (da qn/qc); to make an OR one's ~ (from) fuggire (da) **-2.** [from danger]: to have a lucky/narrow ~ cavarsela per un pelo **-3.** [of gas] fuga *f*, perdita *f* **-4.** COMPUT escape *m inv*, tasto *m* escape. ◇ *vt* **-1.** [death] sfuggire a; [responsibilities] evitare; to ~ injury rimanere illeso(a) **-2.** [subj: fact, name] sfuggire a. ◇ *vi* **-1.** [from person, place, situation]: to ~ (from sb/sthg) fuggire (da qn/qc); to ~ from prison evadere (di prigione) **-2.** [from danger] cavarsela **-3.** [leak] fuoriuscire.

escapism [ɪˈskeɪpɪzm] *n* fuga *f* dalla realtà.

escort ◇ *n* [ˈeskɔːt] **-1.** [guard] scorta *f*; under ~ sotto scorta **-2.** [companion] accompagnatore *m*, -trice *f*. ◇ *vt* [ɪˈskɔːt] [accompany] accompagnare.

Eskimo [ˈeskɪməʊ] (*pl* **-s**) *n* [person] eschimese *mf*.

especially [ɪˈspeʃəlɪ] *adv* **-1.** [in particular] specialmente **-2.** [more than usually] particolarmente **-3.** [specifically] espressamente.

espionage [ˈespɪəˌnɑːʒ] *n* spionaggio *m*.

Esquire [ɪˈskwaɪəʳ] *n*: **James Smith, ~** Egregio signor James Smith.

essay *n* [ˈeseɪ] **-1.** SCH componimento *m*; UNIV dissertazione *f* **-2.** LIT saggio *m*.

essence [ˈesns] *n* **-1.** [nature] essenza *f*; in ~ sostanzialmente **-2.** CULIN essenza *f*.

essential [ɪˈsenʃl] *adj* **-1.** [absolutely necessary]: ~ (to OR for sthg) essenziale (per qc) **-2.** [basic] fondamentale. **essentials** *npl* **-1.** [basic commodities]: **the ~** l'essenziale **-2.** [most important elements] rudimenti *mpl*.

essentially [ɪ'senʃəlɪ] *adv* fondamentalmente.

essential oil *n* olio *m* essenziale.

establish [ɪ'stæblɪʃ] *vt* **-1.** [company, organization] costituire **-2.** [initiate]: **to ~ contact with sb** prendere contatto con qn **-3.** [facts, cause] stabilire **-4.** [reputation] affermare.

establishment [ɪ'stæblɪʃmənt] *n* **-1.** [creation, foundation] fondazione *f* **-2.** [shop, business] ditta *f*. **Establishment** *n* [status quo]: **the Establishment** l'Establishment *m inv*.

estate [ɪ'steɪt] *n* **-1.** [land, property] tenuta *f* **-2.** [for housing, industry]: **housing ~** complesso *m* di case popolari; **industrial ~** zona *f* industriale **-3.** LAW patrimonio *m*.

estate agent *n* UK agente *mf* immobiliare; **~'s** agenzia *f* immobiliare.

estate car *n* UK station wagon *f inv*.

esteem [ɪ'stiːm] *n* stima *f*. *vt* stimare.

esthetic *(etc) adj* US = **aesthetic** etc.

estimate *n* ['estɪmət] **-1.** [calculation, reckoning] stima *f* **-2.** COMM preventivo *m*. *vt* ['estɪmeɪt] [cost, value] stimare; [arrival, time] calcolare.

estimation [ˌestɪ'meɪʃn] *n* **-1.** [opinion] stima *f*; **in my ~** a mio giudizio **-2.** [calculation] calcolo *m* approssimativo.

Estonia [e'stəʊnjə] *n* Estonia *f*.

estranged [ɪ'streɪndʒd] *adj* separato(a).

estuary ['estjʊərɪ] *n* estuario *m*.

e-tailer ['iːteɪlər] *n* dettagliante *mf* on-line.

etc. *(abbr of* etcetera) ecc.

etching ['etʃɪŋ] *n* (incisione *f* all')acquaforte *f*.

eternal [ɪ'tɜːnl] *adj* **-1.** [life, truth] eterno(a) **-2.** *fig* [complaints, whining] continuo(a).

eternity [ɪ'tɜːnətɪ] *n* eternità *f*.

ethic ['eθɪk] *n* etica *f*. **ethics** *n* [study] etica *f*. *npl* [morals] etica *f*.

ethical ['eθɪkl] *adj* etico(a).

Ethiopia [ˌiːθɪ'əʊpjə] *n* Etiopia *f*.

ethnic cleansing ['eθnɪk] *n* pulizia *f* etnica.

etiquette ['etɪket] *n* etichetta *f*.

EU *(abbr of* **European Union)** *n* UE *f*.

euphemism ['juːfəmɪzm] *n* eufemismo *m*.

euphoria [juː'fɔːrɪə] *n* euforia *f*.

Eurocheque ['jʊərəʊˌtʃek] *n* eurochèque *m inv*.

Euro MP *n* europarlamentare *mf*.

Europe ['jʊərəp] *n* Europa *f*.

European [ˌjʊərə'piːən] *adj* europeo(a). *n* europeo *m*, -a *f*.

European Central Bank *n*: **the ~** la Banca Centrale Europea.

European Monetary System *n*: **the ~** il Sistema Monetario Europeo.

European Parliament *n*: **the ~** il Parlamento Europeo.

European Union *n*: **the ~** l'Unione *f* Europea.

Eurosceptic ['jʊərəʊˌskeptɪk] *adj* euroscettico(a). *n* euroscettico *m*, -a *f*.

Eurostar ['ʊərəʊstaːʳ] *n* l'Eurostar *m inv*.

euthanasia [ˌjuːθə'neɪzjə] *n* eutanasia *f*.

evacuate [ɪ'vækjʊeɪt] *vt* **-1.** [in case of fire] evacuare **-2.** [during wartime] sfollare.

evade [ɪ'veɪd] *vt* **-1.** [pursuers, capture] sfuggire a **-2.** [issue, question] evitare **-3.** [subj: love, success]: **success has always ~d him** non ha mai raggiunto il successo.

evaluate [ɪ'væljʊeɪt] *vt* valutare.

evaporate [ɪ'væpəreɪt] *vi* **-1.** [liquid] evaporare **2.** *fig* [feeling] svanire.

evaporated milk [ɪ'væpəreɪtɪd-] *n* latte *m* condensato.

evasion [ɪ'veɪʒn] *n* **-1.** [of responsibility, payment etc]: **~ of responsibility** lo sfuggire alle (proprie) responsabilità; **tax ~** evasione *f* fiscale **-2.** [lie] risposta *f* evasiva.

evasive [ɪ'veɪsɪv] *adj* **-1.** [person, answer] evasivo(a) **-2.** [intended to avoid being hit]: **to take ~ action** fare un'azione evasiva.

eve [iːv] *n* vigilia *f*.

even ['iːvn] *adj* **-1.** [regular] costante **-2.** [calm] equilibrato(a) **-3.** [flat, level] piano(a); [smooth] liscio(a) **-4.** [teams, players] in parità; [scores] pari *(inv)*; [contest] equilibrato(a); **to get ~ with sb** farla pagare a qn **-5.** [not odd] pari *(inv)*. *adv* **-1.** [for emphasis] persino; **not ~ he/she** neppure lui/lei; **~ now** ancor oggi, **~ then** [at that time] anche allora; anche così **-2.** [in comparisons] ancora, **~ better/bigger** ancor meglio/più grande **-3.** [indeed] addirittura. **even if** *conj* anche se. **even so** *adv* [in spite of that] nonostante ciò. **even though** *conj* anche se. **even out** *vt sep* [discrepancies] appianare; [prices] livellare. *vi* [discrepancies] appianarsi; [prices] livellarsi.

evening ['iːvnɪŋ] *n* **-1.** [end of day] sera *f*; **in**

the ~ di sera -2. [event, entertainment] serata f. ◆ **evenings** adv US di sera.

evening class n corso m serale.

evening dress n abito m da sera.

event [ɪ'vent] n -1. [happening] avvenimento m -2. SPORT gara f -3. [case] caso m; **in the** ~ **of** in caso di ; **in the** ~ **that** nel caso che (+ congiuntivo). ◆ **in any event** adv ad ogni modo. ◆ **in the event** adv UK in realtà.

eventful [ɪ'ventfʊl] adj [life] movimentato(a); [day] ricco(a) di avvenimenti.

eventual [ɪ'ventʃʊəl] adj finale.

eventuality [ɪ,ventʃʊ'ælətɪ] n eventualità f inv.

eventually [ɪ'ventʃʊəlɪ] adv alla fine.

ever ['evə'] adv -1. [at any time] mai; **hardly** ~ quasi mai -2. [all the time] sempre; **as** ~ come sempre; **for** ~ per sempre -3. [for emphasis]: **why/how** ~ ...? perché/come mai ...?; ~ **so kind** gentilissimo; ~ **such a mess** un tale casino. ◆ **ever since** ◇ adv da allora. ◇ conj da quando. ◇ prep a partire da.

evergreen ['evəgri:n] ◇ adj sempreverde. ◇ n sempreverde m o f.

everlasting [,evə'lɑ:stɪŋ] adj eterno(a).

every ['evrɪ] adj [each] ogni; ~ **three months** ogni tre mesi. ◆ **every now and then, every so often** adv di tanto in tanto. ◆ **every other** adj: ~ **other day** ogni due giorni; ~ **other child** un bambino su due. ◆ **every which way** adv US [in all directions] in tutte le direzioni; [by all available means] in ogni modo.

everybody ['evrɪ,bɒdɪ] pron = everyone.

everyday ['evrɪdeɪ] adj di tutti giorni.

everyone ['evrɪwʌn] pron chiunque.

everyplace ['evrɪ,pleɪs] adv US = everywhere.

everything ['evrɪθɪŋ] pron tutto; ~'**s all right** è tutto a posto; **money isn't** ~ i soldi non sono tutto; **he's** ~ **to me** lui per me è tutto.

everywhere ['evrɪweə'], **everyplace** US adv dovunque.

evict [ɪ'vɪkt] vt: **to** ~ **sb (from)** sfrattare qn (da).

evidence ['evɪdəns] n prove fpl; **to give** ~ deporre.

evident ['evɪdənt] adj evidente.

evidently ['evɪdəntlɪ] adv evidentemente.

evil ['i:vl] ◇ adj cattivo(a). ◇ n -1. [wickedness] malvagità f -2. [harmful, wicked thing] male m.

evoke [ɪ'vəʊk] vt -1. [call up, summon] evocare -2. [elicit, provoke] suscitare.

evolution [,i:və'lu:ʃn] n evoluzione f.

evolve [ɪ'vɒlv] ◇ vt [develop] ideare. ◇ vi -1. BIOL: **to** ~ **(into/from)** evolvere (in/da qc) -2. [society] evolversi; [system, style] svilupparsi.

ewe [ju:] n pecora f.

ex- [eks] prefix ex.

exacerbate [ɪg'zæsəbeɪt] vt [feelings] esacerbare; [problems] aggravare.

exact [ɪg'zækt] ◇ adj [precise] esatto(a); **to be** ~ per essere precisi. ◇ vt: **to** ~ **sthg (from sb)** esigere qc (da qn).

exacting [ɪg'zæktɪŋ] adj -1. [demanding, tiring] impegnativo(a) -2. [rigorous] esigente.

exactly [ɪg'zæktlɪ] ◇ adv [precisely] esattamente; **at ten o'clock** ~ alle dieci precise; **not** ~ [not really, as reply] non proprio. ◇ excl esatto!

exaggerate [ɪg'zædʒəreɪt] vt & vi esagerare.

exaggeration [ɪg,zædʒə'reɪʃn] n esagerazione f.

exalted [ɪg'zɔ:ltɪd] adj in alto.

exam [ɪg'zæm] (abbr of **examination**) n esame m; **to take** OR **sit** UK **an** ~ fare un esame.

examination [ɪg,zæmɪ'neɪʃn] n -1. [test, consideration, inspection] esame m -2. MED visita f; **to give sb an** ~ visitare qn -3. LAW interrogatorio m.

examine [ɪg'zæmɪn] vt -1. [passport, proposal] esaminare -2. MED visitare -3. [student, witness] interrogare.

examiner [ɪg'zæmɪnə'] n esaminatore m, -trice f.

example [ɪg'zɑ:mpl] n esempio m; **for** ~ per esempio.

exasperate [ɪg'zæspəreɪt] vt esasperare.

exasperation [ɪg,zæspə'reɪʃn] n esasperazione f.

excavate ['ekskəveɪt] vt -1. [site] fare degli scavi in; [pottery, bones] portare alla luce -2. CONSTR scavare.

exceed [ɪk'si:d] vt -1. [amount, number] superare -2. [limit, expectations] andare oltre.

exceedingly [ɪk'si:dɪŋlɪ] adv estremamente.

excel [ɪk'sel] ◇ vi: **to** ~ **(in** OR **at sthg)** eccellere (in qc). ◇ vt: **to** ~ **o.s.** UK superare se stesso.

excellence ['eksələns] n eccellenza f.

excellent ['eksələnt] ◇ *adj* eccellente. ◇ *excl* ottimo!

except [ik'sept] ◇ *prep* eccetto. ◇ *conj*: ~ **(that)** tranne (che). ◇ *vt*: **to ~ sb (from sthg)** escludere qn (da qc). ➡ **except for** *prep* eccetto.

excepting [ik'septiŋ] *prep & conj* = except.

exception [ik'sepʃn] *n* -1. [exclusion] eccezione *f*; **an ~ to the rule** un'eccezione alla regola; **with the ~ of** ad eccezione di -2. [offence]: **to take ~ to sthg** offendersi per qc.

exceptional [ik'sepʃənl] *adj* eccezionale.

excerpt ['eksɜ:pt] *n*: ~ **(from sthg)** [from book] estratto *m* (di qc) ; [from film] spezzone *m* (di qc) ; [piece of music] brano *m* (tratto da qc).

excess ◇ *adj* ['ekses] in eccesso. ◇ *n* [ik'ses] eccesso *m*.

excess baggage ['ekses-] *n* bagaglio *m* in eccedenza.

excess fare ['ekses-] *n UK* supplemento *m*.

excessive [ik'sesiv] *adj* eccessivo(a).

exchange [iks'tʃeindʒ] ◇ *n* -1. [act of swapping] scambio *m*; **in ~ (for)** in cambio (di) -2. [swap] cambio *m* -3. TELEC: **(telephone) ~** centralino *m* -4. [educational visit] viaggio *m* di scambio. ◇ *vt* [address dresses] scambiare; [seats] fare cambio di; [in shop] cambiare; **to ~ sthg for sthg** cambiare qc con qc; **to ~ sthg with sb** scambiarsi qc con qn.

exchange rate *n* FIN tasso *m* di cambio.

Exchequer [iks'tʃekəʳ] *n UK*: **the ~** lo Scacchiere.

excise ['eksaiz] *n* dazio *m*.

excite [ik'sait] *vt* -1. [person] eccitare -2. [interest, suspicion] suscitare.

excited [ik'saitid] *adj* eccitato(a).

excitement [ik'saitmənt] *n* [state] eccitazione *f*.

exciting [ik'saitiŋ] *adj* eccitante.

exclaim [ik'skleim] ◇ *vt* esclamare. ◇ *vi*: **to ~ (at sthg)** prorompere in esclamazioni (davanti a qc).

exclamation mark *UK*, **exclamation point** [ˌekskləˈmeiʃn] *US n* punto *m* esclamativo.

exclude [ik'sklu:d] *vt*: **to ~ sb/sthg (from sthg)** escludere qn/qc (da qc).

excluding [ik'sklu:diŋ] *prep*: ~ **meals** pasti esclusi; ~ **Sundays** esclusa la domenica.

exclusive [ik'sklu:siv] ◇ *adj* -1. [high-class, sole] esclusivo(a) -2. PRESS in esclusiva. ◇ *n* PRESS esclusiva *f*. ➡ **exclusive of** *prep*: ~ **VAT** IVA esclusa; ~ **breakfast** colazione esclusa.

excrement ['ekskrimənt] *n fml* escremento *m*.

excruciating [ik'skru:ʃieitiŋ] *adj* atroce.

excursion [ik'skɜ:ʃn] *n* escursione *f*.

excuse ◇ *n* [ik'skju:s] -1. [reason, explanation] scusa *f* -2. [justification]: ~ **(for sthg)** scusante *f* (per qc) . ◇ *vt* [ik'skju:z] -1. [gen] scusare; **to ~ sb for sthg** perdonare qc a qn; **to ~ sb for doing sthg** perdonare qn per aver fatto qc -2. [let off, free]: **to ~ sb (from sthg)** esonerare qn (da qc) -3. *phr*: ~ **me** scusi.

ex-directory *adj UK* fuori elenco.

execute ['eksikju:t] *vt* -1. [kill] giustiziare -2. *fml* [order, movement, manoeuvre] eseguire; [plan] attuare.

execution [ˌeksi'kju:ʃn] *n* [of person, order] esecuzione *f*, [of plan] attuazione *f*.

executive [ig'zekjutiv] ◇ *adj* [power, board] esecutivo(a). ◇ *n* -1. COMM dirigente *mf* -2. [of government] esecutivo *m* -3. [of political party] comitato *m* centrale.

executive director *n* direttore *m* generale.

executor [ig'zekjutəʳ] *n* [of will] esecutore *m*, -trice *f* testamentario(a).

exemplify [ig'zemplifai] *vt* -1. [typify] rappresentare -2. [give example of] spiegare con esempi.

exempt [ig'zempt] ◇ *adj*: **to be ~ (from sthg)** [from tax] essere esente (da qc); [from military service] essere esonerato(a) (da qc) . ◇ *vt*: **to ~ sb/sthg (from sthg)** esentare qn/qc (da qc).

exercise ['eksəsaiz] ◇ *n* -1. [gen] esercizio *m* -2. [physical training] moto *m*. ◇ *vt* -1. [horse] far esercizio a; [dog] portare a passeggio -2. *fml* [use, practise] esercitare. ◇ *vi* fare moto.

exercise book *n* -1. [for notes] quaderno *m* -2. [published book] eserciziario *m*.

exert [ig'zɜ:t] *vt* esercitare; **to ~ o.s.** fare sforzi.

exertion [ig'zɜ:ʃn] *n* -1. [of influence, power] esercizio *m* -2. [effort] sforzo *m*.

exhale [eks'heil] *vt & vi* espirare.

exhaust [ig'zɔ:st] ◇ *n* -1. [fumes] gas *mpl* di scarico -2. [tube]: ~ **(pipe)** tubo *m* di scappamento. ◇ *vt* -1. [tire] sfiancare -2. [use up] esaurire.

exhausted [ig'zɔ:stid] *adj* sfinito(a).

exhausting [ig'zɔ:stiŋ] *adj* sfiancante.

exhaustion [ɪg'zɔːstʃn] *n* sfinimento *m*.

exhaustive [ɪg'zɔːstɪv] *adj* esauriente.

exhibit [ɪg'zɪbɪt] <> *n* -1. ART oggetto *m* esposto -2. LAW mezzo *m* probatorio. <> *vt* -1. *fml* [feeling] mostrare; [skill] dimostrare -2. ART esporre.

exhibition [ˌeksɪ'bɪʃn] *n* -1. ART mostra *f* -2. [demonstration] dimostrazione *f* -3. *phr*: to make an ~ of o.s. *UK* dare spettacolo.

exhilarating [ɪg'zɪləreɪtɪŋ] *adj* emozionante.

exile ['eksaɪl] <> *n* -1. [condition] esilio *m*; in ~ in esilio -2. [person] esule *mf*. <> *vt*: to ~ sb (from/to) esiliare qn (da/in).

exist [ɪg'zɪst] *vi* esistere.

existence [ɪg'zɪstəns] *n* esistenza *f*; to be in ~ esistere; to come into ~ nascere.

existing [ɪg'zɪstɪŋ] *adj* esistente.

exit ['eksɪt] <> *n* -1. [way out] uscita *f* -2. [departure]: to make an ~ uscire. <> *vi* uscire.

exodus ['eksədəs] *n* esodo *m*.

exonerate [ɪg'zɒnəreɪt] *vt*: to ~ sb (from sthg) discolpare qn (da qc).

exorbitant [ɪg'zɔːbɪtənt] *adj* esorbitante.

exotic [ɪg'zɒtɪk] *adj* esotico(a).

expand [ɪk'spænd] <> *vt* ampliare. <> *vi* [population] aumentare; [market, business] essere in espansione; [metal] dilatarsi. ✦ **expand (up)on** *vt insep* fornire maggiori dettagli su.

expanse [ɪk'spæns] *n* distesa *f*.

expansion [ɪk'spænʃn] *n* [of department] ampliamento *m*; [of business] espansione *f*; [of population] crescita *f*; [of metal] dilatazione *f*.

expect [ɪk'spekt] <> *vt* -1. [anticipate] aspettarsi; to ~ to do sthg pensare di fare qc; to ~ sb to do sthg aspettarsi che qn faccia qc -2. [wait for] aspettare -3. [demand] esigere; to ~ sb to do sthg esigere che qn faccia qc; to ~ sthg from sb esigere qc da qn -4. [suppose]: to ~ (that) pensare che; I ~ so penso di sì -5. [be pregnant with]: to be ~ing a baby aspettare un bambino. <> *vi* [be pregnant]: to be ~ing essere incinta.

expectancy [ɪk'spektənsɪ] *n* = life expectancy.

expectant [ɪk'spektənt] *adj* in attesa.

expectant mother *n* futura mamma *f*.

expectation [ˌekspek'teɪʃn] *n* [hope] aspettativa *f*; it's my ~ that... mi aspetto che...; against OR contrary to all ~(s) contro ogni aspettativa.

expedient [ɪk'spiːdjənt] *fml* <> *adj* conveniente. <> *n* espediente *m*.

expedition [ˌekspɪ'dɪʃn] *n* spedizione *f*.

expel [ɪk'spel] *vt* : to ~ sb/sthg (from) espellere qn/qc (da) .

expend [ɪk'spend] *vt*: to ~ sthg (on sthg) impiegare qc (per qc).

expendable [ɪk'spendəbl] *adj* non indispensabile.

expenditure [ɪk'spendɪtʃər] *n* -1. [of money] spesa *f* -2. [of energy, resource] consumo *m*.

expense [ɪk'spens] *n* -1. [amount spent] spesa *f* -2. [cost] spesa *f*, costo *m*; at the ~ of a spese di; at sb's ~ *lit & fig* a spese di qn. ✦ **expenses** *npl* COMM spese *fpl*.

expense account *n* conto *m* spese.

expensive [ɪk'spensɪv] *adj* caro(a).

experience [ɪk'spɪərɪəns] <> *n* esperienza *f*. <> *vt* [difficulty, disappointment] provare; [loss, change] subire.

experienced [ɪk'spɪərɪənst] *adj*: ~ (at OR in sthg) pratico(a) (di qc).

experiment [ɪk'sperɪmənt] <> *n* esperimento *m*; to carry out an ~ condurre un esperimento. <> *vi* -1. SCIENCE sperimentare; to ~ (with sthg) sperimentare (qc) -2. [explore]: to ~ (with sthg) provare (qc).

expert ['ekspɜːt] <> *adj* esperto(a). <> *n* esperto *m*, -a *f*.

expertise [ˌekspɜː'tiːz] *n* esperienza *f*.

expire [ɪk'spaɪər] *vi* [run out] scadere.

expiry [ɪk'spaɪərɪ] *n* scadenza *f*.

explain [ɪk'spleɪn] <> *vt* spiegare; to ~ sthg to sb spiegare qc a qn. <> *vi* spiegare; to ~ to sb (about sthg) spiegare (qc) a qn.

explanation [ˌeksplə'neɪʃn] *n*: ~ (for sthg) spiegazione *f* (per qc) .

explicit [ɪk'splɪsɪt] *adj* esplicito(a).

explode [ɪk'spləʊd] <> *vt* [blow up] far esplodere OR scoppiare. <> *vi* esplodere, scoppiare.

exploit <> *n* ['eksplɔɪt] exploit *m inv*, prodezza *f*. <> *vt* [ɪk'splɔɪt] sfruttare.

exploitation [ˌeksplɔɪ'teɪʃn] *n* sfruttamento *m*.

exploration [ˌeksplə'reɪʃn] *n* esplorazione *f*.

explore [ɪk'splɔːr] *vtvi* esplorare.

explorer [ɪk'splɔːrər] *n* esploratore *m*, -trice *f*.

explosion [ɪk'spləʊʒn] *n* esplosione *f*.

explosive [ɪk'spləʊsɪv] <> *adj* esplosivo(a). <> *n* esplosivo *m*.

export ◇ *n* ['ekspɔːt] esportazione *f*. ◇ *comp* d' esportazione. ◇ *vt* [ɪk'spɔːt] esportare.

exporter [ek'spɔːtə[r]] *n* esportatore *m*, -trice *f*.

expose [ɪk'spəʊz] *vt* -1. [uncover, make visible] esporre, scoprire; **to be ~ d to sthg** essere esposto(a) a qc -2. [unmask – corruption] rivelare, denunciare; [– person] smascherare -3. PHOT esporre.

exposed [ɪk'spəʊzd] *adj* [unsheltered] esposto(a).

exposure [ɪk'spəʊʒə[r]] *n* -1. [to light, radiation]: ~ **(to)** esposizione *f* (a) -2. [hypothermia] ipotermia *f* -3. PHOT [time] (tempo *m* di) esposizione; [photograph] posa *f*, foto *f inv* -4. [publicity] pubblicità *f inv*.

exposure meter *n* esposimetro *m*.

expound [ɪk'spaʊnd] *fml* ◇ *vt* esporre. ◇ *vi*: **to ~ on sthg** esporre qc.

express [ɪk'spres] ◇ *adj* -1. UK [letter, parcel] espresso *inv* -2. [train, coach] espresso *inv* -3. *fml* [wish, permission] esplicito(a); [purpose] preciso(a). ◇ *adv* per espresso. ◇ *n*: ~ **(train)** treno *m* espresso, espresso *m*. ◇ *vt* esprimere.

expression [ɪk'spreʃn] *n* espressione *f*.

expressive [ɪk'spresɪv] *adj* espressivo(a).

expressly [ɪk'spreslɪ] *adv* [specifically] espressamente.

expressway [ɪk'spreswei] *n US* superstrada *f*.

exquisite [ɪk'skwɪzɪt] *adj* -1. [beautiful] splendido(a) -2. [very pleasing] squisito(a).

ext., extn. (*abbr of* **extension**) interno *m*.

extend [ɪk'stend] ◇ *vt* -1. [building, law, power] ampliare -2. [road, visit, visa] prolungare -3. [deadline] prorogare, estendere -4. *fml* [arm, hand] tendere -5. [welcome, help] porgere; [credit] concedere. ◇ *vi* -1. [stretch, reach – in space] estendersi; [– in time] protrarsi, continuare -2. [rule, law]: **to ~ to sb/sthg** includere qn/qc.

extension [ɪk'stenʃn] *n* -1. [new room, building] annesso *m* -2. [of visit, visa] prolungamento *m* -3. [of deadline] proroga *f* -4. [of law, power] ampliamento *m* -5. TELEC interno *m* -6. ELEC prolunga *f*.

extension cable, **extension lead** *n* ELEC prolunga *f*.

extensive [ɪk'stensɪv] *adj* -1. [damage] ingente; [coverage] ampio(a) -2. [lands, grounds] vasto(a) -3. [discussions, tests] approfondito(a); [changes, use] grande.

extensively [ɪk'stensɪvlɪ] *adv* -1. [in amount] ampiamente -2. [in range] abbondantemente.

extent [ɪk'stent] *n* -1. [physical size] estensione *f* -2. [scale – of problem, damage] entità *f*; [– of knowledge] portata *f* -3. [degree]: **to what ~ ...?** in che misura...?; **to the ~ that** al punto che; **to a certain ~** fino a un certo punto; **to a large** OR **great ~** in gran parte; **to some ~** in parte

extenuating circumstances [ɪk'stenjʊeitɪŋ] *npl* attenuanti *fpl*.

exterior [ɪk'stɪərɪə[r]] ◇ *adj* esterno(a). ◇ *n* -1. [outer surface] esterno *m* -2. [outer self] apparenza *f* esterna.

exterminate [ɪk'stɜːmɪneɪt] *vt* sterminare.

external [ɪk'stɜːnl] *adj* -1. [outside] esterno(a) -2. [foreign] estero(a).

extinct [ɪk'stɪŋkt] *adj* -1. [species] estinto(a) -2. [volcano] estinto(a), spento(a).

extinguish [ɪk'stɪŋgwɪʃ] *vt fml* [put out] spegnere.

extinguisher [ɪk'stɪŋgwɪʃə[r]] *n*: **(fire) ~** estintore *m*.

extn. = ext.

extol, extoll [ɪk'stəʊl] *US vt* decantare.

extort [ɪk'stɔːt] *vt*: **to ~ sthg from sb** estorcere qc da qn.

extortionate [ɪk'stɔːʃnət] *adj* [price] esorbitante, [demands] eccessivo(a).

extra ['ekstrə] ◇ *adj* [item] in più, extra *inv*; [charge, care, time] supplementare; **the wine is ~** il vino è a parte. ◇ *n* -1. [addition] extra *m inv* -2. CIN & THEAT comparsa *f*. ◇ *adv* in più; **to pay ~** pagare un supplemento; **to charge ~** richiedere un pagamento supplementare. ◆ **extras** *npl* [in price] extra *mpl*.

extra- *prefix* extra-.

extract ◇ *n* ['ekstrækt] -1. [excerpt – from book, music] brano *m*; [– from film] spezzone *m* -2. CHEM estratto *m*, essenza *f*. ◇ *vt* [ɪk'strækt] -1. [tooth, coal, oil]: **to ~ sthg (from sthg)** estrarre qc (da qc) -2. [confession, information]: **to ~ sthg (from sb)** estorcere qc (da qc).

extradite ['ekstrədaɪt] *vt*: **to ~ sb (from/ to)** estradare qn (da/in).

extramural [,ekstrə'mjʊərəl] *adj* UNIV organizzato da un'università per studenti esterni **~ studies** corsi *mpl* liberi.

extraordinary [ɪk'strɔːdnrɪ] *adj* -1. [special] straordinario(a) -2. [strange] strano(a), singolare.

extraordinary general meeting *n* assemblea *f* straordinaria.

extravagance [ɪk'strævəgəns] *n* **-1.** [excessive spending] sperpero *m* **-2.** [luxury] lusso *m*.

extravagant [ɪk'strævəgənt] *adj* **-1.** [person] spendaccione(a); [tastes] dispendioso(a) **-2.** [present, behaviour] stravagante; [claim, expectation] eccessivo(a).

extreme [ɪk'striːm] ◇ *adj* **-1.** [gen] estremo(a) **-2.** [extremist] estremista. ◇ *n* [furthest limit] estremo *m*.

extremely [ɪk'striːmlɪ] *adv* estremamente.

extreme sports *npl* sport *mpl* estremi.

extremist [ɪk'striːmɪst] ◇ *adj* estremista. ◇ *n* estremista *mf*.

extricate ['ekstrɪkeɪt] *vt*: **to ~ sthg (from)** districare OR liberare qc (da); **to ~ o.s. (from)** districarsi OR liberarsi (da).

extrovert ['ekstrəvɜːt] ◇ *adj* estroverso(a). ◇ *n* estroverso *m*, -a *f*.

exuberance [ɪg'zjuːbərəns] *n* esuberanza *f*.

exultant [ɪg'zʌltənt] *adj* esultante.

eye [aɪ] (*cont* **eyeing** OR **eying**) ◇ *n* **-1.** [for seeing, on potato] occhio *m*; **to cast** OR **run one's ~ over sthg** dare un'occhiata a qc; **to have one's ~ on sb/sthg** tenere d'occhio qn/qc; **to keep one's ~s open (for),** **to keep an ~ out (for)** tenere gli occhi aperti (per); **to keep an ~ on sb/sthg** tenere d'occhio qn/qc **-2.** [of needle] cruna *f.* ◇ *vt* guardare.

eyeball ['aɪbɔːl] *n* bulbo *m* oculare.

eyebath ['aɪbɑːθ] *n* occhiera *f*.

eyebrow ['aɪbraʊ] *n* sopracciglio *m*.

eyebrow pencil *n* matita *f* per le sopracciglia.

eyedrops ['aɪdrɒps] *npl* gocce *fpl* per gli occhi, collirio *m*.

eyeglasses ['aɪglɑːsɪz] *npl* US occhiali *mpl*.

eyelash ['aɪlæʃ] *n* ciglio *m*.

eyelid ['aɪlɪd] *n* palpebra *f*.

eyeliner ['aɪˌlaɪnə'] *n* eyeliner *m inv.*

eye-opener *n inf* rivelazione *f*.

eye shadow *n* ombretto *m*.

eyesight ['aɪsaɪt] *n* vista *f*.

eyesore ['aɪsɔː'] *n* obbrobrio *m*.

eyestrain ['aɪstreɪn] *n* affaticamento *m* degli occhi.

eyewitness [ˌaɪ'wɪtnɪs] *n* testimone *mf* oculare.

e-zine ['iːziːn] *n* rivista diffusa tramite Internet e-zine.

F

f (*pl* **f's** OR **fs**), **F** (*pl* **F's** OR **Fs**) [ef] *n* [letter] f *f o m inv*; F *f o m inv.* ◆ **F** *n* **-1.** MUS fa *m inv* **-2.** (*abbr of* **Fahrenheit**) F.

fable ['feɪbl] *n* favola *f*.

fabric ['fæbrɪk] *n* **-1.** [cloth] tessuto *m*, stoffa *f* **-2.** [of building, society] struttura *f*.

fabrication [ˌfæbrɪ'keɪʃn] *n* **-1.** [lying, lie] invenzione *f* **-2.** [manufacture] fabbricazione *f*, costruzione *f*.

fabulous ['fæbjʊləs] *adj* **-1.** *inf* [excellent] favoloso(a), fantastico(a) **-2.** *fml* [unbelievable] favoloso(a) **-3.** *fml* [fairy-tale] fantastico(a).

facade *n* facciata *f*.

face [feɪs] ◇ *n* **-1.** [front of head, expression] faccia *f*, viso *m*; **~ to ~** faccia a faccia; **to make** OR **pull a ~** fare boccacce OR smorfie; **to say sthg to sb's ~** dire qc in faccia a qn **-2.** [of cliff, mountain] parete *f*; [of coin, shape] faccia *f*; [building] facciata *f* **-3.** [of clock, watch] quadrante *m* **-4.** [appearance, nature] aspetto *m* **-5.** [surface] faccia *f*, superficie *f*; **on the ~ of it** a giudicare dalle apparenze **-6.** [respect]: **to lose ~** perdere la faccia; **to save ~** salvare la faccia. ◇ *vt* **-1.** [look towards] mettersi di fronte a; **my house ~s south** la mia casa è rivolta a sud **-2.** [problems, danger] affrontare **-3.** [facts, truth] affrontare, accettare **-4.** *inf* [cope with] affrontare. ◆ **face down** *adv* [person] a faccia in giù, bocconi; [object] a faccia in giù. ◆ **face up** *adv* [person, object] a faccia in su. ◆ **in the face of** *prep* [in spite of] malgrado, nonostante. ◆ **face up to** *vt insep* far fronte a, affrontare.

facecloth ['feɪsklɒθ] *n* UK guanto *m* di spugna.

face cream *n* crema *f* per il viso.

face-lift *n* **-1.** [for face] lifting *m inv* **-2.** *fig* [for building] restauro *m*.

face-saving *adj*: **a ~ agreement** un accordo per salvare la faccia.

facet ['fæsɪt] *n* sfaccettatura *f*.

facetious [fə'si:ʃəs] *adj* spiritoso(a).

face value *n* [of coin, stamp] valore *m* nominale; **to take sthg at ~** *fig* prendere qc alla lettera.

facility [fə'sɪlətɪ] *n* [feature] funzione *f*.
◆ facilities *npl* [amenities] impianti *mpl*, attrezzature *fpl*.

facing ['feɪsɪŋ] *adj* [opposite] opposto(a).

facsimile [fæk'sɪmɪlɪ] *n* -1. [message, system] fax *m inv* -2. [exact copy] facsimile *m inv*.

fact [fækt] *n* -1. [true piece of information] fatto *m*; **it's a ~ that...** è un dato di fatto che... -2. [reality] fatto *m*, realtà *f inv*; **a story based on ~** una storia basata sui fatti; **to know sthg for a ~** sapere qc per certo.
◆ in fact *⋄ conj* anzi. *⋄ adv* in effetti.

fact of life *n* dato *m* di fatto. **◆ facts of life** *npl euph:* **to explain/know the ~s of life** spiegare/sapere come nascono i bambini.

factor ['fæktə'] *n* fattore *m*.

factory ['fæktərɪ] *n* fabbrica *f*.

fact sheet *n UK* scheda *f* informativa.

factual ['fæktʃʊəl] *adj* basato(a) sui fatti.

faculty ['fækltɪ] *n* -1. [ability, part of university] facoltà *f inv* -2. *US* [teaching staff]: **the ~** il corpo insegnante.

fad [fæd] *n* mania *f*.

fade [feɪd] *⋄ vi* -1. [jeans, curtains, paint] scolorire, sbiadire; [flower] appassire -2. [light, sound, memory, interest] affievolirsi, svanire. *⋄ vt* [jeans, curtains, paint] scolorire, sbiadire.

faeces *UK*, **feces** *US* ['fi:si:z] *npl* feci *fpl*.

fag [fæg] *n* -1. *UK inf* [cigarette] sigaretta *f* -2. *US offens* [homosexual] frocio *m*.

Fahrenheit ['færənhaɪt] *adj* Fahrenheit *inv.*

fail [feɪl] *⋄ vt* -1. [not succeed in]: **to ~ to do sthg** non riuscire a fare qc -2. [exam, test] non passare; [candidate] bocciare, respingere -3. [neglect]: **to ~ to do sthg** mancare di fare qc; [subj:friend, memory] abbandonare. *⋄ vi* -1. [not succeed] non riuscire, fallire -2. SCH & UNIV essere bocciato -3. [engine] guastarsi; [lights] mancare -4. [health, eyesight] peggiorare; [daylight] affievolirsi.

failing ['feɪlɪŋ] *⋄ n* [weakness] difetto *m*. *⋄ prep* in mancanza di; **~ that** se ciò non fosse possibile.

failure ['feɪljə'] *n* -1. [gen] fallimento *m* -2. [person] fallito *m*, -a *f* -3. [of engine, brakes] guasto *m*; [of crop] perdita *f*; **heart ~** arresto *m* cardiaco.

faint [feɪnt] *⋄ adj* -1. [hope, memory, chance] vago(a); [smell] leggero(a); [sound, glow, smile] debole; **I haven't the ~est idea** non ne ho la più pallida idea -2. [dizzy]: **to feel ~** sentirsi svenire. *⋄ vi* svenire.

fair [feə'] *⋄ adj* -1. [just] giusto(a); **it's not ~!** non è giusto! -2. [quite large, good] discreto(a); **to have a ~ idea of** OR **about sthg** avere un'idea abbastanza chiara di qc -3. [quite good] discreto(a) -4. [hair, person] biondo(a) -5. [skin, complexion] chiaro(a) -6. [weather] bello(a). *⋄ n* -1. *UK* [funfair] luna park *m inv* -2. [trade fair] fiera *f*. *⋄ adv* [play, fight] lealmente. **◆ fair enough** *excl UK inf* va bene!, d'accordo!

fair-haired *adj* biondo(a).

fairly ['feəlɪ] *adv* -1. [rather] piuttosto -2. [treat, distribute] in modo imparziale; [fight, play] lealmente.

fairy ['feərɪ] *n* [imaginary creature] fata *f*.

fairy tale *n* fiaba *f*.

faith [feɪθ] *n* -1. [trust] fiducia *f* -2. [particular religion] fede *f*, religione *f* -3. [religious belief] fede *f*.

faithful ['feɪθfʊl] *adj* fedele.

faithfully ['feɪθfʊlɪ] *adv* [support] fedelmente; [promise] solennemente; **Yours ~** *UK* [in letter] distinti saluti.

fake [feɪk] *⋄ adj* [painting, jewellery, passport] falso(a); [gun] finto(a). *⋄ n* -1. [object, painting] falso *m* -2. [person] impostore *m*, -a *f*. *⋄ vt* -1. [falsify] falsificare -2. [simulate] fingere. *⋄ vi* [pretend] fingere.

falcon ['fɔ:lkən] *n* falco *m*, falcone *m*.

fall [fɔ:l] (*pt* fell, *pp* fallen) *⋄ vi* -1. [from height, from upright position] cadere; **to ~ flat** [joke] fare cilecca -2. [decrease] calare -3. [become]: **to ~ ill** *UK* OR **sick** *US* ammalarsi; **to ~ asleep** addormentarsi; **to ~ in love** innamorarsi -4. [occur]: **to ~ on** cadere di; **Christmas ~s on a Monday this year** quest'anno Natale cade di lunedì. *⋄ n* -1. [gen] caduta *f* -2. [of snow] nevicata *f* -3. [decrease]: **~ (in sthg)** calo (in qc) -4. *US* [autumn] autunno *m*. **◆ falls** *npl* [waterfall] cascate *fpl*. **◆ fall apart** *vi* -1. [book, chair] andare a pezzi -2. *fig* [country, person] andare in rovina. **◆ fall back** *vi* arretrare. **◆ fall back on** *vt insep* [resort to] ripiegare su. **◆ fall behind** *vi* -1. [in race] rimanere indietro -2. [with rent, with work] essere in arretrato. **◆ fall for** *vt insep* -1. *inf* [fall in love with] prendersi una cotta per -2. [be deceived by] credere a. **◆ fall in** *vi* -1. [roof, ceiling crollare, cedere **-2.** MIL allinearsi. **← fall off** *vi* **-1.** [drop off] staccarsi, cadere **-2.** [diminish] diminuire. **← fall out** *vi* **-1.** [drop out] cadere **-2.** [quarrel]: **to ~ out (with sb)** litigare (con qn) **-3.** MIL rompere le righe. **← fall over** ◇ *vt insep* inciampare in. ◇ *vi* [lose balance] cadere. **← fall through** *vi* [plan, deal] fallire.

fallacy ['fæləsı] *n* convinzione *f* errata.

fallen ['fɔːln] *pp* ▷ **fall.**

fallible ['fæləbl] *adj* inaffidabile.

fallout ['fɔːlaʊt] *n* [radiation] fallout *m inv*, ricaduta *f* radioattiva.

fallout shelter *n* rifugio *m* antiatomico.

fallow ['fæləʊ] *adj* [land] a maggese; **to lie ~** essere a maggese.

false [fɔːls] *adj* **-1.** [gen] falso(a); **a ~ passport** un passaporto falso; **under ~ pretences** con l'inganno **-2.** [eyelashes, ceiling] finto(a).

false alarm *n* falso allarme *m*.

falsely ['fɔːlslı] *adv* **-1.** [wrongly] erroneamente **-2.** [insincerely] falsamente.

false teeth *npl* denti *mpl* finti.

falsify ['fɔːlsıfaı] *vt* [facts, accounts] falsificare.

falter ['fɔːltər] *vi* **-1.** [move unsteadily] vacillare **-2.** [become weaker] affievolirsi **-3.** [hesitate, lose confidence] esitare.

fame [feɪm] *n* fama *f*.

familiar [fə'mıljər] *adj* **-1.** [known] familiare **-2.** [conversant]: **to be ~ with sthg** avere familiarità con qc **-3.** *pej* [too informal] familiare.

familiarity [fə,mılı'ærətı] *n*: **~ (with sthg)** familiarità *f inv* (con qc).

familiarize, -ise [fə'mıljəraız] *vt*: **to ~ o.s. with sthg** familiarizzarsi con qc; **to ~ sb with sthg** familiarizzare qn con qc.

family ['fæmlı] *n* famiglia *f*.

family credit *n* UK sussidio dato dal governo a famiglie di modeste condizioni economiche.

family planning *n* pianificazione *f* familiare.

famine ['fæmın] *n* carestia *f*.

famished ['fæmıʃt] *adj inf* affamato(a).

famous ['feıməs] *adj*: **~ (for sthg)** famoso(a) (per qc).

fan [fæn] ◇ *n* **-1.** [of paper, silk] ventaglio *m* **-2.** [electric or mechanical] ventilatore *m* **-3.** [enthusiast - of football] tifoso *m*, -a *f*; [- of pop star] fan *mf inv*; [- of classical music] appassionato *m*, -a *f*. ◇ *vt* **-1.** [cool] fare vento a **-2.** [stimulate] [fire] attizzare; [feelings, fears] alimentare; **to ~ the flames**

soffiare sul fuoco. **← fan out** *vi* [army, search party] aprirsi a ventaglio.

fanatic [fə'nætık] *n* fanatico *m*, -a *f*.

fan belt *n* cinghia *f* del ventilatore.

fanciful ['fænsıfʊl] *adj* **-1.** [odd] strampalato(a) **-2.** [elaborate] fantasioso(a).

fancy ['fænsı] ◇ *adj* **-1.** [hat, clothes] fantasioso(a); [food, cakes] elaborato(a) **-2.** [restaurant, hotel] di lusso; [prices] esorbitante. ◇ *n* **-1.** [liking] attrazione *f*; **to take a ~ to sb/sthg** sentire un'attrazione per qn/qc; **to take sb's ~** attirare qn **-2.** [whim] capriccio *m*. ◇ *vt* **-1.** *inf* [want] avere voglia di; **to ~ doing sthg** avere voglia di fare qc **-2.** [like] essere attratto(a) da; **do you ~ him?** ti piace?

fancy dress *n* maschera *f*, costume *m*.

fancy-dress party *n* festa *f* mascherata.

fanfare ['fænfeə'] *n* fanfara *f*.

fang [fæŋ] *n* **-1.** [of snake, vampire] dente *m* **-2.** [of wolf] zanna *f*.

fan heater *n* UK termoventilatore *m*.

fanny ['fænı] *n* US *inf* [buttocks] sedere *m*.

fantasize, -ise ['fæntəsaız] *vi*: **to ~ (about sthg/about doing sthg)** fantasticare (su qc/di fare qc).

fantastic [fæn'tæstık] *adj* **-1.** *inf* [wonderful] fantastico(a) **-2.** [very large] enorme.

fantasy ['fæntəsı] *n* fantasia *f*.

fao (*abbr of* **for the attention of**) c.a.

far [fɑːr] (*compar* **farther** OR **further**, *superl* **farthest** OR **furthest**) ◇ *adv* **-1.** [in distance, time] lontano; **how ~ is it?** quanto dista?; **~ away** OR **off** lontano; **to travel ~ and wide** viaggiare in lungo e in largo; **as ~ as** fino a; **so ~** finora **-2.** [in degree or extent] molto; **~ better/worse** molto meglio/peggio; **how ~ have you got?** fino a che punto sei arrivato?; **as ~ as I know** per quel che ne so; **as ~ as I'm concerned** per quel che mi riguarda; **as ~ as possible** per quanto possibile; **~ and away, by ~** di gran lunga; **~ from it** al contrario. ◇ *adj* **-1.** [more distant]: **the ~ end of the street** l'altro capo della strada **-2.** [extreme] estremo(a).

faraway ['fɑːrəweı] *adj* **-1.** [place] lontano(a) **-2.** [look] distante.

farce [fɑːs] *n* THEAT & *fig* farsa *f*.

farcical ['fɑːsıkl] *adj* farsesco(a).

fare [feər] *n* **-1.** [payment] tariffa *f* (*per un viaggio*) **-2.** *fml* [food] cibo *m*.

Far East *n*: **the ~** l'Estremo Oriente.

farewell [,feə'wel] ◇ *n* addio *m*; **to say one's ~s** accomiatarsi. ◇ *excl* addio!

farm [fɑːm] <> *n* fattoria *f*, azienda *f* agricola; **pig** ~ allevamento *m* di maiali; **fish** ~ vivaio *m* di pesci. <> *vt* [land] coltivare; [animals] allevare.

farmer ['fɑːmə'] *n* [land] agricoltore *m*, -trice *f*; [animal] allevatore *m*, -trice *f*.

farmhouse ['fɑːmhaʊs] *n* casa *f* colonica.

farming ['fɑːmɪŋ] *n* [of land] coltivazione *f*; [of animals] allevamento *m*.

farmland ['fɑːmlænd] *n* terreno *m* coltivo.

farmstead ['fɑːmsted] *n US* casa *f* colonica.

farmyard ['fɑːmjɑːd] *n* cortile *m*.

far-reaching [-'riːtʃɪŋ] *adj* di grande portata.

farsighted [ˌfɑːˈsaɪtɪd] *adj* -1. [person] lungimirante; [plan] lungimirante, di largo respiro -2. *US* [longsighted] presbite.

fart [fɑːt] *vulg* <> *n* scoreggia *f*. <> *vi* scoreggiare.

farther ['fɑːðə'] *compar* ⊳ far.

farthest ['fɑːðɪst] *superl* ⊳ far.

fascinate ['fæsɪneɪt] *vt* affascinare.

fascinating ['fæsɪneɪtɪŋ] *adj* affascinante.

fascination [ˌfæsɪˈneɪʃn] *n* fascino *m*.

fascism ['fæʃɪzm] *n* fascismo *m*.

fashion ['fæʃn] <> *n* -1. [current style] moda *f*; **in/out of** ~ di/fuori moda -2. [manner] maniera *f*; **after a** ~ per così dire. <> *vt fml* [shape] modellare.

fashionable ['fæʃnəbl] *adj* di moda.

fashion show *n* sfilata *f* di moda.

fast [fɑːst] <> *adj* -1. [rapid] veloce -2. [ahead of time]: **my watch is five minutes** ~ il mio orologio va avanti di cinque minuti -3. [dye] resistente. <> *adv* -1. [rapidly] velocemente; **how** ~ **does this car go?** a che velocità va questa macchina? -2. [firmly] saldamente; **to hold** ~ **to sthg** [rope] tenere saldamente qc; [belief] essere tenacemente attaccato(a) a qc; ~ **asleep** profondamente addormentato(a). <> *n* digiuno *m*. <> *vi* digiunare.

fasten ['fɑːsn] <> *vt* -1. [close - jacket] abbottonare; [- bag] chiudere; [- seat belt] allacciare -2. [attach]: **to** ~ **sthg to sthg** attaccare qc a qc. <> *vi*: **to** ~ **on to sb/sthg** concentrarsi su qn/qc.

fastener ['fɑːsnə'] *n* fermaglio *m*.

fastening *n* chiusura *f*.

fast food *n* fast food *m*.

fastidious [fəˈstɪdɪəs] *adj* pignolo(a).

fat [fæt] <> *adj* -1. [person, meat] grasso(a); **to get** ~ ingrassare -2. [book, profit] grosso(a). <> *n* grasso *m*.

fatal ['feɪtl] *adj* fatale.

fatality [fəˈtælətɪ] *n* [accident victim] vittima *f*.

fate [feɪt] *n* -1. [destiny] fato *m*, destino *m*; **to tempt** ~ sfidare il destino -2. [of person, thing] sorte *f*, destino *m*.

fateful ['feɪtfʊl] *adj* fatidico(a).

father ['fɑːðə'] *n* padre *m*.

Father Christmas *n UK* Babbo *m* Natale.

father-in-law (*pl* **father-in-laws** OR **fathers-in-law**) *n* suocero *m*.

fathom ['fæðəm] <> *n* braccio *m* (misura di profondità, equivalente a circa 1,8 metri). <> *vt*: **to** ~ **sthg (out)** [meaning, mystery] decifrare qc; **I can't** ~ **her out at all** non riesco proprio a capire che tipa sia.

fatigue [fəˈtiːg] *n* fatica *f*.

fatten ['fætn] *vt* ingrassare.

fattening ['fætnɪŋ] *adj* ipercalorico(a).

fatty ['fætɪ] <> *adj* -1. [food] grasso(a) -2. [BIOL & tissue] adiposo(a). <> *n inf pej* grassone *m*, -a *f*.

fatuous ['fætjʊəs] *adj* fatuo(a).

fatwa ['fætwə] *n* fatwa *f inv.*

faucet ['fɔːsɪt] *n US* rubinetto *m*

fault ['fɔːlt] <> *n* -1. [responsibility] colpa *f* -2. [mistake, imperfection] difetto *m*; **to find** ~ **with sb/sthg** avere da ridire su qn/qc; **at** ~ in colpa -3. GEOL faglia *f* -4. [in tennis] fallo *m*. <> *vt*: **to** ~ **sb (on sthg)** trovare da ridire su qn (per qc).

faultless ['fɔːltlɪs] *adj* impeccabile.

faulty ['fɔːltɪ] *adj* difettoso(a).

fauna ['fɔːnə] *n* fauna *f*

favour *UK*, **favor** *US* ['feɪvə'] <> *n* -1. [gen] favore *m*; **to do sb a** ~ fare un favore a qn; **in sb's** ~ in favore di qn; **in/out of** ~ **(with sb)** in auge/in disgrazia (presso qn); **to curry** ~ **with sb** ingraziarsi qn -2. [favouritism] preferenza *f*. <> *vt* -1. [show preference for] preferire -2. [benefit] favorire.

➤ **in favour** *adv* [in agreement] a favore.

➤ **in favour of** *prep* -1. [in preference to] a favore di -2. [in agreement with]: **to be in** ~ **of sthg/ of doing sthg** essere a favore di qc/di fare qc.

favourable *UK*, **favorable** *US* ['feɪvrəbl] *adj* favorevole.

favourite *UK*, **favorite** *US* ['feɪvrɪt] <> *adj* [preferred] preferito(a). <> *n* favorito *m*, -a *f*.

favouritism *UK*, **favoritism** *US* ['feɪvrɪtɪzm] *n* favoritismo *m*.

fawn [fɔːn] <> *adj* fulvo chiaro (*inv*). <> *n*

[animal] cerbiatto *m*. ◇ *vi*: to ~ on sb mostrarsi servile con qn.

fax [fæks] ◇ *n* fax *m inv*. ◇ *vt* **-1.** [send fax to] mandare un fax a **-2.** [send by fax] mandare per fax.

fax machine *n* fax *m inv*.

FBI (*abbr of* **Federal Bureau of Investigation**) *n* FBI *m o f*.

fear [fɪəʳ] ◇ *n* **-1.** [gen] paura *f*, timore *m*; for ~ of per paura OR timore di **-2.** [risk] timore *m*. ◇ *vt* **-1.** [be afraid of] aver paura di, temere **-2.** [anticipate] temere; to ~ (that) temere (che) (+ *congiuntivo*), temere di (+ *infinito*).

fearful ['fɪəfʊl] *adj* **-1.** *fml* [frightened]: ~ (of sthg/of doing sthg) timoroso(a) (di qc/di fare qc) **-2.** [frightening] pauroso(a).

fearless ['fɪəlɪs] *adj* impavido(a).

feasible ['fiːzəbl] *adj* [plan] fattibile.

feast [fiːst] ◇ *n* banchetto *m*. ◇ *vi*: to ~ on OR off sthg banchettare a base di qc.

feat [fiːt] *n* impresa *f*.

feather ['feðəʳ] *n* penna *f*, piuma *f*.

feature ['fiːtʃəʳ] ◇ *n* **-1.** [characteristic] caratteristica *f* **-2.** [facial] lineamento *m*; her eyes are her best ~ gli occhi sono la cosa più bella che ha **-3.** [article] articolo *m* **-4.** [RADIO & TV – programme] programma *m* **-5.** CIN film *m inv* (*principale*) . ◇ *vt* [subj: film, exhibition] presentare. ◇ *vi*: to ~ (in sthg) [appear, figure] comparire (in qc).

feature film *n* film *m inv*, lungometraggio *m*.

February ['febrʊərɪ] *n* febbraio *m*; *see also* **September**.

feces *npl US* = faeces.

fed [fed] *pt & pp* ⊳feed.

federal ['fedrəl] *adj* federale.

federation [,fedə'reɪʃn] *n* federazione *f*.

fed up *adj*: ~ (with sb/sthg) stufo (di qn/qc).

fee [fiː] *n* [of doctor] onorario *m*; membership ~ quota *f* d'iscrizione; legal ~ s spese *fpl* legali; school ~ s tasse *fpl* scolastiche.

feeble ['fiːbəl] *adj* debole.

feed [fiːd] (*pt & pp* fed [fed]) ◇ *vt* **-1.** [give food to] dar da mangiare a **-2.** *fig* [fuel] alimentare **-3.** [put, insert]: to ~ sthg into sthg inserire qc in qc. ◇ *vi* [take food]: to ~ (on OR off sthg) nutrirsi (di qc) . ◇ *n* **-1.** [for baby] poppata *f* **-2.** [animal food] cibo *m* (*per animali*) .

feedback ['fiːdbæk] *n* feedback *m inv*.

feeding bottle *n UK* biberon *m inv*.

feel [fiːl] (*pt & pp* felt [felt]) ◇ *vt* **-1.** [touch] toccare, sentire **-2.** [be aware of] sentire **-3.**

[believe, think] pensare; to ~ (that) pensare (che) **-4.** [experience] sentire, provare; to ~ o.s. doing sthg accorgersi di fare qc **-5.** *phr*: I'm not ~ ing myself today non mi sento in forma oggi. ◇ *vi* **-1.** [have sensation, emotion] sentirsi; to ~ ill/a fool sentirsi male/uno stupido; to ~ cold/sleepy avere freddo/sonno; to ~ like sthg/like doing sthg [be in mood for] aver voglia di qc/di fare qc **-2.** [seem] sembrare; it ~ s strange sembra strano; it ~ s good che bella sensazione **-3.** [by touch]: to ~ for sthg cercare qc (*tastando tutt'intorno*). ◇ *n* **-1.** [sensation, touch] sensazione *f* **-2.** [atmosphere] atmosfera *f*.

feeler ['fiːləʳ] *n* [of insect, snail] antenna *f*.

feeling ['fiːlɪŋ] *n* **-1.** [gen] sensazione *f* **-2.** [understanding] sensibilità *f inv*. ◆ **feelings** *npl* sentimenti *mpl*; to hurt sb's ~ s ferire i sentimenti di qn.

feet [fiːt] *pl* ⊳foot.

feign [feɪn] *vt fml* fingere, simulare.

fell [fel] ◇ *pt* ⊳fall. ◇ *vt* **-1.** [tree] abbattere **-2.** [person] atterrare. ◆ **fells** *npl* GEOG *tipo di colline o alture, specialmente nel Nord Ovest dell'Inghilterra*.

fellow ['feləʊ] ◇ *adj*: ~ student/traveller compagno *m*, -a *f* di studi/di viaggio. ◇ *n* **-1.** *dated* [man] tipo *m* **-2.** [comrade, peer] compagno *m*, -a *f* **-3.** [of society] membro *m* **-4.** [of college] docente *mf*.

fellowship ['feləʊʃɪp] *n* **-1.** [comradeship] cameratismo *m* **-2.** [organization] compagnia *f*, associazione *f* **-3.** UNIV [scholarship] borsa *f* di studio per ricercatori; [post] *alta carica universitaria*.

felt [felt] ◇ *pt & pp* ⊳feel. ◇ *n* [textile] feltro *m*.

felt-tip pen *n* pennarello *m*.

female ['fiːmeɪl] ◇ *adj* [figure, sex] femminile; [person, animal, plant] femmina. ◇ *n* **-1.** [female animal] femmina *f* **-2.** *inf pej* [woman] femmina *f*.

feminine ['femɪnɪn] ◇ *adj* femminile. ◇ *n* femminile *m*.

feminist ['femɪnɪst] *n* femminista *mf*.

fence [fens] ◇ *n* [barrier] recinzione *f*; to sit on the ~ *fig* evitare di schierarsi, restare alla finestra. ◇ *vt* recintare.

fencing ['fensɪŋ] *n* **-1.** SPORT scherma *f* **-2.** [fences] recinzione *f*.

fend [fend] *vi*: to ~ for o.s. badare a se stesso. ◆ **fend off** *vt sep* schivare.

fender ['fendəʳ] *n* **-1.** [round fireplace] parafuoco *m inv* **-2.** [on boat] parabordo *m inv* **-3.** *US* [on car] parafango *m*.

ferment ◇ *n* ['fɜːment] [unrest] fermento *m*. ◇ *vi* [fə'ment] [change chemically] fermentare.

fern [fɜːn] *n* felce *f*.

ferocious [fə'rəʊʃəs] *adj* feroce.

ferret ['ferɪt] *n* furetto *m*. ● **ferret about**, **ferret around** *vi inf* frugare.

ferry ['ferɪ] ◇ *n* traghetto *m*. ◇ *vt* traportare.

fertile ['fɜːtaɪl] *adj* -1. [land, imagination] fertile -2. [inventive] fertile; [woman] fecondo(a).

fertilizer ['fɜːtɪlaɪzə^r] *n* fertilizzante *m*.

fervent ['fɜːvənt] *adj* fervente.

fester ['festə^r] *vi* [become infected] andare in suppurazione.

festival ['festəvl] *n* -1. [series of organized events] festival *m inv* -2. [holiday] festività *f inv*.

festive ['festɪv] *adj* festivo(a).

festive season *n*: the ~ le festività di Natale.

festivities [fes'tɪvətɪz] *npl* festeggiamenti *mpl*.

festoon [fe'stuːn] *vt* ornare(di festoni); to be ~ed with sthg essere ornato(a) di qc.

fetch [fetʃ] *vt* -1. [go and get] andare a prendere -2. [sell for] essere venduto(a) per.

fetching ['fetʃɪŋ] *adj* attraente.

fete, **fête** ◇ *n* festa *f*. ◇ *vt* festeggiare.

fetish ['fetɪʃ] *n* feticcio *m*.

fetus *n* = foetus.

feud [fjuːd] ◇ *n* faida *f*. ◇ *vi* essere in lotta.

feudal ['fjuːdl] *adj* feudale.

fever ['fiːvə^r] *n* febbre *f*.

feverish ['fiːvərɪʃ] *adj* -1. MED febbricitante -2. [frenzied] febbrile.

few [fjuː] ◇ *adj* [not many] pochi(e); ~ visitors pochi visitatori; ~ people poca gente; a ~ alcuni(e), qualche (+ *singolare*); quite a ~, a good ~ un bel po' di; ~ and far between pochi(e) e radi(e). ◇ *pron* pochi(e); a ~ alcuni(e); quite a ~, a good ~ un bel po'.

fewer ['fjuːə^r] ◇ *adj* più pochi(e), meno. ◇ *pron* più pochi(e), meno.

fewest ['fjuːɪst] *adj* il minor numero di.

fiancé [fɪ'ɒnseɪ] *n* fidanzato *m*.

fiancée [fɪ'ɒnseɪ] *n* fidanzata *f*.

fiasco [fɪ'æskəʊ] (*pl* -s OR -es) *n* fiasco *m*.

fib [fɪb] *inf* ◇ *n* frottola *f*. ◇ *vi* raccontare frottole.

fibre *UK*, **fiber** *US* ['faɪbə^r] *n* fibra *f*.

fibreglass *UK*, **fiberglass** *US* ['faɪbəglɑːs] *n* fibra *f* di vetro.

fickle ['fɪkl] *adj* volubile.

fiction ['fɪkʃn] *n* -1. LIT narrativa *f* -2. [fabrication, lie] finzione *f*.

fictional ['fɪkʃənl] *adj* -1. [literary] romanzato(a); a ~ work un'opera di narrativa -2. [invented] immaginario(a).

fictitious [fɪk'tɪʃəs] *adj* fittizio(a).

fiddle ['fɪdl] ◇ *n* -1. [violin] violino *m* -2. *UK inf* [fraud] truffa *f*. ◇ *vt UK inf* manipolare. ◇ *vi* -1. [fidget]: to ~ (about OR around) giocherellare; to ~ (about OR around) with sthg giocherellare con qc -2. [waste time]: to ~ about OR around cincischiare.

fiddly ['fɪdlɪ] *adj UK inf* [job] rognoso(a); [gadget] complicato(a).

fidget ['fɪdʒɪt] *vi* agitarsi.

field [fiːld] ◇ *n* campo *m*; in the ~ [real environment] sul campo. ◇ *vt* [answer] rispondere a.

field day *n US* [for sport] giornata *f* di sport all'aperto; to have a ~ *fig* divertirsi un mondo.

field marshal *n* feldmaresciallo *m*.

field trip *n* gita *f* di studio.

fieldwork ['fiːldwɜːk] *n* ricerca *f* sul campo.

fiend [fiːnd] *n* -1. [cruel person] persona *f* malvagia -2. *inf* [fanatic] fanatico *m*, -a *f*.

fiendish ['fiːndɪʃ] *adj* diabolico(a).

fierce [fɪəs] *adj* -1. [dog, person] feroce -2. [storm, temper] violento(a) -3. [competition, battle, criticism] accanito(a); [heat] torrido(a).

fiery ['faɪərɪ] *adj* -1. [burning] ardente -2. [speech] infocato(a); [person, temper] irascibile.

fifteen [fɪf'tiːn] *num* quindici; *see also* **six**.

fifth [fɪfθ] *num* quinto(a); *see also* **sixth**.

Fifth Amendment *n*: the ~ il Quinto Emendamento (*della Costituzione degli Stati Uniti*).

fifty ['fɪftɪ] (*pl* -ies) *num* cinquanta; *see also* **sixty**.

fifty-fifty ◇ *adj* a metà, fifty-fifty; there's a ~ chance le possibilità sono al cinquanta per cento. ◇ *adv* a metà, fifty-fifty.

fig [fɪg] *n* fico *m*.

fight [faɪt] (*pt & pp* fought [fɔːt]) ◇ *n* -1. [physical] rissa *f*; a ~ broke out è scoppiata una rissa; to have a ~ (with sb) fare a pugni (con qn); to put up a ~ battersi -2. *fig* [battle, struggle] lotta *f* -3. [argument] lite *f*; **to have a ~ (with sb)** litigare (con qn) . ◇ *vt* -1. [physically] lottare contro -2. [enemy, war, battle] combattere -3. [racism, drugs] lottare contro, combattere. ◇ *vi* -1. [physically] battersi; [in war] combattere - 2. *fig* [battle, struggle]: **to ~ for/against** sthg lottare per/contro qc -3. [argue]: **to ~ (about OR over sthg)** litigare (per qc). ◆ **fight back** ◇ *vt insep* reprimere. ◇ *vi* difendersi.

fighter ['faɪtəʳ] *n* -1. [plane] caccia *m inv* -2. [soldier] combattente *m* -3. [combative person] persona *f* combattiva.

fighting ['faɪtɪŋ] *n* [in war] combattimenti *mpl*; [in streets] scontri *mpl*; [punch-up] rissa *f*.

figment ['fɪgmənt] *n*: **a ~ of sb's imagination** un frutto della fantasia di qn.

figurative ['fɪgərətɪv] *adj* -1. [language] figurato(a) -2. ART figurativo(a).

figure [UK 'fɪgəʳ, US 'fɪgjər] ◇ *n* -1. [statistic] cifra *f* -2. [symbol of number] cifra *f*, numero *m*; **in single/double ~s** a una/due cifre -3. [shape, diagram, person] figura *f*; **she has a good ~** ha un bel personale; **a leading ~ in politics** una figura di spicco nel panorama politico; **see ~ 2** vedi figura 2. ◇ *vt esp US* [suppose] pensare, supporre. ◇ *vi* [feature] figurare. ◆ **figure out** *vt sep* [answer] cercare di indovinare; [problem, puzzle] risolvere.

figurehead ['fɪgəhed] *n* -1. [on ship] polena *f* -2. [leader without real power] prestanome *mf inv.*

figure of speech *n* figura *f* retorica.

file [faɪl] ◇ *n* -1. [folder] cartella *f* -2. [report] pratica *f*; **on ~, on the ~s** in archivio -3. COMPUT file *m inv* -4. [tool] lima *f* -5. [line]: **in single ~** in fila indiana. ◇ *vt* -1. [put in folder] schedare, archiviare -2. LAW [accusation, complaint] presentare; [lawsuit] intentare -3. [shape, smooth] limare. ◇ *vi* -1. [walk in single file] procedere in fila indiana -2. LAW: **to ~ for divorce** chiedere il divorzio.

filet *n US* = fillet.

filing cabinet *n* schedario *m*, classificatore *m*.

fill [fɪl] ◇ *vt* -1. [gen]: **to ~ sthg (with sthg)** riempire qc (con qc) -2. [fulfil - role, vacancy] coprire; [- need] soddisfare -3. [tooth] otturare. ◇ *vi* riempirsi. ◇ *n*: **to eat one's ~** mangiare a sazietà. ◆ **fill in** ◇ *vt sep* -1. [complete] compilare -2. [inform]: **to ~ sb in (on sthg)** mettere al corrente qn (di qc) . ◇ *vi* [substitute]: **to ~ in for sb** sostituire qn. ◆ **fill out** ◇ *vt*

sep [complete] compilare. ◇ *vi* [get fatter] arrotondarsi. ◆ **fill up** ◇ *vt sep* riempire. ◇ *vi* riempirsi.

fillet *UK* , **filet** *US* ['fɪlɪt] *n* filetto *m*.

fillet steak *n* bistecca *f* di filetto.

filling ['fɪlɪŋ] ◇ *adj* [satisfying] sostanzioso(a). ◇ *n* -1. [in tooth] otturazione *f* -2. [in cake, sandwich] ripieno *m*.

filling station *n* stazione *f* di servizio.

film [fɪlm] ◇ *n* -1. [movie] film *m inv* -2. PHOT pellicola *f*; **a roll of ~** un rullino fotografico -3. [footage] riprese *fpl* -4. [layer] velo *m*. ◇ *vt & vi* filmare.

film star *n* divo *m*, -a *f* del cinema.

Filofax® ['faɪləʊfæks] *n* organizer *m inv.*

filter ['fɪltəʳ] ◇ *n* filtro *m*. ◇ *vt* [coffee, water, petrol] filtrare.

filter coffee *n* caffè *m inv* fatto con il filtro.

filter lane *n UK* corsia *f* di svincolo.

filter-tipped *adj* con filtro.

filth [fɪlθ] *n* -1. [dirt] sporcizia *f*, sudiciume *m* -2. [obscenity] oscenità *f inv.*

filthy ['fɪlθɪ] *adj* -1. [very dirty] sudicio(a) -2. [obscene] osceno(a).

fin [fɪn] *n* -1. [on fish] pinna *f* -2. *US* [for swimmer] pinna *f*.

final ['faɪnl] ◇ *adj* -1. [last in order] ultimo(a) -2. [at end] finale -3. [definitive] definitivo(a). ◇ *n* finale *f*. ◆ **finals** *npl UK* UNIV esami *mpl* finali; **to sit one's ~s** dare gli esami finali.

finale [fɪ'nɑːlɪ] *n* finale *m*.

finalize, -ise ['faɪnəlaɪz] *vt* mettere a punto.

finally ['faɪnəlɪ] *adv* -1. [at last] finalmente -2. [lastly] infine.

finance ◇ *n* ['faɪnæns] -1. [money] finanziamento *m* -2. [money management] finanza *f*. ◇ *vt* [faɪˈnæns] finanziare. ◆ **finances** *npl* finanze *fpl*.

financial [faɪ'nænʃl] *adj* finanziario(a).

find [faɪnd] (*pt & pp* **found** [faʊnd]) ◇ *vt* -1. [gen] trovare -2. [realize, discover]: **to ~ (that)** scoprire che, rendersi conto che -3. LAW: **to be found guilty/not guilty of sthg** essere riconosciuto(a) colpevole/innocente di qc. ◇ *n* scoperta *f*. ◆ **find out** ◇ *vi* scoprire. ◇ *vt insep* [information, truth] scoprire. ◇ *vt sep* [person] scoprire, smascherare.

findings *npl* conclusioni *fpl*.

fine [faɪn] ◇ *adj* -1. [food, work] ottimo(a); [building, weather] bello(a) -2. [satisfactory]: **that's ~** va benissimo -3.

[healthy]: **how are you? – I'm ~, thanks** come stai? – bene, grazie **-4.** [hair, slice, distinction] sottile **-5.** [smooth] fine **-6.** [adjustment, tuning] piccolo(a). ⬦ *adv* [quite well] bene; **to get on ~** andare d'accordo. ⬦ *n* multa *f.* ⬦ *vt* multare; **I was fined £50** mi hanno dato una multa di 50 sterline.

fine arts *npl* belle arti *fpl.*

fine-tune *vt* mettere a punto.

finger ['fɪŋgəʳ] ⬦ *n* dito *m*; **to slip through sb's ~s** sfuggire di mano a qn. ⬦ *vt* [feel] tastare.

fingernail ['fɪŋgəneɪl] *n* unghia *f.*

fingerprint ['fɪŋgəprɪnt] *n* impronta *f* digitale.

fingertip ['fɪŋgətɪp] *n* punta *f* del dito; **at one's ~s** sulla punta delle dita.

finicky ['fɪnɪkɪ] *adj pej* [eater, person] esigente; [task] minuzioso(a).

finish ['fɪnɪʃ] ⬦ *n* **-1.** [end] fine *f*; [of race, match] finale *m* **-2.** [texture] finitura *f.* ⬦ *vt* [conclude, complete] finire; **to ~ doing sthg** finire di fare qc. ⬦ *vi* **-1.** [gen] finire, terminare **-2.** [in race, competition] arrivare. ◆ **finish off** *vt sep* finire. ◆ **finish up** *vi* finire.

finishing line ['fɪnɪʃɪŋ-] *n* (linea del) traguardo *m.*

finishing school *n* scuola privata femminile per ragazze di buona famiglia, che prepara le alunne alla vita in alta società.

finite ['faɪnaɪt] *adj* **-1.** [limited] limitato(a) **-2.** GRAM finito(a).

Finland ['fɪnlənd] *n* Finlandia *f.*

Finn [fɪn] *n* [inhabitant of Finland] finlandese *mf.*

Finnish ['fɪnɪʃ] ⬦ *adj* finlandese. ⬦ *n* [language] finlandese *m.*

fir [fɜːʳ] *n* abete *m.*

fire ['faɪəʳ] ⬦ *n* **-1.** [gen] fuoco *m*; **on ~** in fiamme; **to catch ~** prendere fuoco; **to set ~ to sthg** dare fuoco a qc, incendiare qc **-2.** [blaze, conflagration] incendio *m* **-3.** *UK* [heater, apparatus] stufa *f* **-4.** [shooting] spari *mpl*, colpi *mpl* di arma da fuoco; **to open ~ (on sb)** aprire il fuoco (su qn). ⬦ *vt* **-1.** [shoot - bullet] sparare; [- gun, rifle] sparare con **-2.** *esp US* [employee] licenziare. ⬦ *vi*: **to ~ (on** OR **at sb/sthg)** sparare (su OR contro qn/sthg).

fire alarm *n* allarme *m* antincendio.

firearm ['faɪərɑːm] *n* arma *f* da fuoco.

firebomb ['faɪəbɒm] ⬦ *n* bomba *f* incendiaria. ⬦ *vt* lanciare bombe incendiarie su.

fire brigade *UK*, **fire department** *US* *n* vigili *mpl* del fuoco.

fire engine *n* autopompa *f.*

fire escape *n* scala *f* antincendio.

fire extinguisher *n* estintore *m.*

firefighter *n* vigile *m* del fuoco.

fireguard ['faɪəgɑːd] *n* parafuoco *m.*

firelighter ['faɪəlaɪtəʳ] *n* accendifuoco *m inv.*

fireman ['faɪəmən] (*pl* **-men**) *n* vigile *m* del fuoco, pompiere *m.*

fireplace ['faɪəpleɪs] *n* caminetto *m.*

fireproof ['faɪəpruːf] *adj* ininfiammabile, resistente al fuoco.

fireside ['faɪəsaɪd] *n*: **by the ~** davanti al caminetto.

fire station *n* caserma *f* dei pompieri.

firewood ['faɪəwʊd] *n* legna *f.*

firework ['faɪəwɜːk] *n* fuoco *m* d'artificio.

firing ['faɪərɪŋ] *n* MIL spari *mpl.*

firing squad *n* plotone *m* d'esecuzione.

firm [fɜːm] ⬦ *adj* **-1.** [texture, fruit] sodo(a), compatto(a) **-2.** [structure] solido(a) **-3.** [push, control, voice, opinion] fermo(a); **to stand ~** resistere, tenere duro **-4.** [answer, decision] definitivo(a); [evidence, news] certo(a) **-5.** FIN stabile. ⬦ *n* ditta *f*, impresa *f.*

first [fɜːst] ⬦ *adj* primo(a); **for the ~ time** per la prima volta; **~ thing in the morning** al mattino presto. ⬦ *adv* **-1.** [before anyone else] per primo(a) **-2.** [before anything else] per prima cosa; **~ of all** prima di tutto **-3.** [for the first time] per la prima volta **-4.** [firstly, in list of points] primo. ⬦ *n* **-1.** [person] primo *m*, -a *f* **-2.** [unprecedented event] novità *f* assoluta **-3.** *UK* UNIV laurea *f* con lode **-4.** AUT: **~ (gear)** prima *f.* ◆ **at first** *adv* sulle prime. ◆ **at first hand** *adv* direttamente.

first aid *n* pronto soccorso *m* .

first-aid kit *n* cassetta *f* del pronto soccorso.

first-class *adj* **-1.** [excellent] eccellente **-2.** [ticket, compartment] di prima classe; [mail] prioritario(a).

first course *n* primo *m* (piatto).

first floor *n* **-1.** *UK* [above ground level] primo piano *m* **-2.** *US* [at ground level] pianterreno *m.*

firsthand [fɜːst'hænd] ⬦ *adj* diretto(a). ⬦ *adv* direttamente.

first lady *n* POL first lady *f inv.*

firstly ['fɜːstlɪ] *adv* in primo luogo.

first name *n* nome *m* (di battesimo).

first-rate *adj* ottimo(a).

fish [fɪʃ] (*pl* **fish**) ⬦ *n* pesce *m*. ⬦ *vt* pescare in. ⬦ *vi* [try to catch fish] pescare; **to ~ for sthg** andare a pesca di qc.

fish and chips *npl UK* pesce *m* con patate fritte.

fish and chip shop *n UK* *locale dove viene preparato e venduto il pesce con patate fritte.*

fishcake ['fɪʃkeɪk] *n* crocchetta *f* di pesce.

fisherman ['fɪʃəmən] (*pl* **-men**) *n* pescatore *m*.

fish fingers *UK*, **fish sticks** *US npl* bastoncini *mpl* di pesce.

fishing ['fɪʃɪŋ] *n* pesca *f*; **to go ~** andare a pesca.

fishing boat *n* peschereccio *m*.

fishing rod *n* canna *f* da pesca.

fishmonger ['fɪʃˌmʌŋgəʳ] *n esp UK* pescivendolo *m*, -a *f*; **~'s (shop)** pescheria *f*.

fish shop *n* pescheria *f*.

fish sticks *npl US* = fish fingers.

fish tank *n* vasca *f* per i pesci.

fishy ['fɪʃɪ] *adj* **-1.** [like fish] di pesce **-2.** *fig* [suspicious] equivoco(a).

fist [fɪst] *n* pugno *m*.

fit [fɪt] ⬦ *adj* **-1.** [suitable] adatto(a); **to be ~ for sthg** essere adatto(a) a qc; **to be ~ to do sthg** essere in grado di fare qc **-2.** [healthy] in forma; **to keep ~** tenersi in forma. ⬦ *n* **-1.** [of clothes, shoes etc]: **to be a good ~** andare a pennello; **to be a tight ~** stare stretto(a) **-2.** [epileptic seizure] attacco *m* epilettico; **to have a ~** MED avere un attacco epilettico; *fig* [be angry] andare su tutte le furie **-3.** [bout] accesso *m*; **in ~s and starts** a singhiozzo. ⬦ *vt* **-1.** [be correct size for] stare a, andare a **-2.** [place]: **to ~ sthg into sthg** inserire qc in qc **-3.** [provide]: **to ~ sthg with sthg** munire qc di qc **-4.** [be suitable for] corrispondere a. ⬦ *vi* **-1.** [be correct size] stare, andare **-2.** [go] andare **-3.** [into container] entrare. ➡ **fit in** ⬦ *vt sep* [accommodate] trovare un buco per. ⬦ *vi* adattarsi; **to ~ in with sb** adattarsi a qn; **to ~ in with sthg** concordare con qc.

fitness ['fɪtnɪs] *n* **-1.** [health] forma *f* fisica **-2.** [suitability]: **~ (for sthg)** idoneità (a qc).

fitted carpet *n* moquette *f inv.*

fitted kitchen *n UK* cucina *f* componibile.

fitter ['fɪtəʳ] *n* installatore *m*, -trice *f*.

fitting ['fɪtɪŋ] ⬦ *adj fml* appropriato(a). ⬦ *n* **-1.** [part] accessorio *m* **-2.** [for clothing] prova *f*. ➡ **fittings** *npl* accessori *mpl*.

fitting room *n* camerino *m*.

five [faɪv] *num* cinque; *see also* **six**.

fiver ['faɪvəʳ] *n inf* **-1.** *UK* [amount] cinque sterline *fpl*; [note] banconota *f* da cinque sterline **-2.** *US* [amount] cinque dollari *mpl*; [note] banconota *f* da cinque dollari.

fix [fɪks] ⬦ *vt* **-1.** [gen] fissare; **to ~ sthg to sthg** fissare qc a qc **-2.** [set, arrange] fissare, stabilire **-3.** [repair] riparare **-4.** *inf* [race, fight] truccare **-5.** *esp US* [food, drink] preparare. ⬦ *n* **-1.** *inf* [difficult situation]: **to be in a ~** essere nei guai **-2.** *drug sl* pera *f*. ➡ **fix up** *vt sep* **-1.** [provide]: **to ~ sb up with sthg** procurare qc a qn **-2.** [arrange] organizzare.

fixation [fɪk'seɪʃn] *n*: **~ (on sb/sthg OR about sb/sthg)** fissazione *f* (per qn/qc).

fixed [fɪkst] *adj* **-1.** [attached] fissato(a) **-2.** [set, immovable] fisso(a).

fixture ['fɪkstʃəʳ] *n* **-1.** [in building] impianto *m* fisso **-2.** *fig* [permanent feature] presenza *f* fissa **-3.** [sports event] incontro *m*.

fizz [fɪz] *vi* [drink] frizzare.

fizzle ['fɪzl] ➡ **fizzle out** *vi* smorzarsi.

fizzy ['fɪzɪ] *adj* gassato(a), frizzante.

flabbergasted ['flæbəgɑːstɪd] *adj* esterrefatto(a).

flabby ['flæbɪ] *adj* flaccido(a).

flag [flæg] ⬦ *n* [banner] bandiera *f*. ⬦ *vi* [person, enthusiasm] afflosciarsi; [conversation] languire. ➡ **flag down** *vt sep*: **to ~ sb/sthg down** segnalare a qn/qc di fermarsi.

flagpole ['flægpəʊl] *n* asta *f* della bandiera.

flagrant ['fleɪgrənt] *adj* flagrante, palese.

flagstone ['flægstəʊn] *n* pietra *f* per lastricare.

flair [fleəʳ] *n* **-1.** [talent] talento *m* **-2.** [stylishness] stile *m*.

flak [flæk] *n* **-1.** [gunfire] fuoco *m* antiaereo **-2.** *inf* [criticism] critiche *fpl*.

flake [fleɪk] ⬦ *n* [of snow] fiocco *m*; [of paint, plaster] scaglia *f*; [of skin] squama *f*. ⬦ *vi* [skin] squamarsi; [paint, plaster] sfaldarsi.

flamboyant [flæm'bɔɪənt] *adj* **-1.** [person, behaviour] stravagante **-2.** [clothes, design] vistoso(a).

flame [fleɪm] *n* fiamma *f*; **to go up in ~s** andare in fiamme; **to burst into ~s** prendere fuoco.

flamingo [flə'mɪŋgəʊ] (*pl* **-s** OR **-es**) *n* fenicottero *m*.

flammable ['flæməbl] *adj* infiammabile.

flan [flæn] *n* torta *f(di frutta, verdura, formaggio)*.

flank [flæŋk] ⟨⟩ *n* fianco *m*. ⟨⟩ *vt*: **to be ~ed by sb/sthg** essere affiancato(a) da qn/qc.

flannel ['flænl] *n* **-1.** [fabric] flanella *f* **-2.** *UK* [facecloth] ≃ guanto *m* di spugna.

flap [flæp] ⟨⟩ *n* **-1.** [of skin] lembo *m*; [of pocket] patta *f*; [of envelope] linguetta *f* **-2.** *inf* [state of panic]: **in a ~** in panico. ⟨⟩ *vt* sbattere. ⟨⟩ *vi* [wave] sbattere.

flapjack ['flæpdʒæk] *n* **-1.** *UK* [biscuit] biscotto *m* d'avena **-2.** *US* [pancake] crêpe *f* *inv.*

flare [fleə^r] ⟨⟩ *n* [distress signal] razzo *m* di segnalazione. ⟨⟩ *vi* **-1.** [fire]: **to ~ (up)** fare una vampata **-2.**: **to ~ (up)** [dispute, violence] scoppiare; [temper, person] infiammarsi; [disease] avere una recrudescenza **-3.** [trousers, skirt] essere svasato(a) **-4.** [nostrils] dilatarsi. ◆ **flares** *npl UK* [trousers] pantaloni *mpl* svasati.

flash [flæʃ] ⟨⟩ *n* **-1.** [of light, inspiration] lampo *m*; **in a ~** in un attimo **-2.** PHOT flash *m inv.* ⟨⟩ *vt* **-1.** [light, torch] far lampeggiare **-2.** [look, smile, glance] lanciare **-3.** [information] trasmettere velocemente [picture, passport] mostrare velocemente. ⟨⟩ *vi* **-1.** [torch] lampeggiare **-2.** [light, eyes] brillare **-3.** [move fast] balenare; **the car flashed by** l'auto è passata come un razzo.

flashback ['flæʃbæk] *n* flashback *m inv.*

flashbulb ['flæʃbʌlb] *n* [lampadina *f* per il] flash *m inv.*

flashgun *n* flash *m inv.*

flashlight ['flæʃlaɪt] *n* [torch] torcia *f* (elettrica).

flashy ['flæʃɪ] *adj inf* vistoso(a).

flask [flɑːsk] *n* **-1.** [to keep drinks hot] thermos® *m inv* **-2.** [used in chemistry] beuta *f* **-3.** [hip flask] fiaschetta *f.*

flat [flæt] ⟨⟩ *adj* **-1.** [gen] piatto(a); [land] pianeggiante **-2.** [shoes] basso(a) **-3.** [tyre] a terra, sgonfio(a) **-4.** [refusal, denial] netto(a) **-5.** [business, trade] stagnante **-6.** MUS [lower than correct note] stonato(a); [lower than stated note] bemolle **-7.** [COMM & fare, fee] fisso(a) **-8.** [no longer fizzy] sgassato(a) **-9.** [battery] scarico(a). ⟨⟩ *adv* **-1.** [level] di piatto **-2.** [exactly] esattamente; **in five minutes ~** in cinque minuti esatti. ⟨⟩ *n* **-1.** *UK* [apartment] appartamento *m* **-2.** MUS bemolle *m.* ◆ **flat out** *adv* a tutta velocità.

flatly ['flætlɪ] *adv* **-1.** [absolutely] categoricamente **-2.** [dully] in modo piatto.

flatmate ['flætmeɪt] *n UK* : **Anna's my ~** Anna divide l'appartamento con me.

flat rate *n* tariffa *f* unica.

flatscreen television, flatscreen TV ['flæt,skriːn] *n* televisore *m* a schermo piatto.

flatten ['flætn] *vt* **-1.** [steel, paper] appiattire; [wrinkles, bumps] spianare **-2.** [destroy] radere al suolo. ◆ **flatten out** ⟨⟩ *vi* appiattirsi. ⟨⟩ *vt sep* spianare.

flatter ['flætə^r] *vt* **-1** [compliment] lusingare **-2.** [suit] donare a; **that colour ~s you** quel colore ti dona molto.

flattering ['flætərɪŋ] *adj* [remark, offer] lusinghiero(a); [dress, colour, neckline] che dona.

flattery ['flætərɪ] *n* lusinga *f.*

flaunt [flɔːnt] *vt* ostentare.

flavour *UK*, **flavor** *US* ['fleɪvə^r] ⟨⟩ *n* **-1.** [taste] sapore *m*, gusto *m* **-2.** *fig* [atmosphere] tocco *m*. ⟨⟩ *vt* [food, drink] aromatizzare.

flavouring *UK*, **flavoring** *US* ['fleɪvərɪŋ] *n* aromatizzante *m.*

flaw [flɔː] *n* [fault]: **~ (in sthg)** [in material, character] difetto *m* (in qc), [in plan, argument] errore *m* (in qc).

flawless ['flɔːlɪs] *adj* perfetto(a).

flax [flæks] *n* lino *m.*

flea [fliː] *n* pulce *f.*

flea market *n* mercato *m* delle pulci.

fleck [flek] ⟨⟩ *n* [of paint, colour] macchiolina *f*; [of dust] granello *m*. ⟨⟩ *vt*: **~ed with sthg** screziato(a) di qc.

fled [fled] *pt & pp* ⊳**flee.**

flee [fliː] (*pt & pp* **fled**) ⟨⟩ *vt* fuggire da. ⟨⟩ *vi* fuggire.

fleece [fliːs] ⟨⟩ *n* **-1.** [sheep's coat] vello *m*; [wool] lana *f* **-2.** [garment] pile *m inv.* ⟨⟩ *vt* *inf* [cheat] spellare.

fleet [fliːt] *n* **-1.** [of ships] flotta *f* **-2.** [of cars, buses] parco *m.*

fleeting ['fliːtɪŋ] *adj* [glimpse, moment] fugace; [visit] breve.

Flemish ['flemɪʃ] ⟨⟩ *adj* fiammingo(a). ⟨⟩ *n* [language] fiammingo *m*. ⟨⟩ *npl*: **the ~** i fiamminghi.

flesh [fleʃ] *n* **-1.** [of body] carne *f*; **~ and blood** [family] il sangue del proprio sangue **-2.** [of fruit, vegetable] polpa *f.*

flesh wound *n* ferita *f* superficiale.

flew [fluː] *pt* ⊳**fly.**

flex [fleks] ⟨⟩ *n* ELEC filo *m*. ⟨⟩ *vt* [bend] flettere.

flexible ['fleksəbl] *adj* flessibile.

flexitime ['fleksɪtaɪm] *n* orario *m* flessibile.

flick [flɪk] ◇ *n* schiocco *m*. ◇ *vt* [switch] premere. ◆ **flick through** *vt insep* sfogliare.

flicker ['flɪkə'] *vi* -1. [candle, light] tremolare -2. [shadow] guizzare; [eyelids] sbattere.

flick knife *n UK* coltello *m* a serramanico.

flight [flaɪt] *n* -1. [gen] volo *m* -2. [of steps, stairs] rampa *f* -3. [escape] fuga *f*.

flight attendant *n* assistente *mf* di volo.

flight deck *n* -1. [of aircraft carrier] ponte *m* di volo -2. [of aircraft] cabina *f* di pilotaggio.

flight recorder *n* registratore *m* di volo.

flimsy ['flɪmzɪ] *adj* -1. [material, clothes, shoes] leggero(a); [paper, structure] fragile -2. [excuse, argument] debole.

flinch [flɪntʃ] *vi* fremere; **to ~ from sthg/ from doing sthg** tirarsi indietro di fronte a qc/al fare qc.

fling [flɪŋ] (*pt & pp* **flung**) ◇ *n* avventura *f* (*amorosa*). ◇ *vt* [throw] lanciare; **she flung her arms around his neck** gli ha buttato le braccia al collo.

flint [flɪnt] *n* -1. [rock] selce *f* -2. [in lighter] pietrina *f*.

flip [flɪp] ◇ *vt* -1. [pancake, omelette] rivoltare; [record] girare; **to ~ a coin** lanciare la moneta; **to ~ sthg open** aprire qc di scatto; **to ~ through sthg** sfogliare qc -2. [switch] premere. ◇ *vi inf* [become angry] dare i numeri. ◇ *n* -1. [of coin] lancio *m* -2. [somersault] capriola *f* -3. *phr:* **at the ~ of a switch** semplicemente premendo un interruttore.

flip-flop *n UK* infradito *mf inv.*

flippant ['flɪpənt] *adj* impertinente.

flipper ['flɪpə'] *n* pinna *f*.

flirt [flɜːt] ◇ *n* [man] farfallone *m*; [woman] civetta *f*. ◇ *vi* [with person] flirtare; **to ~ with sb** flirtare con qn.

flirtatious [flɜː'teɪʃəs] *adj* civettuolo(a).

flit [flɪt] *vi* [move quickly] [bird] svolazzare.

float [fləʊt] ◇ *n* -1. [on fishing line, net] galleggiante *m* -2. [in procession] carro *m* -3. [money] riserva *f* di cassa. ◇ *vt* [on water] far galleggiare. ◇ *vi* -1. [on water] galleggiare -2. [through air] librarsi, fluttuare.

flock [flɒk] *n* -1. [of birds] stormo *m*; [of sheep] gregge *m* -2. *fig* [of people] folla *f*.

flog [flɒg] *vt* -1. [whip] frustare -2. *UK inf* [sell] rifilare.

flood [flʌd] ◇ *n* -1. [of water] allagamento *m*, alluvione *f* -2. [great amount] valanga *f*. ◇ *vt* -1. [with water] inondare, allagare -2. [with goods, light]: **to ~ sthg (with sthg)** inondare qc (di qc) -3. [AUT & engine] ingolfare.

flooding ['flʌdɪŋ] *n* alluvione *f*, inondazione *f*.

floodlight ['flʌdlaɪt] *n* riflettore *m*.

floor [flɔː'] ◇ *n* -1. [of room] pavimento *m* -2. [of valley, sea] fondo *m*; [of forest] suolo *m* -3. [storey] piano *m* -4. [at meeting, debate] auditorio *m* -5. [for dancing] pista *f*. ◇ *vt* -1. [knock down] stendere -2. [baffle] spiazzare.

floorboard ['flɔːbɔːd] *n* asse *m* del pavimento.

floor show *n* spettacolo *m* di cabaret.

flop [flɒp] *inf n* fiasco *m*, flop *m inv.*

floppy ['flɒpɪ] *adj* floscio(a).

floppy (disk) *n* floppy disk *m inv.*

flora ['flɔːrə] *n* flora *f*.

florid ['flɒrɪd] *adj* -1. [face, complexion] florido(a) -2. [style] fiorito(a).

florist ['flɒrɪst] *n* fioraio *m*, -a *f*; **~'s (shop)** fioraio.

flotsam ['flɒtsəm] *n*: **~ and jetsam** [debris] relitti *mpl* di naufragio; [people] relitti *mpl* umani.

flounder ['flaʊndə'] *vi* annaspare.

flour ['flaʊə'] *n* farina *f*.

flourish ['flʌrɪʃ] ◇ *vi* -1. [grow healthily – plant, flower] fiorire; [– children] crescere bene -2. [be successful] fiorire, prosperare. ◇ *vt* sventolare. ◇ *n*: **to do sthg with a ~** far qc con un gesto plateale.

flout [flaʊt] *vt* sfidare.

flow [fləʊ] ◇ *n* [gen] flusso *m*; [of river] corso *m*. ◇ *vi* -1. [gen] scorrere -2. [hair, dress] ricadere.

flowchart ['fləʊtʃɑːt], **flow diagram** *n* diagramma *m* di flusso.

flower ['flaʊə'] ◇ *n* BOT fiore *m*; **in ~** in fiore. ◇ *vi* fiorire.

flowerbed ['flaʊəbed] *n* aiuola *f*.

flowerpot ['flaʊəpɒt] *n* vaso *m* (da fiori).

flowery ['flaʊərɪ] *adj* -1. [patterned] a fiori -2. *pej* [elaborate] fiorito(a).

flown [fləʊn] *pp* ▷ **fly.**

flu [fluː] *n* influenza *f*.

fluctuate ['flʌktʃʊeɪt] *vi* [prices, demand] fluttuare; [mood, opinion] variare.

fluency ['fluːənsɪ] *n* -1. [in a foreign language] padronanza *f*, scioltezza *f* -2. [in speaking, writing] scioltezza *f*.

fluent ['fluːənt] *adj* -1. [in a foreign language]: **he is ~ in French** OR **he speaks ~ French** parla correntemente il francese -2. [writing] scorrevole; [speaker] eloquente.

fluffy ['flʌfɪ] *adj* [jumper, kitten] morbido(a); [toy] di peluche.

fluid ['flu:ɪd] ◇ *n* liquido *m*. ◇ *adj* **-1.** [flowing] fluido(a) **-2.** [unfixed] incerto(a).

fluid ounce *n* oncia *f* fluida.

fluke [flu:k] *n inf* [chance] colpo *m* di fortuna.

flummox ['flʌməks] *vt esp UK inf* sconcertare.

flung [flʌŋ] *pt & pp* ⊳ **fling**.

flunk [flʌŋk] *esp US inf vt* [exam, test] cannare; [student] bocciare.

fluorescent [fluə'resənt] *adj* fosforescente.

fluoride ['fluəraɪd] *n* floruro *m*.

flurry ['flʌrɪ] *n* **-1.** [gen] turbine *m* **-2.** [of rain] scroscio *m*.

flush [flʌʃ] ◇ *adj* [level]: ~ **with sthg** a livello di qc. ◇ *n* **-1.** [in toilet] sciacquone *m* **-2.** [blush] rossore *m* **-3.** [sudden feeling] accesso *m*. ◇ *vt* [with water]: **to** ~ **the toilet** tirare l'acqua. ◇ *vi* **-1.**: **the toilet won't** ~ lo sciacquone non funziona **-2.** [blush] arrossire.

flushed [flʌʃt] *adj* **-1.** [red-faced] rosso(a) **-2.** [excited]: ~ **with sthg** esaltato(a) da qc.

flustered ['flʌstəd] *adj* agitato(a).

flute [flu:t] *n* MUS flauto *m*.

flutter ['flʌtər] ◇ *n* **-1.** [of wings] battito *m* **-2.** *inf* [sudden feeling] fremito *m*. ◇ *vi* **-1.** [bird, insect] svolazzare; [wings] sbattere **-2.** [flag, dress] sventolare.

flux [flʌks] *n* [change]: **to be in a state of** ~ essere in continuo mutamento.

fly [flaɪ] (*pt* **flew**, *pp* **flown**) ◇ *n* **-1.** [insect] mosca *f* **-2.** [of trousers] patta *f*. ◇ *vt* **-1.** [kite, model aircraft] far volare; [plane] pilotare **-2.** [transport by air] trasportare in aereo **-3.** [flag] sventolare. ◇ *vi* **-1.** [gen] volare **-2.** [pilot] pilotare un aereo **-3.** [travel by plane] viaggiare in aereo **-4.** [flag] sventolare. ◆ **fly away** *vi* volare via.

fly-fishing *n* pesca *f* con la mosca.

flying ['flaɪɪŋ] ◇ *adj* **-1.** [able to fly] volante **-2.** [running]: **a** ~ **leap** un salto con rincorsa. ◇ *n* **-1.** [plane travel]: **I hate** ~ odio viaggiare in aereo **-2.** SPORT aviazione *f*.

flying colours *npl*: **with** ~ brillantemente.

flying saucer *n* disco *m* volante.

flying start *n*: **to get off to a** ~ partire nel migliore dei modi, iniziare brillantemente.

flying visit *n* visita *f* lampo.

flyover ['flaɪ,əʊvər] *n UK* cavalcavia *m*.

flysheet ['flaɪʃi:t] *n* doppio telo *m*.

fly spray *n* insetticida *m*.

FM (*abbr of* **frequency modulation**) FM *f*.

foal [fəʊl] *n* puledro *m*.

foam [fəʊm] ◇ *n* **-1.** [bubbles] schiuma *f* **-2.** [material]: ~ **(rubber)** gommapiuma® *f*. ◇ *vi* fare schiuma; **to** ~ **at the mouth** avere la schiuma alla bocca.

fob [fɒb] ◆ **fob off** *vt*: **to** ~ **sthg off on sb** rifilare qc a qn; **to** ~ **sb off with sthg** liquidare qn con qc.

focal point ['fəʊkl-] *n* punto *m* centrale.

focus ['fəʊkəs] (*pl* **-cuses** OR **-ci**, *pt & pp* **-cussed**) ◇ *n* **-1.** PHOT fuoco *m*; **out of** ~ sfocato(a); **in** ~ a fuoco **-2.** [of rays] fuoco *m*; **the** ~ **this week is on inflation** questa settimana l'obiettivo sarà puntato sull'inflazione. ◇ *vt* **-1.** [lens, camera] mettere a fuoco, puntare **-2.** [mentally]: **to** ~ **one's attention on sb/sthg** concentrarsi su qn/qc. ◇ *vi* **-1.** [eyes] mettersi a fuoco; [with camera, lens] puntare; **to** ~ **on sb/sthg** puntare su qn/qc **-2.** [mentally]: **to** ~ **on sthg** concentrarsi su qc.

focussed ['fəʊkəst] *adj* concentrato(a).

fodder ['fɒdər] *n* foraggio *m*.

foe [fəʊ] *n lit* nemico *m*, -a *f*.

foetus ['fi:təs] *n* feto *m*.

fog [fɒg] *n* nebbia *f*.

foggy ['fɒgɪ] *adj* nebbioso(a).

foghorn ['fɒghɔ:n] *n* sirena *f* da nebbia.

fog lamp *n* faro *m* antinebbia.

foible ['fɔɪbl] *n* mania *f*.

foil [fɔɪl] ◇ *n* [metal sheet] lamina *f*; **tin** OR **kitchen** ~ carta *f* d'alluminio. ◇ *vt* bloccare.

fold ◇ *vt* **-1.** [sheet, blanket, paper] piegare; [wings] piegare; **to** ~ **one's arms** incrociare le braccia **-2.** [table, chair, bed] ripiegare, richiudere **-3.** [wrap] avvolgere. ◇ *vi* **-1.** [bed, chair] essere pieghevole, ripiegarsi; [petals, leaves] richiudersi **-2.** *inf* [business, newspaper, play] chiudere. ◇ *n* **-1.** [in material, paper] piega *f* **-2.** [for sheep] ovile *m* **-3.** *fig* [spiritual home]: **the** ~ l'ovile. ◆ **fold up** *vt sep* **-1.** [sheet, blanket, paper] piegare **-2.** [table, chair, bed] ripiegare. ◇ *vi* **-1.** [sheet, blanket, paper] piegare **-2.** [table, chair, bed] ripiegarsi; [petals, leaves] richiudersi **-3.** *inf* [business, newspaper, play] chiudere.

folder ['fəʊldər] *n* [for papers] cartelletta *f*.

folding ['fəʊldɪŋ] *adj* pieghevole.

foliage ['fəʊlɪdʒ] *n* fogliame *m*.

folk [fəʊk] ◇ *adj* popolare. ◇ *npl* [people]

gente *f*. ◆ **folks** *npl inf* [relatives] genitori *mpl*.

folklore ['fəʊklɔːʳ] *n* folclore *m*.

folk music *n* musica folk *f inv*, musica *f* popolare.

folk song *n* canto *m* popolare.

folksy ['fəʊksɪ] *adj US inf* alla buona.

follow ['fɒləʊ] ◇ *vt* [come after] seguire. ◇ *vi* **-1.** [come after – person, letter] seguire; [– days, weeks] susseguirsi **-2.** [happen as result] derivare **-3.** [be logical] essere logico(a); **it ~s that** ne consegue che **-4.** [understand] seguire. ◆ **follow up** *vt sep* **-1.** [pursue] seguire **-2.** [supplement]: **to ~ sthg up with sthg** far seguire qc da qc.

follower ['fɒləʊəʳ] *n* seguace *mf*.

following ['fɒləʊɪŋ] ◇ *adj* **-1.** [next] successivo(a) **-2.** [about to be described] seguente. ◇ *n* [group of supporters, fans] seguito *m*. ◇ *prep* [after] in seguito a.

folly ['fɒlɪ] *n* follia *f*.

fond [fɒnd] *adj* [affectionate] affettuoso(a); **to be ~ of sb** voler bene a qn; **I'm very ~ of chocolate** mi piace molto la cioccolata; **he's ~ of travelling** gli piace viaggiare.

fondle ['fɒndl] *vt* accarezzare.

font [fɒnt] *n* **-1.** [in church] fonte *f* battesimale **-2.** COMPUT & TYPO carattere *m*.

food [fuːd] *n* cibo *m*.

food mixer *n* mixer *m inv*.

food poisoning *n* intossicazione *f* alimentare.

food processor *n* robot *m inv* da cucina.

foodstuffs *npl* generi *mpl* alimentari.

fool [fuːl] ◇ *n* **-1.** [idiot] sciocco *m*, -a *f* **-2.** *UK* [dessert] *frullato di frutta cotta con aggiunta di panna*. ◇ *vt* ingannare; **to ~ sb into doing sthg** persuadere qn con l'inganno a fare qc. ◇ *vi* scherzare. ◆ **fool about, fool around** *vi* **-1.** [behave foolishly]: **to ~ about (with sthg)** fare lo scemo (la scema) (con qc) **-2.** [be unfaithful]: **to ~ about (with sb)** avere una storia (con qn) **-3.** *US* [tamper]: **to ~ around with sthg** giocherellare con qc.

foolhardy ['fuːlˌhɑːdɪ] *adj* avventato(a).

foolish ['fuːlɪʃ] *adj* **-1.** [unwise, silly] sciocco(a) **-2.** [laughable, undignified] idiota *inv*.

foolproof ['fuːlpruːf] *adj* infallibile.

foot [fʊt] ◇ *n* **-1.** [gen] piede *m*; **to be on one's feet** essere in piedi; **to get to one's feet** alzarsi; **on ~** a piedi; **to have** OR **get cold feet** avere paura; **to put one's ~ in it** fare una gaffe; **to put one's feet up** riposare **-2.** [bottom] fondo *m*. ◇ *vt inf* **to ~ the bill (for sthg)** pagare il conto (per qc).

footage ['fʊtɪdʒ] *n* sequenze *fpl*.

football ['fʊtbɔːl] *n* **-1.** *UK* [game] calcio *m* **-2.** *US* [American football] football *m inv* americano **-3.** [ball] pallone *m*.

footballer ['fʊtbɔːləʳ] *n UK* calciatore *m*, giocatore *m* di calcio.

football player *n* calciatore *m*.

footbridge ['fʊtbrɪdʒ] *n* ponte *m* pedonale.

foothills ['fʊthɪlz] *npl* colline *fpl* pedemontane.

foothold ['fʊthəʊld] *n* punto *m* d'appoggio.

footing ['fʊtɪŋ] *n* **-1.** [foothold] punto *m* d'appoggio; **to lose one's ~** mettere un piede in fallo **-2.** [basis] condizione *f*; **on a war ~** sul piede di guerra.

footlights ['fʊtlaɪts] *npl* luci *fpl* della ribalta.

footnote ['fʊtnəʊt] *n* nota *f* a piè pagina.

footpath ['fʊtpɑːθ] *n* sentiero *m*.

footprint ['fʊtprɪnt] *n* orma *m*.

footstep ['fʊtstep] *n* passo *m*.

footwear ['fʊtweəʳ] *n* calzature *f (pl)*.

for [fɔːʳ] *prep* **-1.** [indicating intention, destination, purpose] per; **this is ~ you** questo è per te; **the plane ~ Paris** l'aereo per Parigi; **let's meet ~ a drink** troviamoci per bere insieme qualcosa; **we did it ~ a laugh** OR **~ fun** l'abbiamo fatto per scherzo OR divertimento; **what's it ~?** a cosa serve? **-2.** [representing, on behalf of] per; **he works ~ the government** lavora per il governo; **she plays ~ England** gioca nella nazionale inglese; **the MP ~ Barnsley** il deputato di Barnsley; **I'll speak to him ~ you** gli parlerò io per te; **let me do that ~ you** lascia che te lo faccia io **-3.** [because of] per; **~ various reasons** per varie ragioni; **it's famous ~ its cathedral** è famosa per la sua cattedrale **-4.** [with regard to] per; **to be ready ~ sthg** essere pronto(a) per qc; **it's too difficult ~ me** è troppo difficile per me; **it's not ~ me to say** non sta a me dirlo; **to feel sorry/glad ~ sb** essere dispiaciuto(a)/contento(a) per qn; **to be young ~ one's age** essere giovane per la propria età **-5.** [indicating amount of time, space] per; **there's no time ~ that now** non c'è tempo per questo ora; **there's room ~ another person** c'è posto per un'altra persona **-6.** [indicating period of time] per; **we talked ~ hours** abbiamo parlato per ore; **she'll be away ~ a month** starà via un mese; **I've lived here ~ three years** ci ho vissuto tre anni; **he said he'd do it ~ tomorrow** ha detto che l'avrebbe fatto per domani **-7.** [indicating distance] per; ~ **50 feet/miles** per 50 piedi/miglia **-8.** [indicating particular occasion] per; **what did you get** ~ **Christmas?** cosa ti hanno regalato per Natale?; **the meeting scheduled** ~ **the 30th** la riunione prevista per il 30 **-9.** [indicating amount of money, price] per; **I bought/sold it** ~ **£10** l'ho comprato/venduto per 10 sterline **-10.** [in favour of, in support of] a favore di; **to vote** ~ **sthg** votare a favore di qc; **to be all** ~ **sthg** essere totalmente favorevole a qc **-11.** [in ratios] per **-12.** [indicating meaning]: **P** ~ **Peter** P di Peter; **what's the Greek** ~ **"mother"?** come si dice in greco "madre"?

forage ['fɒrɪdʒ] *vi*: **to** ~ **(for sthg)** andare alla ricerca (di qc).

foray ['fɒreɪ] *n* **-1.** [raid] incursione *f* **-2.** *fig* [excursion] puntata *f*; ~ **into sthg** incursione in qc.

forbad, **forbade** *pt* ⊳ **forbid**.

forbid [fə'bɪd] (*pt* **-bade** OR **-bad**, *pp* **forbid** OR **-bidden**) *vt* proibire, vietare; **to** ~ **sb to do sthg** proibire OR vietare a qn di fare qc.

forbidden [fə'bɪdn] ⊳ *pp* ⊳ **forbid**. ◇ *adj* proibito(a), vietato(a).

forbidding [fə'bɪdɪŋ] *adj* minaccioso(a), cupo(a).

force [fɔːs] ◇ *n* **-1.** [gen] forza *f*; **by** ~ con la forza **-2.** [effect]: **to be in/come into** ~ essere in/entrare in vigore *m*. ◇ *vt* **-1.** [compel] costringere; **to** ~ **sb to do sthg** costringere qn a fare qc; **to** ~ **sthg on sb** imporre qc a qn **-2.** [break open, push] forzare. ◆ **forces** *npl*: **the** ~**s** le forze armate; **to join** ~**s (with sb)** unire le forze (con qn).

force-feed *vt* alimentare forzatamente.

forceful ['fɔːsful] *adj* deciso(a).

forceps ['fɔːseps] *npl* [gen] pinza *f*; [to deliver baby] forcipe *m*.

forcibly ['fɔːsəblɪ] *adv* **-1.** [using physical force] a forza **-2.** [powerfully] con forza.

ford [fɔːd] *n* guado *m*.

fore [fɔːʳ] ◇ *adj* NAUT di prua. ◇ *n*: **to come to the** ~ *fig* venire in primo piano.

forearm *n* ['fɔːrˌɑːm] avambraccio *m*.

foreboding [fɔː'bəudɪŋ] *n* cattivo presentimento *m*.

forecast ['fɔːkɑːst] (*pt & pp* **forecast** OR **-ed**) ◇ *n* previsione *f*; **weather** ~ previsioni del tempo. ◇ *vt* prevedere.

foreclose [fɔː'kləuz] ◇ *vt* pignorare. ◇ *vi*: **to** ~ **on sb** pignorare i beni di qn; **to** ~ **on sthg** pignorare qc.

forecourt ['fɔːkɔːt] *n* piazzale *m* anteriore.

forefront ['fɔːfrʌnt] *n*: **in** OR **at the** ~ **of sthg** all'avanguardia *f* di qc.

forego [fɔː'gəu] *vt* = **forgo**.

foregone conclusion ['fɔːgɒn-] *n*: **it's a** ~ è una conclusione scontata.

foreground ['fɔːgraund] *n* primo piano *m*.

forehand ['fɔːhænd] *n* diritto *m*.

forehead ['fɔːhed] *n* fronte *f*.

foreign ['fɒrən] *adj* **-1.** [from abroad – people] straniero(a); [– country, language] estero(a), straniero(a); ~ **holiday** vacanza *f* all'estero **-2.** [external] estero(a).

foreign affairs *npl* affari *mpl* esteri.

foreign currency *n* valuta *f* estera.

foreigner ['fɒrənəʳ] *n* straniero *m*, -a *f*.

foreign minister *n* ministro *m* degli esteri.

Foreign Office *n* UK: **the** ~ il Ministero degli Esteri.

Foreign Secretary *n* UK Ministro *m* degli Esteri.

foreman ['fɔːmən] (*pl* **-men**) *n* **-1.** [of workers] caposquadra *m* **-2.** [of jury] primo giurato *m*.

foremost ['fɔːməust] ◇ *adj* principale. ◇ *adv*: **first and** ~ anzitutto.

forensic [fə'rensɪk] *adj* [department, examination] medico-legale (inv); ~ **medicine** medicina *f* legale; ~ **department** (polizia) scientifica *f*.

forerunner ['fɔːˌrʌnəʳ] *n* precursore *m*, precorritrice *f*.

foresee [fɔː'siː] (*pt* **-saw**, *pp* **-seen**) *vt* prevedere.

foreseeable [fɔː'siːəbl] *adj* prevedibile; **for/in the** ~ **future** per l'/nell'immediato futuro.

foreseen [fɔː'siːn] *pp* ⊳ **foresee**.

foreshadow [fɔː'ʃædəu] *vt* preannunciare.

foresight ['fɔːsaɪt] *n* previdenza *f*.

forest ['fɒrɪst] *n* foresta *f*.

forestall [fɔː'stɔːl] *vt* prevenire.

forestry ['fɒrɪstrɪ] *n* selvicoltura *f*.

foretaste ['fɔːteɪst] *n* assaggio *m*.

foretell [fɔː'tel] (*pt & pp* **-told**) *vt* predire.

foretold [fɔː'təuld] *pt & pp* ⊳ **foretell**.

forever [fə'revəʳ] *adv* [eternally] per sempre.

forewarn [fɔː'wɔːn] *vt* avvisare.

foreword ['fɔːwɜːd] *n* prefazione *f*.

forfeit ['fɔːfɪt] <> *n* penalità *f inv.* <> *vt* perdere.

forgave [fə'geɪv] *pt* ⊳**forgive**.

forge [fɔːdʒ] <> *n* fucina *f*. <> *vt* -1. INDUST forgiare -2. *fig* [create] costruire -3. [make illegal copy of] falsificare. ◆ **forge ahead** *vi* avanzare speditamente.

forger ['fɔːdʒəʳ] *n* falsario *m*, -a *f*.

forgery ['fɔːdʒərɪ] *n* -1. [crime] falsificazione *f* -2. [forged article] falso *m*.

forget [fə'get] (*pt* -**got**, *pp* -**gotten**) <> *vt* -1. [gen] dimenticare; **to ~ to do sthg** dimenticare di fare qc -2. [give up] lasciar perdere. <> *vi*: **to ~ (about sthg)** dimenticarsi (di qc).

forgetful [fə'getfʊl] *adj* smemorato(a).

forgive [fə'gɪv] (*pt* -**gave**, *pp* -**given**) *vt* perdonare; **to ~ sb for sthg** perdonare a qn qc; **to ~ sb for doing sthg** perdonare a qn di aver fatto qc.

forgiveness [fə'gɪvnɪs] *n* perdono *m*.

forgo [fɔː'gəʊ] (*pt* -**went**, *pp* -**gone**) *vt* rinunciare a.

forgot [-'gɒt] *pt* ⊳**forget**.

forgotten [-'gɒtn] *pp* ⊳**forget**.

fork [fɔːk] <> *n* -1. [for food] forchetta *f* -2. [for gardening] forcone *m* -3. [in road, river] biforcazione *f*. <> *vi* biforcarsi. ◆ **fork out** *inf* <> *vt insep* sganciare. <> *vi*: **to ~ out (for sthg)** cacciar fuori i soldi (per qc).

forklift truck ['fɔːklɪft-] *n* elevatore *m (a forca)*.

forlorn [fə'lɔːn] *adj* -1. [gen] sconsolato(a) -2. [place] desolato(a) -3. [hope, attempt] disperato(a).

form [fɔːm] <> *n* -1. [gen] forma *f*; **in the ~ of** sotto forma di; **on ~** UK, **in ~** US in forma; **off ~** fuori forma -2. [questionnaire] modulo *m* -3. [figure] figura *f* -4. UK [SCH & class] classe *f*. <> *vt* formare. <> *vi* formarsi.

formal ['fɔːml] *adj* formale.

formality [fɔː'mælətɪ] *n* formalità *f inv.*

format ['fɔːmæt] <> *n* -1. [gen] formato *m* -2. [of meeting] struttura *f*. <> *vt* COMPUT formattare.

formation [fɔː'meɪʃn] *n* formazione *f*.

formative ['fɔːmətɪv] *adj* formativo(a).

former ['fɔːməʳ] <> *adj* -1. [prime minister, husband] ex *inv (dav s)*, precedente; [occasion] precedente -2. [first] primo(a). <> *pron*: **the ~** il primo, la prima.

formerly ['fɔːməlɪ] *adv* precedentemente.

formidable ['fɔːmɪdəbl] *adj* -1. [frightening] terribile -2. [impressive] formidabile.

formula ['fɔːmjʊlə] (*pl* -**as** OR -**ae**) *n* formula *f*.

formulate ['fɔːmjʊleɪt] *vt* formulare.

forsake [fə'seɪk] (*pt* -**sook**, *pp* -**saken**) *vt lit* abbandonare.

forsaken [-'seɪkn] *adj* abbandonato(a).

forsook [-'sʊk] *pt* ⊳**forsake**.

fort [fɔːt] *n* forte *m*.

forth [fɔːθ] *adv lit* [outwards, onwards] innanzi.

forthcoming [fɔːθ'kʌmɪŋ] *adj* -1. [imminent – election, events] prossimo(a); [– book] di prossima pubblicazione -2. [helpful, available] disponibile.

forthright ['fɔːθraɪt] *adj* schietto(a).

forthwith [ˌfɔːθ'wɪθ] *adv fml* immediatamente.

fortified wine *n* vino *m* liquoroso.

fortify ['fɔːtɪfaɪ] *vt* -1. [place] fortificare -2. *fig* [person, resolve] rafforzare.

fortnight ['fɔːtnaɪt] *n* due settimane *fpl*.

fortnightly ['fɔːtˌnaɪtlɪ] <> *adj* quindicinale, bimensile. <> *adv* ogni due settimane.

fortress ['fɔːtrɪs] *n* fortezza *f*.

fortunate ['fɔːtʃnət] *adj* fortunato(a); **it's ~ that we arrived** è una fortuna che siamo arrivati.

fortunately ['fɔːtʃnətlɪ] *adv* fortunatamente.

fortune ['fɔːtʃuːn] *n* -1. [gen] fortuna *f* -2. [future]: **to tell sb's ~** predire la sorte a qn.

fortune-teller *n* indovino *m*, -a *f*.

forty ['fɔːtɪ] *num* quaranta; *see also* **sixty**.

forward ['fɔːwəd] <> *adj* -1. [movement] in avanti -2. [at the front] anteriore -3. [advanced] progredito(a); **~ planning** programmazione a lungo termine -4. [impudent] sfrontato(a). <> *adv* -1. [in space] avanti -2. [to earlier time]: **to bring a meeting ~** anticipare una riunione. <> *n* SPORT attaccante *mf*. <> *vt* [send on] inoltrare.

forwarding address ['fɔːwədɪŋ-] *n* nuovo indirizzo *m (dove inoltrare la posta)*.

forwards ['fɔːwədz] *adv* = **forward**.

forward slash *n* TYPO barra *f* in avanti.

forwent [-'went] *pt* ⊳**forgo**.

fossil ['fɒsl] *n* GEOL fossile *m*.

foster ['fɒstəʳ] <> *adj* [mother, family] affidatario(a). <> *vt* -1. [child] avere in affido -2. [idea, hope] coltivare.

foster child *n* bambino *m*, -a *f* in affidamento.

foster parent *n genitore che ha in affidamento un bambino non suo.*

fought [fɔːt] *pt & pp* ⊳**fight.**

foul [faul] ⟨⟩ *adj* -1. [dirty – linen] sporco(a); [– water] sporco(a), inquinato(a); [– air] pesante, viziato(a) -2. [food, taste] disgustoso(a); [smell, breath] cattivo(a) -3. [very unpleasant] orribile -4. [obscene] sconcio(a) ⟨⟩ *n* SPORT fallo *m.* ⟨⟩ *vt* -1. [make dirty] sporcare -2. SPORT commettere fallo su.

found [faund] ⟨⟩ *pt & pp* ⊳**find.** ⟨⟩ *vt* -1. [provide funds for] sovvenzionare -2. [start building] fondare -3. [base]: to ~ sthg on sthg fondare qc su qc.

foundation [faun'deɪʃn] *n* -1. [gen] fondazione *f* -2. [basis] fondamento *m* -3. [cosmetic]: ~ (**cream**) fondotinta *m inv.* ◆ **foundations** *npl* CONSTR fondamenta *fpl.*

founder ['faundəʳ] ⟨⟩ *n* fondatore *m*, -trice *f.* ⟨⟩ *vi* [sink] affondare.

foundry ['faundrɪ] *n* fonderia *f.*

fountain ['fauntɪn] *n* [man made] fontana *f.*

fountain pen *n* penna *f* stilografica.

four [fɔːʳ] *num* quattro; on all ~ s a quattro piedi; *see also* **six.**

four-letter word *n* parolaccia *f.*

four-poster (bed) *n* letto *m* a baldacchino.

foursome ['fɔːsəm] *n* gruppo *m* di quattro persone.

fourteen [ˌfɔː'tiːn] *num* quattordici; *see also* **six.**

fourth [fɔːθ] *num* quarto(a); *see also* **sixth.**

Fourth of July *n*: the ~ il quattro luglio *(festa dell'indipendenza degli Stati Uniti).*

four-wheel drive *n* -1. [vehicle] auto *f inv* a trazione integrale, quattro per quattro *m inv* -2. [system] trazione *f* a quattro ruote.

fowl [faul] *(pl* -s) *n* -1. CULIN pollo *m* -2. [bird] volatile *m.*

fox [fɒks] ⟨⟩ *n* volpe *f.* ⟨⟩ *vt* -1. [outwit] ingannare -2. [baffle] confondere.

foxcub *n* volpacchiotto *m*, -a *f.*

foyer ['fɔɪeɪ] *n* -1. [of hotel] atrio *m*; [of theatre] foyer *m inv*, ridotto *m* -2. US [of house] ingresso *m.*

fracas [UK 'fræka:, US 'freɪkæs] *(UK pl* **fracas,** *US pl* **fracases)** *n* lite *f.*

fraction ['frækʃn] *n* frazione *f*; can you lift it up a ~ ? puoi sollevarlo appena un po'?

fractionally ['frækʃnəlɪ] *adv* leggermente.

fracture ['fræktʃəʳ] ⟨⟩ *n* frattura *f.* ⟨⟩ *vt* fratturare; to ~ one's arm fratturarsi un braccio.

fragile [UK 'frædʒaɪl, US 'frædʒl] *adj* -1. [easily shattered] fragile -2. [person, health] delicato(a).

fragment *n* ['frægmənt] frammento *m.*

fragrance ['freɪgrəns] *n* fragranza *f.*

fragrant ['freɪgrənt] *adj* fragrante, profumato(a).

frail [freɪl] *adj* -1. [person, health] gracile -2. [structure] debole.

frame [freɪm] ⟨⟩ *n* -1. [of picture] cornice *f*; [of glasses] montatura *f* -2. [support, structure] telaio *m* -3. [physique] costituzione *f.* ⟨⟩ *vt* -1. [put in a frame, surround] incorniciare -2. [formulate, express] formulare -3. *inf* [falsely incriminate] incastrare; I've been framed! mi vogliono incastrare!

frame of mind *n* stato *m* d'animo.

framework ['freɪmwɜːk] *n* -1. [physical structure] struttura *f* -2. [basis] base *f.*

France [frɑːns] *n* Francia *f.*

franchise ['fræntʃaɪz] *n* -1. [POL & right to vote] diritto *m* di voto -2. [COMM & right to sell goods] concessione *f.*

frank [fræŋk] ⟨⟩ *adj* franco(a). ⟨⟩ *vt* affrancare.

frankly ['fræŋklɪ] *adv* -1. [candidly] apertamente -2. [to be honest] francamente.

frantic ['fræntɪk] *adj* -1. [very upset] disperato(a) -2. [very busy] frenetico(a).

fraternity [frə'tɜːnətɪ] *n* -1. [community] comunità *f inv* -2. US [of students] associazione *f* studentesca *(maschile)* -3. [friendship] fratellanza *f.*

fraternize, -ise ['frætənaɪz] *vi*: to ~ (**with sb**) fraternizzare (con qn).

fraud [frɔːd] *n* -1. [crime] frode *f* -2. [deceitful act] inganno *m* -3. *pej* [impostor] imbroglione *m*, -a *f.*

fraught [frɔːt] *adj* -1. [full]: ~ with sthg pieno(a) di qc -2. UK [frantic] teso(a).

fray [freɪ] ⟨⟩ *vi* -1. [clothing, fabric, rope] sfilacciarsi -2. *fig* [nerves, temper] cedere. ⟨⟩ *n lit* contesa *f.*

frayed [freɪd] *adj* -1. [clothing, fabric, rope] sfilacciato(a) -2. *fig* [nerves, temper] logoro(a).

freak [friːk] ⟨⟩ *adj* insolito(a). ⟨⟩ *n* -1. [strange creature – in appearance] specie *f* di mostro; [– in behaviour] tipo *m* strano -2. [unusual event] fenomeno *m* anormale -3. *inf* [fanatic] fanatico *m*, -a *f.* ◆ **freak out** *vi inf* -1. [get angry] perdere le staffe -2. [panic] perdere la testa.

freckle ['frekl] *n* lentiggine *f*.

free [fri:] (*compar* **freer**, *superl* **freest**, *pt & pp* **freed**) ◇ *adj* **-1.** [gen] libero(a); **to be ~ to do sthg** essere libero di fare qc; **feel ~ !** fa' pure!; **to set sb/sthg ~** mettere in libertà qn/qc **-2.** [not paid for] gratuito(a), gratis *inv*; **I lived there rent ~** ci ho abitato senza pagare l'affitto; **~ of charge** gratuito(a). ◇ *adv* **-1.** [without payment] gratuitamente, gratis; **for ~** gratis **-2.** [without restraint] liberamente; **she shook herself ~** si liberò con uno strattone. ◇ *vt* liberare; **to ~ sb from sthg** liberare qn da qc.

freedom ['fri:dəm] *n* libertà *f inv*; **~ from sthg** libertà da qc.

Freefone® ['fri:fəʊn] *n UK* ≃ numero *m* verde®.

free-for-all *n* **-1.** [brawl] mischia *f* **-2.** [argument] disputa *f* generalizzata.

free gift *n* omaggio *m*.

freehand ◇ *adj* a mano libera. ◇ *adv* a mano libera.

free house *n* pub *m inv(non vincolato a uno specifico produttore di birra)*.

free kick *n* calcio *m* di punizione.

freelance ['fri:lɑ:ns] ◇ *adj* freelance *inv*. ◇ *n* freelance *mf inv*, lavoratore *m*, -trice *f* autonomo(a).

freely ['fri:lɪ] *adv* **-1.** [without constraint] liberamente **-2.** [generously] generosamente.

Freemason ['fri:ˌmeɪsn] *n* massone *m*.

Freepost® ['fri:pəʊst] *n* affrancatura *f* a carico del destinatario.

free-range *adj UK* proveniente da allevamento all'aperto; **~ chicken** pollo *m* ruspante.

freestyle ['fri:staɪl] *n* stile *m* libero.

free time *n* tempo *m* libero.

free trade *n* libero scambio *m*.

freeway ['fri:weɪ] *n US* superstrada *f*.

freewheel [ˌfri:'wi:l] *vi* **-1.** [cyclist] andare a ruota libera **-2.** [motorist] andare in folle.

free will *n* libero arbitrio *m*; **to do sthg of one's own ~** fare qc di spontanea volontà.

freeze [fri:z] (*pt* **froze**, *pp* **frozen**) ◇ *vt* **-1.** [make into ice] gelare, ghiacciare **-2.** [engine, lock, pipes] gelare **-3.** [preserve] surgelare **-4.** [assets, prices] congelare. ◇ *vi* **-1.** [become ice] gelare, ghiacciare **-2.** METEOR gelare **-3.** [stop moving] bloccarsi **-4.** *inf* [be cold] gelare, congelarsi. ◇ *n* **-1.** [cold weather] gelo *m* **-2.** [of wages, prices] blocco *m*, congelamento *m*.

freezer ['fri:zəʳ] *n* congelatore *m*, freezer *m inv*.

freezing ['fri:zɪŋ] ◇ *adj* gelido(a); **it's ~ in here** si congela qui dentro. ◇ *n inf* congelamento *m*; **above ~** sopra lo zero.

freezing point *n* punto *m* di congelamento.

freight [freɪt] *n* merci *fpl*.

freight train *n* treno *m* merci.

French [frentʃ] ◇ *adj* francese. ◇ *n* francese *mf*. ◇ *npl*: **the ~** i francesi.

French bean *n* fagiolino *m*.

French bread *n* filoncino *m*, bastone *m (di pane)*.

French doors *npl* = **French windows.**

French dressing *n* **-1.** [in UK] *condimento per insalata a base di olio e aceto,* vinaigrette *f inv* **-2.** [in US] *condimento per insalata a base di maionese e ketchup.*

French fries *npl esp US* patatine *fpl* fritte.

Frenchman ['frentʃmən] (*pl* **-men**) *n* francese *m*.

French stick *n UK* bastone *m(di pane)*.

French windows *npl* portafinestra *f*.

Frenchwoman ['frentʃˌwʊmən] (*pl* **-women**) *n* francese *f*.

frenetic [frə'netɪk] *adj* frenetico(a).

frenzy ['frenzɪ] *n* frenesia *f*.

frequency ['fri:kwənsɪ] *n* frequenza *f*.

frequent ◇ *adj* ['fri:kwənt] frequente. ◇ *vt* [frɪ'kwent] frequentare.

frequently ['fri:kwəntlɪ] *adv* frequentemente.

fresh [freʃ] *adj* **-1.** [food, paint, air] fresco(a) **-2.** [water] dolce **-3.** [another] nuovo(a) **-4.** [original] nuovo(a), innovativo(a) **-5.** *inf dated* [cheeky] sfacciato(a).

freshen ['freʃn] ◇ *vt* rinfrescare. ◇ *vi* [wind] rinfrescarsi. ◆ **freshen up** *vi* [person] rinfrescarsi.

fresher ['freʃəʳ] *n UK inf* matricola *f*.

freshly ['freʃlɪ] *adv* [recently] di recente, appena; **~ squeezed orange juice** spremuta *f* d'arancia; **~ ground coffee** caffè *m* macinato al momento.

freshman ['freʃmən] (*pl* **-men**) *n* matricola *f*.

freshness ['freʃnɪs] *n* **-1.** [gen] freschezza **-2.** [originality] originalità *f inv*.

freshwater ['freʃˌwɔ:təʳ] *adj* d'acqua dolce.

fret [fret] *vi* preoccuparsi.

friction ['frɪkʃn] *n* **-1.** [force, conflict] attrito *m* **-2.** [rubbing] sfregamento *m*.

Friday ['fraɪdeɪ] *n* venerdì *m inv; see also* Saturday.

fridge [frɪdʒ] *n esp UK* frigo *m*.

fridge-freezer *n UK* frigocongelatore *m*.

fried [fraɪd] ◇ *pt & pp* ⊳fry. ◇ *adj* fritto(a).

friend [frend] *n* -1. [intimate acquaintance] amico *m*, -a *f*; **to be ~ s with sb** essere amico di qn; **to be ~ s** essere amici; **to make ~ s (with sb)** fare amicizia (con qn) -2. [supporter, ally] sostenitore *m*, -trice *f*.

friendly ['frendlɪ] *adj* -1. [gen] amichevole; **to be ~ with sb** essere amico(a) di qn -2. [not enemy] amico(a).

friendship ['frendʃɪp] *n* amicizia *f*.

fries *npl* = French fries.

frieze [fri:z] *n* fregio *m*.

fright [fraɪt] *n* spavento *m*; **to take ~** spaventarsi; **to give sb a ~** fare spaventare qn.

frighten ['fraɪtn] *vt* spaventare; **to ~ sb into doing sthg** far fare qc a qn intimidendolo.

frightened ['fraɪtnd] *adj* spaventato(a); **to be ~ of sthg/of doing sthg** aver paura di qc/di fare qc.

frightening ['fraɪtnɪŋ] *adj* spaventoso(a).

frightful ['fraɪtfʊl] *adj dated* terribile.

frigid ['frɪdʒɪd] *adj* [sexually cold] frigido(a).

frill [frɪl] *n* -1. [decoration] volant *m inv* -2. *inf* [extra] optional *m inv.*

fringe [frɪndʒ] *n* -1. [decoration] frange *fpl* -2. *UK* [of hair] frangia *f* -3. [edge] margine *m* -4. *fig* [extreme] frangia *f.*

fringe benefit *n* beneficio *m* accessorio.

frisk [frɪsk] *vt* [search] perquisire.

frisky ['frɪskɪ] *adj inf* vivace.

fritter ['frɪtə'] *n* CULIN frittella *f.* ◆ **fritter away** *vt sep* sprecare.

frivolous ['frɪvələs] *adj* frivolo *m*.

frizzy *adj* crespo(a).

fro [frəʊ] = to.

frock [frɒk] *n dated* vestito *m*.

frog [frɒg] *n* [animal] rana *f*; **to have a ~ in one's throat** avere la raucedine.

frolic ['frɒlɪk] (*pt & pp* -**king**) *vi* giocherellare.

from [(*weak form* frəm, *strong form* frɒm)] *prep* -1. [indicating source, origin] da; **I got a letter ~ her today** ho ricevuto una lettera da lei oggi; **where are you ~ ?** di dove sei?; **a flight ~ Paris** un volo da Parigi; **we**

moved **~ Glasgow to London** ci siamo trasferiti da Glasgow a Londra; **to translate ~ Spanish into English** tradurre dallo spagnolo all'inglese; **the man ~ the tax office** l'impiegato dell'ufficio delle imposte -2. [indicating removal] da; **he took a notebook ~ his pocket** ha tirato fuori un taccuino dalla tasca; **to take sthg (away) ~ sb** togliere qc a qn -3. [indicating a deduction] da; **to deduct sthg ~ sthg** dedurre qc da qc -4. [indicating escape, separation] da; **he ran away ~ home** è scappato da casa -5. [after] da; **he's not back ~ work yet** non è ancora rientrato dal lavoro -6. [indicating position] da; **the top ~ the bottom** dall'alto; **~ the bottom** dal basso; **seen ~ above/below** visto da sopra/sotto -7. [indicating distance] da; **it's 60 km ~ here** è a 60 km da qui; **how far is it ~ Paris to London?** quanto dista Parigi da Londra? -8. [indicating material object is made out of] di; **it's made ~ wood/plastic** è (fatto) di legno/plastica -9. [starting at a particular time] da; **~ birth** dalla nascita; **~ the moment I saw him (fin)** dal momento in cui l'ho visto -10. [indicating difference] da; **to be different ~ sb/sthg** essere diverso(a) da qn/qc; **to distinguish sthg ~ from sthg** distinguere qc da qc -11. [indicating change]: **~ ... to ...** da ... a ...; **the price went up ~ £100 to £150** il prezzo è salito da 100 a 150 sterline -12. [because of, as a result of]: **to die ~ sthg** morire di qc; **to suffer ~ cold/hunger** soffrire il freddo/la fame -13. [on the evidence of] da; **to speak ~ personal experience** parlare per esperienza personale; **I could see ~ her face she was upset** ho capito dalla sua faccia che era turbata; **~ what you're saying** da quello che dici -14. [indicating lowest amount] da; **prices range ~ £5 to £500** i prezzi variano da 5 a 500 sterline.

front [frʌnt] ◇ *n* -1. [most forward part – of house] facciata *f*; [– of car, dress] davanti *m*; [– of book] copertina *f* -2. MIL & METEOR fronte *m* -3. [promenade]: **(sea) ~** lungomare *m* -4. [outward appearance]: **to put on a brave ~** fare mostra di coraggio; **to be a ~ for sthg** fare da copertura a qc. ◇ *adj* [tooth] di davanti; [garden] sul davanti; [row, page] primo(a); **~ cover** copertina *f.* ◆ **in front** *adv* -1. [further forward] davanti -2. [winning]: **to be in ~** essere in testa. ◆ **in front of** *prep* davanti a.

frontbench [,frʌnt'bentʃ] *n* nel Parlamento britannico, la prima fila di posti occupati rispettivamente dai ministri del governo e dai principali leader dell'opposizione .

front door *n* porta *f* d'ingresso.

frontier [*UK* 'frʌnˌtɪə', *US* frʌn'tɪər] *n* frontiera *f*.

front room *n* soggiorno *m*.

front-runner *n* favorito *m*, -a *f*.

frost [frɒst] *n* **-1.** [layer of ice] gelo *m*, brina *f* **-2.** [weather] gelata *f*.

frostbite ['frɒstbaɪt] *n* congelamento *m*.

frosted ['frɒstɪd] *adj* **-1.** [opaque] smerigliato(a) **-2.** *US* CULIN glassato(a).

frosting ['frɒstɪŋ] *n US* CULIN glassa *f*.

frosty ['frɒstɪ] *adj* **-1.** [morning, welcome] gelido(a) **-2.** [covered with frost] coperto(a) di ghiaccio.

froth [frɒθ] *n* schiuma *f*.

frown [fraʊn] *vi* aggrottare le sopracciglia.
◆ **frown (up)on** *vt insep* disapprovare.

froze [frəʊz] *pt* ⊳**freeze**.

frozen ['frəʊzn] *pp* ⊳**freeze**. ⊳ *adj* **-1.** [ground, lake, pipes] ghiacciato(a) **-2.** [preserved] surgelato(a) **-3.** [very cold] gelato(a) **-4.** [prices, salaries, assets] congelato(a).

frugal ['fruːgl] *adj* frugale.

fruit [fruːt] (*pl* **fruit** OR **fruits**) *n* **-1.** [food] frutta *f*; **citrus** ~s agrumi *mpl* **-2.** *fig* [result] frutto *m*.

fruitcake *n* torta *f* di frutta secca.

fruiterer ['fruːtərər] *n UK* fruttivendolo *m*, -a *f*; ~ 's (shop) fruttivendolo *m*.

fruitful ['fruːtfʊl] *adj* [successful] fruttuoso(a).

fruition [fruː'ɪʃn] *n*: **to come to** ~ realizzarsi.

fruit juice *n* succo *m* di frutta.

fruitless ['fruːtlɪs] *adj* [wasted] vano(a).

fruit machine *n UK* slot-machine *f inv.*

fruit salad *n* macedonia *f* (di frutta).

frumpy ['frʌmpɪ] *adj inf* sciatto(a).

frustrate [frʌ'streɪt] *vt* **-1.** [person] frustrare **-2.** [plan, attempt] vanificare.

frustrated [frʌ'streɪtɪd] *adj* **-1.** [person] frustrato(a) **-2.** [poet, artist] mancato(a) **-3.** [plan, attempt] fallito(a).

frustration [frʌ'streɪʃn] *n* frustrazione *f*.

fry [fraɪ] *vt/vi* [egg] friggere; [onions] soffriggere.

frying pan *n* padella *f*.

ft. = foot, feet.

FTP [ˌeftiː'piː] (*abbr of* **File Transfer Protocol**) *n* COMPUT FTP *m*, *protocollo di trasferimento file.*

FTSE 100 (*abbr of* **Financial Times Stock Exchange 100 Index**) *n* FTSE 100 *m*.

fuck [fʌk] *vulg* ⊳ *vt* [have sex with] scoparsi. ⊳ *vi* scopare. ◆ **fuck off** *excl* vaffanculo!

fudge [fʌdʒ] *n* ≃ sweet caramella *f* mou.

fuel [fjʊəl] ⊳ *n* carburante *m*. ⊳ *vt* alimentare.

fuel cell *n* cella *f* a combustione.

fuel tank *n* serbatoio *m* (del carburante).

fugitive ['fjuːdʒətɪv] *n* fuggitivo *m*, -a *f*.

fulfil, fulfill *US* [fʊl'fɪl] *vt* **-1.** [promise, threat] mantenere; [prophecy] far avverare **-2.** [need, requirement] soddisfare; [ambition, hope] realizzare.

fulfilment, fulfillment *US* [fʊl'fɪlmənt] *n* **-1.** [satisfaction] soddisfazione *f* **-2.** [carrying through] realizzazione *f*.

full [fʊl] ⊳ *adj* **-1.** [completely filled]: ~ (of) pieno(a) (di) **-2.** [with food] sazio(a) **-3.** [complete] completo(a) **-4.** [maximum] intero(a); [impact, control] totale; [volume] massimo(a) **-5.** [busy] intenso(a), pieno(a) **-6.** [sound, flavour] intenso(a) **-7.** [plump - figure] rotondetto(a); [- mouth] carnoso(a) **-8.** [ample ~ wide] ampio(a). ⊳ *adv* [very]: **to know** ~ **well that ...** sapere molto bene che... ⊳ *n*: **in** ~ [write] per esteso; [pay] per intero.

full-blown *adj* [AIDS] conclamato(a); [war] a tutti gli effetti.

full board *n* pensione *f* completa.

full-fledged *adj US* = fully-fledged.

full moon *n* luna *f* piena.

full-scale *adj* **-1.** [life-size] a grandezza naturale **-2.** [thorough] su vasta scala.

full stop *n* punto *m*.

full time *n UK* SPORT fine *f* del tempo regolamentare. ◆ **full-time** *adj & adv* a tempo pieno.

full up *adj* **-1.** [after meal] sazio(a) **-2.** [bus, train] al completo.

fully ['fʊlɪ] *adv* **-1.** [completely] completamente; **to be** ~ **booked** essere al completo **-2.** [in detail] dettagliatamente.

fully-fledged *UK*, **full-fledged** *US* *adj fig* [doctor, lawyer] a tutti gli effetti.

fumble ['fʌmbl] *vi* frugare; **to** ~ **for sthg** cercare qc.

fume [fjuːm] *vi* [with anger] essere furibondo(a). ◆ **fumes** *npl* esalazioni *fpl*.

fumigate ['fjuːmɪgeɪt] *vt* disinfestare irrorando.

fun [fʌn] *n* **-1.** [pleasure, amusement] divertimento *m*; **for** ~, **for the** ~ **of it** per divertimento **-2.** [playfulness]: **to be full of** ~ essere una persona divertente **-3.** [rid cule]: **to make ~ of sb, to poke ~ at sb** prendere in giro qn.

function ['fʌŋkʃn] ⬦ n -1. [role] funzione f -2. [way of working] funzioni fpl -3. [formal social event] ricevimento m. ⬦ vi -1. [work] funzionare -2. [serve] fungere; **to ~ as sthg** avere la funzione di qc.

functional ['fʌŋkʃnəl] adj -1. [practical] funzionale -2. [operational] operativo(a).

fund [fʌnd] ⬦ n -1. [amount of money] fondo m -2. fig [reserve] miniera f ⬦ vt finanziare. ◆ **funds** npl fondi mpl.

fundamental [ˌfʌndə'mentl] adj fondamentale; **~ to sthg** essenziale per qc.

funding ['fʌndɪŋ] n finanziamento m.

funeral ['fjuːnərəl] n funerale m.

funeral parlour n agenzia f di pompe funebri.

funfair ['fʌnfeəʳ] n luna-park m inv.

fungus ['fʌŋgəs] (pl -**gi** OR -**guses**) n BOT fungo m.

funnel ['fʌnl] n -1. [tube] imbuto m -2. [on ship] fumaiolo m.

funny ['fʌni] adj -1. [amusing] divertente -2. [odd] strano(a) -3.: **to feel ~ed** [ill] sentirsi male. ◆ **funnies** npl US fumetti mpl.

fur [fɜːʳ] n -1. [on animal] pelo m, pelame m -2. [garment] pelliccia f.

fur coat n pelliccia f.

furious ['fjʊərɪəs] adj -1. [very angry] furioso(a) -2. [storm, battle] violento(a), [pace, speed] forsennato(a).

furlong ['fɜːlɒŋ] n ≃ 201,17 metri.

furnace ['fɜːnɪs] n fornace f.

furnish ['fɜːnɪʃ] vt -1. [room, house] arredare -2. fml [proof, goods, explanation] fornire; **to ~ sb with sthg** fornire qc a qn.

furnished ['fɜːnɪʃt] adj [fitted out] arredato(a).

furnishings ['fɜːnɪʃɪŋz] npl mobili mpl.

furniture ['fɜːnɪtʃəʳ] n mobili mpl.

furrow ['fʌrəʊ] n -1. [in field] solco m -2. [on forehead] ruga f profonda.

furry ['fɜːrɪ] adj -1. [animal] peloso(a) -2. [material, toy] di peluche.

further ['fɜːðəʳ] ⬦ compar ⬦ far. ⬦ adv -1. [in distance, time] più lontano; **how much ~ is it?** quanto manca ancora?; **~ on** più avanti -2. [more] oltre -3. [in addition] in più. ⬦ adj [additional] ulteriore; **until ~ notice** fino a nuova comunicazione. ⬦ vt promuovere.

further education n UK istruzione f post-scolastica (non universitaria).

furthermore [ˌfɜːðə'mɔːʳ] adv inoltre.

furthest ['fɜːðɪst] ⬦ superl ⬦ **far**. ⬦ adj -1. [in distance] più lontano(a) -2. [greatest] massimo(a). ⬦ adv -1. [in distance] più lontano -2. [to greatest degree, extent] al massimo.

furtive ['fɜːtɪv] adj furtivo(a).

fury ['fjʊərɪ] n furia f.

fuse esp UK, **fuze** US [fjuːz] ⬦ n -1. ELEC fusibile m -2. [of bomb, firework] miccia f. ⬦ vt fondere, **I've ~ed the lights** sono saltate le valvole. ⬦ vi -1. ELEC saltare -2. [metal, ideas, systems] fondersi.

fusebox n cassetta f dei fusibili.

fused [fjuːzd] adj [ELEC & fitted with a fuse] con fusibile.

fuselage ['fjuːzəlɑːʒ] n fusoliera f.

fuss [fʌs] ⬦ n [bother, agitation] trambusto m; **to make a ~** fare storie. ⬦ vi [become agitated] agitarsi.

fussy ['fʌsɪ] adj -1. [fastidious] esigente -2. [over-ornate] troppo elaborato(a).

futile [UK 'fjuːtaɪl, US 'fjuːtl] adj vano(a).

futon ['fuːtɒn] n futon m inv.

future ['fjuːtʃəʳ] ⬦ n -1. [time ahead] futuro m; **in ~** in futuro; **in the ~** nel futuro -2. GRAM: **~ (tense)** futuro m. ⬦ adj futuro(a).

fuze [fjuːz] US = **fuse**.

fuzzy ['fʌzɪ] adj -1. [hair] crespo(a) -2. [image, photo] sfocato(a) -3. [ideas] confuso(a).

G

g¹ (pl **g's** OR **gs**), **G** (pl **G's** OR **Gs**) [dʒiː] n [letter] g f o m inv, G f o m inv. ◆ **G** n MUS sol m inv.

g² (abbr of **gram**) g.

gab [gæb] n ⬦ **gift**.

gabble ['gæbl] ⬦ vt dire molto in fretta. ⬦ vi parlare molto in fretta. ⬦ n parlata f veloce e incomprensibile.

gable ['geɪbl] n frontone m.

gadget n aggeggio m.

Gaelic ['geɪlɪk] ⬦ adj gaelico(a). ⬦ n gaelico m.

gag [gæg] ⬦ n -1. [for mouth] bavaglio m

-2. *inf* [joke] gag *f inv.* ⬦ *vt* [put gag on] imbavagliare.

gage [geɪdʒ] *n & vt US* = gauge.

gaiety ['geɪətɪ] *n* gaiezza *f.*

gaily ['geɪlɪ] *adv* **-1.** [cheerfully] gaiamente **-2.** [brightly] vivacemente **-3.** [thoughtlessly] spensieratamente.

gain [geɪn] ⬦ *n* **-1.** [profit] guadagno *m* **-2.** [making a profit] lucro *m* **-3.** [increase] aumento *m.* ⬦ *vt* **-1.** [earn, win, obtain] guadagnare **-2.** [confidence, speed, weight] acquistare. ⬦ *vi* **-1.** [increase]: **to ~ in sthg** acquistare qc **-2.** [profit] guadagnare; **to ~ from/ by sthg** guadagnare da qc **-3.** [watch, clock] andare avanti. ⬦ **gain on** *vt insep* accorciare le distanze da.

gait [geɪt] *n* andatura *f.*

gal. = gallon.

gala ['gɑːlə] *n* [celebration] gala *m.*

galaxy ['gæləksɪ] *n* galassia *f.*

gale [geɪl] *n* vento *m* forte.

gall [gɔːl] *n* [nerve]: **to have the ~ to do sthg** avere la sfacciataggine di fare qc.

gallant ['gælənt] *adj* **-1.** [courageous] valoroso(a) **-2.** [polite to women] galante.

gall bladder *n* cistifellea *f.*

gallery ['gælərɪ] *n* **-1.** [for collections, exhibitions] museo *m*; [for selling] galleria *f* d'arte **-2.** [for spectators] tribuna *f* **-3.** THEAT galleria *f.*

galley ['gælɪ] *(pl* **galleys)** *n* **-1.** [ship] galea *f* **-2.** [kitchen] cambusa *f* **-3.** PRESS: **~ (proof)** bozza *f* in colonna.

Gallic ['gælɪk] *adj* gallico(a).

galling ['gɔːlɪŋ] *adj* **-1.** [annoying] esasperante **-2.** [humiliating] umiliante.

gallivant [,gælɪ'vænt] *vi inf* bighellonare.

gallon ['gælən] *n* gallone *m (4,546 litri).*

gallop ['gæləp] ⬦ *n* **-1.** [pace of horse] galoppo *m* **-2.** [horse ride] galoppata *f.* ⬦ *vi* [horse] galoppare.

gallows ['gæləʊz] *(pl* **gallows)** *n* forca *f.*

gallstone ['gɔːlstəʊn] *n* calcolo *m* biliare.

galore [gə'lɔːr] *adv* a volontà.

galvanize, -ise ['gælvənaɪz] *vt* **-1.** TECH galvanizzare **-2.** [impel]: **to ~ sb into action** spronare qn all'azione.

gambit ['gæmbɪt] *n* tattica *f.*

gamble ['gæmbl] ⬦ *n* [calculated risk] rischio *m.* ⬦ *vi* **-1.** [bet] giocare d'azzardo; **to ~ on sthg** scommettere su qc **-2.** [take risk]: **to ~ on sthg** puntare su qc.

gambler ['gæmblər] *n* giocatore *m,* -trice *f* d'azzardo *f.*

gambling ['gæmblɪŋ] *n* gioco *m* d'azzardo.

game [geɪm] ⬦ *n* **-1.** [gen] gioco *m* **-2.** [contest, match] partita *f* **-3.** [division of match] [in tennis] game *m inv* **-4.** [hunted animals] selvaggina *f* **-5.** *phr:* **the ~'s up** non c'è più niente da fare; **to give the ~ away** tradirsi. ⬦ *adj* **-1.** [brave] pronto(a) a tutto **-2.** [willing]: **~ for sthg/to do sthg** pronto(a) a qc/a fare qc. ⬦ **games** ⬦ *n UK* [SCH & physical education] attività *fpl* sportive. ⬦ *npl* [sporting contest] giochi *mpl.*

gamekeeper ['geɪm,kiːpər] *n* guardacaccia *m o f inv.*

game reserve *n* riserva *f* di caccia.

gammon ['gæmən] *n* prosciutto *m.*

gamut ['gæmət] *n* gamma *f.*

gang [gæŋ] *n* banda *f.* ⬦ **gang up** *vi inf* **to ~ up (on sb)** far comunella (contro qn).

gangrene ['gæŋgriːn] *n* cancrena *f.*

gangster ['gæŋstər] *n* gangster *m inv.*

gangway ['gæŋweɪ] *n* **-1.** *UK* [aisle] corridoio *m* **-2.** [gangplank] passerella *f.*

gaol *n & vt UK* = jail.

gap [gæp] *n* **-1.** [empty space] spazio *m* **-2.** [in time] intervallo *m* **-3.** *fig* [omission] lacuna *f* **-4.** *fig* [disparity] differenza *f.*

gape [geɪp] *vi* **-1.** [person]: **to ~ (at sb/ sthg)** guardare a bocca aperta (qn/qc) **-2.** [hole, shirt] essere aperto(a).

gaping ['geɪpɪŋ] *adj* **-1.** [open-mouthed] stupito(a) **-2.** [wide open] aperto(a).

garage [*UK* 'gæraːʒ, 'gærɪdʒ, *US* gə'rɑːʒ] **-1.** [for keeping car] garage *m* **-2.** *UK* [for fuel] stazione *f* di servizio **-3.** [for car repair] officina *f* meccanica **-4.** [for selling cars] (auto) salone *m.*

garbage ['gɑːbɪdʒ] *n esp US* **-1.** [refuse] immondizia *f* **-2.** *inf* [nonsense] sciocchezze *fpl.*

garbage can *n US* bidone *m* dell'immondizia.

garbage truck *n US* camion *m inv* della nettezza urbana.

garbled ['gɑːbld] *adj* ingarbugliato(a).

garden ['gɑːdn] ⬦ *n* **-1.** [private] giardino *m* **-2.** [public] giardini *mpl* pubblici. ⬦ *vi* fare giardinaggio.

garden centre *n* centro *m* per il giardinaggio.

gardener ['gɑːdnər] *n* **-1.** [professional] giardiniere *m,* -a *f* **-2.** [amateur] appassionato *m,* -a *f* di giardinaggio.

gardening ['gɑːdnɪŋ] *n* giardinaggio *m.*

gargle ['gɑːgl] *vi* fare gargarismi.

gargoyle ['gɑːgɔɪl] *n* gargouille *f inv.*

garish ['geərɪʃ] *adj* sgargiante.

garland ['gɑːlənd] *n* ghirlanda *f.*

garlic ['gɑːlɪk] *n* aglio *m.*

garlic bread *n* pane caldo spalmato di burro all'aglio.

garment ['gɑːmənt] *n* capo *m* di vestiario.

garnish ['gɑːnɪʃ] ◇ *n* CULIN guarnizione *f.* ◇ *vt* CULIN guarnire.

garrison ['gærɪsn] *n* guarnigione *f.*

garter ['gɑːtə⁽ʳ⁾] *n* giarrettiera *f.*

gas [gæs] (*pl* **gases** OR **gasses**) ◇ *n* -1. [gen] gas *m inv* -2. US [fuel for vehicle] benzina *f*; **to step on the ~** *inf* accelerare. ◇ *vt* [poison] gassare.

gas cooker *n* UK cucina *f* a gas.

gas fire *n* UK stufa *f* a gas.

gas gauge *n* US indicatore *m* della benzina.

gash [gæʃ] ◇ *n* taglio *m* profondo. ◇ *vt*: **to ~ one's face/leg** farsi un taglio profondo al viso/alla gamba.

gasket ['gæskɪt] *n* guarnizione *f.*

gas mask *n* maschera *f* antigas.

gas meter *n* contatore *m* del gas.

gasoline ['gæsəliːn] *n* US benzina *f.*

gasp [gɑːsp] ◇ *n*: **a ~ of horror** un'esclamazione di terrore. ◇ *vi* -1. [breathe quickly] ansimare -2. [in shock, surprise] esclamare.

gas pedal *n* US acceleratore *m.*

gas station *n* US stazione *f* di servizio.

gas stove *n* = gas cooker.

gas tank *n* US serbatoio *f.*

gastroenteritis [,gæstrəʊ,entə'raɪtɪs] *n* gastroenterite *f.*

gastronomy [gæs'trɒnəmɪ] *n* gastronomia *f.*

gasworks ['gæswɜːks] (*pl* **gasworks**) *n* stabilimento *m* del gas.

gate [geɪt] *n* -1. [in wall, fence] cancello *m* -2. [at airport] uscita *f.*

gatecrash ['geɪtkræʃ] *inf* ◇ *vt* imbucarsi a. ◇ *vi* andare senza essere invitati.

gateway ['geɪtweɪ] *n* -1. [entrance] entrata *f* -2. *fig*: **~ to** [country, region] porta *f* di; [career, success] strada *f* di.

gather ['gæðə⁽ʳ⁾] ◇ *vt* -1. [gen] raccogliere; **to ~ together** radunare -2. [speed, momentum] prendere -3. [understand]: **to ~ (that)** dedurre (che) . ◇ *vi* [people, crowd] radunarsi; [clouds] addensarsi.

gathering ['gæðərɪŋ] *n* riunione *f.*

gaudy ['gɔːdɪ] *adj* vistoso(a).

gauge, gage US [geɪdʒ] ◇ *n* -1. [measuring instrument] indicatore *m* -2. [calibre] calibro *m* -3. RAIL scartamento *m.* ◇ *vt* -1. [measure] misurare -2. [evaluate] valutare.

Gaul [gɔːl] *n* -1. [country] Gallia *f* -2. [person] gallo *m*, -a *f.*

gaunt [gɔːnt] *adj* -1. [thin] smunto(a) -2. [desolate] desolato(a).

gauntlet ['gɔːntlɪt] *n* [medieval glove] guanto *m*; [for motorcyclist] guanto *m* di protezione; **to run the ~ of sthg** esporsi a qc; **to throw down the ~ (to sb)** gettare il guanto (a qn).

gauze [gɔːz] *n* garza *f.*

gave [geɪv] *pt* ⊳ **give.**

gawky ['gɔːkɪ] *adj* goffo(a).

gawp [gɔːp] *vi* guardare imbambolato(a); **to ~ at sb/sthg** guardare imbambolato qn/qc.

gay [geɪ] ◇ *adj* -1. [homosexual] gay -2. *dated* [cheerful, lively] allegro(a). ◇ *n* [homosexual] gay *mf inv.*

gaze [geɪz] ◇ *n* sguardo *m* (fisso). ◇ *vi*: **to ~ (at sb/sthg)** guardare fisso (qn/qc).

GB (*abbr of* **Great Britain**) *n* -1. GB -2. COMPUT (*abbr of* **gigabyte**) GB *m.*

GCSE (*abbr of* **General Certificate of Secondary Education**) *n* esame intermedio nella scuola superiore britannica .

GDP (*abbr of* **gross domestic product**) *n* PIL *m.*

gear [gɪə⁽ʳ⁾] ◇ *n* -1. [TECH & mechanism] cambio *m* -2. [on car, bicycle] marcia *f*; **in ~** con la marcia innestata; **out of ~** in folle -3. [equipment, clothes] attrezzatura *f.* ◇ *vt*: **to ~ sthg to sb/sthg** destinare qc a qn/qc. ◆ **gear up** *vi*: **to ~ up for sthg/to do sthg** prepararsi per qc/per fare qc. ◇ *vt*: **to ~ sb/sthg up for sthg/to do sthg** preparare qn/qc per qc/per fare qc.

gearbox ['gɪəbɒks] *n* scatola *f* del cambio.

gear lever, gear stick UK, **gear shift** US *n* leva *f* del cambio.

geese [giːs] *pl* ⊳ **goose.**

gel [dʒel] ◇ *n* [for hair] gel *m inv.* ◇ *vi* -1. *fig* [idea, plan] prendere forma -2. [thicken] gelatinizzarsi.

gelatin ['dʒelətɪn], **gelatine** [,dʒelə'tiːn] *n* gelatina *f.*

gelignite ['dʒelɪgnaɪt] *n* gelignite *f.*

gem [dʒem] *n* -1. [jewel] gemma *f* -2. *fig* [person, thing] perla *f.*

Gemini ['dʒemɪnaɪ] *n* Gemelli *mpl*; **to be (a) ~** essere dei Gemelli.

gender ['dʒendə⁽ʳ⁾] *n* -1. [sex] sesso *m* -2. GRAM genere *m.*

gene [dʒiːn] *n* gene *m*.

general ['dʒenərəl] ⟨⟩ *adj* -1. [gen] generale -2. [store] di generi vari. ⟨⟩ *n* MIL generale *m*. ⬥ **in general** *adv* -1. [as a whole] nel complesso -2. [usually] in genere.

general anaesthetic *n* anestesia *f* totale.

general delivery *n US* fermoposta *m*.

general election *n* elezioni *fpl* politiche.

generalization [ˌdʒenərəlaɪ'zeɪʃn] *n* generalizzazione *f*.

general knowledge *n* cultura *f* generale.

generally ['dʒenərəlɪ] *adv* -1. [gen] generalmente -2. [in a general way] genericamente.

general practitioner *n* medico *m* generico.

general public *n*: the ~ il grande pubblico.

general strike *n* sciopero *m* generale.

generate ['dʒenəreɪt] *vt* -1. [energy, power, heat] generare, produrre -2. [interest, excitement] suscitare; [jobs, employment] creare.

generation [ˌdʒenə'reɪʃn] *n* -1. [gen] generazione *f* -2. [of interest, excitement, jobs] creazione *f* -3. [of energy, power, heat] produzione *f*.

generator ['dʒenəreɪtə'] *n* generatore *m*.

generosity [ˌdʒenə'rɒsətɪ] *n* generosità *f inv.*

generous ['dʒenərəs] *adj* generoso(a).

genetic [dʒɪ'netɪk] *adj* genetico(a). ⬥ **genetics** *n* genetica *f*.

genetically modified [dʒɪ'netɪkəlɪ'mɒdɪfaɪd] *adj* transgenico(a), modificato(a) geneticamente.

Geneva [dʒɪ'niːvə] *n* Ginevra *f*.

genial ['dʒiːnjəl] *adj* cordiale.

genitals *npl* genitali *mpl*.

genius ['dʒiːnjəs] (*pl* -es) *n* genio *m*.

gent [dʒent] *n UK inf* signore *m*. ⬥ **gents** *n UK* bagno *m* degli uomini.

genteel [dʒen'tiːl] *adj* -1. [refined] distinto(a) -2. [affected] affettato(a).

gentle ['dʒentl] *adj* -1. [kind] gentile -2. [soft, light] lieve -3. [gradual] dolce -4. [discreet] discreto(a).

gentleman ['dʒentlmən] (*pl* -men) *n* -1. [well-bred man] gentiluomo *m* -2. [man] signore *m*.

gently ['dʒentlɪ] *adv* -1. [kindly] in modo gentile -2. [softly, lightly] lievemente -3. [gradually] dolcemente -4. [slowly] delicatamente.

genuine ['dʒenjʊɪn] *adj* -1. [antique, work of art] autentico(a) -2. [person, feeling] sincero(a) -3. [mistake] in buona fede.

geography [dʒɪ'ɒgrəfɪ] *n* -1. [science] geografia *f* -2. [layout] conformazione *f*.

geology [dʒɪ'ɒlədʒɪ] *n* geologia *f*.

geometric(al) [ˌdʒɪə'metrɪk(l)] *adj* geometrico(a).

geometry [dʒɪ'ɒmətrɪ] *n* geometria *f*.

geranium [dʒɪ'reɪnjəm] (*pl* -s) *n* geranio *m*.

geriatric [ˌdʒerɪ'ætrɪk] *adj* -1. [of old people] geriatrico(a) -2. *pej* [very old, inefficient] decrepito(a).

germ [dʒɜːm] *n* germe *m*.

German ['dʒɜːmən] ⟨⟩ *adj* tedesco(a). ⟨⟩ *n* -1. [person] tedesco *m*, -a *f* -2. [language] tedesco *m*.

German measles *n* rosolia *f*.

Germany ['dʒɜːmənɪ] *n* Germania *f*.

germinate ['dʒɜːmɪneɪt] *vi* germinare.

gesticulate [dʒe'stɪkjʊleɪt] *vi* gesticolare.

gesture ['dʒestʃə'] ⟨⟩ *n* gesto *m*. ⟨⟩ *vi*: to ~ to OR towards sb far segno a qn.

get [get] (*UK pt & pp* got, *US pt* got, *pp* gotten) ⟨⟩ *vt* -1. [cause to do]: to ~ sb to do sthg far fare qc a qn; I'll ~ my sister to help you ti faccio aiutare da mia sorella -2. [cause to be done]: to ~ sthg done far fare qc; I got the car fixed ho fatto riparare la macchina -3. [cause to become]: to ~ sthg ready preparare qc; to ~ sb pregnant mettere incinta qn; I can't ~ the car started non riesco a far partire la macchina; they finally got the computer working again alla fine, sono riusciti a far partire il computer -4. [cause to move]: to ~ sb/sthg through sthg far passare qn/qc attraverso qc; to ~ sb/sthg out of sthg tirar fuori qn/qc da qc -5. [bring] portare, [fetch] prendere; can you ~ it to me by five o'clock? me lo puoi portare entro le cinque?; can I ~ you something to eat OR drink? posso offrirti qualcosa da mangiare/bere?; I'll ~ my coat vado a prendere il cappotto -6. [obtain] ottenere; he can't ~ a job anywhere non trova lavoro da nessuna parte -7. [receive] ricevere; what did you ~ for your birthday? cos'hai ricevuto per il tuo compleanno?; she ~ s a good salary prende un buono stipendio; when did you ~ the news? quando hai ricevuto la notizia?; I only got £5 for it ne ho ricavato solo 5 sterline -8. [time, opportunity] avere; to ~ the chance/opportunity (to do sthg) avere l'occasione/l'opportunità (di fare qc) ; have you got a moment? hai u minuto?; **I haven't got (the) time** non ho tempo **-9.** [experience a sensation] avere; **do you ~ the feeling he doesn't like us?** hai l'impressione che non gli siamo simpatici?; **I got the impression she was quite unhappy** ho avuto l'impressione che non fosse molto contenta; **I ~ a real thrill out of driving fast** la velocità in macchina mi fa provare emozioni forti **-10.** [become infected with, suffer from] prendere; **to ~ a cold** prendere il raffreddore **-11.** [understand] capire; **I don't ~ it** *inf* non capisco; **she never ~s my jokes** non capisce mai le mie battute; **he didn't seem to ~ the point/idea** non mi è sembrato che abbia afferrato il concetto **-12.** [bus, train, plane] prendere; **where do you ~ the bus?** dove prendi l'autobus?; **you can ~ a train at seven o'clock** puoi prendere un treno alle sette **-13.** [capture] prendere; **the police have got the killer now** la polizia ora ha preso l'assassino **-14.** [find] **you ~ a lot of artists here** ci sono molti artisti qui. ◇ *vi* **-1.** [become] diventare; **to ~ suspicious** diventare sospettoso(a); **things can only ~ better** le cose possono solo migliorare; **I'm getting cold** mi sta venendo freddo; **I'm getting bored** comincio ad annoiarmi; **it's getting late** si sta facendo tardi **-2.** [arrive] arrivare; **when do we ~ to Rome?** quando arriviamo a Roma?; **how do I ~ there?** come ci arrivo?; **I only got back yesterday** sono tornato solo ieri **-3.** [eventually succeed in]: **to ~ to do sthg** finire per fare qc; **did you ~ to see him?** sei riuscito a vederlo?; **she got to enjoy the classes** le lezioni hanno finito per piacerle; **I never got to visit Beijing** non ho mai avuto l'occasione di visitare Pechino **-4.** [progress] arrivare; **how far have you got?** a che punto sei?; **I got to the point where I didn't care any more** sono arrivato al punto di infischiarmene; **now we're getting somewhere** adesso stiamo concludendo qualcosa. ◇ *aux vb*: **someone could ~ hurt** qualcuno potrebbe farsi male; **we got dressed up especially** ci siamo vestiti bene per l'occasione; **I got beaten up** mi hanno pestato; **let's ~ going** OR **moving** diamoci una mossa. ◆ **get about** *vi* UK **-1.** [person] muoversi; **I don't ~ about much any more** non mi muovo più molto; **he certainly ~s about a bit** certo, è spesso in giro **-2.** [news, rumour] spargersi. ◆ **get along** *vi* **-1.** [manage] cavarsela; **to ~ along without sb/sthg** cavarsela senza qn/qc **-2.** [progress] **how are you getting along?** come te la cavi?; **we're getting along pretty well** stiamo facendo dei

progressi **-3.** [have a good relationship]: **to ~ along (with sb)** andare d'accordo (con qn) **-4.** [leave] andare. ◆ **get around** ◇ *vt insep* [problem, obstacle] aggirare. ◇ *vi* **-1.** [person] muoversi; **I don't ~ around much any more** non mi muovo più molto; **he certainly ~s around a bit** certo, è spesso in giro **-2.** [news, rumour] spargersi **-3.** [eventually do]: **to ~ around to sthg/to doing sthg** trovare il tempo per qc/per fare qc. ◆ **get at** *vt insep* **-1.** [reach] arrivare a; **he's determined to ~ at the truth** è determinato a scoprire la verità **-2.** [imply]: **what are you getting at?** dove vuoi arrivare?; **I see what you're getting at** capisco cosa vuoi dire **-3.** *inf* [nag] criticare; **stop getting at me!** smettila di criticarmi!. ◆ **get away** ◇ *vt sep* [remove] portare via; **~ him away from here** portalo via di qui. ◇ *vi* **-1.** [leave] andare via **-2.** [go on holiday] partire **-3.** [escape] scappare. ◆ **get away with** *vt insep* [crime] non essere punito(a) per; **he got away with it** l'ha fatta franca; **to let sb ~ away with sthg** passare qc a qn; **she lets him ~ away with murder** gliele passa proprio tutte. ◆ **get back** ◇ *vt sep* **-1.** [recover, regain] recuperare **-2.** [take revenge on]: **to ~ sb back (for sthg)** farla pagare a qn (per qc). ◇ *vi* **-1.** [move away] indietreggiare; **~ back!** indietro! **-2.** [return] tornare; **when did you ~ back from your holidays?** quando sei tornato dalle vacanze? ◆ **get back to** *vt insep* **-1.** [return to previous state, activity] tornare a; **to ~ back to sleep** riaddormentarsi; **to ~ back to normal** tornare alla normalità; **let's ~ back to the way things were** torniamo a com'era prima; **to ~ back to what I was saying ...** per tornare a quello che stavo dicendo ...; **to ~ back to work** tornare al lavoro **-2.** *inf* [phone back] richiamare. ◆ **get by** *vi* [manage, survive] tirare avanti. ◆ **get down** *vt sep* **-1.** [depress] abbattere; **don't let it ~ you down** non lasciarti abbattere; **it really ~s me down** mi deprime molto **-2.** [fetch from higher level] tirare giù. ◆ **get down to** *vt insep* cominciare; **to ~ down to doing sthg** mettersi a fare qc; **to ~ down to work** mettersi al lavoro. ◆ **get in** *vi* **-1.** [enter] entrare **-2.** [arrive] arrivare; [come home] rientrare. ◆ **get into** *vt insep* **-1.** [car] salire in **-2.** [politics, advertising] entrare in **-3.** [enter into a particular situation, state]: **to ~ into a panic** farsi prendere dal panico; **to ~ into an argument (with sb)** mettersi a litigare (con qn); **to ~ into trouble** finire nei guai; **to ~ into the habit** of doing sthg prendere l'abitudine di fare qc. **get off** $\diamond$ *vt sep* [remove] togliere; **~ your hands off!** giù le mani!; **~ your shirt off!** togliti la camicia!; **I can't ~ this stain off** non riesco a togliere questa macchia. $\diamond$ *vt insep* **-1.** [go away from] andare via da; **~ off my land!** fuori dalla mia proprietà! **-2.** [train, bus, plane, bicycle] scendere da. $\diamond$ *vi* **-1.** [leave bus, train] scendere **-2.** [escape punishment]: **she got off with a warning** se l'è cavata con un avvertimento; **he got off lightly** se l'è cavata con poco **-3.** [depart] andare. **get on** $\diamond$ *vt insep* **-1.** [bus, train, plane] salire su **-2.** [horse] montare a. $\diamond$ *vi* **-1.** [enter bus, train] salire **-2.** [have good relationship]: **to ~ on (with sb)** andare d'accordo (con qn) **-3.** [progress]: **how are you getting on?** come vanno le cose? **-4.** [proceed]: **to ~ on (with sthg)** andare avanti (con qc); **~ on with your work now** rimettiti a lavorare ora **-5.** [be successful professionally] riuscire. **get out** $\diamond$ *vt sep* **-1.** [take out] tirare fuori; **she got a pen out of her bag** ha tirato fuori dalla borsa una penna **-2.** [stain] mandare via. $\diamond$ *vi* **-1.** [become known]: **word got out that he was leaving** si è sparsa la voce che se ne stava andando; **if this ~ s out, we're in trouble** se si viene a sapere, siamo nei guai **-2.** [leave car, bus, train] scendere. **get out of** *vt insep* **-1.** [car] scendere da **-2.** [escape from] scappare da **-3.** [avoid] evitare; **to ~ out of (doing) sthg** evitare di (fare) qc. **get over** *vt insep* **-1.** [recover from] rimettersi da **-2.** [overcome] superare **-3.** [communicate] riuscire a trasmettere. **get round** *vt insep & vi UK* = **get around.** **get through** $\diamond$ *vt insep* **-1.** [job, task, food] finire **-2.** [exam, test] passare **-3.** [survive] superare. $\diamond$ *vi* **-1.** [make o.s. understood]: **to ~ through (to sb)** farsi capire (da qn) **-2.** TELEC prendere la linea. **get to** *vt insep inf* [annoy] dare sui nervi a. **get together** $\diamond$ *vt sep* **-1.** [report] preparare; [team, band] mettere su **-2.** [possessions] riunire. $\diamond$ *vi* trovarsi; **let's ~ together for lunch one day** troviamoci per pranzo uno di questi giorni. **get up** $\diamond$ *vi* alzarsi; **she got up from her chair/the floor** si è alzata dalla sedia/da terra; **I ~ up at seven** mi alzo alle sette. $\diamond$ *vt insep* [demonstration, petition] organizzare. **get up to** *vt insep inf* combinare; **we got up to all kinds of things** ne abbiamo combinate di tutti i colori; **don't ~ up to any mischief** non fare niente di male.

get-together *n inf* riunione *(tra amici)*.

ghastly ['gɑ:stlɪ] *adj* **-1.** *inf* [very bad, un-

pleasant] orribile **-2.** [horrifying, macabre] orrendo(a).

gherkin ['gɜ:kɪn] *n* cetriolino *m*.

ghetto ['getəʊ] (*pl* **-s** OR **-es**) *n* ghetto *m*.

ghetto blaster [-ˌblɑːstə^r] *n inf* stereo *m inv* portatile *(di grande potenza)*.

ghost [gəʊst] *n* fantasma *m*.

giant ['dʒaɪənt] $\diamond$ *adj* gigante; **a ~ corporation** un grande colosso finanziario. $\diamond$ *n* gigante *m*.

gibberish ['dʒɪbərɪʃ] *n* vaneggiamento *m*.

gibe [dʒaɪb] *n* frecciata *f*.

Gibraltar [dʒɪˈbrɔːltə^r] *n* Gibilterra *f*.

giddy ['gɪdɪ] *adj* stordito(a); **I feel ~** ho il capogiro.

gift [gɪft] *n* **-1.** [present] regalo *m* **-2.** [talent] dote *f*; **to have a ~ for sthg/for doing sthg** essere portato(a) per qc/per fare qc; **the ~ of the gab** il dono della parlantina.

gift certificate *n US* = **gift token.**

gifted ['gɪftɪd] *adj* dotato(a).

gift token, gift voucher *UK,* **gift certificate** *US n* buono *m* (acquisto).

gift wrap *n* carta *f* da regalo.

gig [gɪg] *n inf* concerto *m*.

gigantic [dʒaɪˈgæntɪk] *adj* gigantesco(a).

giggle ['gɪgl] $\diamond$ *n* **-1.** [laugh] risatina *f* **-2.** *UK inf* [fun] spasso *m*; **to have a ~** farsi una risata. $\diamond$ *vi* [laugh] ridere (irrefrenabilmente).

gilded ['gɪldɪd] *adj* = **gilt.**

gills *npl* branchie *fpl*.

gilt [gɪlt] $\diamond$ *adj* dorato(a). $\diamond$ *n* doratura *f*.

gimmick ['gɪmɪk] *n pej* espediente *m*.

gin [dʒɪn] *n* gin *m inv*; **~ and tonic** gin tonic.

ginger ['dʒɪndʒə^r] $\diamond$ *adj UK* rossiccio(a), fulvo(a); **~ cat** gatto rosso. $\diamond$ *n* zenzero *m*.

ginger ale *n* ginger *m inv*.

ginger beer *n* ginger *m inv (leggermente alcolico)*.

gingerbread ['dʒɪndʒəbred] *n* **-1.** [cake] pan *m* di zenzero, panpepato *m* **-2.** [biscuit] biscotto *m* allo zenzero.

gingerly ['dʒɪndʒəlɪ] *adv* con cautela.

gipsy ['dʒɪpsɪ] $\diamond$ *adj* di zingari, zingaro(a); **~ dance** danza gitana. $\diamond$ *n* zingaro *m*, -a *f*.

giraffe [dʒɪˈrɑːf] (*pl* **-s**) *n* giraffa *f*.

girder ['gɜ:də^r] *n* trave *f*.

girdle ['gɜ:dl] *n* busto *m*.

girl [gɜ:l] *n* **-1.** [young female child] bambina *f* **-2.** [young woman] ragazza *f* **-3**

[daughter] figlia f -4. [female friend]: the ~ s le ragazze.

girlfriend ['gɜ:lfrend] n -1. [female lover] ragazza f -2. [female friend] amica f.

girl guide UK, **girl scout** US n giovane esploratrice f.

giro ['dʒaɪrəʊ] (pl -s) n UK -1. [system – bank] bancogiro m; [- post] postagiro m -2.; ~ (cheque) sussidio m(dato dal governo in caso di disoccupazione o malattia) .

gist [dʒɪst] n senso m, sostanza f; to get the ~ (of sthg) cogliere il senso (di qc).

give [gɪv] (pt gave, pp given) <> vt -1. [gen] dare; to ~ (sb) sthg [look, push, headache] dare qc (a qn); just thinking about it ~ s me a headache il solo pensiero mi fa venire il mal di testa; [smile, frown, surprise] fare qc (a qn); it ~ s me great pleasure to be here tonight mi fa molto piacere essere qui questa sera; to ~ sb/sthg sthg OR to ~ sb/sthg to sb dare qc a qn/qc; to ~ sthg (for sthg) [pay] dare qc (per qc) -2.: to ~ a press conference tenere una conferenza stampa -3. [thought, attention, time]: to ~ sthg to sthg OR to ~ sthg sthg dedicare qc a qc -4. [as present] dare, regalare; to ~ sb sthg OR to ~ sthg to sb dare qc a qn. <> vi [collapse, break] cedere. <> n [elasticity] elasticità f inv. ◆ **give or take** prep: ~ or take a mile miglio più, miglio meno. ◆ **give away** vt sep -1. [get rid of] dare via -2. [reveal] rivelare. ◆ **give back** vt sep restituire. ◆ **give in** vi -1. [admit defeat] arrendersi -2. [agree unwillingly]: to ~ in to sthg cedere a qc. ◆ **give off** vt insep emettere. ◆ **give out** <> vt sep [distribute] distribuire. <> vi [fail] venire meno. ◆ **give up** <> vt sep -1. [stop, abandon – smoking] smettere; [- hope] abbandonare; [- chocolate] rinunciare a; [job] lasciare -2. [surrender]: to ~ o.s. up (to sb) arrendersi (a qn) . <> vi [admit defeat] arrendersi.

given ['gɪvn] <> adj -1. [set, fixed] stabilito(a) -2. [prone]: to be ~ to sthg/to doing sthg essere incline a qc/a fare qc. <> prep [taking into account] dato(a); ~ that dato che.

given name n US nome m di battesimo.

glacier ['glæsjəʳ] n ghiacciaio m.

glad [glæd] adj -1. [happy, pleased] contento(a); to be ~ about sthg essere contento di qc -2. [willing]: to be ~ to do sthg essere felice di fare qc -3. [grateful]: to be ~ of sthg essere felice di qc.

gladly ['glædlɪ] adv -1. [happily, eagerly] con piacere -2. [willingly] volentieri.

glamor n US = glamour.

glamorous ['glæmərəs] adj [person, place] affascinante; [job] prestigioso(a).

glamour UK, **glamor** US ['glæməʳ] n [of person, place] fascino m; [of job] prestigio m.

glance [glɑ:ns] <> n occhiata f, sguardo m; at a ~ a colpo d'occhio; at first ~ al primo sguardo. <> vi [look quickly]: to ~ at sb/sthg gettare uno sguardo a qn/qc. ◆ **glance off** vt insep rimbalzare.

gland [glænd] n ghiandola f.

glandular fever n mononucleosi f.

glare [gleəʳ] <> n -1. [scowl] sguardo m truce -2. [blaze, dazzle] bagliore m -3. [of publicity] riflettori mpl. <> vi -1. [scowl]: to ~ at sb/sthg lanciare uno sguardo truce a qn/qc -2. [blaze, dazzle] abbagliare.

glaring ['gleərɪŋ] adj -1. [very obvious] lampante -2. [blazing, dazzling] abbagliante, accecante.

glasnost ['glæznɒst] n glasnost f inv.

glass [glɑ:s] <> n -1. [material] vetro m -2. [container for drink, glassful] bicchiere m -3. [glassware] vetri mpl. <> comp di vetro. ◆ **glasses** npl [spectacles] occhiali mpl; [binoculars] binocolo m.

glaze [gleɪz] <> n -1. [on pottery] smalto (trasparente) -2. CULIN [meat] gelatina f, [cake] glassa f. <> vt -1. [pottery] smaltare a vetro -2. CULIN[meat] ricoprire di gelatina; [cake, fruit] glassare.

glazier ['gleɪzjəʳ] n vetraio m, -a f.

gleam [gli:m] <> n -1. [glow – gold, candle] luccichio m, bagliore m; [- sunset] fulgore m, bagliori mpl -2. [fleeting expression] accenno m. <> vi -1. [surface, object] luccicare -2. [light] brillare -3. [eyes] lampeggiare.

gleaming ['gli:mɪŋ] adj -1. [surface, object] luccicante -2. [light] sfavillante -3. [face, eyes] raggiante.

glean [gli:n] vt raccogliere poco a poco.

glee [gli:] n [joy, delight] allegria f, gioia f; [gloating] esultanza f.

glen [glen] n Scot valle f.

glib [glɪb] adj pej -1. [answer, excuse] sbrigativo(a) -2. [person] abile con le parole.

glide [glaɪd] vi -1. [move smoothly] scivolare -2. [fly] librarsi.

glider ['glaɪdəʳ] n aliante m.

gliding ['glaɪdɪŋ] n volo m a vela.

glimmer ['glɪməʳ] n barlume m.

glimpse [glɪmps] <> n -1. [sight, look] sguardo m di sfuggita -2. [perception, idea, insight] intuizione f, percezione f. <> vt -1.

[catch sight of] intravedere -2. [perceive] intuire, percepire.

glint [glɪnt] ◇ *n* -1. [of metal, sunlight] scintillio *m*, sfavillio *m* -2. [in eyes] lampo *m*. ◇ *vi* scintillare, sfavillare.

glisten ['glɪsn] *vi* -1. [surface, object] luccicare -2. [eyes] luccicare, essere lucido(a).

glitter ['glɪtə'] ◇ *n* -1. [of object, light] scintillio *m*, sfavillio *m* -2. [of eyes] lampo *m* -3. [decoration, make-up] lustrini *mpl*. ◇ *vi* -1. [object, light] scintillare, sfavillare -2. [eyes] lampeggiare, sfavillare.

gloat [gləʊt] *vi*: **to ~ (over sthg)** gongolare (su qc).

global ['gləʊbl] *adj* globale.

globalization [ˌgləʊbəlaɪˈzeɪʃn] *n* globalizzazione *f*.

global warming *n* riscaldamento *m* dell'atmosfera.

globe [gləʊb] *n* -1. [Earth]: **the ~** il globo (terrestre) -2. [map] mappamondo *m* -3. [spherical shape] globo *m*, sfera *f*.

gloom [gluːm] *n* -1. [darkness] oscurità *f inv* -2. [unhappiness] depressione *f*.

gloomy ['gluːmɪ] *adj* -1. [place, landscape] opprimente -2. [weather] cupo(a) -3. [person] triste -4. [outlook, news] fosco(a).

glorious ['glɔːrɪəs] *adj* -1. [illustrious] glorioso(a), illustre -2. [wonderful] magnifico(a), splendido(a).

glory ['glɔːrɪ] *n* -1. [fame, honour] gloria *f* -2. [splendour] magnificenza *f*.

gloss [glɒs] *n* -1. [shine] lucentezza *f* -2.: **~ (paint)** vernice *f* brillante. ◆ **gloss over** *vt insep* ignorare.

glossary ['glɒsərɪ] *n* glossario *m*.

glossy ['glɒsɪ] *adj* lucido(a).

glove [glʌv] *n* guanto *m*.

glove compartment *n* vano *m* portaoggetti (in un'auto).

glow [gləʊ] ◇ *n* [light] bagliore *m*. ◇ *vi* [fire, sky, light] mandare bagliori.

glower ['glaʊə'] *vi*: **to ~ (at sb/sthg)** guardare male (qn/qc).

glucose ['gluːkəʊs] *n* glucosio *m*.

glue [gluː] (*cont* glueing OR gluing) ◇ *n* colla *f*. ◇ *vt* [stick with glue] incollare; **to ~ sthg to sthg** incollare qc a qc.

glum [glʌm] *adj* cupo(a).

glut [glʌt] *n* eccedenza *f*.

glutton ['glʌtn] *n* goloso *m*, -a *f*; **to be a ~ for punishment** essere un (una) masochista.

GM [iːˈem] (*abbr of* **genetically modified**) *adj* geneticamente modificato(a).

GM foods *npl* cibi *mpl* transgenici.

GMO (*abbr of* **genetically modified organism**) ◇ *adj* OGM. ◇ *n* OGM *m inv*.

gnarled [nɑːld] *adj* nodoso(a).

gnat [næt] *n* moscerino *m*.

gnaw [nɔː] ◇ *vt* [bone, furniture] rodere, rosicchiare. ◇ *vi* [worry] assillare; **to ~ (away) at sb** assillare qn.

gnome [nəʊm] *n* gnomo *m*.

GNP (*abbr of* **gross national product**) *n* PNL *m*.

GNVQ (*abbr of* **General National Vocational Qualification**) *n* SCH (*titolo di studio britannico a conclusione di*) *un corso per studenti dai 16 anni in su*.

go [gəʊ] (*pt* went, *pp* gone, *pl* goes) ◇ *vi* -1. [move, travel] andare; **where are you going?** dove stai andando?; **he's gone to Portugal** è andato in Portogallo; **let's ~ into the lounge** andiamo in salotto; **we went by bus/train** ci siamo andati in autobus/treno; **where does this road ~?** dove va questa strada?; **to ~ and do sthg** andare a fare qc; **~ and see if he's ready** vai a vedere se è pronto; **to ~ swimming/shopping/jogging** andare a nuotare/fare spese/correre; **to ~ for a walk** andare a fare una passeggiata -2. [depart] andare; **I must ~, I have to ~** devo andare; **what time does the bus ~?** a che ora parte l'autobus?; **it's time we went** è ora di andare; **he's gone** se n'è andato; **let's ~!** andiamo! -3. [attend] andare; **to ~ to church/school/university** andare in chiesa/a scuola/all'università; **are you going to Phil's party?** vai alla festa di Phil?; **I can't ~** non ci posso andare; **to ~ to work** andare a lavorare -4. [become] diventare; **they've gone bankrupt** sono falliti; **you're going grey** ti stanno venendo i capelli bianchi; **to ~ mad** impazzire -5. [indicating intention, certainty, expectation]: **what are you going to do now?** cosa farai adesso?; **he said he was going to be late** ha detto che sarebbe arrivato tardi; **we're going to ~ to America in June** andiamo in America a giugno; **it's going to rain** pioverà; **it's going to snow** nevicherà; **I feel as if I'm going to be sick** mi viene da vomitare; **she's going to have a baby** aspetta un bambino; **it's not going to be easy** non sarà facile; **I don't know how we're going to manage** non so come faremo -6. [pass] passare; **the time went slowly/quickly** il tempo è passato lentamente/velocemente; **the years ~ very fast** gli anni passano molto velocemente -7. [progress] andare; **the conference went very smoothly** l conferenza si è svolta senza intoppi; **how did work ~ today?** com'è andato il lavoro oggi?; **to ~ well/badly** andare bene/male; **how's it going?** [job etc] come sta andando?; *inf* [how are you?] come va? **-8.** [function, work] funzionare; **the car won't ~** la macchina non parte; **is the tape recorder still going?** [still in working order] funziona ancora il registratore?; [still on] è ancora acceso il registratore? **-9.** [bell] suonare; [alarm] scattare **-10.** [stop working] saltare **-11.** [deteriorate] andare via; **her sight/hearing is going** le sta andando via la vista/l'udito **-12.** [match, be compatible]: **this blouse goes well with the skirt** questa camicia sta bene con la gonna; **those colours don't really ~** questi colori non stanno molto bene insieme; **chocolate and cheese don't really ~** il cioccolato e il formaggio non vanno molto bene insieme; **red wine goes well with meat** il vino rosso si accompagna bene con la carne **-13.** [fit, belong] andare; **where does this bit ~ ?** dove va questo pezzo?; **that goes at the bottom** questo va in fondo; **the plates ~ in the top cupboard** i piatti vanno nel mobile in alto **-14.** MATHS: **10 goes into 50 five times** 10 sta cinque volte in cinquanta; **three into two won't ~** due non si può dividere per tre **-15.** *inf* [expressing irritation, surprise]: **to ~ and do sthg** andare a fare qc; **now what's he gone and done?** e ora cosa è andato a fare?; **she's gone and bought a new car!** è andata a comprarsi una macchina nuova!; **you've gone and done it now!** l'hai fatta proprio bella! **-16.** *phr*: **it just goes to show (that)** ... questo dimostra che ... ◇ *n* **-1.** [turn] turno *m*; **it's my ~ next** dopo tocca a me **-2.** *inf* [attempt]: **to have a ~ (at sthg)** provare (a fare qc); **all right, I'll have a ~** va bene, ci provo **-3.** *phr*: **to have a ~ at sb** *inf* fare una sfuriata a qn. ◆ **to go** *adv* **-1.** [remaining]: **there are only three days to ~** mancano solo tre giorni; **five down and six to ~** cinque sono fatti e sei restano da fare **-2.** [to take away] da portare via; **two pizzas/hamburgers to ~** due pizze/hamburger da portare via. ◆ **go about** ◇ *vt insep* [perform]: **to ~ about one's business** dedicarsi alle proprie occupazioni. ◇ *vi UK* = **go around**. ◆ **go ahead** *vi* **-1.** [begin]: **to ~ ahead (with sthg)** iniziare (qc); **~ ahead!** fai pure!; **we can ~ ahead with our plans now** ora possiamo mettere in atto i nostri piani **-2.** [take place] aver luogo. ◆ **go along** *vi* [proceed] andare avanti; **he made it up as he went along** inventava man

mano che parlava. ◆ **go along with** *vt insep* [suggestion, idea] sostenere; **I'm happy to ~ along with everyone else** sarò felice di seguire il volere generale. ◆ **go around** *vi* **-1.** [frequent]: **to ~ around with sb** andare in giro con qn **-2.** [rumour, illness] circolare **-3.** [revolve] girare. ◆ **go away** *vi* andare via. ◆ **go back** *vi* **-1.** [to place] tornare **-2.** [to activity]: **to ~ back to (doing) sthg** rimettersi a (fare) qc **-3.** [to time]: **to ~ back to sthg** risalire a qc. ◆ **go back on** *vt insep* rimangiarsi; **to ~ back on one's word/promise** rimangiarsi la parola/una promessa. ◆ **go by** ◇ *vt insep* **-1.** [be guided by] basarsi su **-2.** [judge from] giudicare da. ◇ *vi* [time] passare; **as time goes by** con il passar del tempo. ◆ **go down** ◇ *vi* **-1.** [get lower] diminuire; **she's gone down in my opinion** è scaduta nella mia opinione **-2.** [be accepted]: **to ~ down well/badly** essere accolto(a) bene/male **-3.** [sun] tramontare **-4.** [deflate] sgonfiarsi. ◇ *vt insep* [steps, hill] scendere giù da. ◆ **go for** *vt insep* **-1.** [choose] scegliere **-2.** [be attracted to]: **what sort of books do you ~ for?** quale genere di libri ti piace di più?; **I don't really ~ for men like him** gli uomini come lui non mi dicono molto **-3.** [attack] saltare addosso a **-4.** [try to obtain] mirare a; **to ~ for it** buttarsi. ◆ **go in** *vi* [enter] entrare. ◆ **go in for** *vt insep* **-1.** [competition] partecipare a; [exam] dare **-2.** *inf* [activity]: **he goes in for sports in a big way** gli piace moltissimo fare sport; **I don't really ~ in for classical music** la musica classica non mi dice molto. ◆ **go into** *vt insep* **-1.** [investigate] esaminare **-2.** [take up as a profession – television, advertising] entrare in; [– law, theatre] intraprendere una carriera in. ◆ **go off** ◇ *vi* **-1.** [bomb] esplodere **-2.** [alarm] suonare **-3.** [milk, cheese] andare a male **-4.** [light] spegnersi. ◇ *vt insep inf* [lose interest in]: **I've gone off the idea** l'idea non mi va più; **he's gone off drink/tea/sports** l'alcol/il tè/lo sport non gli va più; **I've gone off him lately** ultimamente, ha smesso di piacermi. ◆ **go on** ◇ *vi* **-1.** [take place] succedere; **what's going on?** cosa succede?; **there was a party going on next door** c'era una festa dai vicini; **he began to suspect something was going on** ha cominciato a sospettare che ci fosse sotto qualcosa **-2.** [switch on] accendersi **-3.** [continue]: **to ~ on (doing sthg)** continuare (a fare qc) **-4.** [proceed to further activity]: **to ~ on to sthg** passare a qc; **she went on to win the gold medal** dopo, ha vinto la medaglia d'oro; **I hope to ~ on to** a master's degree spero di continuare con un master **-5.** [talk for too long] farla lunga; **to ~ on about sthg** parlare per ore di qc; **don't ~ on about it** non farla lunga. ◇ *vt insep* [be guided by] basarsi su. ◆ **go on at** *vt insep* [nag] stare addosso a. ◆ **go out** *vi* **-1.** [person] uscire; **to ~ out with sb** uscire con qn **-2.** [light, fire, cigarette] spegnersi. ◆ **go over** *vt insep* **-1.** [examine] esaminare; **to ~ over sthg in one's mind** riconsiderare qc attentamente **-2.** [repeat, review] rivedere. ◆ **go round** *vi UK* = **go around.** ◆ **go through** *vt insep* **-1.** [experience] vivere, passare **-2.** [study] esaminare; [search through] frugare. ◆ **go through with** *vt insep* portare avanti; **do you think he'll ~ through with it?** pensi che andrà fino in fondo?; **she went through with the marriage** ha portato avanti il suo matrimonio. ◆ **go towards** *UK,* **go toward** *US* *vt insep* [contribute] contribuire a. ◆ **go under** *vi* **-1.** [ship] affondare; [swimmer] immergersi, andare sott'acqua **-2.** *fig* [fail] fallire. ◆ **go up** ◇ *vi* [increase in level, altitude] salire. ◇ *vt insep* salire su. ◆ **go without** ◇ *vt insep* fare a meno di. ◇ *vi* farne a meno.

goad [gəʊd] *vt* pungolare.

go-ahead ◇ *adj* dinamico(a). ◇ *n* benestare *m*, via libera *m*.

goal [gəʊl] *n* **-1.** [area between goalposts] porta *f*; [point scored] goal *m inv*, rete *f* **-2.** [aim] scopo *m*.

goalkeeper ['gəʊl,ki:pə'] *n* portiere *m*.

goalpost ['gəʊlpəʊst] *n* palo *m*.

goat [gəʊt] *n* capra *f*.

goat's cheese *n* formaggio *m* di capra.

gob [gɒb] *vinf* ◇ *n UK* bocca *f*. ◇ *vi* sputare.

gobble ['gɒbl] *vt* ingurgitare.

go-between *n* intermediario *m*, -a *f*.

gobsmacked ['gɒbsmækt] *adj UK* v *inf* sbalordito(a).

go-cart *n* = go-kart.

god [gɒd] *n* dio *m*, divinità *f inv*. ◆ **God** ◇ *n* Dio *m*; **God knows** (lo) sa Dio; **for God's sake!** per amor di Dio!; **thank God** grazie a Dio. ◇ *excl*: **(my) God!** (mio) Dio!, Dio (mio)!

godchild ['gɒdtʃaɪld] (*pl* **-children**) *n* figlioccio *m*, -a *f*.

goddaughter ['gɒd,dɔːtə'] *n* figlioccia *f*.

goddess ['gɒdɪs] *n* dea *f*.

godfather ['gɒd,fɑːðə'] *n* padrino *m*.

godforsaken ['gɒdfə,seɪkn] *adj* dimenticato(a) da Dio.

godmother ['gɒd,mʌðə'] *n* madrina *m*.

godsend ['gɒdsend] *n* regalo *m* della provvidenza.

godson ['gɒdsʌn] *n* figlioccio *m*.

goes [gəʊz] *vb* ▷ go.

goggles *npl* occhiali *mpl* (di protezione).

going ['gəʊɪŋ] ◇ *adj* **-1.** [rate, salary] corrente **-2.** *UK* [available, in existence] in circolazione. ◇ *n* **-1.** [progress] andatura *f* **-2.** [condition of ground] condizione *f* del terreno; **this novel is heavy ~** questo romanzo è un mattone.

go-kart *n UK* go-kart *m inv.*

gold [gəʊld] ◇ *adj* dorato(a). ◇ *n* **-1.** [gen] oro *m* **-2.** [gold jewellery, ornaments, coins] oggetti *mpl* in oro. ◇ *comp* [made of gold] d'oro.

golden ['gəʊldən] *adj* **-1.** [made of gold] d'oro **-2.** [gold-coloured] dorato(a).

goldfish ['gəʊldfɪʃ] (*pl* **goldfish**) *n* pesce *m* rosso.

gold leaf *n* lamina *f* d'oro.

gold medal *n* medaglia *f* d'oro.

goldmine ['gəʊldmaɪn] *n* miniera *f* d'oro.

gold-plated *adj* placcato(a) d'oro.

goldsmith ['gəʊldsmɪθ] *n* orefice *mf*.

golf [gɒlf] *n* golf *m inv.*

golf ball *n* palla *f* da golf.

golf club *n* **-1.** [society] club *m inv* di golf, associazione *f* golfistica **-2.** [place] circolo *m* di golf, golf club *m inv* **-3.** [stick] mazza *f* da golf.

golf course *n* campo *m* di golf.

golfer ['gɒlfə'] *n* giocatore *m*, -trice *f* di golf.

gone [gɒn] ◇ *pp* ▷ go. ◇ *adj*: **I'll be ~ for a couple of hours** sarò via un paio d'ore. ◇ *prep*: **it's just ~ twelve (o' clock)** sono appena passate le dodici.

gong [gɒŋ] *n* gong *m inv.*

good [gʊd] (*compar* **better,** *superl* **best**) ◇ *adj* **-1.** [gen] buono(a); **it's ~ to see you again** è bello rivederti; **to feel ~** sentirsi bene; **it's ~ that** è bello che (+ congiuntivo); **it's ~ that you're here** è bello che tu sia qui; **business is ~** gli affari vanno bene **-2.** [skilful, clever] bravo(a); **to be ~ at sthg** essere bravo(a) in qc; **to be ~ with sb/sthg** saperci fare con qn/qc **-3.** [kind] gentile; **it's very ~ of you** è molto gentile da parte tua; **to be ~ to sb** essere gentile con qn; **to be ~ enough to do sthg** essere così gentile da fare qc **-4.** [well behaved] bravo(a), buono(a); **be ~ !** fa' il(la) bravo(a)!, fa' il(la) buono(a)! **-5**

[beneficial]: **it's** ~ **for you** ti fa bene **-6.** [considerable] buono(a), notevole; **a** ~ **many people** un bel po' di gente; **it's a** ~ **way back to the car** è un bel pezzo fino alla macchina **-7.** [proper, thorough] bello(a); **to give sthg a** ~ **clean** dare una bella pulita a qc; **to have a** ~ **look at sthg** guardare bene (qc). ◇ *n* **-1.** [gen] bene *m*; **it will do him** ~ gli farà bene; **to be up to no** ~ non fare nulla di buono **-2.** [use]: **it's no** ~ non serve a niente; **what's the** ~ **of ...?** a che serve...? ◇ *excl* bene! ◆ **goods** *npl* [merchandise] articoli *mpl*, merci *fpl*. ◆ **as good as** *adv* come; **as** ~ **new** come nuovo, come se fosse nuovo. ◆ **for good** *adv* per sempre. ◆ **good afternoon** *excl* buon pomeriggio! ◆ **good evening** *excl* buonasera! ◆ **good morning** *excl* buongiorno! ◆ **good night** *excl* buonanotte!

good behaviour *n* buona condotta *f*.

goodbye [,gʊd'baɪ] ◇ *excl* arrivederci! ◇ *n* arrivederci *m*.

good deed *n* buona azione *f*.

good fortune *n* fortuna *f*, buona sorte *f*.

Good Friday *n* Venerdì *m* Santo.

good-humoured *adj* amichevole.

good-looking *adj* bello(a).

good-natured *adj* [person] amichevole; [rivalry, argument] senza cattiveria.

goodness ['gʊdnɪs] ◇ *n* bontà *f* inv. ◇ *excl*: **(my)** ~ ! Dio mio!; **for** ~ **sake!** per amor del cielo!; **thank** ~ ! grazie al cielo!

goods train *n* UK treno *m* merci.

goodwill [,gʊd'wɪl] *n* **-1.** [kind feelings] buona volontà *f* inv **-2.** COMM avviamento *m*.

goody ['gʊdɪ] ◇ *n* inf [good person] buono *m*, -a *f*. ◇ *excl* bello! ◆ **goodies** *npl* inf **-1.** [delicious food] cose *fpl* buone **-2.** [desirable objects] cose *fpl* belle.

goose [guːs] *n* (*pl* **geese**) *n* oca *f*.

gooseberry ['gʊzbərɪ] *n* **-1.** [fruit] uva *f* spina **-2.** UK inf [unwanted person]: **to play** ~ reggere il moccolo.

goose pimples UK, **goosebumps** ['guːsbʌmps] US *npl* pelle *f* d'oca.

gore [gɔːʳ] ◇ *n* lit sangue *m* (rappreso). ◇ *vt* incornare.

gorge [gɔːdʒ] ◇ *n* gola *f*. ◇ *vt*: **to** ~ **o.s. on** OR **with sthg** rimpinzarsi di qc.

gorgeous ['gɔːdʒəs] *adj* magnifico(a), stupendo(a).

gorilla [gə'rɪlə] *n* gorilla *m*.

gormless ['gɔːmlɪs] *adj* UK inf stupido(a).

gory ['gɔːrɪ] *adj* cruento(a).

gosh [gɒʃ] *excl* inf accidenti!

go-slow *n* UK sciopero *m* bianco *(forma di lotta consistente nel rallentare il lavoro)*.

gospel ['gɒspl] *n* [doctrine] principio *m*, vangelo *m*. ◆ **Gospel** *n* [in Bible] Vangelo *m*.

gossip ['gɒsɪp] ◇ *n* **-1.** [conversation] pettegolezzo *m*; **to have a** ~ fare un po' di pettegolezzi **-2.** [person] pettegolo *m*, -a *f*. ◇ *vi* spettegolare.

gossip column *n* rubrica *f* di cronaca mondana.

got [gɒt] *pt & pp* ⊳get.

gotten ['gɒtn] *pp* US ⊳get.

goulash ['guːlæʃ] *n* gulasch *m* inv.

gourmet ['gʊəmeɪ] ◇ *n* buongustaio *m*, -a *f*. ◇ *comp* [cibo, ristorante] da gourmet.

gout [gaʊt] *n* gotta *f*.

govern ['gʌvən] ◇ *vt* governare. ◇ *vi* POL governare.

governess ['gʌvənɪs] *n* governante *f*.

government ['gʌvnmənt] *n* governo *m*.

governor ['gʌvənəʳ] *n* **-1.** POL governatore *m*, -trice *f* **-2.** [of bank, prison] direttore *m*, -trice *f*; [of school] ≃ membro *m* del consiglio di istituto.

gown [gaʊn] *n* **-1.** [dress] abito *m* **-2.** SCH & UNIV & LAW toga *f* **-3.** MED camice *m*.

GP (*abbr of* **general practitioner**) *n* medico *m* generico.

grab [græb] ◇ *vt* **-1.** [with hands] afferrare **-2.** fig [opportunity] afferrare; [sandwich, sleep] farsi **-3.** inf [appeal to] prendere. ◇ *vi*: **to** ~ **at sthg** [with hands] cercare di afferrare qc.

grace [greɪs] ◇ *n* **-1.** [elegance] grazia *f* **-2.** [extra time] proroga *f* **-3.** [prayer] preghiera *f* (di ringraziamento) . ◇ *vt* **-1.** fml [honour] onorare **-2.** [adorn] abbellire.

graceful ['greɪsfʊl] *adj* **-1.** [beautiful] aggraziato(a) **-2.** [gracious] cortese.

gracious ['greɪʃəs] ◇ *adj* [polite] cortese. ◇ *excl*: **(good)** ~ ! santo cielo!.

grade [greɪd] ◇ *n* **-1.** [level, quality – at work] grado *m*, livello *m*; [– eggs, paper] qualità *f* inv **-2.** US [class] classe *f* **-3.** [mark] voto *m* **-4.** US [gradient] pendenza *f*. ◇ *vt* **-1.** [classify] classificare **-2.** [mark, assess] valutare, assegnare un voto a.

grade crossing *n* US passaggio *m* a livello.

grade school *n* US scuola *f* elementare.

gradient ['greɪdjənt] *n* pendenza *f*.

gradual ['grædʒʊəl] *adj* graduale.

gradually ['grædʒʊəlɪ] *adv* gradualmente.

graduate ◇ *n* ['grædʒʊət] **-1.** [person with a degree] laureato *m*, -a *f* **-2.** US [of high school] diplomato *m*, -a *f*. ◇ *vi* ['grædʒʊeɪt] **-1.** [with a degree]: **to ~ (from)** laurearsi (a) **-2.** US [from high school]: **to ~ (from)** diplomarsi (a) .

graduation [ˌgrædʒʊ'eɪʃn] *n* [ceremony] [at university] cerimonia *f* di laurea; US [at high school] consegna *f* dei diplomi.

graffiti [grə'fiːtɪ] *n* scritte *fpl* sui muri, graffiti *mpl*.

graft [grɑːft] ◇ *n* **-1.** [gen] innesto *m* **-2.** UK *inf* [hard work] fatica *f* **-3.** US *inf* [corruption] corruzione *f*. ◇ *vt* [gen] innestare.

grain [greɪn] *n* **-1.** [of corn, rice] chicco *m* **-2.** [crops] cereali *mpl* **-3.** [of salt, sand] grano *m* **-4.** [pattern] venatura *f*.

gram [græm] *n* grammo *m*.

grammar ['græməʳ] *n* grammatica *f*.

grammar school *n* **-1.** [in UK] scuola *f* secondaria *(ad accesso selettivo)* **-2.** [in US] scuola *f* elementare.

grammatical [grə'mætɪkl] *adj* **-1.** [referring to grammar] grammaticale **-2.** [grammatically correct] grammaticalmente corretto(a); **it's not ~** è sgrammaticato.

gramme [græm] *n* UK = **gram**.

gramophone ['græməfəʊn] *n dated* grammofono *m*.

gran [græn] *n* UK *inf* nonna *f*.

granary bread *n* pane *m* integrale *(a chicchi interi)* .

grand [grænd] *(pl* **grand)** ◇ *adj* **-1.** [impressive, imposing] imponente **-2.** [ambitious, large-scale] grandioso(a) **-3.** [socially important] prestigioso(a) **-4.** *inf dated* [excellent] superbo(a). ◇ *n inf* [thousand pounds] mille sterline *fpl*; [thousand dollars] mille dollari *mpl*.

grandad ['grændæd] *n inf* nonno *m*.

grandchild ['græntʃaɪld] *(pl* **-children)** *n* nipote *mf*.

granddad ['grændæd] *n inf* = **grandad**.

granddaughter ['grænˌdɔːtəʳ] *n* nipote *f*.

grandeur ['grændʒəʳ] *n* grandiosità *f inv.*

grandfather ['grændˌfɑːðəʳ] *n* nonno *m*.

grandma ['grænmɑː] *n inf* nonna *f*.

grandmother ['grænˌmʌðəʳ] *n* nonna *f*.

grandpa ['grænpɑː] *n inf* nonno *m*.

grandparents *npl* nonni *mpl*.

grand piano *n* pianoforte *m* a coda.

grand slam *n* SPORT [tennis] grande slam *m inv*; [other sports] *vittoria in tutte le gare di una stessa stagione].*

grandson ['grænsʌn] *n* nipote *m*.

grandstand ['grændstænd] *n* tribuna *f*.

grand total *n* totale *m* complessivo.

granite ['grænɪt] *n* granito *m*.

granny *n inf* nonna *f*.

grant [grɑːnt] ◇ *n* [money – for home improvement] sovvenzione *f*; [– for study] borsa *f* di studio. ◇ *vt fml* **-1.** [request] accogliere; [permission] accordare **-2.** [accept as true] riconoscere **-3.** *phr:* **to take sthg for granted** dare qc per scontato; **to take sb for granted** dare per scontato che qn sia sempre a disposizione.

granule ['grænjuːl] *n* granello *m*.

grape [greɪp] *n* acino *m* d'uva.

grapefruit ['greɪpfruːt] *(pl* **-s)** *n* pompelmo *m*.

grapevine ['greɪpvaɪn] *n* **-1.** [plant] vite *f* **-2.** *fig* [information channel]: **we heard on the ~ that...** gira voce che...

graph [grɑːf] *n* grafico *m*.

graphic ['græfɪk] *adj* **-1.** [vivid] vivido(a) **-2.** ART grafico(a). ➤ **graphics** *npl* [pictures] grafica *f.*

graphic artist *n* grafico *m*, -a *f*.

graphite ['græfaɪt] *n* grafite *f*.

graph paper *n* carta *f* millimetrata.

grapple ['græpl] ➤ **grapple with** *vt insep* **-1.** [physically] venire alle mani con **-2.** *fig* [mentally] essere alle prese con.

grasp ◇ *n* **-1.** [grip] presa *f* **-2.** [understanding] [of situation] comprensione *f*; [of language, subject] conoscenza *f*; **to have a good ~ of sthg** avere una buona conoscenza di qc. ◇ *vt* afferrare.

grasping ['grɑːspɪŋ] *adj pej* avido(a).

grass [grɑːs] ◇ *n* erba *f*. ◇ *vi* UK *crime sl:* **to ~ (on sb)** fare una soffiata (su qn).

grasshopper ['grɑːsˌhɒpəʳ] *n* cavalletta *f.*

grass roots ◇ *npl* [ordinary people – in society, country] gente *f* comune; [– in political party] base *f.* ◇ *comp* [of society, country] della gente comune; [of political party] della base.

grass snake *n* biscia *f*.

grate [greɪt] ◇ *n* grata *f*. ◇ *vt* CULIN grattugiare. ◇ *vi* [irritate] dare sui nervi.

grateful ['greɪtfʊl] *adj* riconoscente; **to be ~ to sb (for sthg)** essere riconoscente a qn (per qc).

grater ['greɪtəʳ] *n* grattugia *f*.

gratify ['grætɪfaɪ] *vt* **-1.** [please]: **to be gratified** essere compiaciuto(a) **-2.** [satisfy] soddisfare.

grating ['greɪtɪŋ] ◇ adj stridente. ◇ n [grille] grata f.

gratitude ['grætɪtjuːd] n gratitudine f; ~ **to sb (for sthg)** gratitudine a qn (per qc).

gratuitous [grə'tjuːɪtəs] adj fml gratuito(a).

grave¹ [greɪv] ◇ adj grave. ◇ n tomba f.

grave² [graːv] adj LING: ~ **accent** accento grave.

gravel ['grævl] n ghiaia f.

gravestone ['greɪvstəʊn] n lapide f.

graveyard ['greɪvjɑːd] n cimitero m.

gravity ['grævɪtɪ] n [gen] gravità f.

gravy ['greɪvɪ] n [sauce] salsa a base di sugo di carne e farina.

gray adj & n US = **grey**.

graze [greɪz] ◇ vt -1. [cause to feed] fare pascolare -2. [break surface of] scorticare -3. [touch lightly] sfiorare. ◇ vi [animals] pascolare. ◇ n [wound] escoriazione f.

grease [ˌgriːspruːf] ◇ n -1. [gen] grasso m - 2. [dirt] unto m. ◇ vt [engine, machine] ingrassare[baking tray] ungere.

greaseproof paper [ˌgriːspruːf] n UK carta f oleata.

greasy ['griːsɪ] adj [food, hands, clothes] unto(a); [tools] sporco(a) di grasso; [hair, skin] grasso(a).

great [greɪt] ◇ adj -1. [gen] grande -2. inf [term of approval] magnifico(a); **a ~ guy** un tipo eccezionale. ◇ excl magnifico!

Great Britain n Gran Bretagna f.

great-grandchild n pronipote mf.

great-grandfather n bisnonno m.

great-grandmother n bisnonna f.

greatly ['greɪtlɪ] adv molto.

greatness ['greɪtnɪs] n grandezza f.

Greece [griːs] n Grecia f.

greed [griːd] n -1. [for food] ingordigia f -2. fig [for money, power]: ~ **(for sthg)** avidità f (di qc).

greedy ['griːdɪ] adj -1. [for food] ingordo(a) -2. fig [for money, power]: ~ **for sthg** avido(a) di qc.

Greek [griːk] ◇ adj greco(a). ◇ n -1. [person] greco m, -a f -2. [language] greco m.

green [griːn] ◇ adj -1. [gen] verde; ~ **(with envy)** inf verde (d'invidia) -2. inf [pale] sbiancato(a) -3. inf [inexperienced] acerbo(a). ◇ n -1. [colour] verde m -2. [in village] area erbosa destinata a uso pubblico, tradizionalmente in un villaggio -3. GOLF green m inv. ◆ **Green** n POL verde mf; **the Greens** i verdi. ◆ **greens** npl [vegetables] verdura f.

greenback ['griːnbæk] n US inf [banknote] dollaro m.

green belt n UK zona f verde (che circonda una città).

green card n -1. UK [for insuring vehicle] carta f verde -2. US [resident's permit] permesso m di soggiorno.

greenfly ['griːnflaɪ] (pl -ies) n afide m.

greengrocer ['griːnˌgrəʊsəʳ] n fruttivendolo m, -a f; ~**'s (shop)** negozio m di frutta verdura.

greenhouse ['griːnhaʊs] n serra f.

greenhouse effect n: **the ~** l'effetto serra.

Greenland ['griːnlənd] n Groenlandia f.

green salad n insalata f verde.

greet [griːt] vt salutare.

greeting ['griːtɪŋ] n [salutation] saluto m. ◆ **greetings** npl [on card] auguri mpl.

greetings card UK, **greeting card** US n biglietto m d'auguri.

grenade [grə'neɪd] n: **(hand) ~** bomba (a mano).

grew [gruː] pt ▷ **grow**.

grey UK, **gray** US [greɪ] ◇ adj grigio(a); **to go ~** diventare grigio. ◇ n grigio m.

grey-haired adj dai capelli grigi.

greyhound ['greɪhaʊnd] n levriero m.

grid [grɪd] n -1. [grating] grata f -2. [system of squares] reticolato m -3. ELEC rete f.

griddle ['grɪdl] n piastra f.

gridlock ['grɪdlɒk] n ingorgo m.

grief [griːf] n -1. [sorrow] afflizione f -2. inf [trouble] scocciatura f -3. phr: **to come to ~** [fail] fare fiasco; [have an accident] farsi male; **good ~!** santo cielo!

grievance ['griːvns] n lamentela f.

grieve [griːv] vi: **to ~ (for sb/sthg)** angustiarsi (per qn/qc).

grievous ['griːvəs] adj fml grave.

grill [grɪl] ◇ n -1. [part of cooker] grill m inv, griglia f -2. [metal frame over fire] griglia f. ◇ vt -1. [cook on grill] cuocere alla griglia -2. inf [interrogate] torchiare.

grille [grɪl] n griglia f.

grim [grɪm] adj -1. [stern] duro(a) -2. [gloomy] cupo(a).

grimace [grɪ'meɪs] ◇ n smorfia f. ◇ vi fare una smorfia.

grime [graɪm] n sudiciume m.

grimy ['graɪmɪ] adj sudicio(a).

grin [grɪn] ◇ n [largo] sorriso m. ◇ vi: **to ~ (at sb/sthg)** fare un grande sorriso (a qn/qc).

grind [graɪnd] (*pt & pp* ground) ◇ *vt* [coffee, pepper, flour] macinare. ◇ *vi* [scrape] grattare. ◇ *n* [hard, boring work] fatica *f*.
➤ **grind down** *vt sep* opprimere.
➤ **grind up** *vt sep* macinare.

grinder ['graɪndə'] *n* macinino *m*.

grip [grɪp] ◇ *n* -1. [physical hold]: ~ on sb/sthg presa *f* su qn/qc -2. [control, domination, adhesion] controllo *m*; ~ on sb/ sthg controllo su qn/qc; to get to ~ s with sthg affrontare risolutamente qc; to get a ~ on o.s. mantenere il controllo (su di sé), controllarsi -3. [handle] impugnatura *f* -4. *dated* [bag] borsa *f* da viaggio. ◇ *vt* -1. [grasp] afferrare -2. [subj: tyres] fare presa su -3. [imagination, attention] catturare; [subj: panic, pain] attanagliare.

gripe [graɪp] *inf* ◇ *n* lamentela *f*. ◇ *vi*: to ~ (about sthg) lamentarsi (di qc).

gripping ['grɪpɪŋ] *adj* avvincente.

grisly ['grɪzlɪ] *adj* orripilante.

gristle ['grɪsl] *n* cartilagine *f*.

grit [grɪt] ◇ *n* -1. [stones, sand] sabbia *f* (grossolana) -2. *inf* [courage] fegato *m*. ◇ *vt* -1. [road, steps] gettare sabbia su -2. *phr:* to ~ one's teeth *lit & fig* stringere i denti.

groan [grəʊn] ◇ *n* gemito *m*. ◇ *vi* -1. [moan] gemere -2. [creak] scricchiolare -3. [complain] lamentarsi.

grocer ['grəʊsə'] *n* droghiere *m*, -a *f*; ~ 's (shop) drogheria *f*, negozio *m* di alimentari.

groceries *npl* spesa *f*.

grocery ['grəʊsərɪ] *n* negozio *m* di alimentari, drogheria *f*.

groggy ['grɒgɪ] *adj* intontito(a).

groin [grɔɪn] *n* ANAT inguine *m*.

groom [gru:m] ◇ *n* -1. [of horses] stalliere *m* -2. [bridegroom] sposo *m*. ◇ *vt* -1. [horse] governare; [dog] pulire -2. [candidate]: to ~ sb (for sthg) preparare qn (per qc).

groomed [gru:md] *adj*: well/badly ~ molto/poco curato(a).

groove [gru:v] *n* solco *m*.

grope [grəʊp] *vi*: to ~ (about) for sthg cercare qc a tastoni.

gross [grəʊs] (*pl* -es) ◇ *adj* -1. [total] lordo(a) -2. *fml* [serious, inexcusable] grave -3. *inf* [coarse, vulgar] rozzo(a) -4. *inf* [obese] grasso(a). ◇ *n* grossa *f(dodici dozzine)*.

grossly ['grəʊslɪ] *adv* enormemente.

grotesque [grəʊ'tesk] *adj* grottesco(a).

grotto ['grɒtəʊ] (*pl* -es OR -s) *n* grotta *f*.

grotty ['grɒtɪ] *adj* UK *inf* squallido(a).

ground [graʊnd] ◇ *pt & pp* ▷ **grind**.

◇ *n* -1. [surface of earth] terra *f*, suolo *m*; above ~ [on the surface] in superficie; [in the air] dal suolo; below ~ sotto terra; on the ~ a terra -2. [area of land] terreno *m*; to gain/lose ~ *fig* guadagnare/perdere terreno -3. [subject area] terreno *m*, campo *m*. ◇ *vt* -1. [base]: to be ~ ed on OR in sthg essere fondato(a) su qc -2. [aircraft, pilot] costringere a terra -3. *inf* [child] mettere in punizione *(proibendo di uscire)* -4. US ELEC: to be ~ ed avere la messa a terra.
➤ **grounds** *npl* -1. [reason] motivi *mpl*; ~ s for sthg/for doing sthg motivi per qc/per fare qc -2. [land round building] terreno *f (appartenente a un complesso edilizio)*, giardini *mpl* -3. [of coffee] deposito *m*.

ground crew *n* personale *m* di terra.

ground floor *n* pianterreno *m*.

grounding ['graʊndɪŋ] *n*: ~ (in sthg) basi *fpl* (in qc).

groundless ['graʊndlɪs] *adj* immotivato(a).

groundsheet ['graʊndʃi:t] *n* telo *m* impermeabile.

ground staff *n* -1. [at sports ground] addetti *mpl* alla manutenzione *(di un impianto sportivo)* -2. UK [at airport] personale *m* di terra.

groundwork ['graʊndwɜːk] *n* lavoro *m* preparatorio.

group [gru:p] ◇ *n* gruppo *m*. ◇ *vt* raggruppare. ◇ *vi*: to ~ (together) raggruppare (insieme).

groupie ['gru:pɪ] *n* inf *fan che segue un complesso o un cantante pop ovunque e cerca di incontrarli durante i concerti*.

grouse [graʊs] ◇ *n* gallo *m* cedrone. ◇ *vi* *inf* brontolare.

grove [grəʊv] *n* boschetto *m*.

grovel ['grɒvl] *vi pej* [humble o.s.] prostrarsi; to ~ to sb prostrarsi di fronte a qn.

grow [grəʊ] (*pt* grew, *pp* grown) ◇ *vi* -1. [gen] crescere -2. [become] farsi, diventare; to ~ tired of sthg stancarsi di qc. ◇ *vt* -1. [plants] coltivare -2. [hair, beard] farsi crescere. ➤ **grow on** *vt insep inf*: this record has really grown on me questo disco mi piace sempre di più; it'll ~ on you finirà per piacerti. ➤ **grow out of** *vt insep* -1. [clothes, shoes] non entrare più in -2. [habit] perdere. ➤ **grow up** *vi* -1. [person] crescere -2. [feeling, friendship, city, custom] crescere, svilupparsi.

grower ['grəʊə'] *n* coltivatore *m*, -trice *f*.

growl [graʊl] *vi* -1. [animal] ringhiare -2. [engine] fare un rumore sordo -3. [person] brontolare.

grown [grəʊn] ◇ *pp* ▷**grow.** ◇ *adj* cresciuto(a); **a ~ man** un uomo fatto.

grown-up ◇ *adj* **-1.** [fully grown] grande **-2.** [mature] adulto(a). ◇ *n* adulto *m*, -a *f*.

growth [grəʊθ] *n* **-1.** [development, increase] crescita *f* **-2.** [MED & lump] tumore *m*.

grub [grʌb] *n* **-1.** [insect] larva *f* **-2.** *inf* [food] roba *f* da mangiare.

grubby ['grʌbɪ] *adj* sudicio(a).

grudge [grʌdʒ] ◇ *n* rancore *m*; **to bear sb a ~** OR **to bear a ~ against sb** portare rancore a qn, avercela con qn. ◇ *vt*: **to ~ sb sthg** invidiare qc a qn.

gruelling UK, **grueling** US ['gruəlɪŋ] *adj* sfibrante.

gruesome ['gru:səm] *adj* macabro(a).

gruff [grʌf] *adj* **-1.** [hoarse] roco(a) **-2.** [rough, unfriendly] rude.

grumble ['grʌmbl] *vi* **-1.** [complain] avere da ridire; **to ~ about sthg** avere da ridire su qc **-2.** [rumble – thunder, stomach] brontolare; [– train] sferragliare.

grumpy ['grʌmpɪ] *adj inf* ingrugnato(a).

grunt [grʌnt] ◇ *n* grugnito *m*. ◇ *vi* grugnire.

G-string *n* [clothing] perizoma *m*.

guarantee [ˌgærən'ti:] ◇ *n* garanzia *f*. ◇ *vt* garantire.

guard [gɑ:d] ◇ *n* **-1.** [gen] guardia *f*; **to be on ~** essere di guardia; **to catch sb off ~** cogliere qn di sorpresa **-2.** UK RAIL capotreno *m* **-3.** [protective device] protezione *f*. ◇ *vt* **-1.** [protect] proteggere; **a closely-guarded secret** un segreto ben custodito **-2.** [prevent from escaping] sorvegliare.

guard dog *n* cane *m* da guardia.

guarded ['gɑ:dɪd] *adj* guardingo(a).

guardian ['gɑ:djən] *n* **-1.** LAW tutore *m*, -trice *f* **-2.** [protector] custode *mf*.

guardrail ['gɑ:dreɪl] *n* US guardrail *m inv.*

guard's van *n* UK vagone *m* del capotreno.

guerilla *n* = **guerrilla.**

Guernsey ['gɜ:nzɪ] *n* [place] Guernsey *f.*

guerrilla *n* guerrigliero *m*, -a *f*; **urban ~** guerrigliero urbano.

guerrilla warfare *n* guerriglia *f.*

guess [ges] ◇ *n* **-1.** [at facts, figures] congettura *f* **-2.** [hypothesis] ipotesi *f*. ◇ *vt* [assess correctly] indovinare; **~ what!** indovina un po'! ◇ *vi* **-1.** [attempt to answer] provare a indovinare; **to ~ at sthg** provare a indovinare qc **-2.** [think, suppose]: **I ~ (so)** immagino (di sì).

guesswork ['gesw3:k] *n* congettura *f.*

guest [gest] *n* **-1.** [visitor – at home] ospite *mf*; [– at club, restaurant, concert] invitato *m*, -a *f* **-2.** [at hotel] cliente *mf.*

guesthouse ['gesthaʊs] *n* pensione *f.*

guestroom ['gestrʊm] *n* camera *f* degli ospiti.

guffaw [gʌ'fɔ:] ◇ *n* sonora risata *f*. ◇ *vi* ridere sonoramente.

guidance ['gaɪdəns] *n* **-1.** [help] assistenza *f* **-2.** [leadership] guida *f.*

guide [gaɪd] ◇ *n* **-1.** [person] guida *f* **-2.** [guide book] guida *f* (turistica) **-3.** [manual] manuale *m* **-4.** [indication] indicazione *f* **-5.** = **girl guide.** ◇ *vt* **-1.** [show by leading] condurre **-2.** [plane, missile] guidare **-3.** [influence]: **to be ~ d by sb/sthg** essere guidato(a) da qn/qc.

Guide Association *n*: **the ~** le guide (scout).

guide book *n* guida *f* (turistica).

guide dog *n* cane *m* guida.

guided tour *n* visita *f* guidata.

guidelines *npl* direttive *fpl.*

guild [gɪld] *n* **-1.** HIST gilda *f*, corporazione *f* **-2.** [association] associazione *f.*

guile [gaɪl] *n lit* scaltrezza *f.*

guillotine ['gɪləti:n] ◇ *n* **-1.** [for executions] ghigliottina *f* **-2.** [for paper] taglierina *f*. ◇ *vt* [execute] ghigliottinare.

guilt [gɪlt] *n* **-1.** [remorse] colpa *f* **-2.** LAW colpevolezza *f.*

guilty ['gɪltɪ] *adj* **-1.** [gen] colpevole; **to be found ~ /not ~** essere giudicato(a) colpevole/non colpevole **-2.** *fig* [culpable] colpevole, responsabile; **to be ~ of sthg** essere colpevole di qc.

guinea pig *n* **-1.** [animal] porcellino *m* d'India **-2.** [subject of experiment] cavia *f.*

guise [gaɪz] *n fml* guisa *f.*

guitar [gɪ'tɑ:ʳ] *n* chitarra *f.*

guitarist [gɪ'tɑ:rɪst] *n* chitarrista *mf.*

gulf [gʌlf] *n* **-1.** [sea] golfo *m* **-2.** [deep hole] voragine *f*, abisso *m* **-3.** *fig* [separation] abisso *m*. ◆ **Gulf** *n*: **the Gulf** il Golfo.

gull [gʌl] *n* gabbiano *m.*

gullet ['gʌlɪt] *n* gola *f*, esofago *m.*

gullible ['gʌləbl] *adj* credulone(a), ingenuo(a).

gully ['gʌlɪ] *n* **-1.** [valley] gola *f* **-2.** [ditch] canale *m* (di scolo).

gulp [gʌlp] ◇ *n* [drink] sorso *m*; [air] boccata *f*. ◇ *vt* mandar giù. ◇ *vi* deglutire. ◆ **gulp down** *vt sep* mandar giù.

gum [gʌm] ◇ *n* **-1.** [chewing gum] gomma *f* (da masticare) **-2.** [adhesive] colla *f* **-3.**

ANAT **gengiva** f. ◇ vt **-1.** [cover with adhesive] ricoprire di colla **-2.** [stick] incollare.

gummed adj gommato(a).

gun [gʌn] n **-1.** [weapon] arma f da fuoco; [revolver] pistola f; [rifle, shotgun] fucile m **-2.** [gen] pistola f; **spray** ~ pistola a spruzzo. ◆ **gun down** vt sep uccidere a colpi d'arma da fuoco.

gunfire ['gʌnfaɪəʳ] n sparatoria f.

gunman ['gʌnmən] (pl **-men**) n individuo m armato.

gunpoint ['gʌnpɔɪnt] n: **at** ~ sotto la minaccia di un'arma.

gunpowder ['gʌn,paʊdəʳ] n polvere f da sparo.

gunshot ['gʌnʃɒt] n colpo m d'arma da fuoco.

gurgle ['gɜːgl] vi **-1.** [water] gorgogliare **-2.** [baby] fare i versi.

guru ['gʊruː] n guru m inv.

gush [gʌʃ] ◇ n getto m. ◇ vi **-1.** [flow out] sgorgare **-2.** pej [enthuse] smaniare.

gust [gʌst] n raffica f.

gusto ['gʌstəʊ] n: **with** ~ con entusiasmo.

gut [gʌt] ◇ n **-1.** MED intestino m **-2.** inf [stomach] pancia f, stomaco m. ◇ vt **-1.** [remove organs from] togliere le interiora a **-2.** [destroy] sventrare. ◆ **guts** npl inf **-1.** [intestines] budella fpl; **to hate sb's** ~ avere sullo stomaco qn **-2.** [courage] fegato m.

gutter ['gʌtəʳ] n **-1.** [ditch] canaletto m di scolo **-2.** [on roof] grondaia f.

guy [gaɪ] n **-1.** inf [man] tipo m **-2.** esp US [person] ragazzo m, -a f; **come on, you** ~ **s!** forza, ragazzi! **-3.** UK [dummy] fantoccio che rappresenta Guy Fawkes bruciato sui falò il 5 novembre.

Guy Fawkes Night n festa che si celebra il 5 novembre in cui si brucia il fantoccio di Guy Fawkes.

guzzle ['gʌzl] ◇ vt pej trangugiare. ◇ vi [eat] mangiare smodatamente; [drink] bere smodatamente.

gym [dʒɪm] n inf **-1.** [gymnasium] palestra f **-2.** [exercises] ginnastica f.

gymnasium [dʒɪm'neɪzjəm] (pl **-iums** OR **-ia**) n palestra m.

gymnast ['dʒɪmnæst] n ginnasta mf.

gymnastics [dʒɪm'næstɪks] n ginnastica f.

gym shoes npl scarpe fpl da ginnastica.

gynaecologist UK, **gynecologist** US n ginecologo m, -a f.

gynaecology UK, **gynecology** US n ginecologia f.

gypsy ['dʒɪpsɪ] adj & n = gipsy.

gyrate [dʒaɪ'reɪt] vi volteggiare.

h (pl **h's** OR **hs**), **H** (pl **H's** OR **Hs**) [eɪtʃ] n [letter] h f o m inv.

haberdashery ['hæbədæʃərɪ] n **-1.** [goods] mercerie fpl **-2.** [shop] merceria f.

habit ['hæbɪt] n **-1.** [customary practice] abitudine f; **to make a** ~ **of sthg/of doing sthg** prendere l'abitudine a qc/a fare qc **-2.** [drug addiction] assuefazione f **-3.** [garment] abito m.

habitat ['hæbɪtæt] n habitat m inv.

habitual [hə'bɪtʃʊəl] adj abituale; ~ **offender** recidivo m, -a f.

hack [hæk] ◇ n pej [writer] scribacchino m, -a f. ◇ vt **-1.** [cut] tagliare a pezzi; **to** ~ **sthg to pieces** fare a pezzi qc **-2.** inf [cope with]: **he can't** ~ **it** non ce la fa. ◆ **hack into** vt insep COMPUT inserirsi illecitamente in.

hacker ['hækəʳ] n COMPUT: **(computer)** ~ pirata mf informatico(a).

hackneyed ['hæknɪd] adj pej trito(a) e ritrito(a).

hacksaw ['hæksɔː] n sega f per metalli.

had [(weak form həd, strong form hæd)] pt & pp ⊳**have.**

haddock ['hædək] (pl **haddock**) n eglefino m.

hadn't ['hædnt] cont = had not.

haemorrhage n & vi = hemorrhage.

haemorrhoids npl = hemorrhoids.

haggard ['hægəd] adj tirato(a).

haggis ['hægɪs] n piatto tipico scozzese a base di frattaglie di pecora e avena.

haggle ['hægl] vi contrattare; **to** ~ **over** OR **about sthg** tirare sul prezzo di qc.

Hague [heɪg] n: **The** ~ L'Aia f.

hail [heɪl] ◇ n **-1.** METEOR grandine f **-2.** fig [of bullets, criticism] pioggia f. ◇ vt **-1.** [call] chiamare **-2.** [acclaim]: **to** ~ **sb/sthg as sthg** salutare qn/qc come qc. ◇ impers vb METEOR grandinare.

hailstone ['heɪlstəʊn] n chicco m di grandine.

hailstorm ['heɪlstɔːm] *n* grandinata *f*.

hair [heəʳ] ◇ *n* **-1.** [on human head] capelli *mpl*; **to do one's ~** farsi i capelli **-2.** [on animal, insect, plant] pelo *m* **-3.** [on human skin] peli *mpl*. ◇ *comp* per capelli.

hairbrush ['heəbrʌʃ] *n* spazzola *f*.

haircut ['heəkʌt] *n* taglio *m*.

hairdo ['heədu:] (*pl* **-s**) *n inf* acconciatura *f*.

hairdresser ['heə,dresəʳ] *n* parrucchiere *m*, -a *f*; **~'s (salon)** parrucchiere *m*.

hairdryer *n* [handheld] fon *m inv*; [with hood] casco *m* asciugacapelli.

hair gel *n* gel *m inv* per capelli.

hairgrip ['heəgrɪp] *n UK* molletta *f* per capelli.

hairpin ['heəpɪn] *n* forcina *f*.

hairpin bend *n* tornante *m*.

hair-raising [-,reɪzɪŋ] *adj* da far rizzare i capelli, spaventoso(a).

hair remover *n* crema *f* depilatoria.

hairspray *n* lacca *f*.

hairstyle ['heəstaɪl] *n* acconciatura *f*.

hairy ['heərɪ] *adj* **-1.** [covered in hair] peloso(a) **-2.** *inf* [dangerous] pericoloso(a).

half [*UK* hɑːf, *US* hæf] ◇ *adj* mezzo(a); **~ an hour** mezz'ora; **~ the boys are here** metà dei ragazzi è qui. ◇ *adv* **-1.** [partly, almost] **~ cooked/empty/asleep** mezzo(a) cotto(a)/vuoto(a)/addormentato(a); **I ~ expected it** me lo aspettavo quasi **-2.** [by half]: **as big grande la metà -3.** [in equal measure]: **she was ~ pleased, ~ angry** era metà contenta, metà arrabbiata; **~-and-~** metà e metà **-4.** [in telling the time]: **~ past ten, ~ after ten** *US* le dieci e mezzo; **the ferry leaves at ~ past** il traghetto parte ai trenta. ◇ *n* **-1.** [one of two equal parts] metà *f inv*; **in ~** a metà, in due; **to go halves (with sb)** fare a metà (con qn) **-2.** [fraction] mezzo *m* **-3.** [of sports match] tempo *m* **-4.** [halfback] mediano *m* **-5.** [of beer] mezza pinta *f* **-6.** [child's ticket] biglietto *m* ridotto. ◇ *pron* [one of two equal parts] metà *f*; **~ of metà** di.

half board *n esp UK* mezza pensione *f*.

half-caste ◇ *adj offens* mezzosangue *inv*. ◇ *n* mezzosangue *mf inv*.

half-fare *n* tariffa *f* ridotta.

half-hearted *adj* [effort, attempt] timido(a); [smile] senza entusiasmo.

half hour *n* mezz'ora *f*.

half-mast *n UK* : **at ~** [flag] a mezz'asta.

half moon *n* mezzaluna *f*.

half note *n US* MUS minima *f*.

halfpenny ['heɪpnɪ] (*pl* **-pennies** OR **-pence**) *n* mezzo penny *m inv*.

half-price *adj* a metà prezzo.

half term *n UK* vacanze *fpl* di metà trimestre.

half time *n* intervallo *m* (*fra primo e secondo tempo di una partita*).

halfway [hɑːf'weɪ] ◇ *adj* intermedio(a). ◇ *adv* **-1.** [in space] a metà strada **-2.** [in time] a metà.

hall [hɔːl] *n* **-1.** [in house] ingresso *m*, corridoio *m* **-2.** [meeting room] sala *f* **-3.** [public building, country house] palazzo *m* **-4.** *UK* UNIV casa *f* dello studente.

hallmark ['hɔːlmɑːk] *n* marchio *m*.

hallo [hə'ləʊ] *excl* = **hello**.

hall of residence (*pl* **halls of residence**) *n UK* UNIV casa *f* dello studente.

Hallowe'en, Halloween [,hæləʊ'iːn] *n* Halloween *f* (*31 ottobre*).

hallucinate [hə'luːsɪneɪt] *vi* avere le allucinazioni.

hallway ['hɔːlweɪ] *n* corridoio *m*.

halo ['heɪləʊ] (*pl* **-es** OR **-s**) *n* aureola *f*.

halt [hɔːlt] ◇ *n* [stop]: **to come to a ~** [vehicle, horse] fermarsi; [development, activity] cessare; **to call a ~ to sthg** mettere fine a qc. ◇ *vt* [stop – person] fermare; [– development, activity] bloccare. ◇ *vi* [stop – person, train] fermarsi; [– development, activity] cessare.

halve [*UK* hɑːv, *US* hæv] *vt* **-1.** [reduce by half] dimezzare **-2.** [divide into two] tagliare in due.

halves [*UK* hɑːvz, *US* hævz] *pl* ▷ **half**.

ham [hæm] ◇ *n* [meat] prosciutto *m*. ◇ *comp* al prosciutto.

hamburger ['hæmbɜːgəʳ] *n* **-1.** [burger] hamburger *m inv* **-2.** *US* [mince] carne *f* macinata.

hamlet ['hæmlɪt] *n* borgo *m*.

hammer ['hæməʳ] ◇ *n* [tool] martello *m*. ◇ *vt* **-1.** [with tool] dare martellate a **-2.** [with fist] tempestare di pugni **-3.** *inf fig* [defeat] stracciare. ◇ *vi* [with fist]: **to ~ on sthg** battere coi pugni su qc. ◆ **hammer out** ◇ *vt insep* [solution, agreement] elaborare a fatica. ◇ *vt sep* [with tool] raddrizzare a colpi di martello.

hammock ['hæmək] *n* amaca *f*.

hamper ['hæmpəʳ] ◇ *n* **-1.** [for picnic] cestino *m* da picnic **-2.** *US* [for laundry] cesto *m* della biancheria. ◇ *vt* [impede] ostacolare.

hamster ['hæmstə'] *n* criceto *m*.

hand [hænd] ◇ *n* -1. [gen] mano *f*; **by** ~ **a mano**; **to hold** ~ **s tenersi per mano**; **to get** OR **lay one's** ~ **s on sb** mettere le mani addosso a qn; **to get** OR **lay one's** ~ **s on sthg** mettere le mani su qc; **to give** OR **lend sb a** ~ **(with sthg)** dare una mano a qn (con qc) ; **to have one's** ~ **s full** avere molto da fare; **to try one's** ~ **at sthg** cimentarsi in qc -2. [worker] lavoratore *m*, -trice *f*; [on ship] marinaio *m* -3. [of clock, watch] lancetta *f* -4. [handwriting] scrittura *f*, calligrafia *f* -5. [of cards] mano *f*. ◇ *vt*: **to** ~ **sthg to sb, to** ~ **sb sthg** passare qc a qn. ◆ **(close) at hand** *adv* vicino. ◆ **in hand** *adv* -1. [time, money]: **to have sthg in** ~ avere qc a disposizione -2. [problem, situation]: **to have sb/sthg in** ~ avere in pugno qn/qc. ◆ **on hand** *adv* a disposizione. ◆ **on the one hand** *adv* da un lato, da una parte. ◆ **on the other hand** *adv* dall'altro lato, d'altra parte. ◆ **out of hand** ◇ *adj* [situation]: **to get out of** ~ sfuggire di mano. ◇ *adv* [completely] d'acchito. ◆ **to hand** *adv* sottomano. ◆ **hand down** *vt sep* [to next generation] tramandare. ◆ **hand in** *vt sep* consegnare. ◆ **hand out** *vt sep* distribuire. ◆ **hand over** ◇ *vt sep* -1. [baton, money] consegnare -2. [responsibility, power] cedere -3. TELEC passare; **I'll** ~ **you over to her** te la passo. ◇ *vi* [government minister, chairman]: **to** ~ **over (to sb)** passare le consegne (a qn).

handbag ['hændbæg] *n* borsa *f*.

handball *n* [game] pallamo *f*.

handbook ['hændbʊk] *n* manuale *m*.

handbrake ['hændbreɪk] *n* UK freno *m* a mano.

handcuffs ['hændkʌfs] *npl* manette *fpl*.

handful ['hændfʊl] *n* -1. [of sand, grass, stones] pugno *m*, manciata *f* -2. [small number] gruppetto *m*.

handgun ['hændgʌn] *n* pistola *f*.

handheld PC ['hændheld-] *n* palmare *m*.

handicap ['hændɪkæp] ◇ *n* handicap *m inv*. ◇ *vt* [hinder] ostacolare.

handicapped ['hændɪkæpt] ◇ *adj* handicappato(a). ◇ *npl*: **the** ~ gli handicappati.

handicraft ['hændɪkrɑːft] *n* abilità *f inv* manuale.

handiwork ['hændɪwɜːk] *n* lavoro *m*.

handkerchief ['hæŋkətʃɪf] (*pl* **-chiefs** OR **-chieves**) *n* fazzoletto *m*.

handle ['hændl] ◇ *n* [for opening and closing] maniglia *f*; [for holding, carrying] ma-

nico *m*. ◇ *vt* -1. [with hands] maneggiare -2. [control, operate] manovrare -3. [manage, process] occuparsi di -4. [cope with] far fronte a.

handlebars *npl* manubrio *m*.

handler ['hændlə'] *n* -1. [of animal] addestratore *m*, -trice *f* -2. [of luggage]: **(baggage)** ~ facchino *m*, -a *f* -3. [of stolen goods] ricettatore *m*, -trice *f*.

hand luggage *n* UK bagaglio *m* a mano.

handmade [,hænd'meɪd] *adj* fatto(a) a mano.

handout ['hændaʊt] *n* -1. [gift] dono *m* -2. [leaflet] volantino *m* -3. [for lecture, discussion] prospetto *m*.

handrail ['hændreɪl] *n* ringhiera *f*.

handset ['hændset] *n* TELEC cornetta *f*, ricevitore *m*.

handshake ['hændʃeɪk] *n* stretta *f* di mano.

handsome ['hænsəm] *adj* bello(a).

handstand ['hændstænd] *n* verticale *f*.

hand towel *n* asciugamano *m*.

handwriting ['hænd,raɪtɪŋ] *n* scrittura *f*.

handy ['hændɪ] *adj inf* -1. [useful] pratico(a); **to come in** ~ tornare utile -2. [skilful] abile -3. [near] a portata di mano.

handyman ['hændɪmæn] (*pl* **-men**) *n* tuttofare *m inv.*

hang [hæŋ] (*pt & pp* **hung** OR **hanged**) ◇ *vt* -1. [suspend] appendere -2. [execute] impiccare. ◇ *vi* -1. [be suspended] essere appeso(a) -2. [be executed] morire impiccato(a). ◇ *n*: **to get the** ~ **of sthg** *inf* prendere la mano a qc. ◆ **hang about**, **hang around** *vi* -1. [loiter] bighellonare -2. [wait] aspettare. ◆ **hang down** *vi* pendere. ◆ **hang on** *vi* -1. [keep hold]: **to** ~ **on (to sb/sthg)** aggrapparsi (a qn/qc) -2. *inf* [continue waiting] aspettare -3. [persevere] tenere duro. ◆ **hang out** *vi inf* [spend time] bazzicare. ◆ **hang round** *vi* = hang about. ◆ **hang up** ◇ *vt sep* [suspend] appendere. ◇ *vi* [on telephone] riattaccare. ◆ **hang up on** *vt insep* TELEC buttare giù il telefono a.

hangar ['hæŋə'] *n* hangar *m inv.*

hanger ['hæŋə'] *n* gruccia *f* (per abiti).

hanger-on (*pl* **hangers-on**) *n* scroccone *m*, -a *f*.

hang gliding *n* deltaplano *m*.

hangover ['hæŋ,əʊvə'] *n* [from drinking] postumi *mpl* di sbronza.

hang-up *n inf* PSYCHOL complesso *m*.

hanker ['hæŋkə'] ◆ **hanker after**, **hanker for** *vt insep* desiderare ardentemente.

hankie, **hanky** ['hæŋkɪ] (*abbr of* handkerchief) *n informal* fazzolettino *m*.

haphazard [ˌhæp'hæzəd] *adj* casuale.

happen ['hæpən] *vi* -1. [occur] accadere, succedere; **to ~ to sb** succedere a qn -2. [chance]: **to ~ to do sthg** fare qc per caso; **if you ~ to see him...** se ti capita di vederlo...; **as it ~ s** guarda caso.

happening ['hæpənɪŋ] *n* evento *m*.

happily ['hæpɪlɪ] *adv* -1. [contentedly]: **to be ~ doing sthg** stare facendo qc tranquillamente -2. [fortunately] fortunatamente -3. [willingly] volentieri.

happiness ['hæpɪnɪs] *n* felicità *f*.

happy ['hæpɪ] *adj* -1. [contented, causing contentment] felice; **Happy Christmas/ New Year/Birthday!** Buon Natale/anno/ compleanno -2. [satisfied] contento(a); **to be ~ with** OR **about sthg** essere contento(a) di qc -3. [willing]: **to be ~ to do sthg** essere contento(a) di fare qc.

happy-go-lucky *adj* spensierato(a).

harangue [hə'ræŋ] ⟨⟩ *n* arringa *f*. ⟨⟩ *vt* arringare.

harass ['hærəs] *vt* [with questions, problems] tormentare; [sexually] molestare.

harbour UK, **harbor** US ['hɑːbəʳ] ⟨⟩ *n* porto *m*. ⟨⟩ *vt* -1. [feeling] covare -2. [person] dare ricetto a.

hard [hɑːd] ⟨⟩ *adj* -1. [gen] duro(a); **to be ~ on sb** essere duro(a) con qn; **to be ~ on sthg** fare male a qc -2. [exam, question] difficile -3. [push, kick] forte -4. [winter] rigido(a); [frost] forte -5. [fact, evidence] concreto(a); [news] certo(a) -6. UK [POL & extreme]: **~ left/right** estrema sinistra/ destra. ⟨⟩ *adv* -1. [try, work, concentrate] duro -2. [push, kick, rain, snow] forte -3. *phr*: **to be ~ pushed** OR **put** OR **pressed to do sthg** trovarsi in grande difficoltà fare qc; **to feel ~ done by** sentirsi trattato(a) ingiustamente.

hardback ['hɑːdbæk] ⟨⟩ *adj* rilegato(a). ⟨⟩ *n* libro *m* rilegato.

hardboard ['hɑːdbɔːd] *n* cartone *m* di fibra compressa.

hard-boiled [-'bɔɪld] *adj* [egg] sodo(a).

hard cash *n* denaro *m* liquido.

hard copy *n* COMPUT copia *f* cartacea.

hard disk *n* disco *m* duro.

harden ['hɑːdn] ⟨⟩ *vt* -1. [steel, person, arteries] indurire -2. [attitude, ideas, opinion] irrigidire. ⟨⟩ *vi* -1. [glue, concrete, arteries, person] indurirsi -2. [attitude, ideas, opinion] irrigidirsi.

hardheaded *adj* pratico(a).

hard-hearted *adj* duro(a).

hard labour *n* lavori *mpl* forzati.

hard-liner *n* intransigente *mf*.

hardly ['hɑːdlɪ] *adv* -1. [scarcely, not really] a malapena; **~ ever/anything** quasi mai/ niente; **I can ~ move** riesco a malapena a muovermi; **I can ~ wait** non vedo l'ora -2. [only just] appena; **the film had ~ started when ...** il film era appena iniziato quando ....

hardship ['hɑːdʃɪp] *n* -1. [difficult conditions] stenti *mpl* -2. [difficult circumstance] avversità *f inv*.

hard shoulder *n* UK AUT corsia *f* di emergenza.

hard up *adj inf* al verde; **~ for sthg** a corto di qc.

hardware ['hɑːdweəʳ] *n* -1. [tools, equipment] articoli *mpl* di ferramenta -2. COMPUT hardware *m*.

hardware shop *n* negozio *m* di ferramenta.

hardwearing [ˌhɑːd'weərɪŋ] *adj* UK resistente.

hardworking [ˌhɑːd'wɜːkɪŋ] *adj* industrioso(a).

hardy ['hɑːdɪ] *adj* -1. [person, animal] robusto(a) -2. [plant] resistente.

hare [heəʳ] *n* lepre *f*.

haricot (bean) *n* fagiolo *m* bianco.

harm [hɑːm] ⟨⟩ *n* [to person, animal] male *m*; **to do ~ to sb, to do sb ~** fare male a qn; [to reputation, clothes] danno *m*; **to do ~ to sthg, to do sthg ~** danneggiare qc; **to be out of ~ 's way** essere al sicuro; **it'll come to no ~** non succederà niente di male. ⟨⟩ *vt* [person, animal – physically] fare male a; [– psychologically] fare del male a; [reputation, clothes] danneggiare.

harmful ['hɑːmful] *adj* nocivo(a).

harmless ['hɑːmlɪs] *adj* innocuo(a).

harmonica [hɑː'mɒnɪkə] *n* armonica *f*.

harmonize, **-ise** ['hɑːmənaɪz] ⟨⟩ *vt* [views, policies] armonizzare. ⟨⟩ *vi* -1. [sounds, colours] armonizzarsi; **to ~ with sthg** armonizzarsi con qc -2. MUS [play] suonare in armonia; [sing] cantare in armonia.

harmony ['hɑːmənɪ] *n* armonia *f*.

harness ['hɑːnɪs] ⟨⟩ *n* -1. [for horse] bardatura *f* -2. [for child] briglie *fpl* -3. [for person] imbracatura *f*. ⟨⟩ *vt* -1. [horse] bardare -2. [energy, solar power] sfruttare.

harp [hɑːp] *n* MUS arpa *f*. ◆ **harp on** *vi*: **to ~ on (about sthg)** continuare a battere (su qc).

harpoon [hɑːˈpuːn] ⬦ *n* arpione *m.* ⬦ *vt* arpionare.

harpsichord [ˈhɑːpsɪkɔːd] *n* arpicordo *m.*

harrowing [ˈhærəʊɪŋ] *adj* sconvolgente.

harsh [hɑːʃ] *adj* **-1.** [person, treatment, conditions] duro(a) **-2.** [weather] rigido(a) **-3.** [cry, voice, landscape] aspro(a) **-4.** [colour, light, taste] forte.

harvest [ˈhɑːvɪst] ⬦ *n* raccolto *m.* ⬦ *vt* [crops] fare la raccolta di.

has [(*weak form* həz, *strong form* hæz)] *vb* ⬧ have.

has-been [ˈhæzbiːn] *n inf pej* ex personalità *f inv.*

hash [hæʃ] *n* **-1.** [meat] *piatto a base di carne tritata e patate* **-2.** *inf* [mess]: **to make a ~ of** sthg combinare un pasticcio con qc.

hashish [ˈhæʃiːʃ] *n* hashish *m inv.*

hasn't [ˈhæznt] *cont* = has not.

hassle [ˈhæsl] *inf* ⬦ *n* scocciatura *f*; **to give sb ~** scocciare qn. ⬦ *vt* scocciare.

haste [heɪst] *n* fretta *f*; **to do sthg in ~** fare qc di fretta.

hasten [ˈheɪsn] ⬦ *vt* affrettare. ⬦ *vi* affrettarsi; **to ~ to do sthg** affrettarsi a fare qc.

hastily [ˈheɪstɪlɪ] *adv* in fretta.

hasty [ˈheɪstɪ] *adj* frettoloso(a).

hat [hæt] *n* cappello *m.*

hatch [hætʃ] ⬦ *vt* **-1.** [chick]: **to be hatched** nascere **-2.** [egg] covare **-3.** *fig* [scheme, plot] tramare. ⬦ *vi* **-1.** [chick] nascere **-2.** [egg] schiudersi. ⬦ *n* [for serving food] passavivande *m inv.*

hatchback [ˈhætʃˌbæk] *n* auto *f inv* a tre o cinque porte.

hatchet [ˈhætʃɪt] *n* accetta *f.*

hate [heɪt] ⬦ *n* [emotion] odio *m*; **my pet ~** la cosa che odio di più. ⬦ *vt* odiare; **I ~ to bother you, but...** mi dispiace disturbarti, ma...; **to ~ doing sthg** odiare fare qc.

hateful [ˈheɪtfʊl] *adj* odioso(a).

hatred [ˈheɪtrɪd] *n* odio *m.*

hat trick *n* SPORT tripletta *f.*

haughty [ˈhɔːtɪ] *adj* altero(a).

haul [hɔːl] ⬦ *n* **-1.** [of stolen goods] bottino *m*; [of drugs] partita *f* **-2.** [distance]: **long ~** lungo percorso *m.* ⬦ *vt* [pull] tirare.

haulage [ˈhɔːlɪdʒ] *n* trasporto *m.*

haulier [ˈhɔːljəʳ] *UK*, **hauler** [ˈhɔːləʳ] *US n* autotrasportatore *m.*

haunch [hɔːntʃ] *n* **-1.** [of person] anca *f* **-2.** [of animal] coscia *f.*

haunt [hɔːnt] ⬦ *n*: **one of my regular ~ s** uno dei posti che frequento regolarmente; **a favourite ~ of artists/journalists** uno dei ritrovi preferiti da artisti/giornalisti. ⬦ *vt* **-1.** [subj: ghost] abitare **-2.** [subj: memory, fear, doubt] tormentare.

have [hæv] (*pt & pp* had [(*weak form* həd, *strong form* hæz)]) ⬦ *aux vb* (*to form perfect tenses*) [gen] avere; (*to form perfect tenses*) [with many intransitive verbs] essere; **~ you eaten yet?** hai già mangiato?; **I've been on holiday** sono stato in vacanza; **we've never met before** non ci siamo mai incontrati prima; **she hasn't gone yet, has she?** non è ancora andata via, vero?; **I would never ~ gone if I'd known** non ci sarei mai andato se lo avessi saputo; **I was out of breath, having run all the way** ero senza fiato per aver corso tutto il tragitto. ⬦ *vt* **-1.** [possess]: **to ~ (got)** avere; **I ~ no money, I haven't got any money** non ho soldi; **you ~ no right to say that** non hai nessun diritto di dire questo; **she's got lots of imagination** ha moltissima immaginazione **-2.** [experience illness] avere; **to ~ a cold** avere il raffreddore **-3.** [need to deal with]: **to ~ (got)** avere; **I've got things to do** ho delle cose da fare **-4.** [receive]: **I had some bad news today** ho ricevuto delle brutte notizie oggi **-5.** [referring to an action, instead of another verb]: **to ~ a look/read** dare un'occhiata/una lettura; **to ~ a swim/walk/talk** fare una nuotata/passeggiata/chiacchierata; **to ~ a bath/shower** farsi il bagno/la doccia; **to ~ breakfast** fare colazione; **to ~ lunch/dinner** pranzare/cenare; **to ~ a meeting** fare una riunione; **to ~ a cigarette** fumare una sigaretta; **to ~ no choice** non avere scelta **-6.** [give birth to] avere; **to ~ a baby** avere un bambino **-7.** [cause to be done]: **to ~ sb do sthg** far fare qc a qn; **to ~ sthg done** far fare qc; **I'm having my car repaired** mi sto facendo riparare la macchina; **to ~ one's hair cut** farsi tagliare i capelli **-8.** [be treated in a certain way]: **to ~ sthg done** farsi fare qc; **I had my car stolen** mi sono fatto rubare la macchina **-9.** [experience, suffer] avere; **to ~ an accident** avere un incidente; **I had a nasty surprise** ho avuto una brutta sorpresa; **to ~ a good time** divertirsi **-10.** *inf* [cheat]: **to be had** farsi fregare **-11.** *phr*: **to ~ it in for sb** avercela con qn; **to ~ had it** [car, machine, clothes] essere da buttare; **I've had it!** non ne posso più! ⬦ *modal vb* [be obliged]: **to ~ (got) to do sthg** dover fare qc; **do you ~ to go, ~ you got to go?** devi andare?; **I've got to go to work** devo andare a lavorare

I just ~ to finish this essay devo proprio finire questo tema. ◆ **have on** *vt sep* **-1.** [be wearing] portare, avere addosso; **she had a red sweater on** portava una maglia rossa; **to ~ nothing on** non aveva niente addosso **-2.** [tease] prendere in giro. ◆ **have out** *vt sep* **-1.** [have removed] farsi togliere **-2.** [discuss frankly]: **to ~ it out with sb** chiarire le cose con qn.

haven ['heɪvn] *n* rifugio *m*.

haven't ['hævnt] *cont* = **have not**.

havoc ['hævək] *n* rovina *f*; **to play ~ with sthg** rovinare qc.

Hawaii [hə'waɪɪ] *n* Hawaii *fpl*; **in ~** alle Hawaii.

hawk [hɔːk] *n* falco *m*.

hawker ['hɔːkəʳ] *n* **-1.** [street vendor] venditore *m*, -trice *f* ambulante **-2.** [door-to-door] venditore *m*, -trice *f* porta a porta.

hay [heɪ] *n* fieno *m*.

hay fever *n* raffreddore *m* da fieno.

haystack ['heɪstæk] *n* pagliaio *m*.

haywire ['heɪwaɪəʳ] *adj inf*: **to go ~** dare i numeri.

hazard ['hæzəd] ◇ *n* pericolo *m*. ◇ *vt* **-1.** [life, reputation] mettere in pericolo **-2.** [guess, suggestion] azzardare.

hazardous ['hæzədəs] *adj* pericoloso(a).

hazard warning lights *npl UK* luci *fpl* di emergenza.

haze [heɪz] *n* **-1.** [mist] foschia *f* **-2.** [state of confusion] disorientamento *m*.

hazelnut ['heɪzl,nʌt] *n* nocciola *f*.

hazy ['heɪzɪ] *adj* **-1.** [misty] nebbioso(a) **-2.** [vague, confused] confuso(a).

he [hiː] *pers pron* lui; **~ 's tall** è alto; **he can't do it** lui non può farlo; **~ and I went out together last night** io e lui siamo usciti insieme ieri sera; **if I were** OR **was ~** *fml* se fossi in lui; **there ~ is** eccolo; **a judge must do as ~ thinks fit** [referring to man or woman] un giudice deve fare quello che ritiene giusto; **~ 's a lovely dog/cat** è un cane/gatto adorabile.

head [hed] ◇ *n* **-1.** [gen] testa *f*; **a** OR **per ~** a testa; **to sing/shout one's ~ off** cantare/urlare a squarciagola; **to laugh one's ~ off** ridere a crepapelle; **to have a good ~ for sthg** essere portato per qc; **to be off one's ~** *UK* OR **to be out of one's ~** *US inf* essere fuori di testa; **to go to one's ~** dare alla testa a qn; **to keep one's ~** mantenere il sangue freddo; **to lose one's ~** perdere la testa; **to be soft in the ~** essere scemo **-2.** [of stairs, queue, page] cima *f*; [of nail, hammer, bed] testa *f*; **at the ~ of the** table a capotavola **-3.** [of cabbage] cespo *m*; [of flower] cima *f* **-4.** [of company, family] capo *m*; [of department] responsabile *mf* **-5.** [head teacher] preside *mf* **-6.** ELECTRON testina *f*. ◇ *vt* **-1.** [be at front or top of] essere in cima a **-2.** [be in charge of] essere a capo di **-3.** FTBL colpire di testa. ◇ *vi* dirigersi; **where are you ~ing?** dove sei diretto? ◆ **heads** *npl* testa *f*; **~ s or tails?** testa o coda?. ◆ **head for** *vt insep* **-1.** [place] dirigersi a **-2.** *fig* [trouble, disaster] andare incontro a.

headache ['hedeɪk] *n* mal di testa *m*; **to have a ~** avere mal di testa.

headband ['hedbænd] *n* fascia *f* per capelli.

headdress ['hed,dres] *n* acconciatura *f*.

header ['hedəʳ] *n* **-1.** FTBL colpo *m* di testa **-2.** [at top of page] intestazione *f*.

headfirst *adv* [fall] a testa in giù; [dive] di testa.

heading ['hedɪŋ] *n* titolo *m*.

headlamp ['hedlæmp] *n UK* faro *m*.

headland ['hedlənd] *n* promontorio *m*.

headlight ['hedlaɪt] *n* faro *m*.

headline ['hedlaɪn] *n* titolo. ◆ **headlines** *npl* titoli *mpl* principali.

headlong ['hedlɒŋ] *adv* **-1.** [gen] a capofitto **-2.** [at great speed] precipitosamente.

headmaster [,hed'mɑːstəʳ] *n* preside *m*.

headmistress [,hed'mɪstrɪs] *n* preside *f*.

head office *n* sede *f* centrale.

head on ◇ *adj* frontale. ◇ *adv* frontalmente.

headphones ['hedfəʊnz] *npl* cuffie *fpl*.

headquarters [,hed'kwɔːtəz] *npl* [of business, organization] sede *f* centrale; MIL quartier generale *m*.

headrest ['hedrest] *n* poggiatesta *m inv*.

headroom ['hedrʊm] *n* [below bridge] altezza *f*; [in car] spazio *m* sopra la testa.

headscarf ['hedskɑːf] (*pl* **-scarves** OR **-scarfs**) *n* foulard *m inv*.

headset ['hedset] *n* cuffie *fpl*.

head start *n* vantaggio *m*; **~ on** OR **over sb** vantaggio su qn.

headstrong ['hedstrɒŋ] *adj* testardo(a).

head waiter *n* capo cameriere *m*.

headway ['hedweɪ] *n*: **to make ~** fare progressi.

headword ['hedwɜːd] *n* lemma *m*.

heady ['hedɪ] *adj* **-1.** [exciting] eccitante **-2.** [causing giddiness]: **a ~ perfume** un profumo che dà alla testa.

heal [hi:l] ◇ *vt* **-1.** [mend, cure] guarire **-2.** *fig* [breach, division] sanare. ◇ *vi* guarire.

healing ['hi:lɪŋ] ◇ *adj* curativo(a). ◇ *n* guarigione *f*.

health [helθ] *n* **-1.** [condition of body] salute *f* **-2.** *fig* [of country, organization] condizioni *fpl*.

health centre *n* poliambulatorio *m*.

health food *n* alimenti *mpl* macrobiotici.

health food shop *n* negozio *m* di macrobiotica.

health service *n* sistema *m* sanitario.

healthy ['helθɪ] *adj* **-1.** [gen] sano(a) **-2.** *fig* [thriving] florido(a) **-3.** [substantial] buono(a).

heap [hi:p] ◇ *n* mucchio *m*. ◇ *vt* [pile up] ammucchiare; **to ~ sthg on(to) sthg** ammucchiare qc su qc. **◆ heaps** *npl inf* **~ s of** un mucchio di.

hear [hɪəʳ] (*pt & pp* **heard** [hɜ:d]) ◇ *vt* **-1.** [perceive] sentire; **to ~ (that)** sentire che; **I ~ (that) you've got a new boyfriend** ho sentito che hai un nuovo ragazzo **-2.** LAW esaminare. ◇ *vi* **-1.** [perceive sound, know] sentire; **to ~ about sthg** sentire di qc **-2.** [receive news] sapere; **to ~ about sthg** sapere di qc; **to ~ from sb** avere notizie di qn **-3.** *phr*: **I won't ~ of it!** non ne voglio sapere!.

hearing ['hɪərɪŋ] *n* **-1.** [sense] udito *m*; **hard of ~** duro(a) d'orecchio **-2.** [LAW & trial] udienza *f*.

hearing aid *n* apparecchio *m* acustico.

hearsay ['hɪəseɪ] *n* dicerie *fpl*.

hearse [hɜ:s] *n* carro *f* funebre.

heart [hɑ:t] *n* **-1.** [gen] cuore *m*; **from the ~** dal cuore; **to break sb's ~** spezzare il cuore a qn **-2.** [courage] coraggio *m*; **to lose ~** perdersi d'animo. **◆ hearts** *npl* cuori *mpl*. **◆ at heart** *adv* in fondo; **she's sorry at ~** le dispiace di cuore; **to be young at ~** essere giovane di spirito. **◆ by heart** *adv* a memoria.

heartache ['hɑ:teɪk] *n* sofferenza *f (morale)*.

heart attack *n* infarto *m*.

heartbeat ['hɑ:tbi:t] *n* battito *m* cardiaco.

heartbroken ['hɑ:t,brəʊkn] *adj* sconsolato(a).

heartburn ['hɑ:tbɜ:n] *n* bruciore *m* di stomaco.

heart failure *n* arresto *m* cardiaco.

heartfelt ['hɑ:tfelt] *adj* sentito(a).

hearth [hɑ:θ] *n* focolare *m*.

heartless ['hɑ:tlɪs] *adj* senza cuore.

heartwarming ['hɑ:t,wɔ:mɪŋ] *adj* confortante.

hearty ['hɑ:tɪ] *adj* **-1.** [loud, energetic] caloroso(a) **-2.** [meal] abbondante; [appetite] grande.

heat [hi:t] ◇ *n* **-1.** [warmth] calore *m* **-2.** [specific temperature] temperatura *f* **-3.** [fire, source of heat] fuoco *m* **-4.** [hot weather] caldo *m* **-5.** *fig* [pressure] eccitazione *f* **-6.** [eliminating round] eliminatoria *f* **-7.** ZOOL: **on ~** *UK* OR **in ~** in calore. ◇ *vt* scaldare. **◆ heat up** ◇ *vt sep* [make warm] scaldare. ◇ *vi* [become warm] scaldarsi.

heated ['hi:tɪd] *adj* **-1.** [room, swimming pool] riscaldato(a) **-2.** [argument, person] accalorato(a).

heater ['hi:təʳ] *n* [in room] termosifone *m*; [in car] riscaldamento *m*.

heath [hi:θ] *n* landa *f*.

heathen ['hi:ðn] ◇ *adj* pagano(a). ◇ *n* pagano *m*, -a *f*.

heather ['heðəʳ] *n* erica *f*.

heating ['hi:tɪŋ] *n* riscaldamento *m*.

heatstroke ['hi:tstrəʊk] *n* colpo *m* di calore.

heat wave *n* ondata *f* di caldo.

heave [hi:v] ◇ *vt* **-1.** [pull] trascinare con forza; [push] spingere con forza **-2.** *inf* [throw] gettare con forza **-3.** [give out]: **to ~ a sigh** tirare un sospiro. ◇ *vi* **-1.** [pull] tirare *(con uno strattone)* **-2.** [rise and fall] sollevarsi **-3.**: **my stomach was heaving** mi si stava rivoltando lo stomaco.

heaven ['hevn] *n* [Paradise] paradiso *m*. **◆ heavens** ◇ *npl*: **the ~s** *lit* il cielo. ◇ *excl*: **(good) ~s!** santo cielo!

heavenly ['hevnlɪ] *adj inf dated* [delightful] meraviglioso(a).

heavily ['hevɪlɪ] *adv* **-1.** [for emphasis - rain] forte; [- smoke, drink] molto; [- dependent, populated] fortemente; **to be ~ in debt** essere carico di debiti **-2.** [solidly] solidamente **-3.** [noisily] forte **-4.** [ponderously] pesantemente **-5.** [deeply] profondamente.

heavy ['hevɪ] *adj* **-1.** [gen] pesante; **how ~ is it?** quanto pesa? **-2.** [in quantity, using large quantities - rain] forte; [- traffic, concentration] intenso(a); [- casualties] numeroso(a); [- losses, expenses] ingente; **to be a ~ drinker/smoker** bere/fumare molto **-3.** [person] robusto(a) **-4.** [ponderous - step, movement] pesante; [- breathing, fall] rumoroso(a); [- blow] violento(a); [- irony] estremo(a) **-5.** [busy] pieno(a).

heavy cream *n* US panna *f* densa.

heavy goods vehicle *n* UK veicolo *m* adibito al trasporto pesante.

heavyweight ['hevɪweɪt] ◇ *adj* [SPORT & match] di pesi massimi; **a ~ boxer** un peso *m* massimo. ◇ *n* **-1.** SPORT peso *m* massimo **-2.** [intellectual] figura *f* di spicco.

Hebrew ['hi:bru:] ◇ *adj* ebreo(a). ◇ *n* **-1.** [person] ebreo *m*, -a *f* **-2.** [language] ebraico *m*.

heck [hek] *excl*: **what/where/why the ~ ...?** cosa/dove/perché diavolo...?; **a ~ of a** nice guy un tipo veramente simpatico; **a ~ of a lot of people** una marea di gente.

heckle ['hekl] *vt & vi* interrompere continuamente.

hectic ['hektɪk] *adj* frenetico(a).

he'd [hi:d] *cont* = he had; he would.

hedge [hedʒ] ◇ *n* siepe *f*. ◇ *vi* essere evasivo(a).

hedgehog ['hedʒhɒg] *n* riccio *m*.

heed [hi:d] ◇ *n*: **to take ~ of sthg** dare ascolto a qc. ◇ *vt fml* [advice, warning, lesson] tenere conto di.

heedless ['hi:dlɪs] *adj*: **~ of sthg** noncurante di qc.

heel [hi:l] *n* **-1.** [of foot] tallone *m* **-2.** [of shoe] tacco *m*.

hefty ['heftɪ] *adj inf* **-1.** [person] robusto(a) **-2.** [salary, fee, fine] grosso(a).

heifer ['hefə^r] *n* giovenca *f*.

height [haɪt] *n* **-1.** [gen] altezza *f*; **5 metres in ~** alto 5 metri; **what ~ is it/are you?** quanto è/sei alto? **-2.** [zenith] culmine *m*; **the ~ of stupidity/ignorance** il colmo della stupidità/dell'ignoranza; **at the ~ of the season** in piena stagione.

heighten ['haɪtn] *vt & vi* aumentare.

heir [eə^r] *n* erede *mf*.

heiress ['eərɪs] *n* ereditiera *f*.

heirloom ['eəlu:m] *n* cimelio *m* di famiglia.

heist [haɪst] *n inf* rapina *f*.

held [held] *pt & pp* ▷ hold.

helicopter ['helɪkɒptə^r] *n* elicottero *m*.

hell [hel] ◇ *n* **-1.** [gen] inferno *m* **-2.** *inf* [for emphasis]: **what/where/why etc the ~ ...?** cosa/dove/perché etc diavolo...?; **one** OR **a ~ of a mess** un casino tremendo; **he's one ~ of a nice guy** è un tipo simpaticissimo **-3.** *phr*: **to do sthg for the ~ of it** *inf* fare qc tanto per fare qualcosa; **to give sb ~** *inf* [verbally] rendere la vita impossibile a qn; **go to ~!** *v inf* vai al diavolo! ◇ *excl inf* porca miseria!

he'll [hi:l] *cont* = he will.

hellish ['helɪʃ] *adj inf* infernale.

hello [hə'ləʊ] *excl* **-1.** [greeting – to friends, family] ciao!; [– more formal] buongiorno!; [– on answering telephone] pronto! **-2.** [to attract attention] ehi!

helm [helm] *n* timone *m*.

helmet ['helmɪt] *n* casco *m*.

help [help] ◇ *n* aiuto *m*; **to be of ~** essere d'aiuto; **with the ~ of** con l'aiuto di; **to be a ~** essere d'aiuto. ◇ *vt* **-1.** [gen] aiutare; **to ~ sb (to) do sthg** aiutare qn (a fare qc); **to ~ sb with sthg** aiutare qn con qc; **can I ~ you?** [in shop, at reception] desidera? **-2.** [avoid]: **I can't ~ doing sthg** non posso fare a meno di fare qc; **I can't ~ it** non ci posso fare niente **-3.** *phr*: **to ~ o.s. (to sthg)** servirsi (di qc). ◇ *vi* **-1.** [assist] aiutare; **to ~ with sthg** aiutare con qc **-2.** [make things easier] essere d'aiuto. ◇ *excl* aiuto. ◆ **help out** *vt & vi sep* aiutare.

helper ['helpə^r] *n* **-1.** [on any task] aiutante *mf* **-2.** US [to do housework] persona *f* di servizio.

helpful ['helpfʊl] *adj* **-1.** [willing to help] disponibile, **you've been most ~** mi sei stato di grande aiuto **-2.** [useful] utile.

helping ['helpɪŋ] *n* porzione *f*; **would you like a second ~?** ne vuoi ancora?

helpless ['helplɪs] *adj* **-1.** [powerless – person] impotente; [– look, gesture] disperato(a) **-2.** [defenceless – child] indifeso(a); [– victim] inerme.

helpline ['helplaɪn] *n* linea *f* di assistenza telefonica.

Helsinki *n* Helsinki *f*.

hem [hem] ◇ *n* orlo *m*. ◇ *vi* fare l'orlo a. ◆ **hem in** *vt sep* intrappolare.

hemisphere ['hemɪ,sfɪə^r] *n* emisfero *m*.

hemline ['hemlaɪn] *n* orlo *m*.

hemorrhage *n* emorragia *f*.

hemorrhoids *npl* emorroidi *fpl*.

hen [hen] *n* **-1.** [female chicken] gallina *f* **-2.** [female bird] femmina *f*.

hence [hens] *adv fml* **-1.** [therefore] ecco perché **-2.** [from now]: **ten years ~** da qui a dieci anni.

henceforth *adv fml* d'ora in poi.

henchman ['hentʃmən] (*pl* **-men**) *n pej* tirapiedi *m inv*.

henna ['henə] ◇ *n* henné *m inv*. ◇ *vt* tingere con l'henné.

henpecked ['henpekt] *adj pej* dominato dalla moglie.

her [hɜ:^r] ◇ *pers pron* **-1.** (direct: unstressed) la; **I know** ~ la conosco; **I like** ~ mi è simpatica; **it's** ~ è lei **-2.** *(direct: stressed)* lei; **you can't expect her to do it** non puoi aspettarti che lo faccia lei **-3.** *(direct)* [referring to animal, car, ship etc] lo (la) **-4.** *(indirect)* le; **we spoke to** ~ le abbiamo parlato; **he sent** ~ **a letter** le ha mandato una lettera; **I gave it to** ~ gliel'ho dato **-5.** *(after prep, in comparisons etc)* lei; **we went with/without** ~ siamo andati insieme a/senza di lei; **I'm shorter than** ~ sono più bassa di lei. ◇ *poss adj* suo (sua), suoi *mpl* (sue *fpl*); ~ **father/mother** suo padre/sua madre; ~ **children** i suoi figli; ~ **shoes** le sue scarpe; ~ **coat** il suo cappotto; ~ **bedroom** la sua camera da letto; ~ **name is Sarah** si chiama Sarah; **it was her fault** è stata sua la colpa.

herald ['herəld] ◇ *vt fml* **-1.** [signify, usher in] annunciare **-2.** [proclaim] acclamare. ◇ *n* [messenger] araldo *m*.

herb [hɜːb, *US* ɜːrb] *n* erba *f* aromatica.

herd [hɜːd] ◇ *n* **-1.** [of cattle] mandria *f*; [of wild animals] branco *m* **-2.** [of people] massa *f*. ◇ *vt* **-1.** [drive] guidare **-2.** *fig* [push] ammassare.

here [hɪəʳ] *adv* **-1.** [in, at this place] qui; ~ **he is/they are** eccolo/eccoli; ~ **it is** eccolo/eccola; ~ **is/are** ecco; ~ **and there** qui e là **-2.** [present]: **to be/get** ~ arrivare; **he's not** ~ **today** oggi non c'è.

hereabouts ['hɪərə,baʊts] *UK*, **hereabout** ['hɪərə,baʊt] *US adv* nei paraggi.

hereafter [,hɪər'ɑːftəʳ] ◇ *adv fml* qui di seguito. ◇ *n:* **the** ~ **l'aldilà** *m*.

hereby [,hɪə'baɪ] *adv fml* [in document] con la presente; [in formal speech]: **I** ~ **declare this theatre open** con questo dichiaro aperto il teatro.

hereditary [hɪ'redɪtrɪ] *adj* ereditario(a).

heresy ['herəsɪ] *n lit & fig* eresia *f*.

herewith [,hɪə'wɪð] *adv fml* in allegato.

heritage ['herɪtɪdʒ] *n* patrimonio *f*.

hermit ['hɜːmɪt] *n* eremita *m*.

hernia ['hɜːnɪə] *n* ernia *f*.

hero ['hɪərəʊ] *(pl* **-es)** *n* eroe *m*.

heroic [hɪ'rəʊɪk] *adj* eroico(a). ◆ **heroics** *npl pej* inutili eroismi *mpl*.

heroin ['herəʊɪn] *n* eroina *f*.

heroine ['herəʊɪn] *n* eroina *f*.

heron ['herən] *(pl* **-s)** *n* airone *m*.

herring ['herɪŋ] *(pl* **-s)** *n* aringa *f*.

hers [hɜːz] *poss pron* il suo (la sua); [with plural] i suoi (le sue); **my house and** ~ la mia casa e la sua; ~ **is broken** il suo è guasto; **that money is** ~ questi soldi sono

suoi; **a friend of** ~ un suo amico; **it wasn't her fault: it was hers** non è stata mia la colpa, ma sua.

herself [hɜː'self] *pron* **-1.** *(reflexive)* si; **she made** ~ **comfortable** si è messa a suo agio; **she hates** ~ **for what she did** si detesta per quello che ha fatto **-2.** *(after prep)* sé, se stessa; **she should take better care of** ~ dovrebbe prendersi più cura di sé; **she was annoyed with** ~ ce l'aveva con se stessa **-3.** *(stressed)* lei stessa; **she did it** ~ lo ha fatto lei stessa; **I didn't speak to the nurse** ~ non ho parlato con l'infermiera in persona OR direttamente con l'infermiera.

he's [hiːz] *cont* = **he is; he has.**

hesitant ['hezɪtənt] *adj* incerto(a).

hesitate ['hezɪteɪt] *vi* esitare; **to** ~ **to do sthg** esitare a fare qc.

hesitation [,hezɪ'teɪʃn] *n* esitazione *f*.

heterosexual [,hetərə'sekʃʊəl] ◇ *adj* eterosessuale. ◇ *n* eterosessuale *mf*.

het up *adj inf* agitato(a).

hexagon ['heksəgən] *n* esagono *m*.

hey [heɪ] *excl* ehi!

heyday ['heɪdeɪ] *n* tempi *mpl* d'oro.

HGV *(abbr of* **heavy goods vehicle)** *n* veicolo *per trasporti pesanti.*

hi [haɪ] *excl inf* [hello] ciao!

hiatus [haɪ'eɪtəs] *(pl* **-es)** *n fml* pausa *f*.

hibernate ['haɪbəneɪt] *vi* andare in letargo.

hiccough, hiccup ['hɪkʌp] ◇ *n* **-1.** [sound] singhiozzo *m*; **to have** ~**s** avere il singhiozzo **-2.** *fig* [difficulty] intoppo *m*. ◇ *vi* avere il singhiozzo.

hid [hɪd] *pt* ▷**hide.**

hidden ['hɪdn] ◇ *pp* ▷**hide.** ◇ *adj* nascosto(a).

hide [haɪd] *(pt* **hid,** *pp* **hidden)** ◇ *vt* [conceal, cover] nascondere; **to** ~ **sthg (from sb)** nascondere qc a qn. ◇ *vi* [conceal o.s.] nascondersi. ◇ *n* **-1.** [animal skin] pelle *f* **-2.** [for watching birds, animals] postazione *f* nascosta *(per osservare degli animali)*.

hide-and-seek *n* nascondino *m*.

hideaway ['haɪdəweɪ] *n inf* nascondiglio *m*.

hideous ['hɪdɪəs] *adj* orribile.

hiding ['haɪdɪŋ] *n* **-1.** [concealment]: **in** ~ nascosto(a) **-2.** *inf* [beating]: **to give sb/get a (good)** ~ darle a qn/prendersele di santa ragione.

hiding place *n* nascondiglio *m*.

hierarchy ['haɪərɑːkɪ] *n* gerarchia *f*.

hi-fi ['haɪfaɪ] *n* hi-fi *m inv.*

high [haɪ] ◇ *adj* **-1.** [gen] alto(a); **how ~ is it?** quanto è alto? **-2.** [greater than normal - prices, speeds] alto(a); [- unemployment, wind] forte; [- altitude] high; **temperatures in the ~ twenties** temperature poco sotto i trenta gradi **-3.** [on drugs] fatto(a); **~ on cocaine** fatto di cocaina **-4.** *inf* [drunk] sbronzo(a). ◇ *adv* in alto; **to aim ~** mirare in alto. ◇ *n* [highest point] massimo *m.*

highbrow ['haɪbraʊ] *adj* intellettuale.

high chair *n* seggiolone *m.*

high-class *adj* di alto livello.

high commission *n* alta commissione *f.*

High Court *n UK* LAW ≃ Corte *f* di cassazione.

higher ['haɪər] *adj* superiore. ◆ **Higher** *n*: **Higher (Grade)** SCH *esame sostenuto al termine della scuola secondaria superiore in Scozia.*

higher education *n* istruzione *f* universitaria.

high jump *n* SPORT salto in alto *m.*

Highlands *npl*: **the ~** le Highlands *(regione montagnosa del nord della Scozia).*

highlight ['haɪlaɪt] ◇ *n* momento *m* clou *inv.* ◇ *vt* evidenziare. ◆ **highlights** *npl* colpi *mpl* di luce.

highlighter (pen) *n* evidenziatore *m.*

highly ['haɪlɪ] *adv* **-1.** [very, extremely] estremamente **-2.** [very well, favourably] molto bene **-3.** [at an important level]: **~ placed** altolocato(a); **to be ~ connected** conoscere le persone giuste.

highly-strung *adj* nervoso(a).

Highness *n*: **His/Her/Your (Royal) ~** Sua Altezza (Reale); **Their (Royal) ~es** le Loro Altezze (Reali).

high-pitched *adj* acuto(a).

high point *n* momento *m* culminante.

high-powered [-'paʊəd] *adj* **-1.** [powerful] potente **-2.** [dynamic - job, university] prestigioso(a); [- person] dinamico(a).

high-ranking *adj* di alto rango.

high-rise *adj*: **~ building** palazzo *m* di molti piani.

high school *n UK* scuola *f* superiore *(dagli 11 ai 18 anni); US* scuola *f* superiore *(dai 15 ai 18 anni).*

high season *n* alta stagione *f.*

high spot *n* evento *m* culminante.

high street *n UK* via *f* principale.

high-tech *adj* high-tech *inv.*

high tide *n* alta marea *f.*

highway ['haɪweɪ] *n* **-1.** *US* [main road between cities] autostrada *f* **-2.** *UK* [LAW & any main road] strada *f* principale.

Highway Code *n UK*: **the ~** il codice stradale.

hijack ['haɪdʒæk] ◇ *n* dirottamento *m.* ◇ *vt* dirottare.

hijacker ['haɪdʒækər] *n* dirottatore *m,* -trice *f.*

hike [haɪk] ◇ *n* escursione *f* a piedi. ◇ *vi* fare un'escursione a piedi.

hiker ['haɪkər] *n* escursionista *mf.*

hiking ['haɪkɪŋ] *n* escursioni *fpl* a piedi; **to go ~** fare delle escursioni a piedi.

hilarious [hɪ'leərɪəs] *adj* esilarante.

hill [hɪl] *n* **-1.** [mound] collina *f* **-2.** [slope - up] salita *f*; [- down] discesa *f.*

hillside ['hɪlsaɪd] *n* fianco *m* di collina.

hilly ['hɪlɪ] *adj* collinoso(a).

hilt [hɪlt] *n* elsa *f*; **to support/defend sb to the ~** sostenere/difendere qn a spada tratta; **to be mortgaged to the ~** essere indebitato(a) fino al collo.

him [hɪm] *pers pron* **-1.** *(direct: unstressed)* lo; **I know ~** lo conosco; **I like ~** mi è simpatico; **it's ~** è lui **-2.** *(direct: stressed)* lui; **you can't expect him to do it** non puoi aspettarti che lo faccia lui **-3.** [referring to animal] lo (la) **-4.** *(indirect)* gli; **we spoke to ~** gli abbiamo parlato; **she sent ~ a letter** gli ha mandato una lettera; **I gave it to ~** gliel'ho dato **-5.** *(after prep, in comparisons etc)* lui; **we went with/without ~** siamo andati insieme a/senza di lui; **I'm shorter than ~** sono più basso di lui.

Himalayas [ˌhɪmə'leɪəz] *npl*: **the ~** l'Himalaia *f.*

himself [hɪm'self] *pron* **-1.** *(reflexive)* si; **he made ~ comfortable** si è messo a suo agio; **he hates ~ for what he did** si detesta per quello che ha fatto **-2.** *(after prep)* sé, se stesso; **he should take better care of ~** dovrebbe prendersi più cura di sé; **he was annoyed with ~** ce l'aveva con se stesso **-3.** *(stressed)* lui stesso; **he did it ~** lo ha fatto lui stesso; **I didn't speak to the manager ~** non ho parlato con il direttore in persona OR direttamente con il direttore.

hind [haɪnd] *(pl* **-s)** ◇ *adj* posteriore. ◇ *n* cerva *f.*

hinder ['hɪndər] *vt* ostacolare.

hindrance ['hɪndrəns] *n* ostacolo *m.*

hindsight ['haɪndsaɪt] *n*: **with the benefit of ~** con il senno del poi.

Hindu ['hɪnduː] *(pl* **-s)** ◇ *adj* indù *inv.* ◇ *n* indù *mf inv.*

hinge [hɪndʒ] n cardine m. ◆ **hinge (up)on** vt insep dipendere da.

hint [hɪnt] ◇ n -1. [indirect suggestion] allusione f; **to drop a ~** far capire -2. [useful suggestion, tip] consiglio m -3. [small amount, trace] accenno m. ◇ vi: **to ~ at sthg** alludere a qc. ◇ vt: **to ~ that** suggerire che.

hip [hɪp] n [part of body] fianco m; [bone] anca f.

hippie ['hɪpɪ] n hippy mf inv.

hippo ['hɪpəʊ] (pl **-s**) n ippopotamo m.

hippopotamus [,hɪpə'pɒtəməs] (pl **-muses** OR **-mi**) n ippopotamo m.

hippy ['hɪpɪ] n = hippie.

hire ['haɪəʳ] ◇ n [of car, equipment] noleggio m; **for ~** [bicycles, cars] a noleggio; [taxi] libero. ◇ vt -1. [rent] noleggiare -2. [employ] ingaggiare. ◆ **hire out** vt sep dare a noleggio; **to ~ out one's services** vendere le proprie prestazioni.

hire car n UK autonoleggio m.

hire purchase n UK acquisto m a rate.

his [hɪz] ◇ poss adj (unstressed) [referring to man, boy] suo (sua); [with plural] suoi (sue); **~ father/mother** suo padre/sua madre; **~ children** i suoi figli; **~ shoes** le sue scarpe; **~ coat** il suo cappotto; **~ bedroom** la sua camera da letto; **~ name is Joe** si chiama Joe; **it was his fault** è stata sua la colpa. ◇ poss pron il suo (la sua), i suoi mpl (le sue fpl); **my house and ~** la mia casa e la sua; **~ is broken** il suo è guasto; **that money is ~** questi soldi sono suoi; **a friend of ~** un suo amico; **it wasn't my fault: it was his** non è stata mia la colpa, ma sua.

hiss [hɪs] ◇ n [of snake, cat, steam] sibilo m; [of audience, crowd] fischio m. ◇ vi sibilare.

historic [hɪ'stɒrɪk] adj storico(a).

historical [hɪ'stɒrɪkəl] adj storico(a).

history ['hɪstərɪ] n -1. [gen] storia f -2. [past record] storia f, precedenti mpl; **medical ~** anamnesi f; **employment ~** esperienza f professionale.

hit [hɪt] (pt & pp **hit**) ◇ n -1. [blow] colpo m -2. [successful strike]: **to take a direct ~** essere colpito(a) in pieno; **to score a ~** fare centro -3. [success] successo m; **she was a big ~** ha avuto un successo strepitoso -4. COMPUT visita f. ◇ comp di successo. ◇ vt -1. [strike a blow at, affect badly] colpire -2. [crash into - vehicle] sbattere contro; [- stone, ball] colpire -3. [reach - place] raggiungere; [- level, record] toccare -4. phr: **to ~ it off (with sb)** andare d'accordo (con qn).

hit-and-miss adj = hit-or-miss.

hit-and-run ◇ n incidente in cui l'investitore fugge. ◇ adj: **~ driver** pirata m della strada; **~ accident** incidente m con omissione di soccorso.

hitch [hɪtʃ] ◇ n contrattempo m. ◇ vt -1. [catch]: **to ~ a lift** fare l'autostop; **can I ~ a lift with you to the station?** mi dai uno strappo alla stazione? -2. [fasten]: **to ~ sthg on(to) sthg** attaccare qc a qc. ◇ vi [hitchhike] fare l'autostop. ◆ **hitch up** vt sep tirare su.

hitchhike ['hɪtʃhaɪk] vi fare l'autostop.

hitchhiker ['hɪtʃhaɪkəʳ] n autostoppista mf.

hi-tech adj = high-tech.

hitherto [,hɪðə'tuː] adv fml fino ad ora.

hit-or-miss adj casuale.

HIV (abbr of **human immunodeficiency virus**) n HIV m; **to be ~-positive** essere sieropositivo(a).

hive [haɪv] n alveare m; **to be a ~ of activity** fig fervere di attività. ◆ **hive off** vt sep separare; **to ~ off sthg to sthg** trasferire qc a qc.

hoard [hɔːd] ◇ n [of food] scorte fpl; [of money] gruzzolo m. ◇ vt [collect, save] accumulare.

hoarding ['hɔːdɪŋ] n UK pannello m per manifesti pubblicitari.

hoarse [hɔːs] adj rauco(a).

hoax [həʊks] n burla f; **~ call** falso allarme m.

hob [hɒb] n UK [on cooker] fornello m.

hobble ['hɒbl] vi camminare a fatica.

hobby ['hɒbɪ] n hobby m inv.

hobbyhorse ['hɒbɪhɔːs] n -1. [toy] giocattolo costituito da una testa di cavallo montata su un bastone -2. [favourite topic] argomento m preferito.

hobo ['həʊbəʊ] (pl **-es** OR **-s**) n US vagabondo m, -a f.

hockey ['hɒkɪ] n -1. hockey m (su prato) -2. US hockey m (su ghiaccio) .

hockey stick n bastone m da hockey.

hoe [həʊ] ◇ n zappa f. ◇ vt zappare.

hog [hɒg] ◇ n -1. US [pig] maiale m -2. in[greedy person] ingordo m, -a f -3. phr: **to go the whole ~** andare fino in fondo. ◇ vt inf [monopolize] monopolizzare.

Hogmanay ['hɒgməneɪ] n il 31 dicembre e celebrazioni di fine anno in Scozia.

hoist [hɔɪst] ◇ n paranco m. ◇ vt issare.

hold [həʊld] (pt & pp **held** [held]) ◇ vt -[gen] tenere; **to ~ sb prisoner/hostage** t nere qn prigioniero/in ostaggio **-2.** [have, possess] avere **-3.** [conduct, stage – conversation] avere; [– elections] indire; [– meeting] tenere; [– party] dare **-4.** *fml* [consider] ritenere; **to ~ (that)** ritenere che; **to ~ sb responsible for sthg** ritenere qn responsabile di qc **-5.** [on telephone]: **please ~ the line** resti in linea, per favore **-6.** [keep, sustain] mantenere **-7.** MIL [defend] difendere; [control] occupare **-8.** [support] reggere **-9.** [contain – object] contenere; [– future] riservare **-10.** [have space for] poter contenere **-11.** *phr:* **~ it!** aspetta! OR aspettate!; **~ everything!** ferma OR fermate tutto!; **to ~ one's own** cavarsela bene. ⬦ *vi* **-1.** [promise, objection] rimanere valido(a); [weather] reggere; [luck] continuare; **to ~ still** OR **steady** stare fermo **-2.** [on phone] rimanere in linea. ⬦ *n* **-1.** [grasp, grip] presa *f*; **to keep ~ of sthg** [with hand] tenere qc; [save] conservare qc; **to take** OR **lay ~ of sthg** afferrare qc; **to get ~ of sthg** procurarsi qc; **to get ~ of sb** contattare qn **-2.** [of ship, aircraft] stiva *f* **-3.** [control, influence] influsso *m*. ● **hold back** *vt sep* **-1.** [repress] trattenere **-2.** [keep secret] nascondere. ● **hold down** *vt sep* tenersi. ● **hold off** *vt sep* [fend off] respingere. ● **hold on** *vi* **-1.** [wait] aspettare; [on phone] rimanere in linea **-2.** [grip]: **to ~ on (to sthg)** tenersi (a qc). ● **hold out** ⬦ *vt sep* [hand, arms] tendere. ⬦ *vi* **-1.** [last] durare **-2.** [resist]: **to ~ out (against sb/sthg)** resistere (a qn/qc). ● **hold up** *vt sep* **-1.** [raise] alzare **-2.** [delay] rallentare; **I was held up at work** sono stato trattenuto al lavoro.

holdall ['həʊldɔːl] *n UK* borsone *m*.

holder ['həʊldə^r] *n* **-1.** [container] contenitore *m*; **a cigarette ~** un portasigarette **-2.** [of licence, passport] titolare *mf*; [of title] detentore *m*, -trice *f*.

holding ['həʊldɪŋ] *n* **-1.** [investment] capitale *m* azionario **-2.** [farm] podere *m*.

holdup *n* **-1.** [robbery] assalto *m* **-2.** [delay] ritardo *m*.

hole [həʊl] *n* **-1.** [gen] buco *m* **-2.** GOLF buca *f*; **to get a ~ in one** fare buca *f* al primo colpo **-3.** *inf* [predicament] casino *m*.

holiday ['hɒlɪdeɪ] *n* **-1.** [vacation] vacanza *f*; **to be/go on ~** essere/andare in vacanza **-2.** [public holiday] giorno *m* festivo.

holiday camp *n UK* villaggio *m* turistico.

holidaymaker ['hɒlɪdeɪ,meɪkə^r] *n UK* vacanziere *m*, -a *f*.

holiday pay *n UK* ferie *fpl* pagate.

holiday resort *n UK* luogo *m* di villeggiatura.

holistic [həʊ'lɪstɪk] *adj* olistico(a).

Holland ['hɒlənd] *n* Olanda *f*.

holler ['hɒːlr] *inf vt & vi* urlare.

hollow ['hɒləʊ] ⬦ *adj* **-1.** [not solid] cavo(a) **-2.** [gaunt] incavato(a) **-3.** [resonant] rimbombante **-4.** [empty of meaning or value – laugh] forzato(a); [– promise, victory, success] vano(a). ⬦ *n* **-1.** [in tree] cavità *f inv* **-2.** [in ground] fossa *f* **-3.** [of hand, back] incavo *m*. ● **hollow out** *vt sep* scavare.

holly ['hɒlɪ] *n* agrifoglio *m*.

holocaust ['hɒləkɔːst] *n* disastro *m*. ● **Holocaust** *n*: **the Holocaust** l'Olocausto *m*.

holster ['həʊlstə^r] *n* fondina *f*.

holy ['həʊlɪ] *adj* **-1.** [sacred] sacro(a) **-2.** [pure and good] santo(a).

Holy Ghost *n*: **the ~** lo Spirito Santo.

Holy Land *n*: **the ~** la Terra Santa.

Holy Spirit *n*: **the ~** lo Spirito Santo.

home [həʊm] ⬦ *n* **-1.** [one's house, flat] casa *f*; **Manchester's my ~ now** ora Manchester è la mia città; **when did you get home?** quando sei rientrato?; **to make one's ~** stabilirsi **-2.** [place of origin – country] patria *f*; [– city] città *f* natale **-3.** [family]: **to leave ~** andarsene da casa; **a broken ~** una famiglia separata **-4.** [institution] istituto *m*; [– for elderly] ospizio *m*; [– for children] orfanotrofio *m*. ⬦ *adj* **-1.** [not foreign] nazionale **-2.** SPORT & game, win] in casa; [team] di casa. ⬦ *adv* [to or at one's house] a casa. ● **at home** *adv* **1.** [in one's house, flat] a casa **2.** [comfortable]: **to feel at ~** sentirsi a casa; **at ~ with sthg** a proprio agio con qc; **to make o.s. at ~** fare come a casa propria **-3.** [in one's own country] da noi.

home address *n* indirizzo *m* di casa.

home brew *n* birra *f* fatta in casa.

home cooking *n* cucina *f* casalinga.

Home Counties *npl UK*: **the ~** *le contee circostanti Londra.*

home help *n UK* aiuto *m* domestico *(per anziani).*

homeland ['həʊmlænd] *n* **-1.** [country of birth] patria *f* **-2.** [in South Africa] *zona riservata alla popolazione nera nel regime dell'apartheid.*

homeless ['həʊmlɪs] ⬦ *adj* senza dimora fissa. ⬦ *npl*: **the ~** i senzatetto.

homely ['həʊmlɪ] *adj* **-1.** [simple, unpretentious] semplice **-2.** [ugly] brutto(a).

homemade [,həʊm'meɪd] *adj* fatto(a) in casa.

Home Office *n UK* : the ~ ≃ il ministero dell'Interno.

homeopathy [ˌhəʊmɪˈɒpəθɪ] *n* omeopatia *f*.

home page *n* COMPUT home page *f inv*, pagina *f* iniziale.

Home Secretary *n UK* ≃ ministro *m* dell'Interno.

homesick [ˈhəʊmsɪk] *adj* : to be OR feel ~ avere nostalgia di casa; he's ~ for Italy ha nostalgia dell'Italia.

hometown *n* città *f inv* natale.

homework [ˈhəʊmwɜːk] *n* **-1.** SCH compiti *mpl* (per casa) **-2.** *inf* [preparation]: I can see you've really done your ~ vedo che ti sei davvero preparato.

homey, homy [ˈhəʊmɪ] *adj US* accogliente.

homicide [ˈhɒmɪsaɪd] *n* omicidio *m*.

homogeneous [ˌhɒməˈdʒiːnjəs] *adj* omogeneo(a).

homophobic [ˌhəʊməʊˈfəʊbɪk] *adj* omofobo(a).

homosexual [ˌhɒməˈsekʃʊəl] ⬦ *adj* omosessuale. ⬦ *n* omosessuale *mf*.

homy *adj US* = homey.

hone [həʊn] *vt* **-1.** [knife, sword] affilare **-2.** [intellect, wit] affinare.

honest [ˈɒnɪst] ⬦ *adj* onesto(a); to be ~, ... a dire il vero, ... ⬦ *adv inf* [really, honestly] davvero.

honestly [ˈɒnɪstlɪ] ⬦ *adv* onestamente. ⬦ *excl* insomma.

honesty [ˈɒnɪstɪ] *n* onestà *f*.

honey [ˈhʌnɪ] *n* **-1.** [food] miele *m* **-2.** *esp US* [dear] tesoro *m*.

honeycomb [ˈhʌnɪkəʊm] *n* **-1.** [in wax] favo *m* **-2.** [pattern] nido *m* d'ape.

honeymoon [ˈhʌnɪmuːn] ⬦ *n lit & fig* luna *f* di miele. ⬦ *vi* andare in luna di miele.

Hong Kong [ˌhɒŋˈkɒŋ] *n* Hong Kong *f*.

honk [hɒŋk] ⬦ *vi* **-1.** [motorist] suonare il clacson **-2.** [goose] starnazzare. ⬦ *vt*: to ~ the horn suonare il clacson.

honor *(etc)* *n & vt US* = honour, etc.

honorary [UK ˈɒnərərɪ, US ɒnəˈreərɪ] *adj* onorario(a).

honour *UK*, **honor** *US* [ˈɒnəʳ] ⬦ *n* onore *m*; in ~ of sb/sthg in onore di qn/qc; to be an ~ to sthg fare onore a qc. ⬦ *vt* onorare; she ~ ed us with her presence ci ha onorati della sua presenza. ⬥ **honours** *npl* **-1.** [tokens of respect] onori *mpl* **-2.** UNIV livello di diploma di laurea che è più elevato di quello di una laurea normale.

honourable *UK*, **honorable** *US* [ˈɒnrəbl] *adj* degno(a) di rispetto.

honours degree *n UK* [university]= honours 2.

Hon. Sec. (*abbr of* **honorary secretary**) segretario *m* onorario.

hood [hʊd] *n* **-1.** [on cloak, jacket] cappuccio *m* **-2.** [on cooker] cappa *f*; [on pram, car] tettuccio *m*, capote *f inv* **-3.** *US* [car bonnet] cofano *m*.

hoodlum [ˈhuːdləm] *n* [youth] *US inf* teppista *m*; [gangster] malvivente *m*.

hoof [huːf, hʊf] (*pl* **-s** OR **hooves**) *n* zoccolo *m*.

hook [hʊk] ⬦ *n* **-1.** [gen] gancio *m* **-2.** [for catching fish] amo *m*. ⬦ *vt* **-1.** [fasten with hook] agganciare **-2.** [fish] prendere all'amo. ⬥ **off the hook** *adv* **-1.** TELEC staccato **-2.** [out of trouble] fuori dai guai. ⬥ **hook up** *vt sep*: to ~ sthg up to sthg COMPUT & TELEC collegare qc a qc.

hooked [hʊkt] *adj* **-1.** [shaped like a hook] uncinato(a) **-2.** *inf* to be ~ on sthg essere impallinato(a) di qc; to be ~ on drugs/TV essere tossicodipendente/teledipendente.

hook(e)y [ˈhʊkɪ] *n US inf* : to play ~ marinare la scuola.

hooligan [ˈhuːlɪgən] *n* teppista *mf*.

hoop [huːp] *n* cerchio *m*.

hooray [hʊˈreɪ] *excl* = hurray.

hoot [huːt] *n* **-1.** [of owl] canto *m* della civetta **-2.** [of horn] colpo *m* di clacson **-3.** *UK inf* [amusing thing, person] spasso *m*; what a ~! che spasso! ⬦ *vi* **-1.** [owl] cantare **-2.** [horn] suonare il clacson. ⬦ *v* [horn] suonare.

hooter [ˈhuːtəʳ] *n* [horn - of car] clacson *m inv*; [- of factory] sirena *f*.

Hoover® [ˈhuːvəʳ] *n UK* aspirapolvere *m inv*. ⬥ **hoover** *vt* [room, flat] passare l'aspirapolvere in; [carpet] passare l'aspirapolvere su.

hooves [huːvz] *pl* ⊳hoof.

hop [hɒp] ⬦ *n* saltello *m*. ⬦ *vi* **-1.** [jump on one leg] saltare su un piede **-2.** [small animal, bird] saltellare **-3.** *inf* [move nimbly] saltare. ⬥ **hops** *npl* [for making beer] luppolo *m*.

hope [həʊp] ⬦ *vi* sperare; to ~ for sthg sperare qc; let's ~ for good weather speriamo che il tempo sia bello; we're still hoping for good news speriamo ancora di ricevere buone notizie; I ~ so/not speriamo di sì/no. ⬦ *vt*: to ~ (that) sperare che; to ~ to do sthg sperare di fare qc. ⬦ *n* speranza *f*; in the ~ of nella speranza di

hopeful ['həʊpfʊl] *adj* **-1.** [full of hope] fiducioso(a); **to be ~ of sthg/of doing sthg** essere fiducioso in qc/nella possibilità di fare qc **-2.** [encouraging] promettente.

hopefully ['həʊpfəlɪ] *adv* **-1.** [in a hopeful way] con ottimismo **-2.** [with luck]: **~ there won't be any problem** speriamo che non ci siano problemi.

hopeless ['həʊplɪs] *adj* **-1.** [gen] disperato(a); **it's ~!** è inutile! **-2.** *inf* [useless] senza speranza.

hopelessly ['həʊplɪslɪ] *adv* **-1.** [despairingly] disperatamente **-2.** [completely] irrimediabilmente.

horizon [hə'raɪzn] *n* orizzonte *m*; **on the ~** [ship, figure] all'orizzonte; *fig* [prospect, opportunity] in vista.

horizontal [,hɒrɪ'zɒntl] ◇ *adj* orizzontale. ◇ *n*: **the ~** la posizione orizzontale.

hormone ['hɔːməʊn] *n* ormone *m*.

horn [hɔːn] *n* **-1.** [gen] corno *m* **-2.** [on car] clacson *m inv*; [on ship] sirena *f*.

hornet ['hɔːnɪt] *n* calabrone *m*.

horny ['hɔːnɪ] *adj* **-1.** [scale, body] corneo(a); [hand] calloso(a) **-2.** *v inf* [sexually excited] arrapato(a).

horoscope ['hɒrəskəʊp] *n* oroscopo *m*.

horrendous [hɒ'rendəs] *adj* **-1.** [horrific] orrendo(a) **-2.** *inf* [unpleasant] tremendo(a).

horrible ['hɒrəbl] *adj* orribile.

horrid ['hɒrɪd] *adj esp* UK orribile; **don't be so ~** non fare l'antipatico(a).

horrific [hɒ'rɪfɪk] *adj* sconvolgente.

horrify ['hɒrɪfaɪ] *vt* fare inorridire.

horror ['hɒrəʳ] *n* orrore *m*.

horror film *n* film *m inv* dell'orrore.

horse [hɔːs] *n* cavallo *m*.

horseback ['hɔːsbæk] ◇ *adj* a cavallo; **~ riding** US equitazione *f*. ◇ *n*: **on ~** a cavallo.

horse chestnut *n* **-1.** [tree] ippocastano *m* **-2.** [nut] castagna *f* d'India.

horseman ['hɔːsmən] (*pl* **-men**) *n* cavaliere *m*.

horsepower ['hɔːs,paʊəʳ] *n* cavallo *m* (vapore).

horse racing *n* ippica *f*.

horseradish ['hɔːs,rædɪʃ] *n* rafano *m*.

horse riding *n* equitazione *f*; **to go ~** fare equitazione.

horseshoe ['hɔːsʃuː] *n* ferro *m* di cavallo; **in a ~** a ferro di cavallo.

horsewoman ['hɔːs,wʊmən] (*pl* **-women**) *n* cavallerizza *f*.

horticulture ['hɔːtɪkʌltʃəʳ] *n* orticultura *f*.

hose [həʊz] ◇ *n* tubo *m* dell'acqua. ◇ *vt* annaffiare con la manichetta.

hosepipe ['həʊzpaɪp] *n* tubo *m* dell'acqua.

hosiery ['həʊzɪərɪ] *n* maglieria *f*.

hospitable [hɒ'spɪtəbl] *adj* ospitale.

hospital ['hɒspɪtl] *n* ospedale *m*; **to go into ~** andare all'ospedale.

hospitality [,hɒspɪ'tælətɪ] *n* ospitalità *f*.

host [həʊst] ◇ *n* **-1.** [at private party] padrone *m* di casa **-2.** [place, organization] ospite *mf* **-3.** [compere] presentatore *m*, -trice *f* **-4.** [large number]: **a ~ of sthg** una multitudine di qc. ◇ *vt* presentare.

hostage ['hɒstɪdʒ] *n* ostaggio *m*.

hostel ['hɒstl] *n* [for student, workers] pensionato *m*; [for homeless] ricovero *m*; **(youth) ~** ostello *m* della gioventù.

hostess ['həʊstes] *n* [at party] padrona *f* di casa.

hostile [UK 'hɒstaɪl, US 'hɒstl] *adj* **-1.** [gen] ostile; **~ to sb/sthg** ostile a qn/qc **-2.** [MIL & enemy] nemico(a).

hostility [hɒ'stɪlətɪ] *n* ostilità *f*. ➡ **hostilities** *npl* ostilità *fpl*.

hot [hɒt] *adj* **-1.** [gen] caldo(a); **I'm ~** ho caldo; **it's ~** fa caldo; **Rome is very ~ in August** a Roma fa molto caldo d'agosto **-2.** [spicy] piccante **-3.** *inf* [expert] bravo(a); **to be ~ on** OR **at sthg** essere bravo in qc **-4.** [recent] fresco(a).

hot-air balloon *n* mongolfiera *f*.

hotbed ['hɒtbed] *n fig* [centre] focolaio *m*.

hot-cross bun *n* panino dolce pasquale con uvetta.

hot dog *n* hot dog *m inv*.

hotel [həʊ'tel] *n* albergo *m*, hotel *m inv*.

hot flush UK, **hot flash** US *n* caldana *f*.

hotheaded [,hɒt'hedɪd] *adj* impulsivo(a).

hothouse ['hɒthaʊs] *n* serra *f*.

hot line *n* **-1.** [between government heads] hot line *f inv* **-2.** [24-hour phone line] linea *f* (telefonica) per le emergenze.

hotly ['hɒtlɪ] *adv* **-1.** [argue, debate, deny] con trasporto **-2.**: **to be ~ pursued by sb** avere qn alle calcagna.

hotplate ['hɒtpleɪt] *n* piastra *f* di cottura.

hot-tempered *adj*: **to be ~** scaldarsi facilmente.

hot-water bottle *n* borsa *f* dell'acqua calda.

hound [haʊnd] ◇ *n* cane *m* da caccia. ◇ *vt* stare addosso a; **to ~ sb out (of sthg)** costringere qn ad andarsene (da qc).

hour ['aʊəʳ] n ora f; **half an** ~ mezzora f; **per** OR **an** ~ all'ora; **on the** ~ all'ora esatta. ◆ **hours** npl **-1.** [of business] orario m di lavoro **-2.** [routine] orari mpl; **to work long** ~ fare degli orari pesanti; **to keep late** ~ andare a letto tardi.

hourly ['aʊəli] ◇ adj orario(a). ◇ adv **-1.** [every hour] ogni ora **-2.** [per hour] all'ora.

house ◇ n [haʊs] **-1.** [gen] casa f; **on the** ~ offre la casa **-2.** POL camera f **-3.** [in debates] assemblea f **-4.** [audience in theatre] sala f; **to play to full** ~ s fare il tutto esaurito; **to bring the** ~ **down** inf entusiasmare la sala **-5.** UK [in school] casa f (in cui vengono suddivisi gli alunni per partecipare a gare o giochi). ◇ vt [haʊz] [person – permanently] alloggiare; [– temporarily] ospitare; [department, library] ospitare. ◇ adj **-1.** COMM aziendale **-2.** [wine] della casa.

houseboat ['haʊsbəʊt] n house boat f inv, casa f galleggiante.

household ['haʊshəʊld] ◇ adj **-1.** [domestic] domestico(a) **-2.** [familiar] noto(a). ◇ n famiglia f.

housekeeper ['haʊsˌkiːpəʳ] n governante f.

housekeeping ['haʊsˌkiːpɪŋ] n **-1.** [work] gestione f della casa **-2.** [budget]: ~ **(money)** soldi mpl per le spese di casa.

house music n musica f house.

House of Commons n UK: **the** ~ la camera dei Comuni.

House of Lords n UK: **the** ~ la camera dei Lord.

House of Representatives n US: **the** ~ la camera dei Rappresentanti.

houseplant ['haʊsplɑːnt] n pianta f da appartamento.

Houses of Parliament npl UK: **the** ~ sede del Parlamento a Londra.

housewarming (party) n festa f di inaugurazione della casa nuova.

housewife ['haʊswaɪf] (pl **-wives**) n casalinga f.

housework ['haʊswɜːk] n lavori mpl di casa.

housing ['haʊzɪŋ] n alloggi mpl.

housing association n UK cooperativa f edilizia.

housing benefit n UK contributo statale alle spese d'affitto versato alle persone con reddito basso.

housing estate UK, **housing project** US n case fpl popolari.

hovel ['hɒvl] n catapecchia f.

hover ['hɒvəʳ] vi planare.

hovercraft ['hɒvəkrɑːft] (pl **-s**) n hovercraft m inv.

how [haʊ] adv **-1.** [gen] come; ~ **do you do it?** come fai?; ~ **are you?** come stai?; ~ **do you do?** [when introduced to someone] molto piacere; ~'**s work?** come va il lavoro?; ~ **was the film?** com'era il film? **-2.** [referring to degree, amount]: ~ **long have you been waiting?** quanto hai aspettato?; ~ **many people came?** quante persone sono venute?; ~ **old are you?** quanti anni hai? **-3.** [in exclamations]: ~ **nice!** che bello!; ~ **pretty you look!** come stai bene!; ~ **slow you are!** quanto sei lento!; ~ **I hate washing dishes!** quanto detesto lavare i piatti! ◆ **how about** adv: ~ **about a drink?** e se andassimo a bere qualcosa?; **I feel like a night off;** ~ **about you?** mi andrebbe una serata libera; e a te?. ◆ **how much** ◇ pron quanto; ~ **much does it cost?** quanto costa? ◇ adj quanto(a); ~ **much bread do we have?** quanto pane abbiamo?

however [haʊ'evəʳ] ◇ conj [in whatever way] in qualunque modo (+ congiuntivo). ◇ adv **-1.** [nevertheless] comunque **-2.** [no matter how] per quanto; ~ **difficult it is** per quanto sia difficile; ~ **many/much** a prescindere da quanti/quanto **-3.** [how] come mai.

howl [haʊl] ◇ n urlo m; **a** ~ **of laughter** una sonora risata. ◇ vi **-1.** [animal, wind] ululare **-2.** [person] urlare; **to** ~ **with laughter** farsi una sonora risata.

hp (abbr of **horsepower**) n cv m.

HP n **-1.** UK (abbr of **hire purchase**) acquisto m rateale ; **to buy sthg on** ~ comprare qc a rate **-2.** = **hp.**

HQ (abbr of **headquarters**) n QG.

hr (abbr of **hour**) h.

hrs (abbr of **hours**) h.

hub [hʌb] n **-1.** [of wheel] mozzo m **-2.** [of activity] fulcro m.

hubbub ['hʌbʌb] n baccano m.

hubcap ['hʌbkæp] n cerchione m.

huddle ['hʌdl] ◇ vi **-1.** [crouch, curl up] rannicchiarsi **-2.** [crowd together] stringersi l'uno all'altro. ◇ n [of people] gruppetto m.

hue [hjuː] n tinta f.

huff [hʌf] n: **in a** ~ indispettito(a).

hug [hʌɡ] ◇ n abbraccio m; **to give sb a** ~ abbracciare qn. ◇ vt **-1.** [embrace, hold] abbracciare **-2.** [coast, kerb] restare accostato(a) a; [ground] aderire a.

huge [hjuːdʒ] adj **-1.** [in size, degree, volu

me] enorme **-2.** [in extent] vasto(a).

hulk [hʌlk] *n* **-1.** [of ship] carcassa *f* **-2.** [person] mastodonte *m*.

hull [hʌl] *n* scafo *m*.

hullo [hə'ləʊ] *excl* = hello.

hum [hʌm] ⟡ *vi* **-1.** [buzz] ronzare **-2.** [sing] canticchiare **-3.** [be busy] essere in piena attività. ⟡ *vt* [tune] canticchiare.

human ['hju:mən] ⟡ *adj* umano(a). ⟡ *n:* ~ (being) essere *m* umano.

humane [hju:'meɪn] *adj* umano(a).

humanitarian [hju:ˌmænɪ'teərɪən] *adj* umanitario(a).

humanity [hju:'mænətɪ] *n* umanità *f*.
➡ **humanities** *npl:* the humanities le scienze umane.

human race *n:* the ~ la razza umana.

human resources *npl* risorse *fpl* umane.

human rights *npl* diritti *mpl* dell'uomo.

humble ['hʌmbl] ⟡ *adj* umile. ⟡ *vt* umiliare.

humbug ['hʌmbʌg] *n* **-1.** *dated* [hypocrisy] ipocrisia *f* **-2.** *UK* [sweet] caramella dura alla menta.

humdrum ['hʌmdrʌm] *adj* monotono(a).

humid ['hju:mɪd] *adj* umido(a).

humidity [hju:'mɪdətɪ] *n* umidità *f*.

humiliate [hju:'mɪlɪeɪt] *vt* umiliare.

humiliation [hju:ˌmɪlɪ'eɪʃn] *n* umiliazione *f*.

humility [hju:'mɪlətɪ] *n* umiltà *f*.

humor *n & vt US* = humour.

humorous ['hju:mərəs] *adj* umoristico(a).

humour *UK*, **humor** *US* ['hju:mə^r] ⟡ *n* **-1.** [wit, fun] umorismo *m* **-2.** *dated* [mood] umore *m*. ⟡ *vt* assecondare.

hump [hʌmp] *n* **-1.** [hill] cresta *f*; [in road] dosso *m* **-2.** [on back of animal, person] gobba *f*.

hunch [hʌntʃ] *n inf* presentimento *m*.

hunchback ['hʌntʃbæk] *n* gobbo *m*, -a *f*.

hunched [hʌntʃt] *adj* curvo(a).

hundred ['hʌndrəd] *num* cento; a OR one hundred cento; *see also* six. ➡ **hundreds** *npl* centinaia *fpl*.

hundredth ['hʌndrətθ] *num* centesimo(a); *see also* sixth.

hundredweight ['hʌndrədweɪt] *n* **-1.** [in UK] peso corrispondente a 112 libbre (= 50,8 kg) **-2.** [in US] peso corrispondente a 100 libbre (= 45,3 kg).

hung [hʌŋ] *pt & pp* ▷hang.

Hungarian [hʌŋ'geərɪən] ⟡ *adj* unghere-

se. ⟡ *n* **-1.** [person] ungherese *mf* **-2.** [language] ungherese *m*.

Hungary ['hʌŋgərɪ] *n* Ungheria *f*.

hunger ['hʌŋgə^r] *n* **-1.** [desire for food, starvation] fame *f* **-2.** *lit* [strong desire] smania *f*.

hunger strike *n* sciopero *m* della fame.

hung over *adj inf:* to be ~ sentire i postumi della sbornia.

hungry ['hʌŋgrɪ] *adj* **-1.** [for food] affamato(a); to be ~ aver fame **-2.** *lit* [eager]. to be ~ for sthg bramare qc.

hung up *adj inf:* to be ~ about sb/sthg avere un problema con qn/qc; to be ~ on sb essere infatuato(a) di qn.

hunk [hʌŋk] *n* **-1.** [large piece] grosso pezzo *m* **-2.** *inf* [attractive man] bel fusto *m*.

hunt [hʌnt] ⟡ *n* **-1.** SPORT [activity] caccia *f*; [hunters] società *f* di caccia alla volpe **-2.** [search] ricerche *fpl*; **treasure** ~ caccia al tesoro. ⟡ *vi* **-1.** [for food, sport] andare a caccia **-2.** *UK* [for foxes] andare a caccia **-3.** [search]: to ~ (for sthg) cercare (qc) ovunque. ⟡ *vt* **-1.** [animals, birds] andare a caccia di **-2.** [person] ricercare.

hunter ['hʌntə^r] *n* [of animals, birds] cacciatore *m*, trice *f*.

hunting ['hʌntɪŋ] *n* **-1.** [gen] caccia *f* **-2.** *UK* [foxhunting] caccia *f* alla volpe.

hurdle ['hɜ:dl] ⟡ *n* ostacolo *m*. ⟡ *vt* saltare. ➡ **hurdles** *npl* SPORT corsa *f* a ostacoli.

hurl [hɜ:l] *vt* **-1.** [throw] lanciare **-2.** [shout] urlare.

hurray [hʊ'reɪ] *excl* urrà!

hurricane ['hʌrɪkən] *n* uragano *m*.

hurried ['hʌrɪd] *adj* frettoloso(a).

hurriedly ['hʌrɪdlɪ] *adv* frettolosamente.

hurry ['hʌrɪ] ⟡ *vt* [person] mettere fretta a; to ~ to do sthg affrettarsi a fare qc; [process] affrettare. ⟡ *vi* affrettarsi, sbrigarsi. ⟡ *n* [rush] fretta *f*; to be in a ~ essere di fretta; to do sthg in a ~ fare qc di fretta. ➡ **hurry up** *vi* sbrigarsi.

hurt [hɜ:t] *(pt & pp* hurt) ⟡ *vt* **-1.** [cause physical pain to] fare male a; to ~ o.s. farsi male **-2.** [injure, upset] ferire; ten people were ~ in the crash dieci persone sono rimaste ferite nell'incidente **-3.** [be detrimental to] nuocere a. ⟡ *vi* [gen] fare male; my leg ~s mi fa male la gamba. ⟡ *adj* ferito(a).

hurtful ['hɜ:tfʊl] *adj* che ferisce.

hurtle ['hɜ:tl] *vi* precipitare.

husband ['hʌzbənd] *n* marito *m*.

hush [hʌʃ] ⟡ *n* silenzio *m*. ⟡ *excl* silenzio. ◆ **hush up** *vt sep* **-1.** [affair] mettere a tacere **-2.** [noisy person] far tacere.

husk [hʌsk] *n* buccia *f*.

husky ['hʌskɪ] ◇ *adj* roco(a). ◇ *n* husky *m inv*.

hustle ['hʌsl] ◇ *vt* [hurry] spingere. ◇ *n*: ~ and bustle trambusto *m*.

hut [hʌt] *n* **-1.** [rough house] baracca *f* **-2.** [shed] capanno *m*.

hutch [hʌtʃ] *n* gabbia *f*.

hyacinth ['haɪəsɪnθ] *n* giacinto *m*.

hydrant ['haɪdrənt] *n* idrante *m*.

hydraulic [haɪ'drɔːlɪk] *adj* idraulico(a).

hydroelectric [ˌhaɪdrəʊɪ'lektrɪk] *adj* idroelettrico(a).

hydrofoil ['haɪdrəfɔɪl] *n* aliscafo *m*.

hydrogen ['haɪdrədʒən] *n* idrogeno *m*.

hyena [haɪ'iːnə] *n* iena *f*.

hygiene ['haɪdʒiːn] *n* igiene *f*.

hygienic [haɪ'dʒiːnɪk] *adj* igienico(a).

hymn [hɪm] *n* inno *m*.

hype [haɪp] *inf* ◇ *n* pubblicità *f* martellante. ◇ *vt* pubblicizzare moltissimo.

hyperactive [ˌhaɪpər'æktɪv] *adj* iperattivo(a).

hypermarket [ˌhaɪpə'mɑːkɪt] *n* ipermercato *m*.

hyphen ['haɪfn] *n* trattino *m*.

hypnosis [hɪp'nəʊsɪs] *n* ipnosi *f*.

hypnotic [hɪp'nɒtɪk] *adj* ipnotico(a).

hypnotize, -ise ['hɪpnətaɪz] *vt* ipnotizzare.

hypocrisy [hɪ'pɒkrəsɪ] *n* ipocrisia *f*.

hypocrite ['hɪpəkrɪt] *n* ipocrita *mf*.

hypocritical [ˌhɪpə'krɪtɪkl] *adj* ipocrita.

hypothesis [haɪ'pɒθɪsɪs] (*pl* **-theses**) *n* ipotesi *f inv*.

hypothetical [ˌhaɪpə'θetɪkl] *adj* ipotetico(a).

hysteria [hɪs'tɪərɪə] *n* isterismo *m*.

hysterical [hɪs'terɪkl] *adj* **-1.** [gen] isterico(a) **-2.** *inf* [very funny] divertentissimo(a).

hysterics [hɪs'terɪks] *npl* **-1.** [panic, excitement] attacco *m* isterico **-2.** *inf* [fits of laughter] attacco *m* di ridarella; **he had us in** ~ ci ha fatto schiantare dalle risate.

i (*pl* **i's** OR **is**), **I** (*pl* **I's** OR **Is**) [aɪ] *n* i *f inv*, I *f inv*.

I [aɪ] *pers pron* io; **I'm happy** sono contento; **she and I were at university together** io e lei eravamo all'università insieme; **I can't do it** io non posso farlo.

ice [aɪs] ◇ *n* **-1.** [gen] ghiaccio *m* **-2.** *UK* [ice cream] gelato *m*. ◇ *vt UK* [cover with icing] glassare. ◆ **ice over, ice up** *vi* coprirsi di ghiaccio.

iceberg ['aɪsbɜːg] *n* iceberg *m inv*.

icebox ['aɪsbɒks] *n* **-1.** *UK* [in refrigerator] cella *f* freezer **-2.** *US* [refrigerator] frigorifero *m*.

ice cream *n* gelato *m*.

ice cream bar *n US* ricoperto *m*.

ice cube *n* cubetto *m* di ghiaccio.

ice hockey *n* hockey *m* su ghiaccio.

Iceland ['aɪslənd] *n* Islanda *f*.

Icelandic [aɪs'lændɪk] ◇ *adj* islandese. ◇ *n* [language] islandese *m*.

ice lolly *n UK* ghiacciolo *m*.

ice pick *n* piccozza *f*.

ice rink *n* pista *f* per il pattinaggio su ghiaccio.

ice skate *n* pattino *m* da ghiaccio. ◆ **ice-skate** *vi* pattinare sul ghiaccio.

ice-skating *n* pattinaggio *m* su ghiaccio; **to go** ~ andare a pattinare sul ghiaccio.

icicle ['aɪsɪkl] *n* ghiacciolo *m*.

icing ['aɪsɪŋ] *n* glassa *f*.

icing sugar *n UK* zucchero *m* a velo.

icon ['aɪkɒn] *n* icona *f*.

icy ['aɪsɪ] *adj* **-1.** *lit & fig* gelido(a) **-2.** [covered in ice] ghiacciato(a).

I'd [aɪd] *cont* = I would; I had.

ID *n* (*abbr of* **identification**) documento *m* d'identità.

idea [aɪ'dɪə] *n* **-1.** [gen] idea *f*; **to get the** ~ *inf* afferrare il concetto; **to have the** ~ **(that)** avere l'impressione che; **to have no** ~ non averne idea **-2.** [suspicion] impressione *f*.

ideal [aɪ'dɪəl] ◇ *adj* ideale. ◇ *n* ideale *m*.

ideally [aɪˈdɪəlɪ] adv -1. [perfectly] perfetta-mente -2. [preferably] preferibilmente; ~, I'd like to leave tomorrow l'ideale per me sarebbe partire domani.

identical [aɪˈdentɪkl] adj identico(a).

identification [aɪˌdentɪfɪˈkeɪʃn] n -1. [gen] identificazione f; ~ with sb/sthg identi-ficazione con qn/qc -2. [documentation] documenti mpl.

identify [aɪˈdentɪfaɪ] ◇ vt identificare; to ~ sb with sthg identificare qn con qc. ◇ vi: to ~ with sb/sthg identificarsi con qn/qc.

identity [aɪˈdentətɪ] n identità f inv.

identity card n carta f d'identità.

ideology [ˌaɪdɪˈɒlədʒɪ] n ideologia f.

idiom [ˈɪdɪəm] n -1. [phrase] espressione f idiomatica -2. fml [style, language] linguag-gio m.

idiomatic [ˌɪdɪəˈmætɪk] adj idiomatico(a).

idiosyncrasy [ˌɪdɪəˈsɪŋkrəsɪ] n particolari-tà f inv.

idiot [ˈɪdɪət] n idiota mf.

idiotic [ˌɪdɪˈɒtɪk] adj idiota.

idle [ˈaɪdl] ◇ adj -1. [person – inactive] fer-mo(a), inattivo(a); [– lazy] pigro(a) -2. [not in use] inattivo(a) -3. [empty] vano(a) -4. [casual – curiosity] ozioso(a); [– glan-ce] vuoto(a) -5. [futile] inutile. ◇ vi [engi-ne] girare al minimo. ◆ **idle away** vt sep sprecare.

idol [ˈaɪdl] n idolo m.

idolize, -ise [ˈaɪdəlaɪz] vt adorare.

idyllic [ɪˈdɪlɪk] adj idilliaco(a).

i.e. (abbr of **id est**) cioè.

if [ɪf] conj -1. [provided that] se; ~ I were you se fossi in te -2. [though] anche se. ◆ **if not** conj se non. ◆ **if only** ◇ conj -1. [providing a reason] anche solo -2. [ex-pressing regret] se solo. ◇ excl magari!

igloo [ˈɪgluː] (pl -s) n iglù m inv.

ignite [ɪgˈnaɪt] ◇ vt [firework] accendere; [fuel] dare fuoco a. ◇ vi prendere fuoco.

ignition [ɪgˈnɪʃn] n accensione f.

ignition key n chiave f d'accensione.

ignorance [ˈɪgnərəns] n ignoranza f.

ignorant [ˈɪgnərənt] adj -1. [gen] ignorante -2. fml [unaware]: to be ~ of sthg ignorare qc.

ignore [ɪgˈnɔːʳ] vt ignorare.

ilk [ɪlk] n: of that ~ di quella specie.

ill [ɪl] ◇ adj -1. [sick, unwell] malato(a); to feel ~ sentirsi male; to be taken ~ OR to fall ~ ammalarsi -2. [bad, unfavourable] cattivo(a). ◇ adv [badly, unfavourably]

male; ~-**nourished** malnutrito(a); ~-**treated** maltrattato(a); to speak/think ~ of sb parlare/pensare male di qn.

I'll [aɪl] cont = I will; I shall.

ill-advised adj imprudente.

ill at ease adj a disagio.

illegal [ɪˈliːgl] adj illegale, illecito(a).

illegible [ɪˈledʒəbl] adj illeggibile.

illegitimate [ˌɪlɪˈdʒɪtɪmət] adj ilegitti-mo(a).

ill-equipped adj: to be ~ to do sthg [without the equipment] essere male attrez-zato per fare qc; [unsuited] non essere ido-neo(a) a fare qc.

ill-fated adj sfortunato(a).

ill feeling n risentimento m.

ill health n cattiva salute f.

illicit [ɪˈlɪsɪt] adj illecito(a).

illiteracy [ɪˈlɪtərəsɪ] n analfabetismo m.

illiterate [ɪˈlɪtərət] ◇ adj -1. [unable to read] analfabeta -2. [uneducated] ignoran-te. ◇ n -1. [person unable to read] analfabe-ta mf -2. [ignorant person] ignorante mf.

illness [ˈɪlnɪs] n malattia f.

illogical [ɪˈlɒdʒɪkl] adj illogico(a).

ill-suited adj poco adatto(a) a; an ~ cou-ple una coppia male assortita; to be ~ to sthg essere inadatto a qc.

ill-timed [-ˈtaɪmd] adj inopportuno(a).

ill-treat vt maltrattare.

illuminate [ɪˈluːmɪneɪt] vt -1. [light up] illu-minare -2. [explain] chiarire.

illumination [ɪˌluːmɪˈneɪʃn] n illumina-zione f. ◆ **illuminations** npl UK luci fpl.

illusion [ɪˈluːʒn] n illusione f; to have no ~s about sb/sthg non farsi illusioni su qn/qc; to be under the ~ that illudersi che.

illustrate [ˈɪləstreɪt] vt illustrare.

illustration [ˌɪləˈstreɪʃn] n illustrazione f.

illustrious [ɪˈlʌstrɪəs] adj fml illustre.

ill will n rancore m.

I'm [aɪm] cont = I am.

image [ˈɪmɪdʒ] n immagine f; she's the ~ of her mother è tutta sua madre.

imagery [ˈɪmɪdʒrɪ] n immagini fpl.

imaginary [ɪˈmædʒɪnrɪ] adj immagina-rio(a).

imagination [ɪˌmædʒɪˈneɪʃn] n immagi-nazione f; it's all in her ~ è solo nella sua testa.

imaginative [ɪˈmædʒɪnətɪv] adj fantasio-so(a).

imagine [ɪˈmædʒɪn] vt immaginare; to ~

doing sthg immaginare di fare qc; ~ **(that)!** immaginati!

imbalance [ˌɪmˈbæləns] *n* squilibrio *m*.

imbecile [ˈɪmbɪsiːl] *n* imbecille *mf*.

IMF (*abbr of* **International Monetary Fund**) *n* FMI *m*.

imitate [ˈɪmɪteɪt] *vt* imitare.

imitation [ˌɪmɪˈteɪʃn] ◇ *n* imitazione *f*. ◇ *adj* finto(a); ~ **jewellery** bigiotteria *f*; ~ **leather** similpelle *f*.

immaculate [ɪˈmækjʊlət] *adj* perfetto(a).

immaterial [ˌɪməˈtɪərɪəl] *adj* senza importanza.

immature [ˌɪməˈtjʊəʳ] *adj* **-1.** [childish] immaturo(a) **-2.** BOT & ZOOL non completamente sviluppato(a).

immediate [ɪˈmiːdjət] *adj* **-1.** [gen] immediato(a) **-2.** [closest in relationship] stretto(a).

immediately [ɪˈmiːdjətlɪ] ◇ *adv* **-1.** [at once] immediatamente, subito **-2.** [directly, closely] direttamente **-3.** [just] subito. ◇ *conj* [as soon as] (non) appena.

immense [ɪˈmens] *adj* immenso(a).

immerse [ɪˈmɜːs] *vt* **-1.** [plunge into liquid]: **to ~ sthg in sthg** immergere qc in qc **-2.** *fig* [involve]: **to ~ o.s. in sthg** immergersi in qc.

immersion heater *n* boiler *m inv* elettrico.

immigrant [ˈɪmɪgrənt] *n* immigrato *m*, -a *f*.

immigration [ˌɪmɪˈgreɪʃn] *n* immigrazione *f*.

imminent [ˈɪmɪnənt] *adj* imminente.

immobilize, -ise [ɪˈməʊbɪlaɪz] *vt* **-1.** [machine, process] bloccare **-2.** [person] immobilizzare.

immoral [ɪˈmɒrəl] *adj* immorale.

immortal [ɪˈmɔːtl] ◇ *adj* **-1.** [eternal] immortale **-2.** [remembered forever] indimenticabile. ◇ *n* immortale *mf*.

immortalize, -ise [ɪˈmɔːtəlaɪz] *vt* immortalare.

immovable *adj* **-1.** [fixed] fisso(a) **-2.** [obstinate] irremovibile.

immune [ɪˈmjuːn] *adj* **-1.** [gen] immune; **to be ~ to a disease** essere immune da una malattia; **to be ~ from attack** essere immune da un attacco **-2.** [impervious]: **to be ~ to sthg** essere indifferente a qc.

immunity [ɪˈmjuːnətɪ] *n* **-1.** MED: ~ **(to a disease)** immunità *f* (da una malattia); ~ **from attack** immunità *f* da un attacco **-2.** *fig* [imperviousness]: ~ **to sthg** indiffe-

renza a qc.

immunize, -ise [ˈɪmjuːnaɪz] *vt*: **to ~ sb (against sthg)** MED immunizzare qn (da qc).

impact ◇ *n* [ˈɪmpækt] impatto *m*; **to make an ~ on sb/sthg** avere un impatto su qn/qc. ◇ *vt* [ɪmˈpækt] **-1.** [collide with] urtare **-2.** [influence] avere un impatto su.

impair [ɪmˈpeəʳ] *vt* [sight, hearing] indebolire; [efficiency] danneggiare.

impart [ɪmˈpɑːt] *vt fml*: **to ~ sthg (to sb/ sthg)** trasmettere qc (a qn/qc).

impartial [ɪmˈpɑːʃl] *adj* imparziale.

impassable [ɪmˈpɑːsəbl] *adj* impraticabile.

impassive [ɪmˈpæsɪv] *adj* impassibile.

impatience [ɪmˈpeɪʃns] *n* **-1.** [gen] impazienza *f* **-2.** [irritability] insofferenza *f*.

impatient [ɪmˈpeɪʃnt] *adj* impaziente; **to be ~ to do sthg** essere impaziente di fare qc; **to be ~ for sthg** aspettare impazientemente qc; **to become ~** spazientirsi.

impeccable [ɪmˈpekəbl] *adj* impeccabile.

impede [ɪmˈpiːd] *vt* ostacolare.

impediment [ɪmˈpedɪmənt] *n* **-1.** [obstacle] ostacolo *m* **-2.** [disability] difetto *m*.

impel [ɪmˈpel] *vt*: **to ~ sb to do sthg** spingere qn a fare qc.

impending [ɪmˈpendɪŋ] *adj* imminente.

imperative [ɪmˈperətɪv] ◇ *adj* indispensabile. ◇ *n* **-1.** [necessity] necessità *f inv* **-2.** GRAM imperativo *m*.

imperfect [ɪmˈpɜːfɪkt] ◇ *adj* imperfetto(a). ◇ *n* GRAM: ~ **(tense)** imperfetto *m*.

imperial [ɪmˈpɪərɪəl] *adj* **-1.** [of an empire or emperor] imperiale **-2.** [system of measurement] conforme agli standard britannici.

imperil [ɪmˈperɪl] *vt fml* mettere in pericolo.

impersonal [ɪmˈpɜːsnl] *adj* impersonale.

impersonate [ɪmˈpɜːsəneɪt] *vt* **-1.** [mimic, imitate] imitare **-2.** [pretend to be] spacciarsi per.

impersonation [ɪmˌpɜːsəˈneɪʃn] *n* **-1.** [by mimic] imitazione *f*; **to do ~s (of sb)** fare le imitazioni (di qn) **-2.** [pretence of being] sostituzione *f* di persona.

impertinent [ɪmˈpɜːtɪnənt] *adj* impertinente.

impervious [ɪmˈpɜːvjəs] *adj*: ~ **to sthg** indifferente a qc.

impetuous [ɪmˈpetʃʊəs] *adj* impulsivo(a).

impetus [ˈɪmpɪtəs] *n* **-1.** [momentum] impeto *m* -2. [stimulus] slancio *m*.

impinge [ɪmˈpɪndʒ] *vi*: to ~ on sb/sthg influire su qn/qc.

implant ◇ *n* [ˈɪmplɑːnt] impianto *m*. ◇ *vt* [ɪmˈplɑːnt] -1. [instil]: to ~ sthg in(to) sb instillare qc in qn -2. MED: to ~ sthg in(to) sb impiantare qc in qn.

implausible [ɪmˈplɔːzəbl] *adj* implausibile.

implement ◇ *n* [ˈɪmplɪmənt] arnese *m*. ◇ *vt* [ˈɪmplɪment] mettere in pratica.

implication [ˌɪmplɪˈkeɪʃn] *n* implicazione *f*; by ~ implicitamente.

implicit [ɪmˈplɪsɪt] *adj* -1. [gen] implicito(a); ~ in sthg implicito in qc -2. [complete] assoluto(a).

implore [ɪmˈplɔːʳ] *vt*: to ~ sb (to do sthg) implorare qn (di fare qc).

imply [ɪmˈplaɪ] *vt* -1. [suggest] insinuare -2. [involve] comportare.

impolite [ˌɪmpəˈlaɪt] *adj* maleducato(a).

import ◇ *n* [ˈɪmpɔːt] importazione *f*. ◇ *vt* [ɪmˈpɔːt] importare.

importance [ɪmˈpɔːtns] *n* importanza *f*.

important [ɪmˈpɔːtnt] *adj* importante; to be ~ to sb essere importante per qn.

importer [ɪmˈpɔːtəʳ] *n* importatore *m*, -trice *f*.

impose [ɪmˈpəʊz] ◇ *vt*: to ~ sthg (on sb/sthg) imporre qc (a qn/su qc). ◇ *vi*: to ~ (on sb) dare fastidio (a qn).

imposing [ɪmˈpəʊzɪŋ] *adj* imponente.

imposition [ˌɪmpəˈzɪʃn] *n* imposizione *f*.

impossible [ɪmˈpɒsəbl] *adj* impossibile.

impostor, imposter US [ɪmˈpɒstəʳ] *n* impostore *m*, -a *f*.

impotent [ˈɪmpətənt] *adj* impotente.

impound [ɪmˈpaʊnd] *vt* confiscare.

impoverished [ɪmˈpɒvərɪʃt] *adj lit & fig* impoverito(a).

impractical [ɪmˈpræktɪkl] *adj* poco pratico(a).

impregnable [ɪmˈpregnəbl] *adj* -1. [impenetrable] inespugnabile -2. *fig* [in very strong position] imbattibile.

impregnate [ˈɪmpregneɪt] *vt* -1. [introduce substance into]: to ~ sthg with sthg impregnare qc di qc -2. *fml* [fertilize] fecondare.

impress *vt* [ɪmˈpres] -1. [influence, affect] colpire -2. [make clear]: to ~ sthg on sb inculcare qc in qn.

impression [ɪmˈpreʃn] *n* -1. [gen] impressione *f*; to make an ~ fare effetto; to be under the ~ (that) avere l'impressione

che -2. [impersonation] imitazione *f* -3. [of stamp, book] stampa *f*.

impressive [ɪmˈpresɪv] *adj* formidabile.

imprint ◇ *n* [ˈɪmprɪnt] -1. [mark] impronta *f*, marchio *m* -2. [publisher's name] sigla *f* editoriale. ◇ *vt* [ɪmˈprɪnt] [mark] imprimere.

imprison [ɪmˈprɪzn] *vt* incarcerare.

improbable [ɪmˈprɒbəbl] *adj* improbabile.

impromptu [ɪmˈprɒmptjuː] *adj* improvvisato(a).

improper [ɪmˈprɒpəʳ] *adj* -1. [unsuitable] inappropriato(a) -2. [dishonest] irregolare -3. [rude, shocking] sconveniente.

improve [ɪmˈpruːv] *vi & vt* migliorare; to ~ o.s. migliorarsi; to ~ (up)on sthg migliorare qc; to ~ on an offer rilanciare l'offerta.

improvement [ɪmˈpruːvmənt] *n* -1. [in situation, conditions, relations] miglioramento *m*; ~ in OR on sthg miglioramento in qc -2. [in house] miglioria *f*.

improvise [ˈɪmprəvaɪz] *vt & vi* improvvisare.

impudence [ˈɪmpjʊdəns] *n* sfacciataggine *f*.

impudent [ˈɪmpjʊdənt] *adj* sfacciato(a).

impulse [ˈɪmpʌls] *n* impulso *m*; on ~ d'impulso.

impulsive [ɪmˈpʌlsɪv] *adj* impulsivo(a).

impunity [ɪmˈpjuːnɪtɪ] *n*: with ~ impunemente.

impurity [ɪmˈpjʊərɪtɪ] *n* impurità *f*.

in [ɪn] ◇ *prep* -1. [indicating place, position] in; ~ a box/bag/drawer in una scatola/una borsa/un cassetto; ~ the room nella stanza; ~ the garden/lake nel giardino/lago; ~ Paris a Parigi; ~ Belgium in Belgio; ~ the United States negli Stati Uniti; ~ the country in campagna; to be ~ hospital/prison essere in ospedale/prigione; ~ here/there qui/lì dentro -2. [wearing] con; dressed ~ a suit vestito con un completo; she was still ~ her nightdress era ancora in camicia da notte -3. [at a particular time, season] in; ~ the afternoon nel pomeriggio; at four o'clock ~ the afternoon alle quattro del pomeriggio; ~ 2001 nel 2001; ~ May a maggio; ~ (the) spring in primavera; ~ (the) winter d'inverno -4. [period of time - within] in; [- after] tra; he learned to type ~ two weeks ha imparato a battere a macchina in due settimane; I'll be ready ~ five minutes sono pronta tra cinque minuti -5.

[during] da; **it's my first decent meal ~ weeks** è il primo pasto decente che faccio da settimana **-6.** [indicating situation, circumstances]: **~ the sun/rain** con il sole/la pioggia; **~ these circumstances** in tali circostanze; **to live/die ~ poverty** vivere/morire in povertà; **~ danger/difficulty** in pericolo/difficoltà **-7.** [indicating manner, condition]: **~ a loud/soft voice** a voce alta/bassa; **to write ~ pencil/ink** scrivere a matita/inchiostro **-8.** [indicating emotional state] con; **~ anger/joy/delight** con rabbia/gioia/grande piacere **-9.** [specifying area of activity] nel campo di; **he's ~ computers** lavora nel campo dell'informatica **-10.** [referring to quantity, numbers, age] in; **~ large/small quantities** in grande/piccola quantità; **~ (their) thousands** a migliaia; **she's ~ her sixties** è tra i 60 e i 70 anni **-11.** [describing arrangement] in; **~ a line/row/circle** in fila/riga/cerchio **-12.** [indicating colour] di; **~ red/yellow/pink** di rosso/giallo/rosa; **to be dressed ~ red** essere vestito di rosso **-13.** [as regards]: **to be 3 metres ~ length/width** essere lungo(a)/largo(a) tre metri; **a change ~ direction** un cambiamento di direzione **-14.** [in ratios] su; **one ~ ten** uno su dieci; **5 pence ~ the pound** 5 pence per sterlina **-15.** *(after superl)* di; **the longest river ~ the world** il fiume più lungo del mondo **-16.** *(+ present participle):* **~ doing sthg** facendo qc. ◇ *adv* **-1.** [inside] dentro **-2.** [at home, work] in casa; **is Judith ~ ?** è in casa Judith?; **I'm staying ~ tonight** stasera sto in OR a casa **-3.** [of train, boat, plane]: **to be ~** essere arrivato(a) **-4.** [of tide]: **the tide's ~** c'è l'alta marea **-5.** *phr:* **we're ~ for some bad weather** ci aspetta tempo brutto; **you're ~ for a shock** ti aspetta uno shock. ◇ *adj inf* di moda. ◆ **ins** *npl:* **the ~s and outs** [of situation, deal] gli annessi e connessi.

in. *abbr of* **inch.**

inability [,ɪnəˈbɪlətɪ] *n* incapacità *f*; **~ to do sthg** incapacità di fare qc.

inaccessible [,ɪnəkˈsesəbl] *adj* **-1.** [place] inaccessibile **-2.** [book] incomprensibile.

inaccurate [ɪnˈækjʊrət] *adj* inesatto(a).

inadequate [ɪnˈædɪkwət] *adj* inadeguato(a).

inadvertently [,ɪnədˈvɜːtəntlɪ] *adv* inavvertitamente.

inadvisable [,ɪnədˈvaɪzəbl] *adj* sconsigliabile.

inane [ɪˈneɪn] *adj* banale.

inanimate [ɪnˈænɪmət] *adj* inanimato(a).

inappropriate [,ɪnəˈprəʊprɪət] *adj* [clothing, behaviour] inappropriato(a); [time, remark] inopportuno(a).

inarticulate [,ɪnɑːˈtɪkjʊlət] *adj* **-1.** [person]: **to be ~** esprimersi con difficoltà **-2.** [words, sounds] incomprensibile.

inasmuch [,ɪnəzˈmʌtʃ] ◆ **inasmuch as** *conj fml* [because] poiché; [to the extent that] nella misura in cui.

inaudible [ɪnˈɔːdɪbl] *adj* impercettibile; **she was almost ~** la sentivamo a malapena.

inaugural [ɪˈnɔːgjʊrəl] *adj* inaugurale.

inauguration [ɪ,nɔːgjʊˈreɪʃn] *n* **-1.** [of leader, president] insediamento *m* **-2.** [of building, system] inaugurazione *f*.

in-between *adj* intermedio(a).

inborn [,ɪnˈbɔːn] *adj* innato(a).

inbound [ˈɪnbaʊnd] *adj* US diretto(a) in patria.

inbred [,ɪnˈbred] *adj* **-1.** [family, group] *con un gran numero di unioni fra consanguinei* **-2.** [characteristic, quality] innato(a).

inbuilt [ˈɪnbɪlt] *adj* [quality, defect] intrinseco(a).

inc. *abbr of* **inclusive**) incluso(a).

Inc. *(abbr of* **incorporated**) ≃ S.r.l. *f inv.*

incapable [ɪnˈkeɪpəbl] *adj* incapace; **to be ~ of sthg/of doing sthg** essere incapace di qc/di fare qc.

incapacitated *adj* inabilitato(a).

incarcerate [ɪnˈkɑːsəreɪt] *vt fml* incarcerare.

incendiary device *n* ordigno *m* incendiario.

incense ◇ *n* [ˈɪnsens] incenso *m.* ◇ *vt* [ɪnˈsens] esasperare.

incentive [ɪnˈsentɪv] *n* incentivo *m.*

incentive scheme *n* piano *m* di incentivi.

inception [ɪnˈsepʃn] *n fml* inizio *m.*

incessant [ɪnˈsesnt] *adj* continuo(a).

incessantly [ɪnˈsesntlɪ] *adv* di continuo.

incest [ˈɪnsest] *n* incesto *m.*

inch [ɪntʃ] ◇ *n* pollice *m*, 2,54 cm. ◇ *vi* spostarsi poco a poco.

incidence [ˈɪnsɪdəns] *n* incidenza *f.*

incident [ˈɪnsɪdənt] *n* **-1.** [occurrence, event] avvenimento *m;* **without ~** senza intoppi **-2.** POL incidente *m.*

incidental [,ɪnsɪˈdentl] *adj* secondario(a).

incidentally [,ɪnsɪˈdentəlɪ] *adv* **-1.** [by chance] casualmente **-2.** [by the way] tra parentesi.

incinerate [ɪnˈsɪnəreɪt] *vt* incenerire.

incipient [ɪnˈsɪpɪənt] *adj fml* incipiente.

incisive [ɪnˈsaɪsɪv] *adj* incisivo(a).

incite [ɪnˈsaɪt] *vt* incitare; **to ~ sb to do sthg** incitare qn a fare qc.

inclination [ˌɪnklɪˈneɪʃn] *n* **-1.** [liking, preference] inclinazione *f* **-2.** [tendency]: **~ to do sthg** tendenza a fare qc.

incline ◇ *n* [ˈɪnklaɪn] [slope] pendenza *f*. ◇ *vt* [ɪnˈklaɪn] [lean, bend] chinare.

inclined [ɪnˈklaɪnd] *adj* **-1.** [tending] incline; **to be ~ to sthg** essere incline a qc; **to be ~ to do sthg** tendere a fare qc **-2.** [wanting]: **to be ~ to do sthg** essere propenso(a) a fare qc **-3.** [sloping] inclinato(a).

include [ɪnˈkluːd] *vt* includere.

included [ɪnˈkluːdɪd] *adj* incluso(a), compreso(a).

including [ɪnˈkluːdɪŋ] *prep* incluso(a), compreso(a).

inclusive [ɪnˈkluːsɪv] *adj* compreso(a); **£150 ~** £150 tutto compreso; **~ of** compreso.

incoherent [ˌɪnkəʊˈhɪərənt] *adj* incoerente.

income [ˈɪŋkʌm] *n* reddito *m*.

income support *n UK* ≃ assegno *m* integrativo *(corrisposto a chi non ha né reddito né diritto al sussidio di disoccupazione)*.

income tax *n* imposta *f* sul reddito.

incompatible [ˌɪnkəmˈpætɪbl] *adj* incompatibile; **~ with sb/sthg** incompatibile con qn/qc.

incompetent [ɪnˈkɒmpɪtənt] *adj* incompetente.

incomplete [ˌɪnkəmˈpliːt] *adj* [set, story, list] incompleto(a); [success, victory] parziale.

incomprehensible [ˌɪnkɒmprɪˈhensəbl] *adj* incomprensibile.

inconceivable [ˌɪnkənˈsiːvəbl] *adj* inconcepibile.

inconclusive [ˌɪnkənˈkluːsɪv] *adj* non risolutivo(a).

incongruous [ɪnˈkɒŋɡruəs] *adj* fuori luogo.

inconsequential [ˌɪnkɒnsɪˈkwenʃl] *adj* irrilevante.

inconsiderate [ˌɪnkənˈsɪdərət] *adj* sconsiderato(a).

inconsistency [ˌɪnkənˈsɪstənsɪ] *n* **-1.** [state of being inconsistent] incoerenza *f* **-2.** [contradictory point] contraddizione *f*, incoerenza *f*.

inconsistent [ˌɪnkənˈsɪstənt] *adj* **-1.** [not agreeing, contradictory] incoerente; **~**

with sthg non uniforme con qc **-2.** [erratic] non uniforme.

inconspicuous [ˌɪnkənˈspɪkjʊəs] *adj* poco appariscente.

inconvenience [ˌɪnkənˈviːnjəns] ◇ *n* fastidio *m*. ◇ *vt* disturbare.

inconvenient [ˌɪnkənˈviːnjənt] *adj* scomodo(a).

incorporate [ɪnˈkɔːpəreɪt] *vt* accorpare; **to ~ sb/sthg in (to) sthg** accorpare qn/qc in qc.

incorporated company *n* COMM società *f inv* registrata.

incorrect [ˌɪnkəˈrekt] *adj* [assumption, answer] sbagliato(a); [behaviour] scorretto(a).

incorrigible [ɪnˈkɒrɪdʒəbl] *adj* incorreggibile.

increase ◇ *n* [ˈɪnkriːs]: **~ (in sthg)** aumento (di qc); **to be on the ~** essere in aumento. ◇ *vt & vi* [ɪnˈkriːs] aumentare.

increasing [ɪnˈkriːsɪŋ] *adj* crescente.

increasingly [ɪnˈkriːsɪŋlɪ] *adv* sempre più.

incredible [ɪnˈkredəbl] *adj* incredibile.

incredulous [ɪnˈkredjʊləs] *adj* incredulo(a).

increment [ˈɪnkrɪmənt] *n* aumento *m*.

incriminating [ɪnˈkrɪmɪneɪtɪŋ] *adj* incriminante.

incubator [ˈɪnkjʊbeɪtəʳ] *n* incubatrice *f*.

incur [ɪnˈkɜːʳ] *vt* [expenses, debts] incorrere in; [wrath, criticism] tirarsi addosso.

indebted [ɪnˈdetɪd] *adj* [grateful]: **~ to sb** grato(a) a qn.

indecent [ɪnˈdiːsnt] *adj* indecente.

indecisive [ˌɪndɪˈsaɪsɪv] *adj* **-1.** [person] indeciso(a) **-2.** [result] incerto(a).

indeed [ɪnˈdiːd] *adv* **-1.** [gen] davvero; **are you coming? — ~ I am** vieni? — certo che vengo **-2.** [in fact] anzi.

indefinite [ɪnˈdefɪnɪt] *adj* **-1.** [indeterminate] indefinito(a) **-2.** [imprecise] vago(a).

indefinitely [ɪnˈdefɪnɪtlɪ] *adv* indefinitamente.

indent *vt* [ɪnˈdent] **-1.** [text] far rientrare (dal margine) **-2.** [edge, surface] intaccare.

independence [ˌɪndɪˈpendəns] *n* indipendenza *f*.

Independence Day *n* il 4 luglio, giornata dell'anniversario della proclamazione dell'indipendenza americana.

independent [ˌɪndɪˈpendənt] *adj* indipendente; **~ of sb/sthg** indipendente da qn/qc.

independent school *n* UK *scuola che non è finanziata né controllata dallo stato o dalle autorità locali.*

in-depth *adj* approfondito(a).

indescribable [ˌɪndɪˈskraɪbəbl] *adj* indescrivibile.

indestructible [ˌɪndɪˈstrʌktəbl] *adj* indistruttibile.

index [ˈɪndeks] (*pl* **-es** OR **indices**) *n* **-1.** [gen] indice *m* **-2.** [in library] catalogo *m*.

index card *n* scheda *f*.

index finger *n* (dito *m*) indice *m*.

index-linked *adj* indicizzato(a).

India [ˈɪndjə] *n* India *f*.

Indian [ˈɪndjən] ⟨ *adj* **-1.** [from India] indiano(a) **-2.** *offens* [from the Americas] indiano(a) d'America. ⟨ *n* **-1.** [from India] indiano *m*, -a *f* **-2.** *offens* [from the Americas] indiano *m*, -a d'America.

Indian Ocean *n*: the ∼ l'Oceano Indiano.

indicate [ˈɪndɪkeɪt] ⟨ *vt* indicare. ⟨ *vi* mettere la freccia.

indication [ˌɪndɪˈkeɪʃn] *n* indicazione *f*.

indicative [ɪnˈdɪkətɪv] ⟨ *adj*: ∼ **of sthg** indicativo(a) di qc. ⟨ *n* GRAM indicativo *m*.

indicator [ˈɪndɪkeɪtər] *n* indicatore *m*.

indices [-dɪsiːz] *pl* ⊳**index**.

indict [ɪnˈdaɪt] *vt* incriminare; **to** ∼ **sb for sthg** incriminare qn per qc.

indictment [ɪnˈdaɪtmənt] *n* accusa *f*.

indifference [ɪnˈdɪfrəns] *n* indifferenza *f*.

indifferent [ɪnˈdɪfrənt] *adj* **-1.** [uninterested] indifferente; ∼ **to sthg** indifferente a qc **-2.** [mediocre] mediocre.

indigenous [ɪnˈdɪdʒɪnəs] *adj* indigeno(a).

indigestion [ˌɪndɪˈdʒestʃn] *n* cattiva digestione *f*.

indignant [ɪnˈdɪgnənt] *adj* indignato(a); **to be** ∼ **at sthg** indignarsi per qc.

indignity [ɪnˈdɪgnəti] *n* umiliazione *f*.

indigo [ˈɪndɪgəʊ] ⟨ *adj* indaco. ⟨ *n* indaco *m*.

indirect [ˌɪndɪˈrekt] *adj* indiretto(a).

indiscreet [ˌɪndɪˈskriːt] *adj* [person] indiscreto(a); [remark] poco delicato(a).

indiscriminate [ˌɪndɪˈskrɪmɪnət] *adj* indiscriminato(a).

indispensable [ˌɪndɪˈspensəbl] *adj* indispensabile.

indisputable [ˌɪndɪˈspjuːtəbl] *adj* indiscutibile.

indistinguishable [ˌɪndɪˈstɪŋgwɪʃəbl] *adj* indistinguibile; ∼ **from sb/sthg** indistinguibile da qn/qc.

individual [ˌɪndɪˈvɪdʒʊəl] ⟨ *adj* **-1.** [single, separate] singolo(a) **-2.** [for one person] individuale; ∼ **tuition** lezioni private **-3.** [distinctive] personale. ⟨ *n* individuo *m*.

individually [ˌɪndɪˈvɪdʒʊəlɪ] *adv* individualmente.

indoctrination [ɪnˌdɒktrɪˈneɪʃn] *n* indottrinamento *m*.

Indonesia [ˌɪndəˈniːzjə] *n* Indonesia *f*.

indoor [ˈɪndɔːr] *adj* [swimming pool] coperto(a); [plant] da appartamento; [shoes] da casa; [sports] indoor *(inv)*.

indoors [ˌɪnˈdɔːz] *adv* in casa; **let's go** ∼ andiamo dentro.

induce [ɪnˈdjuːs] *vt* **-1.** [persuade]: **to** ∼ **sb to do sthg** indurre qn a fare qc **-2.** [cause] provocare.

inducement [ɪnˈdjuːsmənt] *n* incentivo *m*.

induction course [ɪnˈdʌkʃn-] *n* corso *m* introduttivo.

indulge [ɪnˈdʌldʒ] ⟨ *vt* assecondare. ⟨ *vi*: **to** ∼ **in sthg** lasciarsi andare a qc.

indulgence [ɪnˈdʌldʒəns] *n* **-1.** [tolerance, kindness] indulgenza *f* **-2.** [special treat] lusso *m*.

indulgent [ɪnˈdʌldʒənt] *adj* indulgente.

industrial [ɪnˈdʌstrɪəl] *adj* industriale; ∼ **accident/safety** incidente/sicurezza sul lavoro.

industrial action *n*: **to take** ∼ entrare in sciopero.

industrial estate UK, **industrial park** US *n* zona *f* industriale.

industrialist [ɪnˈdʌstrɪəlɪst] *n* industriale *mf*.

industrial relations *npl* relazioni *fpl* sindacati e datore di lavoro.

industrial revolution *n* rivoluzione *f* industriale.

industrious [ɪnˈdʌstrɪəs] *adj* che lavora sodo.

industry [ˈɪndʌstri] *n* **-1.** [gen] industria *f* **-2.** [hard work] industriosità *f*.

inebriated [ɪˈniːbrɪeɪtɪd] *adj fml* in stato di ebbrezza.

inedible [ɪnˈedɪbl] *adj* **-1.** [unpleasant to eat] immangiabile **-2.** [poisonous] non commestibile.

ineffective [ˌɪnɪˈfektɪv] *adj* inefficace.

ineffectual [ˌɪnɪˈfektʃʊəl] *adj* [person] incapace; [plan] inefficace.

inefficiency [ˌɪnɪˈfɪʃnsɪ] *n* inefficienza *f*.

inefficient [ˌɪnɪˈfɪʃnt] *adj* inefficiente.

ineligible [ɪnˈelɪdʒəbl] *adj* non idoneo(a); **to be ~ for** sthg [benefits] non avere diritto a qc.

inept [ɪˈnept] *adj* **-1.** [incompetent] inetto(a); **~ at** sthg inetto in OR per qc **-2.** [clumsy] fuori luogo.

inequality [ˌɪnɪˈkwɒlətɪ] *n* [state of being unequal] disuguaglianza *f*.

inert [ɪˈnɜːt] *adj* inerte.

inertia [ɪˈnɜːʃə] *n* inerzia *f*.

inescapable [ˌɪnɪˈskeɪpəbl] *adj* inesorabile.

inevitable [ɪnˈevɪtəbl] <> *adj* inevitabile. <> *n*: **the ~** l'inevitabile.

inevitably [ɪnˈevɪtəblɪ] *adv* inevitabilmente.

inexcusable [ˌɪnɪkˈskjuːzəbl] *adj* imperdonabile.

inexhaustible [ˌɪnɪgˈzɔːstəbl] *adj* inesauribile.

inexpensive [ˌɪnɪkˈspensɪv] *adj* economico(a).

inexperienced [ˌɪnɪkˈspɪərɪənst] *adj* inesperto(a).

inexplicable [ˌɪnɪkˈsplɪkəbl] *adj* inspiegabile.

infallible [ɪnˈfæləbl] *adj* infallibile.

infamous [ˈɪnfəməs] *adj* [criminal, liar] infame; [occasion] turpe.

infancy [ˈɪnfənsɪ] *n* infanzia *f*; **in its ~** *fig* agli inizi.

infant [ˈɪnfənt] *n* bambino *m*, -a *f*.

infantry [ˈɪnfəntrɪ] *n* fanteria *f*.

infant school *n* UK scuola *f* materna.

infatuated *adj*: **~ (with** sb/sthg) infatuato(a) (di qn/qc).

infatuation [ɪnˌfætjʊˈeɪʃn] *n*: **~ (with** sb/sthg) infatuazione *f* (per qn/qc).

infect [ɪnˈfekt] *vt* **-1.** MED [wound] infettare; [person, animal] contagiare, infettare; **to ~** sb **with** sthg trasmettere qc a qn **-2.** *fig* [spread to] contagiare.

infection [ɪnˈfekʃn] *n* infezione *f*.

infectious [ɪnˈfekʃəs] *adj* *lit* & *fig* contagioso(a).

infer [ɪnˈfɜː[r]] *vt* **-1.** [deduce]: **to ~ (that)** dedurre che; **to ~** sthg **(from** sthg) dedurre qc da qc **-2.** *inf* [imply] insinuare.

inferior [ɪnˈfɪərɪə[r]] <> *adj* inferiore; **~ to** sb/sthg inferiore a qn/qc. <> *n* inferiore *mf*.

inferiority [ɪnˌfɪərɪˈɒrətɪ] *n* inferiorità *f*.

inferiority complex *n* complesso *m* di inferiorità.

inferno [ɪnˈfɜːnəʊ] (*pl* **-s**) *n* incendio *m* indomabile.

infertile [ɪnˈfɜːtaɪl] *adj* sterile.

infested *adj*: **~ with** sthg infestato(a) di qc.

infighting [ˈɪnˌfaɪtɪŋ] *n* lotte *fpl* intestine.

infiltrate [ˈɪnfɪltreɪt] *vt* infiltrarsi in.

infinite [ˈɪnfɪnət] *adj* infinito(a).

infinitive [ɪnˈfɪnɪtɪv] *n* GRAM infinito *m*.

infinity [ɪnˈfɪnətɪ] *n* infinito *m*; **into ~** all'infinito; **an ~ of** un'infinità di.

infirm [ɪnˈfɜːm] <> *adj* infermo(a). <> *npl*: **the ~** gli infermi.

infirmary [ɪnˈfɜːmərɪ] *n* **-1.** [hospital] ospedale *m* **-2.** [room] infermeria *f*.

infirmity [ɪnˈfɜːmətɪ] *n* **-1.** [individual weakness or illness] acciacchi *mpl* **-2.** [state of being weak or ill] infermità *f*.

inflamed [ɪnˈfleɪmd] *adj* MED infiammato(a).

inflammable [ɪnˈflæməbl] *adj* infiammabile.

inflammation [ˌɪnfləˈmeɪʃn] *n* MED infiammazione *f*.

inflatable [ɪnˈfleɪtəbl] *adj* gonfiabile.

inflate [ɪnˈfleɪt] *vt* gonfiare.

inflation [ɪnˈfleɪʃn] *n* ECON inflazione *f*.

inflationary [ɪnˈfleɪʃnrɪ] *adj* ECON inflazionistico(a).

inflation rate *n* ECON tasso *m* d'inflazione.

inflict [ɪnˈflɪkt] *vt*: **to ~** sthg **on** sb [pain, punishment] infliggere qc a qn; [responsibility, problem] addossare qc a qn.

influence [ˈɪnfluəns] <> *n* **-1.** [gen]: **~ (on** sb/sthg) UK **~ (over** sb/sthg) influenza (su qn/qc); **under the ~ of** [person, group] sotto l'influenza di; [alcohol, drugs] sotto l'effetto di **-2.** [influential person, thing]: **to be a bad/good ~ (on** sb/sthg) avere una cattiva/buona influenza (su qn/qc). <> *vt* influenzare.

influential [ˌɪnfluˈenʃl] *adj* influente.

influenza [ˌɪnfluˈenzə] *n* *fml* influenza *f*.

influx [ˈɪnflʌks] *n* afflusso *m*.

inform [ɪnˈfɔːm] *vt* informare; **to ~** sb **of** OR **about** sthg informare qn di qc. **◆ inform on** *vt insep* denunciare, passare informazioni su.

informal [ɪnˈfɔːml] *adj* informale.

informant [ɪnˈfɔːmənt] *n* informatore *m*, -trice *f*.

information [ˌɪnfəˈmeɪʃn] *n* informazioni *fpl*, notizie *fpl*; **a piece of ~** un'informazione; **~ on** OR **about** sthg informazioni su qc; **'Information'** 'Informazioni'; **for your** ~ COMM a titolo informativo.

information desk *n* banco *m* informazioni.

information technology *n* informatica *f*.

informative [ɪnˈfɔːmətɪv] *adj* [book, film] istruttivo(a); **she's been very** ~ ci ha fornito molte informazioni.

informer [ɪnˈfɔːməʳ] *n* informatore *m*, -trice *f*.

infrared [ˌɪnfrəˈred] *adj* infrarosso(a).

infrastructure [ˈɪnfrəˌstrʌktʃəʳ] *n* infrastruttura *f*.

infringe [ɪnˈfrɪndʒ] ⬦ *vt* violare. ⬦ *vi* : **to** ~ **on sthg** violare qc.

infringement [ɪnˈfrɪndʒmənt] *n* violazione *f*.

infuriating [ɪnˈfjʊərɪeɪtɪŋ] *adj* esasperante.

ingenious [ɪnˈdʒiːnjəs] *adj* ingegnoso(a).

ingenuity [ˌɪndʒɪˈnjuːətɪ] *n* ingegnosità *f*.

ingot [ˈɪŋgət] *n* lingotto *m*.

ingrained [ˌɪnˈgreɪnd] *adj* **-1.** [ground in] incrostato(a) **-2.** [deeply rooted] radicato(a).

ingratiating [ɪnˈgreɪʃɪeɪtɪŋ] *adj* accattivante.

ingredient [ɪnˈgriːdjənt] *n* ingrediente *m*.

inhabit [ɪnˈhæbɪt] *vt* abitare.

inhabitant [ɪnˈhæbɪtənt] *n* abitante *mf*.

inhale [ɪnˈheɪl] ⬦ *vt* inalare. ⬦ *vi* [smoker] aspirare; [patient] inspirare.

inhaler [ɪnˈheɪləʳ] *n* MED inalatore *m*.

inherent [ɪnˈhɪərənt, ɪnˈherənt] *adj* intrinseco(a); ~ **in sthg** inerente a qc.

inherently [ɪnˈhɪərəntlɪ, ɪnˈherəntlɪ] *adv* per natura, intrinsecamente.

inherit [ɪnˈherɪt] *vt & vi* : **to** ~ **sthg (from sb)** ereditare qc (da qn).

inheritance [ɪnˈherɪtəns] *n* eredità *f inv.*

inhibit [ɪnˈhɪbɪt] *vt* **-1.** [restrict] limitare **-2.** PSYCHOL inibire.

inhibition [ˌɪnhɪˈbɪʃn] *n* inibizione *m*.

inhospitable [ˌɪnhɒˈspɪtəbl] *adj* inospitale.

in-house ⬦ *adj* interno(a). ⬦ *adv* in ditta.

inhuman [ɪnˈhjuːmən] *adj* disumano(a).

initial [ɪˈnɪʃl] ⬦ *adj* iniziale. ⬦ *vt* siglare.
➡ **initials** *npl* iniziali *fpl*.

initially [ɪˈnɪʃəlɪ] *adv* all'inizio.

initiate *vt* [ɪˈnɪʃɪeɪt] iniziare; **to** ~ **sb (into sthg)** iniziare qn (a qc).

initiative [ɪˈnɪʃətɪv] *n* **-1.** [gen] iniziativa *f* **-2.** [advantage]: **to have the** ~ avere il sopravvento.

inject [ɪnˈdʒekt] *vt* **-1.** MED: **to** ~ **sb with sthg** OR **to** ~ **sthg into sb** fare un'iniezione di qc a qn **-2.** *fig* [add]: **to** ~ **sthg into sthg** immettere qc in qc.

injection [ɪnˈdʒekʃn] *n* **-1.** MED iniezione *f* **-2.** [investment] immissione *f*.

injure [ˈɪndʒəʳ] *vt* **-1.** [hurt physically] ferire, fare male a **-2.** [reputation, chances] danneggiare **-3.** [offend] ferire.

injured [ˈɪndʒəd] ⬦ *adj* [physically hurt] ferito(a), leso(a). ⬦ *npl*: **the** ~ i feriti.

injury [ˈɪndʒərɪ] *n* **-1.** [physical harm] lesioni *fpl* **-2.** [wound, to feelings] ferita *f*; **to do o.s. an** ~ farsi del male **-3.** [to one's reputation] danno *m*.

injury time *n* minuti *mpl* di recupero.

injustice [ɪnˈdʒʌstɪs] *n* ingiustizia *f*; **to do sb an** ~ essere ingiusto(a) con qn.

ink [ɪŋk] *n* inchiostro *m*.

ink-jet printer *n* stampante *f* a getto d'inchiostro.

inkling [ˈɪŋklɪŋ] *n*: **to have an** ~ **of sthg** sospettare qc.

inkwell [ˈɪŋkwel] *n* calamaio *f*.

inlaid [ˌɪnˈleɪd] *adj* intarsiato(a); ~ **with sthg** intarsiato di qc.

inland ⬦ *adj* [ˈɪnlənd] interno(a). ⬦ *adv* [ɪnˈlænd] nell'entroterra.

Inland Revenue *n* UK: **the** ~ il fisco *m*.

in-laws *npl inf* suoceri *mpl*.

inlet [ˈɪnlet] *n* **-1.** [stretch of water] insenatura *f* **-2.** [way in] apertura *f*.

inmate [ˈɪnmeɪt] *n* [of prison] detenuto *m*, -a *f*; [of mental hospital] internato *m*, -a *f*.

inn [ɪn] *n* locanda *f*.

innate [ɪˈneɪt] *adj* innato(a).

inner [ˈɪnəʳ] *adj* **-1.** [layers, ear] interno(a) **-2.** [London] centrale **-3.** [feelings, peace] interiore.

inner city *n*: **the** ~ i quartieri poveri vicini al centro città.

inner tube *n* camera *f* d'aria.

innings [ˈɪnɪŋz] (*pl* innings) *n* UK [in cricket] turno *m* di battuta.

innocence [ˈɪnəsəns] *n* innocenza *f*.

innocent [ˈɪnəsənt] ⬦ *adj* innocente; ~ **of sthg** innocente di qc. ⬦ *n* innocente *mf*.

innocuous [ɪˈnɒkjʊəs] *adj* innocuo(a).

innovation [ˌɪnəˈveɪʃn] *n* innovazione *f*.

innovative [ˈɪnəvətɪv] *adj* innovativo(a).

innuendo [ˌɪnjuː'endəʊ] (*pl* **-es** OR **-s**) *n* **-1.** [individual remark] allusione *f* **-2.** [style of speaking] allusioni *fpl*.

innumerable [ɪ'njuːmərəbl] *adj* innumerevole.

inoculate [ɪ'nɒkjʊleɪt] *vt* vaccinare; **to ~ sb with sthg** vaccinare qn con qc.

inordinately [ɪn'ɔːdɪnətlɪ] *adv fml* estremamente.

in-patient *n* degente *mf*.

input ['ɪnpʊt] (*pt & pp* **input** OR **-ted**) <> *n* **-1.** [contribution] contributo *m* **-2.** COMPUT input *m*, introduzione *f* **-3.** ELEC alimentazione *f*. <> *vt* COMPUT immettere.

inquest ['ɪnkwest] *n* LAW inchiesta *f*.

inquire [ɪn'kwaɪə^r] <> *vt*: **to ~ when/whether/if/how etc** chiedere quando/se/come etc. <> *vi* [ask for information] informarsi; **to ~ about sthg** informarsi su qc. ◆ **inquire after** *vt insep* chiedere di. ◆ **inquire into** *vt insep* informarsi su.

inquiry [UK ɪn'kwaɪərɪ, US ɪnkwərɪ] *n* **-1.** [question] domanda *f*; **'Inquiries'** '(Ufficio) informazioni' **-2.** [investigation] inchiesta *f*.

inquisitive [ɪn'kwɪzətɪv] *adj* (troppo) curioso(a).

inroads ['ɪnrəʊdz] *npl*: **to make ~ into sthg** intaccare qc.

insane [ɪn'seɪn] *adj* **-1.** [MED & mad] malato(a) di mente **-2.** *fig* [very stupid - idea, jealousy] folle; [- person] pazzo(a).

insanity [ɪn'sænətɪ] *n* **-1.** [MED & madness] infermità *f* mentale **-2.** *fig* [great stupidity] follia *f*.

insatiable [ɪn'seɪʃəbl] *adj* insaziabile.

inscription [ɪn'skrɪpʃn] *n* **-1.** [on wall, headstone, plaque] iscrizione *f (su pietra, metallo)* **-2.** [in book] dedica *f*.

inscrutable [ɪn'skruːtəbl] *adj* enigmatico(a).

insect ['ɪnsekt] *n* insetto *m*.

insecticide [ɪn'sektɪsaɪd] *n* insetticida *m*.

insect repellent *n* insettifugo *m*.

insecure [ˌɪnsɪ'kjʊə^r] *adj* **-1.** [not confident] insicuro(a) **-2.** [not safe] precario(a).

insensitive [ɪn'sensətɪv] *adj* insensibile; **~ to sthg** insensibile a qc.

inseparable [ɪn'seprəbl] *adj* **-1.** [subjects, facts]: **~ (from sthg)** inseparabile (da qc) **-2.** [people] inseparabile.

insert <> *vt* [ɪn'sɜːt]: **to ~ sthg (in** OR **into sthg)** inserire qc (in qc) . <> *n* ['ɪnsɜːt] inserto *m*.

insertion [ɪn'sɜːʃn] *n* **-1.** [act of inserting] inserzione *f* **-2.** [thing inserted] inserto *m*.

in-service training *n* UK formazione *f* professionale sul posto di lavoro.

inshore <> *adj* ['ɪnʃɔː^r] costiero(a). <> *adv* [ɪn'ʃɔː^r] [be] vicino alla costa; [sail, swim] verso la costa.

inside [ɪn'saɪd] <> *prep* **-1.** [place, object, building] dentro, all'interno di; [body, mind] dentro; **a feeling of despair was growing ~ him** sentiva la disperazione crescere dentro di sé; [group, organization] all'interno di **-2.** [time, limit] entro; **to be ~ the record** battere il record. <> *adv* dentro; **~ she knew things could only get better** dentro di sé sapeva che le cose sarebbero migliorate. <> *adj* [interior, near centre] interno(a). <> *n* **-1.** [interior, inner part]: **the ~** l'interno; **~ out** [clothes] al rovescio; **to know sthg ~ out** *fig* conoscere qc a menadito; **to turn sthg ~ out** [sweater] rivoltare qc; [room] mettere qc sottosopra **-2.** AUT: **on the ~** [in UK] a sinistra; [in Europe, US etc] a destra. ◆ **insides** *npl inf* [intestines - of animal] interiora *fpl*; [- of man] intestino *m*, pancia *f*. ◆ **inside of** *prep* US dentro.

inside lane *n* AUT [in UK] corsia *f* di sinistra; [in Europe, US etc] corsia *f* di destra.

insight ['ɪnsaɪt] *n* **-1.** [wisdom]: **~ (into sthg)** intuizione *f* (di qc) **-2.** [glimpse]: **~ (into sthg)** idea (di qc).

insignificant [ˌɪnsɪg'nɪfɪkənt] *adj* insignificante.

insincere [ˌɪnsɪn'sɪə^r] *adj* falso(a)

insinuate [ɪn'sɪnjʊeɪt] *vt pej* [imply]: **to ~ (that)** insinuare che; **to ~ o.s. into sb's good graces** insinuarsi nelle grazie di qn.

insipid [ɪn'sɪpɪd] *adj pej* insipido(a).

insist [ɪn'sɪst] <> *vt* [state firmly]: **to ~ (that)** insistere che. <> *vi*: **to ~ on sthg** esigere qc; **to ~ on doing sthg** insistere per fare qc.

insistent [ɪn'sɪstənt] *adj* insistente; **to be ~ on sthg** insistere su qc.

insofar [ˌɪnsəʊ'fɑː^r] ◆ **insofar as** *conj* per quanto.

insole *n* soletta *f*.

insolent ['ɪnsələnt] *adj* insolente.

insolvable *adj* US [which cannot be solved] irrisolvibile.

insolvent [ɪn'sɒlvənt] *adj* insolvente.

insomnia [ɪn'sɒmnɪə] *n* insonnia *f*.

inspect [ɪn'spekt] *vt* **-1.** [letter, person] esaminare **-2.** [factory, troops] ispezionare.

inspection [ɪn'spekʃn] *n* ispezione *f*.

inspector [ɪn'spektə^r] *n* ispettore *m*; **ticket ~** controllore *m*.

inspiration [ˌɪnspəˈreɪʃn] n ispirazione f; ~ **for sthg** ispirazione per OR di qc.

inspire [ɪnˈspaɪər] vt: **to ~ sb (to do sthg)** ispirare qn (a fare qc); **to ~ sb with sthg** OR **to ~ sthg in sb** infondere qc in qn.

install UK, **instal** US [ɪnˈstɔːl] vt [machinery, equipment] installare.

installation [ˌɪnstəˈleɪʃn] n installazione f.

instalment UK, **installment** US [ɪnˈstɔːlmənt] n -1. [payment] rata f; **in ~ s** a rate -2. [episode] puntata f.

instance [ˈɪnstəns] n caso m; **for ~** ad esempio.

instant [ˈɪnstənt] <> adj istantaneo(a). <> n [moment] istante m; **the ~ (that) ...** appena...; **this ~** immediatamente.

instantly [ˈɪnstəntlɪ] adv [recognize] all'istante; [die] sul colpo.

instead [ɪnˈsted] adv invece. ➡ **instead of** prep invece di.

instep [ˈɪnstep] n collo m (del piede).

instigate [ˈɪnstɪgeɪt] vt [revolt] istigare a; [meeting] promuovere.

instil UK, **instill** US [ɪnˈstɪl] vt: **to ~ sthg in(to) sb** instillare qc in qn.

instinct [ˈɪnstɪŋkt] n istinto m.

instinctive [ɪnˈstɪŋktɪv] adj istintivo(a).

institute [ˈɪnstɪtjuːt] <> n istituto m. <> vt -1. [establish] istituire -2. [proceedings] intentare.

institution [ˌɪnstɪˈtjuːʃn] n -1. [gen] istituzione f -2. [home] istituto m.

instruct [ɪnˈstrʌkt] vt -1. [tell, order]: **to ~ sb to do sthg** dare a qn istruzioni di fare qc -2. [teach]: **to ~ sb in sthg** insegnare qc a qn.

instruction [ɪnˈstrʌkʃn] n istruzione f. ➡ **instructions** npl istruzioni fpl.

instructor [ɪnˈstrʌktər] n -1. [in driving, skiing, swimming] istruttore m, -trice f -2. US SCH assistente mf.

instrument [ˈɪnstrʊmənt] n lit & fig strumento m.

instrumental [ˌɪnstrʊˈmentl] adj [important, helpful]: **to be ~ in sthg** contribuire fattivamente a qc.

instrument panel n quadro m strumenti.

insubordinate [ˌɪnsəˈbɔːdɪnət] adj fml insubordinato(a).

insubstantial [ˌɪnsəbˈstænʃl] adj -1. [fragile] precario(a) -2. [unsatisfying] di poca sostanza.

insufficient [ˌɪnsəˈfɪʃnt] adj fml insufficiente; ~ **for sthg/to do sthg** insufficiente per qc/per fare qc.

insular [ˈɪnsjʊlər] adj [narrow-minded] limitato(a).

insulate [ˈɪnsjʊleɪt] vt -1. [gen] isolare -2. [protect] proteggere; **to ~ sb against** OR **from sthg** proteggere qn da qc.

insulating tape [ˈɪnsjʊleɪtɪŋ-] n UK nastro m isolante.

insulation [ˌɪnsjʊˈleɪʃn] n [material, substance] isolante m.

insulin [ˈɪnsjʊlɪn] n insulina f.

insult <> vt [ɪnˈsʌlt] insultare. <> n [ˈɪnsʌlt] insulto m.

insuperable [ɪnˈsuːprəbl] adj fml insormontabile.

insurance [ɪnˈʃɔːrəns] n lit & fig assicurazione f; ~ **against sthg** assicurazione contro qc.

insurance policy n polizza f d'assicurazione.

insure [ɪnˈʃɔːr] <> vt -1. [against fire, accident, theft]: **to ~ sb/sthg against sthg** assicurare qn/qc contro qc -2. US [make certain] assicurare. <> vi [protect]: **to ~ against sthg** assicurarsi contro qn.

insurer [ɪnˈʃɔːrər] n assicuratore m, -trice f.

insurmountable [ˌɪnsəˈmaʊntəbl] adj insormontabile.

intact [ɪnˈtækt] adj intatto(a).

intake [ˈɪnteɪk] n -1. [amount consumed] consumo m -2. [people recruited] recluते fpl -3. [inlet] entrata f; **air ~** presa f d'aria.

integral [ˈɪntɪgrəl] adj integrante; **to be ~ to sthg** essere parte integrante di qc.

integrate [ˈɪntɪgreɪt] <> vi integrarsi. <> vt -1. [gen] integrare -2. [end segregation of] aprire a tutti.

integrity [ɪnˈtegrətɪ] n integrità f.

intellect [ˈɪntəlekt] n intelligenza f.

intellectual [ˌɪntəˈlektjʊəl] <> adj intellettuale. <> n intellettuale mf.

intelligence [ɪnˈtelɪdʒəns] n -1. [ability to think and reason] intelligenza f -2. [information service] servizi mpl segreti -3. [information] informazioni fpl.

intelligent [ɪnˈtelɪdʒənt] adj intelligente.

intelligent card n tessera f a memoria magnetica.

intend [ɪnˈtend] vt: **to ~ doing sthg** OR **to do sthg** avere intenzione di fare qc; **to be ~ ed for sb** essere destinato(a) a qn; **the bullet was ~ ed for me** il proiettile era destinato a me; **to be ~ ed as sthg: it wasn't ~ ed as criticism** non voleva essere una critica; **it was ~ ed to be a surprise** doveva essere una sorpresa.

intended [ɪn'tendɪd] *adj* [victim] predestinato(a); [result] voluto(a).

intense [ɪn'tens] *adj* -1. [gen] intenso(a) -2. [person – serious] serio(a); [– emotional] intenso(a).

intensely [ɪn'tenslɪ] *adv* estremamente.

intensify [ɪn'tensɪfaɪ] ⬦ *vt* intensificare. ⬦ *vi* aumentare.

intensity [ɪn'tensətɪ] *n* -1. [of competition, debate, concentration] intensità *f* -2. [of person – seriousness] serietà *f*; [– of emotional nature] intensità *f*.

intensive [ɪn'tensɪv] *adj* intensivo(a).

intensive care *n* terapia *f* intensiva.

intent [ɪn'tent] ⬦ *adj* -1. [absorbed] intento(a) -2. [determined]: **to be ~ (up)on doing sthg** essere deciso(a) a fare qc. ⬦ *n fml* intento *m*; **to all ~ s and purposes** a tutti gli effetti.

intention [ɪn'tenʃn] *n* intenzione *f*.

intentional [ɪn'tenʃənl] *adj* intenzionale.

intently [ɪn'tentlɪ] *adv* intentamente.

interact [ˌɪntər'ækt] *vi*: **to ~ (with sb/ sthg)** interagire (con qn/qc).

intercede [ˌɪntə'siːd] *vi fml*: **to ~ (with sb)** intercedere (presso qn).

intercept *vt* [ˌɪntə'sept] intercettare.

interchange ⬦ *n* ['ɪntətʃeɪndʒ] -1. [exchange] scambio *m* -2. [road junction] interscambio *m*. ⬦ *vt* [ˌɪntə'tʃeɪndʒ] scambiare; **to ~ sthg with sb/sthg** scambiare qc con qn/qc.

interchangeable [ˌɪntə'tʃeɪndʒəbl] *adj*: **~ (with sb/sthg)** intercambiabile (con qn/qc).

intercom ['ɪntəkɒm] *n* -1. [gen] interfono *m*; **on/over the ~** all'/per interfono -2. [in flat] citofono *m*.

intercourse ['ɪntəkɔːs] *n* rapporti *mpl* (sessuali).

interest ['ɪntrəst] ⬦ *n* -1. [gen] interesse *m*; **~ in sb/sthg** interesse per qn/qc -2. [share in company] interessi *mpl*; **business ~ s** interessi *mpl* commerciali. ⬦ *vt* interessare; **can I ~ you in a drink?** cosa ne dici di bere qualcosa?.

interested ['ɪntrestɪd] *adj* interessato(a); **to be ~ in sb/sthg** interessarsi di qn/qc; **to be ~ in doing sthg** essere interessato a fare qc; **are you ~ in going to see this film?** t'interessa andare a vedere questo film?; **I am ~ in sthg** m'interessa qc.

interesting ['ɪntrəstɪŋ] *adj* interessante.

interest rate *n* tasso *m* d'interesse.

interface *n* ['ɪntəfeɪs] interfaccia *f*.

interfere [ˌɪntə'fɪəʳ] *vi* -1. [meddle] intromettersi; **to ~ in sthg** intromettersi in qc -2. [cause disruption]: **to ~ with sthg** interferire con qc.

interference [ˌɪntə'fɪərəns] *n* -1. [meddling]: **~ (with/in sthg)** intromissione *f* (con/in qc); **state ~** ingerenze *fpl* del governo -2. RADIO & TV interferenza *f*.

interim ['ɪntərɪm] ⬦ *adj* provvisorio(a). ⬦ *n*: **in the ~** nel frattempo.

interior [ɪn'tɪərɪəʳ] ⬦ *adj* -1. [inner] interno(a); **~ design** decorazione *f* d'interni -2. POL dell'interno. ⬦ *n* [inside] interno *m*.

interlock *vi* [ˌɪntə'lɒk] -1. TECH asservire; **to ~ with sthg** asservire a qc -2. [entwine] intrecciarsi.

interlude ['ɪntəluːd] *n* intervallo *m*.

intermediary [ˌɪntə'miːdjərɪ] *n* intermediario *m*, -a *f*.

intermediate [ˌɪntə'miːdjət] *adj* intermedio(a).

interminable [ɪn'tɜːmɪnəbl] *adj* interminabile.

intermission [ˌɪntə'mɪʃn] *n* -1. [pause] pausa *f* -2. CIN & THEAT intervallo *m*.

intermittent [ˌɪntə'mɪtənt] *adj* intermittente.

intern ⬦ *vt* [ɪn'tɜːn] internare. ⬦ *n* ['ɪntɜːn] *esp US* [trainee – teacher] stagista *mf*; [– doctor] tirocinante *mf*.

internal [ɪn'tɜːnl] *adj* interno(a).

internally [ɪn'tɜːnəlɪ] *adv* internamente.

Internal Revenue *n US*: **the ~** il fisco.

international [ˌɪntə'næʃənl] ⬦ *adj* internazionale. ⬦ *n UK* SPORT -1. [match] internazionale -2. [player] della nazionale.

Internet ['ɪntənet] *n*: **the ~** Internet.

Internet access *n* accesso *m* a Internet.

Internet café *n* caffè *m inv* Internet.

Internet connection *n* collegamento *m* a Internet.

Internet service provider *n* provider *m inv*.

Internet start-up company *n* Internet start-up company *f inv*.

Internet television, Internet TV *n* Internet-Tv *f*.

interpret [ɪn'tɜːprɪt] ⬦ *vt* [understand, translate] interpretare; **to ~ sthg as sthg** interpretare qc come qc. ⬦ *vi* [translate] fare da interprete.

interpreter [ɪn'tɜːprɪtəʳ] *n* interprete *mf*.

interpreting [ɪn'tɜːprɪtɪŋ] n interpretaria-to m.

interrelate [ˌɪntərɪ'leɪt] ◇ vt collegare. ◇ vi: **to ~ (with sthg)** collegarsi (a qc).

interrogate [ɪn'terəgeɪt] vt interrogare.

interrogation [ɪnˌterə'geɪʃn] n -1. [questioning] interrogatorio m -2. [interview] colloquio m.

interrogation mark n US punto m interrogativo.

interrogative [ˌɪntə'rɒgətɪv] GRAM ◇ adj interrogativo(a). ◇ n -1. [form]: **the ~** la forma interrogativa -2. [word] pronome OR avverbio m interrogativo.

interrupt [ˌɪntə'rʌpt] vt & vi interrompere.

interruption [ˌɪntə'rʌpʃn] n interruzione f.

intersect [ˌɪntə'sekt] ◇ vi incrociarsi. ◇ vt incrociare.

intersection [ˌɪntə'sekʃn] n incrocio m.

intersperse [ˌɪntə'spɜːs] vt: **to be ~d with sthg** essere intervallato(a) da qc.

interstate (highway) n US autostrada che attraversa vari stati degli USA.

interval ['ɪntəvl] n: **~ (between)** intervallo (fra); **at ~s** a intervalli; **at monthly/yearly ~s** a intervalli mensili/annuali.

intervene [ˌɪntə'viːn] vi -1. [gen] intervenire; **to ~ in sthg** intervenire in qc -2. [event] avvenire.

intervention [ˌɪntə'venʃn] n intervento m.

interview ['ɪntəvjuː] ◇ n -1. [for job] colloquio m -2. PRESS intervista f. ◇ vt -1. [for job] sottoporre a un colloquio -2. PRESS intervistare.

interviewer ['ɪntəvjuːəʳ] n -1. [for job] persona che tiene il colloquio -2. PRESS intervistatore m, -trice f.

intestine [ɪn'testɪn] n intestino m.

intimacy ['ɪntɪməsɪ] n: **~ (between/with)** intimità (tra/con). **◆ intimacies** npl confidenze fpl.

intimate ◇ adj ['ɪntɪmət] -1. [gen] intimo(a) -2. fml [sexually]: **to be ~ with sb** avere rapporti intimi con qn -3. [thorough] profondo(a). ◇ vt ['ɪntɪmeɪt] fml [hint, imply] suggerire; **to ~ that** lasciare intendere che.

intimately ['ɪntɪmətlɪ] adv -1. [as close friends – know] intimamente; [– talk, discuss] confidenzialmente -2. [thoroughly] dettagliatamente -3. [linked] strettamente.

intimidate [ɪn'tɪmɪdeɪt] vt intimidire.

into ['ɪntʊ] prep -1. [inside] [referring to container] in, dentro (a); [referring to place, vehicle] in; **to put sthg ~ sthg** mettere qc in qc; **to walk ~ a room** entrare in una stanza; **to get ~ a car** salire in macchina -2. [against] contro; **to bump/crash into sb/sthg** andare a sbattere contro qn/qc -3. [indicating transformation, change]: **to turn ~ sthg** trasformarsi in qc; **to develop ~ sthg** diventare qc; **to translate sthg ~ Spanish** tradurre qc in spagnolo; **to tear sthg ~ pieces** fare a pezzi qc; **to burst ~ tears** scoppiare a piangere; **she changed ~ another dress** s'è cambiata d'abito -4. [concerning, about] su; **an investigation ~ corruption** un'indagine sulla corruzione -5. MATHS: **3 ~ 2 won't go** il 3 nel 2 non va; **2 ~ 6 goes 3 times** 6 diviso 2 fa 3; **to divide 4 ~ 8** dividere 8 per 4 -6. [indicating elapsed time] fino a; **we worked well ~ the night** abbiamo lavorato fino a notte fonda; **I was a week ~ my holiday when...** ero in vacanza da una settimana quando... -7. inf [interested in]: **to be ~ sthg** essere appassionato(a) di qc.

intolerable [ɪn'tɒlrəbl] adj fml intollerabile.

intolerance [ɪn'tɒlərəns] n intolleranza f.

intolerant [ɪn'tɒlərənt] adj intollerante.

intoxicated [ɪn'tɒksɪkeɪtɪd] adj -1. [drunk] ubriaco(a) -2. fig [excited]: **~ by OR with sthg** inebriato(a) da qc.

intractable [ɪn'træktəbl] adj fml -1. [person] intrattabile -2. [problem] insolubile.

intramural [ˌɪntrə'mjʊərəl] adj interno(a).

Intranet ['ɪntrənet] n COMPUT Intranet f inv.

intransitive [ɪn'trænzətɪv] adj intransitivo(a).

intravenous [ˌɪntrə'viːnəs] adj intravenoso(a).

in-tray n raccoglitore m per pratiche da evadere.

intricate ['ɪntrɪkət] adj intricato(a).

intrigue [ɪn'triːg] ◇ n intrigo m. ◇ vt incuriosire, intrigare.

intriguing [ɪn'triːgɪŋ] adj intrigante, affascinante.

intrinsic [ɪn'trɪnsɪk] adj intrinseco(a).

introduce [ˌɪntrə'djuːs] vt -1. [one person to another] presentare; **to ~ o.s.** presentarsi; **to ~ sb to sb** presentare qn a qn -2. RADIO & TV annunciare -3. [animal, plant, method]: **to ~ sthg (to OR into)** introdurre qc (in) -4. [to new experience]: **to ~ sb to sthg** introdurre qn a qc, far conoscere qc a qn -5. [signal start of] introdurre.

introduction [ˌɪntrə'dʌkʃn] n **-1.** [implementation] introduzione f **-2.** [to book]: ~ **(to sthg)** prefazione f (a qc) **-3.** [of one person to another]: ~ **(to sb)** presentazione (a qn).

introductory [ˌɪntrə'dʌktrɪ] adj [remarks, speech, chapter] introduttivo(a); ~ **offer** offerta f di lancio.

introvert ['ɪntrəvɜːt] n introverso m, -a f.

introverted ['ɪntrəvɜːtɪd] adj introverso(a).

intrude [ɪn'truːd] vi: to ~ **(on sb)** disturbare (qn); to ~ **(on sthg)** intromettersi (in qc).

intruder [ɪn'truːdə'] n intruso m, -a f.

intrusive [ɪn'truːsɪv] adj inopportuno(a).

intuition [ˌɪntjuː'ɪʃn] n intuizione f.

inundate ['ɪnʌndeɪt] vt **-1.** fml [flood] inondare **-2.** [overwhelm]: to ~ **sb/sthg with** sthg inondare qn/qc di qc, sommergere qn/qc da qc.

invade [ɪn'veɪd] vt invadere.

invalid [ɪn'vælɪd] <> adj ['ɪnvəlɪd] **-1.** [ticket] non valido(a); [document, marriage, vote] invalido(a) **-2.** [argument, theory] inefficace. <> n ['ɪnvəlɪd] [ill person] invalido m, -a f.

invaluable [ɪn'væljʊəbl] adj: ~ **(to sb/ sthg)** [experience, advice] inestimabile (per qn/qc); [person, information] preziosissimo(a) (per qn/qc).

invariably [ɪn'veərɪəblɪ] adv [always] immancabilmente.

invasion [ɪn'veɪʒn] n invasione f.

invent [ɪn'vent] vt inventare.

invention [ɪn'venʃn] n **-1.** [gen] invenzione f **-2.** [creative imagination] inventiva f.

inventive [ɪn'ventɪv] adj ingegnoso(a).

inventor [ɪn'ventə'] n inventore m, -trice f.

inventory ['ɪnvəntrɪ] n **-1.** [list] inventario m **-2.** US [goods] stock m inv, scorte fpl.

invert vt [ɪn'vɜːt] fml capovolgere.

inverted commas [ɪn'vɜːtɪd-] npl UK virgolette fpl.

invest [ɪn'vest] <> vt **-1.** [money]: to ~ sthg (in sthg) investire qc (in qc) **-2.** [time, energy]: to ~ sthg in sthg/in doing sthg impiegare qc in qc/facendo qc. <> vi lit & fig: to ~ (in sthg) investire (in qc).

investigate [ɪn'vestɪgeɪt] vt indagare (su), investigare (su).

investigation [ɪnˌvestɪ'geɪʃn] n: ~ (into sthg) indagine f (su qc).

investment [ɪn'vestmənt] n **-1.** FIN investimento m **-2.** [of time, energy] impiego m.

investor [ɪn'vestə'] n investitore m, -trice f.

inveterate [ɪn'vetərət] adj **-1.** [dislike, hatred] inveterato(a), radicato(a) **-2.** [drinker, gambler, smoker] accanito(a); **an** ~ **liar** un incorreggibile bugiardo.

invidious [ɪn'vɪdɪəs] adj **-1.** [unfair] ingiusto(a) **-2.** [unpleasant] ingrato(a).

invigilate [ɪn'vɪdʒɪleɪt] UK vt & vi sorvegliare.

invigorating [ɪn'vɪgəreɪtɪŋ] adj [experience] stimolante; [bath, walk] tonificante, corroborante.

invincible [ɪn'vɪnsɪbl] adj [army] invincibile; [record, champion] imbattibile.

invisible [ɪn'vɪzɪbl] adj invisibile.

invitation [ˌɪnvɪ'teɪʃn] n: ~ **to sthg/to do** sthg invito m a qc/a fare qc.

invite vt [ɪn'vaɪt] **-1.** [gen] invitare; **to** ~ **sb** **to sthg** invitare qn a qc; **to** ~ **sb to do** sthg invitare qn a fare qc **-2.** [trouble, criticism] suscitare.

inviting [ɪn'vaɪtɪŋ] adj invitante.

invoice ['ɪnvɔɪs] <> n fattura f. <> vt **-1.** [customer] mandare la fattura a **-2.** [goods] fatturare.

invoke [ɪn'vəʊk] vt **-1.** fml [quote as justification] invocare **-2.** [cause] suscitare.

involuntary [ɪn'vɒləntrɪ] adj involontario(a).

involve [ɪn'vɒlv] vt **-1.** [entail, require] richiedere; **to** ~ **doing sthg** richiedere che si faccia qc **-2.** [concern, affect] coinvolgere **-3.** [make part of sthg]: **to** ~ **sb in sthg** coinvolgere qn in qc.

involved [ɪn'vɒlvd] adj **-1.** [complex] intricato(a) **-2.**: **to be** ~ **in sthg** [work, politics] prendere parte a qc; [accident, scandal] essere coinvolto(a) in qc **-3.** [in a relationship]: **to be/get** ~ **with sb** essere legato(a)/legarsi (sentimentalmente) a qn **-4.** [entailed]: **what is** ~ **in this?** che cosa comporta questo?

involvement [ɪn'vɒlvmənt] n **-1.** [participation]: ~ **(in sthg)** partecipazione f (a qc) **-2.** [commitment]: ~ **(in sthg)** coinvolgimento m (in qc).

inward ['ɪnwəd] <> adj **-1.** [feelings, satisfaction] intimo(a) **-2.** [flow, movement] verso l'interno. <> adv US = **inwards**.

inwards ['ɪnwədz], **inward** US adv [turn, face] verso l'interno.

iodine [UK 'aɪədiːn, US 'aɪədaɪn] n iodio m.

iota [aɪ'əʊtə] n [small amount] pizzico m.

IOU (abbr of **I owe you**) n pagherò m inv.

IQ (*abbr of* **intelligence quotient**) *n* QI *m*.

IRA *n* (*abbr of* **Irish Republican Army**) IRA *f*.

Iran [ɪ'rɑːn] *n* Iran *m*.

Iranian [ɪ'reɪnjən] <> *adj* iraniano(a). <> *n* [person] iraniano *m*, -a *f*.

Iraq [ɪ'rɑːk] *n* Iraq *m*.

Iraqi [ɪ'rɑːkɪ] <> *adj* iracheno(a). <> *n* [person] iracheno *m*, -a *f*.

irate [aɪ'reɪt] *adj* furibondo(a).

Ireland ['aɪələnd] *n* Irlanda *f*.

iris ['aɪərɪs] (*pl* **-es**) *n* -1. [flower] iris *f inv* -2. [of eye] iride *f*.

Irish ['aɪrɪʃ] <> *adj* irlandese. <> *n* [language] irlandese *m*. <> *npl*: **the** ~ gli irlandesi.

Irishman ['aɪrɪʃmən] (*pl* **-men**) *n* irlandese *m*.

Irish Sea *n*: **the** ~ il mare d'Irlanda.

Irishwoman ['aɪrɪʃ,wʊmən] (*pl* **-women**) *n* irlandese *f*.

iron ['aɪən] <> *adj* -1. [made of iron] di ferro *m* -2. *fig* [very strict] di ferro, ferreo(a). <> *n* -1. [metal, golf club] ferro *m* -2. [for clothes] ferro *m* (da stiro). <> *vt* stirare. ◆ **iron out** *vt sep fig* [problems/difficulties] appianare.

ironic(al) [aɪ'rɒnɪk(l)] *adj* ironico(a).

ironing ['aɪənɪŋ] *n* -1. [work] stiratura *f* -2. [clothes to be ironed] roba *f* da stirare.

ironing board *n* asse *m* da stiro.

irony ['aɪrənɪ] *n* ironia *f*.

irrational [ɪ'ræʃənl] *adj* irrazionale.

irreconcilable [ɪ'rekənsaɪləbl] *adj* inconciliabile.

irregular [ɪ'regjʊlər] *adj* [gen & GRAM] irregolare.

irrelevant [ɪ'reləvənt] *adj* irrilevante.

irreparable [ɪ'repərəbl] *adj* irreparabile.

irreplaceable [,ɪrɪ'pleɪsəbl] *adj* insostituibile.

irrepressible [,ɪrɪ'presəbl] *adj* irrefrenabile.

irresistible [,ɪrɪ'zɪstəbl] *adj* irresistibile.

irrespective [,ɪrɪ'spektɪv] ◆ **irrespective of** *prep* a prescindere da.

irresponsible *adj* irresponsabile.

irrigation [,ɪrɪ'geɪʃn] <> *n* irrigazione *f*. <> *comp* d'irrigazione.

irritable ['ɪrɪtəbl] *adj* [person, mood] irritabile; [voice, reply] irritato(a).

irritate ['ɪrɪteɪt] *vt* irritare.

irritated ['ɪrɪteɪtɪd] *adj* irritato(a).

irritating ['ɪrɪteɪtɪŋ] *adj* irritante.

irritation [ɪrɪ'teɪʃn] *n* -1. [anger, soreness]

---

irritazione *f* -2. [cause of anger] fastidio *m*, seccatura *f*.

IRS (*abbr of* **Internal Revenue Service**) *n US*: **the** ~ il fisco.

is [ɪz] *vb* ⊳be.

ISDN (*abbr of* **Integrated Services Delivery Network**) *n* COMPUT ISDN *m*.

Islam ['ɪzlɑːm] *n* [religion] Islam *m*.

island ['aɪlənd] *n* -1. [in water] isola *f* -2. [in traffic] isola *f* spartitraffico.

islander ['aɪləndər] *n* isolano *m*, -a *f*.

isle [aɪl] *n* isola *f*.

Isle of Man *n*: **the** ~ l'isola di Man.

Isle of Wight [-waɪt] *n*: **the** ~ l'isola di Wight.

isn't ['ɪznt] *cont* = **is not**.

isobar ['aɪsəbɑːr] *n* isobara *f*.

isolate ['aɪsəleɪt] *vt*: **to** ~ **sb/sthg (from sb/sthg)** isolare qn/qc (da qn/qc).

isolated ['aɪsəleɪtɪd] *adj* isolato(a).

Israel ['ɪzreɪəl] *n* Israele *m*.

Israeli [ɪz'reɪlɪ] <> *adj* israeliano(a). <> *n* israeliano *m*, -a *f*.

issue ['ɪʃuː] <> *n* -1. [important subject] questione *f*, problema *m*; **at** ~ **in** questione; **to make an** ~ **of sthg** fare una questione di qc -2. [edition] numero *m* -3. [bringing out] emissione *f*. <> *vt* -1. [statement, passport] rilasciare; [decree] emanare; [warning] lanciare -2. [stamps, bank notes, shares] emettere -3. [uniforms] assegnare.

it [ɪt] *pron* -1. (*subj*) [referring to specific person or thing] esso(a); **where is my book?** - ~ **is in the sitting room** dov'è il mio libro? - è in sala -2. (*direct object*) [referring to specific person or thing] lo (la); **did you find** ~? **l'hai trovato?**; **give** ~ **to me at once** dammelo subito -3. (*indirect object*) [referring to specific person or thing] gli (le); **have a look at** ~ dagli un'occhiata -4. (*with prepositions*): **did you talk about** ~? **ne avete parlato?**; **a table with a chair beside** ~ **un** tavolo con accanto una sedia; **what did you learn from** ~? **che lezione ne hai tirato?**; **what did you gain from** ~? **cosa c** hai guadagnato?; **put the vegetables in** ~ mettici dentro le verdure; **he's very proud of** ~ **ne è molto fiero**; **put your books on** ~ **mettici sopra i tuoi libri**; **have you been to** ~ **before?** ci sei già stato? -5. (*impersonal use*): ~ **is cold today** oggi fa fredd do; ~'**s two o'clock** sono le due; **who is** ~? - ~'**s Mary/me** chi è? - è Mary/sono i ~? - ~'**s Mary/me** chi è? - è Mary/sono i

IT (*abbr of* **information technology**) *n* informatica *f*.

Italian [ɪ'tæljən] ◇ adj italiano(a). ◇ n -1. [person] italiano m, -a f -2. [language] italiano m.

italic [ɪ'tælɪk] adj corsivo(a). ◆ **italics** npl corsivo m.

Italy ['ɪtəlɪ] n Italia f.

itch [ɪtʃ] ◇ n prurito m. ◇ vi -1. [be itchy – person] avere prurito; [– arm, leg] prudere -2. fig [be impatient]: **to be** ~ **ing to do sthg** morire dalla voglia di fare qc.

itchy ['ɪtʃɪ] adj: an ~ **wool sweater** un maglione di lana che prude.

it'd ['ɪtəd] cont = it would; it had.

item ['aɪtəm] n [on list] voce f; [in collection, newspaper] articolo m; [on agenda] punto m.

itemize, -ise ['aɪtəmaɪz] vt elencare.

itinerary [aɪ'tɪnərərɪ] n itinerario m.

it'll [ɪtl] cont = it will.

its [ɪts] poss adj suo (sua); [with plural] suoi (sue); **the house and** ~ **occupants** la casa e i suoi occupanti.

it's [ɪts] cont = it is; it has.

itself [ɪt'self] pron -1. (reflexive) si; **the cat was licking** ~ il gatto si stava leccando -2. (stressed): **the town** ~ **is lovely** la città è bellissima; **in** ~ di per sé.

I've [aɪv] cont = I have.

ivory ['aɪvərɪ] n avorio m.

ivy ['aɪvɪ] n edera f.

Ivy League n US gruppo di otto antiche e prestigiose università del nord-est degli Stati Uniti.

J

j (pl **j's** OR **js**), **J** (pl **J's** OR **Js**) [dʒeɪ] n [letter] j f m inv, J f m inv.

jab [dʒæb] ◇ n -1. [push] colpo m -2. UK inf [injection] puntura f. ◇ vt: **to** ~ **sthg at sb/sthg** punzecchiare qn/qc con qc; **to** ~ **sthg into sb/sthg** conficcare qc in qn/qc.

jabber ['dʒæbəʳ] vt vi farfugliare.

jack [dʒæk] n -1. [for vehicle] cric m inv -2. [playing card] jack m inv, fante m. ◆ **jack up** vt sep -1. [car] sollevare con il cric -2. [prices] aumentare.

jackal ['dʒækəl] n sciacallo m.

jackdaw ['dʒækdɔː] n taccola f.

jacket ['dʒækɪt] n -1. [garment] giacca f -2. [potato skin] buccia f -3. [book cover] sovraccoperta f -4. US [of record] copertina f -5. [of boiler] camicia f.

jacket potato n patata intera cotta al forno con la buccia.

jack knife n [tool] coltello m a serramanico. ◆ **jack-knife** vi [truck, lorry] sbandare ripiegandosi su se stesso.

jack plug n presa f jack, jack m inv.

jackpot ['dʒækpɒt] n jackpot m inv, monte m inv premi.

jaded ['dʒeɪdɪd] adj sazio(a), nauseato(a).

jagged ['dʒægɪd] adj [edge, tear] dentellato(a); [rocks] frastagliato(a).

jail [dʒeɪl] ◇ n prigione f, carcere m. ◇ vt mandare in prigione.

jailer ['dʒeɪləʳ] n carceriere m, -a f.

jam [dʒæm] ◇ n -1. [preserve] marmellata f -2. [of traffic] ingorgo m -3. inf [difficult situation]: **to get into/be in a** ~ finire in/essere in un casino. ◇ vt -1. [place roughly]: **to** ~ **sthg on/into sthg** ficcare qc su/in qc -2. [window, door] bloccare; [mechanism] fare inceppare -3. [streets, town] affollare, intasare -4. [switchboard] intasare 5. [radio, broadcast, signal] disturbare con interferenze. ◇ vi [stick] bloccarsi. ◆ **jam on** vt: **to** ~ **on the brakes** frenare di colpo.

Jamaica [dʒə'meɪkə] n Giamaica f.

jam-packed adj inf strapieno(a).

jangle ['dʒæŋgl] ◇ vt far tintinnare. ◇ vi tintinnare.

janitor ['dʒænɪtəʳ] n US Scot [caretaker] portiere m.

January ['dʒænjʊərɪ] n gennaio m; see also **September**.

Japan [dʒə'pæn] n Giappone m.

Japanese [ˌdʒæpə'niːz] (pl **Japanese**) ◇ adj giapponese. ◇ n [language] giapponese m. ◇ npl [people]: **the** ~ i giapponesi.

jar [dʒɑːʳ] ◇ n barattolo m, vasetto m. ◇ vt [shake] scuotere. ◇ vi -1. [noise, voice]: **to** ~ **(on sb)** dare sui nervi (a qn) -2. [colours] stonare; [opinions] contrastare.

jargon ['dʒɑːgən] n gergo m.

jaundice ['dʒɔːndɪs] n itterizia f.

jaundiced ['dʒɔːndɪst] adj fig [attitude, view] cinico(a).

jaunt [dʒɔːnt] n gita f.

jaunty ['dʒɔːntɪ] adj sbarazzino(a).

javelin ['dʒævlɪn] *n* giavellotto *m*.

jaw [dʒɔː] *n* [of person, animal] mascella *f*; [of vice] ganascia *f*.

jawbone ['dʒɔːbəʊn] *n* mandibola *f*.

jay [dʒeɪ] *n* ghiandaia *f*.

jaywalker ['dʒeɪwɔːkə] *n* pedone *m* indisciplinato *(nell'attraversare la strada)*.

jazz [dʒæz] *n* MUS jazz *m inv.* ◆ **jazz up** *vt sep inf* ravvivare.

jazzy ['dʒæzɪ] *adj* [bright] vivace.

jealous ['dʒeləs] *adj* [envious]: ~ **(of sb/ sthg)** invidioso(a) (di qn/qc).

jealousy ['dʒeləsɪ] *n* **-1.** [envy] invidia *f* **-2.** [resentment] gelosia *f*.

jeans [dʒiːnz] *npl* jeans *mpl*.

Jeep® [dʒiːp] *n* jeep® *f inv.*

jeer [dʒɪə^r] ◇ *vt* sbeffeggiare. ◇ *vi* farsi beffe di; **to ~ at sb** sbeffeggiare qn.

Jehovah's Witness *n* testimone *mf* di Geova.

Jello® *n* US gelatina *f*.

jelly ['dʒelɪ] *n* **-1.** [dessert] gelatina *f* **-2.** [jam] marmellata *f*.

jellyfish ['dʒelɪfɪʃ] *(pl -es) n* medusa *f*.

jeopardize, -ise ['dʒepədaɪz] *vt* compromettere, mettere a repentaglio.

jerk [dʒɜːk] ◇ *n* **-1.** [movement] scatto *m*, movimento *m* brusco **-2.** *inf pej* [fool] cretino *m*, -a *f*. ◇ *vi* [person] sussultare; [vehicle] sobbalzare.

jersey ['dʒɜːzɪ] *(pl jerseys) n* **-1.** [sweater] maglione *m* **-2.** [cloth] maglina *f*, jersey *m inv.*

Jersey ['dʒɜːzɪ] *n* Jersey *m inv.*

jest [dʒest] *n* scherzo *m*; **in ~** per scherzo.

Jesus (Christ) ['dʒiːzəs-] ◇ *n* Gesù (Cristo) *m*. ◇ *exclam inf* Cristo!

jet [dʒet] *n* **-1.** [aircraft] jet *m inv* **-2.** [stream] getto *m* **-3.** [nozzle, outlet] ugello *m*.

jet-black *adj* corvino(a).

jet engine *n* motore *m* a reazione, reattore *m*.

jetfoil ['dʒetfɔɪl] *n* aliscafo *m*.

jet lag *n* jet lag *m inv.*

jetsam ['dʒetsəm] *n* ▷**flotsam**.

jettison ['dʒetɪsən] *vt* **-1.** [cargo, bombs] gettare, scaricare **-2.** *fig* [ideas, possessions, hope] buttare a mare.

jetty ['dʒetɪ] *n* imbarcadero *m*.

Jew [dʒuː] *n* ebreo *m*, -a *f*.

jewel ['dʒuːəl] *n* **-1.** [gemstone] pietra *f* preziosa **-2.** [piece of jewellery] gioiello *m* **-3.** [in watch] rubino *m*.

jeweller UK, **jeweler** US ['dʒuːələ^r] *n* gioielliere *m*, -a *f*; ~ **'s (shop)** gioielleria *f*.

jewellery UK, **jewelry** US ['dʒuːəlrɪ] *n* gioielli *mpl*.

Jewess ['dʒuːɪs] *n dated & offens* ebrea *f*.

Jewish ['dʒuːɪʃ] *adj* [person] ebreo(a); [law, wedding] ebraico(a).

jibe [dʒaɪb] *n* malignità *f inv.*

jiffy ['dʒɪfɪ] *n inf*: **in a ~** in un batter d'occhi.

Jiffy bag® *n* busta *f* imbottita.

jig [dʒɪg] *n* [dance] giga *f*.

jigsaw (puzzle) ['dʒɪgsɔː-] *n* puzzle *m inv.*

jilt [dʒɪlt] *vt* piantare.

jingle ['dʒɪŋgl] ◇ *n* **-1.** [sound] tintinnio *m* **-2.** [song] jingle *m inv.* ◇ *vi* tintinnare.

jinx [dʒɪŋks] *n* [bad luck] iella *f*, iettatura *f*; [person] iettatore *m*, -trice *f*; [thing] oggetto *m* che porta iella.

jitters ['dʒɪtəz] *npl inf*: **the ~** la fifa; **to have/get the ~** avere/prendersi una fifa tremenda.

job [dʒɒb] *n* **-1.** [paid employment] lavoro *m*, impiego *m* **-2.** [task, piece of work] lavoro *m* **-3.** [difficult time]: **we had a ~ doing it** è stato un'impresa farlo **-4.** *inf* [crime] lavoretto *m*, colpo *m* **-5.** *phr*: **that's just the ~** UK *inf* è proprio quello che ci vuole.

job centre *n* UK ≃ ufficio *m* di collocamento.

jobless ['dʒɒblɪs] *adj* disoccupato(a).

Job Seekers Allowance *n* UK ≃ sussidio *m* di idisoccupazione.

jobsharing ['dʒɒbʃeərɪŋ] *n condivisione di un posto di lavoro.*

jockey ['dʒɒkɪ] *(pl jockeys)* ◇ *n* fantino *m*, -a *f*. ◇ *vi*: **to ~ for position** lottare per ottenere una posizione migliore.

jocular ['dʒɒkjʊlə^r] *adj* **-1.** [person] scherzoso(a), gioviale **-2.** [remark] spiritoso(a).

jodhpurs ['dʒɒdpəz] *npl* pantaloni *mpl* alla cavallerizza.

jog [dʒɒg] ◇ *n* [run] corsa *f* leggera; **to go for a ~** fare jogging. ◇ *vt* [nudge] urtare **to ~ sb's memory** risvegliare la memoria a qn. ◇ *vi* [run] fare jogging.

jogging ['dʒɒgɪŋ] *n* jogging *m inv.*

john [dʒɒn] *n* US *inf* [toilet] gabinetto *m*.

join [dʒɔɪn] ◇ *n* giuntura *f*. ◇ *vt* **-1.** [connect] unire, congiungere **-2.** [get together with] raggiungere **-3.** [become a member of] iscriversi a; [army] entrare in, arruolarsi in **-4.** [take part in] unirsi a; **to ~ a queue** UK, **to ~ a line** US mettersi in fila. ◇ *vi* **-1.** [rivers] confluire; [edges, pieces unirsi, congiungersi -2. [become a member] iscriversi. ◆ **join in** ◇ vt insep prendere parte a. ◆ vi partecipare. ◆ **join up** vi MIL arruolarsi.

joiner ['dʒɔɪnəʳ] n falegname m.

joint [dʒɔɪnt] ◇ adj [effort, property] comune, collettivo(a); [responsibility] congiunto(a); ~ **owner** comproprietario m, -a f. ◇ n -1. ANAT articolazione f, giuntura f -2. [where things are joined] giuntura f -3. UK [of meat] taglio m di carne (per arrosto) -4. inf pej [place] bettola f, locale m -5. drug sl [cannabis cigarette] joint m inv, spinello m.

joint account n conto m in comune.

jointly ['dʒɔɪntlɪ] adv in comune, congiuntamente.

joke [dʒəʊk] ◇ n [funny action] scherzo m; [funny story] barzelletta f; **to tell a ~** raccontare una barzelletta; **to play a ~ on sb** fare uno scherzo a qn; **it's no ~** [not easy] non è uno scherzo. ◇ vi scherzare; **you're joking** stai scherzando; **to ~ about sthg** prendersi gioco di qc, scherzare su qc.

joker ['dʒəʊkəʳ] n -1. [person] giocherellone m, -a f, burlone m, -a f -2. [playing card] jolly m inv.

jolly ['dʒɒlɪ] ◇ adj allegro(a). ◇ adv UK inf molto.

jolt [dʒəʊlt] ◇ n -1. [jerk] scossone m, sobbalzo m -2. [shock] schock m inv. ◇ vt -1. [jerk] scuotere -2. [shock] colpire.

jostle ['dʒɒsl] vt & vi spintonare.

jot [dʒɒt] n briciolo m. ◆ **jot down** vt sep annotare.

journal ['dʒɜːnl] n -1. [magazine] rivista f (specializzata) -2. [diary] diario m.

journalism ['dʒɜːnəlɪzm] n giornalismo m.

journalist ['dʒɜːnəlɪst] n giornalista mf.

journey ['dʒɜːnɪ] (pl journeys) n viaggio m.

jovial ['dʒəʊvjəl] adj gioviale.

joy [dʒɔɪ] n gioia f.

joyful ['dʒɔɪfʊl] adj gioioso(a).

joystick ['dʒɔɪstɪk] n -1. [in aircraft] barra f di comando -2. [for computers, video games] joystick m inv.

Jr. (abbr of Junior) jr.

jubilant ['dʒuːbɪlənt] adj giubilante.

jubilee ['dʒuːbɪliː] n giubileo m.

judge [dʒʌdʒ] ◇ n -1. [gen & LAW] giudice m -2. SPORT giudice m di gara. ◇ vt giudicare. ◇ vi giudicare; **to ~ from** OR **by, judging from** OR **by** a giudicare da.

judg(e)ment ['dʒʌdʒmənt] n -1. LAW giudizio m, sentenza f -2. [opinion] giudizio m -3. [ability to form opinion] giudizio m, parere m -4. [punishment] castigo m, punizione f.

judicial [dʒuːˈdɪʃl] adj giudiziario(a).

judiciary [dʒuːˈdɪʃərɪ] n: **the ~** la magistratura.

judicious [dʒuːˈdɪʃəs] adj giudizioso(a).

judo ['dʒuːdəʊ] n judo m.

jug [dʒʌg] n brocca f; **milk ~** brocca m del latte.

juggernaut ['dʒʌgənɔːt] n [truck] grosso camion m inv.

juggle ['dʒʌgl] ◇ vt -1. [throw] fare giochi di destrezza con -2. [rearrange] giostrare. ◇ vi -1. [as entertainment] fare giochi di destrezza -2. [with figures, ideas] giostrare con.

juggler ['dʒʌgləʳ] n giocoliere m, -a f.

juice [dʒuːs] n [from fruit, vegetables] succo m.

juicy ['dʒuːsɪ] adj [fruit] succoso(a).

jukebox ['dʒuːkbɒks] n jukebox m inv.

July [dʒuːˈlaɪ] n luglio m; see also **September**.

jumble ['dʒʌmbl] ◇ n [mixture] miscuglio m. ◇ vt: **to ~ (up)** mischiare.

jumble sale n UK vendita f di beneficenza (di articoli di seconda mano).

jumbo jet n jumbo jet m inv.

jumbo-sized adj formato gigante (inv).

jump [dʒʌmp] ◇ n -1. [leap] salto m -2. [rapid increase] balzo m. ◇ vt -1. [cross by leaping] saltare -2. inf [attack] saltare addosso a. ◇ vi 1. [leap] saltare -2. [make a sudden movement] sobbalzare -3. [increase rapidly] aumentare rapidamente. ◆ **jump at** vt insep fig cogliere al volo. ◆ **jump in** vi [get in vehicle] salire. ◆ **jump out** vi [get out of vehicle] scendere. ◆ **jump up** vi [get up quickly] saltare in piedi.

jumper ['dʒʌmpəʳ] n -1. UK [pullover] maglione m, pullover m inv -2. US [dress] scamiciato m.

jump leads npl cavi mpl per batteria.

jump-start vt far partire con i cavi.

jumpsuit ['dʒʌmpsuːt] n tuta f intera.

jumpy ['dʒʌmpɪ] adj nervoso(a).

junction ['dʒʌŋkʃn] n [in road] incrocio m; [on railway] nodo m.

June [dʒuːn] n giugno m; see also **September**.

jungle ['dʒʌŋgl] n lit & fig giungla f.

junior ['dʒuːnjəʳ] ◇ adj -1. [younger] minore -2. [lower in rank] subalterno(a), di grado inferiore **-3.** *US* [after name] junior *inv.* ◇ *n* **-1.** [person of lower rank] subalterno *m*, -a *f* **-2.** [younger person] persona *f* più giovane **-3.** *US* SCH & UNIV *studente del penultimo anno*.

junior high school *n US* ≃ scuola media *(dai 12 a 15 anni)*.

junior school *n UK* ≃ scuola elementare *(dai 7 agli 11 anni)*.

junk [dʒʌŋk] *n* **-1.** *inf* [unwanted things] cianfrusaglie *fpl* **-2.** [boat] giunca *f*.

junk food *n pej* schifezze *fpl*.

junkie ['dʒʌŋkɪ] *n drug sl* drogato *m*, -a *f*.

junk mail *n pej* posta spazzatura *f inv.*

junk shop *n* negozio *m* di rigattiere.

Jupiter ['dʒuːpɪtər] *n* Giove *m*.

jurisdiction [ˌdʒʊərɪs'dɪkʃn] *n* giurisdizione *f*.

juror ['dʒʊərər] *n* giurato *m*, -a *f*.

jury ['dʒʊərɪ] *n* giuria *f*.

just [dʒʌst] ◇ *adv* **-1.** [gen] proprio; **I was ~ about to go out** stavo proprio per uscire; **I'm ~ going to do it now** lo faccio subito; **~ then** proprio allora; **~ here/there** proprio qui/là; **~ as I was leaving** proprio mentre stavo andando via; **that's ~ what I need!** è proprio quello che mi ci vuole! **-2.** [only, simply] solo; **she's ~ a baby** non è che una bambina; **~ a minute OR moment OR second!** un attimo! **-3.** [recently] appena; **he's ~ left** se n'è appena andato **-4.** [barely, almost not] appena, a malapena; **I only ~ missed the train** ho perso il treno per pochissimo **-5.** [for emphasis]: **~ look at this mess!** ma guarda che disordine!; **I ~ know I'm right** sono sicuro di avere ragione; **I ~ can't believe it** non riesco proprio a crederci **-6.** [in requests]: **could I ~ have the salt?** posso prendere il sale?; **could you ~ move over, please?** le spiacerebbe spostarsi un po', per favore? ◇ *adj* [fair] giusto(a). ◆ **just about** *adv* più o meno, quasi. ◆ **just as** *adv* [in comparisons] tanto...quanto. ◆ **just now** *adv* **-1.** [a short time ago] un attimo fa **-2.** [at this moment] al momento.

justice ['dʒʌstɪs] *n* **-1.** [fairness, power of law] giustizia *f* **-2.** [of a cause, claim] legittimità *f*.

justify ['dʒʌstɪfaɪ] *vt* [gen & COMPUT] giustificare.

justly ['dʒʌstlɪ] *adv* giustamente.

jut [dʒʌt] *vi*: **to ~ (out)** sporgere.

juvenile ['dʒuːvənaɪl] ◇ *adj* **-1.** LAW minorile **-2.** *pej* [childish] puerile, infantile. ◇ *n* LAW minore *mf*.

juxtapose [ˌdʒʌkstə'pəʊz] *vt*: **to ~ sthg with sthg** giustapporre qc a qc.

K

k (*pl* **k's** OR **ks**), **K** (*pl* **K's** OR **Ks**) [keɪ] *n* [letter] k *f* o *m inv*, K *f* o *m inv*.

kaleidoscope [kə'laɪdəskəʊp] *n lit & fig* caleidoscopio *m*.

kangaroo [ˌkæŋgə'ruː] *n* canguro *m*.

kaput [kə'pʊt] *adj inf* andato(a), kaputt *inv.*

karaoke [ˌkærə'əʊkɪ] *n* karaoke *m inv.*

karat *n US* carato *m*.

karate [kə'rɑːtɪ] *n* karate *m*.

kayak ['kaɪæk] *n* kayak *m inv.*

KB (*abbr of* **kilobyte(s)**) *n* COMPUT kB.

kcal (*abbr of* **kilocalorie**) kcal.

kebab [kɪ'bæb] *n* spiedino *m*.

keel [kiːl] *n* chiglia *f*; **on an even ~** in equilibrio stabile. ◆ **keel over** *vi* [ship] rovesciarsi; [person] cadere a terra.

keen [kiːn] *adj* **-1.** [enthusiastic] appassionato(a); **to be ~ on sthg** essere appassionato di qc; **she's very ~ on you** le piaci molto; **to be ~ to do** OR **on doing sthg** aver voglia di fare qc **-2.** [interest, desire] vivo(a); [competition] accanito(a) **-3.** [eyesight, mind] acuto(a); [ear, sense of smell] fino(a) **-4.** [wind] tagliente.

keep [kiːp] (*pt & pp* **kept** [kept]) ◇ *vt* **-1.** [gen] tenere; **to ~ sb waiting** fare aspettare qn; **~ the change** tenere il resto **-2.** [continue]: **to ~ doing sthg** continuare a fare qc **-3.** [prevent]: **to ~ sb/sthg from doing sthg** trattenere qn/qc dal fare qc **-4.** [detain] tenere, trattenere; **to ~ sb (from sthg)** trattenere qn (da qc) **-5.** [promise, secret] mantenere; [appointment] rispettare **-6.** [withhold news or fact of]: **to ~ sthg from sb** nascondere qc a qn; **to ~ sthg to o.s.** tenere qc per sé **-7.** [in writing]: tenere; **to ~ a diary** tenere un diario; **to ~ a record/account of sthg** tenere il resoconto di qc **-8.** [farm animals] tenere, allevare **-9.** *phr*: **to ~ o.s. to o.s.** starsene per conto proprio. ◇ *vi* **-1.** [remain, stay] stare, restare; **to ~ warm** tenersi caldo, a **-2.** [continue moving] tenersi a, continuare verso; **to ~ to the left** tenere la sinistra

-3. [last, stay fresh] mantenersi, conservarsi **-4.** *UK* [in health] stare; **how are you ~ing?** come stai? ◇ *n* [food, board etc]: **to earn one's ~** lavorare in cambio di vitto e alloggio. ◆ **for keeps** *adv* per sempre. ◆ **keep back** *vt sep* [information] non rivelare; [money] trattenere. ◆ **keep off** ◇ *vt sep* [rain, sun] ripararsi da; [attacker, dog] difendersi da. ◇ *vt insep* [avoid]: '**~ off the grass'** 'non calpestare l'erba'. ◆ **keep on** ◇ *vi* **-1.** [continue] continuare **-2.** [talk incessantly]: **to ~ on (about sthg)** non smettere di parlare (di qc). ◇ *vt* [continue]: **to ~ on doing sthg** continuare a fare qc. ◆ **keep out** ◇ *vt sep* tenere fuori. ◇ *vi*: '**~ out'** 'vietato l'ingresso'. ◆ **keep to** *vt insep* **-1.** [deadline, rules, plan] rispettare, attenersi a **-2.** [point] attenersi a; [path] mantenere. ◆ **keep up** ◇ *vt sep* **-1.** [prevent from falling] reggere, tenere su **-2.** [maintain, continue] mantenere; **~ up the good work** continua a lavorare così **-3.** [prevent from going to bed] non lasciare andare a dormire. ◇ *vi* [maintain pace, level] tenere il passo; **to ~ up with sb** mantenersi al passo con qn; **to ~ up (with sthg)** tenersi aggiornato(a) (su qc).

keeper ['kiːpə^r] *n* **-1.** [in zoo] guardiano *m*, -a *f* **-2.** [curator] custode *mf*.

keep-fit *UK n* ginnastica *f*.

keeping ['kiːpɪŋ] *n* **-1.** [care] custodia *f* **-2.** [conformity, harmony]: **in/out of ~ with sthg/non** in linea con qc.

keepsake ['kiːpseɪk] *n* ricordo *m*, souvenir *m inv.*

kennel ['kenl] *n* **-1.** [shelter for dog] cuccia *f* **-2.** *US* = **kennels.** ◆ **kennels** *npl UK* [for boarding pets] canile *m*.

Kenya ['kenjə] *n* Kenia *m*.

Kenyan ['kenjən] ◇ *adj* keniota. ◇ *n* keniota *mf*.

kept [kept] *pt & pp* ▷**keep.**

kerb *n UK* bordo *m* del marciapiede.

kernel ['kɜːnl] *n* [of nut] gheriglio *m*.

kerosene *n* cherosene *m*.

ketchup ['ketʃəp] *n* ketchup *m inv.*

kettle ['ketl] *n* bollitore *m*.

key [kiː] ◇ *n* **-1.** [for lock, of piece of music] chiave *f* **-2.** [of keyboard] tasto *m* **-3.** [explanatory list] legenda *f* **-4.** [solution, answer]: **the ~ (to sthg)** la chiave (di qc). ◇ *adj* [main] chiave *inv.*

keyboard ['kiːbɔːd] *n* tastiera *f*.

keyed up [kiːd-] *adj inf* teso(a).

keyhole ['kiːhəʊl] *n* buco *m* della serratura.

keynote ['kiːnəʊt] ◇ *n* [main point] nota *f* dominante. ◇ *comp* principale.

keypad ['kiːpæd] *n* COMPUT tastierino *m* numerico.

key ring *n* portachiavi *m inv.*

kg (*abbr of* **kilogram**) kg.

khaki ['kɑːkɪ] ◇ *adj* cachi *inv.* ◇ *n* [colour] cachi *m*.

kHz (*abbr of* **kilohertz**) *n* kHz.

kick [kɪk] ◇ *n* **-1.** [with foot] calcio *m*, pedata *f* **-2.** *inf* [excitement]: **to do sthg for ~s** fare qc per divertimento; **to get a ~ from sthg** trovare qc eccitante, provare gusto in qc. ◇ *vt* **-1.** [with foot] dare un calcio a; **to ~ o.s.** *fig* prendersi a schiaffi **-2.** *inf* [give up] perdere, smettere. ◇ *vi* [person, baby, animal] dare un calcio, scalciare. ◆ **kick off** *vi* **-1.** FTBL dare il calcio d'inizio **-2.** *inf fig* [start] iniziare. ◆ **kick out** *vt sep inf* buttar fuori.

kid [kɪd] ◇ *n* **-1.** *inf* [child, young person] bambino(a), bimbo(a); **I've got four ~s** ho quattro figli **-2.** [young goat, leather] capretto *m*. ◇ *comp inf* [brother, sister] minore. ◇ *vt inf* **-1.** [tease] prendere in giro **-2.** [delude]: **to ~ o.s.** farsi delle illusioni. ◇ *vi inf*: **to be ~ding** stare scherzando.

kidnap ['kɪdnæp] (*pt & pp* **-ed**, *cont* **-ing**) *vt* rapire, sequestrare.

kidnapper *UK*, **kidnaper** *US* ['kɪdnæpə^r] *n* rapitore *m*, -trice *f*, sequestratore *m*, -trice *f*.

kidnapping *UK*, **kidnaping** *US* ['kɪdnæpɪŋ] *n* sequestro *m* (*di persona*), rapimento *m*.

kidney ['kɪdnɪ] (*pl* **kidneys**) *n* **-1.** ANAT rene *m* **-2.** CULIN rognone *m*.

kidney bean *n* fagiolo *m* rosso.

kill [kɪl] ◇ *vt* **-1.** [cause death of] uccidere; **to ~ o.s.** uccidersi **-2.** [murder] uccidere, ammazzare **-3.** *inf fig* [cause pain to] far male da morire **-4.** *fig* [cause to end, fail] stroncare. ◇ *vi* uccidere. ◇ *n* [killing] uccisione *f*.

killer ['kɪlə^r] *n* [person] killer *m inv*, assassino *m*, -a *f*; [animal] predatore *m*, -trice *f*.

killing ['kɪlɪŋ] *n* **-1.** [murder] uccisione *f*, assassinio *m* **-2.** *inf* [profit]: **to make a ~** fare un colpo grosso.

killjoy ['kɪldʒɔɪ] *n* guastafeste *mf inv.*

kiln [kɪln] *n* forno *m* per ceramica.

kilo ['kiːləʊ] (*pl* **-s**) (*abbr of* **kilogram**) *n* chilo *m*.

kilobyte ['kɪləbaɪt] *n* kilobyte *m inv.*

kilogram(me) ['kɪləgræm] *n* kilogrammo *m*.

kilohertz ['kɪlə,hɜːts] (*pl* **kilohertz**) *n* kilohertz *m inv.*

kilometre ['kɪlə,miːtə^r] *UK*, **kilometer** [kɪ'lɒmɪtə^r] *US n* kilometro *m*.

kilowatt ['kɪlə,wɒt] *n* kilowatt *m inv.*

kilt [kɪlt] *n* kilt *m inv.*

kin [kɪn] *n* ⊳**kith.**

kind [kaɪnd] ⇔ *adj* gentile. ⇔ *n* tipo *m*, genere *m*; **a ~ of** una specie di; **~ of** *inf* un po'; **in ~** [payment] in natura; **an agreement of a ~** un accordo di qualche tipo; **to be two of a ~** essere della stessa pasta.

kindergarten ['kɪndə,gɑːtn] *n* ≃ asilo *m* infantile.

kind-hearted *adj* di buon cuore.

kindle ['kɪndl] *vt* **-1.** [fire] accendere **-2.** *fig* [idea, feeling] ispirare.

kindly ['kaɪndlɪ] ⇔ *adj* gentile. ⇔ *adv* **-1.** [gently, favourably] gentilmente, amabilmente **-2.** [please] per favore.

kindness ['kaɪndnɪs] *n* gentilezza *f.*

kindred ['kɪndrɪd] *adj* [similar] affine, simile; **~ spirit** anima *f* gemella.

king [kɪŋ] *n* re *m inv.*

kingdom ['kɪŋdəm] *n* regno *m.*

kingfisher ['kɪŋ,fɪʃə^r] *n* martin *m inv* pescatore.

king-size(d) *adj* [bed] gigante; [cigarette] extralungo(a).

kinky ['kɪŋkɪ] *adj inf* [idea, behaviour] eccentrico(a), stravagante; [sex] da pervertito.

kiosk ['kiːɒsk] *n* **-1.** [small shop] chiosco *m* **-2.** *UK* [telephone box] cabina *f* telefonica.

kip [kɪp] *UK inf* ⇔ *n* sonnellino *m*, pisolino *m*. ⇔ *vi* fare un sonnellino, fare un pisolino.

kipper ['kɪpə^r] *n* aringa *f* affumicata.

kiss [kɪs] ⇔ *n* bacio *m*; **to give sb a ~** dare un bacio a qn. ⇔ *vt* [person] baciare; **to ~ sb's cheek, to ~ sb on the cheek** baciare qn sulla guancia. ⇔ *vi* baciarsi.

kiss of life *n*: **the ~** la respirazione bocca a bocca.

kit [kɪt] *n* **-1.** [set] kit *m inv*, attrezzatura *f*; **tool ~** cassetta *f* degli attrezzi **-2.** [clothes] equipaggiamento *m* **-3.** [to be assembled] kit *m inv*, scatola *f* di montaggio.

kitchen ['kɪtʃɪn] *n* cucina *f.*

kitchen roll *n* Scottex® *m inv*, carta *f* da cucina.

kitchen sink *n* lavello *f.*

kitchen unit *n* elemento *m* di cucina.

kite [kaɪt] *n* [toy] aquilone *m.*

kith [kɪθ] *n*: **~ and kin** amici e parenti *mpl.*

kitten ['kɪtn] *n* gattino *m*, -a *f*, micino *m*, -a *f.*

kitty ['kɪtɪ] *n* [shared fund – for bills, drinks] cassa *f* comune; [– in card games] piatto *m.*

kiwi ['kiːwiː] *n* **-1.** [bird] kiwi *m inv* **-2.** *inf* [New Zealander] neozelandese *mf.*

kiwi fruit *n* kiwi *m inv.*

km (*abbr of* **kilometre**) km.

km/h (*abbr of* **kilometres per hour**) km/h.

knack [næk] *n* destrezza *f*, abilità *f inv*; **there's a ~ to it** c'è il trucco; **to have the ~ of doing sthg** avere l'abilità di fare qc; **to have a ~ for doing sthg** avere una dote per fare qc.

knackered ['nækəd] *adj UK v inf* distrutto(a), a pezzi.

knapsack ['næpsæk] *n* zaino *m.*

knead [niːd] *vt* [dough, clay] impastare.

knee [niː] *n* ANAT ginocchio *m.*

kneecap ['niːkæp] *n* rotula *f.*

kneel [niːl] (*UK pt & pp* **knelt** *US, pt & pp* **knelt** OR **-ed**) *vi* inginocchiarsi. ◆ **kneel down** *vi* inginocchiarsi.

knelt [nelt] *pt & pp* ⊳**kneel.**

knew [njuː] *pt* ⊳**know.**

knickers ['nɪkəz] *npl* **-1.** *UK* [underwear] slip *mpl* (da donna), mutandine *fpl* (da donna) **-2.** *US* [knickerbockers] pantaloni *mpl* alla zuava.

knick-knack ['nɪknæk] *n* ninnolo *m.*

knife [naɪf] (*pl* **knives**) ⇔ *n* coltello *m*. ⇔ *vt* accoltellare.

knight [naɪt] ⇔ *n* **-1.** [man] cavaliere *m* **-2.** [in chess] cavallo *m*. ⇔ *vt* fare cavaliere.

knighthood ['naɪthʊd] *n* titolo *m* di cavaliere.

knit [nɪt] (*pt & pp* **knit** OR **-ted**) ⇔ *adj*: **closely** OR **tightly ~** *fig* molto unito(a). ⇔ *v* [make with wool] fare a maglia. ⇔ *vi* **-1.** [with wool] lavorare a maglia **-2.** [join] saldarsi.

knitting ['nɪtɪŋ] *n* lavoro *m* a maglia.

knitting needle *n* ferro *m* da calza.

knitwear ['nɪtweə^r] *n* maglieria *f.*

knives [naɪvz] *pl* ⊳**knife.**

knob [nɒb] *n* **-1.** [on door, drawer, walking stick] pomo *m* **-2.** [on TV, radio] manopola *f.*

knock [nɒk] ⇔ *n* **-1.** [hit] colpo *m*, botta *f*; they heard a ~ at the door sentirono bussare alla porta **-2.** *inf* [piece of bad luck] mazzata *f*, brutto colpo *m*. ⇔ *vt* **-1.** [head, table] urtare; [nail] battere; **to ~ a hole in the wall** fare un buco nel muro **-2.** *inf* [criticize] criticare. ⇔ *vi* **-1.** [on door]: **to ~** OR **on sthg** bussare a qc **-2.** [car engine] battere in testa. ◆ **knock down** *vt sep* -

[subj: car, driver] **investire -2.** [building] but- tare giù, abbattere. ◆ **knock off** *vi inf* [stop working] staccare. ◆ **knock out** *vt sep* **-1.** [make unconscious] mettere fuori combattimento, stordire **-2.** [from compe- tition] mettere fuori combattimento, met- tere K.O. ◆ **knock over** *vt sep* **-1.** [push over - person] far cadere; [- glass, bottle] rovesciare **-2.** [in car] investire.

knocker ['nɒkəʳ] *n* [on door] battente *m*.

knock-on effect *n UK* reazione *f* a cate- na.

knockout ['nɒkaʊt] *n* **-1.** [in boxing] knock- out *m inv*, fuori combattimento *m inv* **-2.** *inf* [sensation] schianto *m* .

knot [nɒt] ◇ *n* **-1.** [gen] nodo *m*; **to tie/un- tie a ~** fare/disfare un nodo **-2.** [of peo- ple] capannello *m*. ◇ *vt* [rope, string] annodare.

know [nəʊ] (*pt* **knew**, *pp* **known**) ◇ *vt* **-1.** [person, place] conoscere; **to get to ~ sb** fare la conoscenza di qn **-2.** [fact, informa- tion] conoscere, sapere; **to ~ (that)** sape- re che; **to get to ~ sthg** venire a sapere qc **-3.** [language, skill] sapere; **to ~ how to do sthg** sapere come si fa (a fare) qc **-4.** [re- cognize] riconoscere **-5.** [distinguish] sape- re distinguere **-6.** [nickname, call]: **to be known as** essere conosciuto(a) come. ◇ *vi* sapere; **to ~ of sb** aver sentito parla- re di qn; **to ~ of sthg** sapere di qc; **to ~ about sthg** [be aware of] essere al corrente di qc; [be expert in] intendersi di qc; **you** [for emphasis, to add information] **sai.** ◇ *n*: **to be in the ~** essere al corrente.

know-all *n UK* sapientone *m*, -a *f*.

know-how *n* capacità *f inv* tecnica.

knowing ['nəʊɪŋ] *adj* [look, smile] compli- ce, d'intesa.

knowingly ['nəʊɪŋlɪ] *adv* **-1.** [look, smile] con complicità **-2.** [act] consapevolmente.

know-it-all *n* = know-all.

knowledge ['nɒlɪdʒ] *n* **-1.** [learning] cono- scenza *f* **-2.** [awareness] conoscenza *f*, con- sapevolezza *f*; **to (the best of) my ~** per quanto ne sappia; **without my ~** a mia insaputa.

knowledgeable ['nɒlɪdʒəbl] *adj* ben in- formato(a).

known [nəʊn] *pp* ▷**know**.

knuckle ['nʌkl] *n* **-1.** ANAT nocca *f* **-2.** [of meat] stinco *m*.

koala (bear) *n* koala *m inv*.

Koran [kɒˈrɑːn] *n*: **the ~** il Corano.

Korea [kəˈrɪə] *n* Corea *f*.

Korean [kəˈrɪən] ◇ *adj* coreano(a). ◇ *n*

-1. [person] coreano *m*, -a *f* **-2.** [language] coreano *m*.

kosher ['kəʊʃəʳ] *adj* **-1.** [meat] kasher *inv* **-2.** *inf* [reputable] rispettabile.

Kosovo ['kɒsəvəʊ] *n* Kosovo *m*.

Koweit *n* = Kuwait.

kung fu [ˌkʌŋˈfuː] *n* kung fu *m*.

Kurd [kɜːd] *n* curdo *m*, -a *f*.

Kuwait [kʊˈweɪt] *n* **-1.** [country] Kuwait *m* **-2.** [city] Kuwait *f*

L

l¹ (*pl* **l's** OR **ls**), **L** (*pl* **L's** OR **Ls**) [el] *n* [letter] l *f o m inv*, L *f o m inv*.

l² (*abbr of* **litre**) l.

lab [læb] *n inf* laboratorio *m*,

label ['leɪbl] ◇ *n* **-1.** [identification] etichet- ta *f* **-2.** [of record] casa *f* discografica. ◇ *vt* etichettare; **to ~ sb as sthg** etichettare qn come qc.

labor *(etc)* *n US* = labour etc.

laboratory [UK ləˈbɒrətrɪ, US ˈlæbrə- ˌtɔːrɪ] *n* laboratorio *m*.

laborious [ləˈbɔːrɪəs] *adj* laborioso(a).

labor union *n US* sindacato *m*.

labour *UK*, **labor** *US* ['leɪbəʳ] ◇ *n* **-1.** [work] lavoro *m* **-2.** [workers] manodopera *f* **-3.** MED travaglio *m*. ◇ *vi* **-1.** [work] lavo- rare **-2.** [struggle]: **to ~ at** OR **over sthg** fa- ticare su qc. ◆ **Labour** *UK* POL ◇ *adj* laburista. ◇ *n UK* partito *m* laburista.

laboured *UK*, **labored** *US* ['leɪbəd] *adj* [breathing, gait] affaticato(a); [style] pesan- te.

labourer *UK*, **laborer** *US* ['leɪbərəʳ] *n* manovale *mf*.

Labour Party *n UK* : **the ~** il partito la- burista.

Labrador ['læbrədɔːʳ] *n* [dog] labrador *m inv*.

labyrinth ['læbərɪnθ] *n* labirinto *m*.

lace [leɪs] ◇ *n* **-1.** [fabric] pizzo *m*, merlet- to *m* **-2.** [shoelace] laccio *m*. ◇ *vt* **-1.** [shoe, boot] allacciare **-2.** [drink, food] corregge- re. ◆ **lace up** *vt sep* allacciare.

lack [læk] ◇ *n* mancanza *f*, carenza *f*; **for**

OR through ~ **of** per mancanza di; **no** ~ **of** abbondanza f di. ◇ vt mancare di; **I** ~ **the time** mi manca il tempo. ◇ vi: **to be** ~**ing in sthg** mancare di qc; **to be** ~**ing** venire a mancare.

lackadaisical [ˌlækə'deɪzɪkl] adj pej apatico(a).

lacklustre UK, **lackluster** US ['læk,lʌstə^r] adj fiacco(a), scialbo(a).

laconic [lə'kɒnɪk] adj laconico(a).

lacquer ['lækə^r] ◇ n **-1.** [for wood, metal] vernice f, lacca f **-2.** [for hair] lacca f. ◇ vt **-1.** [wood, metal] verniciare, laccare **-2.** [hair] mettere la lacca su.

lacrosse [lə'krɒs] n lacrosse m inv.

lad [læd] n inf **-1.** [young boy] ragazzo m **-2.** [male friend] amico m.

ladder ['lædə^r] ◇ n **-1.** [for climbing] scala f (a pioli) **-2.** UK [in tights] smagliatura f. ◇ vt UK [tights] smagliare. ◇ vi UK [tights] smagliarsi.

laden ['leɪdn] adj: ~ **(with sthg)** carico(a) (di qc).

ladies ['leɪdɪz] UK, **ladies room** US n toilette f inv per signore.

ladle ['leɪdl] ◇ n mestolo m. ◇ vt servire (con il mestolo).

lady ['leɪdɪ] ◇ n signora f. ◇ comp: ~ **lawyer** avvocato m donna; ~ **doctor** dottoressa f. ◆ **Lady** n [member of nobility] Lady f inv.

ladybird ['leɪdɪbɜːd] UK, **ladybug** US ['leɪdɪbʌg] n coccinella f.

ladylike ['leɪdɪlaɪk] adj da signora.

lag [læg] ◇ vi : **to** ~ **(behind)** andare a rilento. ◇ vt [pipe, tank] isolare. ◇ n [time lag] lasso m di tempo.

lager ['lɑːgə^r] n birra f bionda.

lagoon [lə'guːn] n laguna f.

laid [leɪd] pt & pp ▷lay.

laid-back adj inf rilassato(a).

lain [leɪn] pp ▷lie.

lair [leə^r] n tana f.

lake [leɪk] n GEOG lago m.

Lake District n: **the** ~ il distretto dei Laghi.

lamb [læm] n agnello m.

lambswool ['læmzwʊl] ◇ n lambswool m inv. ◇ comp di lambswoool.

lame [leɪm] adj **-1.** [person, horse] zoppo(a) **-2.** [excuse, argument] zoppicante.

lament [lə'ment] ◇ n lamento m. ◇ vt lamentare.

lamentable ['læməntəbl] adj deplorevole, deprecabile.

laminated ['læmɪneɪtɪd] adj laminato(a).

lamp [læmp] n lampada f.

lampoon [læm'puːn] ◇ n satira f. ◇ vt fare la satira di.

lamppost ['læmppəʊst] n lampione m.

lampshade ['læmpʃeɪd] n paralume m.

lance [lɑːns] ◇ n [spear] lancia f. ◇ vt MED incidere.

land [lænd] ◇ n **-1.** [not sea] terra f **-2.** [for farming, building] terra f, terreno m **-3.** [property, estate] proprietà f inv, terre fpl **-4.** [nation] paese m, terra f. ◇ vt **-1.** [plane] far atterrare **-2.** [cargo] scaricare; [passengers] sbarcare **-3.** [fish] prendere **-4.** inf [job, contract] beccare, ottenere **-5.** inf [put, place]: **to** ~ **sb in sthg** [debt, jail] far finire qn in qc; **to** ~ **sb in trouble** cacciare qn nei guai **-6.** inf [encumber]: **to** ~ **sb with sb/sthg** affibbiare qn/qc a qn. ◇ vi **-1.** [plane, passenger] atterrare **-2.** [fall] cadere. ◆ **land up** vi inf andare a finire.

landing ['lændɪŋ] n **-1.** [of stairs] pianerottolo m **-2.** [of aeroplane] atterraggio m **-3.** [of goods from ship] sbarco m.

landing card n carta f di sbarco.

landlady ['lænd,leɪdɪ] n [in lodgings] padrona f di casa; [in guesthouse, pub] proprietaria f.

landlord ['lændlɔːd] n **-1.** [in lodgings] padrone m di casa **-2.** [in pub] proprietario m.

landmark ['lændmɑːk] n **-1.** [prominent feature] punto m di riferimento **-2.** fig [in history] pietra f miliare.

landowner ['lænd,əʊnə^r] n proprietario m, -a f terriero(a).

landscape ['lændskeɪp] n paesaggio m.

landslide ['lændslaɪd] n **-1.** [of earth, rocks] frana f **-2.** POL vittoria f schiacciante.

lane [leɪn] n **-1.** [road – in country] viottolo m; [– in street names] viuzza f, vicolo m **-2.** [division of road, racetrack, swimming pool] corsia f; **'get in** ~**'** 'immettersi in corsia'; **'keep in** ~**'** 'restare nella stessa corsia' **-3.** [for shipping, aircraft] rotta f.

language ['læŋgwɪdʒ] n [of country] lingua f; [faculty or style of communication] linguaggio m.

language laboratory n laboratorio n linguistico.

languid ['læŋgwɪd] adj languido(a).

languish ['læŋgwɪʃ] vi languire.

lank [læŋk] adj dritto(a).

lanky ['læŋkɪ] adj allampanato(a).

lantern ['læntən] n lanterna f.

lap [læp] ◇ n **-1.** [knees] ginocchia fpl; **t**

sit on sb's ~ sedersi sulle ginocchia di qn **-2.** SPORT giro *m*. ◇ *vt* **-1.** [subj. dog, cat] lappare; [subj. animal] leccare **-2.** SPORT doppiare. ◇ *vi* [water, waves] sciabordare.

lapel [lə'pel] *n* risvolto *m(di giacca)* .

lapse [læps] ◇ *n* **-1.** [failing] mancanza *f*, cedimento *m*; **~ of memory** vuoto *m* di memoria **-2.** [in behaviour] mancanza *f*, scorrettezza *f* **-3.** [of time] lasso *m*, intervallo *m* ◇ *vi* **-1.** [licence, passport] scadere; [law, right] decadere; [custom] estinguersi **-2.** [standards, quality] abbassarsi **-3.** [subj: person]: **to ~ into sthg** [coma] andare in qc; [silence] piombare in qc; [bad habit] cadere in qc.

lap-top (computer) *n* (computer) portatile *m*, laptop *m inv.*

lard [lɑːd] *n* lardo *m*.

larder ['lɑːdə^r] *n* dispensa *f*.

large [lɑːdʒ] *adj* [gen] grande; [person, animal, sum] grosso(a). ◆ **at large** ◇ *adj* [animal] in libertà; [escaped prisoner] latitante. ◇ *adv* [as a whole] nel complesso.

largely ['lɑːdʒlɪ] *adv* in gran parte.

lark [lɑːk] *n* **-1.** [bird] allodola *f* **-2.** *inf* [joke] gioco *m*, scherzo *m*. ◆ **lark about** *vi* spassarsela.

laryngitis [ˌlærɪn'dʒaɪtɪs] *n* laringite *f*.

lasagne UK, **lasagna** US [lə'zænjə] *n* lasagne *fpl.*

laser ['leɪzə^r] *n* laser *m inv.*

laser printer *n* stampante *f* laser.

lash [læʃ] ◇ *n* **-1.** [eyelash] ciglio *m* **-2.** [blow with whip] frustata *f*. ◇ *vt* **-1.** [whip] frustare **-2.** [subj: wind, rain, waves] flagellare **-3.** [tie] legare; **to ~ sthg to sthg** legare qc a qc. ◆ **lash out** *vi* **-1.** [physically, verbally]: **to ~ out at** OR **against sb** scagliarsi contro qn **-2.** UK *inf* [spend money]: **to ~ out (on sthg)** spendere un sacco di soldi (per qc).

lass [læs] *n* ragazza *f*.

lasso (*pl* **-s**) ◇ *n* lazo *m inv.* ◇ *vt* prendere al lazo.

last [lɑːst] ◇ *adj* **-1.** [gen] ultimo(a); **~ but one** penultimo(a) **-2.** [with dates, time of day] scorso(a); **~ night** [evening] ieri sera; [night] ieri notte. ◇ *adv* **-1.** [finally] (per) ultimo(a) **-2.** [most recently] l'ultima volta. ◇ *pron* ultimo(a); **to leave sthg till ~** lasciare qc per ultimo; **the Saturday/week before ~** due sabati/settimane fa; **the ~ but one** il penultimo, la penultima. ◇ *n* [final thing]: **the ~ I saw/heard of him** l'ultima volta che l'ho visto/sentito. ◇ *vi* **-1.** [continue to exist or function] dura-

re **-2.** [keep fresh] durare, conservarsi **-3.** [be enough for] bastare, durare. ◆ **at (long) last** *adv* finalmente.

last-ditch *adj* estremo(a).

lasting ['lɑːstɪŋ] *adj* duraturo(a).

lastly ['lɑːstlɪ] *adv* **-1.** [to conclude] in ultimo, per terminare **-2.** [at the end] infine.

last-minute *adj* dell'ultimo minuto.

last name *n* cognome *m*.

latch [lætʃ] *n* chiavistello *m*. ◆ **latch onto** *vt insep inf* attaccarsi a.

late [leɪt] ◇ *adj* **-1.** [not on time] in ritardo; **to be ~ for sthg** essere in ritardo per qc **-2.** [near end of] inoltrato(a), tardo(a); **it's getting ~** si sta facendo tardi **-3.** [later than normal] tardivo(a); **to have a ~ breakfast** fare colazione tardi **-4.** [dead] defunto(a) **-5.** [former] ultimo(a), precedente. ◇ *adv* **-1.** [not on time] tardi, in ritardo; **to arrive 20 minutes ~** arrivare con 20 minuti di ritardo **-2.** [later than normal] tardi **-3.** [near end of period]: **~ in August** verso la fine di agosto; **to work ~** lavorare fino a tardi. ◆ **of late** *adv* ultimamente.

latecomer ['leɪtˌkʌmə^r] *n* ritardatario *m*, -a *f*.

lately ['leɪtlɪ] *adv* ultimamente.

latent ['leɪtənt] *adj* latente.

later ['leɪtə^r] ◇ *adj* [date, edition] posteriore; [books, poems] più recente; [train] successivo(a). ◇ *adv* [at a later time]: **~ (on)** più tardi.

lateral ['lætərəl] *adj* laterale.

latest ['leɪtɪst] ◇ *adj* [most recent] ultimo(a). ◇ *n*: **at the ~** al più tardi.

lather ['lɑːðə^r] ◇ *n* schiuma *f*. ◇ *vt* [hair] insaponare.

Latin ['lætɪn] ◇ *adj* **-1.** [temperament, blood] latino(a) **-2.** [studies, scholar] di latino. ◇ *n* [language] latino *m*.

Latin America *n* America *f* Latina.

Latin American ◇ *adj* latino-americano(a). ◇ *n* [person] latino-americano *m*, -a *f*.

latitude ['lætɪtjuːd] *n* **-1.** GEOG latitudine *f* **-2.** *fml* [freedom] libertà *f* inv d'azione.

latter ['lætə^r] ◇ *adj* **-1.** [later] ultimo(a) **-2.** [second] secondo(a). ◇ *n*: **the ~** quest'ultimo, quest'ultima.

lattice ['lætɪs] *n* traliccio *m*.

Latvia ['lætvɪə] *n* Lettonia *f*.

laudable ['lɔːdəbl] *adj* lodevole.

laugh [lɑːf] ◇ *n* **-1.** [sound] risata *f*, riso *m* **-2.** *inf* [fun, joke]: **to have a ~** divertirsi;

to be a (good) ~ *UK* [person] essere un(a) tipo(a) divertente; [thing] essere davvero divertente; **to do sthg for** ~ **s** OR **a** ~ far qc per divertimento. ◇ *vi* ridere.
◆ **laugh at** *vt insep* [mock] ridere di.
◆ **laugh off** *vt sep* [dismiss] prendere sul ridere.

laughable ['lɑːfəbl] *adj pej* ridicolo(a).

laughingstock *n* zimbello *m*.

laughter ['lɑːftə'] *n* risata *f*.

launch [lɔːntʃ] ◇ *n* -1. [of ship] varo *m* -2. [of rocket, campaign, product] lancio *m* -3. [boat] lancia *f*. ◇ *vt* -1. [ship] varare -2. [rocket, campaign, product] lanciare.

launch(ing) pad *n* [for rocket, missile, satellite] rampa *f* di lancio.

launder ['lɔːndə'] *vt* -1. [clothes] lavare e stirare -2. *inf* [money] riciclare.

laund(e)rette, Laundromat® *US n* lavanderia *f* automatica.

laundry ['lɔːndrɪ] *n* -1. [clothes] bucato *m* -2. [business, room] lavanderia *f*.

laurel ['lɒrəl] *n* alloro *m*.

lava ['lɑːvə] *n* lava *f*.

lavatory ['lævətrɪ] *n* -1. [receptacle] gabinetto *m* -2. [room] gabinetto *m*, toilette *f inv*.

lavender ['lævəndə'] *n* [plant] lavanda *f*.

lavish ['lævɪʃ] ◇ *adj* [amount, praise] generoso(a); [gift, decoration] sontuoso(a); **to be** ~ **with sthg** essere prodigo(a) di qc. ◇ *vt*: **to** ~ **sthg on sb/sthg** elargire qc a qn/qc.

law [lɔː] *n* -1. [gen] legge *f*; **to break the** ~ infrangere la legge; **against the** ~ contro la legge; ~ **and order** ordine *m* pubblico -2. [system, subject] legge *f*, giurisprudenza *f*.

law-abiding *adj* rispettoso(a) delle leggi.

law court *n* tribunale *m* di giustizia.

lawful ['lɔːfʊl] *adj fml* legale, lecito(a).

lawn [lɔːn] *n* [grass] prato *m*.

lawnmower ['lɔːn,məʊə'] *n* tosaerba *m inv*.

lawn tennis *n* tennis *m* su prato.

law school *n* facoltà *f inv* di legge.

lawsuit ['lɔːsuːt] *n* causa *f*, processo *m*.

lawyer ['lɔːjə'] *n* [man] avvocato *m*, -essa *f*.

lax [læks] *adj* [standards, morals, discipline] lassista; [behaviour] negligente.

laxative ['læksətɪv] *n* lassativo *m*.

lay [leɪ] (*pt & pp* **laid** [leɪd]) ◇ *pt* ▷ **lie**. ◇ *vt* -1. [put in specified position] posare, mettere -2. [prepare] [trap, snare] tendere; [plans] organizzare; **to** ~ **the table**

apparecchiare (la tavola) -3. [foundations] gettare, mettere -4. [egg] deporre -5. [assign]: **to** ~ **the blame on sb** addossare la colpa a qn; **to** ~ **the emphasis on sthg** porre l'accento su qc. ◇ *adj* -1. RELIG laico(a) -2. [untrained, unqualified] profano(a). ◆ **lay aside** *vt sep* -1. [save] mettere da parte -2. [put down] mettere via. ◆ **lay down** *vt sep* -1. [formulate] stabilire -2. [put down – arms] deporre; [– tools] mettere via. ◆ **lay off** ◇ *vt sep* [make redundant] mettere in cassa integrazione. ◇ *vt insep inf* -1. [leave alone] lasciare in pace -2. [stop, give up] mollare. ◆ **lay on** *vt sep UK* [provide, supply] offrire. ◆ **lay out** *vt sep* -1. [arrange, spread out] disporre -2. [plan, design] allestire; [town, house] ideare la disposizione di.

layabout ['leɪəbaʊt] *n UK inf* sfaticato *m*, -a *f*.

lay-by (*pl* **lay-bys**) *n UK* piazzola *f* di sosta.

layer ['leɪə'] *n* -1. [of substance, material] strato *m* -2. *fig* [level] livello *m*.

layman ['leɪmən] (*pl* -**men**) *n* -1. [untrained, unqualified person] profano *m* -2. RELIG laico *m*.

layout ['leɪaʊt] *n* [of building, office] pianta *f*; [of rooms, garden] disposizione *f*; [of text, page] layout *m inv*, impaginazione *f*.

laze [leɪz] *vi*: **to** ~ **(about** OR **around)** oziare.

lazy ['leɪzɪ] *adj* -1. [person] pigro(a) -2. [action] indolente.

lazybones ['leɪzɪbəʊnz] (*pl* **lazybones**) *n* pigrone *m*, -a *f*.

lb *abbr of* **pound**.

LCD (*abbr of* **liquid crystal display**) *n* LCD *m inv*.

lead¹ [liːd] (*pt & pp* **led** [led]) ◇ *n* -1. [winning position]: **to be in** OR **have the** ~ essere in testa -2. [amount ahead] vantaggio *m* -3. [initiative, example]: **to take the** ~ prendere l'iniziativa -4. [most important role]: **the** ~ il ruolo principale -5. [clue] indizio *m* -6. *UK* [for dog] guinzaglio *m* -7. *UK* [wire, cable] cavo *m*. ◇ *adj* [most important] principale. ◇ *vt* -1. [be at front of] essere in testa a -2. [conduct, guide] condurre -3. [head, be in charge of] dirigere -4. [organize] guidare -5. [life, existence] condurre, fare -6. [cause, influence]: **to** ~ **sb to do sthg** portare qn a fare qc. ◇ *vi* -1. [go] portare -2. [give access to]: **to** ~ **to into sthg** portare a/in qc -3. [be winning] essere in testa -4. [result in]: **to** ~ **to sthg** portare a qc. ◆ **lead up to** *vt insep* -1.

[precede] **precedere -2.** [in conversation] andare a parare.

lead² [led] ◇ *n* **-1.** [metal] piombo *m* **-2.** [in pencil] mina *f.* ◇ *comp* [made of or with lead] di piombo.

leaded ['lɛdɪd] *adj* **-1.** [petrol] con piombo **-2.** [window] piombato(a).

leader ['li:dəʳ] *n* **-1.** [head, chief] leader *mf inv* **-2.** [in race, competition] primo *m,* -a *f* **-3.** UK [in newspaper] editoriale *m.*

leadership ['li:dəʃɪp] *n* **-1.** [people in charge]: **the ~** la dirigenza **-2.** [position of leader] direzione *f.*

lead-free [led-] *adj* senza piombo.

leading ['li:dɪŋ] *adj* **-1.** [prominent] di spicco **-2.** SPORT in testa.

leading light *n* luminare *m.*

leaf [li:f] (*pl* **leaves**) *n* **-1.** [of tree, plant] foglia *f* **-2.** [of table] ribalta *f* **-3.** [of newspaper, book] foglio *m,* pagina *f.* **← leaf through** *vt insep* sfogliare.

leaflet ['li:flɪt] *n* volantino *m.*

league [li:g] *n* **-1.** [group] lega *f;* **to be in ~ with sb** [work with] essere in combutta con qn **-2.** SPORT campionato *m*

leak [li:k] ◇ *n* **-1.** [in pipe, tank, roof] perdita *f;* [in boat] falla *f* **-2.** [disclosure] fuga *f.* ◇ *vt* [make known] diffondere. ◇ *vi* [pipe, tank, roof] perdere; [boat] fare acqua; [gas, liquid] fuoriuscire; **to ~ (out) from sthg** fuoriuscire da qc. **← leak out** *vi* **-1.** [liquid, gas] fuoriuscire **-2.** [news, secret] trapelare.

lean [li:n] (*pt & pp* **-ed** [lent]) ◇ *adj* magro(a). ◇ *vt* [support, prop]: **to ~ sthg against sthg** appoggiare qc a qc. ◇ *vi* **-1.** [bend, slope] piegarsi **-2.** [rest]: **to ~ on/against sthg** appoggiarsi a/contro qc. **← lean back** *vi* appoggiarsi all'indietro.

leaning ['li:nɪŋ] *n:* **~ (towards sthg)** inclinazione *f* (per qc).

leant [lent] *pt & pp* ▷ **lean.**

lean-to (*pl* **lean-tos**) *n dépendance contigua ad un edificio principale.*

leap [li:p] (*pt & pp* **-ed** [lept]) ◇ *n* **-1.** [jump] salto *m* **-2.** [increase] aumento *m* improvviso. ◇ *vi* **-1.** [jump] saltare **-2.** [increase] aumentare improvvisamente.

leapfrog ['li:pfrɒg] ◇ *vt* cavallina *f.* ◇ *vt* superare con un salto. ◇ *vi* **-1.** [jump]: **to ~ over sthg** superare qc con un salto **-2.** [prices] aumentare improvvisamente.

leapt [lept] *pt & pp* ▷ **leap.**

leap year *n* anno *m* bisestile.

learn [lɜ:n] (*pt & pp* **-ed** OR **learnt** [lɜ:nt]) ◇ *vt* **-1.** [acquire knowledge, skill of] impa-

rare; **to ~ (how) to do sthg** imparare a fare qc **-2.** [memorize] imparare (a memoria) **-3.** [hear] venire a sapere; **to ~ that** venire a sapere che. ◇ *vi* **-1.** [acquire knowledge, skill] imparare **-2.** [hear]: **to ~ of** OR **about sthg** venire a sapere di qc.

learned ['lɜ:nɪd] *adj* **-1.** [person] erudito(a), colto(a) **-2.** [journal, paper, book] erudito(a).

learner ['lɜ:nəʳ] *n* apprendente *mf,* principiante *mf.*

learner (driver) *n* guidatore *m,* -trice *f* principiante.

learning ['lɜ:nɪŋ] *n* cultura *f.*

learnt [lɜ:nt] *pt & pp* ▷ **learn.**

lease [li:s] ◇ *n* LAW locazione *f.* ◇ *vt* [premises] affittare, dare in locazione; **to ~ sthg from sb** prendere in affitto qc da qn; **to ~ sthg to sb** affittare qc a qn; [car] noleggiare.

leasehold ['li:shəʊld] *adj & adv* in locazione.

leash [li:ʃ] *n* US [for dog] guinzaglio *m.*

least [li:st] ◇ *adj* (*superl of* **little**) [smallest in amount, degree]: **the ~** il minore, la minore, il più piccolo, la più piccola; **he earns the ~ money** *of any of us* tra noi è quello che guadagna meno. ◇ *pron* (*superl of* **little**) [smallest amount]: **the ~** il meno, il minimo; **it's the ~ (that) he can do** è il minimo che possa fare; **not in the ~ per niente**; **to say the ~** a dir poco. ◇ *adv* [to the smallest amount, degree] meno. **← at least** *adv* almeno. **← least of all** *adv* meno di tutti. **← not least** *adv fml* specialmente.

leather ['lɛðəʳ] ◇ *n* cuoio *m,* pelle *f.* ◇ *comp* di cuoio, di pelle.

leave [li:v] (*pt & pp* **left** [left]) ◇ *vt* **-1.** [gen] lasciare; **to ~ sthg to/with sb** [entrust] lasciare qc a qn; **to ~ sb sthg, to ~ sthg to sb** [bequeath] lasciare qc a qn **-2.** [depart from] lasciare **-3.** [forget to take] dimenticare **-4.** [stop discussing] abbandonare. ◇ *vi* **-1.** [person, bus, train] partire **-2.** [staff, personnel, lover] andarsene. ◇ *n* **-1.** [time off] congedo *m;* **to be on ~** essere in congedo **-2.** *fml* [permission] permesso *m.* **← leave behind** *vt sep* **-1.** [abandon] lasciare **-2.** [forget] dimenticare. **← leave out** *vt sep* [omit] escludere.

leave of absence *n* congedo *m.*

leaves [li:vz] *pl* ▷ **leaf.**

Lebanon ['lebənən] *n* Libano *m.*

lecherous ['letʃərəs] *adj* lascivo(a).

lecture ['lektʃəʳ] ◇ *n* **-1.** [at university] lezione *f*; [public talk] conferenza *f* **-2.** [criticism, reprimand] ramanzina *f*. ⬦ *vt* [scold] fare una ramanzina a. ⬦ *vi* : **to ~ on sthg** tenere lezioni su qc; **to ~ in sthg** insegnare qc.

lecturer ['lektʃərəʳ] *n* **-1.** [teacher] docente *mf* **-2.** [speaker] conferenziere *m*, -a *f*.

led [led] *pt & pp* ⊳**lead.**

ledge [ledʒ] *n* **-1.** [of window] davanzale *m* **-2.** [of mountain] cengia *f*.

ledger ['ledʒəʳ] *n* libro *m* mastro.

leek [liːk] *n* porro *m*.

leer [lɪəʳ] ⬦ *n* sguardo *m* lascivo. ⬦ *vi* : **to ~ at sb** guardare qn in modo lascivo.

leeway ['liːweɪ] *n* [room to manoeuvre] libertà *f inv* d'azione.

left [left] ⬦ *pt & pp* ⊳**leave.** ⬦ *adj* **-1.** : **to be ~** rimanere; **do you have any money ~ ?** ti sono rimasti soldi? **-2.** [side, hand, foot] sinistro(a). ⬦ *adv* a sinistra. ⬦ *n* [direction] : **on/to the ~** a sinistra. ➡ **Left** *n* POL: **the Left** la sinistra.

left-hand *adj* di sinistra; **on the ~ side** sulla sinistra.

left-hand drive *adj* con guida a sinistra.

left-handed [-'hændɪd] *adj* **-1.** [person] mancino(a) **-2.** [implement] per mancini.

left luggage (office) *n* UK deposito *m* bagagli.

leftover ['leftəʊvəʳ] *adj* avanzato(a). ➡ **leftovers** *npl* avanzi *mpl*.

left wing *n* sinistra *f*. ➡ **left-wing** *adj* di sinistra.

leg [leg] *n* **-1.** [of person, trousers, table] gamba *f*; **to pull sb's ~** prendere in giro qn **-2.** [of animal] zampa *f* **-3.** CULIN coscia *f* **-4.** [of journey] tappa *f* **-5.** [of tournament] girone *m*.

legacy ['legəsɪ] *n* **-1.** [gift of money] lascito *m* **-2.** *fig* [consequence] retaggio *m*.

legal ['liːgl] *adj* legale.

legalize, -ise ['liːgəlaɪz] *vt* legalizzare.

legal tender *n* moneta *f* legale.

legend ['ledʒənd] *n* lit & fig leggenda *f*.

leggings ['legɪŋz] *npl* pantacollant *m inv*.

legible ['ledʒəbl] *adj* leggibile.

legislation [,ledʒɪs'leɪʃn] *n* legislazione *f*.

legislature ['ledʒɪsleɪtʃəʳ] *n* legislatura *f*.

legitimate [lɪ'dʒɪtɪmət] *adj* legittimo(a).

legroom ['legrʊm] *n* spazio *m* per le gambe.

leisure [UK 'leʒəʳ, US 'liːʒər] *n* tempo *m* libero; **at (one's) ~** con comodo.

leisure centre *n* centro *m* sportivo e ricreativo.

leisurely [UK 'leʒəlɪ, US 'liːʒərlɪ] ⬦ *adj* lento(a), tranquillo(a). ⬦ *adv* senza fretta.

leisure time *n* tempo *m* libero.

lemon ['lemən] *n* [fruit] limone *m*.

lemonade [,lemə'neɪd] *n* **-1.** UK [fizzy] gazzosa *f* **-2.** [made with fresh lemons] limonata *f*.

lemon juice *n* succo *m* di limone.

lemon sole *n* sogliola *f* limanda.

lemon squash *n* UK limonata *f*.

lemon squeezer *n* spremilimoni *m inv*.

lemon tea *n* tè *m inv* al limone.

lend [lend] (*pt & pp* **lent** [lent]) *vt* **-1.** [money, book] prestare, dare in prestito; **to ~ sb sthg, to ~ sthg to sb** prestare qc a qn **-2.** [support, assistance] : **to ~ sthg (to sb)** offrire qc (a qn) **-3.** [credibility, quality] : **to ~ sthg to sthg** dare qc a qn.

lending rate *n* tasso *m* d'interesse ufficiale.

length [leŋθ] *n* **-1.** [measurement] lunghezza *f*; **it's 5 metres in ~** è lungo 5 metri **-2.** [whole distance] : **to walk the ~ of the street** percorrere tutta la via **-3.** [of swimming pool] vasca *f* **-4.** [of string, wood, cloth] pezzo *m* **-5.** [of event, activity] durata *f* **-6.** *phr* : **to go to great ~ s to do sthg** fare ogni sforzo possibile per fare qc. ➡ **at length** *adv* **-1.** [eventually] finalmente **-2.** [for a long time] a lungo.

lengthen ['leŋθən] ⬦ *vt* [skirt] allungare; [life] prolungare. ⬦ *vi* allungarsi.

lengthways ['leŋθweɪz] *adv* nel senso della lunghezza, per il lungo.

lengthy ['leŋθɪ] *adj* lungo(a).

lenient ['liːnjənt] *adj* [judge, parent] indulgente; [law, sentence] clemente.

lens [lenz] *n* **-1.** [in camera] obiettivo *m* **-2.** [in glasses] lente *f* **-3.** [contact lens] lente *f* a contatto.

lent [lent] *pt & pp* ⊳**lend.**

Lent [lent] *n* Quaresima *f*.

lentil ['lentɪl] *n* lenticchia *f*.

Leo ['liːəʊ] *n* Leone *m*; **to be (a) Leo** essere del Leone.

leopard ['lepəd] *n* leopardo *m*.

leotard ['liːətɑːd] *n* body *m inv*.

leper ['lepəʳ] *n* [person with leprosy] lebbroso *m*, -a *f*.

leprosy ['leprəsɪ] *n* lebbra *f*.

lesbian ['lezbɪən] *n* lesbica *f*.

less [les] (*compar of* **little**) ⬦ *adj* [not as much] meno; **~ ... than** meno... di; **~ and ~** sempre meno. ⬦ *pron* [not a

much] meno; ~ **than** meno di; **the** ~ ...
the ~ ... meno... meno...; **no** ~ **than** non
meno di. ◇ *adv* [to a smaller extent] meno;
~ **and** ~ sempre meno. ◇ *prep* [minus]
meno.

lessen ['lesn] ◇ *vt* [risk, chances] ridurre;
[pain] alleviare. ◇ *vi* diminuire.

lesser ['lesə^r] *adj* minore; **to a** ~ **extent** OR
degree in misura minore.

lesson ['lesn] *n* lezione *f*; **to teach sb a** ~
[punish] dare una lezione a qn.

let [let] (*pt & pp* **let**) *vt* **-1.** [allow]: **to** ~ **sb**
do sthg lasciar fare qc a qn; **to** ~ **go of sb/**
sthg lasciar andare qn/qc; **to** ~ **sb/sthg**
go [release] lasciare andare qn/qc; **to** ~
sb know sthg far sapere qc a qn **-2.** *(in verb*
forms): ~**'s go!** andiamo!; ~ **them wait!**
lascia che aspettino! **-3.** [rent out] affittare;
'**to** ~' 'affittasi'. ◆ **let alone** *conj* [much
less] tanto meno. ◆ **let down** *vt sep* **-1.**
[deflate] sgonfiare **-2.** [disappoint] deludere. ◆ **let in** *vt sep* **-1.** [person, animal] far
entrare **-2.** [air, water] lasciar pasare. ◆
let off *vt sep* **-1.** [excuse, allow not to
do]: **to** ~ **sb off sthg** dispensare qn da qc
-2. [criminal, pupil, child] risparmiare qc a
qn; **to** ~ **sb off with sthg** lasciare che qn
se la cavi con qc **-3.** [bomb, explosive, fire
work] far esplodere. ◆ **let on** *vi*: **not to**
~ **on** non dir niente. ◆ **let out** *vt sep* **-1.**
[person, animal] far uscire **-2.** [water, air]
far passare **-3.** [sound, cry, laugh] emettere
-4. [garment] allargare. ◆ **let up** *vi* **-1.**
[heat, rain] diminuire **-2.** [person] smettere.

letdown ['letdaun] *n inf* delusione *f*.

lethal ['li:θl] *adj* letale.

lethargic [lə'θɑ:dʒɪk] *adj* apatico(a).

let's [lets] *cont* = **let us**.

letter ['letə^r] *n* lettera *f*.

letter bomb *n* lettera *f* esplosiva.

letterbox ['letəbɒks] *n* UK **-1.** [in door]
cassetta *f* della posta **-2.** [in street] buca *f*
delle lettere.

lettuce ['letɪs] *n* lattuga *f*.

letup ['letʌp] *n* diminuzione *f*.

leuk(a)emia [lu:'ki:mɪə] *n* leucemia *f*.

level ['levl] ◇ *adj* **-1.** [equal in height]: ~
(with sthg) in piano (con qc) **-2.** [equal in
standard] alla pari **-3.** [flat] piatto(a); **a** ~
teaspoonful un cucchiaino raso. ◇ *n* **-1.**
[gen] livello *m* **-2.** US [spirit level] livella *f*
a bolla d'aria **-3.** [storey] piano *m* **-4.** *phr*:
to be on the ~ *inf* essere a posto. ◇ *vt*
-1. [make flat] livellare **-2.** [demolish] radere
al suolo. ◆ **level off**, **level out** *vi* **-1.**
[unemployment, inflation] stabilizzarsi **-2.**
AERON mettersi in assetto orizzontale.

◆ **level with** *vt insep inf* [be honest with]
essere onesto(a) con.

level crossing *n* UK passaggio *m* a livello.

level-headed [-'hedɪd] *adj* con la testa
sulle spalle.

lever [UK 'li:və^r, US 'levər] *n lit & fig* leva
f.

leverage [UK 'li:vərɪdʒ, US 'levərɪdʒ] *n* **-1.**
[force] leva *f* **-2.** *fig* [influence] influenza *f*.

levy ['levɪ] ◇ *n*: ~ **(on sthg)** imposta *f*
(su qc). ◇ *vt* riscuotere.

lewd [lju:d] *adj* [behaviour] osceno(a).

liability [ˌlaɪə'bɪlətɪ] *n* **-1.** LAW [legal
responsibility]: ~ **(for sthg)** responsabilità *f inv* (per qc) **-2.** [hindrance] peso *m*.
◆ **liabilities** *npl* [debts] debiti *mpl*, passivo *m*.

liable ['laɪəbl] *adj* **-1.** [likely]: **to be** ~ **to do**
sthg rischiare di fare qc **-2.** [prone]: **to be**
~ **to sthg** essere soggetto(a) a qc **-3.** LAW:
to be ~ **(for sthg)** [legally responsible] essere responsabile (di qc); **to be** ~ **to sthg**
[punishable] essere passibile di qc.

liaise [lɪ'eɪz] *vi*: **to** ~ **with** consultarsi con;
to ~ **between** fare da collegamento tra.

liar ['laɪə^r] *n* bugiardo *m*, -a *f*.

libel ['laɪbl] ◇ *n* diffamazione *f*. ◇ *vt* diffamare.

liberal ['lɪbərəl] ◇ *adj* **-1.** [tolerant] liberale
-2. [generous] generoso(a). ◇ *n* liberale
mf. ◆ **Liberal** POL ◇ *adj* liberale. ◇ *n* liberale *mf*.

Liberal Democrat ◇ *adj* liberaldemo-
cratico(a). ◇ *n* liberaldemocratico *m*, -a *f*.

liberate ['lɪbəreɪt] *vt lit & fig* liberare.

liberation [ˌlɪbə'reɪʃn] *n lit & fig* liberazione *f*.

liberty ['lɪbətɪ] *n* [of person, country] libertà *f inv*; **at** ~ in libertà; **to be at** ~ **to do**
sthg essere libero(a) di fare qc; **to take**
liberties (with sb) prendersi delle libertà
(con qn).

Libra ['li:brə] *n* Bilancia *f*; **to be (a) Libra**
essere della Bilancia.

librarian [laɪ'breərɪən] *n* bibliotecario *m*,
-a *f*.

library ['laɪbrərɪ] *n* biblioteca *f*.

library book *n* libro *m* della biblioteca.

libretto [lɪ'bretəʊ] (*pl* **-s**) *n* libretto *m*.

Libya ['lɪbɪə] *n* Libia *f*.

lice [laɪs] *pl* ▷ **louse**.

licence ◇ *n* [for car] patente *f*; [for TV] abbonamento *m*; [for bar, export, trade] licenza *f*; [for pilot] brevetto *m*; [for gun] porto *m*

d'armi; [for marriage] dispensa f; [for dog] permesso m. ◇ vt US = license.

license ['laɪsəns] ◇ vt COMM autorizzare. ◇ n US = licence.

licensed ['laɪsənst] adj -1. [person] autorizzato(a); **to be ~ to do sthg** avere l'autorizzazione di fare qc; **to be ~ to fly** avere il brevetto di pilota -2. [car] immatricolato(a); [gun] regolarmente denunciato(a); [TV] in regola con l'abbonamento -3. UK [premises] con licenza per la vendita di alcolici.

license plate n US targa f.

lick [lɪk] vt [with tongue] leccare.

licorice n = liquorice.

lid [lɪd] n -1. [cover] coperchio m -2. [eyelid] palpebra f.

lie [laɪ] (pt **lied** OR **lay**, pp **lied**, **lain** OR **lying**) ◇ n bugia f; **to tell ~ s** dire (le) bugie. ◇ vi -1. [tell untruth] mentire; **to ~ to sb** mentire a qn -2. [to be lying down] stare disteso(a) -3. [lie down] sdraiarsi -4. [be situated - object] trovarsi; [- city, town] essere situato(a) -5. fml [difficulty, answer, explanation] consistere -6. phr: **to ~ low** non farsi vedere. ◆ **lie about**, **lie around** vi -1. [people] bighellonare -2. [things] essere in giro. ◆ **lie down** vi sdraiarsi. ◆ **lie in** vi UK restare a letto.

lie-down n UK riposino m.

lie-in n UK: **to have a ~** rimanere a letto più del solito.

lieutenant [UK lef'tenənt, US lu:'tenənt] n [in army] tenente m; [in navy] tenente m di vascello.

life [laɪf] (pl **lives**) n -1. [gen] vita f; **to come to ~** animarsi; **for ~** per tutta la vita; **to be full of ~** essere pieno(a) di vita; **to scare the ~ out of sb** spaventare a morte qn; **that's ~!** così è la vita! -2. inf [life imprisonment] ergastolo m.

life assurance n UK = life insurance.

life belt n ciambella f di salvataggio.

lifeboat ['laɪfbəʊt] n scialuppa f di salvataggio.

life buoy n ciambella f di salvataggio.

life cycle n ciclo m vitale.

life expectancy n aspettativa f di vita.

lifeguard ['laɪfgɑːd] n bagnino m, -a f.

life insurance n assicurazione f sulla vita.

life jacket n giubbotto m salvagente.

lifeless ['laɪflɪs] adj -1. [body] senza vita -2. [performance, voice] piatto(a).

lifelike ['laɪflaɪk] adj -1. [statue, doll] realistico(a) -2. [portrait] rassomigliante.

lifeline ['laɪflaɪn] n -1. [rope] sagola f di salvataggio -2. fig [with outside] ancora f di salvezza.

life preserver n US -1. [belt] ciambella f di salvataggio -2. [jacket] giubbotto m salvagente.

life raft n canotto m di salvataggio.

lifesaver ['laɪfˌseɪvə'] n bagnino m, -a f.

life sentence n ergastolo m.

life-size(d) adj a grandezza naturale.

lifespan n -1. [of person, animal, plant] durata f della vita -2. [of product, machine] durata f.

lifestyle ['laɪfstaɪl] n stile m di vita.

lifetime ['laɪftaɪm] n vita f.

lift [lɪft] ◇ n -1. [in car] passaggio m -2. UK [elevator] ascensore m. ◇ vt -1. [hand, arm, leg] alzare -2. [bag, baby, books] sollevare -3. [ban, embargo] revocare -4. [plagiarize] copiare -5. inf [steal] rubare. ◇ vi -1. [lid, top] aprirsi -2. [mist, fog] alzarsi.

lift-off n lancio m.

light [laɪt] (pt & pp **-ed**) ◇ adj -1. [bright] luminoso(a); **it's growing ~** si fa giorno -2. [pale] chiaro(a) -3. [not heavy] leggero(a); **to be a ~ sleeper** avere il sonno leggero -4. [not numerous]: **~ corrections/responsibilities** poche correzioni/responsabilità -5. [traffic] scorrevole. ◇ n -1. [gen] luce f -2. [flame]: **have you got a ~?** [for cigarette, pipe] hai da accendere?; **to set ~ to sthg** dare fuoco a qc -3. [perspective]: **in the ~ of** UK, **in ~ of** US alla luce di -4. phr: **to come to ~** emergere. ◇ vt -1. [cigarette, fire, candle] accendere -2. [stage, room] illuminare. ◇ adv: **to travel ~** viaggiare leggero. ◆ **light up** ◇ vt sep -1. [illuminate] illuminare -2. [start smoking] accendere. ◇ vi -1. [look happy] illuminarsi -2. inf [start smoking] accendersi una sigaretta.

light bulb n lampadina f.

lighten ['laɪtn] ◇ vt -1. [make brighter - room, ceiling] illuminare; [- hair] schiarire -2. [make less heavy] alleggerire. ◇ vi -1. [sky] schiarirsi -2. [mood, atmosphere, expression] distendersi.

lighter ['laɪtə'] n: **(cigarette) ~** accendino m.

light-headed adj stordito(a).

light-hearted adj -1. [mood] allegro(a) -2. [remark, comedy, approach] spensierato(a).

lighthouse ['laɪthaʊs] n faro m.

lighting ['laɪtɪŋ] n illuminazione f.

light meter n esposimetro m.

lightning ['laɪtnɪŋ] *n* lampo *m*.

lightweight ['laɪtweɪt] ⇔ *adj* [object] leggero(a). ⇔ *n* [boxer] peso *m* leggero.

likable ['laɪkəbl] *adj* simpatico(a).

like [laɪk] ⇔ *prep* **-1.** [gen] come; **subjects ~ physics or chemistry** materie come la fisica o la chimica; **to look ~ sb/sthg** assomigliare a qn/qc; **~ this/that** così **-2.** [asking for opinion or description]: **what does it taste ~?** che sapore ha?; **tell me what it's ~** dimmi com'e. ⇔ *vt* **-1.** [enjoy, find pleasant, approve of]: **I ~ him** mi piace; **he ~s skiing** OR **to ski** gli piace sciare **-2.** [want, wish] volere; **I don't ~ to bother her** non vorrei disturbarla; **would you ~ some more?** ne vuoi ancora?; **I'd ~ to come tomorrow** vorrei venire domani; **we'd ~ you to come to dinner** vorremmo che veniste a cena. ⇔ *n*: **the ~ (of it)** una cosa simile; **the ~ of her** un'altra come lei. ◆ **likes** *npl* [things one likes] preferenze *fpl*.

likeable ['laɪkəbl] *adj* = likable.

likelihood ['laɪklɪhʊd] *n* probabilità *f*.

likely ['laɪklɪ] *adj* **-1.** [probable] probabile; **they're ~ to win** hanno buone probabilità di vincere; **he's ~ to get angry** è probabile che si arrabbi, **a ~ story!** *iro* a chi la racconti? **-2.** [candidate, recruit] adatto(a).

liken ['laɪkn] *vt*: **to ~ sb/sthg to** paragonare qn/qc a.

likeness ['laɪknɪs] *n* **-1.** [resemblance]: **~ (to sb/sthg)** somiglianza *f* (con qn/qc) **-2.** [portrait] ritratto *m*.

likewise ['laɪkwaɪz] *adv* allo stesso modo; **to do ~** fare lo stesso.

liking ['laɪkɪŋ] *n*: **~ for sb** simpatia *f* per qn; **~ for sthg** preferenza *f* per qc; **to be to sb's ~** essere di gradimento di qn.

lilac ['laɪlək] ⇔ *adj* [colour] lilla *inv*. ⇔ *n* [flower, colour] lillà *m inv*.

Lilo® ['laɪləʊ] (*pl* **-s**) *n UK* materassino *m* gonfiabile.

lily ['lɪlɪ] *n* giglio *m*.

Lima ['li:mə] *n* Lima *f*.

limb [lɪm] *n* **-1.** [of body] arto *m* **-2.** [of tree] ramo *m*.

limber ['lɪmbər] ◆ **limber up** *vi* fare (esercizi di) riscaldamento.

limbo ['lɪmbəʊ] (*pl* **-s**) *n*: **to be in ~** essere nel limbo.

lime [laɪm] *n* **-1.** [fruit] limetta *f* **-2.** [drink]: **~ (juice)** succo *m* di limetta **-3.** [tree] tiglio *m* **-4.** [fertilizer] calcinare *m*.

limelight ['laɪmlaɪt] *n*: **to be in the ~** essere in vista.

limerick ['lɪmərɪk] *n* limerick *m inv*.

limestone ['laɪmstəʊn] *n* calcare *m*.

limit ['lɪmɪt] ⇔ *n* limite *m*; **off ~s** off limits; **within ~s** entro certi limiti. ⇔ *vt* limitare.

limitation [ˌlɪmɪˈteɪʃn] *n* **-1.** [restriction, control] limitazione *f*, restrizione *f* **-2.** [shortcoming] limite *m*.

limited ['lɪmɪtɪd] *adj* [restricted] limitato(a).

limited company *n* società *f inv* per azioni.

limited liability company *n* = limited company.

limousine ['lɪməzi:n] *n* limousine *f inv*.

limp [lɪmp] ⇔ *adj* **-1.** [hand, handshake] molle **-2.** [body] senza forze **-3.** [lettuce] avvizzito(a) **-4.** [excuse] magro(a). ⇔ *n*: **to have a ~** zoppicare. ⇔ *vi* zoppicare.

line [laɪn] ⇔ *n* **-1.** [mark] linea *f*, riga *f*; **to draw the ~ at sthg** *fig* mettere un limite a qc **-2.** [row, queue] fila *f*; **to stand** OR **wait in ~** fare la fila **-3.** [direction & MIL] linea *f* **-4.** [alignment]: **in ~ (with)** allineato(a) (con); **to step out of ~** sgarrare **-5.** RAIL linea *f* (ferroviaria) **-6.** [of poem, song] verso *m* **-7.** [of text] riga *f* **-8.** [wrinkle] ruga *f* **-9.** [rope, wire, string] corda *f*; **power ~** filo *m* dell'alta tensione **-10.** TELEC linca *f* (telefonica); **hold the ~, please** attenda in linea; **the ~'s busy** la linea è occupata; **It's a bad ~** la linea è disturbata **-11.** *inf* [short letter]: **to drop sb a ~** scrivere due righe a qn **-12.** *inf* [field of activity] settore *m* **-13.** [type of product] linea *f* (di prodotti). ⇔ *vt* [drawer] rivestire; [curtains, coat] foderare. ◆ **out of line** *adj* fuori luogo. ◆ **line up** ⇔ *vt sep* **-1.** [in rows] allineare **-2.** *inf* [organize] avere in programma. ⇔ *vi* **-1.** [in a row] allinearsi **-2.** [in a queue] mettersi in fila.

lined [laɪnd] *adj* **-1.** [paper] a righe **-2.** [face] rugoso(a).

linen ['lɪnɪn] *n* **-1.** [cloth] lino *m* **-2.** [tablecloths, sheets] biancheria *f*.

liner ['laɪnər] *n* [ship] nave *f* di linea.

linesman ['laɪnzmən] (*pl* **-men**) *n* [in rugby, football] guardalinee *m inv*; [in tennis] giudice *m*.

linger ['lɪŋgər] *vi* **-1.** [dawdle] attardarsi **-2.** [persist] durare.

lingo ['lɪŋgəʊ] (*pl* **-es**) *n inf* lingua *f*.

linguist ['lɪŋgwɪst] *n* **-1.** [someone good at languages] persona *f* portata per le lingue **-2.** [student or teacher of linguistics] linguista *mf*.

lining ['laɪnɪŋ] *n* **-1.** [of coat, curtains] fodera *f* **-2.** [of box] rivestimento *m* **-3.** [of stomach, nose] mucosa *f* **-4.** [of brakes] guarnizione *f*.

link [lɪŋk] ◇ *n* **-1.** [of chain] anello *m* **-2.** [connection]: ~ **(between/with)** collegamento *m* (tra/con). ◇ *vt* **-1.** [relate] collegare; **to** ~ **sb/sthg with/ to** collegare qn/qc con/a **-2.** [connect physically]: **to** ~ **arms** prendersi sottobraccio. ◆ **link up** *vt sep* collegare; **to** ~ **sthg up with sthg** collegare qc a qc.

lino ['laɪnəʊ], **linoleum** [lɪ'nəʊlɪəm] *n* linoleum *m inv.*

lion ['laɪən] *n* leone *m*.

lioness ['laɪənes] *n* leonessa *f*.

lip [lɪp] *n* **-1.** [of mouth] labbro *m*; **to keep a stiff upper** ~ restare impassibile **-2.** [of container] bordo *m*.

lip-read ['lɪpriːd] *vi* leggere le labbra.

lip salve *n* UK burrocacao *m inv.*

lip service *n*: **to pay** ~ **to sthg** sostenere qc solo a parole.

lipstick ['lɪpstɪk] *n* rossetto *m*.

liqueur [lɪ'kjʊəʳ] *n* liquore *m*.

liquid ['lɪkwɪd] ◇ *adj* liquido(a). ◇ *n* liquido *m*.

liquidation [ˌlɪkwɪ'deɪʃn] *n* FIN liquidazione *f*.

liquidize, -ise UK ['lɪkwɪdaɪz] *vt* frullare.

liquidizer, -iser ['lɪkwɪdaɪzəʳ] *n* UK frullatore *m*.

liquor ['lɪkəʳ] *n esp* US alcolico *m*.

liquorice *n* UK liquirizia *f*.

liquor store *n* US negozio *m* di alcolici.

Lisbon ['lɪzbən] *n* Lisbona *f*.

lisp [lɪsp] ◇ *n*: **to speak with** OR **have a** ~ avere la pronuncia blesa. ◇ *vi* avere la pronuncia blesa.

list [lɪst] ◇ *n* lista *f*, elenco *m*. ◇ *vt* elencare.

listed building ['lɪstɪd-] *n* UK *edificio di interesse storico o artistico.*

listen ['lɪsn] *vi* ascoltare; **to** ~ **to sb/sthg** ascoltare qn/qc; **to** ~ **for sthg** stare in ascolto per sentire qc.

listener ['lɪsnəʳ] *n* **-1.** RADIO ascoltatore *m*, -trice *f* **-2.** [person listening to another]: **to be a good** ~ sapere ascoltare.

listless ['lɪstlɪs] *adj* fiacco(a).

lit [lɪt] *pt & pp* ▷ **light.**

liter *n* US = **litre.**

literacy ['lɪtərəsɪ] *n* alfabetismo *m*.

literal ['lɪtərəl] *adj* letterale.

literally ['lɪtərəlɪ] *adv* **-1.** [gen] letteralmente; **to take sthg** ~ prendere qc alla lettera **-2.** [translate] alla lettera.

literary ['lɪtərərɪ] *adj* letterario(a); **a** ~ **man** un letterato.

literate ['lɪtərət] *adj* **-1.** [able to read and write]: **to be** ~ saper leggere e scrivere **-2.** [well-read] colto(a).

literature ['lɪtrətʃə] *n* **-1.** [gen] letteratura *f* **-2.** [printed information] documentazione *f*.

lithe [laɪð] *adj* agile.

Lithuania [ˌlɪθjʊ'eɪnjə] *n* Lituania *f*.

litigation [ˌlɪtɪ'ɡeɪʃn] *n fml* causa *f* giudiziaria.

litre UK, **liter** US ['liːtəʳ] *n* litro *m*.

litter ['lɪtəʳ] ◇ *n* **-1.** [waste material] rifiuti *mpl* **-2.** [newborn animals] figliata *f* **-3.** [for litter tray]: **(cat)** ~ lettiera *f* (per gatti). ◇ *vt*: **to be** ~ **ed with sthg** essere ricoperto(a) di qc.

litterbin *n* UK cestino *m* dei rifiuti.

little ['lɪtl] (*compar* **less,** *superl* **least**) ◇ *adj* **-1.** [small, very young] piccolo(a); **a** ~ **boy** un bambino **-2.** [younger] più piccolo(a); **my** ~ **brother** mio fratellino **-3.** [short] breve; **stay a** ~ **while** rimani un po' **-4.** [not much] poco(a); **he speaks** ~ **English** parla poco inglese; **he speaks a** ~ **English** parla un po' di inglese. ◇ *pron* [small amount] poco; **I understood very** ~ ho capito pochissimo; **a** ~ un po'; **a** ~ **(bit)** un pochino. ◇ *adv* [to a limited extent] poco; ~ **by** ~ poco a poco; **as** ~ **as possible** il meno possibile.

little finger *n* mignolo *m*.

live[1] [lɪv] ◇ *vi* **-1.** [gen] vivere **-2.** [reside] abitare, vivere. ◇ *vt* vivere; **to** ~ **it up** *inf* spassarsela. ◆ **live down** *vt sep* far dimenticare col tempo. ◆ **live off** *vt insep* vivere di. ◆ **live on** *vt insep* **-1.** [money] vivere con **-2.** [food] vivere di. ◇ *vi* [memory, feeling, works] sopravvivere. ◆ **live together** *vi* convivere. ◆ **live up to** *vt insep* essere all'altezza di. ◆ **live with** *vt insep* **-1.** [cohabit with] convivere con **-2.** *inf* [accept] accettare.

live[2] [laɪv] *adj* **-1.** [living] vivo(a) **-2.** [burning] acceso(a) **-3.** [unexploded] carico(a) **-4.** ELEC sotto tensione **-5.** [broadcast] in diretta; [performance] dal vivo.

livelihood ['laɪvlɪhʊd] *n* mezzi *mpl* di sussistenza.

lively ['laɪvlɪ] *adj* **-1.** [gen] vivace **-2.** [debate, place] animato(a).

liven ['laɪvn] ◆ **liven up** ◇ *vt sep* **-1.**

[person] **rallegrare -2.** [place] **animare.** ◇ *vi* [person] **ravvivarsi.**

liver ['lɪvə^r] *n* fegato *m*.

lives [laɪvz] *pl* ▷ **life.**

livestock ['laɪvstɒk] *n* bestiame *m*.

livid ['lɪvɪd] *adj* **-1.** *inf* [angry] **furioso(a) -2.** [blue-grey] **livido(a).**

living ['lɪvɪŋ] ◇ *adj* **-1.** [person] **vivente -2.** [language] **vivo(a).** ◇ *n* **-1.** [means of earning money] **to earn a ~** guadagnarsi da vivere; **what do you do for a ~?** che lavoro fai? **-2.** [lifestyle] **vita** *f*.

living conditions *npl* condizioni *fpl* di vita.

living room *n* soggiorno *m*.

living standards *npl* tenore *m* di vita.

living wage *n* salario *m* sufficiente per vivere.

lizard ['lɪzəd] *n* lucertola *f*.

llama ['lɑːmə] (*pl* **-s**) *n* lama *m inv*.

load [ləʊd] ◇ *n* **-1.** [something carried] carico *m* **-2.** [burden] peso *m* **-3.** [large amount]: **~s of, a ~ of** *inf* un sacco di; **a ~ of rubbish** *inf* un mucchio di sciocchezze. ◇ *vt* caricare; **to ~ sb/sthg with sthg** [person, container, vehicle] caricare qn/qc di qc; **to ~ sthg with sthg** [gun] caricare qc con qc; **to ~ a camera with a film** caricare un rullino in una macchina fotografica; **to ~ a video reorder with a tape** inserire una cassetta in un videoregistratore. ➤ **load up** ◇ *vt sep* caricare. ◇ *vi* fare un carico.

loaded ['ləʊdɪd] *adj* **-1.** [question, statement] **tendenzioso(a) -2.** [gun, camera] **carico(a) -3.** *inf* [rich] **ricco(a) sfondato(a).**

loaf [ləʊf] (*pl* **loaves**) *n* [of bread] pagnotta *f*.

loan [ləʊn] ◇ *n* prestito *m*; **on ~** in prestito. ◇ *vt* prestare; **to ~ sthg to sb, to ~ sb sthg** prestare qc a qn.

loath [ləʊθ] *adj*: **to be ~ to do sthg** essere riluttante a fare qc.

loathe [ləʊð] *vt* detestare; **to ~ doing sthg** detestare fare qc.

loaves [ləʊvz] *pl* ▷ **loaf.**

lob [lɒb] ◇ *n* TENNIS lob *m inv*. ◇ *vt* **-1.** [throw] **lanciare -2.** TENNIS rinviare con un lob.

lobby ['lɒbɪ] ◇ *n* **-1.** [in hotel] hall *f inv*; [in theatre] foyer *m inv* **-2.** [pressure group] lobby *f inv*, gruppo *m* di pressione. ◇ *vt* esercitare pressione su.

lobe [ləʊb] *n* lobo *m*.

lobster ['lɒbstə^r] *n* aragosta *f*.

local ['ləʊkl] ◇ *adj* [tradition, services,

council] **locale;** [phone call] **urbano(a);** [hospital, shop, inhabitants] **della zona.** ◇ *n inf* **-1.** [person]: **the ~s** la gente del posto **-2.** UK [pub] pub *m inv* sotto casa.

local authority *n* UK ente *m* locale.

local call *n* telefonata *f* urbana.

local government *n* amministrazione *f* locale.

locality [lə'kælətɪ] *n* località *f inv*.

localized, -ised UK ['ləʊkəlaɪzd] *adj* circoscritto(a).

locally ['ləʊkəlɪ] *adv* [in region] localmente; [in neighbourhood] nella zona.

locate [UK ləʊ'keɪt, US 'ləʊkeɪt] *vt* **-1.** [find] **individuare -2.** [situate] **situare.**

location [ləʊ'keɪʃn] *n* **-1.** [place] luogo *m* **-2.** CIN: **on ~** in esterni.

loch [lɒk, lɒx] *n Scot* lago *m*.

lock [lɒk] ◇ *n* **-1.** [of door, window, box] **serratura** *f* **-2.** [on canal] **chiusa** *f* **-3.** AUT: **(steering) ~** raggio *m* di sterzata **-4.** [of hair] **ciocca** *f*. ◇ *vt* **-1.** [fasten securely] **chiudere a chiave -2.** [keep safely] **chiudere sotto chiave -3.** [immobilize] **bloccare.** ◇ *vi* **-1.** [fasten securely] **chiudersi con la chiave -2.** [become immobilized] **bloccarsi.** ➤ **lock away** *vt sep* [valuables] **chiudere sotto chiave.** ➤ **lock in** *vt sep* **rinchiudere.** ➤ **lock out** *vt sep* **-1.** [accidentally]: **to ~ o.s. out** chiudersi fuori **-2.** [deliberately] **chiudere fuori.** ➤ **lock up** *vt sep* **-1.** [person] **rinchiudere -2.** [house] **chiudere a chiave -3.** [valuables] **chiudere sotto chiave.**

locker ['lɒkə^r] *n* [for clothes, luggage, books] armadietto *m* di metallo.

locker room *n* US spogliatoio *m*.

locket ['lɒkɪt] *n* medaglione *m*.

locomotive [ˌləʊkə'məʊtɪv] *n* locomotiva *f*.

locust ['ləʊkəst] *n* locusta *f*.

lodge [lɒdʒ] ◇ *n* **-1.** [caretaker's room] **portineria** *f* **-2.** [of manor house] **casa** *f* del custode **-3.** [of Freemasons] **loggia** *f* **-4.** [for hunting] **padiglione** *m* di caccia. ◇ *vi* **-1.** [stay, live]: **to ~ with sb** [paying rent] stare a pensione presso qn; [with friends] stare da qn **-2.** [become stuck - bone] **conficcarsi;** [- ball, rock] **incastrarsi -3.** *fig* [in mind] **fissarsi.** ◇ *vt fml* [complaint, protest] **presentare.**

lodger ['lɒdʒə^r] *n* pensionante *mf*.

lodging ['lɒdʒɪŋ] *n* ▷ **board.** ➤ **lodgings** *npl* alloggio *m*.

loft [lɒft] *n* soffitta *f*.

lofty ['lɒftɪ] *adj* **-1.** [noble] **nobile -2.** *pej* [haughty] **altero(a) -3.** *lit* [high] **elevato(a).**

log [lɒg] ◇ n -1. [of wood] ceppo m -2. [written record] giornale m di bordo. ◇ vt -1. [information] registrare -2. [speed] toccare; [distance, time] totalizzare. ◆ **log in** vi collegarsi. ◆ **log out** vi scollegarsi.

logbook ['lɒgbʊk] n -1. [of ship, plane] giornale m di bordo -2. UK [of car] libretto m di circolazione.

loggerheads ['lɒgəhedz] n: at ~ ai ferri corti.

logic ['lɒdʒɪk] n logica f.

logical ['lɒdʒɪkl] adj logico(a).

logistics [lə'dʒɪstɪks] ◇ n MIL logistica f. ◇ npl fig [organization] logistica f.

logo ['ləʊgəʊ] (pl -s) n logo m inv.

loin [lɔɪn] n lombata f.

loiter ['lɔɪtə'] vi -1. [hang around] gironzolare -2. [dawdle] trastullarsi.

loll [lɒl] vi -1. [person] spaparacchiarsi -2. [head] ciondolare -3. [tongue] penzolare.

lollipop ['lɒlɪpɒp] n lecca-lecca m inv.

lollipop lady, lollipop man n UK persona che regola il traffico davanti alle scuole per far attraversare la strada ai bambini.

lolly ['lɒlɪ] n -1. [lollipop] lecca-lecca m inv -2. UK [ice cream]: (ice) ~ ghiacciolo m.

London ['lʌndən] n Londra f.

Londoner ['lʌndənə'] n londinese mf.

lone [ləʊn] adj solitario(a).

loneliness ['ləʊnlɪnɪs] n [of person] solitudine f; [of place] isolamento m.

lonely ['ləʊnlɪ] adj -1. [person] solo(a) -2. [time, childhood] solitario(a) -3. [place] isolato(a).

loner ['ləʊnə'] n solitario m, -a f.

lonesome ['ləʊnsəm] adj US inf -1. [person] solo(a) -2. [place] solitario(a).

long [lɒŋ] ◇ adj lungo(a); the journey is two days ~ il viaggio dura due giorni; his boat is three metres ~ la sua barca è lunga tre metri. ◇ adv molto OR tanto (tempo); how ~ will it take? quanto tempo ci vuole?; how ~ have you been waiting? da quanto tempo aspetti?; before ~ tra poco; no ~er non più; so ~! inf ciao! ◇ vt: to ~ to do sthg non vedere l'ora di fare qc. ◆ **as long as, so long as** conj purché. ◆ **long for** vt insep desiderare ardentemente.

long-distance adj [race] di fondo; ~ runner fondista mf; ~ lorry driver camionista mf.

long-distance call n [within the country] interurbana f; [abroad] telefonata f internazionale.

longhand ['lɒŋhænd] n scrittura f a mano.

long-haul adj a lungo raggio.

longing ['lɒŋɪŋ] ◇ adj pieno(a) di desiderio. ◇ n: ~ (for sthg) [desire] (grande) desiderio m (di qc); [nostalgia] nostalgia f (di qc).

longitude ['lɒndʒɪtjuːd] n longitudine f.

long jump n salto m in lungo.

long-life adj UK [milk] a lunga conservazione; [batteries] a lunga durata.

long-range adj -1. [missile, bomber] a lunga gittata -2. [plan, forecast] di lungo periodo.

long shot n fig rischio m.

longsighted [,lɒŋ'saɪtɪd] adj presbite.

long-standing adj di vecchia data.

longsuffering adj paziente.

long term n: in the ~ alla lunga.

long wave n onde fpl lunghe.

longwinded adj [persona] logorroico(a); [speech] prolisso(a).

loo [luː] (pl -s) n UK inf gabinetto m.

look [lʊk] ◇ n -1. [with eyes] sguardo m, occhiata f; to take OR have a ~ (at sthg) dare un'occhiata (a qc) -2. [search]: to have a ~ (for sthg) cercare (qc) -3. [appearance] aspetto m; by the ~(s) of sthg a giudicare da qc. ◇ vi -1. [with eyes] guardare; to ~ at sb/sthg guardare qn/qc; to ~ up (from sthg) alzare lo sguardo (da qc) -2. [search] guardare -3. [building, window]: my room ~s over the river la mia stanza guarda sul fiume -4. [seem] sembrare; to ~ like OR as if sembrare che; he ~s as if he hasn't slept ha l'aria di uno che non ha dormito; it ~s like rain OR as if it will rain sembra che voglia piovere; to ~ like sb assomigliare a qn. ◆ **looks** npl [attractiveness] bellezza f. ◆ **look after** vt insep -1. [take care of] prendersi cura di -2. [be responsible for] occuparsi di. ◆ **look around** ◇ vt insep [house, town] visitare; [shop] fare un giro da. ◇ vi -1. [look at surroundings] guardarsi intorno -2. [turn] girarsi. ◆ **look at** vt insep -1. [examine] esaminare -2. [view, consider] vedere. ◆ **look down on** vt insep [person] guardare dall'alto in basso; [attitude] disprezzare. ◆ **look for** vt insep cercare. ◆ **look forward to** vt insep aspettare con impazienza; to ~ foward to doing sthg non veder l'ora di fare qc. ◆ **look into** vt insep [examine] esaminare ◆ **look on** vi [watch] guardare ◆ **look out** vi [take care] stare attento(a); ~ **out!** (stai) attento! ◆ **look out for** vt insep [new product, book] (cercare di) non farsi sfuggire; [suspect packages, stolen cars] fare attenzione a; [person] cercare (di individuare). ◆ **look round** ⬥ vi insep & vi UK = **look around.** ◆ **look to** vt insep -1. [depend on] fare affidamento su -2. [think about] guardare a. ◆ **look up** ⬥ vt sep -1. [in book] cercare -2. [visit] andare a trovare. ⬥ vi [improve] andare meglio. ◆ **look up to** vt insep [admire] guardare con ammirazione.

lookout ['lʊkaʊt] n -1. [place] posto m di osservazione -2. [person] sentinella f -3. [search]: **to be on the ~ for sthg** dare la caccia a qc.

loom [lu:m] vi -1. [rise up] stagliarsi -2. fig [threat, prospect] incombere; [date] essere imminente.

loony ['lu:nɪ] inf offens ⬥ adj matto(a). ⬥ n matto m, -a f.

loop [lu:p] n -1. [of rope] cappio m -2. [contraceptive] spirale f -3. COMPUT loop m inv.

loophole ['lu:phəʊl] n lacuna f.

loose [lu:s] adj **1.** [not firmly fixed] lento(a) -2. [unattached, unpackaged] sfuso(a) -3. [not tight fitting] largo(a) -4. [free, not restrained – animal] libero(a); [– hair] sciolto(a) -5. pej & dated [promiscuous] dissoluto(a) -6. [inexact] impreciso(a).

loose change n spiccioli mpl.

loose end n questione f in sospeso; **to tie up ~ s** risolvere gli ultimi problemi; **to be at a ~** UK, **to be at ~ s** US non aver niente da fare, non sapere come fare.

loosely ['lu:slɪ] adv -1. [not firmly] non saldamente -2. [inexactly – translated] liberamente; [– based on, associated] vagamente.

loosen ['lu:sn] vt [make less tight] allentare. ◆ **loosen up** vi -1. [before game, race] riscaldarsi -2. inf [relax] rilassarsi.

loot [lu:t] ⬥ n bottino m. ⬥ vt saccheggiare.

looting ['lu:tɪŋ] n saccheggio m.

lop [lɒp] vt potare. ◆ **lop off** vt sep recidere.

lopsided adj [picture] storto(a); [table, gait] sbilenco(a); [load] sbilanciato(a).

lord [lɔ:d] n UK [man of noble rank] nobile m. ◆ **Lord** n -1. RELIG: **the Lord** il Signore; **good Lord!** UK mio Dio! -2. [in titles] Lord; [as form of address]: **my Lord** [to judge] Vostro Onore; [to bishop] Vostra Eccellenza. ◆ **Lords** npl UK **the (House of) Lords** la Camera dei Lord.

lorry ['lɒrɪ] n UK camion m.

lorry driver n UK camionista mf.

lose [lu:z] (pt & pp **lost** [lɒst]) ⬥ vt -1. [gen] perdere; **to ~ sight of sb/sthg** perdere di vista qn/qc; **to ~ one's way** perdersi -2. [subj: clock, watch]: **to ~ time** andare indietro -3. [elude, shake off] seminare. ⬥ vi [fail to win] perdere.

loser ['lu:zə^r] n lit & fig perdente mf.

loss [lɒs] n -1. [gen] perdita f; **to make a ~** registrare una perdita -2. [failure to win] sconfitta f -3. phr: **to be at a ~ to do sthg** non sapere come fare qc.

lost [lɒst] ⬥ pt & pp ▷ **lose.** ⬥ adj -1. [unable to find way] perso(a); **to get ~** [lose way] perdersi; **get ~!** inf sparisci! -2. [keys, wallet] smarrito(a).

lost-and-found office n US ufficio m oggetti smarriti.

lost property office n UK ufficio m oggetti smarriti.

lot [lɒt] n -1. [large amount]: **a ~ of, ~ s of** molto(a) -2. [group of things]: **put this ~ in my office** metti queste cose nel mio ufficio -3. [destiny] destino m -4. [at auction] lotto m -5. [entire amount]: **the ~** (il) tutto -6. US [of land] appezzamento m; [car park] parcheggio m -7. phr: **to draw ~ s** estrarre a sorte. ◆ **a lot** adv molto.

lotion ['ləʊʃn] n lozione f.

lottery ['lɒtərɪ] n lotteria f.

loud [laʊd] ⬥ adj [voice, music, television] alto(a); [bang] forte; [person, colour, clothes] chiassoso(a). ⬥ adv [shout, speak] forte; [play music] ad alto volume; **out ~** [think, say] a voce alta; [laugh] forte.

loudhailer [,laʊd'heɪlə^r] n UK megafono m.

loudly ['laʊdlɪ] adv -1. [noisily] forte -2. [garishly] in maniera vistosa.

loudspeaker [,laʊd'spi:kə^r] n [on wall] altoparlante m; [on stereo] cassa f.

lounge [laʊndʒ] ⬥ n -1. [in house] salotto m -2. [in airport] sala f; **departure ~** sala partenze -3. UK = **lounge bar.** ⬥ vi starsene in panciolle.

lounge bar n UK sala confortevole all'interno di un pub.

louse [laʊs] (pl **-s** n) n -1. [insect] pidocchio m -2. inf pej [person] verme m.

lousy ['laʊzɪ] adj inf schifoso(a).

lout [laʊt] n pej -1. [uncouth male] zoticone m -2. [aggressive male] teppista m.

lovable ['lʌvəbl] adj amabile.

love [lʌv] ⬥ n -1. [gen] amore m; **give her my ~** salutamela caramente; **~ from** [at end of letter] con affetto; **to be in ~ (with sb)** essere innamorato(a) (di qn); **to fall in ~ (with sb)** innamorarsi (di qn); **to make ~** fare l'amore **-2.** *inf* [term of address] tesoro *m* **-3.** TENNIS zero *m.* ⬦ *vt* [gen] amare; [one's country, relative] voler bene a ; **to ~ doing** OR **to do sthg** amare fare qc.

love affair *n* relazione *f* (amorosa).

love life *n* vita *f* sentimentale.

lovely ['lʌvlɪ] *adj* **-1.** [gen] bello(a) **-2.** [in character] amabile.

lover ['lʌvə^r] *n* **-1.** [sexual partner] amante *mf* **-2.** [enthusiast] appassionato *m*, -a *f.*

loving ['lʌvɪŋ] *adj* amoroso(a).

low [ləʊ] ⬦ *adj* **-1.** [gen] basso(a) **-2.** [in level, amount, value, intelligence] scarso(a); **cook over a ~ heat** cucinare a fuoco lento **-3.** [esteem] poco(a) **-4.** [opinion] cattivo(a) **-5.** [standard, quality] scadente **-6.** [neckline] profondo(a) **-7.** [depressed] giù; **to feel ~** sentirsi giù **-8.** [common, mean] basso(a); **of ~ birth** di umili origini; **a ~ trick** uno scherzo di cattivo gusto. ⬦ *adv* **-1.** [in height] (in) basso; **to bend ~** piegarsi a terra; **to fly ~** volare a bassa quota **-2.** [in value, amount, degree]: **~-paid job** lavoro malpagato; **to run ~** scarseggiare **-3.** [morally]: **to sink ~** abbassarsi. ⬦ *n* **-1.** [low point] minimo *m* **-2.** METEOR minima *f.*

low-calorie *adj* a basso contenuto calorico.

low-cut *adj* scollato(a).

lower ['ləʊə^r] ⬦ *adj* **-1.** [of a pair] inferiore **-2.** [in bottom part] più basso(a). ⬦ *vt* **-1.** [eyes, voice] abbassare **-2.** [reduce] diminuire.

low-fat *adj* [yoghurt] magro(a); [milk] scremato(a); [crisps] povero(a) di grassi.

low-key *adj* discreto(a).

low-lying *adj* [land] pianeggiante.

loyal ['lɔɪəl] *adj* leale.

loyalty ['lɔɪəltɪ] *n* lealtà *f inv.*

loyalty card *n* carta *f* fedeltà.

lozenge ['lɒzɪndʒ] *n* **-1.** [tablet] pastiglia *f* **-2.** [shape] rombo *m.*

LP (*abbr of* **long-playing record**) *n* LP *m inv.*

L-plate *n* UK *targa affissa su una vettura per indicare che chi guida non ha ancora la patente.*

Ltd, ltd (*abbr of* **limited**) S.r.l. *f inv.*

lubricant ['lu:brɪkənt] *n* lubrificante *m.*

lubricate ['lu:brɪkeɪt] *vt* lubrificare.

luck [lʌk] *n* fortuna *f*; **good ~** (buona) fortuna; **bad ~** [misfortune] sfortuna *f*; **bad** OR **hard ~!** [said to commiserate] pec-

cato!; **to be in ~** avere fortuna; **with (any) ~** se la fortuna ci assiste.

luckily ['lʌkɪlɪ] *adv* fortunatamente.

lucky ['lʌkɪ] *adj* **-1.** [fortunate] fortunato(a) **-2.** [bringing good luck – number] fortunato(a); [– object] portafortuna *inv.*

lucrative ['lu:krətɪv] *adj* redditizio(a).

ludicrous ['lu:dɪkrəs] *adj* ridicolo(a).

lug [lʌg] *vt inf* trascinare.

luggage ['lʌgɪdʒ] *n* UK bagagli *mpl.*

luggage rack *n* UK portabagagli *m inv.*

lukewarm ['lu:kwɔ:m] *adj* tiepido(a).

lull [lʌl] ⬦ *n:* **~ (in sthg)** [in activity] pausa *f* (in qc); [in fighting] tregua *f* (in qc). ⬦ *vt* **-1.** [make sleepy]: **to ~ sb to sleep** far addormentare qn cullandolo **-2.** [reassure]: **to ~ sb into a false sense of security** infondere a qn un falso senso di sicurezza.

lullaby ['lʌləbaɪ] *n* ninnananna *f.*

lumber ['lʌmbə^r] *n* **-1.** US [timber] legname *m* **-2.** UK [bric-a-brac] cianfrusaglie *fpl.* ➡ **lumber with** *vt sep* UK *inf:* **I was lumbered with the whole job** mi hanno appioppato tutto il lavoro.

lumberjack ['lʌmbədʒæk] *n* taglialegna *m inv.*

luminous ['lu:mɪnəs] *adj* fosforescente.

lump [lʌmp] ⬦ *n* **-1.** [of coal] pezzo *m*; [of earth] zolla *f*; [of sugar] zolletta *f*; [in sauce] grumo *m* **-2.** [on body – bump] bozzo *m*; [– tumour] nodulo *m.* ⬦ *vt*: **to ~ sthg together** mettere insieme qc; **to ~ it** *inf* ingoiare.

lump sum *n* compenso *m* forfettario.

lunacy ['lu:nəsɪ] *n* pazzia *f.*

lunar ['lu:nə^r] *adj* lunare.

lunatic ['lu:nətɪk] ⬦ *adj pej* folle. ⬦ *n* **-1.** *pej* [fool] pazzo *m*, -a *f* **-2.** [insane person] malato *m*, -a *f* di mente.

lunch [lʌntʃ] ⬦ *n* pranzo *m.* ⬦ *vi* pranzare.

luncheon meat *n* *carne di maiale in scatola.*

luncheon voucher *n* UK *buono m pasto.*

lunch hour *n* pausa *f* pranzo.

lunchtime ['lʌntʃtaɪm] *n* ora *f* di pranzo.

lung [lʌŋ] *n* polmone *m.*

lunge [lʌndʒ] *vi*: **to ~ forward** lanciarsi in avanti; **to ~ at sb** avventarsi su qn.

lurch [lɜ:tʃ] ⬦ *n* sobbalzo *m*; **to leave sb in the ~** lasciare qn nei pasticci. ⬦ *vi* [person] barcollare; [vehicle] sbandare.

lure [ljʊə^r] ⬦ *n* fascino *m.* ⬦ *vt* attirare.

lurid ['ljʊərɪd] *adj* **-1.** [brightly coloured] sgargiante **-2.** [shockingly unpleasant] ripugnante.

lurk [lɜːk] *vi* **-1.** [person] stare in agguato **-2.** [memory, danger, fear] celarsi.

luscious ['lʌʃəs] *adj* **-1.** [fruit] prelibato(a) **-2.** *fig* [woman] attraente.

lush [lʌʃ] *adj* **-1.** [vegetation] rigoglioso(a) **-2.** *inf* [surroundings] lussuoso(a).

lust [lʌst] *n* **-1.** [sexual desire] libidine *f* **-2.** [greed]: ~ **for sthg** brama *f* di qc. ♦ **lust after, lust for** *vt insep* **-1.** [money, power] bramare **-2.** [person] desiderare.

Luxembourg ['lʌksəmbɜːg] *n* Lussemburgo.

luxurious [lʌg'ʒʊərɪəs] *adj* **-1.** [expensive] di lusso **-2.** [voluptuous] voluttuoso(a).

luxury ['lʌkʃərɪ] ⬦ *n* lusso *m*. ⬦ *comp* [hotel, holiday] di lusso; [chocolate] finissimo(a).

LW (*abbr of* **long wave**) OL.

Lycra® ['laɪkrə] ⬦ *n* Lycra® *f inv.* ⬦ *comp* in Lycra®.

lying ['laɪɪŋ] ⬦ *adj* [dishonest] bugiardo(a). ⬦ *n.* **to accuse sb of** ~ accusare qn di mentire.

lynch [lɪntʃ] *vt* linciare.

lyric ['lɪrɪk] *adj* lirico(a). ♦ **lyrics** *npl* parole *fpl*.

lyrical ['lɪrɪkl] *adj* **-1.** [poetic] lirico(a) **-2.** [enthusiastic]: **to wax** ~ **about sthg** fare della poesia su qc.

m¹ (*pl* **m's** OR **ms**), **M** (*pl* **M's** OR **Ms**) [em] *n* [letter] m *f* o m *inv,* M *f* o m *inv.* ♦ **M** *UK* (*abbr of* **motorway**) A.

m² **-1.** (*abbr of* **metre**) m **-2.** (*abbr of* **million**) milione *m* **-3.** *abbr of* **mile**.

MA *n* (*abbr of* **Master of Arts**) (*chi possiede un*) *master in materie letterarie*.

mac [mæk] (*abbr of* **mackintosh**) *n UK inf* [coat] impermeabile *m*.

macaroni [ˌmækə'rəʊnɪ] *n* maccheroni *mpl*.

machine [mə'ʃiːn] ⬦ *n* macchina *f*. ⬦ *vt* **-1.** SEW cucire a macchina **-2.** TECH fare a macchina.

machinegun *n* mitragliatrice *f*.

machinery [mə'ʃiːnərɪ] *n* **-1.** [machines] macchinario *m* **-2.** *fig* [system] macchina *f*.

macho ['mætʃəʊ] *adj inf* macho *inv.*

mackerel ['mækrəl] (*pl* **-s**) *n* sgombro *m*.

mackintosh ['mækɪntɒʃ] *n UK* impermeabile *m*.

mad [mæd] *adj* **-1.** [insane] matto(a); **to go** ~ impazzire **-2.** *pej* [foolish] folle **-3.** [furious] (pazzo(a)) furioso(a); **to get** ~ **at sb** infuriarsi con qn **-4.** [hectic] folle **-5.** [very enthusiastic]: **to be** ~ **about sb/sthg** andare matto(a) per qn/qc.

madam ['mædəm] *n fml* [form of address] signora *f*.

madden ['mædn] *vt* fare impazzire.

made [meɪd] *pt & pp* ⊳**make**.

made-to-measure *adj* su misura.

made-up *adj* **-1.** [with make-up] truccato(a) **-2.** [invented] inventato(a).

madly ['mædlɪ] *adv* [frantically] freneticamente; ~ **in love** perdutamente innamorato(a).

madman ['mædmən] (*pl* **-men**) *n lit & fig* pazzo *m*.

madness ['mædnɪs] *n lit & fig* pazzia *f*.

Mafia ['mætɪə] *n*: **the** ~ la mafia.

magazine [ˌmægə'ziːn] *n* **-1.** [periodical] rivista *f* **-2.** [news programme] programma *m* d'attualità **-3.** [on a gun] caricatore *m*.

maggot ['mægət] *n* verme *m*.

magic ['mædʒɪk] ⬦ *adj* **1.** [spell, forest, moment, feeling] magico(a) **-2.** [trick, show] di magia. ⬦ *n* magia *f*.

magical ['mædʒɪkl] *adj* magico(a).

magician [mə'dʒɪʃn] *n* **-1.** [conjurer] prestigiatore *m*, -trice *f* **-2.** [wizard] mago *m*, -a *f*.

magistrate ['mædʒɪstreɪt] *n* magistrato *m*.

magnanimous [mæg'nænɪməs] *adj* magnanimo(a).

magnate ['mægneɪt] *n* magnate *m*.

magnesium [mæg'niːzɪəm] *n* magnesio *m*.

magnet ['mægnɪt] *n lit & fig* calamita *f*.

magnetic [mæg'netɪk] *adj lit & fig* magnetico(a).

magnificent [mæg'nɪfɪsənt] *adj* magnifico(a).

magnify ['mægnɪfaɪ] *vt lit & fig* ingrandire.

magnifying glass ['mægnɪfaɪɪŋ-] *n* lente *f* d'ingrandimento.

magnitude ['mægnɪtjuːd] *n* **-1.** [size] grandezza *f* **-2.** [importance] ampiezza *f*.

magpie ['mægpaɪ] *n* gazza *f*.

mahogany [mə'hɒgənɪ] *n* mogano *m*.

maid [meɪd] *n* domestica *f*.

maiden ['meɪdn] ◇ *adj* [voyage] inaugurale. ◇ *n lit* fanciulla *f*.

maiden name *n* nome *m* da nubile.

mail [meɪl] ◇ *n* posta *f*. ◇ *vt esp US* spedire (per posta).

mailbox ['meɪlbɒks] *n* -1. *US* [for letters] cassetta *f* delle lettere -2. COMPUT casella *f* di posta.

mailing list *n* mailing list *f inv.*

mailman ['meɪlmən] (*pl* -**men**) *n US* postino *m*.

mail order *n* vendita *f* per corrispondenza.

mailshot ['meɪlʃɒt] *n* -1. [material] volantini *mpl* pubblicitari via posta -2. [activity] pubblicità *f* via posta.

maim [meɪm] *vt* mutilare.

main [meɪn] ◇ *adj* principale. ◇ *n* [pipe] conduttura *f*. ◆ **mains** *npl*: the ~ s le condutture; **to turn off the gas at the ~ s** staccare il gas. ◆ **in the main** *adv* nel complesso.

main course *n* piatto *m* principale.

mainframe (computer) *n* mainframe *m inv.*

mainland ['meɪnlənd] ◇ *adj* continentale. ◇ *n*: the ~ la terraferma.

mainly ['meɪnlɪ] *adv* principalmente.

main road *n* strada *f* principale.

mainstay ['meɪnsteɪ] *n* sostegno *m* principale.

mainstream ['meɪnstriːm] ◇ *adj* tradizionale. ◇ *n*: the ~ la corrente principale.

maintain [meɪn'teɪn] *vt* -1. [gen] mantenere -2. [look after] avere cura di -3. [assert]: **to ~ (that)** sostenere che.

maintenance ['meɪntənəns] *n* -1. [care] manutenzione *f* -2. [money] alimenti *mpl* -3. [of law and order] mantenimento *m*.

maize [meɪz] *n UK* mais *m*.

majestic [mə'dʒestɪk] *adj* maestoso(a).

majesty ['mædʒəstɪ] *n* grandiosità *f inv.* ◆ **Majesty** *n*: **His/Her/Your Majesty** Sua/Vostra Maestà.

major ['meɪdʒə^r] ◇ *adj* -1. [important] di primo piano -2. [main] principale -3. MUS maggiore. ◇ *n* MIL maggiore *m*.

majority [mə'dʒɒrətɪ] *n* maggioranza *f*; **in a** OR **the ~** in maggioranza.

make [meɪk] (*pt* & *pp* **made** [meɪd]) ◇ *vt* -1. [produce] fare; **to ~ a cake** fare un dolce; **don't ~ so much noise** non fare tutto

questo rumore; **she ~s all her own clothes** si fa da sé tutti i vestiti -2. [perform an action] fare; **to ~ a mistake** fare un errore; **to ~ a decision** prendere una decisione -3. [cause to be] fare; **he made her manager** l'ha fatta direttrice; **to ~ sb ill/ angry** fare ammalare/arrabbiare qn; **to ~ sb happy/sad** rendere qn felice/triste -4. [force, cause to do]: **to ~ sb/sthg do sthg** far fare qc a qn/qc; **to ~ sb laugh/ cry** far ridere/piangere qn -5. [be constructed]: **to be made of sthg** essere fatto(a) di qc -6. [add up to] fare; **2 and 2 ~ 4** due più due fa quattro -7. [calculate] fare; **I ~ it six o'clock** faccio le sei; **I ~ it 50** mi viene 50 -8. [earn] guadagnare; **to ~ a profit** riportare un utile; **to ~ a loss** essere in perdita -9. [reach]: **we'll never ~ the airport in time** non ce la faremo mai ad arrivare all'aeroporto in tempo; **I can't ~ lunch tomorrow** non ce la faccio a venire a pranzo domani -10. [gain] farsi; **I made several new friends** mi sono fatto diversi nuovi amici; **to ~ friends (with sb)** fare amicizia (con qn) -11. *phr*: **to ~ it** [reach in time] farcela; [be a success] sfondare; [be able to attend] farcela a venire; **to ~ do with sthg** accontentarsi di qc. ◇ *n* [brand] marca *f*. ◆ **make for** *vt insep* -1. [move towards] dirigersi verso -2. [contribute to, be conducive to] contribuire a. ◆ **make of** *vt sep* -1. [understand]: **to ~ sthg of sthg** capire qc di qc; **what do you ~ of that?** come interpreti questo? -2. [have opinion of] pensare di. ◆ **make off** *vi* filarsela. ◆ **make out** *vt sep* -1. *inf* [see] distinguere; [hear, understand] capire -2. [complete] compilare; [write] scrivere. ◇ *vt insep* [pretend, claim]: **to ~ out (that)** pretendere che. ◆ **make up** ◇ *vt sep* -1. [compose, constitute] costituire -2. [invent] inventare; **she made it up** se l'è inventato -3. [apply cosmetics to] truccare -4. [prepare – package, bed] fare; [– prescription] preparare -5. [make complete]: **to ~ up the difference** aggiungere la differenza; **they made up the amount to £50** hanno aggiunto quello che mancava per arrivare a 50 sterline. ◇ *vi* [become friends again]: **to ~ up (with sb)** riconciliarsi (con qn).

make-up *n* -1. [cosmetics] trucco *m*; **~ remover** crema *f* struccante -2. [person's character] personalità *f inv* -3. [composition] composizione *f*.

making ['meɪkɪŋ] *n* [of cake] preparazione *f*; [of film] lavorazione *f*; **in the ~** in via di formazione; **his problems are of his own ~** i problemi se li crea da sé; **to have the ~s of** avere le qualità di.

malaria [mə'leərɪə] *n* malaria *f.*

Malaya [mə'leɪə] *n* Malesia *f.*

Malaysia [mə'leɪzɪə] *n* Malaysia *f.*

male [meɪl] ◇ *adj* -1. [animal] maschio *inv* -2. [human] di sesso maschile -3. [concerning men] maschile. ◇ *n* maschio *m.*

malevolent [mə'levələnt] *adj* malevolo(a).

malfunction [mæl'fʌŋkʃn] ◇ *n* malfunzionamento *m.* ◇ *vi* funzionare male.

malice ['mælɪs] *n* malanimo *m.*

malicious [mə'lɪʃəs] *adj* malevolo(a).

malign [mə'laɪn] ◇ *adj* malefico(a). ◇ *vt* malignare su.

malignant [mə'lɪgnənt] *adj* MED maligno(a).

mall [mɔːl] *n esp US*: (shopping) ~ centro *m* acquisti.

mallet ['mælɪt] *n* mazzuolo *m.*

malnutrition [ˌmælnjuː'trɪʃn] *n* malnutrizione *f.*

malpractice [ˌmæl'præktɪs] *n* negligenza *f* professionale.

malt [mɔːlt] *n* [grain] malto *m.*

mammal ['mæml] *n* mammifero *m.*

mammoth ['mæməθ] ◇ *adj* colossale. ◇ *n* mammut *m inv*

man [mæn] (*pl* **men**) ◇ *n* -1. [gen] uomo *m*; **the ~ in the street** l'uomo della strada **-2.** [as form of address] amico *m.* ◇ *vt* [ship, spaceship] fornire di equipaggio; [telephone] rispondere a; [switchboard] assicurare il servizio di.

manage ['mænɪdʒ] ◇ *vi* -1. [cope] farcela **-2.** [financially] cavarsela. ◇ *vt* **-1** [succeed]: **to ~ to do sthg** riuscire a fare qc **-2.** [be responsible for, control] gestire **-3.** [be available for] disporre di.

management ['mænɪdʒmənt] *n* -1. [control, running] gestione *f* **-2.** [people in control] direzione *f.*

manager ['mænɪdʒə'] *n* [of company] direttore *m*, -trice *f*; [of shop, popstar, team] manager *mf inv.*

managerial [ˌmænɪ'dʒɪərɪəl] *adj* manageriale.

mandate *n* ['mændeɪt] mandato *m.*

mane [meɪn] *n* criniera *f.*

mangle ['mæŋgl] ◇ *n* mangano *m.* ◇ *vt* [body] straziare; [car] sfasciare.

mango ['mæŋgəʊ] (*pl* **-es** OR **-s**) *n* mango *m.*

manhandle ['mæn,hændl] *vt* maltrattare.

manhole ['mænhəʊl] *n* tombino *m.*

mania ['meɪnjə] *n* -1. [excessive liking]: ~ **(for sthg) fissazione *f* (per qc) -2.** PSYCHOL mania *f.*

maniac ['meɪnɪæk] *n* maniaco *m*, -a *f.*

manic ['mænɪk] *adj* -1. [overexcited] frenetico(a) **-2.** PSYCHOL maniacale.

manicure ['mænɪ,kjʊə'] *n* manicure *f inv.*

manifest ['mænɪfest] *fml* ◇ *adj* palese. ◇ *vt* manifestare.

manifesto [ˌmænɪ'festəʊ] (*pl* **-s** OR **-es**) *n* manifesto *m.*

manipulate [mə'nɪpjʊleɪt] *vt* -1. [control for personal benefit] manipolare **-2.** [operate] azionare.

manipulative [mə'nɪpjʊlətɪv] *adj* manipolatore(trice).

mankind [mæn'kaɪnd] *n* umanità *f.*

manly ['mænlɪ] *adj* virile.

man-made *adj* [environment, fibre] artificiale; [problem, disaster] creato(a) dall'uomo.

manner ['mænə'] *n* -1. [method] maniera *f* **-2.** [bearing, attitude] atteggiamento *m.* ◆ **manners** *npl* maniere *fpl.*

manoeuvre *UK*, **maneuver** *US* [mə'nuːvə'] ◇ *n* lit & fig manovra *f.* ◇ *vt* manovrare. ◇ *vi* fare manovra.

manor ['mænə'] *n* maniero *m.*

manpower ['mæn,paʊə'] *n* manodopera *f.*

mansion ['mænʃn] *n* palazzo *m.*

manslaughter ['mæn,slɔːtə'] *n* omicidio *m (colposo).*

manual ['mænjʊəl] ◇ *adj* manuale. ◇ *n* manuale *m.*

manufacture [ˌmænjʊ'fæktʃə'] ◇ *n* fabbricazione *f.* ◇ *vt* fabbricare

manufacturer [ˌmænjʊ'fæktʃərə'] *n* fabbricante *mf.*

manure [mə'njʊə'] *n* concime *m.*

manuscript ['mænjʊskrɪpt] *n* manoscritto *m.*

many ['menɪ] (*compar* **more**, *superl* **most**) ◇ *adj* [a lot of, plenty of] molti(e); **how ~ ...?** quanti(e); **too ~ ...** troppi(e); **as ~ ... as** tanti(e) ... quanti(e); **so ~ ...** tanti(e); **so ~ people** tanta gente; **a good** OR **great ~ ...** un buon numero di .... ◇ *pron* [a lot, plenty] molti(e); **how ~ ?** quanti(e); **too ~** troppi(e); **as ~ as** tanti(e) quanti(e); **so ~** tanti(e).

map [mæp] *n* carta *f.*

maple ['meɪpl] *n* acero *m.*

marathon ['mærəθn] ◇ *adj* lunghissimo(a); **a ~ speech** un discorso fiume. ◇ *n* maratona *f.*

marble ['mɑːbl] *n* **-1.** [stone] marmo *m* **-2.** [for game] biglia *f*.

march [mɑːtʃ] <> *n* **-1.** [by soldiers, demonstrators] marcia *f* **-2.** [steady progress] avanzata *f*. <> *vi* **-1.** [in formation] marciare **-2.** [in protest] sfilare **-3.** [walk briskly] avanzare con fare deciso.

March [mɑːtʃ] *n* marzo *m*; *see also* **September**.

marcher ['mɑːtʃər] *n* dimostrante *mf*.

mare [meər] *n* cavalla *f*.

margarine [ˌmɑːdʒəˈriːn, ˌmɑːɡəˈriːn] *n* margarina *f*.

margin ['mɑːdʒɪn] *n* **-1.** [gen] margine *m* **-2.** [of group, activity] margini *mpl*.

marginal ['mɑːdʒɪnl] *adj* **-1.** [unimportant] marginale **-2.** UK POL: **~ seat** OR **constituency** collegio elettorale ottenuto con uno stretto margine di voti.

marigold ['mærɪɡəʊld] *n* calendola *f*.

marihuana, marijuana [ˌmærɪˈwɑːnə] *n* marijuana *f inv*.

marine [məˈriːn] <> *adj* marino(a). <> *n* **-1.** UK [in the navy] marinaio *m* **-2.** US [in the Marine Corps] marine *m inv*.

marital ['mærɪtl] *adj* matrimoniale.

marital status *n* stato *m* civile.

maritime ['mærɪtaɪm] *adj* [nation, climate] marittimo(a).

mark [mɑːk] <> *n* **-1.** [gen] segno *m* **-2.** [stain] macchia *f* **-3.** [in exam] voto *m* **-4.** [stage] punto *m*; [level] livello *m* **-5.** [currency] marco *m* **-6.** CULIN: **(gas) ~ 4** temperatura di 180 gradi. <> *vt* **-1.** [stain] macchiare; [scratch] segnare **-2.** [label] contrassegnare **-3.** [exam, essay] dare il voto a **-4.** [identify – place] indicare; [– point in time] segnare **-5.** [commemorate] celebrare **-6.** SPORT [player] marcare.

marked [mɑːkt] *adj* [noticeable] marcato(a).

market ['mɑːkɪt] <> *n* **-1.** [gen] mercato *m* **-2.** FIN borsa *f*. <> *vt* offrire sul mercato.

marketing ['mɑːkɪtɪŋ] *n* marketing *m inv*.

marketplace ['mɑːkɪtpleɪs] *n* mercato *m*.

marmalade ['mɑːməleɪd] *n* marmellata *f* (di agrumi).

marriage ['mærɪdʒ] *n* **-1.** [wedding] nozze *fpl* **-2.** [state, institution] matrimonio *m*.

marrow ['mærəʊ] *n* **-1.** UK [vegetable] zucca *f* **-2.** [in bones] midollo *m*.

marry ['mærɪ] <> *vt* sposare; **to get married** sposarsi. <> *vi* sposarsi.

Mars [mɑːz] *n* Marte *m*.

marsh [mɑːʃ] *n* palude *f*.

marshal ['mɑːʃl] <> *n* **-1.** MIL maresciallo *m* **-2.** [steward] membro *m* del servizio d'ordine **-3.** US [law officer] funzionario *m*, -a *f* di polizia giudiziaria. <> *vt* **-1.** [people] raccogliere ordinatamente **-2.** [support, thoughts] organizzare.

martial arts *npl* arti *fpl* marziali.

martial law *n* legge *f* marziale.

martyr ['mɑːtər] *n* martire *mf*.

marvel ['mɑːvl] <> *n* **-1.** [achievement] meraviglia *f* **-2.** [surprise, miracle] miracolo *m* **-3.** [person] portento *m*. <> *vi*: **to ~ (at sthg)** meravigliarsi (di qc).

marvellous UK, **marvelous** US ['mɑːvələs] *adj* meraviglioso(a).

Marxism ['mɑːksɪzm] *n* marxismo *m*.

Marxist ['mɑːksɪst] <> *adj* marxista. <> *n* marxista *mf*.

masculine ['mæskjʊlɪn] *adj* **-1.** [male] maschile; **~ gender** GRAM genere maschile **-2.** [mannish] mascolino(a).

mash [mæʃ] *vt* schiacciare.

mashed potatoes *npl* purè *m inv* di patate.

mask [mɑːsk] <> *n* lit & fig maschera *f*. <> *vt* **-1.** [face] nascondere **-2.** [truth, feelings, smell] mascherare.

masochist ['mæsəkɪst] *n* masochista *mf*.

mason ['meɪsn] *n* **-1.** [stonemason] muratore *m* **-2.** [Freemason] massone *m*, -a *f*.

mass [mæs] <> *n* **-1.** [gen] massa *f* **-2.** [of books, papers] cumulo *m*. <> *adj* di massa. <> *vi* ammassarsi. ◆ **Mass** *n* RELIG messa *f*.

massacre ['mæsəkər] <> *n* massacro *m*. <> *vt* massacrare.

massage [UK 'mæsɑːʒ, US məˈsɑːʒ] <> *n* massaggio *m*. <> *vt* massaggiare.

massive ['mæsɪv] *adj* enorme.

mass media *n & npl*: **the ~** i mass media.

mast [mɑːst] *n* **-1.** [on boat] albero *m* **-2.** RADIO & TV antenna *f*.

master ['mɑːstər] <> *n* **-1.** [of servants, subject, situation] padrone *m* **-2.** UK [teacher – at primary school] maestro *m*; [– at secondary school] professore *m* **-3.** [of ship] capitano *m* **-4.** [original copy] originale *m* <> *adj* **-1.**: **~ baker** mastro *m* fornaio **~ builder** capomastro *m* **-2.** [tape, copy] originale. <> *vt* padroneggiare.

Master of Arts (*pl* **Masters of Arts**) *n* **-1.** [degree] master *m* in lettere **-2.** [person] laureato *m*, -a *f* con master in lettere.

Master of Science (*pl* **Masters of Science**) *n* **-1.** [degree] master *m inv* in scienze -2. [person] laureato m, -a f con master in scienze.

masterpiece ['mɑːstəpiːs] n capolavoro m.

master's degree n master m inv.

mat [mæt] n -1. [on table] sottopiatto m -2. [on floor – at door] stuoino m; [– in sport] tappeto m.

match [mætʃ] ⇔ n -1. [game] partita f -2. [for lighting] fiammifero m -3. [equal]: to be no ~ for sb non reggere il confronto con qn. ⇔ vt -1. [be the same as] rispecchiare -2. [coordinate with] intonarsi con -3. [connect] accoppiare -4. [equal] uguagliare. ⇔ vi -1. [be the same] corrispondere -2. [go together well] intonarsi bene.

matchbox ['mætʃbɒks] n scatola f di fiammiferi.

matching ['mætʃɪŋ] adj intonato(a).

mate [meɪt] ⇔ n -1. inf [friend] amico m, -a f -2. UK inf [form of address] amico m -3. [of animal] compagno m, -a f -4. NAUT: (first) ~ (primo) aiutante m. ⇔ vi [animals]: to ~ (with) accoppiarsi (con).

material [mə'tɪərɪəl] ⇔ adj -1. [physical] materiale -2. [important] essenziale. ⇔ n -1. [gen] materiale m -2. [fabric] stoffa f 3. [type of fabric] tessuto m. ◆ **materials** npl occorrente m.

materialistic [mə,tɪərɪə'lɪstɪk] adj materialistico(a).

materialize, -ise UK [mə'tɪərɪəlaɪz] vi materializzarsi.

maternal [mə'tɜːnl] adj materno(a).

maternity [mə'tɜːnətɪ] n maternità f.

maternity dress n abito m pré-maman inv.

maternity hospital n clinica f ostetrica.

maternity leave n congedo m per maternità.

maternity ward n reparto m maternità.

math [mæθ] n US = maths.

mathematical [,mæθə'mætɪkl] adj matematico(a).

mathematics [,mæθə'mætɪks] n matematica f.

maths [mæθs] UK, **math** [mæθ] US (abbr of mathematics) n inf [subject] matematica f (inv).

matinée n matinée f inv.

matriculation [mə,trɪkjʊ'leɪʃn] n immatricolazione f.

matrimonial [,mætrɪ'məʊnjəl] adj coniugale.

matrimony   ['mætrɪmənɪ,   US

'mætrɪməʊnɪ] n matrimonio m.

matron ['meɪtrən] n -1. UK [in hospital] caposala f inv -2. [in school] infermiera f.

matte, matt UK [mæt] adj opaco(a).

matted ['mætɪd] adj arruffato(a).

matter ['mætər] ⇔ n -1. [question, situation] questione f; that's another OR a different ~ questa è tutta un'altra faccenda; a ~ of opinion una questione d'opinione; to make ~s worse peggiorare le cose; and to make ~s worse, ... e come se non bastasse,...; as a ~ of course come un fatto scontato -2. [trouble, cause of pain] problema m; what's the ~? che problema c'è?; what's the ~ with her? che cos'ha che non va? -3. [PHYS & material] materia f. ⇔ vi [be important] importare; it doesn't ~ non importa. ◆ **as a matter of fact** adv a dire il vero. ◆ **for that matter** adv quanto a questo. ◆ **no matter** adv: no ~ how hard I try per quanto mi sforzi; we must win, no ~ what dobbiamo vincere, a qualunque costo.

Matterhorn ['mætəhɔːn] n: the ~ il Cervino.

matter-of-fact adj [person] pratico(a); [voice] piatto(a).

mattress ['mætrɪs] n materasso m.

mature [mə'tjʊər] ⇔ adj -1. [person, behaviour] maturo(a) -2. [cheese, wine] stagionato(a). ⇔ vi -1. [child, animal] svilupparsi -2. [person, insurance policy] maturare -3. [cheese, wine, spirit] stagionare.

mature student n UK studente che inizia gli studi universitari dopo i 25 anni.

maul [mɔːl] vt dilaniare.

mauve [məʊv] ⇔ adj malva inv. ⇔ n malva m inv.

max. (abbr of maximum) max.

maxim ['mæksɪm] n massima f.

maximum ['mæksɪməm] (pl -s) ⇔ adj [highest, largest] massimo(a). ⇔ n [upper limit] massimo m.

may [meɪ] modal vb potere; I ~ come può darsi che venga; it ~ rain può darsi che piova; try some: you ~ like it assaggiane un po', può darsi che ti piaccia; ~ I come in? posso entrare?; ~ I? posso?, permette?; it ~ be cheap, but it's good magari costa poco, ma è buono; ~ all your dreams come true fml vi auguro ogni felicità; be that as it ~ comunque stiano le cose; come what ~, succeda quel che succeda.

May [meɪ] n maggio m see also **September**.

maybe ['meɪbi:] *adv* **-1.** [perhaps, possibly] forse **-2.** [roughly, approximately] circa.

May Day *n* primo *m* maggio.

mayhem ['meɪhem] *n* pandemonio *m*.

mayonnaise [,meɪə'neɪz] *n* maionese *f*.

mayor [meə^r] *n* sindaco *m*.

mayoress ['meərɪs] *n* [woman mayor] sindaco *m(donna)*; [mayor's wife] moglie *f* del sindaco.

maze [meɪz] *n* **-1.** [system of paths] labirinto *m* **-2.** [of back streets] dedalo *m*; [of ideas] intreccio *m*.

MB *(abbr of* **megabyte**) MB.

MD *n* **-1.** *(abbr of* **Doctor of Medicine**) *(chi possiede un) dottorato in medicina* **-2.** *(abbr of* **managing director**) amministratore *m*, -trice *f* delegato(a).

me [mi:] *pers pron* **-1.** [direct: unstressed] mi; **can you hear ~ ?** mi senti?; **it's ~** sono io **-2.** *(direct: stressed)* me; **you can't expect me to do it** non puoi aspettarti che lo faccia io **-3.** *(indirect)* mi; **they spoke to ~** mi hanno parlato; **he sent ~ a letter** mi ha mandato una lettera; **she gave it to ~** me lo ha dato **-4.** *(after prep, in comparisons etc)* me; **this is for ~** è per me; **she's shorter than ~** è più bassa di me.

meadow ['medəʊ] *n* prato *m*.

meagre *UK*, **meager** *US* ['mi:gə^r] *adj* magro(a).

meal *n* pasto *m*; **to go out for a ~** andare a mangiar fuori.

mealtime ['mi:ltaɪm] *n* ora *f* dei pasti.

mean [mi:n] *(pt & pp* **meant** [ment]*)* <> *vt* **-1.** [signify, represent] significare; **it ~s nothing to me** non significa niente per me **-2.** [have in mind, intend, entail] voler dire; **what do you ~?** cosa vuoi dire?; **to ~ to do sthg** avere l'intenzione di fare qc; **to be meant for sb/sthg** essere destinato(a) a qn/qc; **to be meant to do sthg** dover fare qc; **you were meant to be here at six** dovevi essere qui alle sei; **to ~ well** avere buone intenzioni **-3.** [be serious about]: **I ~ it – stop it!** dico sul serio – smettila!; **she meant every word** diceva sul serio **-4.** *phr:* **I ~** [as explanation] voglio dire; [as correction] cioè. <> *adj* **-1.** [miserly]: **~ (with sthg)** avaro(a) (con qc) **-2.** [unkind]: **~ (to sb)** sgarbato(a) (con qn) **-3.** [average] medio(a). <> *n* [average] media *f*.

meander [mɪ'ændə^r] *vi* **-1.** [river, road] snodarsi **-2.** [person] girovagare.

meaning ['mi:nɪŋ] *n* significato *m*.

meaningful ['mi:nɪŋfʊl] *adj* significativo(a).

meaningless ['mi:nɪŋlɪs] *adj* **-1.** [devoid of sense] senza senso **-2.** [futile] inutile.

means [mi:nz] *(pl* **means**) <> *n* [method, way] mezzo *m*; **by ~ of** per mezzo di. <> *npl* [money] mezzi *mpl*. **• by all means** *adv* senz'altro. **• by no means** *adv* per nient'affatto.

meant [ment] *pt & pp* ▷**mean**.

meantime ['mi:n,taɪm] *n*: **in the ~** frattanto.

meanwhile ['mi:n,waɪl] *adv* **-1.** [at the same time] intanto **-2.** [between two events] nel frattempo.

measles ['mi:zlz] *n*: **(the) ~** il morbillo.

measly ['mi:zlɪ] *adj inf* misero(a).

measure ['meʒə^r] <> *n* **-1.** [step, action] misura *f* **-2.** [of alcohol] dose *f* **-3.** [indication] indice *m* **-4.** [device] misura *f*. <> *vt & vi* misurare.

measurement ['meʒəmənt] *n* **-1.** [figure, amount] misura *f* **-2.** [act of measuring] misurazione *f*. **• measurements** *npl* [of sb's body] misure *fpl*.

meat [mi:t] *n* carne *f*.

meatball ['mi:tbɔ:l] *n* polpetta *f*.

meat pie *n UK pasticcio di carne in crosta*.

meaty ['mi:tɪ] *adj fig* [full of ideas] denso(a) di contenuti.

Mecca ['mekə] *n* La Mecca.

mechanic [mɪ'kænɪk] *n* meccanico *m*. **• mechanics** <> *n* [study] meccanica *f*. <> *npl* [way sthg works] meccanismo *m*.

mechanical [mɪ'kænɪkl] *adj* **-1.** [device, response, smile] meccanico(a) **-2.** [person, mind] portato(a) per la meccanica.

mechanism ['mekənɪzm] *n* meccanismo *m*.

medal ['medl] *n* medaglia *f*.

medallion [mɪ'dæljən] *n* medaglione *m*.

meddle ['medl] *vi* immischiarsi; **to ~ in/ with sthg** immischiarsi in qc.

media ['mi:djə] <> *pl* ▷**medium**. <> *n & npl*: **the ~** i media.

mediaeval *adj* = **medieval**.

median ['mi:djən] *n US* [of road] spartitraffico *m inv*.

mediate ['mi:dɪeɪt] <> *vt* mediare. <> *vi*. **to ~ (for/between)** mediare (per/tra).

mediator ['mi:dɪeɪtə^r] *n* mediatore *m* -trice *f*.

Medicaid ['medɪkeɪd] *n negli USA, assistenza sanitaria statale per i non abbienti*.

medical ['medɪkl] <> *adj* [treatment, problem, profession] medico(a); **~ student** studente *m*, -essa *f* di medicina. <> *n* check-up *m inv*.

Medicare ['medɪkeə[r]] *n negli USA, assisten-za sanitaria statale per le persone oltre i 65 anni.*

medicated ['medɪkeɪtɪd] *adj* medicato(a).

medicine ['medsɪn] *n* medicina *f.*

medieval [,medɪ'iːvl] *adj* medievale.

mediocre [,miːdɪ'əʊkə[r]] *adj* mediocre.

meditate ['medɪteɪt] *vi* -1. [reflect, ponder] meditare; **to ~ (up)on sthg** meditare su qc -2. [practise meditation] fare meditazione.

Mediterranean [,medɪtə'reɪnjən] <> *n* -1. [sea]: **the ~ (Sea)** il Mar Mediterraneo -2. [area around sea]: **the ~** il Mediterraneo. <> *adj* mediterraneo(a).

medium ['miːdjəm] (*pl* **-dia** OR **-diums**) <> *adj* [middle, average] medio(a). <> *n* -1. [way of communicating] mezzo *m* di comunicazione -2. [spiritualist] medium *mf inv.*

medium-size(d) *adj* di misura media.

medium wave *n* onde *fpl* medie.

medley ['medlɪ] (*pl* **medleys**) *n* -1. [mixture] mescolanza *f* -2. [selection of music] medley *m inv.*

meek [miːk] *adj* mite.

meet [miːt] (*pt & pp* **met** [met]) <> *vt* -1. [gen] incontrare -2. [make acquaintance of] conoscere -3. [wait for - person] venire incontro a; [- train, plane, bus, boat] aspettare l'arrivo di -4. [fulfil, satisfy] soddisfare -5. [deal with, pay] fare fronte a. <> *vi* -1. [gen] incontrarsi -2. [committee] riunirsi -3. [become acquainted] conoscersi -4. [collide] scontrarsi. <> *n* US meeting *m inv (sportivo)*. ◆ **meet up** *vi*: **to ~ up (with sb)** incontrarsi (con qn). ◆ **meet with** *vt insep* -1. [refusal, failure] andare incontro a; [success] ottenere -2. US [by arrangement] incontrarsi con.

meeting ['miːtɪŋ] *n* -1. [for discussion, business] riunione *f* -2. [coming together] incontro *m.*

megabyte ['megəbaɪt] *n* megabyte *m inv.*

megaphone ['megəfəʊn] *n* megafono *m.*

melancholy ['melənkəlɪ] <> *adj* malinconico(a). <> *n* malinconia *f.*

mellow ['meləʊ] <> *adj* -1. [golden, glowing] dai toni caldi -2. [smooth, pleasant] morbido(a) -3. [gentle, relaxed] rilassato(a). <> *vi* ammorbidirsi.

melody ['melədɪ] *n* melodia *f.*

melon ['melən] *n* melone *m.*

melt [melt] <> *vt* [make liquid] sciogliere. <> *vi* -1. [become liquid] sciogliersi -2. fig [soften] ammorbidirsi -3. fig [disappear]: **to ~ away** dissolversi. ◆ **melt down** *vt sep* fondere.

meltdown ['meltdaʊn] *n* fusione *f* del nocciolo *(di un reattore nucleare).*

melting pot *n fig* crogiolo *m.*

member ['membə[r]] *n* membro *m.*

Member of Congress (*pl* **Members of Congress**) *n* US membro *m* del Congresso.

Member of Parliament (*pl* **Members of Parliament**) *n* UK membro *m* del Parlamento.

membership ['membəʃɪp] *n* -1. [fact of belonging] iscrizione *f* -2. [number of members] iscritti *mpl*, -e *fpl* -3. [people themselves]: **the ~** i membri.

membership card *n* tessera *f (d'iscrizione).*

memento [mɪ'mentəʊ] (*pl* **-s**) *n* ricordo *m.*

memo ['meməʊ] (*pl* **-s**) *n* nota *f.*

memoirs *npl* memorie *fpl.*

memorandum [,memə'rændəm] (*pl* **-da** OR **-dums**) *n fml* promemoria *m inv.*

memorial [mɪ'mɔːrɪəl] <> *adj* commemorativo(a). <> *n* monumento *m.*

memorize, -ise UK ['meməraɪz] *vt* memorizzare.

memory ['memərɪ] *n* -1. [gen] memoria *f*, **from ~** a memoria -2. [thing remembered] ricordo *m.*

men [men] *pl* ➤ **man.**

menace ['menəs] <> *n* -1. [gen] minaccia *f* 2. *inf* [nuisance, pest] incubo *m.* <> *vt* minacciare.

menacing ['menəsɪŋ] *adj* minaccioso(a).

mend [mend] <> *n inf* **to be on the ~** essere in fase di recupero. <> *vt* [repair] riparare.

menial ['miːnjəl] *adj* umile.

meningitis [,menɪn'dʒaɪtɪs] *n* meningite *f.*

menopause ['menəpɔːz] *n*: **the ~** la menopausa.

men's room *n* US: **the ~** la toletta per uomini.

menstruation [,menstrʊ'eɪʃn] *n* mestruazione *f.*

menswear ['menzweə[r]] *n* abbigliamento *m* per uomo.

mental ['mentl] *adj* mentale; **~ patient** malato *m*, -a *f* di mente.

mental hospital *n* ospedale *m* psichiatrico.

mentality [men'tælətɪ] *n* mentalità *f inv.*

mentally handicapped *npl dated*: **the ~** i disabili *(mentali).*

mention ['menʃn] ⬦ vt [say, talk about] menzionare; **to ~ sthg to sb** accennare qc a qn; **not to ~** per non parlare di; **don't ~ it!** non c'è di che! ⬦ n menzione f.

menu ['menju:] n menu m inv.

meow [mi:'aʊ] n & vi US = miaow.

MEP (abbr of **Member of the European Parliament**) n eurodeputato m, -a f.

mercenary ['mɜ:sɪnrɪ] ⬦ adj -1. [only interested in money] venale -2. MIL mercenario(a). ⬦ n [soldier] mercenario m.

merchandise ['mɜ:tʃəndaɪz] n merce f.

merchant ['mɜ:tʃənt] n commerciante mf.

merchant bank n UK banca f d'affari.

merchant navy UK, **merchant marine** US n marina f mercantile.

merciful ['mɜ:sɪfʊl] adj -1. [person] compassionevole -2. [death, release] misericordioso(a).

merciless ['mɜ:sɪlɪs] adj spietato(a).

mercury ['mɜ:kjʊrɪ] n mercurio m.

Mercury n Mercurio m.

mercy ['mɜ:sɪ] n -1. [kindness, pity] pietà f; **at the ~ of** fig alla mercé di -2. [blessing] fortuna f.

mere [mɪə'] adj -1. [just, no more than]: **she's a ~ child** è soltanto una bambina -2. [for emphasis] semplice -3. [amount, quantity]: **a ~ £10** soltanto 10 sterline.

merely ['mɪəlɪ] adv -1. [simply, just, only] semplicemente -2. [in amount, quantity] soltanto.

merge [mɜ:dʒ] ⬦ vt -1. [companies, branches] fondere -2. [files, documents] unire. ⬦ vi -1. [companies, branches, colours]: **to ~ (with sthg)** fondersi (con qc); **to ~ into sthg** [darkness, background] fondersi in qc -2. [roads, lines] unirsi. ⬦ n COMPUT unione f.

merger ['mɜ:dʒə'] n fusione f.

meringue [mə'ræŋ] n meringa f.

merit ['merɪt] ⬦ n [value] merito m. ⬦ vt meritare. ⬦ **merits** npl [advantages, qualities] meriti mpl.

mermaid ['mɜ:meɪd] n sirena f.

merry ['merɪ] adj allegro(a); **Merry Christmas!** Buon Natale!

merry-go-round n giostra f.

mesh [meʃ] ⬦ n rete f. ⬦ vi incastrarsi.

mesmerize, -ise UK ['mezməraɪz] vt: **to be ~d by sb/sthg** essere ammaliato(a) da qn/qc.

mess [mes] n -1. [untidy state] caos m inv -2. [sthg spilt, knocked over] sporcizia f -3. [muddle, problematic situation] pasticcio m

-4. MIL mensa f. ⬦ **mess around, mess about** inf ⬦ vt sep trattare male. ⬦ vi -1. [fool around, waste time] bighellonare -2. [interfere]: **to ~ around with sthg** armeggiare con qc. ⬦ **mess up** vt sep inf -1. [make untidy] buttare all'aria; [make dirty] sporcare -2. [spoil] rovinare.

message ['mesɪdʒ] n messaggio m.

messenger ['mesɪndʒə'] n messaggero m, -a f.

Messrs, Messrs. ['mesəz] (abbr of **messieurs**) Sigg.

messy ['mesɪ] adj -1. [dirty] sporco(a); [untidy] disordinato(a) -2. [complicated, confused] incasinato(a).

met [met] pt & pp ▷**meet.**

metal ['metl] ⬦ n metallo m. ⬦ adj di metallo.

metallic [mɪ'tælɪk] adj metallico(a).

metalwork ['metlwɜ:k] n [craft] lavorazione f dei metalli.

metaphor ['metəfə'] n metafora f.

mete [mi:t] ⬦ **mete out** vt sep: **to ~ sthg out to sb** comminare qc a qn.

meteor ['mi:tɪə'] n meteora f.

meteorology [,mi:tɪə'rɒlədʒɪ] n meteorologia f.

meter ['mi:tə'] ⬦ n -1. [device] contatore m -2. US = **metre.** ⬦ vt misurare (con un contatore).

method ['meθəd] n metodo m.

methodical [mɪ'θɒdɪkl] adj metodico(a).

Methodist ['meθədɪst] ⬦ adj metodista. ⬦ n metodista mf.

meths [meθs] n UK inf alcol m denaturato.

methylated spirits ['meθɪleɪtɪd] n alcol m denaturato.

meticulous [mɪ'tɪkjʊləs] adj meticoloso(a).

metre UK, **meter** US ['mi:tə'] n metro m.

metric ['metrɪk] adj metrico(a).

metronome ['metrənəʊm] n metronomo m.

metropolis [mɪ'trɒpəlɪs] noun metropoli inv.

metropolitan [,metrə'pɒlɪtn] adj metropolitano(a).

mettle ['metl] n: **to be on one's ~** impegnarsi a fondo; **to show** OR **prove one's ~** dimostrare il proprio valore.

mew [mju:] n & vi = miaow.

mews [mju:z] (pl **mews**) n UK stradina (con case una volta adibite a scuderie).

Mexican ['meksɪkn] ⬦ adj messicano(a) ⬦ n messicano m, -a f.

Mexico ['meksɪkəʊ] *n* Messico *m*.

MI5 (*abbr of* **Military Intelligence 5**) *n* servizio di controspionaggio britannico.

miaow *UK*, **meow** *US* [miːˈaʊ] ⬦ *n* miagolio *m*. ⬦ *vi* miagolare.

mice [maɪs] *pl* ⊳**mouse**.

mickey ['mɪkɪ] *n*: **to take the ~ out of sb** *UK inf* sfottere qn.

microchip ['maɪkrəʊtʃɪp] *n* microchip *m inv*.

microcomputer [ˌmaɪkrəʊkəm'pjuːtəʳ] *n* microcomputer *m inv*.

microfilm ['maɪkrəʊfɪlm] *n* microfilm *m inv*.

microphone ['maɪkrəfəʊn] *n* microfono *m*.

micro scooter *n* monopattino *m* (pieghevole).

microscope ['maɪkrəskəʊp] *n* microscopio *m*.

microscopic [ˌmaɪkrə'skɒpɪk] *adj* **-1.** [very small] microscopico(a) **-2.** [detailed] al microscopio.

microwave (oven) *n* forno *m* a microonde.

mid- [mɪd-] *prefix*: **in ~ winter** a metà dell'inverno; **~ life crisis** crisi di mezza età.

midair [mɪd'eəʳ] ⬦ *adj* [collision] in volo. ⬦ *n*: **in ~** a mezz'aria.

midday ['mɪddeɪ] *n* mezzogiorno *m*.

middle ['mɪdl] ⬦ *adj* centrale. ⬦ *n* **-1.** [centre] parte *f* centrale; **in the ~ (of sthg/doing sthg)** nel mezzo (di qc/di fare qc); **in the ~ of the night** nel cuore della notte **-2.** [waist] vita *f*.

middle-aged *adj* di mezza età.

Middle Ages *npl*: **the ~** il Medioevo.

middle-class *adj* borghese.

middle classes *npl*: **the ~** la borghesia.

Middle East *n*: **the ~** il Medio Oriente.

middleman ['mɪdlmæn] (*pl* **-men**) *n* **-1.** COMM intermediario *m*, -a **-2.** [in negotiations] mediatore *m*, -trice *f*.

middle name *n* secondo nome *m*.

Mideast [ˌmɪd'iːst] *n US*: **the ~** il Medio Oriente.

midfield [ˌmɪd'fiːld] *n* centrocampo *m*.

midge [mɪdʒ] *n* moscerino *m*.

midget ['mɪdʒɪt] *n offens* nano *m*, -a *f*.

midi system *n* stereo *m inv* compatto.

Midlands ['mɪdləndz] *npl*: **the ~** l'Inghilterra *f* centrale.

midnight ['mɪdnaɪt] *n* mezzanotte *f*.

midriff ['mɪdrɪf] *n* stomaco *m*.

midst [mɪdst] *n*: **in the ~ of** nel mezzo di.

midsummer ['mɪd,sʌməʳ] *n* piena estate *f*.

midway *adv* [,mɪd'weɪ] **-1.** [in space]: **~ (between)** a mezza strada (tra) **-2.** [in time]: **~ (through)** a metà (di).

midweek ⬦ *adj* ['mɪd'wiːk] di metà settimana. ⬦ *adv* [mɪd'wiːk] a metà settimana.

midwife ['mɪdwaɪf] (*pl* **-wives**) *n* levatrice *f*.

might [maɪt] ⬦ *modal vb* **-1.** potere; **he ~ be armed** potrebbe essere armato; **I ~ do it** può darsi che lo faccia; **we ~ have been killed** avremmo potuto morire; **you ~ have told me!** avresti potuto dirmelo!; **it ~ be better to wait** forse sarebbe meglio aspettare; **he asked if he ~ leave** *fml* chiese se poteva uscire; **you ~ well be right, but...** potresti anche aver ragione, ma... **-2.** *phr*. **I ~ have known** OR **guessed** avrei dovuto immaginarlo. ⬦ *n* [of person, army] forza *f*; [of nation] potenza *f*.

mighty ['maɪtɪ] ⬦ *adj* potente. ⬦ *adv US inf* straordinariamente.

migraine ['miːɡreɪn, 'maɪɡreɪn] *n* emicrania *f*.

migrant ['maɪɡrənt] ⬦ *adj* **-1.** [bird, animal] migratore(trice) **-2.** [worker] emigrante. ⬦ *n* **-1.** [bird, animal] migratore *m*, -trice *f* **-2.** [person] emigrante *mf*.

migrate [*UK* maɪ'ɡreɪt, *US* 'maɪɡreɪt] *vi* **-1.** [bird, animal] migrare **-2.** [person] emigrare.

mike [maɪk] (*abbr of* **microphone**) *n inf* microfono *m*.

mild [maɪld] *adj* **-1.** [soap] delicato(a) **-2.** [cheese] dolce; [curry] non forte **-3.** [sedative] blando(a) **-4.** [weather, person, manner] mite **-5.** [surprise, criticism, illness] leggero(a).

mildew ['mɪldjuː] *n* muffa *f*.

mildly ['maɪldlɪ] *adv* **-1.** [complain, criticize] leggermente, dolcemente; **to put it ~** per non dir di peggio **-2.** [interesting, amusing] vagamente.

mile [maɪl] *n* miglio *m*; **to be ~ s away** *fig* avere la testa altrove. ➡ **miles** *adv* (*in comparisons*) mille volte.

mileage ['maɪlɪdʒ] *n* **-1.** [distance travelled] distanza *f* in miglia **-2.** *inf* [advantage] guadagno *m*.

mileometer [maɪ'lɒmɪtəʳ] *n* contamiglia *m inv*.

milestone ['maɪlstəʊn] *n lit & fig* pietra *f* miliare.

militant ['mɪlɪtənt] ⬦ adj militante. ⬦ n militante mf.

military ['mɪlɪtrɪ] ⬦ adj militare. ⬦ n: **the ~** i militari.

militia [mɪ'lɪʃə] n milizia f.

milk [mɪlk] ⬦ n latte m. ⬦ vt -1. [cow, goat] mungere -2. fig [situation, company] sfruttare.

milk chocolate n cioccolato m al latte.

milkman ['mɪlkmən] (pl **-men**) n lattaio m.

milk shake n frappé m inv.

milky ['mɪlkɪ] adj -1. UK [with milk] al latte -2. [pale white] latteo(a).

Milky Way n: **the ~** la Via Lattea.

mill [mɪl] ⬦ n -1. [flour mill] mulino m -2. [factory] stabilimento m -3. [grinder] macinino m. ⬦ vt [grain] macinare. ➤ **mill about** UK, **mill around** vi aggirarsi.

millennium [mɪ'lenɪəm] (pl **-nnia**) n millennio m.

millet ['mɪlɪt] n miglio m.

milligram(me) ['mɪlɪgræm] n milligrammo m.

millimetre UK, **millimeter** US ['mɪlɪˌmiːtə^r] n millimetro m.

million ['mɪljən] n -1. [1,000,000] milione m -2. [enormous number]: **a ~ times** un milione di volte; **~s of people** milioni di persone.

millionaire [ˌmɪljə'neə^r] n milionario m, -a f.

milometer [maɪ'lɒmɪtə^r] n = **mileometer**.

mime [maɪm] ⬦ n -1. [acting] mimica f -2. [act] imitazione f. ⬦ vt mimare.

mimic ['mɪmɪk] (pt & pp **-king**) ⬦ n imitatore m, -trice f. ⬦ vt [person, voice, gestures] imitare.

min. -1. (abbr of **minute**) min. -2. (abbr of **minimum**) min.

mince [mɪns] ⬦ n UK carne f trita. ⬦ vt tritare; **not to ~ one's words** non usare mezzi termini. ⬦ vi muoversi a passettini.

mincemeat ['mɪnsmiːt] n -1. [fruit] miscuglio di frutta secca e spezie per dolci -2. US [minced meat] carne f trita.

mince pie n pasticcino farcito di frutta secca e spezie.

mincer ['mɪnsə^r] n UK tritacarne m inv.

mind [maɪnd] ⬦ n -1. [gen] mente f; **to bear sthg in ~** tenere qc a mente; **to come into sb's ~** venire in mente a qn; **to concentrate the ~** concentrare l'attenzione; **to cross sb's ~** sfiorare la mente di qn; **to have sthg on one's ~** essere preoccupa-

to(a) per qc; **to keep one's ~ on sthg** mantenere la propria concentrazione su qc; **to put one's ~ to sthg** impegnarsi in qc; **state of ~** stato m d'animo -2. [opinion]: **to change one's ~** cambiare parere; **to be in two ~ s about sthg** sentirsi combattuto(a) a proposito di qc; **to keep an open ~** non pronunciarsi; **to make one's ~ up** decidersi; **to speak one's ~** dire quello che si pensa; **to my ~** a mio parere -3. [intention]: **to have sthg in ~** avere in mente qc; **to have a ~ to do sthg** avere l'intenzione di fare qc. ⬦ vi -1. [object]: **do you ~ if...?** ti dispiace se...? -2. [care, worry]: **I don't ~ if...** non mi importa se...; **never ~** [don't worry] non c'è da preoccuparsi; [it's not important] non fa niente. ⬦ vt -1. [object to]: **I don't ~ waiting** non m'importa aspettare; **I wouldn't ~ a ...** mi andrebbe un... -2. [bother about]: **I really don't ~ what he says** davvero non m'importa quello che dice -3. [pay attention to] fare attenzione a -4. [take care of] badare a. ➤ **mind you** adv a dir la verità.

minder ['maɪndə^r] n UK [bodyguard] guardia f del corpo.

mindful ['maɪndfʊl] adj: **~ of sthg** conscio(a) di qc.

mindless ['maɪndlɪs] adj -1. [violence, act] insensato(a) -2. [job, work] meccanico(a).

mine¹ [maɪn] ⬦ n -1. [for excavating minerals] miniera f -2. [bomb] mina f. ⬦ vt -1. [excavate] estrarre -2. [lay mines in] minare.

mine² [maɪn] poss pron il mio (la mia); [with plural] i miei (le mie); **his house and ~** la sua casa e la mia; **~ is broken** il mio è guasto; **that money is ~** questi soldi sono miei; **a friend of ~** un mio amico; **it wasn't your fault: it was mine** la colpa non è stata tua, ma mia.

minefield ['maɪnfiːld] n lit & fig campo m minato.

miner ['maɪnə^r] n minatore m.

mineral ['mɪnərəl] ⬦ adj minerale. ⬦ n minerale m.

mineral water n acqua f minerale.

mingle ['mɪŋgl] vi: **to ~ (with)** mescolarsi (a).

miniature ['mɪnətʃə^r] ⬦ adj [reduced-scale] in miniatura. ⬦ n -1. [painting] miniatura f -2. [of alcohol] bottiglietta f mignon inv (di superalcolico) -3. [small scale]: **in ~** in miniatura.

minibus ['mɪnɪbʌs] (pl **-es**) n pulmino m

minicab ['mɪnɪkæb] n UK taxi m inv (che può prenotare per telefono ma non fermare con un cenno per strada).

MiniDisc® ['mɪnɪdɪsk] n minidisc® m inv.

MiniDisc player® n lettore m di mini-disc®.

minidish ['mɪnɪdɪʃ] n mini-antenna f satellitare.

minima ['mɪnɪmə] pl ▷**minimum**.

minimal ['mɪnɪml] adj minimo(a).

minimum ['mɪnɪməm] (pl **-mums** OR **-ma**) ◇ adj minimo(a). ◇ n minimo m.

mining ['maɪnɪŋ] ◇ n industria f mineraria. ◇ adj minerario(a).

miniskirt ['mɪnɪskɜːt] n minigonna f.

minister ['mɪnɪstə'] n -1. POL: ~ (for sthg) ministro m (di qc) -2. RELIG ministro m.
◆ **minister to** vt insep prendersi cura di.

ministerial [ˌmɪnɪ'stɪərɪəl] adj ministeriale.

minister of state n UK : ~ (for sthg) sottosegretario m di stato (per qc).

ministry ['mɪnɪstrɪ] n -1. POL ministero m; **Ministry of Defence** UK ministero m della Difesa -2. [clergy]: **the** ~ il clero.

mink [mɪŋk] (pl **mink**) n visone m.

minor ['maɪnə'] ◇ adj -1. [details, injuries] secondario(a) -2. MUS minore. ◇ n [in age] minorenne mf.

minority [maɪ'nɒrətɪ] n minoranza f.

mint [mɪnt] ◇ n -1. [herb, sweet] menta f -2. [for coins]: **the Mint** la zecca. ◇ adjective: **in** ~ **condition** in perfette condizioni. ◇ vt [coins] coniare.

minus ['maɪnəs] (pl **-es**) ◇ prep meno; **four** ~ **two is two** quattro meno due fa due; **it's** ~ **five (degrees)** ci sono cinque gradi sotto zero. ◇ adj -1. MATHS negativo(a) -2. SCH meno inv; **a B** ~ un B meno. ◇ n -1. MATHS meno m -2. [disadvantage] svantaggio m.

minus sign n segno m meno inv.

minute[1] ['mɪnɪt] n minuto m; **at any** ~ ad ogni momento; **this** ~ in quest'istante.
◆ **minutes** npl [of meeting] verbale m.

minute[2] [mə'njuːt] adj minuscolo(a).

miracle ['mɪrəkl] n lit & fig miracolo m.

miraculous [mɪ'rækjʊləs] adj lit & fig miracoloso(a).

mirage [mɪ'rɑːʒ] n lit & fig miraggio m.

mire [maɪə'] n pantano m.

mirror ['mɪrə'] ◇ n specchio m. ◇ vt rispecchiare.

misadventure [ˌmɪsəd'ventʃə'] n disavventura f; **death by** ~ LAW morte f accidentale.

misapprehension ['mɪsˌæprɪ'henʃn] n fraintendimento m.

misbehave [ˌmɪsbɪ'heɪv] vi comportarsi male.

miscalculate [ˌmɪs'kælkjʊleɪt] ◇ vt -1. [amount, time, distance] sbagliare a calcolare -2. fig [misjudge] valutare male. ◇ vi -1. MATHS sbagliare i calcoli -2. fig [misjudge] fare male i calcoli.

miscarriage [ˌmɪs'kærɪdʒ] n aborto m spontaneo.

miscarriage of justice n errore m giudiziario.

miscellaneous [ˌmɪsə'leɪnɪəs] adj di vario tipo.

mischief ['mɪstʃɪf] n -1. [playfulness] malizia f -2. [naughty behaviour] diavoleria f -3. [harm] danno m.

mischievous ['mɪstʃɪvəs] adj -1. [playful] malizioso(a) -2. [naughty] birichino(a).

misconception [ˌmɪskən'sepʃn] n convinzione f errata.

misconduct n [ˌmɪs'kɒndʌkt] violazione m della deontologia.

miscount [ˌmɪs'kaʊnt] ◇ vt contare male. ◇ vi sbagliare i conti.

misdemeanour UK, **misdemeanor** US [ˌmɪsdɪ'miːnə'] n trasgressione f.

miser ['maɪzə'] n avaro m, -a f.

miserable ['mɪzrəbl] adj -1. [unhappy] triste -2. [depressing] penoso(a) -3. [failure] miserevole.

miserly ['maɪzəlɪ] adj avaro(a).

misery ['mɪzərɪ] n -1. [unhappiness] infelicità f inv -2. [poverty] miseria f.

misfire vi [ˌmɪs'faɪə'] -1. [gun] incepparsi -2. [car engine] perdere colpi -3. [plan] fallire.

misfit ['mɪsfɪt] n disadattato m, a f.

misfortune [mɪs'fɔːtʃuːn] n -1. [bad luck] sfortuna f -2. [piece of bad luck] sventura f.

misgivings npl dubbi mpl.

misguided [ˌmɪs'gaɪdɪd] adj [person] fuorviato(a); [attempt, opinion] erroneo(a).

mishandle [ˌmɪs'hændl] vt -1. [person, animal] maltrattare -2. [negotiations, business] condurre male.

mishap ['mɪshæp] n [unfortunate event] disgrazia f.

misinterpret [ˌmɪsɪn'tɜːprɪt] vt fraintendere.

misjudge [ˌmɪs'dʒʌdʒ] vt -1. [calculate wrongly] valutare male -2. [appraise wrongly] malgiudicare.

mislay [ˌmɪs'leɪ] (pt & pp **-laid** [-'leɪd]) vt smarrire.

mislead [ˌmɪs'liːd] (pt & pp **-led** [-'led]) vt fuorviare.

misleading [ˌmɪsˈliːdɪŋ] *adj* fuorviante.

misled [-'led] *pt & pp* ⊳**mislead**.

misplace [ˌmɪs'pleɪs] *vt* mettere fuori posto.

misprint *n* ['mɪsprɪnt] errore *m* di stampa.

miss [mɪs] ◇ *vt* -1. [gen – person in crowd, error, opportunity] lasciarsi sfuggire; [– TV programme, train, flight] perdere -2. [target, ball] mancare -3. [feel absence of] sentire la mancanza di -4. [turning] saltare -5. [meeting, school] mancare a -6. [escape] evitare. ◇ *vi* [fail to hit] mancare (il bersaglio). ◇ *n*: **to give sthg a ~** *inf* saltare qc. ◆ **miss out** ◇ *vt sep* lasciare fuori. ◇ *vi* perdere un'occasione; **you'll ~ out on all the fun** ti perderai tutto il divertimento.

Miss *n* signorina *f*.

misshapen [ˌmɪs'ʃeɪpn] *adj* [hands, fingers] deforme.

missile [*UK* 'mɪsaɪl, *US* 'mɪsəl] *n* -1. [weapon] missile *m* -2. [thrown object] oggetto *m (lanciato)*.

missing ['mɪsɪŋ] *adj* -1. [lost – person] disperso(a); [– pet, wallet] smarrito(a) -2. [not present] mancante; **who's ~?** chi manca?

mission ['mɪʃn] *n* missione *f*.

missionary ['mɪʃənrɪ] *n* missionario *m*, -a *f*.

misspend [ˌmɪs'spend] (*pt & pp* -spent [-'spent]) *vt* [money, talent, youth] sprecare.

mist [mɪst] *n* foschia *f*. ◆ **mist over**, **mist up** *vi* appannarsi.

mistake [mɪ'steɪk] (*pt* -took, *pp* -taken) ◇ *n* errore *m*, sbaglio *m*; **to make a ~** fare un errore; **by ~** per errore. ◇ *vt* -1. [meaning, intention] fraintendere -2. [fail to distinguish]: **to ~ sb/sthg for** prendere qn/qc per.

mistaken [-'steɪkn] ◇ *pp* ⊳**mistake**. ◇ *adj* -1. [person] fuori strada; **to be ~ about sb/sthg** sbagliarsi su qn/qc -2. [belief, idea] erroneo(a).

mistletoe ['mɪsltəʊ] *n* vischio *m*.

mistook [-'stʊk] *pt* ⊳**mistake**.

mistreat [ˌmɪs'triːt] *vt* maltrattare.

mistress ['mɪstrɪs] *n* -1. [of house, situation] padrona *f* -2. [female lover] amante *f* -3. *UK dated* [schoolteacher] insegnante *f*.

mistrust [ˌmɪs'trʌst] ◇ *n* diffidenza *f*. ◇ *vt* diffidare di.

misty ['mɪstɪ] *adj* nebbioso(a).

misunderstand [ˌmɪsʌndə'stænd] (*pt & pp* -stood [-'stʊd]) *vt & vi* capire male.

misunderstanding [ˌmɪsʌndə'stændɪŋ] *n* malinteso *m*.

misunderstood [-'stʊd] *pt & pp* ⊳**misunderstand**.

misuse ◇ *n* [ˌmɪs'juːs] -1. [bad use] abuso *m* -2. [example of bad use] uso *m* improprio. ◇ *vt* [ˌmɪs'juːz] -1. [position, power, funds] abusare di -2. [time, resources] usare male.

mitigate ['mɪtɪgeɪt] *vt fml* mitigare.

mitten ['mɪtn] *n* [with fingers joined] muffola *f*; [with fingers cut off] mezzo guanto *m*.

mix [mɪks] ◇ *vt* -1. [combine – substances] mescolare; [– activities] mettere insieme; **to ~ sthg with sthg** mischiare qc con qc -2. [make by mixing – drink] preparare; [– cement] impastare. ◇ *vi* -1. [combine – substances] mischiarsi; [– activities] andare bene insieme -2. [socially] legare; **to ~ with sb** frequentare qn. ◇ *n* -1. [combination – of substances] miscela *f*; [– of things, people] mescolanza *f* -2. MUS remix *m inv*. ◆ **mix up** *vt sep* -1. [confuse] confondere -2. [disorder] mettere in disordine.

mixed [mɪkst] *adj* [gen] misto(a); [feelings] contrastante.

mixed grill *n UK* grigliata *f* di carne mista.

mixed up *adj* -1. [confused] confuso(a) -2. [involved]: **to be ~ in sthg** essere coinvolto(a) in qc.

mixer ['mɪksə'] *n* -1. [device – for food] frullatore *m*; [– for drinks] mixer *m inv*; [– for cement] impastatrice *f* -2. [soft drink] *acqua tonica, soda o simili, da mescolare a superalcolici.*

mixture ['mɪkstʃə'] *n* -1. [substance] miscela *f* -2. [combination of different kinds] mescolanza *f*.

mix-up *n inf* confusione *f*.

ml (*abbr of* millilitre) *n* ml.

mm (*abbr of* millimetre) mm.

MMR [ˌemem'ɑː'] (*abbr of* **Measles, Mumps and Rubella**) vaccinazione trivalente contro morbillo, orecchioni e rosolia.

moan [məʊn] ◇ *n* [of pain, sadness] lamento *m*. ◇ *vi* -1. [in pain, sadness] lamentarsi -2. *inf* [complain]: **to ~ (about sb/sthg)** lamentarsi (di qn/qc).

moat [məʊt] *n* fossato *m*.

mob [mɒb] ◇ *n* massa *f (di gente)*. ◇ *vt* fare ressa intorno a.

mobile ['məʊbaɪl] ◇ *adj* -1. [able to move – person] capace di muoversi; [– shop] ambulante; [– troops] mobile -2. *inf* [having transport] motorizzato(a). ◇ *n* -1.

UK [phone] **cellulare** *m* **-2.** [decoration] mobile *m inv.*

mobile home *n* casa *f* trasportabile.

mobile phone *n esp UK* telefono *m* cellulare.

mobilize, -ise *UK* ['məʊbɪlaɪz] <> *vt* mobilitare. <> *vi* mobilitarsi.

mock [mɒk] <> *adj* finto(a). <> *vt* schernire. <> *vi* prendere in giro.

mockery ['mɒkərɪ] *n* **-1.** [scorn] scherno *m* **-2.** [travesty] farsa *f.*

mod cons [-kɒnz] (*abbr of* modern conveniences) *npl UK inf:* **all** ~ tutti i comfort.

mode [məʊd] *n* modo *m.*

model ['mɒdl] <> *n* **-1.** [gen] modello *m* **-2.** [copy] modellino *m* **-3.** [for painter, photographer] modello *m,* -a **-4.** [fashion model] indossatore *m,* -trice *f.* <> *adj* **-1.** [miniature]: ~ **aeroplane** modellino *m* di aereo **-2.** [exemplary] modello *inv.* <> *vt* **-1.** [shape] modellare **-2.** [in fashion show] indossare **-3.** [copy]: **to** ~ **o.s. on sb** prendere qn a modello. <> *vi* [in fashion show] fare l'indossatore *m,* trice *f.*

modem ['məʊdem] *n* modem *m inv.*

moderate <> *adj* ['mɒdərət] **-1.** [gen] moderato(a) **-2.** [success, ability] modesto(a). <> *n* ['mɒdərət] POL moderato *m,* -a *f.* <> *vt* ['mɒdəreɪt] moderare. <> *vi* ['mɒdəreɪt] moderarsi.

moderation [ˌmɒdə'reɪʃn] *n* moderazione *f;* **in** ~ con moderazione.

modern ['mɒdən] *adj* moderno(a).

modernize, -ise *UK* ['mɒdənaɪz] <> *vt* modernizzare. <> *vi* modernizzarsi.

modern languages *npl* lingue *fpl* moderne.

modest ['mɒdɪst] *adj* modesto(a).

modesty ['mɒdɪstɪ] *n* modestia *f.*

modicum ['mɒdɪkəm] *n fml* minimo *m.*

modify ['mɒdɪfaɪ] *vt* **-1.** [alter] modificare **-2.** [tone down] moderare.

module ['mɒdjuːl] *n* modulo *m.*

mogul ['məʊgl] *n* magnate *m.*

mohair ['məʊheər] *n* mohair *m inv.*

moist [mɔɪst] *adj* umido(a).

moisten ['mɔɪsn] *vt* inumidire.

moisture ['mɔɪstʃər] *n* umidità *f.*

moisturizer ['mɔɪstʃəraɪzər] *n* crema *f* idratante.

molar ['məʊlər] *n* molare *m.*

molasses [mə'læsɪz] *n* melassa *f.*

mold *(etc) n & vt US* = **mould.**

mole [məʊl] *n* **-1.** [animal, spy] talpa *f* **-2.** [on skin] neo *m.*

molecule ['mɒlɪkjuːl] *n* molecola *f.*

molest [mə'lest] *vt* **-1.** [child] molestare **-2.** [sheep] aggredire.

mollusc *UK,* **mollusk** *US* ['mɒləsk] *n* mollusco *m.*

mollycoddle ['mɒlɪˌkɒdl] *vt inf* vezzeggiare.

molt *vt & vi US* = **moult.**

molten ['məʊltn] *adj* fuso(a).

mom [mɑːm] *n US inf* mamma *f.*

moment ['məʊmənt] *n* **-1.** [very short period of time] attimo *m* **-2.** [particular point in time] momento *m;* **at any** ~ da un momento all'altro; **at the** ~ al momento; **for the** ~ per il momento.

momentarily [*UK* 'məʊməntərɪlɪ, *US* ˌməʊmen'terɪlɪ] *adv* **-1.** [for a short time] momentaneamente **-2.** *US* [very soon] a momenti.

momentary ['məʊməntrɪ] *adj* momentaneo(a).

momentous [mə'mentəs] *adj* di rilievo.

momentum [mə'mentəm] *n* **-1.** PHYS quantità *f inv* di moto **-2.** *fig* [speed, force] slancio *m.*

momma ['mɒmə], **mommy** ['mɒmɪ] *n US* mamma *f.*

Monaco ['mɒnəkəʊ] *n* Monaco *f.*

monarch ['mɒnək] *n* monarca *mf.*

monarchy ['mɒnəkɪ] *n* **-1.** [system, country] monarchia *f* **-2.** [royal family]: **the** ~ la famiglia reale.

monastery ['mɒnəstrɪ] *n* monastero *m.*

Monday ['mʌndeɪ] *n* lunedì *m inv; see also* **Saturday.**

monetary ['mʌnɪtrɪ] *adj* monetario(a).

money ['mʌnɪ] *n* soldi *mpl,* denaro *m;* **to make** ~ far soldi; **to get one's** ~**'s worth** non sprecare i soldi.

moneybox ['mʌnɪbɒks] *n* salvadanaio *m.*

money order *n* vaglia *m.*

mongrel ['mʌngrəl] *n* [dog] bastardo *m.*

monitor ['mɒnɪtər] <> *n* **-1.** TV schermo *m* **-2.** MED & COMPUT monitor *m inv.* <> *vt* monitorare.

monk [mʌŋk] *n* monaco *m.*

monkey ['mʌŋkɪ] (*pl* **monkeys**) *n* scimmia *f.*

mono ['mɒnəʊ] <> *adj* mono *inv.* <> *n inf* [sound] mono *m inv.*

monochrome ['mɒnəkrəʊm] *adj* [TV, photograph] monocromatico(a).

monocle ['mɒnəkl] n monocolo m.

monologue, **monolog** US ['mɒnəlɒg] n monologo m.

monopolize, **-ise** UK [mə'nɒpəlaɪz] vt monopolizzare.

monopoly [mə'nɒpəlɪ] n: ~ **(on** OR **of sthg)** monopolio m (di qc).

monotonous [mə'nɒtənəs] adj [voice, job, life] monotono(a).

monotony [mə'nɒtənɪ] n monotonia f.

monsoon [mɒn'su:n] n stagione f dei monsoni.

monster ['mɒnstə'] n -1. [creature, person] mostro m -2. [something huge] cosa f smisurata.

monstrosity [mɒn'strɒsətɪ] n mostruosità f inv.

monstrous ['mɒnstrəs] adj -1. [appalling] mostruoso(a) -2. [hideous] orribile -3. [huge] enorme.

month [mʌnθ] n mese m.

monthly ['mʌnθlɪ] <> adj mensile. <> adv mensilmente. <> n [publication] mensile m.

Montreal [,mɒntrɪ'ɔ:l] n Montreal f.

monument ['mɒnjʊmənt] n monumento m.

monumental [,mɒnjʊ'mentl] adj -1. [building, sculpture] monumentale -2. [book, work] colossale -3. [error, mistake] madornale.

moo [mu:] (pl **-s**) <> n muggito m. <> vi muggire.

mood [mu:d] n umore m; **in a (bad)** ~ di cattivo umore; **in a good** ~ di buon umore.

moody ['mu:dɪ] adj pej -1. [changeable] lunatico(a) -2. [bad-tempered] scontroso(a).

moon [mu:n] n luna f.

moonlight ['mu:nlaɪt] (pt & pp **-ed**) <> n chiaro m di luna. <> vi inf lavorare in nero.

moonlighting ['mu:nlaɪtɪŋ] n inf lavoro m nero.

moonlit ['mu:nlɪt] adj illuminato(a) dalla luna.

moor [mʊə] <> vt ormeggiare. <> vi attraccare.

moorland ['mɔ:lənd] n esp UK brughiera f.

moose [mu:s] (pl **moose**) n [North American] alce m.

mop [mɒp] <> n -1. [for cleaning] spazzolone m -2. inf [of hair] massa f. <> vt -1. [floor] dare lo straccio su -2. [sweat, brow, face] asciugarsi. ◆ **mop up** vt sep asciugare (con spugna, straccio).

mope [məʊp] vi pej autocommiserarsi.

moped ['məʊped] n motorino m.

moral ['mɒrəl] <> adj -1. [relating to morals] morale -2. [behaving correctly] retto(a). <> n [lesson] morale f. ◆ **morals** npl [principles] morale f.

morale [mə'rɑ:l] n morale m.

morality [mə'rælətɪ] n moralità f.

morbid ['mɔ:bɪd] adj morboso(a).

more [mɔ:'] <> adv -1. (with adj and adv) più; ~ **important/quickly (than)** [+ noun, pronoun] più importante/velocemente (di) ; [+ adjective, clause] più importante/velocemente (che); **much** ~ molto più -2. [to a greater degree] più; **to eat/drink** ~ mangiare/bere di più; **I couldn't agree** ~ non potrei essere più d'accordo; **she's** ~ **like a mother to me than a sister** per me, è più una madre che una sorella; **we were** ~ **hurt than angry** eravamo più offesi che arrabbiati; **I'm** ~ **than happy to help** sono più che lieto di aiutare; **he's little** ~ **than a child** è più piccolo di un bambino; ~ **than ever** più che mai -3. [another time] ancora; **once/twice** ~ ancora una volta/due volte. <> adj -1. [larger number, amount of] più inv; **there are** ~ **trains in the morning** ci sono più treni al mattino; ~ **than** più di; ~ **than 70 people died** sono morte più di 70 persone; **many** ~ molti(e) più -2. [an extra amount of, additional]: **have some** ~ **tea** prendi ancora del tè; **I finished two** ~ **chapters today** ho finito altri due capitoli oggi; **we need** ~ **money/time** abbiamo bisogno di più soldi/tempo. <> pron -1. [larger number, amount] più; **he's got** ~ **than I have** ha più di quello che ho io -2. [extra amount]: **can I have some** ~? posso averne ancora?; **there's no** ~ **(left)** non ce n'è più; **if you want to know** ~, **write to** ... se volete saperne di più, scrivete a ...; **(and) what's** ~ (e) per di più; **the** ~ ... **the** ~ ... più ... più .... ◆ **any more** adv: **not** ... **any** ~ non ... più. ◆ **more and more** <> adv [complicated, impatient] sempre più; [use, affect, find] sempre di più. <> adj sempre più inv. <> pron sempre di più. ◆ **more or less** adv più o meno.

moreover [mɔ:'rəʊvə'] adv fml per giunta.

morgue [mɔ:g] n obitorio m.

morning ['mɔ:nɪŋ] n -1. [first part of day] mattina f; **in the** ~ [before lunch] di mattina; [tomorrow morning] domani mattina -2. [between midnight and noon] mattino m. ◆ **mornings** adv la mattina.

Morocco [mə'rɒkəʊ] n il Marocco.

moron ['mɔːrɒn] *n offens* cretino *m*, -a *f*.

morose [mə'rəʊs] *adj* tetro(a).

morphing *n* morphing *m inv.*

morphine ['mɔːfiːn] *n* morfina *f*.

Morse (code) [mɔːs-] *n* alfabeto *m* Morse.

morsel ['mɔːsl] *n* boccone *m*.

mortal ['mɔːtl] <> *adj* mortale. <> *n* mortale *mf*.

mortality [mɔː'tælətɪ] *n* mortalità *f*.

mortar ['mɔːtəʳ] *n* -1. [cement mixture] malta *f* -2. [gun, bowl] mortaio *m*.

mortgage ['mɔːgɪdʒ] <> *n* mutuo *m* ipotecario. <> *vt* ipotecare.

mortified ['mɔːtɪfaɪd] *adj* mortificato(a).

mortuary ['mɔːtʃʊərɪ] *n* UK obitorio *m*.

mosaic [məʊ'zeɪɪk] *n* mosaico *m*.

Moscow ['mɒskəʊ] *n* Mosca *f*.

Moslem ['mɒzləm] *adj & n dated* = **Muslim**.

mosque [mɒsk] *n* moschea *f*.

mosquito [mə'skiːtəʊ] (*pl* **-es** OR **-s**) *n* zanzara *f*.

moss [mɒs] *n* muschio *m*.

most [məʊst] <> *adj (superl of* **many** *&* **much**) -1. [the majority of] la maggior parte di -2. [largest amount of]: **(the)** ~ più; who's got the ~ money? chi ha più soldi? <> *pron (superl of* **many** *&* **much**) -1. [the majority]. **(of)** la maggior parte (di) -2. [largest amount]: **(the)** ~ il massimo; at ~ tutt'al più -3. *phr:* **to make the ~ of** sthg sfruttare qc al meglio. <> *adv* -1. [to the greatest extent]: **(the)** ~ [like, fear, value] più di tutto; **(the)** ~ difficult/interesting/important il(la) più difficile/interessante/importante -2. *fml* [very] molto -3. *US* [almost] quasi.

mostly ['məʊstlɪ] *adv* per lo più.

MOT *n (abbr of* **Ministry of Transport (test))** revisione *f (della macchina)*.

motel [məʊ'tel] *n* motel *m inv.*

moth [mɒθ] *n* falena *f*.

mothball ['mɒθbɔːl] *n* pallina *f* di naftalina.

mother ['mʌðəʳ] <> *n* madre *f*. <> *vt pej* trattare come un bambino.

motherhood ['mʌðəhʊd] *n* maternità *f*.

mother-in-law (*pl* **mothers-in-law** OR **mother-in-laws**) *n* suocera *f*.

motherly ['mʌðəlɪ] *adj* materno(a).

mother-of-pearl *n* madreperla *f*.

mother-to-be (*pl* **mothers-to-be**) *n* futura mamma *f*.

mother tongue *n* madrelingua *f*.

motif [məʊ'tiːf] *n* motivo *m*.

motion ['məʊʃn] <> *n* -1. [gen] movimento *m*; **to set sthg in** ~ mettere in moto qc -2. [proposal] mozione *f*. <> *vt*: **to** ~ **sb to do sthg** fare cenno a qn di fare qc. <> *vi*: **to** ~ **to sb** fare cenno a qn.

motionless ['məʊʃənlɪs] *adj* immobile.

motion picture *n* US film *m inv.*

motivated ['məʊtɪveɪtɪd] *adj* motivato(a).

motivation [ˌməʊtɪ'veɪʃn] *n* motivazione *f*.

motive ['məʊtɪv] *n* motivo *m*.

motor ['məʊtəʳ] <> *adj* UK [relating to cars] automobilistico(a). <> *n* [engine] motore *m*.

motorbike ['məʊtəbaɪk] *n* UK *inf* moto *f inv.*

motorboat ['məʊtəbəʊt] *n* motoscafo *m*.

motorcar *n* UK *dated* automobile *f*.

motorcycle ['məʊtəˌsaɪkl] *n* motocicletta *f*.

motorcyclist ['məʊtəˌsaɪklɪst] *n* motociclista *mf*.

motoring ['məʊtərɪŋ] <> *adj* automobilistico(a); ~ **offence** infrazione *f* del codice stradale. <> *n dated* automobilismo *m*.

motorist ['məʊtərɪst] *n* automobilista *mf*.

motor racing *n* corse *fpl* automobilistiche.

motor scooter *n* scooter *m inv.*

motor vehicle *n fml* autoveicolo *m*.

motorway ['məʊtəweɪ] *n* UK autostrada *f*.

mottled ['mɒtld] *adj* a chiazze.

motto ['mɒtəʊ] (*pl* **-s** OR **-es**) *n* motto *m*.

mould UK, **mold** US [məʊld] <> *n* -1. [growth] muffa *f* -2. [shape] stampo *m*. <> *vt* -1. [influence] formare -2. [shape physically] modellare.

mouldy UK, **moldy** US ['məʊldɪ] *adj* ammuffito(a).

moult UK, **molt** US [məʊlt] *vi* far la muta.

mound [maʊnd] *n* -1. [small hill] montagnola *f* -2. [untidy pile] mucchio *m*.

mount [maʊnt] <> *n* -1. [support, frame] montatura *f* -2. [horse, pony] cavalcatura *f* -3. [mountain] monte *m*. <> *vt* -1. [horse] montare a; [bicycle] montare in -2. *fml* [hill, stairs] montare su -3. [campaign, operation, exhibition] organizzare; [attack, challenge] lanciare -4. [jewel, photograph] montare. <> *vi* -1. [increase] crescere -2. [climb on horse] montare a cavallo.

mountain ['maʊntɪn] *n lit & fig* montagna *f.*

mountain bike *n* mountain bike *f.*

mountaineer [ˌmaʊntɪ'nɪəʳ] *n* alpinista *mf.*

mountaineering [ˌmaʊntɪ'nɪərɪŋ] *n* alpinismo *m.*

mountainous ['maʊntɪnəs] *adj* montagnoso(a).

mourn [mɔːn] *vt* piangere, lamentare.

mourner ['mɔːnəʳ] *n* partecipante *mf* a un funerale.

mournful ['mɔːnfʊl] *adj* mesto(a).

mourning ['mɔːnɪŋ] *n* lutto *m*; **in ~** in lutto.

mouse [maʊs] (*pl* **mice**) *n* -1. [animal] topo *m* -2. COMPUT mouse *m inv.*

mouse mat, mouse pad *n* tappetino *m* (per il mouse).

mousetrap ['maʊstræp] *n* trappola *f* per topi.

mousse [muːs] *n* mousse *f inv.*

moustache [mə'stɑːʃ] *UK*, **mustache** ['mʌstæʃ] *US n* baffi *mpl.*

mouth *n* [maʊθ] -1. ANAT bocca *f* -2. [of cave, hole] imboccatura *f*; [of river] foce *f.*

mouthful ['maʊθfʊl] *n* [of food] boccone *m*; [of drink] sorsata *f.*

mouthorgan *n* armonica *f* a bocca.

mouthpiece ['maʊθpiːs] *n* -1. [of telephone] cornetta *f* -2. [of musical instrument] imboccatura *f* -3. [spokesperson] portavoce *mf inv.*

mouth ulcer *n* afta *f.*

mouthwash ['maʊθwɒʃ] *n* colluttorio *m.*

mouth-watering *adj* stuzzicante.

movable ['muːvəbl] *adj* mobile.

move [muːv] ◇ *n* -1. [movement] movimento *m*; **to get a ~ on** *inf* darsi una mossa -2. [to new place] trasloco *m* -3. [to new job] cambiamento *m* -4. [in board game – turn to play] turno *m*; [– action] mossa *f* -5. [course of action] passo *m.* ◇ *vt* -1. [shift – bed, car] spostare; [– chesspiece] muovere -2. [house, job] cambiare -3. [affect emotionally] commuovere -4. [propose]: **to ~ that ...** proporre che... -5. *fml* [cause]: **to ~ sb to do sthg** indurre qn a fare qc. ◇ *vi* -1. [shift] muoversi -2. [act] agire -3. [to new house] trasferirsi; [to new job] cambiare lavoro. ◆ **move about** *vi UK* = **move around**. ◆ **move along** ◇ *vt sep* fare spostare. ◇ *vi* muoversi. ◆ **move around** *vi* -1. [fidget] agitarsi -2. [travel] andare in giro. ◆ **move away** *vi*

allontanarsi. ◆ **move in** *vi* -1. [to new house] traslocare -2. [troops, army] intervenire -3. [business competitors] entrare in campo. ◆ **move on** *vi* -1. [to new place] spostarsi -2. [in discussion] passare oltre. ◆ **move out** *vi* [from house] traslocare. ◆ **move over** *vi* spostarsi. ◆ **move up** *vi* [on seat] far posto.

moveable ['muːvəbl] *adj* = **movable**.

movement ['muːvmənt] *n* -1. [gen] movimento *m* -2. [trend] tendenza *f.*

movie ['muːvɪ] *n esp US* film *m inv.*

movie camera *n US* cinepresa *f.*

moving ['muːvɪŋ] *adj* -1. [touching] commovente -2. [not fixed] mobile.

mow [məʊ] (*pt* -ed, *pp* -ed OR **mown**) *vt* falciare. ◆ **mow down** *vt sep* [people] falciare.

mower ['məʊəʳ] *n* falciatrice *f.*

mown [məʊn] *pp* ⊳ **mow.**

MP *n* -1. (*abbr of* **Military Police**) PM -2. *UK* (*abbr of* **Member of Parliament**) parlamentare *mf.*

MP3 [ˌempiː'θriː] (*abbr of* **MPEG-1 Audio Layer-3**) *n* COMPUT MP3 *m inv.*

MPEG ['empeg] (*abbr of* **Moving Pictures Experts Group**) *n* COMPUT MPEG *m*, sistema di compressione audio e video.

mpg (*abbr of* **miles per gallon**) *n* miglia a gallone.

mph (*abbr of* **miles per hour**) *n* miglia all'ora.

Mr ['mɪstəʳ] *n* sig.

Mrs ['mɪsɪz] *n* sig.ra.

Ms [mɪz] *n* abbreviazione usata davanti a nomi di donna quando si preferisce non specificarne lo stato civile di nubile o coniugata.

MS *n* (*abbr of* **multiple sclerosis**) sclerosi *f* multipla.

MSc (*abbr of* **Master of Science**) *n* (chi possiede un) master in scienze presso un'università britannica.

much [mʌtʃ] (*compar* **more**, *superl* **most**) ◇ *adj* molto(a); **as ~ ... as** tanto(a)... quanto(a); **how ~ ...?** quanto(a)?; **too ~ ... troppo(a).** ◇ *pron* molto(a); **have you got ~?** quanto hai?; **I don't see ~ ...** non lo vedo molto; **I don't think ~ of it** non mi sembra un granché; **as ~ as** tanto(a) quanto(a); **how ~?** quanto(a)?; **too ~ troppo(a); it's not ~ of a party** non è un granché come festa; **so ~ for** bella fine di; **I thought as ~** me l'aspettavo. ◇ *adv* molto; **~ too cold** proprio troppo freddo; **very ~** moltissimo; **thank you very ~** molte grazie, grazie mille; **how ~?** quan to?; **so** ~ **tanto; he's not so** ~ **stupid as lazy** è pigro piuttosto che stupido; **too** ~ troppo; **without so** ~ **as ...** senza nemmeno ...; ~ **as** proprio come; **nothing** ~ niente di particolare.

muck [mʌk] n inf **-1.** [dirt] sporcizia f **-2.** [manure] letame m. ➤ **muck about**, **muck around** UK inf ⇔ vt sep menare per il naso. ⇔ vi gingillarsi. ➤ **muck up** vt sep UK inf mandare a rotoli.

mucky ['mʌkı] adj inf sudicio(a).

mucus ['mju:kəs] n muco m.

mud [mʌd] n fango m.

muddle ['mʌdl] ⇔ n **-1.** [disorder] disordine m **-2.** [confusion] confusione f. ⇔ vt **-1.** [put into disorder] mettere in disordine **-2.** [confuse] confondere. ➤ **muddle along** vi tirare a campare. ➤ **muddle through** vi cavarsela alla meno peggio. ➤ **muddle up** vt sep **-1.** [put into disorder] mettere in disordine **-2.** [confuse] confondere.

muddy ['mʌdı] ⇔ adj [floor, boots] infangato(a); [river] fangoso(a). ⇔ vt fig [issue, situation] confondere.

mudguard ['mʌdgɑ:d] n parafango m.

muesli ['mju:zlı] n UK muesli m inv.

muff [mʌf] ⇔ n [for hands] manicotto m; [for ears] paraorecchie m inv ⇔ vt inf mancare.

muffin ['mʌfın] n **-1.** UK [bread roll] tipo di focaccina tonda e schiacciata **-2.** [cake] pasticcino con uvetta e canditi.

muffle ['mʌfl] vt attutire.

muffler ['mʌflə'] n US [for car] marmitta f.

mug [mʌg] ⇔ n **-1.** [cup, cupful] tazza f(alta) **-2.** inf [fool] sempliciotto(a). ⇔ vt rapinare.

mugging ['mʌgıŋ] n rapina f.

muggy ['mʌgı] adj afoso(a).

mule [mju:l] n **-1.** [animal] mulo m **-2.** [slipper] sabot m inv.

mull [mʌl] ➤ **mull over** vt sep riflettere su.

mulled ['mʌld] adj: ~ **wine** vin brûlé m inv.

multicoloured UK, **multicolored** US ['mʌltı͵kʌləd] adj multicolore.

multilateral [͵mʌltı'lætərəl] adj multilaterale.

multilingual [͵mʌltı'lıŋgwəl] adj multilingue inv.

multinational [͵mʌltı'næʃənl] n multinazionale f.

multiple ['mʌltıpl] ⇔ adj multiplo(a). ⇔ n multiplo m.

multiple sclerosis [-sklı'rəʊsıs] n sclerosi f multipla.

multiplex cinema ['mʌltıpleks-] n cinema m inv multisale.

multiplication [͵mʌltıplı'keıʃn] n moltiplicazione f.

multiply ['mʌltıplaı] ⇔ vt moltiplicare. ⇔ vi **-1.** MATHS moltiplicare **-2.** [increase] moltiplicarsi.

multistorey UK, **multistory** US [͵mʌltı'stɔ:rı] ⇔ adj [car park] multipiano inv; [building] di più piani. ⇔ n parcheggio m multipiano.

multitude ['mʌltıtju:d] n **-1.** [large number] moltitudine f **-2.** [crowd] massa.

mum [mʌm] inf ⇔ n UK mamma f. ⇔ adj: **to keep** ~ non aprir bocca.

mumble ['mʌmbl] vt vi borbottare.

mummy ['mʌmı] n **-1.** UK inf [mother] mamma f **-2.** [preserved body] mummia f.

mumps [mʌmps] n orecchioni mpl.

munch [mʌntʃ] vt vi sgranocchiare.

mundane [mʌn'deın] adj banale.

municipal [mju:'nısıpl] adj municipale, comunale.

municipality [mju:͵nısı'pælətı] n comune m.

mural ['mjuːərəl] n dipinto m murale.

murder ['mɜ:də'] ⇔ n omicidio m. ⇔ vt assassinare.

murderer ['mɜ:dərə'] n assassino m, -a f.

murderous ['mɜ:dərəs] adj omicida.

murky ['mɜ:kı] adj **-1.** [place] buio(a); [water] torbido(a) **-2.** [secret, past] poco pulito(a).

murmur ['mɜ:mə'] ⇔ n **-1.** [low sound] mormorio m **-2.** [of heart] soffio m. ⇔ vt vi mormorare.

muscle ['mʌsl] n **-1.** [organ] muscolo m **-2.** [tissue] tessuto m muscolare **-3.** fig [power] potenza f. ➤ **muscle in** vi immischiarsi.

muscular ['mʌskjələ'] adj **-1.** [person, physique] muscoloso(a) **-2.** [pain] muscolare.

muse [mju:z] ⇔ n musa f. ⇔ vi meditare.

museum [mju:'zi:əm] n museo m.

mushroom ['mʌʃrʊm] ⇔ n fungo m. ⇔ vi [organization, village] espandersi; [houses, factories] spuntare come funghi.

music ['mju:zık] n **-1.** [gen] musica f **-2.** [score] spartito m.

musical ['mju:zıkl] ⇔ adj musicale. ⇔ n musical m inv; commedia f musicale.

musical instrument n strumento m musicale.

music centre *n UK* [piece of equipment] stereo *m inv* compatto.

music hall *n UK* **-1.** [theatre] music hall *m inv*, teatro *m* di varietà **-2.** [entertainment] varietà *m*.

musician [mju:'zɪʃn] *n* musicista *mf*.

Muslim ['mʊzlɪm] <> *adj* musulmano(a). <> *n* musulmano *m*, -a *f*.

mussel ['mʌsl] *n* cozza *f*.

must [(*weak form* məs, məst, *strong form* mʌst)] <> *modal vb* dovere; **I ~ go** devo andare; **you ~ see that film** devi vedere quel film; **you ~ have seen it** devi averlo visto; **you ~ be joking!** stai scherzando! <> *n inf*: **a ~** un must.

mustache ['mʌstæʃ] *n US* = moustache.

mustard ['mʌstəd] *n* senape *f*.

muster ['mʌstə'] <> *vt* **-1.** [strength, energy, support] fare appello a **-2.** [soldiers, volunteers] radunare. <> *vi* radunarsi.

mustn't [mʌsnt] *cont* = must not.

must've ['mʌstəv] *cont* = must have.

musty ['mʌstɪ] *adj* [smell] di muffa; **~ books** libri che sanno di muffa; **a ~ room** una stanza che sa di rinchiuso.

mute [mju:t] <> *adj* muto(a). <> *n offens* muto *m*, -a *f*.

muted ['mju:tɪd] *adj* **-1.** [sound] atuttito(a); [colour] tenue **-2.** [reaction, protest] moderato(a).

mutilate ['mju:tɪleɪt] *vt* mutilare.

mutiny ['mju:tɪnɪ] <> *n* ammutinamento *m*. <> *vi* ammutinarsi.

mutter ['mʌtə'] <> *vt* borbottare; **to ~ sthg to sb** borbottare qc a qn. <> *vi* borbottare.

mutton ['mʌtn] *n* carne *f* di montone.

mutual ['mju:tʃʊəl] *adj* **-1.** [respect, assistance] reciproco(a) **-2.** [interest, friend] comune.

mutually ['mju:tʃʊəlɪ] *adv* [beneficial] per entrambi(e).

muzzle ['mʌzl] <> *n* **-1.** [dog's nose and jaws] muso *m* **-2.** [wire guard] museruola *f* **-3.** [of gun] bocca *f*. <> *vt lit & fig* mettere la museruola a.

MW (*abbr of* medium wave) OM.

my [maɪ] <> *poss adj* (*unstressed*) [referring to o.s.] mio (mia); [with plural] miei (mie); **~ father/mother** mio padre/mia madre; **~ children** i miei figli; **~ shoes** le mie scarpe; **~ coat** il mio cappotto; **~ bedroom** la mia camera da letto; **~ Lord/Lady** [in titles] mio Signore/mia Signora; **~ name is Joe** mi chiamo Joe; **it was my fault** è

stata mia la colpa. <> *excl* capita!

myself [maɪ'self] *pron* **-1.** (*reflexive*) mi; **I made ~ comfortable** mi sono messo a mio agio; **I hate ~ for what I did** mi detesto per quello che ho fatto **-2.** (*after prep*) me, me stesso(a); **I don't like to talk about ~** non mi piace parlare di me; **I should take better care of ~** dovrei prendermi più cura di me stesso **-3.** (*stressed*) io stesso(a); **I did it ~** l'ho fatto io stesso.

mysterious [mɪ'stɪərɪəs] *adj* misterioso(a).

mystery ['mɪstərɪ] *n* mistero *m*.

mystical ['mɪstɪkl] *adj* mistico(a).

mystified ['mɪstɪfaɪd] *adj* sconcertato(a).

mystifying ['mɪstɪfaɪɪŋ] *adj* sconcertante.

mystique [mɪ'sti:k] *n* fascino *m* misterioso.

myth [mɪθ] *n* mito *m*.

mythical ['mɪθɪkl] *adj* mitico(a).

mythology [mɪ'θɒlədʒɪ] *n* mitologia *f*.

N

n (*pl* n's OR ns), **N** (*pl* N's OR Ns) [en] *n* (letter) n *f o m inv*; N *f o m inv*. ◆ **N** (*abbr of* north) N.

n/a, N/A -1. (*abbr of* not applicable) non pertinente **-2.** (*abbr of* not available) non disponibile.

nab [næb] *vt inf* **-1.** [arrest] beccare **-2.** [claim quickly] prendere.

nag [næg] <> *vt* [pester, find fault with] assillare; **to ~ sb to do sthg/into doing sthg** assillare qn perché faccia qc. <> *n inf UK* [horse] ronzino *m*.

nagging ['nægɪŋ] *adj* assillante.

nail [neɪl] <> *n* **-1.** [for fastening] chiodo *m* **-2.** [of finger, toe] unghia *f*. <> *vt*: **to ~ sthg to sthg** inchiodare qc a qc. ◆ **nail down** *vt sep lit & fig* inchiodare.

nailbrush ['neɪlbrʌʃ] *n* spazzolino *m* da unghie.

nail clippers *npl* tronchesina *f*.

nail file *n* limetta *f* (da unghie).

nail polish *n* smalto *m* (per unghie).

nail polish remover *n* acetone *m*.

nail scissors *npl* forbicine *fpl* da unghie.

nail varnish *n* *UK* smalto *m* (per unghie).

nail varnish remover *n* *UK* acetone *m*.

naive, naïve ['naɪ:v] *adj* ingenuo(a).

naked ['neɪkɪd] *adj* -1. [gen] nudo(a); **with the ~ eye** a occhio nudo -2. [greed, hostility] manifesto(a); [truth] nudo(a) e crudo(a).

name [neɪm] ◇ *n* -1. [gen] nome *m*; **what's your ~?** come ti chiami?, **my ~ is Robert** mi chiamo Robert; **by ~** per nome; **in the ~ of** in nome di; **in my/his ~** a mio/suo nome; **to call sb ~s** dirne di tutti i colori a qn -2. [celebrity]: **a big/famous ~** un grande nome. ◇ *vt* -1. [christen] dare un nome a; **to ~ sb/sthg sthg** chiamare qn/qc qc; **to ~ sb/sthg after** *UK* OR **for** *US* **sb/sthg** dare a qn/qc il nome di qn/qc; **to be ~d after** *UK* OR **for** *US* **sb/sthg** portare il nome di qc -2. [reveal identity of] nominare -3. [date] annunciare; [price] proporre.

namely ['neɪmlɪ] *adv* cioè.

namesake ['neɪmseɪk] *n* omonimo *m*, -a *f*.

nanny ['nænɪ] *n* bambinaia *f*.

nap [næp] ◇ *n* [sleep] pisolino *m*; **to take** OR **have a ~** fare un pisolino. ◇ *vi* dormicchiare; **to be caught napping** *inf* essere preso(a) alla sprovvista.

nape [neɪp] *n*: **~ (of the neck)** nuca *f*.

napkin ['næpkɪn] *n* tovagliolo *m*.

nappy ['næpɪ] *n* *UK* pannolino *m*.

narcotic [nɑː'kɒtɪk] *n* narcotico *m*.

narrative ['nærətɪv] ◇ *adj* narrativo(a). ◇ *n* -1. [account] narrazione *f* -2. [art of narrating] tecnica *f* narrativa.

narrator [*UK* nə'reɪtə^r, *US* 'næreɪtə^r] *n* narratore *m*, -trice *f*.

narrow ['nærəʊ] ◇ *adj* -1. [road, gap] stretto(a) -2. [attitudes, beliefs] limitato(a); [ideas, mind] ristretto(a) -3. [majority, margin] esiguo(a); [victory, defeat] di (stretta) misura; **to have a ~ escape** cavarsela per un pelo. ◇ *vt* -1. [eyes] socchiudere -2. [difference, gap] ridurre. ◇ *vi* -1. [road] restringersi -2. [eyes] socchiudersi -3. [difference, gap] ridursi. ◆ **narrow down** *vt sep* [choice, possibilities] limitare.

narrowly ['nærəʊlɪ] *adv* [win, escape] per poco.

narrow-minded *adj* [person] di vedute strette; [attitude, behaviour] da persona di vedute strette.

nasal ['neɪzl] *adj* nasale.

nasty ['nɑːstɪ] *adj* -1. [person – unkind] cattivo(a); [– unpleasant] antipatico(a) -2. [remark, behaviour, smell, weather] cattivo(a)

-3. [problem, question, injury] brutto(a).

nation ['neɪʃn] *n* nazione *f*.

national ['næʃənl] ◇ *adj* nazionale. ◇ *n* cittadino *m*, -a *f*.

national anthem *n* inno *m* nazionale.

national curriculum *n*: **the ~** programma scolastico in vigore dal 1988 in tutte le scuole di Inghilterra e Galles.

national dress *n* costume *m* nazionale.

National Health Service *n* *UK*: **the ~** servizio sanitario nazionale britannico.

National Insurance *n* *UK* -1. [system] previdenza sociale britannica -2. [payments] contributi *mpl* (previdenziali).

nationalism ['næʃnəlɪzm] *n* nazionalismo *m*.

nationalist ['næʃnəlɪst] ◇ *adj* nazionalista. ◇ *n* nazionalista *mf*.

nationality [,næʃə'nælətɪ] *n* -1. [membership of nation] nazionalità *f inv* -2. [people] etnia *f*.

nationalize, -ise *UK* ['næʃnəlaɪz] *vt* [company, industry] nazionalizzare.

national service *n* *UK* servizio *m* militare.

National Trust *n* *UK*: **the ~** sovrintendenza ai beni culturali e ambientali.

nationwide ['neɪʃənwaɪd] ◇ *adj* su scala nazionale. ◇ *adv* su tutto il territorio nazionale.

native ['neɪtɪv] ◇ *adj* -1. [country, area] natale; **~ language** lingua *f* madre; **English ~ speaker** madrelingua *mf* inglese -2. [plant, animal] indigeno(a); **~ to** originario(a) di. ◇ *n* -1. [person born in area, country] indigeno *m*, -a *f* -2. *offens* [original inhabitant] indigeno *m*, -a *f*.

Native American *n* indiano *m*, -a *f* d'America.

Nativity [nə'tɪvətɪ] *n*: **the ~** la natività.

NATO ['neɪtəʊ] (*abbr of* **North Atlantic Treaty Organization**) *n* NATO *f*.

natural ['nætʃrəl] *adj* -1. [gen] naturale -2. [footballer, comedian] innato(a).

natural gas *n* gas *m inv* naturale.

naturalize, -ise *UK* ['nætʃrəlaɪz] *vt* naturalizzare; **to be ~d** naturalizzarsi.

naturally ['nætʃrəlɪ] *adv* -1. [gen] naturalmente -2. [unaffectedly] con naturalezza.

natural wastage *n* riduzione *f* naturale (del personale).

natural yoghurt *esp UK*, **natural yogurt** *esp US* *n* yogurt *m inv* al naturale.

nature ['neɪtʃə^r] *n* natura *f*; **by ~** [by disposition] di natura; [basically] di per sé.

nature reserve *n* riserva *f* naturale.

naughty ['nɔːtɪ] *adj* **-1.** [child, dog] birichino(a) **-2.** [word, joke] spinto(a).

nausea ['nɔːsjə] *n* nausea *f*.

nauseating ['nɔːsɪeɪtɪŋ] *adj lit & fig* nauseabondo(a).

nautical ['nɔːtɪkl] *adj* nautico(a).

naval ['neɪvl] *adj* navale.

nave [neɪv] *n* navata *f* centrale.

navel ['neɪvl] *n* ombelico *m*.

navigate ['nævɪɡeɪt] <> *vt* **-1.** [plane, ship] pilotare **-2.** [ocean, river] navigare. <> *vi* navigare.

navigation [,nævɪ'ɡeɪʃn] *n* navigazione *f*.

navigator ['nævɪɡeɪtə'] *n* navigatore *m*, -trice *f*.

navvy ['nævɪ] *n UK inf* manovale *m*.

navy ['neɪvɪ] <> *n* **-1.** [armed force] Marina *f* militare **-2.** = navy blue. <> *adj* = navy blue.

navy blue <> *adj* blu scuro *inv.* <> *n* blu *m inv* scuro.

Nazi ['nɑːtsɪ] (*pl* **-s**) <> *adj* nazista. <> *n* nazista *mf*.

NB (*abbr of* **nota bene**) NB.

near [nɪə'] <> *adj* **-1.** [in space, time] vicino(a); **in the ~ future** in un futuro prossimo **-2.** [chaos, disaster] scampato(a) per poco; **it was a ~ thing** c'è mancato poco. <> *adv* **-1.** [in space, time] vicino **-2.** [almost] quasi; **to be nowhere ~ ready/ enough** essere ben lungi dall'essere pronto/sufficiente. <> *prep* **-1.** [in space, time]: **~ (to) sb/sthg** vicino a qn/qc **-2.** [on the point of]: **~ (to) sthg** [despair] sull'orlo di qc; [death] in punto di qc; **near (to) tears** sul punto di piangere **-3.** [similar to]: **~ (to) sthg** simile a qc. <> *vt* [in space, time] avvicinarsi a. <> *vi* avvicinarsi.

nearby *adj adv* [near here] qui vicino; [near there] lì vicino.

nearly ['nɪəlɪ] *adv* quasi; **~ to do sthg** stare quasi per fare qc; **this one's not ~ as good as the other** questo non è per niente buono come il'altro; **it's not ~ enough** non è affatto sufficiente.

near miss *n* **-1.** SPORT tiro *m* mancato di poco **-2.** [nearly a collision] **to have a ~** rasentare la collisione.

nearside ['nɪəsaɪd] *n* lato *m* guidatore.

nearsighted [,nɪə'saɪtɪd] *adj US* miope.

neat [niːt] *adj* **-1.** [room, house] ordinato(a); [work, appearance] curato(a) **-2.** [solution, manoeuvre] indovinato(a) **-3.** [alcohol] liscio(a) **-4.** *US inf* [very good] fantastico(a).

neatly ['niːtlɪ] *adv* **-1.** [arrange, put away] in modo ordinato; [write, dress] in modo curato **-2.** [skilfully] abilmente.

nebulous ['nebjʊləs] *adj fml* vago(a).

necessarily [,nesə'serɪlɪ] *adv* necessariamente.

necessary ['nesəsrɪ] *adj* **-1.** [required] necessario(a) **-2.** [inevitable] inevitabile.

necessity [nɪ'sesətɪ] *n* necessità *f inv*; **of ~** necessariamente.

neck [nek] <> *n* collo *m*. <> *vi inf* pomiciare. **◆ neck and neck** *adj* testa a testa.

necklace ['neklɪs] *n* collana *f*.

neckline ['neklaɪn] *n* scollatura *f*.

necktie ['nektaɪ] *n US* cravatta *f*.

nectarine ['nektərɪn] *n* nettarina *f*.

need [niːd] <> *n* bisogno *m*; **~ for sthg/to do sthg** bisogno di qc/di fare qc; **to be in** OR **have ~ of sthg** avere bisogno di qc; **there is no ~ for sthg/to do sthg** non c'è bisogno di qc/di fare qc; **if ~ be** in caso di bisogno; **in ~** nel bisogno. <> *vt* **-1.** [money, food, advice] avere bisogno di; **to ~ to do sthg** avere bisogno di fare qc **-2.** [be obliged]: **you don't ~ to wait for me** non c'è bisogno che mi aspetti. <> *modal vb*: **to ~ do sthg** dover fare qc.

needle ['niːdl] <> *n* **-1.** [gen] ago *m* **-2.** [for knitting] ferro *m* (da maglia) **-3.** [stylus] puntina *f*. <> *vt inf* punzecchiare.

needless ['niːdlɪs] *adj* inutile; **~ to say (that)** ... inutile dire che ...

needlework ['niːdlwɜːk] *n* [sewing] cucito *m*; [embroidery] ricamo *m*.

needn't [niːdnt] *cont* = need not.

needy ['niːdɪ] *adj* bisognoso(a).

negative ['negətɪv] <> *adj* negativo(a). <> *n* **-1.** PHOT negativo *m* **-2.** LING negazione *f*; **to answer in the ~** rispondere negativamente.

neglect [nɪ'glekt] <> *n* [of work, duty] negligenza *f*; [of garden, children] incuria *f*; **in a state of ~** [garden, building] in abbandono. <> *vt* trascurare; **to ~ to do sthg** trascurare di fare qc.

negligee ['neglɪʒeɪ] *n* négligé *m inv.*

negligence ['neglɪdʒəns] *n* negligenza *f*.

negligible ['neglɪdʒəbl] *adj* trascurabile.

negotiate [nɪ'ɡəʊʃɪeɪt] <> *vt* **-1.** [agreement, deal] negoziare **-2.** [obstacle] riuscire a superare. <> *vi* negoziare; **to ~ with sb for sthg** negoziare qc con qn.

negotiation [nɪ,ɡəʊʃɪ'eɪʃn] *n* negoziato *m*. **◆ negotiations** *npl* negoziati *mpl*.

neigh [neɪ] *vi* nitrire.

neighbor *(etc)* *n* US = neighbour etc.

neighbour UK, **neighbor** US ['neɪbə']
n vicino *m*, -a *f*.

neighbourhood UK, **neighborhood**
US ['neɪbəhʊd] *n* -1. [of town] zona *f* -2.
[approximate area]: **in the ~ of** intorno a.

neighbouring UK, **neighboring** US
['neɪbərɪŋ] *adj* vicino(a).

neighbourly UK, **neighborly** US
['neɪbəlɪ] *adj* [relations] di buon vicinato;
to be ~ comportarsi da buon(a) vici-
no(a).

neither [UK 'naɪðə', *esp* US 'niːðə'] *<> adv*
nemmeno; **~ ... nor ...** né ... né ...; **that's
~ here nor there** questo non ha nessuna
importanza. *<> adj*: **~ solution seemed
satisfactory** nessuna delle due soluzioni
sembrava soddisfacente. *<> pron* nessuno
(dei due), nessuna (delle due). *<> conj*
nemmeno.

neon light ['niːɒn-] *n* neon *m inv.*

nephew ['nefjuː] *n* nipote *m.*

Neptune ['neptjuːn] *n* Nettuno *m.*

nerve [nɜːv] *n* -1. ANAT nervo *m* -2. [courage]
sangue *m* freddo; **to lose one's ~** perdere
il sangue freddo -3. [cheek] faccia *f* tosta.
• nerves *npl* nervi *mpl*; **to get on sb's
~ s** dare sui nervi a qn.

nerve-racking *adj* snervante.

nervous ['nɜːvəs] *adj* nervoso(a); **to be ~
of (doing) sthg** aver paura di (fare) qc;
to be ~ about sthg essere nervoso per qc.

nervous breakdown *n* esaurimento *m*
nervoso.

nest [nest] *<> n* -1. [gen] nido *m* -2. [set]: **~
of tables** tavolini *mpl* a scomparsa. *<> vi*
fare il nido.

nest egg *n* gruzzolo *m.*

nestle ['nesl] *vi* -1. [make o.s. comfortable]
accoccolarsi -2. [be sheltered] essere anni-
dato(a).

net [net] *<> adj* -1. [amount, pay, weight]
netto(a) -2. [result] finale. *<> n* -1. [gen] rete *f* -2. [type of fabric] tulle *m*. *<> vt* -1.
[catch] prendere*(con una rete)* -2. *fig* [acquire
through skill] procurarsi -3. [subj: person]
ottenere; [subj: deal] fruttare un utile netto
di. **• Net** *n*: **the Net** Internet *f.*

netball ['netbɔːl] *n* gioco simile alla pallacanestro.

net curtains *npl* tendine *fpl* di velo.

Netherlands ['neðələndz] *npl*: **the ~** i
Paesi Bassi.

netiquette ['netiket] *n* netiquette *f*, galateo *m* di Internet.

net profit *n* utile *m* netto.

net revenue *n* reddito *m* netto.

nett [net] *adj* = **net.**

netting ['netɪŋ] *n* -1. [of metal, plastic] reticolato *m* -2. [fabric] tulle *m inv.*

nettle ['netl] *n* ortica *f.*

network ['netwɜːk] *<> n* rete *f*. *<> vt* RADIO
& TV trasmettere a reti unificate.

neurosis [ˌnjʊəˈrəʊsɪs] *(pl* **-ses)** *n* nevrosi
f inv.

neurotic [ˌnjʊəˈrɒtɪk] *<> adj* nevroti-
co(a); **to be ~ about sthg** avere l'ossessione di qc. *<> n* nevrotico *m*, -a *f.*

neuter ['njuːtə'] *<> adj* neutro(a). *<> vt*
[male] castrare; [female] sterilizzare.

neutral ['njuːtrəl] *<> adj* -1. POL neutrale
-2. [inexpressive] inespressivo(a) -3. [in co-
lour] neutro(a) -4. ELEC neutro(a). *<> n* -1.
AUT: **in ~** in folle -2. [country] paese *m* neutrale; [person] persona *f* neutrale.

neutrality [njuːˈtrælətɪ] *n* neutralità *f.*

neutralize, -ise UK ['njuːtrəlaɪz] *vt* [ef-
fects] neutralizzare.

never ['nevə'] *adv* -1. [at no time] non ...
mai; **~ ever** mai e poi mai -2. *inf* [in surprise, disbelief]: **you did! ma va!; you ~
asked him to dinner!** non ci credo che
l'hai invitato a cena! -3. *phr*: **well I ~!** questa poi!

never-ending *adj* infinito(a).

nevertheless [ˌnevəðəˈles] *adv* ciononone
stante.

new [njuː] *adj* nuovo(a); **a ~ baby** un neonato; **as good as ~** come nuovo(a).
• news *n* -1. [information] novità *fpl*,
notizie *fpl*, **a piece of ~** una novità, una
notizia; **that's ~ s to me** questa mi giunge
nuova -2. TV telegiornale *m*; RADIO giornale
m radio.

newborn ['njuːbɔːn] *adj* neonato(a).

newcomer ['njuːˌkʌmə'] *n*: **~ (to sthg)**
nuovo arrivato *m* (in qc), nuova arrivata *f*
(in qc).

newfangled [ˌnjuːˈfæŋgld] *adj inf pej* ul-
tramoderno(a).

new-found *adj* nuovo(a).

newly ['njuːlɪ] *adv* di recente.

newlyweds ['njuːlɪwedz] *npl* sposini *mpl*
novelli.

new moon *n* luna *f* nuova.

news agency *n* agenzia *f* di stampa.

newsagent ['njuːzˌeɪdʒənt] UK, **newsdealer** US *n* [person] giornalaio *m*, -a *f*;
~ 's (shop) UK edicola *f.*

newsflash ['njuːzflæʃ] *n* notiziario *m*
flash.

newsletter ['nju:z,letə^r] *n* newsletter *f inv,* bollettino *m.*

newspaper ['nju:z,peɪpə^r] *n* giornale *m.*

newsreader ['nju:z,ri:də^r] *n* TV conduttore *m,* -trice *f* del telegiornale; RADIO conduttore *m,* -trice *f* del giornale radio.

newsreel ['nju:zri:l] *n* cinegiornale *m.*

newsstand ['nju:zstænd] *n* edicola *f.*

newt [nju:t] *n* tritone *m.*

New Year *n* anno nuovo *m;* **Happy ~!** Buon anno (nuovo)!

New Year's Day *n* capodanno *m.*

New Year's Eve *n* vigilia *f* di capodanno.

New York *n* -1. [city]: **~ (City)** (la città di) New York *f* -2. [state]: **~ (State)** lo Stato di New York.

New Zealand [-'zi:lənd] *n* Nuova Zelanda *f.*

New Zealander [-'zi:ləndə^r] *n* neozelandese *mf.*

next [nekst] <> *adj* -1. [in future] prossimo(a); [in past] successivo(a), seguente; **~ week** la settimana prossima; **the ~ week** la settimana seguente; **the day after ~** dopodomani; **the week after ~** tra due settimane -2. [room] accanto *inv;* [page] seguente; [bus stop, turning, street] prossimo(a). <> *n* prossimo *m,* -a *f;* **~ please!** avanti il prossimo!; **who's ~?** chi è il prossimo? <> *adv* -1. [afterwards] dopo -2. [next time – in future] la prossima volta; [– in past] la volta successiva -3. *(with superls):* **if you can't be there, the ~ best thing would be to talk by phone** se non puoi andarci, la cosa migliore sarebbe parlare al telefono; **John's room was huge, but I got the ~ biggest** la stanza di John era enorme, ma io ho preso quella più grande dopo la sua. <> *prep US* vicino a. ◆ **next to** *prep* -1. [physically near] vicino a -2. *(in comparisons)* dopo -3. [almost] quasi; **~ to nothing** quasi niente.

next door *adv* accanto. ◆ **next-door** *adj* [neighbour] della porta accanto.

next of kin *n* parente *mf* più prossimo(a).

NHS *(abbr of* **National Health Service***) n* servizio sanitario nazionale britannico, ≃ SSN *m.*

NI *n (abbr of* **National Insurance***) la previdenza sociale britannica,* ≃ INPS *m* .

nib [nɪb] *n* pennino *m.*

nibble ['nɪbl] *vt* -1. [subj: person] sgranocchiare; [subj: rodent, caterpillar] rodere; [subj: goat, sheep] brucare -2. [playfully] mordicchiare.

nice [naɪs] *adj* -1. [expressing approval] bello(a) -2. [person] [kind] gentile; [pleasant] simpatico(a); **to be ~ to sb** essere gentile con qn.

nice-looking *adj* bello(a).

nicely ['naɪslɪ] *adv* -1. [gen] bene; **that will do ~** andrà benissimo -2. [politely] gentilmente.

niche [ni:ʃ] *n* -1. [in wall] nicchia *f* -2. [in life] posticino *m.*

nick [nɪk] <> *n* -1. [cut] taglietto *m* -2. *inf* [condition]: **in good/bad ~** *UK* in buono/cattivo stato -3. *phr:* **in the ~ of time** appena in tempo. <> *vt* -1. [cut] fare un taglietto su -2. *UK inf* [steal] fregare -3. *UK inf* [arrest] beccare.

nickel ['nɪkl] *n* -1. [metal] nichel *m* -2. *US* [coin] moneta *f* da cinque centesimi.

nickname ['nɪkneɪm] <> *n* soprannome *m.* <> *vt* soprannominare.

nicotine ['nɪkəti:n] *n* nicotina *f.*

niece [ni:s] *n* nipote *f.*

niggle ['nɪgl] *vt* -1. [worry] preoccupare -2. [criticize] trovare da ridire a.

night [naɪt] *n* -1. [not day] notte *f;* **at ~** di notte -2. [evening] sera *f;* **at ~** di sera -3. *phr:* **to have an early/a late ~** andare a letto presto/tardi. ◆ **nights** *adv* -1. *US* [at night] di notte -2. *UK* [night shift]: **to work ~** s lavorare di notte.

nightcap ['naɪtkæp] *n* [drink] *bevanda alcolica presa prima di andare a dormire.*

nightclub ['naɪtklʌb] *n* night (club) *m inv.*

nightdress ['naɪtdres] *n* camicia *f* da notte.

nightfall ['naɪtfɔ:l] *n* imbrunire *m.*

nightgown ['naɪtgaʊn] *n* camicia *f* da notte.

nightie ['naɪtɪ] *n inf* camicia *f* da notte.

nightingale ['naɪtɪŋgeɪl] *n* usignolo *m.*

nightlife ['naɪtlaɪf] *n* vita *f* notturna.

nightly ['naɪtlɪ] <> *adj* notturno(a). <> *adv* [every evening] tutte le sere; [every night] tutte le notti.

nightmare ['naɪtmeə^r] *n lit & fig* incubo *m.*

night porter *n* portiere *m* di notte.

night school *n* corsi *mpl* serali.

night shift *n* [period] turno *m* di notte.

nightshirt ['naɪtʃɜ:t] *n* camicia *f* da notte *(da uomo).*

nighttime ['naɪttaɪm] *n* notte *f;* **at ~** di notte.

nil [nɪl] *n* -1. [nothing] nulla *m* -2. *UK* SPORT zero *m.*

Nile [naɪl] *n:* **the ~** il Nilo.

nimble ['nɪmbl] *adj* svelto(a).

nine [naɪn] *num* nove; *see also* **six**.

nineteen [,naɪn'tiːn] *num* diciannove *see also* **six**.

ninety ['naɪntɪ] *num* novanta; *see also* **sixty**.

ninth [naɪnθ] *num* nono(a); *see also* **sixth**.

nip [nɪp] ⬦ *n* -1. [pinch] pizzicotto *m*; [bite] morsichino *m* -2. [of drink] cicchetto *m*. ⬦ *vt* [pinch] pizzicare; [bite] mordicchiare.

nipple ['nɪpl] *n* -1. [of breast] capezzolo *m* -2. [of baby's bottle] tettarella *f*.

nit [nɪt] *n* -1. [in hair] lendine *m*, uovo *m* di pidocchio -2. *UK inf* [idiot] cretino *m*, -a *f*.

nitpicking ['nɪtpɪkɪŋ] *n inf* pignoleria *f*.

nitrogen ['naɪtrədʒən] *n* azoto *m*.

nitty-gritty [,nɪtɪ'grɪtɪ] *n inf*: to get down to the ~ venire al sodo.

no [nəʊ] (*pl* -es) ⬦ *adv* -1. [gen] no; ~, thanks no, grazie; to say ~ to sthg dire di no a qc -2. [not any] non; he's ~ taller than 1.60 m non è più alto di 1,60 m. ⬦ *adj* -1. [not one, not any]: there are ~ taxis available non ci sono taxi liberi -2. [for emphasis]: it's ~ surprise non è certo una sorpresa; he's ~ foul è tutt'altro che scemo -3. [in warnings, on signs]: '~ smoking' 'vietato fumare'. ⬦ *n no m inv*; she won't take ~ for an answer non accetta che le si dica di no.

No., **no.** (*abbr of* **number**) n

nobility [nə'bɪlətɪ] *n* -1. [aristocracy]: the ~ la nobiltà -2. [nobleness] nobiltà *f*.

noble ['nəʊbl] ⬦ *adj* nobile. ⬦ *n* nobile *mf*.

nobody ['nəʊbədɪ] ⬦ *pron* nessuno. ⬦ *n pej* [insignificant person] nullità *f inv*.

no-claim(s) bonus *n UK* riduzione del premio assicurativo per assenza di incidenti.

nocturnal [nɒk'tɜːnl] *adj* notturno(a).

nod [nɒd] ⬦ *vt*: to ~ one's head fare cenno di sì con la testa. ⬦ *vi* -1. [in agreement] fare cenno di sì con la testa -2. [to indicate sthg] fare un cenno con la testa -3. [as greeting]: to ~ to sb salutare qn con un cenno del capo. ✦ **nod off** *vi* appisolarsi.

noise [nɔɪz] *n* rumore *m*.

noisy ['nɔɪzɪ] *adj* rumoroso(a).

nominal ['nɒmɪnl] *adj* -1. [in name only] nominale -2. [very small] simbolico(a).

nominate ['nɒmɪneɪt] *vt* -1. [propose]: to ~ sb (for/as sthg) proporre qn (come qc) -2. [appoint] nominare; to ~ sb as sthg nominare qn qc; to ~ sb to sthg nominare qn a far parte di qc.

nominee [,nɒmɪ'niː] *n* candidato *m*, -a *f*.

non- [nɒn] *prefix* [not] non.

nonalcoholic [,nɒnælkə'hɒlɪk] *adj* analcolico(a).

nonaligned [,nɒnə'laɪnd] *adj* non allineato(a).

nonchalant [*UK* 'nɒnʃələnt, *US* ,nɒnʃə'lɑːnt] *adj* noncurante.

noncommittal [,nɒnkə'mɪtl] *adj* evasivo(a).

nonconformist [,nɒnkən'fɔːmɪst] ⬦ *adj* anticonformista. ⬦ *n* anticonformista *mf*.

nondescript [*UK* 'nɒndɪskrɪpt, *US* ,nɒndɪ'skrɪpt] *adj* qualsiasi *inv*, qualunque *inv*.

none [nʌn] ⬦ *pron* -1. [not any]: I've got ~ non ne ho; there was ~ left ce n'era più; it's ~ of your business -2. [not one] nessuno(a); ~ of us knew the answer nessuno di noi sapeva la risposta. ⬦ *adv*: to be ~ the worse/better non stare peggio/meglio di prima; ~ the wiser non saperne più di prima. ✦ **none too** *adv* per niente.

nonentity [nɒn'entətɪ] *n* persona *f* insignificante.

nonetheless [,nʌnðə'les] *adv* ciononostante.

non-event *n* delusione *f*.

nonexistent [,nɒnɪg'zɪstənt] *adj* inesistente.

nonfiction [,nɒn'fɪkʃn] *n* opere che riguardano personaggi reali e non immaginari e fatti realmente accaduti.

no-nonsense *adj* diretto(a).

nonpayment [,nɒn'peɪmənt] *n* mancato pagamento *m*.

nonplussed, **nonplused** *US* [,nɒn'plʌst] *adj* perplesso(a).

nonreturnable [,nɒnrɪ'tɜːnəbl] *adj*: ~ bottle vuoto *m* a perdere.

nonsense ['nɒnsəns] ⬦ *n* -1. [meaningless words] assurdità *f inv* -2. [foolish idea] sciocchezza *f* -3. [foolish behaviour] sciocchezze *fpl*; to make (a) ~ of sthg privare qc di senso. ⬦ *excl* sciocchezze!

nonsensical [nɒn'sensɪkl] *adj* assurdo(a).

nonsmoker [,nɒn'sməʊkər] *n* non fumatore *m*, -trice *f*.

nonstick [,nɒn'stɪk] *adj* antiaderente.

nonstop [,nɒn'stɒp] ⬦ *adj* [flight] senza scalo; [activity, rain] ininterrotto(a). ⬦ *adv* [fly] senza scalo; [talk, rain] ininterrottamente.

noodles *npl* taglierini *mpl*.

nook [nʊk] *n* angolo *m*; **every ~ and cranny** ogni angolo.

noon [nuːn] *n* mezzogiorno *m*.

no one *pron* = nobody.

noose [nuːs] *n* cappio *m*.

no-place *adv US inf* = nowhere.

nor [nɔːʳ] *conj* **-1.** ➪ **neither -2.** [and not]: **~ do I** nemmeno io.

norm [nɔːm] *n* norma *f*.

normal ['nɔːml] *adj* normale.

normality [nɔː'mælətɪ], **normalcy** ['nɔːməlsɪ] *US n* normalità *f*.

normally ['nɔːməlɪ] *adv* normalmente.

north [nɔːθ] ⬦ *adj* settentrionale, del nord; **~ London** la zona nord di Londra. ⬦ *adv* verso nord; **~ of** a nord di. ⬦ *n* nord *m*; **the ~** il nord.

North Africa *n* Nord Africa *m*.

North America *n* America *f* del Nord OR settentrionale.

North American ⬦ *adj* nordamericano(a). ⬦ *n* nordamericano *m*, -a *f*.

northeast [ˌnɔːθ'iːst] ⬦ *n* nordest *m*; **the ~** il nordest. ⬦ *adj* nordorientale, del nordest. ⬦ *adv* verso nordest; **~ of** a nordest di.

northerly ['nɔːðəlɪ] *adj* **-1.** [area] settentrionale; **in a ~ direction** verso nord **-2.** [wind] settentrionale, del nord.

northern ['nɔːðən] *adj* settentrionale, del nord.

Northern Ireland *n* Irlanda *f* del Nord.

northernmost ['nɔːðənməʊst] *adj* più a nord.

North Pole *n*: **the ~** il Polo Nord.

North Sea *n*: **the ~** il Mare del Nord.

northward ['nɔːθwəd] ⬦ *adj* verso nord. ⬦ *adv* = northwards.

northwards ['nɔːθwədz] *adv* verso nord.

northwest [ˌnɔːθ'west] ⬦ *n* nordovest *m*; **the ~** il nordovest. ⬦ *adj* nordoccidentale, del nordovest. ⬦ *adv* verso nordovest; **~ of** a nordovest di.

Norway ['nɔːweɪ] *n* Norvegia *f*.

Norwegian [nɔː'wiːdʒən] ⬦ *adj* norvegese. ⬦ *n* **-1.** [person] norvegese *mf* **-2.** [language] norvegese *m*.

nose [nəʊz] *n* naso *m*; **to keep one's ~ out of sthg** non mettere il naso in qc; **to look down one's ~ at sb/sthg** *fig* guardare qn/qc dall'alto in basso; **to poke** OR **stick one's ~ into sthg** *inf* mettere OR ficcare il naso in qc; **to turn up one's ~ at sthg** storcere il naso davanti a qc. ➪ **nose about** *UK*,

nose around *vi* curiosare.

nosebleed ['nəʊzbliːd] *n*: **to have a ~** perdere sangue dal naso.

nose ring *n* anellino *m* da naso.

nose stud *n* orecchino *m* da naso.

nosey ['nəʊzɪ] *adj* = nosy.

nostalgia [nɒ'stældʒə] *n*: **~ (for sthg)** nostalgia *f* (di qc).

nostril ['nɒstrɪl] *n* narice *f*.

nosy ['nəʊzɪ] *adj* curioso(a).

not [nɒt] *adv* non; **I'm ~ interested** non sono interessato; **this isn't the first time** questa non è la prima volta; **it's green, isn't it?** è verde, non è vero?; **I think ~** non credo; **I'm afraid ~** no, mi dispiace; **there was ~ a sound to be heard** non si sentiva nemmeno un suono; **~ all/every** non tutti(e); **~ always** non sempre; **~ that ...** non che ...

notable ['nəʊtəbl] *adj* notevole; **~ for sthg** noto(a) per qc.

notably ['nəʊtəblɪ] *adv* **-1.** [in particular] particolarmente **-2.** [noticeably] notevolmente.

notary ['nəʊtərɪ] *n*: **~ (public)** notaio *m*.

notch [nɒtʃ] *n* **-1.** [cut] tacca *f* **-2.** *fig* [on scale] gradino *m*.

note [nəʊt] *n* **-1.** [short letter] biglietto *m* **-2.** [written reminder, record] appunto *m*; **to take ~ of sthg** prendere nota di qc **-3.** [paper money] banconota *f* **-4.** MUS nota *f*; **on a lighter ~** *fig* in un modo meno serio. ⬦ *vt* **-1.** [observe] notare **-2.** [mention] far notare. ➪ **notes** *npl* [in book] note *fpl*. ➪ **note down** *vt sep* annotare.

notebook ['nəʊtbʊk] *n* **-1.** [for writing in] taccuino *m* **-2.** COMPUT notebook *m inv*.

noted ['nəʊtɪd] *adj*: **~ (for sthg)** celebre (per qc).

notepad ['nəʊtpæd] *n* bloc-notes *m inv*.

notepaper ['nəʊtpeɪpəʳ] *n* carta *f* da lettera.

noteworthy ['nəʊtˌwɜːðɪ] *adj* notevole.

nothing ['nʌθɪŋ] ⬦ *pron* niente; **I've got ~ to do** non ho niente da fare; **for ~** [free] gratis; [for no purpose] per niente; **she's ~ if not generous** a dir poco; **there's ~ for it (but to do sthg)** *UK* non c'è nient'altro da fare (che fare qc). ⬦ *adv*: **you're ~ like your brother** non assomigli affatto a tuo fratello; **I'm ~ like finished** sono lungo dall'aver finito; **there were ~ like a hundred people** c'erano molte meno di 100 persone.

notice ['nəʊtɪs] ⬦ *n* **-1.** [written announcement] avviso *m* **-2.** [attention] attenzione *f*;

to take ~ of sb/sthg notare qn/qc; to take no ~ of sb/sthg non badare a qn/qc **-3.** [warning] preavviso *m*; **at short** ~ con poco preavviso; **until further** ~ fino a nuovo avviso **-4.** [at work]: **to be given one's** ~ essere licenziato(a); **to hand in one's** ~ dare le dimissioni. ⬦ *vt & vi* notare.

noticeable ['nəʊtɪsəbl] *adj* evidente.

noticeboard *n esp UK* bacheca *f*.

notify ['nəʊtɪfaɪ] *vt:* **to** ~ **sh (of sthg)** avvisare qn (di qc).

notion ['nəʊʃn] *n* [concept, idea] nozione *f*. ➡ **notions** *npl US* [haberdashery] merceria *f*.

notorious [nəʊ'tɔːrɪəs] *adj:* ~ **(for sthg)** famigerato(a) (per qc).

notwithstanding [,nɒtwɪθ'stændɪŋ]*fml* ⬦ *prep* malgrado. ⬦ *adv* ciononostante.

nought [nɔːt] *num* zero *m*; ~ **s and crosses** tris *m*.

noun [naʊn] *n* sostantivo *m*, nome *m*.

nourish ['nʌrɪʃ] *vt* nutrire.

nourishing ['nʌrɪʃɪŋ] *adj* nutriente.

nourishment ['nʌrɪʃmənt] *n* nutrimento *m*.

novel ['nɒvl] ⬦ *adj* nuovo(a). ⬦ *n* romanzo *m*.

novelist ['nɒvəlɪst] *n* romanziere *m*, -a *f*.

novelty ['nɒvltɪ] *n* **-1.** [gen] novità *f inv* **-2.** [cheap object] gadget *m inv.*

November [nə'vembər] *n* novembre *m*; *see also* **September.**

novice ['nɒvɪs] *n* novizio *m*, -a *f.*

now [naʊ] ⬦ *adv* **-1.** [at this time] ora, adesso; **any day/time** ~ da un giorno/da un momento all'altro; **by** ~ ormai; **from** ~ **on** d'ora in avanti; ~ **and then** OR **again** ogni tanto; **up to** OR **until** ~ finora **-2.** [at a particular time in the past] in quel momento **-3.** [to introduce statement] ora. ⬦ *conj:* ~ **(that)** ora che.

nowadays ['naʊədeɪz] *adv* al giorno d'oggi.

nowhere ['nəʊweər], **no-place** *US inf adv* da nessuna parte; **to be getting** ~ non concludere niente.

nozzle ['nɒzl] *n* bocchetta *f*.

nuance [njuː'ɑːns] *n* [of word, meaning] sfumatura *f*.

nuclear ['njuːklɪər] *adj* nucleare.

nuclear bomb *n* bomba *f* atomica.

nuclear disarmament *n* disarmo *m* nucleare.

nuclear energy *n* energia *f* nucleare.

nuclear power *n* energia *f* nucleare.

nuclear power station *esp UK*, **nu-**clear power plant *esp US* *n* centrale *f* nucleare.

nuclear reactor *n* reattore *m* nucleare.

nuclear war *n* guerra *f* nucleare.

nucleus ['njuːklɪəs] *(pl* **-lei)** *n* nucleo *m*.

nude [njuːd] ⬦ *adj* nudo(a). ⬦ *n* [figure, painting] nudo *m*; **in the** ~ nudo(a).

nudge [nʌdʒ] *vt* **-1.** [with elbow] dare una gomitata a **-2.** *fig* [to encourage]: **to** ~ **sb into doing sthg** spronare qn a fare qc.

nudist ['njuːdɪst] ⬦ *adj* di nudisti. ⬦ *n* nudista *mf*.

nugget ['nʌgɪt] *n* **-1.** [of gold] pepita *f* **-2.** *fig* [valuable piece]: **a** ~ **of information** un'informazione preziosa; **a** ~ **of wisdom** un consiglio prezioso.

nuisance ['njuːsns] *n* **-1.** [annoying thing, situation] seccatura *f* **-2.** [annoying person] rompiscatole *mf inv*; **to make a** ~ **of o.s.** rompere le scatole.

null [nʌl] *adj:* ~ **and void** nullo(a).

numb [nʌm] ⬦ *adj* [shoulder, hand] insensibile; [person]: ~ **(with sthg)** paralizzato(a) (da qc). ⬦ *vt* [subj: cold, anaesthetic] rendere insensibile.

number ['nʌmbər] ⬦ *n* **-1.** [gen] numero *m*; **a** ~ **of** diversi(e); **any** ~ **of** svariati(e) **-2.** [of car] targa *f* **-3.** [song] pezzo *m*. ⬦ *vt* **-1.** [amount to] contare **-2.** [give a number to] numerare **-3.** [include]: **to** ~ **sb/sthg among** annoverare qn/qc tra.

number one ⬦ *adj* [main] numero uno *(inv).* ⬦ *n inf* [oneself]: **to look after** ~ pensare prima a se stesso(a).

numberplate ['nʌmbəpleɪt] *n UK* targa *f*.

Number Ten *n:* ~ **(Downing Street)** residenza ufficiale del primo ministro britannico.

numeral ['njuːmərəl] *n* cifra *f*, numero *m*.

numerate ['njuːmərət] *adj UK:* **to be** ~ saper contare.

numerical [njuː'merɪkl] *adj* numerico(a).

numerous ['njuːmərəs] *adj* numeroso(a).

nun [nʌn] *n* suora *f*.

nurse [nɜːs] ⬦ *n* infermiere *m*, -a *f*. ⬦ *vt* **-1.** [patient, invalid] curare **-2.** [desire, feelings] nutrire **-3.** [breast-feed] allattare.

nursery ['nɜːsərɪ] *n* **-1.** [for children] asilo *m* nido **-2.** [for plants, trees] vivaio *m*.

nursery rhyme *n* filastrocca *f*.

nursery school *n* scuola *f* materna.

nursery slopes *npl* piste *fpl* per principianti.

nursing ['nɜːsɪŋ] *n* **-1.** [profession] professione *f* di infermiere **-2.** [care] assistenza *f* di un infermiere.

nursing home *n* [for old people] casa *f* di riposo.

nurture ['nɜːtʃəʳ] *vt* [children] allevare; [plants, hope, desire, plan] coltivare.

nut [nʌt] *n* -1. [from tree, bush] frutto *f* secco -2. TECH dado *m* -3. *inf offens* [mad person] pazzo *m*, -a *f*. ◆ **nuts** *inf offens* ◇ *adj*: **to be ~s** essere fuori di testa. ◇ *excl US inf* al diavolo!

nutcrackers ['nʌtˌkrækəz] *npl* schiaccianoci *m inv.*

nutmeg ['nʌtmeg] *n* noce *f* moscata.

nutritious [njuː'trɪʃəs] *adj* nutriente.

nutshell ['nʌtʃel] *n*: **in a ~** in poche parole.

nuzzle ['nʌzl] ◇ *vt* [with nose] strusciare il naso contro. ◇ *vi* [nestle]: **to ~ (up) against sb/sthg** strusciarsi contro qn/qc.

NVQ (*abbr of* **National Vocational Qualification**) *n* (*titolo di studio britannico a conclusione di*) *un corso per studenti dai 16 anni in su.*

nylon ['naɪlɒn] ◇ *n* [fabric] nylon *m inv.* ◇ *comp* di nylon.

o (*pl* **o's** OR **os**), **O** (*pl* **O's** OR **Os**) [əʊ] *n* -1. [letter] o *f* o *m inv*, O *f* o *m inv* -2. [zero] zero *m*.

oak [əʊk] ◇ *n* -1.: **~ (tree)** quercia *f* -2. [wood] quercia *f*. ◇ *comp* di quercia.

OAP (*abbr of* **old age pensioner**) *n* pensionato *m*, -a *f* (*d'anzianità*) *f*.

oar [ɔːʳ] *n* remo *m*.

oasis [əʊ'eɪsɪs] (*pl* **oases**) *n lit & fig* oasi *f inv.*

oath [əʊθ] *n* -1. [promise] giuramento *m*; **on** OR **under ~** sotto giuramento -2. [swearword] imprecazione *f*.

oatmeal ['əʊtmiːl] *n* [food] fiocchi *mpl* d'avena.

oats [əʊts] *npl* avena *f*.

obedience [ə'biːdjəns] *n* : **~ (to sb)** ubbidienza *f* (a qn).

obedient [ə'biːdjənt] *adj* ubbidiente.

obese [əʊ'biːs] *adj* obeso(a).

obey [ə'beɪ] ◇ *vt* ubbidire a. ◇ *vi* ubbidire.

obituary [ə'bɪtʃʊərɪ] *n* necrologio *f*.

object ['ɒbdʒɪkt] ◇ *n* -1. [gen] oggetto *m* -2. GRAM complemento *m* oggetto. ◇ *vt*: **to ~ (that)** obiettare che. ◇ *vi* contestare; **to ~ to sthg** contestare qc; **I ~ to being spoken to in that way** non accetto che mi si parli in questo modo.

objection [əb'dʒekʃn] *n* obiezione *f*; **to have no ~ to (doing) sthg** non avere nulla in contrario riguardo a (fare) qc.

objectionable [əb'dʒekʃnəbl] *adj* sgradevole.

objective [əb'dʒektɪv] ◇ *adj* obiettivo(a). ◇ *n* obiettivo *m*.

obligation [ˌɒblɪ'geɪʃn] *n* obbligo *m*.

obligatory [ə'blɪgətrɪ] *adj* obbligatorio(a).

oblige [ə'blaɪdʒ] *vt* -1. [force]: **to ~ sb to do sthg** obbligare qn a fare qc -2. *fml* [do a favour to] fare una cortesia a.

obliging [ə'blaɪdʒɪŋ] *adj* gentile.

oblique [ə'bliːk] ◇ *adj* -1. [indirect] indiretto(a) -2. [slanting] obliquo(a). ◇ *n* barra *f*.

obliterate [ə'blɪtəreɪt] *vt* [town] rasare al suolo.

oblivion [ə'blɪvɪən] *n* oblio *m*.

oblivious [ə'blɪvɪəs] *adj*: **~ (to** OR **of sthg)** inconsapevole (di qc).

oblong ['ɒblɒŋ] ◇ *adj* rettangolare. ◇ *n* rettangolo *m*.

obnoxious [əb'nɒkʃəs] *adj* [person, remark] odioso(a); [smell] ripugnante.

oboe ['əʊbəʊ] *n* oboe *m*.

obscene [əb'siːn] *adj* osceno(a).

obscure [əb'skjʊəʳ] ◇ *adj* -1. [gen] oscuro(a) -2. [difficult to see] non distinguibile. ◇ *vt* -1. [make difficult to understand] rendere oscuro(a) -2. [hide] nascondere.

observance [əb'zɜːvəns] *n* rispetto *m*.

observant [əb'zɜːvnt] *adj* attento(a).

observation [ˌɒbzə'veɪʃn] *n* osservazione *f*.

observatory [əb'zɜːvətrɪ] *n* osservatorio *m*.

observe [əb'zɜːv] *vt* -1. [notice, watch] osservare -2. [obey] rispettare -3. [remark] commentare.

observer [əb'zɜːvəʳ] *n* osservatore *m*, -trice *f*.

obsess [əb'ses] *vt* ossessionare; **to be ~ed by** OR **with sb/sthg** essere ossessionato(a) da qn/qc.

obsessive [əb'sesɪv] *adj* [need, interest] ossessivo(a); **to be ~ about sthg** avere l'ossessione di qc.

obsolete ['ɒbsəli:t] *adj* antiquato(a).

obstacle ['ɒbstəkl] *n* ostacolo *m*.

obstetrics [ɒb'stetrɪks] *n* ostetricia *f*.

obstinate ['ɒbstənət] *adj* ostinato(a).

obstruct [əb'strʌkt] *vt* -1. [road, path] ostruire; [traffic] bloccare -2. [progress, justice] ostacolare.

obstruction [əb'strʌkʃn] *n* ostruzione *f*.

obtain [əb'teɪn] *vt* ottenere.

obtainable [əb'teɪnəbl] *adj* disponibile.

obtrusive [əb'tru:sɪv] *adj* [object] impo-nente; [person] invadente; [smell] fastidio-so(a); [colour] vistoso(a).

obtuse [əb'tju:s] *adj* ottuso(a).

obvious ['ɒbvɪəs] *adj* -1. [evident] ovvio(a) -2. [unsubtle] chiaro(a).

obviously ['ɒbvɪəslɪ] *adv* -1. [of course] ov-viamente -2. [clearly] chiaramente.

occasion [ə'keɪʒn] <> *n* -1. [gen] occasione *f*; to rise to the ~ dimostrarsi all'altezza della situazione -2. *fml* [reason, motive] motivo *m*. <> *vt fml* [cause] dare luogo a.

occasional [ə'keɪʒənl] *adj* occasionale.

occasionally [ə'keɪʒnəlɪ] *adv* occasional-mente.

occult [ɒ'kʌlt] *adj* occulto(a).

occupant ['ɒkjʊpənt] *n* -1. [of building, room, chair] occupante *mf* -2. [of vehicle] passeggero *m*, -a *f*.

occupation [ˌɒkjʊ'peɪʃn] *n* occupazione *f*.

occupational hazard *n* rischio *m* del mestiere.

occupier ['ɒkjʊpaɪə'] *n* occupante *mf*.

occupy ['ɒkjʊpaɪ] *vt* -1. [gen] occupare -2. [keep busy]: to ~ o.s. tenersi occupato(a).

occur [ə'kɜ:'] *vi* -1. [event, episode, attack] verificarsi -2. [difficulty, disease] insorgere -3. [plant, animal] trovarsi -4. [come to mind]: to ~ to sb venire in mente a qn.

occurrence [ə'kʌrəns] *n* avvenimento *m*.

ocean ['əʊʃn] *n* -1. [in names] oceano *m* -2. *US* [sea] mare *m*.

ochre *UK*, **ocher** *US* ['əʊkə'] *adj* ocra *inv*.

o'clock [ə'klɒk] *adv*: it's one ~ è l'una; it's two/three ~ sono le due/le tre; at one/ two ~ all'una/alle due.

octave ['ɒktɪv] *n* ottava *f*.

October [ɒk'təʊbə'] *n* ottobre *m*; *see also* September.

octopus ['ɒktəpəs] (*pl* -puses OR -pi) *n* polpo *m*.

OD <> (*abbr of* **overdrawn**) scoperto(a). <> *n* (*abbr of* **overdose**) overdose *f inv*. <> *vi* (*abbr of* **overdose**) prendere un'overdose.

odd [ɒd] *adj* -1. [strange] strano(a) -2. [not part of pair] spaiato(a) -3. [number] dispari *inv* -4. [leftover] rimanente; ~ bits/parts resti *mpl* -5. [occasional] occasionale -6. *inf* [approximately] circa; 20 ~ years circa 20 anni, 20 anni circa. ◆ **odds** *npl* -1. [probability] previsioni *fpl*; the ~ s are that ... è probabile che ...; against the ~ s con-tro tutte le previsioni -2. [bits]: ~ s and ends cose varie *fpl* -3. *phr*: to be at ~ s with sb/sthg essere in disaccordo con qn/qc.

oddity ['ɒdɪtɪ] *n* [strange person] originale *mf*; [strange thing, quality] stranezza *f*.

odd jobs *npl* lavoretti *mpl* occasionali.

oddly ['ɒdlɪ] *adv* stranamente; ~ enough per quanto strano.

oddments *npl* rimanenze *fpl*.

odds-on *adj inf*: the ~ favourite il favori-to, la favorita.

odometer [əʊ'dɒmɪtə'] *n* contachilometri *m inv*.

odour *UK*, **odor** *US* ['əʊdə'] *n* odore *m*.

of [(*weak form* əv, *strong form* ɒv)] *prep* -1. [ex-pressing quantity] di; thousands ~ people migliaia di persone; ~ petrol un li-tro di benzina; a piece ~ cake una fetta di torta -2. [referring to container] di; a cup ~ coffee una tazza di caffè -3. [indicating number, amount, age] di; an increase ~ 6% un aumento del 6%; a child ~ five un bambino di cinque anni -4. [characterized by, consisting of] di; feelings ~ love/ha-tred sentimenti d'amore/di odio -5. [made from] di -6. [referring to part of a group] di; one ~ us uno(a) di noi; both ~ us tutti(e) e due, entrambi(e); a range ~ goods una gamma di prodotti -7. [belonging to] di; the cover ~ a book la copertina di un li-bro; the King ~ England il re d'Inghilter-ra; the University ~ Leeds l'Università di Leeds -8. [describing, depicting] di; a map ~ France una cartina della Francia -9. [in-dicating object of, reason for emotion] di; a fear ~ ghosts/flying la paura dei fanta-smi/di volare -10. [indicating opinion] da parte di; it was very kind ~ you è stato molto gentile da parte sua -11. [indicating membership] di; the president ~ the com-pany il presidente della società -12. [indi-cating relation to] di; cancer ~ the prostate un cancro alla prostata; the cau-se ~ the trouble la causa dei problemi; hopes ~ recovery le speranze di una ri-presa -13. [referring to place names] di; the city ~ Edinburgh la città di Edimburgo -14. [indicating subject of action] di; the rin-ging ~ the bells il suono delle campane;

the arrival/departure ~ the train l'arrivo/la partenza del treno **-15.** [indicating object of action] di; **the organization ~ the conference** l'organizzazione della conferenza **-16.** [indicating resemblance]: **it was the size ~ a pea** era grande come un pisello **-17.** [made by] di; **the art ~ Picasso** l'arte di Picasso **-18.** [with dates, periods of time] di; **the 12th ~ February** il 12 febbraio; **the night ~ the disaster** la notte del disastro **-19.** [indicating cause of death]: **to die ~ sthg** morire di qc.

off [ɒf] ⬦ adv **-1.** [away]: **to drive ~** andarsene via (in macchina); **to be ~** andarsene **-2.** [at a particular distance - in time]: **Christmas is two days ~** mancano due giorni a Natale; **to be a long time ~** essere ancora lontano(a); [- in space]: **to be far ~** essere lontano(a); **10 miles ~** a 10 miglia **-3.** [indicating removal]: **to take sth ~** [clothing] togliersi qc; **to come ~** [button] staccarsi; **to cut ~** tagliare; **could you help me ~ with my coat?** mi aiuti a togliermi il cappotto? **-4.** [indicating completion]: **to finish ~** terminare; **to kill ~** eliminare **-5.** [indicating disconnection]: **to switch** OR **turn sthg ~** spegnere qc; **leave the lamp ~** lascia la lampada spenta **-6.** [not at work]: **to be ~** essere assente; **a day/week ~** un giorno/una settimana di ferie; **time ~** un permesso **-7.** [indicating price reduction]: **£10 ~** uno sconto di 10 sterline; **she gave me 10% ~** mi ha fatto uno sconto di 10%. ⬦ prep **-1.** [indicating movement away from]: **to get ~ a bus/train/bike** scendere da un autobus/un treno/una bici; **to jump ~ a wall** saltar giù da un muro; **to keep ~ a subject** evitare un argomento **-2.** [indicating location]: **~ the coast** di fronte alla costa; **it's just ~ Oxford Street** [near] è poco distante da Oxford Street; [leading away from] è in una traversa di Oxford Street **-3.** [absent from]: **to be ~ school/work** essere assente da scuola/dal lavoro **-4.** inf [no longer liking or needing]: **to be ~ coffee** aver smesso di bere caffè; **to be ~ one's food** non avere appetito **-5.** [deducted from]: **there's 10% ~ the price** c'è uno sconto del 10% sul prezzo **-6.** inf [from]: **I bought it ~ him** l'ho comprato da lui. ⬦ adj **-1.** [not good to eat or drink] andato(a) a male **-2.** [not operating] spento(a) **-3.** [cancelled] annullato(a) **-4.** [not at work, at school] assente **-5.** UK inf [offhand] sgarbato(a).

offal ['ɒfl] n frattaglie fpl.

off-chance n: **on the ~** sperando nella sorte; **to do sthg on the ~ that...** fare qc nella speranza che...

off colour adj UK: **to feel ~** sentirsi poco bene.

off duty adv fuori servizio. ➡ **off-duty** adj fuori servizio.

offence UK, **offense** US [ə'fens] n **-1.** [crime] reato m **-2.** [displeasure, hurt]: **to cause sb ~** offendere qn; **to give ~** offendere; **to take ~** offendersi.

offend [ə'fend] vt [upset] offendere.

offender [ə'fendər] n **-1.** [criminal] criminale mf **-2.** [culprit] colpevole mf.

offense [ə'fens] n US **-1.** = offence **-2.** SPORT attacco m.

offensive [ə'fensɪv] ⬦ adj offensivo(a). ⬦ n offensiva f.

offer ['ɒfər] ⬦ n offerta f; **on ~** UK [available] disponibile; [at a special price] in offerta. ⬦ vt **-1.** [present, give] offrire; **to ~ sthg to sb, to ~ sb sthg** offrire qc a qn **-2.** [propose]: **to ~ to do sthg** offrirsi di fare qc. ⬦ vi offrirsi.

offering ['ɒfərɪŋ] n offerta f.

off guard adv: **to be ~** non stare all'erta; **to catch sb ~** cogliere qn di sorpresa.

offhand [ˌɒf'hænd] ⬦ adj [unfriendly] sgarbato(a). ⬦ adv [at this moment] su due piedi.

office ['ɒfɪs] n **-1.** [gen] ufficio m **-2.** [government department] ministero m **-3.** [position of authority] carica f; **in ~** [person] in carica; [political party] al governo; **to take ~** assumere una carica.

office block n UK palazzo m di uffici.

office hours npl orario m d'ufficio.

officer ['ɒfɪsər] n **-1.** [in army, police] ufficiale m **-2.** [in organization] funzionario m, -a f.

office worker n impiegato m, -a f.

official [ə'fɪʃl] ⬦ adj ufficiale. ⬦ n [of government] pubblico ufficiale m, funzionario m, -a f; [of union, organization] funzionario m, -a f; SPORT ufficiale m di gara.

offing ['ɒfɪŋ] n: **in the ~** in vista.

off-licence n UK negozio autorizzato alla vendita di alcolici da asporto.

off-line adj COMPUT non connesso(a).

off-peak adj [period] di bassa affluenza; [fares] per i periodi di basso consumo; [electricity] nei periodi di basso consumo.

off-putting [-ˌpʊtɪŋ] adj scostante.

off season n: **the ~** la bassa stagione.

offset ['ɒfset] (pt & pp offset) vt compensare.

offshore ['ɒfʃɔːr] ⬦ adj **-1.** [oil terminal, oilrig] offshore inv **-2.** [fishing, shipping] co stiero(a); [island] vicino(a) alla costa. ⬦ *adv* -1. [out at sea] al largo -2. [near coast] vicino alla costa.

offside ⬦ *adj* [ˌɒf'saɪd] -1. *UK* [part of vehicle] lato guidatore *inv* -2. SPORT fuorigioco *inv.* ⬦ *adv* SPORT in fuorigioco. ⬦ *n* ['ɒfsaɪd] *UK* [of vehicle] lato *m* guidatore.

offspring ['ɒfsprɪŋ] (*pl* **offspring**) *n* -1. *fml* [of people] prole *f* -2. [of animals] piccoli *mpl.*

offstage *adj adv* dietro le quinte.

off-the-cuff ⬦ *adj* spontaneo(a). ⬦ *adv* senza riflettere.

off-the-peg *adj UK* prêt-à-porter *inv.*

off-the-record ⬦ *adj* ufficioso(a). ⬦ *adv* in via ufficiosa.

off-white *adj* bianco sporco *inv.*

often ['ɒfn, 'ɒftn] *adv* spesso. ◆ **as often as not** *adv* la maggior parte del tempo. ◆ **every so often** *adv* di tanto in tanto. ◆ **more often than not** *adv* la maggior parte del tempo.

ogle ['əʊgl] *vt pej* lanciare occhiate ammiccanti a

oh [əʊ] *excl* oh!; ~ **no!** oh no!

oil [ɔɪl] ⬦ *n* -1. [gen] olio *m* -2. [for heating] gasolio *m* -3. [petroleum] petrolio *m.* ⬦ *vt* oliare.

oilfield [ɔɪlfiːld] *n* giacimento *m* petrolifero.

oil-fired [-ˈfaɪəd] *adj* a gasolio.

oil painting *n* pittura *f* a olio.

oilrig *n* [at sea] piattaforma *f* petrolifera; [on land] impianto *m* petrolifero.

oil slick *n* chiazza *f* di petrolio.

oil tanker *n* -1. [ship] petroliera *f* -2. [lorry] carro *m* cisterna.

oily ['ɔɪlɪ] *adj lit & fig* untuoso(a).

ointment ['ɔɪntmənt] *n* unguento *m.*

OK, okay [ˌəʊ'keɪ] *fam* ⬦ *adj* O.K., okay. ⬦ *adv* bene. ⬦ *excl* d'accordo!, O.K.!, okay!

old [əʊld] ⬦ *adj* -1. [gen] vecchio(a); **his** ~ **girlfriend** [former] la sua ex ragazza -2. [referring to age]: **how** ~ **are you?** quanti anni hai?; **I'm 20 years** ~ ho 20 anni -3. *inf* [for emphasis]: **any** ~ qualsiasi *inv.* ⬦ *npl*: **the** ~ i vecchi.

old age *n* vecchiaia *f.*

old age pensioner *n UK* pensionato *m,* -a *f.*

old-fashioned [-'fæʃnd] *adj* -1. [outmoded] superato(a) -2. [traditional] all'antica.

old people's home *n* casa *f* di riposo.

olive ['ɒlɪv] ⬦ *adj* [colour] verde oliva *inv.* ⬦ *n* [fruit] oliva *f.*

olive green *adj* verde oliva *inv.*

olive oil *n* olio *m* d'oliva.

Olympic [ə'lɪmpɪk] *adj* olimpico(a). ◆ **Olympics** *npl*: **the** ~ **s** le Olimpiadi.

Olympic Games *npl*: **the** ~ i giochi olimpici.

omelet(te) ['ɒmlɪt] *n* frittata *f.*

omen ['əʊmen] *n* auspicio *m.*

ominous ['ɒmɪnəs] *adj* [look, cloud] minaccioso(a); [sign, event] di malaugurio.

omission [ə'mɪʃn] *n* omissione *f.*

omit [ə'mɪt] *vt* omettere; **to** ~ **to do sthg** tralasciare di fare qc.

on [ɒn] ⬦ *prep* -1. [indicating position, location] su; ~ **the chair/wall** sulla sedia/sul muro; ~ **the ground** per terra; **they live** ~ **Cambridge Street** vivono in Cambridge Street; **he works** ~ **a building site** lavora in un cantiere edile; ~ **the left/right** a sinistra/destra -2. [supported by or touching part of body] su; **to stand** ~ **one leg** stare su piedi su una gamba; **he was lying** ~ **his side** era sdraiato su un fianco -3. [indicating means] su; **to be shown** ~ **TV** essere trasmesso alla tv; **I heard it** ~ **the radio** l'ho sentito alla radio; **she's** ~ **the telephone** è al telefono; **he lives** ~ **fruit and yoghurt** vive di frutta e yogurt; **to hurt/cut o.s.** ~ **sthg** farsi male/tagliarsi con qc -4. [indicating mode of transport] in; **to travel** ~ **a bus/train/ship** viaggiare su un autobus/un treno/una nave; **I was** ~ **the bus** ero sull'autobus; ~ **foot** a piedi -5. [carried, stored] su; **I haven't got any money** ~ **me** non ho soldi con me; **the information is** ~ **disk/tape** le informazioni sono su dischetto/cassetta -6. [concerning] su; **a book/talk** ~ **astronomy** un libro/discorso sull'astronomia -7. [according to]: ~ **a rota** a turno; ~ **a long-term basis** a lungo termine; **I have it** ~ **good authority** lo so da fonte sicura; ~ **this evidence** in base a queste prove -8. [indicating time, activity]: ~ **Thursday** giovedì; ~ **my birthday** il giorno del mio compleanno; ~ **the 10th of February** il 10 (di) febbraio; ~ **my return**, ~ **returning** al mio ritorno; ~ **business** per affari; ~ **holiday** in vacanza; **to be** ~ **night shift** fare il turno di notte; **what are you working** ~ **now?** a cosa stai lavorando ora? -9. [indicating influence] su; **the impact** ~ **the environment** l'impatto sull'ambiente -10. [using, supported by]: **to be** ~ **social security** ricevere un sussidio statale; **to be ~ tranquillizers** prendere tranquillanti; **to be ~ drugs** drogarsi **-11.** [earning]: **to be ~ £25,000 a year** prendere 25.000 sterline all'anno; **to be ~ a low income** avere un reddito basso **-12.** [referring to musical instrument] a; **~ the violin/flute al violino/flauto -13.** *inf* [paid by]: **the drinks are ~ me** offro io (da bere). ⬦ *adv* **-1.** [indicating covering]: **put the lid ~** mettici il coperchio **-2.** [being shown]: **what's ~ at the cinema?** cosa danno al cinema?; **there's nothing ~ TV** non c'è niente alla tv **-3.** [working]: **to be ~** [machine, tv, light] essere acceso(a); [tap] essere aperto(a); [brakes] essere in funzione; **you left the heater ~** hai lasciato il termosifone acceso; **turn ~ the power** attacca la corrente **-4.** [indicating continuing action]: **we talked ~ into the night** abbiamo parlato fino a tarda notte; **he kept ~ walking** ha continuato a camminare **-5.** [forward]: **send my mail ~ (to me)** inoltrami la mia posta; **earlier ~** prima; **later ~** più tardi **-6.** [indicating clothing] addosso; **what did she have ~ ?** cosa aveva addosso?; **she had nothing ~** era nuda; **he put a sweater ~** si è messo una maglia **-7.** [of transport]: **to get ~** salire **-8.** *inf* [referring to behaviour]: **it's just not ~!** non esiste! ➔ **from ... on** *adv* da ... in poi; **from that time/moment ~** da allora/quel momento in poi; **from now ~** d'ora in poi; **from then ~** da allora in poi. ➔ **on and off** *adv* di tanto in tanto. ➔ **on to, onto** *prep (only written as* **onto** *for senses 4 and 5)* **-1.** [to a position on top of] sopra a; **she jumped ~ to the chair** è saltata sopra alla sedia **-2.** [to a position on a vehicle] su; **she got ~ the bus** è salita sull'autobus; **he jumped ~ to his bicycle** è saltato sulla bici **-3.** [to a position attached to] su; **stick the photo ~ to the page with glue** incolla la foto sulla pagina **-4.** [aware of wrongdoing]: **to be onto sb** tenere in pugno qn **-5.** [into contact with]: **get onto the factory about the late order** contatta la fabbrica per il ritardo nella consegna.

once [wʌns] ⬦ *adv* **-1.** [on one occasion] una volta; **~ a week** una volta alla settimana; **~ again** OR **more** [one more time] ancora (una volta) ; [yet again] ancora una volta; **~ and for all** una volta per tutte; **~ in a while** una volta ogni tanto; **~ or twice** qualche volta; **for ~** per una volta, una volta tanto **-2.** [previously, formerly] una volta, un tempo; **~ upon a time there was...** c'era una volta.... ⬦ *conj* (non) appena. ➔ **at once** *adv* **-1.** [immediately] subito, immediatamente **-2.** [at the same time] contemporaneamente; **all at ~** [suddenly] all'improvviso.

oncoming ['ɒn,kʌmɪŋ] *adj* **-1.** [traffic, vehicle] proveniente dalla direzione opposta **-2.** [danger] imminente.

one [wʌn] ⬦ *num* [the number 1] uno(a); **it's her ~ ambition** è la sua unica ambizione **-2.** [indefinite] uno (una); **~ day** un giorno **~ of these days** uno di questi giorni **-3.** *fml* [a certain] un(a); **that ~** quello(a); **she's the ~ I told you about** è quella di cui ti ho parlato **-2.** *fml* [you, anyone]: **~ can always leave early** si può sempre andare via presto. ➔ **for one** *adv*: **I for ~ remain unconvinced** dal canto mio, non sono convinto.

one-armed bandit *n inf* macchinetta *f* mangiasoldi, slot-machine *f inv.*

one-man *adj* [performance, show] condotto(a) da un unico artista; [business] diretto(a) da un solo individuo.

one-off *inf* ⬦ *adj* unico(a). ⬦ *n* [event] evento *f* unico OR irripetibile; [person] persona *f* unica nel suo genere; [product] esemplare *m* unico.

one-on-one *adj* US = **one-to-one**.

one-parent family *n* famiglia *f* monoparentale.

oneself [wʌn'self] *pron fml* **-1.** *(reflexive)* si; **to make ~ comfortable** mettersi a proprio agio; **to hate ~** detestarsi **-2.** *(after prep)* sé, se stesso(a); **to talk about ~** parlare di sé; **to take care of ~** avere cura di sé **-3.** *(stressed)* da sé; **to do sthg ~** fare qc da sé.

one-sided *adj* **-1.** [unequal] impari **-2.** [biased] parziale.

one-to-one UK, **one-on-one** US *adj* [relationship] tra due persone; [discussion] tra due persone, a quattr'occhi; [tuition] individuale.

one-touch dialling UK, **one-touch dialing** US *n* selezione *f* automatica *(a un tasto)*.

one-upmanship [-'ʌpmənʃɪp] *n* arte *f* di primeggiare.

one-way *adj* **-1.** [street, traffic] a senso unico **-2.** [ticket, journey] di sola andata.

ongoing ['ɒn,gəʊɪŋ] *adj* attuale, in corso.

onion ['ʌnjən] *n* cipolla *f*.

online *adj & adv* COMPUT on-line *(inv)*.

online banking *n* banking *m inv* online

online shopping *n* shopping *m inv* online.

onlooker ['ɒn,lʊkəʳ] *n* spettatore *m* -trice *f*.

only ['əʊnlı] ◇ *adj* solo(a), unico(a); **he's an ~ child** è figlio unico. ◇ *adv* **-1.** [gen] solo, soltanto **-2.** [for emphasis] solo; **I ~ wish I could se solo potessi!; I was ~ too willing to help** ero più che felice di aiutare; **it's ~ natural** è del tutto naturale; **not ~ ... but non solo... ma; ~ just** appena. ◇ *conj* solo (che); **he looks like his brother, ~ smaller** somiglia al fratello, solo (che è) un po' più basso.

onset ['ɒn,set] *n* inizio *m*.

onshore ['ɒn'ʃɔ:'] ◇ *adj* **-1.** [oil production] a terra **-2.** [wind] di mare. ◇ *adv* **-1.** [work] a terra **-2.** [blow] verso terra.

onslaught ['ɒn,slɔ:t] *n lit & fig* attacco *m*.

onto ['ɒntu:] *prep* ⊃ on.

onus ['əʊnəs] *n* onere *m*.

onward ['ɒnwəd] ◇ *adj* [in time] progressivo(a); [in space] in avanti. ◇ *adv* = onwards.

onwards ['ɒnwədz] *adv* [in space] in avanti; [in time]: **from now ~** d'ora in poi.

ooze [u:z] ◇ *vt fig* trasudare. ◇ *vi* [liquid]: **to ~ (from** UK **out of sthg)** stillare (da qc).

opaque [əʊ'peɪk] *adj* **-1.** [not transparent] opaco(a) **-2.** *fig* [obscure] oscuro(a).

open ['əʊpn] ◇ *adj* **-1.** [gen] aperto(a); **to be ~ to sthg** [ready to accept] essere aperto(a) a qc; [susceptible] essere esposto(a) a qc **-2.** [frank] franco(a) **-3.** [road, passage] libero(a) **-4.** [unfastened] sbottonato(a) **-5.** [meeting] aperto(a) al pubblico; [competition, invitation] aperto(a) a tutti **-6.** [admiration, hostility] dichiarato(a). ◇ *n*: **in the ~** [in the fresh air] all'aperto; **to bring sthg out into the ~** portare qc a conoscenza. ◇ *vt* **-1.** [gen] aprire; [lid] togliere **-2.** [inaugurate, start] aprire, inaugurare. ◇ *vi* **-1.** [door, window, eyes] aprirsi **-2.** [begin business] aprire **-3.** [start] iniziare **-4.** [flower, petals] schiudersi. **➡ open on to** *vt insep* [subj: room, door] dare su. **➡ open up** ◇ *vt sep* aprire. ◇ *vi* **-1.** [become available] aprirsi, offrirsi **-2.** [for business] aprire **-3.** [become less reserved] aprirsi.

opener ['əʊpnə'] *n* [for tins] apriscatole *m inv*; [for bottles] apribottiglie *m inv*.

opening ['əʊpnɪŋ] ◇ *adj* [item, scene, remarks] iniziale, primo(a); [ceremony] inaugurale; [address] d'apertura; **~ night** prima *f*. ◇ *n* **-1.** [beginning] inizio *m* **-2.** [gap] apertura *f* **-3.** [opportunity] occasione *f* **-4.** [possibility of business]: **~ (for sthg)** opportunità *f inv* (per qc) **-5.** [job vacancy] posto *m* vacante.

opening hours *npl* orario *m* d'apertura.

openly ['əʊpənlı] *adv* apertamente.

open-minded *adj* aperto(a).

open-plan *adj* open space *inv*.

Open University *n* UK: **the ~** corsi universitari per corrispondenza operanti attraverso televisione, radio e Internet.

opera ['ɒpərə] *n* opera *f*.

opera house *n* teatro *m* dell'Opera, teatro *m* lirico.

operate ['ɒpəreɪt] ◇ *vt* **-1.** [cause to function] azionare, far funzionare **-2.** COMM gestire. ◇ *vi* **-1.** [function] funzionare **-2.** COMM operare **-3.** MED: **to ~ (on sb/sthg)** operare (qn/qc); **to ~ on sb's leg** operare qn alla gamba.

operating theatre UK, **operating room** US *n* sala *f* operatoria.

operation [,ɒpə'reɪʃn] *n* **-1.** [planned activity] operazione *f* **-2.** [management] gestione *f* **-3.** [company, business] impresa *f* **-4.** [functioning] funzionamento *m*; **in ~** [machine, device] in funzione; [law, system] in vigore **-5.** MED operazione *f* (chirurgica), intervento *m* (chirurgico); **to have an ~ (for/on sthg)** essere operato(a) (di/a qc).

operational [,ɒpə'reɪʃənl] *adj* [ready for use] pronto(a) per l'uso; [in use] in funzione, operativo(a).

operator ['ɒpəreɪtə'] *n* operatore *m*, -trice *f*

opinion [ə'pɪnjən] *n* **-1.** [of individual] opinione *f*, punto *m* di vista; **to be of the ~ that** essere del parere che; **in my ~** a mio avviso, secondo me **-2.** MED parere *m* **-3.** [general view] opinione *f*, parere *m*.

opinionated [ə'pɪnjəneɪtɪd] *adj pej* dogmatico(a).

opinion poll *n* sondaggio *m* d'opinione.

opponent [ə'pəʊnənt] *n* **-1.** POLITICS & SPORT avversario *m*, -a *f* **-2.** [of idea, theory] oppositore *m*, -trice *f*.

opportune ['ɒpətju:n] *adj* opportuno(a).

opportunist [,ɒpə'tju:nɪst] *n* opportunista *mf*.

opportunity [,ɒpə'tju:nətɪ] *n* opportunità *f inv*, occasione *f*; **to take the ~ to do** OR **of doing sthg** cogliere l'opportunità per fare qc.

oppose [ə'pəʊz] *vt* contrastare, opporsi a.

opposed [ə'pəʊzd] *adj* opposto(a), contrario(a); **to be ~ to sthg** essere contrario(a) a qc; **as ~ to** anziché, piuttosto che.

opposing [ə'pəʊzɪŋ] *adj* opposto(a).

opposite ['ɒpəzɪt] ◇ adj -1. [side, house] di fronte -2. [result, views, direction]: ~ (to sthg) opposto(a) (a qc) . ◇ adv di fronte. ◇ prep di fronte a. ◇ n contrario m, opposto m.

opposite number n omologo m, -a f.

opposition [,ɒpə'zɪʃn] n -1. [disapproval] opposizione f -2. [opposing group] gruppo m in opposizione -3. [opposing team] avversario m, -a f. ◆ **Opposition** n UK POL: the Opposition l'Opposizione f.

oppress [ə'pres] vt opprimere.

oppressive [ə'presɪv] adj -1. [regime, government, society] oppressivo(a) -2. [heat, situation, silence] opprimente.

opt [ɒpt] ◇ vt: to ~ to do sthg optare per fare qc. ◇ vi: to ~ for sthg optare per qc. ◆ **opt in** vi: to ~ in (to sthg) scegliere di partecipare (a qc). ◆ **opt out** vi: to ~ out (of sthg) scegliere di non partecipare (a qc).

optical ['ɒptɪkl] adj ottico(a).

optician [ɒp'tɪʃn] n ottico m, -a f; ~'s negozio m di ottica.

optimist ['ɒptɪmɪst] n ottimista mf.

optimistic [,ɒptɪ'mɪstɪk] adj: ~ (about sthg) ottimista (riguardo a qc).

optimum ['ɒptɪməm] adj ottimale.

option ['ɒpʃn] n [choice] scelta f, possibilità f inv; to have the ~ to do OR of doing sthg avere la possibilità di fare qc.

optional ['ɒpʃənl] adj facoltativo(a); ~ extra optional m inv.

or [ɔːʳ] conj -1. [linking alternatives] o, oppure -2. [as approximation] o -3. [after negative] né; he can't read ~ write non sa né leggere né scrivere -4. [otherwise] se no, altrimenti -5. [as correction] o meglio.

oral ['ɔːrəl] ◇ adj -1. [exam, test] orale; [agreement] a voce -2. [health, hygiene] della bocca; [medicine, vaccine] per bocca, per via orale. ◇ n (esame m) orale m.

orally ['ɔːrəlɪ] adv -1. [in spoken form] oralmente -2. [via the mouth] per via orale, per bocca.

orange ['ɒrɪndʒ] ◇ adj [colour] arancione. ◇ n -1. [fruit] arancia f; [tree] arancio m -2. [colour] arancione m.

orator ['ɒrətəʳ] n oratore m, -trice f.

orbit ['ɔːbɪt] ◇ n orbita f. ◇ vt orbitare attorno a.

orchard ['ɔːtʃəd] n frutteto m.

orchestra ['ɔːkɪstrə] n orchestra f.

orchid ['ɔːkɪd] n orchidea f.

ordain [ɔː'deɪn] vt -1. fml [decree] decretare

-2. RELIG: to be ~ed essere ordinato sacerdote.

ordeal [ɔː'diːl] n traversia f.

order ['ɔːdəʳ] ◇ n -1. [gen] ordine m; in ~ [in sequence] in ordine; [valid, correct] in regola; in alphabetical ~ in ordine alfabetico; in working ~ ben funzionante; to be out of ~ [machine, device] essere guasto(a); [lift, telephone] essere fuori servizio; [remark] essere non ammissibile; [behaviour] essere fuori luogo; to be under ~s to do sthg avere l'ordine di fare qc -2. [COMM & request] ordinazione f, ordine m; to place an ~ with sb for sthg ordinare qc a qn; to ~ su ordinazione -3. [in classroom] disciplina f -4. [system] assetto m -5. US [portion] porzione f. ◇ vt -1. [gen] ordinare; to ~ sb to do sthg ordinare a qn di fare qc; to ~ that ordinare che -2. [taxi] chiamare. ◆ **in the order of** UK, **on the order of** US prep circa, nell'ordine di. ◆ **in order that** conj affinché. ◆ **in order to** conj per. ◆ **order about** UK, **order around** vt sep comandare.

order form n modulo m d'ordinazione.

orderly ['ɔːdəlɪ] ◇ adj [person, room] ordinato(a); [crowd] disciplinato(a). ◇ n [in hospital] inserviente mf.

ordinarily ['ɔːdənrəlɪ, US ,ɔːrdn'erəlɪ] adv [normally] di solito.

ordinary ['ɔːdənrɪ] ◇ adj -1. [normal] comune, normale -2. pej [unexceptional] ordinario(a). ◇ n: out of the ~ straordinario(a).

ore [ɔːʳ] n minerale m grezzo.

oregano [UK ,ɒrɪ'gaːnəʊ, US ə'regənəʊ] n origano m.

organ ['ɔːgən] n organo m.

organic [ɔː'gænɪk] adj -1. [life, remains, disease] organico(a) -2. [farming, vegetables] biologico(a).

organization, -isation UK [,ɔːgənaɪ'zeɪʃn] n organizzazione f.

organize, -ise UK ['ɔːgənaɪz] vt organizzare.

organizer, -iser UK ['ɔːgənaɪzəʳ] n [person] organizzatore m, -trice f.

orgasm ['ɔːgæzm] n orgasmo m.

orgy ['ɔːdʒɪ] n lit & fig orgia f.

oriental [,ɔːrɪ'entl] adj orientale.

origami [,ɒrɪ'gaːmɪ] n origami m.

origin ['ɒrɪdʒɪn] n -1. [gen] origine; country of ~ paese d'origine -2. [of river] sorgente f, origine f. ◆ **origins** npl origini mpl.

original [ɒ'rɪdʒɪnl] ⬦ *adj* **-1.** [first] originario(a), primo(a) **-2.** [genuine, new, unusual] originale. ⬦ *n* originale *m*.

originally [ə'rɪdʒənəlɪ] *adv* [initially] in origine.

originate [ə'rɪdʒəneɪt] ⬦ *vt* generare. ⬦ *vi*: **to ~ (in)** avere origine (in); **to ~ from** derivare da.

ornament *n* ['ɔːnəmənt] **-1.** [decorative object] soprammobile *m* **-2.** [decoration] ornamento *m*.

ornamental [,ɔːnə'mentl] *adj* ornamentale.

ornate [ɔː'neɪt] *adj* elaborato(a).

ornithology [,ɔːnɪ'θɒlədʒɪ] *n* ornitologia *f*.

orphan ['ɔːfn] ⬦ *n* orfano *m*, (a).

orphanage ['ɔːfənɪdʒ] *n* orfanotrofio *m*.

orthodox ['ɔːθədɒks] *adj* ortodosso(a).

orthopaedic UK, **orthopedic** US ['ɔːθə'piːdɪk] *adj* ortopedico(a).

Oslo ['ɒzləʊ] *n* Oslo *f*.

ostensible [ɒ'stensəbl] *adj* apparente.

ostentatious [,ɒstən'teɪʃəs] *adj* [wealth, lifestyle, behaviour] ostentato(a); [person] pomposo(a).

osteopath ['ɒstɪəpæθ] *n* osteopata *mf*.

ostracize, -ise UK ['ɒstrəsaɪz] *vt* mettere al bando.

ostrich ['ɒstrɪtʃ] *n* struzzo *m*.

other ['ʌðə'] ⬦ *adj* **-1.** altro(a); **the ~ one** l'altro(a) **-2.** *phr*: **the ~ day** l'altro giorno. ⬦ *adv*: **~ than** tranne che, a parte; **none ~ than** nientedimeno che. ⬦ *pron* **-1.** [different one]: **~ s** altri(e) **-2.** [remaining, alternative one]: **the ~** l'altro(a); **the ~ s** gli altri, le altre; **one after the ~** uno(a) dopo l'altro(a); **one or ~** o l'uno(a) o l'altro(a). ➤ **something or other** *pron* qualcosa. ➤ **somehow or other** *adv* in un modo o nell'altro.

otherwise ['ʌðəwaɪz] ⬦ *adv* **-1.** [apart from that] a parte ciò **-2.** [differently, in a different way] altrimenti, diversamente; **deliberately or ~** volutamente o meno. ⬦ *conj* [or else] altrimenti, se no.

otter ['ɒtə'] *n* lontra *f*.

ouch [aʊtʃ] *excl* ahi!

ought [ɔːt] *aux vb* dovere; **I ~ to go** dovrei andare; **you ~ not to have done that** non avresti dovuto farlo; **she ~ to pass her exam** dovrebbe passare l'esame.

ounce [aʊns] *n* **-1.** [unit of measurement] oncia *f* **-2.** *fig* [small amount] briciolo *m*.

our ['aʊə'] *poss adj* nostro(a); **~ father/**

mother nostro padre/nostra madre; **~ children** i nostri figli; **~ shoes** le nostre scarpe; **~ flat** il nostro appartamento; **~ bedroom** la nostra camera da letto; **it wasn't our fault** non è stata nostra la colpa.

ours ['aʊəz] *poss pron* il nostro (la nostra); [with plural] i nostri (le nostre); **his house and ~** la sua casa e la nostra; **~ is broken** il nostro è guasto; **that money is ~** questi soldi sono nostri; **a friend of ~** un nostro amico; **it wasn't their fault: it was ours** non è stata loro la colpa, è stata nostra.

ourselves [aʊə'selvz] *pron pl* **-1.** *(reflexive)* ci; **we made ~ comfortable** ci siamo messi a nostro agio; **we hate ~ for what we did** ci detestiamo per quello che abbiamo fatto **-2.** *(after prep)* noi, noi stessi; **we need to take great care of ~** dobbiamo avere molta cura di noi stessi **-3.** *(stressed)* noi stessi; **we did it ~** lo abbiamo fatto noi stessi.

oust [aʊst] *vt fml*: **to ~ sb (from sthg)** estromettere qn (da qc).

out [aʊt] *adv* **-1.** [not inside, out of doors] fuori; **we all got ~** [of car] siamo scesi tutti; **I'm going ~ for a walk** esco a fare una passeggiata; **~ here/there** qui/lì fuori; **~ you go!** fuori! **-2.** [away from home, office] fuori; **John's ~ at the moment** John è fuori in questo momento; **don't stay ~ too late** non stare fuori fino a tardi; **she's ~ at the supermarket** è andata al supermercato; **let's have an afternoon ~** usciamo un pomeriggio **-3.** [extinguished] spento(a); **to go ~** spegnersi **-4.** [of tides]: **the tide has gone ~** c'è la bassa marea **-5.** [out of fashion] passato(a) di moda **-6.** [in flower] sbocciato(a) **-7.** [new book, record]: **to be ~** essere uscito(a) **-8.** *inf* [on strike]: **to be ~** essere in sciopero **-9.** [determined]: **to be ~ to do sthg** essere deciso(a) a fare qc. ➤ **out of** *prep* **-1.** [outside] fuori da; **to be ~ of the country/room** essere fuori dal paese/dalla stanza; **to go ~ of the house** uscire dalla casa **-2.** [indicating cause] per; **~ of spite/love/boredom** per dispetto/amore/noia **-3.** [indicating origin, source]: **a page ~ of a book** la pagina di un libro; **to drink ~ of a glass** bere da un bicchiere; **to get information ~ of sb** ottenere delle informazioni da qn; **it's made ~ of plastic** è (fatto) di plastica; **we can pay for it ~ of petty cash** possiamo pagarlo con la piccola cassa **-4.** [without]: **we're ~ of sugar/money** abbiamo finito lo zucchero/i soldi **-5.** [sheltered from] al riparo da; **we're ~ of the wind**

here siamo al riparo dal vento qui **-6.** [to indicate proportion] su; **one ~ of ten people una persona su dieci; ten ~ of ten dieci su dieci. ☛ out of doors** adv all'aria aperta.

out-and-out adj vero(a) e proprio(a).

outback ['aʊtbæk] n: **the ~** l'entroterra m (australiano).

outboard (motor) ['aʊtbɔːd-] n fuoribordo m inv.

outbox n **-1.** [for e-mail] posta f in uscita **-2.** US [on office desk] raccoglitore m per pratiche evase.

outbreak ['aʊtbreɪk] n [of war] scoppio m; [of illness, crime] esplosione f; [of spots] eruzione f.

outburst ['aʊtbɜːst] n scoppio m.

outcast ['aʊtkɑːst] n emarginato m, -a f.

outcome ['aʊtkʌm] n risultato m.

outcry ['aʊtkraɪ] n clamore m, grido m di protesta.

outdated [ˌaʊt'deɪtɪd] adj antiquato(a).

outdid [ˌaʊt'dɪd] pt ⊳outdo.

outdo [ˌaʊt'duː] (pt -did, pp -done) vt superare.

outdoor ['aʊtdɔːʳ] adj [life, activities, swimming pool] all'aperto; [clothes] per attività all'aperto.

outdoors [aʊt'dɔːz] adv fuori, all'aria aperta.

outer ['aʊtəʳ] adj esterno(a); **the ~** suburbs l'estrema periferia; **Outer London** la grande periferia di Londra.

outer space n spazio m cosmico.

outfit ['aʊtfɪt] n **-1.** [clothes] completo m, abito m; [fancy dress] vestito m; **cowboy ~** completo m da cowboy **-2.** inf [organization] organizzazione f.

outgoing ['aʊtˌgəʊɪŋ] adj **-1.** [chairman] uscente **-2.** [mail, train] in partenza **-3.** [friendly, sociable] estroverso(a). ☛ **outgoings** npl UK spese fpl.

outgrow [ˌaʊt'grəʊ] (pt -grew, pp -grown) vt **-1.** [grow too big for] crescere troppo per **-2.** [grow too old for – toy] diventare troppo grande per; [– habit] perdere.

outhouse ['aʊthaʊs] n fabbricato m annesso.

outing ['aʊtɪŋ] n [trip] gita f.

outlandish [aʊt'lændɪʃ] adj bizzarro(a).

outlaw ['aʊtlɔː] ◇ n fuorilegge mf. ◇ vt [activity] dichiarare illegale.

outlay n ['aʊtleɪ] spesa f.

outlet ['aʊtlet] n **-1.** [for feelings] sfogo m **-2.** [hole, pipe] sbocco m **-3.** [shop] punto m vendita **-4.** US ELEC presa f di corrente.

outline ['aʊtlaɪn] ◇ n **-1.** [brief description] abbozzo m, schizzo m; **in ~** a grandi linee **-2.** [silhouette] sagoma f. ◇ vt [describe briefly] esporre a grandi linee.

outlive [ˌaʊt'lɪv] vt lit & fig sopravvivere a.

outlook ['aʊtlʊk] n **-1.** [attitude, disposition] visione f **-2.** [prospect] prospettive fpl.

outlying ['aʊtˌlaɪɪŋ] adj [districts, suburbs] periferico(a); [villages] fuori mano.

outmoded [ˌaʊt'məʊdəd] adj sorpassato(a).

outnumber [ˌaʊt'nʌmbəʳ] vt superare in numero.

out-of-date adj [passport, ticket] scaduto(a); [clothes] fuori moda; [belief] superato(a).

out of doors adv fuori, all'aperto.

out-of-the-way adj fuori mano.

outpatient ['aʊtˌpeɪʃnt] n paziente mf esterno(a).

output ['aʊtpʊt] n **-1.** [production] produzione f **-2.** COMPUT [printing out] stampa f; [printout] stampato m.

outrage ['aʊtreɪdʒ] ◇ n **-1.** [anger, shock] indignazione f **-2.** [atrocity] oltraggio m. ◇ vt indignare.

outrageous [aʊt'reɪdʒəs] adj **-1.** [offensive, shocking] oltraggioso(a) **-2.** [extravagant, wild] stravagante.

outright ◇ adj ['aʊtraɪt] **-1.** [condemnation] aperto(a); [denial] netto(a) **-2.** [disaster] totale; [victory, winner] assoluto(a). ◇ adv [aʊt'raɪt] **-1.** [ask] apertamente; [deny] categoricamente **-2.** [win] nettamente; [fail] completamente.

outset ['aʊtset] n: **at the ~** all'inizio; **from the ~** fin dall'inizio.

outside ◇ adj ['aʊtsaɪd] **-1.** [exterior, from elsewhere] esterno(a) **-2.** [unlikely] remoto(a). ◇ adv [aʊt'saɪd] fuori; **to go/run/look ~** andare/correre/guardare fuori. ◇ prep ['aʊtsaɪd] **-1.** [place] fuori da; **to live ~ town** abitare fuori città; **we live half an hour ~ London** stiamo a mezz'ora da Londra **-2.** [family, work] al di fuori di. ◇ n ['aʊtsaɪd] [exterior] esterno m. ☛ **outside of** prep US [apart from] all'infuori di, a parte.

outside lane n corsia f esterna.

outside line n linea f esterna.

outsider [ˌaʊt'saɪdəʳ] n **-1.** SPORT outsider m inv **-2.** [from outside social group] estraneo m, -a f.

outsize ['aʊtsaɪz] adj **-1.** [book] di grande

dimensioni; [portion] **enorme -2.** [clothes] grandi taglie *inv.*

outskirts ['aʊtskɜːts] *npl*: **the ~** la periferia.

outsource ['aʊtsɔːs] *vt* dare in outsourcing.

outsourcing ['aʊtsɔːsɪŋ] *n* outsourcing *m inv.*

outspoken [,aʊt'spəʊkn] *adj* franco(a).

outstanding [,aʊt'stændɪŋ] *adj* **-1.** [person, performance, achievement] eccezionale **-2.** [example] notevole **-3.** [money, bill] insoluto(a) **-4.** [problem] irrisolto(a); [work] in sospeso.

outstay [,aʊt'steɪ] *vt*: **to ~ one's welcome with sb** abusare dell'ospitalità di qn.

outstretched [,aʊt'stretʃt] *adj* [arms, hands] teso(a); [wings] spiegato(a).

outstrip [,aʊt'strɪp] *vt* superare.

out-tray *n* UK raccoglitore *m* per pratiche evase.

outward ['aʊtwəd] ◇ *adj* **-1.** [journey] di andata **-2.** [sign, shape] esteriore; [happiness, sympathy] apparente. ◇ *adv* = **outwards.**

outwardly ['aʊtwədlɪ] *adv* apparentemente.

outwards ['aʊtwədz], **outward** *adv* verso l'esterno.

outweigh [aʊt'weɪ] *vt* superare.

outwit [,aʊt'wɪt] *vt* superare in astuzia.

oval ['əʊvl] ◇ *adj* ovale. ◇ *n* ovale *m.*

Oval Office *n*: **the ~** lo Studio Ovale.

ovary ['əʊvərɪ] *n* ovaia *f.*

ovation [əʊ'veɪʃn] *n* ovazione *f*; **a standing ~** un lungo applauso *(con il pubblico in piedi).*

oven ['ʌvn] *n* [for cooking] forno *m.*

ovenproof ['ʌvnpruːf] *adj* da forno.

over ['əʊvəʳ] ◇ *prep* **-1.** [directly above] su, sopra; **fog hung ~ the river** sul fiume incombeva la nebbia **-2.** [on top of, covering] su; **put your coat ~ the chair** metti il cappotto sulla sedia; **she wore a veil ~ her face** portava un velo sul viso **-3.** [on the far side of] dall'altra parte di **-4.** [across the surface of]: **to sail ~ the ocean** attraversare l'oceano; **to walk ~ the lawn** camminare sul prato; **~ land and sea** per mare e per terra **-5.** [across the top or edge of] al di là di; **to jump ~ sthg** saltare qc; **to go ~ sthg** [border, bridge, river] attraversare qc **-6.** [more than] più di; **~ and above sthg** oltre (a) qc **-7.** [concerning] a proposito di **-8.** [during] durante **-9.** [recovered from]: **to be ~ sthg** essersi ripreso(a) da

qc **-10.** [by means of] per. ◇ *adv* **-1.** [distance away] laggiù; **~ here/there** qui/lì **-2.** [across]: **we went ~ to Glasgow for the day** siamo andati a Glasgow in giornata; **~ at sb's** a casa di qn **-3.** [to face a different way]: **to roll ~** rigirarsi; **to turn sthg ~** girare qc **-4.** [more] più **-5.** [remaining]: **(left) ~** avanzato(a) **-6.** RADIO passo; **~ and out!** passo e chiudo! **-7.** [involving repetitions]: **(all) ~ again** (tutto) da capo; **~ and ~ (again)** tante volte. ◇ *adj* [finished] finito(a).

overall ◇ *adj* ['əʊvərɔːl] **-1.** [total] totale **-2.** [general] generale. ◇ *adv* [,əʊvər'ɔːl] **-1.** [in total] in totale **-2.** [in general] in generale. ◇ *n* ['əʊvərɔːl] UK [coat] camice *m.*
 ◆ **overalls** *npl* **-1.** UK [with long sleeves] tuta *f* da lavoro **-2.** US [with bib] salopette *f inv.*

overawe [,əʊvər'ɔː] *vt* intimidire.

overbalance [,əʊvə'bæləns] *vi* sbilanciarsi.

overbearing [,əʊvə'beərɪŋ] *adj pej* prepotente.

overboard ['əʊvəbɔːd] *adv*: **to fall ~** cadere in mare.

overcame [,əʊvə'keɪm] *pt* ⊳ **overcome.**

overcast *adj* ['əʊvəkɑːst] nuvoloso(a).

overcharge [,əʊvə'tʃɑːdʒ] *vt*: **to ~ sb (for sthg)** far pagare (qc) più del dovuto a qn.

overcoat ['əʊvəkəʊt] *n* cappotto *m.*

overcome [,əʊvə'kʌm] (*pt* **-came,** *pp* **-come**) *vt* **-1.** [control, deal with] superare **-2.** [overwhelm]: **to be ~ by** OR **with sthg** essere sopraffatto(a) da qc.

overcrowded [,əʊvə'kraʊdɪd] *adj* sovraffollato(a).

overcrowding [,əʊvə'kraʊdɪŋ] *n* sovraffollamento *m.*

overdo [,əʊvə'duː] (*pt* **-did,** *pp* **-done**) *vt* **-1.** [compliments, welcome, exercises, sunbathing] esagerare con; **to ~ it** stancarsi troppo **-2.** [food] cuocere troppo.

overdone [-'dʌn] ◇ *pp* ⊳ **overdo.** ◇ *adj* [food] stracotto(a).

overdose *n* ['əʊvədəʊs] overdose *f inv.*

overdraft ['əʊvədrɑːft] *n* scoperto *m.*

overdrawn [-'drɔːn] *adj* scoperto(a), in rosso.

overdue [,əʊvə'djuː] *adj* **-1.** [late] in ritardo; **to be ~ (for sthg)** essere in ritardo (con qc) **-2.** [needed, awaited]: **(long) ~** atteso(a) da troppo tempo **-3.** [unpaid] arretrato(a).

overestimate [,əʊvər'estɪmeɪt] *vt* sopravvalutare.

overflow $\diamond$ *vi* [,əʊvə'fləʊ] **-1.** [river, bath] straripare **-2.** [people]: **to ~ (into sthg)** riversarsi (in qc) **-3.** [place, container]: **to be ~ ing (with sthg)** traboccare (di qc). $\diamond$ *n* ['əʊvəfləʊ] [pipe, hole] scarico *m*.

overgrown [,əʊvə'grəʊn] *adj* [garden, path] invaso(a) dalla vegetazione.

overhaul $\diamond$ *n* ['əʊvəhɔːl] revisione *f*. $\diamond$ *vt* [,əʊvə'hɔːl] **-1.** [car, engine] revisionare **-2.** [method] rivedere.

overhead $\diamond$ *adj* ['əʊvəhed] [light] da soffitto; [cable] aereo(a). $\diamond$ *adv* [,əʊvə'hed] in alto. $\diamond$ *n* ['əʊvəhed] *US* spese *fpl* generali.
➡ **overheads** *npl UK* spese *fpl* generali.

overhead projector *n* lavagna *f* luminosa.

overhear [,əʊvə'hɪəʳ] (*pt & pp* **-heard** [-'hɜːd]) *vt* sentire per caso.

overheat [,əʊvə'hiːt] $\diamond$ *vt* surriscaldare. $\diamond$ *vi* surriscaldarsi.

overjoyed [,əʊvə'dʒɔɪd] *adj*: **~ (at sthg)** felicissimo(a) (di qc).

overkill ['əʊvəkɪl] *n* eccesso *m*.

overladen [,əʊvə'leɪdn] $\diamond$ *pp* ⊳**overload.** $\diamond$ *adj* sovraccarico(a).

overland ['əʊvəlænd] *adj & adv* via terra.

overlap [,əʊvə'læp] *vi* **-1.** [cover each other] sovrapporsi **-2.** [be similar] sovrapporsi, coincidere in parte; **to ~ (with sthg)** coincidere in parte (con qc).

overleaf [,əʊvə'liːf] *adv* sul retro.

overload [,əʊvə'ləʊd] (*pp* **-loaded** OR **-laden**) *vt* **-1.** [car, washing machine, circuit] sovraccaricare **-2.** [with work, problems]: **to be ~ed (with sthg)** essere sovraccarico(a) (di qc).

overlook [,əʊvə'lʊk] *vt* **-1.** [look over] dare su **-2.** [disregard, miss] trascurare **-3.** [excuse] passare sopra.

overnight $\diamond$ *adj* ['əʊvənaɪt] **-1.** [clothes, guest] per la notte; [parking] notturno(a); [journey] di notte; **~ stay** pernottamento *m* **-2.** [very sudden] istantaneo(a). $\diamond$ *adv* [,əʊvə'naɪt] **-1.** [soak] per tutta la notte; [travel] di notte; **to stay ~** fermarsi a dormire **-2.** [very suddenly] dalla sera al mattino.

overpass ['əʊvəpɑːs] *n US* cavalcavia *m* inv.

overpower [,əʊvə'paʊəʳ] *vt* lit & fig sopraffare.

overpowering [,əʊvə'paʊərɪŋ] *adj* **-1.** [desire, feeling] irresistibile **-2.** [heat, smell] soffocante **-3.** [personality] dominante.

overran [,əʊvə'ræn] *pt* ⊳**overrun.**

overrated [,əʊvə'reɪtɪd] *adj* sopravvalutato(a).

override [,əʊvə'raɪd] (*pt* **-rode,** *pp* **-ridden**) *vt* **-1.** [gen] prevalere su **-2.** [decision] annullare.

overriding [,əʊvə'raɪdɪŋ] *adj* [importance, concern] primario(a).

overrode [-'rəʊd] *pt* ⊳**override.**

overrule [,əʊvə'ruːl] *vt* [person] prevalere su; [decision] annullare; [objection] respingere.

overrun [,əʊvə'rʌn] (*pt* **-ran,** *pp* **-run**) $\diamond$ *vt* **-1.** [MIL & occupy] occupare **-2.** *fig*: **to be ~ with sthg** [rats, weeds] essere infestato(a) da qc; [visitors, tourists] essere invaso(a) da qc. $\diamond$ *vi* [last too long] protrarsi.

oversaw [,əʊvə'sɔː] *pt* ⊳**oversee.**

overseas $\diamond$ *adj* ['əʊvəsiːz] **-1.** [sales, branches] all'estero; [market, network] estero(a); [aid] ai paesi stranieri **-2.** [student, visitor] straniero(a). $\diamond$ *adv* [,əʊvə'siːz] all'estero.

oversee [,əʊvə'siː] (*pt* **-saw,** *pp* **-seen**) *vt* sorvegliare.

overshadow [,əʊvə'ʃædəʊ] *vt* **-1.** [make darker] fare ombra su **-2.** *fig* [outweigh, eclipse]: **to be ~ ed by sb/sthg** essere eclissato(a) da qn/qc **-3.** *fig* [mar, cloud]: **to be ~ ed by sthg** essere offuscato(a) da qc.

overshoot [,əʊvə'ʃuːt] (*pt & pp* **shot**) *vt* superare.

oversight ['əʊvəsaɪt] *n* svista *f*, dimenticanza *f*.

oversleep [,əʊvə'sliːp] (*pt & pp* **slept** [-'slept]) *vi* non svegliarsi in tempo.

overspill ['əʊvəspɪl] *n esp UK* popolazione *f* in eccesso.

overstep [,əʊvə'step] *vt* oltrepassare; **to ~ the mark** oltrepassare il limite.

overt ['əʊvɜːt, əʊ'vɜːt] *adj* [hostility, intention] dichiarato(a); [operation] pubblico(a).

overtake [,əʊvə'teɪk] (*pt* **-took,** *pp* **-taken**) $\diamond$ *vt* **-1.** AUT sorpassare **-2.** [subj: disaster, misfortune] sorprendere. $\diamond$ *vi* AUT sorpassare.

overthrow (*pt* **-threw,** *pp* **-thrown**) $\diamond$ *n* ['əʊvəθrəʊ] [of government] rovesciamento *m*. $\diamond$ *vt* [,əʊvə'θrəʊ] [government, president] rovesciare.

overtime ['əʊvətaɪm] $\diamond$ *n* **-1.** [extra time worked] straordinario *m* **-2.** *US* SPORT tempi *mpl* supplementari. $\diamond$ *adv*: **to work ~** fare gli straordinari.

overtones ['əʊvətəʊnz] *npl* sfumatura *f*.

overtook [-'tʊk] *pt* ▷**overtake**.

overture ['əʊvə,tjʊəʳ] *n* MUS ouverture *f inv.*

overturn [,əʊvə'tɜːn] ◇ *vt* **-1.** [table, lamp, government] rovesciare **-2.** [decision] annullare. ◇ *vi* [boat, lorry] ribaltarsi.

overweight *adj* [,əʊvə'weɪt] sovrappeso *inv.*

overwhelm [,əʊvə'welm] *vt* **-1.** [make helpless] sopraffare **-2.** MIL schiacciare.

overwhelming [,əʊvə'welmɪŋ] *adj* **-1.** [desire] irresistibile; [despair] opprimente; [happiness, kindness] travolgente **-2.** [victory, defeat, majority] schiacciante.

overwork ◇ *n* [,əʊvə'wɜːk] lavoro *m* in eccesso. ◇ *vt* [,əʊvə'wɜːk] [give too much work to] sovraccaricare di lavoro.

owe [əʊ] *vt*: to ~ sthg to sb, to ~ sb sthg dovere qc a qn.

owing ['əʊɪŋ] *adj* [amount] dovuto(a).
➡ **owing to** *prep* a causa di.

owl [aʊl] *n* gufo *m.*

own [əʊn] ◇ *adj*: my/your, etc ~ ... il mio/il tuo (proprio) ecc; ..., la mia/la tua (propria) ecc ...; I have my ~ car ho la mia macchina; she has her ~ style ha un suo stile personale. ◇ *pron* [indicating possession]: my/your, etc ~ il mio/il tuo (proprio) ecc ..., la mia/la tua (propria) ecc ...; I'd love a house of my ~ mi piacerebbe avere una casa mia; the city has a special atmosphere of its ~ la città ha un' atmosfera tutta sua particolare; on one's ~ da solo(a), per conto proprio; to get one's ~ back prendersi la rivincita. ◇ *vt* avere, possedere. ➡ **own up** *vi*: to ~ up to sthg ammettere qc.

owner ['əʊnəʳ] *n* proprietario *m*, -a *f.*

ownership ['əʊnəʃɪp] *n* proprietà *f.*

ox [ɒks] (*pl* **oxen**) *n* bue *m.*

Oxbridge ['ɒksbrɪdʒ] *n* le Università di Oxford e Cambridge.

oxen ['ɒksn] *pl* ▷**ox**.

oxtail soup *n* minestra *f* di coda di bue.

oxygen ['ɒksɪdʒən] *n* ossigeno *m.*

oxygen mask *n* maschera *f* a ossigeno.

oyster ['ɔɪstəʳ] *n* ostrica *f.*

oz. = ounce.

ozone ['əʊzəʊn] *n* ozono *m.*

ozone-friendly *adj*: an ~ product un prodotto che non danneggia lo strato di ozono.

ozone layer *n* strato *m* di ozono.

p¹ (*pl* **p's** OR **ps**), **P** (*pl* **P's** OR **Ps**) [piː] *n* [letter] p *f o m inv*, P *f o m inv.*

p² **-1.** (*abbr of* **page**) p. **-2.** = **penny, pence.**

P45 *n* in Gran Bretagna, certificato con la posizione di un lavoratore riguardo alle tasse, rilasciato dal datore di lavoro.

pa [pɑː] *n esp US inf* papà *m inv.*

p.a. (*abbr of* **per annum**) all'anno.

PA *n* **-1.** UK (*abbr of* **personal assistant**) assistente *mf* personale **-2.** (*abbr of* **public address system**) impianto *m* di amplificazione.

pace [peɪs] ◇ *n* **-1.** [speed, rate] ritmo *m*; to keep ~ (with sb) tenere il passo (di qn); to keep ~ (with sthg) stare al passo (con qc) **-2.** [step] passo *m.* ◇ *vi* camminare su e giù.

pacemaker ['peɪs,meɪkəʳ] *n* **-1.** MED pacemaker *m inv* **-2.** SPORT lepre *f.*

Pacific [pə'sɪfɪk] ◇ *adj* del Pacifico. ◇ *n*: the ~ il Pacifico; the ~ Ocean l'oceano Pacifico.

pacifier ['pæsɪfaɪəʳ] *n US* [for child] ciuccio *m.*

pacifist ['pæsɪfɪst] *n* pacifista *mf.*

pacify ['pæsɪfaɪ] *vt* **-1.** [person] calmare **-2.** [country, region] pacificare.

pack [pæk] ◇ *n* **-1.** [bag] zaino *m* **-2.** *esp US* [of washing powder, tissues] pacchetto *m*, confezione *f*; [of cigarettes] pacchetto *m* **-3.** [of cards] mazzo *m* **-4.** [of dogs] muta *f*; [of wolves] branco *m*; [of thieves] banda *f.* ◇ *vt* **-1.** [for journey, holiday] mettere in valigia; to ~ one's bag fare la valigia **-2.** [put in container, parcel] impacchettare, imballare **-3.** [crowd into] riempire; to be ~ed into sthg essere ammucchiato(a) in qc. ◇ *vi* [for journey, holiday] fare le valigie.
➡ **pack in** *UK inf* ◇ *vt sep* [job, boyfriend] mollare; [smoking] smettere ; ~ it in! [stop annoying me] piantala!; [shut up] ma piantala! ◇ *vi* [break down] scassarsi.
➡ **pack off** *vt sep inf* [send away] spedire.

package ['pækɪdʒ] ◇ *n* **-1.** [parcel] pacco *m* **-2.** *US* [of washing powder, tissues] pacchetto *m*, confezione *f*; [of cigarettes] pacchetto *m* -3. [of proposals, spending cuts] pacchetto *m*; [of ideas] insieme *m*; [of benefits] serie *f inv* -4. COMPUT pacchetto *m* software. ◇ *vt* confezionare.

package deal *n* accordo *m* globale.

package tour *n* vacanza *f* organizzata.

packaging ['pækɪdʒɪŋ] *n* confezione *f*.

packed [pækt] *adj* [place]: ~ (with) pieno(a) (di).

packed lunch *n* UK cestino *m* pranzo.

packet ['pækɪt] *n* -1. [box, bag] pacchetto *m*, confezione *f* -2. UK [of cigarettes] pacchetto *m* -3. [parcel] pacco *m*.

packing ['pækɪŋ] *n* -1. [protective material] imballaggio *m* -2. [for journey, holiday]: to do one's ~ fare le valigie.

packing case UK, **packing crate** *n* cassa *f* di imballaggio.

pact [pækt] *n* patto *m*.

pad [pæd] ◇ *n* -1. [for garment, protection] imbottitura *f* -2. [notepad] blocco *m* (per appunti) -3. [for absorbing liquid] tampone *m*; a ~ of cotton wool un batuffolo di cotone -4. SPACE: (launch) ~ piattaforma *f* di lancio -5. [of animal's foot] cuscinetto *m* -6. *inf dated* [home] casa *f*. ◇ *vt* -1. [clothing, furniture] imbottire -2. [wound] tamponare. ◇ *vi* [walk softly] camminare con passo felpato.

padding ['pædɪŋ] *n* -1. [protective material] imbottitura *f* -2. [in speech, essay, letter] fronzoli *mpl*.

paddle ['pædl] ◇ *n* -1. [for canoe, dinghy] pagaia *f* -2. [wade]: to have a ~ sguazzare nell'acqua. ◇ *vi* -1. [in canoe, dinghy] pagaiare -2. [wade] sguazzare.

paddle boat, **paddle steamer** *n* battello *m* a ruote.

paddling pool *n* UK -1. [in park] piscina *f* per bambini -2. [inflatable] piscina *f* gonfiabile.

paddock ['pædək] *n* -1. [small field] recinto *m* -2. [at racecourse] paddock *m inv.*

padlock ['pædlɒk] ◇ *n* lucchetto *m*. ◇ *vt* mettere il lucchetto a.

paediatrics UK, **pediatrics** US [,pi:dɪ-'ætrɪks] *n* pediatria *f*.

pagan ['peɪɡən] ◇ *adj* pagano(a). ◇ *n* pagano *m*, -a *f*.

page [peɪdʒ] ◇ *n* pagina *f*. ◇ *vt* far chiamare *(con altoparlante, cercapersone)* .

pageant ['pædʒənt] *n* [play] ricostruzione *f* storica; [parade] sfilata *f* in costumi d'epoca.

pageantry ['pædʒəntrɪ] *n* cerimoniale *m*.

page break *n* salto *m* pagina.

paid [peɪd] ◇ *pt & pp* ▷pay. ◇ *adj* [holidays, staff] pagato(a), rimunerato(a).

pail [peɪl] *n* secchio *m*.

pain [peɪn] *n* -1. [physical]: ~ (in sthg) dolore *m* (a qc); to be in ~ soffrire -2. [mental] sofferenza *f* -3. *inf* [annoyance] rottura *f* di scatole. ◆ **pains** *npl* [effort, care]: to be at ~ s to do sthg affannarsi per fare qc; to take ~ s to do sthg darsi una gran pena per fare qc.

pained [peɪnd] *adj* addolorato(a).

painful ['peɪnfʊl] *adj* -1. [back, eyes] dolorante -2. [illness, exercise, memory, experience] doloroso(a).

painfully ['peɪnfʊlɪ] *adv* -1. [aware] dolorosamente -2. [obvious] terribilmente.

painkiller ['peɪn,kɪlər] *n* calmante *m*, analgesico *m*.

painless ['peɪnlɪs] *adj* indolore.

painstaking ['peɪnz,teɪkɪŋ] *adj* meticoloso(a).

paint [peɪnt] ◇ *n* -1. ART pittura *f*, colore *m* -2. [for walls, wood] pittura *f*, tinta *f*, vernice *m*. ◇ *vt* ART dipingere -2. [decorate] dipingere, pitturare. ◇ *vi* ART dipingere.

paintbrush ['peɪntbrʌʃ] *n* pennello *m*.

painter ['peɪntər] *n* -1. ART pittore *m*, -trice *f* -2. [decorator] imbianchino *m*, -a *f*.

painting ['peɪntɪŋ] *n* -1. [picture] quadro *m*, dipinto *m* -2. [art form] pittura *f* -3. [trade] pittura *f*, tinteggiatura *f*.

paint stripper *n* sverniciante *m*.

paintwork ['peɪntwɜːk] *n* [on wall] pittura *f*; [on car] vernice *f*.

pair [peər] *n* [gen] paio; [of people, cards] coppia *f*.

pajamas *npl* US = pyjamas.

Pakistan [UK ,pɑːkɪ'stɑːn, US 'pækɪstæn] *n* Pakistan *m*.

Pakistani [UK ,pɑːkɪ'stɑːnɪ, US ,pækɪ-'stænɪ] ◇ *adj* pakistano(a). ◇ *n* pakistano *m*, -a *f*.

pal [pæl] *n inf* -1. [friend] amico *m*, -a *f* -2. [as term of address] bello *m*, -a *f*.

palace ['pælɪs] *n* palazzo *m*.

palatable ['pælətəbl] *adj* -1. [pleasant to taste] gradevole (al palato) -2. [acceptable] accettabile.

palate ['pælət] *n* palato *m*.

palaver [pə'lɑːvər] *n inf* -1. [talk] tiritera -2. [fuss] storie *fpl*.

pale [peɪl] *adj* -1. [colour, clothes, light] tenue -2. [face, complexion]: ~ (with sthg) pallido(a) (per qc) .

Palestine ['pælə,staɪn] n Palestina f.

Palestinian [,pælə'stɪnɪən] <> adj palestinese. <> n palestinese mf.

palette ['pælət] n tavolozza f.

pall [pɔːl] <> n -1. [of smoke] nube f -2. US [coffin] bara f. <> vi venire a noia.

pallet ['pælɪt] n paletta f.

palm [pɑːm] n -1. [tree] palma f -2. [of hand] palmo m. ◆ **palm off** vt sep inf: **to ~ sthg off on sb** rifilare qc a qn; **to ~ sb off with sthg** affibbiare qc a qn.

Palm Sunday n domenica f delle Palme.

palmtop ['pɑːmtɒp] n COMPUT palmare m.

palm tree n palma f.

palpable ['pælpəbl] adj palpabile.

paltry ['pɔːltrɪ] adj misero(a).

pamper ['pæmpə'] vt coccolare.

pamphlet ['pæmflɪt] n [providing information, publicity] dépliant m inv; [political] volantino m.

pan [pæn] <> n -1. [for frying] padella f; [for boiling] pentola f; tegame m -2. US [for baking] teglia f -3. [of scales] piatto m -4. UK [of toilet] tazza f. <> vt inf [criticize] stroncare. <> vi CIN fare una panoramica.

panacea [,pænə'sɪə] n: **~ (for sthg)** panacea f (per qc).

panama n: **~ (hat)** panama m inv.

Panama Canal n: **the ~** il canale di Panama.

pancake ['pænkeɪk] n crepe f inv, frittella f.

Pancake Day n UK martedì grasso m inv.

panda ['pændə] (pl **-s**) n panda m inv.

pandemonium [,pændɪ'məʊnjəm] n pandemonio m.

pander ['pændə'] vi: **to ~ to sb/sthg** assecondare qn/qc.

pane [peɪn] n vetro m, pannello m.

panel ['pænl] n -1. [of experts, interviewers] gruppo m; **~ of judges** giuria f -2. [of a material] pannello m -3. [of a machine] quadro m.

panelling UK, **paneling** US ['pænəlɪŋ] n rivestimento m a pannelli.

pang [pæŋ] n fitta f; **~s of guilt/regret** rimorsi mpl della coscienza; **hunger ~s** morsi mpl della fame.

panic ['pænɪk] (pt & pp **-king**) <> n panico m. <> vi farsi prendere dal panico.

panicky ['pænɪkɪ] adj [person] presopres, a dal panico; [feeling] di panico.

panic-stricken adj in preda al panico.

panorama [,pænə'rɑːmə] n panorama m.

pansy ['pænzɪ] n -1. [flower] viola f del pensiero -2. inf & offens [man] frocio m.

pant [pænt] vi ansimare. ◆ **pants** npl -1. UK [underpants] mutande fpl -2. US [trousers] pantaloni mpl.

panther ['pænθə'] (pl **-s**) n pantera f.

panties ['pæntɪz] npl inf mutandine fpl.

pantihose npl = panty hose.

pantomime ['pæntəmaɪm] n UK commedia musicale per bambini basata su una favola e rappresentata nel periodo natalizio.

pantry ['pæntrɪ] n dispensa f.

panty hose npl US collant m inv.

papa [pə'pɑː] n papà m inv.

paper ['peɪpə'] <> n -1. [material] carta f; **on ~** [written down] per iscritto; [in theory] sulla carta; **a piece of ~** [sheet] un foglio; [scrap] un foglietto -2. [newspaper] giornale m -3. [in exam] prova f -4. [essay] saggio m -5. [at conference] relazione f. <> adj -1. [cup, napkin, hat] di carta -2. [qualifications, profits] teorico(a). <> vt tappezzare. ◆ **papers** npl documenti mpl.

paperback ['peɪpəbæk] n: **~ (book)** edizione f economica.

paper bag n sacchetto m di carta.

paper clip n graffetta f.

paper handkerchief n fazzolettino m di carta.

paper shop n UK giornalaio m (negozio).

paperweight ['peɪpəweɪt] n fermacarte m inv.

paperwork ['peɪpəwɜːk] n [work] lavoro m d'ufficio; [documents] pratiche fpl.

paprika ['pæprɪkə] n paprica f.

par [pɑː'] n -1. [parity]: **on a ~ with sb/sthg** alla pari con qn/qc -2. GOLF par m inv -3. [good health]: **to feel below** OR **under ~** non sentirsi molto in forma -4. FIN valore m nominale.

parable ['pærəbl] n parabola f.

parachute ['pærəʃuːt] <> n paracadute m inv. <> vi paracadutarsi.

parade [pə'reɪd] <> n -1. [procession] sfilata f -2. MIL parata f -3. UK [street] viale m. <> vt -1. [people] far sfilare -2. [medal, knowledge, girlfriend] mettere in mostra. <> vi sfilare.

paradise ['pærədaɪs] n paradiso m. ◆ **Paradise** n paradiso m.

paradox ['pærədɒks] n paradosso m.

paradoxically [,pærə'dɒksɪklɪ] adv paradossalmente.

paraffin ['pærəfɪn] n UK [fuel] cherosene m.

paragliding ['pærə,glaɪdɪŋ] *n* parapendio *m*.

paragon ['pærəgən] *n* modello *m*.

paragraph ['pærəgrɑːf] *n* paragrafo *m*.

parallel ['pærəlel] ⬦ *adj* : ~ **(to** OR **with sthg)** parallelo(a) (a qc). ⬦ *n* **-1.** [parallel line, surface] parallela *f* **-2.** [similar person, fact, event]: **to have no** ~ non avere equivalente **-3.** [similarity] analogia *f* **-4.** GEOG parallelo *m*.

paralyse UK, **paralyze** US ['pærəlaɪz] *vt lit & fig* paralizzare.

paralysis [pə'rælɪsɪs] (*pl* **-lyses**) *n lit & fig* paralisi *f inv.*

paralyze *vt* US = **paralyse**.

paramedic [,pærə'medɪk] *n* paramedico *m*.

parameter [pə'ræmɪtə^r] *n* parametro *m*.

paramount ['pærəmaʊnt] *adj* fondamentale; **of** ~ **importance** di vitale importanza.

paranoid ['pærənɔɪd] *adj* paranoico(a).

paraphernalia [,pærəfə'neɪljə] *n* armamentario *m*.

parascending ['pærə,sendɪŋ] *n* paracadutismo *m* ascensionale.

parasite ['pærəsaɪt] *n* **-1.** [plant, animal] parassita *m* **-2.** *pej* [person] parassita *mf*.

parasol ['pærəsɒl] *n* parasole *m*.

paratrooper ['pærətruːpə^r] *n* paracadutista *mf*.

parcel ['pɑːsl] *n esp* UK [package] pacco *m*, pacchetto *m*. ➡ **parcel up** *vt sep* UK mettere in un pacco.

parched [pɑːtʃt] *adj* **-1.** [very dry – grass, plain] inaridito(a); [– throat, lips] secco(a) **-2.** *inf* [very thirsty] assetato(a).

parchment ['pɑːtʃmənt] *n* pergamena *f*.

pardon ['pɑːdn] ⬦ *n* **-1.** LAW grazia *f*, condono *m* **-2.** [forgiveness] perdono *m*; **I beg your** ~ **?** [showing surprise or offence] scusi?; [what did you say?] scusi (come dice)?; **I beg your** ~ **!** [to apologize] scusi tanto! ⬦ *vt* **-1.** LAW graziare **-2.** [forgive] perdonare; **to** ~ **sb for sthg** perdonare qc a qn; ~ **?** come?; ~ **me!** scusate!

parent ['peərənt] *n* genitore *m*, -trice *f*.

parental [pə'rentl] *adj* dei genitori.

parenthesis [pə'renθɪsɪs] (*pl* **-theses**) *n* parentesi *f inv.*

Paris ['pærɪs] *n* Parigi *f*.

parish ['pærɪʃ] *n* **-1.** [of church] parrocchia *f* **-2.** UK [area of local government] comune *m*.

parity ['pærətɪ] *n*: ~ **(with)** parità *f* (con/tra).

park [pɑːk] ⬦ *n* **-1.** [public] parco *m*, giardino *m* pubblico **-2.** UK [private] parco *m* **-3.** US [in automatic car] posizione *f* di stazionamento. ⬦ *vt & vi* parcheggiare.

parking ['pɑːkɪŋ] *n* parcheggio *m*; **I find** ~ **very difficult** per me parcheggiare è difficilissimo; **'no** ~ **'** 'sosta vietata'.

parking lot *n* US parcheggio *m*.

parking meter *n* parchimetro *m*.

parking ticket *n* multa *f* per sosta vietata.

parlance ['pɑːləns] *n*: **in common/legal** ~ nel linguaggio comune/legale.

parliament ['pɑːləmənt] *n* **-1.** [assembly, institution] parlamento *m* **-2.** [session] legislatura *f*.

parliamentary [,pɑːlə'mentərɪ] *adj* parlamentare.

parlour UK, **parlor** US ['pɑːlə^r] *n* **-1.** *dated* [in house] salottino *m* **-2.** [cafe]: **ice cream** ~ gelateria *f*.

parochial [pə'rəʊkjəl] *adj pej* campanilista.

parody ['pærədɪ] ⬦ *n* parodia *f*. ⬦ *vt* fare una parodia di.

parole [pə'rəʊl] *n* libertà *f* condizionale; **on** ~ in libertà condizionale.

parrot ['pærət] *n* pappagallo *m*.

parry ['pærɪ] *vt* **-1.** [blow] parare, schivare **-2.** [question] eludere.

parsley ['pɑːslɪ] *n* prezzemolo *m*.

parsnip ['pɑːsnɪp] *n* pastinaca *f*.

parson ['pɑːsn] *n* parroco *m*.

part [pɑːt] ⬦ *n* **-1.** [gen & MUS] parte *f*; **the best** OR **better** ~ **of** la maggior parte di; **for the better** ~ **of two hours** per quasi due ore; **for the most** ~ per la maggior parte **-2.** [of radio, TV series] episodio *m* **-3.** [component] pezzo *m* **-4.** [acting role] parte *f*, ruolo *m* **-5.** [involvement]: ~ **in sthg** partecipazione *f* a qc; **to play an important** ~ **in sthg** giocare un ruolo importante in qc; **to take** ~ **in sthg** prendere parte a qc; **for my/his etc** ~ da parte mia/sua ecc **-6.** US [hair parting] riga *f*, scriminatura *f*. ⬦ *adv* in parte. ⬦ *vt* **-1.** [separate] separare **-2.** [move apart, open] aprire **-3.**: **to** ~ **one's hair** farsi la riga. ⬦ *vi* **-1.** [leave one another] separarsi, lasciarsi **-2.** [move apart, open] aprirsi. ➡ **parts** *npl* [places] luoghi *mpl*; **in these** ~ **s** da queste parti. ➡ **part with** *vt insep* separarsi da.

part exchange *n* UK permuta *f*; **in** ~ in permuta.

partial ['pɑːʃl] *adj* **-1.** [incomplete, biased]

parziale **-2.** [fond]: **to be ~ to sthg** avere un debole per qc.

participant [pɑː'tɪsɪpənt] *n* partecipante *mf*.

participate [pɑː'tɪsɪpeɪt] *vi*: **to ~ (in sthg)** partecipare (a qc).

participation [pɑː,tɪsɪ'peɪʃn] *n* partecipazione *f*.

participle ['pɑːtɪsɪpl] *n* participio *m*.

particle ['pɑːtɪkl] *n* particella *f*.

parti-coloured ['pɑːtɪ-] *adj* variopinto(a).

particular [pə'tɪkjʊlə^r] *adj* **-1.** [specific, unique] particolare, specifico(a) **-2.** [extra, greater] particolare **-3.** [fussy] esigente.
  ◆ particulars *npl* [details] particolari *mpl*, dettagli *mpl*; [personal details] dati *mpl* personali. **◆ in particular** *adv* in particolare.

particularly [pə'tɪkjʊləlɪ] *adv* **-1.** [in particular] in particolare **-2.** [very] particolarmente.

parting ['pɑːtɪŋ] *n* **-1.** [act or instance of saying goodbye] separazione *f* **-2.** *UK* [in hair] riga *f*, scriminatura *f*.

partisan [,pɑːtɪ'zæn] ◇ *adj* [biased] fazioso(a). ◇ *n* [freedom fighter] partigiano *m*, -a *f*.

partition [pɑː'tɪʃn] ◇ *n* [wall, screen] divisorio *m*. ◇ *vt* dividere.

partly ['pɑːtlɪ] *adv* in parte.

partner ['pɑːtnə^r] ◇ *n* **-1.** [in relationship, activity] partner *mf*, compagno *m*, -a *f* **-2.** [in business] socio *m*, -a *f*. ◇ *vt* diventare il/la partner di.

partnership ['pɑːtnəʃɪp] *n* **-1.** [relationship] associazione *f* **-2.** [business] società *f inv*.

partridge ['pɑːtrɪdʒ] (*pl* **-s**) *n* pernice *f*.

part-time ◇ *adj* part-time *inv*. ◇ *adv* part-time.

party ['pɑːtɪ] ◇ *n* **-1.** POL partito *m* **-2.** [social gathering] festa *f* **-3.** [group] gruppo *m* **-4.** LAW [individual] parte *f*. ◇ *vi inf* fare una festa.

party line *n* **-1.** POL linea *f* di partito **-2.** TELEC duplex *m inv*.

pass [pɑːs] ◇ *n* **-1.** SPORT passaggio *m* **-2.** MIL lasciapassare *m inv*; [transport] abbonamento *m*, tessera *f* **-3.** *UK* [in exam] sufficienza *f* **-4.** [route between mountains] passo *m* **-5.** *phr*: **to make a ~ at sb** *inf* provarci con qn. ◇ *vt* **-1.** [gen & SPORT] passare; **to ~ sthg to sb, to ~ sb sthg** passare qc a qn; **to ~ an exam** passare un esame **-2.** [move past] passare davanti a **-3.** [overtake]

sorpassare **-4.** [exceed] superare **-5.** [life, time] trascorrere, passare **-6.** [candidate] ammettere **-7.** [law, motion] approvare, far passare **-8.** [opinion, judgment] esprimere. ◇ *vi* **-1.** [gen & SPORT] passare **-2.** [overtake] sorpassare **-3.** [run, extend] passare, estendersi **-4.** [elapse] trascorrere, passare **-5.** [succeed] passare, essere promosso(a).
  ◆ pass as *vt insep* passare per. **◆ pass away** *vi euph* morire. **◆ pass by** ◇ *vt sep fig* [subj: news, events] scivolare via su. ◇ *vi* [move past] passare. **◆ pass for** *vt insep* = **pass as. ◆ pass on** ◇ *vt sep* **-1.** [object]: **to ~ sthg on (to sb)** far passare qc (a qn) **-2.** [characteristic, tradition, information]: **to ~ sthg on (to sb)** trasmettere qc (a qn). ◇ *vi* **-1.** [move on]: **to ~ on (to sthg)** passare (a qc) **-2.** = **pass away. ◆ pass out** *vi* **-1.** [faint] svenire **-2.** *UK* MIL ≃ completare l'Accademia. **◆ pass over** *vt insep* [overlook] passare sopra. **◆ pass up** *vt sep* trascurare.

passable ['pɑːsəbl] *adj* **-1.** [satisfactory] passabile **-2.** [not blocked] praticabile.

passage ['pæsɪdʒ] *n* **-1.** [between rooms] corridoio *m*; [between houses] passaggio *m* **-2.** [clear path] passaggio *m*, varco *m* **-3.** ANAT condotto *m* **-4.** *fml* [passing, advance] passaggio *m*; **the ~ of time** il passare del tempo **-5.** [sea journey] traversata *f*.

passageway ['pæsɪdʒweɪ] *n* [between rooms] corridoio *m*; [between houses] passaggio *m*.

passbook ['pɑːsbʊk] *n UK* ≃ libretto *m* di risparmio.

passenger ['pæsɪndʒə^r] *n* passeggero *m*, -a *f*.

passerby (*pl* **passersby**) *n* passante *mf*.

passing ['pɑːsɪŋ] *adj* [transient] passeggero(a). **◆ in passing** *adv* di sfuggita.

passion ['pæʃn] *n* passione *f*; **~ for sthg** passione per qc. **◆ passions** *npl* [strong feelings] ira *f*; **~ s were running high** c'era parecchia tensione.

passionate ['pæʃənət] *adj* **-1.** [person, embrace, kiss] appassionato(a) **-2.** [speech, campaigner] infervorato(a).

passive ['pæsɪv] *adj* passivo(a).

Passover ['pɑːs,əʊvə^r] *n*: **(the) ~** la Pasqua ebraica.

passport ['pɑːspɔːt] *n* passaporto *m*.

passport control *n* controllo *m* passaporti.

password ['pɑːswɜːd] *n* [in computing, games] password *f inv*; [in espionage, military] parola *f* d'ordine.

past [pɑːst] ◇ *adj* **-1.** [former] passato(a)

-2. [last] scorso(a); **the ~ week** la settimana scorsa; **the ~ five years** gli ultimi cinque anni **-3.** [finished] finito(a). *adv* **-1.** [telling the time]: **it's ten ~** sono e dieci **-2.** [by]: **to walk/run ~** passare/correre davanti. *n* **-1.** [time]: **the ~** il passato; **in the ~** in passato **-2.** [personal history] passato *m*. *prep* **-1.** [telling the time]: **it's half ~ eight** sono le otto e mezza; **at five ~ nine** alle nove e cinque **-2.** [by] davanti a; **to drive ~ sthg** passare in macchina davanti a qc **-3.** [beyond] oltre; **it's just ~ the bank** è appena oltre la banca.

pasta ['pæstə] *n* pasta *f* (alimentare).

paste [peɪst] *n* **-1.** [smooth mixture] impasto *m* **-2.** CULIN pâté *m inv* **-3.** [glue] colla *f*. *vt* [label, stamp] incollare; [surface] spalmare di colla; COMPUT incollare.

pastel ['pæstl] *adj* [colour, tone] pastello *inv*. *n* pastello *m*.

pasteurize, -ise *UK* ['pɑːstʃəraɪz] *vt* pastorizzare.

pastille *n* pasticca *f*.

pastime ['pɑːstaɪm] *n* passatempo *m*.

pastor ['pɑːstər] *n* RELIG pastore *m*.

past participle *n* participio *m* passato.

pastry ['peɪstrɪ] *n* **-1.** [mixture] impasto *m* **-2.** [cake] pasticcino *m*, pasta *f*.

past tense *n* passato *m*.

pasture ['pɑːstʃər] *n* pascolo *m*.

pasty ['peɪstɪ] *n UK* CULIN pasticcio *m* di carne e verdure.

pat [pæt] *adv*: **to have sthg off ~** sapere qc a menadito. *n* **-1.** [light stroke] colpetto *m*; **a ~ on the shoulder** una pacca sulla spalla **-2.** [small portion]: **a ~ of butter** un panetto di burro. *vt* [dog, surface] accarezzare; [hand, shoulder] dare un colpetto a.

patch [pætʃ] *n* **-1.** [piece of material] toppa *f* **-2.** [to cover eye] benda *f* **-3.** [small area] [of ice] lastra *f*; [of oil] macchia *f*; **a bald ~** una pelata **-4.** [of land] pezzo *m*; **vegetable ~** orticello *m* **-5.** [period of time] momento *m*. *vt* [hole, trousers] rattoppare, rappezzare. ► **patch up** *vt sep* **-1.** [mend] riparare **-2.** fig [quarrel] comporre; [relationship] ricucire.

patchy ['pætʃɪ] *adj* **-1.** [colour] non uniforme; **~ fog** piccoli banchi di nebbia **-2.** [knowledge] frammentario(a) **-3.** [performance, quality] irregolare.

pâté ['pæteɪ] *n* pâté *m inv.*

patent [*UK* 'peɪtənt, *US* 'pætənt] *adj* [obvious] evidente, palese. *n* [on invention] brevetto *m*. *vt* brevettare.

patent leather *n* pelle *f* verniciata.

paternal [pə'tɜːnl] *adj* paterno(a).

path [pɑːθ] *n* **-1.** [track] sentiero *m* **-2.** [way ahead] strada *f* **-3.** [trajectory] traiettoria *f*; **flight ~** rotta *f* di volo **-4.** [course of action] via *f*.

pathetic [pə'θetɪk] *adj* **-1.** [creature, character] patetico(a); [sight] toccante **-2.** [useless] penoso(a).

pathological [ˌpæθə'lɒdʒɪkl] *adj* patologico(a).

pathology [pə'θɒlədʒɪ] *n* patologia *f*.

pathos ['peɪθɒs] *n* pathos *m inv.*

pathway ['pɑːθweɪ] *n* sentiero *m*.

patience ['peɪʃns] *n* **-1.** [quality] pazienza *f* **-2.** *UK* [card game] solitario *m*.

patient ['peɪʃnt] *adj* paziente. *n* paziente *mf*.

patio ['pætɪəʊ] (*pl* **-s**) *n* terrazza *f*.

patriotic [*UK* ˌpætrɪ'ɒtɪk, *US* ˌpeɪtrɪ'ɒtɪk] *adj* patriotico(a).

patrol [pə'trəʊl] *n* **-1.** [of police, soldiers] pattuglia *f* **-2.** [act of patrolling] perlustrazione *f*. *vt* [area, streets] perlustrare, pattugliare.

patrol car *n* volante *f*.

patrolman [pə'trəʊlmən] (*pl* **-men**) *n US* poliziotto *m* (*assegnato a una zona*).

patron ['peɪtrən] *n* **-1.** [of arts] mecenate *mf* **-2.** *UK* [of charity, campaign] patrono *m*, -essa *f* **-3.** *fml* [customer] cliente *mf*.

patronize, -ise *UK* ['pætrənaɪz] *vt* **-1.** *pej* [talk down to] trattare con condiscendenza **-2.** *fml* [be a customer of] frequentare abitualmente **-3.** *fml* [back financially – arts] promuovere; [– artist, musician] sostenere.

patronizing, -ising *UK* ['pætrənaɪzɪŋ] *adj pej* condiscendente.

patter ['pætər] *n* **-1.** [of raindrops] picchiettio *m*; [of feet] scalpiccio *m* **-2.** [talk] imbonimento *m*. *vi* [rain] picchiettare; [dog, feet] zampettare.

pattern ['pætən] *n* **-1.** [gen] modello *m* **-2.** [design] motivo *m*, disegno *m* **-3.** [of distribution, population] schema *m*.

paunch [pɔːntʃ] *n* pancia *f*, trippa *f*.

pauper ['pɔːpər] *n* indigente *mf*.

pause [pɔːz] *n* pausa *f*; **without a ~** senza interruzione. *vi* **-1.** [stop speaking] fare una pausa **-2.** [stop moving, doing sthg] fermarsi.

pave [peɪv] *vt* lastricare; **to ~ the way for sb/sthg** spianare la strada a qn/qc.

pavement ['peɪvmənt] *n* **-1.** *UK* [at side of

road] marciapiede *m* -2. *US* [roadway] carreggiata *f*.

pavilion [pə'vɪljən] *n* -1. [at sports field] *luogo di ristoro e spogliatoi* -2. [at exhibition] padiglione *m*.

paving stone *n* lastra *f* da pavimentazione.

paw [pɔː] *n* zampa *f*.

pawn [pɔːn] <> *n* -1. [chesspiece] pedone *m* -2. [unimportant person] pedina *f*. <> *vt* [watch, ring] dare in pegno.

pawnbroker ['pɔːnˌbrəʊkə'] *n* gestore *m*, -trice *f* di banco dei pegni.

pawnshop ['pɔːnʃɒp] *n* banco *m* dei pegni.

pay [peɪ] (*pt & pp* paid [peɪd]) <> *vt* -1. [gen] pagare; to ~ sb for sthg pagare qn per qc; to ~ sthg for sthg pagare qc per qc; how much did you ~ for it? quanto l'hai pagato? -2. *UK* [into bank account]: to ~ sthg into sthg versare qc su qc; I paid £50 into my account ho versato 50 sterline sul mio conto -3. [be advantageous to]: it ~ s sb to do sthg conviene a qn fare qc -4.: to ~ sb a compliment fare un complimento a qn, to ~ attention fare attenzione; to ~ sb a visit fare visita a qn. <> *vi* -1. [for services, work, goods] pagare; to ~ for sthg pagare per qc -2. [be profitable] rendere; the work ~ s well il lavoro è ben retribuito -3. *fig* [suffer] pagare; she'll ~ for that questa me la paga; to ~ dearly for sthg pagare caro qc. <> *n* [salary] paga *f*. ◆ **pay back** *vt sep* -1. [return loan of money to] restituire -2. [revenge o.s. on]: to ~ sb back (for sthg) farla pagare a qn (per qc). ◆ **pay off** <> *vt sep* -1. [debt, loan] estinguere -2. *UK* [worker, employee] liquidare, dare il benservito a -3. [informer] comprare il silenzio di. <> *vi* [be successful] dare frutti. ◆ **pay up** *vi* pagare completamente.

payable ['peɪəbl] *adj* -1. [debt, loan] dovuto(a) -2. [on cheque]: ~ to sb pagabile a qn.

pay-as-you-go *n UK* *sistema in cui si paga un servizio man mano che lo si utilizza.*

pay cheque *UK*, **paycheck** *US n* [cheque] assegno *m* paga; [money] paga *f*.

payday ['peɪdeɪ] *n* giorno *m* di paga.

payee [peɪ'iː] *n* beneficiario *m*, -a .

pay envelope *n US* busta *f* paga.

payment ['peɪmənt] *n* pagamento *m*.

pay packet *n UK* -1. [envelope] busta *f* paga -2. [wages] paga *f*.

pay-per-view <> *adj* [channel] a pagamento. <> *n* pay TV *f*.

pay phone, pay station *US n* telefono *m* pubblico.

payroll ['peɪrəʊl] *n* libro *m* paga.

payslip ['peɪslɪp] *UK*, **paystub** ['peɪstʌb] *US n* cedolino *m* dello stipendio.

pay station *n US* = pay phone.

paystub *n US* = payslip.

PC *n* -1. (*abbr of* personal computer) PC *m inv* -2. (*abbr of* police constable) agente *m* di polizia.

PDA (*abbr of* personal digital assistant) *n* COMPUT PDA *m inv.*

PDF (*abbr of* portable document format) *n* COMPUT PDF *m inv.*

PE (*abbr of* physical education) *n* Ed. fis.

pea [piː] *n* pisello *m*.

peace [piːs] *n* -1. [gen] pace *f*, tranquillità *f*; ~ of mind serenità *f inv* d'animo; to make (one's) ~ with sb/sthg fare la pace con qn/qc -2. [law and order] quiete *f* pubblica.

peaceful ['piːsfʊl] *adj* -1. [atmosphere, scene, place] tranquillo(a) -2. [demonstration] pacifico(a).

peacetime ['piːstaɪm] *n* tempo *m* di pace.

peach [piːtʃ] <> *adj* [in colour] color pesca *inv*. <> *n* -1. [fruit] pesca *f* -2. [colour] (color *m*) pesca *m inv.*

peacock ['piːkɒk] *n* pavone *m*.

peak [piːk] <> *n* -1. [mountain top] cima *f*, vetta *f* -2. [highest point] picco *m*, punta *f* -3. [of cap] visiera *f*. <> *adj* [hour, time] di punta; [condition] eccellente; [productivity] massimo(a). <> *vi* [unemployment, sales] raggiungere un picco.

peaked [piːkt] *adj* [cap] con visiera.

peak hour *n* [ELEC & ELEC] ora *f* di carico massimo; [for traffic] ora *f* di punta.

peak period *n* [for traffic, electricity] ora *f* di punta; [for customers] periodo *m* di punta.

peak rate *n* [of telephone charges] tariffa *f* intera.

peal [piːl] <> *n* -1. [of bells] scampanio *m* -2. [of thunder] fragore *m*; ~ s of laughter scrosci *mpl* di risa. <> *vi* [bells] suonare a distesa.

peanut ['piːnʌt] *n* nocciolina *f* americana, arachide *f*.

peanut butter *n* burro *m* d'arachidi.

pear [peə'] *n* pera *f*.

pearl [pɜːl] *n* perla *f*.

peasant ['peznt] *n* [in countryside] contadino *m*, -a *f*.

peat [piːt] *n* torba *f*.

pebble ['pebl] *n* ciottolo *m*.

peck [pek] ◇ n -1. [with beak] beccata f -2. [kiss] bacetto m. ◇ vt -1. [with beak] beccare -2. [kiss]: **to ~ sb on the cheek** dare un bacetto sulla guancia a qn.

peckish ['pekɪʃ] adj UK inf: **to feel ~** sentire un certo languorino.

peculiar [pɪ'kju:ljə'] adj -1. [odd, ill] strano(a), singolare; **to feel ~** sentirsi strano(a) -2. [characteristic]: **to be ~ to sb/sthg** essere caratteristico(a) di qn/qc.

peculiarity [pɪ,kju:lɪ'ærətɪ] n -1. [strange habit] stranezza f -2. [individual characteristic] peculiarità f -3. [oddness] bizzarria f.

pedal ['pedl] ◇ n pedale m. ◇ vi pedalare.

pedal bin n UK pattumiera f a pedale.

pedantic [pɪ'dæntɪk] adj pej pedante.

peddle ['pedl] vt -1. [drugs] spacciare -2. [information, rumour] diffondere.

peddler n US = pedlar.

pedestal ['pedɪstl] n piedistallo m.

pedestrian [pɪ'destrɪən] ◇ adj pej [ideas, performance] pedestre. ◇ n pedone m.

pedestrian crossing n UK attraversamento m pedonale.

pedestrian precinct UK, **pedestrian mall** US n zona f pedonale.

pediatrics n US = paediatrics.

pedigree ['pedɪgri:] ◇ adj [dog, cat] di razza. ◇ n -1. [of animal] pedigree m inv -2. [of person] lignaggio m.

pedlar UK, **peddler** US ['pedlə'] n venditore m, -trice f ambulante.

pee [pi:] inf ◇ n -1. [act of urinating] pisciata f; **to have a ~** fare (la) pipì -2. [urine] pipì f. ◇ vi fare (la) pipì.

peek [pi:k] inf ◇ n sbirciata f; **to take** OR **have a ~ at sthg** dare una sbirciatina a qc. ◇ vi sbirciare.

peel [pi:l] ◇ n [of apple, potato] buccia f. ◇ vt [fruit, vegetables] sbucciare. ◇ vi [paint, wallpaper] scrostarsi; [skin] squamarsi; [nose, back] spellarsi.

peelings ['pi:lɪŋz] npl bucce f pl.

peep [pi:p] ◇ n -1. [look] occhiata f -2. inf [sound]: **I haven't heard a ~ from them** non li ho sentiti fiatare. ◇ vi [look] dare un'occhiata.

peephole ['pi:phəʊl] n spioncino m.

peer [pɪə'] ◇ n -1. [noble] pari m inv -2. [equal] pari m f inv. ◇ vi scrutare.

peer group n gruppo m dei coetanei.

peeved [pi:vd] adj inf scocciato(a).

peevish ['pi:vɪʃ] adj stizzoso(a).

peg [peg] ◇ n -1. [hook] gancio m -2. UK [for washing line] molletta f da bucato -3. [for tent] picchetto m. ◇ vt [price, increase] stabilizzare.

pejorative [pɪ'dʒɒrətɪv] adj peggiorativo(a).

pekinese [,pi:kə'ni:z] (pl **pekinese** OR **-s**) n [dog] pechinese m.

Peking [,pi:'kɪŋ] n Pechino f.

pelican ['pelɪkən] (pl **-s**) n pellicano m.

pelican crossing n UK attraversamento pedonale regolato da semaforo azionato da pedoni.

pellet ['pelɪt] n -1. [of food, paper] pallottolina f -2. [for gun] pallottola f.

pelt [pelt] ◇ n [animal skin] pelle f. ◇ vt: **to ~ sb (with sthg)** colpire qn (con una raffica di qc). ◇ vi -1. [rain] picchiare -2. [run very fast] correre a rotta di collo; **she came ~ ing down the stairs** si è precipitata giù per le scale.

pelvis ['pelvɪs] (pl **-vises**) n pelvi f inv.

pen [pen] ◇ n -1. [for writing] penna f -2. [enclosure] recinto m. ◇ vt [enclose – livestock] chiudere in un recinto; [– people] rinchiudere.

penal ['pi:nl] adj [system, reform] penale; [institution] di pena.

penalize, -ise UK ['pi:nəlaɪz] vt -1. [put at a disadvantage] penalizzare -2. [punish] punire.

penalty ['penltɪ] n -1. [punishment] punizione f; **to pay the ~ (for sthg)** fig pagare lo scotto (di qc) -2. [fine] multa f -3. SPORT punizione f; ~ **kick** FTBL calcio m di rigore m; RUGBY [calcio m di] piazzato.

penance ['penəns] n -1. RELIG penitenza f -2. fig [punishment] punizione f.

pence [pens] UK pl ⊳**penny**.

penchant [UK pãʃã, US 'pentʃənt] n: **to have a ~ for sthg/for doing sthg** avere propensione per qc/a fare qc.

pencil ['pensl] ◇ n matita f; **in ~** a matita. ◇ vt scrivere a matita. ◆ **pencil in** vt sep [name, date] stabilire provvisoriamente.

pencil case n portapenne m inv, astuccio m.

pencil sharpener n temperamatite m inv.

pendant ['pendənt] n ciondolo m.

pending ['pendɪŋ] fml ◇ adj -1. [exams, elections] imminente -2. [court case, lawsuit] in sospeso. ◇ prep in attesa di.

pendulum ['pendjʊləm] (pl **-s**) n pendolo m.

penetrate ['penɪtreɪt] vt -1. [get through –

subj: person] passare attraverso; [- subj: wind, rain, light] penetrare in; [- subj: sharp object, bullet] perforare **-2.** [spy ring, terrorist group] infiltrarsi in.

pen friend *n* amico *m*, -a *f* di penna.

penguin ['peŋgwɪn] *n* pinguino *m*.

penicillin [,penɪ'sɪlɪn] *n* penicillina *f*.

peninsula [pə'nɪnsjʊlə] (*pl* **-s**) *n* penisola *f*.

penis ['pi:nɪs] (*pl* **penises**) *n* pene *m*.

penitentiary [,penɪ'tenʃərɪ] *n* US penitenziario *m*, carcere *m*.

penknife ['pennaɪf] (*pl* **-knives**) *n* temperino *m*, coltellino *m*.

pen name *n* pseudonimo *m*.

pennant ['penənt] *n* [in sports, competitions] gagliardetto *m*; [on ship] fiamma *f*.

penniless ['penɪlɪs] *adj* squattrinato(a), spiantato(a); **to leave sb ~** lasciare qn al verde.

penny ['penɪ] (*pl* **-ies** OR **pence**) *n* **-1.** UK [coin] penny *m inv* **-2.** US [coin] cent *m inv* **-3.** UK [value] soldo *m*; **you won't get a ~** from her da lei non vedrai un soldo.

pen pal *n inf* amico *m*, -a *f* di penna.

pension ['penʃn] *n* pensione *f*.

pensioner ['penʃənə'] *n* UK: **(old-age) ~** pensionato *m*, -a *f*.

pensive ['pensɪv] *adj* pensieroso(a).

pentagon ['pentəgən] *n* pentagono *m*.
◆ Pentagon *n* US: **the ~** il Pentagono.

Pentecost ['pentɪkɒst] *n* Pentecoste *f*.

penthouse ['penthaʊs] *n* attico *m*.

pent-up *adj* [feelings, emotions] represso(a), [energy] soffocato(a)

penultimate [pe'nʌltɪmət] *adj* penultimo(a).

people ['pi:pl] ⇔ *n* [nation, race] popolo *m*. ⇔ *npl* **-1.** [persons] gente *f*; **this table seats eight ~** questo è un tavolo da otto persone; **~ say that ...** si dice che ..., dicono che ... **-2.** [inhabitants] abitanti *mpl* **-3.** POL: **the ~** il popolo. ⇔ *vt*: **to be ~d by** OR **with** essere popolato(a) da.

people carrier *n* UK monovolume *f inv.*

pep [pep] *n inf* dinamismo *m*. **◆ pep up** *vt sep* **-1.** [person] tirare su **-2.** [party, event] animare.

pepper ['pepə'] *n* **-1.** [spice] pepe *m* **-2.** [vegetable] peperone *m*.

pepperbox ['pepəbɒks] *n* US = **pepper pot.**

peppermint ['pepəmɪnt] *n* **-1.** [sweet] caramella *f* alla menta **-2.** [herb] menta *f* piperita.

pepper pot UK, **pepperbox** US *n* pepaiola *f.*

pep talk *n inf* discorso *m* d'incoraggiamento.

per [pɜː'] *prep* [expressing rate, ratio] a; **£10 ~ hour** dieci sterline all'ora; **as ~ instructions** come da vostre istruzioni.

per annum [pər'ænəm] *adv* all'anno.

per capita [pə'kæpɪtə] *adj & adv* pro capite.

perceive [pə'si:v] *vt* **-1.** [see] percepire **-2.** [notice, realize] notare **-3.** [conceive, consider]: **to ~ sb/sthg as** vedere qn/qc come.

per cent [pə'sent] *adv* per cento.

percentage [pə'sentɪdʒ] *n* percentuale *f*.

perception [pə'sepʃn] *n* **-1.** [of colour, sound, time] percezione *f* **-2.** [insight, understanding] intuizione *f*.

perceptive [pə'septɪv] *adj* perspicace.

perch [pɜːtʃ] (*pl* **-es**) ⇔ *n* **-1.** [for bird] trespolo *m* **-2.** [high position] piedistallo *m* **-3.** [fish] (pesce *m*) persico *m*. ⇔ *vi* [bird, person]: **to ~ (on sthg)** appollaiarsi (su qc).

percolator [pə'kɒleɪtə'] *n* caffettiera *f* per caffè all'americana.

percussion [pə'kʌʃn] *n* percussione *f*.

perennial [pə'renjəl] ⇔ *adj* **-1.** [problem, feature] ricorrente **-2.** BOT perenne. ⇔ *n* BOT pianta *f* perenne.

perfect ⇔ *adj* ['pɜːfɪkt] **-1.** [ideal, faultless] perfetto(a); **that will be ~!** questo andrà benissimo! **-2.** [for emphasis] vero(a), strangers perfetti sconosciuti. ⇔ *n* ['pɜːfɪkt] GRAM: **the ~ (tense)** il perfetto. ⇔ *vt* [pə'fekt] perfezionare.

perfection [pə'fekʃn] *n* **-1.** [act of making perfect] perfezionamento *m* **-2.** [faultlessness] perfezione *f*; **to ~** alla perfezione.

perfectionist [pə'fekʃənɪst] *n* perfezionista *mf*.

perfectly ['pɜːfɪktlɪ] *adv* **-1.** [for emphasis] molto; **you know ~ well that...** sai molto bene che... **-2.** [to perfection] perfettamente.

perforate ['pɜːfəreɪt] *vt* perforare.

perforations *npl* perforazioni *fpl*.

perform [pə'fɔːm] ⇔ *vt* **-1.** [carry out - operation] eseguire; [- miracle] fare; [- function] adempiere; [service] effettuare **-2.** [in front of audience - play] mettere in scena; [- dance, piece of music] eseguire. ⇔ *vi* **-1.** [car, team]: **to ~ well/badly** offrire una buona/cattiva prestazione; **how did the team ~ this week?** com'è andata la squadra questa settimana? **-2.** [in front of audience - actor] recitare; [- musician] suonare.

performance [pə'fɔːməns] *n* **-1.** [of task, duty] esecuzione *f* **-2.** [show] spettacolo *m* **-3.** [by actor, singer] interpretazione *f* **-4.** [of car, engine] prestazione *f*.

performer [pə'fɔːmə^r] *n* [actor, singer, musician] interprete *mf*, artista *mf*.

perfume *n* ['pɜːfjuːm] profumo *m*.

perfunctory [pə'fʌŋktərɪ] *adj* superficiale.

perhaps [pə'hæps] *adv* forse; ~ **so/not** forse sì/no.

peril ['perɪl] *n lit* pericolo *m*.

perimeter [pə'rɪmɪtə^r] *n* [of circle, land] perimetro *m*; ~ **fence/wall** staccionata *f*/ muro *m* di cinta.

period ['pɪərɪəd] <> *n* **-1.** [gen] periodo *m* **-2.** SCH ora *f(di lezione)* ; **to have a free** ~ avere un'ora buca **-3.** [menstruation] mestruazioni *mpl* **-4.** *US* [full stop] punto *m*. <> *comp* [dress, furniture] d'epoca.

periodic [,pɪərɪ'ɒdɪk] *adj* periodico(a).

periodical [,pɪərɪ'ɒdɪkl] <> *adj* = **periodic.** <> *n* periodico *m*.

peripheral [pə'rɪfərəl] <> *adj* **-1.** [aspect, subject] secondario(a) **-2.** [vision, region] periferico(a). <> *n* COMPUT periferica *f*.

perish ['perɪʃ] *vi* **-1.** [die] perire **-2.** [decay] deteriorarsi.

perishable ['perɪʃəbl] *adj* deperibile.
→ **perishables** *npl* beni *mpl* deperibili.

perjury ['pɜːdʒərɪ] *n* falsa testimonianza *f*.

perk [pɜːk] *n inf* beneficio *m* accessorio.
→ **perk up** *vi* tirarsi su *(di morale).*

perky ['pɜːkɪ] *adj inf* allegro(a).

perm [pɜːm] *n* permanente *f*.

permanent ['pɜːmənənt] <> *adj* **-1.** [not temporary – job] fisso(a); [– damage] permanente; [– feature] stabile **-2.** [continuous, constant] continuo(a). <> *n US* permanente *f*.

permeate ['pɜːmɪeɪt] *vt* **-1.** [subj: liquid] penetrare in **-2.** [subj: smell, feeling, idea] permeare.

permissible [pə'mɪsəbl] *adj* ammissibile.

permission [pə'mɪʃn] *n* permesso *m*.

permit <> *vt* [pə'mɪt] permettere; **to** ~ **sb to do sthg** permettere a qn di fare qc; **to** ~ **sb sthg** concedere qc a qn. <> *n* ['pɜːmɪt] [for work, travel] permesso *m*; [for fishing, exporting, importing] licenza *f*; **parking** ~ parcheggio *m* consentito.

perpendicular [,pɜːpən'dɪkjʊlə^r] <> *adj* **-1.** [line, wall]; ~ **(to sthg)** pependicolare (a qc) **-2.** [cliff] a strapiombo. <> *n* MATHS perpendicolare *f*.

perpetrate ['pɜːpɪtreɪt] *vt fml* perpetrare.

perpetual [pə'petʃʊəl] *adj* **-1.** *pej* [continuous] incessante **-2.** [everlasting] perpetuo(a).

perplexing [pə'pleksɪŋ] *adj* [behaviour] sconcertante; [problem] disorientante.

persecute ['pɜːsɪkjuːt] *vt* perseguitare.

persevere [,pɜːsɪ'vɪə^r] *vi:* **to** ~ **(with sthg/in doing sthg)** perseverare (in qc/ nel fare qc).

Persian ['pɜːʃn] *adj* persiano(a).

persist [pə'sɪst] *vi* **-1.** [problem, situation, rain] persistere **-2.** [person]: **to** ~ **in doing sthg** insistere nel fare qc.

persistence [pə'sɪstəns] *n* **-1.** [continuation] persistenza *f* **-2.** [determination] perseveranza *f*.

persistent [pə'sɪstənt] *adj* **-1.** [noise, rain] insistente; [problem] costante **-2.** [person] perseverante.

person ['pɜːsn] *(pl* **people** OR **persons** *fml) n* **-1.** [gen & GRAM] persona *f*; **in** ~ in persona **-2.** [body]: **about one's** ~ su di sé.

personable ['pɜːsnəbl] *adj* di bell'aspetto.

personal ['pɜːsənl] *adj* **-1.** [gen] personale **-2.** [life] privato(a); [friend] intimo(a) **-3.** *pej* [rude]: **to be** ~ andare sul personale.

personal assistant *n* segretario *m*, -a *f* particolare.

personal column *n* rubrica *f* degli annunci personali.

personal computer *n* personal computer *m inv.*

personality [,pɜːsə'nælətɪ] *n* **-1.** [character, nature] personalità *f inv* **-2.** [famous person] personaggio *m*.

personally ['pɜːsnəlɪ] *adv* **-1.** [speaking for o.s., individually] personalmente; **to take sthg** ~ prendere qc come offesa personale **-2.** [in person, directly] di persona.

personal organizer *n* organizer *m inv.*

personal property *n* patrimonio *m* personale.

personal stereo *n* walkman® *m inv.*

personify [pə'sɒnɪfaɪ] *vt* personificare.

personnel [,pɜːsə'nel] <> *n* [in firm, organization] ufficio *m* personale. <> *npl* [staff] personale *m*, dipendenti *mpl*.

perspective [pə'spektɪv] *n* prospettiva *f*.

Perspex® ['pɜːspeks] *n UK* perspex® *m*.

perspiration [,pɜːspə'reɪʃn] *n* **-1.** [sweat] sudore *m* **-2.** [act of perspiring] sudorazione *f*.

persuade [pə'sweɪd] *vt* persuadere; **to** ~

sb to do sthg persuadere qn a fare qc; **to ~ sb that** convincere qn che; **to ~ sb of sthg** convincere qn di qc.

persuasion [pə'sweɪʒn] *n* **-1.** [act of persuading] persuasione *f* **-2.** [belief – religious] fede *f*; [– political] convinzione *f* politica.

persuasive [pə'sweɪsɪv] *adj* convincente.

pertain [pə'teɪn] *vi fml*: **to ~ to sb/sthg** essere relativo(a) a qn/qc.

pertinent ['pɜːtɪnənt] *adj* pertinente.

perturb [pə'tɜːb] *vt fml* perturbare.

peruse [pə'ruːz] *vt fml* leggere.

pervade [pə'veɪd] *vt* pervadere.

perverse [pə'vɜːs] *adj* [delight, behaviour] perverso(a); **don't be so ~!** non fare il bastian contrario!

perversion [*UK* pə'vɜːʃn, *US* pə'vɜːrʒn] *n* **-1.** [sexual deviation] perversione *f* **-2.** [of justice, truth, meaning] travisamento *m*.

pervert ⬦ *n* ['pɜːvɜːt] pervertito *m*, -a *f*. ⬦ *vt* [pə'vɜːt] **-1.** [meaning, truth] travisare; **to ~ the course of justice** ostacolare il corso della giustizia **-2.** [person, mind] corrompere.

pessimist ['pesɪmɪst] *n* pessimista *mf*.

pessimistic [ˌpesɪ'mɪstɪk] *adj* [person] pessimista; [forecast, opinion] pessimistico(a).

pest [pest] *n* **-1.** [animal] animale *m* nocivo; [insect] insetto *m* nocivo **-2.** *inf* [annoying person, thing] rompiscatole *mf inv*.

pester ['pestər] *vt* importunare, assillare.

pet [pet] ⬦ *adj* [favourite] preferito(a). ⬦ *n* **-1.** [domestic animal] animale *m* (da compagnia) **-2.** [favourite person] cocco *m*, -a *f*. ⬦ *vt* [stroke] accarezzare. ⬦ *vi* [caress sexually] pomiciare.

petal ['petl] *n* petalo *m*.

peter ['piːtər] ◆ **peter out** *vi* [path] finire; [food, supplies, interest] esaurirsi.

petite [pə'tiːt] *adj* minuto(a).

petition [pɪ'tɪʃn] ⬦ *n* **-1.** [supporting campaign] petizione *f* **-2.** LAW istanza *f*. ⬦ *vt* presentare una petizione a.

petrified ['petrɪfaɪd] *adj* impietrito(a).

petrol ['petrəl] *n UK* benzina *f*.

petrol bomb *n UK* bomba *f* molotov.

petrol can *n UK* tanica *f* della benzina.

petrol pump *n UK* pompa *f* della benzina.

petrol station *n UK* distributore *m* di benzina.

petrol tank *n UK* serbatoio *m* della benzina.

petticoat ['petɪkəʊt] *n* sottoveste *f*.

petty ['petɪ] *adj* **-1.** [small-minded] meschino(a) **-2.** [trivial] insignificante; **~ crime** reato *m* minore.

petty cash *n* piccola cassa *f*.

petulant ['petjʊlənt] *adj* petulante.

pew [pjuː] *n* banco *m* (di chiesa).

pewter ['pjuːtər] *n* peltro *m*.

phantom ['fæntəm] ⬦ *adj* [imaginary] fantasma. ⬦ *n* [ghost] fantasma *m*.

pharmaceutical [ˌfɑːmə'sjuːtɪkl] *adj* farmaceutico(a).

pharmacist ['fɑːməsɪst] *n* farmacista *mf*.

pharmacy ['fɑːməsɪ] *n* farmacia *f*.

phase [feɪz] *n* fase *f*. ◆ **phase in** *vt sep* introdurre gradualmente. ◆ **phase out** *vt sep* eliminare gradualmente.

PhD (*abbr of* **Doctor of Philosophy**) *n (chi possiede un) dottorato in filosofia*.

pheasant ['feznt] (*pl* **-s**) *n* fagiano *m*.

phenomena [fɪ'nɒmɪnə] *pl* ⮡ **phenomenon**.

phenomenal [fɪ'nɒmɪnl] *adj* fenomenale.

phenomenon [fɪ'nɒmɪnən] (*pl* **-mena**) *n* fenomeno *m*.

philanthropist [fɪ'lænθrəpɪst] *n* filantropo *m*, -a *f*.

philosopher [fɪ'lɒsəfər] *n* filosofo *m*, -a *f*.

philosophical *adj* **-1.** [of or relating to philosophy] filosofico(a) **-2.** [stoical]: **to be ~ about sthg** prendere qc con filosofia.

philosophy [fɪ'lɒsəfɪ] *n* filosofia *f*.

phlegm [flem] *n* [mucus] catarro *m*.

phobia ['fəʊbjə] *n* fobia *f*.

phone [fəʊn] ⬦ *n* telefono *m*; **to be on the ~** [speaking] essere al telefono; *UK* [connected to network] avere il telefono. ⬦ *comp* del telefono. ⬦ *vt* telefonare a. ⬦ *vi* telefonare. ◆ **phone back** *vt sep* *vi* richiamare. ◆ **phone up** ⬦ *vt sep* telefonare a. ⬦ *vi* telefonare.

phone book *n* elenco *m* (abbonati).

phone booth *n* cabina *f* telefonica.

phone box *n UK* cabina *f* telefonica.

phone call *n* telefonata *f*; **to make a ~** fare una telefonata.

phonecard ['fəʊnkɑːd] *n* scheda *f* telefonica.

phone-in *n UK* RADIO & TV *trasmissione con telefonate del pubblico in diretta*.

phone number *n* numero *m* di telefono.

phonetics [fə'netɪks] *n* fonetica *f*.

phoney *UK*, **phony** *US* ['fəʊnɪ] *inf* ⬦ *adj* falso(a). ⬦ *n* [person] venditore *m*, -trice *f* di fumo.

photo 252

photo ['fəʊtəʊ] *n* foto *f inv*; **to take a ~ (of sb/sthg)** fare una foto (a qn/qc).

photocopier ['fəʊtəʊ,kɒpɪə'] *n* fotocopiatrice *f*.

photocopy ['fəʊtəʊ,kɒpɪ] ◇ *n* fotocopia *f*. ◇ *vt* fotocopiare.

photograph ['fəʊtəgrɑ:f] ◇ *n* fotografia *f*; **to take a ~ (of sb/sthg)** fare una fotografia (a qn/qc). ◇ *vt* fotografare.

photographer [fə'tɒgrəfə'] *n* fotografo *m*, -a *f*.

photography [fə'tɒgrəfɪ] *n* fotografia *f*.

phrasal verb *n* verbo *m* frasale.

phrase [freɪz] ◇ *n* -1. [part of sentence] frase *f* -2. [expression] espressione *f*. ◇ *vt* esprimere.

phrasebook ['freɪzbʊk] *n* manuale *m* di conversazione.

physical ['fɪzɪkl] ◇ *adj* fisico(a). ◇ *n* visita *f* medica.

physical education *n* SCH educazione *f* fisica.

physically ['fɪzɪklɪ] *adv* fisicamente.

physically handicapped ◇ *adj dated* portatore(trice) di handicap fisico. ◇ *npl*: **the ~** i portatori di handicap fisico.

physician [fɪ'zɪʃn] *n* medico *m*.

physicist ['fɪzɪsɪst] *n* fisico *m*, -a *f*.

physics ['fɪzɪks] *n* fisica *f*.

physiotherapy [,fɪzɪəʊ'θerəpɪ] *n* fisioterapia *f*.

physique [fɪ'zi:k] *n* fisico *m*.

pianist ['pɪənɪst] *n* pianista *mf*.

piano [pɪ'ænəʊ] (*pl* -s) *n* [instrument] piano *m*.

pick [pɪk] ◇ *n* -1. [tool] piccone *m* -2. [selection]: **to take one's ~** scegliere -3. [best]: **the ~ of** il meglio di. ◇ *vt* -1. [select, choose] scegliere -2. [gather] raccogliere -3. [remove] togliere -4. [nose, teeth]: **to ~ one's nose** mettersi le dita nel naso; **to ~ one's teeth** stuzzicarsi i denti -5. [argument, quarrel] scatenare; **to ~ a fight (with sb)** attaccare briga (con qn) -6. [lock] scassinare. ◆ **pick on** *vt insep* prendersela con. ◆ **pick out** *vt sep* -1. [recognize] riconoscere -2. [select, choose] scegliere. ◆ **pick up** ◇ *vt sep* -1. [lift up] raccogliere -2. [collect] andare a prendere -3. [acquire] [skill, language] imparare; [habit, tip] prendere; [bargain] fare; **to ~ up speed** prendere velocità -4. *inf* [start relationship with] rimorchiare -5. RADIO & TELEC captare -6. [resume] riprendere. ◇ *vi* -1. [improve] essere in ripresa -2. [resume] riprendere.

pickaxe UK, **pickax** US ['pɪkæks] *n* piccone *m*.

picket ['pɪkɪt] ◇ *n* [person] picchetto *m*; [instance of picketing] picchettaggio *m*. ◇ *vt* [place of work] picchettare.

picket line *n* picchetto *m*.

pickle ['pɪkl] ◇ *n* -1. [food] sottaceti *mpl* -2. *inf* [difficult situation]: **to be in a ~** essere nei pasticci. ◇ *vt* conservare sott'aceto.

pickpocket ['pɪk,pɒkɪt] *n* borseggiatore *m*, -trice *f*.

pick-up *n* -1. [of record player] pick-up *m inv* -2. [truck] furgoncino *m* (*a sponde basse*).

picnic ['pɪknɪk] (*pt & pp* **-king**) ◇ *n* picnic *m inv*. ◇ *vi* fare un picnic.

pictorial [pɪk'tɔ:rɪəl] *adj* [magazine, article] illustrato(a).

picture ['pɪktʃə'] ◇ *n* -1. [painting, drawing] dipinto *m* -2. [photograph] foto *f inv* -3. [on TV, in one's mind] immagine *f* -4. [movie] film *m inv* -5. [prospect] situazione *f* -6. *phr*: **to get the ~** *inf* capire la faccenda; **to put sb in the ~** mettere qn al corrente. ◇ *vt* -1. [in mind] immaginare -2. [in photo] fotografare -3. [in painting, drawing] ritrarre. ◆ **pictures** *npl* UK *dated*: **the ~s** il cinema *inv*.

picture book *n* libro *m* illustrato.

picturesque [,pɪktʃə'resk] *adj* pittoresco(a).

pie [paɪ] *n* -1. [sweet] torta *f* -2. [savoury] pasticcio *m* in crosta.

piece [pi:s] *n* -1. [gen] pezzo *m*; **to fall to ~s** cadere a pezzi; **to take sthg to ~s** smontare qc; **in ~s** a pezzi; **in one ~** [intact] intero(a) -2. [individual item]: **a ~ of furniture** un mobile; **a ~ of clothing** un capo d'abbigliamento; **a ~ of advice** un consiglio; **a ~ of news** una notizia; **a ~ of luck** una botta di fortuna -3. [coin] moneta *f*. ◆ **piece together** *vt sep* [story, facts] ricostruire.

piecemeal ['pi:smi:l] ◇ *adj* frammentario(a). ◇ *adv* poco a poco.

piecework ['pi:swɜ:k] *n* lavoro *m* a cottimo.

pier [pɪə'] *n* [at seaside] molo *m*.

pierce [pɪəs] *vt* -1. [subj: bullet, needle, cold, light] penetrare; **to have one's ears ~d** farsi fare i buchi alle orecchie -2. [subj: cry] squarciare.

piercing ['pɪəsɪŋ] ◇ *adj* -1. [sound] lacerante -2. [wind] pungente -3. [look, eyes] penetrante. ◇ *n* piercing *m inv*.

pig [pɪg] *n* -1. [animal] maiale *m* -2. *inf pej*

[greedy eater] maiale *m* **-3.** *inf pej* [unpleasant person] porco *m*.

pigeon ['pɪdʒɪn] (*pl* **-s**) *n* [bird] piccione *m*.

pigeonhole ['pɪdʒɪnhəʊl] ◇ *n* casella *f*. ◇ *vt* classificare.

piggybank ['pɪgɪbæŋk] *n* porcellino *m* salvadanaio.

pigheaded *adj* testardo(a).

pigment *n* ['pɪgmənt] pigmento *m*.

pigpen ['pɪgpen] *n US* = **pigsty**.

pigskin ['pɪgskɪn] *n* pelle *f* di cinghiale.

pigsty ['pɪgstaɪ], **pigpen** *US n lit & fig* porcile *m*.

pigtail ['pɪgteɪl] *n* [hair] codino *m*.

pilchard ['pɪltʃəd] *n* sardina *f*.

pile [paɪl] ◇ *n* **-1.** [heap] mucchio *m*; **a ~** OR **~ s of sthg** *inf* un mucchio di qc **-2.** [neat stack] pila *f* **-3.** [of carpet, fabric] pelo *m*. ◇ *vt* impilare; **to be ~ d with sthg** essere pieno(a) di qc. ◆ **piles** *npl* MED emorroidi *fpl*. ◆ **pile into** *vt insep inf* ammassarsi in. ◆ **pile up** ◇ *vt sep* [books, papers] impilare; [snow] ammucchiare. ◇ *vi* accumularsi.

pile-up *n* [of vehicles] tamponamento *m*.

pilfer ['pɪlfə'] ◇ *vt*: **to ~ sthg (from)** rubare qc (a). ◇ *vi*: **to ~ (from)** rubare (a).

pilgrim ['pɪlgrɪm] *n* pellegrino *m*, -a *f*.

pilgrimage ['pɪlgrɪmɪdʒ] *n* pellegrinaggio *m*.

pill [pɪl] *n* **-1.** MED pillola *f* **2.** [contraceptive]: **the ~** la pillola; **to be on the ~** prendere la pillola.

pillage ['pɪlɪdʒ] *vt* saccheggiare.

pillar ['pɪlə'] *n* **-1.** ARCHIT pilastro *m* **-2.** [important person]: **to be a ~ of sthg** essere il pilastro di qc.

pillar box *n UK* buca *f* della posta (*a colonnina*).

pillion ['pɪljən] *n* sellino *m* posteriore; **to ride ~** sedersi dietro (*sulla moto*).

pillow ['pɪləʊ] *n* **-1.** [for bed] cuscino *m*, guanciale *m* **-2.** *US* [on sofa, chair] cuscino *m*.

pillowcase ['pɪləʊkeɪs], **pillowslip** ['pɪləʊslɪp] *n* federa *f*.

pilot ['paɪlət] ◇ *n* **-1.** AERON pilota *mf* **-2.** NAUT timoniere *m*, -a **-3.** TV trasmissione *f* pilota (*inv*). ◇ *comp* [scheme, show] pilota (*inv*). ◇ *vt* **-1.** AERON pilotare **-2.** NAUT manovrare **-3.** [bill] far passare **-4.** [scheme] testare.

pilot burner, **pilot light** *n* [on gas appliance] fiamma *f* pilota.

pimp [pɪmp] *n inf* protettore *m*.

pimple ['pɪmpl] *n* brufolo *m*.

pin [pɪn] ◇ *n* **-1.** [for sewing] spillo *m*; **to have ~ s and needles** fig avere il formicolio **-2.** [drawing pin] puntina *f* da disegno **-3.** [safety pin] spilla *f* **-4.** [of plug] spina *f* **-5.** TECH copiglia *m* **-6.** *US* [brooch, badge] spilla *f*. ◇ *vt* **-1.** [attach]: **to ~ sthg to** OR **on sthg** appuntare qc a OR su qc **-2.** [immobilize]: **to ~ sb against** OR **to sthg** immobilizzare qn contro qc **-3.** [apportion]: **to ~ sthg on sb** [blame] dare qc a qn; [crime] incolpare qn di qc. ◆ **pin down** *vt sep* **-1.** [identify] definire **-2.** [force to make a decision]: **to ~ sb down** costringere qn a prendere una decisione.

pinafore ['pɪnəfɔː'] *n* **-1.** [apron] grembiule *m* **-2.** *UK* [dress] scamiciato *m*.

pinball ['pɪnbɔːl] *n* flipper *m inv*.

pincers *npl* **-1.** [tool] tenaglie *fpl* **-2.** [front claws] chele *fpl*.

pinch [pɪntʃ] ◇ *n* pizzico *m*. ◇ *vt* **-1.** [nip] pizzicare; [subj: shoes] stringere **-2.** *inf* [steal] fregare. ◆ **at a pinch** *UK*, **in a pinch** *US adv* al limite.

pincushion ['pɪn,kʊʃn] *n* puntaspilli *m inv*.

pine [paɪn] ◇ *n* pino *m*. ◇ *vi*: **to ~ for sb/sthg** languire per qn/qc.

pineapple ['paɪn,æpl] *n* ananas *m inv*.

ping [pɪŋ] *n* tintinnio *m*.

pink [pɪŋk] ◇ *adj* **-1.** [in colour] rosa *inv* **-2.** [with embarrassment] rosso(a). ◇ *n* [colour] rosa *m inv*.

pink pound *UK*, **pink dollar** *US n*: **the ~** il potere d'acquisto della comunità gay.

pinnacle ['pɪnəkl] *n* **-1.** *fig* [of career, success] apice *m* **-2.** [mountain peak] picco *m* **-3.** [spire] pinnacolo *m*.

pinpoint ['pɪnpɔɪnt] *vt* **-1.** [difficulty, cause] individuare **-2.** [position, target, leak] localizzare.

pin-striped *adj* gessato(a).

pint [paɪnt] *n* **-1.** *UK* [unit of measurement] pinta *f* (= *0,568 litri*) **-2.** *US* [unit of measurement] pinta *f* (= *0,473 litri*) **-3.** *UK* [beer] birra *f*.

pioneer [,paɪə'nɪə'] ◇ *n* pioniere *m*, -a *f*. ◇ *vt* sperimentare.

pious ['paɪəs] *adj* **-1.** [religious] pio(a) **-2.** *pej* [sanctimonious] bigotto(a).

pip [pɪp] *n* **-1.** [seed] seme *m* **-2.** *UK* [bleep] segnale *m* acustico.

pipe [paɪp] ◇ *n* **-1.** [for gas, water] tubo *m* **-2.** [for smoking] pipa *f*. ◇ *vt* [liquid, gas] convogliare; [music] diffondere. ◆ **pipes** *npl* [bagpipes] cornamusa *f*. ◆ **pipe**

down *vi inf* fare silenzio. ◆ **pipe up** *vi inf* alzare la voce.

pipe cleaner *n* scovolino *m*.

pipeline ['paɪplaɪn] *n*: **gas** ~ gasdotto *m*; **oil** ~ oleodotto *m*.

piper ['paɪpə^r] *n* MUS suonatore *m*, -trice *f* di cornamusa.

piping hot *adj* bollente.

pirate ['paɪrət] ◇ *adj* [copy, CD, video] pirata *(inv)*. ◇ *n* -**1.** [sailor] pirata *m* -**2.** [illegal copy] copia *f* pirata*(inv)*. ◇ *vt* [CD, video] piratare.

pirouette [,pɪrʊ'et] ◇ *n* piroetta *f*. ◇ *vi* piroettare.

Pisces ['paɪsiːz] *n* Pesci *mpl*; **to be (a)** ~ essere dei Pesci.

piss [pɪs] *vulg* ◇ *n* piscio *m*. ◇ *vi* pisciare.

pissed [pɪst] *adj vulg* -**1.** *UK* [drunk] sbronzo(a) -**2.** *US* [annoyed] incazzato(a).

pissed off *adj vulg* incazzato(a).

pistol ['pɪstl] *n* pistola *f*.

piston ['pɪstən] *n* pistone *m*.

pit [pɪt] ◇ *n* -**1.** [large hole] fossa *f* -**2.** [small, shallow hole] buca *f* -**3.** [for orchestra] golfo *m* mistico -**4.** [mine] miniera *f* -**5.** *US* [of fruit] nocciolo *m*. ◇ *vt*: **to be** ~**ted against sb** essere messo(a) (a combattere) contro qn. ◆ **pits** *npl* [in motor racing]: **the** ~**s** i box.

pitch [pɪtʃ] ◇ *n* -**1.** SPORT campo *m* -**2.** MUS tonalità *f inv* -**3.** [level, degree] grado *m* -**4.** [street vendor's place] posteggio *m* -**5.** *inf* [spiel] imbonimento *m* -**6.** [of slope, roof] pendenza *f*. ◇ *vt* -**1.** [throw] lanciare -**2.** [set - price] fissare; [- speech] adattare -**3.** [tent] piantare; **to** ~ **camp** campeggiare. ◇ *vi* -**1.** [fall over] cadere; **to** ~ **forward** cadere in avanti -**2.** [ship, plane] beccheggiare.

pitch-black *adj* buio(a); **it's** ~ **outside** fuori è buio pesto.

pitched battle *n* battaglia *f* campale.

pitcher ['pɪtʃə^r] *n* -**1.** *US* [one-handled jug] caraffa *f* -**2.** *UK* [two-handled jug] brocca *f* -**3.** [in baseball] lanciatore *m*, -trice *f*.

pitchfork ['pɪtʃfɔːk] *n* forcone *m*.

pitfall ['pɪtfɔːl] *n* insidia *f*.

pith [pɪθ] *n* [of fruit] albedo *f inv*.

pithy ['pɪθɪ] *adj* [comment, writing] incisivo(a).

pitiful ['pɪtɪfʊl] *adj* -**1.** [arousing pity] pietoso(a) -**2.** [arousing contempt] meschino(a).

pitiless ['pɪtɪlɪs] *adj* spietato(a).

pit stop *n* [in motor racing] pit stop *m inv*.

pittance ['pɪtəns] *n*: **to earn a** ~ guadagnare una miseria.

pity ['pɪtɪ] ◇ *n* -**1.** [sympathy, sorrow] pietà *f*; **to take** OR **have** ~ **on sb** avere pietà di qn -**2.** [shame] peccato *m*; **what a** ~**!** che peccato! ◇ *vt* compiangere.

pivot ['pɪvət] *n lit & fig* perno *m*.

pizza ['piːtsə] *n* pizza *f*.

placard ['plækɑːd] *n* cartellone *m*.

placate [plə'keɪt] *vt* placare.

place [pleɪs] ◇ *n* -**1.** [gen] posto *m*; ~ **of birth** luogo *m* di nascita -**2.** [suitable occasion] momento *m* -**3.** [home] casa *f* -**4.** [role, function] ruolo *m* -**5.** [in book] segno *m* -**6.** MATHS: **to work out the answer to two decimal** ~**s** calcolare i decimali fino alla seconda cifra -**7.** [instance]: **in the first** ~ innanzitutto; **in the first** ~ **...**, **and in the second** ~ **...** in primo luogo..., e in secondo luogo... -**8.** *phr*: **to take** ~ avere luogo, svolgersi; **to take the** ~ **of sb/sthg** sostituire qn/qc. ◇ *vt* -**1.** [position, put] mettere -**2.** [lay, apportion]: **to** ~ **responsibility for sthg on sb** ritenere qn responsabile di qc -**3.** [identify]: **I can't** ~ **her** non ricordo dove l'ho vista -**4.** [make]: **to** ~ **an order** COMM ordinare; **to** ~ **a bet** fare una scommessa -**5.** [situate] situare -**6.** [in race]: **to be** ~**d** piazzarsi. ◆ **all over the place** *adv* dappertutto. ◆ **in place** *adv* -**1.** [in proper position] a posto -**2.** [established, set up]: **to be in** ~ essere operativo(a). ◆ **in place of** *prep* al posto di. ◆ **out of place** *adv* fuori posto.

place mat *n* tovaglietta *f* all'americana.

placement ['pleɪsmənt] *n* -**1.** [positioning] collocazione *f* -**2.** [work experience] stage *m inv*.

placid ['plæsɪd] *adj* placido(a).

plagiarize, -ise ['pleɪdʒəraɪz] *vt* plagiare.

plague [pleɪg] ◇ *n* -**1.** [attack of disease] pestilenza *f* -**2.** [disease] peste *f* -**3.** [of rats, locusts] invasione *f*. ◇ *vt*: **to** ~ **sb with sthg** tempestare qn di qc; **to be** ~**d by sthg** essere tormentato(a) da qc.

plaice [pleɪs] (*pl* **plaice**) *n* platessa *f*.

plaid [plæd] *n* tessuto *m* scozzese.

plain [pleɪn] ◇ *adj* -**1.** [fabric, jumper] in tinta unita; [notepaper] non rigato(a) -**2.** [food, architecture, style] semplice -**3.** [fact, truth] chiaro(a) -**4.** [statement, speaking] franco(a) -**5.** [madness, stupidity] puro(a) -**6.** [woman] insignificante. ◇ *adv inf* [completely] del tutto. ◇ *n* GEOG pianura *f*.

plain chocolate *n UK* cioccolato *m* fondente.

plain-clothes *adj* in borghese.

plain flour *n UK* farina *f*.

plainly ['pleɪnlɪ] *adv* **-1.** [upset, angry, visible, audible] chiaramente **-2.** [say, speak] francamente **-3.** [dressed, decorated] in modo semplice.

plaintiff ['pleɪntɪf] *n* querelante *mf*.

plait [plæt] ◇ *n* treccia *f*. ◇ *vt* intrecciare.

plan [plæn] ◇ *n* **-1.** [strategy] piano *m*, programma *f*; **to go according to ~** andare secondo i piani **-2.** [outline] schema *m* **-3.** [diagram, map] pianta *f*. ◇ *vt* **-1.** [organize] pianificare **-2.** [intend] **to ~ to do sthg** avere intenzione di fare qc **-3.** [design, devise] progettare. ◇ *vi* **fare progetti; to ~ for sthg** fare progetti per OR in vista di qc.
◆ **plans** *npl* [arrangements] programmi *mpl*; **to have ~s for** avere programmi per. ◆ **plan on** *vt insep*: **to ~ on doing sthg** avere in programma di fare qc.

plane [pleɪn] ◇ *adj* GEOM piano(a). ◇ *n* **-1.** [aircraft] aereo *m* **-2.** GEOM & *fig* piano *m* **-3.** [tool] pialla *f* **-4.** [tree] platano *m*.

planet ['plænɪt] *n* pianeta *m*.

plank [plæŋk] *n* **-1.** [piece of wood] asse *f* **-2.** [main policy] caposaldo *m*.

planning ['plænɪŋ] *n* **-1.** [of town, city] urbanistica *f* **-2.** [of concert, conference] organizzazione *f* **-3.** [of economy, production] pianificazione *f*.

planning permission *n UK* licenza *f* edilizia.

plant [plɑ:nt] ◇ *n* **-1.** BOT pianta *f* **-2.** [factory] stabilimento *m* **-3.** [heavy machinery] impianti *mpl*. ◇ *vt* **-1.** [gen] piantare **-2.** [kiss] stampare **-3.** [bomb, microphone, spy] piazzare **-4.** [thought, idea] far nascere.

plantation [plæn'teɪʃn] *n* piantagione *f*.

plaque [plɑ:k] *n* **-1.** [commemorative plate] targa *f* **-2.** [deposit on teeth] placca *f*.

plaster ['plɑ:stə'] ◇ *n* **-1.** [for wall, ceiling] intonaco *m* **-2.** [for broken bones] gesso *m* **-3.** *UK* [for cut]: **(sticking) ~** cerotto *m*. ◇ *vt* **-1.** [put plaster on] intonacare **-2.** [cover]: **to ~ sthg with sthg** ricoprire qc di qc.

plaster cast *n* **-1.** [for broken bones] ingessatura *f* **-2.** [model, statue] modello *m* in gesso.

plastered ['plɑ:stəd] *adj inf* sbronzo(a).

plasterer ['plɑ:stərə'] *n* intonacatore *m*, -trice *f*.

plaster of paris *n* scagliola *f*.

plastic ['plæstɪk] ◇ *adj* di plastica. ◇ *n* plastica *f*.

Plasticine® ['plæstɪsi:n] *UK*, **Play-Doh**® *US n* plastilina® *f*.

plastic surgery *n* chirurgia *f* plastica.

plastic wrap *n US* pellicola *f* trasparente.

plate [pleɪt] ◇ *n* **-1.** [for food, in baseball] piatto *m;* **to have a lot on one's ~** avere un sacco di cose da fare; **to hand sthg on a ~** servire qc su un piatto d'argento **-2.** [sheet of metal] lamina *f* **-3.** [plaque] targa *f* **-4.** [metal covering] placcatura *f* **-5.** [photograph] tavola *f* fuori testo **-6.** [in dentistry] protesi *f* (dentaria). ◇ *vt*: **to be ~d (with sthg)** essere placcato(a) (in qc).

plateau ['plætəʊ] (*pl* **-s** OR **-x**) *n* **-1.** GEOG altopiano *m* **-2.** *fig* [steady level] livello *m* stabile.

plate-glass *adj* di vetro.

platform ['plætfɔ:m] *n* **-1.** [gen] piattaforma *f* **-2.** [for speaker, for giving opinion] tribuna *f* **-3.** [for performer] palco *m* **-4.** RAIL binario *m*.

platform ticket *n UK* biglietto *di accesso al binario*.

platinum ['plætɪnəm] *n* platino *m*.

platoon [plə'tu:n] *n* plotone *m*.

platter ['plætə'] *n* piatto *m* da portata.

plausible ['plɔ:zəbl] *adj* [reason, excuse] plausibile, [person] credibile.

play [pleɪ] ◇ *n* **-1.** [amusement] gioco *m* **-2.** [piece of drama] dramma *m* **-3.** [pun]: **~ on words** gioco *m* di parole **-4.** TECH [gioco *m*, agio. ◇ *vt* **-1.** [gen] giocare **-2.** [opposing player or team] giocare contro **-3.** CIN & THEAT interpretare; **to ~ a part** OR **role in sthg** *fig* giocare un ruolo in qc **-4.** [instrument, tune] suonare **-5.** [record, tape, CD] mettere **-6.** [pretend to be]: **to ~ the fool** fare il finto tonto, fare la finta tonta. ◇ *vi* **-1.** [gen]: **to ~ (with/for/against)** giocare (con/per/contro) **-2.** CIN & THEAT: **to ~ in sthg** recitare in qc **-3.** [person, music] suonare; **music was ~ing in the background** si sentiva la musica in sottofondo **-4.** *phr*: **to ~ safe** agire con prudenza. ◆ **play along** *vi*: **to ~ along (with sb)** stare al gioco (di qn). ◆ **play down** *vt sep* minimizzare. ◆ **play up** ◇ *vt sep* [emphasize] gonfiare. ◇ *vi* **-1.** [cause problems – machine] fare le bizze; [– part of body] dare fastidio **-2.** [misbehave] fare i capricci.

play-act *vi* fare finta.

playboy ['pleɪbɔɪ] *n* playboy *m inv*.

Play-Doh® ['pleɪˌdəʊ] *n US* = Plasticine®.

player ['pleɪə'] *n* **-1.** [of game, sport] giocatore *m*, -trice *f* **-2.** MUS suonatore *m*, -trice *f* **-3.** *dated* THEAT attore *m*, -trice *f*.

playful ['pleɪfʊl] *adj* **-1.** [person, mood] allegro(a); [action, remark] scherzoso(a) **-2.** [animal] giocherellone(a).

playground ['pleɪgraʊnd] n [at school] cortile m per la ricreazione; [in park] parco m giochi.

playgroup ['pleɪgruːp] n UK giardino m d'infanzia.

playing card ['pleɪŋ-] n carta f da gioco.

playing field ['pleɪŋ] n campo m da gioco.

playmate ['pleɪmeɪt] n compagno m, -a f di giochi.

play-off n spareggio m.

playpen ['pleɪpen] n box m inv (per bambini).

playschool ['pleɪskuːl] n UK giardino m d'infanzia.

plaything ['pleɪθɪŋ] n lit & fig giocattolo m.

playtime ['pleɪtaɪm] n ricreazione f.

playwright ['pleɪraɪt] n drammaturgo m, -a f.

plc (abbr of public limited company) S.p.A. f.

plea [pliː] n -1. [appeal] supplica f -2. LAW: to enter a ~ of guilty/not guilty dichiararsi colpevole/innocente.

plead [pliːd] (pt & pp -ed OR pled [pled]) ◇ vt -1. LAW[cause, case] perorare; [insanity] invocare -2. [give as excuse] addurre come pretesto. ◇ vi -1. [beg] supplicare; to ~ with sb to do sthg supplicare qn di fare qc; to ~ for sthg implorare qc -2. LAW: to ~ guilty/not guilty dichiararsi colpevole/innocente.

pleasant ['pleznt] adj -1. [smell, view, surprise] piacevole; [news] bello(a) -2. [person, smile, face] affabile.

pleasantry ['plezntrɪ] n: to exchange pleasantries scambiarsi complimenti.

please [pliːz] ◇ vt fare piacere a; he is hard to ~ è difficile accontentarlo; to ~ o.s. fare quello che si vuole; ~ yourself! fai quello che ti pare! ◇ vi -1. [give satisfaction] far piacere -2. [choose]: to do as one ~s fare come si vuole. ◇ adv -1. [in polite requests] per piacere -2. [in polite acceptance] grazie.

pleased [pliːzd] adj compiaciuto(a); ~ about/with contento(a) di; ~ to meet you! piacere!

pleasing ['pliːzɪŋ] adj piacevole.

pleasure ['pleʒəʳ] n piacere m; with ~ con piacere; it's a ~ OR my ~! è un piacere OR piacere mio!

pleat [pliːt] ◇ n piega f. ◇ vt pieghettare.

pled [pled] pt & pp ▷plead.

pledge [pledʒ] ◇ n -1. [promise] promessa f solenne -2. [token] prova f. ◇ vt -1. [promise to provide] promettere -2. [commit]: to be ~ d to sthg essersi impegnato(a) in qc; to ~ o.s. to sthg dedicarsi a qc -3. [pawn] impegnare.

plentiful ['plentɪfʊl] adj abbondante.

plenty ['plentɪ] ◇ n abbondanza f. ◇ pron molto(a); ~ of molto(a). ◇ adv US molto.

pliable ['plaɪəbl], **pliant** ['plaɪənt] adj -1. [supple] flessibile -2. [adaptable] docile.

pliers ['plaɪəz] npl pinze fpl.

plight [plaɪt] n situazione f difficile.

plimsoll ['plɪmsəl] n UK scarpa f da tennis.

plinth [plɪnθ] n plinto m.

plod [plɒd] vi -1. [walk slowly] camminare con passo pesante -2. [work slowly] andare avanti a fatica.

plonk [plɒŋk] n UK inf vino m dozzinale. ◆ **plonk down** vt sep inf mollare; to ~ o.s. down crollare pesantemente.

plot [plɒt] ◇ n -1. [conspiracy] complotto m -2. [story] trama f -3. [of land] appezzamento m. ◇ vt -1. [conspire] complottare; to ~ to do sthg complottare per fare qc -2. [course, route, coordinates] tracciare. ◇ vi: to ~ (against sb) complottare (contro qn).

plough UK, **plow** US [plaʊ] ◇ n aratro m. ◇ vt -1. AGRIC arare -2. [invest]: to ~ money into sthg investire soldi in qc. ◇ vi [crash]: to ~ into sthg schiantarsi contro qc.

ploughman's (pl ploughman's) n UK ~ (lunch) piatto composto da pane, formaggio e sottaceti.

plow (etc) US = plough etc.

ploy [plɔɪ] n stratagemma m.

pluck [plʌk] ◇ vt -1. [flower, fruit] cogliere -2. [pull] strappare -3. [chicken] spiumare -4. [eyebrows] depilare -5. [string] pizzicare -6. [musical instrument] suonare. ◇ n dated coraggio m. ◆ **pluck up** vt insep: to ~ up the courage to do sthg trovare il coraggio di fare qc.

plug [plʌg] ◇ n -1. [on electrical equipment] spina f; [socket] presa f di corrente -2. [for bath or sink] tappo m. ◇ vt -1. [block] tappare -2. inf[advertise] pubblicizzare. ◆ **plug in** vt sep ELEC attaccare.

plughole ['plʌghəʊl] n UK scarico m.

plum [plʌm] ◇ adj -1. [colour] prugna in -2. [choice]: a ~ job un lavoro favoloso ◇ n [fruit] prugna f, susina f.

plumb [plʌm] ◇ adv -1. UK [exactly] esattamente -2. US dated inf [completely] del tutto. ◇ vt: to ~ the depths of sthg toccare il fondo di qc.

plumber ['plʌmə'] n idraulico m.

plumbing ['plʌmɪŋ] n -1. [fittings] impianto m idraulico -2. [work] mestiere m di idraulico.

plume [pluːm] n -1. [on bird] piuma f -2. [on hat, helmet] pennacchio m -3. [column]: a ~ of smoke un pennacchio di fumo.

plummet ['plʌmɪt] vi -1. [bird, plane] scendere in picchiata -2. [price, value, sales] crollare.

plump [plʌmp] ◇ adj [person, arm] cicciottello(a); [chicken] bello(a) in carne. ◇ vi: to ~ for sthg scegliere qc.
◆ **plump up** vt sep sprimacciare.

plum pudding n budino a base di uvetta, grasso di rognone e spezie.

plunder ['plʌndə'] ◇ n -1. [pillaging] saccheggio m -2. [booty] bottino m. ◇ vt saccheggiare.

plunge [plʌndʒ] ◇ n -1. [in a price, rate, amount] crollo m -2. [into water] tuffo f, to take the ~ fig saltare il fosso. ◇ vt -1. [immerse]: to ~ sthg into sthg immergere qc in qc -2. [thrust]: to ~ sthg into sthg conficcare qc in qc -3. fig: the room was ~ed into darkness la stanza sprofondò nel buio. ◇ vi -1. [dive, throw o.s.] tuffarsi -2. [decrease rapidly] crollare.

plunger ['plʌndʒə'] n [for sinks, drains] sturalavandini m inv.

pluperfect [ˌpluːˈpɜːfɪkt] n: the ~ (tense) il trapassato prossimo.

plural ['plʊərəl] ◇ adj -1. GRAM plurale -2. [society] pluralista. ◇ n plurale m.

plus [plʌs] (pl -es OR -ses) ◇ adj -1. [over, more than]: 35 ~ più di 35 -2. [in school marks] più(inv); B ~ B più. ◇ n -1. MATHS [sign] più m inv -2. inf [bonus] vantaggio m. ◇ prep più. ◇ conj più.

plush [plʌʃ] adj sontuoso(a).

plus sign n segno m più.

Pluto ['pluːtəʊ] n Plutone m.

plutonium [pluːˈtəʊnɪəm] n plutonio m.

ply [plaɪ] ◇ vt -1. [work at] esercitare -2. [supply, provide]: to ~ sb with sthg [drink, food] offrire con insistenza qc a qn; to ~ sb with questions assillare qn con domande. ◇ vi [travel] fare la spola.

-ply adj: four ~ wool lana a quattro capi; four ~ wood legno a quattro strati.

plywood ['plaɪwʊd] n compensato m.

p.m., pm (abbr of post meridiem) p.m.

PM (abbr of prime minister) n primo ministro m.

PMT (abbr of premenstrual tension) n TPM f.

pneumatic [njuːˈmætɪk] adj pneumatico(a).

pneumatic drill n UK martello m pneumatico.

pneumonia [njuːˈməʊnjə] n polmonite f.

poach [pəʊtʃ] ◇ vt -1. [hunt illegally - animals] cacciare di frodo; [- fish] pescare di frodo -2. [idea] rubare -3. CULIN [egg] cuocere in camicia; [fish] cuocere in bianco. ◇ vi [hunt illegally - for animals] cacciare di frodo; [- for fish] pescare di frodo.

poacher ['pəʊtʃə'] n [illegal hunter - of animals] cacciatore m, -trice f di frodo; [- of fish] pescatore m, -trice f di frodo.

poaching ['pəʊtʃɪŋ] n [illegal hunting - of animals] caccia f di frodo; [- of fish] pesca f di frodo.

PO Box (abbr of Post Office Box) n C.P.

pocket ['pɒkɪt] ◇ n -1. [in clothing, car door] tasca f; back ~ tasca f di dietro; to be out of ~ rimetterci; to pick sb's ~ rubare il portafoglio a qn -2. [of resistance, warm air] sacca f -3. [of snooker, pool table] buca f. ◇ adj tascabile; ~ watch orologio m da tasca. ◇ vt -1. [place in pocket] mettersi in tasca -2. [steal] intascare.

pocketbook ['pɒkɪtbʊk] n -1. [notebook] taccuino m -2. US [handbag] busta f.

pocketknife ['pɒkɪtnaɪf] (pl -knives) n coltellino m.

pocket money n UK paghetta f.

pod [pɒd] n -1. [of plants] baccello m -2. [of spacecraft] modulo m.

podgy ['pɒdʒɪ] adj inf grassoccio(a).

podiatrist [pəˈdaɪətrɪst] n esp US podologo m, -a .

podium ['pəʊdɪəm] (pl -diums OR -dia) n podio m.

poem ['pəʊɪm] n poesia f.

poet ['pəʊɪt] n poeta m, -a f.

poetic adj poetico(a).

poetry ['pəʊɪtrɪ] n lit & fig poesia f.

poignant ['pɔɪnjənt] adj toccante.

point [pɔɪnt] ◇ n -1. [gen] punto m; to have a ~ [be right] avere ragione; to make a ~ fare una considerazione; to make one's ~ dire la propria opinione; to get OR come to the ~ venire al dunque; that's beside the ~ questo non c'entra; from all ~s of the compass da tutti e quattro i punti cardinali -2. [tip] punta f -3. [feature, characteristic] lato *m*; **he has his good ~s** ha i suoi lati positivi **-4.** [purpose] motivo *m*; **what's the ~?** a che scopo?, per quale motivo?; **there's no ~ in it** non ce n'è motivo **-5.** MATHS virgola *f*; **two ~ six** due virgola sei **-6.** *UK* ELEC presa *f* **-7.** *US* [full stop] punto *m* **-8.** *phr:* **to make a ~ of doing sthg** non mancare di fare qc. ◇ *vt:* **to ~ sthg (at sb/sthg)** [gun] puntare qc (contro qn/qc); [camera, hose] puntare qc (verso qn/qc); **to ~ one's finger at sb/sthg** mostrare qn/qc col dito; **to ~ a finger at sb** *fig* puntare il dito contro qn. ◇ *vi* **-1.** [person] indicare (col dito); **to ~ at** OR **to sb/sthg** indicare qn/qc (col dito) **-2.** *fig* [evidence, facts]: **to ~ to sb/sthg** far pensare a qn/qc. ◆ **points** *npl UK* RAIL ago *m* dello scambio. ◆ **up to a point** *adv* fino a un certo punto. ◆ **on the point of** *prep* sul punto di. ◆ **point out** *vt sep* **-1.** [person, building] indicare **-2.** [fact, mistake] far notare.

point-blank *adv* **-1.** [ask] a bruciapelo; [refuse, deny] categoricamente; [accuse] di punto in bianco **-2.** [shoot] a bruciapelo.

pointed ['pɔɪntɪd] *adj* **-1.** [nose, hat] a punta **-2.** [remark, question] mirato(a).

pointer ['pɔɪntər] *n* **-1.** [tip, hint] indicazione *f* **-2.** [needle on dial] lancetta *f* **-3.** [stick] bacchetta *f* **-4.** COMPUT puntatore *m*.

pointless ['pɔɪntlɪs] *adj* inutile.

point of view (*pl* **points of view**) *n* punto *m* di vista.

poise [pɔɪz] *n* padronanza *f* di sé.

poised [pɔɪzd] *adj* **-1.** [ready]: **~ (for sthg/to do sthg)** pronto(a) (a qc/a fare qc) **-2.** [calm and dignified] padrone(a) di sé.

poison ['pɔɪzn] ◇ *n lit & fig* veleno *m*. ◇ *vt lit & fig* avvelenare.

poisoning ['pɔɪznɪŋ] *n* avvelenamento *m*.

poisonous ['pɔɪznəs] *adj lit & fig* velenoso(a).

poke [pəʊk] ◇ *vt* **-1.** [prod, jab] dare dei colpetti a; **to ~ sb's eye out** cavare un occhio a qn; **he ~d his elbow into her ribs** le dette una gomitata nelle costole **-2.** [stick, thrust] infilare; **to ~ a hole in sthg** fare un buco in qc **-3.** [fire] attizzare *(con attizzatoio).* ◇ *vi* spuntare. ◆ **poke about** *UK*, **poke around** *vi inf* frugare.

poker ['pəʊkər] *n* **-1.** [game] poker *m inv* **-2.** [for fire] attizzatoio *m*.

poker-faced *adj* impassibile.

poky ['pəʊkɪ] *adj pej* [room, apartment] angusto(a).

Poland ['pəʊlənd] *n* Polonia *f*.

polar ['pəʊlər] *adj* GEOG polare.

Polaroid® ['pəʊlərɔɪd] *n* polaroid® *f inv.*

pole [pəʊl] *n* **-1.** [rod, post] palo *m* **-2.** GEOG & ELEC polo *m*.

Pole [pəʊl] *n* polacco *m*, -a *f*.

pole vault *n:* **the ~** il salto con l'asta.

police [pə'liːs] ◇ *npl* **-1.** [police force]: **the ~** la polizia **-2.** [policemen, policewomen] poliziotti *mpl*. ◇ *vt* [area] sorvegliare.

police car *n* auto *f inv* della polizia.

police constable *n UK* agente *mf* di polizia.

police force *n* corpo *m* di polizia.

policeman [pə'liːsmən] (*pl* **-men**) *n* poliziotto *m*.

police officer *n* agente *mf* di polizia.

police station *n* posto *m* di polizia.

policewoman [pə'liːs,wʊmən] (*pl* **-women**) *n* donna *f* poliziotto *inv.*

policy ['pɒləsɪ] *n* **-1.** [plan, practice] politica *f* **-2.** [document, agreement] polizza *f*.

polio ['pəʊlɪəʊ] *n* polio *f*.

polish ['pɒlɪʃ] ◇ *n* **-1.** [cleaning material] lucido *m* **-2.** [shine] lucentezza *f* **-3.** *fig* [refinement] raffinatezza *f*. ◇ *vt* **-1.** [shoes, floor, table, mirror, car] lucidare; [glass] pulire **-2.** *fig* [perfect]: **to ~ sthg (up)** rifinire. ◆ **polish off** *vt sep inf* **-1.** [meal] spolverare **-2.** [job, book] finire in fretta.

Polish ['pəʊlɪʃ] ◇ *adj* polacco(a). ◇ *n* [language] polacco *m*. ◇ *npl:* **the ~** i polacchi.

polished ['pɒlɪʃt] *adj* **-1.** [surface] lucidato(a) **-2.** [person, manners] raffinato(a) **-3.** [performer, performance] perfetto(a).

polite [pə'laɪt] *adj* [person, remark] educato(a).

political [pə'lɪtɪkl] *adj* **-1.** [concerning politics] politico(a) **-2.** [interested in politics] appassionato(a) di politica.

politically correct *adj* politicamente corretto(a).

politician [,pɒlɪ'tɪʃn] *n* politico *m*, -a *f*.

politics ['pɒlətɪks] ◇ *n* **-1.** [profession] politica *f* **-2.** [subject of study] scienze *fpl* politiche. ◇ *npl* **-1.** [personal beliefs] idee *fp* politiche **-2.** [of a group, area] politica *f*.

poll [pəʊl] ◇ *n* **-1.** [election] elezioni *fpl* **-2.** [survey] sondaggio *m*. ◇ *vt* **-1.** [people] intervistare (per un sondaggio) **-2.** [votes] ottenere. ◆ **polls** *npl:* **to go to the ~** andare alle urne.

pollen ['pɒlən] *n* polline *m*.

polling booth *n UK* cabina *f* elettorale.

polling day *n UK* giorno *m* delle elezioni

polling station *n* seggio *m* elettorale.

pollute [pə'lu:t] *vt* inquinare.

pollution [pə'lu:ʃn] *n* inquinamento *m*.

polo ['pəʊləʊ] *n* SPORT polo *m*.

polo neck *n* UK **-1.** [collar] collo *m* dolce-vita *inv* **-2.** [garment] dolcevita *m inv*.

polo shirt *n* polo *f inv*.

polyethylene [ˌpɒlɪ'eθɪli:n] *n* US = poly-thene.

Polynesia [ˌpɒlɪ'ni:zjə] *n* Polinesia *f*.

polystyrene [ˌpɒlɪ'staɪri:n] *n* polistirolo *m*.

polytechnic [ˌpɒlɪ'teknɪk] *n* UK dated isti-tuto parauniversitario a indirizzo tecnico-scienti-fico.

polythene ['pɒlɪθi:n] UK, **polyethy-lene** US *n* polietilene *m*.

polythene bag *n* UK sacchetto *m* di pla-stica.

pomegranate ['pɒmɪˌgrænɪt] *n* melagra-na *f*.

pomp [pɒmp] *n* pompa *f*.

pompom ['pɒmpɒm] *n* pompon *m inv*.

pompous ['pɒmpəs] *adj* pomposo(a).

pond [pɒnd] *n* stagno *m*.

ponder ['pɒndə'] *vt* riflettere su.

ponderous ['pɒndərəs] *adj* [speech, archi-tecture] pesante.

pong [pɒŋ] UK *inf n* puzza *f*.

pontoon [pɒn'tu:n] *n* **-1.** [bridge] pontone *m* **-2.** UK [game] ventuno *m*

pony ['pəʊnɪ] *n* pony *m inv*.

ponytail ['pəʊnɪteɪl] *n* coda *f* di cavallo.

poodle ['pu:dl] *n* barboncino *m*.

pool [pu:l] ⬦ *n* **-1.** [of water, blood] pozza *f* **-2.** [swimming pool] piscina *f* **-3.** [of wor-kers, cars, talent] pool *m inv* **-4.** SPORT pool *m inv*. ⬦ *vt* mettere in comune. ⬦ **pools** *npl* UK : **the ~s** ≃ la schedina.

poor [pʊə'] ⬦ *adj* **-1.** [impoverished, unfor-tunate] povero(a) **-2.** [not very good – re-sult, pay] scadente; [– weather, health] cattivo(a). ⬦ *npl* : **the ~** i poveri.

poorly ['pʊəlɪ] ⬦ *adj* UK *inf* malatic-cio(a). ⬦ *adv* male.

pop [pɒp] ⬦ *n* **-1.** [music] pop *m inv* **-2.** *inf* [fizzy drink] bibita *f* gassata **-3.** *esp* US *inf* [father] pa' *m inv* **-4.** [noise] scoppio *m*. ⬦ *vt* **-1.** [burst] far scoppiare **-2.** [put quickly] fic-care. ⬦ *vi* **-1.** [balloon] scoppiare **-2.** [cork, button] saltare **-3.** [eyes] uscire dalle orbi-te. ⬦ **pop in** *vi* fare un salto. ⬦ **pop up** *vi* sbucare.

pop concert *n* concerto *m* pop *inv*.

popcorn ['pɒpkɔ:n] *n* popcorn *m inv*.

pope [pəʊp] *n* papa *m*.

pop group *n* gruppo *m* musicale.

poplar *n* pioppo *m*.

poppy ['pɒpɪ] *n* papavero *m*.

Popsicle® ['pɒpsɪkl] *n* US ghiacciolo *m*.

popular ['pɒpjʊlə'] *adj* popolare; **she was very ~ at school** a scuola stava simpatica a tutti.

popularize, ise UK ['pɒpjʊləraɪz] *vt* **-1.** [make popular] diffondere **-2.** [simplify] rendere accessibile.

population [ˌpɒpjʊ'leɪʃn] *n* **-1.** [total of in-habitants] popolazione *f* **-2.** [particular group] comunità *f inv*.

porcelain ['pɔ:səlɪn] *n* porcellana *f*.

porch [pɔ:tʃ] *n* **-1.** [entrance] portico *m* (d'ingresso) **-2.** US [veranda] veranda *f*.

porcupine ['pɔ:kjʊpaɪn] *n* porcospino *m*.

pore [pɔ:'] *n* poro *m*. ⬦ **pore over** *vt insep* studiare attentamente.

pork [pɔ:k] *n* carne *f* di maiale.

pork pie *n* UK tortino *m* di maiale.

pornography [pɔ:'nɒgrəfɪ] *n* pornogra-fia *f*.

porous ['pɔ:rəs] *adj* poroso(a).

porridge ['pɒrɪdʒ] *n* porridge *m inv*.

port [pɔ:t] *n* **-1.** [town, harbour, drink] por-to *m* **-2.** NAUT babordo *m* **-3.** COMPUT porta *f*.

portable ['pɔ:təbl] *adj* portatile.

porter ['pɔ:tə'] *n* **-1.** UK [at door] portiere *m* **-2.** [for luggage] facchino *m* **-3.** US [on train] cuccettista *mf*.

portfolio [ˌpɔ:t'fəʊljəʊ] (*pl* **-s**) *n* **-1.** [case] cartella *f* **-2.** [sample of work] portfolio *m inv* **-3.** FIN portafoglio *m*.

porthole ['pɔ:θəʊl] *n* oblò *m inv*.

portion ['pɔ:ʃn] *n* **-1.** [part, share] porzione *f*, parte *f* **-2.** [set amount of food] porzione *f*.

portrait ['pɔ:treɪt] *n* ritratto *m*.

portray [pɔ:'treɪ] *vt* **-1.** [subj: actor] inter-pretare **-2.** [subj: writer, artist] ritrarre.

Portugal ['pɔ:tʃʊgl] *n* Portogallo *m*.

Portuguese [ˌpɔ:tʃʊ'gi:z] (*pl* **Portugue-se**) ⬦ *adj* portoghese. ⬦ *n* **-1.** [person] portoghese *mf*; **the ~** i portoghesi **-2.** [language] portoghese *m*.

pose [pəʊz] ⬦ *n* posa *f*. ⬦ *vt* **-1.** [problem, danger, threat] rappresentare **-2.** [question] sollevare. ⬦ *vi* **-1.** [model, behave affecte-dly] posare **-2.** [pretend to be]: **to ~ as sb/sthg** spacciarsi per qn/qc.

posh [pɒʃ] *adj inf* **-1.** [hotel, clothes] molto

elegante -2. [upper-class – person] bene *(inv)*; [– accent] della gente bene.

position [pə'zɪʃn] <> *n* posizione *f*; ~ **on sthg** posizione riguardo a qc. <> *vt* piazzare.

positive ['pɒzətɪv] *adj* -1. [gen]: ~ **(about sthg)** positivo(a) (riguardo a qc) -2. [sure, irrefutable]: ~ **(about sthg)** certo(a) (di qc) -3. [for emphasis] vero(a) e proprio(a).

possess [pə'zes] *vt* -1. [gen] possedere -2. [subj: emotion] prendere; **what ~ed him?** cosa gli è preso?

possession [pə'zeʃn] *n* possesso *m*. ◆ **possessions** *npl* beni *mpl*.

possessive [pə'zesɪv] <> *adj* possessivo(a). <> *n* pronome *m* possessivo.

possibility [,pɒsə'bɪlətɪ] *n* possibilità *f inv*.

possible ['pɒsəbl] <> *adj* possibile; **as soon as** ~ appena possibile; **as much as** ~ il più possibile. <> *n*: **she's a** ~ **for the job** è una possibile candidata per il posto.

possibly ['pɒsəblɪ] *adv* -1. [perhaps, maybe] forse -2. [within one's power]: **I'll do all I** ~ **can** farò tutto il possibile; **could you** ~ **help me?** per caso potresti aiutarmi? -3. [to show surprise]: **how could he** ~ **do that?** come potrebbe farlo? -4. [for emphasis]: **I can't** ~ **take the money!** non posso assolutamente accettare i soldi!

post [pəʊst] <> *n* -1. *UK* [mail service]: **the** ~ la posta; **by** ~ per posta -2. *UK* [letters, delivery] posta *f* -3. *UK* [collection of letters] levata *f* -4. [pole] palo *m* -5. [position, job] posto *m* -6. MIL posto *m*. <> *vt* -1. *UK* [letter, parcel] impostare, spedire -2. [employee] trasferire -3. COMPUT [message, query] inviare.

postage ['pəʊstɪdʒ] *n* tariffa *f* postale; ~ **and packing** *UK* OR **handling** *US* spese *fpl* di spedizione.

postal ['pəʊstl] *adj* postale.

postal order *n UK* vaglia *m* postale.

postbox ['pəʊstbɒks] *n UK* cassetta *f* delle lettere.

postcard ['pəʊstkɑːd] *n* cartolina *f*.

postcode ['pəʊstkəʊd] *n UK* codice *m* postale.

postdate [,pəʊst'deɪt] *vt* postdatare.

poster ['pəʊstə^r] *n* [for information, advertising] manifesto *m*; [for decoration] poster *m inv*.

poste restante [,pəʊst'restɑːnt] *n UK* fermo posta *m inv*.

posterior [pɒ'stɪərɪə^r] <> *adj* posteriore. <> *n* didietro *m inv*.

postgraduate [,pəʊst'grædʒʊət] <> *adj* post-laurea *inv*. <> *n* studente di corso di specializzazione post-laurea.

posthumous ['pɒstjʊməs] *adj* postumo(a).

postman ['pəʊstmən] *(pl* **-men)** *n* postino *m*.

postmark ['pəʊstmɑːk] <> *n* timbro *m* postale. <> *vt* apporre il timbro postale di; **the letter was** ~ **ed Berlin** la lettera aveva il timbro postale di Berlino.

postmortem [,pəʊst'mɔːtəm] *n* -1. [autopsy] autopsia *f* -2. *fig* [analysis] analisi *f* a posteriori.

post office *n* -1. [organization]: **the Post Office** le poste -2. [building] posta *f*, ufficio *m* postale.

post office box *n* casella *f* postale.

postpone [,pəʊst'pəʊn] *vt* rinviare.

postscript ['pəʊsskrɪpt] *n* -1. [to letter] post scriptum *m inv* -2. *fig* [additional information] seguito *m*.

posture ['pɒstʃə^r] *n* -1. [way of standing, sitting] postura *f* -2. *fig* [attitude]: ~ **(on sthg)** posizione *f* (verso OR riguardo a qc).

postwar [,pəʊst'wɔː^r] *adj* del dopoguerra.

posy ['pəʊzɪ] *n* mazzolino *m* di fiori.

pot [pɒt] <> *n* -1. [for cooking] pentola *f* -2. [for tea] teiera *f* -3. [for coffee] caffettiera *f* -4. [for paint, jam] barattolo *m* -5. [flowerpot] vaso *m* -6. *drug sl* [cannabis] erba *f*. <> *vt* [plant] mettere in un vaso.

potassium [pə'tæsɪəm] *n* potassio *m*.

potato [pə'teɪtəʊ] *(pl* **-es)** *n* patata *f*.

potato peeler *n* pelapatate *m inv*.

potent ['pəʊtənt] *adj* -1. [argument] convincente -2. [drink, drug] forte -3. [virile] virile.

potential [pə'tenʃl] <> *adj* potenziale. <> *n* [of person] potenziale *m*; **to have** ~ avere del potenziale.

potentially [pə'tenʃəlɪ] *adv* potenzialmente.

pothole ['pɒthəʊl] *n* -1. [in road] buca *f* -2. [underground] marmitta *f* dei giganti.

potholing ['pɒt,həʊlɪŋ] *n UK* speleologia *f*; **to go** ~ fare spedizioni speleologiche.

potion ['pəʊʃn] *n* pozione *f*.

potluck [,pɒt'lʌk] *n*: **to take** ~ accontentarsi.

potshot *n*: **to take a** ~ **(at sthg)** tirare a caso (su qc).

potted ['pɒtɪd] *adj* -1. [plant] in vaso -2. *UK* [meat, fish] in scatola.

potter ['pɒtə^r] *n* vasaio *m*, -a *f*. ◆ **potte**

about, **potter around** *vi* UK lavoric-chiare.

pottery ['pɒtərɪ] *n* -1. [clay objects] cera-miche *fpl* -2. [craft] ceramica *f* -3. [factory] fabbrica *f* di ceramiche.

potty ['pɒtɪ] UK *inf* ⋄ *adj* matto(a); **to be** ~ **about sb/sthg** andare matto per qn/qc. ⋄ *n* [for child] vasino *m*.

pouch [paʊtʃ] *n* -1. [small bag] borsa *f* -2. [pocket of skin] marsupio *m*.

poultry ['pəʊltrɪ] ⋄ *n* [meat] pollame *m*. ⋄ *npl* [birds] volatili *mpl*.

pounce [paʊns] *vi* -1. [subj: animal, bird]: **to** ~ **on** OR **upon sthg** balzare su qc -2. [subj: person, police]: **to** ~ **on** OR **upon sb** balza-re addosso a qn.

pound [paʊnd] ⋄ *n* -1. UK [unit of mo-ney] sterlina *f* -2. UK [currency system]: **the** ~ la sterlina -3. [unit of weight] libbra *f*, = 454 grammi -4. [for cars] deposito *m* (auto) -5. [for dogs] canile *m* (municipale). ⋄ *vt* -1. [strike loudly] battere su -2. [pulve-rize] pestare. ⋄ *vi* -1. [strike loudly]: **to** ~ **on sthg** battere su qc -2. [beat, throb] batte-re.

pound coin *n* moneta *f* da una sterlina.

pound sterling *n* lira *f* sterlina.

pour [pɔːʳ] ⋄ *vt* [cause to flow] versare; **to** ~ **sthg into sthg** versare qc in qc; **to** ~ **sb a drink, to** ~ **a drink for sb** versare da bere a qn. ⋄ *vi* -1. [liquid, sweat, blood] sgorga-re -2. [smoke] fuoriuscire -3. *fig* [people, animals, cars] riversarsi. ⋄ *impers vb* [rain hard] piovere a dirotto. ➡ **pour in** *vi* [messages, letters] piovere. ➡ **pour out** *vt sep* -1. [empty] svuotare, far uscire -2. [serve] versare.

pouring ['pɔːrɪŋ] *adj* [rain] scrosciante.

pout [paʊt] *vi* fare il broncio.

poverty ['pɒvətɪ] *n* povertà *f*.

poverty-stricken *adj* poverissimo(a).

powder ['paʊdəʳ] ⋄ *n* polvere *f*. ⋄ *vt* [with make-up] incipriare.

powder compact *n* portacipria *m inv*.

powdered ['paʊdəd] *adj* -1. [milk, eggs] in polvere -2. [face] incipriato(a).

powder puff *n* piumino *m* da cipria.

powder room *n* toilette *f inv* delle signo-re.

power ['paʊəʳ] ⋄ *n* -1. [control, influence] potere *m*; **to be in/come to** ~ essere/sali-re al potere; **to take** ~ prendere il potere -2. [ability, capacity] capacità *f inv*, potere *m*; **to be (with)in one's** ~ avere il potere di fare qc -3. [legal authority] auto-rità *f*, potere *m*; **to have the** ~ **to do sthg**

avere l'autorità per fare qc -4. [strength, powerful person or thing] potenza *f* -5. TECH [energy] energia *f* -6. [electricity] corrente *f* (elettrica). ⋄ *vt* alimentare.

powerboat ['paʊəbəʊt] *n* fuoribordo *m inv*.

power cut *n* UK interruzione *f* di corren-te.

power failure *n* interruzione *f* di corren-te.

power outage *n* US interruzione *f* di corrente.

powerful ['paʊəfʊl] *adj* -1. [gen] potente -2. [writing, speech] magistrale -3. [smell] forte.

powerless ['paʊəlɪs] *adj* impotente; **to be** ~ **to help sb/avoid sthg** non poter fare niente per aiutare qn/evitare qc.

power plant *n* centrale *f* elettrica.

power point *n* UK presa *m* (di corrente).

power station *n* UK centrale *f* elettrica.

power steering *n* servosterzo *m*.

pp (*abbr of* per procurationem) p.p.

p & p (*abbr of* postage and packing) *n* spese *fpl* di spedizione.

PR *n* -1. (*abbr of* proportional representa-tion) rappresentanza *f* proporzionale -2. (*abbr of* public relations) relazioni *fpl* pub-bliche.

practicable ['præktɪkəbl] *adj* attuabile.

practical ['præktɪkl] ⋄ *adj* -1. [gen] prati-co(a) -2. [practicable] attuabile. ⋄ *n* UK prova *f* pratica.

practicality [,præktɪ'kælətɪ] *n* attuabilità *f inv*.

practical joke *n* scherzo *m*.

practically ['præktɪklɪ] *adv* -1. [sensibly] in modo pratico -2. [almost] praticamente.

practice ['præktɪs] ⋄ *n* -1. [training] pra-tica *f*, esercizio *m*; **to be out of** ~ essere fuori esercizio -2. [training session – for sport] allenamenti *mpl*; [– for music, dra-ma] prove *fpl* -3. [implementation]: **to put sthg into** ~ mettere in pratica qc; **in** ~ [in fact] in pratica -4. [habit, regular activity] abitudine *f* -5. [carrying out of profession] esercizio *m* -6. [business] studio *m*. ⋄ *vt & vi* US = practise.

practicing *adj* US = practising.

practise UK, **practice** US ['præktɪs] ⋄ *vt* [musical instrument, sport, foreign lan-guage] esercitarsi a. ⋄ *vi* -1. [train] eserci-tarsi -2. [professional] esercitare.

practising UK, **practicing** US ['præktɪsɪŋ] *adj* [Christian, Catholic] prati-

cante; [homosexual] sessualmente atti-
vo(a); a ~ doctor/lawyer un medico/av-
vocato che esercita la professione.

Prague [prɑːg] *n* Praga *f*.

prairie ['preərɪ] *n* prateria *f*.

praise [preɪz] <> *n* -1. [commendation] elogio *m*, lode *f* -2. RELIG gloria *f*. <> *vt* lodare.

praiseworthy ['preɪz,wɜːðɪ] *adj* degno(a)
di lode.

pram [præm] *n UK* carrozzina *f*.

prance [prɑːns] *vi* -1. [person] camminare
impettito(a) -2. [horse] impennarsi.

prank [præŋk] *n* burla *f*.

prawn [prɔːn] *n* gamberetto *m*.

pray [preɪ] *vi* : to ~ (to sb) pregare (qn).

prayer [preər] *n* preghiera *f*.

prayer book *n* libro *m* di preghiere.

preach [priːtʃ] <> *vt* predicare; ~ a sermon fare una predica. <> *vi* -1. RELIG: to ~
(to sb) predicare (a qn) -2. *pej* [pontifica-
te]: to ~ (at sb) fare la predica (a qn).

preacher ['priːtʃər] *n* predicatore *m*.

precarious [prɪ'keərɪəs] *adj* precario(a).

precaution [prɪ'kɔːʃn] *n* precauzione *f*.

precede [prɪ'siːd] *vt* precedere.

precedence ['presɪdəns] *n*: to take ~
over sb/sthg avere la precedenza su qn/
qc.

precedent ['presɪdənt] *n* precedente *m*.

precinct ['priːsɪŋkt] *n* -1. *UK* [shopping
area] zona *f*; pedestrian ~ zona pedonale
-2. *US* [district] distretto *m*. ➔ **precincts**
npl [around building] confini *mpl*.

precious ['preʃəs] *adj* -1. [gen] prezioso(a)
-2. *inf iro* [damned] amato(a) -3. [affected]
affettato(a).

precipice ['presɪpɪs] *n* precipizio *m*.

precise [prɪ'saɪs] *adj* preciso(a).

precisely [prɪ'saɪslɪ] *adv* precisamente.

precision [prɪ'sɪʒn] *n* precisione *f*.

preclude [prɪ'kluːd] *vt fml* impedire; to ~
sb/sthg from doing sthg impedire a qn/qc
di fare qc.

precocious [prɪ'kəʊʃəs] *adj* precoce.

preconceived [,priːkən'siːvd] *adj* precon-
cetto(a).

precondition [,priːkən'dɪʃn] *n fml* requisito *m* essenziale.

predator ['predətər] *n* -1. [animal, bird]
predatore *m* -2. [person] profittatore *m*,
-trice *f*.

predecessor ['priːdɪsesər] *n* predecessore
m.

predicament [prɪ'dɪkəmənt] *n* situazione

f difficile; to be in a ~ trovarsi in una situazione difficile.

predict [prɪ'dɪkt] *vt* predire.

predictable [prɪ'dɪktəbl] *adj* prevedibile.

prediction [prɪ'dɪkʃn] *n* -1. [something fo-
retold] previsione *f* -2. [foretelling] predi-
zione *f*.

predispose [,priːdɪs'pəʊz] *vt* -1. [gen]: to
be ~ d to (do) sthg avere la predisposizione a (fare) qc -2. MED: to be ~ d to sthg
essere predisposto(a) a qc.

predominant [prɪ'dɒmɪnənt] *adj* predominante.

predominantly [prɪ'dɒmɪnəntlɪ] *adv* per
lo più.

pre-empt [,priː'empt] *vt* prevenire.

pre-emptive [,priː'emptɪv] *adj* preventi-
vo(a).

preen [priːn] *vt* -1. [subj: bird] pulire -2. *fig*
[subj: person]: to ~ o.s. lisciarsi le penne.

prefab ['priːfæb] *n inf* prefabbricato *m*.

preface ['prefɪs] *n* [in book] prefazione *f*;
~ to sthg [to text] prefazione a qc; [to
speech] preambolo *m* a qc, prefazione a qc.

prefect ['priːfekt] *n UK studente più grande
incaricato di mantenere la disciplina in classe.*

prefer [prɪ'fɜːr] *vt* preferire; to ~ sthg to
sthg preferire qc a qc; to ~ to do sthg preferire fare qc.

preferable ['prefrəbl] *adj*: ~ (to sthg)
preferibile (a qc).

preferably ['prefrəblɪ] *adv* preferibilmente.

preference ['prefərəns] *n* -1. [liking]: ~
(for sthg) preferenza *f* (per qc); to have a
~ for (doing) sthg preferire (fare) qc -2.
[precedence]: to give sb/sthg ~, to give ~
to sb/sthg dare la preferenza a qn/qc.

preferential [,prefə'renʃl] *adj* preferenziale.

prefix ['priːfɪks] *n* prefisso *m*.

pregnancy ['pregnənsɪ] *n* gravidanza *f*.

pregnant ['pregnənt] *adj* incinta.

prehistoric [,priːhɪ'stɒrɪk] *adj* preistori-
co(a).

prejudice ['predʒʊdɪs] <> *n* -1. [bias] pregiudizio *m*; ~ against sb/sthg pregiudizio verso qn/qc -2. [harm] discapito *m*
<> *vt* -1. [bias] influenzare; to ~ sb in fa-
vour of/against sthg influenzare qn posi-
tivamente/negativamente nei confronti di
qc -2. [jeopardize] pregiudicare.

prejudiced ['predʒʊdɪst] *adj*: ~ (against
sb/sthg) prevenuto(a) verso qn/qc.

prejudicial [,predʒʊ'dɪʃl] *adj*: ~ to sb/
sthg deleterio(a) per qn/qc.

preliminary [prɪ'lɪmɪnərɪ] *adj* preliminare.

prelude ['prelju:d] *n*: ~ **to sthg** preludio *m* a qc.

premarital [,pri:'mærɪtl] *adj* prematrimoniale.

premature ['premə,tjʊər] *adj* -1. [gen] prematuro(a) -2. [ageing, baldness] precoce.

premeditated [,pri:'medɪteɪtɪd] *adj* premeditato(a).

premenstrual syndrome, premenstrual tension *n* sindrome *f* premestruale.

premier ['premjər] <> *adj* primario(a). <> *n* [prime minister] premier *m inv.*

premiere ['premɪeər] *n* prima *f*.

premise ['premɪs] *n* premessa *f*. ◆ **premises** *npl* locali *mpl*; **on the ~s** sul posto.

premium ['pri:mjəm] *n* [gen] premio *m*; **to be at a ~** [above usual value] essere sopra la pari; [in great demand] valere oro.

premium bond *n UK* titolo *m* di stato a premio.

premonition [,premə'nɪʃn] *n* premonizione *f*.

preoccupied [pri:'ɒkjʊpaɪd] *adj*: ~ **(with sthg)** preoccupato(a) (per qc).

prepaid ['pri:peɪd] *adj* prepagato(a).

preparation [,prepə'reɪʃn] *n* -1. [act of preparing] preparazione *f* -2. [prepared mixture] preparato *m*. ◆ **preparations** *npl* [plans] preparativi *mpl*; **to make ~s for sthg** fare i preparativi per qc.

preparatory [prɪ'pærətrɪ] *adj* preparatorio(a).

preparatory school *n* -1. [in UK] scuola *f* elementare privata -2. [in US] scuola *f* privata che prepara agli studi universitari.

prepare [prɪ'peər] <> *vt* preparare; **to ~ to do sthg** prepararsi a fare qc. <> *vi*: **to ~ for sthg** prepararsi a OR per qc.

prepared [prɪ'peəd] *adj* -1. [organized, done beforehand] preparato(a) -2. [willing]: **to be ~ to do sthg** essere preparato a fare qc -3. [ready]: **to be ~ for sthg** essere pronto(a) a OR per qc.

preposition [,prepə'zɪʃn] *n* preposizione *f*.

preposterous [prɪ'pɒstərəs] *adj* assurdo(a).

prerequisite [,pri:'rekwɪzɪt] *n* prerequisito *m*; ~ **of** OR **for sthg** prerequisito di OR per qc.

prerogative [prɪ'rɒgətɪv] *n* prerogativa *f*.

preschool [,pri:'sku:l] <> *adj* prescolare.

<> *n US* scuola *f* materna.

prescribe [prɪ'skraɪb] *vt* ordinare.

prescription [prɪ'skrɪpʃn] *n* ricetta *f*.

presence ['prezns] *n* presenza *f*; **in the ~ of sb** in presenza di qn.

presence of mind *n* presenza *f* di spirito.

present <> *adj* ['preznt] -1. [current] presente, attuale -2. [in attendance] presente; **to be ~ at sthg** essere presente a qc. <> *n* ['preznt] -1. [current time]: **the ~** il presente; **at ~** al momento -2. [gift] regalo *m* -3. GRAM: ~ **(tense)** (tempo *m*) presente *m*. <> *vt* [prɪ'zent] -1. [gen] presentare; **to ~ sb with sthg, to ~ sthg to sb** [challenge, opportunity] rappresentare qc per qn -2. [give] consegnare; **to ~ sb with sthg, to ~ sthg to sb** consegnare qc a qn -3. [arrive, go]: **to ~ o.s.** presentarsi -4. [perform] rappresentare.

presentable [prɪ'zentəbl] *adj* presentabile.

presentation [,prezn'teɪʃn] *n* -1. [gen] presentazione *f* -2. [ceremony] consegna *f* -3. [performance] rappresentazione *f*.

present day *n*: **at the ~** al giorno d'oggi. ◆ **present-day** *adj* attuale.

presenter [prɪ'zentər] *n UK* presentatore *m*, -trice *f*.

presently ['prezntlɪ] *adv* -1. [soon] tra poco -2. [now] in questo momento.

preservation [,prezə'veɪʃn] *n* -1. [of wildlife] salvaguardia *f* -2. [of furniture, building, food] conservazione *f*; [of peace, situation] mantenimento *m*.

preservative [prɪ'zɜːvətɪv] *n* conservante *m*.

preserve [prɪ'zɜːv] <> *vt* -1. [furniture, building, food] conservare -2. [peace, situation] mantenere -3. [wildlife] salvaguardare. <> *n* conserva *f* di frutta.

preset [,pri:'set] (*pt & pp* **preset**) *vt* programmare.

president ['prezɪdənt] *n* -1. POL presidente *m* -2. [of club, organization] presidente *m*, -essa *f* -3. *US* [of company] direttore *m*, -trice *f* generale.

presidential [,prezɪ'denʃl] *adj* presidenziale.

press [pres] <> *n* -1. [push] pressione *f* -2. [journalism]: **the ~** [newspapers, reporters] la stampa -3. [printing machine] macchina *f* tipografica -4. [pressing machine] pressa *f*. <> *vt* -1. [push firmly] premere, schiacciare; **to ~ sthg against sthg** schiacciare qc contro qc -2. [arm, hand] stringere -3.

[flowers] comprimere **-4.** [grapes] pigiare **-5.** [garment] stirare **-6.** [urge, force] sollecitare; **to ~ sb to do sthg** OR **into doing sthg** spingere qn a fare qc **-7.** [pursue] insistere con OR su. $\diamond$ *vi* **-1.** [push hard]: **to ~ (on sthg)** premere (su qc) **-2.** [surge] spingere. $\blacktriangleright$ **press on** *vi*: **to ~ (on with sthg)** continuare (con qc).

press agency *n* agenzia *f* di stampa.

press conference *n* conferenza *f* stampa.

pressed [prest] *adj*: **to be ~ (for time/ money)** avere poco tempo/pochi soldi.

pressing ['presɪŋ] *adj* urgente.

press officer *n* addetto *m*, -a *f* stampa.

press release *n* comunicato *m* stampa.

press-stud *n* UK automatico *m*.

press-up *n* UK flessione *f* sulle braccia.

pressure ['preʃəʳ] *n* pressione *f*; **to put ~ on sb (to do sthg)** fare pressione su qn (perché faccia qc).

pressure cooker *n* pentola *f* a pressione.

pressure gauge *n* manometro *m*.

pressure group *n* gruppo *m* di pressione.

pressurize, -ise ['preʃəraɪz] *vt* **-1.** TECH pressurizzare **-2.** UK [force]: **to ~ sb to do** OR **into doing sthg** spingere qn a fare qc.

prestige [pre'stiːʒ] *n* prestigio *m*.

presumably [prɪ'zjuːməblɪ] *adv* presumibilmente; **~ he left early** suppongo che sia uscito presto.

presume [prɪ'zjuːm] *vt* supporre; **to ~ (that)** supporre che.

presumption [prɪ'zʌmpʃn] *n* **-1.** [assumption] presunzione *f*, congettura *f* **-2.** [audacity] presunzione *f*.

presumptuous [prɪ'zʌmptʃʊəs] *adj* presuntuoso(a).

pretence UK, **pretense** US [prɪ'tens] *n* simulazione *f*; **to make no ~ of sthg** non fare finta di qc; **under false ~s** con l'inganno.

pretend [prɪ'tend] $\diamond$ *vt* **-1.** [make believe]: **to ~ to do sthg** fingere di fare qc; **to ~ (that)** fare finta (che) **-2.** [claim]: **to ~ to do sthg** pretendere di fare qc. $\diamond$ *vi* [feign] fare finta.

pretense *n* US = pretence.

pretension [prɪ'tenʃn] *n* pretesa *f*.

pretentious [prɪ'tenʃəs] *adj* pretenzioso(a).

pretext ['priːtekst] *n* pretesto *m*; **on** OR **under the ~ that/of doing sthg** con la scusa che/di fare qc.

pretty ['prɪtɪ] $\diamond$ *adj* carino(a), bello(a). $\diamond$ *adv* abbastanza; **~ much** OR **well** praticamente.

prevail [prɪ'veɪl] *vi* **-1.** [be widespread] predominare **-2.** [triumph]: **to ~ (over sb/ sthg)** prevalere (su qn/qc) **-3.** [persuade]: **to ~ (up)on sb to do sthg** persuadere qn a fare qc.

prevailing [prɪ'veɪlɪŋ] *adj* **-1.** [belief, opinion, fashion] predominante **-2.** [wind] prevalente.

prevalent ['prevələnt] *adj* molto comune.

prevent [prɪ'vent] *vt* prevenire; **to ~ sb/ sthg (from) doing sthg** impedire a qn/ qc di fare qc.

preventive [prɪ'ventɪv] *adj* preventivo(a).

preview ['priːvjuː] *n* **-1.** [early showing] anteprima *f* **-2.** [trailer] trailer *m inv.*

previous ['priːvjəs] *adj* precedente.

previously ['priːvjəslɪ] *adv* prima.

prewar [ˌpriː'wɔːʳ] *adj* prebellico(a).

prey [preɪ] *n* preda *f*. $\blacktriangleright$ **prey on** *vt insep* **-1.** [live off] cacciare **-2.** [trouble]: **to ~ on sb's mind** rodere la mente a qn.

price [praɪs] $\diamond$ *n* prezzo *m*; **at any ~** ad ogni costo. $\diamond$ *vt* fissare il prezzo di.

priceless ['praɪslɪs] *adj* **-1.** [very valuable] inestimabile **-2.** *inf* [funny] spassosissimo(a).

price list *n* listino *m* prezzi.

price tag *n* cartellino *m* del prezzo.

pricey ['praɪsɪ] (*compar* **-ier**, *superl* **-iest**) *adj inf* caro(a), salato(a).

prick [prɪk] $\diamond$ *n* **-1.** [scratch, wound] puntura *f* **-2.** *vulg* [penis] cazzo *m* **-3.** *vulg* [stupid person] coglione *m*. $\diamond$ *vt* **-1.** [finger] pungere, pungersi **-2.** [balloon] forare **-3.** [eyes, throat] far pizzicare. $\blacktriangleright$ **prick up** *vt insep*: **to ~ up one's/its ears** drizzare le orecchie.

prickle ['prɪkl] $\diamond$ *n* **-1.** [thorn] spina *f* **-2.** [of fear, pleasure] punta *f*. $\diamond$ *vi*: **his skin ~d** gli è venuta la pelle d'oca.

prickly ['prɪklɪ] *adj* **-1.** [thorny] spinoso(a) **-2.** *fig* [touchy] permaloso(a).

pride [praɪd] $\diamond$ *n* orgoglio *m*; **to take ~ in (doing) sthg** essere orgoglioso(a) di (fare) qc. $\diamond$ *vt*: **to ~ o.s. on sthg** essere orgoglioso(a) di qc.

priest [priːst] *n* **-1.** [Christian] prete *m* **-2.** [non-Christian] sacerdote *m*.

priestess ['priːstɪs] *n* sacerdotessa *f*.

priesthood ['priːsthʊd] *n* **-1.** [position, office]: **the ~** il sacerdozio **-2.** [priests collectively]: **the ~** il clero.

prig [prɪg] *n* pedante *mf*.

prim [prɪm] *adj* compito(a).

primarily [*UK* 'praɪmərɪlɪ, *US* praɪ'merəlɪ] *adv* essenzialmente.

primary ['praɪmərɪ] <> *adj* -1. [main] principale -2. *esp UK* SCH elementare. <> *n US* POL primarie *fpl*.

primary school *n esp UK* scuola *f* elementare.

primary teacher *n esp UK* insegnante *mf* delle elementari.

primate ['praɪmeɪt] *n* primate *m*.

prime [praɪm] <> *adj* -1. [main] principale -2. [excellent] ottimo(a). <> *n* apice *m*; **to be in one's ~** essere nel fiore degli anni. <> *vt* -1. [inform]: **to ~ sb about sthg** preparare qn riguardo a qc -2. [paint] passare una vernice di fondo su -3. [make ready] caricare.

prime minister *n* primo ministro *m*.

primer ['praɪmə^r] *n* -1. [paint] vernice *f* di fondo -2. [textbook] testo *m* elementare.

primitive ['prɪmɪtɪv] *adj* primitivo(a).

primrose ['prɪmrəʊz] *n* primula *f*.

prince [prɪns] *n* principe *m*.

princess [prɪn'ses] *n* principessa *f*.

principal ['prɪnsəpl] <> *adj* principale. <> *n* [of school, college] preside *mf*.

principle ['prɪnsəpl] *n* [strong belief] principio *m*; **(to do sthg) on** on **as a matter of ~** (fare qc) per principio OR per questione di principio. **➤ in principle** *adv* in linea di principio.

print [prɪnt] <> *n* -1. [type] caratteri *mpl*; **to be in ~** essere in commercio; **to be out of ~** essere fuori commercio; **to see one's name in ~** vedere il proprio nome stampato -2. ART & PHOT stampa *f* -3. [fabric] (tessuto *m*) stampato *m* -4. [footprint, fingerprint] impronta *f*. <> *vt* -1. [gen] stampare -2. [publish] pubblicare -3. [write clearly] scrivere in stampatello. <> *vi* [printer] stampare. **➤ print out** *vt sep* COMPUT stampare.

printed matter *n* stampe *fpl*.

printer ['prɪntə^r] *n* -1. [person] tipografo *m*, -a *f* -2. [firm] tipografia *f* -3. [COMPUT & machine] stampante *f*.

printing ['prɪntɪŋ] *n* -1. [act of printing] stampa *f* -2. [trade] industria *f* tipografica.

printout ['prɪntaʊt] *n* stampato *m*.

prior ['praɪə^r] <> *adj* -1. [previous] precedente -2. [more important] prioritario(a). <> *n* [monk] priore *m*. **➤ prior to** *prep* prima; **~ to doing sthg** prima di fare qc.

priority [praɪ'ɒrətɪ] *n* -1. [immediate concern] priorità *f inv* -2. [precedence]: **to have OR take ~ (over sthg)** avere la priorità (su qc).

prise [praɪz] *vt UK*: **to ~ sthg open** aprire qc facendo leva; **to ~ sthg away from sb** estrarre qc di mano a qn.

prison ['prɪzn] *n* prigione *f*, carcere *m*.

prisoner ['prɪznə^r] *n* prigioniero *m*, -a *f*.

prisoner of war (*pl* **prisoners of war**) *n* prigioniero *m*, -a *f* di guerra.

privacy [*UK* 'prɪvəsɪ, *US* 'praɪvəsɪ] *n* privacy *f*.

private ['praɪvɪt] <> *adj* -1. [gen] privato(a) -2. [confidential] personale -3. [secluded] appartato(a) -4. [reserved] riservato(a). <> *n* -1. [soldier] soldato *m*, -essa *f* (semplice) -2. [secrecy]: **(to do sthg) in ~** (fare qc) in privato.

private enterprise *n* iniziativa *f* privata.

private eye *n* investigatore *m*, -trice *f*.

privately ['praɪvɪtlɪ] *adv* -1. [not by the state]: **~ owned** privato(a); **to be ~ educated** frequentare una scuola privata -2. [confidentially] in privato -3. [personally] dentro di sé.

private property *n* proprietà *f* privata.

private school *n* scuola *f* privata.

privatize, -ise *UK* ['praɪvɪtaɪz] *vt* privatizzare.

privet ['prɪvɪt] *n* ligustro *m*.

privilege ['prɪvɪlɪdʒ] *n* privilegio *m*.

privy ['prɪvɪ] *adj*: **to be ~ to sthg** *fml* essere a conoscenza di qc.

prize [praɪz] <> *adj* -1. [bull, essay] premiato(a) -2. [example, idiot] perfetto(a); [pupil] eccellente -3. [possession] prezioso(a). <> *n* premio *m*. <> *vt* [value] apprezzare.

prize-giving *n UK* premiazione *f*.

prizewinner ['praɪzwɪnə^r] *n* vincitore *m*, -trice *f*.

pro [prəʊ] *n* -1. *inf* [professional] professionista *mf* -2. [advantage]: **~s and cons** i pro e i contro.

probability [ˌprɒbə'bɪlətɪ] *n* -1. [likelihood] probabilità *f inv* -2. [probable thing, event] eventualità *f inv* probabile.

probable ['prɒbəbl] *adj* probabile.

probably ['prɒbəblɪ] *adv* probabilmente.

probation [prə'beɪʃn] *n* -1. [of prisoner] libertà *f* vigilata; **to put sb on ~** mettere qn in libertà vigilata -2. [trial period] periodo *m* di prova; **to be on ~** essere in prova.

probe [prəʊb] <> *n* -1. [investigation]: **~**

(into sthg) inchiesta *f* (su qc) **-2.** MED & TECH sonda *f*. ⬦ *vt* **-1.** [investigate] indagare su **-2.** [prod] sondare.

problem ['prɒbləm] ⬦ *n* problema *m*; **no ~ !** *inf* nessun problema! ⬦ *comp* problematico(a).

procedure [prə'siːdʒəʳ] *n* procedura *f*.

proceed [prə'siːd] ⬦ *vt* [do subsequently]: **to ~ to do sthg** mettersi a fare qc. ⬦ *vi* **-1.** [continue]: **to ~ (with sthg)** procedere (a qc) **-2.** *fml* [go, advance] procedere.
➡ **proceeds** *npl* proventi *mpl*.

proceedings [prə'siːdɪŋz] *npl* **-1.** [series of events] eventi *mpl* **-2.** [legal action] procedimento *m*.

process ['prəʊses] ⬦ *n* processo *m*; **in the ~** nel far ciò; **to be in the ~ of doing sthg** stare facendo qc. ⬦ *vt* **-1.** [raw materials] lavorare; [food] trattare **-2.** [information, application] elaborare.

processing ['prəʊsesɪŋ] *n* **-1.** [of raw materials] lavorazione *f*; [of food] trattamento *m* **-2.** [of information, application] elaborazione *f*.

procession [prə'seʃn] *n* corteo *m*.

proclaim [prə'kleɪm] *vt* proclamare.

procure [prə'kjʊəʳ] *vt* ottenere; **to ~ sthg for sb** procurare qc a qn; **to ~ sthg for o.s.** procurarsi qc.

prod [prɒd] *vt* dare dei colpetti a.

prodigy ['prɒdɪdʒɪ] *n* prodigio *m*; **child ~** bambino *m*, -a *f* prodigio (*inv*).

produce ⬦ *n* ['prɒdjuːs] **-1.** [goods] prodotti *mpl* **-2.** [fruit and vegetables] frutta e verdura *f*. ⬦ *vt* [prə'djuːs] **-1.** [gen] produrre **-2.** [bring about – agreement] concludersi in; [– results] dare; [– disaster] causare **-3.** [give birth to] avere **-4.** THEAT mettere in scena.

producer [prə'djuːsəʳ] *n* **-1.** CIN, THEAT & TV produttore *m*, -trice *f* **-2.** [manufacturer] produttore *m*.

product ['prɒdʌkt] *n* prodotto *m*.

production [prə'dʌkʃn] *n* **-1.** [gen] produzione *f* **-2.** THEAT rappresentazione *f*.

production line *n* catena *f* di montaggio.

productive [prə'dʌktɪv] *adj* produttivo(a).

productivity [,prɒdʌk'tɪvətɪ] *n* produttività *f*.

profane [prə'feɪn] *adj* profano(a).

profession [prə'feʃn] *n* **-1.** [career] professione *f*; **she is a doctor by ~** di professione fa il medico **-2.** [body of people] categoria *f* (professionale).

professional [prə'feʃənl] ⬦ *adj* **-1.** [gen] professionale; **~ person** professionista *mf* **-2.** [actor, sportsperson] professionista. ⬦ *n* professionista *mf*.

professor [prə'fesəʳ] *n* **-1.** *UK* [head of department] professore *m* (universitario), professoressa *f* (universitaria) **-2.** *US, Can* [teacher, lecturer] professore *m*, -essa *f*.

proficiency [prə'fɪʃənsɪ] *n*: **~ (in sthg)** competenza *f* (in qc).

profile ['prəʊfaɪl] *n* profilo *m*; **to keep a low profile** *fig* cercare di non farsi notare.

profit ['prɒfɪt] ⬦ *n* **-1.** [financial gain] profitto *m*; **to make a ~** ricavare un profitto **-2.** [advantage] beneficio *m*. ⬦ *vi*: **to ~ (from OR by sthg)** [financially] ricavare un profitto (da qc); [obtain advantage] trarre profitto (da qc).

profitability [,prɒfɪtə'bɪlətɪ] *n* redditività *f*.

profitable ['prɒfɪtəbl] *adj* **-1.** [business, deal] redditizio(a) **-2.** [meeting, day, visit] fruttuoso(a).

profound [prə'faʊnd] *adj* profondo(a).

profusely [prə'fjuːslɪ] *adv* **-1.** [sweat, bleed] abbondantemente **-2.** [generously, extravagantly]: **to thank sb ~** ringraziare qn profusamente; **to apologize ~** profondersi in scuse.

profusion [prə'fjuːʒn] *n* profusione *f*.

prognosis [prɒg'nəʊsɪs] (*pl* **-noses**) *n* prognosi *f inv.*

program ['prəʊgræm] (*pt & pp* **-ing**) ⬦ *n* **-1.** COMPUT programma *m* **-2.** *US* = **programme.** ⬦ *vt* **-1.** COMPUT programmare **-2.** *US* = **programme.**

programer *n US* = **programmer.**

programme *UK*, **program** *US* ['prəʊgræm] ⬦ *n* [broadcast, schedule, booklet] programma *m*. ⬦ *vt* [machine, system] programmare; **to ~ sthg to do sthg** programmare qc perché faccia qc.

programmer *UK*, **programer** *US* ['prəʊgræməʳ] *n* COMPUT programmatore *m*, -trice *f*.

programming ['prəʊgræmɪŋ] *n* COMPUT programmazione *f*.

progress ⬦ *n* ['prəʊgres] **-1.** [gen] progresso *m*; **to make ~ (in sthg)** fare progressi (in qc) ; **in ~** in corso **-2.** [physical movement] avanzamento *m*; **to make ~** avanzare. ⬦ *vi* [prə'gres] **-1.** [improve] progredire **-2.** [continue] andare avanti.

progressive [prə'gresɪv] *adj* progressivo(a).

prohibit [prə'hɪbɪt] *vt* proibire; **to ~ s**

from doing sthg proibire a qn di fare qc.

project ◇ *n* ['prɒdʒekt] **-1.** [plan, idea] progetto *m* **-2.** [study]: ~ **(on sthg)** ricerca *f* (su qc) . ◇ *vt* [prə'dʒekt] **-1.** [plan, estimate] prevedere **-2.** [film, light] proiettare **-3.** [present] proporre. ◇ *vi* [prə'dʒekt] [jut out] sporgere.

projectile [prə'dʒektaıl] *n* proiettile *m*.

projection [prə'dʒekʃn] *n* **-1.** [estimate] proiezione *f*, previsione *f* **-2.** [protrusion] sporgenza *f* **-3.** [of film, light] proiezione *f*.

projector [prə'dʒektə'] *n* proiettore *m*.

proletariat [,prəʊlı'teərıət] *n* proletariato *m*.

prolific [prə'lıfık] *adj* prolifico(a).

prologue UK, **prolog** US ['prəʊlɒg] *n lit & fig*: ~ **(to sthg)** prologo *m* (di qc).

prolong [prə'lɒŋ] *vt* prolungare.

prom [prɒm] *n* **-1.** UK *inf* (*abbr of* **promenade**)[at seaside] lungomare *m* **-2.** US [ball] ballo studentesco **-3.** UK *inf* (*abbr of* **promenade concert**) *concerto di musica classica in cui una parte del pubblico assiste in piedi.*

promenade [,prɒmə'nɑːd] *n* UK [at seaside] lungomare *m inv.*

promenade concert *n* UK *concerto di musica classica in cui una parte del pubblico assiste in piedi.*

prominent ['prɒmınənt] *adj* **-1.** [politician, activist] di spicco; [role, part] preminente **2.** [building, landmark] in vista; [nose, cheekbones] prominente.

promiscuous [prɒ'mıskjʊəs] *adj* promiscuo(a).

promise ['prɒmıs] ◇ *n* **-1.** [vow] promessa *f* **-2.** [hope, prospect] prospettiva *f*. ◇ *vt*: **to** ~ **(sb) sthg** promettere qc (a qn); **to** ~ **(sb) to do sthg** promettere (a qn) di fare qc. ◇ *vi* promettere; **I** ~ lo prometto.

promising ['prɒmısıŋ] *adj* promettente.

promontory ['prɒməntrı] *n* promontorio *m.*

promote [prə'məʊt] *vt* [gen] promuovere; **to be** ~**d to Head of Department** essere promosso(a) capo del dipartimento; **to be** ~**d to the First Division** SPORT essere promosso(a) in prima divisione.

promoter [prə'məʊtə'] *n* promotore *m*, -trice *f*.

promotion [prə'məʊʃn] *n* **-1.** [gen] promozione *f* **-2.** [campaign] campagna *f* promozionale.

prompt [prɒmpt] ◇ *adj* **-1.** [action, reaction, service] rapido(a); [reply, payment] sollecito(a) **-2.** [punctual] puntuale.

◇ *adv*: **at nine o'clock** ~ alle nove in punto. ◇ *vt* **-1.** [provoke, persuade]: **to** ~ **sb (to do sthg)** [subj: person] sollecitare qn (a fare qc) ; [subj: thing] spingere qn (a fare qc) **-2.** THEAT suggerire a. ◇ *n* **-1.** THEAT suggerimento *m* **-2.** COMPUT prompt *m inv.*

prompter ['prɒmptə'] *noun* THEAT suggeritore *m*, -trice *f*.

promptly ['prɒmptlı] *adv* **-1.** [quickly] prontamente **-2.** [punctually] puntualmente.

prone [prəʊn] *adj* **-1.** [susceptible]: **to be** ~ **to sthg** essere soggetto(a) a qc; **to be** ~ **to do** *OR* **to doing sthg** avere tendenza a fare qc **-2.** [lying flat] prono(a).

prong [prɒŋ] *n* dente *m*.

pronoun ['prəʊnaʊn] *n* pronome *m*.

pronounce [prə'naʊns] ◇ *vt* **-1.** [word, name] pronunciare **-2.** [opinion, decision] dichiarare; [verdict, judgement] emettere. ◇ *vi*: **to** ~ **on sthg** pronunciarsi su qc.

pronounced [prə'naʊnst] *adj* [noticeable] spiccato(a).

pronouncement [prə'naʊnsmənt] *n* dichiarazione *f.*

pronunciation [prə,nʌnsı'eıʃn] *n* pronuncia *f.*

proof [pruːf] *n* **-1.** [evidence] prove *fpl* **-2.** PRESS bozza *f* **-3.** [of alcohol]: **to be 10%** ~ avere 10 gradi.

prop [prɒp] ◇ *n* **-1.** [support] sostegno *m* **-2.** RUGBY pilone *m*. ◇ *vt*: **to** ~ **sthg against sthg** appoggiare qc a qc. ◆ **props** *npl* [in film, play] accessori *mpl* di scena. ◆ **prop up** *vt sep* **-1.** [support physically] sostenere **-2.** *fig* [sustain] tenere in piedi.

propaganda [,prɒpə'gændə] *n* propaganda *f.*

propel [prə'pel] *vt* **-1.** [vehicle, boat] azionare; [rocket] propellere **-2.** *fig* [urge] spingere.

propeller [prə'pelə'] *n* elica *f.*

propelling pencil [prə'pelıŋ-] *n* UK portamine *m inv.*

propensity [prə'pensətı] *n fml*: ~ **for** *OR* **to sthg** propensione *f* per qc; ~ **to do sthg** propensione a fare qc.

proper ['prɒpə'] *adj* **-1.** [real] vero(a) **-2.** [correct] giusto(a) **-3.** [decent] decente.

properly ['prɒpəlı] *adv* come si deve.

proper noun *n* nome *m* proprio.

property ['prɒpətı] *n* **-1.** [gen] proprietà *f inv* **-2.** [buildings, land] bene *m* immobile.

property owner *n* proprietario *m*, -a *f* (di beni immobili).

prophecy ['prɒfɪsɪ] n profezia f.

prophesy ['prɒfɪsaɪ] vt profetizzare.

prophet ['prɒfɪt] n lit & fig profeta m.

proportion [prə'pɔ:ʃn] n -1. [part] percentuale f -2. [ratio, comparison] proporzione f -3. ART: **to be in** ~ essere proporzionato(a); **to be out of** ~ essere sproporzionato(a); **a sense of** ~ fig il senso della misura.

proportional [prə'pɔ:ʃənl] adj: ~ **(to sthg)** proporzionale (a qc).

proportional representation n sistema m proporzionale.

proportionate adj [prə'pɔ:ʃnət]: ~ **(to sthg)** proporzionato(a) (a qc).

proposal [prə'pəʊzl] n -1. [plan, suggestion] proposta f -2. [offer of marriage] proposta f di matrimonio.

propose [prə'pəʊz] <> vt -1. [gen] proporre; **to** ~ **marriage to sb** fare una proposta di matrimonio a qn -2. [intend]: **to** ~ **doing** OR **to do sthg** proporsi di fare qc. <> vi [make offer of marriage]: **to** ~ **(to sb)** fare una proposta di matrimonio (a qn).

proposition [ˌprɒpə'zɪʃn] n -1. [statement of theory] asserzione f -2. [suggestion] proposta f.

proprietor [prə'praɪətəʳ] n titolare mf.

propriety [prə'praɪətɪ] n fml decenza f.

pro rata [ˌprəʊ'rɑ:tə] adj & adv pro rata.

prose [prəʊz] n prosa f.

prosecute ['prɒsɪkju:t] <> vt intentare un processo a; **to be** ~ **d for sthg** essere sottoposto(a) a giudizio per qc. <> vi -1. [bring a charge] intentare un'azione legale -2. [represent in court] rappresentare l'accusa.

prosecution [ˌprɒsɪ'kju:ʃn] n -1. [criminal charge] imputazione f -2. [lawyers]: **the** ~ l'accusa f.

prosecutor ['prɒsɪkju:təʳ] n esp US ≃ Pubblico Ministero m.

prospect <> n ['prɒspekt] -1. [hope] prospettiva f pl -2. [probability] prospettiva f inv. <> vi [prə'spekt]: **to** ~ **(for sthg)** fare delle perlustrazioni (alla ricerca di qc). **◆ prospects** npl [chances of success]: ~ **s (for sthg)** prospettive f pl (di qc).

prospective [prə'spektɪv] adj potenziale.

prospectus [prə'spektəs] (pl **-es**) n prospetto m.

prosper ['prɒspəʳ] vi prosperare.

prosperity [prɒ'sperətɪ] n prosperità f.

prosperous ['prɒspərəs] adj prospero(a).

prostitute ['prɒstɪtju:t] n prostituto m, -a f.

prostrate adj ['prɒstreɪt] lit & fig prostrato(a).

protagonist [prə'tægənɪst] n protagonista mf.

protect [prə'tekt] vt: **to** ~ **sb/sthg (from** OR **against)** proteggere qn/qc (da).

protection [prə'tekʃn] n: ~ **(from** OR **against sb/sthg)** protezione f (da qn/qc).

protective [prə'tektɪv] adj protettivo(a).

protein ['prəʊti:n] n proteina f.

protest <> n ['prəʊtest] protesta f. <> vt [prə'test] -1. [state] protestare -2. US [protest against] protestare contro. <> vi [complain]: **to** ~ **(about/against sthg)** protestare (contro qc).

Protestant ['prɒtɪstənt] <> adj protestante. <> n protestante mf.

protester n manifestante mf.

protest march n marcia f di protesta.

protocol ['prəʊtəkɒl] n protocollo m.

prototype ['prəʊtətaɪp] n prototipo m.

protracted [prə'træktɪd] adj prolungato(a).

protrude [prə'tru:d] vi: **to** ~ **(from sthg)** sporgere (da qc).

protuberance [prə'tju:bərəns] n protuberanza f.

proud [praʊd] adj -1. [glad, satisfied] orgoglioso(a), fiero(a); **to be** ~ **of sb/sthg** essere orgoglioso di qn/qc -2. [dignified, arrogant] orgoglioso(a).

prove [pru:v] (pp **-d** OR **proven**) vt -1. [show to be true] provare, dimostrare; **to** ~ **sb wrong/innocent** dimostrare che qn ha torto/è innocente -2. [show o.s. to be]: **to** ~ **(to be)** sthg dimostrarsi qc; **to** ~ **o.s.** to be sthg dimostrare di essere qc.

proven ['pru:vn] <> pp ▷prove. <> adj dimostrato(a).

proverb ['prɒvɜ:b] n proverbio m.

provide [prə'vaɪd] vt fornire; **to** ~ **sb with sthg**, **to** ~ **sthg for sb** fornire qc a qn. **◆ provide for** vt insep -1. [support] mantenere -2. fml [make arrangements for] provvedere a.

provided [prə'vaɪdɪd] **◆ provided (that)** conj a condizione che.

providing [prə'vaɪdɪŋ] **◆ providing (that)** conj a condizione che.

province ['prɒvɪns] n -1. [part of country] provincia f -2. [area of knowledge or responsibility] area f di competenza.

provincial [prə'vɪnʃl] adj provinciale.

provision [prə'vɪʒn] n -1. [act of supplying] fornitura f -2. [arrangement]: **to make** ~

for sb/sthg provvedere a qn/qc **-3.** [in agreement, law] disposizione *f*. ◆ **provisions** *npl* [supplies] provviste *fpl*.

provisional [prə'vɪʒənl] *adj* provvisorio(a).

proviso [prə'vaɪzəʊ] (*pl* **-s**) *n* condizione *f*; **with the ∼ that** a condizione che.

provocative [prə'vɒkətɪv] *adj* **-1.** [controversial] provocatorio(a) **-2.** [sexy] provocante.

provoke [prə'vəʊk] *vt* provocare.

prow [praʊ] *n* prua *f*.

prowess ['praʊɪs] *n fml* bravura *f*.

prowl [praʊl] ⬦ *n*: **on the ∼** [person] a caccia; [animal] a caccia di prede. ⬦ *vt* [animal, burglar] aggirarsi per. ⬦ *vi* andare in giro.

prowler ['praʊlə^r] *n* malintenzionato *m*, -a *f*.

proxy ['prɒksɪ] *n*: **by ∼** per procura.

prudent ['pruːdnt] *adj* prudente.

prudish ['pruːdɪʃ] *adj* prude.

prune [pruːn] ⬦ *n* [fruit] prugna *f* secca. ⬦ *vt* [hedge, tree] potare.

pry [praɪ] *vi* ficcanasare; **to ∼ into sthg** ficcanasare in qc; **∼ ing eyes** sguardi curiosi.

PS (*abbr of* **postscript**) *n* PS *m inv*.

psalm [sɑːm] *n* salmo *m*.

pseudonym ['sjuːdənɪm] *n* pseudonimo *m*.

psyche ['saɪkɪ] *n* psiche *f inv*.

psychiatric [ˌsaɪkɪ'ætrɪk] *adj* psichiatrico(a).

psychiatrist [saɪ'kaɪətrɪst] *n* psichiatra *mf*.

psychiatry [saɪ'kaɪətrɪ] *n* psichiatria *f*.

psychic ['saɪkɪk] ⬦ *adj* **-1.** [powers] paranormale; **to be ∼** [person] avere poteri paranormali **-2.** [disorder, damage] psichico(a). ⬦ *n* medium *mf inv*.

psychoanalysis [ˌsaɪkəʊə'næləsɪs] *n* psicoanalisi *f inv*.

psychoanalyst [ˌsaɪkəʊ'ænəlɪst] *n* psicanalista *mf*.

psychological [ˌsaɪkə'lɒdʒɪkl] *adj* psicologico(a).

psychologist [saɪ'kɒlədʒɪst] *n* psicologo *m*, -a *f*.

psychology [saɪ'kɒlədʒɪ] *n* psicologia *f*.

psychopath ['saɪkəpæθ] *n* psicopatico *m*, -a *f*.

psychotic [saɪ'kɒtɪk] ⬦ *adj* psicotico(a). ⬦ *n* psicotico *m*, -a *f*.

pt -1. = **pint -2.** (*abbr of* **point**) punto *m*.

PTO (*abbr of* **please turn over**) v.r.

pub [pʌb] *n* pub *m inv*.

puberty ['pjuːbətɪ] *n* pubertà *f*.

pubic ['pjuːbɪk] *adj* pubico(a).

public ['pʌblɪk] ⬦ *adj* [gen] pubblico(a); **to go ∼ on sthg** *inf* far sapere qc. ⬦ *n* [people in general]: **the ∼** il pubblico; **in ∼** in pubblico.

public-address system *n* impianto *m* di amplificazione.

publican ['pʌblɪkən] *n UK* [owner] proprietario *m*, -a *f* di un pub; [manager] gestore *m*, -trice *f* di un pub.

publication [ˌpʌblɪ'keɪʃn] *n* pubblicazione *f*.

public company *n* società *f inv* quotata in Borsa.

public convenience *n UK* gabinetti *mpl* pubblici.

public holiday *n* giorno *m* festivo.

public house *n UK fml* pub *m inv*.

publicity [pʌb'lɪsɪtɪ] *n* pubblicità *f*.

publicize, -ise ['pʌblɪsaɪz] *vt* pubblicizzare.

public limited company *n* ≃ società *f inv* per azioni.

public opinion *n* opinione *f* pubblica.

public relations *n & pl* pubbliche relazioni *fpl*.

public school *n* **-1.** *UK* [private school] scuola *f* privata **-2.** *US* [state school] scuola *f* pubblica.

public transport *UK*, **public transportation** *US n* trasporti *mpl* pubblici.

publish ['pʌblɪʃ] *vt* **-1.** [gen] pubblicare **-2.** [make known] rendere pubblico(a).

publisher ['pʌblɪʃə^r] *n* **-1.** [company] editore *m* **-2.** [person] editore *m*, -trice *f*.

publishing ['pʌblɪʃɪŋ] *n* editoria *f*.

pub lunch *n UK* pranzo *m* al pub.

pucker ['pʌkə^r] *vt* arricciare.

pudding ['pʊdɪŋ] *n* **-1.** [food - sweet, cold] budino *m*; [- sweet, hot] dolce servito caldo a base di frutta, latte o pasta; [- savoury] pasticcio a base di carne o verdura **-2.** *UK* [part of meal] dolce *m*, dessert *m inv*.

puddle ['pʌdl] *n* pozzanghera *f*.

puff [pʌf] ⬦ *n* **-1.** [of cigarette, pipe] tirata *f* **-2.** [of air, smoke] boccata *f*. ⬦ *vt* tirare boccate da. ⬦ *vi* **-1.** [smoke]: **to ∼ at** OR **on sthg** tirare boccate da qc **-2.** [pant] sbuffare. ◆ **puff out** *vt sep* gonfiare.

puffed [pʌft] *adj* : **∼ (up)** gonfio(a).

puff pastry *n* pasta *f* sfoglia.

puffy ['pʌfɪ] *adj* gonfio(a).

pull [pʊl] ◇ *vt* -1. [gen] tirare; **to ~ sthg to pieces** fare a pezzi qc tirando -2. [trigger] premere -3. [cork, tooth] estrarre -4. [muscle, hamstring] stirarsi -5. [crowd, votes] attirare. ◇ *vi* tirare. ◇ *n* -1. [tug with hand] tirata *f* -2. [influence] influenza *f*. ◆ **pull apart** *vt sep* smontare. ◆ **pull at** *vt insep* tirare. ◆ **pull away** *vi* -1. [from roadside]: **to ~ away (from)** partire (da) -2. [in race]: **to ~ away from sb** distaccare qn. ◆ **pull down** *vt sep* buttare giù. ◆ **pull in** *vi* [vehicle] accostare. ◆ **pull off** *vt sep* -1. [clothes, shoes] togliersi -2. [deal, coup] riuscire in; **she ~ed it off** ce l'ha fatta. ◆ **pull out** ◇ *vt sep* [withdraw] ritirare. ◇ *vi* -1. [train] partire -2. [vehicle - into road] immettersi; [- into another part of road] cambiare corsia -3. [withdraw] ritirarsi. ◆ **pull over** *vi* [vehicle, driver] accostare. ◆ **pull through** *vi* [patient] farcela. ◆ **pull together** *vt sep*: **to ~ o.s. together** ricomporsi. ◆ **pull up** ◇ *vt sep* -1. [raise] tirare su -2. [move closer] accostare. ◇ *vi* fermarsi.

pulley ['pʊlɪ] (*pl* **pulleys**) *n* carrucola *f*.

pullover ['pʊl,əʊvə^r] *n* pullover *m inv.*

pulp [pʌlp] ◇ *adj* [novel, magazine] di serie B. ◇ *n* -1. [soft mass] poltiglia *f* -2. [of fruit] polpa *f* -3. [of wood] pasta *f*.

pulpit ['pʊlpɪt] *n* pulpito *m.*

pulsate [pʌl'seɪt] *vi* pulsare.

pulse [pʌls] ◇ *n* -1. [in body] polso *m* -2. TECH impulso *m.* ◇ *vi* [throb] pulsare. ◆ **pulses** *npl* [food] legumi *mpl.*

puma ['pjuːmə] (*pl* **-s**) *n* puma *m inv.*

pummel ['pʌml] *vt* prendere a pugni.

pump [pʌmp] ◇ *n* pompa *f.* ◇ *vt* -1. [convey by pumping] pompare -2. *inf* [interrogate]: **to ~ sb for information** cercare di estorcere delle informazioni a qn. ◇ *vi* [person, machine] pompare; [heart] battere. ◆ **pumps** *npl* -1. *UK* [for exercise] scarpe *fpl* da ginnastica; [for dancing] scarpe *fpl* da danza -2. *US* [plain shoes] (scarpe *fpl*) decolleté *f inv.*

pumpkin ['pʌmpkɪn] *n* zucca *f.*

pun [pʌn] *n* gioco *m* di parole.

punch [pʌntʃ] ◇ *n* -1. [blow] pugno *m* -2. [tool] punteruolo *m* -3. [drink] punch *m inv.* ◇ *vt* -1. [hit] dare un pugno a -2. [paper] perforare; [ticket] obliterare; **to ~ a hole** fare un foro.

Punch-and-Judy show *n* spettacolo *m* di burattini.

punch ball *n* punching ball *m inv.*

punch line *n* battuta *f* finale(di una barzelletta).

punch-up *n UK inf* rissa *f.*

punchy ['pʌntʃɪ] *adj inf* incisivo(a).

punctual ['pʌŋktʃʊəl] *adj* puntuale.

punctuation [,pʌŋktʃʊ'eɪʃn] *n* punteggiatura *f.*

punctuation mark *n* segno *m* d'interpunzione.

puncture ['pʌŋktʃə^r] ◇ *n* [in tyre, ball] foro *m.* ◇ *vt* -1. [tyre, ball] forare -2. [lung, skin] perforare.

pundit ['pʌndɪt] *n* esperto *m,* -a *f.*

pungent ['pʌndʒənt] *adj* [smell, criticism, remark] pungente; [taste] forte.

punish ['pʌnɪʃ] *vt* [person, crime] punire; **to ~ sb for (doing) sthg** punire qn per (aver fatto) qc.

punishing ['pʌnɪʃɪŋ] *adj* [work, schedule] spossante.

punishment ['pʌnɪʃmənt] *n* [for wrong] punizione *f*; [for crime] pena *f.*

punk [pʌŋk] ◇ *adj* punk *inv.* ◇ *n* -1. [music]: **~ (rock)** punk *m inv* -2. [person]: **~ (rocker)** punk *mf inv* -3. *US inf* [lout] teppista *mf.*

punt [pʌnt] *n* barca a fondo piatto spinta grazie a una pertica.

punter ['pʌntə^r] *n* -1. [someone who bets] scommettitore *m,* -trice *f* -2. *UK inf* [customer] cliente *mf.*

puny ['pjuːnɪ] *adj* [person, limbs] smilzo(a); [effort] misero(a).

pup [pʌp] *n* -1. [dog] cagnolino *m,* -a -2. [seal, otter] cucciolo *m,* -a *f.*

pupil ['pjuːpl] *n* -1. [person] allievo *m,* -a *f* -2. [of eye] pupilla *f.*

puppet ['pʌpɪt] *n* -1. [string puppet] marionetta *f* -2. [glove puppet] burattino *m* -3. *pej* [person, country] burattino *m,* marionetta *f.*

puppy ['pʌpɪ] *n* cagnolino *m,* -a *f.*

purchase ['pɜːtʃəs] *fml* ◇ *n* -1. [gen] acquisto *m* -2. [grip] presa *f.* ◇ *vt* acquistare.

purchaser ['pɜːtʃəsə^r] *n* acquirente *mf.*

pure [pjʊə^r] *adj* puro(a).

puree *n* purè *m inv.*

purely ['pjʊəlɪ] *adv* puramente.

purge [pɜːdʒ] ◇ *n* POL epurazione *f.* ◇ *vt* -1. POL epurare -2. [rid]: **to ~ sthg (of sthg)** liberare qc (da qc); **to ~ o.s. of sthg** liberarsi di qc.

purify ['pjʊərɪfaɪ] *vt* purificare.

purist ['pjʊərɪst] *n* purista *mf.*

purity ['pjʊərəti] *n* purezza *f*.

purple ['pɜːpl] ⬦ *adj* viola *inv.* ⬦ *n* viola *m inv.*

purport *vi fml*: to ~ to do/be sthg pretendere di fare/essere qc.

purpose ['pɜːpəs] *n* -1. [objective, reason] scopo *m* -2. [use]: **to no** ~ inutilmente; **to be to no** ~ essere inutile -3. [determination]: **a sense of** ~ uno scopo. ◆ **on purpose** *adv* apposta.

purposeful ['pɜːpəsfʊl] *adj* determinato(a).

purr [pɜːʳ] *vi* -1. [cat] fare le fusa -2. [engine, machine] emettere un ronzio -3. [person] dire con voce suadente.

purse [pɜːs] ⬦ *n* -1. [for money] portafoglio *m* -2. *US* [handbag] borsetta *f*. ⬦ *vt* arricciare.

purser ['pɜːsəʳ] *n* commissario *m* di bordo.

pursue [pəˈsjuː] *vt* -1. [follow] inseguire -2. [hobby, interest] dedicarsi a; [aim] perseguire -3. [topic, question] portare avanti, proseguire.

pursuer [pəˈsjuːəʳ] *n* inseguitore *m*, -trice *f*.

pursuit [pəˈsjuːt] *n* -1. *fml* [attempt to obtain, achieve] ricerca *f* -2. [chase] inseguimento *m* -3. SPORT inseguimento *m*, gara *f* a inseguimento -4. [occupation, activity] attività *f inv.*

pus [pʌs] *n* pus *m inv.*

push [pʊʃ] ⬦ *vi* -1. [person, bicycle] spingere, [button] premere **2.** [encourage] esortare; **to** ~ **sb to do sthg** esortare qn a fare qc -3. [force] costringere; **to** ~ **sb into doing sthg** costringere qn a fare qc -4. *inf* [promote] fare pubblicità a. ⬦ *vi* -1. [shove] spingere -2. [on button, bell] premere -3. [campaign]: **to** ~ **for sthg** fare pressione per ottenere qc. ⬦ *n* -1. [shove] spinta *f* -2. [on button, bell] pressione *f* -3. [effort] sforzo *m*; **to have a big** ~ **to do sthg** fare un grosso sforzo per fare qc. ◆ **push around** *vt sep inf fig* [bully] dare ordini a. ◆ **push in** *vi* [in queue] passare davanti. ◆ **push off** *vi inf* [go away] togliersi dai piedi. ◆ **push on** *vi* [continue] andare avanti. ◆ **push through** *vt sep* [force to be accepted] fare approvare.

pushchair ['pʊʃtʃeəʳ] *n UK.* passeggino *m*.

pushed [pʊʃt] *adj inf*: **to be** ~ **for sthg** essere a corto di qc; **to be hard** ~ **to do sthg** far fatica a fare qc.

pusher ['pʊʃəʳ] *n drug sl* spacciatore *m*, -trice *f*.

pushover ['pʊʃˌəʊvəʳ] *n inf* pollo *m*, -a *f*.

push-up *n esp US* flessione *f* sulle braccia.

pushy ['pʊʃɪ] *adj pej* grintoso(a).

puss [pʊs], **pussy (cat)** ['pʊsɪ-] *n inf* micio *m*, -a *f*.

put [pʊt] (*pt & pp* put) *vt* -1. [gen] mettere -2. [express] esprimere -3. [question] fare -4. [estimate]: **to** ~ **sthg at** stimare qc a -5. [invest]: **to** ~ **sthg into sthg** mettere qc in qc -6. [apply]: **to** ~ **sthg on sb/sthg** [pressure, tax] mettere qc a qn/qc; [strain] provocare qc a qn/qc; [responsibility] attribuire qc a qn/qc; [blame] dare qc a qn/qc. ◆ **put across** *vt sep* [ideas] esprimere. ◆ **put away** *vt sep* -1. [tidy away] mettere via -2. *inf* [lock up] rinchiudere. ◆ **put back** *vt sep* -1. [book, plate] rimettere a posto; ~ **it back on the shelf** rimettilo sullo scaffale -2. [meeting] rimandare -3. [clock, watch] spostare indietro. ◆ **put by** *vt sep* [money] mettere via. ◆ **put down** *vt sep* -1. [lay down] posare -2. [quell] reprimere -3. [write down] annotare; **to** ~ **sth down in writing** mettere qc per iscritto -4. *UK* [kill] abbattere. ◆ **put down to** *vt sep*: **to** ~ **sthg down to sthg** attribuire qc a qc. ◆ **put forward** *vt sep* -1. [plan, proposal, theory] avanzare -2. [meeting] anticipare -3. [clock, watch] spostare avanti. ◆ **put in** *vt sep* -1. [time] metterci -2. [request, offer, claim] presentare. ◆ **put off** *vt sep* -1. [meeting, decision] rimandare -2. [radio, light] spegnere -3. [cause to wait] fare aspettare -4. [discourage] dissuadere -5. [disturb]: **to** ~ **sb (off sth)** distrarre qn (da qc) -6. [cause to dislike]: **to** ~ **sb off sth** far passare l'entusiasmo per qc a qn. ◆ **put on** *vt sep* -1. [clothes, shoes, hat] mettersi, indossare -2. [show, exhibition, play] organizzare -3. [weight] prendere -4. [radio, light] accendere; [brakes] premere -5. [CD, tape] mettere -6. [food, lunch] mettere al fuoco -7. [accent, air] assumere -8. [bet]: **to** ~ **sthg on (sthg)** scommettere qc (su qc) -9. [add]: **to** ~ **sthg on (sthg)** aggiungere qc (a qc). ◆ **put out** *vt sep* -1. [place outside] mettere fuori -2. [statement, announcement] rendere pubblico(a); [book] pubblicare; [CD] fare uscire -3. [fire, cigarette, light] spegnere -4. [hand, leg] tendere; [tongue] tirar fuori -5. [annoy, upset]: **to be** ~ **out** essere contrariato(a) -6. [inconvenience] disturbare. ◆ **put through** *vt sep* [call] passare; **I'll** ~ **you through to Mr Smith** le passo il Signor Smith. ◆ **put up** ⬦ *vt sep* -1. [wall, fence] erigere; [tent] montare -2. [umbrella] aprire; [flag] alzare -3. [poster, shelf] appendere -4. [money] versare -5. [candidate] presentare -6. [price, cost] aumentare -7.

[guest] ospitare. ◇ vt insep [resistance] opporre; **to ~ up a fight/struggle** lottare. ◆ **put up with** vt insep sopportare.

putrid ['pjuːtrɪd] adj fml putrefatto(a).

putt [pʌt] ◇ n putt m inv. ◇ vt & vi pattare.

putty ['pʌtɪ] n stucco m.

puzzle ['pʌzl] ◇ n -1. [game] rompicapo m -2. [mystery] enigma m. ◇ vt lasciare perplesso(a). ◇ vi: **to ~ over sthg** spremersi le meningi su qc. ◆ **puzzle out** vt sep riuscire a capire.

puzzling ['pʌzlɪŋ] adj sconcertante.

pyjamas npl UK pigiama m.

pylon ['paɪlən] n traliccio m.

pyramid ['pɪrəmɪd] n piramide f.

Pyrex® ['paɪreks] n pyrex® m.

python ['paɪθn] (pl -s) n pitone m.

q (pl **q's** OR **qs**), **Q** (pl **Q's** OR **Qs**) [kjuː] n q f o m inv, Q f o m inv.

quack [kwæk] n -1. [noise] qua qua m inv -2. inf pej [doctor] medico m da strapazzo.

quad [kwɒd] n (abbr of **quadrangle**) quadrangolo m.

quadrangle ['kwɒdræŋgl] n -1. [figure] quadrilatero m -2. [courtyard] cortile m.

quadruple [kwɒ'druːpl] ◇ adj quadruplo(a). ◇ vt & vi quadruplicare.

quadruplets ['kwɒdruplɪts] npl quattro gemelli mpl.

quail [kweɪl] (pl -s) ◇ n quaglia f. ◇ vi lit tremare.

quaint [kweɪnt] adj dal fascino antico.

quake [kweɪk] ◇ n (abbr of **earthquake**) inf terremoto m. ◇ vi tremare.

qualification [ˌkwɒlɪfɪ'keɪʃn] n -1. [examination, certificate] qualifica f -2. [quality, skill] competenza f -3. [qualifying statement] riserva f.

qualified ['kwɒlɪfaɪd] adj -1. [trained] qualificato(a) -2. [able]: **to be ~ to do sthg** essere qualificato(a) per fare qc -3. [limited] con riserva.

qualify ['kwɒlɪfaɪ] ◇ vt -1. [modify] fare

una precisazione su -2. [entitle]: **to ~ sb to do sthg** abilitare qn a fare qc. ◇ vi -1. UNIV & SPORT qualificarsi -2. [be entitled]: **to ~ for sthg** avere diritto a qc.

quality ['kwɒlətɪ] ◇ n qualità f inv. ◇ comp di qualità.

qualms [kwɑːmz] npl scrupoli mpl.

quandary ['kwɒndərɪ] n: **to be in a ~ (about** OR **over sthg)** trovarsi di fronte ad un dilemma (riguardo a qc).

quantify ['kwɒntɪfaɪ] vt quantificare.

quantity ['kwɒntətɪ] n quantità f inv.

quarantine ['kwɒrəntiːn] ◇ n quarantena f. ◇ vt mettere in quarantena.

quarrel ['kwɒrəl] ◇ n litigio m. ◇ vi: **to ~ (with sb)** litigare (con qn); **to ~ with sthg** avere da ridire su qc.

quarrelsome ['kwɒrəlsəm] adj litigioso(a).

quarry ['kwɒrɪ] n -1. [place] cava f -2. [prey] preda f.

quart [kwɔːt] n -1. UK [unit of measurement] ≃ 1,14 litri -2. US [unit of measurement] ≃ 0,94 litri.

quarter ['kwɔːtə'] n -1. [gen] quarto m; **a ~ past two** UK, **a ~ after two** US le due e un quarto; **a ~ to two** UK, **a ~ of two** US le due meno un quarto (riguardo a qc) -2. [of year] trimestre m -3. US [coin] 25 centesimi mpl -4. [four ounces] ≃ 100 grammi -5. [area in town] quartiere m -6. [direction]: **from all ~ s da tutti i lati; from all ~ s of the globe** da tutti gli angoli del mondo. ◆ **quarters** npl [rooms] alloggi mpl. ◆ **at close quarters** adv da vicino.

quarterfinal [ˌkwɔːtə'faɪnl] n partita f dei quarti di finale.

quarterly ['kwɔːtəlɪ] ◇ adj trimestrale. ◇ adv ogni trimestre. ◇ n trimestrale m.

quartet [kwɔː'tet] n quartetto m.

quartz [kwɔːts] n quarzo m.

quartz watch n orologio m al quarzo.

quash [kwɒʃ] vt -1. [reject] annullare -2. [quell] reprimere.

quasi- ['kweɪzaɪ] prefix semi-.

quaver ['kweɪvə'] ◇ n -1. esp UK MUS croma f -2. [in voice] tremolio m. ◇ vi [voice] tremare.

quay [kiː] n molo m.

quayside ['kiːsaɪd] n banchina f.

queasy ['kwiːzɪ] adj: **to feel** OR **be ~** avere la nausea.

Quebec [kwɪ'bek] n Québec m.

queen [kwiːn] n -1. [woman, bee, chess piece] regina f -2. [playing card] donna f.

queen mother *n*: the ~ la regina madre.

queer [kwɪəʳ] ◇ *adj* [odd] strano(a). ◇ *n inf offens* [gay man] finocchio *m*; [lesbian] lesbica *f*.

quell [kwel] *vt* reprimere.

quench [kwentʃ] *vt*: to ~ sb's thirst dissetare sb; to ~ one's thirst dissetarsi.

query [ˈkwɪərɪ] ◇ *n* [question] domanda *f*; COMPUT query *f inv*; interrogazione *f*. ◇ *vt* mettere in questione.

quest [kwest] *n lit*: ~ (for stg) ricerca *f* (di qc).

question [ˈkwestʃn] ◇ *n* -1. [query] domanda *f*; to ask (sb) a ~ fare una domanda (a qn) -2. [issue, doubt] questione *f*; to bring OR call stg into ~ mettere in questione qc; beyond ~ indubbiamente; to be beyond ~ essere fuori dubbio; without ~ senza dubbio -3. [in exam] quesito *m* -4. *phr*: there's no ~ of ... è fuori discussione che .... ◇ *vt* -1. [interrogate] interrogare -2. [express doubt about] mettere in questione. ✦ **in question** *adv*: the person/matter in ~ la persona/faccenda in questione ✦ **out of the question** *adj* fuori discussione.

questionable [ˈkwestʃənəbl] *adj* discutibile.

question mark *n* punto *m* interrogativo.

questionnaire [ˌkwestʃəˈneəʳ] *n* questionario *m*.

queue [kjuː] *UK* ◇ *n* coda *f*, fila *f*. ◇ *vi* fare la coda; to ~ (up) for stg fare la coda per qc.

quibble [ˈkwɪbl] *pej* ◇ *n* sottigliezza *f*. ◇ *vi*: to ~ (over OR about stg) sottilizzare (su qc).

quiche [kiːʃ] *n* quiche *f inv*.

quick [kwɪk] ◇ *adj* -1. [movement, worker, journey, look] rapido(a) -2. [reply, decision] pronto(a). ◇ *adv* rapidamente.

quicken [ˈkwɪkn] *vt & vi* accelerare.

quickly [ˈkwɪklɪ] *adv* -1. [rapidly] rapidamente -2. [without delay] prontamente.

quicksand [ˈkwɪksænd] *n* sabbie *fpl* mobili.

quick-witted *adj* sveglio(a).

quid [kwɪd] (*pl* quid) *n UK inf* sterlina *f*.

quiet [ˈkwaɪət] ◇ *adj* -1. [not noisy - place, children] tranquillo(a); [- engine] silenzioso(a) -2. [not talkative, silent] silenzioso(a); to keep ~ about stg tenersi qc per sé; be ~! sta' zitto!, silenzio! -3. [tranquil - person, confidence] pacato(a); [- evening, day, life] tranquillo(a)

-4. [dull] calmo(a) -5. [discreet - clothes, colour] discreto(a); to have a ~ word with sb parlare con qn in privato -6. [intimate] intimo(a). ◇ *n* calma *f*, tranquillità *f*; on the ~ *inf* di nascosto. ◇ *vt US* calmare.
✦ **quiet down** ◇ *vt sep US* [animal, person] calmare. ◇ *vi* calmarsi.

quieten [ˈkwaɪətn] *vt* calmare. ✦ **quieten down** ◇ *vt sep* calmare. ◇ *vi* calmarsi.

quietly [ˈkwaɪətlɪ] *adv* -1. [without noise - move] silenziosamente, senza fare rumore; [- say] piano -2. [without excitement] tranquillamente -3. [without fuss - get married] con una cerimonia intima; [- leave] senza far storie.

quilt [kwɪlt] *n* trapunta *f*.

quintet [kwɪnˈtet] *n* quintetto *m*.

quintuplets *npl* cinque gemelli *mpl*.

quip [kwɪp] ◇ *n* battuta *f* di spirito. ◇ *vi* fare una battuta di spirito.

quirk [kwɜːk] *n* -1. [habit] vezzo *m* -2. [event] capriccio *m*; a ~ of fate uno scherzo del destino.

quit [kwɪt] (*UK pt & pp* quit OR -ted, *US pt & pp* quit) ◇ *vt* -1. [job, army] abbandonare -2. [stop]: to ~ smoking/drinking smettere di fumare/bere. ◇ *vi* -1. [resign] dimettersi -2. [give up] smettere.

quite [kwaɪt] *adv* -1. [completely - still] del tutto, completamente; [- simple, still] assolutamente; I ~ agree sono completamente d'accordo -2. [fairly] abbastanza, piuttosto; ~ a lot of, ~ a few molti(e), parecchi(e) -3. [after negative]: not ~ big enough per niente grande; I don't ~ understand non capisco bene -4. [for emphasis]: it was ~ a shock è stato proprio uno bello shock; she's ~ a singer è una cantante davvero straordinaria -5. [to express agreement]: ~ (so)! già!, proprio così!

quits [kwɪts] *adj inf*: to be ~ (with sb) essere pari (con qn); to call it ~ finirla lì.

quiver [ˈkwɪvəʳ] ◇ *n* -1. [shiver] tremito *m* -2. [for arrows] faretra *f*. ◇ *vi* tremare.

quiz [kwɪz] (*pl* -zes) ◇ *n* -1. [competition, game] quiz *m inv* -2. *US* SCH interrogazione *f*. ◇ *vt*: to ~ sb (about stg) fare domande a qn (su qc).

quizzical [ˈkwɪzɪkl] *adj* interrogativo(a).

quota [ˈkwəʊtə] *n* quota *f*.

quotation [kwəʊˈteɪʃn] *n* -1. [citation] citazione *f* -2. COMM preventivo *m*.

quotation marks *npl* virgolette *fpl*; in ~ tra virgolette.

quote [kwəʊt] ◇ *n* -1. [citation] citazione *f*

-2. COMM preventivo *m*. ◇ *vt* **-1.** [person, proverb] citare **-2.** COMM fare un preventivo di. ◇ *vi* **-1.** [cite]: **to ~ (from sthg)** fare citazioni (da qc) **-2.** COMM: **to ~ for sthg** fare un preventivo di qc.

quotient ['kwəʊʃnt] *n* quoziente *m*.

R

r (*pl* **r's** OR **rs**), (*pl* **R's** OR **Rs**) R [ɑː*r*] *n* r *f* o *m inv*, R *f* o *m inv*.

rabbi ['ræbaɪ] *n* rabbino *m*.

rabbit ['ræbɪt] *n* coniglio *m*.

rabbit hutch *n* conigliera *f*.

rabble ['ræbl] *n* **-1.** [disorderly crowd] folla *f*, ressa *f* **-2.** [riffraff] marmaglia *f*.

rabies ['reɪbiːz] *n* rabbia *f*, idrofobia *f*.

RAC (*abbr of* **Royal Automobile Club**) *n automobile club britannico*, ≃ ACI *m*.

race [reɪs] ◇ *n* **-1.** [competition] gara *f*, corsa *f* **-2.** *fig* [for power, control] corsa *f*; **arms ~** corsa *f* agli armamenti **-3.** [people] stirpe *f* **-4.** [descent, ethnic background] razza *f*. ◇ *vt* **-1.** [compete against] gareggiare con **-2.** [animal, vehicle] fare partecipare a una gara. ◇ *vi* **-1.** [compete]: **to ~ against sb** gareggiare contro qn **-2.** [rush] precipitarsi **-3.** [heart, pulse] battere forte **-4.** [engine] girare a vuoto, imballarsi.

race car *n US* = **racing car**.

racecourse ['reɪskɔːs] *n* [for horses] ippodromo *m*.

race driver *n US* = **racing driver**.

racehorse ['reɪshɔːs] *n* cavallo *m* da corsa.

racetrack ['reɪstræk] *n* [for cars] pista *f*, circuito *m*; [for horses] ippodromo *m*.

racial ['reɪʃl] *adj* razziale.

racial discrimination *n* discriminazione *f* razziale.

racing ['reɪsɪŋ] *n* [with cars] automobilismo *m*; [with horses] ippica *f*, corse *fpl* dei cavalli.

racing car *UK*, **race car** *US n* macchina *f* da corsa.

racing driver *UK*, **race driver** *US n* pilota *mf* da corsa.

racism ['reɪsɪzm] *n* razzismo *m*.

racist ['reɪsɪst] ◇ *adj* razzista. ◇ *n* razzista *mf*.

rack [ræk] *n* **-1.** [for plates] scolapiatti *m inv*; [for wine, bottles] rastrelliera *f* portabottiglie **-2.** [for luggage] portabagagli *m inv*.

racket ['rækɪt] *n* **-1.** [noise] baccano *m*, chiasso *m* **-2.** [illegal activity] racket *m inv* **-3.** SPORT racchetta *f*.

racquet ['rækɪt] *n* racchetta *f*.

racy ['reɪsɪ] *adj* [style] brioso(a); [novel, story] spinto(a).

radar ['reɪdɑː*r*] *n* radar *m inv*.

radiant ['reɪdjənt] *adj* **-1.** [smile, person] raggiante **-2.** *lit* [light] fulgido(a).

radiate ['reɪdɪeɪt] ◇ *vt* **-1.** [heat, light] irradiare **-2.** *fig* [confidence, health] emanare. ◇ *vi* **-1.** [heat, light] irradiarsi **-2.** [roads, lines] partire a raggiera, irraggiarsi.

radiation [,reɪdɪ'eɪʃn] *n* radiazione *f*.

radiator ['reɪdɪeɪtə*r*] *n* **-1.** [in house] termosifone *m*, radiatore *m* **-2.** AUT radiatore *m*.

radical ['rædɪkl] ◇ *adj* radicale. ◇ *n* POL radicale *mf*.

radically ['rædɪklɪ] *adv* radicalmente.

radii ['reɪdɪaɪ] *pl* ▷ **radius**.

radio ['reɪdɪəʊ] (*pl* **-s**) ◇ *n* radio *f inv*; **on the ~** alla radio. ◇ *comp* [wave, station, link] radio *inv*; [communication] via radio. ◇ *vt* [information] trasmettere via radio; [person] chiamare via radio.

radioactive [,reɪdɪəʊ'æktɪv] *adj* radioattivo(a).

radio alarm *n* radiosveglia *f*.

radio-controlled *adj* radiocomandato(a).

radiology [,reɪdɪ'ɒlədʒɪ] *n* radiologia *f*.

radish ['rædɪʃ] *n* ravanello *m*.

radius ['reɪdɪəs] (*pl* **radii**) *n* **-1.** MATHS raggio *m* **-2.** ANAT radio *m*.

RAF (*abbr of* **Royal Air Force**) *n* RAF *f*, *forze aeree britanniche*.

raffle ['ræfl] ◇ *n* lotteria *f*. ◇ *vt* mettere in palio in una lotteria.

raffle ticket *n* biglietto *m* della lotteria.

raft [rɑːft] *n* **-1.** [of wood] zattera *f* **-2.** [of rubber, plastic] gommone *m*.

rafter ['rɑːftə*r*] *n* travicello *m*, travetto *m*.

rag [ræg] *n* **-1.** [piece of cloth] straccio *m*, cencio *m* **-2.** *pej* [newspaper] giornalaccio *m*. ◆ **rags** *npl* [clothes] stracci *mpl*.

rag doll *n* bambola *f* di pezza.

rage [reɪdʒ] ◇ *n* **-1.** [fury] rabbia *f* **-2.** *inf* [fashion]: **it's all the ~** fa furore. ◇ *vi* **-1.** [person] essere in collera **-2.** [storm, argument] infuriare.

ragged ['rægɪd] *adj* **-1.** [man, woman] vestito(a) di stracci, cencioso(a) **-2.** [clothes] stracciato(a) **-3.** [coastline, line] frastagliato(a) **-4.** [performance] discontinuo(a).

raid [reɪd] ◇ *n* **-1.** MIL raid *m inv*, incursione *f* **-2.** [forced entry - on bank] assalto *m*; [- by police] irruzione *f.* ◇ *vt* **-1.** MIL fare un raid su **-2.** [enter by force - bank] assaltare; [- club, headquarters] fare irruzione in.

raider ['reɪdə'] *n* **-1.** [attacker] predone *m* **-2.** [thief] rapinatore *m*, -trice *f.*

rail [reɪl] ◇ *n* **-1.** [fence - on ship] parapetto *m*; [- on staircase] corrimano *m*, ringhiera *f* **-2.** [bar] bacchetta *f* **-3.** [of railway line] rotaia *f* **-4.** [form of transport] ferrovia *f*; **by ~** per ferrovia. ◇ *comp* [transport, union] ferroviario(a); [strike] dei treni; [travel] in treno.

railcard ['reɪlkɑːd] *n* UK *tessera d'abbonamento per pensionati o studenti che dà diritto a biglietti a prezzi ridotti.*

railing ['reɪlɪŋ] *n* [round basement] cancellata *f*; [round balcony] ringhiera *f*; [on ship] parapetto *m*; [on staircase] corrimano *m.*

railroad *n* US = railway.

railroad line *n* US linea *f* ferroviaria.

railroad station *n* US stazione *f* (ferroviaria).

railroad track *n* US binario *m.*

railway ['reɪlweɪ] UK, **railroad** US *n* **-1.** [track] binario *m* **-2.** [company] ferrovie *fpl* **-3.** [system] ferrovia *f.*

railway line *n* UK **-1.** [route] linea *f* ferroviaria **-2.** [track] binario *m.*

railwayman ['reɪlweɪmən] (*pl* **-men**) *n* UK ferroviere *m.*

railway station *n* UK stazione *f* (ferroviaria).

railway track *n* UK binario *m.*

rain [reɪn] ◇ *n* pioggia *f*; **in the ~** sotto la pioggia. ◇ *impers vb* piovere. ◇ *vi* [fall like rain - ash] piovere; [- tears] scorrere.

rainbow ['reɪnbəʊ] *n* arcobaleno *m.*

rain check *n esp* US : **to take a ~ on sthg** tenere buono qc per un'altra volta.

raincoat ['reɪnkəʊt] *n* impermeabile *m.*

raindrop ['reɪndrɒp] *n* goccia *f* di pioggia.

rainfall ['reɪnfɔːl] *n* livello *m* delle precipitazioni.

rain forest *n* foresta *f* tropicale.

rainy ['reɪnɪ] *adj* [afternoon, climate, weather] piovoso(a); [season] delle piogge.

raise [reɪz] ◇ *vt* **-1.** [lift up] sollevare; **to ~ o.s.** alzarsi **-2.** [increase] aumentare; **to ~ one's voice** [make louder] parlare più forte;

[in protest] alzare la voce **-3.** [improve] migliorare **-4.** [obtain - from donations] raccogliere; [- by selling, borrowing] trovare **-5.** [evoke - memory] evocare; [- doubts, thoughts] suscitare **-6.** [child] tirare su **-7.** [crop] fare crescere **-8.** [animals] allevare **-9.** [objection, question, issues] sollevare **-10.** [build] erigere. ◇ *n* US aumento *m.*

raisin ['reɪzn] *n* uva *f* passa, uvetta *f.*

rake [reɪk] ◇ *n* **-1.** [implement] rastrello *m* **-2.** *dated & lit* [immoral man] libertino *m.* ◇ *vt* **-1.** [earth, ground] rastrellare **-2.** [leaves] raccogliere.

rally ['rælɪ] ◇ *n* **-1.** [meeting] raduno *m* **-2.** [car race] rally *m inv* **-3.** [in tennis] scambio *m* di passaggi. ◇ *vt* [supporters] radunare; [support] raccogliere. ◇ *vi* **-1.** [supporters] radunarsi **-2.** [patient] ristabilirsi; [prices] recuperare. **◆ rally around** ◇ *vt insep* sostenere. ◇ *vi* offrire aiuto.

ram [ræm] ◇ *n* [animal] ariete *m.* ◇ *vt* **-1.** [crash into] sbattere contro **-2.** [force] ficcare.

RAM [ræm] (*abbr of* **random access memory**) *n* RAM *f inv.*

ramble ['ræmbl] ◇ *n* escursione *f.* ◇ *vi* **-1.** [walk] fare escursioni **-2.** [talk] divagare.

rambler ['ræmblə'] *n* escursionista *mf.*

rambling ['ræmblɪŋ] *adj* **-1.** [building] a struttura irregolare **-2.** [conversation, book] sconclusionato(a).

ramp [ræmp] *n* **-1.** [slope] rampa *f* **-2.** UK AUT dosso *m.*

rampage [ræm'peɪdʒ] *n* : **to go on the ~** andare su tutte le furie.

rampant ['ræmpənt] *adj* **-1.** [unrestrained] dilagante **-2.** [widespread] diffuso(a).

ramparts *npl* bastioni *mpl*, baluardi *mpl.*

ramshackle ['ræm,ʃækl] *adj* [building] sul punto di crollare; [car] sgangherato(a).

ran [ræn] *pt* ▷run.

ranch [rɑːntʃ] *n* ranch *m inv.*

rancher ['rɑːntʃə'] *n* [owner] proprietario *m*, -a *f* di un ranch; [worker] cowboy *m inv.*

rancid ['rænsɪd] *adj* rancido(a).

rancour UK, **rancor** US ['ræŋkə'] *n* rancore *m.*

random ['rændəm] ◇ *adj* casuale. ◇ *n* : **at ~** a caso.

random access memory *n* memoria *f* ad accesso casuale.

randy ['rændɪ] *adj esp* UK *inf* arrapato(a), allupato(a).

rang [ræŋ] *pt* ▷ring.

range [reɪndʒ] ◇ *n* **-1.** [distance covered]

portata f; **at close** ~ a distanza ravvicinata **-2.** [of goods, designs] gamma f, assortimento m **-3.** [of age, salaries] fascia f; [of prices] gamma f **-4.** [of mountains, hills] catena f **-5.** [shooting area] poligono m (di tiro) **-6.** [of singing voice] estensione f. ◇ vt [place in row] disporre. ◇ vi **-1.** [vary]: **to** ~ **from ... to ..., to** ~ **between ... and ...** andare da ... a ... **-2.** [deal with, include]: **to** ~ **over sthg** [subj. speech, text] coprire qc.

ranger ['reɪndʒəʳ] n guardia f forestale.

rank [ræŋk] ◇ adj [utter, absolute - disgrace, bad luck] vero, a; [- injustice] bell'e buono(a); [- stupidity] totale; [smell, taste] disgustoso(a). ◇ n **-1.** [in army, police] grado m; **the** ~ **and file** MIL la truppa; [of political party, organization] la base **-2.** [social class] rango m **-3.** [row, line] fila f. ◇ vt classificare. ◇ vi classificarsi; **to** ~ **as/ among** essere considerato(a) come/tra. ◆ **ranks** npl **-1.** MIL: **the** ~**s** la truppa **-2.** fig [members] le fila.

rankle ['ræŋkl] vi [behaviour, remarks] bruciare.

ransack ['rænsæk] vt **-1.** [plunder] saccheggiare **-2.** [search] rovistare.

ransom ['rænsəm] n riscatto m; **to hold sb to** ~ [keep prisoner] tenere qn in ostaggio (per chiederne il riscatto); fig [put in impossible position] ricattare qn.

rant [rænt] vi fare una tirata.

rap [ræp] ◇ n **-1.** [knock] colpetto m **-2.** MUS rap m inv. ◇ vt [on door] bussare a; [on table] battere colpetti su.

rape [reɪp] ◇ n **-1.** [of person] stupro m **-2.** fig [of earth, countryside] saccheggio m **-3.** [plant] colza f. ◇ vt violentare, stuprare.

rapid ['ræpɪd] adj rapido(a). ◆ **rapids** npl rapide fpl.

rapidly ['ræpɪdlɪ] adv rapidamente.

rapist ['reɪpɪst] n stupratore m.

rapport [ræ'pɔːʳ] n rapporti mpl; **a** ~ **with/between** un feeling con/tra.

rapture ['ræptʃəʳ] n estasi f inv.

rapturous ['ræptʃərəs] adj [feeling] d'estasi; [welcome, applause] caloroso(a).

rare [reəʳ] adj **-1.** [species, book] raro(a) **-2.** [occurrence, visit] insolito(a) **-3.** [beauty, talent] eccezionale **-4.** [steak, meat] al sangue.

rarely ['reəlɪ] adv raramente.

raring ['reərɪŋ] adj: **to be** ~ **to go** essere impaziente di cominciare.

rarity ['reərətɪ] n **-1.** [unusual object, person] rarità f inv **-2.** [scarcity] scarsità f.

rascal ['rɑːskl] n bricconcello m, -a f.

rash [ræʃ] ◇ adj [person, decision] avventato(a). ◇ n **-1.** MED eruzione f cutanea **-2.** [of events, occurrences] ondata f.

rasher ['ræʃəʳ] n [of bacon] fetta f.

raspberry ['rɑːzbərɪ] n **-1.** [fruit] lampone m **-2.** [rude noise]: **to blow a** ~ fare una pernacchia.

rat [ræt] n **-1.** [animal] ratto m **-2.** pej [person] verme m.

rate [reɪt] ◇ n **-1.** [speed] ritmo m; **at this** ~ di questo passo **-2.** [ratio, proportion] tasso m **-3.** [price] tariffa f, prezzo m; ~ **of interest** tasso m di interesse. ◇ vt **-1.** [consider]: **how do you** ~ **the film?** come trovi il film?; **to** ~ **sb very highly** apprezzare qn moltissimo; **to** ~ **sb/sthg as** reputare qn/qc come; **to** ~ **sb/sthg among** annoverare qn/qc tra **-2.** [deserve] meritare. ◆ **at any rate** adv a ogni modo.

ratepayer ['reɪt,peɪəʳ] n UK contribuente mf.

rather ['rɑːðəʳ] adv **-1.** [slightly] piuttosto, alquanto; ~ **too much** un po' troppo **-2.** [for emphasis] abbastanza; **I** ~ **thought so** ho proprio avuto l'impressione di sì **-3.** [expressing a preference]: **I would** ~ **wait** prefererei aspettare; **I'd** ~ **not** preferirei di no **-4.** [more exactly]: **or** ~ **...** o meglio **-5.** [on the contrary]: **(but)** ~ **...** anzi. ◆ **rather than** conj piuttosto che.

ratify ['rætɪfaɪ] vt ratificare.

rating ['reɪtɪŋ] n valutazione f; **popularity** ~ indice m di popolarità.

ratio ['reɪʃɪəʊ] (pl **-s**) n rapporto m; **the** ~ **of teachers to pupils** il numero di insegnanti per allievi.

ration ['ræʃn] ◇ n [of food, goods] razione f. ◇ vt [goods] razionare. ◆ **rations** npl razioni fpl.

rational ['ræʃənl] adj **-1.** [behaviour, action] razionale **-2.** [being] provvisto(a) di ragione.

rationale [,ræʃə'nɑːl] n giustificazione f logica.

rationalize, -ise UK ['ræʃənəlaɪz] vt **-1.** [behaviour, decision] giustificare **-2.** [industry, system] razionalizzare.

rat race n corsa f al successo.

rattle ['rætl] ◇ n **-1.** [noise - of engine] sferragliamento m; [- of typewriter keys] ticchettio m; [- of bottles] tintinnio m; [of bullets] crepitio m **-2.** [toy] sonaglio m. ◇ vt **-1.** [bottles, keys] fare tintinnare; [windows] fare sbatacchiare; [person] innervosire. ◇ vi [bottles, keys] tintinnare; [gunfire] crepitare; [machine, engine] sferragliare.

rattlesnake ['rætlsneɪk], **rattler** ['rætlə^r] *US n* serpente *m* a sonagli.

raucous ['rɔːkəs] *adj* [voice, laughter] rauco(a); [behaviour] sguaiato(a).

ravage ['rævɪdʒ] *vt* devastare. ◆ **ravages** *npl* danni *mpl*.

rave [reɪv] ◇ *adj* [review] sperticato(a). ◇ *n inf* [party] festa *f* rave *inv*, rave *m inv*. ◇ *vi* **-1.** [talk angrily]: **to ~ about** OR **at** OR **against sb** inveire contro qn; **to ~ about** OR **at** OR **against sthg** inveire con forza contro qc **-2.** [talk enthusiastically]: **to ~ about sthg** parlare entusiasticamente di qc.

raven ['reɪvn] *n* corvo *m*.

ravenous ['rævənəs] *adj* [animal, person] famelico(a); [appetite] feroce; **I'm ~!** ho una fame da lupi.

ravine [rə'viːn] *n* burrone *m*.

raving ['reɪvɪŋ] *adj* [for emphasis]: **a ~ beauty** uno schianto; **a ~ lunatic** un pazzo furioso.

ravioli [,rævɪ'əʊlɪ] *n* ravioli *mpl*.

ravishing ['rævɪʃɪŋ] *adj* incantevole.

raw [rɔː] *adj* **-1.** [meat, food] crudo(a) **-2.** [cotton, rubber, silk] greggio(a); [sugar] non raffinato(a); [sewage] non trattato(a); [data, statistics] non elaborato(a) **-3.** [skin] scorticato(a); [wound] aperto(a) **-4.** [person, recruit] inesperto(a) **-5.** [weather, wind] gelido(a).

raw deal *n*: **to get a ~** essere trattato(a) ingiustamente.

raw material *n lit & fig* materia *f* prima.

ray [reɪ] *n* **-1.** [of heat, light] raggio *m* **-2.** *fig* [glimmer]: **a ~ of hope** un barlume di speranza; **a ~ of comfort** un po' di conforto.

rayon ['reɪɒn] *n* raion *m*.

raze [reɪz] *vt* [town, building] distruggere completamente.

razor ['reɪzə^r] *n* rasoio *m*.

razor blade *n* lametta *f* (da barba).

RC (*abbr of* **Roman Catholic**) *adj* cattolico(a) romano(a).

Rd (*abbr of* **Road**) ≃ Via *f*.

R & D (*abbr of* **research and development**) *n* ricerca e sviluppo *m*.

re [reɪ] *prep* oggetto; **~ your invoice of ...** in riferimento alla vostra fattura del ...

RE *n* (*abbr of* **religious education**) religione *f* (*come materia a scuola*).

reach [riːtʃ] ◇ *vt* **-1.** [place, object] arrivare a **-2.** [person] contattare **-3.** [point, level]

raggiungere **-4.** [agreement, decision, stage] giungere a, arrivare a. ◇ *vi* **-1.** [person]: **~ out for sthg** allungare la mano per prendere qc; **he ~ed down to pick the baby up** si è abbassato per prendere in braccio il bimbo **-2.** [area of land] estendersi. ◇ *n* [of arm, boxer] allungo *m*; **within (sb's) ~** [easily touched] a portata di mano; [easily travelled] a poca distanza; **out of** OR **beyond sb's ~** [not easily touched] fuori dalla portata di qn; [not easily travelled] irraggiungibile per qn.

react [rɪ'ækt] *vi* **-1.** [respond]: **to ~ (to sthg)** reagire (a qc) **-2.** [rebel]: **to ~ against sthg** ribellarsi contro qc **-3.** CHEM: **to ~ with sthg** reagire con qc.

reaction [rɪ'ækʃn] *n* **-1.** [gen]: **~ (to sthg)** reazione *f* (a qc) **-2.** [rebellion]: **~ (against sthg)** ribellione *f* (contro qc).

reactionary [rɪ'ækʃənrɪ] ◇ *adj* reazionario(a). ◇ *n* reazionario *m*, -a *f*.

reactor [rɪ'æktə^r] *n* reattore *m*.

read [riːd] (*pt & pp* **read** [red]) ◇ *vt* **-1.** [book, music, meter] leggere **-2.** [subj: sign, notice] dire; [subj: gauge, meter, barometer] segnare **-3.** [interpret] spiegare; **to ~ sb's mind** OR **thoughts** leggere nei pensieri di qn **-4.** *UK* UNIV studiare. ◇ *vi* **-1.** [person] leggere; **to ~ to sb** leggere a qn **-2.** [text]: **it ~ s well/badly** si legge bene/male. ◆ **read out** *vt sep* leggere a voce alta. ◆ **read up on** *vt insep* documentarsi su.

readable ['riːdəbl] *adj* leggibile.

reader ['riːdə^r] *n* [person] lettore *m*, -trice *f*.

readership ['riːdəʃɪp] *n* lettori *mpl*.

readily ['redɪlɪ] *adv* **-1.** [willingly] volentieri **-2.** [easily] facilmente.

reading ['riːdɪŋ] *n* **-1.** [gen] lettura *f* **-2.** [reading material] letture *fpl*.

readjust [,riːə'dʒʌst] ◇ *vt* [instrument, mechanism, mirror] regolare nuovamente; [one's stance, policy] riadattare. ◇ *vi*: **to ~ (to sthg)** riadattarsi (a qc).

readout ['riːdaʊt] *n* schermata *f*.

ready ['redɪ] ◇ *adj* **-1.** [gen] pronto(a); **to be ~ for sthg/to do sthg** essere pronto per qc/per fare qc; **to get ~** prepararsi; **to get sthg ~** preparare qc **-2.** [willing]: **to be ~ to do sthg** essere propenso(a) a fare qc **-3.** [in need of]: **to be ~ for sthg** avere bisogno di qc **-4.** [likely]: **to be ~ to do sthg** essere sul punto di fare qc. ◇ *vt* preparare.

ready cash *n* contanti *mpl*.

ready-made *adj* **-1.** [clothes, products] confezionato(a) **-2.** *fig* [excuse, reply] bell'e pronto(a).

ready money *n* denaro *m* contante, contanti *mpl*.

ready-to-wear *adj* [clothes] confezionato(a), prêt-à-porter *inv*.

real [rɪəl] ⬦ *adj* **-1.** [authentic, utter] vero(a); **the ~ thing** l'originale; **this is the ~ thing!** questa volta è per davvero!; **she's a ~ pain** è una vera rompiscatole; **for ~** davvero, sul serio **-2.** [actual] reale; **in ~ terms** in termini reali. ⬦ *adv US inf* veramente, davvero.

real estate *n* beni *mpl* immobiliari.

real estate agent *n US* agente *mf* immobiliare.

realign [ˌriːəˈlaɪn] *vt* riallineare.

realism [ˈrɪəlɪzm] *n* realismo *m*.

realistic [ˌrɪəˈlɪstɪk] *adj* [person, attitude]: **~ (about sth)** realistico(a) (riguardo a qc).

reality [rɪˈælətɪ] *n* realtà *f inv*.

reality TV *n* reality tv *m*.

realization, -isation *UK* [ˌrɪəlaɪˈzeɪʃn] *n* **-1.** [awareness, recognition] consapevolezza *f* **-2.** [achievement] realizzazione *f*.

realize, -ise *UK* [ˈrɪəlaɪz] *vt* **-1.** [become aware of, understand] rendersi conto di **-2.** [hopes, ambitions, profit] realizzare **-3.** [assets] liquidare.

really [ˈrɪəlɪ] ⬦ *adv* **-1.** [for emphasis] veramente, davvero **-2.** [actually] in effetti, in realtà **-3.** [honestly] davvero **-4.** [to reduce force of negative statements] esattamente, propriamente. ⬦ *excl* **-1.** [expressing doubt]: **~?** davvero? **-2.** [expressing surprise, disbelief]: **~?** sul serio? **-3.** [expressing disapproval]: **~!** insomma!

realm [relm] *n* regno *m*.

realtor [ˈrɪəltər] *n US* agente *mf* immobiliare.

reap [riːp] *vt* **-1.** [harvest] raccogliere, mietere **-2.** [benefits, rewards] trarre.

reappear [ˌriːəˈpɪər] *vi* riapparire.

rear [rɪər] ⬦ *adj* [door, wheel] posteriore; [window] sul retro. ⬦ *n* **-1.** [back - of building] retro *m*; [- of vehicle] parte *f* posteriore; **to bring up the ~** MIL formare la retroguardia; SPORT essere in coda **-2.** *inf* [buttocks] deretano *m*, didietro *m*. ⬦ *vt* [children] tirare su; [animals] allevare; [plants] coltivare. ⬦ *vi*: **to ~ (up)** [horse] impennarsi.

rearm [riːˈɑːm] ⬦ *vt* riarmare. ⬦ *vi* riarmarsi.

rearrange [ˌriːəˈreɪndʒ] *vt* **-1.** [furniture, room] risistemare **-2.** [appointment, meeting] fissare una nuova data per.

rearview mirror [ˈrɪəvjuː-] *n* specchietto *m* retrovisore (interno).

reason [ˈriːzn] ⬦ *n* **-1.** [cause] causa *f*, ragione *f*; **~ for sthg** motivo *m* di qc; **for some ~** per qualche motivo **-2.** [justification]: **to have ~ to do sthg** avere dei motivi per fare qc **-3.** [rationality, common sense] ragione *f*; **to listen to ~** sentire ragione; **it stands to ~** non si può negare. ⬦ *vt* [conclude] dedurre. ⬦ *vi* ragionare.
◆ **reason with** *vt insep* ragionare con.

reasonable [ˈriːznəbl] *adj* **-1.** [person, attitude] ragionevole **-2.** [decision, explanation, offer] accettabile; [price] ragionevole; [quality, work] passabile **-3.** [number, amount] discreto(a).

reasonably [ˈriːznəblɪ] *adv* **-1.** [quite] abbastanza **-2.** [sensibly] ragionevolmente.

reasoned [ˈriːznd] *adj* ragionato(a).

reasoning [ˈriːznɪŋ] *n* ragionamento *m*.

reassess [ˌriːəˈses] *vt* [position, opinion] riesaminare, riconsiderare.

reassurance [ˌriːəˈʃɔːrəns] *n* **-1.** [comfort] rassicurazione *f* **-2.** [promise] garanzia *f*.

reassure [ˌriːəˈʃɔːr] *vt* rassicurare.

reassuring [ˌriːəˈʃɔːrɪŋ] *adj* rassicurante.

rebate [ˈriːbeɪt] *n* rimborso *m*.

rebel ⬦ *n* [ˈrebl] ribelle *mf*. ⬦ *vi* [rɪˈbel]: **to ~ (against sb/sthg)** ribellarsi (contro qn/qc).

rebellion [rɪˈbeljən] *n* **-1.** [armed revolt, nonconformity] ribellione *f* **-2.** [opposition] rivolta *f*.

rebellious [rɪˈbeljəs] *adj* ribelle.

rebound ⬦ *n* [ˈriːbaʊnd]: **on the ~** [ball] di rimbalzo; [person] per ripicca. ⬦ *vi* [rɪˈbaʊnd] [ball] rimbalzare.

rebuff [rɪˈbʌf] *n* secco rifiuto *m*.

rebuild [ˌriːˈbɪld] (*pt & pp* **built** [-ˈbɪlt]) *vt* **-1.** [town, building] ricostruire **-2.** [business, economy] riorganizzare.

rebuke [rɪˈbjuːk] ⬦ *n* rimprovero *m*. ⬦ *vt*: **to ~ sb (for sthg)** rimproverare qn (per qc).

recall ⬦ *n* [ˈriːkɔːl] [memory] memoria *f*. ⬦ *vt* [rɪˈkɔːl] **-1.** [the past, an event] ricordare **-2.** [ambassador] richiamare; [Parliament] riconvocare.

recap [ˈriːkæp] *inf* ⬦ *n* riepilogo *m*. ⬦ *vt* riepilogare. ⬦ *vi* fare un riepilogo.

recapitulate [ˌriːkəˈpɪtjʊleɪt] ⬦ *vt* riepilogare. ⬦ *vi* fare un riepilogo.

recd, rec'd (*abbr of* **received**) ricevuto(a).

recede [rɪˈsiːd] *vi* **-1.** [move away – person, car] indietreggiare; [– coastline] ritirarsi

-2. fig [disappear, fade] svanire.

receding [rɪ'siːdɪŋ] adj [chin] sfuggente; he has a ~ hairline è un po' stempiato.

receipt [rɪ'siːt] n -1. [piece of paper] ricevuta f -2. [act of receiving] ricevimento m.
● **receipts** npl introiti mpl.

receive [rɪ'siːv] vt -1. [gift, letter, news] ricevere -2. [setback, criticism, injury] subire -3. [visitor, guest] ricevere, accogliere -4. [greet]: **to be well/badly ~d** essere accolto(a) favorevolmente/sfavorevolmente.

receiver [rɪ'siːvəʳ] n -1. [of telephone] cornetta f -2. [radio, TV set] ricevitore m -3. [criminal] ricettatore m, -trice f (di merci rubate) -4. FIN curatore m, -trice f fallimentare.

recent ['riːsnt] adj recente.

recently ['riːsntlɪ] adv recentemente, di recente.

receptacle [rɪ'septəkl] n ricettacolo m.

reception [rɪ'sepʃn] n -1. [department, desk – in hotel, office] reception f inv; [– in hospital] accettazione f -2. [party, ceremony] ricevimento m -3. [reaction, welcome] accoglienza f -4. [quality of picture, sound] ricezione f.

reception desk n (banco m della) reception f inv.

receptionist [rɪ'sepʃənɪst] n receptionist mf inv.

recess [UK rɪ'ses, US 'riːses] n -1. [vacation] vacanza f; **to be in/go into ~** essere/andare in vacanza -2. [in room] rientranza f -3. [of mind, memory] recesso m -4. US SCH intervallo m.

recession [rɪ'seʃn] n recessione f.

recharge vt [ˌriːtʃɑːdʒ] [battery] ricaricare.

recipe ['resɪpɪ] n -1. CULIN ricetta f -2. fig [formula]: **a ~ for disaster** una strada che conduce al disastro; **a ~ for success** la chiave del successo.

recipient [rɪ'sɪpɪənt] n [of letter] destinatario m, -a ; [of cheque] beneficiario m, -a f; [of award] assegnatario m, -a f.

reciprocal [rɪ'sɪprəkl] adj reciproco(a).

recital [rɪ'saɪtl] n [of poetry, music] recital m inv; **organ ~** concerto m organistico.

recite [rɪ'saɪt] vt -1. [poem, piece of writing] recitare -2. [facts, details] enumerare.

reckless ['reklɪs] adj [person, action] avventato(a); [driving, driver] spericolato(a); **~ behaviour** incoscienza f.

reckon ['rekn] vt -1. inf [think] pensare, credere -2. [consider, judge]: **to be ~ed to be sthg** essere ritenuto(a) qc -3. [calculate]

calcolare. ● **reckon on** vt insep contare su. ● **reckon with** vt insep [expect] fare i conti con.

reckoning ['rekənɪŋ] n calcolo m; **by my ~** secondo i miei calcoli.

reclaim [rɪ'kleɪm] vt -1. [luggage] ritirare; [money] reclamare -2. [land] risanare.

recline [rɪ'klaɪn] vi [person] appoggiarsi all'indietro; [seat] essere reclinabile.

reclining [rɪ'klaɪnɪŋ] adj [seat, chair] reclinabile.

recluse [rɪ'kluːs] n eremita mf.

recognition [ˌrekəg'nɪʃn] n -1. [identification] riconoscimento m, identificazione f; **to change beyond OR out of all ~** diventare irriconoscibile; **it has improved beyond OR out of all ~** è migliorato tanto che non lo riconosceresti -2. [acknowledgment] riconoscimento m; **in ~ of** come riconoscimento per, in riconoscimento di.

recognizable ['rekəgnaɪzəbl] adj riconoscibile.

recognize, -ise ['rekəgnaɪz] vt riconoscere.

recoil ◇ vi [rɪ'kɔɪl] -1. [draw back] indietreggiare, ritirarsi -2. fig [shrink from]: **to ~ from/at sthg** rifuggire da qc. ◇ n ['riːkɔɪl] [of gun] rinculo m.

recollect [ˌrekə'lekt] vt ricordare.

recollection [ˌrekə'lekʃn] n ricordo m; **to the best of my ~** per quanto ricordo.

recommend [ˌrekə'mend] vt -1. [commend, speak in favour of]: **to ~ sb/sthg (to sb)** raccomandare qn/qc (a qn) -2. [advise] consigliare.

recompense ['rekəmpens] ◇ n: **~ (for sthg)** ricompensa f (per qc). ◇ vt: **to ~ sb (for sthg)** ricompensare qn (per qc).

reconcile ['rekənsaɪl] vt -1. [beliefs, ideas] conciliare; **to ~ sthg with sthg** conciliare qc con qc -2. [people] riconciliare -3. [resign o.s.]: **to ~ o.s. to sthg** rassegnarsi a qc.

reconditioned [ˌriːkən'dɪʃnd] adj rimesso(a) a nuovo.

reconnaissance [rɪ'kɒnɪsəns] n ricognizione f.

reconsider [ˌriːkən'sɪdəʳ] ◇ vt riconsiderare. ◇ vi ripensare.

reconstruct [ˌriːkən'strʌkt] vt ricostruire.

record ◇ n ['rekɔːd] -1. [written account] resoconto m; **off the ~** ufficiosamente; **on ~** [on file] agli atti; [ever recorded] (mai) registrato(a) -2. [vinyl disc] disco m -3. [best achievement] record m inv -4. [history] precedenti mpl. ◇ adj [level, time, score] record *inv.* ⬦ *vt* [ɪ'kɔːd] **-1.** [write down] prendere nota di **-2.** [put on tape etc] registrare.

recorded delivery *n UK:* **to send sthg by ~** mandare qc per raccomandata.

recorder [ɪ'kɔːdə^r] *n* **-1.** [machine] registratore *m* **-2.** [musical instrument] flauto *m* dolce.

record holder *n* detentore *m*, -trice *f* di un record.

recording [ɪ'kɔːdɪŋ] *n* registrazione *f.*

record player *n* giradischi *m inv.*

recount [ɪ'kaʊnt] ⬦ *n* [of votes] nuovo conteggio *m.* ⬦ *vt* **-1.** [narrate] narrare **-2.** [count again] ricontare.

recoup [ɪ'kuːp] *vt* [money, losses] recuperare, farsi risarcire di.

recourse [ɪ'kɔːs] *n fml:* **to have ~ to sthg** fare ricorso a qc.

recover [ɪ'kʌvə^r] ⬦ *vt* **-1.** [stolen goods, money] recuperare; **to ~ sthg (from)** recuperare qc (da) **-2.** [consciousness, one's breath] riprendere. ⬦ *vi* **-1.** [from illness, accident]: **to ~ (from sthg)** rimettersi (da qc), ristabilirsi (da qc) **-2.** [from shock, setback, sb's death]: **to ~ (from sthg)** riprendersi (da qc) **-3.** *fig* [currency, economy]: **to ~ (from sthg)** recuperare (dopo qc).

recovery [ɪ'kʌvərɪ] *n* **-1.** [from illness]: **~ (from sthg)** guarigione *f* (dopo qc) **-2.** *fig* [of currency, economy] ripresa *f* **-3.** [of stolen goods, money] recupero *m.*

recreation [,rekrɪ'eɪʃn] *n* ricreazione *f,* svaghi *mpl.*

recrimination [rɪ,krɪmɪ'neɪʃn] *n* recriminazione *f.*

recruit [ɪ'kruːt] ⬦ *n* [in armed forces] recluta *f;* [in company, organization] neoassunto *m,* -a *f.* ⬦ *vt* [soldiers, sailors, members] reclutare; [staff, graduates] assumere; **to ~ sb (for sthg/to do sthg)** reclutare qn (per qc/per fare qc). ⬦ *vi* COMM procedere alle sunzioni.

recruitment [ɪ'kruːtmənt] *n* reclutamento *m.*

rectangle ['rek,tæŋgl] *n* rettangolo *m.*

rectangular [rek'tæŋgjʊlə^r] *adj* rettangolare.

rectify ['rektɪfaɪ] *vt* rettificare.

rector ['rektə^r] *n* **-1.** [priest] pastore *m* anglicano **-2.** *Scot* [head – of school] preside *mf;* [– of college, university] rettore *m.*

rectory ['rektərɪ] *n* presbiterio *m* (anglicano).

recuperate [ɪ'kuːpəreɪt] *vi fml:* **to ~**

(from sthg) ristabilirsi (da qc), rimettersi (da qc).

recur [ɪ'kɜː^r] *vi* [error, problem, nightmare] ricorrere, ripetersi; [pain] ricomparire.

recurrence [ɪ'kʌrəns] *n* ricomparsa *f.*

recurrent [ɪ'kʌrənt] *adj* ricorrente.

recycle [,riː'saɪkl] *vt* riciclare.

red [red] ⬦ *adj* rosso(a); **~ in the face** rosso in viso. ⬦ *n* [colour] rosso *m;* **to be in the ~** *inf* essere in rosso.

red card *n* FTBL: **to be shown the ~, to get a ~** ricevere un cartellino rosso.

red carpet *n:* **to roll out the ~ for sb** riservare a qn un trattamento d'onore.

Red Cross *n:* **the ~** la Croce Rossa.

redcurrant ['redkʌrənt] *n* ribes *m inv* rosso.

redden ['redn] ⬦ *vt* [make red] arrossare. ⬦ *vi* [flush] arrossire, diventare rosso(a).

redecorate [,riː'dekəreɪt] ⬦ *vt* ridecorare. ⬦ *vi* fare lavori di ridecorazione.

redeem [ɪ'diːm] *vt* riscattare.

redeeming [ɪ'diːmɪŋ] *adj* [quality, feature] positivo(a); **that woman has no ~ features** di quella donna non si salva nulla.

redeploy [,riːdɪ'plɔɪ] *vt* [troops] dislocare; [teachers, staff] reimpiegare.

red-faced [-'feɪst] *adj* **-1.** [after exercise, with heat] rosso(a) in viso **-2.** [with embarrassment] imbarazzato(a).

red-haired [-,heəd] *adj* rosso(a) (di capelli).

red-handed [-'hændɪd] *adj:* **to catch sb ~** cogliere qn in flagrante.

redhead ['redhed] *n* rosso *m,* -a *f.*

red herring *n fig* depistaggio *m.*

red-hot *adj* **-1.** [extremely hot] rovente, arroventato(a) **-2.** [very enthusiastic] ardente **-3.** *inf* [very good] formidabile.

redid [,riː'dɪd] *pt* ⊳ **redo.**

redirect [,riːdɪ'rekt] *vt* **-1.** [mail, people] rindirizzare; [traffic, aircraft] dirottare **-2.** [one's energies, money, aid] rivolgere.

rediscover [,riːdɪ'skʌvə^r] *vt* **-1.** [re-experience] riscoprire **-2.** [make popular, famous again]: **to be ~ed** essere riscoperto(a).

red light *n* [traffic signal] semaforo *m* rosso.

red-light district *n* quartiere *m* a luci rosse.

redo [,riː'duː] (*pt* **-did,** *pp* **-done**) *vt* rifare.

redolent ['redələnt] *adj lit* **-1.** [reminiscent]: **to be ~ of sthg** richiamare alla mente qc **-2.** [smelling]: **to be ~ of sthg** profumare di qc.

redone [-'dʌn] *pp* ▷**redo**.

redouble [ˌriː'dʌbl] *vt*: **to ~ one's efforts (to do sthg)** raddoppiare gli sforzi (per fare qc).

redraft *vt* [ˌriː'drɑːft] [letter, speech] redigere di nuovo.

red tape *n fig* lungaggini *fpl* burocratiche.

reduce [rɪ'djuːs] ⟨ *vt* -1. [gen] ridurre; **to ~ sthg to a pulp** ridurre qc in poltiglia -2. [force, bring]: **to be ~ d to (doing) sthg** essere ridotto(a) a (fare) qc. ⟨ *vi US* [lose weight] calare (di peso).

reduction [rɪ'dʌkʃn] *n*: **~ (in/of sthg)** riduzione *f* (di qc).

redundancy [rɪ'dʌndənsɪ] *n UK* -1. [job loss] licenziamento *m* (per esubero di personale) -2. [jobless state] ≃ cassa integrazione.

redundant [rɪ'dʌndənt] *adj* -1. *UK* [jobless]: **to be made ~** essere licenziato(a) (per esubero di personale) -2. [superfluous – equipment, factory] inutilizzato(a); [– phrase, comment] superfluo(a).

reed [riːd] *n* -1. [plant] canna *f* -2. [of musical instrument] ancia *f*.

reef [riːf] *n* scogliera *f*; **coral ~** barriera *f* corallina.

reek [riːk] ⟨ *n* tanfo *m*. ⟨ *vi*: **to ~ (of sthg)** puzzare (di qc).

reel [riːl] ⟨ *n* -1. [roll] bobina *f* -2. [on fishing rod] mulinello *m*. ⟨ *vi* [person] barcollare. ◆ **reel in** *vt sep* [fish] tirare su col mulinello. ◆ **reel off** *vt sep* [names, dates] snocciolare.

reenact [ˌriːɪ'nækt] *vt* [play] rappresentare di nuovo; [scene] ricostruire.

ref [ref] *n* -1. *inf* (*abbr of* **referee**) SPORT arbitro *m* -2. (*abbr of* **reference**) ADMIN rif.

refectory [rɪ'fektərɪ] *n* refettorio *m*.

refer [rɪ'fɜːʳ] *vt* -1. [person]: **to ~ sb to sthg** indirizzare qn a qc; **to be ~ red to a consultant** essere mandato(a) da uno specialista -2. [report, case, decision]: **to ~ sthg to sb/sthg** sottoporre qc a qn/qc. ◆ **refer to** *vt insep* -1. [mention, speak about] riferirsi a -2. [apply to, concern] rivolgersi a, riguardare -3. [consult] consultare.

referee [ˌrefə'riː] ⟨ *n* -1. SPORT arbitro *m* -2. *UK* [for job application] referenza *f*. ⟨ *vt & vi* SPORT arbitrare.

reference ['refrəns] *n* -1. [gen] riferimento *m*; **to make ~ to sb/sthg** fare riferimento a qn/qc; **with ~ to** fml in riferimento a -2. [mention]: **~ (to sb/sthg)** accenno *m* (a qn/qc) -3. [for advice, information]: **~ (to**

sb/sthg) consultazione *f* (di qn/qc) -4. [in catalogue, on map] rimando *m*; **map ~** coordinate *fpl* -5. [for job application] referenza *f*.

reference book *n* opera *f* di consultazione.

reference number *n* numero *m* di riferimento.

referendum [ˌrefə'rendəm] (*pl* **-dums** OR **-da**) *n* referendum *m inv.*

refill ⟨ *n* ['riːfɪl] -1. [for pen] cartuccia *f*; [for lighter] ricarica *f* -2. *inf* [drink]: **would you like a ~?** ne vuoi ancora un po'? ⟨ *vt* [ˌriː'fɪl] [glass, petrol tank] riempire di nuovo.

refine [rɪ'faɪn] *vt* -1. [oil, food] raffinare -2. [details, speech] affinare.

refined [rɪ'faɪnd] *adj* -1. [person, oil, food] raffinato(a) -2. [theory, equipment] perfezionato(a).

refinement [rɪ'faɪnmənt] *n* -1. [improvement]: **~ (on sthg)** raffinamento *m* (di qc) -2. [gentility] raffinatezza *f*.

reflect [rɪ'flekt] ⟨ *vt* -1. [show, be a sign of] riflettere, rispecchiare -2. [throw back] riflettere -3. [think, consider]: **to ~ that ...** pensare che .... ⟨ *vi* [think, consider]: **to ~ (on OR upon sthg)** riflettere (su qc).

reflection [rɪ'flekʃn] *n* -1. [gen] riflesso *m* -2. [comment]: **~ on sthg** riflessione *f* su qc -3. *lit* [thinking] riflessione *f*, pensiero *m*; **on ~** riflettendoci (bene).

reflector [rɪ'flektəʳ] *n* catarifrangente *m*.

reflex ['riːfleks] *n*: **~ (action)** (atto *m*) riflesso *m*.

reflexive [rɪ'fleksɪv] *adj* riflessivo(a).

reform [rɪ'fɔːm] ⟨ *n* riforma *f*. ⟨ *vt* -1. [change] riformare -2. [improve behaviour of] correggere. ⟨ *vi* [behave better] correggersi.

Reformation *n*: **the ~** la Riforma.

reformatory [rɪ'fɔːmətrɪ] *n US* riformatorio *m*.

reformer [rɪ'fɔːməʳ] *n* riformatore *m*, -trice *f*.

refrain [rɪ'freɪn] ⟨ *n* ritornello *m*. ⟨ *vi fml*: **to ~ from doing sthg** trattenersi dal fare qc.

refresh [rɪ'freʃ] *vt* rinfrescare.

refreshed *adj* rinfrescato(a).

refresher course *n* corso *m* di aggiornamento.

refreshing [rɪ'freʃɪŋ] *adj* -1. [change, honesty] piacevole -2. [drink] dissetante; [nap] ristoratore(trice).

refreshments *npl* rinfreschi *mpl*.

refrigerator [rɪˈfrɪdʒəreɪtəˀ] *n* frigorifero *m*.

refuel [ˌriːˈfjʊəl] ◇ *vt* rifornire di carburante. ◇ *vi* rifornirsi di carburante.

refuge [ˈrefjuːdʒ] *n* -1. [place of safety] rifugio *m* -2. [safety]: **to seek** OR **take ~** [hide] mettersi al riparo; **to seek** OR **take ~ in sthg** *fig* rifugiarsi in qc.

refugee [ˌrefjʊˈdʒiː] *n* rifugiato *m*, -a *f*, profugo *m*, -a *f*.

refund ◇ *n* [ˈriːfʌnd] rimborso *m*. ◇ *vt* [rɪˈfʌnd]: **to ~ sthg to sb, to ~ sb sthg** rimborsare qc a qn.

refurbish [ˌriːˈfɜːbɪʃ] *vt* rinnovare.

refusal [rɪˈfjuːzl] *n*: **~ (to do sthg)** rifiuto *m* (di fare qc).

refuse[1] [rɪˈfjuːz] ◇ *vt* -1. [withhold, deny]: **to ~ sb sthg, to ~ sthg to sb** rifiutare qc a qn -2. [decline] rifiutare; **to ~ to do sthg** rifiutare di fare qc. ◇ *vi* rifiutare.

refuse[2] [ˈrefjuːs] *n* [rubbish] rifiuti *mpl*, spazzatura *f*.

refuse collection [ˈrefjuːs] *n* raccolta *f* rifiuti.

refute [rɪˈfjuːt] *vt fml* confutare.

regain [rɪˈgeɪn] *vt* [health] recuperare; [composure] ritrovare; [first place, leadership] riconquistare.

regal [ˈriːgl] *adj* regale.

regard [rɪˈgɑːd] ◇ *n* -1. *fml* [respect, esteem]: **~ (for sb/sthg)** riguardo *m* (per qn/qc); **to hold sb/sthg in high/low ~** avere molta/poca stima di qn/qc -2. [aspect]: **in this/that ~** a questo/quel riguardo. ◇ *vt*: **to ~ o.s./sb/sthg as** considerarsi/considerare qn/qc (come); **to be highly ~ed** essere molto apprezzato(a). ◆ **regards** *npl* [in greetings] saluti *mpl*. ◆ **as regards** *prep* per quanto riguarda. ◆ **in regard to, with regard to** *prep* riguardo a.

regarding [rɪˈgɑːdɪŋ] *prep* riguardo a.

regardless [rɪˈgɑːdlɪs] *adv* malgrado tutto. ◆ **regardless of** *prep* senza badare a.

regime *n pej* regime *m*.

regiment *n* [ˈredʒɪmənt] reggimento *m*.

region [ˈriːdʒən] *n* -1. [of country, body] regione *f* -2. [range]: **in the ~ of** intorno a, all'incirca.

regional [ˈriːdʒənl] *adj* regionale.

register [ˈredʒɪstəˀ] ◇ *n* [record] registro *m*. ◇ *vt* -1. [gen] registrare -2. [car] immatricolare -3. [disapproval, surprise] esprimere. ◇ *vi* -1. [enrol]: **to ~ for sthg** far

domanda per ottenere qc -2. [book in] registrarsi -3. *inf* [be properly understood]: **it didn't seem to ~ (with him)** non è sembrato farci caso.

registered [ˈredʒɪstəd] *adj* -1. [officially listed – car] immatricolato(a); [– charity] riconosciuto(a); [– office] registrato(a); [blind] ufficialmente riconosciuto(a) -2. [letter, parcel] raccomandato(a).

registered trademark *n* marchio *m* registrato.

registrar [ˌredʒɪˈstrɑːˀ] *n* -1. [keeper of records] ufficiale *mf* dell'anagrafe -2. [university administrator] responsabile *mf* della segreteria -3. *UK* [doctor] (medico *m*) specializzando *m*.

registration [ˌredʒɪˈstreɪʃn] *n* -1. [on course] iscrizione *f*; [of births, marriages] registrazione *f* -2. AUT = **registration number**.

registration number *n* AUT numero *m* di targa.

registry [ˈredʒɪstrɪ] *n* ufficio *m* dei registri.

registry office *n* (ufficio *m* dell') anagrafe *m*.

regret [rɪˈgret] ◇ *n* -1. *fml* [sorrow] rammarico *m* -2. [sad feeling] rimpianto *m*. ◇ *vt*: **to ~ (doing) sthg** rimpiangere (di aver fatto) qc; **we ~ to announce...** siamo spiacenti di dover annunciare...

regretfully [rɪˈgretfʊlɪ] *adv* con rincrescimento.

regrettable [rɪˈgretəbl] *adj fml* deplorevole.

regroup [ˌriːˈgruːp] *vi* raggrupparsi.

regular [ˈregjʊləˀ] ◇ *adj* -1. [gen] regolare; **at ~ intervals** a intervalli regolari -2. [visits, performances] abituale -3. [customer, visitor] fisso(a) -4. [time, place] solito(a) -5. [brand, fries] normale -6. *US* [guy] simpatico(a). ◇ *n* [customer, client] cliente *mf* fisso(a).

regularly [ˈregjʊləlɪ] *adv* regolarmente.

regulate [ˈregjʊleɪt] *vt* -1. [spending] controllare; [traffic] regolamentare -2. [volume] regolare; [machine] mettere a punto.

regulation [ˌregjʊˈleɪʃn] ◇ *adj* regolamentare. ◇ *n* -1. [rule] regolamento *m* -2. [control] regolamentazione *f*.

rehabilitate [ˌriːəˈbɪlɪteɪt] *vt* -1. [convict, addict] reinserire -2. [patient, invalid] riabilitare.

rehearsal [rɪˈhɜːsl] *n* prova *f*.

rehearse [rɪˈhɜːs] ◇ *vt* [play, speech] provare; [joke, story] raccontare. ◇ *vi*: **to ~ (for sthg)** fare le prove (per qc).

reheat [ˌriːˈhiːt] *vt* riscaldare.

reign [reɪn] ◇ *n lit & fig* regno *m.* ◇ *vi lit & fig*: **to ~ (over sb/sthg)** regnare (su qn/qc).

reimburse [ˌriːɪm'bɜːs] *vt*: **to ~ sb (for sthg)** rimborsare qn (per qc).

rein [reɪn] *n fig*: **to give (a) free ~ to sb, to give sb free ~** lasciare libero sfogo a qn. ◆ **reins** *npl* [for horse] redini *mpl*.

reindeer ['reɪnˌdɪəʳ] (*pl* **reindeer**) *n* renna *f.*

reinforce [ˌriːɪn'fɔːs] *vt* **-1.** [ceiling, frame, cover]: **to ~ sthg (with sthg)** rinforzare qc (con qc) **-2.** [dislike, prejudice] rafforzare **-3.** [argument, claim, opinion] avvalorare.

reinforced concrete [ˌriːɪn'fɔːst-] *n* cemento *m* armato.

reinforcement [ˌriːɪn'fɔːsmənt] *n* **-1.** [strengthening] rafforzamento *m* **-2.** [strengthener] rinforzo *m.* ◆ **reinforcements** *npl* rinforzi *mpl*.

reinstate [ˌriːɪn'steɪt] *vt* **-1.** [employee] reintegrare, riassumere **-2.** [payment, idea, policy] ripristinare.

reissue [riː'ɪʃuː] ◇ *n* riedizione *f.* ◇ *vt* [book, record] ristampare; [film] ridistribuire.

reiterate [riː'ɪtəˌreɪt] *vt fml* reiterare.

reject ◇ *n* ['riːdʒekt] [in factory, shop] scarto *m* di produzione. ◇ *vt* [rɪ'dʒekt] **-1.** [not agree to] respingere, rifiutare **-2.** [dismiss, not accept] rifiutare **-3.** [for job] respingere.

rejection [rɪ'dʒekʃn] *n* rifiuto *m.*

rejoice [rɪ'dʒɔɪs] *vi*: **to ~ (at OR in sthg)** gioire (di qc).

rejuvenate [rɪ'dʒuːvəneɪt] *vt* **-1.** [person] ringiovanire **-2.** [system, organization] ammodernare.

rekindle [ˌriː'kɪndl] *vt fig* riaccendere.

relapse [rɪ'læps] ◇ *n* ricaduta *f.* ◇ *vi*: **to ~ into sthg** ricadere in qc.

relate [rɪ'leɪt] ◇ *vt* **-1.** [connect]: **to ~ sthg (to sthg)** collegare qc (a qc) **-2.** [tell] raccontare. ◇ *vi* **-1.** [connect]: **to ~ to sthg** essere collegato(a) a qc **-2.** [concern]: **to ~ to sthg** riferirsi a qc **-3.** [empathize]: **to ~ (to sb/sthg)** intendersi (con qn/qc). ◆ **relating to** *prep* relativo(a) a.

related [rɪ'leɪtɪd] *adj* **-1.** [in same family] imparentato(a); **to be ~ to sb** essere parente di qn **-2.** [connected] collegato(a), connesso(a).

relation [rɪ'leɪʃn] *n* **-1.** [connection]: **~ (to/between)** relazione *f* (con/tra) **-2.** [family member] parente *mf.* ◆ **rela-**

tions *npl* [relationship] relazioni *fpl*; **~ between/with** relazioni tra/con.

relationship [rɪ'leɪʃnʃɪp] *n* **-1.** [between groups, countries] relazione *f,* rapporto *m* **-2.** [between lovers, objects, events] relazione *f.*

relative ['relətɪv] ◇ *adj* relativo(a). ◇ *n* parente *mf.* ◆ **relative to** *prep fml* **-1.** [compared to] in relazione a **-2.** [connected with] relativo(a) a.

relatively ['relətɪvlɪ] *adv* relativamente.

relax [rɪ'læks] ◇ *vt* **-1.** [person, mind, rule, discipline] rilassare **-2.** [muscle, body] rilassare, distendere **-3.** [grip] allentare. ◇ *vi* **-1.** [person, muscle, body] rilassarsi **-2.** [grip] allentarsi.

relaxation [ˌriːlæk'seɪʃn] *n* **-1.** [rest] relax *m* **-2.** [of rule, discipline, regulation] rilassamento *m.*

relaxed [rɪ'lækst] *adj* rilassato(a).

relaxing [rɪ'læksɪŋ] *adj* rilassante.

relay ['riːleɪ] ◇ *n* **-1.** SPORT: **~ (race)** (corsa *f* a) staffetta *f*; **in ~s** *fig* a turno **-2.** RADIO & TV relè *m inv.* ◇ *vt* [signal, programme, message, news]: **to ~ sthg (to sb/sth)** trasmettere qc (a qn/qc).

release [rɪ'liːs] ◇ *n* **-1.** [from captivity] rilascio *m,* liberazione *f* **-2.** [from pain, suffering] sollievo *m* **-3.** [statement] comunicato *m* **-4.** [of gas, fumes] scarico *m* **-5.** [of film, video, CD] distribuzione *f* **-6.** [film, video, CD]: **new ~** nuova uscita *f.* ◇ *vt* **-1.** [set free - prisoner, hostage] rilasciare; [- animal] liberare; **to ~ sb from prison** scarcerare qn; **to ~ sb from captivity** rilasciare qn; **to ~ sb from sthg** [promise, contract] sciogliere qn da qc **-2.** [make available] distribuire **-3.** [from control, grasp] allentare, mollare **-4.** [brake, lever, handle] togliere; [safety catch, mechanism] sganciare **-5.** [fumes, heat]: **to be ~d (from/into sthg)** essere rilasciato(a) (da/in qc) **-6.** [film, video, CD] fare uscire; [statement, news story] diffondere.

relegate ['relɪgeɪt] *vt* **-1.** [demote]: **to ~ sb/sthg (to)** relegare qn/qc (a) **-2.** SPORT: **to be ~d** *UK* essere retrocesso(a).

relent [rɪ'lent] *vi* [person] cedere; [wind, storm] placarsi.

relentless [rɪ'lentlɪs] *adj* [person] accanito(a); [rain] incessante; [criticism, mockery] implacabile.

relevant ['reləvənt] *adj* **-1.** [connected, appropriate]: **~ (to sb/sthg)** pertinente (a qn/qc) **-2.** [important]: **~ (to sb/sthg)** importante (per qn/qc).

reliable [rɪ'laɪəbl] *adj* **-1.** [person, car, service] affidabile **-2.** [information] attendibile.

reliably [rɪˈlaɪəblɪ] adv **-1.** [dependably] in modo affidabile **-2.** [correctly, truly] correttamente.

reliant [rɪˈlaɪənt] adj : ~ **on sb/sthg** dipendente da qn/qc.

relic [ˈrelɪk] n **-1.** [old object, custom] cimelio m **-2.** RELIG reliquia f.

relief [rɪˈliːf] n **-1.** [comfort] sollievo m **-2.** [for poor, refugees] aiuto m, soccorso m **-3.** US [social security] pubblica assistenza f.

relieve [rɪˈliːv] vt **-1.** [ease, lessen] alleviare, attenuare; **to ~ sb of sthg** [burden, trouble] alleggerire qn di qc **-2.** [take over from] dare il cambio a **-3.** [give help to] venire in aiuto di.

religion [rɪˈlɪdʒn] n religione f.

religious [rɪˈlɪdʒəs] adj [belief, service, person] religioso(a); [book] sacro(a).

relinquish [rɪˈlɪŋkwɪʃ] vt [power, post] cedere; [claim] rinunciare a.

relish [ˈrelɪʃ] ◇ n **-1.** [enjoyment]: **with (great) ~** di (gran) gusto **-2.** [pickle] condimento m. ◇ vt [sight] apprezzare; [task, opportunity] provare piacere in; **to ~ the thought** OR **idea** OR **prospect of doing sthg** entusiasmarsi al pensiero OR all'idea OR alla prospettiva di fare qc.

relocate [ˌriːləʊˈkeɪt] ◇ vt trasferire. ◇ vi trasferirsi.

reluctance [rɪˈlʌktəns] n riluttanza f.

reluctant [rɪˈlʌktənt] adj riluttante; **to be ~ to do sthg** essere restio(a) a fare qc.

reluctantly [rɪˈlʌktntlɪ] adv controvoglia.

rely [rɪˈlaɪ] ◆ **rely on** vt insep **-1.** [count on]: **to ~ on sb/sthg (to do sthg)** contare su qn/qc (per fare qc) **-2.** [be dependent on]: **to ~ on sb/sthg for sthg** dipendere da qn/qc per qc.

remain [rɪˈmeɪn] ◇ vt : **to ~ to be done** restare da fare. ◇ vi restare, rimanere. ◆ **remains** npl **-1.** [gen] resti mpl **-2.** [of ancient civilization] vestigia fpl.

remainder [rɪˈmeɪndər] n **-1.** [rest]: **the ~** il resto **-2.** MATHS resto m.

remaining [rɪˈmeɪnɪŋ] adj rimanente, restante.

remand [rɪˈmɑːnd] ◇ n : **on ~** in custodia cautelare. ◇ vt [prisoner, criminal] rinviare a giudizio; **to be ~ed in custody** essere rinviato(a) a giudizio con provvedimento di custodia cautelare.

remark [rɪˈmɑːk] ◇ n osservazione f. ◇ vt : **to ~ (that)** osservare (che).

remarkable [rɪˈmɑːkəbl] adj notevole.

remarry [ˌriːˈmærɪ] vi risposarsi.

remedial [rɪˈmiːdjəl] adj **-1.** [class] di recupero **-2.** [corrective - action] riparatorio(a); [- exercise] correttivo(a); [- therapy] curativo(a).

remedy [ˈremədɪ] ◇ n **-1.** [for ill health]: **~ (for sthg)** rimedio m (contro qc) **-2.** fig [solution]: **~ (for sthg)** rimedio m (a qc). ◇ vt rimediare a.

remember [rɪˈmembər] ◇ vt ricordare; **to ~ doing sthg** ricordare di aver fatto qc; **to ~ to do sthg** ricordarsi di fare qc. ◇ vi ricordarsi.

remembrance [rɪˈmembrəns] n fml : **in ~ of** in ricordo di.

Remembrance Day n la domenica più vicina all'11 novembre, giornata di commemorazione dei caduti.

remind [rɪˈmaɪnd] vt **-1.** [tell]: **to ~ sb (about sthg/to do sthg)** ricordare a qn (qc/di fare qc) **-2.** [be reminiscent of]: **to ~ sb of sb/sthg** ricordare qn/qc a qn.

reminder [rɪˈmaɪndər] n **-1.** [to jog memory]: **as a ~ of sthg** per ricordare qc; **to give sb a ~ to do sthg** ricordare a qn di fare qc **-2.** [for bill, membership, licence] sollecito m.

reminisce [ˌremɪˈnɪs] vi : **to ~ (about sthg)** lasciarsi andare al ricordo (di qc).

reminiscent [ˌremɪˈnɪsnt] adj : **to be ~ of sb/sthg** ricordare qn/qc.

remiss [rɪˈmɪs] adj negligente.

remit ◇ n [ˈriːmɪt] UK competenze fpl, compito m; **that's outside my ~** questo è al di fuori della mia giurisdizione. ◇ vt [rɪˈmɪt] [money, payment] inviare, rimettere.

remittance [rɪˈmɪtns] n **-1.** [payment] rimessa f **-2.** [COMM - settlement of invoice] saldo m.

remnant [ˈremnənt] n [of cloth] scampolo m. ◆ **remnants** npl [of beauty, culture, meal] resti mpl.

remorse [rɪˈmɔːs] n rimorso m.

remorseful [rɪˈmɔːsfʊl] adj pieno(a) di rimorso.

remorseless [rɪˈmɔːslɪs] adj **-1.** [pitiless] spietato(a) **-2.** [unstoppable] inesorabile.

remote [rɪˈməʊt] adj **-1.** [place] remoto(a), isolato(a); [time] lontano(a) **-2.** [aloof, detached]: **~ (from)** distante (da) **-3.** [unconnected, irrelevant]: **~ from** estraneo(a) a **-4.** [slight] minimo(a).

remote control n **-1.** [system] comando m a distanza **-2.** [machine, device] telecomando m.

remotely [rɪ'məʊtlɪ] *adv* -1. [slightly] minimamente -2. [distantly] lontanamente.

remould *UK* *n* ['riːməʊld] pneumatico *m* ricostruito.

removable [rɪ'muːvəbl] *adj* rimovibile.

removal [rɪ'muːvl] *n* -1. *UK* [change of house] trasloco *m* -2. [act of removing] rimozione *f*; **stain** ~ smacchiatura *f*.

removal van *n UK* camion *m inv* per traslochi.

remove [rɪ'muːv] *vt* -1. [gen]: **to** ~ **sthg (from)** togliere qc (da) -2. [from a job, post]: **to** ~ **sb (from)** licenziare qn (da) -3. [solve, get rid of – problem, difficulty] rimuovere, eliminare; [– suspicion] dissipare.

remuneration [rɪˌmjuːnə'reɪʃn] *n fml* rimunerazione *f*.

render ['rendəʳ] *vt* -1. [make] rendere; **to** ~ **sthg useless** rendere inutilizzabile qc -2. [give – service] rendere; [– help, assistance] prestare.

rendezvous ['rɒndɪvuː] (*pl* **rendezvous**) *n* -1. [meeting] appuntamento *m* -2. [place] luogo *m* d'incontro.

renegade ['renɪgeɪd] *n* rinnegato *m*, -a *f*.

renew [rɪ'njuː] *vt* -1. [gen] rinnovare -2. [strength] recuperare; [enthusiasm, interest] ravvivare.

renewable [rɪ'njuːəbl] *adj* rinnovabile.

renewal [rɪ'njuːəl] *n* -1. [of activity] rinnovamento *m* -2. [of contract, licence, membership] rinnovo *m*.

renounce [rɪ'naʊns] *vt* -1. [belief, values] rinnegare -2. [post, title] rinunciare a.

renovate ['renəveɪt] *vt* [house] rinnovare.

renown [rɪ'naʊn] *n* rinomanza *f*.

renowned [rɪ'naʊnd] *adj*: ~ **(for sthg)** rinomato(a) (per qc).

rent [rent] ◇ *n* affitto *m*. ◇ *vt* -1. [subj: tenant, hirer] affittare, prendere in affitto -2. [subj: owner] affittare, dare in affitto.

rental ['rentl] ◇ *adj* [agreement, company] di locazione. ◇ *n* affitto *m*.

renunciation [rɪˌnʌnsɪ'eɪʃn] *n* -1. [of belief, values] rinnegamento *m* -2. [of post, title] rinuncia *f*.

reorganize, -ise *UK* [ˌriː'ɔːgənaɪz] *vt* riorganizzare.

rep [rep] *n* -1. (*abbr of* **representative**) rappresentante *mf* -2. (*abbr of* **repertory (company)**) compagnia *f* (di un teatro) stabile.

repaid [riː'peɪd] *pt & pp* ▷**repay**.

repair [rɪ'peəʳ] ◇ *n* riparazione *f*; **to be**

beyond ~ essere danneggiato(a) in modo irreparabile; **in good/bad** ~ in buono/cattivo stato. ◇ *vt* -1. [fix, mend] riparare, aggiustare -2. [make amends for – harm, omission, fault] rimediare a; [– relationship] ricucire.

repair kit *n* kit *m* di riparazione.

repartee [ˌrepɑː'tiː] *n* scambio *m* di battute.

repatriate *vt* [ˌriː'pætrɪeɪt] rimpatriare.

repay [riː'peɪ] (*pt & pp* **repaid** [riː'peɪd]) *vt* -1. [money] ripagare; **to** ~ **sb sthg, to** ~ **sthg to sb** rimborsare qc a qn -2. [favour] ricambiare.

repayment [riː'peɪmənt] *n* -1. [act of paying back] rimborso *m* -2. [sum] pagamento *m*.

repeal [rɪ'piːl] ◇ *n* abrogazione *f*. ◇ *vt* abrogare.

repeat [rɪ'piːt] ◇ *vt* -1. [say again] ripetere -2. [do again] rifare -3. RADIO & TV replicare. ◇ *n* RADIO & TV replica *f*.

repeatedly [rɪ'piːtɪdlɪ] *adv* ripetutamente.

repel [rɪ'pel] *vt* -1. [disgust] ripugnare, disgustare -2. [drive away] respingere.

repellent ◇ *adj* [person, sight] ripugnante. ◇ *n* sostanza *f* repellente.

repent [rɪ'pent] ◇ *vt* pentirsi di. ◇ *vi*: **to** ~ **of sthg** pentirsi di qc.

repentance [rɪ'pentəns] *n* pentimento *m*.

repercussions *npl* ripercussioni *fpl*.

repertoire ['repətwɑːʳ] *n* repertorio *m*.

repertory ['repətrɪ] *n* repertorio *m*.

repetition [ˌrepɪ'tɪʃn] *n* ripetizione *f*.

repetitious [ˌrepɪ'tɪʃəs], **repetitive** ['rɪ'petɪtɪv] *adj* ripetitivo(a).

replace [rɪ'pleɪs] *vt* -1. [take the place of, supply another] sostituire -2. [change for sb, sthg else]: **to** ~ **sb (with sb)** rimpiazzare qn (con qn); **to** ~ **sthg (with sthg)** sostituire qc (con qc) -3. [put back] rimettere.

replacement [rɪ'pleɪsmənt] *n* -1. [act of replacing] sostituzione *f* -2. [new person]: ~ **(for sb)** sostituto *m*, -a *f* (di qn); [new object]: ~ **(for sthg)** rimpiazzo *m* (di qc).

replay ◇ *n* ['riːpleɪ] -1. [recording] ripetizione *f* -2. [match, game] partita *f* di recupero. ◇ *vt* [ˌriː'pleɪ] -1. [match, game] rigiocare -2. [film, tape] rivedere.

replenish [rɪ'plenɪʃ] *vt fml*: **to** ~ **sthg (with sthg)** riempire qc (di qc).

replica ['replɪkə] *n* replica *f*.

reply [rɪ'plaɪ] ◇ *n*: ~ **(to sthg)** risposta *f*

(a qc). ⋄ *vt* rispondere; **to ~ that** rispondere che. ⋄ *vi*; **to ~ to sb/sthg** rispondere a qn/qc.

reply coupon *n* coupon *m inv* di risposta.

report [rɪ'pɔːt] ⋄ *n* **-1.** [description, account] resoconto *m*, rapporto *m* **-2.** PRESS servizio *m*, reportage *m inv* **-3.** UK SCH pagella *f* (scolastica). ⋄ *vt* **-1.** [news, crime] riferire **-2.** [make known]: **to ~ that** rendere noto che; **to ~ sthg (to sb)** segnalare qc (a qn) **-3.** [complain about]: **to ~ sb (to sb)** denunciare qn (a qn); **to ~ sb for sthg** fare rapporto contro qn per qc. ⋄ *vi* **-1.** [give account] fare un rapporto; **to ~ on sthg** fare un resoconto di qc **-2.** PRESS fare la cronaca; **to ~ on sthg** fare un servizio su qc **-3.** [present o.s.]: **to ~ to** presentarsi a; **to ~ for sthg** riprendere qc.

report card *n* US & Scot SCH pagella *f* scolastica.

reportedly [rɪ'pɔːtɪdlɪ] *adv* stando a quel che si dice.

reporter [rɪ'pɔːtə^r] *n* reporter *mf inv*.

repossess [ˌriːpə'zes] *vt* rientrare in possesso di.

reprehensible [ˌreprɪ'hensəbl] *adj fml* riprovevole.

represent [ˌreprɪ'zent] *vt* rappresentare.

representation [ˌreprɪzen'teɪʃn] *n* **-1.** POL rappresentanza *f* **-2.** [depiction] rappresentazione *f*. ➧ **representations** *npl fml*: **to make ~s to sb** fare delle richieste a qn.

representative [ˌreprɪ'zentətɪv] ⋄ *adj*: **~ (of sb/sthg)** rappresentativo(a) (di qn/qc). ⋄ *n* **-1.** [of company, organization, group] rappresentante *mf* **-2.** COMM: **(sales) ~** agente *mf* di commercio **-3.** US POL deputato *m*, -a *f*.

repress [rɪ'pres] *vt* **-1.** [smile, urge] reprimere **-2.** [nation, people] opprimere.

repression [rɪ'preʃn] *n* repressione *f*.

reprieve [rɪ'priːv] ⋄ *n* **-1.** [of death sentence] sospensione *f* della pena **-2.** [respite] tregua *f*. ⋄ *vt* sospendere la pena a.

reprimand ['reprɪmɑːnd] ⋄ *n* rimprovero *m*. ⋄ *vt* rimproverare.

reprisal [rɪ'praɪzl] *n* **-1.** [counterblow] rappresaglia *f* **-2.** [revenge] rivalsa *f*.

reproach [rɪ'prəʊtʃ] *n* **-1.** [disapproval] biasimo *m* **-2.** [words of blame] rimprovero *m*.*vt*: **to ~ sb (for OR with sthg)** rimproverare qn (per OR di qc).

reproduce [ˌriːprə'djuːs] ⋄ *vt* riprodurre. ⋄ *vi* BIOL riprodursi.

reproduction [ˌriːprə'dʌkʃn] *n* riproduzione *f*.

reprove [rɪ'pruːv] *vt*: **to ~ sb (for sthg)** rimproverare qn (per qc).

reptile ['reptaɪl] *n* rettile *m*.

republic [rɪ'pʌblɪk] *n* repubblica *f*.

republican [rɪ'pʌblɪkən] ⋄ *adj* repubblicano(a). ⋄ *n* repubblicano *m*, a *f*; **the Republican Party** il partito repubblicano. ⋄ *n* [in USA, Northern Ireland] repubblicano *m*, -a *f*.

repulse [rɪ'pʌls] *vt* respingere.

repulsive [rɪ'pʌlsɪv] *adj* ripugnante.

reputable ['repjʊtəbl] *adj* affidabile.

reputation [ˌrepjʊ'teɪʃn] *n* reputazione *f*.

repute [rɪ'pjuːt] *n fml*: **of good/ill ~** di buona reputazione/dubbia fama.

reputed [rɪ'pjuːtɪd] *adj*: **to be ~ (to be/do sthg)** essere rinomato(a) (essere/fare qc).

reputedly [rɪ'pjuːtɪdlɪ] *adv* a quanto pare.

request [rɪ'kwest] ⋄ *n*: **~ (for sthg)** richiesta *f* (di qc); **on ~** su richiesta. ⋄ *vt* richiedere; **to ~ sb to do sthg** chiedere a qn di fare qc.

require [rɪ'kwaɪə^r] *vt* **-1.** [attention, care] avere bisogno di **-2.** [qualifications, skill] richiedere; **to be ~d to do sthg** dover fare qc.

requirement [rɪ'kwaɪəmənt] *n* **-1.** [condition] requisito *m* **-2.** [need] bisogno *m*.

reran [ˌriː'ræn] *pt* ▷**rerun**.

rerun (*pt* **reran**, *pp* **rerun**) ⋄ *n* ['riːrʌn] **-1.** [film, programme] replica *f* **-2.** [similar situation] ripetizione *f*. ⋄ *vt* [ˌriː'rʌn] **-1.** [race, competition] ripetere **-2.** [film, programme] ridare, ritrasmettere **-3.** [tape] rimettere.

resat [ˌriː'sæt] *pt & pp* ▷**resit**.

rescind [rɪ'sɪnd] *vt* [contract] rescindere [law] abrogare.

rescue ['reskjuː] ⋄ *n* **-1.** [help] soccorso *m*, aiuto *m* **-2.** [successful attempt] salvataggio *m*. ⋄ *vt*: **to ~ sb/sthg (from sb/sthg)** salvare qn/qc (da qn/qc).

rescuer ['reskjʊə^r] *n* soccorritore *m*, -trice *f*.

research [rɪ'sɜːtʃ] ⋄ *n*: **~ (on OR into sthg)** ricerca *f* (su qc); **~ and development** ricerca e sviluppo. ⋄ *vt* [project, article] fare delle ricerche per; [possibility] valutare.

researcher [rɪ'sɜːtʃə^r] *n* ricercatore *m* -trice *f*.

resemblance [rɪ'zembləns] *n*: **~ (to between)** somiglianza *f* (con/tra).

resemble [rɪ'zembl] *vt* assomigliare a.

resent [rɪ'zent] *vt* risentirsi per.

resentful [rɪ'zentfʊl] *adj* risentito(a).

resentment [rɪ'zentmənt] *n* risentimento *m*.

reservation [,rezə'veɪʃn] *n* -1. [booking] prenotazione *f* -2. [doubt]: **without ∼** senza riserve -3. *US* [for Native Americans] riserva *f*. ➜ **reservations** *npl* [doubts] riserve *fpl*.

reserve [rɪ'zɜːv] ◇ *n* -1. [supply] riserva *f*, scorta *f*; **in ∼** di riserva -2. [substitute, sanctuary] riserva *f* -3. [restraint, shyness] riserbo *m*. ◇ *vt* -1. [keep for particular purpose]: **to ∼ sthg for sb/sthg** riservare qc per qn/qc -2. [book] prenotare -3. [retain]: **to ∼ the right to do sthg** riservarsi il diritto di fare qc.

reserved [rɪ'zɜːvd] *adj* -1. [shy] riservato(a) -2. [booked] prenotato(a).

reservoir ['rezəvwɑːʳ] *n* bacino *m* idrico.

reset [,riː'set] (*pt & pp* reset) *vt* -1. [clock, meter, controls] regolare; **to ∼ sthg to zero** azzerare qc -2. COMPUT resettare.

reshape [,riː'ʃeɪp] *vt* [policy, thinking] ristrutturare.

reshuffle [,riː'ʃʌfl] ◇ *n* rimpasto *m*; **cabinet ∼** rimpasto di governo. ◇ *vt* [management, department] riorganizzare; [cabinet] rimpastare.

reside [rɪ'zaɪd] *vi fml* -1. [live] risiedere -2. [be located, found]: **to ∼ in sthg** risiedere in qc.

residence ['rezɪdəns] *n* [house] residenza *f*, abitazione *f*.

residence permit *n* permesso *m* di residenza.

resident ['rezɪdənt] ◇ *adj* -1. [settled, living] residente -2. [on-site, live-in]: **to be ∼** vivere sul luogo di lavoro. ◇ *n* [of town, street] abitante *mf*; [of hotel] cliente *mf*.

residential [,rezɪ'denʃl] *adj* [course] residenziale; **∼ care** assistenza *f* in istituto (*per anziani e disabili*); **∼ institution** istituto *m* assistenziale (*per anziani e disabili*).

residential area *n* zona *f* residenziale.

residue ['rezɪdjuː] *n* residuo *m*.

resign [rɪ'zaɪn] ◇ *vt* -1. [job, post] dimettersi da -2. [accept calmly]: **to ∼ o.s. to sthg** rassegnarsi a qc. ◇ *vi* [quit]: **to ∼ (from sthg)** dimettersi (da qc).

resignation [,rezɪg'neɪʃn] *n* -1. [from job] dimissioni *fpl* -2. [calm acceptance] rassegnazione *f*.

resigned [rɪ'zaɪnd] *adj*: **∼ (to sthg)** rassegnato(a) (a qc).

resilient [rɪ'zɪlɪənt] *adj* -1. [rubber, metal] elastico(a) -2. [person] con grande capacità di recupero.

resist [rɪ'zɪst] *vt* -1. [enemy, attack, infection, offer] resistere a -2. [change, proposal, attempt] resistere a, opporsi a.

resistance [rɪ'zɪstəns] *n* -1. [to enemy, attack, infection] resistenza *f* -2. [to change, proposal, attempt]: **∼ (to sthg)** resistenza *f* (a qc), opposizione *f* (a qc).

reslt (*pt & pp* resat) *UK* ◇ *n* [ˈriːsɪt] esame *m* di recupero. ◇ *vt* [,riː'sɪt] ridare un esame.

resolute ['rezəluːt] *adj* risoluto(a).

resolution [,rezə'luːʃn] *n* -1. [motion, decision] delibera *f* -2. [vow, promise] proposito *m* -3. [determination] risolutezza *f*, determinazione *f* -4. [solution] risoluzione *f*.

resolve [rɪ'zɒlv] ◇ *n* risolutezza *f*, determinazione *f*. ◇ *vt* -1. [vow, promise]: **to ∼ that** decidere che; **to ∼ to do sthg** decidere di fare qc -2. [solve] risolvere.

resort [rɪ'zɔːt] *n* -1. [for holidays] luogo *m* di villeggiatura -2. [solution]: **as a last ∼** come ultima risorsa; **in the last ∼** in ultima analisi. ➜ **resort to** *vt insep* ricorrere a.

resound [rɪ'zaʊnd] *vi* -1. [noise] risonare -2. [place]: **to ∼ with** risonare di.

resounding [rɪ'zaʊndɪŋ] *adj* -1. [loud] fragoroso(a) -2. [unequivocal] strepitoso(a).

resource [rɪ'sɔːs] *n* risorsa *f*.

resourceful [rɪ'sɔːsfʊl] *adj* pieno(a) di risorse.

respect [rɪ'spekt] ◇ *n* -1. [admiration]: **∼ (for sb/sthg)** rispetto *m* (per qn/qc); **with ∼, ...** con tutto il rispetto, ... -2. [observance]: **∼ for sthg** rispetto *m* di qc -3. [aspect] aspetto *m*; **in this/that ∼** sotto questo/quell'aspetto. ◇ *vt* rispettare; **to ∼ sb for sthg** rispettare qn per qc. ➜ **respects** *npl* omaggi *mpl*, ossequi *mpl*. ➜ **with respect to** *prep* rispetto a.

respectable [rɪ'spektəbl] *adj* -1. [morally correct] rispettabile -2. [adequate, quite good] considerevole.

respectful [rɪ'spektfʊl] *adj* rispettoso(a).

respective [rɪ'spektɪv] *adj* rispettivo(a).

respectively [rɪ'spektɪvlɪ] *adv* rispettivamente.

respite ['respaɪt] *n* -1. [pause] respiro *m* -2. [delay] proroga *f*.

resplendent [rɪ'splendənt] *adj* lit radioso(a).

respond [rɪ'spɒnd] *vi*: **to ∼ (to sthg)** rispondere (a qc); **to ∼ by doing sthg** reagire facendo qc.

response [rɪ'spɒns] *n* risposta *f.*

responsibility [rɪˌspɒnsə'bɪlətɪ] *n*: ~ **(for sthg/to sb)** responsabilità *f inv* (di qc/verso qn).

responsible [rɪ'spɒnsəbl] *adj* **-1.** [gen]: ~ **(for sthg)** responsabile (di qc) **-2.** [answerable]: **to be** ~ **to sb (for sthg)** rispondere (di qc) a qn **-3.** [job, task, position] di responsabilità.

responsibly [rɪ'spɒnsəblɪ] *adv* in modo responsabile.

responsive [rɪ'spɒnsɪv] *adj* attento(a); ~ **to sthg** attento(a) OR sensibile a qc.

rest [rest] ⇔ *n* **-1.** [remainder]: **the** ~ **(of)** il resto (di) **-2.** [relaxation] riposo *m* **-3.** [break] pausa *f*; **to have a** ~ riposarsi **-4.** [support] appoggio *m*, sostegno *m.* ⇔ *vt* **-1.** [relax] riposare **-2.** [support, lean]: **to** ~ **sthg on/against sthg** appoggiare qc a/contro qc **-3.** *phr*: ~ **assured (that)** stai tranquillo(a) che. ⇔ *vi* **-1.** [relax, be still] riposare **-2.** [depend]: **to** ~ **(up) on sb/sthg** dipendere da qn/qc **-3.** [be supported]: **to** ~ **on/against sthg** appoggiarsi a/contro qc.

restaurant ['restərɒnt] *n* ristorante *m.*

restful ['restfʊl] *adj* riposante.

rest home *n* casa *f* di riposo.

restive ['restɪv] *adj* irrequieto(a).

restless ['restlɪs] *adj* **-1.** [bored, dissatisfied] scontento(a) **-2.** [fidgety] irrequieto(a) **-3.** [sleepless] agitato(a).

restoration [ˌrestə'reɪʃn] *n* **-1.** [of law and order] ripristino *m*; [of monarchy] restaurazione *f* **-2.** [of building, painting] restauro *m.*

restore [rɪ'stɔːʳ] *vt* **-1.** [confidence, stolen goods] restituire; [law and order] ripristinare; [monarchy] restaurare; **to** ~ **sb to sthg** [to power] riportare qn a qc; [to health] rimettere qn in qc; **to** ~ **sthg to sb/sthg** restituire qc a qn/qc **-2.** [painting, building] restaurare.

restrain [rɪ'streɪn] *vt* **-1.** [hold back, prevent, repress] trattenere; **to** ~ **o.s. from doing sthg** trattenersi dal fare qc **-2.** [overpower, bring under control] contenere.

restrained [rɪ'streɪnd] *adj* **-1.** [person] compassato(a) **-2.** [tone] contenuto(a).

restraint [rɪ'streɪnt] *n* **-1.** [rule, check] restrizione *f* **-2.** [control] controllo *m.*

restrict [rɪ'strɪkt] *vt* [limit] limitare; **to** ~ **sb to sthg** limitare qn a qc; **to** ~ **sthg to sb/sthg** limitare qc a qn/qc.

restriction [rɪ'strɪkʃn] *n* **-1.** [limitation, regulation] restrizione *f* **-2.** [impediment, hindrance] impedimento *m.*

restrictive [rɪ'strɪktɪv] *adj* [rules] restrittivo(a); [parents, discipline] repressivo(a).

rest room *n* US toilette *f inv.*

result [rɪ'zʌlt] ⇔ *n* **-1.** [consequence] risultato *m*, conseguenza *f*; **as a** ~ di conseguenza; **as a** ~ **of sthg** in seguito a qc **-2.** [of match, election, test, calculation] risultato *m.* ⇔ *vi*: **to** ~ **in sthg** avere come risultato qc; **to** ~ **from sthg** essere il risultato di qc.

resume [rɪ'zjuːm] ⇔ *vt* **-1.** [activity] riprendere **-2.** [place, position] riassumere. ⇔ *vi* riprendere.

résumé ['rezjuːmeɪ] *n* **-1.** [summary] riassunto *m* **-2.** US [of career, qualifications] curriculum vitae *m inv.*

resumption [rɪ'zʌmpʃn] *n* ripresa *f.*

resurgence [rɪ'sɜːdʒəns] *n* rinascita *f.*

resurrection [ˌrezə'rekʃn] *n* [of policy, festival] rinascita *f*; [of legal case] riapertura *f.*

resuscitation [rɪˌsʌsɪ'teɪʃn] *n* rianimazione *f.*

retail ['riːteɪl] ⇔ *n* vendita *f* al dettaglio. ⇔ *adv* al dettaglio. ⇔ *vi*: **to** ~ **at** essere venduto(a) al dettaglio a.

retailer ['riːteɪləʳ] *n* venditore *m*, -trice *f* al dettaglio.

retail price *n* prezzo *m* al dettaglio.

retain [rɪ'teɪn] *vt* **-1.** [power, independence, heat] mantenere, conservare **-2.** [water] conservare.

retainer [rɪ'teɪnəʳ] *n* [fee] anticipo *m*, acconto *m.*

retaliate [rɪ'tælɪeɪt] *vi* vendicarsi, fare una rappresaglia.

retaliation [rɪˌtælɪ'eɪʃn] *n* rappresaglia *f.*

retarded [rɪ'tɑːdɪd] *adj dated & offens* ritardato(a).

retch [retʃ] *vi* avere un conato di vomito.

reticent ['retɪsənt] *adj* reticente.

retina ['retɪnə] (*pl* -**nas** OR -**nae**) *n* retina *f.*

retinue ['retɪnjuː] *n* seguito *m.*

retire [rɪ'taɪəʳ] *vi* **-1.** [from work] andare in pensione **-2.** *fml* [to another place] ritirarsi **-3.** *fml* [to bed] andare a letto.

retired [rɪ'taɪəd] *adj* [from job] in pensione.

retirement [rɪ'taɪəmənt] *n* **-1.** [act of retiring] pensionamento *m* **-2.** [life after work] pensione *f.*

retiring [rɪ'taɪərɪŋ] *adj* [shy] schivo(a).

retort [rɪ'tɔːt] ⇔ *n* risposta *f* secca. ⇔ *vt*: **to** ~ **(that)** replicare seccamente che.

retrace [rɪ'treɪs] *vt*: **to** ~ **one's steps** tornare sui propri passi.

retract [rɪ'trækt] ◇ vt -1. [statement, accusation] ritrattare -2. [wheels, undercarriage] fare rientrare; [claws] ritrarre. ◇ vi [wheels, undercarriage] rientrare; [claws] ritrarsi.

retrain [,ri:'treɪn] vt riaddestrare.

retreat [rɪ'tri:t] ◇ n -1. [withdrawal]: ~ (from) ritirata f (da) -2. [refuge] rifugio m. ◇ vi lit & fig: to ~ (from/to) ritirarsi (da/in).

retribution [,retrɪ'bju:ʃn] n castigo m.

retrieval [rɪ'tri:vl] n recupero m.

retrieve [rɪ'tri:v] vt -1. [gloves, book, data] recuperare -2. [situation] recuperare, salvare.

retriever [rɪ'tri:vəʳ] n [for hunting] cane m da riporto; [of specific breed] retriever m inv.

retrospect ['retrəspekt] n: in ~ in retrospettiva.

retrospective [,retrə'spektɪv] adj -1. [exhibition, look] retrospettivo(a) -2. [law, pay rise] retroattivo(a).

return [rɪ'tɜ:n] ◇ n -1. [arrival back]: ~ (to/from) ritorno m (a/da); ~ to sthg fig ritorno a qc -2. [giving back] restituzione f -3. TENNIS rinvio m -4. UK [ticket] andata e ritorno f inv; a ~ to London, please un'andata e ritorno per Londra, per favore -5. [profit] profitto m -6. [on keyboard] invio m. ◇ vt -1. [give back] restituire, rendere -2. [visit, compliment, feelings] contraccambiare -3. [replace] rimettere a posto -4. [verdict] pronunciare -5. POL eleggere. ◇ vi [come back, go back] tornare, ritornare; to ~ from/to tornare da/a. ◆ **returns** npl -1. COMM profitti mpl -2. [on birthday]: many happy ~s (of the day)! cento di questi giorni! ◆ **in return** adv in cambio. ◆ **in return for** prep in cambio di.

return key n tasto m d'invio.

return ticket n UK biglietto m di andata e ritorno.

reunification [,ri:ju:nɪfɪ'keɪʃn] n riunificazione f.

reunion [,ri:'ju:njən] n -1. [party] riunione f, raduno m -2. [meeting again] ricongiungimento m.

reunite [,ri:ju:'naɪt] vt [people] riunire, radunare; [factions, parts] ricongiungere; **to be ~d with sb/sthg** ricongiungersi a qn/qc.

rev [rev] inf ◇ n (abbr of **revolution**) rotazione f. ◇ vt: to ~ the engine (up) imballare il motore. ◇ vi: to ~ (up) imballarsi.

revamp [,ri:'væmp] vt inf rinnovare.

reveal [rɪ'vi:l] vt -1. [show visually] mostrare -2. [make known, divulge] rivelare.

revealing [rɪ'vi:lɪŋ] adj -1. [dress, blouse] scollato(a) -2. [comment] rivelatore(trice).

revel ['revl] vi: to ~ in sthg bearsi di qc.

revelation [,revə'leɪʃn] n rivelazione f.

revenge [rɪ'vendʒ] ◇ n vendetta f; to take ~ (on sb) vendicarsi (di qn). ◇ vt vendicare; to ~ o.s. on sb/sthg vendicarsi di qn/qc.

revenue ['revənju:] n reddito m, entrate fpl.

reverberate [rɪ'vɜ:bəreɪt] vi -1. [re-echo] rimbombare -2. [have repercussions] ripercuotersi.

reverberations npl -1. [echoes] rimbombo m -2. [repercussions] ripercussioni fpl.

revere [rɪ'vɪəʳ] vt fml riverire.

Reverend ['revərənd] n reverendo m.

reversal [rɪ'vɜ:sl] n -1. [of trend, policy, decision] capovolgimento m -2. [of roles, order, position] inversione f -3. [piece of ill luck] contrattempo m.

reverse [rɪ'vɜ:s] ◇ adj [order, process] inverso(a), [side] opposto(a). ◇ n -1. AUT ~ (gear) retromarcia f, marcia f indietro -2. [opposite]: the ~ il contrario -3. [back]: the ~ [gen] il retro; [of coin] il rovescio. ◇ vt -1. AUT far fare retromarcia a -2. [trend, policy, decision] capovolgere -3. [roles, order, position] invertire -4. [turn over] rovesciare -5. UK TELEC: to ~ the charges fare una telefonata a carico del destinatario. ◇ vi AUT fare retromarcia.

reverse-charge call n UK chiamata f a carico del destinatario.

reversing light [rɪ'vɜ:sɪŋ-] n UK luce f di retromarcia.

revert [rɪ'vɜ:t] vi: to ~ to sthg tornare a qc.

review [rɪ'vju:] ◇ n -1. [of salary, expenditure] revisione f; [of situation] riesame m -2. [critique] recensione f. ◇ vt -1. [reassess] riesaminare -2. [write an article on] recensire -3. [troops] passare in rassegna -4. US [study] ripassare.

reviewer [rɪ'vju:əʳ] n critico m.

revile [rɪ'vaɪl] vt lit detestare.

revise [rɪ'vaɪz] ◇ vt -1. [reconsider] riesaminare -2. [rewrite] rivedere -3. UK [study] ripassare. ◇ vi UK: to ~ (for sthg) ripassare (per qc).

revision [rɪ'vɪʒn] n -1. [alteration] revisione f -2. UK [study] ripasso m.

revitalize, -ise UK [,ri:'vaɪtəlaɪz] vt rivitalizzare.

revival [rɪ'vaɪvl] *n* ripresa *f*.

revive [rɪ'vaɪv] *vt* **-1.** [person] rianimare **-2.** [plant, interest, hopes] far rinascere; [economy] rilanciare **-3.** [tradition, memories] far rivivere; [musical, play] rimettere in scena. ⋄ *vi* **-1.** [person] rinvenire **-2.** [plant, economy] riprendersi; [hopes, interest] rinascere.

revolt [rɪ'vəʊlt] ⋄ *n* rivolta *f*. ⋄ *vt* disgustare. ⋄ *vi*: **to ~ (against sb/sthg)** ribellarsi (contro qn/qc).

revolting [rɪ'vəʊltɪŋ] *adj* disgustoso(a).

revolution [ˌrevə'luːʃn] *n* **-1.** POL & *fig* rivoluzione *f*; **~ in sthg** *fig* rivoluzione in qc **-2.** [circular movement] rotazione *f*.

revolutionary [ˌrevə'luːʃnəri] ⋄ *adj lit & fig* rivoluzionario(a). ⋄ *n* POL rivoluzionario *m*, -a *f*.

revolve [rɪ'vɒlv] *vi* **-1.** [go around]: **to ~ (around sthg)** girare (intorno a qc) **-2.** *fig* [be based]: **to ~ around sb/sthg** ruotare intorno a qn/qc.

revolver [rɪ'vɒlvə^r] *n* rivoltella *f*.

revolving [rɪ'vɒlvɪŋ] *adj* girevole.

revolving door *n* porta *f* girevole.

revue [rɪ'vjuː] *n* rivista *f*.

revulsion [rɪ'vʌlʃn] *n* disgusto *m*.

reward [rɪ'wɔːd] ⋄ *n* ricompensa *f*. ⋄ *vt* ricompensare, premiare; **to ~ sb for/ with sthg** premiare qn per/con qc.

rewarding [rɪ'wɔːdɪŋ] *adj* [job, career] gratificante; **a ~ book** un libro che vale la pena di leggere.

rewind [ˌriː'waɪnd] (*pt & pp* **rewound**) *vt* [tape] riavvolgere.

rewire [ˌriː'waɪə^r] *vt* [house] rifare l'impianto elettrico di.

reword [ˌriː'wɜːd] *vt* riformulare.

rewound [ˌriː'waʊnd] *pt & pp* ⊳rewind.

rewrite [ˌriː'raɪt] (*pt* **rewrote**, *pp* **rewritten**) *vt* riscrivere.

Reykjavik ['rekjəvɪk] *n* Reykjavik *f*.

rhapsody ['ræpsədɪ] *n* **-1.** MUS rapsodia *f* **-2.** [expression of strong approval] lode *f*.

rhetoric ['retərɪk] *n* retorica *f*.

rhetorical question *n* domanda *f* retorica.

rheumatism ['ruːmətɪzm] *n* reumatismo *m*.

Rhine [raɪn] *n*: **the ~** il Reno.

rhino ['raɪnəʊ] (*pl* **-s**) *n inf* rinoceronte *m*.

rhinoceros [raɪ'nɒsərəs] (*pl* **-es**) *n* rinoceronte *m*.

rhododendron [ˌrəʊdə'dendrən] *n* rododendro *m*.

rhubarb ['ruːbɑːb] *n* rabarbaro *m*.

rhyme [raɪm] ⋄ *n* **-1.** [word, technique] rima *f* **-2.** [poem] poesia *f*. ⋄ *vi*: **to ~ (with sthg)** rimare (con qc).

rhythm ['rɪðm] *n* ritmo *m*.

rib [rɪb] *n* **-1.** ANAT costola *f* **-2.** [of support, framework] nervatura *f*; [of umbrella] stecca *f*.

ribbon ['rɪbən] *n* nastro *m*.

rice [raɪs] *n* riso *m*.

rice pudding *n* budino *m* di riso.

rich [rɪtʃ] ⋄ *adj* **-1.** [gen]: **~ (in sthg)** ricco(a) (di qc) **-2.** [soil, land] fertile **-3.** [food, meal, cake] sostanzioso(a). ⋄ *npl*: **the ~** i ricchi. ➡ **riches** *npl* **-1.** [natural resources] ricchezze *fpl* **-2.** [wealth] ricchezza *f*.

richly ['rɪtʃlɪ] *adv* **-1.** [deserved, rewarded, earned] ampiamente **-2.** [provided, equipped] abbondantemente **-3.** [decorated, dressed] riccamente.

richness ['rɪtʃnɪs] *n* **-1.** [gen] ricchezza *f* **-2.** [of food] sostanziosità *f*.

rickety ['rɪkətɪ] *adj* [table, stairs, bridge] traballante.

ricochet ['rɪkəʃeɪ] (*pt & pp* **-ting**) ⋄ *n* rimbalzo *m*. ⋄ *vi*: **to ~ (off sthg)** rimbalzare (contro qc).

rid [rɪd] (*pt* **rid** OR **-ded**, *pp* **rid**) *vt*: **to ~ sb/ sthg of sthg** liberare qn/qc da qc; **to ~ o.s. of sthg** sbarazzarsi di qc; **to get ~ of sb/sthg** sbarazzarsi di qn/qc.

ridden ['rɪdn] *pp* ⊳ride.

riddle ['rɪdl] *n* **-1.** [verbal puzzle] indovinello *m* **-2.** [mystery] mistero *m*.

riddled ['rɪdld] *adj*: **to be ~ with sthg** [bullet holes] essere crivellato(a) di qc; [errors] essere zeppo(a) di qc.

ride [raɪd] (*pt* **rode**, *pp* **ridden**) ⋄ *n* **-1.** [on horseback] cavalcata *f*; **to go for a ~** andare a fare una cavalcata **-2.** [in car, on bicycle, motorbike] giro *m*; **to go for a ~** andare a fare un giro **-3.** *phr*: **to take sb for a ~** *inf* [trick] prendere in giro qn. ⋄ *vt* **-1.** [horse] montare **-2.**: **to ~ a bicycle/motorbike** andare in bici/moto **-3.** [distance] percorrere **-4.** *US* [bus, train, elevator] prendere. ⋄ *vi* **-1.** [on horseback] andare a cavallo **-2.** [on bicycle] andare in bici; [motobike] andare in moto **-3.** [in car, bus]: **to ~ in a car/bus** andare in macchina/autobus.

rider ['raɪdə^r] *n* **-1.** [on horseback] cavallerizzo *m*, -a *f* **-2.** [on bicycle] ciclista *mf*; [on motorbike] motociclista *mf*.

ridge [rɪdʒ] *n* **-1.** [on mountain] cresta *f* **-2**

[on flat surface] linea *f* in rilievo.

ridicule ['rɪdɪkjuːl] ⬦ *n* ridicolo *m*. ⬦ *vt* mettere in ridicolo.

ridiculous [rɪ'dɪkjʊləs] *adj* ridicolo(a).

riding ['raɪdɪŋ] *n* equitazione *f*; **to go ~** fare equitazione.

riding school *n* scuola *f* di equitazione.

rife [raɪf] *adj* dilagante.

riffraff ['rɪfræf] *n* marmaglia *f*, gentaglia *f*.

rifle ['raɪfl] *n* [gun] fucile *m*.

rifle range *n* poligono *m* di tiro.

rift [rɪft] *n* **-1.** [in rocks] crepaccio *m*; [in clouds] squarcio *m* **-2.** [quarrel] spaccatura *f*, rottura *f*; **~ between/in** spaccatura tra/in.

rig [rɪg] ⬦ *n* piattaforma *f* petrolifera. ⬦ *vt* truccare, pilotare. ➤ **rig up** *vt sep* [structure] montare; [device] mettere insieme.

rigging ['rɪgɪŋ] *n* sartiame *m*.

right [raɪt] ⬦ *adj* **-1.** [gen] giusto(a); **have you got the ~ time?** hai l'ora esatta?; **to be ~ about sthg** aver ragione su qc; **to get the answer ~** imbroccare la risposta giusta **-2.** [going well]: **things are not ~ between them** le cose non vanno bene fra loro; **a good rest will put you ~** un bel riposino ti rimetterà in sesto **-3.** [not left] destro(a) **-4.** *UK inf* [complete] vero(a). ⬦ *n* **-1.** [moral correctness] bene *m*; **to be in the ~** essere nel giusto **-2.** [entitlement, claim] diritto *m*; **by ~s** di diritto **-3.** [right-hand side] destra *f*; **on the ~** a destra. ⬦ *adv* **-1.** [correctly] bene, correttamente **-2.** [not left] a destra **-3.** [emphatic use] proprio; **go ~ to the end of the street** vai proprio alla fine della strada; **stay ~ here** stai qui e non ti muovere **-4.** [immediately] subito; **~ now** [immediately] immediatamente; [at this very moment] proprio adesso; **~ away** immediatamente. ⬦ *vt* **-1.** [correct] correggere; [injustice] riparare **-2.** [make upright] raddrizzare. ⬦ *excl* d'accordo! ➤ **Right** *n* POL: **the Right** la destra.

right angle *n* angolo *m* retto; **at ~s to sthg** ad angolo retto con qc.

righteous ['raɪtʃəs] *adj* [person] retto(a), virtuoso(a); [anger, indignation] giustificato(a).

rightful ['raɪtfʊl] *adj* legittimo(a).

right-hand *adj* destro(a); **~ page** pagina di destra; **~ lane** corsia di destra.

right-hand drive *adj* con la guida a destra.

right-handed [-'hændɪd] *adj* destrimano(a).

right-hand man *n* braccio *m* destro.

rightly ['raɪtlɪ] *adv* **-1.** [correctly, justifiably] giustamente **-2.** [appropriately, aptly] correttamente.

right of way *n* **-1.** AUT (diritto *m* di) precedenza *f* **-2.** [access] diritto *m* di accesso.

right-on *adj inf* con idee alla moda, liberali e tendenzialmente di sinistra.

right wing *n*: **the ~** la corrente di destra. ➤ **right-wing** *adj* di destra.

rigid ['rɪdʒɪd] *adj* **-1.** [substance, object] rigido(a) **-2.** [rules, discipline] severo(a) **-3.** [person] inflessibile.

rigor ['rɪgəʳ] *n US* = rigour.

rigorous ['rɪgərəs] *adj* rigoroso(a).

rigour *UK*, **rigor** ['rɪgəʳ] *US n* rigore *m*. ➤ **rigours** *npl* rigori *mpl*.

rile [raɪl] *vt* far imbestialire.

rim [rɪm] *n* **-1.** [of container] bordo *m* **-2.** [of spectacles] montatura *f* **-3.** [of wheel] cerchione *m*.

rind [raɪnd] *n* **-1.** [of citrus fruit] scorza *f* **-2.** [of cheese] crosta *f* **-3.** [of bacon] cotenna *f*.

ring [rɪŋ] ⬦ *n* **-1.** [telephone call]: **to give sb a ~** dare un colpo di telefono a qn **2.** [sound of bell] squillo *m* **-3.** [quality, tone]: **a familiar ~** un qualcosa di familiare; **there's a ~ of truth about it** sembra plausibile **-4.** [circular object] anello *m*, cerchio *m*; **curtain ~** anello per tenda **-5.** [piece of jewellery] anello *m* **-6.** [of people, trees] cerchio *m* **7.** [for boxing] ring *m*, quadrato *m* **-8.** [gang] giro *m*. ⬦ *vt* (*pt* rang, *pp* rung OR *pp* ringed) **-1.** *UK* [phone] telefonare a **-2.** [bell, doorbell] suonare **-3.** [draw a circle around] cerchiare **-4.** [surround] circondare; **to be ~ ed with sthg** essere circondato(a) da qc. ⬦ *vi* (*pt* rang, *pp* rung) **-1.** *UK* [phone] squillare **-2.** [bell, doorbell] suonare **-3.** [resound]: **to ~ with sthg** risuonare di qc. ➤ **ring back** *UK vt sep & vi* richiamare. ➤ **ring off** *vi UK* riattaccare, mettere giù. ➤ **ring up** *vt sep UK* telefonare a.

ring binder *n* quaderno *m* ad anelli.

ringing ['rɪŋɪŋ] *n* squillo *m*, suono *m*.

ringing tone *n UK* segnale *m* di libero.

ringleader ['rɪŋˌliːdəʳ] *n* capobanda *m*.

ringlet ['rɪŋlɪt] *n* ricciolo *m*.

ring road *n UK* circonvallazione *f*.

ring tone *n* suoneria *f*.

rink [rɪŋk] *n* pista *f* di pattinaggio.

rinse [rɪns] *vt* **-1.** [clothes, hands, food] sciacquare; **to ~ one's mouth out** sciacquarsi la bocca **-2.** [soap, sand, dirt] risciacquare.

riot ['raɪət] ◇ n disordini mpl; **to run ~** scatenarsi. ◇ vi causare disordini.

rioter ['raɪətər] n facinoroso m, -a f.

riotous ['raɪətəs] adj sfrenato(a).

riot police npl reparti mpl antisommossa.

rip [rɪp] ◇ n strappo m. ◇ vt & vi strappare.

RIP (abbr of **rest in peace**) RIP.

ripe [raɪp] adj maturo(a); **to be ~** (**for sthg**) fig essere maturo(a) (per qc).

ripen ['raɪpn] vt & vi maturare.

rip-off n inf fregatura f, furto m.

ripple ['rɪpl] ◇ n -1. [in water] increspatura f -2. [of laughter, applause] accenno m. ◇ vt increspare.

rise [raɪz] (pt **rose**, pp **risen**) ◇ n -1. [increase in amount] aumento m -2. UK [increase in salary] aumento m -3. [to power, fame] ascesa f -4. [slope] salita f -5. phr: **to give ~ to sthg** dare origine a qc. ◇ vi -1. [gen] salire -2. [sun, moon] sorgere -3. [increase] aumentare, salire -4. [get up] alzarsi -5. [mountain] innalzarsi, sorgere -6. [become louder] diventare più forte -7. [become higher in pitch] alzarsi di tono -8. [to a situation]: **to ~ to sthg** dimostrarsi all'altezza di qc -9. [rebel] insorgere -10. [in status] fare carriera; **to ~ to sthg** assurgere a qc -11. [bread, soufflé] lievitare.

rising ['raɪzɪŋ] ◇ adj -1. [sloping upwards] in salita -2. [increasing] in aumento -3. [increasingly successful] in ascesa -4. [tide] crescente. ◇ n rivolta f.

risk [rɪsk] ◇ n pericolo m, rischio m; **to run the ~ of doing sthg** correre il rischio di fare qc; **to take a ~** correre un rischio; **at one's own ~** a proprio rischio e pericolo; **at ~** in pericolo. ◇ vt -1. [put in danger] rischiare, mettere a repentaglio -2. [take the chance of]: **to ~ doing sthg** rischiare di fare qc.

risky ['rɪskɪ] adj rischioso(a).

risqué ['riːskeɪ] adj spinto(a).

rite [raɪt] n rito m.

ritual ['rɪtʃʊəl] ◇ adj rituale. ◇ n rituale m.

rival ['raɪvl] ◇ adj rivale. ◇ n rivale mf. ◇ vt essere pari a.

rivalry ['raɪvlrɪ] n rivalità f inv.

river ['rɪvər] n fiume m.

river bank n sponda f del fiume.

riverbed ['rɪvəbed] n letto m del fiume.

riverside ['rɪvəsaɪd] n: **the ~** il lungofiume.

rivet ['rɪvɪt] ◇ n rivetto m. ◇ vt -1. [gen] rivettare -2. fig [fascinate]: **to be ~ ed by sthg** essere affascinato(a) da qc.

road [rəʊd] n strada f, via f; **by ~** in macchina; **on the ~ to** fig sulla via di.

roadblock ['rəʊdblɒk] n posto m di blocco.

road map n carta f stradale.

road safety n sicurezza f stradale.

roadside ['rəʊdsaɪd] n: **the ~** il ciglio della strada.

road sign n segnale m stradale.

road tax n tassa f di circolazione.

roadway ['rəʊdweɪ] n carreggiata f.

road works npl lavori mpl stradali.

roam [rəʊm] ◇ vt vagare per. ◇ vi vagare.

roar [rɔːr] ◇ vi -1. [lion] ruggire -2. [traffic, plane, engine] rombare -3. [person] urlare; **to ~ with laughter** sbellicarsi dalle risa -4. [wind] ruggire. ◇ vt urlare. ◇ n -1. [of lion] ruggito m -2. [of traffic, plane, engine, wind] rombo m -3. [of person] urlo m; [of laughter] scroscio m.

roaring ['rɔːrɪŋ] adj -1. [loud] fragoroso(a) -2. [fire] scoppiettante -3. [for emphasis] completo(a); **a ~ success** un successo travolgente; **to do a ~ trade** fare affari d'oro. ◇ adv completamente.

roast [rəʊst] ◇ adj arrosto (inv). ◇ n arrosto m. ◇ vt -1. [meat, potatoes] arrostire -2. [coffee beans, nuts] tostare.

roast beef n arrosto m di manzo.

rob [rɒb] vt: **to ~ sb (of sthg)** [of money, goods] derubare qn (di qc); fig [of opportunity, glory] privare qn (di qc).

robber ['rɒbər] n rapinatore m, -trice f.

robbery ['rɒbərɪ] n rapina f.

robe [rəʊb] n -1. [of priest, monarch] abito m -2. [of judge] toga f -3. esp US [dressing gown] vestaglia f.

robin ['rɒbɪn] n pettirosso m.

robot ['rəʊbɒt] n robot m inv.

robust [rəʊ'bʌst] adj [person, health] robusto(a); [criticism, defence] vigoroso(a); [economy] solido(a).

rock [rɒk] ◇ n -1. [substance] roccia f -2. [boulder] masso m, macigno m -3. US [pebble] sasso m -4. [music] rock m inv -5. UK [sweet] caramella a forma di bastoncino. ◇ comp [music] rock (inv). ◇ vt -1. [boat] scuotere; [baby] cullare; [cradle] dondolare -2. [shock] scioccare. ◇ vi [boat, cradle] oscillare; [person] dondolarsi. ◆ **on the rocks** adv -1. [drink] on the rocks -2. [marriage, relationship] in crisi.

rock bottom *n* fondo *m*; **to hit ~** toccare il fondo. ◆ **rock-bottom** *adj* stracciato(a).

rockery ['rɒkərı] *n* giardino *m* giapponese *(con rocce)*.

rocket ['rɒkɪt] ◇ *n* **-1.** [spaceship, firework] razzo *m* **-2.** [missile] missile *m*. ◇ *vi* impennarsi.

rocket launcher *n* lanciarazzi *m inv.*

rocking chair *n* sedia *f* a dondolo.

rocking horse *n* cavallo *m* a dondolo.

rocky ['rɒkı] *adj* **-1.** [full of rocks] roccioso(a) **-2.** [unsteady] incerto(a).

Rocky Mountains *npl*: **the ~** le Montagne Rocciose.

rod [rɒd] *n* asta *f*, sbarra *f*; **fishing ~** canna *f* da pesca.

rode [rəud] *pt* ▷ **ride**.

rodent ['rəudənt] *n* roditore *m*.

roe [rəu] *n* uova *fpl* di pesce.

rogue [rəug] *n* **-1.** [likable rascal] canaglia *f* **-2.** *dated* [dishonest person] mascalzone *m*.

role *n* **-1.** [position, function] ruolo *m* **-2.** CIN & THEAT ruolo *m*, parte *f*.

roll [rəul] ◇ *n* **-1.** [of material, paper] rotolo *m*; [of film] rullino *m* **2.** [bread] panino *m* **-3.** [list] lista *f* **-4.** [of thunder] rombo *m*; [of drums] rullo *m* ◇ *vt* **-1.** [turn over] (far) rotolare **-2.** [make into cylinder] arrotolare; **~ ed into one** *fig* allo stesso tempo. ◇ *vi* **-1.** [round object] rotolare **-2.** [person, animal] rotolarsi **-3.** [machine, camera] girare ◆ **roll about** *fpl sep* UK, **roll around** *vi* rotolarsi. ◆ **roll over** *vi* girarsi su un fianco. ◆ **roll up** ◇ *vt sep* arrotolare. ◇ *vi* arrivare.

roll call *n* appello *m*; **to take the ~** fare l'appello.

roller ['rəulə^r] *n* **-1.** [cylinder] rullo *m* **-2.** [curler] bigodino *m*.

Rollerblades® ['rəulə,bleıdz] *npl* Rollerblades® *mpl*, pattini *mpl* in linea.

rollerblading ['rəubləbleıdıŋ] *n* pattinaggio *m* a rotelle; **to go ~** andare a pattinare.

roller coaster *n* montagne *fpl* russe.

roller skate *n* pattino *m* a rotelle.

rolling ['rəulıŋ] *adj* **-1.** [undulating] ondulato(a) **-2.** *phr*: **to be ~ in it** *inf* nuotare nell'oro.

rolling pin *n* matterello *m*.

roll-on *adj* roll-on *(inv)*.

ROM [rɒm] (*abbr of* **read only memory**) *n* ROM *f inv.*

Roman ['rəumən] ◇ *adj* romano(a). ◇ *n* romano *m*, -a *f*.

Roman Catholic ◇ *adj* cattolico(a) romano(a). ◇ *n* cattolico *m* romano, cattolica *f* romana.

romance [rəu'mæns] *n* **-1.** [romantic quality] romanticismo *m* **-2.** [love affair] storia *f (d'amore)* **-3.** [type of fiction] romanzo *m*.

Romania [ru:'meınıə] *n* Romania *f*.

Romanian [ru:'meınıən] ◇ *adj* rumeno(a). ◇ *n* **-1.** [person] rumeno *m*, -a *f* **-2.** [language] rumeno *m*.

romantic [rəu'mæntık] *adj* romantico(a).

Rome [rəum] *n* Roma *f*.

romp [rɒmp] ◇ *n* gioco *m* rumoroso. ◇ *vi* giocare rumorosamente.

rompers ['rɒmpəz] *npl*, **romper suit** *n* UK pagliaccetto *m*.

roof [ru:f] *n* **-1.** [gen] tetto *m*; **to go through** OR **hit the ~** andare su tutte le furie **-2.** [upper part – of cave] volta *f*; [– of mouth] palato *m*.

roofing ['ru:fıŋ] *n* materiale *m* da costruzione per tetti.

roof rack *n* UK portapacchi *m inv.*

rooftop ['ru:ftɒp] *n* tetto *m*.

rook [rʊk] *n* **-1.** [bird] corvo *m* **2.** [chess piece] torre *f*.

rookie ['rʊkı] *n esp* US *inf* novellino *m*, -a *f*.

room [ru:m, rʊm] *n* **-1.** [in building] stanza *f* **-2.** [bedroom] camera *f* **-3.** [space] spazio *m*, posto *m*; **to make ~ for sb/sthg** fare posto a qn/qc **-4.** [opportunity, possibility] possibilità *f*.

roommate ['ru:mmeıt] *n* compagno *m*, -a *f* di stanza.

room service *n* servizio *m* in camera.

roomy ['ru:mı] *adj* [house, car] spazioso(a); [garment] ampio(a).

roost [ru:st] ◇ *n* posatoio *m*. ◇ *vi* appollaiarsi.

rooster ['ru:stə^r] *n esp* US gallo *m*.

root [ru:t] ◇ *n* **-1.** [gen] radice *f*; **to take ~** [plant, idea] attecchire **-2.** *fig* [underlying cause] radice *f*, origine *f*. ◇ *vi* [search] frugare. ◆ **roots** *npl* radici *fpl*. ◆ **root for** *vt insep esp* US *inf* fare il tifo per. ◆ **root out** *vt sep* [corruption, wrongdoing] sradicare; [person] scovare, stanare.

rope [rəup] ◇ *n* corda *f*, fune *f*; **to know the ~s** essere pratico(a) del mestiere. ◇ *vt* legare. ◆ **rope in** *vt sep inf* coinvolgere.

rosary ['rəuzərı] *n* rosario *m*.

rose [rəuz] ◇ *pt* ▷ **rise**. ◇ *adj* [pink] rosa *inv.* ◇ *n* [flower] rosa *f*.

rosé ['rəuzeı] *n* rosé *m inv.*

rose bush n roseto m.

rosemary ['rəʊzmərɪ] n rosmarino m.

rosette [rəʊ'zet] n coccarda f.

roster ['rɒstəʳ] n ruolino m di servizio.

rostrum ['rɒstrəm] (pl **-trums** OR **-tra**) n podio m.

rosy ['rəʊzɪ] adj rosa inv.

rot [rɒt] ◇ n -1. [decay – of wood, food] marcio m, marciume m; [– in society, organization] marcio m -2. UK dated [nonsense] sciocchezze fpl; **don't talk** ~! non dire sciocchezze! ◇ vt fare marcire. ◇ vi marcire.

rota ['rəʊtə] n ruolino m dei turni di servizio.

rotary ['rəʊtərɪ] ◇ adj [movement, action] rotatorio(a); [engine] rotativo(a). ◇ n US rotatoria f.

rotate [rəʊ'teɪt] vt & vi ruotare.

rotation [rəʊ'teɪʃn] n rotazione f; **in** ~ a rotazione.

rote [rəʊt] n : **by** ~ a memoria.

rotten ['rɒtn] adj -1. [decayed] marcio(a) -2. inf [poor-quality, unskilled] da poco -3. inf [unpleasant, nasty] orribile -4. inf [unenjoyable] spiacevole -5. inf [unwell]: **to feel** ~ sentirsi da cani.

rouge [ruːʒ] n dated belletto m.

rough [rʌf] ◇ adj -1. [gen] ruvido(a); [road, terrain] accidentato(a) -2. [game, treatment] violento(a) -3. [manners] rude -4. [shelter, conditions] spartano(a) -5. [estimate, idea] approssimativo(a) -6. [area, neighbourhood] pericoloso(a) -7. [stormy] burrascoso(a). ◇ adv: **to sleep** ~ dormire all'aperto. ◇ n -1. GOLF: **the** ~ il rough -2. [undetailed form]: **in** ~ in brutta copia. ◇ vt phr: **to** ~ **it** vivere senza comodità.

rough and ready adj sommario(a).

roughen ['rʌfn] vt irruvidire.

roughly ['rʌflɪ] adv -1. [not gently] sgarbatamente -2. [crudely] rozzamente -3. [approximately] circa.

roulette [ruː'let] n roulette f inv.

round [raʊnd] ◇ adj -1. [gen] rotondo(a) -2. [spherical, whole] tondo(a); **a** ~ **sum** una cifra tonda. ◇ prep UK intorno a; ~ **here** qui intorno; **all** ~ **the country/world** in tutto il paese/mondo; ~ **the corner** dietro l'angolo; **to go** ~ **sthg** [obstacle] aggirare qc; **to go** ~ **a museum** visitare un museo. ◇ adv UK -1. [surrounding]: **all** ~ tutto intorno -2. [near]: ~ **about** [in distance] intorno; [approximately] circa -3. [in measurements]: **2 metres** ~ 2 metri di circonferenza -4. [to other side]: **to go** ~

fare il giro; **to turn** ~ voltarsi; **to look** ~ voltarsi a guardare -5. [at or to nearby place]: **you must come** ~ **and see us** sometime devi venire a trovarci; **I'm just going** ~ **to the shops** faccio un salto ai negozi. ◇ n -1. [gen] giro m; **a** ~ **of applause** un applauso; **it's my** ~ offro io -2. [of competition] turno m -3. [professional visit] giro m di visite -4. [of ammunition] carica f -5. BOX round m inv. ◇ vt girare. ► **round off** vt sep chiudere. ► **round up** vt sep -1. [gather together] radunare -2. MATHS arrotondare.

roundabout ['raʊndəbaʊt] ◇ adj indiretto(a). ◇ n UK -1. [on road] isola f rotazionale -2. [at fairground, playground] giostra f.

rounders ['raʊndəz] n UK gioco simile al baseball.

roundly ['raʊndlɪ] adv [criticize] con decisione; [defeat] pesantemente.

round trip n viaggio m di andata e ritorno.

roundup ['raʊndʌp] n sommario m.

rouse [raʊz] vt -1. [wake up] svegliare -2. [impel]: **to** ~ **sb to do sthg** incitare qn a fare qc; **to** ~ **o.s.to do sthg** sforzarsi di fare qc -3. [excite] far agitare -4. [give rise to] suscitare.

rousing ['raʊzɪŋ] adj [speech] entusiasmante; [welcome] emozionante.

rout [raʊt] ◇ n disfatta f. ◇ vt mettere in rotta.

route [UK ruːt, US raʊt] ◇ n -1. [of journey] itinerario m; [of procession, bus, train] percorso m; [of plane, ship] rotta f -2. fig [to achievement] strada f. ◇ vt [goods, traffic] istradare; [flight] indirizzare la rotta di.

route map n piantina f.

routine [ruː'tiːn] ◇ adj -1. [normal] di routine -2. pej [humdrum, uninteresting] monotono(a). ◇ n -1. [normal pattern of activity] routine f inv -2. pej [boring repetition] tran tran m inv.

row¹ [rəʊ] ◇ n -1. [of people, objects] fila f; [in table] riga f -2. [succession] serie f inv; **in a** ~ di seguito. ◇ vt -1. [boat] portare a remi -2. [person] trasportare in una barca a remi. ◇ vi [in boat] remare.

row² [raʊ] ◇ n -1. [quarrel] lite m -2. inf [noise] baccano m. ◇ vi [quarrel] litigare.

rowboat ['rəʊbəʊt] n US barca f a remi.

rowdy ['raʊdɪ] adj [person] turbolento(a); [party] chiassoso(a); [atmosphere] burrascoso(a).

row house [rəʊ-] n US villetta f a schiera.

rowing ['rəʊɪŋ] *n* canottaggio *m*.

rowing boat *n UK* barca *f* a remi.

royal ['rɔɪəl] ◇ *adj* reale. ◇ *n inf* membro *m* della famiglia reale; **the ~ s** i reali.

Royal Air Force *n UK*: **the ~** l'aeronautica militare britannica.

royal family *n* famiglia *f* reale.

Royal Mail *n UK* : **the ~** le poste britanniche.

Royal Navy *n UK*: **the ~** la marina militare britannica.

royalty ['rɔɪəltɪ] *n* reali *mpl*. ◆ **royalties** *npl* diritti *mpl* d'autore.

rpm (*abbr of* **revolutions per minute**) *npl* giri/min.

RSPCA (*abbr of* **Royal Society for the Prevention of Cruelty to Animals**) *n* società britannica per la protezione degli animali, ≃ SPA *f*.

RSVP (*abbr of* **répondez s'il vous plaît**) RSVP.

rub [rʌb] ◇ *vt* sfregare; **to ~ one's eyes** stropicciarsi gli occhi; **to ~ one's hands together** fregarsi le mani; **to ~ sthg in (to)** sthg far penetrare qc in qc massaggiando; **to ~ sb up the wrong way** *UK*, **to ~ sb the wrong way** *US fig* dare sui nervi a qn. ◇ *vi*: **to ~ (against OR on sthg)** sfregare (contro qc); **to ~ (together)** sfregare (uno(a) contro l'altro(a)). ◆ **rub off on** *vt insep* [subj: quality] contagiare. ◆ **rub out** *vt sep* [erase] cancellare.

rubber ['rʌbə^r] ◇ *adj* di gomma. ◇ *n* -1. [substance] gomma *f* -2. *UK* [eraser] gomma *f* -3. [in bridge] rubber *m inv*, partita *f* -4. *US inf* [condom] preservativo *m*.

rubber band *n* elastico *m*.

rubber plant *n* ficus *m inv*.

rubber stamp *n* timbro *m*. ◆ **rubber-stamp** *vt* approvare ufficialmente.

rubbish ['rʌbɪʃ] ◇ *n esp UK* -1. [refuse] spazzatura *f* -2. *inf fig* [worthless matter] schifezza *f* -3. *inf* [nonsense] sciocchezze *fpl*. ◇ *vt UK inf* demolire. ◇ *excl esp UK* schiocchezze!

rubbish bag *n UK* sacchetto *m* della spazzatura.

rubbish bin *n UK* pattumiera *f*.

rubbish dump, **rubbish tip** *n UK* discarica *f*.

rubble ['rʌbl] *n* macerie *fpl*.

ruby ['ru:bɪ] *n* rubino *m*.

rucksack ['rʌksæk] *n* zaino *m*.

rudder ['rʌdə^r] *n* timone *m*.

ruddy ['rʌdɪ] *adj* -1. [reddish] rubicondo(a) -2. *UK dated* [for emphasis] dannato(a).

rude [ru:d] *adj* -1. [impolite] maleducato(a) -2. [dirty, naughty - joke] spinto(a); [- language, noise] volgare; **a ~ word** una parolaccia -3. [unexpected]: **a ~ shock** un brutto colpo; **a ~ awakening** un brusco risveglio.

rudimentary [,ru:dɪ'mentərɪ] *adj* rudimentale.

rueful ['ru:fʊl] *adj* pieno(a) di rimpianto.

ruffian ['rʌfjən] *n dated* malvivente *m*.

ruffle ['rʌfl] *vt* -1. [hair, fur] arruffare; [water] far increspare -2. [pride] ferire; [composure] far perdere.

rug [rʌg] *n* -1. [carpet] tappeto *m* -2. [blanket] coperta *f*.

rugby ['rʌgbɪ] *n* rugby *m*.

rugged ['rʌgɪd] *adj* -1. [cliffs, coastline] frastagliato(a); [terrain] accidentato(a) -2. [vehicle] solido(a) -3. [roughly handsome]: **~ good looks** una bellezza dai tratti decisi.

rugger ['rʌgə^r] *n UK inf* rugby *m*.

ruin ['ruːɪn] ◇ *n* rovina *f*. ◇ *vt* **1.** [spoil] rovinare -2. [bankrupt] mandare in rovina. ◆ **in ruin(s)** *adv* -1. [town, country, building] in rovina -2. *fig* [life, plans] rovinato(a).

rule [ru:l] ◇ *n* -1. [gen] regola *f*; **school ~ s** il regolamento scolastico -2. [norm]: **the ~** la regola; **as a ~** di regola -3. [control] dominio *m*; **the ~ of law** l'autorità della legge. ◇ *vt* -1. [control, guide] dominare -2. [govern] governare -3. [decide]: **to ~ that** stabilire che. ◇ *vi* -1. [give decision] decidere -2. *fml* [be paramount] avere il sopravvento -3. [king, queen] regnare; [government] governare. ◆ **rule out** *vt sep* -1. [reject as unsuitable] scartare -2. [prevent, make impossible] rendere impossibile.

ruled [ru:ld] *adj* [lined] a righe.

ruler ['ru:lə^r] *n* -1. [for measurement] righello *m* -2. [political] governante *mf*; [monarch] sovrano *m*, -a *f*; **military ~s** i militari al potere.

ruling ['ru:lɪŋ] ◇ *adj* al governo. ◇ *n* decisione *f*.

rum [rʌm] *n* rum *m inv*.

Rumania *n* = **Romania**.

Rumanian *adj & n* = **Romanian**.

rumble ['rʌmbl] ◇ *n* [of thunder, engine] rombo *m*; [of train, traffic] rumore *m*; [of stomach] brontolio *m*. ◇ *vi* [thunder] rimbombare; [train] sferragliare; [stomach] brontolare.

rummage ['rʌmɪdʒ] *vi* frugare.

rumour *UK*, **rumor** *US* ['ruːməʳ] *n* diceria *f*.

rumoured *UK*, **rumored** *US* *adj*: she is ~ to be very rich si dice che sia molto ricca.

rump [rʌmp] *n* -1. [of animal] groppa *f* -2. *inf* [of person] deretano *m*.

rump steak *n* bistecca *f* di scamone.

rumpus ['rʌmpəs] *n inf* putiferio *m*.

run [rʌn] *(pt* ran, *pp* run) *⋄ n* -1. [on foot] corsa *f*; to go for a ~ andare a fare una corsa; on the ~ in fuga -2. [in car – for pleasure] giro *m*; [– journey] viaggio *m* -3. [series] serie *f inv*; a ~ of good luck un periodo fortunato -4. THEAT: the play had an eight-week ~ la commedia ha tenuto il cartellone per otto settimane -5. [great demand]: ~ on sthg corsa *f* all'acquisto di qc -6. [in tights] smagliatura *f* -7. [in cricket, baseball] punto *m* -8. [sports track] pista *f* -9. [term, period]: in the short/long ~ a breve/lungo termine. *⋄ vt* -1. [on foot] correre -2. [manage, control – business, organization] dirigere; [– event, course, life] organizzare -3. [machine] far funzionare; [tape, film] far partire; [computer program] usare; [experiment] fare -4. [car] avere -5. [water] far scorrere; [tap] aprire; to ~ a bath riempire la vasca -6. [publish] pubblicare -7. *inf* [take in car] portare -8. [move, pass]: to ~ sthg along/over sthg passare qc su qc; to ~ one's eye over sthg dare una scorsa a qc. *⋄ vi* -1. [gen] correre -2. *US* [in election]: to ~ (for sthg) candidarsi (a qc) -3. [progress, develop] andare -4. [factory, machine] essere in funzione; [engine] essere acceso(a) di debiti -2. [in vehicle] andare a sbattere contro. ◆ **run off** *⋄ vt sep* [copy] fare. *⋄ vi* [abscond, elope]: to ~ off (with sb) scappare (con qn); to ~ off (with sthg) scappare (portandosi via qc). ◆ **run out** *vi* -1. [supplies, time, money] esaurirsi -2. [licence, permission, contract] scadere. ◆ **run out of** *vt insep* [supplies, time, money] esaurire; we've ~ out of petrol siamo rimasti senza benzina. ◆ **run over** *vt sep* [knock down] investire. ◆ **run through** *vt insep* -1. [practise – performance] provare; [– speech] ripetere -2. [read through] leggere velocemente. ◆ **run to** *vt insep* [amount to] ammontare a. ◆ **run up** *vt insep* [amass] accumulare. ◆ **run up against** *vt insep* incontrare.

runaway ['rʌnəweɪ] *⋄ adj* [train] impazzito(a); [horse] imbizzarrito(a); [inflation] galoppante; [victory] travolgente. *⋄ n* fuggiasco *m*, -a *f*.

rundown ['rʌndaʊn] *n* -1. [report] riepilogo *m* -2. [decline] riduzione *f* dell'attività. ◆ **run-down** *adj* -1. [dilapidated] in stato di abbandono -2. [tired] stanco(a).

rung [rʌŋ] *⋄ pp* ⊳ring. *⋄ n* -1. [of ladder] piolo *m* -2. *fig* [of career] livello *m*.

runner ['rʌnəʳ] *n* -1. [athlete] corridore *m* -2. [smuggler] contrabbandiere *m*, -a *f* -3. [wood or metal strip – of sledge, ice skate] pattino *m*; [– of front car seat, drawer] guida *f*.

runner bean *n UK* fagiolino *m*.

runner-up *(pl* runners-up) *n* secondo classificato *m*, seconda classificata *f*.

running ['rʌnɪŋ] *⋄ adj* -1. [continuous] continuo(a) -2. [consecutive] di seguito -3. [water] corrente. *⋄ n* -1. SPORT corsa *f* -2. [management, control] gestione *f* -3. [of machine] funzionamento *m* -4. *phr*: to be in/out of the ~ (for sthg) essere/non essere in lizza (per qc).

runny ['rʌni] *adj* -1. [food] liquido(a) -2. [nose]: I've got a ~ nose mi cola il naso.

run-of-the-mill *adj* banale.

runt [rʌnt] *n* -1. [animal] l'animale più piccolo di una cucciolata -2. *pej* [person] nanerottolo *m*, -a *f*.

run-up *n* -1. [preceding time]: in the ~ to sthg nel periodo che precede qc -2. SPORT rincorsa *f*.

runway ['rʌnweɪ] *n* pista *f*.

rupture ['rʌptʃəʳ] *n* -1. MED perforazione *f* -2. [of relationship] rottura *f*.

rural ['rʊərəl] *adj* rurale.

ruse [ruːz] *n* stratagemma *m*.

rush [rʌʃ] *⋄ n* -1. [hurry] fretta *f*; to make a ~ for sthg precipitarsi verso qc -2. [demand]: ~ (for or on sthg) assalto *m* (a qc) -3. [busiest period] ora *f* di punta; the Christmas ~ la corsa agli acquisti prima di Natale -4. [surge – of air] folata *f*; [– of emotion] impeto *m*; the crowd made a ~ for the doors la folla si è precipitata verso le porte; he had a ~ of blood to the head ha avuto un afflusso di sangue alla testa. *⋄ vt* -1. [hurry – work] fare in fretta; [– meal] buttar giù di corsa; [– operation] fare d'urgenza; [– person] mettere fretta a -2. [send quickly – people] portare d'urgenza; [– supplies] inviare d'urgenza -3. [attack suddenly] lanciarsi contro. *⋄ vi* -1. [hurry] affrettarsi; to ~ into sthg precipitare qc -2. [crowd] precipitarsi; [water, blood] affluire. ◆ **rushes** *npl* BOT giunchi *mpl*.

rush hour *n* ora *f* di punta.

rusk [rʌsk] *n UK* fetta *f* biscottata.

Russia ['rʌʃə] *n* Russia *f*.

Russian ['rʌʃn] ◇ *adj* russo(a). ◇ *n* -1. [person] russo *m*, -a *f* -2. [language] russo *m*.

rust [rʌst] ◇ *n* ruggine *f*. ◇ *vi* arrugginirsi.

rustle ['rʌsl] ◇ *vt* -1. [paper, leaves] far frusciare -2. *US* [cattle] rubare. ◇ *vi* [paper, leaves] frusciare.

rusty ['rʌstɪ] *adj* [metal, French] arrugginito(a); **to be ~** [person] essere fuori esercizio.

rut [rʌt] *n* [furrow] solco *m*; **to get into/be in a ~** piombare nel/essere prigioniero(a) del tran tran quotidiano.

ruthless ['ruːθlɪs] *adj* spietato(a).

RV *n US* (*abbr of* **recreational vehicle**) camper *m inv*.

rye [raɪ] *n* [grain] segale *f*.

rye bread *n* pane *m* di segale.

S

s (*pl* **s's** OR **ss**), **S** (*pl* **S's** OR **Ss**) [es] *n* [letter] *s o f* **s** *o m inv*, **S** f *o m inv*. ◆ **S** (*abbr of* **south**) S.

Sabbath ['sæbəθ] *n*: **the ~** [Christian] *la domenica*; [Jewish] il sabato.

sabotage ['sæbətɑːʒ] ◇ *n* sabotaggio *m*. ◇ *vt* sabotare.

saccharin(e) ['sækərɪn] *n* saccarina *f*.

sachet ['sæʃeɪ] *n* bustina *f*.

sack [sæk] ◇ *n* -1. [bag] sacco *m* -2. *UK inf* [dismissal]: **to get** OR **be given the ~** essere licenziato(a). ◇ *vt UK inf* [employee] licenziare.

sacred ['seɪkrɪd] *adj* sacro(a).

sacrifice ['sækrɪfaɪs] ◇ *n lit & fig* sacrificio *m*. ◇ *vt lit & fig* sacrficare.

sacrilege ['sækrɪlɪdʒ] *n lit & fig* sacrilegio *m*.

sad [sæd] *adj* -1. [person, look, news] triste -2. [regrettable, unfortunate] spiacevole.

sadden ['sædn] *vt* rattristare.

saddle ['sædl] ◇ *n* -1. [for horse] sella *f* -2. [of bicycle, motorcycle] sellino *m*. ◇ *vt* -1. [put saddle on] sellare -2. *fig* [burden]: **to ~ sb with sthg** affibbiare qc a qn.

saddlebag ['sædlbæg] *n* -1. [for horse] bisaccia *f* -2. [on bicycle] borsa *f*.

sadistic [sə'dɪstɪk] *adj* sadico(a).

sadly ['sædlɪ] *adv* -1. [sorrowfully] tristemente -2. [regrettably] sfortunatamente.

sadness ['sædnɪs] *n* tristezza *f*.

s.a.e., sae (*abbr of* **stamped addressed envelope**) *n* busta *f* affrancata e indirizzata per la risposta.

safari [sə'fɑːrɪ] *n* safari *m inv*.

safe [seɪf] ◇ *adj* -1. [place, bet, investment, method] sicuro(a); [product] non pericoloso(a); [delivery of objects] senza intoppi; [driver, player] prudente; **to be on the ~ side** per precauzione -2. [not in danger] al sicuro; **~ and sound** sano(a) e salvo(a) -3. [subject] non problematico(a); **it's ~ to say that ...** si può dire con certezza che ... ◇ *n* cassaforte *f*.

safe-conduct [-'kɒndʌkt] *n* -1. [document giving protection] salvacondotto *m* -2. [protection] garanzia *f* di incolumità.

safe-deposit box *n* cassetta *f* di sicurezza.

safeguard ['seɪfgɑːd] ◇ *n*: **~ (against sthg)** salvaguardia *f* (contro qc). ◇ *vi*: **to ~ sb/sthg (against sthg)** salvaguardare qn/qc (da qc).

safekeeping [,seɪf'kiːpɪŋ] *n* custodia *f*.

safely ['seɪflɪ] *adv* -1. [without danger] senza rischi -2. [securely] al sicuro -3. [unharmed]: **to arrive ~** [person] arrivare sano(a) e salvo(a); [goods] arrivare intatto(a) -4. [for certain]: **I can ~ say (that)** ... posso dire con certezza che ...

safe sex *n* sesso *m* sicuro.

safety ['seɪftɪ] *n* sicurezza *f*.

safety belt *n* cintura *f* di sicurezza.

safety pin *n* spilla *f* di sicurezza.

sag [sæg] *vi* [sink downwards – branch] incurvarsi; [– bed] affossarsi; [– pie crust] afflosciarsi.

sage [seɪdʒ] ◇ *adj* [wise] saggio(a). ◇ *n* -1. [herb] salvia *f* -2. [wise man] saggio *m*.

Sagittarius [,sædʒɪ'teərɪəs] *n* [sign] Sagittario *m*; **to be (a) ~** essere del Sagittario.

Sahara [sə'hɑːrə] *n*: **the ~ (Desert)** il (deserto del) Sahara.

said [sed] *pt & pp* ▷ **say**.

sail [seɪl] ◇ *n* -1. [of boat] vela *f*; **to set ~** salpare -2. [journey by boat] giro *m* in barca. ◇ *vt* -1. [boat] pilotare -2. [sea] solcare. ◇ *vi* -1. [person – travel] andare in nave; [– leave] salpare ; [– for sport] andare in barca a vela -2. [boat – move] navigare; [– leave] salpare -3. *fig* [through air] volare.

◆ **sail through** *vt insep* [exam] superare senza problemi.

sailboat ['seɪlbəʊt] *n US* = sailing boat.

sailing ['seɪlɪŋ] *n* -1. SPORT vela *f*; **to go ~** andare in barca a vela; **it should be plain ~ from now on** d'ora in poi dovrebbe essere tutta discesa -2. [trip by ship] traghetto *m*; [departure by ship] partenza *f*.

sailing boat *UK*, **sailboat** *US n* barca *f* a vela.

sailing ship *n* veliero *m*.

sailor ['seɪlə ͬ] *n* marinaio *m*, -a *f*.

saint [seɪnt] *n lit & fig* santo *m*, -a *f*.

saintly ['seɪntlɪ] *adj* [person] santo(a); [life] da santo.

sake [seɪk] *n* -1. [benefit, advantage]: **for the ~ of** per il bene di -2. [purpose]: **for the ~ of** per amore di; **for the ~ of argument** tanto per dire -3. *phr*: **for God's/Heaven's ~!** per amor di Dio/del cielo!

salad ['sæləd] *n* insalata *f*.

salad bowl *n* insalatiera *f*.

salad cream *n UK* salsa per l'insalata simile alla maionese.

salad dressing *n* condimento *m* per l'insalata.

salami [sə'lɑːmɪ] *n* salame *m*.

salary ['sælərɪ] *n* stipendio *m*.

sale [seɪl] *n* -1. [gen] vendita *f*; **on ~** [available to buy] in vendita; **(up) for ~** in vendita; **'for ~'** 'vendesi' -2. [at reduced prices] svendita *f*; **on ~** *US* [available at reduced price] in svendita -3. [auction] asta *f*.

◆ **sales** *npl* -1. [quantity sold] vendite *fpl* -2. [at reduced prices]: **the ~s** i saldi *mpl*.

saleroom ['seɪlrʊm] *UK*, **salesroom** *US n* sala *f* di vendite all'asta.

sales assistant, **salesclerk** *US n* commesso *m*, -a *f*.

salesman ['seɪlzmən] (*pl* **-men**) *n* [in shop] commesso *m*; [representative] rappresentante *m*.

sales rep *n inf* rappresentante *mf*.

salesroom ['seɪlzrʊm] *n US* = saleroom.

saleswoman ['seɪlz,wʊmən] (*pl* **-women**) *n* [in shop] commessa *f*; [representative] rappresentante *f*.

saliva [sə'laɪvə] *n* saliva *f*.

salmon ['sæmən] (*pl* **-s**) *n* salmone *m*.

salmonella [,sælmə'nelə] *n* salmonella *f*.

salon ['sælɒn] *n* -1. [hairdresser's] parrucchiere *m* -2. [clothes shop] boutique *f inv*.

saloon [sə'luːn] *n* -1. *UK* [car] berlina *f* -2. *US* [bar] saloon *m inv* -3. *UK* [in pub]: **~ (bar)** saletta *f* interna -4. [on ship] salone *m*.

salt [sɔːlt, sɒlt] ◇ *n* sale *m*. ◇ *vt* -1. [food] salare -2. [roads] spargere il sale su.

◆ **salt away** *vt sep inf* mettere da parte.

SALT [sɔːlt, sɒlt] (*abbr of* **Strategic Arms Limitation Talks/Treaty**) *n* SALT *m*.

saltcellar *UK*, **salt shaker** *US n* saliera *f*.

saltwater ◇ *n* acqua *f* salata. ◇ *adj* di mare.

salty ['sɔːltɪ] *adj* salato(a).

salute [sə'luːt] ◇ *n* -1. [with hand] saluto *f* -2. [firing of guns] salva *f* -3. [formal acknowledgment] omaggio *m*. ◇ *vt* -1. [with hand] salutare -2. [acknowledge formally, honour] rendere onore a. ◇ *vi* [with hand] salutare.

salvage ['sælvɪdʒ] ◇ *n* -1. [rescue of ship] salvataggio *m* -2. [property rescued] oggetti *mpl* recuperati. ◇ *vt* -1. [rescue]: **to ~ sthg (from)** recuperare qc (da) -2. *fig* [gain from failure] salvare.

salvation [sæl'veɪʃn] *n* -1. [saviour] salvezza *f* -2. RELIG salvazione *f*.

Salvation Army *n*: **the ~** l'esercito della salvezza.

same [seɪm] ◇ *adj* stesso(a); **at the ~ time** [simultaneously] contemporaneamente; [nonetheless] al tempo stesso; **to be one and the ~** [person] essere una persona sola; [thing] essere una cosa sola. ◇ *pron* [unchanged]: **the ~** [thing, person] lo stesso, la stessa; **I'll have the ~ as you** prendo quello che prendi tu; **the hats they were wearing were the ~** i cappelli che indossavano erano identici; **do the ~ as me** fai quello che faccio io; **she earns the ~ as I do** guadagna quanto me; **all** OR **just the ~** [nevertheless, anyway] lo stesso; **it's all the ~ to me** per me fa lo stesso; **it's not the ~** non è più la stessa cosa. ◇ *adv* [identically]: **the ~** allo stesso modo.

sample ['sɑːmpl] ◇ *n* -1. [gen] campione *m* -2. [of work] saggio *m*. ◇ *vt* -1. [food, wine] assaggiare -2. [experience] provare.

sanatorium (*pl* **-riums** OR **-ria**), **sanitorium** *US* (*pl* **-riums** OR **-ria**) [,sænə'tɔːrɪəm] *n* casa *f* di cura.

sanctimonious [,sæŋktɪ'məʊnjəs] *adj pej* [person] moralista; [tone of voice] moraleggiante.

sanction ['sæŋkʃn] ◇ *n* sanzione *f*. ◇ *vt* sanzionare.

sanctuary ['sæŋktʃʊərɪ] *n* -1. [for wildlife] riserva *f* -2. [place of safety] rifugio *m* -3. [safety, refuge] asilo *m*.

sand [sænd] ◇ *n* sabbia *f*. ◇ *vt* cartavetrare.

sandal ['sændl] *n* sandalo *m*.

sandalwood ['sændlwʊd] *n* legno *m* di sandalo.

sandbox ['sændbɒks] *n US* = sandpit.

sandcastle ['sænd,kɑːsl] *n* castello *m* di sabbia.

sand dune *n* duna *f*.

sandpaper ['sænd,peɪpə^r] ⋄ *n* carta *f* vetrata. ⋄ *vt* cartavetrare.

sandpit ['sændpɪt] *UK*, **sandbox** *US n* vasca *f* per giocare con la sabbia.

sandwich ['sænwɪdʒ] ⋄ *n* panino *m* (imbottito). ⋄ *vt fig*: **to be ~ ed between** essere intrappolato(a) tra.

sandwich board *n* cartellone *m* pubblicitario *(portato in giro da un uomo sandwich)*.

sandwich course *n UK corso universitario con stage presso aziende*.

sandy ['sændɪ] *adj* **-1.** [made of sand] sabbioso(a) **-2.** [sand-coloured] biondo(a) scuro(a).

sane [seɪn] *adj* **-1.** [person] sano(a) di mente **-2.** [course of action] ragionevole.

sang [sæŋ] *pt* ⊳ sing.

sanitary ['sænɪtrɪ] *adj* **1.** [connected with health] sanitario(a) **-2.** [clean, hygienic] igienico(a).

sanitary towel *UK*, **sanitary napkin** *US n* assorbente *m* (igienico).

sanitation [,sænɪ'teɪʃn] *n* impianti *mpl* igienici.

sanitorium [,sænɪ'tɔːrɪəm] *n US* = sanatorium.

sanity ['sænətɪ] *n* **-1.** [saneness] sanità *f* mentale **-2.** [good sense] buon senso *m*.

sank [sæŋk] *pt* ⊳ sink.

Santa (Claus) ['sæntə (,klɔːz)] *n* Babbo *m* Natale.

sap [sæp] ⋄ *n* [of plant] linfa *f*. ⋄ *vt* minare.

sapling ['sæplɪŋ] *n* alberello *m*.

sapphire ['sæfaɪə^r] *n* zaffiro *m*.

sarcastic [sɑː'kæstɪk] *adj* sarcastico(a).

sardine [sɑː'diːn] *n* sardina *f*.

Sardinia [sɑː'dɪnjə] *n* Sardegna *f*.

sardonic [sɑː'dɒnɪk] *adj* sardonico(a).

SAS *(abbr of* Special Air Service*) n unità delle forze armate britanniche specializzata in operazioni clandestine*.

SASE *(abbr of* self-addressed stamped envelope*) n US busta affrancata e con il proprio indirizzo per la risposta*.

sash [sæʃ] *n* fascia *f*.

sat [sæt] *pt & pp* ⊳ sit.

SAT [sæt] *n* **-1.** *(abbr of* Standard Assessment Test*) ciascuno di una serie di esami nelle scuole inglesi e gallesi, sostenuti ai 7, 11 e 14 anni d'età* **-2.** *(abbr of* Scholastic Aptitude Test*) esame di ammissione all'università negli Stati Uniti*.

Satan ['seɪtn] *n* Satana *m*.

satchel ['sætʃəl] *n* cartella *f*.

satellite ['sætəlaɪt] ⋄ *n* **-1.** ASTRON & TELEC satellite *m* **-2.** *fig* [dependent country] stato *m* satellite. ⋄ *comp* **1.** TELEC satellitare **2.** [dependent] satellite.

satellite dish *n* antenna *f* satellitare.

satellite TV *n* TV *f inv* via satellite.

satin ['sætɪn] ⋄ *n* satin *m inv*. ⋄ *comp* **-1.** [made of satin] di satin **-2.** [smooth] satinato(a).

satire ['sætaɪə^r] *n* satira *f*.

satisfaction [,sætɪs'fækʃn] *n* soddisfazione *f*.

satisfactory [,sætɪs'fæktərɪ] *adj* [performance, result] soddisfacente; [reason] plausibile.

satisfied ['sætɪsfaɪd] *adj*: **~ (with sthg)** soddisfatto(a) (di qc).

satisfy ['sætɪsfaɪ] *vt* **-1.** [make happy] accontentare; **to ~ sb's curiosity** appagare la curiosità di qn **-2.** [convince] convincere; **to ~ sb that** convincere qn che **-3.** [fulfil] soddisfare.

satisfying ['sætɪsfaɪɪŋ] *adj* [feeling] di soddisfazione, [experience] gratificante.

satsuma [,sæt'suːmə] *n* satsuma *m inv*.

saturate ['sætʃəreɪt] *vt* **-1.** [drench] inzuppare; **to ~ sthg with sthg** inzuppare qc di qc **-2.** [swamp] allagare; [fill completely]: **to be ~ d with sthg** essere gremito(a) di qc.

saturated ['sætʃəreɪtɪd] *adj* **-1.** [gen] inzuppato(a) **-2.** [fat] saturo(a).

Saturday ['sætədeɪ] ⋄ *n* sabato *m*; **I was born on a ~** sono nato di sabato; **what day is it? – it's ~** che giorno è? – sabato; **on ~** sabato; **on ~s** il sabato; **this ~** questo sabato; **last/next ~** sabato scorso/prossimo; **every ~** tutti i sabati; **every other ~** un sabato sì, un sabato no; **the ~ before** sabato prima; **the ~ before last** sabato di due settimane fa; **the ~ after next, ~ week** *UK*, **a week on** *UK* OR **from** *US* **~** sabato tra otto giorni. ⋄ *comp* [meeting, appointment] di sabato; [newspaper, TV programme] del sabato; **~ morning/afternoon/evening/night** sabato mattina/pomeriggio/sera/notte.

sauce [sɔːs] *n* CULIN salsa *f*.

saucepan ['sɔːspən] *n* pentola *f*.

saucer ['sɔːsə'] *n* piattino *m*.

saucy ['sɔːsɪ] *adj inf* [postcard] sconcio(a); [person, comment] sfacciato(a).

Saudi Arabia ['saʊdɪ-] *n* Arabia *f* Saudita.

sauna ['sɔːnə] *n* sauna *f*; **to have a ~** fare una sauna.

saunter ['sɔːntə'] *vi* camminare con disinvoltura.

sausage ['sɒsɪdʒ] *n* salsiccia *f*.

sausage roll *n* UK wurstel *m inv* in crosta di pasta sfoglia.

sauté [UK 'səʊteɪ, US səʊ'teɪ] (*pt & pp* **sautéed** OR **sautéd**) <> *adj* [potatoes] saltato(a); [onions] soffritto(a). <> *vt* [potatoes, meat] far saltare; [onions] soffriggere.

savage ['sævɪdʒ] <> *adj* [dog] feroce; [person] selvaggio(a); [attack, criticism] violento(a). <> *n* selvaggio *m*, -a *f*. <> *vt* [attack physically] sbranare.

save [seɪv] <> *vt* **-1.** [gen] salvare; **to ~ sb from sthg** salvare qn da qc; **to ~ sb from doing sthg** [from falling, drowning] impedire a qn che faccia qc; **to ~ sb's life** salvare la vita a qn **-2.** [prevent waste of] risparmiare **-3.** [set aside] mettere da parte **-4.** [make unnecessary] evitare; **to ~ sb sthg** [trouble, worry, effort] evitare qc a qn; **to ~ sb from having to do sthg** evitare a qn di dover fare qc **-5.** SPORT parare. <> *vi* [save money] risparmiare. <> *n* SPORT parata *f*. <> *prep fml*: **~ (for)** ad eccezione di. ◆ **save up** *vi* risparmiare.

savings *npl* risparmi *mpl*.

savings account *n* libretto *m* di risparmio.

savings and loan association *n* US credito *m* immobiliare.

savings bank *n* cassa *f* di risparmio.

saviour UK, **savior** US ['seɪvjə'] *n* salvatore *m*, -trice *f*.

savour UK, **savor** US ['seɪvə'] *vt* **-1.** [enjoy taste of] gustare **-2.** *fig* [enjoy greatly] assaporare.

savoury UK, **savory** US ['seɪvərɪ] <> *adj* **-1.** [not sweet] salato(a) **-2.** [respectable, pleasant] rispettabile. <> *n* salatino *m*.

saw [sɔː] (UK *pt* -**ed**, *pp* **sawn**, US *pt & pp* -**ed**) <> *pt* ⊳**see**. <> *n* sega *f*. <> *vt* segare.

sawdust ['sɔːdʌst] *n* segatura *f*.

sawed-off shotgun *n* US = sawn-off shotgun.

sawmill ['sɔːmɪl] *n* segheria *f*.

sawn [sɔːn] *pp* UK ⊳**saw**.

sawn-off shotgun UK, **sawed-off shotgun** US *n* fucile *f* a canne mozze.

saxophone ['sæksəfəʊn] *n* sassofono *m*.

say [seɪ] (*pt & pp* **said** [sed]) <> *vt* **-1.** [gen] dire; **to ~ (that)** dire (che); **my watch ~s two** il mio orologio fa le due; **he's said to be the best** si dice che sia il migliore **-2.** [assume, suppose] ammettere **-3.** *phr*: **that goes without ~ing** va da sé; **it has a lot to be said for it** la cosa ha diversi vantaggi. <> *n* [power of decision]: **to have a/no ~ (in sthg)** avere/non avere voce in capitolo; **to have one's ~** dire la propria. ◆ **that is to say** *adv* cioè, vale a dire.

saying ['seɪɪŋ] *n* detto *m*.

scab [skæb] *n* **-1.** [of wound] crosta *f* **-2.** *pej* [non-striker] crumiro *m*, -a *f*.

scaffold ['skæfəʊld] *n* **-1.** [frame] impalcatura *f* **-2.** [for executions] patibolo *m*.

scaffolding ['skæfəldɪŋ] *n* impalcatura *f*.

scald [skɔːld] <> *n* scottatura *f*. <> *vt* scottare.

scale [skeɪl] <> *n* **-1.** [gen] scala *f*; **pay ~** scala degli stipendi; **to ~** in scala **-2.** [size, extent] dimensioni *mpl*; **on a large ~** di grandi dimensioni **-3.** [of fish, snake] scaglia *f* **-4.** *US* = **scales**. <> *vt* **-1.** [climb] scalare **-2.** [remove scales from] togliere le scaglie a. ◆ **scales** *npl* bilancia *f*. ◆ **scale down** *vt insep* ridurre.

scallop ['skɒləp] <> *n* [shellfish] capasanta *f*. <> *vt* [decorate edge of] striare con la forchetta.

scalp [skælp] <> *n* **-1.** ANAT cuoio *m* capelluto **-2.** [removed from head] scalpo *m*. <> *vt* scotennare.

scalpel ['skælpəl] *n* bisturi *m inv*.

scamper ['skæmpə'] *vi* sgambettare.

scampi ['skæmpɪ] *n* scampi *mpl*.

scan [skæn] <> *n* MED & TECH tomografia *f*; [during pregnancy] ecografia *f*. <> *vt* **-1.** [area] studiare attentamente; [crowd] scrutare **-2.** [glance at] far scorrere **-3.** MED & TECH fare lo scanning di; [with laser] leggere; [with radar] perlustrare; [subj: sonar] scandagliare **-4.** COMPUT fare la scansione di.

scandal ['skændl] *n* scandalo *m*.

scandalize, -ise ['skændəlaɪz] *vt* scandalizzare.

Scandinavia [ˌskændɪ'neɪvjə] *n* Scandinavia *f*.

Scandinavian [ˌskændɪ'neɪvjən] <> *adj* scandinavo(a). <> *n* [person] scandinavo *m*, -a *f*.

scant [skænt] *adj* scarso(a).

scanty ['skæntı] *adj* [amount, resources] scarso(a); [dress] succinto(a).

scapegoat ['skeɪpgəʊt] *n* capro *m* espiatorio.

scar [skɑːʳ] *n* cicatrice *f*.

scarce [skeəs] *adj* scarso(a).

scarcely ['skeəslı] *adv* a malapena; **there was ~ anyone** non c'era quasi nessuno; **I ~ ever go there** non ci vado quasi mai; **the prospects were ~ promising** le prospettive non erano certo promettenti.

scare [skeəʳ] <> *n* -1. [sudden fright] spavento *m*; **to give sb a ~** far spaventare qn -2. [public panic] spauracchio *m*; **a bomb ~** un allarme bomba. <> *vt* [frighten] spaventare. **◆ scare away, scare off** *vt sep* far scappare.

scarecrow ['skeəkrəʊ] *n* spaventapasseri *m inv.*

scared ['skeəd] *adj* -1. [very frightened] spaventato(a); **to be ~ stiff** OR **to death** essere morto di paura -2. [nervous, worried]: **to be ~ that ...** aver paura che ...

scarf [skɑːf] (*pl* **-s** OR **scarves**) *n* [long] sciarpa *f*; [square] foulard *m inv.*

scarlet [skɑːlət] <> *adj* scarlatto(a). <> *n* scarlatto *m*.

scarves [skɑːvz] *pl* ⊳**scarf**.

scathing ['skeɪðɪŋ] *adj* [glance, reply] severo(a); [criticism] spietato(a).

scatter ['skætəʳ] <> *vt* [gen] sparpagliare; [seeds] spargere. <> *vi* [crowd] disperdere.

scatterbrained ['skætəbreɪnd] *adj inf* sconclusionato(a).

scenario [sɪ'nɑːrɪəʊ] (*pl* **-s**) *n* scenario *m*.

scene [siːn] *n* -1. [gen] scena *f*; **behind the ~s** dietro le quinte -2. [picture of place] veduta *f* -3. [location] luogo *m* -4. [embarrassing fuss] scenata *f* -5. *phr:* **to set the ~** [for person] mettere al corrente; [for event] preparare il terreno.

scenery ['siːnərı] *n* scenario *m*; **what beautiful ~!** che panorama fantastico!

scenic ['siːnɪk] *adj* panoramico(a).

scent [sent] *n* -1. [smell - of flowers] profumo *m*; [- of animal] odore *m* -2. [perfume] profumo *m*.

scepter *n* US = **sceptre**.

sceptic UK, **skeptic** US ['skeptɪk] *n* scettico(a).

sceptical UK, **skeptical** US ['skeptɪkl] *adj* scettico(a); **to be ~ about sthg** essere scettico su qc.

sceptre UK, **scepter** US ['septəʳ] *n* scettro *m*.

schedule [UK 'ʃedjuːl, US 'skedʒʊl] <> *n* -1. [plan] programma *f*; **ahead of ~** in anticipo rispetto ai tempi previsti; **behind ~** in ritardo sui tempi previsti; **on ~** entro i tempi previsti -2. [written list] tabella *f*. <> *vt*: **to ~ sthg (for)** fissare qc (per).

scheduled flight *n* volo *m* di linea.

scheme [skiːm] <> *n* -1. [plan] programma *m*; **pension ~** fondo *m* pensione -2. *pej* [dishonest plan] pensata *f* -3. [arrangement, decoration] sistemazione *f*; **colour ~** combinazione *f* di colori. <> *vi pej* tramare.

scheming ['skiːmɪŋ] *adj* intrigante.

schizophrenic [ˌskɪtsə'frenɪk] <> *adj* schizofrenico(a). <> *n* schizofrenico *m*, -a *f*.

scholar ['skɒləʳ] *n* -1. [expert] studioso *m*, -a *f* -2. *dated* [student] studente *m*, -essa *f* -3. [holder of scholarship] borsista *mf*.

scholarship ['skɒləʃɪp] *n* -1. [grant] borsa *f* di studio -2. [learning] erudizione *f*.

school [skuːl] *n* -1. [place of education] scuola *f* -2. [hours spent in school] lezioni *fpl* -3. [UNIV & department] facoltà *f inv* -4. US [university] università *f inv* -5. [group of fish, dolphins] banco *m*.

schoolbook ['skuːlbʊk] *n* libro *m* di scuola.

schoolboy ['skuːlbɔɪ] *n* scolaro *m*.

schoolchild ['skuːltʃaɪld] (*pl* **-children**) *n* scolaro *m*, -a *f*.

schooldays ['skuːldeɪz] *npl* anni *mpl* della scuola.

schoolgirl ['skuːlgɜːl] *n* scolara *f.*

schooling ['skuːlɪŋ] *n* istruzione *f.*

school-leaver [-ˌliːvəʳ] *n* UK neodiplomato *m*, -a *f.*

schoolmaster ['skuːlˌmɑːstəʳ] *n* dated maestro *m*.

schoolmistress ['skuːlˌmɪstrɪs] *n* dated maestra *f.*

schoolteacher ['skuːlˌtiːtʃəʳ] *n* insegnante *mf.*

school year *n* anno *m* scolastico.

sciatica [saɪ'ætɪkə] *n* sciatica *f.*

science ['saɪəns] *n* scienza *f.*

science fiction *n* fantascienza *f.*

scientific [ˌsaɪən'tɪfɪk] *adj* scientifico(a).

scientist ['saɪəntɪst] *n* scienziato *m*, -a *f.*

scintillating ['sɪntɪleɪtɪŋ] *adj* brillante.

scissors *npl* forbici *fpl.*

sclerosis [sklə'rəʊsɪs] *n* = **multiple sclerosis**.

scoff [skɒf] <> *vt* UK *inf* [eat] spazzolare. <> *vi* [mock]: **to ~ at sb/sthg** burlarsi di qn/qc.

scold [skəʊld] *vt* sgridare.

scone [skɒn] *n* *focaccina dolce che si mangia con burro e marmellata.*

scoop [skuːp] ◇ *n* **-1.** [for ice cream] porzionatore *m*; [for sugar] sessola *f* **-2.** [scoopful] porzione *f* **-3.** [news report] scoop *m inv.* ◇ *vt* **-1.** [with hands] scodellare con le mani **-2.** [with implement] prendere con la sessola. ◆ **scoop out** *vt sep* fare porzioni di.

scooter ['skuːtə^r] *n* **-1.** [toy] monopattino *m* **-2.** [motorcycle] motorino *m*.

scope [skəʊp] *n* **-1.** [opportunity] possibilità *f inv* di riuscita **-2.** [of report] limiti *mpl*; [of course] obiettivi *mpl*.

scorch [skɔːtʃ] *vt* bruciare.

scorching ['skɔːtʃɪŋ] *adj inf* infuocato(a).

score [skɔː^r] ◇ *n* **-1.** [gen] punteggio *m* **-2.** *dated* [twenty] venti **-3.** MUS partitura *f* **-4.** [subject]: **on that ~** in merito. ◇ *vt* **-1.** SPORT segnare **-2.** [achieve] mettere a segno **-3.** [win in an argument]: **to ~ a point over sb** segnare un punto a proprio favore su qn **-4.** [cut] incidere. ◇ *vi* SPORT segnare. ◆ **score out** *vt sep* UK cancellare.

scoreboard ['skɔːbɔːd] *n* tabellone *m*.

scorer ['skɔːrə^r] *n* **-1.** [official] segnapunti *mf inv* **-2.** [player] marcatore *m*, -trice *f*.

scorn [skɔːn] ◇ *n* disprezzo *m*. ◇ *vt* **-1.** [despise] disdegnare **-2.** *fml* [refuse to accept] rifiutare.

scornful ['skɔːnfʊl] *adj* sprezzante; **to be ~ of sthg** disdegnare qc.

Scorpio ['skɔːpɪəʊ] (*pl* **-s**) *n* Scorpione *m*.

scorpion ['skɔːpjən] *n* scorpione *m*.

Scot [skɒt] *n* scozzese *mf*.

scotch [skɒtʃ] *vt* [rumour] mettere a tacere; [idea] bloccare.

Scotch [skɒtʃ] ◇ *adj* scozzese. ◇ *n* [whisky] scotch *m inv.*

Scotch (tape) ® *n* US scotch® *m inv.*

scot-free *adj inf*: **to get off ~** passarla liscia.

Scotland ['skɒtlənd] *n* Scozia *f*.

Scots [skɒts] ◇ *adj* scozzese. ◇ *n* [dialect] scozzese *m*.

Scotsman ['skɒtsmən] (*pl* **-men**) *n* scozzese *m*.

Scotswoman ['skɒtswʊmən] (*pl* **-women**) *n* scozzese *f*.

Scottish ['skɒtɪʃ] *adj* scozzese.

scoundrel ['skaʊndrəl] *n* *dated* furfante *mf*.

scour ['skaʊə^r] *vt* **-1.** [clean] pulire strofinando **-2.** [search] perlustrare.

scourge [skɜːdʒ] *n* flagello *m*.

scout [skaʊt] *n* MIL ricognitore *m*. ◆ **Scout** *n* [boy scout] scout *mf inv.* ◆ **scout around** *vi*: **to ~ around for sthg** andare alla ricerca di qc.

scowl [skaʊl] ◇ *n* sguardo *m* di disapprovazione. ◇ *vi*: **to ~ at sb** guardare qn con disapprovazione.

scrabble ['skræbl] *vi* **-1.** [scramble] arrampicarsi **-2.** [scrape]: **to ~ at sthg** grattare a qc **-3.** [feel around]: **to ~ around for sthg** cercare qc a tastoni.

scramble ['skræmbl] ◇ *n* [rush] pigia pigia *m inv.* ◇ *vi* **-1.** [climb] arrampicarsi **-2.** [move clumsily] muoversi goffamente; **she ~d to her feet** si alzò in piedi in modo goffo; **to ~ for sthg** accapigliarsi per qc.

scrambled eggs *npl* uova *fpl* strapazzate.

scrap [skræp] ◇ *n* **-1.** [small piece or amount – of paper] pezzetto *m*; [– of material] brandello *m*; [– of information, conversation] frammento *m* **-2.** [metal] rottami *mpl* **-3.** *inf* [fight, quarrel] zuffa *f.* ◇ *vt* [plan] scartare; [car] rottamare. ◆ **scraps** *npl* [food] avanzi *mpl*.

scrapbook ['skræpbʊk] *n* album *m inv* (per la raccolta di foto e ritagli di giornale).

scrape [skreɪp] ◇ *n* **-1.** [scraping noise] rumore *m* sgradevole **-2.** *dated* [difficult situation]: **to get into a ~** cacciarsi nei guai. ◇ *vt* **-1.** [remove]: **to ~ sthg off sthg** grattar qc via da qc **-2.** [peel] pelare **-3.** [scratch – knee, elbow] sbucciarsi; [– car, bumper] graffiare. ◇ *vi* [rub]: **to ~ against/on sthg** sfregare contro qc. ◆ **scrape through** *vt insep* [just pass] superare per il rotto della cuffia.

scraper ['skreɪpə^r] *n* raschietto *m*.

scrap merchant *n* UK rottamaio *m*.

scrap paper UK, **scratch paper** US *n* carta *f* da scrivere usata.

scrapyard ['skræpjɑːd] *n* deposito *m* di rottami.

scratch [skrætʃ] ◇ *n* **-1.** graffio *m* **-2.** *phr*: **to do sthg from ~** fare qc da zero; **to be up to ~** essere all'altezza. ◇ *vt* **-1.** [gen] graffiare **-2.** [rub] grattarsi. ◇ *vi* **-1.** [branch, knife, thorn]: **to ~ at/against sthg** sfregare contro qc **-2.** [person, animal] grattarsi.

scratch paper *n* US = scrap paper.

scrawl [skrɔːl] ◇ *n* scrittura *f* illeggibile. ◇ *vt* scarabocchiare.

scrawny ['skrɔːnɪ] *adj* [legs, arms] scheletrico(a); [person, animal] pelle e ossa.

scream [skri:m] ◇ *n* grido *m*; ~s of laughter scoppi di risa. ◇ *vt* gridare. ◇ *vi* gridare.

scree [skri:] *n* ghiaione *m*.

screech [skri:tʃ] ◇ *n* -1. [of person] strillo *m*; [of bird] strido *m* -2. [of tyres, brakes, car] stridere *m*. ◇ *vt* strillare. ◇ *vi* [person] strillare; [bird, tyres, brakes, car] stridere.

screen [skri:n] ◇ *n* -1. [viewing surface] schermo *m* -2. CIN: **the (big)** ~ il grande schermo **-3.** [panel – dividing] paravento *m*; [- protective] schermo *m*. ◇ *vt* -1. [show in cinema] dare -2. [broadcast on TV] mandare in onda **-3.** [hide] nascondere **-4.** [shield] proteggere; **to** ~ **sb (from sb/sthg)** proteggere qn (da qn/qc); **to** ~ **sthg (from sb/sthg)** proteggere qc (da qn/qc) **-5.** [question] selezionare.

screening ['skri:nɪŋ] *n* -1. [in cinema] proiezione *f* -2. [on TV] messa *f* in onda **-3.** [for security] controllo *m* **-4.** [MED & examination] screening *m inv.*

screenplay ['skri:npleɪ] *n* sceneggiatura *f*.

screw [skru:] ◇ *n* vite *f.* ◇ *vt* -1. [fix with screws]: **to** ~ **sthg to sthg** avvitare qc a qc **-2.** [twist] avvitare **-3.** *vulg* [have sex with] chiavare. ◇ *vi* [fix together] avvitarsi.
← **screw up** *vt sep* -1. [crumple up] accartocciare -2. [contort, twist – eyes] strizzare; [- face] storcere **-3.** *v inf* [ruin] rovinare.

screwdriver ['skru:ˌdraɪvəʳ] *n* cacciavite *m inv.*

scribble ['skrɪbl] ◇ *n* [writing] scrittura *f* illeggibile; [scrawl] scarabocchio *m*. ◇ *vt* & *vi* scarabocchiare.

script [skrɪpt] *n* -1. [gen] scrittura *f* -2. [of play, film] sceneggiatura *f*.

scriptwriter ['skrɪptˌraɪtəʳ] *n* sceneggiatore *m*, -trice *f*.

scroll [skrəʊl] ◇ *n* [roll of paper] rotolo *m*. ◇ *vt* COMPUT far scorrere.

scrounge [skraʊndʒ] *inf vt*: **to** ~ **sthg (off sb)** scroccare qc (a qn) *f*.

scrounger ['skraʊndʒəʳ] *n inf* scroccone *m*, -a *f*.

scrub [skrʌb] ◇ *n* -1. [rub] fregata *f* -2. [undergrowth] sterpaglia *f*. ◇ *vt* [saucepan] pulire grattando; [floor, stain, hands] pulire strofinando.

scruff [skrʌf] *n*: **by the** ~ **of the neck** per la collottola.

scruffy ['skrʌfɪ] *adj* [person, clothes] sciatto(a); [part of town] fatiscente; [room] in disordine.

scrum(mage) ['skrʌmɪdʒ] *n* RUGBY mischia *f*.

scruples ['skru:plz] *npl* scrupoli *mpl*.

scrutinize, -ise ['skru:tɪnaɪz] *vt* [face] scrutare; [book, report] esaminare attentamente.

scrutiny ['skru:tɪnɪ] *n* esame *m* attento.

scuff [skʌf] *vt* -1. [drag] strascicare -2. [damage] graffiare.

scuffle ['skʌfl] *n* zuffa *f*.

scullery ['skʌlərɪ] *n* locale adiacente alla cucina in cui venivano preparate le verdure e lavate le pentole.

sculptor ['skʌlptəʳ] *n* scultore *m*, -trice *f*.

sculpture ['skʌlptʃəʳ] ◇ *n* scultura *f*. ◇ *vt* scolpire.

scum [skʌm] *n* -1. [froth] schiuma *f* -2. *v inf pej* [worthless people] feccia *f*.

scupper ['skʌpəʳ] *vt* -1. [NAUT & sink] affondare (di proposito) -2. *UK fig* [ruin] far naufragare.

scurrilous ['skʌrələs] *adj fml* calunnioso(a).

scurry ['skʌrɪ] *vi* schizzare.

scuttle ['skʌtl] ◇ *n* [for coal] secchio *m(per il carbone)*. ◇ *vi* [rush] correre.

scythe [saɪð] *n* falce *f*.

SDLP (*abbr of* **Social Democratic and Labour Party**) *n* partito politico nordirlandese.

sea [si:] ◇ *n* [gen] mare *m*; **to be at** ~ [ship, sailor] essere in mare; **to be all at** ~ *fig* [person] essere confuso(a); **by** ~ per mare; **by the** ~ in riva al mare; **out to** ~ [drift] verso il largo; **to stare out to** ~ fissare il mare. ◇ *comp* [animal] marino(a); [voyage] per mare.

seabed ['si:bed] *n*: **the** ~ il fondale marino.

seafood ['si:fu:d] *n* frutti *mpl* di mare.

seafront ['si:frʌnt] *n* lungomare *m*.

seagull ['si:gʌl] *n* gabbiano *m*.

seal [si:l] (*pl* **-s**) ◇ *n* -1. [animal] foca *f* -2. [official mark] sigillo *m* -3. [on container – on bottle] piombino *m*; [- on letter] sigillo *m* di ceralacca. ◇ *vt* -1. [close – envelope] incollare; [- document, letter] sigillare -2. [block up – opening, tube] chiudere ermeticamente; [- crack] stuccare. ← **seal off** *vt sep* [area] transennare; [entrance, exit] bloccare.

sea level *n* livello *m* del mare.

sea lion (*pl* **-s**) *n* leone *m* marino.

seam [si:m] *n* -1. SEW cucitura *f* -2. [of coal] filone *m*.

seaman ['si:mən] (*pl* **-men**) *n* marinaio *m*.

seamy ['si:mɪ] *adj* sordido(a).

séance ['seɪɑ:ns] *n* seduta *f* spiritica.

seaplane ['si:pleɪn] *n* idrovolante *m*.

seaport ['si:pɔ:t] *n* porto *m* marittimo.

search [sɜːtʃ] ⬦ *n* -1. [for lost person, object] ricerca *f*; ~ **for sthg** ricerca di qc; **in** ~ **of** in cerca di -2. [of person, luggage, house] perquisizione *f*. ⬦ *vt* -1. [scour – city] perlustrare; [– house, room] perquisire; [– drawer, memory] rovistare in -2. [frisk] perquisire. ⬦ *vi* -1. [gen] cercare; **to** ~ **for sb/sthg** cercare qn/qc -2. [try to recall]: **to** ~ **for sthg** cercare di ricordare.

search engine *n* COMPUT motore *m* di ricerca.

searching ['sɜːtʃɪŋ] *adj* [look, question, interview] penetrante; [examination] approfondito(a).

searchlight ['sɜːtʃlaɪt] *n* riflettore *m*.

search party *n* squadra *f* di soccorso.

search warrant *n* mandato *m* di perquisizione.

seashell ['si:ʃel] *n* conchiglia *f*.

seashore ['si:ʃɔːʳ] *n*: **the** ~ la riva del mare.

seasick ['si:sɪk] *adj*: **to feel** OR **be** ~ avere il mal di mare.

seaside ['si:saɪd] *n*: **the** ~ il mare.

season ['si:zn] ⬦ *n* -1. [gen] stagione *f*; **in** ~ di stagione; **out of** ~ fuori stagione -2. [of films, concerts] ciclo *m*. ⬦ *vt* [food] condire.

seasonal ['si:zənl] *adj* stagionale.

seasoned ['si:znd] *adj* esperto(a).

seasoning ['si:znɪŋ] *n* condimento *m*.

season ticket *n* abbonamento *m*.

seat [si:t] ⬦ *n* -1. [gen] sedile *m*; [in theatre] poltrona *f*; **to take a** ~ accomodarsi -2. [part of chair] seduta *f* -3. [place to sit] posto *m* -4. [of trousers] fondo *m* -5. [POL & in parliament] seggio *m*. ⬦ *vt* [sit down] far sedere; **please be** ~ **ed** si accomodi prego.

seat belt *n* cintura *f* di sicurezza.

seawater ['si:ˌwɔːtəʳ] *n* acqua *f* di mare.

seaweed ['si:wi:d] *n* alghe *fpl*.

seaworthy ['si:ˌwɜːðɪ] *adj* in grado di navigare.

sec. (*abbr of* **second**) *n* sec.

secluded [sɪ'klu:dɪd] *adj* isolato(a).

seclusion [sɪ'klu:ʒn] *n* isolamento *m*.

second ['sekənd] ⬦ *num* secondo(a) ⬦ *n* secondo *m*; *see also* **sixth**.

secondary ['sekəndrɪ] *adj* -1. SCH secondario(a) -2. [less important] di secondaria importanza; **to be** ~ **to sthg** essere meno importante di qc.

secondary school *n* scuola *f* secondaria.

second-class *adj* -1. [product] scadente -2. *pej* [citizen] di serie B -3. [ticket] di seconda (classe) -4. [postage] ordinario(a) -5. UK UNIV: ~ **degree** laurea con votazione media.

second-hand ⬦ *adj* -1. [gen] di seconda mano -2. [shop] dell'usato. ⬦ *adv* [not new] di seconda mano.

second hand *n* lancetta *f* dei secondi.

secondly ['sekəndlɪ] *adv* in secondo luogo.

secondment [sɪ'kɒndmənt] *n* UK distaccamento *m* temporaneo.

second-rate *adj pej* mediocre.

second thought *n* ripensamento *m*; **I'm having** ~**s about it** ci sto ripensando; **on** ~**s** UK, **on** ~ US ripensandoci.

secrecy ['si:krəsɪ] *n* segretezza *f*.

secret ['si:krɪt] ⬦ *adj* segreto(a). ⬦ *n* segreto *m*; **in** ~ in segreto.

secretarial [ˌsekrə'teərɪəl] *adj* [course] per segretarie; [staff] di segreteria.

secretary [UK 'sekrətrɪ, US 'sekrəˌterɪ] *n* -1. [gen] segretario *m*, -a *f* -2. [POL & minister] ministro *m*.

Secretary of State *n* -1. UK [minister]: ~ **(for sthg)** ministro *m* (di qc) -2. US [in charge of foreign affairs] Segretario *m* di Stato.

secretive ['si:krətɪv] *adj* [person] riservato(a); [group, organization] segreto(a).

secretly ['si:krɪtlɪ] *adv* segretamente.

sect [sekt] *n* setta *f*.

sectarian [sek'teərɪən] *adj* di carattere religioso.

section ['sekʃn] ⬦ *n* -1. [of exam, train] parte *f*; [of organization] reparto *m*; [of newspaper] rubrica *f*; [of pipe] tratto *m*; [of road] tronco *m*; **the violin** ~ i violini -2. GEOM sezione *f*. ⬦ *vt* -1. GEOM disegnare la sezione di -2. *fml* [cut] sezionare.

sector ['sektəʳ] *n* -1. [gen] settore *m* -2. [of group] sezione *f*.

secular ['sekjuləʳ] *adj* [music] profano(a); [life] secolare; [education] laico(a).

secure [sɪ'kjʊəʳ] ⬦ *adj* -1. [house, building] ben chiuso(a) -2. [connection, object] fissato(a) -3. [future, job, relationship, person] sicuro(a) -4. [base, basis] solido(a). ⬦ *vt* -1. [obtain] assicurarsi -2. [make safe] rendere sicuro -3. [fasten – object, luggage] fissare bene; [– door, lid] chiudere bene.

security [sɪ'kjʊərətɪ] *n* -1. [gen] sicurezza -2. [legal protection] garanzia *f*. ◆ **securities** *npl* FIN titoli *mpl*.

security guard *n* guardia *f* giurata.

sedan [sɪ'dæn] *n US* berlina *f*.

sedate [sɪ'deɪt] ◇ *adj* posato(a). ◇ *vt* dare sedativi a; **he was heavily ~d** lo avevano riempito di sedativi.

sedation [sɪ'deɪʃn] *n*: **under ~** sotto sedativi.

sedative ['sedətɪv] *n* sedativo *m*.

sediment ['sedɪmənt] *n* sedimento *m*.

seduce [sɪ'djuːs] *vt* sedurre; **to ~ sb into doing sthg** indurre qn a fare qc.

seductive [sɪ'dʌktɪv] *adj* -1. [attractive – prospect] allettante; [– argument] convincente -2. [sexually alluring] seducente.

see [siː] (*pt* **saw** , *pp* **seen**) ◇ *vt* -1. [gen] vedere; **to ~ the doctor** andare dal dottore; **~ you!** ci vediamo; **~ you soon/later/tomorrow!** a presto/a più tardi/a domani -2. [realize, understand]: **to ~ (that)** capire (che) -3. [accompany] accompagnare -4. [make sure]: **to ~ (that)** accertarsi (che) -5. [judge, consider] considerare. ◇ *vi* -1. [gen] vedere; **let's ~**, let me ~ vediamo -2. [understand] capire; **I ~ capisco; you ~, ... sai, ...** ◆ **seeing as**, **seeing that** *conj inf* visto che. ◆ **see about** *vt insep* -1. [organize] occuparsi di -2. [think about] vedere. ◆ **see off** *vt sep* -1. [say goodbye to] salutare -2. *UK* [chase away] cacciare. ◆ **see through** ◇ *vt insep* [not be deceived by] capire ciò che si nasconde dietro. ◇ *vt sep* [to conclusion] portare a termine. ◆ **see to** *vt insep* [attend to] occuparsi di.

seed [siːd] *n* -1. [of plant] seme *m* -2. *SPORT* testa *f* di serie. ◆ **seeds** *npl fig* [beginnings] germe *m*; **to sow the ~s of doubt in sb's mind** far venire i primi sospetti a qn.

seedling ['siːdlɪŋ] *n* semenzale *m*.

seedy ['siːdɪ] *adj* squallido(a).

seek [siːk] (*pt & pp* **sought** [sɔːt]) *fml vt* -1. [gen] cercare; **to ~ to do sthg** cercare di fare qc -2. [request] chiedere.

seem [siːm] ◇ *vi* sembrare; **they ~ to be saying that ...** credo che vogliano dire che ...; **he ~s like a nice guy** sembra un tipo a posto; **to ~ bored/tired** avere l'aria annoiata/stanca. ◇ *impers vb*: **it ~s (that)** sembra (che).

seemingly ['siːmɪŋlɪ] *adv* apparentemente.

seen [siːn] *pp* ▷ **see**.

seep [siːp] *vi* infiltrarsi; **to ~ through sthg** filtrare attraverso qc.

seesaw ['siːsɔː] *n* altalena *f* (a bilico).

seethe [siːð] *vi* -1. [person]: **to be seething with rage** bollire di rabbia -2. [place]: **to be seething with sthg** brulicare di qc.

see-through *adj* trasparente.

segment *n* ['segmənt] -1. [of audience, report] parte *f* -2. [of market] segmento *m* -3. [of fruit] spicchio *m*.

segregate ['segrɪgeɪt] *vt* separare.

Seine [seɪn] *n*: **the (River) ~** la Senna.

seize [siːz] *vt* -1. [grab] afferrare -2. [win, capture] prendere -3. [arrest] arrestare -4. [take advantage of] prendere al volo. ◆ **seize (up)on** *vt insep* prendere al volo. ◆ **seize up** *vi* -1. [body] anchilosarsi -2. [engine] grippare.

seizure ['siːʒəʳ] *n* -1. *MED* attacco *m* -2. [taking, capturing] presa *f*.

seldom ['seldəm] *adv* raramente.

select [sɪ'lekt] ◇ *adj* -1. [carefully chosen] scelto(a); **a ~ group** une ristretto gruppo -2. [exclusive] esclusivo(a). ◇ *vt* [candidate, TV channel, option] selezionare; [object] scegliere.

selection [sɪ'lekʃn] *n* -1. [choice] selezione *f* -2. [set, assortment] raccolta *f* -3. [range of goods] scelta *f*.

selective [sɪ'lektɪv] *adj* -1. [not general, limited] selettivo(a) -2. [choosy] difficile.

self [self] (*pl* **selves**) *n* [individual being, nature] io *m*; **she's her old ~ again** è tornata ad essere quella di prima.

self-addressed stamped envelope *n US* busta *f* preindirizzata e preaffrancata.

self-assured *adj* pieno di sé.

self-catering *adj* [holiday] fai da te; [flat, villa] con formula fai da te.

self-centred *adj* egocentrico(a).

self-confessed [-kən'fest] *adj* dichiarato(a).

self-confidence *n* sicurezza *f* di sé.

self-confident *adj* sicuro(a) di sé.

self-conscious *adj* impacciato(a).

self-contained *adj* indipendente.

self-control *n* autocontrollo *m*.

self-defence *n* autodifesa *f*.

self-discipline *n* autodisciplina *f*.

self-employed *adj*: **to be ~** lavorare in proprio.

self-esteem *n* autostima *f*.

self-explanatory *adj*: **to be ~** non necessitare spiegazioni.

self-important *adj pej* arrogante.

self-indulgent *adj pej* [person]: **to be ~** non farsi mancare nulla; *pej* [film] realizzato(a) per il proprio piacere; [book] scritto(a) per il proprio piacere.

self-interest *n pej* interesse *m* personale.

selfish ['selfɪʃ] *adj* egoista.

selfishness ['selfɪʃnɪs] *n* egoismo *m*.

selfless ['selflɪs] *adj* disinteressato(a).

self-made *adj*: a ~ **person** una persona che si è fatta da sé.

self-opinionated *adj pej* dogmatico(a).

self-pity *n pej* autocommiserazione *f*.

self-portrait *n* autoritratto *m*.

self-possessed *adj* controllato(a).

self-preservation *n* autoconservazione *f*.

self-raising flour *UK*, **self-rising flour** *US n* farina *f* con il lievito incorporato.

self-reliant *adj* indipendente.

self-respect *n* autostima *f*.

self-respecting [-rɪ'spektɪŋ] *adj* che si rispetti; **no ~ manager ...** nessun manager che si rispetti ...

self-restraint *n* autocontrollo *m*.

self-righteous *adj pej* pieno(a) di sé.

self-rising flour *n US* = self-raising flour.

self-satisfied *adj pej* [smile] di autocompiacimento; **a ~ person** una persona che si compiace di sé.

self-service *n* self-service *m inv*.

self-sufficient *adj* autosufficiente; **to be ~ (in sthg)** provvedere al proprio fabbisogno (di qc).

self-taught *adj* autodidatta.

sell [sel] (*pt & pp* **sold** [səʊld]) ◇ *vt* **-1.** [goods] vendere; **to ~ sthg to sb, to ~ sb sthg** vendere qc a qn; **to ~ sthg for sthg** vendere qc per qc **-2.** [promote] far vendere **-3.** *fig* [make enthusiastic about] far accettare; **to be sold on sthg** essere entusiasta di qc; **to ~ sthg to sb, to ~ sb sthg** far accettare qc a qn. ◇ *vi* **-1.** [person] vendere **-2.** [product] vendersi; **to ~ for/at** venire venduto per/a. ◆ **sell off** *vt sep* liquidare. ◆ **sell out** ◇ *vt sep* [performance]: **to be sold out** far registrare il tutto esaurito. ◇ *vi* **-1.** [shop, ticket office]: **to ~ out (of sthg)** avere finito (qc) **-2.** [betray one's principles] vendersi.

sell-by date *n UK* data *f* di scadenza.

seller ['selə^r] *n* [vendor] venditore *m*, -trice *f*.

selling price *n* prezzo *m* di vendita.

Sellotape® ['seləteɪp] *n UK* scotch® *m inv*.

sell-out *n*: **to be a ~** far registrare il tutto esaurito.

selves [selvz] *pl* ⊳**self**.

semaphore ['seməfɔ:^r] *n* segnalazione *f* a bandiere.

semblance ['sembləns] *n fml* parvenza *f*.

semen ['si:men] *n* sperma *m*.

semester [sɪ'mestə^r] *n* semestre *m*.

semicircle ['semɪ,sɜ:kl] *n* semicerchio *m*.

semicolon [,semɪ'kəʊlən] *n* punto *m* e virgola.

semidetached [,semɪdɪ'tætʃt] ◇ *adj* a schiera. ◇ *n UK* villetta *f* a schiera.

semifinal [,semɪ'faɪnl] *n* semifinale *f*.

seminar ['semɪnɑ:^r] *n* seminario *m*.

seminary ['semɪnərɪ] *n* RELIG seminario *m*.

semiskilled [,semɪ'skɪld] *adj* qualificato(a).

semolina [,semə'li:nə] *n* semolino *m*.

Senate ['senɪt] *n* POL: **the ~** il senato; **the United States ~** il Senato degli Stati Uniti.

senator ['senətə^r] *n* senatore *m*, -trice *f*.

send [send] (*pt & pp* **sent** [sent]) *vt* **-1.** [gen] mandare; **to ~ sb sthg, to ~ sthg to sb** mandare qc a qn; **~ her my love** falle i miei saluti; **to ~ sb (to)** mandare qn (a); **to ~ sb for sthg** mandare qn a prendere qc **-2.** [letter] spedire **-3.** [into a specific state]: **to ~ sb mad** far impazzire qn; **to ~ sb to sleep** far addormentare qn. ◆ **send back** *vt sep* [person] rimandare; [letter] rispedire. ◆ **send for** *vt insep* **-1.** [person] mandare a chiamare **-2.** [by post] ordinare per posta. ◆ **send in** *vt sep* **-1.** [visitor] far entrare **-2.** [troops, police] inviare **-3.** [submit – form, application] inviare; [– resignation] rassegnare. ◆ **send off** *vt sep* **-1.** [by post] inviare per posta **-2.** SPORT espellere. ◆ **send off for** *vt insep* [by post] richiedere per posta. ◆ **send up** *vt sep inf UK* [imitate] fare la parodia di.

sender ['sendə^r] *n* mittente *mf*.

send-off *n* festa *f* d'addio.

senile ['si:naɪl] *adj* senile.

senior ['si:njə^r] ◇ *adj* **-1.** [highest-ranking – police officer, nurse] capo; [– job] più al to(a) **-2.** [higher-ranking]: **to be ~ to sb** avere un grado più alto di qn **-3.** [SCH & pupils, classes] degli ultimi anni. ◇ *n* **-1.** [older person]: **I'm five years his ~** ho cinque anni più di lui **-2.** SCH & UNIV studente *m*, -essa *f* dell'ultimo anno.

senior citizen *n* anziano *m*, -a *f*.

sensation [sen'seɪʃn] *n* **-1.** [gen] sensazione *f* **-2.** [cause of excitement] scalpore *m*.

sensational [sen'seɪʃənl] *adj* **-1.** [gen] sensazionale **-2.** *inf* [wonderful] fantastico(a).

sense [sens] ◇ *n* **-1.** [gen] senso *m*; **the ~ of smell** l'olfatto; **to make ~** [have clear meaning] avere un senso compiuto; [be logical] essere sensato **-2.** [feeling, sensation - of honour, duty, justice] senso *m*; [- of guilt, terror] sensazione *f* **-3.** [wisdom, reason] buon senso *m* **-4.** *phr:* **to come to one's ~ s** [be sensible again] rinsavire; [regain consciousness] riprendere conoscenza. ◇ *vt* [feel] intuire; **to ~ that ...** intuire che ... ● **in a sense** *adv* in un certo senso.

senseless ['senslıs] *adj* **-1.** [stupid] insensato(a) **-2.** [unconscious] privo(a) di sensi; **to knock sb ~** picchiare qn fino a fargli perdere i sensi.

sensibilities *npl* sensibilità *f inv.*

sensible ['sensəbl] *adj* [reasonable, practical - person, decision] ragionevole; [- idea] sensato(a); [- clothes, shoes] pratico(a).

sensitive ['sensıtıv] *adj* **-1.** [suffering unpleasant effects]: **to be ~ (to sthg)** [eyes, skin] essere sensibile (a qc); [person] soffrire qc **-2.** [understanding, aware]: **~ (to sthg)** attento(a) (a qc) **-3.** [easily hurt, touchy] permoloso(a) **-4.** [controversial] delicato(a) **-5.** [instrument] sensibile.

sensual ['sensjuəl] *adj* **-1.** [sexually arousing] sensuale **-2.** [of the senses] dei sensi.

sensuous ['sensjuəs] *adj* voluttuoso(a).

sent [sent] *pt & pp* ▷ send.

sentence ['sentəns] ◇ *n* **-1.** [group of words] frase *f* **2.** LAW condanna *f.* ◇ *vt:* **to ~ sb (to sthg)** condannare qn (a qc).

sentiment ['sentımənt] *n* idea *f.*

sentimental [ˌsentı'mentl] *adj* sentimentale.

sentry ['sentrı] *n* sentinella *f.*

separate ◇ *adj* ['seprət] **-1.** [not joined, apart] separato(a); **~ from sthg** separato da qc **-2.** [individual, distinct] diverso(a); **it's a ~ problem** è un altro problema. ◇ *vt* ['sepəreıt] **-1.** [gen] separare; **to ~ sb/sthg from** separare qn/qc da; **to ~ sb/ sthg into** dividere qn/qc in **-2.** [distinguish] distinguere; **to ~ sb/sthg from** distinguere qn/qc da. ◇ *vi* ['sepəreıt]: **to ~ (from sb/sthg)** separarsi (da qn/qc).

separately ['seprətlı] *adv* separatamente.

separation [ˌsepə'reıʃn] *n* **-1.** [gen]: **~ (from sb/sthg)** separazione *f* (da qn/qc) **-2.** [division] suddivisione *f.*

September [sep'tembə^r] *n* settembre *m*; **in ~** in settembre; **last ~** lo scorso settembre; **this ~** a settembre (di quest'anno); **next ~** a settembre dell'anno prossimo; **by ~** entro settembre; **every**

~ ogni anno a settembre; **during ~** in settembre; **at the beginning/end of ~** all'inizio/alla fine di settembre; **in the middle of ~** a metà settembre.

septic ['septık] *adj* infetto(a).

septic tank *n* fossa *f* settica.

sequel ['si:kwəl] *n* **-1.** [book, film]: **~ to sthg** seguito di qc **-2.** [consequence]: **~ to sthg** conseguenza di qc.

sequence ['si:kwəns] *n* **-1.** [series] serie *f inv* **-2.** [order] successione *f* **-3.** [of film] sequenza *f.*

Serbia ['sɜ:bjə] *n* Serbia *f.*

serene [sı'ri:n] *adj* sereno(a).

sergeant ['sɑ:dʒənt] *n* **-1.** [in the army] sergente *m* **-2.** [in the police] brigadiere *m.*

sergeant major *n* sergente *m* maggiore.

serial ['sıərıəl] *n* serial *f inv.*

series ['sıəri:z] (*pl* **series**) *n* serie *f inv.*

serious ['sıərıəs] *adj* [gen] serio(a); [very bad] grave.

seriously ['sıərıəslı] *adv* **-1.** [earnestly] seriamente; **to take sb/sthg ~** prendere qn/qc sul serio **-2.** [very badly - ill] gravemente; [wrong] del tutto.

seriousness ['sıərıəsnıs] *n* **-1.** [gen] serietà *f inv* **-2.** [of illness, situation, loss] gravità *f inv.*

sermon ['sɜ:mən] *n* sermone *m.*

serrated [sı'reıtıd] *adj* seghettato(a).

servant ['sɜ:vənt] *n* domestico *m*, -a *f.*

serve [sɜ:v] ◇ *vt* **-1.** [gen] servire **-2.** [have effect]: **to ~ to do sthg** servire a fare qc; **to ~ a purpose** essere adatto allo scopo **-3.** [provide - with utilities] rifornire; [- with transport services] collegare **-4.** [food or drink]: **to ~ sthg to sb, to ~ sb sthg** servire qc a qn **-5.** LAW: **to ~ sb with sthg, to ~ sthg on sb** notificare qc a qn **-6.** [complete, carry out - prison sentence] scontare; [- apprenticeship, term of office] portare a termine **-7.** SPORT tirare **-8.** *phr:* **it ~ s you right** ti sta bene. ◇ *vi* **-1.** [gen] servire; **to ~ as sthg** servire da qc **-2.** [be employed] prestare servizio. ◇ *n* SPORT servizio *m.* ● **serve out, serve up** *vt sep* servire.

service ['sɜ:vıs] ◇ *n* **-1.** [gen] servizio *m* **-2.** [mechanical check] revisione *f*; [of car] tagliando *m* **-3.** RELIG funzione *f* **-4.** [operation] circolazione *f*; **in ~** [machinery, equipment] in uso; [car] in circolazione; **out of ~** fuori servizio **-5.** [use, help]: **to be of ~ (to sb)** essere utile (a qn). ◇ *vt* [car] fare il tagliando a; [machine] revisionare. ● **services** *npl* **-1.** [on motorway] area *f* di servizio **-2.** [armed forces]: **the**

~ s le forze armate -3. [help] servizi *mpl*.

serviceable ['sɜːvɪsəbl] *adj* pratico(a).

service area *n* area *f* di servizio.

service charge *n* servizio *m*.

serviceman ['sɜːvɪsmən] (*pl* **-men**) *n* MIL militare *m*.

service provider *n* COMPUT provider *m inv.*

service station *n* stazione *f* di servizio.

serviette [ˌsɜːvɪ'et] *n* tovagliolo *m*.

session ['seʃn] *n* -1. [of court, parliament] sessione *f* -2. [interview, meeting, sitting] incontro *m* -3. *US* [school term] trimestre *m*.

set [set] (*pt & pp* set) ◇ *adj* -1. [specified, prescribed] preciso(a); ~ **book** libro *m* di testo; ~ **time** ora *f* stabilita -2. [fixed, rigid – phrase, expression] fisso(a); [– ideas] radicato(a); [– routine] rigido(a) -3. [ready] pronto(a); ~ **for sthg/to do sthg** essere pronto per qc/per fare qc -4. [determined]: **to be** ~ **on sthg/on doing sthg** essere deciso(a) a fare qc; **to be dead** ~ **against sthg** essere del tutto contrario a qc. ◇ *n* -1. [collection, group – of golf clubs] completo *m*; [– of keys] mazzo *m*; [– of stamps] raccolta *f*; [– of crockery, cutlery] servizio *m*; [– of saucepans] batteria *f*; [– of tyres] treno *m*; **a** ~ **of teeth** [natural] dentatura *f*; [false] dentiera *f* -2. [apparatus] apparecchio *m*; **a television** ~ un televisore -3. [of film, play] set *m inv* -4. TENNIS set *m inv.* ◇ *vt* -1. [put in specified position, place] mettere -2. [fix, insert]: **to** ~ **sthg in(to) sthg** [jewel] incastonare qc in qc; [post, statue] piantare qc in qc -3. [indicating change of state or activity] mettere; **to** ~ **sb free** liberare qn; **to** ~ **sb's mind at rest** tranquillizzare qn; **to** ~ **sthg in motion** far scattare qc; **to** ~ **sthg right** risolvere qc; **to** ~ **sthg on fire** appiccare fuoco a qc; **her remark** ~ **me thinking** la sua osservazione mi ha fatto riflettere -4. [prepare in advance – trap] mettere; [– table] preparare -5. [adjust – alarm] puntare; [– meter] settare -6. [decide on] fissare -7. [establish, create – example] dare; [– precedent] creare; [– trend] lanciare; [– record] stabilire -8. [assign – target] fissare; [– problem] porre; [– homework] dare -9. [MED & mend] rimettere a posto -10. [story] ambientare -11. [hair] mettere in piega. ◇ *vi* -1. [sun] tramontare -2. [solidify – jelly] solidificarsi; [– glue, cement] far presa. ◆ **set about** *vt insep* [start]: **to** ~ **about sthg** affrontare qc; **to** ~ **about doing sthg** mettersi a fare qc. ◆ **set aside** *vt sep* -1. [keep, save] mettere da parte -2. [not consider – enmity, distrust] accantonare; [– decision] ignorare.

◆ **set back** *vt sep* [delay] far ritardare.

◆ **set off** ◇ *vt sep* -1. [initiate, cause – chain of events, discussion] dare l'avvio a; [– increase] causare -2. [ignite] far esplodere. ◇ *vi* [on journey] partire. ◆ **set out** ◇ *vt sep* -1. [arrange, spread out] disporre -2. [clarify, explain] esporre. ◇ *vt insep* [intend]: **to** ~ **out to do sthg** mettersi a fare qc. ◇ *vi* [on journey] partire. ◆ **set up** *vt sep* -1. [establish, arrange – fund] costituire; [– organization] fondare; [– committee] creare; [– procedure] instaurare; [meeting] organizzare -2. [erect] erigere; **to** ~ **camp** accamparsi -3. [install] installare -4. *inf* [make appear guilty] far passare per il colpevole.

setback ['setbæk] *n* contrattempo *m*.

settee [se'tiː] *n* divano *m*.

setting ['setɪŋ] *n* -1. [surroundings] cornice *f* -2. [of dial, control] regolazione *f*.

settle ['setl] ◇ *vt* -1. [conclude] definire -2. [decide] decidere -3. [pay] saldare -4. [make comfortable] mettere comodo -5. [calm] calmare. ◇ *vi* -1. [go to live] stabilirsi -2. [make o.s. comfortable] mettersi comodo -3. [come to rest] depositarsi; **to** ~ **on sthg** posarsi su qc. ◆ **settle down** *vi* -1. [give one's attention]: **to** ~ **down (to sthg/to doing sthg)** concentrarsi (su qc/a fare qc) -2. [become stable] stabilirsi in un posto -3. [make o.s. comfortable] sistemarsi; **to** ~ **down (for sthg)** sistemarsi (per qc) -4. [become calm] calmarsi. ◆ **settle for** *vt insep* accontentarsi di. ◆ **settle in** *vi* ambientarsi. ◆ **settle on** *vt insep* [choose] decidere per. ◆ **settle up** *vi* [financially]: **to** ~ **up (with sb)** fare i conti (con qn).

settlement ['setlmənt] *n* -1. [agreement] accordo *m* -2. [village] insediamento *m* -3. [payment] saldo *m*.

settler ['setlər] *n* colono *m*, -a *f*.

set-up *n inf* -1. [system, organization] sistema *m* -2. [deception to incriminate] truffa *m*.

seven ['sevn] *num* sette; *see also* **six.**

seventeen [ˌsevn'tiːn] *num* diciassette; *see also* **six.**

seventeenth [ˌsevn'tiːnθ] *num* diciassettesimo(a); *see also* **sixth.**

seventh ['sevnθ] *num* settimo(a); *see also* **sixth.**

seventy ['sevntɪ] *num* settanta; *see also* **sixty.**

sever ['sevər] *vt* -1. [rope, limb] recidere -2. [relationship] troncare.

several ['sevrəl] *adj & pron* parecchi(e).

severance ['sevrəns] *n fml* [of relationship] rottura *f.*

severe [sɪ'vɪə^r] *adj* **-1.** [extreme, bad – shock] grosso(a); [– weather] rigido(a); [– pain] forte; [– illness, injury] grave **-2.** [person] severo(a); [criticism] duro(a).

severity [sɪ'verətɪ] *n* **-1.** [strength, seriousness] gravità *f inv* **-2.** [sternness] severità *f inv.*

sew [səʊ] (*UK pp* sewn, *US pp* sewed OR sewn) *vt & vi* cucire. ➡ **sew up** *vt sep* [join] ricucire.

sewage ['suːɪdʒ] *n* acque *fpl* di scarico.

sewer ['sʊə^r] *n* fogna *f.*

sewing ['səʊɪŋ] *n* **-1.** [activity] cucito *m* **-2.** [items] cose *fpl* da cucire.

sewing machine *n* macchina *f* da cucire.

sewn [səʊn] *pp* ⊳sew.

sex [seks] *n* sesso *m*; **to have ~ (with sb)** fare del sesso (con qn).

sexist ['seksɪst] ◇ *adj* sessista. ◇ *n* sessista *mf.*

sexual ['sekʃʊəl] *adj* **-1.** [of gen] sessuale **-2.** [of gender – differences] tra i sessi; [– discrimination] sessuale.

sexual discrimination *n* discriminazione *f* sessuale.

sexual harassment *n* molestie *fpl* sessuali.

sexual intercourse *n* rapporti *m* sessuali.

sexually transmitted disease *n* malattia *f* che si trasmette attraverso i rapporti sessuali.

sexy ['seksɪ] *adj inf* sexy.

shabby ['ʃæbɪ] *adj* **-1.** [in bad condition] malandato(a); [clothes] trasandato(a) **-2.** [wearing old clothes] trasandato(a) **-3.** [mean] meschino(a).

shack [ʃæk] *n* baracca *f.*

shackle ['ʃækl] *vt* **-1.** [chain] incatenare **-2.** *lit* [restrict] ostacolare.

shade [ʃeɪd] ◇ *n* **-1.** [shadow] ombra *f* **-2.** [lampshade] paralume *m* **-3.** [colour] tonalità *f inv* **-4.** [nuance] sfumatura *f.* ◇ *vt* **-1.** [from light] fare ombra a **-2.** [by drawing lines] ombreggiare. ➡ **shades** *npl inf* [sunglasses] occhiali *mpl* da sole.

shadow ['ʃædəʊ] *n* **-1.** [gen] ombra *f* **-2.** [under eyes] occhiaia *f* **-3.** *phr*: **without** OR **beyond a ~ of a doubt** senz'ombra di dubbio.

shadow cabinet *n* gabinetto *m* ombra.

shadowy ['ʃædəʊɪ] *adj* **-1.** [dark] buio(a) **-2.** [unknown, sinister] oscuro(a).

shady ['ʃeɪdɪ] *adj* **-1.** [gen] ombroso(a) **-2.** *inf* [dishonest, sinister] equivoco(a).

shaft [ʃɑːft] *n* **-1.** [vertical passage – gen] pozzo *m*; [– of lift] tromba *f* **-2.** [rod] albero *m* **-3.** [of light] raggio *m.*

shaggy ['ʃægɪ] *adj* ispido(a).

shake [ʃeɪk] (*pt* shook, *pp* shaken) ◇ *vt* **-1.** [gen] scuotere; **to ~ sb's hand** stringere la mano a qn; **to ~ hands** darsi la mano; **to ~ one's head** [to say no] scuotere la testa **-2.** [belief, confidence] far vacillare. ◇ *vi* tremare. ◇ *n* [act of shaking] scossa *f*; **to give sthg a ~** dare una scossone a qc. ➡ **shake off** *vt sep* [get rid of] sbarazzarsi di. ➡ **shake up** *vt sep* [upset] scuotere.

shaken ['ʃeɪkn] *pp* ⊳shake.

shaky ['ʃeɪkɪ] *adj* **-1.** [unsteady – chair, table] traballante; [– hand, writing, voice] tremante; [– person] debole **-2.** [weak, uncertain] vacillante.

shall [(weak form ʃəl, strong form ʃæl)] *aux vb* **-1.** (*1st person sg & 1st person pl*) [to express future tense]: **we ~ be in Scotland in June** saremo in Scozia in giugno; **I shan't be home till nine o'clock** non sarò di ritorno prima delle nove; **I ~ ring next week** ti chiamo la settimana prossima **-2.** (*esp 1st person sg & 1st person pl*) [in questions]: **~ we have a break now?** facciamo una pausa adesso?; **where ~ I put this?** dove lo metto? **-3.** [in orders]: **payment ~ be made within a week** il pagamento dev'essere effettuato nel giro di una settimana.

shallow ['ʃæləʊ] *adj* **-1.** [gen] poco profondo(a) **-2.** *pej* [superficial] superficiale.

sham [ʃæm] ◇ *adj* falso(a). ◇ *n* [piece of deceit] farsa *f.*

shambles ['ʃæmblz] *n* **-1.** [disorder] finimondo *m* **-2.** [fiasco] disastro *m.*

shame [ʃeɪm] ◇ *n* **-1.** [remorse] vergogna *f* **-2.** [dishonour]: **to bring ~ (up)on sb** disonorare qn **-3.** [pity]: **it's a ~ (that ...)** è un peccato (che ...); **what a ~!** che peccato! ◇ *vt* **-1.** [fill with shame] far vergognare **-2.** [force by making ashamed]: **to ~ sb into doing sthg** obbligare qn a fare qc facendolo vergognare.

shameful ['ʃeɪmfʊl] *adj* [action, attitude] vergognoso(a); [experience] di cui vergognarsi.

shameless ['ʃeɪmlɪs] *adj* svergognato(a).

shampoo [ʃæm'puː] (*pl* -s, *pt & pp* -ed, *cont* -ing) ◇ *n* shampoo *m inv.* ◇ *vt* fare lo shampoo a.

shamrock ['ʃæmrɒk] *n* trifoglio *m.*

shandy ['ʃændɪ] *n* birra *f* con gassosa.

shan't [ʃɑ:nt] *cont* = shall not.

shantytown [ˈʃæntɪtaʊn] *n* baraccopoli *f inv.*

shape [ʃeɪp] ⬦ *n* -1. [gen] forma *f*; **to take ~** prendere forma -2. [figure, silhouette, geometrical figure] figura *f* -3. [form, health]: **to be in good/bad ~** [person] essere in forma/fuori forma; [business] essere in buone condzioni/essere malandato. ⬦ *vt* -1. [gen] formare; **to ~ clay (into sthg)** modellare la creta (a forma di qc); **~ d like a strawberry** a forma di fragola -2. [influence - character] formare; [- ideas] condizionare; [- events, future] influenzare. ➡ **shape up** *vi* [develop - plans] prendere forma; [- person, business] svilupparsi.

-shaped [-ʃeɪpd] *suffix* a forma di.

shapeless [ˈʃeɪplɪs] *adj* [mass, heap] informe; [garment] sformato(a).

shapely [ˈʃeɪplɪ] *adj* ben fatto(a).

share [ʃeəʳ] ⬦ *vt* -1. [gen] dividere -2. [reveal, discuss] -3. [have in common] condividere; **to ~ sthg (with sb)** condividere qc (con qn). ⬦ *vi* [have, use jointly] usare insieme; **to ~ in sthg** [responsibility] assumersi qc; [success] partecipare a. ➡ **shares** *npl* FIN azioni *fpl.* ➡ **share out** *vt sep* distribuire.

shareholder [ˈʃeəˌhəʊldəʳ] *n* azionista *mf.*

shark [ʃɑ:k] (*pl* -s) *n* squalo *m.*

sharp [ʃɑ:p] ⬦ *adj* -1. [not blunt - teeth] aguzzo(a); [- pencil, needle] appuntito(a); [- knife] affilato(a) -2. [well-defined] nitido(a) -3. [intelligent, keen - person] perspicace; [- intelligence, mind] vivace; [- eyesight] acuto(a); [- hearing] fino(a) -4. [abrupt, sudden] improvviso(a) -5. [angry, severe] aspro(a) -6. [piercing, loud] penetrante -7. [acute, painful] pungente -8. [bitter] asprigno(a) -9. MUS diesis. ⬦ *adv* -1. [punctually] in punto -2. [quickly, suddenly] bruscamente; **turn ~ left at the church** svolta a sinistra immediatamente dopo la chiesa. ⬦ *n* MUS diesis *m.*

sharpen [ˈʃɑ:pn] *vt* [make sharp - knife, tool] affilare; [- pencil] temperare.

sharpener [ˈʃɑ:pnəʳ] *n* [for pencil] temperamatite *m inv;* [for knife] affilacoltelli *m inv.*

sharply [ˈʃɑ:plɪ] *adv* -1. [distinctly] nettamente -2. [suddenly - turn, stop] bruscamente; [- change, increase, fall] improvvisamente -3. [harshly] duramente.

shatter [ˈʃætəʳ] ⬦ *vt* -1. [gen] frantumare -2. *fig* [beliefs, hopes, dreams] distruggere. ⬦ *vi* frantumarsi.

shattered [ˈʃætəd] *adj* -1. [shocked, upset] sconvolto(a) -2. *UK inf* [very tired] a pezzi.

shave [ʃeɪv] ⬦ *n* [with razor]: **to have a ~** farsi la barba. ⬦ *vt* -1. [gen] radere -2. [wood] piallare. ⬦ *vi* radersi.

shaver [ˈʃeɪvəʳ] *n* rasoio *m* elettrico.

shaving brush *n* pennello *m* da barba.

shaving cream *n* crema *f* da barba.

shaving foam *n* schiuma *f* da barba.

shawl [ʃɔ:l] *n* scialle *m.*

she [ʃi:] ⬦ *pers pron* lei; **~'s tall** è alta; **she can't do it** lei non può farlo; **~ and I went out together last night** io e lei siamo usciti insieme ieri sera; **there ~ is** eccola; **if I were** OR **was ~** *fml* se fossi in lei; **~'s a fine ship** è un'ottima imbarcazione; **~'s a lovely dog/cat** è una cagna/gatta adorabile. ⬦ *comp* femmina; **a ~-elephant** un'elefantessa.

sheaf [ʃi:f] (*pl* **sheaves**) *n* -1. [of papers, letters] fascio *m* -2. [of corn, grain] covone *m.*

shear [ʃɪəʳ] (*pt* -ed, *pp* -ed OR shorn) *vt* tosare. ➡ **shears** *npl* cesoie *fpl.*

sheath [ʃi:θ] (*pl* -s) *n* -1. [gen] guaina *f* -2. *UK* [condom] preservativo *m.*

sheaves [ʃi:vz] *pl* ▷ **sheaf.**

shed [ʃed] (*pt & pp* shed) ⬦ *n* casotto *m.* ⬦ *vt* -1. [gen] perdere -2. [discard, get rid of] liberarsi di -3. [tears, blood] versare.

she'd [(weak form ʃɪd, strong form ʃi:d)] *cont* = she had; she would.

sheen [ʃi:n] *n* lucentezza *f.*

sheep [ʃi:p] (*pl* sheep) *n lit & fig* pecora *f.*

sheepdog [ˈʃi:pdɒg] *n* cane *m* da pastore.

sheepish [ˈʃi:pɪʃ] *adj* imbarazzato(a).

sheepskin [ˈʃi:pskɪn] *n* pelle *f* di pecora.

sheer [ʃɪəʳ] *adj* -1. [absolute] puro(a) -2. [very steep] a strapiombo; **~ drop** strapiombo *m* -3. [delicate] finissimo(a).

sheet [ʃi:t] *n* -1. [for bed] lenzuolo *m* -2. [o paper] foglio *m* -3. [of metal, wood] lamin. *f*; [of glass] lastra *f.*

shelf [ʃelf] (*pl* shelves) *n* scaffale *m.*

shell [ʃel] ⬦ *n* -1. [of egg, nut, snail] gusci. *m* -2. [of tortoise, crab] carapace *m* -3. [o beach] conchiglia *f* -4. [of building] schele tro *m*; [of boat] scheletro *m*, carcassa *f*; [c car] carcassa *f* -5. MIL granata *f.* ⬦ *vt* -1. [re move covering] sbucciare -2. MIL bombarda re.

she'll [ʃi:l] *cont* = she will; she shall.

shellfish [ˈʃelfɪʃ] (*pl* shellfish) *n* -1. [cre ture] crostaceo *m* -2. [food] frutti *mpl* c mare.

shell suit *n UK* tuta *f* in acetato.

shelter ['ʃeltə^r] ◇ *n* **-1.** [from air raid, on mountain] rifugio *m* **-2.** [cover, protection] riparo *m* **-3.** [accommodation] asilo *m*. ◇ *vt* **-1.** [from rain, sun, bombs]: **to be ~ed by/from sthg** essere protetto(a) da qc **-2.** [give asylum to] dare asilo a. ◇ *vi*: **to ~ from sthg** ripararsi da qc.

sheltered ['ʃeltəd] *adj* **-1.** [place] riparato(a) **-2.** [life, childhood] protetto(a) **-3.** [supervised]. **• accommodation** OR **housing** *UK* residenza *f* protetta.

shelve [ʃelv] *vt* accantonare.

shelves [ʃelvz] *pl* ▷ shelf.

shepherd ['ʃepəd] ◇ *n* pastore *m*. ◇ *vt fig* accompagnare.

shepherd's pie *n* tortino di carne macinata ricoperto di purè di patate.

sheriff ['ʃerɪf] *n* **-1.** *US* [law officer] sceriffo *m* **-2.** *Scot* [judge] giudice *mf*.

sherry ['ʃerɪ] *n* sherry *m inv.*

she's [ʃiːz] *cont* = she is; she has.

shield [ʃiːld] ◇ *n* **-1.** [armour] scudo *m* **-2.** *UK* [sports trophy] scudetto *m* **-3.** [protection]. **• against sthg protezione** *f* contro qc. ◇ *vt*: **to ~ sb (from sthg)** proteggere qn (da qc).

shift [ʃɪft] ◇ *n* **-1.** [slight change] cambiamento *m* **-2.** [period of work, workers] turno *m*. ◇ *vt* **-1.** [move, put elsewhere] spostare **-2.** [change slightly] cambiare **-3.** *US* AUT cambiare. ◇ *vi* **-1.** [move] spostarsi **-2.** [change slightly] cambiare **-3.** *US* AUT: **to ~ into first/second** mettere la prima/la seconda.

shifty ['ʃɪftɪ] *adj inf* [person] losco(a); [look] sfuggente; [behaviour] sospetto(a).

shilling ['ʃɪlɪŋ] *n UK* HIST scellino *m*.

shimmer ['ʃɪmə^r] ◇ *n* luce *m* tremula. ◇ *vi* tremolare.

shin [ʃɪn] *n* stinco *m*.

shinbone ['ʃɪnbəʊn] *n* tibia *f*.

shine [ʃaɪn] (*pt & pp* shone) ◇ *n* lucentezza *f*. ◇ *vt* **-1.** [focus]: **to ~ a torch/lamp on/at** puntare una torcia/lampada su/verso **-2.** [polish] lucidare. ◇ *vi* [give out light] splendere.

shingle ['ʃɪŋgl] *n* [on beach] ciottoli *mpl*. **• shingles** *n* MED fuoco *m* di Sant'Antonio.

shiny ['ʃaɪnɪ] *adj* lucido(a).

ship [ʃɪp] ◇ *n* nave *m*. ◇ *vt* [send by ship] spedire via nave.

shipbuilding ['ʃɪpˌbɪldɪŋ] *n* industria *f* cantieristica.

shipment ['ʃɪpmənt] *n* **-1.** [cargo] carico *m* **-2.** [act of shipping] spedizione *f*.

shipping ['ʃɪpɪŋ] *n* **-1.** [transport] spedizione *f* **-2.** [ships] navi *fpl*.

shipshape ['ʃɪpʃeɪp] *adj* in perfetto ordine.

shipwreck ['ʃɪprek] ◇ *n* **-1.** [destruction of ship] naufragio *m* **-2.** [wrecked ship] relitto *m*. ◇ *vt*: **to be ~ed** naufragare.

shipyard ['ʃɪpjɑːd] *n* cantiere *m* navale.

shirk [ʃɜːk] *vt* sottrarsi a.

shirt [ʃɜːt] *n* camicia *f*.

shirtsleeves ['ʃɜːtsliːvz] *npl*: **in (one's) ~** in maniche di camicia.

shit [ʃɪt] (*pt & pp* shit OR -ted OR shat) *vulg* ◇ *n* **-1.** [excrement, person] merda *f* **-2.** [nonsense] stronzate *fpl*. ◇ *vi* cagare. ◇ *excl* merda.

shiver ['ʃɪvə^r] ◇ *n* [tremble] brivido *m*. ◇ *vi*: **to ~ (with sthg)** tremare (di OR per qc).

shoal [ʃəʊl] *n* banco *m*.

shock [ʃɒk] ◇ *n* **-1.** PSYCHOL & MED shock *m inv*; **to be suffering from ~, to be in (a state of) ~** essere in stato di shock **-2.** [impact] colpo *m* **-3.** ELEC scossa *f*. ◇ *vt* **-1.** [upset] scioccare **-2.** [offend] scandalizzare.

shock absorber [-əbˌzɔːbə^r] *n* ammortizzatore *m*.

shocking ['ʃɒkɪŋ] *adj* **-1.** [very bad] terribile **2.** [scandalous] scandaloso(a) **3.** [horrifying] agghiacciante.

shod [ʃɒd] ◇ *pt & pp* ▷ shoe. ◇ *adj*: **she's always very well shod** indossa sempre delle scarpe molto belle.

shoddy ['ʃɒdɪ] *adj* **-1.** [work, goods] scadente **-2.** *fig* [treatment, response] indegno(a).

shoe [ʃuː] (*pt & pp* -ed OR shod) ◇ *n* scarpa *f*. ◇ *vt* ferrare.

shoebrush ['ʃuːbrʌʃ] *n* spazzola *f* per le scarpe.

shoehorn ['ʃuːhɔːn] *n* calzascarpe *m inv.*

shoelace ['ʃuːleɪs] *n* laccio *m* (per scarpe).

shoe polish *n* lucido *m* per scarpe.

shoe shop *n* negozio *m* di scarpe.

shoestring ['ʃuːstrɪŋ] *n fig*: **on a ~** con quattro soldi.

shone [ʃɒn] *pt & pp* ▷ shine.

shoo [ʃuː] ◇ *vt* scacciare. ◇ *excl* sciò.

shook [ʃʊk] *pt* ▷ shake.

shoot [ʃuːt] (*pt & pp* shot [ʃɒt]) ◇ *vt* **-1.** [fire gun at] sparare a; **to ~ o.s.** spararsi **-2.** *UK* [hunt] cacciare **-3.** [arrow] tirare **-4.**

CIN girare. ⟨> *vi* **-1.** [fire gun]: **to ~ (at sb/ sthg)** sparare (a qn/qc) **-2.** UK [hunt] andare a caccia **-3.** [move quickly]: **she shot into/out of the room** entrò nella/uscì dalla stanza come un fulmine; **the car shot past us** la macchina ci sfrecciò accanto **-4.** CIN girare **-5.** SPORT tirare. ⟨> *n* **-1.** UK [hunting expedition] partita *f* di caccia **-2.** [new growth] germoglio *m.* ◆ **shoot down** *vt sep* [person] uccidere con un colpo di arma da fuoco; [plane, pilot] abbattere. ◆ **shoot up** *vi* **-1.** [grow quickly] crescere tutto d'un colpo **-2.** [increase quickly] salire alle stelle.

shooting ['ʃuːtɪŋ] *n* **-1.** [killing] uccisione *f* **-2.** [hunting] caccia *f.*

shooting star *n* stella *f* cadente.

shop [ʃɒp] ⟨> *n* **-1.** *esp* UK [store] negozio *m* **-2.** [workshop] officina *f.* ⟨> *vi* fare la spesa; **to go shopping** andare a far compere.

shop assistant *n* UK commesso *m*, -a *f.*

shop floor *n*: **the ~** gli operai.

shopkeeper ['ʃɒpˌkiːpə'] *n esp* UK negoziante *mf.*

shoplifting ['ʃɒpˌlɪftɪŋ] *n* taccheggio *m.*

shopper ['ʃɒpə'] *n* acquirente *mf.*

shopping ['ʃɒpɪŋ] *n* spesa *f.*

shopping bag *n* borsa *f* per la spesa.

shopping basket *n* UK **-1.** [in supermarket] cestino *m* (per la spesa) **-2.** [for online shopping] carrello *m.*

shopping cart *n* US **-1.** [in supermarket] carrello *m* (della spesa) **-2.** [for online shopping] carrello *m.*

shopping centre UK, **shopping mall** US, **shopping plaza** US *n* centro *m* commerciale.

shop steward *n* rappresentànte *mf* sindacale.

shopwindow [ˌʃɒpˈwɪndəʊ] *n* vetrina *f.*

shore [ʃɔː'] *n* **-1.** [land by water] riva *f* **-2.** [not at sea]: **on ~** a terra. ◆ **shore up** *vt sep* **-1.** [prop up] puntellare **-2.** *fig* [sustain] sostenere.

shorn [ʃɔːn] ⟨> *pp* ▷**shear.** ⟨> *adj* [grass, hair] molto corto(a); [head] rasato(a); **~ of sthg** *fig* spogliato(a) di qc.

short [ʃɔːt] ⟨> *adj* **-1.** [hair, dress] corto(a); [speech, letter, route, visit] breve; **in two days/years** fra meno di due giorni/anni **-2.** [in height] basso(a) **-3.** [curt]: **to be ~ (with sb)** essere brusco(a) con qn **-4.** [lacking] scarso(a); **money's always ~** mancano sempre i soldi; **we're a chair ~** manca una sedia; **to be ~ on sthg** aver

poco qc; **to be ~ of sthg** [money] essere a corto di qc; [staff, time] avere poco qc **-5.** [abbreviated]: **to be ~ for sthg** essere l'abbreviazione di qc; **Bob is ~ for Robert** Bob è il diminutivo di Robert. ⟨> *adv* **-1.** [lacking]: **to run ~ of sthg** stare per finire qc **-2.** [suddenly, abruptly]: **to cut sthg ~** interrompere qc; **to stop ~** fermarsi di colpo. ⟨> *n* **-1.** UK [alcoholic drink] bicchierino *m* **-2.** CIN cortometraggio *m.* ◆ **shorts** *npl* **-1.** [short trousers] pantaloncini *mpl* **-2.** US [underwear] boxer *m inv.* ◆ **for short** *adv*: **he's called Bob for ~** è noto col diminutivo di Bob. ◆ **in short** *adv* a farla breve. ◆ **nothing short of** *prep* niente meno che. ◆ **short of** *prep* [apart from]: **~ of doing sthg** a meno di non fare qc.

shortage ['ʃɔːtɪdʒ] *n* scarsità *f inv.*

shortbread ['ʃɔːtbred] *n* frollini *mpl.*

short-change *vt* **-1.** [in shop, restaurant] dare il resto sbagliato a **-2.** *fig* [reward unfairly] truffare.

short circuit *n* cortocircuito *m.*

shortcomings *npl* difetti *mpl.*

short cut *n* scorciatoia *f.*

shorten ['ʃɔːtn] ⟨> *vt* accorciare; **Robert is often ~ed to Bob** Robert viene spesso abbreviato in Bob. ⟨> *vi* accorciarsi.

shortfall ['ʃɔːtfɔːl] *n*: **~ in/of sthg** deficit *m inv* in/di qc.

shorthand ['ʃɔːthænd] *n* stenografia *f.*

shorthand typist *n* UK stenodattilografo *m*, -a *f.*

short list *n* UK rosa *f* di candidati.

shortly ['ʃɔːtlɪ] *adv* tra poco; **~ before/ after** poco prima/dopo.

shortsighted [ˌʃɔːtˈsaɪtɪd] *adj lit & fig* miope.

short-staffed [-'stɑːft] *adj*: **to be ~** essere a corto di personale.

short-stay *adj* per sosta breve.

short story *n* racconto *m.*

short-tempered *adj* irritabile.

short-term *adj* a breve termine.

short wave *n* onde *fpl* corte.

shot [ʃɒt] ⟨> *pt & pp* ▷**shoot.** ⟨> *n* **-1.** [gunshot] sparo *m*; **to fire a ~** sparare un colpo (di pistola); **like a ~** [quickly] in un baleno **-2.** [marksman] tiratore *m*, -trice *f* **-3.** SPORT [in football] tiro *m*; [in tennis, golf] colpo *m* **-4.** [photograph] foto *f inv* **-5.** CIN ripresa *f* **-6.** *inf* [try, go] tentativo *m* **-7.** [injection] iniezione *f.*

shotgun ['ʃɒtɡʌn] *n* fucile *m* da caccia.

should [ʃʊd] *aux vb* **-1.** [indicating duty, necessity]: **we ~ leave now** ora dovremmo andare **-2.** [seeking advice, permission]: **~ I go too?** dovrei andare anch'io? **-3.** [as suggestion]: **I ~ deny everything** negherei tutto **-4.** [indicating probability]: **she ~ be home soon** dovrebbe rientrare a momenti **-5.** [was or were expected to]: **they ~ have won the match** avrebbero dovuto vincere la partita **-6.** *(as conditional)*: **I ~ like to come with you** mi piacerebbe venire con voi; **how ~ I know?** e io come faccio a saperlo; **~ you be interested...** se per caso tu fossi interessato... **-7.** *(in subordinate clauses)*: **we decided that you ~ meet him** abbiamo deciso che lo incontri **-8.** [expressing uncertain opinion]: **I ~ think he's about 50 (years old)** direi che ha cinquantina d'anni **-9.** *(after who or what)* [expressing surprise]: **and who ~ I see but Ann!** e chi ti vedo? Ann!

shoulder [ˈʃəʊldəʳ] ◇ *n* spalla *f*. ◇ *vt* **-1.** [load] mettersi in spalla **-2.** [responsibility] addossarsi.

shoulder blade *n* scapola *f*.

shoulder strap *n* **-1.** [on dress] bretellina *f* **-2.** [on bag] tracolla *f*.

shouldn't [ˈʃʊdnt] *cont* = should not.

should've [ˈʃʊdəv] *cont* = should have.

shout [ʃaʊt] ◇ *n* [cry] grido *m*. ◇ *vt* gridare. ◇ *vi* gridare; **to ~ at sb** [tell off] sgridare qn. ◆ **shout down** *vt sep* zittire a suon di urla.

shouting [ˈʃaʊtɪŋ] *n* grida *fpl*.

shove [ʃʌv] *inf* ◇ *n*: **to give sb/sthg a ~** dare una spinta a qn/qc. ◇ *vt* [push] spingere; [put roughly] ficcare. ◆ **shove off** *vi* **-1.** [in boat] allontanarsi dalla riva **-2.** *UK inf* [go away] sparire.

shovel [ˈʃʌvl] ◇ *n* [tool] pala *f*. ◇ *vt* **-1.** [earth, coal, snow] spalare **-2.** *fig* [food, meal] tranguriare.

show [ʃəʊ] (*pt* -ed, *pp* shown OR -ed) ◇ *n* **-1.** [piece of entertainment] spettacolo *m* **-2.** [exhibition] mostra *f* **-3.** [display - of strength] dimostrazione *f*; [- of temper] prova *f*. ◇ *vt* **-1.** [display, present] mostrare, far vedere; **to ~ sb sthg, to ~ sthg to sb** mostrare OR far vedere qc a qn **-2.** [depict, reveal] mostrare; **to ~ sb affection** dimostrare affetto a qn; **to ~ sb mercy/respect** mostrare compassione/rispetto per qn **-3.** [point out, demonstrate] indicare, far vedere **-4.** [escort]: **to ~ sb to sthg** accompagnare qn a qc **-5.** [broadcast] dare **-6.** [register, read] segnare **-7.** [profit, loss] indicare **-8.** [work of art, produce] esporre.

◇ *vi* **-1.** [indicate, make clear] dimostrare **-2.** [be visible] vedersi **-3.** CIN dare; **what's ~ing tonight?** cosa danno stasera? ◆ **show off** ◇ *vt sep* [new car] sfoggiare. ◇ *vi* mettersi in mostra. ◆ **show up** ◇ *vt sep* [embarrass] far fare brutta figura a. ◇ *vi* **-1.** [stand out - stain] vedersi; [- feature, colour] risaltare **-2.** [arrive] farsi vivo(a).

show business *n* industria *f* dello spettacolo.

showdown [ˈʃəʊdaʊn] *n*: **to have a ~ with sb** arrivare alla resa dei conti con qn.

shower [ˈʃaʊəʳ] ◇ *n* **-1.** [device] doccia *f* **-2.** [wash]: **to have** *UK* OR **take a ~** farsi la doccia **-3.** [of rain] acquazzone *m* **-4.** [of confetti, sparks] pioggia *f*; [of insults, abuse] valanga *f*. ◇ *vt* **-1.** [sprinkle]: **to ~ sb/sthg with sthg, to ~ sthg (up)on sb/sthg** cospargere qn/qc di qc **-2.** [bestow]: **to ~ sb with sthg, to ~ sthg (up)on sb** coprire qn di qc. ◇ *vi* [wash] farsi la doccia.

shower cap *n* cuffia *f* da bagno.

showing [ˈʃəʊɪŋ] *n* CIN spettacolo *m*.

show jumping *n* salto *m* agli ostacoli.

shown [ʃəʊn] *pp* ▷ show.

show-off *n inf* spaccone *m*, -a *f*.

showpiece [ˈʃəʊpiːs] *n* pezzo *m* forte.

showroom [ˈʃəʊrʊm] *n* salone *m* (d'esposizione).

shrank [ʃræŋk] *pt* ▷ shrink.

shrapnel [ˈʃræpnl] *n* shrapnel *m inv*.

shred [ʃred] ◇ *n* **-1.** [small piece] brandello *m* **-2.** *fig* [of evidence] straccio *m*; [of truth] briciolo *f*. ◇ *vt* tagliare a striscioline.

shredder [ˈʃredəʳ] *n* **-1.** [for documents] distruttore *m* di documenti **-2.** [in food processor] tritaverdure *m inv*.

shrewd [ʃruːd] *adj* astuto(a).

shriek [ʃriːk] *n* urlo *m*; **a ~ of laughter** una sonora risata.

shrill [ʃrɪl] *adj* acuto(a).

shrimp [ʃrɪmp] *n* gamberetto *m*.

shrine [ʃraɪn] *n* santuario *m*.

shrink [ʃrɪŋk] (*pt* shrank, *pp* shrunk) ◇ *vt* (fare) restringere. ◇ *vi* **-1.** [become smaller - cloth, piece of clothing] restringersi; [- person] rimpicciolire; [- meat] ritirarsi **-2.** *fig* [contract, diminish] avere un calo **-3.** [recoil]: **to ~ (away) from sb/sthg** ritirarsi davanti a qn/qc **-4.** [be reluctant]: **to ~ from sthg** sottrarsi a qc; **to ~ from doing sthg** rifuggire dal fare qc. ◇ *n inf* [psychoanalyst] strizzacervelli *mf inv*.

shrink-wrap *vt* confezionare con pellicola termoretraibile.

shrivel ['ʃrɪvl] *vt & vi*: to ~ **(up)** avvizzire.

shroud [ʃraʊd] ⬦ *n* sudario *m*. ⬦ *vt*: to be ~ed in sthg essere avvolto(a) in qc.

Shrove Tuesday [ʃrəʊv-] *n* martedì *m* grasso.

shrub [ʃrʌb] *n* arbusto *m*.

shrubbery ['ʃrʌbərɪ] *n* arbusti *mpl*.

shrug [ʃrʌg] ⬦ *vt* [shoulders] scrollare. ⬦ *vi* scrollare le spalle. ◆ **shrug off** *vt sep* [criticism, problem] non dare importanza a.

shrunk [ʃrʌŋk] *pp* ▷ **shrink**.

shudder ['ʃʌdər] *vi* **-1.** [person]: to ~ **(with sthg)** rabbrividire (di qc) **-2.** [machine, vehicle] sussultare.

shuffle ['ʃʌfl] *vt* **-1.** [feet] strascicare **-2.** [cards, papers] mescolare.

shun [ʃʌn] *vt* evitare.

shunt [ʃʌnt] *vt* RAIL smistare.

shut [ʃʌt] (*pt & pp* shut) ⬦ *adj* chiuso(a). ⬦ *vt* chiudere. ⬦ *vi* **-1.** [window, door, eyes] chiudersi **-2.** [shop, pub, office] chiudere. ◆ **shut away** *vt sep* **-1.** [criminal] rinchiudere **-2.** [valuables] mettere sotto chiave. ◆ **shut down** *vt sep & vi* [factory, business] chiudere. ◆ **shut out** *vt sep* [of building, room – person, cat] chiudere fuori; [– light, noise] non far entrare. ◆ **shut up** ⬦ *vt sep* **-1.** [shop, factory] chiudere **-2.** [person] chiudere la bocca a. ⬦ *vi* **-1.** *inf* [be quiet] chiudere la bocca **-2.** [close shop] chiudere.

shutter ['ʃʌtər] *n* **-1.** [on window] persiana *f* **-2.** [in camera] otturatore *m*.

shuttle ['ʃʌtl] ⬦ *adj*: ~ **service** servizio *m* navetta. ⬦ *n* [plane] aereo navetta; [train] treno navetta; [bus] bus navetta.

shuttlecock ['ʃʌtlkɒk] *n esp UK* volano *m*.

shy [ʃaɪ] ⬦ *adj* timido(a). ⬦ *vi* fare uno scarto.

Siberia [saɪˈbɪərɪə] *n* Siberia.

sibling ['sɪblɪŋ] *n* fratello *m*sorella.

Sicily ['sɪsɪlɪ] *n* Sicilia *f*.

sick [sɪk] *adj* **-1.** [unwell] malato(a); to be off ~ essere in malattia **-2.** [nauseous]: to feel ~ avere la nausea **-3.** [vomiting]: to be ~ *UK* vomitare **-4.** [fed up]: to be ~ of sthg/of doing sthg essere stufo(a) di qc/di fare qc **-5.** [story, joke] di cattivo gusto.

sicken ['sɪkn] ⬦ *vt* [disgust] nauseare. ⬦ *vi UK*: he's ~ing for something/a cold gli sta per venire qualcosa/il raffreddore.

sickening ['sɪknɪŋ] *adj* **-1.** [disgusting] ripugnante **-2.** [infuriating] insopportabile.

sickle ['sɪkl] *n* falce *f*.

sick leave *n* congedo *m* per malattia.

sickly ['sɪklɪ] *adj* **-1.** [unhealthy] malaticcio(a) **-2.** [nauseating] rivoltante.

sickness ['sɪknɪs] *n* **-1.** [illness] malattia *f* **-2.** *UK* [nausea] nausea *f*; [vomiting] vomito *m*.

sick pay *n* indennità *f* di malattia.

side [saɪd] ⬦ *n* **-1.** [gen] lato *m*; on every ~, on all ~ s da tutti i lati; from ~ to ~ da una parte all'altra **-2.** [of person, animal] fianco *m*; at OR by sb's ~ al fianco di qn; ~ by ~ fianco a fianco **-3.** [outer surface – of cube, pyramid] faccia *f*; [– of sheet of paper] facciata *f*; [– of coin, record, tape, cloth] lato *m* **-4.** [inner surface] parete *f* **-5.** [of lake] riva *f* **-6.** [of hill, valley] fianco *m*, lato *m* **-7.** [in sport, game] squadra *f*; [in war] schieramento *m*; [in debate] parte *f*; to take sb's ~ prendere le parti di qn **-8.** [of character, personality, situation] lato *m*; to be on the safe ~ per (maggior) sicurezza. ⬦ *adj* [situated on side] laterale. ◆ **side with** *vt insep* schierarsi dalla parte di.

sideboard ['saɪdbɔːd] *n* credenza *f*.

sideboards *UK* ['saɪdbɔːdz], **sideburns** ['saɪdbɜːnz] *US npl* basette *fpl*.

side effect *n* **-1.** MED effetto collaterale *m* **-2.** [unplanned result] effetto secondario *m*.

sidelight ['saɪdlaɪt] *n* luce laterale *f*.

sideline ['saɪdlaɪn] *n* **-1.** [extra business] attività *f inv* secondaria **-2.** [SPORT & painted line] linea *f* laterale.

sidelong ['saɪdlɒŋ] ⬦ *adj* laterale. ⬦ *adv*: to look ~ at sb/sthg guardare lateralmente qn/qc.

sidesaddle ['saɪdˌsædl] *adv*: to ride ~ cavalcare all'amazzone.

sideshow ['saɪdʃəʊ] *n* attrazione *f*.

sidestep ['saɪdstep] *vt* **-1.** [step to one side to avoid] scansare **-2.** *fig* [problem, question] evitare.

side street *n* traversa *f*.

sidetrack ['saɪdtræk] *vt*: to be ~ed essere sviato(a).

sidewalk ['saɪdwɔːk] *n US* marciapiede *m*.

sideways ['saɪdweɪz] ⬦ *adj* [movement] di lato; [look] di sbieco, di traverso. ⬦ *adv* [move] di lato, di fianco; [look] di sbieco, di traverso.

siding ['saɪdɪŋ] *n* binario di raccordo *m*.

siege [siːdʒ] *n* **-1.** [by army] assedio *m* **-2.** [by police] accerchiamento *m*.

sieve [sɪv] ◇ *n* [utensil] setaccio *m*. ◇ *vt* [flour, sugar] passare a setaccio; [soup] filtrare.

sift [sɪft] ◇ *vt lit & fig* setacciare. ◇ *vi*: **to ~ through sthg** passare a setaccio qc.

sigh [saɪ] ◇ *n* sospiro *m*. ◇ *vi* sospirare.

sight [saɪt] ◇ *n* -1. [vision] vista *f* -2. [act of seeing] visione *f*; **in ~** in vista; **out of ~** fuori di vista; **at first ~** a prima vista -3. [spectacle] spettacolo *m* -4. [on gun] mirino *m*. ◇ *vi* [see] avvistare. ➤ **sights** *npl* [on tour] attrazioni turistiche *fpl*.

sightseeing ['saɪt,si:ɪŋ] *n* giro *m* turistico; **to go ~** fare un giro turistico.

sightseer ['saɪt,si:əʳ] *n* turista *mf*.

sign [saɪn] ◇ *n* -1. [gen] segno *m* -2. [notice] cartello *m*; [outside shop] insegna *f*. ◇ *vt* [document] firmare; **to ~ one's name** mettere la propria firma. ➤ **sign on** *vi* -1. [enrol]: **to ~ on (for sthg)** [for course] iscriversi (a qc); MIL arruolarsi (in qc) -2. [register as unemployed] iscriversi alle liste di collocamento. ➤ **sign up** ◇ *vt sep* reclutare. ◇ *vi* [enrol]: **to ~ up (for sthg)** [for course] iscriversi (a qc); MIL arruolarsi (in qc).

signal ['sɪgnl] ◇ *n* segnale *m*. ◇ *vt* -1. [send signals to] mandare segnali a -2. [indicate] segnalare; **to ~ sb (to do sthg)** fare segno a qn (di fare qc) -3. *fig* [herald] segnalare, annunciare. ◇ *vi* -1. AUT segnalare -2. [indicate]: **to ~ to sb (to do sthg)** far segno a qn (di fare qc).

signature ['sɪgnətʃəʳ] *n* [name] firma *f*.

significance [sɪg'nɪfɪkəns] *n* -1. [importance] importanza *f* -2. [meaning] significato *m*.

significant [sɪg'nɪfɪkənt] *adj* -1. [amount, increase] notevole -2. [event, decision, gesture, look] significativo(a).

signify ['sɪgnɪfaɪ] *vt* indicare.

signpost ['saɪnpəʊst] *n* cartello stradale *m*.

Sikh [si:k] ◇ *adj* sikh *inv*. ◇ *n* [person] sikh *mf inv*.

silence ['saɪləns] ◇ *n* silenzio *m*. ◇ *vt* zittire, far tacere.

silencer ['saɪlənsəʳ] *n* -1. [on gun] silenziatore *m* -2. [on vehicle] marmitta *f*.

silent ['saɪlənt] *adj* -1. [speechless, noiseless] silenzioso(a); **to fall ~** zittirsi -2. [taciturn] taciturno(a) -3. CIN & LING muto(a).

silhouette [,sɪlu:'et] *n* silhouette *f inv*.

silicon chip *n* chip *m inv*.

silk [sɪlk] ◇ *n* seta *f*. ◇ *comp* di seta.

silky ['sɪlkɪ] *adj* [hair, dress, skin] setoso(a); [voice] suadente.

sill [sɪl] *n* [of window] davanzale *m*.

silly ['sɪlɪ] *adj* -1. [foolish] stupido(a) -2. [comical] buffo(a).

silo ['saɪləʊ] (*pl* -s) *n* silo *m*.

silt [sɪlt] *n* limo *m*.

silver ['sɪlvəʳ] ◇ *adj* [hair, paint] argento *inv*. ◇ *n* -1. [metal] argento *m* -2. [coins] moneta *f* -3. [silverware] argenteria *f*. ◇ *comp* [made of silver] d'argento.

silver foil, **silver paper** *n* stagnola *f*.

silver-plated [-'pleɪtɪd] *adj* placcato(a) argento.

silverware ['sɪlvəweəʳ] *n* -1. [objects made of silver] argenteria *f* -2. US [cutlery] posate *fpl*.

similar ['sɪmɪləʳ] *adj*: **~ (to sthg)** simile (a qc).

similarly ['sɪmɪləlɪ] *adv* -1. [in similar way] ugualmente -2. [also] in modo analogo.

simmer ['sɪməʳ] *vt & vi* bollire lentamente, sobbollire.

simple ['sɪmpl] *adj* -1. [gen] semplice; **it's the ~ truth** è la pura verità; **it's a ~ fact** è la realtà -2. [mentally] lento(a).

simple-minded *adj* ingenuo(a).

simplicity [sɪm'plɪsətɪ] *n* semplicità *f*.

simplify ['sɪmplɪfaɪ] *vt* semplificare.

simply ['sɪmplɪ] *adv* -1. [gen] semplicemente -2. [for emphasis] proprio; **~ awful/wonderful** semplicemente orribile/meraviglioso(a).

simulate ['sɪmjʊleɪt] *vt* -1. [feign] simulare -2. [produce effect, appearance of] riprodurre.

simultaneous [UK ,sɪməl'teɪnjəs, US ,saɪməl'teɪnjəs] *adj* simultaneo(a).

sin [sɪn] ◇ *n* peccato *m*. ◇ *vi*: **to ~ (against sb/sthg)** peccare (contro qn/qc).

since [sɪns] ◇ *adv*: **~ (then)** da allora. ◇ *prep* da. ◇ *conj* -1. [in time] da quando -2. [because] dato che.

sincere [sɪn'sɪəʳ] *adj* sincero(a).

sincerely [sɪn'sɪəlɪ] *adv* sinceramente; **Yours ~** [at end of letter] distinti saluti.

sincerity [sɪn'serətɪ] *n* sincerità *f*.

sinew ['sɪnju:] *n* tendine *m*.

sinful ['sɪnfʊl] *adj* -1. [guilty of sin]: **a ~ person** un peccatore(a).

sing [sɪŋ] (*pt* **sang**, *pp* **sung**) *vt & vi* cantare.

Singapore [,sɪŋə'pɔ:ʳ] *n* Singapore *f*.

singe [sɪndʒ] *vt* bruciacchiare.

singer ['sɪŋəʳ] *n* cantante *mf*.

singing ['sɪŋɪŋ] *n* canto *m*.

single ['sɪŋgl] ⬦ *adj* **-1.** [sole] solo(a); **every** ~ ogni singolo(a) **-2.** [unmarried] single *inv* **-3.** UK [one-way]: ~ **fare** tariffa *f* di corsa semplice; ~ **journey** viaggio *m* di sola andata. ⬦ *n* **-1.** UK [one-way ticket] biglietto *m* di corsa semplice **-2.** MUS single *m inv.* ➡ **singles** *npl* TENNIS singolo *m*, singolare *m* . ➡ **single out** *vt sep:* **to** ~ **sb out (for sthg)** scegliere qn (per qc).

single bed *n* letto singolo *m*.

single-breasted [-'brestɪd] *adj* a un petto.

single cream *n* UK panna con un contenuto di grassi relativamente limitato.

single file *n*: **in** ~ in fila indiana.

single-handed [-'hændɪd] *adv* [gen] da solo(a); [sail] in solitaria.

single-minded *adj* focalizzato(a).

single parent *n* padre *m* madre single.

single-parent family *n* [with mother only] famiglia *f* con madre single; [with father only] famiglia *f* con padre single.

single room *n* stanza *f* singola.

singlet ['sɪŋglɪt] *n* UK canottiera *f*.

singular ['sɪŋgjʊləʳ] ⬦ *adj* singolare. ⬦ *n* singolare *m* .

sinister ['sɪnɪstəʳ] *adj* sinistro(a).

sink [sɪŋk] (*pt* sank, *pp* sunk) ⬦ *n* **-1.** [in kitchen] lavello *m*, acquaio *m* **-2.** [in bathroom] lavandino *m* . ⬦ *vt* **-1.** [cause to go underwater] affondare **-2.** [cause to penetrate]: **to** ~ **sthg into sthg** affondare qc in qc. ⬦ *vi* **-1.** [in water – ship, car] affondare; [– person] andare sotto **-2.** [below ground] affondare, sprofondare **-3.** [sun] tramontare **-4.** [slump] lasciarsi cadere; **to** ~ **to one's knees** cadere in ginocchio **-5.** *fig* [lose courage]: **his heart/spirits sank** si è scoraggiato **-6.** [subside – level, water] calare, abbassarsi; [– building, ground] sprofondare **-7.** [decrease – profits] calare, diminuire; [– voice] abbassarsi **-8.** *fig* [slip]: **to** ~ **into sthg** [poverty, depression, coma] sprofondare in qc; **to** ~ **into despair** lasciarsi prendere dalla disperazione. ➡ **sink in** *vi* essere pienamente capito(a).

sink unit *n* blocco lavello *m*.

sinner ['sɪnəʳ] *n* peccatore *m*, -trice *f*.

sinus ['saɪnəs] (*pl* **-es**) *n* seno *m*.

sip [sɪp] ⬦ *n* sorso *m*. ⬦ *vt* sorseggiare.

siphon ['saɪfn] ⬦ *n* sifone *m*. ⬦ *vt* **-1.** [liquid] aspirare **-2.** *fig* [money, resources] dirottare. ➡ **siphon off** *vt sep* **-1.** [liquid] aspirare **-2.** *fig* [money, resources] dirottare.

sir [sɜːʳ] *n* **-1.** [form of address] signore *m* **-2.** [in titles] Sir *m inv.*

siren ['saɪərən] *n* sirena *f*.

sirloin (steak) ['sɜːlɔɪn-] *n* lombata *f*.

sissy ['sɪsɪ] *n inf offens* donnicciola *f*, femminuccia *f*.

sister ['sɪstəʳ] *n* **-1.** [sibling] sorella *f* **-2.** [nun] suora *f*, sorella *f* **-3.** UK [senior nurse] capo infermiera *f*, caposala *f*.

sister-in-law (*pl* **sisters-in-law** OR **sister-in-laws**) *n* cognata *f* .

sit [sɪt] (*pt & pp* sat) ⬦ *vt* **-1.** [place] sedere **-2.** UK [examination] dare. ⬦ *vi* **-1.** [be seated] sedere, essere OR stare seduto(a) **-2.** [sit down] sedersi **-3.** [be member]: **to** ~ **on sthg** [committee, council] far parte di qc **-4.** [be in session] riunirsi. ➡ **sit about** UK, **sit around** *vi* poltrire. ➡ **sit down** *vi* sedersi, mettersi a sedere. ➡ **sit in on** *vt insep* assistere a. ➡ **sit through** *vt insep* restare fino alla fine di. ➡ **sit up** *vi* **-1.** [from lying] drizzarsi a sedere; [from slouching] stare seduto dritto(a) **-2.** [stay up] rimanere su.

sitcom ['sɪtkɒm] *n inf* sitcom *f inv.*

site [saɪt] ⬦ *n* **-1.** [piece of land] area *f*; [building site] cantiere *m* **-2.** [location, place] posto *m*. ⬦ *vt* situare.

sit-in *n* sit-in *m inv.*

sitting ['sɪtɪŋ] *n* **-1.** [session] seduta *f* **-2.** [serving of meal] turno *m*.

sitting room *n* salotto *m*.

situated ['sɪtjʊeɪtɪd] *adj*: **to be** ~ [in place] essere situato(a); [in position] essere sistemato(a).

situation [,sɪtjʊ'eɪʃn] *n* **-1.** [general circumstances] situazione *f* **-2.** [personal circumstances] situazione *f*, posizione *f* **-3.** [location] posizione *f* **-4.** [job] impiego *m*; **'Situations Vacant'** UK 'offerte di impiego'.

six [sɪks] ⬦ *num* **-1.** [numbering six] sei *inv* **-2.** [referring to age]: **she's** ~ **(years old)** ha sei anni. ⬦ *num* sei; **I want** ~ ne voglio sei; **there were** ~ **of us** eravamo in sei; **groups of** ~ gruppi di sei. ⬦ *num* **-1.** [the number six] sei *m inv*; **two hundred and** ~ duecentosei; ~ **comes before seven** il sei viene prima del sette **-2.** [six o'clock]: **it's** ~ sono le sei; **we arrived at** ~ arriviamo alle sei **-3.** [in addresses]: ~ **Peyton Place** 6, Peyton Place **-4.** [referring to group of six] gruppo *m* di sei **-5.** [in scores, cards] sei *m inv*; ~ **-nil** sei a zero; **the** ~ **of hearts** il sei di cuori.

sixteen [sɪks'tiːn] *num* sedici; *see also* **six.**

sixteenth [sɪks'tiːnθ] *num* sedicesimo(a); *see also* **sixth**.

sixth [sɪksθ] ◇ *num* sesto(a). ◇ *num*: **to come** ~ arrivare sesto(a). ◇ *num* sesto *m*, -a *f*. ◇ *n* [fraction, date]: **one** ~ un sesto; **the sixth of September** il sei settembre.

sixth form *n* UK SCH *in Inghilterra e Galles, il biennio conclusivo della scuola superiore che prepara agli esami di A-level.*

sixth form college *n* UK *in Inghilterra e Galles, scuola per studenti dai 16 ai 18 anni che prepara agli esami di A-level.*

sixty ['sɪkstɪ] *num* sessanta; *see also* **six**.
➤ **sixties** *npl* -1. [decade]: **the sixties** gli anni sessanta -2. [in ages]: **to be in one's sixties** essere oltre i sessanta.

size [saɪz] *n* -1. [degree of largeness or smallness] [– of person, place, company] dimensione *f*; [– of problem] entità *f*; **an organization of that** ~ un'organizzazione di quelle dimensioni -2. [largeness] mole *f* -3. [of clothes, shoes, hat] misura *f*, taglia *f*. ➤ **size up** *vt sep* soppesare.

sizeable ['saɪzəbl] *adj* notevole.

sizzle ['sɪzl] *vi* sfrigolare.

skate [skeɪt] ◇ *n* -1. SPORT pattino *m* -2. [fish] razza *f*. ◇ *vi* SPORT pattinare.

skateboard ['skeɪtbɔːd] *n* skateboard *m inv.*

skater ['skeɪtə'] *n* pattinatore *m*, -trice *f*.

skating ['skeɪtɪŋ] *n* pattinaggio *m*; **to go** ~ andare a pattinare.

skeleton ['skelɪtn] *n* scheletro *m*.

skeleton key *n* passe-partout *m inv.*

skeptic (*etc*) *n* US = **sceptic etc.**

sketch [sketʃ] ◇ *n* -1. [drawing] schizzo *m* -2. [brief description] abbozzo *m* -3. [on TV, radio, stage] sketch *m inv.* ◇ *vt* -1. [draw] fare uno schizzo di -2. [describe] tratteggiare.

sketchbook ['sketʃbʊk] *n* album *m inv* per schizzi.

sketchpad ['sketʃpæd] *n* blocco *m* per schizzi.

sketchy ['sketʃɪ] *adj* vago(a), approssimato(a).

skewer ['skjʊə'] ◇ *n* spiedo *m*. ◇ *vt* infilzare sullo spiedo.

ski [skiː] (*pt & pp* **skied**, *cont* **skiing**) ◇ *n* sci *m inv.* ◇ *vi* sciare.

ski boots *npl* scarponi *mpl* da sci.

skid [skɪd] ◇ *n* slittata *f*. ◇ *vi* slittare.

skier ['skiːə'] *n* sciatore *m*, -trice *f*.

skiing ['skiːɪŋ] *n* sci *m inv*; **to go** ~ andare a sciare.

ski jump *n* -1. [slope] trampolino *m* -2. [sporting event] (gara *f* di) salto *m* dal trampolino.

skilful UK, **skillful** ['skɪlfʊl] US *adj* [person] abile, esperto(a); [action, use] efficace.

ski lift *n* sciovia *f*, ski lift *m inv.*

skill [skɪl] *n* -1. [expertise] abilità *f*, capacità *f* -2. [craft, technique] abilità *f inv.*

skilled [skɪld] *adj* -1. [skilful]: ~ **(in OR at doing sthg)** abile (a fare qc) -2. [trained] specializzato(a).

skillful *adj* US = **skilful** .

skim [skɪm] ◇ *vt* -1. [cream] scremare; [grease] sgrassare -2. [glide over] sfiorare. ◇ *vi* -1.: **to** ~ **over sthg** [bird] sfiorare qc, volare rasente a qc; [stone] passare rasente a qc -2.: **to** ~ **through sthg** [article] dare un'occhiata a qc, scorrere qc.

skim(med) milk [skɪmd-] *n* latte *m* scremato.

skimp [skɪmp] ◇ *vt* risparmiare, economizzare. ◇ *vi*: **to** ~ **on sthg** economizzare su qc.

skimpy ['skɪmpɪ] *adj* [meal] scarso(a); [clothes, facts] succinto(a).

skin [skɪn] ◇ *n* -1. [of person, animal] pelle *f* -2. [of fruit, vegetable] buccia *f* -3. [on surface of liquid] pellicola *f*. ◇ *vt* -1. [animal] spellare, scuoiare; [fruit] sbucciare -2. [graze] sbucciarsi, scorticarsi.

skin-deep *adj* superficiale.

skinny ['skɪnɪ] *adj inf* magro(a).

skin-tight *adj* attillato(a).

skip [skɪp] ◇ *n* -1. [little jump] saltello *m* -2. UK [large container] grosso contenitore di metallo per rifiuti che si può prendere a nolo. ◇ *vt* [miss] saltare. ◇ *vi* -1. [move in little jumps] saltellare -2. UK [jump over rope] saltare la corda.

ski pants *npl* pantaloni *mpl* da sci.

ski pole *n* bastoncino *m* da sci, racchetta *f* da sci.

skipper ['skɪpə'] *n* -1. [of boat, ship] capitano *m*, comandante *m* -2. [SPORT & of team] capitano *m*.

skipping rope *n* UK corda *f* per saltare.

skirmish ['skɜːmɪʃ] *n* -1. MIL schermaglia *f*, scaramuccia *f* -2. *fig* [disagreement] schermaglia *f*.

skirt [skɜːt] ◇ *n* gonna *f*. ◇ *vt* aggirare.

ski tow *n* ski lift *m inv*; sciovia *f*.

skittle ['skɪtl] *n* UK birillo *m*. ➤ **skittles** *n* UK birilli *mpl*.

skive [skaɪv] *vi* UK *inf*: **to** ~ **(off)** fare sega.

skulk [skʌlk] *vi* **-1.** [hide] rintanarsi **-2.** [prowl] aggirarsi furtivamente.

skull [skʌl] *n* cranio *m*, teschio *m*.

skunk [skʌŋk] *n* moffetta *f*.

sky [skaɪ] *n* cielo *m*.

skylight ['skaɪlaɪt] *n* lucernario *m*, abbaino *m*.

skyscraper ['skaɪˌskreɪpəʳ] *n* grattacielo *m*.

slab [slæb] *n* **-1.** [of concrete, stone] lastrone *m*; [of wood] tavola *f* **-2.** [of meat, cake] fetta *f*; [chocolate] tavoletta *f*.

slack [slæk] ◇ *adj* **-1.** [rope] allentato(a) **-2.** [business] fiacco(a) **-3.** [not efficient] trascurato(a). ◇ *n* [in rope etc] allentamento *m*.

slacken ['slækn] ◇ *vt* **-1.** [speed, pace] rallentare **-2.** [rope] allentare. ◇ *vi* **-1.** [speed, pace] rallentare **-2.** [rope] allentarsi.

slagheap ['slæghi:p] *n* cumulo *m* di detriti.

slam [slæm] ◇ *vt* **-1.** [shut] sbattere **-2.** [place roughly]: **to ~ sthg on(to) sthg** sbattere qc su qc. ◇ *vi* [shut] sbattere.

slander ['slɑ:ndəʳ] ◇ *n* calunnia *f*, diffamazione *f*. ◇ *vt* calunniare, diffamare.

slang [slæŋ] *n* gergo *m*, slang *m*.

slant [slɑ:nt] ◇ *n* **-1.** [diagonal angle] inclinazione *f*, pendenza *f* **-2.** [point of view] punto *m* di vista. ◇ *vt* [bias] distorcere. ◇ *vi* [slope] pendere, essere inclinato(a).

slanting ['slɑ:ntɪŋ] *adj* inclinato(a).

slap [slæp] ◇ *n* [in face] schiaffo *m*; [on back] pacca *f*. ◇ *vt* **-1.** [person] dare uno schiaffo a **-2.** [put]: **to ~ sthg on (to) sthg** sbattere qc su qc. ◇ *adv inf* [directly] dritto; **to go ~ into a wall** finire dritto contro un muro.

slapdash ['slæpdæʃ] *adj inf* frettoloso(a).

slaphappy ['slæpˌhæpɪ] *adj inf* svampito(a).

slapstick ['slæpstɪk] *n* comica *f*.

slap-up *adj UK inf* coi fiocchi.

slash [slæʃ] ◇ *n* **-1.** [long cut] squarcio *m* **-2.** [oblique stroke] barra *f*. ◇ *vt* **-1.** [cut] squarciare; **to ~ one's wrists** tagliarsi·le vene **-2.** *inf* [reduce drastically] tagliare.

slat [slæt] *n* stecca *f*.

slate [sleɪt] ◇ *n* **-1.** [rock] ardesia *f* **-2.** [on roof] tegola *f* (d'ardesia). ◇ *vt* [criticize] stroncare.

slaughter ['slɔ:təʳ] ◇ *n* **-1.** [of animals] macellazione *f* **-2.** [of people] massacro *m*. ◇ *vt* **-1.** [animals] macellare **-2.** [people] massacrare.

slaughterhouse ['slɔ:təhaʊs] *n* mattatoio *m*.

slave [sleɪv] ◇ *n* [servant] schiavo *m*, -a *f*. ◇ *vi* [work hard]: **to ~ (over sthg)** sudare sangue (su qc).

slavery ['sleɪvərɪ] *n* schiavitù *f*.

sleaze [sli:z] *n* depravazione *f*.

sleazy ['sli:zɪ] *adj* malfamato(a).

sledge [sledʒ], **sled** [sled] *US n* slitta *f*.

sledgehammer ['sledʒˌhæməʳ] *n* mazza *f* (per pietra, metallo).

sleek [sli:k] *adj* **-1.** [hair, fur] lucente **-2.** [animal] dal pelo lucente **-3.** [car, plane] dalla linea slanciata **-4.** [person] tirato a lustro.

sleep [sli:p] (*pt & pp* **slept** [slept]) ◇ *n* **-1.** [rest] sonno *m*; **to go to ~** [doze off, go numb] addormentarsi **-2.** [period of sleeping] dormita *f*. ◇ *vi* dormire. ◆ **sleep in** *vi* dormire fino a tardi. ◆ **sleep with** *vt insep euph* andare a letto con.

sleeper ['sli:pəʳ] *n* **-1.** [person]: **to be a heavy/light ~** avere il sonno pesante/leggero **-2.** [sleeping compartment] vagone *m* letto *inv* **-3.** [train] treno *m* con vagoni letto **-4.** *UK* [on railway track] traversina *f*.

sleeping bag *n* sacco *m* a pelo.

sleeping car *n* vagone *m* letto *inv*.

sleeping pill *n* sonnifero *m*.

sleepless ['sli:plɪs] *adj* insonne.

sleepwalk ['sli:pwɔ:k] *vi* camminare nel sonno.

sleepy ['sli:pɪ] *adj* assonnato(a).

sleet [sli:t] ◇ *n* nevischio *m*. ◇ *impers vb* nevischiare.

sleeve [sli:v] *n* **-1.** [of garment] manica *f* **-2.** [for record] copertina *f*.

sleigh [sleɪ] *n* slitta *f* (trainata da animali).

slender ['slendəʳ] *adj* **-1.** [thin] snello(a) **-2.** [scarce] esiguo(a).

slept [slept] *pt & pp* ▷ **sleep**.

slice [slaɪs] ◇ *n* **-1.** [thin piece] fetta *f* **-2.** [proportion] parte *f* **-3.** SPORT tiro *m* tagliato. ◇ *vt* **-1.** [cut into slices] affettare **-2.** SPORT tagliare. ◆ **slice off** *vt sep* [sever] tagliare (via).

slick [slɪk] ◇ *adj* **-1.** [smoothly efficient] ingegnoso(a) **-2.** *pej* [glib] furbo(a). ◇ *n* chiazza *m* di petrolio.

slide [slaɪd] (*pt & pp* **slid** [slɪd]) ◇ *n* **-1.** PHOT diapositiva *f* **-2.** [in playground] scivolo *m* **-3.** *UK* [for hair] fermacapelli *m inv* **-4.** [decline] declino *f*; **a ~ in prices** un calo dei prezzi. ◇ *vt* [move smoothly] far scivolare; **he slid his hand along the table** passò la mano sul tavolo. $\diamond$ *vi* **-1.** [on ice, slippery surface] sdrucciolare **-2.** [move quietly] scivolare; **to ~ out of the room** sgusciare fuori dalla stanza **-3.** [decline gradually] cadere.

sliding door *n* porta *f* scorrevole.

slight [slaɪt] $\diamond$ *adj* **-1.** [minor] lieve; **not in the ~est** per niente **-2.** [slender] esile. $\diamond$ *n* [insult] affronto *m*. $\diamond$ *vt* [offend] offendere.

slightly ['slaɪtlɪ] *adv* leggermente.

slim [slɪm] $\diamond$ *adj* **-1.** [person] snello(a) **-2.** [volume] sottile **-3.** [chance, possibility] scarso(a). $\diamond$ *vi* UK [lose weight] dimagrire; [diet]: **to be slimming** essere a dieta.

slime [slaɪm] *n* melma *f*.

slimming ['slɪmɪŋ] $\diamond$ *n* dimagrimento. $\diamond$ *adj* dimagrante; **~ club** centro di cure dimagranti.

sling [slɪŋ] (*pt & pp* **slung** [slʌŋ]) $\diamond$ *n* **-1.** [for injured arm] fascia *f*; **to have one's arm in a ~** avere il braccio al collo **-2.** [for carrying things] imbraca *f*. $\diamond$ *vt* **-1.** [hang roughly]: **to ~ a bag over one's shoulder** mettersi la borsa a tracolla **-2.** *inf* [throw] lanciare **-3.** [hang by both ends] sospendere.

slip [slɪp] $\diamond$ *n* **-1.** [mistake] svista *f*; **a ~ of the pen** un errore di distrazione; **a ~ of the tongue** un lapsus **-2.** [form] modulo *m* **-3.** [of paper] foglietto *m* **-4.** [undergarment] sottoveste *f* **-5.** *phr*: **to give sb the ~** *inf* seminare qn. $\diamond$ *vt* **-1.** [slide] infilare **-2.** [clothes]: **to ~ sthg on/off** infilarsi/sfilarsi qc **-3.** [escape]: **to ~ sb's mind** passare di mente a qn. $\diamond$ *vi* **-1.** [on slippery surface] scivolare **-2.** [move unexpectedly] sfuggire **-3.** [move gradually, discreetly] [in] infilarsi; [out] sgusciare; **to ~ into/out of sthg** [clothes] mettersi/togliersi qc **-4.** [prices, standards] calare; [person] perder colpi **-5.** [AUT & clutch] slittare. $\bullet$ **slip away** *vi* [leave] svignarsela. $\bullet$ **slip on** *vt sep* [clothes, shoes] infilarsi. $\bullet$ **slip up** *vi* [make a mistake] fare uno sbaglio.

slipped disc [ˌslɪpt-] *n* ernia *f* al disco.

slipper ['slɪpə'] *n* pantofola *f*.

slippery ['slɪpərɪ] *adj* **-1.** [surface, soap] scivoloso(a) **-2.** [person] sfuggente.

slip road *n* UK bretella *f (di autostrada)*.

slip-up *n inf* svista *f*.

slit [slɪt] (*pt & pp* **slit**) $\diamond$ *n* fessura *f*. $\diamond$ *vt* tagliare.

slither ['slɪðə'] *vi* **-1.** [car, person] scivolare **-2.** [snake] strisciare.

sliver ['slɪvə'] *n* **-1.** [of glass, wood] scheggia *f* **-2.** [of soap] scaglia *f*; [of food] fettina *f*.

slob [slɒb] *n inf* porcello *m*, -a *f*.

slog [slɒg] *inf* $\diamond$ *n* [tiring work] lavoraccio *m*. $\diamond$ *vi* [work]: **to ~ (away) at sthg** sgobbare su qc.

slogan ['sləʊgən] *n* slogan *m inv.*

slop [slɒp] $\diamond$ *noun* brodaglia *f*. $\diamond$ *vt* versare. $\diamond$ *vi* traboccare.

slope [sləʊp] $\diamond$ *n* pendio *m*. $\diamond$ *vi* pendere.

sloping ['sləʊpɪŋ] *adj* inclinato(a).

sloppy ['slɒpɪ] *adj* sciatto(a).

slot [slɒt] *n* **-1.** [opening] fessura *f* **-2.** [groove] scanalatura *f* **-3.** [in radio, TV] spazio *m*.

slot machine *n* **-1.** [vending machine] distributore *m* automatico **-2.** [arcade machine] slot-machine *f inv.*

slouch [slaʊtʃ] *vi* stare scomposto(a).

Slovakia [slə'vækɪə] *n* Slovacchia *f*.

slovenly ['slʌvnlɪ] *adj* sciatto(a).

slow [sləʊ] $\diamond$ *adj* **-1.** [not fast] lento(a) **-2.** [clock, watch]: **to be ~** essere indietro **-3.** [not intelligent] non molto sveglio(a). $\diamond$ *adv*: **to go ~** [driver] andare piano; [workers] fare lo sciopero bianco. $\diamond$ *vt & vi* rallentare. $\bullet$ **slow down, slow up** *vt sep & vi* rallentare.

slowdown ['sləʊdaʊn] *n* rallentamento *m*.

slowly ['sləʊlɪ] *adv* lentamente.

slow motion *n* rallentatore *m*; **in ~** al rallentatore.

sludge [slʌdʒ] *n* **-1.** [mud] melma *f* **-2.** [sediment] deposito *m*.

slug [slʌg] *n* **-1.** ZOOL lumaca *f* **-2.** *inf* [of alcohol] sorso *m* **-3.** *inf* [bullet] pallottola *f*.

sluggish ['slʌgɪʃ] *adj* fiacco(a).

sluice [sluːs] *n* canale *m* con chiusa.

slum [slʌm] *n* quartiere *m* povero.

slumber ['slʌmbə'] *lit* $\diamond$ *n* sonno *m*. $\diamond$ *vi* dormire.

slump [slʌmp] $\diamond$ *n* **-1.** [decline]: **~ (in sthg)** crollo *m* (di qc) **-2.** [period of economic depression] crisi *f inv*, recessione *f*. $\diamond$ *vi* **-1.** [prices, market] crollare **-2.** [person] accasciarsi.

slung [slʌŋ] *pt & pp* $\triangleright$ **sling**.

slur [slɜː'] $\diamond$ *n* [insult]: **~ (on sb/sthg)** onta *f* (per qn/qc). $\diamond$ *vt* [words] strascicare.

slush [slʌʃ] *n* neve *f* sciolta.

slut [slʌt] *n* **-1.** *inf* [dirty or untidy woman] sciattona *f* **-2.** *v inf* [sexually immoral woman] puttana *f*.

sly [slaɪ] (*compar* **slyer** OR **slier**, *superl* **slyest** OR **sliest**) *adj* **-1.** [look, smile, grin] di chi la sa lunga **-2.** [cunning] furbo(a).

smack [smæk] ◇ n **-1.** [slap - on face, wrist] schiaffo m; [- on bottom] sculaccione m **-2.** [impact] colpo m **-3.** inf [heroin] eroina. ◇ vt **-1.** [child] menare; **to ~ sb's bottom** sculacciare qn **-2.** [put] sbattere.

small [smɔːl] adj **-1.** [in size, number, age] piccolo(a) **-2.** [in scale - profit, importance] scarso(a); [- business, businessman, alteration] piccolo(a); [- matter] di poca importanza.

small ads npl UK piccoli annunci mpl.

small change n spiccioli mpl.

smallholder [ˈsmɔːlˌhəʊldəʳ] n UK piccolo(a) proprietario m, -a f terrier(a).

small hours npl ore fpl piccole.

smallpox [ˈsmɔːlpɒks] n vaiolo m.

small print n: the ~ i dettagli (di contratto).

small talk n chiacchiere fpl.

smarmy [ˈsmɑːmɪ] adj untuoso(a).

smart [smɑːt] ◇ adj **-1.** [elegant] elegante **-2.** esp US [clever] intelligente **-3.** esp UK [fashionable, exclusive] alla moda **-4.** [rapid] rapido(a). ◇ vi **-1.** [sting] bruciare **-2.** [feel anger and humiliation] sentirsi ferito(a).

smarten [ˈsmɑːtn] **➔ smarten up** vt sep riordinare; **to ~ o.s. up** mettersi elegante.

smash [smæʃ] ◇ n **-1.** [sound] fracasso m **-2.** inf [car crash] scontro m **-3.** TENNIS schiacciata f. ◇ vt **-1.** [break into pieces] spaccare **-2.** [hit, crash] sbattere **-3.** fig [defeat] schiacciare. ◇ vi **-1.** [break into pieces] spaccarsi **-2.** [crash, collide]: **to ~ through/into sthg** andare a sbattere contro/in qc.

smashing [ˈsmæʃɪŋ] adj UK inf & dated fantastico(a).

smattering [ˈsmætərɪŋ] n infarinatura f.

smear [smɪəʳ] ◇ n **-1.** [dirty mark] macchia f **-2.** MED striscio m (vaginale) **-3.** [slander] diffamazione; **~ campaign** campagna diffamatoria. ◇ vt **-1.** [smudge] imbrattare **-2.** [spread]: **to ~ sthg onto sthg** stendere qc su qc; **to ~ sthg with sthg** spalmare qc di qc **-3.** [slander] diffamare.

smell [smel] (pt & pp **-ed** OR **smelt** [smelt]) ◇ n **-1.** [odour] odore m; [unpleasant odour] puzza f **-2.** [sense of smell] olfatto m. ◇ vt **-1.** [notice an odour of] sentire odore di **-2.** [sniff at] annusare **-3.** fig [sense] sentire puzza di. ◇ vi **-1.** [have sense of smell]: **I can't ~** non sento niente **-2.** [have particular smell]: **to ~ of sthg** odorare di

qc; **it ~ s like sthg** c'è odore di qc; **to ~ good/bad** profumare/puzzare **-3.** [smell unpleasantly] puzzare.

smelly [ˈsmelɪ] adj puzzolente.

smelt [smelt] ◇ pt & pp ▻ **smell**. ◇ vt TECH fondere.

smile [smaɪl] ◇ n sorriso m. ◇ vi sorridere.

smiley [ˈsmaɪlɪ] n COMPUT faccina f che ride.

smirk [smɜːk] n ghigno m compiaciuto.

smock [smɒk] n UK [loose shirt] blusa f; [protective garment] grembiule m (di operaio).

smog [smɒg] n smog m.

smoke [sməʊk] ◇ n [product of burning] fumo m. ◇ vt **-1.** [cigarette, cigar] fumare **-2.** [fish, meat, cheese] affumicare. ◇ vi fumare.

smoked [sməʊkt] adj affumicato(a).

smoker [ˈsməʊkəʳ] n **-1.** [person who smokes] fumatore m, -trice f **-2.** RAIL scompartimento m fumatori.

smoke shop n US negozio di articoli per fumatori.

smoking [ˈsməʊkɪŋ] n fumo m; 'no ~' 'vietato fumare'.

smoky [ˈsməʊkɪ] adj **-1.** [full of smoke] fumoso(a) **-2.** [colour] fumo; [flavour] affumicato(a).

smolder vi US = smoulder.

smooth [smuːð] ◇ adj **-1.** [surface] liscio(a) **-2.** CULIN omogeneo(a) **-3.** [flow, pace, supply] regolare **-4.** [wine] amabile **-5.** [flight, progress, operation] tranquillo(a); [engine]: **to be ~** girare bene **-6.** pej [person, manner] mellifluo(a). ◇ vt **-1.** [hair, skirt, tablecloth] lisciare **-2.** [rub] applicare. **➔ smooth out** vt sep **-1.** [skirt] lisciare; [crease, sheet, wrinkles] stendere **-2.** [difficulties] appianare.

smother [ˈsmʌðəʳ] vt **-1.** [gen] soffocare **-2.** [cover thickly]: **to ~ sthg in** OR **with sthg** ricoprire qc di qc.

smoulder UK, **smolder** US [ˈsməʊldəʳ] vi **-1.** [fire] covare sotto la cenere **-2.** fig [feelings] covare.

SMS [ˌesemˈes] (abbr of **short message service**) n COMPUT SMS m inv.

smudge [smʌdʒ] ◇ n macchia f. ◇ vt sbaffare.

smug [smʌg] adj pej compiaciuto(a).

smuggle [ˈsmʌgl] vt [between countries - goods] contrabbandare; [- people]: **to ~ sb in/out** far entrare/uscire qn clandestinamente.

smuggler ['smʌɡlə^r] *n* [of drugs, arms] trafficante *mf*; [of cigarettes] contrabbandiere *m*, -a *f*.

smuggling ['smʌɡlɪŋ] *n* [of drugs, arms] traffico *m* clandestino; [of cigarettes] contrabbando *m*.

smutty ['smʌtɪ] *adj inf pej* sconcio(a).

snack [snæk] *n* spuntino *m*.

snack bar *n* snack-bar *m inv*.

snag [snæɡ] ◇ *n* intoppo *m*, ◇ *vi*: **to ~ (on sthg)** impigliarsi (in qc).

snail [sneɪl] *n* lumaca *f*.

snail mail *n* posta *f (cartacea)*.

snake [sneɪk] *n* serpente *m*.

snap [snæp] ◇ *adj* repentino(a). ◇ *n* -1. [act or sound of snapping] schiocco *m* -2. *inf* [photograph] foto *f inv* -3. [card game] gioco simile al rubamazzo. ◇ *vt* -1. [break] spezzare -2. [make cracking sound with]: **to ~ sthg open/shut** aprire/chiudere qc con uno scatto; **to ~ one's fingers** schioccare le dita -3. [speak sharply] dire in tono seccato. ◇ *vi* -1. [break] spezzarsi -2. [attempt to bite]. **to ~ (at sb/sthg)** cercare di mordere (qn/qc) -3. [speak sharply] scattare; **to ~ at sb** rispondere male a qn. ◆ **snap up** *vt sep* prendere al volo.

snappy ['snæpɪ] *adj inf* -1. [stylish] alla moda -2. [quick]: **make it ~!** sbrigati!

snapshot ['snæpʃɒt] *n* foto *f inv*.

snare [sneə^r] ◇ *n* trappola *f*. ◇ *vt* prendere in trappola.

snarl [snɑːl] ◇ *n* ringhio *m*. ◇ *vi* -1. [animal] ringhiare -2. [person] parlare con rabbia.

snatch [snætʃ] ◇ *n* [fragment] pezzetto *m*. ◇ *vt* [grab] afferrare.

sneak [sniːk] ◇ *n UK inf* spione *m*, -a *f*. ◇ *vt*: **to ~ sb/sthg into sthg** portare qc/qn di nascosto in OR a qc; **to ~ a look at sb/sthg** dare una sbirciata a qn/qc. ◇ *vi* [move quietly]: **to ~ up on sb** avvicinarsi a qn di soppiatto.

sneakers ['sniːkəz] *npl US* scarpe *fpl* da ginnastica.

sneaky ['sniːkɪ] *adj inf* subdolo(a).

sneer [snɪə^r] ◇ *n* sogghigno *m*. ◇ *vi* sogghignare.

sneeze [sniːz] ◇ *n* starnuto *m*. ◇ *vi* starnutire.

snide [snaɪd] *adj* maligno(a).

sniff [snɪf] ◇ *vt* -1. [smell] annusare -2. [drug] sniffare. ◇ *vi* [to clear nose] tirare su col naso.

snigger ['snɪɡə^r] ◇ *n* risolino *m*. ◇ *vi* ridacchiare.

snip [snɪp] ◇ *n UK inf* [bargain] affare *m*. ◇ *vt* [cut] tagliare.

sniper ['snaɪpə^r] *n* cecchino *m*.

snippet ['snɪpɪt] *n* [of information, news] frammento *m*; **a ~ of gossip** un pettegolezzo.

snob [snɒb] *n* snob *mf inv*.

snobbish ['snɒbɪʃ], **snobby** ['snɒbɪ] *adj* snob *inv*.

snooker ['snuːkə^r] *n* biliardo *m*.

snoop [snuːp] *vi inf* curiosare.

snooty ['snuːtɪ] *adj* con la puzza sotto il naso.

snooze [snuːz] ◇ *n* pisolino *m*; **to have a ~** fare un pisolino. ◇ *vi* sonnecchiare.

snore [snɔː^r] ◇ *n* il russare *m*. ◇ *vi* russare.

snoring ['snɔːrɪŋ] *n* MED russamento; **I can't sleep with his ~** non riesco a dormire quando russa.

snorkel ['snɔːkl] *n* boccaglio *m*.

snort [snɔːt] ◇ *n* -1. [of person] grugnito *m* -2. [of horse, bull] sbuffo *m*. ◇ *vi* -1. [person] grugnire -2. [horse, bull] sbuffare.

snout [snaʊt] *n* muso *m*.

snow [snəʊ] ◇ *n* neve *f*. ◇ *impers vb* nevicare.

snowball ['snəʊbɔːl] ◇ *n* palla *f* di neve. ◇ *vi* crescere a valanga.

snowboard ['snəʊˌbɔːd] *n* snowboard *m inv*.

snowboarding ['snəʊˌbɔːdɪŋ] *n* snowboard *m*; **to go ~** fare snowboard.

snowdrift ['snəʊdrɪft] *n* cumulo *m* di neve.

snowdrop ['snəʊdrɒp] *n* bucaneve *m inv*.

snowfall ['snəʊfɔːl] *n* -1. [fall of snow] nevicata *f* -2. [amount of snow over time] nevosità *f*.

snowflake ['snəʊfleɪk] *n* fiocco *m* di neve.

snowman ['snəʊmæn] (*pl* -men) *n* pupazzo *m* di neve.

snowplough *UK*, **snowplow** *US* ['snəʊplaʊ] *n* spazzaneve *m inv*.

snowstorm ['snəʊstɔːm] *n* bufera *f* di neve.

SNP (*abbr of* Scottish National Party) *n* partito indipendentista scozzese.

Snr, snr (*abbr of* senior) sr.

snub [snʌb] ◇ *n* affronto *m*. ◇ *vt* snobbare.

snuck [snʌk] *pt US* ▷ **sneak**.

snug [snʌɡ] *adj* -1. [person, feeling] confortevole -2. [place] intimo(a) -3. [close-fitting] aderente.

snuggle ['snʌɡl] *vi* raggomitolarsi.

so [səʊ] ⋄ adv -1. [to such a degree] così; ~ **difficult (that)** così difficile che; **don't be ~ stupid!** non essere così stupido!; **he's not ~ stupid as he looks** non è stupido come sembra; **we're ~ glad you could come** siamo così contenti che tu sia potuta venire; **he's ~ sweet/kind** è così dolce/gentile; **I've never seen ~ much money/many cars** non ho mai visto così tanti soldi/tante macchine -2. [in referring back to previous statement, event etc]: ~ **what's the point then?** che senso ha allora?; ~ **you knew already?** quindi, lo sapevi già?; **I don't think ~** non credo; **I'm afraid ~** sì, mi dispiace; **if ~** se è così; **is that ~?** è vero?; **the area has always been very poor and remains ~ to this day** la regione è sempre stata molto povera e lo è ancora oggi -3. [also]: ~ **do/am/can/will I** anch'io; **she speaks French and ~ does her husband** parla francese e suo marito anche -4. [in this way] così; **like ~** così -5. [unspecified amount, limit]: **I can only put up with ~ much** posso sopportare solo fino a un certo punto; **they pay us ~ much a week** ci pagano un tanto alla settimana; **or ~** su per giù; **a year/week or ~ ago** su per giù un anno/una settimana fa. ⋄ conj -1. [with the result that] così; **he said yes and ~ we got married** ha detto di sì e così ci siamo sposati -2. [therefore] quindi; **I'm away next week ~ I can't come** sono via la settimana prossima, quindi non posso venire -3. [to introduce a statement] allora; ~ **what have you been up to?** allora, cos'hai fatto di bello?; ~ **that's who she is!** ecco chi è!; ~ **what?** inf e allora?; ~ **there!** inf punto e basta! ◆ **and so on, and so forth** adv e così via. ◆ **so as** conj per; **we didn't knock ~ as not to disturb them** non abbiamo bussato per non disturbarli. ◆ **so that** conj [for the purpose that] perché (+ congiuntivo).

soak [səʊk] ⋄ vt -1. [leave immersed] mettere a mollo -2. [wet thoroughly] inzuppare; **to be ~ed with sthg** essere inzuppato(a) di qc. ⋄ vi -1. [become thoroughly wet]: **to leave sthg to ~, to let sthg ~** lasciare qc a mollo -2. [spread]: **to ~ into sthg** impregnare qc; **to ~ through (sthg)** infiltrarsi (attraverso qc). ◆ **soak up** vt sep [liquid] asciugare.

soaking [ˈsəʊkɪŋ] adj zuppo(a).

so-and-so n inf -1. [to replace a name] tal dei tali mf -2. [annoying person] essere m sgradevole.

soap [səʊp] n -1. [for washing] sapone m -2. TV soap f inv.

soap dish n portasapone m inv.

soap opera n soap opera f inv.

soap powder n detersivo m in polvere.

soapy [ˈsəʊpɪ] adj -1. [full of soap] insaponato(a) -2. [resembling soap] di sapone.

soar [sɔːʳ] vi -1. [bird] librarsi in volo -2. [rise into the sky] innalzarsi -3. [increase rapidly] essere in rapida ascesa.

sob [sɒb] ⋄ n singhiozzo m. ⋄ vi [cry] singhiozzare.

sober [ˈsəʊbəʳ] adj -1. [gen] sobrio(a) -2. [serious] serio(a). ◆ **sober up** vi smaltire la sbornia.

sobering [ˈsəʊbərɪŋ] adj che fa riflettere.

so-called [-kɔːld] adj cosiddetto(a).

soccer [ˈsɒkəʳ] n calcio m.

sociable [ˈsəʊʃəbl] adj socievole.

social [ˈsəʊʃl] adj -1. [behaviour, background, conditions] sociale -2. [life] di società; [drinking] in compagnia -3. [animals, insects] gregario(a).

social club n circolo m sociale.

socialism [ˈsəʊʃəlɪzm] n socialismo m.

socialist [ˈsəʊʃəlɪst] ⋄ adj socialista. ⋄ n socialista mf.

socialize, -ise [ˈsəʊʃəlaɪz] vi: **to ~ (with sb)** socializzare (con qn).

social security n sistema statale di previdenza per chi è senza lavoro.

social services npl servizi mpl sociali.

social worker n assistente mf sociale.

society [səˈsaɪətɪ] n -1. [gen] società f -2. [club, organization] associazione f.

sociology [ˌsəʊsɪˈɒlədʒɪ] n sociologia f.

sock [sɒk] n calzino m.

socket [ˈsɒkɪt] n -1. ELEC [for plug] presa f (di corrente); [for light bulb] portalampada m inv -2. ANAT cavità f inv.

sod [sɒd] n -1. [of turf] zolla f erbosa -2. v inf [person] stronzo m, -a f.

soda [ˈsəʊdə] n -1. CHEM soda f -2. [soda water] soda f, seltz m -3. US [fizzy drink] bibita f.

soda water n soda f, seltz m.

sodden [ˈsɒdn] adj fradicio(a).

sodium [ˈsəʊdɪəm] n sodio m.

sofa [ˈsəʊfə] n divano m.

Sofia [ˈsəʊfjə] n Sofia f.

soft [sɒft] adj -1. [malleable] morbido(a) -2. [yielding to pressure – bed, mattress] morbido(a); [– cheese, ground, butter] molle -3. [to touch – wool, fur, hair] soffice; [– skin, hands, leather] morbido(a) -4. [gentle, quiet] delicato(a) -5. [not bright] morbi-

do(a) -6. [kind, caring] tenero(a) **-7.** [not strict] flessibile.

softball ['sɒftbɔːl] n SPORT softball m inv.

soft drink n bibita f.

soften ['sɒfn] ◇ vt **-1.** [gen] ammorbidire **-2.** [blow, impact, effect] attutire. ◇ vi ammorbidirsi.

softhearted [ˌsɒft'hɑːtɪd] adj dal cuore tenero.

softly ['sɒftlɪ] adv **-1.** [gently, without violence] delicatamente **-2.** [quietly] con dolcezza **-3.** [dimly] tenuemente **-4.** [fondly] teneramente.

software ['sɒftweəʳ] n COMPUT software m inv.

soggy ['sɒgɪ] adj molle.

soil [sɔɪl] ◇ n **-1.** [earth] terreno m **-2.** fig [territory] suolo m. ◇ vt [dirty] sporcare.

soiled [sɔɪld] adj sporco(a).

solar ['səʊləʳ] adj solare.

solar energy n energia f solare.

solar power n energia f solare.

sold [səʊld] pt & pp ▷ **sell.**

solder ['səʊldəʳ] ◇ n lega f (per saldare). ◇ vt saldare.

soldier ['səʊldʒəʳ] n soldato m, donna f soldato.

sold out adj esaurito(a); **the concert was ~** il concerto era tutto esaurito.

sole [səʊl] (pl **-s**) ◇ adj **-1.** [only] solo(a) **-2.** [exclusive] esclusivo(a). ◇ n **-1.** [of foot] pianta f **-2.** [fish] sogliola f.

solemn ['sɒləm] adj solenne.

solicit [sə'lɪsɪt] ◇ vt fml [request] sollecitare. ◇ vi [prostitute] adescare.

solicitor [sə'lɪsɪtəʳ] n UK avvocato m, -a f (che normalmente discute il caso con il cliente ma non in corte).

solid ['sɒlɪd] ◇ adj **-1.** [gen] solido(a) **-2.** [not hollow] pieno(a) **-3.** [of one substance] massiccio(a) **-4.** [reliable, respectable] affidabile **-5.** [sound, considerable – support, evidence] consistente; [– experience] valido(a) **-6.** [unbroken, continuous] ininterrotto(a). ◇ adv: **to be packed ~** essere stracolmo(a). ◇ n [not liquid or gas] solido m. ◆ **solids** npl [food] cibo m solido.

solidarity [ˌsɒlɪ'dærətɪ] n solidarietà f.

solitaire [ˌsɒlɪ'teəʳ] n solitario m.

solitary ['sɒlɪtrɪ] adj **-1.** [gen] solitario(a) **-2.** [single – person] appartato(a); [– tree, cloud] solitario(a).

solitary confinement n isolamento m.

solitude ['sɒlɪtjuːd] n solitudine f.

solo ['səʊləʊ] (pl **-s**) ◇ adj **-1.** MUS solista

-2. [flight] solitario(a); [performance, goal] individuale. ◇ n MUS assolo m inv. ◇ adv **-1.** MUS da solo(a) **-2.** [fly, climb] in solitario.

soloist ['səʊləʊɪst] n solista mf.

soluble ['sɒljʊbl] adj **-1.** [substance] solubile **-2.** [problem] risolvibile.

solution [sə'luːʃn] n **-1.** [to problem, puzzle]: **~ (to sthg)** soluzione f (di qc) **-2.** [liquid] soluzione f.

solve [sɒlv] vt risolvere.

solvent ['sɒlvənt] ◇ adj FIN solvente. ◇ n [substance] solvente m.

Somalia [sə'mɑːlɪə] n Somalia f.

sombre UK, **somber** US ['sɒmbəʳ] adj tetro(a).

some [sʌm] ◇ adj **-1.** [a certain amount, number of] MUS coffee? vuoi del caffè?; **~ friends are staying with me** sto ospitando alcuni amici **-2.** [fairly large number or quantity of]: **I've known him for ~ years** lo conosco da diversi anni; **I had ~ difficulty getting here** ho fatto una certa fatica a trovare il posto **-3.** (contrastive use) [certain] certi(e); **~ jobs are better paid than others** certi lavori sono pagati meglio di altri **-4.** [in imprecise statements]: **she married ~ writer or other** si è sposata con uno scrittore; **there must be ~ mistake** ci dev'essere qualche errore; **there's ~ man at the door for you** c'è un tale alla porta per te **-5.** inf [not very good]: **~ help you are!** bell'aiuto stai dando! ◇ pron **-1.** [a certain amount]: **~ of it is mine** una parte è mia; **can I have ~ ?** [money, milk, coffee etc] posso prenderne un po'? **-2.** [a certain number] alcuni(e); **can I have ~ ?** [books, pens] posso prenderne alcuni?; [potatoes] posso prenderne un po'?; **~ (of them) left early** alcuni (di loro) se ne sono andati presto; **~ (of them) are mine** alcuni (di questi) sono miei **-3.** [some people] alcuni. ◇ adv circa; **there were ~ 7,000 people there** c'erano circa 7.000 persone.

somebody ['sʌmbədɪ] pron [unspecified person] qualcuno; **~ else** qualcun altro.

someday ['sʌmdeɪ] adv un giorno.

somehow ['sʌmhaʊ], **someway** US adv **-1.** [by some action] in qualche modo **-2.** [for some reason] per qualche ragione.

someone ['sʌmwʌn] pron = **somebody.**

someplace ['sʌmpleɪs] adv US = **somewhere.**

somersault ['sʌməsɔːlt] ◇ n capriola f. ◇ vi fare una capriola.

something ['sʌmθɪŋ] ◇ pron [unspecified thing] qualcosa; **~ beautiful/new** qualcosa di bello/nuovo; ~ **odd happened to me** mi è successa una cosa strana; ~ **else** qualcos'altro; **or** ~ *inf* o qualcosa del genere. ◇ *adv* [in approximations]: ~ **like** OR **in the region of** qualcosa come.

sometime ['sʌmtaɪm] ◇ *adj fml ex inv.* ◇ *adv*; **he'll turn up** ~ si farà vivo prima o poi; ~ **last week/year** la settimana scorsa/l'anno scorso.

sometimes ['sʌmtaɪmz] *adv* a volte, qualche volta.

someway ['sʌmweɪ] *adv US* = somehow.

somewhat ['sʌmwɒt] *adv* piuttosto.

somewhere ['sʌmweəʳ], **someplace** *US* *adv* **-1.** [unknown place] da qualche parte; ~ **else** da qualche altra parte **-2.** [in approximations]: ~ **between five and ten people** tra cinque e dieci persone.

son [sʌn] *n* figlio *m*.

song [sɒŋ] *n* **-1.** [piece of music] canzone *f* **-2.** [act of singing] canto *m* **-3.** [of bird] canto *m*.

sonic ['sɒnɪk] *adj* del suono.

son-in-law (*pl* **sons-in-law** OR **son-in-laws**) *n* genero *m*.

sonny ['sʌnɪ] *n inf* giovanotto *m*.

soon [suːn] *adv* **-1.** [gen] presto; **write back** ~ scrivi presto; **the doctor will be here** ~ il dottore sarà qui tra poco; ~ **afterwards** subito dopo; **as** ~ **as** appena **-2.** [early] presto.

sooner ['suːnəʳ] *adv* **-1.** [earlier] prima; **no** ~ **had I sat down than ...** mi ero appena seduto che ...; ~ **or later** prima o poi; **the** ~ **the better** prima è meglio è **-2.** [expressing preference]: **I would** ~ **stay in tonight** preferirei restare a casa stasera.

soot [sʊt] *n* fuliggine *f*.

soothe [suːð] *vt* **-1.** [relieve] alleviare **-2.** [calm] placare.

sophisticated [sə'fɪstɪkeɪtɪd] *adj* sofisticato(a).

sophomore ['sɒfəmɔːʳ] *n US* studente di secondo anno in un istituto di istruzione superiore negli Stati Uniti.

soporific [ˌsɒpə'rɪfɪk] *adj* soporifero(a).

sopping ['sɒpɪŋ] *adj*: ~ **wet** bagnato(a) fradicio(a).

soppy ['sɒpɪ] *adj inf pej* [book, film] sdolcinato(a); [person] pienopien, a di sentimentalismo.

soprano [sə'prɑːnəʊ] (*pl* **-s**) *n* **-1.** [person] soprano *m f* **-2.** [voice] voce *f* di soprano; **to sing** ~ cantare da soprano.

sorbet ['sɔːbeɪ] *n* sorbetto *m*.

sordid ['sɔːdɪd] *adj* **-1.** [base, loathsome] sordido(a) **-2.** [dirty, unpleasant] squallido(a).

sore [sɔːʳ] ◇ *adj* **-1.** [painful] dolorante; **a** ~ **throat** una gola irritata **-2.** *US inf* [angry] seccato(a). ◇ *n* MED piaga *f*.

sorely ['sɔːlɪ] *adv lit* disperatamente.

sorrow ['sɒrəʊ] *n* **-1.** [feeling of sadness] tristezza *f* **-2.** [cause of sadness] dolore *m*.

sorry ['sɒrɪ] ◇ *adj* **-1.** [expressing apology] spiacente; **to be** ~ **about sthg** essere spiacente per qc; **I'm** ~ **about the mess** mi dispiace per il disordine; **to be** ~ **for sthg** essere dispiaciuto(a) per qc; **to be** ~ **to do sthg** essere spiacente di fare qc; **I'm** ~ **to bother you** mi dispiace disturbarti **-2.** [expressing disappointment]: **to be** ~ **(that)** essere dispiaciuto(a) (che) *(+ congiuntivo)*; **I'm** ~ **(that) you couldn't come** mi dispiace che tu non sia potuto venire; **to be** ~ **about sthg** essere dispiaciuto di qc **-3.** [expressing regret] rammaricato(a) **-4.** [expressing sympathy]: **to be** OR **feel** ~ **for sb** rammaricarsi per qn **-5.** [expressing polite disagreement]: **I'm** ~, **but ...** mi dispiace, ma ... **-6.** [poor, pitiable] penoso(a). ◇ *excl* **-1.** [expressing apology – to one person] scusa; [– to one person, formal] scusi; [– to one or more, formal] scusate **-2.** [asking for repetition] prego **-3.** [to correct oneself] chiedo scusa.

sort [sɔːt] ◇ *n* [kind, type] tipo *m*; **a** ~ **of** una specie di. ◇ *vt* [classify, separate] riordinare. ◆ **sort of** *adv* [rather] piuttosto. ◆ **sort out** *vt sep* **-1.** [into groups] riordinare **-2.** [room, papers, ideas] mettere in ordine **-3.** [problem] risolvere **-4.** [arrangements] definire.

SOS (*abbr of* save our souls) *n* SOS *m inv.*

so-so *inf* ◇ *adj* così così *(inv).* ◇ *adv* così così.

sought [sɔːt] *pt & pp* ▷seek.

soul [səʊl] *n* **-1.** [gen & RELIG] anima *f* **-2.** [perfect example] quintessenza *f* **-3.** [music] soul *m inv.*

soul-destroying [-dɪˌstrɔɪɪŋ] *adj* [boring] disumanizzante; [discouraging] avvilente.

sound [saʊnd] ◇ *adj* **-1.** [healthy] sano(a) **-2.** [sturdy] solido(a) **-3.** [reliable – advice] efficace; [– investment] sicuro(a); [– supporter] fidato(a); [information] valido(a) **-4.** [thorough] completo(a). ◇ *adv*: **to be** ~ **asleep** dormire profondamente. ◇ *n* **-1.** [particular noise] rumore *m* **-2.** [noise in general] suono *m* **-3.** [volume] volume *m* **-4.** [impression, idea]: **I don't like the** ~ **of it** non mi ispira per niente; **by the** ~ **of it** a quanto pare. ◇ *vt* [alarm, bell, horn] suonare. ◇ *vi* -1. [make a noise] suonare; **to ~ like sthg** suonare come qc -2. [seem] sembrare; **to ~ like sthg** dare l'impressione di qc. ◆ **sound out** *vt sep*: **to ~ sb out** (on OR **about sthg**) sondare gli umori di qn (riguardo a qc).

sound barrier *n* muro *m* del suono.

sound effects *npl* effetti *mpl* sonori.

soundly ['saʊndlɪ] *adv* -1. [thoroughly – beat, defeat] sonoramente; [– reject] integralmente; [– punish] severamente -2. [sleep] profondamente.

soundproof ['saʊndpruːf] *adj* insonorizzato(a).

soundtrack ['saʊndtræk] *n* colonna *f* sonora.

soup [suːp] *n* minestra *f*.

soup plate *n* piatto *m* fondo.

soup spoon *n* cucchiaio *m* da minestra.

sour ['saʊəʳ] ◇ *adj* -1. [acidic] aspro(a) -2. [milk, person, look] acido(a). ◇ *vt* [person, relationship] inacerbire.

source [sɔːs] *n* -1. [gen] fonte *f* -2. [cause] origine *f* -3. [of river] sorgente *f*.

south [saʊθ] ◇ *adj* -1. [in the south, facing the south] meridionale -2. [from the south] del sud. ◇ *adv* verso sud; **~ of** a sud di. ◇ *n* -1. [direction] sud *m* -2. [region]: **the ~** il sud, il meridione.

South Africa *n* Sudafrica *m*.

South African ◇ *adj* sudafricano(a). ◇ *n* [person] sudafricano *m*, -a *f*.

South America *n* Sudamerica *m*.

South American ◇ *adj* sudamericano(a). ◇ *n* [person] sudamericano *m*, -a *f*.

southeast [ˌsaʊθ'iːst] ◇ *adj* -1. [in the southeast, facing the southeast] sudorientale -2. [from the southeast] di sud-est. ◇ *adv* verso sud-est; **~ of** a sud-est di. ◇ *n* -1. [direction] sud-est *m* -2. [region]: **the ~** il sud-est.

southerly ['sʌðəlɪ] *adj* -1. [towards the south] verso sud; [in the south] meridionale -2. [from the south] del sud.

southern ['sʌðən] *adj* meridionale.

South Korea *n* Corea del Sud *f*.

South Pole *n*: **the ~** il polo Sud.

southward ['saʊθwəd] ◇ *adj* verso sud; **in a ~ direction** in direzione sud. ◇ *adv* = **southwards**.

southwards ['saʊθwədz] *adv* verso sud.

southwest [ˌsaʊθ'west] ◇ *adj* -1. [in the southwest, facing the southwest] sudoccidentale -2. [from the southwest] di sud-

ovest. ◇ *adv* verso sud-ovest; **~ of** a sud-ovest di. ◇ *n* -1. [direction] sud-ovest *m* -2. [region]: **the ~** il sud-ovest.

souvenir [ˌsuːvə'nɪəʳ] *n* souvenir *m inv*.

sovereign ['sɒvrɪn] ◇ *adj* sovrano(a). ◇ *n* -1. [ruler] sovrano *m*, -a -2. [coin] sovrana *f*.

soviet ['səʊvɪət] *n* soviet *m inv*. ◆ **Soviet** ◇ *adj* sovietico(a). ◇ *n* [person] sovietico *m*, -a .

Soviet Union *n*: **the (former) ~** l' (ex) Unione Sovietica.

sow[1] [səʊ] (*pt* **-ed**, *pp* **sown** OR **-ed**) *vt* seminare.

sow[2] [saʊ] *n* scrofa *f*.

sown [səʊn] *pp* ▷**sow**[1].

soya ['sɔɪə] *n* soia *f*.

soy(a) bean *n* soia *f*.

spa [spɑː] *n* terme *fpl*.

space [speɪs] ◇ *n* -1. [gen] spazio *m*; **a parking ~** un parcheggio -2. [seat, place] posto *m*. ◇ *comp* spaziale. ◇ *vt* distanziare. ◆ **space out** *vt sep* [arrange] distanziare.

spacecraft ['speɪskrɑːft] (*pl* **spacecraft**) *n* veicolo *m* spaziale.

spaceman ['speɪsmæn] (*pl* **-men**) *n inf* astronauta *mf*.

spaceship ['speɪsʃɪp] *n* astronave *f*.

space shuttle *n* navetta *f* spaziale.

spacesuit ['speɪssuːt] *n* tuta *f* spaziale.

spacious ['speɪʃəs] *adj* spazioso(a).

spade [speɪd] *n* -1. [tool] vanga *f* -2. [playing card] carta *f* di picche. ◆ **spades** *npl* picche *fpl*.

spaghetti [spə'getɪ] *n* spaghetti *mpl*.

Spain [speɪn] *n* Spagna *f*.

span [spæn] ◇ *pt* ▷**spin**. ◇ *n* -1. [in time] periodo *m*; **attention ~** capacità *f* di concentrazione -2. [range] gamma *f* -3. [of hands, arms, wings] apertura *f* -4. [of bridge, arch] campata *f*. ◇ *vt* -1. [encompass] abbracciare -2. [cross] attraversare.

Spaniard ['spænjəd] *n* spagnolo *m*, -a *f*.

spaniel ['spænjəl] *n* spaniel *m inv*.

Spanish ['spænɪʃ] ◇ *adj* spagnolo(a). ◇ *n* [language] spagnolo *m*. ◇ *npl*: **the ~** gli spagnoli.

spank [spæŋk] *vt* sculacciare.

spanner ['spænəʳ] *n* chiave *f* inglese.

spar [spɑːʳ] *vi* BOX allenarsi.

spare [speəʳ] ◇ *adj* -1. [surplus] in più; [replacement] di riserva -2. [available for use] libero(a). ◇ *n inf* [part] parte *f* di ricambio. ◇ *vt* -1. [put aside, make available] disporre liberamente di; **with ten minutes to** ~ con dieci minuti d'anticipo **-2.** [not harm, economize] risparmiare; **to** ~ **sb sthg** risparmiare qc a qn; **to** ~ **no expense** non badare a spese.

spare part n AUT parte f di ricambio.

spare time n tempo m libero.

spare wheel n ruota f di scorta.

sparing ['speərɪŋ] adj: **to be** ~ **with** OR **of sthg** essere parsimonioso(a) con qc.

sparingly ['speərɪŋlɪ] adv con parsimonia.

spark [spɑːk] n **-1.** [from fire] favilla f **-2.** [from electricity] scintilla f **-3.** fig [flash, trace] barlume m.

sparkle ['spɑːkl] <> n scintillio m. <> vi scintillare.

sparkling ['spɑːklɪŋ] **-1.** [mineral water] frizzante, effervescente **-2.** [wit] frizzante.

sparkling wine n spumante m.

spark plug n candela f (d'accensione).

sparrow ['spærəʊ] n passero m, -a f.

sparse [spɑːs] adj [population, vegetation, rainfall] sparso(a); [crops] rado(a).

spasm ['spæzm] n MED spasmo m inv.

spastic ['spæstɪk] MED n spastico m, -a f.

spat [spæt] pt & pp ⊳ **spit**.

spate [speɪt] n ondata f.

spatter ['spætə'] vt & vi schizzare.

spawn [spɔːn] <> n [of frogs, fish] uova f pl. <> vt fig [produce] dare origine a. <> vi ZOOL deporre le uova.

speak [spiːk] (pt **spoke**, pp **spoken**) <> vt **-1.** [say] dire **-2.** [language] parlare. <> vi parlare; **to** ~ **to** OR **with sb** parlare a OR con qn; **to** ~ **to sb about sthg** parlare a qn di qc; **to** ~ **on sthg** parlare di qc; **to** ~ **about sb/sthg** parlare di qn/qc. ◆ **so to speak** adv per così dire. ◆ **speak for** vt insep [represent] parlare per (conto di). ◆ **speak up** vi **-1.** [say something] parlare; **to** ~ **up for sb/sthg** parlare a favore di qn/qc **-2.** [speak louder] parlare più forte.

speaker ['spiːkə'] n **-1.** [person talking] persona f che sta parlando **-2.** [in lecture] oratore m, -trice f **-3.** [of a language]: **a German** ~ una persona che parla tedesco **-4.** [loudspeaker] altoparlante m **-5.** [in stereo system] cassa f. ◆ **Speaker** n UK [in House of Commons] presidente mf della Camera dei Comuni.

spear [spɪə'] <> n [weapon] lancia f. <> vt [person] trafiggere con la lancia; [food] infilzare.

spearhead ['spɪəhed] <> n punta f di diamante. <> vt guidare.

spec [spek] n UK inf **on** ~ tanto per provare.

special ['speʃl] adj **-1.** [gen] speciale **-2.** [valued] caro(a), speciale.

special delivery n posta f celere.

specialist ['speʃəlɪst] <> adj [vocabulary] specialistico(a); [literature] specializzato(a); [advice, knowledge] da esperto(a). <> n [expert] specialista mf.

speciality [,speʃɪ'ælətɪ], **specialty** US ['speʃltɪ] n **-1.** [field of knowledge] specializzazione f **-2.** [service, product] specialità f inv.

specialize, -ise ['speʃəlaɪz] vi: **to** ~ **(in sthg)** essere specializzato(a) (in qc).

specially ['speʃəlɪ] adv **-1.** [on purpose, specifically] specialmente **-2.** [really] particolarmente.

specialty ['speʃltɪ] n US = **speciality**.

species ['spiːʃiːz] (pl **species**) n specie f.

specific [spə'sɪfɪk] adj specifico(a); ~ **to sb/sthg** relativo(a) a qn/qc.

specifically [spə'sɪfɪklɪ] adv **-1.** [explicitly] in modo specifico **-2.** [particularly, precisely] in particolare.

specify ['spesɪfaɪ] vt specificare; **to** ~ **that** specificare che.

specimen ['spesɪmən] n **-1.** [example] esemplare m **-2.** [sample] campione m.

speck [spek] n **-1.** [small stain] macchiolina f **-2.** [small particle] granello m.

speckled ['spekld] adj screziato(a); ~ **with sthg** punteggiato(a) di qc.

specs [speks] n pl inf occhiali m pl.

spectacle ['spektəkl] n spettacolo m. ◆ **spectacles** n pl UK occhiali m pl.

spectacular [spek'tækjʊlə'] adj spettacolare.

spectator [spek'teɪtə'] n spettatore m, -trice f.

spectre UK, **specter** US ['spektə'] n spettro m.

speculation [,spekjʊ'leɪʃn] n speculazione f.

sped [sped] pt & pp ⊳ **speed**.

speech [spiːtʃ] n **-1.** [ability to speak] parola f, linguaggio m **-2.** [GRAM & formal talk] discorso m **-3.** THEAT monologo m **-4.** [manner of speaking, dialect] linguaggio m.

speechless ['spiːtʃlɪs] adj: **to be** ~ **(with sthg)** essere senza parole (per qc).

speed [spiːd] (pt & pp **-ed** OR **sped**) <> n **-1.** [gen] velocità f inv **-2.** [gear] marcia f **-3.** PHOT [of shutter] tempo m d'esposizione; [of film] sensibilità f inv. <> vi **-1.** [move fast] to ~ along/by passare a tutta velocità; to ~ (away) sfrecciare (via) -2. AUTsuperare il limite di velocità. ➤ **speed up** *vt sep & vi* accelerare.

speedboat ['spi:dbəʊt] *n* motoscafo *m*.

speed-dial button *n* tasto *m* di selezione automatica.

speeding ['spi:dɪŋ] *n* eccesso *m* di velocità.

speed limit *n* limite *m* di velocità.

speedometer [spɪ'dɒmɪtə'] *n* tachimetro *m*.

speedway ['spi:dweɪ] *n* -1. SPORTcorse motociclistiche senza freni su circuito speciale; [~ track] circuito *m* (per corse motociclistiche) -2. US [road] superstrada *f*.

speedy ['spi:dɪ] *adj* rapido(a), veloce.

spell [spel] (UK *pt & pp* **spelt** OR -**ed**, US *pt & pp* -**ed**) <> *n* -1. [period of time] periodo *m* -2. [enchantment] incantesimo *m* -3. [magic words] formula *f* magica. <> *vt* -1. [write] scrivere (lettera per lettera), fare lo spelling di -2. *fig* [signify] significare. <> *vi* scrivere correttamente. ➤ **spell out** *vt sep* -1. [pronounce spelling of] pronunciare lettera per lettera -2. [explain]: to ~ sthg (for OR to sb) spiegare in dettaglio qc (a qn).

spellbound ['spelbaʊnd] *adj* affascinato(a).

spellcheck ['speltʃek] *vt* COMPUT controllare ortografia e grammatica.

spellchecker ['speltʃekə'] *n* COMPUT controllore *m* ortografia e grammatica.

spelling ['spelɪŋ] *n* -1. [order of letters] scomposizione *f* in lettere -2. [ability to spell] ortografia *f*.

spelt [spelt] *pt & pp* UK ⊳**spell**.

spend [spend] (*pt & pp* **spent** [spent]) *vt* -1. [pay out] spendere; to ~ sthg on sb/sthg spendere qc per qn/qc -2. [time, life] passare; [energy] consumare.

spent [spent] <> *pt & pp* ⊳**spend**. <> *adj* [consumed, burned out - matches] usato(a); [- ammunition] esploso(a); [- force, patience, energy] esaurito(a).

sperm [spɜːm] (*pl* **sperm** OR -**s**) *n* -1. [cell] spermatozoo *m* -2. [fluid] sperma *m*.

spew [spju:] <> *vt* [cause to flow, spread - flames, fumes] emettere; [- lava] eruttare; [- water] riversare. <> *vi* [flow, spread]: to ~ (out) from sthg prorompere da qc.

sphere [sfɪə'] *n* sfera *f*.

spice [spaɪs] *n* -1. CULINspezia *f* -2. *fig* [excitement] vivacità *f*.

spick-and-span [,spɪkən,spæn] *adj* tirato(a) a lucido.

spicy ['spaɪsɪ] *adj* piccante.

spider ['spaɪdə'] *n* ragno *m*.

spike [spaɪk] <> *n* -1. [on railings] spuntone *m*; [shoe] chiodo *m* -2. [on plant] spiga *f* -3. [of hair] punta *f*. <> *vt* [drink - with alcohol] correggere; [- with drug] drogare.

spill [spɪl] (UK *pt & pp* **spilt** OR -**ed**, US *pt & pp* -**ed**) <> *vt* versare. <> *vi* versarsi.

spilt [spɪlt] *pt & pp* UK ⊳**spill**.

spin [spɪn] (*pt* **span** OR **spun** [spʌn], *pp* **spun**) <> *n* -1. [turn] rotazione *f* -2. AERON avvitamento *m*; the plane went into a ~ l'aereo cadde avvitandosi -3. *inf* [in car] giretto *m* -4. [on ball] effetto *m*. <> *vt* -1. [cause to rotate] far girare -2. [in spin-dryer] centrifugare -3. [thread, cloth, wool] filare -4. [ball] dare l'effetto a. <> *vi* -1. [rotate] girare, ruotare -2. [spinner] filare -3. [in spin-dryer] venire centrifugato(a). ➤ **spin out** *vt sep* [food, money] far durare; [story, explanation] tirare per le lunghe.

spinach ['spɪnɪdʒ] *n* spinaci *mpl*.

spinal column *n* colonna *f* vertebrale, spina *f* dorsale.

spinal cord *n* midollo *m* spinale.

spindly ['spɪndlɪ] *adj* esile.

spin-dryer *n* UK centrifuga *f*.

spine [spaɪn] *n* -1. ANATspina *f* dorsale, colonna *f* vertebrale -2. [of book] dorso *m* -3. [spike, prickle - on plant] spina *f*; [- on hedgehog] aculeo *m*.

spin-off *n* derivato *m*.

spinster ['spɪnstə'] *n* zitella *f*.

spiral ['spaɪərəl] <> *adj* a spirale. <> *n* -1. [curve, increase] spirale *f* -2. [decrease] caduta *f* (a spirale). <> *vi* [rise in spiral curve - staircase] avere forma di spirale; [- aircraft] muoversi a spirale; [- smoke] alzarsi a spirale.

spiral staircase *n* scala *f* a chiocciola.

spire ['spaɪə'] *n* guglia *f*.

spirit ['spɪrɪt] *n* -1. [gen] spirito *m* -2. [vigour] forza *f* d'animo. ➤ **spirits** *npl* -1. [mood] umore *m*; to be in high/low ~ s essere di buon/cattivo umore -2. [alcohol] superalcolici *mpl*.

spirited ['spɪrɪtɪd] *adj* vivace.

spirit level *n* livella *f* a bolla d'aria.

spiritual ['spɪrɪtʃʊəl] *adj* spirituale.

spit [spɪt] (UK *pt & pp* **spat**, US *pt & pp* **spit**) <> *n* -1. [saliva] sputo *m* -2. [skewer] spiedo *m*. <> *vi* [from mouth] sputare. <> *impers vb* UK [rain lightly] piovigginare.

spite [spaɪt] <> *n* dispetto *m*. <> *vt* fare dispetto a, contrariare. ➤ **in spite of** *prep* nonostante.

spiteful ['spaɪtful] *adj* astioso(a).

spittle ['spɪtl] *n* saliva *f*.

splash [splæʃ] ◇ *n* -1. [sound] tonfo *m* -2. [patch] macchia *f*. ◇ *vt* -1. [subj: person] schizzare -2. [subj: water] rovesciarsi su -3. [apply haphazardly] spargere senza cura. ◇ *vi* -1. [person]: **to ~ about** OR **around** sguazzare -2. [water, liquid]: **to ~ on/against sthg** rovesciarsi su/contro qc.

spleen [spliːn] *n* -1. ANAT milza *f* -2. *fig* [anger] bile *f*.

splendid ['splendɪd] *adj* splendido(a).

splint [splɪnt] *n* stecca *f*.

splinter ['splɪntər] ◇ *n* scheggia *f*. ◇ *vi* frantumarsi.

split [splɪt] (*pt & pp* split, *cont* -ting) ◇ *n* -1. [crack]: **~ (in sthg)** fessura *f* (in qc) -2. [tear]: **~ (in sthg)** strappo *m* (in qc) -3. [division, schism]: **~ (in sthg)** scissione *f* (in qc) ; **~ between** scissione tra. ◇ *vt* -1. [crack] spezzare -2. [tear] strappare -3. [divide] spaccare -4. [share] dividere; **to ~ the difference** fare a metà. ◇ *vi* -1. [crack] spezzarsi -2. [tear] strapparsi -3. [divide] dividersi. ◆ **split up** *vi* -1. [go in different directions] dividersi -2. [end relationship] separarsi; **to ~ up with sb** separarsi da qn.

split second *n* frazione *f* di secondo.

splutter ['splʌtər] *vi* -1. [stutter - person] farfugliare; [- engine] scoppiettare -2. [spit] sputare.

spoil [spɔɪl] (*pt & pp* -ed OR spoilt [spɔɪlt]) *vt* -1. [ruin] rovinare -2. [pamper] viziare. ◆ **spoils** *npl* spoglie *fpl*.

spoiled [spɔɪld] *adj* = spoilt.

spoilsport ['spɔɪlspɔːt] *n* guastafeste *mf inv*.

spoilt [spɔɪlt] ◇ *pt & pp* ▷spoil. ◇ *adj* -1. [child] viziato(a) -2. [food] andato(a) a male; [dinner] rovinato(a).

spoke [spəʊk] ◇ *pt* ▷speak. ◇ *n* raggio *m*.

spoken ['spəʊkn] *pp* ▷speak.

spokesman ['spəʊksmən] (*pl* -men) *n* portavoce *m inv*.

spokeswoman ['spəʊks,wʊmən] (*pl* -women) *n* portavoce *f inv*.

sponge [spʌndʒ] (*UK cont* -ing, *US cont* sponging) ◇ *n* -1. [for cleaning, washing] spugna *f* -2. [cake] pan *m* di Spagna. ◇ *vt* lavare con la spugna. ◇ *vi inf* **to ~ off sb** scroccare da qn.

sponge bag *n UK* nécessaire *m inv* per il bagno.

sponge cake *n* pan *m* di Spagna.

sponsor ['spɒnsər] ◇ *n* -1. [provider of finance] sponsor *mf inv* -2. [for charity] patrocinatore *m*, -trice *f* ◇ *vt* -1. [gen] sponsorizzare; **to be ~ed by sb** essere sotto il patrocinio di qn -2. [bill, appeal, proposal] presentare.

sponsored walk ['spɒnsəd-] *n* marcia *f* sponsorizzata.

sponsorship ['spɒnsəʃɪp] *n* sponsorizzazione *f*.

spontaneous [spɒn'teɪnjəs] *adj* spontaneo(a).

spooky ['spuːkɪ] *adj inf* [place, house] spettrale; [film] da brividi.

spool [spuːl] *n* -1. [of thread, tape, film] bobina *f* -2. COMPUT archivio *m* di attesa.

spoon [spuːn] *n* -1. [piece of cutlery] cucchiaio *m* -2. [spoonful] cucchiaio *m*, cucchiaiata *f*.

spoon-feed *vt* -1. [feed with spoon] imboccare -2. *fig* [present in simple form] scodellare la pappa pronta a.

spoonful ['spuːnfʊl] (*pl* -s OR spoonsful) *n* cucchiaio *m*, cucchiaiata *f*.

sporadic [spə'rædɪk] *adj* sporadico(a).

sport [spɔːt] *n* -1. [game] sport *m inv* -2. *dated* [person] tipo *m*, -a *f* simpatico(a).

sporting ['spɔːtɪŋ] *adj* sportivo(a).

sports car *n* auto *f inv* sportiva.

sportsman ['spɔːtsmən] (*pl* -men) *n* atleta *m*.

sportsmanship ['spɔːtsmənʃɪp] *n* sportività *f*.

sportswear ['spɔːtsweər] *n* abbigliamento *m* sportivo.

sportswoman ['spɔːts,wʊmən] (*pl* -women) *n* atleta *f*.

sporty ['spɔːtɪ] *adj inf* sportivo(a).

spot [spɒt] ◇ *n* -1. [mark, dot] macchia *f* -2. [pimple] brufolo *m* -3. *inf* [small amount] po' *m*; **a ~ of milk** un goccio di latte -4. [place] posto *m*; **on the ~** sul posto; **to do sthg on the ~** fare qc lì per lì -5. RADIO & TV spazio *m*. ◇ *vt* [notice] individuare.

spot check *n* controllo *m* a caso.

spotless ['spɒtlɪs] *adj* immacolato(a).

spotlight ['spɒtlaɪt] *n* [bright light - in theatre] riflettore *m*; [- in home] faretto *m*; **to be in the ~** *fig* stare sotto i riflettori.

spotted ['spɒtɪd] *adj* a pois.

spotty ['spɒtɪ] *adj UK* brufoloso(a).

spouse [spaʊs] *n* sposo *m*, -a *f*, consorte *mf*.

spout [spaʊt] ◇ *n* -1. [of kettle, watering can, carton] becco *m* -2. [from fountain whale] getto *m*. ⬦ *vi*: **to ~ from** OR **out of sthg** [liquid] sgorgare da OR fuori da qc; [flame] divampare da qc.

sprain [spreɪn] ⬦ *n* slogatura *f*, distorsione *f*. ⬦ *vt* [ankle, wrist] slogare; [ligament] procurare una distorsione a.

sprang [spræŋ] *pt* ⊳**spring.**

sprawl [sprɔːl] *vi* -1. [person] stravaccarsi -2. [city, suburbs] estendersi in modo incontrollato.

spray [spreɪ] ⬦ *n* -1. [droplets] spruzzi *mpl* -2. [pressurized liquid] spray *m inv* -3. [can, container] spruzzatore *m* -4. [of flowers] ramoscello *m*. ⬦ *vt* -1. [treat – crops, plants, field] irrorare; [– hair] spruzzare -2. [apply] spruzzare.

spread [spred] (*pt & pp* spread) ⬦ *n* -1. CULIN crema *f* -2. [diffusion, growth] propagazione *f* -3. [range] gamma *f* -4. US [bedspread] copriletto *m*. ⬦ *vt* -1. [open out, unfold] stendere -2. [apply – butter, jam] spalmare; [– glue] spargere; **to ~ sthg over sthg** spargere qc su qc -3. [diffuse, disseminate] propagare -4. [distribute evenly] distribuire. ⬦ *vi* -1. [extend – disease, fire, infection] propagarsi; [– fighting] estendersi -2. [cloud] diffondersi. ⬥ **spread out** *vi* [disperse] sparpagliarsi.

spread-eagled [-ˌiːgld] *adj* a braccia e gambe aperte.

spreadsheet [ˈspredʃiːt] *n* COMPUT foglio *m* di calcolo elettronico.

spree [spriː] *n* folleggiamento *m*; **to go on a spending ~** darsi a pazze spese.

sprightly [ˈspraɪtlɪ] *adj* arzillo(a).

spring [sprɪŋ] (*pt* sprang, *pp* sprung) ⬦ *n* -1. [season] primavera *f*; **in ~** in primavera -2. [coil] molla *f* -3. [water source] sorgente *f*. ⬦ *vi* -1. [leap] scattare; **to ~ to life** rianimarsi; **the engine sprang to life** il motore si avviò di colpo -2. [be released] ritornare indietro di scatto; **to ~ shut/open** chiudersi/aprirsi di scatto -3. [originate]: **to ~ from sthg** scaturire da qc. ⬥ **spring up** *vi* -1. [get up] alzarsi di scatto -2. [grow in size, height] svilupparsi -3. [appear – building] spuntare; [– wind] alzarsi; [– problem, friendship] sorgere.

springboard [ˈsprɪŋbɔːd] *n* -1. SPORT trampolino *m* -2. *fig* [launch pad]: **~ for/to sthg** trampolino per/verso qc.

spring-clean *vt* pulire da cima a fondo.

spring onion *n* UK cipollina *f*.

springtime [ˈsprɪŋtaɪm] *n*: **in (the) ~** in primavera.

springy [ˈsprɪŋɪ] *adj* [ground, rubber, carpet] elastico(a); [mattress] molleggiato(a).

sprinkle [ˈsprɪŋkl] *vt* spargere; **to ~ sthg over** OR **on sthg** spargere qc su qc; **to ~ sthg with sthg** spruzzare qc di qc.

sprinkler [ˈsprɪŋklər] *n* -1. [for gardens] irrigatore *m* -2. [for extinguishing fires] sprinkler *m inv*.

sprint [sprɪnt] ⬦ *n* SPORT sprint *m inv*. ⬦ *vi* fare una volata.

sprout [spraʊt] ⬦ *n* -1. CULIN: **(brussels) ~s** cavoletti *mpl* di Bruxelles -2. [shoot] germoglio *m*. ⬦ *vt* -1. [germinate] far germogliare -2. [grow] far crescere. ⬦ *vi* -1. [germinate] germogliare -2. [grow] spuntare.

spruce [spruːs] ⬦ *adj* lindo(a). ⬦ *n* [tree] abete *m*. ⬥ **spruce up** *vt sep* agghindare.

sprung [sprʌŋ] *pp* ⊳**spring.**

spry [spraɪ] *adj* arzillo(a).

spun [spʌn] *pt & pp* ⊳**spin.**

spur [spɜːr] ⬦ *n* -1. [incentive]: **~ (to sthg)** sprone *m* (per qc) -2. [on rider's boot] sperone *m*. ⬦ *vt* spronare; **to ~ sb to do sthg** spronare qn a fare qc. ⬥ **on the spur of the moment** *adv* d'impulso. ⬥ **spur on** *vt sep* [encourage] spronare.

spurn [spɜːn] *vt* [offer, help] disdegnare; [lover] respingere.

spurt [spɜːt] ⬦ *n* -1. [of steam, water] getto *m*; [of flame] vampata *f* -2. [of activity, energy] accesso *m* -3. [burst of speed] scatto *m*. ⬦ *vi* [steam, water, flame]: **to ~ (from** OR **out of sthg)** prorompere (da OR fuori da qc).

spy [spaɪ] ⬦ *n* spia *f*. ⬦ *vt literary* scorgere. ⬦ *vi* -1. [work as spy] fare la spia -2. [watch secretly]: **to ~ on sb** spiare qn.

spying [ˈspaɪɪŋ] *n* spionaggio *m*.

Sq., sq. (*abbr of* square) P.zza.

squabble [ˈskwɒbl] ⬦ *n* bisticcio *m*. ⬦ *vi*: **to ~ (about** OR **over sthg)** bisticciare (per OR su qc).

squad [skwɒd] *n* -1. [gen] squadra *f* -2. MIL plotone *m*.

squadron [ˈskwɒdrən] *n* squadriglia *f*.

squalid [ˈskwɒlɪd] *adj* squallido(a).

squall [skwɔːl] *n* [storm] burrasca *f*.

squalor [ˈskwɒlər] *n* squallore *m*.

squander [ˈskwɒndər] *vt* sperperare.

square [skweər] ⬦ *adj* -1. [gen] quadrato(a) -2. [not owing money] pari *(inv)*. ⬦ *n* -1. [shape] quadrato *m* -2. [in town, city] piazza *f* -3. *inf* [unfashionable person] tipo *m*, -a *f* d'altri tempi. ⬦ *vt* -1. MATHS elevare al quadrato -2. [balance, reconcile]: **to ~ sthg with sthg** conciliare qc con qc.

► square up *vi* [settle up]: **to ~ up with sb** saldare il conto con qn.

squarely ['skweəlɪ] *adv* **-1.** [directly] esattamente **-2.** [honestly] francamente.

squash [skwɒʃ] ◇ *n* **-1.** SPORT squash *m inv* **-2.** *UK* [drink]: **lemon/orange ~** spremuta *f* di limone/d'arancia **-3.** [vegetable] zucca *f*. ◇ *vt* [squeeze, flatten] schiacciare.

squat [skwɒt] ◇ *adj* tozzo(a). ◇ *vi* [crouch]: **to ~ (down)** accovacciarsi.

squatter ['skwɒtə'] *n UK* occupante *mf* abusivo(a).

squawk [skwɔːk] *n* strido *m* (roco).

squeak [skwiːk] *n* **-1.** [of mouse] squittio *f* **-2.** [of door, hinge] cigolio *m*.

squeal [skwiːl] *vi* strillare.

squeamish ['skwiːmɪʃ] *adj* delicato(a).

squeeze [skwiːz] ◇ *n* [pressure] stretta *f*. ◇ *vt* **-1.** [press firmly] stringere **-2.** [extract, press out] spremere **-3.** [cram]: **to ~ sthg into sthg** infilare (a forza) qc in qc.

squelch [skwɛltʃ] *vi* sguazzare.

squid [skwɪd] (*pl* **squid** OR **-s**) *n* calamaro *m*.

squiggle ['skwɪgl] *n* scarabocchio *m*.

squint [skwɪnt] ◇ *n* MED strabismo *m*. ◇ *vi* **-1.** MED essere strabico(a) **-2.** [half-close one's eyes]: **to ~ at sthg** guardare qc di sottecchi.

squirm [skwɜːm] *vi* divincolarsi.

squirrel [*UK* 'skwɪrəl, *US* 'skwɜːrəl] *n* scoiattolo *m*.

squirt [skwɜːt] ◇ *vt* [force out] spremere. ◇ *vi*: **to ~ (out of sthg)** sprizzare (fuori da qc).

Sr (*abbr of* senior) sr.

Sri Lanka [ˌsriːˈlæŋkə] *n* Sri Lanka *m*.

St -1. (*abbr of* saint) S. **-2.** = **Street** .

stab [stæb] ◇ *n* **-1.** [with knife] pugnalata *f*, coltellata *f* **-2.** *inf* [attempt]: **to have a ~ (at sthg)** fare un tentativo (di qc) **-3.** [twinge – of pain] fitta *f*; [– of alarm, guilt] acuta sensazione *f*. ◇ *vt* **-1.** [with knife] pugnalare, accoltellare **-2.** [jab] infilzare.

stable ['steɪbl] ◇ *adj* stabile. ◇ *n* [building] stalla *f*; [horses] scuderia *f*.

stack [stæk] ◇ *n* [pile] pila *f*. ◇ *vt* [pile up] ammucchiare.

stadium ['steɪdjəm] (*pl* **-diums** OR **-dia**) *n* stadio *m*.

staff [stɑːf] ◇ *n* personale *m*. ◇ *vt* dotare di personale; **to be ~ ed by** essere formato(a) da.

stag [stæg] (*pl* **stag** OR **-s**) *n* ZOOL cervo *m*.

stage [steɪdʒ] ◇ *n* **-1.** [period, phase – of operation, negotiations, disease] stadio *m*; [– of journey, race] tappa *f* **-2.** [platform – in hall] palco *m*; [– in theatre] palcoscenico *m* **-3.** [acting profession]: **the ~** il teatro. ◇ *vt* **-1.** THEAT mettere in scena **-2.** [organize] organizzare.

stagecoach ['steɪdʒkəʊtʃ] *n* diligenza *f*.

stage fright *n* panico *m* prima di entrare in scena.

stagger ['stægə'] ◇ *vt* **-1.** [astound] sconcertare **-2.** [arrange at different times] scaglionare. ◇ *vi* [totter] barcollare.

stagnant ['stægnənt] *adj* stagnante.

stagnate [stæg'neɪt] *vi* ristagnare.

stag night, **stag party** *n* festa *f* di addio al celibato.

staid [steɪd] *adj* compassato(a).

stain [steɪn] ◇ *n* macchia *f*. ◇ *vt* macchiare.

stained glass *n* vetro *m* colorato.

stainless steel *n* acciaio *m* inossidabile.

stain remover *n* smacchiatore *m*.

stair [steə'] *n* [step] gradino *m*, scalino *m*. **► stairs** *npl* [flight] scale *fpl*.

staircase ['steəkeɪs] *n* scala *f*.

stairway ['steəweɪ] *n* scale *fpl*, scalinata *f*.

stairwell ['steəwel] *n* tromba *f* delle scale.

stake [steɪk] ◇ *n* **-1.** [share]: **to have a ~ in sthg** avere un interesse in qc **-2.** [wooden post] palo *m* **-3.** [in gambling] posta *f*. ◇ *vt* **-1.** [risk]: **to ~ sthg (on OR upon sthg)** mettere in gioco qc (su qc) **-2.** [in gambling] puntare. **► at stake** *adv* in palio, in gioco.

stale [steɪl] *adj* [food] raffermo(a); [air] viziato(a); [breath] stantio(a).

stalemate ['steɪlmeɪt] *n* **-1.** [deadlock] situazione *f* di stallo **-2.** CHESS stallo *m*.

stalk [stɔːk] ◇ *n* **-1.** [of flower, plant] gambo *m* **-2.** [of leaf, fruit] picciolo *m*. ◇ *vt* [hunt – person] pedinare; [– wild animal] inseguire con circospezione. ◇ *vi* [walk] camminare a gran passi.

stall [stɔːl] ◇ *n* **-1.** [table – in market, street] bancarella *f*; [– at exhibition] banco *m* **-2.** [in stable] box *m inv*. ◇ *vt* AUT far spegnere. ◇ *vi* **-1.** AUT spegnersi **-2.** [delay] prendere tempo. **► stalls** *npl UK* platea *f*.

stallion ['stæljən] *n* stallone *m*.

stamina ['stæmɪnə] *n* capacità *f inv* di resistenza.

stammer ['stæmə'] ◇ *n* balbuzie *f*. ◇ *vi* balbettare.

stamp [stæmp] ◇ *n* **-1.** [postage stamp] francobollo *m* **-2.** [rubber stamp] timbro *n*

-3. *fig* [hallmark] **marchio** *m.* $\diamond$ *vt* **-1.** [mark by stamping] **marcare -2.** [stomp]: **to ~ one's foot** battere il piede **-3.** *fig* [with characteristic quality] **segnare.** $\diamond$ *vi* **-1.** [walk] muoversi pestando i piedi **-2.** [with one foot]: **to ~ on sthg** calpestare qc.

stamp album *n* album *m inv* per francobolli.

stamp-collecting *n* filatelia *f.*

stamped addressed envelope *n UK* busta *f* affrancata e indirizzata.

stampede [stæm'pi:d] *n* **-1.** [of animals] fuga *f* tumultuosa **-2.** [of people] ressa *f.*

stance [stæns] *n* **-1.** [posture] posizione *f* **-2.** [attitude]: **~ (on sthg)** posizione *f* (su qc).

stand [stænd] (*pt & pp* **stood** [stʊd]) $\diamond$ *n* **-1.** [stall] **chiosco** *m* **-2.** [frame, support] sostegno *m* **-3.** SPORT tribuna *f* **-4.** MIL resistenza *f*; **to make a ~** opporre resistenza **-5.** [position] posizione *f* **-6.** *US* LAW banco *m* dei testimoni. $\diamond$ *vt* **-1.** [place] mettere (in piedi) **-2.** [withstand] reggere **-3.** [put up with] sopportare. $\diamond$ *vi* **-1.** [be on one's feet] stare (in piedi); **~ still!** sta' fermo! **-2.** [rise to one's feet] alzarsi (in piedi) **-3.** [be located] stare **-4.** [be left undisturbed]: **leave the marinade to ~** lasciate riposare la marinata **-5.** [be valid] essere valido(a) **-6.** [indicating current situation]: **as things ~ ...** per come stanno le cose ...; **unemployment ~s at three million** la disoccupazione raggiunge i tre milioni **-7.** *UK* POL candidarsi **-8.** *US* [stop]: **'no ~ ing'** 'divieto di fermata'. $\blacktriangleright$ **stand back** *vi* [get out of way] farsi indietro. $\blacktriangleright$ **stand by** $\diamond$ *vt insep* **-1.** [person] appoggiare **-2.** [promise, decision, offer] ribadire. $\diamond$ *vi* **-1.** [in readiness]: **to ~ by (for sthg/to do sthg)** essere pronto(a) (per qc/a fare qc) **-2.** [not intervene] rimanere a guardare. $\blacktriangleright$ **stand down** *vi* [resign] dare le dimissioni. $\blacktriangleright$ **stand for** *vt insep* **-1.** [signify] stare per **-2.** [represent] portare avanti **-3.** [tolerate] sopportare. $\blacktriangleright$ **stand in** *vi*: **to ~ in (for sb)** sostituire (qn). $\blacktriangleright$ **stand out** *vi* **-1.** [be clearly visible] risaltare **-2.** [be distinctive] emergere. $\blacktriangleright$ **stand up** $\diamond$ *vt sep inf* [miss appointment with] fare un bidone a. $\diamond$ *vi* **-1.** [be on one's feet] stare in piedi **-2.** [rise to one's feet] alzarsi (in piedi) **-3.** [be upright] stare dritto(a). $\blacktriangleright$ **stand up for** *vt insep* battersi per. $\blacktriangleright$ **stand up to** *vt insep* **-1.** [weather, heat, bad treatment] resistere a **-2.** [person, boss] tener testa a.

standard ['stændəd] $\diamond$ *adj* **-1.** [gen] standard *inv* **-2.** [spelling, pronunciation] ufficiale **-3.** [text, work] autorevole. $\diamond$ *n* **-1.** [level] standard *m inv* **-2.** [point of reference] modello *m* **-3.** [flag] stendardo *m.* $\blacktriangleright$ **standards** *npl* [principles] valori *mpl.*

standard lamp *n UK* lampada *f* a piede.

standard of living (*pl* **standards of living**) *n* tenore *m* di vita.

standby ['stændbaɪ] (*pl* **standbys**) $\diamond$ *n* riserva *f*; **on ~** pronto(a) ad ogni evenienza. $\diamond$ *comp* **stand by** *inv.*

stand-in *n* **-1.** [replacement] sostituto *m*, a *f* **-2.** [stunt person] controfigura *f.*

standing ['stændɪŋ] $\diamond$ *adj* [invitation, army] permanente; [joke] costante. $\diamond$ *n* **-1.** [reputation] reputazione *f* **-2.** [duration] durata *f*; **friends of twenty years' ~** amici da vent'anni.

standing order *n* ordine *m* permanente.

standing room *n* posti *mpl* in piedi.

standoffish [,stænd'ɒfɪʃ] *adj* scostante.

standpoint ['stændpɔɪnt] *n* punto *m* di vista.

standstill ['stændstɪl] *n*: **at a ~** [traffic] ad un blocco totale; *fig* [work, negotiations] ad un punto morto; **to come to a ~** [vehicle] arrestarsi; *fig* [work, negotiations] arrivare a un punto morto.

stand-up *adj*: **~ comedian** cabarettista *mf.*

stank [stæŋk] *pt* $\rhd$ **stink.**

staple ['steɪpl] $\diamond$ *adj* [principal] principale. $\diamond$ *n* **-1.** [for paper] graffetta *f* **-2.** [principal commodity] prodotto *m* di prima necessità. $\diamond$ *vt* pinzare.

stapler ['steɪplə[r]] *n* pinzatrice *f.*

star [stɑ:[r]] $\diamond$ *n* **-1.** [gen] stella *f* **-2.** [celebrity – film] stella *f*, divo *m*, -a *f*; [– pop] idolo *m*; [– sports] fuoriclasse *mf.* $\diamond$ *comp* di valore assoluto. $\diamond$ *vi* [actor]: **to ~ (in sthg)** essere l'interprete principale (di qc). $\blacktriangleright$ **stars** *npl* [horoscope] stelle *fpl.*

starboard ['stɑ:bəd] $\diamond$ *adj* di dritta. $\diamond$ *n*: **to ~** a dritta.

starch [stɑ:tʃ] *n* amido *m.*

stardom ['stɑ:dəm] *n* celebrità *f.*

stare [steə[r]] $\diamond$ *n* sguardo *m* fisso. $\diamond$ *vi*: **to ~ (at sb/sthg)** fissare (qn/qc).

stark [stɑ:k] $\diamond$ *adj* **-1.** [bare, bleak] spoglio(a) **-2.** [harsh] crudo(a). $\diamond$ *adv*: **~ naked** completamente nudo(a).

starling ['stɑ:lɪŋ] *n* storno *m.*

starry ['stɑ:rɪ] *adj* stellato(a).

Stars and Stripes *n*: **the ~** la bandiera a stelle e strisce.

start [stɑ:t] $\diamond$ *n* **-1.** [beginning] inizio *m* **-2.**

[jump] **sussulto** *m* -3. SPORT **partenza** *f* -4.
[lead] **vantaggio** *m*. ◇ *vt* -1. [begin] cominciare, iniziare; **to ~ doing** OR **to do sthg** cominciare a fare qc, mettersi a fare qc -2. [turn on] **avviare** -3. [set up] **metter su** -4. [initiate, instigate] **dare inizio a**. ◇ *vi* -1. [begin] **cominciare, avere inizio**; **to ~ with sb/sthg** cominciare con qn/qc; **to ~ with, ...** [at first] **per cominciare** -2. [in life, career] **cominciare** -3. [car, engine, tape] **avviarsi** -4. [set out] **muoversi** -5. [in surprise, alarm] **sussultare**. ◆ **start off** ◇ *vt sep* [cause to start – person] **avviare**; [– meeting, rumour, discussion] **dare inizio a**. ◇ *vi* -1. [begin] **cominciare**; **to ~ off by doing sthg** cominciare col fare qc -2. [set out] **muoversi**. ◆ **start out** *vi* -1. [in life, career] **cominciare** -2. [set out] **muoversi**. ◆ **start up** ◇ *vt sep* -1. [business, group] **metter su** -2. [engine, machine] **avviare**. ◇ *vi* [gen] **avviarsi**; [music, noise] **cominciare**; [guns] **cominciare a sparare**.

starter ['stɑːtə^r] *n* -1. UK [hors d'oeuvre] **prima portata** *f* -2. AUT **motorino** *m* **d'avviamento** -3. SPORT [official] **starter** *m inv*; [competitor] **partente** *mf*.

starting point *n* **punto** *m* **di partenza**.

startle ['stɑːtl] *vt* **spaventare**.

startling ['stɑːtlɪŋ] *adj* **sconvolgente**.

starvation [stɑːˈveɪʃn] *n* **fame** *f*.

starve [stɑːv] ◇ *vt* [deprive of food] **affamare**. ◇ *vi* **essere affamato(a)**; **to ~ to death** **morire di fame**.

state [steɪt] ◇ *n* -1. [condition] **stato** *m*; **to be in a ~** **essere agitato(a)** -2. [political entity] **stato** *m*; **the ~** **lo stato**. ◇ *comp* [ceremony] **di stato**; [control, ownership] **statale**. ◇ *vt* [gen] **specificare**; [reason, policy] **esporre**; [preference] **esprimere**; **to ~ that** **affermare che**. ◆ **State** *n* [government]: **the State** **lo stato**. ◆ **States** *npl* [USA]: **the States** **gli Stati Uniti**.

State Department *n* US **Dipartimento** *m* **di Stato**.

stately ['steɪtlɪ] *adj* **maestoso(a)**.

statement ['steɪtmənt] *n* -1. [gen] **dichiarazione** *f* -2. [from bank] **estratto** *m* **conto**.

state of mind (*pl* **states of mind**) *n* **stato** *m* **d'animo**.

statesman ['steɪtsmən] (*pl* **-men**) *n* **statista** *m*.

static ['stætɪk] ◇ *adj* [unchanging] **statico(a)**. ◇ *n* ELEC **scariche** *fpl*.

static electricity *n* **elettricità** *f* **statica**.

station ['steɪʃn] ◇ *n* -1. [gen] **stazione** *f*; **fire ~** **caserma** *f* **dei pompieri**; **polling ~** **seggio** *m* **elettorale** -2. [position] **postazio-**

ne *f* -3. *fml* [rank] **rango** *m*. ◇ *vt* -1. [position] **collocare** -2. MIL **mettere di stanza**; **to be ~ed** **essere di stanza**.

stationary ['steɪʃnərɪ] *adj* **stazionario(a)**.

stationer ['steɪʃnə^r] *n* **cartolaio** *m*, **-a** *f*; **~'s (shop)** **cartoleria** *f*.

stationery ['steɪʃnərɪ] *n* **articoli** *mpl* **di cancelleria**.

stationmaster ['steɪʃn,mɑːstə^r] *n* **capostazione** *mf*.

station wagon *n* US **station wagon** *f inv*.

statistic [stəˈtɪstɪk] *n* **dato** *m* **statistico**. ◆ **statistics** *n* **statistica** *f*.

statistical [stəˈtɪstɪkl] *adj* **statistico(a)**.

statue ['stætʃuː] *n* **statua** *f*.

stature ['stætʃə^r] *n* **statura** *f*.

status [UK 'steɪtəs, US 'stætəs] *n* -1. [legal position] **stato** *m* **(giuridico)**; [social position] **posizione** *f* -2. [prestige] **prestigio** *m*.

status bar *n* COMPUT **barra** *f* **di stato**.

status symbol *n* **status symbol** *m inv*.

statute ['stætjuːt] *n* **statuto** *m*.

statutory ['stætjʊtrɪ] *adj* **statutario(a)**.

staunch [stɔːntʃ] ◇ *adj* **deciso(a)**. ◇ *vt* **arrestare**.

stave [steɪv] (*pt & pp* **-d** OR **stove** [stəʊv]) *n* MUS **pentagramma** *m*. ◆ **stave off** *vt sep* [hunger] **allontanare**; [disaster, defeat] **evitare**.

stay [steɪ] ◇ *vi* -1. [remain] **rimanere, restare** -2. [reside temporarily] **stare** -3. [continue to be] **rimanere**. ◇ *n* [visit] **soggiorno** *m*. ◆ **stay in** *vi* [stay at home] **non uscire**. ◆ **stay on** *vi* **rimanere**. ◆ **stay out** *vi* -1. [not come home] **star fuori** -2. [not get involved]: **to ~ out of sthg** **tenersi fuori da qc**. ◆ **stay up** *vi* -1. [not go to bed] **rimanere in piedi** -2. [not fall] **star su**.

stead [sted] *n*: **to stand sb in good ~** **tornare di grande utilità a qn**.

steadfast ['stedfɑːst] *adj* -1. [supporter] **risoluto(a)** -2. [resolve] **irremovibile** -3. [gaze] **fermo(a)**.

steadily ['stedɪlɪ] *adv* -1. [gradually] **costantemente** -2. [regularly] **con regolarità** -3. [calmly] **con fermezza**.

steady ['stedɪ] ◇ *adj* -1. [gen] **costante** -2. [not shaking or flinching] **fermo(a)** -3. [stable] **fisso(a)** -4. [sensible] **con la testa sulle spalle**. ◇ *vt* -1. [stabilize – boat] **stabilizzare**; [– camera] **tenere fermo(a)** -2. [calm] **calmare**.

steak [steɪk] *n* -1. [meat] **spezzatino** *m* -2. [piece of meat] **bistecca** *f*; [piece of fish] **trancia** *f*.

steal [sti:l] (*pt* **stole**, *pp* **stolen**) ◇ *vt* rubare; **to ~ a glance at sb/sthg** guardare furtivamente qn/qc. ◇ *vi* [move stealthily] muoversi furtivamente.

stealthy ['stelθɪ] *adj* furtivo(a).

steam [sti:m] ◇ *n* vapore *m.* ◇ *vt* CULIN cuocere a vapore. ◇ *vi* [soup, kettle, wet clothes] fumare. ◆ **steam up** ◇ *vt sep* [mist up] appannare. ◇ *vi* [window, glasses] appannarsi.

steamboat ['sti:mbəʊt] *n* battello *m* a vapore.

steam engine *n* locomotiva *f* a vapore.

steamroller ['sti:m,rəʊləʳ] *n* schiacciasassi *m inv.*

steamy ['sti:mɪ] *adj* **-1.** [full of steam] pieno(a) di vapore **-2.** *inf* [erotic] molto sensuale.

steel [sti:l] ◇ *n* acciaio *m.* ◇ *comp* d'acciaio.

steelworks ['sti:lwɜ:ks] (*pl* **steelworks**) *n* acciaieria *f* (*sing*).

steep [sti:p] ◇ *adj* **-1.** [hill, road] ripido(a) **-2.** [increase, fall] vertiginoso(a) **-3.** *inf* [expensive] esorbitante. ◇ *vt* [soak] mettere a bagno.

steeple ['sti:pl] *n* campanile *m.*

steer ['stɪəʳ] ◇ *n* [bullock] manzo *m.* ◇ *vt* **-1.** [gen] guidare; [ship] governare; [aeroplane] pilotare **-2.** [conversation] indirizzare; [project, bill] portare avanti. ◇ *vi* sterzare; **to ~ clear (of sb/sthg)** *fig* stare alla larga (da qn/qc).

steering ['stɪərɪŋ] *n* AUT (meccanismo di) sterzo *m.*

steering wheel *n* sterzo *m*, volante *m.*

stem [stem] ◇ *n* **-1.** [of plant] stelo *m* **-2.** [of glass] gambo *m* **-3.** [of pipe] cannuccia *f* **-4.** GRAM radice *f.* ◇ *vt* [stop] arrestare. ◆ **stem from** *vt insep* provenire da.

stench [stentʃ] *n* fetore *m.*

stencil ['stensl] ◇ *n* mascherina *f.* ◇ *vt* riprodurre con una mascherina.

step [step] ◇ *n* **-1.** [gen] passo *m*; **in ~ with** *fig* [in touch with] in sintonia con; **out of ~ with** *fig* [out of touch with] fuori sintonia con; **~ by ~** [in detail] passo passo; [gradually] un passo per volta **-2.** [stair] gradino *m* **-3.** [rung] piolo *m.* ◇ *vi* **-1.** [take a single step] fare un passo; **watch where you ~** bada dove metti i piedi; **she stepped off the bus** scese dall'autobus; **he stepped over the puddle** scavalcò la pozzanghera **-2.** [put one's foot down]: **to ~ on sthg** mettere il piede su qc; **to ~ in sthg** mettere il piede in qc. ◆ **steps** *npl* **-1.**

[stairs] scala *f* **-2.** *UK* [stepladder] scala *f* a libretto. ◆ **step down** *vi* [resign] dimettersi. ◆ **step in** *vi* [intervene] intervenire. ◆ **step up** *vt sep* [increase] aumentare.

stepbrother ['step,brʌðəʳ] *n* fratello *m* acquisito.

stepdaughter ['step,dɔ:təʳ] *n* figlia *f* acquisita.

stepfather ['step,fɑ:ðəʳ] *n* padre *m* acquisito.

stepladder ['step,lædəʳ] *n* scala *f* a libretto.

stepmother ['step,mʌðəʳ] *n* madre *f* acquisita.

stepping-stone ['stepɪŋ-] *n* **-1.** [in river] pietra *f* di un guado **-2.** *fig* [way to success] gradino *m.*

stepsister ['step,sɪstəʳ] *n* sorella *f* acquisita.

stepson ['stepsʌn] *n* figlio *m* acquisito.

stereo ['sterɪəʊ] (*pl* **-s**) ◇ *adj* stereo *inv.* ◇ *n* stereo *m inv.*

stereotype ['sterɪətaɪp] *n* stereotipo *m.*

sterile ['steraɪl] *adj* sterile.

sterilize, -ise ['steraɪz] *vt* sterilizzare.

sterling ['stɜ:lɪŋ] ◇ *adj* **-1.** [of British money]: **pound ~** lira *f* sterlina **-2.** [excellent] pregevole. ◇ *n* sterlina *f.*

sterling silver *n* argento *m* sterling.

stern [stɜ:n] ◇ *adj* severo(a). ◇ *n* poppa *f.*

steroid ['stɪərɔɪd] *n* steroide *m.*

stethoscope ['steθəskəʊp] *n* stetoscopio *m.*

stew [stju:] ◇ *n* stufato *m.* ◇ *vt* stufare.

steward ['stjʊəd] *n* **-1.** [on ship, train] assistente *m* di bordo; [on plane] assistente *m* di volo **-2.** *UK* [marshal] commissario *m* sportivo.

stewardess ['stjʊədɪs] *n* [on ship, train] assistente *f* di bordo; [on plane] assistente *f* di volo.

stick [stɪk] (*pt & pp* **stuck** [stʌk]) ◇ *n* **-1.** [piece of wood] bastone *m*, stecco *m* **-2.** [of liquorice] bastoncino *m*; [of dynamite] candelotto *m*; [of celery] gambo *m*; [of chewing gum] stecca *f* **-3.** [walking stick] bastone *m* **-4.** SPORT mazza *f.* ◇ *vt* **-1.** [jab]: **to ~ sthg in(to)** infilare qc in qc **-2.** [with adhesive] incollare; **to ~ sthg on OR to sthg** incollare qc su OR a qc **-3.** *inf* [put – into something] ficcare; [– on something] mettere **-4.** *UK inf* [tolerate] reggere. ◇ *vi* **-1.** [arrow, dart, spear] infilarsi **-2.** [adhere]: **to ~ (to sthg)** attaccarsi (a qc) **-3.** [become jammed] incastrarsi. ◆ **stick out** ◇ vt sep **-1.** [extend – head, hand] allungare; [– tongue] tirar fuori **-2.** inf [endure]: **to ~ it out** reggere. ◇ vi **-1.** [protrude] sporgere **-2.** inf [be noticeable] spiccare. ◆ **stick to** vt insep **-1.** [person, path] non abbandonare **-2.** [principles, decision, promise] tener fede a. ◆ **stick up** vi spuntare. ◆ **stick up for** vt insep difendere.

sticker ['stɪkə'] n adesivo m.

sticking plaster ['stɪkɪŋ-] n cerotto m.

stick shift n US [gear lever] cambio m manuale; [car] automobile f con cambio manuale.

stick-up n inf rapina f a mano armata.

sticky ['stɪkɪ] adj **-1.** [tacky] appiccicoso(a) **-2.** [adhesive] adesivo(a) **-3.** inf [awkward] difficoltoso(a).

stiff [stɪf] ◇ adj **-1.** [inflexible] rigido(a) **-2.** [difficult to move – joint] rigido(a); [– drawer, door] duro(a) **-3.** [difficult to stir] denso(a) **-4.** [aching] indolenzito(a); **~ neck** torcicollo m **-5.** [formal – behaviour, manner, person] sostenuto(a); [– smile] forzato(a) **-6.** [severe – penalties] severo(a); [– resistance] ostinato(a) **-7.** [difficult – exam] impegnativo(a); [– competition] agguerrito(a). ◇ adv inf [for emphasis] **a morte.**

stiffen ['stɪfn] ◇ vt rinforzare. ◇ vi **-1.** [tense up] irrigidirsi **-2.** [become difficult to move] diventare resistente **-3.** [become more severe, intense] rinforzarsi.

stifle ['staɪfl] vt & vi soffocare.

stifling ['staɪflɪŋ] adj soffocante.

stigma ['stɪgmə] n stigma m.

stile [staɪl] n scaletta f.

stiletto (heel) n UK tacco m a spillo.

still [stɪl] ◇ adv **-1.** [gen] ancora **-2.** [all the same] ad ogni modo **-3.** [motionless] fermo(a). ◇ adj **-1.** [not moving] fermo(a) **-2.** [calm, quiet] tranquillo(a) **-3.** [not windy] calmo(a) **-4.** [not fizzy] non effervescente. ◇ n **-1.** PHOT posa f **-2.** [for making alcohol] distillatore m.

stillborn ['stɪlbɔːn] adj nato(a) morto(a).

still life (pl **-s**) n natura f morta.

stilted ['stɪltɪd] adj affettato(a).

stilts npl **-1.** [for person] trampoli mpl **-2.** [for building] palafitta f.

stimulate ['stɪmjʊleɪt] vt stimolare.

stimulating ['stɪmjʊleɪtɪŋ] adj stimolante.

stimulus ['stɪmjʊləs] (pl **-li**) n stimolo m.

sting [stɪŋ] (pt & pp **stung** [stʌŋ]) ◇ n **-1.** [wound, pain, mark] puntura f **-2.** [part of bee, wasp, scorpion] pungiglione m. ◇ vt

& vi [gen] pungere; [smoke, acid] bruciare.

stingy ['stɪndʒɪ] adj inf tirato(a).

stink [stɪŋk] (pt **stank** OR **stunk,** pp **stunk**) ◇ n puzzo m. ◇ vi puzzare.

stint [stɪnt] ◇ n periodo m di lavoro. ◇ vi: **to ~ on sthg** risparmiare su qc.

stipulate ['stɪpjʊleɪt] vt stabilire.

stir [stɜː'] ◇ n [public excitement] fermento m. ◇ vt **-1.** [mix] mescolare **-2.** [move physically] muovere **-3.** [rouse, excite] stimolare. ◇ vi **-1.** [move gently] muoversi **-2.** [awaken] risvegliarsi. ◆ **stir up** vt sep **-1.** [dust, mud] sollevare **-2.** [trouble, dissent] fomentare; [feelings] suscitare; [memories] rinfocolare.

stirrup ['stɪrəp] n staffa f.

stitch [stɪtʃ] ◇ n **-1.** SEW & MED punto m **-2.** [in knitting] maglia f, punto m **-3.** [pain]: **to have a ~** avere una fitta (al fianco o in petto). ◇ vt **-1.** SEW cucire **-2.** MED suturare.

stoat [stəʊt] n ermellino m.

stock [stɒk] ◇ n **-1.** [supply] scorta f **-2.** COMM scorte fpl; **in ~** in magazzino, disponibile; **out of ~** esaurito(a), non disponibile **-3.** FIN titolo m; **~ s and shares** titoli e azioni **-4.** [ancestry] ceppo m **-5.** CULIN brodo m **-6.** [livestock] bestiame m **-7.** [of gun] calcio m **-8.** phr: **to take ~ (of sthg)** fare il punto (di qc). ◇ adj [typical] abituale. ◇ vt **-1.** COMM avere in magazzino **-2.** [fill] rifornire. ◆ **stock up** vi: **to ~ up (on** OR **with sthg)** fare provvista (di qc).

stockbroker ['stɒk,brəʊkə'] n operatore m, -trice f di borsa.

stock cube n UK dado m da brodo.

stock exchange n borsa f valori.

stockholder ['stɒk,həʊldə'] n US azionista mf.

Stockholm ['stɒkhəʊm] n Stoccolma f.

stocking ['stɒkɪŋ] n calza f.

stock market n mercato m azionario.

stockpile ['stɒkpaɪl] ◇ n scorta f. ◇ v. accumulare scorte di.

stocktaking ['stɒk,teɪkɪŋ] n inventario m.

stocky ['stɒkɪ] adj tarchiato(a).

stodgy ['stɒdʒɪ] adj pesante.

stoical ['stəʊɪkl] adj stoico(a).

stoke [stəʊk] vt alimentare.

stole [stəʊl] ◇ pt ▷**steal.** ◇ n [shawl] stola f.

stolen ['stəʊln] pp ▷**steal.**

stolid ['stɒlɪd] adj compassato(a).

stomach ['stʌmək] ◇ n **-1.** [organ] stoma

co *m* -2. [abdomen] pancia *f*. ◇ *vt* [tolerate] mandar giù.

stomachache ['stʌməkeɪk] *n* [in organ] mal *m* di stomaco; [in abdomen] mal *m* di pancia.

stomach upset *n* stomaco *m* in disordine.

stone [stəʊn] (*pl* -s) ◇ *n* -1. [gen] pietra *f* -2. [in fruit] nocciolo *m* -3. [unit of measurement] *misura di peso equivalente a circa kg 6,35.* ◇ *comp* di pietra. ◇ *vt* lanciare pietre contro.

stone-cold *adj* freddo(a) come il marmo.

stonewashed ['stəʊnwɒʃt] *adj* stonewashed *inv.*

stonework ['stəʊnwɜːk] *n* muratura *f* di pietra.

stood [stʊd] *pt & pp* ▷ **stand.**

stool [stuːl] *n* sgabello *m*.

stoop [stuːp] ◇ *n* [bent back]: **to walk with a** ~ camminare curvo(a). ◇ *vi* -1. [bend forwards and down] chinarsi -2. [hunch shoulders] curvarsi.

stop [stɒp] ◇ *n* -1. [of bus, train] fermata *f* -2. [break] sosta *f* -3. [standstill] -4. [end]: **to put a** ~ **to sthg** mettere (la parola) fine a qc -5. [in punctuation] punto *m*. ◇ *vt* -1. [end] mettere fine a; **to** ~ **doing sthg** smettere di fare qc -2. [prevent] bloccare; **to** ~ **sb/sthg from doing sthg** impedire a qn/qc di fare qc -3. [cause to halt, pause] fermare -4. [hole, gap] tappare. ◇ *vi* -1. [come to an end, finish] finire -2. [halt, pause, stay] fermarsi. ◆ **stop off** *vi* fare una sosta. ◆ **stop up** *vt sep* [block] tappare.

stopgap ['stɒpgæp] *n* soluzione *f* temporanea.

stopover ['stɒpˌəʊvəʳ] *n* sosta *f*, tappa *f*.

stoppage ['stɒpɪdʒ] *n* -1. [strike] interruzione *f* del lavoro -2. *UK* [deduction] detrazione *f*.

stopper ['stɒpəʳ] *n* tappo *m*.

stopwatch ['stɒpwɒtʃ] *n* cronometro *m*.

storage ['stɔːrɪdʒ] *n* -1. [act of storing] immagazzinamento *m* -2. COMPUT memoria *f*.

store [stɔːʳ] ◇ *n* -1. *esp US* [shop] negozio *m* -2. [supply] scorta *f* -3. [storage place] deposito *m*. ◇ *vt* -1. [keep, save] mettere da parte -2. COMPUT memorizzare. ◆ **store up** *vt sep* [keep in reserve] accumulare.

store card *n* *carta di credito per acquisti in un grande magazzino.*

storekeeper ['stɔːˌkiːpəʳ] *n* *US* negoziante *mf*.

storeroom ['stɔːrʊm] *n* magazzino *m*.

storey *UK* (*pl* -ies) *n* piano *m*.

stork [stɔːk] *n* cicogna *f*.

storm [stɔːm] ◇ *n* -1. [bad weather] temporale *m*, tempesta *f* -2. [outburst – of abuse] pioggia *f*; [– of protest] uragano *m*; [– of tears] fiume *m*; [– of laughter] scoppio *m*; [– of applause] scroscio *m*. ◇ *vt* -1. MIL prendere d'assalto -2. [say angrily] gridare infuriato(a). ◇ *vi* [go angrily] andare come una furia; **he** ~ **ed into/out of the room** entrò/uscì come una furia.

stormy ['stɔːmɪ] *adj* -1. [weather, sea] tempestoso(a) -2. *fig* [relationship, meeting] burrascoso(a).

story ['stɔːrɪ] *n* -1. [gen] storia *f*, racconto *m* -2. *US* = **storey.**

stout [staʊt] ◇ *adj* -1. [corpulent] grosso(a) -2. [strong] robusto(a) -3. [brave] accanito(a). ◇ *n* birra *f* scura.

stove [stəʊv] ◇ *pt & pp* ▷ **stave.** ◇ *n* -1. [for cooking] cucina *f* -2. [for heating] stufa *f*.

stow [stəʊ] *vt*: **to** ~ **sthg (away)** metter via qc.

stowaway ['stəʊəweɪ] *n* passeggero *m*, -a *f* clandestina(a).

straddle ['strædl] *vt* -1. [subj: person] stare a cavalcioni di -2. [subj: bridge, town] andare da una parte all'altra di.

straggle ['strægl] *vi* -1. [buildings, hair, plant] venir su in modo disordinato -2. [person, group] rimanere indietro.

straggler ['strægləʳ] *n* persona *f* rimasta indietro.

straight [streɪt] ◇ *adj* -1. [gen] diritto(a) -2. [not curly] liscio(a) -3. [honest, frank – person] sincero(a); [– question, answer] franco(a) -4. [tidy] in ordine -5. [simple – choice] chiaro(a); [– fight, exchange] diretto(a) -6. [undiluted] liscio(a) -7. *phr*: **to get something** ~ mettere bene in chiaro qc. ◇ *adv* -1. [in a straight line] dritto -2. [upright] in modo diritto -3. [directly, immediately] direttamente -4. [honestly, frankly] francamente -5. [undiluted] liscio(a). ◆ **straight off** *adv* immediatamente. ◆ **straight out** *adv* senza mezzi termini.

straightaway [ˌstreɪtə'weɪ] *adv* subito.

straighten ['streɪtn] *vt* -1. [tidy] riordinare -2. [make straight, level] raddrizzare. ◆ **straighten out** *vt sep* [sort out] mettere a posto.

straightforward [ˌstreɪt'fɔːwəd] *adj* -1. [easy] semplice -2. [honest, frank] diretto(a).

strain [streɪn] ◇ *n* **-1.** [mental] tensione *f* **-2.** [of muscle, back] stiramento *m*, strappo *m*; **eye ~** affaticamento *m* degli occhi **-3.** TECH sollecitazione *f*. ◇ *vt* **-1.** [tire] affaticare **-2.** [injure] stirare, strappare **-3.** [overtax - resources, budget] sottoporre a eccessive richieste; [- enthusiasm, patience] abusare di **-4.** [drain - vegetables] scolare; [- tea] filtrare **-5.** TECH sottoporre a sollecitazione. ◇ *vi* [try very hard]: **to ~ to do sthg** sforzarsi di fare qc. ◆ **strains** *npl lit* [of music] note *fpl*.

strained [streɪnd] *adj* **-1.** [forced] forzato(a) **-2.** [tense] teso(a) **-3.** [sprained - ankle, shoulder] slogato(a); [- muscle] stirato(a) **-4.** CULIN [liquid] filtrato(a); [vegetables] sgocciolato(a).

strainer ['streɪnər] *n* [for tea, coffee] colino *m*; [for vegetables, pasta] colapasta *m inv.*

strait [streɪt] *n* GEOG stretto *m*. ◆ **straits** *npl*: **in dire** OR **desperate ~s** in una situazione disperata.

straitjacket ['streɪt‚dʒækɪt] *n* camicia *f* di forza.

straitlaced [‚streɪt'leɪst] *adj pej* rigido(a).

strand [strænd] *n* **-1.** [of cotton, wool] filo *m*; **a ~ of hair** una ciocca di capelli **-2.** [of story, argument, plot] elemento *m*.

stranded ['strændɪd] *adj* [person, car, boat] rimasto(a) bloccato(a).

strange [streɪndʒ] *adj* **-1.** [unusual, unexpected] strano(a) **-2.** [unfamiliar] sconosciuto(a).

stranger ['streɪndʒər] *n* **-1.** [unknown person] estraneo *m*, -a *f* **-2.** [person from elsewhere] forestiero *m*, -a *f.*

strangle ['stræŋgl] *vt* **-1.** [kill - person] strangolare; [- chicken] tirare il collo a **-2.** *fig* [stifle] soffocare.

strap [stræp] ◇ *n* **-1.** [for carrying] tracolla *f* **-2.** [for fastening - of watch] cinturino *m*; [- of case] linguetta *f*; [- of dress] spallina *f*; [-of bra, swimsuit] bretella *f*. ◇ *vt* [fasten] assicurare (con una cinghia).

strapping ['stræpɪŋ] *adj* robusto(a).

strategic [strə'tiːdʒɪk] *adj* [MIL & gen] strategico(a).

strategy ['strætɪdʒɪ] *n* strategia *f.*

straw [strɔː] *n* **-1.** [from grain crop] paglia *f* **-2.** [for drinking] cannuccia *f.*

strawberry ['strɔːbərɪ] ◇ *n* fragola *f.* ◇ *comp* di fragola.

stray [streɪ] ◇ *adj* **-1.** [lost] randagio(a) **-2.** [random] vagante. ◇ *vi* **-1.** [person, animal] deviare **-2.** [thoughts, mind] divagare.

streak [striːk] ◇ *n* **-1.** [mark, line - of grea-se] striscia *f*; [- in hair] colpo *m* di sole; [- of lightning] bagliore *m* **-2.** [in character] vena *f.* ◇ *vi* [move quickly] sfrecciare.

stream [striːm] ◇ *n* **-1.** [brook] ruscello *m* **-2.** [flood - of water, people, traffic] flusso *m*; [- of tears] fiume *m*; [- of lava] torrente *m*; [- of blood, light] fiotto *m*; [- of air] corrente *m* **-3.** [of abuse, queries, complaints, books] mare *m* **-4.** UK SCH gruppo *m (di studenti dello stesso livello di abilità)*. ◇ *vt* UK SCH raggruppare in base all'abilità. ◇ *vi* **-1.** [liquid] scorrere **-2.** [air, light] riversarsi **-3.** [traffic] scorrere; [people] muoversi in un flusso continuo.

streamer ['striːmər] *n* festone *m.*

streamlined ['striːmlaɪnd] *adj* **-1.** [aerodynamic] aerodinamico(a) **-2.** [efficient] snellito(a).

street [striːt] *n* via *f*, strada *f.*

streetcar ['striːtkɑːr] *n US* tram *m inv.*

street lamp, street light *n* lampione *m.*

street plan *n* pianta *f* stradale.

strength [streŋθ] *n* **-1.** [gen] forza *f* **-2.** [quality, ability] punto *m* di forza **-3.** [solidity] resistenza *f* **-4.** [intensity - of earthquake, wind, light, feeling] intensità *f inv*; [- of current] forza *f*; [- of sound, voice] potenza *f* **-5.** [of alcohol] gradazione *f* (alcolica); [of drug] potenza *f.*

strengthen ['streŋθn] *vt* **-1.** [muscle] potenziare; [body] fortificare **-2.** [person, team, resolve, opposition, currency] rafforzare **-3.** [sales, economy, industry] consolidare **-4.** [argument, case, evidence] dare forza a **-5.** [friendship, foundation, structure] rinforzare.

strenuous ['strenjʊəs] *adj* faticoso(a).

stress [stres] ◇ *n* **-1.** [emphasis]: **~ (on sthg)** enfasi *f* (su qc) **-2.** [tension, anxiety] stress *m inv* **-3.** TECH: **~ (on sthg)** sollecitazione *f* (su qc) **-4.** [on word, syllable] accento *m*. ◇ *vt* **-1.** [emphasize] mettere l'accento su **-2.** [word, syllable] accentare.

stressful ['stresfʊl] *adj* stressante.

stretch [stretʃ] ◇ *n* **-1.** [of land, water] distesa *f*; [of river] tratto *m* **-2.** [of time] periodo *m*. ◇ *vt* **-1.** [garment] allargare; [elastic, rope, cable] tendere **-2.** [arms, hands, legs] distendere; [wings] spiegare **-3.** [meaning, truth] distorcere; [rules] fare uno strappo a **-4.** [budget, resources] sfruttare al massimo **-5.** [challenge] mettere alla prova. ◇ *vi* **-1.** [area]: **to ~ over** estendersi su; **to ~ from ... to** estendersi da ... a **-2.** [person animal - from tiredness] stirarsi, distendersi; [- to reach sthg] allungarsi **-3.** [elastic] allungarsi; [material] cedere

◆ **stretch out** ⬦ vt sep [hand, leg, arm] stendere, allungare. ⬦ vi [lie down] distendersi, allungarsi.

stretcher ['stretʃə'] n barella f.

strew [struː] (pt **-ed**, pp **strewn** OR **-ed**) vt [scatter untidily]: **to be strewn with sthg** essere coperto(a) di qc.

stricken ['strɪkn] adj: **to be ~ by** OR **with sthg** [with doubts] essere attanagliato(a) da qc; [with panic] essere in preda a qc; [rheumatism] essere affetto(a) da qc.

strict [strɪkt] adj **-1.** [parents, teacher] severo(a); [discipline, upbringing, interpretation] rigido(a) **-2.** [sense of a word] stretto(a).

strictly ['strɪktlɪ] adv **-1.** [severely] severamente **-2.** [rigidly, absolutely] strettamente; **this is ~ between ourselves** che resti tra noi **-3.** [precisely, exactly] del tutto; **~ speaking** in senso stretto **-4.** [exclusively] esclusivamente.

stride [straɪd] (pt **strode**, pp **stridden**) ⬦ n [step] passo m lungo, falcata f; **to take sthg in one's ~** fig accettare qc senza fare una piega. ⬦ vi camminare a passi lunghi.

strident ['straɪdnt] adj **-1.** [voice, sound] stridente, stridulo(a) **-2.** [demand] vibrato(a).

strike [straɪk] (pt & pp **struck**) ⬦ n **-1.** [refusal to work, to do sthg] sciopero m; **to be (out) on ~** essere in sciopero; **to go on ~** fare sciopero, mettersi in sciopero **-2.** MIL attacco m **-3.** [find] scoperta f (di un giacimento) - ⬦ vt **-1.** [gen] colpire **-2.** [accidentally] urtare **-3.** [subj: thought] venire in mente a; **to ~ sb as sthg** sembrare qc a qn **-4.** [bargain, deal] concludere **-5.** [match] accendere **-6.** [subj: clock] battere. ⬦ vi **-1.** [stop working] fare sciopero, scioperare **-2.** [hit accidentally]: **to ~ against sthg** urtare qc **-3.** [hurricane, disaster] abbattersi **-4.** [person, animal] attaccare **-5.** [clock, time] battere. ◆ **strike down** vt sep abbattere. ◆ **strike out** ⬦ vt sep depennare, cancellare. ⬦ vi **-1.** [head out] dirigersi verso **-2.** [do sthg different]: **to ~ out on one's own** mettersi in proprio. ◆ **strike up** vt insep **-1.** [friendship] stringere; [conversation] cominciare **-2.** [music] intonare.

striker ['straɪkə'] n **-1.** [person on strike] scioperante mf **-2.** FTBL attaccante mf.

striking ['straɪkɪŋ] adj **-1.** [appearance, design] di grande impatto; [difference] notevole **-2.** [woman, man] attraente.

string [strɪŋ] (pt & pp **strung** [strʌŋ]) n **-1.** [gen] corda f; **to pull ~s** manovrare nell'ombra **-2.** [row, chain - of pearls] filo m; [- of beads] collana f **-3.** [series - of visitors, cars] sfilza f; [- of incidents, phone calls] serie f; [- of racehorses] scuderia f. ◆ **strings** npl MUS: **the ~s** gli archi.
◆ **string out** vt sep [disperse]: **to be strung out** essere in fila. ◆ **string together** vt sep fig [words, sentences] mettere in fila.

string bean n fagiolino m verde.

stringent ['strɪndʒənt] adj rigoroso(a).

strip [strɪp] ⬦ n **-1.** [of fabric, paper, carpet] striscia f **-2.** [of land, water, forest] lingua f **-3.** UK SPORT tenuta f sportiva. ⬦ vt **-1.** [person] svestire **-2.** [paint, wallpaper] togliere. ⬦ vi [undress] svestirsi. ◆ **strip off** vi svestirsi.

strip cartoon n UK fumetto m.

stripe [straɪp] n **-1.** [band of colour] riga f, striscia f **-2.** [sign of rank] gallone m.

striped [straɪpt] adj a righe, rigato(a).

stripper ['strɪpə'] n **-1.** [performer of striptease] spogliarellista mf **-2.** [tool] raschietto m; [liquid] sverniciante m.

striptease ['striptiːz] n spogliarello m, strip m inv, strip-tease m inv.

strive [straɪv] (pt **strove**, pp **striven**) vi fml: **to ~ for sthg/to do sthg** impegnarsi per qc/per fare qc.

strode [strəʊd] pt ▷stride.

stroke [strəʊk] ⬦ n **-1.** MED colpo m apoplettico **-2.** [of pen] tratto m; [of brush] pennellata f **-3.** [in swimming - movement] bracciata f; [- style] nuoto m **-4.** [movement in rowing] colpo m di remi **-5.** [in tennis, golf] colpo m **-6.** [of clock, bell] rintocco m **-7.** UK TYPO barra f obliqua **-8.** [piece]: **a ~ of genius/luck** un colpo di genio/fortuna; **at a ~** in un colpo solo. ⬦ vt accarezzare.

stroll [strəʊl] ⬦ n passeggiata f. ⬦ vi passeggiare, andare a spasso.

stroller ['strəʊlə'] n US passeggino m.

strong [strɒŋ] adj **-1.** [gen] forte; **~ point** (punto m) forte m **-2.** [table, material] robusto(a) **-3.** [argument] solido(a); [case, evidence] incontestabile **-4.** [in number]: **the crowd was 2,000 ~** la folla era forte di 2000 persone **-5.** [ties, bond, friendship] forte, solido(a).

stronghold ['strɒŋhəʊld] n fig roccaforte f.

strongly ['strɒŋlɪ] adv **-1.** [sturdily, solidly] solidamente **-2.** [in degree or intensity] vivamente **-3.** [fervently, very definitely] fortemente.

strong room n camera f blindata.

strove [strəʊv] pt ▷strive.

struck [strʌk] pt & pp ▷strike.

structure ['strʌktʃəʳ] n struttura f.

struggle ['strʌgl] ◇ n -1. [great effort]: ~ (for sthg/to do sthg) lotta f (per qc/per fare qc) -2. [fight] rissa f. ◇ vi -1. [try hard, strive]: to ~ (for sthg/to do sthg) lottare (per qc/per fare qc) -2. [fight]: to ~ (with sb) lottare (con qn).

strum [strʌm] vt strimpellare.

strung [strʌŋ] pt & pp ▷string.

strut [strʌt] ◇ n CONSTR puntone m. ◇ vi pavoneggiarsi.

stub [stʌb] ◇ n -1. [of cigarette, pencil] mozzicone m -2. [of ticket, cheque] matrice f. ◇ vt: to ~ one's toe urtare il dito del piede. ◆ **stub out** vt sep [cigarette] spegnere.

stubble ['stʌbl] n -1. [in field] stoppia f -2. [on chin] barba f di alcuni giorni.

stubborn ['stʌbən] adj -1. [person] testardo(a), cocciuto(a) -2. [stain] ostinato(a).

stuck [stʌk] ◇ pt & pp ▷stick. ◇ adj -1. [gen] bloccato(a); she's ~ at home with the flu è bloccata a casa con l'influenza -2. [stumped] in difficoltà.

stuck-up adj inf pej montato(a).

stud [stʌd] n -1. [metal decoration] borchia f -2. [earring] orecchino m a perno -3. UK [on boot, shoe] chiodo m -4. [of horses] monta f.

studded ['stʌdɪd] adj: ~ (with sthg) tempestato(a) (di qc).

student ['stjuːdnt] ◇ n -1. [at college, university] studente m, -essa f -2. [scholar] studioso m, -a f. ◇ comp [lifestyle] da studente; [disco] per studenti; [nurse, teacher] tirocinante.

student loan n UK prestito m bancario per studenti universitari.

studio ['stjuːdɪəʊ] (pl -s) n -1. [artist's workroom] atelier m inv; studio m -2. CIN & RADIO & TV studio m.

studio flat UK, **studio apartment** US n monolocale m.

studious ['stjuːdjəs] adj studioso(a).

study ['stʌdɪ] ◇ n -1. [gen] studio m -2. [piece of research] studio m, ricerca f. ◇ vt & vi studiare.

stuff [stʌf] ◇ n inf -1. [matter, things] roba f, cose fpl -2. [substance] roba f, sostanza f -3. [belongings] robe fpl, cose fpl. ◇ vt -1. [push, put] ficcare, infilare -2. [fill, cram]: to ~ sthg (with sthg) riempire qc (di qc) -3. CULIN farcire.

stuffed [stʌft] adj -1. [filled, crammed]: ~ with sthg pieno(a) zeppo(a) di qc -2. inf [with food] satollo(a) -3. CULIN [tomatoes, peppers] ripieno(a); [olives] farcito(a) -4. [animal] impagliato(a).

stuffing ['stʌfɪŋ] n -1. [for furniture, toys] imbottitura f -2. CULIN farcia f.

stuffy ['stʌfɪ] adj -1. [room]: it's ~ in here qui non si respira -2. [person, club, tradition] antiquato(a).

stumble ['stʌmbl] vi -1. [trip] inciampare -2. [hesitate, make mistake] impappinarsi. ◆ **stumble across**, **stumble on** vt insep imbattersi in.

stumbling block ['stʌmblɪŋ-] n ostacolo m.

stump [stʌmp] ◇ n [remaining part – of tree] ceppo m; [– of arm, leg] moncone m. ◇ vt [subj: question, problem] sconcertare.

stun [stʌn] vt -1. [knock unconscious] stordire -2. [shock, surprise] sbalordire.

stung [stʌŋ] pt & pp ▷sting.

stunk [stʌŋk] pt & pp ▷stink.

stunning ['stʌnɪŋ] adj -1. [very beautiful] favoloso(a), stupendo(a) -2. [very shocking, surprising] scioccante, sbalorditivo(a).

stunt [stʌnt] ◇ n -1. [for publicity] trovata f -2. CIN scena f pericolosa. ◇ vt [growth] bloccare; [development] inibire.

stunted ['stʌntɪd] adj striminzito(a).

stunt man n cascatore m.

stupefy ['stjuːpɪfaɪ] vt -1. [subj: drink, drug, lecture] intorpidire -2. [news, event, fact] stupefare.

stupendous [stjuːˈpendəs] adj inf -1. [wonderful] stupendo(a) -2. [very large] enorme.

stupid ['stjuːpɪd] adj stupido(a).

stupidity [stjuːˈpɪdətɪ] n stupidaggine f.

sturdy ['stɜːdɪ] adj [person] forte; [furniture, bridge] robusto(a).

stutter ['stʌtəʳ] vi balbettare.

sty [staɪ] n [pigsty] stalla f.

stye [staɪ] n [in eye] orzaiolo m.

style [staɪl] ◇ n -1. [gen] stile m -2. [smartness, elegance] classe f, stile m. ◇ vt [hair] acconciare.

stylish ['staɪlɪʃ] adj alla moda, elegante.

stylist ['staɪlɪst] n parrucchiere m, -a f.

stylus ['staɪləs] (pl -es) n puntina f.

suave [swɑːv] adj mellifluo(a).

subconscious [ˌsʌbˈkɒnʃəs] ◇ adj subconscio(a). ◇ n: the ~ il subconscio.

subcontract vt [ˌsʌbkənˈtrækt] subappaltare.

subdue [səb'dju:] *vt* **-1.** [enemy, rioters, crowds] sottomettere **-2.** [feelings, passions] controllare.

subdued [səb'dju:d] *adj* **-1.** [person] sottomesso(a) **-2.** [sound] sommesso(a); [feelings] contenuto(a) **-3.** [light, lighting] soffuso(a); [colour] attenuato(a).

subject ◇ *adj* ['sʌbdʒekt] **-1.** [subordinate] sottomesso(a); ~ **to sthg** soggetto(a) a qc **-2.** [liable]: ~ **to sthg** [to tax] assoggettabile a qc; [to change, heart attacks, storms] soggetto(a) a qc. ◇ *n* ['sʌbdʒekt] **-1.** [topic, person under consideration] argomento *m* **-2.** GRAM soggetto *m* **-3.** SCH & UNIV materia *f* **-4.** [citizen] suddito *m*, -a *f*. ◇ *vt* [səb'dʒekt] **-1.** [bring under strict control] sottomettere **-2.** [force to experience]: to ~ **sb to sthg** esporre qn a qc. ◆ **subject to** *prep* ; ~ **to sb's approval** su approvazione di qn; ~ **to availability** [flights, tickets] in base alla disponibilità; [goods] salvo venduto.

subjective [səb'dʒektɪv] *adj* soggettivo(a).

subject matter *n* argomento *m*, tema *m*.

subjunctive [səb'dʒʌŋktɪv] *n* GRAM: ~ **(mood)** (modo *m*) congiuntivo *m*.

sublet [,sʌb'let] (*pt & pp* sublet) *vt* subaffittare.

sublime [sə'blaɪm] *adj* sublime.

submachine gun [,sʌbmə'ʃi:n-] *n* mitra *m inv.*

submarine [,sʌbmə'ri:n] *n* sottomarino *m.*

submerge [səb'mɜ:dʒ] ◇ *vt* **-1.** [flood] sommergere **-2.** [plunge into liquid] immergere. ◇ *vi* immergersi.

submission [səb'mɪʃn] *n* **-1.** [obedience, capitulation] sottomissione *f* **-2.** [of request, proposal] presentazione *f*.

submissive [səb'mɪsɪv] *adj* sottomesso(a), remissivo(a).

submit [səb'mɪt] ◇ *vt* sottoporre. ◇ *vi*: to ~ **(to sb)** sottostare (a qn); to ~ **(to sthg)** sottomettersi (a qc).

subordinate ◇ *adj fml* [less important]: ~ **(to sthg)** secondario(a) (a qc). ◇ *n* [sə'bɔ:dɪnət] subalterno *m*, -a *f*.

subpoena [sə'pi:nə] (*pt & pp* **-ed**) LAW ◇ *n* mandato *m* di comparizione. ◇ *vt* emanare un mandato di comparizione nei confronti di.

subscribe [səb'skraɪb] *vi* **-1.** [to magazine, newspaper]: to ~ **(to sthg)** abbonarsi (a qc) **-2.** [to view, belief]: to ~ **to sthg** aderire a qc.

subscriber [səb'skraɪbəʳ] *n* abbonato *m*, -a *f*.

subscription [səb'skrɪpʃn] *n* [to newspaper, magazine] abbonamento *m*; [to club, organization] quota *f* associativa.

subsequent ['sʌbsɪkwənt] *adj* successivo(a).

subsequently ['sʌbsɪkwəntlɪ] *adv* successivamente.

subservient [səb'sɜ:vjənt] *adj* **-1.** [servile]: ~ **(to sb)** servile (verso qn) **-2.** [less important]: ~ **(to sthg)** secondario(a) (rispetto a qc).

subside [səb'saɪd] *vi* **-1.** [anger, pain, grief] placarsi **-2.** [noise, scream] diminuire, attenuarsi **-3.** [building, ground] cedere; [river] calare.

subsidence [səb'saɪdns, 'sʌbsɪdns] *n* CONSTR subsidenza *f*.

subsidiary [səb'sɪdjərɪ] ◇ *adj* secondario(a). ◇ *n*: ~ **(company)** consociata *f*.

subsidize, -ise ['sʌbsɪdaɪz] *vt* sovvenzionare.

subsidy ['sʌbsɪdɪ] *n* sovvenzione *f*, sussidio *m*.

substance ['sʌbstəns] *n* **-1.** [material, stuff] sostanza *f* **-2.** [tangibility] consistenza *f* **-3.** [essence, gist] essenza *f* **-4.** [importance]: he said nothing of any ~ non ha detto nulla di importante.

substantial [səb'stænʃl] *adj* **-1.** [difference, pay rise, effect] considerevole; [meal] sostanzioso(a) **-2.** [house, building, furniture] solido(a).

substantially [səb'stænʃəlɪ] *adv* **-1.** [decrease, improve] considerevolmente; [better, bigger] decisamente, nettamente **-2.** [true, complete] sostanzialmente, in gran parte.

substitute ['sʌbstɪtju:t] ◇ *n* **-1.** [replacement]: ~ **(for sb/sthg)** sostituto *m*, -a *f* (di qn/qc) **-2.** SPORT riserva *f*. ◇ *vt*: to ~ **sb for sb** rimpiazzare qn con qn; to ~ **sthg for sthg** sostituire qc con qc.

subtitle ['sʌb,taɪtl] *n* [of book] sottotitolo *m*. ◆ **subtitles** *npl* CIN sottotitoli *mpl*.

subtle ['sʌtl] *adj* **-1.** [nuance, difference] sottile, leggero(a) **-2.** [person, comment, tactics] sottile.

subtlety ['sʌtltɪ] *n* **-1.** [of music, skill] delicatezza *f* **-2.** [of person, plan] sottigliezza *f* **-3.** [detail, intricacy] complessità *f*.

subtotal ['sʌb,təʊtl] *n* subtotale *m*.

subtract [səb'trækt] *vt*: to ~ **sthg (from sthg)** sottrarre qc (da qc).

subtraction [səb'trækʃn] *n* sottrazione *f*.

suburb ['sʌbɜ:b] *n* sobborgo *m*. ➧ **suburbs** *npl*: **the** ~ **s** la periferia.

suburban [sə'bɜ:bn] *adj* **-1.** [street, shop, train] di periferia **-2.** *pej* [boring] piccolo-borghese.

suburbia [sə'bɜ:bɪə] *n* periferia *f*.

subversive [səb'vɜ:sɪv] <> *adj* sovversivo(a). <> *n* sovversivo *m*, -a *f*.

subway ['sʌbweɪ] *n* **-1.** *UK* [underground walkway] sottopassaggio *m* **-2.** *US* [underground railway] metropolitana *f*.

succeed [sək'si:d] <> *vt* **-1.** [person] succedere a **-2.** *fml* [thing, event] seguire. <> *vi* **-1.** [achieve desired result]: **to** ~ **in sthg/in doing sthg** riuscire in qc/a fare qc **-2.** [work well, come off] riuscire **-3.** [go far in life] avere successo.

succeeding [sək'si:dɪŋ] *adj fml* seguente, successivo(a).

success [sək'ses] *n* successo *m*.

successful [sək'sesfʊl] *adj* **-1.** [attempt] riuscito(a) **-2.** [film, book, person] di successo.

succession [sək'seʃn] *n* **-1.** [series] serie *f inv*, successione *f* **-2.** *fml* [to high position] successione *f*.

successive [sək'sesɪv] *adj* successivo(a).

succinct [sək'sɪŋkt] *adj* succinto(a).

succumb [sə'kʌm] *vi* **-1.** [to a bad influence]: **to** ~ **(to sthg)** soccombere (a qc) **-2.** [to illness]: **to** ~ **(to sthg)** morire (di qc).

such [sʌtʃ] <> *adj* **-1.** [referring back] tale **-2.** [referring forward] simile, come; **have you got** ~ **a thing as a tin opener?** hai per caso un apriscatole?; ~ **as** come (per esempio) **-3.** [whatever]: **I'v7e spent** ~ **money as I had** ho speso tutti i soldi che avevo **-4.** [so great, so extreme]: **there are** ~ **differences that...** ci sono differenze tali ... che. <> *adv* **-1.** [for emphasis] come; ~ **nice people** persone così carine; ~ **a long time** così tanto tempo; ~ **a lot of books** così tanti libri **-2.** [in comparisons] tale; **I wish I had** ~ **a big car as his** magari avessi un macchinone come il suo. <> *pron* [referring back]: **and** ~ **(like)** e così via. ➧ **as such** *adv* come tale, in sé. ➧ **such and such** *adj* tale; **at** ~ **and** ~ **a time** all'ora tale.

suck [sʌk] *vt* **-1.** [by mouth] succhiare **-2.** [draw in] aspirare.

sucker ['sʌkəʳ] *n* **-1.** [suction pad] ventosa *f* **-2.** *inf* [gullible person] gonzo *m*, -a *f*.

suction ['sʌkʃn] *n* **-1.** [drawing in] aspirazione *f* **-2.** [adhesion] suzione *f*.

Sudan [su:'dɑ:n] *n*: **(the)** ~ il Sudan *m*.

sudden ['sʌdn] *adj* improvviso(a); **all of a** ~ all'improvviso.

suddenly ['sʌdnlɪ] *adv* improvvisamente, all'improvviso.

sue [su:] *vt*: **to** ~ **sb (for sthg)** citare qn (per qc).

suede [sweɪd] *n* pelle *f* scamosciata.

suet ['sʊɪt] *n* grasso *m* (di rognone).

suffer ['sʌfəʳ] <> *vt* **-1.** [pain, stress] soffrire, patire **-2.** [consequences, setback] subire. <> *vi* **-1.**: **to** ~ **(from sthg)** soffrire (di qc) **-2.** [get worse] risentire, soffrire.

sufferer ['sʌfrəʳ] *n* malato *m* -a *f*; **asthma** ~ asmatico *m* -a *f*.

suffering ['sʌfrɪŋ] *n* sofferenza *f*.

suffice [sə'faɪs] *vi fml* bastare.

sufficient [sə'fɪʃnt] *adj* sufficiente.

sufficiently [sə'fɪʃntlɪ] *adv* sufficientemente.

suffocate ['sʌfəkeɪt] *vtvi* soffocare.

suffuse [sə'fju:z] *vt* pervadere.

sugar ['ʃʊgəʳ] <> *n* zucchero *m*. <> *vt* zuccherare.

sugar beet *n* barbabietola *f* da zucchero.

sugarcane ['ʃʊgəkeɪn] *n* canna *f* da zucchero.

sugary ['ʃʊgərɪ] *adj* zuccherino(a).

suggest [sə'dʒest] *vt* **-1.** [propose] suggerire **-2.** [imply] lasciare intendere, insinuare.

suggestion [sə'dʒestʃn] *n* **-1.** [proposal, idea] suggerimento *m* **-2.** [implication] insinuazione *f*.

suggestive [sə'dʒestɪv] *adj* **-1.** [implying sexual connotation] provocante **-2.** [implying a certain conclusion]: ~ **(of sthg)** indicativo(a) (di qc) **-3.** [reminiscent]: **to be** ~ **of sthg** evocare qc.

suicide ['su:ɪsaɪd] *n* suicidio *m*; **to commit** ~ suicidarsi.

suit [su:t] <> *n* **-1.** [of matching clothes – for man] completo *m*, abito *m* da uomo; [– for woman] tailleur *m* **-2.** [in cards] seme *m*, colore *m* **-3.** LAW azione *f* legale. <> *vt* **-1.** [look attractive on] stare bene a, addirsi a **-2.** [be convenient or agreeable to] andare bene a **-3.** [be appropriate to] essere adatto a. <> *vi* [be convenient or agreeable] andare bene.

suitable ['su:təbl] *adj* adatto(a).

suitably ['su:təblɪ] *adv* [dressed] adeguatamente; [impressed] dovutamente.

suitcase ['su:tkeɪs] *n* valigia *f*.

suite [swi:t] *n* **-1.** [of rooms] suite *f inv* **-2.** [of furniture] mobilia *f*.

suited ['su:tɪd] *adj* **-1.** [suitable]: ~ **to/for**

sthg adatto(a) a/per qc **-2.** [compatible]: **well/ideally** ~ ben assortito(a).

sulfur *n US* = sulphur.

sulk [sʌlk] *vi* tenere il broncio.

sulky ['sʌlkı] *adj* imbronciato(a).

sullen ['sʌlən] *adj* [expression] imbronciato(a); [attitude] astioso(a).

sulphur *UK*, **sulfur** *US* ['sʌlfə^r] *n* zolfo *m*.

sultana [səl'tɑ:nə] *n UK* uva *f* sultanina.

sultry ['sʌltrı] *adj* **-1.** [day] caldo(a); [weather] afoso(a); [heat] soffocante **-2.** [woman, look] sensuale.

sum [sʌm] *n* **-1.** [amount of money] somma *f*, importo *m* **-2.** [calculation] aritmetica *f*, calcolo *m*. ◆ **sum up** ◇ *vt sep* [summarize] riassumere. ◇ *vi* fare un riepilogo.

summarize, -ise ['sʌməraɪz] ◇ *vt* riassumere. ◇ *vi* fare uno riassunto.

summary ['sʌmərı] *n* riassunto *m*.

summer ['sʌmə^r] ◇ *n* estate *f*; **in** ~ in/ d'estate. ◇ *comp* estivo(a).

summerhouse ['sʌməhaʊs] *n* chiosco *m*.

summer school *n* corso *m* estivo.

summertime ['sʌmətaɪm] *n*: **(the)** ~ (l') estate *f*.

summit ['sʌmıt] *n* **-1.** [mountaintop] cima *f*, vetta *f* **-2.** [meeting] summit *m*, vertice *m*.

summon ['sʌmən] *vt* convocare. ◆ **summon up** *vt sep* [courage, energy] fare appello a.

summons ['sʌmənz] (*pl* **summonses**) LAW ◇ *n* citazione *f*. ◇ *vt* citare.

sumptuous ['sʌmptʃʊəs] *adj* sontuoso(a).

sun [sʌn] *n* sole *m*.

sunbathe ['sʌnbeɪð] *vi* prendere il sole.

sunbed ['sʌnbed] *n* lettino *m* abbronzante.

sunburn ['sʌnbɜ:n] *n* scottatura *f*.

sunburned, sunburnt *adj* ustionato(a) dal sole.

Sunday ['sʌndeɪ] *n* domenica *f*; ~ **lunch** pranzo della domenica; *see also* **Saturday**.

Sunday school *n* scuola *f* domenicale.

sundial ['sʌndaɪəl] *n* meridiana *f*.

sundown ['sʌndaʊn] *n* tramonto *m*.

sundry ['sʌndrı] *adj fml* vari(e), diversi(e); **all and** ~ tutti quanti. ◆ **sundries** *npl fml* articoli *mpl* vari.

sunflower ['sʌn,flaʊə^r] *n* girasole *m*.

sung [sʌŋ] *pp* ▷ **sing**.

sunglasses ['sʌn,glɑ:sız] *npl* occhiali *mpl* da sole.

sunk [sʌŋk] *pp* ▷ **sink**.

sunlight ['sʌnlaɪt] *n* luce *f* del sole.

sunny ['sʌnı] *adj* **-1.** [day, place] soleggiato(a) **-2.** [mood, atmosphere] allegro(a); [personality] solare.

sunrise ['sʌnraɪz] *n* alba *f*.

sunroof ['sʌnru:f] *n* tettuccio *m* apribile.

sunset ['sʌnset] *n* tramonto *m*.

sunshade ['sʌnʃeɪd] *n* parasole *m*.

sunshine ['sʌnʃaɪn] *n* luce *f* del sole.

sunstroke ['sʌnstrəʊk] *n* colpo *m* di sole, insolazione *f*.

suntan ['sʌntæn] ◇ *n* abbronzatura *f*. ◇ *comp* solare.

super ['su:pə^r] ◇ *adj inf dated* [wonderful] stupendo(a); **we had a** ~ **time** ci siamo divertiti un mondo. ◇ *n* [petrol] super *f*.

superb [su:'pɜ:b] *adj* magnifico(a).

supercilious [,su:pə'sılıəs] *adj* altezzoso(a).

superficial [,su:pə'fıʃl] *adj* superficiale.

superfluous [su:'pɜ:flʊəs] *adj* superfluo(a).

superhuman [,su:pə'hju:mən] *adj* sovrumano(a).

superimpose [,su:pərım'pəʊz] *vt*: **to** ~ **sthg on sthg** sovrapporre qc a qc.

superintendent [,su:pərın'tendənt] *n* sovrintendente *mf*.

superior [su:'pıərıə^r] ◇ *adj* **-1.** [gen] superiore; ~ **to sb/sthg** superiore a qn/ qc **-2.** *pej* [person] borioso(a); [attitude] di superiorità. ◇ *n* [senior] superiore *m*.

superlative [su:'pɜ:lətɪv] ◇ *adj* eccellente. ◇ *n* GRAM superlativo *m*.

supermarket ['su:pə,mɑ:kıt] *n* supermercato *m*.

supernatural [,su:pə'nætʃrəl] *adj* soprannaturale.

superpower ['su:pə,paʊə^r] *n* superpotenza *f*.

supersede [,su:pə'si:d] *vt* rimpiazzare, sostituire.

supersonic [,su:pə'sɒnık] *adj* supersonico(a).

superstitious [,su:pə'stıʃəs] *adj* superstizioso(a).

superstore ['su:pəstɔ:^r] *n* ipermercato *m*.

supervise ['su:pəvaɪz] *vt* [children] sorvegliare; [activity, work, research] supervisionare.

supervisor ['su:pəvaɪzə^r] *n* [on building site] capomastro *m*; [in shop] capocommesso *m*, -a *f*; [of university students] relatore *m*, -trice *f*.

supper ['sʌpə'] *n* **-1.** [main evening meal] cena *f* **-2.** [snack before bedtime] spuntino *m* serale.

supple ['sʌpl] *adj* **-1.** [person] agile **-2.** [material] duttile.

supplement ◇ *n* ['sʌplɪmənt] **-1.** [gen] supplemento *m* **-2.** [to diet] integratore *m*. ◇ *vt* ['sʌplɪment] [diet] integrare; [income] arrotondare.

supplementary [ˌsʌplɪ'mentərɪ] *adj* supplementare.

supplementary benefit *n UK* assegno *m* integrativo.

supplier [sə'plaɪə'] *n* fornitore *m*, -trice *f*.

supply [sə'plaɪ] ◇ *n* **-1.** [store, reserve] scorta *f*, provvista *f* **-2.** [network] erogazione *f* **-3.** ECON offerta *f*. ◇ *vt* [provide]: to ~ sthg (to sb) fornire qc (a qn); to ~ sb (with sthg) rifornire qn (di qc); to ~ sthg with sthg approvvigionare qc di qc.
➠ supplies *npl* viveri *mpl*, provviste *fpl*.

support [sə'pɔːt] ◇ *n* **-1.** [physical] sostegno *m*, appoggio *m* **-2.** [emotional, moral] supporto *m* **-3.** [financial] supporto *m*, sostegno *m* **-4.** [for political party, candidate] appoggio *m* **-5.** [object, person] sostegno *m*. ◇ *vt* **-1.** [physically] sostenere, reggere **-2.** [emotionally, morally] appoggiare **-3.** [financially] mantenere **-4.** [theory] sostenere **-5.** [political party, candidate] appoggiare **-6.** SPORT tifare per.

supporter [sə'pɔːtə'] *n* **-1.** [of person, plan] sostenitore *m*, -trice *f*; [of politician, policy] simpatizzante **-2.** SPORT tifoso *m*, -a *f*.

suppose [sə'pəʊz] ◇ *vt* supporre. ◇ *vi* **-1.** [assume] supporre; I ~ (so) immagino di sì; I ~ not immagino di no **-2.** [admit] supporre; I ~ so suppongo di sì; I ~ not suppongo di no.

supposed [sə'pəʊzd] *adj* **-1.** [doubtful] presunto(a) **-2.** [intended]: to be ~ to do sthg dover fare qc; you're not ~ to be outside non sei autorizzato a stare fuori **-3.** [reputed]: to be ~ to be essere ritenuto(a) essere.

supposedly [sə'pəʊzɪdlɪ] *adv* presumibilmente.

supposing [sə'pəʊzɪŋ] *conj* e se.

suppress [sə'pres] *vt* **-1.** [uprising, revolt] reprimere **-2.** [information, report] celare, nascondere **-3.** [emotion] trattenere.

supreme [sʊ'priːm] *adj* supremo(a).

surcharge ['sɜːtʃɑːdʒ] *n*: ~ (on sthg) supplemento (su qc).

sure [ʃʊə'] ◇ *adj* **-1.** [reliable] sicuro(a) **-2.** [certain] sicuro(a), certo(a); to be ~ of sthg/of doing sthg essere sicuro di qc/di

fare qc; to make ~ (that) ... assicurarsi (che) ...; I'm ~ (that) ... sono sicuro (che) ... **-3.** [confident]: to be ~ of o.s. essere sicuro di se stesso. ◇ *adv* **-1.** *inf* [yes] certo, sicuro **-2.** *US* [really] sicuramente, certamente. **➡ for sure** *adv* di sicuro. **➡ sure enough** *adv* effettivamente, infatti.

surely ['ʃʊəlɪ] *adv* sicuramente, certamente; ~ you can't be serious? non dici sul serio, vero?

surf [sɜːf] ◇ *n* spuma *f*. ◇ *vt* COMPUT: to ~ the Net navigare in rete.

surface ['sɜːfɪs] ◇ *n* [gen] superficie *f*; on the ~ *fig* in superficie. ◇ *vi* **-1.** [diver, swimmer] salire in superficie; [submarine] emergere **-2.** [problem, feeling] manifestarsi; [rumour] emergere.

surface mail *n* posta *f* via terra o mare.

surfboard ['sɜːfbɔːd] *n* tavola *f* da surf.

surfeit ['sɜːfɪt] *n fml* eccesso *m*.

surfing ['sɜːfɪŋ] *n* surf *m*.

surge [sɜːdʒ] ◇ *n* **-1.** [gen] ondata *f* **-2.** [of electricity] sovratensione *f* **-3.** [of anger] accesso *m* **-4.** [of interest, support] slancio *m*; [of sales, applications] picco *m*. ◇ *vi* [people] riversarsi; [vehicles] partire come un razzo; [water] sollevarsi.

surgeon ['sɜːdʒən] *n* chirurgo *m*, -a *f*.

surgery ['sɜːdʒərɪ] *n* **-1.** [performing operations] chirurgia *f* **-2.** *UK* [place] studio *m* (medico).

surgical ['sɜːdʒɪkl] *adj* **-1.** [connected with surgery] chirurgico(a) **-2.** [worn as treatment - stocking] contenitivo(a); [- boot] ortopedico(a).

surgical spirit *n UK* alcol *m* denaturato.

surly ['sɜːlɪ] *adj* scontroso(a).

surmount [sɜː'maʊnt] *vt* [difficulty, disadvantage] superare; [problem] risolvere.

surname ['sɜːneɪm] *n* cognome *m*.

surpass [sə'pɑːs] *vt fml* superare.

surplus ['sɜːpləs] ◇ *adj* in più, in eccedenza; ~ to requirements più del necessario. ◇ *n* surplus *m*, sovrappiù *m*.

surprise [sə'praɪz] ◇ *n* sorpresa *f*. ◇ *vt* sorprendere, stupire.

surprised [sə'praɪzd] *adj* sorpreso(a).

surprising [sə'praɪzɪŋ] *adj* sorprendente.

surprisingly [sə'praɪzɪŋlɪ] *adv* sorprendentemente.

surrender [sə'rendə'] ◇ *n* resa *f*, capitolazione *f*. ◇ *vi* **-1.** [stop fighting]: to ~ (to sb) arrendersi (a qn) **-2.** *fig* [give in]: to ~ (to sthg) cedere (a qc).

surreptitious [ˌsʌrəp'tɪʃəs] *adj* furti-vo(a).

surrogate ['sʌrəgeɪt] ⬦ *adj* surrogato(a). ⬦ *n* sostituto *m*, -a *f*.

surrogate mother *n* madre *f* surrogata.

surround [sə'raʊnd] *vt* -1. [encircle] circondare, attorniare -2. [trap] accerchiare, circondare -3. *fig* [be associated with] circondare.

surrounding [sə'raʊndɪŋ] *adj* circostante. ➡ **surroundings** *npl* dintorni *mpl*, vicinanze *fpl*.

surveillance [sɜː'veɪləns] *n* sorveglianza *f*.

survey ⬦ *n* ['sɜːveɪ] -1. [statistical investigation] sondaggio *m* -2. [inspection – of land] rilevamento *m* topografico; [– of building] perizia *f*. ⬦ *vt* [sə'veɪ] -1. [contemplate] contemplare -2. [investigate statistically] fare un sondaggio su -3. [examine, assess – land] fare il rilevamento topografico di; [– building] fare una perizia di.

surveyor [sə'veɪə'] *n* [of land] topografo *m*, -a *f*; [of building] perito *m* (edile).

survival [sə'vaɪvl] *n* sopravvivenza *f*.

survive [sə'vaɪv] ⬦ *vi* sopravvivere a. ⬦ *vi* -1. [continue to exist – person] sopravvivere; [– object, company, project] rimanere -2. *inf* [cope successfully] sopravvivere.

survivor [sə'vaɪvə'] *n* -1. [person who escapes death] sopravvissuto *m*, -a *f*, superstite *m* & *f* -2. *fig* [fighter] persona *f* di grandi risorse.

susceptible [sə'septəbl] *adj* -1. [likely to be influenced]: ~ **(to sthg)** sensibile (a qc) -2. MED: ~ **(to sthg)** predisposto(a) (a qc).

suspect ⬦ *adj* ['sʌspekt] sospetto(a). ⬦ *n* ['sʌspekt] sospetto *m*, -a *f*. ⬦ *vt* [sə'spekt] sospettare; **to ~ sb (of sthg)** sospettare qn (di qc).

suspend [sə'spend] *vt* -1. [hang] appendere -2. [temporarily discontinue or exclude] sospendere.

suspender belt *n* UK reggicalze *m inv*.

suspenders *npl* -1. UK [for stockings] giarrettiera *f* -2. US [for trousers] bretelle *fpl*.

suspense [sə'spens] *n* suspence *f*.

suspension [sə'spenʃn] *n* -1. [temporary discontinuation] sospensione *f*, interruzione *f* -2. [exclusion] sospensione *f* -3. AUT sospensione *f* (elastica).

suspension bridge *n* ponte *m* sospeso.

suspicion [sə'spɪʃn] *n* sospetto *m*.

suspicious [sə'spɪʃəs] *adj* -1. [having suspicions] sospettoso(a), diffidente -2. [causing suspicion] sospetto(a).

sustain [sə'steɪn] *vt* -1. [maintain, prolong] mantenere -2. [nourish – physically] sostenere; [– spiritually] dare forza a, sostenere -3. [suffer] subire -4. [withstand] sostenere, sopportare.

sustenance ['sʌstɪnəns] *n* fml sostentamento *m*, nutrimento *m*.

SW (*abbr of* short wave) OC.

swab [swɒb] *n* tampone *m*.

swagger ['swægə'] *vi* camminare tutto impettito.

swallow ['swɒləʊ] ⬦ *n* [bird] rondine *f*. ⬦ *vt* -1. [food] inghiottire, ingoiare; [drink] buttare giù -2. *fig* [accept] buttare giù -3. *fig* [hold back – anger] reprimere; [– pride] rinunciare a; [– tears, remark] ingoiare. ⬦ *vi* inghiottire.

swam [swæm] *pt* ⊳ **swim**.

swamp [swɒmp] ⬦ *n* palude *f*. ⬦ *vt* -1. [flood] sommergere -2. [overwhelm]: **to ~ sb/sthg (with sthg)** inondare qn/qc (con qc).

swan [swɒn] *n* cigno *m*.

swap [swɒp] *vt*: **to ~ sthg (with sb)** scambiare qc (con qc); **to ~ sthg (over OR round)** scambiarsi qc; **to ~ sthg for sthg** scambiare qc con qc.

swarm [swɔːm] ⬦ *n fig* [of people] frotta *f*. ⬦ *vi fig* [place]: **to be ~ing (with)** brulicare (di).

swarthy ['swɔːðɪ] *adj* scuro(a) di carnagione.

swastika ['swɒstɪkə] *n* svastica *f*.

swat [swɒt] *vt* schiacciare.

sway [sweɪ] ⬦ *vt* [influence] influenzare. ⬦ *vi* [swing] oscillare.

swear [sweə'] (*pt* **swore**, *pp* **sworn**) ⬦ *vt* giurare; **to ~ to do sthg** giurare di fare qc. ⬦ *vi* -1. [state emphatically] giurare -2. [use swearwords] bestemmiare, imprecare.

swearword ['sweəwɜːd] *n* bestemmia *f*, parolaccia *f*.

sweat [swet] ⬦ *n* sudore *m*. ⬦ *vi* sudare.

sweater ['swetə'] *n* pullover *m*, golf *m*.

sweatshirt ['swetʃɜːt] *n* felpa *f*.

sweaty ['swetɪ] *adj* [skin] sudato(a); [clothes] bagnato(a) di sudore.

swede [swiːd] *n* UK navone *m*.

Swede [swiːd] *n* svedese *mf*.

Sweden ['swiːdn] *n* Svezia *f*.

Swedish ['swiːdɪʃ] ⬦ *adj* svedese. ⬦ *n* [language] svedese *m*. ⬦ *npl*: **the ~** gli Svedesi.

sweep [swi:p] (*pt & pp* **swept** [swept]) ◇ *n* **-1.** [sweeping movement] ampio movimento *m* **-2.** [with brush] scopata *f*, spazzata *f* **-3.** [chimneysweep] spazzacamino *m*. ◇ *vt* **-1.** [with brush] scopare, spazzare **-2.** [scan – with light beam] perlustrare; [– with eyes] scrutare **-3.** [spread through] dilagare in. ◆ **sweep up** ◇ *vt sep* [with brush] scopare, spazzare. ◇ *vi* scopare.

sweeping ['swi:pɪŋ] *adj* **-1.** [effect] radicale **-2.** [statement] generico(a).

sweet [swi:t] ◇ *adj* **-1.** [gen] dolce **-2.** [gentle, kind] dolce, gentile; **that's very ~ of you** è molto gentile da parte tua **-3.** [attractive] dolce, tenero(a). ◇ *n UK* **-1.** [candy] caramella *f* **-2.** [dessert] dolce *m*.

sweet corn *n* mais *m* dolce.

sweeten ['swi:tn] *vt* dolcificare, addolcire.

sweetheart ['swi:thɑ:t] *n* **-1.** [term of endearment] tesoro *m*, caro *m*, -a *f* **-2.** [boyfriend or girlfriend] amore *m*.

sweetness ['swi:tnɪs] *n* **-1.** [gen] dolcezza *f* **-2.** [gentleness] dolcezza *f*, gentilezza *f* **-3.** [attractiveness] dolcezza *f*, tenerezza *f*.

sweet pea *n* pisello *m* odoroso.

swell [swel] (*pt* **-ed**, *pp* **swollen** OR **-ed**) ◇ *vi* **-1.** [become larger]: **to ~ (up)** gonfiare, gonfiarsi **-2.** [fill with air, person with pride] gonfiarsi **-3.** [number, population, membership] crescere, aumentare **-4.** [sound, voices] diventare più forte. ◇ *vt* [number, membership] aumentare; [crowd] ingrossare. ◇ *n* [of sea] onda *f* morta. ◇ *adj US inf* meraviglioso(a).

swelling ['swelɪŋ] *n* **-1.** [swollenness] gonfiore *m* **-2.** [swollen area] tumefazione *f*.

sweltering ['sweltərɪŋ] *adj* **-1.** [weather] torrido(a); **it's ~ in here** qui dentro si soffoca **-2.** [person] **I'm ~** sto morendo dal caldo.

swept [swept] *pt & pp* ▷**sweep.**

swerve [swɜ:v] *vi* deviare, curvare.

swift [swɪft] ◇ *adj* **-1.** [fast] veloce **-2.** [prompt, ready] rapido(a), celere. ◇ *n* [bird] rondone *m*.

swig [swɪg] *inf n* sorsata *f*.

swill [swɪl] ◇ *n* [pig food] pastone *m*. ◇ *vt UK* [wash] sciacquare.

swim [swɪm] (*pt* **swam**, *pp* **swum**) ◇ *n* nuotata *f*; **to have a ~** fare una nuotata; **to go for a ~** andare a fare una nuotata. ◇ *vi* **-1.** [move through water] nuotare **-2.** [feel dizzy] girare; **my head was ~ming** mi girava la testa.

swimmer ['swɪmər] *n* nuotatore *m*, -trice *f*.

swimming ['swɪmɪŋ] *n* nuoto *m*; **to go ~** andare a nuotare.

swimming cap *n* cuffia *f* (da bagno).

swimming costume *n UK* costume *m* da bagno.

swimming pool *n* piscina *f*.

swimming trunks *npl* calzoncini *mpl* da bagno.

swimsuit ['swɪmsu:t] *n* costume *m* intero.

swindle ['swɪndl] ◇ *n* truffa *f*. ◇ *vt* fregare; **to ~ sb out of sthg** fregare qc a qn.

swine [swaɪn] *n inf pej* [person] porco *m*.

swing [swɪŋ] (*pt & pp* **swung** [swʌŋ]) ◇ *n* **-1.** [child's toy] altalena *f* **-2.** [change] mutamento *m*; **a ~ to the right** una svolta a destra **-3.** [of hips] ancheggiamento *m* **-4.** *phr*: **to be in full ~** essere in pieno svolgimento. ◇ *vt* **-1.** [move back and forth] dondolare **-2.** [turn] girare; **he swung the car to the left** sterzò a sinistra. ◇ *vi* **-1.** [move back and forth] oscillare **-2.** [turn] girare; **the door swung open** la porta si spalancò; **he swung round** si girò di scatto **-3.** [change] avere una svolta.

swing bridge *n* ponte *m* girevole.

swing door *n* porta *f* a vento.

swingeing ['swɪndʒɪŋ] *adj esp UK* [cuts] drastico(a); [criticism] violento(a).

swipe [swaɪp] ◇ *vt* **-1.** *inf* [steal] fregare **-2.** [plastic card] strisciare. ◇ *vi* [lunge]: **to ~ at sthg** cercare di colpire qc.

swirl [swɜ:l] ◇ *n* **-1.** [of skirt] svolazzare *m* **-2.** [of dust] turbine *m* **-3.** [of water] vortice *m*. ◇ *vi* [dust, water] turbinare; [skirt] svolazzare.

swish [swɪʃ] ◇ *adj inf* [posh] alla moda. ◇ *vt* [tail] muovere.

Swiss [swɪs] ◇ *adj* svizzero(a). ◇ *n* [person] svizzero *m*, -a *f*. ◇ *npl*: **the ~** gli svizzeri.

switch [swɪtʃ] ◇ *n* **-1.** [control device – of light, fuse box] interruttore *m*; [– on radio, stereo] tasto *m* **-2.** [change] cambiamento *m*. ◇ *vt* **-1.** [transfer] spostare **-2.** [swap, exchange] cambiare. ◆ **switch off** *vt sep* [device] spegnere. ◆ **switch on** *vt sep* [device] accendere.

Switch® *n UK* carta *f* di addebito.

switchboard ['swɪtʃbɔ:d] *n* centralino *m*.

Switzerland ['swɪtsələnd] *n* Svizzera *f*.

swivel ['swɪvl] *vt & vi* girare.

swivel chair *n* sedia *f* girevole.

swollen ['swəʊln] ◇ *pp* ▷**swell.** ◇ *adj* gonfio(a).

swoop [swu:p] ◇ *n* [raid] blitz *m inv.* ◇ *vi*

-1. [fly downwards] scendere in picchiata **-2.** [pounce] fare un blitz.

swop [swɒp] n & vt & vi = swap.

sword [sɔːd] n spada f.

swordfish ['sɔːdfɪʃ] (pl **-es**) n pescespada m inv.

swore [swɔːʳ] pt ▷swear.

sworn [swɔːn] ◇ pp ▷swear. ◇ adj LAW giurato(a).

swot [swɒt] UK inf ◇ n pej secchione m, -a f. ◇ vi: **to ~ (for sthg)** studiare sodo per qc.

swum [swʌm] pp ▷swim.

swung [swʌŋ] pt & pp ▷swing.

sycamore ['sɪkəmɔːʳ] n sicomoro m.

syllable ['sɪləbl] n sillaba f.

syllabus ['sɪləbəs] (pl **-buses** OR **-bi**) n programma m.

symbol ['sɪmbl] n simbolo m.

symbolize, -ise ['sɪmbəlaɪz] vt simbolizzare.

symmetry ['sɪmətrɪ] n simmetria f.

sympathetic [ˌsɪmpə'θetɪk] adj **-1.** [understanding] comprensivo(a) **-2.** [willing to support] bendisposto(a), favorevole; **to sthg** bendisposto(a) verso qc.

sympathize, -ise ['sɪmpəθaɪz] vi **-1.** [feel sorry] compiangere; **to ~ with sb** compiangere qn **-2.** [understand] comprendere; **to ~ with sthg** comprendere qc **-3.** [support]: **to ~ with sthg** simpatizzare con qc.

sympathizer, -iser ['sɪmpəθaɪzəʳ] n simpatizzante mf.

sympathy ['sɪmpəθɪ] n **-1.** [understanding] comprensione f; **a message of ~** un messaggio di cordoglio; **~ for sb** comprensione per qn **-2.** [agreement] affinità f.

symphony ['sɪmfənɪ] n sinfonia f.

symposium [sɪm'pəʊzjəm] (pl **-siums** OR **-sia**) n fml simposio m.

symptom ['sɪmptəm] n sintomo m.

synagogue ['sɪnəgɒg] n sinagoga f.

syndicate n ['sɪndɪkət] associazione f.

syndrome ['sɪndrəʊm] n sindrome f.

synonym ['sɪnənɪm] n sinonimo m; **~ for** OR **of sthg** sinonimo di qc.

synopsis [sɪ'nɒpsɪs] (pl **-ses**) n sinossi f inv.

syntax ['sɪntæks] n LING sintassi f inv.

synthetic [sɪn'θetɪk] adj **-1.** [man-made] sintetico(a) **-2.** pej [insincere] artificiale.

syphilis ['sɪfɪlɪs] n sifilide f.

syphon ['saɪfn] n & vt = siphon.

Syria ['sɪrɪə] n Siria f.

syringe [sɪ'rɪndʒ] n siringa f.

syrup ['sɪrəp] n sciroppo m.

system ['sɪstəm] n **-1.** [gen] sistema m **-2.** [equipment] impianto m.

systematic [ˌsɪstə'mætɪk] adj sistematico(a).

systems analyst ['sɪstəmz-] n COMPUT analista mf di sistemi.

T

t (pl **t's** OR **ts**), **T** (pl **T's** OR **Ts**) [tiː] n t m o f inv, T m o f inv.

ta [tɑː] excl UK inf grazie.

tab [tæb] n **-1.** [of cloth] etichetta f **-2.** [of metal] linguetta f **-3.** US [bill] conto m; **to pick up the ~** pagare **-4.** phr: **to keep ~s on sb** tenere d'occhio qn.

tabby ['tæbɪ] n: **~ (cat)** gatto m tigrato.

table ['teɪbl] ◇ n **-1.** [piece of furniture] tavolo m, tavola f **-2.** [diagram] tabella f. ◇ vt UK [propose] presentare.

tablecloth ['teɪblklɒθ] n tovaglia f.

table football n calcio-balilla m.

table lamp n lampada f da tavolo.

tablemat ['teɪblmæt] n [for hot dishes] sottopentola f; [place mat] tovaglietta f.

tablespoon ['teɪblspuːn] n cucchiaio m.

tablet ['tæblɪt] n **-1.** [pill] compressa f **-2.** [of clay, stone] tavoletta f **-3.** [of soap]: **a ~ of soap** una saponetta.

table tennis n tennis m da tavolo.

tabloid ['tæblɔɪd] n: **~ (newspaper)** giornale m scandalistico; **the ~ press** la stampa scandalistica.

tacit ['tæsɪt] adj fml tacito(a).

taciturn ['tæsɪtɜːn] adj fml taciturno(a).

tack [tæk] ◇ n **-1.** [nail] bulletta f **-2.** NAUT bordata f **-3.** fig [course of action] tattica f. ◇ vt **-1.** [fasten with nail] imbullettare **-2.** [in sewing] imbastire. ◇ vi NAUT virare di bordo.

tackle ['tækl] ◇ n **-1.** FTBL tackle m inv **-2.** RUGBY placcaggio m **-3.** [equipment, gear] attrezzatura f **-4.** [for lifting] paranco m. ◇ vt **-1.** [deal with] affrontare **-2.** FTBL contrastare **-3.** RUGBY placcare **-4.** [attack] confrontare.

tacky ['tækɪ] *adj* . *inf* [jewellery, clothes] pacchiano(a) **-2.** *inf* [remark] di cattivo gusto **-3.** [sticky] ancora fresco(a).

tact [tækt] *n* tatto *m*.

tactful ['tæktfʊl] *adj* discreto(a).

tactic ['tæktɪk] *n* tattica *f*. ➡ **tactics** *n* MIL tattica *f*.

tactical ['tæktɪkl] *adj* tattico(a).

tactile ['tæktaɪl] *adj* **-1.** [person]: **a ~ person** una persona espansiva a livello gestuale **-2.** [fabric] piacevole al tatto **-3.** PSYCHOL tattile.

tactless ['tæktlɪs] *adj* [person] senza tatto; [behaviour, remark] indelicato(a).

tadpole ['tædpəʊl] *n* girino *m*.

tag [tæg] *n* etichetta *f*. ➡ **tag along** *vi inf* andare/venire dietro.

tail [teɪl] *n* **-1.** [gen] coda *f* **-2.** [of shirt] dietro *m(parte che si infila nei pantaloni)* . *vt inf* [follow] pedinare. ➡ **tails** *adv* [side of coin] croce *f*. *npl* [formal dress] frac *m inv.* ➡ **tail off** *vi* calare.

tailback ['teɪlbæk] *n* UK coda *f* di auto.

tailcoat [,teɪl'kəʊt] *n* frac *m inv.*

tail end *n* finale *m*.

tailgate ['teɪlgeɪt] *n* portellone *m* posteriore.

tailor ['teɪlə^r] *n* sarto *m*. *vt* adattare.

tailor-made *adj* su misura.

tailwind ['teɪlwɪnd] *n* vento *m* a favore.

tainted ['teɪntɪd] *adj* **-1.** [reputation] infangato(a) **-2.** [money] sporco(a) **-3.** [food] avariato(a).

Taiwan [,taɪ'wɑːn] *n* Taiwan *m*.

take [teɪk] (*pt* took, *pp* taken) *vt* **-1.** [gen] prendere; **to ~ sthg seriously** prendere qc seriamente; **to ~ it badly** prenderla male; **to ~ offence** offendersi; **I ~ the view that ...** penso que ...; **what batteries does it ~?** che pile ci vogliono? **-2.** [to somewhere else] portare **-3.** CHESS mangiare, prendere **-4.** [receive] ricevere **-5.** [accept] accettare **-6.** [contain] contenere **-7.** [bear] sopportare; **I can't ~ any more** non ne posso più **-8.** [require] volerci **-9.** [holiday, test] fare; **to ~ a walk/bath** fare una passeggiata/il bagno; **to ~ a photo** fare una foto **-10.** [risk] correre **-11.** [measure - pulse] prendere; [- temperature] misurare **-12.** [wear as a particular size] portare **-13.** [assume]: **I ~ it (that) ...** suppongo (che) .... *n* CIN ripresa *f*. ➡ **take after** *vt insep* prendere da. ➡ **take apart** *vt sep* [dismantle] smontare. ➡ **take away** *vt sep* **-1.** [remove] portare via **-2.** [deduct] sottrarre; **~ five away from seven** sottrai cinque da sette. ➡ **take back** *vt sep* **-1.** [return] riportare **-2.** [accept] riprendere **-3.** [statement, accusation] ritirare. ➡ **take down** *vt sep* **-1.** [dismantle] smontare **-2.** [write down] prendere nota di **-3.** [lower] abbassare; **to ~ down one's trousers** abbassarsi i pantaloni. ➡ **take in** *vt sep* **-1.** [deceive] ingannare **-2.** [understand, include] comprendere **-3.** [provide accommodation for] accogliere. ➡ **take off** *vt sep* **-1.** [remove] togliersi, togliere **-2.** [have as holiday]: **to ~ two days/the afternoon off** prendersi due giorni/un pomeriggio di ferie **-3.** UK *inf* [imitate] fare il verso a. *vi* **-1.** [plane] decollare **-2.** [go away suddenly] andarsene. ➡ **take on** *vt sep* **-1.** [work, job] accettare **-2.** [responsibility] prendersi **-3.** [employee] assumere **-4.** [adversary] affrontare. ➡ **take out** *vt sep* **-1.** [from container] estrarre **-2.** [go out with] portare fuori. ➡ **take over** *vt sep* **-1.** [company, business] rilevare **-2.** [country, government] assumere il controllo di **-3.** [job, role] prendere. *vi* **-1.** [take control] assumere il comando **-2.** [in job]: **to ~ over from sb** subentrare a qn. ➡ **take to** *vt insep* **-1.** [feel a liking for]: **I took to her at once** mi è piaciuta subito; **I never really took to aerobics** l'aerobica non mi ha mai preso **-2.** [begin]: **to ~ to doing sthg** prendere a fare qc. ➡ **take up** *vt sep* **-1.** [begin] cominciare **-2.** [use up] prendere. ➡ **take up on** *vt sep* [an offer]: **to ~ sb up on his/her offer/invitation** accettare l'offerta/invito di qn.

takeaway UK ['teɪkə,weɪ], **takeout** US *n* piatti *mpl* da asporto. *comp* da asporto.

taken ['teɪkən] *pp* ⊳ **take**.

takeoff ['teɪkɒf] *n* decollo *m*.

takeout ['teɪkaʊt] *n* US = **takeaway**.

takeover ['teɪk,əʊvə^r] *n* **-1.** [of company] rilevamento *m* **-2.** [of government] presa *f* di potere.

takings *npl* incassi *mpl*.

talc [tælk], **talcum (powder)** *n* talco *m*.

tale [teɪl] *n* storia *f*.

talent ['tælənt] *n*: **~ (for sthg)** talento (per qc).

talented ['tæləntɪd] *adj* di talento.

talk [tɔːk] *n* **-1.** [conversation] conversazione *f* **-2.** [gossip] voci *fpl* **-3.** [lecture] lezione *f*. *vi* [speak] parlare; **to ~ to sb** parlare a OR con qn; **to ~ about sb/sthg**

parlare di qn/qc; ~ **ing of sb/sthg**, ... a proposito di qn/qc, ... ◇ *vt* **-1.** [discuss] parlare di **-2.** [spout] dire. ◆ **talks** *npl* [discussions] negoziati *mpl*. ◆ **talk into** *vt sep*: **to ~ sb into sthg/into doing sthg** convincere qn a fare qc. ◆ **talk out of** *vt sep*: **to ~ sb out of sthg/out of doing sthg** dissuadere qn dal fare qc. ◆ **talk over** *vt sep* parlare di.

talkative ['tɔːkətɪv] *adj* loquace.

talk show *US* *n* talk show *m inv.*

talk time *n* (U) [on mobile phone] traffico *m*.

tall [tɔːl] *adj* alto(a); **it's two metres ~** è alto due metri.

tally ['tælɪ] ◇ *n* [record] conto *m*; **to keep a ~ of sthg** tenere il conto di qc. ◇ *vi* [correspond] concordare.

talon ['tælən] *n* artiglio *m*.

tambourine [ˌtæmbə'riːn] *n* tamburello *m*.

tame [teɪm] ◇ *adj* **-1.** [animal, bird] addomesticato(a) **-2.** *pej* [person] sottomesso(a) **-3.** *pej* [unexciting] noioso(a). ◇ *vt* **-1.** [cat, bird] addomesticare **-2.** [lion] domare **-3.** [person] soggiogare.

tamper ['tæmpə'] ◆ **tamper with** *vt insep* manomettere.

tampon ['tæmpɒn] *n* tampone *m*.

tan [tæn] ◇ *adj* color cuoio. ◇ *n* abbronzatura *f*; **to get a ~** abbronzarsi. ◇ *vi* abbronzarsi.

tangent ['tændʒənt] *n* GEOM tangente *f*; **to go off at a ~** *fig* partire per la tangente.

tangerine [ˌtændʒə'riːn] *n* agrume simile al mandarino.

tangible ['tændʒəbl] *adj* tangibile.

Tangier [tæn'dʒɪə'] *n* Tangeri *f*.

tangle ['tæŋgl] *n* groviglio *m*; **to get into a ~** *fig* mettersi nei pasticci.

tank [tæŋk] *n* **-1.** [container] cisterna *f*; **petrol ~** serbatoio *m*; **fish ~** acquario *m* **-2.** MIL carro *m* armato.

tanker ['tæŋkə'] *n* **-1.** [ship] nave *f* cisterna; **oil ~** petroliera *f* **-2.** [truck] autocisterna *f* **-3.** [train wagon] vagone *m* cisterna.

tanned [tænd] *adj* abbronzato(a).

Tannoy® ['tænɔɪ] *n* altoparlante *m*.

tantalizing ['tæntəlaɪzɪŋ] *adj* stuzzicante.

tantamount ['tæntəmaʊnt] *adj*: **to be ~ to sthg** equivalere a qc.

tantrum ['tæntrəm] (*pl* **-s**) *n*: **to have/throw a ~** fare i capricci.

Tanzania [ˌtænzə'nɪə] *n* Tanzania *f*.

tap [tæp] ◇ *n* **-1.** [device] rubinetto *m* **-2.** [light blow] colpetto *m*. ◇ *vt* **-1.** [knock] da-

re un colpetto a; **to ~ one's fingers on the table** tamburellare le dita sul tavolo **-2.** [make use of] sfruttare **-3.** [telephone] mettere sotto controllo.

tap dance *n* tip tap *m*.

tape [teɪp] ◇ *n* **-1.** [gen] nastro *m* **-2.** [cassette] cassetta *f* **-3.** [adhesive material] Scotch® *m*, nastro *m* adesivo. ◇ *vt* **-1.** [record] registrare **-2.** [fasten with adhesive tape] fissare con il nastro adesivo.

tape measure *n* metro *m* a nastro.

taper ['teɪpə'] *vi* stringersi verso la fine.

tape recorder *n* registratore *m*.

tapestry ['tæpɪstrɪ] *n* arazzo *m*.

tar [tɑː'] *n* catrame *m*.

target ['tɑːgɪt] ◇ *n* **-1.** [gen] bersaglio *m* **-2.** *fig* [goal] obiettivo *m*. ◇ *vt* **-1.** [aim weapon at] prendere come bersaglio **-2.** [channel resources towards] mirare a.

tariff ['tærɪf] *n* **-1.** [tax] tariffa *f* doganale **-2.** *UK* [price list] tariffa *f*.

Tarmac® ['tɑːmæk] *n* [material] macadam *m* all'asfalto. ◆ **tarmac** *n* AERON: **the tarmac** la pista.

tarnish ['tɑːnɪʃ] *vt* **-1.** [make dull] ossidare **-2.** *fig* [damage] macchiare.

tarpaulin [tɑː'pɔːlɪn] *n* **-1.** [material] tela *f* cerata **-2.** [sheet] telo *m* impermeabilizzato.

tart [tɑːt] ◇ *adj* **-1.** [bitter-tasting] aspro(a) **-2.** [sarcastic] acido(a). ◇ *n* **-1.** [sweet pastry – large] crostata *f*; [– small] crostatina *f* **-2.** *UK v inf* [prostitute] puttanella *f*. ◆ **tart up** *vt sep UK inf pej* [person]: **to ~ o.s. up** agghindarsi; *UK inf pej* [building, room] risistemare (in modo pacchiano).

tartan ['tɑːtn] ◇ *n* **-1.** [pattern] quadri *mpl* scozzesi, scozzese *m* **-2.** [cloth] tartan *m inv*, scozzese *m*. ◇ *comp* a quadri scozzesi.

task [tɑːsk] *n* compito *m*.

task force *n* **-1.** MIL task force *f inv* **-2.** [group of helpers] gruppo *m*.

tassel ['tæsl] *n* nappa *f*.

taste [teɪst] ◇ *n* **-1.** [sense of taste, discernment] gusto *m*; **for my ~** per i miei gusti; **in bad/good ~** senza/con gusto **-2.** [flavour] sapore *m*, gusto *m* **-3.** [try, experience] assaggio *m*; **to have a ~ of sthg** assaggiare qc **-4.** *fig* [liking, preference]: **~ (for sthg)** predilezione *f* (per qc), gusto *m* (per qc) . ◇ *vt* [food – experience flavour of] sentire; [– test, try, experience] assaggiare. ◇ *vi*: **to ~ nice/horrible** avere un sapore buono/schifoso; **to ~ of/like sthg** sapere di qc.

tasteful ['teɪstfʊl] *adj* di buongusto.

tasteless ['teɪstlɪs] *adj* -1. [decor, remark, joke] di cattivo gusto -2. [food, drink] insipido(a).

tasty ['teɪstɪ] *adj* gustoso(a).

tatters ['tætəz] *npl*: in ~ [clothes] a brandelli; *fig* [confidence, reputation] rovinato(a).

tattoo [tə'tu:] *(pl* -s) ◇ *n* -1. [design] tatuaggio *m* -2. *UK* [military display] parata *f* militare. ◇ *vt* tatuare.

tatty ['tætɪ] *adj UK inf pej* scalcinato(a).

taught [tɔ:t] *pt & pp* ▷ **teach.**

taunt [tɔ:nt] ◇ *vt* schernire. ◇ *n* scherno *m*.

Taurus ['tɔ:rəs] *n* Toro *m*; **to be (a)** ~ essere del Toro.

taut [tɔ:t] *adj* teso(a).

tawdry ['tɔ:drɪ] *adj pej* pacchiano(a).

tax [tæks] ◇ *n* [money paid to government] tassa *f*, imposta *f*. ◇ *vt* -1. [gen] tassare -2. [strain, test] mettere a dura prova.

taxable ['tæksəbl] *adj* imponibile.

tax allowance *n* detrazione *f* d'imposta.

taxation [tæk'seɪʃn] *n* -1. [system] tassazione *f* -2. [amount] imposte *fpl*.

tax collector *n* esattore *m*, -trice *f*.

tax disc *n UK* bollo *m* di circolazione.

tax-free *UK*, **tax-exempt** *US adj* esentasse *inv.*

taxi ['tæksɪ] ◇ *n* taxi *m inv.* ◇ *vi* rullare.

taxi driver *n* tassista *mf.*

tax inspector *n* agente *mf* del fisco.

taxi rank *UK*, **taxi stand** *n* posteggio *m* di taxi.

taxpayer ['tæks,peɪə'] *n* contribuente *mf.*

tax return *n* denuncia *f* dei redditi.

TB *(abbr of* tuberculosis) *n* tbc *f.*

tea [ti:] *n* -1. [drink, leaves] tè *m inv* -2. *UK* [afternoon meal] tè *m* -3. *UK* [evening meal] cena *f.*

teabag ['ti:bæg] *n* bustina *f* di tè.

tea break *n UK* ≃ pausa *f* caffè.

teach [ti:tʃ] *(pt & pp* **taught** [tɔ:t]) ◇ *vt* [person] insegnare a; [subject, skill, quality] insegnare; **to ~ sb sthg, ~ sthg to sb** insegnare qc a qn; **to ~ sb to do sthg** insegnare a qn a fare qc; **to ~ (sb) that** insegnare a qn che. ◇ *vi* insegnare.

teacher ['ti:tʃə'] *n* insegnante *mf.*

teaching ['ti:tʃɪŋ] *n* insegnamento *m.*

tea cloth *n UK dated* strofinaccio *m.*

tea cosy *UK*, **tea cozy** *US n* copriteiera *f.*

teacup ['ti:kʌp] *n* tazza *f* da tè.

teak [ti:k] *n* tek *m.*

team [ti:m] *n* -1. SPORT squadra *f* -2. [group] équipe *f inv.*

teammate *n* compagno *m*, -a *f* di squadra.

teamwork ['ti:mwɜ:k] *n* [in group] lavoro *m* d'équipe; SPORT lavoro *m* di squadra.

teapot ['ti:pɒt] *n* teiera *f.*

tear¹ [tɪə'] *n* [when crying] lacrima *f.*

tear² [teə'] *(pt* **tore,** *pp* **torn)** ◇ *vt* strappare. ◇ *vi* -1. [rip] strapparsi -2. *inf* [move quickly] sfrecciare. ◇ *n* [rip] strappo *m.*
➡ **tear apart** *vt sep* -1. [rip up] strappare -2. *fig* [disrupt greatly] fare a pezzi -3. [upset greatly] dilaniare. ➡ **tear down** *vt sep* -1. [building] abbattere -2. [poster] staccare. ➡ **tear up** *vt sep* [letter] strappare.

teardrop ['tɪədrɒp] *n* lacrima *f.*

tearful ['tɪəfʊl] *adj* [person] in lacrime.

tear gas *n* gas *m* lacrimogeno.

tearoom ['ti:rʊm] *n* sala *f* da tè.

tease [ti:z] ◇ *n inf* -1. [joker] burlone *m*, -a *f* -2. [sexually] *persona che provoca sessualmente senza concedersi.* ◇ *vt* [mock]: **to ~ sb (about sthg)** prendere in giro qn (per qc).

tea service, tea set *n* servizio *m* da tè.

teaspoon ['ti:spu:n] *n* cucchiaino *m.*

teat [ti:t] *n* -1. [of animal] capezzolo *m* -2. [of bottle] tettarella *f.*

teatime ['ti:taɪm] *n UK* [in afternoon] ora *f* del tè; *UK* [in evening] ora *f* di cena.

tea towel *n UK* strofinaccio *m.*

technical ['teknɪkl] *adj* tecnico(a).

technical college *n UK* istituto *m* tecnico.

technicality [,teknɪ'kælətɪ] *n* -1. [intricacy] tecnicismo *m* -2. [petty rule] dettaglio *m* tecnico.

technically ['teknɪklɪ] *adv* tecnicamente.

technician [tek'nɪʃn] *n* [worker] tecnico *m*, -a *f.*

technique [tek'ni:k] *n* tecnica *f.*

techno ['teknəʊ] *n* MUS (musica) techno *f.*

technological [,teknə'lɒdʒɪkl] *adj* tecnologico(a).

technology [tek'nɒlədʒɪ] *n* tecnologia *f.*

teddy ['tedɪ] *n*: ~ **(bear)** orsacchiotto *m* (di peluche).

tedious ['ti:djəs] *adj* noioso(a).

tee [ti:] *n* GOLF tee *m inv.*

teem [ti:m] *vi* -1. [rain] diluviare -2. [be busy]: **to be ~ing with** brulicare di.

teenage ['ti:neɪdʒ] *adj* [children] adolescente; [fashion] giovane *inv*, degli adolescenti; [music] giovane *inv*; [problems] adolescenziale.

teenager ['ti:n͵eɪdʒə'] *n* adolescente *mf*.

teens [ti:nz] *npl* adolescenza *f*; **in one's late/early ~** nella tarda/prima adolescenza.

tee shirt *n* T-shirt *f inv*, maglietta *f*.

teeter ['ti:tə'] *vi* -1. [wobble] traballare -2. *fig* [be in danger]; **to be ~ing on the brink of sthg** essere sull'orlo di qc.

teeth [ti:θ] *pl* ⊳ **tooth**.

teethe [ti:ð] *vi* mettere i denti.

teething troubles *npl fig* difficoltà *fpl* iniziali.

teetotaller *UK*, **teetotaler** *US* [ti:'təʊtlə'] *n* astemio *m*, -a *f*.

tel. (*abbr of* **telephone**) tel.

telecommunications ['telɪkə͵mju:nɪ'keɪʃnz] *npl* telecomunicazioni *fpl*.

telegram ['telɪgræm] *n* telegramma *m*.

telegraph ['telɪgrɑːf] ⟨⟩ *n* telegrafo *m*. ⟨⟩ *vt* [person] telegrafare a; [message] telegrafare.

telegraph pole, telegraph post *UK* *n* palo *m* del telefono.

telepathy [tɪ'lepəθɪ] *n* telepatia *f*.

telephone ['telɪfəʊn] ⟨⟩ *n* telefono *m*; **to be on the ~** *UK* [be a subscriber] avere il telefono; [be speaking] essere al telefono. ⟨⟩ *vt* telefonare a. ⟨⟩ *vi* telefonare.

telephone banking *n* banca *f* telefonica.

telephone book *n* elenco *m* del telefono.

telephone booth *US*, **telephone box** *UK* *n* cabina *f* telefonica.

telephone call *n* telefonata *f*.

telephone directory *n* elenco *m* del telefono.

telephone number *n* numero *m* di telefono.

telephonist [tɪ'lefənɪst] *n UK* centralinista *mf*.

telescope ['telɪskəʊp] *n* telescopio *m*.

teletext® *n* [gen] teletext *m*; [on Italian TV] televideo *m*.

televise ['telɪvaɪz] *vt* trasmettere per televisione.

television ['telɪ͵vɪʒn] *n* -1. [medium, industry] televisione *f*; **on ~** alla televisione -2. [apparatus] televisione *f*, televisore *m*.

television set *n* televisione *f*, televisore *m*.

teleworker ['telɪwɜ:kə'] *n* telelavoratore *m*, -trice *f*.

telex ['teleks] ⟨⟩ *n* telex *m inv*. ⟨⟩ *vt* [person] mandare un telex a; [message] mandare via telex.

tell [tel] (*pt & pp* **told** [təʊld]) ⟨⟩ *vt* -1. [news, secret, lie] dire; [person] dire a; **to ~ sb sthg, to ~ sthg to sb** dire qc a qn; **to ~ sb (that)** dire a qn che; **to ~ sb to do sthg** dire a qn di fare qc -2. [story, joke] raccontare. ⟨⟩ *vi* -1. [speak] parlare -2. [judge] dire -3. [have effect] farsi sentire. ◆ **tell apart** *vt sep* distinguere. ◆ **tell off** *vt sep* rimproverare.

telling ['telɪŋ] *adj* -1. [relevant] significativo(a) -2. [revealing] rivelatore(trice).

telly ['telɪ] *n UK inf* TV *f inv*; **on ~** alla TV.

temp [temp] *UK inf* ⟨⟩ *n* (*abbr of* **temporary (employee)**) impiegato *m*, -a *f* temporaneo(a). ⟨⟩ *vi* fare un lavoro temporaneo.

temper ['tempə'] ⟨⟩ *n* -1. [state of mind, mood] umore *m*; **to be in a good/bad ~** essere di buon/cattivo umore; **to lose one's ~** perdere le staffe -2. [angry state]: **to be in a ~** essere in collera -3. [temperament] carattere *m*. ⟨⟩ *vt fml* [moderate] moderare.

temperament ['temprəmənt] *n* temperamento *m*.

temperamental [͵temprə'mentl] *adj* capriccioso(a).

temperature ['temprətʃə'] *n* [of person, place, thing] temperatura *f*; **to have a ~** avere la febbre.

tempestuous [tem'pestjʊəs] *adj* -1. [seas, meeting, love affair] tempestoso(a) -2. [person] impetuoso(a).

template ['templɪt] *n* modello *m*.

temple ['templ] *n* -1. RELIG tempio *m* -2. ANAT tempia *f*.

temporarily [*UK* 'tempərərəlɪ, *US* ͵tempə'rerəlɪ] *adv* temporaneamente.

temporary ['tempərərɪ] *adj* provvisorio(a).

tempt [tempt] *vt* tentare; **to ~ sb to do sthg** invogliare qn a fare qc.

temptation [temp'teɪʃn] *n* tentazione *f*.

tempting ['temptɪŋ] *adj* invitante.

ten [ten] *num* dieci; *see also* **six**.

tenable ['tenəbl] *adj* sostenibile.

tenacious [tɪ'neɪʃəs] *adj* tenace.

tenancy ['tenənsɪ] *n* -1. [period] (contratto *m* d') affitto *m* -2. [possession] affitto *m*.

tenant ['tenənt] *n* affittuario *m*, -a *f*.

tend [tend] *vt* -1. [have tendency]: **to ~ to**

do sthg tendere a fare qc **-2.** [look after] badare a.

tendency ['tendənsı] n tendenza f; ~ **towards** UK OR **toward** US sthg/~ **to do** sthg tendenza a qc/a fare qc.

tender ['tendə'] <> adj **-1.** [gen] tenero(a); **at a ~ age** in tenera età **-2.** [sore] dolorante. <> n COMM offerta f (di appalto). <> vt fml [money, apology] offrire; [resignation] rassegnare.

tendon ['tendən] n tendine m.

tenement ['tenəmənt] n casa f popolare.

tennis ['tenɪs] n tennis m.

tennis ball n palla f da tennis.

tennis court n campo m da tennis.

tennis player n tennista mf.

tennis racket n racchetta f da tennis.

tenor ['tenə'] n [singer] tenore m.

tense [tens] <> adj teso(a). <> n GRAM tempo m. <> vt [muscles] tendere.

tension ['tenʃn] n tensione f.

tent [tent] n tenda f.

tentacle ['tentəkl] n tentacolo m.

tentative ['tentətɪv] adj **-1.** [unconfident, hesitant] esitante **-2.** [temporary, not final] provvisorio(a).

tenterhooks ['tentəhʊks] npl: **to be on ~** stare sulle spine.

tenth [tenθ] num decimo(a); see also **sixth**.

tent peg n picchetto m (da tenda).

tent pole n paletto m (da tenda).

tenuous ['tenjʊəs] adj [argument] debole; [connection] sottile.

tepid ['tepɪd] adj tiepido(a).

term [tɜːm] <> n **-1.** [word, expression] termine m **-2.** SCH & UNIV trimestre m **-3.** [stretch of time] periodo m; **in the long/short ~** a lungo/breve termine. <> vt definire. ◆ **terms** npl **-1.** [of contract, agreement] termini mpl **-2.** [conditions]: **in international/economic ~s** in termini internazionali/economici; **in real ~s** in pratica **-3.** [of relationship]: **to be on good ~s (with sb)** essere in buoni rapporti (con qn) **-4.** phr: **to come to ~s with sthg** accettare qc. ◆ **in terms of** prep in termini di.

terminal ['tɜːmɪnl] <> adj [illness, patient] terminale. <> n **-1.** AERON & RAIL terminal m inv **-2.** COMPUT & ELEC terminale m.

terminate ['tɜːmɪneɪt] <> vt fml porre fine a. <> vi **-1.** [bus, train]: **to ~ at sthg** fare capolinea a qc **-2.** [contract] terminare.

terminus ['tɜːmɪnəs] (pl **-ni** OR **-nuses**) n capolinea m inv.

terrace ['terəs] n **-1.** UK [of houses] case fpl a schiera **-2.** [patio, on hillside] terrazza f. ◆ **terraces** npl FTBL: **the ~s** le gradinate.

terraced house n UK casa f a schiera.

terrain [te'reɪn] n terreno m.

terrible ['terəbl] adj **-1.** [gen] terribile **-2.** [unwell, unhappy]: **to feel ~** stare malissimo.

terribly ['terəblɪ] adv **-1.** [very badly] malissimo **-2.** [extremely] tremendamente.

terrier ['terɪə'] n terrier m inv.

terrific [tə'rɪfɪk] adj **-1.** [wonderful] fantastico(a) **-2.** [enormous] spaventoso(a).

terrified ['terɪfaɪd] adj: **to be ~ (of sb/sthg)** essere terrorizzato(a) (da qn/qc).

terrifying ['terɪfaɪɪŋ] adj terrificante.

territory ['terətrɪ] n **-1.** [political area, terrain] territorio m **-2.** [area of knowledge] terreno m.

terror ['terə'] n **-1.** [fear] terrore m **-2.** [something feared] orrore m **-3.** inf [rascal] peste f.

terrorism ['terərɪzm] n terrorismo m.

terrorist ['terərɪst] n terrorista mf.

terrorize, -ise ['terəraɪz] vt terrorizzare.

terse [tɜːs] adj laconico(a).

Terylene® ['terəliːn] n terital® m.

test [test] <> n test m inv; **eye ~** visita f oculistica. <> vt **-1.** [car] collaudare; [water] controllare; [product, method] testare **-2.** [friendship, courage] mettere alla prova **-3.** [student, eyes] esaminare; **to ~ sb on sthg** fare a qn domande su qc.

test-drive vt collaudare.

testicles npl testicoli mpl.

testify ['testɪfaɪ] <> vt: **to ~ that** attestare che. <> vi **-1.** LAW testimoniare **-2.** [be proof]: **to ~ to sthg** dimostrare qc.

testimony [UK 'testɪmənɪ, US 'testəməʊnɪ] n LAW deposizione f.

testing ['testɪŋ] adj difficile.

test match n UK incontro m internazionale (di cricket).

test tube n provetta f.

test-tube baby n bambino m in provetta.

tetanus ['tetənəs] n tetano m.

tether ['teðə'] <> vt legare. <> n: **to be at the end of one's ~** essere allo stremo.

text [tekst] n testo m.

textbook ['tekstbʊk] n libro m di testo.

textile ['tekstaɪl] n materiale m tessile, tessuto m.

texting ['tekstɪŋ] n inf SMS m.

text message *n* sms *m inv.*

text messaging [-'mesɪdʒɪŋ] *n* invio *m* di sms.

texture ['tekstʃə*ʳ*] *n* consistenza *f.*

Thai [taɪ] ◇ *adj* tailandese. ◇ *n* -1. [person] tailandese *mf* -2. [language] tailandese *m.*

Thailand ['taɪlænd] *n* Tailandia *f.*

Thames [temz] *n*: the ~ il Tamigi.

than [*weak form* ðən, *strong form* ðæn] *conj* [gen] che; [before numbers, pronouns, names] di; **you're older** ~ **me** sei più grande di me; **more** ~ **three days/50 people** più di tre giorni/50 persone; **better** ~ **ever** meglio che mai.

thank [θæŋk] *vt*: to ~ sb (for sthg) ringraziare qn (di qc); ~ **God** OR **goodness** OR **heavens!** grazie a Dio OR al Cielo. ◆ **thanks** ◇ *npl* ringraziamenti *mpl.* ◇ *excl* grazie. ◆ **thanks to** *prep* grazie a.

thankful ['θæŋkfʊl] *adj* -1. [grateful]: ~ **(for sthg)** grato(a) (di qc) -2. [relieved] sollevato(a).

thankless ['θæŋklɪs] *adj* ingrato(a).

thanksgiving ['θæŋks,gɪvɪŋ] *n* ringraziamento *m.* ◆ **Thanksgiving (Day)** *n* festa *f* del ringraziamento.

thank you *excl* grazie; ~ **for** grazie di.

that [ðæt (*weak form of rel pron and conj* ðət)] (*pl* **those**) ◇ *pron* -1. (*demonstrative use*) quello(a); **is** ~ **the woman you were telling me about?** è quella la donna di cui mi parlavi?; **I would like to thank all those who helped me** vorrei ringraziare tutti coloro che mi hanno aiutata; **which shoes are you going to wear, these or those?** quali scarpe ti metti, queste o quelle?; **who's** ~ **?** chi è?; **what's** ~ **?** cos'è?; ~**'s a shame** è un peccato; **is** ~ **Maureen?** [asking person in question] sei Maureen?; [asking someone else] è quella Maureen? -2. (*to introduce relative clauses*) che; **we came to a path** ~ **led into the woods** siamo arrivati ad un sentiero che portava nel bosco; **show me the book** ~ **you bought** fammi vedere il libro che hai comprato; **on the day** ~ **we left** il giorno in cui siamo partiti. ◇ *adj* (*demonstrative use*) quello(a); **I prefer** ~ **one** preferisco quel libro; **I'll have** ~ **one** prendo quello; **those chocolates are delicious** quei cioccolatini sono squisiti; **later** ~ **day** quel giorno, più tardi. ◇ *adv* così; **it wasn't** ~ **bad/good** non era poi così male/bello. ◇ *conj* che; **tell him** ~ **the children aren't coming** digli che i bambini non vengono; **he recom-** mended ~ **I phone you** mi ha raccomandato di telefonarti. ◆ **that is (to say)** *adv* cioè.

thatched [θætʃ] *adj* [cottage] col tetto di paglia; [roof] di paglia.

that's *cont* = that is.

thaw [θɔː] ◇ *vt* [ice, snow] sciogliere; [frozen food] scongelare. ◇ *vi* -1. [ice, snow] sciogliersi -2. [frozen food] scongelarsi -3. *fig* [people, relations] distendersi. ◇ *n* [warm spell] disgelo *m*

the [*weak form* ðə, *before vowel* ðɪ, *strong form* ðiː] *def art* -1. [gen] il (la); [with plural] i (le) (*also il changes to lo (pl gli) before s+consonant, gn, ps, pn, x and z; l' used before vowel for both masculine and feminine nouns*): ~ **sea** il mare; ~ **man** l'uomo; ~ **mirror** lo specchio; ~ **Queen** la regina; ~ **island** l'isola; ~ **books** i libri; ~ **men** gli uomini; ~ **women** le donne; ~ **highest mountain in** ~ **world** la montagna più alta del mondo; **has** ~ **postman been?** è già passato il postino?; ~ **monkey is a primate** la scimmia è un primate; **to play** ~ **piano** suonare il pianoforte -2. [with names]: ~ **Joneses are coming to supper** i Jones vengono a cena; **you're not the Jack Smith, are you?** non sei tu il famoso Jack Smith, vero? -3. (*with an adj to form a noun*): ~ **impossible** l'impossibile; ~ **British** i Britannici; ~ **old/young** i vecchi/giovani -4. [in dates]: ~ **twelfth of May** il dodici maggio; ~ **forties** gli anni Quaranta -5. [most popular, important]: **it's the place to go to in Rome** è il posto più alla moda di Roma; **it's the play to see** è una commedia da non perdere -6. [in comparisons]: ~ **more ..., ** ~ **less** più ..., meno ...; ~ **sooner** ~ **better** prima è, meglio è -7. [in titles]: **Alexander** ~ **Great** Alessandro Magno; **George** ~ **First** Giorgio I.

theatre UK, **theater** US ['θɪətə*ʳ*] *n* -1. [building] teatro *m* -2. [art, industry]: the ~ il teatro -3. UK [in hospital] sala *f* operatoria -4. US [cinema] cinema *m inv.*

theatregoer, theatergoer US ['θɪətə,gəʊə*ʳ*] *n* habitué *mf inv* del teatro.

theatrical [θɪ'ætrɪkl] *adj* teatrale.

theft [θeft] *n* furto *f.*

their [*weak form* ðə*ʳ*, *strong form* ðeə*ʳ*] *poss adj* il loro (la loro); [with plural] i loro (le loro); ~ **house/sister** la loro casa/sorella; ~ **money/children** i loro soldi/figli; **it wasn't their fault** non è stata loro la colpa.

theirs [ðeəz] *poss pron* il loro (la loro); [with plural] i loro (le loro); **our house and** ~ la nostra casa e la loro; ~ **is bro-**

ken il loro è guasto; **that money is** ~ questi soldi sono loro; **a friend of** ~ un loro amico; **it wasn't our fault: it was theirs** non è stata nostra la colpa, è stata loro.

them [weak form ðəm, strong form ðem] pers pron **-1.** (direct) [people] li (le); **I know** ~ li conosco; **I like** ~ mi sono simpatici; **it's** ~ sono loro; **if I were** OR **was** ~ se fossi in loro; **you can't expect them to do it** non puoi aspettarti che lo facciano loro **-2.** (direct) [things] li (le); **I put** ~ **on the table** li ho messi sul tavolo **-3.** (indirect) [people] gli, loro fml; **I spoke to** ~ gli ho parlato; **she sent** ~ **a letter** gli ha mandato una lettera; **I gave it to** ~ gliel'ho dato **-4.** (indirect) [animals, things] gli **-5.** (after prep, in comparisons etc) loro; **we went with/without** ~ siamo andati con/senza di loro; **we're not as wealthy as** ~ non siamo ricchi come loro; **one/none of** ~ uno/nessuno di loro; **all of** ~ tutti loro; **some/a few of** ~ alcuni di loro; **either/neither of** ~ nessuno dei due.

theme [θiːm] n **-1.** [gen] tema m **-2.** [signature tune] tema m (musicale).

theme tune n tema m (musicale).

themselves [ðəm'selvz] pron **-1.** (reflexive) si; **they made** ~ **comfortable** si sono messi a loro agio; **they hate** ~ **for what they did** si detestano per quello che hanno fatto **-2.** (after prep) sé, se stessi(e); **they should take better care of** ~ dovrebbero prendersi più cura di sé **-3.** (stressed) loro stessi(e); **they did it** ~ lo hanno fatto loro stessi.

then [ðen] ◇ adv **-1.** [gen] allora **-2.** [next, afterwards, also] poi. ◇ adj allora inv.

theoretical [θɪə'retɪkl] adj teorico(a).

theorize, -ise ['θɪəraɪz] vi: **to** ~ **(about sthg)** formulare teorie (su qc).

theory ['θɪərɪ] n teoria f; **in** ~ in teoria.

therapist ['θerəpɪst] n terapeuta mf.

therapy ['θerəpɪ] n terapia f.

there [weak form ðə[r], strong form ðeə[r]] ◇ pron [indicating existence of sthg]: ~ **is** c'è; ~ **are** ci sono; ~'s **someone at the door** c'è qualcuno alla porta; ~ **must be some mistake** ci dev'essere un errore. ◇ adv **-1.** [in existence, available]: **is anybody** ~? c'è qualcuno?; **is John** ~, **please?** [when telephoning] c'è John, per favore?; **it's** ~ **for everybody to use** è a disposizione di chiunque lo voglia usare **-2.** [referring to place] lì; **I want that book** ~ voglio quel libro lì; **I'm going** ~ **next week** ci vado la prossima settimana; **the people** ~

were very friendly la gente lì era molto accogliente; **it's 6 miles** ~ **and back** sono 6 miglia tra andata e ritorno; ~ **it/he is** è lì; **over** ~ là. ◇ excl ecco!; ~, **I knew he'd turn up** ecco, lo sapevo che sarebbe venuto; ~, ~ su, dai. ➤ **there and then, then and there** adv subito.

thereabouts, thereabout US ['ðeərəbaʊt(s)] adv: **or** ~ [approximately] o giù di lì.

thereafter [,ðeər'ɑːftə[r]] adv fml in seguito.

thereby [,ðeər'baɪ] adv fml quindi.

therefore ['ðeəfɔː[r]] adv quindi.

there's cont = there is.

thermal ['θɜːml] adj TECH termico(a).

thermometer [θə'mɒmɪtə[r]] n termometro m.

Thermos (flask) ® n thermos® m inv.

thermostat ['θɜːməstæt] n termostato m.

thesaurus [θɪ'sɔːrəs] (pl -es) n dizionario m tematico.

these [ðiːz] pl ▷ this.

thesis ['θiːsɪs] (pl theses) n tesi f inv.

they [ðeɪ] pers pron **-1.** [specific people, things, animals] loro; ~'re **pleased** sono soddisfatti; ~'re **pretty earrings** sono degli orecchini carini; **they can't do it** loro non lo possono fare; **there** ~ **are** eccoli(e) **-2.** [unspecified people]: ~ **say it's going to snow** dicono che nevicherà.

they'd [ðeɪd] cont = they had; they would.

they'll [ðeɪl] cont = they shall; they will.

they're [ðeə[r]] cont = they are.

they've [ðeɪv] cont = they have.

thick [θɪk] ◇ adj **-1.** [wall, book, wool] spesso(a); **it's three centimetres** ~ è spesso(a) tre centimetri; **how** ~ **is it?** che spessore ha? **-2.** [forest, hedge, smoke, fog] fitto(a) **-3.** [hair] folto(a) **-4.** inf [stupid] duro(a) **-5.** [viscous] denso(a) **-6.** [voice - with emotion] rotto(a); [- with drink] impastato(a). ◇ n: **to be in the** ~ **of sthg** essere nel bel mezzo di qc.

thicken ['θɪkn] ◇ vt addensare. ◇ vi **-1.** [smoke, fog, crowd] addensarsi **-2.** [sauce] rapprendersi.

thickness ['θɪknɪs] n **-1.** [width, depth] spessore m **-2.** [density] foltezza f **-3.** [viscosity] densità f.

thickset [,θɪk'set] adj tarchiato(a).

thick-skinned [-'skɪnd] adj dalla pelle dura.

thief [θiːf] (pl thieves) n ladro m, -a f.

thieve [θiːv] vt & vi rubare.

thieves [θiːvz] pl ▷ thief.

thigh [θaɪ] n coscia f.

thimble ['θɪmbl] *n* ditale *m*.

thin [θɪn] *adj* -1. [in width, depth] sottile -2. [skinny] magro(a) -3. [watery] acquoso(a) -4. [sparse] rado(a) -5. [poor] debole. ➤ **thin down** *vt sep* [dilute] diluire.

thing [θɪŋ] *n* -1. [affair, item, subject] cosa *f*; the (best) ~ to do would be ... la miglior cosa da fare sarebbe ...; the ~ is ... il fatto è ... -2. [anything]: not a ~ niente -3. [object] cosa *f*, coso *m* -4. [creature]: you poor ~ ! poverino! ➤ **things** *npl* cose *fpl*.

think [θɪŋk] (*pt & pp* thought [θɔːt]) ◇ *vt* -1. [believe]: to ~ (that) pensare (che); I ~ so penso di sì; I don't ~ so penso di no -2. [have in mind, imagine, remember] pensare a -3. [in polite requests]: do you ~ you could help me? potresti aiutarmi? ◇ *vi* -1. [use mind] pensare -2. [have stated opinion]: what do you ~ of OR about this new film? cosa ne pensi del nuovo film?; I don't ~ much of them/it non mi piacciono/piace molto; to ~ a lot of sb/sthg avere una buona opinione di qn/qc -3. *phr*: to ~ twice pensarci due volte. ➤ **think about** *vt insep* [consider] pensare a; to ~ about doing sthg pensare di fare qc. ➤ **think of** *vt insep* pensare a; to ~ of doing sthg pensare di fare qc; I can't ~ of her name non mi ricordo come si chiama. ➤ **think over** *vt sep* riflettere su. ➤ **think up** *vt sep* escogitare.

think tank *n* gruppo *m* di esperti.

third [θɜːd] ◇ *num* terzo(a). ◇ *n* -1. [fraction] terzo *m* -2. *UK* UNIV *laurea con il minimo dei voti; see also* **sixth**.

thirdly ['θɜːdlɪ] *adv* in terzo luogo.

third-rate *adj pej* di terz'ordine.

Third World *n*: the ~ il Terzo Mondo.

thirst [θɜːst] *n* sete *f*; ~ for sthg sete di qc.

thirsty ['θɜːstɪ] *adj* -1. [parched]: to be OR feel ~ avere sete -2. [causing thirst]: it's ~ work è un lavoro che fa venir sete.

thirteen [ˌθɜːˈtiːn] *num* tredici; *see also* **six**.

thirty ['θɜːtɪ] *num* trenta; *see also* **sixty**.

this [ðɪs] (*pl* these) ◇ *pron (demonstrative use)* questo(a); ~ is for you questo è per te; these are the children I was telling you about questi sono i bambini di cui ti parlavo; which shoes are you going to wear, these or those? quali scarpe ti metti, queste o quelle?; who's ~ ? chi è?; what's ~ ? cos'è?; ~ is Jane Logan [introducing another person] questa è Jane Logan; [introducing o.s. on phone] sono Jane Logan. ◇ *adj* -1. *(demonstrative use)* questo(a); I prefer ~ book preferisco questo libro; I'll have ~ one prendo questo; these chocolates are delicious questi cioccolatini sono squisiti; ~ morning stamattina; ~ afternoon oggi pomeriggio; ~ week questa settimana; ~ Sunday domenica prossima; ~ summer la prossima estate -2. *inf* [a certain] una tale. ◇ *adv* così; it was ~ big era grande così; you'll need about ~ much te ne serve più o meno tanto così.

thistle ['θɪsl] *n* cardo *m*.

thorn [θɔːn] *n* -1. [prickle] spina *f* -2. [bush, tree] rovo *m*.

thorny ['θɔːnɪ] *adj* spinoso(a).

thorough ['θʌrə] *adj* -1. [exhaustive, full] approfondito(a) -2. [meticulous] meticoloso(a) -3. [complete, utter] totale.

thoroughbred ['θʌrəbred] *n* purosangue *m*.

thoroughfare ['θʌrəfeə'] *n fml* strada *f*.

thoroughly ['θʌrəlɪ] *adv* -1. [fully, in detail] a fondo -2. [completely, utterly] assolutamente.

those [ðəʊz] *pl* ➭ **that**.

though [ðəʊ] ◇ *conj* sebbene, benché. ◇ *adv* comunque.

thought [θɔːt] ◇ *pt & pp* ➭ **think**. ◇ *n* -1. [gen] pensiero *m*; after much ~ dopo aver riflettuto a lungo -2. [notion] pensiero *m*, idea *f*. ➤ **thoughts** *npl* -1. [reflections] pensieri *mpl* -2. [views] idee *fpl*.

thoughtful ['θɔːtfʊl] *adj* -1. [pensive] pensieroso(a) -2. [considerate] premuroso(a).

thoughtless ['θɔːtlɪs] *adj* sconsiderato(a).

thousand ['θaʊznd] *num* mille; ~s of migliaia di; *see also* **six**.

thousandth ['θaʊzntθ] ◇ *num* millesimo(a). ◇ *n* [fraction] millesimo *m*; *see also* **sixth**.

thrash [θræʃ] *vt* -1. [beat, hit] picchiare -2. *inf* [trounce] battere. ➤ **thrash about**, **thrash around** *vi* agitarsi. ➤ **thrash out** *vt sep* [problem] risolvere; [solution, idea] trovare.

thread [θred] ◇ *n* -1. [gen] filo *m* -2. [of screw] filetto *m*. ◇ *vt* [pass thread through] infilare.

threadbare ['θredbeə'] *adj* [clothes, carpets] logoro(a); [argument, joke] trito(a).

threat [θret] *n* minaccia *f*; ~ to sb/sthg minaccia per qn/qc; ~ of sthg minaccia di qc.

threaten ['θretn] ◇ *vt* -1. [gen] minacciare; to ~ sb (with sthg) [with gun, knife] minacciare qn (con qc); [with redundancy] minacciare qn (di fare qc); **to ~ to do sthg** minacciare di fare qc **-2.** [endanger] minacciare, mettere a rischio. $\diamond$ *vi* minacciare.

three [θriː] *num* tre; *see also* **six**.

three-dimensional *adj* tridimensionale.

threefold ['θriːfəʊld] $\diamond$ *adj* triplo(a); a ~ **increase** un aumento di tre volte. $\diamond$ *adv*: **to increase ~** triplicare.

three-piece *adj*: **~ suit** completo *m* giacca, pantaloni e gilè; **~ suite** divano *m* più due poltrone coordinate.

three-ply *adj* [wool, rope] a tre capi; [wood] a tre strati.

thresh [θreʃ] *vt* trebbiare.

threshold ['θreʃhəʊld] *n* soglia *f*; **to be on the ~ of sthg** *fig* essere alle soglie di qc.

threw [θruː] *pt* ▷**throw**.

thrift shop *n US* negozio di occasioni con fini caritativi.

thrifty ['θrɪftɪ] *adj* frugale.

thrill [θrɪl] $\diamond$ *n* **-1.** [sudden feeling] brivido *m* **-2.** [exciting experience] esperienza *f* emozionante. $\diamond$ *vt* entusiasmare.

thrilled [θrɪld] *adj*: **~ (with sthg/to do sthg)** emozionato(a) (da qc/all'idea di fare qc).

thriller ['θrɪlə'] *n* thriller *m inv.*

thrilling ['θrɪlɪŋ] *adj* emozionante.

thrive [θraɪv] (*pt* **-d** OR **throve**, *pp* **-d**) *vi* prosperare.

thriving ['θraɪvɪŋ] *adj* [plant] rigoglioso(a); [business, community] fiorente.

throat [θrəʊt] *n* gola *f*.

throb [θrɒb] *vi* **-1.** [beat – heart, blood] pulsare; [– engine, machine] vibrare; [– music, drums] risuonare **-2.** [be painful] martellare.

throes *npl*: **to be in the ~ of sthg** essere nel bel mezzo di qc.

throne [θrəʊn] *n* trono *m*; **the ~** il trono.

throng [θrɒŋ] $\diamond$ *n* massa *f*. $\diamond$ *vt* affollare.

throttle ['θrɒtl] $\diamond$ *n* **-1.** [valve, lever] manetta *f* **-2.** [pedal] pedale *m*. $\diamond$ *vt* [strangle] strozzare.

through [θruː] $\diamond$ *adj* [finished]: **are you ~?** hai finito?; **to be ~ with sthg** avere finito (con) qc. $\diamond$ *adv* **-1.** [from one end to another]: **to let sb ~** far passare qn; **to read sthg ~** leggere qc da cima a fondo **-2.** [until]: **to sleep ~ till ten** dormire fino alle dieci. $\diamond$ *prep* **-1.** [from one side to another] attraverso; **to travel ~ sthg** attraversare qc **-2.** [during, throughout] durante **-3.**

[because of] a causa di **-4.** [by means of] per mezzo di **-5.** *US* [up till and including]: **Monday ~ Friday** da lunedì a venerdì. ◆ **through and through** *adv* **-1.** [completely] fino al midollo **-2.** [thoroughly] alla perfezione.

throughout [θruː'aʊt] $\diamond$ *prep* **-1.** [during] per tutto(a) **-2.** [everywhere in] in tutto(a). $\diamond$ *adv* **-1.** [all the time] tutto il tempo **-2.** [everywhere] dappertutto.

throve [θrəʊv] *pt* ▷**thrive**.

throw [θrəʊ] (*pt* **threw**, *pp* **thrown**) $\diamond$ *vt* **-1.** [propel through air] lanciare, tirare **-2.** [put forcefully or carelessly] gettare **-3.** [move suddenly]: **to ~ o.s.** gettarsi **-4.** [rider] disarcionare **-5.** *fig* [force into]: **to ~ sb into chaos/confusion** gettare qn nel caos/nello sconcerto **-6.** *fig* [confuse] sconcertare. $\diamond$ *n* [toss, pitch] tiro *m*, lancio *m*. ◆ **throw away** *vt sep lit & fig* buttare via. ◆ **throw out** *vt sep* **-1.** [discard] buttare via **-2.** *fig* [reject] cestinare **-3.** [force to leave] buttare fuori. ◆ **throw up** *vi inf* [vomit] vomitare.

throwaway ['θrəʊəˌweɪ] *adj* **-1.** [disposable] usa e getta **-2.** [casual] buttato(a) là.

throw-in *n UK* FTBL rimessa *f* in gioco.

thrown [θrəʊn] *pp* ▷**throw**.

thru [θruː] *adj & adv & prep US inf* = **through**.

thrush [θrʌʃ] *n* **-1.** [bird] tordo *m* **-2.** MED candida *f*.

thrust [θrʌst] (*pt & pp* **thrust**) $\diamond$ *n* **-1.** [forward movement, force] spinta *f* **-2.** [of knife, sword] colpo *m* **-3.** [main aspect] idea *f* principale. $\diamond$ *vt* [shove, jab] spingere.

thud [θʌd] $\diamond$ *n* tonfo *m*. $\diamond$ *vi* [gen] cadere con un tonfo; [guns] emettere un rumore sordo.

thug [θʌg] *n* teppista *m*.

thumb [θʌm] $\diamond$ *n* pollice *m*. $\diamond$ *vt inf* [hitch]: **to ~ a lift** fare l'autostop. ◆ **thumb through** *vt insep* sfogliare.

thumbs down *n*: **to get** OR **be given the ~** essere bocciato.

thumbs up *n*: **to get** OR **be given the ~** essere approvato.

thumbtack ['θʌmtæk] *n US* puntina *f* da disegno.

thump [θʌmp] $\diamond$ *n* **-1.** [blow] colpo *m* **-2.** [thud] tonfo *m*. $\diamond$ *vt* [punch] dare un pugno a. $\diamond$ *vi* [heart, head] martellare.

thunder ['θʌndə'] $\diamond$ *n* **-1.** METEOR tuono *m* **-2.** *fig* [loud sound] fragore *m*; **a ~ of applause** uno scroscio di applausi. $\diamond$ *imper vb* METEOR tuonare.

thunderbolt [ˈθʌndəbəʊlt] *n* fulmine *m*.

thunderclap [ˈθʌndəklæp] *n* tuono *m*.

thunderstorm [ˈθʌndəstɔːm] *n* temporale *m*.

Thursday [ˈθɜːzdeɪ] *n* giovedì *m inv*; *see also* Saturday.

thus [ðʌs] *adv fml* così.

thwart [θwɔːt] *vt* ostacolare.

thyme [taɪm] *n* timo *m*.

tiara [tɪˈɑːrə] *n* diadema *f*.

Tibet [tɪˈbet] *n* Tibet *m*.

tic [tɪk] *n* tic *m inv.*

tick [tɪk] ◇ *n* -1. [written mark] segno *m* (di spunta) -2. [sound] tic tac *m inv* -3. [insect] zecca *f*. ◇ *vt* [box, answer] fare un segno di spunta a; [name] spuntare. ◇ *vi* [make ticking sound] ticchettare. ◆ **tick off** *vt sep* -1. [mark off] spuntare -2. [tell off]: **to ~ sb off (for sthg)** rimproverare qn (per qc). ◆ **tick over** *vi* -1. [engine] girare -2. [business, organization] andare avanti.

ticket [ˈtɪkɪt] *n* -1. [for entry, access] biglietto *m*; [for library] tessera *f* -2. [label on product] cartellino *m* -3. [notice of traffic offence] multa *f*.

ticket collector *n UK* controllore *m*.

ticket inspector *n UK* controllore *m*.

ticket machine *n* biglietteria *f* automatica.

ticket office *n* biglietteria *f*.

tickle [ˈtɪkl] ◇ *vt* -1. [person, baby] fare il solletico a; [skin] pizzicare -2. *fig* [amuse] divertire. ◇ *vi* pizzicare.

ticklish [ˈtɪklɪʃ] *adj* [person]: **to be ~** soffrire il solletico.

tidal [ˈtaɪdl] *adj* [force, flow] della marea; [river] soggetto(a) a maree; [barrier] contro la marea.

tidal wave *n* raz de marée *m inv.*

tidbit [ˈtɪdbɪt] *n US* = titbit.

tiddlywinks [ˈtɪdlɪwɪŋks], **tiddledywinks** [ˈtɪdldɪwɪŋks] *US n* gioco *m* delle pulci.

tide [taɪd] *n* -1. [of sea] marea *f* -2. *fig* [trend, large quantity] ondata *m*.

tidy [ˈtaɪdɪ] ◇ *adj* -1. [gen] ordinato(a) -2. *esp US* [hair, dress, appearance] in ordine. ◇ *vt* mettere in ordine. ◆ **tidy up** ◇ *vt sep* riordinare. ◇ *vi* mettere in ordine.

◆**tie** [taɪ] (*pt & pp* **tied**, *cont* **tying**) ◇ *n* -1. [necktie] cravatta *f* -2. [in game, competition] pareggio *m*. ◇ *vt* -1. [attach]: **to ~ sthg (on) to sthg** legare qc (a qc); **to ~ sthg round sthg** allacciare qc attorno a qc;

to ~ sthg with sthg legare qc con qc -2. [shoelaces, ribbon] fare il nodo a, annodare; **to ~ a knot/bow** fare un nodo/un fiocco -3. *fig* [link]: **to be ~d to sb/sthg** essere legato(a) a qn/qc. ◇ *vi* [draw]: **to ~ (with sb)** pareggiare (con qn). ◆ **tie down** *vt sep fig* [restrict] vincolare. ◆ **tie in with** *vt insep* combaciare con. ◆ **tie up** *vt sep* -1. [person, animal] legare; [parcel] legare (con uno spago) -2. [shoelaces] annodare, fare il nodo a -3. *fig* [money, resources] immobilizzare -4. *fig* [link]: **to be ~d up with sthg** essere collegato(a) con qc.

tiebreak(er) *n* -1. TENNIS tiebreak(er) *m inv* -2. [extra question] domanda *f* di spareggio.

tiepin [ˈtaɪpɪn] *n* spilla *f* da cravatta.

tier [tɪər] *n* [row, layer – of seats] fila *f*; [– of cake] strato *m*; [– of shelves] ripiano *m*.

tiff [tɪf] *n* battibecco *m*.

tiger [ˈtaɪgər] *n* tigre *f*.

tight [taɪt] ◇ *adj* -1. [close-fitting – clothes] attillato(a); [– shoes, screw, knot] stretto(a); [– lid] ben stretto(a) -2. [skin, cloth, string] tirato(a) -3. [bunch] folto(a); [group of people, objects] ammassato(a) -4. [time, plan] serrato(a); [schedule] fitto(a) -5. [rule, system] rigido(a); [control] severo(a) -6. [bend, turn, corner] stretto(a) -7. [match, finish] combattuto(a) -8. *inf* [drunk] sbronzo(a) -9. *inf* [miserly] taccagno(a). ◇ *adv* -1. [firmly, securely] stretto; **to hold ~** tenersi forte; **to shut** OR **close sthg ~** chiudere bene qc -2. [stretch] bene; [pull] forte. ◆ **tights** *npl* collant *m inv.*

tighten [ˈtaɪtn] ◇ *vt* -1. [knot, belt, screw] stringere -2. [rope, chain] tendere -3. [strengthen]: **to ~ one's hold** OR **grip on sthg** stringere la presa su qc -4. [security, system] rafforzare; [rule, control] inasprire. ◇ *vi* [grip, hold] stringersi; [rope, chain] tendersi.

tightfisted [ˌtaɪtˈfɪstɪd] *adj inf pej* taccagno(a).

tightly [ˈtaɪtlɪ] *adv* [hold, grip] stretto; [fasten, tie] strettamente.

tightrope [ˈtaɪtrəʊp] *n* fune *f*.

tile [taɪl] *n* -1. [on roof] tegola *f* -2. [on floor, wall] piastrella *f*.

tiled [taɪld] *adj* [floor, surface] piastrellato(a); [roof] coperto(a) di tegole.

till [tɪl] ◇ *prep* fino a. ◇ *conj* finché. ◇ *n* cassa *f*.

tilt [tɪlt] ◇ *vt* inclinare. ◇ *vi* inclinarsi.

timber [ˈtɪmbər] *n* -1. [wood] legname *m* -2. [beam] trave *f*.

time [taɪm] ◇ n -1. [general measurement] tempo m; **to take ~** richiedere tempo; **to have no ~ for sb/sthg** non avere tempo per qn/qc; **to pass the ~** passare il tempo; **to play for ~** cercare di guadagnare tempo -2. [as measured by clock] ora f; **what ~ is it?**, **what's the ~ ?** che ora è?, che ore sono?; **in a week's/year's ~** tra una settimana/un anno; **to tell the ~** leggere l'ora -3. [while, spell] tempo m; **a long ~** molto tempo; **in a short ~** tra poco; **for a ~** per un po' -4. [point in time in past] periodo m -5. [era] epoca f; **before one's ~** prima del tempo, prematuramente -6. [appropriate moment] momento m; **it's ~ that you sorted yourself out** è ora che tu ti rimetta in sesto -7. [occasion] volta f; **from ~ to ~** di tanto in tanto; **~ after ~, ~ and again** in continuazione, continuamente -8. [experience]: **we had a good ~** ci siamo divertiti; **we had a terrible ~** abbiamo avuto un periodo difficile; **I had a hard ~ trying to make myself understood** ho fatto molta fatica a cercare di farmi capire -9. [degree of lateness]: **in good ~, ahead of ~** in anticipo; **on ~** puntuale, in orario -10. MUS tempo m. ◇ vt -1. [schedule] programmare -2. [measure duration, speed of] cronometrare -3. [choose appropriate moment for] scegliere il momento adatto per. ◆ **times** ◇ npl volte fpl. ◇ prep MATHS: **ten ~ s four is forty** dieci per quattro fa quaranta. ◆ **about time** adv: **it's about ~ ...** è ora che ...; **about ~ too!** alla buonora! ◆ **at a time** adv alla volta. ◆ **at times** adv a volte. ◆ **at the same time** adv -1. [simultaneously] nello stesso tempo, contemporaneamente -2. [equally] allo stesso tempo. ◆ **for the time being** adv per il momento, per ora. ◆ **in time** adv -1. [not late]: **in ~ (for sthg)** in tempo (per qc) -2. [eventually] con l'andar del tempo.

time bomb n -1. [bomb] bomba f a orologeria -2. fig [dangerous situation] bomba f.

time lag n scarto m (temporale).

timeless ['taɪmlɪs] adj senza tempo.

time limit n limite m di tempo.

timely ['taɪmlɪ] adj tempestivo(a).

time off n tempo m libero; **to take some ~** prendere un permesso.

time-out (pl **time-outs** OR **times-out**) n US SPORT time out m inv.

timer ['taɪmə'] n timer m inv.

time scale n lasso m di tempo.

time-share n UK multiproprietà f inv.

time switch n interruttore m a tempo.

timetable ['taɪm,teɪbl] n -1. SCH & TRANSP orario m -2. [schedule – of conference] programma m; [– for negotiations] calendario m.

time zone n fuso m orario.

timid ['tɪmɪd] adj timido(a).

timing ['taɪmɪŋ] n -1. [of actor, musician, tennis player] tempismo m; **a good sense of ~** un buon sincronismo -2. [of arrival, remark, election] momento m -3. [of a race] cronometraggio m.

tin [tɪn] n -1. [metal] stagno m -2. UK [can] barattolo m -3. [for storing] scatola f.

tin can n lattina f.

tinfoil ['tɪnfɔɪl] n foglio m d'alluminio.

tinge [tɪndʒ] n -1. [of colour] tocco m, sfumatura f -2. [of feeling] pizzico m, punta f.

tinged adj -1. [colour]: **~ with sthg** sfumato(a) di qc -2. [feeling]: **~ with sthg** permeato(a) di qc.

tingle ['tɪŋgl] vi pizzicare.

tinker ['tɪŋkə'] ◇ n pej zingaro m, -a f. ◇ vi trafficare, armeggiare; **to ~ with sthg** cercare di riparare qc.

tinned [tɪnd] adj UK in scatola.

tin opener n UK apriscatole m inv.

tinsel ['tɪnsl] n decorazioni fpl luccicanti.

tint [tɪnt] n tinta f.

tinted adj affumicato(a), fumé (inv).

tiny ['taɪnɪ] adj [hand, insect, room] piccino(a); [gap, difference, profit] molto ridotto(a).

tip [tɪp] ◇ n -1. [end] punta f -2. UK [dump] discarica f -3. [gratuity] mancia f -4. [piece of advice] consiglio m, suggerimento m. ◇ vt -1. [tilt] inclinare -2. [spill] rovesciare -3. [give a gratuity to] dare la mancia a. ◇ vi -1. [tilt] inclinarsi -2. [spill] rovesciarsi. ◆ **tip over** ◇ vt sep rovesciare. ◇ vi rovesciarsi.

tip-off n soffiata f.

-tipped [tɪpd] adj: **poison ~ arrows** frecce con la punta avvelenata.

tipsy ['tɪpsɪ] adj inf brillo(a).

tiptoe ['tɪptəʊ] ◇ n: **on ~** in punta di piedi. ◇ vi camminare in punta di piedi.

tire ['taɪə'] ◇ n US = tyre. ◇ vt stancare ◇ vi -1. [get tired] stancarsi -2. [get fed up]: **to ~ of sb/sthg** stancarsi di qn/qc.

tired ['taɪəd] adj -1. [sleepy] stanco(a) -2. [fed up]: **~ of sthg/of doing sthg** stufo(a) di qc/di fare qc.

tireless ['taɪəlɪs] adj instancabile.

tiresome ['taɪəsəm] adj fastidioso(a).

tiring ['taɪərɪŋ] adj stancante.

tissue ['tɪʃuː] n -1. [paper handkerchief] fazzoletto m di carta -2. BIOL tessuto m.

tissue paper n carta f velina.

tit [tɪt] n -1. [bird] cincia f -2. vulg [breast] tetta f, poppa f.

titbit ['tɪtbɪt] UK, **tidbit** US n -1. [of food] leccornia f, prelibatezza f -2. fig [of news] primizia f.

tit for tat n pan per focaccia.

titillate ['tɪtɪleɪt] vt titillare.

title ['taɪtl] n titolo m.

titter ['tɪtə^r] vi ridacchiare.

TM = trademark.

to [strong form tuː, weak form before vowel tʊ, weak form before consonant tə] ◇ prep -1. [indicating place, direction] a; **to go ~ Italy** andare in Italia; **to go ~ Liverpool/school** andare a Liverpool/scuola; **the road ~ Edinburgh** la strada per Edimburgo; **to go ~ the butcher's** andare dal macellaio; **I pointed ~ an old house** ho indicato una vecchia casa; **I nailed it ~ the wall** l'ho inchiodato al muro; **~ the left/right** a sinistra/destra; **~ one side** da un lato -2. (to express indirect obj) a; **to give sthg ~ sb** dare qc a qn; **to listen ~ the radio** ascoltare la radio -3. [indicating sb's reaction] con; **~ my delight/surprise** con mio grande piacere/mia sorpresa -4. [in stating opinion] secondo; **it seemed quite unnecessary ~ me/him etc** mi/gli etc è sembrato piuttosto inutile -5. [indicating state, process] a; **to drive sb ~ drink** spingere qn a bere; **it could lead ~ trouble** potrebbe causare dei guai -6. [as far as] a; **to count ~ ten** contare fino a dieci; **we work from nine ~ five** lavoriamo dalle nove alle cinque -7. [in telling the time] **it's ten ~ three** sono le tre meno dieci -8. [per]: **40 miles ~ the gallon** 40 miglia con un gallone -9. [of, for] di; **the key ~ the car** la chiave della macchina; **the personal assistant ~ the sales manager** l'assistente personale del direttore vendite; **a letter ~ my daughter** una lettera per mia figlia. ◇ -1. (forming simple infin): **~ walk** camminare; **~ laugh** ridere; **~ eat** mangiare -2. (following another vb): **to begin ~ do sthg** cominciare a fare qc; **to try/want/hate ~ do sthg** provare a/volere/detestare fare qc -3. (following an adj) da; **difficult/easy ~ do** difficile/facile da fare; **ready ~ go** pronto ad andare -4. (indicating purpose) per; **he worked hard ~ pass his exam** ha lavorato duro per riuscire all'esame; **we went to London ~ see a play** siamo andati a Londra a vedere una commedia -5. (substituting for a relative clause): **the important**

thing is ~ win quello che conta è vincere; **I don't know who ~ invite** non so chi invitare; **I have a lot ~ do** ho molto da fare; **he told me ~ leave** mi ha detto di andarmene -6. (to avoid repetition of infin): **I meant ~ call him but I forgot ~** volevo telefonargli, ma me ne sono dimenticata -7. [in comments] per; **~ be honest/frank** ... per essere sincero/franco, ...; **~ sum up** ... per riassumere, ... ◇ adv [shut]: **push the door ~** chiudi la porta. ◆ **to and fro** adv avanti e indietro.

toad [təʊd] n rospo m.

toadstool ['təʊdstuːl] n fungo m velenoso.

toast [təʊst] ◇ n -1. [bread] pane m tostato -2. [drink] brindisi m. ◇ vt -1. [bread] tostare -2. [person] fare un brindisi a.

toasted sandwich n toast m.

toaster ['təʊstə^r] n tostapane m inv.

tobacco [tə'bækəʊ] n tabacco m.

tobacconist [tə'bækənɪst] n tabaccaio m, -a f; **~'s (shop)** tabaccheria f.

toboggan [tə'bɒgən] n toboga m.

today [tə'deɪ] ◇ n [gen] oggi m inv. ◇ adv -1. [this day] oggi -2. [nowadays] oggi, oggigiorno.

toddler ['tɒdlə^r] n bambino m, -a f che muove i primi passi.

to-do (pl -s) n inf dated trambusto m.

toe [təʊ] ◇ n -1. [of foot] dito m -2. [of sock, shoe] punta f. ◇ vt: **to ~ the line** rigare diritto.

toenail ['təʊneɪl] n unghia f dei piedi.

toffee ['tɒfɪ] n -1. [sweet] caramella f mou -2. [substance] mou f inv.

together [tə'geðə^r] adv insieme; **to go ~** andare bene insieme. ◆ **together with** prep insieme a.

toil [tɔɪl] fml ◇ n fatica f, duro lavoro m. ◇ vi faticare.

toilet ['tɔɪlɪt] n gabinetto m; **to go to the ~** andare al gabinetto.

toilet bag n trousse f (da toilette), pochette f (da toilette).

toilet paper n carta f igienica.

toiletries ['tɔɪlɪtrɪz] npl articoli mpl da toilette.

toilet roll n -1. [paper] carta f igienica -2. [roll] rotolo m di carta igienica.

token ['təʊkn] ◇ adj simbolico(a). ◇ n -1. [voucher, disc] buono m; **laundry ~** gettone per la biancheria -2. [symbol] segno m. ◆ **by the same token** adv per la stessa ragione.

told [təʊld] *pt & pp* ⊳**tell.**

tolerable ['tɒlərəbl] *adj* accettabile.

tolerance ['tɒlərəns] *n* tolleranza *f*.

tolerant ['tɒlərənt] *adj* -1. [not bigoted]: ~ of sb/sthg tollerante nei confronti di qn/qc -2. [resistant]: ~ to sthg resistente a qc.

tolerate ['tɒləreɪt] *vt* -1. [put up with] sopportare -2. [permit] tollerare.

toll [təʊl] ◇ *n* -1. [number] numero *m* -2. [fee] pedaggio *m* -3. *phr*: to take its ~ costare caro. ◇ *vt & vi* [bell] suonare a morto.

tomato [*UK* tə'mɑːtəʊ, *US* tə'meɪtəʊ] (*pl* es) *n* pomodoro *m*.

tomb [tuːm] *n* tomba *f*.

tomboy ['tɒmbɔɪ] *n* maschiaccio *m*.

tombstone ['tuːmstəʊn] *n* pietra *f* tombale.

tomcat ['tɒmkæt] *n* gatto *m* (maschio).

tomorrow [tə'mɒrəʊ] ◇ *n* domani *m inv.* ◇ *adv* domani.

ton [tʌn] (*pl* -s) *n* -1. *UK* [imperial unit of measurement] *unità di misura equivalente a 1,016 kg* -2. *US* [unit of measurement] *unità di misura equivalente a 907,2 kg* -3. [metric unit of measurement] tonnellata *f.* ➡ **tons** *npl UK inf* ~s (of) una montagna (di).

tone [təʊn] *n* -1. [gen] tono *m* -2. TELEC bip *m inv*; **dialling** ~ segnale di libero -3. [shade] tono *m*, tonalità *f.* ➡ **tone down** *vt sep* moderare. ➡ **tone up** *vt sep* tonificare.

tone-deaf *adj*: to be ~ non avere orecchio.

tongs [tɒŋz] *npl* -1. [for sugar] mollette *fpl* -2. [for hair] arricciacapelli *m inv.*

tongue [tʌŋ] *n* -1. [gen] lingua *f*; to hold one's ~ *fig* tenere a freno la lingua -2. [of shoe] linguetta *f.*

tongue-in-cheek *adj* scherzoso(a), ironico(a).

tongue-tied *adj* ammutolito(a).

tonic ['tɒnɪk] *n* -1. [tonic water] (acqua) tonica *f*; **a gin and** ~ un gin tonic -2. [medicine] tonico *m*, ricostituente *m* -3. [for skin, hair] tonico *m*.

tonic water *n* acqua *f* tonica.

tonight [tə'naɪt] ◇ *n*: ~'s television i programmi televisivi di questa sera. ◇ *adv* stasera, questa sera.

tonne [tʌn] (*pl* -s) *n* tonnellata *f.*

tonsil ['tɒnsl] *n* tonsilla *f.*

tonsil(l)itis [,tɒnsɪ'laɪtɪs] *n* tonsillite *f.*

too [tuː] *adv* -1. [also] anche -2. [excessively] troppo; **all** ~ ... fin troppo ...; **only** ~ ...

anche troppo ... -3. *(with negatives)*: **not** ~ ... non tanto ....

took [tʊk] *pt* ⊳**take.**

tool [tuːl] *n* -1. [implement] attrezzo *m*, utensile *m* -2. *fig* [means] strumento *m*.

tool box *n* cassetta *f* per gli attrezzi.

tool kit *n* kit *m inv* degli attrezzi.

toot [tuːt] ◇ *n* colpo *m* di clacson. ◇ *vi* suonare il clacson.

tooth [tuːθ] (*pl* **teeth**) *n* dente *m*.

toothache ['tuːθeɪk] *n* mal *m* di denti.

toothbrush ['tuːθbrʌʃ] *n* spazzolino *m* da denti.

toothpaste ['tuːθpeɪst] *n* dentifricio *m*.

toothpick ['tuːθpɪk] *n* stuzzicadenti *m inv.*

top [tɒp] ◇ *adj* -1. [highest – step] più alto(a); [– floor] ultimo(a); **at the** ~ **end of the street** in cima alla strada -2. [most important, successful – officials, executives] alto(a); [– footballers, pop singers] di prim'ordine; **she came** ~ **in the exam** è arrivata prima all'esame -3. [maximum] massimo(a). ◇ *n* -1. [highest point] cima *f*; **on** ~ in cima; **at the** ~ **of one's voice** a squarciagola -2. [lid, cap – of bottle, tube] tappo *m*; [– of pen] cappuccio *m*; [– of jar] coperchio *m* -3. [upper side – of table] piano *m*; [– of box] lato *m* alto -4. [clothing] top *m inv* -5. [toy] trottola *f* -6. [highest rank] vertice *m*. ◇ *vt* -1. [be first in] essere in testa a -2. [better] superare -3. [exceed] oltrepassare -4. [put on top of] ricoprire. ➡ **on top of** *prep* -1. [in space] in cima a -2. [in addition to]: **on** ~ **of that ...** oltre a tutto questo .... ➡ **top up** *UK*, **top off** *US vt sep* riempire (di nuovo).

top floor *n* ultimo piano *m*.

top hat *n* cappello *m* a cilindro, tuba *f.*

top-heavy *adj* -1. [object, structure] sbilanciato(a) -2. [organization] con troppi dirigenti.

topic ['tɒpɪk] *n* argomento *m*.

topical ['tɒpɪkl] *adj* attuale.

topless ['tɒplɪs] *adj* in topless.

topmost ['tɒpməʊst] *adj* più alto(a).

topping ['tɒpɪŋ] *n* strato *m*.

topple ['tɒpl] ◇ *vt* rovesciare, fare cadere. ◇ *vi* [person] cadere; [pile] rovesciarsi, cadere.

top-secret *adj* top secret *(inv)*.

topspin ['tɒpspɪn] *n* top spin *m inv.*

topsy-turvy [,tɒpsɪ'tɜːvɪ] *adj* -1. [messy] to be ~ essere sottosopra -2. [haywire] to go ~ impazzire, andare in tilt.

top-up card *n* ricarica *f.*

torch [tɔːtʃ] *n* **-1.** UK [electric] torcia *f* (elettrica) **-2.** [flaming stick] fiaccola *f*.

tore [tɔːʳ] *pt* ▷**tear²**.

torment ◇*n* [ˈtɔːment] **-1.** [agony] tormento *m* **-2.** [source of agony] pena *f*. ◇*vt* [tɔːˈment] **-1.** [worry greatly] tormentare **-2.** [annoy] dare fastidio a, tormentare.

torn [tɔːn] *pp* ▷**tear²**.

tornado [tɔːˈneɪdəʊ] (*pl* **-es** OR **-s**) *n* tornado *m inv.*

torpedo [tɔːˈpiːdəʊ] (*pl* **-es**) *n* siluro *m*.

torrent [ˈtɒrənt] *n* **-1.** [of water] torrente *m* **-2.** [of words] fiume *m*.

torrid [ˈtɒrɪd] *adj* **-1.** [hot] torrido(a) **-2.** *fig* [passionate] passionale.

tortoise [ˈtɔːtəs] *n* tartaruga *f*.

tortoiseshell [ˈtɔːtəsʃel] ◇*adj*: **a ~ cat** un gatto della varietà scaglia di tartaruga. ◇*n* tartaruga *f*.

torture [ˈtɔːtʃəʳ] ◇*n* tortura *f*. ◇*vt* torturare.

Tory [ˈtɔːrɪ] ◇*adj* conservatore(trice). ◇*n* conservatore *m*, -trice *f*.

toss [tɒs] ◇*vt* **-1.** [throw carelessly] gettare **-2.** [head] scuotere **-3.** [salad, pasta] mescolare **-4.** [coin] lanciare (in aria) **-5.** [boat, passenger] sballottare. ◇*vi* [move about]: **to ~ and turn** girarsi e rigirarsi. ◆ **toss up** *vi* fare a testa o croce.

tot [tɒt] *n* **-1.** *inf* [small child] bimbo *m*, -a *f* **-2.** [of drink] goccio *m*.

total [ˈtəʊtl] ◇*adj* totale. ◇*n* totale *m*. ◇*vt* **-1.** [add up] sommare **-2.** [amount to] ammontare a.

totally [ˈtəʊtəlɪ] *adv* totalmente.

totter [ˈtɒtəʳ] *vi* **-1.** [walk unsteadily] barcollare **-2.** *fig* [government] vacillare.

touch [tʌtʃ] ◇*n* **-1.** [sense] tatto *m* **-2.** [detail, personal style] tocco *m* **-3.** [contact]: **to get/keep in ~ (with sb)** mettersi/mantenersi in contatto (con qn); **to lose ~ (with sb)** perdersi di vista (con qn); **to be out of ~ with sthg** non essere aggiornato(a) su qc **-4.** [small amount]: **a ~ (of sthg)** [of milk] un goccio (di qc); [of paint, lipstick] una traccia (di qc); [of humour, irony, sarcasm] una punta (di qc) **-5.** SPORT: **into ~** in fallo laterale. ◇*vt* toccare. ◇*vi* **-1.** [make contact] toccare **-2.** [be in contact] toccarsi. ◆ **touch down** *vi* [plane] atterrare. ◆ **touch on** *vt insep* toccare.

touch-and-go *adj* incerto(a).

touchdown [ˈtʌtʃdaʊn] *n* **-1.** [on land] impatto *m* all'atterraggio; [on sea] ammaraggio *m* **-2.** [in American football] meta *f*.

touched [tʌtʃt] *adj* toccato(a).

touching [ˈtʌtʃɪŋ] *adj* toccante.

touchline [ˈtʌtʃlaɪn] *n* linea *f* laterale.

touchscreen [ˈtʌtʃskriːn] *n* touchscreen *m inv.*

touchy [ˈtʌtʃɪ] *adj* **-1.** [person] suscettibile **-2.** [subject, question] delicato(a).

tough [tʌf] *adj* **-1.** [gen] duro(a) **-2.** [person, character] forte **-3.** [material] resistente **-4.** [decision] arduo(a) **-5.** [criminal, neighbourhood] violento(a).

toughen [ˈtʌfn] *vt* **-1.** [character] indurire **-2.** [material] rendere più resistente.

toupee [ˈtuːpeɪ] *n* parrucchino *m*.

tour [tʊəʳ] ◇*n* **-1.** [of region, country] giro *m* **-2.** [of building, town, museum] visita *f* **-3.** [official journey] tournée *f inv.* ◇*vt* **-1.** [visit] visitare **-2.** SPORT & THEAT fare una tournée in.

touring [ˈtʊərɪŋ] *n* viaggi *mpl* turistici.

tourism [ˈtʊərɪzm] *n* turismo *m*.

tourist [ˈtʊərɪst] *n* turista *mf*.

tourist (information) office *n* ufficio *m* (di informazioni) turistico.

tournament [ˈtɔːnəmənt] *n* CHESS & SPORT torneo *m*.

tour operator *n* tour operator *m*.

tout [taʊt] ◇*n* bagarino *m*, -a *f*. ◇*vt* [tickets, goods] fare bagarinaggio di. ◇*vi*: **to ~ for sthg** cercare di procacciarsi qc.

tow [təʊ] ◇*n* rimorchio *m*; **to give sb a ~** rimorchiare qn; **on ~** UK a rimorchio. ◇*vt* rimorchiare.

towards [təˈwɔːdz] UK, **toward** [təˈwɔːd] US *prep* **-1.** [in the direction of] verso **-2.** [indicating attitude] nei confronti di **-3.** [near in time, space] verso **-4.** [as contribution to] per.

towel [ˈtaʊəl] *n* asciugamano *m*.

towelling UK, **toweling** US [ˈtaʊəlɪŋ] *n* spugna *f*.

towel rail *n* portasciugamano *m*.

tower [ˈtaʊəʳ] ◇*n* torre *f*. ◇*vi* torreggiare; **to ~ over sb/sthg** torreggiare su qn/qc.

tower block *n* UK palazzone *m*.

town [taʊn] *n* città *f*; **to go out on the ~** fare baldoria; **to go to ~** *fig* metterci la massima cura.

town centre *n* centro *m*.

town council *n* consiglio *m* comunale.

town hall *n* **-1.** [building] municipio *m* **-2.** *fig* [council] comune *m*.

town planning *n* **-1.** [study] urbanistica *f* **-2.** [practice] attività *f inv* urbanistica.

towpath [ˈtəʊpɑːθ] *n* alzaia *f*.

towrope ['təʊrəʊp] *n* cavo *m* da traino.

tow truck *n US* carro *m* attrezzi.

toxic ['tɒksɪk] *adj* tossico(a).

toy [tɔɪ] *n* giocattolo *m*. ◆ **toy with** *vt insep* **-1.** [idea, plan]: **to** ~ **with sthg** accarezzare qc **-2.** [food, object]: **to** ~ **with sthg** giocherellare con qc.

toy shop *n* negozio *m* di giocattoli.

trace [treɪs] ◇ *n* traccia *f*. ◇ *vt* **-1.** [person, source, origins] rintracciare **-2.** [history] ripercorrere **-3.** [mark outline of] tracciare; [with tracing paper] ricalcare.

tracing paper *n* carta *f* da ricalco.

track [træk] ◇ *n* **-1.** [path] sentiero *m* **-2.** SPORT pista *f* **-3.** RAIL binario *m* **-4.** [mark, trace] traccia *f* **-5.** [on record, tape, CD] brano *m* **-6.** *phr*: **to lose** ~ **of sb/sthg** [gen] perdere il contatto con qn/qc; [of numbers] perdere il conto di qn/qc; **to be on the right/ wrong** ~ essere sulla buona strada/sulla strada sbagliata. ◇ *vt* [follow] seguire le tracce di. ◆ **track down** *vt sep* rintracciare.

track record *n* trascorsi *mpl*.

tracksuit ['træk,su:t] *n* tuta *f* (da ginnastica).

traction ['trækʃn] *n* : **in** ~ in trazione.

tractor ['træktər] *n* trattore *m*.

trade [treɪd] ◇ *n* **-1.** [commerce] commercio *m* **-2.** [job] mestiere *m*; **by** ~ di mestiere. ◇ *vt* [exchange] scambiare; **to** ~ **sthg for sthg** scambiare qc per qc. ◇ *vi* [do business] avere scambi commerciali; **to** ~ **with sb** fare scambi commerciali con qn. ◆ **trade in** *vt sep* [part exchange] dare in permuta.

trade fair *n* fiera *f* campionaria.

trade-in *n* oggetto *m* dato in permuta.

trademark ['treɪdmɑ:k] *n* **-1.** COMM marchio *m* depositato **-2.** *fig* [characteristic] tratto *m* distintivo.

trade name *n* COMM nome *m* commerciale.

trader ['treɪdər] *n* commerciante *mf*.

tradesman ['treɪdzmən] (*pl* **-men**) *n* commerciante *m*.

trades union *n UK* = trade union.

Trades Union Congress *n UK*: **the** ~ la confederazione dei sindacati.

trade union *n* sindacato *m*.

trading ['treɪdɪŋ] *n* commercio *m*.

trading estate *n UK* zona *f* industriale.

tradition [trə'dɪʃn] *n* tradizione *f*.

traditional [trə'dɪʃənl] *adj* tradizionale.

traffic ['træfɪk] (*pt & pp* **-king**) ◇ *n* traffi-

co *m*; ~ **in sthg** traffico di qc. ◇ *vi*: **to** ~ **in sthg** trafficare in qc.

traffic circle *n US* rotatoria *f*.

traffic jam *n* ingorgo *m* (di traffico).

trafficker ['træfɪkər] *n* trafficante *mf*; ~ **in sthg** trafficante di qc.

traffic lights *npl* semaforo *m*.

traffic warden *n UK* vigile *mf*.

tragedy ['trædʒədɪ] *n* tragedia *f*.

tragic ['trædʒɪk] *adj* tragico(a).

trail [treɪl] ◇ *n* **-1.** [path] sentiero *m* **-2.** [traces] tracce *fpl*. ◇ *vt* **-1.** [drag behind, tow – bag, toy] tirarsi dietro; [– scarf] lasciar penzolare **-2.** [lag behind] essere in svantaggio con. ◇ *vi* **-1.** [drag behind – bag, toy] essere tirato(a) dietro; [– scarf] penzolare **-2.** [move slowly] arrancare **-3.** SPORT essere in svantaggio. ◆ **trail away**, **trail off** *vi* andare spegnendosi.

trailer ['treɪlər] *n* **-1.** [for transporting things] rimorchio *m* **-2.** *US* [for living in] roulotte *f inv* **-3.** CIN trailer *m inv*.

train [treɪn] ◇ *n* **-1.** RAIL treno *m* **-2.** [of dress] strascico *m* **-3.** [connected sequence]: ~ **of thought** filo *m* dei pensieri. ◇ *vt* **-1.** [teach] educare; **to** ~ **sb to do sthg** [person] abituare qn a fare qc; [animal] addestrare qn a fare qc; **to** ~ **sb in sthg** addestrare qn in qc **-2.** [for job] addestrare; **to** ~ **sb as sthg** addestrare qn come qc **-3.** SPORT allenare; **to** ~ **sb for sthg** allenare qn per qc **-4.** [gun, camera] puntare. ◇ *vi* **-1.** [for job] fare tirocinio; **to** ~ **as sthg** fare tirocinio come qc **-2.** SPORT allenarsi; **to** ~ **for sthg** allenarsi per qc.

train driver *n* macchinista *mf*.

trained [treɪnd] *adj* ben preparato(a).

trainee [treɪ'ni:] *n* tirocinante *mf*.

trainer ['treɪnər] *n* **-1.** [of animals] addestratore *m*, -trice **-2.** SPORT allenatore *m*, -trice *f*. ◆ **trainers** *npl UK* scarpe *fpl* da ginnastica.

training ['treɪnɪŋ] *n* **-1.** [for job]: ~ **(in sthg)** tirocinio *m* (in qc) **-2.** SPORT allenamento *m*.

training shoes *npl UK* scarpe *fpl* da ginnastica.

traipse [treɪps] *vi* vagare.

trait [treɪ, treɪt] *n* tratto *m*.

traitor ['treɪtər] *n* traditore *m*, -trice *f*.

trajectory [trə'dʒektərɪ] *n* TECH traiettoria *f*.

tram [træm] *n UK* tram *m inv*.

tramp [træmp] ◇ *n* [homeless person] vagabondo *m*, -a . ◇ *vi* camminare pesantemente.

trample ['træmpl] *vt* calpestare.

trampoline ['træmpəli:n] *n* trampolino *m*.

trance [trɑ:ns] *n* trance *f inv.*

tranquil ['træŋkwɪl] *adj lit* tranquillo(a).

tranquillizer UK, **tranquilizer** US ['træŋkwɪlaɪzə'] *n* tranquillante *m*.

transaction [træn'zækʃn] *n* transazione *f*.

transcend [træn'send] *vt fml* trascendere.

transcript ['trænskrɪpt] *n* trascrizione *f*.

transfer ◇ *n* ['trænsfɜ:'] -**1.** [gen] trasferimento *m* -**2.** [design] decalcomania *f*. ◇ *vt* [træns'fɜ:'] trasferire. ◇ *vi* [træns'fɜ:'] trasferirsi.

transfix [træns'fɪks] *vt* impietrire.

transform [træns'fɔ:m] *vt* trasformare; **to ~ sb/sthg into sthg** trasformare qn/qc in qc.

transfusion [træns'fju:ʒn] *n* trasfusione *f*.

transistor [træn'zɪstə'] *n* ELECTRON transistor *m inv.*

transistor radio *n dated* radio *f inv* a transistor.

transit ['trænsɪt] *n*: **in ~** in transito.

transition [træn'zɪʃn] *n* -**1.** [change] mutamento *m* -**2.** [act of changing] transizione *f*; **~ from sthg to sthg** transizione da qc a qc.

transitive ['trænzɪtɪv] *adj* GRAM transitivo(a).

transitory ['trænzɪtrɪ] *adj* transitorio(a).

translate [træns'leɪt] *vt* tradurre; **to ~ sthg into sthg** tradurre qc in qc.

translation [træns'leɪʃn] *n* traduzione *f*.

translator [træns'leɪtə'] *n* traduttore *m*, -trice *f*.

transmission [trænz'mɪʃn] *n* trasmissione *f*.

transmit [trænz'mɪt] *vt* trasmettere.

transmitter [trænz'mɪtə'] *n* ELECTRON trasmettitore *m*.

transparency [træns'pærənsɪ] *n* -**1.** PHOT diapositiva *f* -**2.** [for overhead projector] lucido *m*.

transparent [træns'pærənt] *adj* -**1.** [see-through] trasparente -**2.** [obvious] evidente.

transpire [træn'spaɪə']*fml* ◇ *vt*: **it ~ s that** ... emerge che ... ◇ *vi* accadere.

transplant ◇ *n* ['træns,plɑ:nt] MED [operation] trapianto *m*; [organ] organo *m* trapiantato; [- tissue] tessuto *m* trapiantato. ◇ *vt* [træns'plɑ:nt] MED & BOT trapiantare.

transport ◇ *n* ['trænspɔ:t] trasporto *m*. ◇ *vt* [træn'spɔ:t] trasportare.

transportation [,trænspɔ:'teɪʃn] *n* US = transport.

transpose [træns'pəʊz] *vt* trasporre.

trap [træp] ◇ *n* trappola *f*. ◇ *vt* -**1.** [animal, bird] prendere in trappola -**2.** *fig* [trick] raggirare -**3.** [immobilize, catch] bloccare -**4.** [retain] imprigionare.

trapdoor [,træp'dɔ:'] *n* botola *f*.

trapeze [trə'pi:z] *n* trapezio *m*.

trappings ['træpɪŋz] *npl* tratti *mpl* distintivi.

trash [træʃ] *n* -**1.** US [refuse] rifiuti *mpl* -**2.** *inf pej* [sthg of poor quality] robaccia *f*.

trashcan ['træʃkæn] *n* US bidone *m* della spazzatura.

traumatic [trɔ:'mætɪk] *adj* traumatico(a).

travel ['trævl] ◇ *n* viaggi *mpl*. ◇ *vt* percorrere. ◇ *vi* viaggiare.

travel agency *n* agenzia *f* di viaggi.

travel agent *n* agente *mf* di viaggi; **~ 's** agenzia *f* di viaggi.

travelcard *n* [daily] biglietto *m* giornaliero; [monthly] abbonamento *m* mensile.

traveller UK, **traveler** US ['trævlə'] *n* -**1.** [gen] viaggiatore *m*, -trice -**2.** [itinerant] nomade *mf*.

traveller's cheque *n* traveller's cheque *m inv.*

travelling UK, **traveling** US ['trævlɪŋ] *adj* -**1.** [itinerant] itinerante -**2.** [portable] portatile -**3.** [of travel] di viaggio

travelsick *adj*: **to get ~** [in car] avere il mal d'auto; [on plane] avere il mal d'aria.

travesty ['trævəstɪ] *n* parodia *f*.

trawler ['trɔ:lə'] *n* peschereccio *m (con rete a strascico)*.

tray [treɪ] *n* -**1.** [for carrying] vassoio *m* -**2.** [for papers, mail] raccoglitore *m*.

treacherous ['tretʃərəs] *adj* -**1.** [disloyal] perfido(a) -**2.** [dangerous] pericoloso(a).

treachery ['tretʃərɪ] *n* perfidia *f*.

treacle ['tri:kl] *n UK* melassa *f*.

tread [tred] (*pt* trod, *pp* trodden) ◇ *n* -**1.** [on tyre] battistrada *m inv*; [on shoe] suola *f* -**2.** [sound or way of walking] passo *m*. ◇ *vi* [place foot]: **to ~ on sthg** calpestare qc.

treason ['tri:zn] *n* tradimento *m*.

treasure ['treʒə'] ◇ *n* tesoro *m*. ◇ *vt* avere a cuore.

treasurer ['treʒərə'] *n* tesoriere *m*, -a *f*.

treasury ['treʒərɪ] *n* stanza *f* del tesoro. **➤ Treasury** *n*: **the Treasury** il Tesoro.

treat [tri:t] ◇ *vt* -**1.** [handle, deal with] trattare -**2.** [give sthg special]: **to ~ sb (to sthg)**

offrire qc a qn **-3.** MED curare **-4.** [process] trattare. ◇ *n* [sthg special] delizia *f*; **this is my ~** pago io.

treatment ['tri:tmənt] *n* **-1.** MED cura *f* **-2.** [manner of dealing with sb or sthg] modo *m* di trattare.

treaty ['tri:tɪ] *n* trattato *m*.

treble ['trebl] ◇ *adj* **-1.** MUS di soprano **-2.** [with numbers] triplo(a). ◇ *n* MUS **-1.** [musical range] soprano *m* **-2.** [boy singer] voce *f* bianca **-3.** [on stereo] acuto *m*. ◇ *vt* triplicare. ◇ *vi* triplicarsi.

treble clef *n* chiave *f* di violino.

tree [tri:] *n* albero *m*.

treetop ['tri:tɒp] *n* cima *f* di un albero.

tree-trunk *n* tronco *m* di un albero.

trek [trek] *n* camminata *f (lunga e faticosa)* .

tremble ['trembl] *vi* tremare.

tremendous [trɪ'mendəs] *adj* **-1.** [impressive, large – noise] terribile; [– sight] stupendo(a); [– success, difference] enorme **-2.** *inf* [really good] stupendo(a).

tremor ['tremə[r]] *n* **-1.** [gen] tremito *m* **-2.** [small earthquake] scossa *f*.

trench [trentʃ] *n* **-1.** [narrow channel] fossato *m* **-2.** MIL trincea *f*.

trend [trend] *n* tendenza *f*.

trendy ['trendɪ] *inf adj* alla moda.

trepidation [ˌtrepɪ'deɪʃn] *n fml:* **in** OR **with ~** con trepidazione.

trespass ['trespəs] *vi* sconfinare; **'no ~ing'** 'divieto d'accesso'.

trespasser ['trespəs[r]] *n* trasgressore *m*, -dtrice *(di un divieto d'accesso)*.

trial ['traɪəl] *n* **-1.** LAW processo *m*; **to be on ~ (for sthg)** essere sotto processo (per qc) **-2.** [test, experiment] prova *f*; **on ~** in prova; **by ~ and error** per tentativi **-3.** [unpleasant experience] fatica *f*.

triangle ['traɪæŋgl] *n* triangolo *m*.

tribe [traɪb] *n* tribù *f inv.*

tribunal [traɪ'bju:nl] *n* tribunale *m*.

tributary ['trɪbjʊtrɪ] *n* GEOG affluente *m*.

tribute ['trɪbju:t] *n* **-1.** [gen] tributo *m*; **to be a ~ to sb/sthg** essere un tributo a qn/qc **-2.** [evidence] dimostrazione *f*.

trice [traɪs] *n*: **in a ~** in un baleno.

trick [trɪk] ◇ *n* **-1.** [to deceive] scherzo *m*; **to play a ~ on sb** fare uno scherzo a qn **-2.** [to entertain] trucco *m* **-3.** [ability, knack]: **to have a ~ of doing sthg** avere l'abitudine di fare qc; **to do the ~** funzionare. ◇ *vt* ingannare; **to ~ sb into sthg/into doing sthg** convincere con l'inganno qn di qc/a fare qc.

trickery ['trɪkərɪ] *n* inganno *m*.

trickle ['trɪkl] ◇ *n* [of liquid] rivolo *m*. ◇ *vi* **-1.** [liquid] gocciolare **-2.** [people, things] muoversi alla spicciolata.

tricky ['trɪkɪ] *adj* complicato(a).

tricycle ['traɪsɪkl] *n* triciclo *m*.

tried [traɪd] *adj*: **~ and tested** ben sperimentato(a).

trifle ['traɪfl] *n* **-1.** CULIN zuppa *f* inglese **-2.** [unimportant thing] inezia *f*. **◆ a trifle** *adv fml* vagamente.

trifling ['traɪflɪŋ] *adj pej* insignificante.

trigger ['trɪgə[r]] *n* grilletto *m*.

trill [trɪl] *n* trillo *m*.

trim [trɪm] ◇ *adj* **-1.** [neat and tidy] ben curato(a) **-2.** [slim] snello(a). ◇ *n* [cut] spuntatina *f*. ◇ *vt* **-1.** [cut] dare una spuntata a **-2.** [decorate] guarnire; **to ~ sthg with sthg** guarnire qc con qc.

trinket ['trɪŋkɪt] *n* gingillo *m*.

trio ['tri:əʊ] (*pl* **-s**) *n* trio *m*.

trip [trɪp] ◇ *n* **-1.** [journey] viaggio *m* **-2.** *drug sl* [experience] trip *m inv*. ◇ *vt* [make stumble] far inciampare. ◇ *vi* [stumble]: **to ~ (over)** inciampare; **to ~ over sthg** inciampare in qc. **◆ trip up** *vt sep* [make stumble] far inciampare.

tripe [traɪp] *n* **-1.** CULIN trippa *f* **-2.** *inf* [nonsense] stupidaggini *fpl*.

triple ['trɪpl] ◇ *adj* **-1.** [in three parts] triplice **-2.** [treble] triplo(a). ◇ *vt* triplicare. ◇ *vi* triplicarsi.

triple jump *n*: **the ~** il salto triplo.

triplets *npl* tre gemelli *mpl*.

tripod ['traɪpɒd] *n* treppiede *m*.

trite [traɪt] *adj pej* trito(a).

triumph ['traɪəmf] ◇ *n* trionfo *m*. ◇ *vi* trionfare; **to ~ over sb/sthg** trionfare su qn/qc.

trivia ['trɪvɪə] *n* cose *fpl* di poco conto.

trivial ['trɪvɪəl] *adj pej* insignificante.

trod [trɒd] *pt* ▷ **tread.**

trodden ['trɒdn] *pp* ▷ **tread.**

trolley ['trɒlɪ] (*pl* **trolleys**) *n* **-1.** *UK* [for shopping, luggage, drinks] carrello *m* **-2.** *US* [vehicle] tram *m inv.*

trombone [trɒm'bəʊn] *n* trombone *m*.

troop [tru:p] ◇ *n* [band – of schoolchildren, tourists] stuolo *m*; [– of animals] branco *m*; [– of scouts] drappello *m*. ◇ *vi* [march] sfilare. **◆ troops** *npl* MIL truppe *fpl*.

trophy ['trəʊfɪ] *n* SPORT trofeo *m*.

tropical ['trɒpɪkl] *adj* tropicale.

tropics *npl*: the ~ i tropici.

trot [trɒt] ◇ *n* [of horse] trotto *m*. ◇ *vi* [horse] trottare. ◆ **on the trot** *adv inf* di fila.

trouble ['trʌbl] ◇ *n* **-1.** [difficulty] guai *mpl*; **to be in** ~ [having problems] essere nei guai **-2.** [bother] disturbo *m*; **to take the** ~ **to do sthg** prendersi il disturbo di fare qc **-3.** [pain, illness] disturbo *m* **-4.** [fighting] scontri *mpl* **-5.** POL disordini *mpl*. ◇ *vt* **-1.** [worry, upset] turbare **-2.** [interrupt, disturb] disturbare **-3.** [cause pain to] dare problemi a. ◆ **troubles** *npl* **-1.** [worries] preoccupazioni *fpl* **-2.** POL disordini *mpl*.

troubled ['trʌbld] *adj* **-1.** [worried, upset] turbato(a) **-2.** [disturbed – sleep] agitato(a); [– life, place, time] travagliato(a).

troublemaker ['trʌbl,meɪkə'] *n* provocatore *m*, -trice *f*.

troublesome ['trʌblsəm] *adj* [neighbours, knee, cold] fastidioso(a); [car, job] pieno(a) di problemi; **to be** ~ dare problemi.

trough [trɒf] *n* **-1.** [for animals] mangiatoia *f* **-2.** [low point] punto *m* più basso.

troupe [truːp] *n* troupe *f inv*.

trousers ['traʊzəz] *npl* pantaloni *mpl*.

trout [traʊt] (*pl* **-s**) *n* trota *f*.

trowel ['traʊəl] *n* **-1.** [for the garden] paletta *f* **-2.** [for cement, plaster] cazzuola *f*.

truant ['truːənt] *n* [child] scolaro *m*, -a *f* che marina la scuola; **to play** ~ marinare la scuola.

truck [trʌk] *n* **-1.** *esp US* [lorry] camion *m inv* **-2.** RAIL carro *m* merci.

truck driver *n esp US* camionista *mf*.

trucker ['trʌkə'] *n US* camionista *mf*.

truck farm *n US* azienda *f* agricola di prodotti ortofrutticoli.

trudge [trʌdʒ] *vi* camminare a fatica.

true [truː] *adj* **-1.** [gen] vero(a); **to come** ~ farsi realtà **-2.** [faithful] fedele **-3.** [precise, exact] accurato(a).

truffle ['trʌfl] *n* **-1.** [sweet] cioccolatino *m* al liquore **-2.** [fungus] tartufo *m*.

truly ['truːlɪ] *adv* **-1.** [in fact] realmente **-2.** [sincerely] sinceramente **-3.** [for emphasis] veramente **-4.** *phr*: **yours** ~ [at end of letter] distinti saluti; [me] *iro* il sottoscritto, la sottoscritta.

trump [trʌmp] *n* atout *m inv*.

trumped-up [trʌmpt-] *adj pej* inventato(a).

trumpet ['trʌmpɪt] *n* MUS tromba *f*.

truncheon ['trʌntʃən] *n* manganello *m*.

trundle ['trʌndl] *vi* rotolare.

trunk [trʌŋk] *n* **-1.** [gen] tronco *m* **-2.** [of elephant] proboscide *f* **-3.** [box] baule *m* **-4.** *US* [of car] bagagliaio *m*. ◆ **trunks** *npl* [for swimming] pantaloncini *mpl* da bagno.

trunk road *n UK* superstrada *f*.

truss [trʌs] *n* MED cinto *m* erniario.

trust [trʌst] ◇ *vt* **-1.** [have confidence in] fidarsi di; **to** ~ **sb to do sthg** fidarsi che qn farà qc; **can he be** ~**ed to be discreet?** ci si può fidare che manterrà la discrezione? **-2.** [entrust]: **to** ~ **sb with sthg** affidare qc a qn **-3.** *fml* [hope]: **to** ~ **(that)** sperare (che). ◇ *n* **-1.** [faith] fiducia *f*; ~ **in sb/ sthg** fiducia in qn/qc **-2.** [responsibility] responsabilità *f inv* **-3.** FIN amministrazione *f* fiduciaria; **in** ~ in amministrazione fiduciaria **-4.** COMM trust *m inv*.

trusted ['trʌstɪd] *adj* [friend] fidato(a); [method] sicuro(a).

trustee [trʌs'tiː] *n* **-1.** [gen] amministratore *m*, -trice *f* fiducioario(a) **-2.** [of institution] amministratore *m*, -trice *f*.

trust fund *n* fondo *m* fiduciario.

trusting ['trʌstɪŋ] *adj* fiducioso(a).

trustworthy ['trʌst,wɜːðɪ] *adj* degno(a) di fiducia.

truth [truːθ] *n* verità *f*; **to tell the** ~ , ... a dire la verità, ...; **in (all)** ~ in verità.

truthful ['truːθfʊl] *n* **-1.** [person] sincero(a) **-2.** [story] veritiero(a).

try [traɪ] ◇ *vt* **-1.** [gen] provare; **to** ~ **to do sthg** cercare di fare qc, tentare di fare qc **-2.** LAW[case] giudicare; [criminal] processare **-3.** [tax, strain] mettere alla prova. ◇ *vi* provare; **to** ~ **for sthg** provare a ottenere qc ◇ *n* **-1.** [attempt] tentativo *m*, prova *f*; **to give sthg a** ~ provare qc; **have a** ~! provaci! **-2.** RUGBY meta *f*. ◆ **try on** *vt sep* [clothes] provare. ◆ **try out** *vt sep* provare.

trying ['traɪɪŋ] *adj* difficile.

T-shirt *n* maglietta *f*.

tub [tʌb] *n* **-1.** [container] vaschetta *f* **-2.** *inf* [bath] vasca *f* da bagno.

tubby ['tʌbɪ] *adj inf* tracagnotto(a).

tube [tjuːb] *n* **-1.** tubo *m*; **bronchial** ~**s** canale *m* bronchiale **-2.** [container] tubetto *m* **-3.** *UK* [underground train] metropolitana *f*; [underground system]: **the** ~ la metropolitana; **by** ~ in metropolitana.

tuberculosis [tjuː,bɜːkjʊ'ləʊsɪs] *n* tubercolosi *f inv*.

tubular ['tjuːbjʊlə'] *adj* tubolare.

TUC (*abbr of* **Trades Union Congress**) *n principale confederazione sindacale britannica* .

tuck [tʌk] vt [place neatly] infilare.
◆ **tuck away** vt sep [money] mettere da parte. ◆ **tuck in** ◇ vt sep -1. [child, patient] rimboccare le coperte a -2. [clothes] mettere dentro. ◇ vi inf fare una scorpacciata. ◆ **tuck up** vt sep rimboccare le coperte a.

tuck shop n UK negozio m di dolciumi.

Tuesday ['tjuːzdeɪ] n martedì m inv; see also **Saturday**.

tuft [tʌft] n ciuffo m.

tug [tʌg] ◇ n -1. [pull] strattone m -2. [boat] rimorchiatore m. ◇ vt strattonare. ◇ vi dare uno strattone; **to ~ at sthg** dare uno strattone a qc.

tug-of-war n tiro m alla fune.

tuition [tjuː'ɪʃn] n insegnamento m.

tulip ['tjuːlɪp] n tulipano m.

tumble ['tʌmbl] ◇ vi -1. [person] ruzzolare -2. [water] cadere -3. fig [prices] crollare. ◇ n caduta f.

tumbledown ['tʌmbldaʊn] adj cadente.

tumble-dryer n asciugabiancheria f inv.

tumbler ['tʌmblə^r] n [glass] bicchiere m (senza piede).

tummy ['tʌmɪ] n inf pancia f.

tumour UK, **tumor** US ['tjuːmə^r] n tumore m.

tuna [UK 'tjuːnə, US 'tuːnə] (pl -s), **tuna fish** (pl **tuna fish**) n tonno m.

tune [tjuːn] ◇ n motivo m. ◇ vt -1. MUS accordare -2. RADIO & TV sintonizzare -3. [engine] mettere a punto. ◆ **tune in** vi RADIO & TV sintonizzarsi; **to ~ in to sthg** sintonizzarsi su qc. ◆ **tune up** vi MUS accordare gli strumenti. ◆ **in tune** ◇ adj MUS accordato(a). ◇ adv -1. MUS in tono -2. [in agreement]: **to be in ~ with sb/sthg** essere in sintonia con qn/qc. ◆ **out of tune** ◇ adj MUS scordato(a). ◇ adv -1. MUS fuori tono -2. [not in agreement]: **to be out of ~ with sb/sthg** non essere in sintonia con qn/qc.

tuneful ['tjuːnfʊl] adj armonioso(a).

tuner ['tjuːnə^r] n -1. RADIO & TV sintonizzatore m -2. [MUS & person] accordatore m, -trice f.

tunic ['tjuːnɪk] n tunica f.

tuning fork n diapason m inv.

Tunisia [tjuː'nɪzɪə] n Tunisia f.

tunnel ['tʌnl] ◇ n galleria f. ◇ vi aprire una galleria.

turban ['tɜːbən] n turbante m.

turbine ['tɜːbaɪn] n turbina f.

turbocharged ['tɜːbəʊtʃɑːdʒd] adj turbocompresso(a).

turbulence ['tɜːbjʊləns] n turbolenza f.

turbulent ['tɜːbjʊlənt] adj -1. [air] turbolento(a); [water] agitato(a) -2. fig [disorderly] turbolento(a).

tureen [təˈriːn] n zuppiera f.

turf [tɜːf] (pl -s OR **turves**) ◇ n -1. [grass surface] manto m erboso -2. [clod] zolla f erbosa. ◇ vt [with grass] coprire d'erba. ◆ **turf out** vt sep UK inf gettar fuori.

Turk [tɜːk] n turco(a).

turkey ['tɜːkɪ] (pl **turkeys**) n tacchino m.

Turkey ['tɜːkɪ] n Turchia f.

Turkish ['tɜːkɪʃ] ◇ adj turco(a). ◇ n [language] turco m. ◇ npl: **the ~** i turchi.

Turkish delight n dolce a cubetti di gelatina cosparsi di zucchero.

turmoil ['tɜːmɔɪl] n subbuglio m.

turn [tɜːn] ◇ n -1. [in road, river] curva f -2. [revolution, twist] giro m -3. [change] svolta f -4. [in game, order] turno m; **in ~** a turno -5. [performance] numero m -6. MED crisi f inv -7. phr: **to do sb a good ~** fare a qn un buon servizio. ◇ vt -1. [gen] girare -2. [direct]: **to ~ sthg to sb/sthg** volgere qc a qn/qc -3. [change]: **to ~ sthg into sthg** trasformare qc in qc -4. [make, cause to become] far diventare; **to ~ sthg inside out** rivoltare. ◇ vi -1. [change direction] girare; **to ~ to sb/sthg** rivolgersi a qn/qc -2. [rotate, move round – wheel, knob, head] girare; [– person] girarsi -3. [in book]: **~ to page 239** andate a pag 239 -4. [for consolation]: **to ~ to sb** rivolgersi a qn; **to ~ to sthg** darsi a qc -5. [become] diventare; **to ~ into sthg** trasformarsi in qc. ◆ **turn around** vt sep & vi = **turn round**. ◆ **turn away** ◇ vt sep [refuse entry to] mandare via. ◇ vi allontanarsi. ◆ **turn back** ◇ vt sep -1. [force to return] far tornare indietro -2. [fold back] ripiegare. ◇ vi [return] tornare indietro. ◆ **turn down** vt sep -1. [reject] respingere -2. [heating, lighting, sound] abbassare. ◆ **turn in** vi inf [go to bed] mettersi a letto. ◆ **turn off** ◇ vt insep [leave] abbandonare. ◇ vt sep [switch off – gen] spegnere; [– gas, tap] chiudere. ◇ vi [leave path, road] girare. ◆ **turn on** ◇ vt sep -1. [make work – gen] accendere; [– gas, tap] aprire -2. inf [excite sexually] eccitare. ◇ vt insep [attack] rigirarsi contro. ◆ **turn out** ◇ vt sep -1. [switch off] spegnere -2. [empty] svuotare. ◇ vt insep: **to ~ out to be** [be in the end] finire per essere; [transpire to be] risultare essere; **it ~s out that ...** si è scoperto che .... ◇ vi -1. [end up] riuscire -2. [attend]: **to ~ out (for sthg)** presentarsi (per qc). ◆ **turn over** ◇ *vt sep* **-1.** [playing card, stone, page] voltare, girare **-2.** [consider] rigirare **-3.** [hand over] consegnare; **to ~ sb/sthg over to sb** consegnare qn/qc a qn. ◇ *vi* **-1.** [roll over] rigirarsi **-2.** *UK* TV cambiare stazione. ◆ **turn round** ◇ *vt sep* **-1.** [rotate] girare **-2.** [words, sentence] rigirare **-3.** [quantity of work] completare. ◇ *vi* [person] girarsi. ◆ **turn up** ◇ *vt sep* [heat, lighting, radio, TV] alzare. ◇ *vi inf* **-1.** [appear, arrive] comparire **-2.** [be found] sbucar fuori **-3.** [happen] venir fuori.

turning ['tɜ:nɪŋ] *n* traversa *f*.

turning point *n* svolta *f* cruciale.

turnip ['tɜ:nɪp] *n* rapa *f*.

turnout ['tɜ:naʊt] *n* affluenza *f*.

turnover ['tɜ:n,əʊvə'] *n* **-1.** [of personnel] turnover *m inv*, avvicendamento *m* **-2.** FIN fatturato *m*.

turnpike ['tɜ:npaɪk] *n US* autostrada *f* a pedaggio.

turnstile ['tɜ:nstaɪl] *n* cancello *m* girevole.

turntable ['tɜ:n,teɪbl] *n* giradischi *m inv*.

turn-up *n UK* **-1.** [on trousers] risvolto *m* **2.** *inf* [surprise]: **a ~ for the books** *inf* un fatto inaudito.

turpentine ['tɜ:pəntaɪn] *n* trementina *f*.

turquoise ['tɜ:kwɔɪz] ◇ *adj* turchese. ◇ *n* **-1.** [mineral] turchese *f* **-2.** [gem, colour] turchese *m*.

turret ['tʌrɪt] *n* torretta *f*.

turtle ['tɜ:tl] (*pl* **-s**) *n* tartaruga *f* acquatica.

turtleneck ['tɜ:tlnek] *n* **-1.** [garment] pullover *m inv* a collo alto **-2.** [neck] collo *m* alto.

turves [tɜ:vz] *UK pl* ▷ **turf**.

tusk [tʌsk] *n* zanna *f*.

tussle ['tʌsl] ◇ *n* zuffa *f*. ◇ *vi* azzuffarsi; **to ~ over sthg** azzuffarsi su qc.

tutor ['tju:tə'] *n* **-1.** [private] insegnante *mf* **-2.** UNIV docente *mf (che assiste un gruppo di studenti)*, tutor *mf inv*.

tutorial [tju:'tɔ:rɪəl] *n* lezione *f* con il tutor.

tuxedo [tʌk'si:dəʊ] (*pl* **-s**) *n US* smoking *m inv*.

TV (*abbr of* **television**) *n* **-1.** [medium, industry] TV *f* **-2.** [apparatus] TV *f inv*.

twang [twæŋ] *n* **-1.** [sound] vibrazione *f* **-2.** [accent] tono *m* nasale.

tweed [twi:d] *n* tweed *m inv*.

tweezers ['twi:zəz] *npl* pinzette *fpl*.

twelfth [twelfθ] *num* dodicesimo(a); *see also* **sixth**.

twelve [twelv] *num* dodici; *see also* **six**.

twentieth ['twentɪəθ] *num* ventesimo(a); *see also* **sixth**.

twenty ['twentɪ] *num* venti; *see also* **sixty**.

twice [twaɪs] *adv* due volte; **he earns ~ as much as me** guadagna il doppio di me; **~ as big** grande il doppio.

twiddle ['twɪdl] ◇ *vt* girare. ◇ *vi*: **to ~ with sthg** giocherellare con qc.

twig [twɪg] *n* ramoscello *m*.

twilight ['twaɪlaɪt] *n* crepuscolo *m*.

twin [twɪn] ◇ *adj* gemello(a). ◇ *n* gemello *m*, -a *f*.

twine [twaɪn] ◇ *n* cordicella *f*. ◇ *vt*: **to ~ sthg round sthg** intrecciare qc intorno a qc.

twinge [twɪndʒ] *n* [of pain] fitta *f*; [of guilt, fear] acuta sensazione *f*.

twinkle ['twɪŋkl] *vi* scintillare, brillare.

twin room *n* camera *f* a due letti.

twin town *n* città *f inv* gemellata.

twirl [twɜ:l] ◇ *vt* **-1.** [spin] rigirare **-2.** [twist] arricciarsi. ◇ *vi* volteggiare.

twist [twɪst] ◇ *n* **-1.** [in road, staircase] curva *f* stretta; [in river] ansa *f*; [in rope] torsione *f* **-2.** *fig* [in plot] colpo *m* di scena; **a ~ of fate** uno scherzo del destino. ◇ *vt* **-1.** [twine] attorcigliare **-2.** [contort] storcere; **to ~ one's head round** girare completamente la testa **-3.** [turn] girare **-4.** [sprain] distorcersi **-5.** [words, meaning] distorcere. ◇ *vi* **-1.** [road, river] distendersi tortuosamente **-2.** [person, body] contorcersi.

twit [twɪt] *n UK inf* tonto *m*, -a *f*.

twitch [twɪtʃ] ◇ *n* contrazione *f*. ◇ *vi* contrarsi.

two [tu:] *num* due; **in ~** in due; *see also* **six**.

twofaced *adj pej* a doppia faccia.

twofold ['tu:fəʊld] ◇ *adj* duplice. ◇ *adv* di due volte.

two-piece *adj* due pezzi *inv*.

twosome ['tu:səm] *n inf* coppia *f*.

two-way *adj* a due sensi.

tycoon [taɪ'ku:n] *n* pezzo *m* grosso.

type [taɪp] ◇ *n* **-1.** [gen] tipo *m*; **he's/she's not my ~** *inf* non è il mio tipo **-2.** TYPO carattere *m*. ◇ *vt* **-1.** [on typewriter] scrivere a macchina **-2.** [on computer] scrivere. ◇ *vi* scrivere a macchina.

typecast ['taɪpkɑ:st] (*pt & pp* **typecast**) *vt* dare sempre lo stesso ruolo a; **to be ~ as sthg** ricoprire sempre lo stesso ruolo di qc.

typeface ['taɪpfeɪs] *n* TYPO carattere *m* (di stampa).

typescript ['taɪpskrɪpt] *n* dattiloscritto *m*.

typewriter ['taɪpˌraɪtə'] *n* macchina *f* da scrivere.

typhoid (fever) [taɪ'fɔɪd -] *n* (febbre) tifoide *f*.

typhoon [taɪ'fuːn] *n* tifone *m*.

typical ['tɪpɪkl] *adj* tipico(a); **that's just** ~ ! è la solita storia; ~ **of sb/sthg** tipico(a) di qn/qc, caratteristico(a) di qn/qc.

typing ['taɪpɪŋ] *n* dattilografia *f*.

typist ['taɪpɪst] *n* dattilografo *m*, -a *f*.

typography [taɪ'pɒgrəfɪ] *n* **-1.** [gen] tipografia *f* **-2.** [format] veste *f* tipografica.

tyranny ['tɪrənɪ] *n* tirannia *f*.

tyrant ['taɪrənt] *n* tiranno *m*, -a *f*.

tyre *UK*, **tire** *US* ['taɪə'] *n* pneumatico *m*, gomma *f*.

tyre pressure *n* pressione *f* delle gomme.

u (*pl* **u's** OR **us**), **U** (*pl* **U's** OR **Us**) [juː] *n* u *f* o m *inv*, U *f* o m *inv*.

U-bend *n* sifone *m*.

udder ['ʌdə'] *n* mammella *f(di animale)*.

UFO [ˌjuːef'əʊ, 'juːfəʊ] (*abbr of* **unidentified flying object**) *n* UFO *m inv*.

Uganda [juː'gændə] *n* Uganda *m*.

ugly ['ʌglɪ] *adj* **-1.** [unattractive] brutto(a) **-2.** *fig*[unpleasant – scene] sgradevole; [– fight] violento(a).

UHF (*abbr of* **ultra-high frequency**) *n* UHF.

UK (*abbr of* **United Kingdom**) *n* RU.

Ukraine [juː'kreɪn] *n*: **the** ~ l'Ucraina *f*.

ulcer ['ʌlsə'] *n* ulcera *f*.

Ulster ['ʌlstə'] *n* Ulster *m*.

ulterior [ʌl'tɪərɪə'] *adj*: ~ **motive** secondo fine *m*.

ultimata [ˌʌltɪ'meɪtə] *pl* ▷ultimatum.

ultimate ['ʌltɪmət] ◇ *adj* **-1.** [final, long-term] definitivo(a) **-2.** [most powerful] supremo(a). ◇ *n*: **the** ~ **in sthg** l'ultimo grido in fatto di qc.

ultimately ['ʌltɪmətlɪ] *adv* alla fin fine.

ultimatum [ˌʌltɪ'meɪtəm] (*pl* **-tums** OR **-ta**) *n* ultimatum *m inv*.

ultrasound ['ʌltrəsaʊnd] *n* ultrasuono *m*.

ultraviolet [ˌʌltrə'vaɪələt] *adj* ultravioletto(a).

umbilical cord *n* cordone *m* ombelicale.

umbrella [ʌm'brelə] *n* **-1.** [portable] ombrello *m* **-2.** [fixed] ombrellone *m*.

umpire ['ʌmpaɪə'] ◇ *n* giudice *mf* di gara. ◇ *vt* arbitrare.

umpteen [ˌʌmp'tiːn] *num inf* innumerevole.

umpteenth [ˌʌmp'tiːnθ] *num inf* ennesimo(a).

UN (*abbr of* **United Nations**) *n*: **the** ~ l'ONU *f*.

unabated [ˌʌnə'beɪtɪd] *adj* costante; **the rain continued** ~ la pioggia non accennava a scemare.

unable [ʌn'eɪbl] *adj*: **to be** ~ **to do sthg** essere incapace di fare qc.

unacceptable [ˌʌnək'septəbl] *adj* inaccettabile.

unaccompanied [ˌʌnə'kʌmpənɪd] *adj* **-1.** [child, luggage] non accompagnato(a) **-2.** [song] senza accompagnamento.

unaccountably [ˌʌnə'kaʊntəblɪ] *adv* inspiegabilmente.

unaccounted [ˌʌnə'kaʊntɪd] *adj*: **to be** ~ **for** mancare.

unaccustomed [ˌʌnə'kʌstəmd] *adj*: **to be** ~ **to sthg/to doing sthg** non essere abituato(a) a qc/a fare qc.

unadulterated [ˌʌnə'dʌltəreɪtɪd] *adj* **-1.** [unspoiled] genuino(a) **-2.** [absolute] assoluto(a).

unanimous [juː'nænɪməs] *adj* unanime.

unanimously [juː'nænɪməslɪ] *adv* unanimemente.

unanswered [ˌʌn'ɑːnsəd] *adj* senza risposta.

unappetizing, -ising [ˌʌn'æpɪtaɪzɪŋ] *adj* [food] poco appetitoso(a); [sight, thought] sgradevole.

unarmed [ˌʌn'ɑːmd] *adj* disarmato(a).

unashamed [ˌʌnə'ʃeɪmd] *adj* sfacciato(a).

unassuming [ˌʌnə'sjuːmɪŋ] *adj* modesto(a).

unattached [ˌʌnə'tætʃt] *adj* **-1.** [not fastened, linked] staccato(a); ~ **to sthg** staccato(a) da qc **-2.** [without partner] senza legami.

unattended [ˌʌnə'tendɪd] *adj* incustodito(a).

unattractive [ˌʌnə'træktɪv] *adj* poco attraente.

unauthorized, -ised [ˌʌnˈɔːθəraɪzd] *adj* non autorizzato(a).

unavailable [ˌʌnəˈveɪləbl] *adj* indisponibile.

unavoidable [ˌʌnəˈvɔɪdəbl] *adj* inevitabile.

unaware [ˌʌnəˈweəʳ] *adj* ignaro(a); ~ of sthg ignaro di qc.

unawares [ˌʌnəˈweəz] *adv*: **to catch** OR **take sb** ~ cogliere OR prendere qn alla sprovvista.

unbalanced [ˌʌnˈbælənst] *adj* **-1.** [biased] non equilibrato(a) **-2.** [deranged] squilibrato(a).

unbearable [ʌnˈbeərəbl] *adj* insopportabile.

unbeatable [ˌʌnˈbiːtəbl] *adj* insuperabile.

unbeknown(st) [ˌʌnbɪˈnəʊn(st)] *adv*: ~ to all'insaputa di.

unbelievable [ˌʌnbɪˈliːvəbl] *adj* **-1.** [amazing] incredibile **-2.** [not believable] poco credibile.

unbia(s)sed [ʌnˈbaɪəst] *adj* imparziale.

unborn [ˌʌnˈbɔːn] *adj* non ancora nato(a).

unbreakable [ʌnˈbreɪkəbl] *adj* infrangibile.

unbridled [ʌnˈbraɪdld] *adj* sfrenato(a).

unbutton [ˌʌnˈbʌtn] *vt* sbottonare.

uncalled-for [ʌnˈkɔːld-] *adj* gratuito(a).

uncanny [ʌnˈkænɪ] *adj* [resemblance] prodigioso(a); [silence] innaturale.

unceasing [ʌnˈsiːsɪŋ] *adj fml* assiduo(a).

unceremonious [ˈʌnˌserɪˈməʊnjəs] *adj* [abrupt] brusco(a).

uncertain [ʌnˈsɜːtn] *adj* incerto(a); **in no** ~ **terms** a chiare lettere.

unchanged [ˌʌnˈtʃeɪndʒd] *adj* immutato(a).

unchecked [ˌʌnˈtʃekt] <> *adj* [unrestrained] incontrollato(a). <> *adv* [unrestrained] in modo incontrollato.

uncivilized, -ised [ˌʌnˈsɪvɪlaɪzd] *adj* [barbaric] incivile.

uncle [ˈʌŋkl] *n* zio *m*.

unclear [ˌʌnˈklɪəʳ] *adj* **-1.** [meaning, instructions, motives, details] poco chiaro(a) **-2.** [future] vago(a) **-3.** [person] confuso(a); **I'm** ~ **about what I have to do** non mi è chiaro che cosa devo fare.

uncomfortable [ˌʌnˈkʌmftəbl] *adj* **-1.** [giving discomfort – shoes, clothes] scomodo(a); [– furniture, room] poco confortevole **-2.** *fig* [fact, truth] sgradevole **-3.** [person – in physical discomfort] sofferente; [– ill at ease] a disagio.

uncommon [ʌnˈkɒmən] *adj* fuori del comune.

uncompromising [ʌnˈkɒmprəmaɪzɪŋ] *adj* intransigente.

unconcerned [ˌʌnkənˈsɜːnd] *adj* noncurante.

unconditional [ˌʌnkənˈdɪʃənl] *adj* incondizionato(a).

unconscious [ʌnˈkɒnʃəs] <> *adj* **-1.** [having lost consciousness] privo(a) di sensi **-2.** *fig* [unaware] **to be** ~ **of sthg** essere inconsapevole di qc **-3.** PSYCHOL inconscio(a). <> *n* PSYCHOL: **the** ~ l'inconscio *m*.

unconsciously [ʌnˈkɒnʃəslɪ] *adv* inconsciamente.

uncontrollable [ˌʌnkənˈtrəʊləbl] *adj* **-1.** [irrepressible] irrefrenabile **-2.** [inflation, growth, epidemic] incontenibile **-3.** [child, animal] incontrollabile.

unconventional [ˌʌnkənˈvenʃənl] *adj* poco convenzionale.

unconvinced [ˌʌnkənˈvɪnst] *adj* poco convinto(a).

uncouth [ʌnˈkuːθ] *adj* rozzo(a).

uncover [ʌnˈkʌvəʳ] *vt* scoprire.

undecided [ˌʌndɪˈsaɪdɪd] *adj* **-1.** [person] indeciso(a) **-2.** [issue] irrisolto(a).

undeniable [ˌʌndɪˈnaɪəbl] *adj* innegabile.

under [ˈʌndəʳ] <> *prep* **-1.** [beneath, below] sotto **-2.** [less than] meno di; **not suitable for children** ~ **five** non adatto ai bambini al di sotto dei cinque anni **-3.** [conditions, circumstances] in; [influence, obligation, sedation, stress] sotto **-4.** [review, discussion] in **-5.** [manager, ruler] sotto **-6.** [law, agreement] in base a **-7.** [in classification, name, title] sotto. <> *adv* **-1.** [beneath] sotto; **to go** ~ [business] fallire **-2.** [less] di meno.

underage [ˌʌndərˈeɪdʒ] *adj* minorenne.

undercarriage [ˈʌndəˌkærɪdʒ] *n* carrello *m*.

undercharge [ˌʌndəˈtʃɑːdʒ] *vt* far pagare meno del normale a.

underclothes [ˈʌndəkləʊðz] *npl* biancheria *f* intima.

undercoat [ˈʌndəkəʊt] *n* mano *f* di fondo.

undercover [ˈʌndəˌkʌvəʳ] *adj* segreto(a).

undercurrent [ˈʌndəˌkʌrənt] *n fig* [tendency] tendenza *f* nascosta.

undercut [ˌʌndəˈkʌt] (*pt* & *pp* **undercut**) *vt* [in price] vendere a un prezzo inferiore a.

underdeveloped [ˌʌndədɪˈveləpt] *adj* **-1.** [country, society] sottosviluppato(a) **-2.** [child] non ben sviluppato(a).

underdog [ˈʌndədɒg] *n*: **the** ~ il/la più debole.

underdone [ˌʌndəˈdʌn] *adj* poco cotto(a).

underestimate vt [ˌʌndər'estɪmeɪt] **-1.** [gen] valutare in modo inadeguato **-2.** [person, ability] sottovalutare.

underfoot [ˌʌndə'fʊt] adv sotto i piedi.

undergo [ˌʌndə'gəʊ] (pt -went, pp -gone) vt [gen] subire; [training] sottoporsi a.

undergraduate [ˌʌndə'grædʒʊət] n studente m, essa f universitario(a).

underground ◇ adj ['ʌndəgraʊnd] **-1.** [gen] sotterraneo(a) **-2.** fig [secret, illegal] clandestino(a). ◇ adv [ˌʌndə'graʊnd]: to go/be forced ~ darsi/essere costretto(a) alla clandestinità. ◇ n ['ʌndəgraʊnd] **-1.** UK [transport system] metropolitana f **-2.** [activist movement] movimento m clandestino.

undergrowth ['ʌndəgrəʊθ] n sottobosco m.

underhand [ˌʌndə'hænd] adj subdolo(a).

underline [ˌʌndə'laɪn] vt sottolineare.

underlying [ˌʌndə'laɪɪŋ] adj [cause, motivation] di fondo; [structure, basis] sottostante.

undermine [ˌʌndə'maɪn] vt fig minare.

underneath [ˌʌndə'niːθ] ◇ prep sotto. ◇ adv **-1.** [beneath] sotto **-2.** fig [within oneself] nell'intimo. ◇ adj inf di sotto. ◇ n [underside]: the ~ la parte di sotto.

underpaid adj ['ʌndəpeɪd] sottopagato(a).

underpants ['ʌndəpænts] npl mutande fpl.

underpass ['ʌndəpɑːs] n sottopassaggio m.

underprivileged [ˌʌndə'prɪvɪlɪdʒd] adj diseredato(a).

underrated [ˌʌndə'reɪtɪd] adj sottovalutato(a).

undershirt ['ʌndəʃɜːt] n US maglia f.

underside ['ʌndəsaɪd] n: the ~ la parte di sotto.

understand [ˌʌndə'stænd] (pt & pp -stood) ◇ vt **-1.** [gen] capire **-2.** fml [believe]: to ~ that credere che (+ congiuntivo). ◇ vi capire.

understandable [ˌʌndə'stændəbl] adj comprensibile.

understanding [ˌʌndə'stændɪŋ] ◇ n **-1.** [knowledge, insight] conoscenza f, comprensione f **-2.** [sympathy] comprensione f **-3.** [interpretation, conception] interpretazione f; it was my ~ that ... avevo capito che ... **-4.** [informal agreement] intesa f. ◇ adj [sympathetic] comprensivo(a).

understated [ˌʌndə'steɪtɪd] adj sobrio(a).

understatement [ˌʌndə'steɪtmənt] n **-1.** [statement] affermazione f riduttiva **-2.** [quality of understating] atteggiamento m riduttivo (volto a minimizzare la portata dei fatti).

understood [-'stʊd] pt & pp ▷understand.

understudy ['ʌndəˌstʌdɪ] n sostituto m, -a f.

undertake [ˌʌndə'teɪk] (pt -took, pp -taken) vt **-1.** [take on] assumere **-2.** [promise]: to ~ to do sthg impegnarsi a fare qc.

undertaker ['ʌndəˌteɪkəʳ] n impresario m, -a f di pompe funebri.

undertaking [ˌʌndə'teɪkɪŋ] n **-1.** [task] impresa f **-2.** [promise] impegno m.

undertone ['ʌndətəʊn] n **-1.** [quiet voice] tono m sommesso **-2.** [vague feeling] sottofondo m.

undertook [-'tʊk] pt ▷undertake.

underwater [ˌʌndə'wɔːtəʳ] ◇ adj subacqueo(a). ◇ adv sott'acqua.

underwear ['ʌndəweəʳ] n biancheria f intima.

underwent [-'went] pt ▷undergo.

underwriter ['ʌndəˌraɪtəʳ] n assicuratore m, -trice f.

undid [ʌn'dɪd] pt ▷undo.

undies ['ʌndɪz] npl inf biancheria f intima.

undisputed [ˌʌndɪ'spjuːtɪd] adj indiscusso(a).

undistinguished [ˌʌndɪ'stɪŋgwɪʃt] adj mediocre.

undo [ʌn'duː] (pt -did, pp -done) vt **-1.** [unfasten] slacciare **-2.** [nullify] vanificare.

undoing [ʌn'duːɪŋ] n fml rovina f.

undone [-'dʌn] ◇ pp ▷undo. ◇ adj **-1.** [unfastened] slacciato(a) **-2.** [not done] non fatto(a).

undoubted [ʌn'daʊtɪd] adj indubbio(a).

undoubtedly [ʌn'daʊtɪdlɪ] adv fml indubbiamente.

undress [ʌn'dres] ◇ vt svestire, spogliare. ◇ vi svestirsi, spogliarsi.

undue [ʌn'djuː] adj fml eccessivo(a).

undulate ['ʌndjʊleɪt] vi fml **-1.** [move in curves - snake] muoversi sinuosamente; [- road] serpeggiare; [- sea, treetops] odeggiare **-2.** [have a wavy outline] essere ondulato(a).

unduly [ʌn'djuːlɪ] adv fml eccessivamente.

unearth [ʌn'ɜːθ] vt **-1.** [dig up] dissotterrare **-2.** fig [discover] scoprire.

unease [ʌn'iːz] n disagio m.

uneasy [ʌn'iːzɪ] *adj* **-1.** [troubled] inquieto(a) **-2.** [embarrassed] imbarazzato(a); **to feel ~** sentirsi a disagio **-3.** [uncertain] instabile.

uneconomic ['ʌnˌiːkə'nɒmɪk] *adj* non redditizio(a).

uneducated [ˌʌn'edjʊkeɪtɪd] *adj* **-1.** [person] poco istruito(a) **-2.** [behaviour, manners, speech] rozzo(a).

unemployed [ˌʌnɪm'plɔɪd] <> *adj* disoccupato(a). <> *npl*: **the ~** i disoccupati.

unemployment [ˌʌnɪm'plɔɪmənt] *n* disoccupazione *f*.

unemployment benefit *UK*, **unemployment compensation** *US n* sussidio *m* di disoccupazione.

unerring [ˌʌn'ɜːrɪŋ] *adj* infallibile.

uneven [ˌʌn'iːvn] *adj* **-1.** [not flat] irregolare **-2.** [inconsistent] discontinuo(a) **-3.** [unfair] impari *inv.*

unexpected [ˌʌnɪk'spektɪd] *adj* inaspettato(a).

unexpectedly [ˌʌnɪk'spektɪdlɪ] *adv* inaspettatamente.

unfailing [ʌn'feɪlɪŋ] *adj* incrollabile.

unfair [ˌʌn'feər] *adj* ingiusto(a).

unfaithful [ˌʌn'feɪθfʊl] *adj* [sexually] infedele.

unfamiliar [ˌʌnfə'mɪljər] *adj* **-1.** [not well-known] poco familiare **-2.** [not acquainted]: **to be ~ with sb/sthg** non avere familiarità con qn/qc.

unfashionable [ˌʌn'fæʃnəbl] *adj* fuori moda.

unfasten [ˌʌn'fɑːsn] *vt* [garment, buttons] slacciare; [rope] slegare; [door] aprire,

unfavourable *UK*, **unfavorable** *US* [ˌʌn'feɪvrəbl] *adj* sfavorevole.

unfeeling [ʌn'fiːlɪŋ] *adj* insensibile.

unfinished [ˌʌn'fɪnɪʃt] *adj* lasciato(a) a metà.

unfit [ˌʌn'fɪt] *adj* **-1.** [not in good shape] fuori forma **-2.** [not suitable]: **~ (for sthg)** non adatto(a) (a qc).

unfold [ʌn'fəʊld] <> *vt* [open out] spiegare. <> *vi* [become clear – story] svolgersi; [– truth] rivelarsi; [– plot] svilupparsi.

unforeseen [ˌʌnfɔː'siːn] *adj* imprevisto(a).

unforgettable [ˌʌnfə'getəbl] *adj* indimenticabile.

unforgivable [ˌʌnfə'gɪvəbl] *adj* imperdonabile.

unfortunate [ʌn'fɔːtʃnət] *adj* **-1.** [unlucky] sfortunato(a) **-2.** [regrettable] infelice.

unfortunately [ʌn'fɔːtʃnətlɪ] *adv* sfortunatamente.

unfounded [ˌʌn'faʊndɪd] *adj* infondato(a).

unfriendly [ˌʌn'frendlɪ] *adj* poco amichevole.

unfurnished [ˌʌn'fɜːnɪʃt] *adj* non ammobiliato(a).

ungainly [ʌn'geɪnlɪ] *adj* goffo(a).

ungrateful [ʌn'greɪtfʊl] *adj* ingrato(a).

unhappy [ʌn'hæpɪ] *adj* **-1.** [gen] infelice **-2.** [uneasy]: **to be ~ (with** OR **about sthg)** essere scontento(a) (di OR per qc).

unharmed [ˌʌn'hɑːmd] *adj* incolume.

unhealthy [ʌn'helθɪ] *adj* **-1.** [in bad health – person, appearance] malaticcio(a); [– organ] malandato(a); [– skin] rovinato(a) **-2.** [causing bad health] malsano(a) **-3.** *fig* [undesirable] morboso(a).

unheard-of [ʌn'hɜːdɒv] *adj* **-1.** [unknown, completely absent] sconosciuto(a) **-2.** [unprecedented] inaudito(a).

unhook [ˌʌn'hʊk] *vt* **-1.** [unfasten hooks of] slacciare **-2.** [remove from hook] sganciare,

unhurt [ˌʌn'hɜːt] *adj* illeso(a).

unhygienic [ˌʌnhaɪ'dʒiːnɪk] *adj* poco igienico(a).

unidentified flying object *n* oggetto *m* volante non identificato.

unification [ˌjuːnɪfɪ'keɪʃn] *n* unificazione *f*

uniform ['juːnɪfɔːm] <> *adj* uniforme. <> *n* uniforme *f*.

unify ['juːnɪfaɪ] *vt* unificare.

unilateral [ˌjuːnɪ'lætərəl] *adj* unilaterale.

unimportant [ˌʌnɪm'pɔːtənt] *adj* privo(a) di importanza.

uninhabited [ˌʌnɪn'hæbɪtɪd] *adj* disabitato(a).

uninjured [ˌʌn'ɪndʒəd] *adj* illeso(a).

unintelligent [ˌʌnɪn'telɪdʒənt] *adj* poco intelligente.

unintentional [ˌʌnɪn'tenʃənl] *adj* non intenzionale.

union ['juːnjən] <> *n* **-1.** [trade union] sindacato *m* **-2.** [alliance] unione *f*. <> *comp* sindacale.

Union Jack *n*: **the ~** la bandiera del Regno Unito.

unique [juː'niːk] *adj* **-1.** [unparalleled] unico(a) **-2.** *fml* [peculiar, exclusive]: **~ to sb/ sthg** esclusivo di qn/qc.

unison ['juːnɪzn] *n* [agreement] accordo *m*; **in ~** [simultaneously] all'unisono.

unit ['ju:nɪt] *n* -1. [gen] unità *f inv* -2. [of medication] dose *f* -3. [part of machine, system, piece of furniture] elemento *m* -4. [department] reparto *m*.

unite [ju:'naɪt] <> *vt* unire. <> *vi* unirsi.

united [ju:'naɪtɪd] *adj* unito(a).

United Kingdom *n*: the ~ il Regno Unito.

United Nations *n*: the ~ le Nazioni Unite.

United States *n*: the ~ (of America) gli Stati Uniti (d'America); in the ~ negli Stati Uniti.

unity ['ju:nətɪ] *n* -1. [union] unità *f inv* -2. [harmony] armonia *f*.

universal [ˌju:nɪ'vɜːsl] *adj* universale.

universe ['ju:nɪvɜːs] *n* ASTRON universo *m*.

university [ˌju:nɪ'vɜːsətɪ] <> *n* università *f inv* <> *comp* universitario(a); ~ **student** studente *m*, -essa *f* universitario(a).

unjust [ˌʌn'dʒʌst] *adj* ingiusto(a).

unkempt [ˌʌn'kempt] *adj* arruffato(a).

unkind [ʌn'kaɪnd] *adj* [gen] sgarbato(a).

unknown [ˌʌn'nəʊn] *adj* sconosciuto(a).

unlawful [ˌʌn'lɔːfʊl] *adj* illegale.

unleaded [ˌʌn'ledɪd] *adj* senza piombo.

unleash [ˌʌn'li:ʃ] *vt lit* scatenare.

unless [ən'les] *conj* a meno che (+ *cong*), se non.

unlike [ˌʌn'laɪk] *prep* -1. [different from] diverso(a) da -2. [in contrast to] a differenza di -3. [not typical of] non da; **it's ~ you to complain** non è da te lamentarti.

unlikely [ʌn'laɪklɪ] *adj* -1. [not probable] improbabile -2. [bizarre] assurdo(a).

unlisted [ʌn'lɪstɪd] *adj* US non sull'elenco.

unload [ˌʌn'ləʊd] *vt* scaricare.

unlock [ˌʌn'lɒk] *vt* aprire *(con la chiave)*.

unlucky [ʌn'lʌkɪ] *adj* -1. [unfortunate] sfortunato(a) -2. [bringing bad luck] che porta sfortuna.

unmarried [ˌʌn'mærɪd] *adj* non sposato(a).

unmistakable [ˌʌnmɪ'steɪkəbl] *adj* inconfondibile.

unmitigated [ʌn'mɪtɪgeɪtɪd] *adj* assoluto(a).

unnatural [ʌn'nætʃrəl] *adj* innaturale.

unnecessary [ʌn'nesəsərɪ] *adj* non necessario(a).

unnerving [ˌʌn'nɜːvɪŋ] *adj* snervante.

unnoticed [ˌʌn'nəʊtɪst] *adj* inosservato(a).

unobtainable [ˌʌnəb'teɪnəbl] *adj* [commodity] introvabile; [phone number] non disponibile.

unofficial [ˌʌnə'fɪʃl] *adj* ufficioso(a).

unorthodox [ˌʌn'ɔːθədɒks] *adj* poco ortodosso(a).

unpack [ˌʌn'pæk] <> *vt* -1. [bag, suitcase] disfare -2. [clothes, books, shopping] tirar fuori. <> *vi* disfare i bagagli.

unparalleled [ʌn'pærəleld] *adj* senza pari.

unpleasant [ʌn'pleznt] *adj* poco piacevole.

unplug [ʌn'plʌg] *vt* ELEC staccare.

unpopular [ˌʌn'pɒpjʊləʳ] *adj* impopolare.

unprecedented [ʌn'presɪdəntɪd] *adj* senza precedenti.

unpredictable [ˌʌnprɪ'dɪktəbl] *adj* imprevedibile.

unprofessional [ˌʌnprə'feʃnl] *adj* non professionale.

unqualified [ˌʌn'kwɒlɪfaɪd] *adj* -1. [not qualified] non qualificato(a) -2. [total, complete] incondizionato(a).

unquestionable [ʌn'kwestʃənəbl] *adj* indiscutibile.

unquestioning [ʌn'kwestʃənɪŋ] *adj* [acceptance, belief] cieco(a); [attitude] acritico(a).

unravel [ʌn'rævl] *vt* -1. [knitting, threads] disfare -2. *fig* [mystery] risolvere.

unreal [ˌʌn'rɪəl] *adj* irreale.

unrealistic [ˌʌnrɪə'lɪstɪk] *adj* [person] poco realista; [ideas, plans] irrealistico(a).

unreasonable [ʌn'ri:znəbl] *adj* irragionevole.

unrelated [ˌʌnrɪ'leɪtɪd] *adj*: **to be ~ (to sthg)** non essere connesso(a) (a qc).

unrelenting [ˌʌnrɪ'lentɪŋ] *adj* incessante.

unreliable [ˌʌnrɪ'laɪəbl] *adj* inaffidabile.

unremitting [ˌʌnrɪ'mɪtɪŋ] *adj* continuo(a).

unrequited [ˌʌnrɪ'kwaɪtɪd] *adj* non corrisposto(a).

unreserved [ˌʌnrɪ'zɜːvd] *adj* [admiration, support, approval] senza riserve.

unresolved [ˌʌnrɪ'zɒlvd] *adj* irrisolto(a).

unrest [ˌʌn'rest] *n* disordini *mpl*.

unrivalled *UK*, **unrivaled** *US* [ʌn'raɪvld] *adj* senza rivali.

unroll [ˌʌn'rəʊl] *vt* srotolare.

unruly [ʌn'ru:lɪ] *adj* -1. [wayward] indisciplinato(a) -2. [untidy] ribelle.

unsafe [ˌʌn'seɪf] *adj* -1. [gen] pericoloso(a) -2. [person] insicuro(a).

unwieldy

unsaid [ˌʌn'sed] *adj*: **to leave sthg** ~ tacere qc.

unsatisfactory ['ʌnˌsætɪs'fæktərɪ] *adj* insoddisfacente.

unsavoury *UK*, **unsavory** *US* [ˌʌn'seɪvərɪ] *adj* -1. [behaviour, person, habits] poco raccomandabile -2. [smell] nauseante.

unscathed [ˌʌn'skeɪðd] *adj* indenne.

unscrew [ˌʌn'skruː] *vt* svitare.

unscrupulous [ʌn'skruːpjʊləs] *adj* privo(a) di scrupoli.

unseemly [ʌn'siːmlɪ] *adj* sconveniente.

unselfish [ˌʌn'selfɪʃ] *adj* altruista.

unsettled [ˌʌn'setld] *adj* -1. [unstable – person] turbato(a); [– weather] instabile -2. [unfinished, unresolved] irrisolto(a) -3. [account, bill] non pagato(a) -4. [area, region] disabitato(a).

unshak(e)able [ʌn'ʃeɪkəbl] *adj* incrollabile.

unshaven [ˌʌn'ʃeɪvn] *adj* non rasato(a).

unsightly [ʌn'saɪtlɪ] *adj* brutto(a) da vedere.

unskilled [ˌʌn'skɪld] *adj* non specializzato(a).

unsociable [ʌn'səʊʃəbl] *adj* poco socievole.

unsocial [ʌn'səʊʃl] *adj* [hours] poco adatto(a) a fare vita di società.

unsound [ˌʌn'saʊnd] *adj* -1. [based on false ideas] inaccettabile -2. [in poor condition] pericolante.

unspeakable [ʌn'spiːkəbl] *adj* [pain] indicibile; [crime, behaviour] orribile.

unstable [ˌʌn'steɪbl] *adj* instabile.

unsteady [ˌʌn'stedɪ] *adj* -1. [person, step, voice] malfermo(a) -2. [chair, ladder] traballante.

unstoppable [ˌʌn'stɒpəbl] *adj* inarrestabile.

unstuck [ˌʌn'stʌk] *adj*: **to come** ~ [notice, stamp, label] staccarsi; *fig* fallire.

unsuccessful [ˌʌnsək'sesfʊl] *adj* [person, attempt, marriage] fallito(a); [candidate] scartato(a); **to be** ~ **in doing sthg** non riuscire a fare qc.

unsuccessfully [ˌʌnsək'sesfʊlɪ] *adv* invano.

unsuitable [ˌʌn'suːtəbl] *adj* [clothes] non adatto(a); [time] inopportuno(a); [person] non idoneo(a); **to be** ~ **for sthg** non essere idoneo a qc.

unsure [ˌʌn'ʃɔːʳ] *adj* -1. [not confident]: **to be** ~ **(of o.s.)** non essere sicuro(a) (di sé) -2. [not certain]: **to be** ~ **(about sthg)**

essere incerto(a) (su qc); **to be** ~ **(of sthg)** avere dubbi (su qc).

unsuspecting [ˌʌnsə'spektɪŋ] *adj* ignaro(a).

unsympathetic ['ʌnˌsɪmpə'θetɪk] *adj* [person] indifferente; [attitude] d'indifferenza.

untangle [ˌʌn'tæŋgl] *vt* sbrogliare.

untapped [ˌʌn'tæpt] *adj* non sfruttato(a).

untenable [ˌʌn'tenəbl] *adj* insostenibile.

unthinkable [ʌn'θɪŋkəbl] *adj* inconcepibile.

untidy [ʌn'taɪdɪ] *adj* -1. [cupboard, desk, room] in disordine; [appearance] trasandato(a); [work] impreciso(a) -2. [person, handwriting] disordinato(a).

untie [ˌʌn'taɪ] (*cont* **untying**) *vt* slegare.

until [ən'tɪl] ◇ *prep* -1. [up to, till] fino a; **I worked** ~ **four o'clock** ho lavorato fino alle quattro; ~ **now** fino ad ora -2. *(after negative)* prima di; **not** ~ **tomorrow** non prima di domani. ◇ *conj* [up to, till] finché.

untimely [ʌn'taɪmlɪ] *adj* -1. [inopportune – remark] fuori luogo; [– moment] inopportuno(a); ; -2. [premature – arrival] anticipato(a); [– death] prematuro(a).

untold [ˌʌn'təʊld] *adj* [amount, wealth] inestimabile; [suffering, joy] indicibile.

untoward [ˌʌntə'wɔːd] *adj* indesiderato(a).

untrue [ˌʌn'truː] *adj* falso(a).

unused [ˌʌn'juːzd] *adj* -1. [new] nuovo(a) -2. [unaccustomed]: **to be** ~ **to sthg/to doing sthg** non essere abituato(a) a qc/a fare qc.

unusual [ʌn'juːʒl] *adj* insolito(a); **it's** ~ **for him to be on time!** non è da lui essere puntuale.

unusually [ʌn'juːʒəlɪ] *adv* stranamente.

unveil [ˌʌn'veɪl] *vt* -1. [remove covering from] scoprire -2. *fig* [reveal, divulge] svelare.

unwanted [ˌʌn'wɒntɪd] *adj* [clothes, furniture] scartato(a); [child, pregnancy] non voluto(a); **to feel** ~ sentirsi rifiutato.

unwelcome [ʌn'welkəm] *adj* -1. [news, experience] spiacevole -2. [visitor] indesiderato(a).

unwell [ˌʌn'wel] *adj*: **to be/feel** ~ stare/ sentirsi poco bene.

unwieldy [ʌn'wiːldɪ] *adj* -1. [cumbersome – gen] poco maneggevole; [– piece of furniture] ingombrante -2. *fig* [inefficient – system, method] complesso(a); [– organization] lento(a).

unwilling [ˌʌnˈwɪlɪŋ] *adj* riluttante; **to be ~ to do sthg** non voler fare qc.

unwind [ˌʌnˈwaɪnd] (*pt & pp* **-wound**) ◇ *vt* srotolare. ◇ *vi fig* rilassarsi.

unwise [ˌʌnˈwaɪz] *adj* avventato(a).

unworkable [ˌʌnˈwɜːkəbl] *adj* non attuabile.

unworthy [ʌnˈwɜːðɪ] *adj*: **to be ~ of sb/sthg** non essere degno(a) di qn/qc.

unwound [ˌʌnˈwaʊnd] *pt & pp* ▷**unwind**.

unwrap [ˌʌnˈræp] *vt* scartare.

up [ʌp] ◇ *adv* -1. [towards or in a higher position] su; **she's ~ in her bedroom** è su in camera sua; **~ here** quassù; **~ there** lassù; **we walked ~ to the top** siamo saliti fino in cima -2. [into an upright position] su; **she stood ~** si è alzata; **help me ~, will you?** ti dispiace aiutarmi ad alzarmi? -3. [northwards]: **~ north** su al nord; **I'm coming ~ to York next week** vengo a York la settimana prossima -4. [along a road or river]: **their house is a little further ~** la loro casa è un po' più lontano -5. [increase]: **prices are going ~** i prezzi stanno salendo. ◇ *prep* -1. [towards or in a higher position]: **to go ~ a hill/ladder/mountain** salire su una collina/scala/montagna; **to go ~ the stairs** salire su per le scale -2. [at far end of]: **it's only just ~ the road** è un po' più avanti su questa strada; **they live ~ the road from us** vivono un po' più in là sulla nostra stessa strada -3. [against current of river]: **to sail ~ the Amazon** risalire il Rio delle Amazzoni. ◇ *adj* -1. [out of bed] alzato(a), in piedi; **I was ~ at six today** oggi, alle sei ero già in piedi; **we've been ~ half the night** siamo stati in piedi metà della notte -2. [at an end] finito(a); **time's ~** il tempo è scaduto -3. *inf* [wrong]: **is something ~?** c'è qualcosa che non va?; **what's ~?** cosa c'è che non va? ◇ *n*: **~s and downs** alti e bassi *mpl*.
◆ **up and down** ◇ *adv* -1. [higher and lower] su e giù -2. [backwards and forwards] avanti e indietro. ◇ *prep* -1. [higher and lower] -2. [backwards and forwards]; **we walked ~ and down the avenue** abbiamo camminato su e giù per il corso. ◆ **up to** *prep* -1. [indicating level, time] fino a; **it could take ~ to six weeks** potrebbe volerci fino a sei settimane; **they weigh ~ to 100 kilos** possono pesare fino a 100 chili; **it's not ~ to standard** è sotto il livello qualitativo richiesto; **~ to 1999/last month** fino al 1999/mese scorso -2. [well or able enough for]: **to be ~ to doing sthg** essere in grado di fare qc; **my French isn't**

~ to much il mio francese non è un granché -3. *inf* [secretly doing sthg]: **what are you ~ to?** cosa stai combinando?; **they're ~ to something** stanno combinando qualcosa -4. [indicating responsibility]: **it's not ~ to me to decide** non sta a me decidere; **it's ~ to you** dipende da te. ◆ **up until** *prep* fino a.

up-and-coming *adj* promettente.

upbringing [ˈʌpˌbrɪŋɪŋ] *n* educazione *f*.

update *vt* [ˌʌpˈdeɪt] [file] aggiornare; [equipment] modernizzare.

upheaval [ʌpˈhiːvl] *n* sconvolgimento *m*.

upheld [ʌpˈheld] *pt & pp* ▷**uphold**.

uphill [ˌʌpˈhɪl] ◇ *adj* -1. [rising] in salita -2. *fig* [difficult] arduo(a). ◇ *adv* in salita.

uphold [ʌpˈhəʊld] (*pt & pp* **-held**) *vt* [law] difendere; [decision] appoggiare; [system] conservare.

upholstery [ʌpˈhəʊlstərɪ] *n* [of sofa, chair] imbottitura *f*; [in car] tappezzeria *f*.

upkeep [ˈʌpkiːp] *n* manutenzione *f*.

uplifting [ʌpˈlɪftɪŋ] *adj* entusiasmante.

up-market *adj* di lusso.

upon [əˈpɒn] *prep fml* -1. [on, on top of] su; **summer is ~ us** l'estate si avvicina -2. [when]: **~ hearing she had arrived...** quando ho saputo che era arrivata...

upper [ˈʌpəʳ] ◇ *adj* superiore. ◇ *n* [of shoe] tomaia *f*.

upper class *n*: **the ~** i ceti abbienti.
◆ **upper-class** *adj* [person] abbiente; [accent] aristocratico(a); [district] elegante.

upper-crust *adj* benestante.

upper hand *n*: **to have the ~** avere la meglio; **to gain OR get the ~** prendere il sopravvento.

Upper House *n* POL: **the ~** la Camera Alta.

uppermost [ˈʌpəməʊst] *adj* -1. [highest] più alto(a) -2. [most important]: **to be ~ in sb's mind** essere la principale preoccupazione di qn.

upright [ˈʌpraɪt] ◇ *adj* -1. [erect – person] diritto(a); [– freezer] verticale -2. *fig* [honest] onesto(a). ◇ *adv* diritto. ◇ *n* montante *m*.

uprising [ˈʌpˌraɪzɪŋ] *n* rivolta *f*.

uproar [ˈʌprɔːʳ] *n* -1. [commotion] tumulto *m* -2. [protest] ondata *f* di proteste.

uproot [ʌpˈruːt] *vt* sradicare; **to ~ o.s.** abbandonare le proprie radici.

upset (*pt & pp* **upset**) ◇ *adj* [ʌpˈset] -1. [distressed] sconvolto(a); [offended] offeso(a) -2. MED: **to have an ~ stomach** avere lo stomaco in disordine. ◇ n ['ʌpset] **-1.** MED: **to have a stomach ~** avere lo stomaco in disordine **-2.** [surprise result] risultato *m* a sorpresa. ◇ vt [ʌp'set] **-1.** [distress] mettere in agitazione **-2.** [mess up - plans] scombussolare; [- state of affairs] turbare **-3.** [overturn, knock over] capovolgere.

upshot ['ʌpʃɒt] *n* risultato *m*.

upside down ◇ *adj* capovolto(a). ◇ *adv* sottosopra; **to turn sthg ~** [object] capovolgere qc; *fig* [room, drawer] mettere a soqquadro qc.

upstairs [ˌʌp'steəz] ~ *adj* al piano di sopra. ◇ *adv* di sopra. ◇ *n* piano *m* superiore.

upstart ['ʌpstɑːt] *n* arrivista *mf*.

upstream [ˌʌp'striːm] ◇ *adj*: **~ (from sthg)** a monte (di qc). ◇ *adv* controcorrente.

upsurge ['ʌpsɜːdʒ] *n*: **an ~ of sthg** [hatred/unrest] un'ondata *f* di qc; **an ~ in sthg** [unemployment] un aumento *m* di qc.

uptake ['ʌpteɪk] *n*: **to be quick on the ~** capire le cose al volo; **to be slow on the ~** essere duro di comprendonio.

uptight [ʌp'taɪt] *adj inf* nervoso(a).

up-to-date *adj* **-1.** [machinery, methods] moderno(a) **-2.** [news, information] attuale; **to keep ~ with sthg** tenersi al corrente di qc.

upturn *n* ['ʌptɜːn]: **~ (in sthg)** ripresa *f* (in qc).

upward ['ʌpwəd] ◇ *adj* ascendente. ◇ *adv* US = **upwards**

upwards ['ʌpwədz] *adv* verso l'alto. ◆ **upwards of** *prep* più di.

uranium [jʊ'reɪnjəm] *n* uranio *m*.

urban ['ɜːbən] *adj* urbano(a).

urbane [ɜː'beɪn] *adj* disinvolto(a).

Urdu ['ʊəduː] *n* urdu *m*.

urge [ɜːdʒ] ◇ *n* voglia *f*; **to have an ~ to do sthg** avere una gran voglia di fare qc. ◇ *vt* **-1.** [try to persuade]: **to ~ sb to do sthg** persuadere qn a fare qc **-2.** [advocate] sollecitare.

urgency ['ɜːdʒənsɪ] *n* urgenza *f*.

urgent ['ɜːdʒənt] *adj* **-1.** [pressing] urgente **-2.** [desperate] disperato(a).

urinal ['jʊərɪnl] *n* [receptacle] orinatoio *m*; [room] vespasiano *m*.

urinate ['jʊərɪneɪt] *vi* orinare.

urine ['jʊərɪn] *n* urina *f*.

URL (*abbr of* **uniform resource locator**) *n* COMPUT URL *f inv*.

urn [ɜːn] *n* **-1.** [for ashes] urna *f* **-2.** [for tea,

coffee] *contenitore termico munito di cannella per tè o caffè*.

Uruguay ['jʊərəgwaɪ] *n* Uruguay *m*.

us [ʌs] *pers pron* **-1.** (*direct: unstressed*) ci; **can you hear ~?** ci senti?; **they know ~** ci conoscono; **they like ~** gli siamo simpatici; **it's ~** siamo noi **-2.** (*direct: stressed*) noi; **you can't expect us to do it** non puoi aspettarti che lo facciamo noi **-3.** (*indirect*) ci; **they spoke to ~** ci hanno parlato; **he sent ~ a letter** ci ha mandato una lettera; **she gave it to ~** ce lo ha dato **-4.** (*after prep, in comparisons etc*) noi; **it's for ~** è per noi; **they are more wealthy than ~** sono più ricchi di noi; **one/none of ~** uno/nessuno di noi; **all of ~** tutti noi; **some/a few of ~** alcuni di noi; **either/ neither of ~** nessuno di noi due.

US (*abbr of* **United States**) *n*: **the ~** gli USA.

USA *n* (*abbr of* **United States of America**): **the ~** gli USA.

usage ['juːzɪdʒ] *n* **-1.** [gen] uso *m* **-2.** [meaning] significato *m*.

USB [ˌjuːes'biː] (*abbr of* **Universal Serial Bus**) *n* COMPUT USB *f inv*.

USB port *n* COMPUT porta *f* USB.

use [juːs] ◇ *n* **-1.** [gen] uso *m*; **to be in ~** essere in uso; **to be out of ~** essere fuori uso; **to make ~ of sthg** far uso di qc; **I let him have the ~ of my car** gli lascio usare la mia macchina **-2.** [purpose, usefulness] utilizzo *m*; **to be of ~** essere utile; **to be no ~** non servire a niente; **what's the (of doing sthg)?** a cosa serve (fare qc)? ◇ *aux vb*: **I ~d to go for a run every day** una volta andavo a correre tutti i giorni; **he didn't ~ to be so fat** una volta non era così grasso; **there ~d to be a tree here** una volta qui c'era un albero; **I ~d to live in London** un tempo abitavo a Londra. ◇ *vt* **-1.** [utilize] usare **-2.** *pej* [exploit] sfruttare. ◆ **use up** *vt sep* finire.

used [juːzd] *adj* **-1.** [dirty, second-hand] usato(a) **-2.** [accustomed]: **to be ~ to sthg/to doing sthg** essere abituato(a) a qc/a fare qc; **to get ~ to sthg** abituarsi a qc.

useful ['juːsfʊl] *adj* utile.

useless ['juːslɪs] *adj* **-1.** inutile; **to be ~ trying to do sthg** non servire a nulla cercare di fare qc **-2.** *inf* [hopeless]: **the telephone company is completely ~!** la compagnia telefonica è assolutamente inutile!; **you're ~!** sei un buono a nulla!

user ['juːzər] *n* [of service] utente *mf*; [of product] consumatore *m*, -trice *f*; [of machine] utilizzatore *m*, -trice *f*; **drug ~** drogato *mf*; **road ~** automobilista *mf*.

user-friendly *adj* facile da usare.

usher ['ʌʃəʳ] ⟡ *n* [at wedding] valletto *m* che accompagna ai posti; [at concert] maschera *f*. ⟡ *vt* accompagnare.

usherette [ˌʌʃə'ret] *n* maschera *f*.

USSR (*abbr of* **Union of Soviet Socialist Republics**) *n*: **the (former)** ~ l' (ex) URSS.

usual ['juːʒəl] *adj* solito(a); **as** ~ [as normal] come sempre; [as often happens] come al solito.

usually ['juːʒəlɪ] *adv* di solito.

utensil [juː'tensl] *n* utensile *m*.

uterus ['juːtərəs] (*pl* **-ri** OR **-ruses**) *n* utero *m*.

utility [juː'tɪlətɪ] *n* -1. [usefulness] utilità *f inv* -2. [public service]: **(public)** ~ servizio *m* pubblico -3. COMPUT utility *m inv*.

utility room *n* lavanderia *f*.

utilize, -ise ['juːtɪlaɪz] *vt* utilizzare.

utmost ['ʌtməʊst] ⟡ *adj* massimo(a). ⟡ *n* -1. [best effort]: **to do one's** ~ **(to do sthg)** fare del proprio meglio (nel fare qc) -2. [maximum] massimo *m*; **to do sthg to the** ~ **of one's abilities** fare qc al massimo delle propriè capacità; **her endurance was tested to the** ~ la sua capacità è stata provata al massimo.

utter ['ʌtəʳ] ⟡ *adj* assoluto(a). ⟡ *vt* emettere.

utterly ['ʌtəlɪ] *adv* assolutamente.

U-turn *n* -1. [turning movement] inversione *f* a U -2. *fig* [complete change] inversione *f* di rotta.

V

v¹ (*pl* **v's** OR **vs**), **V** (*pl* **V's** OR **Vs**) [viː] *n* v *m* o *f inv*, V *m* o *f inv*.

v² -1. (*abbr of* **verse**) v. -2. (*abbr of* **vide**) [cross-reference] v. -3. (*abbr of* **versus**) v. -4. (*abbr of* **volt**) V.

vacancy ['veɪkənsɪ] *n* -1. [job, position] posto *m* vacante -2. [room available] camera *f* disponibile; **'vacancies'** ' camere disponibili'; **'no vacancies'** 'completo'.

vacant ['veɪkənt] *adj* -1. [empty] libero(a) -2. [available] vacante -3. [blank] assente.

vacant lot *n* terreno *non occupato*.

vacate [və'keɪt] *vt* -1. [give up, resign] lasciare -2. [leave empty, stop using] lasciare libero(a).

vacation [və'keɪʃn] *n* -1. UNIV vacanze *fpl* -2. *US* [holiday] ferie *fpl*.

vacationer [və'keɪʃənəʳ] *n US* vacanziere *m*, -a *f*.

vaccinate ['væksɪneɪt] *vt*: **to** ~ **sb (against sthg)** vaccinare qn (contro qc).

vaccine [UK 'væksiːn, US væk'siːn] *n* vaccino *m*.

vacuum ['vækjʊəm] ⟡ *n* vuoto *m*. ⟡ *vt* pulire con l'aspirapolvere.

vacuum cleaner *n* aspirapolvere *m inv*.

vacuum-packed *adj* confezionato(a) sottovuoto.

vagina [və'dʒaɪnə] *n* vagina *f*.

vagrant ['veɪgrənt] *n* vagabondo *m*, -a *f*.

vague [veɪg] *adj* -1. [imprecise, evasive] vago(a) -2. [slight] lieve -3. [absent-minded] distratto(a) -4. [indistinct] indistinto(a).

vaguely ['veɪglɪ] *adv* -1. [imprecisely] vagamente -2. [slightly, not very] leggermente -3. [absent-mindedly] distrattamente -4. [indistinctly] appena; **I could** ~ **see it** riuscivo appena a vederlo.

vain [veɪn] *adj* -1. *pej* [conceited] vanitoso(a) -2. [futile, worthless] vano(a). ◆ **in vain** *adv* invano.

valentine card *n* biglietto *m* di auguri per San Valentino.

Valentine's Day *n*: **(St)** ~ San Valentino *m*.

valet *n* ['vælɪt, 'væleɪ] cameriere *m* particolare.

valid ['vælɪd] *adj* -1. [gen] valido(a) -2. [decision] fondato(a).

valley ['vælɪ] (*pl* **valleys**) *n* valle *f*.

valour *UK*, **valor** *US* ['væləʳ] *n fml & lit* coraggio *m*.

valuable ['væljʊəbl] *adj* -1. [useful, helpful] prezioso(a) -2. [costly, expensive] di valore. ◆ **valuables** *npl* oggetti *mpl* di valore.

valuation [ˌvæljʊ'eɪʃn] *n* -1. [pricing] stima *f* -2. [estimated price] valore *m* stimato.

value ['væljuː] ⟡ *n* valore *m*; **to be good** ~ essere conveniente; **to be** ~ **for money** avere un buon rapporto prezzo qualità. ⟡ *vt* -1. [estimate price of] stimare -2. [cherish] tenere molto a. ◆ **values** *npl* [morals] valori *mpl*.

value-added tax *n* imposta *m* sul valore aggiunto.

valued ['vælju:d] *adj* stimato(a).

valve [vælv] *n* valvola *f*.

van [væn] *n* **-1.** AUT furgone *m* **-2.** UK RAIL vagone *m*.

vandal ['vændl] *n* vandalo *m*, -a .

vandalism ['vændəlɪzm] *n* vandalismo *m*.

vandalize, -ise ['vændəlaɪz] *vt* distruggere *(per il gusto di farlo)*.

vanguard ['vænga:d] *n* avanguardia *f*; **to be in the ~ of** sthg [of industrial development] essere all'avanguardia in qc; [of movement] essere le avanguardie di qc.

vanilla [və'nɪlə] *n* vaniglia *f*.

vanish ['vænɪʃ] *vi* **-1.** [no longer be visible] sparire **-2.** [no longer exist – species] estinguersi; [– hopes, chances] svanire.

vanity ['vænətɪ] *n* pej vanità *f* inv.

vapour UK, **vapor** US ['veɪpər] *n* vapore *m*.

variable ['veərɪəbl] *adj* **-1.** [changeable] variabile **-2.** [uneven] discontinuo(a).

variance ['veərɪəns] *n* fml: **to be at ~ with** sthg essere inconciliabile con qc.

variation [,veərɪ'eɪʃn] *n* variazione *f*; **~ in** sthg variazione di qc.

varicose veins ['værɪkəʊs -] *npl* vene *fpl* varicose.

varied ['veərɪd] *adj* [life] movimentato(a); [group] eterogeneo(a); [reasons] diverso(a); **a ~ diet** una dieta variata.

variety [və'raɪətɪ] *n* **-1.** [difference in type] diversivi *mpl* **-2.** [selection] assortimento *m* **-3.** [type] tipo *m* **-4.** THEAT varietà *m* inv.

various ['veərɪəs] *adj* **-1.** [several] vario(a) **-2.** [different] diverso(a).

varnish ['vɑ:nɪʃ] *n* [for wood] flatting *m* inv; [for nails] smalto *m*. *vt* [wood] dare il flatting a; [nails] smaltare.

vary ['veərɪ] *vt* [route] cambiare; [methods] variare. *vi* [differ] differire; [fluctuate] variare; **to ~ in** sthg differire in qc; **to ~ with** sthg cambiare a seconda di qc.

vase [UK vɑ:z, US veɪz] *n* vaso *m*.

vast [vɑ:st] *adj* [building] vasto(a); [popularity] grande; [expense] ingente; [difference] enorme.

vat [væt] *n* tino *m*.

VAT [væt, ,vi:eɪ'ti:] (*abbr of* **value added tax**) *n* ≃ IVA *f*.

Vatican ['vætɪkən] *n* : **the ~** il Vaticano.

vault [vɔ:lt] *n* **-1.** [in bank] caveau *m* inv **-2.** [in church] cripta *f* **-3.** [roof] volta *f*. *vt* superare con un salto. *vi*: **to ~ over** sthg superare qc con un salto.

VCR (*abbr of* **video cassette recorder**) *n* VCR *m* inv.

VD (*abbr of* **venereal disease**) *n* malattia *f* venerea.

VDU (*abbr of* **visual display unit**) *n* monitor *m* inv.

veal [vi:l] *n* vitello *m*.

veer [vɪər] *vi* **-1.** [change direction – vehicle] sbandare; [– road] curvare; [– wind] girare **-2.** fig [conversation] spostarsi; [mood] oscillare.

vegan ['vi:gən] *adj* vegetaliano(a). *n* vegetaliano *m*, -a *f*.

vegetable ['vedʒtəbl] *n* verdura *f*. *adj* [protein] vegetale; [soup, casserole] di verdura.

vegetarian [,vedʒɪ'teərɪən] *adj* vegetariano(a). *n* vegetariano *m*, -a *f*.

vegetation [,vedʒɪ'teɪʃn] *n* vegetazione *f*.

vehement ['vi:ɪmənt] *adj* [denial, attack] veemente; [gesture, person] impetuoso(a).

vehicle ['vi:ɪkl] *n* **-1.** [for transport] veicolo *m* **-2.** fig [medium]: **~ for** sthg mezzo *m* per qc.

veil [veɪl] *n* **-1.** [for face] velo *m* **-2.** fig [obscuring thing] cortina *f*.

vein [veɪn] *n* **-1.** [gen] vena *f* **-2.** [of leaf] venatura *f*.

velocity [vɪ'lɒsətɪ] *n* PHYS velocità *f* inv.

velvet ['velvɪt] *n* velluto *m*.

vendetta [ven'detə] *n* faida *f*.

vending machine *n* distributore *m* automatico.

vendor ['vendɔ:r] *n* venditore *m*, -trice *f* ambulante.

veneer [və'nɪər] *n* **-1.** [of wood] impiallicciatura *f* **-2.** fig [appearance] patina *f*.

venereal disease *n* malattia *f* venerea.

venetian blind *n* veneziana *f*.

Venezuela [,venɪ'zweɪlə] *n* Venezuela.

vengeance ['vendʒəns] *n* vendetta *f*; **it was raining with a ~** pioveva come Dio la mandava.

venison ['venɪzn] *n* (carne *f* di) cervo *m*.

venom ['venəm] *n* lit & fig veleno *m*.

vent [vent] *n* sfiatatoio *m*; **to give ~ to** sthg dare sfogo a qc. *vt* [express] sfogare; **to ~** sthg **on** sb/sthg sfogare qc su qn/qc.

ventilate ['ventɪleɪt] *vt* aerare.

ventilator ['ventɪleɪtər] *n* **-1.** [in room, building] sfiatatoio *m* **-2.** MED respiratore *m*.

ventriloquist [ven'trɪləkwɪst] *n* ventriloquo *m*, -a *f*.

venture ['ventʃər] *n* iniziativa *f*. *vt* [proffer] azzardare; **to ~ to do** sthg azzardarsi a fare qc. ⬦ vi -1. [go somewhere dangerous] avventurarsi -2. [embark]: to ~ into sthg lanciarsi in qc.

venue ['venjuː] n luogo m.

veranda(h) [vəˈrændə] n veranda f.

verb [vɜːb] n verbo m.

verbal ['vɜːbl] adj verbale.

verbatim [vɜːˈbeɪtɪm] ⬦ adj testuale. ⬦ adv testualmente.

verbose [vɜːˈbəʊs] adj fml verboso(a).

verdict ['vɜːdɪkt] n -1. LAW verdetto m -2. [opinion]: ~ (on sthg) parere m (su qc).

verge [vɜːdʒ] n -1. [edge, side] bordo m -2. [brink]: on the ~ of sthg sull'orlo di qc; on the ~ of doing sthg sul punto di fare qc. ➡ **verge (up)on** vt insep rasentare.

verify ['verɪfaɪ] vt verificare.

veritable ['verɪtəbl] adj fml vero(a).

vermin ['vɜːmɪn] npl -1. [rodents] animali mpl nocivi; [insects] parassiti mpl -2. pej [people] feccia f.

vermouth ['vɜːməθ] n vermut m.

versa ⬦ vice versa.

versatile ['vɜːsətaɪl] adj versatile.

verse [vɜːs] n -1. [poetry] versi mpl -2. [stanza] verso m -3. [in Bible] versetto m.

version ['vɜːʃn] n versione f; the film ~ l'adattamento cinematografico.

versus ['vɜːsəs] prep -1. SPORT contro -2. [as opposed to] in contrapposizione a.

vertebra ['vɜːtɪbrə] (pl -brae) n vertebra f.

vertical ['vɜːtɪkl] adj verticale.

vertigo ['vɜːtɪgəʊ] n vertigine f; to suffer from ~ soffrire di vertigini.

verve [vɜːv] n brio m.

very ['verɪ] ⬦ adv -1. [for emphasis] molto; ~ much molto; at the ~ least come minimo -2. [as euphemism]: **not** ~ non molto; he's not ~ **intelligent** non è molto intelligente. ⬦ adj: my ~ words le mie precise parole; the ~ man/book I've been looking for! proprio l'uomo/il libro che cercavo!; of my ~ own tutto mio, a. ➡ **very well** adv benissimo; I can't very ~ tell him we don't want him at the party! non posso mica dirgli che non lo vogliamo alla festa!

vessel ['vesl] n fml -1. [boat] nave f -2. [container] recipiente m.

vest [vest] n -1. UK [undershirt] canottiera f -2. US [waistcoat] gilet m inv.

vestibule ['vestɪbjuːl] n fml vestibolo m.

vestige ['vestɪdʒ] n fml vestigio m.

vestry ['vestrɪ] n sagrestia f.

vet [vet] ⬦ n UK (abbr of **veterinary surgeon**) veterinario m, -a f. ⬦ vt UK [candidates] valutare l'idoneità di.

veteran ['vetrən] ⬦ adj [experienced]: **a ~ politician** un(a) veterano(a) della politica. ⬦ n -1. MIL reduce mf -2. [experienced person] veterano m, -a f.

veterinarian [ˌvetərɪˈneərɪən] n US veterinario m, -a f.

veterinary surgeon n UK fml veterinario m, -a f.

veto ['viːtəʊ] (pl -es, pt & pp -ed, cont -ing) ⬦ n -1. [power to forbid] (diritto m di) veto m -2. [act of forbidding] veto m. ⬦ vt porre il veto a.

vex [veks] vt fml irritare.

VGA [ˌviːiːˈeɪ] (abbr of **video graphics array**) n COMPUT VGA.

VHF (abbr of **very high frequency**) n VHF f inv.

VHS (abbr of **video home system**) n VHS m inv.

via ['vaɪə] prep -1. [travelling through] via -2. [by means of] tramite; ~ satellite via satellite.

viable ['vaɪəbl] adj -1. [plan, programme, scheme] fattibile -2. [company, economy, state] produttivo(a).

Viagra® [vaɪˈægrə] n Viagra® m inv.

vibrate [vaɪˈbreɪt] vi vibrare.

vicar ['vɪkəʳ] n parroco m di chiesa anglicana.

vicarage ['vɪkərɪdʒ] n canonica f.

vicarious [vɪˈkeərɪəs] adj di riflesso.

vice n [vaɪs] -1. [immorality, moral fault] vizio m -2. [tool] morsa f.

vice-chairman n vicepresidente m.

vice-chancellor n UNIV vicerettore m, -trice f.

vice-president n vicepresidente mf.

vice versa [ˌvaɪsˈvɜːsə] adv viceversa.

vicinity [vɪˈsɪnətɪ] n -1. [neighbourhood] vicinanze fpl; in the ~ (of) nei dintorni (di) -2. [approximate figures]: in the ~ of intorno a.

vicious ['vɪʃəs] adj -1. [attack, blow] brutale -2. [person, gossip] maligno(a) -3. [dog] pericoloso(a).

vicious circle n circolo m vizioso.

victim ['vɪktɪm] n lit & fig vittima f.

victimize, -ise ['vɪktɪmaɪz] vt vittimizzare.

victor ['vɪktəʳ] n vincitore m, -trice f.

victorious [vɪkˈtɔːrɪəs] adj vittorioso(a).

victory ['vɪktərɪ] *n* : ~ **(over sb/sthg)** vittoria *f* (su qn/qc) .

video ['vɪdɪəʊ] (*pl* **-s**, *pt & pp* **-ed**, *cont* **-ing**) <> *n* **-1.** [medium] video *m inv* **-2.** [recording] filmato *m*, video *m inv* **-3.** *UK* [machine] videoregistratore *m* **-4.** [cassette] videocassetta *f.* <> *comp* video. <> *vt* **-1.** [using videorecorder] registrare **-2.** [using camera] fare il video di.

video camera *n* videocamera *f.*

video cassette *n* videocassetta *f.*

videoconference ['vɪdɪəʊ,kɒnfərəns] *n* videoconferenza *f.*

videoconferencing ['vɪdɪəʊ,kɒnfərənsɪŋ] *n* (U) videoconferenza *f.*

video game *n* videogioco *m.*

videorecorder ['vɪdɪəʊrɪ,kɔːdəʳ] *n* videoregistratore *m.*

video shop *n* videonoleggio *m.*

videotape ['vɪdɪəʊteɪp] *n* **-1.** [cassette] videocassetta *f* **-2.** [ribbon] nastro *m* di videocassetta.

vie [vaɪ] (*pt & pp* **vied**, *cont* **vying**) *vi*: **to ~ for sthg** fare a gara per qc; **to ~ with sb (for sthg/to do sthg)** fare a gara con qn (per qc/per fare qc).

Vienna [vɪ'enə] *n* Vienna *f.*

Vietnam [*UK* ,vjet'næm, *US* ,vjet'nɑːm] *n* Vietnam *m.*

Vietnamese [,vjetnə'miːz] <> *adj* vietnamita. <> *n* [language] vietnamita *m*. <> *npl*: **the ~** i vietnamiti.

view [vjuː] <> *n* **1.** [opinion] opinione *f*; **in my ~** a mio parere **-2.** [vista, ability to see] vista *f*; **to obstruct sb's ~** bloccare la visuale di qn; **to come into ~** apparire. <> *vt* vedere. ◆ **in view of** *prep*: **in ~ of the current economic climate** considerato l'attuale clima economico. ◆ **with a view to** *conj*: **with a ~ to doing sthg** con l'idea di fare qc.

viewer ['vjuːəʳ] *n* **-1.** [person] telespettatore *m*, -trice *f* **-2.** [apparatus] visore *m.*

viewfinder ['vjuː,faɪndəʳ] *n* mirino *m* (*di macchina fotografica*).

viewpoint ['vjuːpɔɪnt] *n* **-1.** [opinion] punto *m* di vista **-2.** [place] belvedere *m inv.*

vigilante [,vɪdʒɪ'læntɪ] *n* vigilante *mf.*

vigorous ['vɪgərəs] *adj* vigoroso(a).

vile [vaɪl] *adj* [person, act] ignobile; [food, mood] pessimo(a).

villa ['vɪlə] *n* villa *f.*

village ['vɪlɪdʒ] *n* paese *m.*

villager ['vɪlɪdʒəʳ] *n* paesano *m*, -a *f.*

villain ['vɪlən] *n* **-1.** [of film, book, play] cattivo *m*, -a *f* **-2.** *dated* [criminal] delinquente *mf.*

vindicate ['vɪndɪkeɪt] *vt* [confirm] confermare; [justify] giustificare.

vindictive [vɪn'dɪktɪv] *adj* vendicativo(a).

vine [vaɪn] *n* vite *f.*

vinegar ['vɪnɪgəʳ] *n* aceto *m.*

vineyard ['vɪnjəd] *n* vigna *f.*

vintage ['vɪntɪdʒ] <> *adj* **-1.** [wine] d'annata; [car] d'epoca **-2.** *fig* [performance] d'annata. <> *n* [of wine] annata *f.*

vintage wine *n* vino *m* d'annata.

vinyl ['vaɪnɪl] *n* [plastic] polivinile *m*; [record] vinile *m.*

viola [vɪ'əʊlə] *n* MUS & BOT viola *f.*

violate ['vaɪəleɪt] *vt* **-1.** [law, human rights] violare **-2.** [peace, privacy] disturbare **-3.** [grave] profanare.

violence ['vaɪələns] *n* violenza *f.*

violent ['vaɪələnt] *adj* violento(a).

violet ['vaɪələt] <> *adj* violetto(a). <> *n* **-1.** [flower] violetta *f* **-2.** [colour] violetto *m.*

violin [,vaɪə'lɪn] *n* violino *m.*

violinist [,vaɪə'lɪnɪst] *n* violinista *mf.*

VIP (*abbr of* **very important person**) *n* VIP *mf inv.*

viper ['vaɪpəʳ] *n* vipera *f.*

virgin ['vɜːdʒɪn] <> *adj lit* vergine. <> *n* vergine *mf.*

Virgo ['vɜːgəʊ] (*pl* **-s**) *n* Vergine *f*; **to be (a) ~** essere della Vergine.

virile ['vɪraɪl] *adj* virile.

virtually ['vɜːtʃʊəlɪ] *adv* quasi.

virtual reality *n* realtà *f* virtuale.

virtue ['vɜːtjuː] *n* : ~ **(in sthg)** virtù *f inv* (di qc). ◆ **by virtue of** *prep fml* in virtù di.

virtuous ['vɜːtʃʊəs] *adj* virtuoso(a).

virus ['vaɪrəs] *n* virus *m inv.*

visa ['viːzə] *n* visto *m.*

vis-à-vis [,viːzɑː'viː] *prep fml* riguardo a.

viscose ['vɪskəʊs] *n* viscosa *f.*

visibility [,vɪzɪ'bɪlətɪ] *n* visibilità *f.*

visible ['vɪzəbl] *adj* visibile.

vision ['vɪʒn] *n* **-1.** [ability to see] vista *f* **-2.** *fig* [foresight] lungimiranza *f* **-3.** [impression, dream] visione *f.*

visit ['vɪzɪt] <> *n* [to person, museum] visita *f*; [to city, country] soggiorno *m*; **on a ~ to the USA** durante un soggiorno negli Stati Uniti. <> *vt* **-1.** [friend, relative] andare a trovare **-2.** [doctor] andare da **-3.** [place] visitare.

visiting hours *npl* ore *fpl* di visita.

visitor ['vizitə'] *n* -1. [to person, hotel] ospite *mf* -2. [to museum] visitatore *m*, -trice *f*.

visitors' book *n* libro *m* delle firme.

visitor's passport *n UK* passaporto *m* con visto turistico.

visor *n* visiera *f*.

vista ['vistə] *n* vista *f*.

visual ['viʒʊəl] *adj* visivo(a).

visual display unit *n* schermo *m* (di computer).

visualize, -ise ['viʒʊəlaiz] *vt* immaginarsi; **to ~ (sb) doing sthg** immaginarsi (qn) fare qc.

vital ['vaitl] *adj* vitale.

vitally ['vaitəli] *adv*: **~ important** di vitale importanza.

vitamin [*UK* 'vitəmin, *US* 'vaitəmin] *n* vitamina *f*.

vivacious [vi'veiʃəs] *adj* vivace.

vivid ['vivid] *adj* -1. [colour] vivace -2. [memory, description] vivido(a).

vividly ['vividli] *adv* -1. [brightly] vivacemente -2. [clearly] vividamente.

vixen ['viksn] *n* volpe *f* femmina.

VLF (*abbr of* **very low frequency**) *n* bassissima frequenza *f*.

V-neck *n* -1. [sweater] maglione *m* con scollo a V; [dress] vestito *m* con scollo a V -2. [neck] scollo *m* a V.

vocabulary [və'kæbjʊləri] *n* vocabolario *m*.

vocal ['vəʊkl] *adj* -1. [outspoken] schietto(a); **to be ~ on sthg** farsi sentire su qc; **to be a ~ critic of sthg** criticare qc apertamente -2. [range, skills] vocale.

vocal cords *npl* corde *fpl* vocali.

vocation [vəʊ'keiʃn] *n* vocazione *f*.

vocational [vəʊ'keiʃənl] *adj* professionale.

vociferous [və'sifərəs] *adj fml* veemente.

vodka ['vodkə] *n* vodka *f*.

vogue [vəʊg] *n*: **in ~** alla moda.

voice [vɔis] *⋄ n* voce *f*. *⋄ vt* [opinion, emotion] esprimere.

void [vɔid] *⋄ adj* -1. [invalid] nullo(a) -2. *fml* [empty]: **~ of sthg** privo di qc. *⋄ n* vuoto *m*.

volatile [*UK* 'volətail, *US* 'volətl] *adj* [situation] imprevedibile; [person] volubile; [market] instabile.

volcano [vol'keinəʊ] (*pl* **-es** OR **-s**) *n* vulca-

no *m*.

volition [və'liʃn] *n fml*: **of one's own ~** di propria volontà.

volley ['voli] (*pl* **volleys**) *⋄ n* -1. [of gunfire, questions, blows] raffica *f* -2. [in tennis] volée *f inv*; [in football] tiro *m* al volo. *⋄ vt* [in tennis] colpire di volée; [in football] colpire al volo.

volleyball ['volibɔ:l] *n* pallavolo *f*.

volt [vəʊlt] *n* volt *m inv*.

voltage ['vəʊltidʒ] *n* voltaggio *m*.

voluble ['voljʊbl] *adj fml* volubile.

volume ['volju:m] *n* volume *m*.

voluntarily [*UK* 'voləntrili, *US* ,volən'terəli] *adv* volontariamente.

voluntary ['voləntri] *adj* volontario(a).

voluntary work *n* volontariato *m*.

volunteer [,volən'tiə'] *⋄ n* volontario *m*, -a *f*.

vomit ['vomit] *⋄ n* vomito *m*. *⋄ vi* vomitare.

vote [vəʊt] *⋄ n* -1. [gen]: **~ (for/against sb/sthg)** voto (per/contro qn/qc); **to put sthg to the ~** mettere qc ai voti -2. [result of ballot]: **the ~** la votazione. *⋄ vt* -1. [declare, elect] eleggere -2. [choose in ballot] votare; **to ~ to do sthg** votare di fare qc -3. [suggest] proporre. *⋄ vi* [express one's choice]: **to ~ (for/against sb/sthg)** votare (per/contro qn/qc).

voter ['vəʊtə'] *n* [in election] elettore *m*, -trice *f*; [on motion, proposal] votante *mf*.

voting ['vəʊtiŋ] *n* votazione *f*.

vouch [vaʊtʃ] **◆ vouch for** *vt insep* -1. [take responsibility for] rispondere di -2. [declare belief in] testimoniare.

voucher ['vaʊtʃə'] *n* buono *m*.

vow [vaʊ] *⋄ n* voto *m*. *⋄ vt*: **to ~ to do sthg** giurare di fare qc; **to ~ (that)** giurare che.

vowel ['vaʊəl] *n* vocale *f*.

voyage ['vɔiidʒ] *n* viaggio *m*.

vs (*abbr of* **versus**) contro.

VSO (*abbr of* **Voluntary Service Overseas**) *n* associazione britannica di volontariato a sostegno dei paesi in via di sviluppo.

vulgar ['vʌlgə'] *adj* volgare.

vulnerable ['vʌlnərəbl] *adj*: **~ (to sthg)** vulnerabile (a qc) *f*.

vulture ['vʌltʃə'] *n lit & fig* avvoltoio *m*.

W

w (*pl* **w's** OR **ws**), **W** (*pl* **W's** OR **Ws**) ['dʌbljuː] *n* v doppia *f* o *m inv*, V doppia *f* o *m inv*. ◆ **W -1.** (*abbr of* **west**) O **-2.** (*abbr of* **watt**) W.

wad [wɒd] *n* **-1.** [of cotton wool] batuffolo *m*; [of paper] fascio *m*; [of tobacco, chewing gum] cicca *f* **-2.** [of bank notes] rotolo *m*; [of documents] plico *m*.

waddle ['wɒdl] *vi* camminare dondolando.

wade [weɪd] *vi*: **to ~ across a stream** attraversare un ruscello a piedi; **to ~ through the water** camminare nell'acqua *(con difficoltà)* . ◆ **wade through** *vt insep fig* leggere faticosamente.

wading pool *n US* piscina *f* per bambini.

wafer ['weɪfə'] *n* cialda *f*.

waffle ['wɒfl] ◇ *n* **-1.** CULIN cialda *f (dalla caratteristica superficie a quadretti servita con sciroppo d'acero, panna o frutta)* **-2.** *UK inf* [vague talk] sproloquio *m*. ◇ *vi* blaterare.

wag [wæg] ◇ *vt* [head] scrollare; [finger, pencil] agitare; **the dog was wagging its tail** il cane scodinzolava ◇ *vi* [tail] scodinzolare.

wage [weɪdʒ] ◇ *n* salario *m*. ◇ *vt*: **to ~ war against sb/sthg** dichiarare guerra a qn/qc. ◆ **wages** *npl* [of worker] salario *m*.

wage packet *n UK* busta *f* paga.

wager ['weɪdʒə'] *n* scommessa *f*.

waggle ['wægl] *inf vt* [tail] dimenare; [ears] muovere.

wagon, waggon ['wægən] *UK n* **-1.** [horse-drawn vehicle] carro *m* **-2.** *UK* RAIL carro *m* merci.

wail [weɪl] ◇ *n* gemito *m*. ◇ *vi* [person, baby] gemere.

waist [weɪst] *n* vita *f*.

waistcoat ['weɪskəʊt] *n* gilet *m inv*.

waistline ['weɪstlaɪn] *n* girovita *m inv*.

wait [weɪt] ◇ *n* attesa *f*. ◇ *vi* [person, task] aspettare; **to ~ and see** stare a vedere; **~ and see!** aspetta e vedrai! ◇ *vt* [person]: **I/he couldn't ~ to do sthg** non vedevo/vedeva l'ora di fare qc. ◆ **wait for** *vt insep*

aspettare; **to ~ for sb to do sthg** aspettare che qn faccia qc. ◆ **wait on** *vt insep* [serve food to] servire. ◆ **wait up** *vi* aspettare alzato(a).

waiter ['weɪtə'] *n* cameriere *m*, -a *f*.

waiting list *n* lista *f* d'attesa.

waiting room *n* sala *f* d'attesa.

waitress ['weɪtrɪs] *n* cameriera *f*.

waive [weɪv] *vt fml* [right] rinunciare a; [fee] sopprimere; [rule] derogare a.

wake [weɪk] (*pt* **woke** OR **-d**, *pp* **woken** OR **-d**) ◇ *n* [of ship, boat] scia *f*. ◇ *vt* svegliare. ◇ *vi* svegliarsi. ◆ **wake up** ◇ *vt sep* svegliare. ◇ *vi* svegliarsi.

waken ['weɪkən] *fml* ◇ *vt* svegliare. ◇ *vi* svegliarsi.

Wales [weɪlz] *n* Galles *m*.

walk [wɔːk] ◇ *n* **-1.** [stroll, path] passeggiata *f* **-2.** [gait] andatura *f*. ◇ *vt* **-1.** [escort] accompagnare **-2.** [take out for exercise] portare a spasso **-3.** [cover on foot] fare a piedi. ◇ *vi* camminare. ◆ **walk out** *vi* **-1.** [leave suddenly] andarsene (in segno di protesta) **-2.** [go on strike] scioperare. ◆ **walk out on** *vt insep* piantare.

walker ['wɔːkə'] *n* camminatore *m*, -trice *f*.

walkie-talkie [,wɔːkɪ'tɔːkɪ] *n* walkie-talkie *m inv*.

walking ['wɔːkɪŋ] *n* camminare *m*.

walking shoes *npl* scarpe *fpl* da escursionismo.

walking stick *n* bastone *m* da passeggio.

Walkman® ['wɔːkmən] *n* walkman® *m inv*.

walkout ['wɔːkaʊt] *n* [of members, spectators] abbandono *m*; [of workers] sciopero *m*.

walkover ['wɔːk,əʊvə'] *n UK inf* walkover *m inv*, vittoria *f* facile.

walkway ['wɔːkweɪ] *n* passaggio *m*.

wall [wɔːl] *n* **-1.** [of building] muro *m*, parete *f* **-2.** [free-standing] muro *m* **-3.** ANAT parete *f*.

wallchart ['wɔːltʃɑːt] *n* cartellone *m*.

walled [wɔːld] *adj* cinto(a) di mura.

wallet ['wɒlɪt] *n* [for money] portafoglio *m*; [for documents] portadocumenti *m inv*.

wallop ['wɒləp] *inf vt* [child] menare; [ball] colpire.

wallow ['wɒləʊ] *vi* [in mud] rotolarsi.

wallpaper ['wɔːl,peɪpə'] ◇ *n* carta *f* da parati. ◇ *vt* tappezzare (con carta da parati).

Wall Street *n* Wall Street *f*.

wally ['wɒlɪ] *n UK inf* scemo *m*, -a *f*.

walnut ['wɔːlnʌt] *n* noce *f*.

walrus ['wɔːlrəs] (*pl* **-es**) *n* tricheco *m*.

waltz [wɔːls] ◇ *n* valzer *m inv.* ◇ *vi* [dance] ballare il valzer.

wan [wɒn] *adj* pallido(a).

wand [wɒnd] *n* bacchetta *f* magica.

wander ['wɒndəʳ] *vi* vagare.

wane [weɪn] *vi* calare.

wangle ['wæŋgl] *vt inf* rimediare.

want [wɒnt] ◇ *n* **-1.** [need] bisogno *m* **-2.** [lack] mancanza *f*; **for** ~ **of sthg** per mancanza di qc; **for** ~ **of anything better** in mancanza di meglio **-3.** [deprivation] povertà *f*. ◇ *vt* **-1.** [desire] volere; **to** ~ **to do sthg** voler fare qc; **to** ~ **sb to do sthg** volere che qn faccia qc **-2.** *inf* [need] avere bisogno di; **you** ~ **to be more careful** devi stare più attento.

wanted ['wɒntɪd] *adj*: **to be** ~ **(by the police)** essere ricercato(a) dalla polizia.

wanton ['wɒntən] *adj fml* [malicious] gratuito(a).

WAP [wæp] (*abbr of* **wireless application protocol**) *n* WAP *m inv.*

WAP phone *n* cellulare *m* WAP.

war [wɔːʳ] *n* guerra *f*; **at** ~ in guerra.

ward [wɔːd] *n* **-1.** [room] corsia *f*; [department] reparto *m* **-2.** *UK* POL circoscrizione *f* elettorale **-3.** LAW pupillo *m*, -a *f*.
◆ **ward off** *vt insep* tenere lontano.

warden ['wɔːdn] *n* **-1.** [of park] guardiano *m*, -a **-2.** *UK* [of youth hostel, hall of residence] direttore *m*, -trice *f* **-3.** *US* [prison governor] direttore *m*, -trice *f* di istituto penale.

warder ['wɔːdəʳ] *n* guardia *f* carceraria.

wardrobe ['wɔːdrəʊb] *n* **-1.** [piece of furniture] armadio *m*, guardaroba *m inv* **-2.** [collection of clothes] guardaroba *m inv.*

warehouse ['weəhaʊs] *n* deposito *m*.

warfare ['wɔːfeəʳ] *n* **-1.** [war] guerra *f* **-2.** [technique] strategie *fpl* belliche.

warhead ['wɔːhed] *n* testata *f*.

warily ['weərəlɪ] *adj* in modo guardingo.

warm [wɔːm] ◇ *adj* **-1.** [gen] caldo(a) **-2.** [friendly] cordiale. ◇ *vt* [heat gently] riscaldare. ◆ **warm to** *vt insep* prendere in simpatia. ◆ **warm up** ◇ *vt sep* riscaldare. ◇ *vi* riscaldarsi.

warm-hearted [-'hɑːtɪd] *adj* caloroso(a).

warmly ['wɔːmlɪ] *adv* **-1.** [in warm clothes]: **to dress** ~ vestirsi in modo da non aver freddo **-2.** [in a friendly way] calorosamente.

warmth [wɔːmθ] *n* calore *m*.

warn [wɔːn] *vt* **-1.** [advise] avvertire; **to** ~ **sb of** OR **about sthg** mettere in guardia qn da OR contro qc; **to** ~ **sb not to do sthg** avvertire qn dal non fare qc **-2.** [inform] avvisare.

warning ['wɔːnɪŋ] *n* **-1.** [cautionary advice] avvertimento *m* **-2.** [from police, judge] diffida *f* **-3.** [notice] preavviso *m*.

warning light *n* spia *f* luminosa.

warp [wɔːp] ◇ *vt* **-1.** [wood] imbarcare **-2.** [personality, mind, judgement] distorcere.
◇ *vi* [wood] imbarcarsi.

warrant ['wɒrənt] ◇ *n* LAW mandato *m*.
◇ *vt fml* giustificare.

warranty ['wɒrəntɪ] *n* garanzia *f*.

warren ['wɒrən] *n* tana *f*.

warrior ['wɒrɪəʳ] *n lit* guerriero *m*.

Warsaw ['wɔːsɔː] *n* Varsavia *f*; **the** ~ **Pact** il Patto di Varsavia.

warship ['wɔːʃɪp] *n* nave *f* da guerra.

wart [wɔːt] *n* verruca *f*.

wartime ['wɔːtaɪm] *n* tempo *m* di guerra; **in** ~ in tempo di guerra.

wary ['weərɪ] *adj* guardingo(a); ~ **of sthg/of doing sthg** guardingo riguardo a qc/a fare qc.

was [weak form wəz, strong form wɒz] *pt*
▷ **be.**

wash [wɒʃ] ◇ *n* **-1.** [act of washing] lavata *f*; **to have a** ~ lavarsi; **to give sthg a** ~ lavare qc **-2.** [clothes to be washed] panni *mpl* da lavare **-3.** [from boat] scia *f*. ◇ *vt* [clean] lavare. ◇ *vi* [clean o.s.] lavarsi.
◆ **wash away** *vt sep* portare via.
◆ **wash up** ◇ *vt sep UK* [dishes] lavare.
◇ *vi* **-1.** *UK* [wash the dishes] lavare i piatti **-2.** *US* [wash o.s.] lavarsi.

washable ['wɒʃəbl] *adj* lavabile.

washbasin ['wɒʃ,beɪsn] *UK*, **washbowl** ['wɒʃ,bəʊl] *US n* lavandino *m*.

washcloth ['wɒʃ,klɒθ] *n US* panno *m* per lavarsi il viso.

washer ['wɒʃəʳ] *n* **-1.** TECH [as seal] guarnizione *f*; [to spread pressure] rondella *f* **-2.** [washing machine] lavatrice *f*.

washing ['wɒʃɪŋ] *n* **-1.** [act] lavaggio *m*; **to do the** ~ fare il bucato **-2.** [clothes] bucato *m*.

washing line *n* filo *m* della biancheria.

washing machine *n* lavatrice *f*.

washing powder *n UK* detersivo *m* in polvere.

Washington ['wɒʃɪŋtən] *n* [city]: ~ **D.C.** Washington.

washing-up *n* UK rigovernatura *f*.

washing-up liquid *n* UK detersivo *m* liquido per i piatti.

washout ['wɒʃaʊt] *n inf* fiasco *m*.

washroom ['wɒʃrʊm] *n* US toilette *f*.

wasn't [wɒznt] *cont* = was not.

wasp [wɒsp] *n* vespa *f*.

wastage ['weɪstɪdʒ] *n* spreco *m*.

waste [weɪst] ⇔ *adj* [material] di scarto; [land] abbandonato(a). ⇔ *n* **-1.** [misuse] spreco *m*; **a ~ of time** una perdita di tempo **-2.** [refuse] scarti *mpl*. ⇔ *vt* [misuse] sprecare; **to be ~d on sb** essere sprecato per qn; **such subtle distinctions are ~d on him** lui non le afferra queste sottigliezze.

wastebasket [ˌweɪst'peɪpə-] *n* US cestino *m* della carta.

waste disposal unit *n* tritarifiuti *m inv*.

wasteful ['weɪstfʊl] *adj* [person] sprecone(a); [activity] poco economico(a); **it's very ~ to throw them away** è uno spreco buttarle via.

waste ground *n* terreno *m* abbandonato.

wastepaper basket, **wastepaper bin** [ˌweɪst'peɪpə-] *n* cestino *m* della carta.

watch [wɒtʃ] ⇔ *n* **-1.** [timepiece] orologio *m* **-2.** [act of guarding]: **to keep ~** stare di guardia; **to keep ~ on sb/sthg** sorvegliare qn/qc **-3.** [guard - person] vedetta *f*; [- group] guardie *fpl* di quarto. ⇔ *vt* **-1.** [look at] guardare **-2.** [spy on] sorvegliare **-3.** [be careful about] stare attento(a) a. ⇔ *vi* [observe] guardare. ◆ **watch for** *vt insep*: **you stand here and ~ for a taxi** tu termati qua e guarda se arriva un taxi. ◆ **watch out** *vi*: **to ~ out (for sthg)** fare attenzione a qc; **~ out!** attento!

watchdog ['wɒtʃdɒg] *n* **-1.** [dog] cane *m* da guardia **-2.** *fig* [organization] organismo *m* di controllo.

watchful ['wɒtʃfʊl] *adj* attento(a).

watchmaker ['wɒtʃˌmeɪkəʳ] *n* orologiaio *m*, -a .

watchman ['wɒtʃmən] (*pl* **-men**) *n* guardiano *m*.

water ['wɔːtəʳ] ⇔ *n* [gen] acqua *f*. ⇔ *vt* [plants, soil] annaffiare. ⇔ *vi* **-1.** [eyes] lacrimare **-2.** [mouth]: **my mouth was ~ing** avevo l'acquolina in bocca. ◆ **waters** *npl* acque *fpl*. ◆ **water down** *vt sep* **-1.** [dilute] annacquare **-2.** *usually pej* [moderate] smorzare.

water bottle *n* borraccia *f*.

watercolour *n* acquarello *m*.

watercress ['wɔːtəkres] *n* crescione *m*.

waterfall ['wɔːtəfɔːl] *n* cascata *f*.

water heater *n* scaldabagno *m* .

waterhole ['wɔːtəhəʊl] *n* pozza *f* d'acqua.

watering can *n* annaffiatoio *m*.

water lily *n* ninfea *f*.

waterline ['wɔːtəlaɪn] *n* NAUT linea *f* di galleggiamento.

waterlogged ['wɔːtəlɒgd] *adj* **-1.** [land] fradicio(a) **-2.** [vessel] pieno(a) d'acqua.

water main *n* conduttura *f* dell'acqua.

watermark ['wɔːtəmɑːk] *n* **-1.** [in paper] filigrana *f* **-2.** [showing water level] livello *m* di acqua alta o bassa.

watermelon ['wɔːtəˌmelən] *n* cocomero *m*, anguria *f*.

water polo *n* pallanuoto *f*.

waterproof ['wɔːtəpruːf] ⇔ *adj* impermeabile. ⇔ *n* [coat] impermeabile *m*; [jacket] giacca *f* impermeabile; **~s** abiti impermeabili.

watershed ['wɔːtəʃed] *n fig* spartiacque *m inv*.

water skiing *n* sci *m* d'acqua.

water tank *n* cisterna *f* dell'acqua.

watertight ['wɔːtətaɪt] *adj* **-1.** [watertight] stagno(a) **-2.** *fig* [faultless] incontestabile.

waterworks ['wɔːtəwɜːks] (*pl* **waterworks**) *n* impianto *m* idrico.

watery ['wɔːtərɪ] *adj* **-1.** [food, drink] acquoso(a) **-2.** [light, sun, moon] pallido(a).

watt [wɒt] *n* watt *m inv*.

wave [weɪv] ⇔ *n* **-1.** [gesture] cenno *f*; **to give sb a ~** salutare qc con la mano **-2.** [in sea, hair] onda *f* **-3.** *fig* ondata *f*. ⇔ *vt* [brandish] agitare. ⇔ *vi* **-1.** [with hand] fare cenno con la mano; **to ~ at OR to sb** fare cenno con la mano a qn **-2.** [flag, tree] ondeggiare **-3.** [hair] essere ricci.

wavelength ['weɪvleŋθ] *n* lunghezza *f* d'onda; **to be on the same ~** *fig* essere sulla stessa lunghezza d'onda.

waver ['weɪvəʳ] *vi* **-1.** [gen] vacillare **-2.** [voice] tremare.

wavy ['weɪvɪ] *adj* ondulato(a).

wax [wæks] ⇔ *n* **-1.** [in candles, polish] cera *f*; [for skis] sciolina *f* **-2.** [in ears] cerume *m*. ⇔ *vt* **-1.** [floor, table] lucidare; [skis] sciolinare **-2.** [legs] fare la ceretta a. ⇔ *vi* [moon] crescere.

wax paper *n* US carta *f* cerata.

waxworks ['wækswɜːks] (*pl* **waxworks**) *n* museo *m* delle cere.

way [weɪ] ⇔ *n* **-1.** [gen] modo; **she wants to have everything her own ~** vuole sempre fare a modo suo; **I feel the same** ~ mi sento così anch'io; **in the same** ~ allo stesso modo; **this/that** ~ in tal modo; **in a** ~ in un certo senso -2. [thoroughfare, path] passaggio; ' **give** ~' UK AUT 'dare la precedenza' -3. [route leading to a specified place] strada f; **to lose one's** ~ perdersi; **to be out of sb's** ~ non essere sulla strada di qn; **on the** OR **sb's** ~ **home** andando a casa; **to get under** ~ [ship] mettersi in rotta; [project, meeting] avere inizio; **to be under** ~ [project, meeting] essere in corso; **to be in the** ~ essere nel mezzo; **to go out of one's** ~ **to do sthg** farsi in quattro per fare qc; **to keep out of sb's** ~ stare alla larga da qc; **keep out of the** ~! stai lontano!; **to make** ~ **for sb/sthg** fare posto a qn/qc; **to stand in sb's** ~ fig ostacolare qn -4. [route leading in a specified direction] direzione f, parte f; **to come/ look this** ~ venire/guardare da questa parte; ~ **in** entrata; ~ **out** uscita -5. [side] parte f; **the wrong** ~ **round** all'incontrario; **to turn sthg the right** ~ **up** addirizzare qc; **the wrong** ~ **up** all'incontrario -6. [distance]: **all the** ~ fino in fondo; **a long** ~ molto lontano -7. phr: **to give** ~ cedere; **no** ~! neanche per sogno! ◇ adv inf [far] molto. ◆ **ways** npl [customs, habits] abitudini fpl. ◆ **by the way** adv a proposito.

waylay [ˌweɪˈleɪ] (pt & pp **-laid** [-ˈleɪd]) vt fermare.

wayward [ˈweɪwəd] adj difficile.

WC (abbr of **water closet**) n WC m inv.

we [wiː] pers pron noi; ~ **'re pleased** siamo soddisfatti; **we can't do it** noi non possiamo farlo; **as** ~ **say in Italy** come diciamo in Italia; ~ **British** noi Britannici.

weak [wiːk] adj -1. [gen] debole; **to be** ~ **on sthg** essere debole in qc -2. [sound, light] lieve -3. [tea, coffee, drink] leggero(a).

weaken [ˈwiːkn] ◇ vt indebolire. ◇ vi -1. [person – physically] indebolirsi; [– morally] perdere vigore -2. [influence, power] perdere vigore -3. [structure, currency] indebolirsi.

weakling [ˈwiːklɪŋ] n pej persona f gracile.

weakness [ˈwiːknɪs] n debolezza f.

wealth [welθ] n -1. [riches] ricchezza f -2. [abundance]: **a** ~ **of sthg** una ricchezza di qc.

wealthy [ˈwelθɪ] adj ricco(a), benestante.

weapon [ˈwepən] n arma f.

weaponry [ˈwepənrɪ] n armi fpl.

wear [weəʳ] (pt **wore**, pp **worn**) ◇ n -1. [type of clothes] indumenti mpl -2. [dama-

ge] logoramento m; ~ **and tear** logorio m -3. [use] uso m. ◇ vt -1. [gen] indossare, portare -2. [hair] portare -3. [damage] consumare; **to** ~ **a hole in sthg** fare un buco in qc. ◇ vi -1. [deteriorate] logorarsi -2. [last]: **to** ~ **well/badly** durare molto/poco. ◆ **wear away** ◇ vt sep consumare. ◇ vi consumarsi. ◆ **wear down** vt sep -1. [reduce size of] consumare -2. [weaken] indebolire. ◆ **wear off** vi passare. ◆ **wear out** ◇ vt sep -1. [clothing, machinery] consumare -2. [patience, strength, reserves] esaurire -3. [person] spossare. ◇ vi [clothing, shoes] consumarsi.

weary [ˈwɪərɪ] adj -1. [exhausted] stanco(a) -2. [fed up]: **to be** ~ **of sthg/of doing sthg** essere stanco di qc/di fare qc.

weasel [ˈwiːzl] n donnola f.

weather [ˈweðəʳ] ◇ n tempo m; **what's the** ~ **like?** che tempo fa?; **to be under the** ~ sentirsi poco bene. ◇ vt [survive] superare.

weather-beaten adj segnato(a) dalle intemperie.

weather forecast n previsioni fpl del tempo.

weatherman [ˈweðəmæn] (pl **-men**) n persona f che presenta le previsioni del tempo.

weather vane n banderuola f.

weave [wiːv] (pt **wove**, pp **woven**) ◇ vt [using loom] tessere. ◇ vi [move]: **to** ~ **in and out of the traffic** zigzagare nel traffico.

weaver [ˈwiːvəʳ] n tessitore m, -trice f.

web [web] n -1. [of spider] tela f -2. fig [of lies, intrigue] groviglio m. ◆ **Web** n COMPUT: **the Web** la Rete, il Web.

web browser n COMPUT browser m inv.

webcam [ˈwebkæm] n webcam f inv.

webcast [ˈwebkɑːst] n webcast m.

web designer n grafico m, -a f di sit[o] Web.

web page n pagina f Web.

webphone [ˈwebfəʊn] n webphone m.

wed [wed] (pt & pp **wed** OR **-ded**) lit ◇ v[t] sposare. ◇ vi sposarsi.

we'd [wiːd] cont = we had; we would.

wedding [ˈwedɪŋ] n matrimonio m.

wedding anniversary n anniversari[o] m di matrimonio.

wedding cake n torta f nuziale.

wedding dress n abito m da sposa.

wedding ring n fede f nuziale.

wedge [wedʒ] ◇ n -1. [under door, whee[l]

zeppa *f* **-2.** [for splitting] cuneo *m* **-3.** [of cheese, cake, pie] fetta *f*. ◇ *vt* **-1.** [make fixed or steady] fermare (con una zeppa) **-2.** [squeeze, push] infilare.

Wednesday ['wenzdɪ] *n* mercoledì; *see also* **Saturday.**

wee [wiː] ◇ *adj Scot* piccolo(a); **she's just a ~ girl** è una bambina. ◇ *n inf* pipì *f*. ◇ *vi inf* fare la pipì.

weed [wiːd] ◇ *n* **-1.** [wild plant] erbaccia *f* **-2.** *UK inf* [feeble person] persona *f* gracile. ◇ *vt* ripulire dalle erbacce.

weedkiller ['wiːd,kɪlə^r] *n* diserbante *m*.

weedy ['wiːdɪ] *adj UK inf* [feeble] gracile.

week [wiːk] *n* settimana *f*; **a ~ last Saturday** una settimana sabato scorso.

weekday ['wiːk,deɪ] *n* giorno *m* feriale.

weekend [,wiːk'end] *n* fine settimana *m inv*, week-end *m inv*; **at the ~** il fine settimana.

weekly ['wiːklɪ] ◇ *adj* settimanale. ◇ *adv* settimanalmente. ◇ *n* settimanale *m*.

weep [wiːp] (*pt & pp* **wept** [wept]) *vt & vi* piangere.

weeping willow *n* salice *m* piangente.

weigh [weɪ] ◇ *vt* **-1.** [find weight of] pesare **-2.** [consider carefully] ponderare **-3.** [raise]: **to ~ anchor** levare l'ancora. ◇ *vi* [have specific weight] pesare. ◆ **weigh down** *vt sep* **-1.** [physically]: **to be ~ed down with sthg** essere stracarico(a) di qc **-2.** [mentally]: **to be ~ed down by** OR **with sthg** essere oppresso(a) da qc. ◆ **weigh up** *vt sep* valutare.

weight [weɪt] *n* **1.** peso *m*; **to put on** OR **gain ~** ingrassare; **to lose ~** dimagrire **-2.** *phr*: **to pull one's ~** fare la propria parte.

weighted ['weɪtɪd] *adj*: **to be ~ in favour of/against sb/sthg** essere a netto vantaggio/svantaggio di qn/qc.

weighting ['weɪtɪŋ] *n* indennità *f*.

weightlifting ['weɪt,lɪftɪŋ] *n* sollevamento *m* pesi.

weighty ['weɪtɪ] *adj* [serious, important] importante.

weir [wɪə^r] *n* diga *f*.

weird [wɪəd] *adj* strano(a).

welcome ['welkəm] ◇ *adj* **-1.** [guest] benvenuto(a) **-2.** [free]: **to be ~ to do sthg** essere libero di fare qc **-3.** [pleasant, desirable] gradito(a) **-4.** [in reply to thanks]: **you're ~** prego. ◇ *n* benvenuto *m*. ◇ *vt* **-1.** [receive] dare il benvenuto a **-2.** [approve, support] accogliere favorevolmente. ◇ *excl* benvenuto(a).

weld [weld] ◇ *n* saldatura *f*. ◇ *vt* saldare.

welfare ['welfeə^r] ◇ *adj* di previdenza sociale. ◇ *n* **-1.** [state of wellbeing] benessere *m* **-2.** *US* [income support] sussidio *m*.

well [wel] (*compar* **better**, *superl* **best**) ◇ *adj* bene; **to be/feel ~** stare/sentirsi bene; **to get ~** guarire; **all is ~** va tutto bene; **just as ~** meno male . ◇ *adv* **-1.** [gen] bene; **to go ~** andare bene; **~ done!** bravo(a)!; **~ and truly** completamente **-2.** [definitely, certainly]: **it was ~ worth the effort** ne valeva proprio la pena, **you know perfectly ~ that** sai benissimo che; **~ over** ben oltre **-3.** [easily, possibly] benissimo. ◇ *n* **-1.** [water source] pozzo *m* **-2.** [oil well] pozzo *m* di petrolio. ◇ *excl* **-1.** [in hesitation, to correct o.s.] beh **-2.** [to express resignation]: **oh ~! va beh! -3.** [in surprise] bene. ◆ **as well** *adv* [in addition] anche; **I/you etc might as ~ (do sthg)** potrei/potresti anche (fare qc). ◆ **as well as** *conj* oltre a/che. ◆ **well up** *vi*: **tears ~ ed up in his eyes** gli vennero le lacrime agli occhi.

we'll [wiːl] *cont* = we shall; we will.

well-advised *adj*: **he/you would be ~ to do sthg** farebbe/faresti bene a fare qc.

well-behaved [-bɪ'heɪvd] *adj* beneducato(a).

wellbeing [,wel'biːɪŋ] *n* benessere *m*.

well-built *adj* ben piantato(a).

well-done *adj* [thoroughly cooked] ben cotto(a).

well-dressed *adj* ben vestito(a).

well-earned [-ɜːnd] *adj* meritato(a).

wellington (boot) ['welɪŋtən-] *n* stivale *m* di gomma.

well-kept *adj* **-1.** [garden, village] curato(a) **-2.** [secret] ben custodito(a).

well-known *adj* noto(a).

well-mannered *adj* educato(a).

well-meaning *adj* in buona fede.

well-nigh *adv* pressoché.

well-off *adj* benestante.

well-read [-red] *adj* colto(a).

well-rounded *adj* [varied] completo(a).

well-timed [-'taɪmd] *adj* tempestivo(a).

well-to-do *adj* agiato(a).

well-wisher [-,wɪʃə^r] *n* sostenitore *m*, -trice *f*.

Welsh [welʃ] ◇ *adj* gallese. ◇ *n* [language] gallese *m*. ◇ *npl*: **the ~** i gallesi.

Welshman ['welʃmən] (*pl* **-men**) *n* gallese *m*.

Welshwoman ['welʃ,wʊmən] (*pl* **-women**) *n* gallese *f*.

went [went] *pt* ⊳go.

wept [wept] *pt & pp* ⊳weep.

were [wɜːʳ] *vb* ⊳be.

we're [wɪəʳ] *cont* = we are.

weren't [wɜːnt] *cont* = were not.

west [west] ◇ *n* **-1.** [direction] ovest *m*, occidente *m* **-2.** [region]: **the** ~ l'ovest. ◇ *adj* [in the west, facing the west, from the west] occidentale. ◇ *adv* OR verso ovest; ~ **of** a ovest di. ◆ **West** *n* POL: **the West** l'Occidente.

West Bank *n*: **the** ~ la Cisgiordania.

West Country *n*: **the** ~ il sud-ovest dell'Inghilterra.

westerly ['westəlɪ] *adj* **-1.** [towards the west]: **in a** ~ **direction** verso ovest **-2.** [in the west, from the west] occidentale.

western ['westən] ◇ *adj* occidentale. ◇ *n* [book, film] western *m inv.*

West German ◇ *adj* della Germania *f* dell'Ovest. ◇ *n* [person] tedesco *m*, -a *f* occidentale.

West Germany *n*: **(former)** ~ la ex Germania dell'Ovest.

West Indian ◇ *adj* delle Indie occidentali. ◇ *n* abitante delle Indie occidentali.

West Indies *npl*: **the** ~ le Indie Occidentali.

Westminster ['westmɪnstəʳ] *n* **-1.** [area] *area amministrativa londinese che comprende il Parlamento e molti uffici governativi* **-2.** *fig* [British parliament] parlamento *m* britannico.

westward ['westwəd] ◇ *adj* [journey] verso ovest; [direction] ovest. ◇ *adv* = westwards.

westwards ['westwədz] *adv* a ovest.

wet [wet] *(pt & pp* **wet** OR **-ted)** ◇ *adj* **-1.** [gen] bagnato(a) **-2.** [weather, climate] piovoso(a); **it's always** ~ **in Glasgow!** piove sempre a Glasgow! **-3.** [paint, concrete] fresco(a) **-4.** *UK inf pej* [weak, feeble] rammollito(a). ◇ *n inf UK* POL moderato(a). ◇ *vt* **-1.** [gen] bagnare **-2.** [bed, pants] fare la pipì in.

wet blanket *n inf pej* guastafeste *mf inv.*

wet suit *n* muta *f* da sub.

we've [wiːv] *cont* = we have.

whack [wæk] *inf* ◇ *n* **-1.** [share] fetta *f* **-2.** [hit] colpo *m.* ◇ *vt* [person, child] menare; [ball] colpire.

whale [weɪl] *n* balena *f.*

wharf [wɔːf] *(pl* **-s** OR **wharves)** *n* pontile *m.*

what [wɒt] ◇ *adj* **-1.** *(in direct, indirect questions)* che *inv,* quale; ~ **shape is it?** che

forma ha?; ~ **colour is it?** di che colore è?; ~ **books do you need?** quali libri ti servono?; **he asked me** ~ **books I needed** mi ha chiesto quali libri mi servivano **-2.** *(in exclamations)* che; ~ **a surprise!** che sorpresa! ◇ *pron* **-1.** *(interrogative: subject, object, after prep)* (che) cosa; ~ **are they doing?** (che) cosa stanno facendo?; ~ **is going on?** (che) cosa succede?; ~ **are they talking about?** di (che) cosa stanno parlando?; ~ **about another drink?** ti va di bere ancora qualcosa?; ~ **about going out for a meal?** e se andassimo a mangiare fuori?; ~ **about me?** e io?; ~ **if nobody comes?** e se non venisse nessuno? **-2.** *(relative: subject, object)* quello che, cosa; ~ **you're doing is illegal** quello che stai facendo è illegale; **I saw** ~ **happened** ho visto quello che è successo; **he asked me** ~ **I was thinking about** mi ha chiesto cosa stessi pensando; **tell me** ~ **was in the bag** dimmi cosa c'era nella borsa. ◇ *excl* [expressing disbelief] cosa?

whatever [wɒt'evəʳ] ◇ *adj* qualsiasi; **nothing** ~ niente. ◇ *pron* **-1.** [gen] qualunque cosa; **or** ~ o qualcosa del genere **-2.** [indicating surprise] cosa mai.

what's-his-name *n inf* coso *m*, -a *f.*

whatsit ['wɒtsɪt] *n inf* coso *m.*

whatsoever [ˌwɒtsəʊ'evəʳ] *adj*: **I had no interest** ~ non avevo alcun interesse; **nothing** ~ niente del genere.

wheat [wiːt] *n* grano *m.*

wheedle ['wiːdl] *vt*: **to** ~ **sb into doing sthg** convincere qn a fare qc con le moine; **to** ~ **sthg out of sb** strappare qc a qn con le moine.

wheel [wiːl] ◇ *n* **-1.** [of bicycle, car, train] ruota *f* **-2.** [steering wheel] volante *m.* ◇ *vt* spingere. ◇ *vi* [turn round]: **to** ~ **round** voltarsi di scatto.

wheelbarrow ['wiːlˌbærəʊ] *n* carriola *f.*

wheelchair ['wiːlˌtʃeəʳ] *n* sedia *f* a rotelle.

wheel clamp *n* ceppo *m* bloccaruota. ◆ **wheel-clamp** *vt* mettere il ceppo bloccaruota a.

wheeze [wiːz] ◇ *n* sibilo *m.* ◇ *vi* respirare sibilando.

whelk [welk] *n* ZOOL buccino *m.*

when [wen] ◇ *adv* *(in direct, indirect questions)* quando; ~ **does the plane arrive?** quando arriva l'aereo?; **he asked me** ~ **I would be in London** mi ha chiesto quando sarei stato a Londra. ◇ *conj* **-1.** [referring to time] quando; **I was reading** ~ **he came in** stavo leggendo quando è entrato; **one day** ~ **I was on my own** un giorno in cui ero da solo; **that was ~ it all started** è allora che è cominciato tutto **-2.** [whereas] mentre **-3.** [considering that] dal momento che.

whenever [wen'evəʳ] ◇ *conj* **-1.** [every time that] ogni volta che, quando **-2.** [at whatever time] quando. ◇ *adv* **-1.** [indicating surprise] quando mai **-2.** [indicating lack of precision]: **or ~** non importa quando.

where [weəʳ] ◇ *adv (in direct, indirect questions)* dove; **~ do you live?** dove abiti?; **do you know ~ he lives?** sai dove abita?; **~ is all this arguing getting us?** cosa concludiamo a forza di litigare?; **that's ~ I don't agree** è su questo che non sono d'accordo. ◇ *conj* **-1.** [referring to place, situation] dove; **go ~ you like** vai dove vuoi; **this is ~ it happened** è qui che è successo; **the school ~ I used to go** la scuola in cui andavo **-2.** [whereas] mentre.

whereabouts ◇ *adv* [ˌweərə'baʊts] dove. ◇ *npl* ['weərəbaʊts]: **their ~ are still unknown** non si sa ancora dove siano.

whereas [weər'æz] *conj* mentre.

whereby [weə'baɪ] *conj fml* per cui.

whereupon [ˌweərə'pɒn] *conj fml* dopo di che.

wherever [weər'evəʳ] ◇ *conj* dovunque; **sit ~ you want** siediti dove vuoi. ◇ *adv* **-1.** [indicating surprise] dove mai **-2.** [indicating lack of precision] dovunque.

whet [wet] *vt*: **to ~ sb's appetite (for sthg)** stuzzicare la voglia di qn (di qc).

whether ['weðəʳ] *conj* **-1.** [indicating choice, doubt] se **-2.** [no matter if]: **~ you want it or not** che tu lo voglia o meno

which [wɪtʃ] ◇ *adj* **-1.** *(in direct, indirect questions)* quale; **~ house is yours?** qual è la tua casa?; **I asked you ~ house was yours** ti ho chiesto qual era la tua casa **-2.** [to refer back to sthg]: **in ~ case** nel qual caso. ◇ *pron* **-1.** *(in direct, indirect questions)* quale; **~ do you prefer?** quale preferisci?; **I asked you ~ you prefer** ti ho chiesto quale preferisci **-2.** *(in relative clauses: subject, object, after prep)* che; **take the slice ~ is nearer to you** prendi la fetta che è più vicina a te; **the television ~ we bought** la televisione che abbiamo comprato; **the couch on ~ I am sitting** il divano sul quale sono seduto; **the film of ~ we spoke** il film di cui abbiamo parlato.

whichever [wɪtʃ'evəʳ] ◇ *adj* qualunque. ◇ *pron* **-1.** [the one which] quello(a) che **-2.** [no matter which one] qualunque.

whiff [wɪf] *n* ondata *f*.

while [waɪl] ◇ *n*: **a ~** un po'; **for a ~**

(per) un po'; **after a ~** dopo un po'. ◇ *conj* **-1.** [gen] mentre **-2.** [as long as] finché. **◆ while away** *vt sep* far passare.

whilst [waɪlst] *conj* = while.

whim [wɪm] *n* capriccio *m*.

whimper ['wɪmpəʳ] ◇ *vt* mugolare. ◇ *vi* [child] mugolare; [animal] guaire.

whimsical ['wɪmzɪkl] *adj* bizzarro(a).

whine [waɪn] *vi* [child] piagnucolare; [dog] guaire; [engine] sibilare.

whinge [wɪndʒ] *vi UK*: **to ~ (about sb/ sthg)** lagnarsi (di qn/qc).

whip [wɪp] ◇ *n* **-1.** [for hitting] frusta *f* **-2.** *UK* POL capogruppo *mf*. ◇ *vt* **-1.** [gen] frustare **-2.** [take quickly]: **to ~ sthg out/off** sfilare qc velocemente **-3.** CULIN montare.

whipped cream *n* panna *f* montata.

whip-round *n UK inf*: **to have a ~** fare una colletta.

whirl [wɜːl] ◇ *n* **-1.** [rotating movement] turbine *m* **-2.** *fig* [flurry, round] turbinio *m*. ◇ *vt*: **to ~ sb/sthg round** far roteare qn/ qc. ◇ *vi* **-1.** [move around] turbinare **-2.** *fig* [be confused, excited] girare.

whirlpool ['wɜːlpuːl] *n* mulinello *m*.

whirlwind ['wɜːlwɪnd] *n* tromba *m* d'aria.

whirr [wɜːʳ] *vi* ronzare.

whisk [wɪsk] ◇ *n* CULIN frusta *f*. ◇ *vt* **-1.** [put or take quickly]: **to ~ sb away** portar via qn a tutta velocità; **to ~ sthg out of one's pocket** tirar fuori qc di tasca rapidamente **-2.** CULIN sbattere.

whisker ['wɪskəʳ] *n* [of animal] baffo *m*. **◆ whiskers** *npl* [of man] baffi *mpl*.

whiskey ['wɪskɪ] *(pl* whiskeys*)* *n* whisky *m inv*(Irish or American).

whisky *n* Scotch (whisky) *m inv*.

whisper ['wɪspəʳ] *vt & vi* bisbigliare, sussurrare.

whistle ['wɪsl] ◇ *n* fischio *m*. ◇ *vt & vi* fischiare.

white [waɪt] ◇ *adj* **-1.** [gen] bianco(a) **-2.** [coffee] con latte. ◇ *n* **-1.** [colour] bianco *m* **-2.** [person] bianco *m*, -a *f*.

white-collar *adj* impiegatizio(a); **~ worker** impiegato *m*, -a *f*.

white-hot *adj* incandescente.

White House *n*: **the ~** la Casa Bianca.

white lie *n* bugia *f* pietosa.

whiteness ['waɪtnɪs] *n* bianchezza *f*.

white paper *n* POL rapporto *m* governativo ufficiale.

white sauce *n* besciamella *f*.

white spirit *n UK* acquaragia *f*.

white trash *n US pej* [people] termine dispregiativo che indica persone di razza bianca, povere e non istruite.

whitewash ['waɪtwɒʃ] ◇ *n* **-1.** [paint] calce *f* **-2.** *pej* [cover-up] copertura *f.* ◇ *vt* [paint] dare la calce a.

Whitsun ['wɪtsn] *n* Pentecoste *f.*

whittle ['wɪtl] *vt*: **to ~ sthg away** OR **down** ridurre qc.

whiz, whizz [wɪz] *vi* sfrecciare.

whiz(z) kid *n inf* ragazzo *m*, -a prodigio.

who [hu:] *pron* **-1.** *(in direct, indirect questions)* chi; **~ are you?** chi sei?; **I didn't know ~ she was** non sapevo chi fosse **-2.** *(in relative clauses)* che; **he's the doctor ~ treated me** è il medico che mi ha curata; **I know someone ~ can help** conosco qualcuno che può essere d'aiuto.

who'd [hu:d] *cont* = **who had; who would.**

whodu(n)nit [ˌhuːˈdʌnɪt] *n inf* giallo *m.*

whoever [huːˈevəʳ] *pron* **-1.** [gen] chiunque **-2.** [indicating surprise] chi mai.

whole [həʊl] ◇ *adj* **-1.** [entire, complete] intero(a) **-2.** *esp US* [for emphasis] tutto(a); **there are a ~ lot of questions** c'è tutta una serie di domande; **a ~ lot bigger** assai più grande. ◇ *adv esp US* [for emphasis]: **a ~ new idea** un'idea del tutto nuova. ◇ *n* **-1.** [all, entirety]: **the ~ of the school** tutta la scuola **-2.** [unit, complete thing] tutto *m.* ◆ **as a whole** *adv* nel complesso. ◆ **on the whole** *adv* nel complesso.

whole-hearted *adj* totale.

wholemeal ['həʊlmiːl] *UK,* **whole wheat** *US adj* integrale.

wholesale ['həʊlseɪl] ◇ *adj* **-1.** [bulk] all'ingrosso **-2.** *pej* [excessive] indiscriminato(a). ◇ *adv* **-1.** [in bulk] all'ingrosso **-2.** *pej* [excessively] indiscriminatamente.

wholesaler ['həʊlˌseɪləʳ] *n* commerciante *mf* all'ingrosso.

wholesome ['həʊlsəm] *adj* sano(a).

whole wheat *adj US* = **wholemeal.**

who'll [hu:l] *cont* = **who will.**

wholly ['həʊlɪ] *adv* totalmente.

whom [hu:m] *pron fml* **-1.** *(in direct, indirect questions)* chi; **~ did you invite?** chi hai invitato?; **to ~ am I speaking?** con chi parlo? **-2.** *(in relative clauses)* che; **the girl ~ he married** la ragazza che ha sposato; **the man of ~ you speak** l'uomo del quale parli; **the man to ~ you were speaking** l'uomo al quale stavi parlando; **several people came, none of ~ I knew** sono venute diverse persone, delle quali non ne conoscevo nessuna.

whooping cough ['huːpɪŋ-] *n* pertosse *f.*

whopping ['wɒpɪŋ] *inf* ◇ *adj* enorme. ◇ *adv*: **a ~ great lorry** un camion gigantesco.

whore [hɔːʳ] *n pej* puttana *f.*

who're ['huːəʳ] *cont* = **who are.**

whose [hu:z] ◇ *pron* *(in direct, indirect questions)* di chi; **~ is this?** di chi è questo?; **tell me ~ this is** dimmi di chi è questo. ◇ *adj* **-1.** *(in direct, indirect questions)* di chi; **~ car is that?** di chi è quella macchina? **-2.** *(in relative clauses)* il cui (la cui); [with plural] i cui (le cui); **that's the boy ~ father's an MP** questo è il ragazzo il cui padre è deputato.

who've [hu:v] *cont* = **who have.**

why [waɪ] ◇ *adv* perché; **~ did you lie to me?** perché mi hai mentito?; **~ not?** perché no?; **~ don't you all come?** perché non venite tutti? ◇ *conj* perché (+ cong.); **I don't know ~ he said that** non so perché l'abbia detto. ◇ *pron* per cui, per il quale (la quale); [with plural] per i quali (le quali); **there are several reasons ~** he left ci sono varie ragioni per le quali se n'è andato; **I don't know the reason ~** non so perché. ◇ *excl* ma guarda! ◆ **why ever** *adv* perché mai.

wick [wɪk] *n* stoppino *m.*

wicked ['wɪkɪd] *adj* **-1.** [evil] cattivo(a) **-2.** [mischievous, devilish] malizioso(a).

wicker ['wɪkəʳ] *adj* di vimini.

wicket ['wɪkɪt] *n CRICKET* **-1.** [stumps] wicket *m inv* **-2.** [pitch] campo *m.*

wide [waɪd] ◇ *adj* **-1.** [gen] largo(a) **-2.** [variety, coverage, knowledge, implications] ampio(a) **-3.** [gap, difference] grosso(a). ◇ *adv* **-1.** [as far as possible]: **the door was ~ open** la porta era spalancata; **open ~!** [at dentist's] apra bene! **-2.** [off-target] lontano dal bersaglio.

wide-awake *adj* completamente sveglio(a).

widely ['waɪdlɪ] *adv* **-1.** [broadly]: **he smiled/yawned ~** fece un grande sorriso/sbadiglio **-2.** [extensively, considerably] molto.

widen ['waɪdn] *vt* ampliare.

wide open *adj* **-1.** [window, door] spalancato(a) **-2.** [eyes] sgranato(a).

wide-ranging [-ˈreɪndʒɪŋ] *adj* vasto(a).

widescreen TV ['waɪdskriːn-] *n* TV widescreen *f inv.*

widespread ['waɪdspred] *adj* diffuso(a).

widow ['wɪdəʊ] *n* vedova *f.*

widowed ['wɪdəʊd] *adj* vedovo(a).

widower ['wɪdəʊə^r] *n* vedovo *m*.

width [wɪdθ] *n* larghezza *f*; **in ~** di larghezza.

wield [wi:ld] *vt* **-1.** [weapon] brandire **-2.** [power] esercitare.

wife [waɪf] (*pl* **wives**) *n* moglie *f*.

wig [wɪg] *n* parrucca *f*.

wiggle ['wɪgl] *inf vt* muovere.

wild [waɪld] *adj* **-1.** [state, attack, scenery] selvaggio(a); [plant, flower, cat] selvatico(a) **-2.** [weather, sea] hurracoso(a) **-3.** [laughter, crowd, applause] sfrenato(a) **-4.** [dream, plan, guess] assurdo(a). ◆ **wilds** *npl*: **in the ~s** in un posto sperduto.

wilderness ['wɪldənɪs] *n* **-1.** [barren land] terre *fpl* desolate **-2.** [overgrown land] giungla *f* **-3.** *fig* [unimportant place]: **in the political ~** lontano dalla scena politica.

wild-goose chase *n inf* ricerca *f* inutile.

wildlife ['waɪldlaɪf] *n* fauna *f*.

wildly ['waɪldlɪ] *adv* **-1.** [enthusiastically, fanatically] sfrenatamente **-2.** [at random] a casaccio **-3.** [extremely] estremamente.

wilful *UK*, **willful** *US* ['wɪlfʊl] *adj* **-1.** [determined] caparbio(a) **-2.** [deliberate] intenzionale.

will¹ [wɪl] ◇ *n* **-1.** [gen] volontà *f*, desiderio *m*; **against one's ~** contro la propria volontà **-2.** [document] testamento *m*. ◇ *vt*: **to ~ sthg to happen** volere ardentemente che qc accada; **to ~ sb to do sthg** volere ardentemente che qn faccia qc.

will² [wɪl] *modal vb* **-1.** [to express future tense]: **when ~ we get paid?** quando saremo pagati?; **they ~ never agree** non acconsentiranno mai; **~ you be here next week? — yes I ~/no I won't** ci sarai la prossima settimana — sì/no; **when ~ you have finished it?** quando l'avrai finito? **-2.** [indicating willingness]: **~ you have some more tea?** prendi ancora un po' di tè?; **I won't do it** non intendo farlo **-3.** [in commands, requests]: **you ~ leave this house at once** te ne devi andare subito da questa casa; **close that window, ~ you?** ti dispiace chiudere quella finestra?; **~ you be quiet!** vuoi stare zitto? **-4.** [indicating possibility]: **the hall ~ hold up to 1,000 people** la sala può contenere fino a 1000 persone; **this ~ stop any draughts** questo dovrebbe bloccare tutte le correnti d'aria **-5.** [indicating what usually happens]: **pensions ~ be paid monthly** le pensioni sono pagate mensilmente **-6.** [expressing an assumption]: **that'll be your father** sarà tuo padre; **as you'll have gathered, I'm not**

keen on the idea come avrai intuito, non sono entusiasta dell'idea **-7.** [indicating irritation]: **well, if you ~ leave your toys everywhere ...** insomma, se continui a lasciare i tuoi giocattoli dappertutto ...; **she ~ keep phoning me** non la smette di telefonarmi.

willful *adj US* = **wilful**.

willing ['wɪlɪŋ] *adj* **-1.** [prepared] disposto(a); **to be ~ to do sthg** essere disposto a fare qc **-2.** [eager] volenteroso(a).

willingly ['wɪlɪŋlɪ] *adv* volentieri.

willow (tree) ['wɪləʊ] *n* salice *m*.

willpower ['wɪl‚paʊə^r] *n* forza *f* di volontà.

willy-nilly [‚wɪlɪ'nɪlɪ] *adv* **-1.** [at random] a casaccio **-2.** [wanting to or not] volente o nolente.

wilt [wɪlt] *vi* **-1.** [plant] appassire **-2.** *fig* [person] sentirsi venir meno le forze.

wily ['waɪlɪ] *adj* astuto(a).

wimp [wɪmp] *n inf pej* fifone *m*, -a *f*.

win [wɪn] (*pt & pp* **won**) ◇ *n* vittoria *f*. ◇ *vt* **-1.** [gen] vincere **-2.** [support, approval] conquistare. ◇ *vi* vincere. ◆ **win over, win round** *vt sep* convincere.

wince [wɪns] *vi* trasalire; **to ~ at/with sthg** trasalire a/di qc.

winch [wɪntʃ] *n* argano *m*.

wind¹ [wɪnd] ◇ *n* **-1.** METEOR vento *m* **-2.** [breath] fiato *m* **-3.** [in stomach] aria *f*. ◇ *vt* [knock breath out of] togliere il fiato a.

wind² [waɪnd] (*pt & pp* **wound** [waʊnd]) ◇ *vt* **-1.** [string, thread] avvolgere **-2.** [clock] caricare. ◇ *vi* [river, road] snodarsi. ◆ **wind down** ◇ *vt sep* **-1.** [car window] abbassare **2.** [business] diminuire. ◇ *vi* [relax] rilassarsi. ◆ **wind up** *vt sep* **-1.** [meeting, company] chiudere **-2.** [clock] caricare **-3.** [car window] alzare **-4.** *UK inf* [deliberately annoy] prendere in giro **-5.** *inf* [end up]: **to ~ up doing sthg** finire per fare qc.

windfall ['wɪndfɔːl] *n* dono *m* inaspettato.

wind farm *n* centrale *f* eolica.

winding ['waɪndɪŋ] *adj* tortuoso(a).

wind instrument [wɪnd-] *n* strumento *m* a fiato.

windmill ['wɪndmɪl] *n* mulino *m* a vento.

window ['wɪndəʊ] *n* **-1.** [gen] finestra *f* **-2.** [in car] finestrino *m* **-3.** [of shop] vetrina *f* **-4.** [free time] buco *m*.

window box *n* fioriera *f* da davanzale.

window cleaner *n* lavavetri *mf inv*.

window ledge *n* davanzale *m*.

windowpane ['wɪndəʊpeɪn] *n* vetro *m* (di finestra).

windowsill ['wɪndəʊsɪl] *n* davanzale *m*.

windpipe ['wɪndpaɪp] *n* trachea *f*.

windscreen ['wɪndskriːn] UK, **windshield** US *n* parabrezza *m inv*.

windscreen washer *n* lavacristallo *m*.

windscreen wiper *n* tergicristallo *m*.

windshield ['wɪndʃiːld] *n* US = windscreen.

windsurfing ['wɪnd,sɜːfɪŋ] *n* windsurf *m*.

windswept ['wɪndswept] *adj* [scenery] ventoso(a).

wind turbine *n* aeroturbina *f*.

windy ['wɪndɪ] *adj* ventoso(a).

wine [waɪn] *n* vino *m*.

wine bar *n* UK enoteca *f*.

wineglass ['waɪnglɑːs] *n* bicchiere *m* da vino.

wine list *n* carta *f* dei vini.

wine tasting [-,teɪstɪŋ] *n* degustazione *f* di vini.

wine waiter *n* sommelier *mf inv*.

wing [wɪŋ] *n* -1. [gen] ala *f* -2. [of car] parafango *m*. ➤ **wings** *npl* THEAT: the ~s le quinte.

winger ['wɪŋəʳ] *n* SPORT ala *f*.

wink [wɪŋk] ◇ *n* [of eye] strizzatina *f* d'occhi. ◇ *vi* [person] ammicare; to ~ at sb fare l'occhiolino a qn.

winkle ['wɪŋkl] *n* litorina *f*. ➤ **winkle out** *vt sep* -1. [remove] tirare fuori -2. *fig* [extract]: to ~ sthg out of sb tirare fuori qc da qn.

winner ['wɪnəʳ] *n* [person] vincitore *m*, -trice *f*.

winning ['wɪnɪŋ] *adj* vincente. ➤ **winnings** *npl* vincite *fpl*.

winning post *n* traguardo *m*.

winter ['wɪntəʳ] ◇ *n* inverno *m*; in ~ d'inverno. ◇ *comp* invernale.

winter sports *npl* sport *mpl* invernali.

wintertime ['wɪntətaɪm] *n* inverno *m*.

wint(e)ry ['wɪntrɪ] *adj* invernale.

wipe [waɪp] ◇ *n* [clean] pulita *f*. ◇ *vt* -1. [in order to clean] pulire -2. [in order to dry] asciugare. ➤ **wipe out** *vt sep* -1. [erase] cancellare -2. [eradicate] sterminare. ➤ **wipe up** ◇ *vt sep* pulire. ◇ *vi* asciugare i piatti.

wire ['waɪəʳ] ◇ *n* -1. [metal] filo *m* di ferro -2. ELEC filo *m* -3. *esp* US [telegram] telegramma *m*. ◇ *vt* -1. [house] fare l'impianto elettrico di -2. [plug] collegare -3. *esp*

US [send telegram to] mandare un telegramma a.

wireless ['waɪəlɪs] *n dated* radio *f inv*.

wiring ['waɪərɪŋ] *n* impianto *m* elettrico.

wiry ['waɪərɪ] *adj* -1. [hair] ispido(a) -2. [body, man] snello(a) e muscoloso(a).

wisdom ['wɪzdəm] *n* saggezza *f*.

wisdom tooth *n* dente *m* del giudizio.

wise [waɪz] *adj* saggio(a).

wish [wɪʃ] ◇ *n* desiderio *m*; a ~ to do sthg un desiderio di fare qc; a ~ for sthg un desiderio di qc. ◇ *vt* -1. [want]: to ~ to do sthg *fml* desiderare fare qc; to ~ (that) desiderare che -2. [desire, request by magic]: to ~ (that) volere (che); I ~ (that) he'd come vorrei venisse -3. [in greeting]: to ~ sb sthg augurare qc a qn. ◇ *vi* [by magic]: to ~ for sthg chiedere qc. ➤ **wishes** *npl*: best ~es tanti auguri; (with) best ~es [at end of letter] cordiali saluti.

wishy-washy ['wɪʃɪ,wɒʃɪ] *adj inf pej* insulso(a).

wisp [wɪsp] *n* -1. [tuft] ciocca *f* -2. [of smoke] filo *m*.

wistful ['wɪstfʊl] *adj* malinconico(a).

wit [wɪt] *n* -1. [humour] arguzia *f* -2. [intelligence]: to have the ~ to do sthg avere l'intelligenza per fare qc. ➤ **wits** *npl* [intelligence, mind]: to have OR keep one's ~s about one stare all'erta.

witch [wɪtʃ] *n* strega *f*.

with [wɪð] *prep* -1. [in the company of] con; I play tennis ~ his wife gioco a tennis con sua moglie; we stayed ~ them for a week siamo rimasti da loro una settimana -2. [indicating opposition] con; I was always arguing ~ my brother litigavo sempre con mio fratello; the war ~ Germany la guerra con la Germania -3. [indicating means, manner, feelings] con; I washed it ~ detergent l'ho lavato con del detersivo; she pushed back her fringe ~ her hand si è tolta la frangia dagli occhi con la mano; the room was hung ~ balloons la stanza era decorata con dei palloncini appesi; ~ care con attenzione; all right, he said ~ a smile d'accordo, disse con un sorriso; she was trembling ~ fright tremava dalla paura -4. [having] con; a man ~ a beard un uomo con la barba; a city ~ many churches una città con molte chiese; the computer comes ~ a printer il computer è venduto con una stampante -5. [regarding] con; he's very mean ~ money è molto avaro; what will you do ~ the house? cosa farete con la casa?; the

trouble ~ **her is that ...** il problema con lei è che ... **-6.** [indicating simultaneity]: **I can't do it** ~ **you watching me** non posso farlo mentre mi guardi **-7.** [because of] con; ~ **the weather as it is, we decided to stay at home** con un tempo del genere, abbiamo deciso di rimanere a casa; ~ **my luck, I'll probably lose** con la fortuna che mi ritrovo, è probabile che perda **-8.** *phr:* **I'm** ~ **you** [I understand] ti seguo; [I'm on your side] sono dalla tua parte; [I agree] sono d'accordo con te.

withdraw [wɪð'drɔː] (*pt* **-drew,** *pp* **-drawn**) ⋄ *vt* ritirare; **to** ~ **sthg from sthg** ritirare qc da qc. ⋄ *vi* **-1.** *fml* [leave] ritirarsi; **to** ~ **from** [gen] ritirarsi da; *fml* [from room] uscire da; **to** ~ **to** MIL ritirarsi in; *fml* andare in **-2.** [quit, give up] ritirarsi.

withdrawal [wɪð'drɔːəl] *n* **-1.** [gen] ritiro *m*; ~ **from sthg** ritiro da qc **-2.** [removal] sospensione *f* **-3.** FIN prelievo *m*.

withdrawal symptoms *npl* crisi *f inv* da astinenza.

withdrawn [wɪð'drɔːn] ⋄ *pp* ▷ **withdraw.** ⋄ *adj* introverso(a).

withdrew [wɪð'druː] *pt* ▷ **withdraw.**

wither ['wɪðə^r] *vi* **-1.** [dry up] seccare **-2.** [become weak] intiepidirsi.

withhold [wɪð'həʊld] (*pt & pp* **-held**) *vt* [services] negare; [salary] trattenere; [information] nascondere.

within [wɪ'ðɪn] ⋄ *prep* **-1.** [inside] dentro **-2.** [not more than] entro **-3.** [less than] meno di. ⋄ *adv* dentro.

without [wɪ'ðaʊt] ⋄ *prep* senza; ~ **doing sthg** senza fare qc ⋄ *adv:* **to go** OR **do** ~ **(sthg)** fare senza (qc).

withstand [wɪð'stænd] (*pt & pp* **-stood**) *vt* resistere a.

witness ['wɪtnɪs] ⋄ *n* **-1.** [gen] testimone *mf* **-2.** [testimony]: **to bear** ~ **to sthg** testimoniare qc. ⋄ *vt* **-1.** [see] essere testimone di **-2.** [countersign] fare da testimone a.

witness box *UK,* **witness stand** *US n* banco *m* dei testimoni.

witticism ['wɪtɪsɪzm] *n* arguzia *f.*

witty ['wɪtɪ] *adj* arguto(a).

wives [waɪvz] *pl* ▷ **wife.**

wizard ['wɪzəd] *n* mago *m.*

wobble ['wɒbl] *vi* [chair, plane] traballare; [hand] tremare.

woe [wəʊ] *n lit* pena *f.*

woke [wəʊk] *pt* ▷ **wake.**

woken ['wəʊkn] *pp* ▷ **wake.**

wolf [wʊlf] (*pl* **wolves**) *n* **-1.** [animal] lupo *m* **-2.** [man] donnaiolo *m.*

woman ['wʊmən] (*pl* **women**) ⋄ *n* donna *f.* ⋄ *comp* donna.

womanly ['wʊmənlɪ] *adj* femminile.

womb [wuːm] *n* utero *m.*

women ['wɪmɪn] *pl* ▷ **woman.**

women's lib *n inf* movimento *m* femminile.

women's liberation *n* **-1.** [aim] emancipazione *f* della donna **-2.** [movement] movimento *m* femminile.

won [wʌn] *pt & pp* ▷ **win.**

wonder ['wʌndə^r] ⋄ *n* **-1.** [amazement] stupore *m,* meraviglia *f* **-2.** [cause for surprise]: **it's a** ~ **(that)** ... è un miracolo che ...; **it's no** OR **little** OR **small** ~ non c'è da stupirsi **-3.** [amazing thing, person] meraviglia *f.* ⋄ *vt* **-1.** [speculate] domandarsi; **to** ~ **if** OR **whether** domandarsi se **-2.** [in polite requests]: **I** ~ **whether you would mind ...?** mi chiedevo se potesse ... ⋄ *vi* [speculate] chiedersi; **why did you ask? – oh, I just wondered** perché lo hai chiesto? – così, tanto per sapere; **to** ~ **about sthg** pensare a qc.

wonderful ['wʌndəfʊl] *adj* meraviglioso(a).

wonderfully ['wʌndəfʊlɪ] *adv* **-1.** [very well] stupendamente **2.** [for emphasis] incredibilmente.

won't [wəʊnt] *cont* = **will not.**

woo [wuː] *vt* corteggiare.

wood [wʊd] ⋄ *n* **-1.** [gen] legno *m* **-2.** [group of trees] bosco *m.* ⋄ *comp* di legno. ◆ **woods** *npl* [forest] boschi *mpl.*

wooded ['wʊdɪd] *adj* [forested] boscoso(a).

wooden ['wʊdn] *adj* **-1.** [of wood] di legno **-2.** *pej* [actor] legnoso(a).

woodpecker ['wʊd,pekə^r] *n* picchio *m.*

woodwind ['wʊdwɪnd] *n:* **the** ~ i legni.

woodwork ['wʊdwɜːk] *n* **-1.** [wooden objects] oggetti *mpl* in legno **-2.** [craft] falegnameria *f.*

wool [wʊl] *n* **-1.** lana *f* **-2.** *phr:* **to pull the** ~ **over sb's eyes** *inf* gettare fumo negli occhi a qn.

woollen *UK,* **woolen** *US* ['wʊlən] *adj* di lana. ◆ **woollens** *npl* indumenti *mpl* di lana.

woolly *adj* **-1.** [woollen] di lana **-2.** *inf* [fuzzy, unclear] confuso(a).

word [wɜːd] ⋄ *n* **-1.** [gen] parola *f*; ~ **for** ~ parola per parola; **in other** ~s in altre parole; **in a** ~ insomma; **too ... for** ~s troppo ...; **to have a** ~ **(with sb)** parlare (a OR con qn); **she doesn't mince her** ~s non va tanto per il sottile; **I couldn't get a ~ in edgeways** non sono riuscito a dire neanche mezza parola **-2.** [news] notizie *fpl* **-3.** [promise] parola *f*; **to give sb one's ~** dare a qn la propria parola. ◇ *vt* formulare.

wording ['wɜːdɪŋ] *n* formulazione *f*.

word processing *n* videoscrittura *f*.

word processor *n* programma *m* di videoscrittura.

wore [wɔːʳ] *pt* ⊳**wear**.

work [wɜːk] ◇ *n* **-1.** [gen] lavoro *m*; **in/out of ~** occupato/disoccupato; **haven't you got any ~ to do?** non hai niente da fare?; **at ~** al lavoro **-2.** ART & LIT opera *f*. ◇ *vt* **-1.** [person, staff] far lavorare **-2.** [machine] far funzionare **-3.** [land, clay, metal] lavorare. ◇ *vi* **-1.** [do a job] lavorare **-2.** [function, be successful] funzionare **-3.** [gradually become] diventare; **the screw is ~ing loose** la vite si sta allentando. ◆ **works** ◇ *n* [factory] stabilimento *m*. ◇ *npl* **-1.** [mechanism] meccanismo *m* **-2.** [digging, building] lavori *mpl*. ◆ **work on** *vt insep* **-1.** [concentrate on] lavorare a **-2.** [take as basis] lavorare su **-3.** [try to persuade] lavorarsi. ◆ **work out** ◇ *vt sep* **-1.** [formulate] elaborare **-2.** [calculate] trovare, elaborare. ◇ *vi* **-1.** [figure, total]: **to ~ out at** ammontare a **-2.** [turn out] riuscire **-3.** [be successful] andare bene **-4.** [train, exercise] allenarsi. ◆ **work up** *vt sep* **-1.** [excite]: **to ~ o.s. up into a frenzy** agitarsi **-2.** [generate]: **to ~ up enthusiasm** entusiasmarsi; **to ~ up an appetite** farsi venire l'appetito.

workable ['wɜːkəbl] *adj* realizzabile.

workaholic [ˌwɜːkə'hɒlɪk] *n* stacanovista *mf*.

worked up [ˌwɜːkt-] *adj* agitato(a).

worker ['wɜːkəʳ] *n* lavoratore *m*, -trice *f*, operaio *m*, -a *f*; **office ~** impiegato *m*, -a *f*.

workforce ['wɜːkfɔːs] *n* manodopera *f*.

working ['wɜːkɪŋ] *adj* **-1.** [in operation] funzionante **-2.** [having employment] che lavora **-3.** [relating to work] lavorativo(a); **~ clothes** abiti *mpl* da lavoro. ◆ **workings** *npl* [of system, machine] meccanismo *m*.

working class *n*: **the ~** la classe operaia, il proletariato. ◆ **working-class** *adj* proletario(a).

working order *n*: **in ~** funzionante.

workload ['wɜːkləʊd] *n* carico *m* di lavoro.

workman ['wɜːkmən] (*pl* **-men**) *n* lavoratore *m*.

workmanship ['wɜːkmənʃɪp] *n* professionalità *f inv.*

workmate ['wɜːkmeɪt] *n* compagno *m* di lavoro.

work permit [-ˌpɜːmɪt] *n* permesso *m* di lavoro.

workplace ['wɜːkpleɪs] *n* posto *m* di lavoro.

workshop ['wɜːkʃɒp] *n* **-1.** [place] laboratorio *m* **-2.** [discussion] seminario *m*.

workstation ['wɜːkˌsteɪʃn] *n* COMPUT postazione *f* di lavoro.

worktop ['wɜːktɒp] *n UK* piano *m* di lavoro.

world [wɜːld] ◇ *n* **-1.** [gen]: **the ~** il mondo; **the next world** [the afterlife] l'aldilà **-2.** [great deal]: **to think the ~ of sb** pensare tutto il bene possibile di qn; **a ~ of difference** un'immensa differenza. ◇ *comp* [power] mondiale; [champion, tour] del mondo.

world-class *adj* a livello mondiale.

world-famous *adj* famoso(a) in tutto il mondo.

worldly ['wɜːldlɪ] *adj* [not spiritual] di questo mondo.

World War I *n* prima guerra *f* mondiale.

World War II *n* seconda guerra *f* mondiale.

worldwide ['wɜːldwaɪd] ◇ *adj* mondiale. ◇ *adv* in tutto il mondo.

worm [wɜːm] *n* verme *m*.

worn [wɔːn] ◇ *pp* ⊳**wear**. ◇ *adj* **-1.** [threadbare] consumato(a) **-2.** [tired] stanco(a).

worn-out *adj* **-1.** [old, threadbare] molto consumato(a), finito(a) **-2.** [tired] esausto(a).

worried ['wʌrɪd] *adj* preoccupato(a).

worry ['wʌrɪ] ◇ *n* preoccupazione *f*. ◇ *vt* [cause to be troubled] preoccupare. ◇ *vi* preoccuparsi; **to ~ about sb/sthg** preoccuparsi per qn/qc; **not to ~!** niente paura!

worrying ['wʌrɪɪŋ] *adj* preoccupante.

worse [wɜːs] ◇ *adj* peggiore; **to get ~** peggiorare. ◇ *adv* [more badly] peggio; **to be ~ off** [having less money] stare peggio; [in a more unpleasant situation] essere in peggiori condizioni. ◇ *n* peggio *m*; **for the ~** in peggio.

worsen ['wɜːsn] *vt & vi* peggiorare.

worship ['wɜːʃɪp] ◇ *vt* **-1.** RELIG venerare **-2.** [admire, adore] adorare. ◇ *n* **-1.** RELIG culto *m* **-2.** [adoration] venerazione *f*. ◆ **Worship** *n*: **Her/His ~** Sua Signoria; **Your ~** Vostro Onore.

worst [wɜːst] ◇ *adj* peggiore. ◇ *adv* peggio; **the ~ affected area** la zona più colpita. ◇ *n*: **the ~** il peggio; **if the ~ comes to the ~** nel peggiore dei casi. ➡ **at (the) worst** *adv* al peggio.

worth [wɜːθ] ◇ *prep* **-1.** [having the value of]: **to be ~ sthg** valere qc; **how much is it ~?** quanto vale? **-2.** [deserving of]: **to be ~ sthg** meritare qc; **to be ~ doing sthg** valere la pena di fare qc. ◇ *n* **-1.** [value]: **a hundred pounds' ~ of sthg** qc per un valore di cento sterline **-2.** [supply] rifornimenti *mpl*; **a week's ~ of groceries** il fabbisogno di cibarie per una settimana.

worthless [ˈwɜːθlɪs] *adj* **-1.** [object] senza valore **-2.** [person] ignobile.

worthwhile [ˌwɜːθˈwaɪl] *adj* utile; **to be ~ doing sthg** valere la pena fare qc.

worthy [ˈwɜːðɪ] *adj* **-1.** [gen] degno(a) **-2.** [deserving]: **to be ~ of sthg** essere meritevole di qc.

would [wʊd] *modal vb* **-1.** [in reported speech]: **she said she ~ come** disse che sarebbe venuta; **he promised he ~ help me** promise che mi avrebbe aiutato **-2.** [indicating likely result]: **I ~ be most grateful ...** le sarei molto grato ...; **if he had lost, he ~ have resigned** se avesse perso, si sarebbe dimesso **-3.** [indicating willingness] volere *(nel passato e nel condizionale)*; **she ~n't go** non voleva andarsene; **he ~ do anything for her** avrebbe fatto qualsiasi cosa per lei **-4.** [in polite questions]: **~ you like a drink?** vuole/vuoi qualcosa da bere?; **~ you mind closing the window?** ti dispiace chiudere la finestra?; **help me shut the case, ~ you?** mi aiuteresti a chiudere la valigia? **-5.** [indicating inevitability]: **he ~ say that** lo sapevo che avrebbe detto così **-6.** [expressing opinions]: **I ~ have thought she'd be pleased** pensavo che sarebbe stata contenta **-7.** [in giving advice]: **I ~ report it, if I were you** io lo denuncerei, se fossi in te **-8.** [describing habitual past actions]: **we ~ meet and he ~ say ...** ci incontravamo e lui diceva ...

would-be *adj* aspirante.

wouldn't [ˈwʊdnt] *cont* = would not.

would've [ˈwʊdəv] *cont* = would have.

wound[1] [wuːnd] ◇ *n* ferita *f*. ◇ *vt* ferire.

wound[2] [waʊnd] *pt & pp* ▷ **wind**[2].

wove [wəʊv] *pt* ▷ **weave**.

woven [ˈwəʊvn] *pp* ▷ **weave**.

WP *n* **-1.** (*abbr of* **word processing**) word processing *m* **-2.** (*abbr of* **word processor**) word processor *m inv.*

wrangle [ˈræŋgl] ◇ *n* disputa *f*. ◇ *vi* bis-ticciare; **to ~ with sb (over sthg)** discutere animatamente con qn (di) qc.

wrap [ræp] ◇ *vt* [gen] avvolgere; **to ~ sthg in sthg** avvolgere qc in qc; **to ~ sthg (a)round sthg** avvolgere qc attorno a qc; **to ~ a present** incartare un regalo. ◇ *n* [garment] scialle *m*. ➡ **wrap up** ◇ *vt sep* [gen]: **to ~ sthg in sthg** avvolgere qc in qc; **to ~ up a present** incartare un regalo. ◇ *vi* [put warm clothes on]: **~ up well** OR **warmly!** copriti bene!

wrapper [ˈræpəʳ] *n* involucro *m*, carta *f*.

wrapping [ˈræpɪŋ] *n* imballaggio *m*.

wrapping paper *n* carta *f* da pacchi.

wreak [riːk] *vt* provocare; **to ~ revenge** fare vendetta.

wreath [riːθ] *n* corona *f*.

wreck [rek] ◇ *n* **-1.** [gen] rottame *m* **-2.** [ship] relitto *m*. ◇ *vt* **-1.** [gen] distruggere **-2.** [ship] far naufragare **-3.** [spoil, ruin] rovinare; **his health is ~ed** ha la salute rovinata.

wreckage [ˈrekɪdʒ] *n* [of plane, car] rottami *mpl*; [of building] rovine *fpl*.

wren [ren] *n* scricciolo *m*.

wrench [rentʃ] ◇ *n* [tool] chiave *f*. ◇ *vt* **-1.** [pull violently] strappare; **to ~ sthg open** aprire violentemente qc **-2.** [injure, twist] slogarsi **-3.** [force away] distogliere.

wrestle [ˈresl] *vi* lottare; **to ~ with sb/sthg** lottare con qn/qc.

wrestler [ˈresləʳ] *n* lottatore *m*, -trice *f*.

wrestling [ˈreslɪŋ] *n* lotta *f*.

wretch [retʃ] *n* poveretto *m*, -a *f*.

wretched [ˈretʃɪd] *adj* **-1.** [miserable] infelice, disgraziato(a) **-2.** *inf* [damned] dannato(a).

wriggle [ˈrɪgl] *vi* **-1.** [move about] dimenarsi **-2.** [twist]: **he ~d under the fence** strisciò sotto il recinto; **I ~d free** mi sono liberato contorcendomi.

wring [rɪŋ] (*pt & pp* **wrung** [rʌŋ]) *vt* strizzare.

wringing [ˈrɪŋɪŋ] *adj*: **~ (wet)** [person] fradicio(a); [clothes] inzuppato(a).

wrinkle [ˈrɪŋkl] ◇ *n* **-1.** [on skin] ruga *f* **-2.** [in cloth] piega *f*. ◇ *vt* [forehead, brow] aggrottare; [nose] arricciare. ◇ *vi* [crease] strapazzarsi.

wrist [rɪst] *n* polso *m*.

wristwatch [ˈrɪstwɒtʃ] *n* orologio *m* da polso.

writ [rɪt] *n* mandato *m*.

write [raɪt] (*pt* **wrote**, *pp* **written**) ◇ *vt* **-1.** [gen] scrivere **-2.** *US* [person] scrivere a **-3.**

[cheque] riempire. ⬦ *vi* [gen] scrivere.
◆ **write down** *vt sep* annotarsi.
◆ **write off** *vt sep* **-1.** [project] cancellare **-2.** [investment] considerare perso; [debt] cancellare **-3.** [person]: **to ~ sb off (as a failure)** liquidar qn come un fallito **-4.** *UK inf* [vehicle] distruggere. ◆ **write up** *vt sep* [notes] trascrivere.

write-off *n* rottame *m*.

writer ['raɪtə'] *n* **-1.** [as profession] scrittore *m*, -trice *f* **-2.** [of letter, article, story] autore *m*, -trice *f*.

writhe [raɪð] *vi* contorcersi.

writing ['raɪtɪŋ] *n* **-1.** [handwriting] scrittura *f*, calligrafia *f* **-2.** [something written] parole *fpl*; **in ~** per iscritto **-3.** [activity] scrivere *m*; **he's taken up writing as a career** ha abbracciato la carriera di scrittore.

writing paper *n* carta *f* da lettere.

written ['rɪtn] ⬦ *pp* ➪ **write.** ⬦ *adj* scritto(a).

wrong [rɒŋ] ⬦ *adj* **-1.** [gen] sbagliato(a); **to be ~ to do sthg** [mistaken] sbagliare a fare qc; [morally unacceptable] scorretto; **I was ~ to ask** sono stato inopportuno con le mie domande; **it's ~ to steal** rubare è disonesto **-2.** [amiss]: **sthg/nothing ~** qc/niente che non va; **what's ~ ?** c'è qualcosa che non va? ⬦ *adv* [incorrectly] in modo scorretto; **to get sthg ~** sbagliare qc; **to go ~** [make a mistake] sbagliare; [stop functioning] funzionare male. ⬦ *n* sbaglio *m*, ingiustizia *f*; **to tell the difference between right and ~** distinguere il bene dal male; **in the ~** in errore. ⬦ *vt lit* trattare ingiustamente.

wrongful ['rɒŋfʊl] *adj* illegale.

wrongly ['rɒŋlɪ] *adv* **-1.** [unsuitably] in modo sbagliato **-2.** [mistakenly] a torto.

wrong number *n* numero *m* sbagliato.

wrote [rəʊt] *pt* ➪ **write.**

wrung [rʌŋ] *pt & pp* ➪ **wring.**

wry [raɪ] *adj* **-1.** [amused] ironico **-2.** [displeased]: **a ~ face/expression** una smorfia.

X

x (*pl* **x's** OR **xs**), **X** (*pl* **X's** OR **Xs**) [eks] *n* **-1.** [lettera] x *m o f inv*, X *m o f inv* **-2.** MATHS x; **~**

number of people un numero x di persone **-3.** [at end of letter] bacio *m*.

Xmas ['eksməs] *n* Natale *m*.

X-ray ⬦ *n* **-1.** [ray] raggio X *m* **-2.** [picture] radiografia *f*. ⬦ *vt* fare una radiografia a.

xylophone ['zaɪləfəʊn] *n* xilofono *m*.

y (*pl* **y's** OR **ys**), **Y** (*pl* **Y's** OR **Ys**) [waɪ] *n* y *m o f inv*, Y *m o f inv*.

yacht [jɒt] *n* yacht *m*.

yachting ['jɒtɪŋ] *n* la barca; **to go ~** andare in barca.

yachtsman ['jɒtsmən] (*pl* **-men**) *n* proprietario *m*, -a *f* (o comandante *mf*) di yacht.

Yank [jæŋk] *n UK inf pej* yankee *mf*.

Yankee ['jæŋkɪ] *n UK inf pej* yankee *mf*.

yap [jæp] *vi* guaire.

yard [jɑːd] *n* **-1.** [unit of measurement] iarda *f* **-2.** [walled area] cortile *m* **-3.** [place of work] cantiere *m* **-4.** *US* [garden of house] giardino *m*.

yardstick ['jɑːdstɪk] *n* **-1.** stecca *f* lunga una iarda **-2.** *fig* parametro *m*.

yarn [jɑːn] *n* [thread] filato *m*.

yawn [jɔːn] ⬦ *n* sbadiglio *m*. ⬦ *vi* sbadigliare.

yd = yard.

yeah [jeə] *adv inf* sì.

year [jɪə'] *n* anno *m*; **all (the) ~ round** (per) tutto l'anno. ◆ **years** *npl* [ages] anni *mpl*.

yearly ['jɪəlɪ] ⬦ *adj* **-1.** [event, report] annuale **-2.** [income, salary] annuo. ⬦ *adv* **-1.** [once a year] annualmente **-2.** [every year] all'anno.

yearn [jɜːn] *vi*: **to ~ for sthg/to do sthg** agognare qc/di fare qc.

yearning ['jɜːnɪŋ] *n* brama *f*; **~ for sthg** desiderio ardente di qc.

yeast [jiːst] *n* lievito *m*.

yell [jel] ⬦ *n* urlo *m*, grido *m*. ⬦ *vt & vi* urlare, gridare.

yellow ['jeləʊ] ⬦ *adj* giallo(a). ⬦ *n* giallo *m*.

yellow card *n* FTBL cartellino giallo *m*.

yelp [jelp] *vi* guaire.

yes [jes] ◇ *adv* **-1.** [gen] sì; **~, please** sì, grazie; **to say ~ to sthg** dire (di) sì a qc **-2.** [expressing disagreement] sì invece **-3.** [to add sthg forgotten] già. ◇ *n* [vote in favour] sì.

yesterday ['jestədɪ] ◇ *n* ieri *m inv;* **the day before ~** l'altro ieri. ◇ *adv* ieri.

yet [jet] ◇ *adv* **-1.** [gen] ancora; **not ~** non ancora; **~ again** di nuovo **-2.** [up until now, so far] già; **as ~** finora. ◇ *conj* tutta via.

yew [ju:] *n* tasso *m*.

yield [ji:ld] ◇ *n* raccolto *m*. ◇ *vt* **-1.** [crop, profit] produrre; [answer, clue] fornire **-2.** [ground, control] cedere. ◇ *vi* **-1.** [lock, shelf, beam] cedere **-2.** *fml* [to opposing forces] arrendersi; [to pressure] cedere **-3.** US AUT dare la precedenza.

YMCA *(abbr of* Young Men's Christian Association) *n associazione giovanile cristiana per ragazzi.*

yoga ['jəʊgə] *n* yoga *m*.

yoghurt, yogurt, yoghourt [UK 'jɒgət, US 'jəʊgərt] *n* yogurt *m*.

yoke [jəʊk] *n* giogo *m*.

yolk [jəʊk] *n* tuorlo *m*.

you [ju:] *pers pron* **-1.** *(subject)* *(sg)* tu; *(pl)* voi; *(sg)* lei *fml; (pl)* loro *fml;* **are ~ happy?** sei contento/siete contenti; **~ 're a good cook** sei un bravo cuoco; **are ~ Italian?** sei italiano/siete italiani?; **~ Italians** voi italiani; **~ idiot! che cretino!; it's ~** sei tu/siete voi; **if I were** OR **was ~** se fossi in te/voi; **there ~ are** [you've appeared] eccoti/eccovi; [have this] ecco; **~ know** sai; **that jacket isn't really ~** questa giacca non ti si addice molto **-2.** *(direct object) (sg)* ti; *(pl)* vi; *(sg)* la *fml; (pl)* loro *fml;* **I know ~** ti/vi conosco; **I like ~** mi sei simpatico/siete simpatici; **I don't expect you to do it** non mi aspetto che lo faccia tu/lo facciate voi **-3.** *(indirect object) (sg)* ti; *(pl)* vi; *(sg)* le *fml; (pl)* loro *fml;* **I spoke to ~** ti/vi ho parlato; **she sent ~ a letter** ti/vi ha mandato una lettera; **I gave it to ~** te/ ve l'ho dato **-4.** *(after prep, in comparisons etc) (sg)* te; *(pl)* voi; *(sg)* lei *fml; (pl)* loro *fml;* **it's for ~** è per te/voi; **I'm shorter than ~** sono più basso di te/voi **-5.** [anyone, one]: **~ have to be careful** bisogna stare attenti; **exercise is good for ~** l'esercizio fisico fa bene.

you'd [ju:d] *cont* = you had; you would.

you'll [ju:l] *cont* = you will.

young [jʌŋ] ◇ *adj* giovane; **the ~ er ge-**

neration le nuove generazioni. ◇ *npl* **-1.** [young people]: **the ~** i giovani *mpl* **-2.** [baby animals] piccoli *mpl*.

younger ['jʌŋgər] *adj* minore; **Pitt the Younger** Pitt il Giovane.

youngster ['jʌŋstər] *n* **-1.** [child] ragazzo *m*, -a *f* **-2.** [young person] giovane *mf*.

your [jɔ:r] *poss adj* **-1.** *(referring to one person)* tuo (tua), suo (sua) *fml;* [with plural] tuoi (tue), suoi (sue) *fml;* [referring to more than one person] vostro (a), il loro (la loro) *fml,* [with plural] vostri (vostre), i loro (le loro) *fml;* **~ brother/father** tuo/vostro fratello/padre; **~ flat** il tuo/vostro appartamento; **~ bedroom** la tua/vostra camera da letto; **~ children** i tuoi/vostri figli; **~ shoes** le tue/vostre scarpe; **Your Lordship** Sua Signoria; **it wasn't your fault** non è stata tua/vostra la colpa; **what's ~ name?** come ti chiami? **-2.** [anyone's, one's]: **~ attitude changes as you get older** il modo di comportarsi cambia con l'età; **it's good for ~ teeth/hair** fa bene ai denti/ capelli; **~ average Englishman** l'inglese tipico.

you're [jɔ:r] *cont* = you are.

yours [jɔ:z] *poss pron* [referring to one person] il tuo (la tua), il suo (la sua) *fml,* il loro (la loro) *fml;* [with plural] i tuoi (le tue), i suoi (le sue) *fml;* [referring to more than one person] il vostro (la vostra), i vostri (le vostre), i loro (le loro) *fml;* **~ house and mine** la tua/vostra casa e la mia; **~ is broken** il tuo/vostro è guasto; **that money is ~** questi soldi sono tuoi/vostri; **a friend of ~** un tuo/vostro amico; **it wasn't her fault: it was yours** non è stata sua la colpa, è stata tua/vostra.

yourself [jɔ:'self] *(pl* **-selves)** *pron* **-1.** *(reflexive) (sg)* ti; *(pl)* vi; *(sg)* si *fml; (pl)* si *fml;* **make yourselves comfortable** mettetevi a vostro agio; **do you hate ~ for what you did?** ti detesti per quello che hai fatto? **-2.** *(after prep) (sg)* te, te stesso(a); *(pl)* voi, voi stessi(e); *(sg)* lei *fml,* lei stesso(a) *fml; (pl)* loro *fml,* loro stessi(e) *fml;* **tell me about ~** parlami di te; **you should take better care of ~** dovresti avere più cura di te stesso **-3.** *(stressed) (sg)* tu stesso(a); *(pl)* voi stessi(e); *(sg)* lei stesso(a) *fml; (pl)* loro stessi(e) *fml;* **you did it ~** lo hai fatto tu stesso.

youth [ju:θ] *n* **-1.** [period of life, young people] gioventù *f* **-2.** [quality] giovinezza *f* **-3.** [boy, young man] giovane *m*.

youth club *n* associazione giovanile *f*.

youthful ['ju:θfʊl] *adj* **-1.** [eager, innocent] giovanile **-2.** [young-looking] giovane.

youth hostel *n* ostello *m* della gioventù.
you've [juːv] *cont* = you have.
YTS (*abbr of* **Youth Training Scheme**) *n* *piano promosso dal governo britannico per la promozione del lavoro giovanile.*
Yugoslavia [ˌjuːgəʊˈslɑːvɪə] *n* Iugoslavia *f*.
Yugoslavian [ˌjuːgəʊˈslɑːvɪən] <> *adj* iugoslavo(a). <> *n* iugoslavo *m*, -a *f*.
yuppie, yuppy [ˈjʌpɪ] *n* yuppie *mf inv*.
YWCA (*abbr of* **Young Women's Christian Association**) *n* *associazione giovanile cristiana per ragazze.*

Z

z (*pl* **z's** OR **zs**), **Z** (*pl* **Z's** OR **Zs**) [*UK* zed, *US* ziː] *n* z *m o f inv*, Z *m o f inv*.
zany [ˈzeɪnɪ] *adj inf* buffo(a).
zeal [ziːl] *n fml* zelo *m*.
zebra [*UK* ˈzebrə, *US* ˈziːbrə] (*pl* **-s**) *n* zebra *f*.
zebra crossing *n UK* passaggio *m* pedonale.
zenith [*UK* ˈzenɪθ, *US* ˈziːnəθ] *n* **-1.** ASTRON

zenit *m* **-2.** *fig* [highest point] culmine *m*, apice *m*.
zero [*UK* ˈzɪərəʊ, *US* ˈziːrəʊ] (*pl* **-s** OR **-es**, *pt & pp* **-ed**, *cont* **-ing**) <> *adj* zero. <> *n* zero *m*.
zest [zest] *n* **-1.** [excitement] sapore *m* **-2.** [eagerness] entusiasmo *m* **-3.** [of orange, lemon] scorza *f*.
zigzag [ˈzɪgzæg] *vi* zigzagare.
Zimbabwe [zɪmˈbɑːbwɪ] *n* Zimbabwe.
zinc [zɪŋk] *n* zinco *m*.
zip [zɪp] <> *n UK* [fastener] cerniera lampo *f*, zip *m*. <> *vt* **-1.** [garment, bag] chiudere (con chiusura lampo) **-2.** COMPUT zippare. <> *vi* [go quickly] sfrecciare. **➤ zip up** *vt sep* chiudere la cerniera.
zip code *n US* codice di avviamento postale, C.A.P.
Zip disk® *n* COMPUT disco zip *m*.
Zip drive® *n* COMPUT zip drive *m*.
zip fastener *n UK* = zip.
zipper [ˈzɪpər] *n US* = zip.
zodiac [ˈzəʊdɪæk] *n*: **the ~** lo zodiaco.
zone [zəʊn] *n* zona *f*; **time ~** fuso orario.
zoo [zuː] *n* zoo *m*.
zoom [zuːm] *vi inf* sfrecciare, rombare. **➤ zoom off** *vi inf* schizzare via.
zoom lens *n* zoom *m*.
zucchini [zuːˈkiːnɪ] (*pl* **-s**) *n US* zucchino *m*.

coniugazione dei verbi italiani

Italian verbs

	1 essere	2 avere	3 dovere
Indicativo presente	sono	ho	devo o debbo
	sei	hai	devi
	è	ha	deve
	siamo	abbiamo	dobbiamo
	siete	avete	dovete
	sono	hanno	devono o debbono
Imperfetto	ero	avevo	dovevo
	eri	avevi	dovevi
	era	aveva	doveva
	eravamo	avevamo	dovevamo
	eravate	avevate	dovevate
	erano	avevano	dovevano
Passato remoto	fui	ebbi	dovei o dovetti
	fosti	avesti	dovesti
	fu	ebbe	dové o dovette
	fummo	avemmo	dovemmo
	foste	aveste	doveste
	furono	ebbero	doverono o dovettero
Futuro	sarò	avrò	dovrò
	sarai	avrai	dovrai
	sarà	avrà	dovrà
	saremo	avremo	dovremo
	sarete	avrete	dovrete
	saranno	avranno	dovranno
Condizionale presente	sarei	avrei	dovrei
	saresti	avresti	dovresti
	sarebbe	avrebbe	dovrebbe
	saremmo	avremmo	dovremmo
	sareste	avreste	dovreste
	sarebbero	avrebbero	dovrebbero
Congiuntivo presente	sia	abbia	deva o debba
	sia	abbia	deva o debba
	sia	abbia	deva o debba
	siamo	abbiamo	dobbiamo
	siate	abbiate	dobbiate
	siano	abbiano	devano o debbano
Congiuntivo imperfetto	fossi	avessi	dovessi
	fossi	avessi	dovessi
	fosse	avesse	dovesse
	fossimo	avessimo	dovessimo
	foste	aveste	doveste
	fossero	avessero	dovessero
Imperativo	sii	abbi	-
	sia	abbia	
	siamo	abbiamo	
	siate	abbiate	
	siano	abbiano	
Gerundio	essendo	avendo	dovendo
Part. passato	stato	avuto	dovuto

Verbi 2

	4 potere	5 volere	6 parlare
Indicativo presente	posso	voglio	parlo
	puoi	vuoi	parli
	può	vuole	parla
	possiamo	vogliamo	parliamo
	potete	volete	parlate
	possono	vogliono	parlano
Imperfetto	potevo	volevo	parlavo
	potevi	volevi	parlavi
	poteva	voleva	parlava
	potevamo	volevamo	parlavamo
	potevate	volevate	parlavate
	potevano	volevano	parlavano
Passato remoto	potei o potetti	volli	parlai
	potesti	volesti	parlasti
	poté o potette	volle	parlò
	potemmo	volemmo	parlammo
	poteste	voleste	parlaste
	poterono o potettero	vollero	parlarono
Futuro	potrò	vorrò	parlerò
	potrai	vorrai	parlerai
	potrà	vorrà	parlerà
	potremo	vorremo	parleremo
	potrete	vorrete	parlerete
	potranno	vorranno	parleranno
Condizionale presente	potrei	vorrei	parlerei
	potresti	vorresti	parleresti
	potrebbe	vorrebbe	parlerebbe
	potremmo	vorremmo	parleremmo
	potreste	vorreste	parlereste
	potrebbero	vorrebbero	parlerebbero
Congiuntivo presente	possa	voglia	parli
	possa	voglia	parli
	possa	voglia	parli
	possiamo	vogliamo	parliamo
	possiate	vogliate	parliate
	possano	vogliano	parlino
Congiuntivo imperfetto	potessi	volessi	parlassi
	potessi	volessi	parlassi
	potesse	volesse	parlasse
	potessimo	volessimo	parlassimo
	poteste	voleste	parlaste
	potessero	volessero	parlassero
Imperativo	-	vogli	parla
		voglia	parli
		vogliamo	parliamo
		vogliate	parlate
		vogliano	parlino
Gerundio	potendo	volendo	parlando
Part. passato	potuto	voluto	parlato

	7 credere	8 partire	9 capire
Indicativo presente	credo	parto	capisco
	credi	parti	capisci
	crede	parte	capisce
	crediamo	partiamo	capiamo
	credete	partite	capite
	credono	partono	capiscono
Imperfetto	credevo	partivo	capivo
	credevi	partivi	capivi
	credeva	partiva	capiva
	credevamo	partivamo	capivamo
	credevate	partivate	capivate
	credevano	partivano	capivano
Passato remoto	credei o credetti	partii	capii
	credesti	partisti	capisti
	credé o credette	partì	capì
	credemmo	partimmo	capimmo
	credeste	partiste	capiste
	crederono o credettero	partirono	capirono
Futuro	crederò	partirò	capirò
	crederai	partirai	capirai
	crederà	partirà	capirà
	crederemo	partiremo	capiremo
	crederete	partirete	capirete
	crederanno	partiranno	capiranno
Condizionale presente	crederei	partirei	capirei
	crederesti	partiresti	capiresti
	crederebbe	partirebbe	capirebbe
	crederemmo	partiremmo	capiremmo
	credereste	partireste	capireste
	crederebbero	partirebbero	capirebbero
Congiuntivo presente	creda	parta	capisca
	creda	parta	capisca
	creda	parta	capisca
	crediamo	partiamo	capiamo
	crediate	partiate	capiate
	credano	partano	capiscano
Congiuntivo imperfetto	credessi	partissi	capissi
	credessi	partissi	capissi
	credesse	partisse	capisse
	credessimo	partissimo	capissimo
	credeste	partiste	capiste
	credessero	partissero	capissero
Imperativo	credi	parti	capisci
	creda	parta	capisca
	crediamo	partiamo	capiamo
	credete	partite	capite
	credano	partano	capiscano
Gerundio	credendo	partendo	capendo
Part. passato	creduto	partito	capito

N.B. *inferire*, nelle accezioni 1 & 2 al pass. rem. *infersi, inferisti, inferse, infersero* e al part. passato *inferto*

	10 applaudire	11 andare	12 dare
Indicativo presente	applaud(isc)o	vado	do
	applaud(isc)i	vai	dai
	applaud(isc)e	va	dà
	applaudiamo	andiamo	diamo
	applaudite	andate	date
	applaud(isc)ono	vanno	danno
Imperfetto	applaudivo	andavo	davo
	applaudivi	andavi	davi
	applaudiva	andava	dava
	applaudivamo	andavamo	davamo
	applaudivate	andavate	davate
	applaudivano	andavano	davano
Passato remoto	applaudii	andai	diedi o detti
	applaudisti	andasti	desti
	applaudì	andò	diede o dette
	applaudimmo	andammo	demmo
	applaudiste	andaste	deste
	applaudirono	andarono	diedero o dettero
Futuro	applaudirò	andrò	darò
	applaudirai	andrai	darai
	applaudirà	andrà	darà
	applaudiremo	andremo	daremo
	applaudirete	andrete	darete
	applaudiranno	andranno	daranno
Condizionale presente	applaudirei	andrei	darei
	applaudiresti	andresti	daresti
	applaudirebbe	andrebbe	darebbe
	applaudiremmo	andremmo	daremmo
	applaudireste	andreste	dareste
	applaudirebbero	andrebbero	darebbero
Congiuntivo presente	applaud(isc)a	vada	dia
	applaud(isc)a	vada	dia
	applaud(isc)a	vada	dia
	applaudiamo	andiamo	diamo
	applaudiate	andiate	diate
	applaud(isc)ano	vadano	diano
Congiuntivo imperfetto	applaudissi	andassi	dessi
	applaudissi	andassi	dessi
	applaudisse	andasse	desse
	applaudissimo	andassimo	dessimo
	applaudiste	andaste	deste
	applaudissero	andassero	dessero
Imperativo	applaud(isc)i	va o vai o va'	dà o dai o da'
	applaud(isc)a	vada	dia
	applaudiamo	andiamo	diamo
	applaudite	andate	date
	applaud(isc)ano	vadano	diano
Gerundio	applaudendo	andando	dando
Part. passato	applaudito	andato	dato

	13 fare	14 stare	15 cercare
Indicativo presente	faccio	sto	cerco
	fai	stai	cerchi
	fa	sta	cerca
	facciamo	stiamo	cerchiamo
	fate	state	cercate
	fanno	stanno	cercano
Imperfetto	facevo	stavo	cercavo
	facevi	stavi	cercavi
	faceva	stava	cercava
	facevamo	stavamo	cercavamo
	facevate	stavate	cercavate
	facevano	stavano	cercavano
Passato remoto	feci	stetti	cercai
	facesti	stesti	cercasti
	fece	stette	cercò
	facemmo	stemmo	cercammo
	faceste	steste	cercaste
	fecero	stettero	cercarono
Futuro	farò	starò	cercherò
	farai	starai	cercherai
	farà	starà	cercherà
	faremo	staremo	cercheremo
	farete	starete	cercherete
	faranno	staranno	cercheranno
Condizionale presente	farei	starei	cercherei
	faresti	staresti	cercheresti
	farebbe	starebbe	cercherebbe
	faremmo	staremmo	cercheremmo
	fareste	stareste	cerchereste
	farebbero	starebbero	cercherebbero
Congiuntivo presente	faccia	stia	cerchi
	faccia	stia	cerchi
	faccia	stia	cerchi
	facciamo	stiamo	cerchiamo
	facciate	stiate	cerchiate
	facciano	stiano	cerchino
Congiuntivo imperfetto	facessi	stessi	cercassi
	facessi	stessi	cercassi
	facesse	stesse	cercasse
	facessimo	stessimo	cercassimo
	faceste	steste	cercaste
	facessero	stessero	cercassero
Imperativo	fa o fai o fa'	sta o stai o sta'	cerca
	faccia	stia	cerchi
	facciamo	stiamo	cerchiamo
	fate	state	cercate
	facciano	stiano	cerchino
Gerundio	facendo	stando	cercando
Part. passato	fatto	stato	cercato

N.B. *disfare* è *soddisfare* seguono la coniugazione regolare, salvo al pres. indic. e al cong. (*disfo, soddisfo,* ecc)

	16 pagare	17 cominciare	18 mangiare
Indicativo presente	pago	comincio	mangio
	paghi	cominci	mangi
	paga	comincia	mangia
	paghiamo	cominciamo	mangiamo
	pagate	cominciate	mangiate
	pagano	cominciano	mangiano
Imperfetto	pagavo	cominciavo	mangiavo
	pagavi	cominciavi	mangiavi
	pagava	cominciava	mangiava
	pagavamo	cominciavamo	mangiavamo
	pagavate	cominciavate	mangiavate
	pagavano	cominciavano	mangiavano
Passato remoto	pagai	cominciai	mangiai
	pagasti	cominciasti	mangiasti
	pagò	cominciò	mangiò
	pagammo	cominciammo	mangiammo
	pagaste	cominciaste	mangiaste
	pagarono	cominciarono	mangiarono
Futuro	pagherò	comincerò	mangerò
	pagherai	comincerai	mangerai
	pagherà	comincerà	mangerà
	pagheremo	cominceremo	mangeremo
	pagherete	comincerete	mangerete
	pagheranno	cominceranno	mangeranno
Condizionale presente	pagherei	comincerei	mangerei
	pagheresti	cominceresti	mangeresti
	pagherebbe	comincerebbe	mangerebbe
	pagheremmo	cominceremmo	mangeremmo
	paghereste	comincereste	mangereste
	pagherebbero	comincerebbero	mangerebbero
Congiuntivo presente	paghi	cominci	mangi
	paghi	cominci	mangi
	paghi	cominci	mangi
	paghiamo	cominciamo	mangiamo
	paghiate	cominciate	mangiate
	paghino	comincino	mangino
Congiuntivo imperfetto	pagassi	cominciassi	mangiassi
	pagassi	cominciassi	mangiassi
	pagasse	cominciasse	mangiasse
	pagassimo	cominciassimo	mangiassimo
	pagaste	cominciaste	mangiaste
	pagassero	cominciassero	mangiassero
Imperativo	paga	comincia	mangia
	paghi	cominci	mangi
	paghiamo	cominciamo	mangiamo
	pagate	cominciate	mangiate
	paghino	comincino	mangino
Gerundio	pagando	cominciando	mangiando
Part. passato	pagato	cominciato	mangiato

	19 lasciare	20 cambiare	21 sbagliare
Indicativo presente	lascio	cambio	sbaglio
	lasci	cambi	sbagli
	lascia	cambia	sbaglia
	lasciamo	cambiamo	sbagliamo
	lasciate	cambiate	sbagliate
	lasciano	cambiano	sbagliano
Imperfetto	lasciavo	cambiavo	sbagliavo
	lasciavi	cambiavi	sbagliavi
	lasciava	cambiava	sbagliava
	lasciavamo	cambiavamo	sbagliavamo
	lasciavate	cambiavate	sbagliavate
	lasciavano	cambiavano	sbagliavano
Passato remoto	lasciai	cambiai	sbagliai
	lasciasti	cambiasti	sbagliasti
	lasciò	cambiò	sbagliò
	lasciammo	cambiammo	sbagliammo
	lasciaste	cambiaste	sbagliaste
	lasciarono	cambiarono	sbagliarono
Futuro	lascerò	cambierò	sbaglierò
	lascerai	cambierai	sbaglierai
	lascerà	cambierà	sbaglierà
	lasceremo	cambieremo	sbaglieremo
	lascerete	cambierete	sbaglierete
	lasceranno	cambieranno	sbaglieranno
Condizionale presente	lascerei	cambierei	sbaglierei
	lasceresti	cambieresti	sbaglieresti
	lascerebbe	cambierebbe	sbaglierebbe
	lasceremmo	cambieremmo	sbaglieremmo
	lascereste	cambiereste	sbagliereste
	lascerebbero	cambierebbero	sbaglierebbero
Congiuntivo presente	lasci	cambi	sbagli
	lasci	cambi	sbagli
	lasci	cambi	sbagli
	lasciamo	cambiamo	sbagliamo
	lasciate	cambiate	sbagliate
	lascino	cambino	sbaglino
Congiuntivo imperfetto	lasciassi	cambiassi	sbagliassi
	lasciassi	cambiassi	sbagliassi
	lasciasse	cambiasse	sbagliasse
	lasciassimo	cambiassimo	sbagliassimo
	lasciaste	cambiaste	sbagliaste
	lasciassero	cambiassero	sbagliassero
Imperativo	lascia	cambia	sbaglia
	lasci	cambi	sbagli
	lasciamo	cambiamo	sbagliamo
	lasciate	cambiate	sbagliate
	lascino	cambino	sbaglino
Gerundio	lasciando	cambiando	sbagliando
Part. passato	lasciato	cambiato	sbagliato

	22 inviare	23 accompagnare	24 creare
Indicativo presente	invio	accompagno	creo
	invii	accompagni	crei
	invia	accompagna	crea
	inviamo	accompagn(i)amo	creiamo
	inviate	accompagnate	create
	inviano	accompagnano	creano
Imperfetto	inviavo	accompagnavo	creavo
	inviavi	accompagnavi	creavi
	inviava	accompagnava	creava
	inviavamo	accompagnavamo	creavamo
	inviavate	accompagnavate	creavate
	inviavano	accompagnavano	creavano
Passato remoto	inviai	accompagnai	creai
	inviasti	accompagnasti	creasti
	inviò	accompagnò	creò
	inviammo	accompagnammo	creammo
	inviaste	accompagnaste	creaste
	inviarono	accompagnarono	crearono
Futuro	invierò	accompagnerò	creerò
	invierai	accompagnerai	creerai
	invierà	accompagnerà	creerà
	invieremo	accompagneremo	creeremo
	invierete	accompagnerete	creerete
	invieranno	accompagneranno	creeranno
Condizionale presente	invierei	accompagnerei	creerei
	invieresti	accompagneresti	creeresti
	invierebbe	accompagnerebbe	creerebbe
	invieremmo	accompagneremmo	creeremmo
	inviereste	accompagnereste	creereste
	invierebbero	accompagnerebbero	creerebbero
Congiuntivo presente	invii	accompagni	crei
	invii	accompagni	crei
	invii	accompagni	crei
	inviamo	accompagn(i)amo	creiamo
	inviate	accompagniate	creiate
	inviino	accompagnino	creino
Congiuntivo imperfetto	inviassi	accompagnassi	creassi
	inviassi	accompagnassi	creassi
	inviasse	accompagnasse	creasse
	inviassimo	accompagnassimo	creassimo
	inviaste	accompagnaste	creaste
	inviassero	accompagnassero	creassero
Imperativo	invia	accompagna	crea
	invii	accompagni	crei
	inviamo	accompagn(i)amo	creiamo
	inviate	accompagnate	create
	inviino	accompagnino	creino
Gerundio	inviando	accompagnando	creando
Part. passato	inviato	accompagnato	creato

	25 torcere	26 vincere	27 conoscere
Passato remoto	torsi	vinsi	conobbi
	torcesti	vincesti	conoscesti
	torse	vinse	conobbe
	torcemmo	vincemmo	conoscemmo
	torceste	vinceste	conosceste
	torsero	vinsero	conobbero
Participio passato	torto	vinto	conosciuto

	28 nascere	29 chiedere	30 decidere
Passato remoto	nacqui	chiesi	decisi
	nascesti	chiedesti	decidesti
	nacque	chiese	decise
	nascemmo	chiedemmo	decidemmo
	nasceste	chiedeste	decideste
	nacquero	chiesero	decisero
Participio passato	nato	chiesto	deciso

	31 chiudere	32 dissuadere	33 perdere
Passato remoto	chiusi	dissuasi	persi
	chiudesti	dissuadesti	perdesti
	chiuse	dissuase	perse
	chiudemmo	dissuademmo	perdemmo
	chiudeste	dissuadeste	perdeste
	chiusero	dissuasero	persero
Participio passato	chiuso	dissuaso	perso o perduto

	34 mordere	35 radere	36 rodere
Passato remoto	morsi	rasi	rosi
	mordesti	radesti	rodesti
	morse	rase	rose
	mordemmo	rademmo	rodemmo
	mordeste	radeste	rodeste
	morsero	rasero	rosero
Participio passato	morso	raso	roso

	37 esplodere	38 invadere	40 concedere
Passato remoto	esplosi	invasi	concessi
	esplodesti	invadesti	concedesti
	esplose	invase	concesse
	esplodemmo	invademmo	concedemmo
	esplodeste	invadeste	concedeste
	esplosero	invasero	concessero
Participio passato	esploso	invaso	concesso

N.B. *succedere* presenta doppia forma al part. passato: [accadere] *successo*; [venire dopo] *succeduto*

	41 espandere	42 rispondere	43 prendere
Passato remoto	espansi espandesti espanse espandemmo espandeste espansero	risposi rispondesti rispose rispondemmo rispondeste risposero	presi prendesti prese prendemmo prendeste presero
Participio passato	espanso	risposto	preso

	44 fondere	45 prescindere	46 porgere
Passato remoto	fusi fondesti fuse fondemmo fondeste fusero	prescindei prescindesti prescindé prescindemmo prescindeste prescinderono	porsi porgesti porse porgemmo porgeste porsero
Participio passato	fuso	prescisso	porto

	48 volgere	49 fingere	50 leggere
Passato remoto	volsi volgesti volse volgemmo volgeste volsero	finsi fingesti finse fingemmo fingeste finsero	lessi leggesti lesse leggemmo leggeste lessero
Participio passato	volto	finto	letto

	51 affiggere	52 emergere	53 spargere
Passato remoto	affissi affiggesti affisse affiggemmo affiggeste affissero	emersi emergesti emerse emergemmo emergeste emersero	sparsi spargesti sparse spargemmo spargeste sparsero
Participio passato	affisso	emerso	sparso

	55 esigere	56 dirigere	57 stringere
Passato remoto	esigei o esigetti esigesti esigé o esigette esigemmo esigeste esigerono o esigettero	diressi dirigesti diresse dirigemmo dirigeste diressero	strinsi stringesti strinse stringemmo stringeste strinsero
Participio passato	esatto	diretto	stretto N.B. *restringere* al part. passato: *ristretto*

	59 eccellere	60 espellere	61 assumere
Passato remoto	eccelsi	espulsi	assunsi
	eccellesti	espellesti	assumesti
	eccelse	espulse	assunse
	eccellemmo	espellemmo	assumemmo
	eccelleste	espelleste	assumeste
	eccelsero	espulsero	assunsero
Participio passato	eccelso	espulso	assunto

	63 esprimere	64 rompere	65 correre
Passato remoto	espressi	ruppi	corsi
	esprimesti	rompesti	corresti
	espresse	ruppe	corse
	esprimemmo	rompemmo	corremmo
	esprimeste	rompeste	correste
	espressero	ruppero	corsero
Participio passato	espresso	rotto	corso

	66 assistere	67 connettere	68 flettere
Passato remoto	assistei	connessi	flettei o flessi
	assistesti	connettesti	flettesti
	assistette	connesse	flétte o flesse
	assistemmo	connettemmo	flettemmo
	assisteste	connetteste	fletteste
	assistettero	connessero	fletterono o flessero
Participio passato	assistito	connesso	flesso

N.B. *riflettere* presenta doppia forma al part. passato a seconda del significato: [luce, suono] *riflesso*; [pensato] *riflettuto*

	69 discutere	70 scuotere	71 mettere
Passato remoto	discussi	scossi	misi
	discutesti	scuotesti	mettesti
	discusse	scosse	mise
	discutemmo	scuotemmo	mettemmo
	discuteste	scuoteste	metteste
	discussero	scossero	misero
Participio passato	discusso	scosso	messo

	72 distinguere	73 scrivere	74 assolvere
Passato remoto	distinsi	scrissi	assolsi o assolvei o assolvetti
	distinguesti	scrivesti	assolvesti
	distinse	scrisse	assolse o assolvé o assolvette
	distinguemmo	scrivemmo	assolvemmo
	distingueste	scriveste	assolveste
	distinsero	scrissero	assolsero o assolverono o assolvettero
Participio passato	distinto	scritto	assolto

	75 evolvere	76 muovere	77 sedere
Passato remoto	evolvei o evolvetti	mossi	sedei o sedetti
	evolvesti	m(u)ovesti	sedesti
	evolvé o evolvette	mosse	sedé o sedette
	evolvemmo	m(u)ovemmo	sedemmo
	evolveste	m(u)oveste	sedeste
	evolverono o evolvettero	mossero	sederono o sedettero
Participio passato	evoluto	mosso	seduto

	78 godere	79 bere	80 sapere
Passato remoto	godei o godetti	bevvi o bevetti	seppi
	godesti	bevesti	sapesti
	godé o godette	bevve o bevette	seppe
	godemmo	bevemmo	sapemmo
	godeste	beveste	sapeste
	goderono o godettero	bevvero o bevettero	seppero
Participio passato	goduto	bevuto	saputo

	81 vedere	82 prevedere	83 vivere
Passato remoto	vidi	previdi	vissi
	vedesti	prevedesti	vivesti
	vide	previde	visse
	vedemmo	prevedemmo	vivemmo
	vedeste	prevedeste	viveste
	videro	previdero	vissero
Participio passato	visto o veduto	previsto o preveduto	vissuto

	84 cadere	85 spegnere	86 togliere
Passato remoto	caddi	spensi	tolsi
	cadesti	spegnesti	togliesti
	cadde	spense	tolse
	cademmo	spegnemmo	togliemmo
	cadeste	spegneste	toglieste
	caddero	spensero	tolsero
Participio passato	caduto	spento	tolto

	87 piacere	88 nuocere	89 cuocere
Indicativo presente	piaccio	n(u)occio	cuocio
	piaci	nuoci	cuoci
	piace	nuoce	cuoce
	piacciamo	nociamo	c(u)ociamo
	piacete	nocete	c(u)ocete
	piacciono	n(u)occiono	cuociono
Imperfetto	piacevo	n(u)ocevo	cuocevo
	piacevi	n(u)ocevi	cuocevi
	piaceva	n(u)oceva	cuoceva
	piacevamo	n(u)ocevamo	cuocevamo
	piacevate	n(u)ocevate	cuocevate
	piacevano	n(u)ocevano	cuocevano
Passato remoto	piacqui	nocqui	cossi
	piacesti	nocesti	c(u)ocesti
	piacque	nocque	cosse
	piacemmo	nocemmo	c(u)ocemmo
	piaceste	noceste	c(u)oceste
	piacquero	nocquero	cossero
Futuro	piacerò	n(u)ocerò	cuocerò
	piacerai	n(u)ocerai	cuocerai
	piacerà	n(u)ocerà	cuocerà
	piaceremo	n(u)oceremo	cuoceremo
	piacerete	n(u)ocerete	cuocerete
	piaceranno	n(u)oceranno	cuoceranno
Condizionale presente	piacerei	n(u)ocerei	cuocerei
	piaceresti	n(u)oceresti	cuoceresti
	piacerebbe	n(u)ocerebbe	cuocerebbe
	piaceremmo	n(u)oceremmo	cuoceremmo
	piacereste	n(u)ocereste	cuocereste
	piacerebbero	n(u)ocerebbero	cuocerebbero
Congiuntivo presente	piaccia	n(u)occia	cuocia
	piaccia	n(u)occia	cuocia
	piaccia	n(u)occia	cuocia
	piacciamo	nociamo	c(u)ociamo
	piacciate	nociate	c(u)ociate
	piacciano	n(u)occiano	cuociano
Congiuntivo imperfetto	piacessi	n(u)ocessi	cuocessi
	piacessi	n(u)ocessi	cuocessi
	piacesse	n(u)ocesse	cuocesse
	piacessimo	n(u)ocessimo	cuocessimo
	piaceste	n(u)oceste	cuoceste
	piacessero	n(u)ocessero	cuocessero
Imperativo	piaci	nuoci	cuoci
	piaccia	n(u)occia	cuocia
	piacciamo	nociamo	c(u)ociamo
	piacete	nocete	c(u)ocete
	piacciano	n(u)occiano	cuociano
Gerundio	piacendo	n(u)ocendo	cuocendo
Part. passato	piaciuto	nociuto	cotto

	90 rimanere	91 valere	93 tenere
Indicativo presente	rimango	valgo	tengo
	rimani	vali	tieni
	rimane	vale	tiene
	rimaniamo	valiamo	teniamo
	rimanete	valete	tenete
	rimangono	valgono	tengono
Imperfetto	rimanevo	valevo	tenevo
	rimanevi	valevi	tenevi
	rimaneva	valeva	teneva
	rimanevamo	valevamo	tenevamo
	rimanevate	valevate	tenevate
	rimanevano	valevano	tenevano
Passato remoto	rimasi	valsi	tenni
	rimanesti	valesti	tenesti
	rimase	valse	tenne
	rimanemmo	valemmo	tenemmo
	rimaneste	valeste	teneste
	rimasero	valsero	tennero
Futuro	rimarrò	varrò	terrò
	rimarrai	varrai	terrai
	rimarrà	varrà	terrà
	rimarremo	varremo	terremo
	rimarrete	varrete	terrete
	rimarranno	varranno	terranno
Condizionale presente	rimarrei	varrei	terrei
	rimarresti	varresti	terresti
	rimarrebbe	varrebbe	terrebbe
	rimarremmo	varremmo	terremmo
	rimarreste	varreste	terreste
	rimarrebbero	varrebbero	terrebbero
Congiuntivo presente	rimanga	valga	tenga
	rimanga	valga	tenga
	rimanga	valga	tenga
	rimaniamo	valiamo	teniamo
	rimaniate	valiate	teniate
	rimangano	valgano	tengano
Congiuntivo imperfetto	rimanessi	valessi	tenessi
	rimanessi	valessi	tenessi
	rimanesse	valesse	tenesse
	rimanessimo	valessimo	tenessimo
	rimaneste	valeste	teneste
	rimanessero	valessero	tenessero
Imperativo	rimani	vali	tieni
	rimanga	valga	tenga
	rimaniamo	valiamo	teniamo
	rimanete	valete	tenete
	rimangano	valgano	tengano
Gerundio	rimanendo	valendo	tenendo
Part. passato	rimasto	valso	tenuto

	94 parere	95 condurre	96 proporre
Indicativo presente	paio	conduco	propongo
	pari	conduci	proponi
	pare	conduce	propone
	paiamo	conduciamo	proponiamo
	parete	conducete	proponete
	paiono	conducono	propongono
Imperfetto	parevo	conducevo	proponevo
	parevi	conducevi	proponevi
	pareva	conduceva	proponeva
	parevamo	conducevamo	proponevamo
	parevate	conducevate	proponevate
	parevano	conducevano	proponevano
Passato remoto	parvi	condussi	proposi
	paresti	conducesti	proponesti
	parve	condusse	propose
	paremmo	conducemmo	proponemmo
	pareste	conduceste	proponeste
	parvero	condussero	proposero
Futuro	parrò	condurrò	proporrò
	parrai	condurrai	proporrai
	parrà	condurrà	proporrà
	parremo	condurremo	proporremo
	parrete	condurrete	proporrete
	parranno	condurranno	proporranno
Condizionale presente	parrei	condurrei	proporrei
	parresti	condurresti	proporresti
	parrebbe	condurrebbe	proporrebbe
	parremmo	condurremmo	proporremmo
	parreste	condurreste	proporreste
	parrebbero	condurrebbero	proporrebbero
Congiuntivo presente	paia	conduca	proponga
	paia	conduca	proponga
	paia	conduca	proponga
	paiamo	conduciamo	proponiamo
	paiate	conduciate	proponiate
	paiano	conducano	propongano
Congiuntivo imperfetto	paressi	conducessi	proponessi
	paressi	conducessi	proponessi
	paresse	conducesse	proponesse
	paressimo	conducessimo	proponessimo
	pareste	conduceste	proponeste
	paressero	conducessero	proponessero
Gerundio	parendo	conducendo	proponendo
Part. passato	parso	condotto	proposto

	97 trarre	98 aprire
Indicativo presente	traggo	apro
	trai	apri
	trae	apre
	traiamo	apriamo
	traete	aprite
	traggono	aprono
Imperfetto	traevo	aprivo
	traevi	aprivi
	traeva	apriva
	traevamo	aprivamo
	traevate	aprivate
	traevano	aprivano
Passato remoto	trassi	aprii
	traesti	apristi
	trasse	aprì
	traemmo	aprimmo
	traeste	apriste
	trassero	aprirono
Futuro	trarrò	aprirò
	trarrai	aprirai
	trarrà	aprirà
	trarremo	apriremo
	trarrete	aprirete
	trarranno	apriranno
Condizionale presente	trarrei	aprirei
	trarresti	apriresti
	trarrebbe	aprirebbe
	trarremmo	apriremmo
	trarreste	aprireste
	trarrebbero	aprirebbero
Congiuntivo presente	tragga	apra
	tragga	apra
	tragga	apra
	traiamo	apriamo
	traiate	apriate
	traggano	aprano
Congiuntivo imperfetto	traessi	aprissi
	traessi	aprissi
	traesse	aprisse
	traessimo	aprissimo
	traeste	apriste
	traessero	aprissero
Imperativo	trai	apri
	tragga	apra
	traiamo	apriamo
	traete	aprite
	traggano	aprano
Gerundio	traendo	aprendo
Part. passato	tratto	aperto

99 cucire	100 dire
Indicativo	cucio	dico
presente	cuci	dici
	cuce	dice
	cuciamo	diciamo
	cucite	dite
	cuciono	dicono
Imperfetto	cucivo	dicevo
	cucivi	dicevi
	cuciva	diceva
	cucivamo	dicevamo
	cucivate	dicevate
	cucivano	dicevano
Passato	cucii	dissi
remoto	cucisti	dicesti
	cucì	disse
	cucimmo	dicemmo
	cuciste	diceste
	cucirono	dissero
Futuro	cucirò	dirò
	cucirai	dirai
	cucirà	dirà
	cuciremo	diremo
	cucirete	direte
	cuciranno	diranno
Condizionale	cucirei	direi
presente	cuciresti	diresti
	cucirebbe	direbbe
	cuciremmo	diremmo
	cucireste	direste
	cucirebbero	direbbero
Congiuntivo	cucia	dica
presente	cucia	dica
	cucia	dica
	cuciamo	diciamo
	cuciate	diciate
	cuciano	dicano
Congiuntivo	cucissi	dicessi
imperfetto	cucissi	dicessi
	cucisse	dicesse
	cucissimo	dicessimo
	cuciste	diceste
	cucissero	dicessero
Imperativo	cuci	di' o dì
	cucia	dica
	cuciamo	diciamo
	cucite	dite
	cuciano	dicano
Gerundio	cucendo	dicendo
Part. passato	cucito	detto

N.B. *addirsi* è usato solo alla 3 pers. sing. e plurale

101 benedire	102 contraddire
N.B. Si coniuga come *dire* [100], a parte la seconda persona sing dell'imperativo: *benedici*	N.B. Si coniuga come *dire* [100], a parte la seconda persona sing dell'imperativo: *contraddici*

	103 morire	104 salire	105 scomparire
Indicativo presente	muoio	salgo	scompaio
	muori	sali	scompari
	muore	sale	scompare
	moriamo	saliamo	scompariamo
	morite	salite	scomparite
	muoiono	salgono	scompaiono
Futuro	morirò	salirò	scomparirò
	morirai	salirai	scomparirai
	morirà	salirà	scomparirà
	moriremo	saliremo	scompariremo
	morirete	salirete	scomparerete
	moriranno	saliranno	scompariranno
Congiuntivo presente	muoia	salga	scompaia
	muoia	salga	scompaia
	muoia	salga	scompaia
	moriamo	saliamo	scompariamo
	moriate	saliate	scompariate
	muoiano	salgano	scompaiano
Participio passato	morto	salito	scomparso

N.B. *trasparire* alla prima persona sing del pass. rem. fa *trasparii* e al part. pass. *trasparito*

	106 seppellire	107 udire	108 uscire
Indicativo presente	seppellisco	odo	esco
	seppellisci	odi	esci
	seppellisce	ode	esce
	seppelliamo	udiamo	usciamo
	seppellite	udite	uscite
	seppelliscono	odono	escono
Futuro	seppellirò	ud(i)rò	uscirò
	seppellirai	ud(i)rai	uscirai
	seppellirà	ud(i)rà	uscirà
	seppelliremo	ud(i)remo	usciremo
	seppellirete	ud(i)rete	uscirete
	seppelliranno	ud(i)ranno	usciranno
Congiuntivo presente	seppellisca	oda	esca
	seppellisca	oda	esca
	seppellisca	oda	esca
	seppelliamo	udiamo	usciamo
	seppelliate	udiate	usciate
	seppelliscano	odano	escano
Participio passato	sepolto o seppellito	udito	uscito